KURZLEHRBÜCHER
FÜR DAS JURISTISCHE STUDIUM

KEGEL/SCHURIG
INTERNATIONALES PRIVATRECHT

INTERNATIONALES PRIVATRECHT

EIN STUDIENBUCH

VON

DR. DR. h.c. GERHARD KEGEL

EM. O. PROFESSOR AN DER UNIVERSITÄT KÖLN

UND

DR. KLAUS SCHURIG

O. PROFESSOR AN DER UNIVERSITÄT PASSAU

8., neubearbeitete Auflage

C.H. BECK'SCHE VERLAGSBUCHHANDLUNG

MÜNCHEN 2000

Es haben bearbeitet:

Prof. Dr. Dr. h. c. Kegel
§§ 17–23

Prof. Dr. Schurig
§§ 1–16

CIP-Kurztitelaufnahme der Deutschen Bibliothek

Internationales Privatrecht : ein Studienbuch / von Gerhard Kegel und Klaus Schurig. – 8., neubearb. Aufl. – München : Beck, 2000.
(Juristische Kurz-Lehrbücher)
Bis 7. Aufl. u. d. T.: Kegel, Gerhard: Internationales Privatrecht
ISBN 3 406 44945 X

ISBN 3 406 44945 X

Wilhelmstraße 9, 80801 München
Satz und Druck: C. H. Beck'sche Buchdruckerei Nördlingen
(Adresse wie Verlag)

Gedruckt auf säurefreiem, alterungsbeständigem Papier
(hergestellt aus chlorfrei gebleichtem Zellstoff)

Vorwort

Die 7. Auflage von 1995 wurde 1997/98 zum Teil überholt durch die Reform des deutschen Kindschaftsrechts und anderer Teilgebiete. Ein Nachtrag sollte den neuen Stand bringen. Der Verlag fand ihn jedoch zu umfänglich und entschloß sich zu einer Neuauflage.

Der Altautor freut sich, für diese einen Mitstreiter ganz nach Wunsch gefunden zu haben, der künftig die Last, wenn's nach Plan geht, allein tragen wird. Beiden half ohne zu erlahmen und höchst liebenswürdig mit Rat und Tat Herr Professor Dr. Hilmar *Krüger*, Köln. Zu *Köln* dankt man ferner Frau Diplom-Bibliothekarin Hanne *Lorig*, und in *Passau* leistete das Lehrstuhlteam vorzügliche Unterstützung bei der Organisation von Materialien, den Registern, internen Verweisungen und Korrekturen. Besonderer Dank gilt hier vor allem Herrn Assessor *Solomon* LLM (Berkeley) sowie den Referendaren Frau *Bonacker* und Herren *Dopheide*, *Endler*, *Müller* und *Reiter*, nicht zuletzt aber Frau *Proyer*, die für die technische Erstellung des Manuskripts sorgte und die Tücken der elektronischen Textverarbeitung meisterte.

Gerhard Kegel — Klaus Schurig

Inhaltsübersicht

Inhalt

Erster Teil. Das internationale Privatrecht als Ganzes

§ 1. Begriff

§ 2. Interessen

§ 3. Geschichte

§ 4. Quellen

§ 5. Schrifttum

Zweiter Teil. Der Allgemeine Teil des internationalen Privatrechts

§ 6. Anknüpfungsnorm

§ 7. Qualifikation

§ 8. Angleichung

§ 9. Vorfrage

§ 10. Rück- und Weiterverweisung

§ 11. Verweisung bei Rechtsspaltung

§ 12. Bedingte Verweisung

§ 13. Anknüpfungsmomente

§ 14. Gesetzesumgehung

§ 15. Anwendung ausländischen Rechts

§ 16. Ordre public

Dritter Teil. Der Besondere Teil des internationalen Privatrechts

§ 17. Allgemeine Lehren des Privatrechts

§ 18. Schuldrecht

§ 19. Sachenrecht

§ 20. Familienrecht

§ 21. Erbrecht

Anhang

§ 22. Internationales Verfahrensrecht

§ 23. Internationales öffentliches Recht

Abkürzungsverzeichnis

A	Atlantic Reporter
a. A.	anderer Ansicht
aaO	am angegebenen Ort
ABGB	Allgemeines bürgerliches Gesetzbuch (Österreich)
Abk.	Abkommen
abl.	ablehnend
AblEG	Amtsblatt der Europäischen Gemeinschaften
Abs.	Absatz
AbzG	Gesetz, betreffend die Abzahlungsgeschäfte
A. C.	Law Reports, Appeal Cases
AcP	Archiv für die civilistische Praxis
Acta Jur.	Acta Juridica Academiae Scientiarum Hungaricae
ADC	Anuario de derecho civil
AdoptionsG	Gesetz über die Annahme als Kind und zur Änderung anderer Vorschriften (Adoptionsgesetz)
a. E.	am Ende
AEntG	Arbeitnehmer-Entsendegesetz, BGBl. 1996 I 227
a. F.	alte Fassung
AFDJ	Annuaire français de droit international
AfP	Zeitschrift für Medien- und Kommunikationsrecht
AG	Aktiengesellschaft Die Aktiengesellschaft, Zeitschrift für das gesamte Aktienwesen Amtsgericht
AGB	Allgemeine Geschäftsbedingungen
AGBG	Gesetz zur Regelung der Allgemeinen Geschäftsbedingungen
AHGB	Allgemeines Handelsgesetzbuch
AHKBl.	Amtsblatt der Alliierten Hohen Kommission in Deutschland
AHKGes.	Gesetz der Alliierten Hohen Kommission
AJP/PJA	Aktuelle Juristische Praxis
AK-BGB/Finger	Alternativkommentar zum BGB, Bd. 5 Familienrecht, 1981, S. 941–1049 (Internationales Privatrecht, Art. 13–23 EGBGB: Familienrecht)
AktG	Aktiengesetz
Albany L. Rev.	Albany Law Review
A. L. J.	Australian Law Journal
All E. R.	All England Law Reports
ALR	Allgemeines Landrecht für die Preußischen Staaten
Am. B. L. J.	American Business Law Journal
Am. J. Comp. L.	American Journal of Comparative Law
Am. J. Int. L.	American Journal of International Law
Am. J. Leg. Hist.	The American Journal of Legal History
Am. U. L. Rev.	The American University Law Review
An. Der. Int.	Anuario de derecho internacional
AnfG	Gesetz über die Anfechtung von Rechtshandlungen eines Schuldners außerhalb des Insolvenzverfahrens (Anfechtungsgesetz – AnfG) vom 5. 10. 1994 (BGBl. I 2911)
Anglo-Am. L. Rev.	The Anglo-American Law Review
Anh.	Anhang
An. Jur.	Anuario Jurídico

Anm.	Anmerkung
Ann. AAA	Annuaire de l'A. A. A. (Association des Auditeurs et Anciens Auditeurs de l'Académie de Droit International de La Haye)
Ann. Dir. Int.	Annuario di diritto internazionale
Ann. dr. mar. aér	Annuaire de droit maritime et aérien
Ann. fac. giur. Genova	Annali della facoltà di giurisprudenza Genova
Ann. fr. dr. int.	Annuaire français de droit international
Ann. Inst. Dr. int.	Annuaire de l'Institut de Droit international
Ann. Ist.	Annales de la Faculté de droit d'Istanbul
Ann. Surv. Am. L.	Annual Survey of American Law
Ann. Univ. Bud.	Annales Universitatis Scientiarum Budapestinensis, Sectio Furidica
AnwBl.	Anwaltsblatt
AO 1977	Abgabenordnung (AO 1977)
AöR	Archiv für öffentliches Recht
AP	Arbeitsrechtliche Praxis
ArbG	Arbeitsgericht
ArbGB	Arbeitsgesetzbuch der Deutschen Demokratischen Republik
Arb. Int.	Arbitration International
Arb. J.	Arbitration Journal
ArbuR	Arbeit und Recht
ArchLR	Archiv für Luftrecht
ArchVR	Archiv des Völkerrechts
Ariz. J. Int. & Comp. L.	Arizona Journal of International and Comparative Law
Ark.	Arkansas Reports
AsylVfG	Asylverfahrensgesetz
Atl.	Atlantic Reporter
AtW	Die Atomwirtschaft, Zeitschrift für die wirtschaftlichen Fragen der Kernumwandlung
Aufl.	Auflage
AUG	Auslandsunterhaltsgesetz
a. u. n. F.	alte und neue Fassung
AusfG	Ausführungsgesetz
AusfVO	Ausführungsverordnung
AuslG	Ausländergesetz
AuslPflVG	Gesetz über die Haftpflichtversicherung für ausländische Kraftfahrzeuge und Kraftfahrzeuganhänger
Austr. Y. B. Int. L.	The Australian Year Book of International Law
AVAG	Gesetz zur Ausführung zwischenstaatlicher Anerkennungs- und Vollstreckungsverträge in Zivil- und Handelssachen (Anerkennungs- und Vollstreckungsausführungsgesetz)
AVPStG	Verordnung zur Ausführung des Personenstandsgesetzes
AVR	Archiv des Völkerrechts
AWD	Außenwirtschaftsdienst des Betriebsberaters
AWG	Außenwirtschaftsgesetz
BadRpr.	Badische Rechtspraxis
BAföG	Bundesausbildungsförderungsgesetz
BAnz.	Bundesanzeiger
von Bar	von Bar, Internationales Privatrecht I, 1987, II, 1991
Batiffol/Lagarde	Batiffol/Lagarde, Droit international privé, I^8, 1993, II^7, 1983

BauR .... Zeitschrift für das gesamte öffentliche und zivile Baurecht
BayAGBGB .... Bayerisches Ausführungsgesetz zum BGB
BayObLG .... Bayerisches Oberstes Landesgericht
BayObLGZ .... Entscheidungen des Bayerischen Obersten Landesgerichts in Zivilsachen
BayVerf .... Verfassung Bayerns
BayVerfGH .... Bayerischer Verfassungsgerichtshof
BayVGH .... Bayerischer Verwaltungsgerichtshof
BayZ .... Zeitschrift für Rechtspflege in Bayern
BB .... Betriebs-Berater
BbgOLG .... Brandenburgisches Oberlandesgericht
Beil. .... Beilage
BeistandG .... Gesetz über die Abschaffung der gesetzlichen Amtspflegschaft und Neuordnung des Rechts der Beistandschaft (Beistandschaftsgesetz) vom 4. 12. 1997 (BGBl. I 2846, ber. 1998 I 1660)
Bek. .... Bekanntmachung
ber. .... berichtigt
BerGesVR .... Berichte der Deutschen Gesellschaft für Völkerrecht
bespr. .... besprochen
Betr. .... Der Betrieb
betr. .... betrifft
BetrAVG .... Gesetz zur Verbesserung der betrieblichen Altersversorgung vom 19. 12. 1974 (BGBl. I 3610)
BetrG .... Betreuungsgesetz vom 12. 9. 1990 (BGBl. I 2002)
BetrVG .... Betriebsverfassungsgesetz
BeurkG .... Beurkundungsgesetz
BezG .... Bezirksgericht
BfA .... Bundesversicherungsanstalt für Angestellte
BFH .... Bundesfinanzhof
BG .... Bezirksgericht
BGB .... Bürgerliches Gesetzbuch (Deutschland)
BGBl. .... Bundesgesetzblatt
BGE .... Entscheidungen des schweizerischen Bundesgerichts, Amtliche Sammlung
BGH .... Bundesgerichtshof
BGHZ .... Entscheidungen des Bundesgerichtshofes in Zivilsachen
BGHSt .... Entscheidungen des Bundesgerichtshofes in Strafsachen
BKartA .... Bundeskartellamt
Bl. .... Blatt
BMinJust .... Bundesminister der Justiz
BNotO .... Bundesnotarordnung
Böhmer/Siehr II .... Böhmer/Siehr, Das gesamte Familienrecht II, Das internationale Recht (hrsg. von Siehr, bearbeitet von Finger und Verschraegen; erscheint in Lieferungen seit 1979)
BörsÄndG .... Gesetz zur Änderung des Börsengesetzes vom 11. 7. 1989 (BGBl. I 1412)
BörsG .... Börsengesetz
Bol. abog. Arag. .... Boletín de los colegios de abogados de Arajón
Boston U. L. Rev. ..... Boston University Law Review
BRD .... Bundesrepublik Deutschland
BRDrucks. .... Bundesrat-Drucksache
Brit. Y. B. Int. L. .... British Year Book of International Law
Brook. J. Int. L. .... Brooklyn Journal of International Law
BSG .... Bundessozialgericht
BtÄndG .... Gesetz zur Änderung des Betreuungsrechts sowie weite-

	rer Vorschriften (Betreuungsrechtsänderungsgesetz – BtÄndG) vom 25. 6. 1998 (BGBl. I 1580)
BTDrucks.	Bundestags-Drucksache
Buchst.	Buchstabe
Bülow/Böckstiegel/ Geimer/Schütze	Bülow/Böckstiegel/Geimer/Schütze, Der Internationale Rechtsverkehr in Zivil- und Handelssachen[3] (Loseblatt-Sammlung)
Bull. ASA	Bulletin de l'Association Suisse de l'Arbitrage
B. U. L. Rev.	Boston University Law Review
BVerfG	Bundesverfassungsgericht
BVerfGE	Entscheidungen des Bundesverfassungsgerichts
BVerwG	Bundesverwaltungsgericht
BVerwGE	Entscheidungen des Bundesverwaltungsgerichts
BVFG	Bundesvertriebenengesetz
BW	Burgerlijk Wetboek (Niederlande)
BWahlG	Bundeswahlgesetz
BWNotZ	Zeitschrift für das Notariat in Baden-Württemberg
bzw.	beziehungsweise
C. A.	Court of Appeal
Cal. L. Rev.	California Law Review
can.	canon
Can. B. Rev.	Canadian Bar Review
Can. Y. B. Int. L.	The Canadian Yearbook of International Law
Cass.	Cour de Cassation
Cass. Civ.	Cour de Cassation, Chambre Civile
Cass. Req.	Cour de Cassation, Chambre des Reque^tes
Cass. Soc.	Cour de Cassation, Chambre Sociale
c. civ.	code civil
cert.	certiorari
Ch.	Chancery, Chapter
CIDIP	Conferencia Especializada Interamericana sobre Derecho Internacional Privado
CILSA	The Comparative and International Law Journal of Southern Africa
Cir.	Circuit
Clev.-Mar. L. Rev.	Cleveland-Marshall Law Review
Clev. St. L. Rev.	Cleveland State Law Review
C. L. J.	The Cambridge Law Journal
C. L. P.	Current Legal Problems
Clunet	Journal du Droit International
CMI	Comité Maritime International
C. M. L. Rev.	Common Market Law Review
cod. iur. can.	codex iuris canonici
cod. proc. civ.	codice di procedura civile
Col. L. Rev.	Columbia Law Review
Comp. Jur. Rev.	Comparative Juridical Review
Comp. L. Y. B.	Comparative Law Yearbook
Com. Studi	Comunicazioni e Studi (des Instituto di diritto internazionale e straniero della Università di Milano)
Cornell L. Rev.	Cornell Law Review
CR	Computer und Recht
D.	Recueil Dalloz
Dalhousie L. J.	Dalhousie Law Journal
DAR	Deutsches Autorecht

DAVorm. .... Der Amtsvormund
DB .... Der Betrieb
D. C. .... District of Columbia
D. Chron. .... Recueil Dalloz, Chronique
DDR .... Deutsche Demokratische Republik
De G. & J. .... De Gex and Jones's Reports
Der. neg. .... Derecho de los negocias
DEuFamR .... Deutsches und Europäisches Familienrecht
Dir. Aut. .... Il Diritto di Autore
Dir. Com. Int. .... Diritto del Commercio Internazionale, Pratica internazionale e diritto interno
Dir. Com. Scamb. Int. .... Diritto Comunitario e degli Scambi Internazionali
Dir. Fam. .... Il Diritto di Famiglia e delle Persone
Dir. Int. .... Diritto Internazionale
Dir. Mar. .... Il Diritto Marittimo
DIS .... Deutsches Institut für Schiedsgerichtswesen
Diss. .... Dissertation
DJT .... Deutscher Juristentag
D. Jur. .... Recueil Dalloz, Jurisprudence
D. L. R. .... Dominion Law Reports
D. M. F. .... Le Droit Maritime Français
DNotZ .... Deutsche Notar-Zeitschrift
Doc. Jur. .... Documentación Jurídica
DogmJ .... Jahrbücher für die Dogmatik des heutigen römischen und deutschen Privatrechts
DÖV .... Die Öffentliche Verwaltung
D. P. .... Dalloz périodique
DR .... Deutsches Recht
Dr. aff. int. .... Revue de droit des affaires internationales, International Business Law Journal
DRiZ .... Deutsche Richterzeitung
Dr. pol. cont. .... Droit polonais contemporain
Dr. prat. comm. int. .. Droit et pratique du commerce international, International Trade Law and Practice
D. S. Chron. .... Recueil Dalloz Sirey, Chronique
D. S. I. R. .... Recueil Dalloz Sirey, Informations Rapides
D. S. Jur. .... Recueil Dalloz Sirey, Jurisprudence
DStR .... Deutsches Steuerrecht
DtZ .... Deutsch-Deutsche Rechts-Zeitschrift
Duke L. J. .... Duke Law Journal
DVO .... Durchführungsverordnung
DVBl. .... Deutsches Verwaltungsblatt
DZWiR .... Deutsche Zeitschrift für Wirtschaftsrecht

E .... Entwurf
East. Afr. L. Rev. ...... Eastern Africa Law Review
ebd. .... ebenda
EG .... Einführungsgesetz
Europäische Gemeinschaft
EGBGB .... Einführungsgesetz zum Bürgerlichen Gesetzbuche
EGBGB-E .... Einführungsgesetz zum Bürgerlichen Gesetzbuche i. d. F. des Regierungsentwurfs eines Gesetzes zur Neuregelung des IPR (BTDrucks. 10/504)
EGFGB .... Einführungsgesetz zum Familiengesetzbuch der Deutschen Demokratischen Republik
EGHGB .... Einführungsgesetz zum Handelsgesetzbuche

EGInsO .... Einführungsgesetz zur Insolvenzordnung
EGSchG .... Einführungsgesetz zum Scheckgesetz
EGStGB .... Einführungsgesetz zum Strafgesetzbuch
EGV .... Vertrag zur Gründung der Europäischen Gemeinschaft
EGVVG .... Einführungsgesetz zum Versicherungsvertragsgesetz
EGWG .... Einführungsgesetz zum Wechselgesetz
EGZGB .... Einführungsgesetz zum Zivilgesetzbuch der Deutschen Demokratischen Republik
EheG .... Ehegesetz
EheVO .... VO über Eheschließung und Eheauflösung der Deutschen Demokratischen Republik
EheRG .... Gesetz zur Reform des Ehe- und Familienrechts
EheschlRG .... Gesetz zur Neuordnung des Eheschließungsrechts vom 4. 5. 1998 (BGBl. I 883)
EJIL .... European Journal of International Law
EKAG .... Einheitliches Gesetz über den Abschluß von internationalen Kaufverträgen über bewegliche Sachen
EKG .... Einheitliches Gesetz über den internationalen Kauf beweglicher Sachen
EMRK .... Europäische Konvention zum Schutze der Menschenrechte und Grundfreiheiten
EPIL .... Encyclopedia of Public International Law
ErbGleichG .... Gesetz zur erbrechtlichen Gleichstellung nichtehelicher Kinder (Erbrechtsgleichstellungsgesetz – ErbgleichG) vom 16. 12. 1997 (BGBl. I 2968)
Erman/Arndt .... Handkommentar zum Bürgerlichen Gesetzbuch, früher hrsg. von Erman, 7. Aufl. 1981 hrsg. von H. P. Westermann, Art. 7–12, 27–31 EGBGB, bearbeitet von Arndt
Erman/Marquordt .... ebenda Art. 13–26 EGBGB, bearbeitet von Marquordt
Erman/Hohloch .... ebenda 9. Aufl. 1993 hrsg. von H. P. Westermann und Küchenhoff, EGBGB, bearbeitet von Hohloch
Erw. .... Erwiderung
EU .... Europäische Union
EuGH .... Europäischer Gerichtshof
EuGRZ .... Europäische Grundrechte-Zeitschrift
EuGVÜ .... Europäisches Übereinkommen über die gerichtliche Zuständigkeit und die Vollstreckung gerichtlicher Entscheidungen in Zivil- und Handelssachen vom 27. 9. 1968
EuR .... Europa-Recht
Eur. L. Rev. .... European Law Review
Eur. Rev. Priv. L. ...... European Review of Private Law, Revue européenne de droit privé, Europäische Zeitschrift für Privatrecht
Eur. Transp. L. .... European Transport Law
EuZW .... Europäische Zeitschrift für Wirtschaftsrecht
EWG .... Europäische Wirtschaftsgemeinschaft
EWGV .... Vertrag über die Europäische Wirtschaftsgemeinschaft
EWiR .... Entscheidungen zum Wirtschaftsrecht
EWS .... Europäisches Wirtschafts- und Steuerrecht

F. .... Federal Reporter
f., ff. .... folgend(e)
FamNamRG .... Gesetz zur Neuordnung des Familiennamensrechts (Familiennamensrechtsgesetz – FamNamRG) vom 16. 12. 1993 (BGBl. I 2054)
FamRÄndG .... Familienrechtsänderungsgesetz

FamRefK – N. N.
Name des Bearbeiters) Bäumel u. a., Familienrechtsreformkommentar – FamRefK –, 1998
FamRZ .... Ehe und Familie, Zeitschrift für das gesamte Familienrecht
Ferid .... Ferid, Internationales Privatrecht[3], JA-Sonderheft 13, 1986 (§ 8, Internationales Familienrecht, bearbeitet von Böhmer)
FernUSG .... Gesetz zum Schutz der Teilnehmer am Fernunterricht
FGB .... Familiengesetzbuch der Deutschen Demokratischen Republik
FGG .... Gesetz über die Angelegenheiten der freiwilligen Gerichtsbarkeit
FGPrax .... Praxis der Freiwilligen Gerichtsbarkeit, Vereinigt mit OLGZ
Firsching/von Hoffmann .... Firsching/von Hoffmann, Internationales Privatrecht[5], 1997
FJR .... Familie- en Jeugdrecht
Fl. .... Florida
Fla. L. Rev. .... Florida Law Review
F. L. R. .... Federal Law Reports (Australia)
Fn. .... Fußnote
For. Int. R. .... Forum des internationalen Rechts
Foro It. .... Il Foro Italiano
Foro Pad. .... Il Foro Padano
Forum Int. .... Forum International
FrEntzG .... Gesetz über das gerichtliche Verfahren bei Freiheitsentziehungen
FRG .... Fremdrentengesetz
Fschr. .... Festschrift
F. Supp. .... Federal Supplement
FuR .... Familie und Recht

G .... Gesetz
Ga. J. Int. Comp. L. .. Georgia Journal of International and Comparative Law
Gai. .... Gaius, Institutionum Commentarii Quattuor
Gaz. Pal. Doctr. .... Gazette du Palais, Doctrine
GBl. .... Gesetzblatt der DDR
Gedächtnisschr. .... Gedächtnisschrift
GenG .... Gesetz, betreffend die Erwerbs- und Wirtschaftsgenossenschaften
German Yb. Int. L. ... German Yearbook of International Law
Ges. .... Gesetz
GeschmMG .... Gesetz, betreffend das Urheberrecht an Mustern und Modellen
GesEinhG .... Gesetz zur Wiederherstellung der Gesetzeseinheit auf dem Gebiete des bürgerlichen Rechts
GesO .... Gesamtvollstreckungsordnung
GewO .... Gewerbeordnung für das Deutsche Reich
GG .... Grundgesetz für die Bundesrepublik Deutschland
GGG .... Gesetz über die gesellschaftlichen Gerichte der DDR
GiurCompDIP .... Giurisprudenza comparata di diritto internazionale privato
Giur. It. .... Giurisprudenza Italiana
GIW .... Gesetz über internationale Wirtschaftsverträge der Deutschen Demokratischen Republik
GKG .... Gerichtskostengesetz

GleichberG .... Gesetz über die Gleichberechtigung von Mann und Frau auf dem Gebiete des bürgerlichen Rechts
GmbHG .... Gesetz, betreffend die Gesellschaften mit beschränkter Haftung
GmbHR .... Rundschau für GmbH
GMBl. .... Gemeinsames Ministerialblatt
GrdstVG .... Grundstückverkehrsgesetz
Gruchot .... Gruchots Beiträge zur Erläuterung des Deutschen Rechts
GRUR .... Gewerblicher Rechtsschutz und Urheberrecht
GRUR Ausl. .... Gewerblicher Rechtsschutz und Urheberrecht, Auslands- und internationaler Teil
GRUR Int. .... Gewerblicher Rechtsschutz und Urheberrecht, Internationaler Teil
GS .... Großer Senat
GSZ .... Großer Senat in Zivilsachen
GUG .... Gesamtvollstreckungs-Unterbrechungsgesetz
GVBl. .... Gesetz- und Verordnungsblatt
GVG .... Gerichtsverfassungsgesetz
GV LSA .... Gesetz- und Verordnungsblatt Sachsen-Anhalt
GVÜ .... Europäisches Übereinkommen über die gerichtliche Zuständigkeit und die Vollstreckung gerichtlicher Entscheidungen in Zivil- und Handelssachen vom 27. 9. 1968
GWB .... Gesetz gegen Wettbewerbsbeschränkungen

Hague Yb. Int. L. .... Hague Yearbook of International Law
Harv. Int. L. J. .... The Harvard International Law Journal
Harv. L. Rev. .... Harvard Law Review
Hast. L. J. .... The Hastings Law Journal
HausratVO .... VO über die Behandlung der Ehewohnung und des Hausrats (6. DVO zum Ehegesetz)
HaustürWG .... Gesetz über den Widerruf von Haustürgeschäften und ähnlichen Geschäften
Henrich IFamR .... Henrich, Internationales Familienrecht, 1989
HGB .... Handelsgesetzbuch
Hitotsubashi J. L. and Pol. .... Hitotsubashi Journal of Law and Politics
h. M. .... herrschende Meinung
HöfeO .... Höfeordnung für die Britische Zone
Hofstra L. Rev. .... Hofstra Law Review
Hong Kong L. J. .... Hong Kong Law Journal
HPflG .... Haftpflichtgesetz
HRG .... Handwörterbuch zur Deutschen Rechtsgeschichte
HRGZ .... Hanseatische Rechts- und Gerichtszeitschrift
Hrsg. .... Herausgeber
hrsg. .... herausgegeben
HS .... Halbsatz
Hung. L. Rev. .... Hungarian Law Review

IAEA .... International Atomic Energy Agency
ICSID .... International Centre for Settlement of Investment Disputes
ICSID Rev. .... ICSID Review – Foreign Investment Law Journal
i. d. F. .... in der Fassung
IECL .... International Encyclopedia of Comparative Law
IHK .... Internationale Handelskammer
ILM .... International Legal Materials
IMCO .... Inter-Governmental Maritime Consultative Organization

IMO .... International Maritime Organization
InfAuslR .... Informationsbrief Ausländerrecht
InkrG .... Gesetz über die Inkraftsetzung von Rechtsvorschriften der Bundesrepublik Deutschland in der Deutschen Demokratischen Republik vom 21. 6. 1990 (GBl. I 357), geändert durch Ges. vom 6. 7. 1990 (GBl. I 713)
insbes. .... insbesondere
InsO .... Insolvenzordnung
Int. Bus. Lawy. .... International Business Lawyer
Int. Comp. L. Q. .... International and Comparative Law Quarterly
Inter-American L. Rev. .... The University of Miami Inter-American Law Review
Int. J. L. Fam. .... International Journal of Law and the Family
Int. J. L. Inf. .... International Journal of Legal Information
Int. J. L. P. Fam. .... International Journal of Law, Policy and the Family
Int. L. .... The International Lawyer
Int. Leg. Forum .... The International Legal Forum
Int. L. Q. Rev. .... International Law Quarterly Review
Intramural L. Rev. .... Intramural Law Review (New York University School of Law)
IntRDipl. .... Internationales Recht und Diplomatie
IPG .... Gutachten zum internationalen und ausländischen Privatrecht
IPR .... Internationales Privatrecht
IPRax .... Praxis des Internationalen Privat- und Verfahrensrechts
IPRG .... Gesetz zur Neuregelung des Internationalen Privatrechts vom 25. 7. 1986 (BGBl. I 1142)
IPRspr. .... Die deutsche Rechtsprechung auf dem Gebiete des internationalen Privatrechts
Isr. L. R. .... Israel Law Review
IStR .... Internationales Steuerrecht
i. S. v. .... im Sinne von
It. Y. B. Int. L. .... Italian Yearbook of International Law
IVRA .... IVRA, Rivista internazionale di diritto romano e antico
IzonRspr. .... Sammlung der deutschen Entscheidungen zum interzonalen Privatrecht

JA .... Juristische Arbeitsblätter
JahrbIntR .... Jahrbuch für internationales Recht
JahrbItR .... Jahrbuch für Italienisches Recht
JahrbOstR .... Jahrbuch für Ostrecht
JahrbPraxSchiedsg .... Jahrbuch für die Praxis der Schiedsgerichtsbarkeit
Jayme/Hausmann[9] .... Jayme und Hausmann, Internationales Privat- und Verfahrensrecht[9], 1998
JbJgZivRW .... Jahrbuch junger Zivilrechtswissenschaftler
J. B. L. .... Journal of Business Law
JBl. Saar .... Justizblatt des Saarlandes
JCCLSR .... Journal of Comparative Corporate Law and Securities Regulation
JDI (Clunet) .... Journal du droit international
JFG .... Jahrbuch für Entscheidungen in Angelegenheiten der freiwilligen Gerichtsbarkeit und des Grundbuchrechts
J. Fam. L. .... Journal of Family Law
Jherings Jb. .... Jherings Jahrbücher der Dogmatik des bürgerlichen Rechts
J. Int. Arb. .... Journal of International Arbitration

J. LCIA W. Arb.	World Arbitration International, The Journal of the LCIA Worldwide Arbitration
J. Leg. Ed.	Journal of Legal Education
J. M. L. C.	Journal of Maritime Law and Commerce
J. O.	Journal officiel de la République française
JR	Juristische Rundschau
J. Trib.	Journal des Tribunaux
J. Trib. Dr. Eur.	Journal des Tribunaux, Droit Européen
Jura	Jura, Juristische Ausbildung
JurA	Juristische Analysen
Jur. Arg.	Jurisprudencia Argentina
Jurídica	Jurídica (Anuario del departamento de derecho de la Universidad iberoamericana)
Jur. Rev.	The Juridical Review
JuS	Juristische Schulung
JW	Juristische Wochenschrift
JWG	Reichsgesetz für Jugendwohlfahrt
J. W. T.	Journal of World Trade
J. W. T. L.	Journal of World Trade Law
JZ	Juristenzeitung
K. B.	Law Reports, King's Bench
Keller/Siehr	Keller/Siehr, Allgemeine Lehren des IPR, Zürich 1986
KG	Kammergericht
KGJ	Jahrbuch für Entscheidungen des Kammergerichts
KindRG	Gesetz zur Reform des Kindschaftsrechts (Kindschaftsrechtsreformgesetz – KindRG) vom 16. 12. 1997 (BGBl. I 2942)
KJHG	Gesetz zur Neuregelung des Kinder- und Jugendhilferechts (Kinder- und Jugendhilfegesetz – KJHG) vom 26. 6. 1990 (BGBl. I 1163)
KO	Konkursordnung
KonkTreuh.	Konkurs-, Treuhand- und Schiedsgerichtswesen
KRG	Kontrollratsgesetz
KrG	Kreisgericht
krit.	kritisch
KritV	Kritische Vierteljahresschrift für Gesetzgebung und Rechtswissenschaft
Kropholler	Kropholler, Internationales Privatrecht[3], 1997
KSchG	Kündigungsschutzgesetz
KSÜ	Haager Abkommen über die Zuständigkeit, das anzuwendende Recht, die Anerkennung, Vollstreckung und Zusammenarbeit auf dem Gebiet der elterlichen Verantwortung und der Maßnahmen zum Schutz von Kindern vom 19. 10. 1996
KTS	Konkurs-, Treuhand- und Schiedsgerichtswesen
KunstUrhG	Gesetz, betreffend das Urheberrecht an Werken der bildenden Künste und der Photographie
KWG	Gesetz über das Kreditwesen
LAG	Landesarbeitsgericht
La. L. Rev.	Louisiana Law Review
Law & Cont. Prob.	Law and Contemporary Problems
Law & Pol. Int. Bus.	Law and Policy in International Business
L. Ed.	Lawyers' Edition, United States Supreme Court Reports
Leiden J. Int. L.	Leiden Journal of International Law

LES .... Liechtensteinische Juristen Entscheidungssammlung (LES)
Lewald .... Lewald, Das deutsche internationale Privatrecht, 1931
Lfg. .... Lieferung
LG .... Landgericht
L. J. Ch. .... Law Journal Reports, New Series, Chancery Division
L. J. Ex. .... Law Journal Reports, New Series, Exchequer Division
LJZ .... Liechtensteinische Juristen-Zeitung
LJV .... Landesjustizverwaltung
Lloyd's M. C. L. Q. Lloyd's Maritime and Commercial Law Quarterly
L. Q. Rev. .... Law Quarterly Review
L. R. C. P. .... Law Reports, Common Pleas
L. R. P. D. .... Law Reports, Probate, Divorce, and Admiralty Division
LS .... Leitsatz
LSG .... Landessozialgericht
Lüderitz .... Lüderitz, Internationales Privatrecht[2], 1992

Maastricht J. Eur. Comp. L. .... Maastricht Journal of European and Comparative Law
Malaya L. Rev. .... Malaya Law Review
McGill L. J. .... McGill Law Journal
MDR .... Monatsschrift für Deutsches Recht
m. E. .... meines Erachtens
Melchior .... Melchior, Die Grundlagen des deutschen internationalen Privatrechts, 1932
Mercer L. Rev. .... Mercer Law Review
Mich. L. Rev. .... Michigan Law Review
Minn. L. Rev. .... Minnesota Law Review
MitbestG 1976 .... Gesetz über die Mitbestimmung der Arbeitnehmer (Mitbestimmungsgesetz – MitbestG) vom 4. 5. 1976 (BGBl. I 1153)
Mitt. .... Mitteilungen
MittRhNotK .... Mitteilungen der Rheinischen Notarkammer
MKSchG .... Gesetz über den Mutter- und Kindesschutz und die Rechte der Frau (DDR)
MKSchVO .... Verordnung über den Mutter- und Kindesschutz und die Rechte der Frau (Ost-Berlin)
Mod. L. Rev. .... Modern Law Review
M. R. .... Master of the Rolls
MRG .... Militärregierungsgesetz
MSA .... Haager Abkommen über die Zuständigkeit der Behörden und das anzuwendende Recht auf dem Gebiet des Schutzes der Minderjährigen vom 5. 10. 1961
MünchKomm/N. N. (Name des Bearbeiters) .... Münchener Kommentar zum Bürgerlichen Gesetzbuch, Band 7, 2. Aufl. 1990; Band 10, Art. 1–38 EGBGB, 3. Aufl. 1998; Ergänzungsband zur 3. Aufl., Art. 230–236 EGBGB
MünchKomm-ZPO/N. N. (Name des Bearbeiters) .... Münchener Kommentar zur Zivilprozeßordnung I–III, 1992

NAG .... Bundesgesetz betreffend die zivilrechtlichen Verhältnisse der Niedergelassenen und Aufenthalter (Schweiz)

NÄG	Gesetz über die Änderung von Familiennamen und Vornamen
Nagel/Gottwald IZPR[4]	Nagel/Gottwald, Internationales Zivilprozeßrecht[4], 1997
N. E.	Northeastern Reporter
NedJ	Nederlandse Jurisprudentie
NedJBl.	Nederlands Juristenblad
Ned. Y. B. Int. L.	Netherlands Yearbook of International Law
NEhelG	Gesetz über die rechtliche Stellung der nichtehelichen Kinder
Neuhaus	Neuhaus, Die Grundbegriffe des internationalen Privatrechts[2], 1976
n. F.	neue Fassung
NGCC	La nuova giurisprudenza civile commentata
N. H.	New Hampshire Reports
Nig. L. J.	The Nigerian Law Journal
NILR	Netherlands International Law Review
NIPR	Nederlands Internationaal Privaatrecht
NJ	Neue Justiz
NJW	Neue Juristische Wochenschrift
NJW-RR	NJW-Rechtsprechungs-Report
Nord. TIR	Nordisk Tidsskrift for International Ret
North Dakota L. Rev.	North Dakota Law Review
NotG	Notariatsgesetz der DDR
Notre Dame Int. Comp. L. J.	Notre Dame International and Comparative Law Journal
Nouv. Rev. dr. i. p.	Nouvelle Revue de droit international privé
Nr.	Nummer
NRW	Nordrhein-Westfalen
NTIR	Nederlands Tijdschrift voor Internationaal Recht
NVerkZ	Neue Zeitschrift für Verkehrsrecht
N. W.	Northwestern Reporter
Nw. J. Int. L. & B.	Northwestern Journal of International Law & Business
N. Y.	New York Reports
N. Y. S.	New York Supplement
N. Y. U. Intra. L. Rev.	New York University Intramural Law Review
N. Y. U. L. Q. Rev.	New York University Law Quarterly Review
N. Y. U. L. Rev.	New York University Law Review
nz	nicht zugänglich
NZA	Neue Zeitschrift für Arbeitsrecht
NZG	Neue Zeitschrift für Gesellschaftsrecht
ÖBA	Österreichisches Bankarchiv
ODILA	Ocean Development and International Law, The Journal of Marine Affairs
OECD	Organisation für Europäische Wirtschaftliche Zusammenarbeit
OEG	Gesetz über die Entschädigung für Opfer von Gewalttaten
ÖStA	Österreichisches Standesamt
ÖstHPraxintauslR	Österreichische Hefte für die Praxis des internationalen und ausländischen Rechts
(öst)JBl.	Juristische Blätter (Österreich)
ÖstJZ	Österreichische Juristen-Zeitung
(öst)OGH	Oberster Gerichtshof (Österreich)
(öst)WBl.	Wirtschaftsrechtliche Blätter (Österreich)

ÖstZöffR .... Österreichische Zeitschrift für öffentliches Recht
(öst)ZRvgl. .... Zeitschrift für Rechtsvergleichung, IPR und Europarecht (Österreich)
(öst)ZVerkR .... Zeitschrift für Verkehrsrecht (Österreich)
OG .... Oberster Gerichtshof
OGH .... Oberster Gerichtshof für die Britische Zone
OGHE .... Entscheidungen des Obersten Gerichtshofes für die Britische Zone in Zivilsachen
o. J. .... ohne Jahr
Okl. L. Rev. .... Oklahoma Law Review
OLG .... Oberlandesgericht
OLGE .... Die Rechtsprechung der Oberlandesgerichte auf dem Gebiete des Zivilrechts
OLGZ .... Entscheidungen der Oberlandesgerichte in Zivilsachen
o. O. .... ohne Ort
Oregon L. Rev. .... Oregon Law Review
OVG .... Oberverwaltungsgericht

Pace Int. L. Rev. .... Pace International Law Review
Pac. L. J. .... Pacific Law Journal
Palandt/Heldrich .... Palandt, Bürgerliches Gesetzbuch, Art. 7–31 EGBGB, bearbeitet von Heldrich[58], 1999
Pas. .... Pasicrisie Belge
PatG .... Patentgesetz
PHI .... Produkthaftpflicht international
Pol. Yb. Int. L. .... Polish Yearbook of International Law
Präs. .... Präsident
PreußBeamtenhaftungsG .... Preußisches Beamtenhaftungsgesetz
PreußStaatshaftungsG .... Preußisches Staatshaftungsgesetz
ProdHpflInt .... Produkthaftpflicht international
Prot. .... Protokolle
PStG .... Personenstandsgesetz
PStV .... Verordnung zur Ausführung des Personenstandsgesetzes
PucheltsZ .... Zeitschrift für französisches Zivilrecht

Raape .... Raape, Internationales Privatrecht[5], 1961
Raape/Sturm I .... Raape und Sturm, Internationales Privatrecht I[6], 1977
Rabel .... Rabel, The Conflict of Laws I[2] 1958, II[2] 1960, III[2] 1964, IV[1] 1958
RabelsZ .... Zeitschrift für ausländisches und internationales Privatrecht, begründet von Ernst Rabel
RAG .... Rechtsanwendungsgesetz der Deutschen Demokratischen Republik
Reichsarbeitsgericht
RdA .... Recht der Arbeit
RDAI .... Revue de droit des affaires internationales, International Business Law Journal
Rec. .... Académie de Droit International, Recueil des Cours
Rec. Penant .... Recueil Penant
Red. .... Redaktion
RegVBG .... Gesetz zur Beschleunigung registerrechtlicher und anderer Verfahren (Registerverfahrensbeschleunigungsgesetz – RegVBG) vom 20. 12. 1993 (BGBl. I 2182)
Reichsbeamtenhaftungs G .... Gesetz über die Haftung des Reichs für seine Beamten

Reithmann/Martiny . Reithmann und Martiny (Hrsg.), Internationales Vertragsrecht[5], 1996
Rép. dr. int. .... Répertoire de droit international
Resp. civ. prev. .... Responsabilità Civile e Previdenza
Rev. arb. .... Revue de l'arbitrage
Rev. belge dr. int. ...... Revue belge de droit international
Rev Cent EEL .... Review of Central and East European Law (früher Rev. Soc. L.)
Rev. crit. .... Revue critique de jurisprudence belge
Rev. crit. dr. i. p. .... Revue critique de droit international privé
Rev. crit. jur. belge .... Revue critique de jurisprudence belge
Rev. der. banc. burs. Revista de derecho bancario y bursátil
Rev. der. merc. .... Revista de derecho mercantil
Rev. der. priv. .... Revista de derecho privado
Rev. dir. ec. .... Revista de Direito e Economia
Rev. dr. aff. int. .... Revue de droit des affaires internationales
Rev. dr. comm. belge Revue de droit commercial belge
Rev. dr. int. dr. comp. .... Revue de droit international et de droit comparé
Rev. dr. int. lég. comp. .... Revue de droit international et de législation comparée
Rev. dr. i. p. .... Revue de droit international privé
Rev. dr. ULB .... Revue de droit de l'Université libre de Bruxelles
Rev. dr. unif. .... Revue de droit uniforme, Uniform Law Review
Rev. esp. der. int. .... Revista española de derecho internacional
Rev. gen. der. .... Revista general de derecho
Rev. hell. dr. europ. .. Revue hellénique de droit européen
Rev. hell. dr. int. .... Revue hellénique de droit international
Rev. Inst. der. comp. Revista del Instituto de derecho comparado
Rev. int. dr. comp. .... Revue internationale de droit comparé
Rev. int. dr. éc. .... Revue internationale de droit économique
Rev. jur. not. .... Revista jurídica del notariado
Rev. jur. pol. ind. coop. .... Revue juridique et politique, Indépendance et coopération
Rev. jur. pol. Maroc .. Revue juridique, politique et économique du Maroc
Rev. prat. dr. comm. int. .... Revue pratique de droit commercial international
Rev. roum. sc. soc. sc. jur. .... Revue roumaine des sciences sociales, Série de sciences juridiques
Rev. soc. .... Revue des sociétés, Journal des sociétés
Rev. Soc. L. .... Review of Socialist Law
Rev. trim. dr. civil ..... Revue trimestrielle de droit civil
Rev. trim. dr. commercial............. Revue trimestrielle de droit commercial et de droit économique
Rev. trim. dr. fam. ..... Revue trimestrielle de droit familial
RG .... Reichsgericht
RGZ .... Entscheidungen des Reichsgerichts in Zivilsachen
RGBl. .... Reichsgesetzblatt
RGRK .... Das Bürgerliche Gesetzbuch mit besonderer Berücksichtigung der Rechtsprechung des Reichsgerichts und des Bundesgerichtshofes, Kommentar[12], 1974 ff.
RheinZ .... Rheinische Zeitschrift für Zivil- und Prozeßrecht
Rhod. L. J. .... The Rhodesian Law Journal
RiA .... Recht in der Außenwirtschaft, Beilage der Sozialistischen Außenwirtschaft

Riezler .... Riezler, Internationales Zivilprozeßrecht und prozessuales Fremdenrecht, 1949
Riv. dir. civ. .... Rivista di diritto civile
Riv. dir. comm. .... Rivista del diritto commerciale (e del diritto generale delle obbligazione)
Riv. dir. int. .... Rivista di diritto internazionale
Riv. dir. int. priv. proc. .... Rivista di diritto internazionale privato e processuale
Riv. dir. matr. .... Rivista del diritto matrimoniale e dello stato delle persone
Riv. dir. proc. .... Rivista di diritto processuale
Riv. it. sc. giur. .... Rivista italiana per le scienze giuridiche
RIW .... Recht der Internationalen Wirtschaft (Außenwirtschaftsdienst des Betriebsberaters, Betriebs-Berater International)
RNotO .... Reichsnotarordnung
ROW .... Recht in Ost und West
Rpfleger .... Der deutsche Rechtspfleger
R. R. J. .... Revue de la recherche juridique
Rspr. .... Rechtsprechung
RÜG .... Gesetz zur Herstellung der Rechtseinheit in der gesetzlichen Renten- und Unfallversicherung vom 25. 7. 1991 (BGBl. I 1606)
RuStAG .... Reichs- und Staatsangehörigkeitsgesetz
RuStAGÄndG 1974 Gesetz zur Änderung des Reichs- und Staatsangehörigkeitsgesetzes (RuStAGÄndG 1974) vom 20. 12. 1974 (BGBl. I 3714)
RvglHWB .... Rechtsvergleichendes Handwörterbuch für das Zivil- und Handelsrecht
Rz .... Randziffer
RzW .... Rechtsprechung zum Wiedergutmachungsrecht

S. .... Recueil Sirey
Satz
Seite
s. .... section
siehe
SaBl. .... Sammelblatt für Rechtsvorschriften des Bundes und der Länder
SachenRÄndG .... Gesetz zur Änderung sachenrechtlicher Bestimmungen (Sachenrechtsänderungsgesetz – SachenRÄndG) vom 21. 9. 1994 (BGBl. I 2457)
SächsAnn. .... Annalen des Sächsischen Oberlandesgerichts zu Dresden
SAE .... Sammlung arbeitsrechtlicher Entscheidungen
S. A. L. J. .... South African Law Journal
Savigny .... Savigny, System des heutigen Römischen Rechts VIII, 1849
SchG .... Scheckgesetz
SchlHA .... Schleswig-Holsteinische Anzeigen
SchuldRÄndG .... Gesetz zur Änderung schuldrechtlicher Bestimmungen im Beitrittsgebiet (Schuldrechtsänderungsgesetz – SchuldRÄndG) vom 21. 9. 1994 (BGBl. I 2538)
Schurig .... Schurig, Kollisionsnorm und Sachrecht, 1981
SchweizAG .... Schweizerische Aktiengesellschaft, Société anonyme suisse
SchweizBG .... Schweizerisches Bundesgericht
SchweizJahrbintR ..... Schweizerisches Jahrbuch für internationales Recht

SchweizJZ .... Schweizerische Juristen-Zeitung
Schw. Jb. Int. R. .... Schweizerisches Jahrbuch für Internationales Recht
Schwimann .... Schwimann, Grundriß des IPR, Wien 1982
Schwind .... Schwind, Handbuch des Österreichischen Internationalen Privatrechts, 1975
Schwind IPR .... Schwind, Internationales Privatrecht, Lehr- und Handbuch für Theorie und Praxis, Wien 1990
Sc. jur. .... Sciences juridiques (Rumänien)
Scoles/Hay .... Scoles/Hay, Conflict of Laws[2], St. Paul, Minn., 1992
S. Ct. .... Supreme Court Reporter
S. E. .... Southeastern Reporter
SeeRÄndG .... Seerechtsänderungsgesetz
SeeRVerteilO .... Seerechtliche Verteilungsordnung
Sem. jur. .... La semaine juridique
SeuffArch. .... Seufferts Archiv für Entscheidungen der obersten Gerichte in den deutschen Staaten
SG .... Sozialgericht
SGb .... Die Sozialgerichtsbarkeit
SGB 1 .... Sozialgesetzbuch (SGB) – Allgemeiner Teil – vom 11. 12. 1975 (BGBl. I 3015), Art. I, Erstes Buch, Allgemeiner Teil
SGB 4 .... Sozialgesetzbuch (SGB) – Gemeinsame Vorschriften für die Sozialversicherung – vom 23. 12. 1976 (BGBl. I 3845), Art. I, Viertes Buch, Sozialversicherung
SGB 8 .... Sozialgesetzbuch (SGB) – Achtes Buch Kinder- und Jugendhilfe vom 26. 6. 1990 i. d. F. der Bek. vom 8. 12. 1998 (BGBl. I 3546)
SJZ .... Süddeutsche Juristen-Zeitung
S. L. T. .... Scots Law Times
So. .... Southern Reporter
So. Cal. L. Rev. .... Southern California Law Review
So. Carol. L. Rev. ...... Southern Carolina Law Review
Soergel/N. N. (Name des Bearbeiters) .... Soergel, Bürgerliches Gesetzbuch VIII[11] 1984, Art. 7–31 EGBGB, X[12], 1996, Art. 3–38, 220–236 EGBGB
Stan. L. Rev. .... Stanford Law Review
Staudinger/N. N. (Name des Bearbeiters) .... Kommentar zum BGB mit EG und Nebengesetzen, EGBGB, 10./11. Aufl. 1970 ff., 12. Aufl. 1979 ff., 13. Aufl. 1993 ff.
Staudinger/Raape ...... J. v. Staudingers Kommentar zum BGB und EG VI 2[9] (Art. 7–31 EGBGB), 1931
StAZ .... Das Standesamt, Zeitschrift für Standesamtswesen
StGB .... Strafgesetzbuch
St John's L. Rev. .... St. John's Law Review
StPO .... Strafprozeßordnung
StuR .... Staat und Recht
StVO .... Straßenverkehrs-Ordnung
StVZO .... Straßenverkehrs-Zulassungs-Ordnung
Sup. Ct. Rev. .... Supreme Court Review
SvJT .... Svensk Juristtidning
S. W. .... Southwestern Reporter
Sydney L. Rev. .... The Sydney Law Review
SZIER .... Schweizerische Zeitschrift für internationales und europäisches Recht

SZW .... Schweizerische Zeitschrift für Wirtschaftsrecht, Revue suisse de droit des affaires, Swiss Review of Business Law

TBBR .... Tijdschrift voor Belgisch Burgerlijk Recht, Revue générale de droit civil belge
Tex. Int. L. J. .... Texas International Law Journal
Tex. L. Rev. .... Texas Law Review
TFJR .... Tijdschrift voor Familie & Jeugdrecht
TG .... Gesetz über die Errichtung von Testamenten und Erbverträgen
THRHR .... Tydskrif vir Hedendaagse Romeins-Hollandse Reg
T. L. R. .... Times Law Reports
TPR .... Tijdschrift voor Privaatrecht
TranspR .... Transportrecht
Trav. com. fr. dr. i. p. Travaux du comité français de droit international privé
Trib. .... Tribunal, Tribunale
TSG .... Transsexuellengesetz
Tul. J. Int. Comp. L. Tulane Journal of International and Comparative Law
Tul. L. Rev. .... Tulane Law Review
TvC .... Tijdschrift voor Consumentenrecht
TzWrG .... Gesetz über die Veräußerung von Teilzeitnutzungsrechten an Wohngebäuden (Teilzeit-Wohnrechtegesetz – TzWrG) vom 20. 12. 1996 (BGBl. I 2154)

u. .... und
u. a. .... und andere
U. C. Davis L. Rev. ... U. C. Davis Law Review
U. Chi. L. Rev. .... The University of Chicago Law Review
UCLA L. Rev. .... UCLA Law Review
U. Col. L. Rev. .... University of Colorado Law Review
Übers. .... Übersetzer, Übersetzung
Ufita .... Archiv für Urheber-, Film- und Theaterrecht
U. Fla. L. Rev. .... University of Florida Law Review
U. Ill. L. Rev. .... University of Illinois Law Review
U. Miami L. Rev. ...... University of Miami Law Review
UmstG .... Umstellungsgesetz
UmwG .... Umwandlungsgesetz
UNCITRAL .... Kommission der Vereinten Nationen für Internationales Handelsrecht
UNCTAD .... Kommission der Vereinten Nationen für Handel und Entwicklung
UNIDROIT .... Internationales Institut für die Vereinheitlichung des Privatrechts in Rom
Unif. L. Rev. .... Uniform Law Review, Revue de droit uniforme
UNO .... Vereinte Nationen
U. Pa. L. Rev. .... University of Pennsylvania Law Review
UPR .... Umwelt- und Planungsrecht, Zeitschrift für Wissenschaft und Praxis
UrhG .... Gesetz über Urheberrecht und verwandte Schutzrechte (Urheberrechtsgesetz)
U. S. .... United States Supreme Court Reports
USCA .... United States Code Annotated
UStG .... Umsatzsteuergesetz
usw. .... und so weiter
U. T. L. J. .... University of Toronto Law Journal
UWG .... Gesetz gegen den unlauteren Wettbewerb

VAG	Gesetz über die Beaufsichtigung der Versicherungsunternehmen (Versicherungsaufsichtsgesetz – VAG)
VAHRG	Gesetz zur Regelung von Härten im Versorgungsausgleich
VAÜG	Gesetz zur Überleitung des Versorgungsausgleichs vom 25. 7. 1991 (BGBl. I 1702)
Va. J. Int. L.	Virginia Journal of International Law
Va. L. Rev.	Virginia Law Review
Vand. J. T. L.	Vanderbild Journal of Transnational Law
Vand. L. Rev.	Vanderbilt Law Review
VerbraucherkreditG	Gesetz über Verbraucherkredite, zur Änderung der Zivilprozeßordnung und anderer Gesetze
Verf.	Verfassung
VerkaufsprospektG	Gesetz über Wertpapier-Verkaufsprospekte und zur Änderung von Vorschriften über Wertpapiere
VerlG	Gesetz über das Verlagsrecht
VermÄndG	Zweites Vermögensrechtsänderungsgesetz
VermBerG	Vermögensrechtsbereinigungsgesetz
VermG	Gesetz zur Regelung offener Vermögensfragen (Vermögensgesetz)
VersArch.	Versicherungswissenschaftliches Archiv
VerschÄndG	Gesetz zur Änderung von Vorschriften des Verschollenheitsrechts
VerschG	Verschollenheitsgesetz
VersR	Versicherungsrecht
VersW	Versicherungswirtschaft
VerwArch.	Verwaltungsarchiv
VG	Verwaltungsgericht
vgl.	vergleiche
VglO	Vergleichsordnung
Virg. L. Rev.	Virginia Law Review
VIZ	Zeitschrift für Vermögens- und Investitionsrecht
VO	Verordnung
VOBl.	Verordnungsblatt
VRÜ	Verfassung und Recht in Übersee
VuR	Verbraucher und Recht
VVG	Gesetz über den Versicherungsvertrag
VW	Versicherungswirtschaft
Warn.	Warneyer, Rechtsprechung des Bundesgerichtshofs in Zivilsachen
Wash. & Lee L. Rev.	Washington & Lee Law Review
WBl.	Wirtschaftsrechtliche Blätter
WBVR	Strupp, Wörterbuch des Völkerrechts und der Diplomatie I (1924); Strupp/Schlochauer, Wörterbuch des Völkerrechts^2 I (1960), II (1961), III (1962)
Wengler I, II	Wengler, Internationales Privatrecht (Sonderausgabe von Band VI, 1. Teilband des BGB-RGRK, 12. Auflage), I, II, 1981
WG	Wechselgesetz
WGO	WGO – Monatshefte für Osteuropäisches Recht
WiB	Wirschaftsrechtliche Beratung
WiR	Wirtschaftsrecht
W. L. R.	Weekly Law Reports
WM	Wertpapier-Mitteilungen
WO	Wechselordnung

WPNR .... Weekblad voor Privaatrecht, Notariaat en Registratie (früher Weekblad voor Privaatrecht, Notaris-ambt en Registratie)
WR .... Wirtschaftsrecht (Ost-Berlin)
WRP .... Wettbewerb in Recht und Praxis
WRV .... Weimarer Reichsverfassung
WürttZ .... Zeitschrift für die freiwillige Gerichtsbarkeit und die Gemeindeverwaltung in Württemberg
WuW .... Wirtschaft und Wettbewerb
WuW/E .... Wirtschaft und Wettbewerb – Entscheidungssammlung
W. Va. .... West Virginia Reports
WZG .... Warenzeichengesetz (aufgehoben; jetzt Markengesetz vom 25. 10. 1994, BGBl. I 3082)

Yale L. J. .... Yale Law Journal
Yearb. Com. Arb. ..... Yearbook Commercial Arbitration

ZAkDR .... Zeitschrift der Akademie für Deutsches Recht
ZaöRV .... Zeitschrift für ausländisches öffentliches Recht und Völkerrecht
ZAR .... Zeitschrift für Ausländerrecht und Ausländerpolitik
ZauslöffRVR .... Zeitschrift für ausländisches öffentliches Recht und Völkerrecht
z. B. .... zum Beispiel
ZBernJV .... Zeitschrift des Bernischen Juristenvereins
ZBlJR .... Zentralblatt für Jugendrecht und Jugendwohlfahrt
ZEuP .... Zeitschrift für Europäisches Privatrecht
ZEuS .... Zeitschrift für europarechtliche Studien
ZEV .... Zeitschrift für Erbrecht und Vermögensnachfolge
ZfA .... Zeitschrift für Arbeitsrecht
ZfF .... Zeitschrift für Fürsorgewesen
ZfJ .... Zentralblatt für Jugendrecht, Jugend und Familie, Jugendhilfe, Jugendgerichtshilfe
ZfRV .... Zeitschrift für Rechtsvergleichung, IPR und Europarecht (Österreich)
ZGB .... Zivilgesetzbuch
ZGesetzgebung .... Zeitschrift für Gesetzgebung
ZGR .... Zeitschrift für Unternehmens- und Gesellschaftsrecht
ZHR .... Zeitschrift für das Gesamte Handelsrecht und Wirtschaftsrecht
ZIAS .... Zeitschrift für ausländisches und internationales Sozialrecht
ZIntEisenb .... Zeitschrift für den internationalen Eisenbahnverkehr, Bulletin des transports internationaux ferroviaires
ZIP .... Zeitschrift für Wirtschaftsrecht
ZIR .... Zeitschrift für internationales Recht
ZLR .... Zeitschrift für Luftrecht (seit 1960 ZLW)
ZLW .... Zeitschrift für Luft- und Weltraumrecht (bis 1959 ZLR)
ZNR .... Zeitschrift für Neuere Rechtsgeschichte
ZöffR .... Zeitschrift für öffentliches Recht
ZOV .... Zeitschrift für offene Vermögensfragen
ZPO .... Zivilprozeßordnung
ZRG .... Zeitschrift der Savigny-Stiftung für Rechtsgeschichte
ZRP .... Zeitschrift für Rechtspolitik
ZSchwR .... Zeitschrift für Schweizerisches Recht
ZStrW .... Zeitschrift für die gesamte Strafrechtswissenschaft
ZStW .... Zeitschrift für die gesamte Staatswissenschaft

ZUM	Zeitschrift für Urheber- und Medienrecht
zust.	zustimmend
ZustG	Zustimmungsgesetz
ZVersWiss.	Zeitschrift für die gesamte Versicherungswissenschaft
ZVG	Gesetz über die Zwangsversteigerung und Zwangsverwaltung
ZvglRW	Zeitschrift für vergleichende Rechtswissenschaft
ZVOBl.	Zentralverordnungsblatt
ZVölkR	Zeitschrift für Völkerrecht
ZZP	Zeitschrift für Zivilprozeß
ZZP Int.	Zeitschrift für Zivilprozeß International

Erster Teil

Das internationale Privatrecht als Ganzes

§ 1. Begriff

I. Beispiele

Zu Beginn *fünf Fälle:*

1. Der Sturz in den Potomac

– *Eastern Air Lines v. Union Trust Co.*, 221 F. 2d 62 (1955) –

Flugplatz Washington, 1. 11. 1949. Im Kontrollturm Glenn D. Tigner und sechs andere, die den Verkehr durch Funkgespräche mit den Flugzeugen regeln. Um 11.37 Uhr startet eine P 38, ein bolivianisches Militärflugzeug, von den USA neu gekauft, mit dem Piloten Bridoux von Landebahn 3 zum Probeflug. Um 11.38 meldet sich, von New York kommend, eine Eastern DC 4 mit 55 Personen an Bord. Sie ist noch 15 Meilen entfernt und bittet um Landeanweisung. Tigner leitet sie in eine Schneise für Landebahn 3 mit der Weisung, sich nochmals zu melden. Bei der nächsten Meldung um 11.44 gibt Tigner der Eastern die Landebahn 3 frei. Dann spricht er mit einem anderen Flugzeug und sieht die P 38 in großer Höhe südlich mit Richtung auf den Flugplatz. Ein Kollege sagt, sie bitte um Landeanweisung. Tigner fragt den Bolivier; der bejaht und Tigner gibt ihm die Schneise für Landebahn 3. Dann sieht er den Bolivier schnell und steil niedergehen. Er warnt – es ist jetzt 11.45 – die DC 4, daß der Bolivier in der Schneise ist, und ruft dem Bolivier zu: „Machen Sie eine Linkskurve, Sie landen als zweiter; erster ist eine DC 4, die vorn unter Ihnen zum Landen ansetzt!“ Bridoux schweigt und bleibt. Tigner ruft: „Bolivier, links, links! Sie sind zweiter hinter einer Eastern DC 4, die vorn unter Ihnen zum Landen ansetzt!“ Bridoux rührt sich nicht. Jetzt ruft Tigner die DC 4: „Eastern, gehen Sie nach links! Vorrang hat P 38 hinten über Ihnen!“ Die Eastern gehorcht sofort, wird aber über dem Potomac von der P 38 gestreift und zerbricht. Der Bug stürzt in den Potomac, der zum District of Columbia gehört, das Heck aufs Ufer in Virginia; alle Insassen sind tot. Auch der Bolivier stürzt in den Potomac, klettert jedoch, verwundet, aus der Kanzel.

Der Flugplatz von Washington liegt nicht wie die Stadt und wie der Potomac im District of Columbia, sondern in Virginia. Gilt für eine etwaige Fahrlässigkeit Tigners und eine aus ihr folgende Haftung der USA das Recht des Handlungsorts (Virginia) mit Haftungsbeschränkung auf 15 000 $ pro Person oder das Recht des Erfolgsorts (District of Columbia) mit unbeschränkter Haftung?

Dazu unten S. 625, 633.

2. Der Schiffsdetektiv

– OLG Düsseldorf IPRspr. 1982 Nr. 25 = MDR 1983, 132 = RIW 1984, 481 –

Ein in Deutschland wohnhafter Deutscher sucht gewerbsmäßig gestohlene Schiffe. Er findet beim Suchen nach einem anderen Schiff an der spanischen Küste die Jacht eines – ebenfalls in Deutschland wohnhaften – Deutschen, die in einem Hafen bei Barcelona zur Ausbesserung gelegen hatte. Er fordert Ersatz von Aufwendungen und Finderlohn.

Gilt spanisches oder deutsches Recht?

Dazu unten S. 615, 664.

3. Die Gabe des Königs

– Arrondissementsbank (Landgericht) Amsterdam
NedJ 1971, 1206 = Fschr. Zepos 1973, II 339–358 –

König Ibn Saud von Saudi-Arabien wird 1964 von seinem Bruder Feisal entthront und lebt seitdem in Athen. Fünf Söhne folgen ihm. 1967 schreibt Ibn Saud seiner Bank in Amsterdam, sie solle für jeden dieser Söhne 5 Millionen Dollar von seinem Konto abbuchen, zahlbar nach seinem Tod; die Gabe sei unwiderruflich und die Zinsen gehörten ihm. Die bedachten Söhne erklären sich einverstanden.

1969 stirbt Ibn Saud. Er hinterläßt seine Mutter, eine ungenannte Zahl von Witwen, 51 Söhne und 55 Töchter.

Drei der bedachten Söhne verklagen die Bank.

73 Erben intervenieren: Es gelte das Recht Saudi-Arabiens. Nach ihm erbten die Mutter $^1/_6$, die Witwen zusammen $^1/_8$, jeder Sohn $^{34}/_{3768}$ und jede Tochter $^{17}/_{3768}$. Der Erblasser könne keine Erben begünstigen ohne Zustimmung der anderen. Auch unter Lebenden habe Ibn Saud nicht wirksam geschenkt, da er bedingt und widerruflich verfügt habe.

Gilt saudi-arabisches Recht?

Dazu unten S. 284, 858.

4. Der treue Ungar

– Schweizerisches Bundesgericht E 75 II 122 (1949) –

„Ende 1943 legte der damalige ungarische Ministerpräsident Niklos Kallay einen sog. Dispositionsfonds in der Schweiz an ... Im März 1944 schied Kallay aus der Regierung aus. Sein Nachfolger Ferenc Nagy (nicht zu verwechseln mit *Imre* Nagy) übertrug die Verwaltung des erwähnten Fonds dem Beklagten Dr. Franz Gordon. Dieser war ungarischer Finanzminister gewesen und hatte nunmehr den Gesandtschaftsposten in Bern inne. Nagy stellte am 1. Januar 1947 zu Händen des Beklagten folgende Erklärung aus:

„Ich beauftrage hiermit den Herrn Gesandten Dr. Franz Gordon, daß er den Rest des seitens Niklos Kallay aus dem Dispositionsfonds des Ministerpräsidiums in der Schweiz begründeten Fonds für den Dispositionsfonds des Ministerpräsidiums übernehme.

Budapest, den 11. Januar 1947.

Nagy Ferenc
Ministerpräsident."

Ende März 1947 kam der Beklagte in den Besitz dieses Schreibens, und am 9. April 1947 fand die Übergabe des Fonds bei der Schweizerischen Kreditanstalt in Zürich statt. Dabei wurden die Vermögenswerte des Fonds in einem Protokoll verzeichnet. Am gleichen Tage schlossen der Beklagte und der von ihm beigezogene Gesandtschaftssekretär Josef Szall mit der Kreditanstalt einen Tresormietvertrag ab. Danach waren die beiden Mieter gemeinsam verfügungsberechtigt. Jeder erhielt einen Schlüssel.

Die politischen Umwälzungen in Ungarn veranlaßten den Ministerpräsidenten Nagy zur Demission und den Beklagten am 4. Juni 1947 zur Aufgabe des Gesandtschaftspostens. Er wurde durch einen neuen Gesandten ersetzt, der das Agrément des Bundesrates erhielt. Der Beklagte händigte dem ungarischen Ministerialsekretär Pullay den Tresorschlüssel des damals in Budapest weilenden Sekretärs Szall aus. Dagegen verweigerte er die Herausgabe des zweiten Schlüssels und des Tresormietvertrages, weil er die gegenwärtige ungarische Regierung nicht als verfassungsmäßig anerkenne."

Klage der Republik Ungarn auf Herausgabe des zweiten Schlüssels und des Tresormietvertrags sowie auf Feststellung, daß das Verfügungsrecht des Beklagten über Tresorfach und Inhalt (Wert 1,2 Millionen Franken) erloschen sei. Anspruch aus ungarischem Beamtenrecht und daher kein Rechtsweg? Anspruch aus bürgerrechtlichem Auftrag und, wenn ja, ungarisches oder schweizerisches Recht maßgebend? Anspruch aus Eigentum zwar nicht am Schlüssel, der der Bank gehört, aber an den hinterlegten Sachen mit Erstreckung des Eigentumsanspruchs auf den Schlüssel als *instrumentum possessionis*? Anspruch aus Besitz gegen Besitzdiener? Schweizerisches Recht für Eigentums- und Besitzansprüche maßgebend?

Dazu unten S. 938.

5. Der enterbte Filmstar

– Cour d'appel Aix-en-Provence Rev.crit.dr.i.p. 1983, 282,
Cour de cassation Rev.crit.dr.i.p. 1986, 66 –

Der auf den Jungferninseln (einem Territorium der USA) lebende, in den USA eingebürgerte frühere Franzose Jean-Claude Caron will bei seinem Tode seine Tochter Leslie Caron und seinen Sohn Aimery völlig leer ausgehen lassen. Er weiß, daß ein zum Nachlaß gehörendes Wohnungseigentum an der Côte d'Azur als unbewegliches Vermögen von den französischen Gerichten französischem Erbrecht unterworfen würde. Dieses sieht – anders als das US-amerikanische Recht – für Kinder ein Pflichtteilsrecht in Form eines echten Erbrechts („Noterbrecht") vor, das normalerweise nicht entziehbar ist. Um den Kindern den gesetzlichen Anteil dennoch vorzuenthalten, sucht Vater Caron dem französischen Erbrecht auszuweichen, indem er das Wohnungseigentum in bewegliches Vermögen „verwandelt": Er gründet eigens zu diesem Zweck eine Gesellschaft, überträgt auf sie das Wohnungseigentum und läßt die Anteile der Gesellschaft nach seinem Tode einem letztwilligen „trust" zufallen, der jede Begünstigung seiner Kinder ausschließt. Diese wollen sich, nachdem der Vater gestorben ist, das nicht gefallen lassen. Der Fall beschäftigt die französischen Gerichte zehn Jahre lang.

War Vater Carons Schachzug erfolgreich?

Dazu unten S. 421 f.

II. Begriff

Internationales Privatrecht (IPR) ist die Gesamtheit der Rechtssätze, die sagen, **welchen Staates Privatrecht anzuwenden** ist. IPR bestimmt z.B., ob eine Ehe nach deutschem, französischem oder englischem Recht geschieden wird oder ob ein Erblasser nach dänischem, schwedischem oder norwegischem Recht beerbt wird.

Entsprechend definiert **Art. 3 I 1 EGBGB**: „Bei Sachverhalten mit einer Verbindung zum Recht eines ausländischen Staates bestimmen die folgenden Vorschriften, welche Rechtsordnungen anzuwenden sind (Internationales Privatrecht)." Freilich ist dies doppelt ungenau: Solche Sachverhalte gibt es auch außerhalb des Anwendungsbereichs dieses Gesetzes, sogar außerhalb des Privatrechts, z.B. im internationalen öffentlichen Recht (unten § 23), und auch in reinen Inlandsfällen bestimmt IPR das anwendbare Recht (unten S. 6f.).

Angeregt ist Art. 3 I 1 (nach BTDrucks. 10/504 S. 35) durch Art. 1 I des Römischen Übereinkommens über das auf vertragliche Schuldverhältnisse anzuwendende Recht vom 19. 6. 1980 (unten S. 203), der dessen Anwendungsbereich aber genauer umschreibt.

Als Staat wird hier und im folgenden nur der *souveräne* Staat verstanden. Deren gab es 1871 insgesamt 44, 1914 um 60; heute haben wir, hauptsächlich durch Dekolonisierung und Nationalisierung, 192 (Harenberg Lexikon der Gegenwart Aktuell 99, Stand 1. 7. 1998, S. 387). Die UNO hat 185 Mitglieder (Stand 11. 12. 1998). Gibt es innerhalb eines souveränen Staates nichtsouveräne Teilstaaten – z.B. die Länder der Bundesrepublik, die Einzelstaaten der USA (New York, New Jersey usw.) – und ist zu entscheiden, welchen Teilstaates Privatrecht anzuwenden ist, so handelt es sich um *interlokales* Privatrecht, von dem später zu reden ist (unten S. 24–36).

III. Notwendigkeit

IPR ist **notwendig vorhanden**, solange es
– *verschiedene* Staaten gibt und
– in ihnen *verschiedenes Privatrecht* gilt.

Das IPR *verschwindet* erst dann, wenn die Verschiedenheit der Privatrechte endet, weil ein überall geltendes *Weltprivatrecht* eingeführt wird. Das IPR *verwandelt* sich, wenn die verschiedenen Staaten in einem *Weltstaat* aufgehen, aber die verschiedenen Privatrechte fortgelten: mußte bislang bestimmt werden, welchen *Staates* Privatrecht anzuwenden war, so müßte jetzt bestimmt werden, welchen *Gebietes* Recht anzuwenden ist; an die Stelle des inter*nationalen* Privatrechts träte inter*lokales* Privatrecht. Das IPR verwandelte sich auch, wenn das *Privatrecht* als solches endete, z.B. weil es in Zukunftsstaaten ganz von öffentlichem Recht verdrängt würde (Ansätze dazu gab es in den sozialistischen Staaten); an die Stelle des IPR träte dann *internationales öffentliches Recht*.

Doch das sind Utopien: Einstweilen haben wir verschiedene Staaten mit verschiedenem Privatrecht, und daher haben wir IPR. Wir haben nicht einmal ein Welt-IPR. Vielmehr hat grundsätzlich **jeder Staat sein eigenes IPR**. Es gibt also deutsches, französisches, englisches, argentinisches IPR.

Wenngleich es heute IPR in jedem Staat geben muß, so könnte es doch *ganz einfach* sein. Es könnte aus dem einzigen Satz bestehen: „Wir wenden immer eigenes Recht an." Dieser Satz brauchte nicht einmal *bewußt* zu sein. Aber er wäre da, solange nur die Rechtsordnungen anderer Staaten als solche anerkannt werden, und er würde bewußt werden, sobald man nach dem IPR eines solchen Staates fragte. Indessen wendet heute kein Staat ausschließlich eigenes Recht an. Es gibt nur Staaten, die wenig, und andere, die viel fremdes Recht anwenden. Die früheren sozialistischen Staaten gehörten zur ersten, wir gehören zur zweiten Gruppe.

Das IPR baut also auf dem *Axiom* auf, daß es auch außerhalb des eigenen Staates Ordnungen gibt, die als *Recht* anzuerkennen sind und die

Regeln enthalten, welche potentiell in der Lage sind, für Sachverhalte „gerechte" Entscheidungen zu liefern. Würden wir jeder Ordnung außer der eigenen die Rechtsqualität absprechen, so gäbe es keine Grundlage für IPR (die fremden Regeln könnten sich allenfalls faktisch auswirken); einen solchen juristischen „Solipsismus" kann sich indessen kein moderner Staat leisten, und so etwas wäre sicher auch völkerrechtswidrig (vgl. unten S. 14f.). Die Distanzierung von dem archaischen Richtigkeitsanspruch des eigenen Rechts, die sich in der Bereitschaft zeigt, ausländisches Recht *überhaupt* als Alternative zum eigenen zuzulassen, kann man m.E. noch immer mit dem Begriff der *Comitas* kennzeichnen (dazu unten S. 157f., 166), sofern man sich bewußt ist, daß diese Grundentscheidung nicht revidierbar ist.

Die generelle Anerkennung fremder Rechtsordnungen als Recht besagt noch nichts über die Anwendbarkeit (und „Gleichwertigkeit") der einzelnen Rechts*sätze*. Aber sie führt dazu, daß jede (privat-)rechtliche Fallentscheidung vor dem Hintergrund „konkurrierender" Rechtsordnungen stattfindet und deswegen immer eine Bestimmung des anwendbaren Rechts voraussetzt (näher zum ganzen *Schurig* 51–57).

Andere sehen den Grund für IPR nicht in der bloßen Existenz potentiell zur Entscheidung geeigneter ausländischer Rechtsordnungen, sondern im *Gleichheitssatz* (vor allem *Lorenz*, Zur Struktur des internationalen Privatrechts, Berlin 1977, 60–87), und zwar „in seiner Gebotsvariante, Ungleiches ungleich, nämlich der Ungleichheit entsprechend zu behandeln". Diese Umformung des in seiner Urform („Gleiches gleich behandeln") unanfechtbaren Satzes bietet m.E. keine brauchbare Basis, die Existenz des IPR zu begründen. Es handelt sich schlicht um das Grundprinzip *jeden* Rechts, Ungleiches ungleich *oder* gleich, jedenfalls aber *gerecht* zu behandeln, das gewiß auch dem Kollisionsrecht zugrunde liegt (unten § 2 I), dem man aber *nichts* darüber entnehmen kann, warum es gerade *Rechtswahlnormen* im Sinne des IPR geben soll (und nicht z.B. materielle Sondernormen im eigenen Recht); näher *Schurig* 56.

Da jeder Staat eigenes IPR besitzt und auch die materiellen Privatrechte von Staat zu Staat verschieden sind (deutsches, französisches, englisches Recht), wird derselbe Fall nicht überall gleich entschieden.

Deshalb wird wichtig, welchen Staates *Gerichte* man anrufen darf (in England kann man sich scheiden lassen, in Malta nicht). Darüber bestimmen die Regeln der **internationalen Zuständigkeit**, die ebenfalls von Staat zu Staat wechseln, zum Teil aber auch vereinheitlicht sind (näher unten § 22 II).

IPR ist also nicht bloß notwendig da, es **greift** auch **notwendig ein**, sooft ein Privatrechtssatz angewandt wird. Es ergreift auch *reine Inlandstatbestände*; z.B. ein Bauer aus Hinterwald kauft vom Nachbarn ein Kalb. Natürlich fragt hier niemand, welches Recht anwendbar ist. Denn die Antwort versteht sich von selbst: Es gilt deutsches Recht. Aber auch diese Entscheidung erfolgt vor dem Hintergrund existierender anderer Rechtsordnungen, und daß ein Rechtssatz nicht *bewußt* wird, heißt nicht, daß er fehlt (vgl. näher *Schurig* 57; wie hier z.B. *Jahr*, RabelsZ 54 [1990], 502; *Voser*, Die Theorie der lois d'application immédiate im IPR, Basel und Frankfurt a.M. 1993, 94–97; *Kropholler*[3] 7). Bewußt wird er jedenfalls bei *Tatbeständen mit Auslandsberührung*, auch wenn es nicht zur Anwendung eines fremden Rechtes kommt; z.B. der Bauer im Grenzdorf verkauft ein Kalb „über die Grenze".

Manche sehen das anders (z.B. *E. Lorenz*, Fschr. Kegel 1987, 310f., *Lüderitz*, ebd. 345–349; *Schwander*, Fschr. Pedrazzini, Bern 1990, 357), vielleicht auch der Gesetzgeber in Art. 3 I 1 EGBGB (oben S. 4). Sie meinen, das eigene materielle Recht gelte aus eigener Kraft, IPR regle nur internationale Fälle. In ihnen würde das IPR, wenn es das eigene materielle Recht beruft, dieses stützen, sonst verdrängen. Eine solche Vorstellung macht drei Schritte (eigenes materielles Recht aus eigener Kraft – eigenes materielles Recht kraft IPR – fremdes materielles Recht kraft IPR), wo zwei genügen (eigenes materielles Recht kraft IPR – fremdes materielles Recht kraft IPR). Sie verkennt überdies, daß die Frage, *wann* eigenes Recht „aus eigener Kraft" anzuwenden ist, auch schon eine Norm über das anwendbare Recht voraussetzt. Sie zwingt zu Unterscheidungen, die überflüssig sind (deutsches Recht „aus eigener Kraft" oder deutsches Recht kraft IPR infolge einer [welcher?] Auslandsverbindung). Auch mag sie dazu verleiten, eigenes materielles Recht höher zu werten als fremdes und es darum vorzuziehen, statt beide unparteiisch nach denselben Regeln zu berufen.

Steht also zwar nicht das eigene materielle Recht auf eigenen Füßen, wohl aber das eigene IPR? Nicht ganz: auch darüber, welches das anwendbare IPR ist, muß entschieden werden (dazu unten S. 49f.).

IV. Staatlichkeit

1. Staatlichkeit des IPR (Verhältnis zum Völkerrecht)

Schrifttum: Älteres Schrifttum 7. Aufl. S. 5f. Weiter: *Mark/Ziegenhain*, Der Gerichtsstand des Vermögens im Spannungsfeld zwischen Völkerrecht und deutschem internationalem Prozeßrecht, NJW 1992, 3062–3066; *Ehricke*, Auswirkungen der Europäischen Menschenrechtskonvention auf das deutsche Kollisionsrecht, EuGRZ 1993, 113–118; *Matscher*, Die Einwirkungen der EMRK auf das internationale Privat- und zivilprozessuale Verfahrensrecht, Fschr. Schwind, Wien 1993, 71–85; *Trooboff*, The Growing Interaction Between Private and Public International Law, Hague Yb. Int. L. 6 (1993), 107–114; *von Bar*, Menschenrechte im Kollisionsrecht, BerGesVR 33 (1994), 191–212; *Collins*, Foreign Relations and the Conflict of Laws, King's College Law Journal 6 (1995), 20–37; *Schuster*, Die internationale Anwendung des Börsenrechts. Völkerrechtlicher Rahmen und kollisionsrechtliche Praxis in Deutschland, England und den USA, 1996 (bespr. von *Bungert*, NJW 1997, 1551; *Escher-Weingart*, ZHR 1997, 733–735); *de Vareilles-Sommières*, La compétence internationale de l'État en matière de droit privé. Droit international public et droit international privé, Paris 1997 (bespr. von *Muir Watt*, Rev.crit.dr.i.p. 1997, 396–401; *Gaudemet-Tallon*, Rev. int.dr.comp. 1998, 286–288); *de Miguel Asensio*, Derechos humanos, diversidad cultural y derecho internacional privado, Rev.der.priv. 1998, 541–558; *Weeramantry*, Private International Law and Public International Law, Riv.dir.int.priv.proc. 1998, 313–324.

Zum Verhältnis von **Völkerrecht und Landesrecht** allgemein: Älteres Schrifttum 7. Aufl. S. 6f. Weiter z.B.: *Hangartner*, Völkerrecht und schweizerisches Landesrecht,

Fschr. Koller 1993, 651–681; *Graupner*, Völkerrecht und Zivilprozeß, Fschr. Trinkner 1995, 561–573; *Schindler*, Der Vorrang des Völkerrechts und des Europarechts vor dem nationalen Recht als Problem der demokratischen Legitimation des Rechts, Fschr. Heini, Zürich 1995, 321–333; *Eisemann* (Hrsg.), The Integration of International and European Community Law into the National Legal Order. A Study of the Practice in Europe, Den Haag 1996 (bespr. von *Stein*, Int.Comp. L. Q. 46 [1997], 965 f.); *Franck/Fox* (Hrsg.), International Law Decisions in National Courts, Irvington-on-Hudson, N. Y. 1996 (bespr. von *Stein*, Int.Comp. L. Q. 46 [1997], 965 f.); *Koeppel* (Hrsg.), Kindschaftsrecht und Völkerrecht im europäischen Kontext, 1996; *Laboratoire d'études et de recherches appliquées au droit privé, Université de Lille II*, Internationalisation des droits de l'Homme et évolution du droit de la famille, Paris 1996 (bespr. von *Muir Watt*, Rev.crit.dr.int.pr. 1997, 884 f.); *Wildhaber*, Wechselspiel zwischen Innen und Außen. Schweizer Landesrecht, Rechtsvergleichung, Völkerrecht, Basel 1996; *Hangartner*, Das Verhältnis von Völkerrecht und Landesrecht. Auslegeordnung eines Kernproblems von Verfassungspraxis und Verfassungsreform, SchwJZ 1998, 201–208; *Kohlhammer*, Völkervertragsrecht in der französischen Rechtsordnung, insbesondere Europäische Konvention zum Schutze der Menschenrechte und Grundfreiheiten, 1998; *Doehring*, Völkerrecht, 1999, Rz. 696–756. Siehe auch Schrifttum unten S. 193 f., 195.

Zum Verhältnis von **Europarecht und Landesrecht** allgemein: Älteres Schrifttum 7. Aufl. S. 7 f. Weiter z. B.: *Friauf/Scholz*, Europarecht und Grundgesetz. Betrachtungen zu materiell- und formalrechtlichen Problemen bei Schaffung und Umsetzung sekundären Gemeinschaftsrechts, 1990; *Everling*, Zur Auslegung des durch EG-Richtlinien angeglichenen nationalen Rechts, ZGR 1992, 376–395; *Lenz*, Der Gerichtshof der Europäischen Gemeinschaften und die Bedeutung des europäischen Rechts für die nationalen Rechtssysteme, NJ 1993, 193–197; *Gerven*, Bridging the gap between Community and national laws: Towards a principle of homogeneity in the field of legal remedies?, C. M. L.Rev. 1995, 679–702; *Kohler*, Gemeinschaftsrecht und Privatrecht: Zur Rechtsprechung des EuGH im Jahre 1994, ZEuP 1995, 482–499; *Schindler*, Der Vorrang des Völkerrechts und des Europarechts vor dem nationalen Recht als Problem der demokratischen Legitimation des Rechts, Fschr. Heini, Zürich 1995, 321–333; *Eisemann* (Hrsg.), The Integration of International and European Community Law into the National Legal Order. A Study of the Practice in Europe, Den Haag 1996 (bespr. von *Stein*, Int.Comp. L. Q. 46 [1997], 965 f.); *Kohler*, Gemeinschaftsrecht und Privatrecht: Zur Rechtsprechung des EuGH im Jahre 1995, ZEuP 1996, 452–467; *Voss*, Die Bindung der Europäischen Gemeinschaft an vorgemeinschaftliche Verträge ihrer Mitgliedsstaaten, SZIER 1996, 161–189; *Zuleeg*, Europäischer Gerichtshof und nationale Arbeitsgerichte aus europäischer Sicht, RdA 1996, 71–78; *Hasselbach*, Der Vorrang des Gemeinschaftsrechts vor dem nationalen Verfassungsrecht nach dem Vertrag von Amsterdam, JZ 1997, 942–944; *Kohler*, Gemeinschaftsrecht und Privatrecht: Zur Rechtsprechung des EuGH im Jahre 1996, ZEuP 1997, 1030–1054; *Rüffler*, Richtlinienkonforme Auslegung nationalen Rechts, ÖJZ 1997, 121–131; *Bertele*, Souveränität und Verfahrensrecht. Eine Untersuchung der aus dem Völkerrecht ableitbaren Grenzen staatlicher extraterritorialer Jurisdiktion im Verfahrensrecht, 1998; *Hakenberg*, Gemeinschaftsrecht und Privatrecht, ZEuP 1998, 909–930; *Luttermann*, Die „mangelhafte" Umsetzung europäischer Richtlinien, EuZW 1998, 264–268; *Sam-Simenot*, Les conflits de compétence entre la communauté européenne et les Etats membres dans le domaine des sanctions économiques édictées par le Conseil de sécurité de l'ONU, D. S.Jur. 1998, 83–88 (nz); *Schilling*, Zum Verhältnis von Gemeinschafts- und nationalem Recht, ZfRV 1998, 149–152; *Treber*, Europäischer Verbraucherschutz im Bürgschaftsrecht, WM 1998, 1908–1919; *Vitzthum*, Gemeinschaftsgericht und Verfassungsgericht – rechtsvergleichende Aspekte, JZ 1998, 161–167.

Zum Verhältnis von **Europarecht und IPR** unten § 4 II (Schrifttum S. 188–190).

Das IPR ist heute staatliches Recht. Jeder Staat hat sein eigenes IPR (oben III). **Es gibt kein völkerrechtliches IPR**; es gibt aber IPR in völkerrechtlichen Verträgen und „supranationales" Recht im Rahmen völkerrechtlicher Zusammenschlüsse, etwa der EG.

a) Staatsverträge

In völkerrechtlichen Staatsverträgen können die Staaten bestimmte Regeln des IPR vereinbaren (dazu auch unten § 4 III). Solche in Staatsverträgen vereinbarte Rechtssätze sind jedoch zunächst nur ein Modell. Sie müssen noch zu staatlichem Recht – „Landesrecht" im Gegensatz zum Völkerrecht – ausgeformt werden. Die Ausformung obliegt jedem Vertragsstaat für sein Land. Man streitet – weitgehend folgenlos –, ob der Vertragsstaat das Völkerrecht in eigenes Landesrecht *„transformiert"*, d.h. umwandelt (*Triepel, Anzilotti, Rudolf*), oder ob er bloß durch einen *„Vollzugsbefehl"* die Befolgung und Anwendung des Völkerrechts im eigenen Lande gebietet (*Mosler, Partsch, Doehring*).

Es gibt einige – sich teilweise überlappende und auch nicht immer genau durchführbare – **Unterscheidungen**: Staatsverträge, in denen *Rechtssätze* vereinbart werden, nennt man *„law-making treaties"* (*„traités-loi"*). Darunter dürften nicht nur die Verträge fallen, die unmittelbar völkerrechtlich relevante Normen setzen (wie z.B. die Wiener Vertragsrechtskonvention), sondern auch solche, in denen über innerstaatlich geltendes Recht – und damit auch über Regeln des IPR – Vereinbarungen getroffen werden. Diesen „rechtsetzenden" Staatsverträgen werden diejenigen gegenübergestellt, in denen sich die beteiligten Staaten lediglich „rechtsgeschäftlich" zu etwas verpflichten (*„contract treaties"*, *„traités-contrat"*). Allerdings wird diese Unterscheidung häufiger in Frage gestellt, weil auch „contract treaties" zwischen den vertragsschließenden Parteien bindendes Recht setzen und andererseits „law-making treaties" zur Einführung der vereinbarten Rechtsnormen *verpflichten* können (jedenfalls wenn man den Begriff auf die Vereinbarung *innerstaatlich* wirksamer Normen erstreckt).

Eine weitere Unterscheidung ist die zwischen Staatsverträgen, die *„self-executing"* sind, und solchen, die dies nicht sind. „Self-executing" ist ein Vertrag, der Regeln enthält, die nach dem Vertragswortlaut selbständig als geltendes Recht anwendbar sind, sobald der Vertrag in Kraft getreten ist; ist ein besonderer Akt der Umsetzung in innerstaatlich geltendes Recht erforderlich, zu dem der Vertragsstaat verpflichtet ist, handelt es sich um Regeln, die *„non-self-executing"* sind (die *Umsetzungs*verpflichtung des Staates ist natürlich eine Rechtswirkung, die selbst ohne besonderen Umsetzungsakt eintritt). Zu dem ersten Typus gehören z.B. das Wiener UN-Übereinkommen über Verträge über den internationalen Warenkauf vom 11. 4. 1980 und das Haager Übereinkommen über das auf Unterhaltspflichten anzuwendende Recht vom 2. 10. 1973 (unten S. 200, 769–771). Zum letzteren Typus gehören das (außer Kraft getretene) Haager Abkommen über ein einheitliches Recht für den internationalen Kauf beweglicher Sachen vom 1. 7. 1964, das zur Inkraftsetzung eines in der Anlage befindlichen Modellgesetzes verpflichtete, sowie in Deutschland – aufgrund eines diesbezüglich erklärten Vorbehalts – das Römische EWG-Übereinkommen über das auf vertragliche Schuldverhältnisse anzuwendende Recht vom 19. 6. 1980, das in das EGBGB inkorporiert worden ist (unten S. 203). Für solche „non-self-executing" Staatsverträge gilt der Vorrang des Art. 3 II EGBGB (dazu sogleich) nicht. Auch der Inhalt der *EG-Richtlinien* ist seinem Wesen nach nicht „self-executing", weil sie zur Wirksamkeit (von engen Ausnahmen abgesehen) der Umsetzung in das einzelstaatliche Recht bedürfen.

Staatsverträge zwischen *zwei* Staaten nennt man *bilateral.* Sie setzen Normen normalerweise nur zwischen den beiden Vertragsstaaten. Beispiele sind das deutsch-iranische Niederlassungsabkommen vom 17. 2. 1929 und der deutsch-österreichische Vertrag über die Anerkennung gerichtlicher Entscheidungen vom 6. 6. 1957.

An *multilateralen* Abkommen – meist *Übereinkommen* genannt – ist eine Vielzahl von Staaten beteiligt. Ein Beitritt anderer Staaten kann ausgeschlossen oder auf einen vorher festgelegten Kreis begrenzt sein („geschlossene" Abkommen), er kann von der Zustimmung der bisherigen Vertragsstaaten abhängen und gegebenenfalls von bloß relativer Wirkung sein („halboffene" Abkommen), oder der Beitritt kann grundsätzlich jedem Staat gewährt werden („offene" Abkommen). Außer danach, ob sie „self-executing" oder „non-self-executing" sind, unterscheidet man solche Abkommen auch nach ihrem *Wirkungsbereich.* So können auch multilaterale Abkommen entweder nur den Vertragsstaaten gegenüber angewandt werden, sie wirken *„inter partes"* (so z. B. das Haager Eheschließungsabkommen von 1902 [unten S. 197, 709]), oder das Recht der Vertragsstaaten allgemein ändern; man sagt dann, sie wirken *„inter omnes"*. Letzteres bezieht sich freilich nur auf die eingeführten Rechtsnormen. Völkerrechtlich haben auch in solch einem Fall Drittstaaten keinen Anspruch, daß die Übereinkommen in bezug auf sie angewandt werden; die Vertragsstaaten haben sich nur untereinander dazu verbunden. Wird im Wege völkerrechtlicher Übereinkommen ein Bereich der jeweiligen innerstaatlichen Rechtsordnung – IPR oder Sachrecht – in allgemeiner Weise vereinheitlicht, sei es durch self-executing-Staatsverträge (z. B. das Wiener Kaufrechtsübereinkommen, unten S. 75, 608 f.), sei es durch Auferlegung und Erfüllung einer entsprechenden völkerrechtlichen Verpflichtung (z. B. die Genfer Abkommen von 1930 und 1931 über das internationale Wechsel- und Scheckrecht [unten S. 71 f.] oder die –außer Kraft getretenen – Haager Abkommen über Einheitskaufrecht), so spricht man auch von *„loi uniforme"*. Eine solche Vereinheitlichung kann sich auch auf Regeln für „internationale Sachverhalte" (z. B. „internationale Käufe", d. h. Ein- und Ausfuhrgeschäfte) beschränken (vgl. Art. 1 des Wiener Kaufrechtsübereinkommens).

Die Unterscheidung zwischen Rechtsänderungen, die nur den Vertragsstaaten gegenüber, und solchen, die allgemein wirksam werden, ist freilich ungenau; denn fremden *Staaten* gegenüber wirken die eingeführten Regeln ohnehin nicht. Es ging vielmehr ursprünglich darum, ob Voraussetzung für die Anwendung war, daß Betroffene einem Vertragsstaat *angehörten*, vor allem, damit sichergestellt wurde, daß Deutsche in dem entsprechenden Staat in entsprechender Weise behandelt wurden (Gegenseitigkeit). Indessen bestimmen die Abkommen die maßgeblichen Anknüpfungen selbst, und neuere wählen häufig *andere* als die Staatsangehörigkeit, z.B. das Haager Abkommen über den Schutz Minderjähriger vom 5. 10. 1961 (unten S. 799–803) hauptsächlich den gewöhnlichen Aufenthalt des Minderjährigen in einem Vertragsstaat, das EuGVÜ (unten S. 915–921) die Entscheidung in einem Vertragsstaat. Solche Abkommen enthalten oft den Zusatz, daß sie „ohne Rücksicht auf die Staatsangehörigkeit" anzuwenden sind, bei IPR-Abkommen, daß das durch sie bestimmte Recht „unabhängig vom Erfordernis der Gegenseitigkeit anzuwenden [ist], auch wenn es das Recht eines Nichtvertragsstaates ist" (z.B. Art. 3 des Haager Unterhaltsabkommens vom 2. 10. 1973 [unten S. 200, 769–771]). Der Zug der Zeit geht in Richtung auf solche „inter omnes" wirksame Übereinkommen, weil man damit die drohende weitere Zersplitterung durch Staatsverträge unter Kontrolle halten möchte.

Enthält der Staatsvertrag Regeln, die nach seinem Inhalt *„self-executing"* sein sollen, also keiner weiteren normativen Ausfüllung oder Umsetzung bedürfen (vgl. BVerwGE 88, 254, 257, und 92, 116, 118), so werden diese Inhalt des innerstaatlichen Rechts, wenn der Staatsvertrag *staatsrechtlich* wirksam wird (im Unterschied zur völkerrechtlichen Wirksamkeit durch Ratifikation). In Deutschland geschieht das nach Art. 59 II GG für Gegenstände der Bundesgesetzgebung – und daher auch für das IPR – durch ein Bundesgesetz, das sog. „Zustimmungsgesetz". Die Zustimmung wird erteilt aufschiebend bedingt durch die Ratifikation des Staatsvertrags und deren Veröffentlichung im Bundesgesetzblatt, damit die innerstaatliche Wirkung nicht vor der völkerrechtlichen eintritt. In welchem *Umfang* der Staatsvertrag wirkt („inter partes" oder „inter omnes"), bestimmt dieser selbst, und ebenso sind häufig besondere weitere Voraussetzungen des Inkrafttretens festgelegt, z.B. eine Mindestanzahl von Ratifikationen unter den Vertragsstaaten. Solange diese weiteren Voraussetzungen nicht eingetreten sind, enthält das Abkommen – trotz Zustimmungsgesetz und Ratifikation – kein bindendes Recht. Das Inkrafttreten oder spätere Wirksamwerden gegenüber weiteren Vertragspartnern wird in Deutschland in Teil II des Bundesgesetzblattes bekanntgemacht; dies ist jedoch nicht Wirksamkeitsvoraussetzung, so daß sich aus verspäteter Bekanntmachung Unsicherheiten ergeben können (*Kropholler*[3] 64). Staatsverträge können auch vor ihrem Inkrafttreten zu innerstaatlich bindendem Recht gemacht werden (so 1986 als Art. 18 EGBGB das Haager Unterhaltsübereinkommen vom 2. 10. 1973, das als solches erst am 1. 4. 1987 in Kraft getreten ist).

Ist staatsvertragliches Recht innerstaatlich wirksam geworden und in Kraft, dann bestimmt innerstaatliches Recht über das *Rangverhältnis gegenüber allgemeinem Recht.* Nach ganz herrschender Meinung haben staatsvertragliche Normen nicht als solche einen höheren Rang; sie sind jedoch regelmäßig als spezielleres oder jüngeres Recht vorrangig. In Deutschland bestimmt außerdem seit dem 1. 9. 1986 Art. 3 II EGBGB ausdrücklich, daß „Regelungen in völkerrechtlichen Vereinbarungen [...], soweit sie unmittelbar anwendbares innerstaatliches Recht geworden sind, den Vorschriften dieses Gesetzes vor[gehen]".

Häufiger werden auch in Kraft befindliche staatsvertragliche *self-executing*-Rechtsnormen *zusätzlich* zum Gegenstand innerstaatlicher Gesetzgebung gemacht. Nötig ist dies, wie gesagt, nicht; ob es *schädlich* ist, ist umstritten. Der Gesetzgeber verfolgt im allgemeinen den Zweck, durch Setzen deutlicher Zeichen zu verhindern, daß wichtige Normen im Gestrüpp der staatsvertraglichen Regeln übersehen werden. Wird in einem Gesetz auf einen Staatsvertrag lediglich *verwiesen* (vgl. z.B. § 1061 I ZPO), so ist dies sicherlich unproblematisch. Jedoch wurden das unmittelbar anwendbare *Haager Unterhaltsabkommen* vom 2. 10. 1973 inhaltsgleich in *Art. 18 EGBGB* und das *Haager Testamentsformabkommen* vom 5. 10. 1961 in *Art. 26 EGBGB* übernommen. Man streitet, ob diese Vorschriften, soweit sie sich mit dem Abkommen dekken, wegen Art. 3 II EGBGB überhaupt anwendbar sind. M.E. kann nichts Vorrang haben, das inhalts*gleich* ist, und soweit für staatsvertragliche Normen besondere Auslegungsregeln gelten (zu diesen *Kropholler*[3] 65–67), kommen diese selten zum Tragen und lassen sich im übrigen auf in Gesetze inkorporierte Staatsverträge problemlos erstrecken. Bei Diskrepanzen geht allerdings der Abkommenstext vor. In der Praxis werden meist das EGBGB *und* der Staatsvertrag zitiert, was den angestrebten Vereinfachungseffekt auf den Kopf stellt.

Zum ganzen näher *von Hoffmann*, IPRax 1984, 10–13; *Matscher/Siehr/Delbrück*, Multilaterale Staatsverträge erga omnes und deren Inkorporation in nationale IPR-Kodifikationen – Vor- und Nachteile einer solchen Rezeption, BerGesVR 27 (1986); *Schurig*, JZ 1987, 764; *Soergel/Schurig*[12] Art. 26 Rz. 3 m. Nachw. Über innerstaatliche Vorschriften, die auf Staatsverträge hinweisen, ferner *Jayme*, Narrative Normen im Internationalen Privat- und Verfahrensrecht, 1993.

Ohne einen solchen Verdoppelungseffekt wurde hingegen das *Römische Schuldvertragsübereinkommen* vom 19. 6. 1980 in Art. 11, 27–37 EGBGB inkorporiert, denn das Abkommen ist infolge eines deutschen Vorbehalts nicht „self-executing" und wird von Art. 3 II nicht erfaßt

(Art. 1 II des Zustimmungsgesetzes vom 25. 6. 1986, BGBl II 809). Wenn ein nationaler Text einem internationalen entstammt, muß man bei der Auslegung ohnehin stets darauf achten, wie das Einheitsrecht in den anderen Vertragsstaaten verstanden und gegebenenfalls weiterentwickelt wird. Für das genannte Übereinkommen sagt **Art. 36 EGBGB** dies ausdrücklich (dazu unten S. 565 f.).

Das hier zur Tür hinausgeworfene Abkommen kehrt durch das Fenster des Art. 36 EGBGB zurück (a. A. *Mansel*, StAZ 1986, 317 zu Fn. 19, 20). Praktisch sollten sich keine Schwierigkeiten ergeben.

Manchmal handelt ein Vertragsstaat den für ihn verbindlichen Staatsverträgen zuwider. Er erläßt z. B. Bestimmungen des IPR, die mit dem Inhalt dieser Verträge unvereinbar sind, oder er führt die *loi uniforme* gar nicht erst ein. Dann ist sein IPR völkerrechtswidrig und andere Staaten mögen es deswegen nicht anwenden (vgl. jedoch für Deutschland unten S. 19 betreffend materielles Privatrecht). Aber im eigenen Lande wird es als (völkerrechtwidriges) Landesrecht angewandt (*Klein*, ZVglRWiss 77 [1978], 93 f.; vgl. BGH WM 1966, 1143 [1145] betr. deutsches Gesellschaftsrecht während des zweiten Weltkriegs im Elsaß).

Schrifttum zu Staatsverträgen unten S. 193 f., 195.

b) Europarecht

Das Europarecht wirkt als Rechtsquelle stärker. Soweit es *supranationales* Recht ist, hat es Vorrang vor dem innerstaatlichen Recht (vgl. Art. 3 II 2 EGBGB). Dies trifft zu für das *primäre Gemeinschaftsrecht*, also im wesentlichen die Gründungsverträge mit ihren späteren Änderungen und Ergänzungen (Vertrag über die Gründung der Europäischen Gemeinschaft für Kohle und Stahl vom 18. 4. 1951, Vertrag zur Gründung der Europäischen Atomgemeinschaft vom 25. 3. 1957 und vor allem der Vertrag zur Gründung der Europäischen Wirtschaftsgemeinschaft vom 25. 3. 1957, welche seit dem Vertrag von Maastricht *Europäische Gemeinschaft* [EG] heißt), vgl. EuGH EuGRZ 1978, 190 (Bearbeiter *Jung*) = NJW 1978, 1741 (Rs 106/77 [Simmenthal]); EuGH EuZW 1990, 355 = NJW 1991, 2271 (Rs C 213/89 [The Queen/Secretary of State for Transport, ex parte: Factortame Ltd. u. a.]). Es trifft eingeschränkt zu für das *sekundäre Gemeinschaftsrecht*, zu dem die *Richtlinien* gehören. Diese sind ihrem Wesen nach aber erst in innerstaatliches Recht umzusetzen (und haben dann auch nur dessen Rang), und nur in Ausnahmefällen besitzen sie eine unmittelbare „vertikale" Wirkung; freilich können sie schon vor ihrer Umsetzung für die *Auslegung* des innerstaatlichen Rechts die Richtung weisen (vgl. auch *Bach*, JZ 1990, 1108, 1116).

Normen, die das internationale Privatrecht regeln, sind im vorrangig geltenden supranationalen Recht kaum zu finden. Man versucht aber, mittelbar daraus etwas herzuleiten. Auch enthalten Richtlinien mitunter Stücke internationalprivatrechtlicher Regelungen. Näher unten § 4 II.

Größere Bedeutung haben die Europäischen Gemeinschaften für das IPR insoweit, als in ihrem Rahmen wichtige Übereinkommen geschlossen wurden. Für diese als Rechtsquelle gilt jedoch nichts anderes als für andere Staatsverträge.

c) Völkergewohnheitsrecht

Schrifttum: *Bleckmann*, Zur Feststellung und Auslegung von Völkergewohnheitsrecht, ZaöRV 37 (1977), 504–529. Im übrigen siehe die Lehrbücher zum Völkerrecht.

Neben den Staatsverträgen gibt es *ungeschriebenes Völkerrecht*.

Die *allgemeinen Regeln* des ungeschriebenen Völkerrechts sind nach Art. 25 GG Bundesrecht und zwar mit Vorrang vor den Gesetzen (enger Art. 4 WRV; für *Frankreich* siehe Conseil d'État Sem. jur. 1997, 496 mit Anm. von *Teboul,* betr. Steuerfreiheit der Gehälter der Richter des Internationalen Gerichtshofs nach dessen Statut). Während Staatsverträge im *Einzelfall* ins Landesrecht eingeführt werden, haben wir hier einen *allgemeinen* Transformator oder Vollzugsbefehl (vgl. *Badura,* Staatsrecht[2], 1996, D 120, S. 329; *Rudolf,* Völkerrecht und deutsches Recht, 1967, 262–285). Die eingeführten Regeln – sie seien transformiert oder mit Vollzugsbefehl versehen – stützen sich auf Landesrecht: der Staat hat sie sich angeeignet; er mag von ihnen abweichen und völkerrechtswidriges Landesrecht schaffen. Ob allerdings das ungeschriebene Völkerrecht Sätze enthält, die den Staaten bestimmte Regeln gerade für ihr IPR vorschreiben, ist streitig.

Dagegen z. B. *Akehurst,* Brit.Y.B.Int.L. 46 (1972/73), 216–231.

Die oft angeführten Sätze, *kein Staat dürfe stets nur eigenes Recht anwenden* oder *willkürlich die Privatrechte einzelner Staaten von der Anwendung ausnehmen,* sind ohne Wert: dergleichen tut kein Staat (vgl. aber im Verhältnis zur früheren DDR BGHZ 42, 99 [103–107]); daß Gerichte nicht selten „heimwärts streben" (unten S. 115 a. E.), ist schade, verletzt aber keine Regel des Völkerrechts *(Akehurst* aaO 185–187). Das vielleicht bestehende *Verbot, Ausländer ohne Entschädigung zu enteignen,* betrifft das materielle, nicht das internationale Enteignungsrecht (und nicht Privatrecht, sondern Verwaltungsrecht). Das ebenfalls vielleicht bestehende *Verbot, Sachen in fremdem Gebiet zu enteignen,* betrifft allerdings im weiteren Sinn das internationale Enteignungsrecht (wenn auch nicht die Frage des *anwendbaren* Rechts). Aber es hat wenig Wert. Denn im enteignenden Staat wird man das eigene (vielleicht völkerrechtswidrige) internationale Enteignungsrecht befolgen. Im Ausland aber wird man die übergreifende Enteignung nicht anerkennen, und zwar kraft des dortigen internationalen Enteignungsrechts, mag sich dieses aus eigener Kraft oder durch Umwandlung des (vielleicht bestehenden) völkerrechtlichen Enteignungsverbots in Landesrecht entwickelt haben. Ungenau ist es daher, wenn man in Deutschland bisweilen den Satz, daß kein Staat Sachen in fremdem Gebiet enteignen darf, als Völkerrecht anwendet, statt von (völkerrechtsgemäßem) deutschem internationalem Enteignungsrecht zu sprechen (OHG 1, 386 [390 f.]; BGHZ 5, 35 [38]; zum Verhältnis von Völkerrecht und internationalem Enteignungsrecht z. B. *Verzijl,* ZaöRV 19 [1958], 531–550). Dagegen wird der Satz, daß jeder Staat über die Voraussetzungen seiner Staatsangehörigkeit bestimmt, mit Recht überwiegend als Satz des (völkerrechtsgemäßen) deutschen internationalen Staatsangehörigkeitsrechts angewandt (BVerfGE 1, 322 [329];

BVerwGE 1, 206; bedenklich BVerfGE 4, 322 [328 f.]; zur Frage der Völkerrechtsgemäßheit z.B. *Parry*, ZaöRV 19 [1958], 337–368).

Die Ernte an ungeschriebenen Sätzen des Völkerrechts für staatliches internationales *Privat*recht ist daher ganz gering. Auch beschwert sich nur höchst selten ein Staat über angeblich völkerrechtswidriges IPR eines anderen Staats. Beispiele bei *Rabel* I² 127 Fn. 64; *Niederer*, Einführung in die allgemeinen Lehren des IPR³, 1961, 137 Fn. 10; *Akehurst*, aaO 228–230. Privatrecht interessiert die Staaten wenig und deswegen hat sich auch hier kein faßbares Völkerrecht ausgebildet.

Im wesentlichen aus der Luft gegriffen war daher auch der Versuch von **Zitelmann** (IPR I, 1897, 71–82), das IPR *subsidiär* auf Völkerrecht zu gründen. Er entwickelte aus der völkerrechtlichen Gebiets- und Personalhoheit ein verästeltes System von angeblich völkerrechtlich gebotenen Sätzen des IPR, mit denen die Lücken der staatlichen IPR-Sätze zu füllen seien.

„[W]ir nehmen an, daß in dem positiven Recht jedes Staats der Satz, mag er auch nicht ausdrücklich ausgesprochen sein, doch als allgemein subsidiäre Anwendungsnorm enthalten ist: sofern nichts anderes bestimmt ist, ist dasjenige Recht anzuwenden, dessen Anwendung den völkerrechtlichen Grundsätzen entspricht. Demnach hat folgeweise das allgemeine aus dem Völkerrecht abgeleitete internationale Privatrecht auch die Kraft eines positiven innerstaatlichen Anwendungsrechts, sofern der eigene Staat des Richters nicht etwas Abweichendes bestimmt hat: es ist auch in diesem Sinne subsidiäres, und zwar subsidiäres innerstaatliches Recht, und ein für alle Staaten völlig übereinstimmendes innerstaatliches Recht. Und es ist das nicht bloß dann, wenn in dem betreffenden Staat entgegenstehende Kollisionsnormen überhaupt fehlen, sondern es tritt auch ergänzend überall da ein, wo die Gesetzgebung des eigenen Staats zwar einige Internationalrechtsfragen entschieden, für andere aber keine Entscheidung getroffen hat, und auf dem Wege der Analogieentscheidung auf Grund der vorhandenen Kollisionsnormen nicht weiter zu kommen ist: es ist das Recht, das man sonst aus der ‚Natur der Sache' heraus zu finden versucht hat." (I 76)

Da solche Regeln im Völkerrecht nicht zu finden waren, verirrte *Zitelmann* sich auch rechtspolitisch, indem er aus der Personalhoheit folgerte, über Forderungen entscheide das Heimatrecht des Schuldners (I 126). Gewiß aber kann – ein Beispiel von *Heinrich Lehmann* –, wenn ich in Italien Apfelsinen kaufe, die Warenforderung nicht deswegen spanischem Recht unterliegen, weil der Verkäufer zufällig nicht Italiener, sondern Spanier war (zwar stellt Art. 28 I mit II heute auf den gewöhnlichen Aufenthalt des Verkäufers ab, läßt aber in Abs. V Abweichungen zu, wenn z.B. dem Käufer der gewöhnliche Aufenthalt des Verkäufers unbekannt war, näher unten S. 576–582).

Über *Zitelmann* vgl. *Gutzwiller*, Zitelmanns völkerrechtliche Theorie des Internationalprivatrechts, Archiv für Rechts- und Wirtschaftsphilosophie 16 (1922/23), 468–481.

Niemand brachte die Realitätsferne dieser Auffassung plastischer ans Licht als *Franz Kahn*: „Denn was ist das völkerrechtliche internationale Privatrecht jener Schule? Ein Völkerrecht, das nie und nirgends geübt oder anerkannt, das immer und überall mißachtet und übertreten worden ist, und das alledem zum Trotz doch bestehen muß, weil es den Theoretikern nach allgemeinen Grundsätzen als das Richtige, als das Naturnotwendige erscheint. Und wenn nur wenigstens diese Theoretiker selbst dabei einig wären; dann bestünde doch die Aussicht, daß ihre einheitliche Meinung zum Durchbruch kommen würde. Es könnte darin, wenn nicht eine gewordene, so doch eine werdende internationale Überzeugung verkörpert sein; wir sähen die Gipfel von der Sonne des aufgehenden Völkerrechts bereits beleuchtet, während in unseren Niederungen noch das Dunkel allgemeiner Rechtsverwirrung sich ausbreitete. – Dem ist aber durchaus nicht so. Auch unsere internationalen Theoretiker wandeln noch mitten in diesem Dunkel. Was der Inhalt ihres behaupteten Völkerrechts sei, darüber streiten sie auf Schritt und Tritt; nur darüber sind sie einig, daß es allem Zweifel und Streit zum Trotz bestehe und bestehen müsse." (Die Lehre vom ordre public, in: Abhandlungen zum internationalen Privatrecht, hrsg. von *Otto Lenel* u. *Hans Lewald*, I, München, Leipzig 1928, 164, 194).

Gleichwohl blieb *Zitelmann* nicht der einzige, der die Wurzeln des IPR im Völkerrecht suchte. So meinte *Mann*, das Völkerrecht erteile den Staaten *„legislative jurisdiction"*, Normen des IPR zu erlassen (vgl. *Kegel* in: In memoriam Frederick Alexander Mann, 1992, 46 a. E.-48). Ähnlich *Bleckmann*; nach ihm „beruht das gesamte IPR der Staaten auf dem aus dem Völkerrecht fließenden Grundsatz, daß die Staaten grundsätzlich nur im Rahmen der ihnen vom Völkerrecht verliehenen Kompetenzen handeln und damit zur Gesetzgebung befugt sind" (*Bleckmann*, Die völkerrechtlichen Grundlagen des internationalen Kollisionsrechts, 1992, 42). Indessen sind die Staaten kompetent, dafür Regeln aufzustellen, wie und nach welchem Recht privatrechtliche Sachverhalte in *ihrem* Hoheitsgebiet entschieden werden. In diesem Rahmen hat sich das IPR eigenständig entwickelt und entscheidet hauptsächlich über Interessen der Einzelnen und nicht wie das Völkerrecht über Interessen der Staaten.

Nicht völkerrechtlich, sondern sprachkritisch (Mauthner) und völkerpsychologisch (Wundt) *„a priori"* aus dem Wesen von Staat und Recht abgeleitet, aber Zitelmanns Lehre verwandt ist das Denkgebäude von **Frankenstein** (IPR I, 1926, 1–131): Die Staatsangehörigkeit und die Gebietshoheit (vgl. Zitelmanns Personal- und Gebietshoheit) sind die „primären" Anknüpfungen. Die primär berufene Rechtsordnung kann ihrerseits „sekundäre" Anknüpfungen festlegen, insbesondere den Wohnsitz und den Ort einer Handlung (z. B. beurteilt England die Ehefähigkeit eines Engländers, der in Frankreich wohnt, nach dem französischen Recht als dem Recht des Wohnsitzes). Knüpft dagegen eine primär nicht berufene Rechtsordnung anders als primär an, so handelt es sich um eine „Pseudo"-Anknüpfung (z. B. England beurteilt die Ehefähigkeit eines Franzosen, der in England wohnt, nach dem englischen Recht als dem Recht seines Wohnsitzes). Die Pseudo-Anknüpfungen sind zwar *de lege lata* im eigenen Staat zu befolgen, rechtspolitisch aber als „Gewalt, Polizei" verwerflich.

„Denn wenn die Verknüpfung des Menschen mit seinem Heimatstaate ... als eine völkerpsychologische und staatsrechtliche Notwendigkeit, die Verknüpfung der Sache mit dem Gebietsstaat als einziges rechtliches Band zwischen Sache und Rechtsordnung nachgewiesen wird, so ergeben sich für Mensch und Sache Verknüpfungen mit der Rechtsordnung, die als aprioristisches Axiom die Grundlage des gesamten Grenzrechts (IPR), die *primäre Anknüpfung* darstellen. Was die Rechtsordnung, welche so ihre Angehörigen und die in ihrem Bereich befindlichen Sachen kraft primärer Anknüpfung beherrscht, mit ihnen beginnt, ob sie ihre Herrschaft unmittelbar oder, wie die dem Domizil-Prinzip folgenden Rechtsordnungen, durch Unterwerfung unter eine fremde Rechtsordnung *(sekundäre Anknüpfung)* ausübt, ist Sache der positiven Ausgestaltung der einzelnen Rechtsordnungen, genau so, wie es ihre Sache ist, ob sie unter Überschreitung ihrer Rechtsmacht fremde Staatsangehörige sich mit polizeilichem Zwang unterwerfen, gewaltsam eine Anknüpfung herstellen, die im Rechtssinne gar nicht vorhanden ist *(Pseudo-Anknüpfung).*" (I 34).

Frankenstein über sein Verhältnis zu *Zitelmann*: I 32 Fn. 1; Kritiker *Frankensteins* bei *Rabel* I^2 10 Fn. 24. Zu *Frankensteins Projet d'un Code Européen de Droit International Privé* (Entwurf eines europäischen Gesetzbuchs des IPR), Leyden 1950, in dem das Staatsangehörigkeitsprinzip abgeschwächt ist: *Rabel*, RabelsZ 17 (1952), 135.

Einen weiteren Versuch, das IPR überstaatlich zu begründen, unternahm *Wiebringhaus*, Das Gesetz der funktionellen Verdoppelung², 1955 (dazu *Schurig* 65 f. m. w. Nachw.; *Horst Müller*, JahrbIntR 6 [1956], 350 f.). Neuerdings sucht man *Zitelmanns* Überlegungen wieder dafür nutzbar zu machen, die (verfehlte) weite Auslegung des Art. 3 III EGBGB zu begründen (*Tiedemann, Dörner*, dazu unten S. 376).

2. Staatlichkeit des angewandten Privatrechts

Das IPR *ist* nicht nur staatliches Recht. Es *bezieht* sich auch auf staatliches Recht: Es sagt, wann das Privatrecht des eigenen oder eines fremden Staats anzuwenden ist (oben S. 4).

a) Staatsfreies Gebiet

Schrifttum: *Stammler*, Das Recht im staatenlosen Gebiete, Fschr. Binding 1911, 331–373; *Goedhuis*, Conflicts of Law and Divergencies in the Legal Regimes of Air Space and Outer Space, Rec. 1963 II, 257–346; *Bentivoglio*, Conflicts Problems in Air Law, Rec. 1966 III, 69–181 (102–122, 147–170); *Barrie*, Crimes Committed Aboard Aircraft, S. A. L.J. 85 II (1968), 203–208; *Grebner*, Die Rechtsstellung der Bohrinsel, AWD 1974, 75–82 (79–82); *Stauder*, Patentschutz im extraterritorialen Raum, GRUR Int. 1975, 421–424; *Klučka*, The Role of Private International Law in Regulation of Outer Space, Int.Comp. L. Q. 39 (1990), 918–922; *Shin*, „Oh, I have slipped the surly bonds of earth“: Multinational Space Stations and Choice of Law, Cal. L.Rev. 78 (1990), 1375–1414; *Gálvez*, La estación espacial internacional: algunos problemas jurídicos, Rev.esp.der.int. 1991, Nr. 1, 7–37; *Stoffel*, Das Haftungssystem des internationalen Weltraumrechts, NJW 1991, 2181–2189; *Perren*, Haftungsprobleme bei Weltraumtätigkeit unter besonderer Berücksichtigung des Produktehaftpflichtrisikos, 1994; *Bender*, Space Transport Liability. National and International Aspects, Den Haag 1995 (insbes. S. 97–125).

Ist nach IPR das Recht eines Ortes anzuwenden (z. B. auf die Form des Rechtsgeschäfts das Recht des Abschlußorts, auf die unerlaubte Handlung das Recht des Tatorts, auf die Rechte an einer Sache das Recht des Lageorts) und liegt der Ort in *staatsfreiem Gebiet* (z. B. in der Arktis oder Antarktis; auf hoher See, im Luftraum über der hohen See, auf oder im Meeresboden unter der hohen See), dann wird nicht etwa Naturrecht oder gar kein Recht angewandt. Vielmehr ist an Stelle des Ortes eine *andere Anknüpfung* zu wählen.

Unternehmen Engländer und Schweden eine Gemeinschaftsexpedition in die Antarktis und verletzt ein Engländer einen Schweden, so ist zunächst nach einer den Parteien gemeinsamen persönlichen Anknüpfung zu suchen (gemeinsamer gewöhnlicher Aufenthalt, gemeinsame Staatsangehörigkeit); denn eine solche kann ein gegebenes Tatortrecht sogar verdrängen (unten S. 634–639; vgl. seit dem 1. 6. 1999 Art. 40 II 1, 41 EGBGB). Fehlt diese, so wird vorgeschlagen: das Heimatrecht des Täters, des Verletzten, beider nach dem Günstigkeitsprinzip (unten S. 626–628), schließlich die lex fori (vgl. *Soergel/Lüderitz*[12] Art. 38 Rz. 76; *Kropholler*[3] 470). Bevor man zu dieser greift, sollte man jedoch prüfen, ob nicht engere Beziehungen zu einer Rechtsordnung auf andere Weise feststellbar sind; das kann auch das „Expeditionsrecht“ (*Beitzke*, Rec. 1965 II, 107) sein. – Ähnlich liegen die Probleme im internationalen Sachenrecht: Übereignet ein Schwede einem Engländer seinen Kompaß, so könnte man den Eigentumsübergang nach schwedischem Recht als dem Heimatrecht des Eigentümers (*Zitelmann* I 187) oder Besitzers (*Frankenstein* I 106) beurteilen; vertreten wird aber auch eine stärkere Anlehnung an das Schuldstatut; *Staudinger/Stoll* (1996), IntSachenR Rz. 265. M. E. sollte man sich an den Regeln für die *res in transitu* (unten § 19 IV) ausrichten: da es noch keinen „Bestimmungsort“ gibt, sollte das *letzte Belegenheitsrecht* maßgeben, das gewöhnlich mit dem Recht des gewöhnlichen Aufenthalts des Veräußerers zusammenfallen wird. Die seit dem 1. 6. 1999 geltenden Art. 43–46 EGBGB geben bei der Entscheidung des Problems keine Hilfe, lassen aber solche Erwägungen weiterhin zu. – Bei Heirat auf hoher See entscheidet über die Form das Recht der Flagge, falls das Schiff mit Recht eine Flagge führt (für ein Rettungsboot, das Schiffbrüchige davonträgt, gilt das nicht). Ebenso entscheidet das Recht der Flagge über Delikte auf einem Schiff in hoher See (der neue Art. 40 EGBGB sagt hierzu nichts); z. B. OLG Hamburg HRGZ 1935 B 584: Ausbruch eines von Singapur nach London verkauften Tigers auf deutschem Schiff. Bei Delikten im Flugzeug über hoher See entscheidet das Recht des Hoheitszeichens. Beispiel: Flug von Puerto Rico nach New York in amerikanischem Flugzeug. Zwei Passagiere hatten sich durch Rum gestärkt und wurden nördlich der Bahama-Inseln wegen einer verschwundenen Flasche Rum handgemein. Beim Schlichtungsversuch wurde der Flugzeugführer in die Schulter gebissen und die Stewardeß geschlagen. *US v. Cordova and Santano*, ZLR 1 (1952), 84 mit Anm. von *Alex Meyer* – ein strafrechtlicher Fall.

Zweifelhafter sind die Fälle, in denen ein Ort *zwischen staatsfreiem und staatlichem Gebiet* liegt: Küstengewässer (genauer Aufenthaltsort oft unsicher), Luftraum über staatlichem Gebiet (ebenso), Erdboden unter staatlichem Gebiet (theoretisch). Nicht immer darf man hier das Recht des Staatsgebiets anwenden, neben, über oder unter dem der Ort liegt. So sollten Delikte, die sich nach Handlung und Erfolg ausschließlich im Flugzeug nach beendetem Aufstiegs- und vor begonnenem Landevorgang abspielen, beurteilt werden nach dem Recht des Staates, dessen Hoheitszeichen das Flugzeug führt, und nicht nach dem Recht des überflogenen Gebiets (hier mag man sich jetzt auf Art. 41 EGBGB berufen). Entsprechendes müßte für Delikte in einem Raumschiff gelten.

Zum *staatlichen Gebiet* gehört sicher der *Seehafen*. Ein Fund auf deutschem Dampfer im Hafen von New York unterliegt daher nicht deutschem, sondern New Yorker Recht (OLG Hamburg OLGE 10, 114 = SeuffArch. 60, 143). Ein Streik auf ausländischem Schiff in deutschem Seehafen unterliegt deutschem Recht (unten S. 986). Dasselbe wie für den Seehafen gilt für den *Flughafen* einschließlich des Aufstiegs- und Landevorgangs.

Exterritorialität ist wichtig für die Gerichtsbarkeit (§§ 18–20 GVG) und andere Fragen des öffentlichen Rechts, nicht für das anwendbare Privatrecht. Daher gilt z.B. für Delikte im Botschaftsgebäude das Recht des Staates, in dem die Botschaft liegt (vgl. BGHZ 82, 34 [44], zur Scheidung von Exterritorialen vgl. *Soergel/Schurig*[12] Art. 17 Rz. 181; der die Eheschließung betreffende Art. 13 III 2 ist nicht auf Botschaftsgebäude beschränkt).

b) Im Staatsgebiet faktisch geltendes Recht

Schrifttum: *Wengler*, Fschr. Lewald 1953, 615–632; *Sauveplanne*, Recognition and Acts of State in the Conflict of Laws, NTIR 1960, 17–58; *Knittel*, Geltendes und nicht mehr geltendes Auslandsrecht im IPR, 1963; *Mann*, Staatensukzession und juristische Personen, Fschr. Hengler 1972, 191–215 (= *Mann*, Beiträge zum IPR, 1976, 90–115; englische Fassung mit Abweichungen L.Q.Rev. 88 [1972], 57–82 = *Mann*, Studies in International Law, Oxford 1973, 524–552); *Leslie*, Unrecognised governments in the conflict of laws: Lord Denning's contribution, CILSA 14 (1981), 165–178; *Nedjati*, Acts of Unrecognised Governments, Int.Comp.L.Q. 30 (1981), 388–415; *Verhoeven*, Relations internationales de droit privé en l'absence de reconnaissance d'un État, d'un gouvernement ou d'une situation, Rec. 1985 III, 9–232; *Wade*, Executive and Judiciary in Foreign Affairs – Recognition of Foreign Lawmaking Entities, Fschr. Erades, Den Haag 1983, 235–257; *Sonnenberger*, Anerkennung der Staatsangehörigkeit und effektive Staatsangehörigkeit natürlicher Personen im Völkerrecht und IPR, BerGesVR 29 (1988), 9–36 (22–25); *Hofmann*, Art. 25 GG und die Anwendung völkerrechtswidrigen ausländischen Rechts, ZaöRV 49 (1989), 41–60; *Engel*, Die Bedeutung völkerrechtlicher Anerkennungen für das IPR, Fschr. Rothoeft 1994, 87–96; *Greenwood/Lowe*, Unrecognised States and the European

Court, C.L.J. 1995, 4–6 (betrifft türkisch besetztes Zypern); *Ebenroth/Reiner/Boizel*, Succession d'États et droit international privé, JDI (Clunet) 1996, 5–68 = Staatensukzession und Internationales Privatrecht, in: *Fastenrath/Schweisfurth/Ebenroth*, Das Recht der Staatensukzession, 1996, 235–345; *Osinbajo*, Legality in a Collapsed State: The Somali Experience, Int.Comp.L.Q. 45 (1996), 910–923; *Thürer/Herdegen/Hohloch*, Der Wegfall effektiver Staatsgewalt: „The Failed State", 1996 (bespr. von *Schreuer*, EJIL 8 [1997], 390f.); *Busse*, Staatenabspaltung und kollisionsrechtliche Verweisung, IPRax 1998, 155–162. Schrifttum zur Rechtsnachfolge in Staatsverträge unten S. 194.

Wenn das IPR bestimmt, welchen *Staates* Privatrecht anzuwenden ist (oben S. 4), so gehören zu den danach anwendbaren Privatrechtssätzen nicht nur und nicht immer solche, die die staatliche Gesetzgebung durchlaufen haben. Erforderlich und genügend ist vielmehr in aller Regel, daß ein Privatrechtssatz **im Gebiet eines Staates tatsächlich allgemein angewandt** wird.

Anwendbar sind daher zunächst alle Rechtssätze, die der Staat durch sein Tun oder seine Duldung zu geltendem Recht erhoben hat, so durch die **gerichtliche Entscheidungspraxis** entstandene Rechtsnormen (vor allem im common-law-Rechtskreis), ferner Rechtssätze mit **gewohnheitsrechtlicher** Geltung, vgl. Art. 2 EGBGB (zur Frage, ob es auch unabhängig von staatlicher Anerkennung oder Duldung geltendes Recht gibt, unten S. 110f.). Anwendbar sind auch Sätze des **religiösen** Rechts, wenn und soweit sie im Staatsgebiet geltendes Privatrecht sind wie Regeln des Eherechts früher in Österreich, Polen, Griechenland und Spanien, heute in islamischen Ländern und Indien. Anwendbar sind gegebenenfalls Sätze des **Besatzungs**rechts wie früher unser EheG. Anwendbar sind Sätze des **Völker**rechts, soweit sie ins Landesrecht übernommen sind, insbesondere staatsvertragliches Recht, z.B. die Genfer Abkommen vom 19. 3. 1931 und 7. 6. 1933 zur Vereinheitlichung des Wechsel- und Scheckrechts (RGBl. 1933 II 537 und 377), auf denen unser materielles Wechsel- und Scheckrecht beruhen (über das internationale Wechsel- und Scheckrecht unten S. 71–73), und die Brüsseler Abkommen vom 23. 9. 1910 über Schiffszusammenstoß (RGBl. 1913, 49) und über Hilfsleistung und Bergung in Seenot (RGBl. 1913, 66), auf denen Teile unseres Seerechts beruhen. Anwendbar ist das Privatrecht supranationaler Gemeinschaften wie der **EG**. Anwendbar ist aber auch **völkerrechtswidriges** Landesprivatrecht, z.B. deutsches, das einem vorangegangenen Staatsvertrag widerspräche (z.B. LG Braunschweig IPRspr. 1971 Nr. 144), was es im Zweifel nicht tut (BGHZ 89, 325 [339] = NJW 1984, 1302 [1304 unter 3a]); aber auch ausländisches, soweit nicht unsere öffentlichen Interessen (wie etwa gegenüber völkerrechtswidrigem ausländischen Enteignungs- oder Staatsangehörigkeitsrecht) verletzt werden; dann greift unser ordre-public-Vorbehalt (unten § 16) ein.

Daß ein *Staat, eine Regierung, ein Gebietserwerb* völkerrechtlich **nicht anerkannt** ist – mag die Anerkennung überhaupt nicht oder nur *de* *facto*, aber jedenfalls nicht *de jure* erteilt worden sein –, ist für die Anwendung von Privatrecht der nicht anerkannten Instanz ohne Belang, wenn es nur in dem beherrschten Gebiet tatsächlich allgemein angewandt wird. Z.B. hatten wir schon vor Anerkennung der Volksrepublik China deren Ehegesetz von 1950 anzuwenden (IPG 1972 Nr. 26 Köln). In Frankreich, das die Regierung Sowjetrußlands erst 1924 anerkannt hat, wird gleichwohl die Auflösung von Fideikommissen aus dem Jahre 1918 beachtet (Cass. Rev. crit. dr.i.p. 1975, 426 mit Anm. von Y.L. [*Yvon Loussouarn*]). In Italien waren schon vor Anerkennung der DDR deren Formvorschriften für die Prozeßvollmacht anzuwenden (Cass. Giur. It. 1976, 1, 1612 [1619 a.E.f.] mit Anm. von *Crivellaro*). Die Anerkennung und ihre Versagung dienen politischen Zwecken; ob dieses oder jenes Privatrecht angewandt wird, ist politisch in aller Regel gleichgültig. „Die täglichen Geschäfte des Wirtschafts- und Familienlebens unterliegen keiner Beanstandung, auch wenn sie durch Befehl der usurpierenden Macht geregelt sein sollten" (*Cardozo* in *Petrogradsky Mejdunarodny Kommerchesky Bank v. Nat. City Bank of New York* [1930], 273 N.Y. 23, 170 N.E. 479 [481]; ähnlich *Lord Denning* M.R. in *Hesperides Hotels Limited* v. *Aegean Turkish Holidays Limited,* [1977] 3 W.L.R. 656 [663]; siehe auch *Gur Corporation* v. *Trust Bank of Africa Ltd.,* [1986] 3 W.L.R. 583 betreffend Republik Ciskei und dazu *Warbrick,* Mod.L. Rev. 50 [1987], 84–89, *Jones,* C.L.J. 1987, 7–9 und *Mann,* Int. Comp. L.Q. 36 [1987], 348–350, differenzierend *MünchKomm/Sonnenberger*[3] Einl. IPR Rz. 118–121). Ob man das Privatrecht der neuen (noch nicht anerkannten) Instanz als Privatrecht der alten (noch anerkannten) Instanz anwendet und damit das fiktive Element der Nichtanerkennung (man tut so, als ob das Neue nicht da sei) verstärkt oder ob man eine teilweise, nämlich privatrechtliche Anerkennung bejaht, ist nur Frage der Formulierung: Beide Male wird auf Grund des IPR *staatliches* Privatrecht angewandt, nämlich Privatrecht, das im Gebiet eines Staates tatsächlich allgemein angewandt wird.

Nur **intertemporale** Fragen entstehen, wenn ein Staat sein **Privatrecht rückwirkend ändert.** Dem ist zu folgen. Das neue Recht ist anzuwenden, obwohl es im maßgeblichen Zeitpunkt überhaupt nicht, geschweige denn tatsächlich allgemein, angewandt worden ist, und selbst dann, wenn der Betroffene während der Geltung des neuen Rechts keine Verbindung mit dem ändernden Staat gehabt hat (streitig; siehe unten S. 361–363 und das Schrifttum unten S. 45).

Beispiele:

Im Mai 1945 heiraten Polen (mit noch polnischem Wohnsitz) kirchlich in Kitzbühel; Eheschließungen ohne staatliche Mitwirkung sind zu der Zeit in Österreich Nichtehen. Ab Juni 1945 werden solche Ehen jedoch rückwirkend für gültig erklärt, wenn sie (von Amts wegen) ins Heiratsregister eingetragen werden. 1946 gelangen die Eheleute von Österreich über Italien nach England und trennen sich dort 1947. Infolge eines Versehens wird erst 1949 die Heirat in Österreich ins Heiratsregister eingetragen. Im selben Jahr gebiert die Frau einen Sohn von einem anderen Polen und heiratet diesen 1950. Ist die neue Ehe bigamisch, daher nach englischem Recht Nichtehe und folglich der Sohn nicht legitimiert? Court of Appeal und House of Lords bejahen einstimmig die rückwirkende Heilung der ersten Ehe und verneinen die Legitimation: *Starkowski* v. *Attorney General* [1954] A.C. 155. Auch nach deutschem Recht wäre die rückwirkende Heilung der ersten Ehe anzuerkennen (streitig).

Ein in Kalifornien wohnhaftes Ehepaar wird 1930 auf Antrag der Frau durch vorläufiges Urteil *(interlocutory judgment)* geschieden; nach einem Jahr kann Umwandlung in endgültige Scheidung *(final judgment)* verlangt werden. Viele Amerikaner heiraten schon vor dem endgültigen Urteil neu; die neue Ehe ist dann aber bigamisch und (wie in England) Nichtehe. So heiratet auch hier nur auf Grund des vorläufigen Urteils die Frau am 14. 9. 1935 im Staate Washington abermals. Das Ehepaar lebt in Britisch Kolumbien (Kanada), der Heimat des Mannes. Einen Tag nach der Heirat (!) tritt eine Änderung von sect. 133 des California Civil Code in Kraft: das zuständige Gericht kann auf Antrag oder von Amts wegen das endgültige Urteil rückwirkend auf den frühest möglichen Zeitpunkt (Ablauf der Jahresfrist) erteilen und eine nach diesem Zeitpunkt geschlossene neue Ehe wird dadurch rückwirkend gültig. Tatsächlich wird in unserem Fall 1939 von Amts wegen das endgültige Urteil erlassen, aber versehentlich die Rückwirkung nicht ausgesprochen. Immerhin kann nunmehr die Frau in Britisch Kolumbien Wohnsitz erwerben (während sie vorher nach kanadischem Recht gesetzlichen Wohnsitz beim ersten Mann hatte). 1941 ergeht ein Zusatz zu sect. 133 California Civil Code: ist bei Erlaß eines endgültigen Urteils versehentlich ein zu später Zeitpunkt für die Auflösung der Ehe festgesetzt worden, dann kann das durch neues endgültiges Urteil *„nunc pro tunc"* berichtigt werden. Dies geschieht 1958 auf Antrag der Frau (nachdem die Eheleute seit 1956 einverständlich getrennt leben): das endgültige Urteil von 1939 wird zurückdatiert auf 1931. Dennoch wird die Ehe, weil bigamisch, zur Nichtehe *(void)* erklärt: *Ambrose* v. *Ambrose* (1961) 25 D.L.R. (2d) 1. Der Unterschied zum Starkowski-Fall liege darin, daß dort *nach,* hier *vor* Eintritt der Rückwirkung die zweite Ehe geschlossen sei (und daß es dort um die *Form,* hier um ein *Ehehindernis* gegangen sei). Nach deutschem Recht (streitig) wäre auch hier die rückwirkende Heilung der zweiten Ehe anzuerkennen: wäre der zweite Mann Kalifornier gewesen, so bestünde daran kein Zweifel; daß er Kanadier war, gibt ihm kein größeres „Recht auf Nichtehe".

Nach unserem IPR ist bisweilen **„unwandelbar"** (d.h. ein für allemal) das Recht eines Staates maßgebend, zu dem eine bestimmte Anknüpfung in einem bestimmten Zeitpunkt bestanden hat. Z.B. folgte früher (vgl. Art. 220 III EGBGB) aus Art. 15 a.F. EGBGB: Für das eheliche Güterrecht galt unwandelbar das Heimatrecht des Mannes bei Heirat (nach Art. 15 I n.F. mit Art. 14 I Nr. 1 n.F. gilt nunmehr das Heimatrecht der *Gatten* bei Heirat). War etwa der Mann bei Heirat vor 1917 Russe und wurde er später Deutscher, so richtete sich der Güterstand weiter nach russischem Recht. Wird aus einem solchen Staat ein anderer **Staat abgespalten**, z.B. Lettland aus Rußland nach dem ersten Weltkrieg (und heute wieder), so ist nicht deswegen jetzt das Recht des neuen Staates anzuwenden, weil zu ihm die *gleiche Anknüpfung* besteht; z.B. der Russe ist Lette geworden. Vielmehr ist das Recht des neuen Staats dann anzuwenden, wenn im maßgeblichen Zeitpunkt der Anknüpfung nach dem einheitlichen interlokalen Kollisionsrecht des alten Staates, hilfsweise nach den von uns ergänzend heranzuziehenden Regeln (unten § 11), das *Recht des Gebiets* maßgebend war, das später ein selbständiger Staat geworden ist. Denn das IPR bestimmt zwar, welchen Staates Privatrecht maßgibt. Es meint aber nicht staatliches Privatrecht, sondern Privatrecht, das im Gebiet eines Staates tatsächlich allgemein angewandt wird (siehe oben), z.B. Ehegüterrecht im (später lettischen) Gebiet des zaristischen Rußland. Späteren rückwirkenden Änderungen des so bestimmten Rechts haben wir freilich zu folgen. Näher *Soergel/Kegel*[12] Art. 4 Rz. 51.

Beispiel: Russen heirateten in Riga 1911. Hier war der Vater des Mannes Kaufmann „Erster Gilde" und somit der Mann „heimatzuständig" mit der Folge, daß er in Rußland nach dem „Baltischen Privatrecht" lebte. Die Eheleute wohnten nacheinander in Sibirien, Riga, Petersburg, Estland und Transkaukasien. 1920 zogen sie nach Tiflis und hier optierte der Mann wirksam für Lettland. 1921 kamen sie nach Deutschland und wurden Deutsche. KG IPRspr. 1934 Nr. 45 hatte über den Güterstand zu entscheiden. Es wandte, da der Mann Lette geworden war, lettisches Güterrecht an. Lettland hatte das Güterrecht des Baltischen Privatrechts bestehen lassen und, da dessen IPR deutsches Recht für maßgebend erklärte, kam das KG zum deutschen Güterstand der Nutzverwaltung. Von der Verweisung auf deutsches Recht sei hier abgesehen. Die Anwendung des Baltischen Privatrechts war richtig, aber nicht, weil der Mann Lette geworden war, sondern weil es nach dem Recht des zaristischen Rußland anzuwenden (und von Lettland beibehalten) war. Hätte der Mann nicht für Lettland optiert, wäre genauso zu entscheiden gewesen. Hätte er für Lettland optiert, wäre er aber dort nicht „heimatzuständig" gewesen, so hätte das Baltische Privatrecht nicht angewandt werden dürfen. Zur späteren Entwicklung in Lettland: *Loeber,* Latvia's 1937 Civil Code: A Quest for Cultural Identity, Fschr. Merryman 1990, 197–204.

Ein neueres Beispiel bietet AG Böblingen IPRax 1992, 333 LS mit Anm. d. Red. (E. J.): Zerfall Jugoslawiens.

V. Einordnung

Schrifttum: *Gutzwiller*, IPR, 1931, 1536–1539; *Maury*, Rec. 1936 III, 407–416; *Valladão*, Position of Private International Law as regards the „International-Internal" and „Public-Private" Dichotomies, Fschr. Maridakis III, Athen 1964, 529–541; *ders.*, Direito internacional privado I[5], 1980, 49 f.; *Domínguez Lozano*, Las concepciones publicista y privatista del objeto del derecho internacional privado en la doctrina europea: Reconstrucción historica, Rev.esp.der.int. 1994, Nr. 1, 99–135; *Staudinger/Sturm/Sturm*[13], Einl. zum IPR, Rn. 31–53.

Man streitet, ob das IPR *Privat*recht, *öffentliches* Recht oder etwas Drittes ist. Der Streit ist müßig.

Nach der ursprünglichen Unterscheidung ist Privatrecht, *quod ad utilitatem singulorum spectat*, und öffentliches Recht, *quod ad statum rei publicae spectat* (auf weitere, besonders für den Rechtsweg bedeutsame Unterscheidungskriterien, etwa der „Subjektions-" oder der „Subjekttheorie", soll hier nicht eingegangen werden). Diese Unterscheidung bezieht sich auf *materielles* Recht. Das IPR aber regelt, welchen Staates materielles Privatrecht anzuwenden ist. Es ist „Rechtsanwendbarkeitsrecht" oder *Kollisionsrecht*. Es gibt eine Reihe anderer Kollisionsrechte (unten VII), z. B. internationales Strafrecht, internationales Verwaltungsrecht. Alle Kollisionsrechte sind in der Form ähnlich. Inhaltlich aber sind sie verschieden. Denn sie dienen bald den Interessen der einzelnen, bald öffentlichen Interessen. Das IPR dient überwiegend den Interessen der einzelnen, weil es dazu beiträgt, einen privaten Rechtsfall angemessen zu entscheiden, indem es unter den zur Verfügung stehenden die *richtige* Rechtsordnung auswählt („rationales Element"). Es ist deswegen Privatrecht, wenngleich es *anderen* Interessen der einzelnen dient als das materielle Privatrecht (unten § 2). Freilich fügt es, wenn es eine fremde Rechtsordnung auswählt, den für uns verbindlichen *Anwendungsbefehl* hinzu, denn aus eigener Kraft „gilt" das Recht anderer Staaten bei uns nicht („imperatives Element", Unterscheidung nach *Batiffol*; näher *Schurig* 70–72).

Daß IPR Privatrecht ist, ist h. M. (z. B. *Staudinger/Korkisch*[10–11] Teil 2 Lfg. 1, Einl. Rz. 14 f., S. 5 f.; *Staudinger/Sturm/Sturm*[13] Einl. Rz. 32; *Raape* 6; *Raape/Sturm* I 6; *Neuhaus* 5; *Kropholler*[3] 8; *von Bar* I Rz. 243 Fn. 146; *Lalive*, Rec. 1977 II 80 f.).

VI. Name

Schrifttum: *Zitelmann*, ZIR 27 (1918), 177–196; *Staudinger/Sturm/Sturm*[13] Einl. Rz. 21–30; *Neuhaus* 4–8; *Keller/Siehr* 146–148; *von Bar* I Rz. 10 f.; *Kropholler*[3] 7–9; *Juenger*, Private International Law or International Private Law?, King's College Law Journal 5 (1994–95), 45–62.

Den Ausdruck *„private international law"* nennt zuerst der Amerikaner *Joseph Story* (Commentaries on the Conflict of Laws, 1834, S. 9). Von ihm übernahmen ihn 1840 der Franzose *Foelix* (*„droit international privé"*) und 1841 der Frankfurter Anwalt *Wilhelm Schaeffner* in seinem Buch „Entwicklung des internationalen Privatrechts". Dieser Name hat sich allmählich in Europa eingebürgert (*droit international privé, diritto internazionale privato, derecho internacional privado*), wird von Art. 3 I 1 EGBGB benutzt und begegnet öfter auch im englisch-amerikanischen Recht (*private international law*). Der ältere Name *„conflit de lois"* tritt zurück; sein angelsächsisches Gegenstück *„conflict of laws"* ist jedoch nach wie vor gebräuchlich. Der „Konflikts"-Name beruht auf der Vorstellung, daß die materiellen Rechte der verschiedenen Staaten um Anwendung ringen (von ferne vergleichbar dem Zusammenlaufen der Gläubiger im „Konkurs").

Sicherlich ist der Name „internationales Privatrecht" ungenau. Es handelt sich nicht um internationales, sondern um nationales (staatliches) Recht (oben IV 1) und nicht um materielles Privatrecht, sondern um Kollisionsrecht (oben V). Dennoch drückt er das Wesentliche hinreichend aus. Minder glückliche, zum Teil seltsame Taufnamen sind: zwischenstaatliches Privatrecht (RG), Zwischenprivatrecht (*Zitelmann*), Grenzrecht (*Frankenstein*), Außenprivatrecht (*Schnitzer*), *private transnational law* (*Ehrenzweig*). Der Ausdruck Kollisionsrecht (dem *conflit* und *conflict* verwandt) dient heute als Oberbegriff für alle Rechtsgebiete, die über die Auswahl in der Sache anwendbarer, meist materiellrechtlicher, Normen bestimmen (unten VII).

Allerdings wird der Name IPR zum Teil auch in einem weiteren Sinne verwandt als dem, die Gesamtheit der Normen über das anwendbare Recht zu bezeichnen. Man bezieht auch Nachbargebiete ein, besonders im Ausland.

In *England* und den USA bringen die Lehrbücher außer dem *IPR (choice of law)* noch die *internationale Zuständigkeit (jurisdiction)*. Unter internationaler (im Unterschied zu örtlicher) Zuständigkeit versteht man die Regeln darüber, wann die inländischen und wann (vom inländischen Standpunkt) ausländische Gerichte für privatrechtliche Verfahren zuständig sind (Zivilprozeß, Zwangsvollstreckung, Konkurs, freiwillige Gerichtsbarkeit). Diese Regeln weichen in allen Ländern ab von den Regeln über die örtliche Zuständigkeit, die nicht das Verhältnis zwischen in- und ausländischen, sondern ein Verhältnis zwischen inländischen Gerichten betreffen.

In *Frankreich* bringen gewöhnlich die Lehrbücher zunächst das eigene *Staatsangehörigkeitsrecht (nationalité)*. Daran schließt sich das eigene *Ausländerrecht (condition des étrangers)* an, d.h. das eigene materielle Recht, soweit es für Ausländer Sonderregeln enthält (über das deutsche Ausländerrecht unten S. 61–63). Dann erst folgt das IPR *(conflit de lois)* und schließlich die *internationale Zuständigkeit (conflit de juridictions)*. Neuerdings wird die Reihenfolge gelegentlich verändert.

Auch im *deutschsprachigen* Raum werden in Lehrbüchern zunehmend Nachbargebiete (internationales Verfahrensrecht, Staatsangehörigkeitsrecht, materielles Recht für Sachverhalte mit Auslandsbezug) dargestellt. Dagegen ist nichts einzuwenden; allerdings sollte man insoweit nicht von „IPR" (auch nicht „im weiten Sinne") sprechen.

Mehr als terminologische Bedeutung hat es, wenn der Franzose *Pillet* (Principes de droit international privé, 1903, 495–571; Traité pratique de droit international privé I, 1923, 11–18, 119–129) und manche nach ihm (z.B. mit Abwandlungen *Machado Villela* [über ihn *Machado,* Dir. Int. 1971, 294–303]; *Valladão,* Direito internacional privado I^5, 1980, 479–486; *Sevig,* Ann. Ist. 1975 Nr. 39, S. 237–248; *Levontin,* Choice of Law and Conflict of Laws, Leyden 1976, 158–174; *von Overbeck,* Rec. 1982 III 168–177) vom IPR *(conflit de lois)* den *Schutz erworbener Rechte (respect international des droits acquis)* abspalten. Subjektive Rechte, erworben nach ausländischem Privatrecht, sollen geschützt werden. Das verlange die Achtung vor der ausländischen Souveränität.

„Als ich begann, meinen Schülern die Notwendigkeit des Grundsatzes der internationalen Respektierung erworbener Rechte vorzutragen, gab ich ihnen das folgende Beispiel: „Sie reisen nach der Schweiz und nehmen einen Koffer mit einigen Sachen mit. Auf dem Bahnhof von Genf angekommen, setzen Sie Ihren Koffer auf den Boden, um Ihre Fahrkarte zu suchen. Ein Nebenmann bemächtigt sich Ihres Koffers und verweigert die Rückgabe unter dem Vorwand, der Koffer gehöre nicht mehr Ihnen, sei herrenlos und er könne ihn sich aneignen. Wenn Sie einwenden, Sie hätten diesen Koffer nebst Inhalt in Frankreich gekauft, wird Ihnen zur Antwort, die Rechtssätze über den Eigentumserwerb seien territorial und daher hätten die französischen Rechtssätze über den Eigentumserwerb in der Schweiz keine Gültigkeit. Sicherlich müßte, wenn es den Grundsatz der internationalen Respektierung ordnungsmäßig erworbener Rechte nicht gäbe, das Gericht diesem Diebe recht geben." (*Pillet*, Traité I 120 Fn. 1.)

Die Lehre *Pillets* würde etwas Neues, aber Falsches sagen, wenn erworbene Rechte unabhängig vom eigenen IPR geschützt würden. Da dem nicht so ist, ist sie richtig, aber überflüssig, weil schon im Begriff des IPR enthalten. Kritisch zu Pillet insbesondere *Arminjon*, Rec. 1933 II 55–68; *Horst Müller*, Der Grundsatz des wohlerworbenen Rechts im IPR, 1935, 233–275. Kritisch zur Lehre vom Schutz erworbener Rechte im IPR allgemein *Horst Müller*, aaO 307–315; *Ferrer-Correia*, Fschr. Wengler II, 1973, 285–320 = Estudos vários de direito, Coimbra 1982, 59–104; *Gens de Moura Ramos*, Dos direitos adquiridos em direito internacional privado, Coimbra 1974; *Miaja de la Muela*, An.Der. Int. 1974, 3–28; *Muir Watt*, Quelques remarques sur la théorie anglo-americaine des droits acquis, Rev.crit.dr.i.p. 1986, 425–455; *Neuhaus* 170–174; *Keller/Siehr* 418–426; *von Bar* I Rz. 144–151; *Kropholler*[3] 130–133. Über Verbindungen mit der unilateralistischen Denkweise und allgemein mit der Frage, welche Kollisionsnormen heranzuziehen sind (dazu unten S. 49f.), *Schurig* 196f. – Zum internationalen Verfahrensrecht *Fernandes Costa*, Direitos adquiridos e reconhecimento de sentenças estrangeiras, Fschr. Ferrer-Correia I, Coimbra 1986, 121–186. – Zum Schutz erworbener Rechte in der deutschen Rechtsprechung BGH IPRax 1998, 211 mit Aufsatz von *Michaels* 192–196 = NJW 1996, 2096 (2097 unter II 4a mit Nachweisen).

VII. Andere Kollisionsrechte

IPR ist Kollisionsrecht. Kollisionsrecht, bestehend aus „Kollisionsnormen", entscheidet, welches in der Sache anwendbare, im allgemeinen materielle, Recht (bestehend aus „Sachnormen") anzuwenden ist.

1. Räumliche Kollisionsrechte

IPR ist *räumliches* Kollisionsrecht. Räumliche Kollisionsrechte regeln die Anwendung von (meist) materiellen Rechten verschiedener *geographischer Gebiete*.

a) Internationales und interlokales Recht

Schrifttum zum **Verhältnis von internationalem und interlokalem Privatrecht:** *De Nova*, Natura del diritto interlocale, Riv.dir.int. 1940, 3–42; *Arminjon*, Rec. 1949 I, 79–95; *Lalive*, Droit interrégional et droit international privé, Schweizer Landesberichte zum IV. Internationalen Kongreß für Rechtsvergleichung, 1954, 103–115; *Vitta*, Conflitti interni ed internazionali, I 1954, II 1955; *Beitzke*, Fschr. Nipperdey 1955, 41–57; *Gannagé*, La distinction des conflits internes et des conflits internationaux de lois, Mélanges Roubier, Paris 1961, I 229–240; *Hay*, International versus Interstate Conflicts Law in the United States, RabelsZ 35 (1971), 429–495; *De Nova*, Diritto interlocale e diritto internazionale privato: ancora un raffronto, Riv.dir.int.priv.proc. 1976, 5–15 = Gedächtnisschr. Ehrenzweig 1976, 109–120; *Fawcett*, A New Distinction in Conflict of Laws, Anglo-Am.L.Rev. 7 (1978), 230–242; *Sumampouw*, Droit interrégional privé et droit international privé, Fschr. Kokkini-Iatridou, Dordrecht 1994, 291–306; *Rodríguez Gayán*, Heterogeneidad y sistema en las relaciones entre Derecho Internacional Privado y Derecho Interregional, Rev.gen.der. 1996, 8069–8091.

Schrifttum zum **ausländischen interlokalen Privatrecht** unten S. 35f. Schrifttum zur Anwendung des Rechts ausländischer Staaten mit interlokaler Rechtsspaltung unten S. 359f.

IPR ist *internationales* Kollisionsrecht. Internationale Kollisionsrechte regeln die Anwendung von materiellen Rechten verschiedener (souveräner) *Staaten.*

Ist innerhalb eines (souveränen) Staates das materielle Recht nach *Gebieten* verschieden, so bestimmt *interlokales* Kollisionsrecht, welchen Gebietes Recht anzuwenden ist. Insbesondere regelt interlokales *Privat*recht, welchen Gebietes Privatrecht anzuwenden ist.

Die Gebiete sind meist (nichtsouveräne) *Teilstaaten* oder *Verwaltungsbezirke,* die ursprünglich (souveräne) Staaten oder Teile anderer (souveräner) Staaten waren. Seit dem 18. Jahrhundert drängt jedoch die Entwicklung zur Vereinheitlichung des Privatrechts durch Kodifikation innerhalb der Staaten und in unserem Jahrhundert im internationalen Bereich. Viele Staaten, die früher gebietsweise verschiedenes Privatrecht besaßen, haben daher heute einheitliches Privatrecht. Mitunter kehrt sich der Prozeß allerdings auch um, wenn Staaten sich aufspalten (so z.B. die allmählich auseinanderdriftenden Rechtsordnungen der tschechischen und der slowakischen Republik).

In **Deutschland** war auf wichtigen Teilgebieten des Privatrechts schon vor 1900 Einheit geschaffen worden: so im Wechselrecht durch die WO von 1849; im Handelsrecht durch das AHGB von 1861, das GenG von 1869, das GmbHG von 1892. Auf den Gebieten des gewerblichen Rechtsschutzes und des Urheberrechts vollzog sich die Entwicklung schrittweise: GeschmMG 1876, PatG 1877, GebrauchsmusterG 1891, WZG 1894, UWG 1896, LitUrhG 1901, VerlG 1902, KunstUrhG 1909. Das VVG stammt von 1908. Den Eckpfeiler bildet das **BGB.** Vor dem 1. 1. 1900 war das bürgerliche Recht gespalten und daher interlokales Privatrecht als interlokales bürgerliches Recht wichtig. Nach 1900 war interlokales bürgerliches Recht nur noch auf Randgebieten bedeutsam, so für die religiöse Kindererziehung bis zum Ges. von 1921 (z.B. KG ZIR 16, 320; OLG Hamburg ZIR 19, 255) und für die gothaischen Gewerkschaften mit Sitz in Preußen (Rspr. *Soergel/Kegel* VII[10] S. 77 Fn. 6). Erst unter der Herrschaft des *Nationalsozialismus* lebte das interlokale Privatrecht vorübergehend auf, weil Gebiete nichtdeutschen Rechts dem Reich einverleibt wurden: Österreich, Sudetenland, Protektorat Böhmen-Mähren, Generalgouvernement Polen, Elsaß-Lothringen u.a. Das ist heute nur noch beachtlich, soweit über Tatbestände aus jener Zeit zu befinden ist.

Seit 1945 vollzog sich in den Ostblockstaaten eine indirekte Rechtsvereinheitlichung nach sowjetischem Muster. Sie erfaßte auch die damalige *DDR* und *Ost-Berlin.* Dort waren in einem großen kodifikatorischen Rundumschlag Privatrecht, Privatverfahrensrecht und anderes tiefgreifend geändert worden. Diese Gesetzgebungsakte sind heute nur noch dann von Bedeutung, wenn nach den intertemporalen Regeln der Art. 230–236 EGBGB altes DDR-Recht anzuwenden ist. Zu den wichtigsten privatrechtlichen Gesetzen gehörten das *Zivilgesetzbuch* (ZGB) vom 19. 6. 1975 nebst Einführungsgesetz und DVO, das *Gesetz über das Vertragssystem in der sozialistischen Wirtschaft* (VertragsG) vom 25. 3. 1982, das *Familiengesetzbuch* (FGB) vom 20. 12. 1965, das *Gesetz über internationale Wirtschaftsverträge* (GIW) vom 5. 2. 1976 sowie das *Gesetz über die Anwendung des Rechts auf internationale zivil-, familien- und arbeitsrechtliche Beziehungen sowie auf internationale Wirtschaftsverträge* (RAG) vom 5. 12. 1975, das das IPR der DDR enthielt (weitere und genauere Angaben, auch zu den Verfahrensgesetzen: 7. Aufl. S. 21–24).

Mit der politischen Umwälzung im Herbst 1989 begann auch rechtlich eine Wiederannäherung an den Westen. Altes Recht wurde aufgehoben, neues erlassen. Recht der Bundesrepublik wurde übernommen, und beiden Staaten gemeinsames Recht wurde vereinbart. Auflistung der neuen und übernommenen Rechtsnormen: 7. Aufl. S. 24–28.

Diese neu erlassenen Vorschriften waren zum Teil recht kurzlebig. So ist z.B. das 1. Familienrechtsänderungsgesetz der DDR am 1. 10. 1990 in und zum 3. 10. 1990 wieder außer Kraft getreten („Zwei-Tages-Gesetz"), das „Gesetz zu Fragen der Gleichstellung gleichgeschlechtlich orientierter Bürger" vom 20. 9. 1990 wurde von der Wiedervereinigung überholt.

Mit der **Wiedervereinigung am 3. 10. 1990** wurde auf dem Gebiet der früheren DDR und Ost-Berlins weitestgehend das Bundesrecht eingeführt. Grundlage dafür ist der „Vertrag zwischen der Bundesrepublik Deutschland und der Deutschen Demokratischen Republik – **Einigungsvertrag**" vom 31. 8. 1990 (BGBl. II 885, 889), dem der Beitritt der DDR zum Geltungsbereich des Grundgesetzes gemäß Art. 23 GG durch Beschluß der Volkskammer der DDR vom 23. 8. 1990 mit Wirkung vom 3. 10. 1990 gefolgt ist (GBl. I 1323; BGBl. I 2057).

Schrifttum: Älteres Schrifttum 7. Aufl. S. 28f. Weiter: *Hanau/Langanke/Preis/Widlak* (Hrsg.), Das Arbeitsrecht der neuen Bundesländer, 1991; *Kübler* (Hrsg.), Das Gesamtvollstreckungsrecht in den neuen Bundesländern[2], 1992; *Prölss/Armbrüster*, Wegfall der Geschäftsgrundlage und deutsche Einheit, DtZ 1992, 203–206; *Leutheusser-Schnarrenberger*, Zur Struktur der Rechtsangleichung im vereinten Deutschland, NJW 1993, 2465–2470; *Stögmüller*, Deutsche Einigung und Urheberrecht, Diss. München 1993; *Andrae*, Die Anerkennung und Vollstreckung gerichtlicher Entscheidungen, die vor der Vereinigung Deutschlands erlassen wurden, IPRax 1994, 223–231; *Drobnig*, Anwendung und Auslegung von DDR-Recht heute, DtZ 1994, 86–91; *Grün*, Der Wegfall der Geschäftsgrundlage bei DDR-Wirtschaftsverträgen nach der Wende, JZ 1994, 763–769; *Heckschen*, Neue Bundesländer: Problembereiche in der notariellen Praxis – Unter Berücksichtigung des Registerverfahrensbeschleunigungsgesetzes, DB 1994, 361–368; *Janke*, Die Anwendung des Zivilgesetzbuchs der DDR in der Rechtsprechung seit der deutschen Einheit, NJ 1994, 390–395, 437–443; *Koepsel*, Die Auswirkungen eines Irrtums über die politischen Entwicklungen in der DDR auf

Testamente und Erbschaftsausschlagungen, 1994; *Görk*, Deutsche Einheit und Wegfall der Geschäftsgrundlage, Diss. München 1995; *Heublein*, Der doppelte Vorbehalt bei der Anwendung des sozialistischen Privatrechts der DDR, Diss. Berlin 1995; *Wolf*, Das Familienrecht der DDR und der Einigungsvertrag, DtZ 1995, 386–390; *Däubler*, Rechtsexport. Die Einführung des bundesdeutschen Arbeitsrechts im Gebiet der früheren DDR, 1996; *Drobnig/Ramm* (Hrsg.), Arbeits- und Sozialrecht im vereinigten Deutschland – gestern, heute und morgen, 1996; *Gast*, Das Internationale Enteignungsrecht nach der Wiedervereinigung – Ein Beitrag zur Dogmatik des Art. 19 Einigungsvertrag, DtZ 1996, 102–107; *Jauernig*, „Übergestülptes Recht"? Zur Rechts- und Bewußtseinslage nach dem Einigungsvertrag, NJW 1997, 2705–2711; *Wichmann*, Der lange Weg zur Rechtseinheit im Privatrecht, Fschr. Rolland 1999, 413–431.

Schrifttum zu **Art. 230–235 EGBGB** unten S. 27–29, zu **Art. 236 EGBGB** unten S. 41 f.

Die für die **„Rechtsangleichung"** maßgeblichen Vorschriften finden sich im so betitelten Kapitel III des Vertrages. Nach dessen **Art. 8** (**„Überleitung von Bundesrecht"**) tritt „mit dem Wirksamwerden des Beitritts [...] in dem in Artikel 3 genannten Gebiet [Brandenburg, Mecklenburg-Vorpommern, Sachsen, Sachsen-Anhalt, Thüringen und Ost-Berlin] Bundesrecht in Kraft, soweit es nicht in seinem Geltungsbereich auf bestimmte Länder oder Landesteile der Bundesrepublik Deutschland beschränkt ist und soweit durch diesen Vertrag, insbesondere dessen Anlage I, nichts anderes bestimmt wird".

Die hier genannte Anlage I regelt die Einzelheiten der Einführung des Bundesrechts im Gebiet der DDR. Infolge der bei Vertragsschluß herrschenden Zeitknappheit ist sie nicht systematisch gegliedert, sondern im wesentlichen nach Geschäftsbereichen der einzelnen Bundesminister. Für Privat- und Privatverfahrensrecht ist vor allem der Geschäftsbereich des Bundesministers der Justiz bedeutsam, daneben aber auch derjenige des Bundesministers des Innern. So wird durch Anlage I B Kapitel II Bundesminister des Innern Sachgebiet B: Verwaltung Abschnitt III Nr. 2 das **PStG** im Gebiet der DDR mit einer Reihe von Maßgaben eingeführt (Schrifttum 7. Aufl. S. 31).

In Anlage I B Kapitel III Bundesminister der Justiz betreffen Sachgebiet A die Rechtspflege und Sachgebiet B das Bürgerliche Recht. Im Sachgebiet B nimmt Abschnitt I vom Inkrafttreten in der DDR aus: das **Vertragshilfegesetz** vom 26. 3. 1952 (BGBl. I 198) in der im BGBl. III Gliederungsnummer 402–4 veröffentlichten bereinigten Fassung und die **RegelunterhaltsVO** vom 27. 6. 1970 (BGBl. I 1010), zuletzt geändert am 21. 7. 1988 (BGBl. I 1082).

Sachgebiet B Abschnitt II Nr. 1 fügt dem **EGBGB Art. 230–236** zu. Sie regeln die Zeitpunkte des Inkrafttretens des Bundesrechts in der DDR sowie Übergangsrecht.

Schrifttum zu Art. 230–235 EGBGB: *Adlerstein/Wagenitz*, Nachehelicher Unterhalt und Versorgungsausgleich in den neuen Bundesländern, FamRZ 1990, 1300–1308; *Böhmer*, Das Ehe- und Familienrecht im Einigungsvertrag mit IPR und Übergangsvorschriften, StAZ 1990, 357–360; *Brudermüller/Wagenitz*, Das Ehe- und Ehegüterrecht in den neuen Bundesländern, FamRZ 1990, 1294–1300; *Adlerstein/Desch*, Das

Erbrecht in den neuen Bundesländern, DtZ 1991, 193–200; *Böhringer*, Erbscheinsverfahren nach dem Einigungsvertrag (Auswirkungen des Art. 235 I EGBGB), Rpfleger 1991, 275–279; *Graf*, Probleme der nachlaßgerichtlichen Praxis im Vollzug der Deutschen Einigung, DtZ 1991, 370–372; *Hahne*, Gesetz zur Überleitung des Versorgungsausgleichs auf das Beitrittsgebiet (VAÜG), FamRZ 1991, 1392–1399; *Henrich*, Probleme des interlokalen und des internationalen Ehegüter-und Erbrechts nach dem Einigungsvertrag, IPRax 1991, 14–20; *Hulzer*, Einigungsvertrag und Unterhaltsrecht in den fünf neuen Bundesländern, in: *Jayme/Furtak* (Hrsg.), Der Weg zur deutschen Rechtseinheit, 1991, 295–304; *Strohbach*, Auslegungsfragen zum intertemporalen Privatrecht, ebd. 131–140; *Wassermann*, Ehegüterrechtliche Probleme nach dem Einigungsvertrag, ebd. 275–290,; *Jayme*, Einigungsvertrag und innerdeutsches Kollisionsrecht des Versorgungsausgleichs, IPRax 1991, 230f.; *Lübchen* (Hrsg.), Kommentar zum Sechsten Teil des EGBGB, 1991; *Schwab* (Hrsg.), Familienrecht und deutsche Einigung, Dokumente und Erläuterungen, 1991; *Mansel*, Zum Anwendungsbereich der Art. 230 bis 235 EGBGB, DtZ 1991, 124–130; *Rauscher*, Gespaltenes Kindschaftsrecht im vereinten Deutschland, StAZ 1991, 1–11 und 56; *Rauscher*, Die Überleitung des Ehegüterrechts im Einigungsvertrag (Art. 234 § 4 EGBGB), DNotZ 1991, 209–223; *Schotten/Johnen*, Erbrecht im deutsch-deutschen Verhältnis – die Rechtslage vor der Vereinigung und die Regelungen im Einigungsvertrag, DtZ 1991, 225–234; *Siehr*, Das Kindschaftsrecht im Einigungsvertrag, IPRax 1991, 20–25; *Smid/Schöpf*, Auswirkungen des Einigungsvertrages auf das eheliche Güterrecht, NJ 1991, 21–23; *Trittel*, Deutsch-deutsches Erbrecht nach dem Einigungsvertrag, DNotZ 1991, 237–246; *Wandel*, Die Bedeutung des Einigungsvertrages für die notarielle Praxis, BWNotZ 1991, 1–29; *Wesche*, Auswirkungen des Einigungsvertrages im Familienrecht, Rpfleger 1991, 95–97; *Andrae*, Die intertemporalen und Überleitungsregelungen des EGBGB zum Sachenrecht, WiR 1992, 124–128, 173–178; *Bestelmeyer*, Erbfälle mit Nachlaßgegenständen in der ehemaligen DDR, Rpfleger 1992, 229–236; *Bestelmeyer*, Weitere erbrechtliche Fragestellungen nach dem Einigungsvertrag, Rpfleger 1992, 321–329; *Dieckmann*, Fragwürdigkeiten bei der Überleitung des nachehelichen Unterhaltsrechts durch den Einigungsvertrag und das Erste Familienrechtsänderungsgesetz der (ehemaligen) DDR, Fschr. Lange 1992, 805–828; *Eberhardt/Lübchen*, Zum Erbrecht des nichtehelichen Kindes nach Art. 235 § 1 II EGBGB, DtZ 1992, 206–210; *Köster*, Nichtehelichen-Erbrecht nach dem Einigungsvertrag, Rpfleger 1992, 369–376; *Krause*, Erbrecht und Nachlaßverfahren der früheren deutschen Teilstaaten nach dem Inkrafttreten des Einigungsvertrages unter besonderer Berücksichtigung der interlokalrechtlichen Probleme, Diss. FU Berlin 1992; *Magnus*, Deutsche Rechtseinheit im Zivilrecht – die Übergangsregelungen, JuS 1992, 456–461; *Pawlowski/Lipp*, Überlegungen zur Option für die Zugewinn- oder die Errungenschaftsgemeinschaft, FamRZ 1992, 377–382; *Sproß*, Fortwirkung des alten DDR-Wirtschaftsrechts nach dem Beitritt, DtZ 1992, 37–42; *Wassermann*, Die güterrechtliche Auseinandersetzung nach der Überleitung – Zur Interpretation des Art. 234 § 4 Abs. 4 EGBGB, IPRax 1992, 237–240; *Wolf*, Überprüfung von in der DDR ausgesprochenen Adoptionen – Zu Artikel 234 § 13 EGBGB und zum Adoptionsfristgesetz vom 30. September 1991, FamRZ 1992, 12–16; *Bestelmeyer*, Aktuelle erbrechtliche Fragestellungen nach dem Einigungsvertrag, Rpfleger 1993, 381–388; *Fischer*, Wegfall der Geschäftsgrundlage bei nicht voll erfüllten DDR-Wirtschaftsverträgen, IPRax 1993, 387–390; *Grandke*, Zur Anwendung des Kindesunterhaltsrechts im Beitrittsgebiet, NJ 1993, 298–301; *Mörsdorf-Schulte/Otte*, Deutsch-deutsche und internationale Altfälle nach dem Einigungsvertrag. Ein Beitrag zur Auslegung der Art. 231–236 EGBGB, ZIP 1993, 15–26; *Oetker*, Der Vertragsschluß und sein Inhalt als Problem des intertemporalen Kollisionsrechts, NJ 1993, 257f.; *Peters*, Zum Optionsrecht nach Art. 234 § 4 EGBGB, FamRZ 1993, 877–880; *Rellermeyer*, Zwangsversteigerung zum Zwecke der Aufhebung der ehelichen Eigentums- und Vermögensgemeinschaft des DDR-FGB?, Rpfleger 1993, 469–474; *Rieg*, Problèmes de régimes matrimoniaux dans l'Allemagne réunifiée, Fschr. Colomer, Paris 1993, 385–395; *Becker-Eberhard*, Der Übergang vom Sachenrecht der DDR zur Sachenrechtsordnung der Bundesrepublik Deutschland in den sog. neuen Bundesländern, Jura 1994, 577–584; *Bestelmeyer*, Zum gespaltenen

Anfechtungsstatut bei der Anfechtung von Testamenten und Ausschlagungserklärungen im Anwendungsbereich des DDR-ZGB, DtZ 1994, 99f.; *Bestelmeyer*, Testamentsanfechtung nach vollzogener Wiedervereinigung bei deutsch-deutschen Erbfällen. Anfechtungserklärung oder Anfechtungsklage?, FamRZ 1994, 1444–1448; *Böhringer*, Neuerungen bei Art. 233 EGBGB und beim Grundbuchbereinigungsgesetz, DtZ 1994, 301–303; *Bultmann*, Rückabwicklung innerdeutscher Erbteilübertragungsverträge, NJ 1994, 5–12; *Dieckmann*, Zum Unterhalt der in der DDR geschiedenen Ehegatten, FamRZ 1994, 1073–1080; *Faßbender*, Das Pflichtteilsrecht nach der Vereinigung, DNotZ 1994, 359–372; *Grandke*, Zur Erweiterung der Maßgaben des Einigungsvertrages im Bereich des ehelichen Güterrechts, NJ 1994, 256–260; *Hohage*, Deutsch-deutsches Eherecht und Ehekollisionsrecht, Diss. Münster 1994 (bespr. von *Lipp*, FamRZ 1997, 1063); *Janke*, Die Anwendung des Zivilgesetzbuchs der DDR in der Rechtsprechung seit der deutschen Einheit, NJ 1994, 390–395, 437–443; *de Leve*, Deutsch-deutscher Erbfall: Nachträgliche Pflichtteilsausgleichung bei Rückgabe enteigneten Vermögens nach dem Vermögensgesetz, DtZ 1994, 270f.; *de Leve/Brakebusch/Bestelmeyer*, Nochmals: Erbrechtliche Fragen nach dem Einigungsvertrag, Rpfleger 1994, 233f.; *Limmer*, Die Bindungswirkung von in der DDR errichteten gemeinschaftlichen Testamenten, ZEV 1994, 290–294; *Lingelbach*, Erfolgreiche Unterhaltsklagen nichtehelicher DDR-Kinder trotz Anspruchsverjährung?, NJ 1994, 204–206; *Lück*, Kollisionsrecht oder Auslegung? Zum Geltungsbereich des Art. 235 § 1 EGBGB, JR 1994, 45–51, dazu *Heß*, Noch einmal: Kollisionsrecht oder (?) Auslegung – Zum dogmatischen Verständnis des intertemporalen Privatrechts des Einigungsvertrages, JR 1994, 273–275; *Maurer*, Kindesunterhalt im Beitrittsgebiet, FamRZ 1994, 337–346; *Meyer*, Testamentsanfechtung und Anfechtung der Erbschaftsausschlagung wegen Irrtums über die politischen Veränderungen in der ehemaligen DDR, ZEV 1994, 12–16; *von Morgen/Götting*, „Gespaltene" Testamentsvollstreckung bei gesamtdeutschen Nachlässen, DtZ 1994, 199–203, DtZ 1994, 199–203; *Oles*, Die erbrechtlichen Übergangsbestimmungen des Artikel 235 § 1 Abs. 1 und Abs. 2 EGBGB unter besonderer Berücksichtigung des Erbrechts nichtehelicher Kinder sowie der Auswirkungen auf das Erbscheinsverfahren – Eine Betrachtung aus Anlaß der Herstellung der deutschen Einheit, Diss. Regensburg 1994; *Feldmann*, Der Anwendungsbereich des Art. 235 § 1 Abs. 2 EGBGB, Diss. Bielefeld 1994; *Fritsche/Lingelbach*, Scheidungsfolgenrechtliche Probleme der Überleitung des Familienrechts durch den Einigungsvertrag, NJ 1995, 398–403; *Kummer*, Pflichtteilsergänzung in DDR-Erbfällen: Kollisionsrecht und Grundstücksbewertung, ZEV 1995, 319–321; *de Leve*, Deutsch-deutsches Erbrecht nach dem Einigungsvertrag, Diss. Münster 1995; *de Leve*, Das Erbrecht des nichtehelichen Kindes nach Art. 235 § 1 Abs. 2 EGBGB, FuR 1995, 282–286; *Lipp*, Zur Überleitung der ehelichen Eigentums- und Vermögensgemeinschaft in das Recht der Zugewinngemeinschaft. Abwicklung unzeitgemäßen Ehegüterrechts oder: Auf dem Weg zu einem neuen Wahlgüterstand?, FamRZ 1995, 65–72; *Schubel/Wiedenmann*, Das Pflichtteilsergänzungsrecht und die Regelungen des Einigungsvertrages, JZ 1995, 858–866; *Solomon*, Nachlaßspaltung, Qualifikation, Pflichtteil und der Rückübertragungsanspruch nach dem Vermögensgesetz, IPRax 1995, 24–31; *Solomon*, Das Vermögensgesetz und § 25 Abs. 2 Rechtsanwendungsgesetz der DDR – abgeschlossene Vorgänge und offene Fragen, IPRax 1997, 24–31; *Zak*, Fortdauernde Probleme der Überführung von Normen des Zivilgesetzbuches der DDR vom 19. Juni 1975 in bundesdeutsches Recht, 1998.

Schrifttum zu **Art. 236 EGBGB** unten S. 41f.

Das Übergangsrecht für die Einführung des bundesdeutschen **IPR** in der DDR ist enthalten in **Art. 236 EGBGB**. Die Vorschrift ist Art. 220 EGBGB nachgebildet, der das Übergangsrecht aus Anlaß der IPR-Neuregelung von 1986 betrifft. Wie Art. 220 I erklärt Art. 236 § 1 für vor dem Beitritt abgeschlossene Vorgänge „das bisherige Internationale Privatrecht" für anwendbar, berücksichtigt allerdings nicht, daß es – anders als für die Regelungslage 1986 – vor dem maßgeblichen Zeitpunkt in Deutschland *zwei* relevante internationale Privatrechte gegeben hat, nämlich in der Bundesrepublik das (nun generell weitergeltende) EGBGB und in der DDR das RAG. Daraus resultieren einige Zweifel (näher unten S. 42–44).

Art. 236 § 2 EGBGB läßt – wie Art. 220 II EGBGB – vom maßgeblichen Zeitpunkt an die „Wirkungen familienrechtlicher Rechtsverhältnisse" dem neuen IPR unterliegen, hätte aber, da das IPR der DDR *global* abgelöst wurde, eine Regelung für die Wirkungen auch anderer Dauerrechtsverhältnisse treffen müssen (dazu näher *Soergel/Schurig*[12] Art. 236 Rz. 19).

Art. 236 § 3 EGBGB regelt das Übergangsrecht für den Güterstand und konnte übersichtlicher ausfallen als Art. 220 III EGBGB, der sich mit früheren verfassungswidrigen Anknüpfungen herumschlagen mußte (vgl. unten S. 40, 729–731).

Das im Bereich der früheren DDR weiterhin geltende alte Recht ist Gegenstand von **Art. 9 („Fortgeltendes Recht der Deutschen Demokratischen Republik")** des Einigungsvertrages. Danach bleibt früheres DDR-Recht, das nach der Kompetenzordnung des Grundgesetzes Landesrecht ist, als solches in Kraft, wenn es nicht höherrangigem Recht widerspricht. Das gilt auch für solches Recht, das an sich Bundesrecht wäre, aber nicht bundeseinheitlich geregelte Gegenstände betrifft, bis zum Zeitpunkt einer solchen Regelung. Welches Recht der DDR mit welchen Maßgaben sonst in Kraft bleibt, ist in Anlage II festgelegt, auf die Abs. 2 verweist. Abs. 3 betrifft nach Vertragsunterzeichnung erlassenes DDR-Recht, und Abs. 4 regelt, wann das in Abs. 2 und 3 angesprochene Recht als (partielles) Bundesrecht weitergilt.

Zu den nach Anlage II fortgeltenden Vorschriften gehören vor allem die *Gesamtvollstreckungsordnung* vom 6. 6. 1990 mit ihren späteren Änderungen und Ergänzungen (Näheres und Nachweise: 7. Aufl. S. 26f.), nunmehr aufgehoben mit Wirkung zum 1. 1. 1999 durch Art. 2 Nr. 7 und 8 EGInsO vom 5. 10. 1994, ferner die *Verordnungen über die Anmeldung vermögensrechtlicher Ansprüche* (Nachweise: 7. Aufl. S. 26), mit Modifikationen die *Verordnung über den Verkehr mit Grundstücken* vom 15. 12. 1977, letzte Neufassung durch Art. 15 Gesetz zur Vereinfachung und Beschleunigung registerrechtlicher und anderer Vorschriften vom 20. 12. 1993 (Nachweise: 7. Aufl. S. 26), ebenfalls mit Modifikationen das *Staatshaftungsgesetz* vom 12. 5. 1969 i.d. Fassung vom 14. 12. 1988 (GBl. I Nr. 28 S. 329). – Art. 235 § 1 Abs. 2 EGBGB wollte nichtehelichen Kindern aus der DDR nach der Wiedervereinigung die erbrechtliche Gleichstellung mit ehelichen Kindern (bei im übrigen anwendbarem westlichen Erbrecht) sichern, führte aber zu erheblichen Rechtsanwendungsproblemen (näher *Soergel/Schurig*[12] Art. 25, Rz. 118). Mit dem Inkrafttreten des Gesetzes zur erbrechtlichen Gleichstellung nichtehelicher Kinder vom 16. 12. 1997 hat das gesamtdeutsche Recht gleichgezogen, so daß diese interlokalen Unterschiede jetzt entfallen.

Die Erstreckung des Europarechts auf das Gebiet der früheren DDR regelt der Einigungsvertrag in **Art. 10 („Recht der Europäischen Gemeinschaften“)**, der ergänzt wird durch die **„EG-Recht-Überleitungsverordnung“** vom 28. 8. 1990 (Nachweise und Schrifttum: 7. Aufl. S. 30f.).

Gemeinsame Vorschriften der DDR und der Bundesrepublik über „offene Vermögensfragen“ (die hauptsächlich nachträgliche Rückgängigmachung von oder Entschädigung für Enteignungen betreffen) enthält der Einigungsvertrag in Kapitel IX **Art. 41 („Regelung von Vermögensfragen“)**, der die von den Regierungen beider deutscher Staaten diesbezüglich abgegebenen Erklärungen zum Vertragsbestandteil macht und im übrigen auf später zu treffende „besondere gesetzliche Regelungen“ verweist. Diese sind vor allem enthalten im *Gesetz zur Regelung offener Vermögensfragen (Vermögensgesetz)* vom 23. 9. 1990 mit späteren Änderungen, zuletzt durch das Gesetz zur Bereinigung vermögensrechtlicher und anderer Vorschriften (Vermögensrechtsbereinigungsgesetz) vom 20. 10. 1998 (BGBl. I 3180), und ergänzt durch das *Registerverfahrensbeschleunigungsgesetz* vom 20. 12. 1993, die durch dieses Gesetz neu gefaßte *Grundstücksverkehrsordnung* von 1977, das *Sachenrechtsänderungsgesetz* vom 21. 9. 1994 (dazu unten S. 677) und das *Schuldrechtsänderungsgesetz* vom selben Datum (dazu unten S. 612). Nachweise und Schrifttum zum ganzen 7. Aufl. S. 32–34.

Die Spaltung Deutschlands beeinträchtigte die persönlichen Bande zwischen Ost und West zunächst nur wenig. Infolgedessen hatten die westlichen Gerichte oft zu entscheiden, ob Ost- oder Westrecht anzuwenden war. Seit dem Bau der „Mauer“ am 13. 8. 1961 wurden solche Entscheidungen zwar spärlicher, kamen aber weiterhin vor. Deshalb mußte eine Darstellung des (west-)deutschen IPR das interlokale Privatrecht einbeziehen. Um interlokales Privatrecht und nicht um IPR handelte es sich, weil man in der Bundesrepublik und in West-Berlin an der Einheit Deutschlands festhielt und die DDR und Ost-Berlin nicht als Ausland anerkannte (z.B. BVerfGE 77, 137 [151–167 unter C I 3e, f, II] = NJW 1988, 1313 mit Aufsätzen von *Blumenwitz* JuS 1988, 607–613, *Fiedler* JZ 1988, 132–138 und *Silagi* StAZ 1988, 64–71). In der DDR und Ost-Berlin, wo man ein eigenes Staatsangehörigkeitsrecht besaß, wurde das freilich anders gesehen.

Quellen zum Staatsangehörigkeitsrecht der DDR: StaatsbürgerschaftsG vom 20. 2. 1967, GBl. I 3; Ost-Berlin: ÜbernahmeVO vom 17. 3. 1967, VOBl. I 345; Ges. zur Regelung von Fragen der Staatsbürgerschaft vom 16. 1. 1972, GBl. I 265; Ost-Berlin: Übernahme vom 23. 10. 1972, VOBl. 139.

Schrifttum: 7. Aufl. S. 35. Weiter: *Hecker*, Die Staatsangehörigkeit der DDR und der Einigungsvertrag, AVR 1991, 27–52.

Aus westlicher Sicht gab es nur eine, nämlich die *deutsche* Staatsangehörigkeit, keine bundesrepublikanische und westberliner, und auch die der DDR und Ost-Berlins war keine Staatsangehörigkeit eines souveränen Staates (z.B. BVerwGE 66, 277 [281f.]; KG NJW 1983, 2324 [2325]). Wer kraft Gesetzes oder durch Einbürgerung in der Bundesrepublik die deutsche Staatsangehörigkeit erhielt, war Deutscher. Konsequenterweise mußte man dies wohl auch für denjenigen annehmen, der kraft Gesetzes oder durch Einbürgerung die *Staatsbürgerschaft der DDR* erwarb (auch wenn er nach dem Recht der Bundesrepublik nicht Deutscher geworden wäre), jedenfalls solange ein solcher Erwerb nicht gegen den westlichen *ordre public* verstieß.

BVerfGE 77, 137 [147–153 unter C I 2, 3] = NJW 1988, 1313 mit Aufsätzen von *Silagi* StAZ 1988, 64–71, *Fiedler* JZ 1988, 132–138, *Gussek* NJW 1988, 1302–1306, *Blumenwitz* JuS 1988, 607–613 und *Hofmann* ZaöRV 49 (1989), 257–300. Zurückhaltender noch BVerfGE 72, 291.

Umgekehrt hätte dann der *Verlust* der DDR-Staatsbürgerschaft den Verlust der deutschen Staatsangehörigkeit bewirken müssen, solange der *ordre public* nicht verletzt war. Diese Folge wurde aber jedenfalls dann nicht angenommen, wenn der frühere DDR-Bürger in die damalige Bundesrepublik gezogen war

OVG Mecklenburg-Vorpommern StAZ 1998, 117, nimmt in einem Fall, in dem jemand aus der DDR-Staatsangehörigkeit entlassen und dann auf seinen Antrag Österreicher wurde, Verlust der deutschen Staatsangehörigkeit wegen Erwerbs der österreichischen, nicht wegen Entlassung aus der DDR-Staatsangehörigkeit an.

Teilweise wurde später die DDR-Staatsbürgerschaft im Westen zumindest als eine Art Teil-Staatsangehörigkeit behandelt (näher unten S. 405f.).

Tatsächlich war die einheitliche deutsche Staatsangehörigkeit eine Fiktion. *Rechtlich* bedeutete sie für das räumliche Kollisionsrecht: aus Sicht der Bundesrepublik und West-Berlins gehörten bis zur Wiedervereinigung des geteilten Deutschlands Privatrechtsfälle mit Berührung der DDR und Ost-Berlins ins inter*lokale*, nicht ins internationale Privatrecht (näher unten S. 405–408).

Abgesehen vom Ost-West-Verhältnis entstehen interlokalrechtliche Fragen in Deutschland selten. Beispiel: BGHZ 22, 317 (330–332): in Nordwestdeutschland gilt übereinstimmendes Gewohnheitsrecht, daß nach dem Recht des Landes, in dem ein Hof liegt, auch „Ausmärkergrundstücke" zum Hof gehören und nach Höferecht vererbt werden; Ausmärkergrundstücke sind solche, die vom Hof aus bewirtschaftet werden und in einem anderen Land liegen als der Hof.

Schrifttum zum **deutschen interlokalen Privatrecht:** Älteres Schrifttum 7. Aufl. S. 36. Weiter: *Jesch*, Aktuelle Probleme der Rechtsanwendung im innerdeutschen Handel, DtZ 1990, 101–105; *E. Lorenz*, Die unterschiedliche Gewichtung der kollisionsrechtlichen Bauprinzipien in den verschiedenen Kollisionsrechtssituationen, insbesondere im deutsch-deutschen Kollisionsrecht, in: *Eisenmann/Zieger*, Zur Rechtslage Deutschlands, 1990, 165–198 (mit Diskussion 216–226); *Däubler*, Ost-Tarife oder West-Tarife? – Ein kollisionsrechtliches Problem, DB 1991, 1622–1625; *Eichenhofer*,

Interlokalrechtliche Fragen der Geschiedenenwitwenrente, SGb 1992, 193–200; *Krause*, Erbrecht und Nachlaßverfahren der früheren deutschen Teilstaaten nach dem Inkrafttreten des Einigungsvertrages unter besonderer Berücksichtigung der interlokalrechtlichen Probleme, Diss. FU Berlin 1992; *Hohage*, Deutsch-deutsches Eherecht und Ehekollisionsrecht, 1996 (bespr. von *Lipp*, FamRZ 1997, 1063); *Hagen*, DDR-Altfälle und Grundgesetz, Fschr. Odersky 1996, 547–560; *Ma*, Innerchinesisches Kollisionsrecht unter besonderer Berücksichtigung des Erb- und Familienrechts – Im Vergleich mit innerdeutschem Kollisionsrecht, Diss. Hamburg 1997; *Spickhoff*, Nachträgliche Rechtswahl: Interlokales und intertemporales Kollisionsrecht, Form, Rückwirkung und Beweislast, IPRax 1998, 462–465.

Zeitschriften: ROW (seit 1957); JahrbOstR (seit 1960); Rechtsprechung: IzonRspr. 1945–1967.

Schrifttum zu **Art. 236 EGBGB** (und im Zusammenhang damit auch zu interlokalen Fragen nach der Wiedervereinigung) unten S. 41f., zu **Art. 230–235 EGBGB** oben S. 27–29.

Zum (fehlenden) interlokalen Privatrecht der früheren **DDR und Ost-Berlins** unten S. 44.

Zusammen mit dem gesamten bundesrepublikanischen Privatrecht wurde durch **Art. 8 des Einigungsvertrags** vom 31. 8. 1990 mit Wirkung vom 3. 10. 1990 auch das (ungeschriebene) bundesdeutsche (und West-Berliner) **interlokale Privatrecht** im Gebiet der früheren DDR und in Ost-Berlin eingeführt. Diese Regeln gelten nunmehr für die wenigen verbliebenen Unterschiede des materiellen Privatrechts (z.B. Vertragshilfe, Regelunterhalt, oben S. 27). Das frühere östliche internationale Privatrecht bleibt nach Art. 236 EGBGB anwendbar für vor der Wiedervereinigung „abgeschlossene" Fälle (sog. „Altfälle"). Ob dies *nur* (und immer) für solche Gerichte gilt, die im Gebiet der früheren DDR und Ost-Berlins entscheiden, oder ob im *gesamten* (neuen) Bundesgebiet gegebenenfalls altes DDR-IPR nach eigenen übergeordneten einheitlichen Regeln heranzuziehen ist, ist sehr umstritten. Desgleichen streitet man darüber, ob Art. 236 auch die rein interlokalen Fälle (ohne Bezug zu einem ausländischen Recht) meint, die nach der Rechtsauffassung der früheren DDR zu den *internationalprivatrechtlichen* gehörten, nach westlicher Auffassung dagegen zu den *interlokalprivatrechtlichen*, von denen in Art. 236 nicht ausdrücklich die Rede ist (näher dazu unten S. 42–44).

Verfahrensrechtlich ist die Einheit voll durchgeführt: ZPO und FGG gelten nach Art. 8 des Einigungsvertrags seit dem 3. 10. 1990 auch in der früheren DDR und in Ost-Berlin. Selbst soweit privatrechtliche Unterschiede fortbestehen oder auf Altfälle früheres Ostrecht anzuwenden ist, gelten daher die westlichen Regeln über internationale Zuständigkeit und Anerkennung ausländischer Entscheidungen gleichfalls im Osten. Für interlokales Verfahrensrecht ist kein Raum geblieben, weil das gesamte Verfahrensrecht einheitlich ist. Die einzige Ausnahme bildete das Insolvenzrecht, das aber zum 1. 1. 1999 ebenfalls vereinheitlicht wurde (oben S. 30). – Zu Altfällen unten S. 929–933.

Im **Ausland** sind ursprünglich bestehende gebietliche Verschiedenheiten des Privatrechts oftmals abgebaut worden; teilweise sind aber in neuerer Zeit – inbesondere durch den Zerfall des früheren Ostblocks – infolge der Aufspaltung früherer Staaten aus interlokalen Rechtsunterschieden (wieder) internationale geworden, die eine Tendenz haben, sich zu verstärken.

Die **Schweiz** hat z. B. fast alles Privatrecht ihrer 22 Kantone und sechs Halbkantone vereinheitlicht durch das Obligationenrecht (OR) von 1881, revidiert 1911 und 1936, und durch das Zivilgesetzbuch (ZGB) von 1907; aber das Zivilprozeßrecht ist noch immer gespalten.

In **Rumänien, Jugoslawien** und **Polen** galt zwischen den Weltkriegen sehr unterschiedliches Privatrecht, mit dem sich die deutschen Gerichte oft abgeben mußten. Die politische Entwicklung seit 1945 hat auf kommunistischer Grundlage im wesentlichen Einheit gebracht, die sich allerdings in Jugoslawien wieder lockerte und seit dem Zerfall dieses Landes weiter schwindet und zudem internationales Privatrecht an die Stelle von interlokalem hat treten lassen. Ähnlich ist die Lage in der früheren **Tschechoslowakei**, die sich in die Tschechische und die Slowakische Republik aufgespalten hat.

Das kaiserliche **Rußland** hatte in seinen Randgebieten (Finnland, Baltikum, Kongreßpolen) eigenes Privatrecht bestehen lassen. In der Sowjetunion herrschte weitgehend Einheit des Privatrechts. Zwar hatten ihre 15 Republiken eigene Zivilgesetzbücher und privatrechtliche Sondergesetze; doch hat die RSFSR (Russische Sozialistische Föderative Sowjetrepublik) mit ihrer Hauptstadt Moskau das Vorbild abgegeben. Außerdem galt für Teile des Familienrechts und für das Erbrecht Bundesrecht. Nach dem Zusammenbruch der Sowjetunion entwickeln die souverän gewordenen Teilstaaten ihr Privatrecht selbständig und gilt in ihrem Verhältnis zueinander internationales Privatrecht statt des bisherigen interlokalen.

Verwickelt ist zum Teil noch immer das Verhältnis von **Frankreich** zu Elsaß-Lothringen, wo die Geltung des Code civil zweimal durch das BGB unterbrochen worden ist (1900–1925, 1943–1945).

Das Recht der **Niederlande** unterscheidet sich zum Teil vom Recht ihrer Überseegebiete wie der Niederländischen Antillen und Aruba.

Sonst ist auf dem europäischen Festland nur noch **Spanien** ein Staat mit bemerkenswerter gebietlicher Rechtsspaltung: Neben dem Código civil von 1889 gilt im Nordosten und -westen Spaniens, nämlich in Katalonien, Aragonien, Navarra, einem Teil von Viskaya und von Álava, in Galizien, in einem Teil der Provinz Badajoz (Geltungsbereich des *„Fuero del Baylío“*) und auf den Balearen *„derecho foral“*, ursprünglich Gewohnheitsrecht *(fueros)*, das später in den meisten Gebieten kodifiziert worden ist.

Langsamer vereinheitlicht sich das Privatrecht im *angelsächsischen* Raum. Es gilt zum Teil verschiedenes Privatrecht im **Vereinigten Königreich** (*United Kingdom)*, das aus England, Wales, Schottland (diese drei bilden Großbritannien [*Great Britain*]) und Nordirland besteht und dem ferner die Kanalinseln und die Isle of Man zugehören (alles bisherige bildet die Britischen Inseln [*British Isles*]) und dem die Kolonien unterstehen, ferner in **Kanada** mit seinen zehn Provinzen, von denen neun ihr Privatrecht auf das englische *common law* gründen, während sich Québec das französische Recht zum Vorbild nahm, sein Privatrecht 1966 in einen Code zusammenfaßte und diesen zum 1. 1. 1994 erneuerte. Auch **Südafrika** und **Australien** haben gebietsweise verschiedenes Privatrecht. Das Vereinigte Königreich, Kanada, Australien und andere Staaten (früher *„Dominions“* genannt) bilden das *Commonwealth of Nations.* Dies ist kein Staat, obwohl es über der Staatsangehörigkeit zu den einzelnen Mitgliedsstaaten eine *„Commonwealth citizenship“* gibt.

Sehr verschiedenes Privatrecht gilt auch in den **USA** mit ihren 50 Einzelstaaten, dem District of Columbia (in dem die Hauptstadt Washington liegt), Puerto Rico und den Jungferninseln. Das in den Einzelstaaten teilweise in „Statutes“ zusammengefaßte Privatrecht beruht auf dem *common law*; nur der Civil Code von Louisiana (1808, 1825, 1870, später mehrfach geändert) folgt französischem Recht, wobei jedoch die

Rechtspraxis stark vom common-law-Rechtsdenken beeinflußt wird. Teile des US-amerikanischen Privatrechts sind Bundesrecht (*federal law*); außerdem gelten in verschiedenen Staatengruppen Einheitsgesetze (*Uniform Acts*), die bestimmten Modellgesetzen nachgebildet sind.

Schrifttum zur **interlokalen Rechtsspaltung im Ausland:** Älteres Schrifttum 7. Aufl. S. 38f. Weiter: *Vitta*, Interlocal Conflict of Laws, IECL III/9, 1985; *Hage-Chahine*, L'article 311–14 du Code civil et la règle étrangère de conflit dans le temps et dans l'espace, JDI (Clunet) 1990, 73–91; *Sanders* (Hrsg.), The Internal Conflict of Laws in South Africa, Durban 1990; *Spellenberg*, Interpersonelles und interlokales Kollisionsrecht in afrikanischen Staaten, in: *Abun-Nasr/Spellenberg/Wanitzek* (Hrsg.) Law, Society, and National Identity in Africa, 1990, 109–132; *Kirchmayer*, Das reformierte internationale und interlokale Privatrecht in Spanien, StAZ 1991, 158f. (Text 173f.); *Luces Gil*, El nuevo régimen español de la nacionalidad y la vecindad civil, Rev.gen.der. 1991, 1053–1085; *Schuhmann*, Interne Kollisionsnorm und traditionelles Recht im Spannungsfeld kulturellen Wandels: „The Case" S.M. Otieno, VRÜ 1991, 245–270; *Durán Rivacoba*, El nuevo régimen de la vecindad civil y los conflictos interregionales, Madrid 1992; *González Beilfuß*, Zur Reform des spanischen internationalen und interregionalen Privatrechts, IPRax 1992, 396–400 (Text 399f.); *Kley-Struller*, Kantonales Privatrecht. Eine systematische Darstellung der kantonalen Einführungsgesetzgebung zum Bundesprivatrecht am Beispiel des Kantons St. Gallen und weiterer Kantone, St. Gallen 1992; *Droop*, Sachrechte der Gliedstaaten der USA und ihre kollisionsrechtliche Bewältigung, Jura 1993, 293–300; *Henson*, Will Same-Sex Marriages Be Recognized in Sister States? Full Faith and Credit and Due Process Limitations on States' Choice of Law Regarding the Status and Incidents of Homo-sexual Marriages Following Hawaii's Baehr v. Lewin, J. Fam.L. 32 (1993/94), 551–600; *Borrás*, Les ordres plurilégislatifs dans le droit international privé actuel, Rec. 1994 V, 145–368; *Celaya Ibarra*, La vecindad civil en Vizcaya, Estudios de Deusto, 42/2 (1994), 77–128; *Durán Rivacoba*, Igualdad jurídica, orden público y fraude de ley en los conflictos interregionales, Poder Judicial 1994, Nr. 35, 67–105; *Gbaguidi*, Erbrecht an Grund und Boden in Benin. Betrachtungen zur Ermittlung des Erbstatuts in einem Mehrrechtsstaat, Diss. Bayreuth 1994; *Haak*, Interregionaal privaatrecht, Deventer 1994; *Lalaguna Domíngez*, Derecho civil común de España y Derecho civil propio de las Comunidades Autónomas, Boletín de Información, Ministerio de Justicia e Interior, 1994, Nr. 1727, 6152–6187, Nr. 1728, 6326–6369; *Navas Navarro*, La competencia en „materia civil" de la Generalidad de Cataluña, Rev.der.priv. 1994, 874–900; *Rigaux*, Conflits de lois et problèmes de constitutionnalité devant la Cour Suprème des Etats-Unis, Fschr. Kokkini-Iatridou, Dordrecht 1994, 263–276; *Sumampouw*, Droit interrégional privé et droit international privé, ebd. 291–306; *ten Wolde*, Bronnen van interregionaal privaatrecht, Zwolle 1994; *Zabalo Escudero*, El fraude de ley en el Derecho interregional. Comentario a la sentencia del Tribunal Supremo de 5 de abril de 1994, Poder Judicial, 1994, 397–402; *Álvarez Rubio*, Las normas de Derecho interregional de la ley 3/1992, de 1 de julio, de Derecho civil foral del País Vasco, Bilbao 1995; *Arriola Arana*, Vecindad civil y nulidad de testamento, Revista jurídica del notariado 1995, 9–50; *Arroyo Amayuelas/González Beilfuss*, Die katalanische Rechtsordnung und das Zivilrecht Kataloniens, ZEuP 1995, 564–575; *Huang/Qian*, „One Country, Two Systems," Three Law Families, and Four Legal Regions: The Emerging Inter-Regional Conflicts of Law in China, Duke J. Comp. Int.L. 5 (1995), 289–328; *Maguregui Salas*, El fraude a la ley en el Derecho interregional, Estudios de Deusto 43 (1995), 133–149; *Swan*, Federalism and the Conflict of Laws: The Curious Position of the Supreme Court of Canada, So.Car.L.Rev. 46 (1995), 923–959; *Becker*, Foralrechte und Kodifikation im Spanischen Privatrecht. Eine Studie zur Rechtsvereinheitlichung zwischen dem Spanischen Erbfolgekrieg und dem Código Civil von 1889, 1996; *Bekker*, Der Ursprung der Rechtsspaltung im spanischen Privatrecht – eine historische Betrachtung der Foralrechte, ZEuP 1996, 88–106; *Mangold*, Interregionale Anknüpfungsfragen zur Ehelichkeitsanfechtung nach spanischem Recht, IPRax 1996, 412–414; *Otto*, Rechtsspaltung im indischen Erbrecht, Diss. Heidelberg 1996; *Rodríguez*

Gayán, Heterogeneidad y sistema en las relaciones entre Derecho Internacional Privado y Derecho Interregional, Rev.gen.der. 1996, 8069–8091; *Vaquer Aloy*, Algunas consideraciones sobre la vecindad civil de las personas jurídicas, Rev.der.priv. 1996, 615–634; *Ma*, Innerchinesisches Kollisionsrecht unter besonderer Berücksichtigung des Erb- und Familienrechts – Im Vergleich mit innerdeutschem Kollisionsrecht, Diss. Hamburg 1997; *Ruskay-Kidd*, The Defense of Marriage Act and the Overextension of Congressional Authority, Col.L.Rev. 97 (1997), 1435–1482.

b) Privatrecht und andere Rechtsgebiete

Internationales und interlokales Kollisionsrecht gibt es nicht nur für Privatrecht, sondern auch für andere Rechtsgebiete. Es gibt z.B. ein internationales und interlokales Recht des *Zivilprozesses* und der *freiwilligen Gerichtsbarkeit* (unten § 22). Es gibt internationales und interlokales *Straf-* und *Strafprozeßrecht*. Wichtig ist internationales *Steuerrecht*, ebenso internationales *Verwaltungsrecht*, besonders für Enteignungen, Währungseingriffe und Kartellverbote. Es gibt sogar ein internationales *Staatsrecht*, und zwar nicht nur für die Staatsangehörigkeit, sondern auch für andere Gebiete wie die Verfassungsmäßigkeit von Gesetzen, die Vertretung des Staates und die Grundrechte. Die Regeln des internationalen und interlokalen öffentlichen Rechts sind inhaltlich wesentlich andere als die des IPR und des interlokalen Privatrechts, weil jeweils ganz unterschiedliche Interessen den Ausschlag geben; *strukturell* sind sie aber, soweit es ebenfalls um Rechtsanwendungsnormen geht, vergleichbar (unten § 2 IV 1, § 23). Allerdings faßt man unter die genannten „internationalen" Bereiche des öffentlichen Rechts auch Normen des eigenen Sachrechts, die Fälle mit Auslandsberührung regeln (vgl. unten VIII 2); diese bilden sogar die Hauptmasse des Stoffes, weil im Bereich des öffentlichen Rechts die eigene Zuständigkeit häufiger mit der Anwendung des eigenen Rechts einhergeht als im Privatrecht; näher unten S. 130, 936f.

2. Andere als räumliche Kollisionsrechte

a) Personales Kollisionsrecht

Schrifttum: Älteres Schrifttum zum personalen Kollisionsrecht allgemein und zu einzelnen Ländern 7. Aufl. S. 39–43. Weiter:

Afrika: *Omidire*, Change of Personal Law under Customary Law in Nigeria, Int. Comp.L.Q. 39 (1990), 671–675; *Spellenberg*, Interpersonelles und interlokales Kollisionsrecht in afrikanischen Staaten, in: *Abun-Nasr/Spellenberg/Wanitzek* (Hrsg.), Law, Society, and National Identity in Africa, 1990, 109–132; *Rwezaura*, Tanzanie: Le droit de la famille et le nouveau „Bill of Rights", in: *Rubellin-Devichi* (Hrsg.), Regards sur le droit de la famille dans le monde, Paris 1991, 213–221; *Schuhmann*, Interne Kollisionsnorm und traditionelles Recht im Spannungsfeld kulturellen Wandels: „The Case" S.M. Otieno, VRÜ 1991, 245–270; *Bungert*, Nigerianische Stammesehe vor deutschen Gerichten, StAZ 1993, 140–146; *Kerr*, The Choice of, and the Application of, Customary Law, S.A.L.J. 113 III (1996), 408–410.

Ägypten: *Aldeeb Abu-Sahlieh*, Le juge égyptien Ghurab assis entre deux chaises, in: Publications de l'Institut suisse de droit comparé 20: Perméabilité des ordres juridiques, Zürich 1992, 173–195; *Menhofer*, Religiöses Recht und Internationales Privatrecht: dargestellt am Beispiel Ägypten, Diss. Heidelberg 1993.

Algerien: *Kuske*, Reislamisierung und Familienrecht in Algerien. Der Einfluß des malikitischen Rechts auf den „Code Algérien de la Famille", 1996.

Indien: *Parashar*, Women and Family Law Reform in India: Uniform Civil Code and Gender Equality, Neu Delhi/London 1992; *Risso*, Indian Muslim Legal Status (1964–1986), Journal of South Asian and Middle Eastern Studies 16 (1992), Nr. 2, 55–74; *Spellenberg*, Deutsch-indische Scheinehen, IPRax 1992, 233–237; *Otto*, Rechtsspaltung im indischen Erbrecht, Diss. Heidelberg 1996.

Iran: *Kamângar* (Hrsg.), Ahwâlât–i shakhsîyat (2 Bde., deutsch: Die Personalstatuten), Teheran o. J..

Islam: *Krüger*, Fetwa und Siyar, 1978, 139–152; *Forstner*, Die wohlgeordnete Welt – das Verhältnis zwischen Muslimen und Nichtmuslimen nach neoislamischer Rechtslehre, Wiener Zeitschrift für die Kunde des Morgenlandes 1992, 129–147; *Charif Feller*, La garde (Hadanah) en droit musulman et dans les droits égyptien, syrien et tunisien, Diss. Lausanne 1995 (insbes. 210–218); *Ebert*, Das Personalstatut arabischer Länder. Problemfelder, Methoden, Perspektiven – Ein Beitrag zum Diskurs über Theorie und Praxis des islamischen Rechts, 1996 (bespr. von *Wichard*, VRÜ 1997, 108–111); *Jones*, Die Anwendung des islamischen Rechts in der Bundesrepublik Deutschland, DRiZ 1996, 322–328; *Aldeeb Abu-Sahlieh*, Conflits entre droit religieux et droit étatique chez les musulmans dans les pays musulmans et en Europe, Rev.int. dr.comp. 1997, 813–834.

Israel: *Kretzmer*, The Legal Status of the Arabs in Israel, Boulder u. a. 1990; *Levin*, Konflikte zwischen einer weltlichen und einer religiösen Rechtsordnung. Eine kritische Würdigung des israelischen Familienrechts mit besonderer Berücksichtigung des jüdischen Scheidungsrechts aus der Sicht des schweizerischen internationalen Privatrechts, Zürich 1991 (bespr. von *Rom*, SchwJZ 1992, 153; *Reichel*, FamRZ 1992, 395 f.; *Kotzur*, RabelsZ 57 [1993], 553–556); *Falk*, Status und Kontrakt im Familienrecht, FamRZ 1995, 1251–1254.

Jordanien: *Elwan/Ost*, Die Scheidung deutsch-jordanischer Ehen vor deutschen Gerichten, unter besonderer Berücksichtigung des griechisch-orthodoxen Kirchenrechts, IPRax 1996, 389–397.

Kanada: *Bissonnette*, La redéfinition du statut des peuples autochthones du Canada à l'aide d'une étude de cas, R. R. J. 1993, 603–624.

Libanon und **Syrien:** *Mahmassani/Messara* (Hrsg.), Statut personnel, 1970.

Naher Osten: *Jahel*, La lente acculturation du droit maghrébin de la famille dans l'espace juridique français, Rev.int.dr.comp 46 (1994), 31–58.

Neukaledonien: *Vivier*, Le droit français face à la coutume Kanak, Rev.jur.pol. ind.coop. 1990, 470–476; *Vivier*, Les limites du statut personnel des Kanak, Rev.jur. pol.ind.coop. 1992, 473–476.

USA: *Clark*, State Court Recognition of Tribal Court Judgments in the United States: Securing the Blessings of Civilization, Fschr. Drobnig 1998, 227–245; *Cooter/Fikentscher*, Indian Common Law: The Role of Custom in American Indian Tribal Courts, Am. J. Comp. L. 46 (1998), 287–337, 509–580.

In manchen ausländischen Staaten ist das Privatrecht und zum Teil auch das öffentliche Recht nach *Personengruppen* verschieden. Dann braucht man Kollisionsnormen, um festzustellen, ob und wieweit das Recht der einen oder anderen Gruppe anzuwenden ist. Diese Frage wird für *alle* Rechtsgebiete praktisch, wenn jemand aus einer Gruppe in eine andere überwechselt. Für das *Privatrecht* ist besonders wichtig der Fall, daß Angehörige verschiedener Gruppen miteinander in Rechtsbeziehungen treten, z. B. heiraten.

Nach Personengruppen verschieden ist das Privatrecht in Griechenland, wo für Moslems zum Teil islamisches Recht gilt. Vor allem aber herrscht nach Personengruppen verschiedenes Recht in einigen **islamischen** Ländern des Nahen Ostens, außerdem in **Israel.** So gilt im Libanon, in Syrien, Jordanien und im Iran – freilich in ungleichem Ausmaß, besonders aber im Familien- und Erbrecht – verschiedenes Privatrecht für die einzelnen Gruppen der Moslems, für verschiedene christliche Gruppen und für die Juden. In Marokko gilt islamisches Recht auch für Christen, jedoch gemildert: keine Mehrehe, keine Milchverwandtschaft, keine Scheidung durch Verstoßung. Unter den Moslems gibt es einerseits Orthodoxe oder Sunniten mit den vier Untergruppen der Hanafiten, Malikiten, Schafiiten und Hanbaliten, andererseits die Sekten der Schiiten. Den verschiedenen Rechten entsprechen z.T. verschiedene Gerichte. Der Zug in Richtung auf einheitliches Privatrecht und einheitliche Gerichtsbarkeit ist unterschiedlich stark. Am radikalsten ist die Türkei nach dem ersten Weltkrieg vorangegangen; sie hat nicht nur ihr Recht vereinheitlicht, sondern das gesamte schweizerische ZGB im wesentlichen unverändert in türkischer Übersetzung als eigenes ZGB übernommen. Tunesien, Ägypten und der Irak haben zurückhaltender vereinheitlicht. Abgeschafft sind überall die von der Hohen Pforte geschlossenen „Kapitulationen": Staatsverträge, durch die den Angehörigen europäischer Staaten eigenes Recht und (von den Konsuln ausgeübte) eigene Gerichtsbarkeit zugestanden wurde; der Name kommt von ihrer Einteilung in „Kapitel".

Auch in **Indien**, wo die Hindus überwiegen, und in **Pakistan** und **Bangladesh**, wo der Islam vorherrscht, gilt nach Religionen verschiedenes Recht, insbesondere verschiedenes Familien- und Erbrecht. In Betracht kommen die großen Gruppen der Hindus und Moslems und die kleineren Gruppen der Buddhisten, Jaïnen, Sikhs, Christen, Parsen, Juden (vgl. z.B. section 2 des Hindu Marriage Act, 1955, der den Geltungsbereich des Gesetzes über die Hindus hinaus auf Buddhisten, Jaïnen und Sikhs erstreckt; über diesen und drei weitere Hindu Acts von 1955 und 1956: *Derrett,* Am. J. Comp. L. 7 [1958], 380–393). Innerhalb der Hindu-Gruppen unterscheidet sich das Privatrecht zum Teil noch nach Kasten, Stämmen und sogar Familien, außerdem aber örtlich. Hinzu tritt Recht englischer Herkunft, vor allem im Schuld- und Sachenrecht.

In vielen Staaten **Afrikas** unterscheidet sich das Recht nach Stämmen (vgl. z.B. für Nigeria OLG München NJW-RR 93, 1350 = StAZ 93, 151 mit Aufsatz von *Bungert* 140–146, für Benin [Dahome] AG Traunstein IPRspr. 1976 Nr. 101, für Zaire OLG Köln FamRZ 1998, 52 = StAZ 1998, 147, für Südafrika *Sanders* [Hrsg.], The Internal Conflict of Laws in South Africa, Durban 1990). Stammesrecht gilt oft wahlweise neben der von der früheren Kolonialmacht übernommenen Rechtsordnung.

In **Deutschland** gibt es Ansätze, die Abgrenzung von öffentlichem und Privatrecht als personales Kollisionsrecht zwischen öffentlichen Stellen und Einzelnen zu deuten (vgl. *Pestalozza,* Kollisionsrechtliche Aspekte der Unterscheidung von öffentlichem Recht und Privatrecht, Öffentliches Recht als zwingendes Sonderrecht für den Staat, DÖV 1974, 188–193).

b) Zeitliches Kollisionsrecht

Schrifttum: Älteres Schrifttum 7. Aufl. S. 44. Weiter: *Broggini*, Regole intertemporali del nuovo diritto internazionale privato svizzero, Fschr. von Overbeck 1990, 453–470; *Hage-Chahine*, L'article 311–14 du Code civil et la règle étrangère de conflit dans le temps et dans l'espace, JDI (Clunet) 1990, 73–91; *von Mangoldt*, Rückwirkende internationalprivatrechtliche Anknüpfung und deutsche Staatsangehörigkeit, StAZ 1990, 245–252; *Wasserstein Fassberg*, The Intertemporal Problem in Choice of Law Reconsidered: Israeli Matrimonial Property, IntCompLQ 39 (1990), 856–880; *Avenarius*, Savignys Lehre vom intertemporalen Privatrecht, Diss. Göttingen 1992; *van der Beek*, Overgangsrecht nieuw Burgerlijk Wetboek. Systematiek, uitgangspunten en toepassingen, Deventer 1992; *Mörsdorf-Schulte/Otte*, Deutsch-deutsche und internationale Altfälle nach dem Einigungsvertrag. Ein Beitrag zur Auslegung der Art. 231–236 EGBGB, ZIP 1993, 15–26; *Baade*, Time and Meaning – Notes on the Intertemporal Law of Statutory Construction and Constitutional Interpretation, Am.J.Comp.L. 43 (1995), 319–341; *Héron*, Principes du droit transitoire, Paris 1996; *Higgins*, Time and the Law: International Perspectives on an Old Problem, Int.

Comp. L. Q. 46 (1997), 501–520; *Lüke*, Tempus regit actum – Anmerkungen zur zeitlichen Geltung von Verfahrensrecht, Fschr. Lüke 1997, 391–408; *Heß*, Intertemporales Privatrecht, 1998.

Schrifttum zu **Art. 220 EGBGB** sogleich, zu **Art. 236 EGBGB** unten S. 41 f., zu **Art. 230–235 EGBGB** oben S. 27–29.

Wird altes Recht durch neues ersetzt, dann muß entschieden werden, ob und wie weit nach Einführung des neuen Rechts noch das alte anzuwenden ist. Die Kollisionsnormen, die hierüber befinden, nennt man *Übergangs-* oder *intertemporale* Vorschriften. Soweit sich *Privat*recht geändert hat, spricht man demgemäß von Übergangsprivatrecht oder **intertemporalem Privatrecht.**

Das EGBGB enthält neben dem IPR (bis 1986 in Art. 7 a. F. – 31 a. F., dann Art. 3–38, seit dem 1. 6. 1999 Art. 3–46) auch Übergangsvorschriften für das *materielle* bürgerliche Recht in Art. 153–218. Sie regeln nur den einmaligen Fall der Einführung des BGB, können aber bei Bedarf analog angewandt werden.

Sie waren nach h. M. entweder unmittelbar oder (wohl besser) analog anzuwenden auf den Wechsel des *IPR*, der sich (durch Einführung der Art. 7 a. F. – 31 a. F. EGBGB) gleichzeitig mit dem Wechsel des materiellen bürgerlichen Rechts (durch Einführung des BGB) vollzogen hatte.

Das *Gesetz zur Neuregelung des IPR* von 1986 bestimmt das Verhältnis dieses Gesetzes zum früheren IPR, indem es dem EGBGB einen **Art. 220** anfügt (Art. 219 war schon vorher zugesetzt worden und enthält eine Übergangsvorschrift zum Gesetz zur Neuordnung des landwirtschaftlichen Pachtrechts vom 8. 11. 1985). Das am 1. 6. 1999 in Kraft getretene *Gesetz zum Internationalen Privatrecht für außervertragliche Schuldverhältnisse und für Sachen* verzichtet auf eine eigene Übergangsbestimmung, bringt aber auch kaum etwas Neues. Soweit sich etwas ändert, wird man die Grundsätze des Art. 220 entsprechend heranziehen können.

Schrifttum zu **Art. 220 EGBGB:** *Hepting*, Was sind „abgeschlossene Vorgänge" im Sinne des Art. 220 Abs. 1 EGBGB?, StAZ 1987, 188–196; *Kaum*, Zur Auslegung von Art. 220 I EGBGB, IPRax 1987, 280–286; *Puttfarken*, Ehe in Hamburg, Firma in Liechtenstein, Ranch in Kanada, Art. 220 Abs. 3 EGBGB: Verfassungswidriges Neben-IPR zum Ehegüterrecht, RIW 1987, 834–841; *Hepting*, Intertemporale Fragen des internationalen Ehescheidungsrechts: Wann sind Scheidung und Versorgungsausgleich „abgeschlossen"?, IPRax 1988, 153–159; *Schurig*, Internationales Ehegüterrecht im Übergang: Ist Art. 220 Abs. 3 EGBGB verfassungsrechtlich zu halten?, IPRax 1988, 88–94; *Sonnenberger*, Intertemporales Privatrecht fürs Internationale Privatrecht, Fschr. Ferid 1988, 447–462; *Dörner/Kötters*, Intertemporales Scheidungskollisionsrecht – und immer noch kein Ende, IPRax 1991, 39–42; *St. Lorenz*, Das intertemporale internationale Ehegüterrecht nach Art. 220 III EGBGB und die Folgen eines Statutenwechsels, 1991; *Spickhoff*, Nachträgliche Rechtswahl: Interlokales und intertemporales Kollisionsrecht, Form, Rückwirkung und Beweislast, IPRax 1998, 462–465.

Art. 220 I erklärt für „vor dem 1. September 1986 abgeschlossene Vorgänge" weiterhin „das bisherige Internationale Privatrecht" für anwendbar. Nach Abs. II unterliegen aber „die Wirkungen familienrechtlicher Rechtsverhältnisse" von diesem Tag an gleichwohl dem neuen IPR. Abs. III enthält eine komplizierte und teilweise verfassungsrechtlich bedenkliche Übergangsregel speziell für das Ehegüterrecht (vgl. dazu unten S. 729–731 und *Soergel/Schurig*[12] Art. 220 Rz. 34–61). Die ursprünglichen Absätze IV und V wurden durch das FamNamRG vom 16. 12. 1993 wieder aufgehoben. Sie paßten ohnehin nicht in den gesetzlichen Rahmen, hatten mit dem Übergang vom alten zum neuen IPR nichts zu tun, sondern enthielten Sonderregeln des deutschen Ehenamens- und Kindesnamensrechts für bestimmte Sachverhalte mit Auslandsberührung.

„*Abgeschlossene*" Vorgänge sind grundsätzlich solche, die bereits einen Wechsel bewirkt haben, also ein Recht oder eine Rechtsstellung haben entstehen, sich ändern, über- oder untergehen lassen. Für sie gilt: „alter Vorgang, altes Recht". War nach dem vom alten IPR berufenen materiellen Recht vor dem 1. 9. 1986 (Inkrafttreten des neuen IPR) ein Wechsel bewirkt, dann bleibt es also dabei. Entsprechendes gilt für die Anwendbarkeit der am 1. 6. 1999 in Kraft getretenen neuen Art. 38–46 EGBGB.

BGH IPRax 1987, 22 (24 unter B II 5a a. E.) mit Aufsatz von *Sturm* 1–4 = NJW 1986, 3022 (3024); OLG Hamm FamRZ 1988, 314 (317 unter II 2d) = IPRax 1988, 179 LS mit Anm. Red. (D. H.) = NJW-RR 1988, 323; BGH NJW 1993, 2305 (2306 unter I 1b); BGH NJW 1997, 2114 = FamRZ 1997, 542 (543 unter 2b); *Hepting*, IPRax 1988, 153–155; ebenso für das österreichische Gesetz über das IPR von 1978 (öst)OGH ZfRV 1989, 223 mit Anm. Red.

Dennoch ist über den Begriff des „abgeschlossenen" Vorgangs ein Streit entstanden. Manche wollen statt des *sachrechtlichen* Maßstabes einen *kollisionsrechtlichen* heranziehen: Ein Vorgang sei abgeschlossen, wenn das anzuwendende Sachrecht „unwandelbar fixiert worden" sei, wenn also das jeweilige *Statut* vor dem 1. 9. 1986 unwandelbar geworden sei (so z. B. BGH NJW 1993, 2305 [2306 unter 1b]; BGH NJW 1994, 2360 [unter II 1]; BGH NJW 1997, 2114 = FamRZ 1997, 542 [543 unter 2b]; *Palandt/Heldrich*[58] Art. 17 Rz. 6, Art. 220 Rz. 2f.; *Kropholler*[3] 176). Hierbei sollen, wenn altes und neues IPR unterschiedlichen Regeln folgen, die Wertungen des *neuen* Rechts entscheidend sein (aber anders *MünchKomm/Sonnenberger*[2] Art. 220 Rz. 12).

Erheblich wird diese unterschiedliche Betrachtungsweise nur selten. Denn daß ein Vorgang im materiellen Sinne „abgeschlossen" ist, ohne daß er nicht auch kollisionsrechtlich „fixiert" wäre, ist kaum vorstellbar. Dagegen kann es Differenzen geben, wenn (ausnahmsweise) der Zeitpunkt der endgültigen kollisionsrechtlichen Anknüpfung *vor* dem des sachrechtlichen Wirkungseintritts liegt. Das ist vor allem bei der Scheidung der Fall, für die das Gesetz seit dem 1. 9. 1986 kollisionsrechtlich an den Zeitpunkt der Rechtshängigkeit anknüpft (Art. 17 I), während die sachrechtlichen Wirkungen erst mit Rechtskraft des Urteils eintreten. Entscheidend ist, daß Art. 220 I das *Vertrauen* der Beteiligten oder des Rechtsverkehrs schützen will; daher kommt es darauf an, ob bei Inkrafttreten des Gesetzes schützenswerte Interessen bereits bestanden. Diese können sachrechtlicher *oder* kollisionsrechtlicher (dazu unten § 2) Natur sein. Gegebenenfalls ist zwischen ihnen abzuwägen; doch werden die greifbareren sachrechtlichen Interessen im allgemeinen größeres Gewicht haben als die abstrakteren kollisionsrechtlichen. In jedem Fall muß man auf die *bisherigen* rechtlichen Wertungen abstellen, denn die neuen konnten zum Zeitpunkt des Inkrafttretens noch kein Vertrauen begründen (näher *Soergel/Schurig*[12] Art. 220 Rz. 4–6, 21). Es geht um *intertemporales* IPR: Nicht was das neue Kollisionsrecht *bestimmt*, ist entscheidend, sondern ob es *anwendbar* ist (vgl. OLG München IPRax 1989, 238 [240 unter I 2b] mit Aufsatz *Jayme* 223f.: „Abgeschlossen sein muß ... nicht die Anknüpfung eines Vorgangs, sondern der Vorgang selbst".).

Wenn Art. 220 II die „Wirkungen familienrechtlicher Rechtsverhältnisse" dem neuen Recht unterstellt, so ist dies keine Durchbrechung von Abs. I, sondern Ausdruck eines Grundsatzes, der immer gilt, wenn die *Wirkungen* eines Rechtsverhältnisses von seiner *Begründung* kollisionsrechtlich getrennt werden. Die Vorstellung ist wohl, daß es sich um ständig sich erneuernde selbständige Emanationen des Basisrechts handelt, die an die jeweils gültige kollisionsrechtliche Lage anzupassen sind. Ähnlich wird dies im Sachenrecht und Namensrecht gesehen (unten S. 666), nicht aber grundsätzlich im Schuldvertrags- und Erbrecht (unten S. 595, 852). Daß Art. 220 II lediglich die familienrechtlichen Rechtsverhältnisse nennt, hat seinen Grund darin, daß hier die Lage typisch und eindeutig ist und daß das internationale Familienrecht den Schwerpunkt derjenigen gesetzlichen Bestimmungen bildet, die Gegenstand der Übergangsregelung von 1986 sind (welche z.B. das Sachenrecht mangels einer Neuregelung noch gar nicht erfaßt), bedeutet aber nicht, daß bei anderen Rechtsverhältnissen nicht ebenfalls auf den Zeitpunkt des Entstehens konkreter Wirkungen abzustellen sein kann (näher *Soergel/Schurig*[12] Art. 220 Rz. 31–33); so z.B. nach dem 1. 6. 1999 beim Eigentum (sofern es Unterschiede zur früheren Rechtslage geben sollte).

Die Einführung des bundesdeutschen Privatrechts in der früheren DDR und in Ost-Berlin mit Wirkung vom 3. 10. 1990 führte zu strukturell ähnlichen Übergangsproblemen wie bei Einführung des BGB. Deswegen enthalten **Art. 231–235 EGBGB** Übergangsrecht für *materielles* Ostrecht: sie bestimmen, wann seit dem 3. 10. 1990 früher in der DDR und in Ost-Berlin geltende Normen noch anzuwenden sind; **Art. 236 EGBGB** trifft eine solche Regelung für das *internationale* Privatrecht.

Schrifttum zu **Art. 230–235 EGBGB** oben S. 27–29.

Schrifttum zu **Art. 236 EGBGB:** *Mansel*, Innerdeutsche Rechtsanwendung: (Noch) geltendes Kollisionsrecht, DtZ 1990, 225–232; *Mansel*, Perspektiven eines deutschen interlokalen Privat- und Verfahrensrechts nach der Wiedervereinigung, IPRax 1990, 283–288; *Coester-Waltjen*, Ausgewählte zivilrechtliche Fragen im Einigungsvertrag: Interlokale und intertemporale Probleme, Ehegüterrecht und nachehelicher Unterhalt, Jura 1991, 516–519; *Dörner*, Das deutsche Interlokale Privatrecht nach dem Einigungsvertrag, Fschr. Lorenz 1991, 321–339; *Dörner*, Interlokales Erb- und Erbscheinsrecht nach dem Einigungsvertrag, IPRax 1991, 392–398; *Dörner/Meyer-Sparenberg*, Rechtsanwendungsprobleme im Privatrecht des vereinten Deutschlands, DtZ 1991, 1–7; *Drobnig*, Innerdeutsches und interlokales Kollisionsrecht nach der Einigung Deutschlands, RabelsZ 55 (1991), 268–290; *Eichenhofer*, Intertemporalrechtliche Fragen des interlokalen Versorgungsausgleichsrechts, FuR 1991, 281–285; *Henrich*, Probleme des interlokalen und des internationalen Ehegüter- und Erbrechts nach dem Einigungsvertrag, IPRax 1991, 14–20; *Henrich*, Probleme der deutschen Rechtseinheit im Familienrecht, FamRZ 1991, 873–878; *von Hoffmann*, Internationales Privatrecht im Einigungsvertrag, IPRax 1991, 1–10; *Jayme*, Allgemeine

Ehewirkungen und Ehescheidung nach dem Einigungsvertrag – Innerdeutsches Kollisionsrecht und Internationales Privatrecht, IPRax 1991, 11–14; *Jayme*, Einigungsvertrag und innerdeutsches Kollisionsrecht des Versorgungsausgleichs, IPRax 1991, 230f.; *Mansel*, Intertemporales internationales Privatrecht des Einigungsvertrags – Zur Auslegung des Art. 236 EGBGB, in: *Jayme/Furtak* (Hrsg.), Der Weg zur deutschen Rechtseinheit, 1991, 141–165; *Pirrung*, Einigungsvertrag und Kollisionsrecht, Zum Verständnis der Artt. 230 II und 236 EGBGB, RabelsZ 55 (1991), 211–239; *Rauscher*, Gespaltenes Kindschaftsrecht im vereinten Deutschland, StAZ 1991, 1–11 und 56; *Rauscher*, Intertemporale Bestimmungen zum internationalen Ehegüterrecht im Einigungsvertrag, DtZ 1991, 20–22; *Schurig*, Ein Kollisionsrecht für das Kollisionsrecht im vereinigten Deutschland, Fschr. Lorenz 1991, 513–523; *Siehr*, Der Einigungsvertrag und seine internationalen Kollisionsnormen, RabelsZ 55 (1991), 240–267; *Stoll*, Kollisionsrechtliche Aspekte des Vertrages über die deutsche Einigung, Fschr. Lorenz 1991, 577–596; *Heldrich*, Das Interlokale Privatrecht Deutschlands nach dem Einigungsvertrag, Zivilrechtliche Vorfragen der Rückübertragungsansprüche nach dem Vermögensgesetz, 1992; *Wähler*, Intertemporale, interlokale und materiellrechtliche Probleme des Erbrechts nach der Wiedervereinigung, ROW 1992, 103–111; *Heldrich*, Interlokales Privatrecht im vereinten Deutschland, Fschr. Lerche 1993, 913–928; *Jayme/Stankewitsch*, Nochmals: Scheidungsfolgen und innerdeutsches Kollisionsrecht, IPRax 1993, 162–167; *Kreuzer*, Les conflits de lois interallemands après l'unification de l'Allemagne, Rev.crit.dr.i.p. 1993, 1–24; *Mörsdorf-Schulte/Otte*, Deutsch-deutsche und internationale Altfälle nach dem Einigungsvertrag, ZIP 1993, 15–26; *Wähler*, Kollisionsrechtliche Probleme des innerdeutschen Erbrechts und Nachlaßverfahrens, in: *Drobnig* (Hrsg.), Grundstücksrecht und Erbrecht in beiden deutschen Staaten, 1993, 91–103; *Lück*, Kollisionsrecht oder Auslegung? Zum Geltungsbereich des Art. 235 § 1 EGBGB, JR 1994, 45–51; *Dörner*, Interlokales Erbrecht nach der Wiedervereinigung – ein schwacher Schlußstrich, IPRax 1995, 89–92; *Dörner*, Rechtsfragen des deutsch-deutschen Erbrechts – BGHZ 124, 270, JuS 1995, 771–775; *Hartmann*, Innerdeutsches Kollisionsrecht für Altfälle und Vertrauensschutz, RabelsZ 61 (1997), 454–509; *Spickhoff*, Nachträgliche Rechtswahl: Interlokales und intertemporales Kollisionsrecht, Form, Rückwirkung und Beweislast, IPRax 1998, 462–465.

Materiellrechtliche Überleitungsfragen entstehen nur, wenn nach den Anknüpfungsregeln des *interlokalen* und gegebenenfalls des *internationalen* Privatrechts im maßgeblichen Zeitpunkt das Recht der früheren DDR überhaupt *berufen* war.

Z.B. LG Berlin FamRZ 1991, 1361 mit Anm. von *Henrich*; OLG Frankfurt DtZ 1991, 900; KG DtZ 1992, 396.

Deswegen ist wichtig, in welchen Fällen das anwendbare Recht nach dem interlokalen und internationalen Privatrecht der alten und neuen Bundesrepublik und in welchen Fällen es nach dem internationalen Privatrecht der früheren DDR (insbesondere nach dem Rechtsanwendungsgesetz vom 5. 12. 1975) zu bestimmen ist. Da mit Wirkung vom 3. 10. 1990 in der früheren DDR und in Ost-Berlin mit dem gesamten westlichen Privatrecht auch das bundesdeutsche internationale und interlokale Privatrecht eingeführt worden ist, bedarf es auch hierfür einer Übergangsregelung. Diese ist enthalten in **Art. 236 EGBGB**, der aber Kernfragen offenläßt, weil er zu eng an Art. 220 angelehnt ist. Während es nämlich bei der letzteren Vorschrift nur darum geht, den zeitlichen Anwendungsbereich des ab 1. 9. 1986 geltenden neuen internationalen

Privatrechts im Verhältnis zu dem des *einen* alten IPR zu klären, gab es vor der Vereinigung auf dem betroffenen Rechtsgebiet ganz Deutschlands deren *zwei*. Zwar hat man in Art. 236 § 1 bei dem „bisherigen internationalen Privatrecht" nur an das der ehemaligen DDR gedacht und mit den „Wirkungen familienrechtlicher Rechtsverhältnisse" solche gemeint, die bis zum 3. 10. 1990 nach dem IPR der DDR anzuknüpfen gewesen wären; auch bezieht sich § 3 nur auf solche Ehen, deren Güterstand bislang vom DDR-IPR bestimmt wurde. Fälle, in denen schon „bisher" das EGBGB anwendbar war, bleiben deshalb unberührt. Aber auch das „bisherige Internationale Privatrecht" der DDR kann nur nach § 1 anwendbar *„bleiben"*, wenn es dies vorher *war*. Darüber, wie diese Schlüsselfrage zu entscheiden ist, schweigt das Gesetz.

Deswegen haben sich in der Folgezeit im wesentlichen *zwei Grundauffassungen* herausgebildet. Die eine (z.B. *Kegel* [vgl. 7. Aufl. S. 46], *Dörner, Henrich, von Hoffmann, Kreuzer, Siehr, Sonnenberger*) folgt dem *lex-fori-Prinzip* und verlängert für Altfälle die Rechtsspaltung über die Wiedervereinigung hinaus: Im Westen werden *alle* Fälle nach westlichem interlokalem und internationalem Privatrecht behandelt (und zum Ost-IPR gelangt man nur, wie sonst auch, über eine IPR-Verweisung [zu dieser unten § 10]), und im Osten wendet man auf *alle Altfälle* das IPR der früheren DDR an (auch wenn der Fall zu deren Rechtsordnung keinerlei Beziehung hatte, der Beklagte z.B. erst nach der Wiedervereinigung in den Osten gezogen ist).

Die Gegenmeinung (z.B. *Heldrich, Hohloch, Jayme, Mansel, Rauscher, Spickhoff, Schurig*) befürwortet statt dessen einheitliche Regeln, denen zufolge in ganz Deutschland aufgrund bestimmter Kriterien in Altfällen entweder von westlichem *oder* von östlichem Kollisionsrecht auszugehen ist. Auch wenn entsprechende Kollisionsnormen erst entwickelt werden müssen, die bestimmen, welches *Kollisionsrecht* anzuwenden ist (zu Kollisionsnormen für Kollisionsrecht unten S. 49f.), ist dieser Weg m.E. vorzuziehen, weil er mit der Rechtseinheit ernst macht und verhindert, daß in derselben Sache unterschiedliche Ergebnisse herauskommen, je nachdem, vor welchem deutschen Gericht die Sache anhängig wird. Ob in Altfällen Ost- oder West-IPR anzuwenden ist, sollte sich also nach sachbezogenen kollisionsrechtlichen Anknüpfungskriterien bestimmen und nicht nach denjenigen für die (nunmehr) örtliche Zuständigkeit, die insoweit einen eher zufälligen Charakter haben. Daher sollte jedenfalls von Ost-IPR ausgegangen werden, wo der Sachverhalt erhebliche Kontakte zur DDR, aber keine oder nur unerhebliche zur damaligen Bundesrepublik hatte, von West-IPR in allen Fällen, in denen kollisionsrechtliche Interessen (unten § 2) von Bewohnern oder Angehörigen der früheren DDR nicht oder nur unerheblich berührt waren. Bestanden Verknüpfungen zu *beiden* Teilen Deutschlands, so sollte man entsprechend den für Sachrecht geltenden interlokalen Anknüpfungen zunächst das anwendbare IPR bestimmen, sofern nicht der durch Art. 236 bezweckte *Vertrauensschutz* eine Abweichung hiervon gebietet. Näher zum ganzen *Soergel/Schurig*[12] Art. 236 Rz. 10–17.

Bei rein *innerdeutschen Altfällen* kommt hinzu, daß aus westlicher Sicht insoweit gar kein „internationales Privatrecht" anwendbar war, sondern interlokales, wohl aber aus östlicher Sicht. Daher ist umstritten, aus welcher Perspektive Art. 236 auszulegen ist: aus östlicher gilt er auch für rein interlokale Altfälle, aus westlicher kann er allenfalls analog herangezogen werden. Da für die verbliebenen Unterschiede das nach Art. 8 Einigungsvertrag übernommene westliche interlokale Privatrecht maßgeblich bleibt, sollte dies im Interesse kontinuierlicher Rechtsanwendung auch für vor dem 3. 10. 1990 abgeschlossene Fälle so sein: ob bis zur Einigung das Recht der (alten) Bundesrepublik gegolten hat oder das der DDR (und evtl. noch weiter anzuwenden ist), ist im Grundsatz nach den Regeln des früheren – und nunmehr gesamtdeutschen – interlokalen Privatrechts der Bundesrepublik zu bestimmen, und zwar überall in Deutschland.

Ähnlich z. B. *Palandt/Heldrich*[58] Art. 236 Rz. 4 f.; *MünchKomm/Sonnenberger*[3] Art. 236 § 1 Rz. 9; *Kropholler*[3] 187; *Lüderitz*[2] Rz. 13, 177; *von Bar* IPR II Rz. 127, 363; *Jayme*, IPRax 1991, 25; *Drobnig*, RabelsZ 55 (1991), 281 f., 285; BGHZ 124, 270. Dagegen auch hier für das lex-fori-Prinzip *von Hoffmann*, IPRax 1991, 4; *Staudinger/Dörner*[13] Art. 25 Rz. 884; *Soergel/Kegel*[12] vor Art. 3 Rz. 239–242.

Indessen ist auch hier von diesen Regeln im Einzelfall abzuweichen, wenn der *Vertrauensschutz* zugunsten Beteiligter mit Verknüpfungen zur ehemaligen DDR dies gebietet. Näher zum ganzen *Soergel/Schurig*[12] Art. 236 Rz. 4–9 (mit vielen Nachweisen).

Ganz allgemein sind die zwischen IPR und intertemporalem Privatrecht bestehenden Zusammenhänge nicht nur formaler Art. Die Anknüpfungen des IPR sind meist **„wandelbar"**. Zum Beispiel werden Rechte an Sachen nach dem Recht des *jeweiligen* Lageorts beurteilt (jetzt Art. 43 I EGBGB). Gelangt eine Sache aus einem Land in ein anderes, so tritt sie unter neues Recht. Das ist fast dasselbe, wie wenn sie im alten Land bleibt und dort neues Recht eingeführt wird. Die Fälle des sog. **„Statutenwechsels"** im IPR (*„conflit mobile"*) verlangen also eine intertemporale Entscheidung. Damit ist freilich nicht gesagt, daß diese Entscheidung stets mit den Grundsätzen der Art. 153–218, 220, 236 EGBGB übereinstimmen müßte.

Noch allgemeiner, aber auch schwächer hängen IPR und intertemporales Privatrecht dadurch zusammen, daß beide private, nicht öffentliche Interessen betreffen und deswegen gelegentlich aus einer intertemporalen Entscheidung vorsichtige Analogieschlüsse auf eine zu treffende internationale Entscheidung zu ziehen sind (und umgekehrt). Es war daher kein Zufall, wenn *Savigny* in dem berühmten achten Band seines „Systems des heutigen Römischen Rechts" (1849) dem IPR

(„Oertliche Gränzen der Herrschaft der Rechtsregeln über die Rechtsverhältnisse“) das intertemporale Privatrecht („Zeitliche Gränzen der Herrschaft der Rechtsregeln über die Rechtsverhältnisse“) folgen ließ.

Savigny rechtfertigt dies in seiner noch heute gültigen Vorrede: „Einen besonderen Mangel in den bisherigen Arbeiten glaubte der Verfasser dieses Werks darin zu finden, daß man stets die beiden Stücke, die in dem vorliegenden Werke verbunden erscheinen, die örtlichen und die zeitlichen Gränzen der Herrschaft der Rechtsregeln, einzeln und abgesondert behandelt hat. Er glaubte diesem Mangel dadurch abhelfen zu müssen, daß er beide Stücke in Verbindung brachte, nicht blos indem er sie äußerlich neben einander stellte, welches allein nicht ausreicht, auch schon häufig in der kurzen Darstellung der Lehrbücher ohne merklichen Erfolg versucht worden ist, sondern indem er den inneren Zusammenhang der für beide Stücke geltenden Grundsätze zu erforschen und darzustellen suchte.“ (S. VI f.)

Schrifttum zum **Statutenwechsel** und zum **Verhältnis von IPR und intertemporalem Privatrecht:** Älteres Schrifttum 7. Aufl. S. 47. Weiter: *E. Wagner*, Statutenwechsel und dépeçage im internationalen Deliktsrecht – Unter besonderer Berücksichtigung der Datumtheorie, 1988; *B. Voit*, Heilung durch Statutenwechsel im internationalen Eheschließungsrecht, 1997.

c) Weitere Kollisionsrechte

Kollisionsnormen bestimmen, welche Normen, unter die ein Sachverhalt subsumierbar wäre, zur Entscheidung herangezogen werden (s. auch unten § 6 II). Die bisher genannten Typen von Kollisionsrecht beziehen sich auf das Verhältnis von ganzen Rechtsordnungen oder jedenfalls von Teilrechtsordnungen zueinander: Rechtsordnungen souveräner Staaten, (Teil-)Rechtsordnungen von Gebieten in souveränen Staaten, (Teil-)Rechtsordnungen für Personengruppen. Auch das intertemporale Recht betrifft das Verhältnis der früheren zur neuen Rechtsordnung, mögen in ihr auch nur wenige Vorschriften geändert worden sein, für die eine Entscheidung nötig wird.

Man kann aber auch die Grenzen weiter stecken und als Kollisionsrecht *jede* Regel ansehen, die etwas darüber sagt, welche von zwei oder mehr Normen, unter die ein Sachverhalt subsumierbar ist, zur Entscheidung herangezogen wird. Dann wird auch das *verfassungsrechtliche Rangverhältnis* von Rechtsquellen erfaßt und sogar das Verhältnis gleichrangiger konkurrierender Normen, das in Begriffen wie „Spezialität“, „Subsidiarität“ u.ä. ausgedrückt werden kann. Freilich handelt es sich hierbei um Rechtsanwendungsfragen *derselben* Rechtsordnung, nicht um Auswahl einer Norm aus verschiedenen (Teil-)Rechtsordnungen, wenngleich es auch strukturelle Übereinstimmungen gibt. M.E. sollte man solche Normen besser vom eigentlichen Kollisionsrecht unterscheiden und eher von **Konkurrenz-** oder **Konfliktsnormen** sprechen. – Für einen sehr *weiten* Begriff des Kollisionsrechts (allerdings *formaler* Natur, flankiert von einem engeren Begriff *materieller* Natur) *Kegel* in 7. Aufl. S. 48–57.

aa) „Rang-Kollisionsrecht“

Schrifttum: *Neuhaus* 107f.; *von Bar* I Rn. 83–86, 90–99; *Keller/Siehr* 174f.; *Ehrenzweig*, A Treatise on the Conflict of Laws, St. Paul, Minn., 1962, 309 Fn. 3; *Rácz*, Control of norms and law-application, Acta Jur. 25 (1983), 378–401; *Müller-Freienfels*, Zur Rangstufung rechtlicher Normen, in: Law in East and West/Recht in Ost und West, Fschr. Institut für Rechtsvergleichung der Waseda Universität, Tokio 1988, 3–39 = *Müller-Freienfels*, Familienrecht im In- und Ausland, Aufsätze III, 1994, 228–264 (allgemein); *Drobnig*, Anwendungsnormen in Übereinkommen zur Vereinheitlichung des Privatrechts, Fschr. von Overbeck, Freiburg/Schweiz 1990, 15–39.

Rechtssätze unterscheiden sich nicht nur nach ihrem Geltungs*raum*, so daß internationales oder interlokales Recht nötig wird, nach *Personengruppen*, für die sie gelten, so daß man personales Kollisionsrecht braucht, und nach ihrer Geltungs*zeit*, so daß Übergangsrecht da sein muß: auch die **Quelle**, aus der sie fließen, kann verschieden sein, und dann muß für den Fall, daß derselbe Sachverhalt erfaßt wird, ihr *Rangverhältnis* zueinander geregelt werden. Zum Beispiel muß bestimmt werden, ob Gesetzesrecht vor Gewohnheitsrecht geht oder umgekehrt. Eine solche „Rang-Kollisionsnorm“ ist Art. 25 Satz 2 GG, nach dem die allgemeinen Regeln des Völkerrechts „den Gesetzen“ vorgehen. Rangkollisionsnormen regeln das Verhältnis des von den Europäischen Gemeinschaften gesetzten Rechts zum Recht der Mitgliedstaaten (z.B. Schrifttum oben S. 8). Als „Rang-Kollisionsnorm“ ist Art. 31 GG formuliert: „Bundesrecht bricht Landesrecht“ (*Badura*, Staatsrecht^{2} 1996, F 31 S. 482). Allerdings steht Art. 31 GG unter dem *Vorbehalt der Kompetenzordnung*: Sind Rechtsnormen wegen Verstoßes gegen die Kompetenzordnung nichtig oder für nichtig zu erklären (Art. 100 GG), dann scheiden sie als Gegenstand einer Kollisionsnorm aus; denn diese entscheidet über das Rangverhältnis potentiell *anwendbarer* Rechtsnormen. Wurde z.B. bei vom Bund geschaffenem Gesetzesrecht (zum alten Recht vgl. Art. 123–126 GG) gegen die Zuständigkeitsregeln der Art. 70–75 GG verstoßen, so stellt das Bundesverfassungsgericht auf Vorlage (Art. 100 GG) oder Klage (Art. 93 I Nr. 2 GG) die Nichtigkeit fest. Die entsprechende Norm existiert dann nicht mehr; eine Kollisionsnorm für sie ist weder nötig noch möglich (vgl. BVerfGE 7, 377, 387 unter B II). Dasselbe gilt, wenn nachrangiges Landesrecht schon wegen Verstoßes gegen die Kompetenzordnung nichtig ist. Macht der Bund erstmals von seiner konkurrierenden Gesetzgebungskompetenz Gebrauch, so tritt entgegenstehendes Landesrecht außer Kraft: Auch hier fehlt es an der Grundsituation von Kollisionsrecht. Ob und inwieweit Art. 31 GG als Kollisionsnorm überhaupt zum Tragen kommt, ist daher höchst fraglich. – Im Verhältnis zwischen BGB und Landesrecht ist Art. 1 II (früher Art. 3 a.F.) EGBGB Zuständigkeitsnorm für neues Landesrecht. Hier kann man zweifeln, ob und inwieweit die das Verhältnis des BGB zum Landesrecht betreffenden Art. 1 II n.F. mit Art. 55 und Art. 56–152 EGBGB als „Rang-Kollisionsnormen“ oder als sachliche Konfliktsnormen (darüber anschließend) zu verstehen sind oder überhaupt nicht als solche, soweit sie nämlich (wie Art. 55) nicht das Nebeneinander des Rechts unterschiedlicher Quellen regeln, sondern entgegenstehendes Recht schlicht außer Kraft setzen.

bb) „Sachliches Kollisionsrecht“ (Sachliches Konfliktsrecht)

Schrifttum: *Engisch*, Die Einheit der Rechtsordnung, 1935 (insbes. 26–41); *Wengler*, Betrachtungen über den Zusammenhang der Rechtsnormen in der Rechtsordnung und die Verschiedenheit der Rechtsordnungen, Fschr. Laun 1953, 719–743; *Baldus*, Die Einheit der Rechtsordnung. Bedeutungen einer juristischen Formel in Rechtstheorie, Zivil- und Staatsrechtswissenschaft des 19. und 20. Jahrhunderts, 1995.

Die bisher genannten Kollisionsrechte sagen, welche Rechtssätze anzuwenden sind, wenn sich die Rechtssätze unterscheiden nach dem *Gebiet,* in dem sie gelten (internationales Kollisionsrecht bei Verschiedenheit nach Staatsgebieten, interlokales Kollisionsrecht bei Verschiedenheit nach Gebieten innerhalb eines Staats), nach der *Zeit,* in der sie gelten (intertemporales Kollisionsrecht), nach der *Personengruppe,* für die sie gelten (personales Kollisionsrecht), nach der *Quelle,* aus der sie fließen (Rang-Kollisionsrecht). Dagegen stimmen hier die Rechtssätze im Kern überein nach ihrem **Inhalt**, insbesondere nach Tatbeständen und Rechtsfolgen. Zum Beispiel beruft eine Kollisionsnorm des IPR über die Heirat alle und nur die privatrechtlichen Sachnormen eines bestimmten Staats, die die Heirat regeln (also nicht z.B. Sätze des Privatrechts über die Ehescheidung und nicht Sätze des Strafrechts über die Bigamie).

Übereinstimmung oder Verschiedenheit von Rechtssätzen nach ihrem *Inhalt* macht jedoch ihrerseits Normen erforderlich, die angeben, ob Rechtssätze mit gleichem oder verschiedenem Inhalt im selben Fall oder in derselben Fallgruppe *miteinander angewendet* werden können oder nicht.

Innerhalb *derselben Rechtsordnung* sind für gewöhnlich die Rechtssätze ihrem Inhalt nach *aufeinander abgestimmt.* Es kommt jedenfalls im Ergebnis nicht vor, daß wir *zu viele* Rechtssätze haben (indem z.B. für denselben Fall ein Rechtssatz die Wandlung erlaubt, ein anderer sie verbietet) oder *zu wenige* (indem z.B. ein Rechtssatz über die Wandlung vorhanden ist, während sonstige Rechtssätze über den Kauf fehlen). Das kann aber sein, wenn nach dem IPR ein einheitlicher Lebenssachverhalt hinsichtlich seiner Teile nach unterschiedlichen Rechtsordnungen zu beurteilen ist. Man nennt das Zuviel an Rechtssätzen **Normenhäufung**, das Zuwenig **Normenmangel**.

Man könnte als Gegenteil der Normenhäufung die *Widerspruchsfreiheit* und als Gegenteil des Normenmangels die *Vollständigkeit* einer Rechtsordnung betrachten. Es empfiehlt sich jedoch, die Widerspruchsfreiheit als Oberbegriff zu verwenden. Entsprechend sind dann sowohl Normenhäufung wie Normenmangel Fälle von **Normenwiderspruch**.

Diese Begriffsbildung rechtfertigt sich deswegen, weil bei Normenhäufung wie bei Normenmangel die Rechtsordnung ihre *Bewertung* der Wirklichkeit *nicht gleichmäßig* durchführt: die Entscheidung eines Falles paßt nicht zur Entscheidung eines anderen Falles.

Im allgemeinen kann man innerhalb derselben Rechtsordnung von Widerspruchsfreiheit ausgehen. Freilich gilt dies nur *cum grano salis.* Das beweisen die Fragen der *Gesetzeskonkurrenz,* bei denen es allerdings nicht nur, ja nicht einmal in erster Reihe um Widerspruchsfreiheit der Rechtssätze innerhalb der Rechtsordnung geht (mithin um die *Existenz* einer inhaltlichen Abgestimmtheit der Rechtssätze), sondern vornehmlich darum, wo die inhaltlichen Grenzen der Rechtssätze verlaufen (also um das „*Wie*" des Abgestimmtseins). Man denke an die Frage, ob und wieweit § 119 BGB neben § 459 BGB anwendbar ist.

Die Rechtssätze, die bestimmen, ob *derselben* Rechtsordnung entstammende Rechtssätze verschiedenen *Inhalts* miteinander anzuwenden sind, könnte man (in Anlehnung an die sachliche Zuständigkeit der Gerichte) **sachliche Konfliktsnormen** nennen (zur Bezeichnung oben S. 45; für *„formale" Kollisionsnormen Kegel* in 7. Aufl. S. 49). Ihrer gibt es innerhalb derselben Rechtsordnung (z.B. im deutschen Recht) eine große Zahl. Ob man sie eher den Kollisionsnormen oder den Sachnormen zurechnen will, ist eine *Frage der Definition.* Sie stehen einerseits den Kollisionsnormen nahe, weil sie über das Verhältnis der Anwendbarkeit von Normen bestimmen, unter die sich ein Sachverhalt jeweils subsumieren läßt, und andererseits den Sachnormen, weil sie den Anwendungsbereich von Sachnormen innerhalb *derselben* Rechtsordnung gegeneinander lediglich abgrenzen, solche Normen also nicht erst „berufen" müssen. Näher zur Abgrenzung von Kollisions- und Sachrecht unten § 1 VIII 1.

Als **geschriebene** sachliche Konfliktsnormen könnte man im deutschen Recht z.B. ansehen § 990 II BGB (Verzugsvorschriften anwendbar); § 993 I Hs. 2 BGB (Bereicherungs- und Deliktsrecht anwendbar); § 951 I 1 BGB (Bereicherungsrecht anwendbar, nach h.M. allerdings nur Grundverweisung); § 852 III BGB (Bereicherungsrecht anwendbar, nach BGHZ 71, 86 [98–100] Folgenverweisung).

Ungeschriebene sachliche Konfliktsnorm ist im deutschen Recht z. B. der Satz, daß Vertrags- und Deliktsrecht miteinander anwendbar sind. Auch die Maxime *„lex specialis derogat legi generali"* wäre eine solche, wenn sie wirklich Rechtssatz und nicht bloß Faustregel wäre.

Den inneren Zusammenhang der Sätze einer Rechtsordnung könnte man so auf ein System sachlicher Konfliktsnormen zurückführen. Man hat diese Verklammerung oft durch *Bilder* ausgedrückt, z. B.: „Wer einen Paragraphen anwendet, wendet das ganze Gesetz an." Der argentinische Rechtsphilosoph *Carlos Cossio* vergleicht die Rechtsordnung mit einer Kugel: Sie drückt nur mit einem Rechtssatz, aber mit dem ganzen Gewicht der Rechtsordnung auf die Ebene des Tatbestands.

Das IPR läßt Fragen des sachlichen Konfliktsrechts hervortreten, die innerhalb einer einzigen Rechtsordnung nicht sichtbar werden. Wenn es nämlich, wie oft, die Anwendung von Rechtssätzen *verschiedener Rechtsordnungen* gebietet, die nicht aufeinander abgestimmt sind, kann es zu Normenwidersprüchen kommen, die nur im Wege einer Neubestimmung des Verhältnisses solcher Normen aufgelöst werden können.

Näher über solche Fälle der „Angleichung" unten § 8.

3. Gruppierung der Kollisionsrechte

Die bisher genannten Kollisionsrechte kann man z. B. in folgender Weise schematisch gruppieren:

<table>
<tr><td colspan="3" rowspan="3"></td><td colspan="8">Arten der kollidierenden Rechtssätze</td></tr>
<tr><td rowspan="2">Privatrecht</td><td colspan="7">Öffentliches Recht</td></tr>
<tr><td>Zivilprozeßrecht</td><td>Freiw. Gerichtsbarkeit</td><td>Strafrecht</td><td>Strafprozeßrecht</td><td>Staatsrecht</td><td>Verwaltungsrecht</td><td>…</td></tr>
<tr><td rowspan="6">Art der Kollisionen</td><td rowspan="2">Räumlich</td><td>International</td><td></td><td></td><td></td><td></td><td></td><td></td><td></td><td></td></tr>
<tr><td>Interlokal</td><td></td><td></td><td></td><td></td><td></td><td></td><td></td><td></td></tr>
<tr><td colspan="2">Persönlich</td><td></td><td></td><td></td><td></td><td></td><td></td><td></td><td></td></tr>
<tr><td colspan="2">Zeitlich</td><td></td><td></td><td></td><td></td><td></td><td></td><td></td><td></td></tr>
<tr><td colspan="2">Rang</td><td></td><td></td><td></td><td></td><td></td><td></td><td></td><td></td></tr>
<tr><td colspan="2">Sachlich</td><td></td><td></td><td></td><td></td><td></td><td></td><td></td><td></td></tr>
</table>

Vielleicht gibt es noch mehr Arten von *Kollisionen,* d. h. von Unterschieden der Rechtssätze. Sicherlich lassen sich die Arten der *kollidierenden Rechtssätze* vermehren (z. B. das öffentliche Recht um Steuerrecht, Wirtschaftsrecht, Kirchenrecht) und unterteilen (z. B. das Privatrecht in bürgerliches Recht, Handelsrecht, Wertpapierrecht u. a.).

Sodann begegnen bei den Arten der kollidierenden Rechtssätze *Überschneidungen.* Zum Beispiel ist zweifelhaft, ob der deutsche Rechtssatz, daß in Deutschland eine Ehe nur durch Urteil geschieden werden kann (Zivilprozeßrecht), angewandt werden kann zusammen mit ausländischen Rechtssätzen, nach denen die Scheidung durch Rechtsgeschäft erfolgt (Privatrecht): eine Frage des „sachlichen Kollisionsrechts" oder Konfliktrechts (vgl. oben S. 47) zwischen Zivilprozeßrecht und Privatrecht.

4. Kollisionsrecht für Kollisionsnormen

Auch *Kollisionsnormen* unterscheiden sich und bedürfen weiterer Kollisionsnormen, die ihre Anwendung regeln. Es gibt z.B. ein intertemporales IPR, von dem schon die Rede war (oben S. 38–45). Auch gibt es Verdoppelungen. Zwar findet man kein intertemporales intertemporales Privatrecht: Man geht stets vom *gegenwärtigen* intertemporalen Privatrecht aus. Aber ein interlokales IPR wird benötigt, nämlich dann, wenn wir auf Grund unseres IPR das IPR eines fremden Staates anzuwenden haben (vgl. Art. 4 I EGBGB) und dort nicht nur das materielle, sondern auch das internationale Privatrecht nach Gebieten verschieden ist (wie z.B. in den USA), so daß eine Wahl getroffen werden muß (vgl. Art. 4 III EGBGB).

Auch ein „internationales IPR" existiert, wenn es auch meist nicht bewußt wird, weil überall beim IPR des eigenen Staates angesetzt wird: Wenn jedoch der Grund des IPR in der anerkannten Existenz verschiedener staatlicher Sachrechtsordnungen zu finden ist, die in jedem Fall eine Wahl zwingend erfordert (und sei es, daß die lex fori gewählt wird, oben S. 5), dann kann die Situation für das Kollisionsrecht nicht anders sein; denn es existieren auch von Staat zu Staat eigene *Kollisionsrechtsordnungen*, deren Qualität als geltendes Recht ebenso anerkannt werden muß. Daraus folgt die Notwendigkeit, auch zwischen den vorhandenen Kollisionsrechtsordnungen die für den Fall angemessene auszuwählen. Daß man häufig nur die Kollisionsnormen der lex fori anwendet, ändert daran nichts.

Entgegen dem ersten Anschein wird auch durchgängig ausschließlich eigenes IPR nur von den Staaten angewandt, die lediglich auf fremdes Sachrecht verweisen. Berufen wir jedoch *fremdes IPR*, folgen wir also einer Rück- oder Weiterverweisung (dazu unten § 10), so fungieren unsere Kollisionsnormen nicht als Kollisionsnormen für Sachrecht, also als internationales Privatrecht im eigentlichen Sinne, sondern als Kollisionsnormen *zur Bestimmung* des anwendbaren internationalen Privatrechts. Auch wenn beide Funktionen gesetzgeberisch in einer Norm zusammengefaßt sind und dieselben Anknüpfungen verwendet werden, handelt es sich doch um verschiedene Schichten des Kollisionsrechts.

Man kann solche Kollisionsnormen, die ihrerseits das anwendbare internationale Privatrecht bestimmen, **Kollisionsgrundnormen** nennen.

Daß Kollisionsnormen und Kollisionsgrundnormen so eng miteinander verschliffen sind wie im geltenden Recht, ist keine Notwendigkeit. So gibt es in der Literatur Versuche, das anwendbare internationale Privatrecht aufgrund eines von diesem unabhängig entwickelten Anknüpfungssystems mit eigenen Wertungen zu bestimmen.

So bei *Eckstein*, Die Frage des anzuwendenden Kollisionsrechts, RabelsZ 8 (1934), 121–147. Seine Kollisionsgrundnormen will er aus der „Abgrenzung der Gerichtsbarkeit" herleiten, die freilich selbst erst noch entwickelt werden müßte. Gewisse Ähnlichkeiten bestehen auch zum „zweistufigen" Kollisionsrecht *Frankensteins* (oben S. 16). Verwandt sind ferner der Vorschlag von *Francescakis*, La théorie du renvoi..., Paris 1958, 194f., 200–203, das eigene internationale Privatrecht nur dann anzuwenden, wenn gewisse tatsächliche Verknüpfungen zum Forumstaat bestehen, und im übrigen das Recht gelten zu lassen, nach dem zuerst entschieden, das tatsächlich angewandt wurde („nouvelle doctrine des droits acquis"), sowie die Lehre *Melchiors*, Die Grundlagen des deutschen internationalen Privatrechts 1932, 398–418, von der „Selbstbeschränkung des deutschen internationalen Privatrechts". – Da *Schiedsgerichte* an das IPR des Entscheidungsstaates nicht automatisch gebunden sind, müssen auch sie das anwendbare IPR erst bestimmen; vgl. z.B. Art. 28 II des UNCITRAL-Modellgesetzes über die internationale Handelsschiedsgerichtsbarkeit: „Haben die Parteien das anzuwendende Recht nicht bestimmt, so hat das Schiedsgericht das Recht anzuwenden, *welches das von ihm für anwendbar erachtete Kollisionsrecht* bestimmt". Der Schiedsrichter bildet also seine eigene Kollisionsgrundnorm. – Über die Bestimmung des anzuwendenden Kollisionsrechts im wiedervereinigten Deutschland oben S. 42–44.

Insbesondere beruhen auch die *unilateralistischen* Alternativ- oder Teilsysteme (unten § 6 V) auf einer besonderen Ausgestaltung der Kollisionsgrundnormen: Es wird nämlich ungezielt global auf alle Kollisionsrechte anderer Staaten verwiesen, aber nur insoweit, wie diese das jeweils eigene Recht berufen. Näher zum ganzen *Schurig* 73–77.

5. Allgemeines Kollisionsrecht

Schrifttum: *Schnorr von Carolsfeld*, Ist das Normengrenzrecht eine selbständige Materie?, Fschr. Beitzke 1979, 697–719; *Kegel*, Allgemeines Kollisionsrecht, Fschr. von Overbeck, Freiburg/Schweiz 1990, 47–73; *Deutsch*, Qualifikation und Rechtsanwendung im intertemporalen Recht – dargestellt am Haftungs- und Schadensrecht des Einigungsvertrages, IPRax 1992, 284–290; *Mörsdorf-Schulte/Otte*, Deutsch-deutsche und internationale Altfälle nach dem Einigungsvertrag. Ein Beitrag zur Auslegung der Art. 231–236 EGBGB, ZIP 1993, 15–26; *Vogel*, Internationales Sozialrecht und Internationales Steuerrecht im Vergleich, Fschr. Zacher 1998, 1173–1186.

Aus einer Gesamtschau der einzelnen Kollisionsrechte kann man versuchen, die Grundsätze eines allgemeinen Kollisionsrechts abzuleiten. Es dürfte sich z.B. zeigen, daß die Kollisionsnormen der einzelnen Kollisionrechte strukturell gleich aufgebaut sind, daß Hauptprobleme des Allgemeinen Teils des IPR auch in allen oder einzelnen anderen Kollisionsrechten begegnen, daß man Parallelen finden kann zwischen dem IPR, das Rechtssätze beruft, und der internationalen Zuständigkeit, die Gerichte zur Einzelfallentscheidung beruft, und ebenso zwischen dem sachlichen Konfliktsrecht und der sachlichen Zuständigkeit. Näheres bei *Kegel* (oben Schrifttum).

VIII. Kollisionsrecht und Sachrecht

1. Abgrenzung

Schrifttum: *Giesker-Zeller*, Die Rechtsanwendbarkeitsnormen, 1914; *De Nova*, I conflitti di leggi e le norme con apposita delimitazione della sfera di efficacia, Dir. Int. 1959, 13–30 (französische Übers.: Mélanges Maury I, Paris 1960, 377–401); *De Nova*,

Ancora sulle norme sostanziali „autolimitate“, Dir. Int. 1959, 500–502; *De Nova*, Conflict of Laws and Functionally Restricted Substantive Rules, Cal.L.Rev. 54 (1966), 1569–1574 (= Rec. 1966 II, 531–538; italienisch: Riv.dir.int. 1967, 699–706); *Kegel*, RabelsZ 30 (1966), 4–9; *Ballarino*, Norme di applicazione necessaria e forma degli atti, Riv.dir.int. 1967, 707–729; *Mosconi*, Norme di applicazione necesaria e norme di conflitto di origine convenzionale, Riv.dir.int. 1967, 730–733; *Pocar*, Norme di applicazione necessaria e conflitti di leggi in tema di rapporti di lavoro, Riv.dir.int. 1967, 734–744; *Unger*, Use and Abuse of Statutes in the Conflict of Laws, L.Q.Rev. 83 (1967), 427–448; *De Nova*, An Australian Case on the Application of Spatially Conditioned Internal Rules, Rev.hell.dr.int. 1969, 24–32; *Kelly*, Localising Rules and Differing Approaches to the Choice of Law Process, Int.Comp.L.Q. 18 (1969), 249–274 (italienisch: Dir. Int. 1970, 177–202); *Pau*, Limiti di applicazione del diritto straniero nell'ordinamento italiano, Riv.dir.int. 1969, 477–508; *Machado*, Âmbito de Eficácia e Âmbito de Competência das Leis, Coimbra 1970, 262–280; *Picone*, Norme di diritto internazionale privato e norme materiali del foro, S. Giorgio a Cremano 1971; *Braga*, Internationalprivatrecht, Kollisionsrecht, Normengrenzrecht, Fschr. Schnorr von Carolsfeld 1972, 89–104; *Toubiana*, Le domaine de la loi du contrat en droit international privé (contrats internationaux et dirigisme étatique), Paris 1972, 218–232; *Keller*, SchwJZ 1972, 65–74, 85–91; *Kelly*, Theory and Practice in the Conflict of Laws, A.L.J. 46 (1972), 52–67; *Pryles*, The Applicability of Statutes to Multistate Transactions, A.L.J. 46 (1972), 629–644; *Deby-Gérard*, Le role de la règle de conflit dans le règlement des rapports internationaux, Paris 1973, 28–92; *Kelly*, International Contracts and Localising Rules, A.L.J. 47 (1973), 22–29; *De Nova*, Norme autolimitate e autonomia delle parti, Dir. Int. 1971 (erschienen 1973), 239–252 = Fschr. Wengler II, 1973, 617–634; *Siehr*, Wechselwirkungen zwischen Kollisionsrecht und Sachrecht, RabelsZ 37 (1973), 466–484; *Beitzke*, Nationales Recht für internationale Sachverhalte?, Öst. Akademie der Wissenschaften, Anzeiger der phil-hist. Klasse 111 (1974), 277–296; *Kelly*, Localising Rules in the Conflict of Laws, Adelaide 1974; *Mann*, Kollisionsnorm und Sachnorm mit abgrenzendem Tatbestandsmerkmal, Fschr. Raiser 1974, 499–513 = *Mann*, Beiträge zum IPR, 1976, 11–24; *Bucher*, Grundfragen der Anknüpfungsgerechtigkeit im IPR, Basel und Stuttgart, 1975, 66–203; *Schwander*, Lois d'application immédiate, Sonderanknüpfung, IPR-Sachnormen und andere Ausnahmen von der gewöhnlichen Anknüpfung im IPR, Zürich 1975; *Kegel*, Die selbstgerechte Sachnorm, Gedächtnisschr. Ehrenzweig 1976, 51–87; *Lando*, The Substantive Rules in the Conflict of Laws: Comparative Comments from the Law of Contracts, Tex. Int.L.J. 11 (1976), 505–526 (518–526); *Lipstein*, Inherent Limitations in Statutes and the Conflict of Laws, Int.Comp.L.Q. 26 (1977), 884–902; *Szászy*, The Concept and the Various Forms of the Legal Rule, of the Legal Relationship and of the Subject at Law in the Domain of Private International Law, Fschr. Frhr. von der Heydte I, 1977, 631–654 (631–645); *Wiethölter*, Begriffs- oder Interessenjurisprudenz – falsche Fronten im IPR und Wirtschaftsverfassungsrecht, Bemerkungen zur selbstgerechten Kollisionsnorm, Fschr. Kegel 1977, 213–263; *Lalive*, Rec. 1977 II (erschienen 1979), 120–153, 311–319; *Vitta*, Rec. 1979 I (erschienen 1980), 118–146; *Batiffol*, Actualité des intérêts du droit international privé, Fschr. Zweigert 1981, 23–35 (23–31); *Schurig*, Kollisionsnorm und Sachrecht, 1981; *Căpăţînă*, Les règles de droit limitant leur propre domaine d'application, Rev.roum.sc.soc.sc.jur. 26 (1982), 47–61; *Keller/Schlaepfer*, Convergences et divergences entre le droit international privé et le droit matériel privé, Zürich 1982; *von Overbeck*, Rec. 1982 III (erschienen 1983), 73–90, 177–185; *Siehr*, Normen mit eigener Bestimmung ihres räumlich-persönlichen Anwendungsbereichs im Kollisionsrecht der Bundesrepublik Deutschland, RabelsZ 46 (1982), 357–383; *A. Bucher*, Über die räumlichen Grenzen der Kollisionsnormen, Fschr. Vischer 1983, 93–105; *Grigera Naon*, International Contract Law, „Lois de police“ and Self-Applicating Rules: An Argentine Outlook, 1983 (= *Ress/Will* [Hrsg.], Vorträge, Reden und Berichte aus dem Europa-Institut der Universität des Saarlandes Nr. 19); *Jaffey*, Statutes and Choice of Law, L.Q.Rev. 100 (1984), 198–203 (Erwiderung von *Mann*, ebd. 369); *Shapira*, Private International Law and Scope-Delineation of Legislation in the Israeli Legal System, N.I.L.R. 31 (1984),

73–91; *Baum*, Alternativanknüpfungen, 1985; *Hessler*, Sachrechtliche Generalklausel und internationales Familienrecht, 1985 (dazu *E. Lorenz*, Zur Zweistufentheorie des IPR und zu ihrer Bedeutung für das neue internationale Versorgungsausgleichsrecht, FamRZ 1987, 645–653); *Patocchi*, Règles de rattachement localisatrices et règles de rattachement à caractère substantiel (De quelques aspects récents de la diversification de la méthode conflictuelle en Europe), Genf 1985 (bespr. von *Foyer*, Rev.crit.dr.i.p. 1986, 599–604); *Ferrer-Correia*, Le principe de l'autonomie du droit international privé dans le système juridique portugais, Fschr. Kegel 1987, 119–146; *Hegemann*, Der „Rückruf" im US-Urheberrechtsgesetz von 1976: eine „selbstgerechte Sachnorm"?, Ufita 108 (1988), 91–100; *Parra-Aranguren*, Rec. 1988 III (erschienen 1989), 121–142; *von Hoffmann*, Inländische Sachnormen mit zwingendem internationalem Anwendungsbereich, IPRax 1989, 261–271; *Jahr*, Internationale Geltung nationalen Rechts. Zur Relevanz internationalrechtlicher Fragestellungen für Praxis und Theorie des Rechts, RabelsZ 54 (1990), 481–532; *Droste*, Der Begriff der „zwingenden Bestimmung" in den Art. 27ff. EGBGB, Diss. Freiburg 1992; *Vischer*, Kollisionsrechtliche Verweisung und materielles Resultat. Bemerkungen zur Auslegung der Ausnahmeklausel (Art. 15 IPRG), Fschr. Heini, Zürich 1995, 479–495; *Dutson*, The Conflict of Laws and Statutes: The International Operation of Legislation Dealing With Matters of Civil Law in the United Kingdom and Australia, Mod. L.Rev. 60 (1997), 668–689.

Weiteres und neueres Schrifttum zur kollisionsrechtlichen Behandlung insbesondere von **Eingriffsnormen** unten S. 132–136, zu sachrechtlichen Lösungen in Angleichungsfällen unten S. 319.

Die Differenzierung zwischen den verschiedenen Kollisionsrechten führt zu dem Unterschied zwischen Kollisionsrecht und Sachrecht.

Hinsichtlich ihrer Funktionen lassen sich beide klar auseinanderhalten: Die Kollisionsnorm entscheidet nicht selbst in der Sache, sie bestimmt lediglich, welcher der vorhandenen Rechtsordnungen, die sich in bestimmter Weise unterscheiden (räumlich, zeitlich, personell), die weiteren Normen zur Entscheidung des Sachverhalts – in der letzten Phase die Sachnormen – zu entnehmen sind. Sie „beruft" also andere Normen, ist *„Rechtsanwendungsnorm"*, *„Verweisungsnorm"*.

Die Sachnorm dagegen entscheidet in der Sache selbst; sie beurteilt die widerstreitenden materiellen Interessen unmittelbar und abschließend (dabei kann die Sachentscheidung natürlich gesetzgebungstechnisch auf verschiedene Einzelvorschriften verteilt sein, so daß sich erst aus einer „Vorschriftenkette" die eigentlich materielle „Entscheidungsnorm" ergibt).

Mitunter hat man die Kollisionsnorm auch mit einer Zuständigkeitsnorm verglichen, die die „zuständige" Sachnorm bestimmt. Das darf allerdings nicht so verstanden werden, als sei die Kollisionsnorm der von ihr berufenen Norm hierarchisch übergeordnet. Die Kollisionsnorm des IPR ist Teil des Bemühens um die angemessene Entscheidung eines privaten Rechtsfalls, indem sie aus dem Arsenal der in den „anerkannten" Rechtsordnungen zur Verfügung stehenden Rechtsnormen nach bestimmten Interessen (dazu unten § 2) die passende aussucht. Sie steht damit auf derselben Ebene wie die Sachnorm. Sowohl Kollisionsnorm wie Sachnorm treffen jeweils eine *Teilentscheidung*, die sich zu einem Ganzen zusammenfügen (näher *Schurig* 64–72).

Trotz dieser theoretisch eindeutigen Scheidelinie ist es in der Praxis oft außerordentlich schwer, Kollisionsnorm und Sachnorm auseinanderzuhalten, insbesondere wo es (wie im IPR und interlokalen Recht) um räumliche Abgrenzung geht. Das hat zweierlei Gründe: Einmal sind beide Arten von Normen häufig gesetzestechnisch nicht sauber getrennt. Die Kollisionsnorm als selbständige Verweisungsnorm fehlt oft, sie ist „versteckt" in einer Zuständigkeitsnorm oder einer Sachnorm enthalten und muß erst „herauspräpariert" werden. So stellt sich z.B. die Frage, ob § 244 BGB oder § 92c HGB neben der sachrechtlichen Regelung auch eine kollisionsrechtliche enthalten, und bei der Beachtung einer „versteckten" Rückverweisung (dazu unten S. 356–359) muß in Zuständigkeitsregeln nach Kollisionsnormen sondiert werden.

Zum anderen gibt es – insbesondere auch im BGB – zahlreiche Verweisungsnormen, die nicht im eigentlichen Sinn Kollisionsrecht sind (vgl. *Karpen*, Die Verweisung als Mittel der Gesetzgebungstechnik, 1970), und *auch Sachnormen* kann als Bestandteil ihrer materiellen Regelung eine räumliche Begrenzung zugewiesen sein. So ist die Geschwindigkeitsbeschränkung auf 50 km/h räumlich auf geschlossene Ortschaften begrenzt (§ 3 Abs. 3 StVO), und nach § 92c HGB ist der zwingende Charakter der Schutzvorschriften für Handelsvertreter auf solche mit Tätigkeitsbereich in den Staaten des Europäischen Wirtschaftsraums beschränkt, ohne daß es sich um eine Kollisionsnorm handelt – wenn man insoweit dem BGH folgt (BGH NJW 1961, 1061, damals noch auf die a.F. [Niederlassung im Inland] bezogen).

Der ersten Schwierigkeit könnte man noch im Rahmen einer sprachlichen oder *formellen* Definition begegnen. Kollisionsnorm ist dann nicht nur ein Rechtssatz, der so formuliert ist, daß er einen anderen Rechtssatz für anwendbar erklärt; Kollisionsnorm ist vielmehr jeder Rechtssatz, der auf diese Weise formuliert werden *kann*. Damit hätte man freilich nicht nur jegliche Art von Kollisionsnorm eingeschlossen, sondern auch jede sachrechtliche Verweisungs- und Konfliktsnorm (oben S. 45–48). Eine solche formale Gleichsetzung von Kollisions- und Verweisungsnorm greift m.E. zu weit. Die räumliche, insbesondere *internationale*, Kollisionsnorm muß in jedem Fall – und kann auch nur – durch ein *inhaltliches* Merkmal identifiziert werden.

Auch der Versuch, Kollisionsnorm und Sachnorm danach zu unterscheiden, ob *individuelle* Rechtssätze für anwendbar erklärt werden oder eine *Gattung* von (z.B.) räumlich unterschiedlichen Rechtssätzen, führt nicht zum Ziel. Denn ob sich Kollisionsnormen auf eine Gattung in- und ausländischer Normen, auf eine Gattung nur inländischer oder nur ausländischer Normen oder auf einzelne Normen beziehen, betrifft lediglich den jeweiligen *Bündelungszustand*, nicht aber den Inhalt solcher Normen; näher unten § 6 II 2):

Das Gewicht liegt daher bei der zweiten Schwierigkeit: Wann handelt es sich *materiell* um Kollisionsnormen und wann um Verweisungs- und

Konfliktsnormen des Sachrechts? Diese Frage kann nur nach inhaltlichen, materiellen Kriterien entschieden werden: Was unterscheidet die *kollisionsrechtliche* Verknüpfung einer Sachnorm mit einem bestimmten Gebiet von einer solchen zum *Sachrecht* gehörigen Verknüpfung?

Praktisch ist dies vor allem für solche Rechtsordnungen von Bedeutung, die auf fremdes Sachrecht, nicht aber auf fremdes IPR verweisen (unten S. 338).

Entscheidend ist, was der Gesetzgeber mit der jeweiligen Norm *gewollt* hat: eine abschließende Regelung in der Sache oder eine Auswahl der passenden Norm im Hinblick auf sich räumlich (oder zeitlich oder personell) unterscheidende Rechtsordnungen. Gerade dies läßt sich aber meist unmittelbar kaum feststellen.

Man kann den wesentlichen materiellen Unterschied zurückführen auf die verschiedenen Interessen, denen das Kollisionsrecht auf der einen und das Sachrecht auf der anderen Seite dienen. Während die Sachnorm eine sachlich richtige Entscheidung anstrebt, sucht die Kollisionsnorm die räumlich (oder zeitlich oder personell) richtige Entscheidung zu treffen. Sie befindet über die Interessen, die für die *Anwendung* der einen oder anderen Rechtsordnung als solche sprechen, nicht über die Interessen, die bei der Entscheidung in der Sache zu berücksichtigen sind. Dies läßt sich dahin zusammenfassen, daß die IPR-Norm der „internationalprivatrechtlichen Gerechtigkeit" dient, die Sachnorm demgegenüber der „materiellen" Gerechtigkeit (näher unten § 2).

Deshalb sind die hinter ihnen stehenden unterschiedlichen Interessen für den verschiedenen Charakter von Kollisions- und Sachnorm – und damit für deren verschiedene Verknüpfungen – verantwortlich. Im Einzelfall müßte man aber stets eine komplexe Beurteilung des Interessengefüges anstellen, um feststellen zu können, ob die räumliche Begrenzung einer Norm kollisionsrechtlichen oder sachrechtlichen Charakter hat. Die Interessen, die im Spiel sind, können mannigfaltiger Art und wenig übersichtlich sein; denn auch Sachinteressen können ins Kollisionsrecht hineinwirken, z.B. wenn man gewisse materielle Ergebnisse durch Anknüpfungshäufung fördern will (unten § 6 IV). Es wäre daher einfacher, könnte man den Unterschied von Kollisionsnorm und Sachnorm mit räumlicher Begrenzung anhand einer mehr „äußeren" Eigenschaft dieser Normen erkennen.

Wenn das IPR, also das „internationale" Kollisionsrecht, die notwendige Folgerung aus der Tatsache ist, daß es verschiedene nationale Rechtsordnungen gibt (die als solche anerkannt werden), dann liegt es nahe, aus dieser Grundvoraussetzung zugleich ein Unterscheidungsmerkmal herzuleiten. IPR-Norm ist dann eine Norm, die *deshalb* auf einen Rechtssatz einer nationalen Rechtsordnung verweist, weil verschiedene Rechtsordnungen existieren, von denen eine für anwendbar erklärt werden muß. Ob diese Norm bereits als Verweisung formuliert oder nur formulierbar ist, bleibt gleich. Eine solche internationalprivatrechtliche Verweisung ist also stets dadurch gekennzeichnet, daß einzig mögliche Alternative zu ihr die Verweisung auf entsprechende Rechtssätze einer anderen nationalen Rechtsordnung ist.

Wird eine ortsbezogene Anknüpfung in einer *Sachnorm* und als Teil derselben benutzt, so ist die Situation eine andere. Zweck ist nicht die Entscheidung zwischen verschiedenen nationalen Rechtsordnungen; es soll vielmehr eine räumlich begrenzte Variante *innerhalb* des Spielraums geschaffen werden, der dem staatlichen Gesetzgeber für seine materiellen Regelungen zur Verfügung steht. Eine solche Abgrenzung hat indessen nur dann einen Sinn, wenn gleichzeitig eine *andere inländische* Sachregelung für den Fall besteht, daß die entsprechende örtliche Anknüpfung *nicht* verwirklicht ist. Denn wenn die Anknüpfung etwa die Anwendung der inländischen Sach-Rechtsordnung *insgesamt* nach sich zieht, handelt es sich wieder um eine Wahl zwischen Rechtsordnungen und mithin um eine *kollisions*rechtliche Anknüpfung.

Damit wird das entscheidende Merkmal einer *sachrechtlichen* räumlichen Begrenzung sichtbar: Der für den Fall der Verwirklichung des Anknüpfungsmerkmals vorgesehenen internen Sachregelung steht immer eine für den Fall der Nichtverwirklichung vorgesehene interne Sachregelung gegenüber.

Für die übrigen Kollisionsrechte gilt Entsprechendes: Um ein bloß abgrenzendes Merkmal des Sachrechts handelt es sich, wenn für den Fall der Nichtverwirklichung eine andere Sachregelung *derselben* lokalen, personalen, temporalen Rechtsordnung anzuwenden ist. Befindet sich die Alternativregelung in einer anderen Rechtsordnung dieser Art, so haben wir es nicht mit einer abgegrenzten Sachnorm, sondern mit einer Kollisionsnorm des interlokalen, interpersonalen, intertemporalen Rechts zu tun. Auch hier gilt also: Kollisionsrecht regelt das Nebeneinander verschiedener (Teil-)Rechtsordnungen; das Nebeneinander verschiedener Regelungen obliegt dem Sachrecht. Um verschiedene Rechtsordnungen handelt es sich jedenfalls immer dann, wenn sie *nicht* vom selben (nationalen, lokalen, religiösen) „Gesetzgeber" stammen. Anderenfalls kommt es darauf an, ob für denselben (u.U. begrenzten) Sachbereich verschiedene, nach der Anlage „vollständige" (wenn auch nicht „geschlossene") Regelungssysteme parallel existieren; dann handelt es sich insoweit gleichfalls um konkurrierende Rechtsordnungen, die *ihr* Kollisionsrecht erfordern.

Somit kann man mit dem beschriebenen **Alternativentest** ein formales Unterscheidungskriterium gewinnen: *Bei einer Kollisionsnorm (IPR-Norm) ist Alternative der ausgesprochenen Verweisung die Sachregelung einer anderen (nationalen) Rechtsordnung. Bei einer Sachnorm mit räumlicher Anknüpfung ist Alternative der ausgesprochenen Abgrenzung eine andere Sachregelung derselben Rechtsordnung.*

Komplikationen können sich allerdings ergeben bei besonderen Eingriffs- oder Schutznormen, deren Vorhandensein für das entsprechende Rechtsverhältnis nicht notwendig ist. Hier kann es einerseits sein, daß man die Regelung kollisionsrechtlich beschränken will – etwa auf das Inland – und im übrigen den ausländischen Gesetzgebern überläßt, tätig zu werden (wobei das Nichtsetzen einer entsprechenden Norm durch den fremden Staat eben auch eine Art sachlicher Regelung ist). Dann handelt es sich um eine IPR-Verweisung. Andererseits können aber auch zwei eigene sachliche Normenkomplexe gemeint sein: Bei Erfüllung der besonderen Anknüpfungsvoraussetzungen gilt die Regelung mit der entsprechenden Vorschrift, sonst ohne diese. Hierbei wird die Rechtsgestaltung bei Nichteintritt des Anknüpfungsfalles nicht ausländischen Rechtsordnungen überlassen, sondern man trifft selbst die sachliche Entscheidung (die wiederum im Nichtsetzen der besonderen Norm besteht); die Anknüpfung ist eine solche des Sachrechts. Sie kommt erst zum Zuge, wenn die entsprechende Bestimmung kollisionsrechtlich berufen wird.

Ob eine kollisionsrechtliche oder sachrechtliche Regelung gemeint ist, muß man von Fall zu Fall durch *Auslegung* ermitteln. Dabei spielen außer den beteiligten Interessen hauptsächlich Überlegungen eine Rolle, wie weit eine eigene Sachregelung bei Fehlen der gewählten Anknüpfung überhaupt sinnvoll, vor allem – unmittelbar oder mittelbar – durchsetzbar wäre. So wäre es z. B. unsinnig, wenn ein Staat Verkehrsvorschriften für andere Staaten erließe; deren Beschränkung auf das Inland *kann* nur kollisionsrechtlicher Natur sein. Da die sachrechtliche und die kollisionsrechtliche Anknüpfung unabhängig voneinander sind, können sich beide sogar überdecken. So ist es möglich, daß sachlich verschiedene Regelungen für Tatbestände mit und ohne eine bestimmte Inlandsbeziehung vorhanden sind, außerdem aber eine spezielle Kollisionsnorm, die bei Vorhandensein derselben Inlandbeziehung die Anwendung des eigenen Rechts anordnet (näher *Schurig* 62 f.).

Zur Verdeutlichung einige Beispiele:

Wenn § 3 III StVO die Begrenzung der zulässigen Höchstgeschwindigkeit für geschlossene Ortschaften ausspricht, so ist diese örtliche Anknüpfung eine sachrechtliche: Außerhalb geschlossener Ortschaften gelten entsprechende andere inländische Vorschriften.

Wenn – um ein Beispiel von *Kegel*, Die selbstgerechte Sachnorm, Gedächtnisschr. Ehrenzweig 1976, 77 f., aufzugreifen – die Insel Langeoog ein Staat wäre und das dort geltende Autoverbot gesetzlich auf sein Gebiet beschränken würde, so wäre dies eine kollisionsrechtliche Anknüpfung, und zwar deswegen, weil es sich um einen einzigen Regelungskomplex handelte, da eine inländische Regelung für die Fälle fehlender Anknüpfung (nämlich den Verkehr im „Ausland") sinnlos wäre und nicht gewollt sein könnte. Ebenso wäre es, wenn § 1 BGB mit Art. 7 I EGBGB (unten S. 478 f.) verbunden würde und lautete: „Die Rechtsfähigkeit des Deutschen ..."; denn für Ausländer wollen wir nur bestimmen, *welches* Recht für ihre Rechtsfähigkeit maßgibt, aber grundsätzlich nicht die Sache selbst regeln.

§ 92 c HGB setzt *zweierlei* sachliches Recht: Hat der Handelsvertreter seine Tätigkeit im Gebiet des Europäischen Wirtschaftsraums auszuüben, so sind die vorhergehenden (europäisch harmonisierten) Vorschriften zwingend. Hat er sie außerhalb Europas auszuüben, sind sie dispositiv. Folgt man dem BGH (NJW 1961, 1061, noch zur a. F. der Vorschrift), so handelt es sich hier um eine örtliche Anknüpfung ausschließlich sachrechtlicher Natur. Sie erfolgt nur, wenn aufgrund vorangegangener kollisionsrechtlicher Anknüpfung deutsches Recht überhaupt anzuwenden ist.

Nach § 244 I BGB kann eine Geldschuld in ausländischer Währung, die im Inland zu zahlen ist, in deutscher Währung beglichen werden, falls nicht ausdrücklich etwas anderes bedungen wurde. Nach verbreiteter (aber bestrittener) Ansicht ist hierin (auch) eine Kollisionsnorm enthalten; die Vorschrift gilt unabhängig vom Schuldstatut. § 244 I BGB enthält so auf der einen Seite eine *sachrechtliche* Anknüpfung: Für im Inland zahlbare Geldschulden besteht die Ersetzungsbefugnis, für im Ausland zu zahlende besteht sie nicht. Denn die Vorschrift will nach herrschender Auffassung nicht nur die Fälle mit inländischem Zahlungsort regeln, die mit ausländischem Zahlungsort aber dem ausländischen Recht überlassen – dann wäre sie (nur) Kollisionsnorm –, sie selbst will vielmehr die Fälle mit inländischem und ausländischem Zahlungsort *unterschiedlich* regeln. Die Anwendung wäre indessen abhängig vom deutschen Schuldstatut. Um die Anwendung im Inland immer sicherzustellen, hat man eine spezielle einseitige Verweisungsnorm entwickelt – oder aus der Bestimmung

„herausgelesen" –, die bei deutschem Zahlungsort insoweit stets auch deutsches Recht beruft. Dies ist eine *Kollisionsnorm*, die dieselbe Anknüpfung wie die sachrechtliche Entscheidung in § 244 BGB benutzt, diese „überlagert", von ihr aber dennoch scharf zu trennen ist.

Kollisionsnormen für individuelle Sachnormen, meist in der Sachnorm mit enthalten oder unter Berücksichtigung ihres Zwecks zu entwickeln, finden sich oft in Rechtssätzen, die *Wirtschaftsmaßnahmen* treffen (Beispiele aus dem deutschen Devisenrecht unten S. 136f.) oder auch sonst zum öffentlichen Recht gehören (z.B. § 1 II 1 UStG, dazu *Osthövener*, NJW 1968, 877–879) oder diesem zumindest nahestehen (zu entsprechenden Fragen nach dem AEntG und der EU-Entsenderichtlinie vgl. *Deinert*, RdA 1996, 339, 347, 350). Von der Existenz solcher Normen geht auch Art. 34 EGBGB aus (unten S. 596). Man spricht auch von „Eingriffsnormen" und – irreführend – von „international zwingendem" Recht. Vgl. näher unten § 2 IV 2 und *Schurig*, RabelsZ 54 (1990), 217–250.

2. Auswirkungen der Auslandsbeziehungen auf das Sachrecht

a) Grundsätze

Die Unterscheidung von Sach- und Kollisionsnormen danach, ob sachlich richtig oder ob räumlich, personell oder zeitlich richtig entschieden werden soll, setzt die Existenz der Sachnormen voraus: Es gilt nur, unter den „bereitstehenden" Rechtsordnungen die passende auszuwählen und dieser die anwendbaren (Sach-)Normen zu entnehmen, deren konkreten *Anwendungsbereich* zu fixieren. Die räumliche, manchmal auch personelle oder zeitliche, Wirklichkeit kann aber auch die bei der Sachentscheidung wirksamen Interessen so beeinflussen, daß die für reine Inlandsfälle konzipierten Sachnormen nicht mehr richtig passen. Dann muß man sie innerhalb der Sachrechtsordnung weiterentwickeln, *abwandeln*, oder man muß neue Sachnormen bilden. Das kann der Gesetzgeber tun, wenn er spezielle Normen für „internationale" Sachverhalte (z.B. Käufe, unten S. 74–79) schafft; es kann aber auch Aufgabe des Rechtsanwenders sein. Man spricht in solchen Fällen von *Auslandssachverhalten*; besteht die Besonderheit in der Staatsangehörigkeit beteiligter Personen, so spricht man von *Ausländerrecht* oder Fremdenrecht. Ferner läßt die gleichzeitige Anwendung verschiedener Rechtsordnungen auf Teile desselben Lebensverhältnisses, zu der das IPR führen kann, mitunter inhaltliche Spannung entstehen, die nur durch inhaltliche Anpassung der berufenen Sachnormen zu lösen sind (*Angleichung*, unten § 8); der Auslandsbezug besteht dann in der gleichzeitigen Anwendbarkeit ausländischer *Rechtsnormen*. In diesen Zusammenhang gehört auch die (umstrittene) Ausbildung eines international einheitlichen *Handelsgewohnheitsrechts* (sog. lex mercatoria, dazu unten S. 109–111).

Die seit langem bekannte Tatsache, daß Bezüge zum Ausland (und auch zum Auslands*recht*) auch die Sachrechtsanwendung beeinflussen können, wird neuerdings mitunter zum Anlaß genommen, eine „*Zweistufentheorie des IPR*" zu propagieren: Berücksichtigung der Auslandsbezüge bei der Berufung des anwendbaren Rechts (erste Stufe), sodann gegebenenfalls bei dessen Anwendung (zweite Stufe). Die „Stufen" unterscheiden sich aber schlicht darin, daß die eine IPR ist und die andere nicht (sondern Sachrecht). Einen Erkenntnisgewinn bringt diese Auffassung daher nicht (a. M. *Lorenz*, FamRZ 1987, 645). Sollte sie aber nahelegen, es sei „methodisch" in gewissem Sinne gleichwertig, Sachverhalte mit Auslandsbezug durch Bestimmung des anwendbaren Rechts *oder* durch verändertes Sachrecht zu regeln, so wäre dies unrichtig: Das anwendbare Sachrecht muß *immer* zunächst kollisionsrechtlich bestimmt werden (oben § 1 III), und erst in diesem Rahmen kann man gegebenenfalls veränderte Sachinteressen berücksichtigen.

Hauptsächlich um Fragen der Benennung geht es auch, wenn man die Beachtung materieller Auslandsbezüge einschließlich des faktischen Einflusses fremden Rechts im Anschluß an *Ehrenzweig* (zu diesem unten S. 178) als „data" (örtliche Gegebenheiten als „local data", wertungsabhängige Umstände als „moral data") bezeichnet (vgl. *Jayme*, Gedächtnisschr. Ehrenzweig 1976, 35–49). Der Begriff des „local datum" kann die Grenze zwischen Anwendung einer fremden Norm und ihre bloß faktischen Auswirkungen leicht zugunsten der letzteren verwischen: Ist ein Verkehrsunfall zwischen Deutschen im Ausland nach deutschem Deliktsrecht zu beurteilen, so sind die ausländischen Verkehrsregeln nicht nur ein lokales „Datum"; sie sind vielmehr kollisionsrechtlich zur Anwendung *berufen*, und das deutsche Deliktsrecht muß sich dem anpassen (z. B. § 823 II BGB in Verbindung mit ausländischen Verkehrsvorschriften). Andererseits werden bei den einer Bewertung zugrunde liegenden „moral data" zu geringe Anforderungen an das Einfühlungsvermögen des Richters gestellt. Vgl. näher *Schurig* 33, 312 f.

b) Der Auslandssachverhalt im allgemeinen

Schrifttum zum **Auslandssachverhalt**: *Mann*, The Primary Question of Construction and the Conflict of Laws, L. Q. Rev. 79 (1963), 525–533; *Ferid*, Im Ausland erfüllte Tatbestandsmerkmale inländischer Sachnormen, GRUR Int. 1973, 472–478; *Jayme*, Ausländische Rechtsregeln und Tatbestand inländischer Sachnormen – Betrachtungen zu Ehrenzweigs Datum-Theorie, Gedächtnisschr. Ehrenzweig 1976, 35–49; *Hug*, Die Substitution im IPR, 1983; *Baxter*, International Conflict of Laws and International Business, Int. Comp. L. Q. 34 (1985) 538–562; *Hessler*, Sachrechtliche Generalklausel und internationales Familienrecht, 1985; *Siehr*, Sachrecht im IPR, transnationales Recht und lex mercatoria, in: *Holl/Klinke* (Hrsg.), Internationales Privatrecht, internationales Wirtschaftsrecht, 1985, 103–126 (104–106); *Keller/Siehr* 521–524; *Jessurun d'Oliveira*, Krypto-Internationales Privatrecht, ZfRV 1986, 246–262; *E. Lorenz*, Zur Zweistufentheorie des IPR und zu ihrer Bedeutung für das neue internationale Versorgungsausgleichsrecht, FamRZ 1987, 645–653; *Schwarz*, O „risco da diversidade linguística" no comercio jurídico internacional – um caso luso-alemao, Direito e Justiça 3 (1987/88), 217–225; *Petzold*, Das Sprachrisiko im deutsch-italienischen Rechtsverkehr, JahrbItR 2 (1989), 77–99; *Wengler*, Die Stellungnahme anderer Staaten zu heterogen verknüpften Sachverhalten als Faktum unter dem im Forumstaat anwendbaren Recht, in: *Eisenmann/Zieger* (Hrsg.), Zur Rechtslage Deutschlands, 1990, 143–160; *Mansel*, Substitution im deutschen Zwangsvollstreckungsrecht, Zur funktionellen Rechtsvergleichung bei der Sachrechtsauslegung, Fschr. Lorenz 1991, 589–715; *Schurig*, Schiffbruch beim Eigentumsvorbehalt – Sachenrechtsstatut, Vertragsstatut, Sprachrisiko, IPRax 1994, 27–33; *Reithmann*, Beurkundung, Beglaubigung, Bescheinigung durch inländische und durch ausländische Notare, DNotZ 1995,

360–370; *Ress*, Der Arrestgrund der Auslandsvollstreckung nach § 917 II ZPO und das gemeinschaftsrechtliche Diskriminierungsverbot, JuS 1995, 967–971; *Nordin*, Umfang der kollisionsrechtlichen Verweisung. Insbesondere: Art. 13 IPRG, Anwendung fremden Rechts, einschließlich fremder Teilrechtsordnungen und fremden Wirtschafts- und Staatsvertragsrechts, Diss. St. Gallen 1996 (insbes. S. 263–274); *Schlechtriem*, Deutsche Grundsätze zum „Sprachrisiko" als „Datum" unter italienischem Vertragsstatut, IPRax 1996, 184; *Taupitz*, Unterbrechung der Verjährung durch Auslandsklage aus Sicht des österreichischen und des deutschen Rechts, IPRax 1996, 140–145; *Ehringfeld*, Eltern-Kind-Konflikte in Ausländerfamilien. Untersuchung der kulturellen Divergenzen zwischen erster und zweiter Ausländergeneration und der rechtlichen Steuerung durch das nationale und internationale Familienrecht, 1997; *Goette*, Auslandsbeurkundungen im Kapitalgesellschaftsrecht, MittRhNotK 1997, 1–6; *Gruber*, Auslegungsprobleme bei fremdsprachigen Verträgen unter deutschem Recht, DZWiR 1997, 353–359; *Mehrings*, Die Parabolantenne – eine unendliche Geschichte?, NJW 1997, 2273–2277; *Mennicke*, Zum Arrestgrund der Auslandsvollstreckung bei Urteilen aus Vertragsstaaten des EuGVÜ, EWS 1997, 117–122; *Schulz*, Die Subsumtion ausländischer Rechtstatsachen – unter besonderer Berücksichtigung der Erfüllbarkeit der deutschen Geschäftsform im Ausland sowie der Substitution gerichtlicher Rechtsverfolgungsmaßnahmen und Erbscheine bei deutscher lex causae, 1997; *Taupitz*, Prozeßbürgschaft durch ausländische Kreditinstitute?, Fschr. Lüke 1997, 845–863; *Bendref*, Erfolgshonorar und internationale Mandate, BlnAnwBl 1997, 191–196, AnwBl 1998, 309–312; *Eichenhofer*, Ausländische Vaterschaftsfeststellung und inländische Kindergeldberechtigung, IPRax 1998, 352–354; *Fuchs*, § 917 Abs. 2 ZPO erneut auf dem Prüfstand, IPRax 1998, 25–29; *Looschelders*, Anpassung und Substitution bei der Verjährungsunterbrechung durch unzulässige Auslandsklage, IPRax 1998, 296–304.

Fälle, in denen eine irgendwie geartete Beziehung zum Ausland die sachrechtliche Entscheidung beeinflußt, sind derart zahlreich und mannigfaltig, daß sie sich einer Systematisierung entziehen.

Vgl. die Zusammenstellung von Beispielen bei *Soergel/Kegel*[12] vor Art. 3 Rz. 164 Fn. 1 (S. 77–94, nur Entscheidungen ab 1983!).

Stets muß jedoch zunächst das anwendbare Privatrecht (oder öffentliche Recht, in dem es derartige Fälle auch gibt) durch das IPR (oder sonstige Kollisionsrecht) bestimmt sein. Das IPR kann aber über diese Auswahl hinaus das materielle Ergebnis nicht oder nur sehr eingeschränkt (unten § 2 III, § 6 IV) beeinflussen, zumal es gewöhnlich ganze Gruppen von Sachnormen beruft, z.B. für die gesamte Erbfolge das Heimatrecht des Erblassers wegen dessen Interesse, nach einem ihm vertrauten Recht beerbt zu werden (unten S. 852f.). Die *Feinabstimmung* der beteiligten materiellen Interessen im Einzelfall ist dann Aufgabe des berufenen Sachrechts.

Mitunter nimmt schon das *Gesetz* auf solche Besonderheiten Rücksicht. Das gilt insbesondere bei der Festsetzung von Fristen, bei der ein durch Grenzen und Entfernungen behinderter Kommunikations- und Informationsfluß einkalkuliert wird.

§§ 1944 III, 1954 III BGB, §§ 9 II, 34 III Anerkennungs- und Vollstreckungsausführungsgesetz (BGBl 1988 I, 662). Weitere Normen, die auf „internationale" Bezüge Rücksicht nehmen, bei *Soergel/Kegel*[12] vor Art. 3 Rz. 164 Fn. 1 S. 77.

Im übrigen können sich besondere Bewertungsmaßstäbe und zu erwartende Standards ändern, z.B. bezüglich Hygiene und Ungezieferfreiheit bei Reisen in exotische Länder (LG Frankfurt NJW-RR 1992, 630: drei Geckos und eine Kakerlake im Hotelzimmer auf Hawaii kein Reisemangel) oder Unfallverhütung (OLG Düsseldorf NJW-RR 1993, 315: bei Sturz von ungesichertem, 1 m hohem Sockel zwischen Terrassen eines überseeischen Freiluftrestaurants keine Ansprüche nach §§ 651 d I, 651 f., 823 I BGB) oder bezüglich des Verhaltens im Wettbewerb (BGHZ 40, 391, 400) oder bezüglich Sorgfalt in eigenen Angelegenheiten (LG Frankfurt VersR 1993, 225 LS: grob fahrlässig handelt, wer sich für Besuch eines Massaidorfs in Kenia einem unbekannten Einheimischen anvertraut und 20000 DM mit sich führt) oder Rücksichtnahme auf fremde Interessen (ArbG Wuppertal BB 1960, 443 mit krit. Anm. von *Herschel*: deutscher Sympathiestreik für englischen Hauptstreik unzulässig) oder bezüglich der Schutzbedürftigkeit (AG Heidenheim/Brenz DAVorm 1955, 267: vormundschaftsgerichtliche Genehmigung für Auswanderung eines noch nicht 18 Jahre alten Mädchens nötig). Nach dem Kollisionsrecht nicht anwendbares ausländisches Recht kann Tatsachen schaffen, etwa zu Unmöglichkeit führen, jedenfalls wenn mit seiner Durchsetzung zu rechnen ist (vgl. BGHZ 59, 82 [85–87]: § 138 BGB angewandt bei Verletzung nigerianischen Verbots der Ausfuhr von Kunstgegenständen, dagegen zurückhaltend *obiter* bei Verletzung argentinischer und bolivianischer Zoll- und Einfuhrvorschriften BGH VersR 1976, 678); häufig wird es sich indessen um die verdeckte *Anwendung* solcher Normen handeln (näher unten S. 139 und *Schurig*, RabelsZ 54 [1990], 217, 234–244).

Was hier zum Überdenken der sachrechtlichen Lage zwingt, sind nicht die Auslandsbezüge als solche, sondern die besonderen *sachlichen* Verhältnisse, die im inländischen „Normalbetrieb" nicht vorkommen.

Vergleichbare sachliche Zusammenhänge können auch auftreten, wenn Beteiligte *einem anderen Staat angehören* und rechtliche Besonderheiten nicht an die Staatsangehörigkeit *als solche* geknüpft werden (dann handelt es sich um Ausländerrecht, darüber sogleich), sondern an mit ihr einhergehende besondere Verhaltensweisen, Erwartungen, Sprachdefizite, kulturelle Prägungen, Bedürfnisse und sonstige Umstände (die auch ihrerseits auf Anordnung des deutschen Ausländerrechts beruhen können, wie die Möglichkeit der Ausweisung).

Z.B. OLG Düsseldorf NJW 1951, 845: Weigerung einer deutsch geborenen Frau, ihrem ausländischen oder staatenlosen Mann nach Australien zu folgen; VGH Mannheim NJW 1970, 2178: Weigerung einer deutschen Frau, ihrem ausgewiesenen jugoslawischen Mann in dessen Heimat zu folgen; BGH NJW 1969, 2281: Ersatz für Hautübertragung in den USA bei einem in Deutschland verletzten amerikanischen Mädchen; BayObLG FamRZ 1983, 764 LS: Deutscher adoptiert Jugoslawen, um dessen Ausweisung zu verhindern; KG NJW 1985, 68: Maßnahmen des Vormundschaftsgerichts nach § 1666 BGB wegen Gefährdung des Kindeswohls, wenn in einer türkischen, in Deutschland lebenden Familie die Eltern eine minderjährige Tochter nach islamischer Tradition behandeln wollen; LG Köln WM 1986, 821: griechischer Analphabet, der schlecht Deutsch spricht, kann seine Bürgschaftserklärung nicht anfechten, weil er geglaubt hat, nur als Zeuge eines Darlehensvertrages aufzutreten, man spricht in solchen Fällen vom „Sprachrisiko"; AG Berlin-Pankow DAVorm 1992, 518: eine 16jährige, die einen 23jährigen Libanesen heiraten will, der seine drohende Abschiebung durch Heirat verhindern will, kann nicht nach § 1 II EheG a.F. (jetzt § 1303 II BGB) vom Volljährigkeitserfordernis befreit werden, weil die Heirat nicht in ihrem „wohlverstandenen Interesse" liegt; BVerfG NJW 1995, 1665: in Deutschland lebende Ausländer haben regelmäßig Anspruch auf Parabolantennen, um Heimatsender zu empfangen (Bay ObLGZ 1995, 337: aber nicht mehr nach Erwerb der deutschen Staatsangehörigkeit). Zahlreiche Probleme werfen sogenannte *Scheinehen* auf, die man schließt, um dem anderen die Aufenthaltserlaubnis zu verschaffen. Der Name war zunächst irreführend, denn solche Ehen waren bis 1998 voll gültig und nicht einmal aufhebbar; mit Einführung des § 1314 II Nr. 5 BGB hat sich das geändert. Schon vorher durfte der Standesbeamte in solchen Fällen die Trauung verweigern; doch war (und ist) Zurückhaltung am Platz. Auch darf man in solchen Fällen für nachfolgende Scheidungen die Prozeßkostenhilfe vorenthalten. Ist eine „Scheinehe" nachgewiesen, so darf trotz deren zivilrechtlicher Gültigkeit dem ausländischen Partner die Aufenthaltsgenehmigung versagt werden, z.B. BVerwGE 65, 174 = NJW 1982, 1956. Vgl. auch VGH Baden-Württemberg FamRZ 1992, 313: bei Scheinehe von Thailänderin mit Inländer, um Aufenthaltserlaubnis zu erlangen, oder nach Scheidung einer wirklichen Ehe mit Inländer ist Abschiebung zulässig, allerdings nicht, wenn neue wirkliche Ehe mit anderem Inländer beabsichtigt und Aufgebot bestellt ist. Nachweise bei *Soergel/Schurig*[12] Art. 13 Rz. 22 Fn. 34. Zur Scheinehe auch unten S. 688, 691.

Alle diese Probleme können sich natürlich *ebenso im ausländischen Privatrecht* stellen. Wie dieses mit ihnen umgeht, wird für uns bedeutsam, wenn wir ausländisches Recht anzuwenden haben.

c) Ausländerrecht

Schrifttum: Älteres Schrifttum 7. Aufl. S. 100. Weiter: *Funcke/Kallifatidou/Sebibucin*, Ausländerinnen in Deutschland – Ihre Rechte, Integration und Diskriminierung, in: *Battis/Schultz* (Hrsg.), Frauen im Recht, 1990, 81–101; *Lemke*, Aufenthaltsrechtliche Schutzwirkungen der Erwachsenenadoption, FuR 1990, 94f.; *Renner*, Ehe und Familie im Ausländer- und Asylrecht. Ein Überblick über Rechtsgrundlagen und den Stand der Rechtsprechung, FuR 1990, 130–140; *Hailbronner*, Der Ausländer in der deutschen Sozialordnung, Vierteljahresschrift für Sozialrecht 1992, 77–98; *Meissner*, Familienschutz im Ausländerrecht, Jura 1993, 1–11; *Campiche*, Le traitement des réfugiés en situation irrégulière en Suisse. L'application dans l'ordre juridique suisse de l'article 31 de la Convention de 1951 relative au statut des réfugiés, Tolochenaz 1994; *Geißler*, Der Schutz von Ehe und Familie in der ausländerrechtlichen Ausweisungsverfügung, ZAR 1996, 27–32; *Jault-Seseke*, Le regroupement familial en droit comparé français et allemand, Paris 1996 (bespr. von *Monéger*, Rev.int.dr.comp. 1997, 272f.); *Kaiser*, Die Staatshaftung gegenüber Ausländern. Zur Zulässigkeit normativer Haftungsausschlüsse gegenüber Ausländern im Recht der staatlichen Ersatzleistungen, 1996; *Renner*, Einreise und Aufenthalt von Ausländern nach dem in Deutschland geltenden Recht, Diss. Regensburg 1996; *Renner*, Was ist vom deutschen Asylrecht geblieben?, ZAR 1996, 103–109; *Ulmer*, Asylrecht und Menschenwürde. Zur Problematik der „Sicheren Drittstaaten" nach Art. 16a Abs. 2 und 5 GG und die Harmonisierung des Asylrechts in Europa, 1996; *Wegner*, Familiennachzug und Ausweisung von nichtehelichen Lebenspartnern, FamRZ 1996, 587–595; *Bamberger*, Ausländerrecht und Asylverfahrensrecht[2], 1997 (nz); *Dollinger/Speckmaier*, Einführung in das Ausländerrecht, 1997; *Finger*, Scheinehen – eine Entschließung des Rates der Europäischen Union zum Ausländerrecht; § 1314 Abs. 2 Nr. 5 BGB n.F. (Eheschließungsrecht), FuR 1998, 289–293; *Mach-Hour*, Deutsch-ausländische Familien im Spannungsfeld zwischen Ausländerrecht und Familienrecht, FamRZ 1998, 139–143; *Renner*, Ausländerrecht in Deutschland. Einreise und Aufenthalt, 1998; *Wegner*, Die nichteheliche Lebensgemeinschaft im deutschen Ausländerrecht, 1998; *Marx*, Kommentar zum Asylverfahrensgesetz[4], 1999; *Renner*, Ausländerrecht, Kommentar[7], 1999.

Zeitschriften: InfAuslR (Informationsbrief Ausländerrecht); ZAR (Zeitschrift für Ausländerrecht und Ausländerpolitik).

Ausländerrecht (früher *Fremden*recht genannt) ist der Inbegriff der Rechtssätze, die Ausländer anders behandeln als Inländer, und zwar *wegen* ihrer ausländischen Staatsangehörigkeit, nicht wegen bestimmter damit einhergehender Eigenschaften. Auch insoweit sind bestehende oder vermutete Eigenschaften der Ausländer zwar Grund der Regelung, aber sie werden *allgemein* vorausgesetzt und müssen nicht im einzelnen festgestellt werden.

Der Ausländer war im Altertum zunächst vogelfrei, soweit ihn nicht der Gastfreund (*pro-xenos*) in Schutz nahm. Allmählich faßte er im Recht Fuß. Doch wurde er lange benachteiligt, z. B. in der europäischen Entwicklung durch das *ius albinagii:* das Recht der öffentlichen Hand auf seinen Nachlaß. Ähnlich beschränkte noch der code civil bis 1819 den Ausländer in der Fähigkeit unentgeltlichen Erwerbs (Art. 726: Erbfolge, Art. 912: Schenkung). Überhaupt ging Frankreich nur zögernd zur vollen Gleichstellung der Fremden über. Umgekehrt findet sich gelegentlich Besserstellung von Fremden im Interesse des Handels. So waren im englischen Mittelalter jedenfalls fremde Kaufleute vom rückständigen Vertragsrecht des common law befreit (*Fifoot*, History and Sources of the Common Law, 1949, 289–307).

Heute sind Ausländer in Deutschland (und weithin in der Welt) grundsätzlich gleichberechtigt. Doch gibt es Ausnahmen auf vielen Gebieten. Da Ausländer nicht zum Staatsvolk gehören, also keine Glieder des Staates, seiner Personalhoheit nicht unterworfen sind und zu ihm in keinem Treueverhältnis stehen, fühlt sich der Staat ihnen gegenüber oft weniger verantwortlich. Auch fürchtet man Überfremdung, und dies umso mehr, wie Ausländer durch andere kulturelle Prägung und daraus resultierende Verhaltensweisen als fremdartig empfunden werden. Andererseits sind die Bürger der Europäischen Union Inländern weitestgehend gleichgestellt.

Ausländerrecht ist *materielles* Recht für Ausländer. Es ist daher nur anzuwenden, wenn es kollisionsrechtlich berufen ist. Doch können hierfür *besondere* Kollisionsnormen zu entwickeln sein, die den beteiligten Staatsinteressen Rechnung tragen (vgl. unten § 2 IV).

Ausländerrecht bringt Abwandlungen des inländischen materiellen Rechts für Ausländer. Diese Abwandlungen liegen meist *gesetzlich* fest und sind dem Ausländer *nachteilig*, selten *vorteilhaft* wie Freiheit von der Schulpflicht (OLG Hamm ZBlJR 1966, 135). Für Bürger der *Europäischen Union* sind diese Nachteile jedoch in weitem Umfang abgebaut.

Staatsrechtlich sind Ausländer vom politischen Leben weitgehend ausgeschlossen (z. B. Art. 8 I, 9 I, 33 I, 54 I 2 GG, §§ 1 I 2, 12 I 2, 15 I BWahlG; BVerfGE 83, 37 = NJW 1991, 162: kein Wahlrecht für Ausländer). *Verwaltungsrechtlich* unterliegen sie den Vorschriften des Ausländergesetzes, soweit dieses nicht nach seinem § 2 II nur eingeschränkt gilt für solche Ausländer, die „nach Europäischem Gemeinschaftsrecht Freizügigkeit genießen", ferner der Arbeitsaufenthalteverordnung (mit ähnlichen Einschränkungen) dem Aufenthaltsgesetz/EWG, dem Unterhaltsvorschußgesetz. Im *Arbeitsrecht* brauchen ausländische Arbeitnehmer (außer solchen aus EG-Ländern) in Deutschland eine Arbeitserlaubnis (§§ 284–288 SGB III vom 24. 3. 1997, VO über die Arbeitsgenehmigung für ausländische Arbeitnehmer vom 17. 9. 1998 [ArbeitsgenehmigungsVO, BGBl I 2899] sowie VO über Ausnahmeregelungen für die Erteilung einer Arbeitserlaubnis an neueinreisende ausländische Arbeitnehmer vom 17. 9. 1998 [AnwerbestoppausnahmeVO, BGBl I 2893]).

Im Bürgerlichen Recht kann der Grundstückserwerb durch Ausländer nach Landesrecht beschränkt werden (Art. 88 EGBGB). § 7 Preuß. BeamtenhaftungsG und § 7 ReichsbeamtenhaftungsG gewähren Ausländern Ansprüche aus Staatshaftung nur bei verbürgter Gegenseitigkeit (dazu z.B. BGH IPRax 1986, 33 mit Aufsätzen von *Ritterspach* 19f. und *Steindorff* 20f. = NJW 1985, 1287; BGH VersR 1987, 386 und 934, VersR 1988, 1047; vgl. BSG NJW 1987, 1159 zu § 1 IV OEG). § 35 StaatshaftungsG vom 26. 6. 1981 (BGBl. I 553) *ermächtigte* die Bundesregierung, Ausländern Ansprüche aus diesem Gesetz vorzuenthalten, wenn die Gegenseitigkeit nicht verbürgt war; das BVerfG hat jedoch am 19. 10. 1982 das Gesetz für nichtig erklärt (BGBl. I 1493), allerdings später die Verfassungsmäßigkeit des Gegenseitigkeitserfordernisses bestätigt (NJW 1991, 2757 LS). Im *Handelsrecht* siehe § 503 II HGB i.V.m. FlaggenRG. Sondervorschriften enthalten auch das *Urheber-* und *Erfinder*recht und das Recht des *gewerblichen Rechtsschutzes* (§ 121 UrhG, vgl. auch § 25 PatG, § 28 GebrauchsmusterG, § 16 GeschmacksmusterG), die indessen nicht auf die Staatsangehörigkeit abstellen.

Im *Zivilprozeß*recht sind Ausländer schlechter gestellt bei der Sicherheitsleistung für die Prozeßkosten (§ 110 ZPO), aber nicht solche mit gewöhnlichem Aufenthalt in einem Mitgliedsstaat der EU (Neufassung des § 110 ZPO vom 6. 8. 1998; dazu *Schütze,* RIW 1999, 10–15; vgl. schon EuGH JZ 1994, 39, mit Aufsatz von *Bork* und *Schmidt-Parzefall*, 18–23).

d) Handeln unter falschem Recht

Schrifttum: *Soergel/Kegel*[12] vor Art. 3 Rz. 165; *Wolff* 89–91; *Wengler*, Fschr. Laun 1953, 740–743, und IPR I 52–61; *Francescakis*, La théorie du renvoi, Paris 1958, 16f. (mit Nachweisen); *Münzer*, Handeln unter falschem Recht, 1992; *Nordin*, Umfang der kollisionsrechtlichen Verweisung. Insbesondere: Art. 13 IPRG, Anwendung fremden Rechts, einschließlich fremder Teilrechtsordnungen und fremden Wirtschafts- und Staatsvertragsrechts, Diss. St. Gallen 1996 (insbes. S. 263–274); *Stoll*, Parteiautonomie und Handeln unter falschem Recht bei Übereignung beweglicher Sachen, IPRax 1997, 411–413.

Ein Sonderfall des Auslandssachverhalts ist der, daß jemand sich bei einem Rechtsgeschäft nach einer Rechtsordnung gerichtet oder ihr sonst sein Verhalten angepaßt hat, während aus unserer Sicht ein anderes Recht anwendbar war: **„Handeln unter falschem Recht"**.

So werden häufig Testamente nach falschem Erbrecht errichtet. Ein Beispiel aus dem Sachenrecht liefert OLG Hamburg IPRspr. 1993 Nr. 29 (Bestellung eines „receivers" englischen Rechts für deutsches Grundstück durch Hypothekar), ein solches aus dem Ehegüterrecht OLG Karlsruhe IPRax 1990, 407 mit Aufsatz von *Schurig* 389–393 (durch Art. 15 II EGBGB nicht gedeckte Wahl der Gütergemeinschaft mexikanischen Rechts – wenn man die Wahl eines bestimmten Güterstands eines Rechts zugleich als Wahl dessen Güterrechts insgesamt versteht; vgl. über materiell- und kollisionsrechtliche Verweisung unten S. 571). – Gesetzlich „abgesegnet" wird Handeln unter falschem Recht durch Art. 220 III 1 Nr. 2 EGBGB, wenn man das „Unterstellen" unter ein Ehegüterrecht in der Zeit vom 31. 3. 1953 bis 8. 4. 1953 mit der herrschenden Meinung (auch des BGH) als eine Art „Rechtswahl" ansieht; denn eine solche Wahl war unter dem bis zum 31. 8. 1986 geltenden IPR überhaupt nicht möglich (näher *Soergel/Schurig*[12] Art. 220 Rz. 43).

Bei solchen Rechtsgeschäften unter „falschem" Recht gilt es, nach den Auslegungsregeln des „richtigen" Rechts den Inhalt zu finden, der dem gewollten am nächsten kommt. Wenn z.B. im Testament ein letztwilliger „trust“ nach englisch-amerikanischem Recht angeordnet wurde, aber deutsches Recht anwendbar ist, kann dieser entsprechend einer Dauertestamentsvollstreckung oder Vor- und Nacherbschaft behandelt werden.

e) Sachrechtliche Korrekturen wegen gleichzeitiger Anwendbarkeit eines fremden Rechts

Der Auslandsbezug, der zur Überprüfung, Korrektur oder Veränderung des eigenen Sachrechts führen kann, kann auch darin liegen, daß Teile desselben Lebenssachverhalts *von einem ausländischen Recht* regiert werden (während beim „Handeln unter falschem Recht“ Beteiligte nur *geglaubt* haben, daß dies so sei).

Wegen der Technik des IPR, verschiedene rechtliche Aspekte eines zusammenhängenden Vorgangs verschiedenen Rechtsordnungen zuzuweisen, können *Normenwidersprüche* entstehen, die in vielen Fällen durch Veränderungen in einem beteiligten Sachrecht zu beheben sind. Zu diesem Problem der **Angleichung** unten § 8.

Häufig kommt es vor, daß unser (oder ein anderes) Sachrecht in den Tatbestand einer Norm *Rechtsbegriffe* einbaut, die als *Rechtsfolgen* anderer Normen definiert sind (z.B. ein Status wie Ehe, Kindschaft, ein Zuordnungsrecht wie das Eigentum). Für diese ist zunächst wieder das anwendbare Recht zu bestimmen (Problem der *Vorfrage*, unten § 9). Verweist das Kollisionsrecht insoweit auf ein *fremdes* Sachrecht, so kann daraus ein Problem entstehen: Die Sachnorm, die in ihrem Tatbestand Rechtsbegriffe (= Rechtsfolgen) benutzt, meint damit nämlich ursprünglich solche, die Bestandteile *desselben* Rechtssystems sind. Anders als die Kollisionsrechtsordnung, deren Begriffe in einem offenen Sinn zu verstehen sind (unten S. 297–299), ist die Sachrechtsordnung grundsätzlich als *geschlossen* konzipiert: mit „Ehe“, „Abstammung“, „Eigentum“ in deutschen Sachnormen ist zunächst einmal das gemeint, was das *deutsche* Recht darunter versteht. Sind solche Begriffe nach unserem IPR gemäß einer *fremden* Rechtsordnung auszufüllen, so ist zu prüfen, ob dies dem in unserer Norm zum Ausdruck gekommenen Interessengefüge ebenso entspricht, ob Abwandlungen erforderlich sind oder ob die deutsche Sachnorm insoweit gar nicht angewandt werden kann. Die Sachnorm muß also durch *Auslegung* in Richtung auf solche Inhaltsbestimmungen durch fremdes Recht „geöffnet“ werden. Dieser Vorgang wird im allgemeinen „**Substitution**“ genannt.

Ähnlichkeiten bestehen zur Qualifikation (unten § 7). Während bei dieser gefragt wird, ob ein in einer Kollisionsnorm benutzter Systembegriff nach den involvierten *kollisionsrechtlichen* Interessen die Anknüpfung einer bestimmten sachrechtlichen Erscheinung erfaßt, fragt man bei der Substitution, ob ein in einer Sachnorm enthaltener Systembegriff nach den involvierten *sachrechtlichen* Interessen eine bestimmte (kollisionsrechtlich berufene) sachrechtliche Erscheinung eines fremden Rechts erfaßt. Eine

Verbindung zu *Angleichungsfällen* (unten § 8) besteht dann, wenn Eingriffe in das sachrechtliche Gefüge erforderlich werden. Vgl. näher *Schurig*, Fschr. Kegel II, 1987, 549, 568–573.

Beispielsweise kann sich die Frage stellen, ob eine muslimisch-polygame Ehe „Ehe" im Sinne einer deutschen Sachnorm ist, ob eine „schwache" ausländische Kindesadoption die erbrechtliche Rechtsstellung als „Abkömmling" vermittelt. Für die Durchführung einer öffentlichen Beurkundung gilt das Recht der jeweiligen Amtsperson; sachrechtlich können wir die Gleichstellung einer ausländischen Beurkundung mit der vom deutschen Recht geforderten aber wegen qualitativer Ungleichwertigkeit ablehnen, etwa weil der beurkundende amerikanische „notary public" (der kein Jurist sein muß) mit unseren Notaren nicht vergleichbar ist. Ein nach spanischem Recht ohne Grundbucheintragung wirksamer (wenn auch in der Drittwirkung beschränkter) Eigentumsübergang an einem spanischen Grundstück kann unter dem deutschen Vertragsstatut einer „Auflassung und Eintragung" im Sinne des § 313 Satz 2 BGB gleichzustellen sein und heilende Wirkung haben (BGH NJW 1979, 1773). Ein privatschriftliches südafrikanisches Zeugentestament, dem nachträglich die gerichtliche Bestätigung erteilt wurde („probate"), kann einem notariellen Testament im Sinne von § 35 I 2 GBO gleichstehen (Gutachten Köln 56/70, unveröffentlicht). Eine „hinkende" Ehe, die nach deutschem Recht Nichtehe, im Ausland aber gültig ist, kann u. U. dennoch einen Anspruch auf Witwenrente nach sich ziehen (dazu *Soergel/Schurig*[12] Art. 13, Rz. 100); auch dies ist eine Anpassung des deutschen Sachrechts an ausländische Gegebenheiten.

3. Materielles Recht im IPR?

Mitunter wird angenommen, daß es auch Sachnormen „im IPR" gibt, vor allem bei der Angleichung (unten § 8 III 3), wenn die kollisionsrechtliche Methode versagt und Anhaltspunkte für eine sachrechtliche Lösung im berufenen Recht nicht zu finden sind, oder für die „Lückenausfüllung" beim ordre public (unten § 16 VI). Als eine geschriebene Sachnorm im IPR wird Art. 18 VII EGBGB (= Art. 11 II Haager Unterhaltsabkommen) angesehen. Näher 7. Aufl. S. 104 und *Soergel/Kegel*[12] vor Art. 3 Rz. 163.

Geht man jedoch von einer *funktionellen* Trennung von Kollisions- und Sachrecht aus, dann schließen sich Kollisions- und Sachnormen prinzipiell gegenseitig aus. Auch „Sachnormen im IPR" sind dann lediglich Sachnormen der *eigenen* Sachrechtsordnung, die für die unmittelbare Entscheidung in besonderen kollisionsrechtlichen Konstellationen bereitgehalten werden. Als solche müssen sie – wie jede andere Sachnorm – zur Anwendung kollisionsrechtlich berufen sein; dies kann nur eine *Ausnahme*kollisionsnorm sein, die in solchen Fällen die *lex fori* und aus ihr diese spezielle Norm beruft. Im Falle des Art. 18 VII ist sie im Gesetz enthalten; beim ordre public spricht die lex fori ohnehin mit (unten § 16). In den Angleichungsfällen wird aber die Lösung letztlich doch unter Verarbeitung der berufenen Sachnormen gefunden und nicht aus dem eigenen Sachrecht. Besser ist m. E. die Vorstellung, daß man in solchen Fällen das *anzuwendende* Recht inhaltlich insoweit verändert, als es auf ein anderes, ebenfalls anzuwendendes Recht „Rücksicht" nehmen muß. Findet man insoweit Anhaltspunkte im fremden Recht, sind diese heranzuziehen. Sind solche – wie meist – nicht erkennbar, ist der deutsche Richter auf sich selbst gestellt; er paßt aber immer noch das *fremde* Recht an (wozu er befugt ist, unten S. 444), nicht das eigene (näher *Schurig* 239 f.)

Der Begriff der „Sachnorm im IPR" erscheint daher entbehrlich. Erst recht kann man nicht das IPR-System aus Kollisionsnormen ganz oder teilweise *ersetzen* durch ad hoc herauszubildende, aus Elementen der „beteiligten" Rechtsordnungen bestehenden Sachnormen (dazu *Schurig* 331–335).

IX. Nachbargebiete

1. Ausländisches Privatrecht und Privatrechtsvergleichung

Meist, wenn das inländische IPR ausländisches Privatrecht für anwendbar erklärt, ist, wie noch zu zeigen sein wird (§ 10), das **ausländische IPR** und oft auch **ausländisches materielles Privatrecht** anzuwenden. Nachhaltige Beschäftigung mit IPR verlangt daher Kenntnisse im ausländischen Recht. In der Regel wird man ausländisches Recht nicht so gut kennen wie inländisches. Man wird mehr Zeit brauchen, es festzustellen, und die Fähigkeit, sich einzuarbeiten, ist wichtiger als halbes Wissen.

Deutschsprachige Quellensammlungen zum **ausländischen Privatrecht:** *Bergmann/Ferid*, Internationales Ehe- und Kindschaftsrecht[6], erscheint seit 1983; *Ferid/Firsching/Lichtenberger*, Internationales Erbrecht[3], erscheint seit 1987; *von Bar*, Ausländisches Privat- und Privatverfahrensrecht in deutscher Sprache, Systematische Nachweise aus Schrifttum, Rechtsprechung und Gutachten 1980–1992, 1993. – Schrifttum zum **ausländischen IPR** unten § 6, Quellensammlungen S. 251 f.

Vom Studium einzelner ausländischer Privatrechte verschieden ist die **Privatrechtsvergleichung**. Wer sie betreibt, vergleicht nicht nur die Ergebnisse, zu denen die verschiedenen Privatrechte gelangen, sondern auch die geschichtlichen Hintergründe und die sonstigen Verhältnisse, auf denen diese Ergebnisse beruhen, und die Gedankengänge, mit denen sie gewonnen werden. Man zieht Gewinn für Verständnis und Fortbildung des eigenen Privatrechts. Bei der Vorbereitung von Gesetzen wird häufig die Regelung im Ausland herangezogen (z. B. GWB, Aktienrechtsreform, IPR-Reform), und auch die Gerichte stützen sich in geeigneten Fällen auf ausländisches Recht (z. B. BGHZ 11, Anhang 34* [52*, 61*]; BGHZ 18, 267 [282 f.]; BGHZ 29, 237 [243]; BVerfG FamRZ 1959, 416 [421]; BGHZ 86, 240 [250 f.].

Für das *IPR* ist Rechtsvergleichung doppelt wichtig: Vergleichung der materiellen Privatrechte ist nötig, damit die Regeln des IPR nicht im luftleeren Raum schweben, und Vergleichung der internationalen Privatrechte ist nötig, um die Fortbildung des eigenen IPR anzuregen und im Rahmen des Möglichen Entscheidungseinklang mit ausländischem IPR zu erreichen; nach beiden Richtungen grundlegend: *Rabel*, The Conflict of Laws, A Comparative Study, I[2] 1958, II[2] 1960, III[2] 1964, IV 1958.

Schrifttum zur Rechtsvergleichung: Älteres Schrifttum 7. Aufl. S. 57–60. Weiter: *Lawson*, Comparative Judicial Style, Am. J. Comp. L. 25 (1977), 364–371 (auch abgedruckt bei *Rogowski* [Hrsg.], Civil Law, Aldershot 1996, 525–532); *Chloros*, Common Law, Civil Law and Socialist Law: Three Leading Systems of the World, Three Kinds of Legal Thought, The Cambrian Law Review 1978, 11–26 (auch abgedruckt bei *Varga* [Hrsg.], Comparative Legal Cultures, Aldershot 1992, 83–98); *Kropholler*, Die vergleichende Methode und das Internationale Erbrecht, ZVglRWiss 77 (1978), 1–20; *Barton/Gibbs/Li/Merryman*, Law in Radically Different Cultures, St. Paul, Minn., 1983; *Großfeld*, Grundfragen der Rechtsvergleichung, Fschr. Lukes 1989, 655–671; *Jayme*, Rechtsvergleichung und Fortschrittsidee, in: *Schwind* (Hrsg.), Österreichs Stellung heute in Europarecht, IPR und Rechtsvergleichung, Wien 1989, 175–191; *Coing*, Europäisierung der Rechtswissenschaft, NJW 1990, 937–941; *Friedman*, Some Thoughts on Comparative Legal Culture, Fschr. Merryman 1990, 49–57; *Hohmann*, The Nature of the Common Law and the Comparative Study of Legal Reasoning, Am. J. Comp. L. 38 (1990), 143–170; *Lee*, Comparative Law: Home Rule(s), Fschr. Kiralfy, London 1990, 113–128; *Wieacker*, Foundations of European Legal Culture, Am. J. Comp. L. 38 (1990), 1–29; *Baxi*, The Conflicting Conceptions of Legal Cultures and the Conflict of Legal Cultures, in: *Sack* u. a. (Hrsg.), Monismus oder Pluralismus der Rechtskulturen?, 1991, 267–282; *Chiba*, Legal Pluralism in and across Legal Cultures, ebd. 283–306; *Kaufmann*, Vergleichende Rechtsphilosophie – am Beispiel der klassischen chinesischen und klassischen abendländischen Rechtskultur, Fschr. Lorenz 1991, 635–648; *MacCormick/Summers*, Interpreting Statutes. A Comparative Study, Aldershot 1991; *Mansel*, Rechtsvergleichung und europäische Rechtseinheit, JZ

1991, 529–534; *Reyntjens*, Note sur l'utilité d'introduire un système juridique „pluraliste" dans la macro-comparaison des droits, Rev.dr.int.dr.comp. 1991, 41–50; *Sacco*, La comparaison juridique au service de la connaissance du droit, Paris 1991 (bespr. von *Witz*, Rev.trim.dr.civil 1994, 192–196; *Legrand*, Rev.int.dr.comp. 1993, 879–888); *Wiegand*, The Reception of American Law in Europe, Am.J.Comp.L. 39 (1991), 229–248; *David/Jauffret-Spinosi*, Les grands systèmes de droit contemporains[10], Paris 1992 (bespr. von *Tunc*, Rev.int.dr.comp. 1993, 283); *Farnsworth*, Looking in from Outside your Garden: Another View of Comparative Law, in: Perméabilité des ordres juridiques, Zürich 1992, 413–427; *Fox*, Dictionary of International and Comparative Law, Dobbs Ferry, N.Y., 1992; *Galgano* (Hrsg.), Atlante di diritto privato comparato, Bologna 1992 (bespr. von *Tunc*, Rev.int.dr.comp. 1993, 291; *Basedow*, ZEuP 1995, 157f.); *Häberle*, Rechtsvergleichung im Kraftfeld des Verfassungsstaates: Methoden und Inhalte, Kleinstaaten und Entwicklungsländer, 1992; *Sheridan/Cameron*, EC Legal Systems: An Introductory Guide, London 1992; *Varga* (Hrsg.), Comparative Legal Cultures, Aldershot 1992; *Eichler*, Rechtssysteme der Zivilgesetzbücher: Vermächtnis und Aufgabe, 1993; *Gordley*, Common Law und Civil Law: eine überholte Unterscheidung, ZEuP 1993, 498–518; *Kötz*, Rechtsvergleichung und gemeineuropäisches Privatrecht, in: *Müller-Graff* (Hrsg.), Gemeinsames Privatrecht in der Europäischen Gemeinschaft, 1993, 95–108; *Schulze*, Allgemeine Rechtsgrundsätze und europäisches Privatrecht, ZEuP 1993, 442–474; *Utermann*, Richterliche Rechtsvergleichung, in: *Gerber* u.a., Das Recht Deutschlands und der Schweiz im Dialog I, Genf 1993, 112–120; *Watson*, Legal Transplants: An Approach to Comparative Law[2], Athen 1993; *Zimmermann*, Der europäische Charakter des englischen Rechts. HistorischeVerbindungen zwischen civil law und common law, ZEuP 1993, 4–51; *Agallopoulou/Deliyanni-Dimitrakou*, L'utilisation du droit comparé par les tribunaux helléniques, Rev.hell.dr.int. 47 (1994), 47–86; *Bell*, Comparative Law and Legal Theory, Fschr. Summers, Berlin 1994, 19–31; *Boele-Woelki* u.a. (Hrsg.), Comparability and Evaluation. Essays on Comparative Law, Private International Law and International Commercial Arbitration in Honour of Dimitra Kokkini-Iatridou, Dordrecht 1994; *de Boer*, The Missing Link. Some Thoughts on the Relationship between Private International Law and Comparative Law, ebd. 15–25; *de Groot/Schneider*, Das Werturteil in der Rechtsvergleichung. Die Suche nach dem besseren Recht, ebd. 53–68; *Konijnenbelt*, Discours de la méthode en droit public comparé, ebd. 121–129; *Cappelletti*, Dimensioni della giustizia nelle società contemporanee. Studi di diritto giudiziario comparato, Bologna 1994; *Fromont*, Grands systèmes de droit étrangers[2], Paris 1994; *Glendon/Gordon/Osakwe*, Comparative Legal Traditions[2], St. Paul, Minn., 1994; *Kakouris*, L'utilisation du droit comparé par les tribunaux nationaux et internationaux, Rev.hell.dr.int. 47 (1994), 31–45; *Mänhardt/Posch*, Internationales Privatrecht, Privatrechtsvergleichung, Einheitsprivatrecht, Wien 1994 (bespr. von *Basedow*, ZEuP 1998, 199f.; *Rudisch*, JBl 1998, 401f.); *de Cruz*, Comparative Law in a Changing World, London 1995; *Ewald*, Comparative Jurisprudence (I): What Was It Like to Try a Rat?, U.Pa.L.Rev. 143 (1995), 1889–2149; *Ewald*, Comparative Jurisprudence (II): The Logic of Legal Transplants, Am.J.Comp.L. 43 (1995), 487–510; *Kitamura/Takizawa/Omura*, Cultures différentes, enseignement et recherche en droit comparé, Rev.int.dr.comp. 1995, 861–881; *Kötz*, Comparative Legal Research and its Function in the Development of Harmonized Law. The European Perspective, in: Towards Universal Law, Göteborg 1995, 21–36; *Gordley*, Comparative Legal Research and its Function in the Development of Harmonized Law. An American Perspective, ebd. 37–53 = Am.J.Comp.L. 43 (1995), 555–567; *Kranjc*, Die Übernahme ausländischer Rechtssätze in das nationale Rechtssystem als Problem der Rechtskultur, in: *Tomuschat* u.a. (Hrsg.), Europäische Integration und nationale Rechtskulturen 1995, 33–44; *Langbein*, The Influence of Comparative Procedure in the United States, Am.J.Comp.L. 43 (1995), 545–554; *Pizzorusso*, Sistemi giuridici comparati, Mailand 1995; *van Reenen*, Major theoretical problems of modern comparative legal methodology (1): The nature and role of the tertium comparationis, CILSA 28 (1995), 175–199; *van Reenen*, Major theoretical problems of modern comparative legal methodology (2): the comparability of positive legal phenomena, CILSA 28 (1995), 407–421;

Sacco, Il diritto africano, Turin 1995; *Samuel*, System und Systemdenken – Zu den Unterschieden zwischen kontinentaleuropäischem Recht und Common Law, ZEuP 1995, 375–397; *Schlesinger*, The Past and Future of Comparative Law, Am.J.Comp.L. 43 (1995) 477–481; *Vanderlinden*, Comparer les droits, Diegem 1995, (bespr. von *Sacco*, Rev.int.dr.comp. 1996, 659–668); *Wadle*, Wegbereiter der Rechtsvergleichung: Die Internationale Vereinigung für vergleichende Rechtswissenschaft und Volkswirtschaftslehre, ZNR 1995, 50–59; *von Bar*, Gemeineuropäisches Deliktsrecht I: Die Kernbereiche des Deliktsrechts, seine Angleichung in Europa und seine Einbettung in die Gesamtrechtsordnungen, 1996 (bespr. von *Keller*, ZSchwR 1997 IV, 393f.; *Weir*, Eur.Rev.Priv.L. 5 [1997], 433–437); *Buxbaum*, Die Rechtsvergleichung zwischen nationalem Staat und internationaler Wirtschaft, RabelsZ 60 (1996), 201–230; *Farnsworth*, A Common Lawyer's View of His Civilian Colleagues, La.L.Rev. 57 (1996), 227–237; *Gambaro/Sacco*, Sistemi giuridici comparati, Turin 1996; *Graef*, Judicial Activism in Civil Proceedings: A Comparison between English and German Civil Procedural Approaches, 1996; *Großfeld*, Kernfragen der Rechtsvergleichung, 1996 (bespr. von *Häberle*, JZ 1996, 853; *Legrand*, RabelsZ 62 [1998], 314–324); *Jamieson*, Source and Target-Oriented Comparative Law, Am.J.Comp.L. 44 (1996), 121–129; *Kötz*, Europäisches Vertragsrecht I: Abschluß, Gültigkeit und Inhalt des Vertrages. Die Beteiligung Dritter am Vertrag, 1996 (bespr. von *Dannemann*, Int.Comp.L.Q. 46 [1997], 736f.; *Kramer*, RabelsZ 62 [1998], 524–527); *Koopmans*, Comparative Law and the Courts, Int.Comp.L.Q. 45 (1996), 545–556; *Legrand*, How to Compare Now, Legal Studies 16 (1996), 232–242; *Ono*, Comparative Law and the Civil Code of Japan, Hitotsubashi J.L. and Pol. 24 (1996), 27–45; *Puchalska-Tych/Salter*, Comparing legal cultures of Eastern Europe: the need for a dialectical analysis, Legal Studies 16 (1996), 157–184; *van Reenen*, Major theoretical problems of modern comparative legal methodology (3): The criteria employed for the classification of legal systems, CILSA 29 (1996), 71–99; *van Reenen*, Philosophical Underpinnings of Modern Comparative Legal Methodology, Stell.L.R. 7 (1996), 37–60; *Reimann*, Continental Imports. The Influence of European Law and Jurisprudence in the United States, Tijdschrift voor Rechtsgeschiedenis 1996, 391–410; *Robert* u.a., Le droit comparé: aujourd'hui et demain, Rev.int.dr.comp. 1996, 265–418; *Scholler* (Hrsg.), Die Bedeutung des kanonischen Rechts für die Entwicklung einheitlicher Rechtsprinzipien, 1996 (bespr. von *Rüfner*, JZ 1997, 506); *Schwenzer/Müller-Chen*, Rechtsvergleichung. Fälle und Materialien 1996 (bespr. von *Giesen*, JZ 1996, 621f.; *Rieg*, Rev.int.dr.comp. 1997, 279f.; *Avenarius*, Eur.Rev.Priv.L. 5 [1997], 101–104, *Einsele*, RabelsZ 62 [1998], 521–523); *Weisflog*, Rechtsvergleichung und juristische Übersetzung. Eine interdisziplinäre Studie, Zürich 1996; *Zekoll*, Kant and Comparative Law – Some Reflections on a Reform Effort, Tul.L.Rev. 70 (1996), 2719–2749 (Kritik des Aufsatzes von *Ewald*, 1995, oben); *Zimmermann/Visser* (Hrsg.), Southern Cross. Civil Law and Common Law in South Africa, Oxford 1996 (bespr. von *Stein*, ZEuP 1998, 395f.; *Marzik*, VRÜ 1998, 101–103); *Zimmermann*, Savigny's Legacy. Legal History, Comparative Law, and the Emergence of a European Legal Science, L.Q.Rev. 112 (1996), 576–605; *Zweigert/Kötz*, Einführung in die Rechtsvergleichung auf dem Gebiete des Privatrechts³, 1996 [dazu englische Übers.: An Introduction to Comparative Law³ (von *Weir*), Oxford 1998; italienische Übers.: Introduzione al Diritto Comparato, I: Principi fondamentali (von *Pozzo*), Mailand 1992, II: Istituti (von *Cigna*), Mailand 1995]; *Kronke*, Rechtsvergleichung und Rechtsvereinheitlichung in der Rechtsprechung des Reichsoberhandelsgerichts, ZEuP 1997, 735–750; *van Laer*, Het nut van comparatieve begrippen. Een studie omtrent de toepassung van begrippen in de rechtsvergelijking, Antwerpen 1997; *MacCormick/Summers* (Hrsg.), Interpreting Precedents. A Comparative Study, Aldershot 1997 (bespr. von *Reid*, Int.Comp.L.Q. 47 [1998], 483f.); *Markesinis*, Foreign Law and Comparative Methodology: a Subject and a Thesis, Oxford 1997; *Markesinis*, Foreign law and foreign ideas in the English courts. The contemporary English contribution to the use of foreign law and comparative methodology, Rev.hell.dr.int. 1997, 365–381; *Martínez-Torrón*, Presente y futuro del Derecho comparado en España, Rev.der.priv. 1997, 202–211; *Mattei*, Comparative Law and Economics, Ann Arbor, Mi., 1997 (bespr. von *Legrand*, C.L.J. 56 [1997], 638–

640); *Miller/Zimmermann* (Hrsg.), The Civilian Tradition and Scots Law, 1997; *Nelken* (Hrsg.), Comparing Legal Cultures, Aldershot 1997 (bespr. von *Legrand*, C.L.J. 56 [1997], 646–649); *von Peglow*, Die Generalklausel – Brücke zwischen „Civil Law" und „Common Law", Fschr. Kriele 1997, 1493–1511; *Schipani*, El Código civil español como puente entre el sistema latinoamericano y los Códigos europeos: apuntes para una investigación sobre la referencia a los „principios generales del Derecho", Rev.der.priv. 1997, 427–456; *Schulze*, Vergleichende Gesetzesauslegung und Rechtsangleichung, ZfRV 1997, 183–197; *Starck*, Rechtsvergleichung im öffentlichen Recht, JZ 1997, 1021–1030; *Tercier*, L'anniversaire de la réception du droit civil suisse en Turquie, ZSchwR 116 I (1997), 3–19; *Wijffels* (Hrsg.), Case Law in the Making. The Techniques and Methods of Judicial Records and Law Reports I/II, Berlin 1997; *Zlatescu,* Drept privat comparat, Bukarest 1997 (nz; bespr. von *Voinesson,* Rev.int.dr.comp. 1998, 1002); *Ajani/Monateri* (Hrsg.), Casi e materiali di sistemi giuridici comparati, Turin 1998; *Evans-Jones*, Receptions of Law, Mixed Legal Systems and the Myth of the Genius of Scots Private Law, L.Q.Rev. 114 (1998), 228–249; *Gallo,* Introduzione al diritto comparato II/III, Turin 1998; *Grosswald Curran*, Cultural Immersion, Difference and Categories in U.S. Comparative Law, Am.J.Comp.L. 46 (1998), 43–92; *Hilaire*, La place de l'histoire du droit dans l'enseignement et dans la formation du comparatiste, Rev.int.dr.comp. 1998, 319–333; *Van Hoecke/Warrington,* Legal Cultures, Legal Paradigms and Legal Doctrine: Towards a New Model for Comparative Law, Int.Comp.L.Q. 47 (1998), 495–536; *Kötz*, Abschied von der Rechtskreislehre?, ZEuP 1998, 493–505; *Krimphove,* Der Einsatz der ökonomischen Analyse des Rechts als notwendiges Instrument der Europäischen Rechtsvergleichung. Dargestellt anhand des Erwerbes vom Nichtberechtigten in den Europäischen Rechtsordnungen, ZfRV 1998, 185–204; *Legrand*, Are civilians educable?, Journal of Legal Studies 18 (1998), 216–230; *Mattei, Reimann* u.a., Symposium: „New Directions in Comparative Law", Am.J.Comp.L. 46 (1998), 597–756; *Maxeiner*, U.S. „methods awareness" (Methodenbewußtsein) for German jurists, Fschr. Fikentscher 1998, 114–131; *Samuel,* Comparative Law and Jurisprudence, Int.Comp.L.Q. 47 (1998), 817–836; *Stolleis,* Nationalität und Internationalität: Rechtsvergleichung im öffentlichen Recht des 19. Jahrhunderts, 1998; *Weir*, Divergent Legal Systems in a Single Member State, ZEuP 1998, 564–585; *Zimmermann*, Savignys Vermächtnis. Rechtsgeschichte, Rechtsvergleichung und die Begründung einer Europäischen Rechtswissenschaft, JBl 1998, 273–293; *Schurig*, Europäisches Zivilrecht: Vielfalt oder Einerlei?, Fschr. Großfeld 1999, 1089–1111.

Ein umfassendes Nachschlagewerk ist die **International Encyclopedia of Comparative Law** (abgekürzt IECL), die seit 1971 in Teillieferungen erscheint.

Zeitschriften: Rabels Zeitschrift für ausländisches und internationales Privatrecht (Deutschland); Zeitschrift für vergleichende Rechtswissenschaft (Deutschland); Zeitschrift für Europäisches Privatrecht (Deutschland); Zeitschrift für Rechtsvergleichung, ab 1991: Zeitschrift für Rechtsvergleichung, Internationales Privatrecht und Europarecht (Österreich); Revue internationale de droit comparé (Frankreich); International and Comparative Law Quarterly (England); American Journal of Comparative Law (USA).

2. Einheitsprivatrecht

Schrifttum: Älteres Schrifttum 7. Aufl. S. 60. Weiter: *Hobhouse*, International Conventions and Commercial Law: The Pursuit of Uniformity, L.Q.Rev. 106 (1990), 530–535; *Tallon*, L'harmonisation des règles du droit privé entre pays de droit civil et de common law, Rev.int.dr.comp. 1990, 513–523; *Werro*, L'harmonisation des règles du droit privé entre pays de droit civil et pays de common law, in: Rapports suisses présentés au XIIIème Congrès international de droit comparé, Zürich 1990, 41–70; *Westenberg*, The Quest for Unification, in: Forty Years On: The Evolution of Postwar Private International Law in Europe, Deventer 1990, 195–217; *Waesche*, Choice and Uniformity of Law Generally, Tul.L.Rev. 66 (1991), 293–310; *Flessner*, Rechtsvereinheitlichung durch Rechtswissenschaft und Juristenausbildung, RabelsZ 56

(1992), 243–260; *Lutter*, Die Auslegung angeglichenen Rechts, JZ 1992, 593–607; *Rosett*, Unification, Harmonization, Restatement, Codification and Reform in International Commercial Law, Am.J.Comp.L. 40 (1992), 683–697; Symposium „Alternativen zur legislatorischen Rechtsvereinheitlichung", RabelsZ 56 (1992), 215–316 (mit Beiträgen von *Kötz*, *Mertens*, *Flessner*, *Lando*, *Bonell*, *Storme*, *Remien*); *Diedrich*, Anwendbarkeit des Wiener Kaufrechts auf Softwareüberlassungsverträge – zugleich ein Beitrag zur Methode autonomer Auslegung von Internationalem Einheitsrecht, RIW 1993, 441–452; *Glenn*, Harmonization of Law, Foreign Law and Private International Law, Eur. Rev.Priv.L. 1 (1993), 47–66; *Kohler*, Die Funktion des EuGH bei der Auslegung europäischen Einheitsrechts nach den Gutachten über den EWR-Vertrag, Fschr. Schwind, Wien 1993, 303–315; *Evans*, Uniform Law: A Bridge Too Far?, Tul.J.Int. Comp.L. 3 (1994), 145–159; *Knapp*, Unification internationale des règles et désignation du droit applicable, Fschr. Loussouarn, Paris 1994, 219–232; *Mänhardt/Posch*, Internationales Privatrecht, Privatrechtsvergleichung, Einheitsprivatrecht, Wien 1994 (bespr. von *Basedow*, ZEuP 1998, 199 f.; *Rudisch*, [öst]JBl 1998, 401 f.); *Weimer*, Grundfragen grenzüberschreitender Rechtssetzung, 1994; *Beltran Sánchez*, La unificación del Derecho privado, Rev.jur.not. 1995, 51–179 (nz); *Beraudo*, Recueil commenté des principales conventions du commerce international, Rev.prat.dr.comm.int. 1995, 169–366; *Kroeschell/Cordes* (Hrsg.), Vom nationalen zum transnationalen Recht, 1995; *Weimer*, Grundfragen grenzüberschreitender Rechtsetzung, 1995; *Ao*, The Challenges for Uniform Law in the Twenty-First Century, Unif. L.Rev. 1996, 9–25; *Brandi-Dohrn*, Auslegung internationalen Einheitsprivatrechts durch die internationale Rechtsprechung. Das Beispiel des Warschauer Abkommens von 1929, TranspR 1996, 45–57; *Currie*, Die Vereinheitlichung des amerikanischen Privatrechts, JZ 1996, 930–934; *Farnsworth*, A Common Lawyer's View of His Civilian Colleagues, La. L.Rev. 57 (1996), 227–237; *Kramer*, Uniforme Interpretation von Einheitsprivatrecht – mit besonderer Berücksichtigung von Art. 7 UNKR, (öst)JBl 1996, 137–151 = *Kramer*, Zur Theorie und Politik des Privat- und Wirtschaftsrechts, 1997, 401–432; *Reimann*, American Private Law and European Legal Unification – Can the United States be a Model?, Maastricht J. Eur.Comp. L. 3 (1996), 217–234; *Béraudo*, La négociation internationale institutionnelle de droit privé, Unif. L.Rev. 1997, 9–33, 276–307; *Ferrari*, General Principles and International Uniform Commercial Law Conventions: A Study of the 1980 Vienna Sales Convention and the 1988 Unidroit Conventions, Unif. L.Rev. 1997, 451–473; *de Ly*, Uniform Commercial Law and International Self-Regulation, Dir.Comm. Int. 1997, 519–547 = *Ferrari* (Hrsg.), Unification of International Commercial Law 1998, 59–83; *Roth/Happ*, Interpretation of Uniform Law Instruments According to Principles of International Law, Unif. L.Rev. 1997, 700–711; *Wool*, Rethinking the Notion of Uniformity in the Drafting of International Commercial Law: a Preliminary Proposal for the Development of a Policy-based Unification Model, Unif. L.Rev. 1997, 46–57; *Alpa*, Les nouvelles frontières du droit des contrats, Rev.int.dr.comp. 1998, 1015–1030; *Basedow*, Die UNIDROIT-Prinzipien der Internationalen Handelsverträge und die Übereinkommen des einheitlichen Privatrechts, Fschr. Drobnig 1998, 19–38; *Häusler*, Das UNIDROIT Übereinkommen über internationales Factoring (Ottawa 1988) unter besonderer Berücksichtigung seiner Anwendbarkeit. Zugleich ein Beitrag zur Lehre vom Internationalen Einheitsrecht, 1998; *Magnus*, Die Gestalt eines Europäischen Handelsgesetzbuches, Fschr. Drobnig 1998, 57–80; *Remien*, Einheit, Mehrstufigkeit und Flexibilität im europäischen Privat- und Wirtschaftsrecht, RabelsZ 62 (1998), 627–647; *Berger*, Einheitliche Rechtsstrukturen durch außergesetzliche Rechtsvereinheitlichung, JZ 1999, 369–377; *Schurig*, Europäisches Zivilrecht: Vielfalt oder Einerlei?, Fschr. Großfeld, 1999, 1089–1111.

Entscheidungssammlung: Jurisprudence de droit uniforme, Uniform Law Cases (1956–1972, Mailand). **Zeitschrift:** Revue de droit uniforme, Uniform Law Review (seit 1973, Rom).

Die Vereinheitlichung des Privatrechts baut auf der Vergleichung des Privatrechts auf, weil man die Rechte kennen muß, die man vereinheitlichen will. Aber Rechtsvereinheitlichung ist nicht Wissenschaft, sondern Reform. In ihr vollendet sich die im 18. Jahrhundert begonnene große Kodifikationsbewegung, indem sie im 20. Jahrhundert über die Staatsgrenzen hinausgreift. Andererseits liegt ein Weltprivatrecht (und damit das Ende des IPR: oben S. 5) in weiter Ferne. Denn die Gegensätze vor allem zwischen den „kontinentalen" Rechten (d. h. den stark vom Römischen Recht beeinflußten Rechten des europäischen Festlands mit den Tochterrechten des code civil in Mittel- und Südamerika), dem *„civil law"*, auf der einen Seite und dem englisch-amerikanischen Recht, dem *„common law"*, auf der anderen Seite sind nach wie vor gravierend, auch wenn manche dies – mit dem Hintergedanken einer „Förderung" der europäischen Rechtsvereinheitlichung – heute immer häufiger leugnen (vgl. *Schurig*, Fschr. Großfeld 1999, 1102–1105; auch unten S. 105–108). Soweit einheitliches *materielles* Privatrecht und damit gleiche Entscheidung *aller* Fälle nicht zu erreichen ist, sollte einheitliches *internationales* Privatrecht und damit gleiche Entscheidung *derselben* Fälle angestrebt werden. Die Erfahrungen mit den nationalen Kodifikationen (z. B. WO 1849, AHGB 1861, Dresdner Schuldrechtsentwurf 1866) zeigen, in welcher Reihenfolge zu arbeiten ist.

a) Staatsverträge

Die internationale Vereinheitlichung geschieht hauptsächlich durch Staatsverträge. Soweit die Bundesrepublik Vertragspartei ist, findet man die übrigen Vertragsparteien in der jährlich erscheinenden Beilage zum Bundesgesetzblatt Teil II, **Fundstellennachweis B**, hrsg. vom Bundesminister der Justiz. Im europäischen Rahmen kommen vor allem *Richtlinien*, seltener *Verordnungen*, hinzu (vgl. unten 2 b).

Informationen über den aktuellen Stand der mehrseitigen Staatsverträge, die von internationalen Organisationen erarbeitet wurden, erhält man zunehmend auch im Internet:

1. Text der bei der **UN** hinterlegten Verträge: „http://www.un.org/Depts/Treaty/"
2. Stand der bei der **UN** hinterlegten Verträge: „http://www.un.org/Depts/Treaty/bible.htm"
3. Text und Stand der Verträge des **Europarats**: „http://www.coe.fr/eng/legaltxt/treaties.htm"
4. Text und Stand der Verträge von **UNCITRAL** sowie weitere Dokumente (z. B. Modellgesetze): „http://www.un.or.at/uncitral/en-index.htm"
5. Text und Stand der Verträge von **UNIDROIT** sowie weitere Dokumente: „http://www.unidroit.org"
6. Text und Stand der Verträge, die bei der **Weltorganisation für geistiges Eigentum (WIPO)** hinterlegt sind: „http://www.wipo.org/eng/newindex/publctn.htm"
7. Text und Stand atomrechtlicher Verträge: „http://www.iaea.org/worldatom/glance/legal"
8. Stand der Verträge der **International Maritime Organisation (IMO)**: „http://www.imo.org"

Das **Bundesgesetzblatt** wird ebenfalls im Internet veröffentlicht: „http://www.jura.uni-sb.de/BGBl/"
Das Recht der **EG** ist zu finden in der Datenbank Eur-Lex: „http://europa.eu.int/eur-lex/en/index.html"

aa) Wechsel-, Scheck-, Wertpapier-, Währungsrecht

Vereinheitlicht sind das materielle und internationale **Wechsel-** und **Scheckrecht** durch:

1. drei **Genfer Abkommen** zur Vereinheitlichung des **Wechselrechts** vom 7. 6. 1930 (RGBl. 1933 II 377), in Deutschland in Kraft seit 1. 1. 1934 (RGBl. 1933 II 974), nämlich

a) Abkommen über das *einheitliche Wechselgesetz* nebst zwei Anlagen,
b) Abkommen über Bestimmungen auf dem Gebiet des *internationalen Wechselprivatrechts*,
c) Abkommen über das Verhältnis der Stempelgesetze zum Wechselrecht;

2. drei **Genfer Abkommen** zur Vereinheitlichung des **Scheckrechts** vom 19. 3. 1931 (RGBl. 1933 II 537), nämlich
 a) Abkommen über das *einheitliche Scheckgesetz* nebst zwei Anlagen,
 b) Abkommen über Bestimmungen auf dem Gebiete des *internationalen Scheckprivatrechts*,
 c) Abkommen über das *Verhältnis der Stempelgesetze zum Scheckrecht*, in Deutschland in Kraft: a) und b) seit 1. 1. 1934, c) seit 29. 11. 1933 (RGBl. 1933 II 975);
3. ein **New Yorker UN-Übereinkommen** über den **internationalen Wechsel** vom 9. 12. 1988, das materielles Recht für Wechsel des internationalen Verkehrs vereinheitlicht (Text: Rev.dr.unif. 1988 I 184–273); das Übereinkommen ist noch nicht in Kraft und von Deutschland auch nicht gezeichnet.

England und die USA sind den Genfer Wechsel- und Scheckabkommen ferngeblieben. Das New Yorker Abkommen ist von der UN-Kommission für internationales Handelsrecht (UNCITRAL, unten S. 101–103) in langen Jahren erarbeitet worden und stark vom englisch-amerikanischen Recht geprägt. Ein Parallelabkommen über den internationalen Scheck wird vorbereitet.

In der DDR und in Ost-Berlin galten nach 1945 wie in der Bundesrepublik und in West-Berlin WG und SchG fort. Die im Westen geltenden Fassungen – die beiden Gesetze wurden 1965 und 1985 geringfügig geändert – wurden von der DDR durch §§ 1, 2 Ges. über die Änderung und Aufhebung von Gesetzen der Deutschen Demokratischen Republik vom 28. 6. 1990 (Gbl. I 483) übernommen.

Schrifttum: Älteres Schrifttum 7. Aufl. S. 61 f. Weiter:

Schrifttum zu den **Genfer Abkommen** allgemein: *von Escher*, Einheitsgesetz und Einheitsrecht: ausländische Gerichtsurteile zum Genfer Einheitlichen Wechsel- und Scheckrecht und deren Einflüsse auf die inländische Rechtsprechung, 1992; *Sánchez Lorenzo*, Derecho aplicable al cheque en el comercio internacional, Madrid 1996 (bespr. von *Muir Watt*, Rev.crit.dr.i.p. 1997, 396; *Carillo Pozo*, Rev.esp.der.int. 1996, Nr. 2, S. 448 f.).

Schrifttum zum **New Yorker UN-Übereinkommen:** *Voit*, Das gefälschte und das nicht autorisierte Indossament nach der Konvention der Vereinten Nationen zum internationalen Wechsel, 1991; *Ademuni-Odeke*, The United Nations Convention on International Bills of Exchange and promissory Notes, J. B. L. 1992, 281–290; *Klapper*, Die Rechtsstellung des Wechselinhabers nach dem UN-Wechselabkommen vom 9. Dezember 1988. Eine vergleichende Untersuchung des Wechselrechts der Vereinten Nationen und der Bundesrepublik Deutschland, 1992; *Schütz*, Die UNCITRAL-Konvention über internationale gezogene Wechsel und internationale Eigen-Wechsel vom 9. Dezember 1988, 1992 (bespr. von *Schinnerer*, ZfRV 1994, 40 f., *Bülow*, WM 1992, 1383 f.); *Bülow*, UNCITRAL-Konvention über internationale Wechsel und Genfer Wechselrechtsabkommen, ÖBA 1993, 591–598; *Murray*, The U. N. Convention on International Bills of Exchange and International Promissory Notes with Some Comparisons with the Former and Revised Article Three of the UCC, Inter-American L. Rev. 25 (1993–94), 189–225.

Schrifttum zum **IPR der Wertpapiere:** *Bernstein*, Wechselkollisionsrecht und excuses for nonperformance bei Enteignung des Wechselschuldners. Nachlese zum chilenischen Kupferstreit in Hamburg, Fschr. Reimers 1979, 229–239; *Eschelbach*, Deutsches internationales Scheckrecht, 1990; *von Bar*, Wertpapiere im deutschen Internationalen Privatrecht, Fschr. Lorenz 1991, 273–295; *Kronke/Berger*, Wertpapierstatut, Schadensersatzpflichten der Inkassobank, Schuldnerschutz in der Zession – Schweizer Orderschecks auf Abwegen, IPRax 1991, 316–320; *Morawitz*, Das internationale Wechselrecht. Eine systematische Untersuchung der auf dem Gebiet des

Wechselrechts auftretenden kollisionsrechtlichen Fragen, 1991; *Graf von Bernstorff*, Das internationale Wechsel- und Scheckrecht[2], 1992; *Karyotis*, La circulation internationale des valeurs mobilières, Paris 1994; *Einsele*, Wertpapierrecht als Schuldrecht. Funktionsverlust von Effektenurkunden im internationalen Rechtsverkehr, 1995; *Einsele*, Kollisionsrechtliche Behandlung von Wertpapieren und Reichweite der Eigentumsvermutung des § 1006 BGB, IPRax 1995, 163–166; *St. Lorenz*, Zur Abgrenzung von Wertpapierrechtsstatut und Wertpapiersachstatut im internationalen Wertpapierrecht, NJW 1995, 176–178; *Pelichet*, Report on the law applicable to negotiable instruments, in: Hague Conference, Proceedings 1993, 17th Session I, 158–185; *Sánchez Lorenzo*, La elección de la ley aplicable a las obligaciones cambiarias en el comercio internacional, Rev.der.banc.burs. 1995, 703–719; *Straub*, Zur Rechtswahl im internationalen Wechselrecht, 1995; *Radicati di Brozolo*, Diritto internazionale privato uniforme, legge di riforma e titoli di credito, Riv.dir.int. 1997, 351–372; *Mankowski*, Optionsanleihen ausländischer Gesellschaften als Objekt von Börsenaußengeschäften – Qualifikation und Internationales Privatrecht, AG 1998, 11–26; *Schultz*, Risiken der Einreichung US-amerikanischer Schecks, WM 1998, 583–592.

Rechtsvergleichend: *Einsele*, Wertpapierrecht als Schuldrecht. Funktionsverlust bei Effektenurkunden im internationalen Rechtsverkehr, 1995; *Jahn*, Wechselrecht Europa[3], 1995; *Rückert*, Wertpapiersammelverwahrung im italienischen Recht. Eine rechtsvergleichende Untersuchung, 1996; *Sieber*, Schweizerischer Wechsel – U.S. Bill of Exchange und Promissory Note, Diss. Zürich 1995 (bespr. von *Dellinger*, ZfRV 1996, 174 f.); *Geva*, Allocation of Forged Cheque Losses – Comparative Aspects, Policies and a Model for Reform, L.Q.Rev. 114 (1998), 205–291.

Einheitliche Regeln für **Akkreditive** und **Bankgarantien** schafft das New Yorker Übereinkommen der UNCITRAL über *stand-by letters of credit and independent guarantees* vom 11. 12. 1995 (noch nicht in Kraft und von Deutschland auch nicht gezeichnet).

Schrifttum: *Jones*, UNCITRAL Draft Convention on International Guarantees, Int.Bus.Lawy. 1994, 28–34; *Giampieri*, La Convenzione Uncitral sulle garanzie autonome e le stand-by letters of credit – prime considerazioni, Dir.comm.int. 1995, 807–819; *Stoufflet*, La Convention des Nations Unies sur les garanties indépendantes et les lettres de crédit stand-by, Revue de droit bancaire et de la bourse 1995, 132–139; *Bertrams*, UNCITRAL convention on independent guarantees and stand-by letters of credit, WPNR 1996, 590–595; *Czerwenka*, Probleme der internationalen Gesetzgebung – Das UNCITRAL-Übereinkommen über unabhängige Garantien und Standby Letters of Credit, Fschr. Piper 1996, 811–828; *Gorton*, Draft UNCITRAL Convention on independent guarantees, Lloyd's M.C.L.Q. 1996, 42–49; *Piedelièvre*, Le projet de convention de la commission des Nations-Unies pour le commerce international sur les garanties indépendantes et les lettres de crédit stand-by, Rev.trim.dr. commercial 1996, 633–646; *Gorton*, Draft UNCITRAL Convention on Independent Guarantees, J.B.L. 1997, 240–253; *Horn*, Die UN-Konvention über unabhängige Garantien – Ein Beitrag zur lex mercatoria, RIW 1997, 717–723; *Markus*, UNO-Konvention über unabhängige Garantien und stand-by letters of credit. Die Arbeiten der UNCITRAL zum Thema Bankgarantierecht, Zürich 1997; *Lienesch*, Internationale Bankgarantien und die UN-Konvention über unabhängige Garantien und Standby Letters of Credit, 1998 (nz).

Schrifttum zum **IPR der Akkreditive, Bankgarantien** usw.: *W. Lorenz*, Kollisionsrechtliche Betrachtungen zum Rembours beim Dokumentenakkreditiv, Fschr. Steindorff 1990, 405–426; *Schefold*, Zum IPR des Dokumenten-Akkreditivs, IPRax 1990, 20–25; *Lenz*, Akkreditive und weitere Zahlungssicherungen im Außenhandel, EuZW 1991, 297–303; *Schwank*, Electronic International Bank Guarantees and Letters of Credit, Comp.L.Y.B. 1991, 317–329; *Shingleton/Wilmer*, Einstweiliger Rechtsschutz im internationalen Dokumentenakkreditivgeschäft nach amerikanischem und deutschem Recht, RIW 1991, 793–801; *Synvet*, Lettres de crédit et lettres de garantie en droit international privé, Trav.com.fr.dr.i.pr. 1991–1992, 55–67; *Schütze*, Bestätigte und indossierte Bankgarantien als Sicherungsmittel im internationalen Handelsverkehr, Fschr. Gernhuber 1993, 461–469; *Morse*, Letters of credit and the Rome convention, Lloyd's M.C.L.Q. 1994, 560–571; *Schefold*, Neue Rechtsprechung zum anwendbaren Recht bei Dokumenten-Akkreditiven, IPRax 1996, 347–353; *Thorn*, Ausländisches Akkreditiv und inländische Zahlstelle, IPRax 1996, 257–260.

Siehe auch unten S. 104.

Ein am 28. 5. 1970 beschlossenes, für Deutschland nicht in Kraft stehendes, aber gezeichnetes Haager Europarats-Übereinkommen über eine **internationale Opposition bei international gehandelten Inhaberpapieren** bestimmt, daß Abhandenkommen und deliktisch herbeigeführte Besitzpreisgabe in bestimmter Weise international bekanntgemacht werden können und dadurch **gutgläubiger Erwerb** durch berufsmäßige Händler **ausscheidet** (Art. 17).

Schrifttum: *Goerdel*, JZ 1971, 217f., *Herber*, WM 1971, Sonderbeilage 3 zu Nr. 16 vom 17. 4. 1971, 1–27 (Text: 28–39); *Chiomenti*, Riv.dir.comm. 1976 I, 96–102; *Schwimann*, IPR 102. **Text** auch: European Treaty Series No. 72; Rev.crit.dr.i.p. 1979, 461–467.

Mit **Geldschulden** befassen sich zwei von Deutschland gezeichnete, aber nicht in Kraft stehende Europaratsabkommen:

1. Pariser Europäisches Übereinkommen über *Fremdwährungsschulden* vom 11. 12. 1967; **Text:** *Küng*, Zahlung und Zahlungsort im IPR, Freiburg (Schweiz) 1970, 126–130; *Mann*, The Legal Aspect of Money[4], Oxford 1982, 576–580 (nicht mehr in 5. Aufl. 1992).
2. Baseler Europäisches Übereinkommen über den *Ort der Zahlung von Geldschulden* vom 16. 5. 1972.

Schrifttum: *Klingsporn*, Das Europäische Übereinkommen über den Ort der Zahlung von Geldschulden, WM 1972, 1262–1274 (Text des Anhangs des Übereinkommens 1274); *von Caemmerer*, Fschr. Mann 1977, 16, 19 (= *von Caemmerer*, Gesammelte Schriften III, 1983, 121, 124); *von Hoffmann*, Fschr. Firsching 1985, 126; *Rennpferdt*, Die internationale Harmonisierung des Erfüllungsrechts für Geldschulden, 1993.

bb) Schuldvertrag, Handelsrecht

Ein von Deutschland gezeichnetes Europaratsabkommen über die **Berechnung von Fristen** vom 16. 5. 1972 ist am 28. 4. 1983 in Kraft getreten, jedoch nicht für Deutschland (*Heinrich*, RDAI 1991, 316).

Die Resolution 78 (3) des Ministerkomitees des Europarats vom 20. 1. 1978 über **Vertragsstrafen** empfiehlt den Mitgliedsstaaten, in ihren Rechten acht Grundsätze bei Neuregelung dieser Materie zu befolgen (Text: Rev.dr.unif. 1978 II, 222–229).

Um ein Abkommen über **öffentliche Ausschreibungen** bemüht sich die Welthandelsorganisation (WTO).

Schrifttum: *Arrowsmith*, Towards a Multilateral Agreement on Transparency in Government Procurement, Int. Comp. L. Q. 47 (1998), 793–816.

Für das materielle Recht des **Kaufs** (mit materiellrechtlicher Beschränkung auf „internationale" Käufe, d.h. praktisch auf Ein- und Ausfuhr) waren nach langen Vorarbeiten am 1. 7. 1964 im Haag zwei vereinheitlichende Staatsverträge beschlossen worden:

1. Abkommen über ein *einheitliches Recht über den internationalen Kauf beweglicher Sachen* mit Anlage (BGBl. 1973 II 885, 886 [Zustimmungsgesetz] und I 856 [als Ausführungsgesetz das Einheitliche Gesetz über den internationalen Kauf beweglicher Sachen, EKG]); für die Bundesrepublik waren Abkommen und EKG in Kraft seit 16. 4. 1974 (BGBl. II 146, I 358); Vertragsstaaten außerdem Belgien, Gambia, Israel, Italien (bis 31. 12. 1987), Luxemburg, Niederlande, San Marino, Vereinigtes Königreich.

2. Abkommen über ein *einheitliches Recht über den Abschluß von internationalen Käufen beweglicher Sachen* mit zwei Anlagen (BGBl. 1973 II 885, 919 [Zustimmungsgesetz] und I 868 [als Ausführungsgesetz das Einheitliche Gesetz über den Abschluß von internationalen Kaufverträgen über bewegliche Sachen, EKAG]); für die Bundesrepublik waren Abkommen und EKAG in Kraft seit 16. 4. 1974, BGBl. II 148, I 358); Vertragsstaaten außerdem Belgien, Gambia, Israel, Italien (bis 31. 12. 1987), Luxemburg, Niederlande, San Marino, Vereinigtes Königreich.

Beide Abkommen sind *am 1. 1. 1991 außer Kraft getreten* (BGBl. 1990 II 1482) und mit ihnen EKG und EKAG nach Art. 5 I, 7 I Ges. vom 5. 7. 1989 (BGBl. II 586).

Die beiden Abkommen wurden nämlich kein Welterfolg. Daher wurde ein neues Abkommen vorbereitet (Entwurf RabelsZ 43 [1979], 528–561) und in Wien am 11. 4. 1980 beschlossen als **UN-Übereinkommen über den internationalen Warenkauf** (BGBl. 1989 II 586, 588), für die Bundesrepublik in Kraft seit 1. 1. 1991 (BGBl. 1990 II 1477, ber. 1699), für die frühere DDR schon seit 1. 3. 1990 (GBl. 1989 II 65).

Das Abkommen gilt für weitere 47 Staaten. Es regelt sowohl den Abschluß wie die Wirkungen internationaler Warenkäufe. Übergangsvorschriften enthält Art. 5 II ZustG (BGBl. 1989 II 586). Geläufig ist auch die englische Abkürzung **CISG**.

Schrifttum zum **UN-Kaufrecht:** Älteres Schrifttum 7. Aufl. S. 63–67. Weiter: *Asam*, Aktuelle Fragen zur Anwendung des Kaufrechtsübereinkommens der Vereinten Nationen vom 11. 4. 1980 im deutsch-italienischen Rechtsverkehr seit dem 1. 1. 1988, JahrbItR 3 (1990), 3–47; *Derains/Ghestin*, La Convention de Vienne sur la vente internationale et les Incoterms, Paris 1990; *Erdem*, La livraison des marchandises selon la Convention de Vienne, Freiburg/Schweiz 1990 (bespr. von *Reinhart*, RabelsZ 58 (1994), 136–140); *Lautenbach*, Die Haftungsbefreiung im internationalen Warenkauf nach dem UN-Kaufrecht und dem schweizerischen Kaufrecht, Diss. Zürich 1990; *Stern*, Erklärungen im UNCITRAL-Kaufrecht, Wien 1990; *Witz*, L'exclusion de la Convention des Nations Unies sur les contrats de vente internationale de marchandises par la volonté des parties, D. Chron. 1990, 107–112; *Wolff*, Die Rechtsmängelhaftung nach dem Uniform Commercial Code und dem UN-Kaufrecht, 1990; *Brandi-Dohrn*, Das UN-Kaufrecht. Entstehungsgeschichte und Grundstruktur, CR 1991, 705–708; *Dessemontet* (Hrsg.), Les contrats de vente internationale de marchandises, Lausanne 1991; *Esplugues Mota*, La Convención de las Naciones Unidas sobre los contratos de compraventa internacional de mercaderías, hecha en Viena el 11 de abril de 1980, Rev.gen.der. 1991, 59–81 (mit span. Text 82–114); *Moecke*, Zur Aufstellung von Exportbedingungen nach UNCITRAL-Kaufrecht. Vergleich. Analyse international verwendeter Musterformulierungen, 1991; *Olivencia*, La Convención de las Naciones Unidas sobre los contratos de compraventa internacional de mercaderías: antecedentes históricos y estado actual, Rev.der.merc. 1991, 377–397; *Piltz*, Der Anwendungsbereich des UN-Kaufrechts, AnwBl 1991, 57–68; *Watté*, La vente internationale de marchandises: bilan et perspectives, Rev.dr.comm.belge 1991, 366–404; *E. Bucher* (Hrsg.), Wiener Kaufrecht, Bern 1991; *Jan*, Die Erfüllungsverweigerung im deutschen und im UN-Kaufrecht, 1992; *Resch*, Zur Rüge bei Sachmängeln nach UN-Kaufrecht, ÖJZ 1992, 470–479; *Veneziano*, La Convenzione di Vienna vista attraverso le opere di commento a carattere generale e le prime applicazioni giurisprudenziali, iv.dir.com. dir.obbl. 1992, 925–946; *Diedrich*, Anwendbarkeit des Wiener Kaufrechts auf Softwareüberlassungsverträge – zugleich ein Beitrag zur Methode autonomer Auslegung von Internationalem Einheitsrecht, RIW 1993, 441–452; *Endler/Daub*, Internationale Softwareüberlassung und UN-Kaufrecht, Computerrecht 1993, 601–606; *Frigge*, Externe Lücken und Internationales Privatrecht im UN-Kaufrecht (Art. 7 Abs. 2), 1993; *Karollus*, Der Anwendungsbereich des UN-Kaufrechts im Überblick, JuS 1993, 378–382; *Langenecker*, UN-Einkaufsrecht und Immaterialgüterrecht. Die Rechtsmängelhaftung bei internationalen Kaufverträgen nach dem UN-Kaufrechtsübereinkommen unter besonderer Berücksichtigung von Immaterialgüterrechten, 1993; *Diedrich*, Autonome Auslegung von Internationalem Einheitsrecht. Computersoftware im Wiener Kaufrecht, 1994 (bespr. von *Hoeren*, ZEuP 1997, 219f.); *Bo-*

nell, International Uniform Sales Law and the Uniform Commercial Code: two Models Compared, in: *Drobnig/Rehbinder* (Hrsg.), Rechtsrealismus, multikulturelle Gesellschaft und Handelsrecht, 1994, 221–241; *Bonell*, Il diritto uniforme sulla vendita e lo Uniform Commercial Code nord-americano: due modelli a confronto, in: Scintillae iuris, Studi in memoria di Gino Gorla II, Mailand 1994, 1189–1213; *Neumayer*, Wiener Kaufrechtsübereinkommen und Anfechtung wegen Eigenschaftsirrtums, ebd. 1267–1277; *Calvo Caravaca*, La Convención de Viena de 1980 sobre venta internacional: algunos problemas de aplicación, in: Estudios de derecho bancario y bursátil, Fschr. Verdera y Tuells, Madrid 1994, 381–413; *Hartkamp*, The UNIDROIT Principles for International Commercial Contracts and the United Nations Convention on Contracts for the International Sale of Goods, Fschr. Kokkini-Iatridou, Dordrecht 1994, 85–98; *Ludwig*, Der Vertragsschluß nach UN-Kaufrecht im Spannungsverhältnis von Common Law und Civil Law. Dargestellt auf der Grundlage der Rechtsordnungen Englands und Deutschlands, 1994; *Marchand*, Les limites de l'uniformisation matérielle du droit de la vente internationale: mise en oeuvre de la Convention des Nations Unies du 11 avril 1980 sur la vente internationale de marchandises dans le contexte juridique suisse, Basel 1994; *Schlechtriem* (Hrsg.), Kommentar zum Einheitlichen UN-Kaufrecht. Das Übereinkommen der Vereinten Nationen über Verträge über den internationalen Warenkauf – CISG – Kommentar², 1994; *Staudinger/Magnus*, Wiener UN-Kaufrecht (CISG)¹³, 1994 (bespr. von *Ferrari*, IPRax 1997, 64–66; *Posch*, RabelsZ 62 [1998], 549–553); *Zhang*, Die Rechtsmängelhaftung des Verkäufers nach UN-Kaufrecht – im Vergleich mit deutschem, englischem, US-amerikanischem und Haager Einheitlichem Kaufrecht, 1994; *Van Alstine*, Fehlender Konsens beim Vertragsschluß nach dem einheitlichen UN-Kaufrecht. Eine rechtsvergleichende Untersuchung auf der Grundlage des deutschen sowie des US-amerikanischen Rechts, 1995; *Ferrari*, Diritto uniforme della vendita internazionale: questioni di applicabilità e diritto internazionale privato, Riv.dir.civ. 1995, 669–685; *Ferrari*, Specific Topics of the CISG in the Light of Judicial Application and Scholarly Writing, Journal of Law and Commerce 15 (1995), 1–126; *Gaus*, Die praktische Bedeutung des UN-Kaufrechts für die Vertragsgestaltung und Abwicklung von internationalen Handelskäufen, WiB 1995, 273–279; *Höß*, Der gegenständliche Anwendungsbereich des UN-Kaufrechts – „Contracts to which the CISG is applicable", 1995; *Keller/Siehr*, Kaufrecht. Kaufrecht des OR und Wiener UN-Kaufrecht³, Zürich 1995; *Kheir*, Contracts for the International Sale of Goods. Vienna Convention, UNCITRAL and ICC, Kairo 1994; *Kock*, Nebenpflichten im UN-Kaufrecht, 1995; *Perales Viscasillas*, La perfección por silencio de la compraventa internacional en la Convención de Viena de 1980, Der.neg. 1995, Nr. 52, 9–14; *Reimers-Zocher*, Beweislastfragen im Haager und Wiener Kaufrecht, 1995; *D. Schneider*, UN-Kaufrecht und Produkthaftpflicht. Zur Auslegung von Art. 4 Satz 1 und Art. 5 CISG und zur Abgrenzung vertraglicher und außervertraglicher Haftung aus der Sicht des CISG, Basel 1995; *Speidel*, The Revision of UCC Article 2, Sales in Light of the United Nations Convention on Contracts for the International Sale of Goods, Nw.J.Int.L. & B. 16 (1995), 165–188; *Vázquez Lepinette*, La obligación de conservación en la Convención de Viena de 11 de abril de 1980 sobre compraventa internacional de mercaderías, Valencia 1995 (bespr. von *Illescas,* Rev.gen.der. 1996, 1560–1562); *Vázquez Lepinette*, Análisis crítico de las disposiciones generales de la Convención de Viena sobre compraventa internacional de mercaderías, Rev.der.merc. 1995, 1049–1111; *Vázquez Lepinette*, The Interpretation of the 1980 Vienna Convention on International Sales, Dir.Com.Int. 1995, 377–399; *Witz*, Les premières applications jurisprudentielles du droit uniforme de la vente internationale, Paris 1995 (bespr. von *Tunc*, Rev.int.dr.com. 1995, 1069f.); *Ziegler*, Leistungsstörungsrecht nach dem UN-Kaufrecht, 1995; *Bonell*, The UNIDROIT Principles of International Commercial Contracts and CISG – Alternatives or Complementary Instruments?, Unif.L.Rev. 1996, 26–39; *Bonell/Liguori*, The U.N. Convention on the International Sale of Goods: a Critical Analysis of Current International Case Law, Unif.L.Rev. 1996, 147–163, 359–375; *Daun*, Öffentlichrechtliche „Vorgaben" im Käuferland und Vertragsmäßigkeit der Ware nach UN-Kaufrecht, NJW 1996, 29f.; *Diedrich*, Maintaining Uniformity in International Uniform Law via Autonomous Interpretation: Software Contracts and the CISG, Pace Int. L.Rev. 8 (1996), 303–338; *Enderlein*, Vertragsaufhebung und Pflicht zur Kaufpreiszahlung nach UN-Kaufrecht, IPRax 1996, 182–184; *Faust*, Die Vorhersehbarkeit des Schadens gemäß Art. 74 Satz 2 UN-Kaufrecht (CISG), 1996; *Hernández-Martí*, Compraventa internacional (Convenio de Viena 1980), Rev.gen.der. 1996, 4067–5002; *Jung*, Die Beweislastverteilung im UN-Kaufrecht, insbesondere beim Vertragsabschluß, bei Vertragsverletzungen des Käufers, bei allgemeinen Bestimmungen sowie bei gemeinsamen Bestimmungen über Verkäufer- und Käuferpflichten, 1996; *Kindler*, Sachmängelhaftung, Aufrechnung und Zinssatzbemessung: Typische Fragen des UN-Kaufrechts in der gerichtlichen Praxis, IPRax 1996, 16–22; *Koch*, Der besondere Gerichtsstand des Klägers/Verkäufers im Anwendungsbereich des UN-Kaufrechts, RIW 1996, 379–382; *Kramer*, Uniforme Interpretation von Einheitsprivatrecht – mit besonderer Berücksichtigung von Art. 7 UNKR, (öst)JBl 1996, 137–151 = *Kramer*, Zur Theorie und Politik des Privat- und Wirtschaftsrechts, 1997, 401–432; *Lecossois*, La détermination du prix dans la Convention de Vienne, le U.C.C. et le droit français: critique de la première décision relative aux articles 14 et 55 de la Convention de Vienne, McGill L.J. 41 (1996), 514–541; *Liguori*, „UNILEX": A Means to Promote Uniformity in the Application of CISG, ZEuP 1996, 600–609; *Liguori*, La convenzione di Vienna sulla vendita internazionale di beni mobili nella practica: un'analisi critica delle prime cento decisioni, Foro It. 1996 IV, 145–184; *Magnus*, Unbestimmter Preis und UN-Kaufrecht, IPRax 1996, 145–148; *Missaoui*, La validité des clauses aménageant la garantie des vices cachés dans la vente internationale de marchandises, Sem.jur. 1996, Nr. 3927, 176–178; *Piltz*, UN-Kaufrecht. Gestaltung von Export- und Importverträgen. Wegweiser für die Praxis[2], 1996; *Piltz*, Neue Entwicklungen im UN-Kaufrecht, NJW 1996, 2768–2773; *Rudolph*, Kaufrecht der Export- und Importverträge. Kommentierung des UN-Übereinkommens über internationale Warenkaufverträge mit Hinweisen für die Vertragspraxis, 1996; *Schlechtriem*, Internationales UN-Kaufrecht, 1996 (bespr. von *Karollus*, JZ 1997, 721); *Schlechtriem*, Vertragsmäßigkeit der Ware als Frage der Beschaffenheitsvereinbarung, IPRax 1996, 12–16; *Schlechtriem*, Deutsche Grundsätze zum „Sprachrisiko" als „Datum" unter italienischem Vertragsstatut, IPRax 1996, 184; *Schlechtriem*, Aufrechnung durch den Käufer wegen Nachbesserungsaufwand – deutsches Vertragsstatut und UN-Kaufrecht, IPRax 1996, 256f.; *Schluchter*, Die Gültigkeit von Kaufverträgen unter dem UN-Kaufrecht. Wie gestaltet sich die Ergänzung des Einheitsrechts mit deutschen und französischen Nichtigkeitsnormen?, 1996; *Chr. Schmid*, Das Zusammenspiel von Einheitlichem UN-Kaufrecht und nationalem Recht: Lückenfüllung und Normenkonkurrenz, 1996; *Chr. Schmid*, Das Verhältnis von Einheitlichem Kaufrecht und nationalem Deliktsrecht am Beispiel des Ersatzes von Mangelfolgeschäden, RIW 1996, 904–913; *P. Schmid*, Der Schuldnerverzug. Voraussetzungen und Rechtsfolgen im BGB und im UN-Kaufrecht, Diss. Augsburg 1996; *Schmidt-Kessel*, Vertragsaufhebung nach UN-Kaufrecht, RIW 1996, 60–65; *Schobeß*, Barter- und Gegengeschäftsverträge im deutsch-russischen Handels- und Rechtsverkehr. Anwendbares Recht und streitentscheidende Instanzen, 1996; *Schütz*, UN-Kaufrecht und culpa in contrahendo, 1996; *Silva-Ruiz*, La exoneración de responsabilidad en la compraventa internacional, Rev.der.priv. 1996, 39–58; *Su*, Die vertragsgemäße Beschaffenheit der Ware im UNCITRAL-Kaufrecht im Vergleich zum deutschen und chinesischen Recht, 1996; *Will* (Hrsg.), International Sales Law under CISG, The UN Convention on Contracts for the International Sale of Goods (1980). The First 284 or so Decisions[4], Genf 1996 (bespr. von *Tunc*, Rev.int.dr.comp. 1996, 979f.); *Zheng*, Risikoverteilung im Verhältnis der Vertragsstörung unter besonderer Berücksichtigung der Gefahrtragung beim Kauf nach chinesischem Recht, deutschem Recht und UN-Kaufrecht, 1996; Emptio-venditio inter nationes, Convention de Vienne sur la vente internationale de marchandises – Fschr. Neumayer, Basel 1997; *Benicke*, Zur Vertragsaufhebung nach UN-Kaufrecht bei Lieferung mangelhafter Ware, IPRax 1997, 326–331; *Bernstein/Lookofsky*, Understanding the CISG in Europe, Den Haag 1997; *Buchta*, Die Forderungsabtretung im Einheitlichen Kaufrecht, 1997; *Catalano*, More Fiction than Fact: the Perceived Differences in the Application of Specific Performance under the

United Nations Convention on Contracts for the International Sale of Goods, Tul. L.Rev. 71 (1997), 1807–1834; *Ciannuzzi*, The Convention on Contracts for the International Sale of Goods: Temporarily out of „Service"?, Law & Pol. Int.Bus. 28 (1997), 991–1035; *Daun*, Grundzüge des UN-Kaufrechts, JuS 1997, 811–816, 998–1005; *Gutknecht*, Das Nacherfüllungsrecht des Verkäufers bei Kauf- und Werklieferungsverträgen. Rechtsvergleichende Untersuchung zum CISG, zum US-amerikanischen Uniform commercial code, zum deutschen Recht und zu dem Vorschlag der Kommission zur Überarbeitung des deutschen Schuldrechts, 1997; *Happ*, Anwendbarkeit völkerrechtlicher Auslegungsmethoden auf das UN-Kaufrecht, RIW 1997, 376–380; *Honsell* (Hrsg.), Kommentar zum UN-Kaufrecht, 1997 (bespr. von *Zenhäusern*, SchwJZ 1997, 446f.); *van Houtte/Erauw/Wautelet* (Hrsg.), Het Weens Koopverdrag, Antwerpen/Groningen 1997; *Keinath*, Der gute Glauben im UN-Kaufrecht, 1997; *Kim*, Zweite Andienung im Rahmen der kaufrechtlichen Behelfe für Sachmängel im BGB, HGB und UN-Kaufrecht, Diss. Marburg 1997; *Königer*, Die Bestimmung der gesetzlichen Zinshöhe nach dem deutschen Internationalen Privatrecht. Eine Untersuchung unter besonderer Berücksichtigung der Artt. 78 und 84 I UN-Kaufrecht (CISG), 1997; *Kötz*, Verkäuferpflichten und Rechtsbehelfe des Käufers im neuen norwegischen Kaufrecht vom 13. Mai 1988 Nr. 27 im Vergleich zum UN-Kaufrecht vom 11. April 1980 (CISG), 1997; *Kuhlen*, Produkthaftung im internationalen Kaufrecht. Entstehungsgeschichte, Anwendungsbereich und Sperrwirkung des Art. 5 des Wiener UN-Kaufrechts (CISG), 1997; *Magnus*, Das UN-Kaufrecht: Fragen und Probleme seiner praktischen Bewährung, ZEuP 1997, 823–846; *Mischke*, Zur Haftung des Verkäufers für Sachmängel und Produktfehler der verkauften Waren nach deutschem, europäischem und internationalem Recht, BB 1997, 1494–1497; *Roth/Kunz*, Zur Bestimmbarkeit des Preises im UN-Kaufrecht, RIW 1997, 17–21; *Schunke*, Die Sachverhaltsarbeit im deutschen, italienischen, französischen und US-amerikanischen Recht. Vereinheitlichungsmöglichkeiten im Hinblick auf Art. 7 CISG, 1997; *Sieg*, Allgemeine Geschäftsbedingungen im grenzüberschreitenden Geschäftsverkehr, RIW 1997, 811–819; *Westermann*, Zur Wesentlichkeit der Vertragsverletzung nach UN-Kaufrecht, DZWiR 1997, 45–47; *Callegari*, La denuncia dei vizi nella Convenzione di Vienna: un difficile incontro con il criterio del reasonable man, Giur. It. 1998, 982–984; *Corvaglia* Das einheitliche UN-Kaufrecht – CISG, Bern 1998; *Fallon/Philippe*, La Convention de Vienne sur les contrats de vente internationale de merchandises, J. Trib. 1998, 17–35; *Gabriel*, The Inapplicability of the United Nations Convention on the International Sale of Goods as a Model for the Revision of Article Two of the Uniform Commercial Code, Tul.L.Rev. 72 (1998), 1995–2014; *Gstoehl*, Das Verhältnis von Gewährleistung nach UN-Kaufrecht und Irrtumsanfechtung nach nationalem Recht, ZfRV 1998, 1–10; *Hohoff*, Das Nacherfüllungsrecht des Verkäufers. Eine rechtsvergleichende Darstellung der Regelungen nach dem UN-Kaufrecht, dem BGB, den Vorschlägen zur Reform des Schuldrechts und der Europäischen Union, 1998; *Hornung*, Die Rückabwicklung gescheiterter Verträge nach französischem, deutschem und nach Einheitsrecht. Gemeinsamkeiten, Unterschiede, Wechselwirkungen, 1998; *Imberg*, Die Verteilung der Beweislast beim Gefahrübergang nach UN-Kaufrecht, 1998; *Jenkins*, Exemption for Nonperformance: UCC, CISG, UNIDROIT Principles – A Comparative Assessment, Tul.L.Rev. 72 (1998), 2015–2030; *W. Kircher*, Die Voraussetzungen der Sachmängelhaftung beim Warenkauf. Eine vergleichende Darstellung des deutschen und des englischen Rechts unter Berücksichtigung des UN-Kaufrechts und aktueller Reformbestrebungen, 1998 (insbes. S. 48–67); *Lohs/Nolting*, Regelung der Vertragsverletzung im UN-Kaufrechtsübereinkommen, ZVglRWiss 97 (1998), 4–29; *Wartenberg*, CISG und deutsches Verbraucherschutzrecht: Das Verhältnis der CISG insbesondere zum VerbrKrG, HaustürWG und ProdHaftG, 1998; *Witz*, Les premières applications jurisprudentielles de la Convention de Vienne sur la vente internationale de marchandises, in: *Ferrari* (Hrsg.), Unification of International Commercial Law, 1988, 159–172; *Witz/Wolter*, Die neuere Rechtsprechung französischer Gerichte zum Einheitlichen UN-Kaufrecht, RIW 1998, 278–285; *Magnus*, Das Schadenskonzept des CISG und transportrechtlicher Konventionen, Fschr. Herber 1999, 27–35.

Rechtsprechungsübersicht: Bundesamt für Justiz (Schweiz), Rechtsprechung zum Wiener Kaufrecht, SZIER 1993, 653–668; 1995, 269–281; 1996, 43–58; 1997, 129–143; 1998, 75–90.

Schrifttum zum **Verhältnis Einheitskaufrecht – IPR** auch unten S. 605, 608; zur **Vereinheitlichung des materiellen Kaufrechts in der EG** unten S. 98–101.

Außerdem gibt es:

1. ein New Yorker UNCITRAL-Übereinkommen über die *Verjährungsfrist beim internationalen Kauf beweglicher Sachen* vom 14. 6. 1974 (Text: Riv.dir.int.priv.proc. 1975, 201–208) (in Kraft für 24 Staaten [Stand 16. 11. 1998], ab 1. 3. 1990 für DDR [GBl. II 201]; für die alten Bundesländer noch nicht in Kraft) mit Wiener Änderungsprotokoll vom 11. 4. 1980 (Text: Rev.dr.unif. 1980 I, 138–149; *Schlechtriem*, Einheitliches UN-Kaufrecht, 1981, 162–167; RabelsZ 51 [1987], 186–195; in Kraft ab 1. 8. 1988 für 17 Staaten [Stand 16. 11. 1998]; ab 1. 3. 1990 für DDR [GBl. 1989 II 201]; für die alten Bundesländer noch nicht in Kraft); Abkommen und Protokoll gelten im Gebiet der neuen Bundesländer fort (so zutreffend *Thorn*, IPRax 1993, 215 f. gegen eine Stellungnahme des Bundesjustizministeriums);
2. ein Genfer Übereinkommen über die *Stellvertretung beim internationalen Kauf beweglicher Sachen* vom 17. 2. 1983 (Text: Rev.dr.unif. 1983 I–II, 164–177; Riv.dir.int.priv.proc. 1983, 414–422; Am.J.Comp.L. 32 [1984], 751–763; noch nicht in Kraft, von Deutschland auch nicht gezeichnet);
3. den Vorentwurf eines UNIDROIT-Übereinkommens über die *Handelsvertretung beim internationalen Kauf beweglicher Sachen* (Rev.dr.unif. 1989 I, 60–187, Bericht von Maskow).

Für das *internationale* Kaufrecht sind vereinheitlichende Staatsverträge beschlossen, aber jedenfalls für die Bundesrepublik noch nicht in Kraft getreten (unten S. 212, 214 f.).

Durch eine in Ottawa am 28. 5. 1988 beschlossene, von Deutschland nicht gezeichnete Unidroit-Konvention über das **Leasing** wird das Recht dieses Vertrages vereinheitlicht.

Text des **Entwurfs:** Rev.dr.unif. 1987 I, 150–365 (mit Begründung); RabelsZ 51 (1987), 725–730.

Text des **Abkommens:** Rev.dr.unif. 1988 I, 134–161; RabelsZ 51 (1987), 736–752; Riv.dir.int.priv.proc. 1995, 543–550.

Materialien: Unidroit, Diplomatic Conference for the Adoption of the Draft Unidroit Conventions on International Factoring and International Financial Leasing. Acts and Proceedings, Rom, I 1991, II 1992.

Schrifttum: *Réczei*, Leasing and its Unification, Fschr. Sauveplanne, Deventer 1984, 209–222 (221 f.); *De Nova*, Analisi critica del progetto Unidroit sul *leasing*, Riv.dir.civ. 1984 II, 532–536 (Text 536–539); *Goode*, The proposed new Factoring and Leasing Conventions, J.B.L. 1987, 219–221, 318–320, 399–402; *Poczobut*, Internationales Finanzierungsleasing, Das UNIDROIT-Projekt – vom Entwurf (Rom 1987) zum Übereinkommen (Ottawa 1988), RabelsZ 51 (1987), 681–721; *Basedow*, Leistungsstörungen in internationalen Leasingverträgen, RIW 1988, 1–12 (Text 10–12); *Frignani*, La convenzione di diritto uniforme sul *leasing* internazionale, Riv.dir.civ. 1988 II, 231–237; *Feinen*, Internationale Leasingrechtsregeln der Unidroit, BB 1988, Beil. 6 zu Heft 14 (Leasing-Berater), S. 1–4; *Goode*, Conclusion of the Leasing and Factoring Conventions, J.B.L. 1988, 347–350, 510–513; *Cabanillas Sánchez*, La configuración del arrendamiento financiero (LEASING) por la Ley de 29 de julio de 1988, en la jurisprudencia y en el Convenio sobre leasing internacional, ADC 1991, 961–1018; *Gavalda*, Le crédit-bail international, Trav.com.fr.dr.i.p. 1988–1990 (erschienen 1991), 59–68; *Dageförde*, Internationales Finanzierungsleasing, Deutsches Kollisionsrecht und Konvention von Ottawa (1988), 1992; *Ebenroth*, Leasing im grenzüberschreitenden Verkehr, in: *Kramer* (Hrsg.), Neue Vertragsformen der Wirtschaft: Leasing, Factoring, Franchising², Bern 1992, 117–238 (Text 218–238); *Graf von Westphalen*, Grenzüberschreitendes Finanzierungsleasing, RIW 1992, 257–264; *Knebel*,

Der Aufwendungsersatzanspruch des Leasinggebers nach der UNIDROIT-Leasing-Konvention, 1993; *Knebel*, Inhaltskontrolle von Leasingverträgen auf der Grundlage der Unidroit-Leasingkonvention, RIW 1993, 537–540; *Dalhuisen*, The UNIDROIT Convention on International Financial Leasing, in: *Kokkini-Iatridou/Grosheide* (Hrsg.), Eenvormig en vergelijkend privaatrecht, Lelystad 1994, 27–51; *Dageförde*, Inkrafttreten der Unidroit-Konvention von Ottawa vom 28. 5. 1988 über Internationales Finanzierungsleasing, RIW 1995, 265–268; *Mariani*, L'entrata in vigore delle due convenzioni Unidroit sul leasing internazionale e sul factoring internazionale, Riv.dir.int.priv.proc. 1995, 562–571; *De Nova*, La défaillance du crédit-preneur sous l'empire de la Convention d'Unidroit sur le crédit-bail international, Unif. L.Rev. 1996, 255–259; *Honnebier*, Het effect van de UNIDROIT Convention on international financial leasing in Nederland, WPNR 1996, 755–759, 776–779; *Girsberger*, Grenzüberschreitendes Finanzierungsleasing. Internationales Vertrags-, Sachen- und Insolvenzrecht. Eine rechtsvergleichende Untersuchung, 1997; *Rodríguez Mateos*, El contrato de leasing mobiliario internacional, Madrid 1997.

Auch das **Factoring** ist vereinheitlicht durch eine ebenfalls am 28. 5. 1988 beschlossene Unidroit-Konvention über das internationale Factoring, in Deutschland in Kraft seit 1. 12. 1998 (BGBl. 1998 II, 172, 2375).

Text des Entwurfs: Rev.dr.unif. 1987 I, 72–149 (mit Begründung); RabelsZ 53 (1989), 729–732.

Text des **Abkommens:** BGBl 1998 II, 172; RabelsZ 53 (1989), 733–745.

Materialien: siehe oben zum Leasing-Übereinkommen.

Schrifttum: *Frignani*, L'avan-progetto di legge uniforme sul *factoring* internazionale (Unidroit, 1982), Riv.dir.civ. 1983 I, 96–105; *Goode*, A Uniform Law on International Factoring, Fschr. Sauveplanne, Deventer 1984, 91–102; *Goode*, The proposed new Factoring and Leasing Conventions, J.B.L. 1987, 219–221, 318–320, 399–402; *Goode*, Conclusion of the Leasing and Factoring Conventions, J.B.L. 1988, 347–350, 510–513; *Rebmann*, Das UNIDROIT-Übereinkommen über das internationale Factoring (Ottawa 1988), RabelsZ 53 (1989), 599–621; *Diehl-Leistner*, Internationales Factoring, 1992; *Panzera*, Brevi note in tema di „factoring" internazionale, Giur. It. 1993 IV, 345–349; *Monaco*, Note sul factoring internazionale quale disciplinato dalla Convenzione dell'UNIDROIT, in: Estudios de Derecho Bancario y Bursátil, Fschr. Verdera y Tuells, Madrid 1994, II 1859–1864; *Mariani*, L'entrata in vigore delle due convenzioni Unidroit sul leasing internazionale e sul factoring internazionale, Riv.dir.int.priv.proc. 1995, 562–571; *Zaccaria*, Internationales Factoring nach Inkrafttreten der Konvention von Ottawa, IPRax 1995, 279–286; *Ferrari*, Der internationale Anwendungsbereich des Ottawa-Übereinkommens von 1988 über Internationales Factoring, RIW 1996, 181–188; *Malatesta*, La cessione del credito nel diritto internazionale privato, Padua 1996 (insbes. S. 225–274); *Basedow*, Internationales Factoring zwischen Kollisionsrecht und Unidroit-Konvention, ZEuP 1997, 615–642; *Bette*, Abtretung von Auslandsforderungen, WM 1997, 797–805 (insbes. 802–805); *Ferrari*, The International Sphere of Application of the 1988 Ottawa Convention on International Factoring, in: *Ferrari* (Hrsg.), Unification of International Commercial Law, 1998, 135–157; *Hakenberg*, Juristische Aspekte bei der Exportforfaitierung, RIW 1998, 906–910 (909 f); *Weller*, Die UNIDROIT-Konvention von Ottawa über internationales Factoring, RIW 1999, 161–169.

Zur Arbeit von Unidroit auf dem Gebiet des **Franchising** unten S. 104.

Vereinheitlicht ist der **Reisevertrag** zwischen dem Reiseveranstalter oder -vermittler und dem Reisenden durch das Brüsseler Internationale Übereinkommen über den Reisevertrag (CCV) vom 23. 4. 1970. Die Bundesrepublik will dem Abkommen nicht beitreten; sie hat statt dessen den Reisevertrag in §§ 651 a-l BGB geregelt.

Schrifttum zum Abkommen 7. Aufl. S. 68.

Außerdem erging eine **EG-Richtlinie** über **Pauschalreisen** vom 13. 6. 1990 (90/314 EWG, ABlEG L 158/59), umgesetzt durch Gesetz vom 24. 6. 1994 (BGBl. 1994 I 1322). **Schrifttum** unten S. 101.

Teilweise vereinheitlicht ist die **Gastwirtshaftung** durch das Europäische Übereinkommen über die Haftung der Gastwirte für die von ihren Gästen eingebrachten Sachen vom 17. 12. 1962 (BGBl. 1966 II 269), für die Bundesrepublik in Kraft seit 15. 2. 1967 (BGBl. 1966 II 1565, 1967 II 1210). Auf Grund des Abkommens sind durch Gesetz vom 24. 3. 1966 (BGBl. I 181) §§ 701–703 BGB geändert worden.

Die **Haftung des Warenherstellers** wollte ein Europäisches Übereinkommen vom 27. 1. 1977 vereinheitlichen (nicht in Kraft; Text: Rev.dr.unif. 1977 I, 192–207). In der EG zog man den Weg einer Richtlinie vor: *EWG-Richtlinie* vom 25. 7. 1985 zur Angleichung der Rechts- und Verwaltungsvorschriften der Mitgliedstaaten über die *Haftung für fehlerhafte Produkte* (85/374/EWG), in Deutschland umgesetzt durch das Produkthaftungsgesetz vom 15. 12. 1989 (BGBl. 1989 I 2198).

Schrifttum zum Abkommen 6. Aufl. S. 48 a. E. f.; zur Richtlinie unten S. 100f.

cc) Gewerblicher Rechtsschutz, Urheberrecht

Teilweise, im einzelnen unterschiedlich vereinheitlicht sind auch **gewerblicher Rechtsschutz** und **Urheberrecht** (teils Anerkennung eines Rechtserwerbs nach ausländischem Recht [= IPR-*Vereinheitlichung*]; teils Erwerb und Schutz von Rechten nach inländischem Recht [= Grundsatz der „Inländerbehandlung" = *Ausländerrechtsabbau*]; teils Erwerb und Schutz von Rechten nach Grundsätzen, die im Staatsvertrag aufgestellt sind [= *Ausländerrechtsvereinheitlichung*]):

1. Pariser Verbandsübereinkunft zum *Schutz des gewerblichen Eigentums* vom 20. 3. 1883, revidiert Brüssel 1900, Washington 1911, den Haag 1925, London 1934, Lissabon 1958 (BGBl. 1961 II 273, 1962 II 46), Stockholm 1967 (BGBl. 1970 II 293, 391, 1073, 1971 II 1015 [ber.], 1984 II 799, 1994 I 3082);
2. Madrider Abkommen über die *Unterdrückung falscher oder irreführender Herkunftsangaben* vom 14. 4. 1891, revidiert Washington 1911, den Haag 1925, London 1934, Lissabon 1958 (BGBl. 1961 II 273, 293, 1963 II 153, 1076), Stockholmer Zusatzvereinbarung vom 14. 7. 1967 (BGBl. 1970 II 293, 444, 1072, 1994 I 3082);
3. Madrider Abkommen über die *internationale Registrierung von Fabrik- oder Handelsmarken* vom 14. 4. 1891, revidiert Brüssel 1900, Washington 1911, den Haag 1925, London 1934, Nizza 1957, Stockholm 1967 (BGBl. 1970 II 293, 418, 991, 1971 II 200, 1973 II 1, 1984 II 799), Protokoll vom 27.6. 1989 (BGBl. 1995 II 1016, 1996 II 557), gemeinsame Ausführungsordnung vom 18. 1. 1996 (BGBl. 1996 II 562, 1997 II 2206);
4. Haager Abkommen über die *internationale Hinterlegung gewerblicher Muster und Modelle* vom 6. 11. 1925, revidiert London 1934, den Haag 1960 (BGBl. 1962 II 774, 788, 790, 1984 II 798); Zusatzvereinbarung von Monaco vom 18. 11. 1961 (BGBl. 1962 II 937, 2171); Stockholmer Ergänzungsvereinbarung vom 14. 7. 1967 (BGBl. 1970 II 293, 448); Genfer Protokoll vom 29. 8. 1975 (BGBl. 1981 II 586, 1982 II 13, 1984 II 798 [außer Kraft]);
5. Nizzaer Abkommen betr. die *internationale Klassifikation von Waren und Dienstleistungen für die Eintragung von Marken* vom 15. 6. 1957, revidiert Stockholm 1967, Genf 1977 (BGBl. 1981 II 358, 1059, 1984 II 799), Neufassungen der Klasseneinteilung von 1982, 1985, 1990, 1995 (BGBl. 1983 II 358, 1986 II 1139, 1992 II 438, 1996 II 2660, 1996 II 2771);
6. *Locarnoer Abkommen zur Errichtung einer Internationalen Klassifikation für gewerbliche Muster und Modelle* vom 8. 10. 1968, geändert am 2. 10. 1979 (BGBl. 1990 II 1677), in Deutschland in Kraft seit 25. 10. 1990;
7. Berner Übereinkunft zum *Schutze von Werken der Literatur und Kunst* vom 9. 9. 1886, revidiert Berlin 1908, Rom 1928, Brüssel 1948 (BGBl. 1965 II 1213, 1966 II 1565), Stockholm 1967 mit Protokoll betreffend die Entwicklungländer (BGBl. 1970 II 293, 348, 380, 1314; kein Beitritt zu Art. 1–21 der Übereinkunft und zum Protokoll), Paris 1971 (BGBl. 1973 II 1069, 1974 II 165, 1079, 1985 II 81);
8. *Welturheberrechtsabkommen* vom 6. 9. 1952 (BGBl. 1955 II 101, 103, 892), revidiert Paris 1971 (BGBl. 1973 II 1069, 1111, 1974 II 1309);

9. Lissaboner Abkommen vom 31. 10. 1958 über den *Schutz von Ursprungsbezeichnungen und ihre internationale Eintragung*; revidiert Stockholm 1967, geändert 1979, 18 Mitgliedstaaten;
10. Rom-Abkommen über den *Schutz der ausübenden Künstler, der Hersteller von Tonträgern und der Sendeunternehmungen* vom 26. 10. 1961 (BGBl. 1965 II 1243, 1966 II 1473);
11. Internationales Übereinkommen zum *Schutz von Pflanzenzüchtungen* vom 2. 12. 1961 (BGBl. 1968 II 428, 861) mit Zusatzakte vom 10. 11. 1972 (BGBl. 1976 II 437, 1977 II 468), Genfer Fassung des Abkommens vom 23. 10. 1978 (BGBl. 1984 II 809, 1986 II 782), revidiert in Genf am 19. 3. 1991 (BGBl. 1998 II 258, 2493);
12. Stockholmer Übereinkommen zur *Errichtung der Weltorganisation für geistiges Eigentum* vom 14. 7. 1967 (BGBl. 1970 II 293, 295, 1070, 1984 II 799, 1985 II 975, 1994 I 3082);
13. Europäische Übereinkunft über *Formerfordernisse bei Patentanmeldungen* vom 11. 12. 1953 (BGBl. 1954 II 1099, 1955 II 878; außer Kraft für Bundesrepublik am 30. 10. 1977, BGBl. II 199).
14. Europäische Übereinkunft über die *Vereinheitlichung gewisser Begriffe des materiellen Rechts der Erfindungspatente* vom 27. 11. 1963 (BGBl. 1976 II 649, 658, 1980 II 572);
15. Europäisches Abkommen zum *Schutz von Fernsehsendungen* vom 22. 6. 1960 (BGBl. 1965 II 1234, 1235, 1968 II 134) mit Zusatzprotokollen (BGBl. 1967 II 1785, 1968 II 135; 1974 II 1313, 1975 II 62; 1984 II 1014, 1986 II 473; 1989 II 986);
16. Washingtoner Abkommen über *Patent-Kooperation* vom 19. 6. 1970 mit Ausführungsordnung (BGBl. 1976 II 649, 664) mit vielen Änderungen (siehe BGBl. II Fundstellennachweis B, abgeschlossen am 31. 12. 1998, S. 498, und BGBl. 1999 II 244, 372);
17. Straßburger Abkommen über die *Internationale Patentklassifikation* vom 24. 3. 1971 (BGBl. 1975 II 283, 1984 II 791);
18. Genfer Übereinkommen zum *Schutz der Hersteller von Tonträgern gegen die unerlaubte Vervielfältigung ihrer Tonträger* vom 29. 10. 1971 (BGBl. 1973 II 1669, 1974 II 336);
19. Münchener Übereinkommen über die *Erteilung europäischer Patente* vom 5. 10. 1973 mit Ausführungsordnung und vier Protokollen (BGBl. 1976 II 649, 826, 915, 982, 985, 994, 1000, 1977 II 792, 1997 II 349); Ausführungsordnung mehrfach geändert (zuletzt BGBl. 1997 II 763); das Übereinkommen ist *geändert* durch die Brüsseler Vereinbarung über Gemeinschaftspatente vom 21. 12. 1989 (BGBl. 1991 II 1354, 1358, 1361) mit Brüsseler Protokoll über eine etwaige Änderung der Bedingungen für das Inkrafttreten der Vereinbarung über Gemeinschaftspatente vom 21. 12. 1989 (BGBl. 1991 II 242); ferner durch Beschlüsse von 1978, 1994, 1995, 1996 (BGBl. 1979 II 349, 1995 II 194, 1996 II 279, 1997 II 763); Gebührenordnung vom 20. 10. 1977 (BGBl. 1978 II 1133, 1148), mehrfach geändert (zuletzt BGBl. 1997 II 763);
20. Wiener Übereinkommen über die *internationale Registrierung von Marken* (TRT) vom 12. 6. 1973; durch Beitrittserklärungen in Kraft seit 7. 8. 1980; jedoch hat keiner der 14 Unterzeichnerstaaten, darunter auch Deutschland, bisher ratifiziert;
21. Wiener Übereinkommen über den *Schutz typographischer Schriftzeichen und ihre internationale Hinterlegung* vom 12. 6. 1973 mit Protokoll (BGBl. 1981 II 382); nicht in Kraft;
22. Wiener Übereinkommen über die *Errichtung einer Internationalen Klassifikation der Bildbestandteile von Marken* vom 12. 6. 1973; Änderungsprotokoll 1985; 13 Mitgliedsstaaten; in Bezug genommen durch die Gemeinsame Ausführungsordnung zum Madrider Abkommen über die internationale Registrierung von Marken und zum Protokoll zu diesem Abkommen (siehe oben Nr. 3), Regel 1 XXII;

23. Übereinkommen vom 21. 5. 1974 über die *Verbreitung der durch Satelliten übertragenen programmtragenden Signale,* in Deutschland in Kraft seit 25. 8. 1979 (BGBl. 1979 II 113, 816);
24. Luxemburger Übereinkommen über das *europäische Patent für den Gemeinsamen Markt* (Gemeinschaftspatentübereinkommen) vom 15. 12. 1975 (BGBl. 1979 II 833; dazu Ges. über das Gemeinschaftspatent und zur Änderung patentrechtlicher Vorschriften [Gemeinschaftspatentgesetz – GPatG –] vom 26. 7. 1979 [BGBl. I 1269]); ersetzt durch Vereinbarung über Gemeinschaftspatente vom 21. 12. 1989 (BGBl. 1991 II 1354, 1358), noch nicht in Kraft, sowie Protokoll vom 21. 12. 1989 über eine etwaige Änderung der Bedingungen für das Inkrafttreten der Vereinbarung über Gemeinschaftspatente;
25. Budapester Vertrag über die *internationale Anerkennung der Hinterlegung von Mikroorganismen für die Zwecke von Patentverfahren* vom 28. 4. 1977 mit Ausführungsordnung, geändert am 26. 9. 1980 (BGBl. 1980 II 1104, 1531, 1984 II 679);
26. Genfer Vertrag über die *internationale Eintragung wissenschaftlicher Entdeckungen* vom 7. 3. 1978 (Text in: *Beier/Straus,* Der Schutz wissenschaftlicher Forschungsergebnisse, 1982, 87–95);
27. Vertrag von Nairobi über den *Schutz des Olympischen Symbols* vom 26. 9. 1981 (Text: GRUR Int. 1983, 37 f.);
28. Washingtoner Vertrag über den *Schutz des geistigen Eigentums an integrierten Schaltkreisen* vom 26. 5. 1989, noch nicht in Kraft, 8 Signatarstaaten, Deutschland hat nicht gezeichnet;
29. Marrakescher Übereinkommen über *handelsbezogene Aspekte der Rechte des geistigen Eigentums* (TRIPS) vom 15. 4. 1994 (BGBl II 1730) = Übereinkommen Nr. 5 des Marrakescher Übereinkommens zur Errichtung der Welthandelsorganisation (WTO) vom selben Tage (ebd. 1441), in Deutschland in Kraft seit 1. 1. 1995 (BGBl. 1995 II 456);
30. Vertrag über die *internationale Registrierung von audiovisuellen Werken,* Genf 1989 (Filmregistervertrag), 13 Mitgliedstaaten;
31. Genfer *Markenrechtsvertrag* vom 27. 10. 1994 mit Ausführungsordnung, 21 Mitgliedsstaaten, erstmals in Kraft 1. 8. 1996;
32. *Urheberrechtsvertrag der WIPO,* Genf 23. 12. 1996, 51 Signatarstaaten, darunter Deutschland, noch nicht in Kraft;
33. Übereinkommen der WIPO über *Aufführungen und Tonträger,* Genf 23. 12. 1996, 50 Signatarstaaten, darunter Deutschland, noch nicht in Kraft.

Ferner erfolgt eine Rechtsvereinheitlichung durch **EG-Richtlinien:**

1. Richtlinie 89/104/EWG zur *Angleichung der Rechtsvorschriften der Mitgliedstaaten über die Marken* vom 21. 12. 1988, GRUR Int. 1989, 294–298; das deutsche Markengesetz folgt den Vorschriften dieser Richtlinie;
2. Richtlinie 91/250/EWG über den *Rechtsschutz von Computerprogrammen* vom 14. 5. 1991, GRUR Int. 1991, 545–548 (Zusatzdokumente 548–551), umgesetzt BGBl. 1993 I 910;
3. Richtlinie 93/98/EWG zur *Harmonisierung der Schutzdauer des Urheberrechts und bestimmter verwandter Schutzrechte* vom 29. 10. 1993, umgesetzt durch Gesetz vom 23. 6. 1995, BGBl. 1995 I 842;
4. Richtlinie 93/83/EWG bezüglich *Koordination bestimmter urheber- und leistungsschutzrechtlicher Vorschriften betreffend Satellitenrundfunk und Kabelweiterverbreitung* vom 27. 9. 1993;
5. Richtlinie 92/100/EWG zum *Vermietrecht und Verleihrecht sowie zu bestimmten dem Urheberrecht verwandten Schutzrechten im Bereich des geistigen Eigentums* vom 18. 11. 1992, umgesetzt durch Gesetz vom 23. 6. 1995, BGBl. 1995 I 842;

6. Richtlinie 96/9/EG über den *rechtlichen Schutz von Datenbanken* vom 11. 3. 1996, umgesetzt durch Informations- und Kommunikationsdienstegesetz vom 22. 7. 1997, BGBl. 1997 I 1870.

Schrifttum: Älteres Schrifttum 7. Aufl. S. 85–88. Weiter: *Armitage*, Updating the European Patent Convention, GRUR Int. 1990, 662–666; *Bruchhausen*, Können die bei der Patentverletzung entstehenden Ausgleichsansprüche harmonisiert werden?, GRUR Int. 1990, 707–717; *Christians*, Immaterialgüterrechte und GATT: die Initiative zur Fortentwicklung des internationalen Schutzes geistigen Eigentums im Rahmen der Uruguay-Runde, 1990 (bespr. von *Nordemann*, RabelsZ 56 [1992], 200–203); *Dessemontet*, L'harmonisation du droit applicable aux contrats de licence, Fschr. von Overbeck, Freiburg/Schweiz 1990, 725–746; *Drexl*, Entwicklungsmöglichkeiten des Urheberrechts im Rahmen des GATT. Inländerbehandlung, Meistbegünstigung, Maximalschutz, 1990 (bespr. von *Nordemann*, RabelsZ 56 [1992], 200–203); *Hilty*, Der Schutzbereich des Patents. Eine Untersuchung des Europäischen Patentübereinkommens anhand des vergleichbaren schweizerischen Rechts, 1990; *Karnell*, The Berne Convention for the Protection of Literary and Artistic Works and its National Treatment Principle – In Particular with Regard to Collectively Administered Author's Rights, Fschr. Hjerner, Stockholm 1990, 277–297; *Cottier*, The prospects for intellectual property in GATT, C. M. L.Rev. 1991, 383–414; *Françon*, Les conventions internationales de droit d'auteur comme facteur d'harmonisation des législations nationales, Les activités et les biens de l'entreprise, Fschr. Derruppé, Paris 1991, 391–398; *Hilf/Oehler* (Hrsg.), Der Schutz des geistigen Eigentums in Europa, 1991 (bespr. von *Buck*, RabelsZ 58 [1994], 162–165); *Kitagawa*, Treaty on Intellectual Property in Respect of Integrated Circuits – A Failed Success, Fschr. Lorenz 1991, 649–675; *Zenhäusern*, Der internationale Lizenzvertrag, Freiburg/Schweiz 1991 (bespr. von *Buck*, RabelsZ 59 [1995], 157–160); *Dietz*, Der Begriff des Urhebers im Recht der Berner Konvention, Fschr. Kitagawa 1992, 851–868; *Scheer*, Die Internationale PCT-Anmeldung, Das Europäische Patent, Das Gemeinschaftspatent[7], 1992; *Cornish*, The International Relations of Intellectual Property, C. L. J. 52 (1993), 46–63; *Pfaff/Nagel* (Hrsg.), Internationale Rechtsgrundlagen für Lizenzverträge im gewerblichen Rechtsschutz/International Sources for Licensing of Industrial Property, Teile A und B, 1993 (dt./engl.); *Rafeiner* (Hrsg.), Patente, Marken, Muster, Märkte. Der gewerbliche Rechtsschutz international, Wien 1993; *Botana Agra*, La protección de las marcas internacionales (con especial referencia a España), Madrid 1994; *Cook*, Copyright in the European Community, EuZW 1994, 7–13; *Hoppe*, Lizenz- und know-how-Verträge im internationalen Privatrecht: Ein Beitrag zum Kollisionsrecht internationaler und insbesondere multinationaler Lizenzverträge aus dem Bereich des Patent-, Warenzeichen- und Urheberrechts unter Berücksichtigung internationaler know-how-Verträge, 1994; *Kerever*, Le GATT et le droit d'auteur international – L'accord sur les aspects des droits de propriété intellectuelle qui touchent au commerce, Rev.trim. dr.commercial 1994, 629–644; *Kessler*, L'internationalisation des droits intellectuels, RDAI 1994, 805–826; *Lontai*, Unification of law in the field of international industrial property, Budapest 1994; *Melzer*, Das Haager Musterabkommen: Vorteile, Grenzen und Zukunft, Schweizerische Mitteilungen über Immaterialgüterrecht/Zeitschrift für Immaterialgüter-, Informations- und Wettbewerbsrecht 1994, 43–52; *Walter*, Das Diskriminierungsverbot nach dem EWR-Abkommen und das österreichische Urheber- und Leistungsschutzrecht. Überlegungen anläßlich der Entscheidung des EuGH in Sachen Phil Collins – Teil I, Medien und Recht 1994, 101–106; *Braun*, Précis des marques. Loi uniforme Benelux, droit belge, droit international[3], Brüssel 1995; *Briem*, Internationales und europäisches Wettbewerbsrecht und Kennzeichenrecht, Wien 1995; *Dillenz*, Internationales Urheberrecht in Zeiten der Europäischen Union, (öst)JBl 1995, 351–364; *Geller*, Geistiges Eigentum auf dem Weltmarkt: Welche Bedeutung hat die Streitbeilegung nach TRIPS?, GRUR Int. 1995, 935–944; *Kohler*, Kollisionsrechtliche Anmerkungen zur Verordnung über die Gemeinschaftsmarke, Fschr. Everling I, 1995, 651–667; *de Miguel Asensio*, Contratos internacionales sobre propiedad industrial, Madrid 1995 (nz; bespr. von *Bouza Vidal*, Rev.esp.der.int.

1996, Nr. 1, 521–523); *Reichman*, Universal Minimum Standards of Intellectual Property Protection under the TRIPS Component of the WTO Agreement, Int. L. 29 (1995), 345–388; *Schneider*, Neuerungen im internationalen Markenrecht. Der Trademark Law Treaty (TLT), AJP/PJA 1995, 719–722; *Walter*, Die europäische Harmonisierung des Urheberrechts – Rechtsangleichung und Weiterentwicklung des Urheberrechts in Europa, in: *Tomuschat* u. a. (Hrsg.), Europäische Integration und nationale Rechtskulturen 1995, 123–134; *Beier/Schricker* (Hrsg.), From GATT to TRIPs – The Agreement on Trade-Related Aspects of Intellectual Property Rights, 1996; *Dreier*, TRIPS und die Durchsetzung von Rechten des geistigen Eigentums, GRUR Int. 1996, 205–218; *Frost*, Auf dem Weg zu einem europäischen Urheberrecht, EWS 1996, 86–92; *Haedicke*, Einführung in das internationale Urheberrecht: Die Grundprinzipien und der institutionelle Rahmen nach Abschluß der Gatt-Uruguay-Runde, Jura 1996, 64–74; *Heath*, Trademark rights in Europe, Eur.Rev.Priv. L. 4 (1996), 289–338; *Josselin-Gall*, Le commerce international du droit de propriété littéraire et artistique: quelques incertitudes, Rev.trim.dr.commercial 1996, 425–441; *Klaka/Schulz*, Die Europäische Gemeinschaftsmarke, 1996; *Lehmann*, TRIPS/WTO und der internationale Schutz von Computerprogrammen, CR 1996, 2–5; *Schricker/Bastian/Dietz* (Hrsg.), Konturen eines europäischen Urheberrechts, 1996; *Schwarze*, Die Vereinheitlichung der Patente in der Europäischen Gemeinschaft. Eine Untersuchung am Beispiel des Arzneimittelmarktes, RIW 1996, 272–280; *Straus*, Bedeutung des TRIPS für das Patentrecht, GRUR Int. 1996, 179–205; *Valle*, Der sachliche Schutzbereich des europäischen Patents, 1996; *Albert*, Die Neuordnung des Markenrechts, GRUR Int. 1997, 449–475; *Bödeker*, Die neue Gemeinschaftsmarke – ein Stück mehr Europa, in: *Herrmann/Berger/Wackerbarth* (Hrsg.), Deutsches und Internationales Bank- und Wirtschaftsrecht im Wandel, 1997, 156–172; *Bumiller*, Durchsetzung der Gemeinschaftsmarke in der Europäischen Union, 1997; *Ellins*, Copyright Law, Urheberrecht und ihre Harmonisierung in der Europäischen Gemeinschaft, 1997; *von Lewinski/Gaster*, Die Diplomatische Konferenz der WIPO 1996 zum Urheberrecht und zu verwandten Schutzrechten – Ergebnisse und Folgen, ZUM 1997, 607–625; *St. Müller*, Das neue spanische Urheberrecht im Vergleich zum deutschen Recht unter besonderer Berücksichtigung der europäischen Urheberrechtsharmonisierung, 1997; *Staehelin*, Das TRIPS-Abkommen. Immaterialgüterrechte im Licht der globalisierten Handelspolitik, Bern 1997; *Staehelin*, Wettbewerbs- und Kartellrecht im TRIPs-Abkommen der WTO, SZW 1997, 97–101; *Stucki*, Trademarks and Free Trade. An Analysis in Light of the Principle of Free Movement of Goods, the Exhaustion Doctrine in EC Law and of the WTO Agreements, Bern 1997; *Thomann*, Internationaler Urheberrechtsschutz und Verwertung von Urheberrechten auf dem Internet, Sic 1997, 529–539; *Brandi-Dohrn/Gruber/Muir*, Europäisches und internationales Patentrecht[4], 1998; *Gervais*, La notion d'oeuvre dans la Convention de Berne et en droit comparé, Genf 1998; *Renner*, Rechtsschutz von Computerprogrammen. Vergleich des österreichischen Urheberrechtsgesetzes mit den europäischen TRIPS-Mindeststandards. Ausgewählte Spezialfragen des Privatanklageverfahrens in Urheberrechtsstrafsachen, Wien 1998; *Ryberg*, Verfahrensrecht bei Patentstreitsachen, GRUR Int. 1998, 234–238; *Straus*, Völkerrechtliche Verträge und Gemeinschaftsrecht als Auslegungsfaktoren des Europäischen Patentübereinkommens, GRUR Int. 1998, 1–15; *Uysal*, Probleme des türkischen Markenrechts aus der Sicht des deutschen und europäischen Rechts, 1998.

Schrifttum zum **IPR** des gewerblichen Rechtsschutzes und Urheberrechts unten S. 520 f.

dd) Umwelthaftung, Atomhaftung

Im Bereich der **Umwelthaftung** gibt es ein von Deutschland nicht gezeichnetes Übereinkommen des Europarates über die zivilrechtliche Haftung für Schäden durch umweltgefährdende Tätigkeiten vom 21. 6. 1993. Das Abkommen wurde von 9 Staaten gezeichnet, bisher aber von keinem ratifiziert (Text: Rev.dr.unif. 1993 I–II, 272–321).

Ferner gibt es das Basler UN-Übereinkommen über die Kontrolle der grenzüberschreitenden Verbringung gefährlicher Abfälle und ihrer Entsorgung vom 22. 3. 1989 (BGBl. 1994 II 2703; für Deutschland in Kraft seit 20. 7. 1995, BGBl. 1995 II 696) sowie den Entwurf eines Ergänzungsprotokolls über die Haftung und den Ersatz von Schäden, die sich aus der grenzüberschreitenden Verbringung und Entsorgung gefährlicher Abfälle ergeben.

Schrifttum: *Palm,* Grenzüberschreitende Verbringung und Entsorgung gefährlicher Abfälle – Die Basler Konvention, PHI 1998, 82–89.

Teilweise vereinheitlicht wird auch das **Atomhaftungsrecht** durch:

1. Das Pariser (OECD-)Übereinkommen über die *Haftung gegenüber Dritten auf dem Gebiet der Kernenergie* vom 29. 7. 1960 (BGBl. 1975 II 957, 959, 1976 II 308, 310, 311, 1985 II 963 [Neufassung]) und dazu:
   - Brüsseler Zusatzübereinkommen vom 31. 1. 1963 zum Pariser Übereinkommen vom 29. 7. 1960 (BGBl. 1975 II 957, 992, 1976 II 308, 310, 318, 1985 II 963 [Neufassung], 1989 II 144),
   - Pariser Zusatzprotokoll vom 28. 1. 1964 zum Pariser Übereinkommen vom 29. 7. 1960 (BGBl. 1975 II 957, 1007, 1976 II 308),
   - Pariser Zusatzprotokoll vom 28. 1. 1964 zum Brüsseler Zusatzübereinkommen vom 31. 1. 1963 zum Pariser Übereinkommen vom 29. 7. 1960 (BGBl. 1975 II 957, 1021, 1976 II 308),
   - Pariser Protokoll vom 16. 11. 1982 zur Änderung des Pariser Übereinkommens vom 29. 7. 1960 i. d. F. des Pariser Zusatzprotokolls vom 28. 1. 1964 (BGBl. 1985 II 690, 691),
   - Pariser Protokoll vom 16. 11. 1982 zur Änderung des Brüsseler Zusatzübereinkommens vom 31. 1. 1963 i. d. F. des Pariser Zusatzprotokolls vom 28. 1. 1964 (BGBl. 1985 II 690, 698),

   vgl. zu den beiden Protokollen vom 16. 11. 1982 Ges. zur Änderung haftungsrechtlicher Vorschriften des Atomgesetzes (Haftungsnovelle) vom 22. 5. 1985 (BGBl. I 781) und Neufassung des Atomgesetzes vom 15. 7. 1985 (BGBl. I 1565), zuletzt geändert 21. 12. 1992 (BGBl. I 2150).
2. Das Wiener (IAEA-)Übereinkommen über die *Haftung für nukleare Schäden* vom 21. 5. 1963 (für Deutschland nicht in Kraft, auch nicht von Deutschland gezeichnet; Text: Internationale Atomhaftungskonventionen [Textsammlung], 13–81) mit Fakultativprotokoll über die obligatorische Beilegung von Streitigkeiten vom 21. 5. 1963 (Text: ebd. 83–95) und Schlußprotokoll vom 21. 5. 1963 (Text: ebd. 97–129); 14 Signatarstaaten, 30 Mitgliedstaaten, in Kraft seit 12. 11. 1977, noch nicht in Kraft sind das Änderungsprotokoll vom 12. 9. 1997 (14 Signatarstaaten) und das Wiener Abkommen über zusätzlichen Schadensausgleich für nukleare Schäden vom 12. 9. 1997 (13 Signatarstaaten).
3. Zu den Brüsseler Übereinkommen über die Haftung der Inhaber von Reaktorschiffen und über die Haftung beim Seetransport von Kernmaterial siehe unten S. 88, unter ee) 2. Schiffahrt Buchst. g) und m).

Schrifttum: Älteres Schrifttum 7. Aufl. S. 69 f. Weiter: *Nocera,* La responsabilité civile nucléaire: actualisation du régime international, Unif.L.Rev. 1998, 15–31.

ee) Verkehrsrecht, Verkehrshaftung

Teilweise vereinheitlicht ist das **Verkehrsrecht:**

1. Für den **Gesamtverkehr** gibt es
   a) ein UNO-Übereinkommen über den *kombinierten Transport von Waren* vom 24. 5. 1980 (Text: UNCTAD TD/MT, CONF/16 vom 10. 6. 1980; Rev.dr.unif. 1980 II, 156–225); es geht zurück auf einen Entwurf über den *kombinierten Transport,* d. h. für einen Transport zu Wasser (See oder Binnengewässer) und einen anderen Transport (sog. *Tokioregeln;* Text: J. M. L. C. 1 [1969/70], 186–191

und D.M.F. 1969, 467–475), sowie einen weiteren Entwurf für ein Übereinkommen über den internationalen *kombinierten Transport von Waren* (TCM [Transport Combiné Marchandises]; Text: J.M.L.C. 3 [1972], 617–624, und Eur. Transp. L. 1972, 680–713); nachdem der Abschluß eines Staatsvertrags über den kombinierten Transport auf der Container-Konferenz der UNO von 1972 gescheitert war, stellte die Internationale Handelskammer einheitliche Regeln auf für ein *Konnossement des kombinierten Transports* (Text: Lloyd's M.C.L.Q. 1 [1974], 29–38; revidiert ebd. 3 [1976], 148–156); 1980 wurde dann das UNO-Übereinkommen geschlossen; 6 Signatarstaaten, 3 Beitrittsstaaten, noch nicht in Kraft.

b) Ein UN-Übereinkommen über die *zivilrechtliche Haftung für Schäden bei der Beförderung gefährlicher Güter auf der Straße, auf der Schiene und auf Binnenschiffen* (CRTD) vom 10. 10. 1989 (Text: Rev.dr.unif. 1989 I, 280–329; VersR 1992, 806–813; Begründung [Rapport explicatif] Rev.dr.unif. 1991 I, 76–183); es wurde zur Zeichnung aufgelegt am 1. 2. 1990 und bei dieser Gelegenheit von der Bundesrepublik und der DDR gezeichnet (UNIDROIT Bulletin d'informations N. 81/82 [1990 Januar-April] S. 3). Es geht zurück auf einen Entwurf vom 29. 5. 1986 (Rev.dr.unif. 1986 I, 102–195, Bericht von *Evans* ebd. 196–361; RabelsZ 51 [1987], 466–485); noch nicht in Kraft.

c) Ein Wiener UN-Übereinkommen über die *Haftung der Betreiber von Transport-Umschlagplätzen im internationalen Handel (liability of operators of transport terminals in international trade)* vom 19. 4. 1991 (Vorentwurf der Kommission für Internationales Handelsrecht [UNCITRAL] auf der Grundlage eines vom Internationalen Institut für die Vereinheitlichung des Privatrechts [UNIDROIT] in Rom erstellten Vorentwurfs, Rev.dr.unif. 1984 II, 160–179, Bericht von *Evans* ebd. 180–235; Entwurf UNCITRAL Yearbook 17 [1986, erschienen 1988], 207–219; revidiert ebd. 18 [1987, erschienen 1989], 127–134; letzte Fassung J.M.L.C. 21 [1990], 617–630; Text: Rev.dr.unif. 1991 II [erschienen 1993], 114–141; dazu *Sekolec*, Introductory Note, ebd. 52–61); von Deutschland nicht gezeichnet, 5 Signatarstaaten, 1 Beitritt, noch nicht in Kraft.

2. Für die **Schiffahrt** gibt es
(vom Comité Maritime International [*CMI*] vorbereitete) Brüsseler Übereinkommen u.a.

a) zur einheitlichen Feststellung von Regeln über den *Zusammenstoß von Schiffen* vom 23. 9. 1910 (RGBl. 1913, 49, 89),

b) zur einheitlichen Feststellung von Regeln über die *Hilfeleistung und Bergung in Seenot* vom 23. 9. 1910 (RGBl. 1913, 66, 89), geändert Brüssel 1967 (Text: D.M.F. 1967, 522–525), diese Änderung ist in Deutschland nicht in Kraft; wegen des Hilfeleistungs- und Bergungsübereinkommens vom 28. 4. 1989 siehe unten S. 89,

c) zur *Vereinheitlichung von Regeln über Konnossemente* vom 25. 8. 1924 (RGBl. 1939 II 1049) mit Brüsseler Änderungsprotokollen vom 23. 2. 1968 (Text: D.M.F. 1968, 396–405; Riv.dir.int.priv.proc. 1986, 182–186) und vom 21. 12. 1979 (Text: Rev.dr.unif. 1979 II, 160–169; Riv.dir.int.priv.proc. 1986, 186–188; JDI [Clunet] 1987, 820–823), sog. *„Haager Regeln"* und *„Visby Rules"* (letztere ins deutsche Recht übernommen durch §§ 656, 660, 662 I HGB i.d.F. des Zweiten SeeRÄndG vom 25. 7. 1986 [BGBl. I 1120]),

d) zur *Vereinheitlichung von Regeln über die zivilgerichtliche Zuständigkeit bei Schiffszusammenstößen* vom 10. 5. 1952 (BGBl. 1972 II 653, 663, 1973 II 169, 1980 II 721, als §§ 738–738c ins HGB übernommen durch SeeRÄndG vom 21. 6. 1972 [BGBl. I 966 und 1973 I 266]),

e) zur *Vereinheitlichung von Regeln über den Arrest in Seeschiffe* vom 10. 5. 1952 (BGBl. 1972 II 653, 655 und 1973 II 172, 1980 II 721),

f) über die *Beschränkung der Haftung von Eigentümern von Seeschiffen* vom 10. 10. 1957 (BGBl. 1972 II 653, 672, 1973 II 161, 1980 II 721, 1984 II 549; ins deutsche Recht übernommen durch SeeRÄndG vom 21. 6. 1972 [BGBl. I

966 und 1973 I 266] sowie durch SeeRVerteilO vom 21. 6. 1972 [BGBl. I 953 und 1973 I 267]) mit Brüsseler Änderungsprotokoll vom 21. 12. 1979 (Text: Rev.dr.unif. 1979 II, 150–159), für Bundesrepublik außer Kraft ab 1. 9. 1987 (BGBl. 1987 II 409) (wegen Beitritts zum Haftungsübereinkommen vom 19. 11. 1976 [unten S. 89], vgl. dessen Art. 17 IV),

g) über die *Haftung der Inhaber von Reaktorschiffen (Brüsseler Reaktorschiff-Übereinkommen)* vom 25. 5. 1962 (BGBl. 1975 II 957, 977, 1980 II 721) (noch nicht in Kraft), Ratifikationsurkunde nicht hinterlegt, aber unabhängig von der völkerrechtlichen Verbindlichkeit gemäß § 25 a I Nr. 1 AtomG anzuwenden,

h) zur *Vereinheitlichung von Regeln über die Personenbeförderung zur See* vom 29. 4. 1961 (noch nicht in Kraft; vgl. Rev.crit.dr.i.p. 1965, 452; Text: JDI [Clunet] 1965, 1012–1016; Text des Entwurfs vom 7. 10. 1957 JahrbIntR 8 [1957/58], 189–191),

i) über die *Beförderung von Passagiergepäck zur See* vom 27. 5. 1967 (noch nicht in Kraft; Text: D.M.F. 1967, 526–537), mit h) zusammengefaßt im Athener Abkommen über die *Beförderung von Passagieren und deren Gepäck* vom 13. 12. 1974 (unten sogleich),

k) über die *Schiffsgläubigerrechte und Schiffshypotheken* vom 27. 5. 1967 (nicht in Kraft; Text: D.M.F. 1967, 586–595), von Deutschland gezeichnet, aber nicht ratifiziert, Übernahme in innerdeutsches Recht in den §§ 754 ff. HGB,

l) über die *Rechte an Schiffsbauwerken* vom 27. 5. 1967 (noch nicht in Kraft; Text: D.M.F. 1967, 596–601), von Deutschland gezeichnet, aber nicht ratifiziert,

m) über die *zivilrechtliche Haftung bei der Beförderung von Kernmaterial auf See (Brüsseler Kernmaterial-Seetransport-Übereinkommen)* vom 17. 12. 1971 (BGBl. 1975 II 957, 1026, 1976 II 307, 1980 II 721),

(Statuten des *C. M. I.*: D.M.F. 1973, 54–58).

Ferner gibt es:

Die Genfer Übereinkommen

a) zur Vereinheitlichung einzelner Regeln über den *Zusammenstoß von Binnenschiffen* vom 15. 3. 1960 (BGBl. 1972 II 1005, 1973 II 1495),

b) über die Beschränkung der *Haftung der Eigentümer von Binnenschiffen (CLN)* vom 1. 3. 1973 (noch nicht in Kraft; Text: Rev.dr.unif. 1974 II, 102–125) mit Zusatzprotokoll vom 5. 7. 1978 (noch nicht in Kraft; Text: Rev.dr.unif. 1978 I, 230–245),

c) über den *Vertrag über die internationale Beförderung von Passagieren und Gepäck auf Binnengewässern (CVN)* vom 1. 5. 1976 (noch nicht in Kraft; Text: Rev.dr.unif. 1976 I, 88–111) mit Zusatzprotokoll vom 5. 7. 1978 (noch nicht in Kraft; Text: Rev.dr.unif. 1978 I, 246–259),

d) über *Schiffsgläubigerrechte und Schiffshypotheken* vom 6. 5. 1993, von Deutschland gezeichnet am 11. 7. 1994 (noch nicht in Kraft; Text: Rev.dr.unif. 1993 I–II, 214–235; das Abkommen verbessert das Übereinkommen von 1967, oben unter k).

Ein Athener Abkommen über die *Beförderung von Passagieren und deren Gepäck* vom 13. 12. 1974, in Kraft seit 28. 4. 1984 (26 Mitgliedstaaten, Deutschland hat nicht gezeichnet), mit Zusatzprotokoll vom 19. 11. 1976, in Kraft seit 30. 4. 1989 (20 Mitgliedstaaten), ins deutsche Recht übernommen als Anlage zu § 664 HGB, mit Londoner Änderungsprotokoll vom 29. 3. 1990 (noch nicht in Kraft; Text: Rev.dr.unif. 1990 I, 214–229).

Ein Londoner Übereinkommen über die *Internationalen Regeln zur Verhütung von Zusammenstößen auf See* vom 20. 10. 1972 (BGBl. 1976 II 1017, 1977 II 623, 1983 II 303, 1989 II 541, 1991 II 627); dazu VO vom 13. 6. 1977 [BGBl. I 813], zuletzt geändert durch Art. 2 der 6. VO zur Änderung seerechtlicher Vorschriften vom 18. 9. 1998 (BGBl. I).

Die (von der Inter-Governmental Maritime Consultative Organization = Zwischenstaatliche Beratende Seeschiffahrts-Organisation [*IMCO*, seit 22. 5. 1982

IMO; dazu BGBl. 1965 II 313, 1982 II 873, 956 (ber.), 1985 II 562, 1986 II 423] der UNO vorbereiteten) Brüsseler UNO-Übereinkommen

a) über die *zivilrechtliche Haftung für Ölverschmutzungsschäden* vom 29. 11. 1969 (BGBl. 1975 II 301, 305, 1106, 1984 II 552, ins deutsche Recht übernommen durch § 486 HGB i.d.F. des Zweiten SeeRÄndG vom 25. 7. 1986 [BGBl. I 1120]) mit Zusatzprotokoll vom 19. 11. 1976 (BGBl. 1980 II 721, 724) und Änderungsprotokoll vom 25. 5. 1984 (BGBl. 1988 II 705, 824) (*„Internationales Übereinkommen von 1984 über die zivilrechtliche Haftung für Ölverschmutzungsschäden [Haftungsübereinkommen von 1984]"*), Neufassung des Internationalen Übereinkommens von 1989 i.d.F. des Protokolls von 1992 (BGBl. 1996 II 670) (*„Internationales Übereinkommen von 1992 über die zivilrechtliche Haftung für Ölverschmutzungsschäden [Haftungsübereinkommen von 1992]"*), ersetzt das Abkommen von 1969 ab 15. 5. 1998,

b) über die *Errichtung eines Internationalen Fonds zur Entschädigung für Ölverschmutzungsschäden* vom 18. 12. 1971 (BGBl. 1975 II 301, 320, 1978 II 1211, 1979 II 334, 1326, 1980 II 641, 1984 II 552, 1986 II 1026, 1987 II 50) mit Zusatzprotokoll vom 19. 11. 1976 (BGBl. 1980 II 721, 729) und Änderungsprotokoll vom 25. 5. 1984 (BGBl. 1988 II 705, 839) (*„Internationales Übereinkommen von 1984 über die Errichtung eines Internationalen Fonds zur Entschädigung für Ölverschmutzungsschäden [Fondsübereinkommen von 1984]"*), Neufassung des Internationalen Übereinkommens von 1971 i.d.F. des Protokolls von 1992 (BGBl. 1996 II 685) (*„Internationales Übereinkommen von 1992 über die Errichtung eines Internationalen Fonds zur Entschädigung für Ölverschmutzungsschäden [Fondsübereinkommen von 1992]"*), ersetzt das Abkommen von 1971 ab 15. 5. 1998 (BGBl. 1995 II 972, 1997 II 1546);

zu beiden *ÖlhaftungsbescheinigungsVO* vom 10. 6. 1975 (BGBl. I 1337) und Ges. über die Haftung und Entschädigung für Ölverschmutzungsschäden durch Seeschiffe (Ölschadengesetz – ÖlSG) vom 30. 9. 1988 (BGBl. I 1770).

Die gleichfalls von der *IMCO* (später *IMO*) vorbereiteten Londoner UNO-Übereinkommen

a) über die *Beschränkung der Haftung für seerechtliche Verbindlichkeiten* vom 19. 11. 1976 (BGBl. 1986 II 786, 1987 II 407; ins deutsche Recht übernommen durch § 486 I HGB i.d.F. des Zweiten SeeRÄndG vom 25. 7. 1986 [BGBl. I 1120, 1987 I 2083] und durch SeeRVerteilO vom 25. 7. 1986 [BGBl. I 1130, 1987 I 2083], dazu BGHZ 104, 215 = NJW 1988, 3092 unter 1; Neufassung vom 23. 3. 1999 unter der Überschrift „Gesetz über das Verfahren bei der Errichtung und Verteilung eines Fonds zur Beschränkung der Haftung in der See- und Binnenschiffahrt [Schiffahrtsrechtliche Verteilungsordnung – SVertO]", BGBl. I 531),

b) über die *zivilrechtliche Haftung für Ölverschmutzungsschäden durch Ölförderungsmaßnahmen vor der Küste* (oil pollution damage resulting from offshore operations) vom 17. 12. 1976 (für Deutschland noch nicht in Kraft),

c) über *Hilfeleistung und Bergung (Salvage)* vom 28. 4. 1989 (Text: Rev.dr.unif. 1989 I, 218–255; Introductory Note von *Cleton*, ebd. 188–216; für Deutschland noch nicht in Kraft), in 26 Staaten in Kraft seit 14. 7. 1996,

d) über *Vorsorge, Beseitigung und Zusammenarbeit bei Ölverschmutzung* vom 30. 11. 1990 (Text: J.M.L.C. 22 [1991], 325–339; Bericht von *Gold*, ebd. 341–344); in Deutschland in Kraft seit 15. 5. 1995 (BGBl. 1994 II 3798, 1995 II 570),

e) über *Haftung und Ersatz von Schäden in Zusammenhang mit der Beförderung gefährlicher und schädlicher Substanzen auf See* vom 3. 5. 1996, noch von keinem Staat angenommen.

Ein von der UNCITRAL (unten S. 101–103) vorbereitetes Hamburger UNO-Übereinkommen über die *internationale Beförderung von Waren auf See* vom 31. 3. 1978 (in Kraft seit 1. 11. 1992, 26 Mitgliedstaaten, Deutschland hat am 31. 3. 1978 gezeichnet, aber noch nicht ratifiziert; Lloyd's M.C.L.Q. 1978, 439–455; J.M.L.C. 10 [1978/79], 147–163; Rev.dr.unif. 1978 I, 134–197), sog. „*Hamburger Regeln*".

Die „*York-Antwerp Rules*" über die *Große Haverei* von 1877, zuletzt 1994 (York-Antwerp Rules 1994 and Rules of Practice; Text: J.M.L.C. 26 [1995], 481–502 und [ohne die Rules of Practice] Rev.dr.unif. 1994–1995, 226–265; kein Staatsvertrag, sondern ein Klauselwerk für seerechtliche Schuldverträge).

Die „*Lissaboner Regeln*" über *Schadensersatz bei Schiffszusammenstößen*, beschlossen vom CMI zu Brüssel im April 1987 (Text: J.M.L.C. 18 [1987], 577–582; kein Staatsvertrag, sondern ein Klauselwerk, das private Parteien nach einem Schiffszusammenstoß vereinbaren können).

Ein Straßburger Übereinkommen über die *Beschränkung der Haftung in der Binnenschiffahrt (CLNI)* vom 4. 11. 1988 (BGBl. 1998 II 1664, in Kraft seit 1. 7. 1999, BGBl. 1999 II 388).

3. Für die **Luftfahrt** gibt es
   a) das Warschauer Abkommen zur Vereinheitlichung von Regeln über die *Beförderung im internationalen Luftverkehr* vom 12. 10. 1929, geändert den Haag 1955 (BGBl. 1958 II 291, 312, 1964 II 1295), Guatemala City 1971 (noch nicht in Kraft; Text: ZLR 1971, 176–189) und mit Zusatzprotokollen Nr. 1–4 Montreal 25. 9. 1975 (noch nicht in Kraft, Ratifizierung von Deutschland beabsichtigt, mit Protokoll Nr. 3 träte automatisch eine Bindung an das Guatemala-Protokoll ein; Text: Rev.dr.unif. 1976 I, 112–167), dazu 4. VO über den Umrechnungssatz für französische Franken bei Anwendung des Ersten Abkommens zur Vereinheitlichung des Luftprivatrechts vom 4. 12. 1973 (BGBl. I 1815; dazu z.B. OLG Frankfurt VersR 1987, 620 LS; OLG Bremen VersR 1988, 638 [639f. unter b]),
   b) das Rom-Abkommen zur Vereinheitlichung von Regeln über die *Sicherungsbeschlagnahme von Luftfahrzeugen* vom 29. 5. 1933 (RGBl. 1935 II 301, 1937 II 26),
   c) das Rom-Abkommen zur Vereinheitlichung von Regeln bezüglich der *Schäden, die Dritten auf der Erde durch Luftfahrzeuge zugefügt werden*, vom 29. 5. 1933 (Text: *Schleicher*, Das Recht der Luftfahrt, Kommentar und Quellensammlung[3], 1960, 481–485), revidiert Rom 7. 10. 1952 (Text: ZLR 1953, 98–118) mit Brüsseler Zusatzprotokoll vom 29. 8. 1938 (Text: ArchLR 8 [1938], 230–234) und Montrealer Änderungsprotokoll vom 23. 9. 1978 (Text: Rev.dr.unif. 1979 II, 128–149); beide für Bundesrepublik nicht in Kraft, zum Stand vgl. NIPR 1996, 25,
   d) das Genfer Abkommen für die *internationale Anerkennung von Rechten an Luftfahrzeugen* vom 19. 6. 1948 (BGBl. 1959 II 129, 1960 II 1506); es vereinheitlicht teils materielles, teils internationales Sachenrecht; dazu unten S. 674f.,
   e) das in Guadalajara (Mexiko) geschlossene Zusatzabkommen vom 18. 9. 1961 zum Warschauer Abkommen zur Vereinheitlichung von Regeln über die *von einem anderen als dem vertraglichen Luftfrachtführer ausgeführte Beförderung im internationalen Luftverkehr* (BGBl. 1963 II 1159, 1964 II 1317).

4. Für den **Eisenbahnverkehr** gibt es vier Berner Übereinkommen
   a) Übereinkommen über den *Eisenbahnfrachtverkehr (CIM)* vom 25. 10. 1952, revidiert Bern 25. 2. 1961 und 7. 2. 1970 (BGBl. 1974 II 357, 381, 1975 II 1130), mit
      - Zusatzprotokoll vom 7. 2. 1970 (BGBl. 1974 II 357, 488, 1975 II 1130),
      - Inkraftsetzungsprotokoll vom 9. 11. 1973 (BGBl. 1974 II 357, 557, 1975 II 1130),
   b) Übereinkommen über den *Eisenbahnpersonen- und -gepäckverkehr (CIV)* vom 25. 10. 1952, revidiert Bern 25. 2. 1961 und 7. 2. 1970 (BGBl. 1974 II 357, 493), mit
      - Zusatzprotokoll vom 7. 2. 1970 (BGBl. 1974 II 357, 552, 1975 II 1130),
      - Inkraftsetzungsprotokoll vom 9. 11. 1973 (BGBl. 1974 II 357, 557, 1975 II 1130),

c) Zusatzübereinkommen zur CIV (oben b) vom 26. 2. 1966 über die *Haftung der Eisenbahn für Tötung und Verletzung von Reisenden* (BGBl. 1974 II 357, 359, 1975 II 1130, 1976 II 587 [ber.]) mit
– Verlängerungsprotokoll vom 9. 11. 1973 (BGBl. 1974 II 357, 560, 1975 II 1130),

d) die *Konventionen a–c ersetzend*: Übereinkommen über den *internationalen Eisenbahnverkehr (COTIF)* vom 9. 5. 1980 (BGBl. 1985 II 130, 178, 224, 666, 1001, 1991 II 679, 1992 II 1182, 1996 II 2655) mit Anhang A (Einheitliche Rechtsvorschriften für den Vertrag über die internationale Eisenbahnbeförderung von Personen und Gepäck [CIV]) und Anhang B (Einheitliche Rechtsvorschriften für den Vertrag über die internationale Eisenbahnbeförderung von Gütern [CIM]), beide geändert 14.–21. 12. 1989 (BGBl. 1990 II 1662), CIM geändert 28.–31. 5. 1990 (BGBl. 1991 II 679).

5. Für den **Straßenverkehr** gibt es

a) das Genfer Übereinkommen über den *Beförderungsvertrag im internationalen Straßengüterverkehr (CMR)* vom 19. 5. 1956 (BGBl. 1961 II 1119, 1962 II 12, 1989 II 586 [Erweiterung der vom ZustG begründeten örtlichen Zuständigkeit der Gerichte]), geändert durch Protokoll vom 5. 7. 1978 (BGBl. 1980 II 721, 733, 1443),

b) das Genfer Übereinkommen über den *Vertrag über die internationale Beförderung von Personen und Gepäck auf der Straße (CVR)* vom 1. 3. 1973 (in Kraft seit 12. 4. 1994, von Deutschland gezeichnet am 1. 3. 1974, aber nicht ratifiziert; Text: Rev.dr.unif. 1974 II, 68–101) mit Zusatzprotokoll vom 5. 7. 1978 (von Deutschland gezeichnet am 1. 11. 1978; Text: Rev.dr.unif. 1978 I, 212–229),

c) das Straßburger Europarats-Übereinkommen über die *Haftung für Schäden durch Kraftfahrzeuge* vom 14. 5. 1973 (noch nicht in Kraft, von Deutschland gezeichnet am 14. 5. 1973, aber noch nicht ratifiziert; Text: European Treaty Series Nr. 79).

Schrifttum: Älteres Schrifttum 7. Aufl. S. 75–80. Weiter:

Allgemein: *Munari,* Il diritto comunitario dei trasporti, Mailand 1996; *Proctor,* The Legal Role of the Bill of Lading, Sea Waybill and Multimodal Transport Document, Pretoria 1997; *Delebecque,* Le transport multimodal, Rev.int.dr.comp. 1998, 527–537; *Stachow,* Schweres Verschulden und Durchbrechung der beschränkten Haftung in modernen Tranportrechtsabkommen, 1998; *Looks,* Der multimodale Transportvertrag nach dem TRG, VersR 1999, 31–36.

Schiffahrt: *Ramberg*, Unification of Maritime Law – A Success Story with Happy End?, Fschr. Hjerner, Stockholm 1990, 513–524; *Herber*, Die einheitlichen Regeln des CMI über Seefrachtbriefe, 1991; *Sweeney*, The Uniform Regime Governing the Liability of Maritime Carriers, Dir.Mar. 1992, 964–980; *Alvarez Rubio*, Los foros de competencia judicial internacional en materia marítima, Bilbao 1993 (bespr. von *Fuentes Camacho*, Rev.esp.der.int. 1995, Nr. 1, 349f.); *Bonassies*, L'application des règles de La Haye/Visby par le droit français, Fschr. Müller, Zürich 1993, 187–195; *Iriarte Angel*, El contrato de embarque internacional, Madrid 1993 (bespr. von *Rovi Sánchez*, Rev.esp.der.int. 1995, Nr. 1, 369–371); *Kienzle*, Die Haftung des Carrier und Actual Carrier nach den Hamburg-Regeln, 1993; *Auchter*, L'indispensable réforme du droit international du transport de marchandises en navigation intérieure, Eur. Transp. L. 1994, 695–725; *Berlingieri* u. a., The Hamburg Rules: A Choice for the EEC?, Antwerpen-Apeldoorn 1994; *Wu*, La pollution du fait du transport maritime des hydrocarbures – Responsabilité et indemnisation des dommages, Monaco 1994 (bespr. von *Marston*, Int.Comp. L. Q. 45 [1996], 240f.); *Figert*, Die Himalaya-Klausel in der US-amerikanischen Rechtsprechung und das Übereinkommen der Vereinten Nationen über die Haftung der Terminal Operator im internationalen Handelsverkehr, VersR 1995, 1281–1288; *Lüddeke/Johnson*, The Hamburg Rules: From Hague to Hamburg via Visby^2, London 1995 (bespr. von *Kindred*, J. M. L. C. 28 [1997], 681f.); *Sinkus*, Die grenzüberschreitende Haftungsbeschränkung des Reeders, 1995;

Sturley, Uniformity in the Law Governing the Carriage of Goods by Sea, J.M.L.C. 26 (1995), 553–579; *Alcántara*, A Short Primer on the International Convention on Maritime Liens and Mortgages, J.M.L.C. 27 (1996), 219–232 (Text 233–241); *Clarke*, Transport by Sea and Inland Waterways, IECL III/26, 1996; *Force*, A Comparison of the Hague, Hague-Visby, and Hamburg Rules: Much Ado About (?), Tul.L.Rev. 70 (1996), 2051–2089; *Hudson*, The York-Antwerp Rules: Background to the Changes of 1994, J.M.L.C. 27 (1996), 469–478; *Jacobsson*, Oil Pollution Liability and Compensation: an International Regime, Unif.L.Rev. 1996, 260–273; *Alvarez Rubio*, Las cláusulas Paramount: Autonomía de la voluntad y selección del Derecho aplicable en el transporte marítimo internacional, Madrid 1997 (bespr. von *Espinosa Calabuig*, Rev.esp.der.int. 1997, Nr. 2, 390–394); *Berlingieri*, The Travaux Préparatoires of the International Convention for the Unification of Certain Rules of Law Relating to Bills of Lading of 25 August 1924, the Hague Rules, and of the Protocols of 23 February 1968 and 21 December 1979, the Hague-Visby Rules, Antwerpen 1997; *Gauci*, Oil Pollution at Sea. Civil Liability and Compensation for Damage, Chichester 1997 (bespr. von *Schoenbaum*, Int.Comp.L.Q. 47 [1998] 966); *Göransson*, The HNS Convention, Unif.L.Rev. 1997, 249–270; *Haight*, Babel Afloat: Some Reflections on Uniformity in Maritime Law, J.M.L.C. 28 (1997), 189–205; *Puttfarken*, Seehandelsrecht, 1997; *von Ziegler*, The Comité Maritime International (CMI): The Voyage from 1897 into the Next Millenium, Unif.L.Rev. 1997, 728–757; *Eilenberger-Czwalinna*, Haftung des Verfrachters nach dem Zweiten Seerechtsänderungsgesetz, 1998; *Meckel*, Der US Harter Act und die Haftung des Verfrachters für Ladungsschäden im internationalen Seetransportrecht der USA, 1998; *Richardson*, The Hague and Hague-Visby Rules[4], London 1998 (bespr. von *Hooper*, J.M.L.C. 30 [1999], 153 f.); *Magnus*, Das Schadenskonzept des CISG und transportrechtlicher Konventionen, Fschr. Herber 1999, 27–35.

Luftfahrt: *Booysen*, When is a Domestic Carrier Legally Involved in International Carriage in Terms of the Warsaw Convention?, ZLW 1990, 329–344; *Wenzler*, Art. 28 I Warschauer Abkommen in der Rechtsprechung US-amerikanischer Gerichte, TranspR 1990, 414–418; *Bogdan*, Transport by Air, IECL III/27, 1996; *Böckstiegel*, A Historic Turn in International Air Law: The New IATA Intercarrier Agreement on Passengers Liability Waives Liability Limits, ZLW 1996, 18–23; *Brandi-Dohrn*, Auslegung internationalen Einheitsprivatrechts durch die internationale Rechtsprechung. Das Beispiel des Warschauer Abkommens von 1929, TranspR 1996, 45–57; *Clark*, The 1996 IATA Agreement on Measures to Implement the New Passenger Liability Regime, ZLW 1996, 353–366; *Gran*, Beweisführung und Einlassungsobliegenheit bei qualifiziertem Verschulden des Luftfrachtführers nach der Haftungsordnung des Warschauer Abkommens, Fschr. Piper 1996, 847–855; *Hübsch*, Die Bedeutung des Warschauer Abkommens für die deliktische Haftung des Luftfrachtführers bei Personen- und Sachschäden, TranspR 1996, 367–375; *Kadletz*, Passagiertransport und Warschauer Abkommen in den USA. Methodische Unschärfen bei der Handhabung internationalen Rechts, IPRax 1996, 289–291; *Kummer*, Der Goldfranken im Warschauer Abkommen – eine unendliche Geschichte?, Fschr. Piper 1996, 923–936; *Brandi-Dohrn*, Berechnung und heutige Berechtigung der Haftsumme im internationalen Luftfrachttransport – Unter besonderer Berücksichtigung des Luftfrachtsammelladungsverkehrs, 1997; *Hodel*, Von Warschau bis Kuala Lumpur – Entwicklung und heutiger Stand der Haftungsregelung bei Flugunfällen, SchwJZ 1997, 410–413; *Müller-Rostin*, Neuregelung der Haftpflicht gegenüber Passagieren im internationalen Luftverkehr, VersR 1997, 1445–1449; *Neumann*, Kein Recht des Fluggastes auf Minderung bei Flugverspätung, ZLW 1997, 217–222; *Ruhwedel*, Der Luftbeförderungsvertrag. Ein Grundriß des deutschen und internationalen Rechts der Personen- und Güterbeförderung auf dem Luftweg[3], 1998; *Whalen*, The Warsaw Convention: Historical Background and International Efforts to Modernize the Liability Regime for Air Carriers, Unif.L.Rev. 1997, 320–347; *Gansfort*, Praktische Anmerkungen zu der Europäischen Verordnung über die Haftung von Luftfahrtunternehmen bei Flugunfällen mit Personenschäden, ZLW 1998, 263–280 (Text 280–284); *Gardiner*, Revising the Law of Carriage by Air: Mechanisms in Treaties and Contract, Int.Comp.L.Q. 47

(1998), 278–305; *Giemulla/Schmid*, Ausgewählte internationale Rechtsprechung zum Warschauer Abkommen in den Jahren 1995–1997, ZLW 1998, 45–58; *Kadletz*, Haftung und Versicherung im internationalen Lufttransportrecht, 1998; *Kadletz*, Die Domizilanknüpfung bei internationalen Luftbeförderungen nach dem IATA Intercarrier Agreement 1995, IPRax 1998, 9–16; *Kadletz*, Fiat lux – Erhellung der Grauzone zwischen Einheitsrecht und IPR im Warschauer Haftungssystem, IPRax 1998, 304–307; *Kadletz,* Some Thoughts on the Application of the Law of the Flag in Private International Law, ZLW 1998, 490–498.

Eisenbahnverkehr: *Allégret*, Historique des conventions CIM, CIV, COTIF et des unions ou organismes internationaux ferroviaires, ZIntEisenb 1994, 3–20; *Zolcinski*, Die Wege zur Vereinheitlichung des internationalen Eisenbahnfrachtrechtes für das Gebiet Eurasiens, ZIntEisenb 1994, 86–95; *Clarke*, Transport by Rail and by Road, IECL III/25, 1996; *Freise*, Gedanken zur Reform des internationalen Eisenbahnverkehrsrechts, Fschr. Piper 1996, 829–846; *Mutz*, Vers un nouveau droit de transport international ferroviaire, Unif. L.Rev. 1996, 442–452.

Straßenverkehr: *Fischer*, Die CMR auf dem Vormarsch in Europa, TranspR 1994, 365–375; *Thume* (Hrsg.), Kommentar zur CMR. Übereinkommen über den Beförderungsvertrag im internationalen Straßengüterverkehr, 1994 (Bespr. von *Basedow*, ZEuP 1996, 367–370); *Bayer*, Frachtführerhaftung und Versicherungsschutz für Ladungsschäden durch Raub oder Diebstahl im grenzüberschreitenden Straßengüterverkehr, VersR 1995, 626–632; *Creon*, Die Haftung des CMR-Frachtführers beim Roll-on/Roll-off-Verkehr, 1995; *Messent/Glass*, Hill & Messent – CMR: Contracts for the International Carriage of Goods by Road², London 1995; *Sánchez-Gamborino*, La propuesta por IRU de modificar la Convención CVR sobre transporte internacional de viajeros, Rev.der.merc. 1995, 1521–1560; Aktuelle Fragen des deutschen und internationalen Landtransportrechts, Symposium, 1995; *Clarke*, Transport by Rail and by Road, IECL III/25, 1996; *Demuth*, Ist der CMR-Totalschaden als Verlust zu behandeln?, TranspR 1996, 257–260; *Helm*, Beginn und Berechnung der Verjährungsfristen nach der CMR, Fschr. Piper 1996, 857–875; *Herber/Piper*, CMR. Internationales Straßentransportrecht. Kommentar mit Anhang Innerstaatliches Straßentransportrecht europäischer Staaten, 1996; *Loewe*, La CMR a 40 ans, Unif. L.Rev. 1996, 429–441; *de la Motte*, CMR- und Speditions-Versicherung: Vertragsfreiheit und Aufsichtsrecht, Fschr. Piper 1996, 955–965; *Sánchez-Gamborino*, El contrato de transporte internacional, Madrid 1996; *Schindler*, Rechtsfragen zur Kabotage im Straßengüterverkehr, Fschr. Piper 1996, 979–997; *Thume*, Kommentierung des CMR, in: *Fremuth/Thume* (Hrsg.), Frachtrecht, 1996, 180–470; *Basedow*, Kommentierung des CMR, in: MünchKomm HGB VII 1997, S. 855–1274; *Dißars*, Das Recht des Straßengütertransports nach dem Bundesrecht der USA und in Deutschland. Eine rechtsvergleichende Untersuchung, 1997; *Giefers*, Beweislast und Beweisführung bei der Haftung des Frachtführers nach der CMR, 1997; *Basedow,* Die UNIDROIT-Prinzipien der Internationalen Handelsverträge und die Übereinkommen des einheitlichen Privatrechts. Eine theoretische Studie zur praktischen Anwendung des Internationalen Transportrechts, besonders der CMR, Fschr. Drobnig 1998, 19–38.

ff) Post- und Fernmeldewesen

Für den **Postverkehr** gibt es die *Satzung des Weltpostvereins* vom 10. 7. 1964 (BGBl. 1965 II 163, 1967 II 822) mit *Zusatzprotokollen* vom 14. 11. 1969 (BGBl. 1971 II 246, 1314), vom 5. 7. 1974 (BGBl. 1975 II 1513, 1976 II 406), vom 27. 7. 1984 (BGBl. 1986 II 203, 1987 II 125), vom 14. 12. 1989 (BGBl. 1992 II 749, BGBl. 1993 II 229) und vom 14. 9. 1994 (BGBl. 1998 II 2082, in Kraft seit 9. 12. 1998, BGBl. 1999 II 82) sowie die *Verträge des Weltpostvereins* vom 27. 7. 1984, 14. 12. 1989 (BGBl. 1992 II 749, 1993 II 229) und 14. 9. 1994, nämlich

a) *Allgemeine Verfahrensordnung* des Weltpostvereins nebst Anhang,
b) *Weltpostvertrag,*
c) *Postpaketabkommen,*
d) *Postanweisungs- und Postreisescheckabkommen,*

e) *Postgiroabkommen,*
f) *Postnachnahmeabkommen;*
(BGBl. 1998 II 2082, a–f neu gefaßt, in Kraft seit 9. 12. 1998, BGBl. 1999 II 82);
ferner die Verträge vom 27. 7. 1984, nämlich
g) *Postauftragsabkommen,*
h) *Postsparkassenabkommen,*
i) *Postzeitungsabkommen;*
(g-i: BGBl. 1986 II 201, Vollzugsordnungen zu b–f BGBl. 1998 II 2592, zu g–i BGBl. 1986 II 396 mit Anlageband zum BGBl. II Nr. 4 vom 31. 1. 1986); vereinheitlicht ist hier auch das Verhältnis zwischen Post und Benutzer.

Für den **Fernmeldeverkehr** gibt es die *Konstitution und Konvention der Internationalen Fernmeldeunion* vom 22. 12. 1992 und Änderungen vom 14. 10. 1994 der Konstitution und der Konvention der Internationalen Fernmeldeunion (BGBl. 1996 II 1306).

Schrifttum: 7. Aufl. S. 80.

gg) Familien-, Erb-, Personenstandsrecht

Zäh gegenüber der Vereinheitlichung ist das **Familienrecht**. Hier gibt es nur:

1. New Yorker Übereinkommen vom 10. 12. 1962 über die *Erklärung des Ehewillens, das Heiratsmindestalter und die Registrierung von Eheschließungen* (BGBl. 1969 II 161, 1970 II 110); dazu *Soergel/Schurig*[12] Art. 13 Rz. 151–154; das Abkommen enthält einige Mindesterfordernisse für die Heirat und dürfte höchstens für Entwicklungsländer bedeutsam sein (a. A. *Beitzke*, Fschr. Hakulinen, Helsinki 1972, 72–74);
2. Europäisches Übereinkommen vom 24. 4. 1967 über die *Adoption von Kindern* (BGBl. 1980 II 1093, 1981 II 72; vgl. Beil. BGBl. Teil II, Fundstellennachweis B [abgeschlossen am 31. 12. 1998] S. 472 und BGBl. 1999 II 382); das Abkommen enthält Mindestanforderungen für die Adoption; insoweit haben das Adoptionsgesetz vom 2. 7. 1976 (BGBl. I 1749) und das Adoptionsvermittlungsgesetz vom 2. 7. 1976 (ebd. 1762) das deutsche Recht angepaßt;

   Schrifttum: *Spinellis/Shachor-Landau*, Reflections on the Law of Adoption in Greece and Israel in the Light of the European Convention, Rev.hell.dr.int. 25 (1972), 142–193; *Delupis*, International Adoptions and the Conflict of Laws, Stockholm 1975, 37–46; *Cattaneo*, Convenzioni europee e leggi interne in tema di adozione dei minori e di trattamento dei figli naturali, Riv.dir.civ. 1981 II, 319–331; *Oberloskamp*, Europäisches Übereinkommen über die Adoption von Kindern vom 24. 4. 1967, ZBlJR 1982, 121–125; *Baumann*, Verfahren und anwendbares Recht bei Adoptionen mit Auslandsberührung, 1991 (bespr. von *Hohnerlein*, RabelsZ 58 [1994], 756–760); *Milojevic*, L'adoption internationale, in: *Ganghofer* (Hrsg.), Le droit de la famille en Europe, Straßburg 1992, 823–830; *Pirrung*, Sorgerechts- und Adoptionsübereinkommen der Haager Konferenz und des Europarats, RabelsZ 57 (1993), 124–154; *Lenti*, L'adozione da parte di persone singole: la legge 184 e la Convenzione europea di Strasburgo, Giur. It. 1994 I 2, 233–239; *Pineschi*, L'adozione da parte di persona singola: obblighi internazionali e profili internazionalprivatistici, Riv.dir.int.priv.proc. 1995, 313–340; *Pietrangeli*, L'adozione del singolo, la convenzione di Strasburgo del 24 aprile 1967 e la legislazione vigente: critica ad una recente sentenza della Corte di cassazione, Foro It. 1996 I, 628–638.

3. Europäisches Übereinkommen vom 15. 10. 1975 über die *Rechtsstellung nichtehelicher Kinder* (von der Bundesrepublik nicht gezeichnet; derzeit in Kraft in 15 Staaten);

   Schrifttum: *Cattaneo*, Convenzioni europee e leggi interne in tema di adozione dei minori e di trattamento dei figli naturali, Riv.dir.civ. 1981 II, 319–331.

4. New Yorker Übereinkommen vom 18. 12. 1979 über die *Beseitigung jeder Art von Diskriminierung der Frauen* (BGBl. 1985 II 647, 1234; vgl. Beil. BGBl. Teil II,

Fundstellennachweis B [abgeschlossen am 31. 12. 1998], S. 570 und BGBl. 1999 II, 151, 312);

5. New Yorker Übereinkommen vom 20. 11. 1989 über die *Rechte des Kindes* (BGBl. 1992 II 121, 990; vgl. BGBl. Teil II Fundstellennachweis B [abgeschlossen am 31. 12. 1998], S. 611), dazu unten S. 812;
6. Europäisches Übereinkommen über die *Ausübung der Rechte von Kindern* vom 25. 1. 1996 (es wurde von Deutschland nicht gezeichnet und ist auch anderswo noch nicht in Kraft getreten), dazu unten S. 813.

Auch das **Erbrecht** zeigt sich spröde. Es gibt:

1. Europäisches Übereinkommen vom 16. 5. 1972 über die *Einrichtung einer Organisation zur Registrierung von Testamenten* (von Deutschland zwar gezeichnet, aber nicht ratifiziert, in Kraft in 9 Staaten), dazu unten S. 879 f.;
2. Washingtoner UNIDROIT-Übereinkommen vom 26. 10. 1973 über ein *einheitliches Recht der Form eines internationalen Testaments* (von Deutschland nicht gezeichnet, in Kraft in 9 Staaten) und hierzu eine Empfehlung an die Staaten, *Aufbewahren und Auffinden solcher Testamente* zu erleichtern, z. B. nach dem Muster des Europäischen Übereinkommens vom 16. 5. 1972 (oben Nr. 1), dazu unten S. 877–879.

Teilweise vereinheitlicht ist das **Personenstandsrecht** durch Staatsverträge, die von der Commission Internationale de l'Etat Civil (**CIEC**) ausgearbeitet worden sind:

1. Pariser Übereinkommen vom 27. 9. 1956 über die *Erteilung gewisser für das Ausland bestimmter Auszüge aus Personenstandsbüchern* (BGBl. 1961 II 1055, 1056, 1962 II 42); die Auszüge werden auf siebensprachigen Vordrucken erteilt (das erspart Übersetzungen) und sie bedürfen keiner Legalisation;
2. Luxemburger Übereinkommen vom 26. 9. 1957 über die *kostenlose Erteilung von Personenstandsurkunden und den Verzicht auf ihre Legalisation* (BGBl. 1961 II 1055, 1067, 1962 II 43);
3. Istanbuler Übereinkommen vom 4. 9. 1958 über den *internationalen Austausch von Auskünften in Personenstandsangelegenheiten* (BGBl. 1961 II 1055, 1071, 1962 II 44) mit Salzburger Zusatzprotokoll vom 6. 9. 1989 (BGBl. 1994 II 486, 3828);
4. Istanbuler Übereinkommen vom 4. 9. 1958 über die *Änderung von Namen und Vornamen* (BGBl. 1961 II 1055, 1076, 1962 II 45); der Staatsvertrag vereinheitlicht hauptsächlich das *internationale Verfahrensrecht* der behördlichen Änderung von Vor- und Familiennamen; näher unten S. 529 f.;
5. Rom-Übereinkommen vom 14. 9. 1961 über die *Erweiterung der Zuständigkeit der Behörden, vor denen nichteheliche Kinder anerkannt werden können* (BGBl. 1965 II 17, 19, 1162); das Übereinkommen vereinheitlicht hauptsächlich *materielles Verfahrensrecht*, nämlich die sachliche Zuständigkeit für Vaterschaftsanerkenntnisse; näher unten S. 785 f.;
6. Brüsseler Übereinkommen vom 12. 9. 1962 über die *Feststellung der mütterlichen Abstammung nichtehelicher Kinder* (BGBl. 1965 II 17, 23, 1163); dazu unten S. 786;
7. Pariser Übereinkommen vom 10. 9. 1964 zur *Erleichterung der Eheschließung im Ausland* (BGBl. 1969 II 445, 451, 588 [ber.], 2054); näher unten S. 710 f.;
8. Pariser Übereinkommen vom 10. 9. 1964 über den *Austausch von Einbürgerungsmitteilungen* (für Bundesrepublik nicht in Kraft);
9. Pariser Übereinkommen vom 10. 9. 1964 betreffend die *Entscheidungen über die Berichtigung von Einträgen in Personenstandsbüchern (Zivilstandregistern)* (BGBl. 1969 II 445, 446, 588 [ber.], 2054);
10. Athener Übereinkommen vom 18. 9. 1966 über die *Feststellung gewisser Todesfälle* (für Bundesrepublik nicht in Kraft); näher unten S. 490;

11. Luxemburger Übereinkommen vom 8. 9. 1967 über die *Anerkennung von Entscheidungen in Ehesachen* (für Bundesrepublik nicht in Kraft); dazu unten S. 922;
12. Rom-Übereinkommen vom 10. 9. 1970 über die *Legitimation durch nachfolgende Ehe* (für Bundesrepublik nicht in Kraft); dazu unten S. 824f.;
13. Berner Übereinkommen vom 13. 9. 1973 zur *Verringerung der Fälle von Staatenlosigkeit* (BGBl. 1977 II 597, 613, 1219; AusfG vom 29. 6. 1977, BGBl. I 1101);
14. Berner Übereinkommen vom 13. 9. 1973 über die *Angabe von Familiennamen und Vornamen in den Personenstandsbüchern* (BGBl. 1976 II 1473, 1977 II 254);
15. Pariser Übereinkommen vom 12. 9. 1974 zur *Schaffung eines internationalen Stammbuchs der Familie* (für Bundesrepublik nicht in Kraft; Text: StAZ 1975, 45–47; Riv.dir.int.priv.proc. 1981, 229–232);
16. Wiener Übereinkommen vom 8. 9. 1976 über die *Erteilung mehrsprachiger Auszüge aus Personenstandsbüchern* (BGBl. 1997 II 774, 1998 II 966);
17. Athener Übereinkommen vom 15. 9. 1977 über die *Befreiung bestimmter Akte und Dokumente von der Legalisation* (für Bundesrepublik nicht in Kraft; Text: Riv.dir.int.priv.proc. 1982, 399–401);
18. Münchener Übereinkommen vom 5. 9. 1980 über die *freiwillige Anerkennung nichtehelicher Kinder* (noch nicht in Kraft, Frankreich und Türkei haben ratifiziert, die Bundesrepublik nur gezeichnet); näher unten S. 786f.;
19. Münchener Übereinkommen vom 5. 9. 1980 über *das auf Namen und Vornamen anwendbare Recht* (für Bundesrepublik noch nicht in Kraft; Text: StAZ 1980, 113f.; Riv.dir.int.priv.proc. 1990, 760–762);
20. Münchener Übereinkommen vom 5. 9. 1980 über die *Ausstellung eines mehrsprachigen Ehefähigkeitszeugnisses* (BGBl. 1997 II 1086); näher unten S. 711;
21. Haager Übereinkommen vom 8. 9. 1982 über die *Ausstellung eines Zeugnisses über unterschiedliche Familiennamen* (für Bundesrepublik nicht in Kraft, gilt zwischen Frankreich und Spanien; für Frankreich siehe Dekret vom 11. 10. 1988 [J.O. 15. 10. 1988]; Text: Riv.dir.int.priv.proc 1990, 510–513);
22. Baseler Übereinkommen vom 3. 9. 1985 über die *internationale Zusammenarbeit bei der Verwaltungshilfe für Flüchtlinge* (für Bundesrepublik nicht in Kraft; Text: Riv.dir.int.priv.proc. 1990, 514–517).

Stand der Zeichnungen und Ratifikationen bei *Bischoff*, Fschr. von Overbeck, Freiburg/Schweiz 1990, 128f.

Richtlinien des Bundesministers des Innern zu den Internationalen Vereinbarungen (allen damals in Kraft stehenden des Personenstandsrechts, nicht nur denen der CIEC) StAZ 1962, 157–162. Protokoll über die CIEC vom 25. 9. 1950 und Zusatzprotokoll vom 25. 9. 1952 (BGBl. 1974 II 915, 1976 II 192).

Schrifttum: Älteres Schrifttum 7. Aufl. S. 82f. Weiter: *Bischoff*, Harmonisation du droit privé: l'exemple du travail de la Commission Internationale de l'Etat Civil, Fschr. von Overbeck, Freiburg/Schweiz 1990, 117–130; *Binz*, Umschreibung griechischer Personennamen – Neuanfang ohne ISO?, StAZ 1991, 333–339; *Struycken*, La convenzione di Monaco sulla legge applicabile ai cognomi e nomi, Riv.dir.int.priv.proc. 1991, 573–592; *Bischoff*, La Commission Internationale de l'État Civil (C.I.E.C.), in: *Ganghofer*, Le droit de la famille en Europe, Straßburg 1992, 85–93; *Ludwig*, Zum Aufsatz von Binz, Umschreibung griechischer Personennamen – Neuanfang ohne ISO?, StAZ 1992, 81–83; *Binz*, ISO-Transliteration am Ende, StAZ 1993, 105–109; *Fernández Rozas* (Hrsg.), España y la codificación internacional del Derecho internacional privado. Terceras Jornadas de Derecho internacional privado, Madrid 1993 (insbes. S. 157–202); *Ludwig*, ISO-Transliterationsnormen – zwiespältige Vorschriften und Auffassungen, StAZ 1993, 301–304; *Böhmer*, Die Transliteration ausländischer Namen, IPRax 1994, 80–82; *Gaaz*, Der Beitritt der Bundesrepublik Deutschland zu den CIEC-Übereinkommen über die Ausstellung mehrsprachiger Auszüge aus Personenstandsbüchern und über die Ausstellung von Ehefähigkeitszeugnissen, StAZ 1996, 289–299; *Jäger*, Die Internationale Kommission für das Zivilstandswesen (CIEC) gestern – heute – morgen, ÖStA 1997, 21–27.

Teilweise vereinheitlicht war das **Verschollenheitsrecht** durch die in Lake Success am 6. 4. 1950 vereinbarte Konvention der Vereinten Nationen über die *Todeserklärung Verschollener* (BGBl. 1955 II 701, 706; 1958 II 165; in Kraft bis 24. 1. 1967, einer zweiten Verlängerung ist Deutschland nicht beigetreten); näher unten S. 490.

hh) Staatsangehörigkeit, Wohnsitz

Im **Staatsangehörigkeitsrecht** bemüht sich, die Ehefrau überall auf eigene Füße zu stellen, das New Yorker Übereinkommen vom 20. 2. 1957 über die *Staatsangehörigkeit verheirateter Frauen* (BGBl. 1973 II 1249, 1974 II 1304; dazu unten S. 399). Mehrfache Staatsangehörigkeit bekämpft das Straßburger Übereinkommen vom 6. 5. 1963 über die *Verringerung der Mehrstaatigkeit und über die Wehrpflicht von Mehrstaatern* (BGBl. 1969 II 1953, 1962, 2232, 1974 II 1588 und I 3714; dazu *Breslauer*, RzW 1970, 249, *Kimminich*, German Yb. Int. L. 38 (1995), 224–248, und unten S. 399). Ferner gibt es das Abkommen über bestimmte Fragen bezüglich der *Kollision von Staatsangehörigkeitsrechten* vom 12. 4. 1930 (für Deutschland nicht in Kraft; dazu *Kimminich*, aaO).

Über die New Yorker Abkommen über die *Rechtsstellung der Staatenlosen* vom 28. 9. 1954 (BGBl. 1976 II 473, 1977 II 235) unten S. 206, 401 f. und über die *Verminderung der Staatenlosigkeit* vom 30. 8. 1961 (BGBl. 1977 II 597, 1217) unten S. 206, 402, über das CIEC-Abkommen vom 13. 9. 1973 (BGBl. 1977 II 597, 613, 1219) über die *Verringerung der Fälle von Staatenlosigkeit* oben S. 96.

Allgemeine Grundsätze des Staatsangehörigkeitsrechts und Regeln über die Wehrpflicht von Mehrstaatern enthält das Straßburger Europaratsabkommen über *Staatsangehörigkeit* vom 6. 11. 1997 (Text: Unif. L.Rev. 1997, 522–545). Das Abkommen wurde von Deutschland bisher nicht gezeichnet und ist auch sonst noch nicht in Kraft getreten.

Für Regelungen über **Wohnsitz** und **Aufenthalt** und deren Auslegung hat der Europarat seinen Mitgliedern durch Beschluß des Ministerrats (72)1 vom 18. 1. 1972 die Befolgung bestimmter Grundsätze empfohlen (Abdruck mit Begründung NTIR 1973, 213–232, ÖJZ 1974, 144–151).

ii) Sonstiges

Zur Vereinheitlichung des **Arbeitsrechts**: *Fried*, Rechtsvereinheitlichung im Internationalen Arbeitsrecht, 1965; *Birk*, Der Einfluß des Gemeinschaftsrechts auf das Arbeitsrecht der Bundesrepublik Deutschland, RIW 1989, 6–15; *Krimphove*, Europäisches Arbeitsrecht, EuZW 1993, 244–250.

Über Vereinheitlichung des **IPR** durch mehrseitige Staatsverträge, die meist die internationalen Privatrechte der einzelnen Staaten nicht für alle Fälle, sondern nur *im Verhältnis zwischen den Vertragsstaaten* ändern (zu diesem Unterschied oben S. 10 f.): unten § 4 III.

b) Europäische Rechtsvereinheitlichung

Besondere Antriebe für die Rechtsvereinheitlichung in **Europa** hat die Europäische (Wirtschafts-)Gemeinschaft (vgl. Art. 3 h, 27, 54 IIIg, 56 II, 66, 99, 100–102, 117, 220 EGV) geliefert. Wichtige Beispiele:

- Arbeitsrechtliches EG-Anpassungsgesetz vom 13. 8. 1980 (BGBl. I 1308);
- Ges. zur Durchführung der Vierten, Siebenten und Achten Richtlinie des Rates der Europäischen Gemeinschaften zur Koordinierung des Gesellschaftsrechts (Bilanzrichtlinien-Gesetz – BiRiLiG) vom 19. 12. 1985 (BGBl. I 2355); es füllt das HGB auf und ändert viele Gesetze;
- Haustürgeschäftewiderrufsgesetz vom 16. 1. 1986 (BGBl. I 122);
- Ges. zur Ausführung der EWG-Verordnung über die *Europäische wirtschaftliche Interessenvereinigung* (EWIV-Ausführungsgesetz) vom 14. 4. 1988 (BGBl. I 514);

- Ges. zur Durchführung der EG-Richtlinie zur Koordinierung des Rechts der *Handelsvertreter* vom 23. 10. 1989 (BGBl. I 1910);
- Ges. über die *Haftung für fehlerhafte Produkte* (Produkthaftungsgesetz – ProdHaftG) vom 15. 12. 1989 (BGBl. I 2198);
- Ges. zur Durchführung *versicherungsrechtlicher* Richtlinien des Rates der Europäischen Gemeinschaften (Zweites Durchführungsgesetz/EWG zum VAG) vom 28. 6. 1990 (BGBl. I 1249);
- *Verbraucherkredit*gesetz (VerbrkrG) vom 17. 12. 1990 (BGBl. I 2840);
- Ges. zur Durchführung der *Pauschalreise*richtlinie des Rates der EG vom 24. 6. 1994 (BGBl. I 1322);
- Ges. zur Änderung des AGBG und der Insolvenzordnung vom 19. 7. 1996 (BGBl. I 1013) zur Durchführung der EG-Richtlinie über *mißbräuchliche Klauseln* in Verbraucherverträgen;
- Europäisches *Betriebsräte*-Gesetz vom 28. 10. 1996 (BGBl. I 1548);
- *Teilzeit-Wohnrechts*gesetz vom 20. 12. 1996 (BGBl. I 2154);
- *Produktsicherheits*gesetz vom 22. 4. 1997 (BGBl. I 934).

Noch nicht umgesetzt sind die Richtlinien 97/5/EG vom 27. 1. 1997 über *grenzüberschreitende Überweisungen,* 97/7/EG vom 20. 5. 1997 über den *Verbraucherschutz bei Vertragsabschlüssen im Fernabsatz,* 97/55/EG vom 6. 10. 1997 über *vergleichende Werbung* (ABlEG L 290/18), die der BGH aber bereits bei der Auslegung des § 1 UWG beachtet (BGHZ 138, 55 = NJW 1998, 2208), und 98/27/EG vom 19. 5. 1998 über *Unterlassungsklagen zum Schutz der Verbraucherinteressen* (ABlEG L 166/51). Darüber hinaus existieren Richtlinienentwürfe z. B. zum *Verbrauchsgüterkauf* vom 18. 6. 1996 (Text: JZ 1997, 446) und zur *Bekämpfung von Zahlungsverzug im Handelsverkehr* vom 26. 3. 1998.

Zur Vereinheitlichung im Bereich des *geistigen Eigentums* siehe bereits oben S. 83 f.

Schrifttum zur **Rechtsvereinheitlichung in der EG**: Älteres Schrifttum 7. Aufl. S. 88–92. Weiter:

Zur Rechtsvereinheitlichung in der EG **allgemein:** *Mansel*, Rechtsvergleichung und europäische Rechtseinheit, JZ 1991, 529–534; *Blaurock*, Wege zur Rechtseinheit im Zivilrecht Europas, in: *Starck* (Hrsg.), Rechtsvereinheitlichung durch Gesetze, 1992, 90–116; *Everling*, Zur Auslegung des durch EG-Richtlinien angeglichenen nationalen Rechts, ZGR 1992, 376–395; *Carsten*, Europäische Integration und nordische Zusammenarbeit auf dem Gebiet des Zivilrechts, ZEuP 1993, 335–353; *Ferrari*, Vom Abstraktionsprinzip und Konsensualprinzip zumTraditionsprinzip. Zu den Möglichkeiten der Rechtsangleichung im Mobiliarsachenrecht, ZEuP 1993, 52–78; *Kohler*, Die Funktion des EuGH bei der Auslegung europäischen Einheitsrechts nach den Gutachten über den EWR-Vertrag, Fschr. Schwind 1993, 303–315; *De Ly*, Europese Gemeenschap en privaatrecht, Zwolle 1993; *Maselis*, Legislative harmonization and the integration of harmonized legislation into the national legal systems, within the European Community, Eur.Rev.Priv. L. 1 (1993), 137–156; *Müller-Graff*, Gemeinsames Privatrecht in der Europäischen Gemeinschaft, 1993 (bespr. von *Taupitz*, RabelsZ 59 [1995], 728–730; *Kieninger*, ZEuP 1995, 317–319; *Remien*, Int. J. L.Inf. 23 [1995], 177–179); *Tilmann*, Entschließung des Europäischen Parlaments über die Angleichung des Privatrechts der Mitgliedsstaaten vom 26. 5. 1989 (mit Text der Entschließung), ZEuP 1993, 613–615; *Taupitz*, Privatrechtsvereinheitlichung durch die EG: Sachrechts- oder Kollisionsrechtsvereinheitlichung?, JZ 1993, 533–539; *Basedow*, Materielle Rechtsangleichung und Kollisionsrecht, in: *Schnyder* u. a. (Hrsg.), Internationales Verbraucherschutzrecht, 1995, 11–34; *Broggini*, Conflitto di leggi, armonizzazione e unificazione nel diritto europeo delle obbligazioni e delle imprese, Riv.dir.int.priv.proc. 1995, 241–264 = Fschr. Heini, Zürich 1995, 73–94; *Hommelhoff/Jayme/Mangold* (Hrsg.), Europäischer Binnenmarkt, Internationales Privatrecht und Rechtsangleichung, 1995; *Posch*, Zur EWR-bedingten Umsetzung von Richtlinien verbraucherprivatrechtlichen Inhalts in das österreichische Recht, oder: „Aller Anfang ist schwer“, Fschr. Everling II, 1995, 1141–1155; *Steindorff*, EG-Vertrag und Privatrecht, 1995 (bespr. von *Eilmansberger*, [öst]JBl 1997, 409 f.); *Taschner*, Zur Fortentwicklung des in der Europäischen Union angeglichenen Privatrechts durch die Gerichte der Mitgliedsstaaten, Fschr. Steffen 1995, 479–487; *Taupitz*, Privatrechts- oder Kollisionsrechtsvereinheitlichung in Europa?, 1995; *Armbrüster*, Ein Schuldvertragsrecht für Europa? Bemerkungen zur Privatrechtsangleichung in der Europäischen Union nach „Maastricht" und „Keck", RabelsZ 60 (1996), 72–90; *Baratta/Giannoulis*, Vom Europarecht zum Europa der Rechte, KritV 1996, 237–266; *Basedow*, Der Bundesgerichtshof, seine Rechtsanwälte und die Verantwortung für das europäische Privatrecht, Fschr. Brandner 1996, 651–681; *Danses/Sturm*, Rechtliche Grundlagen des Verbraucherschutzes im EU-Binnenmarkt, ZfRV 1996, 133–142; *Grundmann*, EG-Richtlinie und nationales Privatrecht, JZ 1996, 274–287; *Kilian*, Europäisches Wirtschaftsrecht, 1996; *Müller-Graff*, Europäische Normgebung und ihre judikative Umsetzung in nationales Recht, DRiZ 1996, 259–266, 305–315; *Remien*, Über den Stil des europäischen Privatrechts – Versuch einer Analyse und Prognose, RabelsZ 60 (1996), 1–39; *Rengeling* (Hrsg.), Europäisierung des Rechts, 1996; *Schmidt/Salzer*, Deliktsrecht in Europa: Bestandsaufnahme mittels Landesberichten und Folgerungen für Rechtsangleichungsprojekte, ZEuP 1996, 243–258; *Tonner*, Die Rolle des Verbraucherrechts bei der Entwicklung eines europäischen Zivilrechts, JZ 1996, 533–541, mit Erwiderung von *Heiss*, JZ 1997, 83 f., und *Tonner*, ebd. 84 f.; *Zitscher*, Probleme eines Wandels des innerstaatlichen Rechts zu einem europäischen Rechtssystem nach der Rechtsprechung des Europäischen Gerichtshofs, RabelsZ 60 (1996), 648–660; *Everling*, Rechtsvereinheitlichung durch Rechtsprechung – Anmerkungen aus der Sicht eines ehemaligen europäischen Richters, ZEuP 1997, 796–806; *Gamerith*, Das nationale Privatrecht in der Europäischen Union – Harmonisierung durch Schaffung von Gemeinschaftsprivatrecht, ÖJZ 1997, 165–174; *van Gerven*, ECJ case-law as a means of unification of private law?, Eur.Rev.Priv.L. 5 (1997), 293–307; *Hakenberg*, Der europäische zivilrechtliche Verbraucherschutz – Überblick und aktuelle Entwicklungen, AnwBl 1997, 56–65; *Klauer*, Die Europäisierung des Privatrechts – Der EuGH als Zivilrichter, Diss. St. Gallen 1997; *Merkt*, Europäische Rechtsetzung und strengeres autonomes Recht. Zur Auslegung von Gemeinschaftsnormen als Mindeststandards, RabelsZ 61 (1997), 647–684; *Schmidt*, Der Einfluß europäischer Richtlinien auf das innerstaatliche Privatrecht am Beispiel des Einwendungsdurchgriffs bei verbundenen Geschäften. Auslegung der Richtlinie, richtlinienkonforme Auslegung und unmittelbare Wirkung der Richtlinie, 1997; *Grundmann*, Ius Commune und Ius Communitatis – ein Spannungsverhältnis, Fschr. Fikentscher 1998, 671–694; *Luttermann*, Der Sinn für das Europäische Recht, JZ 1998, 880–884; *Matusche*, EU-Verbraucherschutz und deutsches Bankvertragsrecht. Die Umsetzung der Richtlinien über Verbraucherkredite, mißbräuchliche Klauseln und grenzüberschreitende Überweisungen, 1998; *Micklitz*, Perspektiven eines Europäischen Privatrechts. Ius commune praeter legem?, ZEuP 1998, 253–276; *Magnus*, Die Gestalt eines Europäischen Handelsgesetzbuches, Fschr. Drobnig 1998, 57–80; *Reichert-Facilides*, Europäisches Versicherungsvertragsrecht?, ebd. 119–134; *Storme*, Harmonisation of the law on (substantive) validity of contracts (illegality and immorality), ebd. 195–207; *Remien*, Einheit, Mehrstufigkeit und Flexibilität im europäischen Privat- und Wirtschaftsrecht, RabelsZ 62 (1998), 627–647; *Schwarze*, Das schwierige Geschäft mit Europa und seinem Recht, JZ 1998, 1077–1088; *Teubner*, Legal Irritants: Good Faith in British Law or How Unifying Law Ends Up in New Divergences, Mod.L.Rev. 61 (1998), 11–32; *Dreher*, Wettbewerb oder Vereinheitlichung der Rechtsordnungen in Europa?, JZ 1999, 105–112; *Grundmann*, Europäisches Schuldvertragsrecht, 1999; *Hübner*, „Europäisierung des Privatrechts", Fschr. Großfeld 1999, 471–483; *Rodríguez Iglesias*, Gedanken zum Entstehen einer Europäischen Rechtsordnung, NJW 1999, 1–8; *Schurig*, Europäisches Zivilrecht: Vielfalt oder Einerlei, Fschr. Großfeld 1999, 1089–1111.

Zur EG-Richtlinie über **mißbräuchliche Klauseln:** *Brownsword/Howells*, The Implementation of the EC Directive on Unfair Terms in Consumer Contracts – Some Unresolved Questions, J.B.L. 1995, 243–263; *Bunte*, Die EG-Richtlinie über mißbräuchliche Klauseln in Verbraucherverträgen und ihre Umsetzung durch das Gesetz zur Änderung des AGB-Gesetzes, DB 1996, 1389–1393; *Pinto Monteiro*, El problema de las condiciones generales de los contratos y la directiva sobre cláusulas abusivas en los contratos con consumidores, Rev.der.merc. 1996, 79–115; *Kapnopoulou*, Das Recht der mißbräuchlichen Klauseln in der Europäischen Union. Das griechische Verbraucherschutzgesetz als Beitrag zum europäischen Privatrecht, 1997; *Alpa*, Implementation of the EC Directive on Unfair Contract Terms (93/13) in Italy, the United Kingdom, and France, and its Effects on European Contract Law, in: *Ferrari* (Hrsg.), Unification of International Commercial Law, 1998, 27–40; *Beatson*, The Incorporation of the EC Directive on Unfair Consumer Contracts into English Law, ZEuP 1998, 957–968; *Cian*, Auslegung und Transparenzgebot in der Regelung der AGB und der Verbraucherverträge nach italienischem und deutschem Recht, ZEuP 1998, 586–592; *Kretschmar*, Die Richtlinie 93/13 EWG des Rates vom 5. 4. 1993 über mißbräuchliche Klauseln in Verbraucherverträgen und das deutsche AGB-Gesetz. Europäischer Verbraucherschutz: Umsetzungsaspekte und Auswirkungen auf das deutsche Recht, 1998.

Zur EG-Richtlinie über **Haustürgeschäfte:** *Klingsporn*, Der Schutz des Verbrauchers im internationalen Privatrecht, WM 1994, 1093–1101; *Baldus*, Haustürgeschäft und richtlinienkonforme Auslegung, ZEuP 1997, 874–889; *Bydlinski/Klauninger*, Zur Anwendbarkeit der Richtlinie 85/577/EWG vom 20. Dezember 1985 betreffend den Verbraucherschutz im Falle von außerhalb von Geschäftsräumen geschlossenen Verträgen auf Bürgschaftsverpflichtungen von Verbrauchern, ZEuP 1998, 994–1015.

Zur EG-Richtlinie über den **Verbraucherkredit:** *Grimm*, Das neue Verbraucherkreditgesetz. Ein verbraucherpolitischer Beitrag zur Umsetzung der EG-Richtlinie in nationales Recht, 1993; *Klingsporn*, Der Schutz des Verbrauchers im internationalen Privatrecht, WM 1994, 1093–1101; *Zahn*, Die Stellung des Finanzierungsleasing im Verbraucherkreditgesetz – ein Verstoß gegen EG-Recht?, DB 1994, 617–623.

Zur EG-Richtlinie über den **Verbrauchsgüterkauf:** *Amtenbrink/Schneider*, Die europaweite Vereinheitlichung von Verbrauchsgüterkauf und -garantien, VuR 1996, 367–380; *Hondius*, De consumentenkoop in Europees perspectief/naar een richtlijn consumentenkoop en consumentengaranties, TvC 1996, 245–255; *Medicus*, Ein neues Kaufrecht für Verbraucher?, ZIP 1996, 1925–1930; *Schnyder/Straub*, Das EG-Grünbuch über Verbrauchsgütergarantien und Kundendienst – Erster Schritt zu einem einheitlichen EG-Kaufrecht?, ZEuP 1996, 8–74; *Hondius*, Kaufen ohne Risiko: Der europäische Richtlinienentwurf zum Verbraucherkauf und zur Verbrauchergarantie, ZEuP 1997, 130–140; *Jud*, Der Richtlinienentwurf der EU über den Verbrauchsgüterkauf und das österreichische Recht, ÖJZ 1997, 441–450; *Junker*, Vom Bürgerlichen zum kleinbürgerlichen Gesetzbuch – Der Richtlinienvorschlag über den Verbrauchsgüterkauf, DZWiR 1997, 271–281; *Kircher*, Zum Vorschlag für eine Richtlinie über den Verbrauchsgüterkauf und -garantien, ZRP 1997, 290–294; *Micklitz*, Ein einheitliches Kaufrecht für Verbraucher in der EG?, EuZW 1997, 229–237; *Schlechtriem*, Verbraucherkaufverträge – ein neuer Richtlinienentwurf, JZ 1997, 441–447; *Wolf*, Reform des Kaufrechts durch EG-Richtlinie – ein Vorteil für die Wirtschaft?, RIW 1997, 899–904; *W. Kircher*, Die Voraussetzungen der Sachmängelhaftung beim Warenkauf. Eine vergleichende Darstellung des deutschen und des englischen Rechts unter Berücksichtigung des UN-Kaufrechts und aktueller Reformbestrebungen, 1998 (insbes. S. 270–285).

Zur EG-Richtlinie über **Fernabsatzgeschäfte:** *Reich*, Die neue Richtlinie 97/7/EG über den Verbraucherschutz bei Vertragsabschlüssen im Fernabsatz, EuZW 1997, 581–589 (Text 596–598); *Thorn*, Verbraucherschutz bei Verträgen im Fernabsatz, IPRax 1999, 1–9.

Zur EG-Richtlinie über **Produkthaftung:** *Joerges*, Die Verwirklichung des Binnenmarktes und die Europäisierung des Produktsicherheitsrechts, Fschr. Steindorff 1990, 1247–1267; *Jolowicz*, Product Liability in the EEC, Fschr. Merryman 1990, 369–391; *Hohloch*, Produkthaftung in Europa – Rechtsangleichung und Entwicklungen im zehnten Jahr nach der Produkthaftungsrichtlinie, ZEuP 1994, 408–445; *Taschner*, Zehn Jahre EG-Richtlinie zur Produkthaftung – Rückblick, Umschau, Ausblick, in: Schriftenreihe deutscher Jurastudenten in Genf, Nr. 15, 1996, 1–33; *Kelly/Attree* (Hrsg.), European Product Liabilities², London 1997; *Viney*, L'introduction en droit français de la directive européenne du 25 juillet 1985 relative à la responsabilité du fait des produits défectueux, D.S. Chron. 1998, 291–299; *Witz/Wolter*, Die Umsetzung der EG-Produkthaftungsrichtlinie in Frankreich, RIW 1998, 832–839.

Zur EG-Richtlinie über **Teilzeitwohnrechte:** *Stabentheiner*, Probleme bei der Umsetzung zivilrechtlicher EU-Richtlinien am Beispiel der Time-Sharing-Richtlinie, (öst)JBl 1997, 65–181; *Dias Urbano de Sousa*, Das Timesharing an Ferienimmobilien in der EU. Eine rechtsvergleichende Studie unter Berücksichtigung der Timesharing-Richtlinie (94/47/EG), 1998.

Zur EG-Richtlinie über **Pauschalreisen:** *Tonner*, Die EG-Richtlinie über Pauschalreisen, EuZW 1990, 409–415; *Führich*, Zur Umsetzung der EG-Pauschalreise-Richtlinie in deutsches Reisevertragsrecht, EuZW 1993, 347–352; *Meyer/Kubis*, Pauschalreiserecht in Europa, ZVglRWiss 92 (1993), 179–214; *Pellet*, Die reisevertragliche Gewährleistung in Deutschland, England, Frankreich und die Auswirkungen der EG-Pauschalreiserichtlinie, 1993; *Führich*, Das neue Reiserecht nach der Umsetzung der EG-Pauschalreise-Richtlinie, NJW 1994, 2446–2451.

Zur EG-Richtlinie über den **Überweisungsverkehr:** *Schneider*, Die Geld-zurück-Garantie und die Haftung für Folgeschäden bei fehlerhafter Ausführung von Auslandsüberweisungen – Ein Beitrag zum Einfluß des amerikanischen Rechts auf die europäische Rechtsangleichung, Fschr. Everling II, 1995, 1297–1314; *Schneider*, Die Angleichung des Rechts der grenzüberschreitenden Überweisungen, EuZW 1997, 589–593; *Schwolow*, Internationale Entwicklungslinien im Recht der Auslandsüberweisung. Eine vergleichende Darstellung der Regelungen des UNCITRAL-Modellgesetzes, des amerikanischen Art. 4A UCC, der EU-Richtlinie über grenzüberschreitende Überweisungen und der deutschen Rechtslage, 1999.

Zum EG-Richtlinienentwurf über den **Zahlungsverzug im Handelsverkehr:** *Freitag*, Ein Europäisches Verzugsrecht für den Mittelstand?, EuZW 1998, 559–562; *Gsell*, Der EU-Richtlinien-Entwurf zur Bekämpfung von Zahlungsverzug im Handelsverkehr, ZIP 1998, 1569–1579; *Kieninger*, Der Richtlinienvorschlag der Europäischen Kommission zur Bekämpfung des Zahlungsverzugs im Handelsverkehr, WM 1998, 2213–2221; *Schmidt-Kessel*, Zahlungsverzug im Handelsverkehr – ein neuer Richtlinienentwurf, JZ 1998, 1135–1145.

Sonstiges: *Rothley*, Planierung des Rechts oder Überwindung der Grenzen? – Zur Vereinheitlichung des Haftungsrechts in der EG, VersR 1992, 645–647; *Wehrens*, Überlegungen zu einer Eurohypothek, WM 1992, 557–563; *Kiethe/Schwab*, EG-rechtliche Tendenzen zur Haftung für Umweltschäden, EuZW 1993, 437–440; *Dressel*, Die gemeinschaftliche Harmonisierung des Europäischen Datenschutzrechts, 1995; *Westphal*, Neues Handelsvertreterrecht in der Europäischen Union, EWS 1996, 43–49; *Höfler*, Haftung und Kontrolle des öffentlichen Auftraggebers im englischen Recht. Eine rechtsvergleichende Untersuchung des englischen öffentlichen Auftragswesens nach der Umsetzung der europäischen Richtlinien zur Vereinheitlichung der Vergabe öffentlicher Aufträge, 1997; *Kappes*, Die EG-Datenbank-Richtlinie und ihre Umsetzung in das deutsche Urheberrechtsgesetz, ZEuP 1997, 654–676; *Schiek*, Europäisches Arbeitsrecht, 1997; *Gaster*, Der Rechtsschutz von Datenbanken. Kommentar zur Richtlinie 96/9/EG, 1999; *Spink/Petty*, Comparative Advertising in the European Community, Int. Comp.L.Q. 47 (1998), 855–876.

Schrifttum zur Vereinheitlichung des europäischen **gewerblichen Rechtsschutzes** oben S. 84f., des europäischen **Gesellschaftsrechts** (einschließlich weiteren Schrifttums zum europäischen **Bilanzrecht**) unten S. 500f., des europäischen **Verbrauchervertragsrechts** unten S. 584f. und des europäischen **Konkursrechts** unten S. 889f. Zur Entwicklung eines einheitlichen europäischen **Zivil-** oder zumindest **Vertragsrechts** unten S. 105–108.

Textsammlung: *Hommelhoff/Jayme*, Europäisches Privatrecht, 1993.

c) Modellgesetze, Musterregeln, Verhaltenskodizes

Die Rechtsvereinheitlichung auf dem Gebiet des Handels- und Wirtschaftsrechts fördert vor allem die UN-Kommission für internationales Handelsrecht **UNCITRAL** (errichtet 1966). Sie wird in unterschiedlicher Weise tätig. Ein Weg ist, *Regeln* und

Richtlinien herauszugeben, auf deren Anwendung sich Parteien und Institutionen einigen können. Solche sind z. B. die:

- UNCITRAL-Regeln über *Schiedsverfahren* vom 15. 12. 1976,
- UNCITRAL-Regeln über *gütliche Einigung* vom 4. 12. 1980,
- Bestimmungen über *Rechnungseinheit und Anpassung von Haftungsbegrenzungen* in internationalen Transport- und Haftungsübereinkommen von 1982,
- UNCITRAL-Regeln über *vereinbarten festen Schadensersatz und Vertragsstrafen* von 1983,
- Richtlinien zur *Organisation von Schiedsverfahren* von 1996.

Ferner gibt es „Legal Guides" über

- *elektronische Überweisungen* von 1987,
- die *Gestaltung internationaler Verträge über die Errichtung von Industrieanlagen* von 1988,
- *Gegengeschäfte* von 1992.

Der Rechtsvereinheitlichung dient die UNCITRAL auch durch die Erarbeitung von Modellgesetzen, die (ähnlich den US-amerikanischen *„Uniform Codes"*) als Vorbilder für eine entsprechende Gesetzgebung der einzelnen Staaten dienen sollen. Hierzu zählen Modellgesetze über

- *internationale Handelsschiedsverfahren* von 1985 (das international großen Einfluß genommen hat, u. a. auch auf das deutsche SchiedsVfG vom 22. 12. 1997 [BGBl. I 3224]),
- *internationale Banküberweisungen* von 1992 (das zum Teil zur Grundlage für eine EG-Richtlinie über grenzüberschreitende Überweisungen vom 27. 1. 1997 gemacht wurde, im übrigen aber bislang kaum Auswirkungen auf einzelstaatliche Gesetzesreformen hatte),
- über *Beschaffung von Waren sowie Bau- und Dienstleistungen* von 1994 (Text: Rev.dr.unif. 1994–1995, 90–187),
- über den *elektronischen Handelsverkehr* von 1996 (Text: Unif. L.Rev. 1996, 716–731),
- über *grenzüberschreitende Insolvenzverfahren* von 1997 (Text: ZIP 1997, 2224–2228; Unif. L.Rev. 1997, 768–789).

Weitere Vorhaben der UNCITRAL betreffen Fragen des internationalen Vertragsrechts, insbesondere die internationale Forderungsabtretung (siehe *Hartwieg*, ZIP 1998, 2137, Fn. 4).

Außerdem erarbeitet die UNCITRAL **Abkommen,** so über die Verjährungsfrist beim internationalen Kauf beweglicher Sachen von 1974 und über den internationalen Warenkauf von 1980 (oben S. 79, 75), über die internationale Beförderung von Waren auf See von 1978 (oben S. 89 f.), über internationale Wechsel von 1988 (oben S. 72), über die Haftung der Betreiber von Transport-Umschlagplätzen im internationalen Handel von 1991 (oben S. 87) und über Akkreditive und Bankgarantien von 1995 (oben S. 73).

Zum **Stand** der Abkommen: UNCITRAL Yearbook 22 (1991), 435–441; ZEuP 1993, 160–168; im Internet: http://www.un.or.at/uncitral/eu-index.htm.

Schrifttum: Älteres Schrifttum 7. Aufl. S. 96–98. Weiter:

Zu den Arbeiten der UNCITRAL **allgemein:** Bibliography of Recent Writings Related to the Work of UNCITRAL, Int. J. L.Inf. 19 (1991), 218–243; *Diedrich*, Chancen und Ziele von Einheitsrecht für den internationalen Handelsverkehr, IPRax 1992, 408–411; *Fernández Rozas* (Hrsg.), España y la codificación internacional del Derecho internacional privado. Terceras Jornadas de Derecho internacional privado, Madrid 1993 (insbes. S. 73–156); Uniform Commercial Law in the Twenty-First Century. Proceedings of the Congress of the United Nations Commission on International Trade law, 1995; *Estrella Faria*, The Work of the United Nations Commission on International Trade Law (UNCITRAL) in 1996, Unif. L.Rev. 1996, 476–493.

Zum **Modellgesetz** über den internationalen **Überweisungsverkehr:** *Schneider*, Die einheitliche Regelung des internationalen Überweisungsverkehrs durch das

UNCITRAL-Modellgesetz, in: *Hadding/Schneider* (Hrsg.) Rechtsprobleme der Auslandsüberweisung, 1992, 491–516; *Bischoff*, Das UNCITRAL-Modellgesetz über den internationalen Überweisungsverkehr – Ein Kurzportrait, SchweizAG 1993, 217–222; *Bülow*, Harmonisierung des europäischen Binnenzahlungsverkehrs und des Weltzahlungsverkehrs. Zugleich ein Beitrag zum UNCITRAL-Modellgesetz über den internationalen Zahlungsverkehr, IStR 1993, 527–531; *Hadding/Schneider*, Die einheitliche Regelung des internationalen Überweisungsverkehrs durch das UNCITRAL-Modellgesetz, WM 1993, 629–638 (mit Text 664–673); *Lojendio Osborne*, La ley modelo de UNCITRAL sobre transferencias internacionales de crédito, Rev.der.merc. 1993, 95–114; *Schinnerer*, Zum UNCITRAL Model Law on International Credit Transfer, ZfRV 1993, 239–245; *Checa Martínez*, Las transferencias de crédito en el Derecho del comercio internacional, Rev.der.banc.burs. 1994, 109–136; *Genner*, Das UNCITRAL Modellgesetz über den internationalen Überweisungsverkehr, 1995; *Genner*, Das UNCITRAL-Modellgesetz über den internationalen Überweisungsverkehr – Ein Vorbild für Europa?, ZEuP 1995, 60–66; *Schneider*, Die Geld-zurück-Garantie und die Haftung für Folgeschäden bei fehlerhafter Ausführung von Auslandsüberweisungen – Ein Beitrag zum Einfluß des amerikanischen Rechts auf die europäische Rechtsangleichung, Fschr. Everling II, 1995, 1297–1314; *Schwolow*, Internationale Entwicklungslinien im Recht der Auslandsüberweisung. Eine vergleichende Darstellung der Regelungen des UNCITRAL-Modellgesetzes, des amerikanischen Art. 4 A UCC, der EU-Richtlinie über grenzüberschreitende Überweisungen und der deutschen Rechtslage, 1999 (nz); *Wulff*, Das UNCITRAL-Modellgesetz über den grenzüberschreitenden Überweisungsverkehr, 1998.

Zum **Modellgesetz** über den **elektronischen Handelsverkehr:** *Heinrich*, UNCITRAL und EDI-Einheitsrecht, CR 1994, 118–121; *Caprioli/Sorieul*, Le commerce international électronique: vers l'émergence de règles juridiques transnationales, JDI (Clunet) 1997, 323–393 (mit Text 394–401); *United Nations* (Hrsg.), UNCITRAL Model Law on Electronic Commerce with Guide to Enactment 1996, New York 1997; *Boss*, Electronic Commerce and the Symbiotic Relationship Between International and Domestic Law Reform, Tul.L.Rev. 72 (1998), 1931–1984.

Zum **Modellgesetz** über **grenzüberschreitende Insolvenzverfahren:** *Benning/Wehling*, Das „Model Law on Cross-Border-Insolvency" der Vereinten Nationen. Ein Regelungsmodell für internationale Insolvenzfälle, EuZW 1997, 618–623; *Wimmer*, Die UNCITRAL-Modellbestimmungen über grenzüberschreitende Insolvenzverfahren, ZIP 1997, 2220–2224 (mit Text 2224–2228); *Markus*, Zum internationalen Insolvenzrecht. Die Arbeiten der UNCITRAL an einem Modellgesetz, Der Schweizer Treuhänder 1997, 295–301; *Markus*, Das neue UNCITRAL-Modellgesetz betreffend grenzüberschreitende Insolvenz, SchwZW 1998, 15–36; *Vallens*, La loi-type de la CNUDCI sur l'insolvabilité internationale, D. Chron. 1998, 157–165; *Fletcher*, Insolvency in Private International Law, Oxford 1999, 323–363 (Text 432–441).

Zum **Modellgesetz** über die **Beschaffung von Waren-, Bau und Dienstleistungen:** *Adolphsen*, Das UNCITRAL-Modellgesetz über die Beschaffung von Gütern, Bau- und Dienstleistungen, 1994; *Kunnert*, WTO-Vergaberecht. Genese und System sowie Einwirkungen auf das EG-Vergaberegime. Mit einem Annex zum UNCITRAL-Mustergesetz über die Beschaffung von Waren sowie Bau- und Dienstleistungen, 1998.

Schrifttum zu den UNCITRAL-Arbeiten auf dem Gebiet des Schiedsrechts unten S. 210, 211 f.

Weiterhin hat auch die **Internationale Handelskammer** Musterregeln herausgegeben, insbesondere die:

- „*Incoterms*" (neueste Fassung 1990; abgedruckt z. B. bei *Baumbach/Hopt*, HGB[29], 1995, Teil 2 [6] S. 1077–1125),
- „*Einheitlichen Richtlinien und Gebräuche für Dokumenten-Akkreditive*" (neueste Fassung 1993; abgedruckt z. B. bei *Baumbach/Hopt*, aaO, Teil 2 [11] S. 1266–1293),
- „*Einheitlichen Regeln für ein Dokument des kombinierten Transports*" (1973/1975 [86 f. unten 1 a]),

– *„Einheitlichen Richtlinien für Vertragsgarantien“* (1978),
– *„Einheitlichen Regeln für die Einziehung von Handelspapieren“* (neueste Fassung 1996).

Schrifttum zu den **Incoterms**: *Bredow/Seiffert*, Incoterms 1990. Wegweiser für die Praxis, 1990; *Borgia*, Gli Incoterms della Camera di commercio internazionale nella nuova edizione 1990, Riv.dir.int.priv.proc. 1991, 71–80; *Schneider*, Incoterms 1990 – Auslegungsregeln für den internationalen Handelsverkehr in Neuauflage, RIW 1991, 91–96; *Said*, Das Risiko der Erteilung von Exportgenehmigungen nach den Incoterms, verglichen mit dem BGB, 1993; *Renck*, Der Einfluß der INCOTERMS 1990 auf das UN-Kaufrecht. Eine Untersuchung zu den rechtlichen Wirkungen der INCOTERMS 1990 im Recht des internationalen Warenkaufs, 1995; *Wörlen/Metzler/Müller*, Handelsklauseln im nationalen und internationalen Warenverkehr, 1996; *Lehr*, INCOTERMS – Rechtsfragen im Zusammenhang mit den internationalen Lieferbedingungen, IStR 1998, 153–159.

Zu den Regeln für **Dokumentenakkreditive** u.ä.: *Graffe/Weichbrodt/Xueref*, Dokumentenakkreditive – ICC-Richtlinien 1993. Einheitliche Richtlinien und Gebräuche für Dokumenten-Akkreditive. Text und Kurzkommentar, 1993; *Carbone/D'Angelo*, Lettera di credito e compravendita internazionale, in: Scintillae Iuris, Studi in memoria Gino Gorla II, Mailand 1994, 1215–1248; *Lombardini*, Droit et pratique du crédit documentaire, Zürich 1994; *Nielsen*, Neue Richtlinien für Dokumenten-Akkreditive. Kommentar zu den Einheitlichen Richtlinien und Gebräuchen für Dokumenten-Akkreditive 1993 (ERA 500), 1994; *Ellinger*, The Uniform Customs and Practice for Documentary Credits – the 1993 Revision, Lloyd's M.C.L.Q. 1994, 377–406; *Barnes*, Internationalization of Revised UCC Article 5, Nw.J.Int.L. & Bus. 16 (1995), 215–223; *Hoffmann*, Einheitliche Richtlinien für Inkassi (ERI) – Revision 1995 – Kurzkommentar und Text, 1995; *White*, The Influence of International Practice on the Revision of Article 5 of the UCC, Nw.J.Int.L. & Bus. 16 (1995), 189–214; *Eschmann*, Die Auslegungsfähigkeit eines Standby Letter of Credit, RIW 1996, 913–918; *Hoeren/Florian*, Rechtsfragen des internationalen Dokumentenakkreditivs und -inkassos, unter besonderer Berücksichtigung der ICC-Richtlinie vom 1. 1. 1996, 1996; *Kozolchyk*, The „Best Practices“ Approach to the Uniformity of International Commercial Law: The UCP 500 and the Nafta Implementation Experience, Ariz.J.Int & Comp.L. 13 (1996), 443–461; *Özdamar*, Rechtsfragen des Dokumentenakkreditivs in Gestalt seiner Regelung nach den ERA (Revision 1983). Ein Beitrag zu Verständnis und Handhabung von einheitlichem sog. Klauselrecht unter Berücksichtigung des deutschen und türkischen Rechts, 1996; *Schütze*, Das Dokumentenakkreditiv im Internationalen Handelsverkehr – unter besonderer Berücksichtigung der Einheitlichen Richtlinien und Gebräuche für Dokumentenakkreditive, Revision 1993 (ERA 500)[4], 1996 (bespr. von *Wagenknecht*, DZWiR 1996, 525f.; *Nielsen*, WM 1997, 743); *Horn*, Die Bankgarantie im internationalen Umfeld, in: *Wiegand* (Hrsg.), Personalsicherheiten, Bern 1997, 87–129; *Oelofse*, The Law of Documentary Letters of Credit in Comparative Perspecitve, Prätoria 1997; *Bennett*, Bank-to-bank reimbursements under documentary credits: the Uniform Rules, Lloyd's M.C.L.Q. 1998, 114–127 (nz); *Georgiades*, Das Zustandekommen des Vertrages beim internationalen Kauf und der Grundsatz der Autonomie des Dokumentenakkredititvs, Symposium Canaris 1998, 89–101; L'acutalité des garanties à première demande, Brüssel 1998. Zum **IPR** der Dokumentenakkreditive oben S. 73f.

Sonstiges: *Jobard-Bachellier*, Les lettres d'intention en droit international privé, Trav.com.fr.dr.i.p. 1993–94/1994–95 (erschienen Paris 1996), 125–148; *Jiménez*, The International Chamber of Commerce: Supplier of Standards and Instruments for International Trade, Unif.L.Rev. 1996, 284–299; *Simler*, Les règles uniformes de la Chambre de Commerce International (CCI) pour les Contract Bonds, Rev.dr.int. dr.comp. 1997, 122–138; *Fried*, Die weiche Patronatserklärung, 1998; *Lutter*, Der Letter of Intent[3], 1998.

An einem „Legal Guide“ über das **Franchising** arbeitet **Unidroit**; dazu *Peters*, The Draft Unidroit Guide to Franchising – How and Why, Unif.L.Rev. 1996, 694–707.

Hauptsächlich als „Kodifikation" eines einheitlich geltenden internationalen Handelsgewohnheitsrechts (unten d) sollen verstanden werden die:
- „*Principles of International Commercial Contracts*" (1994), herausgegeben von Unidroit (eine zweite, erweiterte Fassung ist in Vorbereitung), ferner die
- „*Principles of European Contract Law*" (1997), sog. „Lando-Regeln", der Commission of European Contract Law (die aber *zugleich* Grundlage für eine weitere [gesetzgeberische?] Vereinheitlichung des europäischen Vertragsrechts sein sollen).

Zu den **UNIDROIT Principles of International Commercial Contracts: Text:** Unidroit, Principles of International Commercial Contracts, Rom 1994 (engl. Text); Unidroit, Principles of International Commercial Contracts (official texts of the black letter rules in English, French, German, Italian and Spanish), Rom 1996. **Schrifttum:** *Schulze*, Allgemeine Rechtsgrundsätze und europäisches Privatrecht, ZEuP 1993, 442–474; *Bonell*, An International Restatement of Contract Law. The UNIDROIT Principles of International Commercial Contracts, Irvington, N.Y., 1994 (bespr. von *Tallon*, Rev.int.dr. comp. 1995, 1044–1046); *Hartkamp*, The Unidroit Principles for International Commercial Contracts and the New Dutch Civil Code, Fschr. Brunner, Deventer 1994, 127–137; *Hartkamp*, The UNIDROIT Principles for International Commercial Contracts and the United Nations Convention on Contracts for the International Sale of Goods, Fschr. Kokkini-Iatridou, Dordrecht 1994, 85–98; *Béraudo*, Les principes d'Unidroit relatifs au droit du commerce international, Sem.jur. 1995, Nr. 3842, S. 189–194; *Berger*, Die UNIDROIT-Prinzipien für Internationale Handelsverträge. Indiz für ein autonomes Weltwirtschaftsrecht?, ZVglRWiss 94 (1995), 217–236; *Boele-Woelki*, Principles en IPR. Enkele beschouwingen over de toepassing van de UNIDROIT Principles of International Commercial Contracts en de Principles of European Contract Law op internationale overeenkomsten, Utrecht 1995; *Bonell*, Un „Codice" Internazionale del Diritto dei Contratti. I Principi UNIDROIT dei contratti commerciali internazionali, Mailand 1995; *Bonell*, I Principi UNIDROIT dei contratti commerciali internazionali: origini, nature e finalità, Dir.comm.int. 1995, 3–22; *Bonell*, Policing the International Commercial Contract Against Unfairness under the UNIDROIT Principles, Tul.J.Int.Comp.L. 3 (1995), 73–91; *Ferrari*, Defining the Sphere of Application of the 1994 „UNIDROIT Principles of International Commercial Contracts", Tul.L.Rev. 69 (1995), 1225–1237; *Garro*, The Contribution of the UNIDROIT Principles to the Advancement of International Commercial Arbitration, Tul.J.Int.Comp.L. 3 (1995), 93–128; *Giardina*, Les Principes UNIDROIT sur les contrats internationaux, JDI (Clunet) 1995, 548–584 (Text 559–584); *van Houtte*, The UNIDROIT Principles of International Commercial Contracts, Arb. Int. 11 (1995), 373–390; *Kessedjian*, Un exercice de rénovation des sources du droit des contrats du commerce international: Les Principes proposés par l'Unidroit, Rev.crit.dr.i.p. 1995, 641–670; *di Majo*, I „Principles" dei contratti commerciali internazionali tra civil law e common law, Riv.dir.civ. 1995, 609–627; *Olavo Baptista*, The UNIDROIT Principles for International Commercial Law Project: Aspects of International Private Law, Tul.L.Rev. 69 (1995), 1209–1224; *Storme*, Applications possibles et caractères généraux des principes de droit uniforme des contrats, Rev.dr.int.dr.comp. 1995, 309–325; *Bannes*, L'impact de l'adoption des principes Unidroit 1994 sur l'unification du droit commercial international: réalité ou utopie?, RRJ 1996, 933–954; *Boele-Woelki*, Principles of Private International Law. The Unidroit Principles of International Commercial Contracts and the Principles of European Contract Law: How to Apply them to International Contracts, Unif.L.Rev. 1996, 652–678; *Boggiano*, La Convention interaméricaine sur la loi applicable aux contrats internationaux et les Principes d'UNIDROIT, Unif.L.Rev. 1996, 219–228; *Bonell*, The UNIDROIT Principles of International Commercial Contracts and CISG – Alternatives or Complementary Instruments?, Unif.L.Rev. 1996, 26–39; *Bonell*, The UNIDROIT Principles of International Commercial Contracts and the Principles of European Contract Law: Similar Rules for the Same Purposes?, Unif.L.Rev. 1996, 229–246; *Bonell*, Die UNIDROIT-Prinzipien der internationalen Handelsverträge: Eine neue Lex Mercatoria?, ZfRV 1996, 152–157; *Fortier*, Le contrat du commerce international à l'aune du raisonnable, JDI (Clunet) 1996, 315–379; *Furmston*, Unidroit General Principles for International Commercial Contracts, Journal of Contract Law 10 (1996), 11–20; *Hill*, A Businessman's View of the UNIDROIT Principles, J. Int.Arb. 13 (1996), 163–170; *Hoekstra*, De UNIDROIT-Principles of International Commercial Contracts en de Principles of European Contract Law: Een vergelijking, in: *Grosheide/Boele-Woelki* (Hrsg.), Europees privaatrecht, Lelystad 1996, 3–44; *Komarov*, The UNIDROIT Principles of International Commercial Contracts: a Russian View, Unif. L.Rev. 1996, 247–254; *Perales Viscasillas*, UNIDROIT Principles of International Commercial Contracts: Sphere of Application and General Provisions, Ariz.J.Int. & Comp. L. 13 (1996), 381–441; *Wichard*, Die Anwendung der UNIDROIT-Prinzipien für internationale Handelsverträge durch Schiedsgerichte und staatliche Gerichte, RabelsZ 60 (1996), 269–302; *Boele-Woelki*, Die Anwendung der UNIDROIT-Principles auf internationale Handelsverträge, IPRax 1997, 161–171; *Bonell*, The UNIDROIT Principles – A Modern Approach to Contract Law, in: *Weyers* (Hrsg.), Europäisches Vertragsrecht, 1997, 9–21; *Bonell*, The UNIDROIT Principles in Practice: The Experience of the First Two Years, Unif. L.Rev. 1997, 34–45; *Bonell*, Erste Entscheidungen zu den UNIDROIT Principles, Bull.ASA 1997, 600–607; *Bonell/Bonelli* (Hrsg.), Contratti commerciali internazionali e Principi Unidroit, Mailand 1997; *Goode*, International Restatements of Contract and English Contract Law, Unif. L.Rev. 1997, 231–248; *Larroumet*, La valeur des principes d'Unidroit applicables aux contrats du commerce international, Sem.jur. 1997, Nr. 4011, S. 147–152; *Rosett*, UNIDROIT Principles and Harmonization of International Commercial Law: Focus on Chapter Seven, Unif. L.Rev. 1997, 441–450; *Berger*, The Lex Mercatoria Doctrine and the UNIDROIT Principles of International Commercial Contracts, Law & Pol. Int.Bus. 28 (1997), 943–990; *Basedow*, Die UNIDROIT-Prinzipien der Internationalen Handelsverträge und die Übereinkommen des einheitlichen Privatrechts, Fschr. Drobnig 1998, 19–38; *Berger*, International Arbitral Practice and the UNIDROIT Principles of International Commercial Contracts, Am.J.Comp.L. 46 (1998), 129–150; *Boele-Woelki*, European and Unidroit Principles of Contract Law, in: *von Hoffmann* (Hrsg.) European Private International Law, Nimwegen 1998, 67–85; *Burkart/Koch*, „UNIDROIT Principles" – eine neue Rechtsgrundlage für internationale Verträge, SZW 1998, 68–70 (mit Text 71–81); *Crépeau*, The UNIDROIT Principles and the Civil Code of Québec: Shared Values?, Scarborough 1998; *Farnsworth*, The American Provenance of the UNIDROIT Principles, Tul.L.Rev. 72 (1998), 1985–1994; *Fauvarque-Cosson*, Les contrats du commerce international, une approche nouvelle: Les principes d'Unidroit relatifs aux contrats du commerce international, Rev.int.dr.comp. 1998, 463–489; *Ferrari*, Das Verhältnis zwischen den UNIDROIT-Grundsätzen und den allgemeinen Grundsätzen internationaler Einheitsprivatrechtskonventionen. Zugleich ein Beitrag zur Lückenfüllung durch staatliche Gerichte, JZ 1998, 9–17; *Jenkins*, Exemption for Non-performance: UCC, CISG, UNIDROIT Principles – A Comparative Assessment, Tul.L.Rev. 72 (1998), 2015–2030; *Kozolchyk*, The UNIDROIT Principles as a Model for the Unification of the Best Contractual Practices in the Americas, Am.J.Comp. L. 46 (1998), 151–179; *Mayer*, Die UNIDROIT-Prinzipien für internationale Handelsverträge, AJP/PJA 1998, 499–513; *Michaels*, Privatautonomie und Privatkodifikation. Zu Anwendbarkeit und Geltung allgemeiner Vertragsrechtsprinzipien, RabelsZ 62 (1998), 580–626; Universidad Nacional Autónoma de México/Universidad Panamericana (Hrsg.), Contratación Internacional, Comentarios a los Principios sobre los Contratos Comerciales Internacionales del UNIDROIT, Mexiko 1998; *Juenger*, The UNIDROIT Principles of Commercial Contracts and Inter-American Contract Choice of Law, ebd. 229–236; *Grundmann*, Law merchant als lex lata Communitatis – insbesondere die Unidroit-Principles, Fschr. Rolland 1999, 145–158.

Zu den **Principles of European Contract Law** und Fragen der **europäischen Vereinheitlichung des Zivil- oder Vertragsrechts** allgemein: **Text:** *Lando/Beale* (Hrsg.), The Principles of European Contract Law. Part I: Performance, Non-performance and Remedies, Dordrecht 1995 (bespr. von *Dannemann*, Int.Comp. L.Q. 46 [1997], 736 f.); französische Fassung: *de Lamberterie* u. a. (Hrsg.), Les principes du droit européen du contrat. L'exécution, l'inexécution et ses suites, Paris 1997 (bespr. von *Witz*, Rev.int.dr.comp. 1998, 257f.). **Schrifttum:** *Blaurock*, Wege zur Rechtseinheit im Zivilrecht Europas, in: *Starck* (Hrsg.), Rechtsvereinheitlichung durch Gesetze, 1992, 90–116; *Lando*, Principles of European Contract Law. An Alternative or a Precursor of European Legislation, RabelsZ 56 (1992), 261–273 = Am.J.Comp.L. 40 (1992), 573–585; *Sacco*, The System of European Private Law. Premises for a European Code, Italian Studies in Law 1 (1992), 71–81; *Zimmermann*, Das römisch-kanonische ius commune als Grundlage europäischer Rechtseinheit, JZ 1992, 8–20; *Hondius/Storme*, Europäisches Privatrecht. Zur Entwicklung eines Europäischen Privatrechts in den neunziger Jahren, Eur.Rev.Priv.L. 1 (1993), 21–29; *Kötz*, Rechtsvergleichung und gemeineuropäisches Privatrecht, in: *Müller-Graff* (Hrsg.), Gemeinsames Privatrecht in der Europäischen Gemeinschaft, 1993, 95–108; *Kramer*, Vielfalt und Einheit der Wertungen im europäischen Privatrecht, Fschr. Koller 1993, 729–750 = *Kramer*, Zur Theorie und Politik des Privat- und Wirtschaftsrechts, 1997, 377–392; *Lando*, Is Codification Needed in Europe? Principles of European Contract Law and the Relationship to Dutch Law, Eur.Rev.Priv.L. 1 (1993), 157–170; *Schulze*, Allgemeine Rechtsgrundsätze und europäisches Privatrecht, ZEuP 1993, 442–474; *Tilmann*, Entschließung des Europäischen Parlaments über die Angleichung des Privatrechts der Mitgliedsstaaten vom 26. 5. 1989, ZEuP 1993, 613–615 (mit Text der Entschließung); *Tunc*, L'unification du droit des contrats en Europe: avec ou sans loi?, Rev.int.dr.comp. 45 (1993), 877–879; *Zimmermann*, Der europäische Charakter des englischen Rechts. HistorischeVerbindungen zwischen civil law und common law, ZEuP 1993, 4–51; *Götz*, Auf dem Weg zur Rechtseinheit in Europa? – Drei Thesen zur europäischen Rechtsordnung, JZ 1994, 265–269; *Knütel*, Rechtseinheit in Europa und römisches Recht, ZEuP 1994, 244–276; *Boele-Woelki*, Principles en IPR. Enkele beschouwingen over de toepassing van de UNIDROIT Principles of International Commercial Contracts en de Principles of European Contract Law op internationale overeenkomsten, Utrecht 1995; *Castronovo*, I „principi del diritto europeo dei contratti" e l'idea del codice, Riv.dir.comm. 1995 I, 21–38; *Georgiades*, Zu einem gemeineuropäischen Privatrecht – Illusion oder Realität?, in: *Tomuschat* u.a. (Hrsg.), Europäische Integration und nationale Rechtskulturen, 1995, 45–49; *Huber*, Einheitliches Kaufrecht und europäische Privatrechtsvereinheitlichung, Fschr. Everling I, 1995, 493–509; *Magnus*, European Perspectives of Tort Liability, Eur.Rev.Priv.L. 3 (1995), 427–444; *Storme*, Applications possibles et caractères généraux des principes de droit uniforme des contrats, Rev.dr.int.dr.comp. 1995, 309–325; *Zimmermann*, Konturen eines Europäischen Vertragsrechts, JZ 1995, 477–491; *Armbrüster*, Ein Schuldvertragsrecht für Europa? Bemerkungen zur Privatrechtsangleichung in der Europäischen Union nach „Maastricht" und „Keck", RabelsZ 60 (1996), 72–90; *Basedow*, Über Privatrechtsvereinheitlichung und Marktintegration, Fschr. Mestmäcker 1996, 347–363; *Basedow*, A Common Contract Law for the Common Market, C.M.L.Rev. 1996, 1169–1195 = *Ferrari* (Hrsg.), The Unification of International Commercial Law, Baden-Baden 1996, 41–58; *Boele-Woelki*, Principles of Private International Law. The Unidroit Principles of International Commercial Contracts and the Principles of European Contract Law: How to Apply them to International Contracts, Unif.L. Rev. 1996, 652–678; *Bonell*, The UNIDROIT Principles of International Commercial Contracts and the Principles of European Contract Law: Similar Rules for the Same Purposes?, Unif.L.Rev. 1996, 229–246; *von Borries*, Die Regierungskonferenz 1996 und das Privatrecht, ZEuP 1996, 193–199 ; *Hirte*, Wege zu einem europäischen Zivilrecht, 1996; *Hoekstra*, De UNIDROIT-Principles of International Commercial Contracts en de Principles of European Contract Law: Een vergelijking, in: *Grosheide/ Boele-Woelki* (Hrsg.), Europees privaatrecht, Lelystad 1996, 3–44; *Koziol*, Das niederländische BW und der Schweizer Entwurf als Vorbilder für ein künftiges europäisches Schadensersatzrecht, ZEuP 1996, 587–599; *Legrand*, European Legal Systems are not Converging, Int.Comp.L.Q. 45 (1996), 52–81; *Legrand*, Sens et non sens d'un code civil européen, Rev.dr.int.dr.comp. 1996, 779–812; *Remien*, Über den Stil des europäischen Privatrechts – Versuch einer Analyse und Prognose, RabelsZ 60 (1996), 1–39; *Rengeling* (Hrsg.), Europäisierung des Rechts, 1996; *Rittner*, Das Projekt eines

Europäischen Privatrechtsgesetzbuches und die wirtschaftliche Praxis, DB 1996, 25–27; *Rittner*, Ein Gesetzbuch für Europa?, Fschr. Mestmäcker 1996, 449–459; *van Rossum*, The Principles of European Contract Law. A Review Essay, Maastricht J. Eur.Comp. L. 3 (1996), 69–87; *Tonner*, Die Rolle des Verbraucherrechts bei der Entwicklung eines europäischen Zivilrechts, JZ 1996, 533–541, mit Erwiderung von *Heiss*, JZ 1997, 83f., und *Tonner*, ebd. 84f.; *Broggini*, Was bedeutet heute gemeineuropäisches Vertragsrecht?, ZfRV 1997, 221–229; *Goode*, International Restatements of Contract and English Contract Law, Unif. L.Rev. 1997, 231–248; *Jayme/Mansel* (Hrsg.), Auf dem Wege zu einem gemeineuropäischen Privatrecht. 100 Jahre BGB und die lusophonen Länder, 1997; *Kötz*, The Common Core of European Private Law: Third General Meeting, Trento 17–19 July 1997, Eur.Rev.Priv.L. 5 (1997), 549–552; *Lando*, Eight Principles of European Contract Law, Fschr. Goode 1997, 103–129; *Legrand*, Against a European Civil Code, Mod. L.Rev. 60 (1997), 44–63; *Luig*, The History of Roman Private Law and the Unification of European Law, ZEuP 1997, 405–427; *Rabe*, 50 Jahre NJW. Die Europäisierung der Rechtsordnung, NJW 1997, 2631–2635; *Weyers* (Hrsg.), Europäisches Vertragsrecht, 1997; *Basedow*, Un droit commun des contrats pour le marché commun, Rev.int.dr.comp. 1998, 7–28; *Boele-Woelki*, European and Unidroit Principles of Contract Law, in: *von Hoffmann* (Hrsg.), European Private International Law, Nimwegen 1998, 67–85; *Hartkamp*, u. a. (Hrsg.), Towards a European Civil Code[2], Nimwegen 1998; *Hartkamp*, Indirect Representation According to the Principles of European Contract Law, the Unidroit Agency Convention and the Dutch Civil Code, Fschr. Drobnig 1998, 45–56; *Legrand*, Counterpoint: Law is also Culture, in: *Ferrari* (Hrsg.), Unification of International Commercial Law, 1998, 245–255; *Gebauer*, Grundfragen der Europäisierung des Privatrechts. Eine Untersuchung nationaler Ansätze unter Berücksichtigung des italienischen und des deutschen Rechts, 1998; *Michaels*, Privatautonomie und Privatkodifikation. Zu Anwendbarkeit und Geltung allgemeiner Vertragsrechtsprinzipien, RabelsZ 62 (1998), 580–626; *Oberkofler*, Europäisches Deliktsrecht – Gedanken zur Realisierbarkeit, ÖJZ 1998, 502–505; *Sonnenberger*, Der Ruf unserer Zeit nach einer europäischen Ordnung des Zivilrechts, JZ 1998, 982–991; *Grundmann*, Law merchant als lex lata Communitatis – insbesondere die Unidroit-Principles, Fschr. Rolland 1999, 145–158.

Auch zur Vereinheitlichung des **Zivilverfahrensrechts** in Europa bestehen Bestrebungen. **Schrifttum:** *Grunsky/Stürner/Walter/Wolf* (Hrsg.), Wege zu einem europäischen Zivilprozeßrecht, 1992 (bespr. von *Brehm/Berger*, JZ 1993, 722f.; *Rechberger*, ZEuP 1994, 366–368); *Prütting*, Die Entwicklung eines europäischen Zivilprozeßrechts, 1992; *Storme*, Rechtsvereinheitlichung in Europa. Ein Plädoyer für ein einheitliches europäisches Prozeßrecht, RabelsZ 56 (1992), 290–299; *Kerameus*, Procedural Harmonization in Europe, Am. J.Comp. L. 43 (1995), 401–416; *Roth*, Die Vorschläge der Kommission für ein europäisches Zivilprozeßgesetzbuch – das Erkenntnisverfahren, ZZP 109 (1996), 271–313; *Schilken*, Die Vorschläge der Kommission für ein europäisches Zivilprozeßgesetzbuch – einstweiliger und summarischer Rechtsschutz und Vollstreckung, ZZP 109 (1996), 315–336; *Tarzia*, Aussichten für eine Harmonisierung des Zwangsvollstreckungsrechts in der Europäischen Union, ZEuP 1996, 231–242; *Juenger*, Some Comments on European Procedural Harmonization, Am. J.Comp. L. 45 (1997), 931–937; *Lindblom*, Harmony of the legal spheres: A Swedish view on the construction of a unified European procedural law, Eur.Rev.Priv. L. 5 (1997), 11–46.

Die Vereinheitlichung des Handelsrechts fördert außer der UNO-Kommission für Seerecht IMO (oben S. 88f.) die UNO-Kommission für Handel und Entwicklung **UNCTAD.** Sie tut es freilich nur nebenbei. Denn an erster Stelle treibt die UNCTAD große Politik.

Schrifttum: Älteres Schrifttum 6. Aufl. S. 71f. Hervorzuheben: *Friedeberg*, The United Nations Conference on Trade and Development of 1964[2], Rotterdam 1970; *Cordovez*, UNCTAD and Development Diplomacy, From Confrontation to Strategy, London o. J. (1972?); *Gosovic*, UNCTAD, Conflict and Compromise, Leyden

1972, *Koul*, The Legal Framework of UNCTAD in World Trade, Leyden und Bombay 1977; *Merloz*, La C.N.U.C.E.D., Brüssel 1980; *Petersmann* IECL 17 Ch. 25 S. 32–45 (1981). Ferner: *Juda*, The UNCTAD Liner Code, Boulder, Colo., 1983; *Boualia*, La CNUCED et le nouvel ordre économique, Algier 1987; *Assonitis*, Réglementation internationale des transports maritimes dans le cadre de la CNUCED, Paris 1991; *Juda*, Wither the UNCTAD Liner Code: The Liner Code Review Conference, J.M.L.C. 23 (1992), 101–121; Norme di attuazione del codice di condotta UNCTAD sulle *conferences* marittime, Riv.dir.int.priv.proc. 1992, 436–442; *P.-T. Stoll*, Technologietransfer. Internationalisierungs- und Nationalisierungstendenzen. Die Gestaltung zwischenstaatlicher Wirtschaftsbeziehungen, privater Verfügungsrechte und Transaktionen durch die Vereinten Nationen, die UNCTAD, die WIPO und die Uruguay-Runde des GATT, 1994 (bespr. von *Seelmann-Eggebert*, RabelsZ 61 [1997], 776–779).

Von internationalen Organisationen geschaffene „*Verhaltenskodizes*" sind z.B.: Richtlinien der OECD (1976) für *multinationale Unternehmen* (Text: ILM 15 [1976], 967–977); ein UNO-Kodex hierüber wird von der UNCTAD vorbereitet. Die UNCTAD hat bereits einen Verhaltenskodex für Linienschiffahrts-Konferenzen ausgearbeitet, der zu einem New Yorker Übereinkommen über einen *Verhaltenskodex für Linienkonferenzen* vom 6. 4. 1974 geführt hat (BGBl. 1983 II 62, 1984 II 647). Ebenso gibt es Grundsätze der UNCTAD zur *Kontrolle wettbewerbsbeschränkender Praktiken*, die von der UNO 1980 verabschiedet worden sind (Text: ILM 19 [1980], 813–823), den Entwurf eines Kodex für *Technologietransfer* (Text: ebd. 773–812) sowie eine Empfehlung der EG-Kommission vom 8. 12. 1987 für einen *Verhaltenskodex für elektronische Zahlung* (ABl. 1987 Nr. L 365/72 [Empfehlung 87/598]) und einen *Europäischen Verhaltenskodex für Franchising* (in Kraft 1. 1. 1992: *Skaupy*, NJW 1992, 1788). Solche Verhaltenskodizes sind (wie die Modellgesetze und Musterregeln) keine Rechtsquelle, sondern nur Rechtsanzeichen (unten S. 443); man bezeichnet sie auch als „*soft law*". Sie können mittelbar wirken, z.B. bei Ausfüllung von Generalklauseln wie § 138 BGB.

Als „*soft law*" könnte man auch den Grundsatz 9 der UNO-„**Charter des Kindes**" vom 20. 11. 1959 ansehen, der den Kinderhandel verbietet. Er kann zur Auslegung deutschen Rechts herangezogen werden (VG Frankfurt NJW 1988, 3032 [3033], betr. gewerbsmäßige Anerkennung der Vaterschaft mit anschließender Freigabe zur Adoption gegen gestaffeltes Entgelt: Kinder aus Deutschland 45 000 DM, aus Nahost 30 000 DM, aus Fernost 15 000 DM, aus Dritter Welt 12 000 DM).

Schrifttum: Älteres Schrifttum 7. Aufl. S. 98f. Weiter: *Schippel*, Der europäische Kodex des notariellen Standesrechts, DNotZ 1995, 334–343; *Seidl-Hohenveldern*, Internationale Organisationen aufgrund von soft law, Fschr. Bernhardt 1995, 229–239; *Reuter*, Das selbstgeschaffene Recht des internationalen Sports im Konflikt mit dem Geltungsanspruch des nationalen Rechts, DZWiR 1996, 1–9; *Zemanek*, Is the Term „Soft Law" Convenient?, Fschr. Seidl-Hohenveldern, Den Haag 1998, 843–862.

d) Einheitliches internationales Handelsgewohnheitsrecht, lex mercatoria

Schrifttum zur Lehre von der lex mercatoria allgemein: Älteres Schrifttum 7. Aufl. S. 92f. *Carbonneau* (Hrsg.), Lex Mercatoria and Arbitration. A Discussion of the New Law Merchant, Dobbs Ferry 1990; *Stoecker*, The Lex Mercatoria: To what Extent does it Exist?, J. Int.Arb. 1990, 101–125; *Weise*, Lex mercatoria: materielles Recht vor der internationalen Handelsschiedsgerichtsbarkeit, 1990; *Dasser*, Lex mercatoria: Werkzeug der Praktiker oder Spielzeug der Lehre?, SZIER 1991, 299–323; *Grundmann*, Lex mercatoria und Rechtsquellenlehre – insbesondere die Einheitlichen Richtlinien und Gebräuche für Dokumentenakkreditive, JbJgZivRW 1991, 43–70; *Juenger*, Lex mercatoria und Eingriffsnormen, Fschr. Rittner 1991, 233–249; *Booysen*, Die internationale lex mercatoria: Das Erfordernis ihrer Umgestaltung zu einer rechtswissenschaftlichen Synthese und ihr Verhältnis zum Völkerrecht, AVR 30 (1992), 196–211; *Draetta/Lake/Nanda*, Breach and Adaptation of International Contracts: An Introduction to Lex Mercatoria, Salem, N.H., 1992 (bespr. von *Kavass*, Int.J.L.Inf. 20 [1992], 164–166); *De Ly*, International Business Law and Lex Mercatoria, Amsterdam 1992; *Matray*, Union internationale des avocats. Quelques problèmes de la lex mercatoria, Rev.dr.int.dr.comp. 1992, 333–363; *Spickhoff*, Internationales Handelsrecht vor Schiedsgerichten und staatlichen Gerichten, RabelsZ 56 (1992), 116–141; *von Overbeck*, L'irrésistible extension de l'autonomie en droit international privé, Fschr. Rigaux, Freiburg/Schweiz 1993, 619–636; *Bredin*, A la recherche de l'„aequitas mercatoria", Fschr. Loussouarn, Paris 1994, 109–118; *Monaco*, Note sulla qualificazione della Lex Mercatoria, in: Scintillae Juris, Gedächtnisschr. Gorla, Mailand 1994, II, 1249–1266; *Weick*, Zur Problematik eines „transnationalen Rechts" des Handels- und Wirtschaftsverkehrs, Fschr. Traub 1994, 451–466; *Booysen*, Völkerrecht als Vertragsstatut internationaler privatrechtlicher Verträge, RabelsZ 59 (1995), 245–257; *Gaillard*, Trente ans de Lex Mercatoria. Pour une application sélective de la méthode des principes généraux du droit, JDI (Clunet) 1995, 5–30 = Thirty Years of Lex Mercatoria: Towards the Selective Application of Transnational Rules, ICSID Rev. 1995, 208–231; *Juenger*, American Conflicts Scholarship and the New Law Merchant, Vand.J.Transn.L. 28 (1995), 487–501; *Stein*, Lex Mercatoria: Realität und Theorie, 1995 (bespr. von *Berger*, JR 1996, 41–43); *Berger*, Formalisierte oder „schleichende" Kodifizierung des transnationalen Wirtschaftsrechts. Zu den methodischen und praktischen Grundlagen der lex mercatoria, 1996 (bespr. von *Basedow*, RabelsZ 62 [1998], 555–558; *Stein*, DZWir 1998, 260f.); *Mertens*, Das lex mercatoria-Problem, Fschr. Odersky 1996, 857–872; *Mousseron*, Lex mercatoria: bonne mauvaise idée ou mauvaise bonne idée?, Fschr. Boyer, Toulouse 1996, 469–490; *Sandrock*, Das Privatrecht am Ausgang des 20. Jahrhunderts: Deutschland – Europa – und die Welt, JZ 1996, 1–9 (insbes. 8f.); *Berger*, The Lex Mercatoria Doctrine and the UNIDROIT Principles of International Commercial Contracts, Law & Pol.Int.Bus. 28 (1997), 943–990; *Carbone*, Principi dei contratti internazionali e norme di origine internazionale (con particolare riguardo al diritto uniforme), NGCC 1997 II, 25–32; *Goode*, Usage and its Reception in Transnational Commercial Law, Int.Comp.L.Q. 46 (1997), 1–36; *Ferrari* (Hrsg.), The Unification of International Commercial Law (Tilburg Lectures), Baden-Baden 1998; *Blaurock*, The Law of Transnational Commerce, ebd. 9–25; *De Ly*, Uniform Commercial Law and International Self Regulation, ebd. 59–83; *Berger*, Einheitliche Rechtsstrukturen durch außergesetzliche Rechtsvereinheitlichung, JZ 1999, 369–377; *Grundmann*, Law merchant als lex lata Communitatis – insbesondere die Unidroit-Principles, Fschr. Rolland 1999, 145–158.

Schrifttum zu einzelnen **Anwendungsfällen** der lex mercatoria: Älteres Schrifttum 7. Aufl. S. 93–95. Neueres Schrifttum oben S. 102f., 104, 105–108.

Manche meinen, im internationalen Verkehr entwickle sich von selbst ein **einheitliches Handelsgewohnheitsrecht** („*lex mercatoria*", „*[New] Law Merchant*"). Quelle sollen neben international gebräuchlichen Vertragsklauseln vor allem die beschriebenen (oben c) *Modellentwürfe*, *Musterregeln und -bedingungen* sowie *Standards* und *Verhaltenskodizes* sein (die ihrerseits wieder aus dem einheitlichen Gewohnheitsrecht schöpfen). Eine bedeutende Rolle wird außerdem der Praxis der internationalen Schiedsgerichte beigemessen. Dem so entstandenen Recht wird nicht nur „supranationaler und transnationaler Charakter" zugeschrieben; es soll überdies den staatlichen Rechten gegenüber noch „völlig autonom" sein (alles sehr str.).

Gewiß wird durch übereinstimmende Vertragsgestaltungen und Handelsbräuche und durch einheitliche Entscheidungen der internationalen Schiedsgerichte die Harmonisierung der Rechtsanwendung im internationalen Handel gefördert. „Autonomes" Recht entsteht dadurch aber nicht. Denn „Recht" ist heute nur vom Staat geschaffenes oder zugelassenes Recht. Werden (internationale) Handelsbräuche als rechtlich bindend herangezogen, dann deshalb, weil staatliche Rechtsordnungen dies so anordnen. Entstehen international gebräuchliche oder bindende Geschäfts- und Vertragsbedingungen, dann deshalb, weil diese Rechtsordnungen darin übereinstimmen, den Dispositionen der Vertragsschließenden gewisse *Freiräume* zu lassen. Auf diese Übereinstimmungen beschränkt sich zunächst die Einheitlichkeit zwischen den verschiedenen Rechtsordnungen.

Freilich können die Gestaltungsräume international übereinstimmend *ausgefüllt* werden. Diesem Ziel dienen die erwähnten, von internationalen Organisationen zusammengestellten und empfohlenen Musterregeln und -bedingungen sowie die sog. Verhaltenskodizes, deren Bindungskraft vom (gegebenenfalls vermuteten) Willen der Parteien abhängig ist (deshalb auch die Bezeichnung *„soft law"*). In *diesem* Rahmen können solche Regeln dann auch zur Auslegung und Ausfüllung von Generalklauseln wie § 138 BGB herangezogen werden.

Als eine Hauptquelle der international einheitlichen „lex mercatoria" wird heute die Praxis der internationalen *Schiedsgerichte* angesehen. Diesen steht im Rahmen ihrer Entscheidungen ein deutlich weiterer Spielraum zur Verfügung als den Parteien bei Schaffung von Geschäftsbedingungen, denn anders als die letzteren sind sie nicht an zwingende staatliche Normen gebunden (vgl. § 1059 ZPO). Aber reduzierte Begründungsverpflichtung, mangelnde Publizität und vor allem die Bindung der Schiedsgerichte an den Parteiwillen stehen der methodisch gesicherten Reproduktion früherer Entscheidungen und damit der Entstehung neuer (bindender) Rechtsnormen entgegen (näher *Schurig*, Fschr. Großfeld 1999, 1099–1102). Auch das erwähnte „soft law" bindet die Schiedsgerichte nicht aus eigener Kraft, sondern nur dem (gegebenenfalls vermuteten) Parteiwillen entsprechend.

Vgl. *Solomon*, RIW 1997, 981, 987. – Z. B. OLG Wien AG 1982, 165 mit zust. Anm. von *Dielmann*: Ein Schiedsgericht, das unermächtigt durch die Parteien, statt das anwendbare Recht zu bestimmen, sogleich einheitliches Handelsgewohnheitsrecht (lex mercatoria) anwendet, überschreitet seinen Auftrag. Dagegen LG Frankfurt a. M. WM 1996, 153: die Einheitlichen Richtlinien und Gebräuche für Dokumenten-Akkreditive sind „von den das Akkreditivverhältnis bildenden Parteien, die Kaufleute sind, kraft Handelsbrauchs konkludent gewollt".

Über die Schiedsrechtsprechung der Internationalen Handelskammer wird berichtet im Journal du droit international (Clunet), zuletzt *Derains/Arnaldez/Hascher*, JDI (Clunet) 1994, 1031–1107; 1995, 983–1054; 1996, 1011–1065; 1997, 1037–1088; sowie bei *Jarvin/Derains*, Collection of ICC Arbitral Awards 1974–1985, Deventer 1990; *Jarvin/Derains/Arnaldez*, Collection of ICC Arbitral Awards 1986–1990, Deventer 1994; *Arnaldez/Derains/Hascher*, Collection of ICC Arbitral Awards 1991–1995, Deventer 1997; siehe auch Yearb.Com.Arb. 11 (1986) 119–158 (für die Jahre 1983–1985) und ebd. 16 (1991), 54–126 (für die Jahre 1987–1990).

§ 2. Interessen

Schrifttum: *Wengler,* Die allgemeinen Rechtsgrundsätze des IPR und ihre Kollisionen, ZöffR 23 (1943/44), 473–509 (französische Übersetzung, zum Teil mit Änderungen, in Rev. crit. dr. i. p. 1952, 595–622 und 1953, 37–60); *Rabel* I² 94–99; *Zweigert,* Die dritte Schule im IPR, Fschr. Raape 1948, 49–52; *Beitzke,* Betrachtungen zur Methodik im Internationalprivatrecht, Fschr. Smend 1952, 1–22; *Kegel,* Begriffs- und Interessenjurisprudenz im IPR, Fschr. Lewald 1953, 259–288; *Vischer,* Der Richter als Gesetzgeber im internationalen Privatrecht, Schw.Jb.Int.R. 12 (1955), 75–102; *Batiffol,* Aspects philosophiques du droit international privé, Paris 1956; *Braga,* Kodifikationsgrundsätze des IPR, RabelsZ 23 (1958), 421–448; *Moya Valgañón,* Problematica de la aplicación jurisdiccional del derecho internacional privado, Rev. esp. der. int. 1958, 47–93; *Yntema,* Les objectifs du droit international privé, Rev. crit. dr. i. p. 1959, 1–29; *Cheatham* Rec. 1960 I, 201–307; *Francescakis,* Droit naturel et Droit international privé, Mélanges Maury, Paris 1960, I 113–152; *Wengler,* Rechtsgleichheit und Vielheit der Rechte, in: Hundert Jahre deutsches Rechtsleben, 1960, I 239–304; *Aguilar Navarro,* Algunos supuestos políticos del derecho internacional privado, Rev. esp. der. int. 1960, 45–82; *Aguilar Navarro,* Divagaciones sobre las llamadas doctrinas eclecticas en el derecho internacional privado, Rev.esp.der. int. 1961, 145–168; *Capotorti,* Premesse e funzioni del diritto internazionale privato, Neapel 1961; *Hancock,* Three Approaches to the Choice-of-Law Problem: the Classificatory, the Functional and the Result-Selective, Fschr. Yntema, Leyden 1961, 365–379; *Wengler,* Rec. 1961 III, 354–374, 398–416; *Graveson,* Philosophical Aspects of the English Conflict of Laws, L. Q. Rev. 78 (1962), 337–370; *Raeburn,* Dispensing with the Personal Law, Int. Comp. L. Q. 12 (1963), 125–147; *Wengler,* Les conflits de lois et le principe d'égalité, Rev. crit. dr. i. p. 1963, 203–231, 503–527; *Schwind,* Raum und Zeit im IPR, Fschr. Dölle 1963, II 105–117; *Currie,* Selected Essays on the Conflict of Laws, Durham 1963; *Heini,* Neuere Strömungen im Amerikanischen Internationalen Privatrecht, Schw.Jb.Int.R. 1962 (erschienen 1964), 31–70; *Vitta,* Il principio dell'uguaglianza tra „lex fori" e diritto straniero, Mailand 1964; *Makarov,* Der Gleichbehandlungsgrundsatz und das IPR, Fschr. Maridakis III, Athen 1964, 231–245; *Wengler,* Das Gleichheitsprinzip im Kollisionsrecht, ebd. 323–379 (englisch: Law & Cont. Prob. 28 [1963], 822–859); *Miaja de la Muela,* Soluciones „sanas" a los conflictos de leyes: „favor negotii" y respecto a los derechos adquiridos, Rev. esp. der. int. 1964, 16–38; *von Mehren/Trautman,* The Law of Multistate Problems, Boston und Toronto 1965; *Cavers,* The Choice-of-Law Process, Ann Arbor 1965; *Francescakis,* Quelques précisions sur les „lois d'application immédiate" et leurs rapports avec les règles de conflits de lois, Rev. crit. dr. i. p. 1966, 1–18; *Leflar,* Choice-Influencing Considerations in Conflicts Law, N. Y. U. L. Rev. 41 (1966), 267–327; *Sperduti,* Scopo e funzioni del diritto internazionale privato, Comunicazioni e Studi (des Istituto di diritto internazionale e straniero della Università di Milano) 1966, 175–287; *Ehrenzweig,* Private International Law, General Part, Leyden und New York 1967, 75–110; *Wiethölter,* Zur Frage des internationalen ordre public, BerGesVR 7 (1967), 133–177; *Wengler,* Die Gegenseitigkeit von Rechtslagen im IPR, Fschr. Hirsch 1968, 211–237; *Hébraud,* De la corrélation entre la loi applicable à un litige et le juge compétent pour en connaître, Rev. crit. dr. i. p. 1968, 205–258; *Schnitzer,* L'égalité de la loi étrangère et de la loi interne dans les rapports internationaux, Rev. hell. dr. int. 1969, 33–52; *Ehrenzweig,* Rec. 1968 II (erschienen 1970), 182–218, 255–272; *Ferrer Correia,* Estudos jurídicos III, Coimbra 1970, 84–92; *Shapira,* The Interest Approach to Choice of Law, Den Haag 1970; *Ariëns,* De mens en zijn recht in internationale verhoudingen, NTIR 1970, 151–166 (englische Zusammenfassung 166f.); *de Angulo Rodríguez,* Objeto, contenido y pluralidad normativa en Derecho Internacional Privado, Rev. esp. der. int. 1970, 745–772; *A. Flessner,* Fakultatives Kollisionsrecht, RabelsZ 34 (1970), 547–584; *Neuhaus,* Prinzipien oder Interessen als Basis des IPR?, Akrothinia Petros G. Vallindas, Thessaloniki 1971, 549–557; *Joer-*

ges, Zum Funktionswandel des Kollisionsrechts, Die „Governmental Interest Analysis" und die „Krise des IPR", 1971; *Keller,* SchwJZ 1972, 65–74, 85–91 = *Keller,* Einführung in die Eigenart des IPR, Zürich 1973; *Joerges,* Die klassische Konzeption des IPR und das Recht des unlauteren Wettbewerbs, RabelsZ 36 (1972), 421–491; *Deby-Gérard,* Le role de la règle de conflit dans le règlement des rapports internationaux, Paris 1973; *Perez Vera,* Intereses del tráfico jurídico externo y derecho internacional privado, Granada 1973; *Vitta,* Le clausole di reciprocità nelle norme di conflitto, Fschr. Wengler II, 1973, 849–864; *Dubbing,* Het rechtsvaardigheidsgehalte van het internationaal privaatrecht, Fschr. Langemeijer, Zwolle 1973, 63–72; *E. Rehbinder,* Zur Politisierung des IPR, JZ 1973, 151–158; *Juenger,* Möglichkeiten einer Neuorientierung des IPR, NJW 1973, 1521–1526; *Zweigert,* Zur Armut des IPR an sozialen Werten, RabelsZ 37 (1973), 435–452; *Juenger,* Zum Wandel des IPR, 1974; *Steindorff,* Entwicklungen des deutschen IPR, in: Deutsche zivil- und kollisionsrechtliche Beiträge zum IX. Internationalen Kongreß für Rechtsvergleichung in Teheran 1974, 1974, 155–175; *A. Bucher,* Grundfragen der Anknüpfungsgerechtigkeit im IPR, Basel und Stuttgart 1975; *Firsching,* Entwicklungstendenzen im deutschen IPR, ZfRV 1975, 99–113; *Marsch,* Der Favor Negotii im deutschen IPR, 1976; *Neuhaus,* Grundbegriffe 41–70, 160–170, 174–187; *E. Lorenz,* Zur Struktur des IPR, 1977, 60–69 (Gleichheitssatz); *Batiffol,* Les intérêts de droit international privé, Fschr. Kegel 1977, 11–21; *Lüderitz,* Anknüpfung im Parteiinteresse, Fschr. Kegel 1977, 31–54; *Wiethölter,* Begriffs- oder Interessenjurisprudenz – falsche Fronten im IPR und Wirtschaftsverfassungsrecht, Fschr. Kegel 1977, 213–263; *Wildeman,* The Philosophical Background of Effectiveness, NILR 1977, 335–351; *Mayer,* Evolution du statut de la famille en droit international privé, JDI (Clunet) 1977, 447–469; *Beitzke,* Alternative Anknüpfungen, Fschr. Ferid 1978, 39–60; *Horn,* Die Entwicklung des internationalen Wirtschaftsrechts durch Verhaltensrichtlinien, RabelsZ 44 (1980), 423–454; *McDougal,* Codification of Choice of Law: A Critique of the Recent European Trend, Tul. L. Rev. 55 (1980), 114–143; *Schurig,* Kollisionsnorm und Sachrecht, 1981 (insbes. S. 94–100, 134–136, 184–188); *Dessauer,* Zum renvoi im internationalen Deliktsrecht, Zugleich kritische Bemerkungen zum Begriff der „internationalprivatrechtlichen Gerechtigkeit", ZVglRWiss 81 (1982), 215–249; *Müller-Freienfels,* Übernationales Ziel und nationale Kodifikation internationalen Privatrechts heute (insbesondere in Österreich und der Schweiz), Fschr. Vischer 1983, 223–255; *Baum,* Alternativanknüpfungen, 1985 (bespr. von *Schurig,* JZ 1987, 870); *Batiffol,* De l'usage des principes en droit international privé, Fschr. Ferrer-Correia I, Coimbra 1986, 103–119; *Valladão,* O princípio da lei mais favorável no direito internacional privado, ebd. 773 bis 785; *Schwind,* Die funktionelle Anknüpfung im IPR, Fschr. Müller-Freienfels 1986, 547–558; *Lagarde,* Le principe de proximité dans le droit international privé contemporain, Rec. 1986 I (erschienen 1987), 9–237; *Kötters,* Parteiautonomie und Anknüpfungsmaximen, 1989; *Flessner,* Interessenjurisprudenz im IPR, 1990; *Boggiano,* The Continuance of a Legal System in Private International Law, Fschr. von Overbeck, Freiburg/Schweiz 1990, 3–14; *Vonken,* Balancing Processes in International Family Law. On the determination and weighing of interests in the conflict of laws and the „openess" of the choice of law system, in: Forty Years On: The Evolution of Postwar Private International Law in Europe, Deventer 1990, 171–194; *Wengler,* L'évolution moderne du droit international privé et la prévisibilité du droit applicable, Rev.crit.dr.i.p. 1990, 657–674; *Eichenhofer,* Zwei Aufgaben des IPR, Fschr. Jahr 1993, 435–453; *Brilmayer,* The Role of Substantive and Choice of Law Policies in the Formation and Application of Choice of Law Rules, Rec. 252 (1995), 9–111; *Bucher,* L'attente légitime des parties, Fschr. Heini, Zürich 1995, 95–102; *Bucher,* Vers l'adoption de la méthode des intérêts? Réflexions à la lumière des codifications récentes, Trav.com.fr.dr.i.p. 1993–94/1994–95 (erschienen 1996), 209–228; *Schurig,* Interessenjurisprudenz contra Interessenjurisprudenz im IPR. Anmerkungen zu Flessners Thesen, RabelsZ 59 (1995), 229–244; *Vrellis,* La justice „materielle" dans une codification du droit international privé, Fschr. Droz, Den Haag 1996, 541–562; *Kegel,* Das Ordnungsinteresse an realer Entscheidung im IPR und im internationalen Privatverfahrensrecht, Fschr. Drobnig 1998, 315–336.

Bisher wurde die *begriffliche, formale* Seite des IPR behandelt (§ 1): Was ist es und wo steht es im System des Rechts? Nun kommt die *rechtspolitische, inhaltliche* Seite: Welchen Interessen dient es?

I. Gerechtigkeit, Interessen und Wertungen im IPR

Wie das materielle Privatrecht dient auch das IPR der Gerechtigkeit zwischen den Einzelnen. Man kann deshalb der *materiellprivatrechtlichen Gerechtigkeit* die *internationalprivatrechtliche Gerechtigkeit* gegenüberstellen. Freilich ist die Gerechtigkeit unteilbar; die genannten Begriffe kennzeichnen daher nur verschiedene Facetten *einer* Gerechtigkeit. Diese stehen jedoch in einem *funktionellen Zusammenhang*: da die materiellrechtliche Gerechtigkeit aus den Sachnormen eines Staates abgeleitet wird, muß die Frage der internationalprivatrechtlichen Gerechtigkeit *vorher* gelöst werden.

Aber kann man sich nicht auf die materiellrechtliche Gerechtigkeit beschränken, die den Beteiligten viel greifbarer vor Augen stehen wird als die internationalprivatrechtliche? Kann ein fremdes Recht anzuwenden gerechter sein als das eigene materielle Privatrecht in allen seinen Sätzen?

Die Gerechtigkeit gebietet nicht, das in *abstracto* materiell gerechteste Recht anzuwenden (sei es das eigene, soweit man es dafür hält, sei es ein fremdes). Sie erlaubt es nicht einmal; denn die Kriterien dafür, was materiell gerecht ist und was nicht, sind selbst nur relativ. Das Recht wird nicht von außen an das Leben herangetragen. Es steht vielmehr mit dem Leben in Wechselwirkung: nach ihm wird in einer Gemeinschaft gelebt. Recht ist das, wonach man sich richtet oder – bei Ungehorsam – gerichtet wird.

Wenn die Rechte verschieden sind, wie im IPR von Staat zu Staat, so darf daher gerechterweise nicht – und *kann* objektiv auch gar nicht – das *sachlich* beste (sei es das eigene oder ein fremdes) angewandt werden. Anzuwenden ist vielmehr das *räumlich* beste, genauer: das Recht des *Staatsgebiets*, dem z.B. ein Handelnder oder Betroffener zuzurechnen ist (weil er der dort lebenden Rechtsgemeinschaft eng verbunden ist) oder in dem sich eine Handlung oder ein Ereignis abgespielt hat. *Deswegen* ist die internationalprivatrechtliche Gerechtigkeit der materiellprivatrechtlichen funktionell vorgeordnet.

Zur internationalprivatrechtlichen Gerechtigkeit BGHZ 75, 32 (41) = NJW 1979, 1776 (1778 unter II 3b); gegen Anwendung des sachlich besten Rechts („better law", unten S. 179) OLG Stuttgart NJW 1971, 994 (997 unter 4: kein Vorrang des kulturell höherstehenden Rechts).

Das ist am deutlichsten, wenn der Sachverhalt mit allen seinen Teilen nur das Gebiet eines *einzigen* Staates berührt: So unterliegen der Kauf und die Übereignung eines Grundstücks in Paris zwischen Franzosen dem französischen Recht, ein Autozusammenstoß in Rom zwischen Italienern dem italienischen Recht, die Heirat von Brasilianern in Rio dem brasilianischen Recht und die Erbfolge nach einem Rancher in Texas dem Recht der USA (und hier wieder dem Recht von Texas). Handelt es sich, wie in diesen Beispielen, um Sachverhalte, die allein das Gebiet eines *ausländischen* Staats berühren, so ist freilich *eine* Verbindung zu einem anderen Staat, nämlich zum Inland, dadurch gegeben, daß hier zu *entscheiden* ist. Aber gerade *diese* Verbindung zählt regelmäßig nicht mit; denn sie gehört nicht zum *Sachverhalt,* über den zu entscheiden ist.

Die Lage wird schwieriger, wenn Teile des Sachverhalts die Gebiete *verschiedener* Staaten berühren, z.B. ein Engländer heiratet eine Französin in Rom. Hier muß man das maßgebende Recht (oder die maßgebenden Rechte) wählen. Man muß sich entscheiden zwischen den *Interessen,* die an der Anwendung des einen oder anderen Rechts bestehen.

Diesen Gedanken drückte man früher in *Bildern* aus: Der *„Sitz" (Savigny)* oder der *„Schwerpunkt" (O. von Gierke)* des Rechtsverhältnisses sei zu ermitteln; die *„Natur der Sache" (Ludwig von Bar)* müsse entscheiden. Nachdem jedoch (seit *Jhering* und *Heck*) die Interessenjurisprudenz geläufig ist, muß man konkreter nach den *Interessen* forschen, denen die Sätze des IPR Rechnung tragen (s. auch unten § 2 II).

Diese Interessen sind *andere* als die im materiellen Privatrecht bedeutsamen: Im materiellen Privatrecht geht es um den *Inhalt* des Rechts, im IPR um die *Anwendung* eines Rechts. Zwar stehen die Interessen an Anwendung eines Rechts ebenfalls im Zusammenhang mit seinem Inhalt, jedoch nur mit bestimmten inhaltlichen Kategorien, die sich insoweit auswirken (eine Erbrechtsnorm ist anders anzuknüpfen als eine Deliktsnorm), nicht mit der konkreten Lösung materieller Interessenkonflikte. So mag im materiellen Privatrecht das Interesse einer Frau an Gleichberechtigung mit ihrem Mann anerkannt sein oder nicht: das IPR hat mit materiellrechtlicher Gleichberechtigung zunächst nichts zu tun. Hier bedeutet Gleichberechtigung: Anerkennung des Interesses der Frau, nicht dem Recht des Mannes unterworfen zu sein, sondern ihrem eigenen oder einem „neutralen" Recht. Dabei mag das Recht des Mannes die Gleichberechtigung durchgeführt haben, das Recht der Frau oder das „neutrale" Recht dagegen an der Vorherrschaft des Mannes festhalten (was sich dann an unserem ordre-public-Vorbehalt brechen kann, unten § 16).

Ein solches auf die bloße Anwendung einer Rechtsordnung ohne Rücksicht auf das materielle Ergebnis gerichtetes Interesse besteht: Das eigene Recht wird gelebt, ihm vertraut man, auch ohne das konkrete Ergebnis zu kennen; ihm will man im Guten und Bösen folgen.

Kollisionsrechtliche Interessen sind nicht nur von ihrem *Gegenstand* her abstrakter, indem sie auf die Anwendung eines Rechts, nicht auf dessen materielles Ergebnis gerichtet sind, sie sind auch abstrakter hinsichtlich des *Subjekts*, des Trägers solcher Interessen. Im materiellen Recht stellt die heutige „Wertungsjurisprudenz" anders als die ältere Interessenjurisprudenz den „Interessen" in scharfer Abgrenzung die „Wertungen" gegenüber. „Interessen" sollen nur noch die konkreten oder fiktiven „Begehrungsvorstellungen" der „an einem Rechtsstreit Beteiligten" sein. Interessen des Rechtsverkehrs, d.h. aller *potentiell* Beteiligten, oder gar der Gemeinschaft aller Rechtsgenossen an einer funktionierenden Rechtsordnung, haben in einem solchen System kaum Platz; sie werden eher den „Werten" zugerechnet. Und Interessen an der Anwendung einer Rechtsordnung als solcher sind auf dieser Grundlage ebenfalls nicht leicht vorstellbar. Darauf beruht wohl die in letzter Zeit gegen die internationalprivatrechtliche Interessenlehre vorgebrachte Kritik, soweit sie die Parteiinteressen am materiellen Ausgang in den Vordergrund schiebt und andere Interessen weitgehend negiert (vor allem *Flessner*, Interessenjurisprudenz im internationalen Privatrecht, 1990; dazu *Schurig*, Interessenjurisprudenz contra Interessenjurisprudenz im IPR, RabelsZ 59 [1995], 229–244).

Dieser Interessenbegriff der neueren Wertungsjurisprudenz ist indessen für das IPR zu eng. Interessen sind nicht nur „Begehrungsvorstellungen", sondern auch und vor allem die hinter einer Rechtsnorm stehenden, teils parallelen, teils gegensätzlichen, einander verstärkenden oder dämpfenden abstrakten gesellschaftlichen „Kräfte", sozusagen die *Vektoren der Rechtsbildung*.

Im Recht wird nichts durchgesetzt, von dem nicht Menschen wünschen, daß es durchgesetzt werde. Das gilt auch für die *Werte*, die dem Rechtsverkehr oder der Rechtsgemeinschaft als solchen dienen wie Vorhersehbarkeit (in engem Zusammenhang mit dem fundamentalen Gleichbehandlungsgrundsatz), Übersichtlichkeit, Kontinuität, Widerspruchsfreiheit, äußerer Entscheidungseinklang, Durchsetzbarkeit usw. Alles dies sind (auch) *Interessen*, und gerade das internationale Privatrecht zeigt, daß sie sich einem *bestimmten* Rechtsverkehr, einer *bestimmten* Gemeinschaft von Rechtsgenossen zuordnen lassen. Diese Interessen können durchaus im Gegensatz zu Parteiinteressen oder auch untereinander stehen. Daß die Entscheidung dann im Wege einer Abwägung und Bewertung erfolgt, bei denen die genannten Werte wiederum eine Rolle spielen können, daß diese also sowohl Objekt wie auch Maßstab der Wertung sein können, ändert am Charakter solcher Interessen nichts. Vgl. näher *Schurig* 96–98, 184–188, und RabelsZ 59 (1995), 229, 235–240.

Weil Rechtsordnungen gelebt werden und deswegen für das IPR grundsätzlich nur Interessen an der Anwendung, nicht am Inhalt eines Rechts in Betracht kommen, darf man sich im Einzelfall bei der Wahl des anwendbaren Rechts nicht davon leiten lassen, welches zu dem materiellen „*Ergebnis*" führt, das einem am meisten zusagt – eine Verlokkung, der schwer zu widerstehen ist. Natürlich haben die Parteien regelmäßig sehr konkrete „Begehrensvorstellungen“ im Hinblick auf das, was für sie „herauskommt“. Diese materiellen Interessen können aber bei der kollisionsrechtlichen Entscheidung nicht berücksichtigt werden. Denn einmal wird im allgemeinen das Interesse der *anderen* Partei am entgegengesetzten Ergebnis entgegenstehen. Vor allem gibt aber ein Interesse der Allgemeinheit an objektiven (folglich reproduzierbaren) Kriterien und damit an der Verwertung lediglich *typisierbarer* Interessen den Ausschlag (*Schurig* 96f.). Das „Ergebnis“, nach dem man strebt, darf also zunächst nur ein *internationalprivatrechtliches* sein: das Recht anzuwenden, das allgemein (also ohne Rücksicht auf seinen Inhalt im Einzelfall) am besten angewandt wird. Hat man das anwendbare materielle Privatrecht bestimmt, dann mag man in *seinem* Rahmen nach dem bestmöglichen sachlichen Ergebnis suchen und dabei gegebenenfalls berücksichtigen, daß der Sachverhalt Beziehungen zum Ausland hat (oben § 1 VIII 2).

Erst recht ist zu mißbilligen, wenn manche *grundsätzlich* an Stelle der Wahl zwischen gelebten Rechten ganz oder teilweise *neues materielles Recht* (gleichsam statt einer lebenden Sprache ein Esperanto) ausbilden wollen, sei es im Wege eines Kompromisses zwischen den Rechtsordnungen, die der Fall berührt, sei es ganz selbständig (vgl. *Schurig* 331–337). Das Römische Reich konnte es sich leisten, (teilweise) statt eines IPR ein *ius gentium* zu entwickeln. Seit dem Mittelalter bis heute ist die Achtung vor den fremden Rechten zu groß, um IPR durch erfundenes materielles Recht zu ersetzen. Ein solcher Weg hat nur Sinn, wenn man auf *internationaler* Ebene zu neuem materiellem Recht gelangt, d.h. das Privatrecht für eine Reihe von Staaten entweder für alle Fälle (so im Wechsel- und Scheckrecht) oder wenigstens für die „internationalen“ Fälle (so die Kaufrechtsabkommen) vereinheitlicht.

Freilich können auch im IPR sachrechtliche Gesichtspunkte zum Tragen kommen. So können materiellrechtliche Tendenzen gefördert werden durch *Anknüpfungshäufung* (*kumulative* und *alternative* Anknüpfung, unten § 6 IV). Beim *ordre-public-Vorbehalt* setzen sich Wertvorstellungen des eigenen materiellen Rechts durch (unten § 16). Schließlich kann der *Unterschied oder die Ähnlichkeit von materiellen Privatrechten* (ihr „**Gefälle**“) die internationalprivatrechtliche Wahl des anwendbaren Rechts beeinflussen. Wenn man z.B. im internationalen Eherecht die Gleichberechtigung dadurch herstellt, daß man bei verschiedener Staatsangehörigkeit von Mann und Frau grundsätzlich an das Wohnsitzrecht anknüpft, so könnte man doch dann an Mannes- oder Frauenrecht (oder beide) anknüpfen, wenn diese beiden Rechte einander sehr ähnlich, vom Wohnsitzrecht aber sehr verschieden sind, z.B. wenn ein Ehepaar – er Belgier, sie Französin – in London oder gar in Teheran lebt (oder ein Perser und eine Ägypterin in Paris). Beispiele *de lege lata* unten S. 394, 683, *de lege ferenda* unten S. 756 a.E.

II. Die internationalprivatrechtlichen Interessen

Die internationalprivatrechtlichen Interessen dienen nicht nur als Bausteine bei der *Normbildung*, sondern haben Bedeutung auch für die *Normanwendung*, zunächst im Rahmen der Auslegung, die darauf aufzubauen hat, welche Interessen wie bewertet worden sind. Die Normbildung geht aus von *vorgestellten, typisierbaren, präsumtiven Interessen*. Die konkrete Interessenlage im Einzelfall kann davon abweichen;

das ist, soweit möglich, bei der Auslegung zu berücksichtigen und kann zu weiteren Differenzierungen der kollisionsrechtlichen Regel führen.

Die Interessen, die bei der Ausbildung von Regeln des IPR im Spiel sind, unterscheiden sich nach Art und Stärke. Sie widerstreiten einander (vgl. *„conflit“ de lois*). Oft stützen mehrere Interessen eine Kollisionsnorm; doch zeigen Grenzfälle meist, daß in Wahrheit ein einziges Interesse durchdringt. Zurückgedrängte Interessen können in anderem Zusammenhang wieder hervortreten, z.B. beim ordre public (unten § 16).

Die wesentlichen Typen der im IPR erheblichen (bald siegenden, bald unterliegenden) Interessen sind die folgenden:

1. Parteiinteressen

Jeder Mensch hat ein elementares Interesse daran, nach einer Rechtsordnung beurteilt zu werden, der er *eng verbunden* ist. Das Recht des Staates, dem er *angehört*, und das Recht des Staates, in dem er *wohnt*, stehen zur Wahl. Die meisten Menschen werden selbst das Recht des Staates vorziehen, dem sie angehören; denn es ist regelmäßig das Recht, unter dem sie aufgewachsen sind. Mitunter will man aber auch nicht besser oder schlechter gestellt sein als das rechtliche Umfeld dort, wo man wohnt, oder einfach nur nicht auffallen („Anpassungsinteresse“: *Lüderitz*, Fschr. Kegel 1977, 36–38). Auch andere Interessen (Verkehrs- und Ordnungsinteressen) können für die Bevorzugung des Wohnsitzrechts den Ausschlag geben. Darüber und über die Spaltung der heutigen Welt in Staaten, die an die Staatsangehörigkeit anknüpfen (so im wesentlichen Deutschland und die meisten Staaten Europas), und Staaten, die an den Wohnsitz anknüpfen (so insbesondere das englisch-amerikanische Recht), näher unten § 13 II 3.

Dem Parteiinteresse an der Heranziehung einer Rechtsordnung, mit der die Partei eng verbunden ist, wird vom IPR grundsätzlich Rechnung getragen in Angelegenheiten, die die Partei *persönlich nahe angehen* (vgl. BVerfGE 31, 58 [78]; OLG Hamm OLGZ 1977, 133 [137] und 1979, 170 [182 a.E.]). So entscheidet im deutschen IPR das Recht der Staatsangehörigkeit (Heimatrecht) im Personenrecht (Rechts- und Geschäftsfähigkeit, Name und andere Persönlichkeitsrechte), im Erbrecht und weitgehend im Familienrecht.

Diese Anknüpfung *diskriminiert nicht*; denn sie unterwirft *jeden* dem Recht *seiner* Heimat (*suum cuique*). Vgl. dagegen für Arbeitsverhältnisse von Botschaftspersonal EuGH IStR 1997, 638 mit Anm. von *Dautzenberg*.

Stehen sich, wie im Familienrecht, *mehrere Parteien* gegenüber und gehen ihre Interessen auseinander, dann kann man verschiedene Wege gehen. Man kann z.B. auf jede Partei das Recht anwenden, an dem ihr liegt; so läßt Art. 13 I EGBGB für die Heirat „für jeden Verlobten“ sein Heimatrecht entscheiden. Man kann das Interesse einer Partei höher werten als das der anderen, die dann als „abhängige Person" oder „*persona coniuncta*" internationalprivatrechtlich zurücktritt; so war nach Art. 15 I a.F. bis zu seiner Aufhebung durch BVerfG NJW 1983, 1968 und nach Art. 17 I a.F. bis zu seiner Aufhebung durch BVerfG JZ 1985, 382 = NJW 1985, 1282 für Ehegüterrecht und Scheidung das Heimatrecht des Mannes maßgebend und entschied nach Art. 19 Satz 1 a.F. für die eheliche Kindschaft das Heimatrecht der Eltern und, falls auch sie verschiedenen Staaten angehörten, das Heimatrecht des Vaters. Heute sind im Kindschaftsrecht die Eltern kollisionsrechtlich zu Nebenpersonen geworden: nach Art. 19 EGBGB unterliegt nunmehr die Abstammung und nach Art. 21 EGBGB das Eltern-Kind-Verhältnis dem Recht des Staates, in dem das *Kind* seinen gewöhnlichen Aufenthalt hat (der freilich regelmäßig von den Eltern bestimmt wird!). Man kann auch, weil die widerstreitenden Interessen sich aufheben, zu einer *neuen* Anknüpfung übergehen, z.B. von der verschiedenen Staatsangehörigkeit zum gemeinsamen gewöhnlichen Aufenthalt; so gilt heute bei verschiedener Staatsangehörigkeit der Gatten für Ehegüterrecht, Scheidung und sonstige Ehewirkungen nach Art. 14 I Nr. 2, 15 I, 17 I 1 EGBGB an erster Stelle das Recht des Staates, in dem sich beide Gatten gewöhnlich aufhalten.

Der Grundsatz, daß persönliche Dinge nach einem der Person nahen Recht (im deutschen IPR meist nach dem Heimatrecht) beurteilt werden, hat Ausnahmen. *Nicht immer* werden persönliche Dinge in dieser Weise behandelt. Insbesondere führt der Verkehrsschutz zu anderen Anknüpfungen (unten 2). Andererseits werden *nicht nur* persönliche Dinge einem der Person nahen Recht unterstellt. So war schon bisher vom Recht des Tatorts, das grundsätzlich für *unerlaubte Handlungen* gilt, nach richtiger Ansicht abzuweichen, wenn Täter und Verletzter enge Beziehungen zu demselben Staat hatten; ob diese durch dieselbe Staatsangehörigkeit vermittelt wurde (z.B. zwei Mitglieder einer deutschen Reisegesellschaft prügelten sich in Rom) oder durch übereinstimmenden gewöhnlichen Aufenthalt, u.U. verstärkt durch weitere Verknüpfungen (BGHZ 119, 137 = JZ 1993, 417 = NJW 1992, 3061 und BGHZ 120, 87: Unfall in Deutschland lebender türkischer Gastarbeiter bei einem Besuch in der Türkei: deutsches Deliktsrecht wurde angewandt; dem folgend OLG Düsseldorf IPRax 1997, 422 mit Aufsatz von *Deville* 409) oder durch eine Kombination von beiden, war umstritten. Der neue Art. 40 II EGBGB rückt jetzt den gemeinsamen gewöhnlichen Aufenthalt weit in den Vordergrund; die Ausweichklausel des Art. 41 läßt aber eine Berücksichtigung anderer Umstände nach wie vor zu. Die gemeinsame Staatsangehörigkeit oder der übereinstimmende Wohnsitz kann (z.B. im Rahmen von Art. 28 V EGBGB) auch bei *Schuldverträgen* den Ausschlag geben. An erster Stelle gilt hier freilich das Recht, das die Parteien vereinbaren; aber auch und gerade dadurch ist dem Parteiinteresse nachgegeben, nur ist dieses hier von anderer Art, nämlich vielseitiger und kurzlebiger als bei den persönlichen Verhältnissen. Auch die Regel „*locus regit actum*", nach der es für die *Form des Rechtsgeschäfts* genügt, wenn die am Abschlußort geltende Form beobachtet ist (bei uns Art. 11 I EGBGB), dient bestimmten Interessen der Parteien (wenn auch nicht ihrem Schutz): die Ortsform ist am bequemsten zur Hand, auch rechtskundiger Rat am leichtesten erhältlich. Daneben dient die Zulassung der Ortsform den Interessen des Verkehrs (unten 2).

Den persönlichen Verhältnissen von Menschen vergleichbar sind die Verhältnisse einer *juristischen Person*. Sie werden bei uns nach dem Recht des Sitzes der Hauptverwaltung beurteilt, weil dort die leitenden Entscheidungen fallen. Dies wird in der Regel den Interessen der maßgebenden Leute entsprechen, und insofern dient auch die Anknüpfung an den Sitz der Hauptverwaltung einem Parteiinteresse.

2. Verkehrsinteressen

Träger der Parteiinteressen sind die an rechtlichen Vorgängen *aktuell*, Träger der Verkehrsinteressen die daran *potentiell Beteiligten*.

Dem Verkehr ist gedient, wenn man *leicht* und *sicher* geht.

Als *Form des Rechtsgeschäfts* wahrt man am leichtesten die, die am Abschlußort gilt. Die Beobachtung dieser Form (der Form der *lex loci actus*) erlaubt Art. 11 I EGBGB, der damit zugleich dem Parteiinteresse dient (oben 1 a. E.). Wer sicher gehen will, wird gern die Form des Rechts wählen, das den Geschäftsinhalt beherrscht (sog. *lex causae*). Denn in diesem Staat mag es später zum Prozeß kommen, und dort könnte die Beurteilung der Form Schwierigkeiten machen; schlimmstenfalls kann die Form des Abschlußorts nicht anerkannt werden. Auch sind Form- und Inhaltserfordernisse hier am besten aufeinander abgestimmt. Daher eröffnet Art. 11 I auch die Form der *lex causae* und dient damit zugleich denjenigen Interessen, auf denen die Wahl der *lex causae* für den Geschäftsinhalt beruht. Da Art. 11 I die Formen der *lex loci actus* und der *lex causae* alternativ frei gibt, ist dem Verkehrsinteresse am besten entsprochen (zu Lasten eines möglichen Parteiinteresses an *Schutz* durch Formerfordernisse).

Art. 11 I fördert die Verkehrssicherheit, indem er mögliche Formeinwände beschränkt (Formmangel muß nach zwei Rechten bestehen, um durchzugreifen, im Falle des Abs. II u. U. sogar nach drei; zu einer möglichen weiteren Erweiterung durch Rück- oder Weiterverweisung unten S. 351). Zum Nutzen des Verkehrs werden außerdem bisweilen *Einwände abgeschnitten, die im Parteiinteresse liegen würden*; das Verkehrsinteresse siegt dann über das Parteiinteresse. So ist es zum Teil bei der *Rechts- und Geschäftsfähigkeit*. Sie wird zwar grundsätzlich nach dem Heimatrecht beurteilt (Art. 7 I). Aber ein Ausländer, der in Deutschland Verkehrsgeschäfte vornimmt, wird seinem gutgläubigen Geschäftspartner gegenüber als rechts- und geschäftsfähig behandelt, wenn er nach deutschem Recht rechts- und geschäftsfähig wäre (Art. 12 Satz 1; daß die Vorschrift auch die *Handlungs*fähigkeit nennt, scheint ein Versehen, siehe unten S. 494). Der Satz ist analog anzuwenden auf dem deutschen Recht unbekannte Beschränkungen der *Rechts- und Handlungsfähigkeit juristischer Personen* mit Sitz im Ausland, wenn sie in Deutschland Geschäfte treiben. Ähnlich wird der Inlandsverkehr gegen ausländisches *Eherecht* in Schutz genommen (Art. 16). Bei der *Vollmacht* wird nach h.M. nicht dem Parteiinteresse des Vollmachtgebers nachgegeben (das auf dessen Heimat- oder Wohnsitzrecht führen würde); maßgebend ist vielmehr im Verkehrsinteresse das Recht des Staates, in dem die Vollmacht (jedenfalls: bestimmungsgemäß) gebraucht wird, und bei kaufmännischen Hilfspersonen das Recht des Staates, in dem sich die Niederlassung befindet, von der aus sie tätig werden.

Mit *Sachen* hat hauptsächlich zu tun der Verkehr des Landes, in dem sie liegen. Dem Verkehrsinteresse dient daher, daß sie dem Recht des Lageorts (der sog. *lex rei sitae*) unterworfen werden, und zwar für auf sie unmittelbar bezogene Rechtsgeschäfte wie für gesetzliche Tatbestände (vgl. jetzt Art. 43 EGBGB). Art. 11 V läßt auch für die Form dinglicher Geschäfte allein die *lex rei sitae* gelten und Art. 11 IV unter bestimmten (allerdings so gut wie nie gegebenen) Voraussetzungen sogar für darauf bezogene Schuldverträge. Im Interesse der möglicherweise betroffenen Dritten geht hier Sicherheit vor Leichtigkeit. Auch andere als Verkehrsinteressen unterstützen die Herrschaft der *lex rei sitae*, vor allem hinsichtlich ausländischer Sachen das Interesse, im Inland eine Entscheidung zu fällen, die am Lageort durchsetzbar ist.

Verkehrsinteressen entspricht die Anknüpfung *unerlaubter Handlungen*. Maßgebend ist grundsätzlich das Recht des Tatorts (vgl. Art. 40 I 1 EGBGB), d.h. das Recht des Orts, an dem der Täter handelt, wie auch (zugunsten des Verletzten) das Recht des Orts, an dem der Erfolg eintritt (sofern man als Erfolg die Rechtsgutsverletzung, nicht spätere Folgeschäden versteht). Auf diese Rechte kann man sich im allgemeinen einstellen; man weiß, woran man ist: Als Handelnder weiß man, wieweit man in die Sphäre anderer eingreifen darf; als Betroffener weiß man, wieweit man Eingriffe abwehren darf; als Dritter weiß man, wieweit man sich einmischen darf. Das erwähnte Günstigkeitsprinzip läßt sich freilich in diese Interessenstruktur nur schwer einordnen (das Interesse des Handelnden trägt die Anwendung des dem Verletzten günstigeren Rechts am Erfolgsort jedenfalls nicht). Die durch Art. 40 I 2, 3 EGBGB eingeführte Beschränkung (der Berechtigte muß sich „bis zum Ende des frühen ersten Termins" selbst für das Recht des Erfolgsorts entscheiden und bleibt daran gebunden, auch wenn er sich verkalkuliert) macht die Lösung nicht plausibler und ist auch sonst wenig folgerichtig. Dem Tatortrecht kann – wie erwähnt (oben 1) – im Parteiinteresse die Rechtsordnung vorgehen, zu der Täter und Verletzter enge Beziehungen haben (Art. 40 II, 41 EGBGB).

3. Ordnungsinteressen

Das Recht wird angewandt von den Juristen, aber gelebt von allen. Es darf daher nicht zu verwickelt und nicht zu schwer auffindbar sein. Es muß einheitlich gelten, und seine Regeln müssen zueinander passen. Eine *brauchbare Ordnung* tut not. Sie liegt im Interesse *aller* eine Rechtsordnung tragenden Rechtsgenossen, damit mittelbar auch im Partei- und Verkehrsinteresse.

Das gilt für alles Recht, auch für das IPR. Im IPR ist jedoch eine brauchbare Ordnung schwerer zu erreichen. Es gibt hier *zusätzliche* Ordnungsinteressen (die zum Teil auch für andere Kollisionsrechte gelten).

a) Äußerer Entscheidungseinklang

IPR ist *staatliches* Recht; es ist ein „internationales Unternehmen, das jeder Staat auf eigene Rechnung betreibt" (*Batiffol*). Deswegen sind die in den Staaten geltenden Normen des internationalen Privatrechts weithin verschieden, und das kann dazu führen, daß auf denselben Fall jeweils materielles Privatrecht verschiedener Staaten angewandt wird. Unterscheiden sich die angewandten materiellen Privatrechte auch noch ihrem Inhalt nach, dann gibt es **„hinkende Rechtsverhältnisse"**.

Hat ein Deutscher, der in London lebte, seine Tochter übergangen und einen Freund zum Erben eingesetzt, dann kann die Tochter den Freund in Deutschland auf Pflichtteil verklagen, da sich bei uns die Erbfolge nach deutschem Recht richtet (Art. 25 EGBGB), in England nicht, weil dort englisches Recht (als Recht letzten Wohnsitzes [*domicile*] des Erblassers) gilt und keinen Pflichtteil kennt (freilich vielleicht andere Ansprüche gewährt).

Manche Länder verlangen noch immer von ihren Bürgern, daß sie bei Heirat im Ausland die religiöse Form einhalten (*Staudinger/von Bar/Mankowski*[13] Art. 13 Rz. 664–669). Heiraten sie bei uns nur vor dem Standesbeamten, dann ist die Ehe bei uns gültig, im Heimatland möglicherweise Nichtehe mit allen Folgen: Mann und Frau können erneut heiraten, ihre Kinder sind nichtehelich, gesetzliches Erbrecht fehlt. Heiraten sie hier nur vor dem Priester, ist die Situation umgekehrt.

Hinkende Rechtsverhältnisse sind das Gegenteil von internationalem oder *äußerem Entscheidungseinklang* (auch *Entscheidungsharmonie* genannt). An solchem Einklang besteht ein starkes (Ordnungs-)Interesse (reiche Nachweise bei *Grasmann*, StAZ 1989, 126 Fn. 1). Aber es ist sicher erreichbar nur, wenn man das IPR *vereinheitlicht* (vgl. BVerfGE 31, 58 [83]), und auch dann nur im Verhältnis zu den daran beteiligten Staaten. Für das autonome IPR des einzelnen Staates fehlt eine verläßliche Basis: man weiß oft nicht, was andere Staaten tun und schon gar nicht, was sie tun werden. Je nach Lage kann man mit einem einzigen, mit mehreren und nur selten mit allen anderen Staaten Einklang erzielen. Darum strebt man besser nach möglichst gerechter Ausbildung des eigenen

IPR. Sind überzeugende Lösungen gefunden, so können sie ausstrahlen und auch eine spätere IPR-Vereinheitlichung befruchten. Es ist unrichtig, den äußeren Entscheidungseinklang als *Haupt*faktor der internationalen Gerechtigkeit anzusehen oder ihn gar mit dieser gleichzusetzen.

Dem äußeren Entscheidungseinklang *mit möglichst vielen Staaten* dient die Wahl *international gebräuchlicher Anknüpfungen*: Die Beurteilung dinglicher Rechte nach der *lex rei sitae*, die Überweisung der Form des Rechtsgeschäfts an die *lex loci actus* (wenn auch daneben die Form des Rechts genügt, das sonst das Geschäft beherrscht: Art. 11 I EGBGB) und die Unterwerfung unerlaubter Handlungen unter die *lex loci delicti* (obwohl der Tatort in Handlungs- und Erfolgsort gespalten und der Einklang dadurch ebenso wie durch zahlreiche Abweichungen von der Regel gestört wird). Die Anknüpfung an die Staatsangehörigkeit im internationalen Personen-, Familien- und Erbrecht schafft weiterhin Harmonie mit der Gruppe der Staaten, die ebenfalls auf das Heimatrecht abstellen (jedenfalls, soweit es nicht um Mehrstaater geht), dafür freilich Dissonanz mit der anderen Gruppe, die an den Wohnsitz anknüpft. Dem äußeren Entscheidungseinklang *mit einem bestimmten Staat* soll auch die *Rück- und Weiterverweisung* dienen (über sie unten § 10).

b) Innerer Entscheidungseinklang

Innerhalb derselben Rechtsordnung sind die Rechtssätze meist aufeinander abgestimmt; Widerspruchsfreiheit kann im allgemeinen unterstellt werden. Das IPR kann diesen Zusammenhang zerreißen, indem es verschiedene Teile eines Sachverhalts verschiedenem Recht unterstellt (man spricht von „*dépeçage*“). Die Folge ist oft *Normenwiderspruch* in der Gestalt von *Normenhäufung* oder *Normenmangel*.

Stirbt ein Ehegatte und verweigert das nach Art. 15 EGBGB anwendbare Ehegüterrecht einen Ausgleich beim Tode, weil in dieser Rechtsordnung nur erbrechtlich ausgeglichen wird, verweigert indessen das nach Art. 25 anwendbare Erbrecht eine Beteiligung am Nachlaß, weil in diesem Recht nur güterrechtlich abgefunden wird, so ergibt sich ein *Normenmangel*, weil eine von beiden Rechtsordnungen gewünschte Beteiligung des überlebenden Ehegatten nicht zum Tragen kommt. Sieht umgekehrt das anzuwendende Ehegüterrecht den alleinigen güterrechtlichen Ausgleich vor, während das Erbrecht ausschließlich erbrechtliche Beteiligung am Nachlaß gewährt, kann der überlebende Ehegatte in unangemessener Weise (und zum Nachteil der übrigen Erben) mit Gütern überschüttet werden; wir haben eine *Normenhäufung*. Vgl. unten S. 314–317.

Unter früherem deutschem IPR beurteilte man das rechtliche Verhältnis eines nichtehelichen Kindes zu seinen Eltern jeweils nach deren Heimatrecht. Hatte ein deutscher Vater das Kind einer polnischen Mutter mit deren Zustimmung anerkannt, so stand ihm nach früherem deutschem Sachrecht die elterliche Sorge gleichwohl nicht zu. Dagegen hatte nach polnischem Recht die Mutter ein solches Sorgerecht nur „zur Hälfte“, nämlich neben dem Vater. Es war *Normenmangel* entstanden (vgl. 7. Aufl. S. 49 f., 113).

RGZ 7, 21 hatte über die *Verjährung* von Eigenwechseln zu entscheiden, die im Staate Tennessee (USA) begeben waren. Die dreijährige Verjährungsfrist des deutschen Rechts (Art. 100 WO) war anscheinend abgelaufen. Dagegen lief die Verjährung nach dem Recht von Tennessee sechs Jahre und war außerdem durch Übersiedlung des Ausstellers nach Bremen unterbrochen. Das RG hielt das Wechselrecht, nicht aber das Prozeßrecht von Tennessee für anwendbar. Es ließ offen, ob die Verjährungsregeln des Staates Tennessee zu dessen Wechselrecht oder Prozeßrecht gehörten (im englisch-amerikanischen Recht wurde und wird z.T. noch immer die Verjährung als Einrichtung des Prozeßrechts verstanden: nicht der Anspruch, sondern das Klagerecht verjährt; z.B. *Hay*, IPRax 1989, 197–202). Gehörte die Verjährung zum (anwendbaren) Wechselrecht von Tennessee, dann waren die Wechsel nicht verjährt. Gehörte sie aber zum Prozeßrecht von Tennessee, dann waren die Wechsel nach Ansicht des RG unverjährbar, weil das Prozeßrecht von Tennessee nicht anzuwenden, im deutschen Prozeßrecht aber keine Verjährungsregeln entwickelt waren (da in Deutschland die Verjährung zum Privatrecht gehört). *Kritik:* die Annahme der Unverjährbarkeit verletzt den Grundsatz: man darf nicht durch Anwendung von Teilen mehrerer Rechtsordnungen (hier: amerikanisches Wechselrecht und deutsches Prozeßrecht) zu Ergebnissen kommen, die vom *übereinstimmenden* Inhalt dieser Rechtsordnungen abweichen (vgl. unten S. 312). Das wäre der Fall gewesen, wenn die Verjährungsfrist von Tennessee abgelaufen gewesen wäre. In diesem Falle wäre das RG zu *Normenmangel* gelangt. Wäre umgekehrt die Verjährung in Deutschland prozeßrechtlich, in Tennessee wechselrechtlich geregelt gewesen, dann hätte sich für das RG *Normenhäufung* ergeben (das eine Recht sagt: verjährt; das andere Recht sagt: unverjährt). Die spätere deutsche Rechtsprechung beurteilt die Verjährung nach Schuldstatut, auch wenn sie in diesem prozeßrechtlich ausgestaltet ist (zu diesem *Qualifikationsproblem* unten S. 280, 301 f.), so für einen englischen Wechsel RGZ 145, 21; für eine Kaufpreisforderung nach dem Recht von Louisiana (USA) BGH NJW 1960, 1720.

Wie man der Fälle von Normenwiderspruch (Normenhäufung und -mangel) Herr wird, ist später zu erörtern (unten § 8). Hier ist nur das *Interesse* an ihrer Vermeidung hervorzuheben. Es ist dies das Interesse am *inneren Entscheidungseinklang:* Das Recht, das wir anwenden, muß nach Möglichkeit in sich geschlossen sein. Dagegen geht das Interesse am *äußeren* Entscheidungseinklang auf Übereinstimmung unserer (wie auch immer beschaffenen) Rechtsanwendung mit der des Auslands.

Der innere Entscheidungseinklang gedeiht, wenn man die *Kollisionsnormen weit* faßt und nicht zu sehr aufspaltet oder verästelt; denn dann kommt es seltener zur Anwendung verschiedener Rechte auf denselben Fall. So hat man die Gefahr von Normenwidersprüchen im Kindschaftsrecht dadurch beseitigt, daß man in Art. 21 EGBGB das *Kind* zur kollisionsrechtlichen „Hauptperson" gemacht hat (oben S. 119). Den inneren Entscheidungseinklang fördert es auch, wenn für persönliche Ehewirkungen, Ehegüterrecht, Ehescheidung, Kindschaft und Beerbung grundsätzlich dieselbe Rechtsordnung maßgeblich ist. Im deutschen IPR ist dies über Art. 14, 15, 17, 19, 21, 22, 25 EGBGB häufig, aber nicht notwendig so.

Zum ganzen *Schwind*, Von der Zersplitterung des Privatrechts durch das internationale Privatrecht und ihrer Bekämpfung, RabelsZ 23 (1958), 449–465; *Reese*, Dépeçage: A Common Phenomenon in Choice of Law, Col.L.Rev. 73 (1973), 58–75; *Weintraub*, Commentary on the Conflict of Laws², Mineola, N.Y., 1980, 73–79; *Ekelmans*, Le dépeçage du contrat dans la Convention de Rome du 19 juin 1980 sur la loi applicable aux obligations contractuelles, Fschr. Vander Elst, Brüssel 1986, 243–253; *Jayme*, Betrachtungen zur „dépeçage" im internationalen Privatrecht, Fschr. Kegel 1987, 253–268; *E. Wagner*, Statutenwechsel und dépeçage im internationalen Deliktsrecht – Unter besonderer Berücksichtigung der Datumtheorie, 1988; *G. Brandt*, Die Sonderanknüpfung im internationalen Deliktsrecht, 1993. – Aus der Rspr.: BGHZ 43, 80 (86); „ein Hauptanliegen des IPR ..., Konflikte bei der Gestaltung der Rechtsverhältnisse, bei denen verschiedene Anknüpfungspunkte möglich sind, auszuräumen oder doch möglichst zu begrenzen".

Für *Sondervermögen* ist innerer Entscheidungseinklag nur zu erreichen, wenn man sie als solche eigens anknüpft und nicht die Sondervermögensregeln den Rechten entnimmt, die für die einzelnen Vermögensstücke maßgeben. Zum Beispiel kann der Nachlaß nur einheitlich abgewickelt werden, wenn man ihn einheitlich anknüpft (wie wir an das Heimatrecht des Erblassers: Art. 25 I EGBGB); das gelingt nicht, wenn man auf jede einzelne Nachlaßsache das Erbrecht des Staates anwendet, in dem sie liegt (*lex rei sitae*), auf jede einzelne Nachlaßforderung das Erbrecht des Staates, dessen Recht die Forderung beherrscht, usw. Zu Art. 3 III EGBGB unten § 12 II.

Ein wichtiges Argument bildet der innere Entscheidungseinklang für die Lösung des Problems der „*Vorfrage*". Darüber unten § 9.

c) Rechtssicherheit und Vorhersehbarkeit

Das Interesse an *Rechtssicherheit* und insbesondere an *Vorhersehbarkeit* des Inhalts von Gerichtsentscheidungen besteht auf allen Rechtsgebieten und hat auch im IPR volles Gewicht (dazu *Wengler*, Rev.crit. dr.i.p. 1990, 657–674). Vorhersehbarkeit bewirkt *Überprüfbarkeit* und *Reproduzierbarkeit* und ist damit unabdingbar für die *Gleichbehandlung*, an der ebenfalls ein elementares Ordnungsinteresse besteht, weil sie die Basis einer gerechten Ordnung ist.

Das Ordnungsinteresse an Vorhersehbarkeit liegt bereits der Entscheidung zugrunde, die Fragen des anwendbaren Rechts durch *Normen* und nicht durch Einzelentscheidungen ad hoc zu lösen. Es bewirkt auch eine Art juristisches *Trägheitsprinzip*: Zwar darf und muß man im IPR, das über eine viel geringere Regelungsdichte verfügt als das Sachrecht, Normen differenzieren und weiterbilden, wenn ein Schwund der Interessen faktisch eingetreten ist, die – präsumtiv und typisiert – der Norm zugrundegelegt wurden. Aber die bloße *Existenz* einer Kollisionsnorm erschafft ein eigenes Ordnungsinteresse an kontinuierlicher Rechtsanwendung, das überwunden werden muß, so daß ein Abweichen erst möglich ist in Fällen, die den Rechtsverkehr ein Festhalten an der bisherigen Norm nicht mehr erwarten lassen. Näher *Schurig* 176–184, 191f., 197–204 (vgl. auch unten S. 270f.).

d) Andere Ordnungsinteressen

Neben den Interessen am äußeren und inneren Entscheidungseinklang kommen als für das IPR *typische* Ordnungsinteressen hauptsächlich die folgenden in Betracht:

Ausländisches Recht anzuwenden ist oft schwer: es ist mühsam festzustellen, und es fehlt die Sicherheit, die man im eigenen Recht durch Ausbildung und Erfahrung gewinnt. So ist zumindest verständlich (wenn auch häufig nicht zu billigen), daß die Gerichte aller Länder *„heimwärts streben"* (*Nußbaum*), wie das Pferd zum Stall drängt (*von Steiger*), d.h. *die Anwendung eigenen und fremden Rechts mit ungleichen Maßstäben messen*, und zwar zugunsten der Anwendung des eigenen Rechts (der *lex fori*). Allerdings *gibt* es auch kollisionsrechtliche Interessen zugunsten der lex fori: die leichtere Feststellung des Rechts kann den *Parteien* erwünscht sein (*Lüderitz,* Fschr. Kegel 1977, 36 spricht von „Ermittlungsinteressen"), es kann ein *Ordnungsinteresse* an schnellerer, billigerer und sichererer Entscheidung entstehen. Außerhalb von Eilfällen wiegen diese aber im Verhältnis zu anderen Interessen nicht schwer (a.M. *Flessner*, Interessenjurisprudenz im IPR, 1990, § 4; dagegen *Schurig*, RabelsZ 59 [1995], 229, 240–243). Wenn allerdings kollisionsrechtliche Interessen sich weitgehend gegenseitig neutralisieren, ist es legitim, wenn das Interesse an der Anwendung des eigenen Rechts den Ausschlag gibt, wie dies bei der *Rückverweisung* (unten § 10) der Fall ist.

Ein weiteres Ordnungsinteresse geht auf eine *„reale"* Entscheidung. So wird man Entscheidungen meiden, die nicht *durchsetzbar* sind. Man wird z.B. nicht in Deutschland zur Herausgabe eines in New York stehenden Kraftwagens an den Kläger als Eigentümer verurteilen, wenn er nach (dort angewandtem) New Yorker Recht gar keinen Herausgabeanspruch hat *und* deswegen das deutsche Urteil voraussichtlich in New York nicht durchgesetzt werden könnte. Scheitert die Durchsetzung an anderen Gründen (z.B. fehlende deutsche Zuständigkeit aus New Yorker Sicht), dann sollte man wenigstens damit rechnen können, daß die deutsche Entscheidung in einem New Yorker Prozeß *inhaltlich nachvollzogen* wird. Bei *schuldrechtlichen* Ansprüchen kann man dagegen auf gegebenenfalls hier zu vollstreckende Sekundäransprüche ausweichen (vgl. § 283 BGB). Die Herrschaft der *lex rei sitae* über dingliche Rechte wird daher nicht nur von Verkehrsinteressen getragen (oben S. 121), sondern auch vom Durchsetzbarkeitsinteresse gestützt. Das gilt freilich nur teilweise, nämlich hinsichtlich des Rechts der *gegenwärtigen* Belegenheit. Dagegen bleibt für *frühere* Tatbestände im Verkehrinteresse das Recht der früheren Belegenheit maßgebend, ohne daß hier ein Durchsetzbarkeitsinteresse mitspricht. Für Grundstücke wird dem Durchsetzbarkeitsinteresse schon durch die Zuständigkeitsregelung Rechnung getragen: siehe § 24 ZPO, der auch für die internationale Zuständigkeit gilt (zum Unterschied zwischen internationaler und örtlicher Zuständigkeit oben S. 23), und vor allem Art. 16 Nr. 1 EuGVÜ. Dem Durchsetzbarkeitsinteresse dient zum Teil auch der schwer verständliche Art. 3 III EGBGB, nach dem *Sondervermögen*, die ein fremder Staat für Gegenstände in seinem Gebiet gebildet hat, von uns respektiert werden; näher unten § 12 II.

Zum Durchsetzbarkeitsinteresse z. B. *Kahn-Freund*, Precedent and Policy, Fschr. Lipstein 1980, 101–116 (besonders 104–106: „*brutum fulmen* argument"); *Kegel*, Fschr. Drobnig 1998, 331–334.

Eine anders geartete „Realität" der Entscheidung wird erstrebt, wenn wir unabhängig von der völkerrechtlichen Anerkennung eines Staats, einer Regierung oder eines Gebietserwerbs das im beherrschten Gebiet *tatsächlich allgemein angewandte Recht* auch unsererseits anwenden (oben S. 19) und wenn Rück- und Weiterverweisung befolgt werden, damit wir genauso entscheiden wie in dem verweisenden Staat tatsächlich entschieden wird (was allerdings nur eingeschränkt gelingt, unten S. 343f., 349f.). Auch bei dem oben erwähnten *Heimwärtsstreben* der Gerichte ist dieses Interesse im Spiel: lieber das eigene Recht richtig als ein fremdes Recht vielleicht falsch anwenden!

III. Materiellprivatrechtliche Interessen

Die *internationalprivatrechtliche* Gerechtigkeit ist nur ein Teilaspekt der *einen* unteilbaren Gerechtigkeit. Die Interessen, die sie verwirklicht, können nicht isoliert von denen der sachrechtlichen Gerechtigkeit gesehen werden. Internationalprivatrechtliche Interessen sind daher abhängig von den sachrechtlichen Interessen, auf die sie sich beziehen; diese sind sozusagen ihr „Rohstoff" (oben S. 115, näher *Schurig* 210–213). Das sieht man schon daran, daß die Sachnormen Bestandteil des Tatbestands einer Kollisionsnorm sind (unten S. 264f.).

Freilich können die Parteiinteressen am *materiell*rechtlichen Ausgang keine unmittelbare Auswirkung auf die *internationalprivat*rechtliche Entscheidung haben (oben S. 117). Das IPR kann aber materiellrechtliche *Tendenzen* begünstigen, indem es auf *zwei oder mehr Rechtsordnungen* verweist mit der Maßgabe, daß in einer bestimmten Beziehung das „schwächere" (kumulative Anknüpfung) oder das „stärkere" (alternative Anknüpfung) Recht sich durchsetzt. Zwar ist dies noch keine sachrechtlich abschließende Entscheidung; je mehr Rechtsordnungen für eine Rechtsfrage aber berufen werden, desto höher ist die Wahrscheinlichkeit, daß die „passende" dabei ist (näher unten § 6 IV, auch zu den Gefahren dieser Methode).

Auch wenn nur ein Recht berufen ist, kann es vorkommen, daß dessen sachrechtliche Entscheidung in einen unauflösbaren Konflikt mit unseren Vorstellungen von materieller Gerechtigkeit geraten. Die Interessen, die die *international*privatrechtliche Gerechtigkeit (oben § 2 II) ausgewählt und durch Kollisionsnormen geschützt hat, müssen dann zurücktreten hinter die Interessen, die für die *materiell*privatrechtliche Gerechtigkeit unantastbar sind; das *räumlich* beste Recht muß (so scheint es jedenfalls, näher unten S. 458) dem *sachlich* besseren weichen. Eine solche Lage kann naturgemäß nur eintreten, wenn nach IPR *ausländisches* Privatrecht anzuwenden ist. Denn wenn deutsches Privatrecht anwendbar ist, sorgt dieses bereits für die materiellprivatrechtliche Gerechtigkeit, wie wir sie verstehen.

Ist ausländisches Privatrecht anzuwenden, so hat es für die Verwirklichung materiellprivatrechtlicher Gerechtigkeit grundsätzlich einen weiten *Spielraum*. Dieser verengt sich aber in dem Maße, wie die deutsche Rechtsgemeinschaft durch untragbare Verletzung ihrer Rechtsgrundsätze beeinträchtigt wird. Diese Beeinträchtigung hängt ab von der Intensität der „Inlandsberührung". Sie kann z.B. darin liegen, daß ein Deutscher beteiligt ist, eine Handlung in Deutschland vorgenommen wird, und überhaupt in allen tatsächlichen Umständen, die auch für eine kollisionsrechtliche Anknüpfung (unten § 16 II) in Frage kommen.

Dies zeigt, daß es nicht nur um den schlichten Vorrang der materiellrechtlichen Gerechtigkeit geht, daß vielmehr auch Elemente der internationalprivatrechtlichen Gerechtigkeit im Spiel sind; näher unten S. 457f.

Wegen der Vielfalt der möglichen Verknüpfungen und wegen der Ungewißheit, wie im einzelnen die Inhalte der ausländischen Privatrechte beschaffen sind und sein werden, empfiehlt sich eine elastische *Generalklausel*. Eine solche haben wir in Art. 6 EGBGB. Er ist – wie sein Vorgänger, Art. 30 a.F. – eine *„Vorbehaltsklausel"* zugunsten des deutschen *„ordre public"*, eine Ausnahmevorschrift, und deshalb zurückhaltend anzuwenden (näher unten § 16).

Beispiele: Deutsche Matrosen („Inlandsberührung") hatten sich auf der türkischen Motorjacht *„Nimet Allah"* anheuern lassen. Die Jacht war in Kiel erbaut worden und wurde nach der Türkei gefahren. Im Piräus wurde die deutsche Flagge durch die türkische ersetzt. Zwischen den Matrosen und dem Schiffseigentümer entstand Streit. Dabei wurden die Matrosen durch **Drohung** zum Verzicht auf ihre Ansprüche gezwungen. RG IPRspr. 1928 Nr. 10 unterstellte den Schiffsdienstvertrag dem Recht der Flagge, also zunächst dem deutschen Recht. Wie weit durch den Flaggenwechsel türkisches Recht anwendbar wurde, ließ es offen. Für die Frage der Anfechtung des Verzichts wegen Drohung komme es darauf nicht an. Denn wenn das türkische Recht die Drohungsanfechtung in engeren Grenzen als §§ 123, 124 BGB erlauben sollte, sei es nach Art. 30 a.F. EGBGB unanwendbar, weil der Schutz der freien Willensentscheidung, wie im deutschen Recht vorgesehen, gewährleistet sein müsse. Eine solche ordre-public-Anwendung „ins Blaue hinein" ist höchst bedenklich! – Zu diesem Fall auch unten S. 539f.

Das Land Bayern („Inlandsberührung") hatte einen Anwalt in Washington beauftragt, bei der Währungsumstellung von Guthaben des Konzentrationslagers Dachau mitzuwirken. Der Anwalt hatte sich ein **Erfolgshonorar** von 1,5% ausbedungen. Er war verpflichtet, sich nach besten Kräften einzusetzen. Das Honorar sollte ihm jedoch auch zustehen, wenn der Erfolg nicht seiner Tätigkeit zu verdanken sein würde. BGHZ 22, 162 beurteilte den Vertrag nach dem in Washington (District of Columbia, USA) geltenden Recht. Danach war ein solches Erfolgshonorar zulässig (und üblich). Die Anwendung von Art. 30 a.F., auf den sich das Land Bayern berufen hatte, wurde mit Recht abgelehnt. Anders, wenn das Erfolgshonorar sehr hoch ist; dann wurde es mit Hilfe von Art. 30 a.F. herabgesetzt; so BGHZ 44, 183 = NJW 1966, 296 (von 35% auf 20%). Ähnlich OLG Düsseldorf RIW 1991, 594 (596 unter III 2b: Herabsetzung von 40% auf 25%). Dementgegen 40% nicht herabgesetzt: BGHZ 118, 312 = NJW 1992, 3096 (3101f. unter A IV 5). Dazu *Bendref,* Erfolgshonorar und internationale Mandate, AnwBl 1998, 309–312, BlnAnwBl 1997, 191–196.

Die Generalklausel des *ordre public* ist *in allen Staaten* geschriebener oder ungeschriebener Bestandteil des IPR.

Beispiel aus *Frankreich:* Eine liechtensteinsche Gesellschaft verkauft einer anderen in Genf Kriegswaffen, die in den Niederlanden liegen, für rund 155000 Dollar. Die Käuferin gibt für den Restkaufpreis einen Wechsel. Die Verkäuferin klagt ihn ein. Die Klage wird abgewiesen. Denn der **private Handel mit Kriegswaffen** verstößt gegen den französischen *ordre public:* Cour d'appel de Paris, Rev. crit. dr. i. p. 1966, 264 mit Anm. von *Louis-Lucas.*

Beispiel aus *USA:* Der Inhaber eines staatlich genehmigten Spielkasinos in Puerto Rico leiht nach Ortsrecht gültig gegen einen Scheck und schriftliche Schuldanerkenntnisse 12000 $ einem Kunden, der das Geld bei ihm verspielt. Klage in New York, nach dessen Recht **Spielschulden** und Hilfsgeschäfte nichtig sind. Der Spieler wird verurteilt, da die New Yorker „public policy" nicht verletzt sei: *Intercontinental Hotels Corp. v. Golden,* 15 N. Y. 2d 9, 203 N. E. 2d 210, 254 N. Y. S. 2d 527 (1964). Nach OLG Hamm NJW-RR 1997, 1007 (1008 unter 2b bb) soll in Deutschland § 762 BGB zum ordre public gehören; aM *Soergel/von Hoffmann*[12] Art. 28 Rz. 527.

Beispiel aus *Norwegen:* Ein norwegischer Student besuchte in Greifswald häufig ein Gasthaus. Er aß und trank und gab dem Wirt Schuldscheine. Dann verschwand er. Der Wirt klagte 1937 in Norwegen. Der Student berief sich auf Trunkenheit bei Ausstellung der Schuldscheine und auf ein norwegisches Gesetz, nach dem **Trinkschulden** nicht klagbar sind. Der Richter verurteilte nach deutschem Recht. Er hielt den *ordre public* nicht für verletzt: das norwegische Gesetz wolle nur dem Alkoholkreditkauf in Norwegen entgegenwirken (*Hambro* IntRDip. 1957, 321f.).

Aus Generalklauseln verdichten sich in längerer Praxis einzelne Rechtssätze, z.B. aus § 242 BGB Regeln über Verwirkung und über Wegfall der Geschäftsgrundlage. Im EGBGB gab es von Anfang an Rechtssätze, die entgegen den Ergebnissen kollisionsrechtlicher Interessenabwägung bei bestimmten Verbindungen zu Deutschland (meist: deutsche Staatsangehörigkeit) die materiellrechtlichen Vorstellungen des deutschen Rechts durchsetzen. Man nennt sie *„Kollisionsnormen des ordre public"* oder auch *„Exklusivnormen"*. Zu ihnen gehörte der zum 31. 5. 1999 aufgehobene Art. 38 a.F., der wiederum dem bis zum 31. 8. 1986 geltenden Art. 12 a.F. entsprach (gegen Deutsche aus Delikt keine weitergehenden Ansprüche als nach deutschem Recht; vgl. nunmehr die „neutralen" Beschränkungen in Art. 40 III), und gehören Art. 13 III 1 (Inlandsehe nur in Inlandsform), Art. 17 II (Inlandsscheidung nur vor Gericht, gesetzlich geregelt seit 1986, davor h.M.), Art. 18 II (Unterhalt nach deutschem Recht, wenn vom Unterhaltsstatut verweigert, gilt seit 1986).

1986 sind *entfallen* Art. 21 Hs. 2 a.F. (gegen deutsche nichteheliche Väter keine weitergehenden Ansprüche als nach deutschem Recht) und Art. 17 IV a.F. (Scheidung nur, wenn auch nach deutschem Recht begründet).

Solche Normen können nicht in bezug auf andere Rechtsordnungen „allseitig erweitert" (unten S. 254f.) werden. Dagegen können andere Normen, die wie „Exklusivnormen" einseitig formuliert sind, durchaus auf allgemein gültigen kollisionsrechtlichen Interessen beruhen wie Art. 23 Satz 1 zeigt, der sich in der alten Fassung (Art. 22 II a.F.) nur auf deutsche Kinder bezog und jetzt allgemein anordnet, daß bei Adoptionen, Abstammungserklärungen und anderen Statusfragen sowie bei Namenserteilungen auf Seiten des Kindes und seiner Verwandten auch die Zustimmungserfordernisse nach dem Heimatrecht des Kindes erfüllt sein müssen.

Selbst Art. 23 *Satz 2*, dem zufolge zum Wohl des Kindes statt seines Heimatrechts deutsches Recht anzuwenden ist, könnte einen erweiterbaren Kern enthalten (Anknüpfung an die lex fori, an den Geschäftsort?), dazu 7. Aufl. S. 118.

IV. Öffentlichrechtliche Interessen, Staatsinteressen

1. Allgemein

Das materielle Privatrecht der Staaten ist eingeschränkt durch ihr *öffentliches Recht*, z.B. das Eigentum durch öffentliche Pflichten und Lasten, die Schuldvertragsfreiheit durch Ein- und Ausfuhrverbote, Kartellverbote oder Verbote des Handels mit dem Feind in Kriegszeiten, die Verfügungsbefugnis über bestimmte Geldforderungen und Edelmetalle durch Devisenrecht, die Höhe von Geldforderungen durch Währungsabwertungen, die Innehabung von Rechten durch Enteignung. Welchen Staates öffentliches Recht anzuwenden ist, bestimmt *internationales öffentliches Recht* (oben S. 36).

Auch die Regeln des internationalen öffentlichen Rechts sind Rechtsanwendungsnormen, und als solche sind sie *strukturell gleich* mit den Normen des internationalen Privatrechts (näher *Schurig* 138–166, str.); insbesondere gibt es *keinen Grundsatz der Nichtanwendung fremden öffentlichen Rechts* (der immer wieder behauptet wird). Aber sie sind vielfach anders ausgestaltet als die Regeln des IPR. Denn für die (*internationalprivatrechtliche*) *Gerechtigkeit zwischen den Einzelnen* geben andere Interessen den Ausschlag als für die (*internationalöffentlichrechtliche*) *Abgrenzung der Befugnisse der Staaten im Verhältnis zu den Einzelnen*. Auch sind *allseitige* Kollisionsnormen (unten S. 254) *viel seltener* als im IPR, weil Zuständigkeit der handelnden Behörden und anwendbares Recht eng miteinander verknüpft sind: sind deutsche Behörden zuständig, so wenden sie deutsches öffentliches Recht an, und wo deutsches öffentliches Recht anzuwenden ist, gibt es auch zuständige deutsche Behörden. Das heißt aber nicht, daß Kollisionsnormen des öffentlichen Rechts nicht allseitig sein *können*. So sind Umfang und Wirksamkeit einer ausländischen Fahrerlaubnis ohne weiteres nach dem Verwaltungsrecht des Ausstellungslandes zu beurteilen, wenn dies z.B. wichtig wird, weil ein Ausländer in Deutschland in einen Verkehrsunfall verwickelt ist.

Innerhalb des internationalen öffentlichen Rechts ist am besten durchgebildet – abgesehen vom internationalen *Verfahrens*recht für private Rechtsverhältnisse (Zivilprozeß, freiwillige Gerichtsbarkeit), das wie das materielle Privatrecht der Gerechtigkeit zwischen den Einzelnen dient und daher für sich steht (unten § 22) – das internationale Recht der politischen und wirtschaftspolitischen *Staatseingriffe* in private Rechtsverhältnisse. Freilich ist hier die eindeutige Zuordnung zum öffentlichen Recht oft schwer; meist gibt es ein unterschiedliches Konglomerat staatlicher und privater Interessen.

Staatseingriffe in private Rechtsverhältnisse dienen dem Leben und Gedeihen oder, anders ausgedrückt, dem Wohl des Staates. Staaten sind egoistisch. Sie haben kein primäres Interesse daran, das Wohl *anderer* Staaten zu fördern. *Staatsinteressen* sind daher nicht unmittelbar auf die Anerkennung ausländischer Staatseingriffe in private Rechtsverhältnisse gerichtet. Andererseits will jeder Staat mit den übrigen in Frieden leben und insbesondere Handel treiben. Für ihn ist es wünschenswert, daß *seine* anerkennenswerten Interessen von anderen Staaten unterstützt und nicht konterkariert werden; dies kann er am besten fördern, indem er mit gutem Beispiel vorangeht. Auch ist Staats*wohl* nicht dasselbe wie Staats*macht*. Dem Wohl des Staates dient auch, was dem Wohl seiner Bürger dient. Wenn aber die Interessen einzelner Bürger international beachtlich sind, warum dann nicht auch die Interessen aller? Ein *Interesse der internationalen Ordnung* macht daher die Anerkennung ausländischer Staatseingriffe in private Rechtsverhältnisse grundsätzlich wünschenswert.

Als besonders eindeutige Variante staatlichen Eingriffsrechts kann man das *Enteignungsrecht* ansehen. Hier hat sich die Grundregel herausgebildet, daß ausländische Enteignungen anerkannt werden, soweit der ausländische Staat sich in den Grenzen seiner Macht gehalten hat, z.B. nur Sachen enteignet hat, die in seinem Gebiet lagen. Um Kollisionsrecht geht es freilich nur, soweit generelle *gesetzliche* Enteignungen in ihren Wirkungen anzuerkennen sind (kein Staat wird nach einem fremden Recht enteignen!); wurde – wie meist – durch *Einzelakt* enteignet, so legt man der Sache nach insoweit die internationale *Zuständigkeit* als Voraussetzung der Anerkennung fest. – Ähnlich wird die Grenze im *internationalen Währungs- und Devisenrecht* gezogen, doch wird sie teilweise verschoben durch das Abkommen von Bretton Woods über den Internationalen Währungsfonds. Dieser Gedanke bildet auch den Ausgangspunkt für die Beurteilung anderer Staatseingriffe wie Ein- und Ausfuhrverbote und Kartellverbote, die den Abschluß oder die Abwicklung von Schuldverträgen verbieten, dazu sogleich.

Kollisionsnormen, die auf *Staatsinteressen* beruhen, gibt es nicht nur im internationalen öffentlichen Recht, nämlich bei der Grenzziehung für die Anerkennung ausländischer Staatseingriffe in private Rechtsverhältnisse und auch bei der Abgrenzung des Geltungsbereichs der deutschen Gesetze über Staatseingriffe in private Rechtsverhältnisse (insbesondere internationales Enteignungs-, Währungs-, Devisen- und Kartellrecht, internationales Recht der Ein- und Ausfuhrverbote). Sie finden sich vielmehr *auch im eigentlichen internationalen Privatrecht*, meist besonders deutlich dort, wo Normen des ordre public bestehen (z.B.

Art. 13 III 1, Art. 17 II EGBGB), im ausländischen IPR, wo aus politischen Gründen eigene Staatsangehörige im Ausland dem Heimatrecht, Ausländer im eigenen Land aber dem Wohnsitzrecht unterworfen werden, wie in einigen Ländern Lateinamerikas (unten S. 388). Auch sonst lassen sich die den Normen zugrundeliegenden kollisionsrechtlichen Interessen nicht immer ohne weiteres den Kategorien „privat-" und „öffentlichrechtlich" zuweisen; z. B. ist das Ordnungsinteresse an reibungslos funktionierender (Kollisions-)Rechtsordnung (oben § 2 I 3) sicher *auch* ein Interesse des Staatswohls.

2. Gesonderte Anknüpfung und „Sonderanknüpfung" von Eingriffsnormen

Schrifttum: *Francescakis*, Quelques précisions sur les „lois d'application immédiate" et leurs rapports avec les règles de conflits de lois, Rev.crit.dr.i.p. 1966, 1–18; *van Hecke*, Vertragsautonomie und Wirtschaftsgesetzgebung im internationalen Privatrecht, ZfRV 1966, 23–30 = *van Hecke*, Miscellanea, Antwerpen 1985, 251–259; *Francescakis*, Lois d'application immédiate et règles de conflit, Riv.dir.int. 1967, 691–698; *Schwander*, Lois d'application immédiate, Sonderanknüpfung, IPR-Sachnormen und andere Ausnahmen von der gewöhnlichen Anknüpfung im IPR, Zürich 1975; *Sperduti*, Norme di applicazione necessaria e ordine pubblico, Riv.dir.int.priv.proc. 1976, 469–490; *Karaquillo*, Etude de quelques manifestations des lois d'application immédiate dans la jurisprudence française de droit international privé, Lomiges 1977; *van Hecke*, International contracts and domestic legislative policies, Fschr. Mann 1977, 183–191 = *van Hecke*, Miscellanea, Antwerpen 1985, 283–290; *Sperduti*, Les lois d'application nécessaire en tant que lois d'ordre public, Rev.crit.dr.i.p. 1977, 257–270; *Koutikov*, Règles substantielles d'application immédiate et autonomie en droit international privé, in: Association bulgare de droit international (Hrsg.), Droit international privé et public, Sofia 1978, 3–16; *Cassoni*, Osservazioni sull rilevanza delle norme imperative straniere nell'ordenamento italiano, Giur. It. 1979, IV, 81–89; *Hartley*, Beyond the Proper Law. Mandatory Rules under Draft Convention on the Law Applicable to Contractual Obligations, Eur. L.Rev. 4 (1979), 236–243; *Mann*, Sonderanknüpfung und zwingendes Recht im internationalen Privatrecht, Fschr. Beitzke 1979, 607–624; *Wengler*, Sonderanknüpfung, positiver und negativer ordre public, JZ 1979, 175–177; *Lipstein*, Les normes fixant leur propre domaine d'application; les expériences anglaises et américaines, Trav.com.fr.dr.i.p. 1977–1979 (erschienen 1980), 187–220 (nz); *Philip*, Recent Provisions on Mandatory Laws in Private International Law, Fschr. Lipstein 1980, 241–249; *Coing*, Zur Anwendung zwingender ausländischer Verträge. Artikel 7 des Übereinkommens über das auf vertragliche Schuldverhältnisse anzuwendende Recht, WM 1981, 810–813; *Heini*, Ausländische Staatsinteressen und internationales Privatrecht, ZSchwR 1981 I, 65–83; *Mayer*, Les lois de police étrangères, JDI (Clunet) 1981, 277–345; *M. Mühl*, Zum Problem der kollisionsrechtlichen Beachtung zwingender Vorschriften gem. § 12 AGBG und Art. 7 des europäischen Übereinkommens über das auf vertragliche Schuldverhältnisse anzuwendende Recht, Fschr. Mühl 1981, 449–469; *Schurig* 34–41, 316–330; *Derains*, Les normes d'application immédiate dans la jurisprudence arbitrale internationale, Fschr. Goldman 1982, 29–46; *Heini*, Die Anwendung wirtschaftlicher Zwangsmaßnahmen im internationalen Privatrecht, BerGesVR 22 (1982), 37–55 (mit Diskussion 57–89); *Jackson*, Mandatory Rules and Rules of „ordre public", in: *North* (Hrsg.), Contract Conflicts, Amsterdam u. a. 1982, 59–79; *Philip*, Mandatory Rules, Public Law (Political Rules) and Choice of Law in the E. E. C. Convention on the Law Applicable to Contractual Obligations, ebd. 81–110; *Lipstein*, Conflict of Public Laws – Visions and Realities, Fschr. Zajtay 1982, 357–378; *Pérez Beviá*, Disposiciones imperativas y leyes de policía en el Convenio de Roma, de 19 de junio de 1980, sobre la ley aplicable a las obligaciones contractuales, Rev.esp.der.int. 1982, 99–124; *Coester*, Die Berücksichtigung zwingenden Rechts neben dem Vertragsstatut. Rechtsmethodische und -politische Überlegungen zu Art. 7 Abs. 1 des europäischen Vertragsübereinkommens vom 19. 6. 1980, ZVglRWiss 82 (1983), 1–30; *Grigera Naon*, International Contract Law, „Lois de Police" and Self-Applicating Rules: An Argentine Outlook, 1983 (= *Ress/Will* [Hrsg.], Vorträge, Reden und Berichte aus dem Europa-Institut der Universität des Saarlandes Nr. 19); *Jayme*, Rechtswahlklausel und zwingendes ausländisches Recht beim Franchise-Vertrag, IPRax 1983, 105–107; *Kreuzer*, Parteiautonomie und fremdes Außenwirtschaftsrecht, in: *Schlechtriem/Leser* (Hrsg.), Zum Deutschen und Internationalen Schuldrecht, 1983, 89–112; *Reese*, The Influence of Substantive Policies on Choice of Law, Fschr. Vischer, Zürich 1983, 287–292; *Schultsz*, Dutch Antecedents and Parallels to Article 7 of the EEC Contracts Convention, RabelsZ 47 (1983), 267–283 (vgl. Bericht *Pluyette*, Rev.crit.dr.i.p. 1984, 208f.); *Treves*, Norme imperative e di applicazione necessaria nella Convenzione di Roma del 19 giugno 1980, Riv.dir.int.priv.proc. 1983, 25–41; *Pérez-Bevía*, Dispositions impératives et lois de police dans la Convention de Rome du 19 juin 1980 sur la loi applicable aux obligations contractuelles, Rev.hell.dr.int. 1982/83 (erschienen 1985), 17–40; *Kroeger*, Der Schutz der „marktschwächeren" Partei im internationalen Vertragsrecht, 1984; *Drobnig*, Die Beachtung von ausländischen Eingriffsgesetzen – eine Interessenanalyse, Fschr. Neumayer 1985, 159–179; *Erne*, Vertragsgültigkeit und drittstaatliche Eingriffsnormen, 1985; *Kleinschmidt*, Zur Anwendbarkeit zwingenden Rechts im internationalen Vertragsrecht unter besonderer Berücksichtigung von Absatzmittlungsverträgen. Eine Untersuchung zu § 187 Restatement (Second) of Conflict of Laws (1971) und Art. 7 EG-VertragsR-Übk von 1980, 1985; *Meessen*, Zu den Grundlagen des internationalen Wirtschaftsrechts, AöR 110 (1985), 398–418; *Radtke*, Schuldstatut und Eingriffsrecht. Systematische Grundlagen der Berücksichtigung von zwingendem Recht nach deutschem IPR und dem EG Schuldvertragsübereinkommen, ZVglRWiss 84 (1985), 325–357; *Schurig*, Lois d'application immédiate und Sonderanknüpfung zwingenden Rechts: Erkenntnisfortschritt oder Mystifikation?, in: *Holl/Klinke* (Hrsg.), Internationales Privatrecht, internationales Wirtschaftsrecht, 1985, 55–76; *Kratz*, Ausländische Eingriffsnorm und inländischer Privatrechtsvertrag, 1986; *Kreuzer*, Ausländisches Wirtschaftsrecht vor deutschen Gerichten. Zum Einfluß fremdstaatlicher Eingriffsnormen auf private Rechtsgeschäfte, 1986 (bespr. von *Dickson*, Int. Comp. L. Q. 37 [1988], 214–217; *Drobnig*, RabelsZ 52 [1988], 380–382); *Lehmann*, Zwingendes Recht dritter Staaten im internationalenVertragsrecht. Zur Bedeutung und Anwendung des Art. 7 Abs. 1 EuIPRÜ, 1986; *Mülbert*, Ausländische Eingriffsnormen als Datum, IPRax 1986, 140–142; *Vékás*, Zur Sonderanknüpfung von Drittstaateneingriffsnormen, Ann.Univ.Bud. 28 (1986), 263–272; *Drobnig*, Internationale Schiedsgerichtsbarkeit und wirtschaftsrechtliche Eingriffsnormen, Fschr. Kegel 1987, 95–118; *Lehmann*, Eingriffsnormen dritter Staaten und die deutsche IPR-Reform, ZRP 1987, 319–321; *E. Lorenz*, Die Rechtswahlfreiheit im internationalen Schuldvertragsrecht, RIW 1987, 569–584 (insbes. 578–584); *Martiny*, Der deutsche Vorbehalt gegen Art. 7 Abs. 1 des EG-Schuldvertragsübereinkommens vom 16. 9. 1980 – seine Folgen für die Anwendung ausländischen zwingenden Rechts, IPRax 1987, 277–280; *Rohnke*, Verhaltenskontrolle multinationaler Unternehmen durch extraterritoriale Anwendung nationalen Rechts und internationale Richtlinien. Eine Interessenanalyse unter besonderer Berücksichtigung der Entwicklungsländer, 1987; *Schubert*, Internationale Verträge und Eingriffsrecht – ein Beitrag zur Methode des Wirtschaftskollisionsrechts, RIW 1987, 729–746; *Ziccardi*, Disposizioni imperative e ordine pubblico della Convenzione di Roma del 19 giugno 1980 sulla legge applicabile alle obbligazioni contrattuali, Foro Pad. 1987, 7–14; *Chenaux*, L'application par le juge des dispositions impératives étrangères non désignées par la règle de conflit du for: étude de l'article 18 du projet suisse de la loi fédérale sur le droit international privé, ZSchwR 1988 I, 61–73; *Drobnig*, Das Profil des Wirtschaftskollisionsrechts, RabelsZ 52 (1988), 1–7; *Hentzen*, Zur Anwendung fremden Eingriffsrechts seit der IPR-Reform, RIW 1988, 508–511; *Kegel*, Die Rolle des öffentlichen Rechts im internationalen Privatrecht, Fschr. Seidl-Hohenveldern 1988, 243–278; *Knüppel*, Zwingendes materielles

Recht und internationale Schuldverträge, 1988; *North*, Zur Anwendung ausländischen öffentlichen Rechts im englischen IPR, IPRax 1988, 257f.; *Piehl*, Ausländische zwingende Vorschriften und deutsches Schuldstatut, RIW 1988, 841–843; *Prioux*, Le juge et l'arbitre face aux lois étrangères d'application immédiate dans les contrats internationaux: les nouvelles possibilités offertes par la loi du 14 juillet 1987, Rev.dr.comm. belge 1988, 251–295; *Reichelt*, Beachtung zwingender Bestimmungen im österreichischen IPRG. Ansätze richterlicher Rechtsfortbildung zu § 1 öIPRG, ZfRV 1988, 82–88; *Reichelt*, Zur Eingriffsnorm nach dem österreichischen IPRG, IPRax 1988, 251f.; *Siehr*, Ausländische Eingriffsnormen im inländischen Wirtschaftskollisionsrecht, RabelsZ 52 (1988), 41–103; *Anderegg*, Ausländische Eingriffsnormen im internationalen Vertragsrecht. Projektstudie II zum Internationalen Wirtschaftsrecht, 1989 (bespr. von *Junker*, JZ 1990, 859f.; *Pocar*, Riv.dir.int.priv.proc. 1994, 249f.); *Baum*, Faktische und potentielle Eingriffsnormen. Der iranische Bierlieferungsfall (Anm. zu BGH v. 8. 2. 1984), RabelsZ 53 (1989), 152–164; *Enderlein*, Eingriffsnormen in der Außenhandelsschiedsgerichtsbarkeit des RGW, RabelsZ 53 (1989), 362–383; *von Hoffmann*, Inländische Sachnormen mit zwingendem internationalem Anwendungsbereich, IPRax 1989, 261–271; *Junker*, Die „zwingenden Bestimmungen" im neuen internationalen Arbeitsrecht, IPRax 1989, 69–75; *Sonnenberger*, Internationales Privatrecht/Internationales Öffentliches Recht, Fschr. Rebmann 1989, 819–838; *Vischer*, Zwingendes Recht und Eingriffsgesetze nach dem schweizerischen IPR-Gesetz, RabelsZ 53 (1989), 438–461; *Kärcher*, Öffentliches Arbeitsrecht in Fällen mit Auslandsberührung. Räumliche Kollision und territorialer Anwendungsbereich formell privater, „inhaltlich" öffentlicher Arbeitsrechtsnormen, Diss. Marburg 1990; *von Overbeck*, Le norme di applicazione necessaria, in: *Broggini* (Hrsg.), Il nuovo diritto internazionale privato in Svizzera, Mailand 1990, 21–34; *Remien*, Außenwirtschaftsrecht in kollisionsrechtlicher Sicht. Zur internationalen Reichweite von Aus- und Einfuhrverboten, RabelsZ 54 (1990), 431–480; *Schnyder*, Wirtschaftskollisionsrecht. Sonderanknüpfung und extraterritoriale Anwendung wirtschaftsrechtlicher Normen unter besonderer Berücksichtigung von Marktrecht, Zürich 1990 (bespr. von *Ebenroth/Schrupkowski*, RabelsZ 57 [1993], 526–534); *Schurig*, Zwingendes Recht, „Eingriffsnormen" und neues IPR, RabelsZ 54 (1990), 217–250; *Becker*, Theorie und Praxis der Sonderanknüpfung im Internationalen Privatrecht, 1991; *Guedj*, The Theory of the Lois de Police, A Functional Trend in Continental Private International Law – A Comparative Analysis With Modern American Theories, Am.J.Comp.L. 39 (1991), 661–697; *Juenger*, Lex mercatoria und Eingriffsnormen, Fschr. Rittner 1991, 233–249; *F.-E. Klein* (Hrsg.), Colloque de Bâle sur le rôle du droit public en droit international privé, Basel 1991; *Kösters*, Die Anwendung ausländischer Eingriffsnormen im französischen Recht, Diss. Münster 1991; *Marques Dos Santos*, Les règles d'application immédiate dans le droit international privé portugais, Droit International et Droit Communautaire, 1991, 187–211; *Martiny*, Gemeinschaftsrecht, ordre public, zwingende Bestimmungen und Exklusivnormen, in: *von Bar* (Hrsg.), Europäisches Gemeinschaftsrecht und Internationales Privatrecht, 1991, 211–242 (mit Diskussion 243f.); *Mentzel*, Sonderanknüpfung von Eingriffsrecht im internationalen Vertragsrecht, Diss. Mainz 1991; *Schiffer*, Sonderanknüpfung ausländischen „öffentlichen" Rechts durch Richterrecht in der Internationalen Handelsschiedsgerichtsbarkeit?, IPRax 1991, 84–87; *Schiffer*, Sonderanknüpfung ausländischen „öffentlichen" Rechts in der internationalen Handelsschiedsgerichtsbarkeit, ZVglRWiss 90 (1991), 390–410; *Siehr*, Nationaler und Internationaler Kulturgüterschutz. Eingriffsnormen und der internationale Kunsthandel, Fschr. Lorenz 1991, 525–542; *Wyss*, Die Berücksichtigung ausländischen öffentlichen Rechts im Internationalen Privatrecht am Beispiel von Artikel 13 IPRG, in: *Berti/Knellwolf/Köpe/Wyss*, Beiträge zu Grenzfragen des Prozeßrechts, Zürich 1991, 97–137; *Guardans Cambó*, Contrato internacional y Derecho imperativo extranjero. De la jurisprudencia comparada al Convenio de Roma de 19–6–1980, Pamplona 1992 (bespr. von *Grigeria Naon*, Int.Comp.L.Q. 42 [1993], 743f.); *Morscher*, Staatliche Rechtssetzungsakte als Leistungshindernisse im internationalen Warenkauf. Ihre kollisionsrechtliche Behandlung im schweizerischen IPR-Gesetz und im UN-Kaufrecht, 1992; *Mäsch*, Rechtswahlfreiheit und Verbraucherschutz. Eine

Untersuchung zu den Art. 29, 27 III und 34 EGBGB, 1993 (insbes. S. 111–172); *Voser*, Die Theorie der lois d'application immédiate im internationalen Privatrecht. Untersuchung zur zwingenden Anwendung von Bestimmungen des schweizerischen Rechts gemäß Art. 18 IPRG, Basel 1993; *Baumert*, Europäischer ordre public und Sonderanknüpfung zur Durchsetzung von EG-Recht – unter besonderer Berücksichtigung der sog. mittelbaren horizontalen Wirkung von EG-Richtlinienbestimmungen, 1994 (bespr. von *Mankowski*, RabelsZ 61 [1997], 750–756); *Ehricke*, Die Beachtung von ausländischen Eingriffsnormen – Zu den kollisionsrechtlichen Wirkungen einer fremden bankenaufsichtsrechtlichen Liquidation in Österreich, IPRax 1994, 382–387; *Junker*, Zwingendes ausländisches Recht und deutscher Tarifvertrag, IPRax 1994, 21–27; *Kinsch*, Le fait du prince étranger, Paris 1994 (bespr.von *Muir Watt*, Rev.crit.dr.i.p. 1995, 241–245); *Prioux*, L'incidence des lois de police sur les contrats économiques internationaux, Rev.dr. ULB 10 (1994-2), 129–157; *Schnyder*, Pflicht schweizerischer Schiedsgerichte zur Prüfung der Anwendbarkeit von Eingriffsnormen, insbesondere des EG-Wettbewerbsrechts, IPRax 1994, 465–468; *Taramasso*, Contratti internazionali e norme di applicazione necessaria (rassegna di giurisprudenza arbitrale della CCI), NGCC 1994 II, 219–229; *Wehlau*, Internationalprivatrechtliche und zivilrechtliche Probleme des UN-Embargos gegen Serbien und Montenegro, DZWiR 1994, 37–41; *Basedow*, Conflicts of Economic Regulations, in: Principios, objetivos y métodos del Derecho internacional privado, Madrid 1995, 79–102; *Ekelmans*, L'ordre public et les lois prohibitives étrangères, in: *Romain* u. a., L'ordre public. Concept et applications, Brüssel 1995, 257–281; *Lazareff*, Mandatory Extraterritorial Application of National Law, Arb. Int. 1995, 137–156 (nz); *Mankowski*, Spezielle vertragsrechtliche Gesetze und Internationales Privatrecht, IPRax 1995, 230–234; *Roth*, Zum Verhältnis von Art. 7 Abs. 2 und Art. 5 der Römischen Schuldvertragskonvention, in: *Schnyder* u. a. (Hrsg.), Internationales Verbraucherschutzrecht 1995, 35–51; *Schäfer*, Eingriffsnormen im deutschen IPR – eine neverending story?, Fschr. Sandrock 1995, 37–53; *Schnyder*, Anwendung ausländischer Eingriffsnormen durch Schiedsgerichte, RabelsZ 59 (1995), 293–308; *Becker*, Zwingendes Eingriffsrecht in der Urteilsanerkennung, RabelsZ 60 (1996), 691–737; *Busse*, Die Berücksichtigung ausländischer „Eingriffsnormen" durch die deutsche Rechtsprechung, ZVglRWiss 95 (1996), 386–418; *Garofalo*, Volontà delle parti e norme imperative nella Convenzione di Roma sulla legge applicabile ai contratti e nel nuovo sistema italiano di diritto internazionale privato, Riv.dir.int.priv.proc. 1996, 469–498; *Goldstein*, De l'exception d'ordre public aux règles d'application nécessaire. Étude du rattachement substantiel impératif en droit international privé canadien, Montréal 1996 (bespr. von *Muir Watt*, Rev.crit.dr. i. p. 1997, 387–389); *Mankowski*, Art. 34 EGBGB erfaßt § 138 BGB nicht!, RIW 1996, 8–12; *Mankowski*, Keine Sonderanknüpfung deutschen Verbraucherschutzrechts über Art. 34 EGBGB, DZWiR 1996, 273–281; *Ungeheuer*, Die Beachtung von Eingriffsnormen in der internationalen Handelsschiedsgerichtsbarkeit, 1996 (bespr. von *Picone*, Riv.dir.int. 1997, 899–908); *Berger*, Die Einwirkung drittstaatlicher Eingriffsnormen auf internationale Verträge am Beispiel islamischer Zinsverbote, in: *Herrmann* u. a., Deutsches und Internationales Bank-und Wirtschaftsrecht im Wandel, 1997, 322–340; *Berger*, Devisenrecht in der internationalen Wirtschaftsschiedsgerichtsbarkeit, ZVglRWiss 96 (1997), 316–346; *Hartley*, Mandatory Rules in International Contracts: The Common Law Approach, Rec. 266 (1997), 337–426; *Spickhoff*, Der verbotswidrige Rückerwerb eigener Aktien: Internationales Privatrecht und europäische Rechtsangleichung, BB 1997, 2593–2603; *Vischer*, Lois d'application immédiate als Schranken von Gerichtsstands- und Schiedsvereinbarungen, Fschr. Broggini, Mailand 1997, 577–594; *Willms*, Das Spannungsverhältnis von internationalem Wettbewerbs- und Vertragsrecht bei Ausnutzung eines Verbraucherschutzgefälles, 1997; *Wördemann*, International zwingende Normen im Internationalen Privatrecht des europäischen Versicherungsvertrages. Eine kollisionsrechtliche Untersuchung zur Bedeutung und Tragweite des Art. 7 Abs. 2 Zweite RI SchadenV sowie des Art. 4 Abs. 4 Zweite RI LebensV, 1997; *Brüning*, Die Beachtlichkeit des fremden ordre public, 1997; *Siehr*, „False Conflicts", „lois d'application immédiate" und andere „Neuentdeckungen" im IPR, Fschr. Drobnig 1998, 443–454; *Sonnenber-*

ger, Die Eingriffsnorm: ein internationalprivatrechtliches σκανδαλον? Beobachtungen und Betrachtungen, Fschr. Fikentscher 1998, 283–297. – Vgl. auch oben S. 50–52.

Die Frage, wie man – inländische oder ausländische – „Eingriffsnormen" mit mehr oder weniger starkem öffentlichrechtlichem Einschlag anknüpfen soll, hat in neuerer Zeit eine kaum noch überschaubare Diskussion hervorgebracht.

Der Ausgangspunkt für die Behandlung solcher Normen war ursprünglich die Generalklausel des *ordre public*. Früher wurde nämlich (im Staatsinteresse) fremdes Eingriffsrecht unter Berufung auf den *ordre public* abgewehrt, wenn der fremde Staat seinen Machtbereich überschritt, und ebenso wurde eigenes Eingriffsrecht mit Hilfe der *positiven* Funktion (dazu unten § 16 I) des *ordre public* angewandt. Der Sache nach bestand bald kein Zweifel daran, daß eigene „Eingriffsgesetze" entsprechend ihrem Zweck auch dann anzuwenden sind, wenn das eigentliche „Statut" (z.B. Schuldstatut, Erbstatut) von einem anderen Recht beherrscht wird. Da die entsprechenden Normen materiell anderen Interessen dienen (nämlich politischen, öffentlichrechtlichen), implizieren sie auch andere kollisionsrechtliche Interessen, sind z.B. territorial anzuknüpfen, wo das Statut personal anzuknüpfen ist (so etwa – wo vorhanden – das deutsche Höferecht gegenüber einem fremden Erbstatut; dazu, daß das nichts mit der Anwendung des Art. 3 III EGBGB zu tun hat, unten S. 372–374). Es fallen also solche Normen aufgrund anderer *Qualifikation* (unten § 7) aus dem allgemeinen Statut heraus, und es sind neue, besondere Kollisionsnormen für sie zu bilden (unten S. 269f.). Verfehlt ist dagegen die Annahme, solche Normen seien politisch „von allein", d.h. ohne das Wirksamwerden der Kollisionsnorm, anzuwenden, dazu unten S. 262.

Eingehend zum ganzen *Schurig*, Lois d'application immédiate und Sonderanknüpfung zwingenden Rechts, in *Holl/Klinke* (Hrsg.), Internationales Privatrecht, Internationales Wirtschaftsrecht (Symposium der A. von Humboldt-Stiftung 1983), 1985, 55, 59–65; *ders.*, Zwingendes Recht, „Eingriffsnormen" und neues IPR, RabelsZ 54 (1990), 217, 226–234, jeweils mit zahlreichen Nachw. Vgl. OLG Köln ROW 1957, 209 und in derselben Sache das Urteil des BGH AG 1958, 134 (138) = WM 1958, 557 (561), das den Übergang von Art. 30 a.F. EGBGB zur Kollisionsnorm des internationalen Verwaltungsrechts gut beleuchtet, und BGHZ 104, 240 [243f.] = IPRax 1989, 235 mit Aufsatz von *Behrens* 217–223, wo sowohl *ordre public* als auch Kollisionsnorm verwendet werden.

Einige **Beispiele** für die Herleitung entsprechender Kollisionsnormen aus der ordre-public-Generalklausel:

Ein Deutscher kaufte im März 1920 englische Pfund an der Börse von Amsterdam. Nach *deutschem Devisenrecht* (Bek. vom 8. 2. 1917) durften ausländische Zahlungsmittel nur bei deutschen Devisenstellen gekauft werden. RG IPRspr. 1926/27 Nr. 12 erklärte den Kauf nach der Bek. für nichtig. Sie wolle die Auslandsverschuldung aufhalten und diene Wirtschaftsinteressen des Reichs. Sie habe daher nach Art. 30 a.F. EGBGB Vorrang vor ausländischem Recht (das den Kauf beherrsche). Eine Ausnahme gelte nur für Auslandsgeschäfte, die sich auf das deutsche Rechts- und Wirtschaftsgebiet nicht unmittelbar auswirkten; sie treffe hier nicht zu. – Hier wird bereits auf den Zweck des deutschen Eingriffsgesetzes gesehen, um dessen Anwendungsbereich zu bestimmen. Der Hinweis auf Art. 30 a.F. war überflüssig.

Kreditinstitute beaufsichtigt nach § 6 KWG (jetzt i.d.F. vom 22. 1. 1996, BGBl. I 64) das Bundesaufsichtsamt für das Kreditwesen. Das Amt kann nach § 38 I die Abwicklung anordnen und beim Registergericht beantragen, daß es Abwickler bestellt. Dies gilt auch für inländische Zweigstellen ausländischer Kreditinstitute (§ 53 I). Auf diese Weise verfährt das Amt mit der Frankfurter Zweigstelle einer Bank aus Beirut. Die Bank ihrerseits verklagt einen deutschen Anwalt auf Herausgabe von Treugut. Der wendet ein, die Bank sei daheim in Konkurs und deswegen nicht mehr parteifähig. Hierzu BGHZ 53, 383 (387): Damit die Zweigstelle ordnungsmäßig abgewickelt werden könne, müsse insoweit die Parteifähigkeit fortbestehen, auch wenn sie nach dem Heimatrecht (dazu unten S. 506) erloschen sei. „Wollte man ... annehmen, daß ein ... Verlust der Rechtsfähigkeit des ausländischen Kreditinstituts nach dem Recht seines Heimatstaates auch den Verlust seiner Parteifähigkeit für den Bereich seiner Zweigstelle im Inland zur Folge hätte, würde damit die Tätigkeit des Abwicklers lahmgelegt und der durch das KWG angestrebte Zweck, nämlich eine geordnete Abwicklung des Betriebs der Zweigstelle, vereitelt. Eine solche Rechtsfolge könnte nicht hingenommen werden (Art. 30 [a.F.] EGBGB)." – Auch hier wird mit Recht der Zweck des KWG bemüht, daneben unnötig Art. 30 a.F. EGBGB.

Eine Firma in Kopenhagen verkaufte einer Hamburger Firma 35 tons Schokolade. Die nach *deutschem Devisenrecht* nötige Genehmigung war nicht erteilt. Der Kauf wurde nur teilweise abgewickelt. Die dänische Firma erstritt beim See- und Handelsgericht Kopenhagen und beim dänischen Obersten Gerichtshof rund 14000 DM Schadensersatz mit Zinsen sowie 1800 Kronen Prozeßkosten. Dann klagte sie in Deutschland auf Vollstreckungsurteil nach §§ 722, 723 ZPO. BGHZ 22, 24 gab der Klage statt. Da ein Vollstreckungsurteil nur zulässig ist, wenn das zugrunde liegende Urteil anerkannt wird (§ 723 II 2 ZPO), prüfte der BGH § 328 a.F. ZPO und hier wieder die *ordre public*-Klausel des Abs. 1 Nr. 4, die dem Art. 30 a.F. EGBGB entsprach. Das deutsche Devisenrecht bezwecke „nicht den Schutz privatrechtlicher Interessen, sonderen den Schutz der Devisenlage und damit der deutschen Wirtschaftsordnung und letztlich auch der politischen Ordnung" (S. 29). Daher wirke der *ordre public* hier stärker als bei Abweichung ausländischer Urteile vom deutschen Privatrecht. Andererseits hindere nicht *jeder* Verstoß gegen deutsches öffentliches Recht die Anerkennung eines ausländischen Urteils. Wegen Geringfügigkeit des Verstoßes *in casu* wurde die Anwendung von § 328 I Nr. 4 a.F. ZPO abgelehnt. – Die Entscheidung trifft im Ergebnis zu: Wie ein rechtskräftiges deutsches wird grundsätzlich auch ein ausländisches Urteil nicht auf richtige Rechtsanwendung hin überprüft (§ 328 a.F. ZPO brachte als einzige Ausnahmen in Abs. 1 Nr. 3 einige Fälle, in denen ein Urteil nicht anerkannt wurde, wenn es nach deutschem IPR und dem von ihm berufenen materiellen Privatrecht falsch war; so jetzt noch Art. 27 Nr. 4 EuGVÜ). Da man heute die Anwendung des deutschen Devisenrechts nicht mehr auf den *ordre public* stützt, sondern sich für seine Anwendung besondere Kollisionsnormen entwickelt haben, hätte man eine entsprechende prozessuale Kollisionsnorm zur Ergänzung des § 328 ZPO bilden können (vgl. *Soergel/Kegel*[11] vor Art. 7 Rz. 402). Der BGH bezieht sich offenbar auf den ordre public in seiner *positiven* Funktion, der aber im Ergebnis auf eine ebensolche Kollisionsnorm hinausläuft (unten § 16 I). Damit mußte sich der BGH nicht in Widerspruch mit dem Wortlaut des § 328 a.F. setzen.

Gleiches gilt für OLG Frankfurt RIW 1989, 911 (913 unter II 3 b), wo geprüft wird, ob deutsches Kartellrecht (§§ 26 II, 91 GWB) die Anerkennung eines Moskauer Schiedsspruchs nach dem ordre-public-Vorbehalt des § 1044 II Nr. 2 a.F. ZPO hindert (was das Gericht verneint).

Ein nach § 53 a.F. BörsG nicht terminfähiger Frankfurter verliert durch Termingeschäfte an der New Yorker Kakaobörse, wird von seinen New Yorker Maklern auf rund 100000 $ (einschließlich Zinsen und Kosten) verklagt und vom US District Court, Southern District of New York verurteilt. Die Makler klagen bei uns auf Vollstreckungsurteil. BGH NJW 1975, 1600 weist sie ab; § 61 a.F. BörsG, der §§ 52–60 auf Auslandsgeschäfte erstreckt und damit für Geschäfte über Waren oder Wertpapiere, die bei uns nicht zum Terminhandel zugelassen sind, den Einwand fehlender Terminfähigkeit und den Differenzeinwand aus §§ 762, 764 BGB eröffnet, sei Kollisionsnorm des deutschen IPR und führe zur Anwendung des ordre-public-Vorbehalts in § 328 I Nr. 4 a.F. ZPO. – Auch hier steht der ordre public in seiner positiven Funktion für eine prozessual wirksame Kollisionsnorm. Der Börsenterminhandel lockt den Spieltrieb. Er kann zu Massenspekulation führen und dadurch nicht nur dem einzelnen Spieler, sondern auch der Allgemeinheit schaden. Daher steht § 61 a.F. BörsG, wie ihn die Gerichte auslegten (dazu unten S. 597), dem öffentlichen Recht nahe. Inzwischen zeigt sich der BGH bei der Anerkennung solcher ausländischer Urteile indessen großzügiger; BGH RIW 1998, 626 = WM 1998, 1176: Der Differenzeinwand gehöre infolge §§ 53 II, 58 n.F. BörsG nicht mehr zum deutschen *ordre public „international"* (mit diesem Zusatz will der BGH den verfahrensrechtlich wirksamen ordre public gegenüber dem Vorbehalt nach Art. 6 EGBGB abgrenzen, unten S. 466).

Art. 34 EGBGB (der Art. 7 II des Römischen Schuldvertragsübereinkommens entspricht) setzt heute die Existenz solcher gesondert anzuknüpfender Sachnormen stillschweigend voraus, wenn er unberührt läßt, „die Anwendung der Bestimmungen des deutschen Rechts, die ohne Rücksicht auf das auf den Vertrag anzuwendende Recht den Sachverhalt zwingend regeln".

Problematisch ist die Behandlung entsprechender Normen, die **einem fremden Recht** angehören, sei es der als Statut zur Anwendung berufenen Rechtsordnung, sei es einer vom Sachverhalt berührten dritten. Eine Auffassung – „Schuldstatutstheorie" genannt – will mit der Bestimmung des Vertragsstatuts zugleich alle „zwingenden", „politischen", auch öffentlichrechtlichen und anderen Normen dieser Rechtsordnung, und *nur* dieser berufen. Das ist unrichtig. Denn die Normen des „Statuts" werden nur berufen, weil sie dieselben kollisionsrechtlichen Interessen betreffen und deshalb in einer Kollisionsnorm zusammengefaßt werden. Dienen Normen *anderen* sachrechtlichen Interessen und rufen sie deswegen andere *kollisionsrechtliche* Interessen auf den Plan, so müssen sie *diesen* entsprechend kollisionsrechtlich angeknüpft werden, gleich ob sie der eigenen Rechtsordnung, der des berufenen Statuts oder einer dritten angehören (näher *Schurig*, RabelsZ 54 [1990], 217, 244–246). So kann z.B. im Schuldvertragsrecht das Recht eines dritten („neutralen") Staats als Vertragsstatut gewählt werden. Es wäre widersinnig, auch die „politischen" Eingriffsnormen dieses Staates anzuwenden, wenn die entsprechenden staatlichen Interessen überhaupt nicht berührt werden.

Umgekehrt müssen wir bei solchen Normen aus dritten Rechtsordnungen selbst entscheiden, ob sie auf kollisionsrechtlichen Interessen beruhen, die wir uns zu eigen machen können. Ist das der Fall, so haben wir diese Normen bei uns auch anzuwenden. Daß Art. 7 I des Römischen Schuldvertragsübereinkommens, der so etwas für Eingriffsnormen von Drittstaaten vorsieht, in Deutschland infolge eines Vorbehalts nicht in Kraft ist, ist kein Hindernis; denn dahinter steht nicht die grundsätzliche Ablehnung der Anwendung solcher Normen, sondern die Erkenntnis, daß die Regelung des Art. 7 I mißlungen war. Der Gesetzgeber hat die Frage bewußt ungeregelt gelassen und damit eine von Rechtsprechung und Wissenschaft auszufüllende Lücke geschaffen. Vgl. näher *Schurig*, in: *Holl/Klinke*, a. a.O., 66–74, sowie RabelsZ 54 (1990), 234–244.

Die Praxis sucht sich dieser Konsequenz oft zu entziehen, indem sie vorgibt, die Verletzung solcher ausländischer Normen nur als ein *Faktum* einzubeziehen (dazu oben S. 60) und sie nicht wirklich *anzuwenden*. Das ist oft nur eine Vernebelungstaktik. Als Beispiel diene BGHZ 59, 83 (vom 22. 6. 1972): Ausfuhr von Kulturgut aus Nigeria gegen ein Verbotsgesetz dieses Staates ist von uns als „sittenwidrig" anzusehen mit der Folge, daß der deutschem Recht unterliegende Vertrag nichtig nach § 138 BGB ist (in casu handelte es sich um einen Seetransport-Versicherungsvertrag, der ein „erlaubtes versichertes Interesse" voraussetzt). In Wahrheit hat aber der BGH dem genannten Verbotsgesetz Wirkung verliehen, weil er die entsprechenden kollisionsrechtlichen Interessen für schützenswert hielt. Hätte Nigeria die Ausfuhr aus einem *anderen* Staat verboten, so hätte der BGH das Geschäft ebensowenig für sittenwidrig gehalten, wie wenn ein entsprechendes Verbotsgesetz überhaupt gefehlt hätte. Konsequent wäre es daher gewesen, das nigerianische Gesetz *anzuwenden* und im deutschen Vertragsstatut über § 134 BGB zum Tragen zu bringen (näher *Schurig*, RabelsZ 54 [1990], 241–243). Den Unterschied zwischen faktischer und verschleiert normativer Anwendung zeigen auch zwei *Schmiergeldentscheidungen*: Während RG JW 1920, 138 die Verpflichtung zu „landesüblicher" Schmiergeldzahlung nur bei nennenswerter Gefahr" der Entdeckung und Bestrafung entfallen lassen wollte (faktisch), lehnt der BGH einen entsprechenden Erstattungsanspruch ab, aber nicht weil Schmiergelder stets, sondern nur „jedenfalls insoweit zu mißbilligen" seien, wie die ausländischen Amtsträger „dadurch gegen die Rechtsordnung ihres Heimatlandes verstoßen". Wenn es aber um die „Verletzung ausländischer Rechtsnormen" geht, müssen diese auch anwendbar sein.

Auch für ausländische Normen mit öffentlichrechtlichem Einschlag („Eingriffsnormen") lösen wir autonom die Frage, aufgrund welcher Anknüpfungen *wir* Normen dieser Art anzuwenden bereit sind. Daß wir in unserem eigenen Recht ähnliche Normen haben, kann dabei hilfreich sein, ist aber nicht Voraussetzung.

Vielfach wird in der Literatur gemeint, solche ausländischen Eingriffsnormen könnten nur primär nach deren „Anwendungswillen" zur Anwendung kommen. Das bedingt einen Wechsel zu einem *unilateralistischen* Teilsystem, gemeinhin mit dem Schlagwort „Sonderanknüpfung" bezeichnet (im Gegensatz zu der hier propagierten autonomen *gesonderten Anknüpfung*). Dieser Systembruch ist unnötig, unpassend und daher abzulehnen, näher unten § 6 V 2.

Einigermaßen sicher umrissene Kollisionsnormen haben sich bisher nur in einigen häufiger berührten Gebieten herausgebildet, z.B. im internationalen Enteignungs- und Währungsrecht. Im übrigen müssen die passenden besonderen Kollisionsnormen für die entsprechenden (inländischen und/oder ausländischen) Sachnormen erst geschaffen werden. *Eine* „Sonderanknüpfung" als Passepartout für alle Eingriffsnormen kann es angesichts der Vielfalt der berührten Interessen nicht geben. Doch kann man einige Maximen herausstellen, darunter den *Territorialgrundsatz* (können wir die Ausübung von Macht nicht hindern, so haben wir – in Grenzen – die Auswirkungen anzuerkennen), den Grundsatz der *Interessengleichheit* (bei dem Vorsicht walten sollte, wenn sie lediglich auf der *politischen* Ebene besteht; wieweit wir uns z.B. einem ausländichen Embargo anschließen, sollten die politischen Instanzen entscheiden und nicht die Gerichte) und den Grundsatz der *internationalen Interessensympathie* (so halten wir ausländische Bestimmungen zum Schutz des Kulturguts, der Arten, der Volksgesundheit, der Umwelt, der geschäftlichen Lauterkeit bei angemessener Sachverhaltsverknüpfung auch unsererseits für schützenswert, obwohl sie uns unmittelbar nichts angehen, während wir uns damit etwa bei fremdem Vorgehen zur Durchsetzung für uns weniger leicht nachvollziehbarer religiöser Vorschriften, etwa des islamischen Alkoholverbots, wesentlich schwerer tun).

Ein **Beispiel für Abwehr fremder Staatseingriffe** aus den USA: Zwei Kalifornier kaufen von einem Mann aus Oklahoma Anteile an Rechten, nach Erdöl und Erdgas zu bohren, und zwar in Oklahoma, Texas, Nebraska und Colorado. Sie haben zu den Kosten der Bohrtürme beizutragen, während der Verkäufer das Bohren überwacht. Die Suche schlägt fehl, der Verkäufer stirbt. Die Kalifornier verlangen von der Witwe rund 180000 $ zurück. Der Verkäufer habe die Erdöl- und Erdgasrechte in Kalifornien nicht eingetragen und den Verkauf nicht genehmigen lassen; daher könnten sie nach kalifornischem Recht den Kauf anfechten. Die Klage wird abgewiesen. Zwar wird offensichtlich auf den Vertrag kalifornisches Recht angewandt; das kalifornische Eintragungsgebot (eine Vorschrift des öffentlichen Wirtschaftsrechts) verstoße aber gegen die „public policy" von Oklahoma. Auch hier wird noch eine Generalklausel benutzt: *Gaillard v. Field*, 381 F. 2d 25 (10th Cir. 1967), *cert. denied* 389 U.S. 1044, 88 S. Ct. 787 (1968); dazu Note, Harv.L.Rev. 81 (1968), 1864–1869. Das Ergebnis ist deshalb richtig, weil es nicht um Bohrrechte in Kalifornien ging. Wäre das nicht so, dann wäre es sehr fragwürdig; zumindest hätten die faktischen Auswirkungen gewürdigt werden müssen.

Im vieldiskutierten niederländischen *Alnati-Fall* war zwischen niederländischen Parteien in Antwerpen, Belgien, ein Konnossement nach niederländischem Recht erteilt worden. Die Ware kam in Rio de Janeiro beschädigt an, der niederländische Versicherer wollte den Verfrachter in Regreß nehmen. Im belgischen Recht gab es aus belgischer Sicht zwingend anwendbare Haftungsnormen, im niederländischen damals nicht. Der *Hoge Raad* hielt es zwar grundsätzlich für möglich, daß „besonders zwingende" Normen dritter Staaten herangezogen werden können, lehnte das in casu (entgegen der Vorinstanz) aber ab; eingehend dazu *Schultsz*, RabelsZ 47 (1983), 267, 273–283.

Auch soweit ausländische Staatseingriffe in private Rechtsverhältnisse heute kraft besonderer Kollisionsnormen des internationalen Rechts (meist des internationalen Verwaltungsrechts) anzuerkennen sind, bleibt für die Vorbehaltsklausel des *ordre public noch ein eigener Spielraum.* Es kann nämlich sein, daß das ausländische öffentliche Recht über einen „normalen" Eingriff hinaus die Stellung des Einzelnen in für uns schlechthin untragbarer Weise einschränkt.

BVerfG JZ 1992, 200 mit Aufsatz von *Maurer* 183–191 = NJW 1991, 1597 (1600 unter C II 2b aa [3]); vgl. *de lege ferenda Seidl-Hohenveldern*, Fschr. Kegel 1977, 278–284. Aus diesem Grunde lassen sich Entscheidungen billigen, die tschechoslowakische *Enteignungen von Gegenständen des persönlichen Gebrauchs* wie Nähmaschinen (die sich im Gebiet und damit im Machtbereich der Tschechoslowakei befanden) nicht anerkannt haben (Nachweise *Soergel/Kegel*[11] vor Art. 7 Rz. 859 Fn. 6); ebenso vielleicht, daß der Verlust des Eigentums an einer antiken Standuhr auf Grund der Vollstreckung einer „Erdrosselungssteuer" der DDR nicht anerkannt worden ist: KG IPRax 1990, 393 mit Aufsatz von *Kreuzer* 365–372 = NJW 1988, 341 (343 f. unter V 1–4) = ROW 1988, 252 mit Aufsatz von *Armbrüster/Jopen* ROW 1989, 332–338; vgl. im selben Fall BGH IPRax 1990, 398 mit Aufsatz von *Kreuzer* = NJW 1989, 1352 =

ROW 1989, 123 mit Aufsatz von *Armbrüster/Jopen* 332–338 und BVerfG NJW 1992, 1816.

V. Interlokales Privatrecht

Interlokales Privatrecht greift ein, wenn innerhalb eines (souveränen) Staates das Privatrecht nach *Gebieten* verschieden ist. Es bestimmt, welchen Gebietes Privatrecht anzuwenden ist (oben S. 25).

Interlokales Privatrecht wird am häufigsten praktisch, wenn im *eigenen* Staat das Privatrecht gebietsweise verschieden ist. Es ist aber auch bedeutsam bei gebietsweiser Spaltung des Privatrechts in einem *fremden Staat*, dessen Privatrecht nach unserem IPR anzuwenden ist. In einem solchen Fall reicht unser IPR nicht aus, da es nur auf das Recht eines fremden Staates und nicht auf das Recht eines Teilgebietes dieses Staates führt. Man muß daher ergänzend interlokales Privatrecht und zwar teils fremdes, teils eigenes interlokales Privatrecht bemühen, um das maßgebende Teilgebietsrecht zu finden (näher unten § 11).

Alle Interessen, die im IPR wichtig sind, wirken auch im interlokalen Privatrecht: Partei-, Verkehrs- und Ordnungsinteressen einerseits, materiellprivatrechtliche Interessen (*ordre public*) andererseits. Ebenso bestimmen Staatsinteressen und Interessen an der interlokalen Ordnung die interlokale Regelung der Staatseingriffe in private Rechtsverhältnisse, was freilich innerstaatlich meist verfassungsrechtlich geregelt sein wird. Indessen sind *Richtung und Stärke* dieser Interessen nicht immer genauso wie im internationalen Zusammenhang. Daher gibt es einige Abweichungen vom IPR.

Das *Gemeinsame* von IPR und interlokalem Privatrecht wird am deutlichsten, wo vom IPR das Recht, das an einem *Ort* gilt, berufen wird: ob das Recht eines Orts gewählt wird, weil er in einem (souveränen) Staate liegt (IPR) oder weil er im Teilgebiet eines Staates liegt (interlokales Privatrecht), macht keinen Unterschied. So ist auch im interlokalen Privatrecht im Parteiinteresse für juristische Personen das Recht ihres Sitzes maßgebend. Ebenso sind anzuwenden im Verkehrsinteresse z.B. das Recht des Abschlußorts auf die Form des Rechtsgeschäfts, das Recht des Lageorts auf Sachen und grundsätzlich das Recht des Tatorts auf unerlaubte Handlungen. Hier kann man die internationalprivatrechtliche Anknüpfung einfach in den interlokalen Bereich „verlängern".

Unterschiede ergeben sich, wo das IPR im Parteiinteresse an die **Staatsangehörigkeit** anknüpft. Diese Anknüpfung genügt nicht, wenn innerhalb eines Staats das Privatrecht verschieden ist. Soweit die Gebiete verschiedenen Rechts, die ein (souveräner) Staat in sich birgt, ihrerseits (nicht souveräne) Staaten sind und eine eigene Staatsangehörigkeit ausgebildet haben, könnte man diese wählen. So wurde es teilweise vor der

Wiedervereinigung für Deutschland vorgeschlagen, wo man in der Bundesrepublik und West-Berlin Deutschland als Einheit wertete, während die DDR und Ost-Berlin die Einheit Deutschlands leugneten und sich eigenes Staatsangehörigkeitsrecht gaben (oben S. 31f., unten S. 405f.; vgl. auch *Soergel/Schurig*[12] Art. 236 Rz. 5, 8; zu einer *bayerischen* Staatsangehörigkeit siehe BayVerfGH NJW 1986, 2820 LS). Auch in den USA gibt es eine Staatsangehörigkeit zu den Einzelstaaten (die allerdings mit dem Wohnsitz zusammenfällt). Indessen ist für gewöhnlich die Verbundenheit einer Person mit einem Teilgebiet und seinem Recht viel schwächer als mit dem Gesamtstaat und dessen Recht. Daher läßt man besser den Wohnort entscheiden. Eine solche Anknüpfung liegt noch im Parteiinteresse, berücksichtigt aber auch Verkehrs- und Ordnungsinteressen. Die Anknüpfung an den *Wohnsitz im Rechtssinne* hat sich allerdings nicht bewährt. Sie führt zu Schwierigkeiten bei den gesetzlichen Wohnsitzen, die auf Rechtsverhältnissen beruhen (in Deutschland praktisch noch für die Kindschaft, nicht mehr für die Ehe), deren Vorhandensein oft gerade erst durch Anknüpfung an das Wohnsitzrecht festgestellt werden soll. Daher entscheidet man sich heute überwiegend (z.B. BGH FamRZ 1976, 612 [613 unter 2]); FamRZ 1979, 793 [794 unter IV 2]) für den **gewöhnlichen Aufenthalt**, der auch in der neueren Gesetzgebung vorherrscht (z.B. Art. 5 II EGBGB, Art. 1 AHK-Ges. 23, § 606a ZPO, §§ 44a, 45 FGG).

Eine Sonderstellung im interlokalen Privatrecht hat der **ordre public**, mit dessen Hilfe eigenen Grundsätzen der materiellprivatrechtlichen Gerechtigkeit Vorrang eingeräumt wird (oben III), dies allerdings nur insoweit, wie er sich gegen abweichendes Recht in Gebieten des *eigenen* Staats richtet. Im Verhältnis zu *fremden* Staaten ist es gleich, ob einheitliches oder gebietsweise gespaltenes Recht eines Staates Anstoß erregt. Im eigenen Hause aber ist es mißlich, das Recht eines anderen Gebiets nicht anzuwenden wegen grober Verletzung der materiellprivatrechtlichen Gerechtigkeit (wie man sie selbst versteht). Man muß daher – soweit nicht ohnehin das Verfassungsrecht Grenzen setzt (wie die *„full faith and credit clause"* in den USA, die aber nicht uneingeschränkt gilt, vgl. den oben S. 140 mitgeteilten Fall *Gaillard v. Field*) – noch duldsamer sein als gegenüber dem Ausland. Das fällt natürlich schwerer bei sich *unfreundlich* gegenüberstehenden Teilstaaten wie früher im Verhältnis von Bundesrepublik und DDR (wo sogar der interlokale Charakter nur einseitig angenommen wurde). Exklusivnormen zugunsten der eigenen Staatsangehörigen sind jedoch interlokal in aller Regel unpassend. So sollte man in Altfällen (d.h., soweit nach dem 3. 10. 1990 gemäß Art. 232 § 10 EGBGB Ostrecht fortgilt) Art. 38 a.F. EGBGB gegenüber dem Recht der DDR und Ost-Berlins nicht anwenden; desgleichen nicht Art. 6 EGBGB bei Versagung staatlicher Genehmigung zum Erbschaftserwerb durch eine juristische Person, wenn östliches Erbrecht nach Art. 235 § 1 I 1 EGBGB fortgilt (KG DtZ 1996, 151).

Auch sonst kann die Interessenlage im interlokalen Privatrecht ein Abgehen von den Grundsätzen des IPR nahelegen. Zum Beispiel paßte innerhalb Deutschlands nicht die (ohnehin rechtspolitisch verfehlte) Unwandelbarkeit des Güterrechtsstatuts (dazu unten S. 727). Eheleute, die aus Leipzig nach Hamburg gezogen sind, müssen *ex nunc* dem westdeutschen Güterrecht unterliegen. Dem hat auch der Gesetzgeber teilweise Rechnung getragen durch das Gesetz über den Flüchtlingsgüterstand vom 4. 8. 1969 (unten S. 731–733) und übergangsrechtlich in Art. 234 § 4 EGBGB; vgl. auch *Soergel/Schurig*[12] Art. 15 Rz. 91 f.

Dennoch ist das Gemeinsame im IPR und interlokalen Privatrecht so groß, daß man sie als *ein* Feld ansehen kann. Beide regeln die *räumliche* Verschiedenheit von Privatrechtssätzen. Daß das IPR die Verschiedenheit nach *Staatsgebieten* ins Auge faßt, ist rechtspolitisch nicht wichtig. Es geht nicht um *Staaten* und ihr Recht (vgl. oben S. 18–22 über staatsfremdes Recht), denn wir stehen auf Privatrechtsboden. Es geht vielmehr um das in staatlichen *Gebieten* geltende Recht. Auch im Fall des staatsfreien Gebiets (oben S. 17 f.) wird das in einem (anderen) staatlichen *Gebiet* geltende Recht hilfsweise herangezogen. Daß im IPR auf das Privatrecht von Staaten verwiesen wird, hat seinen Grund nur darin, daß bei räumlicher Verschiedenheit der Rechtssätze ein Parteiinteresse an der Anwendung des Heimatrechts besteht (ein weiterer Fall ist die gelegentliche Anknüpfung an das Recht der Flagge eines Schiffs). Wo an Stelle der Staatsangehörigkeit an den Wohnsitz („*domicile*") angeknüpft wird wie in den USA, ist der Unterschied von IPR und interlokalem Privatrecht noch kleiner. Zwar gibt es Varianten zwischen interlokalem und internationalem Bereich, wie auch wir sie haben; sie berühren aber nicht die fundamentale Einheit des Gesamtbereichs und beruhen z. T. auf verfassungsrechtlichen Besonderheiten.

Dazu *Hay*, International versus Interstate Conflicts Law in the United States, RabelsZ 35 (1971), 429–495; *Fawcett*, A New Distinction in Conflict of Laws, Anglo-Am. L.Rev. 7 (1978), 230–242.

Weil internationales und interlokales Privatrecht im wesentlichen übereinstimmen und Unterschiede hauptsächlich daraus entstehen, daß interlokal der gewöhnliche Aufenthalt an die Stelle der Staatsangehörigkeit tritt (vgl. zur deutschen Staatsangehörigkeit oben S. 31 f.), wurden und werden bei uns die Vorschriften des IPR interlokal entsprechend angewandt.

Z. B. KG FamRZ 1998, 124 [124 f. unter II 1] = NJ 1998, 39 Bericht mit Anm. von *Schreiber*. – Daher bedeutete die Änderung vieler Kollisionsnormen des EGBGB durch das IPR-Neuregelungsgesetz von 1986 auch einige Verschiebungen im interlokalen Bereich. Zum Beispiel ist mit Art. 17 IV a. F. EGBGB (Scheidung im Inland nur, wenn auch nach inländischem Recht begründet) jedenfalls auch die interlokal entsprechende Anwendung entfallen.

In der DDR und in Ost-Berlin wurden die Bundesrepublik und West-Berlin als Ausland behandelt und deswegen im Verhältnis zu ihnen ohnehin die Regeln des eigenen IPR angewandt. Darüber unten S. 186f.

§ 3. Geschichte

Schrifttum: *Lainé,* Introduction au droit international privé, contenant une étude historique et critique de la théorie des statuts, I 1888, II 1892; *Catellani,* Il diritto internazionale privato e i suoi recenti progressi[2], I 1895, II 1902; *Gutzwiller,* Le développement historique du droit international privé, Rec. 1929 IV, 287–400; *Meijers,* L'histoire des principes fondamentaux du droit international privé à partir du moyen âge, Rec. 1934 III, 543–686; *Horst Müller,* Der Grundsatz des wohlerworbenen Rechts im IPR, 1935; *Gihl,* Den internationella privaträttens historia och allmänna principer, Stockholm 1951; *Gamillscheg,* Der Einfluß Dumoulins auf die Entwicklung des Kollisionsrechts, 1955; *Meijers,* La réalité et la personnalité dans le droit du nord de la France et dans le droit anglais (zuerst erschienen in Symbolae von Oven, Leyden 1946, 379–400, wieder abgedruckt in *Meijers,* Etudes d'histoire du droit I, Leyden 1956, 228–245); *Barile,* Funciones e interpretación del derecho internacional privado en una perspectiva historica, Valladolid 1965; *Wicki,* Zur Dogmengeschichte der Parteiautonomie im IPR, Diss. Zürich 1965; *Gutzwiller,* Geschichte des Internationalprivatrechts, Von den Anfängen bis zu den großen Kodifikationen, Basel und Stuttgart 1977 (das führende Werk, bespr. z.B. von *Kegel* ZSchwR 1978 I, 211–213); *Gamillscheg,* IPR, in: HRG II, 1978, 393–399; *Graveson,* The Origins of Conflict of Laws, Fschr. Zweigert 1981, 93–107 (geschichtlich, vergleichend und soziologisch weitgreifend); *Juenger,* A Page of History, Mercer L. Rev. 35 (1984), 419–460; *Schurig,* Kollisionsnorm und Sachrecht, 1981, 108–138; *Keller/Siehr,* 3–70; *von Bar* I Rz. 29–46, 416–505; *Domínquez Lozano,* Las concepciones publicista y privatista del objeto del derecho internacional privado en la doctrina europea: Reconstrucción histórica, Rev.esp.der.int. 1994, Nr. 1, 99–135; *Kreuzer,* Internationales Privatrecht und europäische Integration, Fschr. Trusen 1994, 543–559; *Schoeman,* Die herkoms en ontwikkeling van domicilium as verbindingsfaktor in internasionale privaatreg, Tydskrif vir Hedendaagse Romeins-Hollandse Reg 57 (1994), 204–223.

I. Antike

Schrifttum: *H. Lewald,* Conflits de lois dans le monde grec et romain, *'Aρχεῖον ἰδιωτικοῦ δικαίου* 946, 30–77 (wieder abgedruckt in Labeo 1959, 334–369 und Rev. crit. dr. i. p. 1968, 419–440, 615–639); *Wesenberg,* Zur Frage eines römischen IPR, Labeo 1957, 227–231; *Niederer,* Ceterum quaero de legum imperii romani conflictu, Rev. crit. dr. i. p. 1960, 137–150; *Schönbauer,* Personalitätsprinzip und Privatrechtsordnung im Römerreiche, Anzeigen der österreichischen Akademie der Wissenschaften, Philosophisch-historische Klasse, 97 (1960), 182–210; *Maridakis,* Rec. 1962 I, 485–490; *Schwind,* IPR und römisches Recht, Fschr. Schönbauer, Neapel 1965, 32–36; *Volterra,* Quelques problèmes concernant le conflit de lois dans l'antiquité, Ann. Dir. Int. 1965 (erschienen 1966), 553–562; *Dopffel,* Die Wurzeln der Regel Locus regit actum im römischen Altertum, Diss. Hamburg 1967; *Ruiloba Santana,* Conflicto de leyes y „ius gentium" en el mundo jurídico romano, Fschr. Santa Cruz Teijero, Valencia 1974, II 325–352; *Sturm,* Unerkannte Zeugnisse römischen Kollisionsrechts, Fschr. Schwind 1978, 323–328; *H. J. Wolff,* Das Problem der Konkurrenz von Rechtsordnungen in der Antike, 1979 (bespr. von *Sturm* IVRA 31 [1980, erschienen 1983], 151–161); *Sturm,* Comment l'Antiquité réglait-elle ses conflits de lois?, JDI 1979, 259–273; *Sturm,* Gaius I 77 und das römische Kollisionsrecht, Fschr. Institute for Legal History of the University of Utrecht, 1979, 155–166; *Sturm,* Kollisionsrecht in Gaius 3.120?, IVRA 29 (1978, erschienen 1981), 151–156; *van Hecke,* Heeft er internationaal privaatrecht bestaan vóór de Statutisten?, Mededelingen van de Koninglijke Academie voor Wetenschappen, Letteren en Schone Kunsten van Belgie¨, Klasse der Letteren, 43 (1981) Nr. 1, S. 13–23; *Espinar Vicente,* Algunas consideraciones en torno al desarollo histórico del derecho internacional privado en la Grecia de las ciudades, Rev. der. priv. 1981, 547–568; *Sturm,* Rechtsanwendungsrecht für lokrische Aussiedler, Ein altgriechisches Zeugnis archaischen Kollisionsrechts, Fschr. Biscardi V, Mailand 1984, 463–469; *Niederer,* Ceterum quaero de legum Imperii Romani conflictu, in: *Merz/Schindler/Walder* (Hrsg.), Juristengenerationen und ihr Zeitgeist, Zürich 1991, 453–467.

Die Antike zeigt nur *Ansätze* von internationalem Privatrecht.

Die Privatrechte der Stadtstaaten **Griechenlands** waren einander so ähnlich, daß im allgemeinen die Anwendung der *lex fori* ausreichte und kaum ein Bedürfnis für räumliches Kollisionsrecht hervortrat. Z.B. berief sich der Redner Isokrates (436–338 v. Chr.) in einem Erbfolgestreit gegenüber einer gesetzlich erbenden Halbschwester auf ein Testament zugunsten seines Mandanten, das gültig sei sowohl nach dem Recht des Gerichtsorts (Ägina) wie nach dem Heimatrecht des Erblassers (Siphnos) wie nach dem Heimatrecht der Halbschwester (Athen) (*Maridakis,* Rec. 1962 I, 485–487; *H. J. Wolff,* Das Problem der Konkurrenz ..., 1979 [oben Schrifttum], 15–34). Staatsverträge enthalten jedoch bisweilen Ansätze von Kollisionsnormen. So bestimmt ein Vertrag zwischen Ephesus und Sardes (auf einer Inschrift um 100 v. Chr.), für Ansprüche aus unerlaubten Handlungen sollten zuständig sein die Gerichte der Stadt, welcher der Täter (und damit der Beklagte) angehörte, und sie sollten nach ihrem Recht (also nach der *lex fori*) entscheiden.

Außerhalb Griechenlands entwickelte sich im *Verhältnis zwischen Griechen* verschiedener Heimatstädte eine Art *gemeines griechisches Recht* (*κοινοὶ νόμοι* entsprechend der gemeinsamen Sprache: der *κοινή*). Dieses gemeingriechische Recht tritt zutage vor allem in Ägypten (Ptolemäerreich) und Kleinasien (Seleukidenreich).

Das *Verhältnis zwischen Griechen und Nicht-Griechen* („Barbaren“) ist für *Ägypten* durch die Papyri gut bezeugt. Grundsätzlich herrscht Trennung. Es gibt griechische und ägyptische Gerichte, griechische und ägyptische Notare, griechisches und ägyptisches Recht (z.B. war nach ägyptischem Recht Geschwisterheirat erlaubt, nach griechischem Recht verboten). In gewissem Sinn kann man hier von der Geltung personalen Kollisionsrechts sprechen (oben S. 37f.). Allerdings schliffen sich im Laufe der Zeiten manche Unterschiede der personalen Rechte durch wechselseitigen Einfluß ab. Auch galt vom König gesetztes Recht als Landesrecht für sämtliche Einwohner. Zeitweise (im 3. Jahrhundert v. Chr.) gab es ein gemischtes Gericht. Für Verträge zwischen Griechen und Ägyptern bestimmte ein Erlaß des Königs, daß je nach der Vertragssprache griechische oder ägyptische Gerichte zuständig seien und griechisches oder ägyptisches Recht anzuwenden hätten; eine entsprechende Regel galt anscheinend im Reich der Seleukiden.

Die **Römer** ließen im allgemeinen den Unterworfenen ihr Recht, ließen sie „*suis legibus uti*“ (sich ihrer Gesetze bedienen). So galt in den Ostprovinzen gemeines griechisches Recht. Die allgemeine Verleihung des römischen Bürgerrechts durch Caracalla im Jahre 212 änderte privatrechtlich anscheinend nichts. Insbesondere hat sich das griechische Recht, wo es galt, erhalten und sogar das römische beeinflußt. Erst Justinian schuf einheitliches Recht.

In *Rom* entschied der *praetor peregrinus* Streitigkeiten zwischen Römern und Fremden und zwischen Fremden unter sich nach **ius gentium**, das auf „*naturalis ratio*“ beruhte (Gai. I 1). Aber es betraf nur Verkehrsrecht. Für Familien- und Erbrecht galt anscheinend personales Kollisionsrecht; die Fremden wurden nach dem Recht ihrer *Heimat* beurteilt. Allerdings sind die Spuren dürftig. Gai. I 92 ergibt: die Ehe zwischen Fremden nach ihrem heimischen Recht ist gültig, ein Kind aus dieser Ehe ehelich; daher wird, wenn dem Vater das römische Bürgerrecht verliehen wird, auch der Sohn römischer Bürger. Aus Ulp. XX 14 ist zu entnehmen, daß Fremde nach dem Recht ihrer Heimat testieren können. Andererseits werden Fremde als Täter wie als Verletzte römischem Deliktsrecht unterworfen (Gai. IV 37); das könnte entweder auf die Anwendung des Tatortrechts hinauslaufen oder einfach auf das Recht des Gerichtsorts (so *Hohloch*, Das Deliktsstatut, 1984, 11 f.), wobei dann aber wohl die Zuständigkeit über den Tatort bestimmt wurde.

Über die Verhältnisse *außerhalb Italiens* ist wenig bekannt, am meisten wieder noch für *Ägypten.* Griechisches Recht galt in den Städten Alexandria, Naukratis und Ptolemais sowie in Antinoopolis. Für die Ägypter galt weiter ihr eigenes Recht. Als Landesrecht für alle galt wie in den gewöhnlichen römischen Provinzen ein allgemeines Edikt, das aber nur Teile des Privatrechts betraf; außerdem gab es einheitliches Grundbuchrecht. Schließlich galt für römische Bürger römisches Recht. Über Kollisionsnormen weiß man nicht viel. Während die Römer anscheinend verkehrsrechtlich außerrömischem Recht unterliegen konnten, war dies personen-, familien- und erbrechtlich offenbar nicht so. Heirateten z. B. Alexandriner, wurde der Mann Soldat, gebar die Frau einen Sohn, starb dann der Vater und wollte der Sohn erben, so galt: der Vater war durch den Eintritt ins Heer römischer Bürger geworden, unterstand nunmehr römischem Recht und durfte als römischer Soldat nicht verheiratet sein; also konnte der Sohn nicht als ehelicher gesetzlich erben, sondern nur durch Testament. So wurde entschieden im Jahre 115 n. Chr. (dazu *Lewald*, Conflits de lois ..., 1964 [oben Schrifttum], 70–74 [= Labeo 1959, 364–366 = Rev.crit.dr. i. p. 1968, 633–635]).

II. Frühmittelalter

Schrifttum: *Stouff,* Étude sur le principe de la personnalité des lois depuis les invasions barbares jusqu'au XIIe siècle, Revue Bourguignonne 4 (1894), 1–65, 273–310 (nz; ital. Übersetzung: Dir. Int. 1967, 80–134); *Neumeyer,* Die gemeinrechtliche Entwicklung des internationalen Privat- und Strafrechts bis Bartolus, I 1901; *Heymann,* ZRG, Germ. Abt. 63 (1943), 361–365 (über Personalität und Territorialität des Rechts bei den Westgoten); *Guterman,* The First Age of European Law: The Origin and Character of the Conflict of Laws in the Early Middle Ages, New York Law Forum 7 (1961), 131–166; *Sorlin,* Les traités de Byzance avec la Russie au Xe siècle, Cahiers du monde russe et soviétique 2 (1961), 313–360, 447–475 und dazu *Francescakis,* Rev. crit. dr. i. p. 1962, 804–810; *Trifone,* Il diritto romano comune e diritti particolari nell'Italia meridionale, in: Jus Romanum Medii Aevi, V 2 d, Mailand 1962; *Dilcher,* Normannische Assisen und römisches Recht im sizilischen Stauferreich, Gedächtnisschrift Rudolf Schmidt 1966, 465–481; *Maridakis,* L'inapplicabilité du droit étranger à Byzance, Liber Amicorum Baron Louis Fredericq, Gent 1966, II 719–735; *Guterman,* The Principle of the Personality of Law in the Early Middle Ages: A Chapter in the Evolution of Western Legal Institutions and Ideas, U. Miami L. Rev. 21 (1966), 259–348; *Sturm,* Personalitätsprinzip, HRG III (1983), 1587–1599.

Die wandernden Germanen führten ihr Recht mit sich. Es war **Stammesrecht,** nicht Landesrecht. Es wurde jedoch zu Landesrecht, wo sie in Massen sich niederließen.

So verwandelte sich das Stammesrecht der *Langobarden* in den von ihnen beherrschten Gebieten Italiens in Landesrecht. In den anderen Gebieten Italiens galt *römisches* Recht als Landesrecht. Fremdes Recht wurde nur angewandt, wenn Gruppen oder Einzelnen das Privileg zugestanden wurde, nach ihrem Recht zu leben (so nach Kap. 367 des Edikts des langobardischen Königs Rothari von 643).

Gegen Ende der langobardischen Herrschaft in **Norditalien** (die von 568–774 dauerte) setzte sich jedoch im langobardischen Herrschaftsraum teilweise wieder Stammesrecht durch: für die Langobarden das ihre und für die in ihrem Gebiet lebenden Römer das römische. Danach geboten die Franken in dem von ihnen eroberten Teil Italiens, der bis südlich Rom reichte: **jeder** solle nach dem **Recht seines Stammes** leben.

Dieser Grundsatz galt schon in Frankreich. So bestimmt ein aquitanisches Kapitular von 768: *„ut omnes homines eorum leges habeant, tam Romani quam et Salici, et si de alia provincia advenerit, secundum legem ipsius patriae vivat"* (jeder soll sein Recht haben, Römer wie salische Franken, und kommt er von einer anderen Provinz, dann soll er nach dem Recht seines Vaterlandes leben). Bischof Agobard von Lyon klagte

817, von fünf Menschen, die zusammen gingen oder säßen, habe oft jeder verschiedenes Recht (über Agobard: *Guterman,* U. Miami L. Rev. 21 [1966], 332–338).

Nach Italien strömten in den Raum der fränkischen Herrschaft viele salische Franken (wenig Ripuarier) und eine Menge Alamannen, wenig Baiern, Burgunder und Westgoten. Für sie alle wie für die ortsansässigen Langobarden und Römer galt also Stammesrecht.

Ein Langobarde, der in Rom kontrahierte, war nach langobardischem Recht mit 18 Jahren und nicht nach römischem Recht erst mit 25 Jahren geschäftsfähig. Ein Salier, der ein Grundstück in Mailand verkaufte (wo die Langobarden saßen), verkaufte nach salischem Recht. Überhaupt galt wohl bei Verträgen für jeden Teil sein eigenes Recht. Anders zum Teil in der Ehe: ein Römer, der eine Langobardin heiratete, machte sie zur Römerin und die Söhne wurden Römer wie der Vater; ein Franke, der eine Sächsin in sächsischer Form zur Frau nahm, heiratete gültig (*Guterman,* aaO 307f.). Aber die Morgengabe ging nach Mannes-, der Brautpreis nach Frauenrecht (aaO 308; vgl. *Sturm,* HRG III [1983], 1590 a.E.f.).

In den *Notariatsurkunden* gab man sein Stammesrecht öffentlich kund (*professio iuris*). Zum Beispiel im Jahre 853: *„ego Warti legibus vivens Alamannorum ... dono"* (ich Warti, nach alamannischem Recht lebend, ... schenke); 882: *„Gaidulfus qui professo sum lege vivere Langubardorum"* (Gaidulf, der ich öffentlich erkläre, nach langobardischem Recht zu leben).

Neben den Stammesrechten gab es in Norditalien stets örtliches Gewohnheitsrecht. Außerdem galten die fränkischen Kapitularien, wenigstens anfangs, als Landesrecht. Im Laufe der Jahrhunderte verschmelzen die Stämme zu einer einheitlichen Bevölkerung. Das Bedürfnis nach eigenem Recht entschwindet. Das Recht des überwiegenden Stammes wird vielfach zu Orts- oder Landesrecht. In Rom wird 1038 durch Gesetz Kaiser Konrads II. das Recht der Langobarden ganz abgeschafft. Aus den Grafschaften entwickeln sich die Städte als selbständige Gemeinwesen und geben sich zunehmend eigenes Recht. So leben venetianische Patrizier in der Stadt nach Stadtrecht, dagegen auf dem Festland noch nach langobardischem Recht. Man kann in Florenz (langobardisches Recht) schon volljährig sein und gleichzeitig in Bologna (römisches Recht) noch minderjährig. Überall dringt das römische Recht als subsidiär geltendes gemeines Recht durch. Der Prozeß ist langsam: in den römischen Gebieten erlöschen die Stammesrechte um 1050, in den langobardischen etwa 100 Jahre später, vereinzelt erst nach 1400.

In **Süditalien** galten langobardisches und römisches Recht als Landesrechte, freilich nicht scharf getrennt: langobardisches Recht galt im langobardischen Herzogtum Benevent, römisches im byzantinischen Herrschaftsraum (Apulien, Kalabrien, Amalfi, Neapel, Gaeta) und in Sizilien (dort während der arabischen Herrschaft nur für Christen unter sich). Die normannischen Könige und schließlich Friedrich II. in den Constitutiones Siculae von 1231 übernahmen Teile des langobardischen Rechts als Königsrecht, z.B. die Volljährigkeitsgrenze von 18 Jahren. Außerhalb des Königrechts wurde das langobardische Recht langsam und hauptsächlich im 14. Jahrhundert vom römischen verdrängt, formell sogar erst 1809 aufgehoben.

Da die fränkischen Kaiser in Süditalien nicht Fuß faßten, wurde hier das System der Stammesrechte von ihnen nicht eingeführt. Erst gegen Ende des 11. Jahrhunderts gewinnen im Süden der *Halbinsel* (d.h. auf dem Festland im Unterschied zu Sizilien) die oberitalienischen Schriftsteller des langobardischen Rechts, die *„Lombardisten"*, Einfluß und damit die von ihnen entwickelten stammesrechtlichen Kollisionsnormen; in Süditalien selbst ragen hervor *Karolus de Tocco* († nach 1215) und als Nachzügler *Blasius de Morcone* (um 1230; zu ihnen *Lange,* Römisches Recht im Mittelalter I, 1997, 305–310). Heiratet z.B. eine Langobardin einen Römer, dann wird sie Römerin und (entsprechend römischem, aber entgegen langobardischem Recht) muntfrei, falls der Mann die Munt über sie ablöst; auch als Witwe bleibt sie Römerin und muntfrei. Heiratet umgekehrt eine Römerin einen Langobarden, so wird sie Langobardin und gerät in die Munt ihres Mannes; als Witwe aber wird sie wieder Römerin und muntfrei. Geerbt wird nach dem Stammesrecht des Erblassers; daher kann ein Römer einen Langobarden beerben auf Grund eines (langobardischrechtlichen) Zweizeugentestaments; dagegen folgt ein Langobarde einem Römer nur auf Grund eines (römischrechtlichen) Testaments vor sieben Zeugen. Ein Langobarde wird gemäß seinem Recht aus einem *nudum pactum* verpflichtet, ein Römer gemäß römischem Recht nicht. Soweit später das langobardische Recht dem vordringenden römischen noch standhielt, *bekannte man sein Recht* vom 15. bis ins 18. Jahrhundert in den notariellen Vertragsurkunden hauptsächlich mit Rücksicht auf Frauen, die nach langobardischem Recht lebten und daher die Zustimmung ihres Muntwalts brauchten.

In *Sizilien* galt nach der Eroberung durch die Normannen in der zweiten Hälfte des 11. Jahrhunderts Stammesrecht für „Lateiner" (d.h. lateinisch sprechende römische Katholiken: Römer wie Langobarden), „Griechen" (d.h. griechisch sprechende griechische Katholiken), „Juden" und „Sarazenen". Im 13. Jahrhundert hört das auf: die Araber verschwinden, für Lateiner und Griechen gilt anscheinend römisches Recht und nur die Juden behalten wie anderwärts Sonderrecht.

Sowohl in *Sizilien* wie auf dem süditalienischen *Festland* hatten die Stammesrechte seit dem 13. Jahrhundert im wesentlichen aufgehört. Nur die Normannen wahrten Eigenheiten des fränkischen Rechts, insbesondere den Volljährigkeitseintritt mit 15 Jahren, die Muntfreiheit der Frau und das Ältestenerbrecht. Diese erhielten sich in der Folge im *Lehns*recht. Der Unterschied zwischen fränkischen und langobardischen Lehen bestand bis ins 18. Jahrhundert. Ebensolange gab es fränkisches Recht der *Familiengüter des Adels* (*„mos magnatum"*).

Mit dem Untergang der Stammesrechte in Nord- und Süditalien verschwindet das *personale* Kollisionsrecht und wirkt nur im „Personalstatut" vielleicht heute noch nach. Statt dessen stellte sich, soweit räumlich verschiedenes Recht galt, die Frage nach einem *räumlichen* Kollisionsrecht.

Im Herrschaftsbereich des **Islam** waren Recht und Richter verschieden nach Religionsgruppen. Interpersonales Privatrecht aber entwickelte sich nicht. Denn jeder Richter wandte das eigene Recht an, z.B. der Kadi islamisches, der Rabbi jüdisches, der Bischof christliches. Zum Teil hat sich dieser Zustand bis heute erhalten (oben S. 37f.). Näher *Jambu-Merlin*, Rev. crit. dr. i. p. 1958, 1–35; *Krüger*, Fetwa und Siyar, 1978, 139–152.

III. Hoch- und Spätmittelalter

Schrifttum: *Smith*, Medieval Law Teachers and Writers, Civilian and Canonist, Ottawa 1975; *Lange*, Römisches Recht im Mittelalter, Bd. 1: Die Glossatoren, 1997 (bespr. von *Behrends*, JZ 1997, 100f.).

1. Anfänge

a) Italiener (1050–1250)

Schrifttum: *Neumeyer*, Die gemeinrechtliche Entwicklung des internationalen Privat- und Strafrechts bis Bartolus II, 1916; *Neumeyer*, Das kanonische Recht und die Lehren der Kanonisten in ihrem Einfluß auf die Entwicklung des internationalen Privatrechts (1250–1357), Tijdschrift voor Rechtsgeschiedenis 33 (1965), 177–197; *Neumeyer*, Die geographische Ausbreitung der gemeinrechtlichen Lehren vom internationalen Privatrecht (1250–1357), ebenda 198–229; *Kaufmann*, Zur Geschichte der internationalprivatrechtlichen Vorbehaltsklausel von den Glossatoren bis Bartolus, in: Studien zur europäischen Rechtsgeschichte, hrsg. von *Wilhelm*, 1972, 66–87; *Weimar*, Die legistische Literatur der Glossatorenzeit, in: *Coing* (Hrsg.), Handbuch der Quellen und Literatur der neueren europäischen Privatrechtsgeschichte I, 1973, 129–260; *K. W. Nörr*, Die kanonistische Literatur, ebenda 365–382; *Pakter*, Les origines canoniques de la règle *forum regit actum* dans le droit international privé, in: Université de Montpellier, Recueil de mémoires et travaux publié par la Société d'histoire du droit et des institutions des anciens pays de droit écrit, Fasc. 11, 1980, 1–22; *Donahue*, Why the History of Canon Law is Not Written, London 1986; *Testu*, Les glossateurs, Regards d'un civiliste, Rev. trim. dr. civ. 1993, 279–303 (sehr lesenswert; zum IPR insbes. S. 295, 297); *Schott,* Cunctos populos – Metamorphosen eines kollisionsrechtlichen Schlüsseltextes, Fschr. Heini, Zürich 1995, 379–388.

Die Wurzeln des modernen IPR liegen in den Städten von Oberitalien. Sie entwickelten eigenes Recht: Zunächst entsteht Gewohnheitsrecht; dann wird es seit der Mitte des 11. Jahrhunderts kodifiziert und seit dem Ende des 12. Jahrhunderts gesetzgeberisch fortgebildet. Man nennt diese Satzungen der Städte **„statuta"**.

Der zunehmende Verkehr zwischen den Städten führt die **Praxis** auf Fragen der Zuständigkeit und des anwendbaren Rechts. Anfangs hielt man sich immer für zuständig und wandte immer eigenes Recht an: die **lex fori** herrschte. Aber schon seit dem 12. Jahrhundert sprechen Statuten die eigene Zuständigkeit aus für Straftaten und Delikte Fremder, wenn die Handlung im eigenen Gebiet begangen war. Ebenso wird die eigene Zuständigkeit auf die Lage von Sachen im eigenen Gebiet gegründet. Außerdem erklärt man das eigene Recht für anwendbar auf eigene Bürger in fremden Städten. Der Umfang der eigenen Zuständigkeit und der Anwendung des eigenen Rechts sind also problematisch geworden.

Andererseits wurde fremdes Recht, wenn nicht angewandt, so doch geachtet. Fremde Notariatsakte, zum Teil auch Urteile wurden anerkannt und vielfach leistete man Rechtshilfe.

Die **Wissenschaft** jener Zeit – der Zeit der **Glossatoren** – hatte ihren Mittelpunkt in Bologna. Sie ist mit der Praxis eng verbunden. *Azo* zu Anfang des 13. Jahrhunderts erklärte die *lex fori* für maßgebend und die Glosse des *Accursius von 1228* meinte: *„iura et statuta illius loci, ubi agitur iudicium, sunt conservanda"* (Rechte und Statuten des Prozeßorts sind zu befolgen).

Doch hatte schon etwa 50 Jahre früher Magister **Aldricus** gelehrt, wenn Leute verschiedener Gebiete mit verschiedenem Gewohnheitsrecht prozessierten, habe der Richter die *consuetudo* anzuwenden *„quae potior et utilior videtur; debet enim iudicare secundum quod melius ei visum fuerit"* (die stärker und nützlicher erscheint; denn er muß danach urteilen, was ihm als das Bessere erschienen ist). Darüber, ob damit das sachlich oder das räumlich „bessere" Recht gemeint war, streitet man bis heute. Die Begründung *„debet enim ..."* entstammt dem römischen Recht, nämlich dem Richtereid der Novelle 8; danach schwört der Richter bei Amtseintritt, zu entscheiden, wie es ihm als das Gerechte erscheinen wird (ähnlich schon der Richtereid in Athen: beim Fehlen geschriebenen Rechts war nach der „gerechtesten Meinung" zu entscheiden). Die Lehre des Aldricus kehrt wieder bei *Hugolinus,* einem Zeitgenossen von Azo und Accursius.

Ebenfalls zu Anfang des 13. Jahrhunderts kommt die folgenschwere Lehre auf: wie die streitige Gerichtsbarkeit sich nur auf Untertanen *(subditi)* erstrecke, seien auch die **Rechtssätze einer Stadt nur für die**

Bürger verbindlich. Sie wird untergebracht in Glossen zu Codex 1,1,1 (entnommen einem Gesetz des Kaisers Theodosius I. von 380 [enthalten in 16, 1, 2 des Codex Theodosianus (II.) von 438/9]). Denn dort hieß es: „*Cunctos populos, quos clementiae nostrae regit imperium, in tali religione volumus versari, quam divinum Petrum apostolum tradidisse Romanis religio ... declarat*" (Wir wollen, daß alle Völker, über die unsere Güte herrscht, in der Religion stehen, die nach religiöser Überlieferung der göttliche Apostel Petrus den Römern vermittelte). Wenn schon, so schlossen *Hugolinus* und andere, der römische Kaiser nur seinen Untertanen befahl, dann muß das auch für Stadtrechte gelten. Diese Lehre fügte auch *Accursius* seiner Glosse als nachträglichen Zusatz an, indem er zu Codex 1,1,1 schrieb: „*argumentum quod si Bononiensis conveniatur Mutinae, non debet iudicari secundum statuta Mutinae, quibus non subest*" (wird ein Bologneser in Modena verklagt, so darf er nicht nach den Statuten von Modena beurteilt werden, denen er nicht unterliegt).

An die Stelle der verdrängten *lex fori* wurde teilweise das subsidiär geltende römische Recht gesetzt. Doch konnte man die Statuten der Städte nicht übergehen, und man brauchte es nicht. Denn die von *Aldricus* gewonnene Handlungsfreiheit ermöglichte, ein internationales Privatrecht ebenso wie internationales öffentliches Recht auszubilden. So unterstellte man *Verträge* dem Recht des *Abschlußorts. Sachen* unterwarf man dem eigenen Recht, wenn sie dem eigenen *Gebiet zugehörten;* man stellte neben die Herrschaft über die eigenen Bürger die Herrschaft über die gebietszugehörigen Sachen *(res subditae)* im Unterschied z.B. zu bloßer Durchfuhrware. Die *lex fori* als solche ließ man gelten für die *Prozeßdurchführung (ad litem ordinandam), nicht* für die *Prozeßentscheidung (ad litem decidendam)*: so *Jacobus Balduini*, der wie Azo, Accursius und Hugolinus in der ersten Hälfte des 13. Jahrhunderts lebte (an dessen Eintreten für diese Unterscheidung zweifelt allerdings *Pakter,* Les origines canoniques ..., 1980 [oben Schrifttum], 13f.).

Neben den weltlichen Juristen, den *Legisten*, standen die **Kanonisten**. Sie gingen ebenfalls von Bologna aus, arbeiteten aber unabhängig von den Legisten an Fragen der Zuständigkeit und des anwendbaren Rechts. Auch sie begannen mit der *lex fori*, also mit dem Recht des Richters, kamen dann aber zum Recht der Parteien und bei verschiedenem Recht der Parteien zum Recht des Beklagten entsprechend der Zuständigkeitsregel „*actor sequitur forum rei*". Doch wurde von manchen (z.B. von *Huguccio* gegen Ausgang des 12. Jahrhunderts) das Recht des Klägers dann angewandt, wenn es dem Beklagten günstiger war oder der „Wahrheit" näher kam („*si consuetudo actoris magis videtur consona veritati*"; vgl. damit des *Aldricus* „*quae potior et utilior videtur*"). Dann spalteten sich jedoch ab das Recht des *Abschlußorts* für *Verträge*, des *Tatorts* für *Delikte*, des *Lageorts* für *Sachen* und am Ende dieses Zeitabschnitts erklärt *Bernhard von Compostella* (Bernardus Compostellanus iunior) das

Recht der Parteien als solches überhaupt für gleichgültig. – Heute finden sich im deutschen Recht noch Reste dieser Sichtweise in Art. 38 a.F. EGBGB und im Verlöbnisrecht, wo die Praxis oft (unzutreffend) auf das Heimatrecht des Beklagten abstellt.

b) Franzosen (1200–1350)

Schrifttum: *Meijers,* Bijdrage tot de geschiedenis van het internationaal privaat- en strafrecht in Frankrijk en de Nederlanden, Haarlem 1914 (französisch *Meijers,* Études d'histoire du droit international privé, Paris 1967, 11–143); *Meijers,* De universiteit van Orléans in de XIIIe eeuw, Tijdschrift voor Rechtsgeschiedenis 1918/19, 108–132, 443–488 (überarbeitete französische Übersetzung: *Meijers,* Études d'histoire du droit III, Leyden 1959, 3–148); *Neumeyer,* Zur Geschichte des IPR in Frankreich und den Niederlanden, ZVölkR 1920, 190–204 und Erwiderung von *Meijers,* Tijdschrift voor Rechtsgeschiedenis 1922, 61–93 (französisch *Meijers,* Études d'histoire du droit international privé, Paris 1967, 145–176); *Meijers,* Études d'histoire du droit III, Leyden 1959, 167–208 (La première époque d'épanouissement de l'enseignement de droit à l'Université de Toulouse [1280–1330]); *Timbal,* La contribution des auteurs et de la pratique coutumière au droit international privé du moyen âge, in: Études de droit contemporain I, 1959, 37–51; Actes du congrès sur l'ancienne Université d'Orléans (Recueil des conférences), Orléans 1962; *Feenstra,* Un momento fondamentale nella storia della giurisprudenza: la scuola di Orléans, Annali della Facoltà di Giurisprudenza della Università degli Studi di Genova 3 (1964), 451–471; *Gouron,* Les juristes de l'école de Montpellier, Jus Romanum Medii Aevi, IV 2a, Mailand 1970; *Bezemer,* Les répétitions de Jacques de Révigny, Leyden 1987.

Eines der ältesten Zeugnisse französischer Arbeit am IPR ist die *Glose d'Avranches.* Sie wurde Anfang des 13. Jahrhunderts an der Sorbonne geschrieben und erörtert einen Fall, in dem fraglich war, ob die Rechte des überlebenden Ehemanns nach der Coutume von Paris oder nach der von Chartres zu beurteilen seien (näher *Meijers,* Rec. 1934 III, 585).

Seit der zweiten Hälfte des 13. Jahrhunderts treibt man IPR-Studien vor allem in Toulouse und Orléans. Orléans besuchten viele Studenten aus Deutschland und den Niederlanden, sicher seit dem 14. Jahrhundert, vielleicht schon früher. Sie bildeten dort mit anderen die *„natio germanica"*.

In Orléans lehrte *Jaques de Révigny* (Jacobus de Ravanis, † 1296) als Bischof von Verdun. Er ist anscheinend der erste, der etwas ausführlicher über IPR geschrieben hat (Text bei *Neumeyer,* ZVölkR 1920, 202–204). Ihm folgte *Pierre de Belleperche* (Petrus de Bellapertica); er lehrte in Toulouse und Orleans und starb 1308 als Bischof von Auxerre und Kanzler von Frankreich (für ihn war ein Student ein *„animal irrationale contra propriam semper pugnans utilitatem"* [*Testu,* Rev. trim. dr. civil 1993, 294 Fn. 48]). Révigny und Belleperche lassen *Gesetze grundsätzlich nur für Untertanen* wirken, trennen *Prozeßrecht (lex fori)* und *materielles* Recht und beurteilen *Verträge* nach dem Recht des *Abschlußorts. Sie erörtern auch* die *„quaestio anglica"*, d.h. den räumlichen Geltungsbereich einer englischen Regel, nach der allein der Erstgeborene erbt, und lassen sie nicht auf französische Grundstücke wirken: *„sem-*

per inspicienda est loci consuetudo in quo res sunt" (immer ist auf das Gewohnheitsrecht des Belegenheitsorts zu sehen). Belleperche trennt schon scharf zwischen „dinglichen" und „persönlichen" coutumes.

Das übernimmt *Wilhelm von Cuneo* (Guillaume de Cugneaux, Guilelmus de Cuneo), Professor in Toulouse und Orléans, dann Bischof († 1348). Zu den *consuetudines super persona* zählt er die Vorschriften über die Testamentsform. Bei ihm auch findet sich erstmals der Satz, daß „odiose" (nachteilige) Statuten auf Vorgänge außerhalb des Gebiets nicht anzuwenden sind. Ebenfalls in der ersten Hälfte des 14. Jahrhunderts entwirft *Johannes Faber*, Anwalt in Montpellier und Angoulême, ein kleines vollständiges System des IPR nach damaligem Stande. Der berühmteste Jurist aus Montpellier ist allerdings der Italiener *Cinus de Pistoja* (1270–1362), Lehrer des Petrarca.

Die genannten Franzosen haben von den Italienern gelernt. Sie haben aber auch ihrerseits auf die Italiener gewirkt.

2. Kommentatoren

Schrifttum: *Krzmar*, Beiträge zur Geschichte des IPR, Fschr. zur Jahrhundertfeier des österreichischen ABGB, II 1911, 133–161; *van de Kamp*, Bartolus de Saxoferrato 1313–1357, Diss. Amsterdam 1936 (bespr. von *Kreller*, AcP 144 [1938], 106f.); *Meijers*, Tractatus Baldi et van der Keessel [= Tractatus duo] de vi et potestate statutorum, Haarlem 1939; *Meijers*, Introduction à la publication d'œuvres inédites de Balde et de Van der Keessel, Rev. crit. dr. i. p. 1946, 203–219 (dies ist ein Wiederabdruck der Einleitung zu dem letztgenannten Werk über Baldus und van der Keessel; diese Einleitung ist, soweit auf Baldus bezüglich, abermals abgedruckt in *Meijers*, Études d'histoire du droit IV, Leyden 1966, 132–141); *Gutzwiller*, Aus den Anfängen des zwischenstaatlichen Erbrechts: ein Gutachten des Petrus Baldus de Ubaldis um 1375, Fschr. Tuor 1946, 145–178; *Kisch*, Bartolus und Basel, 1960; Università degli studi di Perugia, Bartolo da Sassoferrato I–II, 1962 (in Band II Aufsätze zur Bedeutung von Bartolus für das IPR von *Breschi* 49–59, *Checchini* 61–104, *Luther* 309–331, *Onclin* 373–398, *Schwind* 503–512); *Ehrenzweig*, Beale's Translation of Bartolus, Am. J. Comp. L. 12 (1963), 384f.; *E. Lorenz*, Das Dotalstatut in der italienischen Zivilrechtslehre des 13. bis 16. Jahrhunderts, 1965; *Rizzo*, Bartolo da Sassoferrato, Ann. Dir. Int. 1965, 259–291; *Rizzo*, Baldo degli Ubaldi, Ann. Dir. Int. 1966, 359–370; *Grenzmer, Nomina ossibus inhaerent*, Mélanges Philippe Meylan, Lausanne 1967, 159–165; *Smith*, Bartolo on the Conflict of Laws, Am. J. Leg. Hist. 14 (1970), 157–183, 247–275 (Einleitung 157–163; englische Übersetzung der Texte von Bartolus 163–183, 247–275); *Horn*, Die legistische Literatur der Kommentatoren und der Ausbreitung des gelehrten Rechts, in: *Coing* (Hrsg.), Handbuch der Quellen und Literatur der neueren europäischen Privatrechtsgeschichte I, 1973, 261–364; *E. Lorenz*, Zur Struktur des IPR, 1977, 26–30 (allgemein), 30–34 (Bartolus), 38–40 (Baldus, Rolandus a Valle); *Gamillscheg*, Überlegungen zum Text und zur kollisionsrechtlichen Methode bei Bartolus, Fschr. Wieacker 1978, 235–244; *Stein*, Bartolus, the Conflict of Laws and the Roman Law, Fschr. Lipstein 1980, 251–258.

Zusammenhängende Abhandlungen des IPR schreiben zuerst die Kommentatoren. Früher hießen sie „Postglossatoren". Heute findet man diesen Namen abschätzig.

Der bedeutendste ist **Bartolus** *de Saxoferrato* (1314–1357), geboren in Perugia, Professor in Bologna. Von dem Riesenwerk seines kurzen Lebens – er erläutert das gesamte Corpus iuris – bildet die Abhandlung über das IPR zu Codex 1,1,1 ein geringes, aber das berühmteste Stück (abgedruckt bei *Meili,* ZIR 4 [1894], 260–269, 340–346, 446–455; englische Übersetzung von *Smith* Am. J. Leg. Hist. 14 [1970], 174–183, 247–275, der ebd. 163–174 auch die kürzere und frühere Erläuterung zu Dig. 1, 3, 32 von Bartolus übersetzt hat).

Bartolus stellt zwei Fragen:

1. *utrum statutum porrigatur [extra territorium] ad non subditos?* (erstreckt sich ein Statut [außerhalb des Gebiets] auf Nicht-Untertanen?)
2. *utrum effectus statuti porrigatur extra territorium statuentium?* (erstreckt sich die Wirkung eines Statuts außerhalb des Gebiets des Gesetzgebers?)

Bei Frage 1 muß man entweder die Worte *„extra territorium"* streichen oder statt *extra* lesen *„intra"* (*Gamillscheg,* Der Einfluß Dumoulins, 1955, 54 Fn. 2 und Fschr. Wieacker 1978, 236–238; für Streichung der Worte *„extra territorium" Smith,* aaO 174 unter 13). Denn gemeint ist:

1. Gilt ein Statut für Fremde im Inland?
2. Gilt ein Statut auch für Tatbestände im Ausland?

Frage 1 wird gestellt, weil grundsätzlich ein Statut nur die Untertanen bindet. Besprochen werden hier Verträge, Delikte, Testamente, Sachen. Für Form und Inhalt der *Verträge* gilt nach Bartolus das Recht des Abschlußorts, für Folgen von Verzug und Fahrlässigkeit (d.h. für nachträgliche Störungen) das Recht des vereinbarten Erfüllungsorts, hilfsweise die *lex fori.* Diese Regel war vorbereitet durch *Wilhelm von Cuneo,* hat Jahrhunderte beherrscht und ist vom schweizerischen Bundesgericht erst 1952, vom New Yorker Court of Appeals erst 1954, vom Gesetzgeber Österreichs (wo sie für viele Verträge noch galt) erst 1978 aufgegeben worden.

Zu *Frage 2* unterscheidet Bartolus zwischen Verboten *(statuta prohibitiva)* und Erlaubnissen *(statuta permissiva).* Bei den *Verboten* wird weiter unterschieden, ob sie eine Form, eine Sache oder eine Person betreffen, und bei der Person wieder, ob das Statut günstig *(favorabile)* oder nachteilig *(odiosum)* ist. Auch bei den *Erlaubnissen* macht Bartolus allerlei Distinktionen.

Den Schluß bildet die *quaestio anglica.* Bartolus berichtet die Ansichten von *Jacques de Révigny, Wilhelm von Cuneo* und *Cinus.* Er selbst unterscheidet nach dem Wortlaut. Entweder das Statut betrifft eine *Sache,* lautet z.B. *„bona decedentium veniant in primogenitum"* (der Nachlaß fällt an den Ältesten). Dann gilt das Statut als *lex rei sitae* für Einheimische wie Fremde. Oder das Statut betrifft eine *Person,* lautet z.B. *„primogenitus succedat"* (der Älteste erbt). Dann gilt es nicht für den Nachlaß eines Fremden in England. Es gilt aber auch nicht für den Nachlaß eines Engländers in Italien (sondern gemeines Recht gilt); Bartolus begründet das näher mit seinen vorangegangenen Ausführungen zur Frage 2. Das Haften am Wortlaut hat man viel getadelt. Es ist aber ein übliches und auch heute noch gebrauchtes juristisches Hilfsmittel (vgl. z.B. RG ZAkDR 1937, 655 zur Vereinsstrafe). Manchmal ist es sogar unentbehrlich; denn Nuancen des Wortlauts spiegeln *bisweilen* Nuancen des Willens.

Nächst Bartolus ragt heraus sein Schüler **Baldus** *de Ubaldis* (1327–1400). Er hat zwei Abhandlungen zum IPR geschrieben, beide zu Codex 1,1,1 (Text der ersten mit Einleitung von *Meijers,* Tractatus Baldi ..., 1939 [oben Schrifttum]; Text der zweiten: *Meili,* ZIR 4 [1894], 455–473). Baldus ist zwar von Bartolus stark beeinflußt, weicht aber im Aufbau und zum Teil im Ergebnis ab. Nach ihm betrifft jedes Statut Personen, Sachen oder Handlungen – eine Dreiteilung, die schon bei Bartolus durchscheint und die Baldus selbst nur kurz berührt, die aber später grundlegend wird.

Von den folgenden Kommentatoren sind hervorzuheben *Bartholomaeus a Saliceto* (1330–1412), auf den die Regel zurückgeführt wird, daß bewegliche Sachen nicht dem Recht des Lageorts unterliegen, sondern dem Recht des Eigentümers oder Besitzers folgen *(mobilia personam sequuntur, mobilia ossibus inhaerent), Paulus de Castro* († 1441), *Alexander Tartagnus von Imola* (1423–1477), der beim Zusammentreffen eines nützlichen und eines nachteiligen („odiosen") Statuts das nützliche anwendet, *Tiraquellus* (1480–1558) und *Philippus Decius* († 1535).

Über *Spanier* des 15. und 16. Jahrhunderts: *Simó Santonja,* Aportación al estudio de los estatutarios españoles, Valencia 1959; *Gutzwiller,* Geschichte des Internationalprivatrechts, 1977, 259–262.

Über *Italien* im 16.–19. Jahrhundert: *Jayme,* Il diritto internazionale estense, Riv. dir. int. priv. proc. 1996, 5–18.

IV. Franzosen im 16.–18. Jahrhundert

Schrifttum: *Delaume,* Les conflits de lois à la veille du code civil, Paris 1947; *Gamillscheg,* Dumoulin in Tübingen, JZ 1954, 424–426; *Gamillscheg,* Der Einfluß Dumoulins auf die Entwicklung des Kollisionsrechts, 1955 (bespr. u. a. von *Niederländer,* AcP 155 [1956], 268–272; *Kegel,* JR 1963, 239); *Meyer,* Charles Dumoulin, 1956; *Dumoulin,* Philippe de Renusson und das französische International-Privatrecht des 17. Jahrhunderts, Diss. Köln 1959; *Lemarignier,* La conférence des avocats et les conflits de statuts concernant les effets du mariage au début du XVIIIe siecle, Paris 1961; *De Nova,* Il rinvio in Froland e Boullenois, Dir. Int. 1966, 361–368; *Kelly,* Foundations of Modern Historical Scholarship, New York und London 1970, 164–182, 189–194, 202–204, 211 f. und *passim* (über Dumoulin); *Hudault,* Sens et portée de la compétence du juge naturel dans l'ancien droit français, Rev. crit. dr. i. p. 1972, 27–54, 249–268; *Gruber-Magitot,* Les conflits de coutumes en matière de contrats dans la jurisprudence des Parlements, de Dumoulin au code civil, Paris 1980; *Hudault,* Statut personnel et droit naturel dans l'œuvre judiciaire de C. J. B. Target, Rev. crit. dr. i. p. 1998, 1–25.

Die Arbeitsweise der Kommentatoren *(„mos italicus")* wird fortgesetzt von *Charles* **Dumoulin** (Carolus Molinaeus 1500–1566).

Er stammte aus dem Landadel. Sein Vater war Anwalt in Paris. Er selbst praktizierte ebenfalls kurz in Paris, wurde dann aber Gutachter und lebte der Wissenschaft. 1542 trat er zum Kalvinismus über, 20 Jahre später wurde er Lutheraner. 1552 stellte er sich auf die Seite König Heinrichs II. in dessen Kampf mit dem Papst. Der König förderte ihn aber nicht. Er mußte Paris verlassen, war ein Jahr in Straßburg und fast ein Jahr in Tübingen Professor, hielt Vorlesungen in Dôle und kehrte schließlich 1556 nach Paris zurück. Viel seines äußeren Mißgeschicks hatte er sich selbst zuzuschreiben: seinem Eigensinn, seiner Streitsucht und seiner Selbstüberschätzung („ich, der ich niemandem weiche und von keinem etwas lernen kann").

Seine juristische Bedeutung erblickt man heute hauptsächlich in der (unvollendeten) wissenschaftlichen Kommentierung der Coutume von Paris (1539, 1558), in seiner Vergleichung der französischen Gewohnheitsrechte (1567) und in seinem Eintreten für ein gemeines französisches Gewohnheitsrecht an Stelle des römischen Rechts (1547). Damit hat er der künftigen Entwicklung bis zum code civil hin vorgearbeitet. Gleichzeitig verfolgte er ein politisches Anliegen: den Kampf für den König gegen Feudalismus (durch Zurückdrängung des Lehnsrechts) und Kirche. 1545 griff er in einem Werk über das Zinswesen das kanonische Zinsverbot an; viele sehen hier den Anfang der nominalistischen Geldlehre. Er kommentierte Schriften von *Alexander Tartagnus* und *Philippus Decius.*

Mit 23 Jahren schrieb *Dumoulin* ein berühmtes Gutachten, das *Consilium* 53. Hier verfocht er für den Güterstand die Anknüpfung an das Recht des ersten Ehewohnsitzes (*in casu:* Paris mit Gütergemeinschaft nach der Pariser Coutume) an Stelle der Anknüpfung an die *lex rei sitae* (*in casu:* Gegend von Lyon, in der gemeines römisches Recht ohne Gütergemeinschaft galt). Die Anknüpfung an das Recht des ersten Ehewohnsitzes wurde zur Regel des französischen IPR bis heute. Allerdings ist Dumoulin vielleicht nur älterer Pariser Gerichtspraxis gefolgt (*Gruber-Magitot,* les conflits de coutumes ..., 1980 [oben Schrifttum], 101).

Am wichtigsten für das IPR sind *Dumoulins „Conclusiones de statutis et consuetudinibus localibus"* zu Codex 1,1,1 in seinem Kommentar zu den ersten 6 Büchern des Codex (abgedruckt von *Meili,* ZIR 5 [1895], 554–566; zum Teil übersetzt von *Gruber-Magitot,* aaO 102–106). Diese *„Conclusiones"* hat *Dumoulin* in Tübingen vorgetragen. Sie heißen daher auch *„lectura Tubingensis"*.

Dumoulin behandelt hier zunächst die *Form* von Akten: maßgebend ist das Recht des Abschlußorts. Den Hauptteil bildet der *Inhalt* von Rechtsverhältnissen. Hier unterscheidet er *dispositive* und *zwingende* Rechtsverhältnisse und bei den zwingenden weiter, ob das Statut eine *Sache* betrifft (dann gilt die *lex rei sitae*) oder eine *Person* (dann weitere Unterscheidungen). Schließlich befaßt er sich mit *strafbaren Handlungen* und mit *Verjährung* und *Ersitzung.*

Wesentliche Unterschiede gegenüber den Italienern bringt *Dumoulin* nicht. Insbesondere hat er (entgegen verbreiteter Meinung) nicht gelehrt, daß die Parteien vereinbaren könnten, welches Recht ihren Schuldvertrag beherrscht (näher *Gamillscheg,* Der Einfluß Dumoulins, 1955, 110–121; a. A. *Gruber-Magitot,* aaO 16–20).

Bis zu Dumoulin hat die Pflege des IPR eine *Fülle von Gedanken* hervorgebracht: man teilte die Statuten in erlaubende und verbietende, vorteilhafte und nachteilige, persönliche und sachliche, dispositive und zwingende; man prüfte ihr Verhältnis zum Gemeinen Recht und zur natürlichen Gerechtigkeit und manches andere. Man hatte zwar eine Anzahl von Regeln gefunden. Aber vieles blieb auch streitig und vor allem mangelte eine klare und überzeugende Linie in den Begründungen. Man hat daher in unserer Zeit von „juristischem Impressionismus", von „Rosenkranzmethode" gesprochen. Damals entstand der Eindruck eines flimmernden Filigranwerks. Es fehlte der feste Grund und Boden. Man blieb *unsicher.* Die Folge war, *„ut incerti magistri incertiores lectores dimittant"* (daß unsichere Lehrer ihre Leser mit noch größerer Unsicherheit entlassen).

Wer sich so über die *„magistri"* erhob, war *Bertrand* **d'Argentré** (Bertrandus Argentraeus 1519–1590). Er stammte aus vornehmem bretonischem Adel. Schon mit 28 Jahren war er in seiner Heimat höchster Richter. In einem Kommentar zur Coutume der Bretagne vertrat er die Rechte des Adels (wie *Dumoulin* die Rechte des Königs); er kämpfte für das Lehnsrecht (das *Dumoulin* zurückdrängen wollte).

Im Schenkungsabschnitt der Coutume der Bretagne, und zwar in Glosse 6 zu Art. 218, erörtert er das IPR (abgedruckt bei *Meili,* ZIR 5 [1895], 371–380, 452–472). Er übernimmt die schon vor ihm entwickelte, aber bislang nicht tragende Unterscheidung zwischen *statuta personalia, realia* und *mixta.* Dabei legt er, seiner ländlich-feudalen Umwelt entsprechend, das Gewicht ganz auf die Realstatuten.

Seine Abhandlung enthält einen *grundsätzlichen* („allgemeinen") Teil (Nr. 1–22) und die Erörterung von *Einzelfällen* (einen „besonderen" Teil, Nr. 23–49). Wenn es um Grundstücke geht, wenn *statuta realia* in Rede stehen, gilt die *lex rei sitae.* Wenn es um die Person oder um bewegliche Sachen geht, wenn *statuta personalia* in Rede stehen, gilt das Recht des *Wohnsitzes* der Person oder des Eigentümers. Bei Mischverhältnissen, die von *statuta mixta* geregelt werden, entscheidet die Grundstücksbeziehung und es gilt ebenfalls die *lex rei sitae.*

Statuta personalia sind allein solche, in denen *„principaliter de personarum jure, conditione et qualitate statuitur, abstracte ab omni materia reali"* (in denen hauptsächlich über Recht, Lage und Eigenschaft von Personen bestimmt wird, ohne jede Beziehung auf Grundstücke). Dahin rechnet *d'Argentré* Rechtssätze über die Volljährigkeit, über die Entmündigung, die elterliche Sorge, aber auch Rechte aus gewöhnlichen Schuldverträgen und außervertragliche Rechte. Allerdings widerspricht er sich hinsichtlich der Volljährigkeit für Grundstücksverfügungen, indem er sie zunächst der *lex rei sitae* (Nr. 8), später dem Wohnsitzrecht (Nr. 47) unterwirft.

Statuta realia sind, soweit auf Grundstücke bezüglich: Vorschriften über Verträge, Ehegüterrecht, gesetzliche Erbfolge, Testament, Schenkungs- und Testierverbote unter Ehegatten. Das bedeutet für die Erbfolge: liegen Grundstücke in verschiedenen Gebieten, so gilt verschiedenes Erbrecht; die Fahrnis vererbt sich nach dem Recht des letzten Erblasserwohnsitzes. Es herrscht also nicht Nachlaßeinheit (das kollisionsrechtliche Gegenstück zur materiellrechtlichen Universalsukzession des römischen Rechts), sondern Nachlaßspaltung (das kollisionsrechtliche Gegenstück zur materiellrechtlichen Erbfolge in verschiedene Vermögensmassen des deutschen Rechts). Demgemäß wird die *„quaestio anglica"* dahin entschieden: Ältestenerbrecht gilt immer und nur für englische Grundstücke.

Statuta mixta sind z. B. die Vorschriften über die Legitimation, insofern der Legitimierte außerhalb des Landes, dessen Fürst ihm die Legitimation bewilligt hat, kein Erbrecht erhält.

Der *Gedanke,* auf den *d'Argentré* die Geltung der *lex rei sitae* für *statuta realia* und *mixta* stützt, lautet: *die staatliche Gewalt herrscht innerhalb des Staatsgebiets* und endet an dessen Grenzen (Nr. 11). Außerdem beruft er sich auf die ständige *Praxis* der Gerichte.

Eine Verknüpfung der Rechtssätze mit dem Staatsgebiet enthält schon vor *d'Argentré* die vieldeutige Maxime: *„Les Coustumes sont réelles"*, die für Lehen bis ins 10. Jahrhundert zurückreicht und die *Loisel* (1536–1617) und andere überliefert haben; sie mag damit zusammenhängen, daß die Coutumes hauptsächlich Sachen-, Familiengüter- und Erbrecht regelten.

D'Argentré folgt der wissenschaftlichen Tradition, indem er vom *Inhalt der Rechtssätze* her ihren räumlichen Anwendungsbereich zu bestimmen sucht. Diese Betrachtungsweise herrscht auch nach ihm. Sie war rund 600 Jahre gültig (etwa von 1200–1800). Da es auf den Inhalt der „Statuten" ankam, nennt man diese Denkrichtung **Statutentheorie.**

Streng genommen, ging es nicht nur um Gesetzesrecht (*„statuta"*), sondern auch um ungeschriebenes Recht (*„consuetudines"*). Die kodifizierten französischen *„Coutumes"* (und die italienischen Stadtrechte in ihren Anfängen) stehen in der Mitte.

D'Argentré bringt innerhalb der Statutentheorie *Neues,* indem er die vor ihm entwickelte und von ihm gerügte Vielfalt der Einteilungsgründe für Statuten beiseite schiebt und alles abstellt auf die Einteilung in *statuta personalia, realia* und *mixta* mit starkem *Übergewicht der Realstatuten.* In dieser Dreiteilung folgen ihm fast alle Späteren; Ausnahmen bilden die Franzosen *Charondas* (1536–1617) und *Renusson* (1632–1699). Dagegen hat sich *d'Argentré* in Frankreich nicht voll durchgesetzt mit seiner Ausdehnung der Realstatuten: bis zur Mitte des 17. Jahrhunderts ist sein Einfluß überhaupt gering, und danach steuern die meisten einen Mittelkurs, insbesondere *Froland* († 1746) und *Boullenois* (1680–1762), während *Bouhier* (1673–1746), der *Dumoulin* verehrt, die Personalstatuten sogar ungewöhnlich weit ausdehnt.

V. Niederländer im 17. Jahrhundert

Schrifttum: siehe die Angaben oben S. 151 (*Meijers* und *Neumeyer*); ferner: *Josephus Jitta,* Die „famosissima quaestio" von 1693, Ein Beitrag zur Geschichte der alten niederländischen Schule des IPR, Fschr. Kohler 1909, 119–131 (betr. Ehegüterrecht); *Lorenzen,* Huber's De Conflictu Legum, in: Selected Articles on the Conflict of Laws, 1947, 136–180; *Kollewijn,* Geschiedenis van de nederlandse wetenschap van het internationaal privaatrecht tot 1880, Amsterdam 1937; *Davies,* The Influence of Huber's *De conflictu legum* on English Private International Law, Brit. Y. B. Int. L. 18 (1937), 49–78; *Scholten,* Het begrip comitas in het internationaal privaatrecht van de Hollandse Juristenschool der zeventiende eeuw, Diss. Nimwegen 1949; *Yntema,* The Comity Doctrine, Fschr. Dölle 1963, II 65–86 = Mich. L. Rev. 65 (1966), 9–32, mit Einleitung *von Nadelmann* 1–8; *Engdahl,* The Canonical and Metaphysical Background of the Classic Dutch Marriage Conflicts Rule, NTIR 1968, 42–67; *Naón,* Huber and Contractual Choice-of-Law in the Argentine Civil Code, NILR 39 (1992), 195–207; *Matteo/Solari/Herbert,* Dutch Threads in a Uruguayan Tapestry, NILR 39 (1992), 209–227 (209–214: Huber).

Den größten Einfluß erlangte *d'Argentré* in den Niederlanden, d.h. im heutigen Nordbelgien und Holland. So folgen ihm eng *Nikolaus Burgundus* (1586–1649) und *Christian Rodenburg* (1618–1668).

Neues bringen **Paul Voet** (1619–1667), **Ulrich Huber** (1636–1694) und Paul Voets Sohn **Johannes Voet** (1647–1714). Denn sie prüfen, wie es zur Anwendung fremden Rechts im eigenen Lande kommt (Frage des Anwendungs*grundes*). Eine *Rechtspflicht,* fremdes Recht anzuwenden, leugnen sie, wohl unter dem Einfluß des Souveränitätsbegriffs, der 1576 von *Bodin* entwickelt worden war *(Six livres de la République).* Statt dessen gründen sie die Anwendung fremden Rechts auf **„comitas"** (Entgegenkommen).

Paul Voet (*De Statutis,* 1715 [Erstausgabe 1661?]) bringt einen Ansatz dieser Lehre. Als Grundsatz stellt er auf (Sectio IV Cap. II Nr. 7): *„nullum statutum, sive in rem, sive in personam ... sese extendit ultra statuentis territorium"* (kein Statut, betreffe es eine Sache oder eine Person, erstreckt sich über das Territorium des Gesetzgebers hinaus). Später sagt er (Sectio IV Cap. II Nr. 17): *„nonnumquam, dum populus vicinus vicini mores comiter vult observare ... statuta territorium statuentis ... solent egredi"* (bisweilen, wenn ein Volk aus Entgegenkommen die Sitten eines Nachbarvolkes beobachten will ... pflegen die Statuten das Territorium des Gesetzgebers zu überschreiten) und beruft sich dafür auf D. 49.15.7.1, wo das Wort *„comiter"* zweimal begegnet.

Huber hat sich nur sehr knapp geäußert (*De conflictu legum,* in: *Praelectiones juris,* abgedruckt bei *Meili,* ZIR 8 [1898], 192–200 und mit englischer Übersetzung von *Lorenzen,* Huber's De Conflictu legum, 1947 [oben Schrifttum], 162–180). Huber hat *drei Grundsätze („axiomata"):*

1. „Die Gesetze eines jeden Reiches wirken innerhalb der Grenzen des nämlichen Staates und binden alle seine Untertanen, nicht darüber hinaus".
2. „Als Untertanen eines Reiches sind anzusehen alle, die innerhalb seiner Grenzen angetroffen werden, gleich, ob sie ständig oder auf Zeit dort verweilen".
3. „Die Lenker der Reiche kommen darin entgegen *(ita comiter agunt),* daß die Rechte eines jeden Volkes, die innerhalb seiner Grenzen ausgeübt werden *(exercita),* überall ihre Wirkung behalten *(teneant ubique suam vim),* sofern *(quatenus)* in nichts vorgegriffen wird der Hoheitsgewalt oder dem Recht *(potestati aut iuri)* des anderen Herrschers und seiner Bürger". (AaO Nr. 2.)

Während die *comitas* als *Grund* für die Anwendung fremden Rechts neu ist, folgen im *Bereich* der Anwendung eigenen und fremden Rechts beide *Voets* und *Huber,* stark beeinflußt von *d'Argentré,* den gängigen Lehren. In Einzelheiten weichen sie voneinander ab. So halten *Paul Voet* und *Huber* die Anwendung des Rechts des Abschlußorts auf die Form des Rechtsgeschäfts für zwingend. Dagegen läßt *Johannes Voet* ausreichen, daß die Form der *lex rei sitae* oder die Form der *lex domicilii* des Erklärenden gewahrt ist. Alle drei betonen stark den Unterschied zwischen Grundstücken und Fahrnis, z.B. bei der Erbfolge.

VI. Deutsche im 16. und 17. Jahrhundert

Schrifttum: *von Wächter,* Über die Collision der Privatrechtsgesetze verschiedener Staaten, AcP 24 (1841), 230–311 und 25 (1842), 1–60, 161–200, 361–419; *Beckmann,* Zum internationalen Privat- und Prozeßrecht des Sachsenspiegels, ZVölkR 1 (1907), 394–414, 470–491; *Merzyn,* Der Beitrag Benedikt Carpzovs zur Entwicklung des Kollisionsrechts, 1963; *Herrmann,* Johan Nikolaus Hert und die deutsche Statutenlehre, 1963; *E. Lorenz,* Zur Struktur des IPR, 1977, 34–38 (Hert); *von Bar/Dopffel* (Hrsg.), Deutsches Internationales Privatrecht im 16. und 17. Jahrhundert, 1995 (bespr. von *E. Lorenz,* IPRax 1997, 204f.).

In Deutschland finden wir im Mittelalter fast nichts, aber seit dem 16. Jahrhundert zahlreiche Äußerungen zum Kollisionsrecht. So von *Andreas Gaill* (1526–1587), von *Benedikt Carpzov* (1595–1666), von *David Mevius* (1609–1670) in seinem Kommentar zum Lübecker Stadtrecht und von *Heinrich von Cocceji* (1644–1719). Alle folgen der Statutentheorie mit mancherlei Unterschieden und auch Willkür im einzelnen.

Am berühmtesten ist *Johan Nikolaus* **Hert** (1651–1710). Er wendet sich in einer Schrift *„De collisione legum"* (Commentationes atque opuscula I, 3. Aufl. 1737, 91–158) gegen *Hubers* Lehre von der *comitas* als

Grund der Anwendung fremden Rechts. Den *Bereich* der Anwendung heimischen und fremden Rechts steckt er mit manchen, später nachwirkenden Eigenheiten im üblichen Rahmen ab, wenn er auch ausdrücklich die Statutentheorie nicht übernimmt und von ihren drei Gruppen sagt: „*Verum in his definiendis mirum est quam sudent doctores*" (wirklich, man muß sich wundern, wie die Doktoren bei deren Abgrenzung schwitzen).

Hert hat *drei Grundregeln* und führt sie an 63 Fällen durch, die er meist seinen Vorgängern oder der Rechtsprechung entnommen, teils auch selbst gebildet hat (*Herrmann,* Johan Nikolaus Hert ..., 1963 [oben Schrifttum], 102f.). Die drei Grundregeln sind:

1. „*Bezieht sich ein Gesetz auf eine Person, dann ist zu sehen auf die Gesetze des Staates, der die Person zum Untertan hat*" (Sectio IV Nr. 8; gemeint ist der Wohnsitzstaat). Nötig ist, daß das Gesetz sich „*primario*" (an erster Stelle) auf die Person bezieht; daß es sich „*per consequentiam*" (mittelbar) auf Grundstücke oder auf die Form von Handlungen bezieht, schadet nicht.

   Beispiele: Volljährigkeit; Entmündigung; Vormundschaft; Legitimation; Ehegüterrecht und gesetzliche Erbfolge (Eheleute und Erblasser wollten mutmaßlich die Herrschaft des Wohnsitzrechts), außer wenn das Recht des Lageorts von Grundstücken das Verfügte nicht zuläßt; Testamentsauslegung.

2. „*Bezieht sich ein Gesetz unmittelbar („directo") auf eine Sache, dann gilt das Recht ihres Ortes („ea locum habet"), wo und von wem auch immer die Handlung vorgenommen wird*" (Sectio IV Nr. 9). Gemeint sind nur Grundstücke. Für Fahrnis gilt das Recht des Eigentümerwohnsitzes.

   Beispiele: Ersitzung; Testierfähigkeit des filiusfamilias; Vermächtnisverbot zwischen Ehegatten.

3. „*Schreibt ein Gesetz für eine Handlung eine Form vor, so ist zu sehen auf den Ort der Handlung, nicht des Wohnsitzes, nicht der belegenen Sache*" (Sectio IV Nr. 10).

   Beispiele: Heirat; Form und auch Inhalt von Schuldverträgen; Form sachenrechtlicher Verfügungen; Testamentsform auch für Grundstücke; doch können Vertragspartner mit Wohnsitz im selben Gebiet und Erblasser auch die Form ihres Wohnsitzrechts wählen.

VII. Frühe Kodifikationen

Schrifttum: *Matscher* (öst) JBl. 1961, 53–64 (53–55); *Korkisch,* Der Staatsangehörigkeitsgrundsatz im Kollisionsrecht, Fschr. Dölle 1963, II 87–104; *Korkisch,* in: *Hartwieg/Korkisch,* Die geheimen Materialien zur Kodifikation des deutschen IPR, 1973, 5–10; *Reichelt,* Staatsangehörigkeit und IPR in Österreich – Vesque von Püttlingen, in: *Jayme/Mansel* (Hrsg.), Nation und Staat im IPR, 1990, 125–134; *Jayme,* Zachariä von Lingenthal (1769–1843) und das IPR, Fschr. Niederländer 1991, 295–304.

Die Kodifikationen der Aufklärungszeit übernehmen die Hauptpunkte der Statutentheorie.

In Bayern bestimmt der **Codex Maximilianeus Bavaricus Civilis** von 1756 in Teil I Kap. 2 § 17 Satz 2:

„Dafern aber die Rechten, *Statuten* und Gewohnheiten in *loco Judicii, Delicti, Rei sitae, Contractûs* und *Domicilii* unterschiedlich seynd, so soll *quò ad formam Processûs* auf die bey selbigen Gericht, wo die Sach rechtshängig ist, übliche Rechten mit Bestraffung eines Verbrechens aber auf die Rechten des Orts, wo solches begangen worden, so viel hingegen die bloße *Solennität* einer Handlung betrifft, auf die Rechten des Orts, wo solche unter Todten oder Lebendigen gepflogen wird, *in merè personalibus* auf die *Statuta in loco Domicilii,* und endlich *in realibus vel mixtis* auf die Rechten *in loco rei sitae* ohne Unterschied der Sachen, ob sie beweglich oder unbeweglich, cörperlich oder uncörperlich seynd, gesehen und erkennt werden."

Das preußische **Allgemeine Landrecht** von 1794 befaßt sich mit IPR in der Einleitung §§ 22–44. Für die „persönlichen Rechte und Verbindlichkeiten" und für bewegliche Sachen ist maßgebend das Recht des Wohnsitzes, hilfsweise des Herkunftsorts (§§ 25, 28). Grundstücke unterliegen der *lex rei sitae* (§ 32). Die Form von Rechtsgeschäften richtet sich nach dem Recht des Abschlußorts (§ 33; klarer noch für Verträge I 5 §§ 111, 148). In zwei Fällen gilt das geschäftsfreundlichere Recht (§§ 27, 35): bei Ausländern mit Doppelwohnsitz und bei Ausländern, die im Inland über inländische Sachen abschließen.

Der französische **code civil** von 1804 enthält kollisionsrechtliche Vorschriften in Art. 3:

„Les lois de police et de sûreté obligent tous ceux qui habitent le territoire.	„Die Polizei- und Sicherheitsgesetze sind verbindlich für alle Personen, die sich im Staatsgebiet aufhalten.
Les immeubles, même ceux possédés par des étrangers, sont régis par la loi française.	Die Liegenschaften, auch diejenigen, welche von Ausländern besessen werden, stehen unter dem französischen Gesetz.
Les lois concernant l'état et la capacité des personnes régissent les Français, même résidant en pays étranger."	Die Gesetze, welche den Stand und die Fähigkeit der Personen betreffen, gelten für die Franzosen auch dann, wenn sie sich im Ausland aufhalten."

Nur die Anwendung französischen Rechts wird geregelt: in Abs. 1 die Anwendung französischen öffentlichen Rechts, in Abs. 2 die Anwendung französischen Grundstücksrechts *(statuta realia)* und in Abs. 3 die Anwendung französischen Personenrechts *(statuta personalia).* Höchst bedeutsam ist: statt an den Wohnsitz wird in Abs. 3 an die (französische) **Staatsangehörigkeit** angeknüpft.

In Österreich unterstellt das **ABGB** von 1811 Fremde hinsichtlich ihrer „persönlichen Fähigkeit zu Rechtsgeschäften" dem Recht ihres Wohnsitzes, hilfsweise ihres Geburtsorts (§ 34). Da indessen für Österreicher an die Staatsangehörigkeit angeknüpft wird (§ 4), hat man diese Anknüpfung auch auf Ausländer übertragen. Unbewegliche Sachen sind dem Recht des Lageorts unterworfen; bewegliche Sachen „stehen mit der Person des Eigentümers unter gleichen Gesetzen" (§ 300); später läßt man auch für Fahrnis die *lex sitae* gelten. Für Rechtsgeschäfte gilt grundsätzlich das Recht des Abschlußorts; doch hat manchmal das Recht des Staates, dem ein ausländischer Vertragsteil angehört, den Vorrang, falls es der Geschäftsgültigkeit günstiger ist, und teilweise geht das von den Parteien vereinbarte Recht vor (§§ 35–37).

VIII. Engländer und Amerikaner bis 1850

Schrifttum: *Gibb,* Le droit international privé en Écosse au XVIe et au XVIIe siècle, Rev. dr. i. p. 1930, 561–598; *Sack,* Conflicts of Laws in the History of English Law, in: Law, A Century of Progress 1835–1935 III, New York 1937, 342–454 (gekürzt in: *Culp,* Selected Readings on Conflict of Laws, 1956, 1–29); *Davies,* The Influence of Huber's De Conflictu Legum on English Private International Law, Brit. Y. B. Int. L. 18 (1937), 49–78; *Irmer,* „Comity", Nederlandse invloed op het recht der Verenigde Staten, Diss. Nimwegen 1948 (bespr. von *De Nova,* Annuario di diritto comparato 26 [1950], 146–149); *Yntema,* Die historischen Grundlagen des IPR, Fschr. Rabel 1954, I 513–537 (auf Englisch in Am. J. Comp. L. 2 [1953], 297–317 und in *Culp* aaO 30–46); *Anton,* Introduction into English Practice of Continental Theories on the Conflict of Laws, Int. Comp. L. Q. 5 (1956), 534–541; *Lorenz,* Vertragsabschluß und Parteiwille im internationalen Obligationenrecht Englands, 1957, 21–32; *Nadelmann,* Some Historical Notes on the Doctrinal Sources of American Conflicts Law, Fschr. Gutzwiller 1959, 263–281 = *Nadelmann,* Conflict of Laws: International and Interstate, Den Haag 1972, 1–20; *Graveson,* The Comparative Evolution of Principles of the Conflict of Laws in England and the USA, Rec., 1960 I, 21–118; *Kahn-Freund,* The Growth of Internationalism in English Private International Law, 1960; *De Nova,* Il primo studio americano sui conflitti di leggi, Dir. Int. 1962, 207–227 (gekürzte Übersetzung Am.J. Leg. Hist. 8 [1964], 136–156); *Parra-Aranguren,* Origen y evolución del sistema angloamericano de Derecho internacional privado, Revista de Derecho y Legislación 53 (1964), 187–262 = *Parra-Aranguren,* Monografías selectas de derecho internacional privado, Caracas 1984, 195–251; *Engdahl,* English Marriage Conflicts Law Before the Time of Bracton, Am. J. Comp. L. 15 (1966/67), 109–135; *Horowitz,* Choice-of-Law Decisions Involving Slavery: „Interest Analysis" in the Early Nineteenth Century, UCLA L. Rev. 17 (1970) 587–601; Note: American Slavery and the Conflict of Laws, Col. L. Rev. 71 (1971) 74–99; *Graveson,* The Special Character of English Private International Law, NTIR 1972, 31–41; *Finkelmann,* An Imperfect Union: Slavery, Federalism, and Comity, Chapel Hill 1981; *Samtleben,* Menschheitsglück und Gesetzgebungsexport, zu Jeremy Benthams Wirkung in Lateinamerika, RabelsZ 50 (1986), 451–482 (473–475); *Gorla,* Samuel Livermore (1786–1833): An American Forerunner to the Modern „Civil Law-Common Law Dialogue", Fschr. Merryman 1990, 121–137.

England ging, teils wegen seiner Insellage, teils als Agrarland, eigene Wege. Der Statutentheorie des Hochmittelalters bedurfte man nicht. Denn innerhalb des Landes schuf die *Curia Regis,* ihrerseits aufgegliedert in drei Gerichte (*Common Pleas, King's Bench, Exchequer*), einheitliches Recht, das sog. *Common Law.* Klagen mußte man dort, wo die Anspruchstatsachen sich ereignet hatten. Darum fehlte für Auslandstatbestände die Zuständigkeit (*jurisdiction*). Für Inlandstatbestände aber war mit der *jurisdiction* zugleich die Anwendbarkeit englischen Rechts (mithin der *lex fori*) gegeben. Neben den Königsgerichten, die nach *Common Law* urteilten, gab es Kaufmannsgerichte und seit der Mitte des 14. Jahrhunderts daneben den *Court of Admiralty.* Sie wandten ohne Rücksicht auf die Herkunft der Beteiligten das *Law Merchant* und das *Maritime Law* an, ein außerhalb des eigentlichen Common Law durch Gewohnheit entstandenes Handelsrecht. Für IPR blieb kein Raum.

Vom 15. bis 17. Jahrhundert zogen die *Common Law-Gerichte* in zeitweise erbitterten und schließlich siegreichen Kämpfen mit den Kaufmannsgerichten und dem *Court of Admiralty* auch die Handelssachen an sich. Sie konnten das, weil sie das zunächst rückständige Schuldvertragsrecht verbessert hatten durch die Zulassung der *action of assumpsit,* mit der aus formlosen Verträgen auf Schadensersatz geklagt werden konnte. Auch die *jurisdiction* für Vertragsklagen war erweitert worden. Berührte der Vertrag das Ausland, so erlaubte man die Klage, wenn er in England entweder abgeschlossen oder zu erfüllen war. Seit dem 16. Jahrhundert genügte sogar, daß der Kläger die Klage dem Beklagten in England persönlich zustellen konnte. Prozeßtechnisch half man sich, indem ein ausländischer Abschlußort in der Klageschrift ins Inland verlegt wurde (z.B. „Amiens in der Grafschaft Middlesex").

Seit dem 17. Jahrhundert kam man mit der *lex fori* nicht mehr durch. Die Anwendung ausländischen Rechts drang vor, ebenso die Anerkennung ausländischer Urteile. Für Verträge wurde das *Recht des Abschlußorts* maßgebend, z.B. für ein Schuldanerkenntnis aus Jamaica, einen Sklavenkauf aus Virginia, einen Ehevertrag nach der Coutume von Paris.

In die Anfänge der Entwicklung eines englischen IPR stieß in der Mitte des 18. Jahrhunderts die Kenntnis von den **Niederländern.** Sie wurde vermittelt über Schottland. Denn viele Schotten studierten in Holland, vor allem in Leyden, und nahmen die niederländische Lehre mit. Der berühmteste englische Richter, **Lord Mansfield,** stammte aus

Schottland. Er übernahm 1760 in *Robinson v. Bland* eine *Lehre Hubers,* daß über Verträge nicht immer das Recht des Abschlußorts entscheide, sondern an erster Stelle das Recht des Landes, das die Parteien im Auge gehabt hatten. In diesem Fall ging es um einen Wechsel für eine Spielschuld, den ein Engländer in Frankreich ausgestellt hatte und der in London zahlbar war; es wurde englisches Recht angewandt.

Die niederländische *Comitas*-Lehre paßte gut in die beginnende Überwindung der *lex fori* in England. Sie gelangte auch nach den **USA.** Hier übernahm sie auch der große Jurist **Joseph Story** (1779–1845) – vgl. Bild nach S. 176.

Story, der Sohn eines Arztes aus Massachusetts, war ab 1811 Richter am Supreme Court der USA und ab 1829 daneben Professor an der Harvard Law School. Er schrieb neun Handbücher, darunter 1834 „Commentaries on the Conflict of Laws". *Story* stützt sich auf die Niederländer, besonders auf *Huber* (der schon vor *Story* in den USA als Autorität galt). Der Stoff wird nicht nach Statuten, sondern nach großen Sachgebieten eingeteilt: z.B. Geschäftsfähigkeit, Ehe, Scheidung, Schuldverträge, Fahrnis, Grundvermögen. Die englische und amerikanische Rechtsprechung (damals rund 500 Entscheidungen: 216 englische, 8 schottische, 282 amerikanische) wird dargestellt unter ständigem Vergleich mit dem europäischen Schrifttum von *Bartolus* bis *Boullenois.*

Schrifttum über **Story:** *Lorenzen,* Story's Commentaries on the Conflict of Laws, Harv. L. Rev. 48 (1934), 15–38 = Selected Articles on the Conflict of Laws, 1947, 181–202; *Zweigert,* Die Gestalt Joseph Storys, ZStW 1949, 590–602; *Valladão,* The Influence of Joseph Story on Latin American Rules of Conflict of Laws, Am. J. Comp. L. 3 (1954), 27–41; *Schwartz/Hogan,* Joseph Story, New York 1959; *Nadelmann,* Joseph Story's Contribution to American Conflicts Law: A Comment, Am. J. Leg. Hist. 5 (1961), 230–253 = *Nadelmann,* Conflict of Laws: International and Interstate, den Haag 1972, 21–48; *Dowd,* Justice Joseph Story: A Study of the Legal Philosophy of a Jeffersonian Judge, Vand. L. Rev. 18 (1965), 643–662; *Sutherland,* The Law at Harvard, Cambridge (Mass.) 1967, 92–139; *Dunne,* Justice Joseph Story and the Rise of the Supreme Court, New York 1970; *Newmyer,* Justice Joseph Story on Circuit and a Neglected Phase of American Legal History, Am. J. Leg. Hist. 14 (1970), 112–135; *McClellan,* Joseph Story and the American Constitution, Norman (Okl.) 1971; *Kegel,* Joseph Story, RabelsZ 43 (1979), 609–631; *Nadelmann,* Bicentennial Observations on the Second Edition of Joseph Story's *Commentaries on the Conflict of Laws,* Am. J. Comp. L. 28 (1980), 67–77 (französisch: Rev. crit. dr. i. p. 1981, 1–15); *Gutzwiller,* IPR: Die drei Großen des 19. Jahrhunderts, Fschr. Vischer, Basel 1983, 131–140 (131–135: Story); *Newmyer,* Supreme Court Justice Joseph Story: Statesman of the Old Republic, Chapel Hill 1985 (bespr. von *Joyce* Mich. L. Rev. 84 [1986], 846–860 und von *Rahdert* Am. J. Leg. Hist. 32 [1988], 391–393); *Hoeflich,* John Austin and Joseph Story: Two Nineteenth Century Perspectives on the Utility of the Civil Law for the Common Lawyer, Am. J. Leg. Hist. 29 (1985), 36–77; *Powell,* Joseph Story's Commentaries on the Constitution: A Belated Review, Yale L. Rev. 94 (1985), 1285–1314; *Kegel,* Story und Savigny, Fschr. der Rechtswiss. Fak. zur 600-Jahr-Feier der Univ. zu Köln 1988, 65–93 (englisch Am. J. Comp. L. 37 [1989], 39–66); *Eisgruber,* Justice Story, Slavery, and the Natural Law Foundations of American Constitutionalism, U. Chi. L. Rev. 55 (1988), 273–327; *Kegel,* Wohnsitz und Belegenheit bei Story und Savigny, RabelsZ 52 (1988), 431–465; *Watson,* Joseph Story and the Comity of Errors: A Case Study in Conflict of Laws, Athens, Ga., 1992; *Baker,* Interstate Choice of Law and Early-American Constitutional Nationalism. An Essay on „Joseph Story and the Comity of Errors", McGill L.J. 38 (1993), 454–511; *Holden-Smith,* Lords of Lash, Loom, and Law: Justice Story, Slavery, and *Prigg v. Pennsylvania,* Cornell L. Rev. 78 (1993), 1086–1151.

IX. Überwindung der Statutentheorie

Schrifttum: *Schaeffner,* Entwicklung des internationalen Privatrechts, 1841; *von Wächter* (oben VI); *von Savigny,* System des heutigen Römischen Rechts VIII, 1849; *Windscheid,* Carl Georg von Waechter, 1880; *Gutzwiller,* Der Einfluß Savignys auf die Entwicklung des Internationalprivatrechts, Freiburg (Schweiz) 1923; *Kegel,* Fschr. Raape 1948, 13–16; *Neuhaus,* Savigny und die Rechtsfindung aus der Natur der Sache, RabelsZ 15 (1949/50), 364–381; *Schwarz,* Was bedeutet uns Savigny heute?, AcP 161 (1962), 481–499; *Nadelmann,* Wächter's Essay on the Collision of Private Laws of Different States, Am. J. Comp. L. 13 (1964), 414–417 (Übersetzungen aus Wächters Schriften ebd. 417–428); *Coing,* Rechtsverhältnis und Rechtsinstitution im allgemeinen und internationalen Privatrecht bei Savigny, Fschr. Maridakis III, Athen 1964, 19–28; *Franklin,* Sketch of an Historical Foundation for a Tribunitial Theory of Conflict of Laws, Tul. L. Rev. 41 (1967), 579–655 (604–638); *Kollewijn,* Quelques considérations à propos de la doctrine de Savigny, NTIR 1968, 237–258; *Nadelmann,* Private International Law: Lord Fraser and the Savigny (Guthrie) and Bar (Gillespie) Editions, Int. Comp. L. Q. 20 (1971), 213–222; *E. Lorenz,* Zur Struktur des IPR, 1977, 41–52 (von Savigny); *Sandmann,* Grundlagen und Einfluß der international-privatrechtlichen Lehre Carl Georg von Wächters (1797–1880), Diss. Münster 1979; *Coing,* Savigny und die deutsche Privatrechtswissenschaft, NJW 1979, 2018–2021; *Sturm,* Savigny und das IPR seiner Zeit, Ius Commune (hrsg. von *Coing*) VIII, 1979, 92–109; *Nadelmann,* On Rocco, Count Portalis, and Mancini: A Memoir for the Joseph Story Bicentenary, Riv. dir. int. priv. proc. 1980, 161–166; *Schurig,* Kollisionsnorm und Sachrecht, 1981, 80–83, 109–129; *Kiefner,* Das Rechtsverhältnis, Zu Savignys System des heutigen Römischen Rechts: Die Entstehungsgeschichte des § 52 über das „Wesen der Rechtsverhältnisse", Fschr. Coing 1982 I, 149–176; *Neuhaus,* Abschied von Savigny?, RabelsZ 46 (1982), 4–25; *Sakurada,* Die Pandektenvorlesung Savignys im Wintersemester 1840/41, Ein Editionsversuch betreffend Kollisionsrecht [Titel aus dem Japanischen übersetzt], Hokkaido Law Review 33 (1982) Nr. 3, 952–954 (Text [deutsch] 944–951) und 35 (1985) Nr. 5, 656–672 (Text 643–655); *Hammen,* Die Bedeutung Friedrich Carl v. Savignys für die allgemeinen dogmatischen Grundlagen des deutschen Bürgerlichen Gesetzbuches, 1983; *Motte,* Savigny et la France, Bern 1983; *Gutzwiller,* IPR: Die drei Großen des 19. Jahrhunderts, Fschr. Vischer, Basel 1983, 131–140 (135–138: von Savigny); *Schröder,* Friedrich Karl von Savigny – Geschichte und Rechtsdenken beim Übergang vom Feudalismus zum Kapitalismus in Deutschland, 1984; *Rückert,* Idealismus, Jurisprudenz und Politik bei Friedrich Carl von Savigny, Ebelsbach 1984; *Sakurada,* Wirkungsbereich und Funktion des Kollisionsrechts, Einige Gedanken über Savignys IPR, in: *Holl/Klinke* (Hrsg.), Internationales Privatrecht, internationales Wirtschaftsrecht, 1985, 127–144; *Coing,* Rechtsvergleichung und IPR im 19. Jahrhundert, in: Conflict and Integration: Comparative Law in the World Today, Tokio 1988, 521–540 (521–531); *Kegel,* Story und Savigny, Fschr. der Rechtswiss. Fak. zur 600-Jahr-Feier der Univ. zu Köln 1988, 65–93 (englisch Am. J. Comp. L. 37 [1989], 39–66); *Kegel,* Wohnsitz und Belegenheit bei Story und Savigny, RabelsZ 52 (1988), 431–465; *Jayme,* Karl Mittermaier und das Internationale Privatrecht, Gedächtnisschr. François Laurent, Brüssel 1989, 805–815; *Juenger,* David Dudley Field's Contribution to the Conflict of Laws, ebenda 837–859; *Schnyder,* Heimatrecht und IPR in der Schweiz – Bluntschli, in: *Jayme/Mansel* (Hrsg.), Nation und Staat im IPR, 1990, 135–144; *Mansel,* Mancini, v. Savigny und die Kodifikation des deutschen IPR von 1989, in: *Schulze* (Hrsg.), Deutsche Rechtswissenschaft und Staatslehre im Spiegel der italienischen Rechtskultur während der zweiten Hälfte des 19. Jahrhunderts, 1990, 245–295; *Rückert,* Savignys Einfluß auf die Jurisprudenz in Deutschland nach 1900, in: *Mohnhaupt* (Hrsg.), Rechtsgeschichte in den beiden deutschen Staaten (1988–1990), 1991, 34–71 (Kurzfassung JuS 1991, 624–629); *Jayme,* Zachariae von Lingenthal (1769–1843) und das IPR, Fschr. Niederländer 1991, 295–304; *Wadle,* Friedrich Carl von Savignys Beitrag zum Urheberrecht, 1992 (ergänzter Sonderdruck aus *Lüke* [Hrsg.], Grundfragen des Privatrechts, 1989); *Avenarius,* Savignys Lehre vom intertemporalen Privatrecht, 1993; *Parra-Aranguren,* El „Sistema de Derecho Romano Actual“ de Federico Carlos de Savigny y sus antecedentes doctrinarios en Alemania, Sonderdruck aus Revista de la Facultad de Derecho, Nr. 49, Universidad Católica Andrés Bello, Caracas 1994; *Wagner,* Wilhelm Peter Schaeffner (1815–1897), IPRax 1997, 73–76.

Zu Anfang des 19. Jahrhunderts war man über einige *Hauptregeln* des IPR einig. Man übernahm sie in die Gesetzbücher (oben VIII). Im *einzelnen* aber herrschte mehr Streit, als gut, ja als tragbar war, und die Lage glich der vor dem Auftreten d'Argentrés (oben IV). Denn die Einteilung in *statuta personalia, realia* und *mixta* war grob und in vielen Grenzfällen nicht überzeugend. Die rechtspolitischen Gesichtspunkte blieben ungeordnet.

In *Deutschland* zumal traten die Autoren unsicher auf und verwikkelten sich in Widersprüche. Auch fehlten überragende Köpfe. Dabei war das Kollisionsrecht wegen der starken Rechtszersplitterung praktisch wichtig.

In diese Lage stieß *Carl Georg von* **Wächter** (1797–1880). In seiner ungemein gründlichen Arbeit im AcP (Bd. 24 und 25, 1841 und 1842) schilderte er die gesamte deutsche Statutentheorie und lehnte sie ab. In der Kritik fühlte er sich stark und der Erfolg gab ihm Recht. Seine eigene Ansicht aber teilte er „nur sehr schüchtern“ mit (AcP 24, 235) und mit ihr drang er nicht durch.

Wächter nimmt (wie viele vor ihm) zum Ausgangspunkt, daß der Richter nur nach dem *Recht seines eigenen Landes* zu entscheiden hat. In diesem Rahmen gibt er drei Regeln (AcP 24, 261–270):

1. An erster Stelle hat der Richter den *ausdrücklichen Normen des IPR seines Landes* zu folgen, mögen sie auf Gesetz oder Gewohnheitsrecht beruhen (auf diese Weise kann *Wächter* die eingebürgerten Regeln des IPR übernehmen);
2. hilfsweise muß der Richter „die Entscheidung zunächst im Sinne und Geiste derjenigen besonderen, *in seinem Lande geltenden Gesetze, welche das vor ihn gebrachte Verhältniss an sich zum Gegenstand haben,* suchen“ (aus materiellem Privatrecht soll also auf internationales geschlossen werden; dafür beruft sich *Wächter* u. a. auf die Entscheidung der *„quaestio anglica“* durch *Bartolus*);
3. kann der Richter den Sachnormen seines Landes „nicht mit Bestimmtheit“ eine Entscheidung entnehmen, „so hat der Richter *im Zweifel das Recht seines Landes* in Anwendung zu bringen“ (es gilt also die *lex fori*).

Wächters rechtspolitische Grundhaltung war der Anwendung ausländischen Rechts nicht sonderlich günstig. Er nannte nicht ohne Grund *Johannes Voet* unter seinen Vorgängern (AcP 25, 15 Fn. 196).

Anders dachte *Friedrich Carl von* **Savigny** (1779–1861) (Bild vor S. 177). Band 8 seines „Systems des heutigen Römischen Rechts“, den er anscheinend 1848 begann und schon 1849, siebzig Jahre alt, veröffentlichte, enthält das internationale und intertemporale Privatrecht (oben S. 44 f.) und hat Epoche gemacht.

Savigny (24–28) meint zum *Grund* der Anwendung fremden Rechts, aus der staatlichen Souveränität lasse sich nichts herleiten. Zwar könne ein Staat streng die Anwendung ausländischen Rechts verbieten.

„Eine solche Vorschrift ist aber in der Gesetzgebung keines bekannten Staates zu finden, und müßte auch schon durch folgende Betrachtung verhindert werden.

Je mannichfaltiger und lebhafter der Verkehr unter den verschiedenen Völkern wird, desto mehr wird man sich überzeugen müssen, daß es räthlich ist, jenen strengen Grundsatz nicht festzuhalten, sondern vielmehr mit einem entgegengesetzten Grundsatz zu vertauschen. Dahin führt die wünschenswerthe Gegenseitigkeit in der Behandlung der Rechtsverhältnisse, und die daraus hervorgehende Gleichheit in der Beurtheilung der Einheimischen und Fremden, die im Ganzen und Großen durch den gemeinsamen Vortheil der Völker und der Einzelnen geboten wird. Denn diese Gleichheit muß in vollständiger Ausbildung dahin führen, daß nicht bloß in jedem einzelnen Staate der Fremde gegen den Einheimischen nicht zurückgesetzt werde (worin die gleiche Behandlung der Personen besteht), sondern daß auch die Rechtsverhältnisse, in Fällen einer *Collision der Gesetze,* dieselbe Beurtheilung zu erwarten haben, ohne Unterschied, ob in diesem oder jenem Staate das Urtheil gesprochen werde.

Der Standpunkt, auf den wir durch diese Erwägung geführt werden, ist der einer völkerrechtlichen Gemeinschaft der mit einander verkehrenden Nationen, und dieser Standpunkt hat im Fortschritt der Zeit immer allgemeinere Anerkennung gefunden, unter dem Einfluß theils der gemeinsamen christlichen Gesittung, theils des wahren Vortheils, der daraus für alle Theile hervorgeht."

Man könne die Anwendung fremden Rechts als „freundliche Zulassung" *(comitas)* unter souveränen Staaten bezeichnen (*Savigny* verweist hier auf *Huber, Johannes Voet* und *Story*).

„Nur darf diese Zulassung nicht gedacht werden als Ausfluß bloßer Großmuth oder Willkür, die zugleich als zufällig wechselnd und vorübergehend zu denken wäre. Vielmehr ist darin eine eigenthümliche und fortschreitende Rechtsentwickelung zu erkennen, gleichen Schritt haltend mit der Behandlung der Collisionen unter den Particularrechten desselben Staates." Denn da die Souveränität ausschied, war für *Savigny* die Lage im IPR keine andere als im interlokalen Privatrecht.

Den *Bereich* der Anwendung eigenen und fremden Rechts will *Savigny* (28, 108) *formal* in der Weise abstecken,

„*daß bei jedem Rechtsverhältniß dasjenige Rechtsgebiet aufgesucht werde, welchem dieses Rechtsverhältniß seiner eigenthümlichen Natur nach angehört oder unterworfen ist* (worin dasselbe seinen Sitz hat)."

Das *Rechtsverhältnis* ist ein Eckpfeiler seines gesamten Rechtssystems. Indem er es hier in den Vordergrund schiebt, ändert er die *Blickrichtung:* die Statutentheorie ging von den *Rechtssätzen* aus und fragte, über welche Tatbestände sie herrschten; *Savigny* geht zwar noch nicht vom *Lebenssachverhalt* aus, wie vielfach behauptet wird. Das Rechtsverhältnis wird wohl als im Kern vorgegeben angesehen, so daß das anwendbare Recht nur die *Ausgestaltung* übernimmt, weswegen Savigny auch der Meinung ist, daß diejenigen „Rechtsinstitute eines fremden Staates" von vornherein von der Anwendung ausgeschlossen seien, „deren Dasein in dem unsrigen überhaupt nicht anerkannt ist" (37f., dazu *Schurig* 80–83). Die „Rechtsverhältnisse" sind aber eng an die *Tatbestände* gebunden, so daß *Savigny* in der Sache von diesen ausgeht und fragt, welchen Rechtssätzen sie unterworfen sind. *Logisch* ist dies dasselbe wie die Frage nach dem Anwendungsbereich der Rechtsätze, was *Savigny* selbst hervorhebt (1–3, dazu *Schurig* 115f.). Aber *psychologisch* besteht ein Unterschied.

Denn wer vom Rechtsverhältnis ausgeht, hat einen der Statutentheorie gleichwertigen Ausgangspunkt und ist doch frei vom Denkzwang ihrer Dreiteilung. Er kann stets unbefangen das rechtspolitisch richtige Ergebnis suchen und bei der Darstellung dem System des materiellen Privatrechts folgen, das jedem Juristen vertraut und bequem ist.

In beiden Richtungen fand *Savigny* Vorarbeit: *Wächter* hatte den Bann der Statutentheorie gebrochen, und er wie schon vor ihm *Story* und *Schaeffner* (1841, oben Schrifttum) hatten das IPR in materiellrechtlicher Aufgliederung dargestellt. Auch war *Schaeffner* bereits vom Rechtsverhältnis ausgegangen (aaO 40).

Das *eigene* Verdienst *Savignys*? Er bereitet den Stoff des IPR bis in die Einzelheiten aus. Keine Regel wird angenommen ohne umsichtige und reife Erwägung des rechtspolitischen Für und Wider. Die Tradition ist benutzt, aber maßvoll; sie erdrückt nie den eigenen Gedanken. Der Inhalt ist durchsichtig, die Sprache klassisch. Über allem liegt ein ruhiges Licht.

Die *Wirkung Savignys* im Inland und Ausland war enorm. Vor allem setzte er in Deutschland durch: die Anknüpfung an die *lex rei sitae* (statt an den Eigentümerwohnsitz) für *bewegliche Sachen* (169–181) und die Geltung *einheitlichen Rechts für die Erbfolge* (295–308), nämlich des für die persönlichen Verhältnisse des Erblassers maßgebenden Rechts, das für *Savigny* noch das Recht des Wohnsitzes war, nicht das Recht des Staats, dem der Erblasser angehört hatte (98–101).

In *Savignys* Sinne wurden sogar Gesetze umgedeutet. Die Grundstücksnorm des ALR (Einleitung § 32: *lex rei sitae*) wurde auf Einzelsachen beschränkt; die Fahrnisnorm (§ 28: Wohnsitz des Eigentümers) wurde auf das Vermögen beschränkt, insoweit aber auch auf Grundstücke ausgedehnt (*Wolff* IPR 19 Fn. 23; vgl. auch unten S. 854). Die Fahrnisnorm des ABGB (§ 300 HS 2: Staatsangehörigkeit des Eigentümers) wurde für Einzelsachen zugunsten der Anknüpfung an die *lex rei sitae* aufgegeben (*Schwind* 269 Fn. 24).

Auch die Lehre vom *„Sitz"* der Rechtsverhältnisse hat nachgewirkt: *Otto von Gierke* spricht vom *„Schwerpunkt"*, *Ludwig von Bar* von der *„Natur der Sache"* (vgl. oben S. 115).

Aber die *comitas* ist nicht ausgestorben: Sie ist enthalten in der Grundentscheidung, fremdes Recht als in der Anlage inhaltlich gleichwertiges Recht anzuerkennen und gegebenenfalls zur Fallösung heranzuziehen. Denn aus eigener Kraft „gilt" fremdes Recht bei uns nicht, wir müssen seinem *rationalen* Element stets unser *imperatives* Element, unseren Anwendungsbefehl „leihen" (vgl. unten S. 174). Diese Grundentscheidung ist freilich unumkehrbar. Die Anwendung ausländischen Privatrechts im *Einzelfall* beruht heute auf eigenen kollisionsrechtlichen Interessen und kann nicht auf „comitas" als ein Entgegenkommen dem fremden *Staat* gegenüber gestützt werden. Am nächsten kommt dem noch die Anwendung fremden *Eingriffs*rechts aufgrund der „internationalen Interessensympathie" (oben S. 139f.). – Den Begriff *comitas* (oder eine Entsprechung) findet man zuweilen im internationalen Privatrecht (z.B.

OLG Hamburg IPRspr. 1979 Nr. 147 S. 502 [„internationale Höflichkeit"]; *Lord Diplock* in *The Abidin Daver,* [1984] 2 W.L.R. 196 [203]; *Sir John Donaldson* in *Settebello Ltd. v. Banco Totta and Acores* [C.A.], [1985] 1 W.L.R. 1050 [1057: *„comity or good neighbourliness"*]; *Philips J.* in *Lemenda Trading Co. Ltd. v. African Middle East Petroleum Ltd.,* [1988] 2 W.L.R. 7345 [742, 747]), vereinzelt im internationalen Verfahrensrecht (OLG Düsseldorf IPRspr. 1989 Nr. 239 = MDR 1990, 165 [*„Comity"*]) und häufiger im internationalen öffentlichen Recht (z.B. Akehurst, Brit. Y.B.Int.L. 46 [1972/73], 214–216; *Finkelmann,* An Imperfect Union: Slavery, Federalism, and Comity, Chapel Hill 1981; *Ritter,* Das Prinzip Rücksicht, Zu den internationalen Grenzen der Steuerhoheit, BB 1984, 1109–1115; *Mann,* Foreign Affairs in English Courts, Oxford 1986, 134–147).

X. Die weiteren Schritte zum modernen IPR

Die „Überwindung" der Statutenlehre durch *Wächter* und *Savigny* hat die Weichen gestellt zur Entwicklung des modernen internationalen Privatrechts „klassischer" Prägung (zu Alternativmodellen unten XI, § 6 I, V). Eingeleitet wurde ein Wandel vor allem in folgender Hinsicht:

- Die stillschweigend universalistische Vorstellung der Statutenlehre, es gebe *eine* „richtige", überall gleiche Kollisionsrechtsordung, die in der Lage sei, die privatrechtlichen Einflußsphären der verschiedenen Staaten allgemeingültig gegeneinander abzugrenzen, und die man nur *erkennen* müsse, wurde als Axiom aufgegeben, wenn auch als rechtspolitisches Ideal beibehalten (freilich dauerte es noch lange, bis sich die Idee der staatlichen Eigenverantwortung im IPR endgültig durchsetzte).
- Die Bezogenheit auf die beiden Pole „Territorialität" und „Personalität" wurde abgelöst durch den Ansatz beim privatrechtlichen Rechtsverhältnis (wenn sie auch zum Teil noch immer in der Lehre von den „Eingriffsnormen" nachwirkt).
- Der Zug zu einer „Entästelung" des Kollisionsrechts, zur Vergröberung des Rasters bis hin zum Schema der Dreiteilung der Statuten wurde umgekehrt: es setzte eine bis heute anhaltende Tendenz zur Differenzierung ein.
- Die aus diesem Schema resultierende weitgehend begriffsjuristische Arbeitsweise wurde durch eine neue – schon bei *Savigny* erkennbare –, an den Interessen orientierte Rationalität ersetzt.

  Zum ganzen vgl. *Schurig* 109–120.

Das *fertige System* eines neuen internationalen Privatrechts hat *Savigny* nicht erstellen können; er hat das – anders als andere nach ihm – auch niemals behauptet. Das IPR bezeichnete er als „erst im Werden begriffen", als „unfertig", und er meinte, daß jeder „es sich zur Ehre rechnen [muß], wenn es ihm gelingt, den fortgehenden geistigen Prozeß durch Zurückführung dieser Lehre auf eigentliche Grundsätze weiter fördern zu helfen, selbst wenn sein Versuch, bei fernerer Entwicklung, nur noch als einzelner, vorbereitender Schritt im Andenken bleiben sollte". *Savignys* Entwurf war viel mehr als das; er war der entscheidende Aufbruch in Richtung auf ein modernes IPR. Aber es bedurfte weiterer Schritte, um den heutigen Stand zu erreichen.

Die bei *Savigny* sich ankündigende Abkehr von einem universalistischen IPR führte in der Folgezeit zu einem erbitterten Kampf zwischen zwei Schulen, die man damals die *internationalistische* und die *nationalistische* nannte. Die erste hielt an der Vorstellung fest, daß es eine Art überstaatliches Recht geben müsse, das die zivilrechtlichen Kompetenzen der Staaten allgemeingültig gegeneinander abgrenzt (vgl. oben S. 15f.); nach einer neueren Variante übernehmen die Staaten notgedrungen diese überstaatliche Aufgabe selbst („funktionelle Verdoppelung", vgl. *Schurig* 65, 122). Die zweite Auffassung sah das Setzen von IPR-Normen als Aufgabe des Staates, bei deren Erfüllung dieser seine rechtspolitischen Entscheidungen trifft wie sonst auch, dabei natürlich internationale Belange im Auge behalten wird. Die ursprüngliche Bezeichnung dieser Richtungen hat heute eine eigene Färbung erhalten, die zu falscher Beurteilung verführen kann. Deswegen nennt man die „*Internationalisten*" heute *Aprioristen* oder besser (zur Benennung *Schurig* 121f.) *Universalisten*; die „*Nationalisten*" nennt man *Positivisten* oder besser (denn auch Völkerrecht ist „positives" Recht) *Autonomisten* (weil IPR vom Staat autonom gesetzt wird).

Nur die *autonomistische Auffassung* schafft das Umfeld für rechtspolitisch eigenverantwortliche Normsetzung im IPR; sie emanzipiert das IPR gegenüber einem vorgeblichen „Überrecht" und hat sich heute durchgesetzt. Die herausragenden Köpfe dieser Schule waren in Frankreich *Bartin* und in Deutschland *Franz Kahn* (1861–1904).

Insbesondere die Bedeutung des letzteren ist hoch einzuschätzen. Während *Bartin* stark auf den staatlichen *Ursprung* der Kollisionsnormen im Sinne seiner Rechtsquellenlehre setzt (insoweit wirklicher „Positivist"), stellt *Kahn* mehr die *rechtspolitische* Stellung des normsetzenden Staates in den Vordergrund. Er wird nicht müde zu betonen, daß in dem Auffinden der richtigen, angemessenen Anknüpfung die Hauptaufgabe der IPR-Wissenschaft liegt; die *Weiterentwicklung* und *Verfeinerung* des Anknüpfungssystems ist sein Anliegen; dabei tritt er leidenschaftlich für eine grenzüberschreitende Rechtswissenschaft ein. Auf diese Weise gelingt ihm die Überwindung der (von ihm zunächst geteilten) Auffassung *Savignys*, uns gänzlich unbekannte Rechtsinstitute könnten vom IPR nicht beachtet werden: auch für uns unbekannte Rechtsnormen müssen und können wir die richtige Anknüpfung finden; keine Sachnorm ist andererseits allein wegen ihres Inhalts anwendbar. In seiner noch heute vielzitierten (wenn auch vielleicht weniger gelesenen, aber nach wie vor lesenswerten) Abhandlung „Die Lehre vom ordre public (Prohibitivgesetze)" in Jherings Jb. 40 (1899), 1–87 (die sich *nicht* auf die ordre-public-Klausel bezieht, wie man sie in modernen Gesetzen findet!) räumt er für lange Zeit endgültig mit den Resten statutistischen Denkens im deutschen Rechtskreis auf (zur romanischen Schule unten S. 169–171).

Schrifttum zu **Kahn** und **Bartin**: *Schurig* 121–130; *Lamberg*, Die kollisionsrechtliche Lehre von Franz Kahn (1861–1904), Diss. Göttingen 1975 (mit einem biographischen Vorspann XXI–XXXVI); *Weber*, Die Theorie der Qualifikation. Franz Kahn, Etienne Bartin und die Entwicklung ihrer Lehre bis zur universalen Anerkennung der Qualifikation als allgemeines Problem des Internationalen Privatrechts (1890–1945), 1986 (mit einer kurzen Biographie Kahns 14–23); *Bernasconi*, Der Qualifikationsprozeß im Internationalen Privatrecht, Zürich 1997 (insbes. S. 89–132, 164–167, 186–204, 283–288). – Die Schriften *Kahns* sind gesammelt herausgegeben von *Lenel/Lewald*: Abhandlungen zum internationalen Privatrecht, 2 Bde, München und Leipzig 1928.

War das IPR so aus den Klammern eines imaginären Überrechts rechtspolitisch befreit, so war es immer noch zu eng der Vorstellungswelt der eigenen *Sachrechtsordnung* verhaftet (was sich besonders beim Qualifikationsproblem zeigte; unten § 7). Der „Emanzipation nach außen" mußte noch eine solche „nach innen" folgen.

Dies war schon die Vision *Kahns* (auch hier keineswegs reiner „Nationalist"): „Die beiden bisher im internationalen Privatrecht herrschenden und sich bekämpfenden Methoden – die nationalistische und die internationalistische – sollen überwunden und vereinigt werden durch die rechtsvergleichende Methode" (Bedeutung der Rechtsvergleichung für das internationale Privatrecht, Abhandlungen aaO, 502). *Kahns* früher Tod schloß diesen Weg für die nächsten 30 Jahre.

Derjenige, dem dies gelang, war *Ernst Rabel* (1874–1955, Lichtbild vor S. 177). Er baut auf der autonomistischen Grundanschauung auf und auf dem Kerngedanken (der schon bei *Kahn* anklingt), daß die Kollisionsnormen nicht notwendigerweise (nur) auf das eigene Sachrecht bezogen, sondern dazu angelegt sind, „die Rechtserscheinungen der Welt zu umspannen, gleiche und ungleiche". Diese Fremdrechtsbezogenheit des IPR setzt voraus, daß es an die Kategorien des eigenen Sachrechts nicht gebunden ist. Man hat diesen Ansatz – vielleicht nicht ganz treffend – als **„Dritte Schule im IPR"** bezeichnet (*Zweigert*). Vgl. näher *Schurig* 130–134, und unten S. 294–296.

Nach dem Gelingen der „Emanzipation" in beide Richtungen war der Weg frei, die Rationalität des jetzt „autonomen" IPR auf neue Füße zu stellen. Als erster faßte *Wengler* „allgemeine Rechtsgrundsätze" oder „Maximen" zusammen; *Zweigert* und *Beitzke* folgten. Die im materiellen Recht längst etablierte *interessenjuristische Methode* wurde erstmals 1953 durch *Kegel* auf das IPR übertragen (Begriffs- und Interessenjurisprudenz im internationalen Privatrecht, Fschr. Lewald 1953, 259–289); sie ist bis heute Gegenstand wissenschaftlicher Auseinandersetzungen geblieben (vgl. oben § 2). Zum ganzen *Schurig* 134–136; zur Unterscheidung gegenüber den „governmental interests" unten S. 177f.

XI. Andere moderne Strömungen

Die Diskussion über das IPR seit 1850 verläuft hauptsächlich auf zwei Ebenen. Einmal bemüht man sich um ein besseres Verständnis der *theoretischen Grundlagen*; zum anderen strebt man nach einer besseren *Methode* zur Bewältigung der Einzelfragen. Beide Bereiche haben Berührungspunkte. Im folgenden wird auf Entwicklungslinien hingewiesen, die sich mit dem bisher Dargestellten nicht decken.

1. Theorien

a) Gesamtkonzeptionen

Kurz nach dem Erscheinen des Werks von *Savigny* hielt im Januar 1851 *Pasquale Stanislao* **Mancini** (1817–1888), aus Neapel verbannt, an der Universität Turin einen Vortrag *„della nazionalità come fondamento del diritto delle genti"* (von der Nationalität als Grundlage des Völkerrechts; abgedruckt in *Mancini*, Diritto internazionale, Prelezioni, Neapel 1873, 5–64; neu hrsg. von *Jayme* [*Mancini*, Della nazionalità usw., Turin 1994]). Das Völkerrecht müsse sich auf *Nationen* aufbauen, nicht auf Staaten (Italien war ungeeint und strebte nach Einheit). Die Nationen seien die wirklich lebendigen Einheiten. Die beste Garantie des Völkerrechts liege in der Anerkennung und in der Unabhängigkeit jeder Nation.

Für das IPR ersetzte Mancini später die Nation (die sich über mehrere Staaten erstrecken oder nur einen Teil der Staatsbevölkerung bilden kann) durch die **Staatsangehörigkeit**. Durch ihn gelangte das Staatsangehörigkeitsprinzip (das teilweise schon im code civil von 1804 und im österreichischen ABGB von 1813 Fuß gefaßt hatte) in den italienischen codice civile von 1865, über diesen in den von 1942 und weiter in das IPR-Gesetz von 1995, in den spanischen código civil von 1889, in das EGBGB, in das österreichische IPR-Gesetz von 1978 und in viele andere Gesetze und Staatsverträge.

Wie *Savigny* bejahte *Mancini* eine *Pflicht* der Staaten, ausländisches Recht anzuwenden, und wünschte *allseitige* Kollisionsnormen (unten S. 254f.). Auch die *Rückverweisung* (unten § 10 III) empfahl er schon in bestimmten Fällen. Im IPR wie im internationalen Verfahrensrecht zeigt er sich weltoffen.

Er wurde das Haupt der **„italienischen Schule“** (auch „romanische“ Schule genannt), der u.a. *Esperson* (1868) und *Fiore* in Italien, *Weiss* (1886) in Frankreich und der Belgier *Laurent* angehörten.

Mancini und seine Schule unterscheiden Rechtssätze, die den *Privatinteressen* dienen, und solche, die *öffentlichen Interessen* dienen. Die erste Gruppe gilt für die *Personen, die dem Staate angehören*, der die privatnützlichen Rechtssätze erlassen hat. Zum Beispiel ist die Erbfolge nach dem Recht des Staates zu beurteilen, dem der Erblasser angehört hat (Nachlaßeinheit). Selbst für Fahrnis gilt das Heimatrecht des Eigentümers. Die zweite Gruppe gilt für das *Gebiet des Staates*, der die Rechtssätze zum öffentlichen Nutzen erlassen hat. Hier geht es um die öffentliche Ordnung, den *„ordre public“*. Er umfaßt neben dem eigentlichen öffentlichen Recht alle privatrechtlichen Regeln, die für die staatliche Ordnung wichtig sind, insbesondere die Rechtssätze über Grundstücke.

Keime des *ordre public* zeigt schon das Mittelalter (dazu *Kaufmann* 1972 [oben Schrifttum S. 148 unter III 1 a]). Über die *public policy* hatte, gestützt auf englische und amerikanische Entscheidungen, *Joseph Story* in seinen Commentaries geschrieben (§§ 25, 32). In Deutschland gab es Ansätze (*Wächter*, AcP 25 [1842], 6). Aber erst *Savigny* vertiefte die Lehre (näher unten S. 453f.). Auf dem von ihm gelegten Fundament baut zum Teil die italienische Schule. Doch hat ihr Ansatz andererseits große Ähnlichkeit mit dem der Statutenlehre, deren Eckpfeiler Territorialität und Personalhoheit sie verwendet, um die Reichweite so kategorisierter Gesetze zu bestimmen. Infolgedessen macht sie den *ordre public* zu einer *Säule* des IPR, während ihn *Savigny* (jedenfalls theoretisch) als *Ausnahme* betrachtet hatte. Das mag sich zum Teil daraus erklären, daß der Übergang zum Staatsangehörigkeitsprinzip viel öfter zur Anwendung fremden Rechts führt als die Wohnsitzanknüpfung, die Savigny vertreten hatte, und daß deswegen auch das Gegengewicht des *ordre public* (in seiner *positiven* Funktion, unten § 16 I) Verstärkung zu brauchen schien. In Deutschland wurde diese „moderne Statutenlehre“ kraftvoll bekämpft und widerlegt durch *Franz Kahn* (oben S. 168).

Neben die Anknüpfung an die Staatsangehörigkeit und an das Staatsgebiet stellte man in der italienischen Schule noch den Grundsatz der *Parteiautonomie* (Wahl des auf Schuldverträge anwendbaren Rechts durch die Kontrahenten) und (so *Weiß*) die Anknüpfung an den *Abschlußort* für die Form von Rechtsgeschäften.

Schrifttum zu Mancini: Älteres Schrifttum 7. Aufl. S. 148 f. Weiter: *Jayme* (Hrsg.), Della nazionalità come fondamento del diritto delle genti di Pasquale Stanislao Mancini, Turin 1994; *Nishitani*, Mancini und die Privatautonomie im Internationalen Privatrecht, Diss. Heidelberg 1998 (nz).

Unter dem Einfluß der italienischen Schule steht *Antoine* **Pillet** (1857–1926).

Nach *Pillet* (Traité pratique de droit international privé I 1923, 101–119) will ein Rechtssatz von Hause aus *immer* („permanent") und für *alle* („allgemein") gelten. Im internationalen Bereich muß man jedoch im Interesse der *Rechtsgemeinschaft der Völker,* der *Harmonie zwischen den Völkern* zum Teil verzichten. Man muß verzichten entweder auf die Allgemeinheit (indem z. B. Fremde bei uns nach ihrem Recht beurteilt werden) oder auf die Permanenz (indem z. B. Einheimische in der Fremde nach fremden Recht beurteilt werden). Im internationalen Bereich haben also die Rechtssätze nicht beide Eigenschaften zugleich, sondern sind entweder bloß permanent *(„lois permanentes")* und damit *„extraterritorial"* oder bloß allgemein *(„lois générales")* und damit *„territorial"*.

Entscheiden, ob ein Rechtssatz permanent oder allgemein sein soll, muß man nach dem „Gesetz des geringsten Opfers". Welches Opfer am geringsten ist, ergibt der *„but social"* (der soziale Zweck) eines Rechtssatzes. Denn der Zweck ist „die Seele des Gesetzes". Alle Rechtssätze, auch die des Privatrechts, dienen dem öffentlichen Wohl *(bien public).* Anzuwenden ist der Rechtssatz des *am meisten interessierten Staates („respect de la souveraineté la plus intéressée").* Die Rechtssätze wollen nun in der Hauptsache schützen entweder den zu schwachen Einzelnen *(„lois de protection individuelle")* oder die Gesellschaft gegen Exzesse Einzelner *(„lois de garantie sociale ou de l'ordre public").*

Die Rechtssätze zum *Schutz des Einzelnen* können ihren Zweck nur erreichen, wenn sie stets auf ihn angewandt werden. Sie sind daher *permanent* und *extraterritorial.* Da am meisten interessiert der Staat ist, dem eine Person angehört, sind anzuwenden die zum Schutze des Einzelnen bestimmten Rechtssätze desjenigen Staates, dem der Einzelne angehört; anzuknüpfen ist an die *Staatsangehörigkeit,* nicht an den Wohnsitz.

Die Rechtssätze zum *Schutz der Gesellschaft* erfüllen ihren Zweck nur, wenn sie im Staatsgebiet auf alle angewandt werden, und sind daher *allgemein* und *territorial.* Welcher Staat am meisten interessiert und wessen Recht daher anzuwenden ist, hängt ab vom besonderen Zweck der einzelnen Rechtssätze. Zum Beispiel gilt für Strafrechtsbestimmungen das Recht des Handlungsorts, für Grundstücke die *lex rei sitae,* für den Ablauf des Verfahrens die *lex fori,* für Höchstzinssätze das Recht des Ortes der Darlehnshingabe.

Die Rechtssätze des *ordre public* sind *keine Ausnahme.* Denn ihr Anwendungsbereich ist Ausfluß der Gebietshoheit, wie der Anwendungsbereich der Rechtssätze des Individualschutzes aus der Personalhoheit folgt. Manche Rechtssätze gehören zu beiden Gruppen. So ist das Verbot der Vaterschaftsklagen Regel des *ordre public* und daher gilt die *lex fori* (z. B. für Ausländer in Frankreich); es dient aber auch dem Schutz der Einzelnen und daher gilt das Heimatrecht (z. B. für Franzosen im Ausland).

Über Pillets Lehre vom Schutz erworbener Rechte oben S. 23 f.

Pillets bedeutendster Schüler war *J.-P.* **Niboyet** (1886–1952). Er schloß sich zunächst eng an *Pillet* an. Später dehnte er den Anwendungsbereich der *lex fori* ungewöhnlich weit aus (vgl. seinen Aufsatz Harv. L. Rev. 65 [1952], 582–596).

Auf thomistischem Hintergrund lehrte *Henri* **Batiffol** (1905–1989, Lichtbild vor 177) in seinen „Aspects philosophiques du droit international privé" von 1956: Neben den nationalen Gesellschaften entwickelt sich eine *internationale Gesellschaft.* Sie ist der *Gegenstand* des IPR. Die *Aufgabe* des IPR ist, die einzelnen materiellen Privatrechte zu *koordinieren.* Die *Lösungen* der Aufgabe ergeben sich in den einzelnen positiven Internationalprivatrechten aus den Zwecken, die hier verfolgt werden.

„1. Sie (scil. diese Lösungen) müssen die *Billigkeit* und die von den *Interessen der Privaten* geforderte *Nützlichkeit* suchen; die Billigkeit umschließt in einem Streben nach Gleichheit die Sorge um den *Respekt jedermanns* und sei er Ausländer.

2. Sie werden Rechnung tragen den *allgemeinen Interessen der Gemeinschaft,* in welche die jeweiligen Beziehungen eingebettet sind, und an erster Stelle derjenigen Gemeinschaft, in deren Namen der Gesetzgeber oder der Richter sich äußert.

3. Man wird ins Auge fassen die *speziellen Interessen der internationalen Gesellschaft,* so embryonär sie sein mag; denn diese Beziehungen sind eines seiner (scil. des IPR) konstitutiven Elemente." (AaO S. 229, Hervorhebungen zugefügt.)

Batiffol sieht die internationale Gesellschaft hauptsächlich als Gesellschaft der *Staaten.* Die internationalen Beziehungen zwischen Privaten berührten die internationale Ordnung und so liege es nahe, auszugehen vom *Völkerrecht.* Dort finde man aber wenig und deswegen entschieden – da der Jurist gewöhnlich vom Allgemeinen zum Besonderen fortschreite – die *Zwecke der internationalen Privatrechte* (*Batiffol,* Les intérêts de droit international privé, Fschr. Kegel 1977, 11–21 [13, 18]). Hier wiederum sei auszugehen von *allgemeinen Prinzipien,* etwa der Natur der Sache. Wo diese versagten, müsse man – in einem ebenfalls üblichen juristischen Verfahren – weitergehen zur Prüfung der *Umstände* und vor allem des erstrebten *Ziels* (aaO 13f.). Dabei gehe es nicht um die Einzelnen, sondern um Beziehungen zwischen ihnen (aaO 15f.). Außerdem wirkten mit Interessen *Dritter* und das *Gesamt*interesse, über das der Staat zu wachen habe; dahin gehörten auch eine harmonische Ordnung innerhalb des Staates und Einklang mit den anderen Staaten, zum Teil sogar mit öffentlichen Interessen fremder Staaten (aaO 17–20).

Siehe auch *Batiffol,* Réflexions sur la coordination des systèmes nationaux, Rec. 1967 II, 165–190 (= *Batiffol,* Choix d'articles, Paris 1976, 199–212); *Batiffol,* Droit comparé, droit international privé et théorie générale du droit, Rev.int.dr.comp. 1970, 661–674 (= Choix d'articles, aaO 335–346). Über Batiffol: *Kropholler,* Batiffol – Klassiker des IPR, RabelsZ 33 (1969), 94–114; *Kegel,* RabelsZ 49 (1985), 168–171; *Remiro Brotons,* Henri Batiffol y la doctrina española de Derecho internacional privado, Rev.esp.der.int. 1985, 403–421.

Von den *deutschen* Systemen *Zitelmanns* und *Frankensteins* war schon die Rede (oben S. 15f.). Zu *unilateralistischen* Systementwürfen auch unten § 6 V. Zu *W. Goldschmidt* 7. Aufl. S. 151.

b) Theorien zur Anwendung fremden Rechts

Schrifttum: *Cheatham,* American Theories of Conflict of Laws, Harv.L. Rev. 58 (1945), 361–394 (Abdruck in: *Culp,* Selected Readings on Conflict of Laws, 1956, 48–70); *Cavers,* Comment: The Two „Local Law" Theories, Harv.L. Rev. 63 (1950), 822–832 (Abdruck in: *Culp* aaO 124–131) und Rec. 1970 III, 99; *Yntema,* Fschr. Rabel 1954, I 532–537 (vgl. Schrifttum oben VIII); *Carswell,* The Doctrine of Vested Rights in Private International Law, Int. Comp.L.Q. 8 (1959), 268–288; *Nadelmann* Fschr. Gutzwiller 1959, 276–280 (= *Nadelmann,* Conflict of Laws: International and Interstate, den Haag 1972, 14–18); *Vitta,* Il principio dell'uguaglianza tra „lex fori" e diritto straniero, Mailand 1964; *Vitta,* La „lex fori" nei conflitti di leggi, Dir. Int. 1964, 310–

323; *Parra-Aranguren,* Origen y evolución del sistema angloamericano de Derecho internacional privado, Revista de Derecho y Legislación 53 (1964), 187–262 = *Parra-Aranguren,* Monografías selectas de derecho internacional privado, Caracas 1984, 195–251; *Muir-Watt,* Quelques remarques sur la théorie anglo-américaine des droits acquis, Rev. crit. dr. i. p. 1986, 425–455; *Dane,* Vested Rights, „Vestedness," and Choice of Law, Yale L.J. 96 (1987), 1191–1275; *von Bar,* Theorien zur Erklärung der Anwendung ausländischen Rechts und kollisionsrechtliche Methode, Gedächtnisschr. François Laurent, Brüssel 1989, 1167–1179; *Brilmayer,* Rights, Fairness, and Choice of Law, Yale L. J. 98 (1989), 1277–1319; *Parra-Aranguren,* Rec. 1988 III (erschienen 1989), 143–158; *Schlegel,* American legal Realism and Empirical Social Science, Chapel Hill 1995 (über Cook S. 147–210, 219f. und an vielen anderen Stellen [siehe Index S. 406f.]).

Ulrich Huber hatte gesagt: „die Lenker der Reiche kommen darin entgegen *(ita comiter agunt),* daß die Rechte eines jeden Volkes, die innerhalb seiner Grenzen ausgeübt werden, überall ihre Wirkung behalten" (oben S. 135). Dies trug späte Früchte in England und den USA. Man war dort von dem Skrupel geplagt, wie sich die Anwendung fremden Rechts mit der eigenen Souveränität vertrage. Die Antwort war: Es wird kein fremdes objektives Recht angewandt; vielmehr wird nur die Tatsache zur Kenntnis genommen, daß durch eine im fremden Land vorgenommene Handlung nach dortigen Rechtssätzen ein subjektives Recht entstanden ist, dieses subjektive Recht wird im eigenen Land anerkannt und nach dem eigenen Recht (durch novatorisches Urteil und gegebenenfalls Zwangsvollstreckung) mit Rechtsschutz ausgestattet. So lehrten in England *Dicey* seit 1885 (von *Huber* beeinflußt durch den englischen Rechtsphilosophen *Holland*) und in den USA *Joseph Beale* seit 1896, beide zu ihrer Zeit führend. Man nennt diese Ansicht die **vested rights theory.** Zum Beispiel sagte *Beale,* Treatise on the Conflict of Laws, 1935, III 1969:

„A right having been created by the appropriate law, the recognition of its existence should follow everywhere. Thus an act valid where done cannot be called in question anywhere."

Dieser Theorie folgte auch der berühmte amerikanische Richter *Oliver Wendell Holmes,* nur daß er statt von „right" von „obligation" sprach: weder unterliege eine im fremden Land vorgenommene Handlung der *lex fori* noch wirke das Recht des Handlungsorts außerhalb seines Gebiets, sondern: „Although the act complained of was subject to no law having force in the forum, it gave rise to an obligation, an *obligatio,* which, like other obligations, follows the person, and may be enforced wherever the person may be found" (*Slater* v. *Mexican National R.R.,* 194 U.S. 120, 126 [1904]).

Über *Pillets* Theorie vom Schutz der *droits acquis,* die ebenfalls auf Souveränitätserwägungen beruht, oben S. 23f.

Daß die Anwendung fremden Rechts der eigenen Souveränität nicht widerspricht, wurde in den USA noch auf andere Weise erklärt. Nach der sog. **local law theory** wird nicht ein fremdes subjektives Recht anerkannt, sondern ein eigenes geschaffen, allerdings nach dem Muster der fremden Rechtssätze, die von der eigenen Rechtsordnung nachgebildet sind. Hauptvertreter dieser Meinung sind *Walter Wheeler Cook, Ernest G. Lorenzen* und der Richter *Learned Hand.* So heißt es bei *Cook* (The Logical and Legal Bases of the Conflict of Laws, 1949, 20f.): das Forum „always applies its own law to the case, but in doing so adopts and enforces as its own law a rule of decision identical, or at least highly similar ..., in scope with a rule of decision found in the system of law in force in another state [Einzelstaat der USA] or country [Ausland] ... The forum thus enforces not a foreign right but a right created by its own law."

Ein Gegenstück hat die *local law theory* in **Italien.** Hier betont man die *Ausschließlichkeit der Rechtsordnung* unter dem Einfluß von *Santi Romano,* L'ordinamento giuridico, 1918, 2. Aufl. 1946, Nachdruck Florenz 1951 (deutsche Übersetzung „Die Rechtsordnung" hrsg. von *Schnur,* 1975; französische Übersetzung „L'ordre juridique" von *Francois* und *Gothot,* Paris 1975; dazu *Fuchs,* Die Allgemeine Rechtstheorie

Santi Romanos, 1979). Sie kann fremdes Recht nicht aufnehmen. So z.B. *Ago,* Rec. 1936 IV, 302: „... l'ordre juridique est toujours nécessairement exclusif, dans le sens qu'il exclut le caractère juridique de tout ce qui ne rentre pas en lui-même" (... die Rechtsordnung ist immer notwendig ausschließlich in dem Sinne, daß sie den Rechtscharakter alles dessen ausschließt, was nicht in sie selbst eintritt).

Daher kann fremdes Recht nur *„rezipiert"* werden: die Kollisionsnorm des IPR *„produziert"* eigene Sachnormen, die denen der von der Kollisionsnorm bezeichneten Rechtsordnung entsprechen. Manche halten diese Rezeption für *„materiell":* es werden gleichartige eigene Sachnormen geschaffen *(Pacchioni).* Andere halten sie für *„formell":* die fremden Sachnormen werden der eigenen Rechtsordnung „inkorporiert" *(Ago).*

Näher: *Pau* in: Comunicazioni e studi IV, 1952, 481–501 und in Riv. dir. int. 1953, 64–104; *Bernardini,* Produzione di norme giuridiche mediante rinvio, Mailand 1966; *Batiffol/Lagarde,* Droit international privé I[8], 1993, 527f. *Gegen* die Rezeptionstheorien *Tommasi di Vignano,* Lex fori e diritto straniero, Padua 1964, 49f., 103; *Capelleti,* in: Die Anwendung ausländischen Rechts im IPR, 1968, 29f.

Eine einleuchtendere Erklärung hat *Batiffol* entwickelt: Eine Norm besteht einerseits aus einem *rationalen* Element, dem sachlichen Inhalt, hervorgegangen aus Interessenwertung und rechtspolitischer Entscheidung, und andererseits aus dem *imperativen* Element, dem Anwendungsbefehl. Wenden wir aufgrund kollisionsrechtlicher Anweisung eine fremde Norm an, so verwenden wir ihr rationales Element. Das (ursprüngliche) imperative Element kann sich nicht an uns richten; es wird durch unsere Kollisionsnorm ein eigenes imperatives Element hinzugefügt, das den für uns maßgeblichen Anwendungsbefehl gibt (*Batiffol,* Aspects philosophiques du droit international privé, Paris 1956, 110–119, 139; vgl. auch *Schurig* 70–72).

2. Methoden

Gesamtüberblicke: *Jakubowski,* Nouvelles tendances en droit international privé, Pol.Yb. Int.L. 1976, 7–31; *Boggiano,* Del viejo al nuevo derecho internacional privado, Buenos Aires 1981; *Schurig,* Kollisionsnorm und Sachrecht, 1981, 16–50, 271–350; *Audit,* Le caractère fonctionnel de la règle de conflit (sur la „crise" des conflits de lois), Rec. 1984 III (erschienen 1985), 219–397; *Schwind,* Aspects et sens du droit international privé, Rec. 1984 IV (erschienen 1985), 9–144; *Firsching,* Der gegenwärtige Stand des IPR (einschließlich des internationalen Verfahrensrechts) unter Berücksichtigung neuerer bedeutsamer Literatur, IPRax 1985, 125–131; *Juenger,* Wandel und Wandlungen des IPR, in: *Holl/Klinke* (Hrsg.), Internationales Privatrecht, internationales Wirtschaftsrecht, 1985, 91–101; *Sakurada,* Wirkungsbereich und Funktion des Kollisionsrechts, Einige Gedanken über Savignys IPR, ebd. 127–144; *Keller/Siehr* 109–126; *Siehr,* Da Livermore a Rabel: tradizione europea e tradizione americana del diritto internazionale privato, Riv.dir.int.priv.proc. 1988, 17–52; *Wengler,* L'évolution moderne du droit international privé et la prévisibilité du droit applicable, Rev.crit.dr.i.p. 1990, 657–674 (auch abgedruckt in: Fundation Calouste Gulbenkian, Droit international et Droit communautaire, Paris 1991, 11–24); *Hay,* Flexibility versus Predictability and Uniformity in Choice of Law, Reflections on Current European and United States Conflicts Law, Rec. 226 (1991), 281–412; *Šarčevič,* The modernization of private international law after World War II, in: *von Bar* (Hrsg.), Perspektiven des IPR nach dem Ende der Spaltung Europas, 1993, 11–25; *Boggiano,* Derecho Internacional y Derecho de las Relaciones entre los Ordenamientos Jurídicos. Ius inter iura, Buenos Aires 1997.

a) Europa

Schrifttum: Älteres Schrifttum 7. Aufl. S. 153–155. Weiter: *Centrum voor Buitenlands Recht en Internationaal Privaatrecht Amsterdam* (Hrsg.), Forty Years On: The Evolution of Postwar Private International Law in Europe, Deventer 1990; *Vonken,*

Balancing Processes in International Family Law. On the determination and weighing of interests in the conflict of laws and the „openess" of the choice of law system, ebd. 171–194; *Wengler*, L'évolution moderne du droit international privé et la prévisibilité du droit applicable, Rev.crit.dr.i.p. 1990, 657–674 (auch abgedruckt in: Fundation Calouste Gulbenkian, Droit international et Droit communautaire, Paris 1991, 11–24); *Guedj*, The Theory of the Lois de Police, A Functional Trend in Continental Private International Law – A Comparative Analysis With Modern American Theories, Am.J.Comp.L. 39 (1991), 661–697; *Kramer*, Choice of Law in the American Courts in 1990: Trends and Developments, Am.J.Comp.L. 39 (1991), 465–491; *Boschiero*, Norme di diritto internazionale privato „facoltative"?, Riv.dir.int.priv.proc. 1993, 541–588; *de Boer*, The Missing Link. Some Thoughts on the Relationship between Private International Law and Comparative Law, Fschr. Kokkini-Iatridou, Dordrecht 1994, 15–25; *Domínguez Lozano*, Las concepciones publicista y privatista del objeto del derecho internacional privado en la doctrina europea: Reconstrucción historica, Rev.esp.der.int. 1994, Nr. 1, 99–135; *García Velasco*, Derecho internacional privado (Reflexiones introductorias), Salamanca 1994 (bespr. von *Fernández Arroyo*, Rev.esp. der.int. 1995, Nr. 1, 365–367; *Muir Watt*, Rev.crit.dr.i.p. 1996, 581 f.); *Sánchez Lorenzo*, Postmodernismo y derecho internacional privado, Rev.esp.der.int. 1994, Nr. 2, 557–585; *Alvarez González*, Objeto del Derecho internacional privado y especialización normativa, Rev.der.priv. 1995, 768–797; *Dasser*, Unfallverhütung bei Rechtskollisionen: Ergebnisorientierte Flexibilität im schweizerischen IPRG, Fschr. Heini, Zürich 1995, 103–122; *Fallon*, Les conflits de lois et de juridictions dans un espace économique intégré, Rec. 253 (1995), 9–281; *Jayme*, Identité culturelle et intégration: le droit international privé postmoderne, Rec. 251 (1995, erschienen 1996), 9–267; *Koerner*, Fakultatives Kollisionsrecht in Frankreich und Deutschland, Diss. Hamburg 1995 (bespr. von *Einsele*, RabelsZ 60 [1996], 509–516); *Reichert-Facilides*, Fakultatives und zwingendes Kollisionsrecht, Diss. Frankfurt 1995 (bespr. von *Einsele*, RabelsZ 60 [1996], 509–516, *Sánchez Lorenzo*, Rev.esp.der.int. 1996, Nr. 1, 526–531); *Reimann*, Conflict of Laws in Western Europe: A Guide through the Jungle, New York 1995 (bespr. von *Borchers*, Am.J.Comp.L. 44 [1996], 387–389); *Schmidtchen*, Territorialität des Rechts, Internationales Privatrecht und die privatautonome Regelung internationaler Sachverhalte: Grundlagen eines interdisziplinären Forschungsprogramms, RabelsZ 59 (1995), 56–111; *Schwander*, Methodische Defizite des IPR-Kollisionsrechts – wie weiter?, Fschr. Heini, Zürich 1995, 389–405; Principios, objetivos y métodos del Derecho internacional privado. Balance y perspectivas de una década. Cuartas jornadas de Derecho internacional privado, Madrid 1995; *de Boer*, „Een zoo doeltreffend en rechtvaardig mogelijke ordening". Vragen rond de bestaansgrond van het internationaal privaatrecht, Amsterdam 1996; *de Boer*, Facultative Choice of Law. The Procedural Status of Choice-of-Law-Rules and Foreign Law, Rec. 257 (1996), 223–427; *Bucher*, Vers l'adoption de la méthode des intérêts? Réflexions à la lumière des codifications récentes, Trav.com.fr.dr.i.p. 1993–94/1994–95 (erschienen 1996), 209–228; *Fauvarque-Cosson*, Libre disponibilité des droits et conflits de lois, Paris 1996 (bespr. von *Gaudemet-Tallon*, Rev.crit.dr.i.p. 1997, 381–386; *Legier*, JDI (Clunet) 1997, 678–680; *Ancel*, Rev.int.dr.comp. 1998, 266–269); *Nordin*, Umfang der kollisionsrechtlichen Verweisung. Insbesondere: Art. 13 IPRG, Anwendung fremden Rechts, einschließlich fremder Teilrechtsordnungen und fremden Wirtschafts- und Staatsvertragsrechts, Diss. St. Gallen 1996; *Picone*, La teoria generale del diritto internazionale privato nella legge italiana di riforma della materia, Riv.dir.int. 1996, 289–364; *Habermeier*, Neue Wege zum Wirtschaftskollisionsrecht. Eine Bestandsaufnahme prävalenter wirtschaftskollisionsrechtlicher Methodologie unter dem Blickwinkel des kritischen Rationalismus, 1997; *Jayme*, Internationales Privatrecht und postmoderne Kultur, ZfRV 1997, 230–236; *Meeusen*, Nationalisme en Internationalisme in het Internationaal Privaatrecht, Antwerpen-Groningen 1997; *Muir Watt*, Les principes généraux en droit international privé français, JDI (Clunet) 1997, 403–415; *Pontier*, Conflictenrecht: grondslagen, methoden, beginselen en belangen. Een politiek liberaal perspectief, Nijmegen 1997; *Schwander*, Tentativo di determinare nel diritto internazionale privato e nella procedura civile internazionale un punto di vista fisso al di là della disciplina del foro, Fschr. Broggini, Mailand 1997, 497–517; *de Vareilles-Sommières*, La compétence internationale de l'État en matière de droit privé. Droit international public et droit international privé, Paris 1997 (bespr. von *Muir Watt*, Rev.crit.dr.i.p. 1997, 396–401; *Gaudemet-Tallon*, Rev.int.dr.comp. 1998, 286–288); *Audit*, Le droit international privé à la fin du XXe siècle: progrès ou recul, Rev.int.dr.comp. 1998, 421–448; *Dodge*, Extraterritoriality and Conflict-of-Laws Theory: An Argument for Judicial Unilateralism, Harv. Int. L.J. 39 (1998), 101–169; *Jayme*, Machado Villela (1871–1956) und das Internationale Privatrecht, Fschr. Drobnig 1998, 289–297; *Juenger*, Amerikanische Praxis und europäische Übereinkommen. Bemerkungen zur transatlantischen Internationalprivatrechtsvergleichung, ebd. 299–313; *Lando*, The eternal crisis, ebd. 361–379; *Siehr*, „False Conflicts", „lois d'application immédiate" und andere „Neuentdeckungen" im IPR. Zu gewissen Eigengesetzlichkeiten kollisionsrechtlicher Systeme, ebd. 443–454; *Picone*, Caratteri ed evoluzione del metodo tradizionale dei conflitti di leggi, Riv.dir.int. 1998, 5–68.

Neben der theoretischen Durchdringung des Ganzen (oder des „Fundaments") werden seit 1850 mit verfeinerten Methoden die *Einzelfragen* erforscht. Das IPR *„spezialisiert"* sich wie alle anderen Wissenszweige.

Das heißt nicht notwendig, daß man sich auf Fragen des *Besonderen Teils* des IPR zurückzieht, obgleich manche starke Skepsis gegen den Allgemeinen Teil hegten (*Raape, Rabel*); denn es gibt auch „Spezialisten" des *Allgemeinen Teils* und der Grundlagenforschung. Vielfach zeigt sich die Spezialisierung auch darin, daß man sich bewußt auf das geltende IPR des eigenen Landes beschränkt. Auch wenn nach dem Vorbild *Ernst Rabels* vielfach **rechtsvergleichend** verfahren wird, indem sowohl ausländisches materielles Recht wie ausländisches IPR herangezogen werden, bleibt doch stets klar, von welchem geltenden IPR jeweils die Rede ist und ob *de lege lata* oder *de lege ferenda* gesprochen wird; auch diese Forschungsrichtung dient also besserem Verständnis der Einzelfragen. Dasselbe gilt von der Hinwendung zur **Rechtsprechung**, die auf dem europäischen Kontinent zunehmend erschlossen worden ist (in Deutschland zuerst *Ludwig von Bar*, dann vor allem *Lewald, Melchior, Nußbaum* und *Rabel*; in Frankreich zuerst *Bartin* und später besonders *Batiffol*).

Die neuere Grundlagendiskussion in Europa ist stark beeinflußt durch radikale Theorien, die in den USA das Kollisionsrecht durcheinandergewirbelt haben. Ihnen soll zunächst die Aufmerksamkeit gelten.

b) USA

Schrifttum: Älteres Schrifttum 7. Aufl. S. 156–161. Weiter: *Peterson*, New Openness to Statutory Choice of Law Solutions, Am.J.Comp.L. 38 (1990), 423–429; *Maier/McCoy*, A Unifying Theory for Judicial Jurisdiction and Choice of Law, Am.J.Comp.L. 39 (1991), 249–292; *Mazza-Teubner*, Die Wiederkehr der Comitas. Zu den Wandlungen des Politikbegriffs im amerikanischen und deutschen Kollisionsrecht, Diss. Bremen 1991; *Carter*, Choice of Law: Methodology or Mythology, Fschr. Lalive, Basel 1993, 11–20; *Juenger*, Choice of Law and Multistate Justice, Dordrecht 1993 (bespr. von *Kerameus*, Rev.hell.dr.int. 49 [1996], 301–304); *Bliesener*, Fairness and Choice of Law: A Critique of the Political Rights-Based Approach to the Conflict of Laws, Am.J.Comp.L. 42 (1994), 687–710; *Pfund*, Contributing to Progressive Development of Private International Law: the International Process and the United States Approach, Rec. 1994 V, 9–144; *Sterk*, The Marginal Relevance of Choice of Law Theory, U.Pa.L.Rev. 142 (1994), 949–1031; *Borchers*, The Return of Territorialism to New York's Conflicts of Law: Padula v. Lilarn Properties Corp., Albany L. Rev. 58 (1995), 775–787; *Brilmayer*, The Role of Substantive and Choice of Law Policies in the Formation and Application of Choice of Law Rules, Rec. 252 (1995), 9–111; *Dasser*, Unfallverhütung bei Rechtskollisionen: Ergebnisorientierte Flexibilität im schweizerischen IPRG, Fschr. Heini, Zürich 1995, 103–122; *Juenger*, The Evolution of American Choice-of-Law doctrines since Heini's „Neuere Strömungen", ebd. 225–237; *Green*, Legal Realism, Lex Fori, and the Choice-of-Law Revolution, Yale L.J. 104 (1995), 967–994; *Scheibel*, Die ökonomische Analyse im Kollisionsrecht und Entscheidungen amerikanischer Gerichte zu „forum selection clauses", RIW 1995, 197–202; *Stegemann*, Der Anknüpfungsgesichtspunkt der most significant relationship nach dem Restatement of the Laws; Second; Conflict of the Law 2nd im deutschen internationalen Deliktsrecht und Vertragsrecht, Diss. Mainz 1995; Symposium: Conflict of Law in the Global Village: International Conflict Issue for the General Course in Conflict of Law, Vand.J.T.L. 28 (1995), 359–501 (mit Beiträgen von *Maier, Burman, Silberman, Lowenfeld, Reynolds, Borchers, Juenger*); *Fentiman* (Hrsg.), Conflict of Laws, Aldershot 1996; *McDougal*, Toward the Increased Use of Interstate and International Policies in Choice-of-Law Analysis in Tort Cases under the Second Restatement and Leflar's Choice-Influencing Considerations, Tul.L.Rev. 70 (1996), 2465–2485; Choice of Law: How it Ought To Be. A Roundtable Discussion, Mercer L. Rev. 48 (1997), 639–720; kritisch dazu: *Juenger*, Choice of Law: How it Ought Not To Be, ebd. 757–764; *Kay*, „The Entrails of a Goat": Reflections on Reading Lea Brilmayer's Hague Lectures, Mercer L. Rev. 48 (1997), 891–916; *Shreve*, A Conflict-of-Laws Anthology, Cincinnati, Oh. 1997 (bespr. von *Ancel*, ev.crit.dr.int.p. 1997, 885–888).

Die die theoretische Diskussion in den USA zunächst beherrschende Frage, wie die Anwendung fremden Rechts zu erklären sei (*vested rights theory*: Rechtsschutz im eigenen Land für Rechte, die in fremdem Land nach dortigem Recht entstanden sind; *local law theory*: Ausbildung eigenen Rechts nach dem Muster des fremden), war für die praktische Rechtsanwendung eher belanglos; zu einer Differenzierung und Flexibilisierung der Kollisionsnormen führte sie nicht. Besonders im Deliktsrecht wurde in einer merkwürdig starren Weise am Tatortprinzip festgehalten. Statt insoweit (nach europäischem Vorbild) eine „Auflockerung" des Deliktsstatuts anzumahnen, haben sich in den USA Stimmen erhoben mit der Forderung, das bisherige Gefüge „fester" Kollisionsnormen überhaupt aufzugeben, weil es einerseits gerechte und angemessene Einzellösungen verhindere, andererseits die – meist ohnehin geringgeschätzte – Rechtssicherheit auch nicht gewährleiste. An die Stelle der Kollisionsnormen sollen vielmehr bloße Entscheidungsmaximen treten, die den Weg zu einer „freien" Problemlösung von Fall zu Fall weisen. Solche Maximen sollen entweder das ganze Kollisionsnormensystem ablösen oder nur bestimmte Bereiche; letzteres führt zu einem Mischsystem. Freilich sind Art und Umfang, wie Altes durch Neues ersetzt werden soll, häufig verschwommen. Die *Praxis* wurde unterschiedlich nach Staaten und Rechtsgebieten von den neuen Ideen beeinflußt. Die Methode des *überkommenen* IPR, an dem das erste Restatement of the Conflict of Laws von 1934 festhielt, ist also nicht *völlig* verdrängt worden; einen Kompromiß sucht das Zweite Restatement von 1971 (unten S. 179f.). Die kollisionsrechtliche Lage in den USA ist nach wie vor unübersichtlich (vgl. unten S. 180).

Am weitesten vorgewagt hat sich Brainerd **Currie** (1912–1965). Er geht aus vom eigenen materiellen Recht. Jeder Satz dieses Rechts verfolgt eine bestimmte Absicht (*policy*). Berührt ein Fall einen fremden Staat, dann ist durch Auslegung (*construction and interpretation*) des eigenen materiellen Rechts zu ermitteln, ob der eigene Staat ein Interesse (*governmental interest*) hat, seine *policy* durchzusetzen. Wenn ja, wird das eigene Recht angewandt. Wenn nein, ist durch Auslegung des fremden materiellen

Rechts zu ermitteln, ob der fremde Staat an der Durchsetzung der *policy* seines materiellen Rechts interessiert ist. Ist er interessiert, dann ist das fremde Recht anzuwenden. Andernfalls (wenn also beide Staaten nicht interessiert sind) ist das Recht des eigenen Staates anzuwenden; ebenso, wenn der eigene Staat uninteressiert, aber *mehrere* fremde Staaten interessiert sind. Denn eine *Abwägung* der „governmental interests" darf durch die Gerichte auf keinen Fall vorgenommen werden, weil dies keine rechtliche, sondern eine „politische" Entscheidung sei. – Die „governmental interests" *Curries* dürfen nicht mit den „kollisionsrechtlichen Interessen" der (europäischen) Interessenjurisprudenz auf eine Ebene gestellt werden: Sie sind nicht wie die letzteren die bei der Rechtsbildung und -findung wirksamen *Kräfte*, sie sind bereits das kollisionsrechtliche *„Ergebnis"*, der sog. Anwendungswille aus der Sicht des jeweiligen Staates. In die Untersuchung, wie weit dieser räumlich reicht, *sind* bereits alle Erwägungen eingeflossen, die hier als „kollisionsrechtliche Interessen" identifiziert wurden (oben § 2) – und nicht etwa nur Staatsinteressen im öffentlichrechtlichen Sinne. Parteiinteressen z.B. werden zu diesem Zweck in staatliche Interessen am Schutz dieser Parteien transponiert. In Wahrheit werden die „governmental interests" auch nicht *aus* den Sachnormen entwickelt, sondern *für* diese. Daß *Currie* sich dabei den Standpunkt zu eigen macht, den jeder Staat in bezug auf sein eigenes Sachrecht hat, bringt ihn in die Nähe zu den unilateralistischen Systemen (unten § 6 V). Näher (und überwiegend kritisch) zu *Currie*: *Kegel*, Rec. 1964 II, 180–207 und IECL III/3, 1986, 31 f.; *Jayme*, Fschr. Kegel 1977, 359–366; *McDougal*, UCLA L. Rev. 26 (1979), 439–483; *Schurig*, Kollisionsnorm und Sachrecht, 1981, 23–25, 297–307; *Juenger*, U.C. Davis L. Rev. 21 (1988), 515–533; *Kramer*, Va.L.Rev. 75 (1989), 1045–1074 und U. Chi. L.Rev. 56 (1989), 1301–1310; *Flessner*, Interessenjurisprudenz im IPR, 1990, 5–12 (dazu *Schurig*, RabelsZ 59 [1995], 229, 230, 234 f.); *Laycock*, Col. L.Rev. 92 (1992), 249–337; *Juenger*, Mercer L. Rev. 48 (1997), 757–764. Verteidigend: *Kay*, Rec. 1989 III, 9–204.

Nicht ganz so radikal ist Albert **Ehrenzweig** (1906–1974). Nach ihm ergibt sich, ob eigenes oder fremdes materielles Recht anzuwenden ist:

a) aus Regeln, die in Gesetzen oder Entscheidungen ausgesprochen sind (*formulated rules*);
b) aus unausgesprochenen Regeln, die durch Auslegung den Entscheidungen zu entnehmen sind (*unformulated rules*, früher *„true" rules* genannt);
c) durch Auslegung des eigenen materiellen Rechts.

Führen diese drei Wege zu keinem Ergebnis, dann ist das eigene materielle Recht anzuwenden (*residuary rule of the lex fori*, früher *„basic" rule of the lex fori* genannt). Die internationale Zuständigkeit ist so einzuschränken, daß nur die Gerichte von Staaten zuständig sind, deren *lex fori* sich eignet, den Fall zu entscheiden (*law of a proper forum, forum conveniens*). Näheres und Kritik: *Kegel*, Rec. 1964 II, 224–236 und IECL II/3, 1986, 38 f.; *Siehr*, Ehrenzweigs lex-fori-Theorie und ihre Bedeutung für das amerikanische und deutsche Kollisionsrecht, RabelsZ 34 (1970), 585–635; *Schurig*, Kollisionsnorm und Sachrecht, 1981, 32–34, 312–316; *Juenger*, Am.J. Comp. L. 32 (1984), 1–50; *Reimann*, in: *Lutter/Stiefel/Hoeflich* (Hrsg.), Der Einfluß deutscher Emigranten auf die Rechtsentwicklung in den USA und in Deutschland, 1993, 397–421.

David F. **Cavers** (1902–1988) hatte ursprünglich (Harv. L.Rev. 47 [1933], 173–208) eine Ansicht vertreten, die weithin dahin verstanden wurde, daß er wie (nach seiner Meinung) Magister Aldricus (oben S. 149) das sachlich „beste" Recht anwenden wolle. Dagegen hat er mit Recht protestiert (The Choice-of-Law Process, 1965, 86). Nunmehr wollte er durch Auslegung der Sachnorm ihren Geltungsbereich finden. Hilfsweise bemühte er sich um Grundregeln (*principles of preference*, aaO 114–138). Von ihnen hat er sieben für das Delikts- und Vertragsrecht entworfen (aaO 139–198). Als Beispiel diene Nr. 6 (aaO 181):

„6. Where, for the purpose of providing protection from the adverse consequences of incompetence, heedlessness, ignorance, or unequal bargaining power, the law of a state has imposed restrictions on the power to contract or to convey or encumber property, its

protective provisions should be applied against a party to the restricted transaction where (a) the person protected has a home in the state (if the law's purpose were to protect the person) and (b) the affected transaction or protected property interest were centered there or, (c) if it were not, this was due to facts that were fortuitous or had been manipulated to evade the protective law."
Kritik: Wie Currie und weithin Ehrenzweig glaubt auch Cavers, das IPR müsse von Grund auf neu geschaffen werden. Der bessere Weg aber ist: man geht von den geltenden Kollisionsnormen aus, prüft ihre Zwecke und bildet das Recht vorsichtig fort. Reform, nicht Revolution ist geboten. Näher *Kegel,* IECL III/3, 1986, 43–45; *Griswold,* Law & Cont. Prob. 51 (1988) Nr. 3, I–IV.

Nur eine Reform erstrebt Robert A. **Leflar** (American Conflicts Law^3, 1977, 193–195). Er will die überlieferten Kollisionsnormen mit fünf „*choice-influencing considerations*" überprüfen:
– Voraussehbarkeit der Ergebnisse,
– Erhaltung der interlokalen und internationalen Ordnung,
– Vereinfachung der Aufgabe des Richters,
– Förderung der Staatsinteressen („*governmental interests*") des Gerichtsstaats und
– Anwendung der besseren Sachnorm („*better rule of law*").
Den *(better rule* oder) *better law approach* empfiehlt auch *Juenger* (Zum Wandel des IPR, 1974, 21–34; vgl. auch schon NJW 1973, 1525). *Zweigert* will im deutschen IPR das *better law* subsidiär entscheiden lassen, wenn eine klare Kollisionsnorm fehlt (RabelsZ 37 [1973], 447f.). *Kritik: Kegel* in: *Juenger,* Zum Wandel aaO 35–39 und IECL III/3, 1986, 49.

Das rechtspolitische Gebot interlokaler und internationaler Ordnung betont **Trautmann** und will es im interlokalen Bereich (also im Verhältnis der Einzelstaaten der USA zueinander) erfüllen durch *materielles Gewohnheitsrecht des Bundes* (The Relation Between American Choice of Law and Federal Common Law, Law & Cont. Prob. 41 [1977] Nr. 2, 105–130). Damit will er das Kollisionsrecht zurücktreten lassen durch Rechtsvereinheitlichung für interlokale Sachverhalte (ähnlich der Rechtsvereinheitlichung für *internationale* Sachverhalte z.B. im Wiener UN-Kaufrecht); näher *Kegel,* IECL III/3, 1986, 55f. und *Bodenheimer,* RabelsZ 51 (1987), 1–19.

Eine materiellrechtliche Lösung anderer Art erstrebt **von Mehren**: Er empfiehlt international und interlokal einen *Kompromiß zwischen den Sachnormen* der beteiligten Staaten. Ein solcher Kompromiß kann etwa, wenn das eine Recht vollen, das andere keinen Schadensersatz gewährt, auf halben Ersatz gehen (Choice of Law and the Problem of Justice, Law & Cont. Prob. 41 [1977] Nr. 2, 27–43). Damit will er ad hoc neues Sachrecht bilden. – Es ist aber – auch im Ordnungsinteresse an einer realen Entscheidung (oben S. 126f.) – das Recht einer *existierenden* Ordnung anzuwenden, das nur im Notfall zur Anpassung an die Auslandsbeziehungen des Sachverhalts verändert werden darf; näher *Schurig,* Kollisionsnorm und Sachrecht, 1981, 331–335; *Kegel,* IECL III/3, 1986, 54f.

Eine Reihe von Autoren tadelt die Neuerer und beharrt auf dem herkömmlichen IPR. So *Bodenheimer,* Fschr. Mann 1977, 123–141; *Hadjihambis,* CILSA 11 (1978), 255–275; *Brilmayer,* Mich. L. Rev. 78 (1980), 392–431; *Hay,* Hast. L. J. 32 (1981), 1644–1677; *Fawcett,* Int.Comp. L. Q. 31 (1982), 150–155; *Scoles/Hay*^{2} 32–34.

Das **Zweite Restatement** of the Conflict of Laws von 1971, an dem man 18 Jahre gearbeitet hat, will zwischen Normen (*rules*) und Einzelfallentscheidungen (*ad hoc decisions*) vermitteln. Den Grundstein legt sein § 6: Der Richter soll dem geschriebenen IPR seines eigenen Staates folgen, sonst aber hauptsächlich sieben erhebliche Umstände („*relevant factors*") beachten, die einen Fall mit einer Rechtsordnung verbinden, z.B. die Bedürfnisse des internationalen Verkehrs, die materiellrechtlichen Ziele des Gerichtsstaats, die gleichen Ziele anderer interessierter Staaten und deren Interesse, den Fall zu entscheiden, den Vertrauensschutz, die Grundziele des einschlägigen materiellen Rechtsgebiets, Rechtssicherheit und Leichtigkeit der Rechtsanwendung. So gelangt man zur *„most significant relationship"*. Im Fahrzeug dieser sieben Umstände finden alle Reformer einen Platz. Kollisionsnormen (*rules*) werden meist eingeschränkt, namentlich durch die Klausel *„unless some other state has a more significant relationship"*; die Norm ist *„open-ended"*, nur eine Vermutung. Vereinzelt gibt es feste Normen (*„hard-and-fast rules"*), vor allem im internationalen Grundstücks-, Erb- und Wertpapierrecht. – *Kritisch* ist anzumerken: Das Restatement Second will keinem wehtun, der Entwicklung nicht vorgreifen. Die *most significant relationship* bezeichnet nur wie Savignys Sitz (oben S. 165) die Aufgabe der Kollisionsnormen, nicht deren Erfüllung. Wäre das Restatement ein Gesetz, müßte es mehr bieten. Indessen dringt die Generalklausel der „engsten Beziehung" auch in die europäischen Gesetze ein, selbst in unser IPR-Gesetz (unten S. 258–261). Ungeachtet solcher Unschärfen verdient das Restatement Anerkennung, weil es gewaltigen Stoff durcharbeitet und geordnet darbietet. Siehe auch *Kegel*, IECL III/3, 1968, 62–64.

Die **Gerichte** der USA folgen teils den überlieferten Anknüpfungen (wie dem Tatort für Delikte, dazu unten S. 634–637); teils weichen sie ab und folgen einer oder (öfter) mischen cocktail-ähnlich mehrere der modernen Theorien (*Leflar*, Law & Cont.Prob. 41 [1977] Nr. 2, 10–26). Nach *Kay* (Mercer L. Rev. 34 [1983], 521–592) sollen in 22 Einzelstaaten die Gerichte auf der Tradition beharren, während sie in 29 Staaten für das Neue offen seien, in 14 Staaten sollen sie dem Zweiten Restatement folgen. Nach *Solimine* (Albany L. Rev. 56 [1993], 790–794) halten die Gerichte in 10 Einzelstaaten an der Tradition fest, in 40 folgen sie Neuem. Nach einer neueren Untersuchung von *Symeonides* (Am.J.Comp.L. 46 [1998], 266) folgen auf dem Gebiet des *Schuldrechts* (auf das sich die Methodendiskussion in den USA hauptsächlich beschränkt) Gerichte in 14 Staaten dem traditionellen Ansatz, in 27 Staaten dem Zweiten Restatement, in 6 Staaten allgemein der „engsten Beziehung" (*„significant contacts"*), in 3 Staaten der *„interest analysis"* (aber nur für das Deliktsrecht), in 3 Staaten dem *lex-fori*-Grundsatz (ebenfalls nur für das Deliktsrecht), in 5 Staaten dem *„better law"*-System und in 10 Staaten einer Methodenkombination. Zudem hängt in manchen Staaten die angewandte Methode vom jeweiligen Rechtsgebiet ab: so folgt etwa Michigan für *Verträge* dem Zweiten Restatement, für *Delikte* der *lex-fori*-Lehre.

In **Kanada** hält man sich zurück. Siehe *Black*, The Strange Cases of Alberta's Guaranties Acknowledgement Act: A Study in Choice-of-Law Method, Dalhousie L.J. 11 (1987), 208–254. Zum IPR im **Commonwealth**: *McClean*, A Common Inheritance? An Examination of the Private International Law Tradition of the Commonwealth, Rec. 260 (1996), 9–98.

c) Ausstrahlungen

Die amerikanischen Theorien schlugen Wellen bis nach Europa und verstärkten die seit den sechziger Jahren auch hier wachsende Bereitschaft, das internationalprivatrechtliche System als solches in Frage zu stellen, obwohl man es – anders als zum Teil in den USA – nicht versäumt hatte, dieses System durch Flexibilisierung und Differenzierung anzupassen. Der Hauptkritikpunkt lag in der pauschalen Behauptung, das IPR sei einem vergangenen Jahrhundert verhaftet und für moderne Rechtsordnungen viel zu „unpolitisch".

Die Kritiker *identifizierten* meist zunächst das moderne IPR mit *Savignys* Entwurf, die gesamte weitere Entwicklung (oben X) ignorierend, und sagten diesem Modell – ebenfalls zu Unrecht – nach, es sei gebunden an ein gänzlich unpolitisches, „vorstaatliches" Privatrecht, dem die moderne staatliche Zwecksetzung von Zivilrechtsnormen fremd sei. Näher zu diesen Vorwürfen *Schurig* 15–23 mit Nachweisen, Widerlegung: 270–288.

Abhilfe versprachen sich manche (z.B. *Jörges, Jessurun d'Oliveira*) von dem auf (in weitem Sinne) staatlichen Interessen gegründeten System *Curries* (oben S. 177f.). Die einseitige Ausrichtung der „governmental interests" konnte anknüpfen an die Traditi-

Joseph Story (1779–1845)

Courtesy, Essex Institute, Salem, Mass.
(zu Seite 162)

Friedrich Carl von Savigny

Friedrich Carl von Savigny (1779–1861)

(zu Seite 164–166)

Ernst Rabel (1874–1955)

(zu Seite 169)

Henry Batiffol (1905–1989)

(zu Seite 172)

on der in der europäischen Theorie vorgeschlagenen *unilateralistischen* IPR-Systeme, die auf einseitigen Kollisionsnormen aufbauten, freilich die Praxis kaum beeinflußt hatten (unten § 6 V 1). Zumindest in den „politisch" geprägten Bereichen des Privatrechts wurde ein neuer Ansatz beim einseitigen, von Staatsinteressen geprägten jeweiligen „Anwendungswillen" der Sachnormen propagiert, jedenfalls soweit es sich um „ordnungsrelevantes", „zwingendes", „konfliktfestes", „sozialpolitisches" oder wie auch immer benanntes Privatrecht handelte. Die Lehre von der unilateralistischen „Sonderanknüpfung" zwingenden Rechts (dazu auch unten § 6 V 2) bekam letztlich ihre Impulse von *Curries* Theorie. Dieses Nebeneinander unterschiedlicher Vorgehensweise hat man als bloßen *„Methodenpluralismus"* verharmlost; es handelt sich aber um einen willkürlichen und nutzlosen *Systembruch.* Näher *Schurig* 316–330, 336–338, und in *Holl/Klinke* (Hrsg.), Internationales Privatrecht, Internationales Wirtschaftsrecht, 1985, 55–76.

Aufgegriffen wurden auch die Gedanken, statt über Kollisionsnormen das anwendbare Recht zu bestimmen (oder zumindest in Ergänzung hierzu), ein neues materielles *Mischrecht* zu schaffen (*Steindorff*, Sachnormen im internationalen Privatrecht, 1958) oder das *„bessere"*, „fortschrittlichere" Recht unter den „beteiligten" herauszusuchen (*Zweigert*, Zur Armut des internationalen Privatrechts an sozialen Werten, RabelsZ 37 [1973], 435, 444–448), näher *Schurig* 331–338.

Die Vorzugsstellung der *lex fori* (*Currie, Ehrenzweig*) findet sich vor allem in der Idee eines *„fakultativen Kollisionsrechts"* wieder. Das eigene Sachrecht soll nur verdrängt werden, wenn sich wenigstens eine Partei auf das IPR *beruft* (Hauptvertreter: *Flessner*, Fakultatives Kollisionsrecht, RabelsZ 34 [1970], 547–584, und neuerdings wieder – etwas abgeschwächt – in: Interessenjurisprudenz im internationalen Privatrecht, 1990, 121). Abgesehen davon, daß auch dies nicht nur die *Methode* betrifft, sondern das geltende Recht ohne Legitimation auf den Kopf stellte (eine Kollisionsnorm, die mangels Berufung auf andere stets deutsches Recht für anwendbar erklärt, gibt es nicht), brächte es auch keineswegs die angestrebte Vereinfachung, sondern führte zu unübersichtlichen relativen Rechtslagen und zur möglichen Überrumpelung einer nicht hinreichend beratenen Partei. Es ist allein Sache des Gesetzgebers, dort eine Rechtswahlmöglichkeit einzuführen, wo er dies für interessengerecht hält. Näher *Schurig* 49 f., 343–350, sowie RabelsZ 59 (1995), 229, 243.

Zum Vordringen von Programmformeln und Ausweichklauseln nach dem Vorbild des zweiten Restatements oben S. 180 und unten S. 258–261.

§ 4. Quellen

Schrifttum: *Makarov*, Sources, IECL III/2, 1972, 1–17; *Jayme*, Considérations historiques et actuelles sur la codification du droit international privé, Rec. 1982 IV, 9–101; *Schnitzer/Chatelain*, Die Kodifikationen des IPR, ZfRV 1984, 276–307; *Juenger*, Problemas de la codificación del derecho internacional privado, Revista Mexicana de Justicia 5 (1987), 17–27; *Siehr*, Rechtsangleichung im IPR durch nationale Kodifikationen, Fschr. von Overbeck, Freiburg/Schweiz 1990, 205–243; *Corrao*, „Decodificazione" del diritto privato e codificazione del diritto internazionale privato, Gedächtnisschr. Barile, Padua 1995, 309–353; *Ortiz de la Torre*, Legislaciones nacionales de Derecho internacional privado, Madrid 1995; *Weber*, Die Internationalisierung des Internationalen Privatrechts – (Nur) Meilenstein auf dem Wege zur Sachrechtsvereinheitlichung oder (eigentliches) Ziel mit Eigenwert?, in: *Kroeschell/Cordes* (Hrsg.), Vom nationalen zum transnationalen Recht, 1995, 101–113; *Marín López*, Las características generales del Derecho internacional privado en las recientes codificaciones Europeas, Rev.der.priv. 1996, 281–299; *Erauw*, Bronnen van Internationaal Privaatrecht[3], Antwerpen 1997.

Quellensammlungen: Zum deutschen Recht insbesondere *Jayme/Hausmann*, Internationales Privat- und Verfahrensrecht[9], 1998. Siehe im übrigen unten S. 251 f.

I. Autonomes deutsches internationales Privatrecht

1. 1900–1986

Schrifttum: *Zitelmann*, Art. 7–31 des Einführungsgesetzes zum Bürgerlichen Gesetzbuch für das Deutsche Reich nebst sämtlichen Entwürfen, 1908; *Niemeyer*, Zur Vorgeschichte des IPR im Deutschen Bürgerlichen Gesetzbuch („Die Gebhardschen Materialien"), 1915; *Makarov*, Gesetzliche Normen des internationalen Privat- und Zivilprozeßrechts in Deutschland 1945–1954, RabelsZ 20 (1955), 105–121; *Müller/Waehler*, Die deutsche Gesetzgebung auf dem Gebiete des internationalen Privat- und Zivilprozeßrechts 1955–1964, RabelsZ 30 (1966), 54–104 (Bundesrepublik 56–83, DDR 83–104); *Hartwieg/Korkisch*, Die geheimen Materialien zur Kodifikation des deutschen IPR 1881–1996, 1973 (grundlegend, bespr. von *Kegel*, RabelsZ 39 [1975], 130–138); *Külper*, Die Gesetzgebung zum deutschen IPR im „Dritten Reich", 1976; *Hartwieg*, Der Gesetzgeber des EGBGB zwischen den Fronten heutiger Kollisionsrechtstheorien, RabelsZ 42 (1978), 431–455; *Behn*, Die Entstehungsgeschichte der einseitigen Kollisionsnormen des EGBGB unter besonderer Berücksichtigung der Haltung des badischen Redaktors Albert Gebhard und ihre Behandlung durch die Rechtsprechung in rechtsvergleichender Sicht, 1980; *Schubert* (Hrsg.), Die Vorlagen der Redaktoren für die erste Kommission zur Ausarbeitung des Entwurfs eines Bürgerlichen Gesetzbuches, Allgemeiner Teil, Verfasser *Albert Gebhard*, I, 1981, 129–308 (bespr. von *Neuhaus*, RabelsZ 47 [1983], 748 f.); *Jayme*, Potere politico e codificazione del diritto internazionale privato da Mancini a Bismarck, in: Diritto e potere nella storia europea, Atti del quarto Congresso della Società Italiana di Storia del Diritto in onore di Bruno Paradisi, Florenz 1982, 1171–1184; *Mansel*, Mancini, v. Savigny und die Kodifikation des deutschen IPR von 1896, in: *Schulze* (Hrsg.), Deutsche Rechtswissenschaft und Staatslehre im Spiegel der italienischen Rechtskultur während der zweiten Hälfte des 19. Jahrhunderts, 1990, 245–295.

Hauptquelle des deutschen IPR waren bis 1986 **Art. 7–31 a.F. EGBGB**. Sie regelten nur *Teile* des IPR.

Dies erklärt sich aus der **Vorgeschichte.** In der **Ersten Kommission** zur Vorbereitung des BGB war Redaktor des Allgemeinen Teils der badische Ministerialrat **Gebhard.** Er brachte in seinem Entwurf des Allgemeinen Teils von 1881 als ersten Abschnitt „das objektive Recht" und hier wieder nach einigen allgemeinen Bestimmungen (§§ 1–4) das IPR (§§ 5–35); dazu gab er gründliche Motive (veröffentlicht von *Niemeyer*, 1915, oben Schrifttum). Die Erste Kommission stellte die Beratung des IPR zurück. Nach Durchberatung der übrigen Teile des BGB legte Gebhard 1887 einen neuen Entwurf mit Motiven vor (veröffentlicht von *Niemeyer* ebd.). Über diesen beriet die Kommission zweimal mit dem Ergebnis eines vorläufigen und eines endgültigen Entwurfs. Während der Beratung des endgültigen Entwurfs erfuhr die Kommission, daß *Bismarck* und das Auswärtige Amt keine IPR-Vorschriften wünschten. Das Auswärtige Amt hielt theoretisch das IPR für Völkerrecht und wollte praktisch durch Staatsverträge die Anwendung deutschen Rechts im Ausland einhandeln gegen die Anwendung ausländischen Rechts im Inland, in diesem Streben aber nicht durch schon vorhandene deutsche IPR-Normen behindert sein. Die Erste Kommission trennte daraufhin den endgültigen IPR-Entwurf vom BGB und legte ihn dem Reichskanzler vor mit dem Anheimgeben, ob das IPR ins BGB, etwa als 6. Buch, aufgenommen werden solle.

Die **Zweite Kommission** ernannte wiederum Gebhard zum Referenten und erstellte ebenfalls zwei Entwürfe. Sie wollte das IPR als besonderes sechstes Buch dem BGB einfügen. Dies deckte sich mit dem Wunsch des Preußischen Justizministeriums, während das Reichsjustizamt hilfsweise die Aufnahme ins EGBGB erwog. Dagegen wollten Auswärtiges Amt und Preußisches Außenministerium höchstens ein besonderes IPR-Gesetz dulden, das man gründlicher vorbereiten und mit Rücksicht auf künftige Staatsverträge leichter ändern könne.

Im Bundesrat empfahlen die **Hansestädte** Lübeck und Hamburg einen **Kompromiß** im Streit zwischen Diplomaten und Juristen: Die IPR-Vorschriften sollten möglichst nur die Anwendung *deutschen* Rechts regeln. Diesen Kompromiß übernahm eine **IPR-Kommission** aus Vertretern des Reichs, Preußen und der Hansestädte, die das preußische Kabinett bildete, um die Haltung Preußens im Bundesrat zu klären; als Standort der IPR-Vorschriften bestimmte sie das EGBGB. **Bundesrat** und **Reichstag** folgten.

Auf diese Weise gelangte das IPR ins EGBGB und wurden viele *allseitige* Kollisionsnormen des Entwurfs der Zweiten Kommission verstümmelt teils zu unvollkommen allseitigen (Art. 13 I, 15 II, 25 S. 1 a. F.), teils zu einseitigen (Art. 14 I, 15 I, 18 I, 19 S. 1, 20 S. 1, 22 I und II, 24 I a. F.). Allseitige Kollisionsnormen des IPR regeln die Anwendung sowohl deutschen wie ausländischen Rechts (so Art. 7 I, 11, 17 I, 21 HS 1 a. F.); unvollkommen allseitige Kollisionsnormen regeln die Anwendung ausländischen Rechts für bestimmte Fälle; einseitige Kollisionsnormen regeln die Anwendung nur deutschen Rechts (näher unten S. 254f.). Die Folge der einseitigen und unvollkommen allseitigen Kollisionsnormen des EGBGB war Leerlauf: Entscheidungen und Schrifttum mußten unentwegt die Trivialität aussprechen und belegen, daß die gekappten Kollisionsnormen zu allseitigen „auszubauen" seien. Außerdem *entfernte* die IPR-Kommission *Kollisionsnormen* über *juristische Personen, Schuld- und Sachenrecht* und *fügte* – noch schlimmer! – *Kollisionsnormen* ein, die die *Anwendung deutschen Rechts über Gebühr ausdehnten* (Art. 12, 21 HS 2, 25 S. 2 a. F.). Ein Verdienst hingegen war die Einführung der *Rückverweisung* (Art. 27 a. F.), die von Gebhard empfohlen, von der Ersten Kommission ganz und von der Zweiten fast ganz verworfen worden war.

Art. 9a. F. EGBGB wurde später *ersetzt* durch § 12 VerschG. *Aufgehoben* wurde Art. 10a. F. (ausländische Vereine). Vom BVerfG für *nichtig* erklärt wurden die alten Fassungen der Art. 15 (im wesentlichen) sowie Art. 17 I. *Geändert* wurden Art. 17 (Scheidung), 18 (Ehelichkeit), 22 (Adoption) und 29 (Staatenlose).

Für die ungeregelten Teile des deutschen IPR galt *ungeschriebenes Recht*: Gewohnheitsrecht, soweit sich dieses durch genügend Fallmaterial bilden konnte, sonst die in Rechtsprechung und Literatur entwikkelten Regeln; so für die Rechtsfähigkeit, die juristische Person, die Stellvertretung, die Verjährung, das Schuldrecht (außer § 10 Nr. 8, §§ 12, 24 AGBG, Art. 12 a. F. EGBGB), das Sachenrecht (außer § 1 II SchiffsrechteG, §§ 103–105 LuftfahrzeugrechteG).

2. Seit 1986

Nach dem Zweiten Weltkrieg begann, veranlaßt durch das Gebot der Gleichberechtigung von Mann und Frau in Art. 3 II GG, eine **Reform** des deutschen IPR. Man gründete 1954 den **Deutschen Rat für Internationales Privatrecht**. Er ist eine Vereinigung von Sachverständigen zur Beratung des Bundesjustizministeriums bei der Reform des deutschen IPR und im Zusammenhang mit Staatsverträgen, die das IPR betreffen. Seine Arbeiten lösten seit den siebziger Jahren eine lebhafte Diskussion aus.

Zur **Reform**: Älteres Schrifttum 6. Aufl. S. 136–138. Hervorzuheben: *Lauterbach* (Hrsg.), Vorschläge und Gutachten zur Reform des deutschen internationalen Eherechts, 1962; *Lauterbach* (Hrsg.), Vorschläge und Gutachten zur Reform des deutschen internationalen Kindschafts-, Vormundschafts- und Pflegschaftsrechts, 1966; *Lauterbach* (Hrsg.), Vorschläge und Gutachten zur Reform des deutschen internationalen Erbrechts, 1969; *Lauterbach* (Hrsg.), Vorschläge und Gutachten zur Reform des deutschen internationalen Personen- und Sachenrechts, 1972; *Kühne*, IPR-Gesetz-Entwurf, 1980 (Text auch in StAZ 1981, 168–172); *Kühne*, Welche rechtlichen Vorkehrungen empfehlen sich, um die Rechtsstellung von Ausländern in der Bundesrepublik Deutschland angemessen zu gestalten? (Teilgutachten Internationales Ehe- und Kindschaftsrecht), Gutachten C für den 53. DJT, 1980; *Dopffel/Drobnig/Siehr* (Hrsg.), Reform des deutschen IPR (Kolloquium im Max-Planck-Institut für ausländisches und internationales Privatrecht vom 19.–21. Juni 1980), 1980; *Beitzke* (Hrsg.), Vorschläge und Gutachten zur Reform des deutschen internationalen Personen-, Familien- und Erbrechts, 1981; *von Caemmerer* (Hrsg.), Vorschläge und Gutachten zur Reform des deutschen internationalen Privatrechts der außervertraglichen Schuldverhältnisse, 1983; Lausanner Kolloquium über den deutschen und den schweizerischen Gesetzentwurf zur Neuregelung des Internationalen Privatrechts (Veröffentlichungen des Schweizerischen Instituts für Rechtsvergleichung 1), Zürich 1984; *Dessauer*, Internationales Privatrecht, Ethik und Politik I, II, 1986, 779–876. Ferner: *Pirrung*, Internationales Privat- und Verfahrensrecht nach dem Inkrafttreten der Neuregelung des IPR, Texte, Materialien, Hinweise, 1987; *Kropholler*, Der Einfluß der Haager Übereinkommen auf die deutsche IPR-Kodifikation, RabelsZ 57 (1993), 207–223.

1980 veröffentlichte *Kühne* im Auftrag des Bundesjustizministeriums einen IPR-Gesetzentwurf (oben Schrifttum), der hauptsächlich auf den Vorschlägen des Deutschen Rats für IPR beruhte. Daran schloß sich an ein „Gesetzentwurf der Bundesregierung, Entwurf eines Gesetzes zur Neuregelung des Internationalen Privatrechts" (BRDrucks. 222/83, Referent *Pirrung*). Er wurde vom Bundesrat beraten (BRDrucks. 222/83 [Beschluß] vom 1. 7. 1983) und mit der Stellungnahme des Bundesrats und einer Gegenäußerung der Bundesregierung von dieser dem Bundestag vorgelegt (BTDrucks. 10/504 vom 20. 10. 1983). Nach Beratung durch seinen Rechtsausschuß (BTDrucks. 10/5632 vom 9. 6. 1986) hat der Bundestag den Gesetzentwurf angenommen (BTDrucks. 293/86 vom 20. 6. 1986). Am **25. 7. 1986** wurde das **Gesetz zur Neuregelung des Internationalen Privatrechts** verkündet (BGBl. I 1142), und **am 1. 9. 1986** ist es nach seinem Art. 7 § 2 **in Kraft** getreten.

Schrifttum zu diesem Gesetz **insgesamt**: *Jayme*, Das neue IPR-Gesetz – Brennpunkte der Reform, IPRax 1986, 265–270; *Basedow*, Die Neuregelung des Internationalen Privat- und Prozeßrechts, NJW 1986, 2971–2979, 3190 (ber.); *Lichtenberger*, Zum Gesetz zur Neuregelung des Internationalen Privatrechts, DNotZ 1986, 644–687; *Mansel*, Zu Auslegungsproblemen des IPR-Reformgesetzes, StAZ 1986, 315–318 (betr. Art. 10 VI, 18, 26 n.F. EGBGB, § 606a II n.F. ZPO); IPRax Sonderheft, Internationales Familien- und Erbrecht, gesammelte Beiträge zur Reform von 1986, 1987; *Lüderitz*, Internationales Privatrecht im Übergang – Theoretische und praktische Aspekte der deutschen Reform, Fschr. Kegel 1987, 343–363; *Kegel*, Internationales Privatrecht (IPR), Rechtsangleichung in Europa und deutsche Reform, Rpfleger 1987, 1–5; *Kühne*, Die außerschuldvertragliche Parteiautonomie im neuen IPR, IPRax 1987, 69–74; *Sonnenberger*, Introduction générale à la réforme du droit international privé dans la République fédérale d'Allemagne selon la loi du 25 juillet 1986, Rev.crit.dr.i.p. 1987, 1–32; *Graue*, German Conflicts Rules Revamped, German Yb. Int. L. 30 (1987, erschienen 1988), 224–254; *Marcks*, Die Praxis des IPR, Grundsätzliches und spezielle Betrachtungen aus Anlaß der Neuregelung des IPR, 1988; *Kühne*, New Private International Law in the Federal Republic of Germany – Concepts and Structures, Tel

Aviv University Studies in Law 8 (1988), 219–239; *von Funcke*, La nueva ley de la República Federal de Alemania de Derecho Internacional Privado, Rev.esp.der.int. 1988, Nr. 2, 303–311; *Hohloch*, Erste Erfahrungen mit der Neuregelung des IPR in der Bundesrepublik Deutschland, JuS 1989, 81–90; *Wengler*, Zur Technik der internationalprivatrechtlichen Rechtsanwendungsanweisungen des IPR-„Reform"gesetzes von 1986, RabelsZ 53 (1989), 409–437; *Dörner*, Moderne Anknüpfungstechniken im internationalen Personen- und Familienrecht, StAZ 1990, 1–9.

Einzelschrifttum sowie Schrifttum zu **weiteren Reformvorhaben** bei den einzelnen Sachgebieten.

Das IPRG regelt das *internationale Personen-, Familien- und Erbrecht* sowie das internationale Recht der *Schuldverträge*. Im internationalen *Deliktsrecht* wurde lediglich der frühere Art. 12 EGBGB zu Art. 38 EGBGB und galt in dieser Fassung weiter bis zum 31. 5. 1999. Im internationalen *Sachenrecht* blieben § 1 II SchiffsrechteG und §§ 103–105 LuftfahrzeugrechteG anwendbar. Das internationale *Wechsel-* und *Scheckrecht* regeln Art. 91–98 WG und Art. 60–66 SchG.

Für *Flüchtlinge* sind weiterhin zu beachten Art. 1, 2 AHKGes. 23 (unten S. 403f.), das Ges. über Maßnahmen für im Rahmen humanitärer Hilfsaktionen aufgenommene Flüchtlinge (unten S. 405), § 3 I AsylVfG (ebd.) und das Ges. über den Flüchtlingsgüterstand (unten S. 731f.).

Das internationale *Namensrecht*, seit 1986 in Art. 10 EGBGB mit besonderer Akribie, wenn auch höchst unübersichtlich, geregelt, wurde im Zuge der Neuordnung des materiellen Familiennamensrechts überarbeitet und in der ab 1. 4. 1994 geltenden Fassung des Art. 10 etwas vereinfacht. Die Reform des materiellen *Kindschaftsrechts* vom 16. 12. 1997 führte dazu, daß die Art. 19–21 und 23 EGBGB geändert wurden: nichteheliche und eheliche Abstammung sowie Legitimation verschwanden auch aus dem deutschen IPR – was keineswegs zwingend ist, denn diese Rechtsinstitute gibt es nach wie vor in *anderen* Rechtsordnungen, und wir müssen entscheiden, wann solche Vorschriften anzuwenden sind. So war es sicher unrichtig, die Legitimation aus der Zustimmungsregel des Art. 23 herauszunehmen; die Praxis wird sie dort wieder interpolieren müssen. Auch das internationale *Namensrecht* (Art. 10) wurde bei dieser Gelegenheit schon wieder geändert. – Zum neuen internationalen Kindschaftsrecht unten § 20 IX, X.

Für das internationale Recht der *außervertraglichen Schuldverhältnisse* und für das internationale *Sachenrecht* (beide Gebiete bisher im wesentlichen Gewohnheitsrecht) erarbeitete zunächst das Bundesjustizministerium einen Referentenentwurf, der sich eng an Vorschläge des Deutschen Rats für IPR anlehnt (Abdruck der ersten Fassung bei *Spickhoff*, VersR 1985, 124 und bei *Kropholler*[1] 540–542). Die Fassung wurde am 1. 12. 1993 überarbeitet (Abdruck bei *Kropholler*[3] 575–577) und als Regierungsentwurf vom 4. 9. 1998 (BRDrucks. 759/98, BTDrucks. 14/343 vom 1. 2. 1999) in das Gesetzgebungsverfahren eingebracht.

Text: IPRax 1998, 513 f. **Schrifttum:** *Wagner*, Der Regierungsentwurf eines Gesetzes zum Internationalen Privatrecht für außervertragliche Schuldverhältnisse und für Sachen, IPRax 1998, 429–438.

Der Entwurf wurde am 24. 2. 1999 in erster Lesung im Bundestag beraten und dem Rechtsausschuß überwiesen, der lediglich eine kleine Änderung im neuen Art. 40 III Nr. 1 EGBGB empfahl (BTDrucks. 14/654 vom 24. 3. 1999). Mit dieser wurde er als **Gesetz zum internationalen Privatrecht für außervertragliche Schuldverhältnisse und für Sachen vom 21. 5. 1999** beschlossen und ist am 1. 6. 1999 (Art. 6 des Gesetzes) in Kraft getreten (BGBl. I 1026).

Das Gesetz ergänzt das EGBGB um die **neuen Art. 38–46** und hebt den bisherigen Art. 38 auf. **§ 606 a II ZPO** hat bei der Gelegenheit eine etwas besser verständliche (wenn auch noch längst nicht optimale, vgl. *Soergel/Schurig*[12] Art. 17 Rz. 83) Fassung erhalten (Art. 3); die *VO über die Rechtsanwendung bei Schädigung deutscher Staatsangehöriger außerhalb des Reichsgebiets,* deren Fortgeltung ohnehin zweifelhaft war, ist aufgehoben (Art. 4). Art. 2 hebt *§ 11 des Gesetzes zum Schutz der Teilnehmer am Fernunterricht* auf, und Art. 5 den *§ 1 II des Gesetzes über Rechte an eingetragenen Schiffen und Schiffsbauwerken* (SchiffsrechteG).

Die neuen Vorschriften des EGBGB betreffen das internationale Recht der *Ungerechtfertigten Bereicherung* (Art. 38), *Geschäftsführung ohne Auftrag* (§ 39) und *Unerlaubten Handlung* (Art. 40) unter Einbeziehung von *Grundstücksimmissionen* (Art. 44), mit einer großzügigen *Ausweichklausel* bei „wesentlich engerer Verbindung" (Art. 41) und ausdrücklicher Zulassung nachträglicher *Rechtswahl* (Art. 42), ferner das internationale *Sachenrecht* (Art. 43) mit einer Sonderregel für *Transportmittel* (Art. 45) und einer weiteren *Ausweichklausel* (Art. 46). Näheres im jeweiligen Sachzusammenhang.

Vgl. auch §§ 4, 8 *Kulturgüterrückgabegesetz* vom 15. 10. 1998 (BGBl. I 3162) betr. das Eigentum an bestimmten Kulturgütern, die unrechtmäßig ins Ausland verbracht wurden (Recht des Herkunftslandes; vgl. unten S. 992).

Das internationale Recht der *juristischen Person* und der *Stellvertretung* bleibt weiterhin ungeschrieben.

IPR-Normen der *Länder* waren und sind möglich auf den Gebieten, die Art. 55–152 EGBGB dem Landesrecht vorbehalten. Aber sie sind selten. Näher *Soergel/Kegel*[12] vor Art. 3 Rz. 33–35. Ein Beispiel im interlokalen Bereich: BGHZ 22, 317 und dazu oben S. 32.

3. DDR und Wiedervereinigung

Durch Art. 8 des Einigungsvertrags vom 31. 8. 1990 (BGBl. II 885, 889) ist mit Wirkung vom 3. 10. 1990 das bundesdeutsche Recht **in der früheren DDR und in Ost-Berlin** eingeführt worden (oben S. 26 f.). Damit gelten dort seit diesem Zeitpunkt auch Art. 3–37, bis zum 31. 5. 1999 Art. 38 a. F. und seit dem 1. 6. 1999 Art. 38–46 EGBGB. Das internationale Privatrecht der DDR und Ost-Berlins ist jedoch nach Art. 236 EGBGB für „abgeschlossene Vorgänge" weiterhin anwendbar, und daher ist in bestimmten Altfällen auch heute noch nach dem Kollisionsrecht der früheren DDR zu entscheiden (oben S. 29f., 41–44).

In der DDR und Ost-Berlin hatte das EGFGB von 1965 in §§ 15–21 die Art. 13–23 a. F. EGBGB ersetzt. §§ 22–24 EGFGB waren für Familiensachen an die Stelle von Art. 27, 29 und 30 a. F. EGBGB getreten.

Rund 10 Jahre später kodifizierte man das *gesamte IPR* im Gesetz über die Anwendung des Rechts auf internationale zivil-, familien- und arbeitsrechtliche Beziehungen sowie auf internationale Wirtschaftsverträge – **Rechtsanwendungsgesetz** – vom 5. 12. 1975 (Gbl. I 748; Ost-Berlin VOBl. 1976, 9), abgekürzt **RAG.** §§ 15–24 EGFGB wurden aufgehoben durch Art. 15 Abs. 2 II Nr. 37 EGZGB vom 19. 6. 1975 (Gbl. I 517; Ost-Berlin VOBl. 77).

Die Bundesrepublik und West-Berlin wurden in der DDR und in Ost-Berlin als Ausland behandelt, und deshalb wurde im Verhältnis zu ihnen das RAG angewandt; inter*lokales* Privatrecht für innerdeutsche Rechtsbeziehungen gab es nicht. Soweit nach der Wiedervereinigung auf solche Verhältnisse noch das RAG anzuwenden ist (oben S. 42–44), ist es heute der Sache nach interlokales Privatrecht. Gleichwohl ist im Kontinuitätsinteresse, soweit Ostrecht fortgilt, die im Osten gegenüber der Bundesrepublik und West-Berlin gebrauchte Anknüpfung an die Staatsangehörigkeit nicht ab der Wiedervereinigung (3. 10. 1990) rückwirkend zu ersetzen durch die im westlichen interlokalen Privatrecht benutzte Anknüpfung an den gewöhnlichen Aufenthalt (unten S. 406).

Das **Gesetz über internationale Wirtschaftsverträge – GIW** – vom 5. 2. 1976 (GBl. I 61; Ost-Berlin VOBl. 39) regelte den internationalen Handel, falls nach dem RAG das materielle Recht der DDR und Ost-Berlins anzuwenden war. Hier ging es also um „Auslandssachverhalte" (oben S. 58–61). Das Gesetz ist 1990 umgestellt worden auf Wirtschaftsverträge zwischen inländischen Parteien. Art. 91–98 WG, Art. 60–66 SchG, § 1 II SchiffsrechteG galten im Osten fort.

Schrifttum zum IPR der DDR: Älteres Schrifttum 4. Aufl. S. 113f. Danach: *Kittke*, Die Neuordnung des Kollisionsrechts in der DDR, JahrbOstR 1976, 2. Heft, 7–25; *Juenger*, The Conflicts Statute of the German Democratic Republic: An Introduction and Translation, Am.J.Comp.L. 25 (1977), 332–353 (Text und englische Übersetzung 354–363); *Fincke*, Entwicklungstendenzen im IPR, Potsdam-Babelsberg 1978; *Mehnert*, Ergänzende Vereinbarungen zu den Rechtshilfeverträgen mit der VRP [Polen], der CSSR und der UVR [Ungarn], NJ 1978, 117–119; *Lübchen/Posch*, Zivilrechtsverhältnisse mit Auslandsberührung, Ost-Berlin 1979; *Maskow/Rudolph*, Regelung der Kollisionsprobleme internationaler Wirtschaftsbeziehungen in der DDR, RIW 1980, 19–26; *Adler*, Zur Konzeption des Kollisionsrechts (IPR), Wissenschaftliche Zeitschrift der Universität Halle 32 (1983), Heft 6, S. 23–28; *Maskow/Wagner* (Hrsg.), Kommentar zum Gesetz über internationale Wirtschaftsverträge – GIW – vom 5. Februar 1976², Ost-Berlin 1983 (westdeutsche Ausgabe Heidelberg 1984 [bespr. von *Brunner*, NJW 1985, 1016]); *Kemper/Maskow* (Hrsg.), Außenwirtschaftsrecht der DDR, Ost-Berlin 1985; *Ministerium der Justiz* (Hrsg.), Internationales Privatrecht, Kommentar zum Rechtsanwendungsgesetz, Ost-Berlin 1989, *Lässig*, Rechtsstaatliche Defizite in der Joint-Venture-Verordnung der DDR, DtZ 1990, 12–14; *Mansel*, Innerdeutsche Rechtsanwendung: (Noch) geltendes Kollisionsrecht, DtZ 1990, 225–232; *Stargardt*, Grundsätze der vertragsrechtlichen Regelung bei internationalen Wirtschaftsverträgen (IWV) in der DDR, ZIP 1990, 471–475; *Dannemann*, Das staatsvertragliche Kollisionsrecht der DDR nach der Vereinigung, DtZ 1991, 130–135.

Übergangsrecht für das materielle und internationale Privatrecht der früheren DDR und Ost-Berlins enthalten die durch Anlage I Kap. III

Sachgebiet B Abschnitt II des Einigungsvertrags zugefügten Art. 231–236 EGBGB, oft geändert, z.B. durch Art. 2 § 5 Ges. zur Änderung sachenrechtlicher Bestimmungen (Sachenrechtsänderungsgesetz – SachenRÄndG vom 21. 9. 1994 [BGBl. I 2457]; Neufassung des EGBGB durch Bek. vom 21. 9. 1994 [BGBl. I 2494]) sowie durch die neueren Reformen des gesamtdeutschen Familienrechts.

Im Zusammenhang mit der Ablösung der Konkursordnung und der östlichen Gesamtvollstreckungsordnung (vgl. oben S. 30) durch die Insolvenzordnung vom 5. 10. 1994 (BGBl. I 2866) ist auch das internationale Insolvenzrecht neu geregelt worden in Art. 102 des Einführungsgesetzes zur Insolvenzordnung (EGInsO) vom 5. 10. 1994 (BGBl. I 2911, 2951), in Kraft getreten am 1. 1. 1999 (§ 335 InsO, Art. 110 I EGInsO), letzte Änderung durch Art. 1 Ges. zur Änderung des Einführungsgesetzes zur Insolvenzordnung und anderer Gesetze (EGInsOÄndG) vom 19. 12. 1998 (BGBl. I, 3836; berührt nicht das internationale Insolvenzrecht): Danach erfaßt ein ausländisches Insolvenzverfahren eines zuständigen Gerichts grundsätzlich auch deutsches Vermögen, wenn unser ordre public nicht verletzt ist; für die Anfechtung gibt es Einschränkungen, und ein deutsches Verfahren bleibt vorbehalten. Desgleichen ist durch Art. 1 EGInsO das Anfechtungsgesetz neu gefaßt worden. Im neuen Anfechtungsgesetz regelt § 19 das internationale Anfechtungsrecht und beruft für die Anfechtbarkeit von Rechtshandlungen das Recht, das für die Wirkungen der letzteren maßgeblich ist (zum früheren internationalen Anfechtungsrecht vgl. BGH WM 1999, 226 [227 unter I 2]).

II. Europarecht

Schrifttum: *Drobnig*, Conflict of Laws and the European Economic Community, Am.J.Comp.L. 15 (1966/67), 204–229; *Rigaux* (Hrsg.), L'influence des Communautés européennes sur le droit international privé des Etats membres, Brüssel 1981; *Ballarino*, La CEE e il diritto internazionale privato, Dir.Com.Scamb. Int. 31 (1982), 1–13; *Fletcher*, Conflict of Laws and European Community Law, Amsterdam u.a. 1982; *Bardiali*, Le droit international privé des Communautés européennes, Rec. 1985 III, 9–181; *Lasok/Stone*, Conflict of Laws in the European Community, Abingdon 1987; *von Bar* (Hrsg.), Europäisches Gemeinschaftsrecht und Internationales Privatrecht, 1991; *Jayme*, Ein Internationales Privatrecht für Europa, 1991; *Jayme/Kohler*, Das Internationale Privat- und Verfahrensrecht der EG 1991 – Harmonisierungsmodell oder Mehrspurigkeit des Kollisionsrechts, IPRax 1991, 361–369; *W.-H. Roth*, Der Einfluß des Europäischen Gemeinschaftsrechts auf das IPR, RabelsZ 55 (1991), 623–673; *Bernhard*, Cassis de Dijon und Kollisionsrecht – am Beispiel des unlauteren Wettbewerbs, EuZW 1992, 437–443; *Brödermann*, Europäisches Gemeinschaftsrecht versus IPR: Einflüsse und Konformitätsgebot, MDR 1992, 89–95; *Jayme/Kohler*, Das Internationale Privat- und Verfahrensrecht der EG nach Maastricht, IPRax 1992, 346–356; *Kohler*, Einheit, Vielheit und Relativität im Kollisionsrecht der EG-Mitgliedsstaaten, IPRax 1992, 277–284; *Smulders/Gluzener*, Harmonization in the field of insurance law through the introduction of Community rules of conflict, C.M.L.Rev. 1992, 775–797; *Struycken*, Les conséquences de l'intégration européenne sur le développement du droit international privé, Rec. 1992 I, 257–384; *Fernandez Rozas* (Hrsg.), España y la codificación internacional del Derecho internacional privado. Terceras Jornadas de Derecho internacional privado, Madrid 1993 (insbes. S. 203–258); *Jayme/Kohler*, Das Internationale Privat- und Verfahrensrecht der EG 1993 – Spannungen zwischen Staatsverträgen und Richtlinien, IPRax 1993, 357–371; *Kohler*, Die Formung europäischen Kollisionsrechts durch den Gerichtshof der Europäischen Gemeinschaften, in: *Reichelt* (Hrsg.), Europäisches Kollisionsrecht, 1993, 15–31; *Reichelt*, Der Beitrag des Internationalen Privatrechtes zur Europäischen Integration, ebd. 115–127; *Kreuzer*, Die Europäisierung des Internationalen Privatrechts – Vorgaben des Gemeinschaftsrechts, in: *Müller-Graff* (Hrsg.), Gemeinsames Privatrecht in der Europäischen Gemeinschaft, 1993, 373–447; *Lagarde*, L'unification des conflits de lois et des conflits de juridictions dans l'Europe communautaire: un modèle pour l'Europe de l'Est?, in: *von Bar* (Hrsg.), Perspektiven des IPR nach dem Ende der Spaltung Europas, 1993, 207–222; *Radicati di Brozolo*, L'influence sur les conflits de lois des principes de droit communautaire en matière de liberté de circulation, Rev.crit.dr.i.p. 1993, 401–424; *Schmeinck*, IPR und Europäisches Gemeinschaftsrecht, Fschr. Bleckmann 1993, 251–267; *Baumert*, Europäischer ordre public und Sonderanknüpfung zur Durchsetzung von EG-Recht – unter besonderer Berücksichtigung der sog. mittelbaren horizontalen Wirkung von EG-Richtlinienbestimmungen, 1994 (bespr. von *Mankowski*, RabelsZ 61 [1997], 750–756); *Brödermann/Iversen*, Europäisches Gemeinschaftsrecht und Internationales Privatrecht, 1994 (bespr. von *Bungert*, DNotZ 1997, 343–347); *Fumagalli*, Le clausole abusive nei contratti con i consumatori tra diritto communitario e diritto internazionale privato, Riv.dir.int.priv.proc. 1994, 15–32; *Jayme/Kohler*, Europäisches Kollisionsrecht 1994: Quellenpluralismus und offene Kontraste, IPRax 1994, 405–415; *Jayme*, Europäischer Binnenmarkt – Einwirkungen auf das Internationale Privatrecht, Fschr. Skapski, Krakau 1994, 141–145; *Kreuzer*, Internationales Privatrecht und europäische Integration, Fschr. Trusen 1994, 543–559; *Rigaux*, Droit international privé et droit communautaire, Fschr. Loussouarn, Paris 1994, 341–354; *Roth*, Angleichung des IPR durch sekundäres Gemeinschaftsrecht, IPRax 1994, 165–174; *Schack*, Das EG-Diskriminierungsverbot und das deutsche Internationale Urheber- und Leistungsschutzrecht, JZ 1994, 144–147; *Basedow*, Der kollisionsrechtliche Gehalt der Produktfreiheiten im europäischen Binnenmarkt: favor offerentis, RabelsZ 59 (1995), 1–55; *Basedow*, Materielle Rechtsangleichung und Kollisionsrecht, in: *Schnyder* u.a. (Hrsg.), Internationales Verbraucherschutzrecht, 1995, 11–34; *Baumert*, Die Umsetzung des Art. 6 Abs 2 der AGB-Richtlinie im System des europäischen kollisionsrechtlichen Verbraucherschutzes, EWS 1995, 57–69; *Benicke/Zimmermann*, Internationales Namensrecht im Spannungsfeld zwischen Internationalem Privatrecht, Europäischem Gemeinschaftsrecht und Europäischer Menschenrechtskonvention, IPRax 1995, 141–150; *Fallon*, Les conflits de lois et de juridictions dans un espace économique intégré, Rec. 253 (1995), 9–281 (nz); *von Hoffmann*, Richtlinien der Europäischen Gemeinschaft und Internationales Privatrecht, ZfRV 1995, 45–54; *Hommelhoff/Jayme/Mangold* (Hrsg.), Europäischer Binnenmarkt, Internationales Privatrecht und Rechtsangleichung, 1995; *Jayme*, Klauselrichtlinie und Internationales Privatrecht – Eine Skizze, Fschr. Trinkner 1995, 575–584; *Jayme/Kohler*, Europäisches Kollisionsrecht 1995 – Der Dialog der Quellen, IPRax 1995, 343–354; *Jayme/Kohler*, L'interaction des règles de conflit contenues dans le droit dérivé de la communauté européenne et des conventions de Bruxelles et de Rome, Rev.crit.dr.i.p. 1995, 1–40; *Kohler*, Kollisionsrechtliche Anmerkungen zur Verordnung über die Gemeinschaftsmarke, Fschr. Everling I 1995, 651–667; *Kropholler*, Das IPR der Kindschaftswirkungen im Lichte der europäischen Rechtsentwicklung, RabelsZ 59 (1995), 407–418; *Lara Aguado*, Incidencia del derecho comunitario sobre el régimen jurídico del nombre en el Derecho internacional privado, Rev.der.priv. 1995, 671–694; *E. Lorenz*, Zur Kontrolle grenzüberschreitender Versicherungsverträge anhand der „Rechtsvorschriften des Allgemeininteresses" im freien Dienstleistungsverkehr innerhalb der EU, Versicherungsrundschau (Wien) 1995, Nr. 3, 8–22; *Mewes*, Internationales Versicherungsvertragsrecht unter besonderer Berücksichtigung der europäischen Dienstleistungsfreiheit im Gemeinsamen Markt, 1995; *Schnichels*, Reichweite der Niederlassungsfreiheit. Dargestellt am Beispiel des deutschen Internationalen Gesellschaftsrechts, 1995; *Barmeyer*, Die Anerkennung ausländischer, insbesondere englischer, Beurkundungen auf dem Gebiet des Gesellschaftsrechts in Deutschland, 1996; *Basedow*, Europäisches Internationales Privatrecht, NJW 1996, 1921–1929; *Heinrich*, Die ausländische juristische Person & Co. KG. Die Zulässigkeit der Komplementärbeteiligung ausländischer juristischer Personen an inländischen Kommanditgesellschaften unter besonderer Berücksichtigung des Rechts der Europäischen Gemeinschaft, 1996; *Jayme/Kohler*, Europäisches Kollisionsrecht 1996 – Anpassung und Transformation der nationalen Rechte, IPRax 1996, 377–389; *Kieninger*, Mobiliarsicherheiten im Europäischen Binnenmarkt. Zum Einfluß der Warenverkehrsfreiheit auf das nationale und internationale Sachenrecht der Mitgliedstaaten, 1996 (bespr. von *Lagarde*, Rev.crit.dr.i.p. 1997, 390–393; *Stoll*, ZEuP 1998, 399–403); *Kieninger*, Securities in movable property within the Common Market, Eur.Rev.Priv.L. 4 (1996), 41–66; *Kohler*, La Cour de justice des Communautés européennes et le droit international privé, Trav.com.fr.dr.i.p. 1993–1995 (erschienen Paris 1996), 71–87; *Kronke*, Electronic Commerce und Europäisches Verbrauchervertrags-IPR. Zur Umsetzung der Fernabsatzrichtlinie, RIW 1996, 985–993; *Lagarde/von Hoffmann*, (Hrsg.), L'européanisation du droit international privé, 1996; *De Ly/Wouters*, Europees Gemeenschapsrecht en Internationaal Privaatrecht, Deventer 1996; *Schockweiler*, La codification du droit international privé dans la Communauté Européenne, Fschr. Droz, Den Haag 1996, 391–404; *Sonnenberger*, Europarecht und Internationales Privatrecht, ZVglRWiss 95 (1996), 3–47; *Sonnenberger*, Die Umsetzung kollisionsrechtlicher Regelungsgebote in EG-Richtlinien, ZEuP 1996, 382–398; *von Wilmowsky*, Europäisches Kreditsicherungsrecht. Sachenrecht und Insolvenzrecht unter dem EG-Vertrag, 1996 (bespr. von *Seif*, RabelsZ 62 [1998], 528–532); *von Wilmowsky*, EG-Freiheiten und Vertragsrecht, JZ 1996, 590–596; *Basedow*, Die Harmonisierung des Kollisionsrechts nach dem Vertrag von Amsterdam, EuZW 1997, 609; *Helmberg*, Der Einfluß des EG-Rechts auf das IPR, Wbl 1997, 89–96, 137–147; *Höpping*, Auswirkungen der Warenverkehrsfreiheit auf das IPR – unter besonderer Berücksichtigung des Internationalen Produkthaftungsrechts und des Internationalen Vertragsrechts, 1997; *Jayme/Kohler*, Europäisches Kollisionsrecht 1997 – Vergemeinschaftung durch „Säulenwechsel“?, IPRax 1997, 385–401; *Michaels/Kamann*, Europäisches Verbraucherschutzrecht und IPR, JZ 1997, 601–609; *Roggenbuck*, Wasserverschmutzungen und Internationales Privatrecht. Zur privatrechtlichen Abwehr von Verschmutzungen internationaler Gewässer in der EG und in den USA, 1997; *Taupitz*, Das internationale Produkthaftungsrecht im Zugriff der europäischen Warenverkehrsfreiheit: Abschied vom favor laesi?, ZEuP 1997, 986–1009; *von Wilmowsky*, Kreditsicherheiten im Binnenmarkt, 1997; *von Hoffmann* (Hrsg.), European Private International Law, Nimwegen 1998; *Jayme/Kohler*, Europäisches Kollisionsrecht 1998: Kulturelle Unterschiede und Parallelaktionen, IPRax 1998, 417–429; *Junker*, Neuere Entwicklungen im Internationalen Privatrecht, RIW 1998, 741–750 (insbes. 743 f.); *Knöfel*, EC Legislation on Conflict of Laws: Interactions and Imcompatibilities Between Conflicts Rules, Int.Comp.L.Q. 47 (1998), 439–445; *Krebber*, Die volle Wirksamkeit von Richtlinien in länderübergreifenden Sachverhalten. Der räumliche Geltungsanspruch von Richtlinien und seine Bedeutung für das internationale Privatrecht, ZVglRWiss 97 (1998), 124–160; *Staudinger*, Artikel 6 Absatz 2 der Klauselrichtlinie und § 12 AGBG. Der internationale Geltungsbereich der deutschen Klauselkontrolle auf dem Prüfstand des Europäischen Gemeinschaftsrechts, 1998; *Taupitz*, Europäisches Gemeinschaftsrecht versus nationales IPR: Vorgaben der Warenverkehrsfreiheit für den Gestaltungsspielraum des Internationalen Produkthaftungsrechts, ZEuS 1998, 17–46; *von Wilmowsky*, EG-Vertrag und kollisionsrechtliche Rechtswahlfreiheit, RabelsZ 62 (1998), 1–37; *Gounalakis/Radke*, Das Verhältnis des Internationalen Privatrechts zum Europäischen Gemeinschaftsrecht am Beispiel des Diskriminierungsverbots (Art. 6 EGV), der Niederlassungsfreiheit (Art. 52, 58 EGV) und des Kollissionsrechts der EG-Datenschutzrichtlinie, ZVglRWiss 98 (1999), 1–27; *Thorn*, Verbraucherschutz bei Verträgen im Fernabsatz, IPRax 1999, 1–9.

Das **Europarecht** dehnt sich aus. Auch im IPR der Mitgliedstaaten wächst sein Einfluß. Zwar ist seine Bedeutung als *unmittelbare* (und vorrangige, vgl. Art. 3 II 2 EGBGB) *Rechtsquelle* für IPR-Normen nach wie vor gering. Aber es setzt den Rahmen und gibt zudem die Richtung für **Staatsverträge** und über umzusetzende **Richtlinien** auch für wichtige Bereiche des *innerstaatlichen* Rechts, wobei freilich mitunter äußerer Gleichklang durch innere Unausgewogenheit erkauft werden muß, vgl. auch oben S. 13f.

Das gegenüber dem innerstaatlichen Recht vorrangige primäre Europarecht der **Grundverträge** enthält keine Normen des internationalen Privatrechts. Manche wollen ihm aber *inhaltliche Vorgaben und Grenzen* entnehmen, an die unser IPR sich zu halten habe. So wird – in teilweise etwas hergeholter Weise – untersucht, ob die Normen des internationalen Vertrags- und Deliktsrecht den innereuropäischen Warenverkehr im Sinne der Art. 30, 34 EGV als „Maßnahmen gleicher Wirkung" mit „mengenmäßigen Ausfuhrbeschränkungen" anzusehen sind. Immerhin soll „zulässig" sein, daß der einzelne Staat die Verbraucher über sein Kollisionsrecht schützt, wie z. B. über Art. 29 EGBGB. Als bedenklich wird im europäischen Kontext mitunter das deliktsrechtliche „Ubiquitätsprinzip" (alternative Anwendung von Handlungs- und Erfolgsortsrecht zugunsten des Verletzten, seit dem 1. 6. 1999 nach Art. 40 I 2 EGBGB nur auf dessen Verlangen) angesehen, besonders im Bereich der Produkthaftpflicht, und vor allem die antiquitierte Exklusivnorm zugunsten deutscher Staatsangehöriger in Art. 38 a.F. EGBGB, die durch „neutrale" Einschränkungen in Art. 40 III abgelöst worden ist. Freilich kann es Einschränkungen in der Anwendung solcher Normen allenfalls geben, soweit das EG-Recht reicht, also jedenfalls nicht im privaten Bereich (vgl. *Soergel/Lüderitz*[12] Art. 38 [a. F.] Rz. 105). In der Regel, daß Mobiliarsicherheiten (wie alle dinglichen Rechte) nach Grenzübertritt der (neuen) lex rei sitae gemäß beurteilt werden, sehen manche eine Behinderung des Warenverkehrs (obwohl Art. 222 EGV einen ausdrücklichen Vorbehalt zugunsten der Eigentumsordnung ausspricht; vgl. auch *Schurig*, Fschr. Großfeld 1999, 1094f.). Aus **Art. 52** (Niederlassungsfreiheit) mit **Art. 58** (Gleichstellung der Gesellschaften) EGV wollte man ableiten, daß die in Deutschland herrschende „Sitztheorie" des internationalen Gesellschaftsrechts (unten § 17 II 1) europarechtswidrig sei; der EuGH hat dies *nicht* bestätigt (*Daily Mail*-Urteil, NJW 1989, 2186 = RIW 1989, 304 = JZ 1989, 384); freilich stellt er in einer neueren Entscheidung auf den *Satzungs*sitz ab, wenn es darum geht, ob eine „Zweigniederlassung" in einem EU-Staat zugelassen werden muß (ZIP 1999, 438; vgl. unten S. 427, 504). Aus den *Grundfreiheiten* soll sich ergeben, daß die kollisionsrechtliche Wahlfreiheit nur aus zwingenden Gründen durch objektive Anknüpfungsregeln „eingeschränkt" werden dürfe, weil letztere „den grenzüberschreitenden Wirtschaftsverkehr unter Umständen erheblich belasten" könnten (*von Wilmowsky*, RabelsZ 62 [1998], 1, 4f.).

Daß **Art. 6 I EGV** (vormals Art. 7 I EWGV), der die Diskriminierung von Angehörigen der Mitgliedsstaaten wegen ihrer Staatsangehörigkeit verbietet, die kollisionsrechtliche Anknüpfung an eben diese Staatsangehörigkeit nicht meint, war zunächst weitgehend unbestritten. Inzwischen wird aber behauptet, Art. 7 I EGBGB, der die Rechts- und Geschäftsfähigkeit einer Person ihrem Heimatrecht unterstellt, verstoße gegen dieses Diskriminierungsverbot (treffend dagegen *Sonnenberger*, ZVglRWiss 95 [1996], 3, 15f.; vgl. dort [17] auch zur Frage, ob in der unterschiedlichen Behandlung von Doppelstaatern mit und ohne deutsche Staatsangehörigkeit in Art. 5 I EGBGB eine solche Diskriminierung liegen kann). Auch die eingeschränkte Anwendbarkeit von Art. 38 a.F. EGBGB wurde z.T. auf das Diskriminierungsverbot gestützt (*Soergel/Lüderitz*[12] Art. 38 Rz. 105).

Zurückhaltung ist hier geboten. Auch wenn man im europäischen Überschwang den EGV bis an die Reißgrenze strapaziert, um ihm Kollisionsrechtliches zu entnehmen, fördert man damit die europäische Integration kaum; gewährleistet ist nur die wachsende Rechtsunsicherheit. Soweit das IPR europäisch zu vereinheitlichen ist, sollte dies durch entsprechende Rechtssetzungsakte geschehen.

Hingegen mag die wachsende materielle Rechtsangleichung dazu führen, daß man die EG in bestimmten Sachbereichen als *ein* Rechtsgebiet ansehen kann. So sollte man

Art. 27 III EGBGB (unten S. 570f.) auch dann anwenden, wenn auf einem weitgehend europäisch vereinheitlichten Rechtsgebiet der Sachverhalt zwar nicht nur mit *einem* Staat verbunden ist, aber ausschließlich mit solchen Staaten, in denen einheitliches zwingendes Recht europäischer Herkunft gilt (*Michaels/Kamann*, JZ 1997, 601–609; a.M. *Jayme/Kohler*, IPRax 1997, 385, 388, wegen Art. 19 I des Schuldvertragsübereinkommens [= Art. 35 II EGBGB], der aber gerade von insoweit unterschiedlichem Recht ausgeht).

Vorrangig anwendbares europäisches Recht enthalten ferner die **Verordnungen**. IPR-Normen in ihnen sind indessen selten und sehr speziell. Man findet sie z.B. in der Verordnung Nr. 2137/85 über die Schaffung einer Europäischen Wirtschaftlichen Interessenvereinigung vom 25. Juli 1985 (ABlEG L 199/1ff.); eingehend hierzu und zu anderen Fällen *Brödermann*, in: *Brödermann/Iversen*, 1994 [oben Schrifttum], 165–203).

Sehr viel häufiger sind Rechtsanwendungsnormen in **Richtlinien** zu finden (Übersicht z.B. bei *Sonnenberger*, ZVglRWiss 95 [1996], 3, 31–33). Sie wirken jedoch erst *nach ihrer Umsetzung* in innerstaatliches Recht; eine unmittelbare „horizontale" Wirkung kommt insoweit nicht in Betracht (oben S. 13). Das *internationale Versicherungsrecht* der Art. 7–14 EGVVG (unten S. 591–595) beruht z.B. auf einer entsprechenden europäischen Richtlinie (vgl. *Sonnenberger*, aaO 32f.). Oft werden solche Rechtsanwendungsnormen den Richtlinien beigefügt, um deren Anwendung gegenüber Drittrechten zu sichern, leider meist ohne Berücksichtigung des innerstaatlichen IPR (selbst wenn dieses ebenfalls europäischen „Ursprungs" ist, wie das Römische Schuldvertragsübereinkommen) und ohne Anpassung an andere Richtlinien. Da die aus den Richtlinien übernommenen Kollisionsnormen als spezielle den allgemeinen vorgehen, kann dies zu erheblichen Rechtsanwendungsproblemen führen (vgl. z.B. *Jayme*, Europäisches Kollisionsrecht: Neue Aufgaben, neue Techniken, in: *Hommelhoff* u.a. [Hrsg.], Europäischer Binnenmarkt, Internationales Privatrecht und Rechtsangleichung, 1995, 35–49).

Hingegen ist es müßig, darüber zu streiten, ob man zur Anwendung solcher spezieller Kollisionsnormen auch Art. 34 EGBGB heranzieht; denn diese Norm trifft ohnehin keine eigene kollisionsrechtliche Entscheidung, sondern stellt nur klar, daß das Römische Schuldvertragsabkommen solche speziellen Anknüpfungsnormen mit Vorrang *zuläßt*; vgl. *Schurig*, RabelsZ 54 (1990), 217, 234.

Richtlinienkonformes Recht *ohne* spezielle Rechtsanwendungsnormen unterliegt dem allgemeinen internationalen Privatrecht, dessen Vorschriften gegebenenfalls im Licht der Richtlinie auszulegen sind. Es *kann* auch sein, daß solches Recht besonderen, z.B. politischen, Interessen dient und *deshalb* spezielle Kollisionsnormen zu bilden sind (oben § 2 IV; diese können dann auch im Rahmen des Art. 34 EGBGB relevant werden); aber die Regel ist das nicht, und insbesondere ist die Übernahme aus Richtlinien allein kein Grund dafür (zu weitgehend daher *Krebber*, ZVglRWiss 97 [1998], 124–160).

Die bedeutendsten kollisionsrechtlichen Neuerungen europäischer Herkunft findet man in **Staatsverträgen,** insbesondere im *Brüsseler EuGVÜ* von 1968 (unten S. 201f.) und im *Römischen Übereinkommen über das auf vertragliche Schuldverhältnisse anwendbare Recht* (unten S. 203f.). Für diese gilt nichts anderes als für andere Staatsverträge auch (oben S. 9–13, unten III), sieht man von der Auslegungszuständigkeit des Europäischen Gerichtshofes einmal ab.

III. Staatsverträge

Quellensammlungen: *Makarov*, Die Quellen des IPR² II, 1960; *Giuliano/Pocar/Treves*, Codice delle convenzioni di diritto internazionale privato e processuale², Mailand 1982; *Oschinsky/Jenard*, L'espace juridique et judiciaire européen. Examen de 250 conventions, Brüssel 1993; *Jayme/Hausmann*, Internationales Privat- und Verfahrensrecht⁹, 1998.

Schrifttum: Älteres Schrifttum 7. Aufl. S. 168f.

Weiter: Zu **Staatsverträgen allgemein:** *Keller*, Hinweise auf Staatsverträge im IPR-Gesetz, Fschr. von Overbeck, Freiburg/Schweiz 1990, 279–285; *Klabbers*, The Concept of Treaty in International Law, Den Haag 1996 (bespr. von *Keller*, Int. Comp. L. Q. 47 [1998], 240f.); *Voss*, Die Bindung der Europäischen Gemeinschaft an vorgemeinschaftliche Verträge ihrer Mitgliedstaaten, SZIER 1996, 161–189; *Wilting*, Vertragskonkurrenz im Völkerrecht, 1996.

Zum **Wiener Übereinkommen** über das Recht der Verträge vom 23. 5. 1969 (BGBl. 1985 II 926, 1987 II 757) allgemein: *Bothe*, Die Wiener Konvention über das Recht der Verträge zwischen Staaten und internationalen Organisationen und zwischen internationalen Organisationen, NJW 1991, 2169–2174.

Zum **Zustandekommen,** zur **Wirkung, Änderung** und **Beendigung** von Staatsverträgen: *Zoller*, La conclusion et la mise en oeuvre des traités dans les États fédérés et unitaires, Rev.int.dr.comp. 1990, 737–750; *Volken*, Probleme einer nicht abgestimmten Ratifikationspolitik gegenüber Konventionen EG-fremder Herkunft, in: *von Bar* (Hrsg.), Europäisches Gemeinschaftsrecht und internationales Privatrecht 1991, 131–150; *Oehmichen*, Die unmittelbare Anwendbarkeit der völkerrechtlichen-Verträge der EG. Die EG-Freihandels- und Assoziierungsverträge und andere Gemeinschaftsabkommen im Spannungsfeld von Völkerrecht, Gemeinschaftsrecht und nationalem Recht, 1992; *Buchs*, Die unmittelbare Anwendbarkeit völkerrechtlicher Vertragsbestimmungen. Am Beispiel der Rechtsprechung der Gerichte Deutschlands, Österreichs, der Schweiz und der Vereinigten Staaten von Amerika, 1993; *Byk*, La réception des conventions internationales par le juge français: à l'occasion de la jurisprudence de la Cour de cassation relative à la Convention des Nations Unies sur les droits de l'enfant, JDI (Clunet) 1994, 967–976; *Tallon*, International Conventions and Domestic Law. The Impact of International Conventions on Municipal Law, in: *Markesinis* (Hrsg.), The Gradual Convergence, Oxford 1994, 133–145; *Klabbers*, The New Dutch Law on the Approval of Treaties, Int.Comp.L.Q. 44 (1995), 629–643; *Vázquez*, The Four Doctrines of Self-executing Treaties, Am.J.Int.L. 89 (1995), 695–723; *Pirrung*, The German Federal Constitutional Court Confronted with Punitive Damages and Child Abduction, Fschr. Droz, Den Haag 1996, 341–355; *Schuster/Stoll*, Gemeinschaftskompetenz und Altverträge mit Drittstaaten. Die internationale und europäische Regelung der öffentlichen Beschaffung und der deutsch-amerikanische Freundschaftsvertrag, RIW 1996, 89–96; *Kort*, Zur europarechtlichen Zulässigkeit von Abkommen der Mitgliedstaaten untereinander, JZ 1997, 640–647; *Mus*, Conflicts between Treaties in International Law, NILR 1998, 208–232.

Zum **Inhalt** von Staatsverträgen: *Osman*, Un nouveau champ d'exploration pour le droit international privé: la coopération transfrontière entre collectivités publiques infra-étatiques, Rev.crit.dr.i.p. 1997, 403–445.

Zur **Auslegung** von Staatsverträgen: *Gardiner*, Treaty Interpretation in the English Courts since Fothergill v. Monarch Airlines (1980), Int.Comp.L.Q. 44 (1995), 620–628; *Brandi-Dohrn*, Auslegung internationalen Einheitsprivatrechts durch die internationale Rechtsprechung. Das Beispiel des Warschauer Abkommens von 1929, TranspR 1996, 45–57; *Fernández de Casadevante Romaní*, La Interpretación de las Normas Internacionales, Pamplona 1996; *Giardina*, Il rinvio alle convenzioni di diritto internazionale privato e processuale, Fschr. Broggini, Mailand 1997, 169–185; *Baldus*, Regelhafte Vertragsauslegung nach Parteirollen im klassischen römischen Recht und in der modernen Völkerrechtswissenschaft. Zur Rezeptionsfähigkeit römischen Denkens, I/II, 1998; *Straus*, Völkerrechtliche Verträge und Gemeinschaftsrecht als Auslegungsfaktoren des Europäischen Patentübereinkommens, GRUR Int. 1998, 1–15; *Torres Bernárdez*, Interpretation of Treaties by the International Court of Justice following the Adoption of the 1969 Vienna Convention on the Law of Treaties, Fschr. Seidl-Hohenveldern, Den Haag 1998, 721–748.

Zur **Rechtsnachfolge** in Staatsverträge: *Blumenwitz*, Staatennachfolge und die Einigung Deutschlands. Teil I: Völkerrechtliche Verträge, 1992; *Wittkowski*, Die Staatensukzession in völkerrechtliche Verträge unter besonderer Berücksichtigung der Herstellung der staatlichen Einheit Deutschlands, 1992 (bespr. von *Dörr*, VRÜ 1995, 129–134); *Mullerson*, The Continuity and Succession of States, by Reference to the Former USSR and Jugoslawia, Int.Comp.L.Q. 42 (1993), 473–493; *Drinhausen*, Die Auswirkungen der Staatensukzession auf Verträge eines Staates mit privaten Partnern. Dargestellt mit besonderen Bezügen zur deutschen Wiedervereinigung, 1995; *Droz*, Démembrement d'États et succession aux conventions de La Haye, Fschr. Loussouarn, Paris 1994, 157–167; *Ginsburgs*, Citizenship and State Succession in Russia's Treaty and Domestic Repertory, RevCentEEL 21 (1995), 433–482; *Oeter*, State Succession and the Struggle over Equity: Some Observations on the Laws of State Succession with Respect to State Property and Debts in Cases of Separation and Dissolution of States, German Yb. Int.L. 38 (1995), 73–102; *Bos*, Quelques cas récents de succession d'États en matière de traités conclus dans le cadre de la Conférence de La Haye de droit international privé, Fschr. Droz, Den Haag 1996, 25–40; *Ebenroth/Reiner/Boizel*, Succession d'États et droit international privé, JDI (Clunet) 1996, 5–68; *Ebenroth*, Staatensukzession und Internationales Privatrecht, in: *Fastenrath/Schweisfurth/Ebenroth*, Das Recht der Staatensukzession, 1996, 235–345; *Kondring*, Haager Übereinkommen und Staatensukzession in Osteuropa, IPRax 1996, 161–167; *Schweisfurth/Blöcker*, Zur Fortgeltung des Haager Übereinkommens über den Zivilprozeß im Verhältnis zur Bundesrepublik Jugoslawien (Serbien/Montenegro), IPRax 1996, 9–12; *Silagi*, Staatsuntergang und Staatennachfolge – mit besonderer Berücksichtigung des Endes der DDR, 1996 (bespr. von *Fastenrath*, VRÜ 1998, 82–84); *Mushkat*, Hong Kong and Succession of Treaties, Int.Comp.L.Q. 46 (1997), 181–201; *Papenfuß*, Die Behandlung der völkerrechtlichen Verträge der DDR im Zuge der Herstellung der Einheit Deutschlands. Ein Beitrag zur Frage der Staatennachfolge in völkerrechtliche Verträge, 1997; *Busse*, Staatenabspaltung und kollisionsrechtliche Verweisung, IPRax 1998, 155–162; *Fiedler*, Entwicklungslinien im Recht der Staatensukzession, Fschr. Seidl-Hohenveldern, Den Haag 1998, 133–135; *Kreuzer*, Staatsangehörigkeit und Staatensukzession. Die Bedeutung der Staatensukzession für die staatsangehörigkeitsrechtlichen Regelungen in den Staaten der ehemaligen Sowjetunion, Jugoslawiens und der Tschechoslowakei, 1998. Zu den Auswirkungen der Wiedervereinigung auf Staatsverträge unten S. 217f.

Weiteres Schrifttum bei *Soergel/Kegel*[12] vor Art. 3, vor Rz. 36.

Zu den Arten von Staatsverträgen, ihrem Wirksamwerden und ihren Wirkungen oben S. 9–13.

Über die umstrittene Frage, ob im Verhältnis zu den früheren Feindstaaten rechtssetzende Verträge des materiellen und internationalen Privatrechts und des internationalen Zivilprozeßrechts nach dem Krieg wieder *auflebten* oder die Wiederanwendung *vereinbart* werden mußte, siehe 7. Aufl. S. 170. Die meisten dieser Abkommen gelten entweder nicht mehr oder es wurde Wiederanwendung vereinbart. Im letzteren Fall wurde hier der Name des ehemaligen Feindstaats mit einem **Sternchen** versehen (z.B. Rumänien*); im übrigen wird von einem automatischen Wiederaufleben ausgegangen.

Zu Verträgen mit der früheren **Sowjetunion** und mit dem früheren **Jugoslawien** siehe *Soergel/Kegel*[12] vor Art. 3 Rz. 59, 60. Über die Fortgeltung von Staatsverträgen der früheren **DDR** unten S. 217–220.

1. Zweiseitige Staatsverträge

Die Staatsangehörigkeit als Anknüpfung im internationalen Personen-, Familien- und Erbrecht bestimmt Art. 8 III des *deutsch-iranischen Niederlassungsabkommens* vom 17. 2. 1929 (RGBl. 1930 II 1002, 1006, 1931 II 9) mit Protokoll vom 4. 11. 1954 (BGBl. 1955 II 829) und Vereinbarung vom 1. 5. 1995 zur Aufhebung des Abschnitts II des Schlußprotokolls (BGBl. 1997 II 2); näher *Soergel/Kegel*[12] vor Art. 3 Rz. 44.

Konsular-, Handels- und *Niederlassungsverträge* enthalten oft Bestimmungen über die Befugnisse der Konsuln zur Vornahme von Eheschließungen, Einrichtung von Vormundschaften und Nachlaßabwicklung sowie über Erb- und Testierfähigkeit; näher *Soergel/Schurig*[12] Art. 13 Rz. 145–148, Art. 24 Rz. 75, Art. 25 Rz. 109.

Eine erbrechtliche Vorschrift enthält der Konsularvertrag mit der Sowjetunion vom 25. 4. 1958 (BGBl. 1959 II 232, Weitergeltung mit der Russischen Föderation BGBl. 1992 II 1016; dazu unten S. 876f.).

Besondere *Nachlaßabkommen* schloß Deutschland mit der Sowjetunion 1925 (außer Kraft durch den Konsularvertrag von 1958), mit Österreich 1927 (erledigt durch „Anschluß" 1938) und mit der Türkei* 1929 (RGBl. 1930 II 747, BGBl. 1952 II 708); näher unten S. 876f. Besondere *Vormundschaftsabkommen* wurden geschlossen mit Polen 1924 und mit Österreich* 1927 (RGBl. 1927 II 510, 878, BGBl. 1959 II 1250); näher *Soergel/Kegel*[12] Art. 24 Rz. 72, 73 und unten S. 848.

Über verschiedene Fragen des *internationalen Verfahrensrechts* gibt es eine Anzahl zweiseitiger Staatsverträge Deutschlands mit anderen Staaten. Dazu z.B. *Schack*, Internationales Zivilverfahrensrecht[2], 1996, Rz. 55f. Siehe auch unten S. 924f. unter Nr. 9.

2. Mehrseitige Staatsverträge

Schrifttum zu mehrseitigen Staatsverträgen im IPR allgemein: Älteres Schrifttum 7. Aufl. S. 170f. Weiter: *Keller*, Hinweise auf Staatsverträge im IPRG, Fschr. von Overbeck, Freiburg/Schweiz 1990, 279–285; *Knapp*, Unification internationale des règles et désignation du droit applicable, Fschr. Loussouarn, Paris 1994, 219–232; *Lequette*, Le droit international privé de la famille à l'épreuve des conventions internationales, Rec. 1994 II, 9–233; *Pfund,* Contributing to Progressive Development of Private International Law: the International Process and the United States Approach, Rec. 1994 V, 9–144; *Burman,* International Conflict of Laws, The 1994 Inter-American Convention on the Law Applicable to International Contracts, and Trends for the 1990s, Vand.J.T.L. 28 (1995), 367–387; *González Campos*, Efforts concertés d'unification et coexistence des règles de droit international privé dans le système étatique, Fschr. Droz, Den Haag 1996, 105–120; *Siehr*, The Impact of International Conventions on National Codifications of Private International Law, Fschr. Droz, Den Haag 1996, 405–413; *Jayme*, Staatsverträge als ratio scripta im internationalen Privatrecht, Fschr. Broggini, Mailand 1997, 211–221; *Salerno* (Hrsg.), Convenzioni internazionali e legge di riforma del diritto internazionale privato, Padua 1997.

Zu den **Haager Abkommen allgemein:** Älteres Schrifttum 7. Aufl. S. 171–173. Weiter: La Conférence de La Haye de Droit International Privé, Rev.dr.int.dr.comp. 1990, 273–280; *Asín Cabrera*, La technique des règles spéciales de rattachement dans les Conventions de La Haye de droit international: répercussions dans le droit international privé espagnol, in: Perméabilité des ordres juridiques, Zürich 1992, 265–280; *Boggiano*, The Contribution of the Hague Conference to the Development of Private International Law in Latin America, Rec. 1992 II, 99–266; *Dyer*, L'évolution du droit international privé de la famille en Europe au cours du „premier siècle" de la Conférence de La Haye de droit international privé: les avatars des Conventions de La Haye, in: *Ganghofer* (Hrsg.), Le droit de la famille en Europe, Straßburg 1992, 95–103; *McClean*, The Contribution of the Hague Conference to the Development of Private International Law in Common Law Countries, Rec. 1992 II, 267–304; *von Overbeck*, La contribution de la Conférence de La Haye au développement du droit international privé, Rec. 1992 II, 9–98; *Aguilar Benítez de Lugo*, La familia en los convenios de la Conferencia de La Haya de Derecho Internacional Privado, Rev.esp.der.int. 1993, Nr. 1, 7–37; *de Boer*, Honderd jaar Haagse Conferentie: een felicitatie waard?, NedJBl 1993, 685–692; *Fernandez Rozas* (Hrsg.), España y la codificación internacional del Derecho internacional privado. Terceras Jornadas de Derecho internacional privado, Madrid 1993 (insbes. S. 17–72); *Parra-Aranguren,* The Centenary of the Hague Conference on Private International Law, Fschr. Lalive, Basel 1993, 97–112; *Schack*, Hundert Jahre Haager Konferenz für IPR. Ihre Bedeutung für die Vereinheitlichung des Internationalen Zivilverfahrensrechts, RabelsZ 57 (1993), 224–262; *T. M. C. Asser Instituut*, The Influence of the Hague Conference on Private International Law, Dordrecht 1993 (bespr. von *Muir Watt*, Rev.crit.dr.i.p. 1994, 600–602); The Hague Conference on Private International Law 1883–1993 (mit Beiträgen von *de Boer*, *Castel*, *Gaudemet-Tallon*, *Jäntera-Jareborg*, *McClean*, *Moura Ramos*, *von Overbeck*, *Pryles*, *Schockweiler*, *Siehr*), NILR 40 (1993), 1–142; Symposium: The Hague Conference on Private International Law, Law & Cont. Prob. 57 (1994), Nr. 3, 1–331; *von Overbeck*, China and the Hague Conference on Private International Law, Fschr. Wang Tieya, Dordrecht 1994, 893–903; *Revillard*, Les nouvelles conventions de La Haye et le droit patrimonial de la famille, Hague Yb. Int. L. 7 (1994), 53–78; *Sumampouw* (Hrsg.), Les nouvelles conventions de La Haye – leur application par les juges nationaux. Tome IV: jurisprudence – situation actuelle – bibliographie, Dordrecht 1994; *van Loon*, Hague Conference on Private International Law, Work in 1994, Hague Yb. Int. L. 7 (1994), 325–351 (mit Bibliographie); *Maher*, Implementation of Hague Conventions in Domestic Law: The United Kingdom Approach, Civil Justice Quarterly 14 (1995), 21–41 (nz); *Kondring*, Haager Übereinkommen und Staatensukzession in Osteuropa, IPRax 1996, 161–167; *Lobsiger/Markus*, Überblick zu den vier neuen Konventionen über die internationale Rechtshilfe, SchwJZ 1996, 177–192, 202–210; *McClean*, Common Lawyers and The Hague Conference, Fschr. Droz, Den Haag 1996, 205–218; *Sumampouw*, Les nouvelles Conventions de La Haye: leur application par les juges nationaux, Tome V, Den Haag 1996; *Kessedjian*, Vers une Convention à vocation mondiale en matière de compétence juridictionnelle internationale et d'effets des jugements étrangers, Unif. L.Rev. 1997, 675–699; *Juenger*, A Hague Judgments Convention?, Brook. J.Int. L. 24 (1998), 111–123.

Zu den einzelnen **Haager Konferenzen:** Älteres Schrifttum (insbes. bis zur 15. Haager Konferenz) 7. Aufl. S. 173 f. Weiter:

Zur **16. Haager Konferenz:** Actes et documents de la Seizième session, Tome I: Matières diverses, Den Haag 1991, Tome II: Successions – loi applicable, Den Haag 1990 (bespr. von *Clerici*, Rev.dir.int.priv.proc. 1991, 567 f.).

Zur **17. Haager Konferenz:** Actes et documents de la Dix-septième session, Tome I: Matières diverses, Centenaire, Den Haag 1995 (bespr. von *Joustra*, Eur.Rev. Priv. L. 4 [1996], 402–404), Tome II: Adoption-coopération, Den Haag 1994; Final Act of the 17th Session of the Hague Conference on Private International Law, 29 May 1993, NILR 40 (1993), 292–309; *Borrás*, XVII Sesión de la Conferencia de La Haya de Derecho Internacional Privado, Rev.esp.der.int. 1993, 647–651 (Text 652–661); *Jametti Greiner/Bucher*, La Dix-septième session de la Conférence de La Haye de droit international privé, SZIER 1994, 55–88 (Texte 89–102).

Zur **18. Haager Konferenz:** *Borrás*, La XVIII Sesión de la Conferencia de La Haya de Derecho Internacional Privado, Rev.esp.der.int. 1996, Nr. 2, 357–363; *Bucher*, La

Dix-huitième session de la Conférence de La Haye de droit international privé, SZIER 1997, 67–127.

Stand der Zeichnungen und Ratifikationen der Haager Abkommen seit dem Zweiten Weltkrieg am 1. 7. 1998: NILR 45 (1998), 271–312; im Internet: „http://www.hcch.net/e/conventions/index.html“ (zu den Nachweisen im Internet über den Stand internationaler Verträge zur Rechtsvereinheitlichung siehe oben S. 71).

Texte: Conférence de la Haye de droit international privé, Recueil des conventions (1951–1996), Den Haag 1997.

a) Zur Zeit in Deutschland anwendbare Abkommen

Zur Vereinheitlichung des IPR haben die Niederlande *Konferenzen* im **Haag** einberufen. Bisher haben 18 Konferenzen getagt und zwar in den Jahren 1893, 1894, 1900, 1904, 1925, 1928, 1951, 1956, 1960, 1964, 1968, 1972, 1976, 1980, 1984, 1988, 1993 und 1996. Am 31. 10. 1951 ist eine *Satzung* der Haager Konferenz für IPR vereinbart worden (BGBl. II 981, ber. 1983 II 732; Vertragsstaaten: Beil. BGBl. Teil II Fundstellennachweis B [abgeschlossen am 31. 12. 1998], S. 319). Die Konferenz hat 47 Mitglieder. Von diesen Abkommen sind zur Zeit in Kraft:

– *Eheschließungsabkommen* vom 12. 6. 1902 (RGBl. 1904, 221, 249).

Vertragsstaaten sind heute Deutschland, Italien*, Rumänien; gekündigt haben Frankreich 1914, Belgien 1919, Schweden 1958, Polen 1970, die Schweiz 1972, Ungarn 1973, die Niederlande 1977 und Luxemburg 1984 (BGBl. 1989 II 69); die DDR wandte das Abkommen an (Gbl. 1959 I 505; BGBl. 1976 II 1349); keine Weitergeltung in Portugal nach dem 1. Weltkrieg aufgrund Art. 282 des Versailler Vertrages. Zum Abkommen unten S. 709.

– *Vormundschaftsabkommen* vom 12. 6. 1902 (RGBl. 1904, 240, 249).

Gemäß Art. 18 I des Minderjährigenschutzabkommens von 1961 gilt das Abkommen nur noch im Verhältnis zu den Staaten, die das Minderjährigenschutzabkommen nicht ratifiziert haben; dies sind nur noch Belgien* und Rumänien; zum Abkommen unten S. 847 f.

– *Zivilprozeßabkommen* vom 17. 7. 1905 (RGBl. 1909, 409, 410; 1926 II 553).

Schrifttum: *Bülow/Böckstiegel/Geimer/Schütze* I, A I 1 Anhang a, Nr. 200–203.

Das Abkommen regelt Zustellungen, Rechtshilfe, Sicherheitsleistung für Prozeßkosten, Armenrecht, Personalhaft. Es ist 1951 neu gefaßt worden (siehe unten); die alte Fassung gilt nur noch gegenüber Island (RGBl. 1909, 409; 1926 II 553) und Estland (RGBl 1930 II 1) (vgl. Beil. BGBl. Teil II, Fundstellennachweis B [abgeschlossen am 31. 12. 1998] S. 200); die DDR hatte das Abkommen für wieder anwendbar erklärt (Gbl. 1965 I 133, BGBl. 1975 II 1263). Zu dem Abkommen erging ein Ausführungsgesetz vom 5. 4. 1909 (RGBl. 430), in der geltenden Fassung bei *Bülow/Böckstiegel/Geimer/Schütze* I, Nr. 203.

– *Übereinkommen über den Zivilprozeß* vom 1. 3. 1954 (Neufassung des Zivilprozeßabkommens vom 17. 7. 1905).

Schrifttum: *Daig*, JZ 1952, 189 f.; *Hoyer*, Das Haager Prozeßübereinkommen vom Jahre 1954, ÖJZ 1958, 371–378; *Bülow*, Das neue Haager Übereinkommen über den Zivilprozeß vom 1. März 1954, Rpfleger 1959, 141–144; *Hayer*, NTIR 1962, 226–235; *Ponsard*, La Convention de La Haye du 1er mars 1954 relative à la procédure civile, Trav.com.fr.dr.i.p. 1960–1962 (erschienen Paris 1963), 39–66;

Nagel, Auf dem Wege zu einem europäischen Prozeßrecht, 1963, 44–52; *Gavalda*, Les commissions rogatoires internationales en matière civile et commerciale, Rev.crit.dr.i.p. 1964, 15–40; *Nagel*, Nationale und internationale Rechtshilfe im Zivilprozeß, das europäische Modell, 1971, 74–78 (betr. Zustellungen, Rechtshilfe; mit Text 209–216 [Art. 1–16]); *Bülow/Böckstiegel/Geimer/Schütze* I, A I 1, Nr. 100–190; *Kondring*, Haager Übereinkommen und Staatensukzession in Osteuropa, IPRax 1996, 161–167; *Schweisfurth/Blöcker*, Zur Fortgeltung des Haager Übereinkommens über den Zivilprozeß im Verhältnis zur Bundesrepublik Jugoslawien (Serbien/Montenegro), IPRax 1996, 9–12.

Der Bundestag hat dem neuen Übereinkommen zugestimmt durch Ges. vom 18. 12. 1958 (BGBl. II 576, Text des Abkommens 577–585), ferner ist ein AusfG vom 18. 12. 1958 erlassen worden (BGBl. I 939), abgedruckt bei *Bülow/Böckstiegel/Geimer/Schütze* I, A I 1 d, Nr. 190; ausländische Vertragsstaaten Beil. BGBl. Teil II, Fundstellennachweis B (abgeschlossen am 31. 12. 1998) S. 333. – Vereinbarungen zur weiteren Vereinfachung oder Erleichterung des Rechtsverkehrs mit einer Reihe von Staaten zusammengestellt bei *Bülow/Böckstiegel/Geimer/Schütze* I, A I 1 c, Nr. 102–180.

– *Abkommen über das auf die Unterhaltspflichten gegenüber Kindern anwendbare Recht* vom 24. 10. 1956 (ZustG vom 18. 7. 1961, BGBl. II 1012; in Kraft seit 1. 1. 1962, BGBl. II 16).

Nach Art. 18 des Unterhaltsabkommens von 1973 gilt das Abkommen nur noch im Verhältnis zu den Staaten, die das Abkommen von 1973 nicht ratifiziert haben, das sind Belgien, Liechtenstein und Österreich sowie Frankreich (Überseegebiete) (Beil. BGBl. Teil II, Fundstellennachweis B [abgeschlossen am 31. 12. 1998] S. 350); dazu unten S. 767 f.

– *Abkommen über die Anerkennung und Vollstreckung von Entscheidungen auf dem Gebiete der Unterhaltspflicht gegenüber Kindern* vom 15. 4. 1958 (ZustG vom 18. 7. 1961, BGBl. II 1005; AusfG vom 18. 7. 1961, BGBl. I 1033; in Kraft seit 1. 1. 1962, BGBl. II 15).

Nach Art. 29 des Abkommens über die Anerkennung und Vollstreckung von Unterhaltsentscheidungen von 1973 gilt dieses Abkommen nur noch gegenüber den Mitgliedstaaten, die das Abkommen von 1973 nicht ratifiziert haben, das sind Belgien, Frankreich (Überseegebiete), Liechtenstein, Österreich, Ungarn, Surinam, (Beil. BGBl. Teil II, Fundstellennachweis B [abgeschlossen am 31. 12. 1998] S. 400); dazu unten S. 771 f.

– *Abkommen zur Befreiung ausländischer öffentlicher Urkunden von der Legalisation* vom 5. 10. 1961 (ZustG vom 21. 6. 1965, BGBl. II 875; für Deutschland in Kraft seit 13. 2. 1966, BGBl. II 106; VO vom 9. 12. 1997 über die Ausstellung der Apostille, BGBl. I 2872).

Ausländische Vertragsstaaten Beil. BGBl. Teil II, Fundstellennachweis B (abgeschlossen am 31. 12. 1998) S. 432 und BGBl. 1999 II 142.

Schrifttum: *Ferid*, RabelsZ 27 (1962/63), 413–416; *Weber*, Das Haager Übereinkommen zur Befreiung ausländischer öffentlicher Urkunden von der Legalisation, DNotZ 1967, 469–485; *Kierdorf*, Die Legalisation von Urkunden, 1975, 110–116; *Roth*, Legalisation und Apostille im Grundbuchverfahren, IPRax 1994, 86–88.

– *Abkommen über das internationale Privatrecht der Form testamentarischer Verfügungen* vom 5. 10. 1961 (ZustG vom 27. 8. 1965, BGBl. II 1144; für BRD in Kraft seit 1. 1. 1966, BGBl. II 11).

Vertragsstaaten: Deutschland, Antigua und Barbuda, Australien, Belgien, Bosnien-Herzegowina, Botsuana, Brunei, Dänemark, Darussalam, Estland, Fidschi, Finnland, Frankreich, Grenada, Griechenland, Irland, Israel, Japan, Jugoslawien, Kroatien, Lesotho, Luxemburg, Mauritius, Mazedonien, Niederlande, Norwegen, Österreich, Polen, Schweden, Schweiz, Slowenien, Spanien, Südafrika, Swasiland, Tonga, Türkei und Vereinigtes Königreich (Beil. BGBl. Teil II, Fundstellennachweis B [abgeschlossen am 31. 12. 1998] S. 433); dazu unten S. 862, 877.

– *Abkommen über die Zuständigkeit der Behörden und das anzuwendende Recht auf dem Gebiet des Schutzes von Minderjährigen* vom 5. 10. 1961 (ZustG vom 30. 4. 1971, BGBl. II 217; für BRD in Kraft seit 17. 9. 1971, BGBl. II 1150).

Soll durch das noch nicht in Kraft getretene, von Deutschland auch noch nicht gezeichnete Haager Kinderschutzabkommen vom 19. 10. 1996 ersetzt werden. Vertragsstaaten: Deutschland, Frankreich, Italien, Luxemburg, Niederlande, Österreich, Polen, Portugal, Schweiz, Spanien, Türkei (Beil. BGBl. Teil II, Fundstellennachweis B [abgeschlossen am 31. 12. 1998] S. 433); dazu unten S. 799–806.

– *Abkommen über die Zustellung im Ausland von gerichtlichen und außergerichtlichen Schriftstücken in Zivil- und Handelssachen* vom 15. 11. 1965 (ZustG vom 22. 12. 1977, BGBl. II 1452, 1453; AusfG vom 22. 12. 1977, BGBl. I 3105; für BRD in Kraft seit 26. 6. 1979, BGBl. II 779).

Ausländische Vertragsstaaten: Beil. BGBl. Teil II, Fundstellennachweis B (abgeschlossen am 31. 12. 1998) S. 459.

Schrifttum: Älteres Schrifttum 7. Aufl. S. 177 f. Weiter: Conférence de la Haye de droit international privé, Manuel pratique sur le fonctionnement de la Convention de La Haye du 15 novembre 1965 relative à la signification et à la notification à l'étranger des actes judiciaires et extra-judiciaires en matière civile ou commerciale[2], Antwerpen 1992 (nz) = Practical Handbook on the Operation of the Hague Convention of 15 November 1965 on the Service Abroad of Judicial and Extrajudicial Documents in Civil or Commercial Matters, Antwerpen 1992; *Juenger/Reimann*, Zustellung von Klagen auf punitive damages nach dem Haager Zustellungsübereinkommen, NJW 1994, 3274 f.; *Koch/Diedrich*, Grundrechte als Maßstab für Zustellung nach dem Haager Zustellungsübereinkommen?, ZIP 1994, 1830–1833; *Weis*, Service by Mail – Is the Stamp of Approval From the Hague Convention Always Enough?, Law & Cont.Prob. 57 (1994), Nr. 3, 165–177 mit Erw. von *Rendleman* 179–182; *Merkt*, Abwehr der Zustellung von „Punitive-damages"-Klagen. Das Haager Zustellungsübereinkommen und US-amerikanische Klagen auf „Punitive damages", „treble damages" und „RICO treble damages", 1995 (bespr. von *Bungert*, NJW 1996, 3405 f.); *Morisse*, Die Zustellung US-amerikanischer Punitive-damages-Klagen in Deutschland, RIW 1995, 370–373; *Pfeiffer*, Internationale Zusammenarbeit bei der Vornahme innerstaatlicher Prozeßhandlungen, in: *Gilles* (Hrsg.), Transnationales Prozeßrecht, 1995, 77–117; *Kondring*, Die „konsularische Zustellung durch die Post", RIW 1996, 722–726; *Requejo Isidro*, Punitive Damages y su notificación en el contexto del Convenio de La Haya de 15 de octubre de 1965, Rev.esp.der.int. 1996, Nr. 2, 71–97; *Tomuschat*, Grundrechtsfestung Deutschland?, IPRax 1996, 83–87; *Volken*, Die internationale Rechtshilfe in Zivilsachen, Zürich 1996 (insbes. S. 29–64); *Hau*, Zustellung ausländischer Prozeßführungsverbote. Zwischen Verpflichtung zur Rechtshilfe und Schutz inländischer Hoheitsrechte, IPRax 1997, 161–164; *Hau*, Europäische Rechtshilfe, endgültige Rechtshängigkeit, effektiver Rechtsschutz, IPRax 1998,

456–460; *G. Geimer,* Die Neuordnung des internationalen Zustellungsrechts. Vorschläge für eine neue Zustellungskonvention, 1999; siehe auch Schrifttum unten S. 901 f.

– *Abkommen über die Beweisaufnahme im Ausland in Zivil- und Handelssachen* vom 18. 3. 1970 (ZustG vom 22. 12. 1977, BGBl. II 1452, 1472; AusfG vom 22. 12. 1977, BGBl. I 3105; Bek. vom 23. 12. 1994, BGBl. 1995 II 77; für BRD in Kraft seit 26. 6. 1979, BGBl. II 780).

Ausländische Vertragsstaaten: Beil. BGBl. Teil II, Fundstellennachweis B (abgeschlossen am 31. 12. 1998) S. 497.

Schrifttum: Älteres Schrifttum 7. Aufl. S. 178 f. Weiter: *Paulus*, Discovery, Deutsches Recht und das Haager Beweisübereinkommen, ZZP 104 (1991), 397–412; *Born*, The Hague Evidence Convention Revisited: Reflections on its Role in U.S. Civil Procedure, Law & Cont. Prob. 57 (1994), Nr. 3, 77–102; *Nobel*, Die Rechtshilfe in Zivilsachen im Lichte der Ratifikation der Haager Konvention von 1970 über die Beweisaufnahme im Ausland in Zivil- und Handelssachen, SZW 1995, 72–79; *Pfeiffer*, Internationale Zusammenarbeit bei der Vornahme innerstaatlicher Prozeßhandlungen, in: *Gilles* (Hrsg.), Transnationales Prozeßrecht 1995, 77–117; *Volken*, Die internationale Rechtshilfe in Zivilsachen, Zürich 1996 (insbes. S. 91–105; bespr. von *Martin*, SchwJZ 1997, 119).

– *Abkommen über die Anerkennung und Vollstreckung von Unterhaltsentscheidungen* vom 2. 10. 1973 (BGBl. 1986 II 825); AusfG vom 25. 7. 1986 (BGBl. I 1156); beide in Kraft seit 1. 4. 1987 (BGBl. II 220, I 1944).

Hierzu wurde das AVAG vom 30. 5. 1988 (unten S. 925) erlassen; vgl. insbesondere §§ 39–41.
Vertragsstaaten: Deutschland, Dänemark, Estland, Finnland, Frankreich, Italien, Luxemburg, Niederlande, Norwegen, Polen, Portugal, Schweden, Schweiz, Slowakei, Spanien, Tschechische Republik, frühere Tschechoslowakei, Türkei, Vereinigtes Königreich (BGBl. Teil II, Fundstellennachweis B [abgeschlossen am 31. 12. 1998] S. 537); das Abkommen ersetzt gem. Art. 29 dasjenige vom 15. 4. 1958 (siehe S. 198); dazu unten S. 769–771.

– *Abkommen über das auf Unterhaltspflichten anwendbare Recht* vom 2. 10. 1973 (BGBl. 1986 II 825); in Kraft seit 1. 4. 1987 (BGBl. II 225). Das Abkommen faßt (nach seiner Präambel sowie Art. 18) zusammen
a) das Abkommen über das auf die Unterhaltspflichten gegenüber *Kindern* anwendbare Recht von 1956 (oben S. 198) und
b) das Abkommen über das auf die Unterhaltspflichten gegenüber *Erwachsenen* anwendbare Recht von 1972 (unten S. 213).

Vertragsstaaten: Deutschland, Frankreich, Italien, Japan, Luxemburg, Niederlande, Polen, Portugal, Schweiz, Spanien, Türkei (BGBl. Teil II, Fundstellennachweis B [abgeschlossen am 31. 12. 1998] S. 537). Zum Abkommen unten S. 764; dort auch Schrifttum.

– *Abkommen über die zivilrechtlichen Aspekte internationaler Kindesentführung* vom 25. 10. 1980 (ZustG vom 5. 4. 1990, BGBl. II 206; AusfG vom 5. 4. 1990, BGBl. I 701; zuletzt geändert durch Ges. vom

13. 4. 1999, BGBl. I 702), für Deutschland in Kraft seit 1. 12. 1990 (BGBl. 1991 II 329).

45 Vertragsstaaten (BGBl. Teil II Fundstellennachweis B [abgeschlossen am 31. 12. 1998] S. 578 und BGBl. 1999 II 355); dazu unten S. 809–812.

Am **27. 9. 1968** beschlossen die EWG-Staaten in **Brüssel** das *Übereinkommen über die gerichtliche Zuständigkeit und die Vollstreckung gerichtlicher Entscheidungen in Zivil- und Handelssachen* mit *Protokoll* vom selben Tag (ZustG vom 24. 7. 1972, BGBl. II 773; in Kraft seit 1. 2. 1973, BGBl. I 26; II 60), hier abgekürzt „EuGVÜ"; dazu AVAG (unten S. 925), insbesondere §§ 36–38. Es wird ergänzt durch das Luxemburger *Protokoll betreffend die Auslegung des Übereinkommens durch den* [Europäischen] *Gerichtshof* vom 3. 6. 1971 (ZustG vom 7. 8. 1972, BGBl. II 845; in Kraft seit 1. 9. 1975, BGBl. II 1138).

Vertragsstaaten des Übereinkommens mit Protokoll sowie des Luxemburger Protokolls (BGBl. 1973 II 60, 1975 II 243, 1138, 1986 II 1138): Deutschland, Belgien, Frankreich, Italien, Luxemburg, Niederlande (BGBl. Teil II, Fundstellennachweis B [abgeschlossen am 31. 12. 1998] S. 484).

Der Geltungsbereich des EuGVÜ mit Protokoll und des Luxemburger Protokolls über die Auslegung durch den EuGH wurde erweitert durch:

– Übereinkommen vom 9. 10. 1978 über den Beitritt des Königreichs *Dänemark, Irlands* und des Vereinigten Königreichs *Großbritannien und Nordirland* zum EuGVÜ mit Protokoll und zum Luxemburger Protokoll, beide i.d.F. des Beitrittsübereinkommens (BGBl. 1983 II 802); in Kraft im Verhältnis zu Dänemark am 1. 11. 1986 (BGBl. II 1020, 1988 II 791; dazu dänisches Ausführungsgesetz IPRax 1987, 261 f.), zum Vereinigten Königreich am 1. 1. 1987 (BGBl. 1986 II 1146, 1993 II 1098) und zu Irland am 1. 6. 1988 (BGBl. II 610).
– Übereinkommen vom 25. 10. 1982 über den Beitritt *Griechenlands* zum EuGVÜ mit Protokoll und zum Luxemburger Protokoll, beide i.d.F. des Beitrittsübereinkommens vom 9. 10. 1978 (oben) (BGBl. 1988 II 453); in Kraft am 1. 4. 1989 (BGBl. II 214), im Verhältnis zum Vereinigten Königreich am 1. 10. 1989 (BGBl. II 752).
– Übereinkommen vom 26. 5. 1989 in Donostia-San Sebastian über den Beitritt *Spaniens* und *Portugals* zum EuGVÜ mit Protokoll und zum Luxemburger Protokoll, beide i.d.F. der Übereinkommen über den Beitritt Dänemarks, Irlands, Großbritanniens und Nordirlands vom 9. 10. 1978 (oben) und über den Beitritt Griechenlands vom 25. 10. 1982 (oben) sowie mit Angleichungen des EuGVÜ an das Lugano-Übereinkommen vom 16. 9. 1988 (unten BGBl. 1994 II 518, 3707).

– Übereinkommen vom 29. 11. 1996 über den Beitritt *Österreichs, Finnlands* und *Schwedens* (BGBl. 1998 II 1411; noch nicht in Kraft); dazu *Wagner*, RIW 1998, 590–592.

Auf Grund dieser Beitritte wurde 1989 das EuGVÜ **mit Protokollen neu gefaßt** (ABlEG C 189 vom 28. 7. 1990). **Text** mit Angabe der Änderungen: Rev.crit.dr.i.p. 1991, 437–472. Die Neufassung infolge des noch nicht in Kraft getretenen 4. Beitrittsübereinkommens von 1996 findet sich in ABlEG L 027 vom 26. 1. 1998.

Das EuGVÜ wird ergänzt durch zwei für Deutschland noch nicht in Kraft stehende Abkommen:
– Römisches Übereinkommen über die Vereinfachung der Verfahren zur Geltendmachung von Unterhaltsansprüchen vom 6. 11. 1990 (dazu unten S. 215).
– Übereinkommen über die Zuständigkeit und die Anerkennung und Vollstreckung von Entscheidungen in Ehesachen vom 28. 5. 1998 (dazu unten S. 216).

Am 16. 9. **1988** zeichneten in **Lugano** die EWG-Länder und die Länder der Europäischen Freihandelszone (Österreich, Schweiz, Norwegen, Schweden und Finnland) ein *Übereinkommen über die gerichtliche Zuständigkeit und die Vollstreckung gerichtlicher Entscheidungen in Zivil- und Handelssachen* mit *drei Protokollen* und *drei Erklärungen* (88/592/EWG, ABlEG Nr. L 319/9 vom 25. 11. 1988; BGBl. 1994 II 2658, ber. 3772).

Text auch: JDI (Clunet) 1989, 203 [französisch], Rev.crit.dr.i.p. 1989, 149–181 [französisch]; Rev.dr.unif. 1988 I [erschienen 1990], 274–375 [französisch und englisch]; *Stoll* (Hrsg.), Stellungnahmen und Gutachten zum Europäischen Internationalen Zivilverfahrens- und Versicherungsrecht, 1991, 3–37 mit **Bericht** von *Jenard* und *Möller* 38–138 [deutsch]).

Das Abkommen ist in Kraft für sämtliche EG-Staaten (für Deutschland seit 1. 3. 1995) sowie Island, Norwegen und die Schweiz (BGBl. Teil II Fundstellennachweis B [abgeschlossen am 31. 12. 1998] S. 606). Es übernimmt fast vollständig die Regeln des EuGVÜ. Sogar die Bezifferung hat man dankenswerterweise beibehalten (vgl. Art. 58 Lugano Abk.). Zu beiden Abkommen näher unten S. 915–921.

Die **EWG** plante außerdem, das ganze IPR zu vereinheitlichen. Das *internationale Schuldrecht* wurde entworfen.

Text: Nord. TIR 1972, 220–227; Riv.dir.int.priv.proc. 1973, 189–197; NTIR 1973, 96–105; Am.J.Comp.L. 21 (1973), 587–592; RabelsZ 38 (1974), 211–219; WPNR 1974, 417–420; *Lando/von Hoffmann/Siehr* (Hrsg.), European Private International Law of Obligations, 1975, 220–240; JDI (Clunet) 1976, 653–658; *Lipstein* (Hrsg.), Harmonization of Private International Law by the E.E.C., London 1978, 139–147; **Bericht** dazu von *Giuliano, Lagarde* und *van Sasse van Ysselt*, Riv.dir.int.priv.proc. 1973, 198–260; WPNR 1974, 420–444; *Lando, von Hoffmann* und *Siehr*, aaO 241–314; **Schrifttum**: 7. Aufl. S. 183.

Später begnügte man sich zunächst mit einem Entwurf des internationalen Schuld*vertrags*rechts.

Text: Riv.dir.int.priv.proc. 1979, 413–421.

Schrifttum: *Pocar*, Kodifikation der Kollisionsnormen auf dem Gebiet des Vertragsrechts im Rahmen der Europäischen Gemeinschaften, RIW 1979, 384–392; Stellungnahme der Kommission der Europäischen Gemeinschaften vom 17. 3. 1980 (80/383/EWG), ABlEG L 94/39 vom 11. 4. 1980.

Er führte zu dem in **Rom** am 19. 6. 1980 zur Zeichnung aufgelegten *Übereinkommen über das auf vertragliche Schuldverhältnisse anzuwendende Recht* (BGBl. 1986 II 809, mit einem [nur Dänemark betreffenden] Protokoll). Das Abkommen ist am 1. 4. 1991 in Kraft getreten (BGBl. II 871). Das IPRG hatte den Inhalt des Abkommens bereits in Art. 27–37 EGBGB übernommen, freilich ohne dessen verunglückten Art. 7 Abs. 1 über zwingendes ausländisches Recht. Die *unmittelbare* Anwendung des Abkommens ist in Deutschland nicht vorgesehen.

Vertragsstaaten: Deutschland, Belgien, Dänemark, Frankreich, Griechenland (aufgrund Beitrittsübereinkommens vom 10. 4. 1984, BGBl. 1988 II 562, 1991 II 872), Irland, Italien, Luxemburg, Niederlande (mit Niederländischen Antillen und Aruba), Vereinigtes Königreich.

Zum Abkommen gibt es **zwei** für Deutschland noch nicht in Kraft getretene ergänzende **Protokolle** vom 19. 12. 1988 (BGBl. 1995 II 914). Das erste (mit zwei Gemeinsamen Erklärungen) regelt die **Auslegung** des Abkommens durch den **EuGH**, der (im Unterschied zum Protokoll von 1971 zum EuGVÜ, unten S. 920) von den obersten Gerichten der Vertragsstaaten angerufen werden kann, nicht muß (Rev.crit.dr.i.p. 1989, 414–418); das **zweite** gibt dem **EuGH** die im ersten Protokoll vorgesehene **Zuständigkeit**, erklärt das Statut und die Verfahrensordnung des EuGH für anwendbar und erlaubt, bei Bedarf die Verfahrensordnung gemäß Art. 188 EWGV anzupassen und zu ergänzen (ebd. 418f.). Über die verwickelten Gründe der Aufspaltung in zwei Protokolle *P. L.* (*Paul Lagarde*), ebd. 420.

Am 18. 5. 1992 ist ein Abkommen über den **Beitritt Spaniens und Portugals** zum Römischen Schuldvertragsübereinkommen von 1980 zur Zeichnung aufgelegt worden.

Vertragsstaaten: Deutschland (BGBl. 1995 II 306, 908), Frankreich, Griechenland, Italien, Luxemburg, Niederlande, Portugal, Spanien, Vereinigtes Königreich.

Weiter gibt es ein Übereinkommen vom 29. 11. 1996 über den **Beitritt Finnlands, Österreichs und Schwedens** (BGBl. 1998 II 1421), in Kraft seit 1. 1. 1999 (BGBl. 1999 II 7).

Schrifttum zum **Schuldvertragsübereinkommen:** Älteres Schrifttum 7. Aufl. S. 184f. Weiter: *Tizzano*, I protocolli relativi all'interpretazione della convenzione di Roma sulla legge regolatrice delle obbligazioni contrattuali, Foro It. 1990 IV, 538–560; *Foyer*, Entrée en vigeur de la Convention de Rome du 19 juin 1980 sur la loi applicable aux obligations contractuelles, JDI (Clunet) 1991, 601–631; *Plender*, The European Contracts Convention. The Rome Convention on the Choice of Law for Contracts, London 1991; *Pocar*, L'entrata in vigore della convenzione di Roma del 1980 sulla legge applicabile ai contratti, Riv.dir.int.priv.proc. 1991, 249–252; *Fumagalli*, La convenzione di Roma e la legge regolatrice delle donazioni, Riv.dir.int.priv.proc. 1993, 589–606; *Kaye*, The New Private International Law of Contract of the European Community, Dartmouth 1993; *Martiny*, Das Römische Vertragsrechtsübereinkommen vom 19. Juni 1980, ZEuP 1993, 298–305; *Reichelt* (Hrsg.), Europäisches Kollisionsrecht. Die Konventionen von Brüssel, Lugano und Rom, 1993; *Ballarino* (Hrsg.), ‚La Convenzione di Roma sulla legge applicabile alle obbligazioni contrattuali. II. Limiti di applicazione. Lectio notariorum, Mailand 1994; *Bonell*, The 1968 Brussels Civil Jurisdiction and Judgments Convention and the 1980 Rome Convention on Applicable Law, in: *Markesinis* (Hrsg.), The Gradual Convergence, Oxford 1994, 146–164; Les contrats internationaux et la Convention de Rome du 19 juin 1980, Rev.dr. ULB 10 (1994–2), 7–157 (mit Beiträgen von *Lagarde* 7–20, *Watté/Nuyts* 21–54, *van Gysel/Ingber* 55–96, *Vander Elst* 97–107, *Barnich* 109–128, *Prioux* 129–157); *Całus*, Ausgewählte Probleme der Einführung der Bestimmungen des Römischen Übereinkommens über das auf vertragliche Schuldverhältnisse anzuwendende Recht in die Rechtssysteme der EU-Staaten, in: *Pazdan* (Hrsg.), Problemy Prawne Handlu Zagranicznego 18, Kattowitz 1995, 24–55 (polnisch; englische und deutsche Zusammenfassungen 56–58); *Villani*, La Convenzione di Roma sulla legge applicabile ai contratti, Bari 1997; *Clerici*, Forum solutionis e Convenzione di Roma del 19 giugno 1980 al vaglio della giurisprudenza italiana, Riv.dir.int.priv.proc. 1997, 873–898; *Czernich/Heiss,* Das Europäische Schuldvertragsübereinkommen: Neues internationales Vertragsrecht für Österreich, ÖJZ 1998, 681–688; *Dutoit,* The Rome Convention on the Choice of Law for Contracts, in: *von Hoffmann* (Hrsg.), European Private International Law, Nimwegen 1998, 39–65; *Rudisch,* Der Beitritt Österreichs zum Römer Schuldvertragsübereinkommen, RabelsZ 63 (1999), 70–106. Siehe auch Schrifttum unten S. 561–563.

Es ist geplant, das Römische Übereinkommen über das auf vertragliche Schuldverhältnisse anzuwendende Recht zu ergänzen durch ein **Abkommen über das auf außervertragliche Schuldverhältnisse anzuwendende Recht**. Dafür gibt es einen **Entwurf** der Europäischen Gruppe für IPR, abgedruckt NILR 1998, 465–471.

Die Europarats-Mitglieder beschlossen am 7. 6. **1968** in **London:**

a) *Europäisches Übereinkommen betreffend Auskünfte über ausländisches Recht* (ZustG vom 5. 7. 1974, BGBl. II 937, 1975 II 300) mit *Zusatzprotokoll* vom 15. 3. 1978 (BGBl. 1987 II 58, 593, 1988 II 6) und mit AusfG (AuRAG) vom 5. 7. 1974 (BGBl. I 1433, 1975 I 698, 1987 II 58). Das Zusatzprotokoll betrifft Auskünfte über Straf-, Strafverfahrens- und -vollzugsrecht.

Vertragsstaaten: Deutschland, Belgien, Bulgarien, Costa Rica, Dänemark, Estland, Finnland, Frankreich, Griechenland, Island, Italien, Lettland, Liechtenstein, Litauen, Luxemburg, Malta, Niederlande, Norwegen, Österreich, Portugal, Rumänien, Russische Föderation, Schweden, Schweiz, Slowakei, Slowenien, frühere Sowjetunion, Spanien, Türkei, Ukraine, Ungarn, Vereinigtes Königreich, Weißrußland, Zypern (Beil. BGBl. Teil II, Fundstellennachweis B [abgeschlossen am 31. 12. 1998] S. 479 und BGBl. 1999 II 132); dazu unten S. 445 f.

b) *Europäisches Übereinkommen zur Befreiung der von diplomatischen oder konsularischen Vertretern errichteten Urkunden von der Legalisation* (ZustG vom 19. 2. 1971, BGBl. II 85; für Deutschland in Kraft seit 19. 9. 1971, BGBl. II 1023).

Vertragsstaaten: Deutschland, Frankreich, Griechenland, Italien, Liechtenstein, Luxemburg, Niederlande, Norwegen, Österreich, Polen, Portugal, Schweden, Schweiz, Spanien, Türkei, Vereinigtes Königreich, Zypern (Beil. BGBl. Teil II, Fundstellennachweis B [abgeschlossen am 31. 12. 1998] S. 478).

Schrifttum: *Arnold*, Das Europäische Übereinkommen vom 7. 6. 1968 zur Befreiung der von diplomatischen oder konsularischen Vertretern errichteten Urkunden von der Legalisation, NJW 1971, 2109–2111.

Ein *Europäisches Übereinkommen über Staatenimmunität* mit *Zusatzprotokoll* wurde in Basel beschlossen am 16. 5. 1972. Es ist für Deutschland in Kraft seit 16. 8. 1990 (BGBl. 1990 II 34, 1400; zu den Auswirkungen der Wiedervereinigung auf das Übereinkommen BGBl. 1992 II 1066).

Vertragsstaaten: Belgien, Deutschland, Luxemburg, Niederlande, Österreich, Schweiz, Vereinigtes Königreich, Zypern.

Schrifttum: *Karczewski*, Das Europäische Übereinkommen über Staatenimmunität vom 16. 5. 1972, RabelsZ 54 (1990), 533–550; *Kronke*, Europäisches Übereinkommen über Staatenimmunität – Element der Kodifizierung des deutschen internationalen Zivilverfahrensrechts, IPRax 1991, 141–148; *Seidl-Hohenveldern*, Staatenimmunität gegenüber Dienstnehmerklagen von Botschaftspersonal, IPRax 1993, 190f.

Am 20. 5. **1980** wurde in **Luxemburg** beschlossen ein *Europäisches Übereinkommen über die Anerkennung und Vollstreckung von Entscheidungen über das Sorgerecht für Kinder und die Wiederherstellung des Sorgeverhältnisses* (ZustG vom 5. 4. 1990, BGBl. II 206, 220; AusfG vom 5. 4. 1990, BGBl. I 701, zuletzt geändert durch Ges. vom 13. 4. 1999, BGBl. I 702), für Deutschland in Kraft seit 1. 2. 1991 (BGBl. II 392).

Vertragsstaaten: Deutschland, Belgien, Dänemark, Frankreich, Finnland, Griechenland, Irland, Island, Italien, Liechtenstein, Luxemburg, Niederlande, Norwegen, Österreich, Polen, Portugal, Schweden, Schweiz, Spanien, Vereinigtes Königreich, Zypern (BGBl. Teil II, Fundstellennachweis B [abgeschlossen am 31. 12. 1998] S. 573; BGBl. 1999 II 291). Dazu unten S. 806–809.

Stand der wichtigsten Übereinkommen und Vereinbarungen des **Europarats** am 1. 12. 1984: IPRax 1985, 122–124, siehe auch im Internet unter: „http://www.coe.fr/eng/legaltxt/treaties.htm“.

Schrifttum: *Dowrick*, Juristic Activity in the Council of Europe – 25th Year, Int.Comp. L. Q. 23 (1974), 610–641; *Dowrick*, Council of Europe: Juristic Acitity 1974–86, Int.Comp. L. Q. 36 (1987), 633–647, 878–893.

Ein am 20.6.**1956** in **New York** beschlossenes *Übereinkommen über die Geltendmachung von Unterhaltsansprüchen im Ausland* erleichtert die Lage der Unterhaltsberechtigten durch Einrichtung von sog. Übermittlungs- und Empfangsstellen und regelt Rechtshilfe, Gebührenfreiheit, Sicherheitsleistung für Prozeßkosten und Überweisung von Geldbeträgen ins Ausland. Eigene Regeln des IPR enthält es nicht; es verweist nur in Art. 6 Abs. 3 auf das IPR des Gerichtsstaats.

Cour d'appel de Poitiers JDI (Clunet) 1965, 102 mit Anm. von *Malaurie* = Rev.crit.dr.i.p. 1966, 442 mit Anm. von *Déprez*; *Kraemer-Bach*, Gaz.Pal.Doctr. 1965.2.98. Vgl. Obergericht Thurgau SchwJZ 1986, 164 (das Abkommen ist kein Staatsvertrag zur Vollstreckung ausländischer Unterhaltsentscheidungen); OLG Zweibrücken DAVorm 1999, 307 (Prozeßkostenhilfe für Inlandsklage, auch wenn gegen den Unterhaltsschuldner, der in den Niederlanden lebt, auf dem Wege des Abkommens vorgegangen werden könnte).

Der Bundestag hat zugestimmt durch Ges. vom 26. 2. 1959 (BGBl. II 149; Text des Abkommens 150–170), geändert durch Ges. vom 4. 3. 1971 (BGBl. II 105). Das Abkommen ist für die BRD am 19. 8. 1959 in Kraft getreten (BGBl. II 1377) und ab 3. 10. 1990 auf die neuen Bundesländer erstreckt (BGBl. 1991 II 956, 1994 II 3658).

Vertragsstaaten Beil. BGBl. Teil II, Fundstellennachweis B (abgeschlossen am 31. 12. 1998) S. 346 f.

Schrifttum: *Lansky*, Neue Wege zur Geltendmachung von Unterhaltsansprüchen im Ausland, FamRZ 1959, 193–195; *Urbach,* Neue Aspekte des internationalen Unterhaltsrechts, ZBlJR 1961, 112–118; *Krispi-Nikoletopoulou,* Le recouvrement des aliments à l'étranger selon la convention internationale de New York de 1956, Rev.hell. dr.int. 1969, 1–23; *Strauss*, Das schweizerische Kindesrecht in der Bewährung, ZBlJR 1980, 706–711 (insbes. 710 f.); *Böhmer/Siehr* II 8.6; *Bisacretti Di Ruffia*, Le obbligazioni alimentari nel diritto internazionale privato convenzionale, Padua 1989, 87–124; *Zingaro*, Die Arbeit mit dem New Yorker Übereinkommen vom 20. Juni 1956, in: *Hangarter/Volken* (Hrsg.), Alimenteninkasso im Ausland: Die Schaffung und Vollstreckung schweizerischer Unterhaltstitel, St. Gallen 1989, 31–52; *Brückner*, Unterhaltsregreß im internationalen Privat- und Verfahrensrecht, 1994, 178–179; *Grotheer*, Kindesunterhalt im grenzüberschreitenden Rechtsverkehr, 1998. Siehe auch AV JM Schleswig-Holstein, SchlHA 1966, 55–60; ZfJ 1990, 354 (Türkei).

Mit internationalen Flüchtlingen befaßt sich das **Genfer** *Abkommen über die Rechtsstellung der Flüchtlinge* vom 28. 7. **1951** (BGBl. 1953 II 560).

Es ist nach Art. 2 I 1 des ZustG vom 1. 9. 1953 (BGBl. II 559) am 24. 12. 1953 Bundesrecht geworden (näher *Soergel/Kegel*[12] Anhang nach Art. 5 Rz. 26). Vertragsstaaten Beil. BGBl. Teil II, Fundstellennachweis B (abgeschlossen am 31. 12. 1998) S. 317 f.

Das Abkommen wird ergänzt durch das **Protokoll** über die Rechtsstellung der Flüchtlinge vom 31. 1. **1967** (BGBl. 1969 II 1293).

Vertragsstaaten Beil. BGBl. Teil II, Fundstellennachweis B (abgeschlossen am 31. 12. 1998) S. 471 f.
Zum Abkommen und dem Protokoll unten S. 404 f.

Dem Genfer Flüchtlingsabkommen gleicht internationalprivatrechtlich das **New Yorker** *Abkommen über die Rechtsstellung der Staatenlosen* vom 28. 9. **1954** (ZustG vom 12. 4. 1976, BGBl. II 473; für Deutschland in Kraft seit 24. 1. 1977, BGBl. II 235).

Vertragsstaaten Beil. BGBl. Teil II Fundstellennachweis B (abgeschlossen am 31. 12. 1998) S. 337. Dazu unten S. 401 f.

Des weiteren gibt es ein am 30. 8. 1961 in New York geschlossenes *Übereinkommen zur Verminderung der Staatenlosigkeit*, das am 29. 11. 1977 für die Bundesrepublik in Kraft getreten ist (BGBl. 1977 II 597, 1217).

Vertragsstaaten Beil. BGBl. Teil II Fundstellennachweis B (abgeschlossen am 31. 12. 1998) S. 431 f. Dazu unten S. 402.

Ein **Genfer** Abkommen vom 19. 6. **1948** über die internationale *Anerkennung von Rechten an Luftfahrzeugen* (BGBl. 1959 II 129) ist für Deutschland in Kraft getreten am 5. 10. 1959 (BGBl. 1960 II 1506). Das Abkommen betrifft das *internationale* Sachenrecht, vereinheitlicht jedoch zum Teil auch *materielles* Sachenrecht.

Vertragsstaaten Beil. BGBl. Teil II Fundstellennachweis B (abgeschlossen am 31. 12. 1998) S. 287 und BGBl. 1999 II 111. Dazu unten S. 674 f.

Außerdem gibt es zwei **Genfer** Vereinbarungen über das Schiedsgerichtswesen, nämlich das *Protokoll über Schiedsklauseln* vom 24. 9. **1923** (RGBl. 1925 II 47) und das *Abkommen zur Vollstreckung ausländischer Schiedssprüche* vom 26. 9. **1927** (RGBl. 1930 II 1067).

Vertragsstaaten des *Protokolls*: Beil. BGBl. Teil II Fundstellennachweis B (abgeschlossen am 31. 12. 1998) S. 216; Vertragsstaaten des *Abkommens*: ebd. S. 233. Beide Vereinbarungen gelten gemäß Art. VII Abs. 2 des New Yorker Abkommens von 1958 nur noch im Verhältnis zu den Staaten, die das New Yorker Abkommen nicht ratifiziert haben.

Beide Genfer Vereinbarungen werden ersetzt durch das **New Yorker** *Übereinkommen über die Anerkennung und Vollstreckung ausländischer Schiedssprüche* vom 10. 6. **1958** (BGBl. 1961 II 121), in Kraft für Deutschland seit 28. 9. 1961 (BGBl. 1962 II 102).

Vertragsstaaten: Beil. BGBl. Teil II Fundstellennachweis B (abgeschlossen am 31. 12. 1998) S. 401 f. und BGBl. 1999 II 124.

Daneben steht das **Genfer** *Europäische Übereinkommen über die internationale Handelsschiedsgerichtsbarkeit* vom 21. 4. **1961** (BGBl. 1964 II 425), in Kraft für Deutschland seit 25. 1. 1965 (BGBl. II 107).

Vertragsstaaten: Beil. BGBl. Teil II Fundstellennachweis B (abgeschlossen am 31. 12. 1998) S. 429.

Es wird ergänzt durch die **Pariser** *Vereinbarung über die Anwendung des Genfer Europäischen Übereinkommens über die internationale Handelsschiedsgerichtsbarkeit* vom 17. 12. **1962** (BGBl. 1964 II 448), in Kraft für Deutschland seit 25. 1. 1965 (BGBl. II 271).

Vertragsstaaten: Beil. BGBl. Teil II Fundstellennachweis B (abgeschlossen am 31. 12. 1998) S. 438.

Für viele Staaten gilt das **Washingtoner** *Weltbank-Übereinkommen zur Beilegung von Investitionsstreitigkeiten zwischen Staaten und Angehörigen anderer Staaten* vom 18. 3. **1965** (BGBl. 1969 II 369), in Kraft für Deutschland seit 18. 5. 1969 (BGBl. II 1191); geänderte Fassung der Regeln über Einleitung und Durchführung des Schiedsverfahrens (in Kraft 26. 9. 1984; jedoch nicht in Deutschland) in JDI (Clunet) 1986, 253–278.

Vertragsstaaten: Beil. BGBl. Teil II Fundstellennachweis B (abgeschlossen am 31. 12. 1998) S. 457 f.

Schrifttum zur **Schiedsgerichtsbarkeit:** Älteres Schrifttum 7. Aufl. S. 189–191. Weiter: Zur Schiedsgerichtsbarkeit **allgemein:** *Bühler/Waitz von Eschen*, Frankreich: Teilweise Aufhebung eines internationalen Schiedsspruches mangels Begründung, IPRax 1990, 62–65; *Ebenroth/Parche*, Schiedsgerichtsklauseln als alternative Streiterledigungsmechanismen in internationalen Konsortialkreditverträgen und Umschuldungsabkommen, RIW 1990, 341–350; *García de Enterría*, The Role of Public Policy in International Commercial Arbitration, Law & Pol. Int.Bus. 21 (1990), 389–440; *Krause/Bozenhardt*, Internationale Handelsschiedsgerichtsbarkeit. Ein Handbuch für die Praxis mit Beispielen zur Vertragsgestaltung, 1990; *Nicklisch*, Alternative Formen der Streitbeilegung und internationale Handelsschiedsgerichtsbarkeit, Fschr. Schwab 1990, 381–397; *Park/Cromie*, International Commercial Litigation, London 1990 (bespr. von *Fentiman*, Int.Comp. L. Q. 41 [1992], 229 f.); *Vulliemin*, Jugement et sentence arbitrale[2], Zürich 1990; *Briceño Berrú*, El arbitraje comercial internacional en América latina, Riv.dir.int.priv.proc. 1991, 659–690; *Gildeggen*, Internationale Schieds- und Schiedsverfahrensvereinbarungen in Allgemeinen Geschäftsbedingungen vor deutschen Gerichten, 1991; *Hausmann*, Einheitliche Anknüpfung internationaler Gerichtsstands- und Schiedsvereinbarungen?, Fschr. Lorenz 1991, 359–378; *Redfern/Hunter/Smith/Murray*, Law and Practice of International Commercial Arbitration[2], London 1991 (bespr. von *Maniruzzaman*, Int.Comp. L. Q. 42 [1993], 740 f.); *Schlosser*, Ausländische Schiedssprüche und ordre public „international", IPRax 1991, 218–220; *Lalive/Poudret/Reymond*, Le droit de l'arbitrage interne et international en Suisse (Texte und Kommentierungen), Lausanne 1992; *Bühr*, Der internationale Billigkeitsschiedsspruch in der privaten Schiedsgerichtsbarkeit der Schweiz – Unter Berücksichtigung des deutschen, französischen und italienischen Schiedsrechts, Bern 1993; *Glossner*, Die internationale Handelsschiedsgerichtsbarkeit. Versuch einer Standortbestimmung, Fschr. Semler 1993, 909–916; *Haas*, Zur formellen und materiellen Wirksamkeit des Schiedsvertrages, IPRax 1993, 382–385; *M. Hirsch*, The Arbitration Mechanism of the International Centre for the Settlement of Investment Disputes, Dordrecht 1993; *Raeschke-Kessler*, Neuere Entwicklungen der deutschen internationalen Schiedsgerichtsbarkeit, AnwBl 1993, 141–146; *Smid*, Deutscher Konkurs und internationales Schiedsverfahren. Ein Beitrag zur Reichweite der Verbindlichkeit internationaler Schiedsabreden unter den Bedingungen der Insolvenz einer Partei des Schiedsvertrages, DZWiR 1993, 485–494; *Wunderer*, Der deutsche „Ordre Public D'Arbitrage International" und Methoden seiner Konkretisierung, 1993; *Born*, International Commercial Arbitration in the United States, Deventer 1994; *Habscheid*, Internationale Schiedsgerichtsbarkeit in der Schweiz und in Deutschland, Fschr. Hanisch 1994, 109–124; *Satmer*, Verweigerung der Anerkennung ausländischer Schiedssprüche wegen Verfahrensmängeln, Zürich 1994; *Arfazadeh*, L'ordre public du fond et l'annulation des sentences arbitrales internationales en Suisse, SZIER 1995, 223–253; *Blanchin*, L'autonomie de la clause compromissoire: un modèle pour la clause attributive de juridiction?, Paris 1995 (bespr. von *Muir Watt*, Rev.crit.dr. i. p. 1995, 889 f.); *Bork*, Internationale Schiedsgerichtsbarkeit in Deutschland, in: *Gilles* (Hrsg.), Transnationales Prozeßrecht, 1995, 11–42; *Crépin*, Les sentences arbitrales devant le juge français. Pratique de l'exécution et du contrôle judiciaire depuis les réformes de 1980–1981, Paris 1995; *Geller*, Geistiges Eigentum auf dem Weltmarkt: Welche Bedeutung hat die Streitbeilegung nach TRIPS?, GRUR Int. 1995, 935–944; *Guyon*, L'arbitrage, Paris 1995 (nz); *Hochbaum*, Mißglückte internationale Schiedsvereinbarungen, 1995 (bespr. von *Grunsky*, AcP 196 [1996], 311 f.); *Kilgus*, Zur Anerkennung und Vollstreckbarerklärung englischer Schiedssprüche in Deutschland, 1995; *Knof*, Tatsachenfeststellung in Streitigkeiten des internationalen Wirtschaftsverkehrs, 1995; *Verbeke*, Sources of International Commercial Arbitration, Int. J. L.Inf. 23 (1995), 293–300; *Wetter*, The Internationalization of International Arbitration: Looking Ahead to the Next Ten Years, Arb. Int. 11 (1995), 117–135; *Wiegand*, „Brussels" and Arbitration. Approximation of Judiciary Law within the EU and the Potential Impact on International Arbitration, J. Int.Arb. 1995, 5–28; *Winkler*, Internationale Schiedsgerichtsbarkeit in Kanada, BB 1995, Beil. 5, 6–14; *Ahrendt*, Der Zuständigkeitsstreit im Schiedsverfahren, 1996; *de Bournonville*, La sentence arbitrale, Rev.dr.int.dr.comp.

1996, 58–67; *Bühring-Uhle*, Arbitration and Mediation in International Business. Designing Procedures for Effective Conflict Management, Den Haag 1996; *Fouchard/Gaillard/Goldman*, Traité de l'arbitrage commercial international, Paris 1996 (bespr. von *Mayer*, Rev.crit.dr.i.p. 1996, 835–842; *Keutgen*, Rev.dr.int.dr.comp. 1996, 442–445); *Gottwald*, International Arbitration. Current Position and Comparative Trends, Riv. dell'arb. 1996, 211–237; *Hascher*, Recognition and Enforcement of Arbitration Awards and the Brussels Convention, Arb. Int. 12 (1996), 233–267; *Hauck*, „Schiedshängigkeit" und Verjährungsunterbrechung nach § 220 BGB – unter besonderer Berücksichtigung des Verfahrens nach ZPO, ICC-SchO, UNCITRAL-SchO und ZPO-E/UNCITRAL-MG, 1996; *Heller*, Der verfassungsrechtliche Rahmen der privaten internationalen Schiedsgerichtsbarkeit, Wien 1996; *Huleatt-James/Gould*, International Commercial Arbitration. A Handbook, London 1996; *Karrer/Imhoff-Scheier*, Ordre public in Schiedssachen. Thema mit Variationen und Schlußakkord, IPRax 1996, 282–287; *Leurent*, Réflexions sur l'efficacité internationale des sentences arbitrales, Trav.com.fr.dr.i.p. 1993–94/1994–95 (erschienen 1996), 181–198; *Lionnet*, Handbuch der internationalen und nationalen Schiedsgerichtsbarkeit, 1996; *Mayer*, Die Überprüfung internationaler Schiedsvereinbarungen durch staatliche Gerichte, Bull.ASA 1996, 361–411; *Sanders*, Arbitration, IECL XVI/12, 1996; *Scodro*, Arbitrating Novel Legal Questions: A Recommendation for Reform, Yale L.J. 7 (1996), 1927–1961; *Aden*, Rechtswahl und Schiedsklausel im Verbraucherschutz, RIW 1997, 723–727; *Bonzanigo Rocco*, Il nuovo regolamento di arbitrato di Lugano: presentazione e temi scelti, in: *Lugano Caini/Cometta/Corti*, Il Ticino e il diritto, 1997, 93–121 (nz); *Borges*, Das Doppelexequatur von Schiedssprüchen. Die Anerkennung ausländischer Schiedssprüche und Exequaturentscheidungen, 1997; *Cuartero Rubio*, El recurso de anulación contra el laudo arbitral en el arbitraje comercial internacional, Madrid 1997 (bespr. von *de Miguel Asensio*, Rev.der.priv. 1998, 598f.); *Gouiffès/Girard/Taivalkoski/Mecarelli*, Recherche sur l'arbitrage en droit international et comparé, Paris 1997; *Holeweg*, Schiedsvereinbarungen und Strohmanngesellschaften. Die Erstreckung von Schiedsvereinbarungen auf Dritte, 1997; *Jermini*, Die Anfechtung der Schiedssprüche im internationalen Privatrecht: Nach dem schweizerischen Bundesgesetz über das Internationale Privatrecht, mit rechtvergleichenden Ausblicken, Zürich 1997; *Kellerhals* (Hrsg.), Schiedsgerichtsbarkeit, Zürich 1997; *Rensmann*, Anationale Schiedssprüche. Eine Untersuchung zu den Wirkungen anationaler Schiedssprüche im nationalen Recht, 1997; *Sandrock*, Zur Prozeßkostensicherheit in internationalen Schiedsverfahren, Fschr. Gaul 1997, 607–647; *Schlosser*, Rechtliche Vorgaben für Schiedsrichter – Notwendigkeit einer lex fori?, in: DIS (Hrsg.), Status, Aufgaben, Rechte und Pflichten des Schiedsrichters, 1997, 17–34; *Schreuer*, Commentary on the ICSID Convention, ICSID Rev. 11 (1996), 318–492 (Art. 25 I); 12 (1997), 59–224 (Art. 25–27); 12 (1997), 365–544 (Art. 41–44); *Thorn*, Termingeschäfte an Auslandsbörsen und internationale Schiedsgerichtsbarkeit, IPRax 1997, 98–106; *Weigand*, Das neue englische Schiedsverfahrensrecht, RIW 1997, 904–911; *Weitbrecht/Fabis*, Gemeinschaftsrechtliche Anforderungen an die gerichtliche Kontrolle von Schiedsgerichtsentscheidungen, EWS 1997, 1–5; *Wyler*, La convention d'arbitrage en droit du sport, ZSchwR 116 I (1997), 45–62; *Berger*, Die Aufrechnung im Internationalen Schiedsverfahren, RIW 1998, 426–432; *Blodgett/Mayer*, International Letters of Credit: Arbitral Alternatives to Litigating Fraud, J.B.L. 35 (1998), 443–467; *Gaillard*, L'exécution des sentences annulées dans leur pays d'origine, JDI (Clunet) 1998, 645–674; *Kreindler/Nacimiento*, Schiedsverfahren oder staatliche Gerichtsbarkeit in internationalen Verträgen in den USA, RIW 1998, 674–679; *Labes/Lörcher* (Hrsg.), Nationales und internationales Schiedsverfahrensrecht. Textsammlung, 1998; *Poudret*, Critères d'extranéité de l'arbitrage international et droit communautaire, Bull.ASA 1998, 22–42; *Reich*, Zur Wirksamkeit von Schiedsklauseln bei grenzüberschreitenden Börsentermingeschäften, ZEuP 1998, 981–993; *Rensmann*, Anational Arbitral Awards. Legal Phenomenon or Academic Phantom?, J.Int.Arb. 15 (1998), 37–65; *Schütze*, Schiedsgericht und Schiedsverfahren^{2}, 1998; *Michaels*, Anerkennung internationaler Schiedssprüche und ordre public, ZfRV 1999, 5–8; *Pagel*, Die Aufhebung von Schiedssprüchen in der ICSID-Schiedsgerichtsbarkeit, 1999.

Schrifttum zum **New Yorker Übereinkommen:** *Pryles*, Foreign Awards and the New York Convention, Arb. Int. 9 (1993), 259–274; *Ben Abderrahmane*, Anerkennung und Vollstreckung internationaler Schiedssprüche in Saudi-Arabien – Die Ratifizierung des New Yorker Schiedsübereinkommens, RIW 1996, 113–117; *Blessing* (Hrsg.), The New York Convention of 1958, Zürich 1996; *Moller*, Der Vorrang des UN-Übereinkommens über Schiedsgerichtsbarkeit vor dem Europäischen Übereinkommen über Handelsschiedsgerichtsbarkeit, EWS 1996, 297–301.

Schrifttum zum **Europäischen Übereinkommen:** *Moller*, Der Vorrang des UN-Übereinkommens über Schiedsgerichtsbarkeit vor dem Europäischen Übereinkommen über Handelsschiedsgerichtsbarkeit, EWS 1996, 297–301.

Schrifttum zum **UNCITRAL-Modellgesetz:** *Hußlein-Stich*, Das UNCITRAL-Modellgesetz über die internationale Handelsschiedsgerichtsbarkeit, 1990; *Nöcker*, Gesetzgebungstechnische Aspekte bei einer Übernahme des UNCITRAL-Modellgesetzes, RIW 1990, 28–31; *Real*, UNCITRAL-Modellgesetz über die internationale Handelsschiedsgerichtsbarkeit, ZVglRWiss 89 (1990), 407–440; *Calavros*, Das UNCITRAL-Modellgesetz über die internationale Handelsschiedsgerichtsbarkeit. Eine Stellungnahme, in: *Gottwald* u.a., Grundfragen des Zivilprozeßrechts – die internationale Dimension, 1991, 309–491; *Herrmann*, Das UNCITRAL-Modellgesetz über internationale Handelsschiedsgerichtsbarkeit und das nationale Recht, ebd. 235–308; *Dore*, The UNCITRAL Framework for Arbitration in Contemporary Perspective, London 1993 (bespr. von *Lowe*, Int.Comp. L.Q. 45 [1996], 485 f.); *Oetting*, Der Schiedsrichtervertrag nach dem UML im deutschen Recht unter rechtsvergleichenden Aspekten, 1994; *Sanders*, Unity and Diversity in the Adoption of the Model Law, Arb. Int. 11 (1995), 1–37; *Weigand*, The UNCITRAL Model Law: New Draft Arbitration Acts in Germany and Sweden, Arb. Int. 1995, 397–427.

Schrifttum zur **deutschen Reform** (die auf dem UNCITRAL-Modellgesetz basiert): *Nöcker*, Gesetzgebungstechnische Aspekte bei einer Übernahme des UNCITRAL-Modellgesetzes, RIW 1990, 28–31; *Sanders*, The Introduction of UNCITRAL's Model Law on International Arbitration into German Legislation, JahrbPraxSchiedsg 1990, 121–130; *Berger*, International Economic Arbitration in Germany: A New Era, Arb. Int. 8 (1992), Nr. 2, 101–120; *Kälin-Nauer*, Das neue Schiedsverfahrensgesetz in Deutschland – Das neue 10. Buch der ZPO, Bull.ASA 1997, 432-442; *Labes/Lörcher*, Das neue deutsche Recht der Schiedsgerichtsbarkeit – Zur bevorstehenden Neufassung des 10. Buchs der ZPO (§§ 1025 ff.), MDR 1997, 420–425; *Solomon*, Das vom Schiedsgericht in der Sache anzuwendende Recht nach dem Entwurf eines Gesetzes zur Neuregelung des Schiedsverfahrensrechts, RIW 1997, 981–990; *Berger* (Hrsg.), Das neue Recht der Schiedsgerichtsbarkeit, 1998; *Berger*, Das neue deutsche Schiedsverfahrensrecht, DWiR 1998, 45–55; *Böckstiegel*, An Introduction to the New German Arbitration Act Based on the UNCITRAL Model Law, Arb. Int. 14 (1998), 19–31; *Gottwald/Adolphsen*, Das neue deutsche Schiedsverfahrensrecht, DStR 1998, 1017–1025; *Kreindler/Mahlich*, Das neue deutsche Schiedsverfahrensrecht aus ausländischer Sicht, NJW 1998, 563–568; *Kreindler/Mahlich*, A Foreign Perspective on the New German Arbitration Act, Arb. Int. 1998, 65–89 (nz); *Kronke*, Internationale Schiedsverfahren nach der Reform, RIW 1998, 257–265; *Lionnet*, The New German Arbitration Act – A User's Perspective, Arb. Int. 14 (1998), 57–63; *Lörcher*, Das neue Recht der Schiedsgerichtsbarkeit, DB 1998, 245–248; *Lörcher/Lörcher*, Das Schiedsverfahren – national/international – nach neuem Recht, 1998; *Osterthun*, Das neue deutsche Recht der Schiedsgerichtsbarkeit, TranspR 1998, 177–187; *Raeschke-Kessler*, The New German Arbitration Act v. Old German Case Law: Which Case Law of the Bundesgerichtshof (German Federal Supreme Court) is to be Applied to the New Act?, Arb. Int. 14 (1998), 47–56; *Sandrock*, Procedural Aspects of the New German Arbitration Act, Arb. Int. 14 (1998), 33–45; *Schumacher*, Das neue 10. Buch der Zivilprozeßordnung im Vergleich zum UNCITRAL-Modellgesetz über die internationale Handelsschiedsgerichtsbarkeit, BB 1998, Beilage 2, 6–17; *Winkler/Weinand*, Deutsches internationales Schiedsverfahrensrecht, BB 1998, 597–604.

Schrifttum zum **anwendbaren Recht** in internationalen Schiedsverfahren: *Derains*, Les normes d'application immédiate dans la jurisprudence arbitrale internationale, Fschr. Goldman, Toulouse 1982, 29–46; *Drobnig*, Internationale Schiedsgerichtsbarkeit und wirtschaftsrechtliche Eingriffsnormen, Fschr. Kegel 1987, 95–118; *Schiffer*, Sonderanknüpfung ausländischen „öffentlichen" Rechts durch Richterrecht in der Internationalen Handelsschiedsgerichtsbarkeit?, IPRax 1991, 84–87; *Lörcher*, Wie zwingend sind in der internationalen Handelsschiedsgerichtsbarkeit zwingende Normen einer „dritten" Rechtsordnung?, BB 1993, Beilage 17, 3*-8*; *Chukwumerije*, Choice of Law in International Commercial Arbitration, London 1994; *Chukwumerije*, Applicable Substantive Law in International Commercial Arbitration, Anglo-Am.L. Rev. 1994, 265–310; *Fadlallah*, L'ordre public dans les sentences arbitrales, Rec. 1994 V, 369–430; *Schnyder*, Pflicht schweizerischer Schiedsgerichte zur Prüfung der Anwendbarkeit von Eingriffsnormen, insbesondere des EG-Wettbewerbsrechts, IPRax 1994, 465–468; *Struycken*, La mission de l'arbitre en ce qui concerne la détermination des règles de droit applicables au commerce international, Fschr. Kokkini-Iatridou, Dordrecht 1994, 369–381; *Garro*, The Contribution of the UNIDROIT Principles to the Advancement of International Commercial Arbitration, Tul.J.Int. Comp.L. 3 (1995), 93–128; *Howard*, Floating Choice of Law Clauses. The Star Texas, Lloyd's M.C.L.Q. 1995, 1–8; *Schnyder*, Anwendung ausländischer Eingriffsnormen durch Schiedsgerichte, RabelsZ 59 (1995), 293–308; *Schnyder/Baudenbacher*, Die Bedeutung des EG-Kartellrechts für Schweizer Schiedsgerichte, Basel 1996; *Ungeheuer*, Die Beachtung von Eingriffsnormen in der internationalen Handelsschiedsgerichtsbarkeit, 1996 (bespr. von *Picone*, Riv.dir.int. 1997, 899–908); *Wichard*, Die Anwendung der UNIDROIT-Prinzipien für internationale Handelsverträge durch Schiedsgerichte und staatliche Gerichte, RabelsZ 60 (1996), 269–302; *Berger*, Devisenrecht in der internationalen Wirtschaftsschiedsgerichtsbarkeit, ZVglRWiss 96 (1997), 316–346; *Blessing*, Choice of Substantive Law in International Arbitration, J. Int.Arb. 1997, 39–65; *Hill*, Some Private International Law Aspects of the Arbitration Act 1996, Int.Comp.L.Q. 46 (1997), 274–308; *Karrer/Imhoff*, L'autonomie de la volonté dans l'arbitrage international en Suisse. Portée et limites spécifiques, RDAI 1997, 353–370; *Kühn*, Choice of Substantive Law in the Practice of International Arbitration, Int. Bus.Lawy. 1997, 148–152; *Matray*, L'embargo national et international dans l'arbitrage, Rev.dr.int.dr. comp. 1997, 7–50; *Shackleton*, The Applicable Law in International Arbitration Under the New English Arbitration Act 1996, Arb. Int. 1997, 375–389 (nz); *Solomon*, Das vom Schiedsgericht in der Sache anzuwendende Recht nach dem Entwurf eines Gesetzes zur Neuregelung des Schiedsverfahrensrechts, RIW 1997, 981–990; *Berger*, International Arbitral Practice and the UNIDROIT Principles of International Commercial Contracts, Am.J.Comp.L. 46 (1998), 129–150. Schrifttum zur sogenannten „lex mercatoria" oben S. 109f.

Schrifttum zu einzelnen **Schiedsordnungen:** *von Mehren*, Die UNCITRAL-Schiedsgerichtsordnung in rechtsvergleichender Sicht, JahrbPraxSchiedsg 1990, 86–96; *Böckstiegel*, Experiences as an Arbitrator Using the UNCITRAL Arbitration Rules, Fschr. Lalive, Basel 1993, 423–436; *Dore*, The UNCITRAL Framework for Arbitration in Contemporary Perspective, London 1993 (bespr. von *Lowe*, Int.Comp. L.Q. 45 [1996], 485f.); *Lionnet*, Die UNCITRAL-Schiedsgerichtsordnung aus der Sicht der Parteien, BB 1993, Beilage 17, 9–12; *Pellonpää/Caron*, The UNCITRAL Arbitration Rules as Interpreted and Applied. Selected Problems in Light of the Practice of the Iran-United States Claims Tribunal, Helsinki 1994; *Herrmann*, International: UNCITRAL – Schieds- und Schlichtungsregeln, 1995; *Benedettelli*, L'arbitrato commerciale internazionale tra autonomia privata e coordinamento di sistemi giuridici: Riflessioni in margine al nuovo regolamento di arbitrato della Camera di commercio internazionale, Riv.dir.int.priv.proc. 1997, 899–918; *Derains/Schwartz*, A Guide to the New ICC Rules of Arbitration, Den Haag 1998 (bespr. von *Weigand*, NJW 1999, 1620); *Eßer/Moosmayer*, Das Schiedsverfahren nach den Regeln der Internationalen Handelskammer vom 1. 1. 1998, EuZW 1998, 490–495; *Habscheid*, Die sogenannte Schiedsgerichtsbarkeit der Internationalen Handelskammer. Zur neuen Fassung (ab 1. 1. 1998) ihrer Schiedsordnung, RIW 1998, 421–425; *Rubino-*

Sammartano, The European Court of Arbitration and its Arbitration and Mediation Rules, J. Int.Arb. 15 (1998), Nr. 1, 75–81; *Weigand*, Die neue ICC-Schiedsgerichtsordnung 1998, NJW 1998, 2081–2085; *Koch*, Die neue Schiedsgerichtsordnung der Internationalen Handelskammer, RIW 1999, 105–108.

Von den **Genfer** *Abkommen über internationales Wechsel- und Scheckrecht*, die „lois uniformes" zum Inhalt haben und in deren Vollzug Art. 91–98 WG und Art. 60–66 SchG erlassen worden sind, war schon die Rede (oben S. 71f.); ebenso von den Abkommen der **CIEC**, die zum Teil das internationale Privat- und Verfahrensrecht betreffen (oben S. 95–97), und von den teilweise internationalprivatrechtlichen Staatsverträgen über *gewerblichen Rechtsschutz und Urheberrecht* (S. 81–85).

b) In Deutschland nicht oder nicht mehr anwendbare Abkommen

Von den **Haager Abkommen** (vgl. oben S. 197–201) sind in Deutschland nicht anwendbar:

– *Ehescheidungsabkommen* vom 12. 6. 1902 (RGBl. 1904, 231, 249).

Das Abkommen ist von Deutschland (RGBl. 1934 II 26) und sechs anderen Staaten gekündigt worden; es ist nur noch in Portugal und Rumänien in Kraft; dazu unten S. 759.

– *Ehewirkungsabkommen* vom 17. 7. 1905 (RGBl. 1912, 453, 475).

Das Abkommen ist gekündigt worden von Deutschland mit Wirkung vom 23. 8. 1987 (BGBl. 1986 II 505) sowie von Frankreich 1917, Belgien 1922, Schweden 1960, Polen 1969, und den Niederlanden 1977; Portugal schied wegen Art. 282 des Versailler Vertrages am 10. 1. 1920 aus; das Abkommen gilt nur noch für Italien und Rumänien; dazu unten S. 724f., 736f.

– *Entmündigungsabkommen* vom 17. 7. 1905 (RGBl. 1912, 463, 475); dazu erging ein Haager Protokoll über die Zulassung weiterer Staaten vom 28. 11. 1923 (RGBl. 1924 II 368).

Das Abkommen ist gekündigt worden von Deutschland mit Wirkung vom 23. 8. 1992 (BGBl. 1992 II 272) sowie von Frankreich 1916, Schweden 1960, Ungarn 1973 und den Niederlanden 1977; dazu 6. Aufl. S. 357f.

– *Abkommen über das auf internationale Käufe beweglicher Sachen anwendbare Recht* vom 15. 6. 1955; dieses Abkommen war als „loi uniforme" beschlossen, d.h. die Regeln des Abkommens galten nicht nur im Verhältnis der Vertragsstaaten zueinander, sondern die Vertragsstaaten verpflichteten sich, ihr Landesrecht allgemein den Regeln des Abkommens anzugleichen (über diesen Unterschied oben S. 10f.).

Vertragsstaaten: ab 1. 9. 1964 Belgien, Dänemark, Finnland, Frankreich, Italien und Norwegen; ab 6. 9. 1964 Schweden; ab 10.12.1971 Niger; ab 27. 10. 1972 Schweiz; nur gezeichnet von Luxemburg, den Niederlanden (15. 6. 1955) und Spanien (12. 4. 1957); dazu unten S. 600–602.

Über das Haager Abkommen von 1985 über das auf internationale Warenkäufe anwendbare Recht unten S. 214.

- *Abkommen zur Regelung der Konflikte zwischen dem Recht des Heimatstaats und dem Recht des Wohnsitzstaats* vom 15. 6. 1955 (nicht in Kraft getreten und von Deutschland auch nicht gezeichnet); dazu unten S. 359.
- *Abkommen über die Anerkennung der Rechtspersönlichkeit von ausländischen Gesellschaften, anderen Personenverbindungen und Stiftungen* vom 1. 6. 1956 (nicht in Kraft getreten und von Deutschland auch nicht gezeichnet); dazu unten S. 514.
- *Abkommen über das auf den Eigentumserwerb bei internationalen Käufen beweglicher Sachen anwendbare Recht* vom 15. 4. 1958 (als „*loi uniforme*" bestimmt; nicht in Kraft getreten und von Deutschland auch nicht gezeichnet); dazu unten S. 673.
- *Abkommen über die Zuständigkeit des vertraglich vereinbarten Gerichts bei internationalen Käufen beweglicher Sachen* vom 15. 4. 1958 (nicht in Kraft getreten; von Deutschland am 12. 10. 1959 gezeichnet, aber nicht ratifiziert); dazu unten S. 923f.
- *Abkommen über die Zuständigkeit der Behörden, das anwendbare Recht und die Anerkennung von Entscheidungen auf dem Gebiet der Adoption* vom 15. 11. 1965 (von Deutschland nicht gezeichnet). Vertragsstaaten: Österreich, Schweiz, Vereinigtes Königreich; dazu unten S. 835f.
- *Abkommen über einheitliche Regeln über die Gültigkeit und die Wirkungen der Gerichtsstandsvereinbarungen* vom 25. 11. 1965 (nicht in Kraft getreten und nur von Israel gezeichnet); dazu unten S. 924.
- *Abkommen über die Anerkennung von Scheidungen sowie Trennungen von Tisch und Bett* vom 1. 6. 1970 (von Deutschland nicht gezeichnet, 16 Mitgliedstaaten; Vertragsstaaten [nach *Pirrung*, Unif.L.-Rev. 3 (1998), 630 Fn. 3]: Dänemark, Finnland, Italien, Luxemburg, Niederlande, Portugal, Schweden, Vereinigtes Königreich); dazu unten S. 922f.
- *Abkommen über die Anerkennung und Vollstreckung ausländischer Urteile in Zivil- und Handelssachen mit Zusatzprotokoll* vom 1. 2. 1971 (von Deutschland nicht gezeichnet, in Kraft in den Niederlanden, Portugal und Zypern); dazu unten S. 913–915.
- *Abkommen über das auf Verkehrsunfälle anwendbare Recht* vom 4. 5. 1971 (von Deutschland nicht gezeichnet; es gilt in Belgien, Frankreich, Kroatien, Luxemburg, Mazedonien, den Niederlanden, Österreich, Portugal, der Schweiz, der Slowakei, Slowenien, Spanien, Tschechien); dazu unten S. 645f.
- *Abkommen über das auf die Unterhaltspflichten gegenüber Erwachsenen anwendbare Recht* von 1972 (nicht in Kraft getreten); es wurde in das Abkommen über das auf Unterhaltspflichten anzuwendende Recht vom 2. 10. 1973 eingearbeitet (oben S. 200).

Text: JDI (Clunet) 1974, 68–72. **Schrifttum:** *Marín López*, Rev.gen.der. 1972, 546–556, 658–665; *Bellet*, JDI (Clunet) 1974, 1–15, 31.

- *Abkommen über die internationale Nachlaßverwaltung* vom 2. 10. 1973 (von Deutschland nicht gezeichnet; in Kraft in Portugal, der Slowakei und Tschechien); dazu unten S. 880f.
- *Abkommen über das auf die Produktenhaftpflicht anwendbare Recht* vom 2. 10. 1973 (von Deutschland nicht gezeichnet; in Kraft in Finnland, Frankreich, Kroatien, Luxemburg, Mazedonien, den Niederlanden, Norwegen, Slowenien, Spanien); dazu unten S. 646–649.
- *Abkommen über das auf Ehegüterstände anwendbare Recht* vom 14. 3. 1978 (von Deutschland nicht gezeichnet; in Kraft in Frankreich, Luxemburg und den Niederlanden); dazu unten S. 737–739.
- *Abkommen über die Schließung und Anerkennung der Gültigkeit von Ehen* vom 14. 3. 1978 (von Deutschland nicht gezeichnet, in Kraft in Australien, Luxemburg und den Niederlanden); dazu unten S. 709f.
- *Abkommen über das auf Vermittlungsgeschäfte und auf die Stellvertretung anwendbare Recht* vom 14. 3. 1978 (von Deutschland nicht gezeichnet, in Kraft in Argentinien, Frankreich, den Niederlanden und Portugal); dazu unten S. 547f.
- *Abkommen über die Erleichterung des internationalen Zugangs zu den Gerichten* vom 25. 10. 1980 (von Deutschland zwar gezeichnet, aber nicht ratifiziert; 12 Mitgliedsstaaten).

Text: RabelsZ 46 (1982), 768–793; JDI (Clunet) 1989, 500–510. **Schrifttum:** *Volken*, Internationale Rechtshilfe in Zivilsachen, Schw.Jb. Int.R. 37 (1981), 109–118 (Text 162–172); *Böhmer*, RabelsZ 46 (1982), 652–657; *Lobsiger/Markus*, SchwJZ 1996, 177–192, 202–210 (insbes. 209f.).

- Erarbeitet wurde der *Entwurf eines Abkommens über Verbraucherverträge* von 1980.

Schrifttum: *von Overbeck*, Le projet de Convention de La Haye sur la loi applicable à certaines ventes aux consommateurs, Schw.Jb. Int.R. 37 (1981), 96–108; *Imhoff-Scheier*, Quelques observations sur le projet de Convention de La Haye sur la loi applicable à certaines ventes aux consommateurs, ebd. 129–150 (Text 172–174); *Böhmer*, RabelsZ 46 (1982), 657–662 (Text 794–799).

- *Abkommen über das auf den trust anzuwendende Recht und seine Anerkennung* vom 1. 7. 1985 (von Deutschland nicht gezeichnet; in Kraft in Australien, Italien, Kanada, Malta, Niederlande, Vereinigtes Königreich, ferner gezeichnet von Frankreich, Luxemburg und den Vereinigten Staaten); dazu unten S. 517–519.
- *Abkommen über das auf internationale Warenkäufe anwendbare Recht* vom 22. 12. 1986 (von Deutschland nicht gezeichnet); es ist als *loi uniforme* bestimmt, soll das wenig erfolgreiche kollisionsrechtliche Abkommen von 1955 (oben S. 212) übertreffen und dem materiellrechtlichen UN-Übereinkommen über den internationalen Kauf beweglicher Sachen (oben S. 75) Rechnung tragen; gezeichnet haben

Argentinien, die Niederlande, die Slowakei und die Tschechische Republik; dazu unten S. 602–605.

– *Abkommen über das auf die Beerbung anwendbare Recht* vom 1. 8. 1989 (noch nicht in Kraft, von Deutschland auch nicht gezeichnet; gezeichnet haben Argentinien, Luxemburg, die Niederlande und die Schweiz); dazu unten S. 881–883.

– *Abkommen über Schutz von Kindern und Zusammenarbeit bei internationaler Adoption* vom 29. 5. 1993 (von Deutschland nicht gezeichnet, in 18 Staaten in Kraft, von weiteren 13 Staaten gezeichnet); dazu unten S. 836f.

– Vom 19. 10. 1996 stammt ein *Haager Abkommen über die Zuständigkeit, das anzuwendende Recht, die Anerkennung, Vollstreckung und Zusammenarbeit auf dem Gebiet der elterlichen Verantwortung und der Maßnahmen zum Schutz von Kindern* (noch nicht in Kraft). Deutschland hat das Abkommen noch nicht gezeichnet; gezeichnet haben Marokko, Monaco, die Niederlande, die Slowakei und die Tschechische Republik. Dazu unten S. 803–806.

Am 29. 2. **1968** beschlossen die EWG-Länder in **Brüssel** ein (nicht in Kraft getretenes) *Übereinkommen über die gegenseitige Anerkennung von Gesellschaften und juristischen Personen* (ZustG vom 18. 5. 1972, BGBl. II 369). Das Übereinkommen wird ergänzt durch das (ebenfalls nicht in Kraft getretene) **Luxemburger** *Protokoll betreffend die Auslegung des Übereinkommens durch den* [Europäischen] *Gerichtshof* vom 3. 6. **1971** (ZustG vom 14. 8. 1972, BGBl. II 857). Dazu unten S. 514f.

Am 27. 5. **1987** wurde in Brüssel beschlossen ein *Übereinkommen über die Abschaffung der Legalisation von Urkunden in den Mitgliedsstaaten der Europäischen Gemeinschaften* (für Deutschland noch nicht in Kraft).

Text: Riv.dir.int.priv.proc. 1991, 526–528.

Die Durchsetzung von Unterhaltsentscheidungen, die in den Anwendungsbereich des EuGVÜ fallen, erleichtert das *Römische Übereinkommen über die Vereinfachung der Verfahren zur Geltendmachung von Unterhaltsansprüchen* vom 6. 11. 1990 (noch nicht in Kraft; von Deutschland gezeichnet; ratifiziert von Irland, Italien, Spanien und dem Vereinigten Königreich). Dazu unten S. 773.

Ein *Europäisches Übereinkommen über Insolvenzverfahren* stammt vom 23. 11. 1995 (nicht in Kraft; da das Vereinigte Königreich das Übereinkommen nicht innerhalb der Zeichnungsfrist gezeichnet hat, wird es in dieser Form auch nicht in Kraft treten).

Text: ZIP 1996, 976–983. **Schrifttum:** *Fletcher*, The Istanbul Convention and the Draft EEC Convention, Fschr. Hanisch 1994, 89–107; *Idot*, La „faillite“ dans la Communauté: enfin une convention internationale?, Dr.prat.comm.int. 1995 I, 34–55; *Virgós Soriano*, The interaction between national law and European integration law:

The future EC Bankruptcy Convention, in: Europäischer Binnenmarkt 1995, 51–67; *Balz*, Das neue Europäische Insolvenzübereinkommen, ZIP 1996, 948–955; *McKenzie*, The EC Convention on Insolvency Proceedings, Eur.Rev.Priv.L. 1996, 181–200; *Strub*, Das Europäische Konkursübereinkommen, EuZW 1996, 71–74; *Dordi*, La convenzione dell'Unione europea sulle procedure di insolvenza, Riv.dir.int.priv.proc. 1997, 333–366; *Poillot-Peruzzetto*, Le créancier et la „faillite européenne": commentaire de la Convention des Communautés européennes relative aux procédures d'insolvabilité, JDI (Clunet) 1997, 757–781; *Smid*, Das Deutsche Internationale Insolvenzrecht und das Europäische Insolvenz-Übereinkommen, DZWiR 1998, 432–438; *Wimmer*, Die Besonderheiten von Sekundärinsolvenzverfahren unter besonderer Berücksichtigung des Europäischen Insolvenzübereinkommens, ZIP 1998, 982–989; *Wunderer*, Auswirkungen des Europäischen Übereinkommens über Insolvenzverfahren auf Bankgeschäfte, WM 1998, 793–801; *Fletcher*, Insolvency in Private International Law, Oxford 1999, 246–301 (Text 387–408).

Am 26. 5. 1997 beschlossen die Justizminister der Mitgliedstaaten der EU ein *Übereinkommen über die Zustellung gerichtlicher und außergerichtlicher Schriftstücke in Zivil- und Handelssachen;* hierzu gibt es ein *Protokoll über die Auslegung des Übereinkommens durch den Europäischen Gerichtshof* vom 26. 6. 1998 (Übereinkommen und Protokoll für Deutschland noch nicht in Kraft). Dazu unten S. 904.

Text: IPRax 1997, 459–463; Riv.dir.int.priv.proc. 1998, 668–699. **Schrifttum:** *Borrás*, Rev.esp.der.int. 1997, Nr. 1, 346–348; *Meyer*, Europäisches Übereinkommen über die Zustellung gerichtlicher und außergerichtlicher Schriftstücke in Zivil- und Handelssachen in den Mitgliedstaaten der Europäischen Union, IPRax 1997, 401–404; *Hau*, Europäische Rechtshilfe, endgültige Rechtshängigkeit, effektiver Rechtsschutz, IPRax 1998, 456–460; *Kaye*, The European Convention on the Service of Judicial and Extrajudicial Documents, in: *von Hoffmann* (Hrsg.), European Private International Law, Nimwegen 1998, 159–180.

Des weiteren wurde von den EU-Staaten aufgrund von Art. K3 des Vertrages über die Europäische Union ein *Übereinkommen über die Zuständigkeit und die Anerkennung und Vollstreckung von Entscheidungen in Ehesachen* vom 28. 5. 1998 gezeichnet (noch nicht in Kraft). Es ergänzt das EuGVÜ (oben S. 201 f.) hinsichtlich der gemäß Art. 1 II Nr. 1 EuGVÜ von dessen Anwendungsbereich ausgenommenen Ehesachen. Dazu unten S. 921 f.

Text: FamRZ 1998, 1416–1422. Zum **Vorentwurf** von 1993: IPRax 1994, 67–69. **Schrifttum:** *Beaumont/Moir*, Brussels Convention II: A New Private International Law Instrument in Family Matters for the European Union or the European Community?, Eur. L.Rev. 20 (1995), 268–288; *Finger*, Rechtsakt des Rates der Europäischen Union über die Zuständigkeit und die Anerkennung und Vollstreckung von Entscheidungen in Ehesachen (und damit zusammenhängenden Kindschaftssachen) v. 30. 4. 1998 (mit Korr. v. 12. 5. 1998), FuR 1998, 346–350.

Am 27. 1. **1977** wurde in **Straßburg** beschlossen ein *Europäisches Übereinkommen über die Übermittlung von Anträgen auf Prozeßkostenhilfe* (von Deutschland nicht gezeichnet, in 20 Staaten in Kraft).

Text: Rev.crit.dr.i.p. 1984, 149–153; JDI (Clunet) 1984, 176–179; dazu (öst)OGH IPRax 1989, 243 mit Aufsatz von *Gottwald* 249 f.

Ferner gibt es ein Straßburger *Europäisches Übereinkommen über die Anerkennung der Rechtspersönlichkeit nichtstaatlicher internationaler Organisationen* vom 24. 4. **1986** (von Deutschland nicht gezeichnet, in 7 Staaten in Kraft, zwei weitere haben gezeichnet).

Text: Rev.esp.der.int. 1988, Nr. 2, 285–290. Dazu unten S. 515f.

Außerdem gibt es ein Straßburger *Europäisches Übereinkommen zur Einführung eines Einheitlichen Gesetzes über die Schiedsgerichtsbarkeit* vom 20. 1. **1966,** das jedoch nicht in Kraft steht. Das Übereinkommen wurde bisher nur von Belgien ratifiziert, des weiteren von Österreich gezeichnet.

Ein Istanbuler *Europäisches Übereinkommen über bestimmte internationale Aspekte des Konkurses* wurde am 5. 6. **1990** zur Zeichnung aufgelegt; gezeichnet haben mittlerweile Belgien, Deutschland, Frankreich, Griechenland, Italien, Luxemburg, Türkei, Zypern. Da bisher nur Zypern ratifiziert hat, ist das Abkommen noch nicht in Kraft getreten.

Text: Rev.dr.unif. 1990, 140–179. **Schrifttum:** *Volken*, L'harmonisation du droit international privé de la faillite, Rec. 1991 V, 343–431; *Ramackers*, Réflexions critiques sur la Convention européene relative à certains aspects internationaux de la faillite, Sem.jur. 1993 I, S. 277–284; *Fletcher*, The Istanbul Convention and the Draft EEC Convention, Fschr. Hanisch 1994, 89–107; *I. Metzger*, Die Umsetzung des Istanbuler Konkursübereinkommens in das neue deutsche internationale Insolvenzrecht, Diss. Freiburg/Br. 1994; *Fletcher,* Insolvency in Private International Law, Oxford 1999, 302–322 (Text 409–431).

Den Verschollenen gilt die in **Lake Success** geschlossene *Konvention der Vereinten Nationen über die Todeserklärung Verschollener* vom 6. 4. **1950.**

Sie ist für Deutschland seit dem 24. 1. 1967 nicht mehr in Kraft, da Deutschland einer zweiten Verlängerung nicht beigetreten ist. Dazu unten S. 490.

3. DDR und Wiedervereinigung

Schrifttum: Älteres Schrifttum 7. Aufl. S. 192. Weiter: *Herber*, Internationale Transportrechtsübereinkommen und deutsche Einheit. Auswirkungen der deutschen Vereinigung auf das internationale Einheitsrecht, TranspR 1990, 253–262; *Mansel*, Staatsverträge und autonomes internationales Privat- und Verfahrensrecht nach der Wiedervereinigung, JR 1990, 441–448; *Dannemann*, Das staatsvertragliche Kollisionsrecht der DDR nach der Vereinigung, DtZ 1991, 130–135; *Drobnig*, Das Schicksal der Staatsverträge der DDR nach dem Einigungsvertrag, DtZ 1991, 76–80; *Heldrich/Eidenmüller*, Die rechtlichen Auswirkungen der Wiedervereinigung Deutschlands aus der Sicht von Drittstaaten, (öst)JBl 1991, 273–283; *von Hoffmann*, Internationales Privatrecht im Einigungsvertrag, IPRax 1991, 1–10; *Siehr*, Der Einigungsvertrag und seine internationalen Kollisionsnormen, RabelsZ 55 (1991), 240–268; *Andrae*, Zum interlokalen und internationalen Privatrecht des Minderjährigenschutzes, IPRax 1992, 117–121; *Blumenwitz*, Staatennachfolge und die Einigung Deutschlands. Teil I: Völkerrechtliche Verträge, 1992; *Fastenrath*, Die Regelungen über die Staatennachfolge bei der Vereinigung der beiden deutschen Staaten, VRÜ 1992, 67–83; *Haupt*, Die völkerrechtlichen Verträge der DDR auf dem Gebiet des Urheberrechts im Blickwinkel der politischen Veränderungen in Europa, ZUM 1992, 285–291; *Sturm*, Gelten die Rechtshilfeverträge der DDR fort?, Fschr. Serick 1992, 351–376; *Wittkowski*, Die

Staatensukzession in völkerrechtliche Verträge unter besonderer Berücksichtigung der Herstellung der staatlichen Einheit Deutschlands, 1992 (bespr. von *Dörr*, VRÜ 1995, 129–134); *Thorn*, Die UN-Verjährungskonvention und ihre Geltung in Deutschland, IPRax 1993, 215 f.; *Andrae*, Die Anerkennung und Vollstreckung gerichtlicher Entscheidungen, die vor der Vereinigung Deutschlands erlassen wurden, IPRax 1994, 223–231; *Drinhausen*, Die Auswirkungen der Staatensukzession auf Verträge eines Staates mit privaten Partnern. Dargestellt mit besonderen Bezügen zur deutschen Wiedervereinigung, 1995; *Ebenroth/Reiner/Boizel*, Succession d'États et droit international privé, JDI (Clunet) 1996, 5–68; *Ebenroth*, Staatensukzession und Internationales Privatrecht, in: *Fastenrath/Schweisfurth/Ebenroth*, Das Recht der Staatensukzession, 1996, 235–345; *Silagi*, Staatsuntergang und Staatennachfolge – mit besonderer Berücksichtigung des Endes der DDR, 1996 (bespr. von *Fastenrath*, VRÜ 1998, 82–84); *Willingmann/Madaus*, Funktionsnachfolge – ein zeitgeschichtlicher Vergleich. Zur Haftung der Bundesrepublik für Verbindlichkeiten staatlicher Institutionen der DDR, NJ 1996, 505–511; *Dornbusch*, Das Schicksal der völkerrechtlichen Verträge der DDR nach der Herstellung der Einheit Deutschlands, 1997; *Papenfuß*, Die Behandlung der völkerrechtlichen Verträge der DDR im Zuge der Herstellung der Einheit Deutschlands. Ein Beitrag zur Frage der Staatennachfolge in völkerrechtliche Verträge, 1997; *Papenfuß*, Das Schicksal der völkerrechtlichen Verträge der DDR im Zuge der Herstellung der Einheit Deutschlands, VRÜ 1997, 287–329; *Piotrowicz/Blay*, The Unification of Germany in International and Domestic Law, German Monitor Nr. 39, Amsterdam 1997 (insbes. S. 73–83); *Seidl-Hohenveldern*, Globalentschädigungsabkommen zwischen Schweden und der DDR heute, IPRax 1998, 467–470. Schrifttum zur **Staatensukzession allgemein** oben S. 194.

Die Wiedervereinigung ist ein Fall der **Staatensukzession**. Diese begegnet in vielen Formen: Abtretung von Staatsgebiet, Aneignung von Staatsgebiet oder eines ganzen Staates, Entstehung neuer Staaten (durch „Entkolonisierung", Zerfall oder Fusion), Aufnahme eines Staates in einen anderen (bei Aufhebung zeitweiser Trennung: Wiedervereinigung).

Völkerrechtliche Regeln enthält die **Wiener Konvention** über Staatensukzession vom 23. 8. 1978 (ZaöRV 39 [1979], 279–300). Sie ist am 6. 11. 1996 in Kraft getreten, jedoch nicht in Deutschland. Die DDR hatte die Konvention am 22. 8. 1979 lediglich gezeichnet. Sie hat auch keine Geltung für Deutschland nach der Wiedervereinigung. Die Konvention hat Mängel, konzentriert sich z.B. zu stark auf Entkolonisierung (*„newly independant States"*). Die Staatensukzession beschreibt sie als *„the replacement of one State by another in the responsibility for the international relations of territory"* (Art. 2 I Buchst. b), und sie folgt dem *„Grundsatz der beweglichen Vertragsgrenzen"*, d.h. die Geltung völkerrechtlicher Verträge erstreckt sich bei Vergrößerung auf das neue Gebiet und schrumpft bei Verkleinerung auf das verbleibende Gebiet (Art. 15).

Für den Fall einer *Vereinigung* von Staaten (und damit auch für den Fall einer *Wieder*vereinigung) hat bei der Ausarbeitung der Wiener Konvention die deutsche Delegation vorausschauend eine Resolution herbeigeführt, die empfiehlt, *„that if a uniting of States gives rise to incompatible obligations or rights under treaties, the successor State and the other States parties to the treaties in question make every effort to resolve the matter by mutual agreement"* (ZaöRV 39 [1979], 271 Fn. 19).

Dem „Grundsatz der beweglichen Vertragsgrenzen“ und den in der Wiener Resolution empfohlenen Verhandlungen folgen **Art. 11 und 12 des Vertrags zur deutschen Einheit** vom 31. 8. 1990 (BGBl II 885, 889):

Art. 11 erstreckt die völkerrechtlichen Verträge der alten Bundesrepublik auf das Gebiet der neuen Bundesländer; Ausnahmen hierzu sind in Anlage I enthalten. Eventuell erforderliche Anpassungen sind im Benehmen mit den jeweiligen Vertragspartnern vorzunehmen. **Art. 12** betrifft die völkerrechtlichen Verträge der früheren DDR und ist komplizierter. Abs. 1 sagt nur, daß Fortgeltung, Anpassung oder Erlöschen dieser Verträge „unter den Gesichtspunkten des Vertrauensschutzes, der Interessenlage der beteiligten Staaten und der vertraglichen Verpflichtungen der Bundesrepublik Deutschland sowie nach den Prinzipien einer freiheitlichen, demokratischen und rechtsstaatlichen Grundordnung und unter Beachtung der Zuständigkeit der Europäischen Gemeinschaften“ mit den jeweiligen Vertragspartnern „zu erörtern sind“. Nach Abs. 2 legt „das vereinte Deutschland [...] seine Haltung zum Übergang völkerrechtlicher Verträge der Deutschen Demokratischen Republik nach Konsultationen mit den jeweiligen Vertragspartnern und mit den Europäischen Gemeinschaften, soweit deren Zuständigkeiten berührt sind, fest“. Abs. 3 hält für das vereinte Deutschland die Möglichkeit offen, in internationale Organisationen oder in sonstige mehrseitige Verträge einzutreten, denen bislang nur die DDR angehört hat, auch dies im „Einvernehmen mit den jeweiligen Vertragspartnern und mit den Europäischen Gemeinschaften, soweit deren Zuständigkeiten berührt sind“.

Für **Staatsverträge über (materielles oder internationales) Privatrecht, Zivilprozeßrecht und Recht der freiwilligen Gerichtsbarkeit** darf man, solange Verhandlungsergebnisse fehlen, nach dem „Grundsatz der beweglichen Vertragsgrenzen“, der in Art. 11 I 2 des Einigungsvertrages zu erkennen ist, annehmen, daß sich die von der Bundesrepublik geschlossenen Verträge *ex nunc*, nämlich ab 3. 10. 1990 (Beitrittsentscheidung der Volkskammer der DDR vom 23. 8. 1990, GBl. I 1323, BGBl. I 2057), auf das Gebiet der DDR erstrecken (so die Haager Abkommen, denen die Bundesrepublik, aber nicht die DDR beigetreten ist; so auch das Übereinkommen über die Angabe von Familiennamen und Vornamen in den Personenstandsbüchern vom 13. 9. 1973 [oben S. 96]; AG Berlin-Schöneberg StAZ 1992, 311). Für die Staatsverträge der früheren DDR ist die Lage inzwischen weitgehend geklärt. Die Verhandlungen auf der Grundlage von Art. 12 des Einigungsvertrags haben zum Erlöschen vieler zweiseitiger Verträge der DDR geführt (bis Ende 1998 zusammengestellt in BGBl. Teil II Fundstellennachweis B [abgeschlossen am 31. 12. 1998] S. 632–635). Soweit das noch nicht der Fall ist, streitet man, ob solche Verträge in den fünf neuen Bundesländern ab der Wiedervereinigung schlicht nicht mehr gelten (so für *mehrseitige* Staatsverträge *Kegel* in 7. Aufl. S. 194; *Herber*, Deutsche Einheit und internationales Kaufrecht, BB 1990, Beil. 37 zu Heft 30, 1–5) oder ob man von Weitergeltung für das Gebiet der früheren DDR insoweit auszugehen hat, wie dies unter den veränderten Umständen noch möglich und sinnvoll ist (*Soergel/Schurig*[12] Art. 236 Rz. 24 mit weiteren Nachweisen).

So gilt das New Yorker UNCITRAL-Übereinkommen über die Verjährungsfrist beim internationalen Kauf beweglicher Sachen von 1974, dem die DDR, nicht die Bundesrepublik beigetreten ist, im Gebiet der neuen Bundesländer fort (oben S. 79). Das Wiener UN-Übereinkommen über den internationalen Warenkauf von 1980 (oben S. 75) ist für die DDR schon am 1. 3. 1990, für die Bundesrepublik erst am 1. 1. 1991 in Kraft getreten. Vgl. ferner VO über die vorübergehende weitere Anwendung verschiedener völkerrechtlicher Verträge der Deutschen Demokratischen Republik im Bereich der *sozialen Sicherheit* vom 3. 4. 1991 (BGBl. II 614), geändert durch VO vom 18. 12. 1992 (BGBl. II 1231).

Zu den **Rechtsverkehrs- oder Rechtshilfeverträgen** und den **Konsularverträgen** der früheren DDR siehe 7. Aufl. S. 202. Natürlich bleiben solche Staatsverträge insoweit erheblich, wie in Altfällen das IPR der DDR anzuwenden ist (oben S. 41–44).

Hat z. B. ein Westdeutscher 1989 eine Bulgarin vor dem bulgarischen Botschafter in Ost-Berlin geheiratet, dann handelt es sich um eine Nichtehe. Denn nach Art. 28 I Buchst. c des Konsularvertrags mit Bulgarien vom 1. 6. 1972 (GBl. I 159, 282) durften die Botschafter nur Angehörige des eigenen Landes trauen, und nach § 6 I FGB mußte vor dem Standesbeamten geheiratet werden (AG Berlin-Schöneberg StAZ 1992, 114).

4. Staatengruppen ohne Beteiligung Deutschlands

Erwähnt werden können hier nur *mehrseitige* Staatsverträge, nämlich:

a) Nordische Staaten

Es gibt fünf **nordische Konventionen** zwischen Dänemark, Finnland, Island, Norwegen und Schweden; sie betreffen *Ehe, Adoption und Vormundschaft* (6. 2. 1931, Neufassung 26. 3. 1953), *Beitreibung von Unterhaltsbeiträgen* (erst 10. 2. 1931, dann 23. 3. 1962), *Anerkennung und Vollstreckung von Zivilurteilen* (16. 3. 1932), *Konkurs* (7. 11. 1933), *Erbschaften, Testament und Nachlaßregelung* (19. 11. 1934).

Schrifttum: *Korkisch*, Der Anteil der nordischen Länder an den Fragen des internationalen Privatrechts, RabelsZ 23 (1958), 599–623 (insbes. 618–622); *Allan Philip*, The Scandinavian Conventions on Private International Law, Rec. 1959 I, 241–348; *Svensson*, Inter-Nordic Insolvency Convention, Int.Bus.Lawy. 1996, 226–228; deutsche Übersetzung der Vormundschaftskonvention mit Erläuterungen von *Bloch*, RabelsZ 8 (1934), 627–637; Übersicht über sämtliche nordische Konventionen, nicht nur die des IPR: Int.Comp. L. Q. 21 (1972), 385–389; *Carsten*, Europäische Integration und nordische Zusammenarbeit auf dem Gebiet des Zivilrechts, ZEuP 1993, 335–353.

b) Benelux

Schrifttum: *Hansen*, Trente années de tentatives d'unification du droit dans les pays du Benelux, Une expérience, Rev.dr.int.dr.comp. 1980, 60–82.

Eine **Beneluxkonvention** über das *IPR* vom 15. 3. **1950** (gezeichnet am 11. 5. 1951) ist nie in Kraft getreten; der Vertrag war als *„loi uniforme"* beschlossen von Belgien, Luxemburg und den Niederlanden.

Text: Rev.crit.dr. i. p. 1951, 710–714; *Offerhaus*, Eenvormige wet betreffende het internationaal privaatrecht, Amsterdam 1957 (Text und Materialien).

Schrifttum: *van Hecke* in: *Zweigert*, Europäische Zusammenarbeit im Rechtswesen, 1955, 38; *Meijers*, Verzamelde privaatrechtelijke opstellen II, 1955, 400–409; *Fredericq* Rev. dr. int. comp. 34 (1957), 69–87; *Wortley*, The General Principles of Private International Law, Rec. 1958 II, 85–260 (mit besonderer Berücksichtigung der Beneluxkonvention); zum internationalen Schuldvertragsrecht der Beneluxkonvention *Offerhaus*, in: Liber Amicorum Algot Bagge, Stockholm 1956, 160–172.

Am 3. 11. **1966** hat man eine Neufassung der Beneluxkonvention entworfen (gezeichnet am 3. 7. 1969).

Text: Eenvormige Wet betreffende het Internationaal Privaatrecht, mit Einleitung von *de Winter*, Amsterdam 1968, 16–33; WPNR 1968, 416 a–416 d; Rev. crit. dr. i. p. 1968, 812–815.

Schrifttum: *de Winter*, WPNR 1968, 157–162, 169–173 (französisch: Rev. crit. dr. i. p. 1968, 577–606); *Jessurun d'Oliveira*, Twee vragen van internationaal bewijsrecht: De onbeëdigte getuigenverklaring en de exceptio plurium concubentium,

WPNR 1968, 413–415, 421–428, 433–436; *Rigaux,* JDI (Clunet) 1969, 334–357 (Text 358–360); *Ferid,* StAZ 1969, 241–250 (Text 250–252); *Nadelmann,* Am.J. Comp.L. 18 (1970), 406–419 (Text: 420–425); *Kisch,* Een onduidelijke bepaling, NTIR 1970, 275–293 (betr. internationales Schuldvertragsrecht).

Auch die Neufassung hatte kein Glück. Das Unternehmen ist gescheitert (Bericht NTIR 1976, 255). Die Ratifikation wurde einvernehmlich gestoppt, da die Haager Konventionen als sinnvoller erachtet wurden.

c) Lateinamerika

Schrifttum: Älteres Schrifttum 7. Aufl. S. 196f. und 199f. Weiter: *Boggiano*, The Contribution of the Hague Conference to the Development of Private International Law in Latin America, Rec. 233 (1992-II), 99–266; *Garro*, Unification and Harmonization of Private Law in Latin America: Background, Trends and Perspectives, in: Institut suisse de droit comparé, Perméabilité des ordres juridiques, Zürich 1992, 235–264; *Pereznieto Castro*, Some Aspects Concerning the Movement for Development of Private International Law in the Americas through Multilateral Conventions, NILR 1992, 243–266; *Samtleben*, Neue interamerikanische Konventionen zum internationalen Privatrecht, RabelsZ 56 (1992), 1–115 (mit Konventionstexten 142–175); Organisation der amerikanischen Staaten – interamerikanische Spezialkonferenzen für Internationales Privatrecht. Konventionen von La Paz (24. 5. 1984) und Montevideo (15. 7. 1989), RabelsZ 56 (1992), 142–175; *Fernandez Rozas* (Hrsg.), España y la codificación internacional del Derecho internacional privado. Terceras Jornadas de Derecho internacional privado, Madrid 1993 (insbes. S. 259ff.); *Fernández Arroyo*, La codificación del derecho internacional privado en América Latina. Ámbitos de producción jurídica y orientaciones metodológicas, Madrid 1994 (bespr. von *Sánchez Lorenzo*, Rev.esp.der.int. 1994, Nr. 2, 968f.; *Ancel*, Rev.crit.dr.i.p. 1996, 233–237); *Miralles Sangro*, La CIDIP (Mexico 1994): una nueva contribución al Derecho internacional privado, Boletín de la Facultad de Derecho (UNED), 1994, 101–128 (nz); *Burman*, International Conflict of Laws, The 1994 Inter-American Convention on the Law Applicable to International Contracts, and Trends for the 1990s, Vand.J.T.L. 28 (1995), 367–387; *Boggiano*, La Convention interaméricaine sur la loi applicable aux contrats internationaux et les Principes d'UNIDROIT, Unif.L.Rev. 1996, 219–228; *Opertti Badan*, L'oeuvre de la CIDIP dans le contexte du droit international privé actuel, Fschr. Droz, Den Haag 1996, 269–286; *Parra-Aranguren*, The Fifth Inter-American Specialized Conference on Private International Law, Mexico City, 14–18 March, 1994, Fschr. Droz, Den Haag 1996, 299–320; *Parra-Aranguren*, La primera etapa de los tratados sobre Derecho Internacional Privado en América (1826–1940), Sonderdruck der Revista de la Facultad de Ciencias Jurídicas y Políticas, Universidad Central de Venezuela, Caracas, Nr. 98, 1996, 59–128; *Parra-Aranguren*, La segunda etapa de los tratados sobre Derecho Internacional Privado (1945–1995), Sonderdruck der Revista de la Facultad de Ciencias Jurídicas y Políticas, Universidad Central de Venezuela, Caracas, Nr. 99, 1996, 73–131; Text des Protokolls von Buenos Aires über internationale Zuständigkeit in Schuldvertragssachen vom 5. 8. 1994, Unif.L.Rev. 1996, 732–737; Universidad Complutense de Madrid, El Derecho internacional privado interamericano en el umbral del siglo XXI. Sextas Jornadas de Profesores de Derecho internacional privado, Madrid 1997; *Garro*, Legal Framework for Regional Integration in the Americas: Inter-American Conventions and Beyond, in: *Ferrari* (Hrsg.), Unification of International Commercial Law, 1998, 85–100; *Hernández-Bretón*, Internationale Handelsverträge im Lichte der Interamerikanischen Konvention von Mexiko über das auf internationale Verträge anwendbare Recht, IPRax 1998, 378–385 (spanischer und englischer Text 404–408); *Samtleben*, Versuch über die Konvention von Mexiko über das auf internationale Schuldverträge anwendbare Recht, IPRax 1998, 385–394 (spanischer und englischer Text 404–408); *Santos Belandro*, El derecho aplicable a los contratos internacionales. Con especial referencia al contrato de transferencia de tecnología[2], Montevideo 1998.

aa) Verträge von Montevideo

Texte in: Biblioteca de Publicaciones Oficiales de la Facultad de Derecho y Ciencias Sociales de la Universidad de la Republica, Seccion III–CVI, Derecho Internacional Privado, *Tratados de Montevideo* 1889–1939–1940, Montevideo 1959 (Konkordanzen und Sachverzeichnis von *Vieira); Goldschmidt,* Derecho internacional privado[5], 1985, 571–620.

Schrifttum: *Argúas,* The Montevideo Treaties of 1889 and 1940 and their Influence on the Unification of Private International Law in South America, in: *Bos* (Hrsg.), The Present State of International Law and Other Essays, Deventer 1973, 345–360.

In **Montevideo** wurden geschlossen:

– Drei Verträge vom 12. 2. **1889** über *internationales bürgerliches Recht,* über *internationales Handelsrecht* und über *internationales Prozeßrecht.* Vertragsstaaten sind Argentinien, Bolivien, Paraguay, Peru, Uruguay und Kolumbien.

Schrifttum bei *Makarov,* Die Quellen des IPR II[2], 1960, 83 f.; ebd. 83–98 französische und deutsche Übersetzung des Vertrags über internationales bürgerliches Recht und 723–732 französische und deutsche Übersetzung des Vertrags über internationales Handelsrecht. Wegen Kolumbien siehe *Valladão,* German Yb. Int. L. 21 (1978), 337, 341 Fn. 19.

Der Vertrag über internationales Prozeßrecht wurde neu gefaßt als Abkommen über die *Vollstreckung ausländischer Entscheidungen.* Dieser Vertrag wurde am 18. 7. **1911** in **Caracas** geschlossen (auf dem „Bolivianischen“ Kongreß von 1911, der von Bolivar, dem Befreier, seinen Namen hat). Vertragsstaaten: Bolivien, Ekuador, Kolumbien, Peru und Venezuela.

Schrifttum: *Parra-Aranguren,* El Acuerdo Boliviano sobre ejecución de actos extranjeros (1911) a la luz de la jurisprudencia venezolana, Revista de la Facultad de Derecho de la Universidad Católica Andrés Bello, Caracas, 1976 Nr. 22, S. 9–132.

– Vier Verträge nebst Zusatzprotokoll vom 19. 3. **1940** über *internationales bürgerliches Recht,* über *internationales Landhandelsrecht,* über *internationales See-, Binnenschiffahrts- und Luftrecht* und über *internationales Prozeßrecht.* Vertragsstaaten sind Argentinien, Paraguay, Uruguay.

Englische Übersetzung des ganzen Vertragswerks von 1939/1940: Am. J. Int. L. 37 (1943) Supplement 95, 109–152. Urtext des Vertrags über internationales bürgerliches Recht und des Zusatzprotokolls mit französischer und englischer Übersetzung: JDI (Clunet) 1957, 482–509. Französische und deutsche Übersetzung der Verträge über internationales bürgerliches Recht, über internationales Landhandelsrecht und über internationales See-, Binnenschiffahrts- und Luftrecht bei *Makarov,* Die Quellen des IPR II[2], 1960, 97–118, 733–744, 773–782.

bb) Der „Código Bustamante“

Schrifttum zum Código Bustamante sowie französische und deutsche Übersetzung der Art. 1–295 (internationales bürgerliches Recht und internationales Handelsrecht) bei *Makarov,* Die Quellen des IPR II[2], 1960, 1–66. Ferner: *Samtleben,* Die Anwendung des Código Bustamante in Venezuela, RabelsZ 39 (1975), 478–509 (spanisch:

Gedächtnisschr. Sánchez-Covisa, Caracas 1975, 319–356); *Samtleben*, IPR in Lateinamerika. Der Código Bustamante in Theorie und Praxis, I 1979 (spanische Übersetzung [Derecho internacional privado en América Latina, Teoría y práctica del Código Bustamante I] von *Bueno-Guzmán*, Buenos Aires 1983), *Parra-Aranguren*, Codificación del Derecho Internacional Privado en América, Caracas 1982, 17–197 (Text 481–532).

Der „Código Bustamante" vom 20. 2. 1928 ist benannt nach einem kubanischen Professor der Rechte, der ihn entworfen hat. Es handelt sich um ein umfangreiches Vertragswerk der Panamerikanischen Union über *internationales bürgerliches Recht, internationales Handelsrecht, internationales Strafrecht* und *internationales Zivilprozeßrecht*. Vertragsstaaten sind die Staaten Lateinamerikas außer Argentinien, Kolumbien, Mexiko, Paraguay, Uruguay. In Venezuela benutzt man den Código Bustamante, um das eigene IPR zu ergänzen, und wendet ihn auch auf Staaten an, die nicht Vertragsparteien sind. In Nicaragua ist der Código Bustamante in die ZPO eingearbeitet und gilt allgemein auch für Nichtvertragsstaaten. Bolivien und Peru, die auch die Verträge von Montevideo des Jahres 1889 angenommen haben, lassen im Verhältnis zu einander diese vorgehen (*Rabel* I² 37).

cc) Sonstige Verträge

Des weiteren arbeitet eine Konferenz über internationales Privatrecht (CIDIP) der Organisation Amerikanischer Staaten (OAS) Verträge zur Zeichnung durch ihre Mitgliedsstaaten und zum Beitritt anderer Staaten aus. Zu den Verträgen vgl. im Internet http://www.tradecompass.com/Library/iamerica.htm und http://www.ita.doc.gov/legal/iac.html.

Im Januar 1975 tagte eine *Staatenkonferenz in Panama (CIDIP I)*. Sie arbeitete sechs Übereinkommen aus über:
- internationales Wechselrecht,
- internationales Scheckrecht,
- internationales Recht der Handelsschiedsgerichtsbarkeit,
- internationale Rechtshilfe,
- Beweisaufnahmen im Ausland,
- Vollmachten für Prozesse im Ausland.

Diese Staatsverträge sind weithin in Kraft getreten: alle sechs für Chile, Costa Rica, Honduras, Panama, Paraguay und Uruguay; alle außer dem Schiedsgerichtsabkommen für Ecuador und Peru; alle außer den Abkommen über Scheck und Prozeßvollmacht für Mexiko; die Dominikanische Republik ist nur dem Wechsel- und dem Prozeßvollmachtabkommen beigetreten, Guatemala nur dem Wechselabkommen und dem Schiedsgerichtsabkommen, El Salvador, Venezuela und Kolumbien nur dem Abkommen über die Handelsschiedsgerichtsbarkeit, die Vereinigten Staaten dem Rechtshilfeabkommen und dem Schiedsgerichtsabkommen.

Eine zweite Staatenkonferenz *(CIDIP II)* tagte vom 23. 4.–8. 5. 1979 in *Montevideo*. Sie billigte acht Übereinkommen:
- Zusatzprotokoll zum Abkommen über internationale Rechtshilfe,
- Anerkennung ausländischer Urteile und Schiedssprüche,
- Vollstreckung einstweiliger Maßnahmen,
- Ermittlung ausländischen Rechts,
- internationales Scheckrecht (Neufassung des Abkommens von Panama 1975),
- internationales Handelsgesellschaftsrecht,
- allgemeine Regeln des IPR,
- Wohnsitz natürlicher Personen im IPR.

Das Zusatzprotokoll gilt in Mexiko und den Vereinigten Staaten, das Übereinkommen zu Anerkennung ausländischer Schiedssprüche in Argentinien, Kolumbien, Ecuador, Mexiko, Paraguay, Peru, Uruguay und Venezuela.

Eine dritte Staatenkonferenz *(CIDIP III)* folgte vom 15.–24. 5. 1984 in *La Paz*. Hier wurden vier Übereinkommen fertiggestellt über:
- internationales Recht der Adoption von Minderjährigen (Text spanisch, englisch, deutsch, hrsg. vom Europa-Institut der Universität des Saarlandes),
- Rechts- und Geschäftsfähigkeit juristischer Personen,
- Zusatzprotokoll zum Abkommen über Beweisaufnahmen im Ausland
- internationale Zuständigkeit als Voraussetzung der Anerkennung ausländischer Urteile.

Letzteres wurde nur von Mexiko ratifiziert, gezeichnet haben ferner Bolivien, Brasilien, Chile, Dominikanische Republik, Ecuador, Haiti, Kolumbien, Nicaragua, Peru, Uruguay und Venezuela.
Texte dieser vier Übereinkommen: RabelsZ 56 (1992), 142–157.

Zum vierten Mal (*CIDIP IV*) tagte man vom 9.–15. 7. 1989 in *Montevideo* und beschloß drei Übereinkommen über:
- internationale Rückführung von Kindern (stark angelehnt an das Haager Abkommen über die zivilrechtlichen Aspekte internationaler Kindesentführung vom 25. 10. 1980, oben S. 200f.),
- Unterhaltspflichten,
- internationale Güterbeförderung auf der Straße.

Texte dieser drei Übereinkommen: Rev.dr.unif. 1989 II, 330–391; RabelsZ 56 (1992), 157–175.

Die fünfte Staatenkonferenz (*CIDIP V*) dauerte vom 14.–18. 3. 1994 und verabschiedete zwei Konventionen über:
- internationale Schuldverträge,
- internationalen Kinderhandel.

Texte dieser beiden Abkommen bei *Parra-Aranguren* (unten Schrifttum a. E.) S. 405–427 und Rev.dr.unif. 1994–1995, 188–225.

Im Südamerikanischem Gemeinsamen Markt zwischen Argentinien, Brasilien, Paraguay und Uruguay (MERCOSUL oder MERCOSUR) gibt es drei Abkommen zum *internationalen Verfahrensrecht*:
- Protokoll von Las Leñas vom 27. 6. 1992 über *gerichtliche Zusammenarbeit und Hilfeleistung* in Zivil-, Handels-, Arbeits- und Verwaltungsrechtssachen,
- Protokoll von Buenos Aires vom 5. 8. 1994 über die *internationale Zuständigkeit in Schuldvertragssachen* und
- Protokoll von Ouro Preta vom 16. 12. 1994 über *Sicherheitsleistungen*.

Außerdem gibt es drei Abkommen, die teils materielles Recht, teils internationales Verfahrensrecht vereinheitlichen (aber noch nicht in Kraft stehen):
- Abkommen von Montevideo vom 16. 12. 1994 über den *multimodalen Transport*,
- Protokoll von San Luis vom 25. 6. 1996 über die *Haftung aus Straßenverkehrsunfällen* und
- Protokoll von Santa María vom 22. 11. 1996 über die *internationale Zuständigkeit in Verbrauchersachen*.

Texte: RabelsZ 63 (1999), 147–161; Text des Protokolls von Buenos Aires auch Unif.L.Rev. 1996, 732–737.

Schrifttum: *Samtleben*, Ein Gerichtsstandsübereinkommen für den Südamerikanischen Gemeinsamen Markt (MERCOSUR), IPRax 1995, 129–132; *Samtleben*, Das Internationale Prozeß- und Privatrecht des MERCOSUR, RabelsZ 63 (1999), 1–69.

Schrifttum insgesamt oben S. 221.

d) Ehemaliger Ostblock

Durch zweiseitige Staatsverträge, sog. **Rechtshilfeverträge**, waren im ehemaligen Ostblock IPR und internationales Verfahrensrecht praktisch weithin vereinheitlicht.

Schrifttum: *Majoros*, Zur Frage einer osteuropäischen Integration durch Privatrechtsvereinheitlichung, Osteuropa-Recht 1977, 178–209 (betr. Rechtshilfeverträge); *Majoros*, Die Rechtshilfeabkommen der DDR, 1982.

Außerdem gibt es eine Moskauer Konvention vom **26. 5. 1972** über die **schiedsgerichtliche Entscheidung von Zivilrechtsstreitigkeiten**, die sich aus Beziehungen der wirtschaftlichen und wissenschaftlich-technischen Zusammenarbeit ergeben: Streitigkeiten zwischen den Wirtschaftsorganisationen verschiedener Länder werden grundsätzlich dem Schiedsgericht bei der Handelskammer im Lande des Beklagten überwiesen.

Text: DDR GBl. 1972 I 219 (für DDR in Kraft am 13. 6. 1973, Gbl. 1975 II 147); RiA 1972, Nr. 7, S. 12f.; Rev.arb. 1973, 111–115.

Schrifttum: *Strohbach*, RiA 1972, Nr. 7, S. 1–10; *Jakubowski*, Rev.arb. 1973, 59–65; *Capatina*, JDI (Clunet) 1975, 503–521; *Strohbach*, Yearb.Com.Arb. 1 (1976), 4–10; *Horváth*, Arbitration in Hungary. The Problematics of the Moscow Convention, J. Int.Arb. 10 (1993), Nr. 1, 17–24; *Stalev*, The Moscow Convention on Arbitration – Past, Present and Future, in: *Seiffert* (Red.), Anerkennung und Vollstreckung ausländischer Entscheidungen in Osteuropa, 1994, 93–98.

Die Moskauer Konvention wird ergänzt durch **„Einheitliche Regeln der Schiedsgerichte bei den Handelskammern der COMECON-Länder“** vom 26./28. 2. 1974, die das Exekutivkomitee des COMECON gebilligt hat. Sie betreffen Verfahren und Gebühren.

Text: *Böckstiegel/Glossner*, Internationale Schiedsgerichtsbarkeit im Ost-West-Handel, 1975, 31–53; RIW 1976, 297–302; Yearb.Com.Arb. 1 (1976), 147–156.

Schrifttum: *Strohbach*, Yearb.Com.Arb. 1 (1976), 4f., 10–14; *Pfaff*, RIW 1976, 473–482 und 1977, 125–139.

Nach dem Zerfall der Sowjetunion, Jugoslawiens und der Tschechoslowakei und nach der deutschen Wiedervereinigung ist die Fortgeltung dieser Verträge oft zweifelhaft. Vgl. für die Sowjetunion und Jugoslawien oben S. 195, für die DDR oben S. 217–220 sowie BGHZ 125, 7 (11–18 unter 2, 3), BGHZ 128, 380 (382 unter 1, 2), BGH WM 1998, 1637 (1638 unter I 1), betr. Verpflichtung, institutionelle Schiedsgerichte anzurufen.

Die internationalen Rechtsbeziehungen zwischen den **GUS-Staaten** und anderen Staaten des früheren Ostblocks auf dem Gebiet des internationalen Privat- und Verfahrensrechts sind jetzt zum Teil in der **Minsker Konvention** vom 22. 1. 1993 geregelt, die seit dem 25. 3. 1994 in Kraft ist. Näher dazu *Majoros*, Eine umfassende multilaterale Regelung der Rechtsbeziehungen in Zivil-, Familien- und Strafsachen unter den GUS-Staaten, Osteuropa-Recht 1998, 1–24.

§ 5. Schrifttum

Die folgenden Hinweise betreffen hauptsächlich *Gesamtdarstellungen* und *Grundzüge*, nicht die Darstellung spezieller Probleme.

I. Deutschland

Vor 1986:

Achilles/Greiff/Beitzke (Achilles-Greiff, BGB[21], Art. 7–31 a.F. EGBGB), 1958;
von Bar, Ludwig, Lehrbuch des internationalen Privat- und Strafrechts, 1892;

von Bar, Ludwig, Theorie und Praxis des IPR[2] I–II, 1889 (Neudruck 1966 mit Vorwort von *Schnorr von Carolsfeld*);
Cohn in: *Cohn* (Hrsg.), Manual of German Law II[2], 1971, 94–161;
Dölle, IPR[2], 1972;
Drobnig, American-German Private International Law, 1972;
Enneccerus/Nipperdey, Allgemeiner Teil des Bürgerlichen Rechts[15], 1. Halbband 1959, 363–426;
Erman/Arndt und *Erman/Marquordt* (Erman, Handkommentar zum BGB II[7], Art. 7–31 a.F. EGBGB), 1981;
Frankenstein, IPR, I 1926, II 1929, III 1934, IV 1935;
Gutzwiller, Internationalprivatrecht, 1931 (in: *Stammler*, Das gesamte deutsche Recht I 1515–1664);
Kahn, Abhandlungen zum IPR, I–II (herausgegeben von *O. Lenel* und *H. Lewald*), 1928;
Lewald, Das deutsche IPR auf Grundlage der Rechtsprechung, 1931;
Lewald, Règles générales des conflits de lois, 1941;
Makarov, Grundriß des IPR, 1970;
Melchior, Die Grundlagen des deutschen IPR, 1932;
Müller-Gindullis, Das IPR in der Rechtsprechung des Bundesgerichtshofs, 1971;
Neuhaus, Die Grundbegriffe des IPR[2], 1976;
Nussbaum, Deutsches IPR, 1932;
Raape, IPR[5], 1961;
Raape/Sturm, IPR I[6], 1977;
von Savigny, System des heutigen Römischen Rechts, VIII, 1849;
Schröder, Fallsammlung IPR, Internationales Privatrecht der Wirtschaftsbeziehungen, 1981;
Schröder, Fallsammlung IPR, Internationales Familien- und Erbrecht, 1984;
Schurig, Kollisionsnorm und Sachrecht, 1981;
Soergel/... [Bearbeiter] (Soergel BGB, VIII[11], Art. 7–31 EGBGB), 1983;
Staudinger/Raape (J. v .Staudingers Kommentar zum BGB und EGBGB, VI/2[9]), 1931;
Staudinger/... [Bearbeiter] (J.v. Staudingers Kommentar zum BGB, EGBGB[10/11] [1970–1981] und [12] [1979 ff.]);
Sturm (Hrsg.), Wahlfach IPR und Rechtsvergleichung, 1982;
Wengler, IPR I, II, 1981 (Sonderausgabe von Bd. VI/1 des BGB-RGRK[12]) (bespr. z.B. von *Jayme*, JZ 1981, 415 f., *Zöllner*, NJW 1981, 1882, *Kegel*, IPRax 1981, 185–187, *Kropholler*, RIW 1981, 359–363, *Neuhaus*, RabelsZ 45 [1981], 627–652, *Rigaux*, Rev.crit.dr.i.p. 1982, 245–272, *Schwind*, ZfRV 1982, 144 f., *Kohler*, IPRax 1982, 165 f., *Lalive/Patocchi*, JDI [Clunet] 1983, 769–778, *Medicus*, AcP 184 [1984], 323, *Baur*, JZ 1987, 223);
Wengler, The General Principles of Private International Law, Rec. 1961 III, 273–469;
Wolff, Das IPR Deutschlands[3], 1954;
Zitelmann, IPR, I 1897, II 1898–1912.

Nach 1986:

Aretz/Korth, Internationales Privat- und Verfahrensrecht, Studien- und Praxishandbuch unter besonderer Berücksichtigung des Familien- und Erbrechts, 1989;
Baetge, Grundfälle zum Internationalen Privatrecht, JuS 1996, 600–605, 802–807, 983–988; 1997, 35–39;
von Bar, Christian, IPR I, 1987, IPR II, 1991;
Brödermann/Rosengarten, IPR, Anleitung zur systematischen Fallbearbeitung im internationalen Privat- und Verfahrensrecht, 1989;
Coester-Waltjen/Mäsch, Übungen in Internationalem Privatrecht und Rechtsvergleichung, 1996;
Erman/Hohloch (Erman, Handkommentar zum BGB II[9], Art. 3–38, 220, 236 EGBGB), 1993;
Ferid, IPR[3], 1986 (darin § 8, Internationales Familienrecht, bearbeitet von *Böhmer*);

Firsching/von Hoffmann, IPR[5]; 1997 (bespr. von *Baetge*, RabelsZ 62 [1998], 328–336);
Hay, Internationales Privatrecht, 1999 (Reihe Prüfe dein Wissen);
Hüßtege, IPR – Examenskurs für Rechtsreferendare[3], 1999;
Jayme/Hausmann (Hrsg.), Internationales Privat- und Verfahrensrecht[9], 1998 (Textsammlung);
Junker, IPR, 1998;
Koch/Magnus/Winkler von Mohrenfels, IPR und Rechtsvergleichung. Ein Studien- und Übungsbuch zum Internationalen Privat- und Zivilverfahrensrecht und zur Rechtsvergleichung[2], 1996;
Kropholler, IPR[3], 1997;
Kunz, IPR[4], 1998;
Lüderitz, Fortschritte im deutschen IPR, Fschr. der Rechtswiss. Fak. zur 600-Jahr-Feier der Univ. zu Köln 1988, 271–292;
Lüderitz, IPR[2], 1992;
Marcks, Die Praxis des IPR, Grundsätzliche und spezielle Betrachtungen aus Anlaß der Neuregelung des IPR, 1988;
MünchKomm/... [Bearbeiter] (Münchener Kommentar zum BGB VII[2], EGBGB, IPR), 1990;
MünchKomm/... [Bearbeiter] (Münchener Kommentar zum BGB X[3], Art. 3–38 EGBGB), 1998;
Palandt/Heldrich (Palandt, BGB[58], Art. 3–38, 220, 236 EGBGB, § 12 AGBG), 1999;
Pirrung, Internationales Privat- und Verfahrensrecht nach dem Inkrafttreten der Neuregelung des IPR, Texte, Materialien, Hinweise, 1987;
Rauscher, IPR, 1999;
Rauscher, Internationales und Europäisches Zivilverfahrensrecht, 1999;
Reinhart, Gutachtensaufbau bei Rechtsfällen mit Auslandsberührung, JuS 1986, 891–893;
Schack, Höchstrichterliche Rechtsprechung zum Internationalen Privat- und Verfahrensrecht, 50 Entscheidungen für Studium und Examen, 1993;
Schlosshauer-Selbach, IPR, 1989;
Schotten, Das Internationale Privatrecht in der notariellen Praxis, 1995 (bespr. von *Gruber*, DZWir 1997, 44, *Bouckaert*, Eur.Rev.Priv.L. 5 [1997], 285–288);
Soergel/... [Bearbeiter] (Soergel BGB, X[12], Art. 3-38, 220, 236 EGBGB), 1996;
Staudinger/... [Bearbeiter] (J. v. Staudingers Kommentar zum BGB, EGBGB, 13. Bearbeitung, z. T. auch 12. Aufl.);
van Venrooy, IPR in der Unternehmenspraxis, Entscheidungsgrundlagen für das Studium des IPR, Jura 1991, 69–78;
Winkler von Mohrenfels, Einführung in das IPR, Jura 1992, 169–178.

Zeitschriften und Sammlungen:

Zeitschrift für internationales Privat- und Strafrecht (später: Zeitschrift für internationales Recht), 1891–1938;
Rabels Zeitschrift für ausländisches und internationales Privatrecht, seit 1927;
Praxis des Internationalen Privat- und Verfahrensrechts, seit 1981;
Recht der internationalen Wirtschaft, 1954/55–1957; Außenwirtschaftsdienst, 1958–1974; Recht der Internationalen Wirtschaft, Außenwirtschaftsdienst des Betriebs-Beraters, 1975–1987; Recht der Internationalen Wirtschaft, Betriebs-Berater International, seit 1988;
Recht in Ost und West, seit 1957;
Die deutsche Rechtsprechung auf dem Gebiete des IPR, 1926–1995, Gesamtregister für 1926–1944 erschienen 1984;
Sammlung der deutschen Entscheidungen zum interzonalen Privatrecht, 1945–1967,
Gutachten zum internationalen und ausländischen Privatrecht, 1965–1988, 1996, 1997.

DDR

Schrifttum zum IPR der ehemaligen DDR oben S. 187.

II. Europa

Schrifttum zu gemeinschaftsrechtlichen Kollisionsnormen oben S. 188–190.
Vergleichendes Schrifttum zu den Kollisionsrechten der europäischen Staaten unten S. 251 f.

III. Andere Länder

Ägypten

Menhofer, Religiöses Recht und Internationales Privatrecht, dargestellt am Beispiel Ägypten, 1995.
Zum IPR der islamischen Länder allgemein unten S. 233.

Algerien

Issad, Droit international privé I[2] 1983, II 1983;
Peyrard, La solution des conflits de lois en Algérie, Rev.crit.dr.i.p. 1977, 382–416 (Text 380–382 und StAZ 1977, 228 f.).
Zum IPR der islamischen Länder allgemein unten S. 233.

Argentinien

Boggiano, Derecho internacional privado[3] (3 Bde.), Buenos Aires 1991 (bespr. von *Jayme*, RabelsZ 61 [1997], 581 f.);
Feldstein de Cárdenas, Derecho internacional privado, Buenos Aires 1994;
Goldschmidt, Derecho internacional privado[5], 1985;
Goldschmidt, Leitmotive in der argentinischen Wissenschaft des IPR, Fschr. Kegel 1977, 362–379.
Goldschmidt, Proyecto del Código de derecho internacional privado, 1975;
Goldschmidt, Suma del derecho internacional privado[2], 1961;
Kaller de Orachansky, Manual de derecho internacional privado, 1976;
Lazcano, Derecho internacional privado, 1965;
Pardo, Derecho internacional privado, Parte general, 1976;
Piombo, Estructura normativa del Derecho Internacional Privado, Sistemática de la dimensión normológica, 1984;
Rapallini, Temática de Derecho internacional privado[3], Buenos Aires 1998 (nz);
Romero del Prado, Derecho internacional privado I–III, 1961;
Vico, Curso de derecho internacional privado[4], 1961;
Zuccherino, Derecho internacional privado, 1976.
Zum IPR der lateinamerikanischen Länder allgemein unten S. 238.

Australien

Kelly/Crawford, Choice of Law Under the Cross-vesting Legislation, A.L.J. 62 (1988), 589–603;
Nygh, Conflict of Laws in Australia[6], Sydney 1995 (bespr. von *Davies*, Int.Comp.L.Q. 45 [1996], 759 f.);
Nygh, Reform of Private International Law in Australia, RabelsZ 58 (1994), 727–740 (Text 741–749);
Pryles, Choice of Law Developments in Australia, Fschr. von Overbeck, Freiburg/Schweiz 1990, 321–346;
Pryles/Hanks, Federal Conflict of Laws, 1974;
Sykes, A Textbook on the Australian Conflict of Laws, 1972;
Sykes/Pryles, Australian Private International Law[3], 1991;
Sykes/Pryles, Conflict of Laws: Commentary and Materials[3], 1988;

Sykes/Pryles, International and Interstate Conflict of Laws², 1981.
Insgesamt zum IPR im Commonwealth unten S. 230.

Belgien

Vander Elst/Weser, Droit international privé belge et droit conventionnel international, I Conflit de lois, 1983 (von *Vander Elst*), II Conflit de juridictions, 1985 (von *Weser* und *Jenard*);
Erauw, Beginselen van internationaal privaatrecht, 1985;
Erauw, Bronnen van Internationaal Privaatrecht³, Antwerpen 1997;
Erauw/Defoer, Internationaal Privaatrecht, 1982;
Erauw/Watté, Les sources du droit international privé belge et communautaire, 1993;
Graulich, Introduction à l'étude du droit international privé, 1978;
Graulich, Principes de droit international privé, Paris 1961;
van Hecke, American-Belgian Private International Law, 1968;
van Hecke, Principes et méthodes de solution des conflits de lois, Rec. 1969 I, 399–569;
van Hecke/Lenaerts, Internationaal privaatrecht², 1989;
van Houtte, Das belgische Internationale Privatrecht, Übersicht der Jahre 1989–1995, IPRax 1997 (Nr. 4), 192–200;
Meeusen, Nationalisme en Internationalisme in het Internationaal Privaatrecht, Antwerpen-Groningen 1997;
Rigaux, Droit international privé, 1968;
Rigaux, Droit international privé I², Theorie générale, 1987, II² (mit *Fallon*), Droit positif belge, 1993;
de Vos, Le problème des conflits de lois, I–II 1946;
Revue de droit international et de droit comparé, seit 1908.

Brasilien

Ballarino, Il progetto brasiliano di diritto internazionale privato, Dir. Int. 1964, 348–350 (Text 351–362).
Castro, Direito internacional privado², I, II, 1968;
Dolinger, Direito civil internacional I/1: Casamento e divórcio no direito internacional privado, Rio de Janeiro 1997;
Dolinger, Direito internacional privado (Parte geral)⁴; Rio de Janeiro 1996 (bespr. von *Cavalcanti*, JDI [Clunet] 1995, 846 f.);
Dolinger/Tiburcio (Hrsg.), Vade-Mécum de Direito Internacional Privado, Rio de Janeiro 1994 (Textsammlung);
Fernandes, Curso de direito internacional privado, 1971;
Fernandez Dias da Silva, Introdução ao direito internacional privado, I 1975, II 1978;
Garland, American-Brasilian Private International Law, 1959;
Strenger, Curso de direito internacional privado, 1978;
Strenger, Teoria geral do direito internacional privado, 1973;
Tenório, Direito internacional privado, I¹⁰ 1970, II⁹ 1970;
Valladão, Direito internacional privado, I⁵ 1980, II² 1977, III 1978.
Zum IPR der lateinamerikanischen Länder allgemein unten S. 238.

Bulgarien

СТОЯН СТАЛЕВ, МБЖДУНАРОДНО УАСТНО ПРАВО обща уасm, 1996
Jessel-Holst, Die Neuregelung des bulgarischen Internationalen Familienrechts im Familienkodex von 1985, RabelsZ 51 (1987), 35–59 (Texte 228–234);
Popov, Bulgarisches IPR, RabelsZ 41 (1977), 726–738.
Insgesamt zum IPR der früheren **Ostblock-Staaten**: 7. Aufl. S. 223 f.

Burkina Faso

P. Meyer, Droit international privé burkinabé et comparé, Namur 1993 (bespr. von *Bourel*, Rev.crit.dr.i.p. 1994, 247–250, *Idot*, Rev.int.dr.comp. 1994, 977f.).

Chile

Albónico Valenzuela, Derecho internacional privado chileno, 1958;
Duncker Biggs, Derecho internacional privado (parte general)[3], 1967;
Guzmán Latorre, Elementos de derecho internacional privado, 1969;
Guzmán Latorre/Millán Simpfendörfer, Curso de derecho internacional privado, 1973;
Hamilton u.a., Solución de conflictos de leyes y jurisdicción en Chile, 1966;
Muller u.a., Jurisprudencia y tratados en derecho internacional privado chileno, 1982;
Prescio, Les règles de droit international privé dans le code chilien, Rev.dr.int.dr.comp. 1963, 181–191.
Zum IPR der lateinamerikanischen Länder allgemein unten S. 238.

China (Volksrepublik)

Chen Tung-Pi, Private International Law of the People's Republic of China: An Overview, Am.J.Comp.L. 35 (1987), 445–486;
Han De-Pei, Internationales Privatrecht, 1983 (chinesisch; bespr. von *Huang Dan-Han*, Rev.crit.dr.i.p. 1985, 587–591);
Heuser/Hang Zhao, Die Rechtsanwendungsnormen in den „Allgemeinen Regeln des Zivilrechts der Volksrepublik China", RIW 1986, 766–768;
Jin, The Structure of China's Conflicts Law: New Developments of the Rules on Special Commercial Law, NILR 1998, 188–207;
Li Zerui, Le droit international privé dans les législations récentes de la Chine populaire, JDI (Clunet) 1987, 611–628;
Ma, Chinesische internationale Rechtshilfe in Zivil- und Handelssachen, IPRax 1997, 52–58;
Ma, Die gegenwärtige Entwicklung des chinesischen Internationalen Privatrechts – IPR-Gesetzesentwurf in der VR China, IPRax 1995, 334–337;
Münzel, Das IPR und IZPR der Volksrepublik China, IPRax 1988, 46–53 (Texte 58–61, 118–125 und IPRax 1989, 109–111);
von Senger/Xu, Internationales Privat- und Zivilverfahrensrecht der Volksrepublik China (2 Bde.), Zürich 1994;
Süss, Grundzüge des chinesischen IPR, 1991;
Süss, Neues chinesisches IPR, RIW 1989, 788–792 (Text 994–996);
Süss, Zu den kollisionsrechtlichen „Lücken" in den „Allgemeinen Regeln des Zivilrechts der Volksrepublik China", RIW 1987, 392–394;
Xu, Chronique de jurisprudence chinoise, JDI (Clunet) 1994, 175–215;
Yao/Ren, Guoji sifa jichu (Grundlagen des IPR), 1981 (bespr. von *Münzel*, RabelsZ 47 [1983], 730–738 und *Liu Xiaolin*, ebenda 755–761);
Young, A General Survey of Private International Law in China, IPRax 1993, 343–347;
Yu Xianyu (Hrsg.), Internationales Privatrecht, 1989 (chinesisch; bespr. von *Xu Donggen*, Rev.crit.dr.i.p. 1990, 849–852).

Commonwealth

McClean, A Common Inheritance? An Examination of the Private International Law Tradition of the Commonwealth, Rec. 260 (1996), 9–98.

Dänemark

Borum, Lovkonflikter[4], 1957 (mit *Allan Philip*);
Kohler/Winterhoff, Neuregelung der internationalen und örtlichen Zuständigkeit in Dänemark, IPRax 1988, 53–56 (Text 61–63);

Lookofsky, Danish Private International Law, in: *Dahl* u.a. (Hrsg.), Danish Law in a European Perspective, Kopenhagen 1996, 497–508;
Philip, Dansk international privat- og procesret[3], 1976.
Zum IPR der nordischen Länder allgemein unten S. 241.

El Salvador

Tiedemann, Neue Kollisionsnormen in El Salvador, RabelsZ 51 (1987), 120–123.
Zum IPR der lateinamerikanischen Länder allgemein unten S. 238.

England

Älteres Schrifttum:

Graveson, Conflict of Laws[7], 1974;
Jackson, The „Conflicts" Process, Jurisdiction and Choice in Private International Law, 1975;
Lipstein, Conflict of Laws 1921–1971, The Way Ahead, C.L.J. 31 (1972 B), 67–129;
Nott, The Impact of Statutes on the Conflict of Laws, Int.Comp.L.Q. 33 (1984), 437–448;
Schmitthoff, The English Conflict of Laws[3], 1954;
Scott, Private International Law, 1972;
Wolff, Private International Law[2], 1950.

Neueres Schrifttum:

Anton, Loi du Royaume-Uni portant diverses dispositions en matière de droit international privé, Rev.crit.dr.i.p. 1996, 267–274;
Carter, The Private International Law (Miscellaneous Provisions) Act 1995, L.Q.Rev. 112 (1996), 190–194;
Cheshire and *North*'s Private International Law[12] (bearbeitet von *North* und *Fawcett*), London 1992;
Collier, Conflict of Laws[2], Cambridge 1994 (bespr. von *Yeo*, L.Q.Rev. 111 [1995], 172–175);
Dicey and *Morris* on The Conflict of Laws[12] (2 Bde., hrsg. von *Collins*), London 1993 (Supplement 1997) (bespr. von *Lando*, Int.Comp.L.Q. 47 [1998], 394–408);
Jaffey on the Conflict of Laws (bearbeitet von *Clarkson* und *Hill*), London 1997 (bespr. von *Yeo*, L.Q.Rev. 114 [1998], 329–331);
Jaffey, Topics in Choice of Law, London 1996 (bespr. von *Peel*, Int.Comp.L.Q. 47 [1998], 482 f.);
Morris, The Conflict of Laws[4] (bearbeitet von *McClean*), London 1993;
Stone, The Conflict of Laws, London 1995 (bespr. von *Briggs*, L.Q.Rev. 112 [1996], 169–172, *Peel*, Int.Comp.L.Q. 45 [1996], 496, *Muir Watt*, Rev.int.dr.comp. 1996, 745–748).
Insgesamt zum IPR im Commonwealth oben S. 230.

Zeitschriften:

Journal of Comparative Legislation and International Law, 1897–1951;
International Law Quarterly, 1947–1951;
International and Comparative Law Quarterly, seit 1952.

Estland

Estland: Neues IPR – Law on the General Principles of the Civil Code, IPRax 1996, 439–442.

Finnland

Bergmann, Hauptprobleme des finnischen IPR, Diss. FU Berlin 1986;
Klami, Private International Law in Finnland, 1986;

Gesetzestexte über internationales Schuldvertragsrecht: Riv.dir.int.priv.proc. 1990, 770–775.
Zum IPR der nordischen Länder allgemein unten S. 241.

Frankreich

Älteres Schrifttum:

Arminjon, Précis de droit international privé, I[3] 1947, II[3] 1958, III[2] 1952;
Batiffol, Aspects philosophiques du droit international privé, 1956;
Batiffol, Choix d'articles, 1976;
Foyer, Le nouveau avant-projet de réforme du Droit international privé français, JDI (Clunet) 1971, 31–58;
Makarov, Der Allgemeine Teil des IPR im neuen französischen Kodifikationsentwurf, Fschr. Wengler II, 1973, 505–518;
Niboyet, Cours de droit international privé français[2], 1949;
Niboyet, Traité de droit international privé français, I[2] 1947, II[2] 1951, III 1944, IV 1947, V 1948, VI/1 1949, VI/2 1950;
Reichelt, Der neue französische IPR-Entwurf, ZfRV 1971, 249–260;
Savatier, Cours de droit international privé[2], 1953;
Simon-Depitre, Droit international privé, 1964.

Neueres Schrifttum:

Ancel/Lequette (Hrsg.), Grands arrêts de la jurisprudence française de droit international privé[3], 1998;
Audit, Droit international privé[2], Paris 1997;
Batiffol/Lagarde, Droit international privé, I[8] 1993, II[7] 1983;
Carreau/Flory/Juillard, Droit international économique[3], 1990;
Dahan, La pratique française du droit du commerce international I, 1992;
Derruppé, Droit international privé[10], 1993;
Gourion/Peyrard, Droit du commerce international[2], Paris 1997;
Holleaux/Foyer/de Geouffre de la Pradelle, Droit international privé, 1987;
Jacquet/Delebecque, Droit du commerce international, Paris 1997;
Jadaud/Plaisant, Droit du commerce international[4], Paris 1991;
Loussouarn/Bourel, Droit international privé[4], 1993;
Loussouarn/Bredin, Droit du commerce international, Paris 1969;
Majoros, Le droit international privé[3], 1990;
Mayer, Droit international privé[6], Paris 1998;
de Meo, Das französische IPR-System im Vergleich mit der Neuregelung des deutschen IPR (unter Berücksichtigung französischer Kodifikationsentwürfe), ZfRV 1987, 12–37, 107–146;
Mousseron/Fabre/Raynard/Pierre, Droit du commerce international, Droit international de l'entreprise, Paris 1997;
Revillard, Droit international privé et pratique notariale[3], 1993.

Zeitschriften:

Journal de droit international („Clunet"), seit 1874;
Revue critique de droit international privé (zuerst Revue de droit international privé, dann Revue de droit international), seit 1905.

Griechenland

Text der IPR-Bestimmungen des ZGB i.d.F. vom 17./24. 10. 1984: *Riering* (Hrsg.), IPR-Gesetze in Europa, 1997, 18–27 (griechisch mit deutscher Übers. von *Markou*).
Evrigenis, Regards sur le droit international privé hellénique contemporain, Fschr. Kegel 1977, 341–357;
Στρέϊτ-Βάλληνδα, Ιδιωτικὸν διεθνὲς δίκαιον, I–II 1937;
Κρίσπη, 'Ιδιωτικὸν διεθνὲς δίκαιον, I (Γενικὸν μερος) 1970;

Kokkini-Iatridou, Introduction au droit hellénique, Deventer 1969, 15–41;
Maridakis, Les principaux traits de la récente codification hellénique touchant le droit international privé, Rec. 1954 I, 111–237;
Maridakis, Introduction au droit international privé, Rec. 1962 I, 375–515;
Μαριδάκη, Ἰδιωτικὸν διεθνὲς δίκαιον, I² 1967, II² 1968;
Projet introduisant l'égalité entre hommes et femmes en droit international privé hellénique, Rev.hell.dr.int. 1981, 87–116;
Récentes modifications des dispositions du droit international privé du code hellénique, Rev.hell.dr.int. 1982/83, 407–410 (Text mit Begründung; betr. internationales Familienrecht);
Revue hellénique de droit international, seit 1948.

Großbritannien

Siehe Commonwealth, England, Schottland.

Guatemala

Samtleben, Zur Entwicklung des Internationalen Privatrechts in Guatemala, RabelsZ 51 (1987), 111–120.
Zum IPR der lateinamerikanischen Länder allgemein unten S. 238.

GUS

Majoros, Eine umfassende multilaterale Regelung der Rechtsbeziehungen in Zivil-, Familien- und Strafsachen unter den GUS-Staaten, Osteuropa-Recht 1998, 1–24.

Indien

Chaudhary, Private International Law (Conflict of Laws), o. J. (1964?);
Diwan, Private International Law, Indian and English[3], Neu Delhi 1993;
Dixit-Ranganath, Private International Law, 1960;
Saharay, An Introduction to The Conflict of Laws, 1969.
Insgesamt zum IPR im Commonwealth oben S. 230.

Irak

Krüger/Küppers, Das internationale Privat- und Zivilverfahrensrecht des Irak, IPRax 1988, 180–182 (Texte 182–185).
Zum IPR der islamischen Länder allgemein unten, diese S.

Irland

Binchy, Irish Conflicts of Law, 1988 (bespr. von *Coester-Waltjen*, RabelsZ 57 [1993], 336–340);
Hickey, Irish Private International Law, RabelsZ 42 (1978), 268–303.

Islamische Länder

Schrifttum zum personalen Kollisionsrecht der islamischen Länder oben S. 36f.

Israel

Wasserstein-Fassberg, Coherence and Continuity: A Study in Comparative Codification, Isr. L.Rev. 22 (1987), 184–218;
Wasserstein-Fassberg, Problems in the Codification of Private International Law in Israel, in: *Rabello* (Hrsg.), European Legal Traditions and Israel, Jerusalem 1994, 531–539.

Italien

Älteres Schrifttum: 7. Aufl. S. 210f. Ferner:

Anzilotti, Corsi di diritto internazionale privato e processuale (Nachdruck von Veröffentlichungen aus 1918, 1925 und 1916), Padua 1996;

Vitta/Mosconi, Corso di diritto internazionale privato e processuale[5], Turin 1995.

Zur Reform:

Ballarino, Codification du droit international privé italien, Travaux du Comité français de droit international privé 1990/91 (erschienen 1992), 95–109;

Consiglio Nazionale del Notariato (Hrsg.), Problemi di riforma del diritto internazionale privato italiano, 1986 (bespr. von *Ancel*, Rev.crit.dr.i.p. 1986, 597–599);

Fumagalli, La riforma del diritto internazionale privato nel disegno di legge governativo, Riv.dir.int.priv.proc. 1993, 494–503;

Gaja (Hrsg.), La riforma del diritto internazionale privato e processuale, Raccolta in ricordo di Edoardo Vitta, 1994;

Giardina, Criteri ispiratori e techniche di una eventuale riforma in Italia del diritto internazionale privato, Riv.dir.int.priv.proc. 1985, 5–46;

ISLE (Istituto per la documentazione e gli studi legislativi), Prospettive del diritto internazionale privato, Mailand 1968; darin *Vitta*, Relazione e progetto di legge sul diritto internazionale privato, 1–268 (mit Diskussion 269–543);

Jayme, Italienischer Gesetzentwurf zur Reform des IPR, IPRax 1990, 196;

Siehr, Reform des italienischen IPR, RabelsZ 48 (1984), 743–745 (Tagungsbericht);

Vitta, In tema di riforma del diritto internazionale privato, Foro It. 1986 V, 1–25;

Winkler, Zum Reformentwurf für das italienische Kollisionsrecht, JahrbItR 4 (1991), 101–109.

Zum neuen Recht:

Text des IPR-Gesetzes vom 31. 5. 1995: *Riering* (Hrsg.), IPR-Gesetze in Europa, 1997, 42–81 (italienisch mit deutscher Übers. von *de Meo*, ebenda auch die alten Regeln des ZGB, 28–41), IPRax 1996, 356–369 (italienisch mit Übers. von *Jayme*, *Siehr* und *Kronke*), StAZ 1996, 250–253 = SZIER 1996, 279–298 = RabelsZ 61 (1997), 344–362 (Übers. von *Jayme*, *Siehr* und *Kronke*), Riv.dir.int.priv.proc. 1995, 511–525.

Annibale, Riforma del sistema italiano di diritto internazionale privato, Padua 1997;

Ballarino, Personnes, famille, régimes matrimoniaux et successions dans la loi de réforme du droit international privé italien, Rev.crit.dr.i.p. 1996, 21–40;

Ballarino/Bonomi, Diritto internazionale privato[2], Padua 1996 (bespr. von *Ancel*, Rev.crit.dr.i.p. 1996, 831–834);

Bariatti, Legge 31 maggio 1995, N. 218. Riforma del sistema italiano di diritto internazionale privato, Nuove leggi civili commentate, Padua 1996, 877–1505;

Boschiero, Appunti sulla riforma del sistema italiano di diritto internazionale privato, Turin 1996;

Boschiero, Die Reform des italienischen IPR-Systems, ZfRV 1996, 143–152;

Broggini, La nouvelle loi italienne de droit international privé, SZIER 1996, 1–41;

Clerici/Mosconi/Pocar, Legge di riforma del diritto internazionale privato e testi collegati[2], Mailand 1999 (Textsammlung);

Comitato Regionale Notarile Lombardo, La riforma del diritto internazionale privato, Mailand 1996;

Corrao, „Decodificazione“ del diritto privato e codificazione del diritto internazionale privato, Gedächtnisschr. Barile, Padua 1995, 309–353;

Dossena/Rosini, Die Reform des italienischen internationalen Privat- und Zivilprozeßrechts, For.int.R. 1996, 97–103;

Dutoit, Deux lois récentes de droit international privé: jusqu'où la Suisse et l'Italie convergent-elles?, Fschr. Broggini, Mailand 1997, 137–168;

Giardina, Les caractères généraux de la réforme, Rev.crit.dr.i.p. 1996, 1–19;

Kindler, Internationale Zuständigkeit und anwendbares Recht im italienischen IPR-Gesetz von 1995, RabelsZ 61 (1997), 227–284;
Maglio/Thorn, Neues Internationales Privatrecht in Italien, ZVglRWiss 96 (1997), 347–385;
Marchal Escalona, La Ley de Reforma de Derecho Internacional Privado italiano de 31 de mayo de 1995, Rev.esp.der. int. 1996, Nr. 1, 474–484;
Mengozzi, Atti normativi e giurisprudenza in materia di diritto internazionale privato, Bologna 1994;
de Meo, Reform des italienischen Internationalen Privatrechts – Gesetzestext mit Einführung und Übers., ZfRV 1996, 46–60;
Munari, Erste Bemerkungen zum neuen italienischen internationalen Privat- und Verfahrensrecht, JahrbItR 9 (1996), 37–60;
Pesce, Die Reform des italienischen internationalen Privat- und Verfahrensrechts, RIW 1995, 977–983;
Picone, La riforma italiana del diritto internazionale privato, Rev.esp.der.int. 1996, Nr. 1, 9–38;
Picone, La teoria generale del diritto internazionale privato nella legge italiana di riforma della materia, Riv.dir.int. 1996, 289–364;
Picone/Focarelli, Codice del diritto internazionale privato, Neapel 1996 (bespr. von *Ancel*, Rev.crit.dr. i. p. 1997, 394–396);
Pocar (u. a.), Riforma del sistema italiano di diritto internazionale privato (Legge 31 Maggio 1995 N. 218) – Commentario (Kommentar zum IPR-Reformgesetz vom 31. 5. 1995), Riv.dir.int.priv.proc. 1995, 905–1279;
Pocar, Das neue italienische internationale Privatrecht, IPRax 1997, 145–161;
Pocar, Le droit des obligations dans le nouveau droit international privé italien, Rev.crit.dr. i. p. 1996, 41–65;
Salerno (Hrsg.), Convenzioni internazionali e legge di riforma del diritto internazionale privato, Padua 1997;
Starace, Le champ de la juridiction selon la loi de réforme du système italien de droit international privé, Rev.crit.dr. i. p. 1996, 67–82;
Sturm, Neues im internationalen Zivilverfahrensrecht Italiens, in: *Rapp/Jaccard* (Hrsg.), Le droit en action, Lausanne 1996, 445–462;
Walter, Reform des internationalen Zivilprozeßrechts in Italien, ZZP 109 (1996), 3–28.

Zeitschriften und Sammlungen:

Diritto internazionale, seit 1937;
Annuario di diritto internazionale, seit 1965;
Rivista di diritto internazionale, seit 1921;
Rivista di diritto internazionale privato e processuale, seit 1965;
Capotorti u. a., La giurisprudenzia italiana di diritto internazionale privato processuale, Repertorio 1967–1990, 1991.

Japan

Text des IPR-Gesetzes i. d. F. vom 28. 6. 1989: RabelsZ 54 (1990), 579–582, Rev.crit. dr. i. p. 1990, 844–847.
Baum, Vertrautes und weniger Vertrautes – einige rechtsvergleichende Überlegungen zum japanischen internationalen Privat- und Verfahrensrecht, in: *Menkhaus*, Das Japanische im japanischen Recht, 1994, 167–198;
Ehrenzweig/Ikehara/Jensen, American-Japanese Private International Law, Dobbs Ferry, N. Y., 1964;
Kamitani, Zur Reform des internationalen Familienrechts in Japan, FamRZ 1991, 284–288 (mit Text);
Kawakami, Die Entwicklung des internationalen Privat- und Prozeßrechts in Japan nach dem Zweiten Weltkrieg, RabelsZ 33 (1969), 498–517;
Kim, New Japanese Private International Law: The 1990 Horei, Am. J. Comp. L. 40 (1992), 1–35;

Kono, Staatsangehörigkeitsprinzip und Reform des japanischen IPR, in: *Jayme/Mansel* (Hrsg.), Nation und Staat im Internationalen Privatrecht, 1990, 259–266;
Kunitomo, Das Staatsangehörigkeitsprinzip im japanischen Internationalen Privatrecht, in: *Kroeschell/Cordes* (Hrsg.), Vom nationalen zum transnationalen Recht, 1995, 115–124;
Sakurada, Das Japanische im japanischen internationalen Privatrecht, in: *Menkhaus*, Das Japanische im japanischen Recht, 1994, 199–214;
Sakurada, Kokusai Shihõ (IPR), 1994;
Schmidt, M., Die Reform des japanischen IPR, 1992 (Text 97–104);
Wang, Les sources du droit japonais, Genf 1978, 157–165, 262–266;
Yamauchi, Ein Vergleich des internationalen Familienrechts zwischen den Niederlanden und Japan – eine systematische Skizze, Comparative Law Review XVIII 3 (1984), 57–89;
Yamauchi, Zur Änderung des Internationalen Ehe- und Kindschaftsrechts in Japan, IPRax 1990, 268–270.

Jemen

Abu-Sahlieh, Dispositions relatives au droit international privé de la République yéménite (mit Text von Bestimmungen aus dem Gesetz 19/1992 vom 29. 3. 1992), Rev.crit.dr.i.p. 1993, 363–370;
Krüger, Allgemeiner Rechtszustand und IPR der Republik Jemen, RIW 1993, 28–32;
Krüger, Internationales Zivilverfahrensrecht der Republik Jemen, RIW 1993, 470–472.
Zum IPR der islamischen Länder allgemein oben S. 233.

Jordanien

Behrens, Das Kollisionsrecht Jordaniens, 1970 (bespr. von *Krüger*, ZVglRWiss 74 [1974], 187–191);
Krüger, Das IPR Jordaniens, IPRax 1987, 126–129 (Text 129–131 und Rev.crit.dr.i.p. 1987, 643–649).
Zum IPR der islamischen Länder allgemein oben S. 233.

Jugoslawien

Blgojević, Das interlokale Recht in Jugoslawien, Fschr. Zweigert 1981, 59–72;
Cigoj, Conflits internes, Etat civil, Famille, Successions, Rev.crit.dr.i.p. 1981, 368–373 (Text 373–381);
Grbin, Zur Anwendung der interlokalen Bestimmungen des jugoslawischen Gesetzes über Schuldverhältnisse, IPRax 1981, 62–65;
Hepting, Bemerkungen zur Anwendung der jugoslawischen Teilrechte in der deutschen Praxis, StAZ 1977, 99–101;
Ilešic/Polajnar-Pavcnik/Wedam-Lukic, Mednarodno zasebno pravo – zakon s komentarejem, 1983 (bespr. von *Povh*, WGO 1987, 242 f.);
Pouch, Das innerstaatliche Kollisionsrecht Jugoslawiens, StAZ 1979, 161–165;
Sajko, Die Rechtsspaltung im jugoslawischen Familien- und Erbrecht und ihre kollisionsrechtlichen Auswirkungen, StAZ 1977, 93–99;
Sajko, Medunrodno Privatno Pravo, Opci Dio, 1982;
Sajko, Zu einigen Fragen der Anwendung des jugoslawischen interlokalen Privatrechts, WGO 1981, 225–231;
Varady, Internal Conflict of Laws in Yugoslavia – Some thoughts on a conflict system in statu nascendi, NTIR 1976, 137–150;
Varady, Medunrodno privatno pravo, 1983 (bespr. von *Messmann*, RabelsZ 49 [1985], 589–594 und von *Zivkovic*, Rev.crit.dr.i.p. 1986, 261–266), Neuauflage 1987 (bespr. von *Povh*, WGO 1987, 191 f.).
Insgesamt zum IPR der früheren **Ostblock-Staaten**: 7. Aufl. S. 223 f.

Kanada

Abrell, Der Quebecer Entwurf einer Kodifikation des IPR, 1978;
Baxter, Essays on Private Law, 1966;
Blom, Canadian Private International Law: An English System Transplanted into a Federal State, NILR 1992, 155–194;
Castel, Canadian Conflict of Laws[3], Toronto 1994 (Supplement 1995) (bespr. von *Blom*, Int.Comp. L. Q. 44 [1995], 728);
Castel, Commentaire sur certaines dispositions du Code civil du Québec se rapportant au droit international privé, JDI (Clunet) 1992, 625–668;
Castel, Droit international privé québécois, 1980;
Castel, Private International Law, 1960;
Castel, Some Recent Important Trends in Canadian Private International Law, NILR 40 (1993), 15–30;
Dubler, Partage des pouvoirs et droit international privé dans la fédération canadienne, Schw.Jb. Int. R. 40 (1984, erschienen 1985), 65–90;
Falconbridge, Essays on the Conflict of Laws[2], 1954;
Glenn, Codification of Private International Law in Québec – an Overview, IPRax 1994, 308–311 (Text 318–322);
Glenn, Codification of Private International Law in Quebec, RabelsZ 60 (1996), 231–268;
Glenn, Verträge im internationalen Privatrecht von Québec: Nordamerikanische Kodifikationen im europäischen Stil, in: *Pazdan* (Hrsg.), Problemy Prawne Handlu Zagranicznego 18, Kattowitz 1995, 11–23, 186–212;
Goldstein/Groffier, Traité de droit civil. Droit international privé, Montréal 1998;
Groffier, La réforme du droit international privé québécois, Rev.crit.dr. i. p. 1992, 584–607 (Text 574–584);
Groffier, Le projet de codification du droit international privé québécois, JDI (Clunet) 1977, 827–842;
Groffier, Précis de droit international privé québécois[2], 1982;
Hertz, Introduction to Conflict of Laws, 1978;
Johnson, Conflict of Laws[2], 1962;
McLeod, The Conflict of Laws, 1983;
Tetley, International Conflict of Laws, Montreal 1994 (bespr. von *Rogerson*, C. L. J. 1995, 630 f., *Black*, NILR 1995, 453–455).

Kasachstan

Weishaupt, Zur Entwicklung des Kollisions- und internationalen Zivilprozeßrechts der Republik Kasachstan, IPRax 1994, 311 f. (Texte 322–325).

Kolumbien

Monroy Cabra, Tratado de derecho internacional privado[4], Bogotá 1995.
Zum IPR der lateinamerikanischen Länder allgemein unten S. 238.

Korea

Lee, Internationales Privatrecht, 1981 (koreanisch).

Kuba

Echemendía, Derecho internacional privado I o. J., II 1983;
Huzel, Neues IPR in Kuba, IPRax 1990, 416–418 (Text 418 f.).
Zum IPR der lateinamerikanischen Länder allgemein unten S. 238.

Kuwait

Krüger, Internationales Recht in Kuwait nach den Gesetzesreformen 1980–1981, RIW 1983, 801–811.

Zum IPR der islamischen Länder allgemein oben S. 233.

Lateinamerikanische Länder

Fernández Arroyo, La codificación del derecho internacional privado en América Latina. Ámbitos de producción jurídica y orientaciones metodológicas, Madrid 1994 (bespr. von *Sánchez Lorenzo*, Rev.esp.der.int. 1994, Nr. 2, 968 f., *Ancel*, Rev.crit.dr. i.p. 1996, 233–237);

Goldschmidt, Droit international privé latino-américain, JDI (Clunet) 1973, 65–96;

Parra-Aranguren, Las tentativas de codificación del derecho internacional privado en la comunidad hispano-luso-americana y las Filipinas, Actas Procesales del Derecho Vivo 34 (1980), 161–190 = *Parra-Aranguren*, Monografías selectas de derecho internacional privado, Caracas 1984, 9–28;

Parra-Aranguren, Recent Developments in Private International Law in the Americas, NILR 1992, 229–241;

Pereznieto Castro, La tradition territorialiste en droit international privé dans les pays d'Amérique latine, Rec. 1985 I, 271–400;

Samtleben, Der Territorialitätsgrundsatz im IPR Lateinamerikas, RabelsZ 35 (1971), 72–106;

Samtleben, IPR in Lateinamerika, Der Código Bustamante in Theorie und Praxis, I 1979 (spanische Übersetzung [Derecho internacional privado en América Latina, Teoría y práctica del Código Bustamante I] von *Bueno-Guzmán*, Buenos Aires 1983);

Valladão, Le droit international privé des états américains, Rec. 1952 II, 5–115.

Libanon

Tyan, Droit international privé[2], 1974.

Zum IPR der islamischen Länder allgemein oben S. 233.

Liechtenstein

Text des IPR-Gesetzes vom 19. 9. 1996: RabelsZ 61 (1997), 545–562, IPRax 1997, 364–369.

Appel, Reform und Kodifikation des Liechtensteinischen Internationalen Privatrechts, RabelsZ 61 (1997), 510–544;

Kohler, Kodifikation und Reform des Internationalen Privatrechts in Liechtenstein, IPRax 1997, 309–311;

Marxer/Reichert-Facilides/Schnyder (Hrsg.), Gegenwartsfragen des liechtensteinischen Privat- und Wirtschaftsrechts, 1998 (insbes. Beiträge von *Basedow* 41–53, *Jametti Greiner* 55–72, *Flessner* 73–80, und Diskussionsbericht 81–86);

Rederer, Kurzer Abriß des internationalen liechtensteinischen Privatrechts, LJZ 1986, 157–165;

Sturm, Das neue Internationale Privatrecht Liechtensteins, Wien 1997;

Sturm, Zur liechtensteinischen IPR-Reform, Fschr. Heini, Zürich 1995, 445–454.

Litauen

Jayme/Ravluševičius, Zum Stand des Internationalen Privatrechts in Litauen, IPRax 1997, 351 f. (mit deutscher Übers. der Gesetzestexte von *Ravluševičius*, 371–374).

Luxemburg

Schockweiler, Les conflits de lois et les conflits de juridictions en droit international privé luxembourgeois, Ministère de la Justice Luxembourg, o. J. (1990?).

Macao

Jayme, Kollisionsrechtliche Bestimmungen im AGB-Gesetz von Macao, IPRax 1993, 273 f.

Marokko

Decroux, Droit privé II (Droit international privé), 1963;
Decroux, Le droit international privé marocain, Son évolution de 1956 à 1981, Rev.jur.pol. Maroc Nr. 10 (1981), 153–170 = JDI (Clunet) 1983, 346–359;
Déprez, Bilan de vingt cinq années de droit international privé au Maroc, Rev.jur.pol. Maroc Nr. 10 (1981), 125–151.
Zum IPR der islamischen Länder allgemein oben S. 233.

Mauretanien

Krüger, Das internationale Privat- und Zivilverfahrensrecht Mauretaniens, RIW 1990, 988–992.
Zum IPR der islamischen Länder allgemein oben S. 233.

Mexiko

Arellano García, Derecho internacional privado[11], Mexiko 1995 (nz);
Cuevas Cancino, Manual de derecho internacional privado mexicano, Mexiko 1997 (nz);
Frisch Philipp/González Quintanilla/González Elizondo, Derecho internacional privado y derecho procesal internacional, Mexiko 1998;
Pereznieto Castro, Derecho internacional privado[5], 1989;
Pereznieto Castro, Derecho internacional privado. Parte General[2], 1998;
Pereznieto Leonel/Silva Jorge Alberto, Derecho internacional privado. Parte Especial, 1999;
Prinz von Sachsen-Gessaphe, Neues IPR in Mexiko, IPRax 1989, 111–119 (Text [teilweise] 119);
Silva Jorge Alberto, Codificación procesal y civil y general internacional, 1996;
Silva Jorge Alberto, Derecho internacional privado. Su recepción judicial en México, 1999;
Vázquez Pando, New Trends in Mexican Private International Law, Fschr. Gold 1990, 423–438;
Nuove norme messicani di diritto internazionale privato e processuale, Riv.dir. int.priv.proc. 1988, 368–374 (Dekrete vom 11. 12. 1987).
Zum IPR der lateinamerikanischen Länder allgemein oben S. 238.

Neuseeland

Inglis, Conflict of Laws, 1959;
Webb/Auburn, New Zealand Conflict of Laws – A Bird's Eye View, Int.Comp. L. Q. 26 (1977), 971–998.

Niederlande

Älteres Schrifttum:
van Brakel, Grondslagen en Beginselen van Nederlands Internationaal Privaatrecht[3], 1953;
Kosters/Dubbink, Algemeen deel van het nederlandse internationaal privaatrecht, 1962;
Lemaire, Nederlands internationaal Privaatrecht, 1968;
Mulder, Inleiding tot het Nederlandsch Internationaal Privaatrecht[2], 1947.

Neueres Schrifttum:

Boele-Woelki, IPR-Gesetzgebung in den Niederlanden – Das Namenskollisions- und das Ehekollisionsgesetz, IPRax 1990, 337–342;
Boele-Woelki, Kodifikation des niederländischen Internationalen Privat- und Verfahrensrechts, IPRax 1995, 264–271;
de Boer, Vast en zeker? De betrekkelijke waarde van een IPR-codificatie, 1988;
Cohen Henriquez, Hoe onberekenbaar is het Nederlandse IPR, Naschrift bij de inzending van prof. mr. Th. M. De Boeren mr. R. Kotting in WPNR (1989) 5911, WPNR 1989, 264 f.;
Cohen Henriquez, I. P. R.-Trends, 1980 (bespr. von *de Boer*, WPNR 1981, 762–766);
Joppe, Artikelen 65–70 IPR-Schets: Erfrecht, WPNR 1993, 733–738;
Kokkini-Iatridou (Hrsg.), Schets van een algemene wet betreffende het Internationaal Privaatrecht, T. M. C. Asser Institut, Nederlands Internationaal Privaatrecht, NIPR Sonderheft 1994 (mit Beiträgen von *Polak, Siehr, Schultsz, von Overbeck, Duintjer Tebbens, Erauw, Vlas* und *van Houtte*; Text 109–134);
Kokkini-Iatridou/Boele-Woelki, De adoptieregeling van de IPR-Schets in vergelijkend perspektif, NIPR 1993, 365–377;
Kokkini-Iatridou/Boele-Woelki, De regeling van de „internationale rechtsmacht" in het vorontwerp van wet van 1993, NIPR 1993, 323–364;
Kokkini-Iatridou/Boele-Woelki, De regeling van de „internationale rechtsmacht", WPNR 1994, 50–55;
Kokkini-Iatridou/Boele-Woelki, Opmerkingen over de „Schets van een algemeene wet betreffende het IPR", NIPR 1992, 477–550 (Text 451–476);
Lukács/van Rooij, Burgerlijk Wetboek, Internationale Regelingen, 1982;
van Maas de Brie, Artikelen 36–39 en 64 IPR-Schets: Echtscheiding, alimentatie en echtscheidingsgevolgen, WPNR 1993, 663–667;
van Maas de Brie, Artikelen 60–63 IPR-Schets: ouderlijke macht en gezaak van ondercuratelestelling en onderbewindstelling, kinderbescherming en kinderontvoering, WPNR 1993, 689 f.;
van Maas de Brie, De artikelen 112–114 IPR-Schets: vormvoorschriften, WPNR 1993, 929–931;
Polak, De IPR-schets: algemene kenmerken, WPNR 1993, 600–604 (Text 605–612);
Polak, Artikelen 71–76 IPR-Schets: Corporations, WPNR 1993, 747–750;
Polak, Artikelen 106–111 IPR-Schets: Enkele bepalingen met betrekking tot het zeerecht en het binnenvaartrecht, WPNR 1993, 896–898;
Polak, Structuur en methodologie van de IPR-Schets, NIPR spec. 1994, 13–21;
Polak, Internationaal privaatrecht voor het forum van de Hoge Raad, 1990 (nz);
Polak, Towards Codified Dutch Private International Law!, NILR 1991, 312–345;
Reinhartz, Artt. 17–22, 23–26 en 27–35 IPR-Schets: Huwelijk, personlijke huwelijksbetrekkingen en huwelijksvermogensrecht, WPNR 1993, 642–644;
van Rooij/Polak, Private International Law in the Netherlands, Deventer 1987 (Supplement 1995) (bespr. von *Remien*, RabelsZ 61 [1997], 164–166);
Rutten, Moslems in de nederlandse rechtspraak, 1988;
Sauveplanne, Elementair internationaal privaatrecht[9], Deventer 1989 (bespr. von *Remien*, RabelsZ 61 [1997], 164–166);
Steenhoff, De Wetenshap van het Internationaal Privaatrecht in Nederland tussen 1862 en 1962, Zwolle 1994;
Steenhoff, Dutch Attitudes concerning the Unification of Private International Law, Fschr. Sauveplanne, Deventer 1984, 223–232;
Steffens, Artikelen 77–88 IPR-Schets: Zakenrecht en trustrecht, WPNR 1993, 773–775 (Erwiderung von *Butin Bik*, WPNR 1994, 500–502; Nachschrift von *Steffens* 502);
Steffens, Artikelen 89–90 IPR-Schets: Verbintenissen uit overeenkomst, WPNR 1993, 796–799;
Steffens, Artikelen 103–105 IPR-Schets: Overgang van vorderingen, WPNR 1993, 866–868;

Strikwerda, Het „rode boek" van het internationaal privaatrecht, NedJBl. 1992, 1572 f.;
Strikwerda, Inleiding tot het Nederlandse internationaal privaatrecht[4], Groningen 1995 (bespr. von *Remien*, RabelsZ 61 [1997], 164–166);
Vlas, Neue Entwicklungen im niederländischen IPR, insbesondere in der Rechtsprechung, IPRax 1995, 194–200;
Vonken, Artikelen 1–10 IPR-schets: algemene bepalingen, WPNR 1993, 622–627;
Vonken, Artt. 11–16, 58–59 en 40–50: Naam, minderjarigheid, handelingsbekwaamheid en afstamming, WRNR 1993, 703–708;
Vonken, Artt. 91–102; verbintenissen uit andere bron dan overeenkomst, WPNR 1993, 831–834.

Zeitschriften:

Netherlands International Law Review, seit 1954 (bis 1974: Nederlands Tijdschrift voor Internationaal Recht);
Nederlands Internationaal Privaatrecht, seit 1982.

Nigeria

Bamodu, Jurisdiction and Applicable Law in Transnational Dispute Resolution before the Nigerian Courts, Int. L. 29 (1995), 555–575.

Nordische Länder

Korkisch, Der Anteil der nordischen Länder an den Fragen des Internationalen Privatrechts, RabelsZ 23 (1958), 599–623.

Norwegen

Gaarder, Internasjonal Privatrett, 1963;
Gaarder, Innføring i internasjonal privatrett, 1975;
Gjelsvik, Das internationale Privatrecht in Norwegen, Allgemeiner Teil (übersetzt von *Wolgast*), 1935;
Gjelsvik, Laerebok i millomfolkeleg privatrett[2], I 1936;
Nordisk Tidsskrift for international Rett, seit 1930.
Zum IPR der nordischen Länder allgemein oben, diese S.

Österreich

Vor 1978:

Köhler, IPR[3], 1966 (dazu *Schwimann* [öst]JurBl. 1969, 544–549);
Mänhardt, Das internationale Personen- und Familienrecht Österreichs, 1971;
Reichert-Facilides, Anknüpfungsregeln des österreichischen IPR, Österreichische Landesreferate zum IX. Internationalen Kongreß für Rechtsvergleichung in Teheran 1974, 1974, 33–55;
Schwimann, Zu den allgemeinen Bestimmungen des österreichischen IPR-Entwurfes 1975, (öst)JurBl. 1978, 1–10;
Schwimann, Zum Kodifikationsgedanken im österreichischen IPR, Fschr. Ferid 1978, 343–354;
Schwind, Entwurf eines Bundesgesetzes über das internationale Privat- und Prozeßrecht, ZfRV 1971, 161–248 (dazu *Neuhaus*, ZfRV 1972, 81–90);
Schwind, Handbuch des Österreichischen IPR, 1975;
Schwind, Tendenzen im österreichischen IPR, Fschr. Kegel 1977, 305–315.
Schwind, Zwischenbilanz der Reformbestrebungen des österreichischen IPR, StAZ 1976, 121–128;
Seidl-Hohenveldern, American-Austrian Private International Law, New York 1963;
Walker, IPR[5], 1934;
Zemen, IPR in bilateralen Staatsverträgen Österreichs, ZfRV 1977, 317–336.

Nach 1978:

Text des IPR-Gesetzes vom 15. 6. 1978: *Riering* (Hrsg.), IPR-Gesetze in Europa, 1997, 82–92.
Das österreichische IPR-Gesetz, Verhandlungen des siebenten Österreichischen Juristentages, II Teil 4, 1979;
Beitzke, Neues österreichisches Kollisionsrecht, RabelsZ 43 (1979), 245–276 (Text 375–385);
Duchek/Schwind, IPR, 1979 (Textsammlung mit Erläuterungen);
Hoyer, Die Neuregelung des internationalen Zivilverfahrensrechts in Österreich, ZZP 95 (1982), 151–170;
Köhler/Gürtler, IPR, 1979 (Textsammlung mit Erläuterungen);
Mänhardt, Die Kodifikation des österreichischen IPR, 1978;
Matscher, Zehn Jahre IPR-Gesetz, ÖstJZ 1989, 705–711;
Palmer, The Austrian Codification of Conflicts Law, Am.J.Comp.L. 28 (1980), 197–221 (Text 222–234);
Rummel/Schwimann (Rummel, Kommentar zum Allgemeinen bürgerlichen Gesetzbuch II^2, IPR-Gesetz), Wien 1992;
Schwimann, Grundriß des IPR, 1982;
Schwimann, IPR, 1993;
Schwind, Das österreichische IPR-Gesetz im deutschsprachigen Rechtskreis, RabelsZ 54 (1990), 251–268;
Schwind, IPR, 1990;
Schwind, Note introductive, Rev.crit.dr.i.p. 1979, 174–176 (Text des IPR-Gesetzes vom 15. 7. 1978 ebenda 176–185);
Schwind, Prinzipien des neuen österreichischen IPR-Gesetzes, StAZ 1979, 109–119, Berichtigung 165 (Text 127–130).

Zeitschriften und Sammlungen:

Zeitschrift für Rechtsvergleichung, seit 1960, Titel seit 1991: Zeitschrift für Rechtsvergleichung, Internationales Privatrecht und Europarecht;
IPRE 1, Österreichische Entscheidungen zum IPR bis 1983 (hrsg. von *Schwimann*), 1984;
IPRE 2, Österreichische Entscheidungen zum internationalen Privat- und Verfahrensrecht 1983–1987 (hrsg. von *Schwimann*), 1991;
IPRE 3, Österreichische Entscheidungen zum internationalen Privat- und Verfahrensrecht 1988–1990 (hrsg. von *Schwimann*), 1994.

Palästina

Börner, Palästina und die Palästinenser im IPR, IPRax 1997, 47–52.
Zum IPR der islamischen Länder allgemein oben S. 233.

Paraguay

Baus, Der neue Código Civil von Paraguay und seine Kollisionsnormen, RabelsZ 51 (1987), 450–453 (Text 454–465).
Zum IPR der lateinamerikanischen Länder allgemein oben S. 238.

Peru

Lisbonne, Les dispositions de droit international privé du nouveau code civil du Pérou, Rev.crit.dr.i.p. 1986, 192–209;
Samtleben, Neues IPR in Peru, RabelsZ 49 (1985), 486–521 (Text 522–543).
Zum IPR der lateinamerikanischen Länder allgemein oben S. 238.

Polen

Text des IPR-Gesetzes vom 12. 11. 1965: *Riering* (Hrsg.), IPR-Gesetze in Europa, 1997, 94–107 (polnisch mit deutscher Übers. von *Riering*), JahrbOstR 1965 II, 213–220, WGO 1965, 378–382.

Balicki, Some Problems of Polish Private International Law, NTIR 1966, 19–28;
Korkisch, Der Entwurf eines neuen polnischen Gesetzes über das internationale Privatrecht, Fschr. Maridakis III, Athen 1964, 69–90;
Lasok, The Polish System of Private International Law, Am.J.Comp.L. 15 (1966/67), 330–351;
Ludwiczak, Miedzynarodowe prawo pryvatne[2], 1971;
Pazdan, Prawo prywatne miedzynarodowe, Zarys wykladu, 1987;
Rajski, The New Polish Private International Law, Int.Comp.L.Q. 15 (1996), 457–469;
Sosniak, Précis de droit international privé polonais, 1976;
Szer, La nouvelle loi polonaise sur le droit international privé, JDI (Clunet) 1966, 346–352;
Uschakow, Das neue polnische Gesetz über das IPR, ROW 1966, 198–206;
Walaszek/Sosniak, Zarys prawa miedzynarodowego prywatnego[2], 1973.
Insgesamt zum IPR der früheren **Ostblock-Staaten**: 7. Aufl. S. 223 f.

Portugal

Text der Art. 14–65 des ZGB vom 25. 11. 1966 über das IPR: *Riering* (Hrsg.), IPR-Gesetze in Europa, 1997, 108–131 (portugiesisch mit deutscher Übers. von *Hartard*).

Fernandes, De Direito Internacional Privado I, Teoria Geral do DIP com incidência no Sistema Português, Lissabon 1994;
Ferrer Correia, Direito internacional privado, Alguns problemas, 1985 (portugiesische Neufassung von *Ferrer Correia*, Les problèmes de codification en Droit International privé, Rec. 1975 II, 57–203);
Ferrer Correia, Estudos Jurídicos III (Direito internacional privado), 1970;
Ferrer Correia, Estudos vários de direito, 1982;
Ferrer Correia, Lições de direito internacional privado (Aditamentos), 1973;
Ferrer Correia, Temas de direito comercia, arbitragem comercial internacional, reconhecimento de sentenças estrangeiras, conflitos de leis, 1989, 173–495;
García Velasco, Concepción del derecho internacional privado en el nuevo Código Civil portugués, 1971;
Machado, Lições de direito internacional privado, 1974;
Moura Ramos, Aspects récents du droit international privé au Portugal, Rev.crit.dr.i.p. 1988, 473–496;
Moura Ramos, Direito internacional privado, 1979 (Neudruck 1980);
Moura Ramos, Note zum Dekret-Gesetz 496/77 vom 25. 11. 1977, Rev.crit.dr.i.p. 1978, 601–603 (Text 598–601);
Neuhaus/Rau, Das IPR im neuen portugiesischen Zivilgesetzbuch, RabelsZ 32 (1968), 500–512 (Text 513–524);
Taborda Ferreira, Sistema do direito internacional privado, 1957.

Rumänien

Älteres Schrifttum:

Căpăţînă/Ştefănescu, Tratat de drept al comertului international, Bukarest, I 1985, II 1987 (bespr. von *Munteanu*, Sc. jur. 1988, 63–65);
Dogaru/Mocanu/Popescu/Rusu, Principii si Institutii în dreptul comertului international, 1980 (bespr. von *Bariatti*, Riv.dir.int.priv.proc. 1984, 223 f.).
Insgesamt zum IPR der früheren **Ostblock-Staaten**: 7. Aufl. S. 223 f.

Neueres Schrifttum:

Text des IPR-Gesetzes vom 22. 9. 1992: *Riering* (Hrsg.), IPR-Gesetze in Europa, 1997, 132–209 (rumänisch mit deutscher Übers. des Sprachendienstes der Botschaft der Bundesrepublik Deutschland), StAZ 1994, 55–60 (Übers. von *Leonhardt*).

Bacanu/Căpăţînă/Zilberstein, Rumänien: Das IPR von 1992, JahrbOstR 34 (1993), 185–191 (Text 192–233);

Căpăţînă, Das neue rumänische Internationale Privatrecht, RabelsZ 58 (1994), 465–522 (Text 534–572);

Filipescu, Drept international privat, 2 Bde, Bukarest 1997;

Leonhardt, Das neue Internationale Privatrecht Rumäniens, IPRax 1994, 156–159;

Mindach, Rumänien, Internationales Privat- und Verfahrensrecht, 1993 (Bundesstelle für Außenhandelsinformation, Ausländisches Wirtschafts- und Steuerrecht, Reihe A: Gesetzestexte und Erläuterungen, Heft 26/93);

Popescu, Drept international privat, Bukarest 1994 (bespr. von *Diamant*, Rev.crit. dr.i.p. 1994, 447–449);

Pricopi/Fuerea, Drept international privat – Note de curs, Bukarest 1997;

Pricopi/Toma/Fuera, Drept international privat, Bukarest 1995 (bespr. von *Diamant*, Rev.crit.dr.i.p. 1996, 847–849);

Ugureanu/Jugastru, Manual de drept international privat, 1998 (bespr. von *Diamant*, Rev.crit.dr.i.p. 1998, 822).

Russische Föderation

Text des Entwurfs eines Zivilkodex der Russischen Föderation, Teil III, Abschnitt VII: Internationales Privatrecht in: IPRax 1998, 54–58 (deutsche Übers. von *Höfer*), RevCentEEL 22 (1996), 661–671 (englische Übers. von *Simons*, *Murtagh* und *Zhiltsov*).

Bogdanova, L'état actuel de la législation russe en matière de droit international privé, Rev.crit.dr.i.p. 1997, 139–144 (mit französischer Übers. der Gesetzestexte 144–157);

Boguslawskij/Höfer, Neue Entwicklungen im russischen Internationalen Privatrecht, IPRax 1998, 41–43;

Makovskii, A New Stage in the Development of Private International Law in Russia, RevCentEEL 22 (1996), 595–601.

Schrifttum zum IPR **Sowjetrußlands**: 7. Aufl. S. 219f.; zum IPR der **GUS-Staaten** oben S. 233.

Schottland

Anton/Beaumont, Private International Law[2], Edinburgh 1990;

Maher, International Private Law: Cases and Statutes, 1985.

Insgesamt zum IPR im Commonwealth oben S. 230.

Schweden

Beckmann, Svensk domstolpraxis i internationell rätt, 1959;

Bogdan, Lagkonflikter i utrikeshandeln, 1996;

Bogdan, Svensk internationell privat- och processrätt, 1980;

Dennemark, Om svensk domstols behörighet i internationell förmögenhetrrättsliga mål, 1961;

Eek, Conflict of Laws in Swedish Courts, Int.Comp. L. Q. 20 (1971), 605–623;

Eek, Internationell privaträtt[2], 1967;

Eek, Lagkonflikter i tvistemål, I 1972, II 1978;

Eek, Rättsfallsamling i internationell privaträtt, 1959;

Eek, The Swedish Conflict of Laws, Den Haag 1965;

Gihl, Den internationella privaträttens historia och allmänna principer, 1951;

Karlgren, Kortfattad lärobok i internationell privat- och processrätt[5], 1974;

Michaeli, Internationales Privatrecht gemäß schwedischem Recht und schwedischer Rechtsprechung, 1948;
Nial, American-Swedish Private International Law, 1965;
Nial, Internationell förmögenhetsrätt[2], 1953;
Pålsson, Författningssamling i internationell privaträtt[8], 1998;
Pålsson, Svensk rättspraxis, Internationell privat- och procesrätt 1986–1990, SvJT 1992, 475–503;
Pålsson, Utvecklingslinjer och aktuella problem i svensk internationell privaträtt, SvJT 1984, 841–860.
Zum IPR der nordischen Länder allgemein oben S. 241.

Schweiz

Zum alten Recht:

Broggini, La codification du droit international privé en Suisse, ZSchwR 1971 II, 243–323;
Dutoit/Knoepfler/Lalive/Mercier, Répertoire de droit international privé suisse, II 1983, III 1986 (betr. zweiseitige Staatsverträge);
Keller u. a., Die Rechtsprechung des Bundesgerichts im IPR III (Immaterialgüterrecht), 1982;
Keller/Schulze/Schaetzle, Die Rechtsprechung des Bundesgerichts im IPR II (Obligationenrecht), 1977;
Keller/Schulze/Schütz, Die Rechtsprechung des Bundesgerichts im IPR, 1976;
Keller/Siehr, Allgemeine Lehren des IPR, 1986;
Keller/Siehr, Einführung in die Eigenart des IPR[3], 1984;
Niederer, Einführung in die allgemeinen Lehren des IPR[3], 1961;
von Overbeck, Tendenzen des schweizerischen IPR 1964–1976, Fschr. Kegel 1977, 317–339;
Schnitzer, IPR[4], I 1957, II 1958;
Schnyder, Staatsverträge im Internationalen Privat- und Zivilverfahrensrecht der Schweiz, 1983;
Stauffer, Praxis zum NAG, 1975 (bereinigter Nachdruck der 1. Aufl. von 1973) mit Nachtrag 1977;
Vischer, Das Problem der Kodifikation des schweizerischen IPR, ZSchwR 1971 II, 1–106;
Vischer, IPR, in: *Gutzwiller* u. a. (Hrsg.), Schweizerisches Privatrecht I, 1969, 511–709 (französische Übers. von *Tercier*, 1974);
Vischer/von Planta, IPR[2], 1982.

Zum neuen Recht:

Schrifttum zur Vorbereitung der Reform des schweizerischen IPR: 6. Aufl. S. 168 f.
Bibliographie zum Bundesgesetz über das IPR vom 18. 12. 1987, IPRax 1990, 270–273.
Text des IPR-Gesetzes vom 18. 12. 1987: *Riering* (Hrsg.), IPR-Gesetze in Europa, 1997, 210–262;

A. Bucher (Hrsg.), Internationales Privatrecht. Bundesgesetz und Staatsverträge[4], Basel 1997 (Textausgabe);
Bucher/Tschanz (Hrsg.), Private International Law and Arbitration: Basic Documents, Basel 1996;
Broggini (Hrsg.), Il nuovo diritto internazionale privato in Svizzera, Mailand 1990;
A. Bucher, Droit international privé suisse I/1: Partie générale – Conflits de juridictions, Basel 1998;
A. Bucher, Droit international privé suisse I/2: Partie générale – Droit applicable, Basel 1995 (bespr. von *Scherer*, Int.Comp. L. Q. 45 [1996], 760 f.);
A. Bucher, Droit international privé suisse II: Personnes, Famille, Successions, Basel 1992;
A. Bucher, La LDIP et les Conventions internationales, Fschr. von Overbeck, Freiburg/Schweiz 1990, 265–278;

A. Bucher, Le premier amendement de la LDIP, Fschr. Lalive, Basel 1993, 3–10;
Dessemontet (Hrsg.), Le nouveau droit international privé suisse. Travaux des journées d'étude organisées par le Centre du droit de l'entreprise, 9/10 Octobre 1987, à l'Université de Lausanne, 1988;
Dutoit, Deux lois récentes de droit international privé: jusqu'où la Suisse et l'Italie convergent-elles?, Fschr. Broggini, Mailand 1997, 137–168;
Dutoit, Droit international privé suisse. Commentaire de la loi fédérale du 18 décembre 1987[2], Basel 1997 (1. Aufl. bespr. von *Lagarde*, Rev.crit.dr.i.p. 1996, 834f.);
Gerber, Erfahrungen mit dem Schweizerischen IPRG, Fschr. Rothoeft 1994, 59–86;
Heini/Keller/Siehr/Vischer/Volken (Hrsg.), IPRG Kommentar, Zürich 1993;
Honsell/Vogt/Schnyder (Hrsg.), Kommentar zum schweizerischen Privatrecht, IPR, Basel 1996 (bespr. von *Basedow*, ZEuP 1997, 970f., *Peter*, SchwJZ 1998, 285f.);
Karrer/Arnold/Patocchi, Switzerland's Private International Law[2], Deventer 1994 (englische Übers. mit Einführung und Anmerkungen);
Keller, Hinweise auf Staatsverträge im IPRG, Fschr. von Overbeck, Freiburg/Schweiz 1990, 279–285;
Knoepfler/Schweizer, Droit international privé suisse[2], Bern 1995;
Knoepfler/Schweizer, La nouvelle loi fédérale suisse sur le droit international privé (partie générale), Rev.crit.dr.i.p. 1988, 207–235;
Lalive, Sur la codification du droit international privé, Fschr. Broggini, Mailand 1997, 251–262;
von Overbeck, Das neue schweizerische Bundesgesetz über das IPR, IPRax 1988, 329–334 (Text 376–388, Schrifttum 389–393);
von Overbeck, Le droit des personnes, de la famille, des régimes matrimoniaux et des successions dans la nouvelle loi fédérale suisse sur le droit international privé, Rev.crit.dr.i.p. 1988, 237–260;
Patocchi/Geisinger, Code de Droit International Privé Suisse Annoté, Lausanne 1995 (bespr. von *Gaudemet-Tallon*, Rev.int.dr.comp. 1995, 1061–1062, *Kahn*, JDI [Clunet] 1996, 282f., *Pocar*, Riv.dir.int.priv.proc. 1997, 541);
Pocar, La nuova legge svizzera sul diritto internazionale privato, Riv.dir.int.priv.proc. 1989, 5–10 (Text 196–237);
Samuel, The New Swiss Private International Act, Int.Comp.L.Q. 37 (1988), 681–695;
Schnyder, Das neue IPR-Gesetz[2], 1990;
Schnyder, Rechtsprechung sowie ein rechtsvergleichender Hinweis zum internationalen Privat- und Wirtschaftsrecht 1989/90, SZW 1991, 89–97;
Schwander (Hrsg.), Beiträge zum neuen IPR des Sachen-, Schuld- und Gesellschaftsrechts, Fschr. Moser 1987;
Schwander, Einführung in das IPR I: Allgemeiner Teil[2], 1990;
Siehr, Vom alten zum neuen IPR, Literaturspiegel der Jahre 1978–1988, ZSchwR 1988, 635–655 und 1989, 107–139;
Stojanovic, Le droit des obligations dans la nouvelle loi fédérale suisse sur le droit international privé, Rev.crit.dr.i.p. 1988, 261–289;
Symeonides, Swiss Federal Statute on Private International Law, Am.J.Comp.L. 37 (1989), 187–246 (Text [übersetzt von *Cornu, Hankins* und *Symeonides*] 193–246).

Zeitschrift:

Schweizerisches Jahrbuch für internationales Recht, 1944–1990; danach Schweizerische Zeitschrift für internationales und europäisches Recht.

Slowakische Republik

Siehe Tschechoslowakei unten S. 248.

Spanien

Älteres Schrifttum: 6. Aufl. S. 172–174.

Text der kollisionsrechtlichen Bestimmungen des ZGB i. d. F. vom 13. 5. 1981: *Riering* (Hrsg.), IPR-Gesetze in Europa, 1997, 264–297 (spanisch mit deutscher Übers. von *Peuster*).

Abarca Junco u. a., Derecho internacional privado, I 1985, II 1987;

Aguilar Benítez de Lugo/Campuzano Díaz/Cano Bazaga/Grieder Machado/Pérez Beviá/Rodríguez Benot/Rodríguez Vázquez/Ortiz de la Torre, Lecciones de derecho civil internacional, Madrid 1996 (bespr. von *Marín López*, Rev.esp.der.int. 1996, Nr. 1, 518–520);

Albaladejo/Díaz Alabart (Hrsg.), Comentarios al Código Civil y Compilaciones Forales I/2[2] (Art. 8 a 16 del Código civil), Madrid 1995 (bespr. von *Arroyo Montero*, Rev.esp.der.int. 1995, Nr. 2, 561 f.);

Borrás Rodríguez/Bouza Vidal/González Campos/Virgós Soriano (Hrsg.), Legislación básica de Derecho internacional privado[7], Madrid 1997 (Textsammlung);

Calvo Caravaca/Carrascosa González, Introducción al Derecho Internacional Privado, Granada 1997;

Carrillo Salcedo, L'évolution du droit international privé espagnol depuis la réforme de 1974, Travaux du comité français de droit international privé 1991–1992 (erschienen 1994), 121–134;

Espinar Vicente, Derecho internacional privado español, I 1984, II 1987;

Espinar Vicente, Derecho procesal civil internacional, 1988;

Esplugues Mota (Hrsg.), Código de Derecho internacional privado español, Madrid 1989 (Textsammlung);

Fernández de la Gándara/Calvo Caravaca, Derecho mercantil internacional, Estudios sobre derecho comunitario y del comercio internacional[2], Madrid 1995 (bespr. von *Beraudo*, JDI [Clunet] 1996, 812–815);

Fernández Rozas (Hrsg.), Derecho del comercio internacional, Madrid 1996 (bespr. von *Beraudo*, JDI [Clunet] 1997, 890 f.);

Fernández Rozas, Tráfico jurídico externo y sistema de Derecho internacional privado[2], 1985;

Fernández Rozas/Sánchez Lorenzo, Curso de Derecho Internacional Privado[3], Madrid 1996;

González Beilfuss, Zur Reform des spanischen internationalen und interregionalen Privatrechts, IPRax 1992, 396–399 (Text 399 f.);

González Campos/Fernández Rozas, Derecho internacional privado I[2], 1992;

González Campos/Fernández Rozas/Calvo Caravaca/Virgós Soriano/Amores Conrad/Dominguez Lozano, Derecho internacional privado. Parte especial[6], Madrid 1995 (bespr. von *Sánchez Lorenzo*, Rev.esp.der.int. 1995, Nr. 1, 367–369, *Pocar*, Riv.dir.int.priv.proc. 1997, 277 f.);

Kirchmayer, Das reformierte internationale und interlokale Privatrecht in Spanien, StAZ 1991, 158 f. (Text 173 f.);

Marín López, Derecho internacional privado español I[6], 1992, II[7] (mit *Moya Escudero, Trinidad García* und *Carrascosa González*), 1991;

Miaja de la Muela, Derecho internacional privado I[9] 1985, II[10] (von *Diez de Velasco* und *Pecourt García*) 1987;

Moya Escudero, Textos y materiales prácticos de Derecho internacional privado español, Granada 1991;

Moya Escudero/Carrascosa González, Supuestos prácticos de derecho internacional privado español, 1993;

Pérez Vera/Abarca Junco/Calvo Caravaca/González Campos/Virgós Soriano, Derecho internacional privado I[6], Madrid 1997;

Pérez Vera/Abarca Junco/Guzmán Zapater/Miralles Sangro, Derecho internacional privado II[8]: Derecho civil internacional; Madrid 1998 (nz);

Peuster, Das spanische IPR, in *Löber/Peuster* (Hrsg.), Aktuelles spanisches Handels- und Wirtschaftsrecht, 1991, 1–18;

Ramos Méndez, Código procesal civil internacional, 1985;
Rau, Kurzinformationen – Gesetz 11/1990 vom 15. 10. 1990 über interregionales und internationales Privatrecht, RabelsZ 55 (1991), 160 (mit deutscher Übers. des Gesetzestextes 152–159);
Tomás Ortiz de la Torre, El vigente sistema español de derecho internacional privado tras las sucesivas reformas (1974–1994), Rev.der.priv. 1994, 943–956.

Zeitschrift:
Revista Española de Derecho Internacional, seit 1948.

Südafrika

Bennett, A Sourcebook of African Customary Law for Southern Africa, 1991;
Bennett, The Application of Customary Law in Southern Africa, 1985;
Forsyth, Private International Law[3], 1996;
Kutner, Common Law in Southern Africa: Conflicts of Laws and Torts Precedents, New York 1990;
Sanders (Hrsg.), The Internal Conflict of Laws in South Africa, 1990;
Spiro, Conflict of Laws, 1973;
Spiro, The General Principles of the Conflict of Laws, 1982.

Sudan

Elwan, Die kollisionsrechtlichen Bestimmungen im Gesetz über den zivilrechtlichen Geschäftsverkehr der Demokratischen Republik Sudan, IPRax 1986, 56 f.
Zum IPR der islamischen Länder allgemein oben S. 233.

Tschechische Republik

Siehe Tschechoslowakei.

Tschechoslowakei

Text des IPR-Gesetzes vom 4. 12. 1963: *Riering* (Hrsg.), IPR-Gesetze in Europa, 1997, 298–337 (tschechisch mit deutscher Übers. von *Simon*). Das Gesetz gilt in der Slowakischen und in der Tschechischen Republik fort.
Bystrický, La nouvelle loi tchécoslovaque sur le droit international privé et de procédure, Bulletin de droit tchécoslovaque 1963, 229–255 (Text 273–290);
Donner, Das neue tschechoslowakische Gesetz über das Internationale Privat- und Prozeßrecht, ZfRV 1964, 207–215;
Florio, La codificazione del diritto internazionale privato e processuale in Cecoslovacchia, Mailand 1967;
Kalensky, A propos de la nouvelle codification tchécoslovaque du Droit international privé, Rev.esp.der.int. 1964, 225–240 = Das neue tschechoslowakische IPR, WGO 1964, 151–163;
Kalenský, Trends of Private International Law, 1971;
Korkisch, Zum Außenprivatrecht der Tschechoslowakei unter besonderer Berücksichtigung des IPR, WGO 1970, 133–153 (Gesetzestexte 154–177);
Kucera, La loi tchéchoslovaque du 4 décembre 1963, n° 97 du „Recueil des lois", sur le droit international privé et de procédure, JDI (Clunet) 1966, 783–804;
Kucera, Le droit international privé en République Socialiste Tchécoslovaque, Bulletin de droit tchécoslovaque 41 (1985), 7–21;
Kucera, Mezinárodni právo soukromé[2], 1980;
Steiner, Das neue tschechoslowakische Internationale Privat- und Prozeßrecht, StuR 1965, 412–438.
Insgesamt zum IPR der früheren **Ostblock-Staaten**: 7. Aufl. S. 223 f.

Tunesien

Mezghani, Droit international privé, 1991.
Zum IPR der islamischen Länder allgemein oben S. 233.

Türkei

Text des IPR-Gesetzes vom 20. 5. 1982: *Riering* (Hrsg.), IPR-Gesetze in Europa, 1997, 338–363 (türkisch mit deutscher Übers. von *Krüger*), Int. J. L.Inf. 19 (1991), 97–114 (englische Übers. von *Suçsuz*).

Ansay, Das neue Gesetz über das IPR der Türkei, in: *Holl/Klinke* (Hrsg.), Internationales Privatrecht, internationales Wirtschaftsrecht, 1985, 161–176;

Ansay/Schneider, The New Private International Law of Turkey, NILR 37 (1990), 139–151 (Text: 152–161);

Çelikel, Milletlerarasi özel hukuk[5], 1997;

Çelikel/Sanli, Türk milletlerarasi özel hukuk mevzuati[5], 1993;

Eksi, Türk mahkemelerinin milletlerarasi yetkisi, 1996;

Krüger, Das Türkische Gesetz Nr. 2657 vom 20. 5. 1982 über das internationale Privat- und Zivilverfahrensrecht, Bundesstelle für Außenhandelsinformation, Berichte und Dokumente zum ausländischen Wirtschafts- und Steuerrecht Nr. 162, 1982;

Krüger, Das türkische IPR-Gesetz von 1982, IPRax 1982, 252–259 (Einführung, Text und Erläuterungen);

Krüger, Neues IPR in der Türkei, ZfRV 1982, 169–173 (Text 173–189);

Krüger, RabelsZ 53 (1989), 577–591 (Bespr. des türkischen IPR-Schrifttums);

Krüger, Türkei: Internationales Privat- und Zivilverfahrensrecht, StAZ 1983, 49f. (Text 50–55);

Nomer, Devletler hukusî hukuku[9], 1998;

Özsunay, Türkisches internationales Ehe- und Kindschaftsrecht, in: *Holl/Klinke* (Hrsg.), Internationales Privatrecht, internationales Wirtschaftsrecht, 1985, 365–383;

Sakmar, Le nouveau droit international privé turc, Rec. 1990 IV, 303–416;

Tekinalp, Das türkische Gesetz über internationales Privatrecht und Zivilverfahrensrecht von 1982, RabelsZ 47 (1983), 74–78 (Text 131–140);

Tekinalp, Der türkische „Gesetzentwurf über internationales Privatrecht und Zivilverfahrensrecht", RabelsZ 46 (1982), 26–56 (Text 184–194);

Tekinalp, Milletlerarasi özel hukuk, Baglama kurallari[5], 1995;

Uluocak, Milletlerarasi özel hukuk dersleri[2], 1989.

Ungarn

Zum alten Recht:

Ember, Aktuelle theoretische Probleme des ungarischen IPR, JahrbOstR 1968, Heft 2, 199–218;

Léh, Le droit international privé hongrois à la lumière des conventions bilatérales d'entraide judiciaire, JDI (Clunet) 1964, 523–540;

Mádl, Foreign Trade Monopoly, Private International Law, 1967;

Réczei, Internationales Privatrecht, 1960;

Tallós, Les traités d'assistance judiciaire de la République populaire hongroise, Revue de droit hongrois 1970/71, 42–71.

Zum neuen Recht:

Text der Gesetzesverordnung vom 31. 5. 1979 über das IPR: *Riering* (Hrsg.), IPR-Gesetze in Europa, 1997, 364–409 (ungarisch mit deutscher Übers. von *Benkö* und *Peuster*), StAZ 1980, 78–87, Osteuropa-Recht 1980, 50–69, Rev.crit.dr.i.p. 1981, 161–176 mit Einführung von *Majoros* 158–161.

Bacsó, Procedural Rules in the Hungarian private international law, Acta Jur. 1982, 189–206;

Benkö/Peuster, Grundzüge des ungarischen IPR, Osteuropa-Recht 1980, 39–49;

Gabor, A Socialist Approach to Codification of Private International Law in Hungary: Comments and Translation, Tul. L.Rev. 55 (1980), 63–113;
Jessel, Zur Kodifikation des ungarischen IPR, WGO 1979, 179–183;
Mádl, Lex mercatoria, Unification of Law, the Hague Conventions and Hungary, Fschr. von Overbeck, Freiburg/Schweiz 1990, 287–319;
Mádl, System and Principles of the Hungarian Code of Private International Law, Rev.hell.dr.int. 1991, 227–250;
Mádl/Vékás, Nemzetközi magánjog és a nemzetközi gazdasági kapcsolatok joga (Internationales Privatrecht und das Recht der internationalen Wirtschaftsbeziehungen)[2], 1985;
Mádl/Vékás, On Hungary's First Code of Private International Law (Law-Decree No. 13 of 1979), Hung. L.Rev. 1981 No. 1–2, 4–51 (Text 55–72);
Mádl/Vékás, Über das ungarische IPR-Gesetz in rechtsvergleichender Betrachtung, ZfRV 1982, 266–286 = Acta Jur. 1981, 149–176;
Szigeti, Codification du droit international privé en Hongrie, JDI (Clunet) 1980, 636–643;
Vékás, Zur Kodifikation des ungarischen IPR, JahrbOstR 1979 II, 297–311 (Text 473–494);
Vékás, Zur Kodifikation des ungarischen IPR, NJ 1981, 122 f.;
Zoltan, La nouvelle réglementation hongroise du droit international privé, Rev.int.dr.comp. 1980, 87–100.
Insgesamt zum IPR der früheren **Ostblock-Staaten**: 7. Aufl. S. 223 f.

USA

Älteres Schrifttum:

Beale, Conflict of Laws, I–III, 1935 (ein Kommentar zum ersten Restatement of Conflict of Laws);
Cavers, Contemporary Conflicts Law in American Perspective, Rec. 1970 III, 75–308;
Cavers, The Choice of Law, Selected Essays, 1933–1983, 1985;
Cavers, The Choice-of-Law Process, 1965;
Cheatham/Maier, Private International Law and Its Sources, Vand. L.Rev. 22 (1968), 27–102;
Cook, The Logical and Legal Bases of the Conflict of Laws, 1949;
Currie, Selected Essays on the Conflict of Laws, 1963;
Ehrenzweig, Conflict of Laws, 1962;
Ehrenzweig, Conflicts in a Nutshell[3], 1974;
Ehrenzweig, Private International Law, General Part, 1967;
Ehrenzweig, Specific Principles of Private Transnational Law, Rec. 1968 II, 167–370;
Ehrenzweig, Zum Handwerkszeug des amerikanischen IPR, Beale und sein sog. Restatement, ÖstZöffR 1956, 521–529;
Ehrenzweig/Jayme, Private International Law II, Special Part (Jurisdiction, Judgments, Persons [Family]), 1973, und III, Special Part (Obligations [Contracts, Torts]), 1977;
Ehrenzweig/Luisell/Hazard, Jurisdiction in a Nutshell[4], 1980;
Goodrich/Scoles, Handbook of the Conflict of Laws[4], 1964;
Hay, International versus Interstate Conflicts Law in the United States, RabelsZ 35 (1971), 429–495;
Leflar, American Conflicts Law[3], 1977;
Lorenzen, Selected Articles on the Conflict of Laws, 1947;
von Mehren/Trautman, The Law of Multistate Problems: Cases and Materials on Conflict of Laws, 1965;
Nadelbaum, Conflict of Laws: International and Interstate, Selected Essays, 1972;
Nußbaum, Principles of Private International Law, 1943 (deutsche Übers. mit Erläuterungen von *Hosiosky*: Grundzüge des internationalen Privatrechts, 1952);
Restatement of the Law Second, Conflict of Laws 2 d, I–III, 1971 (dazu *Vischer*, RabelsZ 38 [1974], 128–154);

Stimson, Conflict of Laws, 1963;
Stumberg, Principles of Conflict of Laws[3], 1963.

Neueres Schrifttum:

Brilmayer, Conflict of Laws[2], Boston 1995;
Brilmayer, Conflict of Laws: Cases and Materials[4], Boston 1995;
Cramton/Currie/Kay/Cramer, Conflict of Laws: Cases – Comments – Questions[5], St. Paul, Minn., 1993;
Culp (Hrsg.), Selected Readings on Conflict of Laws, 1956;
Hancock, Studies in Modern Choice-of-Laws: Torts, Insurance, Land Titles, 1984;
Jayme, Neue Kodifikation des IPR in Louisiana, IPRax 1993, 56 (Text 56–58);
Juenger, General Course on Private International Law (1983), Rec. 1985 IV, 119–387;
Martin, Conflict of Laws: Cases and Materials[2], 1984;
McCaffrey, Conflict of Laws, in: *Campbell/Hepperle* (Hrsg.), The U.S. Legal System, 1983, 119–170;
Reese/Rosenberg/Hay, Cases and Materials on Conflict of Laws[9], 1990;
Richman/Reynolds, Understanding Conflict of Laws, 1984;
Scoles/Hay, Conflict of Laws[2], St. Paul, Minn., 1992;
Sedler/Cramton, Sum and Substance of Conflict of Laws[3], 1987;
Siegel, Conflicts in a Nutshell[2], St. Paul, Minn., 1994;
Solimine, Choice of Law in the American Courts 1991, Am.J.Comp.L. 40 (1992) 951–966;
Symeonides, Les grands problèmes de droit international privé et la nouvelle codification de Louisiane, Rev.crit.dr.i.p. 1993, 223–281;
Symeonides, Private International Law Codification in a Mixed Jurisdiction: The Louisiana Experience, RabelsZ 57 (1993), 460–507 (Text 508–516);
Vernon/Weinberg/Reynolds/Richman, Conflict of Laws: Cases, Materials and Problems, New York 1990;
Weintraub, Commentary on the Conflict of Laws[2], 1980.
Jahresberichte über die US-amerikanische Rechtsprechung auf dem Gebiet des IPR werden abgedruckt im Am.J.Comp.L. Die jüngsten stammen von *Symeonides*, in Am.J.Comp.L. 42 (1994), 599–653; 43 (1995), 1–92; 44 (1996), 181–241; 45 (1997), 447–503; 46 (1998), 233–286.

Vereinigte Arabische Emirate

Abu-Salieh, Dispositions relatives au droit international privé dans le code des transactions civiles des Emirats arabes unis, Rev.crit.dr.i.p. 1986, 393–401 (Text 390–393);
Krüger, Grundzüge des internationalen Zivilverfahrensrechts der Vereinigten Arabischen Emirate, RIW 1993, 384–387;
Krüger/Küppers, Das IPR der Vereinigten Arabischen Emirate, IPRax 1986, 389f. (Text 390–392).
Zum IPR der islamischen Länder allgemein oben S. 233.

Vietnam

Wohlgemuth, Vietnam: Internationalverfahrensrechtliche Bestimmungen des Zivilprozeßrechts, StAZ 1993, 22f. (Text 23f.).

IV. Quellensammlungen

Béliard/Riquier/Wang, Glossaire de droit international privé, Brüssel 1993;
Bergmann/Ferid, Internationales Ehe- und Kindschaftsrecht, Iff.[6] (hrsg. von *Henrich*), seit 1983;

Bülow/Böckstiegel/Geimer/Schütze, Der internationale Rechtsverkehr in Zivil- und Handelssachen, erscheint seit 1984;
Ferid/Firsching/Lichtenberger, Internationales Erbrecht, I ff.[4], seit 1993;
Kropholler/Krüger/Riering/Samtleben/Siehr (Hrsg.), Außereuropäische IPR-Gesetze, 1999;
Makarov, Die Quellen des IPR[2], I 1953, II 1960; Quellen des IPR – Nationale Kodifikationen[3] (bearb. von *Kropholler/Neuhaus/Waehler*), 1978;
Riering (Hrsg.), IPR-Gesetze in Europa, 1997;
T. M. C. Asser Instituut, Les Légalisations de Droit International Privé. Conflits de lois et conflits de juridictions, Oslo 1971.

V. Internationalprivatrechts-Vergleichung

Aguilar Benítez de Lugo/Zamora Cabot, Anotaciones a los recientes textos centroeuropeos de Derecho Internacional Privado, Rev.esp.der.int. 1980, 97–122;
Bendermacher-Geroussis, La méthode comparative et le droit international privé, Rev.hell.dr.int. 1979, 54–61;
Francescakis, Droit international privé comparé, in: Répertoire de droit international I (1968), 674–688;
Kahn-Freund, General Problems of Private International Law, Leyden 1976 = Rec. 1974 III, 139–474;
Koch, Rechtsvergleichung im Internationalen Privatrecht. Wider die Reduktion des IPR auf sich selbst, RabelsZ 61 (1997), 624–646;
Kuhn, Comparative Commentaries on Private International Law or Conflict of Laws, 1937;
Marín López, Las características generales del Derecho internacional privado en las recientes codificaciones Europeas, Rev.der.priv. 1996, 281–299;
McClean, A Common Inheritance? An Examination of the Private International Law Tradition of the Commonwealth, Rec. 260 (1996), 9–98;
Mezghani, Droit international privé, Etats nouveaux et relations privées internationales, Tunis 1991;
De Nova, Historical and Comparative Introduction to Conflict of Laws, Rec. 1966 II, 435–621;
von Overbeck, Les questions générales du droit international privé à la lumière des codifications et projets récents, Rec. 1982 II, 9–258;
Rabel, The Conflict of Laws, I[2] 1958, II[2] 1960, III[2] 1964, IV 1958;
Reimann, Conflict of Laws in Western Europe: A Guide through the Jungle, New York 1995 (bespr. von *Borchers*, Am.J.Comp.L. 44 [1996], 387–389);
Schnitzer/Chatelain, Die Kodifikationen des IPR, Eine rechtsvergleichende Übersicht, ZfRV 1984, 276–307;
Schwind, Aspects et sens du droit international privé, Rec. 1984 IV (erschienen 1985), 11–144;
Szászy, Conflict of Laws in the Western, Socialist and Developing Countries, 1974;
International Encyclopedia of Comparative Law III (erscheint in Lieferungen seit 1972);
Rechtsvergleichendes Handwörterbuch, Artikel „Internationales Privatrecht“ (bearb. von *Makarov, Wahl, von Caemmerer, Rheinstein, Ficker, Wolff, Veith, Lewald, von Simon*), IV 1933, 320–542.

Zweiter Teil

Der Allgemeine Teil des internationalen Privatrechts

Schrifttum: *Melchior*, Die Grundlagen des deutschen IPR, 1932; *Lewald*, Règles générales des conflits de lois, 1941; *Wengler*, The General Principles of Private International Law, Rec. 1961 III, 273–469; *Neuhaus*, Die Grundbegriffe des IPR², 1976; *Raape/Sturm*, IPR I⁶, 1977; *Neuhaus*, Entwicklungen im Allgemeinen Teil des IPR, Fschr. Kegel 1977, 23–29; *Keller/Siehr*, Einführung in die Eigenart des IPR³, Zürich 1984 (bespr. z.B. von *Schurig*, FamRZ 1988, 689 f.); *Schwander*, IPR, Allgemeiner Teil, 1985; *Keller/Siehr*, Allgemeine Lehren des IPR, 1986; *Ortiz de la Torre*, Derecho internacional privado, Técnica aplicativa de la regla de conflicto, Madrid 1986; *Hofmann*, A propos de nouvelles règles de la partie générale du droit international privé en R.F.A., en Autriche et en Suisse, Rev.int.dr.comp. 1986, 921–931; *von Bar*, IPR I, 1987; *Sturm*, Die allgemeinen Grundsätze im schweizerischen IPR-Gesetzesentwurf, Eine kritische Analyse, Fschr. Moser, Zürich 1987, 3–23; *Hangartner* (Hrsg.), Die allgemeinen Bestimmungen des Bundesgesetzes über das IPR, St. Gallen 1988; *Knoepfler/Schweizer*, La nouvelle loi fédérale suisse sur le droit international privé (partie générale), Rev.crit.dr.i.p. 1988, 207–235; *Parra-Aranguren*, General Course of Private International Law: Selected Problems, Rec. 1988 III, 9–223 (spanisch: Curso General de Derecho Internacional Privado [Problemas Selectos], Caracas 1991); *Pocar*, Le disposizioni generali sui conflitti di leggi nel progetto italiano di riforma del diritto internazionale privato, Fschr. Schwind, Wien 1993, 117–123; *Moya Escudero*, Reflections on a New Interpretation of Article 12 of the Código Civil, Spanish Yearbook of International Law 2 (1992, gedr. 1996), 3–31; *Siehr*, Structure and Method of the „IPR-Schets“, NIPR spec. 1994, 22–29; *Kegel*, The Conflict-of-Laws Machine – Zusammenhang im Allgemeinen Teil des IPR, IPRax 1996, 309–315; *Meeusen*, Nationalisme en Internationalisme in het Internationaal Privaatrecht, Antwerpen-Groningen 1997.

Teil I betrifft das IPR als Ganzes. Teil II (Allgemeiner Teil des IPR) betrifft typische Problemlagen des internationalen Privatrechts, die in allen Fallkonstellationen auftreten können (und übrigens auch in ausländischen internationalen Privatrechten). Teil III (Besonderer Teil) betrifft die Anknüpfungsfragen der verschiedenen materiellen Rechtsinstitute. Das IPR des Allgemeinen Teils des BGB z.B. (Rechtsgeschäft, Vollmacht u.a.) gehört zum Besonderen Teil des IPR.

§ 6. Anknüpfungsnorm

Die Kollisionsnorm ist eine Anknüpfungsnorm: sie verknüpft einen Sachverhalt mit Rechtssätzen. Zum Beispiel verknüpft Art. 13 I EGBGB die Heirat mit den Heimatrechten der Verlobten, d.h. mit den Rechtssätzen, die sich in diesen Rechtsordnungen mit der Heirat befassen.

I. Arten der Kollisionsnormen

Schrifttum: *Spiro*, Kinds of Conflict Rules S.A.L.J. 96 (1979), 598–606; *Mosconi*, Lex fori v. lex causae?, Riv.dir.int.priv.proc. 1990, 813–820.

Die folgenden Arten von Kollisionsnormen werden zunächst nur vorgestellt. Ihre innere Struktur wird später behandelt.

1. Selbständige und unselbständige Kollisionsnormen

Unter einer *selbständigen* Kollisionsnorm, auch *Hauptnorm* genannt, versteht man eine solche, die ihrem Wortlaut nach genügt, um die auf einen Sachverhalt anwendbaren Rechtssätze zu bezeichnen; zum Beispiel Art. 7 I EGBGB: „Die Rechtsfähigkeit und die Geschäftsfähigkeit einer Person unterliegen dem Recht des Staates, dem die Person angehört."

Unter einer *unselbständigen* Kollisionsnorm oder *Hilfsnorm* versteht man eine solche, die ihrem Wortlaut nach *nicht* genügt, um die auf einen Sachverhalt anwendbaren Rechtssätze zu bezeichnen, zum Beispiel Art. 4 I 1 EGBGB: „Wird auf das Recht eines anderen Staates verwiesen, so ist auch dessen Internationales Privatrecht anzuwenden ..."

Die Unterscheidung beruht nur auf dem *Wortlaut* der Vorschriften. In *Wirklichkeit* sind die selbständigen Kollisionsnormen nicht selbständiger als die unselbständigen: beide ergänzen sich. Die unselbständigen Kollisionsnormen sind vor die Klammer gezogen: sie fallen oft in den Allgemeinen Teil des IPR. Die selbständigen Kollisionsnormen gehören dagegen immer in den Besonderen Teil des IPR.

2. Einseitige und allseitige Kollisionsnormen

Selbständige Kollisionsnormen, die nur sagen, wann *eigenes* Recht anzuwenden ist, nennt man *einseitige* (oder unvollkommene). Selbständige Kollisionsnormen, die außerdem sagen, wann *fremdes* Recht anzuwenden ist, nennt man *allseitige* (oder zweiseitige oder vollkommene). *Einseitige* Kollisionsnormen waren in der alten Fassung des EGBGB häufig (oben S. 183). Auch jetzt gibt es viele, nämlich:

- Art. 9 Satz 2 (Todeserklärung im Inland),
- Art. 10 II 1 Nr. 2, III Nr. 2 (Fälle der Namenswahl),
- Art. 13 II (sachliche Ehevoraussetzungen),
- Art. 13 III 1 (Inlandsform bei Inlandsheirat),
- Art. 16 (Verkehrsschutz gegen ausländisches Ehewirkungsrecht),
- Art. 17 I 2 (deutsches Recht bei Scheidung),
- Art. 17 II (Inlandsscheidung nur durch Gericht),
- Art. 17 III 2 (Versorgungsausgleich),
- Art. 18 V (Unterhalt zwischen Deutschen),
- Art. 23 Satz 2 (Kindeszustimmung),
- Art. 24 I 2 (Betreuung bei Aufenthalt im Inland),
- Art. 25 II (Wahl deutschen Erbrechts),
- bis zum 31. 5. 1999 Art. 38 a.F. (gegen deutsche Schädiger nicht mehr Ansprüche als nach deutschem Recht; vgl. jetzt Art. 40 III).

Einseitig ist z.B. auch der berühmte Art. 3 c.civ. (abgedruckt oben S. 160).

Von *unvollkommen allseitigen* oder *bedingt allseitigen* Kollisionsnormen (oder von allseitigen Kollisionsnormen mit Fallbeschränkung) spricht man, wenn eine selbständige Kollisionsnorm zwar *ausländisches Recht* beruft, aber nicht für alle, sondern nur *für bestimmte Fälle*. Im EGBGB a.F. waren das meist Fälle, die *Deutschland* berührten. Zum Beispiel Art. 25 S. 1: „Ein Ausländer, der zur Zeit seines Todes seinen Wohnsitz im Inlande hatte [Fallbeschränkung!], wird nach den Gesetzen des Staates beerbt, dem er zur Zeit seines Todes angehörte." Ähnlich die alten Fassungen der Art. 7 II, 13 I, 15, 24 III. Eine unvollkommen allseitige Kollisionsnorm mit Beschränkung auf *Auslands*berührung war Art. 24 II a.F. Die Neufassung enthält nur in Art. 7 II (unten S. 493) und Art. 26 V 2 EGBGB unvollkommen allseitige Kollisionsnormen, vielleicht auch in Art. 3 III EGBGB (unten § 12 II).

Die Unterscheidung von einseitigen, allseitigen und unvollkommen allseitigen Kollisionsnormen ist nicht sehr glücklich.

Sie ist einmal *nicht vollständig*. Es gibt z.B. auch *unvollkommen einseitige* Kollisionsnormen, d.h. solche, die die Anwendung deutschen Rechts gebieten, aber nur für bestimmte Fälle. In der alten Fassung waren dies Art. 7 III, 8, 13 II, 14 II, 16, 18 II 1, 19 Satz 2, 20 Satz 2, 22 II 1, 25 Satz 2 EGBGB. Heute sind es Art. 9 Satz 2, 10 II 1 Nr. 2, III Nr. 2, 13 II und 23 Satz 2 EGBGB.

Sie ist sodann *nicht ganz logisch*. Die *einseitigen* Kollisionsnormen würde man besser „eigen"-seitige nennen. Denn sie gebieten nicht die Anwendung eines beliebigen einzelnen Rechts (also gegebenenfalls auch eines ausländischen), sondern die Anwendung gerade des eigenen Rechts. Weiterhin sind die *unvollkommen allseitigen* Kollisionsnormen in Wirklichkeit nicht (unvollkommen) allseitig, sondern nur (unvollkommen) „fremd"-seitig; denn sie handeln unvollkommen nur vom ausländischen, nicht auch vom deutschen Recht.

Die *praktische Bedeutung* der Unterscheidung von einseitigen, allseitigen und unvollkommen allseitigen Kollisionsnormen ist heute recht schmal:

1. *Früher* waren die meisten einseitigen und unvollkommen allseitigen Kollisionsnormen zu allseitigen Kollisionsnormen *„auszubauen"*; denn sie standen als allseitige in den Entwürfen und waren von der IPR-Kommission ohne triftigen Grund gekappt worden (oben S. 183). Auch unter der neuen Fassung kann sich das Problem noch stellen, wenn auch seltener (z.B. bei Art. 7 II, 10 II 1 Nr. 2, 26, 26 IV 2). Früher wie heute ist bei *ausländischen* einseitigen Kollisionsnormen (wie Art. 3 c.civ.) zu entscheiden, ob sie auszubauen sind.
2. Die Unterscheidung von einseitigen und allseitigen Kollisionsnormen führt auf die *rechtspolitische Frage*, ob ein System ein- oder allseitiger Kollisionsnormen den Vorzug verdient (darüber unten V).

3. Exklusivnormen

Schrifttum: *Makarov*, Der Gleichbehandlungsgrundsatz und das IPR, Fschr. Maridakis III, Athen 1964, 231–245; *von Hoffmann*, Der Schutz des Schwächeren bei internationalen Schuldverträgen, RabelsZ 38 (1974), 396–420; *von Bar*, Exklusivnormen und Ausländer unter deutschem Personalstatut, IPRax 1985, 272 f.; *Martiny*, Gemeinschaftsrecht, ordre public, zwingende Bestimmungen und Exklusivnormen, in: *von Bar* (Hrsg.), Europäisches Gemeinschaftsrecht und Internationales Privatrecht, 1991, 211–242 (mit Diskussion 243 f.).

Exklusivnormen nennt man solche einseitigen Kollisionsnormen, die *regelwidrig* die Anwendung des *deutschen Rechts ausdehnen*. Einige fanden sich schon in den Entwürfen (Art. 7 III, 8, 13 III, 16, 17 III, 19 S. 2, 20 S. 2 a.F.), andere hat die IPR-Kommission eingefügt (Art. 12, 14 II, 21 HS 2, 25 S. 2 a.F.), wieder andere sind später geändert worden (Art. 17 III a.F.) oder hinzugekommen (Art. 18 II a.F.). Die meisten von ihnen waren rechtspolitisch bedenklich und deshalb oder aus anderen Gründen nicht zu allseitigen Kollisionsnormen zu erweitern.

Die Grenze zu „ausbaufähigen" einseitigen Kollisionsnormen ist freilich mitunter fließend. Wohl eindeutig um Exklusivnormen handelt es sich heute bei Art. 13 III 1, 17 II und handelte es sich bei Art. 38 a.F. Sie beruhen auf zum Teil überholten ordre public-Vorstellungen. Einseitige Normen des ordre public sind ferner Art. 13 II, 17 I 2, 18 II. Auch soweit diese durchaus ausbaufähige Ansätze enthalten, ist ein Ausbau wohl nicht gewollt. Dasselbe gilt für Art. 10 II 1 Nr. 2, III 2, 18 V, 25 II. Rechtspolitisch sind solche Normen deswegen oft sehr fragwürdig, weil sie auf einer Schieflage der kollisionsrechtlichen Interessenbewertung beruhen.

4. Normvorstufen und Maximen

Kollisionsnormen, die von der allgemeinen Regel abweichen, nennt man **Sondernormen**, auch „besondere Anknüpfungen" oder „Sonderanknüpfungen". Sie sind an sich nichts Ungewöhnliches, denn das Recht besteht aus Regeln und Ausnahmen. Doch wird der Begriff „Sonderanknüpfung" oft mit einer besonderen „unilateralistischen" Betrachtungsweise vom „Anwendungswillen" her verstanden (unten V 2). Auch können solche Normen wegen ihres Inhalts auffallen wie z.B. die Exklusivnormen (oben 3), die den Anwendungsbereich der lex fori ausweiten.

Neben den Sondernormen gibt es halb oder gar nicht entwickelte Normen: **Normvorstufen.** Zu ihnen gehören Beachtungs- und Ausweichklauseln und andere Rechtsfindungsanweisungen (**Maximen**).

a) Beachtungsklauseln

Schrifttum: *Kinsch*, Le fait du prince étranger, Paris 1994 (bespr. von *Muir Watt*, Rev.crit.dr.i.p. 1995, 241–245). Schrifttum zur kollisionsrechtlichen Beachtlichkeit von sog. **Eingriffsnormen** oben S. 132–136.

Nach Art. 32 II EGBGB ist bei Schuldverträgen für die Erfüllung und für Gläubigerhandlungen bei mangelhafter Erfüllung das Recht des Erfüllungsorts, nach § 12 a.F. AGBG war unter bestimmten Umständen deutsches Recht *„zu berücksichtigen"* (unten S. 537, 587). Ebenso *kann* nach Art. 7 I des Römischen Schuldvertragsübereinkommens (oben S. 203, vgl. auch S. 138 f.) zwingenden Vorschriften eines Staates, dessen Recht den Schuldvertrag nicht beherrscht, *Wirkung verliehen werden* (*„effect may be given"*). Gleiche Wendungen gebrauchen Art. 16 des Haager Stellvertretungsabkommens (unten S. 548), Art. 16 II des Haager Trustabkommens (unten S. 519) und Art. 19 des schweizerischen IPR-Gesetzes (vgl. Schrifttum oben S. 245 f.). Ähnlich unklar ist Art. 3 des Haager Minderjährigenschutzabkommens (vgl. unten S. 800–802): ein gesetzliches Gewaltverhältnis nach dem Heimatrecht des Minderjährigen ist „anzuerkennen".

Derartige Normen gehören zu den kläglichsten Produkten gesetzgeberischer Tätigkeit. Hier wälzt der Normgeber nicht nur (wie bei Ausweichklauseln und Maximen) Entscheidungen auf den Richter ab, statt selbst zu entscheiden. Er gibt allenfalls Rechtsanzeichen (unten S. 443), aber auch dies meist nicht in eindeutiger Weise. „Berücksichtigen" kann einfach „anwenden" heißen, auch in dem Sinn, daß nur die tragenden *Grundsätze* anzuwenden sind (wie beim ordre public, unten § 16), oder daß es im *Ermessen* des Rechtsanwenders stehen soll, ob er die Normen anwenden will oder nicht (was verfassungsrechtliche Bedenken hervorrufen kann); es kann auch heißen, daß nur die *tatsächlichen* Auswirkungen in die Rechtsanwendung einzubeziehen sind (oben S. 60, 139).

Der Regierungsentwurf eines deutschen Gesetzes zur Neuregelung des IPR (BT-Drucks. 10/504) wollte mit den übrigen Kollisionsnormen des Römischen Schuldvertragsübereinkommens dessen Art. 7 I als Art. 34 I EGBGB übernehmen (und von einer entsprechenden Vorbehaltsmöglichkeit nicht Gebrauch machen, ebd. S. 14). Dem hat zum Glück der Bundesrat widersprochen (ebd. S. 100 unter Nr. 10) und die Bundesregierung hat zugestimmt (S. 106 unter Nr. 10). Daher findet man Art. 7 I des Schuldvertragsübereinkommens im EGBGB nicht wieder (vgl. auch oben S. 138 f.).

Schrifttum zu Art. 7 I des EWG-Abkommens über internationales Schuldvertragsrecht und der vorangegangenen Entwürfe: **Entwurf** Abkommen über internationales **Schuldrecht:** z. B. *Kegel*, Gedächtnisschr. Ehrenzweig 1976, 83 f. **Entwurf** Abkommen über internationales **Schuldvertragsrecht:** *Hartley*, Eur. L.Rev. 4 (1979), 240 f.; *Blom*, Can. Y. B.Int. L. 18 (1980), 191–193; *Heini*, BerGesVR 22 (1982), 40–42; *Pérez Beviá*, Rev.esp.der.int. 1982, 117–123; *von Overbeck*, Rec. 1982 III (erschienen 1983), 179–185; *Gamillscheg*, ZfA 1983, 342–351, 373; *Treves*, Riv.dir.int.priv.proc. 1983, 38–41; *Beitzke*, RabelsZ 48 (1984), 643–645, *Schurig*, in: *Holl/Klinke* (Hrsg.), Internationales Privatrecht, internationales Wirtschaftsrecht, 1985, 75 f.; *Williams*, Int.Comp. L. Q. 35 (1986), 22–24, 30 f. Siehe auch Schrifttum oben S. 132–136.

b) Programmsätze, Generalklauseln, Ausweichklauseln

Schrifttum: *A. Bucher*, Auslegungsregeln in der neueren Gesetzgebung des schweizerischen IPR, Fschr. Meier-Hayoz 1982, 45–64; *Kreuzer*, Berichtigungsklauseln im IPR, Fschr. Zajtay 1982, 295–331; *von Overbeck*, Rec. 1982 III (erschienen 1983), 186–207; *Dubler*, Les clauses d'exception en droit international privé, Genf 1983; *Campiglio*, L'esperienza svizzera in tema di clausola d'eccezione: l'art. 14 del progetto di riforma del diritto internazionale privato, Riv.dir.int.priv.proc. 1985, 47–88; *Nadelmann*, Choice of Law Resolved by Rules or Presumptions with an Escape Clause,

Am.J.Comp.L. 33 (1985), 297–309; *Batiffol*, Remarques sur l'opposition des directives aux règles en droit international privé, Gedächtnisschr. Giuliano, Padua 1989, 27–36; *Hepting*, Schwerpunktanknüpfung und Schwerpunktvermutungen im internationalen Vertragsrecht – zugleich ein Beitrag zur Beweislast bei der Konkretisierung von Generalklauseln, Fschr. Lorenz 1991, 393–411; *Kreuzer*, Zur Funktion von kollisionsrechtlichen Berichtigungsnormen, ZfRV 1992, 168–192; *Kokkini-Iatridou* (Hrsg.), Les Clauses d'Exception en matière de Conflits de Lois et de Conflits de Juridictions – ou le principe de proximité, Dordrecht 1994 (bespr. von *Muir Watt*, Rev.crit.dr.i.p. 1995, 631–634); *von Overbeck*, L'article 8 du projet néerlandais et la clause d'exception, NIPR 1994, 36–43 (nz); *Pamboukis*, Les clauses d'exception en matière de conflits de lois et de conflits de juridictions, Rev.hell.dr.int. 47 (1994), 475–486; *Schultsz*, De „algemene exceptieclausule" in de IPR-Schets, NIPR Spec. 1994, 30–35 (nz); *Dasser*, Unfallverhütung bei Rechtskollisionen: Ergebnisorientierte Flexibilität im schweizerischen IPRG, Fschr. Heini, Zürich 1995, 103–122; *Schnyder*, Ausweichklausel und Verbraucherschutz – Herausforderung des Schweizer Internationalprivatrechts, in: *Schnyder* u.a. (Hrsg.), Internationales Verbraucherschutzrecht, 1995, 57–73; *Stegemann*, Der Anknüpfungsgesichtspunkt der most significant relationship nach dem Restatement of the Laws; Second; Conflict of the Law 2nd im deutschen internationalen Deliktsrecht und Vertragsrecht, 1995; *Vischer*, Kollisionsrechtliche Verweisung und materielles Resultat. Bemerkungen zur Auslegung der Ausnahmeklausel (Art 15 IPRG), Fschr. Heini, Zürich 1995, 479–495.

Außerdem lesenswert: (öst)OGH IPRax 1995, 326, 327 f.

Oft kann sich der Normgeber nicht zu einer konkreten Entscheidung durchringen. Aber reden will er, und deswegen spricht er eine Leerformel aus, eine *non-rule* (*Ehrenzweig*): maßgeben soll die *„engste Verbindung"* des Falls mit einer Rechtsordnung (gelten soll das Recht des Staates, mit dem der Fall *„most closely connected"* ist). Wenn hierauf auch konkrete Entscheidungen gestützt werden können, haben wir es mit einer **Generalklausel** zu tun. Erlaubt diese, aufgestellte Anknüpfungsregeln im Einzelfall *beiseite zu schieben*, so spricht man von einer **Ausweichklausel** (*clause échappatoire*). Manchmal will der Gesetzgeber auch nur das *Programm* offenlegen, dem die eigentlichen Anknüpfungsnormen folgen, ohne daß dies als Grundlage konkreter Entscheidungen dienen soll. Programmatische Bekenntnisse gehören jedoch erst recht nicht in das Gesetz. Da solche **Programmklauseln** jedenfalls zur Auslegung und Lückenfüllung herangezogen werden können, ist die Grenze zur General- und Ausweichklausel fließend.

Als Beispiel kann hier § 1 I des österreichischen IPR-Gesetzes dienen, dessen Bedeutung für die Rechtsfindung umstritten ist: „Sachverhalte mit Auslandsberührung sind in privatrechtlicher Hinsicht nach der Rechtsordnung zu beurteilen, zu der die stärkste Beziehung besteht". Vgl. dazu die instruktiven Analysen bei *Schwimann*, Grundriß des internationalen Privatrechts, Wien 1982, 54–57, und in der Entscheidung des (öst)OGH IPRax 1995, 326 mit Aufsatz von *W. Lorenz* 329–332.

General- und Ausweichklauseln kann man nach ihrer Funktion im Normensystem in **Haupt**- oder **Hilfsklauseln** unterscheiden. Die ersteren gehen anderen Anknüpfungen vor; diese erscheinen dann lediglich als konkretisierte *Beispiele* oder als bewußt unvollständige Regelungen, die aus der Generalklausel zu *ergänzen* sind. Die zweiten gehen anderen Anknüpfungen nach und „fangen" die Fälle „auf", in denen diese planwidrig nicht angewandt werden können (und man sich mit konkreten Hilfsregeln nicht aufhalten will) oder als in concreto „unpassend" ausnahmsweise beiseite gelassen werden (*Ausweichklauseln* im engeren Sinne). Die Funktion ist ähnlich, der Unterschied liegt weitgehend in der Formulierung.

aa) Hauptklauseln

Wenn die Anrufung der engsten Verbindung anderen Anknüpfungen vorgeht, kann dies aus der Stellung im Gesetz ersichtlich sein, muß es aber nicht.

Vor den konkreten Anknüpfungsnormen steht die Hauptklausel in:

- § 1 I des österreichischen IPR-Gesetzes (wobei fraglich ist, ob und wie weit diese Vorschrift *überhaupt* als Generalklausel selbständig anwendbar ist, vgl. oben S. 258);
- Art. 15 des schweizerischen Bundesgesetzes über das internationale Privatrecht (die Vorschrift steht auf der Grenze zwischen Haupt- und Hilfsklausel):
  „Das Recht, auf das dieses Gesetz verweist, ist ausnahmsweise nicht anwendbar, wenn nach den gesamten Umständen offensichtlich ist, daß der Sachverhalt mit diesem Recht nur in geringem, mit einem anderen Recht jedoch in viel engerem Zusammenhang steht.
  Diese Bestimmung ist nicht anwendbar, wenn eine Rechtswahl vorliegt."
  Dazu z.B. SchweizBG Rev.crit.dr.i.p. 1992, 484 mit Anm. von *Knoepfler*; BGE 121 III, 246.

Zwischen den konkreten Anknüpfungsnormen oder im Anschluß an diese erscheint die Hauptklausel in:

- Art. 46 EGBGB (zum 1. 6. 1999 neu eingeführt):
  „Besteht mit dem Recht eines Staates eine wesentlich engere Verbindung als mit dem Recht, das nach den Art. 43 bis 45 [betr. internationales Sachenrecht] maßgebend wäre, so ist jenes Recht anzuwenden";
- Art. 41 I EGBGB (zum 1. 6. 1999 neu eingeführt):
  „Besteht mit dem Recht eines Staates eine wesentlich engere Verbindung als mit dem Recht, das nach den Art. 38 bis 40 II [betr. gesetzliche Schuldverhältnisse] maßgebend wäre, so ist jenes Recht anzuwenden";
- Art. 4 I 1 des Römischen Übereinkommens über das auf vertragliche Schuldverhältnisse anzuwendende Recht (oben S. 203), den Art. 28 I 1 EGBGB ins deutsche IPR übernommen hat:
  „Soweit das auf den Vertrag anzuwendende Recht nicht nach Art. 3 [im EGBGB: Art. 27] vereinbart worden ist, unterliegt der Vertrag dem Recht des Staates, mit dem er die engsten Verbindungen aufweist";
- Art. 7 I Haager Übereinkommen über das auf *trusts* anzuwendende Recht (oben S. 214):
  „Ist kein anzuwendendes Recht gewählt worden, so unterliegt der *trust* dem Recht, mit dem er die engsten Verbindungen aufweist";
- Art. 117 I des schweizerischen IPR-Gesetzes:
  „Bei Fehlen einer Rechtswahl untersteht der Vertrag dem Recht des Staates, mit dem er am engsten zusammenhängt".

Den letztgenannten vier Klauseln folgen noch Einzelanknüpfungen, z. B. Art. 41 II EGBGB: „Eine wesentlich engere Verbindung kann sich insbesondere ergeben ...". Diese sind oft ausdrücklich als „Vermutungen" engster Verbindung aufgemacht. Z. B. „wird vermutet, daß der Vertrag die engsten Verbindungen mit dem Staat aufweist, in dem die Partei, welche die charakteristische Leistung zu erbringen hat, im Zeitpunkt des Vertragsabschlusses ihren gewöhnlichen Aufenthalt oder, wenn es sich um eine Gesellschaft, einen Verein oder eine juristische Person handelt, ihre Hauptverwaltung hat" (Art. 4 II Römisches Abkommen; Art. 28 II 1 EGBGB; ähnlich Art. 117 II des schweizerischen IPR-Gesetzes). Im Haager *trust*-Abkommen sind die aufgeführten

Einzelumstände „zu berücksichtigen" (Art. 7 II). Die Ängstlichkeit kann derart weit gehen, daß den Vermutungen noch eine Hauptausweichklausel nachgeschickt wird, die am *Ende* steht. So sagt (im Anschluß an Art. 4 V 2 des Römischen Abkommens) Art. 28 V EGBGB:

„Die Vermutungen nach den Absätzen 2, 3 und 4 gelten nicht, wenn sich aus der Gesamtheit der Umstände ergibt, daß der Vertrag engere Verbindungen mit einem anderen Staat aufweist."

Solche Hauptausweichklauseln sind auch in vielen Kollisionsregeln des amerikanischen Zweiten Restatement of Conflict of Laws (oben S. 179f.) enthalten. Es benutzt zunächst Generalklauseln, z. B. für Delikte § 145 I: „The rights and liabilities of the parties with respect to an issue in tort are determined by the local law of the state which, with respect to that issue, has the most significant relationship to the occurrence and the parties under the principles stated in § 6" (dazu oben aaO). In §§ 146–155 folgen Regeln für einzelne Delikte, die meist das Tatortrecht berufen und mit einer Endhauptklausel einschränken, die lautet: *„unless, with respect to the particular issue, some other state has a more significant relationship under the principles stated in § 6 to the occurrence and the parties, in which event the local law of the other state will be applied"*.

Eine solche *„unless"*-Klausel bringen auch Art. 6 II des römischen Schuldvertragsabkommens und ihn übernehmend Art. 30 II EGBGB:

„Mangels einer Rechtswahl unterliegen Arbeitsverträge und Arbeitsverhältnisse dem Recht des Staates, [...], es sei denn, daß sich aus der Gesamtheit der Umstände ergibt, daß der Arbeitsvertrag oder das Arbeitsverhältnis engere Verbindungen zu einem anderen Staat aufweist; in diesem Fall ist das Recht dieses anderen Staates anzuwenden."

bb) Hilfsklauseln

Hilfsklauseln bieten für den Fall, daß eine an sich vorgesehene Regel-Anknüpfung *ausfällt*, statt einer Ersatzanknüpfung die Maxime der „engsten Verbindung". Beispiele:

- Art. 4 III 2 EGBGB: „Fehlt [in dem Staat, dessen Recht räumlich gespalten ist, so daß unter den Teilrechtsordnungen gewählt werden muß] eine solche Regelung, so ist die Teilrechtsordnung anzuwenden, mit welcher der Sachverhalt am engsten verbunden ist";
- Art. 5 I 1 EGBGB: „Wird auf das Recht eines Staates verwiesen, dem eine Person angehört, und gehört sie mehreren Staaten an, so ist das Recht desjenigen dieser Staaten anzuwenden, mit dem die Person am engsten verbunden ist..." (es folgen die dabei vorrangig zu beachtenden Merkmale);
- Art. 14 I EGBGB: „Die allgemeinen Wirkungen der Ehe unterliegen... [wenn Staatsangehörigkeit und gewöhnlicher Aufenthalt ausfallen] 3. dem Recht des Staates, mit dem die Ehegatten auf andere Weise gemeinsam am engsten verbunden sind";
- Art. 48 II des schweizerischen IPR-Gesetzes: „Haben die Ehegatten ihren Wohnsitz nicht im gleichen Staat, so unterstehen die ehelichen Rechte und Pflichten dem Recht des Wohnsitzstaates, mit dem der Sachverhalt in engerem Zusammenhang steht";
- Art. 4 III des Haager Ehegüterstandsabkommens (oben S. 214, unten S. 738): „If the spouses do not have their habitual residence in the same State, nor have a common nationality, their matrimonial property regime is governed by the internal law of the State with which, taking all circumstances into account, it is most closely connected";
- Art. 6 III des Haager Stellvertretungsabkommens (oben S. 214, unten S. 547): „Where the principal or the agent has more than one business establishment, this Article refers to the establishment with which the agency relationship is most closely connected";
  ganz ähnlich Art. 11 III des Abkommens, wo es um Wirkungen gegenüber Dritten geht.

cc) Bewertung

Aufgabe *jeder* Norm des IPR ist, die jeweils engste Verbindung zu bestimmen. Wenn der Gesetzgeber das nicht kann, sollte er schweigen und Rechtsprechung und Lehre das Füllen der Lücken überlassen. Klauseln der hier behandelten Art sind darum meist nichts anderes, als die positiv „verpackte" Erklärung des Gesetzgebers, daß er für diese Fälle selbst *keine* Regelung vorgesehen hat: eine planmäßige Lücke, kaschiert durch eine Scheinregelung. Insbesondere wirkt es sehr unsicher, wenn das Gesetz Anknüpfungen nennt, dann aber ängstlich die „engere Verbindung" vorgehen läßt. Zwar ist dem IPR mit seiner geringeren Regelungsdichte eine Korrekturmöglichkeit immanent; doch haben bestehende Regeln ein eigenes Gewicht, weil von ihnen ein Ordnungsinteresse an kontinuierlicher Rechtsanwendung ausgeht (unten S. 270f.). Dieses Gewicht wird durch solche Klauseln unnötig geschwächt. Vgl. auch (öst)OGH IPRax 1995, 326, 328.

Rechtsprechung und Schrifttum dürfen die „engste Verbindung" anrufen, um an die Ziele kollisionsrechtlicher Normbildung zu erinnern oder rechtspolitisch falsche Anknüpfungen zurückzuweisen. Vgl. z.B. unten S. 365f., 396f., 407 a.E.

5. Selbstbegrenzte („selbstgerechte") Sachnormen

Es gibt Sachnormen, die sich hinsichtlich ihres räumlichen Geltungsbereichs nicht wie sonst vollständig auf die Regeln des IPR verlassen, sondern eigene Anordnungen dazu treffen. Man nennt sie „autolimitierte Sachnormen", *„norme sostanziali autolimitate"* (*De Nova*), „Normen mit eigener Bestimmung ihres räumlich-persönlichen Anwendungsbereichs" (*Siehr*), „selbstgerechte Sachnormen" (*Kegel*) oder auch *„unmittelbar"* (d.h. ohne Zwischenschaltung des IPR) anwendbare Normen, *„lois d'application immédiate"* (*Francescakis*).

Z. B. sagt § 92c I n.F. HGB: „Hat der Handelsvertreter seine Tätigkeit für den Unternehmer nach dem Vertrag nicht innerhalb des Gebietes der Europäischen Gemeinschaft oder der anderen Vertragsstaaten des Abkommens über den Europäischen Wirtschaftsraum auszuüben, so kann hinsichtlich aller Vorschriften dieses Abschnitts etwas anderes vereinbart werden." Zu diesen Vorschriften gehört § 89b n.F. HGB. Nach dessen Absätzen 1–3 hat der Vertreter bei Vertragsende grundsätzlich einen Ausgleichsanspruch, und dieser kann nach Abs. 4 Satz 1 nicht abbedungen werden.

Solche selbstbegrenzten Sachnormen darf man nicht alle über einen Kamm scheren. Zunächst muß danach unterschieden werden, ob die Bestimmung des räumlichen Anwendungsbereichs *sachrechtlicher* oder *kollisionsrechtlicher* oder aus beiden *kombinierter* Natur ist. Dazu (und zum diesbezüglichen „Alternativentest") oben § 1 VIII 1.

Z.B. könnte man § 92c HGB so verstehen: Wenn der Vertreter innerhalb des Europäischen Wirtschaftsraums zu arbeiten hat, bleibt (unter anderem) § 89b HGB auch dann anwendbar, wenn die Parteien ein Recht wählen, das den Ausgleichsanspruch nicht kennt oder ausschließen läßt. § 92c enthielte dann eine *sachrechtliche* (bei Tätigkeit *außerhalb* des Europäischen Wirtschaftsraums ist nach deutschem Recht Abbedingung möglich) wie auch eine *kollisionsrechtliche* (bei Tätigkeit innerhalb des Europäischen Wirtschaftsraums kann kein anderes Recht vereinbart werden) räumliche Anwendbarkeitsregelung. Der BGH hat freilich letzteres für § 92c I a.F. abgelehnt (NJW 1961, 1061). Zu § 244 BGB oben S. 56f.

Enthält eine Sachnorm eine ihr speziell zugeordnete kollisionsrechtliche Entscheidung, dann stellt sich immer die Frage, ob diese nicht zu einer vollständigen Kollisionsnorm verallgemeinert werden kann: *sachlich*, indem man ähnliche Fälle einbezieht – z.B., sofern man aus § 92c I n.F. HGB eine kollisionsrechtliche Entscheidung herausliest, indem man den Eigenhändler (Vertragshändler) dem Handelsvertreter gleichstellt – und *räumlich*, indem man ausländische Sachnormen entsprechend anknüpft, d.h. eine allseitige Kollisionsnorm bildet (unten II 2), z.B. indem man bei einem ausländischen Tätigkeitsbereich des Handelsvertreters nicht zuläßt, daß zwingendes Ortsrecht durch Wahl eines anderen Rechts ausgeschaltet wird.

Auch wenn einer Sachnorm keine ausdrückliche Sonderkollisionsnorm beigefügt ist, kann es sein, daß man eine für sie *entwickeln* muß, weil sie kollisionsrechtliche Interessen auf den Plan ruft, die in den vorhandenen Kollisionsnormen nicht berücksichtigt sind (unten S. 269f.).

Dagegen gibt es kein Sachrecht, das *unabhängig* vom IPR anzuwenden wäre, was in der Lehre von den lois d'application immédiate ursprünglich behauptet, später aber wieder aufgegeben wurde (näher *Schurig* 317–322). Es kann nur den *allgemeinen* allseitigen Kollisionsnormen entzogen und einer speziellen unterworfen sein, dann legt diese die Anknüpfung fest. Keine Sachnorm ist allein wegen ihres Gehalts an „sozialem Öl" (*Kahn*) *immer* anzuwenden, und per se „international zwingendes Recht" existiert nicht.

II. Der Aufbau einer selbständigen Kollisionsnorm

Schrifttum: *Rabel*, RabelsZ 5 (1931), 243–245 und Conflict of Laws I[2] 47–52; *Neuner*, RabelsZ 8 (1934), 81–86, *Kegel*, Der Gegenstand des internationalen Privatrechts, Fschr. Raape 1948, 13–33; *W. Goldschmidt*, ÖstZöffR 4 (1952), 121–133 und Sistema y filosofía del derecho internacional privado I[2], 1952, 225–240; *Falconbridge*, Essays on the Conflict of Laws[2], 1954, 37–49; *Betti*, Problematica del diritto internazionale, 1956, 165–181; *Alfonsin*, Contribution à l'étude de la relation juridique en droit international privé, Mélanges Maury, Paris 1960, I 27–37; *Vallindas*, La structure de la règle de conflit, Rec. 1960 III, 327–380; *Trammer*, Réflexions sur la structure de la règle de conflit du droit international privé, Fschr. Schmitthoff 1973, 367–373; *Neuhaus* 100–104, 118–122; *B. Ancel*, Les conflits de qualifications à l'épreuve de la donation entre époux, Paris 1977, 193–259; *Schurig* 78–106; *Rigaux*, Les notions à contenu variable en droit international privé, in: *Perelman/Vander Elst* (Hrsg.), Les notions à contenu variable en droit, Brüssel 1984, 237–249; *Keller/Siehr* 254–261, 427–433; *W. Goldschmidt*, Derecho internacional privado[5], 1985, 79–86; *Dörner*, Qualifikation im IPR – ein Buch mit sieben Siegeln?, StAZ 1988, 345–352 (346–350); *Alvarez González*, Objeto del Derecho internacional privado y especialización normativa, Rev.der.priv. 1995, 768–797; *Kropholler*[3] 89–91.

1. Die innere Struktur der Verweisungsnorm

Als Beispiel für den Aufbau einer selbständigen Kollisionsnorm diene Art. 25 I EGBGB: „Die Rechtsnachfolge von Todes wegen unterliegt dem Recht des Staates, dem der Erblasser im Zeitpunkt seines Todes angehörte."

Jede Norm hat einen *Tatbestand* und eine *Rechtsfolge*.

Vom Tatbestand verschieden ist der *Sachverhalt*. Sachverhalt ist ein *einzelnes* (individuelles, konkretes) Stück der Wirklichkeit (z.B. der Österreicher A ist gestorben, hinterläßt einen Sohn und bestimmtes Vermögen). Tatbestand ist eine *Gattung* von Wirklichkeitsstücken (*jemand* hinterläßt Kinder und Vermögen). Diese Gattung hat zwei Besonderheiten:

a) sie ist in einer Norm beschrieben (z. B. Art. 25 I: „Die Rechtsnachfolge von Todes wegen");
b) die ihr entsprechenden Sachverhalte werden von der Norm mit einer Rechtsfolge versehen (z. B. Art. 25 I: „unterliegt dem Recht des Staates, dem der Erblasser im Zeitpunkt seines Todes angehörte").

Die *Rechtsfolge* wird als eine *Gattung* von Wirkungen in einer Norm beschrieben (z.B. Art. 25 I: „unterliegen dem Recht des Staates, dem der Erblasser im Zeitpunkt seines Todes angehörte"). Wie der konkrete Sachverhalt auf den abstrakten Tatbestand projiziert wird (*Subsumtion*), so muß die abstrakte Rechtsfolge auf die im konkreten Einzelfall zurückgeführt werden („also ist österreichisches Erbrecht anzuwenden"); zu dieser Umsetzung *Schurig* 88 f. Man hat diesen letzteren Vorgang „Desumtion" genannt; durchgesetzt hat sich diese Bezeichnung allerdings bisher nicht.

Aus welchen Elementen der *Tatbestand einer Kollisionsnorm* besteht und was ihre *Rechtsfolge* ist, läßt sich am besten erkennen, wenn man analysiert, wie eine Verknüpfungsnorm im *Einzelfall* funktioniert. Jede Norm *bewirkt* etwas unter bestimmten *Voraussetzungen*. Zu dem Voraus-Gesetzten gehört alles, ohne dessen Vorhandensein die spezielle Rechtswirkung nicht eintreten würde; es bildet den *Tatbestand* und im tatsächlichen Bereich den *Sachverhalt*. Das *Bewirkte*, das gerade durch Anwendung der konkreten Norm rechtliche Wirklichkeit wird, bildet den zweiten Teil, die *Rechtsfolge*. Daraus ergibt sich, daß alles, was aus dem realen Sachverhalt nicht weggedacht werden kann, ohne daß auch die Rechtsfolge der Norm entfiele, in deren Tatbestand seine Entsprechung finden muß.

Für den einfachen Fall, daß ein Österreicher stirbt, ohne testiert zu haben, bei uns Vermögen hinterläßt und von einem einzigen Kind überlebt wird, verweist uns Art. 25 I EGBGB auf österreichisches Recht und beruft dort § 732 ABGB, dem zufolge das Kind allein erbt.

Genau genommen verweist freilich Art. 25 I auf die österreichische Kollisionsnorm, und *diese* beruft das österreichische Erbrecht, unten § 10 II. Aber der Verweisungsvorgang auf eine fremde Sachnorm oder Kollisionsnorm ist strukturell der gleiche, und darum kann der Zwischenschritt hier einstweilen aus der Betrachtung ausgeschlossen bleiben.

Analysiert man den Vorgang unter den genannten Gesichtspunkten, so zeigt sich: Vorausgesetzt ist zunächst der *zivilrechtliche Sachverhalt*, der für eine Subsumtion unter die „berufene" Bestimmung zumindest „in Frage kommt". Ohne einen solchen Sachverhalt (oder ein solches „Lebensverhältnis") wäre es zu einer Berufung dieser Bestimmung gar nicht erst gekommen. Vorausgesetzt ist ferner das *Anknüpfungsmoment*: die österreichische Staatsangehörigkeit; erst sie führt weiter zu der anzuwendenden Bestimmung. Vorausgesetzt ist aber auch die *Existenz der berufenen Sachnorm*. Diese kann gar nicht zur Rechtsfolge der Kollisionsnorm gehören (wie manche meinen, etwa *Rabel, W. Goldschmidt, Betti*); denn das bedeutete, daß sie durch jene praktisch erst „geschaffen" würde. Sie wird aber nur vorgefunden und ausgewählt. Und schließlich wird vorausgesetzt, daß die Norm in Österreich „gilt"; dieses „Gelten" erweist sich als das *Anknüpfungsmoment für die Sachnorm.*

Die *Rechtsfolge* ist das Bewirkte: Es wird eine rechtliche Beziehung hergestellt zwischen den bislang isolierten Tatbestandsteilen Sachverhalt mit Anknüpfungsmoment zu einem bestimmten Staat und Sachnorm mit Anknüpfungsmoment zu demselben Staat, indem konkret angeordnet wird, daß diese Sachnorm auf diesen Sachverhalt anzuwenden ist.

Ein anderes Beispiel: Ein Deutscher wird in Frankreich von einem Franzosen schuldhaft verletzt und verlangt Schadensersatz. Unsere (bislang ungeschriebene, jetzt in Art. 40 I EGBGB enthaltene) Kollisionsnorm beruft französisches Recht als Recht des Tatorts. Vorausgesetzt werden wieder vier Elemente: der zivilrechtliche Sachverhalt, der für einen Deliktsanspruch „in Frage kommt" (1) nebst seiner Verknüpfung, dem Tatort in Frankreich (2), die Existenz einer Sachnorm, die aufgrund dieses Sachverhalts einen Anspruch gibt (3) nebst deren Geltung in Frankreich (4). *Bewirkt* wird wiederum die Anwendung dieser Sachnorm auf diesen Sachverhalt.

Wie ist es jedoch, wenn auf eine bestimmte Rechtsordnung verwiesen wird, das konkrete Lebensverhältnis aber den Tatbestand der „berufenen" Sachnorm *nicht* erfüllt, etwa nach französischem Recht kein Anspruch gegeben, nach berufenem Eherecht eine Ehe nicht wirksam geschlossen ist? Wird dann die entsprechende Sachnorm gleichwohl „berufen", nur durch den (materiellen) Sachverhalt nicht erfüllt, oder wird sie gar nicht erst berufen, weil ein entsprechender subsumierbarer Sachverhalt schon zu den „Voraussetzungen" – somit zum Tatbestand – der Kollisionsnorm gehört?

Zu den materiellen Rechtsnormen einer Rechtsordnung gehören als Gegenstücke entsprechende *Negativnormen*. In ihrer differenzierteren Form ordnen diese an, was geschieht, wenn Tatbestandsteile nicht erfüllt sind (Anfechtbarkeit, Vernichtbarkeit u.ä.). In ihrer einfachsten Form ordnen sie an, daß für den Fall der Nichterfüllung von Tatbeständen die Rechtsfolge *nicht* eintritt. Solche Normen sind oft so selbstverständlich, daß sie unausgesprochen bleiben. Ebenso wie die differenzierteren Folgenregeln haben sie aber den Charakter von Sachnormen. Sie sind immer dann anzuwenden, wenn der Tatbestand der betreffenden Rechtsnorm *nicht* erfüllt ist (und wenn keine modifizierten Rechtsfolgen vorgesehen sind), und sie sind es auch, die *kollisionsrechtlich* in diesen Fällen berufen werden.

Fehlt eine entsprechende Regel überhaupt, so kann dahinter ebenfalls eine entsprechende Sachnorm stehen. So haben sich die Rechtsordnungen, die eine Scheidung der Ehe nicht „kennen", in Wahrheit für den Satz entschieden: eine Scheidung ist nicht möglich. Die Verweisung kann aber auch ins Leere gehen: Wird z.B. irisches Recht für die Regelung der Kindessorge nach Scheidung berufen, dann findet man solche Regeln nicht, weil eine Scheidung nicht vorgesehen ist. Das heißt aber nicht, daß eine Regelung des Sorgerechts *verboten* ist, wenn es doch zu einer Scheidung gekommen ist. Vielmehr ist dies ein echter Fall von Normenmangel, der über die *Angleichung* (unten § 8) zu lösen ist. Vgl. näher *Schurig* 85–87; etwas anders *Kegel* in 7. Aufl. S. 237 f.

Die kollisionsrechtliche Anknüpfungsnorm setzt also die folgenden *Elemente* voraus, die damit ihren **Tatbestand** ausmachen: 1. Einen *materiellrechtlichen Sachverhalt* mit 2. einem *Anknüpfungsmoment* zu einem bestimmten Rechtsgebiet, 3. einen *Sachrechtssatz* (der auch ein Negativsatz sein kann), dessen Tatbestand durch den Sachverhalt (zu 1) erfüllt wird (der also „sachlich" anwendbar wäre) mit 4. einem *Anknüpfungsmoment*, nämlich der „Geltung" in dem Rechtsgebiet (zu 2). Die **Rechtsfolge** ist die *Anwendung dieses Rechtssatzes auf den Sachverhalt*, nicht die Entscheidung in der Sache selbst (die ist Rechtsfolge des berufenen Sachrechts).

Die kollisionsrechtliche Rechtsfolge befindet sich damit auf einer Abstraktionsebene oberhalb der sachrechtlichen Rechtsfolge.

Art. 25 I EGBGB könnte also so formuliert werden:
Tatbestand: „Kommt eine Rechtsnachfolge von Todes wegen in Betracht und gehörte der Verstorbene im Zeitpunkt seines Todes einem Staate an und gibt es Sachnormen über die Rechtsnachfolge von Todes wegen mit Geltung in dem Staate, dem der Verstorbene im Zeitpunkt seines Todes angehörte,"
Rechtsfolge: „so finden diese Sachnormen auf diese Rechtsnachfolge von Todes wegen Anwendung."

Dies beantwortet auch die Frage nach dem *Gegenstand* des internationalen Privatrechts. Es sind *sowohl* Sachverhalte (Lebensverhältnisse) *wie auch* Rechtsnormen, da beide im Tatbestand vorkommen und in der Rechtsfolge miteinander verknüpft werden.

Gegenstand sind also nicht – wie unter der Statutentheorie und z. T. später noch angenommen – allein die (zuzuordnenden) **Rechtsnormen**. Auch ein **Rechtsverhältnis** ist es nicht: ein *konkretes* deshalb nicht, weil das berufene Sachrecht erst ergibt, ob und wie es zustandekommt (zu Savignys möglicher Sicht oben S. 165 f.), und ein *abstraktes* nicht, weil dieses das „subjektive Korrelat" bestimmter Rechtsregeln ist, um deren Anwendungsbereich es dann wieder allein ginge. Die Gegenposition sieht als Gegenstand der Kollisionsnormen ein **Lebensverhältnis** (*Raape, Wolff*). Aber mit dieser Annahme unterschätzt man wieder den Stellenwert des Rechtlichen. Auch wenn die Kollisionsnorm nicht abhängig ist von der Existenz eines – konkreten oder abstrakten – Rechtsverhältnisses, setzt sie doch zumindest die Existenz bestimmter Rechtsregeln voraus. Und wenn das IPR „die Lebenssachverhalte zur rechtlichen Beurteilung zuweist" (*Rabel*), dann doch nicht irgendwelche, sondern bereits rechtlich gefärbte.

Viele erblicken den Gegenstand der Kollisionsnorm in einer **„Rechtsfrage"**, z. B. in der Frage, welches Recht für die Scheidung gilt (*Zitelmann, Lewald, Neuhaus, Gamillscheg, Falconbridge* u. a.). Das trifft zu, führt aber nicht weiter, weil unklar bleibt, *welche* Rechtsfrage gemeint ist (wohl eher die sachrechtliche, was einer Kombination von Sachverhalt und Rechtsnorm in der Sache entspräche). Zum ganzen näher *Schurig* 79–83.

2. Kollisionsnormbildung durch „Bündelung"

Schrifttum: *Schurig* 89–108; *Schurig*, Lois d'application immédiate und Sonderanknüpfung zwingenden Rechts, in: *Holl/Klinke* (Hrsg.), Internationales Privatrecht, Internationales Wirtschaftsrecht, 1985, 54, 61–63; *Schurig*, Zwingendes Recht, „Eingriffsnormen" und neues IPR, RabelsZ 54 (1990), 217, 231 f.; *Mäsch*, Rechtswahlfreiheit und Verbraucherschutz, 1993, 145 f.; *Mankowski*, Seerechtliche Vertragsverhältnisse im Internationalen Privatrecht, 1995, 342 f.; *Mankowski*, Art. 34 EGBGB erfaßt § 138 BGB nicht!, RIW 1996, 8, 9; *Mankowski*, Keine Sonderanknüpfung deutschen Verbraucherschutzrechts über Art. 34 EGBGB, DZWiR 1996, 273, 275; *Brüning*, Die Beachtlichkeit des fremden ordre public, 1997, 173–176, 269 f.; *Wördemann*, International zwingende Normen im Internationalen Privatrecht des europäischen Versicherungsvertrages, 1997 (insbes. S. 100–105 und passim).

Die Analyse des Funktionierens einer Anknüpfungsnorm in einem konkreten Fall hat gezeigt, daß die tatsächliche und die normative Seite zugleich in ihrem Tatbestand enthalten sind, daß beide als Rechtsfolgen lediglich miteinander *verknüpft* werden. Hier wird deutlich, daß es keinen qualitativen Unterschied gibt, der vom Ansatz beim Sachverhalt oder bei der Sachnorm abhängt, daß beide Ansätze vielmehr „symmetrisch" sind. Ob man sagt, „der Erbfall nach einem Österreicher ist nach österreichischem Erbrecht zu beurteilen" oder „österreichisches Erbrecht ist anzuwenden, wenn der Erblasser Österreicher war", ist ein und dasselbe. Wichtig ist nur, daß der Normsetzer *selbst* (autonom) entscheidet, wann österreichisches Erbrecht anzuwenden ist, und nicht – jedenfalls nicht primär – nach dem „Anwendungswillen" fragt. Der (autonome) Ansatz beim fremden Gesetz und der (unilateralistische, unten V) beim „Anwendungswillen" eines fremden Gesetzes sind *nicht* dasselbe.

Die Umkehrbarkeit des Ansatzes ist allerdings nicht ohne weiteres erkennbar bei den herkömmlichen allseitigen Kollisionsnormen. Denn diese setzen zwar bei einem Sachverhalt („Lebensverhältnis", „Rechtsverhältnis") an, umschreiben diesen aber in *allgemeiner* Art („Rechtsfolge von Todes wegen" kann viele konkrete „Rechtsfragen" betreffen, vgl. unten § 21 II) und verweisen auf unüberschaubar viele Normen in (fast) unüberschaubar vielen Staaten. Es gibt also einen Sachverhalts-*Rahmen* mit (offener) Anknüpfung zu einem bestimmten Rechtsgebiet und einen Sachnormen-Rahmen mit (ebenfalls offener) Anknüpfung zu diesem Rechtsgebiet.

Man kann jedoch die oben S. 265 geschilderte Zuweisung *einer* Sachnorm zu *einem* Sachverhalt, die in der allseitigen Kollisionsnorm enthalten ist, als deren kleinstes Element ansehen. Dann besteht die allseitige Kollisionsnorm aus einer großen Menge solcher *Element-Kollisionsnormen* mit der *wir* (autonom) jeder „erbrechtlichen" Norm auf der Welt potentiell ihren Anwendungsbereich zuschreiben und die in ihr nach bestimmten Kriterien zusammen-**„gebündelt"** sind.

Natürlich ist dies – wie die physikalische Atomtheorie – nur als *Modell* zu verstehen.

Von diesen Elementen her können wir ohne weiteres den allseitigen Satz „Wenn ein Erbfall zu beurteilen ist (‚Lebensverhältnis'), dann wenden wir die Erbgesetze aus dem Heimatrecht des Erblassers an" auffächern in viele, bei den jeweiligen Gesetzen ansetzende Kollisionsnormen: „Das chinesische (spanische, polnische) Erbgesetz ist anzuwenden, wenn die Beerbung eines Chinesen (Spaniers, Polen) zu beurteilen ist". Wir legen also nicht nur fest, welches „Lebensverhältnis" wir nach welchen Gesetzen beurteilen, wir legen *zugleich* fest, wann welche *Gesetze* (aus *unserer* Sicht und gegebenenfalls versehen mit *unserem* imperativen Element, dem Anwendungsbefehl) anwendbar sein sollen. Diese Zuweisung eines Anwendungsbereichs für ausländische Normen ist die untrennbare andere Seite der Bestimmung eines auf einen Sachverhalt anwendbaren Rechts.

So aufgefächert lassen sich auch allseitige Kollisionsnormen vom Ansatz her umkehren:

„Chinesisches (polnisches, spanisches . . .) Erbrecht ist anzuwenden, wenn der Erblasser Chinese (Pole, Spanier . . .) war"

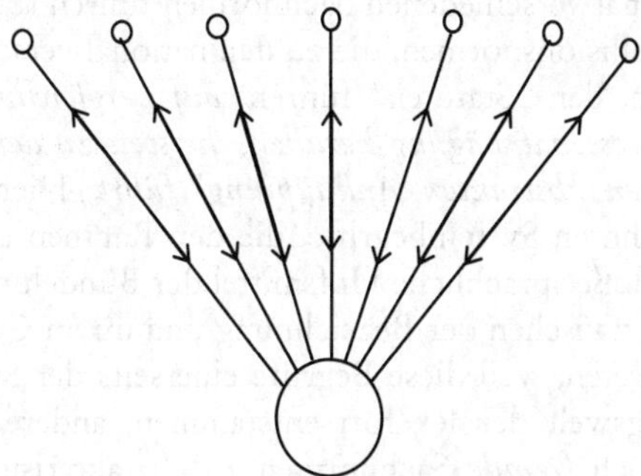

„Erbfälle sind nach dem Heimatrecht des Erblassers zu beurteilen."

Es handelt sich also um die Zuweisung eines Geltungsbereiches für bestimmte inhaltlich zusammengehörige und darum in *einer* Kollisionsnorm *„gebündelte"* Normen des jeweiligen Staates. Man kann dies **sachliche** oder **„vertikale"** (weil auf den systematischen Zusammenhang bezogen) Bündelung nennen. Gleichzeitig werden in der allseitigen Norm zusammengenommen die Verweisungen auf entsprechende Sachnormengruppen in *allen* Ländern: Es kommt also eine **internationale** oder **„horizontale"** Bündelung hinzu.

Für die Frage, welche „Elementkollisionsnormen" in einer umfassenden Kollisionsnorm zusammengeschlossen werden, spielen wieder die **kollisionsrechtlichen Interessen** eine entscheidende Rolle. Diese sind also nicht nur innerer Grund für die Wahl des Anknüpfungsmoments, sondern auch *Bündelungskriterien.* Die Zusammenfassung unter einen Systembegriff gibt nur den äußeren Rahmen; entscheidend ist, daß unter ihm solche Anknüpfungen (zunächst für eigene Sachnormen) „vertikal" zusammengefaßt werden, die *auf einer vergleichbaren kollisionsrechtlichen Interessenabwägung beruhen, welche stets zu demselben Ergebnis (zu derselben abstrakten Anknüpfung) führt.* Sie bilden das jeweilige *Statut* (unten S. 384–386).

So ist in bezug auf alle Vorschriften, die unter das „Erbstatut" fallen, die kollisionsrechtliche Interessenabwägung zu dem Ergebnis gelangt, daß die Parteiinteressen des *Erblassers* den Ausschlag geben müssen: alle diese Bestimmungen werden angewandt, wenn der Erblasser die Staatsangehörigkeit des betreffenden Staates hatte; daher ist eine vertikale Bündelung in diesem weiten Umfang möglich (zu Ausnahmen unten § 21). Im Familienrecht werden die Interessen dagegen unterschiedlich bewertet bei den Ehewirkungen allgemeiner (Art. 14 EGBGB) und güterrechtlicher (Art. 15 EGBGB) Art, bei der Scheidung (Art. 17 EGBGB), der Kindschaft (Art. 19–23 EGBGB). Nur in diesen jeweiligen Gruppen konnten daher die auf die einzelnen Sachnormen bezogenen Element-Kollisionsnormen gebündelt werden.

Bei allseitigen Kollisionsnormen wird diese Methode nun auf „entsprechende" Normen in *anderen* Rechtsordnungen übertragen. Die Kriterien sind aber dieselben: Entscheidend ist wieder, daß die auf das *ausländische* Recht bezogenen Element-Kollisionsnormen, die zu den einzelnen national verschiedenen Sachnormen führen (bzw. die vertikal gebündelten Kollisionsnormen, die zu den national verschiedenen Sachnormengruppen, den „Statuten" führen) *auf vergleichbarer kollisionsrechtlicher Interessenabwägung beruhen, die stets zu demselben Ergebnis (zu derselben abstrakten Anknüpfung) führt.* Hier sind die dem Sachrecht entlehnten Systembegriffe, die den Rahmen abstecken, noch deutlicher als bloße sprachliche Hilfsmittel der Bündelung zu erkennen; die Diskrepanz zwischen der Bezeichnung und ihrem Gegenstand kann stärker hervortreten, weil diese Begriffe einerseits der Sprache und damit Vorstellungswelt der lex fori entstammen, andererseits dazu bestimmt sind, auch *fremde* Sachnormen zu charakterisieren, die in die „horizontale Bündelung" einbezogen werden sollen. Diesem Bruch entspringen die Probleme der *Qualifikation* (unten § 7).

So kann es sein, daß eine auf eine bestimmte Sachnorm bezogene Element-Kollisionsnorm wegen anderer Interessenabwägung außerhalb der Bündelung steht, obwohl die systematische Einordnung ihres Gegenstands unter den benutzten „Bündelungsbegriff" an sich möglich wäre. Dazu unten S. 269–271, 298.

Mit diesem Modell lassen sich die verschiedenen Typen von Kollisionsnormen ohne weiteres auf einen unterschiedlichen „Aggregatzustand" hinsichtlich ihrer Bündelung zurückführen: Sind nach der rechtspolitischen Bewertung z.B. bei den Element-Kollisionsnormen, die das *eigene* Recht berufen, zusätzliche kollisionsrechtliche Interessen im Spiel, die bei den auf fremdes Sachrecht bezogenen fehlen oder nicht beachtet werden, dann bleibt es bei einseitigen Kollisionsnormen. Auf der anderen Seite findet für ausländisches Recht eine horizontale Bündelung dann oft nur unter *Ausschluß* des eigenen Rechts statt, es kommt zu **partiell allseitigen Kollisionsnormen**. Bei auf einzelne Sachnormen bezogenen Kollisionsnormen – seien es inländische, seien es fremde – hat eine „Bündelung" noch gar nicht eingesetzt; ob es dazu kommt, ist eine rechtspolitische Entscheidung, die auch von der Häufigkeit entsprechender Fälle abhängt. Wichtig ist jedoch, daß all diese Normen sich nicht *wesensmäßig* unterscheiden, sondern verschiedene Entwicklungsstufen derselben kollisionsrechtlichen Grunderscheinungen sind (vgl. auch *Schurig* 166–170).

Das Bündelungsmodell kann auch zu einem besseren Verständnis von Problemen des Allgemeinen Teils beitragen, etwa der Qualifikation, unten S. 297–299.

III. Normfindung

Bei der Lösung internationalprivatrechtlicher Fälle gilt es zunächst, eine vorhandene Norm **aufzufinden.** Die Reihenfolge geht vom Speziellen zum Allgemeinen; das gilt auch für die Rechtsquellen. So haben unmittelbar anwendbare Staatsverträge Vorrang (Art. 3 II EGBGB), ihnen folgt das geschriebene autonome Kollisionsrecht, diesem das ungeschriebene. Bei letzterem hat „echtes" Gewohnheitsrecht (langdauernde Übung mit der Überzeugung aller Beteiligten, daß es sich um bindendes Recht handelt) größeres Gewicht als gerichtliche Übung oder wissenschaftliche Meinung.

Auf dieser unteren Stufe wird besonders deutlich, daß es nicht nur um das Auffinden des Rechts geht, sondern oft auch um eine **Rechtsfindung** im Sinne eines schöpferischen Prozesses. Der Rechtsanwender, dem keine schon vorhandene Kollisionsnorm den Weg weist, muß nach dem Muster der gesetzlichen Interessenwertung eine sachgerechte Anknüpfungsnorm selbst entwickeln.

Vgl. Art. 1 II des schweizerischen Zivilgesetzbuchs, der ganz allgemein den Richter auffordert, bei Fehlen einer gesetzlichen oder gewohnheitsrechtlichen Regel nach der Regel zu entscheiden, die er als Gesetzgeber aufstellen würde.

Diese Situation kann im IPR leichter auftreten als im Sachrecht. Denn es muß zumindest potentiell jede Rechtsnorm der Welt mit dem ihr durch uns und für uns zugewiesenen Anwendungsbereich verknüpfen; konkretisiert sich ein solcher Fall, muß die Entscheidung aktuell getroffen werden. Nun ist aber nicht von vornherein überschaubar und schon gar nicht kontrollierbar, welche Normen es auf der Welt gibt und geben wird. Das auf sie bezogene IPR-System ist deshalb naturgemäß ein *offenes.* Andererseits ist die Dichte an vorhandenen Regeln und deren Differenzierungsgrad im IPR von vornherein wesentlich geringer als im Sachrecht (man vergleiche nur die wenigen Vorschriften des EGBGB mit denen des BGB); einige wichtige Bereiche sind überdies noch immer nicht gesetzlich geregelt (vgl. oben S. 186).

Zu dieser „äußeren" Offenheit kommt eine „innere" hinzu, die darin begründet ist, daß das IPR teilhat an der Regenerationsbedürftigkeit *jedes* positiven Rechtssystems, an der generellen Notwendigkeit der Verfeinerung und der Anpassung an die sich wandelnden Werte. Das IPR-System ist seiner Natur nach immer „unfertig", immer in Bewegung. Man kann geradezu zwei Teile des Kollisionsrechts unterscheiden: den „*artikulierten*" Teil positiver Kollisionsnormen und den „*unartikulierten*" Teil der noch zu findenden, nach systemimmanten Rechtsfindungssätzen herauszubildenden Kollisionsnormen. Eingehend zum ganzen *Schurig* 176–184, 197–204.

Indessen erfolgt die kollisionsrechtliche Rechtsfindung normalerweise nicht im leeren Raum. Sie wird im allgemeinen an die existierenden Rechtsnormen anknüpfen und den Weg der *Weiterentwicklung* und *Differenzierung* wählen.

Die den IPR-Normen zugrundeliegenden kollisionsrechtlichen Interessen sind abstrakt, präsumtiv und generalisierend festgestellt worden. Das bedingt eine gewisse Schematisierung, eine Normung der Interessen. In den üblichen gesetzlichen Bestimmungen des IPR geht diese besonders weit, weil – wie erwähnt – diese Vorschriften sehr wenig durchgeformt sind und mitunter sehr große Gebiete erfassen, unter dem „Dach" ihres Wortlauts eine unbestimmte Zahl möglicher Fallgestaltungen vereinigen. Eine solche Gleichmäßigkeit der Interessen, wie sie diese Norm voraussetzt, entspricht keineswegs immer auch dem Leben. Hier gibt es Streuungen: Je nach den Fallumständen können die „normierten" Interessen real bald stärker, bald schwächer vorhanden sein: sie können aber in bestimmten Fällen auch so „geschwunden" sein, daß die Anknüpfung in concreto ihre innere Berechtigung verliert. Infolge ihrer mit Unschärfe verbundenen Weite, die eine angemessene Berücksichtigung aller Möglichkeiten von vornherein ausschließt, stehen trotz ihres grundsätzlichen Geltungsanspruchs die gesetzlichen IPR-Normen mehr noch als andere gesetzliche Normen unter dem Vorbehalt einer Abwandlung, einer einschränkenden Auslegung, einer „teleologischen Reduktion". Es geht dabei nicht allein um eine Anpassung an die im voraus nicht abschätzbare Vielfalt der einbezogenen Sachnormen, es geht ebenso um Anpassung an die im voraus nicht berücksichtigte Vielfalt von kollisionsrechtlichen Interessenkonstellationen. Eine solche Differenzierung ist möglich nicht nur gegenüber gewohnheits- und richterrechtlichen Normen, sondern auch gegenüber gesetzlichen Normen.

Daraus darf man aber nicht folgern, daß immer dann, wenn die tatsächliche Interessenkonstellation die kollisionsrechtliche Entscheidung nicht mehr so trägt wie dies in den vorhandenen Kollisionsnormen vorgesehen ist, schon von der angeordneten Anknüpfung abgegangen und eine passendere gesucht werden kann. Es genügt grundsätzlich nicht, einen „noch engeren Zusammenhang" mit einer anderen Rechtsordnung zu finden, um zu diesem Recht überzugehen. Auch wenn die vorhandenen Kollisionsnormen meist „zu weit" gefaßt sind und die Interessenkonstellation besonderer Fälle nicht mehr decken, kann man gleichwohl nicht bei jeder kollisionsrechtlichen Entscheidung so in die Interessenprüfung eintreten, als gäbe es die „positiven" Normen noch gar nicht, und deren Anordnung nur dann folgen, wenn die festgestellten Interessen mit den in der Norm vorausgesetzten voll übereinstimmen. Die Folge wäre Chaos.

Auch dann, wenn dies zum Zweck der Herausbildung einer speziellen, den gegebenen Besonderheiten angepaßten Kollisionsnorm geschieht, darf man von der bisherigen Regelanknüpfung bei tatsächlichem „Interessenschwund" erst abrücken, wenn das allgemeine Kontinuitätsinteresse bei der vergleichenden Wertung unterliegt, m. a. W. *wenn (und soweit) ein solches Interesse des potentiell beteiligten Rechtsverkehrs an der Kontinuität der Anknüpfung mit Rücksicht auf die konkreten Fallumstände nicht mehr schützenswert erscheint.* Erst dann ist der Weg eröffnet, durch nunmehr „freie" (aber systemverträgliche) Interessenbewertung eine neue, bessere Anknüpfung zu finden. Hier wirkt also eine Art „Trägheitsprinzip" im Kollisionsrecht, und zwar gleichermaßen im geschriebenen Recht mit seinem gesetzlichen Geltungsanspruch wie im ungeschriebenen Recht (zustimmend [öst]OGH IPRax 1995, 326, 328).

Ein Beispiel: Die Anknüpfung an den *Lageort* im internationalen Sachenrecht (jetzt Art. 43 EGBGB) dient vornehmlich Verkehrsinteressen, weil der Rechtsverkehr sich meist nahe der Sache verwirklicht (oben S. 121). Diese Interessen spielen keine Rolle, wenn über eine Sache verfügt wird, die durch ein Drittland reist (res in transitu). Auf die Geltung der lex rei sitae kann wegen der Ausnahmesituation auch nicht vertraut werden. Anders, wenn und soweit der Rechtsverkehr des Reisestaates berührt wird bei Pfändung, gesetzlichen Pfandrechten (z. B. des Zwischenspediteurs), gutgläubigem Erwerb während des Transportes und ähnlichem: hier gilt die lex rei sitae des Durchgangslandes (näher unten § 19 IV). Eingehender mit weiteren Beispielen *Schurig* 170–184, 197–204. – Diese Überlegungen werden künftig unter dem „Dach“ des Art. 46 (entsprechend bei gesetzlichen Schuldverhältnissen Art. 41) EGBGB stattzufinden haben, ohne daß dies irgendeinen sachlichen Vorteil hätte. Das dargestellte allgemeine Kontinuitätsinteresse findet in der Einschränkung, die Verbindung müsse „wesentlich“ enger sein, allenfalls unvollkommen Ausdruck.

IV. Mehrfachanknüpfungen

Schrifttum: *Ficker*, Verknüpfung von Anknüpfungen?, Fschr. Nipperdey I, 1965, 297–322; *Schurig* 204–213; *Baum*, Alternativanknüpfungen, 1985 (bespr. von *Schurig*, JZ 1987, 870 f.); *Jorge*, Rattachements alternatifs et principe de proximité: Les apports récents du droit international privé portugais, in: Droit international et droit communautaire, Paris 1991, 213–226.

Daß die kollisionsrechtliche Interessenabwägung nahezu zwingend zu einer bestimmten Anknüpfung führt, ist selten. Gewöhnlich erfordert es am Schluß einen gewissen rechtspolitischen Kraftakt, sich zu der einen und keiner anderen Anknüpfung durchzuringen; es ist das Ordnungsinteresse an einer einheitlichen Lösung, das die Triebfeder hierzu bildet. Immer und überall vermag sich indessen dieses Interesse nicht durchzusetzen: dann stehen im Ergebnis zwei oder mehr Anknüpfungen gleichwertig nebeneinander. Es kommt zur Häufung von Anknüpfungen, zu *Mehrfachanknüpfungen*.

Eine solche Mehrfachanknüpfung kann noch nicht das letzte Wort bedeuten. Denn *zugleich* anwenden kann man zwei Rechtsordnungen nur, wenn sie inhaltlich voll übereinstimmen oder sich wenigstens nicht widersprechen. *Divergieren* sie, so kann man sich immer nur für die eine *oder* die andere Regelung entscheiden. Es bedarf also doch noch einer weiteren Wahl zwischen beiden „zugleich“ berufenen Sachregelungen; diese unterscheidet sich von der bisherigen kollisionsrechtlichen Rechtsfindung durch eine *besonders geartete inhaltliche Berücksichtigung der „berufenen“ Sachnormen.*

Bisher ging es stets darum, einem gewissen Normenkomplex wegen seines sachlichen Regelungsgehalts und unter Berücksichtigung der durch diesen implizierten kollisionsrechtlichen Interessen einen festumrissenen räumlichen Anwendungsbereich zuzuweisen – im Gegensatz zu Normenkomplexen mit anderen sachlichen Regelungsgehalten. Waren die kollisionsrechtlichen Interessen einmal bewertet, und zwar *abstrakt und absolut*, so stand die Anwendbarkeit oder Unanwendbarkeit der betreffenden Sachregelung fest. Hier jedoch kommt noch ein konkreter Vergleich der beiden (oder mehreren) „zugleich“ berufenen sachlichen Regelungen hinzu. Die Entscheidung über Anwendung oder Nichtanwendung der Normen ist also *relativ*, nämlich abhängig vom *jeweiligen* Inhalt des anderen Sachnormkomplexes.

Wegen dieser Relativität ist eine weitere kollisionsrechtliche Gruppierung nach dem Inhalt der jeweiligen Sachnormen (und eine entsprechende Bündelung in generelle Kollisionsnormen) nicht mehr möglich. Es können nur noch Maximen für die jeweilige Auswahl aufgestellt werden. Hierfür gibt es zwei Möglichkeiten: Man kann allein die Rechtsfolgen eintreten lassen, die in *beiden* Rechten zugleich vorgesehen sind (*kumulative Anknüpfung*); dann setzt sich das *schwächere Recht* durch, man erhält das *Minimal-Ergebnis.*

Beispiel: Art. 23 EGBGB: Bei z.B. einer Adoption müssen auf der Kindesseite die Einwilligungen sowohl nach dem Recht des Adoptierenden wie auch des Adoptivkindes erteilt sein; bei Fehlern ist zu Lasten der Adoption das „schwächere" Recht anwendbar.

Nur scheinbar gleich liegt der Fall bei Art. 13 I EGBGB. Zwar muß auch hier die Ehe letztlich nach dem Heimatrecht beider Verlobten gültig sein, doch bestimmt jedes Recht nur die Voraussetzungen auf einer Seite (sog. *distributive Rechtsanwendung*).

Oder man kann genügen lassen, daß nur *ein* Recht die Rechtsfolgen zuläßt (*alternative Anknüpfung*), dann setzt sich das *stärkere Recht* durch, man erhält ein *Maximal-Ergebnis*.

Beispiele: Art. 11 I EGBGB: Ein Rechtsgeschäft ist formgültig, wenn es den Formvorschriften des Geschäfts- *oder* des Ortsrechts entspricht. – Bei Anknüpfung des Deliktsstatuts genügte es bisher, wenn das Recht des Handlungs- *oder* des Erfolgsortes einen Anspruch gab. Daran hat Art. 40 I 2, 3 EGBGB im Grundsatz nichts geändert, aber die Last der Entscheidung dem Berechtigten auferlegt und ihn überdies unter Zeitdruck gesetzt.

Beide Formen sind übrigens nicht voneinander zu trennen und hängen vom Standpunkt ab: Knüpfen wir z.B. die Formerfordernisse alternativ an, dann müssen die Voraussetzungen einer zu berücksichtigenden Formungültigkeit kumulativ gegeben sein; werden die Erfordernisse einer gültigen Adoption teilweise kumulativ angeknüpft, dann sind z.B. die Wirkungen von Fehlern bei der Einwilligung, die Voraussetzungen der Nichtigkeit oder Aufhebbarkeit, alternativ zu beurteilen.

Die Entscheidung zwischen den „zugleich" berufenen Rechten erfordert somit bereits eine Stellungnahme in der Sache, eine gewisse Parteinahme. Es geht nicht mehr allein um die *Anwendung* des einen oder anderen Gesetzes, es geht bereits um die Bevorzugung des einen oder anderen *materiellen Ergebnisses.* Zwar handelt es sich noch immer nicht um die sachliche Entscheidung selbst – bei dieser führen die Sachinteressen zu einer konkreten Regelung, und sie ist letztlich Sache des berufenen Rechts –, es handelt sich weiterhin um die *Wahl* der anzuwendenden Rechtsnorm (also um *Kollisionsrecht*, und zwar der lex fori, nicht um Sachrecht). Jedoch ist es hier die *Bewertung der Sachinteressen selbst*, die die Waage zur einen oder anderen Seite ausschlagen läßt, indem sie diejenige Norm heranzieht, die – im Verhältnis zu der jeweils anderen – bestimmte Sachinteressen besonders fördert. Das ist deswegen möglich und erforderlich, weil die Wertung der kollisionsrechtlichen Interessen allein zu einem „Patt" geführt hat, zu einer gleichzeitigen Berufung zweier oder mehrerer Rechtsordnungen. Da das methodische Repertoire insoweit erschöpft, der Weg zu Ende gegangen ist, sind nunmehr die Sachinteressen *unmittelbar* (d.h. nicht mehr nur als *Gegenstand* der kollisionsrechtlichen Interessen) zu bewerten, um den Vorgang der Wahl der „richtigen" Rechtsnorm zu Ende zu bringen.

So erscheint beim *Deliktsstatut* eine Entscheidung zwischen dem Recht des Erfolgs- und dem des Handlungsortes aufgrund kollisionrechtlicher Interessen nicht mehr möglich. Eine unmittelbare Bewertung der Sachinteressen führt jedoch dazu, den Interessen des Geschädigten den Vorzug zu geben: es wird der Normenkomplex herangezogen, der ihn am günstigsten stellt, die Anwendung ist alternativ (die Abwälzung der Entscheidung auf den Verletzten in Art. 40 I 2, 3 EGBGB paßt freilich als halbherzige Wendung gegen das Recht des Erfolgsorts nicht in das Bild). Hätte man den Schädiger bevorzugt, so hätte man den Normenkomplex angewandt, der ihn am wenigsten haften läßt, die Anwendung wäre „kumulativ".

Beim *Formstatut* führt das (kollisionsrechtliche) Verkehrsinteresse zur Anwendung des Ortsrechts; zum Geschäftsrecht kann z.B. das Parteiinteresse führen; eine Wahl zwischen beiden aufgrund kollisionsrechtlicher Interessen wird nicht mehr vorgenommen. Bei der Bewertung der Sachinteressen wird das (materiellrechtliche) Interesse des Verkehrs an Gültigkeit möglichst vieler Geschäfte höher bewertet als mögliche Schutzinteressen der Beteiligten: die jeweils formgünstigste Norm wird (alternativ) gewählt. Diese Entscheidung trifft das Gesetz selbst.

Bei (u.a.) der *Adoption* führt das Parteiinteresse der Adoptierenden zur Berufung ihres Ehewirkungsstatuts (Art. 22 Satz 2 EGBGB), das (präsumtive) des Kindes zur Berufung seines Heimatrechts wenigstens für die auf seiner Seite erforderlichen Einwilligungen; zu einer partiellen Verdrängung des allgemeinen Adoptionsstatuts hat es indessen nicht gereicht. Auch hier wird die Wahl der ausschlaggebenden materiellen Interessen durch das Gesetz selbst vorgenommen. Die auf Seiten des Kindes berufenen Sachnormen bezwecken seinen Schutz, *darum* werden sie an seine Staatsangehörigkeit angeknüpft.

Diese Methode der *„Anknüpfungshäufung mit materiellem Stichentscheid"* ist nun nicht nur ein geeignetes Mittel, über ein „Patt" der kollisionsrechtlichen Interessen hinwegzukommen. Es wird immer häufiger primär eingesetzt, um im IPR eine bestimmte sachrechtliche Tendenz zum Tragen zu bringen; ihr Grund ist dann nicht, daß man nicht zu Ende entscheiden *kann*, sondern daß man es nicht *will*. Zwar wird in der Sache noch nicht selbst entschieden; wenn man aber bewußt bei der kollisionsrechtlichen Interessenbewertung abbricht und mehrere „Enden" offen läßt, damit mehrere Rechtsordnungen „zugleich" anwendet, erhöht sich die Wahrscheinlichkeit, daß Normen in der gewünschten rechtspolitischen Färbung dabei sind.

Je komplexer freilich die Rechtsbeziehungen sind, um die es geht, desto schwerer kann man sagen, was „günstiger" oder „ungünstiger" ist. So kann von zwei Ehegüterrechten das eine Gütergemeinschaft mit weitgehendem Vorbehaltsgut vorsehen, das andere Gütertrennung mit großzügigen Ausgleichsansprüchen bei Beendigung der Ehe. Es läßt sich eben nicht sagen, ob drei Äpfel „günstiger" sind als zwei Birnen! Daher sollte man mit dem Einsatz dieses Mittels zurückhaltend sein. Der deutsche Gesetzgeber war es freilich nicht; vgl. die Verknüpfungshäufungen in Art. 11 I, II, 12, 13 II, 16 II, 17 I 2, III 2, 18 I 2, II, III, 19 I Satz 2 und 3, 20, 23, 24 I 2, 26, 27 III, 29 I, 30 I, 31 II EGBGB. Können nicht einmal entsprechende Maximen aufgestellt werden, weil z.B. nicht gesagt werden kann, welchen Namen zu führen „günstiger" ist, läßt der Gesetzgeber die Parteien aus dem Strauß der vorgegebenen Anknüpfungen selbst das ihnen Genehme herauspflücken, z.B. Art. 10 II, III, 14 II, III, 15 II, 25 II EGBGB.

V. IPR-Systeme aus einseitigen Kollisionsnormen

1. Gesamtsysteme

Schrifttum: *Wiethölter*, Einseitige Kollisionsnormen als Grundlage des IPR, 1956; *Trammer*, Über die sogenannten „einseitigen Normen" des Internationalen Privatrechts, RabelsZ 22 (1957), 401–408; *De Nova*, Rec. 1966 II, 576–583, 585 f. (betr. Quadri); *Neuhaus*, ZfRV 1970, 219 f. (betr. Sperduti); *Gothot*, Le renouveau de la tendance unilatéraliste en droit international privé, Rev.crit.dr.i.p. 1971, 1–36, 415–450; *Gothot*, La méthode unilatéraliste et le droit international privé des contrats, Riv.dir.int.priv. proc. 1979, 5–22; *Behn*, Die Entstehungsgeschichte der einseitigen Kollisionsnormen des EGBGB unter besonderer Berücksichtigung der Haltung des badischen Redaktors Albert Gebhard und ihrer Behandlung durch die Rechtsprechung in rechtsvergleichender Sicht, 1980, 294–424; *Schurig* 29–32, 192–197, 288–296; *Dodge*, Extraterritoriality and Conflict-of-Laws Theory: An Argument for Judicial Unilateralism, Harv. Int. L. J. 39 (1998), 101–169. Siehe auch Schrifttum oben S. 50–52 und 132–136.

In der Wissenschaft ist verschiedentlich empfohlen worden, das staatliche IPR aus einseitigen Kollisionsnormen aufzubauen, also in der Weise, daß jeder Staat nur die Anwendung seines eigenen Rechts regelt. So in Deutschland von *Schnell* und *Neumann*, in Frankreich von *Niboyet*, in Belgien von *Viviers* (einem Franzosen), in Italien von *Quadri* und (ähnlich) *Sperduti*, in den USA zunächst von *Sohn*. Man spricht insoweit von *unilateralistischen* IPR-Systemen. Den eindrucksvollsten Vorstoß in diese Richtung hat in Paris der Exilrusse *Pilenko* geführt (1953/54).

Pilenko stellt folgende Thesen auf:

1. Wir bestimmen nur, wann unser Recht anzuwenden ist;
2. ist danach unser Recht nicht anzuwenden, dann ist anzuwenden das Recht des Staats, der sein Recht für anwendbar erklärt;
3. erklären mehrere Staaten ihr Recht für anwendbar, dann ist anzuwenden das Recht des Staats, der in der Anwendung seines Rechts am nächsten kommt den Grundsätzen, nach denen wir unser Recht anwenden;
4. erklärt kein Staat sein Recht für anwendbar, dann wird hilfsweise unser Recht angewandt.

Die Systeme einseitiger Kollisionsnormen entspringen der Scheu, durch inländische Normen den Anwendungsbereich ausländischen Rechts festzulegen; das wurde als ein Eingriff in die *Souveränität* fremder Staaten empfunden. Dieser Gedanke beruht auf der universalistischen IPR-Vorstellung, es werde den Normen der einzelnen Staaten sozusagen „von oben" ein Anwendungsbereich zugeschrieben, was keinem Staat in bezug auf einen anderen Staat zustehe. Souveränitätsinteressen haben jedoch im IPR nichts zu suchen. Jeder Staat löst einen räumlichen *Teilaspekt der Gerechtigkeit zwischen den einzelnen*, indem er eine eigene oder fremde Sachnorm als die „räumlich beste" auswählt und diese im eigenen Machtbereich anwendet. Die Nichtanwendung einer ausländischen Norm betrifft die Souveränität des fremden Staates nicht, weil wir die Norm, wenn wir sie anwenden, ohnehin aufgrund unseres *eigenen* Anwendungsbefehls zur Geltung kommen lassen (oben S. 138f., 264). Erst recht berührt es fremde Souveränität nicht, wenn wir eine fremde Norm gegen ihren „Willen" zur Anwendung heranziehen; so wenig wie ein Staat verhindern kann (oder auch nur will), daß man sein Recht ganz oder teilweise rezipiert, so wenig wird er davon betroffen, wenn wir uns seiner Norm im Einzelfall für unsere Entscheidung bedienen.

Neuere Varianten dieser Theorien stellen darum den Souveränitätsgedanken zurück und argumentieren mit der *primären Ortsbezogenheit des Sachrechts*, die mit der Sachnorm untrennbar verbunden sein soll. Dies ist ein unbewiesenes Dogma, mit dem verkannt wird, daß die Ortsbezogenheit eine eigene (nämlich kollisionsrechtliche) Entscheidung ist, die von der Sachentscheidung durchaus getrennt und von anderen Staaten jeweils neu getroffen werden kann. Weiterhin werden angebliche praktische Vorteile ins Feld geführt, die indessen nicht existieren (vgl. v. a. *Wiethölter* [1956, oben Schrifttum], 54–61).

Im übrigen ist es unmöglich, den strikten Unilateralismus durchzuhalten: Erklärt *kein* Staat sein Recht für anwendbar oder tun dies *mehrere*, so sind doch wieder *wir* aufgerufen, mit „Hilfslösungen" eine Entscheidung zu treffen. Diese bilden dann auch jeweils einen Schwerpunkt der genannten Theorien.

Eine moderne Abart der unilateralistischen Systeme ist die *Governmental-Interests-Theorie Curries* (oben S. 177f.). An Stelle der einseitigen Kollisionsnormen treten hier die Rechtsanwendungsinteressen, die aber bereits den konkreten „Anwendungswillen" umschreiben (und nicht nur die diesen zugrunde liegenden „Kräfte"). Hauptprobleme sind auch hier ein Zuviel und ein Zuwenig an „interessierten" Staaten (näher *Schurig* 296–308).

In die Praxis umgesetzt hat diese Theorien bisher kein Staat; dies müßte schon daran scheitern, daß die *anderen* Staaten ihre allseitigen Systeme beibehalten (und man diesen Teil willkürlich ausblenden müßte). *Ansätze* zu solchem Denken gibt es freilich in der partiellen Übernahme von *Curries* Ideen in der amerikanischen Gerichtspraxis und in der Sonderanknüpfungsdiskussion (dazu sogleich). Auch stellt das französische internationale Scheidungsrecht in seinem etwas rätselhaften Art. 310 c.civ. zum Teil auf „anwendungswillige" Normen fremder Staaten ab.

Die Vorschrift sagt nur, wann *französisches* Scheidungsrecht anwendbar ist, nämlich bei übereinstimmender französischer Staatsangehörigkeit, bei übereinstimmendem französischem Wohnsitz und „wenn kein ausländisches Recht sich für anwendbar erklärt und französische Gerichte zur Entscheidung über die Ehescheidung oder die Trennung von Tisch und Bett zuständig sind." Das impliziert, daß ein sich „für anwendbar erklärendes" ausländisches Recht (immer?) den Vortritt haben soll.

2. Die „Sonderanknüpfungstheorie" als unilateralistisches Teilsystem

Schrifttum zur kollisionsrechtlichen Behandlung von Eingriffsnormen allgemein oben S. 132–136.

Soweit empfohlen wird, ausländische Eingriffsnormen (dazu schon oben § 2 IV 2) im Sinne einer Art „Rechtshilfe" primär nach ihrem „Anwendungswillen" heranzuziehen (der dann gegebenenfalls von uns dahin zu kontrollieren ist, ob er sich innerhalb „gewisser Höchstgrenzen" hält), liegt darin der Vorschlag, für bestimmte Sachnormen ein unilateralistisches Teilsystem zu errichten. Denn es wird nicht, wie sonst, gezielt auf bestimmte Sachnormen verwiesen, sondern ungezielt auf alle, die sich für anwendbar halten mögen. Ein solches System – mitunter geradezu als eigenes „Wirtschaftskollisionsrecht" bezeichnet – ist indessen auch in dieser Beschränkung ungeeignet und unnötig. Es erfordert einen Systembruch für eine Kategorie von Normen, die sich gar nicht objektiv bestimmen und abgrenzen läßt (und deswegen auch unter den Angehörigen dieser Auffassungen höchst umstritten ist). Und es führt durch die ungezielte Verweisung auf alle möglichen Rechtsordnungen („wer will, der kann") zu einem Verzicht auf eigene rechtspolitische Entscheidung, der durch die nachträgliche „Kontrolle" des fremden Anwendungswillens nur teilweise ausgeglichen wird.

In Wahrheit geht es bei dem Problem „fremder" Eingriffsnormen gar nicht um die Notwendigkeit einer methodischen Sonderbehandlung solcher Normen. Vielmehr können wir, wenn wir auf eine solche Norm stoßen, ohne weiteres aufgrund eigener (autonomer) Bewertung der kollisionsrechtlichen Interessen entscheiden, wann eine solche Eingriffsnorm aus unserer Sicht angewandt werden sollte oder nicht (siehe auch oben S. 138–140).

In diesem Zusammenhang spielt dann natürlich auch eine Rolle, ob die fremde Norm den entsprechenden Sachverhalt überhaupt räumlich erfaßt, sei darin – für uns beachtlich – ihr Anwendungsbereich sachrechtlich (oben S. 53–56) oder kollisionsrechtlich (unten § 10) festgelegt. Aber wenn wir in solch einem Fall die Norm anwenden, dann deshalb, weil wir dies kollisionsrechtlich für richtig halten und nicht, weil sie es „will".

Eine Einzelkollisionsorm kann also auch in bezug auf eine *fremde* Sachnorm autonom entwickelt werden, wenn diese besonderen Sachinteressen dient, die besondere kollisionsrechtliche Interessen implizieren. Dieser Ansatz beim Gesetz ist dem beim Sachverhalt gleichwertig (oben S. 266f.) und bedarf keines Systemwechsels. Die weitere Entwicklung wird dann ergeben, ob man eine solche **besondere Anknüfung** (im Gegensatz zur unilateralistischen „Sonderanknüpfung") mit anderen sachlich und international zusammenfassen („bündeln", oben II 2) kann und will, so daß sie den Kondensationskern zu einer neuen allseitigen Norm bildet.

Näher zum ganzen: *Schurig* 39–41, 322–330; *ders.*, Lois d'application immédiate und Sonderanknüpfung zwingenden Rechts, in: *Holl/Klinke* (Hrsg.), Internationales Privatrecht, internationales Wirtschaftsrecht, 1985, 55–76; *ders.*, Zwingendes Recht, „Eingriffsnormen" und neues IPR, RabelsZ 54 (1990), 218–250.

§ 7. Qualifikation

Schrifttum: *Kahn*, DogmJ 30 (1891), 107–143 und 40 (1899), 76–79 (= Abhandlungen zum IPR, 1928, I 92–123, 317–319); *Bartin*, De l'impossibilité d'arriver à la suppression définitive des conflits de lois, JDI (Clunet) 1897, 225–255, 466–495, 720–738 und Principes de droit international privé I, 1930, 221–239; *Rabel*, Das Problem der Qualifikation, RabelsZ 5 (1931), 241–288, und Conflict of Laws I[2] 52–66, 69–72;

Neuner, Der Sinn der internationalprivatrechtlichen Norm, 1932; *Beckett*, The Question of Classification („Qualification") in Private International Law, Brit. Y. B. Int. L. 15 (1934), 46–81; *von Steiger*, Die Bestimmung der Rechtsfrage im IPR, 1937; *Niederer*, Die Frage der Qualifikation als Grundproblem des IPR, 1940; *Robertson*, Characterization in the Conflict of Laws, 1940; *Garde Castillo*, La „Institución Desconocida" en Derecho Internacional Privado, Madrid 1947; *Lorenzen*, Selected Articles on the Conflict of Laws, 1947, 80–135; *Kegel*, Fschr. Raape 1948, 27–33; *Cook*, The Logical and Legal Bases of the Conflict of Laws, 1949, 211–238; *Wengler*, Die Qualifikation der materiellen Rechtssätze im internationalen Privatrecht, Fschr. Wolff 1952, 337–374; *Falconbridge*, Essays on the Conflict of Laws[2], 1954, 50–123; *Schmidt*, Kvalifikationsproblemet i den internationale privatret, Kopenhagen 1954; *Wengler*, Réflexions sur la technique des qualifications en droit international privé, Rev.crit.dr.i.p. 1954, 661–691; *Ziccardi*, Comunicazioni e studi (des Istituto di diritto internazionale e straniero della Università di Milano) 7 (1955), 365–435; *Batiffol*, Aspects philosophiques du droit international privé, 1956, 27–47; *Rigaux*, La théorie des qualifications en droit international privé, 1956; *Husserl*, Ernst Rabel – Versuch einer Würdigung, JZ 1956, 430–434; *Bland*, Classification Reclassified, Int.Comp. L. Q. 6 (1957), 10–27; *Selb*, Martin Wolff und die Lehre von der Qualifikation nach der lex causae im internationalen Privatrecht, AcP 157 (1958), 341–349; *Inglis*, The Judicial Process in the Conflict of Laws, L. Q.Rev. 74 (1958), 493–516 (insbes. 503–516); *Steindorff*, Sachnormen im IPR, 1958, 52–115; *Bystrický*, Zum Problem der Qualifikation, in: *Wiemann*, Fragen des IPR, Ost-Berlin 1958, 36–71; *Betti*, Grundprobleme des IPR, Fschr. Gutzwiller 1959, 233–252; *Ehrenzweig*, Characterization in the Conflict of Laws: An Unwelcome Addition to American Doctrine, Fschr. Yntema, Leyden 1961, 395–408; *Niederer*, Einführung in die allgemeinen Lehren des IPR[3], 1961, 221–252; *Scheucher*, Einige Bemerkungen zum Qualifikationsproblem, ZfRV 1961, 228–233; *Taborda Ferreira*, Vers la solution du problème des qualifications, NTIR 1962, 493–501; *Kegel*, Die Grenze von Qualifikation und Renvoi im internationalen Verjährungsrecht, 1962; *Makarov*, Fschr. Dölle 1963, II 149–177; *Rizzi*, Natura dello „Statute of Frauds" e suoi reflessi nella prassi del diritto internazionale privato, Dir. Int. 1964, 17–49; *Isabel de Magalhães Collaço*, Da qualificação em direito internacional privado, Lissabon 1964; *Bydlinski*, ZfRV 1965, 235–237; *Capatîna*, Identification de la loi applicable à une situation concrète contenant des éléments d'extranéité, dans le cas d'un conflit de qualifications, Rev.roum.sc.soc.sc.jur. 10 (1966), 97–118; *Hoppe*, Die Qualifikation von Rechtssätzen, 1970; *van Ginsbergen*, Qualifikationsproblem, Rechtsvergleichung und mehrsprachige Staatsverträge, ZfRV 1970, 1–15; *Ferrer-Correia*, Das Problem der Qualifikation nach dem portugiesischen internationalen Privatrecht, ZfRV 1970, 114–135 (portugiesisch: *Ferrer Correia*, Estudos jurídicos III, Coimbra 1970, 43–83, vgl. auch ebd. 1–41); *Gamillscheg*, Überlegungen zur Methode der Qualifikation, Fschr. Michaelis 1972, 79–99 = *Beitzke* (Hrsg.), Vorschläge und Gutachten zur Reform des deutschen internationalen Personen-, Familien- und Erbrechts, 1981, 245–263; *Keller*, Verhältnis zwischen materiellem Privatrecht und Internationalem Privatrecht, SchwJZ 1972, 65–74 (insbes. 68–74); *Levontin*, Choice of Law and Conflict of Laws, Leyden 1976, 113–148; *Neuhaus* 113–132; *Edler*, Verjährung und res iudicata im englischen IPR, RabelsZ 40 (1976), 43–55; *B. Ancel*, Les conflits de qualifications à l'épreuve de la donation entre époux, Paris 1977; *Schwind*, Schnitzers Qualifikationslehre im österreichischen IPR, Fschr. Schnitzer, Genf 1979, 425–431; *Schwimann*, Die Schwierigkeiten der Qualifikation im IPR, ÖJZ 1980, 7–11; *B. Ancel*, L'objet de la qualification, JDI (Clunet) 1980, 227–268; *Marquordt*, Qualifikation, in: *Beitzke* (Hrsg.), Vorschläge und Gutachten zur Reform des deutschen internationalen Personen-, Familien- und Erbrechts, 1981, 264–266; *Schurig* 215–226; *von Overbeck*, Rec. 1982 III, 91–126; *Borrás Rodríguez*, Calificación, reenvío y orden público en el derecho interregional español, Bellaterra 1984, 21–53, 95–97; *Grundmann*, Qualifikation gegen die Sachnorm, 1985; *Heyn*, Die „Doppel-" und „Mehrfachqualifikation" im IPR, 1986; *Keller/Siehr* 434–449; *Weber*, Die Theorie der Qualifikation, 1986; *Schwind*, Die funktionelle Anknüpfung im IPR, Fschr. Müller-Freienfels 1986, 547–558; *van Hecke*, Betrachtungen zu den Internationalprivatrechtlichen Kategorien, Fschr. Neumayer 1986, 277–279; *Ferrer Correia*, Le principe de l'autonomie du droit international privé dans le système juridique portugais, Fschr. Kegel 1987, 119–146 (portugiesisch [leicht geändert] in: *Ferrer Correia*, Temas de direito comercial, arbitragem comercial internacional, reconhecimento de sentenças estrangeiras, conflitos de leis, Coimbra 1989, 451–495); *Forsyth*, Enforcement of arbitral awards, choice of law in contract, characterization and a new attitude to private international law, S.A.L.J. 104 I (1987), 4–16 (8–14); *Böhm*, Die Rechtsschutzformen im Spannungsfeld von lex fori und lex causae, Fschr. Fasching, Wien 1988, 107–138; *Bennett*, Cumulation and gap: are they systematic defects in the conflict of laws?, S.A.L.J. 105 III (1988), 444–456; *Dörner*, Qualifikation im IPR – ein Buch mit sieben Siegeln?, StAZ 1988, 345–352; *Lequette*, Le renvoi de qualifications, Fschr. Holleaux, Paris 1990, 249–262; *Lomnicka*, Interpreting the lex fori's Statutes in a Conflict of Laws Problem, Int.Comp.L.Q. 39 (1990), 914–918; *Chr. Meyer*, Der Alleinvertrieb. Typus, vertragsrechtliche Probleme und Qualifikation im IPR, St. Gallen 1990 (insbes. 439–486); *Allarousse*, A Comparative Approach to the Conflict of Characterization in Private International Law, Case Western Reserve Journal of International Law 23 (1991), 479–516; *Droz*, Rec. 1991 IV, 322–349; *Gautier*, Les couples internationaux de concubins, Rev.crit.dr.i.p. 1991, 525–539; *Knobbe-Keuk*, „Qualifikationskonflikte" im internationalen Steuerrecht der Personengesellschaften, RIW 1991, 306–316; *Schack*, Zur Qualifikation des Anspruchs auf Rechnungslegung im internationalen Urheberrecht, IPRax 1991, 347–350; *Basedow*, Qualifikation, Vorfrage und Anpassung im Internationalen Zivilverfahrensrecht, in: Materielles Recht und Prozeßrecht und die Auswirkungen der Unterscheidung im Recht der Internationalen Zwangsvollstreckung, 1992, 131–156 (insbes. 132–145); *Deutsch*, Qualifikation und Rechtsanwendung im intertemporalen Recht – dargestellt am Haftungs- und Schadensrecht des Einigungsvertrages, IPRax 1992, 284–290; *Nickl*, Die Qualifikation der culpa in contrahendo im Internationalen Privatrecht, 1992; *Hartwieg*, Die Klassifikation von Mobiliarsicherheiten im grenzüberschreitenden Handel – Zur verfahrensorientierten Qualifikation im Kollisionsrecht, RabelsZ 57 (1993), 607–642; *Roth*, Die Reichweite der lex-fori-Regel, Fschr. Stree/Wessels 1993, 1045–1060; *Banse*, Die Qualifikation der Zuweisung der Ehewohnung bei Trennung und Scheidung der Ehegatten, 1994; *Donath*, Die Statutes of Frauds der US-amerikanischen Bundesstaaten aus der Perspektive des deutschen Kollisionsrechts, IPRax 1994, 333–340; *Looschelders*, Die Anpassung im Internationalen Privatrecht, 1995 (insbes. S. 138–163; bespr. von *Mansel*, FamRZ 1997, 1198 f.); *Nordin*, Umfang der kollisionsrechtlichen Verweisung. Insbesondere: Art. 13 IPRG, Anwendung fremden Rechts, einschließlich fremder Teilrechtsordnungen und fremden Wirtschafts- und Staatsvertragsrechts, St. Gallen 1996 (insbes. S. 233–274); *Bernasconi*, Der Qualifikationsprozeß im Internationalen Privatrecht, Zürich 1997; *Jametti Greiner*, Qualificazione in generale e qualificazione della decisione in particolare, Fschr. Broggini, Mailand 1997, 187–210; *Mankowski*, Verlöbnisbruch, konkurrierende Deliktsansprüche und Rückforderung von Geschenken im internationalen Privat- und Zivilprozeßrecht, IPRax 1997, 173–182; *Forsyth*, Characterisation Revisited: An Essay in the Theory and Practice of the English Conflict of Laws, L. Q.Rev. 114 (1998), 141–161; *Großerichter*, Kollisionsrechtliche Probleme der Haftungsersetzungen durch Versicherungsschutz in Neuseeland, IPRax 1998, 220–224; *Mistelis*, Charakterisierungen und Qualifikation im internationalen Privatrecht. Zur Lehre einer parteispezifischen Qualifikation im Kollisionsrecht der privaten Wirtschaft, 1999.

I. Begriff

Selbständige allseitige Kollisionsnormen sind *gebündelt* (oben § 6 II 2). Sie berufen regelmäßig eine *Gattung* von Sachnormen, die inhaltlich-systematisch in einem Zusammenhang stehen, zur Anwendung auf eine entsprechende *Gattung* von Sachverhalten, und sie beziehen sich auf solche Sachnormgattungen in *allen Rechten der Welt*. Diese Gattungen werden meist bezeichnet durch Wörter, die dem systematischen Aufbau des eigenen materiellen Rechts entnommen sind: sog. „*Systembegriffe*". Beispiele: „Rechtsfähigkeit", „Geschäftsfähigkeit" (Art. 7 EGBGB), „Form von Rechtsgeschäften" (Überschrift des Art. 11), „Eheschließung" (Art. 13 I), „Scheidung" (Art. 17 I), „Abstammung" (Art. 19 I 1), „Annahme als Kind" (Art. 22 Satz 1), „Erblasser" (Art. 25 II), „Abtretung einer Forderung" (Art. 33 I), „unerlaubte Handlung" (Art. 40).

Wie jedes Wort, das ein Gesetz benutzt, unter Umständen zu Zweifeln führen kann, so auch die Systembegriffe im IPR; diese verweisen überdies auf Rechtserscheinungen in fremden Rechten, die diese Systembegriffe vielleicht mit anderen Inhalten verbinden oder gar nicht haben. Man fragt dann, wie die Sachnormen, um deren mögliche Anwendung es geht, im Hinblick auf diese Systembegriffe einzuordnen, zu „qualifizieren", seien, und spricht vom Problem der „*Qualifikation*".

II. Fallgruppen

1. Systemunterschiede zwischen eigenem und fremdem materiellen Recht

Die Spanierin Eloisa Hernandes Maldonado, wohnhaft in Santander, starb 1924. Sie hatte nicht testiert. Ihr Mann war vor ihr gestorben; Verwandte hinterließ sie nicht. Zum Nachlaß gehörten Wertpapiere in Höhe von mehr als 25 000 £, die eine Londonder Bank verwahrte. Der spanische Staat klagte in London gegen die Englische Krone (vertreten durch den „Solicitor for the Affairs of Her Majesty's Treasury"); es ging um das Recht auf die Wertpapiere. Der Court of Appeal gab der Klage statt (*Re Maldonado [deceased], State of Spain v. Treasury Solicitor* [1954] 2 W.L.R. 64, [1953] 2 All E.R. 1579).

Nach spanischem Recht war der spanische Staat gesetzlicher Erbe (art. 956 código civil). Nach englischem Recht darf sich die Krone in England belegene erbenlose Nachlaßgegenstände aneignen (Administration of Estates Act, 1925 S. 46 [1] [VI]); es ist dies einer der Fälle, in denen ihr herrenloses Gut (*bona vacantia*) zusteht.

Angenommen, es hätte sich um *Diamanten* gehandelt, die die Englische Krone einem deutschen Juwelier als Verkaufskommissionär übersandt hätte, und der spanische Staat hätte die Englische Krone *in Deutschland verklagt:* Wie wäre (Gerichtsbarkeit unterstellt) zu entscheiden?

Wir haben zwei Kollisionsnormen:

1. Die *Erbfolge* richtet sich nach dem *Heimatrecht des Erblassers,* hier nach spanischem Recht (Art. 25 I EGBGB).

2. Über Rechte an *Sachen* entscheidet die *lex rei sitae,* hier englisches Recht (bisher gewohnheitsrechtliche Kollisionsnorm des deutschen IPR, nunmehr Art. 43 I EGBGB).

Wäre das Aneignungsrecht der Englischen Krone als Sachenrecht zu „qualifizieren“, dann könnte es möglicherweise dem Erbrecht des spanischen Fiskus den Boden entziehen. Die Klage wäre dann vielleicht abzuweisen.

Ein ähnlicher Fall begegnet bei der *Verjährung* von Wechseln, die englischem oder amerikanischem Recht unterliegen (oben S. 123f.). Wieder haben wir zwei Kollisionsnormen:

1. Eine Norm des *internationalen Wechselrechts,* nach der auf den Wechsel englisches oder amerikanisches Recht anzuwenden ist;
2. eine Norm des *internationalen Zivilprozeßrechts,* nach der sich der Ablauf des Verfahrens nach der *lex fori* richtet, hier nach deutschem Recht.

Nach in England und in den USA (oben S. 124) verbreiteter Ansicht gehören (mit Ausnahmen) die Verjährungsregeln zum dortigen Prozeßrecht (das nicht anzuwenden ist), nicht zum Wechselrecht (das anzuwenden ist). In Deutschland gehört die Verjährung zum Wechselrecht, Art. 70, 71 WG, und zum bürgerlichen Recht, §§ 194 bis 225 BGB, (die nicht anzuwenden sind), nicht zum Zivilprozeßrecht (das anzuwenden ist). Haben wir die fremden Verjährungsregeln als prozeßrechtlich zu „qualifizieren“ und Unverjährbarkeit anzunehmen? Oder haben wir sie als materiellrechtlich zu werten und anzuwenden?

Die Beispiele des fiskalischen Erbrechts und der Verjährung stehen für viele. Kennzeichnend ist:

1. **Ein Rechtsinstitut** (genauer: ein im Kern identischer Rechtsinhalt, vgl. oben S. 267f.) **wird vom deutschen materiellen Recht und von einem ausländischen materiellen Recht in verschiedenen Teilen ihres Systems geregelt** (z.B. das Schicksal des erbenlosen Nachlasses in Deutschland erbrechtlich, in England sachenrechtlich; die Verjährung in Deutschland wechselrechtlich, in England und in den USA prozeßrechtlich).
2. **Dem Systemunterschied der materiellen Rechte entsprechen Systembegriffe, die von verschiedenen selbständigen Kollisionsnormen des** deutschen **IPR benutzt werden** (z. B. Kollisionsnorm für Erbrecht und Kollisionsnorm für Sachenrecht; Kollisionsnorm für Wechselrecht und Kollisionsnorm für Verfahrensrecht). Fallen die Systembegriffe dagegen unter einen Oberbegriff, der in nur *einer* deutschen Kollisionsnorm benutzt wird, dann gibt es keine Qualifikationsfrage (z. B. wenn nächste Angehörige gegen Erblasserwillkür in Deutschland durch Pflichtteil, im Ausland durch Noterbrecht geschützt werden: beide Regelungen fallen unter den weiten Systembegriff „Rechtsnachfolge von Todes wegen“ in Art. 25 I EGBGB).

2. Relative Systemlücken des eigenen materiellen Rechts

Als Beispiel diene ein Fall, der unter dem *bisherigen* internationalen und materiellen Kindschaftsrecht in dieser oder ähnlicher Form häufig war:

Eine Deutsche gebar einen nichtehelichen Sohn und heiratete dann einen Ägypter, der sich anläßlich der Heirat vor dem Standesbeamten als Vater bekannte. Der Sohn wollte jedoch mit dem Ägypter nichts zu tun haben und klagte auf Feststellung, daß dieser nicht sein ehelicher Vater sei. KG DR 1940, 1375 gab der Klage statt.

In Betracht kam Art. 22 a.F. EGBGB. Danach entschied über Legitimation und Adoption das Heimatrecht des Vaters oder Annehmenden (hier ägyptisches Recht); war das Kind deutsch (wie hier), dann mußten außerdem die nach deutschem Recht nötigen Einwilligungen des Kindes oder bestimmter Verwandter erteilt sein (jetzt allseitig: Art. 23 EGBGB). Für die *Legitimation durch nachfolgende Ehe* verlangte das deutsche Recht keine Einwilligung; eine statusbegründende *Anerkennung* der Abstammung, für die eine Einwilligung hätte erforderlich sein können, gab es noch nicht. Für eine *Ehelicherklärung* (auf Antrag des Vaters) wäre nötig gewesen die Einwilligung des Sohnes, vertreten durch den gesetzlichen Vertreter (§§ 1726, 1728 II a.F. BGB), und außerdem die Einwilligung der Mutter (§ 1726 a.F.). Auch für eine *Adoption* wäre die Einwilligung der Mutter nötig gewesen (§ 1747 a.F. und n.F.); außerdem war die Adoption im deutschen Recht damals Vertrag mit dem Kind und hätte daher insoweit ebenfalls die Einwilligung des Sohnes, vertreten durch den gesetzlichen Vertreter, erfordert (§ 1750/51 a.F.; vgl. §§ 1746, 1752 n.F.). Tatsächlich hatten Sohn und Mutter nicht eingewilligt.

Als Quelle des ägyptischen Rechts nahm das KG den *Code du Statut Personnel et des Successions d'après le Rite Hanefite.* Hier hätte vielleicht Art. 343 II eine Legitimation durch nachfolgende Ehe ergeben; doch legte das KG die Vorschrift anders aus. Es prüfte den Art. 350, in dem es heißt:

„Wenn ein Mann ein Kind als Sohn anerkennt, dessen Abstammung unbekannt ist, so wird durch seine Erklärung die Vaterschaft festgestellt, sofern zwischen beiden ein entsprechender Altersunterschied besteht; hierbei ist unerheblich, ob eine Zustimmung des bereits in verständigem Alter befindlichen Kindes vorliegt oder ob es noch nicht in diesem Alter ist und ob die Anerkennung bei voller Gesundheit oder in der letzten Krankheit des Erklärenden erfolgt ist.

Diese Anerkennung erzeugt dieselben Wirkungen wie die natürliche Kindschaft.

Sie gibt dem anerkannten Kinde den Anspruch auf den Unterhalt und die väterliche Fürsorge sowie ein Erbrecht nach dem Erklärenden und dessen Vater, auch wenn der letztere und die anderen Erben die Kindschaft des Kindes nicht anerkennen."

Nach diesen Regeln des ägyptischen Rechts, die mit geringen Abwandlungen im ganzen islamischen Rechtskreis gelten (sog. *Legitimanerkennung* oder *Legitimation des islamischen Rechts*), wäre der Sohn eheliches Kind des Ägypters gewesen. Die Worte „Abstammung unbekannt" in Art. 350 I des hanefitischen Code meinen: es darf nicht feststehen, daß ein anderer als der Anerkennende der Vater ist; sein Anerkenntnis beweist dann die Abstammung von ihm.

Hätten nach deutschem Recht Sohn und Mutter einwilligen müssen? Eine „Legitimation durch nachfolgende Ehe“ enthält der zitierte Art. 350 nicht; denn er setzt keine Heirat voraus. Für eine „Ehelicherklärung“ fehlte es an dem für diese damals vorgesehenen Staatsakt. Das KG entschied sich seinerzeit für einen adoptionsähnlichen Vorgang und gab der Klage statt, weil die für eine Adoption nach deutschem Recht nötigen Einwilligungen des Sohnes und der Mutter fehlten.

Die Legitimation des islamischen Rechts kam oft vor und machte Standesbeamten, Gutachtern und Richtern viel Arbeit. So wurde in BGHZ 55, 188 kurz nach Scheidung ein Kind geboren. Der geschiedene Mann focht die Ehelichkeit mit Erfolg an. Ein Ägypter heiratete die Mutter und erkannte bald danach das Kind an. Der Standesbeamte vermerkte am Rande des Geburtseintrags, der Ägypter habe das Kind mit Standesfolge anerkannt. Der Amtsvormund wollte nach § 31 a.F. PStG gerichtlich festgestellt haben, das Kind sei durch Heirat seiner Eltern ehelich geworden. Der BGH hielt jedoch nicht § 31 (inzwischen in neuerer Fassung) für anwendbar (Legitimation durch nachfolgende Ehe), sondern § 30 (anderweitige Änderung des Personenstands). Denn das Anerkenntnis nach Art. 350 des hanefitischen Rechtsbuchs sei weder Legitimation noch Adoption, sondern ein Gebilde eigener Art. Es gehöre allerdings unter Art. 22 a.F. EGBGB, und bei einem deutschen Kind müßten die gleichen Einwilligungen erteilt sein wie bei der Ehelicherklärung auf Antrag des Vaters. Damit stimmen überein BGHZ 69, 387 und StAZ 1978, 124 mit Anm. von *Held*; allerdings wird in diesen beiden Fällen das islamische (hier tunesische) Recht nicht durchweg richtig beurteilt (*Krüger* StAZ 1977, 245–247; *Dilger* StAZ 1978, 235–239). Für § 30 statt § 31 PStG auch BayObLGZ 1987, 203 (208 a.E. unter II 2b [1]) = NJW-RR 1987, 1155; OLG Hamm FamRZ 1988, 314 (317 a.E.) = IPRax 1988, 179 LS mit Anm. Red. (D.H.) = NJW-RR 1988, 323 (324 a.E.f.). Vgl. *Soergel/Lüderitz*[12] Art. 21 Rz. 27–30, 33, 37. – Zur Beurteilung der islamischen Legitimation in Frankreich Cass. (1re Ch.civ.) Rev.crit.dr.i.p. 1998, 652 mit Anm. von *Ancel*.

Unter dem *neuen* Rechtszustand sind die in Frage kommenden Anknüpfungsmöglichkeiten reduziert (unten § 20). Zu erwägen sind jetzt Art. 19 I EGBGB (Abstammung) mit primärer Anknüpfung an den gewöhnlichen Aufenthalt des Kindes und alternativen Anknüpfungsmöglichkeiten zugunsten der „Abstammung“, und Art. 22 EGBGB (Annahme als Kind) mit Anknüpfung an das Heimatrecht des (einzeln) „Annehmenden“ oder, wenn dieser mit der Mutter verheiratet ist, an das Ehewirkungsstatut nach Art. 14 EGBGB. Die Legitimanerkennung schafft im Ergebnis ein Abstammungsverhältnis, das aber von der natürlichen Abstammung losgelöst ist (z.B. bei deren Fehlen nicht angefochten werden kann) *wie* eine Adoption. Die Zustimmungen nach Art. 23 EGBGB sind jetzt in jedem Fall erforderlich.

Fälle nach diesem Typus sind angesichts sich annähernder Rechtssysteme seltener als die Fälle von Systemunterschieden zwischen deutschem und ausländischem materiellem Recht (oben 1), kommen aber immer wieder vor. Kennzeichnend ist:

1. **Einem Rechtsinstitut** (genauer: einem Rechtsinhalt) **des ausländischen materiellen Rechts entspricht kein Rechtsinstitut** (genauer: kein im Kern identischer Rechtsinhalt) **des deutschen materiellen**

Rechts; das ausländische Rechtsinstitut ist dem deutschen Recht „unbekannt". Man kann daher von einer „Systemlücke des eigenen materiellen Rechts" sprechen, die freilich von uns als solche nicht empfunden wird und nur sichtbar wird im Verhältnis zu der bestimmten fremden Rechtsordnung; sie ist deshalb *relativ*.

2. **Es fehlt eine selbständige Kollisionsnorm des deutschen IPR hierfür**; eine solche muß erst geschaffen werden, sei es durch Ausdehnung einer vorhandenen (z. B. des Art. 22 a. F., Art. 19, 22 n. F. EGBGB im obigen Fall), sei es durch Entwicklung einer neuen. Häufig wird man auch nach den verschiedenen Funktionen des fremden Rechtsinstituts differenzieren müssen.

Wichtige fremde Rechtsinstitute dieser Art sind z. B.:

- Die *Trusts* des englisch-amerikanischen Rechts (vgl. z. B. *Kötz*, Trust und Treuhand, 1963; *Coing*, Die Treuhand kraft privaten Rechtsgeschäfts, 1973; *Gambaro*, Problemi in materia di riconoscimento degli effetti dei *trusts* nei paesi di civil law, Riv.dir.civ. 1984, 93–108; *Czermak*, Der express trust im internationalen Privatrecht, 1986; *Wittuhn*, Das internationale Privatrecht des Trust, 1987; *Coing*, Übernahme des Trusts in unser internationales Privatrecht?, Fschr. Heinsius 1991, 79–88; *von Hoffmann*, Le nouveau Code civil du Québec – modèle d'une harmonisation du droit privé européen?, in: *Niederehe* [Hrsg.], Études québécoises: Bilan et perspectives, Canadiana Romanica 11 [1996], 15–27; BFH RIW 1993, 345). Sie beruhen auf dem historischen Gegensatz zwischen „*law*" und „*equity*" und sind deshalb mit unserer Treuhand nicht zu vergleichen, die auf dem Gegensatz zwischen Sachenrecht und Schuldrecht beruht (auch die Rechte eines durch *trust* Begünstigten entsprechen eher unserem sachenrechtlichen Typus). Die Einsatzbreite ist kaum überschaubar; *trusts* dienen Zwecken des Sachenrechts, Schuldvertragsrechts, Gesellschaftsrechts, Stiftungsrechts, Wettbewerbsrechts, Erbrechts, Familienrechts, Bereicherungsrechts und des Rechts der Geschäftsführung ohne Auftrag.
- Die *Morgen-* oder *Brautgabe des islamischen* Rechts (*„mahr"*), die Funktionen des Eheschließungsrechts, des vor- und nachehelichen Unterhaltsrechts, des Ehegüterrechts, des Scheidungsrechts und des Erbrechts umfaßt (vgl. *Soergel/Schurig*[12] Art. 13 Rz. 11, Art. 14 Rz. 48, Art. 15 Rz. 35). Ähnliches gilt für die *Ketubah des jüdischen Rechts*: der Mann verspricht der Frau bei Heirat Vermögensvorteile, um die Frau bei Tod oder Scheidung zu sichern: IPG 1967/68 Nr. 73 (S. 805 f.); Cass.civ. D.S.Jur. 1972, 633 mit Anm. von *Malaurie* und Rev.crit.dr.i.p. 1972, 612 mit Anm. von *Droz*; Cass.civ. Rev.crit. dr.i. p. 1989, 360 mit Anm. von *Khairallah*; *Jayme*, Zur Morgengabe in Kalifornien, IPRax 1986, 258. Eher um eine Art Abfindung an die

andere Familie, wegen Beschränkung der Rückforderungsmöglichkeit in bestimmten Fällen aber auch um einen Schutz der Frau, handelt es sich bei der sog. *Kaufehe (lobola)* im Recht der Schwarzen Südafrikas (sec. 11 [1] Black [Native] Administration Act, No. 38 von 1927; *Ertle*, ZVglRWiss 71 [1970], 128, 137 f.).

- Die in der Wirkung ehegleichen *registrierten gleichgeschlechtlichen Partnerschaften* im *dänischen*, *norwegischen* und *schwedischen* Recht und zunehmend in anderen Rechten (dazu *Soergel/Schurig*[12] Art. 13 Rz. 7) – jedenfalls einstweilen (eine Einführung in Deutschland wird diskutiert). Dagegen geht es bei der sog. *Makamona-Ehe zwischen Frauen* im Stammes- oder örtlichen Gewohnheitsrecht des *Sudan* und *Tanzanias* (*Rwezaura*, East.Afr.L.Rev. 7 [1974], 319–325; *ders.*, Traditional Family Law and Change in Tanzania, 1985) um soziale Absicherung älterer sohnloser Witwen. Sie ist eher eine Art „Adoption" einer „Schwiegertochter", welche einen erbfähigen „Enkel" gebären soll. – Uns unbekannte Rechtsinstitute sind ferner die *Mehrehe nach muslimischem Recht* sowie die *eingetragenen Lebensgemeinschaften* im Recht einiger *südamerikanischer Staaten*, die dort eine Art Ehe minderen Rechts sind.
- Die *Kraftfahrzeughypothek nach italienischem* Recht (vgl. BGH NJW 1991, 1415 = IPRax 1993, 176 mit Aufsatz von *Kreuzer* 157–162).
- *Verbote bestimmter Geschäfte zwischen Ehegatten*, z.B. bis zum 30. 6. 1986 im französischen Recht das Verbot von Kaufverträgen.
- *Elterliche Sorge des Großvaters neben dem Vater im islamisch-schiitischen Recht* (z.B. §§ 1180–1194 des iranischen BGB; *Catala-Gervais*, Le droit libanais I, Paris 1963, 122).
- Das *Beispruchsrecht der gesetzlichen Erben zur Schenkung* (unter Lebenden und von Todes wegen) *im islamisch-sunnitischen Recht* (*Kegel*, Fschr. Zepos II, 1973, 325 f.; vgl. den Fall des Ibn-Saud oben S. 2).
- Die *Verpflichtung des Mannes, dem Scheidungsanspruch der Frau durch Übergabe des Scheidebriefs („get") nachzukommen* im *israelisch-jüdischen* Recht (dazu *Soergel/Schurig*[12] Art. 17 Rz. 64a mit Nachweisen; Cour d'appel de Versailles D. S.Jur. 1995, 245 mit Anm. *Agostini*).

Weitere, eher exotische Beispiele:

- *Beschränkte Geschäftsfähigkeit von Waldbewohnern (silvícolas)* in Brasilien nach Art. 6 Código Civil (dazu *Paul*, De capitis deminutione silvicolorum. Versuch über Art. 6 des brasilianischen Código Civil, Fschr. Jahr 1993, 477–495).
- *Levirat und Kalitza des traditionellen jüdischen Rechts:* Stirbt ein Ehemann kinderlos, so haben seine Brüder dem Alter nach das Recht (und die moralische Pflicht), die Witwe zu heiraten, um die Familie fortzusetzen; wer das Recht ausübt, beerbt den verstorbenen Bruder, um den Nachlaß auf Kinder aus der neuen Ehe zu übertragen, sog. *„Levirat"*. Die Witwe wird frei, wenn sie die Brüder der Reihe nach in Verzug setzt und von ihnen die *„Kalitza"*, eine Art Entstrickung (*mainlevée*) erhält (dazu *Jambu-Merlin*, Rev.crit.dr.i.p. 1958, 111 f.); die traditio-

nelle Zeremonie drückt Verachtung gegenüber einer solchen „Pflichtvergessenheit" aus (vgl. *Lewitts*, Jewish Marriage, 1994, 202 f.). Als Beispiel diene Cour d'Alger JDI (Clunet) 1909, 757: Eine Italienerin hatte einen tunesischen Juden geheiratet, der kinderlos gestorben war; sie verlangte vom Schwiegervater als Erben ihre *dos* von 20 000 frs zurück; dieser wandte Levirat und Kalitza ein; das Gericht lehnte deren Anwendung ab, weil sie gegen den *ordre public* verstießen (vgl. für Deutschland Art. 6 EGBGB). In Israel ist das Levirat anscheinend obsolet geworden; Kalitza wird zur Unterhaltssicherung der Witwe praktiziert.

- *Heirat zwischen Mensch und Geist (jinn)* im islamischen Recht (wohl eher eine Fiktion, um einer Frau einen Scheidungsgrund zu verschaffen: *Edge*, Int.Comp. L. Q. 38 [1989], 682–685).

3. Systemunterschiede zwischen eigenem materiellem Recht und eigenem IPR

Eine Deutsche hatte einen Österreicher geheiratet und war dadurch Österreicherin geworden. Später wurde sie wieder Deutsche und verklagte ihren Mann auf Scheidung. Das LG gab ihr recht. Der Mann legte Berufung ein. Für die Berufungsinstanz forderte die Frau vom Mann Vorschuß der Anwaltskosten, also eines Teils der *Prozeßkosten*.

KG JW 1937, 1974 (mit Anm. von *Süß*) versagte der Frau den Anspruch. Es nahm einen Fall des Systemunterschieds zwischen eigenem und fremdem materiellem Recht an (oben 1): Im deutschen Recht sei der Anspruch auf Prozeßkostenvorschuß im Ehegüterrecht geregelt (§ 1387 a. F. BGB für den damals geltenden gesetzlichen Güterstand der Nutzverwaltung); im österreichischen Recht werde der Anspruch aus der Unterhaltspflicht des Mannes abgeleitet, die im Recht der persönlichen Ehewirkungen geregelt sei (§ 91 ABGB). Ehegüterrechtlich galt österreichisches Recht (Art. 15 I a. F. EGBGB); ehepersonenrechtlich (der Gesetzgeber spricht heute wie das ZGB der Schweiz von „allgemeinen" Ehewirkungen: vor § 1353 BGB und in Art. 14 n. F. EGBGB) wäre die Anwendbarkeit österreichischen Rechts zweifelhaft gewesen (vgl. Art. 14 a. F. EGBGB). Das KG wandte österreichisches Recht an und legte es so aus, daß ein Anspruch auf Vorschuß der Kosten gerade eines Scheidungsprozesses, weil mit ihm die Auflösung der Ehe bezweckt werde, nicht gewährt werde (dagegen *Süß* in der Anmerkung).

Das KG hat also die damalige sachrechtliche Einordnung des Prozeßkostenvorschusses im Ehegüterrecht ohne weitere Erörterung auf das IPR übertragen. Möglicherweise sind aber die **Systembegriffe**, die von Kollisionsnormen **des deutschen IPR** benutzt werden, ganz **unabhängig davon, wie im deutschen materiellen Privatrecht systematisiert wird.** Selbst wenn im materiellen Recht der Anspruch auf Vorschuß der Prozeßkosten ehegüterrechtlich geregelt war (so in § 1387 a. F. BGB; inzwischen ist der Anspruch bei den allgemeinen Ehewirkungen geregelt: § 1360 a IV BGB) und selbst wenn er in allen ausländischen Rechten ebenfalls ehegüterrechtlich geregelt wäre, könnte er internationalprivatrechtlich unter den Begriff der „allgemeinen Ehewirkungen" (Art. 14 n. F. EGBGB, damals „persönliche Rechtsbeziehungen" nach Art. 14 a. F.) fallen, und nicht unter den Begriff der „güterrechtlichen Wirkungen der Ehe" (Art. 15 n. F. EGBGB, damals „eheliches Güterrecht" nach Art. 15 a. F.). Heute gehört er sogar unter den Begriff „Unterhalt" und damit regelmäßig unter Art. 18 EGBGB (unten S. 304, dazu *Soergel/Schurig*[12] Art. 14 Rz. 52).

Fälle dieser Art sind glücklicherweise recht selten. Andere Beispiele liefert die Heirat: das *Aufgebot* gehörte im deutschen materiellen Eherecht nicht zur Form der Eheschließung, wohl dagegen im deutschen IPR (Art. 11 I, 13 III 1 EGBGB); inzwischen ist es aus dem deutschen Sachrecht verschwunden. Umgekehrt verbietet § 1311 BGB (früher § 13 EheG), der überschrieben ist „Form der Eheschließung", *Stellvertretung*, *Bedingung* und *Befristung*, deren Zulässigkeit im deutschen IPR zu den sachlichen Voraussetzungen der Heirat zählt (unten S. 687).

Weitere Problemfälle sind: *§ 1371 BGB*, der im Ehegüterrecht steht, aber von manchen internationalprivatrechtlich (zumindest „auch") dem Erbrecht zugeschlagen wird; und umgekehrt *§ 1931 IV BGB*, der im Erbrecht steht, aber kollisionsrechtlich eher zum Ehegüterrecht gehört (str., zu beiden Fällen näher *Soergel/Schurig*[12] Art. 15 Rz. 38–41).

Kennzeichnend für diese Fallgruppe ist:

1. **Ein Rechtsinstitut** (genauer: ein Rechtsinhalt) **begegnet im deutschen materiellen Recht und wird hier in einem bestimmten Teil des Systems geregelt** (ob es in ausländischen Rechten begegnet und dort ebenso oder anders systematisiert wird, ist in diesem Zusammenhang ohne Belang).
2. **Es wird von einer selbständigen Kollisionsnorm des deutschen IPR (möglicherweise) unter einem anderen Systembegriff erfaßt.**

III. Lösungen

1. Grundlagen

Bei der Frage der Qualifikation handelt es sich um ein *Auslegungsproblem*, aber um ein solches spezieller Art: Es geht nämlich um die Auslegung des **Anknüpfungsgegenstandes**, und der ist durch Systembegriffe festgelegt, die einerseits dem *eigenen Sachrecht* entnommen sind, andererseits aber zur Bestimmung anwendbarer Normen aus einer durch sie bezeichneten *fremden Rechtsordnung* taugen sollen. Demgemäß unterscheiden sich die hier vertretenen „Theorien" danach, nach welcher Seite sie sich orientieren: entweder am eigenen Sachrecht (*lex-fori-Theorie*) oder am Sachrecht der in Frage kommenden fremden Rechtsordnung (*lex-causae-Theorie*) oder an für das IPR unabhängig hiervon selbständig zu entwickelnden Gesichtspunkten (*autonome Theorien*).

Werden diese „Theorien" einander in ihrer *Reinform* gegenübergestellt, so ergeben sich zunächst scharfe Gegensätze. Freilich kommen bei näherem Hinsehen die sachrechtlich ausgerichteten Modelle in dieser Reinform praktisch nicht vor; es bestehen Verbindungen zwischen ihnen und den *autonomen* Theorien und wiederum zwischen diesen untereinander. Die folgende zugespitzte Darstellung dient hauptsächlich der theoretischen Klarheit.

Hinzu kommen terminologische Schwierigkeiten. Als lex-fori-Qualifikation wird hier ausschließlich diejenige bezeichnet, die allein am inländischen *Sachrecht* orientiert ist. Natürlich gehören aber die Normen des IPR selbst zum inländischen Recht, und wenn man ihnen unmittelbar (*autonom*) die Maßstäbe entnimmt, dann sind auch diese solche der *lex fori*, nur eben nicht der materiellen lex fori. *Diese* Art der Qualifikation sollte man *nicht* als „lex-fori-Qualifiktion" bezeichnen.

2. Sachrechtlich orientierte Qualifikation

Die auffälligste Variante des Qualifikationsproblems bilden die Systemunterschiede zwischen eigenem und fremdem materiellem Recht (oben II 1). Zunächst suchte man die Systembegriffe im IPR mit denen einer Sachrechtsordnung zu identifizieren und kam zu der Alternative:

a) Der Systembegriff, den eine Kollisionsnorm unseres IPR benutzt, erfaßt alle Rechtsinstitute des in- und ausländischen materiellen Rechts, die im **inländischen materiellen Recht** unter diesen Systembegriff fallen (Theorie der **lex fori**), oder
b) der Systembegriff, den eine Kollisionsnorm unseres IPR benutzt, erfaßt alle Rechtsinstitute, die in dem möglicherweise zu berufenden **materiellen Recht, dem sie angehören,** unter diesen Systembegriff fallen (Theorie der **lex causae**).

a) Lex-fori-Qualifikation

Die *lex-fori*-Theorie galt und gilt vielleicht noch immer als die *herrschende*. Sie wurde schon von *Bartin* und anfangs wohl auch von *Kahn* vertreten, den Entdeckern der Qualifikationsfrage. *Bartin* prägte auch die Bezeichnung „Qualifikation" und den Ausdruck Qualifikation nach der *„lex fori"*. Der *lex-fori-Theorie* folgte die *deutsche Rechtsprechung*; so z.B. ausdrücklich das KG zur Legitimation des islamischen Rechts (DR 1940, 1375) und zum Prozeßkostenvorschuß (JW 1937, 1974). Freilich wird die Maßgeblichkeit der Systematik der *materiellen* lex fori nicht als Dogma behandelt. In neueren Entscheidungen wird bei Bedarf auf die *kollisionsrechtliche* lex fori geschaut, und so schwingt die internationalprivatrechtliche Theorie (unten 3) mit: BGHZ 29, 137 (139); BGHZ 44, 121 (124); BGH NJW 1967, 1177; BGHZ 47, 324 (332); BAG IPRspr. 1977 Nr. 46 (S. 123 unter II 1b) = NJW 1978, 1766 (1767); KG IPRax 1986, 41 (42) mit zust. Aufsatz von *Firsching* 25–27 = OLGZ 1985, 280 (285). Ausdrücklich folgt der internationalprivatrechtlichen Theorie OLG Düsseldorf AG 1976, 107, dagegen für *lex-fori-Theorie* wieder BGHZ 119, 392 = FamRZ 1993, 289 mit Aufsatz von *S. Lorenz* 393–396 = IPRax 1995, 399 mit Aufsatz von *Winkler von Mohrenfels* 379–386 = NJW 1993, 385 (386 unter II 1 vor a) zu ehebedingten unbenannten Zuwendungen. Diese Schwankungen hängen damit zusammen, daß die lex-fori-Qualifikation einen richtigen *Beobachtungskern* enthält, der in einfachen Fällen zu einem Ergebnis führt (unten S. 300). Auch im *Schrifttum* wird die lex-fori-Qualifikation fast immer mit dem Vorbehalt vertreten, daß in schwierigen Fällen eine „rechtsvergleichende" oder „teleologische" Betrachtung nötig sei; in der Sache ist das allerdings eine (oft uneingestandene) Abkehr vom Bewertungsstandard der materiellen lex fori.

Eine eindeutige Ausrichtung ausschließlich an der materiellen Systematik des eigenen Rechts ist nicht einmal bei den Begründern der Qualifikationslehre, *Bartin* und *Kahn* zu finden.

Bartin zufolge heißt fremdes Recht anwenden, im Interesse der Gerechtigkeit *auf eigene Souveränität* verzichten. Die Grenzen dieses Verzichts können nur wir selbst bestimmen; einem anderen Staat kann eine Bestimmung nicht überlassen werden. Dies ist zunächst nur eine Entscheidung zugunsten eines „autonomistischen" IPR-Systems (oben § 3 X) und begründet, *daß* wir selbst qualifizieren, aber nicht *wie*. Indessen scheint *Bartin* vor allem das materielle Recht vor Augen zu haben, wenn er sagt: „Wenn die Anwendung der *lex fori* oder irgendeines ausländischen Gesetzes auf dieselbe rechtliche Beziehung abhängt von der Natur dieser Beziehung, dann ist es grundsätzlich die *lex fori*, die die Natur dieser Beziehung festlegt..." (JDI [Clunet] 1897, 239). Denn *Bartin* will (wie *Savigny* VIII 33, 37 f.) die Berufung von Rechtsinstituten ganz ausschließen, die dem eigenen materiellen Recht unbekannt sind (zu *Bartin* vgl. auch *Schurig* 125 f.).

Auch *Kahn* folgert aus der *Staatlichkeit* des IPR zunächst nur, daß wir es selbst sind, die (im *autonomistischen* Sinne) über Anwendung und Nichtanwendung fremden Rechts bestimmen: „Das fremde Recht *soll* angewendet werden, wenn *unser Gesetzgeber will*, daß es angewandt werde ... Niemals aber kann ein *fremdes Gesetz* uns sagen, welcher Art diese Intentionen sind. Mit anderen Worten: alle Normen des internationalen Privatrechts sind nur durch Interpretation der inländischen Rechtsordnung zu eruieren". *Anfänglich* scheint eine Orientierung an der materiellen lex fori im Vordergrund gestanden zu haben. So unterscheidet *Kahn* zunächst voneinander die *Auffindung* einer passenden IPR-Norm ausschließlich im eigenen Recht und deren *Anwendung*, die zu einem fremden Rechtssatz führt. Insofern haben wir zu prüfen, „...Natur und Sinn der ausländischen in Betracht kommenden Rechtssätze, aber nicht daraufhin, ob sie selbst angewendet sein wollen, sondern nur daraufhin, ob sie mit den Rechtsverhältnissen, für die wir jene privatinternationale Norm als dem Willen unseres Gesetzgebers entsprechend erkannt haben, innerlich gleichartig sind, derart, daß sie in ihrem Kern als dieselben Rechtsverhältnisse gelten können". Hier ist noch *Savignys* Einfluß übermächtig, dessen Ablehnung der Anwendung eines unbekannten Rechtsinstituts *Kahn* zunächst auch übernimmt (vgl. *Kahn*, Jherings Jb. 30 [1891], 133–141 = Abhandlungen, hrsg. von *Lenel/Lewald*, I, 111–121). Doch wendet sich *Kahn* wenig später – was häufig übersehen wird – auf das entschiedenste davon ab (Über Inhalt, Natur und Methode des internationalen Privatrechts, Jherings Jb. 40 [1899], 1–87 = Abhandlungen 255–326, insbes. 311–316: „eine Unmöglichkeit", „inhaltlich undurchführbar"). Für jede fremde Sachnorm müssen wir bei Bedarf eine passende eigene Kollisionsnorm *bilden*, denn „einen naturnotwendigen Inhalt der Rechtsverhältnisse" gibt es nicht. Spätestens hier hat *Kahn* die Ebene der engen lex fori-Qualifikation nach den materiellrechtlichen Kategorien verlassen und sich einer autonomen Qualifikation nach den eigenen Bedürfnissen des internationalen Privatrecht zugewandt. Das gipfelt in dem Programmsatz: „Die beiden bisher im internationalen Privatrecht herrschenden und sich bekämpfenden Methoden – die nationalistische und die internationalistische – sollen überwunden und vereinigt werden durch die rechtsvergleichende Methode" (Abhandlungen 502).

Soweit die lex-fori-Qualifikation auf der *Identität* der Systembegriffe des eigenen Sachrechts und des Kollisionsrechts aufbaut, beruht sie auf einer unmöglichen Voraussetzung. Denn die Systembegriffe des Sachrechts bezeichnen einen *geschlossenen* Kreis rechtlicher Erscheinungen und zwar des Rechtssystems, dem sie angehören. Sie sind selbst Bestandteile des Systems und können sich folglich zunächst auf nichts anderes beziehen, als auf Gestaltungen eben dieses Systems. Die Systembegriffe des *IPR* bezeichnen demgegenüber notwendig einen *offenen* Bereich rechtlicher Erscheinungen; denn alle Rechtsfiguren, die jemals in den Gesichtskreis der IPR-Normen treten, sind überhaupt nicht von vornherein erfaßbar. Die Systembegriffe dienen hier als *bloße Bündelungsinstrumente* (oben § 6 II 2).

Die notwendige Folge davon ist, daß *jedesmal*, wenn ein der materiellen lex fori entlehnter Systembegriff zur Bezeichnung ausländischer Rechtsfiguren herangezogen wird – sei es in der Rechtsvergleichung, in der Rechtsgeschichte oder eben im IPR – diesem Begriff eine *andere Dimension hinzugefügt* wird, mag die fremde Rechtserscheinung der unsrigen noch so ähnlich sein. Selbst wenn man den Systembegriff nur auf solche ausländischen Rechtsinstitute bezieht, die mit den unseren weitestgehend übereinstimmen, wird eine Grenze überschritten, ist der Systembegriff mit dem des internen Sachrechts nicht mehr *identisch*, sondern erweitert. Mit der Aufgabe des Kollisionsrechts ist es indessen nicht einmal zu vereinbaren, die Begriffe derart eng auszulegen; denn das Kollisionsrecht muß mit einer Welt verschiedenster Sachnormen fertigwerden. Der Einzugsbereich des Begriffs muß zwangsläufig erstreckt werden auf Rechtserscheinungen, die nicht mehr in allen, nur noch in wesentlichen Zügen Parallelität mit dem Bedeutungsgehalt des „materiellen" Systembegriffs aufweisen. Aus dieser Erweiterung ergibt sich von selbst die Frage ihrer (neuen) *Begrenzung*, und das ist das eigentliche Problem der Qualifikation. Da es aber um die Abgrenzung des *erweiterten* Bedeutungsbereichs geht, kann niemals das eigene Sachrecht, immer nur das Kollisionsrecht selbst, das diese Begriffe adaptiert hat, die Kriterien hierfür liefern (unten S. 298f., 304f.).

Freilich liegt der lex-fori-Theorie eine richtige *Beobachtung* zugrunde: Regelmäßig (aber nicht einmal notwendig) bildet der eigene sachrechtliche Bedeutungsbereich den Kern des Systembegriffs, umgeben von der engeren Schale der besonders ähnlichen ausländischen Rechtserscheinungen. Das liegt in der Tatsache begründet, daß Sachrechts- und IPR-Systembegriff derselben Sprache entstammen und vom selben Gesetzgeber benutzt werden. Der sachrechtliche Bedeutungsrahmen des Systembegriffs kann daher stets als erster Anhalt, als Ausgangsbasis benutzt werden, und in der praktischen Anwendung wird der funktionelle Unterschied des Begriffs im Sachrechts- und im IPR-Bereich häufig gar nicht bewußt werden. Gleichwohl ist er vorhanden, und „schwierigere"

Fälle, nämlich solche, die eher in den „Randbereichen" der benutzten Systembegriffe anzusiedeln sind, können überhaupt nur beurteilt werden, indem man sich diese unterschiedliche Funktion bewußt macht. Qualifikationsprobleme vom Typ der „relativen Systemlücke" und dem des „Systemunterschieds zwischen eigenem Sachrecht und eigenem IPR" sind auf dem Boden der „reinen" lex-fori-Theorie naturgemäß von vornherein unlösbar.

Damit mündet dieser Weg zwangsläufig in die „autonome" Qualifikation (IPR-Qualifikation, unten S. 296–304). Wenn die lex-fori-Qualifikation gleichwohl noch überwiegend empfohlen wird, dann deshalb, weil man diese praktische Übereinstimmung im „inneren" Bereich des Systembegriffs vor Augen hat. Bei Schwierigkeiten weicht man indessen fast immer aus in die „rechtsvergleichende" und/oder „teleologische" Betrachtung – und gibt damit die lex-fori-Qualifikation in der Sache auf.

Die *lex-fori*-Theorie führt in den oben II erwähnten Fällen in Anlehnung an die Einordnung im deutschen Sachrecht zu folgenden *Ergebnissen*:

1. Im *spanischen Erbfall* (oben S. 279f.) zum *gesetzlichen Erbrecht des spanischen Fiskus* (die englische Regel wird von uns als erbrechtlich angesehen und deshalb nicht berufen).
2. Bei *Wechseln, die englischem oder amerikanischem Recht unterliegen* (oben S. 280), zur *Verjährung nach englischem oder amerikanischem Recht.*
3. Im ägyptischen Fall der *Legitimation nach islamischem Recht* (oben S. 281f.), zu *keiner Lösung* durch Einordnung in die deutsche Sachrechtssystematik (Ergebnis des KG: grundsätzliche Anwendung ägyptischen Rechts mit Einschränkung durch deutsches Recht).
4. Im Fall des *Prozeßkostenvorschusses* (oben S. 285) zur Anwendung des *österreichischen Rechts* nach Art. 15 I a.F. EGBGB.

b) Lex-causae-Qualifikation

Nach der *lex-fori*-Theorie umschreibt die Kollisionsnorm des IPR selbst durch den von ihr benutzten Systembegriff die Sachverhalte und Sachnormen, die miteinander verknüpft werden (oben S. 265, 267f., 287f.), und zwar in Übereinstimmung mit der Systematik des deutschen materiellen Rechts; an welcher Stelle dann die so beschriebenen Sachverhalte und Sachnormen in Systemen ausländischer materieller Rechte erscheinen, spielt keine Rolle. Will man sich von der eigenen Sachrechtssystematik lösen, aber weiterhin an materiellen Kategorien orientieren, kann man das ganze umdrehen: Dann sind mit den Systembegriffen in unseren IPR-Normen stets die Rechtserscheinungen gemeint, die *im jeweils berufenen materiellen Recht* (in der sog. *lex causae*) unter diese Begriffe fallen. Indem sie auf die Systembegriffe des *jeweiligen* fremden Sachrechts verweisen, haben die Systembegriffe unseres Kollisionsrechts von Fall zu Fall wechselnde Inhalte. Die Begriffe *aus* dem fremden Rechtssystem beziehen sich dann auf Erscheinungen in demselben Rechtssystem, und nicht in einem (aus *dieser* Sicht) fremden. Der Bruch befindet sich an anderer Stelle: dort, wo es gilt, den Begriff im fremden Sachrecht erst einmal aufzufinden, der dem von unserem IPR gebrauchten „entspricht".

Nach dieser *lex-causae*-Theorie ist also entscheidend die Stelle, an der die Sachverhalte und Sachnormen in Systemen ausländischer materieller Rechte auftreten; die Kollisionsnorm umschreibt durch den von ihr benutzten Systembegriff die zu verknüpfenden Sachverhalte und Sachnormen noch gar nicht, sondern bezeichnet ein „Systemschubfach", in das ein ausländisches materielles Recht, wenn es berufen ist, an Sachverhalten und Sachnormen hineintun kann, was es will.

Mitbegründer und bedeutendster (weitgehend auch einziger) Vertreter der *lex-causae*-Theorie ist *Martin Wolf*. Vom Ansatz her ist er konsequent:

„Es ist davon als von einer regelmäßigen Erscheinung auszugehen, daß die deutsche internationalprivatrechtliche Ordnung einen auslandsrechtlichen Satz genau so auffaßt, wie das ausländische Recht selbst ihn auffaßt. An die Stelle der Qualifikation gemäß der *lex fori* tritt die ... Doktrin von der Maßgeblichkeit der *lex causae* (des Wirkungsstatuts): der deutsche Richter hat einen ausländischen Rechtssatz so einzuordnen, wie ihn dasjenige ausländische Recht einordnet, das bei solcher Einordnung anwendbar ist. Sie enthält sich einer unbeholfenen eigenen Kennzeichnung auslandsrechtlicher Gebilde. Indem sie sich der ausländischen Einordnung unterwirft, verhindert sie, daß ausländisches Recht dem Geiste dieses Rechts zuwider angewendet wird ...

Der Satz: 'Für das eheliche Güterrecht gilt das Recht des Staates, dem der Ehemann bei der Eheschließung angehörte' bedeutet daher, korrekt gefaßt: Sind zwei Personen miteinander verheiratet, so gelten alle diejenigen Sätze des genannten Staates, die nach dem Recht dieses Staates ehegüterrechtlicher Natur sind. Der Satz 'für die Beerbung gilt das Recht des Staates, dem der Erblasser bei seinem Tode angehörte' bedeutet: Stirbt ein Mensch, so gelten alle diejenigen Sätze seines letzten Heimatrechtes, die nach diesem Rechte erbrechtlicher Natur sind." (IPR 54 f.)

Mit *Systemlücken* des eigenen materiellen Rechts fertig zu werden (wie im Fall der ägyptischen Legitimation, oben S. 281 f.), fällt dieser Theorie wesentlich leichter als der lex-fori-Theorie. *Wolff* sieht richtig, daß hier das eigene IPR zu ergänzen ist: „Die Lücke wird dann durch angemessene Analogien zu füllen sein." (IPR 57).

Das klingt, als solle man sich der Einordnung des fremden Rechts blind ausliefern (was die Theorie in eine gewisse Nähe zu den unilateralistischen Systemen [oben § 6 V] brächte, *Schurig* 221). Dem tritt *Wolff* indessen ausdrücklich entgegen: Die ausländische Qualifikation ist vielmehr nach den *„Methoden der eigenen Wissenschaft"* zu überprüfen:

„... der Beobachter [ist] weder an die Einordnungen der ausländischen Wissenschaft noch an die Stellung einer Norm im Gesetz gebunden ... Einer ausländischen Rechtsordnung gegenüber, die wissenschaftlich nicht in kontinentaler Art durchgearbeitet ist, bei der insbesondere weniger die rechtlichen als wirtschaftliche und soziale

Zusammenhänge für den Aufbau des Systems verwendet worden sind, besteht die Pflicht, die Methoden der eigenen Wissenschaft anzuwenden und mit ihnen unter voller Versenkung in die Einzelheiten und in die Geschichte des ausländischen Rechts dessen genaue Analyse zu versuchen, wobei es dem historisch denkenden Kopfe nicht schwerfallen wird, die Gefahren zu meiden, denen der usus modernus erlag, wenn er Gebilde deutschen Rechts in unpassende römische Kategorien zwängte." (IPR 56 f.)

Zum Beispiel soll die Verjährung des englisch-amerikanischen Rechts möglicherweise materiellrechtlich zu qualifizieren sein (ebd.), so daß dann im Beispiel der Wechsel, die englischem oder amerikanischem Recht unterliegen, nicht Unverjährbarkeit, sondern (wie nach der *lex-fori*-Theorie) Verjährbarkeit nach englischem oder amerikanischem Recht eintritt.

Dieser Schritt ist folgenschwer. Mit ihm läßt *Wolff* die nur am Sachrecht orientierte Qualifikation überhaupt hinter sich und nähert sich einer über den materiellen Rechten „schwebenden" autonomen Qualifikation. Nur bleibt der überpositive *Maßstab* unscharf: Rechtsgeschichte? Rechtsvergleichung? „Wissenschaftlich" systematisieren kann man nach sehr verschiedenen Gesichtspunkten!

Die *ratio* der Wolffschen Theorie ist: Man soll nicht den „Geist ausländischen Rechts" dadurch verletzen, daß man seine Gebilde falsch („unwissenschaftlich") einordnet. Aber es geht hier nicht um wissenschaftliche Einordnung von Systembegriffen, sondern um rechtspolitische Entscheidungen der internationalprivatrechtlichen Gerechtigkeit, die bloß unter Benutzung von Systembegriffen von den Kollisionsnormen ausgedrückt werden. Richtig ist aber, daß eine solche Entscheidung nicht getroffen werden kann ohne einen genauen Blick auf die Rechtsnorm, um deren Anwendung es geht, weil Funktion, Geschichte, soziale Einbettung etwas über die materiellen Interessen sagen, denen sie dient, und diese wiederum kollisionsrechtliche Interessen implizieren, die für die Qualifikation ausschlaggebend sein können (unten S. 299, 300).

Um einen *circulus vitiosus* (so z.B. *Ferid*) handelt es sich bei der *lex-causae*-Qualifikation nicht: Es wird auf die Normen eines bestimmten Staates verwiesen, die dieser für „güterrechtlich", „erbrechtlich" usw. hält. Aber unter dem Gesichtspunkt der internationalprivatrechtlichen Gerechtigkeit verstößt die *lex-causae*-Theorie u.a. in vermeidbarem Maße gegen das Ordnungsinteresse am *inneren Entscheidungseinklang*. Denn sie führt oft zu Normenhäufung oder Normenmangel und damit zu Normenwiderspruch (oben S. 123f.). Das erkannte *Wolff* klar (IPR 58–60) und hatte vor ihm schon *Kahn* erkannt (DogmJ 30 [1891], 129 = Abhandlungen I 110 f.).

Hält man sich *streng* an die *lex-causae*-Qualifikation, dann ergibt sich in den erwähnten Beispielsfällen:

1. Im *spanischen Erbfall* (oben S. 279f.) wird *sowohl gesetzliches Erbrecht* des spanischen Fiskus wie *dingliches Aneignungsrecht* der englischen Krone berufen; es herrscht Normenhäufung.

Eines der beiden Rechte muß daher zurückweichen. Das kann das Erbstatut sein, wenn Einzelregelungen Vorrang haben; das kann auch das englische Aneignungsrecht sein, wenn nach englischem IPR *allgemein* fiskalisches Erbrecht (auch fremdes), das im berufenen materiellen Erbrecht vorkommt, zu beachten ist und deswegen der Nachlaß nicht herrenlos und damit auch nicht aneignungsfähig geworden ist (so entschieden die englischen Richter im Maldonado-Fall) und wenn zugleich *im gegebenen Fall* vom deutschen internationalen Erbrecht das Recht eines Staates berufen wird, in dem fiskalisches Erbrecht vorkommt (das wäre für Spanien der Fall und zwar sowohl nach der *lex-fori-* wie nach der *lex-causae*-Theorie). – Zu *Normenmangel* führt die lex causae z.B. wenn ein Engländer ohne Erben stirbt und Diamanten in Deutschland hinterläßt (kein gesetzliches „Erb"-Recht des englischen Fiskus, kein sachenrechtliches Aneignungsrecht eines deutschen Fiskus); *Wolff* (IPR 60) muß zur Angleichung (unten § 8) greifen, um nicht „einen herrenlosen Nachlaß plündernden Horden zu überlassen".

2. Bei *Wechseln, die englischem oder amerikanischem Recht unterliegen* (oben S. 280), wäre das Ergebnis *Unverjährbarkeit* (anders aber *Wolff* selbst, oben S. 291 f.).
3. Im ägyptischen Fall der *Legitimation nach islamischem Recht* (oben S. 281 f.) wäre durch Analogie eine neue deutsche Kollisionsnorm zu bilden; Ergebnis: *grundsätzliche Anwendung ägyptischen Rechts mit Einschränkung durch deutsches Recht.*
4. Im Fall des *Prozeßkostenvorschusses* (oben S. 285) war *österreichisches Recht* nur dann anzuwenden, *wenn es nach Art. 14 a.F. EGBGB die* persönlichen *Ehewirkungen beherrschte* (weil Ansprüche auf Prozeßkostenvorschuß im österreichischen Recht zu den persönlichen Ehewirkungen gehörten). *War dagegen deutsches Recht für die persönlichen Ehewirkungen maßgebend, so entfiel der Anspruch*: in Deutschland waren Ansprüche auf Prozeßkostenvorschuß im Ehegüterrecht geregelt, aber es war nicht deutsches, sondern österreichisches Güterrecht anzuwenden, und das enthielt keine Prozeßkostenvorschußansprüche; das österreichische Recht der persönlichen Ehewirkungen, das einen solchen Anspruch vorsah, war andererseits nicht berufen; ein Fall von Normenmangel.

3. Autonome Qualifikation

„Autonom" nennt man eine Qualifikation dann, wenn sie sich bei der Ausdeutung der in IPR-Normen verwandten Systembegriffe an die Maßstäbe des materiellen Rechts – sei es des eigenen, sei es des fremden – überhaupt nicht binden will, sondern statt dessen neue, eigene Maßstäbe entwickelt. Hier gibt es unterschiedliche Auffassungen, *welche* dies sein sollen.

a) Rechtsvergleichende Qualifikation

Da das Qualifikationsproblem hauptsächlich am Fall des Systemunterschieds zwischen eigenem und fremdem Recht entwickelt wurde, meinte man zunächst, sich für das eine oder andere entscheiden zu müssen, also die Systembegriffe der Kollisionsnormen entweder im Sinn der

Systematik des eigenen materiellen Rechts zu verstehen (*lex-fori*-Theorie) oder im Sinn der Systematik des anwendbaren fremden materiellen Rechts (*lex-causae*-Theorie). Man qualifizierte „nach" der *lex fori* oder *causae*. Dabei ließ man außer acht, daß es bei der Entscheidung über die Anwendbarkeit von Rechtsnormen um ihren *Inhalt* geht. Wo eine Rechtsnorm im System eingeordnet wird, ist eine Frage der Praktikabilität, ist Ordnung, nicht Inhalt. Für uns verbindlich ist nur der Inhalt; die Systematik (die auch ganz willkürlich sein kann) ist es nicht. Da sie nicht Bestandteil des verbindlichen Rechts ist, kann man auch nicht „nach" einem solchem Recht qualifizieren.

So kann man z.B. die englisch-amerikanische Regel, daß Heirat frühere Testamente ungültig macht, zum Ehegüterrecht oder zum Erbrecht ziehen (*Rabel*, Conflict of Laws I² 403), an ihrem Inhalt ändert das nichts.

Freilich kann der systematische *Standort* einer Norm in einem *Gesetz* (nicht im ungeschriebenen Recht) ein Anzeichen dafür sein, wie der Gesetzgeber die betroffenen materiellen Interessen regeln wollte, und diese können wiederum Einfluß darauf haben, welche die „richtige" Kollisionsnorm ist.

Zum Beispiel bedeutet die Einordnung der Miete ins Schuldrecht des BGB, daß sie grundsätzlich (vgl. aber § 571 BGB) nicht gegen Dritte wirkt. Hier ist der Standort als Abkürzung für unausgesprochene Rechtssätze benutzt und bekommt inhaltlichen Charakter. Aber nichts hätte den Gesetzgeber hindern können, die Miete mit genau demselben Inhalt im Sachenrecht des BGB zu regeln, wo wir ja auch andere Schuldverhältnisse finden (zwischen Eigentümer und Besitzer, zwischen Eigentümer und Nießbraucher). Der schuldrechtliche Charakter der deutschen Miete ist also nicht an den Standort (an das System des Gesetzes) gebunden. Wäre allerdings nach der inhaltlichen Ausgestaltung *unklar*, ob der Mietvertrag schuld- oder sachenrechtlichen Charakter haben soll, dann könnte der Standort ein Indiz in die eine oder andere Richtung sein und mittelbar beeinflussen, ob die Kollisionsnorm für Schuldverträge oder für Sachenrechte anzuwenden ist.

Es war daher ein Durchbruch, als es gelang, die Systembegriffe, die von Kollisionsnormen des IPR benutzt werden, aus ihrer Abhängigkeit von irgendeinem konkreten materiellen Recht (insbesondere *lex fori* und *lex causae*) zu lösen. Diese Befreiung der Begriffsbildung des IPR führte zu seiner zweiten *Emanzipation*, die nunmehr nach „innen" gerichtet war (während die erste nach „außen" gerichtete Emanzipation infolge des Sieges der autonomistischen Schule das IPR von einem imaginären Überrecht rechtspolitisch befreite, oben § 3 X).

Das Programm hatte schon 1900 *Franz Kahn* kurz vor seinem Tode aufgestellt. Aber es vergingen 30 Jahre, bis *Ernst Rabel* (Bild vor S. 177) diesen Gedanken entscheidende neue Impulse gab.

Rabel räumte ein, daß man sich bei der Formulierung von Kollisionsnormen des IPR im Gesetzes- wie im Gewohnheitsrecht an den Sprachgebrauch des heimischen materiellen Rechts anlehnt, erklärte das aber aus dem Fehlen einer international einheitlichen Rechtssprache. Eine

Kollisionsnorm ziele jedoch auf internationale Brauchbarkeit. Sie regele daher ganz unabhängig von der Systematik irgendeines materiellen Rechts einen bestimmten Sachbereich. Welchen Sachbereich der Systembegriff einer Kollisionsnorm meine, sei wissenschaftlich durch *Rechtsvergleichung* zu ermitteln: was rechtsvergleichend zusammengehöre, gehöre auch internationalprivatrechtlich zusammen.

„Der Tatbestand der Kollisionsnorm bezieht sich nicht auf eine Erscheinung der lex fori, der dann Erscheinungen fremder Rechte gleichzustellen sind, sondern von vornherein auf das Gemeinsame dieser Rechtserscheinungen." (RabelsZ 5 [1931], 257)

„Es entsteht demnach die wichtige Aufgabe, die Rechtserscheinungen auf Grund der Rechtsvergleichung den kollisionsrechtlichen Tatbeständen einzuordnen, auf sie zu verteilen. Wieweit dazu im einzelnen die vorhandenen und die neu zu bildenden Tatbestände tauglich sind, muß die Zukunft lehren. Irgendein Schema ist nicht zu empfehlen. Von den Richtern dürfen wir nur empirische Beiträge erwarten, Vergleiche des eigenen Rechts mit einzelnen fremden Rechten, in der Regel nur mit einem einzigen. Die wissenschaftliche Rechtsvergleichung stellt die Verwandtschaft der Rechtsordnungen fest, die ein tertium comparationis liefern und eine Kollisionsnorm tragen können, aber auch die Verschiedenheiten. Sie können so bedeutend sein, daß eine sinnvolle Norm nicht mehr von ihnen abstrahieren darf. Dann muß der Vielheit der Rechtsphänomene anders genügt werden. Es ist keineswegs zu verlangen, *jeder* Satz des internationalen Privatrechts solle derartig verdünnt und gedehnt werden, daß er unmittelbar alle, auch völlig heterogene Einzelregelungen eines größeren oder kleineren Sachgebietes erfaßt. Das Kollisionsrecht verfügt über den ganzen Reichtum an Mitteln ... Was das Kollisionsrecht aber nicht tun darf, ist sich anzustellen, als ob ihm ein einziges landesrechtliches System Aufbau und Inhalt liefern könne." (Ebd. 267 f.)

„Ein Rechtskomplex, der es mit allen Rechten der Erde zu tun hat, muß sie alle in den Kreis seiner Vorsorge einbeziehen." (Ebd. 282.)

„Für das System des internationalen Privatrechts ergibt sich die Notwendigkeit, eigene Begriffe zu bilden." (Ebd. 283.)

Systemlücken (wie im Fall der islamischen Legitimation) bilden kein Problem, weil das IPR eines Staates nicht an das System seines materiellen Rechts (*lex fori*) gebunden ist: Vorhandene Kollisionsnormen müssen erweitert („verdünnt und gedehnt") oder neue gebildet werden.

Das große *Verdienst* der *rechtsvergleichenden* Lösung des Qualifikationsproblems (*Rabel* nennt sie „eher eine Methode als eine Theorie", Conflict of Laws I^2 54) ist die Emanzipation des IPR von bestimmten materiellrechtlichen Systemen, sei es die *lex fori*, sei es die *lex causae*. Aber sie ersetzt sie durch ein *neues* materiellrechtliches System, ein rechtsvergleichendes. Auch wenn dies auf einer zutreffenden *Beobachtung* beruht (schon *Kahn* hatte erkannt: „Die rechtsvergleichende Methode ist keine Neuerung. Sie hat existiert, solange es ein internationales Privatrecht gibt" [Abhandlungen I 492]), so wird doch das *Erscheinungsbild* mit der *inneren Struktur verwechselt*. Die rechtsvergleichende Methode hält sich an das *Tatsächliche*, wo eine *rechtspolitische* Antwort gegeben werden muß. Denn die Rechtsvergleichung beobachtet nur und sucht anschließend zu erklären; sie wirft ein Begriffsnetz über die materiellen Rechte, stellt eigene – durchaus wechselnde – Vergleichskriterien auf und vereinigt danach Gleiches, trennt Verschiedenes. Das IPR muß *entscheiden.* Wie die Begriffe, die seine Normen verwenden, zu bilden sind, welchen Inhalt sie haben, ist selbst eine rechtspolitische Frage. Wenn das IPR dazu dient, ein Stück *internationalprivatrechtliche Gerechtigkeit* zu verwirklichen, indem es sich für bestimmte internationalprivatrechtliche Interessen entscheidet, dann muß auch die Begriffsbildung in diesem Funktionszusammenhang stehen. Inhalt und Grenzen der Systembegriffe folgen aus den rechtspolitischen Zwecken der einzelnen Kollisionsnorm.

Die Beobachtung, daß unter den Begriffen Gemeinsames aus den verschiedenen Rechtsordnungen – und damit regelmäßig auch unter dem Gesichtspunkt der Rechtsvergleichung Zusammengehöriges – vereint wird, kann man in der Praxis durchaus als Anhaltspunkt bei der Entscheidung verwenden. Doch handelt es sich um ein Mittel, nicht um den Zweck der Kollisionsnorm. *Rabels* Hinweis, das IPR müsse funktionieren und daher rechtsvergleichend zugeschnitten sein, sagt zu wenig. Die Fülle der Zwecke, der geförderten Interessen wird nicht sichtbar. *Rabel* hat ihr Dasein zwar erkannt, aber ihre *allgemeine* Darstellung für Zukunftsmusik gehalten (RabelsZ 5 [1931], 287 Fn. 1; Conflict of Laws I^2 97 a. E.); bei der einzelnen Fallösung hat er freilich selbst meisterhafte Interessenjurisprudenz getrieben.

In den oben II genannten Fällen gelangt *Rabel* zu den folgenden Ergebnissen:

1. Zum Problem des *spanischen Erbfalls* (oben S. 279 f.) bemerkt er nur, es sei „angebracht, privates Erbrecht, Erbrecht des Fiskus und staatliche Heimfalls- und Okkupationsrechte nicht unter ein und dasselbe Statut zu stellen" (RabelsZ 5 [1931], 268; vgl. auch Conflict of Laws IV, 371–374).
2. Bei *Wechseln, die englischem oder amerikanischem Recht unterliegen* (oben S. 280), nimmt *Rabel Verjährung nach englischem oder amerikanischem Recht* an (ebd. 278 f.; Conflict of Laws III^2, 53–535).
3. Den ägyptischen Fall der *Legitimation nach islamischem Recht* (oben S. 281 f.) hat *Rabel* anscheinend nicht erörtert, würde sich aber vermutlich entschieden haben für grundsätzliche Anwendung des ägyptischen Rechts mit Einschränkung durch deutsches Recht.
4. Im Fall des *Prozeßkostenvorschusses* (oben S. 285) entscheidet Rabel wie die *lex-fori*-Theorie: *Anwendung österreichischen Rechts nach Art. 15 a. F. EGBGB* (RabelsZ 5 [1931], 275–277).

b) Internationalprivatrechtliche (teleologische) Qualifikation

aa) Grundsatz

Die festgestellten Defizite der bisher behandelten Lösungsansätze lassen sich dahin zusammenfassen, daß die systematische Einordnung in einer (oben 2) oder nach übergreifenden Maßstäben in allen (oben 3 a) materiellen Rechtsordnungen nur das Erscheinungsbild des Problems betreffen, aber nicht zu seinem eigentlichen rechtspolitischen Kern vordringen. Vielmehr geht es um den Regelungsgehalt einer positiven (Kollisions-)Norm. Diese ist – wie stets – auszulegen. Auch die Systembegriffe, die wir in den Kollisionsnormen des IPR antreffen, sind darum auszulegen, und zwar nach den Zielen, die diese Kollisionsnormen verfolgen. Die Ziele ergeben sich aus den Interessen, die der Kollisionsnorm zugrunde liegen. Das IPR beruht auf *international-*

privatrechtlicher Gerechtigkeit, die zwischen einer Reihe *international-privatrechtlicher Interessen* wählt (oben § 2). Die Interessen, denen die jeweilige Kollisionsnorm dient, sind zu ermitteln; sie sind auch der Maßstab für Inhalt und Reichweite der verwandten Systembegriffe.

bb) Begründung

Läßt man die Tatsache, daß unsere Kollisionsnormen meistens „zunächst" auf andere Kollisionsnormen verweisen (Rück- und Weiterverweisung, unten § 10), der besseren Übersichtlichkeit wegen einstweilen beiseite (die Verweisungsstrukturen sind dieselben), dann hat man folgenden Ausgangspunkt (oben § 6 II): Materiellprivatrechtliche Sachverhalte und materiellprivatrechtliche Normen (Sachnormen) bilden zusammen mit Anknüpfungmomenten den Tatbestand einer selbständigen Kollisionsnorm des IPR. Dabei deckt sich der Kreis, mit dem die Kollisionsnorm die Sachverhalte umschreibt, mit dem Kreis, den sie für die Tatbestände der Sachnormen zieht. Rechtsfolge der Kollisionsnorm ist die Herrschaft der Sachnormen über die Sachverhalte (oben § 6 II 1).

Mit Hilfe des *Bündelungsmodells* (oben § 6 II 2) läßt sich der Zusammenhang weiter aufschlüsseln: Bei der kollisionsrechtlichen Frage geht es darum, ob eine Sachnorm, unter die ein Sachverhalt subsumierbar ist, infolge einer bestimmten räumlichen Verknüpfung auf diesen anzuwenden ist – und ähnliche Sachnormen aus anderen Rechtsordnungen, unter die der Sachverhalt auch subsumierbar wäre, wegen der fehlenden Verknüpfung nicht. Diese Einzelverknüpfung (*Element-Kollisionsnorm*) beruht auf der Abwägung kollisionsrechtlicher Interessen (die ihrerseits durch die in der materiellen Norm betroffenen Sachinteressen impliziert werden).

In den allseitigen Kollisionsnormen sind diese Element-Kollisionsnormen *systematisch* („vertikal") gebündelt, soweit sie sich auf intern sachlich zusammenhängende Rechtssätze (*Statute*) beziehen, weil und soweit sie wegen dieser sachlichen Nähe der materiellen Normen (und auch sonst) auf den gleichen kollisionsrechtlichen Interessen und deren übereinstimmender Bewertung beruhen (z.B. weil es um „Erbrecht" geht). Außerdem sind solche Element-Kollisionsnormen *international* („horizontal") gebündelt, die sich auf sachlich, funktional vergleichbare Rechtssätze oder Rechtssatzkomplexe (*Statute*) *verschiedener* nationaler Rechtsordnungen beziehen, weil und soweit sie gerade wegen dieser funktionalen Vergleichbarkeit (die sich auf die kollisionsrechtlichen Interessen auswirkt), aber auch sonst, auf den gleichen kollisionsrechtlichen Interessen und deren übereinstimmender Bewertung beruhen.

Die *kollisionsrechtlichen Interessen* kommen also an *zwei* Stellen ins Spiel: Primär bilden sie den inneren Grund für die genannte Verknüpfung, sind also Fundament und Ratio jeder einzelnen Element-Kollisionsnorm. *In zweiter Linie* sind sie aber auch bedeutsam für die Systembildung selbst: Sie liefern die *Kriterien* für die vertikale und horizontale Bündelung der Element-Kollisionsnormen und ermöglichen damit erst die Bildung der allseitigen Kollisionsnormen. Diese zweite Eigenschaft der kollisionsrechtlichen Interessen, den „Kitt“ zu bilden, der die allseitigen Kollisionsnormen zusammenhält (und das System ermöglicht), ist entscheidend für das Verständnis des Qualifikationsvorgangs.

Damit liegt das eigentliche Problem der Qualifikation offen: Es geht darum, ob die eine gewisse Sachnorm berufende Element-Kollisionsnorm Bestandteil der einen oder anderen allseitigen *Bündelung* ist oder ob man sie etwa außerhalb dieser etablierten Bündelungen anzusiedeln hat. Wegen der Bezogenheit des IPR auf (potentiell) alle ausländischen Sachnormen und der damit verbundenen „Offenheit“ des IPR-Systems können die allseitigen Bündelungen nur Anknüpfungs*möglichkeiten* bereithalten, niemals aber hermetisch abgeschlossene Tatbestände sein, außerhalb derer nichts mehr möglich wäre. Zur Lösung eines konkreten Qualifikationsproblems müssen die Bündelungen derjenigen allseitigen Kollisionsnormen, die für eine Anwendung „in Frage“ kommen, gedanklich aufgefächert werden, d.h. es müssen die Bündelungskriterien *bewußt* werden, nämlich die übereinstimmende Feststellung und Bewertung der kollisionsrechtlichen Interessen, die die Zusammenfassung dieser Element-Kollisionsnormen unter die allseitige Norm tragen. Ist das erfolgt, so bildet man für die fragliche Sachnorm probeweise eine Anknüpfung nach diesem Muster. Überzeugt eine solche Anknüpfung als sach- und interessengerecht, so wird die Element-Kollisionsnorm in die Bündelung einbezogen, das fremde Rechtsgebilde wird als unter die allseitige IPR-Norm gehörig „qualifiziert“. Erweist sich hingegen, daß die kollisionsrechtlichen Interessen, die durch die anzuknüpfende Sachnorm impliziert werden (nicht zuletzt durch die Konstellation der materiellen Interessen, die dieser Norm zugrunde liegen), mit denjenigen, die als Bündelungskriterien der fraglichen allseitigen IPR-Norm dienen, *nicht* übereinstimmen oder jedenfalls anders zu bewerten sind, dann findet eine Qualifikation des Rechtsgebildes als unter diese Norm gehörig *nicht* statt. Man kann nunmehr eine andere allseitige Norm wählen und den genannten versuchsweisen Vorgang wiederholen, entweder nunmehr mit Erfolg (eine fremde Rechtserscheinung wird etwa als nicht erbrechtlich, aber ehegüterrechtlich qualifiziert) oder nicht. Findet sich *keine* allseitige Bündelung für die Anknüpfung der in Frage stehenden Sachrechtssätze, so sind diese nicht einfach zu ignorieren (wie noch *Savigny* meinte), es ist vielmehr eine spezielle einzelne Kollisionsnorm gerade hierfür anhand der besonderen kollisionsrechtlichen Interessenkonstellation zu bilden. Diese kann ihrerseits Kondensationskern für eine neue allseitige Norm sein (welche schon im Vorgriff hierauf oder später formuliert werden kann). Auf diese Weise ist die „Verfeinerung“ des Kollisionsrechts möglich.

Auch der Vorgang der Qualifikation ist somit – wie die Rechtsanwendung allgemein (vgl. *Schurig* 166–184, 197–204, 225 f.) – kein logisch geradlinig fortschreitender

Denkprozeß. Er beruht auf „operativem" Denken, auf versuchsweisem „Anproben" evtl. korrekturbedürftiger Lösungsmöglichkeiten. Ergebnis und Anwendung der Kollisionsnorm beeinflussen sich gegenseitig: Man wendet eine allseitige Kollisionsnorm auf eine Rechtsfigur an, weil man sie unter den „Bündelungsbegriff" qualifiziert; aber man qualifiziert sie andererseits darunter, weil die Anwendung einer entsprechend gebündelten Element-Kollisionsnorm die kollisionsrechtliche Interessenlage am angemessensten, am gerechtesten berücksichtigt. Hier gilt, was *Radbruch* über die Auslegung allgemein sagte: Auch die Qualifikation ist das „Ergebnis ihres Ergebnisses".

In der Praxis der Kollisionsrechtsanwendung müssen diese gedanklichen Stationen nicht immer bewußt durchschritten werden. An den anderen Qualifikations-„Theorien" ist nämlich durchaus ein richtiger Kern, den man sich bei Fallösungen zunutze machen kann. Das gilt zunächst für die rechtsvergleichende Qualifikation: Die „berufenen" materiellen Rechtserscheinungen (die man aus ihrem rechtlichen Umfeld heraus zu beurteilen hat, das ist die zentrale Aussage der *Wolffschen* Lehre) fallen im allgemeinen in dieselben *rechtsvergleichenden* Kategorien; sie sind funktional vergleichbar, weil sie aufgrund übereinstimmender kollisionsrechtlicher Interessenfeststellung und -wertung ausgewählt sind. Denn die Interessenbewertung ist übereinstimmend, weil (u.a.) diese verschiedenen Sachregelungen ähnlich, funktional vergleichbar *sind.* Nur ist die „rechtsvergleichende" Übereinstimmung etwas *Sekundäres*, betrifft das Erscheinungsbild. Da die IPR-Normen Produkte der kollisionsrechtlichen Interessen sind, muß die Entscheidung von diesen ausgehen.

Behält man das im Auge, läßt sich diese Erscheinung für die praktische Arbeit aber durchaus nutzen. Da unser IPR Begriffe des deutschen Sachrechts verwendet, stehen diese gewöhnlich im Zentrum des nach rechtsvergleichenden Kategorien zusammengehörigen Feldes, das infolge der allseitigen Bündelung der Kollisionsnorm durch die Menge der „berufbaren" Sachnormen gebildet wird. Deshalb ist nichts dagegen einzuwenden, einen kollisionsrechtlichen Sachverhalt zunächst versuchsweise unter die Systematik des eigenen Sachrechts einzuordnen, um damit diejenige Kollisionsnorm aufzusuchen, die „vergleichbare" Rechtssätze beruft. Nur muß man sich stets darüber im klaren sein, daß es sich um einen *Arbeitsbehelf* handelt, wenn man mit Hilfe dieser (sekundären) Vergleichbarkeit der berufenen Sachnormen einen ersten Einstieg sucht, und daß deshalb nicht schon auf *Identität* der sachrechtlichen und der kollisionsrechtlichen Begriffe im Sinne der (strengen) lex-fori-Theorie zu schließen ist. Und das vorläufige Ergebnis, das man so möglicherweise – nicht immer, z.B. nicht bei relativen Systemlücken im eigenen Recht – erhält, ist stets anhand der kollisionsrechtlichen Interessenkonstellation zu *überprüfen* und gegebenenfalls zu *korrigieren.* Durch die materielle Ähnlichkeitsuntersuchung im Wege der Parallelwertung nach lex fori erfährt man also allenfalls die allseitige Kollisionsnorm, mit deren Untersuchung man beginnen kann; ob die fragliche ausländische Sachnorm dann wirklich durch eine Element-Kollisionsnorm berufen wird, die unter diese „Bündelung" gehört, ist damit noch nicht entschieden.

cc) Anwendung

aaa) Bedeutung der Sachnormen

Ob die Anknüpfung einer Sachnorm unter eine *Bündelung* gezogen werden kann, d.h. unter den von einer allseitigen Norm benutzten Systembegriff gehört, hängt also von den internationalprivatrechtlichen Interessen ab. Diese werden entscheidend beeinflußt durch die Sachnormen, um die es geht. Die zu verknüpfende Sachnorm gehört – neben dem Sachverhalt und den Anknüpfungsmomenten – zum *Tatbestand* der Kollisionsnorm und – auf der tatsächlichen Ebene – zum Sachverhalt (oben S. 264f.). Wie bei allen anderen Tatsachen muß daher auch hinsichtlich der anzuknüpfenden Sachnorm genau ermittelt werden, auf welche *Tatbestände* sie sich bezieht, welche ihre *Rechtsfolgen* sind, welchen *Zwecken* sie dient und wie sie mit anderen Sachnormen *zusammenhängt.*

In vielen Fällen führt freilich bereits der oben beschriebene *Ähnlichkeitstest* weiter: der Systembegriff einer Kollisionsnorm meint solche Sachnormen des ausländischen Rechts, die mit der aus dem deutschen Recht berufenen Normgruppe *im Kern übereinstimmen* oder ihr zumindest stark ähneln. Aber das ist nur eine Faustregel, weil es nicht darauf ankommt, ob ausländische Sachnormen mit einer Gruppe deutscher *Sach*normen im Kern übereinstimmen, sondern darauf, ob sie nach dem Zweck der deutschen *Kollisions*norm anzuwenden sind. In Fällen von Systemlücken (oben II 2) versagt der materielle Ähnlichkeitstest; es ist nach einer angemessenen deutschen Kollisionsnorm zu suchen. Auch mehrere deutsche Kollisionsnormen können in Betracht kommen; so vielleicht bei der Morgengabe des islamischen Rechts, einem „eigenwilligen Rechtsinstitut" (BGH IPRax 1988, 109 [110 unter II] mit Aufsatz von *Heßler* 95–97 = NJW 1987, 2161; OLG Köln NJW-RR 1994, 200; OLG Düsseldorf FamRZ 1998, 623 mit Anm. von *Öztan*; OLG Celle FamRZ 1998, 374), und beim englisch-amerikanischen „trust".

Gelegentlich wird selbst die Prüfung *deutscher* Sachnormen an Hand des Zwecks der deutschen Kollisionsnormen nötig (vgl. oben II 3).

Als *Faustregel* gilt im übrigen auch hier: soweit deutsches Recht berufen wird, meinen die Kollisionsnormen des deutschen IPR mit ihren Systembegriffen diejenigen Sachnormen, die vom BGB und anderen deutschen Gesetzen unter demselben Systembegriff zusammengefaßt werden.

Einige Beispiele für die Bedeutung der genannten Merkmale ausländischer Sachnormen:

1. *Tatbestand:* In Einzelstaaten der USA und anderwärts gibt es noch die *common law*-Ehe, die durch formlose Einigung (*nudus consensus*) geschlossen wird (vgl. *Lucas*, C.L.J. 1990, 117–134; *Paterson*, S.A.L.J. 109 I [1992], 18–21 [Südafrika]; *Dubler*, Governing Through Contract: Common Law Marriage in the Nineteenth Century, Yale L.J. 107 [1998], 1885–1920). Verlangt der Systembegriff „Eheschließung" in Art. 13 EGBGB die Wahrung irgendeiner, gleich welcher Form? Die Frage ist zu verneinen. Die *common law*-Ehe ist daher gültig, wenn das Recht eines Einzelstaats der USA, das sie kennt, für die Heiratsform maßgibt (RGZ 138, 214).
2. *Rechtsfolge:* Nach Art. 150 des schweizerischen ZGB ist dem schuldig geschiedenen Ehegatten im Scheidungsurteil eine Wartefrist von ein bis drei Jahren aufzuerlegen, ehe er wieder heiraten darf (am 1. 1. 2000 tritt in der Schweiz ein neues verschuldensunabhängiges Scheidungsrecht in Kraft, dazu *Reusser* DEuFamR 1999, 93–102, vgl. auch *Hegnauer* FamRZ 1994, 731). Art. 17 EGBGB gilt für die Folgen der Scheidung. Gilt er auch für *diese* Folgen? Die Antwort ist: nein; denn es handelt sich um die Verhängung einer *Strafe*. Es werden ganz andere kollisionsrechtliche Interessen auf den Plan gerufen.

3. *Zweck:* Ein Gesellschaftsverbot zwischen Ehegatten kann ehepersonenrechtliche und ehegüterrechtliche Zwecke verfolgen. Im früheren belgischen Recht diente es ehegüterrechtlichen Zwecken und war daher immer und nur anzuwenden, wenn nach Art. 15 EGBGB belgisches Güterrecht galt (RGZ 163, 367 [375–377]).
4. *Zusammenhang* mit anderen Sachnormen: Von „Eheschließung", „allgemeinen Wirkungen der Ehe", „güterrechtlichen Wirkungen der Ehe" und „Scheidung" (Art. 13–15, 17 EGBGB) kann nur gesprochen werden, wenn die Einzelvorschriften eines ausländischen Rechts zu einer Normengruppe gehören, die insgesamt eine „Ehe" betrifft. Das wurde z.B. früher in England für polygame Ehen verneint und zwar nicht nur für eine, die schon polygam war („aktuell" polygam), sondern auch für eine, die polygam werden konnte („potentiell" polygam); als Ehe galt nur eine „voluntary union for life of one man and one woman, to the exclusion of all others" (*Hyde v. Hyde*, L. R. 1 P. D. 130 [133]). Die Frau „zweiten Ranges" fernöstlicher Rechte wird heute in Frankreich und England als Ehefrau, nicht als Konkubine gewertet (so *implicite* Cour d'appel d'Hanoi Rev.crit. 1950, 399 mit Anm. von *Ponsard*; so das House of Lords in *Khoo Hooi Leong v. Khoo Chong Yeok* [1930] A. C. 346). In Deutschland hat RGZ 157, 257 die faktische Sowjetehe (die formlos geschlossen und getrennt werden konnte) mit Recht als „Ehe" anerkannt. Dagegen sind eingetragene nichteheliche Gemeinschaften in ausländischen Rechtsordnungen selbst dann nicht als „Ehe" anzusehen, wenn für die Rechtsfolgen auf die Ehewirkungen verwiesen wird; doch kann Analogie zum Ehe-Kollisionsrecht geboten sein.

bbb) Lösung der Beispielsfälle

In den Fällen der *Verjährung von Wechseln, die englischem oder amerikanischem Recht unterliegen* (oben S. 280), stehen zur Auswahl:

1. Eine Norm des *internationalen Wechselrechts*, nach der auf den Wechsel, einschließlich der Verjährung, englisches oder amerikanisches Recht anzuwenden ist; denn die Verjährung wird allgemein nach dem Recht beurteilt, dem der Anspruch unterliegt (unten S. 557);
2. Eine Norm des *internationalen Zivilprozeßrechts*, daß sich der Ablauf des Verfahrens nach der *lex fori* richtet, hier nach deutschem Recht.

Wir müssen also prüfen, ob für die Anknüpfung einer solchen ausländischen Verjährungsnorm die kollisionsrechtlichen Interessen den Ausschlag geben, die in der wechselrechtlichen Kollisionsnorm, oder diejenigen, die in der verfahrensrechtlichen Kollisionsnorm zusammen-„gebündelt" sind.

Wenn wir die Verjährung dem Recht des Anspruchs unterwerfen, so deswegen, weil die Verjährung einen Normalfall der Anspruchsbeendigung bildet und daher für sie dieselbe Rechtsordnung gelten soll wie für das übrige Schicksal des Anspruchs. Wenn wir andererseits den Verfahrensablauf der *lex fori* überlassen, so im Interesse der Richter und Anwälte, denen man grundsätzlich nicht zumuten kann, nach fremdem Recht zu handeln (während man ihnen die Beurteilung eines Falles nach fremdem Recht sehr wohl zumuten kann); dieser Grund trifft auf die Verjährung nicht zu, soweit nicht rein prozessuale Dinge in Rede stehen wie die Art und Weise des Vorbringens der Verjährung im Prozeß.

Auch die englisch-amerikanische Verjährung dient – auch wenn sie dort kollisionsrechtlich im Prozeßrecht eingeordnet wird – keinen anderen Zwecken. Deshalb sind Fristen, Hemmung und Unterbrechung der Verjährung englisch-amerikanischer Wechsel nach englischem oder amerikanischem Recht zu beurteilen.

Im *spanischen Erbfall* (oben S. 279f.) stehen zur Verfügung unsere Norm, daß sich die *Erbfolge* nach dem letzten Heimatrecht des Erblassers richtet, und unsere Norm, daß über Rechte an *Sachen* die *lex rei sitae* entscheidet.

Allerdings muß man noch in Betracht ziehen, daß nicht oder nicht nur Sachen (in unserer Umbildung des Maldonado-Falles: Diamanten), sondern auch Rechte (im Maldonado-Fall selbst: Wertpapiere) hinterlassen sind. Für Rechte käme eine Zusatzregel in Betracht: man könnte ebenfalls an die Belegenheit anknüpfen oder dem Staat das Recht auf sie geben, dessen Rechtsordnung über das hinterlassene Recht herrscht, z.B. bei Deliktsforderungen dem Staat, in dem der Tatort liegt (bei Sachen fallen Belegenheit und maßgebliches Recht [*lex rei sitae*] zusammen).

Trifft die *ratio* der *Erbrechtsnorm* zu auf das fiskalische Recht am erbenlosen Nachlaß (mag es als Erbrecht oder als Aneignungsrecht ausgestaltet sein)? Entscheidend für die Anknüpfung der Erbfolge an das letzte Heimatrecht des Erblassers ist ein *Parteiinteresse*, nämlich das Interesse eines jeden, daß sein Nachlaß nach einer Rechtsordnung geregelt werde, der er eng verbunden ist (oben S. 118f.). Solches Interesse fehlt aber, wenn der Nachlaß weder an gewillkürte Erben noch an den Ehegatten oder Verwandte als gesetzliche Erben fällt, sondern mangels irgeneines Nahestehenden an den unwillkommenen Fiskus. Das spräche dafür, das fiskalische Recht auf den erbenlosen Nachlaß aus der Kollisionsnorm, daß sich die Erbfolge nach dem letzten Heimatrecht des Erblassers richtet, auszugliedern und es dem Staat zu geben, in dessen Gebiet die Nachlaßgegenstände liegen oder dessen Recht die Nachlaßgegenstände beherrscht. Gegen solche Aufspaltung im einen oder anderen Sinne spricht jedoch entschieden das Interesse etwaiger Miterben oder Nachlaßgläubiger, einen einzigen Fiskus als Partner zu haben. Demnach beherrscht das Heimatrecht des Erblassers auch das fiskalische Recht auf den erbenlosen Nachlaß.

Die Lösung nach deutschem IPR deckt sich also im Ergebnis mit der Ansicht des englischen Court of Appeal im Fall Maldonado (oben S. 279, 292f.). Im selben Sinn wie der Court of Appeal hat der belgische Kassationshof entscheiden (Pas. 1952, 483 = JDI (Clunet) 1954, 462 mit Anm. von *Hennebicq* = Rev. crit. dr. i. p. 1953, 132 mit Anm. von *Loussouarn*).

Anders KG IPRax 1986, 41 (42) mit zust. Aufsatz von *Firsching* 25–27 = OLGZ 1985, 280 (285): *Lex rei sitae* für Aneigungsrechte am erbenlosen Nachlaß; schwedisches Erbrecht des Fikus wird gegen schwedisches Schrittum „letzlich" als Aneignungsrecht gewertet, weil Schweden ihm auch Inlandsvermögen erbenloser Ausländer unterwirft. Das Gericht liebäugelt mit einem „Prinzip der Gegenseitigkeit" (IPRax 1986, 43 = OLGZ 1985, 286; vgl. *Wengler* I 679 a.E.). Das Ergebnis trifft (wenn das schwedische Recht richtig ermittelt ist) m.E. zu, ist aber auf stillschweigende Rückverweisung des schwedischen IPR zu stützten, weil man nicht annehmen kann, daß

Schweden den erbenlosen Nachlaß sowohl der Ausländer im Inland (Aneignungsrecht) wie der Inländer im Ausland (Erbrecht) an sich zieht. In Österreich gilt für das Recht des Fiskus am erbenlosen Nachlaß die *lex rei sitae* (§ 29 IPR-Gesetz; [öst.] OGH IPRax 1986, 43 mit Aufsatz von *Firsching* 25–27 = ZfRV 1985, 214 mit Anm. von *Hoyer*, betr. Schweden); Rück- und Weiterverweisung sind zu beachten (*Duchek/Schwind*, IPR, Wien 1979, 74 a.E.; *Schwimann*, IPR, Wien 1979, 258f.).

Gleichgültig ist das deutsche *fiskalische Interesse* an den Auslandsnachlässen von Deutschen (das übrigens durch einen Verzicht auf deutsche Nachlässe von Ausländern erkauft wird). Dieses Interesse wirkte mit, als man sich im BGB für ein fiskalisches Erbrecht statt für ein Heimfallsrecht entscheid (Mot. V 379). Schon in der gemeinrechtlichen Diskussion war der internationalprivatrechtliche Gesichtspunkt erörtert worden (*Windscheid/Kipp*, Pandekten[9] III § 622; *Dernburg*, Pandekten[7] III § 138; nicht *Vangerow*, Pandekten[7] II § 564). Später wollte *Staudinger/Boehmer*[11] (8 zu Einl. § 10) zu einem Heimfallsrecht des Staates zurück, jedoch internationalprivatrechtlich bei der Maßgeblichkeit des Heimatrechts des Erblassers stehen bleiben, während *Staudinger/Lehmann*[11] (§ 1936 Anm. 2) aus internationalprivatrechtlichen Gründen das gesetzliche Erbrecht des Fiskus beibehalten wollte.

Treffend zum ganzen Problem *Neuner*, Der Sinn der internationalprivatrechtlichen Norm, 1932, 97–105. Siehe auch *Maridakis*, RabelsZ 23 (1958), 802–818; *Firsching* Fschr. Kralik, Wien 1986, 371–376; ferner *Soergel/Schurig*[12], Art. 25 Rz. 29–31.

Die *Legitimation des islamischen Rechts* (oben S. 281f.) stellt uns noch immer vor eine Systemlücke. Auch nachdem im deutschen IPR ebenso wie im Sachrecht die begriffliche Unterscheidung zwischen ehelichen und nichtehelichen Kindern und mit ihr die Legitimation entfallen sind (vielleicht voreilig, weil sie in ausländischen Rechten noch häufig vorkommt), handelt es sich nicht nur um die Feststellung einer Abstammung im Sinne von Art. 19 EGBGB; denn fehlende biologische Verwandtschaft kann weder vorher noch nachher dagegen vorgebracht werden. Es handelt sich aber auch um keine Adoption, denn das Kind erhält nicht dieselbe Rechtsstellung *wie* ein (eheliches) Kind, sondern es wird unwiderleglich wirklich als ein solches angesehen. Aber es geht gleichwohl *auch* darum, gegebenenfalls eine eheliche Kindschaft auf Seitenwegen zu begründen. Daher ist wegen gleicher Interessenlage wie bei der Adoption an das Ehewirkungsstatut anzuknüpfen, wenn der Anerkennende mit der Mutter verheiratet ist, sonst an das Heimatrecht dessen, der die Stellung eines (ehelichen) Vaters erhält (Art. 22 EGBGB). Ebenso ist zum Schutz des Kindes Art. 23 EGBGB anzuwenden. Dadurch ergibt sich allerdings eine (wiederum relative, oben II 2) Lücke im BGB, das für eine solche Art der Anerkennung keine Regelungen enthält (Normenmangel). Sie ist ebenfalls durch Analogie zur Adoption (nunmehr im Sachrecht) zu schließen.

Der Fall des *Prozeßkostenvorschusses* (oben S. 285) führt zu Art. 14 EGBGB (persönliche Ehewirkungen) und Art. 15 (Ehegüterrecht). Nach Art. 15 I gilt güterrechtlich unwandelbar das Statut der persönlichen Ehewirkungen bei Heirat. Die Interessen an der Unwandelbarkeit sind aber schwach. Unter Art. 15 I a.F. (der unwandelbar das Mannesrecht bei Heirat berief) hat man sich auf Schutz erworbener Rechte und Schutz der Frau gegen willkürlichen Staatswechsel des Mannes berufen.

Heute stehen Partei- und Verkehrsinteressen an der Vermeidung von Schwierigkeiten beim Wechsel in andere Güterstände im Vordergrund (vgl. *Schurig*, JZ 1985, 559, 561), denen aber die Spaltung von güterrechtlichen und persönlichen Ehewirkungen (und damit die Verletzung des Ordnungsinteresses an innerem Entscheidungseinklang) als weit größerer Nachteil gegenübersteht (*Rabel*, Conflict of Laws I[2] 390 f.). Solche Partei- und Verkehrsinteressen sind aber nicht im Spiel beim Prozeßkostenvorschuß. Er läßt sich, auch wo er güterrechtlich geregelt ist, im allgemeinen leicht aus dem Zusammenhang der Güterstände herauslösen, weil er auch materiell anderen Zwecken dient als das Ehegüterrecht. Innerhalb einer Ehe entsteht er höchst selten, praktisch fast nur im Scheidungsprozeß; die Unwandelbarkeit ist für ihn unpassend. Lediglich wenn er als Annex eines bestimmten Güterstandes auf die diesen betreffenden Rechtsfragen bezogen oder durch ihn bedingt ist, kann es sein, daß er auch aus unserer Sicht dieselben kollisionsrechtlichen Interessen auf den Plan ruft und unter die Bündelung „Ehegüterrecht" gehört.

Ursprünglich fiel daher der Prozeßkostenvorschuß unter Art. 14 a.F. Daß er erst später durch Änderung des BGB aus dem Güterrecht (§ 1387) in das Ehepersonenrecht (§ 1360 a IV) gelangt ist, bedeutete nichts; die internationalprivatrechtliche Gerechtigkeit hat es mit anderen Interessen zu tun als die materiellrechtliche. Schon vorher war der Anspruch auf Prozeßkostenvorschuß unter Art. 14 zu bringen (*Soergel/Kegel* IV[8] S. 150 a.E.f. *sub* b) und bot ein Beispiel unterschiedlicher Systematik des eigenen materiellen und internationalen Privatrechts.

Inzwischen hat aber das IPRG von 1986 die Dinge verschoben: es hat den Unterhaltsanspruch aus den persönlichen Ehewirkungen herausgenommen und zusammen mit den übrigen Unterhaltsansprüchen grundsätzlich dem Recht des Staates unterstellt, in dem sich der Unterhaltsberechtigte gewöhnlich aufhält (Art. 18 I 1 EGBGB). Der allgemeine Anspruch auf Prozeßkostenvorschuß steht sachlich dem Unterhaltsanspruch nahe und muß deswegen ebenfalls dem Art. 18 überwiesen werden (näher *Soergel/Schurig*[12] Art. 14 Rz. 52 und unten S. 719). – Dagegen grundsätzlich für Anwendung der *lex fori* des beabsichtigten Prozesses wegen Zusammenhangs der Pflicht, Prozeßkosten vorzuschießen, mit dem Armenrecht (heute „Prozeßkostenhilfe"): *Kallenborn*, Die Prozeßkostenvorschußpflicht im internationalen und ausländischen Privatrecht, 1968, 132–142. Indessen geht die Pflicht, Prozeßkosten vorzuschießen, der Prozeßkostenhilfe vor: Diese füllt gegebenenfalls nur die Lücken, die das anwendbare materielle Recht läßt.

IV. Gesamtwürdigung

Qualifikationsfragen gibt es in großer Zahl. Es geht der Sache nach um *Auslegung*, mit der der „Geltungsbereich" der einzelnen Kollisionsnormen zu bestimmen ist.

Daher gibt es Entsprechungen auf der Ebene des materiellen Rechts. So müssen gegebenenfalls auch Systembegriffe in *Sach*normen dahin ausgelegt werden, ob und in welcher Weise sie Rechtserscheinungen erfassen, die von einem fremden Recht geprägt sind (sog. *Substitutions*-Frage, oben S. 64 f.).

Wenn z. B. eine Österreicherin in Deutschland getötet worden ist und ihr gleichfalls österreichischer Witwer nach § 844 II BGB oder § 5 II HPflG wegen entgangenen Unterhalts Schadensersatz fordert (deutsches Deliktsrecht gilt, unten § 18 IV), in Österreich aber (dessen Recht für die persönlichen Ehewirkungen gilt, unten § 20 V) die Pflicht zur Haushaltsführung (wie vor dem GleichberG auch bei uns) *neben* der Unterhaltspflicht steht (BGH NJW 1976, 1588), stellt sich das Problem, wie weit § 844 II BGB reicht (Auslandssachverhalt, oben S. 58–61). Die Lösung ist die gleiche wie im IPR: Auslegung der Normen (hier § 844 II BGB, § 5 II HPflG) nach ihrem Zweck und notfalls Neubildung von Normen.

Qualifikationsfragen des IPR sind aus dem Zweck der einzelnen Kollisionsnormen zu beantworten. Man muß feststellen, welchen Gehalt an internationalprivatrechtlicher Gerechtigkeit die einzelne Kollisionsnorm hat, welche internationalprivatrechtlichen Interessen sie schützt. Diesen Interessen kommt eine doppelte Funktion zu: Sie sind rechtfertigender Grund für die Verknüpfung jeder einzelnen von der Kollisionsnorm berufenen Sachnorm und zugleich Kriterium für die Zusammenfassung („Bündelung") dieser Verknüpfungen („Element-Kollisionsnormen") in einer allseitigen Verweisungsnorm. Eine fremde Rechtserscheinung wird „unter die Norm qualifiziert", wenn sie derart beschaffen ist, daß eine Kollisionsnorm nach demselben Interessenmuster die rechtspolitisch richtige ist.

Aus diesem Ansatz ergeben sich Verknüpfungen zu den anderen Qualifikationstheorien. Da unter *rechtsvergleichenden* Gesichtspunkten zusammengehörige Rechtsfiguren oft die gleichen internationalprivatrechtlichen Interessen implizieren, läßt sich so meist auch das Feld der „berufbaren" Sachnormen vorläufig umschreiben. In dessen Kern stehen gewöhnlich die Vorstellungen des deutschen Sachrechts, der *lex fori*, weil die benutzten Systembegriffe diesem entliehen sind (wer dagegen die „*lex-fori*-Theorie" auch und vor allem auf das deutsche *IPR* bezieht, qualifiziert in Wirklichkeit autonom!). Diese Erscheinungsbilder erleichtern aber nur den ersten Einstieg; eine differenzierte Entscheidung erfordert u. a. eine genaue Analyse der eventuell zu berufenden *lex causae* im Hinblick auf die durch diese implizierten kollisionsrechtlichen Interessen (über die *wir* autonom entscheiden).

Die Qualifikationstheorien stehen damit nicht in schroffem Gegensatz. Eine allgemeine, schematische Lösung „des" Qualifikationsproblems gibt es nicht. Entscheidend ist, daß im Einzelfall die Frage richtig gestellt wird.

V. Bestimmung der Anknüpfungsbegriffe

Von der eigentlichen Qualifikation, bei der es um Bestimmung des *Anknüpfungsgegenstandes* allseitiger Kollisionsnormen durch Systembegriffe geht, ist zu unterscheiden die Bestimmung der *Anknüpfungsbegriffe*, die die *Anknüpfungsmomente* (unten § 13) und damit den erforderlichen räumlichen Kontakt festlegen. Auch insoweit können sachrechtliche Begriffe benutzt werden, deren Inhalt fraglich werden kann, so wenn an den Wohnsitz, an die Staatsangehörigkeit, an den Erfüllungsort angeknüpft wird. Aber auch die „tatsächlichen" Anknüpfungsbegriffe haben sich durchaus als der Ausdeutung fähig, als nicht so problemlos erwiesen, wie sie gedacht waren; das gilt z.B. für den „gewöhnlichen Aufenthalt", für den Lageort oder auch für den Tatort beim Delikt (vgl. jetzt aber Art. 40 I EGBGB). Die Schwierigkeiten, die insoweit auftauchen, haben indessen mit der Qualifikation nichts zu tun, weil die Begriffe nicht dazu bestimmt sind, Rechtsgebilde in anderen Rechtsordnungen zu bezeichnen. Es geht lediglich um die Ausdeutung einfacher Tatbestandsmerkmale, die allerdings ebenfalls im Licht autonomer kollisionsrechtlicher Interessenprüfung erfolgt. Die Anknüpfungsbegriffe können, müssen aber nicht mit den entsprechenden Begriffen des Sachrechts identisch sein. „Wohnsitz" als Mittel der Anknüpfung kann etwas anderes bedeuten als „Wohnsitz" im Sinne des BGB (natürlich empfiehlt sich dann eher ein eigener Begriff, wie etwa der „gewöhnliche Aufenthalt"). Man kann die Anknüpfungsbegriffe auch ihrerseits gesondert „anknüpfen" und etwa dem gegebenenfalls zu berufenden Recht unterstellen, was den Vorgang allerdings in die Nähe eines Zirkelschlusses bringt (wenn man z.B. die Geschäftsfähigkeit vom Wohnsitz abhängig machte und das Vorhandensein eines eigenen Wohnsitzes von der Geschäftsfähigkeit abhinge); vgl. auch Art. 27 IV EGBGB: Die Wirksamkeit einer Rechtswahlvereinbarung für einen Vertrag ist nach dem Recht zu beurteilen, um dessen Wahl es geht. Die eigene Entscheidung haben wir aus der Hand gegeben, wenn wir an die *Staatsangehörigkeit* anknüpfen: Wer sein Staatsangehöriger ist und wer nicht, entscheidet jeder Staat für sich. Vgl. auch unten S. 394 f.

§ 8. Angleichung

Schrifttum: *Raape*, Rec. 1934 IV, 496–517; *Cansacchi,* Scelta e addattamento delle norme straniere richiamate, Turin 1939; *Lewald*, Règles Générales 128–148; *Kegel*, Fschr. Lewald 1953, 282–286, 288; *Cansacchi*, Le choix et l'adaptation de la règle étrangère dans le conflit de lois, Rec. 1953 II, 79–162; *Vogel*, Qualifikationsfragen im Internationalen Verwaltungsrecht, AöR 84 (1959), 54–73; *Schröder*, Die Anpassung von Kollisions- und Sachnormen, 1961 (bespr. z.B. von *Stoll*, FamRZ 1963, 318 f.); *Offerhaus*, Aanpassing in het internationaal privaatrecht, Amsterdam 1963; *Offerhaus*, Anpassung und Gesetzesauslegung im internationalen Privatrecht, ZfRV 1964, 65–79; *Wengler*, Die Gegenseitigkeit von Rechtslagen im IPR, Fschr. Hirsch 1968, 211–237; *Batiffol*, Réflexions sur la coordination des systèmes nationaux, Rec. 1967 II (erschienen 1969), 165–190 (= *Batiffol*, Choix d'articles, Paris 1976, 199–212); *Batiffol*, Droit comparé, droit international privé et théorie générale du droit, Rev.int.dr.comp. 1970, 661–674 (667–670) (= *Batiffol*, Choix a.a.O. 335–346 [340–343]); *Barsotti*, Confronto e collegamento in foro di norme materiali straniere, Padua 1974; *Neuhaus*, Grundbegriffe 353–359; *Bouza Vidal*, Problemas de adaptación en derecho internacional privado e interregional, Madrid 1977; *Kropholler*, Die Anpassung im Kollisionsrecht, Fschr. Ferid 1978, 271–289; *Schurig* 234–239; *Hug*, Die Substitution im IPR – anhand von Beispielen aus dem internationalen Familienrecht, 1983; *Keller/Siehr* 450–460; *Clausnitzer*, Die güter- und erbrechtliche Stellung des überlebenden Ehegatten nach den Kollisionsrechten der Bundesrepublik Deutschland und der USA, Eine rechtsvergleichende Untersuchung zu Normenwiderspruch und Anpassung im IPR, 1986; *Clausnitzer*, Nochmals: „Zur Konkurrenz zwischen Erbstatut und Güterstatut", IPRax 1987, 102–105; *Marques Dos Santos*, Breves considerações sobre a adaptação em direito internacional privado, in: Estudos en memoria do Prof. Doutor Pablo Cunha, Lissabon 1988 (nz; bespr. von *Sánchez Lorenzo,* Rev.esp.der.int. 1989, 372–374); *Bennett*, Cumulation and gap: are they systematic defects in the conflict of laws?, S.A.L.J. 105 III (1988), 444–456; *Miller*, Family Provisions on Death – The International Dimension, Int.Comp.L.Q. 39 (1990), 261–287; *Basedow*, Qualifikation, Vorfrage und Anpassung im Internationalen Zivilverfahrensrecht, in: Materielles Recht und Prozeßrecht und die Auswirkungen der Unterscheidung im Recht der Internationalen Zwangsvollstreckung, 1992, 131–156 (151–155); *Morweiser*, Discovery und materiellrechtlicher Auskunftsanspruch im deutschen Unterhaltsprozeß, IPRax 1992, 65–67; *Hohloch*, Auskunftsansprüche im Spannungsfeld zwischen anwendbarem Recht und Verfahrensrecht, Fschr. Kokkini-Iatridou, Dordrecht 1994, 213–231; *Looschelders*, Die Anpassung im Internationalen Privatrecht, 1995 (bespr. von *Mansel*, FamRZ 1997, 1198 f.); *Nordin*, Umfang der kollisionsrechtlichen Verweisung. Insbesondere: Art. 13 IPRG, Anwendung fremden Rechts, einschließlich fremder Teilrechtsordnungen und fremden Wirtschafts- und Staatsvertragsrechts, Diss. St. Gallen 1996 (insbes. S. 255–274); *Schmid*, Das Verhältnis von Einheitlichem Kaufrecht und nationalem Deliktsrecht am Beispiel des Ersatzes von Mangelfolgeschäden, RIW 1996, 904–913; *Derstadt*, Die Notwendigkeit der Anpassung bei Nachlaßspaltung im internationalen Erbrecht, 1998; *Großerichter*, Kollisionsrechtliche Probleme der Haftungsersetzung durch Versicherungsschutz in Neuseeland, IPRax 1998, 220–224; *van Venrooy*, Internationalprivatrechtliche Substitution, 1999.

I. Begriff

Innerhalb *derselben* Rechtsordnung ist der *Inhalt* der Rechtssätze meist *aufeinander abgestimmt. Sachliche Konflikts- und Konkurrenznormen* regeln das Zusammenspiel der Rechtssätze und verhindern für gewöhnlich *Normenwiderspruch*, der als Normen*häufung* oder Normen*mangel* zutage tritt (oben S. 47).

Das IPR führt oft zur Anwendung von Rechtssätzen *verschiedener* Rechtsordnungen. Dadurch kann sich leicht Normenwiderspruch (Normenhäufung oder Normenmangel) ergeben. Hatten z.B. früher eine polnische Mutter und ein deutscher Vater ein nichteheliches Kind, dann galt polnisches Recht im Verhältnis zwischen Kind und Mutter und nach polnischem Recht hat die Mutter elterliche Sorge neben dem Vater, falls er mit ihrer Zustimmung das Kind anerkannt hat; für das Verhältnis zwischen Kind und Vater (soweit elterliche Sorge in Rede steht) galt deutsches Recht und danach hatte der nichteheliche Vater keine elterliche Sorge; es entstand *Normenmangel* (oben S. 123). Hatten umgekehrt eine deutsche Mutter und ein polnischer Vater ein nichteheliches Kind und hatte der Vater mit Zustimmung der Mutter das Kind anerkannt, dann ergab sich *Normenhäufung*; nach deutschem Recht hatte die Mutter die elterliche Sorge allein, nach polnischem Recht hat der Vater (halbe) elterliche Sorge neben ihr.

Die Frage, wie man sich bei Normenwidersprüchen zwischen den zur Anwendung berufenen materiellen Privatrechten verhalten muß, bildet das Problem der Angleichung.

Der *Name* „Angleichung" kommt von einer bestimmten Art der Lösung des Problems, indem man nämlich die zur Anwendung berufenen materiellen Privatrechte der ungewöhnlichen Lage anpaßt; man gab z.B. einer polnischen nichtehelichen Mutter neben einem deutschen nichtehelichen Vater durch „Angleichung" des polnischen Rechts die volle elterliche Sorge. Wäre dieser Weg der einzig mögliche, dann wäre die Angleichung erst bei den Folgen der Anknüpfung (vgl. unten § 15) zu besprechen. Es gibt aber auch einen Weg, der über das IPR führt, indem man zur Vermeidung von Normenwidersprüchen den Geltungsbereich der Kollisionsnormen verschiebt (zu beiden Wegen unten S. 310f., 317), und deswegen wird die ganze Frage hier behandelt.

Seiner *Struktur* nach ist das Angleichungsproblem ein *Qualifikationsproblem*. In der zuletzt genannten Lösungsvariante wird der Anwendungsbereich der Kollisionsnorm neu bestimmt. In der anderen geht es um die Auslegung von Systembegriffen, die von Sachnormen verwendet werden (sog. *Substitution*, ein Unterfall des *Auslandssachverhalts*, oben S. 64 f.). Z. B. verweist § 2353 BGB, nach dem der Erbschein „dem Erben … sein Erbrecht" bezeugt, auf die deutschen Regeln der Erbfolge. Ist aber englisches oder amerikanisches Erbrecht anzuwenden und fällt der Nachlaß an einen *„residuary legatee"* (Restvermächtnisnehmer), dann fragt sich, ob er „Erbe" im Sinne von § 2353 ist (dazu unten S. 875 f. und *Soergel/Schurig*[12] Art. 26 Rz. 41).

Die *Häufigkeit* der Angleichungsfragen hängt ab von der Menge der Kollisionsnormen. Würde ein Staat immer nur sein eigenes materielles Privatrecht anwenden, dann könnte solch ein „IPR" keine Normenwidersprüche erzeugen. Wenn ein Staat das gesamte materielle Recht der nichtehelichen Kindschaft oder der Kindschaft überhaupt einem einzigen Recht unterstellt, z. B. dem Heimatrecht der Mutter oder des Vaters oder auch – wie jetzt Art. 21 EGBGB – dem Recht des Staates, in dem das Kind seinen gewöhnlichen Aufenthalt hat, dann können Normenwidersprüche wie früher im polnisch-deutschen Fall nicht entstehen. Diese Abhängigkeit der Menge der Angleichungsfragen von der Menge der Kollisionsnormen – und damit vom Grad der Differenzierung und der daraus resultierenden Aufspaltung des Sachverhalts („dépeçage", oben S. 123–125) – findet man in entsprechender Weise beim Qualifikationsproblem: bei ihm geht es hauptsächlich darum, die Geltungsbereiche der einzelnen Kollisionsnormen gegeneinander abzugrenzen, und je mehr Normen es gibt, desto mehr Grenzen.

II. Problemtypen

Angleichungsfragen haben ihren Grund bald auf der Ebene des *Seins* („so *kann* es nicht sein"), bald auf der Ebene des *Sollens* („so *soll* es nicht sein"). Im ersten Fall ist ein Nebeneinander der verschiedenen Rechtsfolgen *denkgesetzlich* ausgeschlossen; man kann von einem *logischen Widerspruch* sprechen. Im zweiten Fall ist es – an den beteiligten Normen gemessen – *zweckwidrig*, man hat es mit einem *teleologischen Widerspruch* zu tun. Die Grenze zwischen beiden Typen kann sich verwischen; die Lösungsmöglichkeiten sind indessen jeweils dieselben.

1. Logischer Widerspruch (Seinswiderspruch)

Jedes materielle Privatrecht vergibt die Gesamtheit der *materiell*privatrechtlichen Güter (d. h. alle Gegenstände materiellprivatrechtlicher Interessen). Es gibt dem einen alles, dem anderen nichts, oder es gibt zweien oder mehr Personen je einen Teil. Zum Beispiel gab bis 1998 das deutsche materielle Privatrecht allein der nichtehelichen Mutter elterliche Sorge, das polnische neben ihr auch dem nichtehelichen Vater. Das IPR, das alle materiellen Privatrechte zur Anwendung beruft, das eine hier, das andere dort, vergibt gleichsam die Gesamtheit der *internationalprivatrechtlichen* Güter (d. h. alle Gegenstände internationalprivatrechtlicher Interessen). Zum Beispiel ließ es entscheiden über die elterliche Sorge der nichtehelichen Mutter deren Heimatrecht und über die elterliche Sorge des nichtehelichen Vaters dessen Heimatrecht (siehe jetzt aber Art. 21 EGBGB). Da nun die internationalprivatrechtlichen

Interessen ganz andere sind als die materiellprivatrechtlichen (oben § 2), führt das IPR oft verschiedene materielle Privatrechte derart zusammen, daß entweder mehr materiellprivatrechtliche Güter verteilt werden, als da sind (Normenhäufung, z.B. früher bei deutscher nichtehelicher Mutter und polnischem nichtehelichem Vater), oder daß materiellprivatrechtliche Güter unverteilt bleiben (Normenmangel, z.B. früher bei polnischer nichtehelicher Mutter und deutschem nichtehelichem Vater).

2. Teleologischer Widerspruch (Sollenswiderspruch)

Als Beispiel für die Entstehung von Angleichungsfragen auf der Ebene des *Sollens* diene folgende Fallgruppe:

Viele *materielle* Rechte beteiligen im gesetzlichen Güterstand einen Ehegatten am Vermögen des anderen durch eine *Gütergemeinschaft* unter Lebenden oder durch eine dingliche oder obligatorische Gütergemeinschaft von Todes (und regelmäßig zugleich von Scheidungs) wegen, versagen ihm aber dingliche oder obligatorische Beteiligung am *Nachlaß* (z.B. Schweden, Brasilien, Québec in Kanada, Einzelstaaten der USA wie Kalifornien). Andere materielle Rechte lassen umgekehrt die Gütermassen getrennt, geben aber der Witwe Anteil am Nachlaß (z.B. England, Kanada außer Québec, Einzelstaaten der USA wie Massachusetts). In Deutschland hat jeder Gatte doppeltes Recht (§§ 1371, 1931 I–III BGB). Das für den güterrechtlichen Ausgleich maßgebliche Recht kann aber schon von vornherein ein anderes sein als das für die Erbfolge maßgebliche (z.B. im deutschen IPR das Recht des gewöhnlichen Aufenthalts nach Art. 15 I mit Art. 14 I Nr. 2 EGBGB einerseits und das Heimatrecht nach Art. 25 I EGBGB andererseits). In vielen *internationalen* Privatrechten wird überdies für den Güterstand auf den Zeitpunkt der Heirat, für die Erbfolge auf den Zeitpunkt des Todes abgestellt, weswegen es selbst bei Benutzung *desselben* Anknüpfungsmoments zu Diskrepanzen kommen kann. So galt bei uns früher für den Güterstand unwandelbar das Heimatrecht des Mannes bei Heirat (Art. 15 a.F. EGBGB) und gilt heute (nach Art. 15 n.F.) das gemeinsame Heimatrecht der Eheleute bei Heirat (falls vorhanden); für die Erbfolge galt und gilt hingegen das Heimatrecht des Erblassers beim Tode (Art. 24, 25 a.F., Art. 25 I n.F.). Infolgedessen kann auch schon der Staatswechsel eines Ehegatten bewirken, daß bei seinem Tode der andere doppeltes Recht erhält (ein Brasilianer wurde Engländer: Normenhäufung) oder gar nichts (ein Engländer wurde Brasilianer: Normenmangel). Geschieht das, so wird – bis zur Grenze von 100% – zwar nicht mehr oder weniger verteilt, als verteilt werden *kann*. Aber die Witwe erhält mehr oder weniger, als sie erhalten *soll*. Genauer: die Witwe erhält mehr oder weniger, als ihr *nach dem übereinstimmenden Inhalt der beiden anzuwendenden materiellen Privatrechte mit Rücksicht auf die Ehe* zuteil werden soll. Man kann in den Fällen, in denen die Anwendung zweier materieller Rechte zu einem Ergebnis führt, das beiden widerspricht, von einem **beiderseitigen Normenwiderspruch** reden. Wird durch die Kombination mehr verteilt, als *überhaupt* da ist, dann verwandelt sich der teleologische Widerspruch in einen logischen.

Der *teleologische* Normenwiderspruch kann auch **einseitig** sein: die Anwendung zweier materieller Rechte führt zu einem Ergebnis, das nur den Zielen *eines* von ihnen widerspricht. Beispiel: Ein schwedisches Ehepaar wird deutsch. Die Witwe erhält nach dem anzuwendenden schwedischen Güterrecht die Hälfte des beim Tode geeinten Vermögens beider Eheleute und sie erhält nach dem anzuwendenden deutschen Erbrecht einen Erbteil nach § 1931 I–III BGB. Diese Lösung widerspricht dem schwedischen Recht, nach dem die Witwe durch die Gütergemeinschaft von Todes wegen zugleich erbrechtlich abgefunden ist. Sie widerspricht aber wegen § 1371 BGB nicht oder doch nicht erheblich dem deutschen Recht.

III. Lösungen

1. Lösungsmöglichkeiten

Für die Aufhebung des Normenwiderspruchs gibt es zwei Wege: einen *international*privatrechtlichen und einen *materiell*privatrechtlichen.

*International*privatrechtlich kann man die Grenze zwischen zwei Kollisionsnormen verschieben oder eine neue Kollisionsnorm bilden. So verhindert man, daß zwei verschiedene materielle Privatrechte, deren Sätze sich widerstreiten, angewandt werden. Es handelt sich um den speziellen Fall eines zulässigen Abgehens von einer gegebenen Kollisionsnorm, weil die konkrete internationalprivatrechtliche Interessenlage von der in der Norm vorausgesetzten so stark abweicht, daß sie die kollisionsrechtliche Entscheidung nicht mehr trägt und auch das allgemeine Kontinuitätsinteresse ein Festhalten an der Norm nicht gebietet (oben S. 125). Die kollisionsrechtliche Interessenlage wird nämlich dadurch stark verändert, daß das Ordnungsinteresse an einer *logisch möglichen* oder an einer *nicht zweckwidrigen* Entscheidung hinzutritt; das Kontinuitätsinteresse tritt dann zurück, wenn es keinen einfacheren anderen Löungsweg (z.B. im Sachrecht) gibt. Man kann diesen Vorgang auch als eine Art besondere Qualifikation für einen besonderen Zweck, nämlich zur Verhütung von Normenwiderspruch, ansehen. Eine solche Lösung *beugt vor*.

Daneben gibt es eine Lösung, die *heilt*. Hier läßt man die Kollisionsnormen des IPR, die in den Normenwiderspruch hineingeführt haben, unverändert. Man sucht statt dessen Hilfe in den *materiellen Privatrechten*. Deren Rechtssätze werden so verändert, daß der Normenwiderspruch entfällt. Die Rechtfertigung liegt darin, daß wir es mit einer speziellen Art des Auslandssachverhalts zu tun haben (oben S. 57): Die Sachrechtsanwendung muß angepaßt werden an die Tatsache, daß Teile des einheitlichen Lebenssachverhalts von einem anderen Recht beurteilt werden. Hier setzt sich das *sachrechtliche* Interesse an einer widerspruchsfreien, sachgerechten Lösung durch.

Welcher Weg der richtige ist, ergibt die Interessenabwägung im Einzelfall: Nur dann tritt das Ordnungsinteresse an kontinuierlicher Rechtsanwendung im Kollisionsrecht zurück, wenn eine sachrechtliche Lösung nicht mit geringeren Veränderungen zu erreichen ist, und umgekehrt. Man kann dieses Interesse an einem möglichst geringen Eingriff positiv umschreiben als das Ordnungsinteresse an einer *„realen" Entscheidung* (oben S. 126).

Grundsätzlich muß man somit nach dem *Gesetz des geringsten Widerstandes* vorgehen: die schwächsten Interessen sind zu opfern, die stärksten zu schützen (OLG Bremen FamRZ 1964, 219 Nr. 103; OLG Saarbrücken FamRZ 1966, 42; OLG Hamm FamRZ 1968, 321; LG Arnsberg DAVorm. 1978, 813 = IPRspr. 1977 Nr. 85; LG Wuppertal FamRZ 1976, 714 = IPRspr. 1976 Nr. 111).

Das Interesse an einer „realen" Entscheidung wird verletzt, wenn man eines der von den gewöhnlichen Kollisionsnormen berufenen materiellen Privatrechte oder beide zu stark umbildet, um den Normenwiderspruch auszuräumen. Zwar ist man bei der materiellen Entscheidungsfindung ebenso frei wie ein entsprechender ausländischer Richter und wird versuchen, aus dessen Sicht das materielle Recht im Hinblick auf den (rechtlichen) Auslandssachverhalt zu verändern. Aber sichere Rechtsanzeichen für solche Ausnahmefälle fehlen meist, und man ist auf Vermutungen (und Einfühlungsvermögen) angewiesen. Man muß daher abwägen, ob man eher eine bis zu einem gewissen Grad „irreale" Entscheidung in Kauf nehmen darf (materiellrechtlicher Weg) oder ob man eher von den gewöhnlichen Kollisionsnormen abgehen darf (internationalprivatrechtlicher Weg). Wählt man den materiellrechtlichen Weg, so muß man weiter entscheiden, in welchem der berufenen Rechte man die Sachnormen ändert. Auch hier gilt das Gesetz des geringsten Widerstands: Man ändert in der Rechtsordnung, in der es am leichtesten möglich ist, weil dann die Entscheidung am „realsten" bleibt. Ist die *deutsche* Rechtsordnung beteiligt, so sollte man aus Respekt vor dem fremden Recht freilich im Zweifel in dieser angleichen.

Den Normenwiderspruch einfach bestehen zu lassen, scheidet von vornherein aus bei *logischen* Widersprüchen („so *kann* es nicht sein"); denn sonst würde das Recht seine Ordnungsaufgabe verfehlen. Auch in Fällen des *teleologischen* Widerspruchs („so *soll* es nicht sein") wird man den *beiderseitigen* Normenwiderspruch kaum je bestehen lassen können; denn man darf nicht durch Anwendung von *Teilen* verschiedener

Rechtsordnungen kraft des eigenen IPR zu Ergebnissen kommen, die von dem abweichen, was die angewandten Rechtsordnungen (jede für sich) *übereinstimmend* wollen.

Vgl. z.B. BGH WM 1963, 506 (507 unter b a.E.); LG Krefeld FamRZ 1967, 510 (511); BayObLG 1969, 70 (80 a.E.f. unter II 8b); OLG Hamm IPRspr. 1970 Nr. 23A; AG Münster IPRspr. 1975 Nr. 102 S. 262; LG Hamburg IPRspr. 1977 Nr. 6 S. 23; OLG Celle IPRspr. 1979 Nr. 20; BGH FamRZ 1979, 793 (795 unter IV 2) = NJW 1980, 636 = IPRspr. 1979 Nr. 113 S. 383 a.E.; AG Bonn IPRax 1983, 131 LS mit krit. Anm. Red. (E. J.) = IPRspr. 1982 Nr. 100; OLG Stuttgart IPRax 1990, 113 (114 unter 6 a.E.) mit Aufsatz von *Kono* 93–95; OLG Frankfurt NJW-RR 1991, 583 = IPRax 1992, 49 LS mit Anm. von *Jayme*; AG Hagen StAZ 1995, 149 (150 unter c); OLG Köln FamRZ 1995, 1200; BayObLG FamRZ 1996, 694 (698 unter 6c); BayObLG StAZ 1996, 41 (42 unter 2b cc [4]). Vgl. auch oben S. 124.

Dagegen kann nur *einseitiger* teleologischer Normenwiderspruch eher tragbar sein, insbesondere wenn die Zwecke des beteiligten *deutschen* Rechts nicht verfehlt werden (unten S. 316).

Amerikanische Entscheidungen, die den Grundsatz verletzen, daß vom übereinstimmenden Inhalt angewandter Rechte nicht abgewichen werden darf, bei *Leflar* Boston U. L.Rev. 48 (1968), 171 f. In den USA spricht man, wenn die zur Auswahl stehenden Rechte in der Sache übereinstimmen, von einem *„false conflict"*. Denkbar ist, daß man trotzdem von ihnen abweichen muß, z.B. wenn eines der Rechte für uns beachtlich zurück- oder weiterverweist (unten § 10) und deswegen ein drittes, inhaltlich abweichendes Recht zum Zuge kommt.

Ein anderes, aber schiefes Beispiel bringt *Weintraub*, Commentary on the Conflict of Laws[3], Mineola, N. Y., 1986, 73: Jemand, der mitsamt seinen gesetzlichen Erben im Staat X gelebt hat und dort gestorben ist, hat einer nur im Staat Y aktiven mildtätigen Stiftung dortigen Grundbesitz hinterlassen. Hätte sich der ganze Fall in Y abgespielt, wäre das Vermächtnis nichtig, weil zu kurz vor dem Tod errichtet. Hätte sich der ganze Fall in X abgespielt, wäre das Vermächtnis nichtig, weil zugunsten einer Stiftung gemacht. Wenn X Grundstücke verkehrsfähig erhalten („tote Hand", vgl. bei uns Art. 86 EGBGB), Y den Erblasser und seine Erben vor unüberlegten Verfügungen in Todesangst schützen wollte, könnte nach *Weintraub* das Vermächtnis gültig sein. Denn das von X bekämpfte Übel (tote Hand) würde dort nicht eintreten und das von Y bekämpfte (psychische Beeinträchtigung des Erblassers) nicht in Y. – *Weintraub* unterstellt damit stillschweigend, daß X allein den inländischen Verkehr, Y allein inländische Verwandte schützen will. Er nimmt also die kollisionsrechtliche Entscheidung im materiellen Recht vorweg. Aber das materielle Recht sagt nichts über Kollisionsrecht: X schützt *jeden* Verkehr, Y *alle* Verwandten. Gilt nur das Erbstatut, dann ist das Vermächtnis nichtig: es bleibt im Ergebnis bei dem, was beide Rechtsordnungen wollen. Unterliegt freilich der Verkehrsschutz dem Recht des Verkehrsorts (dazu *Kegel*, IECL III/1 S. 23 S. 24 f. zur *„rule against perpetuities"* [tote Hand]), dann ist das Vermächtnis gültig. Denn Y schützt den Verkehr nicht und das Recht von X (das ihn schützen würde) ist insoweit nicht berufen. Berufen wäre es für den Schutz gegen psychische Beeinträchtigung des Erblassers; aber insoweit schützt es nicht.

2. Internationalprivatrechtliche und materiellprivatrechtliche Lösungen im Vergleich

Welcher der beiden Lösungswege im Einzelfall vorzuziehen ist, ist oft nicht leicht zu entscheiden. Exemplarisch sollen hier einige Fälle diskutiert werden:

(1) Werden ein *polygamer Marokkaner* und seine drei marokkanischen Frauen Spanier, dann gilt *ex nunc* spanisches Recht für die persönlichen Ehewirkungen (Art. 14 I Nr. 1 EGBGB). Die Rechte, die nach spanischem Recht die Ehefrau hat (Unterhalt, persönliche Fürsorge u.a.), verteilen sich nach marokkanischem Recht auf die drei Ehefrauen. Da aber jede dieser drei Frauen „Ehefrau" ist („*Substitution*" im spanischen Sachrecht), entsteht im spanischen Recht Normenwiderspruch durch Normenhäufung: der Ehemann schuldet jeder der drei Frauen soviel, als ob er nur eine hätte. Dieser Widerspruch zwischen dem marokkanischen Eheschließungs- und dem spanischen Ehewirkungsstatut (bzw. Unterhaltsstatut) ist teils teleologischen (übermäßige Belastung des Ehemannes), teils logischen (eheliche Treuepflicht) Charakters. Bestehen bleiben kann er nicht (vgl. in einem rein deutschen Fall BGH NJW 1980, 1462: grundsätzlich Zugewinnausgleich für zwei Ehegatten, u.U. Herabsetzung möglich!). *Materiellrechtlich* könnte man im spanischen Recht Hilfsregeln für Polygamie entwickeln (während eine Auflösung zweier [oder, wie man tatsächlich vorgeschlagen hat, aller drei] Ehen nach spanischem oder marokkanischem Recht ausscheidet). Das ist ungewöhnlich, muß aber am Interesse an „realer" Entscheidung nicht scheitern. Denn jedenfalls in den Rechtsordnungen, in denen (wie in Deutschland und Spanien) eine bigamische Ehe keine „Nichtehe", sondern nur „vernichtbar" oder „aufhebbar" ist, können solche Rechtslagen auch im internen Recht entstehen: So werden in Deutschland die Rechtsfolgen einer aufgehobenen bigamischen Ehe grundsätzlich nach Scheidungsrecht beurteilt (§ 1318 BGB), das dann mit zwei Ehegatten fertig werden muß, und nach § 24 II a.F. EheG konnte der Rechtszustand sogar ein endgültiger werden.

Vgl. BGH a.a.O. Zum Versorgungsausgleich in solchen Fällen: OLG Hamm FamRZ 1980, 58, aufgehoben durch BGH FamRZ 1982, 475 = NJW 1983, 176; OLG Koblenz FamRZ 1980, 589. Zur Erbfolge: *Ferid*, FamRZ 1963, 410–412; *Epple*, FamRZ 1964, 184 f. mit Erwiderung *Ferid*, 185 f.

Für Angleichung im materiellen Recht des neuen Staates, der die Einehe gebietet, jedenfalls, wenn es um Unterhalt geht, *Batiffol*, Rec. 1967 II, 183–187 (= *Batiffol*, Choix d'articles, Paris 1976, 209–211) und Rev.int.dr.comp. 1970, 667–670 mit Hinweis (Rec. 186 [= Choix 210 a.E.f.], Rev. 669), daß auch ein Geschiedener mehreren Frauen Unterhalt schulden könne; ähnlich *Droz*, Fschr. Wengler II, 1973, 240–246. Siehe auch unten S. 332f. Anders *Kegel* in 7. Aufl. S. 265 wegen des Interesses an „realer" Entscheidung.

Internationalprivatrechtlich könnte man das Eheschließungs- und bisherige Ehewirkungsstatut, also das marokkanische Recht weiterhin maßgeben lassen (so *Kegel* in 7. Aufl. S. 265). Dem steht aber das Ordnungsinteresse an der Anwendung vorhandener Kollisionsnormen entgegen (oben S. 125) und ebenso ein solches an Vermeidung von (weiteren) Widersprüchen: Soll man nur diejenigen Ehewirkungen dem alten Statut überweisen, die sich unter neuem Statut mit der

Mehrehe nicht vertragen? Dann kommt es zu Spannungen zwischen einzelnen Wirkungen (zusätzlich zum Güterrechtsstatut, das ohnehin eigenen Regeln folgt). Oder soll man alle, auch „neutrale" Fragen danach behandeln? Das würde der Rechtsverkehr hier nicht erwarten. Und wie ist es mit dem Erbstatut, das auf Mehrehe ja auch nicht eingestellt ist? Soll auch dieses ausgewechselt werden, und wenn, inwieweit?

(2) Bei beiderseitigem *Normenwiderspruch zwischen gesetzlicher Gütergemeinschaft und gesetzlichem Erbrecht des überlebenden Gatten* kann man *internationalprivatrechtlich* angleichen, indem man sowohl den güterrechtlichen wie den erbrechtlichen Ausgleich entweder der Rechtsordnung allein unterwirft, die an sich nur über das Erbrecht oder nur über das Ehegüterrecht zu bestimmen hat.

So *Kegel* in 7. Aufl. S. 265 f.: Bestand in einem der Rechte eine dingliche oder obligatorische *Gütergemeinschaft von Todes wegen*, so soll immer und nur das *Heimatrecht des Erblassers* beim Tode maßgeben (auch wenn die Gütergemeinschaft im *anderen* Recht vorgesehen war und damit nicht mehr zum Zuge kommt). Daß die Gütergemeinschaft regelmäßig auch für den Scheidungsfall vorgesehen ist, sei in diesem Zusammenhang als minder wichtig zu vernachlässigen. Bestand dagegen in einem der Rechte eine *Gütergemeinschaft unter Lebenden*, so soll immer allein das *Heimatrecht der Eheleute bei Heirat* (oder das sonst nach Art. 15 EGBGB bestimmte Güterrechtsstatut) entscheiden, auch wenn die Gütergemeinschaft in der für die Erbfolge maßgeblichen Rechtsordnung vorgesehen ist und deshalb nicht zum Zuge kommt (eingehender aaO). Das soll aber nur gelten, wenn ein Normenwiderspruch tatsächlich festgestellt werden kann, wenn also die beteiligten Rechte die jeweils andere Lösung *ausschließen* wollen, was anhand der verfolgten *Zwecke* festzustellen ist (daß die andere Lösung lediglich nicht *vorgesehen* ist, dürfte danach nicht ausreichen). Dagegen wird eine materiellrechtliche Lösung durch Änderungen in einem der beteiligten Rechte als nicht „real" genug abgelehnt.

Die internationalprivatrechtliche Löung hat zweifellos Vorzüge, da sie eine inhaltliche Abstimmung der Statuten erspart. Aber sie ist auch sehr weitreichend und in den Wirkungen oft grobschlächtig, insbesondere in den Varianten, in denen die Zuweisungen des Güterrechtsstatuts ganz unter den Tisch fallen, weil das Erbstatut sich vordrängt. Ist z.B. in einem gemeinsamen Heimatrecht allein eine Gütergemeinschaft von Todes wegen mit hälftiger Beteiligung am ganzen Vermögen vorgesehen, wechselt dann der Mann kurz vor seinem Tod die Staatsangehörigkeit und sieht das (neue) Erbrecht allein eine Erbbeteiligung von 10% vor, dann würde die Witwe allein dadurch 40% verloren haben. Das wäre aber ungerecht, denn das Ehegüterrecht gewährt einen Ausgleich für Leistungen in einer oft Jahrzehnte dauernden engen familienrechtlichen Beziehung und schafft Vertrauen (was wohl auch ein Grund für die Unwandelbarkeit nach Art. 15 EGBGB ist). Auch käme das symmetrisch angelegte Ehegüterrecht nur einem Teil zugute (nämlich im Beispielsfall dem Mann, falls die Frau zuerst stirbt). Dagegen wird die Zuweisung des gesetzlichen Erbrechts einseitig und punktuell definiert:

was beim Tode da ist, wird verteilt, und ein besonderes Verdienst des Empfängers wird nicht vorausgesetzt.

Eine Angleichungslösung, die beide Rechte unterschiedslos behandelt, sollte daher ausscheiden: dem Güterrechtsstatut gebührt internationalprivatrechtlich im Zweifel der Vorrang. Eine *sachrechtliche* Anpassung in ihm scheidet im allgemeinen aus den genannten Gründen aus, weil es differenzierte Rechtsbeziehungen zum Gegenstand hat, die sich über lange Zeit entwickelt haben. Dagegen können materielle Anpassungen durchaus im *Erbrecht* vorgenommen werden, ohne daß die Entscheidung zu „unreal" wird. Das Erbrecht ist überall auf gewisse Anpassungen ausgelegt, etwa bei Vorempfängen unter Lebenden.

M. E. muß man bei der Lösung unterscheiden zwischen den Fällen der *Normenhäufung*, die eine *Reduktion*, und denen des *Normenmangels*, die eine *Aufstockung* erfordern. Bei **Normenhäufung** sollte man so vorgehen: Gibt es *im Güterrechtsstatut* eine *Gütergemeinschaft unter Lebenden* (oder ähnliches) bei Ausschluß einer erbrechtlichen Beteiligung, so gilt zunächst diese Regelung, das Erbstatut tritt dahinter zurück. Sieht das Güterrechtsstatut lediglich eine Anrechnung des aus Güterrecht Erhaltenen auf das Erbrecht vor wie in manchen südamerikanischen Staaten, so hat die Anrechnung auch auf die Rechte nach dem Erbstatut zu erfolgen; diese können dabei ganz konsumiert werden (vgl. IPG 1971 Nr. 33 [Köln], S. 331, 338, betr. Peru). Ebenso kann man allgemein verfahren: Gehen die Rechte des Ehegatten aus dem (berufenen) Erbstatut über seine güterrechtliche Beteiligung hinaus, so ist das Erbrecht lediglich um den Wert dieser Beteiligung zu *kürzen*, sollte aber nicht ganz entfallen. Auch eine *Gütergemeinschaft von Todes wegen* (die regelmäßig auch eine Gütergemeinschaft für den Scheidungsfall ist) sollte man, wenn sie im Güterrechtsstatut enthalten ist, behandeln wie eine Gütergemeinschaft unter Lebenden: Die güterrechtliche Regelung hat Vorrang, das Erhaltene ist auf das Erbrecht anzurechnen (zu den besonderen Problemen bei der güterrechtlichen Erhöhung des Erbteils nach § 1371 I BGB vgl. *Soergel/Schurig*[12], Art. 15 Rz. 40). Bei **Normenmangel** sollte von dem Grundgedanken ausgegangen werden, daß der überlebende Ehegatte jedenfalls nicht weniger erhalten soll, als er nach dem Willen beider Rechtsordnungen in Inlandsfällen erhielte. Auch hier ist zu beachten, daß es im Ehegüterrecht um die abschließende Regelung über lange Zeit sich entwickelnder Rechtsbeziehungen geht; daher erscheint es wenig passend, eine Lösung etwa durch Heranziehung der güterrechtlichen Regelung des Erbstatuts zu suchen. Selbst wo das Erbstatut eine Gütergemeinschaft von Todes wegen vorsieht, ist diese mit der zuvor geführten Ehe eng verbunden. Auch ist eine einheitliche Lösung vorzuziehen. M. E. liegt bei Normenmangel die Lösung stets darin, im Wege kollisionsrechtlicher Angleichung die *erbrechtli-*

chen Vorschriften des Güterrechtsstatuts (nicht aber die güterrechtlichen Vorschriften des Erbstatuts) anzuwenden.

BayObLGZ 1966, 115 (125 f.) = RzW 1966, 571 (mit krit. Aufsatz von *Erlanger* 538–540) gleicht an, indem es eine Wandlung des Güterrechtsstatuts annimmt (vom deutschen zum kalifornischen Recht). Das ging *in casu*, weil Kalifornien das Problem geregelt hat: es läßt sein Güterrecht, wenn es anwendbar wird, zurückwirken. In anderen Fällen könnte man diesen Weg nicht wählen.

Das *deutsche* Recht geht im Sachrecht *beide* Wege (§§ 1371, 1931 I–III BGB). Auf *seiner* Seite gibt es keinen Normenwiderspruch allein deshalb, weil es mit einem Recht anzuwenden ist, das nur gesetzliche Gütergemeinschaft oder nur gesetzliche Nachlaßbeteiligung des überlebenden Gatten gewährt. Wohl aber kann *einseitiger* Normenwiderspruch auf der Seite eines *ausländischen* Rechts eintreten; so, wenn ein schwedisches Ehepaar deutsch wird (oben II 2 a. E.). Denn es widerspricht dem schwedischen Recht, der Witwe neben ihrem Recht aus der Gütergemeinschaft von Todes wegen noch ein gesetzliches Erbrecht zu geben. Diesen Widerspruch muß man jedoch unaufgelöst lassen; das deutsche Recht steht uns insoweit näher (z. B. LG Bonn IPRspr. 1984 Nr. 115). Die Anwendung verschiedener Rechte um der internationalprivatrechtlichen Gerechtigkeit willen bringt es mit sich, daß die materiellprivatrechtlichen Entscheidungen der einzelnen Rechte bald zu beachten sind, bald nicht. Abhilfen sind nötig bei *logischen* und bei beiderseitigen *teleologischen* Normenwidersprüchen. Tritt der einseitige Widerspruch im *deutschen* materiellen Recht auf, so kann man in ihm Abhilfe finden (ein Beispiel unten S. 318 zur Legitimation nach islamischem Recht). Tritt bei Anwendung *ausländischer* Rechtsordnungen in einer ein einseitiger Widerspruch auf, so sind bereits vorhandene Hilfslösungen natürlich beachtlich; bei *ad hoc* neu zu bildenden ist im Interesse an einer „realen“ Entscheidung Zurückhaltung geboten.

Ein Angleichungsproblem entsteht auch, wenn das Erb- oder Güterrechtsstatut die Beteiligung zwar nicht ganz versagt, aber durch die Kombination eine geringere oder höhere Gesamtbeteiligung herauskommt als bei Anwendung jeder Rechtsordnung allein. Dann sollte man entsprechend verfahren, bis sich das Ergebnis in dem durch beide Rechtsordnungen gesetzten Rahmen hält.

Beispiel: Ein deutscher Mann heiratet eine Österreicherin, beide leben in Österreich und haben ein Kind; dann stirbt der Mann: Es gilt österreichisches Ehegüterrecht (Art. 15 I mit Art. 14 I Nr. 2 EGBGB) und deutsches Erbrecht (Art. 25 EGBGB). Qualifiziert man § 1931 IV BGB (Anhebung des Ehegattenanteils bei Gütertrennung auf den Kindesanteil) als güterrechtlich (oben S. 286), so erbt die Frau nach § 1931 I BGB ein Viertel (ohne Erhöhung nach Abs. 4); güterrechtlich bekommt sie nach österreichischem Recht nichts (Gütertrennung mit Ausgleich nur bei Scheidung). Nach deutschem Recht allein hätte sie die Hälfte des Nachlasses erhalten (§ 1931 IV), nach österreichischem Recht allein hätte sie ein Drittel erhalten. Hier ist im deutschen Erbrecht anzugleichen durch Erhöhung des Anteils auf ein Drittel; näher *SoergelSchurig*[12] Art. 15 Rz. 41. Zum *umgekehrten Fall* (Absenkung des aus österreichischem Erbteil und deutscher Erhöhung nach § 1371 I BGB zusammengesetzten Anteils) LG Mosbach ZEV 1998, 489.

Schrifttum zum Normenwiderspruch zwischen gesetzlichem Güterstand und gesetzlichem Erbrecht des überlebenden Gatten: *Neuner*, Der Sinn der internationalprivatrechtlichen Norm, 1932, 66–73; *Rabel* I[2] 408–410, IV 365 a. E. f.; *Batiffol*, Aspects philosophiques du droit international privé, 1956, 24–26 und Rec. 1967 II, 178–180 (= *Batiffol*, Choix d'articles, Paris 1976, 205 f.); *Ferid*, FamRZ 1957, 72 f.; *Braga*, FamRZ 1957, 340–342; *Maßfeller*, Betr. 1958, 566; *Marquardt* RzW 1958, 286; *Thiele*, FamRZ 1958, 397 f.; *E. von Hippel*, Ausgleich des Zugewinns (§ 1371 BGB) in Fällen mit

Auslandsberührung, RabelsZ 32 (1968), 348–351; *Mezger*, Erfahrungen in Frankreich mit dem deutschen Zugewinnausgleich nach § 1371 BGB, RabelsZ 37 (1973), 114–118; *Neuhaus*, Grundbegriffe 131; *Keller/Siehr* 456 f.; *Clausnitzer*, Nochmals: „Zur Konkurrenz zwischen Erbstatut und Güterstatut", IPRax 1987, 102–105; *Clausnitzer/Schotten*, Zur Anwendbarkeit des § 1371 Abs. 1 BGB bei ausländischem Erb- und deutschem Güterrechtsstatut, MittRhNotK 1987, 15–21; *Zemen*, Zur Rechtsnatur des finnischen „giftorätt"; Voraussetzungen der Rechtsangleichung zwischen inländischem Güterrechtsstatut und ausländischem Erbstatut, ZfRV 1990, 306–313. Vgl. näher *Soergel/Schurig*[12], Art. 15 Rz. 38–41 mit weiteren Nachweisen.

(3) Im Fall des *nichtehelichen Kindes einer polnischen Mutter und eines deutschen Vaters* nach *früherem* deutschem IPR (oben S. 307) hatte die Mutter nach dem für ihr Verhältnis zum Kind geltenden polnischen Recht elterliche Sorge neben dem Vater, während der Vater nach dem auf sein Verhältnis zum Kinde anwendbaren früheren deutschen Recht keine elterliche Sorge hatte (Normenmangel und ein logischer Widerspruch). Eine *internationalprivatrechtliche* Lösung hätte das Heimatrecht von Kind, Mutter oder Vater oder ein ganz anderes Recht über die elterliche Sorge beider Eltern entscheiden lassen müssen. Ein solcher Eingriff wäre zu einschneidend gewesen, er war dem Gesetzgeber vorbehalten (der sich in Art. 19, 20 EGBGB in der Fassung von 1986 für das Ehewirkungsstatut, hilfsweise den gewöhnlichen Aufenthalt des Kindes, in Art. 19 n. F. ausschließlich für den letzteren entschieden hat). *Materiellrechtlich* steht das Sorgerecht der Mutter in beiden Rechten außer Frage; zu entscheiden ist nur, ob und inwieweit es durch ein ebensolches Recht des Vaters begrenzt ist. Stets gibt es aber Regeln für den Fall, daß ein Vater nicht *vorhanden* oder verhindert ist. Diese Regeln können leicht herangezogen werden, wenn das insoweit maßgebliche Recht dem Vater die Beteiligung am Sorgerecht versagt.

Mit Recht hat daher KG JFG 13, 167 (170 f.) volle elterliche Sorge einer russischen Mutter (nach dem ähnlichen sowjetrussischen Recht) bejaht.

Im umgekehrten Fall des nichtehelichen Kindes *einer deutschen Mutter und eines polnischen Vaters* (oben S. 307) hatte die Mutter nach dem anwendbaren deutschen Recht die elterliche Sorge allein; nach polnischem Recht hatte neben ihr der Vater elterliche Sorge (Normen*häufung* und logischer Widerspruch).

Rechtspolitisch geht es um die Frage der Beteiligung des Vaters an der elterlichen Sorge, die damals im deutschen Recht verneint wurde (nunmehr jedoch grundsätzlich bejaht wird: §§ 1626, 1626 a, 1672, 1678 II, 1680 II n. F. BGB). Die Rechtsstellung der Mutter muß sich dem anpassen (sie reduzierte sich auch früher auf die Hälfte, wenn das Kind durch Legitimation ehelich wurde). Das rechtfertigt eine Angleichung im materiellen deutschen Recht, wenn ausnahmsweise der Vater nach dem insoweit anwendbaren fremden Recht *mitberechtigt* ist. Rechtspolitisch „disponibel" ist allerdings nur dieser Anteil. Hätte nach dem maßgeblichen Recht der nichteheliche Vater *allein* die elterliche Sorge, käme ebenfalls nur eine Anpassung in Gestalt einer *Mit*berechtigung in Betracht (vom ordre public [unten § 16] einmal abgesehen).

Ein weiteres *Beispiel*: Ein griechischer Kapitän lebte in Deutschland nichtehelich mit einer Deutschen zusammen. Nach sechs Jahren wurde eine Tochter geboren und vom Vater anerkannt. Als das Mädchen vier Jahre alt war, wandte sich die Mutter ihrem Hausarzt zu und verweigerte dem Vater, der in See gestochen war, das Wiedersehen mit der Tochter für den Fall der Rückkehr. Nach griechischem

Recht hatte der Vater des anerkannten nichtehelichen Kindes ein Umgangsrecht, nach deutschem Recht damals nicht: die Mutter mußte nachgeben. So (mit blasserem Tatbestand) OLG Bremen FamRZ 1964, 219 Nr. 103. Inzwischen hat auch im deutschen Recht der nichteheliche Vater ein Umgangsrecht (§§ 1711 a.F., 1684 n.F. BGB); das griechische Recht hat man ebenfalls reformiert, aber wohl ohne das Umgangsrecht des nichtehelichen Vaters zu ändern (vgl. *Chiotellis*, IPRax 1983, 304).

(4) Im Fall der ägyptischen *Legitimation nach islamischem Recht* (oben S. 281 f.) ist in jedem Fall Art. 23 Satz 1 EGBGB entsprechend anzuwenden. Bei einem deutschen Kind müssen also die nach deutschem Recht nötigen Einwilligungen von Kind und Verwandten erteilt sein. Da das deutsche Recht eine solche Legitimation nicht kennt, enthält es auch keine Vorschriften über Einwilligungen (künftig wird das Problem bei *jeder* Legitimation auftreten, da diese voreilig aus Art. 23 entfernt wurde). Das ist ein Normenmangel, der zu einem teleologischen Widerspruch führt. Denn in benachbarten Fällen (früher Ehelicherklärung auf Antrag des Vaters, heute noch Adoption und die Anerkennung selbst) sind Einwilligungen vorgesehen. Allerdings ist der Normenmangel ein *einseitiger* des deutschen Rechts, da dem ägyptischen Recht die Zustimmung von Kind (in frühem Alter) und Mutter gleichgültig ist. Doch können wir, eben weil der einseitige Mangel in unserem eigenen Recht auftritt, leicht abhelfen: wir fügen dem deutschen Recht analog zu den bestehenden Einwilligungsregeln eine weitere hinzu, mit der wir die *relative* (oben § 7 II 2) Lücke des deutschen Rechts füllen (so auch KG DR 1940, 1375 [im Ergebnis] und BGHZ 55, 188).

(5) 1970 wurde ein in Deutschland stationierter kanadischer Soldat bei einem Verkehrsunfall von einem Deutschen verletzt. Der kanadische Staat trug die Behandlungskosten im Krankenhaus und zahlte den Sold weiter. Diese Kosten wollte er vom Schädiger ersetzt haben (eingehend zu diesem Fall *Schurig*, VersR 1971, 393–398). Das anzuwendende Deliktsrecht war deutsch (vgl. unten § 18 IV 1), kanadisches Recht beherrschte das Rechtsverhältnis zwischen dem Staat und Soldaten und wäre maßgeblich für einen möglichen gesetzlichen Übergang der Schadensersatzforderungen auf den Staat gewesen (unten § 18 VII 2). Einen solchen Übergang gab es aber dort nicht, statt dessen einen eigenen deliktischen Anspruch des Staates wegen entgangener Dienste („*action per quod*"). Ein derartiger Anspruch ist dem deutschen Deliktsrecht fremd; hier wird das Problem durch Legalzessionen gelöst (die aber nicht zum Deliktsstatut gehören). Die Folge ist Normenmangel und ein teleologischer Widerspruch. *Internationalprivatrechtlich* könnte man angleichen, indem man den deliktischen Anspruch des Staates nach kanadischem Recht *wie* eine cessio legis anknüpft (dagegen wäre eine Ausdehnung des deutschen Deliktsstatuts nutzlos, da die hier vorgesehenen Legalzessionen auch *sachrechtlich* auf *deutsche* Beamte und Soldaten begrenzt sind). Materiellrechtlich könnte man im deutschen Deliktsrecht die Re-

geln heranziehen, die anzuwenden sind, wenn zugunsten des zahlenden Dritten nichts vorgesehen ist; das sind die Regeln der *Drittschadensliquidation*. Dieser Weg erfordert den geringsten Eingriff und ist vorzuziehen.

Weitere Beispiele: Internationalprivatrechtliche Lösung: unten S. 746 f. (Scheidung von Nichtehe); S. 790 (beschränkte Geschäftsfähigkeit durch Heirat); S. 830 (Fehlen der Adoption in dem von Art. 23 Satz 1 EGBGB berufenen Recht).

Materiellprivatrechtliche Lösung: unten S. 523 (kein Familienname, sondern nur Eigennamen im Heimatrecht eines Gatten), S. 524 (kein Familienname, sondern nur „persönlicher" Name im Heimatrecht eines Gatten), S. 554 f. (Beurkundung im Ausland), S. 557 f. (Prozeßhandlungen im Ausland), S. 657 (Anspruch auf Forderungsabtretung statt gesetzlichen Forderungsübergangs), S. 692 f. (ein- und zweiseitige Ehehindernisse), S. 733 (Auskunftsanspruch), S. 692 (Heirat macht mündig).

3. Materiellprivatrechtliche Lösungen im IPR?

Schrifttum: *Steindorff*, Sachnormen im IPR, 1958; *von Overbeck*, Les règles de droit international privé matériel, NTIR 1962, 362–379; *Miaja de la Muela*, Les normas materiales de derecho internacional privado, Rev. esp. der. int. 1963, 425–457; *Kegel*, Rec. 1964 III, 238–256; *Bauer*, Les traités et les régles de droit international privé matériel, Rev. crit. dr. i. p. 1966, 537–574; *Deby-Gérard*, Le role de la régle de conflit dans le règlement des rapports internationaux, Paris 1973, 98–131; *Vitta*, Le droit international privé matériel en droit italien, Riv. dir. int. priv. proc. 1973, 830–841 und (etwas erweitert) Les règles matérielles dans le conflit de lois, in: Rapports nationaux italiens au IXe Congrès International de Droit Comparé Téhéran 1974, Mailand 1974, 251–267, *Czásy*, Substantive Rules in the Conflict of Laws, in *Péteri* (Hrsg.), The comparison of Law, Selected Essays for the 9th International Congress of Comparative Law, Budapest 1974, 97–114; *Căpătînă*, Les règles matérielles dans le conflit des lois, Rev. roum. sc. soc. sc. jur. 18 (1974), 87–94; *Beitzke*, Nationales Recht für internationale Sachverhalte?, Öst. Akademie der Wissenschaften, Anzeiger der phil-his. Klasse 111 (1974), 277–296; *von Mehren*, Special Substantive Rules for Multistate Problems: Their Role and significance in Contemporaray Choice of Law Methodology, Harv. L. Rev. 88 (1974), 347–371; *Simon-Depitre*, Les règles matérielles dans le conflit des lois, Rev.crit.dr.i.p. 1974, 591–606; *von Mehren*, Choice of Law and the Problem of Justice, Law & Cont. Prob. 41 (1977), Nr. 2, 27–43; *Lalive*, Rec. 1977 II (erschienen 1979), 90–100; *Weintraub*, Commentary on the Conflict of Laws[2], Mineola, N.Y., 1980, 80–82, 383–389; *Schurig*, 239 f., 331–335; *Ferrer Correia*, Estudos vários de direito, Coimbra 1982, 243–247, 255–278, 321–379, 408–414; *von Oberbeck*, Rec 1982 III (erschienen 1983), 67–73; *Hessler*, Sachrechtliche Generalklausel und IPR, 1985; *Siehr*, Sachrecht im IPR, transnationales Recht und lex mercatoria, in: *Holl/Klinke* (Hrsg.), Internationales Privatrecht, internationales Wirtschaftsrecht, 1985, 103–126 (106–108); *Keller/Siehr*, 450–457; *von Bar* I, Rn. 627–630.

Probleme ergeben sich mitunter, wenn eine internationalprivatrechtliche Lösung ausscheidet und die materiellen Rechte für eine materiellprivatrechtliche Lösung kaum Ansätze bereithalten:

Ein französischer Vater und seine englische Tochter stürzen mit einem Flugzeug tödlich ab. Der Vater hat die Tochter zur Erbin eingesetzt und einen Freund als Ersatzerben. Die Tochter hat ihren Vater eingesetzt und eine Freundin als Ersatzerbin. Freund und Freundin verlangen jeder beide Nachlässe.

Der Vater wird nach französischem, die Tochter nach englischem Recht beerbt. Erben kann nur, wer den Erblasser überlebt. Über Lebens- und Todesvermutungen entscheidet das Heimatrecht der betreffenden Person, also hinsichtlich des Vaters französisches Recht, hinsichtlich der Tochter englisches Recht. Nach französischem Recht wird Überleben der Tochter, nach englischem – so soll hier jedenfalls unterstellt werden – Überleben des Vaters vermutet.

In solcher Gleichgewichtslage erschiene es willkürlich, die Kollisionsnormen (über Erbfolge oder über Lebens- und Todesvermutungen) in die eine oder andere Richtung zu verschieben (a. A. *Jayme/Haack*, ZVglRWiss 84 [1985], 96: wer wen überlebt hat, entscheide das Recht, das die Rechtsbeziehungen zwischen den Verstorbenen beherrscht). Man kann auch den logischen Normenwiderspruch nicht stehen lassen. Daher bietet sich an, die widersprechenden Vermutungen dadurch zu „neutralisieren", daß man (wie nach § 11 VerschG) *gleichzeitigen Tod* annimmt: der Freund bekommt den Nachlaß des Vaters, die Freundin den der Tochter.

Man hat vorgeschlagen (insbesondere *Kegel*, vgl. 7. Aufl. S. 270), dieses Ergebnis nicht mit einer materiellrechtlichen Angleichung in den beteiligten Rechten zu erklären, sondern mit der Anwendung eines neugeschaffenen *materiellrechtlichen Satzes „im IPR"* (oben § 1 VIII 3). Denn es wäre „ganz irreal, in den materiellen Rechten nach Aushilfsnormen zu suchen".

Aber ein solcher Satz „im IPR" müßte seinerseits durch eine Kollisionsnorm berufen werden, und das könnte nur eine – ebenfalls neu zu schaffende – Ausnahmenorm sein, die in solchen Fällen das deutsche Recht – eben die lex fori – beruft (und aus ihr diesen speziellen Bestandteil). Dazu steht aber in gewissem Widerspruch, daß die Lösung unter Verarbeitung der „berufenen" Sachnormen gefunden wird (die Übereinstimmung mit dem deutschen Recht ist rein zufällig!). Dann kann man auch annehmen, daß man doch durch Anpassung eines oder beider gefundenen Rechte zum Ergebnis kommt. Denn dieses muß man dort nicht nur „suchen", man kann es auch auf dem Boden des fremden Rechts nach den dort vorhandenen oder vermuteten Gerechtigkeitsvorstellungen *entwickeln* (sich z. B. fragen, wie ein französischer Richter entschiede, wenn er im selben Fall *auch* die englische Vermutung anwenden müßte). Die Lösung mag in gewissem Maße „irreal" sein, aber eine bessere ist nicht zu finden, und dieser Makel haftet dem *Ergebnis* an. Daß man es statt mit dem angepaßten fremden Recht mit „Sachnormen im eigenen IPR" begründet, macht es nicht „realer".

Auch in diesen Fällen handelt es sich m. E. um Angleichung durch – wenn auch weitgehende – Eingriffe in das anwendbare Sachrecht. Die „Sachnormen im IPR" sind dann entbehrlich.

§ 9. Vorfrage

Schrifttum: *Zitelmann* II 836–840; *Melchior*, Grundlagen 245–265; *Wengler*, Die Vorfrage im Kollisionsrecht, RabelsZ 8 (1934), 148–251; *Robertson*, The „Preliminary Questions" in the Conflict of Laws, L. Q.Rev. 55 (1939), 565–584; *Serick*, Die Sonderanknüpfung von Teilfragen im internationalen Privatrecht, RabelsZ 18 (1953), 633–650; *Gotlieb*, The Incidental Question in Anglo-American Conflict of Laws, Can. Bar Rev. 33 (1955), 523–555; *Hoffmeyer*, Das internationalprivatrechtliche Vorfragenproblem, Diss. Hamburg 1956; *López*, La cuestión incidental en derecho internacional privado, Rev.esp.der.int. 1956, 125–146; *Francescakis*, La théorie du renvoi, Paris 1958, 203–220; *Francescakis*, Les questions préalables de statut personnel dans le droit de la nationalité, RabelsZ 23 (1958), 466–497 (behandelt nur inländische Staatsangehörigkeit); *Cortes Rosa*, Da questão incidental em direito internacional privado, Lissabon 1960; *Lagarde*, La règle de conflit applicable aux questions préalables, Rev.crit.dr. i. p. 1960, 459–484; *van Hoogstraten*, Le droit international privé néerlandais et la question préalable, NTIR 1962, 209–225; *Makarov*, Die privatrechtlichen Vorfragen im Staatsangehörigkeitsrecht, ZfRV 1962, 147–157; *Voskuil*, Rechtsvinding aan de hand van buitenlandse rechtsregels, Vorfrage en verkregen rechten, Amsterdam 1963 (italienische Übersetzung mit Änderungen und Ergänzungen Dir. Int. 1965, 183–196); *Grassetti*, Questione pregiudiziale e dottrina del rinvio, Riv.dir.int.priv.proc. 1965, 87–89; *De Nova*, Rec. 1966 II, 557–569; *Wengler*, Nouvelles réflexions sur les „questions préalables", Rev.crit.dr. i. p. 1966, 165–215; *Dorenberg*, Hinkende Rechtsverhältnisse im internationalen Familienrecht, 1968; *Kegel*, Die Scheidung auf der Reise, Fschr. Fragistas III, 1968, 1–25; *Moreira*, Da questão prévia em direito internacional privado, Coimbra 1968 (deutsche Zusammenfassung 341–353); *T. S. Schmidt*, The Preliminary Question and the Question of Substitution in Conflict of Laws, Scandinavian Studies in Law 12 (1968), 91–119; *Ficker*, Die Rechtsfigur der Vorfrage im Lichte einiger neuer familienrechtlicher Entscheidungen, Fschr. OLG Zweibrücken, 1969, 69–84; *Picone*, Norme di conflitto speciali per la valutazione dei presupposti di norme materiali, Neapel 1969; *Ferrer Correia*, Estudos jurídicos III, Coimbra 1970, 241–283 (deutsche Zusammenfassung 284–289); *Machado*, Âmbito de Eficácia e Âmbito de Competência das Leis, Coimbra 1970, 315–374; *Picone*, Saggio sulla struttura formale del problema delle questioni preliminari nel diritto internazionale privato, Neapel 1971; *Deby-Gérard*, Le rôle de la règle de conflit dans le règlement des rapports internationaux, Paris 1973, 301–330; *Machado*, Les faits, le droit et les questions préalables, Fschr. Wengler II, 1973, 443–458; *Sturm*, Scheidung und Wiederheirat von Spaniern in der Bundesrepublik. Zum Beschluß des Bundesgerichtshofs vom 19. 4. 1972, RabelsZ 37 (1973), 61–79; *Bonnemaison*, La cuestión incidental en la problemática del Derecho Internacional Privado, Gedächtnisschr. Sánchez-Covisa, Caracas 1975, 33–53; *Levontin*, Choice of Law and Conflict of Laws, Leyden 1976, 88–112; *Neuhaus*, Grundbegriffe 344–353, 133–142; *Füllemann-Kuhn*, Die Vorfrage im IPR, Zürich 1977; *Gotlieb*, The Incidental Question Revisited – Theory and Practice in the Conflict of Laws, Int.Comp. L. Q. 26 (1977), 734–798; *Reese*, Marriage in American Conflict of Laws, Int.Comp. L. Q. 26 (1977), 952–970; *Wienke*, Zur Anknüpfung der Vorfrage bei internationalprivatrechtlichen Staatsverträgen, 1977; *Lalive*, Rec. 1977 II (erschienen 1979), 280–300; *Behn*, Die internationalprivatrechtliche Vorfrage in der sozialgerichtlichen Praxis im Widerstreit zwischen internationalprivatrechtlicher und sozialrechtlicher Betrachtungsweise, dargestellt am Beispiel der Witwenrentenfälle, Die Rentenversicherung 1979, 125–130; *Neumayer*, Zur Vorfrage im IPR, Fschr. Aubin 1979, 93–106; *Stoll*, Deliktstatut und Tatbestandswirkung ausländischen Rechts, Fschr. Lipstein 1980, 259–277; *von Mangoldt*, Effektive Staatsangehörigkeit bei familienrechtlichen Vorfragen des deutschen Staatsangehörigkeitsrechts?, JZ 1984, 821–828; *Jaffey*, The Incidental Question and Capacity to Remarry, Mod. L.Rev. 48 (1985), 465–471; *Keller/Siehr* 507–515; *Kokkini-Iatridou/Frohn*, WPNR 1987, 371–375, 387–390, 413–415; *Schurig*, Die Struktur des kollisionsrechtlichen Vorfragenproblems, Fschr. Kegel 1987, 549–598; *Wengler*, The Law Applicable to Preliminary (Incidental) Questions, IECL III/7, 1987; *Winkler von Mohrenfels*, Kollisionsrechtliche Vorfrage und materielles Recht, RabelsZ 51 (1987), 20–34; *Samtleben*, Zur kollisionsrechtlichen „Vorfrage" im öffentlichen Recht, RabelsZ 52 (1988), 466–497; *Lomnicka*, Interpreting the lex fori's Statutes in a Conflict of Law Problem, Int.Comp. L. Q. 39 (1990), 914–918; *Sturm*, Selbständige und unselbständige Anknüpfung im deutschen IPR beim Vor- und Familiennamen (Ehenamen), StAZ 1990, 350–356; *Agostini*, Les questions préalables en droit international privé, in: Droit International et Droit Communautaire, Paris 1991, 25–31; *Henrich*, Die Anknüpfung von Vorfragen im IPR, Hogaku Shimpo (The Chuo Law Review) 98 (1991) No. 1*2, S. 35–50; *von Sachsen-Gessaphe*, Familienname und Legitimation eines spanischen Kindes, IPRax 1991, 107–111; *Wengler*, Überfragte Vorfrage, IPRax 1991, 105–107; *Wengler*, Kollisionsrechtliche Vorfragen im katholischen Kirchenrecht, ZfRV 1991, 26–28; *Basedow*, Qualifikation, Vorfrage und Anpassung im Internationalen Zivilverfahrensrecht, in: Materielles Recht und Prozeßrecht und die Auswirkungen der Unterscheidung im Recht der Internationalen Zwangsvollstreckung, 1992, 131–156 (145–151); *Ollick*, Das kollisionsrechtliche Vorfragenproblem und die Bedeutung des ordre public unter besonderer Berücksichtigung der deutschen Rechtsprechung zum internationalen Familienrecht, Diss. Köln 1992; *T. S. Schmidt*, The Incidental Question in Private International Law, Rec. 1992 II, 305–415; *Kohler*, Zum Kollisionsrecht internationaler Organisationen: Familienrechtliche Vorfragen im europäischen Beamtenrecht, IPRax 1994, 416–420; *Mäsch*, Renvoi und Vorfragenanknüpfung im internationalen Vertragsrecht: Der OGH stellt die Weichen falsch, IPRax 1997, 442–449; *Mottl*, Zur Vorfrage nach der Wirksamkeit einer Auslandsadoption, IPRax 1997,

210–217; *Schuz*, A Modern Approach to the Incidental Question, London 1997; *Henrich*, Die Wirksamkeit der Adoption als Vorfrage für die Namensführung des Adoptierten, IPRax 1998, 96 f.; *Lindemann*, Widersprüche in Art 10 EGBGB. Die widersprüchliche Verflechtung von Personalstatut, Rechtswahl und Vorfragen im internationalen Namensrecht des Kindes einer verheirateten Frau, Diss. Mainz 1998 (nz).

I. Begriff

1. Rechtsfolge im Tatbestand einer Sachnorm

Der Deutsche A und die Staatenlose (früher Deutsche) B heirateten 1911 in Deutschland und zogen nach den USA. Später kehrte A zurück und klagte auf Ehenichtigkeit wegen Bigamie der B. Denn B hatte 1893 oder 1900 in New York mit N wie in einer Ehe gelebt. N hatte seinerseits 1887 als Deutscher die Deutsche E in Deutschland geheiratet und war 1893 in die USA gezogen. LG Tübingen JW 1934, 2802 = IPRspr. 1934 Nr. 57 gab der Klage statt.

Die Gültigkeit der Ehe A–B war gemäß Art. 11 a.F. EGBGB und gemäß Art. 13 I 1 a.F. in Verbindung mit Art. 29 (Erstfassung) in vollem Umfang nach deutschem Recht zu beurteilen (nach den heute geltenden Art. 11 I, 13 I, 5 II läge es ebenso, falls sich B bei Heirat gewöhnlich in Deutschland aufgehalten hätte). Im deutschen Recht bestimmte § 1326 a.F. BGB (wie später § 20 I a.F. EheG, jetzt ersetzt durch *Aufhebbarkeit* nach § 1314 I mit § 1306 BGB), daß eine Ehe „nichtig" war, „wenn einer der Ehegatten zur Zeit der Eheschließung mit einem Dritten in einer gültigen Ehe lebte". Also war über die Gültigkeit der Ehe B–N zu entscheiden. Die Form dieser Ehe beurteilte das LG gemäß Art. 11 I 2 a.F. EGBGB (Ortsform genügt) nach New Yorker Recht. In New York war damals die formlose *common-law*-Ehe erlaubt. Die Ehe B–N war also formgültig. Die sachlichen Voraussetzungen der Ehe beurteilte das LG gemäß Art. 13 I 1 a.F. EGBGB nach deutschem Recht; denn B und N waren zur Zeit ihres Zusammenlebens noch Deutsche. Folglich galt wiederum § 1326 a.F. BGB. N war mit E verheiratet. Von der Gültigkeit dieser Ehe geht das LG stillschweigend aus. Folglich war die Ehe N–B wegen Bigamie nichtig. Doch war sie nach § 1329 a.F. BGB (später § 23 a.F. EheG; jetzt ist überhaupt nur noch Aufhebung vorgesehen) als gültig zu behandeln, solange sie nicht für nichtig erklärt war. Mithin war A's Klage auf Nichtigkeit seiner Ehe mit B begründet.

Kritik: Wenn die Ehe B–N in das Jahr 1893 fiel (was das Urteil offen läßt), waren früheres IPR, und, soweit danach deutsches Recht galt, auch früheres materielles Recht anzuwenden. Siehe für das materielle Recht Art. 198 EGBGB und für das IPR oben S. 39–41. Die Ehe N–E unterlag sicherlich früherem IPR und, wenn danach (wie anzunehmen) deutsches Recht galt, auch früherem materiellen Recht. Doch soll von dieser intertemporalen Seite des Falles hier und im folgenden der Einfachheit wegen abgesehen werden. Man denke sich den Fall so, als sei die Ehe B–N und auch die Ehe N–E nach 1900 geschlossen worden. Auch soll unterstellt werden, daß das Gericht die Voraussetzungen einer *common-law*-Ehe mit Recht bejahte.

Dieser Fall hat folgende Struktur: Nach unserem IPR (hier: Art. 13 a.F. mit Art. 29 [Erstfassung] EGBGB) ist eine Sachnorm aus einem bestimmten materiellen Privatrecht anzuwenden (hier: aus dem deutschen Recht § 1326 a.F. BGB auf die Ehe A–B). Im Tatbestand der Sachnorm erscheint eine Rechtsfolge (hier: gültige Ehe mit einem Dritten). Diese Rechtsfolge würde, wenn über sie allein zu entscheiden wäre, nach unserem IPR ganz oder teilweise einem anderen materiellen Privatrecht unterliegen (hier: die Ehe B–N würde hinsichtlich ihrer Form nach Art. 11 I 2 a.F. EGBGB dem New Yorker Recht unterliegen). Bleibt es dabei auch dann, wenn über die Rechtsfolge (hier: Ehe mit einem Dritten) nicht allein, sondern als Tatbestand einer weiteren Rechtsfolge zu entscheiden ist, die einem anderen materiellen Privatrecht unterliegt (hier: dem deutschen, nämlich § 1326 a.F. BGB)?

Im Beispielsfall entscheidet über die Gültigkeit der Ehe A–B allerdings deutsches Recht (§ 1326 a.F. BGB). Würde jedoch französisches Recht entscheiden, so könnte das französische IPR französisches materielles Recht oder das materielle Recht eines anderen Staates berufen, in dem die bigamische Ehe ebenfalls nichtig ist (solche Verweisung des französischen IPR wäre für uns beachtlich, näher unten § 10), und es könnte die Gültigkeit der Ehe B–N einem anderen Recht unterstellen als unser IPR für den Fall, daß über die Gültigkeit der Ehe B–N allein und nicht als Tatbestand der Gültigkeit der Ehe A–B zu entscheiden wäre.

2. Rechtsfolge im Tatbestand einer Kollisionsnorm

Eine Rechtsfolge des materiellen Rechts kann nicht nur im Tatbestand einer (in- oder ausländischen) Sachnorm erscheinen, sondern auch im Tatbestand einer (in- oder ausländischen) *Kollisionsnorm*.

Beispiel: Griechisch-orthodoxe Griechen heiraten im August 1962 vor einem Pfarrer ihrer Kirche in Deutschland. Im Oktober 1963 wird ihnen eine Tochter geboren. Im November 1963 heiraten sie vor einem deutschen Standesbeamten. Ist die Tocher ehelich oder nichtehelich geboren? BGHZ 43, 213 sagt: nichtehelich.

Nach Art. 18 I a.F. EGBGB, der als allseitige Kollisionsnorm verstanden wurde, unterlag „die eheliche Abstammung" dem Heimatrecht des Muttergatten, hier also griechischem Recht (nach der IPR-Neuregelung von 1986 war es genauso, da beide Eltern Griechen waren: Art. 19 I 1 mit Art. 14 I Nr. 1 a.F. EGBGB; heute geht es in Art. 19 n.F. nur noch um die „Abstammung", für die man primär auf den gewöhnlichen Aufenthalt des Kindes abstellt, mit einem ganzen Bukett von Zusatzanknüpfungen, im übrigen handelt es sich um die „Wirkungen" nach Art. 21).

Zum Tatbestand des Art. 18 I a.F. (einer Kollisionsnorm des deutschen IPR) gehörte, daß die Mutter bei oder vor Geburt des Kindes verheiratet war (Rechtsfolge des materiellen Rechts). Denn es ging bei der ehelichen Abstammung um eine Folge der Ehe der Mutter. Mit der Ehelichkeit aus anderen Gründen, z.B. durch Legitimation oder Adoption, befaßte sich Art. 18 I a.F. nicht.

War die griechische Mutter bei Geburt der Tochter verheiratet?

Gehen wir vom *deutschen* IPR aus, dann ergibt sich: Nach Art. 13 III a.F. (13 III 1 n.F.) EGBGB kann in Deutschland nur in deutscher Form geheiratet werden (vom früheren § 15a EheG, jetzt Art. 13 III 2 EGBGB einmal abgesehen). Nach § 11 I a.F. EheG (jetzt § 1310 BGB) muß man vor dem Standesbeamten heiraten, sonst ist die Ehe Nichtehe. Also war die Mutter bei Geburt der Tochter unverheiratet und ihre Tochter ist nichtehelich geboren.

Gehen wir vom *griechischen* IPR aus, dann ergibt sich: Nach Art. 11 des griechischen ZGB ist ein Rechtsgeschäft formgültig, wenn die Form dem Recht, das für seinen Inhalt maßgibt, oder dem Recht des Abschlußorts genügt (insoweit wie nach Art. 11 I EGBGB) oder wenn die Form dem Heimatrecht aller Beteiligten entspricht. Danach reichte hier die Form des griechischen Rechts; denn die Verlobten waren Griechen. Nach Art. 1367 I 1 a.F. ZGB mußten Griechisch-Orthodoxe durch einen Pfarrer ihrer Kirche getraut werden, sonst war die Ehe Nichtehe (seit 1982 ist ihnen standesamtliche Heirat erlaubt). Jedoch zählten die Griechen die geistliche Trauung zu den *sachlichen* Voraussetzungen der Ehe. Die sachlichen Voraussetzungen unterliegen nach Art. 13 ZGB (wie nach Art. 13 I EGBGB) den Heimatrechten der Verlobten, hier also ebenfalls griechischem Recht. Die geistliche Trauung war daher nicht nur erlaubt, sondern geboten. Sie hatte stattgefunden. Vom griechischen Standpunkt war also die Mutter bei Geburt der Tochter verheiratet und ist die Tochter ehelich geboren.

3. Problem

Allgemein kann man fragen: **Unterliegt eine Rechtsfolge des materiellen Rechts, die im Tatbetand einer in- oder ausländischen Sach- oder Kollisionsnorm erscheint, der Regel, die unser IPR für sie aufstellt?** Oder ist jedenfalls dann, wenn die Rechtsfolge in einer *ausländischen* Sach- oder Kollisionsnorm erscheint, ausländisches IPR maßgebend?

Man spricht hier vom Problem der **„Vorfrage“**. Der Name kommt daher: Die Rechtsfolge, über die zu entscheiden ist („Hauptfrage“: in unserem ersten Fall die Gültigkeit der Ehe A–B, in unserem zweiten Fall die Anwendbarkeit einer Kollisionsnorm über die Ehelichkeit der Tochter), hängt aufgrund des Tatbestands einer Sach- oder Kollisionsnorm davon ab, ob eine andere Rechtsfolge gegeben ist. Sie muß zuerst geprüft werden („Vorfrage“), damit man in der „Hauptfrage“ zu einem Ergebnis kommt. In unserem ersten Fall hing die Gültigkeit der Ehe A–B ab von der Gültigkeit der Ehe B–N; diese ist „Vorfrage" (die Gültigkeit der Ehe B–N hängt wiederum ab von der Gültigkeit der Ehe N–E, diese ist hierfür „Vorfrage auf zweiter Stufe"). Im zweiten Fall hing die Anwendbarkeit der Kollisionsnorm für die Ehelichkeit der Tochter ab von der Gültigkeit der Ehe der Eltern, diese ist insoweit Vorfrage.

II. Lösungen

1. Regel

Sicher ist: die **Rechtsfolge im Tatbestand einer Sachnorm ist nicht** deswegen, weil sie im Tatbestand der Sachnorm erscheint, **demselben materiellen Privatrecht zu entnehmen, dem die Sachnorm angehört**. Im oben geschilderten Bigamiefall war auf die Gültigkeit der Ehe A–B deutsches materielles Privatrecht und aus ihm § 1326 a.F. BGB anzuwenden. Ob aber die B, als sie den A heiratete, mit N verheiratet war und deswegen die Ehe A–B nach § 1326 a.F. BGB nichtig war, war nicht einfach ebenfalls dem deutschen materiellen Privatrecht zu entnehmen und wurde vom LG unter Einschaltung des deutschen IPR entschieden: auf die sachlichen Voraussetzungen der Ehe B–N wurde deutsches materielles Privatrecht, auf die Form aber New Yorker materielles Privatrecht angewandt.

Das gilt freilich nur, wenn es sich um eine Rechtsfolge mit **eigener internationalprivatrechtlicher Relevanz** handelt, für die also eine eigene Kollisionsnorm existiert und die kollisionsrechtlich **nicht nur Teil einer einheitlich anzuknüpfenden Rechtsfrage** ist. Dies ist eindeutig zu bejahen, soweit gesetzliche Kollisionsnormen hierfür vorgesehen sind (z.B. Art. 7 EGBGB für die Rechts- und Geschäftsfähigkeit, Art. 11 EGBGB für die Form von Rechtsgeschäften). Wo dies nicht der Fall ist, können Zweifel aufkommen. Entscheidend dürfte sein, ob die Rechtsfolge, um die es geht, auch in bezug auf andere Fragen eine gewisse Eigenständigkeit entwickelt hat, dann handelt es sich um eine eigene kollisionsrechtliche Vorfrage, sonst nur um einen unselbständigen Teil der Hauptfrage, der demselben Statut gehorcht. Deliktsfähigkeit im Rahmen des Deliktsstatuts, Erb- und Testierfähigkeit, erbberechtigender Verwandtschaftsgrad (mit Ausnahme der Kindschaft) im Rahmen des Erbstatuts, Ehefähigkeit, Ehehindernisse vermittelnde Verwandtschaftsverhältnisse im Rahmen des Ehestatuts sind alles keine kollisionsrechtlich eigenständigen Fragen und daher auch nicht Bestandteil der Vorfragenproblematik. Mitunter ist die Einordnung umstritten, so für die Kaufmannseigenschaft (sie sollte als Bestandteil der jeweiligen Haftungs- oder Formfrage angesehen werden), für die Geschlechtszugehörigkeit (sie sollte zum Eheschließungsstatut gezählt werden, denn nur dort kommt es entscheidend auf sie an), früher auch für die Abstammung, als sie noch als rein biologisches Faktum behandelt wurde, jetzt klargestellt durch Art. 19 n.F. (vorher Art. 20 a.F.) EGBGB. Zum ganzen näher *Schurig*, Fschr. Kegel 1987, 549, 564–566.

Umstritten ist jedoch, **welchen Staates IPR** die Rechtsordnung bestimmt, deren Sätze über die Rechtsfolge im Tatbestand einer Sach- oder Kollisionsnorm befinden. Angenommen, im obigen Bigamiefall hätte die Ehe A–B in sachlicher Hinsicht gem. Art. 13 I 1 a.F. EGBGB dem New Yorker Recht unterlegen: wäre dann über die Gültigkeit der Ehe B–N nach New Yorker IPR oder nach deutschem IPR zu entscheiden gewesen? Ist in unserem Ehelichkeitsfall über die Gültigkeit der Ehe der Eltern nach griechischem oder nach deutschem IPR zu entscheiden? Allgemein ausgedrückt: Entscheidet über die Vorfrage das **eigene IPR**, so als ob die Frage „isoliert" zu beantworten wäre? Die Abhängigkeit zwischen Haupt- und Vorfrage bleibt dann unerheblich; man spricht von einer **selbständigen Vorfragenanknüpfung**. Oder haben wir unser IPR beiseite zu schieben und die Lösung zu suchen im **IPR des Staates, dessen Recht die Hauptfrage beherrscht?** Dann entscheidet die Verweisung auf das für die Hauptfrage maßgebliche Recht zugleich über das IPR für die Vorfrage; welches IPR gilt, ist *abhängig* von der Hauptfrage. Wir haben es zu tun mit einer *unselbständigen* oder (besser) **abhängigen Vorfragenanknüpfung.**

Erscheint die Rechtsfolge im Tatbestand einer *deutschen* Sachnorm (oder Kollisionsnorm), haben wir es zwar auch mit einer Vorfrage zu tun, aber *nicht mit dem Vorfragenproblem*. Denn wenn man *selbständig* anknüpft, setzt man sowieso beim deutschen IPR an, wenn man *abhängig* (unselbständig) anknüpft ebenso, und zwar deswegen, weil die Hauptfrage deutschem Recht unterliegt (so im oben geschilderten Bigamiefall).

Ebenso kann man die Entscheidung des Vorfragenproblems dann *offen lassen*, wenn sowohl das deutsche IPR wie auch das IPR des Rechts, das die Hauptfrage beherrscht, im Ergebnis *auf dieselbe Rechtsordnung* verweisen (vgl. dazu *Dicey/Morris*, Conflicts of Laws[12], 1993, 48 f.). Ist das nicht der Fall, muß man sich entscheiden:

Die frühere Lehre beurteilte Vorfragen stets und ohne weitere Diskussion nach dem eigenen IPR.

Daß nach dem IPR der (noch nicht so genannten) Hauptfrage etwas anderes herauskommen kann, wurde gesehen, aber die Anwendung dieses Kollisionsrechts nicht ernsthaft erwogen (näher *Schurig*, Die Struktur des kollisionsrechtlichen Vorfragenproblems, Fschr. Kegel 1987, 549, 552 f.). 1932 verfiel als erster *Melchior* auf den Gedanken, man müsse bei Vorfragen „grundsätzlich" das IPR des Hauptfragenstatuts anwenden, und 1934 folgte *Wengler* (der die „Entdeckung" gleichwohl für sich reklamierte) mit einer umfangreichen und tiefgründigen Abhandlung (Die Vorfrage im Kollisionsrecht, RabelsZ 8 [1934], 148, insbes. 188–251), die trotz (wegen?) ihrer streckenweise entmutigenden Kompliziertheit die Diskussion international entfachte.

Seitdem ist das wissenschaftliche Lager gespalten. In der **Lehre** herrschte die selbständige Vorfragenanknüpfung (nach dem eigenen IPR) vor, aber die Gegenmeinung, die *abhängig* vom Hauptfragenstatut („unselbständig") anknüpfen will, hat immer mehr Anhänger gefunden (näher *Schurig*, Fschr. Kegel 1987, 550 f., 554 f.). Freilich wird dieser Grundsatz fast nie durchgehend verfochten, er wird durch mehr oder weniger zahlreiche von Autor zu Autor wechselnde Ausnahmen wieder durchlöchert (näher *Schurig*, aaO. 550 f., 554 f., 581–585). Deswegen gewinnt eine dritte Richtung (beginnend mit *Gamillscheg*, RabelsZ 27 [1962/63], 587 f.) an Einfluß: Sie will das Vorfragenproblem („selbständige" oder „abhängige" Anknüpfung) überhaupt nicht grundsätzlich entscheiden, sondern sich je nach Lage des Falles mal dieser, mal jener Lösung bedienen. Kriterium soll der Schwerpunkt des jeweiligen Lebensverhältnisses, seine stärkere „Inlands"- oder „Auslandsbeziehung" sein. Die **Rechtsprechung** läßt sich auf Grundlagendiskussionen kaum ein, knüpft Vorfragen wohl regelmäßig selbständig an, bedient sich aber bei Bedarf auch bei den Ergebnissen der anderen Meinung.

Vgl. BGHZ 43, 213 (218–220) = JZ 1959, 531 mit ablehnender Anm. von *Wengler* (in dem oben dargestellten Ehelichkeitsfall); BGH DNotZ 1969, 300 = WM 1968, 1170 (1172); BGHZ 69, 387 (389); BGH JZ 1978, 476 (477) mit Anm. von *Kühne* = NJW 1978, 1107 mit Anm. von *Jochem*; BGHZ 73, 370 = FamRZ 1979, 467 mit Anm. von *Heldrich* 1006; BGHZ 78, 288 (289); OLG Hamm FamRZ 1982, 166 (167) mit Anm. von *Rau*; OLG Koblenz VersR 1987, 1088; OLG Koblenz IPRax 1996, 278 mit Anm. von *Jayme* (Vorfrage des Bestehens einer Ehe für erneute Eheschließung nach Art. 13 I, aber Wirksamkeit der Scheidung zu Unrecht aus der Sicht dieses Rechts beurteilt); BayObLG FamRZ 1997, 959 = ZfJ 1997, 290; OLG Zweibrücken NJW-RR 1997, 1227. – Dagegen OLG Hamm FamRZ 1993, 607 mit Anm. von *Haas* = MittRhNotK 1992, 280, 282: Umstände des Einzelfalls. – Für abhängige Anknüpfung bei Art. 13 I a.F. EGBGB der BGH in bestimmten Fällen („Spanierheirat") sowie zeitweise OLG München IPRax 1988, 354 mit abl. Aufsatz von *Winkler von Mohrenfels* 341–343 und mit zust. Aufsatz von *R.* und *V. Hausmann*, JahrbItR 2 (1989), 17–33 (unten S. 689). Vgl. auch unten S. 332. – Zum internationalen Streitstand z.B. *Batiffol/Lagarde*, Droit international privé I[8], 1993, 510–512. In Frankreich knüpft Cass. (1re Ch. civ.) JDI (Clunet) 1986, 1025 mit Anm. von *Sinay-Cytermann* = Rev.crit.dr.i.p. 1988, 302 mit Anm. von *Bischoff* die Vorfrage der Ehe bei der gesetzlichen Erbfolge des überlebenden Gatten selbständig an (der Fall betraf freilich ein französisches Scheidungsurteil.

Die Lehre von der *abhängigen („unselbständigen") Vorfragenanknüpfung* dient vor allem dem *Interesse am äußeren Entscheidungseinklang.* In ihm sieht sie das überragende, wenn nicht einzige Ziel des internationalen Privatrechts. In der Hauptfrage soll insgesamt dasselbe *Ergebnis* erreicht werden, wie wenn in dem Staat entschieden würde, dessen Recht für die Hauptfrage berufen ist. Angestrebt wird damit auch (wie bei Rück- und Weiterverweisung, unten S. 343f., 349f.) eine „reale" Entscheidung (oben S. 126f.). Als weiteres Argument wird vorgebracht, das IPR des die Hauptfrage beherrschenden Rechts stünde dieser Frage (regelmäßig oder stets) „näher" als unser IPR. Manche berufen sich auch auf Gründe *systematisch-dogmatischer*, sogar *logischer* Natur (genauer *Schurig*, Fschr. Kegel 1987, 556–558, 573–577).

Gegen diese Lehre spricht zunächst, daß sie dazu auffordert, positiv vorhandene Kollisionsnormen des geltenden Rechts zu ignorieren. Denn sie muß Kollisionsnormen schaffen (Kollisionsgrundnormen, unten S. 339), die auf das IPR des die Hauptfrage beherrschenden Rechts verweisen, z.B. für die Gültigkeit einer Ehe auf das IPR im Heimatrecht eines Erblassers, wenn die Hauptfrage einen Erbfall betrifft. Art. 13 I EGBGB verweist aber insoweit auf das IPR (unten § 10) der Heimatrechte der Eheschließenden! Nichts spricht dafür, daß die deutschen Kollisionsnormen nur angewandt werden sollten, wenn sie eine „Hauptfrage" oder eine Vorfrage im deutschen Sachrecht betreffen. Die von Art. 7 EGBGB geregelte Geschäftsfähigkeit z.B. kommt als Hauptfrage praktisch nicht vor.

Für ein solches Abweichen vom geltenden Recht müßten gravierende Gründe existieren (oben S. 125, 270f.). Das Interesse am äußeren Ent-scheidungseinklang *allein* kann dafür nicht ausreichen, es ist nur eines in einem Strauß von IPR-Interessen. Vor allem muß man es abwägen gegenüber dem Interesse am *inneren* Entscheidungseinklang, ein Ordnungsinteresse, das die Glaubwürdigkeit der Rechtsordnung berührt.

So hat z.B. die Gültigkeit einer Ehe besonders viele Rechtsfolgen: persönliche Ehewirkungen, Ehegüterrecht, Scheidung, Abstammungsvermutung und Rechtsstellung der Kinder (früher und im Ausland: eheliche Kindschaft, Legitimation durch nachfolgende Ehe), gesetzliches Erbrecht usw. Für alle diese Folgen, wenn sie als „Hauptfrage" auftreten, gelten möglicherweise verschiedene Rechtsordnungen. Würde nun die Vorfrage nach der Ehegültigkeit jeweils dem IPR der Hauptfrage unterworfen, so würde bei Unterschieden zum deutschen IPR die Ehe bald bestehen, bald nicht bestehen: z.B. für Ehegüterrecht ja, für persönliche Ehewirkungen nein; für eheliche Kindschaft ja, für gesetzliches Erbrecht des Kindes oder der Witwe nein. Die schlichte Frage, ob eine Ehe wirksam geschlossen wurde, könnte nur mit einer Gegenfrage beantwortet werden: „in welchem Zusammenhang?"

Daraus ergäbe sich ein *Normenwiderspruch eigener Art*. Für die bisher besprochenen Normenwidersprüche war kennzeichnend (oben S. 308–310): vom **selben** materiellprivatrechtlichen Gut (d.h. vom selben Gegenstand materiellprivatrechtlicher Interessen) wurde mehr oder weniger verteilt, als da war (logischer Widerspruch), oder das vorhandene Gut wurde anders verteilt, als beiden oder einem der anwendbaren materiellen Privatrechte entsprach (beiderseitiger oder einseitiger teleologischer Widerspruch). Jetzt hätten wir bei der Verteilung **benachbarter** Güter (wie persönliche Ehewirkungen und Ehegüterrecht) einen logischen Widerspruch: Je nachdem, ob die Gültigkeit der Ehe für sich allein betrachtet (d.h. als „Hauptfrage" nach Art. 13 mit Art. 11 EGBGB) zu bejahen oder zu verneinen wäre, hätten wir bei den Ehefolgen Normenmangel oder Normenhäufung: Normenmangel z.B., wenn trotz gültiger Ehe keine persönlichen Ehewirkungen einträten; Normenhäufung, wenn trotz ungültiger Ehe persönliche Ehewirkungen anzunehmen wären.

Der logische Widerspruch wird freilich mitunter abgestritten: Es werde z.B. nicht geleugnet, daß jemand das (eheliche) Kind einer Person sei, es werde nur gesagt, er könne sie nicht als solches beerben. Sophismen dieser Art haben das IPR allerdings in Verruf gebracht. Man mache einem Rechtsunterworfenen einmal klar, daß er (eheliches) Kind ist, aber als solches nicht erben darf, daß er unverheiratet ist, aber eine (Wieder-)Heirat gleichwohl gegen das Bigamieverbot verstößt. Theoretisch könnte man so eine Rechtsfrage auf den *nackten Status* reduzieren: Jemand ist verheiratet, ist Kind eines anderen, ist Eigentümer; doch ergeben sich daraus keinerlei Rechte. Der Status wird (jedenfalls) im Volk als eigentliche *Quelle* der Rechtswirkungen angesehen (nicht nur als juristische Hilfskonstruktion, die es erleichtert, die Tatbestände der einzelnen Rechtsfolgen zu umschreiben). Eine natürliche Betrachtungsweise ergibt, daß es bei der „Vorfrage" meist um die eigentliche Hauptsache geht und daß es sich bei den „Hauptfragen" meist nur um Inzidentwirkungen handelt. Näher *Schurig*, Fschr. Kegel 1987, 578–580.

Ein solches Ergebnis, das auf „juristische Schizophrenie" hinausläuft (*W. Goldschmidt*), widerspricht der Ordnungsaufgabe des Rechts. Das *Interesse am inneren Entscheidungseinklang* (oben S. 123–125) verbietet seine Annahme. Es wiegt schwerer als das am äußeren Entscheidungseinklang und auch an einer „realen" Entscheidung, denn das Ansehen der Rechtsordnung bei den Rechtsgenossen hängt von ihm ab. Das gilt nicht nur für die Ehe, sondern auch sonst. Man darf z.B. nicht das Bestehen der Hauptforderung nach dem Recht, das sie selbst beherrscht, bejahen, aber nach dem Recht, das die Bürgschaft beherrscht, verneinen oder umgekehrt; man darf nicht das Eigentum für eine *rei vindicatio* dem A und für einen Schadensersatzanspruch wegen deliktischer Sachbeschädigung dem B zusprechen. Die Vorfrage ist daher im Grundsatz **stets nach dem eigenen IPR** zu beurteilen, das heißt: **„selbständig"** anzuknüpfen.

Das ist das gewichtigste, aber bei weitem nicht das einzige Argument, das gegen die abhängige (unselbständige) Vorfragenanknüpfung spricht.

Schwächen hat bereits die scheinbar so einleuchtende Berufung auf den äußeren Entscheidungseinklang. Dieser kann nicht mit allen Staaten hergestellt werden, man muß *auswählen*. Daß die Übereinstimmung mit dem die Hauptfrage beherrschenden Recht wichtiger ist als die Übereinstimmung mit dem für die Rechtsfrage an sich vorgesehenen Recht, ist eine petitio principii.

Dasselbe gilt für das „Nähe"-Argument: Daß der Staat, dessen Recht für die Hauptfrage gilt, schon deshalb für die kollisionsrechtliche Entscheidung über die Vorfrage „zuständig" sein soll, während dem Forumstaat eine solche Entscheidungsbefugnis mangels „Nähe" schlechthin aberkannt wird, ist kaum einzusehen. Eine Entscheidung von Fall zu Fall hingegen opfert einer fragwürdigen Flexibilität jede Vorhersehbarkeit. Abgesehen davon ist in unserem Kollisionsrecht eine „freie" Wahl des anwendbaren IPR nicht vorgesehen; nur über die regulären Anknüpfungen führt der Weg zu einem fremden Kollisionsrecht (unten S. 338f.).

Daß das fremde Recht, statt an eine Rechtsfolge anzuknüpfen, die Voraussetzungen auch *selbst* hätte sachlich umschreiben *können*, ist ebenfalls kein ausreichendes Argument. Es hat es nicht getan, sondern einen Rechtsbegriff benutzt, dessen Ausfüllung es gerade dem anwendbaren Recht überlassen hat, der also noch „offen" ist (näher *Schurig*, Fschr. Kegel 1987, 570–573).

Die Lehre von der abhängigen Vorfragenanknüpfung stößt im übrigen auf kaum überwindliche **Anwendungsschwierigkeiten**. Eine gewisse Einheitlichkeit gibt es bei ihren Anhängern nur im Ansatz. Bei den stets für erforderlich gehaltenen

Ausnahmen ergibt sich ein völlig disparates Bild. Das gilt besonders für den Fall, daß die Rechtsfolge im fremden Sachrecht *schon in einer deutschen Kollisionsnorm* verwandt wird. Insoweit muß sie also nach deutschem IPR beurteilt werden; kann sie dann im Rahmen des fremden Sachrechts nochmals nach *dortigem* IPR angeknüpft und eventuell anders entschieden werden? Überwiegend verneint man das, bleibt bei der Anknüpfung im deutschen IPR und spricht zur Unterscheidung von einer **Erstfrage** (ein Begriff, der überflüssig ist, wenn man regelmäßig selbständig anknüpft). Dies führt zu neuen Problemen: Wie stellt man bei *ungeschriebenen* Kollisionsnormen fest, ob sie bereits eine Rechtsfolge in ihrem Sachverhalt benutzen? Seit dem 1. 7. 1998 gibt es im deutschen IPR die Legitimation, die eheliche und nichteheliche Kindschaft nicht mehr. Sind damit die „Erstfragen" verschwunden? Kann der Gesetzgeber sie je nach Fassung der Kollisionsnorm entstehen und vergehen lassen?

Folgt man der Lehre von der abhängigen Vorfragenanknüpfung und hat man es mit *mehrstufigen* Vorfragen zu tun (oben S. 325), dann muß man nicht nur das IPR in der die Hauptfrage beherrschenden fremden Rechtsordnung anwenden, man muß auch feststellen, ob man *dort* Vorfragen ebenfalls abhängig oder aber nunmehr selbständig anknüpft (während man bei selbständiger Anknüpfung einfach wieder bei der deutschen Kollisionsnorm ansetzt). Angesichts der schon in *unserem* IPR bestehenden Unklarheit ist um diese Aufgabe niemand zu beneiden!

Schließlich kommt man auch in Konflikt mit dem Verfahrensrecht. Muß man nämlich z. B. bei der Beurteilung einer Ehe für eine Erbfolge vom IPR des Erbstatuts ausgehen, so kann immer noch „isoliert" auf Feststellung der Wirksamkeit oder Unwirksamkeit einer Ehe geklagt werden. Dann ist selbstverständlich Art. 13 EGBGB anzuwenden, mit möglicherweise entgegengesetztem Ergebnis. Die Folge wäre ein unwürdiger Wettlauf zum Gericht. Will man das vermeiden, so muß man die wichtigste Funktion des Verfahrensrechts opfern, die Befriedungsfunktion: Die Rechtskraftwirkung wird abhängig („relativ") gemacht vom jeweils in der Sache anzuwendenden Recht. Das ist zweckwidrig und ein zu hoher Preis für das bloße Festhalten an einem erdachten Prinzip.

Näher zum ganzen *Schurig*, Fschr. Kegel 1987, 573–591.

2. Ausnahmen

a) Staatsangehörigkeit

Ob jemand einem Staate angehört oder nicht, wird der Entscheidung dieses Staates überlassen. Hängen Erwerb oder Verlust der Staatsangehörigkeit von einer privatrechtlichen Rechtsfolge ab (z. B. von gültiger Heirat, von – ehelicher oder nichtehelicher – Abstammung, von Legitimation oder – selten – Adoption), so überläßt man auch diese Vorfrage dem Recht des betreffenden Staates. Man überläßt sie seinem IPR, knüpft sie also abhängig (unselbständig) an. Man will keinem fremden Staat gegen dessen Willen einen Angehörigen aufdrängen oder entziehen.

Selbst rechtskräftige deutsche oder von uns anerkannte ausländische Entscheidungen bleiben entgegen unserem *internationalen Verfahrensrecht*, wenn es um eine fremde Staatsangehörigkeit geht, außer Betracht, falls der fremde Staat sie nicht anerkennt (KG NJW-RR 1989, 644 = StAZ 1988, 325 mit zust. Anm. von *Hepting*).

Zwingend ist weder die Überweisung der Hauptfrage nach der Staatsangehörigkeit noch die Überweisung privatrechtlicher Vorfragen an das Recht des Staates, um dessen Angehörigkeit es geht (für selbständige Anknüpfung in der Tat *Zitelmann*, Internationales Privatrecht II, 1912, 837–843). Denn im IPR ist die Staatsangehörigkeit nicht Selbstzweck, sondern bloß ein Mittel, um im *Parteiinteresse* die Rechtsordnung zu bestimmen, mit der eine Person *besonders eng verbunden* ist. Das könnte man aber auch abweichend vom fremden Staatsangehörigkeitsrecht tun (*Wengler*, IPR 248 a. E.). Indessen ist die Anknüpfung an die Staatsangehörigkeit ohnehin formal und muß es sein im Ordnungsinteresse der Rechtssicherheit (unten S. 388–392). Die Staatsangehörigkeit schafft eine öffentlichrechtliche Zugehörigkeitsbeziehung zwischen Person und Staat; die privatkollisionsrechtlichen Interessen treten auch bezüglich der Vorfragen zurück. Entscheidet man anders als dieser Staat, dann handelt es sich in Wahrheit nicht mehr um die Staatsangehörigkeit. Um die Voraussetzungen selbst festzulegen, sollte man dann eine andere Anknüpfung (z. B. Wohnsitz oder gewöhnlichen Aufenthalt) wählen. Anders freilich, soweit fremdes Staatsangehörigkeitsrecht völkerrechtswidrig wäre oder sich allzu weit von den in unserem Staatsangehörigkeitsrecht geltenden Regeln entfernte (*Soergel/Kegel*[12] Art. 5 Rz. 4; *Neuner*, RabelsZ 8 [1934], 88 f., 119 f.).

Der *Regierungsenwurf* des IPR-Neuregelungsgesetzes von 1986 wollte in § 4 I Nr. 1 a. F. RuStAG, nach dem „das eheliche Kind" einer Deutschen durch seine Geburt Deutscher wird, vor dem Wort „eheliche" einschieben die Wörter *„nach dem Bürgerlichen Gesetzbuch"* (BT-Drucks. 10/504 S. 18). Er bekam wohl Angst vor der eigenen Courage, nachdem er in Art. 19 a. F. EGBGB für die Ehelichkeit drei Anknüpfungen alternativ geboten hat (nach Art. 19 n. F. sind es für die Abstammung jetzt deren vier). Darum ließ er im eigenen Staatsangehörigkeitsrecht nicht genügen, daß die Kinder nach eigenem IPR ehelich waren (Begründung aaO. S. 96). Es sollte also hier wirklich der Rechtsbegriff nicht „offen" (d. h. über das IPR ausfüllbar) eingesetzt werden, sondern „geschlossen", d. h. als Kürzel für die materielle deutsche Regel.

Der Bundesrat ist dem zu Recht nicht gefolgt (aaO. S. 102 f.), und die Bundesregierung hat nachgegeben (ebd. S. 108).

Dagegen ist unbedenklich, daß der Regierungsentwurf (aaO. S. 18; Zustimmung des Bundesrats 102 f.) und ihm folgend Art. 6 § 5 IPRG in § 6 RuStAG, nach dem das von einem Deutschen adoptierte minderjährige Kind Deutscher wird, an Stelle der Wörter „das minderjährige Kind" gesetzt haben *„das Kind, das im Zeitpunkt des Annahmeantrags das achtzehnte Lebensjahr noch nicht vollendet hat"*. Denn es steht dem Gesetzgeber frei, ob und wieweit er an die Kindesannahme den Erwerb der deutschen Staatsangehörigkeit knüpfen will, und er setzt sich nicht mit anderem eigenen Recht in Widerspruch.

b) Name

Verbreitet ist die Auffassung, beim Namen seien familienrechtliche Vorfragen – ähnlich wie bei der Staatsangehörigkeit – abhängig (unselbständig) anzuknüpfen.

Das beruht auf einer verfehlten öffentlichrechtlichen Sicht des Namens, der zwar in den öffentlichrechtlichen Personalpapieren erscheint, aber sich natürlich nicht darauf beschränkt. Anders als die Staatsangehörigkeit gehört der Name primär zum Privatrecht. Für die Wahlmöglichkeiten nach Art. 10 II und III EGBGB macht die abhängige Vorfragenanknüpfung von vornherein keinen Sinn, weil sie ohne Rücksicht darauf bestehen, ob der Heimatstaat sie anerkennt. Aber auch im Rahmen von Abs. 1 ist nicht einzusehen, warum jemand sollte als Ehegatte (IPR des Heimatrechts) einen Familiennamen mit einer Person führen dürfen, ohne mit ihr verheiratet zu sein (deutsches IPR), oder warum ein Kind den Namen einer Person nicht führen darf (IPR des Heimatrechts), von der es abstammt (deutsches IPR). Der BGH hat den richtigen Weg beschritten, indem er die Vorfrage des *Status* eines Kindes selbständig anknüpfte (BGH FamRZ 1986, 984 = IPRax 1987, 22 mit Aufs. von *Sturm* 1 = NJW 1986, 3022; allerdings unter Verkennung des Begriffs der „unselbständigen Vorfragenanknüpfung", denn die Hauptfrage war ohnehin nach deutschem Recht zu beurteilen). Bei anderen Statusfragen ist es nicht anders; *sämtliche* Vorfragen des Namensrechts sind selbständig anzuknüpfen (näher *Soergel/Schurig*[12] Art. 10 Rz. 87–89, ebenso *Hepting*, StAZ 1998, 133, 142 f.; vgl. aber auch unten S. 522 f. [*Kegel*]).

c) Unterhalt

Ob jemand Vater eines Kindes ist, wurde, solange dies im deutschen Recht als eine bloße biologische Tatsache galt, nach dem Recht des Staates beurteilt, dem die jeweilige Hauptfrage unterlag. Auch nach der materiellrechtlichen Übernahme des Anerkennungsprinzips fehlte zunächst eine Kollisionsnorm für die Abstammung (5. Aufl. S. 215 a. E.). Seit 1986 galten Art. 19 I, 20 I a. F. EGBGB, jetzt Art. 19. Damit war die kollisionsrechtliche Eigenständigkeit gesetzlich etabliert; die Vorfrage der Abstammung ist seitdem selbständig anzuknüpfen. Eine Ausnahme wird beim Unterhalt gemacht: Nach Art. 18 VI 1 EGBGB bestimmt das auf die Unterhaltspflicht anzuwendende Sachrecht auch, „von wem" Unterhalt verlangt werden kann. Damit sollte wohl die Statusvoraussetzung kraft Gesetzes zur bloßen Teilfrage des Unterhalts degradiert werden. Da Abs. VI aber nicht (wie Abs. I und III) von „Sachvorschriften", sondern nur von „Recht" spricht, ist gegebenenfalls eine (Teil-)Verweisung des IPR des Unterhaltsstatuts zu beachten; im Ergebnis ist das dasselbe wie eine abhängige (unselbständige) Vorfragenanknüpfung (etwas anders unten S. 765 f. [*Kegel*]).

d) Sozialversicherung

Familienbande, von denen Rentenansprüche des deutschen Sozialversicherungsrechts abhängen, vor allem Ansprüche auf Witwenrente, sind an sich ebenfalls nach dem Recht zu beurteilen, das nach deutschem IPR (z. B. gemäß Art. 13 EGBGB) für sie maßgibt. Ist dies ein ausländisches Recht, stellt sich die Frage der Gleichwertigkeit mit dem Status nach deutschem Recht (Substitution, oben S. 64 f.). § 34 SGB I (eingeführt durch Art. 6 § 6 IPR-Neuregelungsgesetz) drückt das so aus: „(1) Soweit Rechte und Pflichten nach diesem Gesetzbuch ein familienrechtliches Rechtsverhältnis voraussetzen, reicht ein Rechtsverhältnis, das gemäß Internationalem Privatrecht dem Recht eines anderen Staates unterliegt und nach diesem Recht besteht, nur aus, wenn es dem Rechtsverhältnis im Geltungsbereich dieses Gesetzbuchs entspricht. (2) Ansprüche mehrerer verwitweter Ehegatten auf Hinterbliebenenrente werden anteilig und endgültig aufgeteilt".

Führt deutsches IPR zu einer Nichtehe, ist die Voraussetzung an sich nicht gegeben. Jedoch wurde durch die Rechtsprechung das deutsche materielle Recht dahin erweitert, daß auch gewisse „faktische" Bande Rentenansprüche begründen oder ausschließen können (vgl. *Behn*, Die Rentenversicherung 1979, 125–130 mit Rspr. des BSG; siehe auch unten S. 695). BVerfGE 62, 323 = NJW 1983, 511 bejaht das auf Grund von Art. 6 I GG für Hinterbliebenenrente (meist Witwenrente) nach § 1264 RVO, wenn die Ehe nach dem auländischen Heimatrecht eines der Gatten gültig ist („hinkende" Ehe, vgl. oben S. 122). Hier geht es um eine rein sachrechtliche Berücksichtigung eines Auslandssachverhalts (oben S. 58–61); mit der Vorfragenproblematik hat dies nichts zu tun (vgl. auch *Schurig*, Fschr. Kegel 1987, 572 f.).

Beispiel: LSG Hamburg FamRZ 1986, 994: Zwangsarbeiter aus Polen heiraten im November 1945 vor polnischem Pfarrer in Bayern. 1949 wandern sie in die USA aus und werden Amerikaner. 1967 stirbt der Mann. Die Frau bezieht Witwenrente aus den USA. Sie verlangt auch Witwenrente aus der deutschen Rentenversicherung. Die dafür nötige Wartezeit von fünf Jahren ist durch Zwangsarbeit in Deutschland nicht ganz erreicht. Aber nach dem Sozialversicherungsabkommen mit den USA ist ab dessen Inkrafttreten am 1. 12. 1979 (BGBl. II 128) amerikanische Arbeitszeit hinzuzurechnen. Die Ehe ist zwar nach Art. 13 III a. F. (13 III 1 n. F.) EGBGB Nichtehe. Aber nach polnischem Recht ist sie gültig, desgleichen nach dem Recht der USA, weil der hier maßgebliche Einzelstaat Illinois auf Polen verweist. Ergebnis: Witwenrente ab 1. 12. 1979. – Zur Hinterbliebenenrente (jetzt: Witwen- oder Waisenrente) trotz Nichtehe ausführlich *Müller-Freienfels*, Sozialversicherungs-, Familien- und Internationalprivatrecht und das Bundesverfassungsgericht, Die „hinkende" englische Witwe und ihre deutsche Hinterbliebenenrente, 1984. – Zur Hinterbliebenenrente beider „Witwen" eines Bigamisten BSG FamRZ 1985, 384 mit Anm. von *Bosch* und eines Franzose gewordenen algerischen Moslems Cass. Rev.crit.dr.i.p. 1987, 374 mit Anm.

von *Courbe*. Zur Witwerrente eines polygam verheirateten Marokkaners beim Tod einer seiner beiden Ehefrauen SG Düsseldorf InfAuslR 1996, 127 (128: Doppelehe marokkanischen Rechts sei „als familienrechtliches Rechtsverhältnis zu bewerten ..., das in seinem Wesen einer deutschen Ehe jedenfalls im Hinblick auf den gegenseitig geschuldeten Unterhalt gem. § 1360 BGB entspricht"). Zur Trennung von Sozialversicherungsrecht und IPR bei der nichtehelichen Lebensgemeinschaft (vgl. unten § 20 III) in Frankreich: *P. L. (Paul Lagarde)*, Rev.crit.dr.i.p. 1984, 630. Vgl. auch oben S. 313. Weitere Nachweise *Soergel/Schurig*[12] Art. 13 Rz. 100 a.E.

e) Legitimation durch nachfolgende Ehe

In Anlehnung an BVerfGE 62, 323 = NJW 1983, 511 (oben d) hat man die Vorfrage formgültiger Heirat bei der Legitimation durch nachfolgende Ehe dem Legitimationsstatut unterstellt (Art. 22 a.F. EGBGB), wenn ausländische Eltern bei Kriegsende nur katholisch getraut worden waren: BayObLGZ 1990, 1 = IPRax 1991, 119 mit Aufsatz von *Wengler* 105–107 = StAZ 1990, 131 mit Anm. von *Hepting* und mit Anm. von *Bürgle* 227. Hier packt man besser das Übel an der Wurzel: man schränkt den rechtspolitisch verfehlten Art. 13 III a.F. ein und läßt das Personalstatut der Verlobten (Art. 13 I 2 a.F.) genügen.

f) Systemfremd eingesetzte Rechtsfolgen

Mitunter werden uns bekannte Rechtsbegriffe, für die wir eine eigene Kollisionsnorm haben, in einem ausländischen Sachrecht aus unserer Sicht in einem systemfremden Zusammenhang eingesetzt, so wenn ein wirksamer Kaufvertrag Voraussetzung des Eigentumsübergangs ist. Da beides in unserem Recht nicht in unmittelbarem Zusammenhang steht, ist unser innerer Entscheidungseinklang nicht gestört, wenn z.B. ein Kaufvertrag verneint, eine Eigentumsübertragung (nach Belegenheitsrecht, unten § 19 I, II) aber bejaht wird. So etwas ist im deutschen Recht gang und gäbe. Wenn wir hier selbständig anknüpfen, könnten wir bei einem nichtigen Kaufvertrag einen Bereicherungsanspruch auf Rückübertragung kaum begründen, weil aus unserer Sicht eine Übereignung gar nicht stattgefunden hat (während die Rechtsordnung vor Ort das anders sieht). Da aber der innere Einklang nicht berührt wird, erhält der äußere mehr Gewicht: Die Wirksamkeit des Kaufvertrages sollte (allein) für Zwecke der Beurteilung des sachenrechtlichen Übergangs nach dem IPR des Sachenrechtsstatuts angeknüpft werden. Näher *Schurig*, Fschr. Kegel 1987, 594–596 (mit weiteren Beispielen).

3. Rechtsfolgenbegriffe in der Rechtsfolge einer ausländischen Norm („Nachfrage")

Nicht nur im *Tatbestand* von Sach- und Kollisionsnormen wird auf Rechtsfolgen Bezug genommen, sondern auch in der *Rechtsfolge* von Sachnormen. Man kann dann von „Nachfrage" sprechen. Zum Beispiel erlangte nach § 1754 II a.F. BGB durch die Adoption seitens eines Unverheirateten das Kind „die rechtliche Stellung eines *ehelichen* Kindes des Annehmenden" (nunmehr erhält es die „Stellung eines Kindes"). Adoptiert jemand, der unverheiratet ist, dann gilt für die Adoption nach Art. 22 Satz 1 EGBGB unwandelbar sein Heimatrecht bei der Annahme; die eheliche Kindschaft zu einem Unverheirateten unterlag nach Art. 19 II 2 a.F. wandelbar dem Recht des Staates, in dem sich das Kind jeweils gewöhnlich aufhielt. War der Annehmende bei Annahme Engländer und galt im englischen materiellen Privatrecht eine dem § 1754 II a.F. BGB entsprechende Regel und wurde der Annehmende später Franzose, dann stellte sich die Frage, ob nach dem Staatswechsel für das Verhältnis zwischen Annehmendem und Kind englisches Adoptionsrecht (Art. 22 Satz 1) oder französisches Kindschaftsrecht (Art. 19 II 2 [gesetzt das Haager Abkommen über den Schutz Minderjähriger greift nicht ein]) galt. Normenwiderspruch wie bei der Vorfrage ist hier nicht im Spiel. Aber das Interesse, das dafür spricht, die eheliche Kindschaft wandelbar anzuknüpfen, nämlich ein Parteiinteresse an rechtlicher „Familieneinheit", spricht auch für wandelbare Anknüpfung der Adoptionsfolgen, soweit das für die Adoption maßgebende Recht keine Sonderregeln für das Adoptionsverhältnis ausgebildet hat, vielmehr das Adoptivkind völlig dem ehelichen gleichstellt. Die „Nachfrage" ist also hier (und grundsätzlich allgemein) selbständig anzuknüpfen. Vgl. *Soergel/Kegel*[12] vor Art. 3 Rz. 131 und Art. 19 (a.F.) Rz. 72–76 sowie unten S. 858 (erbrechtlich vorgesehene Einzelnachfolge).

§ 10. Rück- und Weiterverweisung

Schrifttum: *Potu*, La question du renvoi, Paris 1913; *Lewald*, La théorie du renvoi, Rec. 1929 IV, 515–620 und Règles générales, 1939, 47–66; *Melchior*, Grundlagen 192–245, 532–537; *Eckstein*, Die Frage des anzuwendenden Kollisionsrechts, RabelsZ 8 (1934), 121–147; *Mendelssohn-Bartholdy*, Renvoi in Modern English Law, Oxford 1937 (Neudruck Scientia Verlag Aalen 1977); *Griswold*, Renvoi Revisited, Harv. L. Rev. 51 (1938), 1165–1208 (abgedruckt auch in: *Culp*, Selected Readings on Conflic of Laws, 1956, 160–188); *Rabel* I[2] 75–90 und Int. L. Q. Rev. 4 (1951), 402–411; *Pagenstecher*, Der Grundsatz des Entscheidungseinklangs im IPR, ein Beitrag zur Lehre vom Renvoi, Abh. 1951 Nr. 5 der Akademie der Wissenschaften und Literatur Mainz, 353–420; *Dölle*, RabelsZ 17 (1952), 199–207; *Pagenstecher*, Wann hat der deutsche Richter eine Rückverweisung zu beachten?, NJW 1952, 801–804; *Briggs*, „Renvoi" in the Succession to Tangibles: A False Issue on Faulty Analysis, Yale L. J. 64 (1954), 195–220 (abgedruckt auch in: *Culp* aaO 189–196); *Wengler*, IntRDipl. 1 (1956), 56–74; *Maridakis*, Le renvoi en droit international privé, Rapport définitif, Annuaire de l'Institut de Droit International 1957 II 1–16 (Session d'Amsterdam); *Francescakis*, La théorie du renvoi, Paris 1958; *Inglis*, The Judicial Process in the Conflict of Laws, L. Q. Rev. 74 (1958), 493–516 (insbes. 493–503); *Miaja de la Muela*, Un caso de applicación del reenvío de primer grado en España, Rev. esp. der. int. 1958, 573–585; *Raape*, Die Rückverweisung im internationalen Schuldrecht, NJW 1959, 1013–1016; *Aubert*, Une revision du droit international privé; La „théorie du renvoi" de M. Francescakis, Schw. Jb.Int.R 1958 (erschienen 1959), 187–214; *di Vignano*, Note critiche su alcuni recenti saggi in tema di rinvio, Mailand 1960; *von Mehren*, The Renvoi and ist Relation to Various Approaches to the Choice-of-Law-Problem, Fschr. Yntema, Leyden 1961, 358–395; *Gündisch*, Internationale Zuständigkeit und versteckte Rückverweisung bei Adoptionen durch Amerikaner in Deutschland, FamRZ 1961, 352–358; *Wengler*, Rec. 1961 III, 375–397; *Kegel*, Die Grenze von Qualifikation und Renvoi im internationalen Verjährungsrecht, 1962; *Bronston*, Note, Mich. L. Rev. 61 (1962), 180–183 (betr. Renvoi im internationalen Deliktsrecht der USA); von *Overbeck*, *Renvoi* in the Institute of International Law, Am. J. Comp. L. 12 (1963), 544–548; *Louis-Lucas*, Vue simplifiée du „renvoi", Rev. crit. dr. i. p. 1964, 1–14; *Montero*, La contribución del professor Maridakis a la doctrina sobre el reenvío en derecho internacional privado, Fschr. Maridakis III, Athen 1964, 247–321; *Hanisch*, Die „versteckte" Rückverweisung im internationalen Familienrecht, NJW 1966, 2085–2092; *De Nova*, Il rinvio in Froland e Boullenois, Dir. Int. 1966, 361–368; *Sperduti*, A proposito del rinvio, Comunicazioni e Studi (des Instituto de driritto internazionale e straniero della Università di Milano) 1966, 677–687; *Hartwieg*, Der Renvoi im deutschen Internationalen Vertragsrecht, 1967; *Klaus Müller*, Zum Problem der Gesamtverweisung, in: Rechtsvergleichung und Rechtsvereinheitlichung, Fschr. zum fünfzigjährigen Bestehen des Instituts für ausländisches und internationales Privat- und Wirtschaftsrecht der Universität Heidelberg, 1967, 191–212; *De Nova*, Rec. 1966 II (erschienen 1968), 484–538; *Graveson*, Le renvoi dans le droit anglais actuel, Rev. crit. dr. i. p. 1968, 259–265; *Barioli*, La notion du renvoi en droit international privé suisse, Genf 1969; *Navarrete*, El reenvío en el derecho internacional privado, Santiago de Chile 1969 (bespr. von *Samtleben*, RabelsZ 38 [1974], 648–650); *Kelly*, Localising Rules and Differing Approaches to the Choice of Law Process, Int. Comp. L. Q. 18 (1969), 249–274; *Ferrer Correia*, La question du renvoi dans le nouveau code civil portugais, Fschr. Fragistas II, 1967, 337–368; *Ferrer Correia*, Estudos jurídidos III, Coimbra 1970, 99–240; *Jayme*, Zur „versteckten" Rück- und Weiterverweisung im IPR, ZfRV 1970, 253–269; *Réczei*, Renvoi, in: Hungarian Branch of the International Law Association, Questions of International Law 1970, Budapest 1971, 179–202; *Wunderlich*, Die „Versteckte Rückverweisung" im IPR, Fschr. Oskar Möhring 1973, 27–39; *Schnitzer*, Der Renvoi, SchwJZ 1973, 213–219; *Beitzke*, Zuständigkeitsverweisung und versteckte Rückverweisung in Adoptionssachen, RabelsZ 37 (1973), 380–393; *Milleker*, Der Negative Internationale Kompetenzkonflikt, 1975; *Beitzke*, Rück- und Weiterverweisung im internationalen Deliktsrecht?, Fschr. Wilburg 1975, 31–39; *Levontin*, Choice of Law and Conflict of Laws, Leyden 1976, 50–77; *Neuhaus*, Grundbegriffe 268–286; *Jayme*, Zur Qualifikationsverweisung im IPR, ZfRV 1976, 93–108; *Schwimann*, „Versteckte Rückverweisung" und Art. 27 EGBGB, NJW 1976, 1000–1004; *Schwimann*, Angloamerikanische Lex-fori-Regel als „versteckte Rückverweisung"?, Fschr. Bosch 1976, 909–917; *Lalive*, Rec. 1977 II, 266–279; *Jayme*, Rückverweisung durch im Ausland geltende Staatsverträge, Fschr. Beitzke 1979, 541–549; *Schurig* 73–77; *Jayme*, Zur Rückverweisung durch staatsvertragliche Kollisionsnormen, IPRax 1981, 17f.; *Dessauer*, Zum renvoi im internationalen Deliktsrecht, ZVglRWiss 81 (1982), 215–249; *von Overbeck*, Rec. 1982 III (erschienen 1983), 127–167; *Cigoj*, Il rinvio nel sistema jugoslavo di diritto internazionale privato, Riv. dir. int. priv. proc. 1983, 813–816; *Borrás Rodriguez*, Calificación, reenvío y orden público en el derecho interregional español, Bellaterra 1984, 55–68, 97f.; *Keller/Siehr* 461–487; *Schröder*, Vom Sinn der Verweisung im internationalen Schuldvertragsrecht, IPRax 1987, 90–92; *Stojanovič*, Rück- und Weiterverweisung im neuen jugoslawischen IPR, ZfRV 1987, 255–267; *Kühne*, Der Anwendungsbereich des Renvoi und Lichte der Entwicklung des IPR, FSchr. Ferid 1988, 251–267; *Kartzke*, Renvoi und Sinn der Verweisung, IPRax 1988, 8–13; *Rauscher*, Sachnormverweisungen aus dem Sinn der Verweisung, NJW 1988, 2151–2154; *Ebenroth/Eyles*, Der Renvoi nach der Novellierung des deutschen IPR, IPRax 1989, 1–12; *Jayme*, Kindesrecht und Rückverweisung im internationalen Adoptionsrecht, IPRax 1989, 157; *Iriarte Angel*, Doble reenvío y unidad de tratamiento de las succesiones, Rev. gen. der. 1989, 3561–3582; *Flessner*, Interessenjurisprudenz im IPR, 1990, 129–139 (Rückverweisung); *Lequette*, Le renvoi de qualifications, Fschr. Holleaux, Paris 1990, 249–262; *Lorenz*, Rückverweisung des italienischen internationalen Erbrechts auf die lex rei sitae bezüglich der Ausgestaltung der Erbengemeinschaft, IPRax 1990, 82 f.; *Lorenz*, Nachlaßspaltung im geltenden österreichischen IPR?, IPRax 1990, 206; *Sauveplanne*, IECL III/6 (Renvoi), 1990; *Schurig*, Erbstatut, Güterrechtsstatut, gespaltenes Vermögen und ein Pyrrhussieg, IPRax 1990, 389–393; *Kramer*, The Return of the Renvoi, N.Y.U.L.Rev. 66 (1991), 979–1044; *Droz*, Rec. 1991 IV (erschienen 1992), 306–322; *Graue*, Rück- und Weiterverweisung (renvoi) in den Haager Abkommen, RabelsZ 57 (1993), 26–62; *Schwind*, System- und Funktionsbegriffe im Erbrecht: Kein double renvoi im österreichischen IPR, IPRax 1993, 196; *Kono*, Double-Renvoi in Japan, IPRax 1993, 197–199; *Otte*, „Verfolgung ohne Ende" – ausländische Verjährungshemmung vor deutschen Gerichten, IPRax 1993, 209–215; *Barnich*, La technique du renvoi dans la matière de l'adoption internationale (Anm. zu Cass. 4. 11. 1993), TBBR 1994, 397–404; *Lurger*, Die Gesamtverweisung und das Günstigkeitsprinzip im österreichischen IPRG, ZfRV 1995, 178–188; *Marín López*, Las cuestiones generales de Derecho internacional privado en las recientes codificaciones europeas: el reenvío, Actualidad Civil 1995, 941–957 (nz); *Pérez Voituriez*, El reenvío en el Derecho internacional privado español: una interpretación actualizada, Rev.jur.not. 1995, 257–337; *Siehr*, Renvoi und wohlerworbene Rechte, Fschr. Heini, Zürich 1995, 407–428; *Bucher*, Le for de raisonnement, Fschr. Droz, Den Haag 1996, 41–50; *Migliorino*, La questione del rinvio e le soluzioni accolte nelle convenzioni internazionali, Riv.dir.int.priv.proc. 1996, 499–512; *Nordin*, Umfang der kollisionsrechtlichen Verweisung. Insbesondere: Art. 13 IPRG, Anwendung fremden Rechts, einschließlich fremder Teilrechtsordnungen und fremden Wirtschafts- und Staatsvertragsrechts, St. Gallen 1996 (insbes. S. 301–323); *Reichart*, Der Renvoi im schweizerischen IPR. Funktion und Bedeutung, Zürich 1996; *Damascelli*, Il rinvio „in ogni caso" a convenzioni internazionali nella nuova legge sul diritto internazionale privato, Riv.dir.int. 1997, 78–103; *Fumagalli*, Rinvio e unitá della successione nel nuovo diritto internazionale privato italiano, Riv.dir.int.priv.proc. 1997, 829–848; *Henrich*, Die Rück- und Weiterverweisung im Internationalen Privatrecht, vor allem bei der Namensführung in der standesamtlichen Praxis, StAZ 1997, 225–230; *Kapellmann*, Der „rinvio" im italienischen Internationalen Privatrecht – Hintergründe und Auswirkungen, ZfRV 1997, 177–183; *Mäsch*, Der Renvoi – Plädoyer für die Begrenzung einer überflüssigen Rechtsfigur, RabelsZ 61 (1997), 285–312; *Mäsch*, Renvoi und Vorfragenanknüpfung im internationalen Vertragsrecht: Der OGH stellt die Weichen falsch, IPRax 1997, 442–449; *Michaels*, Der Abbruch der Weiterverweisung im deutschen Internationalen Privatrecht, RabelsZ 61 (1997), 685–713; *Briggs*, In Praise and Defence of Renvoi, Int.Comp.L.Q. 47 (1998), 877–884; *Rodríguez Pineau*, Estates in Spain: Inheritance According to Spanish Conflict Rules – A Judgment of the Tribunal Supremo, IPRax 1998, 135–137; *K. Schmidt*, Die Sinnklausel der Rück- und Weiterverweisung im Internationalen Privatrecht nach Artikel 4 Absatz 1, Satz 1 EGBGB, 1998.

I. Begriffe

Angehörige der USA hatten 1911 in Chicago geheiratet. Der Mann hatte immer in St. Louis (Missouri) gelebt. Die Frau zog nach der Heirat zu ihm. 1921 wurden beide in Deutschland ansässig. Später erhob die Frau Klage, der Mann Widerklage auf Scheidung wegen Ehebruchs und anderer Verfehlungen. RGZ 136, 361 gelangte über Art. 17 I a.F. EGBGB, nach dem für die Scheidung das Heimatrecht des Mannes galt, zum Recht der USA und hier wiederum zum Recht des Staates Missouri. Nach dem IPR von Missouri galt für die Scheidung (der Feststellung des RG zufolge) das Recht am Wohnsitz des Mannes, hier also deutsches Recht. Diese Norm wandte das RG an auf Grund von Art. 27 a.F. EGBGB, der bestimmte:

„Sind nach dem Rechte eines fremden Staates, dessen Gesetze in dem Artikel 7 Abs. 1, dem Artikel 13 Abs. 1, dem Artikel 15 Abs. 2, dem Artikel 17 Abs. 1 und dem Artikel 25 für maßgebend erklärt sind, die deutschen Gesetze anzuwenden, so finden diese Gesetze Anwendung".

Aus dieser Vorschrift in Verbindung mit der Kollisionsnorm von Missouri schloß das RG, daß deutsches materielles Privatrecht anzuwenden sei, und nach diesem war die Ehe zu scheiden.

An die Stelle des Art. 27 a.F. ist 1986 Art. 4 I 1 getreten, der nun allgemein gefaßt ist: „Wird auf das Recht eines anderen Staates verwiesen, so ist auch dessen Internationales Privatrecht anzuwenden, sofern dies nicht dem Sinn der Verweisung widerspricht. ...".

Ist **nach deutschem IPR ausländisches Recht anzuwenden** und ist **nach dem ausländischen IPR deutsches Recht anzuwenden**, so spricht man von einer **Rückverweisung.**

Eine Rückverweisung wurde in Frankreich erstmals angenommen in dem berühmten Fall Forgo. Franz Xaver Forgo war ein Bayer, als nichteheliches Kind 1801 in seiner Heimat geboren. Als er fünf Jahre alt war, ging seine Mutter Anne-Marie Dischtle (oder Ditchl) mit ihm nach Frankreich, ehelichte einen Franzosen und wurde dadurch selbst Französin. Forgo blieb lebenslang in Frankreich, heiratete eine reiche Französin in Gütergemeinschaft, überlebte sie und starb 1869 in Pau. Er hinterließ kein Testament. Seitenverwandte der Mutter und der französische Fiskus (*Administration des Domaines*) stritten um den Fahrnisnachlaß, der in Frankreich lag. Die Verwandten beriefen sich auf bayerisches Recht, nach dem Seitenverwandte gesetzlich erbten (Codex Maximilianeus Bavaricus Civilis von 1756 Teil III Kap. 12 § 4). Der französische Fiskus berief sich auf französisches Recht, nach dem Seitenverwandte der Eltern das nichteheliche Kind nicht gesetzlich beerbten (c.civ. art. 766 a.F.). Der Fall kam über drei verschiedene Oberlandesgerichte dreimal an die Cour de Cassation (Civ. 5. 5. 1875, S. 75.1409; Civ. 24. 6. 1878, D. P. 79.1.56, S. 78.1429; Req. 22. 2. 1882, S. 82.1393 mit Anm. von *Labbé*). Der Kassationshof hielt bayerisches Recht für anwendbar und zwar in seiner letzten Entscheidung deswegen, weil Forgo Bayer geblieben und nicht Franzose geworden sei, in Frankreich auch keinen Wohnsitz gehabt habe. Wohnsitz in Frankreich wurde in der ersten und dritten Entscheidung verneint (trotz lebenslangen Aufenthalts in Frankreich), weil Forgo keine Wohnsitzgenehmigung der französischen Regierung (genauer: des Staatsoberhaupts) erhalten hatte.

In Bayern bestimmt der Codex in Teil I Kap. 2 § 17 Satz 2: „Dafern aber die Rechten, *Statuten* und Gewohnheiten in *loco Judicii, Delicti, Rei sitae, Contractûs* und *Domicilii* unterschiedlich seynd, so soll ... *in merè personalibus* auf die *Statuta in loco Domicilii*, und endlich *in realibus vel mixtis* auf die Rechten in *loco rei sitae* ohne Unterschied der Sachen, ob sie beweglich oder unbeweglich, cörperlich oder uncörperlich seynd, gesehen und erkennt werden."

Außerdem hieß es in Teil III Kap. 12 § 1: „Bey der natürlichen Erbfolg, welche denen nächsten Bluts-Befreunden des Verstorbenen in seinem hinterlassenem Vermögen unmittelbar durch das Gesetz selbst deferirt wird, ... 6to Ist in Entscheidung streitiger Erbschafts-Fällen *ab Intestato* niemal auf die *Statuta Loci*, wo der Erblasser stirbt, sondern wo die Erbschaft liegt, oder soviel die bloße *Personal*-Sprüch belangt, auf die *Statuta Loci*, wo der *Defunctus* sein *Domicilium* gehabt hat, zu sehen."

Der Kassationshof ließ in der zweiten und dritten Entscheidung offen, ob nach diesen Vorschriften Wohnsitz- oder Belegenheitsrecht galt; denn nach bayerischem (nicht nach französischem!) Recht hatte Forgo Wohnsitz in Frankreich und auch der Nachlaß lag dort. Die Rückverweisung wurde angenommen. Es siegte der Fiskus.

Während bei der *Rück*verweisung nach ausländischem IPR *deutsches* Recht gilt, spricht man von **Weiterverweisung**, wenn **nach deutschem IPR ausländisches Recht anzuwenden** ist und **nach dem ausländischen IPR das Recht eines dritten Staates entscheidet**. Rück- und Weiterverweisung zusammen nennt man **Renvoi** (Verweisung).

Eine *Weiterverweisung* wurde in Deutschland zuerst befolgt vom Oberappellationsgericht Lübeck Seufferts Archiv 14 (1861), 164. Die Gebrüder Krebs verlangten ihren Pflichtteil von der Witwe Rosalino. Nach dem in Lübeck geltenden gemeinrechtlichen IPR herrschte über die Erbfolge das Recht des letzten Wohnsitzes des Erblassers. Der Erblasser hatte nach Behauptung der Kläger zuletzt in Mainz gewohnt. In Mainz galt französisches Recht. Der Erblasser hatte keine Wohnsitzgenehmigung des Staatsoberhaupts erhalten, hatte daher nach Mainzer (französischem) Recht dort keinen Wohnsitz. Staatsangehörig war er in Frankfurt. Der Nachlaß bestand aus Mobilien. Als Regeln des französischen IPR für den Fahrnisnachlaß erwog das OAG Lübeck:

1. *lex rei sitae* (vereinzelte Mindermeinung);
2. letzte Staatsangehörigkeit des Erblassers, jedoch Gleichstellung eines ausländischen Erblassers mit einem Inländer, wenn er genehmigten Inlandswohnsitz hatte (früher vorherrschend): Ergebnis Frankfurter Recht;
3. letzter Wohnsitz des Erblassers mit Anerkennung auch des ungenehmigten Inlandswohnsitzes (im Vordringen): Ergebnis Mainzer Recht.

Gelte Regel 2, dann sei die Verweisung des Mainzer Rechts auf das Frankfurter Recht zu befolgen (daß in Frankfurt wie in Lübeck das gemeinrechtliche Wohnsitzprinzip galt, wird festgestellt, aber ohne Einfluß gelassen). Folglich komme es darauf an, ob im Gerichtsgebrauch von Rheinhessen Regel 2 (Frankfurter Recht) oder Regel 3 (Mainzer Recht) zur Geltung gelangt sei. Der von den Klägern berechnete Pflichtteil hänge ab von Regel 3. Daher müßten sie deren Geltung beweisen.

II. Sachnorm-Verweisung und IPR-Verweisung

Auf den ersten Blick scheinen die Kollisionsnormen unseres IPR *Sach*normen zur Anwendung zu berufen. Demgemäß wurden oben als Tatbestand dieser Kollisionsnormen und als Gegenstand der Anknüpfung bezeichnet: Sachverhalte, *Sachnormen* und Anknüpfungsmomente (oben § 6 II 1). In Wirklichkeit ist es komplizierter: es wird noch eine Verweisungsebene „dazwischengeschoben".

Nicht einmal, wenn vom IPR *eigenes* Recht berufen wird, sind notwendig Sachnormen berufen, nämlich dann, wenn das eigene Recht wiederum gespalten ist, sei es räumlich, personal oder auch zeitlich. Wenn nach Art. 7 I 1 EGBGB die Geschäftsfähigkeit eines Deutschen dem deutschen Recht unterliegt, so war vor der Wiedervereinigung am 3. 10. 1990 nicht ohne weiteres auf § 2 BGB verwiesen. Denn wir hatten in Deutschland nicht nur § 2 BGB, sondern in der DDR und Ost-Berlin § 49 ZGB. Art. 7 I 1 EGBGB verwies also, soweit er deutsches Recht berief, zunächst auf eine Kollisionsnorm des westdeutschen interlokalen Privatrechts, nach der es vom gewöhnlichen Aufenthalt einer Person abhing, ob ost- oder westdeutsches Geschäftsfähigkeitsrecht galt. Ähnlich ist es, wenn innerhalb eines Staates das Recht personal oder zeitlich gespalten ist, so daß besondere Kollisionsnormen diese Unterschiede überbrücken müssen (oben S. 36–45).

Wenn eine Kollisionsnorm des IPR *eigenes* Privatrecht beruft, verweist sie jedenfalls nicht auf sich selbst: die Geschäftsfähigkeit eines Deutschen ist auf Grund von Art. 7 I 1 EGBGB nicht abermals nach Art. 7 I 1 zu beurteilen. Vielmehr führt der nächste Schritt aus dem IPR hinaus, mag er nun ins interlokale Privatrecht oder in ein anderes Kollisionsrecht oder unmittelbar auf eine Sachnorm wie § 2 BGB führen.

Faßt man grob, aber praktisch meist ausreichend alles, was jenseits des IPR liegt (d.h. alles, was kommt, wenn das IPR seine Aufgabe erfüllt hat, den *Staat* zu bezeichnen, dessen Recht anzuwenden ist), als „Sachnormen" zusammen, so enthält jedenfalls die Berufung des *eigenen* Rechts durch das IPR eine **Sachnorm-Verweisung.**

Bei der Berufung *fremden* Rechts kann das anders sein. Sie kann das IPR des fremden Staats meinen, und dann haben wir eine **IPR-Verweisung** oder **Kollisionsnorm-Verweisung**. Eine solche bejahten die Gerichte in den Fällen oben I.

Der Ausdruck „IPR-Verweisung" ist zutreffender als die verbreitete Bezeichnung „*Gesamtverweisung*", die schon das RG benutzte (z.B. RGZ 78, 234 [237]; RGZ 136, 361 [365]); bereits das OAG Lübeck sagte, es werde auf die fremde Rechtsordung „in ihrer Totalität" verwiesen (aaO 166). Das *kann* aber gar nicht sein. Man kann immer nur entweder auf das fremde Privatrecht ohne das fremde IPR verweisen (Sachnorm-Verweisung) oder auf das fremde IPR ohne das (übrige) fremde Privatrecht (IPR-Verweisung); denn in diesem Fall bestimmt das fremde IPR *allein*, welches materielle Privatrecht anzuwenden ist, und das mag dasjenige eines ganz anderen Staates sein. Niemals wird deshalb auf das *ganze* fremde Privatrecht verwiesen

(Gesamtverweisung). Unrichtig daher auch Art. 4 I 1 EGBGB: Das fremde IPR wird nicht „auch" angewandt, sondern „nur". Welches materielle Recht berufen wird, ist *seine* Sache.

Wenn eine Kollisionsrechtsordnung – wie unsere – den *renvoi* anerkennt, treten die Kollisionsnormen daher in unterschiedlicher Weise auf. Als *Sachnormverweisungen* bestimmen sie das anwendbare materielle Recht bei Verweisung auf das deutsche Recht und soweit Verweisungen auf das fremde Recht ausnahmsweise Sachnormverweisungen sind (z.B. nach Art. 4 I 1 EGBGB, wenn eine Kollisionsnormverweisung „dem Sinn der Verweisung widerspricht" [unten S. 351 f.], nach Art. 4 II im Falle einer Anknüpfung an den Parteiwillen oder nach Art. 3 I 2, wenn die Kollisionsnorm sich nur auf die „Sachvorschriften" bezieht). Sind sie als *IPR-Verweisungen* zu verstehen, so handelt es sich um *Kollisionsnormen für Kollisionsnormen* (oben § 1 VII 4); und dabei erschöpft sich ihre Funktion, denn jetzt bestimmt die berufene (fremde) Kollisionsnorm das anwendbare Recht. Da diese Kollisionsnormen den *Grund* legen für die Anwendung des letztlich entscheidenden Kollisionsrechts, kann man sie **„Kollisionsgrundnormen"** nennen.

Eingehender zu diesen *Schurig* 73–77. Die Kollisionsgrundnormen im deutschen IPR benutzen dieselben Anknüpfungen wie die das Sachrecht berufenden Kollisionsnormen; diese haben eine *Doppelfunktion*. Das ist nicht notwendig so. So gibt es in der Literatur Vorschläge, zunächst das anwendbare Kollisionsrecht nach *unabhängigen* Kriterien zu bestimmen, also ein eigenes Kollisionsgrundnormensystem zu schaffen (oben S. 49 a.E.f.). Die unilateralistische Denkweise (auch der „Sonderanknüpfungslehre") beruht darauf, daß ungezielt auf alle Kollisionsnormen der Welt verwiesen wird (sachlich begrenzt auf das, was diese zum *eigenen* Sachrecht bestimmen), oben S. 275 f. Und auch die Lehre von der abhängigen Vorfragenanknüpfung will für Vorfragen andere (nämlich an der „Hauptfrage" ausgerichtete) Kollisionsgrundnormen einsetzen als die vom Gesetz vorgesehenen (oben S. 327 f.). – Übrigens kann es sich bei der berufenen fremden Kollisionsnorm wiederum um eine Kollisionsgrundnorm handeln, dann wird die eigentliche Entscheidung der Kollisionsnorm eines dritten Staates zugeschoben.

Verweisen wir auf fremdes Kollisionsrecht, so kann dies zu *dreierlei Situationen* führen. Im einfachsten Fall beruft das fremde IPR die dortigen **„eigenen" Sachnormen**. Dann ist es im Ergebnis gleichgültig, ob unsere Normen auf das fremde IPR verweisen (z.B. Art. 7 I 1 EGBGB verweist für die Geschäftsfähigkeit eines Franzosen auf französisches IPR, dieses auf französisches Sachrecht) oder gleich auf das fremde Sachrecht (Art. 7 I 1 verweist auf französisches Sachrecht). Im Zweifel (der bei Art. 7 freilich nicht besteht) kann die Frage dann sogar offen bleiben. Ob das fremde IPR über dasselbe Anknüpfungsmoment (bei Art. 7 die Staatsangehörigkeit) zum eigenen Recht kommt (wie Frankreich) oder über eine andere (dänisches IPR beruft für die Geschäftsfähigkeit eines Dänen dänisches Recht, weil er in casu in Dänemark *wohnt*), macht keinen Unterschied. Beruft das fremde Recht dagegen das deutsche Sach- oder Kollisionsrecht, kommt es zu einer **Rückver-**

weisung. Beruft es dasjenige eines dritten Staates, haben wir es mit einer **Weiterverweisung** zu tun.

III. Rückverweisung

1. Verweisungs-Konstellationen

Ist die angewandte Kollisionsnorm eines IPR eine *Sachnorm*-Verweisung, dann wird das fremde Kollisionsrecht nicht zur Kenntnis genommen; ob es zurück- oder weiterverweist, ist gleichgültig.

In den meisten IPR-Systemen – wie auch im deutschen, unten V – kommen sowohl Kollisionsnorm- wie Sachnormenverweisungen vor. Seltener sind die Staaten, die *ausschließlich* Sachnormverweisungen haben. Dänemark gehört dazu und bis zum 1. 9. 1995 auch Italien, das mit Art. 13 des Gesetzes vom 31. 5. 1995, Nr. 218, jetzt zur Kollisionsnormverweisung übergegangen ist. Verstarb ein Däne in Rom, so wandten unter früherem Recht die Italiener dänisches Recht als das Recht der letzten Staatsangehörigkeit an, obwohl das dänische IPR an den Wohnsitz anknüpft und seinerseits auf Italien verweist.

Ist die angewandte IPR-Norm dagegen *Kollisionsnorm*-Verweisung, dann ist die Kollisionsnorm des fremden IPR anzuwenden. Nunmehr ist zu unterscheiden, ob sie ihrerseits Sachnorm- oder IPR-Verweisung ist. Im ersten Fall haben wir, wenn sie auf deutsches Recht zurückverweist, eine **Sachnorm-Rückverweisung.**

Beispiel: Es geht um die Geschäftsfähigkeit eines *Dänen* mit Wohnsitz in Flensburg. Art. 7 I 1 EGBGB verweist auf dänisches Recht. Diese Verweisung ist, jedenfalls soweit eine Rückverweisung in Betracht kommt, IPR-Verweisung. Denn Art. 4 I EGBGB schreibt hier die Beachtung der Rückverweisung vor. Das dänische Recht verweist zurück auf deutsches Recht, weil der Däne in Flensburg wohnt. Die Verweisung des dänischen Rechts ist Sachnorm-Verweisung: die Dänen lehnen jeden Renvoi ab. Deswegen ist der Renvoi aus unserer Sicht eindeutig: wir haben eine Sachnorm-Rückverweisung.

Eine Sachnorm-Rückverweisung zu befolgen, ist leicht: es werden die **eigenen Sachnormen angewandt**. Zum Beispiel wird die Geschäftsfähigkeit eines Dänen mit Wohnsitz in Flensburg nach § 2 BGB beurteilt.

Haben wir es dagegen im fremden IPR damit zu tun, daß die dortigen Kollisionsnormen *ihrerseits* ebenfalls auf IPR verweisen, findet eine **IPR-Rückverweisung** statt.

Beispiel: Es geht um die Geschäftsfähigkeit eines *Argentiniers* mit Wohnsitz in Hamburg. Das argentinische Recht verweist (wie das dänische) zurück auf deutsches Recht. Aber es nimmt nach einer Mindermeinung, der wir hier folgen wollen, (anders als das dänische Recht) die von seinem Standpunkt aus gegebene Rückverweisung des deutschen Rechts an, enthält also von unserem Standpunkt aus eine IPR-Rückverweisung.

Diese Konstellation wirft *zusätzliche* Probleme auf: Die fremde Verweisung trifft ja auf unsere IPR-Verweisung, die auf das fremde IPR verweist, das auf unseres verweist, das wiederum … und so weiter. Dieses scheinbar endlose Hin und Her, verglichen mit einem Ping-Pong-Spiel, einem („logischen") Spiegelkabinett, einem hin- und herrasenden Zug (*Kegel*), hat früheren Autoren zum Teil einen solchen Schrecken eingeflößt, daß sie von der ganzen Frage des Renvoi nichts wissen wollten. Dabei ist nur eine *rechtspolitische Entscheidung* gefragt: hier oder dort muß man den Vorgang abbrechen, „von dem Zug abspringen", es fragt sich nur, wo. Entscheidend ist auch hier die Bewertung der kollisionsrechtlichen Interessen (näher unten 3). Sie kann zu dreierlei Entscheidungen führen:

Man kann die Rückverweisung **abbrechen**: man tut so, als wäre die IPR-Rückverweisung eine Sachnorm-Rückverweisung. Man beurteilt z.B. die Geschäftsfähigkeit eines Argentiniers mit Wohnsitz in Hamburg genauso wie die eines Dänen mit Wohnsitz in Flensburg. Man setzt sich darüber hinweg, daß das argentinische IPR auf Art. 7 I 1 EGBGB verweist, und entscheidet, wie wenn es auf § 2 BGB verwiese.

Man kann aber auch die IPR-Rückverweisung beim Wort nehmen und die eigene Kollisionsnorm **erneut** anwenden. Man kommt dann ein zweites Mal zu dem fremden IPR. Diese Figur nennt man **doppelte Rückverweisung** oder *double renvoi*. Zwar haben wir aus unserer Sicht noch immer nur *eine Rück*verweisung (des fremden auf das deutsche IPR), aber aus der Sicht des fremden IPR hat man es *ebenfalls* mit einer Rückverweisung (vom deutschen IPR auf das fremde Recht) zu tun; die Rückverweisung wird also genaugenommen nicht verdoppelt, sondern *gespiegelt*. Bricht das fremde IPR eine Rückverweisung nun seinerseits ab, ist man am Ziel.

Im Falle des Argentiniers mit Wohnsitz in Hamburg ist anzunehmen, daß in Argentinien die Verweisung des deutschen Rechts auf Argentinien als Sachnorm-Verweisung behandelt und argentinisches materielles Privatrecht angewandt wird. Genauer: Art. 7 I 1 EGBGB verweist wegen Art. 4 I 1 auf das argentinische IPR; das argentinische IPR verweist zurück auf deutsches IPR, beachtet aber aus dem deutschen IPR nur Art. 7 I 1 EGBGB, nicht Art. 4 I, und wendet deswegen argentinisches materielles Privatrecht an. Daher hätten wir, wenn wir der Rückverweisung nachgingen – was allerdings Art. 4 I 2 ausschließt – und der fremde Staat abbricht, im *Ergebnis* keine Rückverweisung: *doppelte* Rückverweisung ist wie *gar keine* Rückverweisung.

Bricht das fremde IPR nicht ab, so gibt es wieder zwei Möglichkeiten: Man kann es bei dem *double renvoi* belassen, das fremde Sachrecht anwenden, so *als ob* die Rückverweisung *dort* abgebrochen würde.

Will man dies nicht, so könnte man doch wieder das deutsche Recht anwenden, also beim zweiten Mal abbrechen (das wäre dann ein „*triple*" *renvoi*). Oder man versucht, auf andere Weise, Übereinstimmung mit der fremden Rechtsordnung herzustellen (näher unten S. 345f.).

Die Auffassung, daß man immer genauso zu entscheiden hat wie das Gericht im fremden Land (dessen Entscheidung sozusagen „klont"), nennt man **„*foreign-court*-Theorie"**.

In Deutschland waren diese Fragen bis 1986 umstritten. Dann hat der Gesetzgeber gesprochen und sich in **Art. 4 I 2 EGBGB** für den *ersten Weg* entschieden: „Verweist das Recht des anderen Staates auf deutsches Recht zurück, so sind die deutschen Sachvorschriften anzuwenden."

2. Meinungen

In Deutschland war bis 1986 die Rückverweisung *teilweise* geregelt durch **Art. 27 a.F. EGBGB** (zu seiner Entstehung *Kegel*, RabelsZ 39 [1975], 135–137): Mindestens in den *dort genannten Fällen* der Art. 7, 13 I, 15 II, 17 I und 25 a.F. (Geschäftsfähigkeit, Heirat, Ehegüterrecht, Scheidung, Erbfolge) war jedenfalls eine *Sachnorm-Rückverweisung* beachtlich. Insoweit enthielten also die aufgeführten selbständigen Kollisionsnormen eine IPR-Verweisung. Im übrigen herrschte Streit.

Die **Rechtsprechung** ging über den Mindestinhalt von Art. 27 a.F. nach zwei Richtungen hinaus: (1) Sie behandelte grundsätzlich *alle deutschen Kollisionsnormen* als *IPR-Verweisungen.* (2) Sie beachtete *auch IPR*-Rückverweisungen, *brach* sie aber *ab.*

Leitfall für das Abbrechen war das eingangs erwähnte Urteil RGZ 136, 361 betreffend Scheidung von Amerikanern aus Missouri. Ob das IPR von Missouri auf die deutschen Sachnormen oder auf das deutsche IPR zurückverwies, wurde offen gelassen. Denn eine IPR-Rückverweisung sei wie eine Sachnorm-Rückverweisung zu behandeln. Grund: „Wollte man die Rückverweisung des fremden Rechts auf das deutsche Recht als eine solche auch auf das deutsche internationale Privatrecht auffassen, so könnte eine endlose Hin- und Herverweisung die Folge sein" (366). Daher wurde nach § 1568 a.F. BGB geschieden. – Anders aber BayObLGZ 1976, 151 (161), weil *in casu*, nämlich nach dem IPR Israels, „eine endlose Hin- und Herverweisung" entfalle. Sie entfällt aber *immer* (unten S. 346f.).

Im **Schrifttum** herrschte Streit. Manche wollten die Rückverweisung nur in mehr oder minder weiten Fallgruppen zulassen (*Lewald, Raape, Nussbaum, Rabel, Wengler, Neuhaus*), andere grundsätzlich immer (*Melchior, Wolff, Pagenstecher*). Manche wandten nur bei Sachnorm-Rückverweisung deutsches Recht an (*Lewald, Melchior, Pagenstecher*); andere taten das auch bei IPR-Rückverweisung, brachen also ab (*Nussbaum, Wolff, Makarov, Dölle, Firsching, Ferid*). Befürwortet wurde auch die *foreign-Court-Theorie* für das deutsche Recht (*Kegel*).

In der **DDR** regelte § 3 RAG die Rückverweisung. Er nannte nicht bloß bestimmte Fälle, sondern gebot *allgemein*, bei Rückverweisung das Recht der DDR anzuwenden.

Dem Streit ist im geltenden Recht durch Art. 4 weitgehend die Grundlage entzogen (dafür sind die *Ausnahmen* streitig geworden, unten V). Die rechtspolitische Diskussion und Interessenanalyse ist aber immer noch wichtig für das *Verständnis* und die *Bewertung* dieses Rechtsinstituts und hat eine gewisse Bedeutung für die *Weiter*verweisung (unten IV) behalten.

3. Interessen

Die Rückverweisung – und der renvoi überhaupt – sind teilweise heftiger Kritik ausgesetzt. Es sei ein bloßer Trick („*gimmick*"), darauf ausgerichtet, sich zum heimischen Recht zu retten; wirklich anerkennenswerte Interessen stünden nicht dahinter; ob das fremde Recht zurückverweise oder nicht, sei nur ein im Grunde willkürlicher „Aufhänger" (in diesem Sinn vor allem *Flessner*, Interessenjurisprudenz im internationalen Privatrecht 1990, 125–137 [dazu *Schurig*, RabelsZ 59

(1995), 229, 233 f., 237 f.]; auch *Mäsch*, RabelsZ 61 [1997], 285–312 [insbes. 288–307], dazu *Michaels*, RabelsZ 61 [1997], 709–713). Welchen internationalprivatrechtlichen Interessen die Rückverweisung dient, soll im folgenden untersucht werden. Dabei gilt es, unterschiedliche und teils gegenläufige Interessen untereinander abzuwägen.

Gegen die Rückverweisung sprechen prima facie die Interessen, die überhaupt erst zur Aufstellung unserer Kollisionsnorm geführt haben. Schließlich beruht diese auf einer eingehenden Interessenabwägung und Entscheidung. Man kann dies zusammenfassen als das Interesse, **bei der gewöhnlichen Anknüpfung stehen zu bleiben**. Das anwendbare Recht wird ja zunächst ohne Rücksicht auf einen Renvoi bestimmt: gleiche Regeln gelten für die Anwendung eigenen und fremden Rechts; bei Anwendung eigenen Rechts entfällt ein Renvoi immer, und bei Anwendung fremden Rechts entfällt er dann, wenn der fremde Staat ebenso anknüpft wie wir (z.B. wenn Frankreich und Deutschland die Geschäftsfähigkeit dem Heimatrecht unterwerfen). Warum sollte, wo der Renvoi vorkommt, die eigene wohlerwogene Entscheidung der internationalprivatrechtlichen Gerechtigkeit zurücktreten hinter einer fremden? Stellt man dieses Interesse am höchsten, dann ist eine Rückverweisung nicht zu beachten.

Anders ist es, wenn die gewöhnliche Anknüpfung auf dem Interesse beruht, „*durchsetzbar*" zu entscheiden. Denn dann will man genau so entscheiden wie der fremde Staat und muß daher dessen IPR beachten. Aber wenn über *dingliche Rechte* die *lex rei sitae* herrscht, so hauptsächlich im *Verkehrs*interesse. Über vergangene Tatbestände herrscht nämlich das Recht des damaligen Lageorts (wo regelmäßig nichts mehr durchzusetzen ist), so daß Durchsetzbarkeit nur im Hinblick auf die gegenwärtige *lex rei sitae* wichtig ist (oben S. 126).

In die umgekehrte Richtung drängt das „**Heimwärtsstreben**" als Ausfluß des Ordnungsinteresses an schneller und sicherer (und insofern „realer") Entscheidung (oben S. 126): Dieses Interesse deckt möglichst weite Beachtung der Rückverweisung, nämlich nicht nur der Sachnorm-, sondern auch der IPR-Rückverweisung („Abbrechen").

Hauptsächlich für die Rückverweisung ins Feld geführt wird jedoch das Interesse am **Entscheidungseinklang** mit dem Staat, dessen Recht auf Grund unserer gewöhnlichen Anknüpfung maßgibt („äußerer" Entscheidungseinklang). Das Interesse an Vermeidung hinkender Rechtsverhältnisse (oben S. 122f.) steht hier freilich nicht im Vordergrund. Denn es dürfte kaum einen Staat geben, der unsere Entscheidung deswegen nicht anerkennt, weil wir *sein* Recht anstelle von unserem angewandt haben. Aber es können sich Widersprüche in *benachbarten* Fragen ergeben, wenn z.B. eine erbrechtliche Frage bei uns nach dem Heimatrecht des Erblassers beantwortet wird, eine *andere* erbrechtliche Frage aus demselben Erbfall aber im Heimatstaat nach dem deutschen Wohnsitzrecht des Erblassers, und beide Entscheidungen sich nicht miteinander vertragen. Diese Lage zu vermeiden, wird umfaßt von einem Interesse an *„realer"* Entscheidung. Zwar kommt man *immer* zu einem tatsächlich allgemein angewandten Recht: entweder ist eigenes oder fremdes materielles Privatrecht anzuwenden. Aber, wer die Sachnorm-Rückverweisung ablehnt (und auch wer die IPR-Rückverweisung abbricht), entscheidet nicht so, wie *in Fällen der gegebenen Art* und in benachbarten Fällen im Ausland wirklich entschieden wird. Auch sollen sich die Beteiligten, wenn internationale Zuständigkeit in beiden Ländern besteht, über den Prozeßort nicht das materielle Ergebnis aussuchen können (sog. **forum-shopping**). Über das Ergebnis entschiede sonst Zufall oder Cleverness anstelle der internationalprivatrechtlichen Gerechtigkeit.

Nur wer **genau so entscheidet, wie im Ausland tatsächlich entschieden wird,** macht mit der Anwendung ausländischen Rechts wirklich Ernst. Solcher Entscheidungseinklang ist dem „Heimwärtsstreben" wie auch dem Stehenbleiben bei der gewöhnlichen Anknüpfung jedenfalls solange vorzuziehen, wie nicht andere kollisionsrechtliche Interessen bei der Abwägung das Übergewicht bekommen (wie die an *innerem* Entscheidungseinklang und Handhabbarkeit des Systems beim Vorfragenproblem, oben S. 328–330).

Das wird schon vom OAG Lübeck in der oben S. 337f. erwähnten Entscheidung treffend ausgesprochen (SeuffArch. 14, 164 [165 f.]; ausgiebiges Zitat 7. Aufl. S. 288).

Wägt man das Interesse am äußeren Entscheidungseinklang gegenüber den Interessen ab, die zu der von uns gewählten Anknüpfung geführt haben, dann darf ein weiterer wichtiger Aspekt nicht übersehen werden: Gerade durch die Rückverweisungslage können die **ursprünglichen Interessen** zusätzlich **geschwächt** sein. So dient die Anknüpfung an die Staatsangehörigkeit dem Parteiinteresse an der Anwendung einer Rechtsordnung, mit der die Person verbunden ist, weil ihr das Recht vertraut ist, weil sie in ihm lebt und mit ihm rechnet. Ist nun z.B. ein Erblasser Angehöriger eines Staates, in dem Erbfolgen in das bewegliche Vermögen nach Wohnsitzrecht und in das unbewegliche Vermögen nach Belegenheitsrecht beurteilt werden, dann wird er in der Regel davon ausgegangen sein, daß diese Rechtsordnungen auch für angemessene Verteilung *seines* Nachlasses sorgen werden; hat er sich in seinem Heimatland beraten lassen, dann hat er *diese* Auskunft erhalten.

Für die Anerkennung der Rückverweisung spricht also neben dem Interesse am äußeren Entscheidungseinklang auch die typische Abschwächung der ursprünglichen Anknüpfungsinteressen.

Wie weit äußerer Entscheidungseinklang im Einzelfall erreicht werden kann, hängt davon ab, wie die beteiligten Staaten sich zur Rückverweisung und einem möglichen Abbruch stellen.

Stehen sich zwei Rechtsordnungen mit Sachnormverweisung gegenüber, wendet jede das fremde Recht an; Entscheidungseinklang tritt – wie erwartet – nicht ein. So würde, wenn wir so entschieden, die Geschäftsfähigkeit eines Dänen mit Wohnsitz in Flensburg vom dänischen Gericht nach deutschem Recht und vom deutschen Gericht nach dänischem Recht beurteilt.

Stehen sich zwei Rechtsordnungen gegenüber, die die Rückverweisung anerkennen, aber jeweils bei sich abbrechen, dann wendet jede ihr eigenes Recht an: Entscheidungsharmonie kommt ebenfalls nicht zustande. Z. B. würde auf die Geschäftsfähigkeit eines Argentiniers mit Wohnsitz in Hamburg von einem Gericht in Argentinien (wo man die Rückverweisung abbricht) argentinisches materielles Privatrecht und vom deutschen Gericht deutsches materielles Privatrecht angewandt. Da man im Ausland die Rückverweisung, wo sie beachtet wird, fast immer abbricht, wird so die beiderseitige Anwendung des eigenen materiellen Privatrechts die Regel.

Stehen sich zwei Rechtsordnungen gegenüber, die beide der *foreign-court*-Theorie folgen, gibt es Probleme eigener Art (unten S. 346).

Anders sieht es aus, wenn sich die Rechtsordnungen zum Rückverweisungsproblem *unterschiedlich* stellen:

Verweist die Rechtsordnung A auf das Sachrecht von B und B auf das Kollisionsrecht von A, dann wenden beide das Recht von B an, gleich ob B die Rückverweisung abbricht oder der *foreign-court*-Theorie folgt. So würde die Geschäftsfähigkeit des Dänen mit Wohnsitz in Flensburg vom dänischen und auch vom deutschen Gericht jeweils nach deutschem Recht beurteilt.

Verweist A auf das IPR von B und bricht die Rückverweisung bei sich ab und folgt B der *foreign-court*-Theorie, dann wenden beide das Recht von A an. Vgl. dazu das Beispiel unten.

Es ergibt sich das Paradox, daß äußerer Entscheidungseinklang im Prinzip nur herstellbar ist bei *divergierenden* Einstellungen zur Rückverweisungsproblematik. Die Zahl solcher Ergebnisse wird freilich statistisch am größten, wenn man der *foreign-court*-Theorie folgt.

Welcher Lösung zu folgen war, war unter dem bis 1986 geltenden alten Art. 27 EGBGB offen. Zwar wurden die Verweisungen des deutschen IPR grundsätzlich als Kollisionsnormverweisung verstanden, aber die Frage des Abbruchs war umstritten. Rechtsprechung und Literatur traten überwiegend für Anwendung deutschen Sachrechts im Falle einer Rückverweisung, also für Abbruch, ein.

Demgegenüber verlangte eine andere Auffassung stärkere Berücksichtigung des Interesses am Entscheidungseinklang (*Melchior, Pagenstecher, Lewald* [im Ergebnis] und vor allem *Kegel* [z.B. 7. Aufl. S. 288 f.], der auch fordert, diesen Gesichtspunkt im Wege *gesetzlicher Neuordnung* Rechnung zu tragen; aus der Rspr. vgl. AG München IPRspr. 1974 Nr. 130 [S. 338] und [im selben Fall] BayObLGZ 1976, 151 [161] = IPRspr. 1976 Nr. 115 [S. 329]; ähnlich SchlHOLG IPRspr. 1976 Nr. 116). Ihr zufolge war die *Sachnorm-Rückverweisung zu beachten; dagegen war bei IPR-Rückverweisung, die im fremden Staat abgebrochen wird, das materielle Privatrecht des fremden Staats anzuwenden* (entsprechend den Forderungen der *foreign-court*-Theorie).

Die Rückverweisung führt so zur Anwendung bald des eigenen, bald des fremden materiellen Privatrechts – jedesmal im Einklang mit dem fremden Staat. Zum Beispiel würde die Geschäftsfähigkeit eines Dänen mit Wohnsitz in Flensburg, weil Dänemark auf die *Sachnormen* des Wohnsitzstaates verweist, nach deutschem materiellem Privatrecht beurteilt. Dagegen würde über die Geschäftsfähigkeit eines Argentiniers mit Wohnsitz in Hamburg, weil Argentinien auf das *IPR* des Wohnsitzstaats verweist und die von seinem Standpunkt gegebene Rückverweisung des deutschen IPR abbricht, nach argentinischem materiellen Privatrecht entschieden.

In Schwierigkeiten gerät man bei dieser Lösung, wenn das ausländische IPR denselben Standpunkt einnimmt. Dazu kann die ***foreign-court*-Theorie** des englischen IPR führen (die von diesem ihren Namen hat; über sie interessant an Hand des englisch-spanischen Falles *In Re Estate of Christopher William Adams [deceased]*: *Iriarte Angel*, Rev.gen.der. 1989, 3561–3582; vgl. auch *Collier*, Conflict of Laws[2], Cambridge u.a. 1994, 23). Hinterläßt z.B. ein Engländer Grundstücke in Deutschland, dann ist nach Art. 25 I EGBGB englisches Recht maßgebend. Nach englischem internationalen Erbrecht entscheidet die *lex rei sitae*, also deutsches Recht. Nach Art. 4 I 2 EGBGB ist das eine Rückverweisung, die abzubrechen ist, so daß deutsches materielles Erbrecht herrscht. Der englische Richter würde daraufhin nach der *foreign-court*-Theorie den gesamten Vorgang adaptieren und ebenfalls deutsches materielles Erbrecht anwenden; aus seiner Sicht wäre das eine doppelte Rückverweisung (ein *double renvoi*).

Wie aber entschiede er und wie würden wir entscheiden, wenn im deutschen Recht ebenfalls die *foreign-court*-Theorie gälte? Viele nehmen hier eine Zirkelverweisung an, die sie für unauflösbar halten. Demgegenüber argumentiert *Kegel* (7. Aufl. S. 289), solange auf englischer Seite Entscheidungen fehlten, die eine deutsche *foreign-court*-Theorie in Betracht zögen, seien wir in der Entscheidung noch frei. Seien wir zuerst am Zuge, dann sollten wir englisches Recht anwenden (so auch OLG Hamm IPRspr. 1979 Nr. 54 [S. 188 a.E.] = NJW 1979, 1107 [1108 a.E.]) im Interesse, an der gewöhnlichen Anknüpfung festzuhalten (für die Erbfolge am Heimatrecht des Erblassers), und einem Gebot des internationalen Anstands (keine Ausbeutung fremden Entgegenkommens) folgend. Entscheidungseinklang sei bei beiderseitiger *foreign-court*-Theorie immer vorhanden. Die Engländer würden dann ebenfalls *englisches Recht* anwenden. Kämen sie dagegen früher oder später zur Anwendung deutschen materiellen Privatrechts, so würden auch wir dies anwenden, wenn bei uns die *foreign-court*-Theorie geltendes Recht wäre.

M. E. liegt in letzterem der große Nachteil dieser Lösung. Welches Recht wir anzuwenden hätten, wäre weitgehend dem Zufall überlassen, wo eine solche Rechtsfrage erstmalig zur Entscheidung auftauchte. Verwandte Fragen unterlägen bald unserem, bald englischem Recht, und das unter Umständen noch unterschiedlich im Verhältnis zu verschiedenen Staaten. Ein in sich geschlossenes, rationales System könnte daraus nicht entstehen, der innere Gleichklang im IPR litte, die Vorhersehbarkeit des Entscheidungsergebnisses wäre illusorisch (wie soll ein Laie feststellen, ob die Frage schon einmal in England entschieden wurde?).

In der gesetzlichen Regelung des **Art. 4 I 2 EGBGB** hat das Heimwärtsstreben den Sieg davongetragen. Gleich ob die fremde Kollisionsnorm auf unser IPR oder unser Sachrecht verweist: alles wird *wie* eine Verweisung auf deutsches Sachrecht behandelt, die Rückverweisung folglich bei uns abgebrochen.

Sehr kritisch hierzu *Kegel* in 7. Aufl. S. 289. Zuzugeben ist, daß die – bei der Rückverweisung vorgeblich primär angestrebte – äußere Entscheidungsharmonie so in vielen Fällen nicht erreicht wird: Sieht der andere Staat die Lage genauso (wie die meisten es tun), so wendet jeder sein eigenes Recht an. Indessen konnte der Gesetzgeber sich zur *foreign-court*-Theorie wegen ihrer Kompliziertheit und der sich ergebenden Anwendungsschwierigkeiten – die mit einer internationalen Ausbreitung noch wüchsen – nicht durchringen. Dann blieb nur die Wahl zwischen Sachnormverweisung und Rückverweisung mit Abbruch. Fraglos ist es aber, wenn schon Entscheidungseinklang nicht zu erreichen ist, vernünftiger, daß jeder sein eigenes Recht anwendet, als daß er sich mit dem jeweils fremden abplagt. Auch hier ist zu berücksichtigen, daß die der Anknüpfung ursprünglich zugrunde gelegten Interessen durch die Rückverweisungslage typischerweise geschwächt sind (oben S. 344), wodurch die zur lex fori führenden Interessen *relativ* an Gewicht gewinnen. Zwar kann man dem Argument, derjenige, der sich in seinem Heimatstaat rechtskundig gemacht habe, rechne nicht mit einer erbrechtlichen Regelung nach seinem Heimatrecht, wenn aus dessen Sicht Wohnsitz- oder Belegenheitsrecht anzuwenden ist, entgegenhalten, möglicherweise habe ja die Beratung im Heimatstaat die Rückverweisung durch das deutsche Wohnsitzrecht einbezogen, so daß *doch* mit dem Heimatrecht gerechnet wurde. Mit der Einbeziehung der möglichen renvoi-Lage (die selbst Juristen nicht immer geläufig ist und die

Kenntnis des jeweiligen Wohnsitz-IPR voraussetzt) in die Vertrauensbildung kann aber realistischerweise nicht gerechnet werden.

Die Lösung des Art. 4 I 2 EGBGB ist gewiß keine ideale, aber sie ist praktisch und deshalb akzeptabel.

IV. Weiterverweisung

1. Verweisungs-Konstellationen

Wenn die Kollisionsnormen des IPR als *Sachnorm*-Verweisungen aufgefaßt werden, ist wie die Rückverweisung (oben S. 340) so auch die Weiterverweisung ausgeschlossen: das fremde IPR ist nicht berufen. Anders ist es, wenn man die Kollisionsnormen des IPR grundsätzlich als IPR-Verweisung ansieht, wie es **Art. 4 I 1 EGBGB** tut.

Das fremde IPR kann dann eine **Sachnorm-Weiterverweisung** aussprechen. Diese ist zu befolgen.

Beispiel: Ein in Breslau wohnhafter Argentinier erkannte 1928 an, Vater eines kurz vorher in Berlin geborenen nichtehelichen Kindes zu sein. Das Kind blieb in Berlin bei den mütterlichen Großeltern. Die Eltern dagegen zogen nach Florida (USA) und heirateten dort 1930. Es ging um die *Legitimation* des Kindes *durch nachfolgende Ehe*. KG IPRspr. 1932 Nr. 36 gelangte über Art. 22 I a.F. EGBGB, den es als IPR-Verweisung auffaßte, auf argentinisches IPR. Dieses erklärte für maßgebend den Wohnsitz des Vaters bei Heirat und verwies somit auf das Recht von Florida. Für den Fall, daß die Weiterverweisung Sachnorm-Verweisung sei, hielt das KG das materielle Privatrecht von Florida für anwendbar.

Das fremde IPR kann aber auch eine **IPR-Weiterverweisung** enthalten. Dann öffnen sich verschiedene Wege.

Einfachster Fall: Das IPR des dritten Staates erklärt das eigene materielle Privatrecht für anwendbar, dieses ist dann anzuwenden.

Beispiel: Im Legitimationsfall des KG war nach dem IPR von Florida (wie nach dem IPR von Argentinien) anzuknüpfen an den Wohnsitz des Vaters bei Heirat. Da der Vater in Florida wohnte, war die Verweisung des IPR von Florida Sachnorm-Verweisung auf das eigene Recht. Für den Fall, daß das argentinische IPR auf das *IPR* von Florida verwies, hielt demnach das KG das materielle Privatrecht Floridas für anwendbar. Da es aber auch anzuwenden war, wenn das argentinische IPR gleich auf die Sachnormen Floridas verwies (siehe oben), konnte das KG offen lassen, ob das argentinische IPR eine Sachnorm- oder eine Kollisionsnorm-Weiterverweisung aussprach.

Schwieriger liegen die Fälle, in denen das IPR des dritten Staats einen *Renvoi* ergibt.

So kann das IPR des dritten Staats auf das zweite Recht zurückverweisen: **Weiterverweisung mit zusätzlicher Rückverweisung**. Die Rückverweisung mag wiederum Sachnorm- oder IPR-Rückverweisung sein.

Beispiele:

Der oben S. 337f. berichtete Fall des OAG Lübeck: Gemeines Recht verwies auf Mainzer Recht; Mainzer Recht verwies (möglicherweise) auf Frankfurter Recht;

Frankfurter Recht verwies zurück auf Mainzer Recht. Das OAG Lübeck behandelte die Weiterverweisung einfach als Sachnorm-Weiterverweisung, ohne die Bedeutung der Rückverweisung zu prüfen.

Dagegen befolgte eine Rückverweisung des Rechts, auf das weiterverwiesen ist, auf das weiterverweisende AG Hildesheim DAVorm. 1978, 819 = IPRspr. 1977 Nr. 91: es ging darum, ob ein italienisches nichteheliches Kind den Familiennamen des jugoslawischen Vaters erhielt: wir verwiesen auf Jugoslawien, dieses auf Italien, dieses zurück auf Jugoslawien.

Ebenso entschieden hätte OLG Oldenburg IPRspr. 1975 Nr. 46 = StAZ 1976, 21, wenn wirklich eine zusätzliche Rückverweisung festzustellen gewesen wäre: es ging um den Ehenamen einer Österreicherin, die einen Niederländer geheiratet hatte; nach Ansicht des OLG verwiesen wir auf Österreich, Österreich auf die Niederlande; ob die Niederlande auf Österreich zurückverwiesen, hatte das Landgericht offen gelassen; das OLG verneint es.

Das IPR des dritten Staats kann in einer *Verweisungsschleife* auch wieder auf das erste Recht verweisen: **Weiterverweisung mit Zusatzverweisung auf die Ausgangsstation.** Dabei mag wiederum auf die Sachnormen oder auf das IPR der Ausgangsstation verwiesen werden.

Beispiele:

Geschäftsfähigkeit eines Argentiniers mit Wohnsitz in London, der in Hamburg Waren gekauft hat. Nach Art. 7 I 1 EGBGB entscheidet argentinisches Recht und, da Art. 7 I 1 nach Art. 4 I 1 IPR-Verweisung ist, argentinisches IPR. Nach argentinischem IPR entscheidet englisches IPR wegen des englischen Wohnsitzes. Nach englischem IPR (zweifelhaft) entscheidet deutsches Recht als Recht des Abschlußorts und zwar deutsches IPR.

LG Augsburg IPRspr. 1972 Nr. 89 (S. 240) hatte zu beurteilen, ob das nichteheliche Kind einer Niederländerin der Anerkennung seiner Vaterschaft durch einen Dänen zustimmen müsse: nach Ansicht des Gerichts verwiesen wir auf die Niederlande; diese verlangten selbst keine Zustimmung des Kindes, verwiesen aber vielleicht auf Dänemark; auch Dänemark verlangte selbst keine Zustimmung des Kindes, verwies aber auf uns, so daß nach § 1600 c a. F. BGB das Kind zustimmen mußte.

Das IPR des dritten Staats kann auf das Recht eines vierten Staats verweisen: **doppelte Weiterverweisung.** Ist die Verweisung des dritten Staats auf den vierten nicht Sachnorm-, sondern IPR-Verweisung, kann sich eine **drei-, vier- oder x-fache Weiterverweisung** ergeben. In allen Fällen mehrfacher Weiterverweisung kann zwischen den beiden letzten Gliedern der Kette eine **Zurückverweisung** schweben oder das letzte Glied der Kette kann in einer *Verweisungsschleife* auf eine **Zwischenstation** oder die **Ausgangsstation** verweisen. Die Verweisung im letzten Glied der Kette kann wiederum eine Sachnorm oder eine IPR-Verweisung sein.

Beispiele:

Doppelte IPR-Weiterverweisung mit Zusatzverweisung auf Zwischenstation: Geschäftsfähigkeit eines Engländers mit Wohnsitz in Paris, der in Buenos Aires Waren gekauft hat. Art. 7 I 1 EGBGB (Staatsangehörigkeit) beruft (über Art. 4 III EGBGB) englisches Recht und dort englisches IPR. Das englische IPR (Abschlußort) beruft argentinisches IPR. Das argentinische IPR (Wohnsitz) verweist auf französisches IPR und das französische IPR (Staatsangehörigkeit) wieder auf englisches IPR.

Doppelte IPR-Weiterverweisung mit Zusatzverweisung auf Ausgangsstation: Geschäftsfähigkeit eines Engländers, der in Buenos Aires Waren gekauft hat und seinen gesetzlichen Wohnsitz nach argentinischem Recht in Kopenhagen hat (z.B. beim Vater), nach dänischem Recht in Hamburg (z.B. bei der Mutter). Art. 7 I 1 EGBGB (Staatsangehörigkeit) beruft englisches Recht und dort englisches IPR. Das englische IPR (Abschlußort) beruft argentinisches IPR. Das argentinische IPR (Wohnsitz) beruft dänisches IPR, das dänische Recht (ebenfalls Wohnsitz, aber anders beurteilt) beruft deutsches materielles Recht.

Tröstlich ist nur: je größer die Zahl der Verweisungen, um so seltener die Fälle. Die internationalen Privatrechte weichen zwar oft in Hauptpunkten voneinander ab: eine Gruppe knüpft z.B. an die Staatsangehörigkeit an, die andere an den Wohnsitz; eine Gruppe knüpft an Staatsangehörigkeit *oder* Wohnsitz an, die andere an die Belegenheit von Vermögen. Aber die Zahl der rechtspolitisch möglichen Anknüpfungen ist eng begrenzt und eine breite Streuung höchst ungewöhnlich.

2. Meinungen

Die deutsche **Rechtsprechung** hat sich mit der Weiterverweisung nicht oft befaßt (Nachweise bei *Michaels*, RabelsZ 61 [1997], 687–689). Anscheinend wollte das RG wie die Rückverweisung so auch die Weiterverweisung als Sachnorm-Verweisung behandeln, also gegebenenfalls abbrechen.

Im deutschen **Schrifttum** gehen die Meinungen auseinander. Manche bilden Fallgruppen (*Lewald, Raape, Nussbaum, Rabel, Neuhaus, von Bar, Kropholler*), andere nicht (*Melchior, Wolff, Pagenstecher, Makarov* [anscheinend], *Dölle, Ferid*). Manche wollen nur die einfache Weiterverweisung gelten lassen und auch sie nur, wenn zweiter und dritter Staat im Ergebnis übereinstimmen (*Lewald* [der in diesem Fall ohne Rücksicht auf den Gegenstand der Kollisionsnormen die Weiterverweisung beachtet], *Nussbaum* [ebenso, aber mit Anerkennung auch anderer Fälle der Weiterverweisung], *Wolff* [der außerdem die Weiterverweisung auf die Ausgangsstation gelten läßt und sie wie die Rückverweisung abbricht], *Pagenstecher*). Andere entscheiden immer genau so wie der erste verweisende Staat (*Raape, Melchior, Makarov* [anscheinend], *Ferid*). Eingehende Darstellung bei *Michaels*, RabelsZ 61 (1997), 685–708 (der selbst im Ergebnis [708] wie die *foreign-court*-Theorie entscheidet, wobei aber bei Beteiligung Deutschlands im Verweisungszirkel deutsches Recht angewendet werden soll).

3. Interessen

Die Interessen liegen genau wie bei der Rückverweisung (oben III 3); nur mischt sich das „Heimwärtsstreben" zur eigenen lex fori seltener ein. Den Ausschlag gibt daher auch hier das Interesse am **Entscheidungseinklang:** unsere gewöhnlichen Kollisionsnormen verweisen uns auf das Recht eines fremden Staates und wir haben daher **„real"**, d.h. genau so zu entscheiden, wie in diesem Staat tatsächlich entschieden wird. Das bedeutet: **wir haben im Falle der Weiterverweisung zu entscheiden wie der erstmals weiterverweisende Staat.** Die Übereinstimmung mit diesem ist uns wichtiger als die mit den anderen Staaten in der Kette; das folgt aus der Wertung, die unseren eigenen Kollisionsnormen zugrunde liegt. Sind seine Kollisionsnormen IPR-Verweisungen, dann ergibt seine Einstellung zu Rück- und Weiterverweisung, welches materielle Privatrecht anzuwenden ist.

Geht die Verweisungskette noch *weiter* oder mündet sie in einer *Schleife* (oben S. 348f.), dann gilt grundsätzlich dasselbe. Freilich wird sich häufig kaum feststellen lassen, wie sich der fremde Staat zu Weiterverweisungen mit einer oder mehreren Stationen stellt. Als *Faustregel* kann man annehmen: Gibt es in der Kette eine Sachnormverweisung, so endet sie mit dieser. Kommt es zu einer Verweisungsschleife, wird das Recht anwendbar sein, das als erstes bei sich abbricht. Erscheint deutsches Recht erneut im Verweisungszirkel, so werden wir diesen entsprechend Art. 4 I 2 EGBGB bei uns abbrechen. Erkennt allerdings das von uns berufene Recht nur eine oder gar keine Weiterverweisung an (wie z.T. im neuen italienischen IPR, vgl. z.B. *Kapellmann*, ZfRV 1997, 177–183), dann bindet das auch uns.

V. Ausnahmen

Wenn auch das EGBGB sich in Art. 4 I 1 dafür entschieden hat, daß die IPR-Normen des deutschen Rechts grundsätzlich Kollisionsnormverweisungen sind, enthält es doch *Ausnahmen* von diesem Grundsatz. Diese sind teils in der Vorschrift selbst angelegt, teils werden sie in Art. 3 I 2 angesprochen; Art. 4 II steht zwischen beiden.

Art. 3 I 2 EGBGB bestimmt: „Verweisungen auf Sachvorschriften beziehen sich auf die Rechtsnormen der maßgebenden Rechtsordnung unter Ausschluß derjenigen des internationalen Privatrechts". Das versteht sich eigentlich von selbst („Sachnormverweisungen sind Sachnormverweisungen") und ist nur ein Hinweis, daß es im EGBGB solche Verweisungen *gibt*. So ist denn auch, wo der *renvoi* ausgeschlossen werden soll, ausdrücklich von den „Sachvorschriften" die Rede: Art. 12 (über nötige Einschränkungen unten S. 378f.; Art. 16 nennt dagegen explizit einzelne Vorschriften des BGB), 18, 35 (für das gesamte internationale Schuldvertragsrecht, auch soweit es um gesetzliche Anknüpfungen geht). Auch Art. 26 meint (wegen seiner staatsvertraglichen Herkunft) die Sachvorschriften, eine Rück- oder Weiterverweisung (auch auf die Form beschränkt) ist aber im Rahmen der (alternativen) Geltung des Erbstatuts nach Art. 26 I 1 Nr. 5 zu beachten. *Keine* Sachnormverweisungen enthalten (str.) Art. 17 III und 23. Die (bis zum 31. 5. 1999) ungeschriebene Kollisionsnorm für *unerlaubte Handlungen* (unten § 18 IV) war keine Sachnormverweisung (z.B. OLG München VersR 1984, 745 mit Anm. von *Mansel*; a.A. z.B. OLG Karlsruhe IPRspr. 1978 Nr. 29 und *Beitzke*, Fschr. Wilburg 1975, 31–39), und auch Art. 40 I 1 EGBGB ist keine, wie sich aus dem Wortlaut ergibt (verwiesen wird auf das „Recht", nicht die „Sachvorschriften"). Dasselbe gilt für das *Sachen-*

recht (unten § 19 I; vgl. KG IPRax 1990, 393 mit Aufsatz von *Kreuzer* 365–372 = NJW 1988, 341 [342 unter III 2 c] = ROW 1988, 252 mit Aufsatz von *Armbrüster/Jopen* 1989, 332–338); auch Art. 43 I EGBGB verweist insgesamt auf das „Recht").

Zweifelhaft ist die Lage bei Art. 11 I und II EGBGB. Die Regelung stimmt überein mit der des in das EGBGB inkorporierten Römischen Schuldvertragsübereinkommens, das nur Sachnormverweisungen vorsieht. Deshalb halten viele auch die Verweisungen des Art. 11 für Sachnormverweisungen. Aus dem Wortlaut ergibt sich das nicht (die „Formerfordernisse des Rechts X" können sich aus der Einbeziehung der dazugehörenden Kollisionsnormen ergeben). Art. 35, demselben Abkommen entstammend, bezieht sich nur auf die Regeln in „diesem Unterabschnitt", d.h. Art. 27–37. Maßgeblich ist für uns allein die gesetzliche Umsetzung. Allenfalls mag die Beachtung des fremden Kollisionsrechts ausgeschlossen sein bei der Form von *Schuldverträgen* (*Soergel/Kegel*[12] Art. 11 Rz. 41), obwohl eine *Ausdehnung* der Formwirksamkeit durch den renvoi kaum den rechtspolitischen Zwecken des Schuldvertragsübereinkommens widersprechen dürfte. Im übrigen ist jedenfalls der renvoi grundsätzlich auch in Art. 11 zu beachten; z.B. im Familienrecht (*Soergel/Schurig*[12] Art. 13 Rz. 124; über Einschränkungen sogleich).

Als eine Sachnormverweisung im Sinne des Art. 3 I 2 EGBGB wird nach **Art. 4 II** jede **Rechtswahl** behandelt. Daß die Vorschrift, statt eine Vermutung aufzustellen, anordnet, daß die Parteien nur die Sachvorschriften wählen *können*, schießt freilich grundlos über das Ziel hinaus. Haben Parteien wirklich einmal ausdrücklich ein IPR gewählt, kann man sich mit Auslegung helfen: sie haben damit „in Wahrheit" über einen Umweg die *anwendbaren Sachvorschriften* gewählt (nämlich die, zu denen das IPR hinführt). Auch gibt es Fälle, in denen von der Regel abgewichen werden muß, weil sie keinen Sinn macht (z. B. *Soergel/Schurig*[12] Art. 14 Rz. 19 a.E.).

Die Berufung des fremden Kollisionsrechts nach **Art. 4 I 1** steht unter dem **Vorbehalt**: „sofern dies nicht dem Sinn der Verweisung widerspricht". Die Ausnahme ist eingefügt vom Rechtsausschuß des Bundestags (BT-Drucks. 10/5632 S. 6) und wäre besser weggeblieben. Sie gibt Rätsel auf und sollte jedenfalls einschränkend ausgelegt werden (z.B. *Ebenroth/Eyles*, IPRax 1989, 9–12). Gemeint sind in erster Linie die Fälle **alternativer Anknüpfung**, wenn durch sie ein bestimmtes materielles Ergebnis tendenziell gefördert werden soll. Dann gelten solche Verweisungen als „sinnwidrig", die diesem Ziel zuwiderlaufen. So ist es bei Art. 11 EGBGB (siehe auch oben): Wäre nach dem materiellen Ortsrecht Formgültigkeit zu bejahen, nicht aber nach dem Recht, auf welches das Orts-IPR verweist, so würde dies das Ziel der Verkehrserleichterung konterkarieren: die Beachtung dieser Verweisung fällt als „sinnwidrig" unter den Tisch. Führt dagegen die Beachtung des Orts-IPR dazu, daß ein Geschäft, das nach materiellem Ortsrecht formnichtig ist, nunmehr formgültig wird, ist den rechtspolitischen Zwecken des Art. 11 gedient: der *renvoi* ist beachtlich (str., oben diese S.). Die Rück- und Weiterverweisung wird also anhand einer vorgegebenen materiellen

Tendenz *kanalisiert*. – Ähnlich könnte man im Fall des Art. 19 (Abstammung) und auch Art. 20 (Anfechtung der Abstammung) vorgehen. Beides zusammen verträgt sich freilich nicht recht miteinander, und der Entscheidungseinklang bleibt auf der Strecke.

Fragwürdiger sind zwei andere vorgeschlagene Anwendungsbereiche des Vorbehalts: Manche sind der Meinung, wenn unser IPR (wie in Art. 14 I Nr. 3 EGBGB) auf die **„engste Verbindung"** abstelle, dürfe ein renvoi nicht beachtet werden; eine engere als die „engste" Verbindung könne es ja nicht geben. Indessen suchen wir mit *jeder* Anknüpfung die „engste Verbindung"; den Einwand müßte man deshalb der Beachtung des fremden IPR *überhaupt* entgegenhalten. Nur sind wir uns in den Fällen, in denen wir uns auf eine Anknüpfung festgelegt haben, *sicher*, daß dies die engste Verbindung ist (d. h. den kollisionsrechtlichen Interessen am besten entspricht). Gleichwohl kann die Rückverweisungslage die Interessenkonstellation verschieben. Daß dies ausgerechnet dann unbeachtlich sein soll, wenn die Entscheidung auf den schwächsten Füßen steht, ist nicht einzusehen.

Die Beachtung einer fremden Kollisionsnorm soll auch dann „sinnwidrig" sein, wenn sie gegen den – von unserem Kollisionsrecht seit 1986 hochgehaltenen – **Gleichberechtigungsgrundsatz** verstößt (BGH FamRZ 1987, 679 = IPRax 1988, 100 mit Aufsatz *Schurig* 88 = NJW 1988, 638). In einem solchen Fall lehnen wir die Anwendung aber nicht ab, weil die Rückverweisung keinen Sinn macht, sondern weil die Norm rechtspolitisch gegen fundamentale deutsche Grundsätze verstößt: Ein Fall für Art. 6 (unten § 16), nicht für den Vorbehalt des Art. 4 I 1.

VI. Anwendung ausländischen internationalen Privatrechts

Die Kollisionsnormen unseres IPR, soweit sie ausländisches Recht berufen, zielen also grundsätzlich (als „Kollisionsgrundnormen") auf das ausländische IPR und nicht auf das ausländische materielle Privatrecht. Wir haben genau so zu entscheiden, wie in dem ausländischen Staat wirklich entschieden wird. Folglich müssen wir **die ausländischen Kollisionsnormen genau so anwenden, wie sie im Ausland angewandt werden.** Wir haben ihren Entscheidungen zu folgen, z. B. gegebenenfalls Rechtswahl für schuldrechtliche Ansprüche des Sachenrechts zuzulassen (BGH NJW 1998, 1321 [1322 unter II 2 a] = IPRax 1999, 45 mit Aufsatz von *Stoll* 29–31; vgl. unten S. 662).

Deshalb müssen wir die **Systembegriffe**, die den Gegenstand der Anknüpfung bezeichnen (oben S. 279), im Sinne des ausländischen IPR verstehen. Wenn z. B. ein ausländisches IPR **bewegliches und unbewegliches Vermögen** verschieden anknüpft und für eines von beiden zurück- oder weiterverweist (oder für beide auf die Rechte verschiedener Staaten verweist), dann haben wir bewegliches und unbewegliches

Vermögen genau so abzugrenzen wie das ausländische IPR. Anders ist es nur dann, wenn das fremde IPR auch für diese Unterscheidung zurück- oder weiterverweist. Das ist praktisch die Regel: die ausländischen internationalen Privatrechte lassen meist die *lex rei sitae* bestimmen, ob ein Gegenstand beweglich oder unbeweglich ist (dazu z.B. *Smith*, Mod. L.Rev. 26 [1963], 16–33).

Beispiele: Ein Tschechoslowake hinterließ ein Fabrikunternehmen in Deutschland. Maßgebend war tschechoslowakisches Erbrecht (Art. 25 Satz 1 a.F. EGBGB). Das tschechoslowakische IPR verwies für unbewegliche Sachen zurück auf deutsches Recht als *lex rei sitae* (§ 300 ABGB). RGZ 145, 85 nahm an, das tschechoslowakische Recht wolle die Grenze zwischen beweglichem und unbeweglichem Vermögen der eigenen Rechtsordnung entnehmen. Nach tschechoslowakischem Recht aber war das Recht am Fabrikunternehmen beweglich (§ 298 ABGB). Mithin fand eine Rückverweisung auf deutsches Recht für die Erbfolge in das Unternehmen nicht statt.

Fabrikant R war Kommanditist der W-KG. Die W-KG besaß alle Anteile der S-GmbH. Der S-GmbH gehörten Grundstücke. Die W-KG wurde 1936 „arisiert". Dabei erwarb die GmbH-Anteile der Fabrikant O. O löschte die GmbH und übernahm ihr Vermögen in seine Einzelfirma. 1950 verpflichtete er sich in einem Vergleich mit den Gesellschaftern der W-KG oder deren Erben, ihnen die Grundstücke der S-GmbH zurückzuerstatten. R war schon 1949 als Staatenloser mit Wohnsitz in Kalifornien (USA) gestorben. Er hatte 1948 seine Kinder zu Erben eingesetzt, jedoch eine Tochter übergangen. Diese verklagte ihre Geschwister auf Feststellung, daß zum unbeweglichen Nachlaß von R anteilig die Ansprüche gegen O auf Rückerstattung der Grundstücke der S-GmbH gehörten. Daran lag ihr deswegen, weil R über Art. 25 Satz 1 a.F., 29 a.F. EGBGB nach kalifornischem Recht beerbt wurde, das keinen Pflichtteil kennt. Für den unbeweglichen Nachlaß verwies jedoch das IPR Kaliforniens zurück auf deutsches Recht als *lex rei sitae*. BGHZ 24, 352 nimmt an, die Rückverweisung des kalifornischen IPR auf das deutsche Recht (die der BGH stillschweigend auf das deutsche materielle Erbrecht bezieht) umfasse auch die Abgrenzung von unbeweglichem und beweglichem Vermögen (so ist es *allgemein* im englisch-amerikanischen Recht). Im deutschen materiellen Privatrecht fehle jedoch eine durchgreifende Abgrenzung (es gab sie nur ansatzweise in § 1551 II a.F. BGB [aufgehoben], § 864 ZPO). Rückerstattungsansprüche gehörten zum unbeweglichen Vermögen, wenn sie sicher oder voraussichtlich auf Grundstücke gerichtet seien. Hier stünden aber die Rückerstattungsansprüche einer Gesellschaft zu (der W-KG) und der Anteil des Gesellschafters einer Personengesellschaft am Gesellschaftsvermögen werde nicht dadurch unbewegliches Vermögen, daß zum Gesellschaftsvermögen Grundstücke gehörten. Eine Spaltung des Anteils in einen beweglichen und einen unbeweglichen Teil lasse sich mit dem einheitlichen Charakter der Anteile nicht vereinbaren. Das gelte auch für die Beerbung. Denn das deutsche IPR wolle den gesamten Nachlaß einem einzigen Recht unterstellen (Art. 24 a.F., 25 a.F. EGBGB). Art. 27 a.F. EGBGB sei daher nicht auszuweiten, vielmehr der Gesellschafteranteil als bewegliches Vermögen anzusehen und demgemäß nach kalifornischem materiellem Recht zu vererben. Die Klage und *implicite* der Pflichtteilsanspruch der enterbten Tochter wurden abgewiesen.

Diesen letzteren Gedanken hat *Kegel* zu einer *grundsätzlichen Regel* ausgebaut: Der Grund, aus dem nicht nur für die Erbfolge in Grundbestitz auf die *lex rei sitae* verwiesen, sondern obendrein die Abgrenzung von beweglichem und unbeweglichem Vermögen der *lex rei sitae* überlassen wird, ist: Man sucht nicht nur die gerechte Abwägung von Interessen, die der international*privat*rechtlichen Gerechtigkeit dienen, sondern trägt auch und gerade *politischen* und *wirtschaftspolitischen* Interessen des Belegenheitsstaats Rechnung (*Ehrenzweig*: „*land taboo*"). Man befindet sich damit in großer Nähe zum internationalen *öffentlichen* Recht, und dort herrscht das Territorialitätsprinzip vor: jeder Staat bestimmt in seinem Gebiet (unten S. 938f.). Da in unserem internationalen Erbrecht öffentliche Interessen nicht mehr wirken (außer in Art. 3 III EGBGB, unten § 12 II), lehnt *Kegel* hier überhaupt einen *Renvoi* ab (anders aber BGH FamRZ 1967, 473 *implicite*; vgl. *Schurig*, IPRax 1990, 390); man kommt dann gar nicht erst zu Art. 4 I 2 EGBGB, nach dem eine Rückverweisung abzubrechen ist.

Im Ergebnis werden nach dieser Auffassung dann, wenn auch die Abgrenzung von beweglichem und unbeweglichem Vermögen der *lex rei sitae* überlassen wird (wie vom amerikanischen IPR), deutsche Nachlaßgrundstücke rechtlich so behandelt, wie der Heimatstaat des Erblassers den beweglichen Nachlaß behandelt: Hatte ein Amerikaner seinen letzten Wohnsitz in einem Einzelstaat der USA, dann unterstellen wir dessen Erbrecht auch die deutschen Grundstücke; hatte er seinen letzten Wohnsitz bei uns, dann gilt auch für die Grundstücke deutsches Erbrecht.

Eine ähnliche Regel wie im Erbrecht gilt im *ehelichen Güterrecht* und (selten praktisch) im Recht des Kindesvermögens Englands und der USA: Grundstücke samt ihrer Abgrenzung vom beweglichen Vermögen unterliegen der *lex rei sitae*. Hier soll dieselbe Überlegung wirksam werden: In LG Wiesbaden FamRZ 1973, 657, mit abl. Anm. von *Jayme*, heiratete ein Amerikaner aus Indiana in Wiesbaden eine Deutsche. Die Frau erwarb deutsche Grundstücke. Nach Scheidung forderte der Mann wegen der Grundstücke 250000 DM Zugewinnausgleich. Für den Güterstand war damals nach Art. 15 II HS 1 a.F. EGBGB das Recht von Indiana berufen. Nach dessen IPR hätte für die deutschen Grundstücke deutsches Ehegüterrecht Zugewinngemeinschaft) gegolten, im übrigen das Ehegüterrecht von Indiana (Gütertrennung). Nach den dargestellten Grundsätzen würde die Rückverweisung hinsichtlich der deutschen Grundstücke nicht wirksam werden (so im Ergebnis auch LG Wiesbaden).

Die auf diesem Wege erreichten Ergebnisse sind interessengerecht und ersparen manche Schwierigkeit (z.B. infolge einer Aufspaltung des Erbstatuts). Gleichwohl stößt die Begründung m.E. auf kaum überwindliche Hürden. Da der *double renvoi* durch Art. 4 I 2 EGBGB verboten ist, kann die Rückverweisung nur deswegen abgelehnt werden, weil sie aus der Sicht des *fremden* Rechts nicht stattfindet. Dessen Qualifikationsverweisung muß als eine Art *Bedingung der Verweisung* interpretiert werden des Inhalts, daß sie nur stattfinden soll, falls im Recht des Lageorts eine ebensolche rechtspolitische Entscheidung zu finden ist, die Rücksichtnahme gebietet (ähnlich unserem Art. 3 III EGBGB, unten § 12 II). Sicherlich ist die *Motivation* der Verweisung auf die lex rei sitae damit zutreffend umschrieben. Zwar meint *Jayme* (ZfRV 1976, 98–108), die „Qualifikationsverweisung" in der Frage „beweglich-unbeweglich" gelte nur für Fälle, in denen die Rechtsordnung, auf die verwiesen wurde, *anders abgrenze* als die verweisende („Qualifikationskonflikt"), z.B. wenn Art. 524 *code civil* Bienenkörbe als unbeweglich einstufe oder früher Einzelstaaten der USA Sklaven zu Grundstücksbestandteilen erklärten (vgl. aaO S. 94 Fn. 9). Jedenfalls liegt aber der *Grund* der Verweisung auf die *lex rei sitae* für die Abgrenzung „beweglich-unbeweglich" nicht im *materiellen* Recht, sondern im IPR: man will *politischen* und *wirtschaftspolitischen* Interessen des Staates dienen, in dem die Grundstücke liegen.

Allerdings hat das fremde Recht hier keinen Anlaß, seine Verweisung von einer *Bedingung* abhängig zu machen. Von seinem Standpunkt aus reicht es, eine eventuelle *Rück- oder Weiterverweisung* des Lageortrechts zu befolgen, die dieses ausspricht, wenn es an der Nachlaßspaltung kein Interesse hat. Daß gleichwohl an eine Bedingung gedacht ist, läßt sich gegenwärtig kaum nachweisen. Wir müssen also die Tatsache, *daß das amerikanische Recht eine deutsche Rückverweisung akzeptieren würde*, zum Anlaß nehmen, den Renvoi nicht anzunehmen; das wäre genau der *double renvoi*, der uns wegen Art. 4 I 2 nicht (mehr) zur Verfügung steht. Auch ist fraglich, ob dem deutschen IPR die grundsätzliche Unterscheidung zwischen beweglichem und unbeweglichem Vermögen noch immer „unbekannt" ist, nachdem sich immerhin Art. 15 II Nr. 3 und Art. 25 II EGBGB ihrer bedienen und Art. 4 I 2 erkennen läßt, daß es dem Gesetz auch um Wege zum deutschen Recht geht. Aus demselben Grund wird man auch nicht sagen können, die Beachtung der Rückverweisung durch uns in solchen Fällen wäre „sinnwidrig" entsprechend dem Vorbehalt in Art. 4 I 1.

Die New Yorker Entscheidung *In re Estate of Strauß*, 347 N.Y.S. 2d 840 (1973) unterwirft Frankfurter Grundstücke deutschem Erbrecht, weil Deutschland insoweit die vom deutschen Standpunkt gegebene Rückverweisung des New Yorker IPR abbreche (844). Das Gericht bedient sich dafür (aus seiner Sicht) eines *double renvoi*, legt man für den damaligen Zeitpunkt *Kegels* Auffassung zugrunde, freilich zu Unrecht. Vgl. als weiteres Beispiel OLG Karlsruhe IPRax 1990, 407 mit Aufsatz von *Schurig*, IPRax 1990, 387–393.

Auch die **Anknüpfungsmomente** sind im Sinne des zurück- oder weiterverweisenden ausländischen IPR zu verstehen. Das gilt z.B. für den *Wohnsitz*. Daher hat mit Recht der französische Kassationshof im Falle Forgo (oben I) den Wohnsitz zunächst nach französischem Recht beurteilt (staatliche Genehmigung nötig), für die Rückverweisung dagegen nach bayerischem Recht (staatliche Genehmigung nicht nötig).

Läßt der fremde Staat, dessen Recht nach einer unserer primären Kollisionsnormen entscheiden soll, eine Sachnorm-Weiterverweisung auf das Recht eines dritten Staats oder auch eine Sachnorm-Rückverweisung auf deutsches Recht scheitern, weil die Sachnormen des dritten Staats oder die deutschen Sachnormen zu stark abweichen von der materiellprivatrechtlichen Gerechtigkeit, wie er sie versteht, und deswegen gegen seinen **ordre public** verstoßen (unten § 16 II), so müssen wir dem folgen; anders nur, wenn das materiellrechtliche Endergebnis, zu dem der fremde Staat gelangt, gegen unseren eigenen *ordre public* verstößt.

Ein österreichischer Unteroffizier, evangelisch, im Zivilberuf Bankbeamter, heiratete 1918 in Odessa vor dem Pastor der Lutherischen Paulikirche eine russische Jüdin aus Lettland. Beide verließen mit der österreichischen Besatzung Odessa und zogen nach Graz, später nach Triest, wo sie Italiener wurden, schließlich nach Karlsruhe. Hier klagte der Mann auf Ehenichtigkeit, weil nach § 64 des österreichischen ABGB Ehen zwischen Christen und Nichtchristen ungültig waren. RGZ 132, 416 beurteilte die Ehegültigkeit analog Art. 17 a.F. EGBGB und aus anderen Gründen nach italienischem Recht (zu Unrecht: Art. 13 a.F. war anzuwenden und danach galt österreichisches Recht). Das italienische IPR verwies weiter auf die Sachnormen des österreichischen Rechts. Aber § 64 ABGB verstieß gegen den italienischen *ordre public* (Art. 31 der einleitenden Bestimmungen des codice civile). Dem folgte das RG und wies die Klage ab.

Oft wendet ein fremder Staat in bestimmten Fällen *stets* das *eigene materielle Recht* an; aber er tut es, weil es das Recht des *Gerichtsorts* ist (*lex fori*). So halten es Engländer und Amerikaner weithin bei *Verjährung* und *Aufrechnung*. Auf den ersten Blick scheint daraus zu folgen, daß wir wegen des Entscheidungseinklangs ebenfalls sein materielles Recht anzuwenden haben, wenn uns unser IPR auf sein Recht verweist. Denn tatsächlich (*real*) würde in diesem Staat ja stets das eigene materielle Recht angewendet werden. Das Bild ändert sich aber, wenn wir danach fragen, *warum* das so ist. Der Anwendung des eigenen Rechts (der *lex fori*) in dem fremden Staat liegt nämlich die Überzeugung zugrunde, es sei angemessen, daß *jedes* Gericht das eigene materielle Recht anwendet. Man kann sich nun die Frage stellen, wie ein *dortiger* Richter entscheiden würde, wenn er anstelle des *deutschen* Richters säße. Das ist natürlich eine *hypothetische* Überlegung (denn wenn er hier säße, wäre er nicht mehr Richter seines Staates). Sie gibt aber Einsicht in den rechtspolitischen Hintergrund: Der fremde Richter würde *nach seinen Regeln* als deutscher Richter entsprechend entscheiden: er würde das deutsche Recht anwenden. Für diesen *hypothetischen* Fall hätten wir also eine Rückverweisung: eine *„hypothetische Rückverweisung"*. Sollen wir ihr folgen? Sollen wir uns am *Grund* seiner Entscheidung orientieren (Angemessenheit der *lex fori*), und nicht an seinem Ergebnis (tatsächlich nur Anwendung des eigenen materiellen Rechts)? Wenn wir „denkend, nicht blind gehorchen", kommen wir zum eigenen Recht. Aber „will" das fremde Recht das wirklich, oder ist ihm nur *gleichgültig*, wie wir entscheiden? Daß es zu Widersprüchen bei benachbarten Rechtsfragen kommt (vgl. oben S. 343f.) brauchen wir hier jedenfalls nicht zu befürchten, wenn wir bei unserer ursprünglichen Anknüpfung stehen bleiben: sollte demnächst im fremden Staat entschieden werden, so würde dasselbe Recht angewandt.

Entscheidend ist m.E. hier wieder, daß die der ursprünglichen Anknüpfung zugrunde liegenden Interessen auch in solch einer Situation erheblich geschwächt werden (oben S. 344): Wer weiß (oder auf Nachfrage erfährt), daß nach der Wertung *seiner* Rechtsordnung keine feste Rechtsordnung berufen wird, sondern das Recht am jeweiligen Gerichtsort anzuwenden ist, weil man dies für angemessen hält, der kann auch kein Vertrauen entwickeln, daß es bei der Anwendung des Rechts bleibt. Das Desinteresse des Staates, auf dessen Recht wir verweisen, an der Anwendung seines Rechts außerhalb seines Gebietes, verbunden mit der Vorstellung, daß die lex fori das passendste Recht ist, bewirkt, daß die ursprünglichen internationalprivatrechtlichen Interessen zurücktreten hinter dem Interesse am „Heimwärtsstreben", also das eigene Recht anzuwenden, weil dies schneller, billiger und sicherer geht. Aus *diesem* Grund ist deshalb auch eine hypothetische Rückverweisung zu befolgen.

Ist also in Deutschland über Verjährung und Aufrechnung zu entscheiden, unterliegen sie nach deutschem IPR englischem oder amerikanischem Recht und werden sie in diesen Rechten dem Recht des Gerichtsorts unterworfen, dann haben wir insoweit eine zu beachtende Rückverweisung, wie wir auch sonst Rückverweisungen befolgen würden.

So ausführlich zur Verjährung *Kegel*, Die Grenze von Qualifikation und Renvoi im internationalen Verjährungsrecht, 1962, 39–41, gegen BGH NJW 1960, 1720; *Müller-Freienfels*, Fschr. Zepos II 1973, 528–534; A. A. *Soergel/Lüderitz*[12] Anh. Art. 10 Rz. 124 mit weiteren Nachweisen. Für England vgl. *Edler*, RabelsZ 40 (1976), 43–55. Für Frankreich vgl. Cour d'appel de Paris, Rev.crit.dr.i.p. 1994, 532 mit Anm. von *B. Ancel*.

Der hypothetische Renvoi ist meist obendrein **„versteckt"**: es gibt nur im fremden internationalen *Verfahrens*recht Regeln darüber, wann die fremden Gerichte international zuständig sind; wenn sie es sind, wenden sie ohne weiteres das fremde materielle Recht an. Z. B. sind englische Gerichte in *Sorgerechts*sachen international zuständig, wenn das Kind in England Wohnsitz (*domicile*) oder Aufenthalt hat oder wenn ein englisches Gericht über die Ehe der Eltern (hauptsächlich im Scheidungsprozeß) zu befinden hat; angewandt wird englisches materielles Recht. Hier haben wir, wenn die Zuständigkeitsanknüpfung bei uns verwirklicht ist (z.B. das Kind in Deutschland lebt), nicht bloß eine international*verfahrens*rechtliche *Zuständigkeits*rückverweisung (unten S. 488f., 898), sondern zugleich eine international*privat*rechtliche „hypothetische" Rückverweisung für das anwendbare *Recht.* Diese Lage ist in familienrechtlichen Fragen (z.B. auch der Scheidung) so häufig, daß meist nur von **„versteckter Rückverweisung"** gesprochen wird, wenn hauptsächlich die hypothetische gemeint ist.

Eine *nicht* versteckte hypothetische Rückverweisung soll sich nach manchen aus § 28 II des österreichischen IPRG ergeben, der bestimmt: „Wird eine Verlassenschaftsabhandlung in Österreich durchgeführt, so sind der Erbschaftserwerb und die Haftung für Nachlaßschulden nach österreichischem Recht zu beurteilen." So vor allem *Berenbrok*, Internationale Nachlaßabwicklung, 1989, 245 f.; wohl auch *Firsching*, IPRax 1981, 88; dagegen BayObLGZ 1980, 276 (283); *Jayme*, ZfRV 1983, 168 f.; *Wirner*, Fschr. Schippel 1996, 984. – Eine nicht hypothetische, aber „versteckte" Rückverweisung nimmt an AG Heidelberg IPRax 1992, 327 mit Aufsatz von *Otte* 309 f. (Adoption eines christlichen indischen Kindes durch christliche Inder in Deutschland).

Umstritten ist, ob eine solche Rückverweisung nur dann anzunehmen ist, wenn nach dem Recht des fremden Staates *allein* in Deutschland entschieden werden *soll* (*ausschließlich* deutsche Zuständigkeit, hypothetisches *Gebot* der Anwendung deutschen Rechts; z.B. das Kind hat *domicile* und Aufenthalt in Deutschland und hier ist auch die Ehe der Eltern geschieden), oder auch dann, wenn nur *auch* in Deutschland entschieden werden *kann* (*konkurrierende* deutsche Zuständigkeit, hypothetisches *Einverständnis* mit der Anwendung deutschen Rechts; z.B. das Kind hat *domicile* in England, Aufenthalt in Deutschland). Auch im letzteren Fall werden jedoch die der ursprünglichen Verweisung zugrunde liegenden Interessen in der gleichen Weise geschwächt und kommen wir dem rechtspolitischen Willen des fremden Staats am nächsten, wenn auch wir die *lex fori* anwenden. In beiden Fällen (ausschließliche wie konkurrierende deutsche Zuständigkeit nach dem Recht des fremden Staates) ist auch nicht ausschlaggebend, ob der fremde Staat unsere Entscheidung auch *anerkennen* wird. Denn wenn er es nicht tut, dann nicht deswegen, weil wir eigenes Recht angewandt haben, sondern etwa wegen (nach seiner Ansicht) grober Verfahrensmängel (prozessualer *ordre public*), oder weil die Gegenseitigkeit fehlt. Solche anderen Gründe sind aber auch beim gewöhnlichen Renvoi gleichgültig. Nur wenn er nicht anerkennt, weil wir aus seiner Sicht nicht *zuständig* sind, fehlt die Basis für die Annahme einer Rückverweisung (andererseits ist die Tatsache, *daß* er die Entscheidung anerkennen würde, ein sicheres Zeichen dafür, daß er uns auch für zuständig hält!).

Aus der Rspr. z.B. RGZ 136, 361 (oben S. 336) Scheidung von Amerikanern; KG NJW 1960, 248 (250) Adoption durch Amerikaner; BayObLG NJW 1962, 1013 (1014) Sorgerecht amerikanischer Eltern; AG Darmstadt DAVorm. 1979, 703 (704–706) = IPRspr. 1979 Nr. 133 = StAZ 1979, 324 mit Anm. von *Jayme*, Adoption durch Engländer und Venezolanerin; KG FamRZ 1980, 450 mit Anm. von *Geimer* 789 = IPRspr. 1979 Nr. 178 = NJW 1980, 535 Scheidung von Argentiniern; AG Schöneberg IPRspr. 1980 Nr. 104A = StAZ 1982, 14 mit Anm. von *Zinke* und *Jayme*, Einbenennung durch kolumbianischen Stiefvater; OLG Stuttgart IPRax 1987, 121 mit Aufsatz von *Adam* 98–102, Scheidung von Briten; AG Darmstadt ZfJ 1988, 152 Adoption durch Deutschen und Britin; AG Heidelberg IPRax 1988, 113 LS mit Anm. Red. (E. J.), Scheidung von Amerikanern; AG Böblingen IPRax 1988, 114 LS mit Anm. Red. (E. J.), ebenso (hier versteckte Rückverweisung – vielleicht vertretbar – übergangen); OLG Köln IPRax 1989, 297 mit zust. Aufsatz von *Coester-Waltjen* 282 f., Scheidung von Iren; OLG Stuttgart FamRZ 1997, 958 mit krit. Anm. von *Henrich*, Sorgerecht nach Scheidung für deutsch-amerikanisches Kind. – Aus dem Schrifttum z.B. *Melchior*, Grundlagen 228–230; *Gündisch*, FamRZ 1961, 354–358; *Cohn*, Gedächtnisschr. Rudolf Schmidt 1966, 249 a.E.; *Hanisch*, NJW 1966, 2085–2092; *Jayme*, ZfRV 1970, 253–269; *Schwimann*, NJW 1976, 1000–1004 und Fschr. Bosch 1976, 909–917; *Edler*, RabelsZ 40 (1976), 43–55 (für England); *Keller/Siehr* 485 f.; *Hay*, IPRax 1988, 268; *Staudinger/Graue*[12] Art. 27 EGBGB Rz. 82, 83; *Staudinger/Hausmann*[13] Art. 4 Rz. 72–80; *MünchKomm/Sonnenberger*[3] Art. 4 Rz. 41–54; *Lüderitz*[2] 76 f.; *Firsching/von Hoffmann*[5] § 6 Rz. 83–86; *Kropholler*[3] 162–165; *Henrich*, IFamR, S. 94–97.

Schwimann, NJW 1976, 1000–1004 (vgl. auch Fschr. Bosch 909–917) geht noch weiter und meint, wenn englisch-amerikanischen Gerichten internationale Zuständigkeit *fehlt*, heiße das *nur*, ihr Sachrecht sei unanwendbar; dagegen heiße es *nicht auch*, die ausländischen Gerichte, die nach englisch-amerikanischem Recht international zuständig seien, sollten oder dürften ihr eigenes Sachrecht anwenden. Doch, selbst wenn man so weit gehe, folge aus der Tatsache, daß wir nicht nur die Sachnorm-Rückverweisung befolgen (wegen des Entscheidungseinklangs mit dem fremden Staat), sondern auch die Kollisionsnorm-Rückverweisung abbrechen (wegen Heimwärtsstrebens): *immer*, wenn der fremde Staat sein Sachrecht nicht anwende, wendeten wir (wegen Heimwärtsstrebens) unser Sachrecht an. Darum sei zur Anwendung unseres Sachrechts *nicht nötig*, daß *unsere Gerichte nach dem fremden Recht international zuständig* seien.

In diesem letzten Punkt liegt der praktische Unterschied zur h.M. Indessen folgt aus dem *Abbrechen* der Rückverweisung nicht, daß man ihre *Grenzen* überschreiten dürfe. Erklärt der fremde Staat sowohl seine wie unsere Gerichte für international unzuständig (selten), dann müssen wir in *seinem* System weiterdenken und die Sachnormen des Staates anwenden, dessen Gerichte der fremde Staat für international zuständig erklärt (versteckte *Weiter*verweisung). Falls die Gerichte *mehrerer* Drittstaaten für international zuständig erklärt werden (noch seltener), haben wir zu *wählen*. Mit der Anwendung *unseres* Rechts können die Beteiligten dagegen vor dem Hintergrund des berufenen Rechts nicht rechnen.

Die versteckte Rück- und Weiterverweisung ähnelt, wenn der fremde Staat wirklich nur sein Sachrecht für unanwendbar erklärt, der „offenen" *Abweisung (désistement)*, bei der ein fremder Staat durch einseitige Kollisionsnormen sein Sachrecht beruft, ohne zu sagen, wann fremdes Sachrecht berufen sei. Es tritt *nur* sein „Desinteresse" hervor. Hier muß man die einseitige Kollisionsnorm zur allseitigen erweitern und so Rück- und Weiterverweisung einführen (*Soergel/Kegel*[12] Art. 4 Rz. 13); denn die Interessenlage ist ganz ähnlich.

Beispiel für *Zusammentreffen von* (nur) *hypothetischer und* (auch) *versteckter Rückverweisung:* Indischer Hindu klagt in Wuppertal auf Scheidung von deutscher

Katholikin und nimmt Klage zurück. Drei Jahre später klagt er erneut. Nach indischem Recht wirkt Klagerücknahme wie rechtskräftige Klageabweisung. Eine *versteckte* Rückverweisung fehlt, wenn der Ehemann – wie meist – sein indisches „domicile" behalten hat (IPG 1971 Nr. 20 Köln). Aber für die Wirkungen der *Klagerücknahme* wird *hypothetisch* zurückverwiesen: es liegt wie bei Verjährung und Aufrechnung, die Wirkungen der Klagerücknahme unterliegen deutschem Recht (vgl. dazu § 50 I a.F. EheG, der am 1. 1. 1977 „seine Wirksamkeit verloren" hat [Art. 3 Nr. 1, Art. 12 Nr. 13a 1. EheRG]).

Oft ist **nicht festzustellen, ob** ein ausländisches IPR **zurück- oder weiterverweist.** Dann wollen viele von einem Renvoi einfach absehen. Indessen ist hier genauso zu verfahren wie sonst, wenn der Inhalt ausländischen Rechts nicht feststellbar ist (darüber unten S. 450). Handelt es sich um eine Rechtsfrage, mit der sich das fremde IPR noch nicht zu befassen hatte, haben wir eine Kollisionsnorm in diesem zu *entwickeln* (z.B. wenn es darum geht, ob eine Rückverweisung für die Scheidung sich auch auf den – diesem Recht unbekannten – Versorgungsausgleich bezieht, näher *Soergel/Schurig*[12] Art. 17 Rz. 162).

VII. Haager Abkommen

Am 31. 10. 1951 beschloß man im Haag ein **„Abkommen zur Regelung der Konflikte zwischen dem Recht des Heimatstaats und dem Recht des Wohnsitzstaats"** vom 15. 6. 1955. Es ist nicht in Kraft getreten (oben S. 213).

Text: Rev.crit.dr.i.p. 1951, 730 f. (vollständig); RabelsZ 17 (1952), 272 f. (Art. 1–9).

Schrifttum: *Dölle*, RabelsZ 17 (1952), 199–207; *De Nova*, in: Studi in onore di G. M. de Francesco, 1956, 173–181; *Borum*, in: Liber Amicorum Algot Bagge, Stockholm 1957, 16–21; *Raape*[5] 83 f.; *Mulder*, NTIR 1962, 340–348; *Matic*, Annuaire de l'A.A.A. 35 (1965), 195–202; *Neuhaus*, Grundbegriffe 279 f.; *Graue*, RabelsZ 57 (1993), 35–41.

§ 11. Verweisung bei Rechtsspaltung

Schrifttum: *Melchior*, Grundlagen 97–100; *De Nova*, Il richiamo di ordinamenti plurilegislativi, Pavia 1940; *Lewald*, Règles générales des conflits de lois, Basel 1941, 107–119; *Rabel* I[2] 134–146; *Arminjon*, Rec. 1949 I, 96–130; *Rheinstein*, Das Kollisionsrecht im System des Verfassungsrechts der Vereinigten Staaten, Fschr. Rabel 1954 I, 539–589; *De Nova*, Les systèmes juridiques complexes en droit international privé Rev. crit. dr. i. p. 1955, 1–16; *Kegel*, Die Anwendung des Rechts ausländischer Staaten mit räumlicher Rechtsspaltung, Fschr. Arnold 1955, 61–79; *Wengler*, Skizzen zur Lehre vom Statutenwechsel, RabelsZ 23 (1958), 535–572; *Knittel*, Geltendes und nicht geltendes Auslandsrecht im IPR, 1963, 55–93 (bespr. von *Lüderitz* RabelsZ 29 [1965], 426–429; *Knittel*, The Temporal dimension in the Conflict of Laws Rules, Brit. Y.B. Int. L. 1964, 105–140; *De Nova*, Rec. 1966 II, 538–557; *Neuhaus*, Grundbegriffe 306–315; *Richter*, Die Rechtsspaltung im malaysichen Familienrecht, zugleich ein Beitrag zur „gestuften" Unteranknüpfung im IPR, 1978; *Lalive*, Rec. 1977 II (erschienen 1979), 301–305; *Courbe*, Les objectifs temporels des règles de droit international privé, Paris 1981; *Société belge de droit international (S.B.D.I.)*, Actes du colloque, Les Etats fédéraux dans les relations internationales, Rev. belge dr. int. 1983-1, 1–594; *Keller/Siehr* 166–174; *Rauscher*, Die Ausschaltung fremden interlokalen Rechtes durch Art. 4 III Satz 1 EGBGB, IPRax 1987,

206–209; *Hay*, Die Anwendung US-amerikanischer jurisdiction-Regeln als Verweisungsnorm bei Scheidung von in Deutschland wohnhaften Amerikanern, IPRax 1988, 265–268; *Stoll*, Kollisionsrechtliche Fragen bei räumlicher Spaltung des anwendbaren Rechts, Fschr. Keller, Zürich 1989, 511–527; *Jayme*, Spanisches interregionales und deutsches internationales Privatrecht, IPRax 1989, 287f.; *Hage-Chahine*, L'article 311–14 du Code civil et la règle étrangère de conflit dans le temps et dans l'espace, JDI (Clunet) 1990, 73–91; *Jayme*, Rechtsspaltung im spanischen Privatrecht und deutsche Praxis, RabelsZ 55 (1991), 303–331; *Bungert*, Ehescheidung in Deutschland wohnender US-Amerikaner aus verschiedenen Einzelstaaten, IPRax 1993, 10–17; *Spickhoff*, Die engste Verbindung im interlokalen und internationalen Familienrecht, JZ 1993, 336–344 (336–341) zu Art. 4 III 2 (EGBGB); *Sánchez Lorenzo*, La aplicación de los Convenios de la Conferencia de La Haya de Derecho Internacional Privado a los conflictos de leyes internos: perspectiva española, Rev. esp. der. int. 1993, 131–148; *Hummer*, Probleme der Staatennachfolge am Beispiel Jugoslawien, SZIER 1993, 425–459; *Borrás*, Les odres plurilégislatifs dans le droit international privé actuel, Rec. 1994 V, 145–368; *Otto*, Die Bedeutung des Art. 4 Abs. 3 EGBGB bei Verweisung auf das Recht eines Mehrrechtsstaats, IPRax 1994, 1–3; *Sumampouw*, Droit interrégional privé et droit international privé, Fschr. Kokkini-Iatridou, Dordrecht 1994, 291–306; *ten Wolde*, Bronnen van Interregionaal Privaatrecht, Zwolle 1994; *Jayme*, Non-Unified Legal Systems and European Conflicts Law. Spanish Law Applied Abroad, in: Principios, objetivos y métodos del Derecho internacional privado, Madrid 1995, 103–114; *Nordin*, Umfang der kollisionsrechtlichen Verweisung. Insbesondere: Art. 13 IPRG, Anwendung fremden Rechts, einschließlich fremder Teilrechtsordnungen und fremden Wirtschafts- und Staatsvertragsrechts, St. Gallen 1996 (insbes. S. 275–340); *Busse*, Staatenabspaltung und kollisionsrechtliche Verweisung, IPRax 1998, 155–162.

I. Begriff

Eine Verweisung stößt auf eine Rechtsspaltung, **wenn in einem ausländischen Staat, dessen Recht anzuwenden ist, verschiedenes Recht gilt**. Insbesondere gilt oft verschiedenes Recht in verschiedenen *Teilen des Staatsgebiets*, für verschiedene *Gruppen von Personen, die dem Staat angehören* (meist für Mitglieder verschiedener Religionsgemeinschaften), und zu verschiedenen *Zeiten* (oben S. 36–45).

Gespalten sind manchmal bloß die *Sach*normen, oft auch die *Kollisions*normen.

Nur noch die *Sach*normen waren *räumlich* gespalten in *Polen* mit seinen fünf Rechtsgebieten, nachdem man durch zwei Gesetze vom 2. 8. 1926 sowohl das internationale wie das interlokale Privatrecht vereinheitlicht hatte. Ähnlich war es nach dem ersten Weltkrieg in *Frankreich*: in Elsaß-Lothringen galt von 1900 her im wesentlichen das BGB fort, zunächst einschließlich des deutschen internationalen und interlokalen Privatrechts, während im übrigen der code civil und französisches Kollisionsrecht galten; durch Gesetz vom 24. 7. 1921 wurde dann das französische IPR in Elsaß-Lothringen eingeführt und einheitliches interlokales Recht geschaffen. In *Spanien* regelt der Código civil einheitlich das IPR (Art. 8–12) und das interlokale Privatrecht (Art. 13–16).

Nicht nur die Sachnormen, sondern auch die *Kollisions*normen sind *räumlich* gespalten z.B. in den *USA*: jeder Einzelstaat hat in der Hauptsache eigenes materielles Privatrecht, aber auch eigenes *„conflicts law"* für das Verhältnis zu den anderen Einzelstaaten (interlokal) und zum Ausland (international). Ähnlich ist die Lage in anderen angelsächsischen Ländern, insbesondere im *Vereinigten Königreich* (vgl. oben S. 34).

Wenn außer den Sachnormen auch noch das *internationale* Privatrecht gespalten ist, auf das wir verweisen (oben § 10), muß zunächst entschieden werden, welches der mehreren Internationalprivatrechte über einen Renvoi bestimmt. Gleich, ob das internationale Privatrecht gespalten oder einheitlich ist, muß beim Fehlen eines Renvoi weiterhin entschieden werden, welches der mehreren *materiellen* Privatrechte anzuwenden ist.

II. Nur materiellrechtliche Spaltung

Als *Beispiel* diene OLG Karlsruhe IPRspr. 1931 Nr. 96 = JFG 8, 116: Ein Elsässer war 1869 in Straßburg geboren. 1921 zog er von Metz nach Mannheim. Dort starb er 1929. Er hinterließ eine Witwe und vier Kinder aus zwei früheren Ehen. Die Witwe hatte er 1923 geheiratet und 1924 mit ihr einen Ehe- und Erbvertrag geschlossen, in dem die Eheleute allgemeine Gütergemeinschaft ohne Fortsetzung vereinbarten und einander zu Alleinerben einsetzten. Die Witwe verlangte einen Erbschein als Alleinerbin.

Hier gab es *drei Kollisionen:* eine *internationale,* weil der Erblasser auf Grund des Versailler Vertrags Franzose war, eine *interlokale*, weil in Elsaß-Lothringen bis Mitte 1925 im wesentlichen das BGB fortgalt, während im übrigen Frankreich der code civil herrschte; eine *intertemporale*, weil in Elsaß-Lothringen 1925 das BGB im wesentlichen durch den code civil ersetzt wurde.

Nach dem *BGB* hätte der Erbschein erteilt werden müssen; denn die Kinder hatten nur Pflichtteilsansprüche. Nach dem *code civil* waren die Kinder Noterben zu gleichen Teilen mit der Witwe (jeder ein Fünftel); der Erbschein hätte also nicht erteilt werden dürfen. Das OLG hielt französisches Recht für maßgebend und versagte der Witwe den beantragten Alleinerbschein.

Grundsätzlich bieten sich folgende Wege:

1. Möglichkeit: Man *überläßt die Entscheidung ganz dem ausländischen Staat*, dessen Recht von unserem IPR berufen wird.

Das hätte *in casu* bedeutet:

a) Prüfung des (einheitlichen) französischen *internationalen* Privatrechts, ob es zu einem Renvoi führte. Antwort des OLG: nein (richtig gewesen wäre für den beweglichen Nachlaß: ja, allerdings hätte man über einen *double renvoi* [oben S. 341] wieder zum französischen Recht gelangen können).

b) Prüfung des (ab 1921 einheitlichen) französischen *interlokalen* Privatrechts, ob das Recht Elsaß-Lothringens oder des übrigen Frankreichs anzuwenden war. Antwort: Elsaß-Lothringen.

c) Prüfung des (einheitlichen) elsaß-lothringischen *intertemporalen* Privatrechts, ob BGB oder code civil anzuwenden war. Antwort: zwar galt für den 1924 abgeschlossenen Ehe- und Erbvertrag das BGB, aber die Noterbrechtsvorschriften des 1925 in Elsaß-Lothringen eingeführten code civil wurden mit Rückwirkung ausgestattet.

d) Da intertemporal (c) das Noterbrecht des code civil galt, gleich ob der Ehe- und Erbvertrag selbst dem code civil oder dem BGB unterlag, konnte nicht nur die intertemporale Frage für den Vertrag selbst, sondern auch die interlokale Frage (oben b) *offen bleiben*: Die Kinder hatten Noterbrecht; der Antrag der Witwe auf einen Alleinerbschein war unbegründet.

2. Möglichkeit: Man *entscheidet* so weit wie möglich *selbst*.

Das hätte *in casu* bedeutet:

a) Die Entscheidung über einen Renvoi mußte wegen Art. 27 a.F. EGBGB dem *französischen IPR* überlassen bleiben. Antwort des OLG: kein Renvoi (siehe oben 1 a).
b) Prüfung nach *deutschem interlokalem Privatrecht*, ob das Recht Elsaß-Lothringens oder des übrigen Frankreichs anzuwenden war. Antwort: Elsaß-Lothringen; denn maßgebend wäre der Ort des letzten gewöhnlichen Aufenthalts des Erblassers in Frankreich und das war Metz (Lothringen).
c) Prüfung nach *deutschem intertemporalem Privatrecht*, ob BGB oder code civil anzuwenden war. Antwort: für den Ehe- und Erbvertrag war maßgebend das Recht der Errichtungszeit (vgl. Art. 200, 214 EGBGB), hier also das BGB; jedoch war für den Pflichtteil (vgl. *Soergel/Hartmann*[12] Art. 213 EGBGB Rz. 4) und auch für ein Noterbrecht maßgebend das Recht zur Todeszeit, hier also der code civil.
d) Das Ergebnis ist also *in casu dasselbe* wie bei vollständiger Entscheidung nach den französischen Kollisionsrechten, inbesondere könnten auch hier die intertemporale Frage für den Ehe- und Erbvertrag selbst und die interlokale Frage offen bleiben. Aber die Übereinstimmung ist zufällig, nicht notwendig.

Der *erste Weg ist grundsätzlich richtig.* Die Lage ist vergleichbar mit dem *Renvoi.* Dort überlassen wir dem fremden Staat, dessen Recht nach unserem IPR anwendbar ist, zu entscheiden, welchen Staates Recht angewandt werden soll – sein eigenes, unseres (Rückverweisung) oder das eines dritten Staates (Weiterverweisung). Wir tun das, obwohl wir die internationalprivatrechtliche Entscheidung zunächst selbst getroffen haben. Denn dafür spricht (unter anderem, oben § 10 III 3) ein Ordnungsinteresse am *äußeren Entscheidungseinklang*, das hier nicht nur darauf gerichtet ist, hinkende Rechtsverhältnisse zu verhüten, sondern vor allem so *„real"* wie möglich zu entscheiden (oben S. 343 f.). Bei *Rechtsspaltung* im ausländischen Recht haben wir keine Vorentscheidung getroffen. Aber das Interesse am äußeren Entscheidungseinklang durch „reale" Entscheidung ist hier von derselben Art und Stärke wie beim Renvoi.

Abzulehnen wäre insoweit die Vorstellung: wir haben für jeden Unterschied von *Sach*normen (international, interlokal, interpersonal, intertemporal usw.) ein besonderes Kollisionsrecht, und das kommt zum Zuge, wenn der von ihm erfaßte Unterschied auftritt. Man übersähe, daß die *Kollisions*rechte sich in *gleicher Weise* (räumlich, personal, zeitlich usw.) unterscheiden wie die Sachnormen und wir auch das anwendbare Kollisionsrecht interessengerecht zu bestimmen haben (oben S. 49 f.).

Grundsatz sollte also sein: ist in einem fremden Staat, dessen Recht nach unserem IPR anzuwenden ist, nur das *materielle Recht gespalten*, aber das *Kollisionsrecht einheitlich*, so **folgen wir dem einheitlichen Kollisionsrecht.** Seit 1986 ist die Frage in diesem Sinne auch **gesetzlich geregelt** in **Art. 4 III 1 EGBGB:** „Wird auf das Recht eines Staates mit mehreren Teilrechtsordnungen verwiesen, ohne die maßgebende zu bezeichnen, so bestimmt das Recht dieses Staates, welche Teilrechtsordnung anzuwenden ist." (Ebenso z.B. die Haager Abkommen über den Minderjährigenschutz und über die Testamentsform [unten S. 801f., 877]).

Wir folgen z.B. den *Interlokal*privatrechtsgesetzen Frankreichs, Polens (beide heute kaum noch praktisch), Jugoslawiens (Ges. vom 27. 2. 1979, soweit fortgeltend und soweit es reicht: OLG Düsseldorf FamRZ 1995, 1203 findet keine passende Anknüpfung und geht zu Art. 4 III 2 EGBGB über) und Spaniens. Wir folgen einheitlichem *interreligiösem* Recht im Iran (z.B. OLG Hamm FamRZ 1976, 29 [31] = IPRspr. 1975 Nr. 59 [S. 138]). Wir folgen einheitlichem *Stammeskollisions*recht in Afrika (OLG Frankfurt NJW-RR 1990, 778 *implicite*). Wir folgen den überall einheitlichen *intertemporalen* Kollisionsnormen (z.B. *Soergel/Kegel*[12] Art. 4 Rz. 50; KG NJW-RR 1989, 644 = StAZ 1988, 325 mit zust. Anm. von *Hepting*; siehe auch oben S. 20f. und das Schrifttum oben S. 45).

Ändert sich das von den Parteien gewählte *materielle* Recht, dann wird in der Regel das neue Recht gewollt sein. Vgl. BGH MDR 1986, 829 (Änderung der Schiedsgerichtsordnung des vereinbarten ständigen Schiedsgerichts). Wird eine Rechtswahl getroffen, nach der nur das *zu einem bestimmten Zeitpunkt* geltende Recht anwendbar sein soll, so spricht man von einer „*Versteinerungsklausel*"; dazu näher *MünchKomm/Martiny*[3] Art. 27 Rz. 21–25; *Soergel/von Hoffmann*[12] Art. 27 Rz. 23.

Dieser Grundsatz gilt **bei räumlicher Rechtsspaltung** in dem Staat, dessen Recht von unserem IPR berufen ist (z.B. Frankreich, Spanien), jedoch nicht ohne **Vorbehalt**. Wenn unsere Kollisionsnorm die „maßgebende" Teilrechtsordnung selbst „bezeichnet", dann ist das für uns bindend. Diese Ausnahme hat folgenden Grund:

Internationales und interlokales Privatrecht können als ein *einziges* Kollisionsrecht, als *das* räumliche Kollisionsrecht betrachtet werden. Sie treten bei uns im wesentlichen nur deswegen als zwei Kollisionsrechte auseinander, weil unser IPR im Parteiinteresse personen-, familien- und erbrechtliche Tatbestände an die *Staatsangehörigkeit* anknüpft. Wo dagegen unsere Anknüpfung nicht einen Staat als solchen, sondern nur einen Ort bezeichnet (insbesondere Abschluß-, Erfüllungs-, Tat-, Lage-, Aufenthalts-, Sitzort), ist die Interessenlage dieselbe, mag nun der Ort in einem Staat mit einheitlichem Recht liegen oder in einem von mehreren Teilgebieten eines Staates, die verschiedenes Recht haben (oben § 2 V). Daraus ergibt sich:

Soweit unser IPR an die **Staatsangehörigkeit** anknüpft, bleibt es beim *Grundsatz*: wir überlassen dem Heimatstaat die *Gesamt*entscheidung *einschließlich* der Wahl des maßgebenden *Teilgebietsrechts.* Weil jemand z.B. Franzose und deswegen an der Geltung französischen Rechts interessiert ist, lassen wir französisches Recht herrschen. Dem liefe es zuwider, wollten wir die interlokale Wahl selbst treffen. Auch hätte unsere Wahl etwas Gezwungenes; denn sie wäre an eines der Teilrechte des Heimatstaats gebunden. Wir könnten z.B. einen nach französischem Recht zu beerbenden Elsaß-Lothringer mit letztem gewöhnlichen Aufenthalt in Mannheim nicht – wie einen dort zuletzt wohnhaften Staatenlosen oder Flüchtling – nach westdeutschem Recht beerben lassen, sondern müßten zwischen den französischen Gebietsrechten wählen.

Das OLG Karlsruhe (oben S. 361) hat offen gelassen, ob nach deutschem oder französischem interlokalem Privatrecht zu entscheiden sei, *welches* französische Teilgebietsrecht herrsche, das in Elsaß-Lothringen oder das im übrigen Frankreich geltende.

Soweit dagegen unser IPR an einen **Ort** anknüpft, verweist es in Wirklichkeit nicht auf das Recht des *Staates*, in dem der Ort liegt, sondern auf das in dem *Gebiete*, in dem der Ort liegt, geltende Recht.

Nach der Begründung des Regierungsentwurfs des IPRG (BTDrucks. 10/504 S. 40) drückt Art. 4 III 1 EGBGB den Vorrang der Ortsanknüpfung durch die Worte aus: „verwiesen, *ohne die maßgebende* [Teilrechtsordnung] *zu bezeichnen*". Bei der Ortsanknüpfung soll sie also bereits durch das Anknüpfungsmoment (gewöhnlicher Aufenthalt usw.) bezeichnet sein.

Das Gebiet mag sich decken mit dem Gebiet eines (souveränen) Staates, mit dem Gebiet eines nichtsouveränen Teilstaates oder mit einem sonstigen Teilgebiet. Theoretisch kann es auch das Gebiet eines Staates überschreiten, nämlich dann, wenn ein Staat mit einem oder mehreren anderen völlig übereinstimmendes Privatrecht hat (Sach- und Kollisionsnormen). Praktisch kommt das nicht vor.

Wäre es im Fall des OLG Karlsruhe (oben S. 361) nicht um die *Wirkung* des Ehe- und Erbvertrags gegangen, sondern um die *Form*, so hätte nach Art. 11 I 2 a.F. EGBGB die Form des *Abschlußorts* genügt. Wäre der Vertrag in Straßburg geschlossen worden, dann hätte unsere *räumliche* (zugleich internationale und interlokale) Kollisionsnorm nicht nur die Maßgeblichkeit *französischen* Rechts, sondern auch noch weiter die Maßgeblichkeit des *elsaß-lothringischen* Rechts ergeben. Die Formvorschrift des *französischen* interlokalen Privatrechts wäre unerheblich, jedenfalls in diesem ersten Abschnitt des Gedankengangs.

Früher wurde oft angenommen: wenn in einem Staat mit räumlicher Rechtsspaltung *einheitliches interlokales Privatrecht* gilt (wie in Frankreich, Polen und Spanien), so *folgen wir dessen Regeln immer.* Indessen entscheiden wir *selbst*, soweit unser IPR an einen *Ort* anknüpft: Unsere internationalprivatrechtliche Anknüpfung wird *in das interlokale Privatrecht „verlängert"*.

Der praktische Unterschied beider Wege ist aber gering. Denn, auch wenn wir selbst entscheiden, müssen wir doch im zweiten Abschnitt des Gedankengangs gegebenenfalls einem *interlokalen Renvoi* folgen, und auf diese Weise kommt einheitliches interlokales Privatrecht des fremden Staates doch zum Tragen – außer in den Fällen, in denen ein Renvoi unbeachtlich ist, wie nach Art. 35 I EGBGB im internationalen Schuldvertragsrecht (oben S. 350). In der Regel bleibt es also gleich, ob man in das fremde Haus durch den *„Keller"* einsteigt (indem man selbst das

Teilgebiet wählt) oder durch das *„Dach"* (indem man dem fremden einheitlichen interlokalen Privatrecht folgt).

Für **Schuldverträge** wiederholt **Art. 35 II EGBGB** (der Art. 19 I des Römischen Schuldvertragsübereinkommens übernommen hat) den sich aus Art. 4 III 2 ergebenden Grundsatz (Anknüpfung an die Staatsangehörigkeit ist in diesem Bereich nicht vorgesehen): „Umfaßt ein Staat mehrere Gebietseinheiten, von denen jede für vertragliche Schuldverhältnisse ihre eigenen Rechtsvorschriften hat, so gilt für die Bestimmung des nach diesem Unterabschnitt anzuwendenden Rechts jede Gebietseinheit als Staat."

Die Vorschrift beschränkt sich anders als Art. 4 III auf die *räumliche* Rechtsspaltung. Auch ist sie weniger klar, meint aber für Ortsanknüpfungen ebenfalls, daß diese unmittelbar auf die Rechtsordnung des Teilgebiets gehen, in dem der Ort liegt (vgl. Begründung des Regierungsentwurfs des IPRG [BTDrucks. 10/504 S. 84]).

III. Auch kollisionsrechtliche Spaltung

Daß neben den Sachnormen auch die Kollisionsnormen gespalten sind, kommt bei *zeitlicher* Rechtsspaltung nicht vor, ist aber nahezu die Regel bei *räumlicher* und *personaler.* Das praktisch wichtigste Beispiel bilden heute die USA.

Hier kann man nicht dem ausländischen Kollisionsrecht folgen, weil es *mehrere* gibt und man nicht weiß, *welchem* man folgen soll. Man muß also an die Normen des eigenen IPR *„anbauen"*, um einen Einstieg in das ausländische Recht zu finden.

So wird man bei *personaler* Rechtsspaltung dort, wo unser IPR an die Staatsangehörigkeit anknüpft, außerdem an die Zugehörigkeit zu einer Personengruppe anknüpfen. Heiratet z. B. in Damaskus ein Moslem eine Jüdin, so gilt nach Art. 13 I EGBGB zwar für beide syrisches Recht, als solches aber für den Mann islamisches und für die Frau jüdisches.

Bei *räumlicher* Rechtsspaltung ist dort, wo unser IPR an einen *Ort* anknüpft (genau wie bei *einheitlichem* ausländischem interlokalem Privatrecht, oben II), das maßgebende Teilgebietsrecht durch diesen Ort zu bestimmen und gegebenenfalls einem interlokalen oder (bei räumlicher Spaltung auch des IPR) internationalen Renvoi dieses Gebiets zu folgen.

Wo unser IPR an die *Staatsangehörigkeit* anknüpft, müssen wir jedoch bei *räumlicher* Rechtsspaltung im Heimatstaat zu Analogien greifen. Am nächsten liegt es, die Regeln unseres *eigenen interlokalen Privatrechts* anzuwenden. Auch **Art. 4 III 2** EGBGB meint das, wenn er bestimmt: „Fehlt eine solche Regelung [einheitliches Kollisionsrecht im Gebiet des Staates mit gespaltenem Recht, oben II], so ist die Teilrechtsordnung anzuwenden, mit welcher der Sachverhalt am engsten verbunden ist." Dieser Programmsatz der „engsten Verbindung" ist aufzufüllen. Als *Faustregel* kann man der Reihe nach entscheiden lassen:

1. den *gewöhnlichen Aufenthalt* in einem der Rechtsgebiete des Heimatstaats;
2. den *letzten gewöhnlichen Aufenthalt* in einem der Rechtsgebiete des Heimatstaats;
3. den *schlichten Aufenthalt* in einem der Rechtsgebiete des Heimatstaats;
4. den *letzten schlichten Aufenthalt* in einem der Rechtsgebiete des Heimatstaats;
5. die *engste Verbindung* zu einem der Rechtsgebiete des Heimatstaats;
6. das Recht der *Hauptstadt* des Heimatstaats.

Näher unten S. 407f.

Auch nach der Begründung des Regierungsentwurfs des IPRG von 1986 (BTDrucks. 10/504 S. 40) wird die „engste Verbindung“ in der Regel durch den gewöhnlichen Aufenthalt vermittelt wie oben Nr 1. Bei Eheleuten, die außerhalb ihres Heimatstaates leben, will *Stoll* bei fehlender oder schwacher Verbindung zur Heimat das Recht des Staates anwenden, in dem sich beide gewöhnlich aufhalten (Fschr. Keller, Zürich 1989, 260); doch kann man aus dem durch die Staatsangehörigkeit vorgeschriebenen Kreis nicht ausbrechen.

Für „engste Verbindung“ auch die Haager Abkommen über den Minderjährigenschutz, die Adoption von 1964 und die Testamentsform (unten S. 801f., 836, 877); zur „engsten Verbindung“ als Haupt- und Hilfsklausel oben S. 257–261.

Einem interlokalen oder internationalen *Renvoi* des in dem so ermittelten Teilgebiet geltenden Kollisionsrechts ist zu folgen (BGHZ 24, 352; AG Heidelberg IPRax 1988, 113 LS mit Anm. Red. [E. J.]; *Stoll*, Fschr. Keller, Zürich 1989, 523; *Jayme*, IPRax 1989, 288).

Die interlokalrechtlichen Anknüpfungen berühren sich mit denen, die nach Art. 5 II EGBGB für *Staatenlose* gelten (näher unten S. 400f.). Der Unterschied ist: für Staatenlose kann das Recht *jedes* Staates maßgeben; bei räumlicher Rechtsspaltung innerhalb eines Staates (Deutschland oder Ausland) kann man nur an eines *seiner Rechtsgebiete* anknüpfen.

Manche wollen, bevor sie unser eigenes interlokales Privatrecht entsprechend anwenden, an *Rechtseinrichtungen des Heimatstaats* anknüpfen, z.B. an die *Zugehörigkeit zu einem Einzelstaat* oder an das *„domicile“* in einem Einzelstaat der USA (so z.B. *Firsching/von Hoffmann*[5] § 6 Rz. 120f.; weitere Nachweise *Soergel/Kegel*[12] Art. 4 Rz. 55). Die Zugehörigkeit zu einem *Einzelstaat* innerhalb eines souveränen Staats ist jedoch rechtlich meist viel weniger bedeutsam und wiegt auch in der Wertschätzung des Einzelnen meist ungleich leichter als die Zugehörigkeit zum Gesamtstaat. Daher besteht kein hinreichendes Parteiinteresse an einer solchen Anknüpfung (oben S. 118–120). In den USA ist sie zudem an das *„domicile“* gekoppelt (fehlt also für Amerikaner mit Wohnsitz im Ausland). Das *„domicile“* selbst eignet sich ebenfalls nicht. Denn die Rechtssätze über seinen Erwerb und Verlust sind in den Einzelstaaten nicht notwendig dieselben (es kann auch nicht jedesmal die Übereinstimmung *in casu* in 53 Rechtsgebieten verifiziert werden); Doppelwohnsitz und Wohnsitzlosigkeit wären also nicht in jedem Fall zu vermeiden (obwohl gerade das nach dem Recht der Einzelstaaten ausgeschlossen sein soll). Deswegen ist die Anknüpfung an den gewöhnlichen Aufenthalt vorzuziehen und einem etwaigen interlokalen oder internationalen Renvoi des einzelstaatlichen Kollisionsrechts zu folgen.

§ 12. Bedingte Verweisung

I. Begriff

Rück- und *Weiter*verweisung sind aus dem Spiel, wenn das IPR eines fremden Staates, dessen Recht wir berufen, auf das eigene materielle Privatrecht des Staates verweist (oben S. 339 a.E.). Davon, daß dies so ist, kann aber auch eine Berufung geradezu *abhängig* gemacht werden: **Wird das Recht eines fremden Staates unter der Voraussetzung berufen, daß sein IPR sein materielles Privatrecht für anwendbar erklärt**, sprechen wir von einer **bedingten Verweisung.** Ist diese „Bedingung" nicht erfüllt, verweist also das IPR des fremden Staates zurück oder weiter, dann wird es von uns *gar nicht erst berufen*; die Rück- oder Weiterverweisung als solche berührt uns nicht.

Man hat die bedingte Verweisung dahin gekennzeichnet, daß hier ausländisches IPR *„näher dazu"* sei (*M. Wolff*), den Fall zu regeln, und deswegen das deutsche IPR sich *„selbst beschränke"* (*Melchior*). Solche Bilder sind unscharf. Weder dankt das deutsche IPR ab: es beruft ja das fremde Recht. Noch ist Näherberechtigung ein besonderer Anknüpfungsgrund. *Stets* wird das Recht berufen, das als das nächste betrachtet wird. Vielmehr haben wir der Form nach eine bedingte Verweisung, der Sache nach unterschiedliche Interessenlagen.

II. Art. 3 III EGBGB

Schrifttum: *Kahn*, DogmJ 30 (1891), 36–47 = Abh. I, 1928, 31–41; *Zitelmann*, Sondergut nach deutschem IPR, Fschr. Gierke 1911, 255–284; *Melchior*, Die Selbstbeschränkung des deutschen IPR, RabelsZ 3 (1929), 733–751; *Melchior*, Grundlagen 402–408; *Zeuge*, Das Recht der belegenen Sache im deutschen internationalen Erbrecht (Art. 28 EGBGB), 1939; *Schwind*, Kindschafts-, Vormundschafts- und Liegenschaftsstatut, ÖJZ 1955, 1–6; *Makarov*, Rev.crit.dr.i.p. 1955, 436–439; *Baade*, Anerbenrecht und Ausländererbfolge, SchlHA 1959, 33–37; *Wochner*, Gesamtstatut und Einzelstatut, Fschr. Wahl 1973, 161–184; *Braga*, Einheitliches Erb- und Ehegüterrecht, Fschr. Wengler II, 1973, 191–209; *Neuhaus*, Grundbegriffe 286–292; *Stöcker*, Die Neuordnung des Internationalprivatrechts und das Höferecht, WM 1980, 1134–1138; *Schurig* 194 f.; *Reichelt*, Gesamtstatut und Einzelstatut im IPR, Ein Beitrag zu den allgemeinen Lehren des Kollisionsrechts, Wien 1985; *Keller/Siehr* 480–482; *von Bar* I, Rz. 533–535; *Schurig*, Erbstatut, Güterrechtsstatut, gespaltenes Vermögen und ein Pyrrhussieg, IPRax 1990, 389–393; *Lüderitz*[2] 78 f.; *Tiedemann*, Internationales Erbrecht in Deutschland und Lateinamerika, 1993, 39–58; *Dörner*, Nachlaßspaltung – und die Folgen, IPRax 1994, 362–366; *Soergel/Kegel*[12], Art. 3 Rz. 7–25; *Staudinger/Hausmann*[13], Art. 3 Rz. 40–123; *Thoms*, Einzelstatut bricht Gesamtstatut. Zur Auslegung der „besonderen Vorschriften" in Art 3 Abs. 3 EGBGB, 1996; *Kropholler*[3] 166–169; *Solomon*, Der Anwendungsbereich von Art. 3 Abs. 3 EGBGB – dargestellt am Beispiel des internationalen Erbrechts, IPRax 1997, 81–87; *MünchKomm/Sonnenberger*[3], Art. 3 Rz. 17–39; *Nishitani*, Ausländische Vindikationslegate und das deutsche Erbrecht – unter besonderer Berücksichtigung des japanischen Erbrechts, IPRax 1998, 74–79.

1. Vorgeschichte

Seit dem 16. Jahrhundert wurde meist angenommen, der *Nachlaß* unterliege verschiedenem Recht: für Grundstücke gelte die *lex rei sitae*, für bewegliches Vermögen die *lex domicilii* des Erblassers. Entsprechend wurden *eheliches Gut* und *Kindesgut* behandelt: Grundbesitz unterlag der *lex rei sitae*, bewegliches Vermögen dem am Wohnsitz des Ehemanns oder Vaters geltenden Recht. Diese Regeln herrschen noch heute in Frankreich, England, in den USA und anderen Ländern. In Deutschland wurden sie seit Mitte des 18. Jahrhunderts verdrängt durch die Meinung, daß auch für Grundstücke das Wohnsitzrecht gelte, daß also Nachlaß, Ehe- und Kindesgut einem einzigen Recht unterlägen. Von der *Spaltung* des Nachlasses, des Eheguts, des Kindesvermögens ging man über zur *Einheit* (*Savigny* VIII 301–303, 327 f., 340).

Hinfort bestimmte darüber, wer Erbe eines Grundstücks war, ob ein Grundstück dem Mann, der Frau oder beiden gehörte und wer über das Grundstück verfügen konnte, sowie darüber, welche Rechte der Vater an Grundstücken des Kindes hatte, nicht mehr die *lex rei sitae.* Das „*Gesamt*"-Statut siegte über das „*Einzel*"-Statut. Die *lex rei sitae* galt nur noch insofern, als ihre sachenrechtliche Ordnung nicht gesprengt werden durfte; z.B. konnte das Erbstatut nicht eine Gesamthandsgemeinschaft der Miterben an Grundstücken herbeiführen, wenn die *lex rei sitae* nur die Bruchteilsgemeinschaft kannte.

Neben dem Gesamtvermögen einer Person (Erblasser, Ehegatte, Kind) gab es in Deutschland und zum Teil im Ausland *Sondervermögen,* die hauptsächlich aus Grundstücken bestanden und über die ihr Inhaber nur beschränkt oder gar nicht unter Lebenden oder von Todes wegen verfügen konnte. In Deutschland waren das vornehmlich Fideikommisse, Lehen, Stammgüter, Rentengüter, Erbpachtgüter, Anerbengüter (vgl. Art. 59, 62–64 EGBGB). Man war sich darüber einig, daß solche Sondervermögen weiterhin der *lex rei sitae* unterlagen (*Savigny* VIII 305–308).

Materiellrechtlich waren diese Sondervermögen dadurch gekennzeichnet, daß sie bestimmten *politischen,* insbesondere *wirtschaftspolitischen Zwecken* dienten. Zum Beispiel sollten die Fideikommisse einen wirtschaftlich unabhängigen Adel für staatliche Aufgaben verfügbar machen; durch Anerbengüter wollte man der Bodenzersplitterung vorbeugen und eine leistungsfähige Landwirtschaft erhalten (dazu *Kegel,* Fschr. Cohn 1975, 90 f.).

Neben solchen Sondervermögen für bestimmte Personen gab es im Ausland *Sondervermögen für jedermann,* indem dort überhaupt Rechte am Nachlaß, Ehegut und Kindesvermögen verschieden geregelt waren für Grundstücke und bewegliches Vermögen. So in England bis 1925, in Nord-Irland bis 1955, in der Republik Irland bis 1965 sowie noch heute auf den Bermudas und in manchen Einzelstaaten der USA. Hier wirken germanische Vorstellungen (und Wertungen) nach: der Blick ruht auf einzelnen Gütermassen. Dagegen ruht er im römischen Recht auf der Person des Vermögensherrn. Dieser Unterschied der Blickrichtung kann (aber muß nicht) auch im IPR wirken: der „Romanist" gibt dem Parteiinteresse nach und beurteilt Nachlaß, Ehegut und Kindesgut nach Wohnsitz- oder Heimatrecht; der „Germanist" sieht den Grundbesitz als Sondervermögen und läßt die *lex rei sitae* entscheiden. Nachdem in Deutschland die Grundsatzentscheidung zugunsten des Wohnsitzrechts gefallen war, blieb noch immer die Frage offen, ob nicht die *lex rei sitae* wie für Sondervermögen mit politischer oder wirtschaftspolitischer Zielsetzung so auch für die im materiellen Ehe-, Kindschafts- und Erbrecht Englands und der USA besonders geregelten Grundstücke gelten sollte (dafür *L. von Bar,* dagegen *Kahn*).

Wer sich hier für die *lex rei sitae* entschied, mußte schließlich vor die Frage gelangen, ob auch dann die *lex rei sitae* gelten sollte, wenn im Ausland materiellrechtlich für Nachlaß, Ehe- und Kindesgut der Unterschied von Grundstücken und beweglichem Vermögen beseitigt, *kollisionsrechtlich* aber *beibehalten* war. So in Frankreich, wo nach Aufhebung der materiellrechtlichen Spaltung internationalprivatrechtlich weiterhin auf die Erbfolge in Grundstücke die *lex rei sitae* und auf die Erbfolge in Fahrnis das Recht des letzten Erblasserwohnsitzes angewandt wurde (und wird); ebenso heute in England und in vielen Einzelstaaten der USA.

Vor diesem Hintergrund wurde *Art. 28 a.F. EGBGB* entworfen. Er geht zurück auf einen Vorschlag von *Friedrich Mommsen,* der im Einklang mit der Tradition materiellrechtliche Sondervermögen vom Typ der Fideikommisse, Lehen usw. der *lex rei sitae* unterstellte (AcP 61 [1878], 180, 201). *Gebhard,* der IPR-Redaktor der Ersten Kommission (oben S. 182), änderte die Fassung. In der Sache wollte er anscheinend nichts ändern. So wollte er sicherlich Fideikommisse, Lehen usw. der *lex rei sitae* unterwerfen, und es spricht mehr gegen als für die Annahme, daß er darüber hinaus im Interesse der *Durchsetzbarkeit* deutscher Entscheidungen auch ausländische Sondervermögen für *jedermann* der *lex rei sitae* überlassen wollte, soweit der ausländische Staat selbst diese Sondervermögen den besonderen materiellen Regeln des eigenen Rechts als der *lex rei sitae* unterwarf – wie England und die USA die Grundstücke als Ehegut, Kindesgut und Nachlaß (*Niemeyer*, Zur Vorgeschichte des IPR [„Die Gebhardschen Materialien"], 1915, 197 f., 212, 237 f., 252; *Wochner*, Fschr. Wahl 1973, 166–171). Wohl aber hat die erste Kommission diese Absicht gehabt (Prot. vom 23. 9. 1887 und vom 16. 12. 1887, Abdruck bei *Hartwieg/Korkisch*, Die geheimen Materialien zur Kodifikation des deutschen IPR 1881–1896, 1973, 135 f., 168, 175 f. und im wesentlichen bei *Wochner*, aaO 171–173). Dagegen wollte anscheinend weder die Erste noch die Zweite Kommission so weit gehen, die *lex rei sitae* auch dann gelten zu lassen, wenn (wie in Frankreich) materiellrechtlich für Grundstücke und Fahrnis des Eheguts und Nachlasses dasselbe galt und lediglich internationalprivatrechtlich auf Grundstücke die *lex rei sitae*, auf bewegliches Vermögen anderes Recht (in Frankreich das Wohnsitzrecht) angewandt wurde (vgl. für die Zweite Kommission Prot. VI 80 f. = Mugdan I 302; *Wochner*, aaO 173–175). Die weitere Vorgeschichte bringt nichts Neues (*Hartwieg/Korkisch*, aaO 256 a. E. f., 329, 354, 363, 378, 383, 389 a. E. f., 403, 408, 416).

2. Geltendes Recht

Seit 1986 sagt **Art. 3 III EGBGB:** „Soweit Verweisungen im Dritten und Vierten Abschnitt [Familien- und Erbrecht] das Vermögen einer Person dem Recht eines Staates unterstellen, beziehen sie sich nicht auf Gegenstände, die sich nicht in diesem Staat befinden und nach dem Recht des Staates, in dem sie sich befinden, besonderen Vorschriften unterliegen".

Das ist fast identisch mit dem vorher geltenden Art. 28 a. F. EGBGB; in diesem waren nur die Art. 15, 19, 24 I, 25 und 27 einzeln aufgeführt, die auf entsprechend umschriebene Gegenstände „keine Anwendung" fanden. Geklärt hat diese Verschiebung an den Anfang des Gesetzes nichts; insbesondere hat der Gesetzgeber die Gelegenheit nicht wahrgenommen, zwischen den streitigen Auffassungen zu entscheiden.

Zwar wird in der Begründung zum Regierungsentwurf (BT-Drucks. 10/504, S. 36 f.) als *Motiv* für die im wesentlichen unveränderte Übernahme des alten Art. 28 unter anderem angeführt, daß der BGH „Auslegungsgrundsätze ... herausgearbeitet" habe. Zum Inhalt des Gesetzes sind diese aber gerade nicht geworden, obwohl eine entsprechende Klarstellung ohne weiteres möglich gewesen wäre. Der *Gesetzgeber* hat die Entscheidung der Frage also weiterhin der Rechtsprechung und Wissenschaft überlassen, sie ist entgegen verbreiteter Auffassung (z. B. *MünchKomm/Sonnenberger*[3] Art. 3 Rz. 25; wie hier *Koch/Magnus/Winkler von Mohrenfels*, IPR und Rechtsvergleichung[2], 1996, 19 [grundsätzlich; jedoch etwas voreilig anderslautendes Gewohnheitsrecht vermutend]; *Solomon*, IPRax 1997, 83 f.) **nach wie vor offen.**

Der Verfasser der Begründung zum Regierungsentwurf hat nur *vermutet*, es werde bei der bisherigen Auslegung bleiben. Mit dem „Gesetzgeber" ist er jedoch keineswegs identisch, und er hat sich übrigens auch an anderer Stelle geirrt. Auch der weiterhin angeführte Grund, die Vorschrift könne eine *Wahl*möglichkeit bezüglich der ausländischen lex rei sitae „entbehrlich" machen, hat aufgrund der späteren Entwicklung keine Gültigkeit mehr (näher und Nachweise bei *Soergel/Schurig*[12] Art. 25 Rz. 89), und für das *deutsche* Recht ist die Vorschrift ohnehin ohne Belang (unten S. 372–374).

a) Nicht anzuwendende Vorschriften

Zunächst einmal **verdrängt** Art. 3 III **Kollisionsnormen des internationalen Familien- und Erbrechts.** In Betracht kommen:
- Art. 15 (Güterstand),
- Art. 21 n.F. (Wirkungen des Eltern-Kind-Verhältnisses), bis 1998 Art. 19, 20, 21 a.F. (eheliche, nichteheliche Kindschaft, Legitimation),
- Art. 22 (Adoption),
- Art. 24 (Vormundschaft und Pflegschaft),
- Art. 25, 26 (Erbfolge).

Das Kindschaftsrecht wird nur verdrängt, soweit es das Kindesvermögen regelt (nicht das persönliche Verhältnis zu den Eltern).

Das Haager Abkommen über den Schutz Minderjähriger von 1961 (oben S. 199, unten S. 799–806) könnte in seinem Anwendungsbereich den Art. 3 III EGBGB verdrängen.

Praktisch wichtig ist jedoch vor allem die Erbfolge (Art. 25, 26), gelegentlich noch das Ehegüterrecht.

Auch Art. 4 I 1 (Rück- und Weiterverweisung) kommt in Betracht (Art. 28 a.F. nannte den entsprechenden Art. 27 a.F. ausdrücklich). Das heißt freilich nur, daß es gleichgültig ist, ob das verdrängte Sachrecht von uns unmittelbar oder über eine beachtliche *Rück- oder Weiterverweisung* berufen worden wäre.

b) Anzuwendende Vorschriften

Seinem Wortlaut nach ist Art. 3 III rein negativ: er sagt, was nicht gilt, aber nicht, was gilt. Gelten sollen jedoch die „besonderen Vorschriften" des Belegenheitsstaats. *Mommsens* und *Gebhards* Entwürfe sprachen das aus; man strich es als selbstverständlich.

aa) Sondervermögen für bestimmte Personen

aaa) **Ausländisches Sondervermögen.** Daß Art. 3 III jedenfalls für ausländische Sondervermögen gilt, die besonderen politischen oder wirtschaftspolitischen Zwecken dienen und bestimmte Personen vor anderen begünstigen, war schon unter Art. 28 a.F. unstreitig und ist es auch heute. Solche Sondervermögen sind ursprünglich Fideikommisse, Lehen, Stamm-, Renten-, Erbpacht-, Anerbengüter und ähnliche. Diese Typen sind indessen im Aussterben begriffen. Wichtig sind heute nur noch das Höferecht und verwandte Regeln (wie z.B. im deutschen

Recht die Zuweisung einer Landwirtschaft an einen Miterben nach §§ 13–17 GrdstVG, dazu unten S. 373).

Ausländische Sondervermögen für bestimmte Personen sind anscheinend selten. Erbhöfe gibt es in Norwegen, Polen und stark abgeschwächt in Österreich ([öst] OGH [öst]JBl. 1992, 463; *Schwimann* in: *Rummel*, Kommentar zum ABGB II[2], 1992, IPRG § 28 Rz. 6, S. 1402 mit Nachweisen). In der deutschen Rechtsprechung begegneten sie bisher nicht.

Daß in solchen Fällen grundsätzlich nach Art. 3 III das Belegenheitsrecht anzuwenden ist, folgt nicht nur aus der *Entstehungsgeschichte* der Vorschrift, sondern vor allem auch aus ihrem *rechtspolitischen Grund.* Er liegt darin, daß diese Sondervermögen *politischen*, insbesondere *wirtschaftspolitischen Zielen* dienen (oben S. 368). Die entsprechenden *Sachnormen betreffen* äußerlich zwar Fragen der Rechtsnachfolge von Todes wegen oder der Güterverteilung unter Ehegatten. Aber sie fördern nicht zuerst Interessen *privatrechtlicher,* nämlich erbrechtlicher und güterrechtlicher Art, sondern solche politischer und wirtschaftspolitischer Art. Damit implizieren sie in erster Linie *andere kollisionsrechtliche Interessen* als die, die im Rahmen der erb- oder güterrechtlichen „Bündelung" zusammengefaßt sind; insoweit ähneln sie eher den politisch oder wirtschaftspolitisch bedingten Staatseingriffen in private Rechte (die wie Enteignungen und Währungseingriffe grundsätzlich anzuerkennen sind, wenn und soweit der ausländische Staat die Grenzen seiner Macht eingehalten hat [unten § 23]). Anders ausgedrückt: Diese „besonderen Vorschriften" sind derart beschaffen, daß sie **unter Art. 15 oder Art. 25 von vornherein gar nicht erst zu qualifizieren sind** (zur Qualifikation oben § 7) – und dies im übrigen auch ohne Art. 3 III nicht wären. Die kollisionsrechtliche Behandlung dieser Vorschriften steht damit in einer Linie mit derjenigen ausländischer Eingriffsnormen aus sog. „Drittstaaten", wie sie zu regeln z.B. Art. 7 I des Römischen Schuldvertragsübereinkommens versucht hat. Diese Vorschrift ist zwar nicht in Art. 34 EGBGB übernommen worden, was aber nicht die Anwendung solcher Normen aufgrund autonomer Interessenbewertung über „besondere" Anknüpfungen ausschließt (oben 138–140); verwandt ist auch Art. 11 IV EGBGB.

Art. 3 III erkennt das besondere Interesse des Staates an Anwendung der „besonderen" Normen an und gibt ihm nach, setzt dabei aber auf Sicherheit, indem ein **weiteres formales Indiz für diese Interessen** eingeführt wird: für die Anwendung genügt nicht, daß der ausländische Staat *materiell*rechtlich Sondervermögen für bestimmte Personen geschaffen hat durch Sachnormen mit politischem oder wirtschaftspolitischem Charakter. Er muß dies auch dadurch bewiesen haben, daß er selbst kollisionsrechtlich sein materielles Sondervermögensrecht immer anwendet, wenn diese Interessen betroffen sind, d.h. wenn Gegenstände des Sondervermögens *in seinem Gebiet* liegen. Art. 3 III enhält also eine **bedingte Verweisung** (oben I).

Sein materielles Sondervermögensrecht wird von uns also nur angewandt, den von ihm verfolgten politischen oder wirtschaftspolitischen Zielen wird nur Rechnung getragen, wenn er sich selbst ganz treu bleibt. Trifft er halbe Maßnahmen, dann wird nicht sein Sondervermögensrecht angewandt, soweit er selbst es anwendet, und im übrigen seinem Renvoi gefolgt. Vielmehr wird sein Recht gar nicht beachtet: es bleibt bei unserer gewöhnlichen Anknüpfung für Nachlaß, Ehe- und Kindesgut. Dagegen verstößt KG FamRZ 1995, 762 in einem interlokalen Fall: erst wird Art. 3 III angewandt, dann eine Teil-Rückverweisung angenommen! Im deutschen interlokalen Verhältnis war im übrigen für Art. 3 III ohnehin kein Platz, vgl. *Soergel/Schurig*[12] Art. 25 Rz. 113; anders h. M.

„Besondere Vorschriften" im Sinne des Art. 3 III sind demnach, wenn es um ausländische Sondervermögen für bestimmte Personen geht, die materiellrechtlichen Sondervermögensregeln in Verbindung mit einer Kollisionsnorm, daß diese Regeln auf alle im Inland liegenden Gegenstände solcher Sondervermögen anzuwenden sind.

Würde Norwegen (was es vermutlich tut) seine Erbhöfe *stets* nach norwegischem Erbhofrecht vererben, so würden auch wir gemäß Art. 3 III norwegisches Erbhofrecht anwenden, selbst wenn der verstorbene Bauer ein Schwede war und daher, vom Sondervermögen des Erbhofs abgesehen, gemäß Art. 25 I nach schwedischem Recht beerbt würde. Würde dagegen Norwegen die Nachfolge in seine Erbhöfe *wie die sonstige Beerbung* dem Recht des letzten Erblasserwohnsitzes unterstellen, so würden wir uns, außer für Norweger (Art. 25 I), um das norwegische Erbhofrecht nicht kümmern. Wir würden also einen schwedischen Bauern mit letztem Wohnsitz in Meran, den dann die Norweger einschließlich des norwegischen Erbhofs nach italienischem Recht beerben ließen, wegen Art. 25 I nach schwedischem Recht beerben lassen. Wir würden sogar dann schwedisches Erbrecht anwenden, wenn der Bauer auf dem Hofe wohnte und die Norweger wegen seines Wohnsitzes (und nicht, weil der Hof in Norwegen lag) norwegisches Recht anwenden würden.

Wie, wenn *Teile* des Sondervermögens in einem dritten Staat liegen? Man denke an „Ausmärkergrundstücke" eines Hofes. Wendet der Staat, dessen Recht die Sondervermögensregeln angehören, sie auf inländisches Vermögen wegen seiner Inlandsbelegenheit an und wendet der dritte Staat sie auf in seinem Gebiet liegende Gegenstände ebenfalls an (wie dies interlokalprivatrechtlich für Ausmärkergrundstücke in Nordwestdeutschland geschieht: BGHZ 22, 1), so folgen wir dem.

bbb) **Inländisches Sondervermögen.** Art. 3 III wird häufiger auch für *inländisches* Sondervermögen herangezogen.

Z. B. *Thoms*, Einzelstatut bricht Gesamtstatut, 1996, 11 f. So wandte KG JW 1936, 2466 (mit Anm. von *Maßfeller*) über Art. 28 a. F. die Zinssenkungsvorschriften einer NotVO von 1931 auf eine Rentenschuld an, die an einem deutschen Grundstück zur Sicherung einer ehegüterrechtlichen Schuld ungarischen Rechts bestellt worden war; die Entscheidung war aus anderen Gründen gleichwohl richtig (*Soergel/Schurig*[12] Art. 15 Rz. 66 Fn. 28).

Weitere Nachweise *Soergel/Schurig*[12] Art. 25 Rz. 89 Fn. 61–63, Art. 15 Rz. 66.

Die Begründung zum Regierungsentwurf eines Gesetzes zur Neuregelung des IPR (BTDrucks. 10/504 S. 37) führt sogar zugunsten der Erhaltung des Art. 28 a. F. in Gestalt des Art. 3 III an, „daß sonst kaum das deutsche Höferecht im Fall fremder Staatsangehörigkeit des Hofinhabers durchgesetzt werden könnte".

Das ist aus zwei Gründen unrichtig: Weder *sollte* Art. 3 III (und sein Vorgänger Art. 28 a.F.) diese Fälle erfassen, noch ist es überhaupt *möglich*, daß er eine diesbezügliche Regelung enthält:

Die deutschen Sondervermögen gehörten vor 1900 dem Landesrecht an und blieben nachher unter dessen Herrschaft (Art. 59, 62–64 EGBGB mit Art. 3 a.F. [jetzt 1 II], 55), und zwar sowohl materiellrechtlich wie internationalprivatrechtlich (oben S. 186). Mit ihnen konnte sich also Art. 28 a.F. nicht befassen: er konnte weder im Landesrecht eine Kollisionsnorm (Vorrang des Belegenheitsrechts) neu schaffen noch irgendwie sinnvoll eine im Landesrecht bereits vorhandene Kollisionsnorm (Vorrang des Belegenheitsrechts) bestätigen. Im *Reichs*recht wäre eine bloße Bestätigung bereits vorhandener Kollisionsnormen (die dem Belegenheitsrecht Vorrang geben) durch Art. 28 a.F. ebenfalls sinnlos gewesen. Die Schaffung einer neuen Kollisionsnorm in Gestalt einer Generalklausel wäre zwar möglich, aber nicht zweckmäßig gewesen; in Art. 28 a.F. war sie jedenfalls nicht enthalten (dazu sogleich). Denn ob deutsches Recht als Belegenheitsrecht ausländischem Ehegüterrecht, Kindesvermögensrecht und Erbrecht vorgehen soll, läßt sich nicht vorweg ins Blaue hinein entscheiden (z.B. 1900 für Erbhöfe ab 1933), sondern muß im Zusammenhang der einzelnen Sonderregelungen des deutschen materiellen Rechts geprüft werden. Das Ergebnis ist: Schon **Art. 28 a.F. sollte nicht zugunsten deutscher Sondervermögen wirken, die bestimmte Personen begünstigen.**

Selbstverständlich können auch spezielle deutsche Regeln, wie etwa das Höferecht, einer besonderen Anknüpfung an die Belegenheit unterliegen. Das ist nach den allgemeinen Grundsätzen dann der Fall, wenn sie eigene politische oder wirtschaftspolitische Sachinteressen verfolgen und diese überwiegend entsprechende auf territoriale Verknüpfung ausgerichtete kollisionsrechtliche Interessen implizieren, so daß die daraus resultierenden Anknüpfungen unter die ein bestimmtes „Statut" (Erbstatut, Güterrechtsstatut) hervorbringenden allseitigen „Bündelungen" nicht passen, sondern als *besondere Anknüpfungen* unabhängig davon vorzunehmen sind. Solche Normen hat es immer und in jeder Rechtsordnung gegeben (vgl. *Schurig*, RabelsZ 54 [1990], 217, 233 f.); von ihnen ist schon bei *Savigny* die Rede, *Kahn* hat sie in den richtigen Zusammenhang systematisch eingebunden, und Art. 34 EGBGB erkennt heute (für das dort angesprochene Schuldvertragsrecht) ihre Existenz ausdrücklich an. Auch für das deutsche Landwirtschaftsrecht gibt es solche speziellen, das Belegenheitsrecht berufenden Kollisionsnormen.

Nur hat dies alles **mit Art. 3 III nichts zu tun**. Diese Vorschrift trifft selbst gar keine kollisionsrechtliche Entscheidung für bestimmte Sachregeln, sondern adaptiert für uns lediglich Kollisionsnormen des Belegenheitsstaates, die auf dem besonderen Charakter des betroffenen Sachrechts beruhen. Die Existenz spezieller Anknüpfungsregeln im Belegenheitsstaat wird also *vorausgesetzt*. Art. 3 III brauchen wir nur als Grundlage, um *eigene* autonome Kollisionsnormen in bezug auf dieses Sachrecht zu bilden, weil uns die fremden nicht binden.

Wendete man Art. 3 III auf deutsche Grundstücke an, würde dies am Inhalt nichts ändern, nämlich an dem Gebot, solche Kollisionsnormen anzuwenden. **Deutsche Kollisionsnormen sind aber in Deutschland**

ohnehin anzuwenden, und sie haben als speziellere Regeln Vorrang. Konkretisiert man Art. 3 III in dieser Hinsicht, so wird der Leerlauf offenbar: „*Deutsche Normen sind anzuwenden, wenn sie nach speziellen deutschen Kollisionsregeln anzuwenden sind.*" Solche „Regeln" brauchen wir nicht.

Gänzlich verfehlt ist daher der Hinweis auf das deutsche Höferecht in der Begründung des Regierungsentwurfs.

Art. 3 III wirkt also nicht zugunsten deutscher Sondervermögen, die bestimmte Personen begünstigen. Erst recht wirkt er nicht zugunsten der *Sondererbfolge in Anteile an Personengesellschaften*; insoweit geht es lediglich um die Abgrenzung zweier Statute, also um ein Qualifikationsproblem (str., Nachweise bei *Soergel/Schurig*[12] Art. 25 Rz. 89 Fn. 63).

bb) Sondervermögen für jedermann

Selten wie ausländische Sondervermögen für *bestimmte* Personen ist heute auch, daß *jedermanns* Nachlaß, Ehe- oder Kindesgut verschiedenen Sachnormen unterliegt, indem für Grundbesitz andere Regeln gelten als für Fahrnis. Doch gibt es Staaten mit solchen Regelungen.

So ist die gesetzliche Erbfolge in Grundstücke und Fahrnis verschieden geregelt in manchen Einzelstaaten der USA wie Delaware, New Jersey, North Dakota und Tennessee, ebenso auf den Bermudas (oben S. 368).

Soweit kollisionsrechtliche Spaltung hinzutritt, indem für Grundstücke die *lex rei sitae*, für Fahrnis Wohnsitzrecht gilt (und so ist es meist, wenn nicht immer), wollte die *Erste Kommission* (anscheinend gegen *Gebhard*) Art. 28 a.F. auf Grundstücke im Spaltungsstaat anwenden und mithin der *lex rei sitae* den Vorrang lassen. Für diese Ansicht spricht, daß ursprünglich die materiellrechtlichen Sonderregeln für Grundbesitz politische oder wirtschaftspolitische Gründe hatten. Aber diese Gründe sind heute dahin. Deshalb dienen diese Regeln nur noch den privatrechtlichen Interessen, die dem Erbrecht, dem Güterrecht als solchem zugrunde liegen. Dementsprechend rufen sie auch *keine besonderen kollisionsrechtlichen Interessen* auf den Plan: Sie sind problemlos als „erbrechtlich" oder „güterrechtlich" zu *qualifizieren*.

Die *lex rei sitae* kann daher in diesen Fällen nur dann unseren allgemeinen Kollisionsnormen für Erbfolge, Ehegüterrecht und Kindesrecht vorgehen, wenn sie auch in den Fällen vorgeht, in denen materiellrechtlich der Unterschied zwischen Grundbesitz und Fahrnis beseitigt, kollisionsrechtlich aber beibehalten ist. Dementsprechend differenziert die herrschende Meinung hier im allgemeinen auch nicht. Ob Art. 3 III auch die bloße kollisionsrechtliche Rechtsspaltung erfaßt, ist nunmehr zu erörtern.

cc) Nur kollisionsrechtliche Vermögensspaltung

Daß nicht mehr materiellrechtlich, sondern nur noch internationalprivatrechtlich beim Nachlaß, Ehe- und Kindesgut zwischen Grundbesitz und Fahrnis unterschieden wird, ist heute unter den Ländern mit entsprechender Rechtsspaltung die Regel: man knüpft die Fahrnis an Wohnsitz (England, USA, für Nachlaß Frankreich); für Grundstücke gilt die *lex rei sitae*. Die herrschende Meinung wandte schon den Art. 28 a.F. in diesen Fällen an (BGHZ 50, 63 [64–69] mit eingehender Darstellung des Streitstandes und unter Berufung auf die Entstehungsgeschichte [zu dieser indessen *Wochner*, Fschr. Wahl 1973, 171, 174]; BayObLG IPRax 1984, 104 LS mit Anm. Red. [K. F.] = IPRspr. 1982 Nr. 118; KG OLGZ 1984, 428 [430 a.E.f.]) und fühlt sich bei Art. 3 III in dieser Auffassung noch bestärkt (z.B. BGH FamRZ 1993, 1065 = IPRax 1994, 375 mit Aufsatz von *Dörner* 362–366; OLG Zweibrücken FamRZ 1998, 263 = FGPrax 1997, 192 [193 unter 4 b aa] = IPRax 1999, 110 mit Aufsatz von *Kartzke* 98–100; weitere Nachweise unten S. 377; zur angeblichen Entscheidung des Gesetzgebers oben S. 369 a.E.f.).

Beispiel: Ein Deutscher, der in Köln lebt, hinterläßt ein Grundstück in London. Nach englischem IPR unterliegt der bewegliche Nachlaß (mit Einschränkungen) dem Wohnsitzrecht des Erblassers (deutsches Recht), der unbewegliche Nachlaß der *lex rei sitae* (englisches Recht). Trifft Art. 3 III diesen Fall (so die h.M.), dann haben auch wir englisches Recht auf die Erbfolge in das Londoner Grundstück anzuwenden. Trifft Art. 3 III diesen Fall nicht, dann gilt nach Art. 25 I deutsches Recht für den gesamten Nachlaß einschließlich des Londoner Grundstücks.

Praktisch bedeutsam wird die Frage seit der Wiedervereinigung häufig bei Erbfolge in *Ostgrundstücke*, die von Erblassern mit letztem gewöhnlichen Aufenthalt im Westen hinterlassen wurden (dazu unten S. 378).

Als *Grund* für das Eingreifen von Art. 3 III (früher Art. 28 a.F.) auch – und praktisch vor allem – bei nur internationalprivatrechtlicher Vermögensspaltung beruft man sich auf das Interesse an äußerem Entscheidungseinklang und damit an der *Durchsetzbarkeit* unserer Entscheidung (zu diesem Interesse oben S. 126 f.); auch die „größere Sachnähe" dieses Rechts, die „Verzahnung des Erbrechts mit dem Sachenrecht" werden ins Feld geführt.

Auf den Gedanken der Durchsetzbarkeit hatte schon *Gebhard* den Vorrang der *lex rei sitae* bei Sondervermögen für bestimmte Personen gegründet (*Niemeyer* [oben S. 369], S. 197; *Wochner*, aaO 169).

Nur selten sind die Argumente einer Auffassung so leicht zu widerlegen und hält sich diese Auffassung so hartnäckig wie die h.M. zu Art. 3 III EGBGB. Die angeführten Interessen und Gesichtspunkte haben alle bereits eine Rolle gespielt bei der gesetzgeberischen Entscheidung für kollisionsrechtliche Nachlaßeinheit (bzw. ein einheitliches Güterrechtsstatut); hier sind sie zugunsten anderer Interessen wertungsmäßig in den Hintergrund getreten. Die h.M. könnte nur dann richtig sein, wenn in den Fällen der kollisionsrechtlichen Nachlaßspaltung in einem Belegenheitsstaat, soweit diese von Art. 3 III erfaßt werden sollen, im Rahmen unseres IPR Harmonie- und Durchsetzbarkeitsgesichtspunkte auftauchten, *die so speziell sind, daß sie bei der Entscheidung zugunsten der Nachlaßeinheit rechtspolitisch nicht berücksichtigt worden sind.* Das ist offensichtlich nicht der Fall: Es können diese Interessen in derselben Weise oder stärker berührt sein, *ohne* daß Art. 3 III überhaupt herangezogen werden *kann*.

So ist für die beschriebene Interessenlage *gleichgültig, aus welchem Grund* im Belegenheitsstaat das eigene Recht angewandt wird. Wenn z.B. der Belegenheitsstaat sein eigenes Recht anwendet, nicht weil die Grundstücke in seinem Lande liegen (*lex rei sitae*), sondern weil er den *ganzen* Nachlaß (das ganze Ehe- und Kindesgut) anders anknüpft als wir, inbesondere an den Wohnsitz, ist die Lage eigentlich viel gravierender, aber Art. 3 III kommt mangels „besonderer Vorschriften" nicht in Betracht.

Beispiel: Ein Deutscher stirbt mit letztem Wohnsitz in Kopenhagen und hinterläßt dort ein Grundstück. Die Dänen wenden dänisches Recht als Wohnsitzrecht an. Dem folgen wir sicherlich nicht, sondern beurteilen nach Art. 25 I EGBGB ohne Rücksicht auf Durchsetzbarkeit die Erbfolge auch in das Kopenhagener Grundstück nach deutschem Recht als dem letzten Heimatrecht.

Dieselbe Situation entsteht, wenn ein Doppelstaater stirbt und im Belegenheitsstaat zwar wie bei uns an das letzte Heimatrecht angeknüpft wird, aber an ein *anderes*.

Beispiel: Erblasser mit deutscher und italienischer Staatsangehörigkeit stirbt mit letztem Wohnsitz in Italien und hinterläßt dort ein Grundstück. Die Italiener wenden italienisches Recht als das aus dortiger Sicht vorrangige Heimatrecht an; uns rührt das nicht: wir wenden nach Art. 5 I 2 EGBGB deutsches Recht an.

Das Durchsetzbarkeitsinteresse müßte, nimmt man es ernst, zur Herrschaft der *lex rei sitae* auch über *bewegliches* Vermögen führen, solange es nicht aus dem Lande, das sein eigenes Erb-, Ehegüter- oder Kindschaftsrecht anwendet, herausgeschafft ist. Daran denkt aber offenbar niemand.

Beispiel: Ein Deutscher stirbt mit letztem Wohnsitz in Kopenhagen und hinterläßt dort Möbel. Die Dänen wenden dänisches Wohnsitzrecht an. Wir wenden deutsches Recht als Heimatrecht an.

Dieselben Lagen haben wir, wenn der Belegenheitsstaat zwar an die Belegenheit anknüpft, aber den *gesamten* Nachlaß so behandelt (so vielleicht einige südamerikanische Staaten; vgl. *Tiedemann*, Internationales Erbrecht in Deutschland und Lateinamerika, 1993, S. 126–130 [zu Venezuela], 136 f. [zu Panama], 137 f. [zu Uruguay]); auch dann fehlt es offenbar an „besonderen" Vorschriften.

Das war bis vor kurzem unstreitig. Nunmehr wollen in einer Art „Vorwärtsverteidigung" *Tiedemann* (Internationales Erbrecht in Deutschland und Lateinamerika 1993, 54 f.) und *Dörner* (*Staudinger/Dörner*[13] Art. 25 Rz. 538) an Überlegungen *Zitelmanns* anschließend (oben S. 15 f.) Art. 3 III EGBGB auch in diesem Fall anwenden, der These folgend, die Vorschrift regele schlechthin das Verhältnis zwischen „Vermögensstatut und Einzelstatut". Einen Grundsatz, demzufolge das „Einzelstatut" bei vermögensbezogenen Kollisionsnormen *immer* vorginge, gibt es im deutschen IPR aber nicht, und er sollte bestimmt nicht durch Art. 3 III (Art. 28 a. F.) etabliert werden (der dann ganz anders gefaßt worden wäre). Auch ein so weitgehender Grundsatz diente im übrigen nur dem Interesse an Durchsetzbarkeit und geriete in offensichtlichen Widerspruch mit den zuvor genannten Fällen, in denen er nichts bewirken könnte. Gegen diese Auffassung auch *Solomon*, IPRax 1997, 86 f.

Will man dem Gesetz nicht grobe Inkonsequenz unterstellen, so muß das bereits bei der Entscheidung für das Erbstatut abschließend bewertete Durchsetzbarkeitsinteresse im Rahmen des Art. 3 III ausgeklammert bleiben. Dann bleibt es dabei, daß diese Vorschrift eine besondere (bedingte) Anknüpfung nur für solche Gesetze des ausländischen Belegenheitsstaates enthält, die zwar mit der Erbfolge (bzw. den anderen güterrechtlichen Regeln) in sachlichem Zusammenhang stehen, die aber, weil sie materiell *politische oder wirtschaftspolitische Ziele* verfolgen, von den Anknüpfungsinteressen her unter die entsprechend allseitig „gebündelten" deutschen Kollisionsnormen nicht passen (Qualifikation).

Solchen Zielen des fremden Staates gibt man nach, soweit er sich in den Grenzen seiner Macht hält (oben S. 371). Diese Voraussetzungen sind erfüllt bei Sondervermögen für *bestimmte Personen*, wenn der Belegenheitsstaat insoweit sein eigenes Recht auf inländische Gegenstände ausnahmslos anwendet, d. h. an die *lex rei sitae* anknüpft (oben aa). Sie sind es nicht, wenn ein Staat materiellrechtlich gar kein Sondervermögen mehr bildet und nur die kollisionsrechtliche Spaltung beibehält: diese Spaltung hat den Charakter einer politischen oder wirtschaftspolitischen Regelung eingebüßt. Sie ist nur noch eine Entscheidung der internationalprivatrechtlichen Gerechtigkeit, indem Verkehrsinteressen (Anwendung des Ortsrechts) den Parteiinteressen (Anwendung des Rechts, dem eine Person – Erblasser, Ehegatte, Vater oder Mutter – eng verbunden ist) vorgezogen werden. *Diese* Interessen haben wir für uns in Art. 25, 15, 21 abschließend bewertet; es in Frage zu stellen, besteht kein Anlaß. Art. 3 III greift daher bei nur kollisionsrechtlicher Spaltung von Nachlaß, Ehe- und Kindesgut nicht ein (*Schurig*, IPRax 1990, 390; *Soergel/Kegel*[12] Art. 3 Rz. 18; *Soergel/Schurig*[12] Art. 25 Rz. 89, Art. 15 Rz. 66; *Raape/Sturm* I[6], 185–187; *Lewald* 174 f., 294 f.; *Thoms*, Einzelstatut bricht Gesamtstatut, 1996, 105–109; *Solomon*, IPRax 1997, 84–87; anders die *h.M.*, z.B. BayObLG NJW-RR 1990, 1033 und IPRax 1991, 414 mit Aufsatz von *Dörner* 392–398 = NJW 1991, 1237; BayObLGZ 1996, 165 [168 unter II 3 a bb] = NJW-RR 1997, 201 = FamRZ 1997, 318 [319]; OLG Zweibrücken FamRZ 1998, 263 = FGPrax 1997, 192 [193 unter 4 b aa] = ZEV 1997, 512 [513]; KG FamRZ 1998, 124 [124 f. unter II 1] = NJ 1998, 39 Bericht mit Anm. von *Schneider*).

Dasselbe muß gelten, soweit materiellrechtliche Sondervermögen für jedermann noch fortbestehen (unterschiedliches Erb-, Ehegüter- und Kindesvermögensrecht für Grundbesitz und Fahrnis), aber ihre politische oder ihre wirtschaftspolitische Bedeutung verloren haben (oben bb). Auch für sie gilt daher Art. 3 III nicht.

Natürlich können wir in Fällen nur kollisionsrechtlicher Rechtsspaltung – und in den anderen oben aufgeführten Fällen – den Belegenheitsstaat nicht hindern, sich durchzusetzen; denn er tut, was er will. Die h. M. nimmt aber die Regelung des Belegenheitsstaates als *endgültig* hin; dagegen eröffnet die hier vertretene Ansicht *Ausgleichsmöglichkeiten* wie den Erbschaftsanspruch, die *rei vindicatio*, Geschäftsführungs-, Delikts- und Bereicherungsansprüche, die nach den materiellen Rechten bestehen, die vom internationalen Erbrecht (Art. 25, 26 EGBGB), Familienrecht (Art. 15–22, 24), Sachen- oder Schuldrecht zur Herrschaft berufen werden.

Beispiel: Ein Deutscher hinterläßt ein Grundstück in New York und ein gleichwertiges Grundstück in Hamburg. Erbe ist nach New Yorker Recht X, nach deutschem Recht erben X und Y zur Hälfte. In New York gilt Nachlaßspaltung: Fahrnis wird nach Wohnsitzrecht, Grundvermögen nach *lex rei sitae* vererbt. Wenden wir Art. 3 III an, dann bekommt X das New Yorker Grundstück und die Hälfte vom Hamburger Grundstück. Wenden wir Art. 3 III nicht an, so können wir ausgleichen, dem Y das Hamburger Grundstück geben und die Erbfolge nach deutschem Recht verwirklichen. Ist nach New Yorker Recht X, nach deutschem Recht Y der Alleinerbe, so ist ein dinglicher Ausgleich nicht möglich. Doch können schuldrechtliche (Delikts-, Bereicherungs-, Geschäftsführungs-)Ansprüche an deutschem Vermögen des X durchsetzbar sein.

Im interlokalen Bereich (oben S. 25–33, 375) ist Art. 3 III folglich *nicht* entsprechend anzuwenden; er paßt hier auch aus anderen Gründen nicht. Das mögliche Vertrauen des früheren DDR-Rechtsverkehrs an Anwendbarkeit des DDR-Erbrechts kann gegebenenfalls auf andere Weise geschützt werden, näher *Soergel/Schurig*[12] Art. 25 Rz. 113, Art. 236 Rz. 7–9; vgl. auch unten S. 884–886).

3. Kritische Zusammenfassung

Nach allem hat Art. 3 III – richtig verstanden – nur eine *sehr geringe Bedeutung*: Er ist lediglich anzuwenden, soweit *ausländische* Sondervermögen für *bestimmte Personen* (Fideikommisse, Lehen, Erbhöfe u.a.) in Betracht kommen; so etwas ist selten und hat bisher unsere Gerichte nicht beschäftigt. Für *deutsche* Sondervermögen dieser Art gilt er gar nicht.

De lege ferenda sollte Art. 3 III verschwinden. Daß eine besondere Anknüpfungsnorm zu bilden ist, soweit ausländisches Recht Sondervermögen für bestimmte Personen dem Belegenheitsrecht unterwirft, versteht sich von selbst; denn mit ihnen verfolgt der Belegenheitsstaat politische oder wirtschaftspolitische Ziele, die besondere kollisionsrechtliche Interessen implizieren, denen wir in besonderen Kollisionsnormen nach eigener Wertung nachkommen. Im übrigen aber (nämlich bei der materiell- und kollisionsrechtlichen Abspaltung von Sondervermögen für jedermann und bei der allein kollisionsrechtlichen Aufspaltung) ist die Heranziehung von Art. 3 III auch rechtspolitisch verfehlt, weil der Belegenheitsstaat mit seinen Regeln keine politischen oder wirtschaftspolitischen Interessen mehr fördert, sondern nur totes Holz weiterschleppt. Gegen die Beibehaltung von Art. 28 a.F. hatte sich bereits der Deutsche Rat für IPR erklärt (*Lauterbach* [Hrsg.], Vorschläge und Gutachten zur Reform des deutschen internationalen Erbrechts, 1969, 2; *Beitzke* [Hrsg.], Vorschläge und Gutachten zur Reform des deutschen internationalen Personen-, Familien- und Erbrechts 1981, 14), was die bloße Verschiebung zu Art. 3 III EGBGB leider nicht hat hindern können.

III. Verkehrsschutz

Nach Art. 7 I EGBGB wird die Rechts- und Geschäftsfähigkeit einer natürlichen Person beurteilt nach dem Recht des Staates, dem diese angehört. Aber **Art. 12 Satz 1 EGBGB** bestimmt: „Wird ein Vertrag zwischen Personen geschlossen, die sich in demselben Staat befinden, so kann sich eine natürliche Person, die nach den Sachvorschriften des Rechts dieses Staates rechts-, geschäfts- und handlungsfähig wäre, nur dann auf ihre aus den Sachvorschriften des Rechts eines anderen Staates abgeleitete Rechts-, Geschäfts- und Handlungsunfähigkeit berufen, wenn der andere Vertragsteil bei Vertragsabschluß diese Rechts-, Geschäfts- und Handlungsunfähigkeit kannte oder kennen mußte.“

Dies ist eine allseitige Erweiterung des bis 1986 geltenden Art. 7 III 1 a. F., der sich lediglich auf „*im Inland*“ vorgenommene Rechtsgeschäfte bezog und im übrigen den guten Glauben des anderen Teils nicht erwähnte. Die Vorschrift schützte den deutschen Verkehr: Verkehrsinteresse ging in diesem Fall vor Parteiinteresse.

Hier und in ähnlichen Fällen (oben S. 120f.) fragte sich, ob die einseitige Kollisionsnorm zugunsten des deutschen Verkehrs zur allseitigen ausdehnbar war, so daß auch ausländischer Verkehr geschützt wurde. Der 19jährige Schweizer, der in seiner Heimat beschränkt geschäftsfähig war, konnte in *Freiburg* alle Geschäfte vornehmen. Warum nicht auch in *Straßburg*? Aber man hätte den französischen Verkehr nur geschützt, wenn Frankreich selbst ihn schützte: wir sind nicht päpstlicher als der Papst.

Wer Art. 7 III a. F. und ähnliche Regeln zu allseitigen Kollisionsnormen ausbaute (und wir taten es, 5. Aufl. S. 329 f., vgl. unten S. 480), gelangte also auch hier zu einer **bedingten Verweisung**: das Recht eines fremden Staats wurde nur unter der Bedingung berufen, daß sein IPR sein eigenes materielles Recht für anwendbar erklärte.

Art. 12 Satz 1 EGBGB als nunmehr allseitige Kollisionsnorm geht ebenfalls davon aus, daß das materielle Recht des Heimatstaates den Ausländer stärker schützt als das des Abschlußstaates (denn sonst gibt es dort kein Verkehrsschutzinteresse). Daß auch das *IPR* des Abschlußstaates den guten Glauben des Vertragsgegners schützt, indem es das eigene materielle Recht beruft, wird jedoch nicht ausdrücklich vorausgesetzt. Aber es macht wenig Sinn, den Verkehr in einem Staat „von außen“ zu schützen, wenn im Staat selbst die Anwendung des Statuts der Geschäftsfähigkeit wichtiger ist. Der (kollisionsrechtliche) Schutz des eigenen Verkehrs aus der Sicht des betroffenen Staates ist sinnvollerweise auch hier zur Voraussetzung zu machen, und dann hat man eine bedingte Verweisung.

Anders als Art. 7 III 1 a. F. EGBGB hat **Art. 16 EGBGB** die frühere einseitige Fassung, die dem Wortlaut nach nur den deutschen Verkehr schützt, beibehalten. Nach wie vor ist die Vorschrift indessen entsprechend anzuwenden zum Schutze des Verkehrs in einem ausländischen Staat, vorausgesetzt, daß der ausländische Staat selbst den eigenen Verkehr in gleicher Weise schützt (*Soergel/Schurig*[12] Art. 16 Rz. 22; unten S. 723, 735). Das ist ebenfalls eine **bedingte Verweisung**.

Eine bedingte Verweisung enthält weiterhin **Art. 11 IV EGBGB** (unten S. 551); er unterwirft Schuldverträge über Grundstücke zwingend der Form des Rechts des Lageorts, aber nur dann, wenn dieses auf der eigenen Form auch bei Auslandsberührung besteht (was kaum vorkommt).

Zu einer Art bedingter Verweisung in der Lehre des Holländers *Meijers*, hauptsächlich als Ersatz für fehlenden *renvoi* gedacht, 7. Aufl. S. 316.

§ 13. Anknüpfungsmomente

Schrifttum: *Neuner*, Die Anknüpfung im internationalen Privatrecht, RabelsZ 8 (1934), 81–120; *Engel*, La détermination des points de rattachement en droit international privé, Genf 1953 (bespr. von *Wiethölter*, RabelsZ 23 [1958], 183–186); *Bentivoglio*, Comunicazioni e studi (des Istituto di diritto internazionale e straniero della Università di Milano) 8 (1956), 141–145; *Makarov*, Réflexions sur l'interprétation des circonstances de rattachement dans les règles de conflit faisant partie d'une Convention internationale, Mélanges Maury, Paris 1960, I 207–230; *Barile*, (Criteri di) Collegamento, in: Enciclopedia del diritto VII (1960), 350–375; *Ficker*, Verknüpfung von Anknüpfungen, Fschr. Nipperdey 1965, I 297–322; *Heller*, „Wirkungsstatut" als Anknüpfungsbegriff?, ZfRV 1969, 1–21 (1–3); *Neuhaus*, Grundbegriffe 150–153; *Conetti*, L'arrêt Martini: considerazioni sulla scelta del criterio di collegamento, Riv.dir.int.priv.proc. 1977, 257–283; *Goldschmidt*, Anknüpfungsanordnungen und Anknüpfungen, Fschr. Ferid 1978, 137–150; *Lalive*, Rec. 1977 II (erschienen 1979), 101–119; *Keller/Siehr* 298–396; *Schröder*, Das Günstigkeitsprinzip im internationalen Privatrecht, Diss. Münster 1993; *Nygh*, The Reasonable Expectations of the Parties as a Guide to the Choice of Law in Contract and in Tort, Rec. 251 (1995, erschienen 1996), 269–400; *Boele-Woelki/Kessedjian* (Hrsg.), Internet – Which Court Decides? Which Law Applies?, Den Haag 1998.

I. Begriff

Anknüpfungsmoment (Anknüpfungsbegriff, Anknüpfungspunkt) ist im IPR derjenige Teil des Tatbestands einer selbständigen Kollisionsnorm, der den materiellprivatrechtlichen Sachverhalt **mit einem bestimmten Staate verknüpft**. Zum Beispiel wird in Art. 25 I EGBGB der materiellprivatrechtliche Sachverhalt „Rechtsnachfolge von Todes wegen" durch das Anknüpfungsmoment „Staat[es], dem der Erblasser im Zeitpunkt seines Todes angehörte", so eingeengt, daß die Kollisionsnorm gebieten kann, die Sachnormen dieses Staats (oder seine Kollisionsnormen: Renvoi) auf diesen Sachverhalt anzuwenden.

Es wurde gezeigt (oben S. 264): streng genommen, gibt es ein Anknüpfungsmoment für den materiellprivatrechtlichen Sachverhalt und ein Anknüpfungsmoment für die Sachnormen (nämlich deren „Geltung"). Aber beide fallen auf denselben Staat. Es ist zwar denkbar, aber kommt nicht vor, daß die Sachnormen eines Staats für anwendbar erklärt werden, weil der Sachverhalt mit einem *anderen* Staate verknüpft ist. Daher darf man von einem einzigen Anknüpfungsmoment sprechen, und das ist üblich.

Zum Unterschied zwischen Auslegung der Anknüpfungsbegriffe und Qualifikation oben § 7 V.

Anknüpfungsmomente sind *wandelbar*. Man kann z.B. heute diesem, morgen jenem Staat angehören. Darum muß eine Kollisionsnorm ausdrücklich oder stillschweigend den **maßgeblichen Zeitpunkt** bestimmen, d.h. den Zeitpunkt, in dem das Anknüpfungmoment vorhanden sein muß. Zum Beispiel spricht Art. 25 I EGBGB ausdrücklich von den Gesetzen des Staates, dem der Erblasser „im Zeitpunkt seines Todes" angehörte.

II. Staatsangehörigkeit, Wohnsitz, Aufenthalt

1. Verwendung

a) Staatsangehörigkeit

Das wichtigste Anknüpfungsmoment ist im deutschen IPR die Staatsangehörigkeit. Das Recht des Staates, dem jemand angehört, nennt man sein **Heimatrecht**. An die Staatsangehörigkeit wird angeknüpft (bzw. das Heimatrecht ist maßgebend) in Dingen, die eine **Partei persönlich nahe angehen**. Ihr Parteiinteresse gibt hier den Ausschlag (oben S. 118–120).

So ist es im *internationalen Personen-*, *Familien-* und *Erbrecht*, nämlich für Rechts- und Geschäftsfähigkeit (Art. 7 EGBGB), Todeserklärung (Art. 9 Satz 1), Name (Art. 10 I, II 1 Nr. 1, II Nr. 1, IV), Heirat (Art. 13 I), persönliche Ehewirkungen (Art. 14 I Nr. 1), Ehegüterrecht (Art. 15 I, II Nr. 1), Scheidung (Art. 17 I), Adoption (Art. 22), Zustimmung zur Abstammungserklärung und Adoption (Art. 23 Satz 1, 2), Vormundschaft und Pflegschaft (Art. 24 I 1) und Erbfolge (Art. 25 I). So war es bis 1998 auch im Kindschaftsrecht (Ehelichkeit [Art. 19 I 1–3 a. F.], eheliche Kindschaft [Art. 19 II 1 a. F.], Abstammung des nichtehelichen Kindes [Art. 20 I a. F.], Legitimation [Art. 21 a. F.]), nunmehr ist es nur eine Alternative im Abstammungsrecht (Art. 19 I 2 n. F., Art. 20 n. F.).

Sind *mehrere* Personen betroffen, so hat man allerdings häufig auf eine „Hauptperson" abgestellt. An *deren* Staatsangehörigkeit wird dann angeknüpft; ihr Heimatrecht gilt. So hat das EGBGB bis 1986 (verfassungswidrig) in Ehesachen meist an das Mannesrecht, in Kindschaftssachen an das Vaterrecht angeknüpft. Danach gab man weiterhin den Interessen der *Eltern* den Vorrang, nur daß durch Verweisung auf Art. 14 auf beiden gemeinsame Anknüpfungen abgestellt wurde. Demselben Recht wurden die Kinder als abhängige Personen *(personae coniunctae)* unterworfen.

Die Eltern gingen den Kindern vor bei der ehelichen Abstammung (Art. 19 I 1 a. F. EGBGB), bei der ehelichen Kindschaft (Art. 19 II 1 a. F.; bestand die Ehe der Eltern nicht [mehr], so entschied allerdings der gewöhnliche Aufenthalt des Kindes), bei der nichtehelichen Abstammung (Art. 20 I 1 a. F.) sowie bei der Legitimation (Art. 21 a. F.) und noch immer bei der Adoption (Art. 22; für die Zustimmung von Kind und Verwandten gilt aber das Heimatrecht des Kindes [Art. 23]).

Seit der ab 1. 7. 1998 geltenden Neuregelung geht das Kind den Eltern vor, und es entscheidet sein *gewöhnlicher Aufenthalt.*

So bei der Abstammung (Art. 19 I 1; das Heimatrecht der Eltern und deren Ehewirkungsstatut bieten noch zusätzliche [alternative] Möglichkeiten) und bei den Wirkungen (Art. 21). So schon unter altem Recht bei der ehelichen Kindschaft, wenn die Eltern nicht (mehr) verheiratet waren (Art. 19 II 2 a. F.), und bei der nichtehelichen Kindschaft (Art. 20 II a. F.).

Außerdem entscheiden der gewöhnliche Aufenthalt des Debilen zum Teil bei der Vormundschaft, Betreuung und Pflegschaft (Art. 24 I 2) sowie grundsätzlich der gewöhnliche Aufenthalt des Berechtigten beim

Unterhalt (Art. 18 I 1). Ferner entscheidet der gewöhnliche Aufenthalt zum Teil bei Schuldverträgen (Art. 28 II 1, 29 I–III, 31 II).

In vielen Fällen wird der gewöhnliche Aufenthalt heute alternativ zur Staatsangehörigkeit oder ersatzweise herangezogen.

So beim Namen (Art. 10 II 1, III EGBGB), bei der Heirat (Art. 13 II Nr. 1), bei den persönlichen Ehewirkungen (Art. 14 I Nr. 2), im ehelichen Güterrecht (Art. 15 II Nr. 2), bei der Scheidung (Art. 17 I 1, III HS 1), beim Unterhalt (Art. 18 III, V), und bei der Adoption (Art. 22 Satz 2); unter altem Recht auch bei der ehelichen Kindschaft (Art. 19 I 4, III a. F.), bei der nichtehelichen Kindschaft (Art. 20 I 3 a. F.), bei der Legitimation (Art. 21 I 1 a. F.). In Art. 19, 21 ist der gewöhnliche Aufenthalt jetzt in die vordere Reihe gerückt; das *Heimatrecht* wird in Art. 19 I 2 alternativ eingesetzt.

Nicht immer werden Dinge, die die Parteien persönlich nahe angehen, im Parteiinteresse ihrem Heimatrecht unterstellt oder auch dem Recht des Staates, in dem sie sich gewöhnlich aufhalten. Solche Ausnahmen ergeben sich vor allem aus Verkehrsinteressen, so in Art. 12 und 16 EGBGB (näher oben § 12 III, unten S. 480f., 493–495, 721–723, 735f.).

Andererseits werden *nicht nur* die persönlich besonders wichtigen Dinge an die Staatsangehörigkeit angeknüpft, sondern auch minder wichtige wie in manchen Fällen unerlaubte Handlungen und andere gesetzliche Schuldverhältnisse, gelegentlich vielleicht auch Schuldverträge (oben S. 119, unten S. 580f., 633–639).

Art. 40 II EGBGB rückt jetzt bei der unerlaubten Handlung den *gewöhnlichen Aufenthalt* in die erste Reihe der (ausnahmsweise) personenbezogenen Anknüpfungen, und Art. 41 II Nr. 2 folgt dem für die übrigen gesetzlichen Schuldverhältnisse. Die „Verordnung über die Rechtsanwendung bei Schädigungen deutscher Staatsangehöriger außerhalb des Reichsgebiets", deren Fortgeltung ohnehin zweifelhaft war, ist aufgehoben (Art. 4 des Gesetzes vom 21. 5. 1999, oben S. 186). Aber die weiten Ausweichklauseln der Art. 41, 46 EGBGB lassen für die Anknüpfung an die übereinstimmende Staatsangehörigkeit nach wie vor Spielraum.

b) Wohnsitz

Der Wohnsitz (im engen Sinn) hatte im deutschen IPR schon vor dem IPRG von 1986 geringen Rang. Heute wird er von unserem eigenen Kollisionsrecht – mit einer Ausnahme – nicht mehr benutzt.

Die Ausnahme findet sich in Art. 26 I 1 Nr. 3 EGBGB bei der Testamentsform, weil Art. 26 I den Art. 1 I des Haager Testamentsformabkommens (oben S. 199, unten S. 862–864) in unser IPR übernimmt.

An seine Stelle ist der *gewöhnliche Aufenthalt* getreten. Nur im staatsvertraglichen IPR ist der Wohnsitz noch wichtig. So gilt er an Stelle der Staatsangehörigkeit für sog. „internationale" Flüchtlinge (unten S. 403–405, vor allem Art. 12 I des Genfer Abkommens über die Rechtsstellung der Flüchtlinge von 1951) und für Staatenlose (Art. 12 I des New Yorker Übereinkommen über die Rechtsstellung der Staatenlosen von 1954, unten S. 401f.).

Wichtig ist der Wohnsitz im deutschen *Verfahrens*recht für die *örtliche* Zuständigkeit.

So beim allgemeinen Gerichtsstand (§ 13 ZPO), in Kindschaftssachen (§ 640a I 1 ZPO, gewöhnlicher Aufenthalt daneben hilfsweise), in Vormundschaftssachen (§§ 36 I, 36a, 37 I 2, 39 I, 40, 43 I, 43b II, IV 1 FGG, hilfsweise wird [außer bei § 39] auf den Aufenthalt abgestellt) und in Nachlaßsachen (§ 73 I FGG). Nur für die örtliche Zuständigkeit in Ehesachen (§ 606 I, II ZPO) und in Vormundschaftssachen, die mit der Ehe zusammenhängen (§§ 44a I 1, 45 I, II 2, III FGG), ist der Gesetzgeber zum gewöhnlichen Aufenthalt übergegangen.

Dagegen wird die *internationale* und *interlokale* Zuständigkeit besser an den gewöhnlichen Aufenthalt geknüpft (unten S. 488, 797), und dies tut der Gesetzgeber für die internationale Zuständigkeit jetzt meist.

So in Ehesachen (§ 606a I 1 ZPO), in Kindschaftssachen (§ 640a II ZPO), in Vormundschaftssachen (§§ 35b I, 43 I, 43b I FGG), in Betreuungssachen (§ 65 I FGG) und in Todeserklärungssachen (§ 12 I VerschG).

In den Staaten des *englisch-amerikanischen* Rechtskreises ist der Wohnsitz in Gestalt des **„domicile"** nach wie vor von überragender Bedeutung. Diese Rechtsfigur bezieht sich stets auf ein *Rechtsgebiet*, nicht auf einen bestimmten Ort (z.B. *domicile* in England, nicht in London, aber auch nicht in Großbritannien, weil dies kein einheitliches Rechtsgebiet ist). Es ist stabiler als der Wohnsitz, weil jeder Mensch ein *domicile* haben muß, aber keiner mehr als eins haben kann. Ein neues *domicile* wird durch zwei Elemente erworben (*factum et animus*): körperliche Anwesenheit im neuen Gebiet und (erwiesene) Absicht, auf unbestimmte Zeit zu bleiben und nicht zum früheren *domicile* zurückzukehren (*animus manendi et non revertendi*). Für den bisherigen Wohnsitz streiten starke Vermutungen. Vgl. auch unten S. 387.

c) Aufenthalt

Schrifttum: unten S. 412.

Man unterscheidet zwei Arten von Aufenthalt: einerseits den **gewöhnlichen Aufenthalt**; andererseits den **schlichten Aufenthalt**, den das Gesetz einfach „Aufenthalt" nennt.

Der *gewöhnliche* Aufenthalt ist ein „faktischer" Wohnsitz (näher unten III 3a). Er dient als Anknüpfung in folgenden Fällen:

- wenn jemand *mehreren Staaten angehört*, begrenzt auf diese Staaten (Art. 5 I EGBGB);
- bei *Staatenlosen* (Art. 5 II EGBGB), falls nicht Art. 12 des New Yorker Abkommens über die Rechtsstellung der Staatenlosen von 1954 (unten S. 401f.) eingreift;
- bei sog. *internationalen Flüchtlingen zum Teil* (unten S. 403–405);
- im *interlokalen Privatrecht* (unten S. 407);
- beim *Namen des Ehegatten* und *des Kindes* (Art. 10 II 1 Nr. 2, III Nr. 2 EGBGB);
- im *internationalen Schuldvertragsrecht* als allgemeine Regelanknüpfung bei fehlender Rechtswahl (Art 28 II 1 EGBGB), bei Verbraucherverträgen (Art. 29 I, II, IV 1 EGBGB) und zum Teil beim Zustandekommen des Vertrags (Art. 31 II EGBGB);

– im *internationalen Versicherungsvertragsrecht* (Art. 7 II Nr. 4a, Art. 8, 9 I, II, 10 I 1 EGVVG);
– im *internationalen Eherecht bei fehlender übereinstimmender Staatsangehörigkeit* (Art. 14 I Nr. 2, Art. 15 EGBGB);
– beim *Verkehrsschutz im internationalen Eherecht* (Art. 16 I EGBGB);
– im *internationalen Unterhaltsrecht* (Art. 18 I, III, V EGBGB);
– bei der *Abstammung eines Kindes* als primäre Anknüpfung (Art. 19 n.F.);
– bei den *Wirkungen des Eltern-Kind-Verhältnisses* (Art. 21 n.F.);
– bei der *Testamentsform* (Art. 26 I Nr. 3 EGBGB).

An den *schlichten* Aufenthalt wird *zum Teil hilfsweise* angeknüpft in Fällen, in denen Wohnsitz oder gewöhnlicher Aufenthalt fehlt. So ist es bei *Staatenlosen*, bei sog. *„internationalen“ Flüchtlingen* und im *interlokalen Privatrecht*. So ist es *nicht*, jedenfalls nicht ausdrücklich, bei Personen, die *mehreren ausländischen Staaten angehören*, im *internationalen Schuldvertragsrecht*, im *internationalen Versicherungsvertragsrecht*, im *internationalen Eherecht*, beim *Verkehrsschutz im internationalen Eherecht*, im *internationalen Unterhaltsrecht*, bei der *Abstammung* und beim *Eltern-Kind-Verhältnis.*

Für die *internationale* und *interlokale Zuständigkeit* genügt an Stelle des gewöhnlichen Aufenthalts der schlichte *nicht* in Ehe-, Kindschafts-, Vormundschafts- und Todeserklärungssachen. In Betreuungssachen umfaßt ihn die Zuständigkeit des Fürsorgebedürfnisses (§ 65 II FGG).

2. Personalstatut

Schrifttum: *Graveson*, Status in the Common Law, London 1953, 95–100; *Batiffol*, Une évolution possible de la conception du statut personnel dans l'Europe Continentale, Fschr. Yntema, Leyden 1961, 295–306 (= *Batiffol*, Choix d'articles, Paris 1976, 213–223); *Raeburn*, Dispensing with the Personal Law, Int.Comp.L.Q. 12 (1963), 125–147; *Luzzatto*, Stati juridici e diritti assoluti nel diritto internazionale privato, Mailand 1965; *Makarov*, Personalstatut und persönlicher Status, in: Rechtsvergleichung und Rechtsvereinheitlichung, Fschr. zum fünfzigjährigen Bestehen des Instituts für ausländisches und internationales Privat- und Wirtschaftsrecht der Universität Heidelberg, 1967, 115–122; *Wahl*, Zur Entwicklung des Personalstatuts im europäischen Raum, Rückblick und Ausblick, ebd. 123–154; *Ehrenzweig*, Rec. 1968 II, 342–362; *Fernandez Flores*, El estatuto personal y su problemática, An.Der.Int. 1974, 49–72; *Neuhaus*, Grundbegriffe 201 f.; *Keller/Siehr* 302 f.; *Rochat*, La dislocation du statut personnel, Lausanne 1986; *Carlier*, Autonomie de la volonté et statut personnel, Brüssel 1992; *Carlier/Verwilghen* (Hrsg.), Le statut personnel des Musulmans. Droit comparé et droit international privé, Brüssel 1992; *Schwind*, Gedanken zum Personalstatut im IPR, Fschr. Lalive, Basel und Frankfurt a.M. 1993, 191–197.

Soweit ein IPR Dinge, die eine Partei persönlich nahe angehen, an Staatsangehörigkeit, Wohnsitz, gewöhnlichen oder schlichten Aufenthalt anknüpft, spricht man vom „Personalstatut“. Anders als das Vertragsstatut, Erbstatut usw. bezeichnet es nicht in erster Linie die Gesamtheit der *für* einen bestimmten (weiten) Rechtsbereich berufenen

Rechtssätze, sondern die Gesamtheit der *in einer gewissen Weise* berufenen Rechtssätze (daher ist *Erbstatut* das letzte *Personalstatut* des Erblassers); näher sogleich. Das Personalstatut ist von Staat zu Staat (von IPR zu IPR) verschieden. Zum Beispiel gehört die Geschäftsfähigkeit in Deutschland zum Personalstatut (sie unterliegt dem Heimatrecht: Art. 7 I 1 EGBGB), in den USA nicht (sie unterliegt dem Recht des Abschlußorts, das bei uns nur im Rahmen des Verkehrsschutzes nach Art. 12 EGBGB ins Spiel kommt); Hauptanknüpfungsmoment ist in Deutschland die Staatsangehörigkeit, in den USA der Wohnsitz *(domicile)*. Daher spricht man vom Personalstatut des deutschen, amerikanischen usw. IPR oder vom Personalstatut eines Menschen nach deutschem, amerikanischem usw. IPR.

Die Mehrdeutigkeit des Begriffs „Statut" ist historisch bedingt. Der Begriff „Personalstatut" selbst ist mehrdeutig.

Unter der Herrschaft der „Statutentheorie" (oben S. 156) waren „Statuten" die anwendbaren Sachnormen. So waren Personalstatut *(statuta personalia)* die Sachnormen, die in persönlichen Angelegenheiten galten; Sachstatut *(statuta realia)* waren die Sachnormen, die für Sachen galten. Da nun die Sachnormen für persönliche Angelegenheiten dem Recht des Wohnsitzes und die Sachnormen für Sachen (wenigstens für Grundstücke) dem Recht des Belegenheitsorts entnommen wurden, gab es auch einen anderen Sprachgebrauch: Personalstatut waren alle Sachnormen des Wohnsitzrechts, Sachstatut alle Sachnormen des Belegenheitsrechts. Das eine Mal wurden also die das „Statut" bildenden Sachnormen nach dem Anknüpfungs*gegenstand*, das andere Mal nach dem Anknüpfungs*moment* zusammengefaßt. Ein sachlicher Gegensatz lag darin nicht, weil beides miteinander verknüpft war (*Kegel*, Fschr. Raape 1948, 13f.).

Die begriffliche Aufspaltung hat sich bis heute erhalten. Der Ausdruck „Personalstatut" bezeichnet einmal die Summe der Sachnormen, die für bestimmte **Anknüpfungsgegenstände** eines IPR berufen werden, wenn für diese die folgenden Bedingungen erfüllt sind:

- sie werden *angeknüpft an Staatsangehörigkeit, Wohnsitz oder Aufenthalt*;
- sie werden deswegen so angeknüpft, weil sie eine Partei *persönlich nahe angehen* (dahin gehören z.B. im deutschen IPR Geschäftsfähigkeit und Erbfolge, nicht aber z.B. Verträge und Delikte, auch soweit sie ausnahmsweise dem Heimatrecht unterliegen);
- sind *mehrere Personen beteiligt* (z.B. Ehe und Kindschaft), so genügt es, daß an Staatsangehörigkeit, Wohnsitz oder Aufenthalt *einer* von ihnen angeknüpft wird (zum Personalstatut im gegenständlichen Sinn gehört daher auch das Verhältnis einer Person zu ihren Eltern oder Kindern, selbst wenn dieses Verhältnis dem Recht unterliegt, dem nicht sie selbst, sondern Eltern oder Kinder durch Staatsangehörigkeit, Wohnsitz oder Aufenthalt verbunden sind).

Alle diese Gegenstände zusammen „bilden das" Personalstatut, jeder einzelne von ihnen „gehört zum" Personalstatut. „Personalstatut" ist damit der Oberbegriff für die *Gesamtheit der personenbezogenen „Sta-*

tue", als solcher von geringer Bedeutung, weil die letzteren konkreter sind.

Rechtsvergleichend zum gegenständlichen Begriff des Personalstatuts: *Rabel* I^2 110–113; rechtsgeschichtlich und rechtsvergleichend zum gegenständlichen und zum (anschließend besprochenen) Anknüpfungsbegriff des Personalstatuts: *Ehrenzweig*, Rec. 1968 II, 343–361.

Der Ausdruck „Personalstatut" umschreibt aber im heutigen Sprachgebrauch vor allem die Summe der Sachnormen, die berufen sind mit Hilfe der **Anknüpfungsmomente**, die ein IPR *gewählt* hat, um das Personalstatut im obigen gegenständlichen Sinne anzuknüpfen. Diese Anknüpfungsmomente können *auf andere Gegenstände erstreckt* werden, die dann dem Personalstatut „unterliegen" (z.B. im deutschen IPR Delikte zwischen Beteiligten mit demselben gewöhnlichen Aufenthalt oder auch mit derselben Staatsangehörigkeit, oben S. 119).

Über den Sinn des Ausdrucks „Personalstatut" in Art. 12 I des Genfer Flüchtlingsabkommens und in Art. 12 I des New Yorker Abkommens über Staatenlose unten S. 404, 401.

3. Staatsangehörigkeits- und Wohnsitzprinzip

Schrifttum: *Borum,* Personalstatutet efter Dansk og fremmed Ret, Kopenhagen 1927, 552–574; *Kollewijn,* Ontaarding van het nationaliteitsbeginsel in het moderne internationaal privaatrecht, Weltevreden 1929 (italienische Übersetzung in: Quaderni di „Diritto Internazionale" III, Antologia di diritto internazionale privato, 1964, 77–96); *Rabel* I^2 161–172; *Braga,* Staatsangehörigkeits- oder Wohnsitzprinzip?, 1954 (dazu *Müller-Freienfels,* FamRZ 1958, 76–78); *Braga,* Staatsangehörigkeitsprinzip oder Wohnsitzprinzip?, RabelsZ 18 (1953), 227–246 (Auszug aus dem vorgenannten Buch); *Batiffol,* Aspects philosophiques du droit international privé, Paris 1956, 186–188; *Lisbonne,* Nationalité ou Domicile, JDI (Clunet) 1957, 370–377; *Batiffol,* Le droit international privé français est-il fidèle à la loi nationale?, Fschr. Basdevant, Paris 1960, 22–34; *Raape,* IPR 51–53; *de Winter,* Le principe de la nationalité s'éffrite-t-il peu à peu?, NTIR 1962, 514–528; *de Winter,* De maatschappelijke woonplaats als aanknopingsfactor in het internationaal privaatrecht, Leyden 1962 (italienische Übersetzung Dir. Int. 1963, 233–246); *Schwind,* Fschr. Dölle 1963, II 111–114; *Batiffol,* Les chances de la loi nationale, Liber Amicorum Baron Louis Fredericq, Gent 1966, I 151–162; *von Overbeck,* La *professio juris* comme moyen de rapprocher les principes du domicile et de la nationalité en droit international privé ebd. II 1085–1112; *Batiffol,* Una crisis del estatuto personal, Valladolid 1968; *Nadelmann,* Mancini's Nationality Rule and Non-Unified Legal Systems, Nationality versus Domicile, Am. J. Comp. L 17 (1969), 418–451 (= *Nadelmann,* Conflict of Laws: International and Interstate den Haag 1972, 49–84); *Ferrer Correia,* Estudos jurídicos III, Coimbra 1970, 291–321; *Drobnig,* Verstößt das Staatsangehörigkeitsprinzip gegen das Diskriminierungsverbot des EWG-Vertrages?, RabelsZ 34 (1970), 636–662; *de Winter,* Nationality or Domicile?, Rec. 1969 III (erschienen 1971), 347–503; *Kropholler,* Vom Staatsangehörigkeitszum Aufenthaltsprinzip, JZ 1972, 16f.; *Bucher,* Staatsangehörigkeits- und Wohnsitzprinzip, Eine rechtsvergleichende Übersicht,, Schw.Jb.Int.R. 28 (1972), 76–160; *Schneider,* Le domicile international, Neuchâtel 1973, 19–42; *Schnitzer,* RabelsZ 38 (1974), 328f.; *Neuhaus,* Grundbegriffe 202–225; *Luther,* Zum Rechtsschutz der Ausländer in der deutschen Rechtspflege, Fschr. Bosch 1976, 560–572 (561–566; für Wahlrecht des Betroffenen); *Graue,* Domicil, Nationality, and the Proper Law of the Person, German Yb. Int. L. 19 (1976), 254–277; *Beukenhorst,* Een ideaal domiciliebegrip,

WPNR 1977, 97–105, 113–121; *Mayer,* Evolution du statut de la famille en droit international privé, JDI (Clunet) 1977, 447–469 (451–457); *Labella,* Una figura ambigua: l'italiano non appartenente alla Repubblica, Riv. dir. int. priv. proc. 1977, 363–372; *Sakurada,* Zum Staatsangehörigkeitsprinzip im japanischen IPR, in: *von Caemmerer/Müller-Freienfels/Stoll,* Recht in Japan, Heft 3, 1980, 67–82; *Vitta,* Il prinicpio di nazionalità nel diritto internazionale privato italiano, Riv. dir. int. priv. proc. 1980, 343–363; *Boulanger,* Essai comparatif sur la notion de statut personnel dans les relations internationales des pays d'Afrique noire, Rev. crit. dr. i. p. 1982, 647–668; *Castangia,* Il criterio della cittadinanza nel diritto internazionale privato, Neapel 1983; *Verwilghen* (Hrsg.), Nationalité et statut personnel, Brüssel und Paris 1984; *Keller/Siehr* 303f.; 313f.; *Sonnenberger,* Anerkennung der Staatsangehörigkeit und effektiver Staatsangehörigkeit natürlicher Personen im Völkerrecht und IPR, BerGesVR 29 (1988), 9–36 (11–17); *Mansel,* Personalstatut, Staatsangehörigkeit und Effektivität, 1988, 56–82, Zusammenfassung 493; Institut de Droit International, Résolution à sa session du Caire 13–22 septembre 1987: La dualité des principes de nationalité et de domicile en droit international privé, RabelsZ 52 (1988), 366–369 (französisch und englisch); *Cohen Henriquez,* Vervreemding en verbondenheid in het IPR, WPNR 1989, 548–550; *Pitschas,* Verfassungsrechtliche Vorgaben für das Staatsangehörigkeitsprinzip des IPR, in: *Jayme/ Mansel* (Hrsg.), Nation und Staat im IPR, 1990, 93–124; ebd. Länderberichte von: *Lenaerts* Belgien 165–191, *Huber* Schweiz 193–202; *Lettieri* Italien 203–221; *Stille* Niederlande 223–235; *Virgós Soriano* Spanien 237–258, *Kono* Japan 259–266, *Boguslawskii* Sowjetrußland 267–271, *Kohler* Afrika 273–290 und *Elwan* arabische Staaten 291–305; *Fischer,* Gemeinschaftsrecht und kollisionsrechtliches Staatsangehörigkeitsprinzip, in: *von Bar* (Hrsg.), Europäisches Gemeinschaftsrecht und IPR, 1991, 157–182; *Schwimann,* Untertan oder Einwohner? Zur unterschiedlichen Anknüpfung im österreichischen und schweizerischen internationalen Eherecht, in: *Harrer/Zitta,* Familie und Recht, Wien 1992, 647–668; *Westenberg,* Staatsangehörigkeit im schweizerischen IPRG, Zürich 1992; *Fischer,* Die Entwicklung des Staatsangehörigkeitsprinzips in den Haager Übereinkommen, RabelsZ 57 (1993), 1–25; *Schockweiler,* Habitual Residence as a Connecting Factor in Questions of Personal Status Under Luxembourg Law, NILR 1993, 115–128; *Rohe,* Staatsangehörigkeit oder Lebensmittelpunkt? Anknüpfungsgerechtigkeit im Lichte neuerer Entwicklungen, Fschr. Rothoeft 1994, 1–39; *Kunitomo,* Das Staatsangehörigkeitsprinzip im japanischen Internationalen Privatrecht, in: *Kroeschell/Cordes* (Hrsg.), Vom nationalen zum transnationalen Recht, 1995, 115–124.

Je nachdem, ob ein IPR Dinge, die eine Partei persönlich nahe angehen (Personalstatut im gegenständlichen Sinn), im Parteiinteresse in erster Reihe an die Staatsangehörigkeit oder an den Wohnsitz anknüpft, spricht man vom Staatsangehörigkeits- oder Wohnsitzprinzip. Dieser Unterschied ist heute der bedeutendste zwischen den Internationalprivatrechten der verschiedenen Staaten.

Deutschland ist 1900 mit dem EGBGB vom Wohnsitz- zum **Staatsangehörigkeitsprinzip** übergegangen; nur in Baden und (enger) Sachsen galt es schon vorher. Diesem Prinzip, mit dem *Frankreich* allen anderen Staaten vorangegangen ist (art. 3 III c.civ.), folgen die *meisten Länder Europas* und *einige Staaten West-Indiens.* In Frankreich und Belgien freilich gilt es nur eingeschränkt, nämlich nicht im Erb- und Ehegüterrecht. Das **Wohnsitzprinzip** (auf der Grundlage des *„domicile“*, oben S. 383) haben *England* und die übrigen Teile des *British Commonwealth of Nations* (auch Schottland und Südafrika, trotz römisch-rechtlicher Grundlage, sowie das französisch-rechtliche Québec in Kanada), ferner *Irland*, die *USA*, auf dem europäischen Festland *Dänemark* und *Norwegen*, auch *Island*, die *Schweiz*, in Lateinamerika die La-Plata-Staaten *Argentinien* (das von 1857 bis 1869 an die Staatsangehörigkeit anknüpfte), *Uruguay* und *Paraguay*, ferner *Brasilien* (Staatsangehörigkeitsprinzip von 1917 bis 1942), *Nicaragua* und *Guatemala* (Staatsangehörigkeitsprinzip von 1894 bis

1926). Einige lateinamerikanische Staaten beurteilen in „juristischem Chauvinismus" (*W. Goldschmidt*) Ausländer im Inland nach Wohnsitzrecht, dagegen Inländer im Ausland (ohne Rücksicht auf die Haltung des Wohnsitzstaats) nach Heimatrecht (so insbesondere *Bolivien, Chile, Ecuador, Kolumbien* und *Mexiko*).

Übersichten bei *Rabel* I² 117–129 und *Bucher*, Schw.Jb.Int.R 28 (1972), 76–160; siehe auch die Sammelbände *Verwilghen* (Hrsg.), Nationalité et statut personnel, Brüssel 1984, sowie *Jayme/Mansel* (Hrsg.), Nation und Staat im IPR, 1990; für Frankreich *Batiffol*, Fschr. Basdevant, Paris 1960, 22–34; für Lateinamerika *Samtleben*, RabelsZ 35 (1971), 72–106; für Kolumbien, *Zinke* StAZ 1982, 14; Texte der IPR-Gesetze in *Kropholler/Krüger/Riernig/Samtleben/Siehr*, Außereuropäische IPR-Gesetze 1999.

Kompromisse finden sich in *Staatsverträgen*. Der *Código Bustamante* (Art. 7) läßt jedem Staat die Wahl zwischen Heimat- und Wohnsitzrecht (vereinheitlicht also hier nicht). Nach dem *Haager Renvoi-Abkommen* (Art. 1) ist anzuwenden das Recht, das der Wohnsitzstaat anwendet (sei es Heimatrecht oder Wohnsitzrecht). Nach der ursprünglichen Fassung der *Nordischen Konvention* von 1931 über internationales Ehe-, Adoptions- und Vormundschaftsrecht galt Wohnsitzrecht, wenn der Wohnsitz mindestens zwei Jahre bestanden hatte, sonst Heimatrecht (z.B. Art. 1 für die Eheschließung); dies wurde in der Neufassung vom 10. 4. 1954 geändert.

Für eine **rechtspolitische Bewertung** der beiden Prinzipien kommen nur Fälle in Betracht, in denen Staatsangehörigkeit und Wohnsitz auseinanderfallen, also die *Auswanderer* für immer oder auf Zeit. Im persönlichsten Bereich, wie er durch das Personalstatut im gegenständlichen Sinne weithin übereinstimmend umschrieben wird, steht das *Parteiinteresse* im Vordergrund.

Allerdings ist sein Spielraum von vornherein *beschränkt*, weil nur Staatsangehörigkeit und Wohnsitz (und gewöhnlicher Aufenthalt als „faktischer" Wohnsitz) für die Hauptanknüpfung zur Wahl stehen. Niemand wird z.B. einen Deutschen, der sich einer indischen Meditationsbewegung verschrieben hat oder aber zum Islam übergetreten ist, indischem oder arabischem Recht unterstellen, niemand wird einen gebürtigen Italiener, auch wenn er stärkste Bindungen an die Heimat hat, italienischem Recht unterstellen, falls er in New York wohnt, Amerikaner geworden ist und seine italienische Staatsangehörigkeit verloren hat. Denn man braucht im *Ordnungsinteresse* sicherer Rechtsanwendung einigermaßen klare und leicht feststellbare Anknüpfungen und kann sich grundsätzlich nicht auf vielleicht stark schillernde eingebildete oder wirkliche persönliche Verbundenheit eines Menschen mit dem Recht eines Staates einlassen. Daher können nur Anknüpfungen erwogen werden, die *im allgemeinen* und *präsumtiv* im Parteiinteresse liegen, nämlich Staatsangehörigkeit und Wohnsitz (im weiten Sinne). Auch zwischen diesen beiden kann wieder nur danach gewählt werden, ob *im allgemeinen* und *präsumtiv* die Bindung an das Heimat- oder Wohnsitzrecht stärker ist.

BGH NJW 1977, 496 (497 a.E.f.): „Welche innere Einstellung der Betroffene zu seinem Staat hat, welche inneren Beweggründe seinem 'Auslands'-Aufenthalt im Einzelfall zugrundeliegen, müssen bei der kollisionsrechtlichen Beurteilung ... außer Betracht bleiben; eine Differenzierung nach solchen subjektiven Kriterien wäre für die

Rechtssicherheit nicht tragbar, die nach einfach zu handhabenden, klaren objektiven Merkmalen verlangt."

Ausnahmen sind möglich, wenn die bei der Kollisionsnorm zugrunde gelegten Interessen im konkreten Fall völlig „geschwunden" sind *und* der Fall so liegt, daß auch das allgemeine Ordnungsinteresse an gleichförmiger, kontinuierlicher Rechtsanwendung zurückgedrängt wird (näher oben § 6 III).

Beispiel: Ein 1915 geborener ungarischer Jude geht kurz vor dem Zweiten Weltkrieg nach Palästina. Zwei Jahre später, im Krieg, fährt er wieder nach Ungarn. Dort hindert man ihn an der Rückkehr nach Palästina und steckt ihn in ein Arbeitslager. Als er freigekommen ist, heiratet er im November 1945 in Budapest eine 19 jährige ungarische Jüdin. Die Eheleute wollen nach Palästina auswandern. Mit Hilfe einer jüdischen Einwanderungsorganisation verlassen sie kurz nach der Heirat mit Tausenden von Mitbürgern Ungarn und gelangen über deutsche und italienische Flüchtlingslager schließlich in ein Lager in Trani (Italien). Hier wird im Oktober 1948 der Frau vor dem Rabbiner und Zeugen ein Scheidebrief übergeben. Im November erreichen die Geschiedenen Israel. Auf einer Verwandtenreise nach New York und Toronto 1956 lernt die Frau in Toronto einen Kanadier kennen und heiratet ihn 1957 in Toronto. Später gibt es Streit. Eine Ehenichtigkeitsklage wegen Bigamie weist der Supreme Court von Kanada ab: *Schwebel v. Ungar*, 48 (1965) D.L.R.2d 644 (dazu *Lysyk*, Can.B.Rev. 43 [1965], 363–380; *Wengler*, Rev.crit.dr.i.p. 1965, 325–334; *Kegel*, Fschr. Fragistas III, 1968, 1–25). Das Gericht nimmt an, die Scheidung wirke weder in Italien noch in Ungarn (dem Wohnsitz des Mannes bei Scheidung). Nach dem (hier maßgebenden) Recht von Ontario werde grundsätzlich ein Scheidungsurteil nur anerkannt, wenn es in dem Staat anerkannt werde, in dem der Mann zur Zeit des Erlasses des Urteils seinen Wohnsitz gehabt habe. Da aber Israel die Scheidung wirken lasse, sei *wegen der besonderen Umstände des Falles* mit der Vorinstanz, dem Court of Appeal von Ontario, eine Ausnahme zu machen und folglich die Frau bei Heirat des Kanadiers unverheiratet gewesen.

Prüft man diesen Fall vom Standpunkt des deutschen IPR, so wird man die Scheidung ausnahmsweise nach israelischem Recht zu beurteilen haben, und nach ihm war sie gültig. Denn die Eheleute hatten Ungarn endgültig verlassen und strebten im Kreise vieler Glaubensgenossen nach Israel, dessen Staatsangehörigkeit sie erwerben wollten (und mit der Einwanderung erwarben) und nach dessen Recht die Scheidung wirkt. Die gemeinsame Staatsangehörigkeit (vgl. Art. 17 I a.F., Art. 17 I mit Art. 14 I Nr. 1 n.F.), die zum Recht Ungarns geführt hätte, war wegen vollständigen Interessenschwundes nicht mehr zu beachten, und ein Ordnungsinteresse an gleichförmiger Kollisionsrechtsanwendung war angesichts der Sonderprägung des Falles zu vernachlässigen. Statt dessen war auf das Recht Israels abzustellen. Näher *Kegel*, Fschr. Fragistas, aaO; *Schurig* 203 f.; *B. Voit*, „Heilung durch Statutenwechsel" im internationalen Eheschließungsrecht, 1997, 31 f., 150–158.

Gegenbeispiel: Rumänen heiraten 1929 in Rumänien in der Form des jüdischen Rechts. Mann stirbt 1943; Frau wandert 1951 nach Israel aus und wird Israelin. Nach Art. 13 I a.F. EGBGB (dem Art. 13 I n.F. entspricht) galt für die Heirat rumänisches Recht; danach war die Ehe Nichtehe. Daß nach israelischem Recht die Ehe gültig gewesen wäre, gilt gleich: BGH MDR 1971, 297.

Die Auseinandersetzung darüber, ob das Recht des Heimatstaates oder das des Wohnsitzstaates den Parteiinteressen besser entspricht, nimmt mitunter Züge eines Glaubenskampfes an. Das hängt damit zusammen, daß die Interessen nur *generalisierend und präsumtiv* festgestellt und bewertet werden können. Es gibt kein aussagekräftiges statistisches Material über die Wünsche der Betroffenen, und deren Lebenssituationen liegen auch viel zu weit auseinander, als daß rein quantitative Erkenntnisse den Ausschlag geben könnten. Der deutsche Ingenieur, der drei Jahre an einem Projekt in Uganda arbeitet, wird die Frage ganz anders beurteilen als der in Deutschland geborene, hier aufgewachsene und voll assimilierte junge Türke. Der Jurist trifft eine Entscheidung mit Hilfe von „Gedankenexperimenten" (indem er sich an die Stelle der Betroffenen setzt); dadurch haftet der Entscheidung etwas Spekulatives an. Aber entscheiden muß man.

Bei der Abwägung neigt sich die Waagschale der Parteiinteressen m.E. noch immer zugunsten des *Heimatstaates*. Wer sich nur vorübergehend im Ausland niederläßt, wird sicherlich lieber nach seinem Heimatrecht beurteilt werden. Aber auch der Auswanderer für immer, der sich nicht völlig dem neuen Staat verschreibt, indem er dessen Staatsangehörigkeit erwirbt, wird im allgemeinen noch seinem Heimatrecht unterstehen wollen. Denn die meisten gehen als Erwachsene hinaus, nachdem sie in der Kindheit daheim geprägt worden sind, und nur wenige assimilieren sich ganz ihrer neuen Umwelt. Das gelingt fast immer erst in der zweiten Generation. Auch ein *individuelles* „Kontinuitätsinteresse" (*Lüderitz*, Fschr. Kegel 1977, 38–40) daran, gleichbleibendem Recht unterworfen zu sein, spricht mehr für die Wahl des Heimatrechts statt des Rechts des Wohnsitzes, der leichter und öfter gewechselt wird. Nur wer durch Staatswechsel die Brücke zur Heimat abgebrochen hat, wird im allgemeinen auch in seinen persönlichen Angelegenheiten nach neuem Recht leben wollen. Hier ist es Sache des Aufenthaltsstaates, die Tür durch Abbau von Einbürgerungshindernissen zu öffnen. Auch darf man dem bisherigen Heimatstaat nicht gestatten, die Betroffenen an einem solchen Wechsel zu hindern, indem er sie nicht freigibt und vielleicht sogar noch Kinder und Enkel nach dem Prinzip des *ius sanguinis* als Staatsangehörige festhält. Wird in solchen Fällen die deutsche Staatsangehörigkeit *hinzuerworben*, so kommt es wegen Art. 5 I 2 EGBGB zu einem vollen Übertritt in das deutsche Personalstatut.

Beispiel: Bis 1. 1. 1975 erwarb nach § 4 a.F. RuStaG das eheliche Kind einer deutschen Mutter und eines ausländischen Vaters die deutsche Staatsangehörigkeit nur, wenn es sonst staatenlos geworden wäre, praktisch also nie. Ging eine solche Ehe in die Brüche und mußte über die elterliche Sorge entschieden werden, dann war nach Art. 1, 2 des Haager Minderjährigenschutzabkommens zwar deutsches Recht als Aufenthaltsrecht anzuwenden, aber nach Art. 3 waren „gesetzliche Gewaltverhältnisse" nach dem Heimatrecht des Kindes „anzuerkennen" (näher unten S. 800f.). Gehörte der Mann nun einem Staat an, dessen Recht dem Vater kraft Gesetzes die elterliche Sorge beließ, war für die deutsche Mutter das Kind oft verloren. Dieses Ergebnis wurde als verfassungswidrig angegriffen. Der Gesetzgeber half ab, indem er in § 4 n.F. RuStAG die doppelte Staatsangehörigkeit des Kindes in Kauf nahm, dessen (maßgebliches) Heimatrecht nunmehr das deutsche war.

Im Einzelfall kann der Staatswechsel allerdings von ganz anderen Umständen abhängen als von persönlicher Verbundenheit mit dem alten oder neuen Staat. Geschäftliche oder steuerliche Gründe mögen entscheiden oder einfach die bürokratischen Hindernisse der Aus- oder Einbürgerung. Aber in der Masse der Fälle wird sich die Anknüpfung an die Staatsangehörigkeit mit dem Parteiinteresse decken, und im Ordnungsinteresse der Rechtssicherheit braucht man eine allgemeine Regel.

Das Parteiinteresse an der Anwendung des Heimat- statt des Wohnsitzrechts zeigt gut ein vom LG Wuppertal am 30. 6. 1966 entschiedener Mordfall (Kölner Stadt-Anzeiger vom 1. 7. 1966): Griechen leben im Ruhrgebiet. Der Vater fährt in die Heimat, um die Braut des Sohnes zu holen. Er verführt sie in einem Hotel in Griechenland. Als das herauskommt, ermorden ihn Frau und Kinder in Deutschland. In der griechischen Heimat ist solche Rache üblich. Die Verurteilung nach deutschem Recht erschien daher den Tätern unangemessen. Allerdings sind im internationalen *Straf*recht Parteiinteressen belanglos. Doch kann ein schuldausschließender Verbotsirrtum (§ 17 StGB) gegeben sein. Einen solchen bejaht hat AG Grevenbroich MDR 1983, 597 bei einem „einfach strukturierten" Türken, der im Einklang mit türkischen Grundsätzen seine Frau entführt hat (§ 239 StGB).

Eingehend zum rechtspolitischen Vorrang des Staatsangehörigkeits- vor dem Wohnsitzprinzip *Jayme*, Fschr. Müller-Freienfels 1986, 360–363; *Mansel*, Personalstatut, Staatsangehörigkeit und Effektivität, 1988, 56–82, Zusammenfassung 493; *Pitschas*, in: *Jayme/Mansel* (Hrsg.), Nation und Staat im IPR, 1990, 93–124 (aus angenommenen grundgesetzlichen Gründen). Dagegen besonders *Basedow/Diehl-Leistner*, in: *Jayme/Mansel*, aaO 13–43; *Rohe*, Fschr. Rothoeft 1994, 1–39 (eingehend und gründlich); *Kropholler*[3] 247–255.

Ein rechtspolitischer *Nachteil* der Anknüpfung an die (fremde) Staatsangehörigkeit liegt darin, daß wir die inhaltliche Bestimmung der eigentlichen Anknüpfungsvoraussetzungen weitgehend aus der Hand geben. Ob und aus welchen Gründen die Staatsangehörigkeit erworben oder verloren wird, bestimmt der fremde Staat allein, einschließlich aller zivilrechtlicher Vorfragen (oben S. 330f.). Wir sind dem – bis an die Grenze der Völkerrechtswidrigkeit – ausgeliefert, anders als bei allen anderen Anknüpfungsmomenten, deren Voraussetzungen wir *autonom* bestimmen. Solange sich die Familie staatsangehörigkeitsrechtlich um den Ehemann und Vater gruppierte (und nur die Staaten mit ausgeprägtem ius-soli-Prinzip in Einzelfällen die Übereinstimmung stören konnten), konnte man auf internationale Harmonie vertrauen. Seitdem aber diese erzwungene Familieneinheit mehr und mehr, aber in sehr unterschiedlicher Weise, abgebaut wird, rücken die betroffenen Personen ins Blickfeld, und es fällt schwerer, in jedem Fall zu akzeptieren, daß der fremde Staat zugleich für uns bindend das Personalstatut festlegt. Dem kann man jedenfalls teilweise abhelfen, indem man sich bei der Verleihung der eigenen Staatsangehörigkeit auch an den Geboten internationalprivatrechtlicher Gerechtigkeit orientiert (näher *Schurig* 227f.).

Die ebenfalls sehr stabile, aber autonom definierte Anknüpfung an das englisch-amerikanische *domicile* (oben S. 383) zeigt hier im Vergleich einige Vorzüge, ist aber zu sehr eine Erscheinung des *common law*, so daß eine Ausstrahlung auf die kontinentaleuropäischen Rechtsordnungen nicht zu erwarten ist.

Trotz solcher Nachteile dürfte die Bindung der Person an ihre Staatsangehörigkeit im Vergleich zu der an den Wohnsitz auch heute noch als die stärkere anzusehen sein, denn sie ist die (unvollkommene) juristische Konkretisierung der sonst nicht objektivierbaren Zugehörigkeit zur Gesamtheit eines Staatsvolkes, einer „Nation".

Auch an der Anwendung des *Wohnsitzrechts* besteht ein Parteiinteresse, doch wird man es im allgemeinen, soweit es um die Vertrautheit und Verbundenheit mit einer Rechtsordnung geht, als schwächer einzustufen haben. Indessen können für das Wohnsitzrecht *andere Parteiinteressen* sprechen: solche an *leicht zugänglicher Rechtsinformation*, an *unkomplizierter Rechtsdurchsetzung* und an *Anpassung an die Umwelt.* Das Gewicht verändert sich abhängig von dem rechtlich betroffenen Lebensbereich, dessen Umweltbezogenheit und davon, inwieweit es sich bei dem angewandten Sachrecht um kulturell stark geprägtes oder eher um technisches handelt.

So war es früher oft für Paare von großer Wichtigkeit, daß die Umwelt nicht aus unterschiedlicher Namensführung den Schluß zog, sie lebten in „wilder Ehe". – Die Höhe der Unterhaltsansprüche zu berechnen, ist eher eine technische Frage (und wird in den Ländern des englisch-amerikanischen Rechtskreises zum Prozeßrecht geschlagen); der Bedarf wird durch örtliche Verhältnisse bestimmt; Unterschiede am selben Wohnort sind oft unerfreulich. Art. 18 EGBGB beruft daher insoweit das Recht des gewöhnlichen Aufenthalts.

Wer an den Wohnsitz anknüpft, wird häufig auch Verkehrsinteressen ein höheres Gewicht zumessen. Für die Umwelt im Wohnsitzstaat ist es angenehmer, wenn der hier wohnhafte Ausländer dem hiesigen Recht untersteht. Das gilt jedenfalls für die vermögensrechtlichen Auswirkungen des Personalstatuts (Geschäftsfähigkeit, finanzielle persönliche Ehewirkungen wie Recht zum Besorgen von Geschäften zur Deckung des Lebensbedarfs der Familie [Schlüsselgewalt], Ehegüterrecht, Kindesvermögensrecht, Erbrecht), dagegen weniger für rein persönliche Interna wie Pflicht zur ehelichen Lebensgemeinschaft, Scheidungsgründe, Kindeserziehung. Freilich lehrt die Erfahrung der Länder, die das Staatsangehörigkeitsprinzip haben, daß der Verkehr durch Anwendung des Heimatrechts nicht nennenswert erschwert wird. Daher darf man dem Parteiinteresse Vorrang geben und, wo dieses zum Heimatrecht führt, an die Staatsangehörigkeit anknüpfen. Echten Verkehrsbedürfnissen kann man durch Sondervorschriften Rechnung tragen (vgl. Art. 12 Satz 1, 16 EGBGB).

Praktisch bedeutet das Staatsangehörigkeitsprinzip, daß *viel häufiger ausländisches Recht anzuwenden* ist als in Staaten mit Wohnsitzprinzip. Das kann, wenn viele Ausländer im Inland leben, sowohl im *Verkehrsinteresse* wie im *Ordnungsinteresse* – die sich mit einem Parteiinteresse decken *können* – (leicht, schnell, sicher und billig das Recht zu finden) das Wohnsitzprinzip nahelegen. Daher bestand zwischen den Weltkriegen in Deutschland (wo viele Russen und Polen lebten) und Frankreich (das ebenfalls viele Fremde beherbergte) eine starke Hinneigung zum Wohnsitzprinzip. Das IPR-Neuregelungsgesetz von 1986 hat dieser Tendenz nur geringfügig nachgegeben (beim Unterhalt [Art. 18 I 1 EGBGB], beim ehelichen Kind, wenn die Eltern nicht [mehr] verheiratet waren [Art. 19 II 2 a.F. EGBGB] und bei der nichtehelichen Kindschaft [Art. 20 II a.F. EGBGB]). Eine stärkere Hinwendung zum Wohnsitzprinzip enthält das 1998 neu geregelte Kindschaftsrecht (Art. 19, 21 n.F. EGBGB). Für das internationale Deliktsrecht vgl. jetzt Art. 40 II EGBGB. Gleichwohl steht auch heute noch das Staatsangehörigkeitsprinzip im deutschen IPR im Vordergrund, obwohl an 7,4 Mill. (9%) Ausländer (etwa 28% Türken) in der Bundesrepublik leben (Stand 1997). Man glaubt, man dient ihnen mehr, wenn man trotz der damit für alle Beteiligten verbundenen Opfer ihr Heimatrecht auf sie anwendet, als wenn man sie generell an der Elle des deutschen Wohnsitzrechts mäße.

Ebenso *Ferid*, Fschr. Möhring 1973, 5–11 (= *Ansay/Gessner* [Hrsg.], Gastarbeiter in Gesellschaft und Recht, 1974, 146–151); *Ansay/Martini*, Die Gastarbeiterfamilie im Recht, in: *Ansay/Gessner*, aaO 171–207 (198–207), 265–276 (274–276). Für das Wohnsitz- oder Aufenthaltsprinzip dagegen z.B. *Simitis*, StAZ 1971, 34; *Rohe*, Fschr. Rothoeft 1994, 27–33; *Kropholler*[3] 267.

Zahlen über Ausländer in der Bundesrepublik bei *Basedow/Diehl-Leistner*, in: *Jayme/Mansel* (Hrsg.), Nation und Staat im IPR, 1990, 31–33; aktualisierte Angaben im Internet: http://www.statistik-bund.de/basis/d/bevoe/bevoetab1.htm. Zahlen über ausländische Arbeitnehmer bei *Lauer/Oberloskamp*, Kinder ausländischer Arbeitnehmer, 1981, 2f. Nach *Franz*, DVBl. 1973, 663 wollten 1973 in Berlin rund 19% der länger dort lebenden ausländischen Arbeiter auf Dauer bleiben; in der Bundesrepublik wollten es nach *Harmsen*, ZBlJR 1975, 169 rund 20%; meist wurde die Zahl der Bleibewilligen niedriger angesetzt (*Ansay/Martiny*, aaO 176, 268 Fn. 25, vgl. 185 und 202), manchmal höher (*Lauer/Oberloskamp*, aaO 3: fast 50%; *Basedow/Diehl-Leistner*, aaO 38 a.E.: Mehrzahl der über 10 Jahre ansässigen 30–50jährigen Ausländer). Die Verweildauer steigt: 1973 3,65 Jahre, 1975 4,40 Jahre (*Fleischer*, aaO 96); Ende 1979 lebten 50% der Ausländer mehr als 8 Jahre und 32% mehr als 10 Jahre hier (*Lauer/Oberloskamp*, aaO 3), 1986 66,5% über 8 Jahre (*Basedow/Diehl-Leistner*, aaO 33).

Im Gebiet der früheren DDR lebten Anfang 1990 rund 191000 Ausländer (1,2%), die meisten von ihnen Vietnamesen (rund 60000) und Polen (rund 52000).

In Frankreich gibt es 2,9 Mill. Ausländer (ca. 5%), hinzu kommen 1,4 Mill. Eingebürgerte (ca. 2,5%). Sie sind durchschnittlich anderer Herkunft als Ausländer und Eingebürgerte in Deutschland (ca. 1,4 Mill. aus Nordafrika). Aufschlüsselung nach Herkunftsländern im Internet: http://www.ined.fr/populati/france/migratio/nbimmig.htm.

Auch wo man an die Staatsangehörigkeit anknüpft, können Wohnsitz und Aufenthalt von Bedeutung sein im Rahmen unseres *ordre-public-Vorbehalts*, insbesondere für den Schutz grundrechtlich geschützter Positionen (unten S. 458, 463, 468–470).

Für *internationale Flüchtlinge* (unten S. 403–405) ist man zum Wohnsitzprinzip übergegangen (Art. 1 AHKGes. 23: gewöhnlicher Aufenthalt; Art. 12 I Genfer Flüchtlingsabkommen: Wohnsitz). Hier geben aber weniger Verkehrs- und Ordnungsinteresssen den Ausschlag, sondern die starke Abschwächung des Parteiinteresses an der Anwendung des (meist kommunistischen) Heimatrechts läßt das Interesse an Anwendung des Wohnsitzrechts relativ stärker hervortreten. Aus demselben Grund wurde 1938 in Deutschland für staatenlos Gewordene die Anknüpfung an das letzte Heimatrecht durch die Anknüpfung an den gewöhnlichen Aufenthalt ersetzt

(Art. 29 a. F. EGBGB). Art. 12 I des New Yorker Staatenlosenabkommens knüpft wie Art. 12 I des Genfer Flüchtlingsabkommens an den Wohnsitz an (unten S. 401 f.).

Wie Verkehrsinteressen an der Anwendung des Wohnsitzrechts wachsen, je mehr Ausländer in einem Staat wohnen, so wächst das Parteiinteresse an der Anwendung des Heimatrechts, je mehr sich das Wohnsitzrecht vom Heimatrecht unterscheidet, je stärker also das **Gefälle** zwischen beiden ist (oben S. 117; *Schwind*, Fschr. Dölle 1963, II 113 f.; *Mansel*, Personalstatut, Staatsangehörigkeit und Effektivität, 1988, 341 f.). Deswegen haben westliche Staaten mit Wohnsitzprinzip gleichwohl in Staatsverträgen mit östlichen Staaten für ihre Angehörigen die Anwendung des Heimatrechts ausbedungen, z. B. die USA in einem Vertrag mit Persien von 1928 (*Rabel* I^2 112). Auf diesem Interesse beruht auch die Ausdehnung des englischen *„domicile of origin"* gegenüber dem *„domicile of choice"* (zum *„domicile"* oben S. 383). Letzteres ist der gewillkürte Wohnsitz. *Domicile of origin* ist der Wohnsitz der Eltern bei Geburt. Die Anforderungen an die Begründung eines *domicile of choice* sind in England (im Interesse von Engländern, die in den Kolonien lebten) in der Vergangenheit so hoch geschraubt worden, daß es praktisch fast immer beim *domicile of origin* verblieb (das – anders als nach US-amerikanischem Recht – auch durch bloße Aufgabe eines *„domicile of choice"* wieder auflebt). Die englische Anknüpfung kommt hinsichtlich ihrer Stabilität der Staatsangehörigkeit näher als dem Wohnsitz im üblichen Sinn, beruht aber auf einer autonomen Festlegung der Kriterien (oben S. 391).

Im Römischen Recht war *origo* das Bürgerrecht in einer autonomen Stadt. Dieser Begriff hat nachgewirkt; vgl. den Beispielsfall oben S. 21 a. E. f. („Heimatzuständigkeit"). Zur Geschichte von *origo* und *domicilium originis*: *Savigny* VIII 39–106; *Rabel* I^2 117 f.

Ist das Gefälle zwischen materiellen Privatrechten *gering*, dann kann das die staatsvertragliche Einigung auf das Wohnsitzprinzip erleichtern; so in der Nordischen Konvention („skandinavischen Union") von 1931 über internationales Ehe-, Adoptions- und Vormundschaftsrecht (dazu oben S. 388).

Geringes Gefälle kann aber auch die Wahl des Staatsangehörigkeitsprinzips erleichtern; so grundsätzlich in den Rechtshilfeverträgen der früheren Ostblockstaaten.

Gegen den Wohnsitz werden im Ordnungsinteresse noch weitere Einwände erhoben: Er sei schwerer feststellbar als die Staatsangehörigkeit (das hängt von den Fallumständen ab); die Wohnsitzregelungen der Staaten seien *sehr verschieden* (das sind die Staatsangehörigkeitsrechte ebenfalls, außerdem kann jedes IPR selbst bestimmen, was Wohnsitz sein soll); die *abgeleiteten Wohnsitze* von Ehefrau und Kindern brächten Schwierigkeiten (das tun die abgeleiteten Staatsangehörigkeiten ebenfalls, außerdem kann man an den gewöhnlichen Aufenthalt als „faktischen" Wohnsitz [vgl. OLG Hamm FamRZ 1989, 1109 (1110 unter II 2)] anknüpfen); der Wohnsitz sei *leicht zu wechseln* und fördere daher die *Gesetzesumgehung* (die *„autorité de la loi"* wird vor allem in Frankreich hoch bewertet und hat anscheinend für die grundsätzliche Beibehaltung des Staatsangehörigkeitsprinzips trotz vieler Ausländer im Lande den Ausschlag gegeben; in anderen Ländern, z. B. Deutschland und USA, wertet man sie als Selbstzweck geringer und bekämpft untragbare Gesetzesumgehungen nur im Einzelfall [unten § 14]).

4. Bestimmung der Staatsangehörigkeit

Wenn im deutschen IPR grundsätzlich das Recht des Staates, dem jemand angehört (oben 1 a), das Personalstatut im gegenständlichen Sinn (oben 2) beherrscht (und diese Lösung auch rechtspolitisch zu billigen ist, oben 3), dann ist zu bestimmen, welches Recht darüber entscheidet, ob jemand einem Staate angehört und welchem. Diese Entscheidung überläßt das deutsche IPR unstreitig jedem einzelnen Staat: **der Staat, um dessen Angehörigkeit es geht, bestimmt, ob ihm jemand ange-**

hört. Wir überlassen also diese Entscheidung der *lex causae*, und ebenso hält man es im Ausland. Auch privatrechtliche **Vorfragen**, von denen Erwerb oder Verlust einer Staatsangehörigkeit abhängt (wie gültige Heirat, [eheliche oder nichteheliche] Abstammung, Legitimation und Adoption), werden beantwortet vom Standpunkt des Staates, um dessen Angehörigkeit es sich handelt (oben S. 330f.), also nach dessen IPR (wenn er selbst dieses ins Spiel bringt) und nicht wie sonst nach unserem IPR (vgl. für § 6 RuStAG VG Darmstadt IPRspr. 1982 Nr. 4A = StAZ 1984, 44 mit zust. Anm. von *v. Mangoldt*, betr. Adoption eines „minderjährigen" Philippinos durch Deutschen).

Darüber, daß es entgegen dem Anschein nicht denknotwendig ist, dem Recht des Staates, um dessen Angehörigkeit es geht, die Entscheidung über die Staatsangehörigkeit und auch die Entscheidung über privatrechtliche Vorfragen zu überlassen, oben S. 330f. Zur Völkerrechtsgemäßheit dieser Regeln oben S. 14. Völkerrechtswidriges ausländisches Staatsangehörigkeitsrecht ist grundsätzlich nicht anzuwenden (näher *Soergel/Kegel*[12] Art. 5 Rz. 4).

5. Mehrstaater

Schrifttum: *Ko Swan Sik,* De meervoudige nationaliteit, Leyden 1957; *Ferid,* Zur kollisionsrechtlichen Behandlung des Inländers mit zugleich ausländischer Staatsangehörigkeit, RabelsZ 23 (1958), 498–514; *Bar-Yaacov,* Dual Nationality, London 1961; *Prieto-Castro y Roumier,* La nacionalidad múltiple, Diss. Madrid 1962; *Schwind,* Der Mehrstaater im vertraglich geregelten IPR, FamRZ 1964, 481–483; *Boggiano,* La doble nacionalidad en Derecho Internacional Privado, Buenos Aires 1973; *Barile,* Considerazioni sul concorso fra cittadinanza italiana ed una o piú cittadinanze straniere in tema di diritto internazionale privato, Riv. dir. int. priv. proc. 1974, 393–423; *Breunig,* Zur rechtlichen Problematik der mehrfachen Staatsangehörigkeit, DVBl. 1975, 758–764; *Samtleben,* Mehrstaater im IPR, RabelsZ 42 (1978), 456–484; *Beitzke,* Das Personalstatut des Doppelstaatlers, Fschr. Schnitzer 1979, 19–36; *Firsching,* Doppelstaater im internationalen Erbrecht, IPRax 1981, 14–17; *Henrich,* Wechsel der effektiven Staatsangehörigkeit in Fällen einer Kindesentführung, IPRax 1981, 125f.; *Mikat,* Zur Diskussion um die Lehre vom Vorrang der effektiven Staatsangehörigkeit, 1983; *von Mangoldt,* Mehrstaatigkeit und Legitimation – Vorrang der effektiven Staatsangehörigkeit auch bei Deutschen?, Fschr. Bachof 1984, 77–96; *von Mangoldt,* Effektive Staatsangehörigkeit bei familienrechtlichen Vorfragen des deutschen Staatsangehörigkeitsrechts?, JZ 1984, 821–828; *Scholz/Pitschas,* Effektive Staatsangehörigkeit und Grundgesetz, NJW 1984, 2721–2730; *Mansel,* Verfassungsrechtlicher Gleichheitssatz, deutsche Doppelstaater und die Lehre von der effektiven Staatsangehörigkeit im IPR, NJW 1986, 625–632; *Sonnenberger/von Mangoldt,* Anerkennung der Staatsangehörigkeit und effektive Staatsangehörigkeit natürlicher Personen im Völkerrecht und IPR, BerGesVR Heft 29, 1988; *Mansel,* Personalstatut, Staatsangehörigkeit und Effektivität, 1988, 85–412; *Mansel,* Vertragsautonome Mehrstaateranknüpfung und nicht feststellbare Effektivität, IPRax 1988, 22f.; *Grasmann,* Die internationale Identität des Familiennamens deutscher Mehrstaater nach deutschem IPR, Zur verfassungskonformen Anwendung von Art. 10 Abs. 2 Nr. 1 und Abs. 5 Nr. 1 EGBGB n.F., StAZ 1989, 126–140; *Virgós Soriano,* Nationality and Double Nationality Principles in [the] Spanish Private International Law System, in: *Jayme/Mansel* (Hrsg.), Nation und Staat im IPR, 1990, 237–258; *Mansel,* Neues italienisches Staatsangehörigkeitsrecht und deutsch-italienische Doppelstaaterkonstellationen, StAZ 1990, 29–43; *Rittstieg,* Doppelte Staatsangehörigkeit im Völkerrecht, NJW 1990, 1401–1405; *Rodriguez Mateos,* La doble nacionalidad en la sistemática del Derecho Internacional

Privado, Rev. esp. der. int. 1990, 463–493; *Nomer*, Türkisches IPR und doppelte Staatsangehörigkeit, JZ 1993, 1142–1145; *Martiny*, Probleme der Doppelstaatsangehörigkeit im deutschen IPR, JZ 1993, 1145–1150; *Alvarez Rodriguez*, Binacionalidad en el ordenamiento español y su repercusión en la Unión Europea, in: Estudios de Derecho Europeo Privado, Madrid 1994, 27–120; *García Rubio*, La doble nacionalidad en el ordenamiento jurídico español, Rev.der.priv. 1994, 731–754; *von Münch*, Darf es ein bißchen mehr sein? – Gedanken zur Mehrstaatigkeit, NJW 1994, 1199–1201; *Renner*, Ausländerintegration, ius soli und Mehrstaatigkeit, FamRZ 1994, 865–872; *Dethloff*, Doppelstaatsangehörigkeit und Internationales Privatrecht, JZ 1995, 64–73; *von Mangoldt*, Migration ouvrière et double nationalité. La situation allemande, Rev.crit.dr.i.p. 1995, 671–693; *Goes*, Mehrstaatigkeit in Deutschland. Verfassungsrechtliche Kriterien, internationale und europäische Determinanten, Rechtsvergleichung, Baden-Baden 1997.

Mehrfache Staatsangehörigkeit ist meist nur *doppelte* Staatsangehörigkeit. Sie entsteht hauptsächlich aus drei Gründen. Einmal durch *Geburt*, nämlich wenn die Eltern unterschiedliche Staatsangehörigkeit haben und jeder Staat die seine im Wege der Abstammung erwerben läßt oder wenn der Staat des Geburtsorts dem Kind seine Staatsangehörigkeit verleiht (*ius soli*, z.B. England, Argentinien) und der Staat, dem wenigstens ein Elternteil angehört, das gleiche tut (*ius sanguinis*, z.B. Deutschland, Frankreich). Sodann entsteht mehrfache Staatsangehörigkeit durch *Heirat*, nämlich dann, wenn der Staat, dem die Frau angehört, ihr seine Staatsangehörigkeit beläßt (z.B. heute Deutschland) und der Staat, dem der Mann angehört, ihr seine Staatsangehörigkeit gibt (z.B. bis Ende 1991 die Schweiz; heute selten). Schließlich entsteht mehrfache Staatsangehörigkeit oft durch *Einwanderung*, wenn die neue Staatsangehörigkeit erworben, die alte aber nicht verloren wird. Das RuStAGÄndG 1974, das alle ehelichen Kinder jedes deutschen Elternteils (vordem grundsätzlich nur des Vaters) zu Deutschen macht, hat die Zahl der Mehrstaater wachsen lassen (vgl. BVerfGE 37, 217 [234–236]), und allgemein scheint das bisherige Unbehagen an der Mehrstaatigkeit eher rückläufig zu sein (vgl. BVerwGE 84, 9 = InfAuslR 1990, 63 mit Anm. von *Rittstieg* = StAZ 1990, 200 mit Anm. von *Gaaz*).

Ist von den mehreren Staatsangehörigkeiten **keine die deutsche**, so entscheidet die Angehörigkeit zu dem Staat, dem der Mehrstaater *am engsten verbunden* ist (sog. *effektive* Staatsangehörigkeit). Das entspricht der Rücksicht auf das Parteiinteresse, dessentwegen überhaupt an die Staatsangehörigkeit angeknüpft wird, und ist im großen und ganzen anerkannt. Wie schon die Anknüpfung an die Staatsangehörigkeit im Ordnungsinteresse der Rechtssicherheit auf dem Regelfall und nicht auf dem Einzelfall basiert (oben S. 388–392), so sollte auch die Zusatzanknüpfung für Mehrstaater *formalisiert* werden. Auch darüber ist man im wesentlichen einig. Im einzelnen herrscht über die Hilfsanknüpfungen Streit (Nachweise *Soergel/Kegel*[12] Art. 5 Rz 59), und eine feste Praxis fehlt, weil Fälle mehrfacher ausländischer Staatsangehörigkeit in Deutschland selten entschieden werden.

Als eine formal abgestufte Reihenfolge kann man wählen: den *gewöhnlichen Aufenthalt* in einem der Staaten, hilfsweise den *letzten gewöhnlichen Aufenthalt* in einem der Staaten, zweithilfsweise den *schlichten Aufenthalt* in einem der Staaten, dritthilfsweise den *letzten schlichten Aufenthalt* dort (vgl. unten S. 407f.), vierthilfsweise die *zuletzt erworbene Staatsangehörigkeit* und fünfthilfsweise die *Staatsangehörigkeit nach ius sanguinis* (soweit nicht die Staatsangehörigkeit *iure soli* wegen letzten gewöhnlichen Aufenthalts dort [Geburt!] schon vorgeht). Der sechsthilfsweise zu entscheidende Fall gleichzeitigen Erwerbs mehrerer Staatsangehörigkeiten *iure sanguinis* kann, weil in dieser Konfiguration allzu selten, außer Betracht bleiben. Die Indizwirkung für die wirklich engste Verbindung wird freilich von Stufe zu Stufe immer schwächer, und wenn sich konkret eine eindeutig engere Beziehung zu dem *anderen* Staat nachweisen läßt, wird man diesem den Vorzug geben. – Über gewöhnlichen und schlichten Aufenthalt näher unten S. 412–414.

Dem entspricht im wesentlichen die Lösung des **Art. 5 I 1 EGBGB,** der allerdings sehr vage gehalten ist: „Wird auf das Recht des Staates verwiesen, dem eine Person angehört, und gehört sie mehreren Staaten an, so ist das Recht desjenigen dieser Staaten anzuwenden, mit dem die Person am engsten verbunden ist, insbesondere durch ihren gewöhnlichen Aufenthalt oder durch den Verlauf ihres Lebens."

Nur der *gewöhnliche* Aufenthalt ist hier erwähnt, doch kann man die übrigen formalisierten Hilfsanknüpfungen im Rahmen der Generalklausel berücksichtigen; wird eine engere Verbindung zu dem anderen Staat festgestellt, müssen sie freilich weichen.

Ist von mehreren Statsangehörigkeiten **eine die deutsche**, so stellt sich die Frage, ob deswegen bei der Wahl der maßgeblichen Staatsangehörigkeit etwas anderes zu gelten hat. In der Tat überwog zunächst die Meinung, die deutsche Staatsangehörigkeit habe stets den Ausschlag zu geben, und zwar nicht nur im IPR (z.B. RGZ 150, 374 [376, 382]), sondern auch auf anderen Gebieten, z.B. für die internationale Zutändigkeit nach dem früheren § 606b ZPO (z.B. BGHZ 3, 178 [180f.]). Entsprechend wird gewöhnlich auch im Ausland entschieden, wenn eine der Staatsangehörigkeiten die eigene ist (*Rabel* I^2 129).

An dieser Auffassung entzündete sich jedoch zunehmend Kritik, bis sie *für das IPR* überwiegend abgelehnt wurde. Wenn es richtig war, bei Mehrstaatern ohne deutsche Staatsangehörigkeit die Rechtsordnung desjenigen der mehreren Staaten anzuwenden, dem der Mehrstaater *am engsten verbunden ist*, dann hätte es besonders durchschlagender Interessen bedurft, das deutsche Recht anzuwenden, obwohl der Mehrstaater mit Deutschland gerade *nicht* am engsten verbunden ist. Da diese fehlten, waren beide Fälle gleich zu behandeln.

So *Ferid*, RabelsZ 23 (1958), 498–514; *Samtleben*, RabelsZ 42 (1978), 470–474; *Beitzke*, Fschr. Schnitzer 1979, 19–36; *Mansel*, NJW 1985, 625–632; BGHZ 60, 68 (82); BVerfGE 37, 217 (243, 257); BGH NJW 1976, 1028; BGHZ 75, 32 (42) = FamRZ 1979, 696 (699) mit Anm. von *Heldrich* 1006 = NJW 1979, 1776 (1779) mit Anm. von *Kropholler* 2468; BGH IPRax 1981, 25 mit Aufsatz von *Firsching* 14–17 = NJW 1980, 2016 mit Anm. von *Samtleben* 2645; BGHZ 78, 293 (302f.) = FamRZ 1981, 135 mit Anm. von *Schloßhauer* 536 = IPRax 1981, 139 mit Aufsatz von *Henrich* 125f. = NJW

1981, 520; OLG Frankfurt NJW 1986, 2200; BGH IPRax 1987, 22 (unter B II 1 a. E.) mit Aufsatz von *Sturm* 1–4 = NJW 1986, 3022 (3023); OLG Hamburg FamRZ 1987, 97 = IPRax 1987, 187 LS mit Anm. Red. (D. H.); vgl. für Ehelichkeit als Vorfrage deutscher Staatsangehörigkeit BVerwGE 68, 220 (224) = IPRax 1985, 95 mit Aufsatz von *Wengler* 79–82 = JZ 1984, 837 mit Aufsatz von *von Mangoldt* 821–828 = StAZ 1984, 160 mit Anm. von *Silagi* (dahingestellt, aber klar zur effektiven Staatsangehörigkeit neigend); BayObLGZ 1986, 1 (6 f.) = IPRax 1986, 379 mit Aufsatz von *Jayme* 361 f. = NJW-RR 1986, 1023 (1024); BayObLGZ 1987, 418 (427 f.) = IPRax 1990, 115 mit Aufsatz von *Sturm* 99–102 = StAZ 1988, 199 mit Aufsatz von *Grasmann* 185–189.

Die *Interessenlage* ergibt:

1. Das *Parteiinteresse*, das für die Anknüpfung des Personalstatuts im gegenständlichen Sinn den Ausschlag gibt (oben S. 385 f.), spricht für dieselbe Regel wie bei Mehrstaatern *ohne* deutsche Staatsangehörigkeit, nämlich für die Maßgeblichkeit der *engsten Verbundenheit*, die lediglich im Ordnungsinteresse der Rechtssicherheit zu *formalisieren* ist.
2. *Ordnungsinteressen*, die für den Vorrang des deutschen Rechts sprechen, sind:
   a) man braucht *keine Hilfsanknüpfung*; das ist *bequemer* und fördert die *Rechtssicherheit*; aber die Hilfsanknüpfung ist gewöhnlich leicht festzustellen und mindert die Rechtssicherheit nur unerheblich, da sie formalisiert ist; auch nimmt man sie hin bei Mehrstaatern *ohne* deutsche Staatsangehörigkeit;
   b) man kann immer *deutsches Recht* anwenden; aber das Interesse am „Heimwärtsstreben" ist nicht per se anerkennenswert, sondern kann nur da den Ausschlag geben, wo die ursprünglichen IPR-Interessen stark abgeschwächt sind (vgl. oben S. 126, 343 f.).
3. *Politische Interessen* zugunsten der Anwendung deutschen Rechts haben im IPR nichts zu suchen.

Ergebnis: Die Anwendung deutschen Rechts auf Mehrstaater *mit* deutscher Staatsangehörigkeit wird zwar durch *schwache Ordnungsinteressen* gestützt. *Überwiegende Parteiinteressen* sprechen jedoch für dieselbe Regel wie bei Mehrstaatern *ohne* deutsche Staatsangehörigkeit.

Leider hat der Gesetzgeber, bedrängt anscheinend von Standesbeamten (*Jayme*, Fschr. Müller-Freienfels 1986, 364), die in Österreich das gleiche Unheil angerichtet haben (*Hoyer*, Fschr. Ferid 1988, 191), eine Kehrtwendung vollzogen und den Rückschritt zum Gesetz erhoben. Denn **Art. 5 I 2 EGBGB** bestimmt: „Ist die Person [die mehreren Staaten angehört] auch Deutscher, so geht diese Rechtsstellung vor."

Auch wer in seinem zweiten Heimatstaat lebt, nie in Deutschland war, kein Deutsch spricht und die kraft Geburt erworbene Staatsangehörigkeit eher zufällig mit sich herumschleppt, *muß* von uns deshalb nach deutschem Recht behandelt werden.

Aus grundgesetzlichen Gründen versucht diesen Fehlgriff zu rechtfertigen *Pitschas*, in: *Jayme/Mansel* (Hrsg.), Nation und Staat im IPR, 1990, 112–117.

Die Regel gilt aber nur für das anwendbare Recht, **nicht** für die **internationale Zuständigkeit**. Hier gibt es jedenfalls keinen Vorrang der *deutschen* Staatsangehörigkeit.

Vgl. OLG Hamm FamRZ 1987, 506 (507 unter 3 a); KG NJW 1988, 649 (650) = OLGZ 1987, 311 (316 a. E.). KG FamRZ 1998, 440 (441 f. unter II 3 a–d = NJW 1998, 1565) will sogar bei einem deutsch-ausländischen Kind die deutsche Zuständigkeit für Sorgerechtsregelungen deshalb *versagen*, weil es den gewöhnlichen Aufenthalt in seinen anderen Heimatstaat verlegt hat, die entsprechende Staatsangehörigkeit jetzt die *„effektive"* sei, und man allein auf diese abzustellen habe. Das dürfte zu weit gehen (in Wahrheit liegen der Entscheidung auch andere Erwägungen zugrunde, die besser mit

„fehlendem Rechtsschutzbedürfnis" zu umschreiben gewesen wären). Denn anders als beim anwendbaren Recht muß man sich bei der Zuständigkeit *nicht* entscheiden: es ist kein Schaden, sie *jedem* Heimatstaat zuzubilligen (wir dürfen entscheiden, erkennen aber Entscheidungen des anderen Heimatstaates ebenfalls grundsätzlich an). So dürfte auch BayObLG FamRZ 1997, 959 zu verstehen sein, während BGH FamRZ 1997, 1070 zumindest mißverständlich klingt (die deutsche Staatsangehörigkeit müsse „den Ausschlag geben"). Bedenken gegen eine solche Zuständigkeitshäufung aber bei *Dethloff*, Doppelstaatsangehörigkeit und internationales Privatrecht, JZ 1995, 64–73, 72f.

Mehrfache Staatsangehörigkeit wurde und wird oft als mißlich angesehen (vgl. *Dethloff* aaO). Ihr will vorbeugen das *Übereinkommen* vom 6. 5. 1963 *über die Verringerung der Mehrstaatigkeit* und über die Wehrpflicht von Mehrstaatern (oben S. 97). Es beruft in Art. 1 IV und 2 II für bestimmte Vorfragen der Staatsangehörigkeit das Recht des Staates, um dessen Angehörigkeit es geht. Zum Verhältnis von Art. 1 I des Abkommens zu § 25 RuStAG: *Folz*, Ein unbeabsichtigtes Problem mit dem europäischen Mehrstaaterrecht – oder: vom schwierigen Umgang mit Vorbehalten zu völkerrechtlichen Verträgen, Fschr. Seidl-Hohenveldern 1988, 109–119; zu Art. 6 des Abkommens (Wehrpflicht des Mehrstaaters) VG Braunschweig InfAuslR 1988, 308.

Teils mehrfache Staatsangehörigkeit der Ehefrau verhindern, hauptsächlich aber ihre Gleichberechtigung hinsichtlich der Staatsangehörigkeit verwirklichen will das *Übereinkommen* vom 20. 2. 1957 *über die Staatsangehörigkeit verheirateter Frauen* (oben S. 97). Nach Art. 1, 2 haben Heirat, Auflösung der Ehe und Staatswechsel des Mannes während der Ehe keinen Einfluß auf die Staatsangehörigkeit der Frau. Nach Art. 3 ist die ausländische Ehefrau eines Inländers auf ihren Antrag vereinfacht einzubürgern.

Auch *zweiseitige* Staatsverträge können mehrfache Staatsangehörigkeit mindern, so die Verträge zwischen der früheren DDR mit der früheren Sowjetunion, Ungarn und Bulgarien zur Regelung von Fragen der doppelten Staatsbürgerschaft (dazu *Rieger*, NJ 1972, 309–313), ferner die Verträge mit der früheren Tschechoslowakei vom 10. 10. 1973 (GBl. II 273, 1974 II 183), mit Polen vom 12. 11. 1975 (GBl. 1976 II 101, 140), mit der Mongolei vom 6. 5. 1977 (GBl. II 275, 354) und mit Rumänien vom 20. 4. 1979 (GBl. 1980 II 49).

6. Staatenlose

Schrifttum: *Marazzi*, L'apolidia e il suo accertamento giudiziario, Turin 1958; *Makarov*, Die Staatenlosigkeit im internationalen und innerstaatlichen Recht, Friedens-Warte 56 (1961/66), 357–374; *Mutharika*, The Regulation of Statelessness under International and National Law, Dobbs Ferry, N.Y. 1977; *van Krieken*, The High Commissioner for Refugees and Stateless Persons, NILR 26 (1979), 24–36; *Weis*, Nationality and Statelessness in International Law[2], 1979; *Mühl-Jäckel*, Rechtsfragen einer ungeklärten Staatsangehörigkeit, Fschr. Berge 1989, 43–59.

Staatenlose sind das Gegenstück zu Mehrstaatern; staatenlos wird man daher aus entgegengesetzten Gründen. So wird durch *Geburt* staatenlos, wer in einem Lande des *ius sanguinis* (z.B. in Deutschland) als Kind staatenloser Eltern geboren wird. Staatenlos wird sodann eine Frau, die ihre Staatsangehörigkeit durch *Heirat* verliert (heute selten, bis 1974 z.B. Liechtenstein), ohne durch die Heirat die Staatsangehörigkeit ihres Mannes zu erwerben. Besonders oft entsteht Staatenlosigkeit durch *Auswanderung*, wenn durch sie die alte Staatsangehörigkeit verloren, die des Einwanderungslandes aber nicht erworben wird. Auch durch *Ausbürgerung* sind viele staatenlos geworden (zur 11. VO zum

ReichsbürgerGes. vom 25. 11. 1941 siehe aber BVerfG DÖV 1968, 317 = JZ 1968, 422).

Wie Staatenlose im IPR zu behandeln sind, sagte früher Art. 29 a. F. EGBGB. Er berief ursprünglich für staatenlos *Gewordene* ihr letztes Heimatrecht und ließ für staatenlos *Geborene* das Recht des Wohnsitzes, hilfsweise des schlichten Aufenthalts entscheiden. Die Vorschrift wurde 1938 geändert. Seitdem gilt für *alle* Staatenlosen das Recht ihres *gewöhnlichen Aufenthalts*, hilfsweise ihres *schlichten Aufenthalts*.

Mit der Anknüpfung an das letzte Heimatrecht stand Deutschland allein; sie widersprach bei den zahlreichen russischen Emigranten erheblich dem Parteiinteresse (oben S. 393 f.). Der Übergang vom Wohnsitz zum gewöhnlichen Aufenthalt als Hauptanknüpfung sollte (im Einklang mit der neueren staatsvertraglichen Entwicklung) eine „faktische" an Stelle einer (insbesondere durch abgeleitete Wohnsitze) rechtlich belasteten Anknüpfung setzen. Näher über Wohnsitz, gewöhnlichen und schlichten Aufenthalt unten III 2, 3.

Art. 5 II EGBGB bestimmt: „Ist eine Person staatenlos oder kann ihre Staatsangehörigkeit nicht festgestellt werden, so ist das Recht des Staates anzuwenden, in dem sie ihren gewöhnlichen Aufenthalt oder, mangels eines solchen, ihren Aufenthalt hat."

Damit sind gemeint *alle Fälle, in denen für gewöhnlich das Heimatrecht gilt*. Art. 5 II gilt also für das Personalstatut nicht nur im gegenständlichen, sondern im Anknüpfungssinn (oben S. 385 f.). Auch wenn das Personalstatut für *andere, „abhängige"* Personen maßgibt, tritt bei Staatenlosen an die Stelle des Heimtrechts das nach Art. 5 II bestimmte Recht, so früher für das eheliche Kind staatenloser Eltern (Art. 19 II 1 a. F. EGBGB), heute nur noch als eine Alternative bei Abstammung und deren Anfechtung (Art. 19 I 2, 20 n. F.). Jedoch gilt Art. 5 II entgegen dem Wortlaut *nicht für Exklusivnormen*, die deutsches Recht sachwidrig zugunsten deutscher Staatsangehöriger ausdehnen (oben S. 255 f.). So durfte der am 31. 5. 1999 außer kraft getretene Art. 38 a. F. EGBGB (Deutscher haftet aus Delikt nicht strenger als nach deutschem Recht) nicht übertragen werden auf Staatenlose, die sich bei uns gewöhnlich aufhalten. Dagegen sollte Art. 17 I 2 EGBGB (Scheidung nach deutschem Recht) auch für Staatenlose mit gewöhnlichem Aufenthalt in Deutschland gelten (näher *Soergel/Schurig*[12] Art. 17 Rz. 27). Ist nach Art. 5 II ausländisches Recht maßgebend, so ist eine *Rück- oder Weiterverweisung* des ausländischen IPR zu beachten.

Art. 5 II EGBGB regelt auch den Fall, daß die Staatsangehörigkeit einer Person *nicht festgestellt* werden kann. Darüber unten S. 448 f.

Hat ein Staatenloser seinen gewöhnlichen oder schlichten Aufenthalt gewechselt, so entscheidet der Aufenthalt im *maßgebenden Zeitpunkt* (vgl. oben I). Art. 29 a. F. EGBGB hob dies ausdrücklich hervor. Haben z. B. Staatenlose in Deutschland geheiratet und sind sie später nach Kanada ausgewandert, so leben sie nach Art. 5 II mit Art. 15 I mit Art. 14 I Nr. 2 weiterhin nach deutschem Ehegüterrecht. Das ist eine Frage des *Statutenwechsels*.

Davon verschieden ist eine Frage des *intertemporalen IPR*. Sie stellt sich einmal für Art. 29 a. F. EGBGB: für welche Fälle gilt die erste und für welche die zweite Fassung des Art. 29? Die zweite Fassung ist am 12. 4. 1938 in Kraft getreten. Nach h. M. wirkt sie nicht zurück, sondern wirkt wie *ein Statutenwechsel*. Hatte z. B. eine Deutsche

1937 einen in Deutschland lebenden, staatenlos gewordenen Polen geheiratet, so beurteilte sich die Gültigkeit der Ehe, was den Mann anlangt, weiterhin nach polnischem Recht (Art. 13 I a.F. EGBGB); auch für das eheliche Güterrecht galt weiterhin polnisches Recht (Art. 15 I); wollte die Frau sich scheiden lassen, so galt dagegen deutsches Recht (wegen Art. 17 I, nicht wegen Art. 17 III a.F., weil die Frau damals durch Heirat staatenlos wurde).

Die intertemporale Frage stellt sich zum anderen für das Verhältnis von Art. 29 a. (zweite) F. zu Art. 5 II n.F. EGBGB. Sie fällt aber sogleich in sich zusammen. Denn nur der Wortlaut der Regel für Staatenlose hat sich geändert; inhaltlich ist alles beim alten geblieben (außer daß Art. 5 II n.F. auch gilt, wenn die Staatsangehörigkeit einer Person nicht festgestellt werden kann). Siehe dagegen zum Übergangsrecht anderer internationalprivatrechtlicher Vorschriften des EGBGB vor und seit dem 1. 9. 1986 Art. 220 EGBGB (oben S. 39–41).

Für den Wechsel des IPR, der in der früheren DDR und in Ost-Berlin am 3. 10. 1990 stattgefunden hat, gelten die Übergangsvorschriften des Art. 236 EGBGB (oben S. 41–44). Ein Unterschied zwischen altem und neuem Recht besteht hier insofern, als § 5 Buchst. a RAG in der DDR für Staatenlose das Recht des *Wohnsitzes* oder (schlichten) Aufenthalts berief, während Art. 5 II EGBGB auf den *gewöhnlichen Aufenthalt* oder (schlichten) Aufenthalt abstellt.

Art. 5 II EGBGB wird eingeschränkt, soweit für (staatenlose) *Flüchtlinge* Sonderregeln gelten (unten 7).

Am 24. 1. 1977 ist für die Bundesrepublik in Kraft getreten das **New Yorker** Abkommen über die **Rechtsstellung der Staatenlosen** vom 28. 9. 1954 (oben S. 97, 206).

Schrifttum: *Weis*, JDI (Clunet) 1960, 938f.; *Weis*, The Convention Relating to the Status of Stateless Persons, Int.Comp.L.Q. 10 (1961), 255–264; *Kimminich*, Der internationale Rechtsstatus für Flüchtlinge, 1962, 336–341; *Vukas*, International Instruments Dealing with the Status of Stateless Persons and of Refugees, Rev.belge dr.int. 1972, 143–175. Zum Begriff des „rechtmäßigen Aufenthalts" im Staatenlosenübereinkommen, InfAuslR 1988, 161–166 (Stellungnahme des Hohen Flüchtlingskommissars der Vereinten Nationen).

Den *persönlichen Geltungsbereich* umschreibt Art. 1. Nach dessen Abs. I ist staatenlos im Sinne des Abkommens, wen „kein Staat unter Anwendung seiner Gesetzgebung als seinen Staatsangehörigen betrachtet". Abs. II des Art. 1 engt den Kreis etwas ein durch Ausnahmen, die für internationale Flüchtlinge bereits in Art. 1 D, E und F des Genfer Flüchtlingsabkommens begegnen. Auch Art. 12, die einzige internationalprivatrechtliche Vorschrift des Abkommens, deckt sich mit der einzigen internationalprivatrechtlichen des Genfer Flüchtlingsabkommens, ebenfalls Art. 12: *Personalstatut* im gegenständlichen Sinn (oben S. 385f.) ist das Recht des *Wohnsitzes*, hilfsweise des *schlichten Aufenthalts.* Siehe näher unten S. 404f. (auch zu den Nebenfragen: Erstreckung auf abhängige Personen, Nicht-Erstreckung auf Exklusivnormen, Statutenwechsel und Nicht-Rückwirkung), 411f.

Wie das Genfer Flüchtlingsabkommen (unten S. 404) zielt das New Yorker Staatenlosenabkommen auf möglichst weiten Schutz von Schwachen und ist daher gleich seinem Genfer Vorbild als *„loi uniforme"* (oben S. 10f.) zu verstehen. Es setzt nicht voraus, daß der Staatenlose in einem *Vertragsstaat* Wohnsitz, hilfsweise Aufenthalt, hat. Da das Abkommen auch *sachlich* weit greift (Personalstatut im gegenständlichen Sinn, Erstreckung auf abhängige Personen), **verdrängt** es in den meisten Fällen den **Art. 5 II EGBGB** und macht den **Wohnsitz** statt des fortschrittlicheren gewöhnlichen Aufenthalts zur **Hauptanknüpfung** (vgl. KG FamRZ 1996, 545 = StAZ 1996, 114 = IPRax 1997, 262 mit Aufsatz von *Hepting* 249–251 [falsche Paginierung: Nr. 4 S. 178 bzw. 165–167]).

Neben dem New Yorker Abkommen über die *Rechtsstellung* der Staatenlosen von 1954 gibt es ein **New Yorker** Abkommen vom **30. 8. 1961** über die **Verminderung der Staatenlosigkeit** (BGBl. 1977 II 597, 1217; AusfG vom 29. 6. 1977, BGBl I 101); vgl. oben S. 97, 206. Zu dessen Art. 2 (Einbürgerungsanspruch von Palästinensern) BVerwGE 92, 116 = InfAuslR 1993, 268; BVerwGE 94, 185 = FamRZ 1994, 627 = InfAuslR 1993, 102; BVerwGE 94, 35.

Schrifttum: *Weis*, The United Nations Convention on the Reduction of Statelessness, Int.Comp.L.Q. 11 (1961), 1073–1090; *Arndt*, Neuregelung zur Verringerung von Staatenlosigkeit, NJW 1977, 1564–1567.

Dieses Abkommen betrifft nicht IPR, sondern vereinheitlicht das materielle Staatsangehörigkeitsrecht.

Ebenso das Berner CIEC-Abkommen vom **13. 9. 1973** zur **Verringerung der Fälle von Staatenlosigkeit** (oben S. 96 unter Nr. 13).

7. Flüchtlinge

Die Flüchtlinge bilden zwei Gruppen: einmal die „volksdeutschen“, zum anderen die „internationalen“.

a) Volksdeutsche Flüchtlinge

Schrifttum: *Gaaz*, Fremdländische Namensform und deutsches Personalstatut, Zur Namensführung der Aussiedler, StAZ 1989, 165–173; *Böhmer*, Die Rückübertragung der Namen deutscher Aussiedler in die ursprüngliche deutsche Form, StAZ 1990, 153–157; *Jayme*, Zum Personalstatut „spätgeborener“ Aussiedler, IPRax 1991, 36; *Böhmer*, Die Namensführung der Aussiedler, StAZ 1991, 213–217; *Wollensak*, Die „Deutsche Volksliste in den eingegliederten Ostgebieten“, StAZ 1998, 170–174.

Von den volksdeutschen Flüchtlingen handelt **Art. 116 I GG:** „Deutscher im Sinne dieses Grundgesetzes ist vorbehaltlich anderweitiger gesetzlicher Regelung, wer die deutsche Staatsangehörigkeit besitzt oder als Flüchtling oder Vertriebener deutscher Volkszugehörigkeit oder als dessen Ehegatte oder Abkömmling in dem Gebiete des Deutschen Reiches nach dem Stande vom 31. Dezember 1937 Aufnahme gefunden hat.“

Ihre Eingliederung in das Wirtschaftsleben der Bundesrepublik und West-Berlins regelt das Bundesvertriebenengesetz vom 19. 5. 1953 (BGBl. I 201) i.d.F. vom 2. 6. 1993 (BGBl. I 829), zuletzt geändert durch Art. 30 Arbeitsförderungs-Reformgesetz vom 24. 3. 1997 (BGBl. I 594, 708).

Obwohl Art. 116 I GG unmittelbar nur die *staatsbürgerlichen* Rechte und Pflichten der volksdeutschen Flüchtlinge festlegt (wir gebrauchen hier den Ausdruck „Flüchtlinge“ als Oberbegriff, der auch Vertriebene und Verschleppte einschließt), gilt er **auch im IPR** (und im internationalen Verfahrensrecht). So (früheren Streit beendend) **Art. 9 II Nr. 5 FamRÄndG:**

„Soweit im deutschen bürgerlichen Recht oder im deutschen Verfahrensrecht die Staatsangehörigkeit einer Person maßgebend ist, stehen den deutschen Staatsangehörigen die Personen gleich, die, ohne die deutsche Staatsangehörigkeit zu besitzen, Deutsche im Sinne des Artikels 116 Abs. 1 des Grundgesetzes sind. Rechtskräftige gerichtliche Entscheidungen bleiben unberührt."

Volksdeutsche Flüchtlinge und von ihnen internationalprivatrechtlich „abhängige Personen" („*personae coniunctae*") unterliegen daher deutschem Recht, auch wenn sie nicht – wie meist – staatenlos sind, sondern einem fremden Staat angehören (z.B. OLG Hamm StAZ 1992, 112). Zu ihren Gunsten gelten (anders als für Staatenlose) auch die *Exklusivnormen* des deutschen IPR (über sie oben S. 255f.); z.B. konnte sich ein volksdeutscher Deliktstäter auf Art. 38 a.F. EGBGB berufen. Zum *Namen* Rußlanddeutscher unten S. 523, 529f.

b) Internationale Flüchtlinge

Schrifttum: Älteres Schrifttum 7. Aufl. S. 336. Weiter: *Spickhoff*, Asylbewerber und gewöhnlicher Aufenthalt im internationalen Zivilprozeß- und Privatrecht, IPRax 1990, 225–228; *Université libre de Bruxelles* (Hrsg.), La reconnaissance de la qualité de réfugié et l'octroi de l'asile, Brüssel 1990; *Campiche*, Le traitement des réfugiés en situation irrégulière en Suisse. L'application dans l'ordre juridique suisse de l'article 31 de la Convention de 1951 relative au statut des réfugiés, Tolochenaz 1994; *Guimezanes*, Le statut juridique des réfugiés, Rev.int.dr.comp. 1994, 605–628; *Lass*, Der Flüchtling im deutschen Internationalen Privatrecht, 1995; *Niemeyer*, Neues Flüchtlingsrecht in Spanien, ZAR 1995, 187–190; *Wolfrum*, International Law on Migration Reconsidered Under the Challenge of New Population Movements, GermanYb. Int. L. 38 (1995), 191–207; *Davy*, Asyl und internationales Flüchtlingsrecht, Band I: Völkerrechtlicher Rahmen, Wien 1996; *Ulmer*, Asylrecht und Menschenwürde. Zur Problematik der „Sicheren Drittstaaten" nach Art. 16a Abs. 2 und 5 GG und die Harmonisierung des Asylrechts in Europa, 1996; *Hathaway* (Hrsg.), Reconceiving International Refugee Law, Den Haag 1997; *Carlier/Vanheute* u.a., Qu'est-ce qu'un réfugié? Étude de jurisprudence comparée, Brüssel 1998. Siehe auch Schrifttum oben S. 61f.

Mit den internationalen Flüchtlingen (das Wort „Flüchtling" wieder als Oberbegriff genommen) befaßte sich zuerst das **AHKGes. 23** über die Rechtsverhältnisse verschleppter Personen und Flüchtlinge vom 17. 3. 1950 (AHKBl. 140 = SaBl. 256) mit Änderungsges. vom 1. 3. 1951 (AHKBl. 808 = SaBl. 322) und das im wesentlichen gleichlautende **West-Berliner Ges. 9** vom 28. 8. 1950 (VOBl. 458) mit Änderungsges. vom 13. 4. 1951 (GVBl. 332).

Beide Gesetze galten nach Art. 10a für „Personen, die nicht die deutsche Staatsangehörigkeit besitzen oder deren Staatsangehörigkeit nicht festgestellt werden kann, sofern sie ihren Aufenthalt im Gebiete der Bundesrepublik [Zusatz West-Berliner Ges. 9: „oder im Gebiet von Groß-Berlin"] haben und eine amtliche Bescheinigung darüber besitzen, daß sie der Obhut der internationalen Organisation unterstehen, die von den Vereinten Nationen mit der Betreuung der verschleppten Personen und Flüchtlinge beauftragt ist".

Die Gesetze gelten ausdrücklich *nicht für Deutsche*. Nach der Entstehungsgeschichte gelten sie auch *nicht für volksdeutsche Flüchtlinge* nach Art. 116 I GG.

Dagegen gelten sie für *Ausländer*, *Staatenlose* und *Personen, deren Staatsangehörigkeit* aus tatsächlichen oder rechtlichen Gründen *nicht* (oder nur sehr schwer) *festgestellt werden kann.* Für diese Gruppe bestimmen Art. 1 und 2 der Gesetze:

„Artikel 1. Soweit das Einführungsgesetz zum Bürgerlichen Gesetzbuch bestimmt, daß die Gesetze des Staates, dem eine Person angehört, maßgebend sind, werden die Rechtsverhältnisse einer verschleppten Person oder eines Flüchtlings nach dem Recht des Staates beurteilt, in welchem die Person oder der Flüchtling zu der maßgebenden Zeit den gewöhnlichen Aufenthalt hat oder gehabt hat, oder falls ein gewöhnlicher Aufenthalt fehlt, nach dem Recht des Staates, in welchem die Person oder der Flüchtling sich zu der maßgebenden Zeit befindet oder befunden hat.

Artikel 2. Artikel 1 findet keine Anwendung auf die in den Artikeln 24 [a.F.] und 25 [a.F.] des Einführungsgesetzes zum Bürgerlichen Gesetzbuch geregelten Gegenstände."

Die *Anlehnung an Art. 29 a.F. EGBGB* ist deutlich. Daher gilt, wie dort (oben S. 400), das Recht des gewöhnlichen, hilfsweise schlichten Aufenthalts in allen Fällen, in denen für gewöhnlich das Heimatrecht entscheidet, mit Ausnahme der Erbfolge (warum, weiß niemand). Das Recht des gewöhnlichen, hilfsweise schlichten Aufenthalts ist (wie nach Art. 29 a.F. und 5 II n.F.) maßgebend auch für internationalprivatrechtlich von einem Flüchtling „abhängige Personen" (*„personae coniunctae"*). Dagegen gilt es (ebenfalls im Einklang mit Art. 29 a.F. und 5 II n.F.) nicht für Exklusivnormen.

Auch für einen *Statutenwechsel* gilt dasselbe wie bei Staatenlosen, das bringt in dunklem Drange zum Ausdruck § 8 des **Bundesges. über die Rechtsstellung heimatloser Ausländer**. Schließlich *wirken* wie Art. 29 a.F und 5 II n.F. so auch AHKGes. 23 und West-Berliner Ges. 9 *nicht zurück* (h.M.), sondern *wie ein Statutenwechsel* (vgl. oben S. 400f.). Näher *Soergel/Kegel*[12] Anh. Art. 5 Rz. 1–25.

Art. 1 und 2 AHKGes. 23 und West-Berliner Ges. 9 sind im wesentlichen überholt durch das **Genfer Abkommen über die Rechtsstellung der Flüchtlinge** vom 28. 7. 1951 und das ergänzende **Protokoll** vom 31. 1. 1967 (oben S. 206).

Das Abkommen will Flüchtlinge möglichst wirksam schützen und ist daher als *„loi uniforme"* (oben S. 10f.) zu werten. Es gilt, gleich ob der Flüchtling Wohnsitz, hilfsweise Aufenthalt, in einem *Vertragsstaat* hat oder *nicht* (*Hirschberg*, NJW 1972, 363 Fn. 23).

Den *persönlichen Geltungsbereich* des Abkommens regelt Art. 1, ergänzt durch Art. I des Protokolls. Danach fallen unter das Abkommen hauptsächlich die internationalen Flüchtlinge, die früher unter das AHKGes. 23 und das West-Berliner Ges. 9 fielen (vgl. Art. 1 A). Nicht unter das Abkommen fallen dagegen volksdeutsche Flüchtlinge (vgl. Art. 1 E).

Internationalprivatrechtlich bestimmt Art. 12:

„Personalstatut

1. Das Personalstatut jedes Flüchtlings bestimmt sich nach dem Recht des Landes seines Wohnsitzes oder, in Ermangelung eines Wohnsitzes, nach dem Recht seines Aufenthaltslandes.

2. Die von einem Flüchtling vorher erworbenen und sich aus seinem Personalstatut ergebenden Rechte, insbesondere die aus der Eheschließung, werden von jedem vertragschließenden Staat geachtet, gegebenenfalls vorbehaltlich der Formalitäten, die nach dem in diesem Staat geltenden Recht vorgesehen sind. Hierbei wird jedoch unterstellt, daß das betreffende Recht zu demjenigen gehört, das nach den Gesetzen dieses Staates anerkannt worden wäre, wenn die in Betracht kommende Person kein Flüchtling geworden wäre."

Der Ausdruck *„Personalstatut"* ist gemeint im gegenständlichen Sinn (vgl. oben S. 385f.): bestimmte Dinge sollen nach dem Recht des Wohnsitzes, hilfsweise des schlichten Aufenthalts beurteilt werden. Welche Dinge, sagt das Abkommen nicht selbst, sondern verweist auf die internationalen Privatrechte der Vertragsstaaten. Verweist es auf deren Personalstatute im gegenständlichen oder im Anknüpfungssinn? Verweist es z.B., was das deutsche IPR anlangt, nur auf internationales Personen-, Familien- und Erbrecht oder auch auf andere Fälle, in denen ausnahmsweise das Heimatrecht gilt, nämlich bei Delikten, anderen gesetzlichen Schuldverhältnissen und mitunter Schuldverträgen zwischen Angehörigen desselben Staates (oben S. 119)? Die Antwort hängt ab von der Interessenlage. Soweit auf Grund derselben Interessen andere Dinge ebenso angeknüpft werden wie das Personalstatut im gegenständlichen Sinn, gilt auch für sie Art. 12 des Abkommens. Das ist für Delikte und andere Schuldverhältnisse zwischen Angehörigen desselben Staats im deutschen IPR der Fall, soweit das *Partei*interesse insoweit den Ausschlag für die Anwendung des Heimatrechts gibt. Daher entscheidet für internationale Flüchtlinge anstelle des Rechts der Staatsangehörigkeit das des Wohnsitzes, hilfsweise des schlichten Aufenthalts, wenn er für beide Parteien im selben Lande liegt. Unter der Geltung der neuen Art. 40 II, 41 II 2 EGBGB wird es freilich soweit gar nicht mehr kommen, weil danach ohnehin der übereinstimmende gewöhnliche Aufenthalt Vorrang vor der übereinstimmenden Staatsangehörigkeit hat. Anders als nach AHKGes. 23 und West-Berliner Ges. 9 wird nach dem Abkommen auch die *Erbfolge* dem Recht des Wohnsitzes, hilfsweise des schlichten Aufenthalts unterworfen.

Für die Erstreckung auf *abhängige Personen*, für die Nicht-Erstreckung auf *Exklusivnormen*, für *Statutenwechsel* und für *Nicht-Rückwirkung* (vgl. Art. 12 II des Abkommens) gilt dasselbe wie zu Art. 29 a.F., 5 II n.F. EGBGB und zu Art. 1 AHKGes. 23 und West-Berliner Ges. 9 (zu Statutenwechsel und Nichtwirkung näher *Soergel/Kegel*[12] Anh. Art. 5 Rz. 26–78).

Den Kreis der Geschützten erweiterte das **Ausländergesetz** i.d.F. vom 28. 4. 1965 (BGBl. I 353), jetzt i.d.F. vom 9. 7. 1990 (BGBl. I 1354), zuletzt geändert durch Art. 14 Erstes SGB III-Änderungsges. vom 16. 12. 1997 (BGBl. I 2970). Nach § 28 Nr. 2 wurden auf Antrag als **asylberechtigt** anerkannt Ausländer, die politisch Verfolgte nach Art. 16 II 2 GG waren. Nach § 44 II waren dann bestimmte Vorschriften des Genfer Flüchtlingsabkommens, darunter Art. 12, auf sie entsprechend anzuwenden.

§§ 28, 44 AuslG wurden aufgehoben durch § 39 Nr. 4 Gesetz über das Asylverfahren (**Asylverfahrensgesetz** – AsylVfG) vom 16. 7. 1982 (BGBl. I 946), Neufassung BGBl. 1991 I 870, jetzt i.d.F. der Bekanntmachung vom 27. 6. 1993 (BGBl. I 1361), zuletzt geändert durch Art. 2 Ges. zur Änderung ausländer- und asylverfahrensrechtlicher Vorschriften vom 29. 10. 1997 (BGBl. I 2584). Dieses Gesetz regelt nunmehr das Asylrecht. Am IPR ändert es nichts: § 3 I AsylVfG verweist für Asylberechtigte auf das Genfer Flüchtlingsabkommen und damit auf dessen Art. 12 I (Recht des Wohnsitzes, hilfsweise des schlichten Aufenthalts) und II (Nichtrückwirkung). Die Neuregelung hat technische Gründe: Das Genfer Abkommen galt nur für Verfolgungen vor 1951 (Art. 1 A Abs. I Nr. 2). Das Ausländergesetz bezog auch die später Verfolgten ein, indem es Art. 16 II 2 GG heranzog (§ 44 II mit § 28 Nr. 2). Das Protokoll zum Genfer Abkommen bezieht ebenfalls die später Verfolgten ein (Art. I Abs. 2). Darum genügt jetzt eine einheitliche Verweisung für alle politisch Verfolgten (Art. 16 II 2 GG) auf das Genfer Abkommen (Art. 12) in § 3 I AsylVfG.

Vom Asylverfahren befreit das **Gesetz über Maßnahmen für im Rahmen humanitärer Hilfsaktionen aufgenommene Flüchtlinge** vom 22. 7. 1980 (BGBl. I 1057), geändert durch Art. 5 Ges. zur Neuregelung des Ausländerrechts vom 9. 7. 1990 (BGBl. I 1354), Leute, denen aus bestimmtem Anlaß (politischer Druck, Naturkatastrophen, Krieg) die Heimat unerträglich wird und die in begrenzter Zahl aufgenommen werden, weswegen sie auch „Kontingentflüchtlinge" genannt werden: § 1 I dieses Gesetzes unterstellt sie den meisten Regeln des Genfer Flüchtlingsabkommens, darunter dem Art. 12 (z.B. Präs. OLG Celle FamRZ 1998, 757 = StAZ 1999, 80).

8. Interlokales Privatrecht

Interlokales Privatrecht brauchen wir hauptsächlich wegen Nachwirkungen der deutschen Rechtsspaltung in Bundesrepublik und West-Berlin einerseits, DDR und Ost-Berlin andererseits. Wir brauchen es aber auch bei räumlicher Rechtsspaltung in ausländischen Staaten wie in den USA und Kanada (oben S. 34f.). In beiden Fällen reicht die Anknüpfung an die Staatsangehörigkeit nicht aus.

Zwar gab es in der DDR ein eigenes Staatsangehörigkeitsrecht (oben S. 31f.). Aber es gab kein Gegenstück in der Bundesrepublik. Hier kannte man vielmehr nur Deutsche (nicht Bundesbürger). Die interlokalprivatrechtliche Gerechtigkeit forderte indessen gleiche Anknüpfung für alle Deutschen.

Man durfte nicht die „Staatsbürger der DDR" wie Deutsche mit *Unterstaatsangehörigkeit*, die übrigen Deutschen wie Deutsche ohne Unterstaatsangehörigkeit (gleichsam wie Staatenlose) behandeln. Denn dann würden DDR-Bürger immer dem

Recht der DDR unterlegen haben, die übrigen Deutschen hingegen meist dem Recht ihres gewöhnlichen Aufenthalts in der Bundesrepublik oder DDR (unten Nr. 1).

Umgekehrt durfte man auch nicht die „Staatsbürger der DDR“ wie *Mehrstaater* behandeln (als DDR-Bürger und als Deutsche), die Bundesbürger nur als Deutsche mit der Folge, daß für die Bundesbürger stets westliches Recht galt, für die DDR-Bürger aber das Recht des deutschen Staates, dem sie am engsten verbunden waren (so aber *Heldrich*, NJW 1978, 2169–2173 und ZfRV 1978, 292–306; *Sonnenberger*, BerGesVR 29 [1988], 26–30; *Mansel*, Personalstatut, Staatsangehörigkeit und Effektivität, 1988, 433–465 und in: *Jayme/Mansel* [Hrsg.], Nation und Staat im IPR, 1990, 61–73; *Pitschas*, in: *Jayme/Mansel*, aaO 117–120). Sonst wäre auf einen Ost-Berliner, der nach West-Berlin zog, wegen seines neuen gewöhnlichen Aufenthalts *ex nunc* Westrecht anwendbar gewesen, während für einen West-Berliner, der nach Ost-Berlin übersiedelte, Westrecht fortgegolten hätte, bis er sich drüben einbürgern ließ.

Art. 8 Einigungsvertrag (oben S. 33) hat mit Wirkung vom 3. 10. 1990 Bundesrecht im Gebiet der früheren DDR und in Ost-Berlin eingeführt und damit auch das internationale und interlokale Privatrecht der Bundesrepublik und West-Berlins. Übergangsrechtlich bleibt nach Art. 236 § 1 EGBGB für Altfälle („abgeschlossene Vorgänge“) das bisherige IPR der DDR und Ost-Berlins maßgebend (näher oben S. 41–44). Ob für das *interlokale* Privatrecht das gleiche gilt (im Osten wurden Bundesrepublik und West-Berlin als Ausland behandelt), ist umstritten (oben S. 44). Jedenfalls ist, auch wenn man Art. 236 § 1 auf rein innerdeutsche Fälle nicht anwendet, der Vertrauensschutz zugunsten Beteiligter mit Verknüpfungen zur ehemaligen DDR zu beachten, insbesondere dann, wenn das aus westlicher Sicht anzuwendende Recht in der früheren DDR nicht hätte durchgesetzt werden können (näher *Soergel/Schurig*[12] Art. 236 Rz. 4–9).

Internationales und interlokales Privatrecht sind im Grunde *ein* Feld (oben S. 143). Beide wählen zwischen Rechten, die in verschiedenen Gebieten gelten, das „räumlich beste“ (oben S. 114), d.h. das gerechterweise anzuwendende. Dabei wählt das IPR zwischen den Rechten *souveräner* Staaten, das interlokale Privatrecht zwischen den Rechten, die in *Teilgebieten* eines souveränen Staates gelten.

Beide unterscheiden sich hauptsächlich da, wo (wie in Deutschland) Personen-, Familien- und Erbrecht vom IPR an die *Staatsangehörigkeit*, vom interlokalen Privatrecht an den *gewöhnlichen Aufenthalt* geknüpft werden. Doch tritt auch im IPR der gewöhnliche Aufenthalt hervor, wenn die Staatsangehörigkeit als Anknüpfung versagt, wie bei ausländischen Mehrstaatern (oben S. 396f.), bei Staatenlosen (gewöhnlicher Aufenthalt nach Art. 5 II EGBGB, Wohnsitz nach Art. 12 I des Abkommens über die Staatenlosen; oben S. 400–402) und in der zweiten Stufe der „Leiter“ des Art. 14 I EGBGB (unten S. 714f.).

Die Staatsangehörigkeit versagte wegen unseres Festhaltens an einer einzigen Staatsangehörigkeit für alle Deutschen auch in unserem Verhältnis zur DDR (etwas anders *Drobnig*, RabelsZ 37 [1973], 490). Daher mußte hier an erster Stelle der gewöhnliche Aufenthalt (unten Nr. 1) eintreten. Ob wir die DDR *„anerkannten“* – als Staat (so im Grundlagenvertrag) oder als Völkerrechtssubjekt (so nicht) –, hatte damit nichts zu tun. Auch die Wiedervereinigung änderte daran nichts.

Vgl. auch **Schrifttum** oben S. 32f.

Die Staatsangehörigkeit wird daher bei *räumlicher Rechtsspaltung im Ausland* (soweit dort nicht einheitlichem interlokalem Privatrecht gefolgt werden kann: oben S. 363) wie bei der räumlichen Rechtsspaltung in Deutschland ergänzt durch eine **Reihe** anderer Anknüpfungen, die nach der Stärke des **Parteiinteresses** geordnet sind und von denen jede folgende **hilfsweise** eingreift, wenn die vorangehende nicht zutrifft. Je weiter man in der Reihe fortschreitet, um so **seltener** werden die Fälle, in denen die einzelnen Anknüpfungsmomente benutzt werden müssen, um so schwächer wird aber auch die Indizwirkung für die „engste Verbindung". Insbesondere die Maßgeblichkeit des schlichten oder letzten schlichten Aufenthalts muß daher weichen, wenn im Einzelfall eine *eindeutig engere Verbindung zu einem anderen Teilstaat* festgestellt werden kann. Unter diesem Vorbehalt kann man die folgende Reihung der beachtlichen Anknüpfungen aufstellen:

1. **Gewöhnlicher Aufenthalt** in einem der Teilgebiete (z.B. BGHZ 91, 186 [196]; BGH FuR 1991, 104 mit Aufsatz von *Eichenhofer* 281–285 = IPRax 1991, 252 mit Aufsatz von *Jayme* 230f.; BGHZ 135, 209 = FamRZ 1997, 876 = NJW 1997, 2053 [2054 unter 2b]). Darüber, daß der gewöhnliche Aufenthalt entscheidet und nicht der Wohnsitz, oben S. 142.

2. **Letzter gewöhnlicher Aufenthalt** in einem der Teilgebiete (z.B. BGHZ 91, 186 und FuR 1991, 104, aaO). Diese Anknüpfung liegt mehr im Parteiinteresse als der gegenwärtige schlichte Aufenthalt.

Beispiel: Deutscher wandert 1986 von Köln, wo er gelebt hat, nach Kapstadt aus. Er stirbt im Jahr darauf bei einem Verwandtenbesuch in Leipzig. Er wird nach Westrecht beerbt.

3. **Schlichter Aufenthalt** in einem der Teilgebiete.

Beispiel: Deutscher, der immer in Südafrika gelebt hat, stirbt 1986 bei Besuch von Verwandten in Leipzig. Er wird nach Ostrecht beerbt. Wäre er 1986 bei Verwandtenbesuch in Köln gestorben, würde er nach Westrecht beerbt. Aber auch wenn er 1989 bei einer *touristischen* Reise in Leipzig gestorben wäre, seine Eltern aber 1980 von Köln nach Kapstadt ausgewandert sind, und die gesamte Familie, mit der Kontakt besteht, noch in Westdeutschland lebt, ist die Indizwirkung des schlichten Aufenthalts zu schwach: Hier würde ebenfalls nach Westrecht beerbt.

4. **Letzter schlichter Aufenthalt** in einem der Teilgebiete.

Beispiel: Deutscher, der immer in Südafrika gelebt hat, besucht 1986 Verwandte in Leipzig und stirbt nach Rückkehr in Kapstadt. Er wird nach Ostrecht beerbt. Hätte er 1986 Verwandte in Köln besucht, würde er nach Westrecht beerbt. Der für den schlichten Aufenthalt gemachte Vorbehalt gilt für den *letzten* schlichten Aufenthalt erst recht, der ganz „flüchtig" sein kann. Ist er allerdings *zu* flüchtig (Zwischenlandung eines Flugzeugs!), handelt es sich nicht einmal mehr um schlichten Aufenthalt (unten S. 413f.).

5. **Engste Verbindung** zu einem der Teilgebiete.

Beispiel: Deutscher, der immer in Südafrika gelebt hat, stirbt dort 1986. Seine Eltern sind 1980 von Köln nach Kapstadt ausgewandert und haben mehrfach Westdeutschland besucht. Er wird nach Westrecht beerbt.

Diese Verknüpfung kann im Einzelfall die vorhergehenden „überstrahlen", wenn diese nur sehr flüchtig sind, die engste Verbindung aber eindeutig etabliert werden kann.

Vgl. das Beispiel bei 3.

6. **Landeshauptstadt.** Diese Anknüpfung kommt nur äußerst hilfsweise und nur bei räumlicher Rechtsspaltung im *Ausland* in Betracht, da *Berlin* selbst gespalten war (*Bonn* dagegen war nur die „vorläufige" Hauptstadt der *Bundesrepublik*).

Zweckmäßigerweise bezeichnet man die Hilfsanknüpfungen, die die *Staatsangehörigkeit* ergänzen und das Teilgebiet bestimmen, dessen Recht anzuwenden ist, als das „**interlokale Personalstatut**".

Bei seiner Bestimmung für **Deutschland** ist zu berücksichtigen, daß die Ausbildung eigenen Rechts in der DDR und in Ost-Berlin begann mit dem **7. 10. 1949**, dem Tage des Erlasses und des Inkrafttretens der ersten Verfassung der DDR, und seitdem schrittweise **fortgesetzt** wurde. Daher *entfallen* gewöhnlicher und schlichter Aufenthalt und engste Verbindung als Anknüpfungen, soweit sie in der Zeit *vor* dem 7. 10. 1949 oder der späteren Ausbildung entscheidungsrelevanten neuen Rechts bestanden haben: sie besitzen für diese Zeit noch keine Unterscheidungskraft.

Z.B. haben die DDR und Ost-Berlin das *Erbrecht* im wesentlichen erst ab 1. 1. 1976 geändert: an diesem Tag ist das ZGB in Kraft getreten (§ 1 EGZGB). Darum ist in den Beispielen oben Nr. 2–5 Tod *nach dem 1. 1. 1976* angenommen worden. Soweit schon bei *früherem* Tod Abweichungen bestanden (z.B. für das gesetzliche Erbrecht des Ehegatten), entscheiden die Anknüpfungen (gewöhnlicher Aufenthalt, letzter gewöhnlicher Aufenthalt, schlichter Aufenthalt, letzter schlichter Aufenthalt, engste Verbindung) im früheren Todeszeitpunkt.

9. IPR der DDR

Bei *Staatenlosen* galt nach § 5 Buchst. a RAG das Recht ihres *Wohnsitzes*. Bei *Mehrstaatern* wurde unterschieden: war eine der Staatsangehörigkeiten diejenige der DDR, dann galt DDR-Recht (§ 5 Buchst. b), sonst das Recht des Staates, „zu dem die *engere Beziehung* besteht" (§ 5 Buchst. c).

III. Bestimmung der Anknüpfungsmomente

1. Grundsatz

Angeknüpft wird bald an *Tatsachen* (z.B. gewöhnlicher Aufenthalt, Handlungsort, Belegenheitsort), bald an *Rechtsfolgen* (Staatsangehörigkeit, Wohnsitz, Erfüllungsort). Allerdings können sich in scheinbar reine Tatsachen auch Rechtsfolgen einmischen.

Entweicht z.B. ein minderjähriger Staatenloser, der es daheim nicht mehr aushält, gegen den Willen von Vater und Mutter aus dem Elternhaus in Köln und zieht er zu einer Tante nach Paris, so kann man zweifeln, ob er dort im Sinne des Art. 5 II EGBGB gewöhnlichen Aufenthalt hat, folglich bei plötzlichem Tod nach französischem Recht beerbt wird. Die Frage sollte verneint werden. Rechts*widrig* begründeter gewöhnlicher Aufenthalt darf für die Rechtswahl nicht zählen (so wenig wie Zwangsaufenthalt: unten S. 413). Denn an den gewöhnlichen Aufenthalt knüpft man an im Parteiinteresse (Wahl der Rechtsordnung, mit der jemand am engsten verbunden ist: oben S. 118). Die Wahrnehmung dieses

Interesses (durch Bestimmung des gewöhnlichen Aufenthalts) obliegt aber bei Minderjährigen dem gesetzlichen Vertreter.

Diesem Gedanken trägt in vorsichtiger Ausdrucksweise Rechnung **Art. 5 III EGBGB:** „Wird auf das Recht des Staates verwiesen, in dem eine Person ihren Aufenthalt oder ihren gewöhnlichen Aufenthalt hat, und ändert eine nicht voll geschäftsfähige Person den Aufenthalt ohne den Willen des gesetzlichen Vertreters, so führt diese Änderung allein nicht zur Anwendung eines anderen Rechts."

Schrifttum: *Staudinger/Blumenwitz*[13] 1996, Art. 5 Rz. 497–506; *Soergel/Kegel*[12] Art. 5, Rz. 71 f.

Diese Vorschrift bewirkt freilich wenig, denn sie hindert nicht, einen neuen gewöhnlichen Aufenthalt anzunehmen, weil *andere* Umstände hinzukommen (z. B. Einbindung in das neue soziale Umfeld). In den Fällen der Kindesentführung, für die sie hauptsächlich gedacht war, läuft sie gewöhnlich leer und ist deswegen ergänzt worden durch das *Europäische Übereinkommen über die Anerkennung und Vollstrekkung von Entscheidungen über das Sorgerecht für Kinder und die Wiederherstellung des Sorgeverhältnisses* vom 20. 5. 1980 und das *Haager Übereinkommen über die zivilrechtlichen Aspekte internationaler Kindesentführung* vom selben Tag, in Deutschland in Kraft seit dem 1. 2. 1991 bzw. 1. 12. 1990 mit gemeinsamem Ausführungsgesetz vom 5. 4. 1990 (BGBl. I 701).

Gleich, ob an Tatsachen oder Rechtsfolgen angeknüpft wird, kann ein Anknüpfungsmoment, das nicht nur im IPR, sondern auch in anderen Rechtsgebieten benutzt wird, *innerhalb derselben Rechtsordnung verschiedenen Sinn* haben; so, wenn im IPR, im internationalen Verfahrensrecht, im Steuerrecht, Fürsorgerecht, Wahlrecht, Wehrrecht an Wohnsitz oder gewöhnlichen Aufenthalt angeknüpft wird.

Darüber hinaus können Anknüpfungsmomente auch *innerhalb des IPR verschieden zu verstehen sein.*

Beispiel: Ein Staatenloser hat seinen Wohnsitz in Genf aufgegeben und ist längere Zeit gereist. Dann hat er sich in Basel niedergelassen, war aber zu dieser Zeit schon geisteskrank (erwarb daher keinen Wohnsitz). Auf einer Deutschlandreise wird er in eine Nervenklinik eingeliefert und stirbt dort nach einem Jahr. Dann reicht sein zwangsweiser schlichter Aufenthalt in Deutschland nicht für die Anwendung deutschen Erbrechts nach Art. 5 II EGBGB. Er würde dagegen reichen für eine vorläufige Maßregel nach Art. 24 III EGBGB, § 35 b II FGG.

Die **Anknüpfungsmomente** sind daher **zu bestimmen nach dem Zweck der Normen, die sie benutzen,** im IPR also nach der *internationalprivatrechtlichen Gerechtigkeit*, nach den *internationalprivatrechtlichen Interessen*, denen die einzelnen Kollisionsnormen dienen wollen. Allgemeine Regeln lassen sich nicht aufstellen. Zum Unterschied gegenüber der *Qualifikation* oben § 7 V.

Das gilt auch, wenn an eine *Rechtsfolge* angeknüpft wird wie Staatsangehörigkeit, Wohnsitz, Erfüllungsort. Es fragt sich daher, wie diese Anknüpfungsmomente selbst „anzuknüpfen" sind oder ob eigene Begriffsinhalte für das IPR zu entwickeln sind (z. B. werden in England und in den USA die Regeln über das *domicile* zum IPR gerechnet). Die

Staatsangehörigkeit wird (teils im Parteiinteresse, teils im Ordnungsinteresse der Rechtssicherheit) einschließlich ihrer Vorfragen dem Recht des Staates überlassen, um dessen Angehörigkeit es geht (oben S. 394f.). Hier herrscht also die *lex causae* und daher besonders oft Anknüpfungshäufung (Mehrstaater) und Anknüpfungsmangel (Staatenlose).

Für die übrigen Anknüpfungsmomente rechtlicher Art ist die Lösung nicht so eindeutig:

2. Wohnsitz

Schrifttum: *Tedeschi,* Il domicilio nel diritto internazionale privato, Genua 1933; *von Steiger,* Der Wohnsitz als Anknüpfungsbegriff im internationalen Privatrecht, Bern 1934; *Vieira,* El domicilio en el derecho privado internacional, Montevideo 1958; *Henrich,* Der Domizilbegriff im englischen IPR, RabelsZ 25 (1960), 456–495; *Graveson,* The Law of Domicile in the Twentieth Century, in: The Jubilee Lectures, London 1960, 85–111; *Gallardo,* La ley de domicilio: Punto de conexión admirable en el derecho internacional privado latinoamericano, Inter-American L. Rev. 2 (1960), 15–59 (englische Übersetzung 61–101); *Cowen/Mendes da Costa,* The Unity of Domicile, L. Q. Rev. 78 (1962), 62–69; *Spiro,* Deportation and Domicile, S. A. L. J. 81 (1964), 173–178; *Weintraub,* An Inquiry into the Utility of „Domicile" as a Concept in Conflicts Analysis, Mich. L. Rev. 63 (1965), 961–986; *Pocar,* Observations sur la notion de domicile dans les conventions internationales, Annuaire de l'A. A. A. 35 (1965), 177–194; *Malaurie,* Note, D. S. Jur. 1966, 4f. (betr. Wohnsitzwechsel im IPR und Verlust der Rückkehrabsicht); *Shaki,* The Criterion „Domicile" and its Preference over the Criterion of Nationality in Israel Private International Law, in: *Tedeschi/Yadin* (Hrsg.), Studies in Israel Legislative Problems, Jerusalem 1966, 163–198; D. St. L. K., Conflict of Laws – Domicile of Origin – Can Intention to Settle in Australia Extinguish It?, A. L. J. 43 (1969), 26f.; *Kahn,* South African Law of Domicile of Natural Persons, Kapstadt u.a. 1972; *Schneider,* Le domicile international, Neuchâtel 1973; *Thomas,* Reflections on a „Concentric Domicile", Fschr. Wengler II, 1973, 817–837; *Hartley/Karsten,* The Domicile and Matrimonial Proceedings Act 1973, Mod. L. Rev. 37 (1974), 179–186; *Wade,* The English Concept of Domicile – A Re-evaluation, NTIR 1974, 265–288; *van Rooij,* The concept of domicile („woonplaats") in Netherlands private international law, NILR 22 (1975), 165–182; *Nygh,* Reform of the Law of Domicile in Australia, Int. Comp. L. Q. 25 (1976), 674–677; *Beukenhorst,* Een ideaal domiciliebegrip, WPNR 1977, 97–105, 113–121; *Webb,* The New Zealand Domicile Act 1976, Int. Comp. L. Q. 26 (1977), 194–202; *Hadjihambis,* Conflicting Intentions in Conflicts Law, Mod. L. Rev. 40 (1977), 476–479; *Puig Ferriol,* Questiones en torno al domicilio de las personas, Rev. der. priv. 1978, 235–252; *Martin-Serf,* Du domicile à la résidence, Rev. trim. dr. civil 1978, 535–566; *Gisserot,* Le nouveau domicile de la femme mariée (Loi du 11 juillet 1975), Rev. trim. dr. civil 1979, 724–746; *Wade,* Domicile: A Re-examination of Certain Rules, Int. Comp. L. Q. 32 (1983), 1–20; *Thompson,* Domicile of Dependance: The Last Remnant of a Relic, Int. Comp. L. Q. 32 (1983), 237–240; *Lagarde,* Note, Rev.crit.dr.i.p. 1984, 80–87 (80–85: „domicile de nationalité"); *Vanderlinden,* Ubi domicilium, ibi ius universale?, Rev. int. dr. comp. 1985, 303–329; *Kahn,* Domicile: As Connecting and Jurisdiction Factor, Choice of Law, S. A. L. J. 107 III (1985), 407–413; *Carter,* Domicil: Case for Radical Reform in the United Kingdom, Int. Comp. L. Q. 36 (1987), 713–728; *Kunzlik,* Dual Residence and Domicil of Choice, C. L. J. 47 (1988), 187–189; *Muir Watt,* Note sur l'évolution de la conception du domicile au Royaume-Uni, Rev. crit. dr. i. p. 1988, 403–408; *Kaye,* The Meaning of Domicile Under United Kingdom Law for the Purposes of the 1968 Brussels Convention on Jurisdiction and the Enforcement of Judgments in Civil and Commercial Matters, NILR 35 (1988), 181–195; *Mennie,* Domicile Flowcharts, A Short Guide to the Statutory Rules of Domicile and Seat Applicable in Scotland,

Edinburgh 1991; *Schoeman*, Die herkoms en ontwikkeling van domicilium as verbindingsfaktor in internasionale privaatreg, Tydskrif vir Hedendaagse Romeins-Hollandse Reg 57 (1994), 204–223; *Eichenhofer*, Funktionen des Wohnsitzes/gewöhnlichen Aufenthalts im Internationalen Sozialrecht, IPRax 1990, 378–382; *Masmejan*, La localisation des personnes physiques en droit international privé. Étude comparé des notions de domicile, de résidence habituelle et d'établissement en droits suisse, français, allemand, anglais, américain et dans les Conventions de La Haye, Genf 1994.

Die *Wohnsitzregeln* der einzelnen Rechte sind *sehr verschieden* (*Rabel* I[2] 150–153): man denke an das englische *domicile of origin*, an Unterschiede des gesetzlichen Wohnsitzes (z.B. Abschaffung des gesetzlichen Wohnsitzes der Ehefrau in Deutschland, England und vielen anderen Staaten), an die im Ausland häufigen Regeln, daß jeder einen Wohnsitz haben muß und keiner mehr als einen Wohnsitz haben kann, aber auch an die unterschiedliche Beurteilung von Vorfragen des Wohnsitzes wie Geschäftsfähigkeit, Ehe und Kindschaft.

Über eine Empfehlung des *Europarats* zur Vereinheitlichung des Wohnsitzrechts oben S. 97.

Soweit deutsche Kollisionsnormen auf den Wohnsitz abstellten (dazu oben S. 382f.), wurde er grundsätzlich *nach deutschem materiellem Recht* beurteilt (§§ 7–9, 11 BGB) und wurden *Vorfragen nach deutschem IPR* entschieden.

Nur für die Frage des § 16 ZPO, ob jemand gar keinen Wohnsitz hat, beurteilt die Rechtsprechung einen möglichen ausländischen Wohnsitz nach ausländischem Recht (z.B. KG DR [JW] 1941, 1855). Dazu *Serick*, ZZP 68 (1955), 278–301; *Neuhaus*, FamRZ 1961, 541 und Grundbegriffe 221f. Ebenso entscheidet Art. 52 II EuGVÜ.

Auch läßt Art. 1 III des Haager Testamentsformabkommens und ihm folgend **Art. 26 I 2 EGBGB** das Recht jeden Staates darüber entscheiden, ob *in ihm* der Erblasser Wohnsitz gehabt hat (unten S. 864). Hier wird also für den Wohnsitz ebenso verfahren wie bei uns und überall für die Staatsangehörigkeit (oben S. 409f.).

Art. 12 I des *Genfer Flüchtlingsabkommens* überläßt anscheinend die Wohnsitzbestimmung den Rechten der Vertragsstaaten (*Soergel/Kegel*[12] Anh. Art. 5 Rz. 61); ebenso der ihm nachgebildete Art. 12 I des New Yorker Staatenlosen-Abkommens (vgl. oben S. 401f.). Hier ist daher der Wohnsitz nach deutschem materiellem Recht und sind Vorfragen nach deutschem IPR zu beurteilen. Das deutsche Recht ist dann auch nicht gehindert, den „Wohnsitz", soweit er für die Bestimmung des Personalstatuts relevant wird, abweichend vom Sachrecht entsprechend dem gewöhnlichen Aufenthalt zu definieren (*Kropholler*[3] 246).

Die Anknüpfung an den *gesetzlichen Wohnsitz* führt zu *Schwierigkeiten*, wenn er seinerseits vom Anknüpfungsgegenstand abhängt.

Beispiel: Jugoslawische Flüchtlinge. Die Eltern leben in Basel. Der Sohn ist 1994 gegen ihren Willen mit 17 Jahren nach Freiburg in Deutschland gezogen. Wurde er nach deutschem Recht mit 18 Jahren oder nach damaligem (bis 1995, von da an 18 Jahre) schweizerischem Recht mit 20 Jahren geschäftsfähig? Anzuknüpfen ist nach Art. 12 I des Genfer Flüchtlingsabkommens an seinen Wohnsitz. Gesetzlichen Wohnsitz hatte der Sohn in Basel, *wenn* er gesetzlichen Wohnsitz hatte. Gesetzlichen Wohnsitz hatte er nicht, wenn er geschäftsfähig war (dann hatte er gewillkürten Wohnsitz in Freiburg). Da das für die gesetzliche Vertretung maßgebende Recht internationalprivatrechtlich dem sonst maßgebenden Recht vorgeht (vgl. den Köln-Pariser Fall zum gewöhnlichen Aufenthalt, oben S. 408f.), war der Sohn noch nicht mit 18 Jahren geschäftsfähig geworden. Anders möglicherweise, wenn man den „Wohnsitz" im Sinne des Art. 12 I des Genfer Flüchtlingsabkommens als „gewöhnlichen Aufenthalt" versteht (unten 3 a).

Solche Schwierigkeiten halten sich in Grenzen. Denn der gesetzliche Wohnsitz der Ehefrau (§ 10 BGB) ist beseitigt. Der gesetzliche Wohnsitz des Kindes ist zwar beibehalten, aber auf ihn kommt es internationalprivatrechtlich praktisch kaum an.

3. Aufenthalt

Schrifttum: *Mann*, Der „gewöhnliche Aufenthalt" im IPR, JZ 1956, 466–470 (= *Mann*, Beiträge zum IPR, 1976, 25–38), bespr. von *Nagel*, RabelsZ 22 (1957), 183–186 und *Stoll*, ebd. 187–193; *McClean*, The Meaning of Residence, Int.Comp.L.Q. 11 (1962), 1153–1168; *Papenfuss*, Der gewöhnliche Aufenthalt im internationalen und interlokalen Privatrecht, Diss. Köln 1963; *Finkelnburg*, Wehrpflicht und Berlin-Aufenthalt, NJW 1970, 1257–1259; *Cavers*, „Habitual Residence": A Useful Concept?, Am.U.L.Rev. 21 (1972), 475–493; *Schneider*, Le domicile international, Neuchâtel 1973, 112–123; *Hall*, *Cruse v. Chittum*: Habitual Residence Judicially Explored, Int.Comp.L.Q. 25 (1975), 1–30; *Neuhaus*, Grundbegriffe 225–235; *Martin-Serf*, Du domicile à la résidence, Rev.trim.dr.civ. 1978, 535–566; *Espinar Vicente*, El concepto de la residencia habitual en el sistema español de derecho internacional privado, Rev.der.priv. 1980, 3–27; *Siep*, Der gewöhnliche Aufenthalt im deutschen IPR, Diss. Köln 1981; *Schwind*, Der „gewöhnliche Aufenthalt" im IPR, Fschr. Ferid 1988, 423–432; *Smart*, „Ordinary Resident": Temporary Presence and Prolonged Absence, Int.Comp.L.Q. 38 (1989), 175–185; *Eichenhofer*, Funktionen des Wohnsitzes/gewöhnlichen Aufenthalts im Internationalen Sozialrecht, IPRax 1990, 378–382; *Spickhoff*, Asylbewerber und gewöhnlicher Aufenthalt im internationalen Zivilprozeß- und Privatrecht, IPRax 1990, 225–228; *Baetge*, Der gewöhnliche Aufenthalt im IPR, 1994 (bespr. von *G. Fischer*, RabelsZ 62 [1998], 136–142); *Masmejan*, La localisation des personnes physiques en droit international privé. Étude comparée des notions de domicile, de résidence habituelle et d'établissement en droits suisse, français, allemand, anglais, américaine et dans les Conventions de La Haye, Genf 1994; *Spickhoff*, Grenzpendler als Grenzfälle: Zum „gewöhnlichen Aufenthalt" im IPR, IPRax 1995, 185–189; *Soergel/Kegel*[12] Art. 5 Rz. 42–59; *Hung*, There's No Place Like Home. Determining Habitual Residence: Feder v. Evans-Feder, Ga.J.Int.Comp.L. 26 (1997), 487–504.

Über eine Empfehlung des *Europarats* zur Vereinheitlichung des Aufenthaltsrechts oben S. 97.

a) Gewöhnlicher Aufenthalt

Um den Schwierigkeiten des gesetzlichen Wohnsitzes und ähnlichen des gewillkürten Wohnsitzes (der die Geschäftsfähigkeit ins Spiel bringt) auszuweichen, knüpft man statt an den Wohnsitz meist an den gewöhnlichen Aufenthalt an. Diese Anknüpfung ist auch im *Parteiinteresse* vorzuziehen. Denn der gesetzliche Wohnsitz soll hauptsächlich nur den *gerichtlichen und behördlichen Verkehr* dorthin leiten, wo der Geschäftsträger der abhängigen Person wohnt (hauptsächlich Vater und/oder Mutter). Die abhängige Person selbst aber ist enger mit ihrer Umwelt verbunden und daher liegt ihr (im Durchschnitt) mehr an der Anwendung des Rechts des gewöhnlichen Aufenthalts.

Der gewöhnliche Aufenthalt ist ein Wohnsitz **ohne rechtliche Bestandteile**, ein „faktischer" Wohnsitz (BGHZ 78, 293 [295]). Auch er ist (wie der gewillkürte Wohnsitz) Daseinsmittelpunkt. Aber er erfordert **nicht unbedingt** den **Willen**, sich für längere Zeit aufzuhalten, und es gibt **keinen gesetzlichen** gewöhnlichen Aufenthalt.

Eine auch internationalprivatrechtlich brauchbare Definition gibt § 9 Satz 1 Abgabenordnung (AO 1977) vom 16. 3. 1976 (BGBl. I 613): „Den gewöhnlichen Aufenthalt hat jemand dort, wo er sich unter Umständen aufhält, die erkennen lassen, daß er an diesem Ort oder in diesem Gebiet nicht nur vorübergehend verweilt."

Vgl. § 30 III SGB I: „Einen Wohnsitz hat jemand dort, wo er eine Wohnung unter Umständen innehat, die darauf schließen lassen, daß er die Wohnung beibehalten und benutzen wird. Den gewöhnlichen Aufenthalt hat jemand dort, wo er sich unter Umständen aufhält, die erkennen lassen, daß er an diesem Ort oder in diesem Gebiet nicht nur vorübergehend verweilt."

Im Zweifel entscheidet, wo jemand zur Ruhe kommt, wo er schläft (*Soergel/Kegel*[12] Art. 5 Rz. 44 a.E., 48; *R. v. Hammond*, 17 Q.B. 772, 781 [1852]: „where he lives with his family and sleeps at night"; KG NJW 1988, 649 [650] mit Anm. von *Geimer* = OLGZ 1987, 311 [314 a.E.]: wo „gewohnt und genächtigt wird").

Die **Absicht**, sich für längere Zeit am Ort seines Aufenthalts niederzulassen, begründet sofort gewöhnlichen Aufenthalt. Aber *nötig* ist solch ein Wille nicht, und wenn er fehlt, braucht man eine angemessene **Frist**.

Von einem **Daseinsmittelpunkt** kann man nicht sprechen, wenn **Bewegungsfreiheit** fehlt: Geiselnahme, Verschleppung, Wehrdienst, Kriegsgefangenschaft, Strafhaft, Zwangsaufenthalt in Heilanstalten begründen keinen gewöhnlichen Aufenthalt. Die Anwendung des dort geltenden Rechts läge nicht im Parteiinteresse. Doch kann ein solcher Aufenthalt in dem Zeitpunkt zum „gewöhnlichen" werden, in dem der Betroffene beschließt, nach Beendigung dieser Umstände am selben Ort zu bleiben.

Beispiel: Ein in Deutschland stationierter US-Soldat heiratet eine deutsche Frau, gründet eine Familie und beschließt, nach seiner Entlassung in Deutschland zu bleiben.

b) Schlichter Aufenthalt

Der schlichte Aufenthalt wird vom Gesetz einfach „Aufenthalt" genannt. Auch er setzt eine gewisse, obschon **geringe Dauer** voraus: die bloße Durchreise, ein Ausflug, eine Zwischenlandung genügen nicht. Im IPR muß er außerdem grundsätzlich **Bewegungsfreiheit** einschließen, weil sonst die Anwendung des Aufenthaltsrechts dem Parteiinteresse widerspricht. Nur im internationalen Verfahrensrecht für die Zuständigkeit von Gerichten kann Zwangsaufenthalt hinreichen (Beispiel oben S. 409).

IV. Andere Anknüpfungsmomente

Schrifttum: *Vitta*, La „lex fori" nei conflitti di leggi, Dir. Int. 1964, 301–323; *Mezger*, L'unification du lieu de paiement des obligations monétaires, JDI (Clunet) 1967, 584–597; *Neuhaus*, Grundbegriffe 235–267; *Bernstein*, RabelsZ 41 (1977), 289–296 (betr. Leistungsort nach § 269 BGB und Erfüllungsort nach § 29 ZPO); *von Caemmerer*, Zahlungsort, Fschr. Mann 1977, 3–19 (18f.) (= *von Caemmerer*, Gesammelte Schriften III, 1983, 108–124 [123f.]); *Lüderitz*, Fremdbestimmte internationale Zuständigkeit?, Versuch einer Neubestimmung von § 29 ZPO, Art. 5 Nr. 1 EuGVÜ, Fschr. Zweigert 1981, 233–250; *Stojanovic*, Die Parteiautonomie und der internationale Entscheidungseinklang unter besonderer Berücksichtigung des internationalen Ehegüterrechts, Zürich 1983, *Schack*, Der Erfüllungsort im deutschen, ausländischen und internationalen Privat- und Zivilprozeßrecht, 1985; *Wasserstein Fassberg*, The Forum: Its Role and Significance in Choice-of-Law, ZVglRWiss 84 (1985), 1–44; *Siehr*, Die lex-fori-Theorie heute, in: Albert A. Ehrenzweig und das internationale Privatrecht, Symposion am 17. Juli 1984, 1986, 35–136; *Keller/Siehr* 326–396; *Hay*, The Situs Rule in European and American Conflicts Law – Comparative Notes, in: *Hay/Hoeflich* (Hrsg.), Property Law and Legal Education, Fschr. Cribbet, Illinois 1988, 109–132; *Kötters*, Parteiautonomie und Anknüpfungsmaximen, Ein Vergleich des deutschen und U.S.-amerikanischen internationalen Familien- und Erbrechts, 1989; *Veltins*, Umfang und Grenzen von Rechtswahlklauseln, JahrbPraxSchiedsg 3 (1989), 126–139; *Dörner*, Moderne Anknüpfungstechniken im internationalen Personen- und Familienrecht, StAZ 1990, 1–9; *Mostermans*, Party Autonomy: Why and When?, in: Forty Years On: The Evolution of Postwar Private International Law in Europe, Deventer 1990, 123–141; *Rogerson*, The Situs of Debts in the Conflict of Laws – Illogical, Unnecessary and Misleading, C.L.J. 1990, 441–460; *Schaack*, Zu den Prinzipien der Privatautonomie im deutschen und französischen Rechtsanwendungsrecht, 1990; *Schönberger*, Das Tatortprinzip und seine Auflockerung im deutschen internationalen Deliktsrecht, 1990; *Schwander*, Zur heutigen Rolle des Erfüllungsortes im IPR, Fschr. von Overbeck, Freiburg/Schweiz 1990, 681–699; *Harries*, Die Parteiautonomie in internationalen Kreditverträgen als Instrument der Vertragsgestaltung, Fschr. Heinsius 1991, 201–210; *Jayme*, L'autonomie de la volonté des parties dans les contrats internationaux entre personnes privées, Ann.Inst.Dr.int. 1991, 13–79; *V. Stoll*, Die Rechtswahl im Namens-, Ehe- und Erbrecht, 1991; *Wengler*, IPR-Rechtsnormen und Wahl des Vertragsstatuts. Parteiautonomie im internationalen Privatrecht, insbesondere unter der Rom-Konvention vom 19. 6. 1980, 1991; *Bauer*, Grenzen nachträglicher Rechtswahl durch Rechte Dritter im internationalen Privatrecht, 1992; *Carlier*, Autonomie de la volonté et statut personnel, Brüssel 1992; *Gannagé*, La pénétration de l'autonomie de la volonté dans le droit international privé de la famille, Rev.crit.dr.i.p. 1992, 425–454; *Patrzek*, Die vertragsakzessorische Anknüpfung im internationalen Privatrecht: dargestellt anhand des Deliktsrechts, der Geschäftsführung ohne Auftrag, des Bereicherungsrechts und der culpa in contrahendo, 1992; *Pommier*, Principe d'autonomie et loi du contrat en droit international privé conventionnel, Paris 1992; *Schwind*, Die Rechtswahl im IPR-Gesetz und nach der Resolution des Instituts de Droit International von 1991, ZfRV 1992, 101–108 (Text 107f.); *Junker*, Die freie Rechtswahl und ihre Grenzen – Zur veränderten Rolle der Parteiautonomie im Schuldvertragsrecht, IPRax 1993, 1–10; *Möllenhoff*, Nachträgliche Rechtswahl und Rechte Dritter, 1993; *Schoibl*, Die inländische Niederlassung als Anknüpfungspunkt im österreichischen internationalen Zivilprozeßrecht, in: *Schuhmacher/Gruber* (Hrsg.), Rechtsfragen der Zweigniederlassung, Wien 1993, 375–395; *Schwander*, Subjektivismus in der Anknüpfung im IPR, Fschr. Lalive, Basel und Frankfurt

a. M. 1993, 181–190; *Vander Elst*, Liberté, respect et protection de la volonté en droit international privé, Fschr. Rigaux, Brüssel 1993, 507–516; *Wengler*, Rechtswahl unter Zwang, Fschr. Lalive, Basel 1993, 211–218; *Gunst*, Die charakteristische Leistung: zur funktionellen Anknüpfung im internationalen Vertragsrecht Deutschlands, der Schweiz und der Europäischen Gemeinschaft, 1994 (bespr. von *Hoyer*, ZfRV 1996, 131 f.; *Mankowski*, RabelsZ 62 [1998], 142–147); *Masmejan*, La localisation des personnes physiques en droit international privé. Étude comparée des notions de domicile, de résidence habituelle et d'établissement en droit suisses, français, allemand, anglais, américain et dans les Conventions de La Haye, Genf 1994; *Rohe*, Zu den Geltungsgründen des Deliktsstatuts. Anknüpfungsgerechtigkeit unter Berücksichtigung rechtshistorischer und rechtsvergleichender Erkenntnisse mit Einschluß gegenwärtiger Reformvorschläge, 1994; *Oschmann*, Faktische Grenzen der Rechtswahl, Fschr. Sandrock 1995, 25–36; *Saravalle*, Clausole con scelta di legge variabile e convenzione di Roma del 1980, Riv.dir.int.priv.proc. 1995, 17–30; *Stoll*, Das Statut der Rechtswahlvereinbarung – eine irreführende Konstruktion, Fschr. Heini 1995, 429–444; *Bureau*, L'accord procédural à l'épreuve, Rev.crit.dr. i. p. 1996, 587–619; *Einsele*, Rechtswahlfreiheit im Internationalen Privatrecht, RabelsZ 60 (1996), 417–447; *Schotten*, Notarielle Rechtsgestaltung im Internationalen Privatrecht, Fschr. Schippel 1996, 945–960; *Vischer*, The Concept of the Characteristic Performance Reviewed, Fschr. Droz 1996, 499–519; *Benjamin*, Determining the Situs of Interests in Immobilised Securities, Int.Comp. L. Q. 47 (1998), 923–934; *Kadletz*, Some Thoughts on the Application of the Law of the Flag in Private International Air Law, ZLW 1998, 490–498; *Martiny*, Die Anknüpfung an den Markt, Fschr. Drobnig 1998, 389–408; *Puttfarken*, Neues vom Schiffsgläubigerrecht, RabelsZ 62 (1998), 787–814; *Steiner*, Die stillschweigende Rechtswahl im Prozeß im System der subjektiven Anknüpfungen im deutschen Internationalen Privatrecht, 1998.

Neben Staatsangehörigkeit, Wohnsitz und Aufenthalt werden vom deutschen internationalen und interlokalen Privatrecht hauptsächlich folgende Anknüpfungen benutzt: der **Sitz einer juristischen Person**, der **Gebrauchsort** bei der Vollmacht, der **Abschlußort eines Rechtsgeschäfts** *(lex loci actus)*, der **Parteiwille** beim Namen, bei Schuldverträgen, bei den Ehewirkungen und der Erbfolge, der **Tatort** bei unerlaubten Handlungen *(lex loci delicti)*, der **Belegenheitsort** für Rechte an Sachen *(lex rei sitae)*, der **Gerichtsort** für den Ablauf des Verfahrens *(lex fori)*. Sie werden zweckmäßigerweise im Zusammenhang der einzelnen Kollisionsnormen besprochen.

§ 14. Gesetzesumgehung

Schrifttum: *Vetsch*, Die Umgehung des Gesetzes, Diss. Zürich 1917; *Verplaetse*, La fraude à la loi en droit international privé, Paris 1938; *Maury*, L'éviction de la loi normalement compétente, Valladolid 1952; *Storck*, Auslegungsprobleme im Steuerrecht bei zivilrechtlichen Begriffen und Rechtsgestaltungen, Zürich 1954; *Römer*, Die Gesetzesumgehung im deutschen IPR, 1955; *Vischer*, Zum Problem der rechtsmißbräuchlichen Anknüpfung im internationalen Privatrecht, Fschr. Simonius, Basel 1955, 401 bis 410; *Vidal*, Essai d'une théorie générale de la fraude en droit français, 1957, 87–94, 270–276; *Verplaetse*, Reappraisal of the Concept of Evasion of Law in Private International Law, Rev. hell. dr. int. 1958, 264–285; *Knickenberg*, Gretna Green, StAZ 1960, 45–47; *Erdsiek*, Gretna Green, NJW 1960, 2232 f.; *Maridakis*, Réflexions sur la question de la fraude à la loi d'après le droit international privé, Mélanges Maury, Paris 1960, I 231–242; *Seidl-Hohenveldern*, L'ordre public international et la fraude à la loi, leur importance en droit international public, Mélanges Maury, ebd. 473–483; *Calbairac,* Considérations sur la règle „Fraus omnia corrumpit", D. 1961, Chron. 169–172; *Louis-Lucas,* La fraude à la loi étrangère, Rev.crit.dr.i.p. 1962, 1–17; Note: Migratory Divorce: The Alabama Experience, Harv. L. Rev. 75 (1962) 568–575; *Malaurie,* Note D. 1962, Jur. 655 f. (zur Anerkennung von Scheidungsurteilen aus Nevada, Mexiko, Florida, Jungferninseln in Frankreich); *Graveson,* L. Q. Rev. 78 (1962), 357–359; *Teichmann,* Die Gesetzesumgehung, 1962; *Castel,* La fraude à la loi en droit international privé québecois, Revue du Barreau de la Province de Québec 24 (1964), 1–35; *Pastor Ridruejo,* El Fraude de la Ley en Derecho Interregional español, Rev. esp. der. int. 1966, 40–55; *David P. Currie,* Suitcase Divorce in the Conflict of Laws: *Simons, Rosenstiel,* and *Borax,* U.Chi.L.Rev. 34 (1966), 26–77; *Audit,* La fraude à la loi, Paris 1974 (bespr. von *Lagarde,* Rev.crit.dr.i.p. 1974, 858–863 und von *Ponsard,* JDI [Clunet] 1974, 959–961); *Neuhaus,* Grundbegriffe 193–200; *Uckmar,* L'evasione fiscale internazionale, Ann. fac. giur. Genova 1977, 1049–1075; *Schurig,* 240–246; *von Overbeck,* Rec. 1982 III, 207–209; *Sopeña Monsalve,* Las „excepciones" de „orden público" y de „fraude a la ley": Una aproximación crítica, Rev.esp.der.int. 1982, 447–460; *Lang,* La fraude à la loi en droit international privé suisse, Diss. Lausanne 1984; *Heini,* Zu einem Urteil des Schweizerischen Bundesgerichtes über das Personalstatut ausländischer juristischer Personen (Ungültigkeit einer liechtensteinischen Stiftung), IPRax 1984, 166–168; *Margairaz/Merkli,* La fuite devant l'impôt et les contrôles du fisc, Lausanne 1985; *Schröder,* Gesetzesauslegung und Gesetzesumgehung, Das Umgehungsgeschäft in der rechtswissenschaftlichen Doktrin von der Spätaufklärung bis zum Nationalsozialismus, 1985; *Cooper,* The Taming of the Shrewd: Identifying and Controlling Income Tax Avoidance, Col.L.Rev. 85 (1985), 657–729; *Baxter,* The United Kingdom and Tax Havens: A Comparative Comment, Am.J.Comp.L. 33 (1985), 707–719; *Keller/Siehr,* 525–534; *Sanchéz-Apellaniz,* El fraude de ley extranjera, Fschr. Ferrer Correia I, Coimbra 1986, 733–754; *Böhmer,* Der neue „Scheidungsservice" auf Guam, Fschr. Ferid 1988, 49–56; *Schurig,* Die Gesetzesumgehung im Privatrecht – Eine Studie mit kollisionsrechtlichen und rechtsvergleichenden Aspekten, ebd. 375–422; *Sturm,* Scheinehen – ein Mittel zur Gesetzesumgehung?, ebd. 519–545; *Tiedemann,* Multinationale Unternehmen und Steuerdelinquenz, in: Law in East and West/Recht in Ost und West, Fschr. Institut für Rechtsvergleichung der Waseda Universität, Tokio 1988, 927–945; *Parra-Aranguren,* Rec. 1988 III (erschienen 1989), 102–120; *Kartzke,* Scheinehen zur Erlangung aufenthaltsrechtlicher Vorteile: ihre Behandlung im deutschen Ehe- und Ausländerrecht unter Berücksichtigung des US-amerikanischen Rechts, 1990; *Suter/Kasel/Seibert,* Le mariage fictif, Zürich 1990; *Fawcett,* Evasion of Law and Mandatory Rules in Private International Law, C.L.J. 1990, 44–62; *Tamussino,* Die Umgehung von Gesetzes- und Vertragsnormen, Wien 1990; *Tryant,* Sons and Lovers: Adoption in Japan, Am. J.Comp. L. 38 (1990), 299–336; *Carlier,* Volonté, ordre public et fraude dans la reconnaissance des divorces et répudiations intervenus à l'étranger, Rev.trim.dr.fam. 1991, 165–172; *Frommel,* L'abus de droit en droit fiscal britannique, Rev.int.dr.comp. 1991, 585–625; *Kraft,* Die mißbräuchliche Inanspruchnahme von Doppelbesteuerungsabkommen. Zur Problematik des „Treaty shopping" unter Berücksichtigung der Rechtslage in der Bundesrepublik Deutschland, in der Schweiz und in den Vereinigten Staaten, 1991; *Laroche-Gisserot,* Anm. zu Versailles (15. 6. 1990), Sem.Jur. 1991 II, Nr. 21759, S. 402–405; *Prinz von Sachsen-Gessaphe,* Keine Anerkennung mexikanischer „Blitzscheidungen", StAZ 1992, 334–341; *Boulanger,* Fraude, simulation ou détournement d'institution en droit de la famille?, Sem.jur. 1993 I, Nr. 3665, S. 151–154; *Durán Rivacoba,* Igualdad jurídica, orden público y fraude de ley en los conflictos interregionales, Poder Judicial, 1994, Nr. 35, 67–105; *Nevermann,* Justiz und Steuerumgehung: Ein kritischer Vergleich der Haltung der Dritten Gewalt zu kreativer steuerlicher Gestaltung in Großbritannien und Deutschland, 1994; *Poisson-Drocourt/Rangel,* Note, Rev.crit.dr. i. p. 1994, 530–532 (531 f.); *Tetley,* International Conflict of Laws, Montreal 1994, 135–172; *Zabalo Escudero,* El fraude de ley en el Derecho interregional. Comentario a la sentencia del Tribunal Supremo de 5 de abril de 1994, Poder Judicial, 1994, 397–402; *Alvarez Rodriguez,* Matrimonios mixtos simulados: mecanismos de sanción, Bol abog Arag, 1995, Nr. 136, 41–48; *Arriola Arana*, Vecindad civil y nulidad de testamento, Rev.jur.not. 1995, 9–50; *Maguregui Salas*, El fraude a la ley en el Derecho interregional (Comentario crítico de la STS núm. 294 de 5 de abril de 1994), Estudios de Deusto 43 (1995), 133–149; *Najjar*, La validité des donations déguisées ou indirectes sous seing privé, D. S.Chron. 1995, 115 f.; *Saroléa*, Le mariage simulé en droit international privé, Rev.trim.dr.fam. 1995, 9–30; *Trinidad García*, Las excepciones de orden público y fraude de ley en las recientes codificaciones europeas de Derecho internacional privado, Rev.gen.der. 1995, 11289–11310; *Hoyer*, Ausländergrunderwerb in Österreich: Scheingeschäft, Umgehungsgeschäft und die Rechtsfolgen, IPRax 1996, 211–214; *Schermaier*, Die Umgehung des Vorkaufsrechts durch „kaufähnliche Verträge", AcP 196 (1996), 256–275; *Oguz*, Probleme der Simulation in rechtshistorischer und rechtsvergleichender Sicht, Diss. München 1997; *Finger*, Scheinehen – eine Entschließung des Rates der Europäischen Union zum Ausländerrecht; § 1314 Abs. 2 Nr. 5 BGB n.F. (Eheschließungsrecht), FuR 1998, 289–293; *Heeder*, Fraus legis. Eine rechtsvergleichende Untersuchung über den Vorbehalt der Gesetzesumgehung in Deutschland, Österreich, der Schweiz, Frankreich und Belgien unter besonderer Berücksichtigung des Internationalen Privatrechts, 1998; *Koziolek*, Die Umgehungsregelung des Verbraucherkreditgesetzes, 1998 (allgemein: 1–32).

I. Begriff

Ein 1839 in Petersburg geborener Staatenloser heiratete 1863 auf Helgoland (das damals englisch war) eine 1844 in Petersburg geborene Sächsin. Beide wohnten 1886 in Berlin und hatten vier Kinder. In diesem Jahr ging der Mann, begleitet von der 1856 geborenen deutschen evangelischen Schriftstellerin **Helene Böhlau**, nach Konstantinopel. Dort trat er zum Islam über und wurde Türke. Er erwirkte beim *Schechülislamat*, der höchsten geistlichen Richterbehörde, ein Gutachten (*Fetwa*), daß er das Recht habe, die Scheidung auszusprechen, und schickte Ende 1886 seiner Frau einen Scheidebrief nach Berlin. 1887 heiratete er in Konstantinopel Helene Böhlau, kehrte mit ihr im selben Jahr nach Deutschland zurück und lebte mit ihr seit 1888 in München. Nach 1900 klagte die erste Frau, die angeblich zunächst die Scheidung gebilligt hatte und mit dem neuen Ehepaar in bestem Einvernehmen geblieben war, auf Feststellung des Bestehens ihrer Ehe. Der Fall ging über das OLG München (ZIR 16, 34) an das BayObLG (ZIR 16, 286) und zurück an das OLG München (ZIR 20, 529). Das OLG München läßt im ersten Urteil die Wirkung einer *Gesetzesumgehung* offen und verwirft die Scheidung, weil sie als grundlose Privatscheidung gegen den *ordre public* (vgl. heute Art. 6 EGBGB) verstoße. Das BayObLG hält die Verletzung des *ordre public* nicht für ausreichend begründet und verweist deswegen zurück. Nunmehr verneint das OLG München einen *ordre-public*-Verstoß und weist die Klage ab, ohne eine Gesetzesumgehung zu prüfen.

Die **Gesetzesumgehung,** im Graubereich zwischen kreativer Tatbestandsplanung und Mißbrauch rechtlicher Möglichkeiten angesiedelt, ist juristisch schwer zu fassen. Es geht darum, daß jemand **bewußt und zweckbestimmt den Tatbestand einer bindenden Norm vermeidet und den einer anderen Norm verwirklicht, damit anstelle der Rechtsfolge des ersten Tatbestands die Rechtsfolge des zweiten eintritt.** Hinzukommen muß, daß die erreichte Rechtsfolge trotz Tatbestandserfüllung für den Sachverhalt **nicht angemessen ist,** weil die der angewandten Norm zugrunde gelegten Interessen in Wirklichkeit nicht im Spiel sind, sondern statt dessen diejenigen Interessen, die zu der Rechtsfolge der vermiedenen Norm führen würden. Bezweckt und bewirkt man dagegen den Eintritt einer *angemessenen* Rechtsfolge, so entsteht kein Problem.

So ist es z.B. angemessen, wenn eine Frau einen Ausländer heiratet, um mit ihm eine Ehe zu führen *und* ihm zu diesem Zweck eine Aufenthaltserlaubnis zu verschaffen. Heiratet sie ihn *nur*, um ihm eine Aufenthaltserlaubnis zu verschaffen, obwohl eine Ehe in Wirklichkeit gar nicht geführt werden soll, so ist diese Rechtsfolge unangemessen. Übereignet jemand eine Sache, um dem Erwerber das Eigentum zu verschaffen, ist die Rechtsfolge angemessen; übereignet er sie nach § 930 BGB, nur um eine pfandähnliche, aber besitzlose, Sicherheit zu verschaffen, so ist die Rechtsfolge dieser Vorschrift möglicherweise unangemessen. Ob man dagegen vorgehen muß, wird in den verschiedenen Rechtsordnungen freilich unterschiedlich beurteilt (nein in Deutschland, ja z.B. in Österreich und der Schweiz; vgl. *Schurig*, Fschr. Ferid 1988, 375, 380–383).

Etwas anders *Kegel* in 7. Aufl. S. 348f.: Es komme darauf an, ob ein Tatbestand in *gewöhnlicher* oder *ungewöhnlicher* Weise verwirklicht werde. Im Ergebnis wird das auf dasselbe hinauslaufen. „Gewöhnlich" und „ungewöhnlich" sind aber wertfreie Begriffe, und die Umgehung ist gerade durch einen *Wertungswiderspruch* gekennzeichnet, der m.E. in der *„Unangemessenheit"* der Rechtsfolge deutlicher zum Ausdruck kommt.

Verwirklicht man einen Tatbestand, der zu einem unangemessenen Ergebnis führt, *ohne* die *Absicht*, die unangemessene Rechtsfolge an die Stelle der angemessenen zu setzen, dann entsteht eine gewöhnliche Auslegungs- oder Analogiefrage, nicht eine Frage der Gesetzesumgehung.

Erkennt z.B. jemand ein fremdes Kind als seins an, um sich das Adoptionsverfahren zu ersparen, stellt sich die Umgehungsfrage; erkennt er es an im Glauben, es *sei* seins, stellt sie sich nicht.

Diese Tatsache hat dazu geführt, daß einige Autoren die Gesetzesumgehung als eigenständigen rechtlichen Gesichtspunkt überhaupt ablehnen, weil die Absicht für die Frage der Normanwendung nicht entscheidend sein könne (Nachweise *Schurig*, Fschr. Ferid 1988, 403, mit Fn. 213, 214). Sie kann es aber doch, näher unten S. 423.

Die Gesetzesumgehung ist keine Eigenheit des IPR. Man findet sie überall im Recht; sie gehört **zur allgemeinen Rechtslehre** (zur Geschichte *Schurig*, Fschr. Ferid 1988, 377–379). Mitunter tritt das Gesetz ihr ausdrücklich entgegen.

Z.B. (außerhalb des IPR) in Deutschland § 7 AGBG, § 6 AbzG (früher) und § 18 Satz 2 VerbraucherkreditG (jetzt), § 5 HaustürWG, § 75d Satz 2 HGB, § 38 I Nr. 11 GWB, § 157 I 2 ZPO, § 42 AO 1977; vgl. jetzt auch § 1314 II Nr. 5 BGB (Aufhebbarkeit von „Scheinehen").

Der Anreiz zur Gesetzesumgehung ist aber umso stärker, je größer das Wertungsgefälle ist zwischen der Norm, deren Anwendung vermieden, und derjenigen, deren Anwendung „fabriziert" werden soll. So etwas ist innerhalb derselben Rechtsordnung viel seltener zu finden als im Verhältnis verschiedener nationaler Rechtssysteme zueinander. Die Möglichkeit, mit Hilfe der Anknüpfungstechnik die Weichen einfach anders zu stellen und den Zug in eine ganz andere Rechtsordnung fahren zu lassen, gibt es nur im IPR. Umgehungen innerhalb ein und derselben Sachrechtsordnung erfordert oftmals eine viel komplexere Planung.

Im Ausland findet man vereinzelt Umgehungsverbote im IPR. *Allgemeine* Regeln dieser Art gibt es in Portugal (Código civil Art. 21), Spanien (Código civil Art. 12 Abs. 4), Ungarn (IPR-Ges. § 8), Jugoslawien (IPR-Ges. Art. 5), ferner in CIDIP II Allgemeine Regeln (oben S. 223 a.E.) Art. 6; dazu *von Overbeck*, Rec. 1982 III, 207f.

Für die *Heirat* gelten oder galten in einigen Staaten der USA der Uniform Marriage Evasion Act von 1912 oder besondere Regeln, vgl. dazu *Clark*, The Law of Domestic Relations in the United States I^2, St. Paul, Minn. 1987, 158, 171. Auch für die *Scheidung* gibt es in einigen Staaten der USA besondere Regeln.

Umgekehrt gibt es Staaten, die Gesetzesumgeher *anlocken* oder wenigstens dulden: als Steueroasen, mit „billigen" Flaggen (unten S. 545f.), als Scheidungsparadiese (unten S. 751f.). Von Antigua hält man für möglich, daß es sein Recht geändert habe, um in „Grundy's Tax Havens" aufgenommen zu werden. Über einen nur „virtuellen" Staat, der solche Ziele verfolgt, *Michaels*, ZEuP 1999, 197f.

Der Begriff „Gesetzesumgehung" meint nicht nur Umgehung von Gesetzen im technischen Sinn, sondern allgemein von *Rechtssätzen*, d.h. auch von Regeln des *Gewohnheitsrechts* (vgl. Art. 2 EGBGB). Doch hat die gesetzliche Vorschrift anders als der Satz des Gewohnheitsrechts einen feststehenden Wortlaut und enthält in der Regel nur Tatbestand und Rechtsfolge, nicht den Zweck des Rechtssatzes. Sie läßt sich daher leichter umgehen. Deswegen ist die „Gesetzes"-umgehung mit dem Zunehmen des Gesetzesrechts seit dem 18. Jahrhundert stärker hervorgetreten und hat von daher ihren Namen.

Über der Gesetzesumgehung wölbt sich ein allgemeiner Umgehungsbegriff, der auch die Umgehung von *rechtsgeschäftlichen* Bestimmungen umfaßt (vgl. z.B. BGH NJW 1964, 540: Umgehung vertraglichen Vorkaufsrechts, dazu *Schurig*, Das Vorkaufsrecht im Privatrecht 1975, 157–161). Ähnliche Parallelen für Gesetze und für Rechtsgeschäfte gibt es bei den Auslegungsregeln; auch hat man versucht, der Geschäftsgrundlage die Gesetzesgrundlage gegenüberzustellen. Dagegen wird z.B. bei Rechtsmißbrauch und Verwirkung gar nicht erst nach der Herkunft des Rechts aus Gesetz oder Rechtsgeschäft unterschieden.

Dieser Umgehungsbegriff ist noch immer nicht unproblematisch. Betrachten wir einen solchen Fall im Nachhinein, dann wurde entweder die „umgangene" Norm gleichwohl angewandt (unten S. 424), wir haben es allenfalls mit einem mißlungenen Umgehungs*versuch* zu tun. Lassen wir die „Umgehung" aber bestehen, so war das erzielte Ergebnis entweder nicht „unangemessen" oder die Toleranzschwelle für die Rechtsordnung war noch nicht überschritten; in beiden Fällen kann man den Makel der Umgehung nicht bestehen lassen. Der Begriff scheint wie Sand durch die Finger zu rinnen.

Er beschreibt aber nicht ein *Ergebnis*, sondern eine *Aufgabe* im Prozeß der Rechtsfindung, einen typischen – historisch überkommenen – Problemkomplex, der auf wiederkehrenden Tatbestandsmerkmalen beruht und gleich strukturierte Rechtsanwendungserwägungen erfordert, und den man deswegen namentlich bezeichnen muß.

Es ist hier ähnlich wie bei den *Lücken im Recht*, von denen *Zitelmann* in seiner gleichnamigen Schrift (1903, S. 9f.) sagte: „Stellt man sich auf den Standpunkt vor Ausfüllung der Lücken, denkt man also das Recht so, wie es hier zunächst erscheint, so wird man sagen, es habe Lücken; stellt man sich auf den Standpunkt nach Ausfüllung der Lücken, denkt man also an das Ergebnis, so wird man die Lücken leugnen." Entsprechend bezeichnen auch *Auslegung*, *Rechtsmißbrauch*, *Qualifikation*, *Angleichung*, *Vorfrage* eher die jeweilige Aufgabe als das Ergebnis.

II. Bestandteile

Zum Tatbestand der Gesetzesumgehung gehören regelmäßig *vier Elemente*. Freilich bedeutet das Vorhandensein dieser Elemente allein noch nicht, daß die Rechtsfolgen einer Umgehung eintreten. Hinzukommen muß stets eine *Wertung*: Ist das Ergebnis *derart unangemessen, daß die Toleranzschwelle der Rechtsordnung überschritten ist?* (Darüber unten III.)

Die vier Elemente sind:

1. ein *umgangener* Rechtssatz (meist, aber nicht notwendig ein zwingender) oder der normfreie Raum;
2. ein *ergangener* Rechtssatz oder der normfreie Raum;
3. eine Umgehungs*handlung*;
4. die Umgehungs*absicht*.

Die französische Lehre faßt die ersten beiden Elemente zu einem zusammen und kommt zu *drei* Bestandteilen: *Regel, Absicht, wirksames Mittel.* Näher *Schurig*, Fschr. Ferid 1988, 387–392, 398f.

Als Beispiel diene zunächst die *Sicherungsübereignung*: Umgangen wird § 1205 BGB (Faustpfand), ergangen wird § 930 BGB (Übereignung durch Besitzkonstitut), Handlung ist die Übereignung und Absicht ist der Erwerb einer Sicherheit ohne Besitzverlust des Schuldners. Ob man die Sicherungsübereignung an § 1205 BGB scheitern lassen will, ist hingegen eine *Wertungsfrage*.

Ergangen werden kann auch eine *Negativnorm* des Inhalts, daß eine bestimmte Rechtswirkung *nicht* eintritt; sie ist das *Komplement* des umgangenen Rechtssatzes.

Beispiel: Grundstücksübertragung durch Mantelkauf zur Umgehung der Grunderwerbssteuer. Umgangen wird das Grunderwerbssteuergesetz, ergangen wird der steuerfreie Raum.

Ebenso kann lediglich eine Norm *er*gangen werden mit der Wirkung, daß eine bestimmte Rechtsfolge eintritt, die sonst nicht eingetreten wäre. *Um*gangen wird dann die Negativnorm, das Komplement des *er*gangenen Rechtssatzes.

Beispiel: Adolf Hitler, der sich zum Regierungsrat in Braunschweig ernennen ließ, um die deutsche Staatsangehörigkeit zu erwerben: ergangen wurde der (später aufgehobene) § 14 RuStAG, umgangen der staatsangehörigkeitsrechtlich irrelevante Raum.

Meist führt aber die Umgehung aus einer Norm *heraus* (bei der Sicherungsübereignung § 1205) und in die andere Norm *hinein* (bei der Sicherungsübereignung § 930).

Im **IPR** hat es den Anschein, als werde umgangen ein Teil und ergangen ein anderer Teil *desselben* Rechtssatzes. Denn hier wird ein *Anknüpfungsmoment* gewechselt. Beispiel: Jemand heiratet, weil er die Zivilehe ablehnt, nicht an seinem deutschen Wohnort, sondern fährt nach Madrid, um dort ausschließlich kirchlich zu heiraten. Art. 11 I EGBGB (Recht des Abschlußorts) gilt für beide Orte. Aber in Wahrheit ist er zusammengesetzt aus einer Vielzahl von *Elementkollisionsnormen* (oben S. 266). Für die Form in Deutschland vorgenommener Rechtsgeschäfte berufen diese (neben dem Geschäftsrecht, dieses allerdings nicht für die Eheschließung, Art. 13 III 1) das deutsche Recht, für die Form in Spanien vorgenommener Geschäfte das spanische Recht. Dann wird der auf Deutschland bezügliche Teil des Art. 11 I umgangen, der auf Spanien bezügliche Teil ergangen. Entsprechendes gilt im Fall der Helene Böhlau: der Teil der Scheidungskollisionsnorm, der deutsches Recht beruft, ist umgangen; der Teil, der türkisches Scheidungsrecht beruft, ist ergangen.

Das Anknüpfungsmoment kann *auf Umwegen* gewechselt sein. In Frankreich herrscht Nachlaßspaltung: bewegliches Vermögen vererbt sich nach dem Recht des letzten Erblasserwohnsitzes, Grundvermögen nach dem Recht des Lageorts (unten S. 853). Grundstücke kann man nicht ins Ausland schaffen. Aber man kann sie beweglich machen, indem man sie in eine Gesellschaft einbringt (vgl. oben S. 353).

So ist es geschehen im französischen Caron-Fall (oben S. 4: Cour d'appel Aix-en-Provence Rev.crit.dr.i.p. 1983, 282 und Cour de Cassation JDI [Clunet] 1987, 81 mit Anm. von *Niboyet-Hoegy* = Rev.crit.dr.i.p. 1986, 66 mit Anm. von *Lequette*). Die genaueren Umstände des Falles: Der Franzose Caron wird Amerikaner und lebt in St. Thomas (Jungferninseln, USA). An der Côte d'Azur hat er eine Eigentumswohnung. Seiner früheren Sekretärin Odell hinterläßt er sein halbes Vermögen. Die andere Hälfte geht an die First Pennsylvania Bank, die sie für ein Institut der medizinischen Vorsorge verwalten soll. Um die Wohnung dem Pflichtteil (Noterbrecht) seines amerikanischen Sohnes Aimery und seiner französischen Tochter Leslie zu entziehen (Pflichtteil gewährt das französische Recht, nicht das in St. Thomas geltende amerikanische Recht), errichtet er eine Grundstücksgesellschaft, nämlich eine amerikanische *corporation* mit der Wohnung als einzigem Aktivum. Ein Drittel der *shares* bekommen die Sekretärin und ihr Mann. Die beiden anderen Drittel überträgt Caron der First Pennsylvania Banking and Trust Company, die sie als Treuhänderin für ihn halten und nach seinem Tode den Eheleuten Odell übertragen soll.

Die Kinder verklagen die Odells, die Grundstücksgesellschaft und die beiden Treuhänderbanken auf Herausgabe der Eigentumswohnung: jeder verlangt ein Drittel. Das letzte Drittel beansprucht die französische Tochter nach Art. 2 Ges. vom 14. 7. 1819 („droit de prélèvement") der dem Art. 25 Satz 2 a.F. EGBGB (Bevorzugung der eigenen Staatsangehörigen bei fehlender Gegenseitigkeit) ähnelt. Der Kassationshof gibt den Kindern recht: wegen Gesetzesumgehung bleibt es bei der Geltung französischen Erbrechts für die Wohnung.

Weitere und wohl letzte Entscheidung in dieser *cause célèbre* – aber zu einem anderen Aspekt des Falles – Cour d'appel Paris JDI (Clunet) 1990, 994 mit Anm. von *Niboyet-Hoegy* = Rev.crit.dr.i.p 1991, 92 mit Anm. von *Lequette*. – Zu Art. 2 Ges. vom 14. 7. 1819 auch Cass. JDI (Clunet) 1987, 86 mit Anm. von *Niboyet-Hoegy* =

Rev.crit.dr.i.p. 1986, 685 mit anonymer Anm.; Tribunal de grande instance Paris Sem.jur. 1994, Nr. 22265 S. 214 mit Anm. von *Ruet*; Cass. (1re Ch.civ.) Rev.crit.dr.i.p. 1998, 445 mit Anm. von *Gaudemet-Tallon*.

III. Toleranzschwelle

Daß die vier tatbestandlichen Elemente der „Umgehung" gegeben sind, bedeutet noch nicht, daß diese mit rechtlichen Mitteln neutralisiert werden muß. Das hängt vielmehr von einer *weiteren Wertung* ab.

Grundlage einer Entscheidung gegen die Umgehung ist, daß die Anwendung der umgangenen Norm *nicht angemessen* ist, obwohl der Tatbestand dem Buchstaben nach verwirklicht wurde, und daß die Anwendung der vermiedenen Norm angemessen wäre, weil das der ergangenen Norm zugrunde liegende Interessenmuster sich im Sachverhalt nicht widerspiegelt, wohl aber das der umgangenen Norm zugrunde liegende (oben S. 417f.). Es handelt sich also um eine Anwendungsvariante des Grundsatzes, daß bei völligem Interessenschwund im konkreten Fall eine Norm unanwendbar werden kann und durch eine angemessene Norm zu ersetzen ist (näher oben § 6 III). Bevor dies geschieht, ist jedoch das *allgemeine Ordnungsinteresse an kontinuierlicher Rechtsanwendung* in die Abwägung einzubeziehen, das zu einem „Trägheitsprinzip" führt: Die Tatsache, daß eine Regel schon besteht, begründet ein zusätzliches, dem Abweichen entgegengerichtetes Interesse, an bestehenden Sätzen möglichst festzuhalten. Nicht bei *jedem* Interessenschwund kann deshalb von der Anwendung der Norm abgesehen werden, sondern nur dann, wenn die Umstände des Falles so beschaffen sind, daß die Rechtsgemeinschaft mit einer kontinuierlichen Regelanwendung nicht mehr rechnen kann. Dementsprechend stellt man in Frankreich auf das Maß der „sozialen Störung" ab.

Auf dieser Abwägung beruht das Phänomen der unterschiedlichen **Toleranzschwellen** gegenüber Umgehungen.

Zu Unterschieden zwischen der deutsch-österreichisch-schweizerischen, französischen und englischen Auffassung vgl. *Schurig*, Fschr. Ferid 1988, 379–397.

Es kommt nicht nur darauf an, ob überhaupt die Nichtanwendung der umgangenen Norm (und die Anwendung der ergangenen) als unangemessen erscheint, sondern auch *in welchem Maße*.

Zu Umgehungen kommt es dort, wo ein von den Parteien auszunutzendes Wertungsgefälle in materiellrechtlichen Regelungen besteht. Im IPR benutzt man dasjenige zwischen verschiedenen Rechtsordnungen. An ihm kann der einzelne Gesetzgeber kaum etwas ändern. Aber er kann durch *umgehungsfeste* Anknüpfungen dafür sorgen, daß sich Manipulationen in Grenzen halten. Tut er das nicht, so akzeptiert er grundsätzlich die Folgen und muß er entsprechende vorhersehbare Tatbestandsplanungen hinnehmen. Die Tatsache *allein*, daß in einzelnen Fällen nicht das anwendbare Recht durch die Anknüpfung bestimmt wird, sondern die verwirklichte Anknüpfung durch das gewünschte Recht, darf nicht zum Abweichen von der Norm führen. Man darf sich deshalb nicht nur der Ortsform bedienen, weil man im Ausland ist; man darf auch ins Ausland fahren, um sich dort der Ortsform zu bedienen. Es muß noch etwas *hinzukommen*, um den Mechanismus der Umgehungsabwehr auszulösen.

Hier kommt das *subjektive Element* der Umgehung ins Spiel (dem manche jede Bedeutung absprechen wollen). Da wir bei Umgehungen erst dann eingreifen, wenn die Nichtanwendung der umgangenen Norm aus Gründen der Sachgerechtigkeit untragbar wäre und wenn insoweit eine gewisse, wertungsmäßig zu bestimmende Schwelle überschritten ist, dann können gerade die subjektiven Elemente den Ausschlag geben. Je mehr nämlich die „manipulierte" Tatbestandserfüllung den Makel der „Sittenwidrigkeit" trägt, der Rücksichtslosigkeit gegenüber den Rechten anderer, je mehr sie „arglistig" ist in dem Sinne, daß dem Betreffenden die Unangemessenheit der „ergangenen" Norm bewußt ist und er sie mit Absicht für Vorteile einsetzt, die ihm nicht zustehen, desto eher kann das allgemeine Beharrungsinteresse an Kontinuität der Rechtsanwendung zurücktreten, im IPR wie im Sachrecht: Die Umgehung wird neutralisiert.

Als die treibende Kraft, die hinter solcher Neutralisierung von Gesetzesumgehungen steht, wird meist – besonders in Frankreich – die „Autorität", die „Würde" oder das „Ansehen" der Rechtsordnung genannt.

Zur „autorité de la loi" *Batiffol*, Aspects philosophiques du droit international privé, 1956, 187f.; zur Maxime *„fraus omnia corrumpit"* *Vidal* (1957, oben Schrifttum) 272f., 381–456. Das Ansehen der Rechtsordnung wird hier hauptsächlich materiellprivatrechtlich verstanden. Vgl. auch *Schurig*, Fschr. Ferid 1988, 387–392 mit weiteren Nachweisen.

Im Bereich der *kollisionsrechtlichen* Umgehung handelt es sich speziell um das *„Ansehen des eigenen IPR"*, näher dazu *Kegel* in 7. Aufl. S. 351–354. M.E. kann man noch weiter fragen und zum *Grund* eines möglichen „Ansehensgewinns" oder „Ansehensverlustes" vordringen. Das „Ansehen" einer Rechtsordnung beruht nämlich auf ihrer Fähigkeit, Entscheidungen zu fällen, die *sachgerecht*, für die Rechtsgenossen *einsehbar* sind. Sind sie dies nicht, so hat *der immanente Kontroll- und Korrekturmechanismus der Rechtsordnung versagt*, und *das* ist es, was das „Ansehen" beschädigen kann. Hielten wir an einer Anknüpfung fest, bei der nicht nur die vorausgesetzten Interessen gänzlich fehlen, bei der auch kein nennenswertes Ordnungsinteresse an Kontinuität der Normanwendung besteht, weil z.B. jemand das Gesetz „überlistet", um der Rechtsposition eines anderen zu schaden, dann haben wir einfach „falsch" entschieden, und das ist für die Autorität der Rechtsordnung gewiß nicht förderlich. Die Neutralisierung einer Umgehung ist also nichts anderes als ein Fall der immer möglichen Normanwendungskorrektur im Interesse einer sachgerechten Entscheidung. Näher *Schurig* 244–246 und Fschr. Ferid 1988, 399–404.

IV. Lösung

Sind die tatbestandlichen Voraussetzungen einer Umgehung gegeben (oben II) und ist die „Toleranzschwelle" wertungsmäßig überschritten (d.h. kann sich das Ordnungsinteresse an gleichmäßiger Normanwendung nicht durchsetzen, oben III), dann kommen wir zu dem Ergebnis, daß *der Fall nicht anders entschieden werden darf als ohne die Umgehung*. Hierzu sind zwei Schritte erforderlich: die „ergangene" Norm, deren Voraussetzungen dem Buchstaben nach erfüllt sind, wird *nicht* angewandt, die „umgangene" Norm, deren Tatbestand vermieden werden sollte, soll gleichwohl angewandt werden. Wo deren Ausdehnung mit ihrem Wortlaut noch in Übereinstimmung gebracht werden kann, handelt es sich um **erweiternde Auslegung**. Häufig wird dies freilich nicht möglich sein. Durch Nichtanwendung der ergangenen Norm entsteht dann eine *Lücke*, die durch *Neubildung* einer (Kollisions-)Norm zu schließen ist. Diese muß sich an der umgangenen Norm orientieren, mit anderen Worten, die letztere wird **analog angewandt**. Beide Vorgänge kann man allerdings nicht scharf gegeneinander abgrenzen, man muß es aber auch nicht (vgl. *Schurig* 166–213).

Damit erweist sich die Umgehungsfrage als ein methodisches *Sonderproblem von Analogie und Auslegung*, bei dem subjektive Elemente eine besondere Rolle spielen und bei der Abwägung so den Ausschlag geben können, daß der Abwehrmechanismus ausgelöst wird. Insoweit kann die Gesetzesumgehung die „gewöhnlichen" Grenzen vor allem der Analogie erweitern.

Die Reaktion auf Gesetzesumgehungen im IPR ist somit eine Frage der *internationalprivatrechtlichen* Gerechtigkeit. Die den Kollisionsnormen zugrunde liegenden kollisionsrechtlichen Interessen entscheiden über deren Auslegung oder analoge Ausdehnung. Das „Ansehen der Rechtsordnung" verbietet sachwidrige Entscheidungen, wo diese nicht wenigstens durch ein allgemeines Ordnungsinteresse an gleichmäßiger Normanwendung gestützt werden.

Daß die Lösung im IPR zu suchen ist, hat nichts mit der (theoretischen) Frage zu tun, was „Gegenstand" der Umgehung ist. Zwar verfolgt der Umgeher das *Ziel*, über die Kollisionsnorm die *Sach*normen eines Staates zu umgehen und die des anderen zu ergehen. Stellt man auf seine *Absicht* ab, so ist Gegenstand der Umgehung sowohl die Kollisionsnorm wie auch die Sachnorm (aber nie die Sachnorm *allein* [str.; *Schurig* 243]). Für die Lösung kann man aber immer nur dort ansetzen, wo die Tatbestandserfüllung *sachwidrig* ist, und das ist *nur* bei der Anknüpfungsnorm, nicht bei der Sachnorm der Fall, die von der Art der Anknüpfung gar nicht berührt wird.

In *Deutschland* ist man seit langem großzügig.

Ebenso in *England* und den *USA* (z.B. *Graveson*, L.Q.Rev. 78 [1962], 357–359; *Ehrenzweig*, Conflict of Laws, 1962, 345 a.E.f.; vgl. *Leflar*, American Conflicts Law[3], 1977, 102, 455–457 sowie *Scoles/Hay*, Conflict of Laws[2], 1992, 517–522). Vgl. auch *Schurig*, Fschr. Ferid 1988, 392–397.

Streng allerdings LG Hamburg IPRax 1990, 239 mit Aufsatz von *Lüderitz* 216–219 = NJW-RR 1990, 495 (496 a.E.f.) zu § 5 I HaustürWG: Bestellung von Textilien bei Inselrundfahrt auf Gran Canaria. Dazu unten S. 539.

Die Hauptfälle sind *Heirat* und *Scheidung*: Liebe und Haß beflügeln.

Bei der **Heirat** geht es meist nicht um ihre Form, sondern darum, daß ein *Ehefähigkeitszeugnis* (§ 1309 BGB, bis 1998 § 10 a.F. EheG, davor

§ 1325 II a.F. BGB) nicht zu beschaffen und Befreiung nicht zu erlangen ist; der Vorlagepflicht wird dann häufig durch Heirat im Ausland ausgewichen (unten S. 433).

Mitunter ist der Antrag eines Ausländers auf Befreiung vom Ehefähigkeitszeugnis Teil eines Plans, durch eine „Scheinehe“ eine Aufenthaltserlaubnis in Deutschland zu erreichen. OLG Celle FamRZ 1998, 1108 lehnt einen solchen Antrag wegen Rechtsmißbrauchs ab, OLG Jena StAZ 1998, 177 wegen fehlenden Rechtsschutzbedürfnisses; näher unten S. 688, 692. Umgangen werden hier keine Kollisionsnormen, sondern die Sachnormen des deutschen Ausländerrechts (vgl. *Schurig*, Fschr. Ferid 1988, 399, 419 Fn. 187–189). Seit 1998 kann dem *deutschen* Partner in solchen Fällen die Eheschließung nach §§ 1310 I 2 2. HS mit 1314 II Nr. 5 BGB verweigert werden.

Auch andere *Ehehindernisse* sucht man durch Heirat im Ausland zu umgehen. Es handelt sich aber weitgehend nur um sog. „unechte“ Gesetzesumgehungen, weil nämlich die für das Ehehindernis nach deutschem IPR maßgebende Anknüpfung (vor allem die Staatsangehörigkeit) gar nicht gewechselt wird (darüber unten VII 2) und das so berufene Recht jedenfalls für die *Folgen* maßgeblich bleibt. Geht es wirklich einmal um die *Form*, z.B. weil die Verlobten die Trauung vor dem deutschen Standesbeamten aus religiösen Gründen ablehnen und sich lieber im Ausland nur kirchlich trauen lassen, dann gilt: Die Zulassung der Ortsform (Art. 11 I EGBGB) dient Partei- und Verkehrsinteressen (oben S. 120). Wer am Orte ist, soll sich der Ortsform bedienen dürfen. Soll die Anknüpfung an den Abschlußort so weit formalisiert werden, daß sie auch dann wirkt, wenn der Ort zur Umgehung inländischer Formvorschriften aufgesucht wird? Die Antwort ist: Ja. Die Umgehungsabsicht ist uns hier gleichgültig. Die Form ist eine Äußerlichkeit. Niemand wird in seinen Rechten verletzt. Das Ergebnis ist nicht so grob sachwidrig, daß das Ordnungsinteresse an kontinuierlicher Anwendung des Art. 11 zurücktritt; das „Ansehen der Rechtsordnung“ wird nicht berührt. Mögen die Parteien das Gesetz beim Wort nehmen! Die „Umgehung“ hat Erfolg: Die Ehe ist gültig geschlossen.

Anders kann dagegen zu entscheiden sein, wenn eine Partei die andere zum Geschäftsabschluß ins Ausland lockt, um sie dem Schutz deutscher Formvorschriften zu entziehen.

Ernster liegt es bei der **Scheidung**. Sie ist ein tiefer Eingriff. Die Regeln über sie gehören zu den wichtigsten der Rechtsordnung. In vielen Staaten sind ihnen harte Kämpfe vorausgegangen. Hier ist auch die Rechtsstellung Dritter eher gefährdet, die Toleranzschwelle eher überschritten. Das gilt insbesondere dann, wenn ein Partner zu Lasten des anderen die Anknüpfung manipulieren kann wie unter Art. 17 I a.F. EGBGB, als an das Heimatrecht des *Mannes* angeknüpft wurde. Einseitige Verschiebung der Anknüpfung ist unter Art. 17 I 1 n.F. mit Art. 14 nur noch selten möglich, nämlich dann, wenn der andere Teil die ehemals gemeinsame Staatsangehörigkeit (Art. 14 I Nr. 1) oder den ehemals gemeinsamen gewöhnlichen Aufenthalt (Art. 14 I Nr. 2) schon aufgegeben hat und es nunmehr an dem verbleibenden Teil liegt, dadurch, daß er seinerseits einen Wechsel vornimmt, auf die nächstniedrigere „Anknüpfungssprosse" des Art. 14 I zu gelangen. Manipulationen zu Lasten des anderen Teils sind damit weitgehend ausgeschlossen. Einen *gemeinsamen* Wechsel zur Verbesserung der Scheidungsmöglichkeit – z.B. zur Ermöglichung der einverständlichen Scheidung – kann man eher hinnehmen (eine solche Erleichterung verstößt auch nicht [mehr] gegen unseren *ordre public* [Art. 6]; *Soergel/Schurig*[12] Art. 17 Rz 168 [zu früheren Auffassungen 7. Aufl. S. 353]).

Damit kommt eine Reaktion auf die Umgehung nur in *schweren Fällen* in Betracht, z.B. wenn die Staatsangehörigkeit eines fremden Staates allein zwecks Scheidung „erkauft" wird, ein wohl eher theoretischer Fall. Leichter ist ein Wechsel des gemeinsamen gewöhnlichen Aufenthalts im Falle des Art. 14 Abs. 1 Nr. 2, doch hat der Gesetzgeber diese Möglichkeit offenbar in Kauf genommen (oben S. 422 a. E. f.).

Der *einseitige* Erwerb der deutschen Staatsangehörigkeit kann nach Art. 17 I 2 zur Scheidbarkeit führen; Deutscher zu werden ist jedoch so schwer, daß ein Erwerb *nur* zur Scheidungserleichterung kaum in Frage kommen wird.

Ein schwerer Fall einseitigen Wechsels war der eingangs berichtete Fall der Helene Böhlau, in welchem (1886) der Wohnsitz des Mannes die maßgebende Anknüpfung war. Auch später wurde gelegentlich ein Deutscher Moslem, um sich scheiden zu lassen; solche Scheidungen erkannten wir nicht an (Senator für Rechtspflege Bremen IPRspr. 1974 Nr. 184).

Auch bei der **Adoption** kann das Ergebnis so offenbar sachwidrig sein, daß die Gesetzesumgehung erfolglos bleiben muß.

Beispiele:

Ein reicher Rheinländer konnte sich nicht scheiden lassen und lebte im Konkubinat. Um seiner Geliebten seinen Namen zu verschaffen, ermittelte er in Wien einen Arbeiter seines Namens, der die Geliebte gegen hohes Entgelt adoptierte: in dem Vertrag wurden alle Adoptionswirkungen außer der Namensfolge ausgeschlossen, was bis 1960 nach § 184 ABGB wohl möglich war (streitig). – Fraglich ist in diesem Fall, was überhaupt umgangen ist. Im Spiel waren das deutsche Ehewirkungsstatut, das damals namensrechtliche Wirkungen umfaßte, das Namensstatut, weil es den Beteiligten um eine Namensänderung ging, und das Adoptionsstatut, weil der Erfolg durch eine Adoption vermittelt wurde. Man muß hier danach suchen, welche Kollisionsnorm in Anspruch genommen wurde (Art. 22 a.F. EGBGB betreffend die Adoption) und welche die den berechtigten Interessen zufolge *angemessene* gewesen wäre. Art. 14 a.F. schied aus, denn die Beteiligten wollten zwar mit dem gleichen Namen den *Anschein* eines Ehenamens erwecken, ihn aber nicht wirklich herbeiführen. Was sie wollten, war eine schlichte Namensänderung, für die es damals keine geschriebene Kollisionsnorm gab, die aber nach dem Heimatrecht des Namensträgers zu beurteilen war. Da die für die Anknüpfung der Adoption maßgeblichen Interessen hier überhaupt nicht ins Spiel kamen und wegen der reduzierten Rechtsfolgen auch kein Ordnungsinteresse an Kontinuität der Kollisionsnormanwendung zu beachten war, ist die Umgehung unwirksam: internationales Namensrecht beruft deutsches Recht, und danach ist eine solche Namensänderung nicht möglich (etwas anders mit demselben Ergebnis *Kegel* in 7. Aufl. S. 353: Nichtigkeit nach deutschem Adoptionsrecht). – Im übrigen liegt der Fall hier so, daß möglicherweise eine Adoption unter Beschränkung auf die Namensfolgen auch *ohne* Umgehungsabsicht dem Namensstatut zu unterstellen ist; dann handelt es sich nur um ein Qualifikationsproblem.

Eine Französin will ein brasilianisches Mädchen adoptieren, das ihr französischer Mann anerkannt hat, damit es Französin wird und die brasilianischen Adoptionserfordernisse nicht zum Zuge kommen (es ging freilich nicht um materiellrechtliche Voraussetzungen, sondern um die von Brasilien in Anspruch genommene ausschließliche internationale Zuständigkeit). Die Cour d'appel de Paris läßt die Umgehung nicht wirken (Rev.crit.dr. i. p. 1996, 112 mit Anm. von *Muir Watt*).

Mit Gesetzesumgehungen wäre auch von seiten *juristischer Personen* zu rechnen (Liechtenstein, Delaware in den USA), wenn nicht das für sie im deutschen IPR geltende Anknüpfungsmoment (Sitz der Hauptverwaltung) weitgehend *umgehungsfest* wäre.

Von kaum nachvollziehbarer Toleranz indessen EuGH ZIP 1999, 438 = EWS 1999, 259 LS mit zust. Anm. von *Neye:* Wenn Dänen das Gesellschaftsrecht ihres Heimat- und Wohnsitzstaates zu umgehen suchen, indem sie eine Scheingesellschaft in England gründen, nur um *sämtliche* (!) geschäftlichen Aktivitäten von einer in Dänemark einzutragenden „Zweigniederlassung" aus zu betreiben, dann soll es gegen die „Niederlassungsfreiheit" (Art. 52, 58 EGV) verstoßen, wenn der betroffene Staat dies wegen der Umgehung nicht zulassen will. Der EuGH stellt im Ergebnis auf den in England maßgeblichen *Satzungs*sitz ab, der anders als der tatsächliche Sitz der Hauptverwaltung zur Verhinderung von Umgehungen nicht taugt. S. auch unten S. 504.

Zum Teil sind auch sonst die Anknüpfungsmomente des deutschen IPR für Umgehungen nicht günstig. Insbesondere ist die Staatsangehörigkeit schwerer zu wechseln als Wohnsitz oder gewöhnlicher Aufenthalt, und bei Unwandelbarkeit nützt auch ein Staatswechsel nichts (Art. 15 I EGBGB). Der Hauptgrund für die geringe Bedeutung der Gesetzesumgehung im deutschen IPR liegt aber darin, daß das *deutsche materielle Privatrecht* und vor allem das Scheidungsrecht (abgesehen vielleicht vom Versorgungsausgleich) im wesentlichen den Bedürfnissen genügt. Das würde zwar Umgehungen vom Ausland ins Inland oder von einem ausländischen Staat in einen anderen nicht hindern; doch mit solchen Fällen hat es die Rechtsprechung bei uns selten zu tun. So müssen wir zwar das Ventil beibehalten, Gesetzesumgehungen durch zweckentsprechende Auslegung der Kollisionsnormen oder durch Analogie zu ihnen zu bekämpfen; aber wir brauchen es selten zu öffnen.

Mitunter will man in Deutschland Umgehungsprobleme über den *ordre-public*-Vorbehalt (Art. 6) lösen. Dieser ist indessen dafür ein gänzlich *ungeeignetes* Mittel, unten VII 3.

V. Beachtlichkeit ausländischer Lösungen

Die Behandlung der Gesetzesumgehung durch ein ausländisches IPR ist für uns dann beachtlich, wenn eine *Rück- oder Weiterverweiung* von ihr abhängt. Denn wir haben genau so zu entscheiden wie der ausländische Richter (oben S. 352–355). Beispiel der Fall der Helene Böhlau (oben S. 417): Beachten wir (wie das OLG München) die Gesetzesumgehung nicht und legt ihr auch das türkische IPR (wie in jenem Falle) kein Gewicht bei, so ist türkisches materielles Scheidungsrecht anzuwenden. Hätte dagegen das türkische IPR die Gesetzesumgehung erfolglos gelassen, so hätte sich daraus eine Rückverweisung auf deutsches (damals bayerisches) IPR ergeben.

VI. Verfahrensrecht

Der Fall der Helene Böhlau bildet insofern eine Ausnahme, als hier eine Auslandsscheidung nach internationalem *Privat*recht zu beurteilen war, weil die Scheidung durch einseitiges *Rechtsgeschäft* (Verstoßung) geschah. Gewöhnlich wird jedoch im Ausland wie bei uns durch *Urteil* geschieden und dann ergibt internationales *Zivilprozeß*recht, nämlich § 328 ZPO, ob das Urteil anzuerkennen ist.

Nach **§ 328 I Nr. 1** wird ein ausländisches Urteil nicht anerkannt, wenn das ausländische Gericht „nach den deutschen Gesetzen", d.h. nach deutschem internationalem Zivilprozeßrecht, **nicht international zuständig** war („äußere" internationale Zuständigkeit). Internationale Zuständigkeit für die Scheidung erfordert in der Regel gewöhnlichen Aufenthalt wenigstens des Klägers im Scheidungsstaat (vgl. § 606 a I 1 Nr. 2–4 ZPO). Hat er den gewöhnlichen Aufenthalt im Scheidungsstaat nur genommen, um die Scheidung zu betreiben, so liegt darin eine Gesetzesumgehung durch *Zuständigkeitserschleichung*, und sie *kann* zur Nichtanerkennung des Urteils führen. Wenn z.B. im Fall der Helene Böhlau die Ehe durch türkisches Urteil geschieden worden wäre, so hätte das Urteil nicht anerkannt werden dürfen, weil der Mann die deutsche internationale Zuständigkeit (für die damals noch der Wohnsitz maßgebend war) in schwerer Weise umgangen hatte. Die Rechtsprechung bemüht hier die *ordre-public*-Klausel des § 328 I Nr. 4 (RGZ 121, 24 [30]). Aber die *ordre-public*-Klausel richtet sich gegen ausländisches Recht und in § 328 I Nr. 4 ZPO (auch) gegen die Umsetzung ausländischen Verfahrensrechts vor einem ausländischen Gericht. Wird die für Anerkennung durch *uns* erforderliche (äußere) internationale Zuständigkeit erschlichen, so müssen Auslegung, Analogie und teleologische Reduktion in bezug auf *unsere* Zuständigkeitsregeln entscheiden, ob die Umgehung Erfolg hat oder nicht.

Im *Ergebnis* ist RGZ 121, 24 bereit, Umgehungen der Zuständigkeitsregeln nicht zu beachten, das ergangene Urteil also nicht anzuerkennen. Doch handelte es sich in casu gar nicht um eine Umgehung, so daß die Äußerung nur ein „obiter dictum" ist.

In OLG Frankfurt NJW 1989, 3101 hatte sich die Frau eines philippinischen Ehepaars, die in Saudi-Arabien lebte, zwei Monate in Guam/USA aufgehalten und dort durch Versäumnisurteil scheiden lassen, weil die Philippinen keine Scheidung kennen. Das Gericht verneint gewöhnlichen Aufenthalt in Guam und deswegen internationale Zuständigkeit der dortigen Gerichte. Hätte die Frau in Guam gewöhnlichen Aufenthalt begründet (auf die Anerkennung in den Philippinen kommt es für uns nicht an; vgl. § 606 a I Nr. 4 mit II ZPO), wäre Zuständigkeitserschleichung zu prüfen (aber m.E. abzulehnen, denn der Gesetzgeber hat sich in § 606 a II ZPO bewußt dafür entschieden, die äußere internationale Zuständigkeit [im Gegensatz zur inneren: § 606 a I Nr. 4] allein an den schwachen Kontakt „gewöhnlicher Aufenthalt eines Ehegatten" zu knüpfen).

Lehrreich ist KG JFG 17, 128: *Katholische Österreicher* hatten 1917 in Wien geheiratet und waren dort 1921 von Tisch und Bett getrennt worden. 1931 wurde die Frau Ungarin und der Mann zog nach *Budapest*. Dort wurde 1932 auf Klage der Frau die Ehe geschieden. Die Frau heiratete in Budapest einen anderen Mann. Der (erste) Mann wurde Deutscher und wollte sich in Deutschland wieder verheiraten. Der Standesbeamte verweigerte das Aufgebot. Das KG hielt die internationale Zutändigkeit der Gerichte Ungarns unbedenklich für gegeben (§ 328 I Nr. 1 a.F. ZPO)! Es wollte jedoch wegen Verstoßes gegen den *ordre public* (§ 328 I Nr. 4 a.F. ZPO) das ungarische Urteil nur anerkennen, wenn es in Österreich anerkannt wurde (weil der Mann bei Scheidung Österreicher war). Dies war der Fall und deswegen hielt das KG die Wiederheirat des Mannes für statthaft. Indessen hängt die Anerkennung eines Urteils nicht ab von der Einstellung des Heimatstaates: *wir selbst* entscheiden. Das wäre sogar so gewesen, wenn der Mann Österreicher geblieben wäre: die im Rahmen des Bigamieverbots auftretende Vorfrage nach der Auflösung der ersten Ehe ist *selbständig* anzuknüpfen, und zwar bei einer rechtsgeschäftlichen Scheidung nach deutschem IPR (Art. 17 a.u.n.F. EGBGB), bei einer Urteilsscheidung nach deutschem internationalem Verfahrensrecht (§ 328 a.u.n.F. ZPO). Wie Art. 30 a.F. (jetzt Art. 6 n.F.) EGBGB keine Möglichkeit gibt, ausländisches materielles Privatrecht nicht anzuwenden, weil es nach dem IPR eines ausländischen Staats nicht anzuwenden ist, so gibt § 328 I Nr. 4 a.u.n.F. ZPO keine Möglichkeit, ein ausländisches Urteil deswegen nicht anzuerkennen, weil es nach dem internationalen Verfahrensrecht eines ausländischen Staats nicht anzuerkennen ist. Die Einstellung eines ausländischen Staats zu dem Urteil eines anderen ausländischen Staats hat nur dann für uns Bedeutung, wenn der erste, nicht aber der zweite Staat nach unserem internationalen Verfahrensrecht *international zuständig* war: dann kann (zweifelhaft) der zweite Staat kraft einer Zuständigkeitsweiterverweisung international zuständig geworden sein (vgl. unten S. 488f., 704; *Griswold*, Harv.L.Rev. 65 [1951/52], 223–226; ein gesetzlich geregelter Fall für die *äußere* internationale Zuständigkeit findet sich in § 606a II 2. Alternative ZPO).

Beachtlich auch RG DR (JW) 1941, 946 mit Anm. von *Lauterbach*, vom RG nach *österreichischem* internationalem Privat- und Prozeßrecht entschieden: Ein von der Stadt *Brünn* angestellter Arzt war 1911 von Tisch und Bett getrennt worden (Katholikenehen waren damals unscheidbar). Er und seine Braut wurden durch Adoption Ungarn; die getrennte Ehefrau blieb Österreicherin. Im August 1911 wurde die Ehe in Ungarn geschieden und im September heiratete der Arzt dort die Braut. Schon im Januar 1911 hatte der Stadtrat von Brünn beschlossen, im Fall einer Wiederheirat des Arztes solle die erste Frau die Witwenpension erhalten, solange sie allein darauf Anspruch habe. Außerdem erkannten die neuen Ehegatten im Oktober 1912 vor dem Stadtrat an, daß die zweite Frau bei Lebzeiten der ersten keinen Pensionsanspruch habe. Der Mann lebte mit der zweiten Frau als Stadtphysikus in Brünn und starb 1937. Die Stadt verweigerte beiden Frauen die Pension. Daraufhin klagte die erste gegen die zweite auf Feststellung, daß sie die alleinige Witwe des Arztes sei. Das RG erklärte beide Frauen für Witwen.

Ähnlich ging es bei Lebzeiten *John Astor*. Er hatte sich von seiner Frau Gertrude, von der er getrennt lebte, mit Hilfe einer Zuständigkeitserschleichung in Mexiko (!) scheiden lassen und Dolores („Dolly") Fullman geheiratet. Die neue Ehe zerbrach schon auf der Hochzeitsreise an Astors Unleidlichkeit (die u.a. darauf zurückgeführt wurde, daß seine Mutter während der Schwangerschaft nach dem Titanic-Untergang lange in einem teilweise vollgelaufenen Rettungsboot in den eisigen Fluten des Nord-Atlantik getrieben war). Gertrude erstritt in New York ein Urteil auf Trennung; das mexikanische Scheidungsurteil wurde nicht anerkannt. Dolly erstritt in Florida ein Urteil auf Trennung und Unterhalt. Darauf verklagte Astor Gertrude und Dolly in New York, welche von beiden seine Frau sei (eine bigamische Ehe ist in England und USA Nichtehe). Das Gericht wies die Klage ab. Astor habe kein Interesse an alsbaldiger Feststellung dargetan. Da es in den Gründen das Florida-Urteil anerkannte, blieb Astor beiden Frauen unterhaltspflichtig. *Astor v. Astor*, 160 N.Y.S.2d 103 (1957), 161 N.Y.S.2d 443 (1957), 162 N.Y.S.2d. 87 (1957), 165 N.Y.S.2d 767 (1957); siehe auch *Astor v. Astor* 107 So.2d 201 (Fla. 1958) und *Nizer*, My Life in Court, New York

1961, 222ff. (228–230). Nachspiel *Time*, Atlantic Edition, 23. 2. 1968: „*Divorced. John Jacob Astor III, 56, portly playboy and great-great-grandson of the tycoon, by Dolores („Dolly") Fullman Astor, 39, his third wife, after 13 ¼ years of marriage (13 ¼ years of separation); on uncontested grounds of extreme cruelty; in Miami.*"

Außer bei der Scheidung sind Zuständigkeitserschleichungen häufig beim *Sorgerecht* nach der Scheidung (vgl. Art. 1, 2 des Haager Minderjährigenschutzabkommens vom 5. 10. 1961; §§ 43, 35b FGG): oft entführt ein Elternteil ein Kind aus dem Lande des anderen Elternteils in seine eigene Heimat, um deren Gerichte zuständig zu machen und (da die Gerichte meist die Kinder im eigenen Land am besten aufgehoben glauben) das Sorgerecht zu erhalten. Das sind (menschlich begreifliche, aber) *schwere* Verstöße gegen die Wertungen der Zuständigkeitsordnung, und sie sollten die bestehende internationale Zuständigkeit nicht aufheben (streitig; Rechtsprechungsnachweise *Soergel/Kegel*[12] vor Art. 19 Rz. 16 und Art. 19 Rz. 98). Den nötigen Rechtsschutz im neuen Staat sichert die Fürsorgebedürfnis-Zuständigkeit (unten S. 797). Abhilfe schaffen wollen das *Europäische Übereinkommen über die Anerkennung und Vollstreckung von Entscheidungen über das Sorgerecht für Kinder und die Wiederherstellung des Sorgeverhältnisses* vom 20. 5. 1980 und das *Haager Übereinkommen über die zivilrechtlichen Aspekte internationaler Kindesentführung* vom 25. 10. 1980 (dazu oben S. 205, unten S. 806–812).

Beispiel: Infolge der Suez-Krise fliehen 1957 jüdische Eheleute, beide staatenlos, mit ihrem einjährigen Sohn aus Ägypten nach England. 1962 trennen sie sich mit der Abrede, daß der Sohn bei der Mutter bleibt, aber zum Wochenende den Vater besucht. Bei solch einem Besuch entführt der Vater den Sohn nach Israel und bleibt mit ihm dort. Die Mutter ruft die englischen Gerichte an. Der Court of Appeal nimmt Fortbestand der englischen Aufenthaltszuständigkeit an. Lord *Denning*, M.R. sagt hierzu in *Re P. (G.E.) (An Infant)* [1965] 2 W.L.R. 1 (10): „*As for the child, he clearly had a call on the protection of the Crown by reason of having his mother here and his home here ... it would be a strange thing if he could be deprived of the protection of the Crown by being kidnapped and taken out of the realm, without being able to say „aye" or „nay" to it.*" Dazu *Webb*, Int.Comp.L.Q. 14 (1965), 663–674; *Geddes*, Int.Comp.L.Q. 21 (1972), 774–781. Näheres zum „Gerichtsstand der Kindesentführung" *Schröder*, BerGesVR 10 (1971), 146–151; *Siehr*, FamRZ 1976, 255–257; *Christian*, DAVorm. 1983, 417–440; *Siehr*, IPRax 1984, 309–312 und 1989, 373f. Vgl. auch oben S. 408f., unten S. 806–812 sowie Schrifttum unten S. 789.

Der *Gerichtsstand des Vermögens* (§ 23 ZPO) lockt zum Erschleichen internationaler Zuständigkeit deutscher Gerichte. Doch läßt ihn BGHZ 115, 90 nur noch bei hinreichendem Inlandsbezug gelten (unten S. 898). Dadurch werden auch Schleichwege gesperrt.

So genügt es nach OLG Düsseldorf RIW 1996, 598 (601 unter 2) nicht, deutsche internationale Zuständigkeit zu schaffen, wenn ein türkisches Unternehmen einem Inländer (Kläger) seine Forderung gegen eine irakische Bank (Beklagte) abtritt, mag diese auch ein Düsseldorfer Bankkonto unterhalten.

Im *Vollstreckungs*verfahren nach § 722 ZPO ist ein besonderer Inlandsbezug unnötig (BGH JZ 1997, 362 mit Anm. von *Schlosser* = NJW

1997, 325 = RIW 1997, 238 mit Anm. von *Munz* = EWiR § 23 ZPO 1/97 LS mit Anm. von *Walker* = WM 1996, 2351 [2352f. unter II 3]); hier kommt Zuständigkeitserschleichung nicht in Betracht.

Auch im **interlokalen** Bereich kommen Zuständigkeitserschleichungen vor.

Bis 1986 war nach § 328 I **Nr. 3** a.F. ZPO ein ausländisches Urteil bei bestimmten **Verstößen gegen das deutsche IPR** nicht anzuerkennen, nämlich wenn es „zum Nachteil einer deutschen Partei" von bestimmten Regeln des deutschen internationalen Personen- und Familienrechts, darunter Art. 17 a.F. EGBGB, abwich. Grundsätzlich wurde früher und stets wird heute die rechtliche Richtigkeit eines ausländischen Urteils nicht nachgeprüft (wie auch das inländische Urteil Rechtsmängel deckt): wir haben keine *„révision au fond"*; anders früher die Franzosen, die freilich in Statussachen auch nicht mehr prüften und prüfen als wir. Soweit aber § 328 I Nr. 3 a.F. ZPO Ausnahmen zuließ, wurde auch die internationalprivatrechtliche Gesetzesumgehung bedeutsam. Wäre z.B. im Fall der Helene Böhlau die Ehe durch türkisches Urteil geschieden worden, so hätte dem Urteil nicht nur wegen Umgehung der deutschen Norm über die internationale Zuständigkeit (Nr. 1), sondern auch wegen Umgehung der Scheidungskollisionsnorm des deutschen IPR (damals des bayerischen IPR) die Anerkennung versagt werden müssen.

Mit der **ordre-public**-Klausel des § 328 I **Nr. 4** ZPO kann man (entgegen der Rechtsprechung) eine Gesetzesumgehung *nicht* bekämpfen, so wenig wie im IPR mit Art. 6 EGBGB (vgl. schon oben S. 427, unten VII 3). Nr. 4 greift ein, wenn entweder das *Verfahren* des Gerichts oder das *materiell*rechtliche Ergebnis in untragbarer Weise unsere Gerechtigkeitsvorstellungen verletzt. Verstöße gegen das deutsche *internationale* Privatrecht und damit gegebenenfalls gegen seine Umgehungsregeln dürften heute allgemein unbeachtlich sein. Die Zuständigkeitsumgehung fällt schon unter Nr. 1.

Auch inländische **Rechtshängigkeit** oder **Rechtskraft** können umgangen werden, indem im Ausland prozessiert wird. Dem beugt seit 1986 das Gesetz in § 328 I Nr. 3 ZPO vor: Hiernach ist ein ausländisches Urteil nicht anzuerkennen, „wenn das Urteil mit einem hier erlassenen oder einem anzuerkennenden früheren ausländischen Urteil oder wenn das ihm zugrunde liegende Verfahren mit einem früher hier rechtshängig gewordenen Verfahren unvereinbar ist". Die frühere (oder spätere) inländische Entscheidung geht also jedenfalls der ausländischen vor (näher unten S. 908–910): was vorher Gesetzesumgehung war, ist jetzt unechte Gesetzesumgehung (unten VII 2).

Vor dieser Regelung hatte in dem interlokalen Fall OLG Stuttgart FamRZ 1963, 444 ein Mann, der seine Frau in der DDR verlassen hatte, in der Bundesrepublik erfolglos auf Scheidung geklagt. Danach hatte er ohne Vorbringen neuer Tatsachen ein Scheidungsurteil in der DDR erstritten. Die östliche (interlokale) Zuständigkeit hatte er nicht erschlichen (vgl. §§ 606 I a.F., 606a I 1 Nr. 2–4 n.F. ZPO). Aber mit ihrer Ausnutzung hatte er die Rechtskraft des westlichen Urteils umgangen. Zwar gab es, soweit nur die Umgehung in Betracht kommt (und nicht auch Kenntnis des angerufenen Gerichts von ihr) keinen Verstoß gegen § 328 I Nr. 4 a.F. ZPO, da das Gericht korrekt gehandelt hatte. Aber die Umgehung von Rechtskraft oder Rechtshängigkeit war für sich allein in schweren Fällen ein Grund, nicht anzuerkennen. Vgl. auch oben S. 137 zum Verhältnis von § 328 I Nr. 3 und 4 a.F. ZPO.

VII. Nachbarfälle

1. Simulation

Bei der Gesetzesumgehung wird der Tatbestand des ergangenen Rechtssatzes *verwirklicht.* Wird er bloß *vorgetäuscht,* dann haben wir einen Fall von Simulation. Demgemäß wird bei einer Simulation im IPR und im internationalen Verfahrensrecht nur der **Schein** eines Anknüpfungsmoments geschaffen. Ein nur scheinbares Anknüpfungsmoment ist **unbeachtlich.**

Die Simulation ist mithin nicht ein Problem der richtigen Rechtsanwendung und -findung, sondern ein Problem der *richtigen Sachverhaltsfeststellung* (näher *Schurig* 241 f. und Fschr. Ferid 1988, 404–406).

Ein *Beispiel* aus dem *internationalen Zivilprozeßrecht*: Der Intendant Max Reinhardt, ein Tschechoslowake mit Wohnsitz in Berlin, kam am 7. 2. 1931 in Riga an und vereinbarte am selben Tage mit dem Deutschen Theaterverein die Inszenierung einiger Aufführungen in den Jahren 1931–1933. Mit der Direktion der Lettländischen National-Oper schloß er einen Vertrag über die Inszenierung der „Fledermaus" während der Saison 1930/31. Am 8. Februar mietete er in Riga eine Wohnung. Er ließ seinen Hausrat aus Berlin kommen. Außerdem mietete er eine Wohnung in Bullen bei Riga und verbrachte dort den Sommer 1931. Allerdings war er meist auf Reisen nach Berlin, Stockholm und anderen Orten. Von Mitte Februar bis Ende Oktober hielt er sich insgesamt nur 55 Tage in Lettland auf. Vom Innenministerium erwirkte er eine Aufenthaltsgenehmigung für ein Jahr. Eine Woche nach seiner Ankunft in Riga klagte er dort gegen seine Frau auf Scheidung. Der Lettländische Senat JW 1932, 3844 (mit Anm. von *Frankenstein*) verneinte (zu Unrecht) eine Simulation des lettischen Wohnsitzes bei Klageerhebung und schied die Ehe nach lettischem Recht wegen dreijähriger Trennung; die „Motive" der Wohnsitznahme (also Gesetzesumgehung!) hielt er für gleichgültig. Würde ein derartiges Urteil heute in einem fremden Staate gefällt, so wäre es nicht anzuerkennen wegen § 328 I Nr. 1 ZPO, weil der gewöhnliche Aufenthalt im Entscheidungsstaat simuliert war, hilfsweise weil er zur Gesetzesumgehung begründet war (hier nach den Umständen ein schwerer Fall!). Dagegen würde § 328 I Nr. 4 n.F. ZPO die Anerkennung nicht hindern (vgl. dazu KG JW 1937, 1977 und RGZ 157, 136, beide betr. Lettland, und zu RGZ 157, 136 *Schröder*, Fschr. Kegel 1987, 529, 535–543). – Einen ähnlichen Fall aus dem *interlokalen* Zivilprozeßrecht betrifft BGH FamRZ 1959, 207.

Ein Beispiel aus dem *materiellen Recht* (Verwaltungsrecht): OVG Münster MDR 1958, 630: Eine Frau, die an ihrem Wohnort mehrmals durch die Fahrprüfung gefallen war, meldete sich vorübergehend anderwärts an und bestand dort; die Fahrerlaubnis wurde ihr wegen Umgehung (besser: Simulation) von § 68 II 1 StVZO entzogen. Dagegen *echte* Gesetzesumgehung in OLG Stuttgart DAR 1967, 143: Entzug der Fahrerlaubnis in Deutschland, daraufhin Wohnsitznahme und Erwerb einer Fahrerlaubnis in der Schweiz, Besuchsfahrt in Deutschland, vom OLG für rechtmäßig erklärt (Strafrechtsfall).

Werden mit einer Simulation vom Gesetz Rechtswirkungen verbunden, so entsteht ein *Umgehungs*problem; so aus der Sicht des US-Staates Nevada, wo ein simuliertes *domicile* von Rechts wegen als solches anerkannt wird. Vgl. dazu den französischen Fall Cass. D.S.I.R. 1978, 99: Überläßt man die Beurteilung der internationalen Zuständigkeit dem Urteilsstaat Nevada, so stellt sich auch aus französischer Sicht ein Umgehungsproblem.

Über einen Fall, in dem nicht eine Verknüpfung zu einem Staat, sondern gleich der ganze Staat simuliert wird („Melchizedek"), *Michaels* ZEuP 1999, 197 f.

2. Unechte Gesetzesumgehung

Wenn zur Gesetzesumgehung ein **Anknüpfungsmoment** nicht des deutschen, sondern **eines ausländischen internationalen Privat- oder Verfahrensrechts** verwirklicht wird, spricht man von *unechter* Gesetzesumgehung. Sie ist für das deutsche Recht an sich unbeachtlich – ein Fall des „Handelns unter falschem Recht" (oben S. 63f.) –, kann aber zu „hinkenden Rechtsverhältnissen" und zum Schein eines bestehenden Rechtsverhältnisses in Deutschland führen.

Unechte Gesetzesumgehung begegnet oft bei der **Heirat**: man kann in Deutschland nicht heiraten, weil das nach deutschem Recht maßgebende Recht ein Ehehindernis aufstellt; daher heiratet man im Ausland, weil das vom ausländischen IPR berufene Recht das Ehehindernis nicht kennt. Nach deutschem Recht war bzw. ist die Ehe zwar bei trennenden Ehehindernissen früher nichtig, jetzt aufhebbar (§ 1314 n.F. BGB), jedenfalls aber gültig bis zur Nichtigerklärung bzw. Aufhebung, und wo kein Kläger, da kein Richter. Bei *aufschiebenden* Ehehindernissen führt der Weg unmittelbar zum Erfolg; dann haben wir es eher mit einer *echten* Gesetzesumgehung zu tun.

Beispiele: Deutsche werden in Düsseldorf geschieden wegen *Ehebruchs* des Mannes. Der Mann will die Ehebruchspartnerin heiraten und beantragt die Befreiung vom damaligen Hindernis des Ehebruchs nach § 1312 II a.F. BGB (später § 6 II EheG, dann aufgehoben durch Art. 3 Nr. 3 des 1. EheRG). Noch vor Entscheidung über den Antrag heiratete er sie in Holborn (*England*). Nach englischem Recht hindert Ehebruch die Heirat nicht (wie später auch nach deutschem Recht). Befreiung wurde auch nachträglich nicht bewilligt. RG JW 1935, 1403 erklärte (auf Klage des Oberstaatsanwalts) die Ehe für nichtig, da nach Art. 13 I a.F. EGBGB deutsches Recht anzuwenden war und der damalige § 1328 BGB die Nichtigkeit ergab.

Ein Italiener und eine *minderjährige* Italienerin heirateten in *Ciudad Juarez*, Staat Chihuahua, *Mexiko*; beide gaben ihre Erklärung nur durch Boten ab („Handschuhehe", unten S. 696). Die Folgen der Minderjährigkeit unterliegen italienischem Recht (Trib. Velletri Foro It. 1970, I, 319 [330] mit Anm. von *Novella*). Deutsche und andere Minderjährige heirateten oft gegen den Willen der Eltern in *Schottland*, meist in *Gretna*. Die Folgen unterlagen aus unserer Sicht dem Heimatrecht (die Ehe der deutschen Minderjährigen war nach § 30 I a.F. EheG aufhebbar). Der *Marriage (Scotland) Act 1977* hat dem einen Riegel vorgeschoben: grundsätzlich fordert man jetzt ein *Ehefähigkeitszeugnis* des Wohnsitzstaats (Art. 3 Abs. 1c und Abs. 5).

Als *echte* Gesetzesumgehung kann man es dagegen wohl ansehen, wenn dem in Deutschland verlangten *Ehefähigkeitszeugnis* ausgewichen wird. So heirateten nach dem ersten Weltkrieg viele nach Deutschland eingewanderte polnische Juden vor Rabbinern in der *Tschechoslowakei*, vor allem in *Bodenbach*. Sie wollten das nach § 1325 II a.F. BGB (später § 10 EheG, seit 1996 § 1309 BGB) nötige polnische Ehefähigkeitszeugnis umgehen, z.B. weil die Männer sich in Polen der Wehrpflicht entzogen hatten. Die Frage nach einer beachtlichen Gesetzesumgehung wurde nur einmal gestellt und verneint (KG JW 1938, 1242). Sie ist erneut aufgetreten bei den Spanierheiraten in *Dänemark*, z.B. in *Tondern*, weil die Spanier in Deutschland nach Ansicht des BGH vom Ehefähigkeitszeugnis nicht befreit werden durften, wenn ein Partner geschieden war. In Wirklichkeit war diese Umgehung, was das Ehefähigkeitszeugnis betraf, für die Folgen der Ehe unschädlich, weil dessen Fehlen (oder die Nichtbefreiung von ihm) nur ein *aufschiebendes* Ehehindernis bildet (z.B. AG Hamburg MDR 1967, 215). Soweit die Beteiligten dem spanischen Eheverbot der Doppelehe ausweichen wollten, das der BGH trotz vorhergehender Scheidung in Deutschland für anwendbar hielt, hätte es sich um eine unechte Gesetzesumgehung gehandelt, wenn der BGH recht gehabt hätte.

Der Zuständigkeitserschleichung als echter Gesetzesumgehung (oben VI) entspricht als unechte Gesetzesumgehung diejenige Variante des *forum shopping*, in der in einem Land geklagt wird, dessen Gerichte nach dem eigenen, nicht aber nach unserem Recht international zuständig sind. Zum Beispiel: ein bei uns lebender Gläubiger klagt gegen den bei uns lebenden Schuldner nicht bei uns (§ 13 ZPO), sondern in New York, wo er die Klageschrift dem Schuldner persönlich zustellen läßt (vgl. für England Art. 3 II EuGVÜ: Zuständigkeitsbegründung *nur* durch Zustellung gilt auch im Rahmen des Abkommens nicht).

Um etwas anderes als echte oder unechte Umgehung geht es, wenn jemand z. B. die lex-causae-Form *in einem anderen Land* erfüllt (weil es dort vielleicht für ein solches Geschäft, das in dieser Form unbekannt ist, keine Ortsform gibt oder weil die dortige Ortsform aus einem anderen Grunde unerwünscht ist), etwa um bei einer erforderlichen notariellen Beurkundung Kosten zu sparen. Hier handelt es sich primär um eine Auslegung der internen Sachnormen hinsichtlich ihrer Anwendbarkeit auf einen *Auslandssachverhalt*, also um *Substitution* (oben S. 64 f.): Kann die Beurkundung durch einen ausländischen Notar überhaupt das Formerfordernis erfüllen, und wenn, welchen Merkmalen muß das ausländische „Notariat" entsprechen? Insoweit ist keine kollisionsrechtliche Umgehung im Spiel; „umgangen" wird allenfalls die Anwendung des deutschen Gebührenrechts.

3. Ordre public

Unscharf erscheint oft die Abgrenzung zum *ordre public*. Die Schwierigkeiten rühren daher, daß sich die beiden Problemkreise *überlagern* können. So kann gerade durch die „Gesetzesumgehung" eine Sachnorm zur Anwendung gekommen sein, deren Inhalt unseren materiellrechtlichen Grundvorstellungen in starkem Maße zuwiderläuft, und die Tatsache, daß bis auf die fragwürdige – weil durch Umgehung erlangte – Anknüpfung alle Beziehungen zum deutschen Recht weisen, kann die für das Eingreifen des ordre public erforderliche Inlandsbezogenheit (unten S. 463 f.) enthalten. So dürften im Fall der Helene Böhlau (oben S. 417) sowohl *ordre-public-* wie auch Umgehungsgrundsätze anzuwenden sein. Dennoch muß **beides voneinander getrennt** werden: Beim *ordre public* ist Grund der Nichtanwendung der „eigentlich" berufenen Normen letztlich die Diskrepanz im materiellen Gerechtigkeitsgehalt zwischen dem berufenen Recht und unserem, bei der *Umgehung* die besondere, sachwidrige, „arglistige", „ungewöhnliche" Verwirklichung der Anknüpfung selbst. Weil die *internationalprivatrechtliche* Gerechtigkeit verfehlt wird, ist eine Korrektur nötig.

Daß der *ordre public* für die Lösung der Umgehungsproblematik nicht taugt, zeigt sich auch daran: man kann mit ihm Umgehungen vom Ausland ins Inland überhaupt nicht und Umgehungen von einem ausländischen Staat in einen anderen nicht zwanglos erfassen.

Dennoch hat man in Deutschland (anders als in Frankreich) oft und früher wohl sogar überwiegend im *ordre public* (Art. 30 a. F., 6 n. F. EGBGB) das richtige Mittel gesehen, Gesetzesumgehungen zu bekämpfen; so z. B. KG JW 1938, 1242 in einem Heirats-Fall (oben S. 429); ebenso LG Hamburg StAZ 1955, 61 bei folgendem Sachverhalt: Deutsche hatten einander in Mexiko durch Boten geheiratet („Handschuhehe", unten S. 696); der Mann befand sich am „Hochzeitstag" in Argentinien, die Frau an Bord eines skandinavischen Flugzeugs auf der Reise nach Argentinien. Das LG nimmt eine Umgehung der §§ 17, 13 a. F. EheG an (richtig wäre gewesen: des Art. 11 I 2 a. F. EGBGB) und läßt die Umgehung wegen Verstoßes gegen Art. 30 a. F. EGBGB erfolglos.

§ 15. Anwendung ausländischen Rechts

Schrifttum: Älteres Schrifttum 6. Aufl. S. 313. Hervorzuheben: *Vito,* Contributo in materia di conoscenza della legge straniera, Florenz 1961 (besprochen von *Aguilar Navarro* Rev.esp.der.int. 1963, 728–730); *Zajtay,* Zur Stellung des ausländischen Rechts im französischen IPR, 1963; *Knittel,* Geltendes und nicht geltendes Auslandsrecht im IPR, 1963; *Yasseen,* Problèmes relatifs à l'Application du Droit étranger, Rec. 1962 II (erschienen 1964), 499–596; *Kegel,* Zur Organisation der Ermittlung ausländischen Privatrechts, Fschr. Nipperdey 1965, I 453–470; Die Anwendung ausländischen Rechts im IPR, Festveranstaltung und Kolloquium anläßlich des 40jährigen Bestehens des Max-Planck-Instituts für ausländisches und internationales Privatrecht, 1968; *Jessurun d'Oliveira,* De Antikiesregel, Deventer 1971; *Zajtay,* The Application of Foreign Law, IECL III/14, 1972, 1–45; *Ferid,* Überlegungen, wie der Misere bei der Behandlung von Auslandsrechtsfällen in der deutschen Rechtspraxis abgeholfen werden kann, Fschr. Oskar Möhring 1973, 1–25 (S. 3–23 wieder abgedruckt in *Ansay/Gessner* [Hrsg.], Gastarbeiter in Gesellschaft und Recht, 1974, 144–158); *Schnyder,* Die Anwendung des zuständigen fremden Sachrechts im IPR, Zürich 1981; *Keller/Siehr,* 494–506. Ferner: Les problèmes actuels posés par l'application des lois étrangères, Actes du colloque austro-franco-germano-suisse de droit international privé comparé des 22 et 23 mai 1986, Annales de la faculté de droit, des sciences politiques et de gestion et du département des recherches non technologiques de l'université Robert Schuman de Strasbourg 34, Paris 1988 (bespr. von *Y. L. [Yvon Loussouarn]* Rev. crit. dr. i. p. 1989, 440f.); *Parra-Aranguren,* Rec. 1988 III (erschienen 1989), 71–85; *Trinidad García,* Reflexiones en torno a la aplicación del derecho extranjero, Rev. der. priv. 1989, 211–220; *Krause,* Ausländisches Recht und deutscher Zivilprozeß, 1990; *Krings,* L'interprétation de la loi étrangère par le juge du for et le contrôle de cette interprétation par la Cour de Cassation – Quelques brèves considérations, Fschr. Baumgärtel 1990, 267–280; *Theiss,* Die Behandlung fremden Rechts im deutschen und italienischen Zivilprozeß, 1990; *Hantel,* Anwendung ausländischen Rechts vor französischen Gerichten, RabelsZ 55 (1991), 143–151; *Mayer,* Le juge et la loi étrangère. Points de similitude du droit français avec le droit suisse, SZIER 1991, 481–499; *Rubino-Sammartano,* Il giudice nazionale di fronte alla legge straniera, Riv.dir.int.priv.proc. 1991, 315–344; *Sommerlad/Schrey,* Die Ermittlung ausländischen Rechts im Zivilprozeß und die Folgen der Nichtermittlung, NJW 1991, 1377–1383; *Gruber,* Die Anwendung ausländischen Rechts durch deutsche Gerichte, ZRP 1992, 6–8; *Schütze,* Feststellung und Revisibilität europäischen Rechts im deutschen Zivilprozeß, in: *Grunsky* u. a. (Hrsg.), Wege zu einem europäischen Zivilprozeßrecht, 1992, 93–100; *Matsumoto,* Einige prozessuale Probleme bei der Anwendung ausländischen Rechts im japanischen Zivilprozeß, in: Recht in Japan 1993, 27–39; *Meyer,* Die Anwendung deutschen Rechts im spanischen Zivilprozeß, IPRax 1993, 340–342; *Ferrand,* Die Behandlung ausländischen Rechts durch die französische Cour de Cassation, ZEuP 1994, 126–137; *Garcimartín Alférez,* Sobre la norma de conflicto y su aplicación judicial, Madrid 1994; *Hohloch,* Auskunftsansprüche im Spannungsfeld zwischen anwendbarem Recht und Verfahrensrecht, Fschr. Kokkini-Iatridou, Dordrecht 1994, 213–231; *Otto,* Die Schwierigkeit der Anwendung ausländischen Rechts – Besonderheiten des italienischen und französischen Kindschaftsrechts, StAZ 1994, 178–186; *Fauvarque-Cosson,* Libre disponibilité des droits et conflits de lois, Paris 1996 (bespr. von *Gaudemet-Tallon,* Rev.crit.dr.i.p. 1997, 381–386; *Legier,* JDI [Clunet] 1997, 678–680; *Ancel,* Rev.int.dr.comp. 1998, 266–269); *Fernández Rozas,* La aplicación del derecho extranjero por los notarios, Anales de la Academia Matritense del Notariado, 35 (1996), 171–210 (nz); *Hartley,* Pleading and Proof of Foreign Law: The Major European Legal Systems Compared, Int.Comp. L. Q. 45 (1996), 271–292; *Mogliorino,* La conoscenza del diritto straniero applicabile nel nuovo sistema italiano di diritto internazionale privato, Studium iuris 1996, 271–275; *Nordin,* Umfang der kollisionsrechtlichen Verweisung. Insbesondere: Art. 13 IPRG, Anwendung fremden

Rechts, einschließlich fremder Teilrechtsordnungen und fremden Wirtschafts- und Staatsvertragsrechts, St. Gallen 1996; *Ost*, EVÜ und *fact doctrine*. Konflikte zwischen europäischer IPR-Vereinheitlichung und der Stellung ausländischen Rechts im angelsächsischen Zivilprozeß, 1996; *Carbone*, Il valore e gli effetti del diritto straniero nell'ordinamento italiano, Fschr. Broggini, Mailand 1997, 83–100; *Jagmetti*, Zur Anwendung des ausländischen Rechts von Amtes wegen – ein „tour d'horizon", Fschr. von Castelberg, Zürich 1997, 95–134; *Markesinis*, Foreign law and foreign ideas in the English courts. The contemporary English contribution to the use of foreign law and comparative methodology, Rev.hell.dr.int. 1997, 365–381; *Fentiman*, Foreign Law in English Courts. Pleading, Proof and Choice of Law, Oxford 1998; *Kindl*, Ausländisches Recht vor deutschen Gerichten, ZZP 111 (1998), 177–203.

I. Pflicht zur kollisionsrechtlichen Entscheidung

Schrifttum: *Melchior*, Grundlagen 425–428; *Hoffmeyer*, Kann dahingestellt bleiben, welches Recht anzuwenden ist?, JZ 1957, 467f.; *Steindorff*, Das Offenlassen der Rechtswahl im IPR und die Nachprüfung ausländischen Rechts durch das Revisionsgericht, JZ 1963, 200–205; *Gentinetta*, Das Schweizerische Bundesgericht und die Überprüfung der Anwendung ausländischen Rechts, Freiburg/Schweiz 1964, 11–28; *Flessner*, Fakultatives Kollisionsrecht, RabelsZ 34 (1970), 547–584; *Bolka*, Zum Parteieinfluß auf die richterliche Anwendung des IPR, ZfRV 1972, 241–256; *Behn*, Das „Offenlassen der Rechtswahl", ZfRV 1978, 241–266; *Lalive*, Rec. 1977 II (erschienen 1979), 154–184; *Spiro*, Must foreign law be applied?, CILSA 12 (1979), 319–325; *Sturm*, Fakultatives Kollisionsrecht: Notwendigkeit und Grenzen, Fschr. Zweigert 1981, 329–351; *Andrioli*, Sull'applicazione giudiziale del diritto straniero, Foro It. 1981 V, 225f.; *Lequette*, L'abandon de la jurisprudence *Bisbal* (à propos des arrêts de la Première chambre civile de 11 et 18 octobre 1988), Rev.crit.dr.i.p. 1989, 277–339; *Roth*, Fehlende Erkennbarkeit der angewandten Rechtsordnung als absoluter Revisionsgrund gemäß § 551 Nr. 7 ZPO, IPRax 1989, 213–215; *Bureau*, L'application d'office de la loi étrangère, Essai de synthèse, JDI (Clunet) 1990, 317–364; *Flessner*, Interessenjurisprudenz im internationalen Privatrecht, 1990, insbes. 97–147 (bespr. von *Schurig*, RabelsZ 59 [1995], 229–244, insbes. 240–244); *Herzfelder*, Die Prüfungspflicht der französischen staatlichen Gerichte hinsichtlich kollisionsrechtlicher Fragen, Zur neuen Rechtsprechung des französischen Kassationshofs, RIW 1990, 354–358; *Ponsard*, L'office du juge et l'application du droit étranger, Rev.crit.dr.i.p. 1990, 607–619; *Ancel*, La connaissance de la loi étrangère applicable, in: Droit international et droit communautaire, Paris 1991, 87–95; *Boschiero*, Norme di diritto internazionale privato „facoltative", Riv.dir.int.priv.proc. 1993, 541–588; *Koerner*, Fakultatives Kollisionsrecht in Frankreich und Deutschland, 1995; *Reichert-Facilides*, Fakultatives und zwingendes Kollisionsrecht, 1995 (bespr. von *Einsele*, RabelsZ 60 [1996], 509–516; *Sánchez Lorenzo*, Rev.esp.der.int. 1996, Nr. 1, 526–531); *Mäsch*, Eine Lehrstunde aus Karlsruhe zum Internationalen Privatrecht, NJW 1996, 1453–1455; *Mostermans*, De processuele behandeling van het conflictenrecht, Deventer 1996; *Aden*, Kollisionsrechtliche Wahlfeststellung, DWiR 1997, 81–83; *Wagner*, Fakultatives Kollisionsrecht und prozessuale Parteiautonomie, ZEuP 1999, 6–46.

Folge der Anknüpfung ist: man muß bald *deutsches*, bald *ausländisches* Recht anwenden. Der Fall, daß eindeutig deutsches Recht berufen ist, wirft keine weiteren Probleme auf.

Jedoch könnte deutsches Recht auch *neben* einem oder mehr als einem ausländischen Recht zu prüfen sein, dann nämlich, wenn *offen* bleiben dürfte, welches konkret anzuwenden ist, weil jedes von ihnen zum selben Ergebnis führt. Dieselbe Lage könnte zwischen zwei oder mehr ausländischen Rechten eintreten.

Daher fragt sich: Muß die internationalprivatrechtliche Entscheidung stets bis zum letzten, nämlich bis zur Anwendbarkeit eines *individuellen* Rechts, durchgeführt werden (z.B. „es gilt deutsches Recht"; „es gilt französisches Recht")? Oder darf man die internationalprivatrechtliche Entscheidung vorher abbrechen, indem man feststellt, daß von zwei oder mehr Rechten jedenfalls *eines* anzuwenden ist, man alle *alternativ* anwendet und eine Stichwahl unterläßt, weil die Rechte den Fall gleich lösen (z.B. „es kann dahingestellt bleiben, ob deutsches oder französisches Recht gilt"; „es kann dahingestellt bleiben, ob niederländisches, belgisches oder französisches Recht gilt")?

Die letzte Entscheidung offen zu lassen ist zweckmäßig, wenn sie *schwerer* ist, als den Inhalt mehr als eines materiellen Rechts zu ermitteln. Sie kann schwerer sein insbesondere aus folgenden Gründen:

1. Es läßt sich schwer feststellen, zu welchem Staat die maßgebende *Anknüpfung verwirklicht* ist (z.B. ich weiß nicht, ob der Erblasser Deutscher oder Franzose gewesen ist).
2. Es fällt schwer zu entscheiden, welche *Anknüpfung* von der maßgebenden Kollisionsnorm *verwendet* ist (z.B. ich weiß nicht, ob ein Schadensersatzanspruch aus Autounfall dem Recht des Tatorts unterliegt oder dem Recht des Staates, in dem sich Täter und Verletzter gewöhnlich aufhalten; hierher gehört auch der Fall, daß ich schwer feststellen kann, ob das IPR des zunächst berufenen Staates einen *Renvoi* ausspricht).
3. Es fällt schwer zu entscheiden, welche *Kollisionsnorm* maßgibt. Z.B.: man ist unsicher, ob der Anspruch der Ehefrau auf Prozeßkostenvorschuß zu den persönlichen Ehewirkungen (Art. 14 EGBGB) gehört oder zum Ehegüterrecht (Art. 15) oder zum Unterhaltsrecht (Art. 18); waren die Eheleute bei Heirat Österreicher, sind jetzt Deutsche und leben in der Schweiz, kommt jeweils eine andere Rechtsordnung in Betracht. Ein Kunststück vielfachen Dahinstellens zeigt BGH IPRax 1988, 109 (110f. unter II) mit Aufsatz von *Heßler* 95–97 = NJW 1987, 2161 zur Morgengabe des islamischen Rechts, kurz angebunden dagegen LG Tübingen NJW-RR 1992, 1095 zu Hochzeitsgeschenken nach türkischem Recht.

Das **RG** hat sich ständig dagegen verwahrt, daß der Berufungsrichter dann *alternativ* entscheide, wenn *deutsches* Recht mit zur Wahl stehe. Denn da deutsches Recht nachprüfbar sei, ausländisches nicht (§ 549 I ZPO), wisse der Revisionsrichter hier nicht, woran er sei. Allein, er kann die Anwendung des *deutschen* Rechts prüfen. Ist sie richtig, dann ist die Revision abzuweisen. Ist sie falsch, dann muß der Revisionsrichter entweder selbst entscheiden, welches Recht anzuwenden ist, oder zurückverweisen (näher und Nachweise: *Soergel/Kegel*[12] vor Art. 3 Rz. 168–170). Er kann sich die Prüfung, ob das deutsche Recht richtig angewandt ist, sogar sparen, wenn er selbst ein ausländisches Recht für anwendbar hält, dessen Anwendbarkeit der Berufungsrichter offen gelassen hat und dessen Inhalt vom Revisionsrichter nicht nachzuprüfen ist (BGH JZ 1963, 214 [215 unter III]).

In *Frankreich* war es früher, wenn sich keine Partei zum anwendbaren Recht äußerte, dem Richter *erlaubt*, die Normen des französischen IPR und über diese ausländisches Sachrecht anzuwenden, heute ist er dazu grundsätzlich *verpflichtet* (Cass. [1re ch.civ.] JDI [Clunet] 1989, 349 und 350 mit Anm. von *Alexandre* und Aufsatz von *Bureau* 1990, 317–364 = Rev.crit.dr.i.p. 1989, 368 und 369 mit Aufsatz von *Lequette* 277–339; Cass. [1re ch.civ.] D.S.Jur. 1996, 622 mit Anm. von *Engel* und *Sinopoli* [betr. staatsvertragliche Kollisionsnormen]; Cass. [1re ch.civ.] Sem.jur. 1996, 480 Nr. 22742 mit Anm. von *Henry*; zur Rechtslage in Frankreich und zur – schwankenden – Reichweite der Grundsätze vgl. *Koerner*, Fakultatives Kollisionsrecht in Frankreich und Deutschland, 1995, 3–41; *Reichert-Facilides*, Fakultatives und zwingendes Kollisionsrecht, 1995, 36–41).

Bei *uns* sind – selbstverständlich – *stets* die eigenen Kollisionsnormen zu befolgen.

Anders sehen dies freilich die Anhänger eines *„fakultativen" Kollisionsrechts* (vor allem *Flessner*, zuletzt in: Interessenjurisprudenz im internationalen Privatrecht, 1990, 121–125). Das deutsche IPR soll nur angewandt werden, wenn sich wenigstens eine Partei darauf beruft; sonst soll schlicht deutsches Sachrecht herangezogen werden. Diese Auffassung wird den beteiligten Interessen nicht gerecht, führt zu Widersprüchen und verträgt sich nicht mit dem geltenden Recht; näher *Schurig* 49f., 343–350 und RabelsZ 59 (1995), 229, 240–243. Siehe auch unten S. 439f.

II. Pflicht zur Feststellung ausländischen Rechts

Schrifttum: *Melchior,* Grundlagen 420–423; *Nussbaum,* The Problem of Proving Foreign Law, Yale L. J. 50 (1941), 1018–1044; *Riezler,* Internationales Zivilprozeßrecht, 1949, 491–500; *Broggini,* Conoscenza e interpretazione del diritto straniero, Schw. Jb. Int. R. 11 (1954), 105–170; *Nussbaum,* Proving the Law of Foreign Countries, Am. J. Comp. L. 3 (1954), 60–67; *Maury/Makarov,* Der Beweis des ausländischen Personenstands und des ausländischen Rechts im Familienrecht, in: Das internationale Familienrecht Deutschlands und Frankreichs, 1955, 591–644; *W. Goldschmidt,* Das ausländische Recht und der Prozeß im zeitgenössischen iberoamerikanischen Rechtsdenken, in: Scritti giuridici in onore di Piero Calamandrei, Padua 1956, 13–16; *Broggini,* Die Maxime „iura novit curia" und das ausländische Recht, AcP 155 (1956), 469–485; *Dölle,* Bemerkungen zu § 293 ZPO, Fschr. Nikisch 1958, 185–203; *Sommerich/Busch,* Foreign Law, New York 1959; *Motulsky,* L'office du juge et la loi étrangère, Mélanges Maury, Paris 1960, I 337–375 (337–365); *Carrillo Salcedo,* Alegación del derecho extranjero por las partes, o aplicación de oficio, por el juez español, de la norma de conflicto española, Rev. esp. der. int. 1961, 585–601; *Baeck,* Die praktische Anwendung fremden Rechts in den USA und Österreich, ZfRV 1961, 85–103; *Kralik,* Jura novit curia und das ausländische Recht, ZfRV 1962, 75–100 (75–93); *Gutzwiller,* A propos d'une „quaestio aurea" en droit international privé suisse: l'application du droit étranger, NTIR 1962, 181–193; *Venturini,* La prova del diritto straniero, Dir. Int. 1962, 312–318; *Voilloz,* Le rôle du juge civil à l'égard du droit étranger, Freiburg/Schweiz 1964, 7–49, 60–133; *Micheli,* Brevi considerazioni sulla prova della norma straniera, Giur. It. 1965 I. 1. 269–274; *Motulsky,* L'évolution récente de la condition de la loi étrangère en France, Mélanges Savatier, Paris 1965, 681–706 (689–694); *Krasa,* Judicial Notice of Foreign Law, Vand. L. Rev. 18 (1965), 1962–1988; *Rigaux,* La nature du contrôle de la Cour de cassation, Brüssel 1966, 129–132; *Sass,* Foreign Law in Civil Litigation: A Comparative Survey, Am. J. Comp. L. 16 (1968), 332–371; *A. Flessner,* Fakultatives Kollionsrecht, RabelsZ 34 (1970), 547–584; *Schlesinger,* A Recurrent Problem in Transnational Litigation: The Effect of Failure to Invoke or Prove the Applicable Foreign Law, Cornell L. Rev. 59 (1973), 1–26; *Cohn,* Neue Regeln zum Beweis ausländischen Rechts im englischen Zivilverfahren, RabelsZ 38 (1974), 155–167; *Neuhaus,* Grundbegriffe 322–325; *Siehr,* Special Courts for Conflicts Cases: A German Experiment, Am. J. Comp. L. 25 (1977), 663–680; *Geisler,* Zur Ermittlung ausländischen Rechts durch „Beweis" im Prozeß, ZZP 91 (1978), 176–197; *Webb/Auburn,* La „présomption" d'identité de la loi étrangère et de la loi du for en l'absence de preuve, JDI (Clunet) 1978, 272–300; *Lalive,* Rec. 1977 II (erschienen 1979), 158–181, 224–228; *Lagarde,* Note Rev.crit.dr.i.p. 1981, 96–101; *von Overbeck,* Rec. 1982 III, 53–58; *von Overbeck,* La théorie des „règles de conflit facultatives" et l'autonomie de la volonté, Fschr. Vischer 1983, 257–262; *Batiffol,* Note Rev.crit.dr.i.p. 1984, 124 f.; *Aden,* Die Anwendung materiellen Rechts durch den Schiedsrichter, RIW 1984, 934–938; *Bischoff,* Note JDI (Clunet) 1984, 876–881; *J. G. S.,* Pleading of the foreign law in an action for tort allegedly committed in a foreign country, A. J. L. 60 (1986), 304–306; *Huzel,* Zur Zulässigkeit eines „Auflagenbeschlusses" im Rahmen des § 293 ZPO, IPRax 1990, 77–82; *Mankowski/Kerfack,* Arrest, Einstweilige Verfügung und die Anwendung ausländischen Rechts, IPRax 1990, 372–378; *Sommerlad,* Grundsätze für die Ermittlung ausländischen Rechts im Zivilprozeß, RIW 1991, 856; *Fentiman,* Foreign Law in English Courts, L.Q.Rev. 108 (1992), 142–156; *Kronke,* Beweisrechtliche Havarie – Internationalsachenrechtliche gute Reise: Venezolanische Schiffspfandrechte vor deutschen Gerichten, IPRax 1992, 303–305; *Samtleben,* Der unfähige Gutachter und die ausländische Rechtspraxis, NJW 1992, 3057–3062; *Kerr,* Judicial notice of foreign law and customary law, S.A.L.J. 111 III (1994), 577–592; *Ost,* EVÜ und *fact doctrine*. Konflikte zwischen europäischer IPR-Vereinheitlichung und der Stellung ausländischen Rechts im angelsächsischen Zivilprozeß, 1996; *Pocar,* Sulle conseguenze della mancata conoscenza del diritto straniero richiamato dalla norma di conflitto, Fschr. Broggini, Mailand 1997, 413–420; *Spickhoff,* Richterliche

Aufklärungspflicht und materielles Recht. Ein Beitrag zum Verhältnis von Zivilprozeßrecht, Sachrecht und IPR, 1999.

Um einen Fall richtig zu entscheiden, muß das Gericht die *Tatsachen* und das *Recht* kennen.

Die *Tatsachen* werden ihm im *Zivilprozeß gewöhnlich* von den Parteien unterbreitet (*Verhandlungsgrundsatz*). In *Ehe-, anderen Familien-, Kindschafts- und Aufgebotssachen* (§§ 616, 617 ZPO; § 621 a I ZPO mit § 12 FGG; §§ 640 I, 640d, 952 III ZPO) und im Verfahren der *freiwilligen Gerichtsbarkeit* (§ 12 FGG) wird dagegen das Gericht von Amts wegen tätig (*Untersuchungsgrundsatz*).

Das *Recht* muß das Gericht in der Regel *kennen* oder aus eigener Kraft feststellen. Hierfür ist es da. *Iura novit curia; da mihi factum, dabo tibi ius.* Für das Recht gilt mithin *stets* der *Untersuchungsgrundsatz.*

Freilich kann man vom Richter im allgemeinen nur fordern, daß er das *inländische* Recht kennt. Denn nur dafür ist er ausgebildet und mit Hilfsmitteln ausgerüstet. Aber jedenfalls soweit für *Tatsachen* der *Untersuchungs*grundsatz herrscht, muß dieser wie für inländisches so auch für *ausländisches* Recht gelten. Denn die Feststellung der Tatsachen dem Richter, die Feststellung ausländischen Rechts hingegen den Parteien anzuvertrauen, wäre unsinnig (darauf läuft jetzt freilich zum Teil die Regelung des Art. 40 I 2, 3 EGBGB hinaus!). Daher nimmt die Rechtsprechung besonders für den Richter der *freiwilligen Gerichtsbarkeit* einschließlich des *Grundbuch*richters eine *Pflicht* an, den Inhalt ausländischen Rechts zu ermitteln.

Dabei bleibt man aber nicht stehen. Denn man bejaht eine Pflicht des Richters zur Feststellung ausländischen Rechts auch dort, wo für *Tatsachen* der *Verhandlungs*grundsatz gilt (z.B. RGZ 126, 196 [202]; BGHZ 77, 32 [38]; BGH IPRax 1988, 227 [unter II 3 a] mit Aufsatz von *Gottwald* 210–212 = NJW 1988, 648; BGH NJW 1993, 2305 [2306 unter I 1 vor a]). Zwar gibt hier **§ 293 Satz 2 ZPO** dem Richter bloß die *Befugnis*, sich zu unterrichten. Aber das „du darfst" wird (wie auch z.B. in § 616 ZPO für Tatsachen) von der Rechtsprechung gelesen als ein „du sollst", als *Pflicht*.

Man hat eingewandt, weil der Richter das eigene Recht besser kenne als fremdes, liege den Parteien oft daran, daß er das eigene Recht anwende, und sie dürften ihm das auf allen Gebieten des Privatrechts zumindest *vorschreiben* (*Flessner*, Fakultatives Kollisionsrecht, RabelsZ 34 [1970], 547–584; *ders.*, Interessenjurisprudenz im IPR, 1990, 119–124; *ders.*, Interessenjurisprudenz im IPR von Liechtenstein, in: *Marxer/Reichert-Facilides/Schnyder* [Hrsg.], Gegenwartsfragen des liechtensteinischen Privat- und Wirtschaftsrechts, 1998, 73–80; *Zweigert*, RabelsZ 37 [1973], 445 f.; *Sturm*, Fschr. Zweigert 1981, 329–351 [345]; *Müller-Graff*, RabelsZ 48 [1984], 288–319). Manche wollen sogar, daß so lange die *lex fori* angewandt wird, wie keine Partei *merkt*, daß eigentlich ein fremdes Recht gilt: Rechtswahl durch Überrumpelung. Diese will *Flessner* jetzt durch eine Aufklärungspflicht des Richters vermeiden, deren Effekt höchst fragwürdig ist.

Gewiß kostet die Ermittlung ausländischen Rechts oft Zeit und Geld. In manchen Bereichen, vor allem im Schuldrecht, läßt das Gesetz auch eine nachträgliche *Um*wahl des anwendbaren Rechts zu (so jetzt ausdrücklich z.B. Art. 42); dann mögen die Parteien sich auf die *lex fori* einigen (sie werden es in aller Regel nicht, weil jedenfalls *eine* Seite sich vom normalerweise anwendbaren Recht mehr versprechen wird als die andere). Begrenzt steht eine Rechtswahl auch im Ehegüterrecht (Art. 15 II) und im Erbrecht (Art. 25 II) offen; vor Gericht wird sie meist nicht mehr möglich sein, weil die andere Seite im Streit liegt oder tot ist. Wo das Gesetz die Parteiherrschaft zurückgedrängt hat, hat das gute Gründe: häufig sind Dritte oder der Rechtsverkehr betroffen. Die Relativität der Rechtskraft allein ist (entgegen *Flessner*) zu deren Schutz nicht ausreichend. Näher *Schurig* 343–350 und in RabelsZ 59 (1995), 240–243; kritisch auch *Luther*, RabelsZ 37 [1973], 667; *Lüderitz*, Fschr. Kegel 1977, 51–53; *Lalive*, Rec. 1977 II, 179 a.E.f.; *von Overbeck*, Rec. 1982 III, 55–57 und Fschr. Vischer 1983, 257–262; *Boschiero*, Riv.dir.int.priv.proc. 1993, 541–588; *Einsele*, RabelsZ 60 [1996], 419–421).

Natürlich kann man vom Richter nichts Übermenschliches fordern. Daher hat er nur nach *pflichtmäßigem Ermessen* unter Gebrauch der ihm *zugänglichen Erkenntnismöglichkeiten* den Inhalt ausländischen Rechts zu ermitteln. In der Ausübung des Ermessens hat er Spielraum. So darf er sich damit begnügen, den ausländischen Gesetzestext zu Rate zu ziehen, wenn dieser klar und ausführlich ist (KG JFG 7, 250 betr. öst. ABGB). Er kann sich von den Parteien helfen lassen, soweit sie helfen wollen und können (z.B. BGH NJW 1976, 1581 [1583]). So mögen die Parteien Gutachten beibringen oder der Richter mag selbst Gutachten einholen (BGHZ 78, 318 [335]; BayObLG FamRZ 1999, 101 = NJW-RR 1999, 576). Bemüht er sich nicht hinreichend um die Feststellung ausländischen Rechts, geht er z.B. ohne Prüfung vom Vorhandensein eines fremden Rechtssatzes aus (BGH IPRax 1988, 228 mit Aufsatz von *Gottwald* 210–212 = NJW 1988, 647) oder verletzt er Vorschriften über den Beweis durch Sachverständige (BGH NJW 1975, 2142), so liegt darin eine revisible Gesetzesverletzung nach §§ 549, 559 ZPO; desgleichen, wenn er ohne hinlängliche Kenntnis des ausländischen Rechts nicht von Amts wegen (BGH NJW 1987, 591; BGH RIW 1997, 687 [688 unter II 3b, c]) oder auf Anregung eines Beteiligten (BGH IPRax 1985, 158 mit Aufsatz von *Schlosser* 141–144 = NJW 1984, 2763 [2764] = RIW 1984, 644 [646] mit Anm. von *Mezger*; BGH WM 1987, 273) das Gutachten eines Sachverständigen einholt; dabei können an Kenntnisse und Erfahrungen des Gutachters *besondere* Anforderungen zu stellen sein, wenn es hauptsächlich auf die ausländische Rechts*praxis* ankommt (BGH EWS 1991, 396 mit Aufsatz von *Schütze* 372f. = IPRax 1992, 328 mit Aufsatz von *Kronke* 303–305 = RIW 1991, 514 mit Aufsatz von *Sommerlad* 856 = WM 1991, 862; gleichlautend BGH NJW 1991, 1418 mit Aufsatz von *Samtleben*, NJW 1992, 3057–3062).

Ähnlich wie in der Bundesrepublik war das Bild in der früheren *DDR* (§ 182 I ZPO) und ist es in *Österreich*.

Dagegen ist in der *Schweiz* die Amtspflicht des Richters praktisch stark eingeschränkt (näher Handelsgericht Zürich SchwJZ 1992, 37) und ist in vielen *romani-*

schen Ländern, in *England* und in den *meisten Einzelstaaten der USA* das ausländische Recht wie eine *Tatsache* zu beweisen.

In diesem Sinne wurde entschieden in *Frankreich* z.B. für saudi-arabisches Gesellschaftsrecht Cass. (1re Ch.civ.) Rev.crit.dr.i.p. 1985, 89 mit Anm. von *Lagarde;* für syrisches und libanesisches Recht hinsichtlich eines Nachlaßvergleichs Cass. (1re Ch.civ.) JDI (Clunet) 1986, 1025 mit Anm. von *Sinay-Cytermann* = Rev.crit.dr.i.p. 1988, 302 mit Anm. von *Bischoff;* für tunesisches Eherecht (Ketubah jüdischen Rechts) Cass. (1re Ch.civ.) Rev.crit.dr.i.p. 1988, 329 mit Anm. von *B. Ancel;* für Haftung aus Gefälligkeitsfahrt nach dem Recht von Abu-Dhabi Cass. (1re Ch.civ.) Rev.crit.dr.i.p. 1991, 569 mit Anm. von *Muir Watt* (bei Beweisfälligkeit französisches Recht angewandt kraft seiner *„vocation subsidiaire"*); für schweizerisches und japanisches Stellvertretungsrecht Cass. (1re Ch.civ.) Rev.crit.dr.i.p. 1997, 65 mit Anm. von *Lagarde* (ebenso). *Anders* aber für tunesisches Legitimationsrecht Cass. (1re Ch.civ.) Rev.crit.dr.i.p. 1987, 383 mit Anm. von *Lequette;* für „souveräne Anwendung und Auslegung" des ausländischen Rechts, *in casu* belgischen Schenkungsrechts, Cass. (1re Ch.civ.) Rev.crit.dr.i.p. 1994, 78 mit Anm. von *B. Ancel;* für zwingendes ausländisches Recht (*in casu* Scheidung) Cass. (1re Ch.civ.) Rev.crit.dr.i.p. 1998, 60 mit Anm. von *P. Mayer.*

In *New York* mußte ein Kläger aus Arkansas, der in Saudi-Arabien von einem Angestellten der Beklagten, einer *corporation* aus Delaware, angefahren worden war, den Inhalt saudi-arabischen Deliktsrechts beweisen: *Walton v. Arabian American Oil Co.*, 233 F. 2d 541 (1956) = JDI (Clunet) 1957, 692. Zwar darf in New York das Gericht den Inhalt ausländischen Rechts von Amts wegen feststellen nach § 4511 (b) der Civil Practice Laws and Rules. Doch wird von dieser (auf *Nussbaum* zurückgehenden) Vorschrift kaum Gebrauch gemacht.

In *Texas* hat man auf die Verletzung eines Texaners durch Explosion eines Öltanks in Libyen, die der Erfüllungsgehilfe einer New Yorker Corporation verschuldet hatte, das Recht von Texas angewandt und damit ein Beweisproblem vermieden: *Couch v. Mobil Oil Corp.*, 327 F. Supp. 897, 905 (1971).

In *England* wird kühn vermutet, das ausländische Recht stimme mit dem englischen überein; das Gegenteil ist zu beweisen: *Armagas Ltd. v. Mundogas S.A.* (C.A.), [1985] 3 W.L.R. 640 (644, 661).

Der Beweis ist im englischen und amerikanischen Recht grundsätzlich durch Sachverständige zu führen, die in dem betreffenden Lande praktiziert haben. So wurde in *Bristow v. Sequeville* (1850), 19 L.J.Ex. 289 ein Sachse, der in Leipzig studiert hatte und Rechtsberater des preußischen Konsuls in London war, zurückgewiesen, als er die Geltung des code civil in Köln bestätigen wollte. Der Richter rief aus: *„If a man who has studied law in Saxony, and has never practiced in Prussia, is a competent witness, why may not a Frenchman, who has studied the books relating to Chinese law, prove what the law of China is?"* (nach *Gutteridge*, Comparative Law[2], 1949, 52). Allerdings sind sowohl in England wie in den USA Ausnahmen von der Regel zugelassen worden (vgl. für England *Cohn*, RabelsZ 38 [1974], 155–167; für USA z.B. Rule 44.1 Satz 2 der Federal Rules of Civil Procedure).

Obwohl in England und meist in den USA ausländisches Recht wie eine Tatsache zu beweisen ist, wird in einem *jury*-Prozeß der Beweis durch den *Richter* und nicht (wie der Beweis von Tatsachen) durch die *jury* gewürdigt.

Über die Neigung, ausländisches Recht als Tatsache zu werten, oben S. 173f. Theorien über den Charakter der Anwendung ausländischen Rechts sind unergiebig, wenn es darum geht, wie weit man den Richter verpflichtet, ausländisches Recht, das nach IPR anwendbar ist, selbst zu ermitteln. Hier entscheidet vielmehr allein, was man für *prozessual zweckmäßig* hält.

III. Feststellung ausländischen Rechts

Schrifttum: *Melchior,* Grundlagen 81–97; *W. Goldschmidt* Fschr. Wolff 1952, 216–218 und Fschr. Calamandrei 1956 (Schrifttum oben II), 7–13; *Wengler,* Fragen der Faktizität und Legitimität bei der Anwendung fremden Rechts, Fschr. Lewald 1953, 615–632; *Broggini*, Conoscenza e interpretazione del diritto straniero, Schw.Jb.Int.R. 11 (1954), 105–170; *Dölle*, Bemerkungen zu § 293 ZPO, Fschr. Nikisch 1958, 185–203; *Neumeyer*, Fremdes Recht und Normenkontrolle, RabelsZ 23 (1958), 573–598; *Quadri*, Controllo sulla legittimità costituziuonale delle norme straniere, Dir. Int. 1959, 31–35; *Mosconi*, Norme straniere e controllo di costituzionalità e di legittimità internazionale, Dir.Int. 1960, 426–439; *Motulsky* (Schrifttum oben II), Mélange Maury, Paris 1960, I 366–369; *Zajtay*, Zur Stellung des ausländischen Rechts im französischen internationalen Privatrecht, 1963; *Ferid*, Fschr. Dölle 1963, II 145–147 (betr. ausländisches Verfassungsrecht); *Krasa* (1965, Schrifttum oben II); *Carbone*, Sul controllo di costituzionalità della norma straniera richiamata, Riv.dir.int.priv.proc. 1965, 685–696; *Rigaux* (1966, Schrifttum oben II) 133–140; *Lipstein*, Proof of Foreign Law: Scrutiny of its Constitutionality and Validity, Brit. Y. B. Int. L. 42 (1967), 265–270; *Neuhaus*, Grundbegriffe 335–341; *Kahn-Freund*, Constitutional Review of Foreign Law?, Fschr. Mann 1977, 207–225; *Lalive*, Rec. 1977 II (erschienen 1979), 230–233; *Nedjati*, Acts of Unrecognized Governments, Int. Comp. L. Q. 30 (1979), 388–415; *Leslie*, Unrecognized governments in the conflict of laws: Lord Dennings's contribution CILSA 14 (1981), 165–178; *von Overbeck*, Rec. 1982 III, 58–62; *Wade*, Executive and Judiciary in Foreign Affairs – Recognition of Foreign Lawmaking Entities, Fschr. Erades 1983, 235–257; *Hetger*, Sachverständige für ausländisches und internationales Privatrecht. DNotZ 1985, 269–279 = (im wesentlichen) RIW 1985, 287–291; *Pérez Voituriez*, La información de la ley extranjera en el derecho internacional privado, Madrid 1988 (bespr. v. *B. Ancel* Rec. crit. dr. i. p. 1989, 444–447; *García Velasco* Rev. esp. der. int. 1989, 378–381); *Pérez Voituriez*, El procedimiento de información de la ley extranjera en Derecho español, Madrid 1988 (bespr. von *García Velasco* aaO); *Corr/Robbins*, Interjurisdictional Certification and Choice of Law, Vand. L. Rev. 41 (1988), 411–472; *Kohler*, Zur praktischen Bedeutung exotischer Rechte im IPR in: *Eisenmann/Zieger* (Hrsg.), Zur Rechtslage Deutschlands – innerstaatlich und international, 1990, 255–268; *Sommerlad/Schrey*, Die Ermittlung ausländischen Rechts im Zivilprozeß und die Folge der Nichtermittlung, NJW 1991, 1377–1383; *Sommerlad/Schrey*, Establishing the Substance of Foreign Law in Civil Proceedings, Comp. L. Y.B. 1992, 145–165; *Fuchs*, Die Ermittlung ausländischen Rechts durch Sachverständige, RIW 1995, 807–809; *Hetger*, Die Ermittlung ausländischen Rechts, FamRZ 1995, 654f.; *Küster*, Die Ermittlung ausländischen Rechts im deutschen Zivilprozeß und ihre Kostenfolgen – Eine rechtsvergleichende Untersuchung, 1995; *Lando*, Lex Fori in Foro Proprio, Maastricht J. Eur.Comp. L. 2 (1995), 359–375; *Miner*, The Reception of Foreign Law in the U. S. Federal Courts, Am. J.Comp. L. 43 (1995), 581–589; *Otto*, Der verunglückte § 293 ZPO und die Ermittlung ausländischen Rechts durch „Beweiserhebung", IPRax 1995, 299–305; *Heldrich*, Probleme bei der Ermittlung ausländischen Rechts in der gerichtlichen Praxis, Fschr. Nakamura, Tokio 1996, 243–252; *Ost*, EVÜ und *fact doctrine*. Konflikte zwischen europäischer IPR-Vereinheitlichung und der Stellung ausländischen Rechts im angelsächsischen Zivilprozeß, 1996; *Carbone*, Il valore e gli effetti del diritto straniero nell'ordinamento italiano, Fschr. Broggini, Mailand 1997, 83–100; *Mazeda Rodríguez*, La interpretación judicial del Derecho extranjero, Rev.der.priv. 1997, 793–822; *Hay/Hampe*, Nichtermittelbarkeit ausländischen Rechts und Forum Non Conveniens. Parallele Probleme im deutschen und US-amerikanischen Verfahrensrecht, RIW 1998, 760–765; *Küster*, Zur richterlichen Ermessensausübung bei der Ermittlung ausländischen Rechts, RIW 1998, 275–278; *Schellack*, Selbstermittlung oder ausländische Auskunft unter dem europäischen Rechtsauskunftsübereinkommen, 1998; *Stumpf*, Religiöse Normen im internationalen Privat- und Zivilprozeßrecht, ZRP 1999, 205–209.

Wenn das IPR sagt: „ausländisches Recht ist anzuwenden", dann haben wir es *richtig* anzuwenden. Denn das entspricht dem Interesse am *äußeren Entscheidungseinklang*, das hier wie beim Renvoi (oben S. 343f.) nicht nur auf Abwehr hinkender Rechtsverhältnisse geht, sondern vor allem auf eine *„reale“* Entscheidung. Es entspricht außerdem den *Partei-* oder *Verkehrs*interessen oder den *sonstigen Ordnungs*interessen, auf denen die Maßgeblichkeit des ausländischen Rechts beruht.

Man muß zunächst *Recht* von *Nicht-Recht* scheiden. Man muß z.B. klären, ob man einen *Rechtssatz* vor sich hat oder bloß eine *religiöse* Vorschrift (RGZ 78, 190 betr. *Schrâ*-Machen [eine Art Gerichtsverfahren] in Marokko) oder eine *Gefälligkeits*übung (KG IPRspr. 1928 Nr. 7 betr. Erstattung von Havarieeinschüssen vor endgültiger Feststellung der Dispache in England) oder *Folklore* ([öst]OGH IPRax 1984, 39 mit Aufsatz von *Schwind* 45f., betr. „Hochzeit nach serbischem Brauch“; OLG Köln FamRZ 1994, 1523 = NJW-RR 1994, 1026, betr. Brautgeld nach Sitte der Roma). In vielen Staaten, vor allem des islamischen Rechtskreises, haben religiöse Regeln freilich *zugleich* den Charakter von Rechtsregeln (eine Unterscheidung, die oft ohnehin nur *wir* von außen vornehmen).

Man muß sich an die ausländischen **Rechtsquellen** halten: *Gesetz, Gewohnheit,* im englisch-amerikanischen Recht auch die *Rechtsprechung* nach fein abgestuften Regeln.

Rechtssetzende **Staatsverträge** („*law making treaties*“), die in dem ausländischen Staat, dessen Recht wir berufen, *inter omnes* gelten (oben S. 9f.), sind anzuwenden, auch wenn wir ihnen nicht beigetreten sind (z.B. OLG Koblenz VersR 1987, 1088; OLG Oldenburg FamRZ 1988, 170).

Die **Verfassungsmäßigkeit** ausländischer Gesetze und sonstiger Rechtssätze darf oder muß vom deutschen Richter nachgeprüft werden, soweit ein vergleichbares ausländisches Gericht zur Nachprüfung befugt oder verpflichtet ist (z.B. *Settebello Ltd. v. Banco Totta and Acores* [C.A.], [1985] 1 W.L.R. 1050 [1057 unter G] *obiter*).

Daß ausländisches Landesrecht dem **Völkerrecht widerspricht**, hindert nicht, es anzuwenden, soweit *Privatrecht* in Rede steht, es sei denn, unser *ordre-public*-Vorbehalt wird auf den Plan gerufen (unten § 16). Dagegen sind nicht anzuwenden völkerrechtswidriges ausländisches *Staatsangehörigkeits-* und ebensolches *Enteignungs*recht (oben S. 395, unten S. 945).

Die Lehre von den Rechtsquellen enthält die *Rechtssätze* darüber, wer Recht setzen darf: die Regeln, die aus solcher Quelle fließen, sind *verbindlich*. Daneben gibt es eine Lehre von der Auslegung und Fortbildung des Rechts oder, wie man sagen kann, von den **Rechtsanzeichen**. Auch sie enthält Rechtssätze, aber nicht solche, die sagen, was Recht *ist*, sondern was zu *beachten* ist, wenn man Recht auslegen oder fortbilden will. Hier ist man *zum Teil gebunden, zum Teil frei*, d.h. man hat *umgrenzten Spielraum.* Zum Beispiel ist das Aufsagen einer Formel kein juristisches Argument; wohl aber kann man entweder *per analogiam* oder genau umgekehrt *e contrario* argumentieren. Die Bedeutung des *Handelsbrauchs* ist dem anzuwendenden Recht zu entnehmen (vgl. BGHZ 60, 5 [8]; BGH MDR 1985, 50 = WM 1984, 1000 [1003]; BGH NJW-RR 1997, 1154 = RIW 1997, 687 = DZWiR 1997, 329 mit Anm. von *Schütze*; OLG Köln VersR 1998, 1575; siehe auch *Kassis*, Théorie générale des usages du commerce, Paris 1984); ebenso die Bedeutung der Regeln des Internationalen Skiverbandes FIS (OLG Düsseldorf VersR 1990, 111 und VersR 1997, 193).

Ist *ausländisches* Recht anzuwenden, dann sind die ausländischen Rechtsanzeichensätze zu befolgen, so die Regeln über die *Auslegung von Gesetzen*. Zum Beispiel gilt für englische Gesetze ein Gebot „objektiver" Auslegung: die Entstehungsgeschichte und andere „*extrinsic materials*" dürfen nicht berücksichtigt werden. Die ausländische *Rechtsprechung* (soweit sie nicht schon Rechtsquelle ist) und das ausländische *Schrifttum* sind in demselben Umfang zu berücksichtigen wie von den Gerichten des Auslands. So haben deutsche Gerichte das französische Recht im Einklang mit der französischen Rechtsprechung ausgelegt und damit zum Teil anders, als es in seinen deutschen Geltungsgebieten verstanden wurde (z.B. KG JW 1922, 1130: Nachlaßspaltung wie in Frankreich und anders als in den deutschen Gebieten französischen Rechts). Das Recht des schwedischen Fiskus am erbenlosen Nachlaß wurde gegen das schwedische Schrifttum als Aneignungsrecht verstanden (KG IPRax 1985, 41 [42] mit Aufsatz von *Firsching* 25–27 = OLGZ 1985, 280 [284f.]).

In *Sambia* (Nord-Rhodesien) wird auf einen *Hundebiß* in erster Instanz örtliches Gewohnheitsrecht angewandt (Gefährdungshaftung), in zweiter Instanz englisches common law (Verschuldenshaftung). So wurde 1967 einem Schwarzen, den der Hund eines Weißen gebissen hatte, Schadensersatz in erster Instanz zugesprochen, in zweiter versagt (dazu *Thomas*, Int.Comp. L. Q. 18 [1969], 471–477; zur Regel „*every dog is entitled to one bite*" [jeder Hund darf einmal beißen] *Prosser*, Handbook of the Law of Torts[4], 1971, 501 a.E.f.). Wir hätten zu entscheiden wie die zweite Instanz, denn die gestaltet die Rechtslage bleibend.

Gleichwohl bedeutet die Anwendung ausländischen Rechts kein *sacrificium intellectus*. Zwar hat man gesagt, bei Anwendung eigenen Rechts sei man Architekt, bei Anwendung fremden Rechts Fotograf (*Werner Goldschmidt*). Aber abgesehen davon, daß auch die Fotografen sich als gestaltende Künstler sehen, hat der deutsche Richter gegenüber dem ausländischen Recht denselben Grad von Freiheit, den der ausländische Richter genießt. So ist das RG vom schweizerischen Bundesgericht abgewichen (RGZ 62, 379 [383f.]) und hat eine Abweichung des KG vom österreichischen Obersten Gerichtshof gebilligt (RGZ 126, 196 [202]). Allerdings: je mehr man von einer Sache versteht, um so freier darf man sich äußern, und vom ausländischen Recht wird man meist weniger verstehen als vom eigenen. Takt ist also am Platz.

Dennoch können gerade durch das Zusammenspiel verschiedener Rechtsordnungen Probleme auftauchen, mit denen das fremde Recht sich normalerweise nicht auseinanderzusetzen hat und auch noch nicht auseinandergesetzt hat (z.B. Substitution und andere Auslandssachverhalte, oben § 1 VIII 2). Dann muß der deutsche Richter versuchen, das fremde Recht in bezug auf diesen Fall unter Berücksichtigung der methodischen Besonderheiten und der erkannten Wertungen mit Fingerspitzengefühl selbst so weiterzubilden, wie ein Richter des Staates, um dessen Recht es geht, dies vermutlich täte.

Auch sonst ist es oft schwer, den Inhalt ausländischen Rechts zu ermitteln. In Deutschland helfen den Gerichten das Max-Planck-Institut für ausländisches und internationales Privatrecht in Hamburg und einige Universitätsinstitute. Eine Auswahl ihrer Arbeit ab 1965 erscheint in den „Gutachen zum internationalen und ausländischen Privatrecht" (IPG). Im Ausland ist solche Hilfe noch selten. Hier und zum Teil bei uns nützt man das Europaratsabkommen Nr. 62: das **Europäische Übereinkommen betreffend Auskünfte über ausländisches Recht,** das am **7. 6. 1968** in **London** gezeichnet und für die Bundesrepublik am 19. 3. 1975 in Kraft getreten ist (oben S. 204).

Schrifttum: *Brulliard*, Convention européenne relative à l'information sur les droits étrangers, Rev.int.dr.comp. 1973, 389–396; *Wolf*, Das Europäische Übereinkommen v. 7. 6. 1968 betreffend Auskünfte über ausländisches Recht, NJW 1975, 1583–1586; *Jessurun d'Oliveira*, De Europese overeenkomst nopens het verstrekken van inlichtingen over buitenlands recht (London 1968) en art. 40 Rev., NedJBl 1979, 637–648; *Bartoli*, Considerazioni sulla posizione del giudice rispetto al problema della conoscenza del diritto straniero a seguito della convenzione di Londra del 7 giugno 1968, Riv.dir.int.priv.proc. 1983, 333–339; *Otto*, Die gerichtliche Praxis und ihre Erfahrungen mit dem Europäischen Übereinkommen vom 7. 6. 1968 betr. Auskünfte über ausländisches Recht, Fschr. Firsching 1985, 209–232; *Pirrung*, in: *Bülow/Böckstiegel/Geimer/Schütze* I^3, A I 4, Nr. 380–386; *Geimer*, Rechtsauskünfte über ausländisches Recht auch in Strafsachen, Das Zusatzprotokoll vom 15. 3. 1978 zum Europäischen Übereinkommen betreffend Auskünfte über ausländisches Recht, NJW 1987, 213 f.; *Otto*, Das Europäische Übereinkommen vom 7. 6. 1968 betreffend Auskünfte über ausländisches Recht in der deutsch-italienischen Rechtspraxis, JahrbItR 4 (1991), 139–147; *Otto*, Das Europäische Übereinkommen vom 7. 6. 1968 betreffend Auskünfte über ausländisches Recht – im Abseits?, JahrbItR 7 (1994), 233–238; *Duden*, Das Europäische Übereinkommen vom 7. Juni 1968 betreffend Auskünfte über ausländisches Recht, in: *DACH, Europäische Anwaltsvereinigung* (Hrsg.), Praktische Erfahrungen mit den IPR-Gesetzen in Deutschland, Österreich und der Schweiz, Wien 1995, 143–163; *Otto*, Mißstände in der deutsch-italienischen Praxis des Europäischen Übereinkommens vom 7. 6. 1968 betreffend Auskünfte über ausländisches Recht, JahrbItR 8 (1995), 229 f.; *Rodger/Van Doorn*, Proof of Foreign Law: The Impact of the London Convention, Int.Comp.L.Q. 46 (1997), 151–173; *Schellack*, Selbstermittlung oder ausländische Auskunft unter dem europäischen Rechtsauskunftsübereinkommen, 1998.

Die Vertragsstaaten verpflichten sich, einander Auskunft zu geben über ihr *Privat-* und *Privatverfahrensrecht* und über ihre *Gerichtsverfassung* (Art. I 1). Sie richten staatliche „*Empfangsstellen*" ein, die Anfragen aus dem Ausland annehmen (Art. 2 I) und sie entweder selbst beantworten oder an andere staatliche Stellen und notfalls an private Stellen oder Juristen weitergeben (Art. 6). Die Vertragsstaaten können außerdem „*Übermittlungsstellen*" einrichten, die inländische Anfragen entgegennehmen und unmittelbar der zuständigen Empfangsstelle im Ausland zuleiten; Empfangs- und Übermittlungsstelle dürfen identisch sein; gibt es keine Übermittlungsstelle, dann handelt das anfragende Gericht selbst (Art. 2 II, 5). Empfangsstelle ist bei uns der Bundesminister der Justiz; Übermittlungsstellen sind für Anfragen von Bundesgerichten ebenfalls der Bundesminister der Justiz, im übrigen für jedes Land eine Stelle, die dessen Regierung bestimmt (§ 9 AusfGes.), z.B. in NRW der Justizminister (§ 1 VO vom 16. 7. 1974, GVBl. 760).

Eine *Anfrage* darf nur ein Gericht in einem anhängigen Verfahren stellen, mag sie auch jemand anders (insbesondere eine Partei) formuliert haben (Art. 3 I, 4 IV). Die Anfrage soll in der Sprache des Empfangsstaats abgefaßt sein (Art. 14 I 1). Sie soll das anfragende Gericht und die Art des Falles nennen, die Frage genau bezeichnen und die zum Verständnis nötigen Tatsachen anführen (Art. 4 I, II). Einzelheiten regelt bei uns das AusfGes. in §§ 1–4.

Die *Antwort* wird in der eigenen Sprache erteilt (Art. 14 I 1). Sie soll objektiv und unparteiisch sein (Art. 7 Satz 1). Gegebenenfalls soll sie Gesetzestexte, Entscheidungen und weitere Dokumente enthalten wie Schrifttumsauszüge und Gesetzesmaterialien (Art. 7 Sätze 2 und 3). Auch Erläuterungen sind möglich (Art. 7 Satz 4). Die Antwort bindet das anfragende Gericht nicht (Art. 8). Sie darf grundsätzlich nicht verweigert werden (Art. 10, 11). Sie wird so rasch wie möglich erteilt (Art. 12) und ergeht grundsätzlich gebührenfrei (Art. 15 I). Rückfragen sind erlaubt (Art. 13). Näher über das Antwortverfahren in der Bundesrepublik §§ 5–8 AusfGes., zum Teil in Verbindung mit Landesrecht, z. B. in NRW § 1 VO vom 16. 7. 1974 (GVBl. 760).

Nicht geregelt hat das Abkommen (und auch nicht das AusfGes.) die *Haftung* des Auskunftspflichtigen. Sie richtet sich in jedem Staat nach demjenigen materiellen Recht (Vertrags- und Deliktsrecht), das von seinem IPR berufen wird. Desgleichen befindet jeder Staat über die internationale Zuständigkeit in- und ausländischer Gerichte für Haftungsprozesse. Dazu *Wolf*, NJW 1975, 1586.

Kritik: Die bei uns seit langem geübte Auskunft durch inländische Institute, denen in der Regel die Akten vorliegen, die wissen, worauf es nach deutschem Recht ankommt, und die ein vollständiges Gutachten erstatten, ist meist vorzuziehen (vgl. *Kegel*, Fschr. Nipperdey 1965, I 467–470 und Fschr. Hübner 1984, 515–519; stark kritisch indessen *Otto*, Fschr. Firsching 1985, 209–232). Anderen Vertragsstaaten, die keine Institutsauskünfte kennen, mag die Lösung des Abkommens dienlich sein und auch bei uns nutzt man sie öfter (Zahlen aus Deutschland, Österreich, der Schweiz und Belgien bei *Otto*, aaO 222 f., 226 f., sowie aus Deutschland und Italien bei *Otto*, JahrbItR 4 [1991], 143 und aus allen Vertragsstaaten bei *Otto*, JahrbItR 7 [1994], 233–238).

Neben dem Europaratsabkommen gibt es einen zweiseitigen **Vertrag zwischen der Bundesrepublik und Marokko** über die Rechtshilfe und Rechtsauskunft in Zivil- und Handelssachen vom **29. 10. 1985**, der am 23. 6. 1994 in Kraft getreten ist (BGBl. 1988 II 1054, 1994 II 1192). Dessen Art. 18–26 regeln die wechselseitige Erteilung von Rechtsauskünften in ähnlicher Weise.

IV. Nachprüfung der Feststellung ausländischen Rechts durch das Revisionsgericht

Schrifttum: *Melchior,* Grundlagen 428–431; *Lewald,* Le contrôle des cours suprêmes sur l'application des lois étrangères, Rec. 1936 III, 201–324; *Lewald,* Kollisionsfrage und revisio in jure, Festgabe zum Schweizerischen Juristentag, Basel 1942, 203–232; *Riezler,* Internationales Zivilprozeßrecht, 1949, 501–508; *Garde Castillo,* Los problemas del recurso de casación en derecho internacional privado, Madrid 1951 (= Rev. esp. der. int. 1951, 409–467, 861–951); Note, Harv. L. Rev. 72 (1958), 318–328; *Motulsky* (Schrifttum oben II), Mélanges Maury, Paris 1960, I 370–375; *Kralik* (Schrifttum oben II), ZfRV 1962, 98–100; *Francescakis,* La loi étrangère à la Cour de Cassation, D. 1963, Chron. 7–14; *Steindorff* JZ 1963, 203–205; *Zajtay* (1963 Schrifttum oben III); *Batiffol,* La Cour de cassation et la dénaturation de la loi étrangère, Fschr. Dölle 1963, II 209–216; *Gentinetta,* Das Schweizerische Bundesgericht und die Überprüfung der Anwendung ausländischen Rechts, Freiburg/Schweiz 1964, 28–45; *Vouilloz,* Le rôle du juge civil à l'égard du droit étranger, Freiburg/Schweiz 1964, 50–59; *Motulsky* (Schrifttum oben II), Mélanges Savatier, Paris 1965, 694–705; *Rigaux* (1966, Schrifttum oben II), 337–358; *Schütze,* Zur Revisibilität ausländischen Rechts, NJW 1970, 1584–1586; *Neuhaus,* Grundbegriffe 325 f.; *Lalive,* Rec. 1977 II, 233–240; *von Overbeck,* Rec. 1982 III, 62–65; *Heini,* Zur Überprüfung des anwendbaren ausländischen Rechts durch das Bundesgericht de lege ferenda, SchwJZ 1984, 163 f.; *Fastrich,* Revisibilität der Ermittlung ausländischen Rechts, ZZP 97 (1984), 423–445; *Kerameus,* Revisibilität ausländischen Rechts, ZZP 99 (1986),

166–184; *Kralik,* Das fremde Recht vor dem Obersten Gerichtshof, Fschr. Fasching, Wien 1988, 297–309; *Gottwald,* Zur Revisibilität ausländischen Rechts, IPRax 1988, 210–212; *Aden,* Auslegung und Revisibilität ausländischer AGB am Beispiel der Schiedsverfahrensordnung der Internationalen Handelskammer, RIW 1989, 607–610; *Krings*, L'interprétation de la loi étrangère par le juge du for et le contrôle de cette interprétation par la Cour de Cassation – Quelques brèves considérations, Fschr. Baumgärtel 1990, 267–280; *Teske*, Die Revisibilität der Auslegung von ausländischen Allgemeinen Geschäftsbedingungen, EuZW 1991, 149–153; *Wiedemann*, Die Revisibilität ausländischen Rechts im Zivilprozeß, 1991; *Schütze*, Feststellung und Revisibilität europäischen Rechts im deutschen Zivilprozeß, in: *Grunsky* u.a. (Hrsg.), Wege zu einem europäischen Zivilprozeßrecht 1992, 93–100; *Legier*, Note Rev.crit.dr.i.p. 1994, 508–528; *Adamczyk*, Die Überprüfung der Anwendung ausländischen Rechts durch den Bundesgerichtshof und das schweizerische Bundesgericht im Zivilprozeß, 1999.

Nach § 549 I mit § 550 ZPO kann die Revision *nicht* darauf gestützt werden, daß *ausländisches* Recht nicht oder falsch angewandt worden ist. Umgekehrt ist deutsches Recht, soweit es im Ausland gilt (wie längere Zeit zum Teil das EheG von 1938 in Österreich), nicht revisibel; ausländisches Recht, das in Deutschland gilt (wie früher französisches im Rheinland) ist revisibel (BGH NJW 1985, 1289).

Diese Regelung beruht auf dem Gedanken: Das Revisionsgericht soll nur die Rechtseinheit im Lande wahren und außerdem sein Ansehen nicht durch Fehlentscheidungen über ausländisches Recht gefährden. Dagegen spricht *de lege ferenda*: Das Revisionsgericht ist am besten befähigt, ausländisches Recht richtig anzuwenden, und bei der zunehmenden internationalen Verflechtung ist höchstrichterliche Führung der Rechtsprechung in ausländischen Sachen erwünscht.

Viel ist auch schon vom *Grundsatz abgebröckelt* (Nachweise *Soergel/Kegel*[12] vor Art. 3 Rz. 223–226). So wird die Feststellung des Vorderrichters über den Inhalt ausländischen Rechts nachgeprüft:

1. wenn die Anwendbarkeit deutschen Rechts von einer *Rückverweisung* des ausländischen IPR abhängt;
2. wenn die *internationale Zuständigkeit* der deutschen Gerichte vom Inhalt ausländischen Rechts (insbesondere ausländischen Staatsangehörigkeitsrechts) abhängt (a.A. BGHZ 27, 47 = JZ 1959, 411 mit Anm. von *Zweigert*);
3. wenn die Anerkennung eines ausländischen Urteils nach § 328 I Nr. 5 ZPO von der *Verbürgung der Gegenseitigkeit* abhängt;
4. wenn die *Urteilsgründe nicht zeigen, daß* der Berufungsrichter sein *Ermessen* bei Feststellung des ausländischen Rechts (oben S. 440) *ausgeübt* hat. Z.B.: BGH IPRax 1988, 227 (227f. unter II 3) mit Aufsatz von *Gottwald* 210–212 = NJW 1988, 648 (weil sonst eine Verfahrensrüge nach § 293 Satz 2 ZPO schwer oder gar nicht nachgeprüft werden kann [da, wer schweigt, keine Angriffsfläche bietet]; es ging um die Höhe von Schmerzensgeld nach österreichischem Recht); BGH IPRax 1988, 228 (229 a.E.) mit Aufsatz von *Gottwald* 210–212 = NJW 1988, 647 (wenn nicht ersichtlich, ob und wie der Berufungsrichter zu klären versucht hat, ob ein ausländischer Rechtsgrundsatz [Vertrauensschutz] besteht, welche Vorschriften dafür maßgeben und welche Ansichten dazu in Rechtsprechung und Lehre vertreten werden);
5. wenn feststeht, daß im Berufungsurteil ein ausländischer Rechtssatz *übersehen* ist (BGHZ 40, 197 [200f.]);
6. wenn nach Verkündigung des Berufungsurteils das ausländische Recht *rückwirkend geändert* worden ist (BGHZ 36, 348).

Sodann wird nachgeprüft, ob der Vorderrichter nicht *deutsches Verfahrensrecht verletzt* hat, weil er seiner Plicht zur *Feststellung ausländischen Rechts* nicht hinreichend genügt oder Vorschriften über den *Beweis durch Sachverständige* verletzt hat (oben II) oder weil sein *Urteil in sich nicht stimmt*, indem er Tatsachen nicht oder nicht hinreichend festgestellt hat, die nach seinen eigenen (nicht revisiblen) Feststellungen über den Inhalt ausländischen Rechts erheblich waren. Im Verfahren der *frei-*

willigen Gerichtsbarkeit darf nach neuerer Rechtsprechung bei der Entscheidung über die *weitere Beschwerde* nach § 27 FGG sogar allgemein geprüft werden, ob die Vorinstanz das ausländische Recht richtig angewandt hat (z.B. BGH NJW 1984, 562 [564 unter aa a.E.]; OLG Hamburg NJW-RR 1990, 76 [unter A]).

V. Hilfslösungen

Schrifttum: *Melchior,* Grundlagen 101–106, 423; *Broggini,* AcP 155 (1956), 483–485; *Dölle,* Fschr. Nikisch 1958, 191–193; *Louis-Lucas,* Existe-t-il une compétence générale du droit français pour le règlement des conflits de lois?, Rev. crit. dr. i. p. 1959, 405–411; *Kralik,* (Schrifttum oben II), ZfRV 1962, 93–98; *Hemley,* Note: The Effect of a Failure to Prove The Law of a Foreign Country: A Presumption of Fundamental Principles Regonized by All Civilized Nation, Cal. L. Rev. 51 (1963), 632–637; *Cappelletti,* „Jura novit curia" e impossibilità di conoscere il diritto straniero richiamato dalle norme di diritto internazionale privato, Giur. It. 1966 I 1403–1414; *Cappelletti,* Mandatory Ex-Officio Application of Foreign Law: The Comparative Method as an Answer in Cases where the Foreign Law cannot be ascertained, CILSA 3 (1970), 49–61; *Kötz,* Allgemeine Rechtsgrundsätze als Ersatzrecht, RabelsZ 34 (1970), 663–678; *Schlesinger,* A Recurrent Problem in Transnational Litigation: The Effekt of Failure to Invoke or Prove the Applicable Foreign Law, Cornell L. Rev. 59 (1973), 1–26; *Neuhaus,* Grundbegriffe 388–394; *Heldrich,* Heimwärtsstreben auf neuen Wegen, Zur Anwendung der lex fori bei Schwierigkeiten der Ermittlung ausländischen Rechts, Fschr. Ferid 1978, 209–220; *Webb/Auburn,* La „présomption" d'identité de la loi étrangère et de la loi du for en l'absence de preuve, JDI (Clunet) 1978, 272–300; *Lalive,* Rec. 1977 II (erschienen 1979), 229, 240–246; *Franchi,* Alla ricerca del diritto ignoto, Giur. It. 1979 I 1, 333–338; *Dilger,* Deutsches Recht als Ersatzrecht?, StAZ 1979, 37f.; *Müller,* Zur Nichtfeststellbarkeit des kollisionsrechtlich berufenen ausländischen Rechts, NJW 1981, 481–486; *Wengler,* Der deutsche Richter vor unaufklärbarem und unbestimmtem ausländischen Recht, JR 1983, 221–227; *Kreuzer,* Einheitsrecht als Ersatzrecht, NJW 1983, 1943–1948; *Schwung,* Das Ersatzrecht bei einem Verstoß des ausländischen Rechts gegen den ordre public, RabelsZ 49 (1985), 407–425; *Mühl-Jäckel,* Rechtsfragen einer ungeklärten Staatsangehörigkeit, Fschr. Berge 1989, 49–53; *Matsumoto*, Folgen der Nichtfeststellbarkeit ausländischen Rechts im japanischen Zivilprozeß, Gedächtnisschr. Arens 1993, 297–308; *Pocar,* Sulle conseguenze della mancata conoscenza del diritto straniero richiamato dalla norma di conflitto, Fschr. Broggini, Mailand 1997, 413–420; *Hay/Hampe*, Nichtermittelbarkeit ausländischen Rechts und Forum Non Conveniens. Parallele Probleme im deutschen und US-amerikanischen Verfahrensrecht, RIW 1998, 760–765.

1. Hilfslösungen bei Schwierigkeit der kollisionsrechtlichen Entscheidung

Mitunter stößt die kollisionsrechtliche Entscheidung (oben I) auf Hindernisse, weil sich trotz aller Sorgfalt nicht feststellen läßt, ob oder zu welchem Staat ein *Anknüpfungsmoment* verwirklicht ist. Man weiß z.B. nicht, ob jemand Pole oder staatenlos ist, oder ob jemand Deutscher oder Belgier ist. Man weiß nicht, wo jemand sich aufhält.

a) Allgemeine Grundsätze

Früher ging die überwiegende, wenngleich spärlich geäußerte Meinung in Rechtsprechung und Schrifttum *bei ungeklärter Staatsangehörigkeit stets zur Staatenlosigkeit* und *bei ungeklärtem Aufenthalt stets zum letzten bekannten Aufenthalt* über (Nachweise Soergel/Kegel[12] vor Art. 3 Rz. 212, Fn. 1, 3). Dabei schüttet man leicht das Kind mit dem Bade aus. Denn wenn die Ersatzanknüpfung, z.B. die an den gewöhnlichen Aufenthalt, aus dem Kreis der in Frage kommenden Heimatrechte herausführt, hat man keine Chance mehr, die primär für richtig gehaltene Anknüpfung überhaupt zu treffen.

Richtigerweise sollte man sowohl bei unklarer Staatsangehörigkeit wie auch bei unklarem Aufenthalt zunächst die **wahrscheinlichste** Anknüpfung wählen. Denn eine rechtliche Entscheidung baut so gut wie *immer* auf Wahrscheinlichkeiten auf; zu bestimmen ist lediglich der erforderliche Grad. Sicherheit gibt es fast nie. Ist jemand wahrscheinlicher Pole als staatenlos, so sollte man ihn deshalb als Polen behandeln. Ist jemand wahrscheinlicher Belgier als Deutscher, so sollte man ihn belgischem Recht unterstellen. Hält sich ein Staatenloser wahrscheinlicher in Frankreich als in Italien auf, so sollte französisches Recht gelten.

Bei *gleicher* Wahrscheinlichkeit sollte die **engere Beziehung** des Falles (insbesondere der maßgebenden Person) zu einer der Rechtsordnungen entscheiden (ähnlich als ob jemand *alle* diese Staatsangehörigkeiten besäße). Ist z.B. jemand gleich wahrscheinlich Deutscher oder Belgier, so sollte man belgisches Recht anwenden, wenn er in Belgien lebt. Ist er mit gleicher Wahrscheinlichkeit Pole und staatenlos, so sollte man ihn, wenn er der Heimat nicht den Rücken gekehrt hat, als Polen behandeln. Hält jemand sich gleich wahrscheinlich in Frankreich und Italien auf, ist er aber mit Italien enger verwachsen als mit Frankreich, so sollte man, wenn es auf den Aufenthalt ankommt, italienisches Recht anwenden.

Ist auch eine engere Beziehung nicht festzustellen, dann sollte man vorziehen die **auf Deutschland bezügliche Anknüpfung**, wenn eine solche im Spiel ist. Zum Beispiel: es ist zweifelhaft, ob jemand Belgier oder Deutscher ist oder ob jemand, der sich gewöhnlich in Deutschland aufhält, Pole oder staatenlos ist oder ob ein Staatenloser sich gewöhnlich in Deutschland oder in Italien aufhält. Erst dann, wenn *keine* auf Deutschland bezügliche Anknüpfung im Spiel ist, sollte man zur **nächst schwächeren Anknüpfung** übergehen. So sollte man bei ungeklärter Staatsangehörigkeit (gleich, ob eine Staatsangehörigkeit und Staatenlosigkeit oder ob mehrere Staatsangehörigkeiten im Dunkel bleiben) anknüpfen wie bei Staatenlosigkeit und bei ungeklärtem gegenwärtigen Aufenthalt an den letzten bekannten Aufenthalt.

Es gibt allerdings Fälle, in denen eine schwächere Anknüpfung nicht zur Verfügung steht, z.B. wenn die Gültigkeit eines Testaments oder einer Ehe von der Form des Abschlußorts abhängt (Art. 26 I 1 Nr. 2, 11 I EGBGB) und der Abschlußort nicht mehr zu ermitteln ist. Dann muß man *deutsches Recht* anwenden.

b) Die gesetzliche Teilregelung

Seit 1986 gibt es für den Fall ungeklärter *Staatsangehörigkeit* eine gesetzliche Regelung in **Art. 5 II EGBGB**: „Ist eine Person staatenlos oder *kann ihre Staatsangehörigkeit nicht festgestellt werden*, so ist das Recht des Staates anzuwenden, in dem sie ihren gewöhnlichen Aufenthalt oder, mangels eines solchen, ihren Aufenthalt hat."

Insoweit hat man also die früher überwiegende Meinung zum Gesetz erhoben (Begründung BTDrucks. 10/504 S. 41). Beispiel: AG Neumünster Rpfleger 1987, 311 mit abl. Anm. von *Deumeland* = Rev.crit.dr.i.p. 1988, 675 mit eingehender Anm. von *Verhoeven* für Palästinenser. Siehe auch *Mühl-Jäckel*, Rechtsfragen einer ungeklärten Staatsangehörigkeit, Fschr. Berge 1989, 43–59.

Die Regelung betrifft nur den Fall der *„ungeklärten Staatsangehörigkeit"*. Was unter „ungeklärt" zu verstehen ist, ist nicht definiert. M.E. kann man trotz dieser Regelung eine jedenfalls deutlich überwiegend wahrscheinliche Staatsangehörigkeit für die Anknüpfung als maßgeblich (und damit nicht als „ungeklärt") ansehen, denn rechtliche Entscheidungen stützen sich, wie erwähnt (oben a), *stets* auf Wahrscheinlichkeiten. Erst recht sollte es in den vom Gesetz *nicht angesprochenen Fällen* insbesondere bei unbekanntem gewöhnlichem oder schlichtem Aufenthalt bei der rechtspolitisch richtigen Lösung (oben a) bleiben.

2. Hilfslösungen bei Schwierigkeit der Feststellung ausländischen Rechts

Auch wenn man weiß, welches Recht anwendbar ist, kann es trotz aller Sorgfalt vorkommen, daß sein Inhalt nicht mit der erforderlichen Genauigkeit festgestellt werden kann (z.B. weil die nötigen Bücher nicht erreichbar sind oder nichts hergeben). Hier muß erst recht der Grundsatz der **größten Wahrscheinlichkeit** gelten (oben 1). Dagegen spricht sich der BGH für grundsätzliche Anwendung deutschen Rechts in solchen Fällen aus (BGHZ 69, 387 [393–395], StAZ 1978, 124 [126] mit Anm. von *Held* und NJW 1982, 1215 [1216]; dagegen *Heldrich*, Fschr. Ferid 1988, 209–220 sowie *Dilger*, StAZ 1978, 235 a.E. und StAZ 1979, 37 f.; ähnlich dem BGH auch § 4 II des österreichischen IPR-Gesetzes und § 182 II ZPO der früheren DDR). Das ist schon deshalb verfehlt, weil mehr als eine gewisse Richtigkeits*wahrscheinlichkeit* bei Anwendung ausländischen Rechts ohnehin nicht zu erreichen ist. Man kann selbst bei besten Informationsmöglichkeiten nie sicher sein, ob nicht gerade eine anderslautende bindende Entscheidung rechtskräftig geworden ist, eine Verordnung erlassen wurde, ob nicht das höchste Gericht des Landes in der nächsten Woche die herrschende Meinung im betreffenden Land für falsch erklärt. Selbst im *deutschen* Recht geschieht es immer wieder, daß Gerichte und andere Rechtsanwender Normen übersehen oder unrichtig anwenden. Hinzu kommt, daß auch im Zeitalter des Internet die Rechtsordnungen vieler Länder nur schwer zu erschließen sind (das gilt oft im Land selbst, weil Unsicherheit und Informationsdefizite Bestandteile des dortigen Rechtssystems sind). Man müßte also innerhalb der wahrscheinlichen Inhalte eine Grenze ziehen, unterhalb derer zum deutschen Recht übergegangen werden müßte; eine solche Grenze wäre aber willkürlich, und das einzig Sichere bei *dieser* Lösung wäre, daß man den Inhalt des an sich geltenden Rechts in aller Regel verfehlte.

So muß man z.B. notfalls auf Klärung des neuesten Standes verzichten oder auf Vorbildrechtsordnungen zurückgreifen, z.B. für Belgien auf Frankreich (RGZ 163, 367), für Luxemburg auf Frankreich und Belgien (OLG Bremen MDR 1955, 427), für Syrien auf Frankreich und Ägypten (BGHZ 49, 50 [53–55]), für die Türkei (mit Vorsicht) auf die Schweiz (KG FamRZ 1991, 1190), oder verwandte Rechtsordnungen heranziehen (z.B. für Einzelstaaten der USA das Recht von Schwesterstaaten).

Schließlich kann man gewisse elementare Konfliktlösungen und Regeln im Zweifel als überall geltend voraussetzen wie etwa den Satz „*pacta sunt servanda*".

Kommt man auf diesen Wegen nicht ans Ziel, weil sich entsprechende Aussagen *überhaupt* nicht machen lassen, dann können Hilfsanknüpfungen helfen (wie oben 1; dafür zu Recht *Müller*, NJW 1981, 484–486). Äußerstenfalls muß man (wie oben 1) auf deutsches Recht zurückgreifen. – Unrichtig OLG Stuttgart DAVorm. 1984, 423: türkische Lehre einhellig für Recht des Kindes, seine Ehelichkeit anzufechten, aber keine Rechtsprechung; das OLG wendet deutsches Recht an, während es der Lehre als Rechtsanzeichen (oben S. 443 f.) hätte folgen sollen.

§ 16. Ordre public

Schrifttum: Älteres Schrifttum 6. Aufl. S. 323 f. Hervorzuheben: *Benvenuti*, Comunità statale, comunità internazionale e ordine pubblico internazionale, Mailand 1977; *Wuppermann*, Die deutsche Rechtsprechung zum Vorbehalt des ordre public im IPR seit 1945 vornehmlich auf dem Gebiet des Familienrechts, 1977; *Mann*, The Consequences of an International Wrong in International and National Law, Brit. Y.B.Int.L. 48 (1976/77, erschienen 1978), 1–65 (28–39); *Preusche*, Juristische Generalklausel und Argumentationspraxis, Die italienische Rechtsprechung zur Anwendbarkeit ausländischen Rechts (Ordre Public), 1978; *Verheul*, De openbare orde als tweesnijdend zwaard. Leyden 1978; *Schurig* 248–269; *Weitz*, Inlandsbeziehung und ordre public in der deutschen Rechtsprechung zum internationalen Familienrecht, zugleich ein Beitrag zur Reform des internationalen Familienrechts, 1981; *Epe*, Die Funktion des Ordre Public im IPR, Diss. Tübingen 1983; *Schwung*, Die Rechtsfolgen aus der Anwendung der ordre-public-Klausel im IPR, Diss. Mainz 1983; *Schütz*, Der internationale ordre public. Der Ausschluß völkerrechtswidrigen fremden Rechts im IPR der Bundesrepublik Deutschland, 1984; *Keller/Siehr* 535–551. Ferner: *Gamillscheg*, Ordine pubblico e diritti fondamentali, Fschr. Ago IV, Mailand 1987, 89–104; *Kornblum*, „Ordre public transnational", „ordre public international" und „ordre public interne" im Recht der privaten Schiedsgerichtsbarkeit, Fschr. Nagel 1987, 140–156; *von Winterfeld*, Noch einmal: Der deutsche ordre public in der internationalen Schiedsgerichtsbarkeit, NJW 1987, 3059–3061; *Ziccardi*, Disposizioni imperative e ordine pubblico della Convenzione di Roma del 19 giugno 1980 sulla legge applicabile alle obbligazioni contrattuali, Foro Pad. 1987, 7–14; *Buchanan*, Public Policy and International Commercial Arbitration, Am.B.L.J. 26 (1988), 511–531; *Stökker*, Europäische Menschenrechtskonvention, Ordre-public-Vorbehalt und nationales Selbstbestimmungsrecht, EuGRZ 1988, 473–480; *Parra-Aranguren*, Rec. 1988 III (erschienen 1989), 86–101; *Funck-Brentano*, Der Ordre Public International im französischen Recht – ein umstrittener Begriff, JahrbPraxSchiedsg 3 (1989), 248–254; *Engel*, Ausstrahlungen der Europäischen Menschenrechtskonvention auf das Kollisionsrecht, RabelsZ 53 (1989), 3–51; *Habscheid*, Die Schiedsgerichtsbarkeit und der ordre public, Fschr. Keller, Zürich 1989, 575–587; *Heini*, Der materiellrechtliche ordre public im neuen schweizerischen Recht der internationalen Schiedsgerichtsbarkeit, Fschr. Habscheid 1989, 153–159; *Jayme*, Methoden der Konkretisierung des ordre public im IPR, 1989; *Moitry*, Arbitrage international et droit de la concurrence: vers un ordre public de la *lex mercatoria*?, Rev.arb. 1989, 3–36; *Mosconi*, Exceptions to the Operation of Choice of Law Rules, Rec. 1989 V, 9–214 (23–128); *Spickhoff*, Der ordre public im IPR, Entwicklung – Struktur – Konkretisierung, 1989; *Bederman*, Compulsory Pilotage, Public Policy, and the Early Private International Law of Torts, Tul.L.Rev. 64 (1990), 1033–1095; *Bolz*, Verstoßung der Ehefrau nach islamischem Recht und deutscher ordre public, NJW 1990, 620–622; *Campiglio*, Matrimonio poligamico e ripudio nell'esperienza giuridica dell'occidente europeo, Riv.dir.int.priv. proc. 1990, 853–908; *Cristiani*, In tema di ordine pubblico e delibazione di divorzio consensuale, Riv.dir.int.priv.proc. 1990, 951–960; *García de Enterría*, The Role of Public Policy in International Commercial Arbitration, Law & Pol. Int. Bus. 21 (1990), 389–440; *Heidenberger*, Zur Vollstreckbarerklärung von US-Jury-Urteilen gegen deutsche Hersteller, RIW 1990, 804–808; *Mosconi*, Lex fori v. lex causae?, Riv.dir.int.priv.proc. 1990, 813–820; *Raeschke-Kessler*, Binnenmarkt, Schiedsgerichtsbarkeit und ordre public, EuZW 1990, 145–150; *Carlier*, Volonté, ordre public et fraude dans la reconnaissance des divorces et répudiations intervenus à l'étranger, Rev.trim.dr.fam. 1991, 165–172; *Freisler*, Public policy in den Kollisionsrechten der USA gestern und heute, 1991; *Martiny*, Gemeinschaftsrecht, ordre public, zwingende Bestimmungen und Exklusivnormen, in: *von Bar* (Hrsg.), Europäisches Gemeinschaftsrecht und IPR, 1991, 211–242; *Schlosser*, Ausländische Schiedssprüche und ordre public „international", IPRax 1991, 218–220; *Spickhoff*, Eheschließung, Ehescheidung und ordre public, JZ 1991, 323–330; *Stiefel/Stürner/Stadler*, The Enforceability Of Excessive U.S. Punitive Damage Awards In Germany, Am.J.Comp.L. 39 (1991), 779–802; *Alexandre*, L'intervention de l'ordre public dans le droit de la famille en droit international privé français, in: *Ganghofer*, Le droit de la famille en Europe, Straßburg 1992, 105–118; *Bungert*, Vollstreckbarkeit US-amerikanischer Schadensersatzurteile in exorbitanter Höhe in der Bundesrepublik, ZIP 1992, 1707–1725; *Chr. Lenz*, Amerikanische Punitive Damages vor dem Schweizer Richter, Zürich 1992; *Ollick*, Das kollisionsrechtliche Vorfragenproblem und die Bedeutung des ordre public unter besonderer Berücksichtigung der deutschen Rechtsprechung zum internationalen Familienrecht, Diss. Köln 1992; *Spellenberg*, Der ordre public im Internationalen Insolvenzrecht, in: *Stoll* (Hrsg.), Stellungnahmen und Gutachten zur Reform des deutschen Internationalen Insolvenzrechts, 1992, 183–200; *Bogdan*, Ordre public och tvingande rättsregler i Haagkonventionerna om internationell privat- och processrätt, SvJT 1993, 308–318; *Carter*, The Role of Public Policy in English Private International Law, Int.Comp.L.Q. 42 (1993), 1–10; *Kaufmann-Kohler*, L'ordre public d'envoi ou la notion d'ordre public en matière d'annulation des sentences arbitrales, SZIER 1993, 273–283; *Lagarde*, La théorie de l'ordre public international face à la polygamie et à la répudiation, Fschr. Rigaux, Brüssel 1993, 263–282; *St. Lorenz*, Islamisches Ehegattenerbrecht und deutscher ordre public: Vergleichsmaßstab für die Ergebniskontrolle, IPRax 1993, 148–151; *Wolf*, „Gesetzliche Gewaltverhältnisse", ordre public und Kindeswohl im Internationalen Privatrecht, FamRZ 1993, 874–877; *Wunderer*, Der deutsche „Ordre Public D'Arbitrage International" und Methoden seiner Konkretisierung, 1993; *Bucher*, L'ordre public et le but social des lois en droit international privé, Rec. 1993 II (erschienen 1994), 9–116; *Barber*, Objektive Schiedsfähigkeit und *ordre public* in der internationalen Schiedsgerichtsbarkeit, 1994; *Baumert*, Europäischer ordre public und Sonderanknüpfung zur Durchsetzung von EG-Recht – unter besonderer Berücksichtigung der sog. mittelbaren horizontalen Wirkung von EG-Richtlinienbestimmungen, 1994 (bespr. von *Mankowski*, RabelsZ 61 [1997], 750–756); *Burst*, Pönale Momente im ausländischen Privatrecht und deutscher ordre public, 1994 (bespr. von *Bungert*, RabelsZ 61 [1997], 740–751); *Dörner*, Zur Beerbung eines in der Bundesrepublik verstorbenen Iraners, IPRax 1994, 33–37 (35–37); *Durán Rivacoba*, Igualdad jurídica, orden público y fraude de ley en los conflictos interregionales, Poder Judicial 1994, Nr. 35, 67–105; *Fadlallah*, L'ordre public dans les sentences arbitrales, Rec. 1994 V, 369–430; *Lagarde*, Public Policy, IECL III/11, 1994; *Marx*, Der verfahrensrechtliche ordre public bei der Anerkennung und Vollstreckung ausländischer Schiedssprüche in Deutschland, 1994; *Mosconi*, Qualche considerazione sugli effetti dell'eccezione di ordine pubblico, Riv.dir.int.priv.proc. 1994, 5–14; *Pauli*, Islamisches Familien- und Erbrecht und ordre public, 1994; *Rauscher*, Iranische Sorgerechtsbestimmungen – Deutscher ordre public, JR 1994, 184–188; *Ekelmans*, L'ordre public et les lois prohibitives étrangères, L'ordre public, in: *Romain* u.a., L'ordre public. Concept et applications, Brüssel 1995, 257–281; *Ekelmans*, L'ordre public international et ses effets atténués, ebd. 283–303; *Leslie*, The Relevance of Public Policy in Legal Issues Involving Other Countries and Their Laws, Jur.Rev. 1995, 477–485; *Trinidad García*, Las excepciones de orden público y fraude de ley en las recientes codificaciones europeas de Derecho internacional privado, Rev.gen.der. 1995, 11289–11310; *Zamora Cabot*, A propósito del orden público en el sistema español de Derecho internacional privado, Rev.der.priv. 1995, 1123–1135; *Emanuele*, Prime riflessioni sul concetto di ordine pubblico nella legge di riforma del diritto internazionale privato italiano, Dir.fam. 1996, 326–349; *Enonchong*, Public Policy in the Conflict of Laws: A Chinese Wall around little England?, Int.Comp.L.Q. 45 (1996), 633–661; *Goldstein*, De l'exception d'ordre public aux règles d'application nécessaire. Étude du rattachement substantiel impératif en droit international privé canadien, Montréal 1996 (bespr. von *Muir Watt*, Rev.crit.dr.i.p. 1997, 387–389); *Nordin*, Umfang der kollisionsrechtlichen Verweisung. Insbesondere: Art. 13 IPRG, Anwendung fremden Rechts, einschließlich fremder Teilrechtsordnungen und fremden Wirtschafts- und Staatsvertragsrechts, St. Gallen 1996; *Rauscher*, Gran Canaria – Isle of Man – Was kommt danach? Plädoyer für einen europäischen ordre public, EuZW 1996, 650–653; *Revet* (Hrsg.), L'ordre public à la fin du XXe siècle, Paris 1996 (bespr. von *Picod*, Rev.trim.dr.civ. 1996, 762f.); *Brüning*, Die Beachtlichkeit des fremden ordre public, 1997; *Ende*, Der Individualrechtsschutz des Unionsbürgers. Gleichheitssatz und Verhältnismäßigkeitsgrundsatz als Elemente des gemeineuropäischen ordre public, 1997; *Föhlisch*, Der gemeineuropäische ordre public, 1997; *Hammje*, Droits fondamentaux et ordre public, Rev.crit.dr.i.p. 1997, 1–31; *Klinkhardt*, Das Fehlen einer Adoptionseinwilligung im Wandel der Zeiten, IPRax 1997, 414–416; *Spickhoff*, Der verbotswidrige Rückerwerb eigener Aktien: Internationales Privatrecht und europäische Rechtsangleichung, BB 1997, 2593–2603; *Wichard*, Islamisches Nichtehelichenrecht in Europa – oder: von den Problemen der Staatsangehörigkeitsanknüpfung im Einwanderungsland, ZEuP 1997, 141–157; *Greiner*, Die Class Action im amerikanischen Recht und deutscher Ordre Public, 1998; *Völker*, Zur Dogmatik des ordre public. Die Vorbehaltsklauseln bei der Anerkennung fremder gerichtlicher Entscheidungen und ihr Verhältnis zum ordre public des Kollisionsrechts, 1998; *Bruns,* Der anerkennungsrechtliche ordre public in Europa und den USA, JZ 1999, 278–287.

I. Begriff, „positiver" und „negativer" ordre public

Die Kollisionsnormen des IPR berufen fremdes Sachrecht zwar nicht ohne Rücksicht auf dessen Inhalt: die IPR-Interessen stehen vielmehr in engem Zusammenhang mit den materiellen Interessen, denen die anzuknüpfenden Sachnormen dienen (oben S. 115, 300). Aber die Kollisionsnormen kümmern sich im allgemeinen nicht darum, *in welcher Weise* und mit *welchem Ergebnis* die materiellen Interessen bewertet werden (Ausnahme: es wird durch Mehrfachanknüpfung eine bestimmte sachrechtliche *Tendenz* gefördert, oben § 6 IV). Man hat dies mit dem – etwas überzeichneten – Bild eines „Sprungs ins Dunkle" zu umschreiben gesucht.

Keine Rechtsordnung liefert sich indessen einem fremden Recht ohne jede Kontrollmöglichkeit aus. Es gibt immer einen **unantastbaren Bereich der eigenen Rechtsordnung**, den preiszugegeben keine Rechtsordnung bereit ist; ihn bezeichnet man mit dem Begriff *„ordre public"* (englisch: *„public policy"*). Fremdes Recht, das dem widerspricht, wird nicht angewandt; eigenes Recht, das zu diesem Kernbereich gehört, wird gegenüber anwendbarem fremdem Recht durchgesetzt.

Damit sind die *beiden Funktionen* umschrieben, die dem ordre public anhaften, man bezeichnet sie als *positiv* und *negativ* und faßt den Begriff mit den Funktionen als **„positiven"** oder **„negativen ordre public"** zusammen. Beide werden heute gewöhnlich strikt voneinander getrennt. Auch im Gesetz stehen sie an verschiedener Stelle: der „positive" ordre public ist anerkannt in **Art. 34 EGBGB**: Bestimmungen des deutschen Rechts, die „ohne Rücksicht auf das auf den Vertrag anzuwendende Recht den Sachverhalt zwingend regeln", dürfen auch bei fremdem Vertragsstatut angewandt werden. Man spricht insoweit auch – zumindest mißverständlich – von „international zwingendem" Recht. Der „negative" ordre public ist in **Art. 6 EGBGB** geregelt: Ausländische Rechtsnormen, die „zu einem Ergebnis führen, das mit wesentlichen Grundsätzen des deutschen Rechts offensichtlich unvereinbar ist", sind von der Anwendung ausgeschlossen (näher unten III 2).

In der Entwicklung der Lehre vom ordre public hat zunächst der *positive* Effekt im Vordergrund gestanden. Das tritt bereits deutlich hervor bei *Savigny* (zu ihm oben S. 164–166, 170): Seine Methode, daß man „dasjenige Rechtsgebiet" aufsucht, „welchem dieses Rechtsverhältnis seiner eigenthümlichen Natur nach angehört oder unterworfen ist", ist beschränkt auf die „Civilgesetze", die die Rechtsverhältnisse beherrschen. Ihnen gegenüber stehen Gesetze, „deren besondere Natur einer so freien Behandlung der Rechtsgemeinschaft mit verschiedenen Staaten widerstrebt" (VIII 32); es sind dies die „Gesetze von streng positiver, zwingender Natur" (später auch „Prohibitivgesetze" genannt). Sie haben „ihren Grund und Zweck außer dem reinen, in seinem abstrakten Dasein aufgefaßten Rechtsgebiet (contra rationem juris), so daß sie erlassen werden nicht lediglich um der Personen Willen, welche die Träger der Rechte sind" (35f.). Es sind mithin Gesetze „anomaler Natur"; sie können beruhen auf „sittlichen Gründen" oder auf solchen des „öffentlichen Wohls", „politischem", „polizeilichem" oder „volkswirtschaftlichem" Charakter (36). *Qualitativ* sieht *Savigny* solche Gesetze immerhin als – im Grunde bedauerliche – Ausnahmen. *Quantitativ* mißt er ihnen einen bedeutenden Anteil an der Rechtsordnung zu: weite Bereiche des Familienrechts, große Teile des zwingenden Vertragsrechts, das gesamte Deliktsrecht und – seiner Zeit und seiner Überzeugung entsprechend – „manche Gesetze, welche den Erwerb des Grundeigenthums von Seiten der Juden einschränken".

Der negative ordre public gewinnt hier noch keine Kontur. Zwar entzieht *Savigny* dem IPR auch solche „Rechtsinstitute eines fremden Staates, deren Dasein in dem unsrigen überhaupt nicht anerkannt ist", aber nicht, weil sie mit dem rechtlichen Kernbestand in Widerspruch stehen, sondern weil nach seinem Modell die Rechtsinstitute in ihrem Wesen vorgegeben sind und nur die Ausgestaltung der jeweiligen Rechtsordnung überlassen wird (oben S. 165 a.E.f.). Als Beispiel nennt *Savigny* bürgerlichen Tod und Sklaverei, die Sklaverei sei zwar außerdem unsittlich, der bürgerliche Tod aber nicht unsittlicher als andere harte Strafen.

Nicht als Ausnahme, sondern als zweites tragendes Element des kollisionsrechtlichen Systems erschienen die *ordre-public*-Gesetze in der *romanischen Schule*, beginnend mit *Mancini* (oben S. 169f.). Sie sind eingebaut in den Dualismus von „persönlichem", infolgedessen international wirkendem Recht, für das die Staatsangehörigkeit maßgeben soll, und dem öffentlichen, politischen, somit „territorial" wirkenden Recht. Versuche, hier Abgrenzungskriterien zu finden (z.B. über den *„but social"* [*Pillet*]), wurden in immer neuen Anläufen unternommen (*Esperson, Laurent, Bartin, Pillet, Niboyet, Arminjon*). Auch die Unterscheidung zwischen *„ordre public interne"* (zwingendes Recht) und *„ordre public international"* („international" zwingendes Recht), die bis heute nachwirkt (z.B. Cass. Civ. D.S.Jur. 1967, 629 mit Anm. von *Malaurie*; BGHZ 98, 70 [73f. unter II 3] = NJW 1986, 3027 [3028]) stammt hierher.

In Deutschland dürfte *Kahns* (zu ihm oben S. 168) mitreißende Attacke gegen die „Prohibitivgesetze" als eine Sonderklasse im Kollisionsrecht („Die Lehre vom ordre public [Prohibitivgesetze], Abhandlungen I 161–254; hier geht es *nur* um den „positiven" ordre public!) eine ähnliche Entwicklung abgeblockt haben. Statt dessen wandte man sich in der Folgezeit verstärkt dem *„negativen" ordre public* zu.

Einen Ausläufer der romanischen Schule findet man in der Lehre von den *lois d'application immédiate* (oben S. 261f.).

Näher zum ganzen *Schurig* 34–39, 316–322.

Der *positive ordre public* ist heute weitgehend in der Schaffung besonderer Kollisionsnormen für besondere Sachnormen aufgegangen. Seit *Kahn* weiß man, daß es kein Sachrecht gibt, das wegen seines „Gehalts an sozialem Öl" *stets* anwendbar wäre. Auch für politische, wirtschaftspolitische, sozialpolitische Sachnormen, die anderen Interessen dienen als die in den jeweiligen Statuten berufenen Normen, sind gegebenenfalls eigene Kollisionsnormen zu bilden, die diesen Interessen Rechnung tragen, andere – meist territoriale – Anknüpfungen benutzen und deswegen diese Normen auch neben einem fremden Statut berufen können (näher oben § 2 IV 2); Art. 34 EGBGB stellt dies für das Vertragsstatut lediglich klar.

Der *negative ordre public* – in der Form von Vorbehaltsklauseln – wird grundsätzlich anders gesehen: Er beschränke sich auf den Befehl, bestimmte fremde, für uns inhaltlich „untragbare" Rechtsnormen *nicht* anzuwenden; die von der Kollisionsnorm ausgesprochene Anknüpfung werde lediglich *zurückgenommen* (z.B. *Kegel* in 7. Aufl. S. 373, 374,

385). Zeigt sich, daß dadurch rechtliche Fragen ungeregelt bleiben, die wir für regelungsbedürftig halten, so entsteht eine Normenlücke und – sozusagen auf der nächsten Ebene – stellt sich dann das Problem, wie man diese „Lücke" zu „füllen" hat (vgl. unten VI).

Der positive und der negative Aspekt des *ordre public* sind indessen **nicht wesensverschieden**; daher kann man die beiden Erscheinungsformen nicht auf diese Weise kategorisch trennen. Die Kennzeichnung als „positiv" oder „negativ" ist meist und auch hier ein Produkt des Standpunkts und der Betrachtungsweise. So schließt z.B. jede Kollisionsnorm, die „positiv" bestimmte Sachnormen zur Anwendung beruft, damit zugleich „negativ" andere von der Anwendung aus; doch tritt dies in den Hintergrund. Bei den ordre-public-Klauseln hat man sich daran gewöhnt, vornehmlich auf die Ausschlußwirkung zu schauen. Sobald man indessen in erster Linie danach fragt, warum das fremde Recht ausgeschlossen ist und was *an seiner Stelle* gilt, verändert dies die Perspektive.

Dann zeigt sich, daß aus dem anwendbaren Recht nicht lediglich etwas weggenommen wird und man gegebenenfalls nur eine Lücke notgedrungen zu füllen hat. Die *fremde ordre-public-widrige* Norm wird deshalb nicht angewandt, weil sie – im konkret zu entscheidenden Fall – den Erfordernissen der materiellen Gerechtigkeit krass widerspricht – aber der materiellen Gerechtigkeit, wie *wir* sie verstehen. Es sind die *materiellrechtlichen Grundvorstellungen der lex fori*, die hier geschützt werden; denn von ihnen können wir uns nicht lösen. Das eigene Recht des jeweiligen Staates ist stets Modell des „sachlich besten" Rechts. Man kann die Anwendung ausländischer Normen nicht mit Erwägungen ablehnen, die im eigenen Sachrecht keinen Niederschlag gefunden haben. Das wird besonders deutlich, wenn im Wege des ordre-public-Vorbehalts an die Stelle der „abgelehnten" Norm eine solche aus der lex fori gesetzt wird (näher unten S. 472 a.E.f.).

Wenn z.B. ein Iraker, der schon verheiratet ist, vor dem deutschen Standesbeamten eine weitere Irakerin heiraten will, so ist das nach dem insoweit maßgeblichen (Art. 13 I EGBGB) irakischen Heimatrecht beider Eheschließenden an sich zulässig. Gleichwohl wird der Standesbeamte eine solche Eheschließung als *ordre-public*-widrig verweigern. Er wird sich dafür auf den in Deutschland geltenden Grundsatz der Einehe berufen (§ 1306 BGB, bis 1998 § 5 EheG). Hier wird nicht etwa durch den *ordre-public*-Vorbehalt lediglich „negativ" eine Lücke in das anwendbare irakische Recht gerissen, zu deren Füllung man sich dieser eigenen Norm bedient, sondern der eigene Rechtsgrundsatz verdrängt den fremden, unserem Rechtsgefühl widerstreitenden, ganz unmittelbar. Der Satz der lex fori tritt nicht deshalb ein, weil der fremde weicht, sondern der fremde Rechtssatz muß weichen, weil insoweit derjenige der lex fori eintritt.

Ein anderes Beispiel: Hat ein hier lebender Deutscher mit einem New Yorker Broker ein Differenzgeschäft abgeschlossen und New Yorker Recht vereinbart (Art. 27 EGBGB) und will der New Yorker nunmehr in Deutschland die Spekulationsverluste einklagen, so wird dem unser *ordre-public*-Vorbehalt (Art. 6 EGBGB) entgegenstehen: wir nehmen Anstoß daran, daß die Klagbarkeit solcher Ansprüche nach anwendbarem New Yorker Recht *nicht* ausgeschlossen ist; statt dessen wird § 764 BGB angewandt (dagegen ließe der BGH die *Vollstreckung* eines entsprechenden New Yorker *Urteils* nicht mehr am ordre-public-Vorbehalt des § 328 I Nr. 4 ZPO scheitern: BGH WM 1998, 1176, betr. Österreich; vgl. oben S. 137f.). Wiederum wird deutlich: Das New Yorker Recht wird verdrängt, weil wir es für unabdingbar halten, unsere Norm durchzusetzen; diese ist nicht nur „Lückenfüller".

In den Fällen, in denen der („negative") *ordre-public*-Vorbehalt zur Anwendung einer *konkreten* deutschen Sachnorm führt, ist also die „positive" Funktion kaum zu übersehen. Nicht so deutlich ist dies, wenn der Grundsatz des deutschen Rechts, an dem sich die Anwendung des ausländischen Rechtssatzes bricht, weniger konkret und nicht mit der positiven deutschen Regelung identisch ist. So mag es gegen unseren ordre public verstoßen, wenn ein Verletzter nach dem Recht US-amerikanischer Staaten ein exorbitant hohes Schmerzensgeld erhält (vgl. jetzt Art. 40 III EGBGB); das heißt aber noch nicht, daß er nur die kümmerliche Entschädigung bekommen darf, die vor deutschen Gerichten üblich ist (unten S. 474).

Vgl. OLG Düsseldorf RIW 1991, 594 = VersR 1991, 1161. Es sollte ein amerikanisches Schadensersatzurteil über 750000 Dollar vollstreckt werden (der Beklagte hatte sich an dem minderjährigen Kläger sexuell vergangen). Geprüft wurde der ordre-public-Vorbehalt in § 328 I Nr. 4 ZPO (unten III 3). Das Schmerzensgeld von 200000 Dollar (etwa 330000 DM) wurde als „unerträglich überhöht" angesehen, die Höhe nach *deutschen* Maßstäben mit 30000 DM bemessen, die ordre-public-Grenze dagegen bei 120000 DM angesetzt (und daher 70000 Dollar zugesprochen).

Gleichwohl hat sich in diesem Fall „positiv" der (angebliche) fundamentale deutsche Grundsatz durchgesetzt, daß das Schmerzensgeld eine bestimmte Höhe nicht übersteigen dürfe; und nur weil (und wenn) dieser in unserem Recht existiert und vorrangig gelten soll, wird die amerikanische Regel herausgedrängt.

Die positive und die negative Funktion des ordre public sind also nichts Wesensverschiedenes, sondern die zwei Seiten einer Medaille: Weil *positiv* ein fundamentaler Satz unserer Rechtsordnung durchgesetzt werden soll – sei er in einer Norm konkretisiert oder auch nicht –, deswegen muß *negativ* der fremde Rechtssatz weichen. Die Fälle des *positiven ordre public* beziehen sich nur bereits auf konkrete Sachnormen, und die hier hervortretende besondere Kollisionsnorm ist bereits deutlicher erkennbar als beim *negativen ordre public*; der letzte Schritt zu einer selbständigen Kollisionsnorm besteht nur noch in der Bestimmung des maßgeblichen Anknüpfungsmoments.

II. Der ordre-public-Vorbehalt im Kollisionsnormensystem

Die Betonung des „negativen“ Charakters des *ordre-public*-Vorbehalts hat dazu geführt, ihn als ein *aliud* gegenüber der Kollisionsnorm anzusehen: Das filigrane Anknüpfungssystem des IPR wird im konkreten Fall zerschlagen, weil das Ergebnis der sachrechtlichen Überprüfung nicht standhält: Entgegen dem Grundsatz (oben § 2 I) läßt man deshalb hier die materiellprivatrechtlichen Interessen vorgehen und mißachtet die internationalprivatrechtlichen Interessen (vgl. *Kegel* in 7. Aufl. S. 374). So gesehen ist der ordre public ein zwar nützliches, aber ungeliebtes Kind des IPR: ein *„enfant terrible“* (*Raape*), ein *„Störenfried“* (*Ferid*).

Indessen ist der *ordre-public*-Vorbehalt selbst Teil des kollisionsrechtlichen Anknüpfungssystems. Wenn hier die „internationalprivatrechtliche Gerechtigkeit“ zugunsten der „materiellprivatrechtlichen Gerechtigkeit durchbrochen“ wird, dann nicht zugunsten irgendeiner abstrakten, sondern zugunsten der materiellprivatrechtlichen Gerechtigkeit *im Sinne der lex fori.* Die sich im Wege des *ordre public* durchsetzenden Grundsätze sind solche, die bei uns *gelten*, und sie sind durch ihre Geltung mit Deutschland räumlich verknüpft wie jede Rechtsnorm, die Gegenstand der Anknüpfung ist. Die Frage aber, warum in einem bestimmten Fall die Normen, Rechtssätze oder allgemeinen Rechtsprinzipien (darüber im folgenden) gerade der lex fori heranzuziehen sind, ist eine solche des *Kollisionsrechts* und damit *auch* der *internationalprivatrechtlichen* Gerechtigkeit. Ist die nationale Verknüpfung derjenigen Rechtssätze einmal festgestellt, die sich bei Anwendung des *ordre public* gegenüber dem berufenen Recht durchsetzen, dann folgt daraus, daß auch sie – wie jeder andere Rechtssatz (oben § 1 III) – kollisionsrechtlich berufen sein müssen, um angewandt werden zu können. Damit rückt der *ordre-public*-Vorbehalt inhaltlich und methodisch viel näher an die kollisionsrechtliche Verweisungsnorm heran.

Ein Vergleich der inneren Struktur von Kollisionsnorm und *ordre-public*-Vorbehalt bestätigt das.

Drei der vier Tatbestandselemente der Kollisionsnorm (oben S. 265) lassen sich ohne weiteres beim *ordre public* wiederfinden: (1) dem materiellen Rechtssatz entspricht das geschützte materiellprivatrechtliche Prinzip, sei es in *einer* Vorschrift konkretisiert, sei es allgemeinerer Natur; (2) dieses ist mit einem Rechtsgebiet durch seine Geltung räumlich verknüpft; (3) es existiert ein Sachverhalt, der sich unter den materiellen Rechtssatz (Rechtsprinzip) subsumieren läßt. Nur das *vierte* Element, das Anknüpfungsmoment für den Sachverhalt, scheint auf Anhieb nicht erkennbar zu sein.

Es findet sich in der sog. **Inlandsbeziehung** (auch *Inlandsberührung*, *Binnenbezug* oder ähnlich genannt), die unbestritten stets Voraussetzung eines Eingreifens des *ordre-public*-Vorbehalts ist (sich bei uns freilich in Art. 6 verbirgt hinter dem „Ergebnis" der „Anwendung", unten S. 463). Das Eingreifen des Vorbehalts setzt damit eine Mindestbeziehung zum eigenen Rechtsgebiet voraus. Diese kann von Fall zu Fall unterschiedlich sein, doch handelt es sich immer um Sachverhaltselemente, die auch als Anknüpfungsbegriffe Anwendung finden (Staatsangehörigkeit, gewöhnlicher und schlichter Aufenthalt, Belegenheit, Gerichtsort usw.). Der Unterschied zur selbständigen Kollisionsnorm ist nur, daß das Anknüpfungsmoment dort tatbestandlich festgelegt wird; beim *ordre public* muß es ad hoc gefunden werden.

Damit werden beim *ordre public* nicht *nur* materiellrechtliche Interessen berücksichtigt, sondern bei der Bestimmung des Anknüpfungsmoments „Inlandsbeziehung" sind *kollisionsrechtliche* Interessen zu bewerten.

Anders die herrschende Auffassung, z.B. *Kegel* in 7. Aufl. S. 385: Der ordre public *begrenze* nur die Kollisionsnormen, sei aber selbst keine. Die *Inlandsbeziehung* verstärke nur das Bedürfnis, nach materiellprivatrechtlicher Gerechtigkeit; sie sei als „Inlandssachverhalt" das Gegenstück zum „Auslandssachverhalt" (zu diesem oben S. 58–61). Aber der Auslandssachverhalt führt zu Sonderregeln im *berufenen* materiellen Recht und verändert das kollisionsrechtliche Ergebnis nicht; die Inlandsbeziehung führt dazu, daß (partiell) anstelle des berufenen ein *anderes* materielles Recht angewandt wird (nämlich die Grundsätze der lex fori), und dafür bedarf es einer *kollisionsrechtlichen* Entscheidung. Vgl. zum ganzen *Schurig* 248–263. Für kollisionsrechtliches Verständnis des ordre public auch *Epe*, Die Funktion des Ordre Public im deutschen IPR, Diss. Tübingen 1983, 139–159; *Brüning*, Die Beachtlichkeit des fremden ordre public, 1997, 183–235. – Schon *Kahn* (oben S. 168) bezeichnete den ordre public als den „noch unerkannte[n] und … noch unfertige[n] Teil des internationalen Privatrechts" (Abhandlungen 251, bezogen allerdings auf den dort behandelten *positiven* ordre public).

Deswegen sind die Übergänge fließend zwischen negativem und positivem *ordre public* einerseits (oben I), insbesondere wo sich der geschützte deutsche Rechtsgrundsatz in *einer* Norm konkretisiert, und dem positiven *ordre public* und der Bildung selbständiger besonderer Anknüpfungsnormen andererseits, die wiederum, wenn sie auf Sachnormen in anderen Rechtsordnungen erstreckt werden, Kondensationskern einer neuen allseitigen Kollisionsnorm werden können (wie etwa Art. 23 n.F. EGBGB, der aus dem seinem Wortlaut nach nur deutsche Kinder schützenden Art. 22 II a.F. hervorgegangen ist).

Vieles, was früher über den ordre public gelöst wurde, hat sich zu einem kollisionsrechtlichen Subsystem entwickelt. Das gilt besonders für den Schutz von Staatsinteressen. So hat man lange Zeit eigene Staatseingriffe in private Rechte mit Hilfe des ordre public (Art. 30 a.F.) durchgesetzt und auf dieselbe Weise fremde abgewehrt. Dieser Zustand ist heute zum größten Teil überwunden. Wieweit *eigenes* Staatseingriffsrecht räumlich reicht, bestimmen besondere Kollisionsnormen, die sich unmittelbar am Zweck der einzelnen Gesetze orientieren. Auch für die Anerkennung oder Abwehr *fremder* Staatseingriffe haben sich ziemlich feste besondere Kollisionsnormen entwickelt. Diese Fragen sind damit aus dem Wirkungsfeld des *ordre public* ausgeschieden; der *ordre public* wird auf die Abwehr krasser Ungerechtigkeiten reduziert. Vgl. oben S. 136–141.

Als Kollisionsnorm erkennbar sind ohne weiteres die *besonderen Vorbehaltsklauseln*, die man auch *Kollisionsnormen des ordre public* nennt (z.B. Art. 13 II, III 1, 17 I 2, II, 18 II, 38 EGBGB [bis 31. 5. 1999]; zu § 61 BörsG unten S. 597–600). Diese sind insoweit zu mißbilligen, wie sie als „*Exklusivnormen*" den Anwendungsbereich des deutschen Rechts in sachwidriger Weise ausdehnen (wie z.B. Art. 38 a.F.); sie können aber auch Interessenbewertungen mit allgemeiner Gültigkeit enthalten (und sollten dann allseitig erweitert werden, wie es bei Art. 23 n.F. durch den Gesetzgeber geschehen ist und bei Art. 17 I 2 geschehen sollte [vgl. *Soergel/Schurig*[12] Art. 17 Rz. 31, 32]), oder einen „standardisierten" vertretbaren *ordre-public*-Vorbehalt (so wurde der Grundsatz des Art. 17 II [in Deutschland nur gerichtliche Scheidung] von der h.M. schon *vor* der gesetzlichen Regelung vertreten [unten S. 748]).

Aus dem Gesagten folgt, daß man bei der *ordre-public*-Prüfung zunächst festzustellen hat, ob eine Verknüpfung zum Inland („Inlandsbeziehung", „Binnenbezug") besteht, aufgrund derer der deutsche fundamentale Rechtsgrundsatz im konkreten Fall *berufen* wird. Ist dieser notwendig in *einer* Norm konkretisiert (wie in § 1306 BGB der Grundsatz der Einehe), dann ist diese anzuwenden *neben* dem an sich berufenen Recht; wir haben also einen Fall der Anknüpfungshäufung (mit der auch sonst materiellrechtliche Tendenzen gefördert werden können, oben § 6 IV), und zwar in der Form einer *kumulativen* Anknüpfung: die Ehe kann in Deutschland nur geschlossen werden, wenn *sowohl* die Voraussetzungen des anwendbaren Rechts erfüllt sind, *wie auch* die des § 1306 BGB. Wurde die Ehe dagegen im Ausland geschlossen und geht es nur noch um die Folgen, dann fehlt es an einer Verknüpfung für eine Anwendung des § 1306 BGB: die Rechtsfolgen können durchgesetzt werden, und auch eine Aufhebung nach § 1314 I BGB scheidet aus.

Weniger offensichtlich ist der Kollisionsnorm-Charakter des ordre-public-Vorbehalts, wenn es um den Schutz nur teilweise ausgeformter Rechtsgrundsätze und Gerechtigkeitsmodelle des deutschen Rechts geht, in denen gerade die fundamentalen Wertungsprinzipien unserer Rechtsordnung enthalten sind. Auch wenn wir deutsche Sachnormen haben, die diesen Grundsätzen entsprechen, bilden diese nicht die einzig mögliche Konkretisierung; zahllose andere prinzipkonforme Lösungen sind möglich. So entspricht z.B. das deutsche Ehegüterrecht sicherlich dem Grundsatz der Gleichberechtigung; ganz offensichtlich ist es aber nicht die einzige denkbare Konkretisierung dieses Grundsatzes.

Solche Prinzipien lassen also einen mitunter recht weiten Spielraum für andere materielle Lösungen, einen „**Hof**". Gleichwohl muß man aber auch hier die Frage stellen, ob das deutsche Prinzip aufgrund einer hinreichend engen *Verknüpfung* („Inlandsbeziehung") überhaupt *berufen* ist. Ist es das nicht, so stellt sich die ordre-public-Frage nicht weiter; desgleichen nicht, wenn feststeht, daß die ausländische Lösung noch innerhalb des *„Hofs"* des geschützten Grundsatzes angesiedelt ist (weil sie mit ihm dann nicht in Widerspruch gerät).

Beide Voraussetzungen sind gleichwertig; in der Praxis wird man sich auf die jeweils einfachere Feststellung stützen und die ordre-public-Prüfung abbrechen, wenn die fremde Lösung entweder unserem Grundsatz (noch) entspricht oder aber eine hinreichende Inlandsbeziehung *offensichtlich* nicht besteht.

Die kollisionsrechtlichen Interessen, die zur Heranziehung der Wertungsprinzipien führen, sind dieselben, die auch sonst berücksichtigt werden (es sind also *nicht* ausschließlich materiellrechtliche Interessen im Spiel). So kann ein Parteiinteresse, das hinter dem Parteiinteresse einer anderen „Hauptperson" zurücktreten mußte, hier anzuerkennen sein; so spielte früher, als in Ehesachen an das Heimatrecht des Mannes angeknüpft wurde, dasjenige der Frau eine große Rolle beim ordre public. Interessen an Anwendung des Aufenthaltsrechts, die von denen an Anwendung des Heimatrechts verdrängt wurden, können wieder hervortreten, indem der (gewöhnliche) Aufenthalt in Deutschland als hinreichende „Inlandsbeziehung" anerkannt wird, und umgekehrt. Näher *Schurig* 256–258.

Die beim ordre public zu beachtenden Verknüpfungen beschränken sich nur selten auf eine (wie bei der an sich zulässigen Mehrehe auf die Eheschließung in Deutschland); sie sind im allgemeinen *gehäuft* und auch abhängig davon, in welchem Zusammenhang sich das Prinzip auswirkt (Gleichberechtigung im Familienrecht anders als im Arbeitsrecht). Je tiefer ein Grundsatz in der Rechtsgemeinschaft verwurzelt, je „schockierender" seine Verletzung ist, desto mehr Anknüpfungen stehen alternativ hierfür zur Verfügung. Für den Grundsatz etwa, daß niemandem zu seinen Lebzeiten seine Eigenschaft als Rechtssubjekt genommen werden darf („bürgerlicher Tod", Sklaverei), genügt *jede* – auch „zufällige" – Berührung mit dem deutschen Rechtsraum.

Ist der deutsche Grundsatz über eine hinreichende „Inlandsbeziehung" berufen *und* liegt die ausländische Lösung außerhalb des „Prinzipienhofes", dann stellt sich die Frage nach den konkret anwendbaren Sachnormen; darüber unten VI.

Hinter dem ordre-public-Begriff verbirgt sich also ein **zweites, kumulatives, noch unausgeformtes kollisionsrechtliches Anknüpfungssystem für die elementaren Rechtsprinzipien der eigenen Rechtsordnung.**

III. Gesetzliche Regelung

1. 1900 bis 1986: Art. 30 a.F. EGBGB

Der Vorbehaltsklausel des Art. 30 a.F. EGBGB zufolge war die Anwendung eines ausländischen Gesetzes „ausgeschlossen, wenn die Anwendung gegen die guten Sitten oder gegen den Zweck eines deutschen Gesetzes verstoßen würde".

Zur Entstehungsgeschichte 7. Aufl. S. 377.

Die Vorschrift war dem Dualismus von Gesetz- und Sittenverstoß nachgebildet, wie er sich im materiellen Recht findet (§§ 134/138, 817, 823 II/826 BGB). Beide Begriffe waren nicht gut geeignet zu umschreiben, worum es beim *ordre public* ging. Der *Sittenverstoß* ist im Sachrecht weitgehend subjektiv geprägt; das war aber nicht gemeint. Auch sollte die Anwendung des fremden Rechts nicht an einem an sich außerhalb der Rechtsordnung entwickelten Verhaltenskodex gemessen werden; Maßstab waren vielmehr die die deutsche Rechtsordnung beherrschenden grundlegenden Gerechtigkeitsvorstellungen.

Daß nicht von einem Verstoß gegen ein Gesetz, sondern gegen den *Zweck* eines Gesetzes die Rede war, sollte eine gewisse Zurückhaltung bewirken; denn wenn man ein fremdes Recht schon dann nicht anwendet, wenn es einen anderen Inhalt hat als das deutsche Recht, braucht man kein IPR mehr. Aber der Zweck läßt sich vom Inhalt nicht trennen; er kommt in den Tatbeständen und Rechtsfolgen zum Ausdruck, und wenn eine Regel einen anderen Inhalt hat, sind auch die Zwecke etwas anders gesetzt. Das Reichsgericht sah einen solchen Zweckverstoß dann, wenn der „Unterschied zwischen den staatspolitischen oder sozialen Anschauungen", auf denen das fremde Recht einerseits und das deutsche andererseits beruhten, so erheblich war, *„daß die Anwendung des ausländischen Rechts direkt die Grundlagen des deutschen staatlichen oder wirtschaftlichen Lebens angreifen würde"*. Das war eher gemünzt auf die Fälle, in denen es darum ging, die Anwendung ausländischen Rechts abzuwehren, das *Staats*interessen zuwiderlief, ein Gebiet, das zunehmend aus dem ordre public ausgegliedert wurde (oben S. 458 a. E. f.). Wenn zu entscheiden war, ob eine Norm, genauer: deren Anwendung im Einzelfall, zu einem Ergebnis führte, das unseren Vorstellungen von materiellprivatrechtlicher Gerechtigkeit krass zuwiderlief, war die Definition unbrauchbar; denn „die Grundlagen des (gesamten) staatlichen oder wirtschaftlichen Lebens" werden durch eine noch so ungerechte Entscheidung in einem Einzelfall normalerweise nicht „erschüttert".

Der BGH löste sich schließlich vom Wortlaut des Art. 30 a. F. und definierte den ordre public nach dem *Sinn* dieser Vorschrift dahin, daß *„das Ergebnis der Anwendung des ausländischen Rechts zu den Grundgedanken der deutschen Regelung und der in ihnen liegenden Gerechtigkeitsvorstellungen in so starkem Widerspruch steht, daß es von uns für untragbar gehalten wird"* (BGHZ 50, 370 [375 a. E. f.]). Diese Formel herrschte seitdem in der Rechtsprechung und wird auch unter dem neuen Art. 6 (unten 2) noch benutzt (Nachweise *Soergel/Kegel*[12] Art. 6 Rz. 20 Fn. 8; z. B. wieder BGH WM 1998, 1176 [1177 unter II 2b]).

Eingehender zur Rechtsentwicklung bis zur Neufassung in Art. 6: 7. Aufl. S. 374–378.

2. Art. 6 Satz 1 EGBGB

a) Allgemeines

So kommt es, daß sich bei der Neufassung des ordre-public-Vorbehalts durch das IPR-Neuregelungsgesetz von 1986 in Art. 6 am Wortlaut zwar sehr viel, inhaltlich aber praktisch gar nichts geändert hat.

Aus diesem Grund kann z. B. Rechtsprechung zu Art. 30 a. F. ohne weiteres noch herangezogen werden; auch die von der Rechtsprechung entwickelte Formel wird weiter verwandt (oben 1 a. E.). Freilich muß man beachten, daß die Wertmaßstäbe sich geändert haben können.

Übergangsrechtlich herrscht (theoretischer) Streit. Nach den Grundsätzen des Art. 220 I EGBGB müßte für „abgeschlossene Vorgänge" Art. 30 a. F. gelten, sonst Art. 6 n. F. (so BGH IPRax 1990, 98 mit Aufsatz von *Kreuzer* 365–372 = NJW 1989,

1352 = ROW 1989, 123 mit Aufsatz von *Armbrüster* und *Jopen* 332–338). Ob aber Art. 220 auch den *ordre-public*-Vorbehalt erfassen wollte, ist zweifelhaft, denn es ist jeweils auf die *gegenwärtigen* wesentlichen Grundsätze des deutschen Rechts abzustellen (unten V). Art. 220 I kann nicht zur Folge haben, daß die bis 1986 geltenden Werte praktisch „eingefroren" werden. M.E. folgt daraus, daß der Maßstab stets Art. 6 n.F. zu entnehmen ist, auch wenn im übrigen nach altem IPR angeknüpft wird (vgl. *Soergel/Schurig*[12] Art. 220 Rz. 8). Glücklicherweise gibt es, wie erwähnt, zwischen der alten und der neuen Fassung keine inhaltlichen Unterschiede.

Art. 6 Satz 1 EGBGB steht in der Formulierung der vom BGH entwickelten Definition nahe: „Die Rechtsnorm eines anderen Staates ist nicht anzuwenden, wenn ihre Anwendung zu einem Ergebnis führt, das mit wesentlichen Grundsätzen des deutschen Rechts offensichtlich unvereinbar ist".

b) Das Ergebnis der Anwendung im Einzelfall

Geprüft wird die **Anwendung** einer ausländischen Norm und deren **Ergebnis im Einzelfall**. Beides ist miteinander verknüpft. Gemeint ist nicht das Tun des Richters oder dessen, der sonst ausländisches Recht „anwendet", noch weniger ein Verhalten der Parteien. Erst recht ist nicht die fremde Rechtsnorm *als solche* Gegenstand der Überprüfung. Der irakische Mann mag mehrere Frauen heiraten dürfen; heiratet er in Deutschland die *erste*, so ist unser ordre public nicht betroffen (anders z.T. in England, wo bereits eine *potentielle* Mehrehe als ordre-public-widrig angesehen wurde). Das nigerianische Recht mag Mädchen ab 12 Jahren für ehefähig halten; ist die Braut z.B. 18 Jahre, dann stört uns nicht, daß sie nach ihrem Heimatrecht schon früher *hätte* heiraten dürfen.

Bereits die Entscheidung des gegebenen *Einzelfalles* oder, wenn andere gleich liegende Fälle zu erwarten sind, die Entscheidungen in dieser eingeschränkten Gruppe konkreter Einzelfälle müssen ein untragbares Ergebnis herbeiführen. Daß etwas Derartiges nicht *allgemein* „einreißen" dürfte, ist hingegen kein hinreichender Grund, den ordre public auf den Plan zu rufen.

Beispiele:

Eine Sächsin heiratete 1955 mit 22 Jahren einen gut doppelt so alten ägyptischen Professor islamischen Glaubens vor dem religiösen Gericht in Alexandrien. OLG Celle FamRZ 1958, 30 = MDR 1958, 101 prüft, ob die nach Art. 11 I 2 a.F. EGBGB maßgebenden Formvorschriften des ägyptischen Rechts deswegen gegen Art. 30 a.F. verstoßen, weil in Ägypten durch Stellvertreter geheiratet werden *kann*. Es verneint einen solchen Verstoß. Daß *in casu* die Parteien nicht persönlich erschienen waren, wird aber gar nicht gesagt. Gesetzt, die Frau hätte einen Boten geschickt, der ihre Erklärung überbrachte (nicht einen Stellvertreter, der für sie einen Mann aussuchte: das wäre mehr als „Form"-Sache; vgl. *Soergel/Schurig*[12] Art. 13 Rz. 79, 80), so würde die Gültigkeit der Ehe in diesem *Einzelfall* und in gleichen Fällen (Heirat Deutscher durch Boten in Ländern, die den Boten anerkennen) nicht untragbar sein, während es allerdings untragbar wäre, wenn *in Deutschland jeder* die Sekretärin oder den Chauffeur statt seiner zum Standesamt schicken könnte.

Eine Arzthelferin und Krankenschwester, deutsch und evangelisch, heiratet Ende 1962 in München einen ägyptischen Maschinenbaustudenten, der Mohammedaner ist. Alsbald wird ein Sohn geboren und konfessionslos erzogen. 1967 wird die Ehe geschieden. Man streitet um die elterliche Sorge. Sie unterlag ägyptischem Recht (damals nach Art. 19 a.F. EGBGB, später möglicherweise nach Art. 3 Haager Minderjährigenschutzabkommen, unten S. 800 a.E.f.; nunmehr wäre nach Art. 21 n.F. EGBGB deutsches Recht anzuwenden, weil das Kind hier seinen gewöhnlichen Aufenthalt hat). Nach ägyptischem Recht hat der Vater die elterliche Sorge. Die Mutter hat nur beschränkte Personensorge (*hadanah*) bis zum 7. und bei gerichtlicher Anordnung bis zum 9. Lebensjahr. Verstößt das gegen unseren ordre public? BayObLGZ 1970, 6 stellt auf den *Einzelfall* ab (11f.) und läßt Art. 30 a.F. nicht eingreifen, solange nach ägyptischem Recht die Mutter das Sorgerecht hat (17–20). Auf Vorlage geht auch BGHZ 54, 132 (138) vom *Einzelfall* aus, stellt fest, daß gegen den Vater nichts Ernstes spreche, verweist aber ans LG zurück, damit es über die Zeit vom 7.–9. Lebensjahr beschließe. Während das BayObLG nur vorläufig entscheidet (bis zum Ablauf des mütterlichen Sorgerechts), meint der BGH (138f.), der Vater habe Anspruch auf endgültigen Entscheid und man müsse zwei Verfahren vermeiden. Aber: kommt Zeit, kommt Rat; oft fügt sich der andere Elternteil in die Lage.

Unrichtig AG Frankfurt IPRax 1989, 237 mit Aufsatz von *Jayme* 223f. = NJW 1989, 1434; Talaq-Scheidung (Verstoßung durch Ehemann) zwischen Gatten, für die nach Art. 17 I 1 n.F. EGBGB iranisches Recht gilt. Geschieden wird wegen Art. 6 EGBGB nach deutschem Recht. Da beide Rechte zur Scheidung führten, anscheinend die Frau sogar einverstanden war, bestand kein Grund, vom iranischen Recht abzugehen (dazu auch unten S. 748 a.E.f.). So richtig OLG München IPRax 1989, 238 (241 unter I 4a) mit Aufsatz von *Jayme* 223f.

In der „Anwendung im Einzelfall“ versteckt ist auch das wichtige kollisionsrechtliche Element des *ordre public*, die **Inlandsbeziehung, Inlandsberührung** oder der **Binnenbezug** (oben S. 458). Welche Anknüpfungsmomente, die nach Deutschland weisen, erforderlich sind, um den *ordre-public*-Vorbehalt auszulösen, ist im Einzelfall wertend zu bestimmen. Zwischen der Schwere des Grundsatzverstoßes und der erforderlichen Verknüpfung zum Inland besteht eine *Relation*: Je wichtiger das Prinzip für unsere Rechtsordnung ist, je gravierender sich der Verstoß auswirkt, desto *mehr* Anknüpfungen stehen alternativ zur Verfügung und desto *weniger eng* müssen diese sein. Wird gegen Menschenrechte verstoßen, so genügt *jede* Berührung mit unserem Rechtsleben, auch die Tatsache, daß ein deutsches Gericht oder eine deutsche Behörde sich damit zu befassen hat. Läßt dagegen z.B. das Ehewirkungsstatut (Art. 14 EGBGB) in eher nebensächlichen Fragen einen Stichentscheid des Mannes zu (wie früher das niederländische Recht; inzwischen entscheidet dort der Richter!), so ist zwar der Gleichberechtigungsgrundsatz verletzt (vgl. auch unten IV), aber die Verknüpfung zu Deutschland muß sehr stark sein, damit Art. 6 aktiviert wird; etwa wenn eine deutsche Frau betroffen ist, die überdies hier ihren gewöhnlichen Aufenthalt hat (während für die Ehewirkungen das Recht des früheren gewöhnlichen Aufenthalts nach Art. 14 I Nr. 2 Alt. 2 anwendbar bleibt).

Mit der Bestimmung des maßgeblichen Anknüpfungsmoments hängt auch zusammen, daß der ordre-public-Vorbehalt eingreifen kann, wenn die anstößige ausländische Norm den **Hauptpunkt** berührt, daß wir es aber hinnehmen, wenn nur ein Nebenpunkt betroffen ist (vgl. SG Düsseldorf oben S. 333).

So erlauben wir einem Iraker nicht, in Deutschland eine zweite Frau zu nehmen; die Eheschließung in Deutschland ist eine derart starke Verknüpfung, daß wir § 1306 BGB durchsetzen. Hat er aber daheim doppelt geheiratet, dann geben wir der zweiten Frau Anspruch auf Unterhalt. Ebenso geben wir ihren Kindern (als ehelichen, nicht bloß putativehelichen) gesetzliches Erbrecht nach dem Vater.

Für Unterhaltsanspruch der Frau die französische Cour de Cassation im Fall eines polygamen tunesischen Juden: JDI (Clunet) 1958, 778 mit Anm. von *A.P.* = Rev.crit.dr.i.p. 1958, 110 mit Anm. von *Jambu-Merlin* und Rev.crit.dr.i.p. 1963, 559 mit Anm. von *Holleaux*; anders Cour d'appel de Chambéry für sozialversicherungsrechtlichen Anspruch aus Mutterschaftsversicherung zugunsten der zweiten Frau eines polygamen algerischen Moslem: Rev.crit.dr.i.p. 1962, 496 mit ablehnender Anm. von *Lampué*.

Das Tribunal de grande instance de la Seine hält die zweite (polygame) Ehe eines Juden, die dieser als Tunesier geschlossen hat, für gültig, nimmt aber gegenüber der ersten Frau, die er als Italiener (und deswegen monogam) in Tunis in der Form des jüdischen Rechts geheiratet hat, eine schwere Eheverfehlung an: Rev.crit.dr.i.p. 1966, 624 mit kritischer Anm. von *Decroux*.

Nach OLG Hamm StAZ 1986, 352 ist gültig die Ehe, die ein mit einer Deutschen verheirateter (und mutmaßlich bei uns lebender) Jordanier kurz vor Einbürgerung und Scheidung mit einer Jordanierin in Amman geschlossen hat: der deutsche *ordre public* sei nicht verletzt. Ähnlich auch Cour d'appel de Paris Rev.crit.dr.i.p. 1984, 476 mit Anm. von *Lequette* = JDI (Clunet) 1984, 881 mit Anm. von *Simon-Depitre*: das Gericht läßt eine moslemische Algerierin, die ein ersteehelich geschiedener, in zweiter Ehe mit einer Französin verheirateter (und erst später von ihr geschiedener) moslemischer Algerier daheim vor dem Kadi geehelicht hatte, neben einem erst- und acht zweitehelichen Kindern nach französischem Recht gesetzlich erben. Dagegen spricht Cass. (1re Ch.civ.) Rev.crit.dr.i.p. 1989, 71 mit Anm. von *Lequette* einer Französin, deren Ehemann später Algerier geworden war und eine Algerierin geheiratet hatte, nach dessen Tod durch Arbeitsunfall die ganze Witwenrente zu. Siehe ferner Cass. (Ch.soc.) Rev.crit.dr.i.p. 1991, 694 mit umfassender Anm. von *Déprez* 665–711.

Zur Anerkennung polygamer Ehen in Deutschland auch *Cullmann*, FamRZ 1976, 313–315; BVerwGE 71, 228 (230: Nachweise; 231: Zuzugsgenehmigung für jordanische Zweitfrau Ermessenssache); LJV Baden-Württemberg FamRZ 1990, 1015 (1020: keine Anerkennung der Heirat einer Deutschen mit verheiratetem Amerikaner irakischer Herkunft in Los Angeles).

Für die Niederlande: *Cohen Henriquez*, Polygamie in Nederland, FJR 1990, 170–172.

Für Frankreich: *Bourdelois*, Mariage polygamique et droit positif français, Paris 1993.

Für Südafrika: *Kerr*, Stare decisis in a reunited state, The dependant's action where the deceased's obligation was in customary law. Public policy concerning polygamous marriages, S.A.L.J. 113 II (1996), 222–228 (225–228).

Schließlich wird auch eine **Gegenwartsberührung** verlangt. Je länger der Sachverhalt zurückliegt, desto weniger soll er Anlaß zur Anwendung des Art. 6 Satz 1 geben.

Ein *Beispiel* aus dem französischen Enteignungsrecht (*Picasso-Bilder*) unten S. 946.

Der Grund hierfür ist aber anders beschaffen: Zum einen Teil liegt er darin, daß sich die Werte verändert haben, was nicht unberücksichtigt bleiben kann (unten V), zum anderen darin, daß auch im Recht die Zeit die Wunden heilt (wie man an Verjährung, Verwirkung, Ersitzung erkennen kann), sich die Menschen mit einem langdauernden Zustand eher abgefunden haben können, daher der Verstoß aus heutiger Sicht nicht mehr „offensichtlich" mit den deutschen Rechtsgrundsätzen unvereinbar ist.

c) Die „offensichtliche" Unvereinbarkeit mit wesentlichen Grundsätzen

Schon zu Art. 30 a.F. hat der Grundsatz gegolten, daß nur ein „untragbarer" Widerspruch mit den Grundwertungen des deutschen Rechts zur Anwendung des *ordre-public*-Vorbehalts führt (oben S. 461). Mit den *„wesentlichen Grundsätzen"* in Art. 6 ist gemeint, daß fundamentale Gerechtigkeitsprinzipien betroffen sein müssen, nicht nur Regeln von eher technischem oder Ordnungscharakter. *„Unvereinbar"* bedeutet dasselbe wie „untragbar". Daß die Unvereinbarkeit überdies *„offensichtlich"* sein muß, haben wir Art. 16 des Römischen Schuldvertrags-Übereinkommens zu verdanken, der insoweit Vorbild des neuen Art. 6 war (während die selbständigen Kollisionsnormen in Art. 27–37 übernommen wurden). Diese Beigabe (*„manifestement"*) ist eine bloße Verstärkung und eine Mahnung, einen entsprechenden Verstoß nicht leichtfertig anzunehmen – eher an andere Vertragsstaaten gerichtet als an Deutschland, wo man mit dem ordre public traditionell eher zurückhaltend ist. Jedenfalls bedeutet „offensichtlich" nicht, daß nicht auch erst eine eingehende Prüfung und Abwägung zur Anwendung des ordre-public-Vorbehalts führen kann.

3. Ordre public im Verfahrensrecht

Auch im Verfahrensrecht gibt es *ordre-public*-Klauseln. Am wichtigsten ist der *ordre-public*-Vorbehalt gegenüber der Anerkennung ausländischer Urteile in § 328 I Nr. 4 ZPO (der über § 723 II 2 ZPO auch Auswirkungen auf die Vollstreckung hat). Im Rahmen des EuGVÜ ist Art. 27 Nr. 1 die entsprechende Grundlage. Bei der Anerkennung von Entscheidungen der freiwilligen Gerichtsbarkeit ist der *ordre public* in § 16a Nr. 4 FGG vorbehalten, gegenüber ausländischen Insolvenzverfahren in Art. 102 I Nr. 2 EGInsO (BGBl. 1994 I 2911, 2951). Die Vorschriften des autonomen deutschen Rechts benutzen dieselbe Formel wie Art. 6 EGBGB. §§ 1041 I Nr. 2 und 1044 II Nr. 2 a.F. ZPO sahen sie auch gegenüber in- und ausländischen Schiedssprüchen vor; nunmehr begnügt sich § 1059 II Nr. 2b ZPO für inländische Schiedssprüche mit einer entsprechenden Bezugnahme auf die „öffentliche Ordnung (ordre public)", während § 1061 I ZPO für ausländische Schiedssprüche auf das New Yorker Übereinkommen vom 10. 6. 1958 (oben S. 207) verweist, dessen Art. V Abs. 2b ähnlich lautet.

Daß hier Schiedssprüchen offenbar dieselbe Richtigkeitsvermutung zugebilligt wird wie ausländischen *Rechtsordnungen*, ist nicht unbedenklich, vgl. *Schurig*, Fschr. Großfeld 1999, 1089, 1100f. Gleichwohl hat die Rechtsprechung insoweit sogar die engere Reichsgerichtsformel (oben S. 461) weiter benutzt; näher 7. Aufl. S. 375.

Im Verfahrensrecht hat der *ordre public* zwei Seiten. Er bezieht sich einmal auf die Einhaltung fundamentaler Verfahrensprinzipien, inbesondere solcher, die der Fairness und Chancengleichheit dienen.

Ausländische *Urteile* sind, soweit es um Verfahrensmängel geht, nach dem BGH gemäß § 328 I Nr. 4 a.F. ZPO (und mutmaßlich auch weiterhin) nicht anzuerkennen, „wenn das Urteil des ausländischen Gerichts auf Grund eines Verfahrens ergangen ist, das von den Grundprinzipien des deutschen Verfahrensrechts in einem solchen Maße abweicht, daß nach der deutschen Rechtsordnung das Urteil nicht als in einem geordneten rechtsstaatlichen Verfahren ergangen angesehen werden kann" (BGHZ 48, 327 [331]; BGHZ 55, 357 [359a.E.f.]).

Außerdem wird aber der *materiell*privatrechtliche *ordre public* in den verfahrensrechtlichen importiert, so daß die Anerkennung ausländischer Urteile auch abzulehnen ist, wenn die Entscheidung *in der Sache* gegen rechtliche Grundprinzipien verstößt.

Näher unten S. 910f. Ein ordre-public-Verstoß kann auch dazu führen, daß nur ein quantitativer Teil des Urteils nicht anerkannt, ein anderer jedoch aufrechterhalten wird. So kann ein (aus deutscher Sicht) überhöhtes US-amerikanisches Schmerzensgeldurteil in geringerer Höhe anerkannt (und vollstreckt) werden (vgl. den Fall des OLG Düsseldorf oben S. 456). Mitunter neigt man zu noch mehr Großzügigkeit, wenn über eine Frage rechtskräftig entschieden ist; man läßt die Anwendung der anstößigen Norm eher „durchgehen", als wenn man sie selbst anwenden müßte, so neuerdings der BGH bei Termingeschäften (aber unter verfehlter Benutzung des Begriffs „ordre public international", vgl. auch oben S. 138).

IV. Grundrechte und ordre public: Art. 6 Satz 2 EGBGB

Schrifttum: Älteres Schrifttum 6. Aufl. S. 332f. Hervorzuheben: *Beitzke*, Grundgesetz und Internationalprivatrecht, 1961; *Sonnenberger*, Die Bedeutung des Grundgesetzes für das deutsche IPR, Diss. München 1962; Stellungnahmen zu BVerfGE 31, 58 von *Henrich, Jayme, Kegel, Lüderitz, Makarov, Siehr, Wengler* und *Neuhaus*, RabelsZ 36 (1972), 2–59, 93–140; *Ballarino*, Costituzione e diritto internazionale privato, Padua 1974; *Jayme/Meessen*, Staatsverträge zum IPR, BerGesVR 16 (1975), 7–95; *Goergens*, Die materiellrechtliche und kollisionsrechtliche Gleichberechtigung der Ehegatten auf dem Gebiet der persönlichen Ehewirkungen und der elterlichen Gewalt. Eine rechtsvergleichende Darstellung des französischen, italienischen, englischen und deutschen Rechts, 1976; *Maura Ramos*, Direito internacional privado e constituição, Coimbra 1979. Ferner: *Schurig* 263–269; *Gamillscheg*, Ordine pubblico e diritti fondamentali, Fschr. Ago IV, Mailand 1987, 89–104 (96–104); *Hohloch*, Verfassungswidrigkeit des Ehewirkungs- und Ehescheidungsstatuts des italienischen Rechts (Art. 18 Disp. prel. al Codice civile), IPRax 1987, 257f.; *Arroyo Montero*, Derecho Internacional Privado y Constitución, Proyección en la jurisprudencia española de la doctrina del Tribunal Constitucional Federal de Alemania, Rev.esp.der.int. 1988, Nr. 2, 89–103; *Heintzen*, Auswärtige Beziehungen privater Verbände. Eine staatsrechtliche, insbesondere grundrechtskollisionsrechtliche Untersuchung, 1988; *Stern*, Staatsrecht III/1, 1988, 1238–1242; Note: The Extraterritorial Applicability of the Fourth Amendment, Harv.L.Rev. 102 (1989), 1672–1694; *Jayme*, Grundgesetz und Neuorientierung des Internationalen Privatrechts, in: *Mußgnug* (Hrsg.), Rechtsentwicklung unter dem Bonner Grundgesetz, 1990, 127–144; *Jürgens*, IPR und Verfassung in Italien und in der Bundesrepublik Deutschland, 1990; *Pitschas*, Verfassungsrechtliche Vorgaben für das Staatsangehörigkeitsprinzip des IPR, in: *Jayme/Mansel* (Hrsg.), Nation und Staat im IPR, 1990, 93–124 (99–105); *Spickhoff*, Eheschließung, Ehescheidung und ordre public, JZ 1991, 323–330; *Elbing*, Zur Anwendbarkeit der Grundrechte bei Sachverhalten mit Auslandsbezug, 1992; *Herzog*, Constitutional Limits on Choice of Law, Rec. 1992 III, 239–330; *Scoles/Hay*[2] 78–109; *Damm*, Die Einwirkung der Grundrechte des Grundgesetzes auf das nach deutschem Internationalen Privatrecht anwendbare ausländische Sach- und Kollisionsrecht, 1993 (bespr. von *Ehrike*, RabelsZ 60 [1996], 141–147); *von Bar*, Menschenrechte im Kollisionsrecht, BerGesVR 33 (1994), 191–212; *Bungert*, Das Recht ausländischer Kapitalgesellschaften auf Gleichbehandlung im deutschen und US-amerikanischen Recht, zugleich ein Beitrag zu einem Internationalen Grundrechtskollisionsrecht, 1994; *R. Hofmann*, Grundrechte und grenzüberschreitende Sachverhalte, 1994 (bespr. von *Garcimartin Alferez*, Rev.esp.der.int. 1995, Nr. 2, 562–566; *Vogler*, GA 1996, 569–579); *Reich*, Grundgesetz und internationales Vertragsrecht, NJW 1994, 2128–2131; *Kreuzer*, Internationales Privatrecht und Bundesverfassungsgericht. Eine Fallstudie zur Durchsetzung von Grundrechten durch das Bundesverfassungsgericht, Fschr. Benda 1995, 153–183; *Puttfarken*, Grundrechte im internationalen Rechtsraum. Zur Zweitregister-Entscheidung des Bundesverfassungsgerichts, RIW 1995, 617–627; *Schemmer*, Der *ordre public*-Vorbehalt unter der Geltung des Grundgesetzes, 1995; *Tomuschat*, Grundrechtsfestung Deutschland?, IPRax 1996, 83–87; *Vogler*, Grundrechte und grenzüberschreitende Sachverhalte, GA 1996, 569–579; *Hammje*, Droits fondamentaux et ordre public, Rev.crit.dr.i.p. 1997, 1–31; *Rickert*, Grundrechtsgeltung bei der Umsetzung europäischer Richtlinien in innerstaatliches Recht, 1997; *Coester-Waltjen/Kronke/Kokott*, Die Wirkungskraft der Grundrechte bei Fällen mit Auslandsbezug, BerGesVR Nr. 38, 1998. Siehe auch Schrifttum unten S. 681.

Dem Schutz grundrechtlich verankerter Prinzipien hat man in Art. 6 einen eigenen zweiten Satz spendiert: „Sie [die Rechtsnorm eines anderen Staates] ist insbesondere nicht anzuwenden, wenn die Anwendung mit den Grundrechten unvereinbar ist“. Diesen Zusatz hat der Gesetzgeber auch dort übernommen, wo er die Formel des Art. 6 sonst noch benutzt.

Grundrechte, die das Privatrecht berühren, sind meist in erster Linie auf das materielle Privatrecht gemünzt (z.B. Schutz von Eigentum und Erbrecht nach Art. 14 GG). Sie können aber auch das IPR berühren wie die Gleichberechtigung von Mann und Frau nach Art. 3 II GG und der Schutz von Ehe, Familie und nichtehelichen Kindern nach Art. 6 GG (unten S. 681f.). Dies betrifft die Ausgestaltung der Kollisionsnormen *selbst*; da auch diese zwischen (kollisionsrechtlichen) Interessen entscheiden, müssen z.B. die von Mann und Frau gleich bewertet werden.

Doch kann auch durch grundrechtskonforme Kollisionsnormen berufenes ausländisches Recht *inhaltlich* den deutschen Grundrechten zuwiderlaufen. Daraus ergibt sich die Frage, ob und inwieweit deutsche Grundrechte die Anwendung solchen ausländischen Rechts hindern können. Kann z.B. Art. 3 II GG den vom islamischen Recht gewährten Vorrang des Vaters vor der Mutter im Verhältnis zum ehelichen Kind beseitigen, wenn ein jordanischer Vater gegen den Willen der jordanischen Mutter ihr in Deutschland geborenes Kind nach Amman mitnehmen möchte?

Sicher ist, daß der Wirkungsmechanismus ein anderer sein muß als gegenüber verfassungswidrigem deutschem Recht. Bei diesem wirkt sich die innerstaatliche Normenhierarchie aus: grundrechtswidrige Gesetze sind entweder nichtig (wenn vorkonstitutionell) oder vom BVerfG für nichtig zu erklären (wenn nachkonstitutionell). Gleichberechtigungswidriges Recht ist nach Art. 117 I GG zum 31. 3. 1953 außer Kraft getreten. Die *Existenz* einer *ausländischen* Norm wird dagegen durch einen Konflikt mit den deutschen Grundrechten in keiner Weise berührt. Niemand wird im Ernst annehmen wollen, das BVerfG müßte – oder könnte auch nur – solche Normen für „nichtig", weil verfassungswidrig, erklären (§ 78 BVerfGG spricht auch nur von „Bundesrecht" und „Landesrecht"), und wir können solches Recht – selbst wenn es gleichberechtigungswidrig ist – nicht „außer Kraft treten" lassen.

Die Grundrechte sind aber ausformulierte materielle Wertprinzipien, die *wegen* ihres besonderen Gewichts den Rang von Verfassungsrecht erhalten haben und die wiederum durch ihre Qualität als Verfassungsrecht besonderes Gewicht besitzen. Sie durchziehen das gesamte deutsche materielle Recht, auch wo es nicht um die Kontrolle von Normen geht. Sie geben der Auslegung, Ergänzung, Wertbildung des Rechts vielfach die Richtung vor, sie setzen Wegweiser bei der Anwendung von Generalklauseln. Daß nun ausgerechnet diese Prinzipien kollisionsrechtlich unbeachtlich sein sollen, wenn ein fremdes Recht zur Anwendung berufen ist, während andere Grundsätze (Verjährbarkeit von Forderungen, Unübertragbarkeit künftigen Vermögens und ähnliches) sich durchsetzen, ist von vornherein auszuschließen. Auch kann nicht ohne weiteres unterstellt werden, der Anwendungsbereich der Grundrechte sei immer identisch mit dem Anwendungsbereich des deutschen Sachrechts und ende dort, wo fremdes Recht anzuwenden sei. Denn die Grundrechte dienen materiell anderen Interessen als das jeweils angewandte materielle Privatrecht, und daraus ergeben sich andere kollisionsrechtliche Interessen. Wegen der Bedeutung dieser Grundsätze stehen auch meist mehrere Anknüpfungsmöglichkeiten zur Verfügung, so daß es zwar kaum vorkommen kann, daß deutsches materielles Recht gilt, aber nicht die deutschen Grundrechte, der umgekehrte Fall, daß deutsche Grundrechtsprinzipien bei anwendbarem ausländischem Recht zum Tragen kommen, aber durchaus nicht selten ist.

Darüber, *auf welchem Wege* die Einbeziehung der Grundrechte geschieht, gibt es zwei unterschiedliche Konzepte: Eine Möglichkeit ist, für die Verfassungsprinzipien **eigene Kollisionsnormen** zu schaffen, ein vom internationalen *Privat*recht (IPR) verschiedenes *internationales Grundrechts*recht, das bestimmt, auf welche das In- oder Ausland berührenden Sachverhalte die einzelnen Grundrechte anzuwenden sind.

Die Verfassungsprinzipien werden dann, wenn die Anknüpfungsvoraussetzungen erfüllt sind, *neben* dem an sich anwendbaren Recht berufen, und zwar *kumulativ*, d.h. es treten die Rechtsfolgen des fremden Rechts nur ein, soweit sie zugleich dem berufenen deutschen Grundrecht entsprechen. Art. 3 II GG verhindert dann z.B. die Anwendung gleichberechtigungswidrigen fremden Rechts, nicht weil er dieses (wie nach Art. 117 I GG zum 31. 3. 1953 das deutsche) „außer Kraft treten ließe" – was er gar nicht kann –, sondern weil er als materieller Grundsatz zugleich mitberufen ist und sich dem fremden Recht gegenüber durchsetzt.

Der Vorzug dieser Sicht ist, daß die kollisionsrechtliche Komponente deutlich hervortritt, ihr Nachteil, daß es nicht möglich ist, den Grundrechtsprinzipien in ihrer allgemeinen Fassung eine oder mehrere festumrissene Anknüpfungen zuzuordnen. Der Grundsatz der Gleichbehandlung von Mann und Frau (Art. 3 II GG) z.B. durchzieht die gesamte Rechtsordnung, wirkt sich im öffentlichen und privaten, im materiellen und Verfahrensrecht aus. Je nach Kontext betrifft er die unterschiedlichsten sachrechtlichen Interessen und läßt die unterschiedlichsten kollisionsrechtlichen Interessen entstehen (vgl. *Schurig* 264–266). Man muß also jeweils im Einzelfall entscheiden.

Das spricht dafür, auf eine kollisionsrechtliche Konkretisierung einstweilen zu verzichten und statt dessen eine *Generalklausel* zu verwenden. Hier bietet sich der andere Weg der Einwirkung von Grundrechten an: ihre **Einbeziehung in den *ordre public*.**

Das BVerfG hat in seiner bahnbrechenden „Spanierentscheidung" (BVerfGE 31, 58) offengelassen, welcher der beiden Wege beschritten werden sollte. Auch die Einbeziehung in den ordre public findet seine Billigung, wenn man Art. 30 a.F. (jetzt Art. 6 n.F.) EGBGB als „Einbruchstelle" der Grundrechte ins IPR verstehe und nicht zwischen tragbaren und untragbaren Grundrechtsverletzungen unterscheide; freilich wird die Bildung von Kollisionsnormen vorgezogen; aaO 77 unter C III 3 Abs. 7, 86f. unter C VI 2).

Bei genauer Betrachtung zeigt sich, daß die beiden Lösungsvarianten im Grunde *auf dasselbe hinauslaufen*. Auch wenn man methodisch bei der Suche nach Kollisionsnormen für Grundrechte ansetzt, kann man nicht das *eine* Anknüpfungsmoment finden, sondern muß je nach Kontext die passenden Verknüpfungen wertend ermitteln. Hat man erkannt, daß es schon beim *ordre public* um ein *unausgeformtes kumulatives Anknüpfungssystem für elementare Grundprinzipien der eigenen Rechtsordnung* geht und damit zumindest strukturell um Kollisionsnormen (oben II), dann ist es eine reine Frage der *Etikettierung*, ob man den kollisionsrechtlichen Anknüpfungscharakter in den Vordergrund stellt und von (ad hoc zu bildenden) Kollisionsnormen spricht oder ob man wegen der Abhängigkeit von der Einzelfallbewertung die Generalklausel des *ordre public* als Grundlage nimmt und damit den gesamten

„harten Kern“ der zu schützenden materiellprivatrechtlichen Gerechtigkeit unter diesen Begriff versammelt.

Im letzteren Sinne BGHZ 42, 7 (12–14) zu Art. 3 II GG; BGHZ 54, 123 (129f.) und 132 (140–143), ebenso; *Sandrock*, Fschr. Mann 1977, 267–288; *Müller-Freienfels*, Fschr. Kegel 1977, 91–98 und U. Chi.L.Rev. 45 (1978), 608–611; *MünchKomm/Sonnenberger*[3] Art. 6 Rz. 53–55; *Staudinger/Blumenwitz*[13], Art. 6 Rz. 13; *Palandt/Heldrich*[58] Art. 6 Rz. 7; *Erman/Hohloch*[9] Art. 6 Rz. 19; *Lüderitz*[2] S. 94f.; *Kropholler*[3] S. 229f. Auf diese Sicht hat sich inzwischen auch das BVerfG eingestellt (NJW 1989, 1275 unter II 1). – Dagegen für ein über internationales *Grundrechts*recht noch hinausgehendes internationales *Verfassungs*recht *Pitschas*, in: *Jayme/Mansel* (Hrsg.), Nation und Staat im IPR, 1990, 103.

Wenn der Gesetzgeber sich mit der Aufnahme in Art. 6 Satz 2 *für* die Generalklausel entschieden hat, dann hat er also damit *nicht* zugleich den Kollisionsnormcharakter ausgeschlossen.

Da die Grundrechtsprinzipien oftmals einen weiten „*Hof*“ haben (oben S. 459f.), ist wiederum zu prüfen, ob die ausländische Lösung (unter Umständen „gerade noch“) in diesen „Hof“ fällt, also unter der Berücksichtigung des jeweiligen Prinzips noch „tragbar“ ist. Dabei ist nicht isoliert auf die einzelne Norm zu sehen, sondern der gesamte Regelungszusammenhang der berufenen Rechtsvorschriften ist in die Bewertung einzubeziehen, weil sich an anderer Stelle ein Ausgleich befinden kann. Ist das nicht der Fall, so muß die angemessene „*Anknüpfung*“ (Inlandsbeziehung) für das betreffende (Verfassungs-)Prinzip bestimmt werden, und zwar (wie auch sonst beim ordre public, oben S. 457f., 463) durch Bewertung kollisionsrechtlicher Interessen. Führt diese dazu, daß das Grundrechtsprinzip im konkreten Fall „angewandt“ werden muß, und ist es – wie meist – nicht mit der Lösung der deutschen Sachnorm identisch, so stellt sich wieder die Frage nach den konkret anzuwendenden materiellen Regeln (dazu unten VI).

Die Begriffe „tragbar“ und „untragbar“ können somit nur verstanden werden als Aussagen über die *Vereinbarkeit* mit dem jeweiligen Grundrechtsprinzip: ist die *Anwendung fremden Rechts* noch „tragbar“, so liegt sie gerade noch innerhalb des möglichen „Hofes“; eine Grundrechts*verletzung* (auch eine „tragbare“) ist nicht vorhanden. Ist sie vorhanden, so kommt es auf die Stärke und Anzahl der relevanten Anknüpfungen an. Die Anzahl steigt und die Anforderungen an die Nähe verringern sich, je wichtiger das Prinzip, um das es geht, in seiner konkreten Ausformung ist, und damit steigt die Anwendungswahrscheinlichkeit für das Grundrechtsprinzip. *Ist* die fremde Regelung mit dem Grundrechtsprinzip nicht mehr vereinbar *und* besteht eine relevante Verknüpfung, dann setzt sich das mitberufene Prinzip auch durch; man darf also nicht sagen, das Grundrecht sei nur „ein bißchen“ verletzt und die Verletzung darum tragbar. Das ist es, was das BVerfG meint, wenn es eine Unterscheidung nach „tragbaren“ und „untragbaren“ Verletzungen für unzulässig erklärt (oben S. 469).

Deutlich wird bei dieser Betrachtung jedenfalls, daß die Heranziehung grundrechtlich geschützter Prinzipien bei der Anwendung fremden Rechts in Deutschland kein unerhörter Oktroi ist, kein Eingriff in fremde Souveränität (wie man gelegentlich behauptet hat), sondern eine normale kollisionsrechtliche Entscheidung über die kumulative Heranziehung des eigenen Rechts, wie sie die ureigene Sache einer jeden Rechtsordnung ist.

Soweit der *ordre public* im *internationalen Verfahrensrecht* zum Tragen kommt, sind die Grundrechtsprinzipien in den Schutz einbezogen. In § 328 I Nr. 4 ZPO, § 16a Nr. 4 FGG und Art. 102 I Nr. 2 EGInsO hat der Gesetzgeber auch den entsprechenden Formelannex des Art. 6

EGBGB aufgenommen. *Nötig* war das hier wie dort nicht: ohne die ausdrückliche Erwähnung der Grundrechte würde nichts anderes gelten.

Die Hervorhebung der Grundrechte bedeutet auch nicht, daß in *jedem* Fall eine Abweichung von den Grundrechten die Anwendung ausländischen Rechts hindert. Vielmehr kommt es nach den Grundsätzen des BVerfG (oben S. 469) darauf an, ob im *Einzelfall* die Folgen der Anwendung des ausländischen Rechts untragbar sind, weil eine relevante Verknüpfung des Sachverhalts mit der deutschen Rechtsordnung besteht (bei Fragen der *verfahrensrechtlichen* Gerechtigkeit genügt, daß die Entscheidung hier anerkannt werden soll) und die konkrete Rechtsanwendung außerhalb des möglichen Prinzipien-„Hofes" liegt (vgl. die Begründung zu Art. 6 Satz 2, BTDrucks. 10/504 S. 44, sowie *Stern*, Staatsrecht III/1, 1988, 1242).

Soweit der verfahrensrechtliche ordre public die *verfahrensrechtlichen* Gerechtigkeitsprinzipien schützt (oben III 3), sind natürlich auch die darauf zielenden Grundrechte einbezogen (z. B. Verletzung des Grundrechts auf rechtliches Gehör nach Art. 103 I GG: BGHZ 48, 327 [330 f.]).

Dem BGH zufolge „kann (unter Berufung auf den *ordre public*) nicht verlangt werden, daß in jedem Staat dieselben Rechtsschutzgarantien wirken, die bei uns Art. 19 IV GG gewährleistet": BGH IPRax 1990, 398 mit Aufsatz von *Kreuzer* 365–372 = NJW 1989, 1352 = ROW 1989, 123 mit Aufsatz von *Armbrüster* und *Jopen* 332–338 und (im selben Fall) BVerfG NJW 1992, 1816 mit dem Hinweis, daß Art. 19 IV GG nur für Akte der öffentlichen Gewalt in der Bundesrepublik unmittelbar gilt.

Bei *Auslandssachverhalten* (oben S. 58–61) wird mitunter der Schutz der Grundrechte auf ausländische Rechtspositionen erstreckt; so wenn die Erhebung einer Ehenichtigkeitsklage nach § 24 a. F. EheG (jetzt Aufhebungsantrag nach §§ 1314 I, 1306 BGB) durch den Staatsanwalt (jetzt die nach § 1316 III BGB zuständige Behörde) für unzulässig erklärt wird, damit im Heimatrecht des ausländischen Partners keine „hinkende" Ehe entsteht (OLG Nürnberg NJW-RR 1998, 2 [4 f. unter I 2.6 d]). Anders als in den bisher behandelten Fällen geht es dann aber nur um grundrechtskonforme Ausdeutung des eigenen *Sach*rechts; ein kollisionsrechtliches Problem stellt sich nicht.

V. Maßgeblicher Zeitpunkt

Bei der Frage, ob die Anwendung ausländischen Rechts zu einem Ergebnis führt, „das mit wesentlichen Grundsätzen des deutschen Rechts offensichtlich unvereinbar ist" oder das schlechthin untragbar gegen die materiellprivatrechtliche Gerechtigkeit verstößt, sind für uns die Grundsätze **im Zeitpunkt der Entscheidung** maßgeblich (BGH WM 1998, 1176 [1177 unter II 2 b]). Denn das, was wir als unantastbaren Kern unserer Privatrechtsordnung ansehen, wandelt sich. Es wandelt sich wie die „öffentliche Ordnung" im Polizeirecht; im vorigen Jahrhundert durfte man auf städtischer Straße nicht rauchen, wohl aber seine Schweine umtreiben. *„Public policy is the policy of the day" (C. K. Allen).*

In RGZ 114, 171 klagte die Eigentümerin eines Grundstücks, das nach dem Ersten Weltkrieg durch Abtretung Nordschleswigs dänisch geworden war, auf Erlaß eines Vollstreckungsurteils (§ 722 ZPO) für ein dänisches Urteil von Ende 1924, in dem ein

Hypothekar ohne Aufwertung zur Annahme von Papiermark verurteilt worden war. Das RG wies die Klage ab: das dänische Urteil sei wegen der *ordre-public*-Klausel des § 328 I Nr. 4 a.F. ZPO nicht anzuerkennen; denn es verstoße gegen die *heutige* deutsche Rechtsauffassung (nachdem lange bei uns der Satz „Mark gleich Mark" gegolten hatte).

OLGPräs. Hamm StAZ 1974, 69 = FamRZ 1974, 456 LS entschied, daß der Wunsch eines geschlechtsumgewandelten pakistanischen Mannes, in Deutschland als Frau zu heiraten (was er/sie nach seinem Heimatrecht durfte), an unserem *ordre public* scheiterte. Knapp zehn Jahre später (inzwischen war das Transsexuellengesetz vom 10. 9. 1980 in Kraft getreten) nahm das AG Hamburg StAZ 1984, 42 an, es verstoße gegen das Grundrecht der Eheschließungsfreiheit, wenn ein geschlechtsumgewandelter Mann aus Malaysia *nicht* als Frau heiraten dürfe, und ließ die Eheschließung über den *ordre public* zu; ebenso entschied 1997 der österreichische Verwaltungsgerichtshof (JBl 1998, 461).

Zu den gegenwärtigen Grundsätzen gehört aber auch, wie wir mit solchen Wandelungen im Lauf der Zeit umgehen. Ist ein zu beurteilender Sachverhalt in der Vergangenheit *abgeschlossen* und haben sich unsere Wertprinzipien inzwischen geändert, dann ist eine Art *intertemporaler* Entscheidung zu treffen. Belassen wir es auch bei „internen" Sachverhalten bei den alten Wertprinzipien (etwa bei vor dem 31. 3. 1953 abgeschlossenen Sachverhalten bei der Anwendung gleichberechtigungswidrigen Rechts), so können wir dem ausländischen Recht gegenüber nicht strenger sein (das ist eine Facette des oben S. 464 a.E.f. erwähnten „Gegenwartsbezugs"). Doch gibt es grundsätzlich keinen Anspruch darauf, daß wir an sich anwendbares Recht, das wir einmal für ordre-public-widrig gehalten haben, auch heute nicht anwenden. Andererseits kann der ordre public auch aufgrund neu erstarkter Werte durchgreifen, und daß wir ein fremdes Recht einmal für unbeschränkt anwendbar gehalten haben, ist keine Gewähr dafür, daß wir dies auch heute noch tun, wenn wir dieselbe Strenge bei internen Sachverhalten walten lassen (vgl. den mitgeteilten Fall des RGZ 114, 171).

VI. Die bei Eingreifen des ordre-public-Vorbehalts anzuwendenden Sachnormen

Die *herrschende Auffassung*, die die Funktion des *ordre-public*-Vorbehalts darauf beschränkt, mißbilligte ausländische Normen aus der Anwendung zu *entfernen* (vgl. oben S. 454f.), sieht die Frage, welche Sachnormen bei Eingreifen des *ordre-public*-Vorbehalts anzuwenden sind, als eine solche der *Lückenfüllung*. Ein *Normenmangel* (oben S. 47, 123) entsteht demzufolge solange nicht, wie an die Stelle der „herausgebrochenen" ausländischen Regel die des deutschen Rechts tritt; das ist immer dann der Fall, wenn das geschützte Prinzip nur *eine* konkrete Lösung zuläßt, nämlich die des deutschen Rechts (oben S. 459).

So wird die islamische Erlaubnis der Polygamie ersetzt durch das deutsche Verbot der Doppelehe (§ 1306 BGB, früher § 5 EheG). An die Stelle des in manchen Rechtsordnungen enthaltenen Verbotes der Anerkennung von Ehebruchskindern tritt der im deutschen Recht implizit enthaltene Rechtssatz, daß auch solche Kinder anerkannt werden können.

Läßt das geschützte Rechtsprinzip jedoch Raum für andere Gestaltungen, so zeigt sich ein solcher Normenmangel. Leugnet z.B. das anwendbare fremde Recht entgegen deutschem *ordre public* die Verjährbarkeit eines Anspruchs, dann muß nicht nur die Verjährbarkeit angeordnet werden; auch Verjährungsfrist, Hemmung und Unterbrechung der Verjährung u.a. müssen gegebenenfalls geregelt werden. Dies ist strukturell eine Frage der *Angleichung* (oben § 8).

Vielfach löst man diese Angleichungsfrage *kollisionsrechtlich*: man wendet das *eigene* (bei uns das deutsche) Recht an, so z.B. im Prinzip auch das österreichische IPR-Gesetz in dessen § 6 („erforderlichenfalls"). Mit einer solchen Lösung schüttet man indessen „das Kind mit dem Bade aus" und nimmt u.U. Eingriffe in das fremde Recht vor, die durch den Schutz des deutschen Rechtsprinzips gar nicht geboten sind.

Manche wollen deshalb das *ausländische* Recht anwenden, aber nicht die anstößige Norm, sondern eine *andere*, die damit auf einen Fall ausgedehnt wird, für den sie nicht bestimmt ist; sie lösen damit die „Angleichungsfrage" *materiell*rechtlich.

Zum Beispiel erklärte RGZ 106, 82 im Einklang mit der Vorinstanz (OLG Karlsruhe) eine nach schweizerischem Recht unverjährbare Forderung wegen Art. 30 a.F. EGBGB für verjährbar (wenn auch zu Unrecht). Die dadurch notwendig gewordene Verjährungsfrist bestimmte der Berufungsrichter nach §§ 196, 197 BGB. Nach Ansicht des RG (85f.) „mußte er sich in erster Linie die Frage vorlegen, ob mit der Ausschaltung der zunächst maßgebenden Einzelvorschrift zugleich die Maßgeblichkeit des schweizer Rechts im allgemeinen beseitigt, und nicht vielmehr die Ausfüllung der entstehenden Lücke wiederum dem schweizerischen Recht zu entnehmen sei (...). Erst wenn der Berufungsrichter fand, daß die Lücke nicht aus dem schweizer Recht ergänzt werden könne, durfte er deutsches Recht zu[r] Anwendung bringen. Auch dann aber blieb er verpflichtet, innerhalb der deutschen Bestimmungen diejenige Einzelvorschrift zu ermitteln, die dem Rechtsgedanken des fremden Rechts am nächsten kommt".

Eine solche Lösung geht jedoch nur scheinbar auf das fremde Recht ein; in Wahrheit wird es in willkürlicher Weise verfälscht. Das Ergebnis ist nicht „realer", als wenn wir gleich selbst entscheiden.

Dieser letztere Weg ist deshalb vorzuziehen. Richtschnur für die Lösung muß sein, so wenig wie möglich in das ausländische Recht einzugreifen („*minimum d'atteinte portée à loi étrangère*", *Pillet/Niboyet*, Manuel de droit international privé[2], Paris 1928, 554). Daher löst man die „Angleichungsfrage" hier am besten durch Ausbildung *neuer Sachnormen* für den konkreten Fall. Man setzt z.B. an die Stelle der Unverjährbarkeit die längste für unser Gefühl tragbare Verjährungsfrist (vielleicht 50 Jahre); man ermäßigt hohes Erfolgshonorar des amerikanischen Anwalts auf eine „tragbare" Höhe (BGHZ 44, 183 = NJW 1966,

296, oben S. 128 a.E.f.). Damit kränkt man das ausländische Recht am wenigsten und hält die Rechtsfolgen des Art. 6 so elastisch wie seine Tatbestände (oben II, III).

Die hier vertretene kollisionsrechtliche Sicht des *ordre public* bestätigt dieses Ergebnis: Zwar entsteht keine „Lücke", weil das Grundprinzip des deutschen Rechts über die vorhandene Anknüpfung (Inlandsbeziehung) kumulativ zum ausländischen Recht zur Anwendung berufen ist und dieses unmittelbar verdrängt (oben S. 459f.). *Deswegen* ist auch die deutsche Sachnorm anzuwenden, wenn sie die einzig mögliche Konkretisierung des Prinzips enthält. Wenn das aber nicht so ist, dann verdrängt das *noch unkonkretisierte* Rechtsprinzip die ausländische Norm. Damit man es anwenden kann, muß es jedoch konkretisiert werden. Zu diesem Zweck ist im deutschen Sachrecht (nicht „im IPR", denn es geht um die Reichweite des deutschen materiellrechtlichen Prinzips; anders *Kegel* in 7. Aufl. S. 384f.) eine neue materielle Norm ad hoc zu bilden; sie ist es, die neben dem ausländischen Recht kumulativ berufen ist und sich durchsetzt. Auf einer gedachten *Skala* zwischen der deutschen und der an sich berufenen ausländischen Regelung ist die Lösung zu bilden, die dem ausländischen Recht am nächsten steht und gerade noch innerhalb des „Hofes" des deutschen Rechtsprinzips liegt.

Diese gleitende Skala kann die *Voraussetzungen* einer Rechtsfolge betreffen. Dann geht die Beurteilung in der Anwendung auf den Einzelfall (oben S. 462–465) auf: Heiratet eine 18jährige Nigerianerin in Deutschland, die nach ihrem Heimatrecht mit 12 Jahren ehefähig wird, braucht sich niemand über den tragbaren Zeitpunkt der Ehefähigkeit Gedanken zu machen. Ist die Frau 14 Jahre, muß sich der Richter überlegen, wo zwischen dem deutschen und dem nigerianischen der Zeitpunkt der Ehefähigkeit liegt, den wir noch gelten lassen können, und er muß jedenfalls entscheiden, ob 14 Jahre darunter oder darüber liegen. (Derart frühe – und frühere – Ehefähigkeitszeitpunkte gibt es in vielen traditionellen Rechten, etwa in Indien und Pakistan; doch wird heute oft der Mann *bestraft*, der eine Frau unter einem Mindestalter [Pakistan z.B. 16 Jahre] heiratet, wenngleich die Ehe gültig bleibt; vgl. auch OLG Köln FamRZ 1997, 1240: Vormundschaft über ein zehnjähriges iranisches Mädchen auch bei Eintritt der Volljährigkeit mit 9 Jahren). – Besteht eine unverjährbare ausländische Forderung seit 20 Jahren, ist es im konkreten Fall sicher nicht *ordre-public*-widrig, wenn sie als unverjährt behandelt wird. Besteht sie seit 51 Jahren, so muß man die längsttragbare Verjährungsfrist ermitteln und entscheiden, ob 51 Jahre darüber liegen.

Die gleitende Skala kann auch auf der *Rechtsfolgenseite* existieren. Hatten wir z.B. Schmerzensgeld nach dem Recht von Kalifornien/USA zu bemessen (von einer möglichen versteckten Rückverweisung auf die lex fori einmal abgesehen, vgl. oben S. 355–359), so mußten wir – wenn Art. 38 a.F. nicht anzuwenden war – entscheiden, wo zwischen dem Betrag nach kalifornischem und nach deutschem Recht derjenige liegt, der sich mit den Prinzipien des deutschen Rechts gerade noch verträgt; dieser Grenzwert war dann als Schmerzensgeld zuzusprechen (wobei als „Auslandssachverhalt" aus kalifornischer Sicht zu berücksichtigen wäre, daß der deutsche Anwalt nicht wie häufig der kalifornische zu 50 % und mehr am „Erlös" beteiligt ist). Vgl. OLG Düsseldorf VersR 1991, 1161, betr. die Vollstreckung eines amerikanischen Urteils (dazu oben S. 456). Inzwischen setzt Art. 40 III EGBGB eigene Grenzen.

Zum ganzen *Schurig* 254–269.

VII. Ausländischer ordre public

Haben wir im Hinblick auf eine *Rück- oder Weiterverweisung* ausländisches IPR anzuwenden, dann müssen wir auch den ausländischen *ordre public* beachten, außer wenn er gegen unseren eigenen verstößt (näher oben S. 355).

Im übrigen hält man sich an den Grundsatz „fremder *ordre public* geht uns nichts an". Er ist bequem, weil wir uns um rechtliche Grundprinzipien anderer Staaten und die darauf bezogenen kollisionsrechtlichen Durchsetzungsinteressen nicht kümmern müssen, selbst wenn es dieselben sind, die bei uns gelten. Selbstverständlich ist er nicht. Denn wenn wir „*Eingriffsnormen*" dritter Staaten in bestimmten Fällen berufen und anwenden (oben § 2 IV 2), dann ist kaum einzusehen, warum wir bei der Durchsetzung fundamentaler Rechtsprinzipien (die auch wir bei uns schützen) stets die Hände in den Schoß legen. Das gilt inbesondere, wenn der kollisionsrechtliche Charakter des ordre public und seine „positive" Funktion erkannt sind (oben I, II, *Schurig* 262). Vertieft werden kann dies hier nicht; eingehend zu der Frage (und neue Wege beschreitend) *Brüning*, Die Beachtlichkeit des fremden ordre public, 1997.

VIII. Staatsverträge

Schrifttum: *Makarov*, Die Haager internationalprivatrechtlichen Abkommen und die Vorbehaltsklausel, Fschr. Gutzwiller 1959, 303–324; *Seidl-Hohenveldern*, L'ordre public international et la fraude à la loi, leur importance en droit international public, Mélanges Maury, Paris 1960, I 473–483; *Parisi*, Spunti in tema di ordine pubblico e convenzione giudiziaria di Bruxelles, Riv.dir.int.priv.proc. 1991, 13–50; *Mosconi*, Qualche riflessione in tema d'ordine pubblico nel progetto di riforma nella convenzione di Bruxelles del 1968, Riv.dir.int.priv.proc. 1992, 5–16; *Abt*, Der Ordre public-Vorbehalt des Haager Übereinkommens über die zivilrechtlichen Aspekte internationaler Kindesentführungen, AJP/PJA 1997, 1079–1084; *Schulze*, Ordre public bei Versagung nachehelichen Unterhalts wegen Ehebruchs nach österreichischem Recht, IPRax 1998, 350–352.

Staatsverträge, in denen die Anwendung ausländischen Rechts (oder die Anerkennung ausländischer Entscheidungen [der nach innerstaatlichem Recht § 328 I Nr. 4 ZPO entgegengehalten werden könnte]) vereinbart ist, regeln zum Teil *ausdrücklich*, ob und wieweit die Vertragsstaaten ihren *ordre public* schützen dürfen. Dies wird bisweilen *unbeschränkt* erlaubt; so in den (teils für die Bundesrepublik, teils überhaupt noch nicht in Kraft getretenen) Haager Kaufrechtsabkommen von 1955 und 1958 (unten S. 600–602, 673, 923 f.). Bisweilen werden *Einschränkungen* gemacht. So darf nach den neueren Haager Abkommen der *ordre public* nur eingesetzt werden, wenn „offenbar" (*manifestement*) gegen ihn verstoßen ist (unten S. 519, 646, 649, 710, 739, 767, 770, 771, 803, 836, 837, 877, 882, 923), ebenso nach dem Römischen Übereinkommen über das auf vertragliche Schuldverhältnisse anzuwendende Recht von 1980 (oben S. 465). In Deutschland ergibt sich daraus kein Widerspruch gegenüber der sonstigen Handhabung des *ordre-public*-Vorbehalts (oben S. 465).

Im übrigen entscheidet die *Auslegung*. Sie kann insbesondere ergeben, daß der *ordre public* der Vertragsstaaten ganz aus dem Spiel zu bleiben hat, wie z. B. im Haager Eheschließungsabkommen von 1902 (*Soergel/Kegel*[11] Art. 13 Rz. 126, 127 S. 787). Ausgeschlossen ist er auch im Überleitungsvertrag für die Anerkennung ausländischer Eingriffe in das deutsche Auslandsvermögen (unten S. 953); schon vorher war nach **Besatzungsrecht** [AHKGes. 63] gegenüber solchen Maßnahmen die Berufung auf den deutschen *ordre public* nicht zugelassen (unten S. 952 f.).

Soweit die Berufung auf den *ordre public* in Staatsverträgen erlaubt ist, sind natürlich die Grundrechte in den Schutz einbezogen. Fraglich ist, ob, wenn in ihm der *ordre-public*-Vorbehalt ausgeschlossen ist, auch die Grundrechte ihre Einwirkungsmöglichkeit verlieren. M. E. ist das jedenfalls insoweit nicht der Fall, wie der einfache Gesetzgeber, der die Staatsverträge innerstaatlich in Kraft setzt, über die Grundrechte nicht verfügen kann. Denn die Kollisionsnormen, die im Rahmen des *ordre public* für die Grundrechte aus deren Zwecken heraus zu bilden sind (oben IV), stehen auf derselben hierarchischen Normenstufe wie diese selbst und können nicht einfachgesetzlich ausgehebelt werden. Eine mögliche Diskrepanz zwischen völkerrechtlicher Verpflichtung und innerstaatlicher Verbindlichkeit ändert daran nichts; notfalls muß das Gleichgewicht durch Kündigung des Vertrages wieder hergestellt werden.

Anders dagegen *Kegel* in 7. Aufl. S. 384 f. und eingehend *Soergel/Kegel*[12] vor Art. 3 Rz. 26, 27 mit Nachweisen: Staatsverträge bleiben bindend, bis sie gekündigt werden.

IX. Interlokales Recht

Schrifttum: *Heublein*, Der doppelte Vorbehalt bei der Anwendung des sozialistischen Privatrechts der DDR, 1995; *Mahr*, Enteignung und ordre public. Ein Beitrag zur zivilrechtlichen Rückabwicklung der Grundstücksenteignungen in der Sowjetischen Besatzungszone Deutschlands, Diss. München 1996; *Fischer*, Der ordre public im deutsch-deutschen Privatrecht. Grenzen der Anwendung des DDR-Rechts auf sogenannte Altfälle, DtZ 1997, 74–81.

Die Vorbehaltsklausel kann auch im Verhältnis zwischen Teilgebieten desselben Staates wirksam werden, doch sollte man sie dann noch zurückhaltender anwenden als im Verhältnis zum Ausland (oben S. 142). Meist ist diese Frage jedoch verfassungsrechtlich überlagert (vgl. die *full-faith-and-credit-clause* der amerikanischen Verfassung). Wo ein verfassungsrechtliches „Dach“ fehlt, wird es sich oft um zerstrittene „Geschwister“ handeln, wie früher im Verhältnis der Bundesrepublik zur DDR (wo der *interlokale* Charakter des Kollisionsrechts überhaupt nur von einer Seite angenommen wurde, nämlich der westlichen, oben S. 31 f.). Der Appell, Zurückhaltung zu üben, wird da oft auf taube Ohren treffen. Vgl. OLG Dresden DtZ 1993, 345 = NJ 1993, 464 = VersR 1993, 1161: Schadensersatzpflicht wegen Denunziation zu DDR-Zeiten nach DDR-Recht bejaht; nach diesem Recht eventuell bestehende Rechtfertigungsgründe wegen Verstoßes gegen Art. 6 EGBGB zurückgewiesen. – Über Anwendung im Übergangsrecht unten S. 651.

In der früheren DDR verbot § 4 Satz 1 RAG, fremdes Recht anzuwenden, wenn seine „Anwendung mit den *Grundprinzipien der Staats- und Rechtsordnung* der Deutschen Demokratischen Republik unvereinbar“ war. In solchem Fall war nach Satz 2 das Recht der DDR anzuwenden.

X. Vergeltung

Über den bis 1986 geltenden, glücklicherweise nie angewandten Art. 31 a. F. EGBGB, der die Möglichkeit einräumte, sich durch nachteiliges Sonderrecht (Vergeltungsrecht) an Ausländern für das Verhalten ihres Heimatstaates zu rächen: 7. Aufl. S. 386 („eine trostlose Vorschrift“).

Dritter Teil

Der Besondere Teil des internationalen Privatrechts

§ 17. Allgemeine Lehren des Privatrechts

Der Allgemeine Teil des Bürgerlichen Rechts, der in Wahrheit der Allgemeine Teil des materiellen *Privat*rechts ist, gehört im *internationalen* Privatrecht in den *Besonderen* Teil. Denn seine Gegenstände – natürliche Person, juristische Person, Rechtsgeschäft u.a. – bedürfen genau wie die Gegenstände der anderen Teile des Privatrechts – des Schuldrechts, des Sachenrechts usw. – *selbständiger* Kollisionsnormen, die sagen, welchen Staates Recht maßgibt. Die selbständigen Kollisionsnormen aber gehören in den Besonderen Teil des IPR (oben S. 254).

I. Natürliche Person

Schrifttum: *von Overbeck,* Persons, IECL III Ch. 15, 1972; *Lüderitz,* Rechtsfähigkeit, Geschäftsfähigkeit und Entmündigung natürlicher Personen, in: *Lauterbach* (Hrsg.), Vorschläge und Gutachten zur Reform des deutschen internationalen Personen- und Sachenrechts, 1972, 32–76; *Marquordt,* Bemerkungen zur Rechtsfähigkeit, Geschäftsfähigkeit, Entmündigung, Todeserklärung, in: *Beitzke* (Hrsg.), Vorschläge und Gutachten zur Reform des deutschen internationalen Personen-, Familien- und Erbrechts, 1981, 73–83; *Sturm,* Personnes, famille et successions dans la Loi du 25 juillet 1986 portant réforme du droit international privé allemand, Rev. crit. dr. i. p. 1987, 33–76 (34–47); *Fischer,* Verkehrsschutz im internationalen Vertragsrecht, 1990 (bespr. von *Spellenberg* RabelsZ 60 [1996], 516–532); *Borrás,* El „interés del minor" como factor de progreso y unificación del Derecho internacional privado, Barcelona 1993 (bespr. von *Fernández Arroyo* Rev. esp. der. int. 1995, 358–360).

1. Rechtsfähigkeit

Schrifttum: *Pagenstecher,* Werden die Partei- und Prozeßfähigkeit eines Ausländers nach seinem Personalstatut oder nach den Sachnormen der lex fori beurteilt?, ZZP 64 (1951), 249–284; *De Nova,* Esistenza e capacità del soggetto in diritto internazionale privato, Scritti in onore di Tomaso Perassi I, Mailand 1957, 381–397; *Capotorti,* La capacité en droit international privé, Rec. 1963 III 153–270; *Capotorti,* Lezioni di diritto internazionale privato, Parte speziale: la capacità, Bari 1966; *Pazdan,* Zdolność do cynności prawnych osób fizycznych w polskim prawie prywatnym międzynarodowym (De personis quae negotia gerere possunt secundum Poloniae ius privatum usui inter nationes destinatum), Krakau 1967; *Guinand,* Les conflits de lois en matière de capacité (Etude comparative), Neuchâtel 1970; *Glenn,* La capacité de la personne en droit international privé français et anglais, Paris 1975; *Bernstein,* Gesetzlicher Forderungsübergang und Prozeßführungsbefugnis im IPR unter bes. Berücksichtigung versicherungsrechtlicher Aspekte, Sieg-Fschr. 1976, 49–66 (54-66); *Marquordt,* Bemerkungen zur Rechtsfähigkeit, Geschäftsfähigkeit, Entmündigung, Todeserklärung, in: *Beitzke* (Hrsg.), Vorschläge und Gutachten zur Reform des deutschen internationalen Personen-, Familien- und Erbrechts, 1981, 73–83 (73f.); *Fischer,* Rechtsscheinhaftung im IPR, IPRax 89, 215–217; *Bader,* Der Schutz des guten Glaubens in Fällen mit Auslandsberührung, MittRhNotK 94, 161–166; *Schotten,* Der

Schutz des Rechtsverkehrs im IPR, DNotZ 94, 670–685; *Furtak*, Die Parteifähigkeit in Zivilverfahren mit Auslandsberührung, 1995.

Rechtsvergleichend: *Kloth*, Todesbestimmung und postmortale Organentnahme, 1996.

a) Grundsatz

Die Rechtsfähigkeit, d.h. die Fähigkeit, Rechte und Pflichten zu haben, berührt den Menschen aufs engste. Daher entscheidet das Parteiinteresse. Maßgebend ist das Personalstatut im Anknüpfungssinne (oben S. 386).

Art. 7 I 1 EGBGB bestimmt:

„(1) Die Rechtsfähigkeit und die Geschäftsfähigkeit einer Person unterliegen dem Recht des Staates, dem die Person angehört."

Es gilt also das sog. *Heimatrecht.*

Für *Staatenlose* und internationale *Flüchtlinge* gilt das Recht ihres gewöhnlichen Aufenthalts (für Flüchtlinge, die unter das Genfer Abkommen fallen oder als Asylberechtigte oder Humanflüchtlinge entsprechend geschützt werden, und für Staatenlose, die unter das New Yorker Abkommen fallen, das Recht ihres Wohnsitzes), hilfsweise das Recht ihres schlichten Aufenthalts; für volksdeutsche Flüchtlinge gilt deutsches Recht, das freilich meist zugleich ihr Aufenthaltsrecht ist (oben S. 399–405).

Einem *Staat angehören* kann nur, wer rechtsfähig ist. Ob jemand rechtsfähig ist, sagt daher, streng genommen, nicht das Recht des Staates, dem er angehört, sondern das Recht des Staates, dem er *hypothetisch* angehört, nämlich *unterstellt, daß* er rechtsfähig ist. Bei der Anknüpfung an den *Aufenthalt* bedarf es keiner Unterstellung.

Versagt der „Heimatstaat" die Rechtsfähigkeit, so bewendet es dabei. Der, dem mangels Rechtsfähigkeit neben allen anderen Rechten auch die Staatsangehörigkeit verwehrt wird, kann nicht, wenn er sich in einem anderen Staate aufhält, nach dessen Recht als „Staatenloser" rechtsfähig werden (a.A. *De Nova* [oben Schrifttum] 383[4], 392[32]).

b) Geltungsbereich

Rechtsfähig ist heute jedermann. Nur Anfang und Ende sind teilweise verschieden.

So **beginnt** nach § 1 BGB die Rechtsfähigkeit mit der Vollendung der Geburt. Dagegen muß nach Art. 30 des spanischen código civil das Kind 24 Stunden gelebt (und eine „*figura humana*" gehabt) haben.

Hat eine Deutsche einen Spanier geheiratet und stirbt wenige Stunden nach der Geburt ihres ersten Kindes zunächst sie, dann das Kind, so scheidet das Kind für die Erbfolge aus, als wäre es nie geboren oder vor der Mutter gestorben: der Ehemann teilt mit den Verwandten der Frau. Nach deutschem Recht würde er nur mit dem Kinde teilen und dann das Kind beerben, also die Verwandten der Frau ausstechen.

Die Rechtsfähigkeit **endet** überall mit dem Tod. Doch gilt verschiedenes Recht für die Verschollenheit; über sie unten e, f.

Der *Klostertod* des kanonischen Rechts begegnet wohl nicht mehr; in Ecuador, das ihn noch kannte (*Rabel* I 173[2]), ist er anscheinend abgeschafft worden. Dagegen kommt der *bürgerliche Tod* als Strafe noch vor (z.B. bei Verurteilung zu lebensänglicher Freiheitsstrafe in New York [§ 511 Penal Law] und bei Verurteilung zum Tode in Kalifornien [§ 2602 Penal Code]; dazu *Eisenmann,* Civil Death in New York, 3 [1959] Intramural Law Rev. 170–179; *Neuhaus* Ficker-Fschr. 1967, 340; Note: The Dilemma of the „Civil-Death" Widow in New York, 7 (1967) J. Fam. L. 318–327; vgl. oben S. 454). Der westafrikanische Staat Gabun kennt den bürgerlichen Tod für den Fall, daß ein zum Tode Verurteilter zu lebenslanger Haft begnadigt wird (Süddeutsche Zeitung vom 25. 6. 1970). Ähnliches gilt bei lebenslanger Freiheitsstrafe in Australien (Dugn v. Mirror Newspaper Ltd. [H.C. Australia 1979], 22 [1978/79] Australian Law Review 439: Häftling kann nicht klagen). Art. 6 EGBGB kann uns hindern, solche Rechtssätze anzuwenden.

Der Rechtsfähigkeit verwandt ist die **Parteifähigkeit** im Zivilprozeß. Nach § 50 I ZPO ist parteifähig, wer rechtsfähig ist. In ausländischen Rechten könnte es zum Teil anders sein. Aber wegen des engen Zusammenhangs zwischen der Fähigkeit, Rechte und Pflichten zu haben, und der Fähigkeit, im Zivilprozeß um Rechte und Pflichten zu kämpfen, und wegen der Wichtigkeit auch der Parteifähigkeit für den Einzelnen empfiehlt sich dieselbe Anknüpfung: es gilt das *Personalstatut.*

Von der Rechtsfähigkeit ganz verschieden ist die Fähigkeit, *einzelne* Rechte und Pflichten zu haben, z.B. Grundstücke zu erwerben, Vormund zu werden, zu erben. Über solche **„besonderen Rechtsfähigkeiten"** entscheidet das *„Wirkungsstatut"*, das den Einzelgegenstand beherrscht, z.B. das Recht des Grundstückslageorts (vgl. OLG Darmstadt IPRspr. 1929 Nr. 179 betr. Genehmigungserfordernis für Grundstückserwerb durch Ausländer nach hessischem AGBGB), das Heimatrecht des Mündels oder des Erblassers (OLG Dresden IPRspr. 1931 Nr. 95 [S. 183f.] betr. Erbfähigkeit noch nicht genehmigter Stiftung). Dasselbe gilt für die Fähigkeit des **nasciturus,** solange er nur in Einzelheiten (wie Erbfähigkeit und Deliktsschutz) beachtet wird (a.A. *Rabel* I² 176).

c) Statutenwechsel

Ein Wechsel des Personalstatuts kann die Rechtsfähigkeit steigern, aber nicht mindern. **Art. 7 II EGBGB** sagt:

„(2) Eine einmal erlangte Rechtsfähigkeit oder Geschäftsfähigkeit wird durch Erwerb oder Verlust der Rechtsstellung als Deutscher nicht beeinträchtigt."

Was hier für den *Staats*wechsel ausgesprochen wird, gilt analog für den *Aufenthalts*wechsel von Staatenlosen und internationalen Flüchtlingen. Volksdeutsche Flüchtlinge sind nicht deutsch, haben indes die „Rechtsstellung" von Deutschen (oben S. 402f.) und können sie erwerben und verlieren (Soergel X¹² Art. 5 EGBGB Anh. Rz 124 S. 280).

Art. 7 II EGBGB regelt den Wechsel des für die Rechtsfähigkeit geltenden Rechts nach Deutschland hin und von Deutschland weg, ist also unvollkommen allseitige Kollisionsnorm (oben S. 255). Die Vorschrift ist jedoch zur vollkommen allseitigen Kollisionsnorm zu erweitern; denn für den Wechsel von einem ausländischen Staat zu einem anderen muß das gleiche gelten (vgl. Begründung BTDrucks. 10/504 S. 45).

Praktisch bedeutet die Regel für die Rechtsfähigkeit wenig.

d) Verkehrsschutz

Nach ausländischem Recht fehlende Rechtsfähigkeit kann inländische Geschäftspartner in die Bredouille bringen. Darum verfügt **Art. 12 Satz 1 EGBGB:**

„Schutz des anderen Vertragsteils

Wird ein Vertrag zwischen Personen geschlossen, die sich in demselben Staat befinden, so kann sich eine natürliche Person, die nach den Sachvorschriften des Rechts dieses Staates rechts-, geschäfts- und handlungsfähig wäre, nur dann auf ihre aus den Sachvorschriften des Rechts eines anderen Staates abgeleitete Rechts-, Geschäfts- und Handlungsunfähigkeit berufen, wenn der andere Vertragsteil bei Vertragsabschluß diese Rechts-, Geschäfts- und Handlungsunfähigkeit kannte oder kennen mußte."

Die Vorschrift weitet den früheren Art. 7 III 1 EGBGB zum Teil aus:

- Art. 12 Satz 1 schützt nicht nur den deutschen, sondern auch ausländischen Verkehr, gilt mithin allseitig; er verzichtet sogar auf die naheliegende Einschränkung, daß der ausländische Staat seinen eigenen Verkehr ebenfalls schützt (vgl. 5. Aufl. S. 329); doch darf man dies nicht pressen (vgl. oben S. 379).

Art. 12 Satz 1 schränkt aber den Art. 7 III 1 a. F. auch ein:

- er gilt dem Wortlaut nach nur für Verträge; er muß aber für einseitige empfangsbedürftige Rechtsgeschäfte, z. B. eine Kündigung, gleichfalls gelten; daß er nur von Verträgen spricht, erklärt sich daraus, daß er Art. 11 des Rom-Übereinkommens über das auf Schuldverträge anzuwendende Recht übernimmt, und Art. 12 Satz 2, der dem Art. 7 III 2 a. F. folgt, spricht wie dieser von Rechtsgeschäften (vgl. Begründung BTDrucks. 10/504 S. 50);
- Art. 12 Satz 1 verlangt – wie Art. 11 des Rom-Übereinkommens – guten Glauben des Geschäftspartners: dieser darf den Mangel auf Seiten des Gegners weder kennen noch kennen müssen; schon leichte Fahrlässigkeit schließt guten Glauben aus (BGH IPRax 99, 104 mit Aufsatz von *Schütze* 87–89 = NJW 98, 2452 [2453 unter II 2 b]).

Wie Art. 7 III 1 a. F. schützt Art. 12 Satz 1 n. F. den Verkehr nur, wenn sich bei Abschluß des Geschäfts beide Teile *im selben Land aufhalten;* auf deren *Staatsangehörigkeit, Wohnsitz oder gewöhnlichen Aufenthalt* kam und kommt es *nicht* an.

Art. 12 Satz 2 EGBGB ordnet an: „Dies [Verkehrsschutz] gilt nicht für familienrechtliche und erbrechtliche Rechtsgeschäfte sowie für Verfügungen über ein in einem anderen Staat belegenes Grundstück." Mit solchen Geschäften hat es das Rom-Übereinkommen nicht zu tun. Daher behalten die Vertragsstaaten freie Hand. Familien- und erbrechtliche Geschäfte sind keine Verkehrsgeschäfte, so daß sich Verkehrsschutz erübrigt. Grundstücksgeschäfte werden wohl als besonders wichtig angesehen. Deswegen geht bei ihnen der Schutz des nicht oder beschränkt Geschäftsfähigen vor dem Schutz des Gegners.

e) Lebens- und Todesvermutungen

Bei Verschollenen ist ungewiß, ob und wann sie gestorben sind (und damit ihre Rechtsfähigkeit verloren haben). Nach dem Grade der Wahrscheinlichkeit wird entweder das Leben vermutet (der Tod muß bewiesen werden) oder der Tod (das Leben ist zu beweisen) oder keins von beiden (wer Leben oder Tod zu seinen Gunsten behauptet, trägt die Last des Beweises).

Die Beweislast unterliegt demselben Recht wie die zu beweisende Rechtsfolge (unten S. 904). Lebens- und Todesvermutungen richten sich daher nach demselben Recht wie die Rechtsfähigkeit, mithin nach dem *Personalstatut* (Heimatrecht oder Aufenthaltsrecht). Früher war das bestritten; viele wollten das Wirkungsstatut anwenden. Heute gebietet **Art. 9 Satz 1 EGBGB:**

„Die Todeserklärung, die Feststellung des Todes und des Todeszeitpunkts sowie *Lebens- und Todesvermutungen* unterliegen dem Recht des Staates, dem der Verschollene in dem letzten Zeitpunkt angehörte, in dem er nach den vorhandenen Nachrichten noch gelebt hat."

In diesem Sinne z.B. schon RG ZIR 4 (1894), 72 zur Parteifähigkeit des österreichischen Erzherzogs Johann, der Schiffskapitän wurde, den Namen Johann Orth annahm und verscholl.

Soweit Leute mit *fremdem* Personalstatut nach *deutschem* Recht für tot erklärt werden können, gilt auch die Lebensvermutung des § 10 VerschG; darüber unten S. 486.

Über widersprechende *Kommorientenvermutungen* bei *verschiedenem* Personalstatut oben S. 319f. Sogar im *selben* Recht können sich die Kommorientenvermutungen unterscheiden. So ist es in England. Beispiel: *In re* Rowland, decd., [1963] 1 Ch. 1, [1962] 2 All E.R. 837 (C.A.). Im Jahre 1956 nahm ein 29jähriger Arzt für drei Jahre im Südpazifischen Gesundheitsdienst eine Stelle an, die ihn zum Dienst im Bereich der Fidschi-, Salomon-, Gilbert- und Laguneninseln und der Neuen Hebriden verpflichtete. Noch in England setzten er und seine 26jährige Frau, die Krankenschwester gewesen war, einander zu Erben ein; falls der andere vorher oder gleichzeitig stürbe („*preceding or coinciding with my own decease*"), sollten eigene Verwandte erben. 1958 fuhr das Ehepaar auf dem 130-Tonnen-Motorschiff „Melanesian" von Sulufru (Salomonen) nach dem 120 Meilen weiten Sikiana. Sieben Europäer und 56 Polynesier waren an Bord. Das Schiff meldete sich zuletzt routinemäßig morgens um neun, vier Stunden (25 Meilen) vor Sikiana. Man fand nur rund 300 Wrackteile und einen toten Polynesier. Aus den Wrackteilen schloß die Untersuchungskommission auf plötzliches Sinken. Der Tote war nicht ertrunken, sondern wahrscheinlich verblutet: „*Death in these waters does not normally occur from cold or exposure, but from being eaten by fish.*" Ist die Todeszeit mehrerer ungewiß, so vermutet man in England bei *gesetzlicher* Erbfolge *gleichzeitigen* Tod (sect. 1 [4] Intestates' Estates Act, 1952), bei *testamentarischer* Erbfolge – wie hier – Überleben des *Jüngeren* (sect. 184 Law of Property Act, 1925). Der Streit ging um die Auslegung des Worts „gleichzeitig" („*coinciding*") im Testament des Mannes. Das Gericht legte eng aus (*Lord Denning* dissentierte). Da Gleichzeitigkeit im engen Sinne nicht bewiesen war, griff sect. 184 Law of Property Act, 1925, ein und beide Nachlässe fielen an die Verwandten der Frau.

f) Todes- und Verschollenheitserklärung

Schrifttum: *Breslauer,* Foreign Presumptions and Declarations of Death and English Private International Law, 10 (1947) Mod. L. Rev. 122–136; *Strebel,* Verschollenheits- und Todeserklärung, Deutsche Landesreferate zum III. Int. Kongreß für Rechtsvergleichung, 1950, 361–381; *Strebel,* Die Verschollenheit als Rechtsproblem, 1954; *Brintzinger,* Zur Rechtswirkung der Todeserklärung von Verschollenen mit ausländischem Personalstatut, JZ 63, 536–541; *Capotorti,* Sull'assenza e la dichiarazione di morte presunta nel diritto internazionale privato italiano, Riv. dir. int. priv. proc. 1966, 49–61; *Sereni,* La dichiarazione di morte presunta dello straniero, competenza giurisdizionale e legge sostanziale regolatrice, Foro It. 1966 I 594–603; *Kelly,* Declarations of Death: Reappearance and Status, 20 (1971) Int. Comp. L. Q. 535–546; *Diederiks-Verschoor,* Observations on the Registration of Deaths and Missing Persons, Resulting from Aircraft Accidents, 3 (1978) Annals of Air and Space Law 41–47 (Text des Athener Übereinkommens vom 18. 6. 1966 über die Feststellung gewisser Todesfälle [oben S. 95 Nr. 10] 47–49); *Marquordt,* Bemerkungen zur Rechtsfähigkeit, Geschäftsfähigkeit, Entmündigung, Todeserklärung, in: *Beitzke* (Hrsg.), Vorschläge und Gutachten zur Reform des deutschen internationalen Personen-, Familien- und Erbrechts, 1981, 73–83 (81–83); *Vékás,* Zur Bindung an die Todesfeststellung durch ein ausländisches Gericht, IPRax 82, 142f.

aa) Inhalt und Folgen

Manche Rechte begnügen sich damit, auf Grund bestimmter **Tatsachen** Leben oder Tod zu vermuten. *Gerichtliche Feststellungen* treffen sie *nicht.* So wird im *common law* nach Ablauf einer Verschollenheitsfrist, z.B. von sieben Jahren, der Tod vermutet. Das heißt praktisch: *immer,* wenn jemand den Tod behauptet, muß der die Tatsachen beweisen, die den Tod vermuten lassen.

Diese Mühe wird ihm in *Deutschland* abgenommen: die Tatsachen, die den Tod nahelegen, werden *einmal* in einem besonderen Verfahren bewiesen. Dann *stellt* das *Gericht* durch Beschluß *fest,* daß und wann jemand gestorben ist: es erklärt ihn für tot. Erst diese **Todeserklärung,** sie aber auch ein für allemal, „begründet die Vermutung, daß der Verschollene in dem im Beschluß festgestellten Zeitpunkt gestorben ist" (§ 9 I 1 VerschG). Ohne Todeserklärung gibt es zwar eine *Lebens*vermutung bis zu einem bestimmten Zeitpunkt (§ 10 VerschG). Aber danach herrscht ein Vakuum: weder Leben noch Tod wird vermutet. Die durch Todeserklärung geschaffene *Todes*vermutung erstarkt zur *Fiktion,* wenn der, der Erbe sein würde (aber wegen falscher Todeserklärung nicht ist), zugunsten eines *Gutgläubigen* über Vermögen des Verschollenen verfügt (§ 2370 BGB).

§ 9 I 1 VerschG verhält sich zu § 2370 BGB wie § 2365 zu §§ 2366, 2367 (Erbschein), wie § 891 zu §§ 892, 893 (Grundbucheintrag), wie § 1006 zu §§ 932–935 (Besitz), wie Art. 16 I zu Art. 16 II WG (Indossamentenreihe), wie Art. 19 zu Art. 21 SchG (ebenso).

Neben der Todeserklärung gibt es die *Feststellung der Todeszeit* (Überschrift über § 39 VerschG), genauer: die Feststellung des Todes und des Zeitpunkts des Todes (§ 39 Satz 1 VerschG). Hier geht es um die Fälle, in denen der Tod „nach den Umständen nicht zweifelhaft" ist, deswegen Verschollenheit fehlt (§ 1 II VerschG) und darum eine Todeserklärung ausscheidet (§ 2 VerschG). Für die Feststellung der Todeszeit gilt hinsichtlich des anwendbaren Rechts (§ 9 EGBGB) und hinsichtlich der internationalen Zuständigkeit (§ 12 VerschG) das gleiche wie für die Todeserklärung. Auch die Feststellung der Todeszeit begründet die Vermutung, daß der Betroffene in dem im Beschluß festgestellten Zeitpunkt gestorben ist (§ 44 II 1 VerschG), und auch diese Vermutung erstarkt zugunsten Gutgläubiger zur Fiktion (§ 2370 BGB). Wir lassen hier diese praktisch wenig bedeutsame Variante beiseite, um die Darstellung nicht schwerfällig zu machen.

Das deutsche, auf das preußische Recht zurückgehende Verfahren der Todeserklärung haben übernommen Österreich, die Tschechoslowakei, Italien und Spanien.

In *Frankreich* gibt es eine **Verschollenheitserklärung** (*déclaration d'absence*). Sie hatte ursprünglich (Art. 112–143 a.F. c. civ.) nur vorläufige Wirkungen für das Vermögen, den Ehegatten, die Kinder des Abwesenden; insbesondere wurden seine „Erben" in sein Vermögen gegen Bürgschaft einstweilen eingewiesen. Doch hat Frankreich bald nach dem Zweiten Weltkrieg auch eine Todeserklärung (*jugement déclaratif de décès*) eingeführt (Art. 88–92 c. civ. und Art. L. 142–3 Code de l'aviation civile; dazu KG RzW 63, 419). Außerdem wurde durch Gesetz vom 28. 12. 1977 die Verschollenheitserklärung mit den Wirkungen der Todeserklärung versehen, insbesondere dem Gatten des Verschollenen das Recht zur Wiederheirat gewährt (Art. 128 n.F. c. civ.).

In den romanischen Ländern, die dem code civil folgen, gibt es noch heute die Verschollenheitserklärung mit den schwachen, nur vorläufigen Wirkungen. Ihr haben Italien und Spanien die Todeserklärung beigesellt, die auch in Italien, aber nicht in Spanien dem Gatten des Verschollenen das Recht zur Wiederheirat gibt (Art. 65 codice civile, vgl. Art. 193–197 código civil).

Die *Schweiz* hat eine Verschollenheitserklärung, die im wesentlichen einer Todeserklärung gleicht und den Gatten des Verschollenen berechtigt, die gerichtliche Auflösung der Ehe zu verlangen (Art. 38, 102, 546 bis 550 ZGB).

bb) Anwendbares Recht und internationale Zuständigkeit

aaa) Verhältnis beider

Die Einschaltung des Gerichts bei der Todes- und Verschollenheitserklärung hat zur Folge: man muß zwischen in- und ausländischen Erklärungen unterscheiden.

Bei der *inländischen* Erklärung müssen geprüft werden die *internationale Zuständigkeit* des Gerichts und das *anwendbare Recht.* Auch die *Verschollenheits*erklärung ist in Deutschland zulässig, wenn das anwendbare Recht sie allein oder alternativ neben der Todeserklärung erlaubt. Denn sie ist im Vergleich mit der Todeserklärung nur ein *Minus.* Das Verfahren richtet sich (wie bei einer Todeserklärung) nach §§ 13–38 VerschG.

Die *ausländische* Todes- oder Verschollenheitserklärung muß *anerkannt* werden. Ist sie durch *Urteil* erfolgt, dann gilt § 328 ZPO. Ist durch *Beschluß* für tot oder verschollen erklärt, dann gilt § 16a FGG. Vor allem muß das ausländische Gericht *international zuständig* gewesen sein (§ 328 I Nr. 1 ZPO, § 16a Nr. 1 FGG) und die ausländische Erklärung darf nicht gegen den deutschen *ordre public* verstoßen (§ 328 I Nr. 4 ZPO, § 16a Nr. 4 FGG). Nach welchem Recht das ausländische Gericht für tot oder verschollen erklärt hat, gilt gleich.

Internationale Zuständigkeit und anwendbares Recht waren früher in § 12 VerschG zusammen geregelt. Diese ungeschickte Verquickung hat das IPRG von 1986 beseitigt: Art. 9 n.F. EGBGB regelt das anwendbare Recht, § 12 n.F. VerschG (nur noch) die internationale Zuständigkeit.

bbb) Anwendbares Recht

Anwendbares Recht (bedeutsam nur bei *in*ländischer Todes- oder Verschollenheitserklärung) ist das **Personalstatut** im Anknüpfungssinn (oben S. 386), das der Verschollene bei Verschollenheitsbeginn gehabt hat: für Deutsche gilt deutsches Recht, für Ausländer ihr Heimatrecht (Art. 9 Satz 1 EGBGB, abgedruckt oben S. 481).

Für Staatenlose gilt nach Art. 5 II EGBGB das Recht ihres gewöhnlichen, hilfsweise schlichten Aufenthalts (KG RzW 64, 555; OLG Frankfurt RzW 69, 210), ebenso für internationale Flüchtlinge (für Staatenlose, soweit sie dem New Yorker Abkommen unterliegen, und für Flüchtlinge, soweit sie dem Genfer Abkommen unterliegen oder als Asylberechtigte oder Humanflüchtlinge entsprechend geschützt werden, gilt primär das Recht ihres Wohnsitzes); volksdeutsche Flüchtlinge unterliegen deutschem Recht, das freilich in der Regel zugleich ihr Aufenthaltsrecht ist (oben S. 399–405).

Ausländisches Personalstatut kann **ausnahmsweise** zugunsten des **deutschen Rechts** zurückgesetzt werden. Fälle dieser Art enthielt früher Art. 12 II–IV VerschG und enthält noch (der vielleicht nur versehentlich durch das IPRG von 1986 nicht aufgehobene) Art. 2 § 1 IV VerschÄndG.

Nach *Art. 12 II–IV a.F. VerschG* galt:

– nach *Abs. 2* konnten Personen mit ausländischem Personalstatut (das Gesetz sprach nur von Ausländern) nach dem VerschG mit Wirkung für die *deutschem Recht unterliegenden Rechtsverhältnisse* (z.B. eine Ehe oder Erbfolge) und für das *Inlandsvermögen* für tot erklärt werden;
– nach *Abs. 3* konnten Personen mit ausländischem Personalstatut (das Gesetz sprach nur von Ausländern und Staatenlosen) auf Antrag ihres in Deutschland lebenden *Gatten* nach dem VerschG für tot erklärt werden, vorausgesetzt dieser war *Deutscher, volksdeutscher,* in Deutschland aufgenommener Flüchtling oder eine *bis zur Heirat deutsche Frau;*
– nach *Abs. 4* konnten *staatenlos gewordene Deutsche* nach dem VerschG für tot erklärt werden, wenn ein berechtigtes Interesse an der Todeserklärung durch ein deutsches Gericht bestand.

An die Stelle dieser Vorschriften setzt **Art. 9 Satz 2 n.F. EGBGB** eine Generalklausel:
„War der Verschollene in diesem Zeitpunkt [letzter bekannter Lebenszeitpunkt] Angehöriger eines fremden Staates, so kann er nach deutschem Recht für tot erklärt werden, wenn hierfür ein berechtigtes Interesse besteht." Auch diese Norm dürfte für alle Personen mit ausländischem Personalstatut gelten.

Unabhängig von dieser Generalklausel bestimmt der, wie bemerkt, aufrecht erhaltene **Art. 2 § 1 IV VerschÄndG**: *Personen mit ausländischem Personalstatut* (das Gesetz spricht nur von Ausländern und Staatenlosen), die *vor dem 1. 7. 1948 im Zusammenhang mit dem letzten Krieg vermißt und seitdem verschollen* sind (also noch immer die meisten der heute Verschollenen), können außer in den Fällen von § 12 II, III a.F. VerschG (jetzt Art. 9 Satz 2 n.F. EGBGB) *nach deutschem Recht* für tot erklärt werden:

a) bei *letztem Wohnsitz oder Aufenthalt in der Bundesrepublik oder West-Berlin* (für Staatenlose und Flüchtlinge ist das praktisch nichts Besonderes, weil hier schon nach allgemeinen Grundsätzen ihr gewöhnlicher, hilfsweise schlichter Aufenthalt die Anwendung unseres Verschollenheitsrechts begründet),
b) bei *Kriegsteilnahme als Wehrmachtangehöriger,*
c) auf Antrag des *Gatten* oder eines *nahen Verwandten* mit *Wohnsitz oder gewöhnlichem Aufenthalt in der Bundesrepublik oder in West-Berlin.*

Die Anwendung ausländischen Rechts, die im Interesse des Verschollenen liegt, tritt daher weithin zurück hinter die Interessen anderer Parteien (Ehegatte, Verwandte) und hinter Verkehrsinteressen: aus den Augen, aus dem Sinn! Auf der anderen Seite wird eine Todes- oder Verschollenheitserklärung nach dem Personalstatut, wenn sie nach ihm statthaft ist und beantragt wird, durch Art. 9 Satz 2 n.F. EGBGB, Art. 2

§ 1 IV VerschÄndG nicht ausgeschlossen; denn diese Vorschriften wollen dem Antragsteller und anderen nicht *materiell*rechtlich nutzen oder schaden (vgl. BGH 43, 80), sondern *kollisions*rechtlich helfen durch Zulassung des im Verfahren und sonst schnell feststellbaren und geläufigen deutschen materiellen Rechts.

Auch sind diese Vorschriften, soweit sie den Anwendungsbereich des deutschen Rechts ausdehnen, grundsätzlich *einseitig.* Ob ausländische Staaten ebenso weit gehen wollen, müssen sie selbst entscheiden. Nur wenn sie das tun (bedingte Verweisung, oben S. 366f.), können auch wir nach ihrem Recht für tot oder verschollen erklären, z.B. einen Italiener auf Antrag seiner in einem anderen Staate wohnhaften und ihm angehörigen Frau nach dem Recht dieses Staates.

Sehr zweifelhaft ist, ob und wieweit allein schon die *Möglichkeit* einer Todeserklärung nach Art. 9 Satz 2 EGBGB, Art. 2 § 1 IV VerschÄndG die *Lebensvermutung* des § 10 VerschG auslöst (die nur *vor* einer Todeserklärung wirkt). Soweit die genannten Vorschriften *Verkehrs*interessen dienen, liegt die Anwendung von § 10 VerschG näher, als wo *Partei*interessen (des Ehegatten, Nahverwandter) die Todeserklärung tragen. Indessen besteht für die Lebensvermutung ein praktisches Bedürfnis und man sollte sie daher annehmen, wenn eine Todeserklärung nach Art. 9 Satz 2 EGBGB, Art. 2 § 1 IV VerschÄndG zulässig ist (OLG Celle IPRspr. 1950/51 Nr. 12b betr. deutsche Aktien eines verschollenen Franzosen; *Staudinger-Coing-Weick*[12] Art. 9 EGBGB Rz 96 S. 203). Da aber diese Vorschriften den Verkehr oder die Parteien nur *begünstigen* (indem sie den Verschollenen „liquidieren“), muß eine *kürzere* Lebensvermutung des *Personalstatuts* des Verschollenen *vorgehen.*

ccc) Internationale Zuständigkeit

§ 12 VerschG bestimmt:

„(1) Für Todeserklärungen und Verfahren bei Feststellung der Todeszeit sind die deutschen Gerichte zuständig, wenn der Verschollene oder der Verstorbene in dem letzten Zeitpunkt, in dem er nach den vorhandenen Nachrichten noch gelebt hat,

1. Deutscher war oder
2. seinen gewöhnlichen Aufenthalt im Inland hatte.

(2) Die deutschen Gerichte sind auch dann zuständig, wenn ein berechtigtes Interesse an einer Todeserklärung oder Feststellung der Todeszeit durch sie besteht.

(3) Die Zuständigkeit nach den Absätzen 1 und 2 ist nicht ausschließlich.“

§ 12 I, III VerschG entsprechen einem Muster, das vom IPRG von 1986 allgemein benutzt wird (vgl. ZPO §§ 606a I [Ehesachen], 640a II [Kindschaftssachen]; FGG §§ 35b I, III [Vormundschaftssachen], 43b I [Adoption]. Für den Gleichschritt von Staatsangehörigkeits- und Aufenthaltszuständigkeit hat der Deutsche Rat für IPR (oben S. 183) Pate gestanden (vgl. *Beitzke* [Hrsg.], Vorschläge und Gutachten zur Reform des deutschen internationalen Personen-, Familien- und Erbrechts, 1981, 1 mit 18, 2f., 7f., 10–12).

Danach gibt es immer *Staatsangehörigkeitszuständigkeit* (Heimatzuständigkeit) und *Aufenthaltszuständigkeit,* daneben *Verweisungszuständigkeit* (freilich ungeschrieben und sehr unsicher) und bei der Todeserklärung (wie oft in der freiwilligen Gerichtsbarkeit) *Fürsorgebedürfnis-Zuständigkeit.*

Die vom IPRG 1986 (oben S. 484) eingeführten Vorschriften sprechen *einseitig* von der internationalen Zuständigkeit *deutscher* Gerichte. Sie sind aber *allseitig* gemeint, regeln also auch die internationale Zuständigkeit *ausländischer* Gerichte, die als „indirekte" Zuständigkeit für die Anerkennung ausländischer Entscheidungen von uns verlangt wird (§§ 328 I Nr. 1 ZPO, 16a Nr. 1 FGG). Man wollte nur den Eindruck vermeiden, als schriebe man ausländischen Gerichten etwas vor (Begründung BTDrucks. 10/504 S. 89).

Wenn § 12 III VerschG und die anderen neuen Regeln der internationalen Zuständigkeit sagen, daß die von ihnen bestimmten Zuständigkeiten *„nicht ausschließlich"* seien, dann ist das nur eine Folge aus der gewollten Allseitigkeit. Denn „ausschließlich" wären die einseitigen (deutschen) Zuständigkeiten, wenn bei Verwirklichung einer von ihnen ausländische Gerichte nicht mehr international zuständig sein könnten. Tatsächlich jedoch sind die Gerichte aller Staaten *konkurrierend* zuständig, zu denen eine Zuständigkeitsanknüpfung besteht. Hat sich z.B. ein verschollener Deutscher zuletzt in Frankreich gewöhnlich aufgehalten, dann sind sowohl die deutschen wie die französischen Gerichte zuständig, ihn für tot oder verschollen zu erklären (Begründung BTDrucks. 10/504 S. 87, 90).

Im einzelnen ergibt sich folgendes Bild.

1. **Staatsangehörigkeitszuständigkeit** (Heimatzuständigkeit): international zuständig sind die Gerichte des Staates, dem der Betroffene (bei der Todes- oder Verschollenheitserklärung der Verschollene) angehört. Daß diese Zuständigkeit *vor* der Aufenthaltszuständigkeit genannt wird, fällt auf. Denn die Aufenthaltszuständigkeit ist verfahrensrechtlich das Normale. Das ergeben für die *örtliche* Zuständigkeit, aus der, wo ausdrückliche Regeln der internationalen Zuständigkeit fehlen, die internationale abgeleitet wird (*Soergel-Kronke* X[12] Art. 38 EGBGB Anhang IV Rz 20 S. 2053–2055), die §§ 13, 16 ZPO, 73 I FGG (früher überdies §§ 36 I, 43 I a.F., 43a I a.F., 43b I a.F. FGG; vgl. auch §§ 606 I, II a.F., 640a a.F., 648a a.F. ZPO).

Die Staatsangehörigkeitszuständigkeit ist auf den ersten Blick nicht zu unterscheiden von der **Statutszuständigkeit,** d.h. von der internationalen Zuständigkeit der Gerichte des Staates, dessen Recht maßgibt wie bei der Todes- oder Verschollenheitserklärung das Heimatrecht des Verschollenen nach Art. 9 Satz 1 EGBGB (vgl. 5. Aufl. S. 321). Die Interessen, auf denen die internationale Zuständigkeit beruht, sind jedoch weitgehend andere als die, nach denen das anwendbare Recht bestimmt wird. Das zeigt sich schon daran, daß in der Regel ein einziges Recht maßgibt, während internationale Zuständigkeiten konkurrieren. Ein Probierstein ist der *Renvoi* (Rück- und Weiterverweisung): wenn die Anknüpfung der internationalen Zuständigkeit an die Staatsangehörigkeit nicht diese als solche meint (Staatsangehörigkeitszuständigkeit), sondern den Staat, dessen Recht anzuwenden ist (Statutszuständigkeit), dann wäre nicht nur für das anwendbare Recht, sondern auch für die internationale Zuständigkeit dem Renvoi zu folgen, so daß die Gerichte anderer Staaten zuständig und die des Heimatstaats unzuständig würden. Im Zweifel ist das nicht anzunehmen.

Ein anderer Probierstein sind *Staatenlose* und *Flüchtlinge.* Wenn z.B. bei der Todeserklärung § 12 I Nr. 1 VerschG Statutszuständigkeit anordnete, müßte er entsprechend angewandt werden: einmal auf alle, die ohne Deutsche zu sein, *deutsches Recht als Personalstatut* haben, nämlich auf Staatenlose und internationale Flüchtlinge mit gewöhnlichem Aufenthalt (Staatenlose nach dem New Yorker Abkommen sowie Flüchtlinge nach dem Genfer Abkommen und gleichgestellte Asylberechtigte und Humanflüchtlinge mit Wohnsitz), hilfsweise mit schlichtem Aufenthalt in Deutschland und auf volksdeutsche Flüchtlinge (für sie bestünde *deutsche* internationale Zuständigkeit); zum anderen auf alle, die *ausländisches Recht als Personalstatut* haben, nämlich auf Ausländer und auf Staatenlose und internationale Flüchtlinge mit gewöhnlichem Aufenthalt (Staatenlose nach dem New Yorker Abkommen sowie Flüchtlinge nach dem Genfer Abkommen und gleichgestellte Asylberechtigte und Humanflüchtlinge mit Wohnsitz), hilfsweise mit schlichtem Aufenthalt im Ausland (für sie bestünde *ausländische* internationale Zuständigkeit: so KG RzW 63, 419; OLG Frankfurt RzW 69, 210). Dafür besteht aber heute, wo § 12 I Nr. 2 Aufenthaltszuständigkeit gewährt (die früher meist abgelehnt wurde: 5. Aufl. S. 320), kein Bedürfnis mehr.

So fragwürdig die Statutszuständigkeit ist, man begegnet ihr nicht ganz selten, z.B. für die Wahl des Gerichtsstands (Prorogation) in der Schweiz (Art. 5 III Buchst. b Bundesgesetz über das IPR vom 18. 12. 1987).

2. **Aufenthaltszuständigkeit** begründet § 12 I Nr. 2 VerschG: die Todeserklärung im Inland ist zulässig, wenn der Verschollene hier seinen letzten bekannten *gewöhnlichen Aufenthalt* gehabt hat; entsprechendes gilt für Todeserklärungen im Ausland (oben S. 487).

Die meisten Vorschriften über die *örtliche* Zuständigkeit halten sich noch an den *Wohnsitz* statt an den gewöhnlichen Aufenthalt (z.B. ZPO §§ 13, 16; FGG §§ 36 I 1, 43 I, 43 b II, 73 I). Die Anknüpfung an den gewöhnlichen Aufenthalt taugt aber besser (vgl. oben S. 142).

Den *schlichten* Aufenthalt läßt § 12 I Nr. 2 VerschG und lassen die anderen vom IPRG von 1986 eingeführten Regeln der internationalen Zuständigkeit (ZPO §§ 606 a I, 640 a II, 648 a I (aufgehoben), 676 III (aufgehoben); FGG §§ 35 b I, 43 I, 43 b I 1) leider nicht ausreichen (vgl. dazu 5. Aufl. S. 321). Doch gibt es zum Teil immerhin Fürsorgebedürfnis-Zuständigkeit (§ 12 II VerschG [vgl. unten S. 489], §§ 35 b II, 43 I FGG).

3. **Verweisungszuständigkeit** ist gegeben, wenn das Recht des Staates, dessen Gerichte international zuständig sind (z.B. bei Todes- und Verschollenheitserklärung kraft Staatsangehörigkeit oder gewöhnlichen Aufenthalts des Verschollenen), durch Zuständigkeitsrückverweisung unsere Gerichte oder durch Zuständigkeitsweiterverweisung die Ge-

richte eines dritten Staates für international zuständig erklärt und wir diesem Zuständigkeitsrenvoi folgen. Aber daß wir das tun, ist keineswegs sicher (dazu *Schröder,* Internationale Zuständigkeit, 1971, 789–852).

Geht die Verweisung aus vom Heimat- oder vom Aufenthaltsstaat (oben 1.–2.), dann darf man sie zwar *in der Regel* befolgen, insbesondere wenn der Heimat- oder Aufenthaltsstaat die eigenen Gerichte für international unzuständig erklärt (denn sonst könnte es zur Rechtsverweigerung kommen). Doch gibt es *Ausnahmen.* Läßt z.B. der Heimat- oder Aufenthaltsstaat (wie viele Staaten des *common law*) für die Begründung internationaler Zuständigkeit *(jurisdiction)* der Gerichte eines anderen Staates ausreichen, daß dort die Klage persönlich zugestellt wird, mag auch der Beklagte den anderen Staat bloß durchreisen oder gar überfliegen, so können wir einer solchen Zuständigkeitsweiterverweisung schwerlich folgen.

Anders mag es sein, wenn man in § 12 I Nr. 1 VerschG *Statuts*zuständigkeit ausgesprochen findet (oben 1.). Denn die Gerichte des Staates, dessen Recht anwendbar ist, sind nicht wie die des Aufenthaltsstaats aus international*verfahrens*rechtlichen Interessen, sondern aus international*privat*rechtlichen Interessen berufen. Deswegen genügt es vielleicht, wenn er die ihm von uns zugebilligte internationale Zuständigkeit auf einen anderen Staat delegiert, auch wenn die von ihm gewählte Anknüpfung äußerst schwach ist (z.B. persönliche Zustellung der Klage). *Erforderlich* mag nur sein, daß er das Urteil des anderen Staats anerkennt. *Genügen* würde das freilich bei Zuständigkeits*weiter*verweisung nicht (a.A. BGH RzW 61, 133; KG RzW 64, 555; *Staudinger-Coing-Weick*[12] Art. 9 EGBGB Rz 99 S. 203 und Rz 108 S. 205). Vielmehr müßten (abgesehen von der internationalen Zuständigkeit) die Bedingungen erfüllt sein, unter denen wir ausländische Urteile und Beschlüsse anerkennen; insbesondere dürfte die Entscheidung des dritten Staats nicht gegen unseren *ordre public* verstoßen. Auch die Zuständigkeits*rück*verweisung wird nur zu befolgen sein, wenn unserem Urteil die Anerkennung des Statutsstaats sicher ist, und auch dann nicht unbegrenzt; um ein surrealistisches Beispiel zu wählen: es könnte nicht China die deutschen Gerichte für die Todeserklärung aller Chinesen für international ausschließlich zuständig erklären, um seinen Gerichten Arbeit zu sparen (vgl. auch unten S. 704 zur Scheidung und S. 899 zur Prorogation).

Ausnahmsweise sind nach § 12 II VerschG die **deutschen Gerichte** (konkurrierend) international zuständig, „wenn ein berechtigtes Interesse an einer Todeserklärung oder Feststellung der Todeszeit durch sie besteht". Die Formel ähnelt dem Art. 9 Satz 2 EGBGB (oben S. 485). Wie dort die in Art. 12 II–IV a.F. VerschG enthaltenen einzelnen Ausnahmen zugunsten der Anwendung deutschen Rechts durch eine Generalklausel ersetzt werden, so hier die ebenfalls in Art. 12 II–IV a.F. enthaltenen Ausnahmen zugunsten der internationalen Zuständigkeit der deutschen Gerichte. § 12 II n.F. bedeutet, soweit er die internationale Zuständigkeit regelt, einen Fall von **Fürsorgebedürfnis-Zuständigkeit.**

Weitere Ausnahmen begründet der aufrecht erhaltene **Art. 2 § 1 IV VerschÄndG:** unter den Voraussetzungen, unter denen nach ihm deutsches Recht gilt (oben S. 485), sind zugleich die deutschen Gerichte international zuständig. Diese Zuständigkeit schließt die gewöhnlichen Zuständigkeiten nicht aus: sie konkurriert (oben S. 485 a.E.f.).

Zweifelhaft ist dagegen, ob die in § 12 II VerschG und in Art. 2 § 1 IV VerschÄndG enthaltenen *ein*seitigen Ausdehnungen der deutschen internationalen Zuständigkeit (anders als die in Art. 9 Satz 2 EGBGB und

Art. 2 § 1 IV VerschÄndG enthaltenen Regeln über das anwendbare Recht [darüber oben S. 485f.]) zu *all*seitigen erweitert werden können. Man sollte das grundsätzlich bejahen (oben S. 487): was dem einen recht ist, ist dem anderen billig (vgl. *Erman-Arndt*[7] VerschG § 12 [Art. 9] Rz 5 S. 2167; *Staudinger-Coing-Weick*[12] Art. 9 EGBGB Rz 109 S. 205f.; *Erman-Hohloch*[9] Art. 9 EGBGB Rz 11 unter b S. 2363; grundsätzlich auch *Horst Müller* in: Deutsche Landesreferate zum VII. Internationalen Kongreß für Rechtsvergleichung in Uppsala 1966, 1967, 205f.).

Daher konnte z.B. entsprechend § 12 III 2 a.F. VerschG eine in Österreich wohnhafte von Geburt österreichische Frau ihren deutschen Mann in Österreich auch mit Wirkung für uns für tot erklären lassen (vgl. AG Hamburg StAZ 68, 328; a.A. LG Bad Kreuznach IPRspr. 1950/51 Nr. 7; OLG Frankfurt JZ 62, 119).

cc) Anerkennung ausländischer Entscheidungen

Darüber schon oben S. 484f.

dd) Staatsverträge

aaa) Verschollenheitskonvention

Am 6. 4. 1950 wurde in Lake Success vereinbart die *Konvention der Vereinten Nationen über die Todeserklärung Verschollener.* Sie betrifft Verschollene des Zweiten Weltkriegs und der Nachkriegszeit mit letztem Aufenthalt in Europa, Asien und Afrika (Art. 1). Die Konvention stand für die Bundesrepublik in Kraft seit dem 29. 2. 1956. Am 24. 1. 1967 ist sie für die Bundesrepublik außer Kraft getreten. Denn die Bundesrepublik ist einer (zweiten) Verlängerung der Konvention nicht beigetreten; Grund: kein Bedürfnis. Näher zur Konvention 2. Aufl. S. 198; *Staudinger-Coing-Weick*[11] Art. 9 EGBGB Rz 119–129 S. 146–148.

bbb) CIEC-Übereinkommen

Das Athener CIEC-Übereinkommen Nr. 10 vom 18. 9. 1966 (oben S. 95 a.E.) ist für die Bundesrepublik nicht in Kraft getreten. Es regelt die internationale Zuständigkeit für Todeserklärungen einmal, wenn jemand verschollen und höchst wahrscheinlich tot ist (Art. 1), zum anderen, wenn jemand sicher tot ist, aber der Tod nicht beurkundet ist oder die Urkunde nicht vorgelegt werden kann (Art. 2). Beide Male sind international zuständig (Art. 1, 2) die sachlich zuständigen Gerichte oder Behörden des Staates,

- in dem ein Schiff oder Flugzeug eingetragen ist, das jemand zu einer Reise benutzt hat, auf der er verschollen oder gestorben ist,
- dem der Verschollene oder Tote angehört hat oder in dem er Wohnsitz oder Aufenthalt gehabt hat.

Außerdem sind für Todeserklärungen Verschollener international zuständig die Gerichte oder Behörden des Staates, in dem die Verschollenheit eingetreten ist (Art. 1).

Für tot erklärt wird auf Antrag der zuständigen Behörde oder eines Interessierten (Art. 3). Die Erklärung wird in den Personenstandsbüchern des Erklärungsstaats eingetragen und wirkt ohne weiteres in den anderen Vertragsstaaten als Todesbeurkundung (Art. 4). Leichtere Todeserklärungen nach den Rechten der Vertragsstaaten schließt das Abkommen nicht aus (Art. 5).

Die internationale Zuständigkeit der Gerichte oder Behörden des Staats, in dem ein Schiff oder ein Flugzeug registriert ist (Art. 1, 2), erscheint nützlich im Hinblick auf Unglücke, die viele Opfer fordern. Ebenso die Todeserklärung mangels Todesbeurkundung oder Sterbeurkunde (Art. 2). Im übrigen spricht gegen einen Beitritt wohl nur, daß die ohnehin verwickelte Materie noch schwieriger zu handhaben wäre.

g) Interlokales Recht und IPR der DDR

Das ZGB der früheren DDR und Ost-Berlins schweigt über den Beginn der Rechtsfähigkeit des Menschen. Parteifähig sind nach § 9 I 1 ZPO „Bürger". Sachlich wich man damit kaum von § 1 BGB und § 50 I der westlichen ZPO ab. Interlokalprivatrechtliche Fragen entfallen also.

Unterschiede gab es im **Verschollenheitsrecht.** Die materiellen Voraussetzungen der Todeserklärung regeln §§ 461–464 ZGB (z.B. genügt nach § 462 I *fünf*jährige Verschollenheit gegenüber *zehn*jähriger nach § 3 I VerschG). Das Verfahren regeln §§ 136–139 ZPO (sachlich zuständig war nach § 136 II 1 der Sekretär des Kreisgerichts).

Art. 8 Einigungsvertrag hat Bundesrecht im Osten eingeführt. Übergangsrechtlich bleibt es jedoch für vor dem 3. 10. 1990 Verschollene im Osten beim bisherigen Recht (Soergel X[12] Art. 9 Rz 45 S. 341). Daher sind im Osten vor dem 3. 10. 1990 Verschollene noch immer gemäß § 7 RAG nach §§ 461–464 ZGB für tot zu erklären.

Im Westen sind insoweit die Regeln des IPR und des internationalen Verfahrensrechts entsprechend anzuwenden. Daher richtet sich im Westen das anwendbare Recht grundsätzlich nach dem *interlokalen Personalstatut* des Verschollenen (oben S. 340f.), meist also nach seinem letzten gewöhnlichen Aufenthalt in Ost oder West. Interlokal zuständig sind grundsätzlich die Gerichte des Gebiets (Ost oder West), in dem sich der Verschollene zuletzt *gewöhnlich oder schlicht aufgehalten* hat. Doch sollten auch *§ 12 VerschG, Art. 2 § 1 Abs. 4 VerschÄndG* entsprechend interlokalprivatrechtlich angewandt werden. Da nach § 136 II 2 ZPO/DDR ein Verschollener ohne letzten Wohnsitz dort auf Antrag seiner dort wohnhaften Frau für tot erklärt werden kann und zwar nach § 7 RAG/DDR gemäß dortigem Recht, hätten auch wir (eigene interlokale Zuständigkeit vorausgesetzt) Ostrecht anzuwenden.

Die interlokale Zuständigkeit folgt der internationalen, außer daß Staatsangehörigkeitszuständigkeit entfällt (näher Soergel VIII[11] Art. 9 EGBGB Rz 62–68 S. 932f.).

Todeserklärungen aus der DDR und aus Ost-Berlin waren grundsätzlich anzuerkennen (BSG 17, 50 = NJW 62, 1541; BSG ROW 69, 253; *Staudinger-Coing-Weick*[12] Art. 9 EGBGB Rz 128f. S. 210). Einhaltung der interlokalen Zuständigkeit war nicht nötig (streitig) und, welches Recht angewandt worden war, galt gleich. Nur ein Verstoß gegen den westlichen *ordre public* hinderte die Anerkennung (vgl. § 328 I Nr. 4 ZPO und allgemein zur Anerkennung östlicher Entscheidungen unten S. 932f.). Dabei bleibt es nach Art. 18 Einigungsvertrag.

2. Geschäftsfähigkeit

Schrifttum: Siehe Schrifttum zur *Rechts*fähigkeit der natürlichen Person oben S. 387. Ferner Schrifttum 6. Aufl. S. 352. Hervorzuheben: *Batiffol,* La capacité civile des étrangers en France, Influence de la loi française, 1929; *Pagenstecher,* Zur Geschäftsfähigkeit der Ausländer in Deutschland, RabelsZ 15 (1949/50), 189–239; *Smith,* Capacity in the Conflict of Laws, 1 (1952) Int. Comp. L. Q. 446–471; *Guinand,* Les conflits de lois en matière de capacité (Etude comparative), Neuchâtel 1970; *Stoljar* IECL IV 7, 1973, 284–297; *Glenn,* La capacité de la personne en droit international privé français et anglais, Paris 1975. Ferner: *Strisower,* Die „persönliche Fähigkeit" im internationalen Privatrecht des bürgerlichen Gesetzbuches im Zusammenhang der Entwicklung des Rechts der Personalstatuten, Fschr. Jahrhundertfeier des ABGB II, 1911, 95–132; *Rumpf,* Altersberichtigung durch türkische Gerichte und ihre Bedeutung in Deutschland, StAZ 90, 326–330; *Droz* Rec. 1991 IV 113–134; *Baetge,* Anknüpfung der Rechtsfolgen bei fehlender Geschäftsfähigkeit, IPRax 96, 185–188; *Lipp,* Verkehrsschutz und Geschäftsfähigkeit im IPR, RabelsZ 63 (1999), 107–143.

Rechtsvergleichend: Luther, Ehemündigkeit, Volljährigkeit, Strafmündigkeit, 1961.

a) Grundsatz

Die Geschäftsfähigkeit als die Fähigkeit, *persönlich* seine Rechte und Pflichten durch Rechtsgeschäfte (und Rechtshandlungen) zu gestalten, unterliegt wie die Rechtsfähigkeit im Parteiinteresse dem *Personalstatut* im Anknüpfungssinn (oben S. 386). An erster Stelle entscheidet das *Heimatrecht;* **Art. 7 I 1 EGBGB** (abgedruckt oben S. 478) sagt das als allseitige Kollisionsnorm.

Für *Staatenlose* und für internationale *Flüchtlinge* gilt das Recht ihres gewöhnlichen Aufenthalts (für Staatenlose nach dem New Yorker Abkommen sowie für Flüchtlinge nach dem Genfer Abkommen und gleichgestellte Asylberechtigte das Recht ihres Wohnsitzes), hilfsweise das Recht ihres schlichten Aufenthalts; für volksdeutsche Flüchtlinge gilt deutsches Recht (oben S. 399–405).

b) Geltungsbereich

Das *Personalstatut* bestimmt, wann man **geschäftsunfähig, beschränkt geschäftsfähig, geschäftsfähig** ist und welche Folgen ein **Mangel** der Geschäftsfähigkeit hat (z.B. OLG Hamm NJW-RR 96, 1144). Es bestimmt z.B. über das Volljährigkeits*alter.* Es sagt auch, ob *Heirat* ein Mädchen mündig macht wie in der Schweiz, Ungarn und den Niederlanden. So ausdrücklich **Art. 7 I 2 EGBGB:** „Dies [Heimatrecht] gilt auch, soweit die Geschäftsfähigkeit durch Eheschließung erweitert wird."

Dagegen, wer **gesetzlicher Vertreter** ist – Eltern, Adoptiveltern, Vormund, Betreuer –, das richtet sich nach *anderen Kollisionsnormen* (MSA, Art. 19–24 EGBGB).

Ebenfalls *andere Kollisionsnormen* bestimmen darüber, **ob** ein Geschäft, eine Rechts- oder Tathandlung **Geschäftsfähigkeit** fordert oder ob *beschränkte Geschäftsfähigkeit* oder gar *natürliche Willensfähigkeit* (etwa für eine Aneignung) ausreicht: das entscheidet das *„Wirkungsstatut"*, nämlich diejenige Rechtsordnung, die den vorgenommenen Akt beherrscht (z.B. bei der Aneignung die *lex rei sitae*).

Desgleichen unterliegen dem jeweiligen Wirkungsstatut die **„besonderen Geschäftsfähigkeiten".** Das sind Fähigkeiten zur Vornahme *bestimmter* Geschäfte, die *inhaltlich abweichend* von der allgemeinen Geschäftsfähigkeit geregelt sind, z.B. Ehemündigkeit und Testierfähigkeit. Die Ehemündigkeit *berührt* sich freilich bloß mit der Geschäftsfähigkeit; denn sie will Kinderehen verhindern.

Wie Rechts- und Parteifähigkeit gehen Hand in Hand Geschäfts- und **Prozeßfähigkeit.** Sie trennen sich freilich leichter. So kann nach der ZPO zwar der Geschäftsfähige *immer* und grundsätzlich *nur* ein Geschäftsfähiger alle Prozeßhandlungen vornehmen, sei es selbst oder durch einen selbst bestellten Vertreter (§§ 51, 52 ZPO). Aber vom Erfordernis der Geschäftsfähigkeit gibt es Ausnahmen in Ehe- und Kindschaftssachen (§§ 607, 640b ZPO) und in einigen anderen Fällen (§§ 59, 66 FGG, § 8 SGB 8, § 7 II FrEntzG). Auch in ausländischen Rechten ist der Gleichklang nicht vollständig. Immerhin wiegen die Abweichungen verhältnismäßig leicht und wie die Geschäftsfähigkeit ist die Prozeßfähigkeit für den Einzelnen sehr wichtig. Daher gilt auch für sie das *Personalstatut.* Ist sie allerdings nach dem berufenen ausländischen Personalstatut geringer als nach deutschem Recht, dann gilt das deutsche (§ 55 ZPO): das Verkehrsinteresse überwiegt.

Zur **Prozeßführungsbefugnis** s. unten S. 545.

c) Statutenwechsel

Ein Wechsel des Personalstatuts kann die Geschäftsfähigkeit *steigern, aber nicht mindern.* Wird ein 18jähriger Österreicher Deutscher, so wird er *ex nunc* volljährig (nach österreichischem Recht erst mit 19 Jahren). Wird dagegen ein 17jähriger Angehöriger eines Staates, nach dessen Recht man in diesem Alter volljährig ist (vgl. unten S. 494), Deutscher, so bleibt er volljährig; das ergibt **Art. 7 II EGBGB** (abgedruckt oben S. 479): *semel major, semper major (Raape).*

Die Regel ist unvollkommen allseitig formuliert (ein Ausländer wird Deutscher, ein Deutscher wird Ausländer). Sie ist aber zur vollkommen allseitigen zu erweitern (ein Ausländer wird Angehöriger eines anderen ausländischen Staats, oben S. 479 a.E.f.). Z.B. ein 18jähriger Ungar, der nach ungarischem Recht mit 18 Jahren volljährig geworden ist, wird vor 1996 Angehöriger der Schweiz, wo man mit 20 Jahren mündig wurde (Art. 14 I ZGB; ab 1. 1. 1996: 18 Jahre). Denn die Interessenlage ist dieselbe: wer volljährig ist, will volljährig bleiben, und dies Interesse wird von Art. 7 II anerkannt.

Auch gilt der Satz *"semel major, semper major"* nicht nur für *Staats*wechsel, sondern für den Wechsel jeden *Personalstatuts,* mithin auch für den *Aufenthalts*wechsel von Staatenlosen und internationalen Flüchtlingen.

d) Verkehrsschutz

Gegen Geschäftsfähigkeitsmängel des anwendbaren ausländischen Rechts, die im inländischen Recht kein Gegenstück haben, schützt den Inlandsverkehr **Art. 12 Satz 1 EGBGB.** Die Vorschrift ist schon bei der Rechtsfähigkeit besprochen worden (oben S. 480). Durch sie kann bei Verträgen in Deutschland auch § 113 I 1 BGB zum Zuge kommen (BVerwG IPRspr. 1972 Nr. 2, betr. Gastarbeiter).

Ein dem Art. 12 Satz 1 EGBGB ähnlicher Schutz findet sich häufig entweder durch Gesetz (z.B. Schweden, Schweiz, Italien, Griechenland, Ägypten) oder durch die Rechtsprechung (Frankreich). Berühmt ist die Entscheidung des französischen Kassationshofs im Fall *Lizardi* (Req., D.P. 1861. 1. 193, S. 1861. 1. 305): Der über 21 Jahren alte Mexikaner Lizardi hatte in Paris Juwelen für viele tausend Franken gekauft. Auf Zahlung verklagt, berief er sich auf das mexikanische Volljährigkeitsalter von 25 Jahren. In Frankreich wurde man damals mit 21 (und wird man heute mit 18) Jahren volljährig. Lizardi wurde verurteilt, weil es genüge, daß der Franzose *„sans légèreté, sans imprudence et avec bonne foi"* (ohne Leichtsinn, ohne Unvorsichtigkeit und in gutem Glauben) gehandelt habe.

Da Art. 12 Satz 1 EGBGB auch den ausländischen Verkehr schützt, könnte selbst ein Deutscher betroffen sein. Der Fall kann aber kaum noch praktisch werden, seitdem § 2 BGB die Volljährigkeit mit 18 Jahren eintreten läßt (nach *Staudinger-Beitzke*[12] Art. 7 EGBGB Rz 20 a.E., S. 122 werden Mädchen in Jordanien mit 17 Jahren, alle in Sambia mit 16 Jahren volljährig).

Art. 12 Satz 1 EGBGB schützt auch gegen Mängel ausländischer **Handlungsfähigkeit.** Unter Handlungsfähigkeit versteht man bei uns den Oberbegriff für Geschäfts- und Deliktsfähigkeit (z.B. *Hübner*, Allgemeiner Teil des Bürgerlichen Gesetzbuches[2], 1996, § 8 II S. 78).

Im Entwurf eines Übereinkommens über das internationale *Schuld*recht (oben S. 202) sprach Art. 20 nicht von Rechts-, Geschäfts- und Handlungsfähigkeit, sondern von *„incapacité"* (*Lando* [Hrsg.], European Private International Law of Obligations, Tübingen 1975, 20 und Bericht von *van Sasse van Ysselt* ebenda 309f.). Im Rom-Übereinkommen über das auf *vertragliche* Schuldverhältnisse anzuwendende Recht von 1980 heißt es in Art. 1 Nr. 2a englisch „status or legal capacity", französisch *„l'état et la capacité"* und Art. 11 spricht englisch von *„incapacity"*, französisch von *„incapacité"* (BTDrucks. 10/503 S. 6, 12). Auch der Bericht zum Rom-Übereinkommen von *Giuliano* und *Lagarde* spricht englisch von *„status or legal capacity"* und von *„incapacity"* (*North* [Hrsg.], Contract Conflicts, Amsterdam u.a. 1982, 364, 387 a.E.f.). Die Erwähnung der Handlungsfähigkeit neben Rechts- und Geschäftsfähigkeit im deutschen Gesetzestext dürfte daher nur einen Schönheitsfehler darstellen.

Allerdings erscheint die Handlungsfähigkeit neben Rechts- und Geschäftsfähigkeit in Art. 6 des Brüsseler EWG-Übereinkommens über die gegenseitige Anerkennung von Gesellschaften und juristischen Personen von 1968 (oben S. 215, unten S. 514). Aber man weiß mit ihr nichts anzufangen (*Drobnig* AG 73, 126).

Die Erwähnung der Handlungsfähigkeit in Art. 12 Satz 1 EGBGB ist aber vielleicht daraus zu erklären, daß im Anschluß an Vorschläge des Deutschen Rats für Internationales Privatrecht der Verkehr auch bei der (in Deutschland seitdem durch die Betreuung ersetzten) **Entmündigung** gegen dem Inlandsrecht unbekannte Entmündigungsgründe und bei der **gesetzlichen Vertretungsmacht** von Eltern, Vormündern und Pflegern gegen dem Inlandsrecht unbekannte Einschränkungen geschützt werden sollte (*Beitzke* [Hrsg.], Vorschläge und Gutachten zur Reform des deutschen internationalen Personen-, Familien- und Erbrechts, 1981, 2 unter I § A II, 12 unter I § B).

Der Fall der Entmündigung (ausländischer Rechte) könnte mit dem Wort „handlungsfähig" gemeint sein (obwohl es um Geschäftsfähigkeitsmängel geht und daher kein eigenes Wort gebraucht wird). Für die gesetzliche Vertretungsmacht sah der Regierungsentwurf eines Gesetzes zur Neuregelung des IPR einen besonderen Abs. 2 des Art. 12 vor:

„(2) Absatz 1 gilt bei einem Mangel der Vertretungsmacht eines Elternteils, Vormunds oder Pflegers entsprechend." Der Rechtsausschuß des Bundestags hat diesen Absatz gestrichen (BTDrucks. 10/5632 S. 9) und dazu bemerkt, Analogie zum Satz 1 des Art. 12 EGBGB genüge und sei flexibler (ebenda S. 40 a. E. f.).

Da die Erweiterung des Verkehrsschutzes auf Entmündigung und gesetzliche Vertretungsmacht gewollt war und rechtspolitisch angemessen ist, darf man sie als geltendes Recht ansehen.

e) Volljährigkeitserklärung und Entmündigung

Schrifttum zur *Entmündigung: Levis,* Das internationale Entmündigungsrecht des Deutschen Reiches, 1906; *Harries,* Das deutsche internationale Entmündigungsrecht, Diss. Göttingen 1955; *Jarck,* Wiederaufhebung einer im Ausland ausgesprochenen Entmündigung eines Deutschen durch ein inländisches Gericht, NJW 56, 1348 f.; *von Overbeck,* Persons, IECL III Ch. 15, 1972; *Hepting,* Zur Emanzipation ausländischer Minderjähriger durch deutsche Gerichte, ZBlJR 76, 145–151; *Marquordt,* Bemerkungen zur Rechtsfähigkeit, Geschäftsfähigkeit, Entmündigung, Todeserklärung, in: *Beitzke* (Hrsg.), Vorschläge und Gutachten zur Reform des deutschen internationalen Personen-, Familien- und Erbrechts, 1981, 73–83 (78–81).

Die Geschäftsfähigkeit wird *vermehrt* durch *Volljährigkeitserklärung* (nicht mehr bei uns, da §§ 3–5 BGB aufgehoben) und *vermindert* durch *Entmündigung* (ebenfalls nicht mehr bei uns, da § 6 BGB aufgehoben durch BetrG).

Das **anwendbare Recht** (erheblich nur bei Volljährigkeitserklärung oder Entmündigung in Deutschland) ergab sich aus dem **Personalstatut** (Art. 7 I 1 EGBGB). **International zuständig** waren (oben S. 486–490) die Gerichte des Heimatstaats *(Staatsangehörigkeitszuständigkeit),* die Gerichte des Staates, in dem sich der Betroffene gewöhnlich aufhält *(Aufenthaltszuständigkeit),* und vielleicht die Gerichte des Staates, die nach dem internationalen Verfahrensrecht des Aufenthalts-, Heimat- oder Statutsstaats international zuständig sind *(Verweisungszuständigkeit).* Außerdem sind international zuständig die Gerichte des Staates, in dem ein Bedürfnis hervortritt, jemanden für volljährig zu erklären oder zu entmündigen *(Fürsorgebedürfnis-Zuständigkeit).*

Besonderheiten für die Entmündigung brachten Art. 8 EGBGB (anwendbares Recht) und § 648 a ZPO (internationale Zuständigkeit). Art. 8 EGBGB wurde aufgehoben durch Art. 7 § 29 Nr. 1 BetrG und die §§ 645 bis 686 ZPO (Verfahren in Entmündigungssachen) durch Art. 4 Nr. 7 BetrG.

Art. 8 EGBGB lautete:

„Entmündigung

Ein Angehöriger eines fremden Staates, der seinen gewöhnlichen Aufenthalt oder, mangels eines solchen, seinen Aufenthalt im Inland hat, kann nach deutschem Recht entmündigt werden."

Art. 8 folgte seinem Vorgänger, dem Art. 8 a.F. EGBGB, fast aufs Wort. Nur sagte er statt „Ausländer" (warum?) „Angehöriger eines fremden Staates" und setzte mit Recht den gewöhnlichen Aufenthalt an die Stelle des Wohnsitzes.

Der schlichte Aufenthalt war hier ausnahmsweise (vgl. oben S. 488) wegen häufiger Dringlichkeit der Entmündigung als Anknüpfung zugelassen.

Die Anknüpfung an den gewöhnlichen, hilfsweise schlichten Aufenthalt war jedoch nicht zwingend: der deutsche Richter war *berechtigt* („kann"), deutsches Recht anzuwenden, obwohl der Betroffene ein ausländisches Personalstatut hatte. Aber er mußte es nicht tun (anders h.M., vgl. *Staudinger-Beitzke*[12] Art. 8 EGBGB Rz 40f. S. 173) und hätte dies Rettungsboot möglichst selten besteigen sollen.

Über *Schutz* des inländischen *Verkehrs* gegen dem Inlandsrecht unbekannte Entmündigungsgründe oben S. 404. Nach Abschaffung der deutschen Entmündigung erfaßt der Verkehrsschutz des Art. 12 jede ausländische Entmündigung.

Die internationale Zuständigkeit zur Entmündigung regelte **§ 648a ZPO:**

„(1) Für die Entmündigung sind die deutschen Gerichte zuständig, wenn der zu Entmündigende

1. Deutscher ist oder
2. seinen gewöhnlichen Aufenthalt oder, mangels eines solchen, seinen Aufenthalt im Inland hat.

Diese Zuständigkeit ist nicht ausschließlich.

(2) Die Entmündigung im Inland kann unterbleiben, wenn in einem anderen Staat, dessen Gerichte zuständig sind, ein Verfahren eingeleitet ist."

Zu Abs. 1 vgl. oben S. 486–489.

Zu begrüßen war, daß nach Abs. 2 eine Inlandsentmündigung unterbleiben konnte, wenn im Ausland mit internationaler Zuständigkeit ein Verfahren lief. Freilich versteht sich das fast von selbst (vgl. zur Rechtshängigkeit unten S. 926–928).

Wegen der *Anerkennung ausländischer Entmündigungen* vgl. oben S. 484 über die Anerkennung ausländischer Entscheidungen.

Die Ersetzung der deutschen Entmündigung durch die Betreuung und die Aufhebung des Art. 8 EGBGB und des § 648a ZPO schaffen Fragen des anwendbaren Entmündigungsrechts und der internationalen Zuständigkeit für Entmündigungen nicht aus der Welt, weil im Ausland Entmündigungsrecht fortgilt. Indessen darf man insoweit die bisherigen Regeln weiteranwenden. Sie sind enthalten für das anwendbare Recht in Art. 7 und dem aufgehobenen Art. 8 EGBGB, für die internationale Zuständigkeit in dem aufgehobenen § 648b ZPO. Die Praxis wird freilich wohl nicht entmündigen, sondern bloß Betreuer bestellen und zwar (mangels ausländischen Betreuungsrechts) nicht nach Art. 24 I 1 EGBGB und § 69 I mit § 35b FGG, sondern nach Art. 24 I 2 EGBGB und § 69 I mit § 35b FGG (vgl. unten S. 841).

Für die Entmündigung galt das **Haager Abkommen über die Entmündigung und gleichartige Fürsorgemaßregeln** von 1905 (oben S. 212); Inhaltsangabe 6. Aufl. S. 357f.).

Zum deutsch-iranischen Niederlassungsabkommen von 1929 oben S. 195.

f) Interlokales Recht

Zum *früheren* interlokalen Privat- und Verfahrensrecht 6. Aufl. S. 358.

Seit dem 3. 10. 1990 gilt nach Art. 8 des Einigungsvertrags Bundesrecht in der früheren DDR und in Ost-Berlin. Die Volljährigkeitserklärung war im Osten ebenso abgeschafft wie im Westen. Die Entmündigung ist jetzt in Ost und West ersetzt durch die Betreuung. **Interlokales Privatrecht entfällt** somit.

Auch *verfahrens*rechtlich herrscht Einheit. Frühere Entscheidungen aus der DDR und Ost-Berlin bleiben nach Art. 18 Einigungsvertrag wirksam. Für östliche Entmündigungen gibt Anpassungsregeln Art. 231 § 1 EGBGB.

3. Geschlecht

Schrifttum: *Jessurun d'Oliveira*, Transsexualität im internationalen Personenrecht, IPRax 87, 189–191; *Lequette*, Note Rev. crit. dr. i. p. 1995, 311–319.

Manche lassen ihr Geschlecht umwandeln. Bestimmte Folgen, z.B. Änderung der Vornamen, sowie ein Verfahren zur Feststellung der Geschlechtszugehörigkeit regelt das Gesetz über die Änderung der Vornamen und die Feststellung der Geschlechtszugehörigkeit in besonderen Fällen (Transsexuellengesetz – TSG) vom 10. 9. 1980 (BGBl. I 1654).

Nach dessen §§ 1 I Nr. 1, 8 I Nr. 1 gilt das Gesetz für eine Person nur, *„wenn sie Deutscher im Sinne des Grundgesetzes ist oder wenn sie als Staatenloser oder heimatloser Ausländer ihren gewöhnlichen Aufenthalt oder als Asylberechtigter oder ausländischer Flüchtling ihren Wohnsitz im Geltungsbereich dieses Gesetzes hat"*. (Über internationale Flüchtlinge oben S. 403–405).

Diese Regel läßt sich zur allseitigen Kollisionsnorm erweitern: für Voraussetzungen und Folgen einer Geschlechtsumwandlung gilt das Heimatrecht oder sonstige Personalstatut des Betroffenen.

Beispiele:

AG Hamburg StAZ 84, 42: 23jähriger Deutscher will 27jährige Person malaysischer Staatsangehörigkeit heiraten. Diese Person war 1981 durch eine Operation in Wiesbaden aus einem Mann in eine Frau verwandelt worden (vorausgegangen war eine Diagnose der Abteilung Sexualforschung des Universitätskrankenhauses Hamburg/Eppendorf). Nach deutschem und malaysischem Recht können nur Personen verschiedenen Geschlechts einander heiraten. Nach malaysischem Recht (und damit auch für uns) war die malaysische Person Frau. Aber Ehen Transsexueller werden (nach Annahme des Gerichts) in Malaysia nicht anerkannt. Das Amtsgericht setzt sich über dies für uns nach Art. 13 I a.F. (und n.F.) EGBGB beachtliche Eheverbot hinweg mit Hilfe von Art. 30 a.F. (Art. 6 n.F.) EGBGB, weil die Versagung der Heirat gegen

Grundrechte verstieße (Art. 2 I mit 1 I sowie Art. 6 I GG). Wohl mit Recht: wer a sagt, muß auch b sagen.

LG Stuttgart StAZ 99, 15: Thailänder läßt sich in Bangkok 1983 durch Operation in Frau verwandeln. Seit 1993 lebt diese als Prostituierte in Deutschland. Sie beschafft sich einen falschen Paß, benutzt ihn mit Erfolg, um nach (damals) § 10 II EheG (heute § 1309 II BGB) vom OLG-Präsidenten Befreiung vom thailändischen Ehefähigkeitszeugnis zu erlangen, und heiratet einen Mann. Den Eintrag ins Heiratsbuch erklärt das LG Stuttgart für ungültig, weil eine Nichtehe vorliege. Denn nach dem über Art. 13 I EGBGB maßgebenden thailändischen Recht sei solche Heirat verboten und wegen der Paßfälschung seien die nach Art. 13 II EGBGB für ein korrektes Befreiungsverfahren „zumutbaren Schritte" unterblieben, nämlich die Einholung zweier Sachverständigengutachten entsprechend dem Verfahren auf Vornamensänderung (§ 4 III TSG) und, wie man hinzufügen darf, dem Verfahren auf Feststellung der Geschlechtszugehörigkeit (§ 9 III 1 TSG).

II. Juristische Person

Schrifttum: IPR: 7. Aufl. S. 408–410. Danach: *Ballarino,* La società per azioni nella disciplina internazionalprivatistica, in: *Columbo* und *Portale* (Hrsg.), Trattato della società per azioni, Turin 1994, 212 S. (bespr. von *B. Ancel* Rev. crit. dr. i. p. 1995, 453 f.); *Teipel,* Die Bedeutung der lex fori für die Anknüpfung des Haftungsdurchgriffs, 1994 (bespr. von *Ehricke* RabelsZ 62 [1998], 148–154); *Großfeld,* Internationales und Europäisches Unternehmensrecht, Das Organisationsrecht transnationaler Unternehmen[2], 1995, 43–117; Aspekte des internationalen Gesellschaftsrechts, Schweizerische Tagung zum internationalen Recht 25. November 1994, Neuenburg, Zürich 1995; *van Dongen,* Identificatie in het rechtspersonenrecht, Rechtsvergelijkende beschouwingen over „Piercing the corporate veil" in het interne en internationaal privaatrecht van Nederland, Duitsland, Zwitserland, New York en Texas, Deventer 1995; *W.-H. Roth,* Recognition of Foreign Companies in *Siège Réel* Countries: A German Perspective, in: *Wouters* und *H. Schneider* (Hrsg.), Current Issues in Cross-Border Establishment of Companies in the European Union, o. O., o. J. (1995?), 29–46; *Großfeld* und *Wilde,* Die Konzentration des Vertretungsrechts im Gesellschaftsstatut, IPRax 95, 374–377; *Bungert,* Zur Rechtsfähigkeit US-amerikanischer Kapitalgesellschaften ohne geschäftlichen Schwerpunkt in den USA – zugleich Anmerkung zu OLG Düsseldorf, Urt. v. 15. 12. 1994 = WM 1995, 808 –, WM 95, 2125–2133; *Heinrich,* Die ausländische juristische Person & Co. KG, 1996; *Rindisbacher,* Anerkennung gesellschaftsrechtlicher Gebilde im IPR, 1996; *Zimmer,* Internationales Gesellschaftsrecht, Das Kollisionsrecht der Gesellschaften und sein Verhältnis zum Internationalen Kapitalmarktrecht und zum Internationalen Unternehmensrecht, 1996; *Hommelhoff,* Deutscher Konzernabschluß: International Accounting Standards und das Grundgesetz, Odersky-Fschr. 1996, 779–796; *Großfeld* und *Piesbergen,* Internationales Gesellschaftsrecht in der Diskussion, Mestmäcker-Fschr. 1996, 881–890; *Patry,* La reconnaissance en Suisse de la personnalité des Sociétés Anonymes, Ann. Ist. 1996, 8–24; *Berndt,* Die Rechtsfähigkeit US-amerikanischer Kapitalgesellschaften im Inland, JZ 96, 187–191; *M. J. Ulmer,* Die Anerkennung US-amerikanischer Gesellschaften in Deutschland, IPRax 96, 100–103; *Stevens,* The Law Applicable to Priorities of Shares, 112 (1996) L. Q. Rev. 198–202; *van Rijn van Alkemade,* Wetvoorstellen conflictenrecht corporaties en formeel buitenlandse vennootschappen, WPNR 1996, 563–566; *ten Wolde,* Oprichting van een Nederlandse vennootschap inbreng in natura en ipr in de notarielle pratijk, ebenda 576–578, 599 f.; *Bourtin,* United States Regulation of Foreign Takeovers, 70 (1996) Tul. L. Rev.1609–1643; *Fadlallah,* Point de vue sur l'affaire Péchiney, La localisation du délit, Rev. crit. dr. i. p. 1996, 621–637; *Prast,* Anerkennung liechtensteinischer Gesellschaften im Ausland, Eine rechtsvergleichende Untersuchung nach deutschem, schweizerischem, und österreichischem Recht, St. Gallen 1997; *Behrens,* Internationales Gesellschaftsrecht und Fremdenrecht, in: *Behrens* (Hrsg.), Die Gesellschaft mit beschränkter Haftung im internationalen und europäischen Recht[2], 1997, 1–61; *Ebenroth* und *Offenloch,* Kollisionsrechtliche Untersuchung grenzüberschreitender Ausgliederungen, RIW 97, 1–14; *Eidenmüller* und *Rehm,* Gesellschafts- und zivilrechtliche Folgeprobleme der Sitztheorie, ZGR 97, 89–114; *Leible,* Vollmachtsanknüpfung bei inländischen Zweigniederlassungen ausländischer Gesellschaften, IPRax 97, 133–137; *H.-F. Müller,* Haftung bei ausländischen Kapitalgesellschaften mit Inlandssitz, ZIP 97, 1049–1054; *Spickhoff,* Der vertragswidrige Rückerwerb eigener Aktien – IPR und europäische Rechtsvergleichung, BB 97, 2593–2603; *Rinne,* Zweigniederlassungen ausländischer Unternehmen im deutschen Kollisions- und Sachrecht, 1998; *Werner,* Der Nachweis des Verwaltungssitzes ausländischer juristischer Personen, 1998; *Witte,* Der US-amerikanische RICO-Act und deutsche Unternehmen, 1998 (bespr. von *Junker* ZHR 99, 146–149); *Staudinger* EGBGB Internationales Gesellschaftsrecht (*Großfeld* 1998); *Nobel* (Hrsg.), Internationales Gesellschaftsrecht, Bern 1998; *Wenckstern,* Inländische Briefkastenfirmen im deutschen Internationalen Gesellschaftsrecht, Drobnig-Fschr. 1998, 465–478; *Lejeune,* „Personal Jurisdiction" über ausländische Firmen nach amerikanischem Zivilprozeßrecht, RIW 98, 8–19; *Zimmer,* Ende der Konzernhaftung in ‚internationalen' Fällen?, IPRax 98, 187–192; *Drury,* The Regulation and Recognition of Foreign Corporations: Responses to the „Delaware Syndrome", 57 (1998) C.L. J. 165–194; *Riering,* Gesellschaftsstatut und Ehegüterstatut, IPRax 98, 322–327; *Bungert,* Zum Nachweis des effektiven Verwaltungssitzes der ausländischen Kapitalgesellschaft: Die Briefkastengesellschaft als Vorurteil, ebenda 339–348; *Benedettelli,* „Corporate governance", mercati financiari e diritto internazionale privato, Riv. dir. int. priv. proc. 1998, 713–744; *Terlau,* Das Internationale Privatrecht der Gesellschaft des bürgerlichen Rechts, 1999; *Bungert,* Rechtliche Auswirkungen der „domestication" einer deutschen GmbH in den USA nach deutschem Gesellschaftsrecht, RIW 99, 109–114; *Freitag,* Der Wettbewerb der Rechtsordnungen im Internationalen Gesellschaftsrecht, EuZW 99, 267–270; *G. H. Roth,* Gründungstheorie: Ist der Damm gebrochen?, ZIP 99, 861–867; *Werlauff,* Auländische Gesellschaft für inländische Aktivität, ebenda 867–876; *Eilers* und *Wienands,* Neue steuerliche und gesellschaftsrechtliche Aspekte der Doppelansässigkeit von Kapitalgesellschaften nach der EuGH-Entscheidung vom 9. 3. 1999, IStR 99, 289–296; *Ebke,* Das Schicksal der Sitztheorie nach dem Centros-Urteil des EuGH, JZ 99, 656–661; *Ulmer,* Schutzinstrumente gegen die Gefahren aus der Geschäftstätigkeit inländischer Zweigniederlassungen von Kapitalgesellschaften mit fiktivem Auslandssitz, ebenda 662–665.

Insbesondere zum **Trust:** 7. Aufl. S. 410. Danach: *Waters,* The Institution of the Trust in Civil and Common Law, Rec. 252 (1995), 113–453; *Behar-Touchais,* Note Sem. jur. 1996 Nr. 22 647 S. 233–238 (trust *inter vivos* mit Erwerb durch Begünstigten beim Erbfall Schenkung oder Vermächtnis?); *Droz,* Note Rev. crit. dr. i. p. 1996, 693–698 (trust de droit américain, loi successorale française, atteinte à la réserve, ordre des réductions, donation indirecte, prise d'effet au jour du décès); *von Overbeck,* La ratification de la Convention de La Haye sur le *trust* par les Pays-Bas: un exemple pour la Suisse?, Broggini-Fschr., Mailand 1997, 347–380; *Eckert,* Use, Trust, Strict Settlement – Fideikommißähnliche Bindungen des Grundbesitzes in England, Kroeschell-Fschr. 1997, 187–201; *Langbein,* The Secret Life of the Trust: The Trust as an Instrument of Commerce, 107 (1997) Yale L. J. 165–189; *Martinez,* El trust angloamericano en el Derecho espanol, Madrid o.J.; *Fuenteseca,* Analisis de la posible relación entre la *fiducia* romana y el *trust* anglosajón, Rev. der. priv. 1998, 41–49; *Siemers* und *N. Müller,* Offshore-Trusts als Mittel zur Vermögensnachfolgeplanung? – Eine Bestandsaufnahme aus steuerrechtlicher Sicht, IStR 98, 385–391; *van Rijn van Alkmade,* Yes, the Dutch can tame the trust! (II, slot), WPNR 1998, 361–368, 379–387; *Brunetti,* Il testamento dello zio d'America – Il „trust" testamentario, Foro It. 1998 I 2008–2012.

Rechtsvergleichend: 7. Aufl. S. 710f. Danach: *Bösch,* Die liechtensteinische Treuhänderschaft zwischen trust und Treuhand, Mauren, 1995; *Simonart,* La personalité morale en droit privé comparé, Brüssel 1995; *Bachner,* Der Constructive Trust, Diss. Tübingen 1995; *Hansen,* Die verdeckten Sacheinlagen in Frankreich, Belgien und

Deutschland und ihre Behandlung durch die zweite EU-Gesellschaftsrichtlinie, 1996; *Kreß,* Gerichtliche Beschlußkontrolle im Kapitalgesellschaftsrecht, 1996; *Mennicke,* Sanktionen gegen Insiderhandel, 1996 (England, USA); *Siebert,* Grundlagen der US-amerikanischen Rechnungslegung, 1996; *Kokaz,* Piercing the Corporate Veil: a Comparative Analysis, Ann. Ist. 1996, 25–47; *Guntz,* Treubindungen von Minderheitsaktionären, Eine vergleichende Analyse im deutschen und US-amerikanischen Recht, dargestellt am Phänomen der treuwidrigen Aktionärsklage, 1997; *Hadding* und *Schneider* (Hrsg.), Die Vertretung verselbständigter Rechtsträger in europäischen Ländern, Teil I, Deutschland, Italien und Spanien von *Fellmeth,* 1997; *Klawitter,* Die GmbH & Co. KG im U.S.-amerikanischen Recht, 1997; *Behrens* (Hrsg.), Die Gesellschaft mit beschränkter Haftung im internationalen und europäischen Recht, 1997; *Hausmaninger,* Insider Training, Eine systemvergleichende Untersuchung amerikanischer, europäischer und österreichischer Regelungen, Wien 1987; *Becker,* Verwaltungskontrolle durch Gesellschafterrechte, Eine vergleichende Untersuchung nach deutschem Verbandsrecht und dem amerikanischen Recht der *corporation,* 1997 (bespr. von *Ebke* JZ 99, 399); *Skog,* Der Erwerb eigener Aktien: Reformbestrebungen in den EU-Mitgliedstaaten, ZGR 97, 306–333; *Ochsenfeld,* Direkthaftung von Konzernobergesellschaften in den USA, 1998; *Abeltshauser,* Leitungshaftung im Kapitalgesellschaftsrecht, Zu den Sorgfalts- und Loyalitätspflichten von Unternehmensleitern im deutschen und im US-amerikanischen Kapitalgesellschaftsrecht, 1998; *Greiner,* Die Class Action im amerikanischen Recht und deutscher ordre public, 1998; *Ekkenga,* Anlegerschutz, Rechnungslegung und Kapitalmarkt, Eine vergleichende Studie zum europäischen, deutschen und britischen Bilanz-, Gesellschafts- und Kapitalmarktrecht, 1998; *Lutter,* Limited Liability Companies and Private Companies, IECL XIII Ch. 2, 1998; *Ansay,* Third Way, Drobnig-Fschr. 1998, 481–490 (betr. nicht rechtsfähige Vermögen); *Ebke,* Unternehmensrecht und Binnenmarkt – E pluribus unum?, RabelsZ 62 (1998), 195–242; *Hansmann* und *Mattei,* The Functions of Trust Law: A Comparatice Legal and Economic Analysis, 73 (1998) N. U. L. Rev. 434–479; *Graf von Bernstorff,* Das Unternehmensrecht in Europa, EWS 98, 397–405, 433–439.

International- und materiellprivatrechtliche *Vereinheitlichung in der* **EWG, EU:** 7. Aufl. S. 411–413. Ferner: *Hagen-Eck,* Die Europäische Genossenschaft, 1995; *Jahn,* Die gemeinschaftlich handelnden Mitglieder einer deutschen Europäischen wirtschaftlichen Interessenvereinigung (EWIV), 1996; *Hansen,* Die verdeckten Sacheinlagen in Frankreich, Belgien und Deutschland und ihre Behandlung durch die zweite EU-Gesellschaftsrichtlinie, 1996; *Lutter,* Europäisches Unternehmensrecht, Grundlagen, Stand und Entwicklung nebst Texten und Materialien zur Rechtsangleichung[4], 1996 (ZGR Sonderheft 1); *Heinrich,* Die ausländische juristische Person & Co. KG, 1996; *Rindisbacher,* Anerkennung gesellschaftsrechtlicher Gebilde im IPR, 1996; *Papathanassiou,* Die grenzüberschreitende Übernahme einer Aktiengesellschaft im deutschen und griechischen Recht, 1996 (IPR: S. 243–276); *Lutter,* Mißglückte Rechtsangleichung: das Chaos der Ein-Personen-Gesellschaft in Europa, Brandner-Fschr. 1996, 81–95; *Behrens,* Krisensymptome in der Gesellschaftsrechtsangleichung, Mestmäcker-Fschr. 1996, 831–849; *Kolvenbach,* Neue Initiative zur Weiterentwicklung des Europäischen Gesellschaftsrechts?, EuZW 96, 220–234; *Schön,* Mindestharmonisierung im europäischen Gesellschaftsrecht, ZHR 96, 221–249; *W. Meilicke,* Selbstkontrahieren nach europäischem Gemeinschaftsrecht, RIW 96, 713–719; *Lenz,* Die Europäische wirtschaftliche Interessenvereinigung mit dem Sitz in der Bundesrepublik Deutschland vor Eintragung, 1997; *Moor,* Das italienische internationale Gesellschaftsrecht, Ein Vergleich mit dem schweizerischen IPRG und zu den Problemen des schweizerisch-italienischen Rechtsverkehrs, Zürich 1997; *Behrens,* Europäische Rechtsangleichung in: *Behrens* (Hrsg.), Die Gesellschaft mit beschränkter Haftung im internationalen und europäischen Recht[2], 1997, 63–87; *Boucourechliev* (Hrsg.), Propositions pour une société fermée européenne, Luxemburg 1997; *Hennrichs,* Die Bedeutung der EG-Bilanzrichtlinie für das deutsche Handelsbilanzrecht, ZGR 97, 66–88; *Schuster,* Der neue Vorschlag für eine EG-Takeover-Richtlinie und seine Auswirkungen auf den Übernahmekodex, EuZW 97, 237–241; *Hansen,* Die Europäische Aktiengesellschaft – Societas Europea (SE), For. Int. L. 97, 114–123; *Hommelhoff,* Die

„Société fermée européenne“, WM 97, 2101–2109; *Habersack* und *Mayer,* Der neue Vorschlag einer Takeover-Richtlinie – Überlegungen zur Umsetzung ins nationale Recht, ZIP 97, 2141–2146; *Kallmeyer,* Pflichtangebote nach dem Übernahmekodex und dem neuen Vorschlag einer Takeover-Richtlinie, ebenda 2147f. (Text mit Einführung von *Neye* ebenda 2172–2176); *Maul,* Die faktisch abhängige SE (Societas Europea) im Schnittpunkt zwischen deutschem und europäischem Recht, 1998; *Burkhalter,* Die Europäische wirtschaftliche Interessenvereinigung (EWIV) und ihre konzernrechtlichen Beziehungen, Zürich 1998; *Hopt,* Europäisches Gesellschaftsrecht – Krise und neue Anläufe, ZIP 98, 96–106; *Klinke,* Europäisches Unternehmensrecht und EuGH, Die Rechtsprechung in den Jahren 1996–1997, ZGR 98, 212–252; *Hommelhoff,* Europäisches Bilanzrecht im Aufbruch, RabelsZ 62 (1998), 381–404; *Weber,* Der geänderte Vorschlag der Kommission für eine Takeover-Richtlinie vom 10. 11. 1997, EuZW 98, 464–469; *Wymeersch,* Article 23 of the second company law directive: the prohibition of financial asstistance to acquire shares of the company, Drobnig-Fschr. 1998, 725–747; *Witt,* Der neue Vorschlag für eine EG-Richtlinie über Übernahmeangebote, EWS 98, 318–323; *Forum Europaeum Konzernrecht,* ZGR 98, 672–722; *Graf von Bernstorff,* Das Unternehmensrecht in Europa, EWS 98, 397–405, 433–439; *Miller,* Piercing the corporate Veil Among Affiliated Companies in the European Community and in the U.S.: A Comparative Analysis of U.S., German, and U.K. Veil-Piercing Approaches, 36 (1998) Am.B.L.J. 73–149; *Habersack,* Europäisches Gesellschaftsrecht, 1999; *Witz,* Rechtsangleichung oder supranationale Rechtsform für die Unternehmensverfassung?, in *Schwenzer* (Hrsg.), Schuldrecht, Rechtsvergleichung und Rechtsvereinheitlichung an der Schwelle zum 21. Jahrhundert, 1999, 27–48; *Boucourechliev,* Die Harmonisierung des Gesellschaftsrechts in der Europäischen Union: Erreichtes und Perspektiven, RIW 99, 1–6; *Mülbert,* Die Zielgesellschaft im Vorschlag 1997 einer Takeover-Richtlinie – zwei folgenreiche Eingriffe ins deutsche Aktienrecht, IStR 99, 83–94; *Zinser,* Der geänderte Vorschlag einer Takeover-Richtlinie vom 10. 11. 1997, EWS 99, 133–136.

Europarat: *Lowry,* The International Approach to Insider Trading: The Council of Europe's Convention, 1990 J.B.L. 460–468 (mit Text des Abkommens vom 20. 4. 1989).

1. Grundsatz

Die *natürliche* Person wird hinsichtlich Rechts- und Geschäftsfähigkeit grundsätzlich nach ihrem *Heimatrecht* beurteilt, weil ihr an dessen Herrschaft im allgemeinen am meisten liegt (Parteiinteresse; oben S. 388–390). Erst an zweiter Stelle wird an den gewöhnlichen, hilfsweise schlichten *Aufenthalt* angeknüpft, nämlich bei Staatenlosen und internationalen Flüchtlingen.

Die *juristische* Person hat *kein Heimatrecht.*

Wohl wird *ausländer*rechtlich zwischen In- und Ausländern unterschieden (oben S. 61–63). Insofern muß geklärt werden, ob eine juristische Person hier- oder dorthin gehört. Aber das heißt nicht, daß die juristische Person eine Staatsangehörigkeit hätte. Für sie gibt es keine Staatsangehörigkeitsgesetze und ein Staatsvolk aus juristischen Personen böte ein sonderbares Bild. Ob eine juristische Person ausländerrechtlich In- oder Ausländer ist, hängt ab vom *Zweck der einzelnen Vorschriften.* Die juristische Person kann im Sinne dieser Vorschrift Inländer, im Sinne jener Vorschrift Ausländer sein. Dagegen ist die Staatsangehörigkeit natürlicher Personen unteilbar.

Ähnlich liegt es im *Feindvermögensrecht.* Wenn in Kriegszeiten das Vermögen feindlicher Ausländer beschlagnahmt und enteignet wird, muß auch das Schicksal des Vermögens juristischer Personen geregelt werden. Hier ist die *„Kontrolltheorie“* entwickelt worden: als Feind zu behandeln sind solche juristischen Personen, die von natürlichen Personen beherrscht werden, die Feindstaaten angehören (z.B. *Domke* WBVR I² 510; vgl. BGH 134, 67 = IPRax 98, 483 mit Aufsatz von *Seidl-Hohenveldern* 467–470 = ZIP 96, 2189 [2190 unter II 2a]). Auch in anderen Zweigen des öffentlichen Rechts herrscht die Kontrolltheorie, z.B. in § 7 Außensteuergesetz vom 8. 9. 1972 (BGBl. I 1713) und in § 385.2 (c) (2) (IV) der *Export Administration Regulations* der USA („*owned or controlled*“: RabelsZ 47 [1983], 144); vgl. auch unten S. 943 über Enteignung und Beschlagnahme.

Die juristische Person hat auch *keinen* gewöhnlichen oder schlichten *Aufenthalt.* Aber sie hat etwas Ähnliches, nämlich einen **Sitz.** Er ist der *Mittelpunkt,* von dem die Tätigkeit der juristischen Person ausgeht.

Nur wird der Daseinsmittelpunkt der natürlichen Person durch ihr *Privat*leben, der juristischen Person durch ihre *geschäftliche* Tätigkeit bestimmt. Der Einmanngesellschafter, der in Starnberg wohnt und täglich in sein Geschäftsbüro am Stachus fährt, hat (Wohnsitz und) gewöhnlichen Aufenthalt in Starnberg (nämlich dort, wo er „schläft“: oben S. 413); die Gesellschaft hat ihren Sitz in München.

Es liegt daher nahe, die juristische Person nach dem Recht ihres Sitzes zu beurteilen. Auch diese Anknüpfung liegt noch in ihrem Parteiinteresse, zugleich aber im Verkehrsinteresse (oben S. 120, 387).

Am weitesten kommt man dem Parteiinteresse der juristischen Person entgegen, wenn man sie ihr Recht wählen läßt – so wie bei Schuldverträgen die Parteien das maßgebende Recht bestimmen dürfen (oben S. 119 a.E.f.). Das führt zur Anknüpfung an das *Gründungsrecht,* d.h. das Recht, nach dem die juristische Person gegründet worden ist.

Die Anknüpfung an das Gründungsrecht herrscht in England, den USA und in der Schweiz (BGE II 7 II 494 mit Aufsatz *Heini* IPRax 92, 405f.; Überblick über Rechte, die an den Sitz oder das Gründungsrecht anknüpfen, bei *Neumayer* ZvglRW 84, 133–137). Auch in Deutschland wird sie von einigen befürwortet (z.B. mit Einschränkungen von *Beitzke, Grasmann, Koppensteiner, Behrens, Neumayer, Knobbe-Keuk*). Sogar auf die Europäische Menschenrechtskonvention vom 4. 11. 1950 hat man sie gestützt (dawider *Großfeld* und *Boin* JZ 93, 370–372). Doch ist sie nicht zu empfehlen. Denn sie führt, wenn Sitz und Staat des Gründungsrechts auseinanderfallen (und nur dann muß man entscheiden), zur Anwendung eines Rechts, in dessen Gebiet der zu regelnde Tatbestand nicht hineinreicht.

Zum Beispiel mit Sitz in Hannover wird eine *corporation* nach New Yorker Recht gegründet (über den deutsch-amerikanischen Handelsvertrag von 1954 unten S. 515); Deutscher gründet in Cardiff eine *Non Resident Limited Company,* die in Deutschland Geschäfte betreibt und nicht zahlt (OLG Oldenburg NJW 90, 1422).

Auf räumliche Verbindung kann man verzichten, wenn eine *starke persönliche Verbindung* besteht (wie die Staatsangehörigkeit der natürlichen Person) oder wenn es *schwer ist, die rechte Anknüpfung zu finden* (wie bei Schuldverträgen). Beides trifft auf juristische Personen nicht zu.

Auch in den USA ist man mit dem Gründungsrecht nicht glücklich (*Rabel* II² 65; *Latty* 65 [1955] Yale L.J. 137–173; *Moore* und *Weckstein* 77 [1964] Harv.L. Rev. 1426–1451; *Grossfeld* RabelsZ 31 [1967], 42–45; *Stein,* Harmonization of European

Company Laws, Indianapolis u. a. o. J. [1971?], 54f.; *Sandrock* RabelsZ 42 [1978], 227 bis 267; *Ebenroth und Einsele* ZvglRW 88, 217–247; *Korner,* Das Kollisionsrecht der Kapitalgesellschaften in den Vereinigten Staaten von Amerika unter besonderer Berücksichtigung der Pseudo-Foreign Corporations, 1989). Man empfindet es z. B. als „Fiktion", daß eine juristische Person dem Staate zugerechnet wird, nach dessen Recht sie gegründet worden ist *(„fiction of stamping a corporation a citizen of the state of its incorporation").* Darum wird zur Entlastung der Bundesgerichte den juristischen Personen durch Ges. von 1958 verwehrt, sich bei Streitigkeiten mit Bürgern des Einzelstaats, in dem sie ihren Sitz *(principal place of business)* haben, als Angehörige des Gründungsstaats aufzuspielen und deswegen die Bundesgerichte anzurufen, die bei *„diversity of citizenship"* zuständig sind. Gesetze New Yorks (1963) und Kaliforniens (1976) verdrängen zum Teil das Gründungsrecht durch die *lex fori* (dazu *Ebke* RabelsZ 62 [1998], 215f.). Über die Nachteile von *„pseudo-foreign corporations"* mit *„Corporate Homes Away from Home"* siehe auch *Jennings* 23 (1958) Law & Cont. Prob. 194f., 204, 206, 220.

Einen Mittelweg beschreitet *Sandrock* mit seiner *„Überlagerungstheorie"* (BerGesVR 16 [1978], 191–237; RabelsZ 42 [1978], 258–265; Beitzke-Fschr. 1979, 669–696): grundsätzlich gelte Gründungsrecht, daneben aber zwingendes Sitzrecht. *Kritik:* Anwendung zweier Gesellschaftsrechte ist in Ausnahmefällen, nicht als Regel tragbar, weil zu schwerfällig in der Handhabung und zu unsicher in den Ergebnissen (vgl. *Ebenroth* und *Sura* RabelsZ 43 [1979], 331–336; *Wiedemann,* Gesellschaftsrecht I, 1980, 790f.; aber auch *Heini* IPRax 84, 167 und [im Rahmen der Niederlassungsfreiheit für Gesellschaften nach Art. 52, 58 EWGV] *Sack* JuS 90, 352–356) sowie [im Rahmen von Art. XXV Abs. 5 Satz 2 des deutsch-amerikanischen Freundschafts-, Handels- und Schiffahrtsvertrages von 1954, unten S. 515] *Bungert* ZvglRW 93 [1994], 117–136).

Diesen Einwand vermeidet *Lüderitz* (*Soergel* X[12], Art. 10 Anh Rz 9 S. 440): „Maßgeblich ist zwar das Recht des Ortes, an dem die juristische Person ihren Sitz hat; es wird jedoch *vermutet,* daß sich der Sitz in dem Staat befindet, nach dessen Recht die Person erkennbar organisiert ist. Mit einer solchen Vermutung, die an Satzungssitz oder Registrierungsort knüpfen kann, wird es jedermann erleichtert, den das Personalstatut bestimmenden Ort zu beweisen. Dritten gegenüber ist darüber hinaus der juristischen Person die Widerlegung dieser Vermutung nicht gestattet, will sie nicht treuwidrig handeln. Als Dritte gelten auch Mitglieder, soweit sie nicht Organstellung innehaben. Hierdurch kann in einzelnen Fällen Außen- und Innenverhältnis unterschiedlichem Recht unterliegen. Diese Differenzierung ... sollte aber zur Vermeidung von Rechtsunsicherheit und Anpassungsschwierigkeiten auf solche Ausnahmefälle beschränkt bleiben, in denen Verkehrsschutz sie gebietet." Ebenso OLG Hamm WM 95, 456 (458f.); dagegen KG DZWiR 97, 332 mit Anm. von *Thümmel* = EWiR 97, 513 LS mit Anm. von *Mankowski* = IPRax 98, 360 mit Aufsatz von *Bungert* 339–348. *Kritik:* Für solche Vermutung besteht kein Grund: wenn Sitz und Satzung auseinandergehen, ist meist etwas faul. So bei den liechtensteinschen und anderen „Briefkasten"-Gesellschaften. Hier ist oft umgekehrt zu vermuten, daß der Satzungssitz *nicht* der tatsächliche ist. Besser bleibt man beim Recht des tatsächlichen Sitzes und hilft, wenn nach ihm die juristische Person nichtig ist, mit seinen Regeln über die faktische Gesellschaft.

Zu einer Übereinstimmungsvermutung greifen einige deutsche Gerichte (z. B. OLG München EWiR Art. 7 EGBGB 1/86, 1105 LS mit Anm. von *Ebenroth* = NJW 86, 2197 [2198 unter 2a]).

Sehr großzügig gegenüber liechtensteinschen juristischen Personen OG Zürich SchweizJZ 1986, 245.

Eine *„Kombinationstheorie"* vertritt *Zimmer,* Internationales Gesellschaftsrecht, 1996, 232–240, 269–272, 432–438: bei starker Verknüpfung der Gesellschaft mit einem oder mehreren anderen Staaten als dem ihres Sitzes (insbesondere mit anderen EG-Staaten) Gründungs-, sonst Sitzrecht. *Kritik:* Die Grenzziehung bliebe unsicher, die Sitzanknüpfung genügt dem praktischen Bedürfnis; eine Spaltung des internationalen Gesellschaftsrechts ist entbehrlich.

Nach herrschender Meinung ist das Recht des Sitzes für die juristische Person maßgebend.

Rspr. 7. Aufl. S. 415f. Danach: OLG Düsseldorf IPRax 96, 423 (423f. unter A I 1) mit Anm. von *Kronke;* KG ebenda 280 (284 unter 2b) mit Aufsatz von *Leible* 257–263; OLG Hamm IPRax 98, 358 mit Aufsatz von *Bungert* 339–348 = RIW 97, 236 (237 unter II); BGH 134, 116 = IPRax 98, 199 mit Aufsätzen von *Gottwald* und *Pfaller* 170–175 sowie von *Sonnentag* 330–335 = JZ 97, 568 mit Anm. von *Leipold* = WM 97, 178 (179 unter II 2); OLG Rostock RIW 97, 1042 (1043 unter I 2); KG DZWiR 97, 332 mit Anm. von *Thümmel* = EWiR 97, 513 LS mit Anm. von *Mankowski* = IPRax 98, 360 mit Aufsatz von *Bungert* 339–348; OLG Hamm EWiR 97, 1031 LS mit Anm. von *Großfeld* = IPRax 98, 363 mit Aufsatz von *Bechtle* 348–350 = NJW-RR 98, 615; BayObLGZ 1998, 195 = RIW 98, 966; OLG Brandenburg NJW-RR 1999, 543; *Ebenroth* und *Sura* RabelsZ 43 (1979), 328–343; *Staudinger-Grossfeld*[13] IntGesR Rz 22–80 S. 6–20; *Ebenroth* und *Bippus* JZ 88, 677–683; *MünchKomm-Ebenroth*[2] Nach Art. 10 Rz 177–195 S. 472–479. In Österreich § 10 IPRG vom 15. 6. 1978 und OGH IPRax 94, 377 mit Aufsatz von *Ehricke* 382–387 = (öst)ZRvgl. 1994, 79 mit Anm. von *Hoyer.*

Das *widerspricht* auch im Verhältnis der Mitgliedstaaten der EG *nicht dem Gemeinschaftsrecht,* insbesondere nicht den Art. 52, 58 EWGV (EuGH JZ 89, 384 mit Anm. von *Großfeld* und *Luttermann* = NJW 89, 2186; anders wohl EuGH EWS 99, 259 LS mit Zust. Anm. von *Neye* = ZIP 99, 438 [eine groteske Schiebung begünstigend], dazu oben S. 427; für Gründungsrechtsanknüpfung im Verhältnis der Mitgliedstaaten der EG *Sack* JuS 90, 352–356, *Großfeld* und *König* RIW 92, 433–440).

Sitz der juristischen Person ist der Sitz ihrer **Hauptverwaltung** *(siège social [lieu de la direction], principal place of business).* Hier handelt das „Haupt“, das die Tätigkeit der „Glieder“ bestimmt. Hier spielt sich das gesellschaftliche Leben ab (Vorstands- und Aufsichtsratssitzungen, Hauptversammlungen) und hier wird ein großer Teil der Verträge mit Dritten geschlossen. Dagegen ist der Sitz bloßer *Betriebsstätten (lieu d'exploitation)* zur Anknüpfung ungeeignet, weil sie weisungsgebunden sind.

Für die *Tochtergesellschaft* gilt das Recht *ihres* Hauptverwaltungssitzes, auch wenn sie von der Mutter beherrscht wird ([öst] OGH [öst] JurBl. 1982, 257 mit Aufsatz *W. Lorenz* IPRax 83, 85f.; *Wiedemann,* Gesellschaftsrecht I, 1980, 800). Denn dort, wo die Hauptverwaltung der Tochter sitzt, wird, solange die Tochter juristische Person bleibt, eigener Wille, wenn auch nach Weisung der Mutter, gebildet (z.B. *Ebenroth* Meier-Hayoz-Fschr. 1982, 118; *Staudinger-Grossfeld*[13] Rz. 905 S. 234; ähnlich für Auftrag der Mutter an Tochter, weil Wille des Gesamtunternehmens am Sitz der Tochter in Erscheinung trete, OLG Hamburg MDR 76, 402).

Allerdings kann in *Staatsverträgen* das Gründungsrecht oder das Recht des Satzungssitzes für maßgebend erklärt sein (z.B. *Ebenroth* und *Auer* RIW Beil. 1 zu Heft 3/1992 S. 8–10; *Soergel-Lüderitz X*[12] Art. 10 Anh. Rz 12–14 S. 442–444). Sonst hat der Satzungssitz nur *materiell-*

rechtlich den Vorrang für die Zuständigkeit von Gerichten und Verwaltungsbehörden (§ 17 ZPO, §§ 22–24, 55 BGB).

2. Geltungsbereich

Das Recht des Sitzes der Hauptverwaltung beherrscht die juristische Person in voller Breite.

Es bestimmt, ob und wann eine Personenverbindung oder Vermögensmasse **rechtsfähig** wird. Das gilt für Organisationen des *öffentlichen* Rechts (z.B. BayObLG 1972, 204 tschechoslowakische Gemeinde) wie für Gebilde des *Privatrechts* (z.B. RG 117, 215 amerikanische *corporation;* BGH 78, 318 [324] liechtensteinische Anstalt; OLG Oldenburg NJW 90, 1422 englische Limited Company [bei Inlandssitz nicht rechtsfähig, auf Handelnden § 11 II GmbHG angewandt]; KG NJW 90, 3100 ebenso; OLG Düsseldorf IPRax 96, 423 [424 unter A I 1] mit Anm. von *Kronke,* iranische Stiftung).

Daß eine ausländische juristische Person bei uns **„anerkannt"** wird, heißt nicht mehr als: sie ist nach dem Recht des Sitzes ihrer Hauptverwaltung rechtsfähig (z.B. RG 159, 33 [46] betr. eine polnische AG; OLG Saarbrücken IPRax 90, 324 mit Aufsatz von *Großfeld* und *Strotmann* 298–301 = JZ 89, 904 mit Aufsatz von *Ebenroth* und *Hopp* 883–892 = NJW 90, 647 = RIW 90, 831 mit Aufsatz von *Kronke* 799–804, betr. schweizerische AG). Auch in anderen Fällen (z.B. Anerkennung ausländischer Urteile, Anerkennung ausländischer Enteignungen) heißt „anerkennen" nur: ausländisches Recht (Prozeßrecht, Enteignungsrecht) wird *angewandt,* so daß die ausländischen Rechtsfolgen auch bei uns eintreten.

Das Recht des Sitzes der Hauptverwaltung bestimmt auch den **Umfang der Rechtsfähigkeit.**

Den Umfang teils der Rechtsfähigkeit, teils der Geschäftsfähigkeit betrifft die **„ultra vires"**-Lehre des englisch-amerikanischen Rechts (zu ihr *Craig,* Ultra Vires and the Foundations of Judicial Review, 57 [1998] C. L. J. 63–90 [betr. Verwaltungsrecht]). Nach ihr kann eine juristische Person nur solche Geschäfte vornehmen, die von der Satzung zugelassen sind. Geschäfte, die diese Grenzen überschreiten, sind nach englischem Recht unheilbar nichtig (daher Beschränkung der *Rechts*fähigkeit; dasselbe gilt übrigens nach deutschem Recht für juristische Personen des *öffentlichen* Rechts: BGH 20, 119). Die Lehre ist in England 1972 zugunsten Gutgläubiger eingeschränkt worden (s. 9 [1] European Communities Act 1972; vgl. *Hannigan* 1987 J.B.L. 173–179 und Westdeutsche Bank v. Islington London Borough Council [1996] 2 W. L. R. 802 mit Aufsatz von *McCormack* 1997 J. B. L. 48–77). Im Recht der USA wird zunehmend Heilung durch die Gesellschafter erlaubt (insoweit Beschränkung nur der *Geschäfts*fähigkeit). Gleich, ob und warum die Rechts- oder Geschäftsfähigkeit beschränkt ist, muß zum Schutz des inländischen Verkehrs **Art. 12 Satz 1 EGBGB** entsprechend angewandt werden (dahingestellt BGH IPRax 99, 104 mit Aufsatz von *Schütze* 87–89 = NJW 98, 2452 [2453 unter II 2 a]; vgl. OLG Nürnberg WM 85, 259 für englische Limited Company, die durch Sitzverlegung nach Deutschland [unten S. 508f.] ihre Rechtsfähigkeit verloren hatte). Ebenso zum Schutz des Verkehrs eines anderen als des Sitzstaates; denn Art. 12 Satz 1 ist allseitige Kollisionsnorm (oben S. 480). Die entsprechende Anwendung bedeutet hier: außer bei Kennen oder Kennenmüssen des Geschäftsgegners gilt für Inlandsgeschäfte die juristische Person als rechts- und geschäftsfähig, wenn nach inländischem Recht Rechts- und Geschäftsfähigkeit gegeben wäre. Der Verkehrsschutz entfällt nicht schon dann, wenn der Gegner *weiß,* daß er es mit einer *aus*ländischen juristischen Person zu tun hat (a. A. OLG Hamburg IPRspr. 1932 Nr. 14 für die Vertretungsmacht des Gesellschafters einer indischen *partnership*). Wohl aber muß es sich um eine ausländische juristische Person handeln, die im *inländischen Recht ein Gegenstück* hat (wie z. B. *corporation* und AG); denn sonst ist nichts da, worauf der Gegner vertrauen dürfte.

Teils die Rechtsfähigkeit der juristischen Person (als von ihren Mitgliedern getrennter Einheit), teils die Rechtsstellung der Mitglieder betrifft die **Durchgriffs**haftung der juristischen Person für Schulden ihres Einmanngesellschafters und umgekehrt. Auch sie unterliegt dem Recht des Sitzes der Hauptverwaltung der juristischen Person (BGH 78, 318 [334]: Durchgriffshaftung einer Anstalt liechtensteinischen Rechts für Schulden ihres Einmann-Inhabers; [öst] OGH [öst] JurBl. 1982, 257 mit Aufsatz von *W. Lorenz* IPRax 83, 85 f.: Durchgriffshaftung des amerikanischen Einmanngesellschafters einer englischen *company* für deren Schulden; KG NJW 89, 3100 allgemein; BGH 118, 151 = IPRax 93, 87 mit Aufsatz von *Hanisch* 69–74 = NJW 92, 2026 [2030 unter B II 4]: Durchgriff des Konkursbeschlags auf rechtlich selbständiges Teilgrundstück einer Anstalt liechtensteinischen Rechts). Dazu *D. Reichert-Facilides,* Prozeßrechtliche und kollisionsrechtliche Fragen des umgekehrten Durchgriffs, in: *Marxer, F. Reichert-Facilides* und *Schnyder* (Hrsg.), Gegenwartsfragen des liechtensteinischen Privat- und Wirtschaftsrechts, 1998, 27–34 sowie materiellrechtlich *F. Reichert-Facilides,* Durchgriffshaftung im liechtensteinischen Gesellschaftsrecht, ebenda 15–25.

Schließlich bestimmt das Recht des Sitzes der Hauptverwaltung darüber, wann die **Rechtsfähigkeit endet.**

Z. B. RG 153, 200 niederländische AG im Konkurs; BGH IPRax 89, 162 (163 unter II) mit Aufsatz von *Ackmann* und *Wenner* 144–148 = NJW 88, 3096 = RIW 88, 817 mit Aufsatz von *Riegel* 90, 546–550 französische juristische Person im Konkurs.

Auch die **Parteifähigkeit** richtet sich nach dem Recht des Sitzes der Hauptverwaltung (OLG Düsseldorf IPRax 93, 412 mit Aufsatz von *Magnus* 390–392 = NJW-RR 93, 999; OLG Düsseldorf IPRax 96, 423 mit Anm. von *Kronke;* OLG Hamm IPRax 98, 358 mit Aufsatz von *Bungert* 339–348 = RIW 97, 236 [237 unter II]; BGH 134, 116 = IPRax 98, 199 mit Aufsätzen von *Gottwald* und *Pfaller* 170–175 sowie von *Sonnentag* 330–337 = JZ 97, 568 mit Anm. von *Leipold* = WM 97, 178 [179 unter II 2; aber Parteifähigkeit der Konkursmasse nach Konkursstatut]).

Doch ist gegebenenfalls der inländische Verkehr entsprechend Art. 12 Satz 1 EGBGB zu schützen.

Zu BGH 53, 383 oben S. 137; vgl. OLG Nürnberg WM 85, 259 für englische Limited Company, die durch Sitzverlegung nach Deutschland (unten S. 508 f.) die Parteifähigkeit verloren hatte; BGH 97, 269 (270 f. unter I 3) für liechtensteinsche Einzelpersonenanstalt, die ihren Sitz von Vaduz nach Frankfurt verlegt hatte; LG Köln RIW 87, 54 für englische Limited Company (§ 11 II GmbHG entsprechend angewandt).

Besondere Rechtsfähigkeiten (oben S. 479) unterliegen dem jeweiligen Wirkungsstatut, z. B. Erwerbsbeschränkungen für Sachen der *lex rei sitae* (vgl. Art. 88 EGBGB). Erwerbsbeschränkungen können jedoch auch die allgemeine Rechtsfähigkeit einschränken (vgl. etwa Art. 86 EGBGB) und folglich dem Recht des Sitzes der Hauptverwaltung zu entnehmen sein. Sie können schließlich öffentlichrechtliche Gründe haben und dann nach den Regeln des internationalen Enteignungsrechts (unten S. 941–954) beachtlich sein. Vgl. *Soergel-Lüderitz* X[12] Art. 10 Anh Rz 31 S. 452; *Soergel-Schurig* X[12] Art. 26 Rz 27, 28 S. 1375 f.

Geschäfts- und **Prozeßfähigkeit** der juristischen Person (die sich nicht notwendig ganz decken) gehören in den Bereich ihrer **Organisation.** Auch die Organisation unterliegt dem Recht des Sitzes der Hauptverwaltung. Dahin gehören

- die Regeln über die **Satzung** und deren Änderungen (z.B. RG 73, 366: Herabsetzung des Kapitals einer niederländischen AG);
- die Regeln über die **Organe** und deren Rechte nach innen und außen (z.B. BGH 40, 197 [199]: gesetzliche Vertretungsmacht für jugoslawischen Fiskus; BGH NJW 85, 1286: Rechtsverhältnis zwischen deutscher GmbH und niederländischem Geschäftsführer mit niederländischem Wohnsitz; LG Kleve MittRhNotK 89, 21: Selbstkontrahieren durch Geschäftsführer einer niederländischen GmbH; BGH JZ 92, 579 mit krit. Anm. von *von Bar:* Selbstkontrahieren durch Geschäftsführer einer deutschen Gesellschaft und ihrer französischen Tochtergesellschaft; LG Hamburg WM 92, 1600 [1602 unter II]: Vertretungsmacht des Präsidenten einer bulgarischen juristischen Person; OLG Düsseldorf IPRax 96, 423 [424 unter A II 1] mit Anm. von *Kronke:* gesetzliche Vertretungsmacht für iranische Stiftung; KG IPRax 98, 280 [283 unter 2 b 1] mit Aufsatz von *Leible* 257–263: gesetzliche Vertretungsmacht für Russische Förderation; vgl. auch OLG Köln EWiR 99, 261 LS mit Anm. von *Mankowski* = RIW 99, 145 und OLG Köln EWiR 99, 461 LS mit Anm. von *Rawert* = MittRhNotK 99, 19: Bestellung einer in Minsk/Weißrußland Wohnhaften zur Geschäftsführerin einer deutschen GmbH [Auslandssachverhalt], oben S. 58–61). Doch gilt für die *rechtsgeschäftliche* Vertretungsmacht der Organe (d.h. für die „Geschäftsfähigkeit" der juristischen Person) Art. 12 Satz 1 EGBGB entsprechend (streitig; vgl. schon oben S. 505f. zur *ultra vires*-Lehre) und die *prozessuale* Vertretungsmacht der Organe (d.h. die „Prozeßfähigkeit" der juristischen Person) wird ähnlich ausgedehnt durch § 55 ZPO (vgl. OLG Düsseldorf IPRax 96, 423 [424 unter A II 1] mit Anm. von *Kronke*); zur *Delikts*haftung für Organe unten S. 643;
- die Regeln über die **Mitglieder** und ihre Rechte und Pflichten (z.B. OLG München EWiR Art. 7 EGBGB 1/86, 1105 LS mit Anm. von *Ebenroth* = NJW 86, 2197 [2198 unter 2e]: Haftung für Schulden einer englischen *company*); das gilt auch für die *Übertragung* der Mitgliedschaftsrechte (z.B. OLG Celle ZIP 84, 594 [600 unter B I 2a]) und entscheidet, ob Urkunden über die Mitgliedschaftsrechte *Wertpapiere* sind und welcher Gruppe von Wertpapieren sie angehören; sind sie Inhaberpapiere und verlangt das Recht des Sitzes der Hauptverwaltung für die Übertragung, daß die Urkunde *übereignet* wird, dann richtet sich allerdings die Übereignung nach der *lex cartae sitae* (z.B. RG IPRspr. 1934 Nr. 11: Übertragung von Inhaberaktien einer niederländischen AG; BGH FamRZ 1994, 510 [511 unter A I 3, B I 1]

= NJW 94, 939 = ZEV 94, 113 mit Anm. von *Ebenroth* und *Lorz:* Übertragung von Inhaberaktien einer schweizerischen und einer liechtensteinschen AG); auch das schuldrechtliche *Grundgeschäft* folgt eigenem Recht (z.B. RG IPRspr. 1928 Nr. 13: Kauf von Anteilen an einer estnischen GmbH).

Die **Fähigkeit einer juristischen Person** oder einer nicht rechtsfähigen Personenverbindung (unten III 1), **sich an einer anderen zu beteiligen,** unterliegt sowohl dem Recht des Hauptverwaltungssitzes der einen (darf ich hinein?) als auch der anderen (darf sie herein?). Vgl. OLG Saarbrücken IPRax 90, 324 mit Aufsatz von *Großfeld* und *Strotmann* 298–301 = JZ 89, 904 mit Aufsatz von *Ebenroth* und *Hopp* 883–892 = NJW 90, 647 = RIW 90, 831 mit Aufsatz von *Kronke* 799–804, betr. schweizerische AG).

Verlegt eine juristische Person ihren **Sitz** von einem Staat in einen anderen, dann wechselt das für sie maßgebende Recht (dagegen ändert sich nichts, wenn man statt des Sitzes der Hauptverwaltung das Gründungsrecht entscheiden läßt). Ob die juristische Person *fortbesteht,* hängt davon ab, ob das alte und das neue Recht sie fortbestehen lassen.

Z.B. KG IPRspr. 1926/27 Nr. 24 = JFG 4, 184: Verlegung des Sitzes einer AG von Danzig nach Deutschland; BGH 97, 269 (271f. unter II): Verlegung des Sitzes einer Einzelpersonenanstalt liechtensteinschen Rechts von Vaduz nach Frankfurt; OLG München EWiR Art. 7 AGBGB 1/86, 1105 LS mit Anm. von *Ebenroth* = NJW 86, 2197 (2198 unter 1 d): Verlegung des Sitzes einer *limited company* von England nach Deutschland; OLG Frankfurt EWiR § 50 ZPO 2/90, 827 LS mit Anm. von *Ebenroth* = IPRax 91, 403 mit Aufsatz von *Großfeld* und *König* 379f. = NJW 90, 2204: Verlegung des Sitzes einer AG von Panama nach der Schweiz; LG Hamburg RIW 90, 1020: Verlegung des Sitzes einer *limited company* von England nach Deutschland; OLG Zweibrücken IPRax 91, 406 mit Aufsatz von *Großfeld* und *König* 380–382: Verlegung des Sitzes einer AG von Luxemburg nach Deutschland; OLG Hamm EWiR 97, 1031 LS mit Anm. von *Großfeld* = IPRax 98, 363 mit Aufsatz von *Bechtel* 348–350 = NJW-RR 98, 615: Verlegung des Sitzes einer GmbH von Deutschland nach Luxemburg; OLG Jena IPRax 98, 364 mit Aufsatz von *Bechtel* 348–350: Verlegung des Sitzes einer Aktiengesellschaft von Panama nach Luxemburg.

Läßt das alte Recht sie untergehen, dann ist das beachtlich (Rabel II[2] 53f.). Insbesondere im Gläubigerinteresse muß man dem alten Staat das Recht geben, die juristische Person abzuwickeln. Läßt das alte Recht die juristische Person fortbestehen, so geht sie gleichwohl unter, wenn das Recht des neuen Staates das will (OLG Nürnberg WM 85, 259: Verlegung des Sitzes einer englischen *Limited Company* nach Deutschland). Sind dagegen altes und neues Recht mit dem Fortbestand einverstanden, dann besteht die juristische Person fort, unterliegt aber vom Sitzwechsel an dem neuen Recht und muß sich ihm gegebenenfalls angleichen (KG, BGH im vorigen Absatz). Den Fortbestand bei Verlegung des Sitzes innerhalb der EWG-Staaten begünstigt Art. 220 Unterabsatz 3 EWG-Vertrag (vgl. EuGH JZ 89, 384, oben S. 504).

Das deutsche *materielle* Recht läßt nach h.M. bei Sitzverlegung von Deutschland *ins Ausland* die juristische Person *untergehen* (z.B. BayObLGZ 1992, 113 = IPRax 92, 389 LS mit Anm. Red. (H.K.) = JZ 93, 372 mit Anm. von *Ebenroth* und *Auer* = NJW-

RR 93, 43). Einen interlokalen Fall entschied in diesem Sinne BGH Betr. 55, 916 (Verlegung des Sitzes einer Gewerkschaft sachsen-meiningischen Rechts von Leimbach-Thüringen nach Düsseldorf). Dagegen wird bei Sitzverlegung aus ehemals deutschen Gebieten *ins Inland* oder von Ost- nach Westdeutschland *Fortbestand* angenommen (z.B. RG 107, 94: Verlegung des Sitzes einer AG aus Elsaß-Lothringen nach Deutschland). Das ist richtig, weil in den entschiedenen Fällen das materielle Gesellschaftsrecht übereinstimmte und daher dasselbe gelten muß, wie wenn nur im *Inland* der Sitz verlegt wird (anders der eben erwähnte Fall des BGH, weil es um eine *landes*rechtliche juristische Person ging). Die Lage wird weiter verwickelt durch *Staatseingriffe:* soweit in der DDR und Ost-Berlin juristische Personen *aufgelöst* worden sind, wirkt diese Auflösung nicht in der Bundesrepublik und West-Berlin (unten S. 950f.); die juristischen Personen bestehen bei uns fort, gleich ob sie ihren Sitz zu uns verlegt haben oder nicht.

Schrifttum zur **Sitzverlegung:** 6. Aufl. S. 369. Hervorzuheben: *von Spindler,* Wanderungen gewerblicher Körperschaften von Staat zu Staat, 1932; *Fritz,* Die internationale Sitzverlegung von Personengesellschaften im deutschen und französischen Rechtskreis, Diss. Konstanz 1982. Ferner: *Ebenroth* und *Eyles,* Die innereuropäische Verlegung des Gesellschaftssitzes als Ausfluß der Niederlassungsfreiheit?, Betr. 89, 363–372, 413–417; *Grossfeld* und *Jasper,* Identitätswahrende Sitzverlegung und Fusion von Kapitalgesellschaften in die Bundesrepublik Deutschland, RabelsZ 53 (1989), 52–71; *Behrens,* Die grenzüberschreitende Sitzverlegung von Gesellschaften in der EWG, IPRax 89, 354–361; *MünchKomm-Ebenroth*[2], 1990, Rz 215–233 S. 487–494; *Knobbe-Keuk,* Umzug von Gesellschaften in Europa, ZHR 90, 325–356; *Drobnig* in: *von Bar* (Hrsg.), Europäisches Gemeinschaftsrecht und IPR, 1991, 196–201; *Großfeld* und *König,* Identitätswahrende Sitzverlegung in der Europäischen Gemeinschaft, IPRax 91, 380–382; *Höft,* Identitätswahrende Verwaltungssitzverlegung, 1992 (nz); *Ebenroth* und *Auer,* Grenzüberschreitende Verlagerung von unternehmerischen Leitungsfunktionen im Zivil- und Steuerrecht, RIW Beil. 1 zu Heft 3/1992 (30 S.); *Behrens,* Die Umstrukturierung von Unternehmen durch Sitzverlegung oder Fusion über die Grenze im Licht der Niederlassungsfreiheit im Europäischen Binnenmarkt (Art. 52 und 58 EWGV), ZGR 94, 1–25; *Kronke,* Deutsches Gesellschaftsrecht und grenzüberschreitende Strukturänderungen, ebenda 26–46; *van den Braak,* Omzetting van een buitenlandse in een Nederlandse vennootschap, WPNR 1994, 678–685; *W.-H. Roth,* Recognition of Foreign Companies in *Siège Réel* Countries: A German Perspective, in: *Wouters* und *H. Schneider* (Hrsg.), Current Issues in Cross-Border Establishment of Companies in the Europe an Union, o.O., o.J. (1995?), 29–46; *Steiger,* Grenzüberschreitende Fusion und Sitzverlegung von Kapitalgesellschaften innerhalb der EU nach spanischem und portugiesischem Recht, 1997; *Blanco-Morales Limones,* La transferencia internacional de sede social, Pamplona 1997 (bespr. von *Arenas García* Rev. esp. der. int. 1997, 387–390); *Kruse,* Sitzverlegung von Kapitalgesellschaften innerhalb der EG, 1997 (bespr. von *Drinkuth* WM 99, 252); *Schlenker,* Gestaltungsmodelle einer identitätswahrenden Sitzverlegung von Kapitalgesellschaften über die Grenze, 1998; *Bechtel,* Grenzüberschreitende Sitzverlegung de lege lata, IPRax 98, 348–350; Grenzüberschreitende Sitzverlegung von Gesellschaften in Europa, Die Arbeiten des 10. Bonner Europa-Symposions (mit Beiträgen von *di Marco, Neye, Karsten Schmidt, Priester, Heinze, Hügel, Rajak, Wymeersch* und *Timmerman*), ZGR 99, 1–156 (Vorentwurf eines Richtlinienvorschlags zur Verlegung des Gesellschaftssitzes innerhalb der EU 157–164; *Steiger,* Identitätswahrende Sitzvelegung von Gesellschaften aufgrund bilateraler Staatsverträge, RIW 99, 169–175.

Bei der **Fusion über die Grenze** müssen grundsätzlich die Rechte des Sitzes der untergehenden juristischen Person(en) und der aufnehmenden oder neu gegründeten juristischen Person gewahrt sein.

Näher z.B. *MünchKomm-Ebenroth*[2], 1990, Rz 468–521 S. 569–584; *Bessenich,* Die grenzüberschreitende Fusion nach den Bestimmungen des IPRG und des OR, Basel und Frankfurt a.M. 1991; *Ebenroth* und *Wilken,* Kollisionsrechtliche Einordnung transnationaler Unternehmensübernahmen, ZvglRW 91, 235–261; *Behrens* und *Kronke* wie oben Schrifttum zur Sitzverlegung; *Milla,* Fusión Internacional de Sociedades Anónimas en el espacio Jurídico Europeo, Pamplona 1996 (bespr. von *Palao Moreno* Rev. esp. der. int. 1997, 394–396); *Papathanassiou,* Die grenzüberschreitende Übernahme einer Aktiengesellschaft im deutschen und griechischen Recht, 1996; *van Solinge,* Cross-Border Mergers: A Private International Law Approach, 43 (1996) NILR 187–210; *Kallmeyer,* Grenzüberschreitende Verschmelzungen und Spaltungen?, ZIP 96, 535–537; *Steiger* wie oben Schrifttum zur Sitzverlegung.

Zweigniederlassungen sind fast nie rechtsfähig. Doch ist immerhin denkbar, daß sie nach dem Recht ihres eigenen Sitzes juristische Personen sind (vgl. RG IPRspr. 1934 Nr. 12; OLG Düsseldorf RIW 96, 776). Auch können inländische Zweigniederlassungen ausländischer Kreditinstitute rechts- und parteifähig sein (LAG Frankfurt a.M. ZIP 94, 1626 [1627]; vgl. § 53 I KWG und oben S. 137). Die *Eintragung* von Zweigniederlassungen ausländischer Unternehmen (nicht nur ausländischer juristischer Personen) ins deutsche Handelsregister regeln §§ 13d–13g HGB.

3. „Internationale" oder „multinationale" juristische Personen

Schrifttum: 7. Aufl. S. 421 f. Danach: *Muchlinski,* Multinational Enterprises and the Law, Oxford 1995 (bespr. von *Addo* 45 [1996] Int. Comp. L. Q. 761); *Hofstetter,* Sachgerechte Haftungsregeln für Mulinationale Konzerne, 1995; *Engel,* Internationale öffentliche Unternehmen, RabelsZ 59 (1995), 495–544; *Dominicé,* Observations sur la personnalité juridique de droit interne des organisations internationales, Seidl-Hohenveldern-Fschr., Den Haag u. a. 1998, 85–93.
Schrifttum zur „Europäischen Gesellschaft" oben S. 500f.

Der Sprachgebrauch schwankt. Unter **„internationalen"** juristischen Personen versteht man einmal solche, die in mehr als einem Staat *tätig* sind. Sind sie *wirtschaftlich* tätig, dann nennt man sie heute meist **„multinationale"**; in der Regel sind sie *Konzerne.*

Man spricht aber von **„internationalen"** juristischen Personen auch dann, wenn sie internationaler *Herkunft* sind, nämlich auf einem Staatsvertrag beruhen. Diese sind meist juristische Personen des *öffentlichen* Rechts.

a) Juristische Personen des Privatrechts

Es gibt juristische Personen des Privatrechts, die doppelten oder gar *mehrfachen Sitz* haben: Teile der Hauptverwaltung sitzen in diesem, andere in jenem Staat. Ob sie mehrfachen Sitz haben *dürfen,* ist eine Frage für sich: in England ja (Note: 67 [1951] L.Q. Rev. 446–449), in Deutschland streitig (*Bärmann,* AcP 156 [1957], 161–166), in Frankreich nein (ebenda 166f.). Aber mehrfacher Sitz bedeutet nicht mehrfaches Recht. Man muß vielmehr wählen wie bei mehrfacher Staatsangehörigkeit natürlicher Personen (oben S. 395–399): der Sitz des wichtigsten Teils der Hauptverwaltung sollte entscheiden (z.B. der Sitz des Vorstandsvorsitzenden); sitzt ein Teil der Hauptverwaltung in Deutschland, so sollte nicht allein deswegen deutsches Recht gelten (wie bei Mehrstaatern mit deutscher Staatsangehörigkeit).

Eine juristische Person des Privatrechts wird daher rechtsfähig und lebt nach dem Recht eines einzigen Staates. „Internationale" oder „multinationale" Organisationen (z.B. Vereine wie die *Young Men's Christian Association,* private Wirtschaftsunternehmen wie *Ford* oder gemeinsame Wirtschaftsunternehmen von Staaten wie *Arianespace* [näher z.B. *Chappez* Clunet 1983, 695–727]) müssen dem Rechnung tragen; sie können sich in einem einzigen Staat niederlassen und nach dessen Recht leben (z. B. *Arianespace* in Frankreich). Sie können in einem Staat eine rechtsfähige Zentrale und in anderen Staaten nicht rechtsfähige Außenstellen gründen (Landesgruppen, Zweigniederlassungen). Sie können auch rechtsfähige Organisationen in anderen Staaten errichten (z. B. *Ford AG Köln*). Schließlich kann ein internationaler Verband als nicht rechtsfähiger errichtet werden wie früher viele internationale Kartelle und möglicherweise das *Scandinavian Airlines System,* in dem die drei Luftfahrtaktiengesellschaften von Dänemark, Norwegen und Schweden zusammengeschlossen waren (dazu z. B. *Sundström,* Public International Utility Corporations, Leyden 1972, 100–125). Eine Ausnahme bildet die „Saar-Lothringische Kohlen-Union, deutsch-französische Gesellschaft auf Aktien" *(SAARLOR);* sie ist durch Staatsvertrag geschaffen, hat zwei Sitze (Saarbrücken und Straßburg) und lebt zum Teil nach den „gemeinsamen Grundsätzen des französischen und deutschen Rechtes" (näher *Rolshoven* und *Jehne* Aubin-Fschr. 1979, 171–192; über gemeinsame zwischenstaatliche Unternehmen allgemein *Seidl-Hohenveldern* ebenda 193–216).

Die gesellschaftsrechtlichen Beziehungen zwischen verbundenen Gesellschaften *(Konzern)* sollten dem Recht der jeweils *hauptbetroffenen* Gesellschaft unterliegen, z. B. dem Recht der *abhängigen* Gesellschaft die Weisungsbefugnis der herrschenden (vgl. § 299 AktG; *Lange* IPRax 98, 443 a. E.), Verlustübernahme (§ 302 AktG) und Sicherheitsleistung für Gläubiger (§ 303 AktG; OLG Hamm EWiR 97, 437 LS mit Anm. von *Kowalski*), dem Recht der *herrschenden* Gesellschaft die Befugnis der abhängigen, Aktien der herrschenden zu erwerben (vgl. § 71 AktG). Wer hauptbetroffen ist, kann im Einzelfall zweifelhaft sein (m. E. unrichtig beurteilt in OLG Frankfurt EWiR Art. 12 EGBGB 1/88 S. 587 mit zust. Anm. von *Ebenroth* = IPRspr 1988 Nr. 13).

Schrifttum: z. B. *Koppensteiner,* Internationale Unternehmen im deutschen Gesellschaftsrecht, 1971, 164; *Mann* Barz-Fschr. 1974, 224 (= *Mann,* Beiträge zum IPR, 1976, 75); *Wiedemann* Kegel-Fschr. 1977, 188, 203–210; *Huber,* Zum Aktienerwerb durch ausländische Tochtergesellschaften, Duden-Fschr. 1977, 137–171; *Ebenroth,* Verdeckte Vermögenszuwendungen im transnationalen Unternehmen, 1979, 377–401; *Neumayer* ZvglRW 84, 129–177; *Bayer,* Der grenzüberschreitende Beherrschungsvertrag, Ein Beitrag zur Dogmatik des deutschen internationalen Konzernrechts, 1988; *Großfeld,* Nationale und internationale Unternehmenszusammenfassungen in marktwirtschaftlichen Ordnungen, in: Conflict and Integration: Comparative Law in the World Today, Tokio 1988, 589–602; *Kronke,* Grenzüberschreitende Personengesellschaftskonzerne – Sachnormen und IPR, ZGR 89, 473–499; *MünchKomm-Ebenroth*^{2}, 1990, Nach Art. 10 Rz 381–467 S. 543–569; *Einsele,* Kollisionsrechtliche Behandlung des Rechtes verbundener Unternehmen, ZGR 96, 40–54; *Zimmer,* Ende der Konzernhaftung in ‚internationalen' Fällen?, IPRax 98, 187–192; *Lange,* Der grenzüberschreitende Vertragskonzern im Recht der Personenhandelsgesellschaften, ebenda 438–445.

Unterliegt die herrschende Gesellschaft deutschem Recht, dann ist allerdings der Erwerb ihrer Aktien durch die abhängige Gesellschaft gültig; nichtig ist bloß das schuldrechtliche Geschäft, vor allem der Kauf (§ 71 IV AktG). Das Schuldgeschäft kann aber einem ausländischen Recht unterliegen und danach gültig sein. Dazu näher *Huber* Duden-Fschr. 1977, 148–156.

Oft ist im Konzern über *Auslandssachverhalte* (oben S. 58–61) zu entscheiden. So kann nach § 100 II Nr. 2 AktG der gesetzliche Vertreter der abhängigen Gesellschaft nicht dem Aufsichtsrat der herrschenden angehören. Die Vorschrift ist anzuwenden, wenn die herrschende Gesellschaft, weil hauptbetroffen (oben), deutschem Recht unterliegt. Aber gilt sie auch, wenn die abhängige Gesellschaft ausländischem Recht unterliegt? Wegen des Schutzzwecks des § 100 II Nr. 2 ist das zu bejahen (*von Caemmerer* Gessler-Fschr. 1971, 87–89).

Wichtige Fragen des Auslandssachverhalts ergeben sich auch für das *Betriebsverfassungs-* und das *Mitbestimmungs*gesetz. So gilt das BetrVG grundsätzlich nur für deutsche Betriebe und für Beschäftigte dieser Betriebe, die ins Ausland entsandt werden („Ausstrahlung", vgl. unten S. 986; z.B. BAG SAE 90, 347 mit Anm. von *van Venrooy* = VersR 90, 998 betr. Mitbestimmungsrecht des Betriebsrats bei Auslandszulagen), dagegen nicht für im Ausland beschäftigte „Ortskräfte". Für diese gilt daher nicht die Mitbestimmung bei Kündigungen nach § 102 BetrVG (z.B. LAG Düsseldorf IPRspr. 1982 Nr. 39 = Betr. 82, 962). Auch genügt, wenn sich eine deutsche und eine niederländische AG zu einer niederländischen zusammenschließen, daß die deutsche Seite gemäß dem deutschen Montan-Mitbestimmungsgesetz (§ 4 I Buchst. c) vertreten ist (BGH IPRax 83, 70 mit Aufsatz von *Grossfeld* und *Kötter* 60–62). Nicht unter das MitbestG 1976 fällt eine deutsche Zwischenholding, wenn deutsche Kommanditgesellschaften tatsächlich durch eine schweizerische Komplementär-GmbH als Konzernspitze geleitet werden (LG Stuttgart IPRax 94, 293 mit Aufsatz von *Großfeld* und *Johannemann* 271 f.; aufgehoben von OLG Stuttgart IPRax 95, 397 mit Aufsatz von *Kronke* 377–379 = NJW-RR 95, 1067 = ZIP 95, 1024 mit Anm. von *Mankowski*). In Frankreich wendet man das französische Personalvertretungsrecht an, soweit eine ausländische Gesellschaft oder eine Verbindung von solchen im Inland *tätig* ist (Cass. Soc. Clunet 1989, 78 mit Anm. von *Moreau-Bourles* = Rev. crit. dr. i. p. 1989, 63 mit Anm. von *Lyon-Caen).* Das BetrVG gilt nicht für Arbeitsverhältnisse Deutscher mit ausländischen Streitkräften in Deutschland (BAG IStR 93, 443 = MDR 94, 178).

Innerhalb der *Europäischen Gemeinschaft* gilt Richtlinie 94/95/EWG des Rates vom 22. 9. 1994 über die Einsetzung eines Europäischen Betriebsrats oder die Schaffung eines Verfahrens zur Unterrichtung und Anhörung der Arbeitnehmer in gemeinschaftsweit operierenden Unternehmen und Unternehmensgruppen (ABlEG Nr. L 254 S. 64). Sie ist in Deutschland umgesetzt durch Gesetz über Europäische Betriebsräte (Europäische Betriebsräte-Gesetz – EBRG) vom 28. 10. 1996 (BGBl. I 1548, ber. 2022).

Schrifttum zu Betriebsverfassung und Mitbestimmung 7. Aufl. S. 423 f. Danach: *Hanau,* Nationale Regelungen für internationale (europäische) Betriebsräte, Vieregge-Fschr. 1995, 319–334; *Kronke,* Mehrstufiger grenzüberschreitender Konzern und mitbestimmter Aufsichtsrat, IPRax 95, 377–379; *Hauß,* Grenzüberschreitende Betriebsverfassung in Europa, 1996; *Sandmann,* Die Euro-Betriebsrats-Richtlinie 94/95/EG, 1996; *Lehr,* Gesetz über Europäische Betriebsräte, EWS 96, 414–417; *Wackerbarth,* Ausländische Kapitalgesellschaft & Co. KG unter Unternehmensmitbestimmung im Teilkonzern, in: *Herrmann, Berger* und *Wackerbarth* (Hrsg.), Deutsches und Internationales Wirtschafts- und Bankrecht im Wandel, 1997, 491–514.

Zur *betrieblichen Altersversorgung Birk,* Die Insolvenzsicherung der betrieblichen Altersversorgung im grenzüberschreitenden Konzern, IPRax 84, 137–141.

b) Juristische Personen des öffentlichen Rechts

Juristische Personen des öffentlichen Rechts mit internationalem Charakter entstehen durch Staatsverträge. Sie verdanken ihre Rechtsfähigkeit:

- dem *Staatsvertrag* selbst, so:
  - die International *Bank for Reconstruction and Development* dem Abkommen von Bretton Woods,
  - die Eurochemic, die als Aktiengesellschaft errichtet, inzwischen allerdings liquidiert ist, einem Übereinkommen vom 20. 12. 1957 (BGBl. 1959 II 621, 990, 1975 II 1182, 1981 II 16), das wegen der Liquidation der Gesellschaft am 28. 11. 1990 außer Kraft getreten ist (BGBl. II 615),
  - die Eurocontrol dem Internationalen Übereinkommen über Zusammenarbeit zur Sicherung der Luftfahrt „Eurocontrol" vom 13. 12. 1960 (BGBl. 1962 II 2273, 1963 II 776),
  - die Multilaterale *Investitions-Garantie-Agentur* (MIGA) dem Abkommen zu ihrer Errichtung vom 11. 10. 1985 (BGBl. 1987 II 454),
  - die *Europäische* Bank *für Wiederaufbau und Entwicklung* dem Abkommen zu ihrer Errichtung vom 29. 5. 1990 (BGBl. 1991 II 183, 953),

  - die Ostafrikanische *Entwicklungsbank,*
  - die Afrikanische *Entwicklungsbank* einem Abkommen vom 4. 8. 1963,
  - die *Nordische Investmentbank,*
  - die *Vereinigte Arabische Schiffahrtgesellschaft,*
  - die *Arab* Organization *for Industrialization* (betr. Rüstungsindustrie) einem Abkommen vom 25. 4. 1975,
  - die Einrichtung der *Europäischen Schule* deren Satzung vom 12. 4. 1957 (BGBl. 1965 II 1041, 1966 II 212) nebst Protokollen über die Gründung Europäischer Schulen (BGBl. 1969 II 1301, 1970 II 842, 1978 II 993) (dazu BVerwG 91, 126),
- oder einem *einzelstaatlichen Gesetz,* so:
  - die Eurofima (Europäische Gesellschaft für die Finanzierung von Eisenbahnmaterial) auf Grund eines Berner Abkommens einem schweizerischen Gesetz (vgl. BGBl. 1956 II 907, 1961 II 1116, 1970 II 1046, 1976 II 1469, 1984 II 862),
- oder *beiden,* so:
  - die Bank *für internationalen Zahlungsausgleich* einem Haager Abkommen und einem schweizerischen Gesetz (vgl. RGBl. 1930 II 45, 288, 776; BGBl. 1953 II 117, 1970 II 765, 1975 II 40, 1976 II 1849).

Schrifttum: zur *Eurochemic Huet AFDJ* 1958, 516–523; *Lepaulle* AcP 159 (1960), 137–140 mit Text und *Strohl AFDJ* 1961, 569–593; zur *Eurocontrol Schreuer* Hellbling-Fschr. 1981, 371–382; zur *Internationalen Bank für wirtschaftliche Zusammenarbeit Focsaneanu* Clunet 1965, 591–612; zur MIGA unten S. 941 f.; zur *Arab Organization for Industrialization Dominicé* ZSchwR 1989, 517–538; zur *Eurofima* und zur *Bank für internationalen Zahlungsausgleich Adam* Annuaire Européen III (1957), 70–91 sowie zur *Bank für Internationalen Zahlungsausgleich Simons* und *Radicati* NILR 30 (1983), 330–345 (betr. Treuhänderstellung der Bank) und *Cecchini,* La Banca dei Regolamenti Internazionali, Origini e sviluppi, Padua 1986; zu internationalen Banken allgemein *Focsaneanu* AFDJ 1963, 119–149, *Collier* Lipstein-Fschr. 1980, 21–29 und *Pleyer* Kegel-Fschr. 1987, 459–481.

4. Ausländische Vereine und Stiftungen

Mit ausländischen Vereinen befaßte sich **Art. 10 a. F. EGBGB.**

Nach dessen **Satz 1** galt: Gehörte ein Verein im Sinne von §§ 21, 22 BGB (also ein „idealer" Verein oder ein „wirtschaftlicher" Verein, der nicht Handelsgesellschaft war) einem fremden Staate an (d. h.: saß seine Verwaltung dort) und war er dort rechtsfähig, so war er *nicht* ohne weiteres auch bei uns rechtsfähig, wie es der Regel unseres IPR entsprach (oben 1). Vielmehr mußte er außerdem **anerkannt** sein und zwar (nach einer Entscheidung der Bundesregierung vom 17. 2. 1953, BGBl. I 43) vom Bundesminister des Innern. **Satz 2** regelte die *Folgen* der Nichtanerkennung des nach dem Recht seines ausländischen Sitzes rechtsfähigen Vereins. Hier sollten für den inländischen Verkehr **„die Vorschriften über die Gesellschaft"** gelten. Außerdem sollte **§ 54 S. 2 BGB** angewandt werden; d. h. aus Vereinsgeschäften hafteten die Handelnden persönlich.

Art. 10 a. F. EGBGB diente polizeilichen Interessen. Ihnen zuliebe jonglierte man mit der Rechtsfähigkeit. Diese unnütze Nadelstichpolitik hat man preisgegeben: Art. 10 a. F. EGBGB ist aufgehoben durch § 30 I Nr. 4 Vereinsgesetz vom 5. 8. 1964 (BGBl. I 593).

Geblieben sind leider verwandte Vorschriften: **§ 23 BGB,** der von Vereinen, und **§ 80 S. 2 BGB,** der von Stiftungen handelt, die nach dem Rechte ihres ausländischen Sitzes *nicht* rechtsfähig sind. „Sitz" ist in beiden Fällen (trotz §§ 24, 80 S. 3 BGB) nur der Ort, an dem tatsächlich (und nicht bloß auf dem Satzungspapier) verwaltet wird. Solchen Vereinen und Stiftungen kann der Bundesminister des Innern die *Rechtsfähigkeit verleihen.* Die Verleihung wirkt *nur für den inländischen Rechtsverkehr;* denn nur so weit trägt das öffentliche Interesse. Die Verleihung ist konstitutiv und wirkt nicht zurück.

5. Staatsverträge

a) Haager Abkommen

Text: Rev. crit. dr. i.p. 1951, S. 724–742 (vollständig); RabelsZ 17 (1952), 270–272 (Art. 1–9).

Schrifttum: (Gutzwiller-)*Niederer,* Beiträge zum Haager IPR, 1951, 107–190; *E. Wolff* Wolff-Fschr. 1952, 375–400; *Dölle* RabelsZ 17 (1952), 185–199; *Raape* IPR 210f.; *Borum* NTIR 1962, 82–88; *Revillard* Clunet 1992, 302–307.

Am 31. 10. 1951 einigte man sich im Haag auf ein **„Abkommen über die Anerkennung der Rechtspersönlichkeit ausländischer Gesellschaften, Personenverbindungen und Stiftungen“.** Es ist nicht in Kraft getreten (oben S. 213). Zu diesem Abkommen näher 3. Auflage S. 237f.

b) EWG-Abkommen

Schrifttum: *Drobnig* ZHR 66, 93–120; *Gessler* Betr. 67, 324–327; *Goldman* RabelsZ 31 (1967), 201–232 (französisch) = (mit Änderungen) 6 (1968) C.M.L. Rev. 104–128 (englisch); *Beitzke* AWD 68, 91–96; *Santa Maria,* La società nel diritto internazionale privato, Mailand 1970, 198–242 (Text: 245–248, Protokoll 248f.); *Stein* 68 (1970) Mich. L. Rev. 1327–1354; *Perrin,* Le droit international privé des sociétés dans la CEE, Genf und St. Gallen 1971 (Text 47–51); *Morse,* Mutual Recognition of Companies in England and the EEC, 1972 J.B.L. 195–205; *Fredericq* Victor-Fschr. I, Antwerpen 1973, 107–113; *Drobnig* AG 73, 90–98, 125–131 (italienisch mit einigen Änderungen Riv. dir. int. priv. proc. 1973, 513–551); *Nobel,* Europäisierung des Aktienrechts, Diss. St. Gallen 1974, 91–111; *Diephuis,* The Concept of Recognition, NTIR 1980, 347–356; *Timmermans,* The Convention of 29 February 1968 on the Mutual Recognition of Companies and Firms, ebenda 357–361; *Fletcher,* Conflict of Laws and European Community Law, Amsterdam u.a. 1982, 251–270 (Text des Übereinkommens über die gegenseitige Anerkennung von Gesellschaften und juristischen Personen 379–390).

Das am 29. 2. 1968 in Brüssel unterzeichnete **„Übereinkommen über die gegenseitige Anerkennung von Gesellschaften und juristischen Personen“** (oben S. 215) ist noch nicht in Kraft getreten. Ebenso noch nicht das am 3. 6. 1971 in Luxemburg unterzeichnete **Protokoll** betreffend die **Auslegung** dieses Übereinkommens **durch** den **EuGH** in Luxemburg (oben S. 215; vgl. dazu unten S. 920).

Nach Art. 1 sind Gesellschaften des bürgerlichen und Handelsrecht anzuerkennen, wenn sie nach dem Recht eines Vertragsstaats gegründet sind und in einem (nicht notwendig demselben) Vertragsstaat ihren satzungsmäßigen Sitz (also nicht notwendig den Hauptverwaltungssitz) haben. Art. 2 bestimmt das gleiche für andere juristische Personen des öffentlichen und Privatrechts, die entgeltliche wirtschaftliche Tätigkeit bezwecken oder erlaubterweise dauernd ausüben. Es gilt also Gründungsrecht (das im EWG-Raum tragbar ist).

Doch kann nach Art. 3 jeder Vertragsstaat Gesellschaften, die nur ihren satzungsmäßigen Sitz im EWG-Raum haben, die Anerkennung versagen (vgl. Art. 2 des Haager Abkommens, oben a). Hat die Gesellschaft in einem Vertragsstaat ihren tatsächlichen Sitz, während sie nach dem Recht eines anderen Vertragsstaats gegründet ist, so kann sie der Staat des tatsächlichen Sitzes nach Art. 4 I auf Grund eines Vorbehalts, den die Bundesrepublik in Art. 2 II 1 des ZustG gemacht hat, seinem zwingenden Recht unterwerfen (dazu KG NJW 89, 3100 [Gläubigerschutz, ohne Mindeststammkapital volle Haftung der Gesellschafter]; kritisch *Beitzke* AWD 68, 94 und *Drobnig* AG 73, 96–98). Außerdem herrscht Streit, ob das Gründungsrecht nur für Rechts-, Geschäfts- und Handlungsfähigkeit gilt (Art. 6) oder allgemein (dazu *Drobnig* AG 73, 125–129; vgl. zur Handlungsfähigkeit oben S. 404).

Der **Entwurf eines Übereinkommens über die internationale Verschmelzung von Aktiengesellschaften** (abgedruckt mit Begleitbericht im Bulletin der Europäischen Gemeinschaften Beilage 13/73) wollte für die Fusion über die Grenze *materielles Gemeinschaftsrecht* der sechs Altmitglieder schaffen. Er galt für Aktiengesellschaften, die nach dem EWG-Abkommen über die Gesellschaftsanerkennung vom 29. 2. 1968 (oben) anerkannt werden (Art. 1; dazu Bericht aaO S. 39–45); Schrifttum oben S. 500f. Text auch RabelsZ 39 (1975), 539–560. An Stelle dieses Übereinkommens hat die EG-Kommission dem Rat Anfang 1985 eine **zehnte Richtlinie** zur Koordinierung des Gesellschaftsrechts vorgeschlagen (dazu *Jayme* und *Kohler* IPRax 88, 140 unter 2).

Ebenfalls durch *materielles Gemeinschaftsrecht* sollen geregelt werden die vielberedete **„Europäische Aktiengesellschaft"** und die sie ergänzende **„Europäische Kooperationsvereinbarung"**, ein rechtsfähiges Gebilde z.B. für Ein- und Verkaufsbüros (siehe Vorschlag einer VO des Rates über die Europäische Kooperationsvereinbarung KOM [73] 2046 endg. vom 21. 12. 1973 und endg./2 vom 18. 1. 1974). Schrifttum 4. Aufl. S. 261f. und oben S. 500f.

Teils *materielles*, teils *internationales* Gemeinschaftsrecht enthält ein EWG-Entwurf vom 14. 4. 1989 über **Vereinigungen zu nichtwirtschaftlichen Zwecken** *(„association européenne")* (Document de séance A 2 – 196/86; Schrifttum: *Revillard* Clunet 1992, 313–318).

Ein Abkommen über den Fortbestand der Rechtsfähigkeit bei **Sitzverlegung** in ein anderes Land wird erwogen (z.B. *Fletcher*, Conflict of Laws and European Community Law, Amsterdam u.a. 1982, 267).

c) Handelsverträge

In zweiseitigen Handelsverträgen – Freundschafts-, Handels-, Niederlassungs-, Kapitalschutzverträgen – zwischen ausländischen Staaten untereinander (Nachweise *Makarov*, Quellen des IPR II^2, 1960, 346–514) oder mit der Bundesrepublik (Nachweise *Soergel-Lüderitz*, X^{12} Art. 10 Anh Rz 12–14 S. 442–444) finden sich meist Bestimmungen, daß juristische Personen des einen Vertragsstaats im anderen Vertragsstaat „anerkannt" werden. Die Zugehörigkeit zu einem Vertragsstaat wird dadurch begründet, daß die juristische Person in ihm ihren Sitz hat oder nach seinem Recht errichtet ist oder daß beide Voraussetzungen zutreffen.

Hier wird entgegen der h.M. (z.B. OLG Düsseldorf RIW 96, 859; *Ebenroth* und *Bippus* NJW 88, 2137–2146) keine Kollisionsnorm der IPR geschaffen. Vielmehr wird festgelegt, wann die ausländerrechtlichen Regeln des Staatsvertrags eingreifen, vor allem Ausländer Inländern gleichbehandelt werden müssen (*Lehner* RIW 88, 208f.).

Das gilt auch für Art. XXV Abs. 5 Satz 2 des deutsch-amerikanischen Freundschafts-, Handels- und Schiffahrtsvertrags vom 29. 10. 1954 (BGBl. 1956 II 487, 500) und für Art. 15 des deutsch-spanischen Niederlassungsvertrags vom 23. 4. 1970 (BGBl. 1972 II 1041) (a.A. *Ebenroth* und *Bippus* aaO). Internationalprivatrechtlich bleibt es beim Recht des Sitzes der Hauptverwaltung, das rechtspolitisch dem Gründungsrecht weit überlegen ist (oben S. 414–416). Hat z.B. ein in Deutschland lebender Deutscher im Staat Delaware/USA eine Einmanngesellschaft gegründet, die dort nichts hat und nichts tut, so kann er die Rückzahlung eines Darlehns nicht verweigern mit der Begründung, es sei der Gesellschaft, nicht ihm gewährt worden.

Schwierigkeiten aus der Trennung von Ausländerrecht und IPR sind nicht zu befürchten. Denn praktisch regeln die Handelsverträge nur Selbstverständliches und führen zu keinem Streit. So würden auch die USA schwerlich für die Rechtsfähigkeit der erwähnten Einmanngesellschaft aus Delaware oder der in Hannover gegründeten *corporation* (oben S. 502–504) eintreten.

d) Europarats-Abkommen

Nichtwirtschaftliche („ideale") **internationale nichtstaatliche Organisationen,** insbesondere der Wissenschaft, Kultur, Wohltätigkeit, Philanthropie, Gesundheit und

Erziehung, sollen nach dem Europarats-Übereinkommen vom 24. 4. 1986 (oben S. 217, für Deutschland noch nicht in Kraft), wenn sie in einem Vertragsstaat ihren Satzungssitz haben und nach dessen Recht **rechts- und handlungsfähig** sind, auch in den anderen Vertragsstaaten rechts- und handlungsfähig sein (Präambel Abs. 1, Art. 2 I).

Schrifttum: *Sobrino Heredía,* La determinación de la personalidad jurídica de las Organizaciones Internacionales no gubernamentales: contribución del Consejo de Europa, Rev. esp. der. int. 1990, 101–124; *Revillard* Clunet 1992, 308–313.

6. Reform

Der Regierungsentwurf eines Gesetzes zur Neuregelung des IPR (BTDrucks. 10/504) bezog die juristische Person nicht ein. Der Deutsche Rat für IPR hatte das Recht des Verwaltungssitzes empfohlen und Verkehrsschutzregeln vorgeschlagen (*Lauterbach* [Hrsg.], Vorschläge und Gutachten zur Reform des deutschen internationalen Personen- und Sachenrechts, 1972, 3 f., §§ A–C).

7. Interlokales Recht

Schrifttum: *von Hoffmann,* Intertemporales GmbH-Recht nach dem Einigungsvertrag, in: *Jayme* und *Furtak* (Hrsg.), Der Weg zur deutschen Rechtseinheit, 1991, 215–228; *Christoph,* Vereine im Vereinigungsprozeß, DtZ 91, 234–239; *Nissel,* Zum Fortbestand rechtsfähiger Vereinigungen nach dem Einigungsvertrag, ebenda 239 f.; *Francksen,* Die Bedeutung von Aktienurkunden ehemaliger DDR-Altaktiengesellschaften für deren Wiederaufleben, ZIP 93, 247–252; *Hommelhoff* und *Schubel,* Das Gesellschaftsrecht auf dem Prüfstand: zur Transformation der DDR-Genossenschaften, ZIP 98, 337–350; *Brötel,* Repräsentant, aber nicht Vertreter?, Nochmals: Zur Außenvertretungsmacht des Bürgermeisters nach der DDR-Kommunalverfassung, NJW 98, 1676–1680; *Drobnig,* Die Wiederbelebung untergegangener juristischer Personen in den neuen Bundesländern, Großfeld-Fschr. 1999, 161–173.

Im westlichen interlokalen Privatrecht galt wie im IPR das Recht des *Sitzes der Hauptverwaltung* (vgl. z. B. OLG München OLGZ 1986, 188 = RIW 85, 75). Zur Sitzverlegung von Ost nach West oben S. 508 a. E. f. Die §§ 31, 80 S. 2 BGB hätten – weil rechtspolitisch verfehlt – interlokal nicht angewandt werden sollen.

Das IPR der DDR gab eine dunkle Regel in § 8 RAG: „Die Rechtsfähigkeit von Betrieben einschließlich ihrer Anerkennung als juristische Person richtet sich nach dem Recht des Staates, durch das ihre Rechtsstellung bestimmt wird."

Im interlokalen *Privat*recht der juristischen Personen und der nicht rechtsfähigen Personenverbindungen und Vermögensmassen hat es (anders als bei östlichen Enteignungen und anderen *Staatseingriffen* in sie) zu Zeiten der früheren DDR keine erheblichen Schwierigkeiten gegeben. Seit der Wiedervereinigung am 3. 10. 1990 gilt nach Art. 8 Einigungsvertrag Bundesrecht im Osten. Übergangsvorschriften finden sich in Art. 231 §§ 2–4 EGBGB. So wirken nach § 4 die §§ 31, 80 S. 2 BGB erst ab 3. 10. 1990.

Die Übernahme ostdeutscher volkseigener Betriebe (VEB) durch die Treuhandanstalt (7. Aufl. S. 25) ist in Rumänien unter Anwendung deutschen Rechts als Recht des Sitzes der juristischen Person anerkannt worden (Außenhandelsschiedsgerichtshof Bukarest, Schiedsspruch Nr. 301 vom 29. 11. 1990, WGO 90, 377).

Trusts und andere Treuhandverhältnisse *ohne* eigene Organisation unterliegen dem Schuldvertragsstatut (OLG Hamm RIW 94, 513 [516 unter III 2 b]).

III. Nicht rechtsfähige Personenverbindungen und Vermögensmassen

1. Anwendbares Recht

Bei *juristischen Personen* regelt das Recht des Sitzes der Hauptverwaltung nicht nur die Rechtsfähigkeit, sondern ihre gesamte Rechtsstellung und Organisation: Partei- und Prozeßfähigkeit, Satzung, Organe und Mitgliedschaftsrechte, Sitzverlegung (oben S. 505–510). Dem entspricht: auch *nicht rechtsfähige* Organisationen (Personenverbindungen, Vermögensmassen) unterliegen dem **Recht des Sitzes ihrer Hauptverwaltung** nicht nur insoweit, als es ihnen die Rechtsfähigkeit abspricht, sondern mit ihrer *gesamten Rechtsstellung und Organisation.* Nach dem Recht des Sitzes können sie z.B. parteifähig sein, obwohl sie nicht rechtsfähig sind (vgl. z.B. § 50 II ZPO, § 124 I HGB).

Das Recht des Sitzes der Hauptverwaltung gilt insbesondere für *nichtrechtsfähige Handelsgesellschaften* wie die deutsche OHG und die *partnership* des englisch-amerikanischen Rechts. Es gilt für *bürgerlichrechtliche Gesellschaften,* allerdings nur, wenn sie sich nicht in einzelnen Pflichten erschöpfen, sondern nach dem Gesellschaftsvertrag eine eigene Organisation haben sollen wie oft Gründungsgesellschaften, die eine juristische Person vorbereiten sollen, oder Kartelle (über Kartellverbote aber unten § 23 IV). Es gilt für *nicht rechtsfähige Vereine.* Ferner für nicht rechtsfähige Vermögensmassen mit eigener Organisation wie *Sammelvermögen, trusts* des englisch-amerikanischen Rechts, nicht rechtsfähige *Anstalten des öffentlichen Rechts.*

Verkehrsschutzregeln sind auch hier anzuwenden. Daher kann analog Art. 12 Satz 1 EGBGB bei In- und Auslandsgeschäften die Vertretungsmacht erweitert sein (dazu näher oben S. 505f. zur *ultra-vires*-Lehre). Für die Prozeßfähigkeit gilt § 55 ZPO.

Aus der *Rechtsprechung:* KG IPRspr. 1932 Nr. 44: Haftung des Gesellschafters für Wechsel einer österreichischen OHG; OLG Zweibrücken NJW 87, 2168: Parteifähigkeit einer New Yorker *partnership* (Anwaltssozietät); LG Marburg NJW-RR 93, 222: Haftung des generalbevollmächtigten Einmanngesellschafters einer nach dem Recht von Gibralta gegründeten *Nonresident Limited Company* mit Sitz in Deutschland für Börsentermingeschäfte mit englischer Broker-Gesellschaft analog §§ 11 II GmbHG, 41 I 2 AktG.

2. Haager Abkommen

Am **20. 10. 1984** hat man im Haag gezeichnet ein **Übereinkommen über das auf den trust anzuwendende Recht und seine Anerkennung** (oben S. 214 a.E.).

Text: Riv. dir. int. priv. proc. 1985, 194–199 und 1992, 168–175; Rev. dr. unif. 1985 II 298–319; SchweizJahrbintR 41 (1985, erschienen 1986), 47–51; RabelsZ 50 (1986), 698–713; Clunet 1987, 65–73; IPRax 87, 55–58.

Schrifttum: *Dyer* Rev. dr. unif. 1985 I, 274–282; *von Overbeck* SchweizJahrbintR 41 (1985), 30–38; *Gaillard* und *Trautman* Rev.crit.dr.i.p. 1986, 1–31; *Steinebach* RIW 86, 1–5; *Jauffret-Spinosi* Clunet 1987, 23–65; *Pirrung* IPRax 87, 52–55; *Gaillard* und *Trautman* 35 (1987) Am. J. Comp. L. 307–340; *Hayton* 36 (1987) Int. Comp. L. Q. 260–282; *Boutin,* El fideicomiso panameño en el Derecho internacional privado y la Convención de La Haya (1985) relativa a la ley aplicable al trust y a su reconocimiento, Panama 1990 (bespr. von *Rovi Sánchez* Rev. esp. der. int. 1992, 755f.); *Waters,* Unification or Harmonization?, Experience with the Trust Consept, von Overbeck-Fschr., Freiburg/Schweiz 1990, 591–609; *Klein,* A propos de la Convention de La Haye du 1er juillet 1985 relative à la loi applicable au *trust* et à sa reconnaissance, *Trust* anglo-saxon, *Treuhand* allemande et fiducie suisse, Piotet-Fschr., Bern 1990, 467–483; *Reymond,* Réflexions de droit comparé sur la Convention de La Haye sur le trust, Rev. int. dr. comp. 1991, 7–24; *Béraudo,* Les trusts anglo-saxons et le droit français, Paris 1992 (Haager Trust-Abkommen 215–232 [Text 235–239]); *Glasson* (Hrsg.), International Trust Laws, London u.a. 1992 (Loseblatt), C 1.1–1.51); *Busato,* La figura del *trust* negli ordinamenti di *common law* e di diritto continentale, Riv. dir. civ. 1992, 309–357; *Uniken Venema,* Het Haagse Trustverdrag: de in het verdrag voorziene „externe werking" van Anglo-Amerikaanse trusts, WPNR 1993, 362–369, 391–397, 447–453; *Duynstee,* Het trustverdrag: een paasei of een lege dop?, ebenda 370–376; *Sonneveldt,* Het Haags trustverdrag en zijn consequenties voor het Nederlandse belastingrecht, ebenda 377–382; *Paton* und *Grosso,* The Hague Convention on the Law Applicable to Trusts and on Their Recognition: Implementation in Italy, 43 (1994) Int. Comp. L. Q. 654–661; *Joppe,* Het ‚Haags Trustverdrag' in werking, WPNR 1996, 181–188; *Koppenol-Laforce,* Het Haagse Trustverdrag, Deventer 1997; *Vriesendorp,* Schuldeisers en het Haagse Trustverdrag: einde van het verhaal?, WPNR 1997, 556–561; *Stille,* De ‚Haagse' trust in het familie-, huwelijksvermogens- en erfrecht, ebenda 561–567; *Alkemade,* Yes, the Dutch can tame the trust!, WPNR 1998, 361–368, 379–387.

Das Abkommen steht für Deutschland noch nicht in Kraft. Es will dem berühmten Gebilde des englisch-amerikanischen Rechts in der übrigen Welt und besonders auf dem europäischen Festland Geltung verschaffen.

„*Trust*" [wir würden sagen: Treuhand] bedeutet „die von einer Person, dem Begründer [wir würden sagen: Treugeber], – durch Rechtsgeschäft unter Lebenden oder für den Todesfall – geschaffenen Rechtsbeziehungen, wenn Vermögen zugunsten eines Begünstigten oder für einen bestimmten Zweck der Kontrolle eines *trustee* [wir würden sagen: Treuhänder] unterstellt worden ist" (Art. 2 I).

Der *trust* ist ein *Sondervermögen* des *trustee,* das dieser zu verwalten hat, über das er verfügen kann und über das er Rechenschaft ablegen muß (Art. 2 II).

Das Abkommen erfaßt nur *trusts,* die *freiwillig errichtet* und *schriftlich bestätigt* sind (Art. 3). *Vorfragen* der Gültigkeit von Testamenten und anderen Rechtsgeschäften sind nicht erfaßt (Art. 4).

Das Abkommen soll auch nicht gelten, soweit das von ihm *berufene Recht* den *trust* oder die Art von *trusts,* um die es geht, *nicht kennt* (Art. 5). Insoweit bleibt es daher beim eigenen IPR jedes Vertragsstaats.

Maßgebend ist das vom Begründer ausdrücklich oder stillschweigend *gewählte Recht* (Art. 6 I). Gibt es dort keinen *trust* oder keinen der begründeten Art, dann ist die Rechtswahl unwirksam (Art. 6 II).

Mangels Rechtswahl entscheidet das Recht, mit dem der *trust* „die *engsten Verbindungen* aufweist" (Art. 7 I, vgl. oben S. 257–261). Zu „berücksichtigen" sind „insbesondere" der vom Gründer bestimmte Verwaltungsort, die Lage des Treuguts, der Ort des Aufenthalts oder der Niederlassung des *trustee,* die Ziele des *trust* und die Orte, an denen sie erfüllt werden sollen (Art. 7 II).

„*Abtrennbare Teilbereiche*" eines *trust* können gemäß den Kollisionsnormen des Abkommens eigenem Recht unterliegen (Art. 9).

Das für die Gültigkeit des *trust* maßgebende Recht kann beachtlich auf ein anderes Recht *verweisen* (Art. 10; vgl. Art. 17, unten).

Während sich für uns von selbst versteht, daß ein Gebilde, das dem anwendbaren Recht genügt, wirksam ist und daß für eine *Anerkennung* nur Entscheidungen von Gerichten oder Behörden in Betracht kommen, gibt es anderwärts andere Denkgewohnheiten. So enthält auch das *trust*-Abkommen Regeln über die Anerkennung begründeter *trusts* (Art. 11–14) und gleicht darin dem Haager Abkommen von 1976 über die Schließung und Anerkennung der Gültigkeit von Ehen (oben S. 214, unten S. 709f.). Vgl. auch das EWG-Abkommen über die gegenseitige Anerkennung von Gesellschaften und juristischen Personen (oben S. 215, 514f.).

Die Regeln über die Anerkennung beginnen mit der Leerformel: „Ein *trust*, der gemäß dem in Kapitel II [= Art. 6–10] bestimmten Recht errichtet worden ist, wird als *trust* anerkannt" (Art. 11 I 1). Dann wird der Kreis der *trust*-Wirkungen umschrieben (Art. 11 I 2, II, 12). Für manche Wirkungen gibt es eine Ausweichklausel (Art. 13) und dem *trust* günstigeres Recht darf angewandt werden (Art. 14).

Das Abkommen beschränkt sich auf das IPR des *trust;* andere Gebiete wie Pflichtteilsrechte, Verkehrsschutz bleiben dem IPR der Vertragsstaaten überlassen (Art. 15 S. 1). Doch soll, wenn deswegen der *trust* nicht anerkannt wird, „das Gericht versuchen, den Zielen des *trust* mit anderen rechtlichen Mitteln Wirkung zu verleihen" (Art. 15 S. 2).

Zwingende Vorschriften sind in Art. 16 II ähnlich geregelt wie im Art. 7 des Rom-Abkommens über internationales Schuldvertragsrecht (oben S. 256 a.E.f.). Jedoch können sich die Vertragsstaaten vorbehalten, Art. 16 II nicht anzuwenden (Art. 16 III, 26).

Rück- und Weiterverweisung sind ausgeschlossen (Art. 17; vgl. aber oben zu Art. 10). Das vom Abkommen berufene Recht braucht nicht angewandt zu werden, wenn es offensichtlich *(„manifestement")* gegen den eigenen *ordre public* verstößt (Art. 18).

Kritik: Das Abkommen hat technische Mängel. Ein Bedürfnis, das Kollisionsrecht des *trust* zu vereinheitlichen, ist nicht ersichtlich. Besser wartet man auf die Entwicklung von Lehre und Rechtsprechung in den einzelnen Ländern (vgl. *Soergel-Lüderitz* X[12] Art. 10 EGBGB Anh Rz 63 S. 468 und Art. 38 EGBGB Anh II Rz 58 S. 1956f.; *Soergel-Schurig* X[12] Art. 25 EGBGB Rz 43 S. 1314). Immerhin ist auf das Abkommen viel Mühe verwandt worden und es empfiehlt sich, seine Lösungen bei der Fortbildung des eigenen IPR zu berücksichtigen.

3. Reform

Eine Reform des Statuts der nicht rechtsfähigen Personenverbindungen und Vermögensmassen sah der **Regierungsentwurf** eines Gesetzes zur Neuregelung des IPR (BTDrucks. 10/504) nicht vor, da er auch das Statut der juristischen Person nicht regelte (oben II 6). Der Deutsche Rat für IPR wollte die nicht rechtsfähigen Personenverbindungen und Vermögensmassen den juristischen Personen gleichstellen (*Lauterbach* wie oben II 6).

4. Interlokales Recht

Interlokal galt dasselbe wie für juristische Personen (oben II 7). Das Recht des Sitzes der Hauptverwaltung herrschte auch hier.

IV. Persönlichkeitsgüter

Schrifttum: 7. Aufl. S. 431 f. Danach: *Sturm,* Namensführung in gemischt-nationalen Ehen, StAZ 95, 255–262; *Nowak,* Der Name der natürlichen Person, 1996 (deutsches IPR 93–175, 183–190); *Hepting,* Regelungszwecke und Regelungswidersprüche im Namensrecht, StAZ 96, 1–11 (9f.); *Looschelders,* Persönlichkeitsschutz in Fällen mit Auslandsberührung, ZvglRW 96, 48–91; *Benicke,* Aktuelle Probleme des internationalen Namensrechts unter besonderer Berücksichtigung spanisch-deutscher Fälle, StAZ 96, 97–109; *Henrich,* Die Rechtswahl im internationalen Namensrecht und ihre Folgen, ebenda 129–134; *Henrich,* Änderungen der internationalprivatrechtlichen Vorschriften im Regierungsentwurf zur Reform des Kindschaftsrechts, ebenda 353–359 (357–359); *Sturm,* Der Kindesname national und international – Bemerkungen zum FamNamG vom 16. 12. 1993 und zum Entwurf des KindRG, Lüke-Fschr. 1997, 809–827; *Henrich,* Die Rück- und Weiterverweisung im IPR, vor allem bei Namensführung in der standesamtlichen Praxis, StAZ 97, 225–230; *Staudinger-Hepting*[13] Vorbem. zu Art.10 EGBGB Rz 92–97 S. 983–985 sowie Art. 10 EGBG Rz 1–295 S. 985–1068 mit Anhang I Rz 1–3 S. 1068 f. und Anhang II Rz 1, 2 S. 1069 f.; *Henrich,* Die Wirksamkeit der Adoption als Vorfrage für die Namensführung des Adoptierten, IPRax 98, 96 f.; *Henrich,* Das Kollisionsrecht im Kindschaftsrechtsreformgesetz, StAZ 98, 1–6 (4–6); *Hepting,* Das IPR des Kindesnamens nach der Kindschaftsrechtsreform, ebenda 133–145; *Henrich,* Namensrecht und Namensschutz im Dickicht der Qualifikation, Großfeld-Fschr. 1999, 335–364.

Rechtsvergleichend: *Schwenzer,* Namensrecht im Überblick, FamRZ 91, 390–397; *Giesen,* Der Familienname aus rechtshistorischer, rechtsvergleichender und rechtspolitischer Sicht, FuR 93, 65–81; *M. Flessner,* Der Familienname der Ehegatten und der Kinder im amerikanischen Recht, StAZ 93, 181–189.

Zum hier nicht behandelten **internationalen Immaterialgüterrecht:** Schrifttum 7. Aufl. S. 432. Danach: *Josselin-Gall,* Les contrats d'exploitation du droit de la propriété littéraire et artistique, Étude de droit comparé et de droit international privé, Paris 1995; *Walter,* Die europäische Harmonisierung des Urheberrechts, in: *Tomuschat, Kötz* und *von Maydell,* Europäische Integration und nationale Rechtskulturen, 1995, 11–13; *Bergé,* La protection internationale et communautaire du droit d'auteur – Essai d' une analyse conflictuelle, Paris 1996; *Pfister,* Das Urheberrecht im Prozeß der deutschen Einigung, 1996: *Schneider-Brodtmann,* Das Folgerecht des bildenden Künstlers im europäischen und internationalen Urheberrecht, 1996; *Novier;* La propriété intellectuelle en droit international privé suisse, Genf 1996; *Koah,* Technology Transfer Agreements and the EC Competition Rules, Oxford 1996 (bespr. von *Keeling* 47 [1998] Int. Comp. L. Q. 971 f.); Conflit entre importations parallèles et propriété intellectuelle? (Actes du Colloque de Lausanne), Genf 1996; *Dessemontet,* Internet, le droit d'auteur et le droit international privé, SchweizJZ 1996, 285–294; *Cohen Jehoram,* International Exhaustion versus Importation Right: a Murky Area of Intellectual Property Law, GRUR Int. 96, 280–284; *Cornish,* Intellectual Property Infringement and Private International Law: Changing the Common Law Approach, ebenda 285–289; *Soltysiński,* International Exhaustion of Intellectual Property Rights under the TRIPS, the EC Law and the Europe Agreements, ebenda 316–326; Andenpakt, Kommission des Abkommens von Cartagena, Beschluß 351 – Gemeinsame Regelung über das Urheberrecht und verwandte Schutzrechte, ebenda 713–718; *Josselin-Gall,* Le commerce international du droit de propriété littéraire et artistique: quelques incertitudes, Rev. trim. dr. commercial 1996, 425–441; *Aoki,* Intellectual Property and Sovereignty: Notes Toward a Cultural Geography of Authorship, 48 (1996) Stan. L. Rev. 1293– 1355; *Grützmacher, Laier* und *May,* Der Internationale Lizenzverkehr[8], 1997; *Bock,* Kennzeichenrechtliche Kollisionsprobleme bei Erweiterung des Hoheitsgebietes, 1997; *Ellins,* Copyright Law, Urheberrecht und ihre Harmonisierung in der Europäischen Gemeinschaft, 1997; *Staehelin,* Das TRIPS-Abkommen, Immateriagüterrechte im Licht der globalisierten Handelspolitik, Bern 1997; *Schack,* Urheber- und Urhebervertragsrecht 1997, §§ 26–28 S. 336–394 (internationales Urheberrecht), § 35 S. 466–470 (internationales Urhebervertragsrecht); *Haedicke,* Urheberrecht und die Handelspolitik der Vereinigten Staaten von Amerika, 1997; *Czychowski,* Das Urhebervertragsrecht als wesentlicher Bestandteil des Urheberrechts in den Staaten Zentral- und Osteuropas, Eine Untersuchung der neuen Urheberrechtsgesetze in den Staaten Polen, Rußland, Bulgarien und Slowenien, 1997; *Bachmann,* Internet und IPR, in: *Lehmann* (Hrsg.), Internet- und Multimediarecht (Cyberlaw), 1997, 169–183; *Karjala,* The Future of Copyright in the Digital Age, in: *Herrmann, Berger* und *Wackervbarth* (Hrsg.), Deutsches und Internationales Wirtschafts- und Bankrecht im Wandel, 1997, 470–479; *Sack,* Der Benutzungszwang im internationalen Markenrecht, Piper-Fschr. 1996, 603–626; *Beier,* Entwicklung und Grundprinzipien des internationalen Markenschutzes, Strömholm-Fschr. 1997, 85–108; *Perret,* Quelques observations sur l'épuisement des droits de propriété intellectuelle, SZIER 1997, 267–292; *Austin,* The Infringement of Foreign Intellectual Property Rights, 113 (1997) L. Q. Rev. 321–340; *Dutson,* The Internet, the Conflict of Laws, International litigations and intellectual property: the implications of the international scope of the Internet on international property infringements, 1997 J. B. L. 495–513; *Loewenheim,* Die Harmonisierung des Urheberrechts in Europa, GRUR Int. 97, 285–292; *Dortrelepont,* Das droit moral in der Europäischen Union, ebenda 293–304; *Cornish,* Harmonisierung des Rechts der privaten Vervielfältigungen in Europa, ebenda 305–308; *Katzenberger,* Harmonisierung des Folgerechts in Europa, ebenda 309–315; *Dillenz,* Harmonisierung des Rechts der Verwertungsgesellschaften in Europa, ebenda 315–329; *Thun* ebenda 330–334 (Tagungsbericht); *Krieger,* Durchsetzung der gewerblichen Schutzrechte in Deutschland und die TRIPS-Standards, ebenda 421–426; *Clifford,* Intellectual Property in the Era of the Creative Computer Program: Will the True Creator Please Stand Up, 71 (1997) Tul. L. Rev. 1675–1703; *Stauder, P. von Rospatt* und *M. von Rospatt,* Grenzüberschreitender Rechtsschutz für europäische Patente, GRUR Int. 97, 859–864; *Bariatti,* Internet: aspects realatifs aux conflits de lois, Riv. dir. int. priv. proc. 1997, 545–556; *Rehbinder,* Urheberrecht[10], 1998, S. 370–381; *Fawcett* und *Torremans,* Intellectual Property and Private International Law, Oxford 1998; *Stumpf* und *Groß,* Der Lizenzvertrag[7], 1998; *Cornish,* Technology and Territoriality: A new Confrontation for Intellectual Property, Leser-Fschr. 1998, 298–308 (304–308); *Kitagawa,* Information, Copyrights and Contracts on the Internet, ebenda 309–321; *Lee,* Urheberrecht im Internet, ebenda 322–334 (333f.); *Joller,* Zur territorialen Reichweite des Erschöpfungsgrundsatzes im Markenrecht, GRUR Int. 98, 751–765; *Torremans,* Copyright in English Private International Law in the Light of Recent Cases and Developments, IPRax 98, 495–505; *Dutson,* The Infringement of Foreign Intellectual Property Rights – A Restatement of the Terms of Engagement, 47 (1998) Int. Comp. L. Q. 659–679; *Schack,* Neue Techniken und geistiges Eigentum, JZ 98, 753–763 (760–763).

Rechtsvergleichend: IECL XIV: Copyright and Industrial Property (erscheint in Lieferungen seit 1883); *von Gerlach,* Der Schutz der Privatsphäre von Personen des öffentlichen Lebens in rechtsvergleichender Sicht, JZ 98, 741–753.

1. Name

a) Grundsatz

Welcher Name einem *zusteht* und wie er *geschützt* wird, bestimmt das **Personalstatut** im Anknüpfungssinn (oben S. 386). Für die *natürliche Person* gilt daher an erster Stelle das Heimatrecht. **Art. 10 I EGBGB:**

„(1) Der Name einer Person unterliegt dem Recht des Staates, dem die Person angehört."

Für Staatenlose und internationale Flüchtlinge gilt das Recht ihres gewöhnlichen Aufenthalts (für Staatenlose nach dem New Yorker Abkommen sowie für Flüchtlinge, die unter das Genfer Abkommen fallen, und für gleichgestellte Asylberechtigte und Humanflüchtlinge das Recht ihres Wohnsitzes), hilfsweise das Recht ihres schlichten Aufenthalts, für volksdeutsche Flüchtlinge gilt deutsches Recht (oben S. 399–405).

Für *juristische Personen* und für *nicht rechtsfähige Personenverbindungen und Vermögensmassen* gilt das Recht des Sitzes der Hauptverwaltung (oben S. 504, 517).

Art. 10 I gilt auch für die *Namensänderung* (LG Stuttgart StAZ 92, 346 [348] und OLG Hamm FGPrax 98, 223, beide allerdings mit Unrecht Durchführung der Änderung im Heimatstaat verlangend).

Über Vornamen Transsexueller oben S. 497f.

b) Familienrechtliche Vorfragen

Die *natürliche Person* erwirbt und verliert ihren Namen fast immer durch familienrechtliche Vorgänge: durch Geburt, Adoption, Heirat oder Scheidung.

Deswegen meinte man früher: das für die Wirkungen solcher Vorgänge maßgebende Recht bestimme auch über ihre Folgen für den Namen. Im Rahmen des für den Namen der Person maßgebenden Personalstatuts wurden also die familienrechtlichen Vorfragen „selbständig" (oben S. 329, 331) angeknüpft.

Davon ging der BGH ab: er beurteilte weithin die familienrechtlichen Vorfragen „unselbständig" (BGH 56, 193; 72, 163; 90, 129 [139f.]; näher 5. Aufl. S. 482f., 542, 570, 587).

Für die Reform wollten der Deutsche Rat für IPR und *Kühne* den Einfluß eines familienrechtlichen Vorgangs auf den Namen dem Recht unterstellen, das für diesen Vorgang gilt (*Beitzke* [Hrsg.], Vorschläge und Gutachten zur Reform des deutschen internationalen Personen-, Familien- und Erbrechts, 1981, S. 3 a.E., Name § A; *Kühne,* IPR-Gesetz-Entwurf, 1980, S. 5 § 11 II).

Aber der Gesetzgeber folgte dem BGH. Dies ist zwar im Gesetz nicht gesagt, aber gewollt (BTDrucks. 10/504 S. 46f.). Damit soll an erster Stelle öffentlichen Belangen (z.B. Paßwesen) gedient werden und daneben den persönlichen Interessen des Namensträgers, während der familienrechtliche Zusammenhang gleich gilt (ebenda). Insbesondere soll den Standesbeamten die Arbeit erleichtert werden, indem sie die Namen den Pässen entnehmen können (ebenda S. 46 a.E.).

Tatsächlich indes steht jeder außer dem Findelkind in familienrechtlichen Beziehungen (Geburt, Ehe, Adoption) und es ist angemessen, daß die Rechtsordnung, die eine solche Beziehung regelt, auch den Namen bestimmt (so z.B. Cass. [1re Civ.] D. Jur. 1999, 229 mit Anm. *von Massip:* Name des ehelichen Kindes unterliegt dem Statut der persönlichen Ehewirkungen). Bei der Staatsangehörigkeit liegt es anders, weil jedem Staate überlassen wird zu bestimmen, wer ihm angehört (oben S. 330f.).

Eine Ausnahme machte der BGH für die Vorfrage der Ehe bei der ehelichen Abstammung (oben S. 331). Diese Ausnahme dürfte erledigt sein, nachdem Art. 19 n.F. EGBGB grundsätzlich bei der Abstammung nicht mehr zwischen ehelichen und nichtehelichen Kindern unterscheidet (*Henrich* StAZ 98, 5; dagegen OLG Düsseldorf FamRZ 99, 328, das [rechtspolitsch richtig] diese Ausnahme auch dem Namen des Geschiedenen zubilligt in einem Fall, in dem es um die Wirkung einer deutschen Scheidung auf den Namen einer Türkin ging).

Wenn der Name an erster Stelle wegen öffentlicher Interessen und an zweiter Stelle im persönlichen Interesse des Namensträgers seinem Heimatrecht (oder sonstigen Personalstatut) überlassen wird, dann wird berufen das *IPR* (nicht das materielle Recht) dieses Staates (z.B. BayObLGZ 1986, 155 [163] = IPRax 87, 182 [185] mit Aufsatz von *Wengler*

164–167; BayObLG FamRZ 87, 624 [626 unter II 2d 1] = IPRax 87, 242 [243] mit Aufsatz von *Henrich* 225–227; BayObLG 1996, 6 = DAVorm 96, 516 [520 unter II 2c ee (1)]); so ist es bei der Staatsangehörigkeit (oben S. 330f.) und so ist es beim Personalstatut (Art. 4 I EGBGB).

Das IPR des Heimatstaats (oder sonstigen Personalstatuts) bestimmt also (im Wege unselbständiger Anknüpfung der Vorfrage) das Recht, dem der Name der Eheleute, der Geschiedenen, des Kindes oder Adoptivkindes zu entnehmen ist. Unser IPR hat in all diesen Punkten abgedankt (nämlich auf eigene Anknüpfung der Vorfrage verzichtet) und das, obwohl der Name an den familienrechtlichen Beziehungen hängt.

Der Zweck, dem die unselbständige Anknüpfung der familienrechtlichen Vorfragen dienen soll (hauptsächlich öffentlichen Belangen wie Paßwesen, oben S. 522), nötigt dazu, nicht nur unser *IPR* zu verleugnen, sondern gleichfalls unser *internationales Verfahrensrecht:* auch wenn über ein familienrechtliches Verhältnis ein deutsches Gericht rechtskräftig entschieden (z.B. eine Ehe geschieden) hat oder wir eine ausländische Entscheidung anerkennen, kommt es für den Namen allein darauf an, wie der *Personalstatutsstaat* diese Entscheidung wertet (z.B. KG NJW-RR 89, 644 [646] = StAZ 88, 325 [326] mit krit. Anm. von *Hepting*).

Die unselbständige Anknüpfung der familienrechtlichen Vorfragen des Namens ist ein leidiger Schönheitsfehler der Reform von 1986.

Ausländisches Namensrecht weicht oft sehr vom deutschen ab. Z.B. ging eine Hamburgerin 1950 als Hausgehilfin nach *Island* und heiratete dort den Isländer Bjørn Einvardson. Ein Sohn und eine Tochter wurden geboren. Nimmt man an, daß isländisches Recht für Ehe- und Kindesnamen maßgab, dann erwarb die Frau den Nachnamen Einvardson. Ein „Familien“name ist das nicht, weil auf eine Generation beschränkt (AG München StAZ 92, 313). In Island hat man nämlich seinen Nachnamen, indem man dem Vornamen des Vaters (Einvard) das Suffix „son“ oder „døttir“ zufügt. Folglich hieß der Sohn mit Familiennamen Bjørnson, die Tochter Bjørndøttir. Siehe *Piper* StAZ 57, 52; OLG Hamm StAZ 85, 205 mit Anm. von *Schnitzer;* AG München a.a.O.

Über *Zwischennamen* im *islamischen* Recht (Vorname des Vaters mit „ben“ für Sohn, „bent“ für Tochter OLG Karlsruhe NJW-RR 90, 775 = StAZ 90, 72 (Marokko) und in *Ost-Europa* AG Karlsruhe StAZ 90, 264 (Bulgarien), OLG Hamm StAZ 92, 112 (Rußland, Genitiv des väterlichen Vornamens), OLG Celle ebenda 142 (Rußland), OLG Stuttgart FamRZ 92, 1457 (Rußland), OLG Köln NJW 93, 336 (Rußland); OLG Hamm FamRZ 94, 631 Nr. 345 LS (Rußland); BGH NJW 93, 2244 (Rußland); OLG Hamm NJW-RR 94, 1220 (Rußland); KG StAZ 96, 301 (302, Rußland). Der Gesetzgeber hat durch Art. 1 Nr. 32 Ges. zur Bereinigung von Kriegsfolgengesetzen vom 21. 12. 1992 (BGBl. I 2094) den Vertriebenen und Spätaussiedlern erlaubt, ihre Namen durch öffentlich beglaubigte oder beurkundete Erklärung dem in Deutschland üblichen anzupassen (Änderung des § 94 BVFG, unverändert übernommen in der Neufassung des BVFG vom 2. 6. 1993, BGBl. I 829); hierzu OLG Celle StAZ 94, 220, AG Bremen ebenda 352 und Mitteilung ebenda 353f., AG Karlsruhe StAZ 98, 148 und (im selben Fall) LG Karlsruhe ebenda 149, OLG Stuttgart StAZ 97, 236, LG Bremen ebenda 237, AG Berlin-Schöneberg StAZ 98, 378 (betr. § 94 I 1 1 Nr. 3 mit § 4 III 2 [nichtdeutscher Ehegatte] BVFG), AG Offenburg ebenda 379 (§ 94 I 1 BVFG gilt nur für Deutsche i.S.v. Art. 116 I GG), OLG Stuttgart StAZ 99, 79, OLG Hamm ebenda 75 und OLG Stuttgart ebenda 78. Die Erklärung kann auch vom Standesbeamten beglaubigt oder beurkundet werden (Einfügung von § 15e PStV durch

Art. 10 Nr. 2 des Bereinigungsgesetzes). Die Eintragung regelt § 20b PStV, eingefügt durch Art. 1 Nr. 5 der 12. VO zur Änderung der PStV vom 4. 6. 1993 (BGBl. I 818). Dazu BGH 121, 305 (315–317) = NJW 93, 2241; BGH NJW 1993, 2244; KG FGPrax 98, 221.

„Persönlicher" Name nach dem Recht Srilankas ist kraft Angleichung im deutschen materiellen Recht (oben S. 310–319) als Familienname (ohne Vorname) im deutschen Heiratsbuch einzutragen: BayObLG StAZ 96, 41 (42 unter II 2 b bb [4]).

Zu „Singh" (Löwe) als Namenszusatz, nicht Namensteil der Hindus und Sikhs OLG Jena 96, 172; OLG Hamm StAZ 98, 258 und 259; BayObLG 1998, 292.

Der *Zusatz „jr."* bei amerikanischen Namen ist meist nicht Namensbestandteil, sondern nur Unterscheidungsmerkmal: AG Bad Kreuznach StAZ 90, 107; AG Coburg StAZ 90, 106. Zum amerikanischen *„middle name"* als Vorname bei Maßgeblichkeit deutschen Rechts: AG Berlin-Schöneberg StAZ 97, 16.

c) Ehegatten

Das internationale Ehenamensrecht hatte das IPRG in Art. 10 II–IV, 220 IV EGBGB und in Art. 13 II EheG verwickelt geregelt. Vereinfachung erstrebt Art. 2 Ges. zur Neuordnung des Familiennamens (Familiennamensrechtsgesetz – FamNamRG) vom 16. 12. 1993 (BGBl. I 2054). Es hat Art. 10 III und IV sowie Art. 220 IV und V EGBGB gestrichen und dem Art. 10 II zwei Sätze zugefügt. Nach weiterer Änderung durch Art. 12 Nr. 1a des Gesetzes zur Reform des Kindschaftsrechts (Kindschaftsrechtsreformgesetz – KindRG) vom 16. 12. 1997 (BGBl. I 2942) ergibt sich zur Zeit folgendes Bild.

Ausgangspunkt: jeder heißt nach der Heirat so, wie das vom IPR seines Personalstatuts (Art. 10 I) berufene Recht anordnet.

Manchen Eheleuten paßt das nicht. Ihnen kommt entgegen **Art. 10 II:**

„(2) Ehegatten können bei oder nach der Eheschließung gegenüber dem Standesbeamten ihren künftig zu führenden Namen wählen

1. nach dem Recht eines Staates, dem einer der Ehegatten angehört, ungeachtet des Artikels 5 Abs. 1, oder
2. nach deutschem Recht, wenn einer von ihnen seinen gewöhnlichen Aufenthalt im Inland hat.

Nach der Eheschließung abgegebene Erklärungen müssen öffentlich beglaubigt werden. Für die Auswirkungen der Wahl auf den Namen eines Kindes ist § 1617c des Bürgerlichen Gesetzbuchs sinngemäß anzuwenden."

Die Eheleute können *nur gemeinsam* wählen, wie jeder für sich oder beide zusammen in der Ehe heißen wollen (AG Berlin-Schöneberg StAZ 96, 119).

Das Wahlrecht gilt, gleich ob im In- oder Ausland geheiratet wird (für Auslandsheirat früher unklar).

Hierzu lehrreich AG Tübingen IPRax 90, 58 LS mit Anm. Red. (D.H.); AG Berlin-Schöneberg StAZ 96, 233 mit Anm. von *Hepting*.

Gewählt werden darf nach dem Recht jedes Staates, dem ein Gatte *angehört* (ohne Beschränkung bei Mehrstaatern), oder nach deutschem Recht, wenn sich ein Gatte in Deutschland *gewöhnlich aufhält.*

Wird erlaubterweise nach deutschem Recht der Geburtsname eines Gatten gewählt (§ 1355 II BGB), dann ist das ein *Doppelname,* wo einen solchen das für den Geburtsnamen des Gatten maßgebende Recht (Spanien, Kuba, Peru) vorsieht (AG Berlin-Schöneberg StAZ 98, 180; BGH FamRZ 99, 570).

Kennt das Heimatrecht eines Ausländers wie das pakistanische nach islamischer Tradition keine Vor- und Familien-, sondern nur *Eigen*namen, dann sind diese in deutsche Personenstandsbücher einzutragen (KG NJW-RR 93, 516). Heiratet ein solcher Ausländer (Mann oder Frau) einen Deutschen (Frau oder Mann), dann will OLG Köln IPRax 89, 175 LS mit zust. Anm. Red. (D.H.) = StAZ 89, 296 durch Angleichung des von Art. 10 II EGBGB berufenen § 1355 II BGB (beide Vorschriften insoweit durch FamNamRG nicht geändert) die Wahl des letzten von mehreren Eigennamen des Ausländers als „am besten vergleichbar" erlauben.

Gewählt werden kann bei *Heirat* oder (neu durch FamNamRG) *später* und wird durch *Erklärung gegenüber dem Standesbeamten.*

Eine *Übergangsvorschrift* zu Art. 10 II EGBGB enthält *Art. 7 § 5 I FamNamRG* (mit dieser Vorschrift befaßt sich OLG Köln FamRZ 97, 942). Zu Art. 7 FamNamRG: Bundesministerium des Innern, Allgemeine Verwaltungsvorschrift zu Artikel 7 des Familiennamensrechtsgesetzes (FamNamÄndVwV) vom 24. 3. 1994, BAnz. 1994 Nr. 62 S. 3593.

Die gemäß Art. 10 II Satz 1 EGBGB zulässige Namenswahl muß, wenn sie der Heirat folgt, nach Satz 2 öffentlich beglaubigt werden. **§ 15c I 1 PStG** bestimmt:

„(1) Die Erklärung,

1. . . .,

2. . . .,

3 . . .,

4. durch die Ehegatten ihren künftig zu führenden Namen gemäß Artikel 10 Abs. 2 Satz 1 und 2 des Einführungsgesetzes zum Bürgerlichen Gesetzbuche wählen,

kann auch von den Standesbeamten beglaubigt oder beurkundet werden."

Die internationalprivatrechtliche Regelung des Ehenamens ist doppelt verunglückt. Einmal, weil allgemein das Personalstatut berufen wird (Art. 10 I EGBGB), statt die Statuten der einzelnen familienrechtlichen Verhältnisse entscheiden zu lassen, die den Namen beeinflussen, in der Ehe also Art. 14 EGBGB. Zum anderen durch die Erlaubnis der Namenswahl nach verschiedenen Rechten (Art. 10 II 1 EGBGB). Ob und wieweit ein *Name* gewählt werden kann, hat das anwendbare *materielle* Recht zu bestimmen. Das anwendbare *Recht* wählen zu lassen besteht nicht der mindeste Grund (für Streichung des Art. 10 II EGBGB auch *Hepting* StAZ 94, 5f., 8).

Keine Sonderregel gibt Art. 10 für den Namen eines *Geschiedenen.* Es bleibt daher beim Grundsatz des Art. 10 I: das Personalstatut eines Geschiedenen beherrscht die Folgen der Scheidung für seinen Namen.

d) Kind

Grundsatz ist hier wie sonst: der Name des Kindes unterliegt dem vom IPR seines Personalstatuts berufenen Recht (Art. 10 I EGBGB). Das deutsche Kind, auch wenn Mehrstaater, erhält daher seinen Familiennamen nach §§ 1616–1618 BGB i.d.F. des Art. 1 Nr. 7 KindRG vom 16. 12. 1997 (BGBl. I 2942).

An der Frage, ob und inwieweit familienrechtliche *Vorfragen* (Abstammung, Elternehe, Adoption) selbständig oder unselbständig anzuknüpfen sind (7. Aufl. S. 433f.), hat sich durch die Abschaffung der Ehelichkeit (unten S. 778), die der BGH ausnahmsweise selbständig anknüpfen wollte (oben S. 331, 522), nichts geändert (für unselbständige Anknüpfung *Henrich* StAZ 98, 5 und FamRZ 98, 1406; für selbständige m.E. zu recht *Soergel-Schurig*[12] Art. 10 EGBGB Rz 88 S. 404f. und oben S. 331 a.E., *Hepting* StAZ 98, 142f.).

Wahlrechte gewährt **Art. 10 III 1, 2 EGBGB** i.d.F. des Art. 12 Nr. 1b KindRG, der lautet:

„(3) Der Inhaber der Sorge kann gegenüber dem Standesbeamten bestimmen, daß ein Kind den Familiennamen erhalten soll

1. nach dem Recht eines Staates, dem ein Elternteil angehört, ungeachtet des Artikels 5 Abs. 1,
2. nach deutschem Recht, wenn ein Elternteil seinen gewöhnlichen Aufenthalt im Inland hat, oder
3. nach dem Recht des Staates, dem ein den Namen Erteilender angehört.

Nach der Geburt abgegebene Erklärungen müssen öffentlich beglaubigt werden."

Die Wahlrechte der Eltern nach Art. 10 III 1 Nr. 1 und 2 EGBGB entsprechen ihren Wahlrechten nach Art. 10 II 1, an dem das KindRG nichts geändert hat. Das Wahlrecht nach Art. 10 III 1 **Nr. 3** ist entnommen dem durch Art. 12 Nr. 1c KindRG aufgehobenen Art. 10 IV EGBGB.

Schon früher konnte der Elternteil, dem die elterliche Sorge oder wenigstens die Personensorge zustand, den Familiennamen des Kindes allein bestimmen (LG Freiburg FamRZ 96, 1500; BayObLG 1997, 167 = FamRZ 97, 1558).

Aber während nach Art. 10 III a.F. EGBGB die Rechtswahl *vor* der Beurkundung der Geburt erklärt werden mußte, läßt Art. 10 III n.F. auch *nachträgliche* Wahl zu (*Henrich* StAZ 98, 5; *Hepting* ebenda 134, 137, 140f., 144).

Ist ein Kind durch Heirat seiner Eltern *legitimiert* worden, so gilt Art. 10 III 1 Nr. 1 EGBGB entsprechend (BayObLG FamRZ 97, 1238; BayObLG 1997, 167 = FamRZ 97, 1558).

Eine *Übergangsvorschrift* zu Art. 10 III Nr. 1 a.F. EGBGB enthält *Art. 7 § 5 II FamNamRG* (dazu BayObLG 1997, 167 = FamRZ 97, 1558).

Interessen des Kindes berücksichtigt **Art. 10 II 3 EGBGB** i.d.F. von Art. 12 Nr. 1a KindRG:

„Für die Auswirkungen der Wahl [des Ehenamens durch die Eltern gemäß Art. 10 II 1, 2 EGBGB] auf den Namen eines Kindes ist § 1617c des Bürgerlichen Gesetzbuchs [eingeführt durch Art. 1 Nr. 7 KindRG] sinngemäß anzuwenden."

§ 1617c BGB lautet:

„(1) Bestimmen die Eltern einen Ehenamen, nachdem das Kind das fünfte Lebensjahr vollendet hat, so erstreckt sich der Ehename auf den Geburtsnamen des Kindes nur dann, wenn es sich der Namensgebung anschließt. Ein in der Geschäftsfähigkeit beschränktes Kind, welches das vierzehnte Lebensjahr vollendet hat, kann die Erklärung nur selbst abgeben; es bedarf hierzu der Zustimmung seines gesetzlichen Vertreters. Die Erklärung ist gegenüber dem Standesbeamten abzugeben; sie muß öffentlich beglaubigt werden.

(2) Absatz 1 gilt entsprechend:

1. wenn sich der Ehename, der Geburtsname eines Kindes geworden ist, ändert oder
2. wenn sich in den Fällen der §§ 1617, 1617a und 1617b der Familienname eines Elternteils, der Geburtsname eines Kindes geworden ist, auf andere Weise als durch Eheschließung ändert.

(3) Eine Änderung des Geburtsnamens erstreckt sich auf den Ehenamen des Kindes nur dann, wenn sich auch der Ehegatte der Namensänderung anschließt; Absatz 1 Satz 3 gilt entsprechend."

Die *„sinngemäße"* Anwendung des § 1617c BGB, die Art. 10 II 3 n.F. EGBGB gebietet, gilt nicht bei Maßgeblichkeit *deutschen* Rechts für den Namen des Kindes; denn dann greift § 1617c BGB *direkt.* Sie gilt vielmehr bei Maßgeblichkeit *ausländischen* Namensrechts und ist für diese Fälle eine Sachnorm des deutschen IPR (vgl. oben S. 320).

Doppelname, zusammengesetzt aus den elterlichen Geburtsnamen, ist *nicht erlaubt* (OLG Stuttgart NJW 88, 3099 = StAZ 88, 45; BayObLG1987, 418 [421 unter II 2 c (2)] = IPRax 90, 115 mit Aufsatz von *Sturm* 99–102 = StAZ 89, 199 mit Aufsatz von *Grasmann* 185–199; OLG Frankfurt IPRax 91, 128 LS mit Anm. Red. [D.H.] = NJW-RR 90, 772, OLG Celle StAZ 91, 192 mit Anm.von *Samtleben*). Die *nachträgliche* Namensbestimmung wirkt zurück auf den Tag der Geburt des Kindes (LG Berlin StAZ 89, 354).

Die internationalprivatrechtliche Regelung des Kindesnamens in Art. 10 I und III 1 Nr. 1 und 2 n.F. EGBGB leidet am gleichen Doppelmangel wie die des Ehenamens (oben S. 525): sie stellt ab auf das Personalstatut des Kindes statt auf das Kindschaftsstatut (Art. 21 n.F. EGBGB, dazu rechtspolitisch unten S. 792f.) und sie gibt den Eltern Wahlrechte, die ins materielle Recht gehören, nicht ins IPR.

In **Art. 10 III Nr. 3 n.F. EGBGB** geht es um die *Einbenennung* (im deutschen Recht durch den allein sorgeberechtigten Elternteil und dessen Ehegatten nach § 1618 BGB i.d.F. des Art. 1 Nr. 7 KindRG): Hier unterliegen Notwendigkeit und Erteilung der Zustimmung des Kindes und ihm familienrechtlich Verbundener zusätzlich zum Heimatrecht (oder sonstigen Personalstatut) des Einbenennenden dem Heimatrecht (oder sonstigen Personalstatut) des Kindes und statt dessen, wenn zum

Wohl des Kindes erforderlich, dem deutschen Recht. Denn **Art. 23 EGBGB** i. d. F. des Art. 12 Nr. 3 KindRG schreibt vor:

„Die Erforderlichkeit und die Erteilung der Zustimmung des Kindes und einer Person, zu der das Kind in einem familienrechtlichen Verhältnis steht, zu einer Abstammungserklärung, Namenserteilung oder Annahme als Kind unterliegen zusätzlich dem Recht des Staates, dem das Kind angehört. Soweit es zum Wohl des Kindes erforderlich ist, ist statt dessen das deutsche Recht anzuwenden."

Die Einbenennung ist ein rares Gebilde. Einbenennung durch den *Muttergatten* begegnet in Österreich, Griechenland, Frankreich, in der früheren Tschechoslowakei, in Polen, Schweden und Finnland; sie soll (wie die gemeinsame Erteilung des Ehenamens bei uns) im Interesse von Mutter und Kind die nichteheliche Geburt verbergen. Einbenennung durch den *nichtehelichen* Vater kommt anscheinend im Ausland nicht vor (zu freier Namenswahl durch nichteheliche Eltern in Neu-Süd-Wales/Australien BayObLG FamRZ 90, 14).

Zum früheren Recht der Einbenennung und Reformvorschlägen hierzu 5. Aufl. S. 571 f., 576 f. und 7. Aufl. S. 438 f. Über die Maßgeblichkeit deutschen Rechts, soweit zum Wohl des Kindes nötig (Art. 23 Satz 2), 7. Aufl. S. 713.

Beim *Adoptivkind* bestimmt das Recht des Staates, dem das Kind angehört – gleich, ob das Kind durch die Adoption eine neue Staatsangehörigkeit erworben hat oder nicht – ob und welche Folgen die Annahme als Kind für seinen Namen hat (dahingestellt, ob Kindes- oder Adoptionsstatut, OLG Karlsruhe IPRax 98, 110 mit Aufsatz von *Henrich* 96 f. = StAZ 97, 278 unter II 3 a). Bei Mehrstaatern gelten die für sie bestehenden Regeln (oben S. 395–399).

Hat allerdings ein ausländisches *Gericht* die Adoption ausgesprochen und erkennen wir seine Entscheidung an, so erstreckt sich die Anerkennung auf den Kindesnamen, falls das ausländische Gericht ihn bestimmt hat (AG Bonn StAZ 92, 41).

e) Maßgeblicher Zeitpunkt

Erwerb, Änderung, Verlust des Namens unterliegen dem Personalstatut im Augenblick ihres **Eintritts.** Nachträglicher Wechsel des Personalstatuts ändert den Namen nicht.

Z. B. OVG Rheinland-Pfalz StAZ 84, 105 mit Anm. von *v. Mangoldt* 282 und mit Anm. von *Schweissguth* StAZ 85, 136; BayObLGZ 1987, 135 (137 a. E. unter II 3 a) = StAZ 87, 250; KG NJW-RR 89, 644 = StAZ 88, 325 mit Anm. von *Hepting;* BayObLGZ 1989, 147 (150) = NJW-RR 89, 1035; OLG Hamburg NJW-RR 90, 76 (77 unter II B 2 b) = StAZ 90, 135 mit Anm. von *Beitzke;* LG Arnsberg StAZ 91, 320; VGH Baden-Württemberg IPRax 94, 136 mit Aufsatz von *Bungert* 109–112 = NJW 93, 344; *Soergel-Schurig* X[12] Art. 10 EGBGB Rz 23, 24 S. 368–372. *Übergangsrechtlich* sind Erwerb, Änderung und Verlust des Namens grundsätzlich „abgeschlossene Vorgänge" i. S. v. Art. 220 I EGBGB. Sie sind keine „Wirkungen familienrechtlicher Verhältnisse" nach Art. 220 II EGBGB (BayObLGZ 1987, 418 [427 unter II 3 a vor (1)] = IPRax 90, 115 mit Aufsatz von *Sturm* 99–102 = StAZ 88, 199 mit Aufsatz von *Grasmann* 185–199; KG NJW-RR 89, 644 = StAZ 88, 325 mit Anm. von *Hepting;* LG Berlin IPRax 90, 336 LS mit Anm. Red. (D. H.) = JahrbItR 3 (1990), 186; BGH 121,

305 [310 a.E.f. unter III 1 b vor aa] = NJW 93, 2241; BGH NJW 93, 2244 [2245 unter III 1 a]; KG StAZ 96, 301 [302]).

f) Namensschutz

Im Inland geschützt wird der Name *aller Namensträger* (natürliche oder juristische Person, nicht rechtsfähige Personenverbindung oder Vermögensmasse) **nicht weiter als nach deutschem Recht.** Vielfach neigt man dazu, den Schutz auch *stets so weit wie nach deutschem Recht* zu erstrecken.

So z.B. RG 117, 215 (wo die „Eskimo Pie Corporation", eine Speiseeisfabrikantin mit Sitz in den USA, nach § 12 BGB geschützt wurde gegen den Gebrauch der Worte „Eskimo" und „Eskimo Pie" durch die beklagte „Eskimo Speiseeiswerke GmbH"); *Raape,* IPR 646f.; vgl. auch BGH JZ 53, 728 mit Anm. von *Ficker* und BGH NJW 71, 1522 (1523 unter I). Das ist abzulehnen, weil der Name als Persönlichkeitsgut auf Grund des Parteiinteresses im Guten wie im Bösen dem Personalstatut unterliegen und nur im Verkehrsinteresse (kein weiterer Schutz als nach deutschem Recht) das Ortsrecht durchdringen sollte. Daß nach Art. 2 und 8 der Pariser Verbandsübereinkunft zum Schutze des gewerblichen Eigentums (oben S. 81) Ausländer für ihren Handelsnamen den Inländern gleichgestellt sind, ist staatsvertragliche Sonderregel.

Für Beurteilung von Handelsnamen (Firma, Geschäftsbezeichnung) nicht nur hinsichtlich ihres Schutzes, sondern auch hinsichtlich ihres Bestehens allein nach dem Recht des Verletzungsorts *J.F. Baur* AcP 67 (1967), 551–558.

g) CIEC-Abkommen

Der behördlichen **Änderung von Namen und Vornamen** gilt das in **Istanbul** am 4. 9. **1958** geschlossene CIEC-Übereinkommen Nr. 4 (oben S. 95).

Vertragsstaaten: Deutschland, Frankreich, Italien, Luxemburg, Niederlande, Österreich, Portugal, Spanien, Türkei (Beil. BGBl. Teil II, Fundstellennachweis B [abgeschlossen am 31. 12. 1997] S. 392).

Schrifttum: *Massfeller* StAZ 62, 210–212; *Achilli* Foro It. 1972, V, 185–193; *Boehmer* und *Siehr* II 5.3.

Das Übereinkommen betrifft nach Art. 1 nur die *öffentlich*rechtliche Namensänderung (bei uns geregelt im NÄG), nicht die *privat*rechtliche durch Änderungen im Personenstand, z.B. durch Heirat, Scheidung, Adoption, Vornamensänderung nach Geschlechtsumwandlung (Arrondissementsrechtbank Amsterdam IPRax 87, 186 mit Aufsatz von *Jessurun d'Oliveira* 189–191). Jeder Vertragsstaat darf nur die Namen *eigener* Angehöriger ändern, mögen sie auch gleichzeitig einem anderen Vertragsstaat angehören (Art. 2). Solche Namensänderungen *wirken* in jedem anderen Vertragsstaat ohne weiteres (Art. 3 I HS 1). Ausnahmen gelten allein für denjenigen anderen Vertragsstaat, gegen dessen *ordre public* die Namensänderung verstößt (Art. 3 I HS 1) oder dem der Betroffene ebenfalls angehört und nach dessen Recht besondere Bekanntgabebedingungen oder ein Einspruchsrecht bestehen (Art. 5). *Staatenlose* (oben S. 399–401) und internationale *Flüchtlinge* nach dem Genfer Flüchtlingsabkommen (oben S. 337f.) stehen Angehörigen des Staates gleich, in dem sie ihren Wohnsitz und, wenn sie ohne Wohnsitz sind, ihren Aufenthaltsort haben (Art. 3 I HS 2). Volksdeutsche Flüchtlinge nach Art. 116 I GG (oben S. 402f.) dürften Deutschen gleichstehen (*Massfeller* StAZ 62, 211). Entscheidungen, die eine Namensänderung für *nichtig erklären* oder *widerrufen,* stehen Namensänderungen gleich (Art. 4).

In diesem praktisch nicht sehr wichtigen Staatsvertrag geht es um Regeln des internationalen *Verfahrensrechts:* um die *internationale Zuständigkeit* für *eigene* Namensänderungen (Art. 2) und um die *Anerkennung fremder* (Art. 3–5). Vom anwendbaren

Recht ist nicht die Rede (wohl verkannt von OVG Münster NJW 92, 2500). Doch wird die internationale Zuständigkeit den Behörden des Staates verliehen, dessen Recht nach deutschem IPR (und wohl auch nach dem der anderen Vertragsstaaten) anzuwenden ist. Das ist der Staat des *Personalstatuts* im Anknüpfungssinn (oben S. 386). Die internationale Zuständigkeit des Übereinkommens ist daher *Statuts*zuständigkeit (oben S. 487 a. E. f.), und *nur* Statutszuständigkeit wird gewährt. Nach deutschem internationalen Verfahrensrecht hingegen bestünde daneben *Aufenthalts*zuständigkeit (vgl. oben S. 488). Wo freilich das Personalstatut selbst durch den Wohnsitz, hilfsweise schlichten Aufenthalt bestimmt wird wie bei Staatenlosen nach dem New Yorker Abkommen über Staatenlose (oben S. 401 f.) und bei Flüchtlingen nach dem Genfer Abkommen, fallen beide Zuständigkeiten zusammen.

Mit dem Namen (allein oder auch) befassen sich ferner die folgenden CIEC-Abkommen (oben S. 95 f.):

- Nr. 9, Pariser Übereinkommen vom 10. 9. **1964** betreffend die **Entscheidungen über die Berichtigung von Einträgen in Personenstandsbücher (Zivilstandsregister);** hier gilt die Regel: wer eintragen durfte, darf auch berichtigen und die anderen Vertragsstaaten erkennen das an (Art. 2, 3); zu Art. 2, 3 z. B. OLG Zweibrükken NJW 92, 639 (640), OLG Düsseldorf FamRZ 97, 1480 mit Anm. von *Hepting* = StAZ 97, 276 (277 unter II 1);
- Nr. 14, Berner Übereinkommen vom 13. 9. **1973** über die **Angabe von Familiennamen und Vornamen in den Personenstandsbüchern;** hier geht es um die Schreibweise: bei Gleichheit der Schriftzeichen werden ausländische Namen buchstaben-, nicht klangtreu übernommen (Art. 2 I); bei Verschiedenheit der Schriftzeichen ist der ausländische Name nicht zu übersetzen, sondern in das eigene Alphabet umzuschreiben und dabei, soweit vorhanden, den von der Internationalen Normenorganisation (ISO) empfohlenen Transliterationsregeln zu folgen (Art. 3); diakritische Zeichen, z. B. das polnische Betonungszeichen „´" auf dem Buchstaben n („ń"), sind zu übernehmen (Art. 2 II).

  Rspr. zu Art. 2, 3 z. B. BayObLG StAZ 88, 203; OLG Düsseldorf StAZ 89, 114; OLG Hamm OLGZ 1989, 411; BayObLG StAZ 89, 375; BayObLGZ 1989, 360 = NJW-RR 90, 10 = StAZ 89, 374 (auch zu Art. 6); LG Arnsberg StAZ 91, 320; LG Oldenburg StAZ 92, 143 (144 a. E. zu Art. 2 II); EuGH IPRax 94, 113 mit stark kritischem Aufsatz von *Böhmer* 80–82 = StAZ 93, 256; AG Berlin-Schöneberg StAZ 92, 311; OLG Köln StAZ 93, 214; BGH NJW-RR 94, 578; AG Nürnberg StAZ 95, 441. Zu Art 4 z. B. KG StAZ 96, 301 (302 a. E. f.).

  Schrifttum: *Böhmer* StAZ 74, 85–89; *Simader* und *Suppa* (Hrsg.), ISO Transliterationsnormen für die Umwandlung ausländischer Schriften in lateinische Buchstaben, Handakte für die standesamtliche Arbeit Heft 15, 1977; *Böhmer* StAZ 84, 183; *Binz,* Umschreibung griechischer Personennamen – Neuanfang oder ISO, StAZ 91, 333–339; *Binz,* ISO-Transliteration am Ende, StAZ 93, 105–109; Schreibweise griechischer Namen in deutschen Personenstandsbüchern, Schlußanträge des Generalstaatsanwalts *Jacobs* in der Rechtssache C–168/91 des EuGH, ebenda 123–128; *Ludwig,* ISO-Transliterationsnormen – zwiespältige Vorschriften und Auffassungen, ebenda 301–304; *Böhmer,* Die Transliteration ausländischer Namen, IPRax 94, 80–82.
- Nr. 19, Münchener Übereinkommen vom 5. 9. **1980** über **das auf Namen- und Vornamen anwendbare Recht** (noch nicht in Kraft); hier geht es um IPR;
  Schrifttum: *Böhmer* StAZ 80, 113 f.;
- Nr. 21, Haager Übereinkommen vom 8. 9. **1982** über die **Ausstellung von Zeugnissen über unterschiedliche Familiennamen** (noch nicht in Kraft); hier wird dem Umstand Rechnung getragen, daß unterschiedliche Kollisionsnormen zu verschiedenem materiellen Recht und damit zu Namensverschiedenheiten führen können.

h) Interlokales Recht

In der früheren DDR und in Ost-Berlin trug das *eheliche Kind* den Familiennamen der Eltern (§§ 7 I 3, 64 I FGB).

Das *nichteheliche Kind* erhielt den Familiennamen der Mutter und, wenn diese den Vater *heiratete,* den der Eltern (§ 64 II FGB). Der Erziehungsberechtigte konnte das Kind einbenennen (§ 65 FGB).

Das *adoptierte Kind* erwarb den Familiennamen des Annehmenden oder des annehmenden Ehepaars; es konnte einen weiteren Vornamen erhalten und das Organ der Jugendhilfe konnte auf Antrag dem Kind seinen bisherigen Familiennamen belassen (§ 71 FGB).

Eheleute konnten bei der Heirat den Familiennamen des Mannes oder der Frau wählen (§ 7 FGB). *Geschiedene* behielten den bisherigen Familiennamen; jedoch konnte jeder Gatte seinen vorehelichen Familiennamen annehmen (§ 28 FGB).

Im westlichen interlokalen Privatrecht gilt an Stelle der Staatsangehörigkeit das **interlokale Personalstatut,** in erster Linie der gewöhnliche Aufenthalt im Osten oder Westen (oben S. 407f.). Dieses bestimmt in der Bundesrepublik und in West-Berlin für Sachverhalte aus der Zeit vor dem 3. 10. 1990 (d.h. in Altfällen) entsprechend Art. 10 I EGBGB grundsätzlich den Namen. Familienrechtliche Vorfragen sind beim Namen wie im IPR (oben S. 331) unselbständig anzuknüpfen.

Die von Art. 10 II–IV EGBGB (i.d.F. des IPRG, weil es um Altfälle geht) den *Eheleuten* gewährten Rechte der Namenswahl können *mutatis mutandis* ins interlokale Privatrecht übernommen werden. Ob sie jemals ausgeübt wurden, stehe dahin.

Auch das dem gesetzlichen Vertreter des *ehelichen Kindes* von Art. 10 V i.d.F. des IPRG gegebene Wahlrecht läßt sich auf das Ost-West-Verhältnis übertragen, dürfte aber ebenfalls bedeutungslos sein.

Für ein *nichteheliches Kind* gilt in Altfällen Art. 10 VI (Einbenennung) entsprechend und mag gelegentlich zum Tragen gekommen sein.

Der Name eines *Geschiedenen* unterliegt in Altfällen entsprechend Art. 10 I seinem interlokalen Personalstatut (vgl. oben S. 525).

Das RAG der DDR (oben S. 26) enthielt keine ausdrückliche Regelung des Namens. Er dürfte den Rechtsordnungen unterlegen haben, die für die familienrechtlichen Verhältnisse galten, aus denen er folgt (Ehe, Kindschaft, Adoption). Beim Schutz des Namens mag mitgesprochen haben das Personalstatut (Heimatrecht, Wohnsitzrecht, vgl. §§ 5, 6 I RAG).

2. Adel

Schrifttum: *Biscottini,* La rilevanza delle distinzioni nobiliari e cavalleresche straniere, Dir. Int. 1961, 187–200; *Brintzinger,* Die ausländische Adelsgesetzgebung und der Adelsname im deutschen IPR, JahrbintR 10 (1961), 93–205; *Brintzinger,* Zum Namensänderungsgesetz, DÖV 62, 441–454; *Graf von Bernstorff* und *Brintzinger,* Zum § 3a des Namensänderungsgesetzes, DÖV 63, 126–132; *Ambrosius,* Reichweite und Gültigkeit des § 3a Namensänderungsgesetz, ebenda 602–606; *Ambrosius,* Verfassungsmäßige Namenswiederherstellung für deutsche Minderheiten, StAZ 65, 62–66; *Brintzinger,* Zur Auslegung des § 3a Namensänderungsgesetz, DÖV 65, 231–235; *Loos,* Namensänderungsgesetz, 1970, 80–108; *von Overbeck* IECL III Ch. 15, S. 39; *Rau,* Spanische Adelstitel in deutschen Personenstandsbüchern?, StAZ 80, 177f.; *Bungert,* Eintragung des ungarischen adeligen Titels „vitź" in deutsche Personenstandsbücher, StAZ 91, 273–278; *Silagi,* Zur Führung von Adelsprädikaten und Titeln bei ungarisch-deutschem Statutenwechsel, StAZ 92, 133–138.

Der Adel ist wie der *Name* zu behandeln. Er unterliegt daher dem **Personalstatut** (Heimatrecht, Aufenthaltsrecht). Übersetzung eines ausländischen Adels in Deutschland ist unzulässig (z.B. BayObLGZ 1989, 147 [152] = NJW-RR 89, 1035, betr. Ungarn), außer wenn nach dem Personalstatut der Adel auch in der deutschen Sprachform geführt werden durfte (OLG Hamburg NJW-RR 90, 76 = StAZ 90, 135 mit Anm. von *Beitzke,* betr. Ungarn; a.A. BayObLG aaO). Soweit Erwerb und Verlust des Adels von *familienrechtlichen Vorgängen* abhängen, entscheidet das vom IPR des Personalstatuts berufene Recht. *Geschützt* wird ein Adel, für den ausländisches Personalstatut gilt, im *Inland* nicht weiter als nach deutschem Recht, d.h. wie ein Name.

Der Adel kann von einem *anderen als dem Personalstatut* verliehen sein. Hat Deutschland ihn verliehen, so gilt deutsches Adelsrecht; ebenso, wenn jemandem mit deutschem Personalstatut ein ausländischer Adel verliehen ist. Hat dagegen ein ausländischer Staat den Adel verliehen an jemanden, der ein anderes ausländisches Personalstatut hatte, so entscheidet über die Wirksamkeit das Recht dieses anderen Staates.

Adelsabschaffungen sind politische Staatseingriffe in private Rechte. Sie wirken daher wie *Enteignungen* von Persönlichkeitsgütern (dazu Soergel VIII[11] Art. 7 EGBGB Anh. Rz 51, S. 600), d.h. nur für das Gebiet des eingreifenden Staats (so BayObLG StAZ 57, 95 mit Anm. von *Ferid* für einen Staatenlosen mit Aufenthalt in Ungarn; *Schwind,* Handbuch des Österreichischen IPR, Wien und New York 1975, 126). Der Wiener Rechtslehrer Schwind heißt daher in Deutschland Freiherrr von Schwind. Dagegen läßt die h.M. auch über die Adelsabschaffung das Personalstatut des Adligen entscheiden (z.B. LG Würzburg StAZ 59, 15 betr. Otto von Habsburg; BayObLGZ 1971, 90 [99f.]; BayObLGZ 1971, 204 [214] betr. Herzog und Herzogin von Leuchtenberg; OVG Rheinland-Pfalz StAZ 84, 105 mit Anm. von *v. Mangoldt* 282 und mit Anm. von *Schweissguth* StAZ 85, 136; LG Heidelberg IPRax 89, 52 LS mit Anm. Red. [D.H.] = IPRspr. 1988 Nr. 6 [mit Recht krit.]; BayObLGZ 1989, 147 [150 unter II 1b (2)] = NJW-RR 89, 1035; OLG Hamburg NJW-RR 90, 96 [96f. unter II B 2] = StAZ 90, 135 mit Anm. von *Beitzke;* VGH Baden-Württemberg IPRax 94, 136 mit Aufsatz von *Bungert* 109–113 = NJW 93, 344; BayVGH StAZ 94, 13; *Bungert* StAZ 91, 277). Der Standpunkt der h.M. wird dadurch gemildert, daß durch Ges. vom 29. 8. 1961 in das Ges. über die Änderung von Familiennamen und Vornamen (**NÄG**) ein § 3a eingefügt worden ist. Er lautet:

„(1) Ist ein deutscher Staatsangehöriger, der die deutsche Staatsangehörigkeit nach dem 1. Januar 1919 erworben hat, daran gehindert, seinen früheren Familiennamen oder Vornamen zu führen, weil ihm dies vor seiner Einbürgerung durch ein Gesetz oder eine Verwaltungsmaßnahme seines früheren Heimatstaates verboten war, so liegt ein wichtiger Grund zur Änderung im Sinne des § 3 Abs. 1 vor, wenn durch das Gesetz oder die Verwaltungsmaßnahme des früheren Heimatstaates überwiegend Angehörige einer deutschen Minderheit betroffen waren.

(2) Absatz 1 gilt auch für deutsche Staatsangehörige, auf die der frühere Name durch Ableitung übergegangen wäre."

Dazu Allgemeine Verwaltungsvorschrift der Bundesregierung zur Änderung der Verwaltungsvorschrift über die Änderung und Feststellung von Familiennamen sowie über die Änderung von Vornamen vom 8. 5. 1963, BAnz. Nr. 91 vom 16. 5. 1963 = SaBl. 1963, 633. BVerfG NJW 64, 715 hat § 3a NÄG für ehemalige Österreicher als mit Art. 3 GG vereinbar erklärt. Auf ehemalige Ungarn wird er nicht angewandt (BayVGH StAZ 89, 77; VGH Baden-Württemberg IPRax 94, 136 mit Aufsatz von *Bungert* 109–113 = NJW 93, 344; BayVGH StAZ 94, 13).

3. Firma

Die Firma als der Handelsname richtet sich nach dem Recht des **Unternehmenssitzes,** gleich ob eine natürliche oder juristische Person die Firma führt (z.B. KG IPRspr. 1934 Nr. 13 für schweizerische AG; vgl. BGH NJW 71, 1522 [1523 unter I] für GmbH in Hongkong). Für die Firma der *Zweigniederlassung* gilt das Recht *ihres* Sitzes (z.B. KG aaO). Der *Schutz* einer ausländischem *Recht* unterstehenden Firma *im Inland* reicht *nicht weiter als nach deutschem Recht* und auch der Schutz der *deutschen* Firma im *Ausland* soll dem „Recht des Schutzlandes" unterstehen (OLG Stuttgart RIW 91, 954 [955]; MünchKomm-*Kreuzer*[3] Nach Art. 38 Anh. II Rz 39, 40 S. 2262f.).

Darüber, daß er im Geltungsbereich der Pariser Verbandsübereinkunft *so weit wie nach deutschem Recht* reicht, sowie über eine abweichende Ansicht zur Anknüpfung von Handelsnamen im IPR oben S. 440.

4. Kaufmannseigenschaft

Schrifttum: *Hagenguth,* Die Anknüpfung der Kaufmannseigenschaft im IPR, Diss. München 1981; *van Venrooy,* Die Anknüpfung der Kaufmannseigenschaft im deutschen IPR, 1985 (bespr. von *Ebenroth* ZHR 85, 704–706); *MünchKomm-Ebenroth* VII^2 Nach Art. 10 Rz 41–54 S. 430–435; *MünchKolmm-Birk* X^3 Art. 7 Rz 44 S. 454 und *-Spellenberg* ebenda Art. 32 Rz 17 S. 1766.

Rechtsvergleichend: Kort, Zum Begriff des Kaufmanns im deutschen und französischen Handelsrecht, AcP 193 (1993), 453–480.

Über die Kaufmannseigenschaft entscheidet wie über die Firma das Recht des **Unternehmenssitzes** (h.M.; Nachweise *Soergel-Lüderitz* X^{12} Art. 10 EGBGB Anh Rz 46 S. 458; a.A. [nach Sachnormen differenzierend] *van Venrooy,* oben Schrifttum und für Verbraucherschutz *G. Fischer* DZWiR 94, 126 a.E.f.).

V. Rechtsgeschäft

1. Willenserklärung

a) IPR

Schrifttum: *Sichel,* Der Einfluß von Willensmängeln auf Vertragsobligationen im IPR, *Ἀρχεῖον ἰδιωτικοῦ δικαίου* 1 (1934), 89–110; *Frank,* Ein Fall von culpa in contrahendo internationalen Rechtes, Schweiz JZ 1956, 106–109; *Lorenz,* Konsensprobleme bei international-schuldrechtlichen Distanzverträgen, AcP 159 (1960), 193–235; *Neumayer,* Vertragsschluß durch Kreuzofferten?, Riese-Fschr. 1964, 309–328; *de La Pradelle,* Les conflits de lois en matière de nullité, Paris 1967; *von Hoffmann,* Vertragsannahme durch Schweigen im internationalen Schuldrecht, RabelsZ 36 (1972), 510–525; *Jayme,* Sprachrisiko und IPR beim Bankverkehr mit ausländischen Kunden, Bärmann-Fschr. 1975, 509–522; *Jaffey,* Offer and Acceptance and Related Questions in the English Conflict of Laws, 24 (1975) Int. Comp. L. Q. 603–616; *Marsch,* Der Favor Negotii im deutschen IPR, 1976; *Reinmüller,* Das Schweigen als Vertragsannahme im deutsch-französischen Rechtsverkehr mit besonderer Berücksichtigung der Allgemeinen Geschäftsbedingungen, Diss. Mainz 1976; *Bernstein,* Kollisionsrechtliche Fragen der culpa in contrahendo, RabelsZ 41 (1977), 281–298; *Bernstein,* Prozessuale Risiken im Handel mit den USA, Ferid-Fschr. 1978, 75–101; *Ebenroth,* Das kaufmännische Bestätigungsschreiben im internationalen Handelsverkehr, ZvglRW 78, 161–206 (besonders 184–187); *Libling,* Formation of International Contracts, 42 (1979) Mod. L. Rev. 169–181; *Schlechtriem,* Das Sprachrisiko, Weitnauer-Fschr. 1980, 129–143; *Linke,* Sonderanknüpfung der Willenserklärung?, ZvglRW 79 (1980), 1–58; *Beckmann,* Die Bedeutung der Vertragssprache im Internationalen Wirtschaftsverkehr, RIW 81, 79–83; *Degner,* Kollisionsrechtliche Anknüpfung der Geschäftsführung ohne Auftrag, des Bereicherungsrechts und der culpa in contrahendo, RIW 83, 825–831; *Jobard-Bachellier,* L'apparence en droit international privé, Paris 1984; *Degner,* Kollisionsrechtliche Probleme zum Quasikontrakt, 1984; *Deelen,* I.P.R. en de afgebroken onderhandelingen, in: *Schoordijk,* Onderhandelen te goeder trouw, und *Deelen,* I.P.R. en de afgebroken onderhandelingen, Deventer 1984, 118–137 (bespr. von *Verheul* WPNR 1985, 130f.); *Schröder,* Auslegung und Rechtswahl, IPRax 85, 131f.; *Spellenberg,* Fremdsprache und Rechtsgeschäft, Ferid-Fschr. 1988, 463–494; *Kreuzer,* Zur Anknüpfung der Sachwalterhaftung, IPRax 88, 16–20; *Schwenzer,* Einbeziehung von Spediteurbedingungen sowie Anknüpfung des Schweigens bei grenzüberschreitenden Verträgen, ebenda 86–88; *Schwarz,* Das „Sprachrisiko" im internationalen Geschäftsverkehr – ein deutsch-portugiesischer Fall, ebenda 278–280; *Reder,* Die Eigenhaftung vertragsfremder Dritter im IPR, 1989 (bespr. von *Hohloch* RabelsZ 56 [1992], 344–346); *Fischer,* Rechtsscheinhaftung im IPR, IPRax 89, 215–217; *Maxl,* Zur Sonderanknüpfung des Schweigens im rechtsgeschäftlichen Verkehr, ebenda 398–401; *Alvarez González,* La ley aplicable a la responsabilidad precontractual en el Derecho Internacional Privado, Rev. esp. der. int. 1990, 125–152; *Fischer,* Culpa in contrahendo im IPR, JZ 91, 168–175; *Frick,* Culpa in contrahendo – Eine rechtsvergleichende und kollisionsrechtliche Studie, Zürich 1992; *Niehl,* Die Qualifikation der culpa in contrahendo im IPR, 1992; *Patrzek,* Die vertragsakzessorische Haftung im IPR, 1992 (147–163 culpa in contrahendo); *Elwan,* Du droit applicable à la responsabilité pré-contractuelle de la rupture des négotiations des contrats commerciaux internationaux, in: *Institut de Droit des Affaires Internationales Faculté de Droit de l'Université du Caire* (Hrsg.), Colloque international, Les systèmes contractuels de droit civil et les exigences du commerce international, o.O., o.J. (1994?), S. 18–37; *Fauvarque-Cosson,* Libre disponibilité des droits et conflits de lois, Paris, 1996; *Jobard-Bachelier,* Les lettres d'intention en droit international privé, Travaux du Comité français de droit international privé, Années 1993–1994, 1994–1995, Paris 1996, 209–228; *Gruber,* Auslegungsprobleme bei fremdsprachigen Verträgen unter deutschem Recht, DZWiR 97, 353–359; *Sethe,* Die zivilrechtlichen Folgen nationaler und transnationaler Bestechung, in: *Pieth* und *Eigen* (Hrsg.), Korruption im internationalen Geschäfsverkehr, 1999, 449–491 (Nachdruck aus WM 98, 2309–2326).

Schrifttum zu Allgemeinen Geschäftsbedingungen unten S. 583–585.

Rechtsvergleichend: Kessler und *Fine, Culpa in Contrahendo,* Bargaining in Good Faith, and Freedom of Contract, 77 (1964) Harv. L. Rev. 401–449; *Max-Planck-Institut für ausländisches und internationales Privatrecht,* Die materielle Gültigkeit von Kaufverträgen, I, II, 1968; *Schlesinger* (Hrsg.), Formation of Contracts, A Study of the Common Core of Legal Systems, I, II, New York und London, 1968; *Rothoeft,* System der Irrtumslehre als Methodenfrage der Rechtsvergleichung dargestellt am deutschen und englischen Vertragsrecht, 1968; *Guggenheim,* L'invalidité des actes juridiques en droit suisse et comparé, Paris 1970; *Henrich,* Die Unterschrift unter einer nicht gelesenen Urkunde, RabelsZ 35 (1971), 55–71; *Popescu,* La formation des contrats dans le cadre du commerce international, Zepos-Fschr. II, 1973, 607–631; *Rodière* (Hrsg.), La formation du contrat, Paris 1976 (betr. die EWG-Länder); *Reinhart,* Verwendung fremder Sprachen als Hindernis beim Zustandekommen von Kaufverträgen?, RIW 77, 16–20; *Stoll,* Haftungsfolgen fehlerhafter Erklärungen beim Vertragsschluß, Riesenfeld-Fschr. 1983, 275–299; *Becker,* International Telex Contracts, 17 (1983) J.W.T.L. 106–114; *Fuller,* Error Preventing the Formation of a Contract: a Comparative Study, in: Conflict and Integration: Comparative Law in the World Today, Tokio 1988, 297–312; *M.J. Esser,* Die letzte Glocke zum Geleit? – Kaufmännische Bestätigungsschreiben im Internationalen Handel, (öst)ZRvgl. 1988, 167–193; *International Chamber of Commerce,* Formation of Contracts and Precontractual Liability, Paris 1990 (bespr. von *Tallon* Rev. int. dr. comp. 1991, 499f.); *Farnsworth,* Negotiation of Contracts and Precontractual Liability: General Report, von Overbeck-Fschr. 1990, 657–680; *Owsia,* Silence: Efficacy in Contract Formation, A Comparative Review of French and English Law, 40 (1991) Int. Comp. L. Q. 784–806; *von Mehren,* The Formation of Contracts, IECL VII 9, 1992; *Owsia,* Formation of Contract, A Comparative Study under English, French, Islamic and Iranian Law, London u.a. 1993; *Caruso,* La culpa in contrahendo, L'experienza statunitense e quella italiana, Mailand 1993; *Fromholzer,* Consideration, US-amerikanisches Recht im Vergleich zum deutschen, 1997; *Schmidt-Kessel,* Implied Term – auf der Suche nach dem Funktionsäquivalent, ZvglRW 96 (1997), 101–155; *Kramer,* Der Irrtum beim Vertragsschluß, eine weltweit rechtsvergleichende Bestandsaufnahme, Zürich 1998; *Schlechtriem,* Kollidierende Geschäftsbedingungen im internationalen Vertragsrecht, Gerber-Fschr. 1999, 36–49.

Europarecht: Storme, Harmonisation of the law on (substantive) validity of contracts (illegality and immorality), Drobnig-Fschr. 1998, 195–207.

Für einzelne Geschäfte gilt verschiedenes Recht: so für die Vollmacht (unten 2), für Schuldvertrag (unten § 18 I) und dingliches Geschäft (unten § 19), für Heirat, Ehevertrag, Adoption (unten § 20), für Testament und Erbvertrag (unten § 21). Das danach maßgebliche Recht – das **„Geschäftsrecht"** – beherrscht das Geschäft von der Wiege bis zum Grabe.

Das Geschäftsrecht gilt für die Geschäfts*voraussetzungen.* Es sagt z.B. ob ein Geschäft wegen Wuchers nichtig oder wegen Irrtums anfechtbar (OLG Köln RIW 98, 148) ist, ob ein Anspruch auf Ehemäklerlohn besteht, ob ein Vertrag zugunsten Dritter, ein abstraktes Schuldversprechen möglich ist, ob Geschäftsfähigkeit notwendig ist, ob Dritte zustimmen müssen und die Zustimmung das Geschäft für sie wirksam macht (OLG Düsseldorf IPRax 96, 423 [426 unter B II 2d bb] mit Anm. von *Kronke;* KG IPRax 98, 280 [283 unter 2 b] mit Aufsatz von *Leible;* vgl. aber auch unten S. 720f.).

Für *Schuldverträge* kündet dies **Art. 31 I EGBGB** (der Art. 8 I des Rom-Übereinkommens über das auf vertragliche Schuldverhältnisse anzuwendende Recht vom 19. 6. 1980 [oben S. 203f.] übernimmt):

„(1) Das Zustandekommen und die Wirksamkeit des Vertrages oder einer seiner Bestimmungen beurteilen sich nach dem Recht, das anzuwenden wäre, wenn der Vertrag oder die Bestimmung wirksam wäre."

Auch die *Folgen des Fehlens von Voraussetzungen* des Geschäfts unterliegen dem Geschäftsrecht. So für *Schuldverträge* ausdrücklich *Art. 32 I Nr. 5 EGBGB* (im Anschluß an Art. 10 I Buchst. e des Rom-Übereinkommens) (OLG Hamm NJW-RR 96, 1144 [1145], betr. § 139 BGB).

Bei *widerstreitenden AGB* (jeder erklärt sein Recht für anwendbar) entscheidet das Geschäftsrecht über die Folgen (vgl. [öst]OGH IPRax 91, 419 mit Aufsatz von *Tiedemann* 424–427).

Das Geschäftsrecht gilt auch für den Geschäfts*inhalt.* Es liefert insbesondere die Regeln für die Auslegung des Geschäfts; für *Schuldverträge* sagt dies *Art. 32 I Nr. 1 EGBGB* (im Gefolge von Art. 10 I Buchst. a des Rom-Übereinkommens).

Das Geschäftsrecht beherrscht schließlich die Geschäfts*abwicklung* von der *culpa in contrahendo* über die Leistungsstörungen (Unmöglichkeit, Verzug, positive Forderungsverletzung, Vertragsstrafe) bis zur Erfüllung, zur Hinterlegung und zum Erlaß.

Z.B. für Erlaß OLG Karlsruhe IPRax 91, 259 mit Aufsatz von *Winkler-von Mohrenfels* 237–241 = NJW-RR 89, 367.

Für *Schuldverträge* nennt Beispiele der Geschäftsabwicklung **Art. 32 I Nr. 2–4 EGBGB** (den Art. 10 I Buchst. b–d des Rom-Übereinkommens übernehmend):

„(1) Das nach den Artikeln 27 bis 30 und nach Art. 33 Abs. 1 und 2 auf einen Vertrag anzuwendende Recht [d.h. das Vertragsstatut] ist insbesondere maßgebend für

1. ...
2. die Erfüllung der durch ihn begründeten Verpflichtungen,
3. die Folgen der vollständigen oder teilweisen Nichterfüllung dieser Verpflichtungen einschließlich der Schadensbemessung, soweit sie nach Rechtsvorschriften erfolgt, innerhalb der durch das deutsche Verfahrensrecht gezogenen Grenzen,
4. die verschiedenen Arten des Erlöschens der Verpflichtungen sowie die Verjährung und die Rechtsverluste, die sich aus dem Ablauf einer Frist ergeben".

Der Hinweis auf das deutsche *Verfahrensrecht* in Nr. 3 dürfte § 287 ZPO meinen. Dies entspricht der Regel: das Recht des Gerichtsorts bestimmt den Verfahrensablauf (unten S. 902).

Über *Verjährung* und *Ausschlußfrist,* die in Nr. 4 genannt sind, unten S. 556–559. Auch die *Aufrechnung* fällt unter Nr. 4. Sie ist einfach, wenn für Haupt- und Gegenforderung dasselbe Recht gilt, nämlich ein einheitliches Vertragsstatut. Dem muß aber nicht so sein und dann braucht man eine weitere Regel (dazu unten S. 651–653).

Bei *culpa in contrahendo* will *Bernstein* RabelsZ 41 (1977), 285f., 288f. die Verletzung der Pflicht zu Rat und Auskunft wegen inneren Zusammenhangs mit dem Vertrag dem Vertragsstatut unterstellen, dagegen die Verletzung von Obhuts- und Erhaltungspflichten dem Deliktsstatut.

Kritik: Culpa in contrahendo wird anscheinend nur praktisch beim *Verpflichtungsgeschäft* und damit vor allem beim gegenseitigen Vertrag. Beim Verpflichtungsgeschäft folgt die Haftung aus einem *Versprechen an den Partner* (*Prosser,* Handbook of the Law of Torts[4], 1971, 613; *Kegel,* Pleyer-Fschr. 1986, 528–533). Beim Delikt beruht die Haftung auf Verletzung einer *Pflicht gegenüber jedermann.* Beides kann zusammenfallen, z.B. wenn der Friseur dem Kunden in den Hals schneidet (positive Forderungsverletzung und Körperverletzung). Bei *culpa in contrahendo* kann das Verpflichtungsgeschäft unterblieben sein, aber man läßt es vorwirken: *im Hinblick auf einen Geschäftsschluß* hat sich der Kunde dem anderen anvertraut (seinen weichen Bauch gezeigt). Daher sollte man für Verschulden beim Vertragsschluß beim Geschäftsstatut stehen bleiben und nicht wie *Bernstein* teilweise ins Deliktsstatut abwandern: die Rechtsordnung, die für das Verpflichtungsgeschäft gilt, taugt auch noch für seine Vorwirkung. Daneben entscheidet das Deliktsstatut, ob aus unerlaubter Handlung gehaftet wird. Sollte bei *Verfügungs*geschäften *culpa in contrahendo* vorkommen, dann kann man ebenfalls beim Geschäftsstatut stehen bleiben, weil es auch hier um Vorwirkungen geht.

Bei Verschulden einer *Partei* gegen die andere für *Geschäfts*statut (wegen Parteiinteressen), bei Verschulden eines *Dritten* (Vertreters, Sachwalters) für *Delikts*statut (wegen Verkehrsinteressen) OLG Frankfurt IPRax 86, 373 (377f. unter VI) mit Aufsatz von *Ahrens* 355–361; für Deliktsstatut bei Verschulden eines Dritten auch *Kreuzer* IPRax 88, 20.

Die Abgrenzung von Geschäfts- und Deliktsstatut ist ein *Qualifikations*problem. Ein anderes gibt es bei der Abgrenzung von *Verlöbnis-* und Deliktsstatut (unten S. 683 a.E.f.).

Neben Vertrags- und Deliktsstatut empfehlen *weitere Anknüpfungen: Fischer* JZ 91, 168–175 und *Niehl,* Die Qualifikation der culpa in contrahendo im IPR, 1992.

Bei *Schuldverträgen* gilt eine Ausnahme vom Geschäftsstatut zugunsten des am *Erfüllungsort* geltenden Rechts nach **Art. 32 II EGBGB** (dem Art. 10 II des Rom-Übereinkommens folgend):

„(2) In bezug auf die Art und Weise der Erfüllung und die vom Gläubiger im Fall mangelhafter Erfüllung zu treffenden Maßnahmen ist das Recht des Staates, in dem die Erfüllung erfolgt, zu berücksichtigen."

Gedacht ist hier z.B. an Regeln über die Geschäftszeit und über Feiertage, an Untersuchungs- und Rügepflichten und an die Pflicht, nichtabgenommene Ware aufzubewahren (Begründung BTDrucks. 10/504 S. 82). Auch Erfüllungshindernisse auf Grund von devisen- oder wirtschaftsrechtlichen Vorschriften kommen in Betracht.

Nicht hierher gehört dagegen das Recht, nur *Zug um Zug* zu erfüllen. Denn es hat nichts mit den örtlichen Verhältnissen zu tun, vielmehr geht es um das Vertragsverhältnis selbst (a.A. AG Oldenburg IPRax 91, 336 mit Aufsatz von *Enderlein* 313–316).

Das Recht des Erfüllungsorts ist nach Art. 32 II nicht notwendig anzuwenden, aber jedenfalls „zu *berücksichtigen*" – eine „Beachtungsklausel" wie § 12 a.F. AGBG (oben S. 256f., unten S. 587): Kollisionsnormen sind zu entwickeln und, wo sie schon bestehen wie für die Mängelrüge (unten S. 583) und im internationalen öffentlichen Recht (oben S. 130–141, unten S. 934–993), grundsätzlich zu befolgen.

Eine weitere Ausnahme vom Geschäftsrecht gilt zum Teil für die *Form* des Geschäfts (unten 3). Ferner unterliegen *Rechts- und Geschäftsfähigkeit* natürlicher Personen eigenem Recht (oben I), ebenso die Rechts- und Handlungsfähigkeit von Personenverbindungen und Vermögensmassen (oben II–III).

Streit herrscht, ob und wieweit die Regeln über die **rechtsgeschäftliche Erklärung** (Vorliegen, Antrag, Annahme) und über **Willensmängel** (z.B. Irrtum, Täuschung, Drohung) ebenfalls dem Geschäftsrecht zu entnehmen oder besonders anzuknüpfen sind. Die deutsche Rechtsprechung ließ auch hier das Geschäftsrecht entscheiden. Inzwischen ist sie wenigstens für die praktisch wichtigeren Regeln über die rechtsgeschäftliche Erklärung (Hauptfall: Bedeutung des Schweigens, z.B. auf Bestätigungsschreiben oder gegenüber AGB des anderen Vertragsteils) dahin gelangt, keine Bindung entgegen dem Recht am Wohn- oder Geschäftssitz des Betroffenen zu bejahen.

Z.B. BGH 57, 72 (77) = IPRspr. 1971 Nr. 133; OLG Nürnberg AWD 74, 405 mit Anm. von *Linke* = IPRspr. 1973 Nr. 12 A; OLG Frankfurt WM 83, 129 und IPRax 88, 99 mit Aufsatz von *Schwenzer* 86–88; (öst) OGH IPRax 89, 391 mit Aufsatz von *Maxl* 398–401; LG Köln IPRax 89, 290 (292 a.E.f.) mit Aufsatz von *Schwenzer* 274–276; OLG München IPRax 91, 46 (49 a.E. unter 3e) mit Aufsatz von *Geimer* 31–35; OLG Hamm WM 90, 538 (541) für *Auslegung* des Auftrags durch Beauftragten; OLG Karlsruhe NJW-RR 93, 567; im wesentlichen für rechtsgeschäftliche Erklärung; BGH 135, 124 = EWiR 97, 547 LS mit Anm. von *Mankowski* = IPRax 98, 285 mit Aufsatz von *Ebke* 263–270 = NJW 97, 1697 = Rev.crit.dr.i.p. 1998, 610 mit Anm. von *Lagarde* = RIW

97, 875 mit Aufsatz von *Mankowski* 98, 287–291 = ZIP 97, 848 (852 unter II 1 a aa); *Soergel-von Hoffmann*[12] Art. 31 EGBGB Rz 30–32 S. 1656 f.; *MünchKomm-Spellenberg*[3] Art. 31 EGBGB Rz 54–65 S. 1738–1742, Rz 72 S. 1743 f.; a. A. *Linke* ZvglRW 79 (1980), 23–36 und *Soergel-Lüderitz* VIII[11] Rz 281 vor Art. 7 EGBGB, S. 172).

Für die Geltung des Geschäftsrechts spricht das Ordnungsinteresse am *inneren Entscheidungseinklang:* je mehr Rechte in einem Fall anzuwenden sind, um so schwerer wird es, widerspruchsfrei zu entscheiden (oben S. 123–125). Hingegen spricht das *Partei*interesse des Betroffenen dafür, ein Recht anzuwenden, mit dem er eng verbunden ist. Freilich ist dies Interesse geringer als bei der Rechts- und Handlungsfähigkeit. Denn bei ihnen geht es um *Dauer*zustände, während die Regeln über die rechtsgeschäftliche Erklärung und über Willensmängel nur *Einzel*fälle betreffen. Man ist z.B. dauernd geisteskrank (§ 104 Nr. 2 BGB: Geschäftsunfähigkeit), aber nicht dauernd betrunken (§ 105 II BGB: Willensmangel). Daher darf man es grundsätzlich beim *Geschäftsrecht* bewenden lassen. Dem Parteiinteresse sollte man nur insoweit nachgeben, als man den Betroffenen nicht rechtsgeschäftlich bindet, wenn er nach dem Recht seiner Umwelt, d.h. nach dem Recht seines *gewöhnlichen, hilfsweise schlichten Aufenthalts* und bei Gewerbetreibenden nach dem Recht des *Geschäftssitzes,* nicht gebunden wäre (bei juristischen Personen und nicht rechtsfähigen Personenverbindungen und Vermögensmassen entscheidet das Recht des Sitzes der Hauptverwaltung). Dieser Schutz muß nur dann im *Verkehrs*interesse entfallen, wenn der Betroffene *im Lande* des gewöhnlichen, hilfsweise schlichten Aufenthalts oder des Geschäftssitzes *seines Gegners ein Verkehrsgeschäft* abgeschlossen hat; denn dann läßt auch Art. 12 Satz 1 EGBGB (bei der Rechts- und Geschäftsfähigkeit) das Parteiinteresse zurücktreten (oben S. 493 f.).

Diese Regeln sind gut vereinbar mit der etwas schwammigen Kollisionsnorm, die der (dem Art. 8 II des Rom-Übereinkommens entlehnte) **Art. 31 II EGBGB** bei *Schuldverträgen* für die rechtsgeschäftliche Erklärung aufstellt:

„(2) Ergibt sich jedoch aus den Umständen, daß es nicht gerechtfertigt wäre, die Wirkung des Verhaltens einer Partei nach dem in Absatz 1 bezeichneten Recht [Schuldvertragsstatut] zu bestimmen, so kann sich diese Partei für die Behauptung, sie habe dem Vertrag nicht zugestimmt, auf das Recht des Staates ihres gewöhnlichen Aufenthaltsorts berufen."

Beispiele:
Rechtsgeschäftliche Erklärung: Ein New Yorker bietet einem Hamburger brieflich Waren an und *widerruft* durch Telegramm kurz nach Zugang des Briefs (*Rabel* II[2] 521). Nach deutschem Recht ist der Widerruf unwirksam (§ 130 I 2 BGB); nach New Yorker Recht kann bis zur Absendung der Annahme widerrufen werden. Unterliegt der Kauf deutschem Recht und nimmt der Hamburger den widerrufenen Antrag alsbald an (§ 147 II BGB), dann ist der Vertrag dennoch nicht zustande gekommen, weil der New Yorker nach dem Recht seines gewöhnlichen Aufenthalts oder Geschäftssitzes nicht gebunden ist. Anders, wenn er den Brief in München abgeschickt hätte (Verkehrsgeschäft im Lande des Gegners).

Deutsche Textilienkäuferin behauptet, ihre *Allgemeinen Geschäftsbedingungen* seien Inhalt eines Vertrags mit italienischer Verkäuferin geworden. Ob dies zutrifft, bestimmt das am Geschäftssitz des (hier: italienischen) Empfängers der AGB des anderen Teils: LG Duisburg RIW 96, 774.

Ein Niederländer verkauft einem Deutschen am 24. Juli fernmündlich 50t tiefgefrorene schwarze Johannisbeeren. Am 25. Juli schickt der Deutsche ein *Bestätigungsschreiben,* in dem die Geschäftsbedingungen und das Schiedsgericht einer Düsseldorfer Arbeitsgemeinschaft für Obst und Gemüse verbindlich gemacht werden. Der Brief kreuzt sich mit einem Brief des Niederländers vom 26. Juli, in dem dieser den Kauf schlicht bestätigt. Am 3. August schreibt der Niederländer, er erkenne das Schiedsgericht nicht an; auch solle niederländisches Recht gelten. Er gibt den Brief seiner Frau zum Einstecken; der Brief kommt nicht an. Später wird streitig, ob das Schiedsgericht wirksam vereinbart ist. Nach deutschem Recht gilt unter Geschäftsleuten Schweigen auf Bestätigungsschreiben als Annahme. Nach niederländischem Recht entscheiden die Umstände des Falles. Zugunsten des Niederländers ist niederländisches Recht anzuwenden. Anders, wenn er den Brief des Deutschen in Deutschland bekommen und beantwortet hätte (Verkehrsgeschäft im Lande des Gegners).

Deutsche bestellen in Spanien auf **„Kaffeefahrten"** Textilien bei deutschen Firmen und weigern sich nach Heimkehr zu zahlen, indem sie sich auf § 1 HaustürWG berufen. Die meisten haben damit Erfolg, weil die Gerichte über Art. 31 II EGBGB zum deutschen Recht gelangen (z.B. LG Hamburg IPRax 90, 239 mit Aufsatz von *Lüderitz* 216–219 = NJW-RR 90, 495; LG Hamburg RIW 90, 664; LG Aachen NJW-RR 91, 885; OLG Stuttgart IPRax 91, 332 mit Aufsatz von *Mankowski* 305–312 = NJW-RR 90, 1081; LG Stuttgart NJW-RR 90, 1394; AG Bremerhaven ebenda 1083; LG Wiesbaden MDR 91, 156; OLG Celle IPRax 91, 334 mit Aufsatz von *Mankowski* aaO; LG Aachen NJW 91, 2221; LG Hildesheim IPRax 93, 173 mit Aufsatz von *Langenfeld* 155–157 [deutsches Recht angewandt, weil Spanien EG-Richtlinie 85/577 über Verbraucherschutz vom 30. 12. 1985 nicht rechtzeitig umgesetzt habe]; LG Konstanz NJW-RR 92, 1332 [deutsches Recht angewandt mit Berufung auf Art. 28, 29 EGBGB; nach spanischem Recht Vertragsnichtigkeit wegen Arglist angenommen]). Ebenso LG Koblenz RIW 95, 946 (Timesharing-Vertrag in Spanien); LG Rottweil NJW-RR 96, 1401 (ebenso); LG Limburg NJW 90, 2206 (Teppichkauf in Türkei). A.A. LG Düsseldorf NJW 91, 2220 (Teppichkauf in Türkei); OLG Düsseldorf NJW-RR 95, 1396 (ebenso). Dazu *Fuchs,* Verbraucherschutz in Spanien, Die Rechtslage nach dem Konsumentenschutzgesetz von 1984, 1990; *Taupitz* BB 90, 642–652; *Jayme,* Spanien: Umsetzung der EG-Richtlinie 85/577 über den Schutz von Verbrauchern bei außerhalb der Geschäftsräume geschlossenen Verträgen, IPRax 92, 203; *Mäsch,* Rechtswahlfreiheit und Verbraucherschutz, 1993, 111–172, 177–179; *Langenfeld,* Noch einmal: Die EG-Richtlinie zum Haustürwiderrufsgesetz und deutsches IPR, IPRax 93, 155–157; *Mäsch,* Gran Canaria und kein Ende – Zur Sonderanknüpfung vorkonsensualer Elemente im internationalen Vertragsrecht nach Art. 31 Abs. 2 EGBGB, IPRax 95, 371–374; *Rauscher,* Gran Canaria – Isle of Man – Was kommt danach?, EuZW 96, 650–653.

M.E. besteht kein Grund, die euphorischen Urlauber durch regelwidrige Anwendung deutschen Rechts zu begünstigen. BGH 113, 11 = IPRax 92, 45 mit abl. Aufsatz von *Sack* 24–29 = JZ 91, 1038 mit krit. Anm. von *Koch* verwirft die auf § 1 UWG gestützte Klage eines Verbraucherverbandes gegen eine deutsche Textilfirma, sie solle unterlassen, Vertragsformulare zu verwenden, die keine Widerrufsbelehrung nach § 2 I HaustürWG enthielten: spanisches Wettbewerbsrecht sei anwendbar, nicht § 1 UWG (dazu unten S. 629–631). Vgl. auch schon BGH 112, 204 = IPRax 91, 329 mit Aufsatz von *Mankowski* 305–312.

Anders liegt es, wenn die Parteien die Geltung *deutschen Rechts vereinbart* haben (so in BGH MDR 91, 837 [Teppichkauf in Türkei]).

Willensmängel: Im Fall „Nimet Allah" (oben S. 128) waren deutsche Matrosen vom türkischen Schiffseigner durch *Drohung* zum Anspruchsverzicht gezwungen worden. Unterlag ihr Dienstvertrag dem türkischen Recht und versagte dies die Anfechtung, dann konnten die Matrosen nach deutschem Recht anfechten (Recht des gewöhnlichen Aufenthalts), außer wenn sie in der Türkei verzichtet hatten (Verkehrsgeschäft im Lande des Gegners), vorbehaltlich des deutschen *ordre public* (Art. 30 a.F. EGBGB).

Perser verlangt von deutscher Bank Zahlung. Bank weigert sich wegen ihrer AGB. Auf diese ist im Vertrag verwiesen, den Perser unterschrieben hat. Perser sagt: „Nix verstehen Deutsch." Deutsches Recht gilt für Bankvertrag (unten S. 578) und dabei bleibt es auch für Anfechtung wegen *Irrtums* über Erklärungsinhalt, da Verkehrsgeschäft in Deutschland. Deutsches *materielles* Recht sagt, ob Bank Sprachunkenntnis erkennen und berücksichtigen muß. Dazu OLG Bremen AWD 74, 104 = WM 73, 1228; *Jayme* Bärmann-Fschr. 1975, 509–522; *Schlechtriem* Weitnauer-Fschr. 1980, 129–143; *Spellenberg* Ferid-Fschr. 1988, 463–499; *Schwarz* IPRax 88, 278–280; *Maxl* IPRax 89, 398–401. Zur Pflicht des Versicherers, den sprachunkundigen ausländischen Kunden zu belehren: *Klingmüller* Sieg-Fschr. 1976, 275–281. Siehe auch *Reinhart* (oben Schrifttum). Es geht hier um „*Auslandssachverhalte*" (oben S. 58–61).

b) Interlokales Recht

Schrifttum unten S. 610f., 883.

Im westlichen **interlokalen** Privatrecht gelten die Regeln des IPR entsprechend. Seit dem 3. 10. 1990 gelten sie auch im Gebiet der früheren DDR und in Ost-Berlin. Für Neufälle ist das erheblich nur, soweit in Ost und West Unterschiede des materiellen Rechts fortbestehen (z.B. gilt das Vertragshilfegesetz nicht im Osten, 7. Aufl. S. 31).

Für *Altfälle* (Rechtsgeschäfte vor dem 3. 10. 1990) bleibt es im Osten beim bisherigen Recht und zwar nach Art. 236 § 1 EGBGB beim bisherigen räumlichen *Kollisions*recht (vgl. oben S. 42–44; im Osten gab es nur internationales, nicht interlokales Privatrecht, weil die Bundesrepublik und West-Berlin als Ausland galten). Desgleichen bleibt es im Osten nach Art. 232 § 1 EGBGB (Schuldverhältnisse) und Art. 235 § 2 EGBGB (Verfügungen von Todes wegen) beim bisherigen *materiellen* Recht.

Die Gerichte sind im Interesse der Rechtssicherheit wenig geneigt, Altfälle aufzurollen (über Auslegung, Anfechtung und Wegfall der Geschäftsgrundlage bei Verfügungen von Todes wegen unten S. 886). Für *Grundstücksveräußerungen*, um Ausreisegenehmigung zu erhalten, beruft man sich auf § 1 III VermG, nach dem dieses Gesetz auch Ansprüche auf Vermögenswerte und Nutzungsrechte betrifft, „die auf Grund *unlauterer Machenschaften*, z.B. durch Machtmißbrauch, Korruption, Nötigung oder Täuschung von seiten des Erwerbers, staatlicher Stellen oder Dritter, erworben wurden", aber auch auf § 4 II VermG, nach dem *redliche Erwerber* das erlangte behalten dürfen. Damit sei eine *Anfechtung* wegen Irrtums, Täuschung oder Drohung nach § 70 ZGB/DDR *ausgeschlossen* (BGH 118, 34 = NJW 92, 1757; BGH NJW 92, 2158; [verfassungsrechtlich bestätigt von BVerfG JZ 97, 406 mit Anm. von *Heß* = NJW 97, 447 = WM 96, 2285; gleicher Ansicht BVerfG DtZ 97, 193 = WM 97, 770]; BGH 120, 204 = JZ 93, 728 mit Aufsatz von *Leipold* 703–711 = NJW 93, 389 = WM 93, 26; BG Potsdam VersR 94, 1070; BGH DtZ 93, 249; BGH 122, 204 = NJW 93, 2050; BGH ZIP 93, 246; BGH 123, 58 = JZ 94, 98 mit Anm. von *Busche* = NJW 93, 2525; BGH WM 93, 1554; BVerwG ZIP 93, 1262; BGH EWiR § 1 VermG 8/93 mit Anm. von *Richter* = NJW 93, 2530; OLG Rostock DtZ 94, 249; BVerwG NJ 94, 537; OLG Naumburg DtZ 94, 377; BGH DtZ 97, 195 = WM 97, 275; BVerwG NJ 97, 438; vgl. auch unten S. 677). Doch hilft dem Grundstücksverkäufer ein Anscheinsbeweis unlauterer Machenschaften, wenn er in zeitlichem Zusammenhang mit der Ausreisegenehmigung verkauft hat (BVerwG NJ 97, 45).

Allerdings hindert das VermG nicht nachzuprüfen, ob ein *staatlicher Treuhänder*, der für einen der am Geschäft beteiligten Ehegatten aufgetreten ist, Vertretungsmacht besessen hat (BGH 120, 204 = JZ 93, 728 mit Aufsatz von *Leipold* 703–711 = NJW 93, 389 [391 unter II 3] = WM 93, 26; BGH DtZ 93, 179 [180 unter I 3]). Anders bei „innerem Zusammenhang" eines bürgerlichrechtlichen Mangels mit „unlauteren Machenschaften" (§ 1 III VermG) BGH NJ 95, 590 = WM 95, 1730 (1732–1734 unter II 2 b aa); BGH WM 95, 1848 (1850f. unter II 2 a).

Für *Erbschaftsausschlagungen* unter *Drohung* gilt dies nicht (KG FamRZ 93, 486 [487 unter II]). Die Frist für die Anfechtung der Ausschlagung beträgt zwei Monate (§ 405 I ZGB) und beginnt, wenn der Anfechtungsberechtigte vom Anfechtungsgrund Kenntnis erlangt (§ 405 II). Solcher Beginn paßt für die Anfechtung wegen Irrtums, nicht wegen Drohung, was der östliche Gesetzgeber wohl übersehen hat. Hier muß vielmehr (wie nach § 124 II 1 BGB) der Zeitpunkt entscheiden, in dem die Zwangslage aufhört. Das ist bei Übersiedlung des Anfechtungsberechtigten in den Westen der Beginn des Aufenthalts dort (KG ebenda 488 unter III).

Anzufechten ist nach § 405 I 1 ZGB vor dem Staatlichen Notariat. Solange dies vor der „Wende" unzumutbar war, muß Anfechtung vor einem westlichen Nachlaßgericht (§ 1955 BGB) ausreichen (KG ebenda 488 f.: Zwangslage endete mit Honeckers Rücktritt am 18. 10. 1989, örtlich zuständig war AG Schöneberg in Berlin [dazu jedoch Soergel VIII[11] Rz 737 vor Art. 7 EGBGB S. 457]).

Auch bei Rechtsgeschäftsmängeln, die mit „unlauteren Machenschaften" nichts zu tun haben, wird von §§ 1 III, 4 II VermG abgesehen und Zivilrecht angewandt (BGH NJW 93, 2050; BGH DtZ 93, 245 [unter II 2 b]; BGH WM 94, 1852 [1853 unter III vor 1]; BGH DtZ 97, 122 = NJ 97, 148 = WM 97, 771; BGH DtZ 97, 356 = NJ 97, 590 = WM 97, 2036).

Desgleichen bleibt eine Grundstücksveräußerung nichtig, wenn sie nicht gemäß § 297 I 2 *ZGB* beurkundet war oder die Beurkundung nicht den zwingenden Vorschriften des § 23 *Notariatsgesetz* entsprach (KG NJ 92, 316: Notar Bevollmächtigter eines Beteiligten entgegen § 15 I Nr. 4 NotG; BGH JZ 93, 731 mit Aufsatz von *Leipold* 703–711 = NJW 93, 388: Notar bei Verlesung der Urkunde abwesend entgegen § 19 II 2 NotG; BGH DtZ 93, 249: keine notarielle Beurkundung entgegen § 297 I 2 ZGB; KG DtZ 96, 145: Notar Bevollmächtigter eines Beteilgten entgegen § 15 I Nr. 4 NotG).

Allerdings werden *§§ 138 II, 242 BGB* auch auf Altfälle angewandt (unten S. 612, vgl. auch 886) und wird somit gegebenenfalls auch Wegfall der *Geschäftsgrundlage* bei *Schuldverträgen* anerkannt (z.B. LG Berlin ZIP 92, 1660 betr. „Inlandsexportvertrag"; OLG Frankfurt DtZ 93, 27 betr. Erbteilung; BGH 120, 10 = IPRax 93, 407 mit Aufsatz von *Fischer* 387–390 = JZ 93, 664 mit Anm. von *Westen* = NJW 93, 259 betr. Kaufvertrag zwischen früheren volkseigenen Betrieben [beruft sich unter II 5 a auf A I 2 Satz 2 des Gemeinsamen Protokolls über Leitsätze zum Vertrag über die Schaffung einer Währungs-, Wirtschafts- und Sozialunion vom 18. 5. 1990 (BGBl. II 518, 545), wo es heißt: „Die Rechte und Pflichten der am Rechtsverkehr Beteiligten finden ihre Schranken in den guten Sitten, dem Grundsatz von Treu und Glauben und dem Schutz des wirtschaftlich schwächeren Vertragsteils vor unangemessener Benachteiligung" – eine Vorschrift, die nach *Wasmuth* ZEV 96, 116 bloß völkerrechtlich wirkt]; BGH ZIP 93, 234 [237 unter II 2 c]; BGH 121, 378 = JZ 93, 1158 mit Anm. von *Oetker* = NJW 93, 1856 [1859 f. unter III 2 c]; BGH NJW 94, 260 [261 unter II 2 b]; OLG Dresden ZIP 94, 1730 [1734 unter II 3c]; BGH DtZ 94, 278; BGH MDR 94, 1112; BGH DtZ 95, 19 [21 a.E. unten 2 b cc]; BGH WM 94, 2075 [2077 unter II 4 a]; BGH 131, 209 = EWiR 96, 233 LS mit Anm. von *Briesemeister* = NJW 96, 990 = ZIP 96, 252 [254–256 unter II 3]; OLG Dresden FamRZ 97, 739; OLG Naumburg DtZ 97, 363 = NJ 97, 592; BGH WM 98, 1078 [1080 unter II 3]; BGH FamRZ 98, 669 = NJ 98, 474 Ber. mit Anm. von *Grandke* = WM 98, 1088 [1089 a.E.f. unter 2 d, e]; vgl. KG DtZ 92, 396 [398]: Wegfall der Geschäftsgrundlage als allgemeiner Rechtsgrundsatz auch auf die Auslegung von *Gesetzen* der früheren DDR [§ 33 Satz 2 FGB] angewandt). Ebenso bei *Unterhaltsvereinbarungen* BGH FamRZ 94, 562).

Zum Schicksal von *Schiedsklauseln* nach Auflösung der Kammer für Außenhandel der DDR BGH JZ 94, 968 mit Aufsatz von *W.J. Habscheid* und *E. Habscheid* 945–953 = ZZP 94, 533 mit Anm. von *Walter* und *Hauck*.

Auch *§ 138 I BGB* kommt – mindestens seinem Inhalt nach – zum Zuge. Denn der ihm entsprechende *§ 68 I Nr. 2 ZGB* (Nichtigkeit eines Vertrags, der „mit den Grundsätzen der sozialistischen Moral unvereinbar" ist) wurde, soweit es um das Sozialistische geht, aufgehoben durch Art. 1 II 2 Ges. zur Änderung und Ergänzung der Verfassung der DDR vom 17. 6. 1990 (GBl. I 299): „Bestimmungen in Rechtsvorschriften, die den einzelnen oder Organe der staatlichen Gewalt auf die sozialistische Staats-

und Rechtsordnung, auf das Prinzip des demokratischen Zentralismus, auf die sozialistische Gesetzlichkeit, das sozialistische Rechtsbewußtsein oder die Anschauung einzelner Bevölkerungsgruppen oder Parteien verpflichten, sind aufgehoben." Die Nichtigkeit *sittenwidriger* Geschäfte blieb jedoch davon unberührt (LG Berlin ZIP 93, 540 [543 unter I 1 b]). Im Ergebnis ebenso BG Dresden NJ 93, 227 (228 unter II 2 a: § 68 I Nr. 2 ZGB sei „inhaltlich an den zu § 138 Abs. 1 BGB entwickelten Grundsätzen zu messen"); KG NJ 93, 225 (227 unter III 3: Berufung auf A I 2 Satz 2 des Gemeinsamen Protokolls, abgedruckt oben S. 541); BG Potsdam NJ 94, 79 = VersR 93, 1401 (1404f. unter I 3: Grundstücksverkauf an Innenminister in der Regierung de Maizière nichtig wegen Sittenwidrigkeit nach § 68 I Nr. 2 Satz 2 ZGB mit A I 2 Satz 2 des Gemeinsamen Protokolls).

Den Bestandsschutz erhöht **Art. 237 § 1 I EGBGB,** eingeführt durch Art. 2 Nr. 4 des Ges. zur Absicherung der Wohnraummodernisierung und einiger Fälle der Restitution (Wohnraummodernisierungssicherungsgesetz – WoModSiG) vom 17. 7. 1997, BGBl. I 1823: Mängel bei Ankauf, Enteignung oder anderer Überführung eines Grundstücks oder selbständigen Gebäudeeigentums in Volkseigentum sind nur beachtlich, wenn ohne sie die Überführung in Volkseigentum nicht möglich oder bloß in grob ungerechter oder mit rechtsstaatlichen Grundsätzen ganz unvereinbarer Weise möglich gewesen wäre (dazu BGH NJ 98, 420 Ber. mit Anm. von *Maskow;* OLG Dresden NJ 98, 435 Ber. mit Anm. von *Fritsche;* BGH NJ 99, 144 Ber. mit Anm. von *Kühnholz*; Verfassungsbeschwerde nicht angenommen von BVerfG WM 98, 1631; BGH EWiR 99, 63 LS mit Anm. von *Kohler* = FamRZ 99, 222 [224 unter III 3 c]).

2. Stellvertretung

Schrifttum: 7. Aufl. S. 452f. Herverzuheben: *Rabel* III² 125–186; *Rigaux,* Agency, IECL III 29, 1973, 1–22; *Berger,* Das Statut der Vollmacht im schweizerischen IPR, Zürich 1974; *Spellenberg,* Geschäftsstatut und Vollmacht im IPR, 1979. Danach: *Ruthig,* Vollmacht und Rechtsschein im IPR, 1996 (bespr. von *G. Fischer* RabelsZ 62 [1998], 337–345); *Schäfer,* Das Vollmachtsstatut im deutschen IPR – einige neuere Ansätze in kritischer Würdigung, RIW 96, 189–193; *Starace,* La procura nel diritto internazionale privato, Riv. dir. int. priv. proc. 1996, 421–434; *Dorsel,* Stellvertretung im IPR, MittRhNotK 97, 6–19; *Leible,* Vollmachtsanknüpfung bei inländischen Zweigniederlassungen ausländischer Gesellschaften, IPRax 97, 133–137; *Leible,* Vertretung ohne Vertretungsmacht, Genehmigung und Anscheinsvollmacht, IPRax 98, 257–263.

Rechtsvergleichend: van Gerven, Bewindsbevoegdheid, Brüssel 1962; *van Gerven,* De trustee bij internationale in de Europese rekeneenheid uitgedrukte obligatieleningen, TRP 1964, 165–196; *Müller-Freienfels,* Legal Relations in the Law of Agency: Power of Agency and Commericial Certainty, 13 (1964) Am. J. Comp. L. 193–215, 314–359; *Schmitthoff,* Agency in International Trade, Rec. 1970 I 107–203 (118–171); *de Theux,* Le droit de la représentation commerciale, Etude comparative et critique du statut des représentants salariés et des agents commerciaux, Brüssel, I 1975, II 1 1977, II 2 1981; *Zachmann,* Les procurations ou les formes des pouvoirs de représentation, Rev. dr. unif. 1979 II, 3–125; *Reinhardt,* Die unwiderrufliche Vollmacht, ihre Stellung in der allgemeinen Rechtslehre und in ausgewählten positiven Rechtsordnungen, Zürich 1981; *Basedow,* Das Vertretungsrecht im Spiegel konkurrierender Harmonisierungsentwürfe, RabelsZ 45 (1981), 196–217; *Müller-Freienfels,* Stellvertretungsregelungen in Einheit und Vielfalt, 1982; *Dorresteijn,* Tegenstrijdig belang van bestuurders en commissarissen, Een rechtsvergelijkende studie, Deventer 1989 (bespr. von *Schwarz* WPNR 1990, 49f.); *Detzer* (Hrsg.), Ausländisches Recht der Handelsvertreter und Vertragshändler, 1997 (bespr. von *Gehrlein* NJW 99, 773).

a) Grundsätze

Für die Stellvertretung gilt *nicht* das Recht, das über das vertretungsweise geschlossene Geschäft entscheidet, das sog. „*Geschäftsrecht*" (so allerdings grundsätzlich *Spellenberg*, Geschäftsstatut und Vollmacht im IPR, 1979, 225–251 und MünchKomm X[3] Vor Art. 11 Rz 229–245 S. 576–581). Sie wird vielmehr **selbständig** angeknüpft.

Z.B. OLG Köln RIW 89, 565; a.A. für Einzel- (im Unterschied zu Dauer-)vollmacht, -ermächtigung, -genehmigung BGH NJW-RR 90, 248 (250 unter II 2).

Die **gesetzliche Vertretung** unterliegt verschiedenen Rechtsordnungen. Zum Beispiel richtet sich die Vertretungsmacht der Eltern nach dem Recht des Staates, in dem sich das Kind gewöhnlich aufhält (Art. 21 n.F. EGBGB) und die Vertretungsmacht des Betreuers sowie des Vormunds und Pflegers, deren Amt auf Anordnung (nicht auf Gesetz) beruht, nach dem Recht des Staats, nach dessen Recht die Vormundschaft oder Pflegschaft entstanden ist (Art. 24 III EGBGB), bei Verkehrsgeschäften beide Male mit Schutz Gutgläubiger nach dem Recht des Vornahmestaats (Art. 12 Satz 1 EGBGB, oben S. 480f.).

Wieweit die **Organe** für die juristische Person oder für eine nicht rechtsfähige Personenverbindung oder Vermögensmasse handeln können, sagt das Recht des Sitzes der Hauptverwaltung (oben S. 504). Doch gilt Art. 12 Satz 1 EGBGB entsprechend: für Verkehrsgeschäfte, die in einem Staat vorgenommen werden, besteht zugunsten Gutgläubiger Vertretungsmacht nach dem Recht dieses Staates (oben S. 480f., 493–495, 505f., 517).

Bei der **Vollmacht** treibt man den Verkehrsschutz noch weiter. Ohne Rücksicht auf das Parteiinteresse des Vertretenen an der Anwendung eines ihm nahestehenden Rechts (Recht des gewöhnlichen, hilfsweise schlichten Aufenthalts oder des Geschäftssitzes bei der natürlichen Person, Recht des Sitzes der Hauptverwaltung bei der juristischen Person und bei der nicht rechtsfähigen Personenverbindung oder Vermögensmasse) läßt man meist entscheiden das Recht des **Wirkungslandes,** nämlich das Recht des Landes, in dem die Vollmacht nach dem Willen des Vollmachtgebers wirken soll.

Z.B. BGH WM 58, 557 (558 a.E.f.); BGH 64, 183 (192f.) im Fall Solschenizyn; BGH IPRax 83, 67 mit Aufsatz von *Stoll* 52–55 = NJW 82, 2733; OLG Frankfurt IPRax 86, 373 (375 unter III) mit Aufsatz von *Ahrens* 355–361; OLG München (Senat Augsburg) IPRax 90, 320 mit Aufsatz von *Spellenberg* 295–298 = NJW-RR 89, 663 (664 unter II 1 b); BGH IPRax 91, 247 mit Aufsatz von *Ackmann* 220–223 = NJW 90, 3088; OLG Koblenz IPRax 94, 302 (304 unter III 1) mit Aufsatz von *Frank* 279–281; BGH VersR 93, 1244; ähnlich *Steding* ZvglRW 87, 45; a.A. (Rechtswahl oder engste Verbindung) *Ruthig,* Vollmacht und Rechtsschein im IPR, 1996, 122–177.

Besser wählt man das Recht des *Gebrauchsorts,* d.h. das Recht des Staates, in dem die Vollmacht nicht bloß ausgeübt werden *soll,* sondern wirklich ausgeübt *wird* (*Rabel* RabelsZ 7 [1933], 805 a.E.; BGH NJW-RR 90, 248 [250 unter II 2]; OLG Düsseldorf IPRax 96, 423 [425 unter B II 2 d aa] mit Anm. von *Kronke;* nicht klar genug BGH 43, 21 [26]; für Gebrauchsort auch Kantonsgericht St. Gallen SchweizJZ 1997, 328).

Nur für die Vollmacht zur *Grundstücksverfügung* gilt nach h.M. das Geschäftsrecht, nämlich die *lex rei sitae* (z.B. RG 149, 93); das ist zweckmäßig im Ordnungsinteresse der Durchsetzbarkeit (oben S. 126f.).

Bei *Handelsvertretern* (Agenten) folgt die Rechtsprechung meist dem Recht des Staates, in dem der Vertreter mit dem Gegner verhandelt hat (z.B. RG 134, 67; BGH 43, 21 [26]; OLG Koblenz EWiR 96, Art. 37 EGBGB 1/96 LS mit krit. Anm. von *Otte* = RIW 96, 151). Das ist in der Regel das Recht des Gebrauchsorts. Bei *anderen ständigen kaufmännischen Hilfspersonen* (Prokuristen, Handlungsbevollmächtigten) und zum Teil auch bei Handelsvertretern wird für maßgebend gehalten das Recht der Niederlassung (Zentrale oder Filiale), von der aus die Hilfsperson tätig geworden ist.

Z.B. KG IPRspr. 1932 Nr. 25: Darlehnsaufnahme durch deutschen Handelsvertreter in den Niederlanden; BGH IPRax 91, 247 mit Aufsatz von *Ackmann* 220–223 = NJW 90, 3088: nicht ständiger kaufmännischer Bevollmächtigter einer englischen partnership, beide in England niedergelassen, schließt Werkverträge für berliner Neubauten und erteilt später deutschem Anwalt Prozeßvollmacht für Prozeß in Deutschland; OLG Schleswig RIW 92, 582 (583): für Handelsvertreter Recht der Niederlassung des Geschäftsherrn; BGH IPRax 94, 115 mit Aufsatz von *Geimer* 82–85 = NJW 1993, 2753 [2754 unter B III 1c bb] = ZZP 94, 211 mit Anm. von *Leipold:* für Handelsvertreter Recht am Sitz des Handelsvertreters; OLG Düsseldorf RIW 93, 761: für Alleinvertriebsberechtigten Recht an dessen Sitz; AG Alsfeld NJW-RR 96, 120: deutsches Recht als Recht des Gebrauchsorts angewandt auf Umfang der Vollmacht, Duldungs- und Anscheinsvollmacht der Handelsvertreterin oder Marketing-Managerin einer italienischen GmbH.

Auch das ist in der Regel das Recht des Gebrauchsorts.

Die *schrankenlose* Anknüpfung der gewöhnlichen Vollmacht und der Vollmacht ständiger kaufmännischer Hilfspersonen an den *Gebrauchsort* (Wirkungsland, Verhandlungsland, Niederlassungsland) ist *abzulehnen.* Früher hatte man allein das Parteiinteresse des Vollmachtgebers im Auge und ließ darum dessen Domizil oder den Ort der Vollmachtserteilung entscheiden (*Rabel* III² 155, 151). Heute läßt man sich vom Verkehrsinteresse weiter tragen als nötig (insoweit zustimmend *Luther* RabelsZ 38 [1974], 437; de lege ferenda auch *P. Müller* RIW 79, 377–384). Denn für den Verkehrsschutz genügt es, wenn das Recht des **Gebrauchsorts analog Art. 12 Satz 1 EGBGB** bei im Gebrauchsland geschlossenen Verkehrsgeschäften zugunsten gutgläubiger Gegner angewandt wird (*Fischer* IPRax 89, 215 Fn. 13; *Dorsel* MittRhNotK 97, 10 a.E.f., 13 unter III). Für die *Anscheinsvollmacht* kommt sogar allein das Recht des „Gebrauchsorts“ in Betracht, d.h. des Orts, „an dem der Rechtsschein entstanden ist und sich ausgewirkt hat“ (BGH 43, 21 [27]; OLG Karlsruhe IPRax 87, 237 mit Aufsatz von *Weitnauer* 221 = NJW-RR 87, 119).

Im übrigen aber sollte man (wie bei den Regeln über rechtsgeschäftliche Erklärung und Willensmängel, oben 1) entscheiden lassen das Recht des gewöhnlichen, hilfsweise schlichten **Aufenthalts des Geschäftsherrn** und bei gewerbetreibenden Geschäftsherrn das Recht ihres **Geschäftssitzes,** bei juristischen Personen und nicht rechtsfähigen Personenverbindungen oder Vermögensmassen das Recht des **Sitzes der Hauptverwaltung.**

Gegenüber dem in Dänemark seßhaften Handelsvertreter eines Hamburger Kaufmanns kann daher nach deutschem Recht (§ 91 II HGB) wirksam ein Mangel der verkauften Ware gerügt werden, obwohl das nach dänischem Recht nicht möglich ist. Anders in einem ähnlichen Fall RG SeuffArch. 66, 146 = ZIR 21, 71. Selbst bei (im Ausland) *seßhaftem* kaufmännischen Hilfspersonal dürfte jedoch dem Prinzipal im allgemeinen daran liegen, daß das Recht seines eigenen Sitzes die Vollmacht beherrscht, auch wenn es die Vollmacht weiter ausdehnt als das Recht des Gebrauchsorts.

Vgl. auch OLG Hamburg Betr. 59, 1396: Ein Perser sitzt in Hamburg als Handelsvertreter eines anderen Persers, der in Teheran sitzt und mit Trockenfrüchten handelt. Der Hamburger verkauft ohne Vertretungsmacht in Hamburg eine größere Partie Mandeln und teilt das dem Teheraner mit. Der schweigt. OLG Hamburg wendet § 91a HGB nicht an und erklärt den Kauf für nicht zustande gekommen, weil dem persischen Recht eine dem § 91a HGB gleiche Regel anscheinend fremd sei. M.E. könnte § 91a HGB (trotz analoger Geltung von damals Art. 7 III 1, heute Art. 12 Satz 1 EGBGB) deswegen nicht anzuwenden sein, weil die Nachricht vom Kauf nach Persien geschickt wurde, also nicht nur der Verkehr in Deutschland betroffen war.

Das Vollmachtsstatut bestimmt, ob und wieweit **Selbstkontrahieren** (bei uns § 181 BGB) erlaubt ist (OLG Düsseldorf IPRax 96, 423 [425 unter B II 2 d aa] mit Anm. von *Kronke*).

Auch die **Einziehungsermächtigung** unterliegt demselben Recht wie die Vollmacht. Allerdings soll bei der *Einzel*ermächtigung wie bei der Abtretung (unten S. 654f.) das „Geschäftsrecht" entscheiden (oben S. 542 a.E.), also das Statut der Forderung oder des sonst abgetretenen Rechts (BGH NJW-RR 90, 248 [250 unter V]; BGH NJW 92, 3096 [3097 unter A I 2]; BGH 125, 196 = NJW 94, 2549 = ZIP 94, 547 [550 unter III 2 d aa–cc]).

Die Anforderungen an eine **Prozeßvollmacht** und **Prozeßführungsbefugnis** (Prozeßstandschaft) bestimmt das Recht des Prozeßorts (z.B. LG Hamburg RIW 98, 894). Privatrechtliche Vorfragen unterliegen dem jeweils für sie maßgebenden Recht, z.B. die *gesetzliche Vertretungsmacht* von Eltern dem Kindschaftsstatut, von Gesellschaftsorganen dem Statut der juristischen Person (BGH IPRax 91, 247 mit Aufsatz von *Ackmann* 220–223 = NJW 90, 3088); OLG Hamm RIW 94, 513 [514 unter II 5]), die *Einziehungsermächtigung* (oben), wenn sie die Prozeßführung umfaßt, und die sonstige *gewillkürte Prozeßstandschaft* dem Vollmachtsstatut oder „Geschäftsrecht".

b) Vertretungsmacht des Kapitäns

Beim **Kapitän** läßt man für die Vollmacht und auch für die gesetzliche Vertretungsmacht das **Recht der Flagge** entscheiden. Mit Recht. Denn man kann den Reeder nicht gut den Rechten aller Herren Länder unterwerfen, die das Schiff anläuft (näher *Rabel* III² 150–152; zum Recht des Schiffes auch: *Florio,* Nazionalità della nave e legge della bandiera, Mailand 1957, 151–205; *Scerni,* Nazionalità della nave e diritto internazionale privato, Riv. dir. int. priv. proc. 1965, 197–206; *Giuliano,* La nazionalità della nave come criterio di collegamento nel diritto internazionale privato italiano, ebenda 415–436; *Carbone,* La legge regolatrice dei poteri rappresentativi del comandante di nave, Riv. dir. int. priv. proc. 1966, 692–710; *Carbone,* Legge della bandiera e ordinamento italiano, Mailand 1970; *Neuhaus,* Grundbegriffe 248–251). Das Recht der *Flagge* oder (was auf dasselbe hinausläuft) das Recht des Ortes, an dem das Schiff *registriert* ist, taugt für die Vollmacht und für die gesetzliche Vertretungsmacht des Kapitäns besser als das Recht des *Heimathafens,* d.h. des Hafens, von dem aus das Schiff tatsächlich eingesetzt wird (vgl. aber auch KG OLGZ 1976, 226 [228] zu § 480 HGB). Denn der Geschäftsgegner kann die Flagge leicht, den Heimathafen schwerer erkennen. Liegt allerdings der Heimathafen *im* Flaggenstaat und ist das Recht im Flaggenstaat räumlich gespalten, dann muß das Recht des Heimathafens herhalten.

Weil der Geschäftsgegner die Flagge leicht feststellen kann, sollte die Vertretungsmacht des Kapitäns dem Recht des Flaggenstaats auch dann unterliegen, wenn das Schiff wie so oft eine **„Billigflagge"** führt. Die Länder mit diesen berüchtigten Flaggen haben von Mitte 1971 bis 1980 ihre Tonnage verdoppelt und deckten 1981 ein Viertel der Welttonnage (Die Welt vom 15. 8. 1981), inzwischen wohl ein Drittel. Allein in der Bundesrepublik waren 1989 rund 3,7 Millionen BRT/BRZ (Bruttoregistertonnen/Brutto-Raum-Zahl) „ausgeflaggt"; rund drei Millionen fuhren unter deutscher Flagge

(Tendenz steigend wegen Einführung eines sog. Zusatzregisters: Frankfurter Allgemeine Zeitung vom 28. 7. 1989 S. 11). Billigflaggen sind jetzt hauptsächlich Liberia (70%) und Panama (beide mit unfallträchtigen Öltankern [für ausgeflaggte Schiffe unter deutschem Management beansprucht freilich der Verband Deutscher Reeder volle Sicherheit: Die Welt vom 16. 8. 1982]), ferner Zypern, Libanon, Singapur, Hongkong, Bermuda und Bahamas.

In Abwehr der billigen Flaggen verlangt Art. 5 der Konvention der Vereinten Nationen über die Hohe See vom 29. 4. 1958 *völkerrechtlich* für die Anerkennung der Flagge eine „enge Verbindung“ (*genuine link, lien réel*) zwischen Flaggenstaat und Schiff.

Schrifttum zu den Billigflaggen: *Dreher* JZ 58, 581; *Pollard* Europa-Archiv 1958, 11084; Note: Panlibhon Registration of America-Owned Merchant Ships: Government Policy and the Problem of the Courts, 60 (1960) Col. L. Rev. 711–737; *Roux,* Les pavillons de complaisance, Paris 1961; *Schulte,* Die „billigen Flaggen“ im Völkerrecht, 1962; *Boczek,* Flags of Convenience, Cambridge (Mass.), 1962; *David P. Currie,* Flags of Convience, American Labor, and the Conflict of Laws, 1963 The Supreme Court Law Review 34–100; *von Laun,* Die Konvenienzflaggen und das „genuine link“ im Seevölkerrecht, Gedächtnisschrift Marxer, Zürich 1963, 327–368; *Goldie,* Recognition and Dual Nationality – A Problem of Flags of Convenience, 39 (1963) Brit. Y.B. Int. L. 220–283; *Meyers,* The Nationality of Ships, Den Haag 1967; OECD Study on Flags of Convenience, 4 (1973) J.M.L.C. 231–254; *Renton,* The Genuine Link Concept and the Nationality of Physical and Legal Persons, Ships and Aircraft, Diss. Köln 1975, 103–136; *Moussu-Odier,* Les pavillons de complainsance, Ann. dr. mar. aér 1976, 197 bis 203; *Pontavice,* Les pavillons de complaisance, D.M.F. 1977, 503–512, 567–582; *Nöll,* Staatsangehörigkeit von Schiffen unter „billiger Flagge“, NJW 80, 1998f.; UNCTAD: Flags of Convenience, 15 (1981) J. W. T. L. 466–468; *Siehr,* Billige Flaggen in teuren Häfen, Zum internationalen Arbeitsrecht auf Seeschiffen mit „billiger Flagge“, Vischer-Fschr. 1983, 303–320; *Metaxas,* Flags of Convenience, Aldershot und Brookfield, Vt., 1985; *Wiborg,* Die „Billigflaggen“ bleiben am Mast, Frankfurter Allgemeine Zeitung, 16. 8. 1985, S. 11; *Drobnig* und *Puttfarken,* Arbeitskampf auf Schiffen fremder Flagge, 1989, 49–61; *Drobnig, Basedow* und *Wolfrum,* Recht der Flagge und „Billige Flaggen“ – Neuere Entwicklungen im IPR und Völkerrecht, BerGesVR 31, 1990; *Magnus,* Internationales Searbeitsrecht, Zweites Schiffsregister und der Europäische Gerichtshof, IPRax 94, 178–180; *Puttfarken,* Seehandelsrecht, 1997, 294–298; *Herber,* Seehandelsrecht, 1999, 89–96.

Zur Maßgeblichkeit der Flagge im deutschen **internationalen Arbeits- und Sozialversicherungsrecht** („Flaggenstaatsprinzip“) unten S. 591, 986.

c) Folgen fehlender Vertretungsmacht

Die Folgen fehlender Vertretungsmacht, gleich ob sie durch Gesetz oder Rechtsgeschäft (Vollmacht) erteilt wird, unterliegen dem Recht, das für die Vertretungsmacht gilt, nicht dem Recht des abgeschlossenen Geschäfts.

Soergel-Kegel VII[10] Rz 210 vor Art. 7 EGBGB, S. 97; OLG Koblenz EWiR 96 Art. 37 EGBGB 1/96 LS mit krit. Anm. von *Otte* = RIW 1996, 151 (153 unter II 2 a); a.A. OLG Celle ZIP 84, 594 [600 unter B I 2 a]; BGH JZ 92, 579 mit zust. Anm. von *von Bar;* BGH 128, 41 = IPRax 96, 342 mit zust. Aufsatz von *Fischer* 332–335 (335); zum Teil a.A. *Soergel-Lüderitz* X[12] Anh Art. 10 Rz 102, 103 S. 482f.; vgl. LG Bielefeld IPRax 90, 315 mit Aufsatz von *Reinhart* 289–292 (292).

Das ergibt besonders deutlich bei der gesetzlichen Vertretungsmacht deren Schutzzweck und es entspricht den Folgen fehlender Geschäftsfähigkeit (oben S. 492) und Form (vgl. unten S. 549f., 699).

d) Auftrag

Von der Vollmacht ist wie im materiellen Privatrecht so auch im IPR zu unterscheiden der **Auftrag:** für ihn gilt internationales Schuldvertragsrecht (unten § 18 I).

e) Haager Stellvertretungsabkommen

Das auf Vermittlungsgeschäfte, Stellvertretung und Auftrag anwendbare Recht wird einheitlich bestimmt durch das (nicht in Kraft getretene) Haager Stellvertretungsabkommen vom 16. 6. 1977 (oben S. 214).

Text: Rev. crit. dr. i. p. 1977, 639–644; Rev. dr. unif. 1978 II, 200–221; RabelsZ 43 (1979) 176–189.

Schrifttum: *Lagarde* Rev. crit. dr. i. p. 1978, 31–43; *Block* Nord. TIR 47 (1978), 146 bis 173 (Text 174–182); *Hay* und *Müller-Freienfels* 27 (1979) Am. J. Comp. L. 1–49; *Müller-Freienfels* RabelsZ 43 (1979), 80–115 = *Müller-Freienfels,* Stellvertretungsregelungen in Einheit und Vielfalt, 1982, 359–391; *Basedow,* Das Vertretungsrecht im Spiegel konkurrierender Harmonisierungsentwürfe, RabelsZ 45 (1981), 196–217 (206 bis 209); *Badr* Rec. 1984 I 141–158; *Hensen* WPNR 1987, 690; *Verhagen,* Agency in Private International Law, The Hague Convention on the Law Applicable to Agency, Den Haag u. a. 1995; *Hartkamp,* Indirect Representation According to the Principles of European Contract Law, the Unidroit Agency Convention and the Dutch Civil Code, Drobnig-Fschr. 1998, 45–56.

Das Abkommen will gelten als *loi uniforme* (oben S. 10 a. E.), d. h. auch dann, wenn das von ihm berufene Recht das Recht eines Nichtvertragsstaats ist (Art. 4).

Sachlich umfaßt es Abschluß-, Übermittlungs- und Verhandlungsvollmacht, Handeln im eigenen wie in fremdem Namen, regelmäßiges oder gelegentliches Handeln (Art. 1). *Ausgenommen* sind Geschäftsfähigkeit, Form, gesetzliche Vertretung, Vertretung vor Gericht oder in gerichtlichem Auftrag, Vertretungsmacht des Kapitäns (Art. 2), auch Gesellschaftsorgane und Treuhänder (Art. 3).

Geregelt wird zunächst (Art. 5–10) das Recht, das für das **Innenverhältnis** zwischen Vertretenem und Vertreter gelten soll, also der *Auftrag* (oben d). An erster Stelle gilt das von den Parteien ausdrücklich oder mit „vernünftiger Sicherheit" feststellbar gewählte Recht (Art. 5). Hilfsweise herrscht das Recht des Staates, in dem der *Vertreter* Geschäftssitz oder mangels eines solchen seinen gewöhnlichen Aufenthalt hat (Art. 6 I). Auf den *Vertretenen* (Geschäftssitz oder gewöhnlicher Aufenthalt) kommt es nur an, wenn der Vertreter hauptsächlich in dessen Land handeln soll (Art. 6 II). Bei mehrfachem Geschäftssitz entscheidet derjenige, mit dem die Vertretung „am engsten verbunden" ist (Art. 6 III; vgl. unten zu Art. 16). Bei unselbständiger Vollmachtserteilung gelten diese Anknüpfungen (Art. 5, 6) nur, wenn sie vom übrigen Vertragsinhalt trennbar ist oder den Hauptzweck des Vertrags bildet (Art. 7). Für Erfüllungsmodalitäten soll das Recht des Erfüllungsorts „beachtet" werden (Art. 9; vgl. unten zu Art. 16). Das Auftragsstatut reicht weit, umfaßt z. B. auch Unterbevollmächtigung und Selbstkontrahieren (Art. 8). Arbeitsverträge sind ausgenommen (Art. 10).

Im **Außenverhältnis** zwischen Vertretenem und Drittem, also bei der *Vollmacht,* gilt erstlich das Recht am *Geschäftssitz des Vertreters* (Art. 11 I). Das Recht des Staates, in dem der *Vertreter gehandelt* hat, gilt (Art. 11 II), wenn

- der Vertretene dort Geschäftssitz, hilfsweise gewöhnlichen Aufenthalt hat und der Vertreter in dessen Namen gehandelt hat,
- der Dritte dort Geschäftssitz, hilfsweise gewöhnlichen Aufenthalt hat,
- der Vertreter auf einer Messe oder Versteigerung gehandelt hat,
- der Vertreter keinen Geschäftssitz hat.

Bei mehrfachem Geschäftssitz entscheidet derjenige, mit dem das Handeln des Vertreters „am engsten verbunden" ist (Art. 11 III). Beim Arbeitsvertrag gilt als Geschäftssitz des Vertreters (im Sinne von Art. 11 I), wenn der Vertreter keinen eigenen Geschäftssitz hat, derjenige des Arbeitgebers (Art. 12). Soweit (nach Art. 11 II) der Ort des Vertreterhandelns maßgibt, gilt das Recht des Geschäftssitzes, hilfsweise gewöhnlichen Aufenthalts des Vertreters, wenn sich der Vertreter mit dem in einem anderen Staat weilenden Dritten durch Brief, Fernsprecher oder ähnlich verständigt hat (Art. 13). Vorrang hat in jedem Fall die Einigung zwischen Vertretenem und Drittem über das anwendbare Recht, wenn sie der eine Teil schriftlich erklärt, der andere ausdrücklich angenommen hat (Art. 14).

Das Recht, dem das Verhältnis zwischen Vertretenem und Drittem (Vollmacht) unterliegt, gilt auch für das **Verhältnis zwischen Vertreter und Drittem,** gleich ob der Vertreter in den Grenzen seiner Vollmacht gehandelt, die Vollmacht überschritten oder ohne Vollmacht gehandelt hat (Art. 15).

Zwingende Vorschriften eines Staates, mit dem der Fall erheblich verbunden ist, können beachtet werden (Art. 16, vgl. oben S. 256f.). Bei offensichtlicher Verletzung des eigenen *ordre public* darf von den Regeln des Abkommens abgewichen werden (Art. 17).

f) Reform

Eine Reform des internationalen Rechts der Stellvertretung ist noch nicht in Sicht. Der **Regierungsentwurf** eines Gesetzes zur Neuregelung des IPR (BTDrucks. 10/504) schweigt. Auch der Deutsche Rat für IPR hat über die Stellvertretung nur im Hinblick auf das Haager Abkommen von 1977 beraten.

g) Interlokales Recht

Schrifttum: *Schnabel,* Heilung nichtiger Grundstücksveräußerungen nach Art. 231 § 8 I EGBGB, DtZ 97, 543–546.

Siehe auch unten S. 610f.

In der früheren **DDR** entschied wie bei uns über die Vollmacht das Recht des Gebrauchsorts (§ 15 I RAG). Für Vertreter eines Betriebs der DDR galt allerdings stets DDR-Recht (§ 15 II).

Bei Rechtsgeschäften, die vor dem 3. 10. 1990 geschlossen worden sind (d.h. in Altfällen), könnte interlokales Stellvertretungsrecht zum Zuge kommen und dann könnte, soweit in Ost und West materielles und zugleich interlokales Stellvertretungsrecht verschieden sind, in den neuen und alten Bundesländern verschieden zu entscheiden sein (vgl. oben S. 42–44).

3. Form

Schrifttum: 7. Aufl. S. 459. Hervorzuheben: *Rheinstein* RvglHWB IV (1933), 360–371; *Silz,* Du domaine d'application de la règle „locus regit actum"[2], Paris 1933; *Achenbach,* Der briefliche und telegrafische Verkehr im vergleichenden und IPR, 1934; *Töttermann,* Functional Bases of the Rule *Locus Regit Actum,* 2 (1953) Int. Comp. L.Q. 27–46; *Zweigert,* Zum Abschlußort schuldrechtlicher Distanzverträge, Rabel-Fschr. I, 1954, 631–654; *Heilman,* The Conflict and the Statute of Frauds, Seattle 1961; *Ballarino,* Forma degli atti e diritto internazionale privato, Padua 1970; *Marsch,* Der Favor Negotii im deutschen IPR, 1976, 24–51; *Genin-Meric,* La maxime locus regit actum, Nature et fondement, Paris 1976; *Stauch,* Die Geltung ausländischer notarieller Urkunden in der Bundesrepublik Deutschland, 1983; *Staudinger-Firsching*[12] Art. 11 EGBGB S. 217–390; *Furgler,* Die Anknüpfung der Vertragsform im IPR, Der Ausgleich zwischen Parteiautonomie und Schutz des Schwächeren, insbesondere im schweizerischen IPR-Entwurf, Diss. Freiburg/Schweiz, Zürich 1985;

Zellweger, Die Form der schuldrechtlichen Verträge im IPR, Basel 1990 (bespr. von *Spellenberg* RabelsZ 61 [1997], 166–172); *Schütze,* Internationales Notarverfahrensrecht, DNotZ 92, 66–84; *Bindseil,* Internationaler Urkundenverkehr, ebenda 275–293; *Bindseil,* Konsularisches Beurkundungswesen, DNotZ 93, 5–22; *Donath,* Die Statutes of Frauds der US-amerikanischen Bundesstaaten aus der Perspektive des deutschen Kollisionsrechts, IPRax 94, 333–340. Danach: *St. Lorenz,* Internationale Erwachsenenadoption und lex loci actus, IPRax 94, 193–197; *Hepting,* Der letzte Schritt zur Vollwirksamkeit nichtstandesamtlicher Eheschließungen: Kommt die Heilung mit Statusfolge?, ebenda 355–360; *Straub,* Zwei Wechselfälle der Parteiautonomie, ebenda 432–435 (434f.); *Deutsches Notarinstitut* (Hrsg.), Notarielle Fragen des internationalen Rechtsverkehrs, 1995; *Sturm,* Eheschließungsformen im Ausland, ihre Gültigkeit und Nachweisbarkeit im Inland, StAZ 95, 343–350; *Schönwerth,* Die Form der Rechtsgeschäfte im IPR – Art. 11 EGBGB, 1996; *Goette,* Auslandsbeurkundungen im Kapitalgesellschaftsrecht, Boujong-Fschr. 1996, 131–143 und ausführlicher MittRhNotK 97, 1–6; *Langhein,* Kollisionsrecht der Registerurkunden, Angloamerikanische notarielle Urkunden im deutschen Registerrecht, Rpfleger 96, 45–53; *Stürner,* L'acte notarié dans le commerce juridique européen, Rev. int. dr. comp. 1996, 515–532; *Großfeld* und *Berndt,* Die Übertragung von deutschen GmbH-Anteilen im Ausland, RIW 96, 625–633; *Schulz,* Die Subsumtion ausländischer Rechtstatsachen, 1997, 203–247; *Reuter,* Keine Auslandsbeurkundung im Gesellschaftsrecht? RIW 98, 116–119; Belehrung eines im Ausland weilenden GmbH-Geschäfsführers durch deutschen Notar (Rundschreiben BNotK Nr. 39/98), MittRhNotK 98, 292–297; *Feitag,* Sprachzwang, Sprachrisiko und Formanforderungen im IPR, IPRax 99, 142–148; *Downes* und *Heiss,* Ausschluß des favor offerentis bei Formvorschriften des (europäisierten) Verbrauchervertragsrechts: Art. 9 EVÜ und komplexe Schutzformen, ebenda 137–142. Zur Form der *Heirat* unten S. 695–699, zur Form der *Verfügungen von Todes wegen* unten S. 862–866.

Rechtsvergleichend: von Mehren, Formal Requirements, IECL VII (Contracts in General) Ch. 10, 1998.

a) Grundsätze

Die Form des Rechtsgeschäfts regelt **Art. 11 EGBGB.** Dessen Absätze 1–4 übernehmen teils wörtlich, teils inhaltlich (Begründung BT-Drucks. 10/504 S. 48) den Art. 9 I–IV, VI des Rom-Übereinkommens über das auf vertragliche Schuldverhältnisse anzuwendende Recht (oben S. 203f.; über dessen Verhältnis zum EGBGB oben S. 12 a.E.; Art. 9 V des Rom-Übereinkommens wird übernommen von Art. 29 III EGBGB, dazu unten S. 585f.).

Art. 11 I EGBGB lautet:

„(1) Ein Rechtsgeschäft ist formgültig, wenn es die Formerfordernisse des Rechts, das auf das seinen Gegenstand bildende Rechtsverhältnis anzuwenden ist, oder des Rechts des Staates erfüllt, in dem es vorgenommen wird."

Wie sein Vorgänger (Art. 11 I a.F.) stellt Abs. 1 **zwei Grundsätze** auf. Einmal entscheidet die Rechtsordnung, die für den *Inhalt* des Geschäfts maßgibt, das sog. **Geschäftsrecht** *(lex causae),* z.B. für Schuldverträge grundsätzlich das von den Parteien vereinbarte Recht, für dingliche Geschäfte die *lex rei sitae,* für die Heirat das Personalstatut der Verlobten (Art. 13 I). Zum anderen wird berufen das Recht des Vornahmeorts, das sog. **Ortsrecht** (lex loci actus).

Orts- und Geschäftsrecht gelten **alternativ:** anzuwenden ist die Rechtsordnung, die der *Formgültigkeit* des Geschäfts *günstiger* ist.

Heirateten z. B. Griechen vor dem Standesbeamten in Paris, so war die Ehe zwar bis 1982 nach griechischem materiellen Recht (das nach Art. 13 I a. F. EGBGB Geschäftsrecht war) Nichtehe, aber nach französischem materiellen Recht (Ortsrecht) formgültig: das französische Recht entschied (auch nach französischem IPR gilt das Ortsrecht: *Batiffol* und *Lagarde,* Droit international privé II[7], 1983, 52 a. E. f.). Heiraten umgekehrt Griechen in Paris vor dem orthodoxen Geistlichen, dann ist die Ehe zwar nach französischem materiellen Recht (Ortsrecht) Nichtehe, aber nach griechischem materiellen Recht (Geschäftsrecht) formgültig: das griechische Recht entscheidet (nach französischem IPR gilt französisches materielles Recht: *Batiffol* und *Lagarde* aaO 57–59; ebenso nach deutschem IPR, wenn die Griechen bei uns heiraten: Art. 13 III 1 EGBGB).

Alternativ ist *nicht wahlweise.* Welche Form der Erklärende beobachten *wollte,* gilt gleich (für Schuldverträge streitig; a. A. z. B. BGH 57, 337 [340] = NJW 72, 385 [386] mit abl. Anm. von *Jayme* 1618).

Während im Verhältnis zwischen Orts- und Geschäftsrecht der *favor negotii* herrscht, siegt *im Verhältnis zweier Geschäftsrechte* bei der Form (wie auch sonst) die dem Geschäft *ungünstigere* Rechtsordnung.

Heiratet z. B. ein Deutscher eine Griechin in Paris vor dem orthodoxen Geistlichen, so ist die Ehe zwar nach griechischem Recht (das nach Art. 13 I EGBGB Geschäftsrecht ist) gültig, aber nach deutschem Recht (das nach Art. 13 I ebenfalls Geschäftsrecht ist) Nichtehe. Die Ehe ist daher, soweit Geschäftsrecht in Betracht kommt (Art. 11 I n. F.), Nichtehe. Da sie auch nach französischem Ortsrecht (Art. 11 I) Nichtehe ist, sind der Deutsche und die Griechin nicht verheiratet.

b) Ausnahmen

Die **Alternative** von Orts- und Geschäftsrecht wird **oft nicht wirksam.**

So (selbstverständlich), wenn **Orts- und Geschäftsrecht zusammenfallen.** Zum Beispiel das Geschäft ist in dem Lande vorgenommen, dessen Recht den Geschäftsinhalt beherrscht (ein New Yorker testiert in New York). Oder das IPR des Geschäftsrechts läßt allein die Form des Ortsrechts gelten (Rück- oder Weiterverweisung auf Ortsrecht, die allerdings bei Schuldverträgen nach Art. 35 I EGBGB entfällt).

Beispiele für Verweisung des *Geschäftsrechts* auf Ortsrecht fanden sich früher beim Testament (jetzt gelten Art. 26 I–III EGBGB und Haager Abkommen unten S. 862 bis 866). So OLG Karlsruhe BadRpr. 22 [1920], 40 = OLGE 40, 159: in Baden-Baden errichtetes eigenhändiges Zweizeugentestament eines New Yorkers mit Grundbesitz und letztem Wohnsitz in Baden-Baden (nichtig, weil damalige deutsche Vorschriften für eigenhändiges Testament nicht voll erfüllt); In the Estate of Fuld (deceased) (No. 3) [1966] 2 W. L. R. 717 (738–741): in Frankfurt errichtete maschinenschriftliche Zweizeugentestamente (drittes und viertes Nachtragstestament) eines aus Deutschland emigrierten Kanadiers (Ontario) mit letztem Wohnsitz in Frankfurt (nichtig).

Verweist umgekehrt das *Ortsrecht* zurück oder weiter (auf das Geschäftsrecht oder auf das Recht eines anderen Staats), so genügt die Form der Rechtsordnung auf die verwiesen ist. Es genügt aber *auch,* daß die Form gewahrt ist, die das *materielle Recht des Ortsstaats* vorschreibt. Denn Art. 11 I EGBGB will den Verkehr erleichtern und das geschieht wirksam nur, wenn man sich der materiellen Ortsform bedienen darf.

Nur Belegenheitsrecht gilt bisweilen bei **Verpflichtungsgeschäften** (meist Schuldverträgen) **über Grundstücksrechte** oder **Grundstücksnutzung.** Denn **Art. 11 IV EGBGB** bestimmt:

„(4) Verträge, die ein dingliches Recht an einem Grundstück oder ein Recht zur Nutzung eines Grundstücks zum Gegenstand haben, unterliegen den zwingenden Formvorschriften des Staates, in dem das Grundstück belegen ist, sofern diese nach dem Recht dieses Staates ohne Rücksicht auf den Ort des Abschlusses des Vertrages und auf das Recht, dem er unterliegt, anzuwenden sind."

Hier haben wir eine „bedingte Verweisung" (oben S. 367).

Im deutschen materiellen Recht gibt es solche zwingenden Formvorschriften nicht: deutsche Grundstücke können im Ausland formlos verkauft werden (z.B. RG 121, 154 [156 a.E.f.]: mündlicher Verkauf von berliner Grundstücken in der Tschechoslowakei). Werden dagegen ausländische Grundstücke in Deutschland verkauft und gilt für den Kauf deutsches Recht, dann ist § 313 BGB anzuwenden, der sich nicht auf Verpflichtungsgeschäfte zur Übereignung *deutscher* Grundstücke beschränkt (BGH 52, 239 [242f.]: Verkauf spanischer Grundstücke zwischen Deutschen in Frankfurt; BGH 53, 189 [194f.]: Kaufvorvertrag über niederländische Eigentumswohnung zwischen Deutschen in Köln; BGH 57, 337 [339]: Kauf italienischen Grundstücks in Italien, Vereinbarung deutschen Rechts; BGH 73, 391 [394, 396–398]: Kauf spanischer Eigentumswohnung, Vereinbarung deutschen Rechts; OLG München IPRax 90, 320 mit Aufsatz von *Spellenberg* 295–298 = NJW-RR 89, 663 (665 unter II 1 e): Vergleich mit Verpflichtung, Grundstück auf Teneriffa zu übereignen, Vereinbarung deutschen Rechts). Anders, wenn *ausländische* Grundstücke (gleich, wo) verkauft werden und ausländisches Recht vereinbart wird: § 313 BGB entfällt (OLG Frankfurt IPRax 92, 314 mit Aufsatz von *Bungert* 296–301).

Das gleiche wird angenommen für *§ 15 IV 1 GmbHG,* wenn Anteile an einer ausländischen GmbH in Deutschland durch einen deutschem Recht unterliegenden Vertrag verkauft werden (OLG Celle NJW-RR 92, 1126 mit Aufsatz von *Merkt* ZIP 94, 1417–1425; vgl. OLG München DZWiR 93, 512 mit Aufsatz von *Bungert* 494–498 = NJW-RR 93, 998 = ZIP 93, 508 mit Aufsatz von *Merkt* a.a.O.).

Art. 11 IV EGBGB gilt nur für das Verpflichtungsgeschäft selbst, *nicht* für die *Vollmacht* zu Verpflichtungsgeschäften über Grundstücke oder Grundstücksnutzung. Daher kann entgegen § 313 BGB die Vollmacht zum Verkauf deutscher Grundstücke im Ausland in ausländischer Form erteilt werden. So z.B. KG IPRspr. 1931 Nr. 21: in Kalifornien durch *notary public* beglaubigte Vollmacht zum Verkauf von Bruchteilseigentum an einem breslauer Grundstück ist gültig. Ebenso erklärte der Hoge Raad der Niederlande (Rev. crit. dr. i. p. 1958, 512 mit Anm. von *Francescakis*) für gültig eine in Kalifornien durch *notary public* beglaubigte Vollmacht zur Bestellung einer Hypothek an einem Grundstück in Amsterdam.

Nur Geschäftsrecht gilt bei **dinglichen Verfügungen. Art. 11 V EGBGB,** der inhaltlich den Art. 11 II a.F. übernimmt und im Rom-Übereinkommen über das auf vertragliche Schuldverhältnisse anzuwendende Recht vom 19. 6. 1980 (oben S. 203f.) kein Gegenstück hat, sagt:

„(5) Ein Rechtsgeschäft, durch das ein Recht an einer Sache begründet oder über ein solches Recht verfügt wird, ist nur formgültig, wenn es die Formerfordernisse des Rechts erfüllt, das auf das seinen Gegenstand bildende Rechtsverhältnis anzuwenden ist."

Die Form dinglicher Verfügungen richtet sich daher allein nach der *lex rei sitae* oder (gemäß Art. 4 I EGBGB) nach dem Recht, auf das die *lex rei sitae* zurück oder weiter verweist. Das Interesse an der Durchsetzbarkeit (oben S. 126f.) siegt hier über das Verkehrsinteresse. Merkwürdigerweise siegt es auch bei *beweglichen* Sachen (anders in Art. 12 Satz 2 EGBGB; anders auch bei der Vollmacht zur Verfügung über Sachen, oben S. 544.

Art. 11 V gilt nicht:

a) für Verfügungen über *andere als Sachenrechte;* so nicht für die Forderungsabtretung; so nicht für die Abtretung von *Mitgliedschaftsrechten* und andere *gesellschaftsrechtliche Geschäfte* (streitig; wie hier z. B. OLG Stuttgart IPRax 83, 79 LS mit Anm. der Redaktion [K. F.]; OLG Düsseldorf NJW 89, 2200; a. A. z. B. OLG Hamm NJW 74, 1057 [1058]; [öst]OGH IPRax 90, 252 mit zust. Aufsatz von *Kralik* 255–257 = [öst] ZRvgl. 1989, 223 [228] mit abl. Anm. von *Schwind* = [öst] ZRvgl. 1991, 47; AG Köln IPRspr. 1989 Nr. 33 a = MittRhNotK 90, 21; AG Köln IPRspr. 1989 Nr. 37 = RIW 90, 990; LG Kiel EWiR 1998, 215 LS mit Anm. von *Horn* und *Kröll* = RIW 97, 957; differenzierend *Kropholler* ZHR 76, 402–405, 411 f.);

b) für die *Vollmacht zu Verfügungs*geschäften über Sachen; z. B. KG IPRspr. 1931 Nr. 21, oben; für die Vollmacht zur Verfügung über Grundstücke gilt zwar als Geschäftsrecht die *lex rei sitae* (oben S. 544), aber für die *Form* einer solchen Vollmacht genügt die Wahrung des Ortsrechts (z. B. OLG Stuttgart OLGZ 1981, 164 [165]: in Liechtenstein schriftlich erteilte Vollmacht zur Auflassung deutschen Grundstücks; OLG München [Senat Augsburg] IPRax 90, 320 mit Aufsatz von *Spellenberg* 295–298 = NJW-RR 89, 663 [664 unter II 1 b]: in Augsburg erteilte Vollmacht, Bungalow in Teneriffa zu verkaufen und zu übereignen; a. A. *Ludwig* NJW 83, 496 für unwiderrufliche Verfügungsvollmacht, wenn für sie wie bei uns die Form der Verfügung selbst verlangt wird);

c) für *personen-, familien- und erbrechtliche* Geschäfte, insbesondere für Heirat und Testament (h. M.; a. A. *Raape,* IPR 229–235).

Nur Geschäftsrecht gilt, wenn das **Geschäft dem Ortsrecht unbekannt** ist. Man darf hier nicht Formlosigkeit nach Ortsrecht unterstellen. Denn das Ortsrecht hat gar nicht entschieden.

Daher können Deutsche in Italien nur vor einem Notar einen Erbvertrag schließen. Daher konnten in der Schweiz vor Einführung der GmbH (1936) deutsche GmbH-Anteile nur nach § 15 III, IV GmbHG gerichtlich oder notariell abgetreten werden (RG 160, 225 [229–231]).

Nur Ortsrecht gilt für die **Heirat in Deutschland** nach **Art. 13 III 1 EGBGB** (näher unten S. 697–699). Ebenso praktisch für die Heirat von Verlobten mit deutschem Personalstatut im Ausland (weil der ausländische Standesbeamte sich nicht an §§ 1310–1312 n.F. BGB hält). Auch für die Form von **Wechsel-** und **Scheck**erklärungen gilt grundsätzlich nur Ortsrecht (näher Art. 92 WG, 62 SchG).

Über Verbraucherverträge unten S. 585 f. Über die Testamentsform und das Haager Testamentsform-Abkommen unten S. 862–866. Über andere Staatsverträge und deutsches Konsularrecht unten S. 709–712, 876–880.

c) Abschlußort

Das von Art. 11 I EGBGB als Formstatut zugelassene Recht des Abschlußorts dient dem *Verkehrsinteresse* (näher oben S. 120f.): man soll sich in der Form äußern dürfen, die um einen herum üblich ist. Nach diesem Zweck ist daher auch zu bestimmen, **wo** genau ein **Geschäft vorgenommen** ist. Es ist das der Ort, wo man seine Erkärung *abgibt, nicht,* wo sie *zugeht* (z.B. KG IPRspr. 1931 Nr. 21: Ausstellung einer Vollmachtsurkunde in Kalifornien und Übersendung an den Bevollmächtigten in Deutschland: die Vollmacht ist in Kalifornien erteilt). Bei *Verträgen unter Abwesenden* hätte danach *jeder* Vertragsteil sein *eigenes* Ortsrecht, nämlich das Recht des Staates, in dem er sich erklärt (*Zweigert* Rabel-Fschr. 1954, I 631–654; 5. Aufl. S. 368). Nach **Art. 11 II EGBGB** genügt jedoch die Form *eines* dieser Rechte für *beide* Erklärungen:

„(2) Wird ein Vertrag zwischen Personen geschlossen, die sich in verschiedenen Staaten befinden, so ist er formgültig, wenn er die Formerfordernisse des Rechts, das auf das seinen Gegenstand bildende Rechtsverhältnis anzuwenden ist, oder des Rechts eines dieser Staaten erfüllt."

Bei *Stellvertreter*geschäften entscheidet als Ortsrecht das Recht des Staates, in dem sich der *Vertreter* erklärt. Denn **Art. 11 III EGBGB** bestimmt:

„(3) Wird der Vertrag durch einen Vertreter geschlossen, so ist bei Anwendung der Absätze 1 und 2 der Staat maßgebend, in dem sich der Vertreter befindet."

d) Qualifikation

Art. 11 EGBGB regelt die *Form* des Rechtsgeschäfts. Was zur „Form" im Sinne des Art. 11 gehört, ergeben die *Interessen,* denen Art. 11 dient, und die Interessen, denen andere Kollisionsnormen dienen, deren Geltungsbereich gegen Art. 11 abzugrenzen ist (vgl. oben S. 298f., 301f.). So fiel das (in Deutschland 1998 weggefallene, unten S. 887) *Aufgebot* vor der Heirat unter Art. 11 (Form der Heirat), nicht unter Art. 13 (sachliche Voraussetzungen der Heirat), während es im deutschen materiellen Eherecht eine sachliche Voraussetzung der Heirat bildete (oben S. 286 a.E.f.). Ebenso gehört unter Art. 11 der art. 1341 code civil mit Dekret vom 15. 7. 1980, wonach bei Verträgen über 5000 frs der *Zeugenbeweis ausgeschlossen* ist (ähnliche Regeln in Tochterrechten des code civil). Denn art. 1341 will nicht den Prozeßablauf gestalten, sondern die Schriftform erzwingen. Er verfolgt Formzwecke und regelt auch mittelbar die Form. Er ist daher in Deutschland nicht etwa unanwendbar (weil für den Ablauf gerichtlicher Verfahren die *lex fori* gilt), sondern ist anzuwenden, wenn entweder das Geschäft in Frankreich geschlossen ist oder französisches Recht das Geschäft beherrscht (Art. 11 I EGBGB).

Z. B. *MünchKomm-Spellenberg*[3] Art. 11 Rz 15 S. 588f.; a. A. für den ähnlichen art. 1985 code civil, der die Vollmacht betrifft, BGH JZ 55, 702 mit Anm. von *Gamillscheg* = Rev. crit. dr. i. p. 1956, 58 mit Anm. von *Mezger;* a. A. auch *Frey* NJW 72, 1602–1604, der sich eindrucksvoll auf zunehmende Erlaubnis des Zeugenbeweises durch die französischen und italienischen Gerichte beruft, *Frhr. Marschall v. Bieberstein* Beitzke-Fschr. 1979, 636f. mit gleichem Hinweis für Frankreich und *Böhm* Fasching-Fschr., Wien 1988, 107–138.

Die Frage ist *nicht* erledigt durch Art. 32 III 2 EGBGB (a. A. z. B. *MünchKomm-Spellenberg*[3] Art. 11 Rz 16 S. 589). Denn diese Bestimmung (über sie unten S. 905) betrifft nicht *Form-*, sondern *Beweis*vorschriften (die deutschen und solche von Staaten, deren Recht [auch] die Form beherrscht); außerdem gilt Art. 32 III 2 nur für Schuldverträge, falls man ihn nicht auf andere Rechtsgeschäfte entsprechend anwendet.

Art. 1341 code civil reicht in seinen Vorläufern bis ins 14. Jahrhundert zurück und schon im 17. Jahrhundert haben sich in Frankreich Rechtsprechung und Lehre dafür entschieden, daß solche Bestimmungen Formvorschriften des materiellen Rechts und nicht Beweisführungsvorschriften des Verfahrensrechts darstellen (*Dumoulin,* Philippe de Renusson und das französische International-Privatrecht des 17. Jahrhunderts, Diss. Köln 1959, 142, 172). Einer dieser Vorläufer, die Ordonnance de Moulins von 1566, könnte dem englischen *Statute of Frauds* von 1677 (sections 4 und 17) Pate gestanden haben (dafür *Rabel* 63 [1947] L. Q. Rev. 174–187; dagegen *Anson,* A Histoy of the Common Law of Contract, Oxford 1975, 605–609): formlose Verträge sind unter bestimmten Umständen, u. a. bei Überschreitung bestimmter Wertgrenzen, *unklagbar.* Diese Regeln des Statute of Frauds gelten teils noch fort, teils sind sie von anderen Bestimmungen übernommen worden (in England sind sie allerdings 1954 im wesentlichen beseitigt worden). Sie sind als *Form*vorschriften zu werten und gehören folglich unter Art. 11 EGBGB.

Lorenzen 32 (1923) Yale L. J. 311–338 = Selected Articles on the Conflict of Laws, 1947, 322–351 (grundlegend); *Rabel* II[2] 501–505; vgl. auch *Ehrenzweig* 59 (1959) Col. L. Rev. 874–881 und *Heilman,* The Conflict of Laws and the Statute of Frauds, Seattle 1961. A. A. *Frhr. Marschall v. Bieberstein* Beitzke-Fschr. 1979, 638 mit Hinweis auf formgültigkeitsfreundliche amerikanische Praxis; ebenso *Donath* IPRax 94, 333–340.

e) Angleichung

Soweit *Geschäftsrecht* die Form beherrscht und das *Geschäft in einem anderen Staat* vorgenommen ist, entstehen Fragen der *Angleichung* (oben § 8) bei der Mitwirkung *öffentlicher Urkundspersonen.* Genügt z. B. für eine vom deutschen Recht verlangte öffentliche Beglaubigung, daß ein schweizerischer Notar beglaubigt hat? Genügt für eine vom deutschen Recht verlangte öffentliche Beurkundung, daß ein *notary public* in Texas beurkundet hat?

Die Regeln des Geschäftsrechts, die verlangen, daß öffentliche Urkundspersonen mitwirken, werden ergänzt durch Normen des *sachlichen Kollisionsrechts* (oben S. 46 bis 48), die auf die Urkundsvorschriften des eigenen Rechts der freiwilligen Gerichtsbarkeit und auf das eigene Berufsrecht der Urkundspersonen (in Deutschland insbesondere GVG und BundesnotarO) verweisen. Werden *ausländische* Urkundspersonen tätig, dann gelten jedoch ausländisches Recht der freiwilligen Gerichtsbarkeit (denn der Ablauf des Verfahrens unterliegt immer der jeweiligen *lex fori*) und ausländisches Berufsrecht. Das bedeutet in der Regel *Normenwiderspruch* (und zwar einseitigen Normenwiderspruch vom Typ „so soll es nicht sein" auf Seiten des *Geschäfts*rechts: oben S. 309f.). Er ist zu lösen durch *Auslegung des Geschäftsrechts:* der Zweck der Formvorschriften des Geschäftsrechts bestimmt, welche der ausländischen Urkundsformen ausreichen und welche nicht und ob gegebenenfalls Ersatzformvorschriften (z.B. für Nottestament) im Geschäftsrecht anzuwenden oder auszubilden sind (wegen ähnlicher Fälle vgl. oben S. 317f.).

Das *deutsche* Recht als Geschäftsrecht läßt für die *Beglaubigung* von Unterschriften genügen, daß eine ausländische Behörde oder Urkundsperson nach den Regeln des ausländischen Rechts beglaubigt hat (z.B. OLG Stuttgart WürttZ 1908, 297 [303] für schweizerischen Gemeinderatspräsidenten); das gilt insbesondere für Beglaubigungen durch ausländische Notare (OLG Köln RIW 89, 565).

Auch *Beurkundungen* wird in der Regel ein ausländischer Notar vornehmen können (z.B. LG Berlin DAVorm. 1958, 108 [110] *obiter* für Beurkundung von Adoptionserklärungs-Vollmacht durch Notar in Texas; LG Mainz RzW 58, 334 für Aufnahme eidesstattlicher Versicherung nach § 2356 II BGB durch *notary public* der USA; BGH 80, 76 [78–80] für Beurkundung der Änderung der Satzung einer deutschen GmbH durch Zürcher Notar; [öst] OHG IPRax 1990, 151 mit Aufsatz von *Kralik* = [öst] ZRvgl. 1989, 223 [229] mit Anm. von *Schwind* = [öst] Zvgl. 1991, 47 für Beurkundung der Abtretung eines österreichischen GmbH-Anteils durch deutschen Notar; BGH RIW 89, 649 für Beurkundung eines Vertrags über Abtretung deutscher GmbH-Anteile durch schweizerischen Notar; LG Köln RIW 89, 990 für Beurkundung der Verschmelzung deutscher Gesellschaften mbH zu einer neuen GmbH durch Zürcher Notar [im Interesse der Rechtssicherheit]; OLG München EWiR 98, 309 LS mit Anm. von *Mankowski* = NJW-RR 98, 758 für Beurkundung eines Unternehmenskaufs [Abtretung von GmbH-Anteilen nach § 15 IV 1 GmbHG] durch Baseler Notar).

Anders für Beurkundungen viele vor allem wegen Belehrungspflicht des deutschen Notars über das deutsche Recht, die aber analog § 17 III BeurkG dem ausländischen Notar zu erlassen ist (z.B. OLG Hamm NJW 74, 1057 [1058f.]; LG München Betr. 76, 2202 mit zust. Anm. von *H. Schmidt;* OLG Karlsruhe RIW 79, 567; AG Karlsruhe DAVorm. 90, 391 für Beurkundung von Vaterschaftsanerkenntnis in USA durch *notary public;* AG Köln MittRhNotK 90, 21 für Beurkundung der Veschmelzung deutscher Gesellschaften mbH durch Zürcher Notar; AG Köln RIW 89, 990 für Beurkundung satzungsänderungsgleichen Gewinnabführungsvertrags durch Zürcher Notar; *Brambring* NJW 75, 1258–1260; *Bredthauer* BB 86, 1866–1868 für Zürcher Notar).

Die besondere Belehrung nach § 8 III 2 GmbHG (zu ihr: Notarielle Belehrung eines im Ausland weilenden GmbH-Geschäftsführers [Rundschreiben Nr. 39/98 der Bundesnotarkammer an alle Notarkammern], DNotZ 98, 913–925) kann allerdings schwerlich durch einen New Yorker *notary public* wirksam erfolgen (LG Ulm RIW 88, 561) und deutsche Grundstücke können aus geschichtlichen Gründen nicht vor ausländischen Notaren aufgelassen werden (z.B. OLG Köln OLGZ 1972, 321 = IPRspr. 1971 Nr. 171; BayObLGZ 1977, 211 [217]; KG NJW-RR 86, 1462 = OLGZ 1986, 319; *Kropholler* ZHR 76, 410f.; näher *Riedel* DNotZ 55, 521–526 und *Schulz,* Die Subsumtion ausländischer Rechtstatsachen, 1997, 236–238, 246; zweifelnd *Küppers* DNotZ 73, 677; dagegen *Mann* ZHR 74, 456 = *Mann,* Beiträge zum IPR, 1976, 234f.).

f) Interlokales Recht

Schrifttum: *Faßbender,* Beurkundungen bei Beteiligung von Bürgern der ehemaligen DDR, MittRhNotK 90, 209-214; *Schäfer-Göltz* und *Lange,* Sind Kaufverträge, die vor dem 3. 10. 1990 von bundesdeutschen und Westberliner Notaren über in der ehemaligen DDR belegenes Grundvermögen beurkundet wurden, formunwirksam?, DtZ 91, 292; *Steiner,* Kaufverträge über Grundvermögen in der ehemaligen DDR –

ein Fall für den Gesetzgeber?, ebenda 372f.; *Schotten,* Zur Formwirksamkeit von Verträgen über Grundbesitz in der ehemaligen DDR, die vor der Vereinigung in den alten Bundesländern beurkundet worden sind, DNotZ 91, 771–783; *Schäfer-Gölz* und *Lange,* Nochmals: Wirksamkeit von vor dem 3. 10. 1990 durch bundesdeutsche Notare beurkundeten Kaufverträgen über in der ehemaligen DDR belegenes Grundvermögen, DtZ 92, 44f.; *Schotten* und *Schmellenberger,* Zur materiellrechtlichen Wirksamkeit von Verträgen über Grundbesitz in der ehemaligen DDR, die vor der Vereinigung in den alten Bundesländern beurkundet worden sind, DNotZ 92, 203–221.

In der früheren DDR und in Ost-Berlin galten nach § 16 RAG *alternativ* nicht bloß *Geschäfts-* und *Ortsrecht,* sondern das Geschäft war auch dann formgültig, wenn die Formvorschriften des Staates eingehalten waren, „in dem die *Wirkung des Rechtsgeschäfts* eintreten soll".

Bei Rechtsgeschäften, die vor dem 3. 10. 1990 geschlossen worden sind (d.h. in Altfällen), könnte diese Abweichung zum Zuge kommen und dann würde, soweit das materielle Recht der Form in Ost und West auseinander ging, in den alten und neuen Bundesländern verschieden zu entscheiden sein (vgl. oben S. 42–44).

Tatsächlich ist jedoch eine andere Abweichung bedeutsam geworden. Denn **§ 12 III RAG** bestimmt:

„(3) Auf Verträge über das Eigentum und andere Rechte an Grundstücken und Gebäuden in der Deutschen Demokratischen Republik ist ausschließlich das Recht der Deutschen Demokratischen Republik anzuwenden."

Diese Vorschrift dürfte dahin zu verstehen sein, daß für Schuldverträge über Eigentum und andere dingliche Rechte an Grundstücken, mithin vor allem für **Grundstückskäufe,** allein die Form des Rechts der DDR und Ost-Berlins zugelassen war, nämlich nach §§ 297 I 2, 67 I 3 ZGB Beurkundung durch das Staatliche Notariat (BG Leipzig DtZ 92, 58; a.A. BG Erfurt NJ 92, 417). Art. 11 IV EGBGB (interlokal entsprechend angewandt) läßt § 12 III RAG gelten. Danach wären Westverkäufe von Ostgrundstücken nichtig. **Art. 231 § 7 I EGBGB** erklärt sie jedoch für wirksam. Art. 231 **§ 8** regelt die Formgültigkeit von Vollmachtsurkunden staatlicher Organe der früheren DDR (eingefügt durch Art. 2 § 5 Nr. 1 SachenRÄndG; für verfassungsmäßig erklärt von BVerfG WM 98, 2025).

VI. Verjährung, Ausschlußfrist, Verwirkung

1. Verjährung

Schrifttum: 7. Aufl. S. 466f. Hervorzuheben: *Michel,* La prescription libératoire en droit international privé, Thèse Paris 1911 (noch immer Fundgrube); *Lorenzen,* The Statute of Limitations and the Conflict of Laws, 28 (1919) Yale L.J. 492–498 = *Lorenzen,* Selected Articles on the Conflict of Laws, 1947, 352–359; *Wunderlich,* Zur Lehre von der Verjährung nach internationalem Rechte, Heinitz-Fschr. 1926, 481–512; *Ailes,* Limitation of Actions and the Conflict of Laws, 31 (1932/33) Mich. L. Rev. 474–502; *Schoch,* Klagbarkeit, Prozeßanspruch und Beweis im Lichte des internationalen Rechts, 1934, 110–116; *Katinszky,* Unterbrechung der Verjährung durch Klageerhebung vor ausländischen Gerichten, RabelsZ 9 (1935), 855–866; *Kuratowski,* Limitation of Actions Founded on Contract and Prescription of Contractual Obligations in Private International Law, Actorum Academiae Universalis Jurisprudentiae Comparativae Vol. III Pars IV, Rom 1955, 447–460; *Kegel,* Die Grenze von Qualifikation und Renvoi im internationalen Verjährungsrecht, 1962; *Ester,* Borrowing Statutes of Limitation and Conflict of Laws, 15 (1962) Fla. L. Rev. 33–84; *Rabel* III² 487–536; *Schütze,* Die Unterbrechung und Inlaufsetzung der Verjährung von Wechselansprüchen durch ausländische Klageerhebung, WM 67, 246–249; *Milleker,* Inlandswirkungen der Streitverkündung im ausländischen Verfahren, ZZP 80 (1967), 288–310; *Burr,* Fragen des kontinental-europäischen internationalen Verjährungsrechts, Diss. Tübingen 1968; *Müller-Freienfels,* Die Verjährung englischer Wechsel vor deutschen Gerichten, Zepos-Fschr. II, 1973, 491–534; Note: An Interest-Analysis Approach to the Selection of Statutes of Limitation, 49 (1974) N.Y.U.L. Rev. 299–322; *Braunstein,* Choice of Law: Statutes of Limitations in the Multistate Products Liability Case, 48 (1974) Tul. L. Rev. 1130–1159; *Lando* IECL III Ch. 24, 1976, S. 123f.; *Schlosser,* Ausschlußfristen, Verjährungsunterbrechung und Auslandsklage, Bosch-Fschr. 1976, 859–874; *Edler,* Verjährung und res iudicata im englischen IPR, RabelsZ 40 (1976) 43–55; *Schack,* Wirkungsstatut und Unterbrechung der Verjährung im IPR durch Klageerhebung, RIW 81, 301–303; *Frank,* Unterbrechung der Verjährung durch Auslandsklage, IPRax 83, 108–111; *Geimer,* Nochmals: Zur Unterbrechung der Verjährung durch Klageerhebung im Ausland: Keine Gerichtspflichtigkeit des Schuldners all over the world, IPRax 84, 83f.; *Frank,* Schlußwort ebenda 84; *Linke,* Die Bedeutung ausländischer Verfahrensakte im deutschen Verjährungsrecht, Nagel-Fschr. 1987, 209–226; *Girsberger,* Verjährung und Verwirkung im internationalen Obligationenrecht, Zürich 1989; *Hay,* Die Qualifikation der Verjährung im US-amerikanischen Kollisionsrecht, IPRax 89, 197–202; *Hanisch,* Fremdwährungsforderung, Mahnbescheid und Verjährung, ebenda 276–279; *Taupitz,* Verjährungsunterbrechung im Inland durch unfreiwillige Beteiligung am fremden Rechtsstreit im Ausland, ZZP 89, 288–318; *Deutsch,* Qualifikation und Rechtsanwendung im intertemporalen Recht – dargestellt am Haftungs- und Schadensrecht des Einigungsvertrages, IPRax 92, 284–290 (289f.); *Otte,* „Verfolgung ohne Ende" – ausländische Verjährungshemmung vor deutschen Gerichten, IPRax 93, 209–215. Danach: *Hage-Chahine,* La prescription extinctive en droit international privé, Rec. 261 (1995), 229–337; *Taupitz,* Unterbrechung der Verjährung durch Auslandsklage aus der Sicht des österreichischen und des deutschen Rechts, IPRax 96, 140–145; *McEvoy,* Characterization of Limitation Statues in Canadian Private International Law: the Rocky Road of Change, 19 (1996) Dalhousie L. J. 425–436; *Looschelders,* Anpassung und Substitution bei der Verjährungsunterbrechung durch unzulässige Auslandsklage, IPRax 98, 296–304.

Rechtsvergleichend: *Morath,* Verjährungsrechtliche Probleme bei der Geltendmachung von Spätschäden im Deliktsrecht aus der Sicht des deutschen, schweizerischen, österreichischen und englischen Rechts, 1996.

Ob und wie ein Anspruch verjährt, sagt die **Rechtsordnung, die für den Anspruch gilt.** So für *Schuldverträge* ausdrücklich *Art. 32 I Nr. 4 EGBGB,* der Art. 10 I Buchst. d des Rom-Übereinkommens über das auf vertragliche Schuldverhältnisse anzuwendende Recht vom 19. 6. 1980 (oben S. 203f.) übernimmt (über das Verhältnis des Abkommens zum EGBGB oben S. 12f.).

Ebenso in Frankreich Cass. Clunet 1984, 123 mit Anm. von *Légier.*

Das gilt auch für *Wechsel* und *Scheck* (BGH NJW 94, 1868 = WM 94, 581 [583 unter III] zu Art. 93 II WG). Gegen eine behauptete *Ausnahme* bei Wechsel und Scheck: *Soergel-Lüderitz* X^{12} Art. 10 EGBGB Anh Rz 119 S. 489f.

Über Verjährungsstatut, wenn Kaufpreisforderung dem *EKG* unterliegt: OLG Schleswig IPRax 93, 93 mit Aufsatz von *Stoll* 75–79; OLG Köln ZIP 92, 1482 (1484f. unter IV).

Wird die Verjährung durch **Prozeßhandlungen** unterbrochen (wie nach § 209 I BGB durch Klage, nach § 477 II BGB durch Antrag auf Beweissicherung) und sind diese Handlungen **in einem anderen Staat** vorgenommen als dem, dessen Recht für den Anspruch gilt, dann entstehen *Angleichungs*fragen, ähnlich denen bei Mitwirkung ausländischer Urkundspersonen (oben S. 554f.).

Für § 209 I BGB wird meist verlangt, daß das ausländiche Urteil in Deutschland voraussichtlich anerkannt werden wird (z. B. RG 129, 385 [389]: keine Unterbrechung der Verjährung durch Klage in Norwegen, weil Urteil nicht anerkannt; OLG Düsseldorf IPRspr. 1977 Nr. 8 = NJW 78, 1752: Unterbrechung durch Klage in Belgien, weil Urteil anerkannt; a. A. vor allem *Katinszky,* RabelsZ 9 [1935], 855–866, *Schütze* WM 67, 248 f. und *Linke* Nagel-Fschr. 1987, 221–226; vermittelnd wollen *Schlosser* Bosch-Fschr. 1976, 865 f. und *Soergel-Lüderitz* X[12] Art. 10 EGBGB Anh Rz 121 S. 490 f. und andere § 212 II BGB heranziehen). Dagegen fordert § 477 II BGB nicht, daß ein in derselben Sache ergehendes ausländisches Urteil in Deutschland anerkannt wird; vielmehr genügt, daß das ausländische Beweissicherungsverfahren dem deutschen im Kern entspricht (vgl. RG IPRspr. 1929 Nr. 160: Antrag auf Beweissicherung im Saargebiet, wo §§ 485–494 ZPO galten; LG Hamburg EWiR 99, 345 LS mit abl. Anm. von *Mankowski*: ausländisches Gericht, das Beweis anordnet, müsse international zuständig sein).

Der Klageerhebung im Ausland sollte für § 209 I BGB gleichstehen die Anmeldung der Forderung im ausländischen *Konkurs* (OLG Düsseldorf NJW 90, 640).

Verlangt im **inländischen** Verfahren der Kläger Zahlung erst in deutscher, dann in ausländischer *Währung,* dann bleibt die Forderung iSv § 244 BGB dieselbe und besteht daher eine durch Mahnbescheidszustellung oder Klageerhebung bewirkte Unterbrechung der Verjährung fort (BGH 104, 268 = IPRax 89, 293 mit Aufsatz von *Hanisch* 276–279; BGH NJW-RR 90, 183).

Wie bei uns (und oft im Ausland) galt auch in der früheren **DDR** für die Verjährung das Recht, dem der Anspruch unterliegt (§ 28 RAG).

Im **englisch-amerikanischen Recht** wird die Verjährung weithin als Gebilde des Prozeßrechts verstanden (oben S. 123 f.). Das kümmert uns nicht (oben S. 301 f.): wir folgen der „hypothetischen" Rückverweisung des englisch-amerikanischen internationalen Verfahrensrechts auf das deutsche Recht als *lex fori* (oben S. 355 f.).

England hat allerdings durch den *Foreign Limitation Periods Act 1984* die Verjährung weithin dem Recht unterstellt, das für den Anspruch gilt. Näher *Carter* 101 (1985) L. Q. Rev. 68–78.

Ausländische Verjährungsfristen *können* gegen den deutschen **ordre public** (Art. 6 EGBGB) verstoßen, wenn sie allzu lang oder allzu kurz sind. Die deutsche Rechtsprechung hält aber mit Recht zurück. Verfehlt RG 106, 82: eine Regel des schweizerischen Rechts, nach der Forderungen durch fruchtlose Zwangsvollstreckung unverjährbar werden, wurde wegen Art. 30 a. F. EGBGB nicht angewandt.

Interlokal unterliegt (wie im westlichen und östlichen IPR, oben S. 557 f.) die Verjährung dem Anspruchsstatut. Soweit danach Ostrecht maßgibt, enthält **Art. 231 § 6 I, II EGBGB** Übergangsvorschriften (vgl. Art. 169). So gelten für die Verjährung nach Art. 231 § 6 I 1 EGBGB die §§ 472–477 ZGB, wenn die Verjährung nach diesen Vorschriften vor dem 3. 10. 1990 eingetreten ist (KG DtZ 92, 299; BGH 122, 308 [310 unter II 1]; BGH 126, 87 [91 unter II 2 a]; BGH 135, 158 = DtZ 97, 218 = NJ 97, 427 [unter II 1] mit Anm. von *Posch*).

Fortgeltung von § 108 FGB (Unterhaltsansprüche verjähren in vier Jahren) verneint m. E. mit Unrecht OLG Naumburg DAVorm 93, 811 mit Anm. von *Brüggemann* = NJ 93, 516 mit abl. Aufsatz von *Lingelbach* NJ 94, 204–206.

Zum materiellen und intertemporalen Verjährungsrecht der DDR siehe BGH 122, 308 (311–314 unter II 1); BGH 126, 87 [90–105 unter II 2 b–6]; BGH 135, 158 = DtZ 97, 218 = NJ 97, 427 [427–429 unter II 2–4] mit Anm. von *Posch;* OLG Naumburg NJW 98, 237.

2. Ausschlußfrist

Der Verjährung steht gleich die Ausschlußfrist (z.B. LG Regensburg DAVorm. 55, 91; LG Ulm ebenda 56, 53). Wie die Verjährung unterstellt sie für Forderungen aus *Schuldverträgen* der *Art. 32 I Nr. 4 EGBGB* dem Forderungsstatut und folgt darin dem Art. 10 I Buchst. d des Rom-Übereinkommens über das auf vertragliche Schuldverhältnisse anzuwendende Recht vom 19. 6. 1980 (oben S. 203f.; über das Verhältnis des Abkommens zum EGBGB oben S. 12f.).

Interlokal und nach **Art. 231 § 6 III EGBGB** intertemporal gilt das gleiche wie für die Verjährung (oben).

3. Verwirkung

Schrifttum: *Will*, Verwirkung im IPR, RabelsZ 42 (1978), 211–226; *Girsberger*, Verjährung und Verwirkung im internationalen Obligationenrecht, Zürich 1989.

Der Verjährung steht nahe die Verwirkung. Doch kommt sie seltener vor, bei uns hauptsächlich im Miet- und Arbeitsrecht und im gewerblichen Rechtsschutz (*Will* [oben Schrifttum] 214). Daher ist sie gesetzlich nicht geregelt und in Rechtsprechung und Schrifttum weniger ausgebaut. Im Ausland finden wir sie in den romanischen Rechten als renonciation tacite, rinuncia tacita, im englisch-amerikanischen Recht als *waiver, abandonment, acqiescence, laches* und vor allem als *estoppel* (*Will* aaO 213f., 215; *Kegel* Pleyer-Fschr. 1986, 515–521).

Internationalprivatrechtlich sollte wie bei der Verjährung das **Recht** maßgeben, **das den Anspruch beherrscht** (z.B. OLG Frankfurt IPRspr. 1981 Nr. 53 [S. 55]; vgl. OLG Hamburg IPRax 89, 247 LS mit Anm. Red. [E.J.]). Denn die Verwirkung schwächt oder zerstört den Anspruch und der Anspruch unterliegt grundsätzlich „von der Wiege bis zum Grabe" demselben Recht (unten VII).

Eine *Sonder*anknüpfung empfiehlt *Will* (aaO 220, 223–225): rechtlich relevantes Verhalten sei unabhängig vom Geschäftsstatut „umweltbezogen" zu bewerten. Auf diesem Weg wird jedoch das Anspruchsstatut zersplittert; es müßte auch in anderen Fällen zurückweichen; z.B. könnte das Erfordernis der Nachfristsetzung nach Verzugseintritt statt dem Schuldstatut dem Recht des Schuldnerwohnsitzes unterliegen (vgl. auch *Soergel-Lüderitz* X[12] Art. 10 EGBGB Anh Rz. 127 S. 493).

Wie meist die Verjährung wird die Verwirkung im **englisch-amerikanischen Recht** zum Teil als Prozeßrechtsgebilde gesehen, nämlich als Beweisbeschränkung (näher *Will* aaO 217). Soweit dem so ist, liegt eine im deutschen Prozeß zu beachtende „hypothetische" Rückverweisung vor (vgl. oben S. 355f.).

Interlokal gilt das gleiche wie für die Verjährung (oben 1 a.E.). Allerdings bildet im Westrecht die Geltendmachung der Verwirkung einen Fall des Einwands der unzulässigen Rechtsausübung und gilt daher auch für Tatbestände, die dem Ostrecht unterliegen (oben S. 452; deswegen mag in BGH 122, 308 [314f. unter II 2] das interlokale Verwirkungsstatut nicht erwähnt sein).

VII. Geltungsbereich der Kollisionsnormen

Verjährung, Ausschlußfrist und Verwirkung besonders hervorzuheben – wie hier geschehen – ist allgemein üblich und läßt sich damit rechtfertigen, daß es im Hinblick auf das englisch-amerikanische Recht nötig ist, IPR und internationales Zivilprozeßrecht gegeneinander abzugrenzen. Dagegen ist gleichgültig, daß das **BGB** die Verjährung in seinem Allgemeinen Teil geregelt hat und Ausschlußfrist wie Verwirkung wohl dort geregelt haben würde, wenn es sie geregelt hätte. Denn internationalprivatrechtlich erscheinen Verjährung, Ausschlußfrist und Verwirkung in größerem Zusammenhang: sie sind Teile eines Komplexes, den jedes Rechtsverhältnis, jedes Recht und jede Rechtslage (wie Rechts- und Geschäftsfähigkeit) darstellt. Wenn ein Rechtsverhältnis, ein Recht oder eine Rechtslage einer bestimmten Rechtsordnung unterworfen wird, dann heißt das: **die maßgebende Rechtsordnung gilt grundsätzlich für das Rechtsverhältnis, das Recht oder die Rechtslage in jeder Hinsicht.** Sie gilt für Entstehung, Inhalt, Änderung, Übergang, Untergang, Schwächung durch Verjährung, Schwächung oder Untergang durch Ausschlußfrist oder Verwirkung (OLG Köln IPRax 87, 239 mit Aufsatz von *Sonnenberger* 221–225 = NJW 87, 1151; vgl. auch unten S. 573, 618).

Für Forderungen aus Schuldverträgen sagt dies weitgehend **Art. 32 I EGBGB,** der den Art. 10 I des Rom-Übereinkommens über das auf vertragliche Schuldverhältnisse anzuwendende Recht vom 19. 6. 1980 (oben S. 203 f.) übernimmt:

„(1) Das nach den Artikeln 27 bis 30 und nach Artikel 33 Abs. 1 und 2 auf einen Vertrag anzuwendende Recht ist insbesondere maßgebend für

1. seine Auslegung,
2. die Erfüllung der durch ihn begründeten Verpflichtungen,
3. die Folgen der vollständigen oder teilweisen Nichterfüllung dieser Verpflichtungen einschließlich der Schadensbemessung, soweit sie nach Rechtsvorschriften erfolgt, innerhalb der durch das deutsche Verfahrensrecht gezogenen Grenzen,
4. die verschiedenen Arten des Erlöschens der Verpflichtungen sowie die Verjährung und die Rechtsverluste, die sich aus dem Ablauf einer Frist ergeben,
5. die Folgen der Nichtigkeit des Vertrages."

So z. B. bei *gesetzlichen Zinsen* (die bei *allen* Geldforderungen in Betracht kommen, nicht nur bei solchen aus *Verträgen*) OLG Frankfurt NJW 91, 3102, OLG Köln NJW-RR 97, 182 = RIW 96, 778 (779) und OLG Frankfurt RIW 98, 474 (für *Prozeß*zinsen a. A., nämlich *lex fori,* LG Frankfurt a. M. RIW 94, 778 [780]; *allgemein* zu Zinsen *Berger* RabelsZ 61 [1997], 313–343) und beim *Verzicht* BGH NJW 91, 2214 (nicht eindeutig).

Der Satz, daß die maßgebende Rechtsordnung grundsätzlich für das Rechtsverhältnis, das Recht oder die Rechtslage in jeder Hinsicht gilt, gehörte folgerichtig in den Allgemeinen Teil des IPR, nämlich in eine allgemeine Lehre vom Geltungsbereich der Kollisionsnormen, die ihrerseits in der Lehre vom Gegenstand der Anknüpfung (oben S. 253 vor § 6) unterzubringen wäre (*Kegel* [oben S. 556 Schrifttum] 13). Dem Thema, nicht den gewählten Anknüpfungen nach gehört in diesen Bereich: *Cimmet,* Multistate Claims to Escheat Intangible Property of a Multistate Character, 19 (1964) N. Y. U. Intra. L. Rev. 194–211.

Unrichtig ist die für die **Übertragung geistigen Eigentums** teilweise vertretene Ansicht: wenn *Schutzrechte,* die verschiedenen Rechtsordnungen unterliegen, in *einem einzigen Vertrag übertragen* werden, gelte für die Übertragung einheitliches Recht (sog. *Einheitstheorie*). Entsprechend dieser Ansicht hat z. B. LG Düsseldorf GRUR 58, 430 deutsches Recht angewandt auf einen „komplexen Lizenzvertrag", durch den Patente und Patentanmeldungen übertragen wurden, für die zwölf verschiedene Rechtsordnungen galten. Die Übertragung eines Rechts unterliegt jedoch immer der Rechtsordnung, die das Recht beherrscht. Dabei muß es auch bei Sammelübertragungen bewenden (sog. **Spaltungstheorie;** z.B. OLG München GRUR Ausl. 1960, 75: Übertragung verschiedener urheberrechtlicher Befugnisse an Aufnahmen vom Autorenn-Unglück in Le Mans 1955; *Beier* GRUR Int. 81, 304f.). Die Interessen, die zur Unterstellung eines Rechts unter eine Rechtsordnung geführt haben, wiegen schwerer als die Bequemlichkeit der Vertragsparteien bei einem Sammelgeschäft. Anders ist es nur im Rahmen *gesetzlicher* Vermögensübergänge, z.B. bei der Erbfolge. Vgl. für Forderungen unten S. 655 unter 1 a.E.

§ 18. Schuldrecht

I. Vertrag

Schrifttum: 7. Aufl. S. 471–473. Ferner: *Mankowski,* Seerechtliche Vertragsverhältnisse im IPR, 1995; *Nygh,* The Reasonable Expectations of the Parties As a Guide to the Choice of Law in Contract and Tort, Rec. 251 (1995), 269–400; *Kinsch,* Le fait du prince étranger, Paris 1994 (bespr. von *B. Ancel* Rev. int. dr. comp. 1995, 813–817); *Gunst,* Die charakteristische Leistung, 1994 (bespr. von *Mankowski* RabelsZ 62 [1998], 142–147); *Tetley* mit *Wilkins,* International Conflict of Laws: Common, Civil and Maritime, Montreal 1994 (bespr. von *Rogerson* [1995] C. L. J. 630f.); *Hill,* The Law Relating to International Commercial Disputes, London 1994; *Esplugues Mota* (Hrsg.), Contratación internacional, Valenzia 1994 (bespr. von *Carrascosa* Rev. esp. der. int. 1995, 362–365); *Straub,* Zur Rechtswahl im internationalen Wechselrecht, Vergleichende Darstellung der Kollisionsnormen Deutschlands, Englands und der UNCITRAL unter dem Aspekt der Parteiautonomie,1995; *Mankowski,* Seerechtliche Vertragsverhältnisse im IPR, 1995 (bespr. von *Basedow* RabelsZ 62 [1998], 345–348); *Püls,* Parteiautonomie, 1995; *Mäger,* Der Schutz des Urhebers im internationalen Vertragsrecht, Zur Anknüpfung zwingenden deutschen Urheberrechts, 1995; *De Miguel Asensio,* Contratos internacionales sobre propiedad industrial, Madrid 1995; *Sieg,* Internationale Anwaltshaftung, 1995; *Reithmann* und *Martiny* (Hrsg.), Internationales Vertragsrecht[5], 1996; *Schobeß,* Barter- und Gegengeschäftsverträge im deutsch-russischen Handels- und Rechtsverkehr, 1996; *Belandro,* El derecho aplicable a los contratos, Montevideo 1996; *Bogdan,* Lagkonflikter i utrikeshandeln, On jurisdiktion och lagval, Stockholm 1996; *Ebke,* Die zivilrechtliche Verantwortlichkeit der wirtschaftsprüfenden, steuer- und rechtsberatenden Berufe im internationalen Vergleich, 1996 (54–70); *Voulgaris,* Le crédit-bail (*leasing*) et les institutions analogues en droit international privé, Rec. 259 (1996), 319–412; *Palao Moreno,* Aspectos internacionales de la responsabilidad civil por servicios, Granada 1997; *Drasch,* Das Herkunftslandprinzip im IPR, 1997; *Abel,* Die Qualifikation der Schenkung, 1997; *Krings,* Erfüllungsmodalitäten im internationalen Schuldvertragsrecht, 1997; *Markowsky,* Der Bauvertrag im internationalen Rechtsverkehr, 1997; *Girsberger,* Grenzüberschreitendes Finanzierungsleasing, 1997; *Mousseron, Raynaud* und *Pierre,* Droit du commerce international, droit international de l'entreprise, Paris 1997; *Siebel,* Rechtsfragen internationaler Anleihen, 1997; *Calvo Caravaca* und *de La Gandara* (Hrsg.), Contratos internacionales, Madrid 1997; *Operti Badan* und *Fresnedo de Aguirre,* Contratos comerciales internacionales, 1997 (nz); *Merkt* und *Teichmann,* Internationaler Unternehmenskauf, 1997; *Hartley,* Mandatory Rules in International Contracts: The Common Law Approach, Rec. 266 (1997), 337–426; *Thode* und *Wenner,* Internationales Architekten- und Bauvertragsrecht, 1998; *de Sousa,* Das Timesharing an Ferienimmobilien in der EU, 1998; *Boonk,* Zeerecht en IPR, Deventer 1998; *Schröder* und *Wenner,* Internationales Vertragsrecht, Das Kollisionsrecht der internationalen Wirtschaftsverträge[2], 1998; *Schneider,* Kapitalmarktrechtlicher Anlegerschutz und IPR, 1998; *Drasch,* Das Herkunftslandprinzip im IPR, Auswirkungen des europäischen Binnenmarktes auf Vertrags- und Wettbewerbsrecht, 1998 (bespr. von *Bernhard* RabelsZ 63 [1999], 175–177); *Nygh,* Autonomy in International Contracts, Oxford 1998; *Bonomi,* Le norme imperative nel diritto internazionale privato, Considerazioni sulla Convenzione europea sulla legge applicabile alle obbligazioni contrattuali del 19 giugno 1980 nonché sulle leggi italina e svizzera di diritto internazionale privato, Zürich 1998 (bespr. von *B. Ancel* Rev. crit. dr.i.p. 1998, 809–813); *Dürig,* Der grenzüberschreitende Unternehmenskauf, 1999; *Beaumart,* Haftung in Absatzketten im französischen Recht und im europäischen Zuständigkeitsrecht, 1999.

Schrifttum zum Rom-Übereinkommen über das auf vertragliche Schuldverhältnisse anzuwendende Recht oben S. 203f., zum internationalen Recht der Allgemeinen Geschäftsbedingungen unten S. 583–585, zum internationalen Arbeitsrecht unten S. 500f., zum internationalen Versicherungsrecht unten S. 591, zu Verträgen zwischen Staaten und Privatpersonen auch unten S. 941f.

Aufsätze: 7. Aufl. S. 473–477. Danach: *Saravalle,* Clausole con scelta di legge variabile e convenzione di Roma del 1980, Riv. dir. int. priv. proc, 1995, 17–30; *Kazzorwska,* L'internationalité d'un contrat, Rev. dr. int. comp. 72 (1995), 204–236; *Reinhart,* Zur nachträglichen Änderung des Vertragsstatuts nach Art. 27 Abs. 2 EGBGB durch Parteivereinbarung im Prozeß, IPRax 95, 365–371; *Pazdan,* Materiellrechtliche Verweisung und kollisionsrechtliche Rechtswahl, in: *Pazdan,* Problemy Prawne Handlu Zagraniczego 18, Kattowitz 1995, 105–117 (polnisch, französische und deutsche Zusammenfassungen 118f.); *Clark,* The Maritime Choice of Law Test's Stepchild, the Base of Operations, Emerges as the *Belle du Jour:* Why the Vessel Owner's „Place of Day-to-Day Operations" Should Rule for Longer than One Day, 70 (1995) Tul. L. Rev. 745–784; *van Rossum,* Concurrency of contractual and delictual liability in a European Perspective, Eur. Rev. Priv. L. 3 (1995), 539–559; *Chrissanthis,* Default interest in Eurocurrency loan agreements, Rev. hell. dr. int. 1995, 165–181; *Clarke* IECL III Ch. 25, 1996, Nr. 4–22 (Eisenbahn und Straße) und Ch. 26, 1996, Nr. 2–38 (Schiffahrt); *Bogdan* IECL III Ch. 27, 1996, Nr. 19–22 (Luftfahrt); *Jaquet,* La loi de l'État contractant, Boyer-Fschr., Toulouse 1996, 283–294; *Jobard-Bachelier,* Les lettres d'intention en droit international privé, Travaux du Comité français de droit international privé, Années 1993–1994, 1994–1995, Paris 1996, 125–148; *Mankowksi,* Art. 34 EGBGB erfaßt § 138 BGB nicht, RIW 96, 8–12; *Schücking,* Das IPR der Bankenkonsortien, WM 96, 281–289; *Gruber,* Die kollisionsrechtliche Anknüpfung der Prozeßzinsen, DZWiR 96, 169–172; *Heuzé,* La loi applicable aux actions directes dans les groupes de contrats: l'example de la sous-traitance internationale, Rev. crit. dr. i. p. 1996, 243–266; *Schefold,* Neue Rechtsprechung zum anwendbaren Recht bei Dokumenten-Akkreditiven, IPRax 96, 347–353; *Garofalo,* Volontà delle parti e norme imperative nella convenzione di Roma sulla legge applicabile ai contratti e nel nuovo sistema italiano di diritto internazionale privato , Riv. dir. int. priv. proc. 1996, 499–512; *Hoyer,* Die Anknüpfung des pirvaten Darlehensvertrages, (öst)ZRvgl. 1996, 221–229; *Bachmann,* Internet und IPR, in: *Lehmann* (Hrsg.), Internet- und Multimediarecht (Cyberlaw), 1997, 169–183; *Pfeiffer,* Die Entwicklung des Internationalen Vertrags-, Schuld- und Sachenrechts in den Jahren 1995/96, NJW 97, 1207–1216; *Berger,* Der Zinsanspruch im Internationalen Wirtschaftsrecht, RabelsZ 61 (1997), 313–343; *Juenger,* Contract Choice of Law in the Americas, 45 (1997) Am. J. Comp. L. 195–206; *Louven,* Die Haftung des deutschen Rechtsanwalts im internationalen Mandat, VersR 97, 1050–1060; *Jarrosson,* Le contrat de transaction dans les relations commerciales internationales, Rev. crit. dr. i. p. 1997, 657–683; *Jiménez Blanco,* El derecho aplicable a las donaciones, Rev. esp. der. int. 1997, 63–89; *Asín Cabrera,* La extensión del ambito de aplicación territorial del Convenio de Roma de 1980 sobre Ley aplicable a las obligaciones contractuales a la isla de Man, ebenda 341–343 (Text 344f.); *Martiny,* Die Anknüpfung an den Markt, Drobnig-Fschr. 1998, 389–408 (400–405); *von Wilmowsky,* EG-Vertrag und kollisionsrechtliche Rechtswahlfreihiet, RabelsZ 62 (1998), 1–37; *Wenner,* Die HOAI im internationalen Rechtsverkehr, RIW 98, 173–179; *Ahrens,* Ausschüttungsgarantien des Kapitalanlagevermittlers im IPR – Neue Kollisionsnormbildung für den Kapitalmarkt?, IPRax 98, 93–96; *Lamethe,* Les relations entre les gouvernements et les entreprises en matière de grands projets d'investissement, Clunet 1998, 45–66; *Becker,* Haftungsfragen internationaler Anwaltstätigkeit – Willkommen im Club? –, AnwBl. 98, 305–309; *U. Hübner,* International-privatrechtliche Probleme ärztlicher Tätigkeit bei versicherten Krankenrücktransporten, VersR 98, 793–796; *Mankowski,* Das Internet im Internationalen Vertrags- und Deliktsrecht, RablsZ 63

(1999), 203–294; *Downes* und *Heiss,* Sprachregulierungen im Vertragsrecht: Europa- und internationalprivatrechtliche Aspekte, ZvglRW 99, 28–53; *Knöfel,* Mandatory Rules and Choice of Law: A Comparative Approach to Article 7 (2) of the Rome Convention, 1999 J.B.L. 239–263; *Berger,* Vertragsstrafen und Schadenspauschalierungen im Internationalen Wirtschaftsvertragsrecht, RIW 99, 401–411.

Siehe auch Schrifttum oben S. 203f.

Rechtsvergleichend: 7. Aufl. S. 477. Hervorzuheben: *Rabel,* Das Recht des Warenkaufs I 1936, II 1958; *Max-Planck-Institut für ausländisches und internationales Privatrecht,* Die matrielle Gültigkeit von Kaufverträgen, I, II, 1968; *Schlesinger* (Hrsg.), Formation of Contracts, A Study of the Common Core of Legal Systems, I, II, New York und London, 1968; *Friedman, Macaulay* und *Rehbinder,* The Impact of Large Scale Business Upon Contract, IECL VII 3, 1974; *Treitel,* Remedies for Breach of Contract, IECL VII 16, 1976; *Lindstaedt,* „Reale Vertragserfüllung" im Recht des internationalen Warenkaufs in Ost und West, 1976; *Kozolyk,* Letters of Credit, IECL IX 5, 1979; *Rodière* (Hrsg.), Objet, cause et lésion du contrat, Paris 1980; *W. Lorenz,* Contracts for Work on Goods and Building Contracts, IECL VIII 8, 1980; *Eörsi, Joffe* und *Such,* Contract in the Socialist Economy, IECL VII 5, 1981; *Hager,* Die Gefahrtragung beim Kauf, 1982; *von Mehren,* A General View of Contract, IECL VII 1, 1982; *Turpin,* Public Contracts, IECL VII 4, 1982; *Tallon,* Civil Law and Commercial Law, IECL VIII 2, 1983; *Rodière* und *Tallon* (Hrsg.), Les effets du contrat dans les pays du Marché commun, Paris 1985; *McKendrick* (Hrsg.), Force majeure and frustration of Contract, London 1991; *Grelon* und *Gudin,* Contrats et crise du Golfe, Clunet 1991, 633–677; *Whincup,* Contract Law and Practice, The English System and Continental Comparisons[2], Deventer und Boston 1992; *Rauh,* Leistungserschwerungen im Schuldvertrag, 1992 (England, USA, Frankreich, Deutschland); *Kötz,* Rights of Third Parties, Third Party Beneficiaries and Assignment, IECL VII 13, 1992, 3–51; *Kötz,* Die Ungültigkeit von Verträgen wegen Gesetz- und Sittenwidrigkeit, Eine rechtsvergleichende Skizze, RabelsZ 58 (1994), 209–231; *Kötz,* Economic Loss in Tort and Contract, RabelsZ 58 (1994), 423–429; *Cane,* Economic Loss in Tort and Contract, ebenda 430–448. Ferner: *Kokkoni-Iatridou* und *Grosheide* (Hrsg.), Eenvormig en vergelijkend privaatrecht 1994, Lelystad 1994 (leasing u.a.); *Marsh,* Comparative Contract Law, England, France, Germany, Hampshire (England), 1994; *Rippen,* Verandering von omstandigheden in het Engelse contractenrecht, Een vergelijking met de UNIDROIT-Principles en de Principles of European Contract Law, in: *Grosheide* und *Boele-Woelki* (Hrsg.), Europees Privaatrecht 1995, Lelystad 1995, 3–45; *Hesselink,* De goede trouw bij de uitvoering van de overeenkomst in het Franse recht, de UNIDROIT Principles en de Principles of European Contract Law, ebenda 47–95; *O. Sieg,* Internationale Anwaltshaftung, 1996; *Zimmermann,* The Law of Obligations, Roman Foundations of the Civilian Tradition, Oxford 1996; *Fortier,* Le contrat du commerce international à l'aune du raisonnable, Clunet 1996, 315–379; *Gruber,* Die Befugnis des Darlehnsgebers zur Vertragsbeendigung bei internationalen Kreditverträgen, 1997 (Deutschland, Frankreich, Schweiz, Österreich, Italien, England, USA); *Schütze* (Hrsg.), Münchener Vertragshandbuch III/2[4]: Internationales Wirtschaftsrecht, 1997; *Gutknecht,* Das Nacherfüllungsrecht des Verkäufers bei Kauf- und Werklieferungsverträgen, 1997; *Pleyer,* Aspekte einer Kodifikation der Bankgeschäfte dargestellt anhand der Zivilgesetzbücher Rußlands und der Ukraine, Büschgen-Fschr. 1997, 339–351; *de Vasconcellos,* Das besondere Vertragsrecht des Anlagenbaus: Auf dem Weg zu einer internationalen Rechtsvereinheitlichung?, RIW 97, 455–464; *Kircher,* Die Voraussetzungen der Sachmängelhaftung beim Warenkauf, Eine vergleichende Darstellung des deutschen und englischen Rechts unter Berücksichtigung des UN-Kaufrechts und aktueller Reformbestrebungen, 1998; *Jansen,* Towards a European Building Contract Law, Defect Liability: A Comparative Legal Analysis of English, German, French, Dutch and Belgian Law, Deventer 1998; *Cerutti,* Das U.S.amerikanische Warenkaufrecht mit rechtsvergleichenden Hinweisen auf das schweizerische und das deutsche Recht, das CISG sowie die UNIDROIT Principles, Zürich 1998; *Broggini,* Was bedeutet heute gemeineuropäisches Vertragsrecht?, (öst)-ZRvgl. 1998, 221–229; *Backhaus* und *Köhl,* Claim-Management im internationalen

Anlagegeschäft, Großfeld-Fschr. 1999, 17–34; *Fleischer,* Gegenwartsprobleme der Patronatserklärung im deutschen und europäischen Privatrecht, WM 99, 666–676.

Europarecht: Kötz und *Flessner,* Europäisches Vertragsrecht I, 1996; *Basedow,* Un droit commun des contrats pour le Marché commun, Rev. int. dr. comp. 1998, 7–28; *Grundmann,* Europäisches Schuldvertragsrecht, 1999.

1. Grundsätze

a) Schwierigkeiten der Anknüpfung

Schuldverträge anknüpfen ist schwer.

Sicher haben **Parteiinteressen** den Vorrang. *Verkehrs*interessen sind wichtig bei *Delikten* und *dinglichen Rechten,* die *beliebige* Personen verbinden, nicht aber bei *Schuldverträgen,* in denen sich *bestimmte Personen freiwillig* zusammenfinden.

Einen *organisatorischen Mittelpunkt* gibt es bei Schuldverträgen nicht: sie erschöpfen sich in sehr verschiedenartigen, meist rasch zu erbringenden, einmaligen Leistungen (gegenseitigen oder einseitigen). Allerdings die Gesellschaft des bürgerlichen Rechts kann als Organisation gewollt sein (die des Handelsrechts ist es immer) und dann gilt das Recht ihres Sitzes (oben S. 517).

Der *Abschlußort* ist zufällig und flüchtig. Keine Partei hat an der Anwendung des dort geltenden Rechts ein eigenes Interesse (vgl. schon oben S. 553; Ausnahme: *Form* des Vertrags).

Der *Erfüllungsort* wiegt mehr. Denn dem dort geltenden Recht muß man sich *anpassen,* wenn man leistet. Aber der Begriff ist weithin unklar. Würde man sich auf den *Erfolgsort* beschränken (z.B. bei Transportverträgen auf den Bestimmungsort), dann würde man den *Handlungsort* (z.B. den Transportweg) außer acht lassen. Bezieht man den Handlungsort ein, dann fällt doch der Ort der *Vorbereitungs*handlungen unter den Tisch, die für den Schuldner genau so wichtig sind wie die Erfüllungshandlungen. Würde man aber jedes Recht anwenden, in dessen Geltungsgebiet eine Partei einen Teil der Leistung oder der Vorbereitung nach dem Vertragsinhalt oder den Umständen zu erbringen hat, dann würde man die Leistung dieser Partei unter verschiedenes Recht stellen. Selbst wenn man jedoch formalisierte und z.B. allein den Erfüllungsort entscheiden ließe, könnte immer noch für den anderen Vertragsteil eigenes Recht gelten. Die Geltung verschiedenen Rechts für den Vertrag wäre aber in der Regel den Parteien unerwünscht, weil sie zu spüren bekämen, daß durch Anwendung mehrfachen Rechts das Ordnungsinteresse am inneren Entscheidungseinklang empfindlich gestört wird (oben S. 123–125).

Neben dem Parteiinteresse, das Recht des Staates möge angewandt werden, in dessen Gebiet die Partei handeln muß, steht das Parteiinteresse an der Anwendung eines Rechts, mit dem die Partei eng verbunden ist: bei Kaufleuten das Recht des *Geschäftssitzes,* bei Privatleuten das Recht ihres gewöhnlichen, hilfsweise schlichten *Aufenthalts,* bei allen das *Personalstatut* (Heimatrecht; gewöhnlicher, hilfsweise schlichter Aufenthalt), bei juristischen Personen und nicht rechtsfähigen Personenverbindungen und Vermögensmassen das Recht des *Sitzes der Hauptverwaltung.* Auch hier aber folgt verschiedenes Recht, wenn die Vertragsparteien verschiedenen Staaten verbunden sind.

Auch an *anderen Anknüpfungsmomenten* kann den Parteien liegen. Zum Beispiel daran, daß das *Gericht,* dessen Zuständigkeit sie vereinbart haben, sein eigenes Recht anwendet, weil es dann am schnellsten und sichersten entscheiden kann, oder daß der Vertrag nach dem Recht eines *anderen Vertrags* beurteilt werde, auf dem er aufbaut (z.B. Bürgschaft nach dem Recht der Hauptschuld, Rückversicherung nach dem Recht der Hauptversicherung, Weiterverkauf nach dem Recht des Erstkaufs, aufhebender Vertrag nach dem Recht des aufgehobenen Vertrags).

Alle diese Parteiinteressen können auf einen *einzigen* Staat hinführen. Dann ist die Anknüpfung einfach. Sie können aber auch auf *verschiedene* Staaten hinführen. Dann heißt es abwägen und das ist um so schwerer, je mehr sich die verschiedenen Parteiinteressen dem Gleichgewicht nähern.

Beispiele:

OLG Düsseldorf RiW 57, 11: Ein in Deutschland ansässiger Niederländer betreibt für eine belgische Firma Güterfernverkehr durch Deutschland; eine Ladung Fischkonserven verunglückt beim Transport von Antwerpen nach Basel auf der Autobahn; auf den Frachtvertrag, aus dem auf Schadenersatz geklagt wird, wendet das OLG deutsches Recht an.

Schiedsgericht HRGZ 1937 B 317: Verfrachter Lette, Abladeort in Lettland, Empfänger Österreicher (der seine Schadenersatzforderung einem Belgier abgetreten hat), Bestimmungsort in Italien, englisches Vertragsformular, deutsches Schiedsgericht vereinbart: das Schiedsgericht hat deutsches Recht angewandt.

Schweizerisches Bundesgericht E 91 II 44 (1965) = RabelsZ 30 (1966), 328 mit Anm. von *Soumampouw:* Internationale Filmvertriebsanstalt in Vaduz beauftragt in Paris einen dort wohnhaften Engländer, von Paris aus ein in New York liegendes Wertschriftendepot zu verwalten. Schweizerisches Recht angewandt, weil sich die Parteien im Prozeß darauf geeinigt hatten.

b) Normgruppen

aa) EGBGB und Rom-Übereinkommen

Im internationalen Schuldvertragsrecht stehen nebeneinander *Art. 27 bis 37 EGBGB* und die Quelle, aus der sie fließen, nämlich das *Rom-Übereinkommen* über das auf vertragliche Schuldverhältnisse anzuwendende Recht vom 19. 6. 1980 (oben S. 203f.). Abweichungen sind nicht zu vermuten. Aber, wenn sie hervortreten, geht das Abkommen vor (oben S. 12f.).

Auch ist die *internationale Herkunft* der deutschen Vorschriften bei ihrer Auslegung und Anwendung zu berücksichtigen, wie Art. 36 EGBGB unterstreicht. In **Art. 18 des Rom-Übereinkommens,** dem *Art. 36 EGBGB* entspricht, heißt es dazu:

„Einheitliche Auslegung

Bei der Auslegung und Anwendung der vorstehenden einheitlichen Vorschriften ist ihrem internationalen Charakter und dem Wunsch Rechnung zu tragen, eine einheitliche Auslegung und Anwendung dieser Vorschriften zu erreichen."

Anwendungsbeispiele: BGH 123, 380 = IPRax 94, 449 mit Aufsatz von *W. Lorenz* 429–431 = JZ 94, 363 mit Anm. von *G. Fischer* = NJW 94, 262 (263 unter II 2a cc [1]), betr. „Dienstleistungen" in Art. 29 I; BGH 135, 124 = EWiR 97, 547 LS mit Anm. von *Mankowski* = IPRax 98, 285 mit Aufsatz von *Ebke* 263–270 = NJW 97, 1697 = Rev. crit. dr. i. p. 1998, 610 mit Anm. von *Lagarde* = RIW 97, 875 mit Aufsatz von *Mankowski* 98, 287–291 = ZIP 97, 848 (851 unter II 4 [a] cc bbb), betr. Time-Sharing-(Teilzeitnutzungs-)Verträge (Art. 36 EGBGB = Art. 18 Rom-Übereinkommen verlange „übereinstimmende rechtspolitische Wertungen in den anderen Vertragsstaaten", vgl. *Soergel-von Hoffmann* X[12] Art. 29 EGBGB Rz. 34 S. 1616 f.).

Weithin stimmen die schuldvertraglichen Kollisionsnormen der Vertragsstaaten überein und sind im Rom-Übereinkommen niedergelegt. Daher bringt uns das Abkommen nicht viel Neues und behalten die reichhaltige bisherige Rechtsprechung und Lehre ihr Gewicht. Nur ist künftig vermehrt auf die Entwicklung in den anderen Vertragsstaaten zu achten.

bb) Nicht geregelte Materien

Das **Rom-Übereinkommen** bezeichnet in **Art. 1** die Verpflichtungen, für die es gilt und für die es nicht gilt:

„Anwendungsbereich

(1) Die Vorschriften dieses Übereinkommens sind auf vertragliche Schuldverhältnisse bei Sachverhalten, die eine Verbindung zum Recht verschiedenener Staaten aufweisen, anzuwenden.

(2) Sie sind nicht anzuwenden auf

a) den Personenstand sowie die Rechts-, Geschäfts- und Handlungsfähigkeit von natürlichen Personen, vorbehaltlich des Art. 11 [betr. Verkehrsschutz]:

b) vertragliche Schuldverhältnisse betreffend
– Testamente und das Gebiet des Erbrechts,
– die ehelichen Güterstände,
– die Rechte und Pflichten, die auf einem Familien-, Verwandtschafts- oder eherechtlichen Verhältnis oder auf einer Schwägerschaft beruhen, einschließlich der Unterhaltsverpflichtungen gegenüber einem nichtehelichen Kind;

c) Verpflichtungen aus Wechseln, Schecks, Eigenwechseln und anderen handelbaren Wertpapieren, sofern die Verpflichtungen aus diesen anderen Wertpapieren aus deren Handelbarkeit entstehen;

d) Schieds- und Gerichtsstandsvereinbarungen;
e) Fragen betreffend das Gesellschaftsrecht, das Vereinsrecht und das Recht der juristischen Personen, wie z. B. die Errichtung, die Rechts- und Handlungsfähigkeit, die innere Verfassung und die Auflösung von Gesellschaften, Vereinen und juristischen Personen sowie die persönliche gesetzliche Haftung der Gesellschafter und der Organe für die Schulden der Gesellschaft, des Vereins oder der juristischen Person;
f) die Frage, ob ein Vertreter die Person, für deren Rechnung er zu handeln vorgibt, Dritten gegenüber verpflichten kann, oder ob das Organ einer Gesellschaft, eines Vereins oder einer juristischen Person diese Gesellschaft, diesen Verein oder diese juristische Person gegenüber Dritten verpflichten kann;
g) die Gründung von „Trusts" sowie die dadurch geschaffenen Rechtsbeziehungen zwischen den Verfügenden, den Treuhändern und den Begünstigten;
h) den Beweis und das Verfahren, vorbehaltlich des Art. 14 [Beweislast und Beweisarten].

(3) Die Vorschriften dieses Übereinkommens sind nicht anzuwenden auf Versicherungsverträge, die in den Hoheitsgebieten der Mitgliedstaaten der Europäischen Wirtschaftsgemeinschaft belegene Risiken decken. Ist zu entscheiden, ob ein Risiko in diesen Hoheitsgebieten belegen ist, so wendet das Gericht sein innerstaatliches Recht an.

(4) Absatz 3 gilt nicht für Rückversicherungsverträge."

Von einigen der hier genannten Verpflichtungen sagt das EGBGB *nicht,* daß sie aus dem internationalen Schuldvertragsrecht herausfallen. Es übergeht nämlich Verpflichtungen aus dem Personen-, Familien- und Erbrecht, aus *trusts,* aus Schiedsvereinbarungen und aus dem Verfahrensrecht (Rom-Übereinkommen Art 1 II Buchst. a, b, d und h). Die übrigen nennt **Art. 37 EGBGB:**

„Ausnahmen

(1) Die Vorschriften dieses Unterabschnitts [internationales Schuldvertragsrecht] sind nicht anzuwenden auf

1. Verpflichtungen aus Wechseln, Schecks und anderen Inhaber- oder Orderpapieren, sofern die Verpflichtungen aus diesen anderen Wertpapieren aus deren Handelbarkeit entstehen;
2. Fragen betreffend das Gesellschaftsrecht, das Vereinsrecht und das Recht der juristischen Personen, wie zum Beispiel die Errichtung, die Rechts- und Handlungsfähigkeit, die innere Verfassung und die Auflösung von Gesellschaften, Vereinen und juristischen Personen sowie die persönliche gesetzliche Haftung der Gesellschafter und der Organe für die Schulden der Gesellschaft, des Vereins oder der juristischen Person;

3. die Frage, ob ein Vertreter die Person, für deren Rechnung er zu handeln vorgibt, Dritten gegenüber verpflichten kann, oder ob das Organ einer Gesellschaft, eines Vereins oder einer juristischen Person diese Gesellschaft, diesen Verein oder diese juristische Person gegenüber Dritten verpflichten kann;
4. Versicherungsverträge, die in dem Geltungsbereich des Vertrages zur Gründung der Europäischen Wirtschaftsgemeinschaft oder des Abkommens über den Europäischen Wirtschaftsraum belegene Risiken decken, mit Ausnahme von Rückversicherungsverträgen. Ist zu entscheiden, ob ein Risiko in diesem Gebiet belegen ist, so wendet das Gericht sein Recht an."

In Abs. 4 sind die Worte „oder des Abkommens über den Europäischen Wirtschaftsraum" eingefügt durch Art. 4 Drittes DurchfG EWG zum VAG vom 11. 7. 1994 (BGBl. I 1630, 1663).

Wenn Art. 37 EGBGB von den übrigen in Art. 1 des Rom-Übereinkommens genannten Verpflichtungen schweigt, so mutmaßlich deswegen, weil sie nach deutschem Verständnis *selbstverständlich* nicht ins internationale Schuldvertragsrecht gehören. Nur, was den *Beweis* anlangt, den Art. 1 II Buchst. h des Rom-Übereinkommens erwähnt, findet sich eine dem dort genannten Art. 14 des Rom-Übereinkommens entsprechende Regel in Art. 32 III EGBGB (darüber unten S. 904f.).

Als selbstverständlich nicht ins internationale Schuldvertragsrecht gehörend hätten auch die Verpflichtungen aus dem *Gesellschafts-* und *Stellvertretungs*recht (Art. 37 Nr. 2 und 3 EGBGB) unerwähnt bleiben können. Dagegen mußten die Verpflichtungen aus *Wertpapieren* und aus bestimmten *Versicherungsverträgen* (ebenda Nr. 1 und 4) genannt werden.

Das internationale *Wechsel-* und *Scheck*recht ist bereits einheitlich geregelt in Art. 91–98 WG und Art. 60–66 SchG (vgl. oben S. 71–73). So bestimmen Art. 93 WG und Art. 63 ScheckG das für die *Wirkungen* der *Wechsel-* bzw. *Scheckerklärungen* maßgebende Recht; doch nach h. M. bleibt den Parteien unbenommen, ein anderes Recht zu vereinbaren (z. B. BGH 104, 145 [146–149 unter 1] = IPRax 89, 170 mit Aufsatz von *Schlechtriem* 155f. = NJW 88, 1979; BGH IPRax 94, 452 mit zust. Aufsatz von *Straub* 432–435 [432–434] = ZIP 93, 1706 [1707 unter II 1]; *Straub,* Zur Rechtswahl im internationalen Wechselrecht, 1995, 17–110, 225–227).

Die Verpflichtungen aus *anderen Inhaber- und Orderpapieren* sind aus dem internationalen Schuldvertragsrecht des EGBGB herausgenommen, soweit sie aus der *Handelbarkeit* (Umlaufsfunktion) dieser Papiere entstehen (Legitimation, gutgläubiger Erwerb, Ausschluß von Einwendungen, Haftung). Insoweit bleibt es beim internationalwertpapierrechtlichen Gewohnheitsrecht. Im übrigen aber herrscht das internationale Schuldvertragsrecht des EGBGB (Parteiwille, engste Verbindung, unten c, d), z.B. für die Gültigkeit der Rechtswahlklausel in einem Konnossement (vgl. BGH 99, 207 = IPRax 88, 26 mit krit. Aufsatz von *Basedow* 15f. = NJW 87, 1145), für die Verträge, auf Grund deren die Papiere ausgestellt werden, oder für Kaufverträge über die Papiere (Bericht zum Entwurf eines Übereinkommens über das auf vertragliche Schuldverhältnisse anzuwendende Recht von *Giuliano* und *Lagarde* zu Art. 1 Nr. 4).

Versicherungsverträge über in der EU oder im Europäischen Wirtschaftsraum belegene Risiken sind ausgenommen, weil für sie (und nur für sie) eine eigene Regelung in der EWG geplant war. Diese ist inzwischen ergangen (unten S. 591–593). Im übrigen (Rückversicherung, Risiken außerhalb der EU oder des Europäischen Wirtschaftsraums) gilt weiterhin das bisherige Gewohnheitsrecht (realer und hypothetischer Parteiwille, hilfsweise Erfüllungsort, unten c–e); regelmäßig entscheidet kraft hypothetischen Parteiwillens das am Ort der Niederlassung oder Zweigniederlassung des Versicherers geltende Recht (*Soergel* VIII[11] Rz 357 vor Art. 7 EGBGB S. 246; vgl. unten S. 578 [BGH 9, 34 (41)]), das sog. Betriebsstatut. Daß auf alle *Rückversicherungsverträge* das internationale Schuldvertragsrecht des EGBGB angewandt wird, liegt daran, daß hier ein besonderer (Verbraucher-)Schutz des Versicherungsnehmers nicht nötig ist und daher keine Sonderreglung für in der EU oder im Europäischen Wirtschaftsraum belegene Risiken gebraucht wird.

c) Parteiwille

Die Schwierigkeiten des Abwägens haben im internationalen Schuldvertragsrecht zu einem ungewöhnlichen Schritt geführt. Während sonst das IPR stets selbst entscheidet, welchen Rechtes Anwendung dem Parteiinteresse (im allgemeinen) am nächsten kommt (z.B. die Anwendung des Heimatrechts), läßt es bei Schuldverträgen den Parteien den Vortritt: sie dürfen sich über das anwendbare Recht einigen. Nur für eden Fall, daß eine Einigung fehlt, stellt das IPR Anknüpfungen zur Verfügung. Man spricht von Vorherrschaft des **Parteiwillens,** von **Parteiautonomie.**

Sie galt im früheren Recht und ist anerkannt in **Art. 27 I 1 EGBGB,** der Art. 3 I des Rom-Übereinkommens wiedergibt:

„Freie Rechtswahl

(1) Der Vertrag unterliegt dem von den Parteien gewählten Recht.“

Das ist *Verlegenheitslösung:* weil in vielen Fällen ein allgemein einleuchtender Ausgleich der Parteiinteressen, die auf *mehrere* Rechte hinweisen, nicht möglich ist, läßt man die Parteien bestimmen. Im intertemporalen Privatrecht, wo nur *zwei* Rechte zur Wahl stehen (altes und neues), denkt niemand an Parteiwahl (vgl. Art. 170–172 EGBGB und *Staudinger-Hönle*[13] EGBGB Art. 170–172 S. 746–753).

Die Anknüpfung an den Parteiwillen ist (zur Vermeidung von Abgrenzungsschwierigkeiten) insofern **formalisiert,** als der Parteiwille auch in den Fällen maßgibt, die ohne ihn *leicht* zu entscheiden wären.

So etwa bei der Grundstücksmiete, einem fast schon dinglichen Dauerschuldverhältnis, auf das man im Interesse beider Parteien zweckmäßig die *lex rei sitae* anwendet. Gleichwohl können die Parteien, wenn sie wollen, die Miete eines Aachener Hauses belgischem Recht unterstellen.

Die Parteien sind in ihrer Rechtswahl **grundsätzlich frei.** Sie können z.B. als Bürger verschiedener Staaten im Wege des Kompromisses ein **„neutrales"** Recht aushandeln, mit dem der Sachverhalt keinerlei Verbindung hat (OLG München IPRax 86, 178 LS mit Anm. Red. [E.J.]).

Darauf hat m.W. zuerst *von Caemmerer* hingewiesen. Im Staate New York verlangten die Gerichte für die Wahl des New Yorker Rechts eine *„reasonable relationship"* zu New York. Durch Gesetz vom 19. 7. 1984 wird hierauf für Verträge ab 250000 $ verzichtet und zugleich deren Parteien, wenn der Vertragswert eine Million $ erreicht, erlaubt, die internationale Zuständigkeit der New Yorker Gerichte zu vereinbaren; man will New York als internationalen Finanzmarkt stärken (*Rashkover* 71 [1985] Cornell L.Rev. 227–248; *Jayme* und *Nicolaus* IPRax 87, 131–134).

Die Parteien können verschiedenes Recht berufen je nachdem, ob der eine oder der andere Vertragsteil klagt (OLG München IPRspr. 1974 Nr. 26). Sie können sogar *losen* (vgl. BGH WM 56, 1432: Bestimmung eines schwedischen Schiedsrichters und damit Wahl des schwedischen Verfahrensrechts durch Los).

Nur *eine* Schranke wird man errichten müssen: **irgendein anerkennenswertes Interesse** an der Herrschaft des gewählten Rechts muß erkennbar sein (dahingestellt Schweizerisches Bundesgericht E 91 II 44 [51] in dem oben S. 565 erwähnten Fall; a.A. OLG Frankfurt IPRax 90, 236 mit Aufsatz von *Lüderitz* 216–219 = NJW-RR 89, 1018 [1021 unter II 3]).

Die Wahl fremden Rechts (ausländischen oder DDR-Rechts) in *Allgemeinen Geschäftsbedingungen* war nach § 10 Nr. 8 AGB Ges. (aufgehoben durch Art. 6 § 2 IPRG) unwirksam „in Fällen, in denen hierfür *kein anerkennenswertes Interesse* besteht". Solches Interesse konnte etwa bei reinen Inlandsfällen fehlen.

Vgl. *Gamillscheg* AcP 157 (1958/59), 313; *Sonnenberger* Ferid-Fschr. 1978, 380; *Brandner* in: *Ulmer, Brandner, Hensen* und *Schmidt,* AGB-Gesetz[4], 1982, § 10 Nr. 8 Rz 8, S. 392; *Graf von Westphalen* in: *Löwe, Graf von Westphalen* und *Trinkner,* Großkommentar zum AGB-Gesetz II[2], 1983, § 10 Nr. 8 Rz 2, S. 127; *Lindacher,* in: *Wolf, Horn* und *Lindacher,* AGB-Gesetz[2], 1989, § 10 Nr. 8 Rz 8 S. 886f.

Heute bestimmt für *reine Inlandsfälle* **Art. 27 III EGBGB,** der Art. 3 III des Rom-Übereinkommens übernimmt:

„(3) Ist der sonstige Sachverhalt im Zeitpunkt der Rechtswahl nur mit einem Staat verbunden, so kann die Wahl des Rechts eines anderen Staates – auch wenn sie durch die Vereinbarung der Zuständigkeit eines

Gerichts eines anderen Staates ergänzt ist – die Bestimmungen nicht berühren, von denen nach dem Recht jenes Staates durch Vertrag nicht abgewichen werden kann (zwingende Bestimmungen)."

Dem reinen Inlandsfall hilft also auch die Vereinbarung der Zuständigkeit eines ausländischen Gerichts nicht auf: zwingendes Inlandsrecht kann er nicht überspringen.

Einen reinen Inlandsfall bejaht mit Unrecht LG Hamburg IPRax 90, 239 mit Aufsatz von *Lüderitz* 216–219 = NJW-RR 90, 495 (Bestellung von Textilien durch deutsche Frau bei deutscher Firma während Inselrundfahrt auf Gran Canaria; dazu oben S. 539).

Sonst aber heißt, daß die Parteien das maßgebliche Recht wählen dürfen: **auch zwingende Vorschriften** des ohne ihre Wahl maßgebenden Rechts sind nicht anzuwenden, dafür aber die zwingenden Vorschriften des gewählten Rechts. Das ist nicht ganz so schlimm, wie es klingt. Denn die Masse des Schuldrechts ist dispositiv, abgesehen vom „Schutz des Schwachen" in Verbraucher-, Arbeits- und Versicherungsverträgen (unten S. 583–595). Auch steckt zwingendes Recht in der allgemeinen Rechtsgeschäftslehre, insbesondere ihren Nichtigkeits- und Anfechtungsgründen, die ebenfalls dem für den Schuldvertrag maßgeblichen Recht zu entnehmen sind (oben S. 535–540). Dagegen folgt das Recht der Staatseingriffe in Schuldverhältnisse – Währungs- und Devisenrecht, Ein- und Ausfuhrverbote, Kartellverbote, Enteignung von Forderungen – meist eigenen Regeln (oben S. 130–141, unten S. 941–993).

Die Wahl eines Rechts für den Schuldvertrag nennt man **kollisionsrechtliche Verweisung.** Von ihr zu scheiden ist der Fall: unter der Herrschaft eines bestimmten (gewählten oder sonst maßgebenden) Rechts über den Schuldvertrag erklären die Parteien Regeln eines anderen Rechts für anwendbar und machen sie damit zum *Vertragsinhalt.* Hier spricht man von **materiellrechtlicher Verweisung.** Sie ist ein Fall des Auslandssachverhalts (oben S. 58–61).

Beispiel: OLG Hamburg IPRspr. 1930 Nr. 57: Eine Hamburger Firma verklagte eine in Vancouver (Britisch-Kolumbien) ansässige Firma auf Schadenersatz. Die Klägerin war Konnossementsempfängerin von Weizen, den die Beklagte in Kanada verschifft hatte (auf einem Dampfer, den sie von einer Reederei mit Sitz in Glasgow gechartert hatte). Der Weizen war von der Beklagten schuldhaft falsch gestaut worden und verdorben. Das OLG wandte auf die *Ansprüche aus dem Konnossement deutsches Recht* an als Recht des Bestimmungsorts. Konnossementsklauseln, nach denen Streitfragen gemäß dem Recht des Charterers (Britisch-Kolumbien) zu entscheiden und auf die Verladung eine VO Eduards VII. und der Harter Act der USA anzuwenden waren, verstand das OLG als *materiell*rechtliche Verweisungen.

Die *materiell*rechtliche Verweisung kann nur wirken gegenüber *dispositiven* Regeln des anwendbaren Rechts, d.h. im Rahmen der von ihm gewährten Vertragsfreiheit. Die *kollisions*rechtliche Verweisung setzt dagegen, wie bemerkt, auch die *zwingenden* Vorschriften des vereinbarten Rechts an die Stelle des Rechts, das ohne die Vereinbarung gelten würde.

Eine kollisionsrechtlich gemeinte Verweisung wird im *reinen Inlandsfall* zurückgeschraubt auf eine nur materiellrechtliche vom erwähnten *Art. 27 III EGBGB* (OLG Frankfurt IPRax 90, 236 mit Aufsatz von *Lüderitz* 216–219 = NJW-RR 89, 1018).

Die Grenze zwischen kollisions- und materiellrechtlicher Verweisung ist praktisch oft schwer zu ziehen, weil die Parteien bei der kollisionsrechtlichen Verweisung nicht gehalten sind, den *ganzen* Schuldvertrag einem *einzigen* Recht zu unterwerfen. Sie können vielmehr durch kollisionsrechtliche Verweisung verschiedene Teile des Vertrags **verschiedenen** Rechten anheim geben. **Art. 27 I 3 EGBGB** sagt (im Anschluß an Art. 3 I 3 Rom-Übereinkommen):

„Die Parteien können die Rechtswahl für den ganzen Vertrag oder nur für einen Teil treffen."

So war in dem Anleihe-Fall RG JW 36, 2058 ein Treuhandvertrag zum Teil dem Recht der USA, zum Teil deutschem Recht unterstellt worden und das RG erklärte das für wirksam. In LG Aurich AWD 74, 282 = IPRspr. 1973 Nr. 10 hatten die Parteien nach Ansicht des Gerichts nur für das *Zustandekommen* des Kaufs eines kanadischen Grundstücks kanadisches Recht stillschweigend vereinbart und wurde im übrigen kraft hypothetischen Parteiwillens (darüber unten S. 575 f.) deutsches Recht angewandt. OLG Hamm NJW-RR 96, 1145 erlaubt, daß bei einem Grundstücksgeschäft für die Form spanisches Recht (Formfreiheit), im übrigen deutsches Recht gewählt wird. Auch wird bei internationalen Anleihen das Erfüllungsgeschäft oft und wirksam den Rechten der einzelnen Erfüllungsorte überwiesen (z. B. RG 126, 196 [206–211]).

Die Parteien können das (gewählte oder sonst maßgebende) Recht auch **nachträglich ändern** und zwar sowohl *ex nunc* wie *ex tunc* (a. A. für *ex tunc* wegen erworbener Rechte OLG München RIW 96, 329 [330 unter 1 b]). So bestimmt **Art. 27 II 1 EGBGB** (entsprechend Art. 3 II 1 Rom-Übereinkommen):

„(2) Die Parteien können jederzeit vereinbaren, daß der Vertrag einem anderen Recht unterliegen soll als dem, das zuvor auf Grund einer früheren Rechtswahl oder auf Grund anderer Vorschriften dieses Unterabschnitts [internationales Schuldvertragsrecht] für ihn maßgebend war."

Zum Beispiel RG IPRspr. 1926/27 Nr. 37: Übergang vom deutschen zum brasilianischen Recht möglich, aber *in casu* verneint; BGH WM 57, 132: deutsches Recht anwendbar, weil entweder von Anfang an oder nachträglich vereinbart.

Nachträgliche *Teil*änderung in BGH WM 70, 1454: Kaufpreisforderung kann, wenn sie belgischem Recht unterstellt war, durch nachträgliches, deutschem Recht unterstelltes (deklaratorisches) Schuldanerkenntnis hinsichtlich des darin enthaltenen Einwendungsausschlusses deutschem Recht unterstellt werden; ebenso OLG München RIW 97, 507.

Art. 27 II 2 EGBGB fügt (im Gefolge von Art. 3 II 2 Rom-Übereinkommen) vorsichtig an:

„Die Formgültigkeit des Vertrages nach Artikel 11 und Rechte Dritter werden durch eine Änderung der Bestimmung des anzuwendenden Rechts nach Vertragsabschluß nicht berührt."

Beispiel: OLG Frankfurt IPRax 92, 314 (317) mit Aufsatz von *Bungert* 296–301: nachträgliche Vereinbarung deutschen Rechts für Grundstückskauf führt nicht zur Anwendung von § 313 BGB.

Dies ist eine Art *Bestandsschutz.* Gelten sollte er nur „im Zweifel". Denn rechtspolitisch leuchtet nicht ein, daß die Parteien nicht sollten weiter gehen *können.* Die Rechte Dritter (wie Bürgen und Pfandgläubiger) zu wahren ist Sache derjenigen materiellen Rechte, denen ihr Verhältnis zu den Vertragsparteien unterliegt. Vgl. *Soergel* VIII[11] Rz 383 vor Art. 7 EGBGB S. 258; *Soergel-von Hoffmann* X[12] Art. 27 EGBGB Rz 78–84 S. 1442f.

Zur Änderung des Vertragsstatuts durch Parteivereinbarung und auf andere Weise näher *Lüderitz* FS Keller, Zürich 1989, 459–471; *Vischer* ebenda 547–561.

Die Parteien wählen das für den Schuldvertrag maßgebende Recht durch **Vertragsbestimmung.** Zustandekommen und Gültigkeit dieser *professio iuris* unterliegen dem für den Schuldvertrag *gewählten Recht* (BGH 123, 380 = IPRax 94, 449 mit Aufsatz von *W. Lorenz* 429–431 = JZ 94, 363 mit Anm. von *G. Fischer* = NJW 94, 262 [unter II 2a aa]) und daneben für die rechtsgeschäftliche Erklärung und für Willensmängel dem Recht des Aufenthalts oder Geschäftssitzes der jeweiligen Vertragspartei. Das ergibt **Art. 27 IV EGBGB** (der in den Verweisungen, nicht sachlich etwas von Art. 3 IV des Rom-Übereinkommens abweicht):

„(4) Auf das Zustandekommen und die Wirksamkeit der Einigung der Parteien über das anzuwendende Recht sind die Artikel 11 [Form], 12 [Verkehrsschutz] und 29 Abs. 3 [Form von Verbraucherverträgen] und Artikel 31 [rechtsgeschäftliche Erklärung und Willensmängel] anzuwenden."

Dazu oben S. 548–555 (Form), 535–540 (rechtsgeschäftliche Erklärung, Willensmängel) und unten S. 586 a. E. (Form von Verbraucherverträgen).

Die *Form* der Rechtswahl ist nicht gebunden an die Form, die das gewählte Recht für den abgeschlossenen Schuldvertrag vorschreibt (OLG München [Senat Augsburg] IPRax 90, 320 mit Aufsatz von *Spellenberg* 295–298 = NJW-RR 89, 663 [665 unter II 1 f]: Verpflichtung zur Übereignung spanischen Grundstücks, deutsches Recht gewählt, § 313 Satz 1 BGB gilt nicht für Rechtswahl).

Die (gültige) Vertragsbestimmung wirkt auch dann, wenn die gewählte Rechtsordnung den **Schuldvertrag** für **nichtig** erklärt.

Z.B. BGH NJW 69, 1760 (1761 unter III 1; in BGH 52, 239 nicht abgedruckt); BGH 73, 391 (394); OLG München (Senat Augsburg) IPRax 90, 320 mit Aufsatz von *Spellenberg* 295–298 = NJW-RR 89, 663 (665 unter II 1 f); Cass. Rev. crit. dr. i.p. 1967, 334 mit Anm. von *Batiffol.*

Das wundert viele, weil es dem Interesse der Parteien zu widersprechen scheint. Aber Nichtigkeitsgründe *schützen* oft eine der Parteien und, wer ein Recht wählt, wählt dessen Schutz.

Auch die *Folgen* der Nichtigkeit unterstellt Art. 32 I Nr. 5 (der Art. 10 I Buchst. e des Rom-Übereinkommens übernimmt) dem Vertragsstatut. Nach der Begründung (BTDrucks. 10/504 S. 82) soll dies – dunkel – auch für *außervertragliche* Nichtigkeitsfolgen gelten.

Die Parteien vereinbaren das maßgebliche Recht entweder **ausdrücklich** oder **stillschweigend. Art. 27 I 2 EGBGB** sagt dies (im Anschluß an Art. 3 I 2 Rom-Übereinkommen) mit den Worten:

„Die Rechtswahl muß ausdrücklich sein oder sich mit hinreichender Sicherheit aus den Bestimmungen des Vertrages oder aus den Umständen des Falles ergeben."

Die *ausdrückliche* Abrede begegnet oft in allgemeinen Geschäftsbedingungen, besonders beim Konnossement (z.B. BGH 6, 127). Diese allgemeinen Geschäftsbedingungen können ihrerseits stillschweigend vereinbart sein (BGH 108, 353 = IPRax 91, 338 mit Aufsatz von *Kronke* und *Berger* 316–320 = NJW 90, 242 [244 unter III 2], siehe auch unten S. 579).

Für die *stillschweigende* Abrede kommt Individuelles wie Typisches in Betracht. Als typisch für eine stillschweigende Rechtswahl gelten in der deutschen Rechtsprechung (Nachweise *Soergel* VIII[11] Rz 344, 345 vor Art. 7 EGBGB, S. 231–237 und *Soergel-von Hoffmann* X[12] Art. 27 EGBGB Rz 45–48 S. 1435f.; BGH NJW-RR 90, 248; BGH JZ 92, 579 [581] mit Anm. von *von Bar*):

- die Verweisung auf *Vorschriften eines bestimmten Rechts* (BGH WM 97, 560 [561 unter II 1 a aa]);
- die Verweisung auf *Usancen,* die Vereinbarung von *Geschäftsbedingungen* oder die Benutzung von *Formularen, die auf einem bestimmten Recht aufbauen* (BGH 134, 127 = EWiR 97, 95 LS mit Anm. von *Grunsky* = NJW 97, 397 = WM 96, 2294 [2298 unter B III 1 b bb] = ZZP 97, 353 mit Anm. von *Pfeiffer;* BGH EWiR 99, 353 LS mit Anm. von *Wenner* = WM 99, 1172);
- die Vereinbarung eines *einheitlichen Erfüllungsorts;*
- die Vereinbarung eines *einheitlichen Gerichtsstands oder des Schiedsgerichts* eines bestimmten Landes (OLG Frankfurt DZWiR 97, 423 mit Anm. von *Berger* = EWiR 97, 925 LS mit Anm. von *Nielsen* = ZIP 97, 1782; BGH IPRax 99, 104 mit Aufsatz von *Schütze* 78–89 = NJW 98, 2452 [unter II 1]; dazu der Schiedsfall oben S. 565): *qui eligit iudicem, eligit ius;*
- die im *Prozeß bekundete Einigkeit* der Parteien über das anwendbare Recht (praktisch fast immer das deutsche (z.B. BGH 119, 392 = FamRZ 93, 289 mit Aufsatz von *St. Lorenz* 393–396 = IPRax 95, 399 mit Aufsatz von *Winkler von Mohrenfels* 379–386 = NJW 93, 385 [386 unter II 1b]; anders z.B. OLG Köln ZIP 93, 1538 [1540 unter II 2a]; daß die Parteien im Berufungsverfahren die Anwendung deutschen Rechts im erstinstanzlichen Urteil nicht rügen, läßt nur bei „Rechtswahlbewußtsein" ausreichen OLG München RIW 96, 329 [330 unter 1 b]).

In *Österreich* ist eine im Verfahren „bloß schlüssig getroffene Rechtswahl" unbeachtlich (§ 11 II IPRG und dazu [öst] OGH [öst] ZRvgl. 1998, 253 [255]).

Mehrere Umstände können so stark auf *dieselbe Rechtsordnung* hinweisen, daß man leicht auf stillschweigenden Parteiwillen schließen kann.

Z.B. BGH AWD 58, 33: Kauf in Deutschland, Preis in DM, Einigkeit über deutsches Recht im Prozeß; OLG Saarbrücken RIW 80, 796 (797 unter II): Vereinbarung deutschen Gerichts, Verhandlungen in Deutschland über deutsche Sicherheitsbestimmungen und Auflagen, Vertragssprache Deutsch; BGH 104, 268 (270 unter I) = NJW 88, 1964: Lübeck als Gerichtsstand vereinbart, beide Vertragsteile Wohn- und Geschäftssitz in Deutschland, Bezugnahme auf VOB/B, Hinweis auf alleinige Geltung deutschen Rechts im Angebotsprospekt; OLG Celle RIW 88, 137: Verkauf spanischen Grundstücks zwischen Deutschen in Spanien, Einigkeit über Anwendbarkeit spanischen Rechts im Prozeß; BGH NJW-RR 90, 183: beide Vertragsteile Deutsche mit Wohn- und Geschäftssitz in Deutschland, Lübeck als Gerichtsstand vereinbart).

Sie können aber auch so stark auf *verschiedene Rechte* deuten, daß die Wahl schwer fällt.

Z.B. BGH WM 56, 598: Handelsvertretervertrag, Sitz des Vertreters in Uruguay wird überboten durch Einigkeit über deutsches Recht im Prozeß, Vertragsschluß „nach den Vorschriften der JEIA", Vertreter deutsche Firma, Schriftwechsel deutsch; BGH IPRspr. 1972 Nr. 13 = WM 72, 1398: Abschluß des Kaufs und Sitz der Käuferin in der Schweiz treten zurück hinter Sitz der Verkäuferin in Deutschland, wo Ware zunächst bleiben sollte, sowie Beurkundung auf Geschäftsbogen der Verkäuferin, Preis in DM und Vereinbarung ausschließlicher internationaler Zuständigkeit der deutschen Gerichte für Klagen gegen Käuferin.

d) Engste Verbindung

Ausdrücklicher und stillschweigender Parteiwille sind **realer** Parteiwille. Davon unterschied man bis zur Reform durch das IPRG von 1986 den **hypothetischen** Parteiwillen: das, was die Parteien gewollt hätten, wenn sie etwas gewollt hätten. Aber da der stillschweigende Parteiwille immer erschlossen werden muß, war eine scharfe Abgrenzung vom hypothetischen Parteiwillen nicht möglich: legt ihr's nicht aus, so legt was unter!

Das Recht, das die Parteien vereinbart haben würden, wenn es zu einer Vereinbarung gekommen wäre, trat ein, wo ein realer Parteiwille fehlte.

Oft wurde von *„mutmaßlichem"* statt von „hypothetischem" Parteiwillen geredet. Mußmaßlich ist aber das Gegenteil von sicher, hypothetisch das Gegenteil von real. Sowohl hypothetischer wie realer Parteiwille können mutmaßlich oder sicher sein. Will man „hypothetisch" verdeutschen, dann kann man vielleicht sagen „unterstellter" Parteiwille.

Selten kann man sicher bestimmen, welches Recht die *individuellen* Vertragsparteien vereinbart haben würden. Man setzte *Normal*menschen an ihre Stelle. Ja man suchte, die *sachlich beste Anknüpfung* durch Abwägen der Interessen zu finden. Mochte theoretisch der hypothetische Wille der konkreten Parteien vorgehen: praktisch war die Regel „mangels realen Parteiwillens entscheidet der hypothetische" eine **Generalklausel für objektive Interessenwertung.**

So der BGH ständig, z.B. BGH 44, 183 (186): „vernünftige Interessenabwägung nach objektiven Grundsätzen"; ähnlich BGH 61, 221 (223). Die Gerichte sprachen hier oft auch noch vom „Schwerpunkt" (vgl. oben S. 115) des Vertrags (Nachweise Soergel VIII[11] Rz 352 vor Art. 7 EGBGB Fn. 4, S. 239–241 und BGH EWiR 96, 923 LS mit Anm. von *Graf von Westphalen* = IPRax 98, 108 mit Aufsatz von *Ahrens* 93–96 = NJW 96, 2569 = WM 96, 1467 [1469 unter II 1 c]).

Subjektive Formeln für objektive Tatbestände finden sich mehrfach (*Wolff*, IPR 143). Vgl. die „Sorgfalt des ordentlichen Kaufmanns" (§ 347 HGB) mit der „im Verkehr erforderlichen Sorgfalt" (§ 276 I 1 BGB); das „Anstandsgefühl aller billig und gerecht Denkenden" für den Sittenverstoß; die subjektive Formel *Oertmanns* für die Geschäftsgrundlage.

Wie der stillschweigende Parteiwille (oben S. 574) mußte der hypothetische aus den besonderen Umständen des Einzelfalls erschlossen werden (**individueller** hypothetischer Parteiwille; z.B. BGH 75, 183 [185]) oder man mußte auf Grund typischer Umstände Fallgruppen bilden (**typischer** hypothetischer Parteiwille).

Diese Lage hat das IPRG nur im Ausdruck, nicht sachlich geändert. Denn **Art. 28 I 1 EGBGB** (übernommen aus Art. 4 I 1 Rom-Übereinkommen) bestimmt:

„(1) Soweit das auf den Vertrag anzuwendende Recht nicht nach Artikel 27 [Parteiwille] vereinbart worden ist, unterliegt der Vertrag dem Recht des Staates, mit dem er die engsten Verbindungen aufweist."

Die „engsten Verbindungen" (Ausweichklausel, oben S. 257–261) sind das, was man bisher den hypothetischen Parteiwillen genannt hat. Nur muß man jetzt auch auf die Rechtsprechung in den anderen Vertragsstaaten des Rom-Übereinkommens achten (oben S. 12f.).

Wie der reale Parteiwille können die engsten Verbindungen verschiedene Teile des Schuldvertrags verschiedenen Rechten zuweisen. So sagt **Art. 28 I 2 EGBGB** (der dem Art. 4 I 2 des Rom-Übereinkommens folgt):

„Läßt sich jedoch ein Teil des Vertrages von dem Rest des Vertrages trennen und weist dieser Teil eine engere Verbindung mit einem anderen Staat auf, so kann auf ihn ausnahmsweise das Recht dieses anderen Staates angewandt werden." Auch kann für den einen Teil ein realer Parteiwille vorliegen, für den anderen die engste Verbindung entscheiden.

Wie bisher muß man **individuelle** und **typische** Umstände zu Rate ziehen. Für die wichtigsten Vertragstypen gibt das Gesetz *Vermutungen* in **Art. 28 II–IV EGBGB** (entnommen dem Art. 4 II–IV, V 1 Rom-Übereinkommen). Es läßt diese aber gegebenenfalls zurücktreten hinter anderen (individuellen oder typischen) Umständen. Denn **Art. 28 V EGBGB** bestimmt (im Einklang mit Art. 4 V 2 Rom-Übereinkommen):

„(5) Die Vermutungen nach den Absätzen 2, 3 und 4 gelten nicht, wenn sich aus der Gesamtheit der Umstände ergibt, daß der Vertrag engere Verbindungen mit einem anderen Staat aufweist."

Solche engere Verbindung kann man in den seltenen Fällen (vgl. oben S. 575 a.E.) annehmen, in denen die Parteien die Geltung eines bestimmten Rechts als selbstverständlich angenommen haben (*Aubin* Seidl-Hohenveldern-Fschr. 1988, 12). Siehe auch unten S. 580 (Vermietung von Ferienwohnungen).

Fast immer kommt es zur **Anwendung eines einzigen Rechts** auf den ganzen Vertrag (Grund: das Ordnungsinteresse am inneren Entscheidungseinklang, oben S. 564, OLG Hamburg IPRspr. 1970 Nr. 121a S. 404).

Gewählt wird kraft **typischer** Umstände meist das Recht, das im Interesse der an der Rechtswahl **stärker interessierten Vertragspartei** liegt, weil sie durch Anwendung des Rechts der Gegenpartei härter getroffen würde, als die Gegenpartei durch die Wahl des Rechts der stärker interessierten Partei getroffen wird. Es gilt das **„Prinzip der geringsten Störung"** (vgl. BGH EWiR 96, 923 LS mit Anm. von *Graf von Westphalen* = IPRax 98, 108 mit Aufsatz von *Ahrens* 93–96 = NJW 96, 2569 = WM 96, 1467 [1469 unter II 1 c a.E.] für Garantie einer Mindestrendite). Deswegen geht gewöhnlich der Staat vor dem Einzelnen, der Kaufmann vor dem Privatmann, der Schuldner von Sachen oder Diensten vor dem Geldschuldner.

Der *Staat* sowie *Körperschaften* und *Anstalten des öffentlichen Rechts* unterwerfen sich schwerer fremdem Recht als natürliche und juristische Privatpersonen. Daher gilt für Schuldverträge der öffentlichen Hand im Zweifel das *Recht des betreffenden Staates.*

So z.B. RG 126, 196 (207) für Anleihe der Stadt Wien; OLG Hamburg WM 69, 709 (711) für Schiedsvertrag mit jugoslawischer staatlicher Gesellschaft (vgl. aber in derselben Sache BGH 55, 162 [164]).

Doch kommt es bei internationalen Anleihen vor, daß sich ein Staat als Schuldner oder Bürge *ausdrücklich* dem Recht des Landes unterwirft, in dem die Anleihe aufgenommen wird.

Ärzte, Anwälte und *Notare* üben eine vom öffentlichen Recht geregelte Tätigkeit aus. Aber nicht deswegen gilt für Verträge mit ihnen im Zweifel das *Recht des Praxisorts.*

Für dieses Recht z.B. BGH 22, 162 für Anwalt in Washington, D.C.; BGH 44, 183 = NJW 66, 296 mit krit. Anm. von *Cohn* 772 für Anwalt in New York und Georgia; BGH IPRax 83, 67 mit Aufsatz von *Stoll* 52–55 = NJW 82, 2733 für deutschen Patentanwalt; Cour d'appel de Paris Rev. crit. dr. i.p. 1962, 118 mit Anm. von *Gavalda* für Anwalt in Genf; Tribunal de grande instance de Paris Clunet 1984, 583 mit Anm. von *Lefebvre* für Anwalt in Köln; OLG Düsseldorf MDR 1990, 165 für französischen Anwalt; dagegen für Anwendung französischen Rechts auf Vertrag zwischen französischem Staat und Jerusalemer Anwalt Trib. de grande instance de la Seine Rev. crit. dr. i.p. 1967, 715 mit Anm. von *Simon-Depitre.*

Der entscheidende Grund liegt vielmehr darin, daß sie eine **berufstypische Leistung** erbringen: sie würden härter getroffen, wenn ihre Berufstätigkeit verschiedenem Recht unterläge, als der Patient oder Mandant getroffen wird, der einen ausländischen Arzt, Anwalt oder Notar aufsucht und dessen Recht unterworfen wird.

Aus dem gleichen Grunde gilt für *Gewerbetreibende* im Zweifel das Recht ihres *Niederlassungsorts* und, soweit eine *Zweigniederlassung abschließt, das Recht ihres Sitzes.*

So unmittelbar oder im Ergebnis z.B. BGH WM 57, 1047 (1048) Bank; BGH IPRax 87, 372 (373) mit Aufsatz von *Schlechtriem* 356f., Bank; OLG Frankfurt IPRax 90, 43 (44f. unter 4) mit Aufsatz von *Schefold* 20–25, Bank als Zahlstelle einer akkreditiveröffnenden Bank; OLG Düsseldorf IPRax 96, 423 (424 a.E. unter B I 1) mit Anm. von *Kronke,* Bank; BGH 9, 34 (41) Versicherung (dazu jetzt unten S. 591–595); OLG Hamburg IPRax 90, 400 mit Aufsatz von *Mankowski* und *Kerfack* 372–378 = VersR 89, 1164 (1165) Brennstoffhandlung; OLG Düsseldorf RiW 57, 11 Güterfernverkehr; OLG Frankfurt IPRax 88, 99 mit Aufsatz von *Schwenzer* 86–88, Spediteur; BGH VersR 88, 825 (826 unter 1 b dd), Frachtführer; OLG München RiW 89, 743 (745 unter II 3 b), Vertrag zwischen deutschem und niederländischem Transportunternehmen über Beförderung durch letzteres von Bayern nach England (deutsches Recht angewandt); OLG München VersR 99, 384 Transportunternehmen; OLG Düsseldorf NJW-RR 91, 55 Reiseveranstalter; BGH 19, 110 Verleger; LG München I WM 57, 1378 Werkunternehmer (Flugzeugausrüstung); LG Düsseldorf NJW 91, 2220 Werkstatt für Teppichknüpfkunst; AG Mainz IPRax 83, 299 LS mit Anm. Red. (E.J.), Autoreparaturwerkstatt; OLG Koblenz IPRax 89, 232 mit Aufsatz von *Fischer* 215–217, Autohändler; OLG Karlsruhe IPRspr. 1928 Nr. 32 Gastwirt; BGH IPRax 88, 228 mit Aufsatz von *Gottwald* 210–212 = NJW 88, 647 Spielcasino; OLG Hamburg MDR 76, 402 allgemein. Bedenklich OLG Köln RiW 94, 970 Institutsgutachten.

Das ist besonders für solche Verträge angebracht, die ein Gewerbetreibender massenhaft nach Formular schließt (sog. Adhäsionsverträge).

Erbringt *jede* Vertragspartei eine berufstypische Leistung (z.B. eine Bank verkauft einer anderen Wertpapiere) oder erbringt *keine* eine berufstypische Leistung (z.B. ein Privatmann verkauft einem anderen seinen Volkswagen), dann sollte nach dem Prinzip der geringsten Störung gelten das Recht des Geschäftssitzes oder gewöhnlichen Aufenthalts dessen, der die **vertragstypische Leistung** erbringt, d.h. dessen der Ware oder Dienste leistet, nicht dessen der zahlt.

Z.B. LG Frankfurt WM 85, 224; LG Köln IPRax 89, 290 (292) mit Aufsatz von *Schwenzer* 274–276; OLG Hamm WM 90, 538 (541); OLG Köln IPRax 94, 213 = ZIP 92, 1842 (1843) und OLG Köln IPRax 94, 210 = RIW 93, 143 mit Anm. von *Diederich* 758 = VersR 93, 63 (65), beide Entscheidungen mit Aufsatz von *Piltz* IPRax 94, 191 bis 193; OLG Karlsruhe NJW-RR 93, 1316; OLG Düsseldorf DZWiR 97, 77 mit Aufsatz von *Aden* 81–83 = EWS 96, 843 LS mit Anm. von *Schlechtriem* = RIW 96, 959 (Vertragshändlervertrag und Verkäufe an Dritte auf Grund dieses Vertrags). Vgl. BGH 108, 353 = IPRax 91, 338 mit Aufsatz von *Kronke* und *Berger* 316–320 = NJW 90, 242 (244 unter III 2: ausdrückliche Wahl deutschen Rechts in AGB der vertragstypisch leistenden deutschen Bank; vertragstypische Leistung bewirkt gleichzeitig Maßgeblichkeit deutschen Rechts und im deutschen materiellen Recht stillschweigende Vereinbarung der AGB der vertragstypisch leistenden Bank.

Denn, wer liefert oder arbeitet, muß sich mehr anstrengen und mehr Vorschriften beachten, als wer zahlt. Sein größerer Einsatz zeigt sich auch darin, daß *er* es meist ist, der für seine Leistung wirbt.

Das Gesetz hat das Verhältnis von vertrags- und berufstypischer Leistung umgestellt. Es nennt die vertragstypische (**„charakteristische“**)

Leistung zuerst, ohne damit sachlich etwas zu ändern. **Art. 28 II 1, 2 EGBGB** bestimmt (im Gefolge von Art. 4 II Rom-Übereinkommen):

„(2) Es wird vermutet, daß der Vertrag die engsten Verbindungen mit dem Staat aufweist, in dem die Partei, welche die charakteristische Leistung zu erbringen hat, im Zeitpunkt des Vertragsschlusses ihren gewöhnlichen Aufenthalt oder, wenn es sich um eine Gesellschaft, einen Verein oder eine juristische Person handelt, ihre Hauptverwaltung hat. Ist der Vertrag jedoch in Ausübung einer beruflichen oder gewerblichen Tätigkeit dieser Partei geschlossen worden, so wird vermutet, daß er die engsten Verbindungen zu dem Staat aufweist, in dem sich deren Hauptniederlassung befindet oder in dem, wenn die Leistung nach dem Vertrag von einer anderen als der Hauptniederlassung zu erbringen ist, sich die andere Niederlassung befindet."

Allerdings will das Gesetz für den Fall, daß eine *vertrags*typische („charakteristische") Leistung fehlt (wie beim Tausch), auch die *berufs*typische beiseite lassen. Denn **Art. 28 II 3 EGBGB** sagt (entsprechend Art. 4 V 1 Rom-Übereinkommen):

„Dieser Absatz ist nicht anzuwenden, wenn sich die charakteristische Leistung nicht bestimmen läßt."

Aber das dürfte ein Versehen sein: wechsele ich als Privatmann in Athen bei einer Bank Geld, dann gilt selbstverständlich griechisches Recht. Nur, wenn jede oder keine Vertragspartei berufstypisch handelt und auch eine vertragstypische Leistung fehlt, muß man nach einer anderen „engsten Verbindung" (Art. 28 I 1 EGBGB) ausschauen.

Eine Ausnahme galt nach der Rechtsprechung für das *Konnossement* und (mindestens hinsichtlich der Rechtsfolgen des Löschungsvorgangs) für den *See-* und *Binnenschiffahrtsfrachtvertrag:* hier sollte maßgeben das *Recht des Bestimmungshafens.*

BGH 6, 127 (134) Konnossement; BGH 9, 221 (223 f.) Binnenschiffahrtsfrachtvertrag; BGH RIW 90, 397 (398 unter 1) Konnossement; vgl. OLG Hamburg RIW 88, 654 = VersR 88, 799 Chartervertrag.

Jetzt gebietet indes allgemein für *Güterbeförderungsverträge* **Art. 28 IV EGBGB** (wie Art. 4 IV Rom-Übereinkommen):

„(4) Bei Güterbeförderungsverträgen wird vermutet, daß sie mit dem Staat die engsten Verbindungen aufweisen, in dem der Beförderer im Zeitpunkt des Vertragsabschlusses seine Hauptniederlassung hat, sofern sich in diesem Staat auch der Verladeort oder der Entladeort oder die Hauptniederlassung des Absenders befindet. Als Güterbeförderungsverträge gelten für die Anwendung dieses Absatzes auch Charterverträge für eine einzige Reise und andere Verträge, die in der Hauptsache der Güterbeförderung dienen."

Greift bei einem Güterbeförderungsvertrag die Vermutung des *Abs. 4 nicht,* dann sollte man auf *Abs. 2* zurückgreifen dürfen und nicht auf Abs. 1 beschränkt sein (OLG Frankfurt IPRax 94, 141 LS mit abl. Anm. Red. [H. K.] = NJW-RR 93, 809).

Für *Grundstückskauf, -miete und -pacht* gilt im Zweifel das Recht des Ortes, an dem die Sache zu leisten ist, mithin die *lex rei sitae.* Dies ergibt **Art. 28 III EGBGB** (der Art. 4 III Rom-Übereinkommen folgt):

„(3) Soweit der Vertrag ein dingliches Recht an einem Grundstück oder ein Recht zur Nutzung eines Grundstücks zum Gegenstand hat, wird vermutet, daß er die engsten Verbindungen zu dem Staat aufweist, in dem das Grundstück belegen ist."

Aus der Rspr.: BGH JZ 55, 702 für eine Abwohnvereinbarung; OLG München (Senat Augsburg) IPRax 90, 320 mit Aufsatz von *Spellenberg* 295–298 = NJW-RR 89, 663 (665 unter II 1 d: stillschweigender Parteiwille geht vor); OLG Düsseldorf NJW 90, 640; OLG Celle RIW 90, 320 (322); OLG Celle NJW-RR 1992, 1126 mit Aufsatz von *Merkt* ZIP 94, 1417–1425 (stillschweigender Parteiwille geht vor); OLG Frankfurt NJW-RR 93, 182; BGH NJW-RR 96, 1034 unter II 1 (stillschweigender Parteiwille geht vor).

Über Vorrang gleicher Staatsangehörigkeit der Parteien oder Geschäftsitzes oder gewöhnlichen Aufenthalt der Parteien im selben Staat unten S. 580 a. E. f.

Für die Vermietung von *Ferienwohnungen* sollte man indes beim Recht des Geschäftssitzes oder (bei privater Vermietung) beim Recht des gewöhnlichen Aufenthalts des Vermieters stehen bleiben.

BGH 109, 29 = BB 90, 658 mit Anm. von *Lindacher* = EuZW 90, 30 mit Anm. von *A. M. Nagel* = IPRax 90, 318 mit Aufsatz von *W. Lorenz* 292–295 = NJW 90, 317 (319 unter II 2) mit Berufung auf engere Verbindungen nach Art. 28 V EGBGB und die charakteristische Leistung nach Art. 28 II (vgl. für die internationale Zuständigkeit nach Art. 16 GVÜ unten S. 919).

Beim *Fahrniskauf* gilt in der Regel das Recht des *Geschäftssitzes oder gewöhnlichen Aufenthalts des Verkäufers* als des vertragstypischen Leistenden.

Z. B. OLG Hamburg IPRax 90, 400 mit Aufsatz von *Mankowski* und *Kerfack* 372 bis 378; LG Aachen RIW 90, 491 (keine Abweichung vom Verkäuferrecht nach Art. 28 V, wenn Schuhe aus Italien auf Düsseldorfer Schuhmesse bestellt werden); OLG Koblenz RIW 92, 59 (61); OLG Frankfurt NJW 91, 3102. So schon früh das schweizerische Bundesgericht, weil die Lieferung und nicht die Zahlung den Kauf „charakterisiert": z. B. BG 78 (1952) II 74 („Genimportex"), 145 („Phoebus"); BG 91 (1965) II 356. **A. A.** nach früherem Recht BGH Betr. 58, 162, NJW 60, 1720 und 62, 1005; OLG Hamburg RIW 86, 462 (463 a. E. f.); KG RIW 86, 905 (im Ergebnis aber wie hier); doch näherten sich dem Verkäuferrecht BGH Warn. 69 I Nr. 143 = WM 69, 772 (773), BGH 61, 221 (223–226) und BGH EWiR Art. 28 EGBGB 1/87 S. 45 mit Anm. von *Schlechtriem* = IPRax 88, 27 mit Aufsatz von *Kreuzer* 16–20 = NJW 87, 1141. Für *Käufer*recht kraft engster Verbindungen nach Art. 28 I 1 EGBGB LG Würzburg NJW-RR 1988, 1324 bei Kauf von Wäsche in Ibiza in deutscher Sprache mit vereinbarter Lieferung in Deutschland.

Käuferrecht sollte gelten, wenn der Käufer dadurch eine starke Stellung erhalten hat, daß die Ware auf die Gefahr des Verkäufers reist (*Rabel* III² 69–72; vgl. auch unten S. 601 a. E. f., 603). Über *Verbraucherver-träge* unten S. 585–588.

Gehören beide Parteien demselben Staat an oder haben *beide im selben Staat Geschäftssitz oder gewöhnlichen Aufenthalt,* dann wird oft, aber nicht immer das Recht dieses Staats entscheiden.

Beispiel: RAG SeuffArch. 89, 321: Ein Deutscher ist „Präsident" des amerikanischen Schauspielunternehmens „*The Freiburg Passion Play in English, Inc. of Wilmington Delaware*". 1931 engagiert er als Schauspieler einen Neffen seiner Frau, ebenfalls einen Deutschen. Nach seinem Ausscheiden fordert der Neffe vom „Onkel" Restgehalt und Wertersatz für einen Brillantring, den er dem Onkel zur Bezahlung einer Hotelrechnung gegeben und den der Onkel nicht wieder eingelöst hat.

Zum *Gehalts*anspruch nimmt das RAG an, der Neffe sei vom Unternehmen, nicht vom Onkel persönlich eingestellt worden. Ob der Onkel trotzdem hafte, müsse das anzuwendende Recht ergeben. Vertragspartei sei eine amerikanische Gesellschaft und der Vertrag sei englisch abgefaßt. Außerdem spiele die Truppe nur in den USA und in englischer Sprache. Beide Parteien hätten in den USA zu erfüllen. Sowohl der (hypothetische) Parteiwille wie der Erfüllungsort (heute: die engste Verbindung) führten daher auf das Recht von Delaware.

Bei dem Anspruch wegen des *Rings* handele es sich um eine „rein persönliche Rechtsbeziehung zweier Deutscher aus einem Gefälligkeitsakt". Daher sei kraft hypothetischen Parteiwillens (heute: engste Verbindung) deutsches Recht anzuwenden.

Andere Beispiele:

(Öst)OGH (öst)JurBl. 1980, 160: *Spieldarlehn* in norwegischer Währung zwischen österreichischen Stewards auf norwegischem Dampfer auf hoher See (Atlantik): österreichisches Recht angewandt kraft „vermuteter Rechtswahl" (dazu *Schwimann* IPR 117f.).

Cass. (Ch. soc.) Rev. crit. dr. i. p. 1985, 334 mit Anm. von *Lyon-Caen:* französischem Recht unterliegt Vertrag zwischen französischen Firmen über *Leiharbeit* auf Baustelle in Saudi-Arabien.

LAG Köln RIW 92, 933: für amerikanische Piloten amerikanischer Fluggesellschaft gilt amerikanisches Recht, daher nicht § 613a BGB.

(Öst)OGH IPRax 86, 175 (177) mit Aufsatz von *Schwind* 191–193: Schenkung (die nach § 37 [öst]IPR-Gesetz dem Recht des Staates unterliegt, in dem sich der Schenker gewöhnlich aufhält) italienischen Grundstücks durch in Österreich lebenden Vater an österreichischen Sohn unterliegt österreichischem Recht.

Siehe zu BGH 104, 268, OLG Celle RIW 88, 137 und BGH NJW-RR 90, 183 oben S. 575. Ferner z. B. BGH 109, 29 = BB 90, 658 mit Anm. von *Lindacher* = EuZW 90, 30 mit Anm. von *A. M. Nagel* = IPRax 90, 318 mit Aufsatz von *W. Lorenz* 292–295 = NJW 90, 317 (319 unter II 2 a. E.): deutsches Reiseunternehmen vermietet an Deutsche Ferienhäuser in Frankreich und Spanien; BAG IPRax 94, 123 (128 unter III 4c cc) mit Aufsatz von *Mankowski* 88–98: Arbeitsvertrag zwischen Pan Am und Flugpersonal; BGH WM 97, 560 (561 unter II 1 a aa): Darlehen deutscher Hypothekenbank an in Deutschland lebenden deutschen Diplomkaufmann zur Finanzierung spanischer Hotelanlage.

Grundsätzlich: OLG Koblenz IPRax 89, 232 (234 unter I) mit Aufsatz von *G. Fischer* 215–217, betr. Haftung aus Verkaufsauftrag.

Auf *Verkauf* spanischen Grundstücks, wenn beide Parteien in *Deutschland* lebende Deutsche sind, wendet deutsches Recht an OLG Hamm NJW-RR 96, 1144. Anders, m. E. zutreffend, BGH IPRax 99, 45 mit Aufsatz von *Stoll* 29–31 = NJW 98, 1321 (unter II 1 b) mit Berufung auf Art. 27 II EGBGB wegen deutscher Vertragssprache und mit Hinweis auf Art. 28 III. Erst recht zutreffend unterstellt spanischem Recht den Verkauf spanischen Grundstücks durch in *Spanien* lebenden Deutschen an in Deutschland lebendes Ehepaar OLG Celle RIW 88, 137.

Auch die *Anlehnung an einen anderen Vertrag* kann das maßgebende Recht bestimmen.

So LG Hamburg MDR 54, 422: Vertrag mit Schiffsmakler in Rotterdam nach deutschem Recht unter anderem deswegen beurteilt, weil für Seefrachtvertrag deutsches Recht galt; BAG Betr. 68, 713 = WM 68, 524: Ruhegeldverhältnis deutschem Recht unterstellt, weil Arbeitsvertrag ihm unterlag; OLG Hamburg IPRspr. 1978 Nr. 189 S. 476f.: auf Schiedsvertrag deutsches Recht angewandt, weil für Hauptvertrag deutsches Recht maßgab. Zu weit geht OLG Karlsruhe IPRax 91, 259 mit Aufsatz von *Winkler-von Mohrenfels* 237–241 = NJW-RR 89, 367: Darlehen nach deutschem Recht beurteilt, weil gesichert durch deutsche Grundschuld, und desgleichen sogar Schenkung von Todes wegen (unten S. 858), durch welche die Darlehensforderung erlassen wurde.

Die *Bürgschaft* allerdings wird meist nicht dem Recht der Hauptschuld unterworfen, sondern selbständig angeknüpft (z. B. OLG Hamburg IPRspr. 1976 Nr. 147 [S. 428] und LG Hamburg RIW 93, 144); ebenso ein deklaratorisches Schuldanerkenntnis in BGH WM 70, 1454 (hilfsweise) und in OLG München RIW 97, 507; für Frankreich siehe Noten von *Osman* Sem. jur. 1992, 455–457 und von *Muir Watt* Sem. jur. 1997, 190–192.

Mehrere Umstände können sich in verschiedener Weise im Einzelfall verbinden und je nachdem die Bestimmung des anwendbaren Rechts vereinfachen oder erschweren. Vgl. z. B. den Transportfall OLG Düsseldorf RiW 57, 11 (oben S. 565).

e) Erfüllungsort

Versagten realer und hypothetischer Parteiwille (oben c, d), dann hielt sich die deutsche Rechtsprechung an den Erfüllungsort.

So BGH BB 55, 462: Akkreditiv deutscher Bank gegenüber italienischer Bank mit Sitz in der Türkei; BGH AWD 58, 57 = NJW 58, 750: Wandlung durch italienische Käuferin von Drahtseilen aus Deutschland mit Rückverweisung auf deutsches Recht; BGH NJW 60, 1720: Preisschuld aus Kaufvertrag über Schokolade zwischen Verkäuferin in Chikago und Käufer in New Orleans; BGH 57, 72 (75–77): Preisschuld aus Verkauf von Küchenmöbeln von West-Berlin nach Paris; vgl. OLG Karlsruhe NJW 82, 1950: Preisschuld aus Verkauf von Damenhandtaschen von Österreich nach Deutschland, betr. vereinbarten Erfüllungsort für beide Teile und vereinbarten ausschließlichen Gerichtsstand in Rom.

Die Lehre war überwiegend dagegen.

So *Rabel* II^2 474 f., 482–486 (Schwerpunkt des jeweiligen Vertrags); *Raape* IPR 486 f. (Geschäfts- oder Wohnsitz des Schuldners).

Nach *Beitzke* JZ 55, 586 war schon logisch der Erfüllungsort bei Prüfung des hypothetischen Parteiwillens mit zu berücksichtigen. Das hinderte indessen nicht, den Erfüllungsort als Notanker für äußerste Fälle bereit zu halten. Der große Nachteil des Erfüllungsorts ist bei gegenseitigen Verträgen: er kann zur Anwendung zweierlei Rechts auf den Vertrag führen und damit in schwer tragbarer Weise den inneren Entscheidungseinklang stören (oben S. 564).

Das Rom-Übereinkommen und, ihm folgend, jetzt das internationale Schuldvertragsrecht des EGBGB kennen den Erfüllungsort *nicht* mehr als *selbständige* Anknüpfung. Doch kann er im Rahmen der „engsten Verbindungen", die nach Art. 28 I 1 EGBGB mangels Rechtswahl die Anknüpfung ergeben, bedeutsam werden.

Z. B. BGH 109, 29 = BB 90, 658 mit Anm. von *Lindacher* = EuZW 90, 36 mit Anm. von *A. M. Nagel* = IPRax 90, 318 mit Aufsatz von *W. Lorenz* 292–295 = NJW 90, 317 (319 unter II 2).

Hat beim gegenseitigen Vertrag jede Partei ihren eigenen Erfüllungsort und liegen die Erfüllungsorte in verschiedenen Staaten, dann gilt, falls es einmal auf die Erfüllungsorte ankommt, *für die Pflichten jedes Vertragsteils das Recht seines Erfüllungsorts.* Zum Beispiel gilt beim *Kauf* für die Leistungsgefahr das Recht des Erfüllungsorts des Verkäufers, für die Preisgefahr das Recht des Erfüllungsorts des Käufers. Wandlung und Minderung unterliegen dem Käuferrecht (weil die Zahlungspflicht betreffend), Schadenersatz wegen Sachmangels dagegen dem Verkäuferrecht. Die Mängelrüge wiederum unterliegt immer dem Recht des Käufers (gleich ob er wandelt, mindert oder Schadenersatz fordert): man mutet dem Käufer nicht zu, sich bei der Rüge um fremdes Recht zu kümmern. Nachweise Soergel VIII[11] Rz 406–411 vor Art. 7 EGBGB, S. 267f.

Wie bestimmt man den Erfüllungsort? Die Rechtsprechung tut es an Hand des *deutschen Rechts,* nämlich nach §§ 269, 270 BGB (z.B. RG 108, 241 [243] für Darlehen in Sowjetrußland an Fliehenden; RG 109, 295 [298] für dänische Inhaberschuldverschreibungen; BGH BB 55, 462 für Akkreditiv einer deutschen Bank gegenüber italienischer Bank mit Sitz in der Türkei; BGH 57, 72 [76 a.E. f.] für Kaufpreisschuld französischer GmbH; OLG Stuttgart IPRax 88, 293 mit Aufsatz von *Schwarz* 278–280 für Kaufpreisschuld portugiesischer GmbH; BGH NJW 88, 966 [967 unter II 1] für Ansprüche eines Handelsvertreters gegen portugiesische Textilfirmen; OLG Hamm NJW 90, 652 [653 a.E. unter 2c cc] für Pflicht eines deutschen und eines französischen Unternehmens, im Lande des jeweils anderen Vertragsteils nur diesen zu beliefern). Doch fragt sich, ob man nicht im IPR einen *eigenen Begriff* braucht, etwa auf Grund des Gedankens, daß der Erfüllungsort deswegen gewählt wird, weil sich der Schuldner mit seiner Leistungshandlung dem dort geltenden Recht soll anpassen dürfen (vgl. oben S. 564). Den *Gerichtsstand* des Erfüllungsorts nach Art. 5 Nr. 1 GVÜ ergibt das vom IPR des Gerichtsstaats berufene Vertragsstatut (vgl. Nachweise unten S. 918). Zum Erfüllungsort nach IPR und internationalem Verfahrensrecht *von Caemmerer* Mann-Fschr. 1977, 18f. (= Gesammelte Schriften III, 1983, 123f.), *Schack,* Der Erfüllungsort im deutschen, ausländischen und internationalen Privat- und Zivilprozeßrecht, 1985 (grundlegend); *Schwander,* Zur heutigen Rolle des Erfüllungsortes im IPR, von Overbeck-Fschr., Freiburg/Schweiz 1990, 681–699; zum Erfüllungsort nach § 29 ZPO auch *Lüderitz* Zweigert-Fschr. 1981, 242–249.

f) Sonderanknüpfungen

aa) Verbraucherverträge

Schrifttum: 7. Aufl. S. 495–497. Ferner: *Böhmer,* Das deutsche Internationale Privatrecht des timesharing, 1993; *Schnyder, Heiss* und *Rudisch* (Hrsg.), Internationales Verbraucherschutzrecht, 1995; *Leible,* Rechtswahlfreiheit und kollisionsrechtlicher Verbraucherschutz, Jahrbuch Junger Zivilrechtswissenschaftler 1995, 245–269; *Schmidt-Salzer,* EG-Richtlinie über mißbräuchliche Klauseln in Verbraucherverträgen, Inhaltskontrolle von AVB und Deregulierung der Versicherungspflicht, VersR 95, 1261–1269; *Mankowski,* Keine Sonderanknüpfung deutschen Verbraucherschutzrechts über Art. 34 EGBGB, Zugleich eine Besprechung des Urteils des OLG Celle vom 13. 2. 1996 – 17 U 28/95, DZWiR 96, 273–282; *Eckert,* Das neue Recht der Allgemeinen Geschäftsbedingungen, ZIP 96, 1238–1241 (1240 a.E.f. unter II 2); *Heinrichs,* Das Gesetz zur Änderung des AGB-Gesetzes, NJW 96, 2190–2197 (2194f. unter III); *Weber-Stecher,* Internationales Konsumvertragsrecht, Zürich 1997; *Joustra,* De internationale consumentenovereenkomst, 1997; *Treves,* Un nuovo labirinto normativo in tema die legge applicabile alla vendita: le vendite ai consumatori, Broggini-Fschr., Mailand 1997, 561–575; *Ende,* Der Individualrechtsschutz des Unionsbürgers, 1997, 96–105; *Jayme,* Neues IPR für Timesharing-Verträge – zum Teilzeit-Wohnrechtegesetz vom 20. 12. 1996, IPRax 97, 233–236; *Junker,* Vom Bürgerlichen Gesetzbuch zum kleinbürgerlichen Gesetzbuch – Der Richtlinienvorschlag über den Verbrauchsgüterkauf, DZWiR 97, 271–281; *Aden,* Rechtswahl und Schiedsklausel im Verbraucherschutz, RIW 97, 723–727; *Baumert,* Abschlußkontrolle bei Rechtswahlvereinbarungen, RIW 97, 805–811; *Sieg,* Allgemeine Geschäftsbedingungen im grenzüberschreitenden Verkehr, ebenda 811–819; *Mäsch,* Renvoi und Vorfragenanknüpfung im internationalen Vertragsrecht: Der OGH stellt die Weichen falsch, IPRax 97, 442–449; *Sieg,* Internationale Gerichtsstands- und Schiedsklauseln in Allgemeinen Geschäftsbedingungen, RIW 98, 102–108; *Junker,* Vom Citoyen zum Consommateur – Entwicklungen des Internationalen Verbraucherschutzrechts, IPRax 98, 65–74 (grundsätzlich); *Mankowski,* Strukturfragen des Internationalen Verbrauchervertragsrechts, RIW 98, 287–291; *Otte,* Anwendbares Recht bei grenzüberschreitendem Timesharing, RabelsZ 62 (1998), 405–436; *Ebke,* Schuldrechtliche Teilzeitwohnrechte an Immobilien im Ausland und kein Widerrufsrecht: Zum Ende der Altfälle, IPRax 98, 263–270; *Lagarde,* Le consommateur en droit international privé, Wien 1999 (*Reichelt* [Hrsg.], Ludwig Boltzmann Institut für Europarecht, Vorlesungen und Vorträge Heft 4); *G. Fischer,* Das Kollisionsrecht der Verbraucherverträge jenseits von Art. 5 EVÜ, Großfeld-Fschr. 1999, 277–292; *Borges,* Weltweite Geschäfte per Internet und deutscher Verbraucherschutz, ZIP 99, 565–573; *Rühl,* § 12 AGBG im System des internationalen Verbraucherschutzrechts, RIW 99, 321–326; *Freitag,* Sprachenzwang, Sprachrisiko und Formanforderungen im IPR, IPRax 99, 142–148; *Downes* und *Heiss,* Ausschluß des favor offerentis bei Formvorschriften des (europäisierten) Verbrauchervertragsrechts: Art. 9 EVÜ und komplexe Schutzformen, ebenda 137–142.

Rechtsvergleichend: Hondius, Unfair Contract Terms: New Control Systems, 26 (1978) Am. J. Comp. L. 525–549; *Neumayer,* Zu Art. 8 des neuen UWG – Eine rechtsvergleichende Analyse, Keller-Fschr., Zürich 1989, 727–741; *von Mehren,* The „Battle of Forms": A Comparative View, 38 (1990) Am. J. Comp. L. 265–298; *Munz,* Allgemeine Geschäftsbedingungen in den USA und Deutschland im Handelsverkehr, 1992; *Grant,* the Unfair Terms in Consumer Contracts Regulation and the IATA General Conditions of Carriage – A United Kingdom Consumer's Perspective, 1998 J. B. L. 123–150.

Europarecht: Direktive 93/13/EWG vom 5. 4. 1993 über mißbräuchliche Klauseln in Verbraucherverträgen (ABl. L 95 vom 21. 4. 1993), Clunet 1993, 779–784; *Damm,* Europäisches Verbrauchervertragsrecht und AGB-Recht, JZ 94, 161–178; *Kappus,* EG-Richtlinie über mißbräuchliche Vertragsklauseln und notarielle Verträge – Steht den deutschen Notaren ihr gemeinschaftsrechtliches Waterloo bevor? NJW 94, 1847–1849; *Nassall,* Die Auswirkungen der EU-Richtlinie über mißbräuchliche Klauseln in Verbraucherverträgen auf nationale Individualprozesse, WM 94, 1645–1653; *Joerges u. a.,* The Impact of European Integration on Private Law: The Case of the Directive of Unfair Terms in Consumer Contracts, 3 (1995) Eur. Rev. Priv. L. 173–181; *Ritz,* Harmonisierungsprobleme bei der Umsetzung der EG-Richtlinie 87/102 über den Verbraucherkredit, 1996; *Reich,* Europäisches Verbraucherrecht[3], 1996; *Tonner,* Die Rolle des Verbraucherrechts bei der Entwicklung eines europäischen Zivilrechts, JZ 96, 533–541; *Berger-Walliser,* Mißbräuchliche Klauseln nach Inkrafttreten des Codes de la consommation und Umsetzung der Richtlinie 93/13 in Frankreich, RIW 96, 453–463; *Kronke,* Electronic Commerce und Europäisches Verbrauchervertrags-IPR, ebenda 985–993; *Freund,* Der Vorschlag einer EU-Richtlinie über den Verbraucherschutz bei Vertragsabschlüssen im Fernabsatz, in: *Hermann, Berger* und *Wackerbarth* (Hrsg.), Deutsches und Internationales Wirtschafts- und Bankrecht im Wandel, 1997, 228–254; *Dreher,* Der Verbraucher – Das Phantom in den opera des europäischen und deutschen Rechts?, JZ 97, 167–178; *Stabentheiner,* Probleme bei der Umsetzung zivilrechtlicher EU-Richtlinien am Beispiel der Time-Sharing-Richtlinie, (öst)JurBl. 1997, 65–81; *Schlechtriem,* Verbraucherkaufverträge – ein neuer Richtlinienentwurf, JZ 97, 441–446 (Text 446 f.); *Micklitz,* Ein einheitliches Kaufrecht für Verbraucher in der EG?, EuZW 97, 229–237; *Michaels* und *Kamann,* Europäisches Verbraucherschutzrecht und IPR, JZ 97, 601–609: *Jud,* Der Richtlinienentwurf der EU über den Verbrauchsgüterkauf und das österreichische Recht, ÖJZ 1997, 441–450 (Text 449 f.); *S. Wolf,* Reform des Kaufrechts durch EG-Richtlinie – ein Vorteil für die Wirtschaft, RIW 97, 899–904; *Osman,* (Hrsg.) Towards a European Consumer Code – Codification, Unification and Harmonization of European Union Member States Law, Brüssel 1998; *Staudinger,* Artikel 6 Abs. 2 der Klauselrichtlinie und § 12 AGBG,

Der internationale Geltungsbreich der deutschen Klauselkontrolle auf dem Prüfstand des Europäischen Gemeinschaftsrechts, 1998; *Coester,* AGB-rechtliche Inhaltskontrolle im Lichte des europäischen Gemeinschaftsrechts, Heinrichs-Fschr. 1998, 99–114; *Martinek,* Verbraucherschutz im Fernabsatz – Lesehilfe mit Merkpunkten zur neuen EU-Richtlinie, NJW 98, 207 f.; *Schulte-Nölke,* Auswirkungen der Fernabsatzrichtlinie, ebenda 210 f.; *J. Schmidt-Räntsch,* Zum Stand der Kaufrechtsrichtlinie, ZIP 98, 849–853; Richtlinie 98/6/EG über Verbraucherschutz bei der Angabe von Preisen, EuZW 98, 369 f; *Thorn,* Verbraucherschutz bei Verträgen im Fernabsatz, IPRax 99, 1–9; *Freitag* und *Leible,* Von den Schwierigkeiten der Umsetzung kollisionsrechtlicher Richtlinienbestimmungen, Einige Anmerkungen zum Entwurf eines Art. 29 a EGBGB, ZIP 99, 1296–1301.

Siehe auch Schrifttum oben S. 533–535.

Bei bestimmten Verträgen wird internationalprivatrechtlich der *Verbraucher* vorgezogen. Das ergibt **Art. 29 EGBGB** (der Art. 5 und 9 V des Rom-Übereinkommens übernimmt):

„Verbraucherverträge

(1) Bei Verträgen über die Lieferung beweglicher Sachen oder die Erbringung von Dienstleistungen zu einem Zweck, der nicht der beruflichen oder gewerblichen Tätigkeit des Berechtigten (Verbrauchers) zugerechnet werden kann, sowie bei Verträgen zur Finanzierung eines solchen Geschäfts darf eine Rechtswahl der Parteien nicht dazu führen, daß dem Verbraucher der durch die zwingenden Bestimmungen des Rechts des Staates, in dem er seinen gewöhnlichen Aufenthalt hat, gewährte Schutz entzogen wird,

1. wenn dem Vertragsabschluß ein ausdrückliches Angebot oder eine Werbung in diesem Staat vorausgegangen ist und wenn der Verbraucher in diesem Staat die zum Abschluß des Vertrages erforderlichen Rechtshandlungen vorgenommen hat,
2. wenn der Vertragspartner des Verbrauchers oder sein Vertreter die Bestellung des Verbrauchers in diesem Staat entgegengenommen hat oder
3. wenn der Vertrag den Verkauf von Waren betrifft und der Verbraucher von diesem Staat in einen anderen gereist ist und dort seine Bestellung aufgegeben hat, sofern diese Reise vom Verkäufer mit dem Ziel herbeigeführt worden ist, den Verbraucher zum Vertragsschluß zu veranlassen.

(2) Mangels einer Rechtswahl unterliegen Verbraucherverträge, die unter den in Absatz 1 bezeichneten Umständen zustande gekommen sind, dem Recht des Staates, in dem der Verbraucher seinen gewöhnlichen Aufenthalt hat.

(3) Auf Verbraucherverträge, die unter den in Absatz 1 bezeichneten Umständen geschlossen worden sind, ist Artikel 11 Abs. 1 bis 3 nicht anzuwenden. Die Form dieser Verträge unterliegt dem Recht des Staates, in dem der Verbraucher seinen gewöhnlichen Aufenthalt hat.

(4) Die vorstehenden Absätze gelten nicht für

1. Beförderungsverträge,
2. Verträge über die Erbringung von Dienstleistungen, wenn die dem Verbraucher geschuldeten Dienstleistungen ausschließlich in einem anderen als dem Staat erbracht werden müssen, in dem der Verbraucher seinen gewöhnlichen Aufenthalt hat.

Sie gelten jedoch für Reiseverträge, die für einen Pauschalpreis kombinierte Beförderungs- und Unterbringungsleistungen vorsehen."

Nach Abs. 1 wird bei Warenlieferungs- und Dienstleistungsgeschäften und deren Finanzierung der Verbraucher begünstigt, wenn eine der dort in Nr. 1–3 genannten Bedingungen erfüllt ist (sorgsam geprüft mit negativem Ergebnis von LG Hamburg RIW 99, 391, betr. Teppichkauf in Türkei).

Für *Wertpapier*geschäfte gilt das *nicht* (LG Darmstadt NJW-RR 94, 684 [685 unter I 3]; a. A. OLG Düsseldorf EWiR 96, 939 LS mit [zu Recht] abl. Anm. von *Geimer* = IPRax 97, 115 mit abl. Aufsatz *Thorn* 98–106 und OLG Düsseldorf EWiR 96, 577 LS mit abl. Anm. von *Mankowski* = IPRax 98, 118 [120 unter A 3 a] mit abl. Aufsatz von *Thorn* aaO = RIW 96, 681 mit abl. Aufsatz von *Aden* 97, 723–727). Es gilt auch *nicht* für *Time-sharing*-(Teilzeitnutzungs-)verträge (BGH 135, 124 = EWiR 97, 547 LS mit Anm. von *Mankowski* = IPRax 98, 285 mit Aufsatz von *Ebke* 263–270 = NJW 97, 1697 = Rev. crit. dr. i. p. 1998, 610 mit Anm. von *Lagarde* = RIW 97, 875 mit Aufsatz von *Mankowski* 98, 287–291 = ZIP 97, 848 [851f. unter II 4]); über sie aber auch unten S. 588).

Bei Warenlieferungs- und Dienstleistungsgeschäften kann eine Rechtswahl nicht die zwingenden Vorschriften des Rechts des Staates überspringen, in dem sich der Verbraucher gewöhnlich aufhält (Abs. 1), z. B. den § 1 HaustürWG (BGH 123, 380 = IPRax 94, 449 mit Aufsatz von *W. Lorenz* 429–431 = JZ 94, 363 mit Anm. von *G. Fischer* = NJW 94, 262). Solche Rechtswahl wirkt also nur wie eine materiellrechtliche Verweisung (oben S. 571; OLG Frankfurt IPRax 90, 236 mit Aufsatz von *Lüderitz* 216–219 = NJW-RR 89, 1018).

Man nimmt auch an, daß die Rechtswahl nicht den Art. 31 II EGBGB (abgedruckt oben S. 588) überspringen könne und daher erforderlichenfalls das Recht des Staates entscheide, in dem sich der Verbraucher gewöhnlich aufhält (OLG Düsseldorf ZIP 94, 288 betr. Börsentermingeschäft).

Allerdings können die Parteien das maßgebende Recht *stillschweigend* wählen (OLG Köln RIW 94, 599).

Mangels gültiger Rechtswahl gilt vollständig das Recht des Staates, in dem sich der Verbraucher gewöhnlich aufhält (Abs. 2). Es beherrscht zugleich die Form (Abs. 3). Ausgenommen sind Beförderungsverträge und Verträge über Dienstleistungen in einem anderen als dem Verbraucherland (z. B. über Sportlehrgänge am ausländischen Ferienort), jedoch nicht Verträge über Pauschalreisen mit Beförderung und Unterbringung, auch nicht Verträge zur *Finanzierung* von Dienstleistungen (BGH NJW 94, 262).

Verbraucherverträge der in Art. 29 I EGBGB genannten Art werden meist geschlossen unter Verwendung Allgemeiner Geschäftsbedingungen. Darum erschienen § 10 Nr. 8 AGBGes. (der für die Wahl ausländischen oder ostdeutschen Rechts ein „anerkennenswertes Interesse" verlangt) und § 12 a.F. AGBGes. (nach dem unter bestimmten Umständen trotz Geltung ausländischen oder ostdeutschen Rechts die Vorschriften des AGBGes. „zu berücksichtigen" waren) entbehrlich und sollten nach dem Regierungsentwurf aufgehoben werden (BTDrucks. 10/504 S. 95). Der Rechtsausschuß des Bundestags hat aber § 12 a.F. beibehalten, weil er in engen Bereichen noch nutzen könne (BTDrucks. 10/5632 S. 48); Beispiel etwa: ein Kroate, der bei uns mit Gebrauchtwagen handelt und dabei AGB benutzt, verkauft hier unter Vereinbarung kroatischen Rechts einem türkischen Gastarbeiter einen alten Golf. Dem folgend, hat Art. 6 § 2 IPRG nur § 10 Nr. 8 AGBGes. aufgehoben.

§ 12 ABGB wurde neu gefaßt durch Art. 1 Nr. 1 Ges. vom 19. 7. 1996 (BGBl. I 1013). Er lautet jetzt:

„§ 12 Internationaler Geltungsbereich

Unterliegt ein Vertrag ausländischem Recht, so sind die Vorschriften dieses Gesetzes gleichwohl anzuwenden, wenn der Vertrag einen engen Zusammenhang mit dem Gebiet der Bundesrepublik Deutschland aufweist. Ein enger Zusammenhang ist insbesondere anzunehmen, wenn

1. der Vertrag auf Grund eines öffentlichen Angebots, einer öffentlichen Werbung oder einer ähnlichen im Geltungsbereich dieses Gesetzes entfalteten geschäftlichen Tätigkeit des Verwenders zustandekommt und
2. der andere Vertragsteil bei Abgabe seiner auf den Vertragsschluß gerichteten Erklärung seinen Wohnsitz oder gewöhnlichen Aufenthalt im Geltungsbereich dieses Gesetzes hat und seine Willenserklärung im Geltungsbereich dieses Gesetzes abgibt."

Die Hauptänderung ist, daß in den genannten Fällen die Vorschriften des AGBGB anders als bisher nicht bloß zu *berücksichtigen,* sondern *anzuwenden* sind.

§ 12 a.F. AGBGes. ist wörtlich nachgebildet dem (unveränderten) § 11 des Gesetzes zum Schutz der Teilnehmer am Fernunterricht (Fernunterrichtsschutzgesetz – FernUSG) vom 24. 8. 1976, BGBl. I 2525), der für *Fernunterrichtsverträge* galt und wie § 12 AGBGes. vom IPRG nicht angetastet worden ist. Das Gesetz zum IPR für außervertragliche Schudverhältnisse und für Sachen vom 21. 5. 1999 (BGBl. I 1026) hat in seinem Art. 2 den § 11 FernUSG aufgehoben, weil Art. 29 I EGBGB genüge, der mangels Rechtswahl Verbraucherverträge unter bestimmten Umständen dem Recht des Staates unterstellt, in dem sich der Verbraucher gewöhnlich aufhält (BTDrucks. 14/343 S. 19).

§ 12 AGBGes. ist nach § 24 Satz 1 *nicht* anzuwenden, wenn der Vertragsgegner des Verwenders der AGB *Kaufmann* ist (dazu *Jayme* ZHR 78, 115f. Fn. 57a; *U. Hübner* NJW 80, 2606f.) und der Vertrag zum

Betrieb seines Gewerbes gehört oder wenn er *juristische Person des öffentlichen Rechts* oder *öffentlichrechtliches Sondervermögen* ist. Die Unwirksamkeit auf Grund der Generalklausel des § 9 AGBGes. wird dadurch nicht berührt (§ 24 Satz 2 HS 1); auf Gewohnheiten und Gebräuche des Handels ist angemessen zu achten (§ 24 Satz 2 HS 2; vgl. dazu Hamburger Schiedsspruch VersR 86, 56).

§ 12 a. F. und n. F. AGBGes. und der aufgehobene § 11 FernUSG könnten, weil dem Vereinheitlichungswillen des Rom-Übereinkommens zuwider (vgl. dessen Art. 18 sowie Art. 36 EGBGB, oben S. 565 a. E. f.), wegen dessen Vorrangs gemäß Art. 3 II EGBGB (oben S. 12 f.) unwirksam sein. Indessen möchte man hier wegen Geringfügigkeit milde sein: *minima non curat praetor* (a. A. *Grundmann* IPRax 92, 1–5).

§ 12 AGBG wird (mit anderen Vorschriften dieses Gesetzes) ergänzt durch § 24 a Nr. 2 AGBG (eingeführt durch Art. 1 Nr. 2 des oben S. 587 erwähnten Gesetzes vom 19. 7. 1996). Danach ist Art. 12 AGBG „auf vorformulierte Vertragsbedingungen auch dann anzuwenden, wenn diese nur zur einmaligen Verwendung bestimmt sind und soweit der Verbraucher auf Grund der Vorformulierung auf ihren Inhalt keinen Einfluß nehmen konnte."

Den *Verbraucher* schützt auch das **Gesetz über die Veräußerung von Teilzeitnutzungsrechten an Wohngebäuden (Teilzeit-Wohnrechtegesetz – TzWrG)** vom 20. 12. 1996 (BGBl. I 2154). Hier wird das sog. *time-sharing* geregelt und in **§ 8** bestimmt:

„Kollisionsregel

Unterliegt ein Vertrag über die Teilnutzung von Wohngebäuden oder ein Vertrag zur Finanzierung des Erwerbs eines Teilnutzungsrechts (§ 6) ausländischem Recht, so sind die Vorschriften dieses Gesetzes gleichwohl anzuwenden, wenn

1. das Wohngebäude im Hoheitsgebiet eines Mitgliedstaates der Europäischen Union oder eines Vertragsstaates des Abkommens über den Europäischen Wirtschaftsraum belegen ist oder
2. der Vertrag auf Grund eines öffentlichen Angebotes, einer öffentlichen Werbung oder einer ähnlichen geschäftlichen Tätigkeit zustandekommt, die der Veräußerer in einem Mitgliedstaat der Europäischen Union oder in einem anderen Vertragsstaat des Abkommens über den Europäischen Wirtschaftsraum entfaltet, und wenn der Erwerber bei Abgabe seiner auf den Vertragsschluß gerichteten Erklärung seinen Wohnsitz oder gewöhnlichen Aufenthalt in einem Mitgliedstaat der Europäischen Union oder in einem anderen Vertragsstaat des Abkommens über den Europäischen Wirtschaftsraum hat."

Im vorher geltenden Recht wurde auf spanisches time-sharing deutsches Recht angewandt von OLG Köln NJW-RR 97, 308, spanisches von BGH 135, 124 = EWiR 97, 547 LS mit Anm. von *Mankowski* = IPRax 98, 285 mit Aufsatz von *Ebke* 263–270 = NJW 97, 1697 = Rev. crit. dr. i. p. 1998, 610 mit Anm. von *Lagarde* = RIW 97, 875 mit Aufsatz von *Mankowski* 287–291 = ZIP 97, 848.

bb) Arbeitsverträge

Schrifttum: 7. Aufl. S. 500f. Hervorzuheben: *Gamillscheg,* Internationales Arbeitsrecht, 1959; *Gamillscheg,* Labour Contracts, IECL III 28, 1973, 1–24; *Birk,* Die multinationalen Korporationen im internationalen Arbeitsrecht, BerGesVR 18 (1978), 263–370; *Kronke,* Rechtstatsachen, kollisionsrechtliche Methode und Arbeitnehmerschutz im internationalen Arbeitsrecht, 1980; *St. Walz,* Multinationale Unternehmen und internationaler Tarifvertrag, 1981; *Puttfarken,* See-Arbeitsrecht: Neues im IPR, 1988; *Drobnig* und *Puttfarken,* Arbeitskampf auf Schiffen fremder Flagge, 1989; *Mankowski,* Arbeitsverträge von Seeleuten im deutschen IPR, Ein Beitrag zur Auslegung des Art. 30 II EGBGB und zum sog. Zweitregistergesetz, RabelsZ 53 (1989), 487–525; *Heilmann,* Das Arbeitsvertragsstatut, 1991; *Eßlinger,* Die Anknüpfung des Heuervertrages, 1991; *G. Lyon-Caen,* Les relations de travail internationales, Paris 1991; *Moura Ramos,* Da lei aplicavel ao contrato de trabalho internacional, Coimbra 1991; *Junker,* Internationales Arbeitsrecht im Konzern, 1992; *Ganzert,* Das internationale Arbeitsverhältnis im deutschen und französischen Kollisionsrecht, 1992; *Coursier,* Le conflit de lois en matière de contrat de travail, Paris 1993; *Franzen,* Der Betriebsinhaberwechsel nach § 613a BGB im internationalen Arbeitsrecht, 1994. Danach: *Birk,* Betriebliche Regelungen im internationalen Arbeitsrecht, Trinkner-Fschr. 1995, 461–474; *Deliyanni-Dimitrakou,* Le statut juridique hellénique des travailleurs extra-communautaires face au défi de l'harmonisation communautaire, Rev. hell. dr. int. 1995, 209–231; *Eser,* Das Arbeitsverhältnis im Multinationalen Unternehmen – Arbeitsrecht, Steuerrecht, Sozialversicherungsrecht, 1996 (in- und ausländisches materielles Recht); *Borgmann,* Kollisionsrechtliche Aspekte des Arbeitnehmer-Entsendegesetzes, IPRax 96, 315–320; *Mankowski,* Internationales Seeschiffahrtsregister, Anknüpfung von Heuerverträgen und Qualifikationsfragen im internationalen Arbeitsrecht, ebenda 405–410; *Krebber,* Internationales Privatrecht des Kündigungsschutzes bei Arbeitsverhältnissen, 1997; *Schlewing, Schuhmann* und *Heinz,* Ausländische Arbeitnehmer, 1998 (bespr. von *Renner* ZAR 99, 143); *Heylmann,* Extraterritorial Impact of United States Labor Unions and United States Labor Laws on the Maritime Industry, 29 (1998) J. M. L. C. 59–77; *Junker,* Die internationale Zuständigkeit deutscher Gericht in Arbeitssachen, ZZP Int. 98, 179–202 (betr. GVÜ); *Hoppe,* Die Entsendung von Arbeitnehmern ins Ausland, kollisionsrechtliche Probleme und internationale Zuständigkeit, 1999; *Krebber,* Änderungskündigung einer Ortskraft der US-Botschaft in Bonn: Arbeitskollisionsrecht und Souveränitätsfragen vor dem BAG, IPR 99, 164–167.

Wie für Verbraucherverträge gelten besondere Regeln für Arbeitsverträge. Sie sind enthalten in Art. 30 EGBGB (der übereinstimmt mit Art. 6 des Rom-Übereinkommens). Art. 30 I und II sind ebenso aufgebaut wie Art. 29 I, II für Verbraucherverträge.

Art. 30 EGBGB lautet (in berichtigter Fassung vom 5. 5. 1997, BGBl. I 1061):

„Arbeitsverträge und Arbeitsverhältnisse von Einzelpersonen

(1) Bei Arbeitsverträgen und Arbeitsverhältnissen darf die Rechtswahl der Parteien nicht dazu führen, daß dem Arbeitnehmer der Schutz entzogen wird, der ihm durch die zwingenden Bestimmungen des Rechts gewährt wird, das nach Absatz 2 mangels einer Rechtswahl anzuwenden wäre.

(2) Mangels einer Rechtswahl unterliegen Arbeitsverträge und Arbeitsverhältnisse dem Recht des Staates,

1. in dem der Arbeitnehmer in Erfüllung des Vertrages gewöhnlich seine Arbeit verrichtet, selbst wenn er vorübergehend in einen anderen Staat entsandt ist, oder
2. in dem sich die Niederlassung befindet, die den Arbeitnehmer eingestellt hat, sofern dieser seine Arbeit gewöhnlich nicht in ein und demselben Staat verrichtet,

es sei denn, daß sich aus der Gesamtheit der Umstände ergibt, daß der Arbeitsvertrag oder das Arbeitsverhältnis engere Verbindungen zu einem anderen Staat aufweist; in diesem Fall ist das Recht dieses anderen Staates anzuwenden."

Mit *„Arbeitsverhältnissen"* sind hier die Fälle gemeint, in denen der Arbeitsvertrag nichtig oder sonst mangelhaft ist, aber gearbeitet wird (faktischer Arbeitsvertrag).

Soweit es um den Schutz des Arbeitnehmers geht, wirkt die Rechtswahl nach *Abs. 1* (wie beim Verbrauchervertrag zum Schutz des Verbrauchers) nur wie eine materiellrechtliche Verweisung (oben S. 586).

Abs. 2 unterscheidet, ob der Arbeitnehmer grundsätzlich *seßhaft* ist (dann nach Nr. 1 Recht des gewöhnlichen Arbeitsorts auch bei vorübergehender Auslandsarbeit: „Ausstrahlung" des Rechts des Arbeitsorts) oder *beweglich* (dann nach Nr. 2 Recht des Ortes der einstellenden Niederlassung, um häufigen Wechsel des maßgebenden Rechts zu vermeiden). Abs. 2 endet mit einer Ausweichklausel zugunsten der „engsten Verbindungen" wie Art. 28 V EGBGB (oben S. 260, 576).

Zu ihr BAG IPRax 91, 407 (409f.) mit Aufsatz von *Magnus* 383–386 (384); LAG Köln RIW 92, 933; LAG Bremen RIW 96, 1038 (1040f. unter II B 3); *Gamillscheg* Anm. zu BAG AP § 1 KSchG 1969 Nr. 33[6]; *Jayme* Anm. zu ArbG Kaiserslautern IPRax 88, 250 LS.

Art. 30 EGBGB gilt wie sein Vorbild Art. 6 Rom-Übereinkommen nur für den *Einzelarbeitsvertrag*, nicht für Tarifverträge.

Vgl. die Überschrift des Art. 6 Rom-Übereinkommen und des Art. 30 EGBGB; Bericht zum Entwurf eines Übereinkommens über das auf vertragliche Schuldverhältnisse anzuwendende Recht von *Giuliano* und *Lagarde* Nr. 2 zu Art. 6; Begründung zum Regierungsentwurf des IPRG BTDrucks. 10/504 S. 81; *Soergel-von Hoffmann* X[12] Art. 30 EGBGB Rz 24, 25 S. 1633–1635; *Hay* IPR 187; BAG BB 94, 1785 zu § 1 I Tarifvertrag zur Anpassung des Tarifrechts – Manteltarifliche Vorschriften – (BAT-O), nach dem dieser Tarifvertrag für Arbeitsverhältnisse gilt, die in den neuen Bundesländern begründet sind.

Er gilt auch für die Fortdauer des Arbeitsverhältnisses bei *Betriebsübergang* wie nach § 613 a BGB.

BAG IPRax 94, 123 (126 unter II 2) mit Aufsatz von *Mankowski* 88–98; *Franzen,* Der Betriebsinhaberwechsel nach § 613 a BGB im internationalen Arbeitsrecht, 1994, 199.

Art. 30 gilt nicht für das *öffentliche* Arbeitsrecht (a. A. BTDrucks. ebenda). Hier entscheidet vielmehr im wesentlichen das Recht des Betriebsorts (unten S. 986).

Im *Seearbeitsvertrags*recht und auch im *kollektiven* Seearbeitsrecht empfiehlt sich, wenn die Parteien kein Recht gewählt haben, grundsätzlich das Recht der *Flagge* (*Drobnig* und *Puttfarken,* Arbeitskampf auf Schiffen fremder Flagge, 1989, 12–19, 48 bis 69; *Mankowski* RabelsZ 53 (1989), 495–510; *Magnus* IPRax 90, 141–145). § 1 Seemannsgesetz, nach dem dieses Gesetz für alle Kauffahrteischiffe gilt, die nach dem Flaggenrechtsgesetz die Bundesflagge führen, ist als derogiert anzusehen (BAG IPRax 91, 407 [411 unter A II 6d aa] mit Aufsatz von *Magnus* 382–386 [383 unter IV 2b]). Denn nach § 21 IV 1 Flaggenrechtsgesetz i.d.F. vom 26. 10. 1964 (BGBl. I 3140) gilt bei deutschen Schiffen, die im Zweitregister eingetragen sind, nicht ohne weiteres Flaggenrecht. Vielmehr entscheidet nach Art 30 II Nr. 2 EGBGB der Parteiwille oder die engste Verbindung (BAG IPRax 96, 416 mit Aufsatz von *Mankowski* 405–410 = MDR 95, 1241, betr. einen indischen Seemann); näher *Soergel-von Hoffmann,* X^{12} Art. 30 EGBGB Rz 60, 61 S. 1646–1648, *Puttfarken,* Seehandelsrecht, 1997, 240f., *Herber,* Seehandelsrecht, 1999, 164.

Den *Statutenwechsel* am 1. 9. 1986 regelt *allgemein* Art. 220 I EGBGB („abgeschlossene Vorgänge"; ähnlich für Schuldverträge aus der Zeit vor Inkrafttreten des Rom-Übereinkommens dessen Art. 17). Dazu für *Arbeitsverträge* BAG IPRax 94, 123 (124–126 unter II 1) mit Aufsatz von *Mankowski* 88–90.

cc) Versicherungsverträge

Schrifttum: 7. Aufl. S. 503f. Hervorzuheben: *Roth,* Internationales Versicherungsvertragsrecht, 1985; *E. Lorenz,* Zum neuen internationalen Vertragsrecht aus versicherungsrechtlicher Sicht, Kegel-Fschr. 1987, 303–341; *Schnyder,* Internationale Versicherungsaufsicht zwischen Kollisionsrecht und Wirtschaftsrecht, 1989; *E. Lorenz,* Versicherungsvertragsrecht, Internationales Privatversicherungsrecht, Handwörterbuch der Versicherung, HdV II, 1989, 1183–1195; *Frigessi di Rattalma,* Il contratto internazionale di assicurazione, Padua, 1990; *Reichert-Facilides* (Hrsg.), Aspekte des Internationalen Versicherungsvertragsrechts im Europäischen Wirtschaftsraum, 1994; *Bigot,* L'internationalisation du droit des assurances, Loussouarn-Fschr., Paris 1994, 57–78; *Fricke,* Das IPR der Versicherungsverträge außerhalb des Anwendungsbereichs des EG VVG, VersR 94, 773–783. Danach: *Kramer,* Internationales Versicherungsvertragsrecht, 1995; *Mewes,* Internationales Versicherungsvertragsrecht unter besonderer Berücksichtigung der europäischen Dienstleistungsfreiheit im Gemeinsamen Markt, 1995; *Jayme,* Klauselrichtlinie und IPR – Eine Skizze, Trinkner-Fschr. 1995, 575–584; *Reinhart,* Zur Auslegung des Begriffs „Verbraucher" im Kollisionsrecht, ebenda 657–667; *Schmidt-Salzer,* EG-Richtlinie über mißbräuchliche Klauseln in Verbraucherverträgen, Inhaltskontrolle von AVB und Deregulierung der Versicherungsaufsicht, VersR 95, 1261–1269; *Frigessi di Rattelma,* La legge applicabile al contratto di assicurazione nel'attuazione delle dirretive comunitaire, Riv. dir. int. priv. proc. 1996, 19–42; *Mankowski,* Versicherungsverträge zu Gunsten Dritter, IPR und Art. 17 EuGVÜ, IPRax 96, 427–432; *Dörner,* Internationales Versicherungsvertragsrecht, 1997; *Wördemann,* International zwingende Normen im IPR des europäischen Versicherungsvertrages, 1997; *Brulhart,* La compétence internationale en matière d'assurances dans l'espace judiciaire européen, St. Gallen 1997; *Fricke,* Internationale Zuständigkeit und Anerkennungszuständigkeit in Versicherungssachen nach europäischem und deutschem Recht, VersR 97, 399–408; *Looschelders,* Der Klägergerichtsstand am Wohnsitz des Versicherungsnehmers nach Art. 8 Abs. 1 Nr. 2 EuGVÜ, IPRax 98, 90–96.

Rechtsvergleichend: Matusche-Beckmann, Die Entwicklung des europäischen Privatversicherungsrechts, Eur. Rev. Priv. L. 4 (1996), 201–219.

Europarecht: Reichert-Facilides, Europäisches Versicherunsvertragsrecht?, Drobnig-Fschr. 1998, 119–134.

Das internationale Versicherungsvertragsrecht blieb – mit Ausnahme der Rückversicherung und von Risiken außerhalb der EWG – in Art. 37 EGBGB ausgespart (oben S. 569). Inzwischen ist es für Risiken innerhalb der EWG und des Europäischen Wirtschaftsraums mit Ausnahme der Rückversicherung geregelt durch **Art. 7–15 EGVVG.** Diese Vorschriften sind enthalten in Art. 3 Nr. 2 Ges. zur Durchführung versicherungsrechtlicher Richtlinien des Rates der Europäischen Gemeinschaften (Zweites Durchführungsgesetz/EWG zum VAG) vom 28. 6. 1990 (BGBl. I 1249 [1257–1259]), geändert durch Art. 3 Drittes Gesetz zur Durchführung versicherungsrechtlicher Richtlinien des Rates der Europäischen Gemeinschaften (Drittes Durchführungsgesetz/EWG zum VAG) vom 21. 7. 1994 (BGBl. I 1630 [1662 f.]). Hier wird Europarecht in Deutschland eingeführt (*Reichert-Facilides* IPRax 90, 4–8, 16–18).

Während bisher für Versicherungsverträge wie allgemein für Verträge über gewerbliche Leistungen mangels Rechtswahl das Recht der Niederlassung oder Zweigniederlassung des Gewerbetreibenden galt, für den Versicherungsvertrag also das Recht der Niederlassung oder Zweigniederlassung des Versicherers („Betriebsstatut“, oben S. 569), zieht die Neuregelung den Versicherungsnehmer als Verbraucher vor. Hierfür benutzt sie den Begriff der **Risikobelegenheit.** Denn **Art. 7 EGVVG** bestimmt:

„Anwendungsbereich

(1) Auf Versicherungsverträge mit Ausnahme der Rückversicherung sind, wenn sie in einem Mitgliedstaat der Europäischen Gemeinschaft oder in einem anderen Vertragsstaat des Abkommens über den Europäischen Wirtschaftsraum belegene Risiken decken, die folgenden Vorschriften mit der Maßgabe anzuwenden, daß Vertragsstaaten des Europäischen Wirtschaftsraumes wie Mitgliedstaaten der Europäischen Gemeinschaft zu behandeln sind.

(2) Mitgliedstaat, in dem das Risiko belegen ist, ist

1. bei der Versicherung von Risiken mit Bezug auf unbewegliche Sachen, insbesondere Bauwerke und Anlagen, und den darin befindlichen, durch den gleichen Vertrag gedeckten Sachen der Mitgliedstaat, in dem diese Gegenstände belegen sind,
2. bei der Versicherung von Risiken mit Bezug auf Fahrzeuge aller Art, die in einem Mitgliedstaat in ein amtliches oder amtlich anerkanntes Register einzutragen sind und ein Unterscheidungskennzeichen erhalten, dieser Mitgliedstaat,
3. bei der Versicherung von Reise- und Ferienrisiken in Versicherungsverträgen über eine Laufzeit von höchstens vier Monaten der Mitgliedstaat, in dem der Versicherungsnehmer die zum Abschluß des Vertrages erforderlichen Rechtshandlungen vorgenommen hat,
4. in allen anderen Fällen,
   a) wenn der Versicherungsnehmer eine natürliche Person ist, der Mitgliedstaat, in dem er seinen gewöhnlichen Aufenthalt hat,

b) wenn der Versicherungsnehmer keine natürliche Person ist, der Mitgliedstaat, in dem sich das Unternehmen, die Betriebsstätte oder die entsprechende Einrichtung befindet, auf die sich der Vertrag bezieht."

Beachte zu *Abs. 1:*

- nur das Statut der *Direkt*versicherung ist geregelt, nicht das der Rückversicherung (für sie kein Bedürfnis: oben S. 569);
- das Risiko muß in der *EG* oder im *Europäischen Wirtschaftsraum* liegen.

Abs. 2 erklärt die *Risikobelegenheit* und zeigt: sie ist ein Fachausdruck, der verschiedenartiges zusammenfaßt.

Alf Ross 70 (1957) Harv. L. Rev. 812–825 (813 a. E. f.) sprach solchenfalls (er hatte den Begriff des subjektiven Rechts im Visier) von einem tûtû-Begriff: wer vom Fleisch des Häuptlings ißt, ist tûtû; wer tûtû ist, muß sich einer Reinigungszeremonie unterziehen. Statt dessen kann oder gar sollte man sagen: wer vom Fleisch des Häuptlings ißt, muß sich einer Reinigungszeremonie unterziehen.

Den Versicherungs*nehmer* begünstigen Abs. 2 Nr. 3 (Risiko liegt im Mitgliedstaat, in dem er sich erklärt) und Nr. 4 (Risiko liegt im Mitgliedstaat, in dem er sich als natürliche Person gewöhnlich aufhält, sonst in dem Mitgliedstaat, in dem er das Unternehmen, die Betriebsstätte oder die Einrichtung hat, auf die sich die Versicherung bezieht).

Jedoch ist das Recht der Risikobelegenheit nach **Art. 8 EGVVG** immer nur maßgebend, wenn sich der Versicherungsnehmer in dem betreffenden EWG-Staat gewöhnlich aufhält (als natürliche Person) oder dort seine Hauptverwaltung hat (als juristische Person):

„Gesetzliche Anknüpfung

Hat der Versicherungsnehmer bei Schließung des Vertrages seinen gewöhnlichen Aufenthalt oder seine Hauptverwaltung im Gebiet des Mitgliedstaats, in dem das Risiko belegen ist, so ist das Recht dieses Staates anzuwenden."

Zum Teil überschneidet sich das mit Art. 7 Abs. 2 Nr. 4.

Rechtswahl gibt es grundsätzlich nur für Versicherungsnehmer ohne gewöhnlichen Aufenthalt (natürliche Person) oder Hauptverwaltung (juristische Person) im Staat der Risikobelegenheit und auch nur zwischen dem Recht des Staates, in dem der Versicherungsnehmer sitzt, und dem Recht des Staates, in dem das Risiko liegt.

Ist der *Versicherungsnehmer gewerblich,* bergbaulich oder freiberuflich tätig und deckt der Vertrag Risiken aus dieser Tätigkeit, die in verschiedenen Mitgliedstaaten liegen, so kann das Recht jedes dieser Staaten oder das Recht des gewöhnlichen Aufenthalts bzw. der Hauptverwaltung gewählt werden.

Außerdem kann das Recht des Staates, in dem der *Schaden eintreten* kann, gewählt werden, wenn das Risiko in einem anderen Staate liegt.

Sitzt der Versicherungsnehmer bei uns, der Versicherer anderswo, dann kann *beliebiges* Recht gewählt werden.

Bei der *Lebensversicherung* kann auch das *Heimatrecht des Versicherungsnehmers* gewählt werden, wenn er einem anderen Mitgliedstaat angehört als dem, in dem er sich gewöhnlich aufhält.

Das alles bestimmt **Art. 9 EGVVG:**

„Wählbare Rechtsordnungen

(1) Hat der Versicherungsnehmer seinen gewöhnlichen Aufenthalt oder seine Hauptverwaltung nicht in dem Mitgliedstaat, in dem das Risiko belegen ist, können die Parteien des Versicherungsvertrags für den Vertrag das Recht des Mitgliedstaats, in dem das Risiko belegen ist, oder das Recht des Staates, in dem der Versicherer seinen gewöhnlichen Aufenthalt oder seine Hauptverwaltung hat, wählen.

(2) Übt der Versicherungsnehmer eine gewerbliche, bergbauliche oder freiberufliche Tätigkeit aus und deckt der Vertrag zwei oder mehrere in verschiedenen Mitgliedstaaten belegene Risiken in Verbindung mit dieser Tätigkeit, so können die Parteien des Versicherungsvertrags das Recht jedes dieser Mitgliedstaaten oder das Recht des Staates, in dem der Versicherungsnehmer seinen gewöhnlichen Aufenthalt oder seine Hauptverwaltung hat, wählen.

(3) Beschränken sich die durch den Vertrag gedeckten Risiken auf Schadensfälle, die in einem anderen Mitgliedstaat als demjenigen, in dem das Risiko belegen ist, eintreten können, können die Parteien das Recht des anderen Staates wählen.

(4) Schließt ein Versicherungsnehmer mit gewöhnlichem Aufenthalt oder mit Hauptverwaltung im Geltungsbereich dieses Gesetzes einen Versicherungsvertrag mit einem Versicherungsunternehmen, das im Geltungsbereich dieses Gesetzes weder selbst noch durch Mittelspersonen das Versicherungsgeschäft betreibt, so können die Parteien für den Vertrag jedes beliebige Recht wählen.

(5) Hat ein Versicherungsnehmer die Staatsangehörigkeit eines anderen Mitgliedstaates als desjenigen, in dem er bei Schließung des Vertrages seinen gewöhnlichen Aufenthalt hat, so können die Parteien bei der Lebensversicherung auch das Recht des Mitgliedstaates wählen, dessen Staatsangehörigkeit der Versicherungsnehmer besitzt."

Völlig frei ist die Rechtswahl (außer im Fall des Art. 9 IV) bei *Großrisiken.* Das regelt überlang **Art. 10 I EGVVG.**

Im Fall *gewerblicher* Versicherung (Art. 9 II) kann auch das Recht eines Nichtmitgliedstaats gewählt werden, wenn dort Risiko liegt. Dies sagt **Art. 10 II EGVVG:**

„(2) Schließt ein Versicherungsnehmer in Verbindung mit einer von ihm ausgeübten gewerblichen, bergbaulichen oder freiberuflichen Tätigkeit einen Versicherungsvertrag, der Risiken deckt, die sowohl in einem oder mehreren Mitgliedstaaten als auch in einem anderen Staat belegen sind, können die Parteien das Recht jedes dieser Staaten wählen."

Die Rechtswahlmöglichkeiten erweitern sich, wenn das nach Art. 8 gesetzlich geltende Recht oder die nach Art. 9 I und II wählbaren Rechte größere Rechtswahlfreiheit gewähren. Denn **Art. 10 III EGVVG** bestimmt:

„(3) Läßt das nach Artikel 8 anzuwendende Recht die Wahl des Rechts eines anderen Staates oder lassen die nach Artikel 9 Abs. 1 und 2 wählbaren Rechte eine weitergehende Rechtswahl zu, können die Parteien davon Gebrauch machen."

Konnte nach Art. 9 und 10 gewählt werden, ist aber nicht gewählt worden, dann gilt unter den wählbaren Rechten dasjenige, zu dem der Vertrag die *engste Verbindung* aufweist: **Art. 11 I 1 EGVVG.** Vermutet wird engste Verbindung mit dem Recht des Staates, in dem das *Risiko liegt:* **Art. 11 II EGVVG.** *Selbständige Vertragsteile* mit engster Verbindung zu einem anderen Staat können dessen Recht unterstellt werden: **Art. 11 I 2 EGVVG.**

Besonders geregelt sind die *Pflichtversicherung* und die *Prozeßführungsbefugnis* (Prozeßstandschaft) bei Versicherermehrheit: **Art. 12–14 EGVVG.**

Neben den Art. 7–14 EGVVG gelten entsprechend Art. 27–36 EGBGB: **Art. 15 EGVVG.**

Art. 7–14 EGVVG sind unnötig verwickelt. Die alten, für andere Gewerbetreibende fortgeltenden Regeln – freie Rechtswahl, hilfsweise Sitz des Unternehmers (oben S. 578) – und die Sonderregeln für Verbraucherverträge hätten auch für Versicherungsverträge genügt (vgl. *Reichert-Facilides* IPRax 90, 5). Man möchte sagen: „Dem Storch, der euch gebracht hat, sollte man die Lizenz entziehen."

g) Übergangsrecht

Für Schuldverträge, die vor dem 1. 9. 1986 geschlossen sind, und allgemein für Schuldverhältnisse, die vor diesem Zeitpunkt entstanden sind, bleibt nach Art. 220 I EGBGB das bisherige IPR maßgebend und zwar sowohl für ihren Werdegang (Beginn, Ende u. a.) wie für ihre Wirkungen (OLG München RIW 89, 743 [745 unter II 3 b]; a. A. für die Wirkungen LAG Köln RIW 92, 933 [934 unter II 2 b]; vgl. für Wechsel des *materiellen* Schuldrechts Art. 170 EGBGB und BGH NJW 89, 3097 = RIW 89, 741 [742 unter 2 a: „nach allgemein anerkanntem Rechtssatz des intertemporalen Schuldrechts"]).

2. Geltungsbereich

Das nach dem Parteiwillen oder der engsten Verbindung bestimmte Vertragsrecht herrscht über *Entstehung, Inhalt* und *Abwicklung* des Vertrags in demselben Umfang wie allgemein das Geschäftsrecht über das Rechtsgeschäft herrscht (oben S. 535–540) mit denselben Ausnahmen oder Einschränkungen für: *Rechts- und Geschäftsfähigkeit, Vorliegen einer rechtsgeschäftlichen Erklärung, Antrag und Annahme, Willensmängel* und *Form* des Geschäfts.

Beispiel: Eine Münzhandlung in Zürich offeriert einem Privatkunden in Lissabon eine antike Münze für 20000 Franken. Die Münze befindet sich in Paris. Dort läßt sie der Kunde an einen Verwandten aushändigen und der schickt sie ihm. Danach trägt der Kunde seiner Sekretärin auf, die Münze nach London an einen erfahrenen Numismatiker zur Begutachtung zu senden. Die Verpackung kommt an, die Münze nicht. Die Münzhandlung verlangt vom Kunden den Kaufpreis als Schadenersatz. Der Fall ist verglichen worden (er ist berichtet und besprochen von *Frank* SchweizJZ 1956, 106–109). *Lösung: culpa in contrahendo;* sie unterliegt dem Geschäftsrecht (oben S. 446f.); Geschäftsrecht ist nach der engsten Verbindung das schweizerische Recht, weil im Zweifel der Geschäftsmann vor dem Privatmann, der Verkäufer vor dem Käufer geht (oben S. 578, 581).

Für die *öffentlichrechtliche* Regelung von Schuldverträgen gilt dagegen *internationales öffentliches Recht,* das aus dem *ordre public* (früher Art. 30, heute Art. 6 EGBGB) entwickelt worden ist (oben S. 136, unten S. 934–993). Als einseitige Kollisionsnorm umschreibt dies vor **Art. 34 EGBGB** (nach dem Muster von Art 7 II des Rom-Übereinkommens):

„Zwingende Vorschriften

Dieser Unterabschnitt [internationales Schuldvertragsrecht] berührt nicht die Anwendung der Bestimmungen des deutschen Rechts, die ohne Rücksicht auf das auf den Vertrag anzuwendende Recht den Sachverhalt zwingend regeln."

Die Begründung (BTDrucks. 10/504 S. 84 a.E.f.) nennt als Beispiel das deutsche Wohnraummietrecht, „das der Gesetzgeber weithin für zwingend erklärt hat und das zudem stark mit öffentlichrechtlichen Vorschriften verflochten ist".

Andere Beispiele:

- EWG-VO 4059/89 vom 21. 12. 1989 (ABl. L 390/3) Art. 5 I betr. Kabotage im Straßengüterverkehr und EWG-VO 3921/91 vom 16. 12. 1991 (ABl. L 373/1) Art. 3 I a betr. Kabotage in der Binnenschiffahrt (dazu *Basedow* ZHR 92, 413–442);
- auch der Rang der Konkursforderungen wird hierher gerechnet (BAG ZIP 92, 1158).

Ferner OLG Hamm NJW 77, 1594 mit Anm. von *Dörner* 2032 = RIW 77, 781 mit Anm. von *Ahrens:* Deutsche KG verpflichtet sich am 4. 5. 1974 gegenüber Deutschem, spanisches Appartementhaus zu bauen und ihm darin eine Wohnung zu beschaffen. Preis in Raten zahlbar. Vertrag wird spanischem Recht unterstellt. Deutscher will nicht zahlen, weil KG etwaige Schadenersatzansprüche nicht gemäß Makler- und BauträgerVO (MaBV) vom 20. 6. 1974 zur Durchführung des § 34c GewO (Neufassung 7. 11. 1990 [BGBl. I 2479], zuletzt geändert 1. 6. 1997 durch 3. VO zur Änderung der MaBV vom 14. 2. 1997 [BGBl. I 272]) sichert, und tritt vom Vertrag zurück. OLG Hamm gibt ihm Recht mit Berufung auf Art. 30 a.F. EGBGB. Richtig wäre die VO kraft deutschen internationalen Wirtschaftsrechts angewandt worden (auf Verhältnis in Deutschland lebender Deutscher), wenn man so weit gehen will. *Dörner* und *Ahrens* aaO verweisen auf eine ähnliche Regelung im spanischen Recht und daß dieses auch für Rücktritt oder Zurückbehaltungsrecht (unten S. 562) maßgebe. Wegen übereinstimmenden Inhalts beider öffentlichen Rechte (*duo conformes,* oben S. 264) kann man deren räumlichen Anwendungsbereich offen lassen und dem Käufer nach spanischem Recht ein Zurückbehaltungsrecht zusprechen.

Vgl. hiermit (öst)OGH IPRax 88, 240 mit Aufsatz von *Reichelt* 251f. zu §§ 10 Immobilienmaklerverordnung (ImmMV), 917a ABGB. Nach diesen Vorschriften sind Provisionen, soweit sie 3% übersteigen, unwirksam. Der Maklervertrag betraf Wohneinheiten des Eurohotels Erzherzog Johann in Bad Aussee. Er unterlag deutschem Recht, die Parteien betrieben ihre Gewerbe in Deutschland. Das Gericht wendet die österreichische Provisionsbeschränkung nicht an, weil die ImmMV auf Grund der GewO 1973 erlassen worden sei, also nur Inlandsgewerbe regele.

Zweifelhaft ist, ob **§ 1 HaustürWG** (Widerrufsrecht bei Haustür- und ähnlichen Geschäften) zu den Bestimmungen zählt, die anzuwenden sind, auch wenn ausländisches Recht für das Geschäft gilt (ja: *von Hoffmann* IPRax 89, 268 unter 5a; nein: OLG Hamm IPRax 90, 242 mit Aufsatz von *Jayme* 220–222 = NJW RR 89, 496; *Taupitz* BB 90, 650f.; nein, soweit schon Art. 29 den Verbraucher schützt oder nicht schützen will: BGH 123, 380 = IPRax 94, 449 mit Aufsatz von *W. Lorenz* 429–431 = JZ 94, 363 mit Anm. von *G. Fischer* = NJW 94, 262 [264 unter III]; BGH 135, 124 = EWiR 97, 547 LS mit Anm. von *Mankowski* = IPRax 98, 285 mit Aufsatz von *Ebke* 263–270 = NJW 97, 1697 = Rev. crit. dr. i. p. 1998, 610 mit Anm. von *Lagarde* = RIW 97, 875 mit Aufsatz von *Mankowski* 98, 287–291 = ZIP 97, 848 [851f. unter II 4 b]; nicht geprüft: LG Hamburg IPRax 90, 239 mit Aufsatz von *Lüderitz* 216–219 = NJW-RR 90, 495).

Nicht unter Art. 34 fällt *§ 138 BGB:* er setzt sich durch über den ordre public (Art. 6 EGBGB: BGH 135, 124 = EWiR 97, 547 LS mit Anm. von *Mankowski* = IPRax 98, 285 mit Aufsatz von *Ebke* 263–270 = NJW 97, 1697 = Rev. crit. dr. i. p. 1998, 610 mit Anm. von *Lagarde* = RIW 97, 875 mit Aufsatz von *Mankowski* 98, 287–291 = ZIP 97, 848 [853 unter III 2 b]). Desgleichen fallen *nicht* unter Art. 34, weil privaten, nicht öffentlichen Interessen dienend: *§ 313 BGB* (OLG Köln RIW 94, 414), das *Kündigungsschutzgesetz* (BAG IPRax 91, 407 [411 unter II 6b, c] mit Aufsatz von *Magnus* 382–386) und *§ 613a BGB* (BAG IPRax 94, 123 [128f. unter IV] mit Aufsatz von *Mankowski* 88–98).

Gegen *Börsentermingeschäfte* an *ausländischen* Börsen waren nach Ansicht des BGH gemäß § 61 a.F. BörsG der Einwand fehlender Börsentermingeschäftsfähigkeit (§ 53 a.F. BörsG) sowie der Spiel- und Differenzeinwand (§ 58 a.F. BörsG) gegeben.

BGH 58, 1 (4–6); BGH 86, 115 (117); BGH WM 85, 449; BGH NJW 85, 1706 = ZIP 85, 599 (600 unter II 1a); BGHZ 94, 262 (264f.) = IPRax 87, 173 mit Aufsatz von *Roth* 147–150; OLG Düsseldorf WM 89, 50 (54f. unter 2); LG Frankfurt RIW 91, 863; dagegen z.B. *Franke* WM 76, 732f., *Mann* von Caemmerer-Fschr. 1978, 749–754, *Kümpel* WM 78, 862–871, *Lüer* JZ 79, 172, Soergel VIII[11] Rz 418 vor Art. 7 EGBGB, S. 273.

Ebenso entschied der BGH für *Vereinbarungen* eines ausländischen *Gerichtsstands* oder eines ausländischen *Schiedsgerichts* bei Börsentermingeschäften (BGH IPRax 89, 163 = NJW 87, 3193 [3195f. unter II] und IPRax 89, 169 = NJW-RR 88, 172 [173 unter III 2], beide mit Aufsatz von *Samtleben* IPRax 89, 148–155; desgleichen für Gerichtsstandsvereinbarung OLG Frankfurt NJW-RR 93, 305).

Auch *Bereicherungsansprüche* des deutschen Kunden aus Börsentermingeschäften wurden dem deutschen Recht unterstellt (OLG Düsseldorf ZIP 89, 228 [229 unter I 2 mit Nachweisen]).

Schrifttum zum früheren Recht 6. Aufl. S. 437. Ferner: *Häuser,* Der Börsenterminhandel in der neueren Rechtsprechung, ZIP 81, 933–943; *Kümpel,* Zur Abgrenzung des Börsentermingeschäfts vom Zeitgeschäft der Effektenkommission für Auslandsbörsen – Erfüllung unverbindlicher Börsentermingeschäfte im Kontokorrentverkehr, WM Sonderbeilage Nr. 6/1982 zu Nr. 36 vom 4. 9. 1982; *Schütze,* Zur Wirksamkeit von internationalen Schiedsvereinbarungen und zur Wirkungserstreckung ausländischer Schiedssprüche über Ansprüche aus Börsentermingeschäften, JahrbPrax-Schiedsg 1 (1987), 94–101; *Bauer,* Börsenmäßige Termingeschäfte und Differenzeinwand im schweizerischen und deutschen IPR, Basel und Frankfurt a.M. 1988; *Schwark,* Der Börsentermin- und Differenzeinwand im Optionsscheinhandel, WM 88, 921–929; *Samtleben,* Warentermingeschäfte im Ausland – ein Glücksspiel?, IPRax 89, 148–155.

Das BörsG ist geändert worden durch das Gesetz zur Änderung des Börsengesetzes (BörsGÄndG) vom 11. 7. 1989 (BGBl. I 1412) und abermals durch Art. 2 Ges. über den Wertpapierhandel und zur Änderung börsenrechtlicher und wertpapierrechtlicher Vorschriften (Zweites Finanzmarktförderungsgesetz) vom 26. 7. 1994 (BGBl. I 1749). Man wollte den Terminhandel in Deutschland fördern und hat deshalb den Termin- und den Differenzeinwand erheblich eingeschränkt, zunächst aus-, dann einschließlich der Warentermingeschäfte. Geändert sind insbesondere die §§ 53, 58 und 61 BörsG. Daraufhin wurde das BörsG neu gefaßt durch Bek. vom 17. 7. 1996 (BGBl. I 1930). Vier Gesetze aus 1997 und 1998 brachten weitere Änderungen und führten zur Neufassung des BörsG durch Bek. vom 9. 9. 1998 (BGBl. I 2682). Danach lauten die §§ 53, 58 und 61 BörsG zur Zeit:

„§ 53

(1) Ein Börsentermingeschäft ist verbindlich, wenn auf beiden Seiten als Vertragschließende Kaufleute beteiligt sind, die

1. in das Handelsregister oder Genossenschaftsregister eingetragen sind oder
2. im Falle einer juristischen Person des öffentlichen Rechts nach der für sie maßgebenden gesetzlichen Regelung, nicht eingetragen zu werden brauchen oder
3. nicht eingetragen werden, weil sie ihren Sitz oder ihre Hauptniederlassung außerhalb des Geltungsbereichs dieses Gesetzes haben.

Als Kaufleute im Sinne dieser Vorschrift gelten auch Personen, die zur Zeit des Geschäftsabschlusses oder früher gewerbsmäßig oder berufsmäßig Börsentermingeschäfte betrieben haben oder zur Teilnahme am Börsenhandel dauernd zugelassen waren.

(2) Ist nur einer der beiden Vertragsteile Kaufmann im Sinne des Absatzes 1, so ist das Geschäft verbindlich, wenn der Kaufmann einer gesetzlichen Aufsicht über Kreditinstitute, Finanzdienstleistungsinstitute oder Börsen untersteht und den anderen Teil vor Geschäftsabschluß schriftlich darüber informiert, daß

- die aus Börsentermingeschäften erworbenen befristeten Rechte verfallen oder eine Wertminderung erleiden können;
- das Verlustrisiko nicht bestimmbar sein und auch über etwaige geleistete Sicherheiten hinausgehen kann;
- Geschäfte, mit denen die Risiken aus eingegangenen Börsentermingeschäften ausgeschlossen oder eingeschränkt werden sollen, mögli-

cherweise nicht oder nur zu einem verlustbringenden Marktpreis getätigt werden können;

– sich das Verlustrisiko erhöht, wenn zur Erfüllung von Verpflichtungen aus Börsentermingeschäften Kredit in Anspruch genommen wird oder die Verpflichtung aus Börsentermingeschäften oder die hieraus zu beanspruchende Gegenleistung auf ausländische Währung oder eine Rechnungseinheit lautet.

Bei Börsentermingeschäften in Waren muß der Kaufmann den anderen Teil vor Geschäftsabschluß schriftlich über die speziellen Risiken von Warentermingeschäften informieren. Die Unterrichtungsschrift darf nur Informationen über die Börsentermingeschäfte und ihre Risiken enthalten und ist vom anderen Teil zu unterschreiben. Der Zeitpunkt der Unterrichtung darf nicht länger als drei Jahre zurückliegen; nach der ersten Unterrichtung ist sie jedoch vor dem Ablauf von zwölf Monaten, frühestens aber nach dem Ablauf von zehn Monaten zu wiederholen. Ist streitig, ob oder zu welchem Zeitpunkt der Kaufmann den anderen Teil unterrichtet hat, so trifft den Kaufmann die Beweislast.

§ 58

Gegen Ansprüche aus Börsentermingeschäften kann von demjenigen, für den das Geschäft nach den §§ 53 und 57 verbindlich ist, ein Einwand aus den §§ 762 und 764 des Bürgerlichen Gesetzbuchs nicht erhoben werden. Soweit gegen die bezeichneten Ansprüche ein solcher Einwand zulässig bleibt, ist § 56 entsprechend anzuwenden.

§ 61

Aus einem Börsentermingeschäft können ohne Rücksicht auf das darauf anzuwendende Recht keine weitergehenden Ansprüche, als nach deutschem Recht begründet sind, gegen eine Person geltend gemacht werden,

1. für die das Geschäft nach § 53 verbindlich ist,
2. die ihren gewöhnlichen Aufenthalt zur Zeit des Geschäftsabschlusses im Inland hat und
3. die im Inland die für den Abschluß des Geschäfts erforderliche Willenserklärung abgegeben hat."

Insbesondere entfallen hierdurch weitgehend der Termin- und der Differenzeinwand gegen Termingeschäfte an ausländischen Börsen. Über § 61 BörsG hinaus gibt es keinen Schutz wegen Verstoßes gegen den deutschen ordre public nach Art. 6 EGBGB (OLG Frankfurt EWiR 96, 1071 LS mit Anm. von *Mankowski* = WM 96, 2197) und ausländischen Urteilen und Schiedssprüchen, die weniger schützen als das BörsG, ist nicht wegen Verstoßes gegen den deutschen ordre public nach §§ 328 I Nr. 4, 1044 II Nr. 4 a.F., 1061 I 1 n.F. ZPO die Anerkennung zu versagen (BGH IPRax 92, 380 mit Aufsatz von *Samtleben* 362–366 = NJW-RR 91, 757; BGH NJW 98, 2358 = WM 98, 1176).

Schrifttum: 7. Aufl. S. 511f. Ferner: *Dannhoff,* Das Recht der Warentermingeschäfte, Eine Untersuchung zum deutschen, internationalen und U.S.-amerikanischen Recht, 1993; *Schuster,* Die internationale Anwendung des Börsenrechts, 1996 (bespr. von *Bungert* NJW 97, 1551); *Mankowski,* Zu einigen internationalprivat- und internationalprozeßrechtlichen Aspekten bei Börsentermingeschäften, RIW 96, 1001–1005; *Hopt* und *Baum,* Börsenreform: Eine ökonomische, rechtsvergleichende und rechtspolitische Untersuchung, 1997; *Hopt, Rudolph* und *Baum,* Empfehlungen zur Börsenreform in Deutschland, WM 97, 1637–1640; *Hopt* und *Baum,* Börsenrechtsreform: Überlegungen aus vergleichender Perspektive, WM 97, Sonderbeilage Nr. 4 (20 Seiten); *Giesberts,* Anlegerschutz und anwendbares Recht bei ausländischen Börsentermingeschäften, 1998; *Allmendinger* und *Tilp,* Börsentermin- und Differenzgeschäfte, 1998; *Ellenberger,* Die neuere Rechtsprechung des Bundesgerichtshofes zum Börsenterminhandel, WM Sonderbeilage Nr. 2/1999 (26 Seiten).

Wie bei § 12 AGBGes. (oben S. 588) kann man bei § 61 a. u. n.F. BörsG fragen, ob er gegen das Rom-Übereinkommen verstoße und daher unwirksam sei. Jedoch wird § 61 BörsG verstanden als Exklusivnorm (oben S. 255 a.E. f.) und als Kollisionsnorm des *ordre public* (oben S. 129) zugunsten des deutschen Publikums (natürliche Personen mit gewöhnlichem Aufenthalt, juristische Personen mit Sitz bei uns). Der *ordre public* aber ist in Art. 16 Rom-Übereinkommen den Vertragsstaaten vorbehalten.

Über *Ausschluß* der *Rück- und Weiterverweisung* des für Schuldverträge maßgebenden Rechts oben S. 351.

3. Haager Abkommen

Schrifttum: *Pélichet,* La vente internationale de marchandises et le conflit de lois, Rec. 1987 I 9–210; *Czerwenka,* Rechtsanwendungsprobleme im internationalen Kaufrecht, 1988, 58–68.

a) Haager Abkommen über internationales Kaufrecht

Schrifttum: *Lando,* The 1955 and 1985 Hague Conventions on the Law Applicable to the International Sale of Goods, RabelsZ 57 (1993), 155–174; *Hjerner,* Haagkonventionerna (1955 och 1986) om lagval vid internationella köp, SvJT 1993, 319–326.

aa) Abkommen von 1955

Mit internationalem Kaufrecht befaßt sich das **Haager Abkommen über das auf internationale Käufe beweglicher Sachen anwendbare Recht** vom 15. 6. 1955, dem die Bundesrepublik nicht beigetreten ist (oben S. 212).

Text: *Czerwenka,* Rechtsanwendungsprobleme im internationalen Kaufrecht, 1988, 222–233; Art. 1–7 auch bei *Nadelmann* 74 (1965) Yale L. Y. 463f.

Schrifttum: 7. Aufl. S. 173 zur 7. Haager Konferenz. Ferner: *von Sprecher,* Der internationale Kauf, Zürich, 1956, 51–91; *Piot,* L'unification du droit de la vente internationale, Clunet 1957, 948–993; *Stellungnahme des Deutschen Rates für IPR* zu dem Entwurf von 1951 über internationales Kaufrecht, RabelsZ 24 (1959), 151–158; *von Caemmerer,* Internationales Kaufrecht, WBVR[2] II 214–218; *Kreuzer,* Das IPR des Warenkaufs in der deutschen Rechtsprechung, 1964, 89–91; *Droz* Rev. crit. dr. i.p.

1964, 663–670 (Text ebenda 786–788); *Vischer* SchweizJahrbintR 21 (1964), 49–68; *von Caemmerer* Nipperdey-Fschr. 1965, I 212–217; *von Caemmerer,* Measures for Unifying the Rules on Choice of Law, in: *Honnold* (Hrsg.), Unification of the Law Governing International Sales of Goods, Paris 1966, 313–331; *Kahn* Clunet 1966, 301–335; *Giardina,* Il mutamento della disciplina internazionalprivatistica della vendita, Problemi intertemporali, Ann. Dir. Int. 1966, 229–250; *Enderlein,* Zum anwendbaren Recht bei Außenhandelskaufverträgen mit Partnern aus Vertragsstaaten der Haager Kollisionsrechtskonvention, RiA 1971 Nr. 4/5, S. 3–10; *Sauveplanne,* Het toepasselijk recht op de internationale koop van roerende lichamelijke zaken, NedJBl. 1979, 693–699; *Pelichet,* Rapport sur la loi applicable aux ventes internationales de marchandises, Révision de la Convention du 15 Juin 1955 sur la loi applicable aux ventes à caractère international d'objets mobiliers corporels, Den Haag 1982; *Diamond,* Conventions and Their Revision, Sauveplanne-Fschr. 1984, 45–60; *Asam,* Aktuelle Fragen zur Anwendung des Kaufrechtsübereinkommens der Vereinten Nationen vom 11. 4. 1980 im deutsch-italienischen Rechtsverkehr seit 1. 1. 1988, JahrbItR 90, 3–47; *Bonell,* Zum Verhältnis des Wiener Kaufrechtsübereinkommens zum Haager Kauf-IPR-Übereinkommen von 1955 aus italienischer Sicht, ebenda 117–119; *Braggion,* Das italienische Kollisionsrecht der Mängelgewährleistung bei deutsch-italienischen Kaufverträgen nach Inkrafttreten des UN-Kaufrechtes, ebenda 121–126; *Graupner,* Völkerrecht und Zivilprozeßrecht, Trinkner-Fschr. 1995, 561–573.

Das Abkommen ist als *„loi uniforme"* (oben S. 10 a.E.) beschlossen (Art. 8). Es wird daher z.B. im Vertragsstaat Frankreich angewandt auf Geschäfte des Außenhandels mit der Bundesrepublik, die kein Vertragsstaat ist (Trib. de commerce Paris Rev. crit. dr. i.p. 1969, 700 mit Anm. von *Kahn*).

Das Abkommen gilt nach Art. 1 I für *„internationale"* Käufe und für „internationale" Werklieferungsverträge, wenn der Unternehmer den Stoff stellt; wann ein Kauf oder Werkvertrag „international" ist, bleibt offen (näher *Dölle* RabelsZ 17 [1952], 163 bis 167; *Kahn* Rev. crit. dr. i.p. 1969, 709f.).

Das Abkommen gilt nicht für Käufe von Wertpapieren, von eingetragenen Seeschiffen, Binnenschiffen und Flugzeugen und auch nicht für Zwangsverkäufe (Art. 1 II 1). Es befaßt sich nicht mit der Rechts- und Geschäftsfähigkeit der Parteien, der Form des Vertrags, dem Übergang des Eigentums auf den Käufer und mit den Wirkungen des Kaufs auf Dritte; wohl aber gilt es für den Gefahrübergang (Art. 5).

An erster Stelle ist maßgebend das *ausdrücklich oder zweifelsfrei stillschweigend vereinbarte* Recht; auch die Gültigkeit der Vereinbarung selbst unterliegt dem vereinbarten Recht (Art. 2). Dagegen, daß nur der „zweifelsfreie" stillschweigende Parteiwille gelten soll, sind vom Deutschen Rat für IPR Bedenken erhoben worden: die Vereinbarung der Zuständigkeit eines bestimmten Gerichts oder Schiedsgerichts müsse ausreichen (RabelsZ 24 [1959], 152–156).

Ist das anwendbare Recht weder ausdrücklich noch zweifelsfrei stillschweigend vereinbart, dann entscheidet, je nachdem wo dem Verkäufer die Bestellung zugeht, das *Recht des gewöhnlichen Aufenthalts oder der Niederlassung des Verkäufers* im Zeitpunkt des Zugangs (Art. 3 I); dazu Cass. [1re Ch. Civ.] Rev. crit. dr. i. p. 1998, 84 mit Anm.v. *P.L. [Paul Lagarde]*). Ist allerdings die Bestellung dem Verkäufer, seinem Agenten oder Reisenden zugegangen in dem Land, in dem der Käufer seinen gewöhnlichen Aufenthalt oder seine Niederlassung besitzt und die Bestellung abgegeben hat, dann gilt das *Recht des gewöhnlichen Aufenthalts oder der Niederlassung des Käufers* (Art. 3 II; dazu Cass. [1re Ch. civ.] Rev. crit. dr.i.p. 1990, 712 mit Anm. von *Foyer*). Für Börsen- oder Versteigerungskäufe gilt das Recht des *Börsen- oder Versteigerungsorts* (Art. 3 III).

Sieht man vom Börsen- und Versteigerungskauf ab, dann begünstigt Art. 3 den Käufer zu stark: die meisten Bestellungen werden heute im Einfuhrland an Niederlassungen, Agenten oder Reisende des ausländischen Lieferanten erteilt und dann gilt nach Art. 3 I und II das Recht dieses Landes. Das ist jedoch nur beim Abschluß mit Zweigniederlassungen des Verkäufers im Einfuhrland erwünscht (vgl. auch oben S. 577 a.E.f.; ähnlich der Deutsche Rat für IPR RabelsZ 24 [1959], 156–158: Recht des

Einfuhrlandes nur, wenn Verkäufer dort Niederlassung mit eigenem Lager hat und nach dem Inhalt des Vertrags aus diesem Lager zu liefern ist).

Über bestimmte (nicht alle) Einzelheiten der *Mängelrüge* entscheidet das Recht des Staates, in dem die Ware liegt (Art. 4; näher *Dölle* RabelsZ 17 [1952], 176f.).

Die Berufung auf ihren *ordre public* bleibt den Vertragsstaaten frei (Art. 6).

bb) Abkommen von 1985

Das **Haager Abkommen über das auf internationale Warenkäufe anwendbare Recht** vom 22. 12. 1986 steht noch nicht in Kraft (oben S. 214 a. E. f.).

Text: Rev. dr. unif. 1986 I, 406–429; Riv. dir. int. priv. proc. 1986, 740–745; RabelsZ 51 (1987), 196–213; *Czerwenka,* Rechtsanwendungsprobleme im internationalen Kaufrecht, 1988, 234–241; 8 (1988) Nw. J. Int'l L. & B. 561–569.

Schrifttum: *Cohen* und *Ughetto,* D.S. Chron. 1986, 149–160; *Loussouarn* Rev. crit. dr. i. p. 1986, 271–296; *McLachlan,* The New Hague Sales Convention and the Limits of the Choice of Law Process, 102 (1986) L. Q. Rev. 591–627; *Boschiero* Riv. dir. int. priv. proc. 1986, 507–540; *Pelichet,* Note introductive à la Convention de La Haye sur la loi applicable aux contrats de vente internationale de marchandises, Rev. dr. unif. 1986 I, 90–100; *Gabor,* Emerging Unification of Conflict of Laws Rules Applicable to the International Sale of Goods: UNCITRAL and the New Hague Conference on Private International Law, 7 (1986) Nw. J. Int'l L. & B. 696–726; *Czerwenka,* Rechtsanwendungsprobleme im internationalen Kaufrecht, 1988, 68–84; *Lando* RabelsZ 51 (1987), 60–85; *Gabor,* Stepchild of the New *Lex Mercatoria:* Private International Law from the United States Perspective, 8 (1988) Nw. J. Int'l L. & B. 538–560 (Text 561–569); *Reese,* Commentary on Professor Gabor's *Stepchild of the New* Lex Mercatoria, ebenda 570–573.

Das Abkommen von 1985 verdankt seine Entstehung dem geringen Erfolg der Konvention von 1955 (nur neun Vertragsstaaten, oben S. 212), dem Vordringen des Verbraucherschutzes und dem Wunsch, der Wiener Kaufrechtskonvention von 1980 (oben S. 75) ein kollisionsrechtliches Abkommen zur Seite zu stellen (deswegen wurden weltweit zu den Verhandlungen Staaten eingeladen).

Das Abkommen von 1985 geht mehr ins einzelne als sein Vorgänger: statt sieben hat es 23 rechtssetzende Artikel. Dabei hält es sich in seinem Geltungsbereich weitgehend an die Wiener Konvention von 1980 und übernimmt viel vom Rom-Übereinkommen von 1980 (oben S. 203f.). So ergibt sich eine Art Triptychon (*Cohen* und *Ughetto,* oben Schrifttum, 150).

Auch das Abkommen von 1985 ist *loi uniforme* (oben S. 10 a. E.): das berufene Recht kann das eines Staates sein, der dem Abkommen ferngeblieben ist (Art. 6).

Seinen Geltungsbereich zieht das neue Abkommen weiter als sein Vorgänger. Es gilt, wenn die Kaufvertragsparteien ihren Geschäftssitz in verschiedenen Staaten haben (Art. 1 Buchst. a); ferner in allen Fällen, „die eine Wahl zwischen den Rechten verschiedener Staaten mit sich bringen", außer wenn in einem reinen Inlandsfall die Parteien ausländisches Recht vereinbart haben, mögen sie auch eine Gerichtsstands- oder Schiedsklausel zugefügt haben (Art. 1 Buchst. b). Es gilt auch für Schiffe aller Art, Luftkissenfahrzeuge *(hovercraft)* und Flugzeuge, desgleichen für elektrischen Strom (Art. 3). Es gilt ferner für Werklieferungsverträge, wenn der Unternehmer ganz oder im wesentlichen den Stoff stellt, es sei denn, die Hauptleistung des Lieferanten bestehe in Arbeit oder Diensten (Art. 4), z. B. Eröffnung von *know-how* (*Cohen* und *Ughetto* aaO 151 [*savoir-faire*]).

Das Abkommen erstreckt sich *nicht* auf Zwangsverkäufe, auf Käufe von Wertpapieren und Geld (wohl aber auf Käufe von Waren mit Hilfe von Papieren [Traditionspapieren, z. B. Konnossementen]) und auch nicht auf Verbraucherkäufe, außer wenn der Verkäufer den Vertragszweck weder kannte noch kennen mußte (Art. 2).

Es erstreckt sich ferner nicht auf die Rechts- und Geschäftsfähigkeit der Parteien und die Folgen ihres Fehlens, auf die Vertretungsmacht von Stellvertretern und Organen, auf den Eigentumsübergang (wohl aber auf den Eigentumsübergang im Verhältnis der Parteien), auf Drittwirkungen des Kaufs, auf Gerichtsstands- und Schiedsklauseln im Vertrag (Art. 5). Dieser Katalog nennt das wesentliche, ist aber nicht ausschließlich (*Cohen* und *Ughetto* aaO 152).

Anzuwenden ist an erster Stelle das von den Parteien *ausdrücklich* oder *stillschweigend* gewählte Recht; der stillschweigende Parteiwille muß sich aus dem Gesamtinhalt des Kaufs und aus dem gesamten Verhalten der Parteien ergeben (Art. 7 I 1; näher *Loussouarn,* oben Schrifttum, 277 f.). Parteiverhalten *nach* Kaufabschluß dürfte genügen (*Cohen* und *Ughetto* aaO 153). Beschränkung der Wahl auf einen *Teil* des Kaufs ist zulässig (Art. 7 I 2; näher *Loussouarn* aaO 278–280); ebenso *nachträgliche* Wahl, gleich ob schon vorher gewählt war oder nicht, jedoch unbeschadet der Formgültigkeit des Kaufs oder der Rechte Dritter (Art. 7 II).

Mangels Rechtswahl (näher *Loussouarn* aaO 282–288; *Cohen* und *Ughetto* aaO 154) entscheidet das Recht, das bei Kaufabschluß am *Geschäftssitz des Verkäufers* gilt (Art. 8 I). Das am Geschäftssitz des *Käufers* bei Vertragsschluß geltende Recht wird jedoch berufen (Art. 8 II), wenn

- ausdrücklich bestimmt ist, daß der Verkäufer in diesem Staat liefern muß (ein Vorschlag der algerischen Delegation und ein „heißer Punkt" des Abkommens: *Loussouarn* aaO 288; bloße Nennung eines Orts, z. B. „franko Hamburg", dürfte nicht ausreichen: *Cohen* und *Ughetto* aaO 154), oder
- der Käufer den Kauf ausgeschrieben und in der Hauptsache die Geschäftsbedingungen bestimmt hat.

Ist nach den Gesamtumständen, z. B. einer Geschäftsverbindung der Parteien, der Kauf mit einem anderen Recht „enger verbunden" *(„more closely connected"),* dann gilt dieses („Ausweichklausel": Art. 8 III), außer wenn bei Kaufabschluß beide Parteien in Vertragsstaaten sitzen, die sich die Nichtanwendung der Ausweichklausel vorbehalten haben (Art. 8 IV), oder in Vertragsstaaten der Wiener Kaufrechtskonvention von 1980 (oben S. 75), soweit es um Dinge geht, die in ihr geregelt sind (Art. 8 V).

Käufe auf privaten *Versteigerungen* und auf *Börsen* unterliegen dem von den Parteien gewählten Recht, soweit das Recht Versteigerungs- oder Börsenorts solche Wahl erlaubt; anderenfalls gilt das Recht des Versteigerungs- oder Börsenorts (Art. 9).

Für *Zustandekommen* und *Wirksamkeit* der *Rechtswahl* gilt das gewählte Recht (Art. 10 I 1). Zustandekommen und Wirksamkeit des *Kaufs* richten sich nach dem Vertragsstatut (Art. 10 II). Wer geltend macht, er habe *nicht zugestimmt,* kann sich jedoch auf das Recht seines Geschäftssitzes berufen, wenn es den Umständen nach nicht angemessen *(„reasonable")* ist, das gewählte Recht oder sonstige Vertragsstatut anzuwenden (Art. 10 III).

Ein Kauf zwischen Parteien, die sich *im selben Staat* befinden, ist *form*gültig, wenn die Form entweder des Vertragsstatuts oder des Rechts des Abschlußorts gewahrt ist (Art. 11 I). Befinden sich beim Kaufabschluß die Parteien *in verschiedenen Staaten,* dann ist der Kauf formgültig, wenn die Form entweder dem Vertragsstatut oder dem Recht *eines* dieser Staaten genügt (Art. 11 II). Beim Abschluß durch Stellvertreter kommt es darauf an, wo sich der *Vertreter* befindet (Art. 11 III). Ein Rechtsgeschäft, das sich auf einen bestehenden oder beabsichtigten Kauf bezieht (z. B. die Ausübung eines Wahlrechts), ist formgültig, wenn es entweder dem Kaufstatut oder dem Recht des Vornahmeorts entspricht (Art. 10 IV). Das Abkommen gilt nicht, falls sich ein Vertragsstaat, nach dessen Recht der Kauf schriftlich geschlossen oder durch Urkunden bewiesen werden muß, vorbehalten hat, das Abkommen auf die Formgültigkeit des Kaufs nicht anzuwenden, wenn eine Partei bei Kaufabschluß ihren Geschäftssitz in seinem Gebiet hat (Art. 10 V).

Das *Vertragsstatut gilt insbesondere („in particular")* für:

a) die Auslegung des Kaufs,
b) die Rechte und Pflichten der Parteien und die Erfüllung,

c) den Zeitpunkt, von dem an dem Käufer die Früchte der Waren gebühren,
d) den Gefahrübergang,
e) die Gültigkeit und Wirkung eines Eigentumsvorbehalts im Verhältnis der Parteien,
f) die Folgen der Nichterfüllung, einschließlich der Gründe, die zum Schadenersatz berechtigen, jedoch unbeschadet des Verfahrensrechts des Gerichtsorts (näher *Cohen* und *Ughetto* aaO 156),
g) das Ende der Verpflichtungen, Verjährung und Ausschlußfristen und
h) die Folgen der Nichtigkeit oder Unwirksamkeit des Kaufs

(Art. 12).

Wenn nicht anders vereinbart, gilt das Recht des Ortes, an dem die Ware untersucht wird, für die Art und Weise und für die Verfahrenserfordernisse der *Untersuchung* (Art. 13).

Hat jemand *mehr als einen Geschäftssitz*, dann kommt es auf denjenigen an, der die „engste Beziehung" *(„closest relationship")* zum Kauf und zu seiner Erfüllung hat unter Berücksichtigung der den Parteien bekannten oder von ihnen ins Auge gefaßten Umstände vor oder bei Kaufabschluß (Art. 14 I). Hat eine Partei *keinen Geschäftssitz*, dann entscheidet ihr gewöhnlicher Aufenthalt (Art. 14 II).

„Recht" meint im Abkommen das in einem Staate geltende Recht *mit Ausnahme seiner Kollisionsnormen* (Art. 15).

Bei der *Auslegung* des Kaufs sind zu beachten sein internationaler Charakter und die Notwendigkeit, die Rechtsvereinheitlichung zu fördern (Art. 16).

Das Abkommen hindert nicht die Anwendung von *Vorschriften* des Gerichtsstaats, die *unabhängig vom Kaufstatut* anzuwenden sind (Art. 17).

Die Anwendung des Kaufstatuts kann nur abgelehnt werden, wenn es mit der öffentlichen Ordnung *(„ordre public")* „offenbar" *(„manifestement")* unvereinbar ist (Art. 18).

Ist in einem Vertragsstaat das *Kaufrecht gebietsweise verschieden*, dann kommt es auf das Recht in dem fraglichen Gebiet an (Art. 19). Ein solcher Staat ist nicht gehalten, das Abkommen im Verhältnis dieser Gebiete unter einander anzuwenden (Art. 20).

Nur vier *Vorbehalte* sind erlaubt (Art. 21 I, II):

- die Anwendung des Abkommens kann beschränkt werden auf den Fall des Geschäftssitzes der Parteien in verschiedenen Staaten (d. h. Ausschluß von Art. 1 Buchst. b, vgl. oben S. 602);
- das Statut der „engsten Verbindung" (Art. 8 III, vgl. oben S. 603) kann ausgeschlossen werden;
- die Anwendung des Abkommens kann für die Form des Kaufs abgelehnt werden, wenn ein Staat Schriftlichkeit des Kaufs oder Beweis des Kaufs durch Urkunden verlangt und eine Partei bei Kaufabschluß ihren Geschäftssitz im Lande hat (Art. 10 V, vgl. oben S. 603 a. E.);
- von der Anwendung des Abkommens dürfen Verjährung und Ausschlußfristen ausgenommen werden (Art. 12 Buchst. g, vgl. oben).

Ein Vorbehalt kann jederzeit zurückgenommen werden (Art. 21 III).

Im *Verhältnis zu anderen Staatsverträgen* geht das Abkommen nicht vor früheren oder späteren Staatsverträgen mit Bestimmungen über das auf Käufe anwendbare Recht, wenn diese Staatsverträge *auf Parteien beschränkt* sind, *die* ihren *Geschäftssitz in Vertragsstaaten* der Staatsverträge haben (Art. 22 I). Ebenso geht das Abkommen nicht vor Staatsverträgen, die das auf *besondere,* nicht unter das Abkommen fallende *Kaufarten* anwendbare Recht regeln (Art. 22 II). Auch hindert das Abkommen nicht, die Wiener Kaufrechtskonvention von 1980 (oben S. 75) und das Abkommen über die Verjährungsfrist bei internationalen Warenkäufen von 1974 (oben S. 79) anzuwenden (Art. 23).

Zeitlich gilt das Abkommen in einem Vertragsstaat für Käufe, die nach seinem Inkrafttreten für diesen Staat geschlossen sind (Art. 24).

Kritik: den Vertragsstaaten des Rom-Übereinkommens über das auf *Schuldverträge* anzuwendende Recht von 1980 (oben S. 203 f.) dürfte ein weiteres Übereinkommen nichts nützen (man kann nicht für jede Vertragsart und -unterart ein eigenes Abkommen schließen). Der übrigen Welt kann es dienlich sein.

b) Haager Abkommen über materielles Kaufrecht

Schrifttum: *de Winter* NTIR 1964, 271–279; *Nadelmann* 74 (1965) Yale L.J. 448 bis 463; *Riese* RabelsZ 29 (1965), 9–17 (wichtig für Entstehungsgeschichte); *von Caemmerer* ebenda 107–110, 142; *Zweigert* und *Drobnig* ebenda 146–165; *Kollewijn* NTIR 1965, 217–227; *Tunc* 74, (1965) Yale L.J. 1409–1414; *van Boeschoten* und *Fokkema,* Eenvormig kooprecht en internationaal privaatrecht, Zwolle 1966; *Sevig* Rev. trim. dr. commercial 1966, 517–534; *von Caemmerer* Hallstein-Fschr. 1966, 82 f.; *Dölle* RabelsZ 32 (1968), 438–449; *Cavers* Rec. 1970 III 230–239; *Kropholler,* Der „Ausschluß" des IPR im Einheitlichen Kaufgesetz, RabelsZ 38 (1974), 372–387 und Internationales Einheitsrecht, 1975, 193–196; *Hartwieg,* Das Einheitliche Kaufgesetz und der hypothetische Parteiwille, ZHR 74, 457–477; *Mann,* Einheitliches Kaufgesetz und IPR, JZ 75, 14–18 (= *Mann,* Beiträge zum IPR, 1976, 260–271) mit Erwiderung *Cohn* 246–248 und Schlußwort *Mann* 248; *Hellner* Gedächtnisschr. Ehrenzweig 1976, 21–34; *Hausmann,* Stillschweigender Ausschluß der Einheitlichen Kaufgesetze durch Allgemeine Geschäftsbedingungen, RIW 77, 186–196; *Schlechtriem,* Einheitliches Kaufrecht – wissenschaftliches Modell oder praxisnahe Regelung?, 1978, 14–28; *Stötter,* Der stillschweigende Ausschluß der Anwendbarkeit des EKG nach Art. 3 Satz 2 EKG, RIW 78, 578–581; *Hausmann,* Zum teilweisen Ausschluß der Einheitlichen Kaufgesetze durch Allgemeine Geschäftsbedingungen, WM 80, 726–737; *von der Seipen,* Zum Ausschluß des Einheitlichen Kaufrechts im deutsch-englischen Rechtsverkehr, IPRax 84, 244–246; *Conetti,* Uniform Substantive und Conflicts Rules on the International Sales of Goods and their Interaction, in: *Šarčević* und *Volken* (Hrsg.), International Sales of Goods, Dubrovnik Lectures, New York u.a. 1986, 385–399; *Piltz,* Zum Ausschluß des Haager Einheitlichen Kaufrechts durch Rechtswahlklauseln, NJW 86, 1405 f.; *Reinhart,* Erschwerter Ausschluß der Anwendung des einheitlichen Kaufrechts, IPRax 86, 288 f.; *Conetti,* Problemi di diritto internazionale privato derivanti dalla partecipazione dell'Italia alla convenzione di Vienna sulla vendita del 1980, Riv. dir. int. priv. proc. 1987, 41–46; *Pélichet,* La vente internationale de marchandises et le conflit de lois, Rec. 1987 I 9–210; *Czerwenka,* Rechtsanwendungsprobleme im internationalen Kaufrecht, 1988, 85–120; *Stoll,* Internationalprivatrechtliche Fragen bei der landesrechtlichen Ergänzung des Einheitlichen Kaufrechts, Ferid-Fschr. 1988, 495–518; *Piltz,* Internationales Kaufrecht, NJW 89, 615 bis 623 (615–617); *Pünder,* Das Einheitliche UN-Kaufrecht – Anwendung kraft kollisionsrechtlicher Verweisung nach Art. 1 Abs. 1 lit. b UN-Kaufrecht, RIW 90, 869–873; *Piltz,* Anwendbares Recht in grenzüberschreitenden Kaufverträgen, IPRax 94, 191–193.

Internationales Privatrecht enthalten auch die beiden (für Deutschland nicht mehr in Kraft stehenden) **Haager Abkommen zur Vereinheitlichung des materiellen Kaufrechts** von **1964** (oben S. 74 f.). Jedem der beiden Abkommen (über Kauf und über Kaufabschluß) sind als Anlage die entsprechenden Einheitsregeln beigefügt.

Auf Grund der beiden Abkommen sind bei uns am 17. 7. 1973 zwei (ebenfalls nicht mehr in Kraft stehende) Ausführungsgesetze ergangen und zusammen mit den Abkommen **am 16. 4. 1974 in Kraft** getreten (oben S. 74 f.):

1. das **Einheitliche Gesetz über den internationalen Kauf beweglicher Sachen (EKG);**
2. das **Einheitliche Gesetz über den Abschluß von internationalen Kaufverträgen über bewegliche Sachen (EKAG).**

Die Abkommen sollen durch einheitliches *materielles* Kaufrecht *internationales* Kaufrecht entbehrlich machen. Die Abkommensväter wollten sogar das Einheitskaufrecht im Verhältnis zu Staaten anwenden, die den Abkommen fernbleiben. Daher haben sie in den Einheitsregeln, die als Anlagen den Abkommen beigefügt sind, bestimmt: das Einheitskaufrecht gelte, wenn Verkäufer und Käufer ihre Niederlassung, hilfsweise ihren gewöhnlichen Aufenthalt, in verschiedenen *Staaten* haben (und einige weitere Voraussetzungen erfüllt sind: Art. 1 I, II beider Anlagen, vgl. unten S. 518).

Danach wären z.B. in einem europäischen Vertragsstaat die Einheitsgesetze auch anzuwenden auf den Außenhandel der USA mit Kanada und mit Lateinamerika, auf den Außenhandel zwischen Südafrika und Indien, zwischen Indonesien und Japan, obwohl alle diese Länder den Abkommen nicht beigetreten sind. Das geht zu weit, selbst wenn man berücksichtigt, daß solche Käufe selten die europäischen Gerichte beschäftigen. Auch könnten Belgien und Italien, die schon Vertragsstaaten des internationalprivatrechtlichen Abkommens von 1955 (oben S. 600–602) sind, in Schwierigkeiten kommen gegenüber den anderen Vertragsstaaten dieses Abkommens, die mit dem Einheitskaufrecht nichts zu tun haben wollen, nämlich gegenüber den nordischen Ländern und Frankreich.

Zum Glück gibt es **Vorbehalte.**

So kann nach Art. IV des Einheits*kauf*abkommens ein Staat, der Vertragsstaat eines Abkommens über internationales Kaufrecht ist, sich dessen Vorrang vorbehalten, und das haben Belgien und Italien getan (BGBl. 1974 II 146). Einen entsprechenden Vorbehalt erlaubt Art. IV des Einheits*kaufabschluß*abkommens, den jedoch Belgien und Italien nicht ausgenutzt haben (BGBl. 1974 II 148), vielleicht, weil sie hier keine großen Konflikte befürchten.

Nach Art. V des Einheits*kauf*abkommens kann sich jeder Vertragsstaat vorbehalten, das EKG nur anzuwenden, wenn die Parteien es *gewählt* haben. Diesen Vorbehalt hat Großbritannien gemacht (BGBl. 1974 II 146 [148]) und damit die Herrschaft des EKG drastisch beschränkt. Haben z.B. die Parteien den Kauf englischem Recht unterstellt, dann gilt das EKG nicht, wenn sie nicht außerdem die Geltung des EKG vereinbart haben (OLG Karlsruhe IPRspr. 1978 Nr. 11 [S. 20] = OLGZ 1978, 338 [339]; a.A. OLG Hamm NJW 84, 1307 und RIW 87, 384 und *implicite* EWS 94, 288). Haben eine englische und eine deutsche Partei deutsches Recht vereinbart oder unterliegt der Kauf deutschem Recht kraft objektiver Anknüpfung (heute: „engste Verbindung", oben S. 575–582), dann gilt das EKG (LG Köln IPRax 89, 290 [292] mit Aufsatz von *Schwenzer* 274–276; a.A. LG Bamberg IPRax 84, 266 mit abl. Aufsatz von *Seipen* 244–246, weil englische Kaufleute das EKG stillschweigend ausschlössen).

Vor allem erlauben beide Abkommen in ihren Artikeln III, die Einheitsgesetze zurückzustutzen von Käufen, deren Partner in verschiedenen *Staaten* ansässig sind, auf Käufe, deren Partner in verschiedenen *Vertragsstaaten* sitzen. Diesen Vorbehalt hat die Bundesrepublik ausgenutzt (BGBl. 1974 II 146, 148). Art. 1 EKG redet demgemäß von „Parteien, die ihre Niederlassung im Gebiet verschiedener *Vertragsstaaten* haben", und Art. 1 EKAG nimmt darauf Bezug.

Auch Luxemburg, die Niederlande und San Marino haben den Vorbehalt nach Art. III *beider* Abkommen gemacht, Gambia (kein Vertragsstaat des EKAG) und Vereinigtes Königreich den Vorbehalt nach Art. III des *Kauf*abkommens (näher *Soergel* VIII[11] S. 303–305).

Weiter erfordert das Eingreifen von EKG (Art. 1 I) und EKAG (Art. 1) **alternativ:**

- *Beförderung* der Ware von einem Staat in einen anderen (dazu BGH 74, 193 [196]),
- Erklärung von *Antrag und Annahme* in verschiedenen Staaten,
- *Lieferung* der Ware in einem anderen Staat als dem, in dem Antrag und Annahme erklärt sind.

Sind danach EKG und EKAG anwendbar, dann soll **IPR nicht** zum Zuge kommen, außer wenn anderes bestimmt ist wie in Art. 5 II, 69 und 89 EKG (Art. 2 EKG, Art. 1 EKAG). Man verwarf (auf deutschen Rat) eine „Vorschaltlösung", nämlich die Vorschaltung des IPR des Gerichtsstaats (*Riese* RabelsZ 29 [1965], 9–11; kritisch *Hellner* Gedächtnisschr. Ehrenzweig 1976, 34 und *Nadelmann* 41 [1977] Law & Cont. Prob. 57). Gemeint ist: die in den Einheitsgesetzen (Art. 1 EKG und EKAG) genannten Voraussetzungen ihrer Anwendung regeln nicht nur den *sachlichen* Anwendungsbereich dieser Gesetze (Verhältnis zum bürgerlichen und Handelsrecht, vgl. oben S. 46 bis 48), sondern auch ihren *räumlichen* (es wird stets das Einheitsrecht angewandt). So mit Recht BGH 96, 313 (316, 323) = IPRax 86, 298 mit Aufsatz von *Reinhart* 288–290 = JZ 86, 347 mit Anm. von *E. Rehbinder* ebenda und mit Anm. von *Mann* 647 = RIW 86, 214 mit Anm. von *Czerwenka* 293; OLG Koblenz RIW 89, 310; OLG Schleswig IPRax 93, 93 mit Aufsatz von *Stoll* 75–79.

Dem Rom-Übereinkommen vom 19. 6. 1980 (oben S. 203f.) widerspricht das nicht. Denn dessen Art. 21 bestimmt;

„Verhältnis zu anderen Übereinkommen

Dieses Übereinkommen berührt nicht die Anwendung internationaler Übereinkommen, denen ein Vertragsstaat angehört oder angehören wird."

Allerdings bleibt für das **EKG** der **Parteiwille wichtig:** Verkäufer und Käufer können aus dem EKG herausschlüpfen und in es hineinschlüpfen:
- **heraus:** sie können das EKG *ausdrücklich* oder *stillschweigend* **abdingen** (Art. 3 EKG); dann tritt das IPR des Gerichtsstaats wieder hervor; auch die *engste Verbindung* (oben S. 575–582) kann das EKG mit gleicher Folge verdrängen (*Mann* JZ 75, 16 zu Fn. 16 und 248; zweifelnd *Hartwieg* ZHR 74, 464 a.E.; a.A. h.M., z.B. BGH 96, 313 [320f.]; BGH NJW 92, 2428 (2429 unter II 3b vor aa); *Soergel-Lüderitz* BGB III[12], EKG Art. 3 Rz 7 S. 2043); denn sie ist vom stillschweigenden Parteiwillen oft kaum zu unterscheiden, aber sachgemäß; daher unterliegt z.B. nicht dem EKG, sondern dem New Yorker Recht der in Brüssel geschlossene Verkauf eines in New York stehenden Cadillac durch einen von dort nach Brüssel gezogenen Journalisten an einen anderen von Bonn nach New York zurückgehenden (vgl. den Ring-Fall oben S. 581; das EKG wäre sonst anwendbar nach Art. 1 I c);
- **hinein:** Verkäufer und Käufer können die Geltung des (nach Art. 1 nicht anwendbaren) EKG **vereinbaren** (Art. 4), allerdings nur im Wege *materiellrechtlicher* Verweisung (oben S. 571); denn *zwingende* Vorschriften des nach IPR maßgebenden Rechts sollen vorgehen (Art. 4 a.E.; vgl. *Riese* RabelsZ 29 [1965], 17): Art. 4 ist also nur ein Papiertiger.

Die Anwendbarkeit des **EKAG** ist durch dessen Art. 1 **an** die Anwendbarkeit des **EKG gebunden.** Ist die Anwendbarkeit des EKG nach dessen Art. 3 wirksam beseitigt (ausdrücklich, stillschweigend oder durch engste Verbindung), dann ist folglich auch das EKAG unanwendbar: wenn der Große fällt, fällt der Kleine. Umgekehrt: ist die Geltung des EKG nach dem Art. 4 wirksam vereinbart, dann gilt das EKAG mit (Huckepack).

Nicht die *Anwendbarkeit,* sondern den *Inhalt* des EKAG betrifft dessen Art. 2: die Einheitsregeln über das Zustandekommen des Kaufs (Art. 3–12) greifen nicht ein, soweit Vorverhandlungen, Antrag, Annahme, Gepflogenheiten zwischen den Parteien oder Gebräuche anderes ergeben.

Sitzen beide Vertragsteile (Käufer und Verkäufer) in Vertragsstaaten und vereinbaren sie die Geltung des Rechts eines dieser Staaten, dann ist, falls nicht abbedungen nach Art. 3 (oben), das Einheitsrecht anzuwenden (z.B. LG Bonn IPRax 83, 243 LS mit Anm. Red. [E.J.] = IPRspr. 1982 Nr. 135; OLG Hamm IPRax 83, 231 = IPRspr. 1982 Nr. 15; LG Hannover IPRax 85, 103 mit Aufsatz von *Piltz* 84f.; OLG Celle ebenda 284 [288 unter 3] mit Aufsatz von *Tebbens* 262–265 [264]; LG Bückeburg IPRax 86, 248 LS mit Anm. Red. [E.J.]); BGH 96, 313 [316f.]; OLG Köln IPRax 94, 213 = ZIP 92, 1842 [1843] und OLG Köln [der 6. Aufl. dieses Buchs S. 445 einen Fehler nachweisend] IPRax 94, 210 = RIW 93, 143 mit Anm. von *Diederich* 758 = VersR 93, 63 [64], beide Entscheidungen mit Aufsatz von *Piltz* IPRax 94, 191–193; OLG Hamm EWS 1994, 288).

Italien hat das EKG mit Wirkung ab 1. 1. 1988 gekündigt (vgl. oben S. 74 a.E.). Für die Bundesrepublik ist es am 1. 1. 1991 außer Kraft getreten (ebenda). *Übergangsrechtlich* entscheidet der Zeitpunkt des *Vertragsschlusses:* BGH NJW 89, 3097 (3098 unter 2a); BGH IPRax 93, 242 mit Aufsatz von *Reinhart* 225–228 = NJW 92, 619 (620 unter I 2); BGH NJW-RR 92, 886 (unter II); OLG Köln IPRax 94, 510 mit Aufsatz von *Piltz* 191–193 = RIW 93, 143 mit Anm. von *Diederich* 758 = VersR 93, 63 (65).

Gilt in einem Staat wie Italien das Haager Abkommen von 1955 über das auf internationale Käufe beweglicher Sachen anwendbare Recht (oben S. 600–602), so ist das für uns als Nichtvertragsstaat unbeachtlich, weil Art. 2 EKG das IPR ausschaltet (vgl. OLG Schleswig IPRax 93, 93 mit Aufsatz von *Stoll* 75–79).

Zur *Verjährung* oben S. 557.

4. UN-Einheitskaufrecht

Schrifttum: *Conetti,* Uniform Substantive and Conflicts Rules on the International Sales of Goods and their Interaction, in: *Šarčević* and *Volken* (Hrsg.), International Sales of Goods, Dubrovnik Lectures, New York u. a. 1986, 385–399; *Pelichet,* La vente internationale de marchandises et le conflit de lois, Rec. 1987 V 9–210; *Conetti,* Problemi di diritto internazionale privato derivanti dalla partecipazione dell'Italia alla convenzione di Vienna sulla vendita del 1980, Riv. dir. int. priv. proc. 1987, 41–46; *Vékás,* Zum persönlichen und räumlichen Anwendungsbereich des UN-Einheitskaufrechts, IPRax 87, 342–346; *Czerwenka,* Rechtsanwendungsprobleme im internationalen Kaufrecht, 1988, 120–181; *Stoll,* Internationalprivatrechtliche Fragen bei der landesrechtlichen Ergänzung des Einheitlichen Kaufrechts, Ferid-Fschr. 1988, 495–518; *Speidel,* Symposium Reflections on the International Unification of Sales Law, Introduction, 8 (1988) Nw. J. Int'l L. & B. 531–537 (532–534); *Siehr,* Der internationale Anwendungsbereich des UN-Kaufrechts, RabelsZ 52 (1988), 587–616; *Piltz,* Internationales Kaufrecht, NJW 89, 615–621 (617–621); *Witz,* L'exclusion de la Convention des Nations unies sur les contrats de vente internationale de marchandises par la volonté des parties (Convention de Vienne du 11 avril 1980), D. S. Chron. 1990, 107–112; *Reinhart,* Probleme des intertemporalen Rechts im innerdeutschen und internationalen Handelsverkehr – Intertemporale Fragen zum UN-Kaufrecht, in: *Jayme* und *Furtak* (Hrsg.), Der Weg zur deutschen Rechtseinheit, 1991, 83–92; *Morscher,* Staatliche Rechtssetzungsakte als Leistungshindernisse im internationalen Warenkauf, Basel und Frankfurt a. M. 1992; *Magnus,* Zum räumlich-internationalen Anwendungsbereich des UN-Kaufrechts und zur Mängelrüge, IPRax 93, 390–392; *Frigge,* Externe Lücken und IPR im UN-Kaufrecht (Art. 7 Abs. 2), 1994; *Ferrari,* La vendita internazionale, Applicabilità ed applicazioni della Convenzione di Vienna del 1980, Padua 1997; *Ferrari,* Applicability and Applications of the Vienna Sales Convention (CISG), Int. Leg. Forum 3 (1998) 137–286. Siehe auch Schrifttum oben S. 600 a. E. f.

Das Haager Einheitskaufrecht fand wenig Anklang. Empfindlichkeiten von Staaten, die an seiner Entstehung nicht mitgewirkt hatten, die den Vertragsstaaten eingeräumten Vorbehalte und der Ausschluß des IPR scheinen die Gründe gewesen zu sein.

Deswegen erarbeitete die **UNCITRAL** (oben S. 101 a. E. f.) das **Wiener** Übereinkommen über den internationalen Kauf beweglicher Sachen vom 11. 4. 1980 (oben S. 75). Es steht für die Bundesrepublik in Kraft seit 1. 1. 1991.

Das Abkommen regelt sowohl den Abschluß wie die Wirkungen des Kaufs (Art. 4).

Den räumlichen Geltungsbereich bestimmt **Art. 1:**

„(1) *Dieses Übereinkommen ist auf Kaufverträge über Waren zwischen Personen anzuwenden, die ihre Niederlassung in verschiedenen Staaten haben,*
a) wenn diese Staaten Vertragsstaaten sind oder
b) wenn die Regeln des internationalen Privatrechts zur Anwendung des Rechts eines Vertragsstaats führen.

(2) *Die Tatsache, daß die Parteien ihre Niederlassung in verschiedenen Staaten haben, wird nicht berücksichtigt, wenn sie sich nicht aus dem Vertrag, aus früheren Geschäftsbeziehungen oder aus Verhandlungen oder Auskünften ergibt, die vor oder bei Vertragsabschluß zwischen den Parteien geführt oder von ihnen erteilt worden sind.*

(3) *Bei Anwendung dieses Übereinkommens wird weder berücksichtigt, welche Staatsangehörigkeit die Parteien haben, noch ob sie Kaufleute oder Nichtkaufleute sind oder ob der Vertrag handelsrechtlicher oder bürgerlich-rechtlicher Art ist.*"

Hier ist also von vornherein die Geltung des Einheitsrechts beschränkt auf den Fall, daß Käufer und Verkäufer jeder in einem anderen *Vertrags*staat sitzen (Art. 1 I

Buchst. a). An die Stelle der Niederlassung in Art. 1 I Buchst. a tritt, wenn einer keine Niederlassung hat, nach Art. 10 Buchst. b sein gewöhnlicher Aufenthalt. Bei mehrfacher Niederlassung entscheidet diejenige, *„die unter Berücksichtigung der vor oder bei Vertragsabschluß den Parteien bekannten oder von ihnen in Betracht gezogenen Umstände die engste Beziehung zu dem Vertrag und zu seiner Erfüllung hat"* (Art. 10 Buchst. a).

Nach Art 1 I Buchst. b gilt das Einheitsrecht auch, wenn bloß ein Teil in einem Vertragsstaat sitzt, aber dessen Recht vom IPR berufen wird; das bejaht Art. 1 I Buchst. b klar. Es braucht sogar kein Teil in einem Vertragsstaat zu sitzen, wenn nur sein Recht maßgibt, z.B. weil es gewählt ist (vgl. BGH EWiR 99, 257 LS mit Anm. von *Mankowski* = NJW 99, 1259) oder beide Teile dem Staat angehören (verkannt von Cass. [Ch. com.] Rev. crit. dr. i. p. 1997, 72 mit abl. Anm. von *Rémery*). Allerdings kann sich nach Art. 95 jeder Vertragsstaat vorbehalten, Art. 1 I Buchst. b nicht anzuwenden. Hat ein Staat dies getan, dann ist Art. 1 I Buchst. b nicht anzuwenden (Art. 2 Zustimmungsgesetz, BGBl. 1989 II 586). D.h. dann ist nicht das UNO-Abkommen anzuwenden, sondern das eigene Recht dieses Staates und zwar nach Art. 35 I EGBGB sein *materielles* Recht.

Verwies unser IPR, als das UNO-Abkommen für uns noch nicht galt, auf das Recht eines Staates, in dem es schon galt, z.B. auf das Recht Italiens oder Österreichs, dann hatten wir das Abkommen als Recht dieses Staates anzuwenden: z.B. LG München I IPRax 90, 316 mit Aufsatz von *Reinhart* 289–292 (292); LG Stuttgart IPRax 90, 317 mit Aufsatz von *Reinhart* aaO = RIW 89, 984 (985 unter 1) mit Aufsatz von *Asam* 942–946; LG Aachen RIW 90, 491; AG Oldenburg IPRax 91, 336 mit Aufsatz von *Enderlein* 313–316; LG Hamburg IPRax 91, 400 mit Aufsatz von *Reinhart* 376–379; AG Frankfurt a.M. IPRax 91, 345 LS mit Anm. Red. (E.J.); OLG Frankfurt NJW 92, 633; OLG Karlsruhe NJW-RR 93, 1316; KG RIW 94, 683; (öst)OGH (öst)ZRvgl. 1996, 248 (251).

Vereinzelt bleibt Raum für *IPR der Vertragsstaaten:* Art. 78 des UNO-Abkommens verpflichtet, fällige Geldschulden, vor allem den Kaufpreis, zu verzinsen. Offen bleibt, welches Recht über die Höhe der Zinsen entscheidet. Darüber wird in jedem Vertragsstaat nach dem eigenen IPR befunden (OLG Frankfurt NJW 94, 1013 [1014] mit Aufsatz von *Kappus* 984f.; AG Kehl NJW-RR 96, 565; *Schlechtriem* IPRax 90, 283 zu Fn. 24), bei uns nach Art. 27–37 EGBGB.

Zum *UNCITRAL-Übereinkommen über die Verjährungsfrist beim internationalen Kauf beweglicher Sachen und zum Wiener UN-Übereinkommen über den internationalen Warenkauf oben S. 79).*

5. New Yorker Abkommen über Akkreditive und Bankgarantien

Das (noch nicht in Kraft stehende) New Yorker UN-Abkommen über Akkreditive und Bankgarantien vom 11. 12. 1995 (oben S. 73f.) unterstellt diese Geschäfte dem ausdrücklich oder stillschweigend *gewählten* Recht (Art. 21), hilfsweise dem Recht des *Geschäftssitzes des Ausstellers oder Garanten* (Art. 22).

6. Interlokales Recht

a) Privatrecht der früheren DDR und Ost-Berlins

Schrifttum: *Materielles Privatrecht: Andrae,* Rechtsangleichung im Arbeitsrecht, in: *Jayme* und *Furtak* (Hrsg.), Der Weg zur deutschen Rechtseinheit, 1991, 65–81; *Straßmann* und *Süß,* Zum Schicksal von Verträgen, deren Zweck auf Grund veränderter Umstände nicht mehr erreicht werden kann, WR 91, 101–105; *Maskow,* Auswirkungen des Übergangs zur Marktwirtschaft auf Wirtschaftsverträge (Wegfall der Geschäftsgrundlage), ebenda 141–148; *Schultz,* Abweichende Regelungen im Mietrecht der neuen Bundesländer, DtZ 91, 285–289; *Gössmann,* Das vertragliche Nutzungsrecht des ZGB, WM 91, 1861–1868; *Maskow,* Die vertragsrechtliche Situation in den neuen Bundesländern, WR 92, 77–80, 161–172; *Seitz,* Gewerbliche Mietverhältnisse in den neuen Bundesländern, DtZ 92, 72–76.

IPR: Lübchen und *Posch,* Zivilrechtsverhältnisse mit Auslandsberührung, Ost-Berlin 1979, 54–60; *Maskow* und *Rudolph,* Regelung der Kollisionsprobleme internationaler Wirtschaftsbeziehungen in der DDR, RIW 80, 19–26; *Rudolph* und *Strohbach,* Die rechtliche Regelung der intersystemaren Wirtschaftsbeziehungen der DDR, 1982; *Seyffert,* Außenwirtschaftsrecht der DDR, 1983; *Enderlein* (Hrsg.), Der Außenhandelskaufvertrag[3], Ost-Berlin 1986 (IPR 61–90); *Enderlein* (Hrsg.), Anlagenvertrag, Montagevertrag, Lohnveredlungsvertrag u. a.[3], Ost-Berlin 1987 (IPR 41–68); *Schultze-Zeu,* Allgemeine Geschäftsbedingungen in der Vertragspraxis mit DDR-Außenhandelsbetrieben, RIW 87, 746–750; *Stargardt,* Grundsätze der vertragsrechtlichen Regelung bei internationalen Wirtschaftsverträgen (IWV) in der DDR, ZIP 90, 471–475.

Im Osten war das *materielle* Schuldvertragsrecht geregelt für Privatpersonen („Bürger") im *ZGB* (§§ 43–283), für Wirtschaftseinheiten im *Vertragsgesetz* (aufgehoben ab 1. 7. 1990) und für Wirtschaftsverträge mit dem Ausland im *GIW* (ab 1. 7. 1990 umgestellt auf Wirtschaftsverträge zwischen *in*ländischen Parteien und umbenannt in „Gesetz über Wirtschaftsverträge – GW"). Vgl. oben S. 26 und näher 7. Aufl. S. 22.

*International*privatrechtlich galten folgende Regeln:

Für *„internationale Wirtschaftsverträge"* durften die Parteien vereinbaren, welches Recht maßgab (§ 12 I RAG). Hilfsweise bestand ein Katalog von 14 Punkten für eine Reihe von Verträgen (§ 12 I Buchst. a–n); er deckte sich im wesentlichen mit unseren Anknüpfungen kraft engster Verbindung. Zweithilfsweise kam man zum Recht am Sitz desjenigen Partners, „der die den Inhalt des Vertrages bestimmende Leistung zu erbringen hat" (§ 12 II 1), und dritthilfsweise zum Recht des Ortes, an dem die Erklärung der Annahme zugegangen war (§ 12 II 2). Für Verträge über Grundstücke in der DDR galt ausschließlich DDR-Recht (§ 12 III).

„Internationale Wirtschaftsverträge" waren geregelt im GIW. Das GIW ist ab 1. 7. 1990 umgestellt auf Wirtschaftsverträge zwischen inländischen Parteien. Die kollisionsrechtliche Regelung in § 12 I und II RAG bleibt davon unberührt. Es macht keinen Sinn, die Pferde in kurzer Zeit zweimal zu wechseln, nämlich am 1. 7. und 3. 10. 1991.

Auf *andere Schuldverträge* als internationale Wirtschaftsverträge wandte man das Recht des Abschlußorts an (so jedenfalls *Ministerium der Justiz* (Hrsg.) – *Strohbach,* Internationales Privatrecht, Kommentar zum Rechtsanwendungsgesetz, Ost-Berlin 1989, 49 unter 2).

Für Verträge über *Grundstücke* galt ausschließlich DDR-Recht (§ 12 III).

Arbeitsverträge unterlagen dem Recht des Betriebssitzes (§ 27 I RAG); lagen Arbeitsort und Wohnsitz des Arbeiters in einem anderen Staat, dann war dessen Recht anzuwenden (§ 27 II). Den Geltungsbereich des ArbGB regelte eigens dessen § 16 Satz 1; er dürfte aber dem § 27 RAG nachgegangen sein, wie sich aus § 16 Satz 2 schließen läßt.

Am 3. 10. 1990 ist das materielle und internationale Schuldvertragsrecht der DDR und Ost-Berlins außer Kraft getreten. Denn Art. 8 des Einigungsvertrags hat das Bundesrecht in den neuen Bundesländern eingeführt und damit auch das Schuldvertragsrecht des BGB (jedoch nicht das Vertragshilfegesetz: oben S. 27) sowie das bundesdeutsche internationale und interlokale Schuldvertragsrecht.

b) Interlokales Privatrecht

Schrifttum: *Gutmann* und *Zieger* (Hrsg.), Außenwirtschaft der DDR und innerdeutsche Wirtschaftsbeziehungen, Rechtliche und ökonomische Probleme, 1986; *Stumpf,* Probleme beim Abschluß von Verträgen mit Betrieben in der DDR, BB 90, 157–160; *Vogel-Claussen,* Das Recht des innerdeutschen Wirtschaftsverkehrs im Vorfeld der deutsch-deutschen Wirtschafts- und Währungsunion, DtZ 90, 33–38; *Herber,* Deutsche Einheit und internationales Kaufrecht, BB Beil. 27 zu Heft 30, 1990 (Deutsche Einigung – Rechtsentwicklungen, Folge 15), 1–5, Erwiderung von *Enderlein* und *Graefrath* BB Beil. 6 zu Heft 6/1991 (Deutsche Einigung – Rechtsentwicklungen, Folge 19), 8–13 und Replik von *Herber* BB Beil. 14 zu Heft 18/1991 (Deutsche Einigung – Rechtsentwicklungen Folge 23), 7–10; *Enderlein*, Das UN-Verjährungsübereinkommen und seine Geltung in Deutschland, in: *Jayme* und *Furtak* (Hrsg.), Der Weg zur deutschen Rechtseinheit, 1991, 65–81; *Enderlein* und *Graefrath*, Nochmals: Deutsche Einheit und internationales Kaufrecht, Erwiderung zu *Herber*, BB-Beilage 37 zu Heft 30/1990, BB Supplement Deutsche Einigung – Rechtsentwicklungen, Folge 15, 1991, 1–5; *Kemper*, Das auf Außenhandelsverträge mit Partnern aus RGW-Ländern anwendbare Recht, WR 91, 181–185; *Avenarius*, Vermuteter Parteiwille und Art. 232 § 1 EGBGB, NJ 93, 63; *Schotten* und *Schmellenberger*, Zur materiellrechtlichen Wirksamkeit von Verträgen über Grundbesitz in der ehemaligen DDR, die vor der Vereinigung in den alten Bundesländern beurkundet worden sind, DNotZ 92, 103–221; *Purps*, Anwendbarkeit der DDR-ZGB auf vor dem 1. 1. 1976 geschlossene Pachtverträge, DtZ 93, 144f.; *Habscheid*, Schiedsklauseln nach Auflösung der Kammer für Außenhandel der DDR, ebenda 174f.; *Oetker*, Der Vertragsschluß und sein Inhalt als Problem des intertemporalen Kollisionsrechts, NJ 93, 257f.; *Sproß*, Forderungen und Verbindlichkeiten bei Abwicklung von Außenhandelsbetrieben, VIZ 93, 295f.; *Drexel*, Die politische und wirtschaftliche Wende in der DDR – ein Fall für den Wegfall der Geschäftsgrundlage?, DtZ 93, 194–199; *Leutheusser-Schnarrenberger*, Zur Neuregelung der schuldrechtlichen Nutzungsverhältnisse an Grundstücken im Beitrittsgebiet, ebenda 322–325; *Fischer*, Wegfall der Geschäftsgrundlage bei nicht voll erfüllten DDR-Wirtschaftsverträgen, IPRax 93, 387–390; *J. Schmidt-Räntsch*, Zum Entwurf des Schuldrechtsänderungsgesetzes, DtZ 94, 82–86; *Grün*, Der Wegfall der Geschäftsgrundlage bei DDR-Wirtschaftsverträgen nach der Wende, JZ 94, 763–769; *Messerschmidt*, Das Schuldrechtsänderungsgesetz, NJW 94, 2648–2651; *J. Schmidt-Räntsch*, Zur Neuordnung der Nutzung fremden Grund und Bodens, Sachenrechts- und Schuldrechtsbereinigung, DtZ 94, 322–331; *Matthiessen*, Das Ende der Planwirtschaft als Wegfall der Geschäftsgrundlage für DDR-Wirtschaftsverträge?, DWiR 94, 493–499; *Hök*, Ergänzende Mietvertragsauslegung unter Berücksichtigung des ZGB als Geschäftsgrundlage, MDR 94, 1157–1159; *Görk*, Deutsche Einheit und Wegfall der Geschäftsgrundlage, 1995 (bespr. von *Armbrüster* DtZ 96, 44f.); *Kiethe* (Hrsg.), Schuldrechtsanpassungsgesetz, Kommentar, 1995; *Schnabel*, Schuldrechtsänderungsgesetz, Kommentar, 1995: *Thiele*, *Krajewski* und *Röske*, Schuldrechtsänderungsgesetz, Kommentar, 1995; *Rövekamp*, Einführung in die Schuldrechtsanpassung, NJ 95, 15–21; *Schachtschneider* und *Gast*, Sozialistische Schulden nach der Revolution, 1996; *Purps*, Kaufverträge mit den Räten der Städte und Gemeinden nach dem 16. 5. 1990, DtZ 96, 265–267; *J. Schmidt-Räntsch*, Die Heilung zivilrechtlicher Mängel beim Erwerb zu DDR-Zeiten, ZIP 96, 1858f., 1861–1864; *Wächter*, Praktische Fragen der Gestaltung und Auslegung von Altlastenklauseln in Grundstücks- und Unternehmenskaufverträgen, NJW 97, 2073–2080; *R. Schmidt*, Das Ende der Diskussion über den Fortbestand von Altschulden, DtZ 97, 338–342; *Schnabel*, Heilung nichtiger Grundstücksveräußerungen nach Art. 231 § 8 I EGBGB, ebenda 343–346; *Göhring*, Schwerpunkte der Anwendung des SchuldRAnpG, NJ 97, 624–626; *Wasmuth*, Einführung zum Vermögensgesetz, in: Rechtshandbuch Vermögen und Investitionen in der ehemaligen DDR – RVI –, 1999, S. 1–234.

aa) Neufälle

Für Neufälle, d. h. für Schuldverträge, die seit dem 3. 10. 1990 geschlossen sind, gilt in Ost und West einheitlich das westdeutsche materielle, internationale und interlokale Schuldvertragsrecht. Nur das Vertragshilfegesetz ist im Osten nicht eingeführt.

bb) Altfälle

Für Schuldverträge aus der Zeit vor dem 3. 10. 1990 bleibt es in den *neuen* Bundesländern beim bisherigen internationalen und interlokalen (vgl. oben S. 42–44) Privatrecht, also bei §§ 12, 27 RAG (internationale Wirtschaftsverträge und Arbeitsverträge) und für andere Schuldverträge beim Recht des Abschlußorts. Gegebenenfalls ist daher in Ost und West verschieden zu entscheiden.

Im *Westen* entscheiden Parteiwille und engste Verbindung auch im interlokalen Schuldvertragsrecht (z.B. BGH 17, 89 [92]). Zur Wahl des Rechts der DDR in AGB oben S. 587f.

Soweit nach westlichem oder östlichem interlokalen Schuldvertragsrecht *östliches materielles* maßgibt, gilt nach Art. 232 § 1 EGBGB das frühere Recht fort (z.B. BGH DtZ 97, 199 [200 unter II 2 a]). Danach gibt es z.B. besondere Regeln für Änderung und Aufhebung von Wirtschaftsverträgen in § 78 Vertragsgesetz (oben S. 26 und näher 7. Aufl. S. 21 a.E.f.; dazu BG Magdeburg DtZ 92, 291 [292f.] = WM 92, 1619 [1621f.]; BGH DtZ 97, 236) und über Ersatz von Aufwendungen in § 79 (dazu BGH 121, 378 = JZ 93, 1158 mit Anm. von *Oetker* = NJW 93, 1856 (1858–1860 unter III]; BGH DtZ 94, 278; BGH DtZ 95, 19), für gesetzliche Zinsen aus beiderseitigen Handelsgeschäften (BGH DtZ 93, 211 [212 unter 2b cc]: HGB eingeführt ab 1. 7. 1990, 7. Aufl. S. 27) und für Nutzung von Bodenflächen in §§ 312–315 ZGB (dazu z.B. BGH DtZ 93, 243).

Eingehend regelt die Anpassung schuldrechtlicher Nutzungsverhältnisse und Rechtsverhältnisse an Meliorationsanlagen das Ges. zur Änderung schuldrechtlicher Bestimmungen im Beitrittsgebiet (Schuldrechtsänderungsgesetz – SchuldRÄndG) vom 21. 9. 1994 (BGBl. I 2538). Es enthält in Art. 1 ein Gesetz zur Anpassung schuldrechtlicher Nutzungsverhältnisse an Grundstücken im Beitrittsgebiet (Schuldrechtsanpassungsgesetz – SchuldRAnpG), in Art. 2 ein Gesetz zur Bereinigung der im Beitrittsgebiet zu Erholungszwecken verliehenen Nutzungsrechte (Erholungsnutzungsrechtsgesetz – ErholNutzG), in Art. 3 ein Gesetz zur Regelung des Eigentums an von landwirtschaftlichen Produktionsgenossenschaften vorgenommenen Anpflanzungen (Anpflanzungseigentumsgesetz – AnpflEigentG) und in Art. 4 ein Gesetz zur Regelung der Rechtsverhältnisse an Meliorationsanlagen (Meliorationsanlagengesetz – MeAnlG, geändert durch Art. 1 III Eigentumsfristengesetz vom 20. 12. 1996, BGBl. I 2028).

Das Vertragsgesetz ist aufgehoben worden mit Wirkung ab 1. 7. 1990 (7. Aufl. S. 21 a.E.f.). Für vorher geschlossene Verträge gilt es weiter (BGH 120, 10 = IPRax 93, 407 mit Aufsatz von *G. Fischer* 387–390 = JZ 93, 664 mit Anm. von *Westen* = NJW 93, 259 [260 unter II 2b bb]; BGH ZIP 93, 234 [235 unter I]; BGH 121, 378 = JZ 93, 1158 mit Anm. von *Oetker* = NJW 93, 1856 [1858 unter II 2c]; BGH DtZ 94, 278; BGH ebenda 339 [340 unter I 2a aa]); freilich nur teilweise, nämlich nicht, soweit es durch *Vertragsstrafen* sozialistische Wirtschaftspolitik durchsetzen sollte (BGH DtZ 92, 329).

Vorschriften mit *ordre public*-Charakter wie §§ 138, 242 BGB werden auch auf Altfälle angewandt (LG München I DtZ 92, 125; KG ebenda 538; LG Berlin ZIP 92, 1660; BG Potsdam NJW-RR 92, 1497 [treuwidrige Berufung auf Formnichtigkeit eines Grundstückskaufs aus dem Jahre 1930]; BGH DtZ 93, 210; BGH NJW 94, 1792 [1796 unter II 6b]; BGH 124, 321 = NJW 94, 655 [wenn ein Grundstückskauf, damit er behördlich genehmigt werde, durch Schenkung verdeckt, jedoch vollzogen wurde, ist er nach § 242 BGB wirksam]; BGH DtZ 94, 339 [340 unter I 2b bb: Berufung auf Formmangel *in casu* kein Verstoß gegen § 242 BGB]); BGH JZ 96, 207 mit krit. Anm. von *Ranieri* [Sittenwidrigkeit einer Schenkung gemäß § 138 BGB, als er in der DDR noch galt, nach seiner damals dort herrschenden Auslegung zu beurteilen]; BGH 120, 371 = JZ 96, 469 mit Anm. von *Martinek* [*venire contra factum proprium* der Bundesrepublik durch Geltendmachen auf sie übergegangener Provisionsansprüche eines DDR-„Zwangsvertreters"]); BGH EWiR 99, 63 LS mit Anm. von *Kohler* = FamRZ 99, 222 [224f. unter III 3d: *venire contra factum proprium* nach Eigentumsverzicht]). Jedoch ist auf Miet- und Pachtverträge, zu deren Abschluß der Vermieter oder Verpächter durch das östliche Recht gezwungen wurde, Art. 14 I 1 GG nicht anzuwenden (BVerfG NJ 92, 551; BVerfG DtZ 93, 309), ebenso nicht auf Mietverträge zwischen einer LPG und ihren Mitgliedern (BVerfG NJ 92, 551). Für bestimmte Dauerschuldverhältnisse gilt seit dem 3. 10. 1990 das BGB (Art. 232 §§ 2–9 EGBGB), insbesondere für die Miete (z.B. KrG Hagenow ZIP 91, 1517; KG NJ 92, 410; LG Berlin ebenda 464 [465 a.E.]).

Über Anfechtung von Willenserklärungen und Wegfall der Geschäftsgrundlage oben S. 540–542.

II. Geschäftsführung ohne Auftrag

Schrifttum: *Bourel,* Les conflits de lois en matière d'obligations extracontractuelles, Paris 1961; *Rabel* III^2 370–375; *Zweigert* und *Müller-Gindullis,* Quasi-Contracts, IECL III 30, 1973, 3, 19–21; *Grebner,* Die Rechtsstellung der Bohrinsel, AWD 74, 75 bis 82 (82); *Parra-Aranguren,* Las obligaciones extracontractuales en derecho internacional privado, Revista de la Facultad de Derecho, Universidad Católica Andrés Bello, 1974/75, Nr. 20, S. 9–65 (55–60) = *Parra-Aranguren,* Monografías selectas de derecho international privado, Caracas 1984, 600–605; *Braekhus,* Salvage of Wrecks and Wrekkage, 20 (1976) Scandinavian Studies in Law 37–68; *Stephens,* Liability for the Removal of Wrecks: A Dutch and an English Perspective, NILR 1982, 128–131; *von Hoffmann,* Das auf die Geschäftsführung ohne Auftrag anwendbare Recht, in: *von Caemmerer* (Hrsg.), Vorschläge und Gutachten zur Reform des deutschen IPR der außervertraglichen Schuldverhältnisse, 1983, 80–96; *Degner,* Kollisionsrechtliche Anknüpfung der Geschäftsführung ohne Auftrag, des Bereicherungsrechts und der culpa in contrahendo, RIW 83, 825–831; *Degner,* Kollisionsrechtliche Probleme zum Quasikontrakt, 1984; *Wandt,* Die Geschäftsführung ohne Auftrag im IPR, 1989 (bespr. von *Mansel* AcP 190 [1990], 193–198); *Patrzek,* Die vertragsakzessorische Haftung im IPR, 1992, 87–119; *Brückner,* Rückgriff von Krankenhäusern gegen unterhaltspflichtige Angehörige ausländischer Patienten, IPRax 92, 366–369; *Kadletz,* Rescue and Salvage of Aircraft, Private Claims and Preferred Security Rights, ZLW 46 (1997), 209–216 (210–213); *Chanteloup,* Les quasi contrats en droit international privé, Paris 1998.

Rechtsvergleichend: Dawson, Negotiorum Gestio: The Altruistic Intermeddler, 74 (1961) Harv. L. Rev. 817–865, 1073–1129; *Birks, Negotiorum Gestio* and the Common Law, 24 (1971) Current Legal Problems 110–132; *Korthals Altes,* Prijs der zee, Raakvlak von redding, strandrecht en wrakwetgeving, Zwolle 1973; *Reuter,* La notion d'assistance en mer, o.O. 1975; *Thomas,* Life Salvage in Anglo-American Law, 10 (1978/79) J. M. L. C. 79–104; *Lukšić,* Limitation of Liability for the Raising and Removal of Ships and Wrecks: A Comparative Survey, 12 (1980) J. M. L. C. 47–64; *Stoljar,* Negotiorum Gestio, IECL X 17, 1984; *Friedmann* und *Cohen,* Payment of Another's Debt, IECL X 10, 1991.

Einheitsrecht: siehe oben S. 87, 89f.

Das **Gesetz zum Internationalen Privatrecht für außervertragliche Schuldverhältnisse und für Sachen vom 21. 5. 1999** (BGBl. I 1026), in Kraft am 1. 6. 1999 (Art. 6), führt in Art. 1 **neue Art. 38–46 EGBGB** ein. Zur Vorgeschichte oben S. 185f. und *Wagner* IPRax 99, 210–212.

Die Geschäftsführung ohne Auftrag regelt jetzt **Art. 39 EGBGB:**

„(1) Gesetzliche Ansprüche aus der Besorgung eines fremden Geschäfts unterliegen dem Recht des Staates, in dem das Geschäft vorgenommen worden ist.

(2) Ansprüche aus der Tilgung einer fremden Verbindlichkeit unterliegen dem Recht, das auf die Verbindlichkeit anzuwenden ist."

Grundsätzlich herrscht nach *Art. 39 I* das Recht des Staates, in dem ein fremdes Geschäft geführt wird, über gesetzliche Ansprüche, d.h. über die Rechte und Pflichten des Geschäftsherrn und des Geschäftsführers. Ist eine fremde Schuld getilgt, dann entscheidet jedoch nach *Art. 39 II* das Recht, dem die Schuld untersteht.

Von beiden Regeln macht **Art. 41 EGBGB** eine Ausnahme bei „wesentlich engerer Verbindung" (vgl. oben S. 258–260: Ausweichklausel):

„(1) Besteht mit dem Recht eines Staates eine wesentlich engere Verbindung als mit dem Recht, das nach den Artikeln 38 [ungerechtfertigte Bereicherung] bis 40 Abs. 2 [unerlaubte Handlung] maßgebend wäre, so ist jenes Recht anzuwenden.

(2) Eine wesentlich engere Verbindung kann sich insbesondere ergeben

1. aus einer besonderen rechtlichen oder tatsächlichen Beziehung zwischen den Beteiligten im Zusammenhang mit dem Schuldverhältnis oder
2. in den Fällen des Artikels 38 Abs. 2 und 3 [ungerechtfertigten Bereicherung] und des Artikels 39 aus dem gewöhnlichen Aufenthalt der Beteiligten in demselben Staat im Zeitpunkt des rechtserheblichen Geschehens; Artikel 40 Abs. 2 Satz 2 [unerlaubte Handlung] gilt entsprechend."

Art. 41 II Nr. 1 dürfte zutreffen, wenn das Geschäft *durch einen Vertrag* zwar nicht gedeckt (dann mit Auftrag), aber veranlaßt ist. Hier sollte maßgeben *das den Vertrag beherrschende Recht* (BGH IPRax 99, 45 mit Aufsatz von *Stoll* 29–31 = NJW 98, 1321 [1322 unter II 2b]); zum Beispiel vor Auftragsbeginn, nach Auftragsende oder unter Auftragsüberschreitung wird eine fremde Schuld bezahlt.

Nach *Art. 41 II Nr. 2* in Verbindung mit Art. 40 II wird *bei gewöhnlichem Aufenthalt der Parteien im selben Staat* in der Regel dessen Recht maßgeben. **Art. 40 II** lautet:

„(2) Hatten der Ersatzpflichtige und der Verletzte zur Zeit des Haftungsereignisses ihren gewöhnlichen Aufenthalt in demselben Staat, so ist das Recht dieses Staates anzuwenden. Handelt es sich um Gesellschaften, Vereine oder juristische Personen, so steht dem gewöhnlichen Aufenthalt der Ort gleich, an dem sich die Hauptverwaltung oder, wenn eine Niederlassung beteiligt ist, an dem sich diese befindet."

Die **VO** des Ministerrats für die Reichsverteidigung **über die Rechtsanwendung bei Schädigungen deutscher Staatsangehörigkeit außerhalb des Reichsgebiets** vom 7. 12. **1942** (RGBl. I 706), deren § 1 für „außervertragliche Schadenersatzansprüche wegen einer Handlung oder Unterlassung, die ein deutscher Staatsangehöriger außerhalb des Reichsgebiets begangen hat", deutsches Recht berief, „soweit ein Deutscher geschädigt worden ist", und die auch für Ansprüche aus Geschäftsführung ohne Auftrag galt, und die auf Ausländer gemeinsamer Staatsangehörigkeit entsprechend angewandt wurde (7. Aufl. S. 545f.), ist **aufgehoben** durch Art. 4 des Gesetzes für außervertragliche Schuldverhältnisse und für Sachen. Jedoch wäre man m.E. besser bei der gemeinsamen Staatsangehörigkeit geblieben, weil die Staatsangehörigkeit das normale Personalstatut bildet (Art. 7 I 1, 9 Satz 1, 10 I, 13 I, 14 I Nr. 1, 15 I, 17 I 1, 22, 24 I 1, 25 I EGBGB).

Nach Art. 41 II Nr. 2 mit Art. 40 II 2 EGBGB wäre im Fall des Schiffsdetektivs, der eine gestohlene Motorjacht in Spanien entdeckt hatte (oben S. 2), auf Ansprüche aus Geschäftsführung ohne Auftrag deutsches Recht anzuwenden, weil beide Parteien in Deutschland wohnhaft waren. Nach bisherigem Recht war es ebenso, weil sie Deutsche waren. Zutreffend hat das OLG Düsseldorf den Anspruch des Detektivs auf Ersatz von Aufwendungen nach § 683 BGB beurteilt. Vgl. auch unten S. 664.

Lehrreich AG Remscheid VersR 87, 978 zu Kraftfahrzeugunfall Westdeutscher in der DDR, wo aber (jedenfalls im Abdruck) die interlokalprivatrechtliche Frage übergangen ist.

Nachträgliche Rechtswahl ist zulässig nach **Art. 42 EGBGB,** der lautet:

„Nach Eintritt des Ereignisses, durch das ein außervertragliches Schuldverhältnis entstanden ist, können die Parteien das Recht wählen, dem es unterliegen soll. Rechte Dritter bleiben unberührt."

Im bisherigen Recht war es ebenso (LG Heidelberg IPRax 92, 170 mit Aufsatz von *Meyer-Grimberg* 153f.; OLG Koblenz ebenda 383 mit Aufsatz von *Brückner* 366–399 = VersR 92, 612 mit Anm. von *Wandt; MünchKomm-Kreuzer* BGB Band 7^3, II vor Art. 38 Rz 4 S. 2008).

Bergung und Hilfe in Not auf hoher See (soweit sie *ohne* Vertrag erfolgen) sind nach dem Recht des *Heimathafens des geretteten Schiffs* zu beurteilen (anders, aber nicht im Ergebnis OLG Hamburg IPRspr. 1974 Nr. 18 LS = VersR 75, 1143: Recht des Erfüllungsorts). Der Referentenentwurf von 1984 des Gesetzes zum IPR für außervertragliche Schuldverhältnisse und für Sachen (abgedruckt bei *Basedow* NJW 86, 2972 Fn. 8–11) wollte für Hilfe auf hoher See das *„Heimatrecht"* des hilfsbedürftigen Schiffs entscheiden lassen (II). Diese Regel hat man jedoch in der Fassung von 1993 (abgedruckt bei *Soergel-Lüderitz* X^{12} Art. 38 EGBGB Anh. I Rz. 20, 21 S. 1916), im Regierungsentwurf (abgedruckt IPRax 98, 513f.) und im Gesetz ersatzlos fallen lassen. Im Heimathafen kommt das gerettete Schiff zur Ruhe und dort werden die meisten und wichtigsten der das Schiff betreffenden Maßnahmen ergriffen. Das Recht der *Flagge* ist hier entbehrlich, weil für den Entschluß zu vertragloser Bergung und Hilfe die Nationalität des Schiffs im allgemeinen nicht wichtig ist. Vgl. oben S. 545 (Vollmacht und gesetzliche Vertretungsmacht des Kapitäns). Vorrang hat jedoch das *Brüsseler Übereinkommen* über die Hilfeleistung und Bergung in Seenot vom 23. 9. 1910 (RGBl. 1913, 66, 89; oben S. 87); es gilt im Verhältnis der Bundesrepublik zu vielen Staaten, unter ihnen wichtige Seefahrernationen (Beil. BGBl. II Fundstellennachweis B, abgeschlossen am 31. 12. 1998, S. 206f.). Vgl. z.B. die Bergungsfälle Deutsches Seeschiedsgericht VersR 83, 1058 und 85, 137.

Über *Hilfeleistung und Bergung in Seenot (Salvage)* wurde am 28. 4. 1989 in London ein neues Abkommen geschlossen (oben S. 91f.; Schrifttum oben S. 89). Für Deutschland steht es noch nicht in Kraft.

Zur *Großen Haverei* (York-Antwerp Rules) oben S. 90.

Im internationalen *Sozialversicherungs*recht gilt das „Territorialitätsprinzip“ (Versicherungszwang nach deutschem Recht endet an deutscher Grenze) mit Ausnahme der „Ausstrahlung“ (wenn Deutsche vorübergehend zur Arbeit ins Ausland entsandt werden, unten S. 986–988). Aber wenn deutscher Urlauber in Spanien unter Verlust des eigenen Lebens bei hohen Wellen badende deutsche Urlauberin rettet, ist das ein Unfall nach § 539 Abs. 1 Nr. 9a RVO (BSG NJW 73, 1572).

Der *Entwurf* eines *EWG-Abkommens* über das internationale Schuldrecht (oben S. 202) umfaßte gesetzliche Schuldverhältnisse (Art. 10–14) und damit auch die Geschäftsführung ohne Auftrag. Das Römische EWG-Abkommen vom 19. 6. 1980 (oben S. 203f.) regelt nur das internationale Schuld*vertragsrecht.*

III. Ungerechtfertigte Bereicherung

Schrifttum: *Zweigert* SJZ 47, 247–253; *Balastèr,* Die ungerechtfertigte Bereicherung im IPR, Winterthur 1955; *Bourel,* Les conflits de lois en matière d'obligations extracontractuelles, Paris 1961; *Ehrenzweig,* Restitution in the Conflict of Laws, 36 (1961) N. Y. U. L. Rev. 1298–1314; *Vischer,* Internationales Vertragsrecht, Bern 1962, 263–270; *Knoch,* Die Aufgliederung der Kondiktionen in der modernen Zivilrechtsdogmatik in ihren Auswirkungen auf das IPR, Diss. Münster 1963; *Ballarino,* L'arricchimento senza causa nel diritto internazionale privato, Dir. Int. 1963, 341–394; *Rabel* III^2 375–388; *Zweigert* und *Müller-Gindullis,* Quasi-Contracts, IECL III 30, 1973, 3–18; *Parra-Aranguren,* Las obligaciones extra-contractuales en derecho internacional privado, Revista de la Facultad de Derecho, Universidad Católica Andrés Bello, 1974/75 Nr. 20, S. 9–65 (60–65) = *Parra-Aranguren,* Monografías selectas de derecho internacional privado, Caracas 1984, 606–610; *Hay,* Ungerechtfertigte Bereicherung im IPR, 1978 (= Unjust Enrichment in Conflict of Laws: A Comparative View of German Law and the American Restatement 2d, 26 [1978] Am. J. Comp. L. 1–49); *W. Lorenz,* Der Bereicherungsausgleich im deutschen IPR und in rechtsvergleichender Sicht, Zweigert-Fschr. 1981, 199–232; *Schlechtriem,* Bereicherungsansprüche im IPR, in: *von Caemmerer* (Hrsg.), Vorschläge und Gutachten zur Reform des deutschen IPR der außervertraglichen Schuldverhältnisse, 1983, 29–79; *Degner,* Kollisionsrechtliche Anknüpfung der Geschäftsführung ohne Auftrag, des Bereicherungsrechts und der culpa in contrahendo, RIW 83, 825–831; *Degner,* Kollisionsrechtliche Probleme zum Quasikontrakt, 1984; *W. Lorenz,* Die Anknüpfung von Bereicherungsansprüchen bei fehlendem Einverständnis über den Rechtsgrund einer Vermögensbewegung, IPRax 85, 328–330; *Schlechtriem,* Zur bereicherungsrechtlichen Rückabwicklung fehlerhafter Banküberweisungen im IPR, IPRax 87, 356f.; *Jayme,* L'articolo 10 della convenzione di Roma del 1980 e l'arricchimento senza causa nel diritto internazionale privato, Gedächtnisschr. Giuliano, Padua 1989, 523–528; *Imhoff-Scheier* und *Patocchi,* Torts and Unjust Enrichment in the New Swiss Conflict of Laws, Zürich 1990; *Bennett,* Choice of Law Rules in Claims of Unjust Enrichment, 39 (1990) Int. Comp. L. Q. 136–168; *W. Lorenz,* Fehlerhafte Banküberweisungen mit Auslandsberührung, NJW 90, 607–610; *Rauscher,* Internationales Bereicherungsrecht bei Unklagbarkeit gemäß Art. VIII Abs. 2 (b) IWF-Abkommen, W. Lorenz-Fschr. 1991, 471–496; *von der Seipen,* Bereicherungsklage einer Bank nach Ausführung einer nicht geschuldeten Garantieleistung vor italienischen Gerichten – IPR und Sachnormen des Bereicherungsausgleichs, IPRax 91, 66–70; *Schwind,* Darlehen und ungerechtfertigte Bereicherung im österreichischen IPR, ebenda 201f.; *Patrzek,* Die vertragsakzessorische Haftung im IPR, 1992, 120–146; *Meyer-Grimberg,* Rechtswahl im internationalen Bereicherungsrecht, IPRax 92, 153f.; *Plaßmeier,* Englisches internationales Bereicherungsrecht in der Entwicklung, IPRax 93, 264–269; *Einsele,* Das Kollisionsrecht der ungerechtfertigten Bereicherung, JZ 93, 1025–1033; *Wagner,* Das internationale Bereicherungsrecht bei Eingriffen in Persönlichkeitsrechte, RIW 94, 195–198; *Rose* (Hrsg.), Restitution and the Conflict of Laws, Oxford 1995 (bespr. von *Virgo* 55 [1996] C. L. J. 170–172); *Boele-Woelki,* Ongerechtvaardige verrijking en overschuldigde betaling in het IPR, in: *Grosheide* und *Boele-Woelki* (Hrsg.), Europees Privaatrecht 1995, Lelystad 1995, 137–176; *Plaßmeier,* Ungerechtfertigte Bereicherung im IPR und aus rechtsvergleichender Sicht, 1996 (bespr. von *Busse* RabelsZ 62 [1998], 536–542); *Radicati di Brozolo,* La ripetizione dell'indebito nel diritto internazionale privato e processuale, Broggini-Fschr., Mailand 1997, 421–455; *Stevens,* Restitution and the Rome Convention, 113 (1997) L. Q. Rev. 249–253; *Busse,* Internationales Bereicherungsrecht, 1998; *Chanteloup,* Les quasi contrats en droit international privé, Paris 1998; *Pitel,* Jurisdiction over Restitutionary Claims, 57 [1998] C. L. J. 19–22; *Busse,* Die geplante Kodifikation des Internationalen Bereicherungsrechts, RIW 99, 16–21.

Rechtsvergleichend: Dawson, Unjust Enrichment, Boston 1951; *Drakidis,* La „subsidiarité", caractère spécifique et international de l'action d'enrichissement sans cause, Rev. trim. dr. civ. 60 (1961), 577–615; *Nicholas,* Unjustified Enrichment in the Civil Law and Louisiana Law, 26 (1962), Tul.L.Rev. 605–646; *von Caemmerer,* Problèmes fondamentaux de l'enrichissement sans cause, Rev. int. dr. comp. 1966, 573–592; *A. Flessner,* Wegfall der Bereicherung, Rechtsvergleichung und Kritik, 1970; *Biegman-Hartogh,* Ongegronde verrijking, Assen 1971; *Koch,* Bereicherung und Irrtum, 1973; *Honsell,* Die Rückabwicklung sittenwidriger oder verbotener Geschäfte, 1973, 109–135; *Knapp,* Die ungerechtfertigte Bereicherung in den Rechten der europäischen sozialistischen Länder, Zweigert-Fschr. 1981, 465–480; *Martinek,* Der Weg des Common Law zur allgemeinen Bereicherungsklage, Ein später Sieg des Pomponius?, RabelsZ 47 (1983), 284–335; *Englard,* Restitution of Benefits Conferred Without Obligation, IECL X 5, 1991; *Friedmann* und *Cohen,* Payment of Another's Debt, IECL X 10, 1991; *Friedmann* und *Cohen,* Adjustment Among Multiple Debtors, IECL X 11, 1991; *Gallo,* Unjust Enrichment: A Comparative Analysis, 40 (1992) Am. J. Comp. L. 431–465; *Sonja Meier,* Bereicherungsanspruch, Dreipersonenverhältnis und Wegfall der Bereicherung im englischen Recht, ZEuP 93, 365–379; *Schwenzer,* Restitution of Benefits in Family Relationships, IECL X 12, 1997; *Dagan,* Unjust Enrichment: A Study of Private Law and Public Values, Cambridge 1997; *Swadling* (Hrsg.), The Limits of Restitutionary Claims: A Comparative Analysis, London 1997.

Wegen ungerechtfertigter Bereicherung macht man *Vermögensverschiebungen rückgängig.* Das Ordnungsinteresse am inneren Entscheidungseinklang (oben S. 123–125) legt daher nahe, entweder die Rechtsordnung anzuwenden, nach der sich Vermögen verschoben hat, oder die Rechtsordnung, nach der das Vorliegen eines Rechtsgrundes zu beurteilen ist. Zum Teil demgemäß bestimmt mit Wirkung ab 1. 6. 1999 (oben S. 186, 613) **Art. 38 EGBGB:**

„(1) Bereicherungsansprüche wegen erbrachter Leistung unterliegen dem Recht, das auf das Rechtsverhältnis anzuwenden ist, auf das die Leistung bezogen ist.

(2) Ansprüche wegen Bereicherung durch Eingriff in ein geschütztes Interesse unterliegen dem Recht des Staates, in dem der Eingriff geschehen ist.

(3) In sonstigen Fällen unterliegen Ansprüche aus ungerechtfertigter Bereicherung dem Recht des Staates, in dem die Bereicherung eingetreten ist."

Zur Vorgeschichte oben S. 185f.

Abs. 1 entspricht bisheriger Übung (z.B. BGH JZ 99, 404 mit krit. Anm. von *Kieninger,* betr. Anspruch des richtigen Gläubigers [österreichisches Recht] gegen falschen [deutsche Bank], an den der Schuldner mit befreiender Wirkung gezahlt hat [Statut der getilgten Forderung]. Denn die Rechtsordnung, die einen Mangel des Rechtsverhältnisses bejaht, sollte auch über die Folgen des Mangels entscheiden, und das gilt nicht bloß für Mangelfolgen im Rechtsverhältnis selbst (oben S. 560), z.B. bei Verträgen Nichtigkeit, Anfechtbarkeit, Rücktrittsrecht, sondern auch für die Folgen im Bereicherungsrecht (es liegt daher ähnlich, wie wenn eine Geschäftsführung ohne Auftrag durch einen Vertrag veranlaßt ist: oben S. 614). So hat RG IPRspr. 1932 Nr. 38 niederländisches Recht angewandt auf den Rückzahlungsanspruch einer Versicherungsgesellschaft, die in Deutschland auf Grund eines niederländischem Recht unterliegenden Versicherungsvertrags gezahlt hatte. BGH 35, 267 = MDR 61, 831 beurteilt den Bereicherungsanspruch einer Schiffsgläubigerin gegen Schiffshypothekare eines deutschen Schiffs, das in Schweden zwangsversteigert war, wegen des (deutschem Recht unterliegenden) Rechtsverhältnisses „zwischen mehreren dinglichen Berechtigten an einer Sache" nach deutschem Recht (*Heck* sprach hier von „Pfandgemeinschaft": *Sieg* MDR 61, 1003). Nach BGH WM 77, 398 unterliegt äthiopischem Recht die ungerechtfertigte Bereicherung des ehemaligen Mitglieds einer aufgelösten Baugesellschaft äthiopischen Rechts, die dadurch bewirkt ist, daß die Bundesrepublik den Werklohn für eine Erweiterung der deutschen Schule in Adis Abeba zugunsten der Gesellschaft bei einem Amtsgericht in der BRD hinterlegt hat. Vgl. BGH IPRax 87, 372 mit Aufsatz von *Schlechtriem* 356f., OLG Köln NJW-RR 94, 1026 und RIW 99, 302 (beide mit Berufung auf Art. 32 I Nr. 5 EGBGB) und zum Börsentermingeschäft oben S. 597. Auch in *Österreich* wendet man das Recht des Rechtsverhältnisses an, auf Grund dessen geleistet worden ist ([öst]OGH ÖBA 1994, 641 mit Anm. von *Schurig* = ÖJZ 1993, 455).

Abs. 2 unterwirft die „Eingriffskondiktion" dem *Rechts des Eingriffsorts.* Man erstrebte Einklang mit dem für unerlaubte Handlungen maßgebenden Recht des Tatorts nach Art. 40 I EGBGB (*von Caemmerer* [Hrsg.], Vorschläge und Gutachten zur Reform des deutschen internationalen Privatrechts der außervertraglichen Schuldverhältnisse, 1983, 1f.). Bei Eingriffen in Sachen (z.B. Verbindung, Vermischung, Verarbeitung; wirksame Verfügung eines Nichtberechtigten) decken sich meist Eingriffs- und Lageort, so daß Bereicherungs- und Sachstatut (*lex rei sitae,* Art. 43 I EGBGB) übereinstimmen (vgl. OLG Hamm NJW-RR 90, 488 [490 unter III]). Sonst kann es anders liegen (z.B. nach früherem Recht für Statut der Vermögensverschiebung BGH WM 57, 1047 [1049] betr. Banküberweisung von Holland nach Deutschland; KG

FamRZ 88, 167 [170 unter III 1] = IPRax 88, 234 [237] mit Aufsatz von *von Bar* 220–222 betr. Herausgabe einer in Deutschland erlangten vollstreckbaren Ausfertigung; a. A. [„Recht des Empfängers"] BGH IPRax 87, 186 LS mit abl. Anm. Red. [E. J.] = NJW 87, 185 betr. Banküberweisung von Italien nach Deutschland).

Abs. 3 des Art. 38 EGBGB wird selten zum Zuge kommen. Als Beispiele dienen die abgeirrte Leistung und rechtsgrundlose Verwendungen auf fremdes Gut *(von Caemmerer* aaO 6 a. E.).

Ist streitig, ob die Leistung einen Rechtsgrund gehabt hat, dann entscheiden im Rechtsstreit Beweis oder Beweislast; nicht dagegen ist anzunehmen, ein Rechtsgrund habe gefehlt und deswegen sei die Rechtsordnung anzuwenden, die bei fehlendem Rechtsgrund maßgibt (so aber LG Hamburg IPRax 85, 343 [344 unter I 1]).

Wie bei der Geschäftsführung ohne Auftrag (oben S. 614) und bei der unerlaubten Handlung (unten S. 633–639) soll nach **Art. 41 I EGBGB** (abgedruckt oben S. 614) den gewöhnlichen Anknüpfungen (hier des Art. 38) vorgehen das Recht des Staates, zu dem eine *engere Verbindung* besteht, und nach **Art. 41 II Nr. 1** (abgedruckt aaO) gilt dies bei „einer besonderen rechtlichen oder tatsächlichen Beziehung zwischen den Beteiligten im Zusammenhang mit dem Schuldverhältnis". Paraktisch dürften hier am ehesten *Vertragsverhältnisse* in Betracht kommen, die indes bei der Leistungskondiktion schon durch Art. 38 I erfaßt sind (*Wagner* IPRax 98, 434 unter II; vgl. BTDrucks. 14/343 S. 13 zu Art. 41 I und II). Wichtiger ist: nach **Art. 41 II Nr. 2** (abgedruckt aaO) hat Vorrang (hier vor Art. 38) das *Recht des Staates, in dem sich Be- und Entreicherter gewöhnlich aufhalten* oder eine Gesellschaft, ein Verein oder eine *juristische Person* die *Hauptverwaltung* oder, falls eine Niederlassung beteiligt ist, diese sich befindet.

Nachträgliche Rechtswahl ist zulässig gemäß **Art. 42 EGBGB** (abgedruckt oben S. 615) wie bei Geschäftsführung ohne Auftrag (oben S. 615) und unerlaubter Handlung (unten S. 640 a. E. f.). Vgl. LG Berlin ZIP 93, 540 (542 unter I vor 1).

Der *Entwurf* eines *EWG-Abkommens* über das internationale Schuldrecht (oben S. 202) umfaßte gesetzliche Schuldverhältnisse (Art. 10–14) und damit auch die ungerechtfertigte Bereicherung. Das Römische EWG-Abkommen vom 19. 6. 1980 (oben S. 203 f.) regelt nur das internationale Schuld*vertrags*recht.

Die früheren internationalprivatrechtlichen Regeln für die ungerechtfertigte Bereicherung gelten entsprechend im **interlokalen Privatrecht.** Für Schuldverhältnisse, die vor dem 3. 10. 1990 entstanden sind *(Altfälle),* gilt östliches materielles und Kollisionsrecht fort (Art. 232 § 1 EGBGB, vgl. für Delikte ebenda § 10; BGH DtZ 94, 339 [341 unter II 1 b aa]; übersehen von LG München I DtZ 92, 125) und ist daher gegebenenfalls in Ost und West unterschiedlich zu entscheiden (vgl. oben

S. 42–44). Vgl. LG Berlin ZIP 93, 540 (542 unter I vor 1): im Ergebnis richtig, jedoch interlokales Privatrecht übergangen.

IV. Unerlaubte Handlung

Schrifttum: 7. Aufl. S. 528–532. Hervorzuheben: *Morse,* Torts in Private International Law, Amsterdam, New York, Oxford 1978; *Ehrenzweig* IECL III Ch. 31, 32 (Torts – Introduction, Enterprise Liability), 1980; *Strömholm* ebenda Ch. 33 (International Torts), 1980; *Troller* ebenda Ch. 34 (Unfair Competition), 1980; *Puttfarken,* Beschränkte Reederhaftung – Das anwendbare Recht, 1981 (bespr. von *Kegel* RabelsZ 47 [1983], 535–542); *Kloepfer* und *Kohler,* Kernkraftwerk und Staatsgrenze, 1981, 130–175 *(Kohler); Erauw,* De onrechtmatige daad in het internationaal privaatrecht, Antwerpen-Apeldoorn und Brüssel 1982; *Weber,* Die kollisionsrechtliche Behandlung von Wettbewerbsverletzungen mit Auslandsbezug, 1982; *von Caemmerer* (Hrsg.), Vorschläge und Gutachten zur Reform des deutschen IPR der außervertraglichen Schuldverhältnisse, 1983; *Jambu-Merlin,* La loi applicable aux accidents du travail en droit international et en droit communautaire, Rec. 1983 II 237–294; *Hohloch,* Das Deliktsstatut, 1984; *Lukoschek,* Das anwendbare Deliktsrecht bei Flugzeugunglücken, 1984; *Rest,* Luftverschmutzung und Haftung in Europa, 1986; *Mansel,* Direktansprüche gegen den Haftpflichtversicherer: Anwendbares Recht und internationale Zuständigkeit, 1986; *Mook,* Internationale Rechtsunterschiede und nationaler Wettbewerb, 1986; *Gonzenbach,* Die akzessorische Anknüpfung, Ein Beitrag zur Verwirklichung des Vertrauensprinzips im internationalen Deliktsrecht, Zürich 1986; *Wagner,* Das deutsche IPR bei Persönlichkeitsverletzungen, 1986; *Riegl,* Streudelikte im IPR, 1986; *De Boer,* Beyond Lex Loci Delicti, Conflicts methodology and multistate torts in American case law, Deventer u.a. 1987; *Siehr,* Gemeinsame Kollisionsnormen für das Recht der vertraglichen und außervertraglichen Schuldverhältnisse, Moser-Fschr., Zürich 1987, 101–118; *Vischer,* Das Deliktsrecht des IPR-Gesetzes unter besonderer Berücksichtigung der Regelung der Produktehaftung, ebenda 119–142; *Bär,* Internationales Kartellrecht und unlauterer Wettbewerb, ebenda 143–178; *Wagner,* Statutenwechsel und dépeçage im internationalen Deliktsrecht, Unter besonderer Berücksichtigung der Datumtheorie, 1988; *Bogdan,* Aircraft Accidents in the Conflict of Laws, Rec. 1988 I 9–168; *Dyer,* Unfair Competition in Private International Law, Rec. 1988 IV 373–446; *Bourel,* Du rattachement de quelques délits spéciaux en droit international privé, Rec. 1989 II 251–398; *Imhoff-Scheier* und *Patocchi,* Torts and Unjust Enrichment in the New Swiss Conflict of Laws, Zürich 1990; *Stäheli,* Persönlichkeitsverletzungen im IPR, Basel 1990; *Cheneaux,* Le droit de la personnalité face aux médias internationaux, Etude de droit international privé comparé, Genf 1990 (bespr. von *Ravanas* Rev. int. dr. comp. 1991, 491f. und von *Bourel* Rev. crit. dr. i.p. 1991, 871–880); *Mennenöh,* Das Deliktskollisionsrecht in der Rechtsprechung der Vereinigten Staaten von Amerika, Unter besonderer Berücksichtigung der Entscheidungen zur Produkthaftpflicht, 1990; *Ellger,* Der Datenschutz im grenzüberschreitenden Verkehr, Eine rechtsvergleichende und kollisionsrechtliche Untersuchung, 1990; *Schönberger,* Das Tatortprinzip und seine Auflockerung im deutschen internationalen Deliktsrecht, 1990; *Ballarino,* Questions de droit international privé et dommages catastrophiques, Rec. 1990 I 289–388; *Schwarz,* Der Gerichtsstand der unerlaubten Handlung nach deutschem und europäischem Zivilprozeßrecht, 1991; *Saravalle,* Responsibilità del produttore e diritto internazionale privato, Padua 1991; *Musger,* Grenzüberschreitende Umweltbelastungen im Internationalen Zivilprozeßrecht, 1991 (Vorträge, Reden und Berichte aus dem Europa-Institut der Universität des Saarlandes Nr. 226); *Kaye,* Private International Law of Tort and Product Liability, Jurisdiction, Applicable Law and Extraterritorial Protective Measures, Aldershot 1991; *Czempiel,* Das bestimmbare Deliktsstatut, 1991; *H. Mueller,* Das Internationale Amtshaftungsrecht, 1991; *Winkelmann,* Produkthaftung bei internationaler Unternehmenskooperation, 1991; *Junke,* Internationale Aspekte des Produkthaftungsgesetzes, 1991; *Pryles,* Torts and Related Obligations in Private International Law, Rec.

1991 II 9–206; *Könning-Feil,* Das Internationale Arzthaftungsrecht, 1992; *Lenz,* Amerikanische Punitive damages vor dem Schweizer Richter, Zürich 1992; *Staudinger-von Hoffmann*[12] Art. 38 nF EGBGB, 1992, S. 1–466; *Xu,* Le droit international privé de la responsabilité délictuelle, Freiburg/Schweiz 1992; *Heß,* Staatenimmunität bei Distanzdelikten, 1992; *Brandt,* Die Sonderanknüpfung im internationalen Deliktsrecht, 1993; *Wienberg,* Die Produktenhaftung im deutschen und US-amerikanischen Kollisionsrecht, 1993; Symposium on Conflict of Laws: Celebrating the 30th Anniversary of *Babcock v. Jackson,* 56 (1993) Albany L. Rev. 693–939 (mit Beiträgen von *Siegel* u. a.); *Fawcett,* Products Liability in Private International Law: A European Perspective, Rec. 1993 I 9–246; *M. Müller,* Die internationale Zuständigkeit bei grenzüberschreitenden Umweltbeeinträchtigungen, Basel und Frankfurt a.M. 1994; *Burst,* Pönale Momente im ausländischen Privatrecht und deutscher ordre public, 1994; *Rohe,* Zu den Geltungsgründen des Deliktsstatuts, 1994. Ferner: *Tetley* mit *Wilkins,* International Conflict of Laws: Common, Civil and Maritime, Montreal 1994 (bespr. von *Rogerson* [1995] C. L. J. 630f.); *Rosengarten,* Punitive Damages und ihre Anerkennung und Vollstreckung in der Bundesrepublik Deutschland, 1994; *Nygh,* The Reasonable Expectations of the Parties as a Guide to the Choice of Law in Contract and Tort, Rec. 251 (1995), 269–400; *U. Wolf,* Deliktsstatut und internationales Umweltrecht, 1995; *von Schroeter,* Die Drittschadensliquidation in europäischen Privatrechten und im deutschen Kollisionsrecht, 1995; *Wandt,* Internationale Produkthaftung, 1995; *Bornheim,* Haftung für grenzüberschreitende Umweltbeeinträchtigungen im Völkerrecht und IPR, 1995; *Kotthoff,* Werbung ausländischer Unternehmen im Inland, 1995; *Siehr,* Internationales Recht der Produktehaftung, in: *Schnyder, Heiss* und *Rudisch* (Hrsg.), Internationales Verbraucherschutzrecht, 1995, 111–129; *Clark,* The Maritime Choice of Law Test's Stepchild, the Base of Operations, Emerges as the *Belle du Jour:* Why the Vessel Owner's „Place of Day-to-Day Operations" Should Rule for Longer than One Day, 70 (1995) Tul. L. Rev. 745–784; *Rabkin,* Universal Justice: The Role of Federal Courts in International Civil Litigation, 95 (1995) Col. L. Rev. 2120–2155; *Saravalle,* Recenti sviluppi in materia di responsabilità cilvile in diritto internazionale privato comparato, Riv. dir. int. priv. proc. 1995, 657–672; *Kaye,* Recent Developments in the English Private International Law of Tort, IPRax 95, 406–409; *Ebke,* Die zivilrechtliche Verantwortlichkeit der wirtschaftsprüfenden, steuer- und rechtsberatenden Berufe im internationalen Vergleich, 1996 (54–70); *McLachlan* und *Nygh* (Hrsg.), Transnational Tort Litigation: Jurisdictional Principles, Oxford 1996; *Schubert,* Die Produkthaftpflicht im internationalen Luftverkehr und deren Versicherung, 1996; *Busch,* Die Ubiquitätsregel im Internationalen Deliktsrecht unter besonderer Berücksichtigung des schweizerischen IPRG, Pfaffenweiler 1996; *Bogdan* IECL III Ch. 27, 1996, Nr. 13–18, 21, 22 (Luftfahrt); *Lindacher,* Wettbewerbsrecht und privilegium germanicum, Zur Sperrwirkung des deutschen Rechts nach Art. 38 EGBGB, Piper-Festschrift 1996, 355–361; *Lindacher,* Internationale Zuständigkeit in Wettbewerbssachen, Der Gerichtsstand der Wettbewerbshandlung nach autonomem deutschem IZPR, Nakamura-Fschr., Tokio 1996, 321–337; *Sturm,* Legislative Strömungen im internationalen Deliktsrecht, Gauthier-Fschr., Bern 1996, 359–370; *von Hoffmann,* Internationales Haftungsrecht im Referentenentwurf des Bundesjustizministeriums vom 1. 12. 1993, IPRax 96, 1–8; *Ehmann* und *Thorn,* Erfolgsort bei grenzüberschreitenden Persönlichkeitsverletzungen, AfP 96, 20–25; *Schulz,* Englisches internationales Deliktsrecht im Umbruch, RIW 96, 468–474; *Carter,* The Private International Law (Miscellaneous Provisions) Act 1995, 112 (1996) L. Q. Rev. 190–194; *Anton,* Loi du Royaume-Uni portant diverses dispositions en matière de droit international privé, Rev. crit. dr. i. p. 1996, 267–274 (Text 377–382); *McDougall III,* Toward the Increased Use of Interstate and International Polices in Choice-of-Law Analysis in Tort Cases under the Second Restatement and Leflar's Choice-Influencing Considerations, 70 (1996) Tul. L. Rev. 2465–2485; *Collier,* The Surprised Bank Clerk and the Italian Customer – Competing Jurisdictions, [1996] C. L. J. 216–218; *Kramer,* Choce of Law in Complex Litigation, 71 (1996) N. Y. U.L. Rev. 547–589; *Tetley,* New Development in Private International Law: *Tolofson* v. *Jensen* and *Gagnon* v. *Lucas,* 44 (1996) Am. J. Comp. L. 647–668; *Drasch,* Das Herkunftslandsprinzip im

IPR, 1997, *Roggenbuck,* Wasserverschmutzungen und IPR, 1997; *Lindacher,* Die internationale Verbandsklage in Wettbewerbssachen, Lüke-Fschr. 1997, 377–390; *Bachmann,* Internet und IPR, in: *Lehmann* (Hrsg.), Internet- und Multimediarecht (Cyberlaw), 1997, 169–183; *De Christofaro,* La Corte di Giustizia tra *forum shopping* e *forum non conviens* per le azioni risarcitorie da illecito, Giur. It. 1997 I 1, 5–22; *Kreuzer* und *Klötgen,* Die *Shevill*-Entscheidung des EuGH: Abschaffung des Deliktsortsgerichtsstands des Art. 5 Nr. 3 EuGVÜ für ehrverletzende Streudelikte, IPRax 97, 90–96; *Santa-Croce,* Note: La loi applicable à l'action en concurrence déloyale par la publication aux USA d'ouvrages constitutifs de dénigrement, D. S. Jur. 1997, 178f.; *Weintraub,* Admirality Choice-of-Law Rules für Damages, 28 (1997) J. M. L. C. 237–256; *Baetge,* Das Internationale Deliktsrecht in Deutschland: Richterrecht zwischen Rechtssicherheit und Gerechtigkeit, Ann. Ist. 31 (1997), 37–49; *Wandt,* Deliktsstatut und internationales Umwelthaftungsrecht, SZIER 1997, 147–175; *Posch,* Das IPR der Produkthaftung im Schrifttum, (öst)ZRvgl. 1997, 92–95; *Deville,* Der gewöhnliche Aufenthalt als ausschließliches Anknüpfungsmerkmal im internationalen Verkehrsunfallrecht, IPRax 97, 409–411; *Korn,* Rethinking Personal Jurisdiction and Choice of Law in Multistate Mass Torts, 97 (1997) Col. L. Rev. 2183–2209; *I. Wiedemann,* Das IPR der Arzneimittelhaftung, 1998; *Witte,* Der US-amerikanische RICO-Act und deutsche Unternehmen, 1998; *Staudinger-von Hoffmann*[13], Art. 38 EGBGB, 1998, S. 1–632; *Drasch,* Das Herkunftslandprinzip im IPR, Auswirkungen des europäischen Binnenmarktes auf Vertrags- und Wettbewerbsrecht, 1998 (bespr. von *Bernhard* RabelsZ 63 [1998], 175–177); *Posch,* International Law of Non-Contractional Obligations in Europe (European International Tort Law), in: *von Hoffmann* (Hrsg.), European Private International Law, Nijmegen 1998, 87–103 (Anhang – Materialien 104–114); *Martiny,* Die Anknüpfung an den Markt, Drobnig-Fschr. 1998, 389–408 (396–399); *Rodger,* Ascertaining the *Statutory Lex Loci Delicti:* Certain Difficulties under the Private International Law, 47 (1998) Int. Comp. L. Q. 205–211; *Harris,* Choice of Law in Tort – Blending in with the Landscape of the Conflict of Laws, 61 (1998) Mod. L. Rev. 33–55; *Wagner,* Ehrenschutz und Pressefreiheit im europäischen Zivilverfahrens- und Internationalen Privatrecht, RabelsZ 62 (1998), 243–285; *Dethloff,* Ausländisches Wettbewerbsrecht im einstweiligen Rechtsschutz, ebenda 286–307; *Wandt,* Deliktsstatut und Internationales Umwelthaftungsrecht, VersR 98, 529–538; *Dethloff,* Marketing im Internet und Internationales Wettbewerbsrecht, NJW 98, 1596–1603; *Bachmann,* Der Gerichtsstand der unerlaubten Handlung im Internet, IPRax 98, 179–187; *Großerichter,* Kollisionsrechtliche Probleme der Haftungsersetzung durch Versicherungsschutz in Neuseeland, ebenda 220–224; *Müller-Feldhammer,* Der Deliktsgerichtsstand des Art. 5 Nr. 3 EuGVÜ im internationalen Wettbewerbsrecht, EWS 98, 162–170; *Lemor,* Verbesserung des Verkehrsopferschutzes bei Auslandsunfällen, DAR 98, 253–260; *Frietsch,* Internationale Produkthaftung – Grenzüberschreitende Sonderfragen, PHI 98, 741–750; *Kübler,* How Much Freedom for Racist Speech?: Transnational Aspects of a Conflict of Human Rights, 27 (1998) Hofstra L. Rev. 335–376; *Beaumart,* Haftung in Absatzketten im französischen Recht und im europäischen Zuständigkeitsrecht, 1999; *von Hein,* Das Günstigkeitsprinzip im internationalen Deliktsrecht, 1999; *Spickhoff,* Die Klage im Ausland als Delikt im Inland, Deutsch-Fschr. 1999, 327–347; *Raum* und *Lindner,* Rechtsangleichung im Delikts- und Vollstreckungsrecht mit Blick auf die EU-Osterweiterung, NJW 99, 465–470; *Mankowski,* Das Internet im Internationalen Vertrags- und Deliktsrecht, RabelsZ 63 (1999), 203–294; *Beraudo,* L'application internationale des nouvelles dispositions du Code civil sur la responsabilité du fait des produits défectueux, Sem. jur. 1999, I 140 S. 1015–1020.

Auslandssachverhalt: Spickhoff, Die Klage im Ausland als Delikt im Inland, Deutsch-Fschr. 1999, 327–347.

Rechtsvergleichend: z.B. *Giesen,* International Medical Malpractice Law, A Comparative Study of Civil Liability Arising from Medical Care, 1988; *Otte,* Marktanteilshaftung, Rechtsvergleich und Alternativen im US-amerikanischen und deutschen Recht, 1990; *McIntosh* und *Holmes,* Personal Injury Awards in EC Countries, London 1990; *Taniguchi,* Civil Liability of Experts in Court: A Comparative Overview,

Merryman-Fschr. 1990, 291–308; *Frick,* Persönlichkeitsrechte, Rechtsvergleichende Studie über den Stand des Persönlichkeitsschutzes in Österreich, Deutschland, der Schweiz und Liechtenstein, Wien 1991; *Schwarz,* Unfallregulierung im Europäischen Ausland, NJW 91, 2058–2069; *Tetley,* Damages and Economic Loss in Marine Collision: Controlling the Floodgates, 22 (1991) J. M. L. C. 539–585; *Erichsen,* Der ökologische Schaden im internationalen Umwelthaftungsrecht, Völkerrecht und Rechtsvergleichung, 1993; *von Bar* (Hrsg.), Deliktsrecht in Europa, Bd. 1–8, 1993 (zum Teil englisch: The Common European Law of Torts I, 1998); *Stoll,* Haftungsfolgen im bürgerlichen Recht, Eine Darstellung auf rechtsvergleichender Grundlage, 1993; *Fetzer,* Die Haftung des Staates für legislatives Unrecht, Zugleich ein Beitrag zum Staatshaftungsrecht der Europäischen Gemeinschaften, der EG-Mitgliedstaaten, der Schweiz und Österreichs, 1994; *Wesch,* Die Produzentenhaftung im internationalen Rechtsvergleich, 1994; *Seibt,* Zivilrechtlicher Ausgleich ökologischer Schäden, eine rechtsvergleichende Untersuchung ..., 1994; *Hogg,* Negligence and Economic Loss in England, Australia, Canada und New Zealand, 43 (1994) Int. Comp. L. Q. 116–141; *Zätzsch,* Kausalitätsprobleme bei deliktischen Massenschäden, ZvglRW 93 (1994), 177–201; *Kötz,* Economic Loss in Tort and Contract, RabelsZ 58 (1994), 423–429; *Cane,* Economic Loss in Tort and Contract, ebenda 430–437; *Hill-Arning* und *Hoffmann,* Produkthaftung in Europa, 1995; *Rochaix,* Internationale Produkthaftung, 1995 (Deutschland, Frankreich, Österreich, Schweiz); *Giesen,* Arzthaftungsrecht, Die zivilrechtliche Haftung aus medizinischer Behandlung in der Bundesrepublik Deutschland, in Österreich und der Schweiz[4], 1995; *Wandt,* Internationale Produkthaftung, 1995; *Ebenroth* und *Rouger* (Hrsg.), La responsabilité non-contractuelle en matière commerciale: une étude comparée de jurisprudences française et allemande dans la perspective du marché unique européen, 1995; *Sonnenberger,* Der Vorteilsausgleich – rechtsvergleichende Anmerkungen zu einer fragwürdigen Rechtsfigur, Trinkner-Fschr. 1995, 723–747; *Banakas,* The compensation of negligent property damage in Anglo-American and European legal systems, Rev. hell. dr. int. 1995, 127–146 (England, USA, Frankreich, Deutschland, Australien); *van Rossum,* Concurrency of contractual and delictual liability in a European perspective, Eur. Rev. Priv. L. 3 (1995), 539–559; *Morath,* Verjährungsrechtliche Probleme bei der Geltendmachung von Spätschäden im Deliktsrecht aus der Sicht des deutschen, schweizerischen, österreichischen und englischen Rechts, 1996; *von Bar,* Gemeineuropäisches Deliktsrecht, I, 1996; *Zimmermann,* The Law of Obligations, Roman Foundations of the Civilian Tradition, Oxford 1996; *McLachlan* und *Nygh* (Hrsg.), International Tort Litigation, Oxford 1996; *Land,* Wirtschaftsprüferhaftung gegenüber Dritten in Deutschland, England und Frankreich 1996; *O. Sieg,* Internationale Anwaltshaftung, 1996; *von Bar,* Die Haftung von Nebentätern, Teilnehmern und Beteiligten in den kontinentalen Deliktsrechten der Europäischen Union, Nakamura-Fschr., Tokio 1996, 17–39; *Littbarski,* Zum Stand der Internationalen Produkthaftung, JZ 96, 231–238 (Besprechungsaufsatz); *O. Sieg,* Internationale Anwaltshaftung in den U.S.A., NJW 96, 2209–2212; *Brand,* Punitive Damages and the Recognition of Judgements, 43 (1996) NILR 143–186; *Morse,* Torts in Private International Law: A New Statutory Framework, 45 (1996) Int. Comp. L.Q. 888–902; *Schubert,* Die Produkthaftung im internationalen Luftverkehr und deren Versicherung, 1997; *Rohe,* Schadensfälle durch Zivilprozeß – fließende Grenze zwischen IPR und IZPR, IPRax 97, 14–21; *P. Huber,* Mangelfolgeschäden: Deliktsstatut trotz Einheitskaufsrechts, ebenda 22f.; *Zekoll,* Umkehr im US-amerikanischen Produkthaftpflichtrecht und internationaler Schadensersatzprozeß, ebenda 198–203; *von Bar,* Subjektive Familienrechte im Europäischen Familienrecht, Drobnig-Fschr. 1998, 3–17; *Ebke,* Massenschäden – Kausalität – Haftung nach Marktanteilen, ebenda 507–523; *Janssens,* Nervous shock liability: A comparative study of the law governing the principles of nervous shock in England, the Netherlands, Germany and France, Eur. Rev. Priv. L. 1998, 77–104; *Schewior,* Unfall im Ausland – im Inland Entschädigung? – Zum Vorschlag einer Vierten Kraftfahrzeughaftpflicht-Richtlinie, VersR 98, 671–678 (Text 678–681); *Vranken,* Duty to Rescue in Civil Law and Common Law: *Les Extrêmes se Touchent,* 47 (1998) Int. Comp. L. Q. 934–942; *Bodewig,* Der Rückruf fehlerhafter Produkte, 1999 (Deutschland, EU und USA); *von Bar,* Schmerzensgeld in Europa, Deutsch-Fschr. 1999, 27–43.

Europarecht: Hohloch, Rechtsangleichung und Subsidiaritätsprinzip, Anmerkungen zur Vereinheitlichung und zum Kollisionsrecht der Produkthaftung in Europa, Skąpski-Fschr., Krakau 1994, 105–127; *Magnus,* European Perspectives of Tort Liability, Eur. Rev. Priv. L. 3 (1995), 427–444; *Van Gerven,* Bridging the Unbridgeable: Community and National Tort Laws after *Francovich* and *Brasserie,* 45 (1996) Int. Comp. L. Q. 507–544; *Müller-Chen,* Entwicklungen im europäischen Umwelthaftungsrecht, SZIER 1997, 213–245; *Möllers* und *Schmid,* Der EU-Richtlinienentwurf über irreführende und vergleichende Werbung – neue Chancen für Gesundheits- und Umweltschutz?, EWS 97, 150–155; *Herdegen* und *Rensmann,* Die neuen Konturen der gemeinschaftsrechtlichen Staatshaftung, ZHR 97, 422–555; *Sack,* Die Bedeutung der EG-Richtlinien 84/750/EG über irreführende und vergleichende Werbung für das deutsche Wettbewerbsrecht, GRUR Int. 98, 263–272; *Taylor,* The Harmonisation of European Product Liability Rules: French and English Law, 48 (1999) Int. Comp. L. Q. 419–430.

1. Grundsätze

a) Tatort

Wie dingliche Rechte gegenüber jedermann wirken, so ist unerlaubte Handlung der Eingriff einer *beliebigen* Person in Rechtsgüter einer *beliebigen* anderen Person. Sie ist außerdem meist *einmaliger Vorgang,* nicht Dauerzustand. Daher besteht für gewöhnlich kein Grund, im Parteiinteresse ein Recht anzuwenden, mit dem ein Beteiligter eng verbunden ist, insbesondere Heimatrecht oder Recht des gewöhnlichen Aufenthalts von Täter oder Verletztem. Vielmehr liegt es im Interesse aller, d.h. im *Verkehrsinteresse,* daß jeder sein Verhalten so einrichtet, wie es der Rechtsordnung des *Tatorts* entspricht, mag er nun als Täter angreifen, als Verletzter abwehren oder als Zuschauer sich einmischen (oben S. 121 f.).

Über die Maßgeblichkeit des Tatortrechts, der *lex loci delicti (commissi),* ist man sich denn auch im ganzen überall einig.

Die Schwierigkeiten beginnen erst, wenn eine *Tat mehrere Länder berührt.* Dann sind *Handlungs-* und *Erfolgsort* verschieden.

Beispiele: Ein Mann mißt von einem Kahn aus Tiefen im Rhein, ungeklärt ob auf badischer oder elsässischer Seite. Am badischen Ufer übt ein Bataillon Gefechtsschießen. Eine *Kugel* trifft den Mann in den Rücken. RG 54, 198 (205). Badisches Recht wird angewandt, weil dem Verletzten günstiger.

Beim Bau eines Eisenbahndamms *sprengt* eine Baufirma Felsen im Indian Territory. Ein Stein trifft einen Mann von einer anderen Baufirma in Arkansas. *Cameron v. Vandegriff,* 53 Ark. 381, 13 S.W. 1092 (1890). Das Recht von Arkansas wird angewandt als Recht des Erfolgsorts.

Beim Straßenbau in West Virginia wird *gesprengt.* Dadurch zerbricht Spiegelglas in einem Laden in Ohio. *Dallas v. Whitney,* (W. Va.) 188 S.E. 766 (1936). Das Recht von Ohio wird angewandt als Recht des Erfolgsorts.

Eine Lokomotive in Auckland (Quebec) setzt eine Holzbrücke in Brand, die von Auckland über den Hallfluß nach Pittsburg in New Hampshire führt. *Connecticut Valley Lumber Co. v. Maine Cent.* R. R., 78 N. H. 553, 103 Atl. 263 (1918). Auf die Zerstörung des kanadischen Teils der Brücke wird das Recht von Quebec angewandt, auf die Zerstörung des amerikanischen Teils das Recht von New Hampshire als Recht des Erfolgsorts.

Rauch und Ruß von Elektrizitätswerk auf französischem Saarufer schädigt Gartenrestaurant auf deutschem Saarufer. OLG Saarbrücken NJW 58, 752. Französisches Recht wird angewandt, weil dem Verletzten günstiger.

Schlamm aus französischen Gruben wird in die Rossel geleitet und zwingt deutsches Sägewerk, Turbine zur Stromgewinnung aufzugeben. LG Saarbrücken JBl. Saar 63, 80. Französisches Recht wird angewandt, weil dem Verletzten günstiger.

In Niedersachsen werden *Abwässer* in einen Fluß geleitet. Dadurch wird Fischfang auf Grund eines Fischereirechts in Nordrhein-Westfalen beeinträchtigt. OLG Hamm NJW 58, 1831 prüft nur die örtliche Zuständigkeit (§ 32 ZPO: Gericht, „in dessen Bezirk die [unerlaubte] Handlung begangen ist") und erklärt das Gericht des Handlungs- wie des Erfolgsorts für zuständig (dazu auch *Neumann-Duesberg* NJW 55, 696 bis 698).

Ähnlich der Fall *Inter-provincial Co-operatives Ltd. v. The Queen in Right of Manitoba* (1975), 53 D. L. R. (3d) 321 (339f., 347–350): Abwässer aus *chemischen Fabriken* in Saskatchewan und Ontario beeinträchtigen Fischfang in Manitoba. Unter anderem wegen Zulässigkeit am Handlungsort wird Delikt verneint. Dazu *Hurlburt* 54 (1976) Can. B. Rev. 173–178.

Bergbau unter dem Goslarer Stadtforst (Braunschweig) führt zum Versiegen von Quellen im Hannöverschen (Preußen). RG SeuffArch. 44, 259 = ZIR 3, 403. Braunschweiger Recht wird angewandt als Recht des Handlungsorts.

Rohrkrepierer einer 10,5 cm *Haubitzengranate* aus Texas tötet Amerikaner in Kambodscha. *Day & Zimmermann, Inc., v. Challoner* (1975), 423 U.S. 3, 46 L. Ed. 2d 3, 96 S. Ct. 167: IPR von Texas entscheidet, ob kambodschanisches Recht als Recht des Erfolgsorts maßgibt (Vorinstanz 512 F. 2d 77 [5th Cir. 1975]). Vgl. aber auch *Couch v. Mobil Oil Corp.* (1971) oben S. 441, unten S. 637.

Fehlerhafte Glühbirne, hergestellt in Ohio, tötet Elektriker, der sie ausschraubt, in Saskatchewan. *Moran v. Pyle National (Canada) Ltd.*, 43 (1974) D. L. R. (3d) 239. Die Entscheidung betraf die interlokale Zuständigkeit (vgl. unten S. 931 f.). Das Gericht verlangt für interlokale Zuständigkeit der Gerichte von Saskatchewan eine *„real and substantial connection"* (aaO 250 a. E.) und kommt im Ergebnis zur Zuständigkeit der Gerichte des Erfolgsorts. Dazu *Hurlburt* 54 (1976) Can. B. Rev. 177f.

Ein Ehepaar fährt in einem Renault bei Loudun. Wegen eines *Konstruktionsfehlers* verläßt der Wagen plötzlich die Fahrbahn und prallt gegen einen Baum. Cass. Req. S. 1937. 1. 241 befaßt sich nur mit der örtlichen Zuständigkeit (Tatort) und verlegt sie nach Loudun (Erfolgsort), nicht Paris (Renault-Werke, Handlungsort).

Verkehrsregelung auf Flugplatz in Virginia. Flugzeugzusammenstoß über dem Potomac (District of Columbia). *Eastern Airlines v. Union Trust Co.*, 221 F. 2d 62 (1955); vgl. oben S. 1f. Recht von Virginia wird angewandt mit verwickelter Begründung.

Zwei Kalifornier spielen und betrinken sich im Harrah's Club in Nevada und kollidieren auf der Heimfahrt in Kalifornien mit einem kalifornischen Motorradfahrer. Dieser verklagt den Club. Keine Haftung nach Nevada-Recht; dagegen haftet in Kalifornien der *Schankwirt* kraft Gesetzesvorschrift. Der Supreme Court von Kalifornien wendet kalifornisches Recht an; denn die *„governmental interests"* von Kalifornien (oben S. 177 a.E.f.) überwögen bei einem *„comparative impairment approach"*, weil der Club kalifornische Kunden anlocke, die auf kalifornischen Straßen hin- und zurückführen: *Bernhard v. Harrah's Club,* 546 P. 2d 719 (1976), *cert. denied* 429 U.S. 859 (1976). Dazu *Wasilczyk* 65 (1977) Cal. L. Rev. 290–304; *Jayme* Kegel-Fschr. 1977, 365f.; *Weintraub* 41 (1977) Law & Cont. Prob. 157–162.

Viele Vietnam-Veteranen und deren Frauen und Kinder, die verteilt in den USA und im Ausland leben, fordern in einer *„class action"* Schadenersatz von sieben Herstellern des Herbizids *„Agent Orange"*, das in den USA, Kanada und vielleicht der Bundesrepublik von Firmen produziert war, die ihren Hauptverwaltungssitz in verschiedenen Einzelstatten der USA hatten. Die Angehörigen der Streitkräfte waren in Vietnam, Laos und Kambodscha verletzt worden, ihre Frauen und Kinder durch Ansteckung anderwärts. In diesem Fall – In re „Agent Orange" Product Liability Litigation, 580 F. Supp. 690 (1984, U. S. D. C., E. D. New York) – gibt Chief Judge *Weinstein* zu Anfang des Rechtsstreits eine *„preliminary conflicts-of-laws opinion"* (701). Wegen der „sui generis *nature of this litigation"* sucht er, *von Mehren* folgend (oben S. 179), einen materiellrechtlichen Kompromiß durch „federal or national consensus common law" (709–713). Die Rechte der Erfolgsorte scheidet er als ungeeignet aus (707f.). Der Rechtsstreit ist inzwischen verglichen, Vergleichssumme 180 Millionen $ (*Roth* 12 [1984] Hofstra L. Rev. 983 Fn. 1).

aa) Verhältnis von Handlungs- und Erfolgsort

Wenn Handlungs- und Erfolgsort in verschiedenen Staaten liegen, bevorzugen die Amerikaner meist den *Erfolgsort* im Sinne des Ortes, an dem das Rechtsgut verletzt wird (sog. *„last event rule"*, dagegen kritisch *Ehrenzweig* Rabel-Fschr. I 1954, 655–683). Auch in Frankreich wählt man den Erfolgsort (Cass. Clunet 1984, 123 mit Anm. von *Légier*). In Deutschland dagegen ließen Rechtsprechung und neuere Lehre das Recht des *Handlungs- oder Erfolgsorts* entscheiden je nachdem, welches von beiden den Verletzten besser stellt (z.B. RG 54, 198 [205]; ebenso für die Schweiz SchweizBG BG 87 II 113 = GRUR Ausl. 61, 544 [Wahlrecht des Verletzten]; dagegen allein für das Recht des Erfolgsorts *Beitzke* JuS 66, 142f. und Rec. 1965 II 79–95).

*Materiell*rechtlich sind Handlung und Erfolg *gleichwertige* Bestandteile des Delikts: kein Delikt ohne Handlung; kein Delikt ohne Erfolg. *Kollisions*rechtlich muß man entweder zwischen Handlungs- und Erfolgsort *wählen* oder beide *kombinieren.*

Für die **Wahl** des *Handlungsorts* spricht: der Täter wird mit dem Maß der Umwelt, in der er gehandelt hat, gemessen. Hält er sich in den Grenzen des dort Erlaubten, dann ist er frei. Überschreitet er sie, dann haftet er.

Für die Wahl des *Erfolgsorts* im Sinne des Rechtsgutsverletzungsorts spricht: der Verletzte wird nach den Richtmaßen der Umwelt, in der er verletzt wird, geschützt (und darf sich in den Grenzen der Notrechte selbst schützen). Er muß sich gefallen lassen, was um ihn herum erlaubt ist. Aber er bekommt Ersatz für das, was darüber hinaus geht.

Batiffol und *Lagarde*, Droit international privé II[7], 1983, 246 wollen (mit Ausnahmen) ein *Übergewicht* des *Erfolgsorts* u.a. herleiten aus dem Interesse der Umwelt (*„l'intérêt des tiers, facteur important de l'intérêt commun"*) und aus der modernen Entwicklung, die weniger auf das Verschulden als auf die Verteilung der Risiken Wert lege. Allein: das *materielle* Deliktsrecht ist raum*indifferent.* Die Frage nach dem Vorrang von Handlungs- oder Erfolgsort tritt erst auf, wenn an *beiden Orten verschiedenes Recht* gilt und daher *international*deliktsrechtlich entschieden werden muß.

Eher vielleicht ließe sich das Recht des *Erfolgsorts* deswegen vorziehen, weil dort der *Rechtsfrieden mehr gestört* werde als am Handlungsort. In der Tat ist durchschnittlich (!) die Aufregung größer dort, wo der Verletzte zusammenbricht, als wo der Täter feuert. Aber der Erfolg allein (und sei er noch so aufregend) bedeutet deliktsrechtlich nicht mehr als ein Blitzschlag. Erst die Handlung (die sich im Geltungsraum einer anderen Rechtsordnung zuträgt) macht ihn zum Delikt, so wie auch umgekehrt die Handlung ohne Erfolg ein deliktisches Nichts ist. Außerdem ist es nicht

Aufgabe des Deliktsrechts, sondern des Strafrechts, den Rechtsfrieden zu sichern (*Smith* 20 [1957] Mod. L. Rev. 455f.).

Rabel (II^2 334) wollte die Verschuldenshaftung dem Recht des Handlungsorts, die Gefährdungshaftung dem Recht des Erfolgsorts zuweisen. Ähnlich empfiehlt *Ehrenzweig* (Rabel-Fschr. 1954, I 682f.), die Vorsatzhaftung dem Recht des Handlungsorts zu unterstellen, die Fahrlässigkeit allerdings nur, soweit sie moralische Schuld darstellt („*admonitorische*" Schuldhaftung); dagegen hält er für die moderne technische Fahrlässigkeit („*negligence without fault*") und für die Gefährdungshaftung den Handlungsort als Anknüpfung für ungeeignet. Daran ist richtig: die Gefährdungshaftung verlangt besonderes Augenmerk (während die „Fahrlässigkeit ohne Verschulden" auf sich beruhen kann, weil das IPR den materiellen Rechten nicht vorzueilen hat). Zwar haftet man auch bei der Gefährdungshaftung für *eigenes Handeln,* nicht bloß für ein „*fait de la chose*" (Tun der Sache): man muß einstehen für den *Betrieb* hochgefährlicher Fahrzeuge und Anlagen, für das *Halten* von Tieren. Aber man „betreibt" und „hält" ja rechtmäßig. Rechtswidrig, jedenfalls deliktisch „betreibt" und „hält" man nur, *soweit* durch das Betreiben oder Halten ein Schaden verursacht wird. Daher ist *Handlungsort* nicht der Wohn- oder Geschäftssitz des Betreibenden oder Halters, sondern der *Ort, an dem die betriebene oder gehaltene Sache außer Kontrolle* gerät und bleibt, so daß sie den Unfall herbeiführt. In dieser „Umwelt" ereignet sich der Unfall und daher spricht so viel wie beim Ort schuldhaften Handelns dafür, die dort geltenden rechtlichen Maßstäbe entscheiden zu lassen, ob der Unfall jemandem, der ohne Schuld ist, aber die schadenstiftende Sache auf die Menschheit losgelassen hat, zur Last gelegt wird, so daß er (meist innerhalb bestimmter Höchstgrenzen) den Schaden ersetzen muß. In der Regel wird dies gleichzeitig der Erfolgsort sein. Doch sind andere Fälle möglich. Zum Beispiel Funkenflug einer Eisenbahn verursacht Waldbrand jenseits der Grenze, Explosion eines Tankwagens tötet Leute jenseits der Grenze.

Gegen verschiedene Bestimmung des Handlungsorts bei Verschuldenshaftung (weit) und Gefährdungshaftung (eng) wendet sich *Stoll* (Ferid-Fschr. 1978, 397–416), weil beide Haftungen eng verwandt seien. Statt dessen will er trennen nach dem geschützten Rechtsgut: für *Personen- und Sach*schäden sei der Handlungsort (gleich, ob man aus Verschulden oder Gefährdung hafte) *eng* zu bestimmen, für *andere* (insbesondere Vermögens-)Schäden *weiter. Kritik:* wer vom *geschützten Rechtsgut* ausgeht, landet folgerichtig beim Erfolgsort (so *Beitzke* ebenda 55). Geschützt wird aber gegen *Handlungen* (und Unterlassungen): das Deliktsrecht begrenzt den Handlungsspielraum, die Handlungsfreiheit (des Täters, des Verletzten und Dritten: oben S. 121f.); von daher ist auch der Handlungsort wichtig; nur ist er bei der Gefährdungshaftung, bei der die Rechtswidrigkeit erst beginnt, wenn die Sache außer Kontrolle gerät, enger als bei der Verschuldenshaftung.

Die Interessen, die für die Anknüpfung an den Handlungsort sprechen, und die Interessen, denen die Anknüpfung an den Erfolgsort gerecht würde, halten sich die Waage. Man kann daher nicht wählen, sondern muß Handlungs- und Erfolgsort kombinieren. Eine **Kombination** begünstigt entweder den Täter oder den Verletzten. Der *Täter* wird begünstigt, wenn das Recht des Handlungsorts und des Erfolgsorts *kumuliert* werden: kein Anspruch des Verletzten, wenn er nicht nach beiden Rechten begründet ist. Der *Verletzte* wird begünstigt, wenn das Recht des Handlungs- und des Erfolgsorts *alternativ* gelten: Anspruch des Verletzten, wenn entweder nach dem Recht des Handlungsorts oder nach dem Recht des Erfolgsorts ein Anspruch besteht.

Beispiel für *alternative* Anwendung des dem Verletzten günstigsten Rechts: Beleidigung unter vier Augen ist in Schottland Delikt, in England nicht. Beleidigende

Briefe von London nach Edinburgh und umgekehrt begründen Schadenersatzansprüche nach schottischem Recht: das erstemal ist Edingburgh Erfolgsort, das zweitemal Handlungsort.

Die Alternativität war von der deutschen Rechtsprechung gewählt worden (z.B. RG 54, 198 [205], näher oben S. 624). Mit Recht, wie mir scheint.

Die Begründung ist allerdings schwierig. *Neuner* hat gemeint: „Vom Standpunkt der internationalen Verteilung der Rechtspflege aus ist es denkbar, daß mehrere Staaten in der Unterdrückung seiner unerlaubten Handlung konkurrieren" (Der Sinn der internationalprivatrechtlichen Norm, 1932, 116; vgl. auch *Rabel* II² 306). Meines Erachtens entscheidet: die Sympathie mit dem Opfer ist im allgemeinen größer als die mit dem Täter; deswegen darf der Täter selbst dann noch haftbar gemacht werden, wenn er dort, wo er gehandelt hat, Erlaubtes getan hat (oder zwar rechtswidrig gehandelt hat, aber nicht haftet).

Das Gesetz zum IPR für außervertragliche Schuldverhältnisse und für Sachen vom 21. 5. 1999 (BGBl. I 1026; oben S. 186, 613, 617) hat anders entschieden: die Rechte des Handlungs- und des Erfolgsorts gelten nicht alternativ, sondern nach Wahl des Verletzten. Grundsätzlich gilt das Recht des Handlungsorts, doch kann der Verletzte zu Anfang des Verfahrens das Recht des Erfolgsorts wählen; denn der durch das Gesetz eingeführte **Art. 40 I EGBGB** lautet:

„(1) Ansprüche aus unerlaubter Handlung unterliegen dem Recht des Staates, in dem der Ersatzpflichtige gehandelt hat. Der Verletzte kann verlangen, daß anstelle dieses Rechts das Recht des Staates angewandt wird, in dem der Erfolg eingetreten ist. Das Bestimmungsrecht kann nur im ersten Rechtszug bis zum Ende des frühen ersten Termins oder dem Ende des schriftlichen Vorverfahrens ausgeübt werden."

Zur *Vorgeschichte* des Gesetzes zum IPR für außervertragliche Schudverhältnisse und für Sachen oben S. 185f.

Der Deutsche Rat für IPR hatte mit knapper Mehrheit empfohlen, an der Alternativität der Rechte des Handlungs- und Erfolgsorts zugunsten des Verletzten festzuhalten (*von Caemmerer* [Hrsg.], Vorschläge und Gutachten zur Reform des deutschen internationalen Privatrechts der außervertraglichen Schuldverhältnisse, 1983, 2 [Art. 3], 10f. [Begründung]; *von Hoffmann* IPRax 96, 4). Der Referentenentwurf des Gesetzes zum IPR für außervertragliche Schuldverhältnisse und für Sachen hielt die Alternativität für „überzogen" und wollte den Gerichten die Arbeit ersparen, von Amts wegen den Inhalt der Rechte des Handlungs- und Erfolgsorts zu ermitteln (*Wagner* IPRax 98, 433; BTDrucks. 14/343 S. 11). Daß dies erreicht wird, darf man bezweifeln (*von Hoffmann* aaO 4f.) und, selbst wenn, wird dem Verletzten hier eine sonderbare Last aufgepackt, die durch das Ordnungsinteresse an schneller, billiger und sicherer Entscheidung (oben S. 126) kaum gerechtfertigt ist.

Nach **Art. 40 I 3 EGBGB** muß der Verletzte das Recht des Erfolgsan Stelle des Handlungsorts wählen im ersten Rechtszug bis zum Ende des ersten frühen Termins (§ 275 ZPO) oder bis zum Ende des schriftlichen Verfahrens (§ 276 ZPO), je nachdem, welchen Weg der Vorsitzende des Gerichts bestimmt hat (§ 272 II ZPO).

bb) Bestimmung von Handlungs- und Erfolgsort

Wenn Handlungs- und Erfolgsortrecht zugunsten des Verletzten alternativ gelten wie bei uns früher, braucht man sie nicht gegeneinander abzugrenzen (nach innen), sondern nur gegen solche Orte, die weder Handlungs- noch Erfolgsort sind (nach außen). Der **Test** freilich, der die Abgrenzung nach außen bestimmt, ermöglicht zugleich eine Abgrenzung nach innen: Handlungs- und Erfolgsort werden als Anknüpfung gewählt, weil der Täter für sein Tun, der Verletzte für sein Leiden (und etwaiges Gegenhandeln) nach dem Recht der **Umwelt**, in der sie handeln oder leiden, gemessen werden dürfen und weil der Täter sich gefallen lassen soll, nach dem Recht der Umwelt des Verletzten beurteilt zu werden, wenn dies dem Verletzten günstiger ist.

Danach ist **Handlungsort** ein Ort, an dem eine unerlaubte Handlung ganz oder teilweise *ausgeführt* ist.

Was unter den *Begriff einer unerlaubten Handlung* fällt, ergibt internationalprivatrechtliche Qualifikation (oben S. 296–299). Was für *Einzeldelikte* es gibt und ob eines ganz oder teilweise *ausgeführt* ist, ergibt das Recht des Ortes, an dem gehandelt worden ist.

Orte bloßer *Vorbereitungshandlungen* zählen nicht mit (BGH MDR 57, 31; BGH NJW 94, 2888 [2890 unter II 1c]). Allerdings kann die Vorbereitung nach dem Recht des Ortes, an dem sie stattfindet, bereits den Anfang einer unerlaubten Handlung bilden und dann gilt das Recht des Vorbereitungsorts. Das ist wichtig beim *unlauteren Wettbewerb.*

Den nahm der BGH schon dann an, wenn in Deutschland Handlungen begangen wurden, die zu unlauterem Wettbewerb im Ausland führten. Zum Beispiel BGH 14, 286: Auftrag aus Deutschland an belgischen Anwalt, einen Dritten wegen Gebrauchs von Firma, Warenzeichen und Ausstattung zu verwarnen; BGH 21, 266 (270f.): sklavischer Nachbau von Uhrenrohwerken in Deutschland für Export; BGH 22, 1 (18): Offerte aus Deutschland nach Portugal.

Man wollte hauptsächlich erreichen, daß *Deutsche untereinander* sich auch im Ausland an die deutschen Wettbewerbsregeln halten. Doch wurde zugunsten *ausländischer* Firmen ebenso entschieden (BGH 21, 266 [271]: Uhrenfabrik in der Schweiz).

Die Regel konnte den deutschen Unternehmer im Ausland gegenüber ausländischen Wettbewerbern benachteiligen. Daher hat BGH JZ 58, 241, wenn der in Deutschland vorbereitete Wettbewerb im Ausland zulässig ist, offen gelassen, ob § 1 UWG zutrifft – eine Frage des „Auslandssachverhalts“ (oben S. 58–61).

Einen Wandel für den Wettbewerb Deutscher mit Ausländern bringt BGH 35, 329. Hier hatte eine deutsche Firma Kindersaugflaschen einer ausländischen in Deutschland sklavisch nachgebaut, um sie zu exportieren. Der BGH läßt als *Handlungsort* für unlauteren Wettbewerb in der Regel nur noch den Ort gelten, „wo wettbewerbliche Interessen der Mitbewerber aufeinanderstoßen“ (334), „wo der Nachahmer unmittelbar im Wettstreit um den Kunden in die wettbewerbliche Stellung eines Mitbewerbers eingegriffen oder das dort bestehende Interesse der Allgemeinheit, vor Täuschung bewahrt zu bleiben, verletzt hat“ (336); es kämen nur diejenigen Länder in Betracht, „auf deren Absatzmärkten die Waren ... aufeinandertreffen“ (337). Für den Wettbewerb deutscher Firmen mit *ausländischen* gilt nur noch dieses Ortsrecht, nicht mehr deutsches Recht; BGH 21, 266 wird aufgegeben (336). Für den Wettbewerb deutscher Firmen *untereinander* mag deutsches Recht gelten (unten b S. 633–639); aber die Frage bleibt offen (331).

Sie wird dann von BGH 40, 391 bejaht, wenn sich der Wettbewerb auf dem ausländischen Markt ausschließlich zwischen deutschen Unternehmen abspielt oder eine Wettbewerbshandlung gerade einen deutschen Mitbewerber trifft (397). Offen bleibt, ob es beim ausländischen Ortsrecht bewendet, wenn zugleich nicht unerheblich die Interessen ausländischer Mitbewerber oder der ausländischen Allgemeinheit verletzt werden (399). Diese Fragen beantwortet BGH NJW 68, 1572 (1574 f.): Deutsches Recht gilt nur, wenn der Wettbewerb allein oder hauptsächlich zwischen Deutschen stattfindet oder ein Deutscher unmittelbar einen anderen Deutschen angreift; dagegen gilt das Recht des ausländischen Marktes, wenn ein Deutscher nicht unerheblich oder allein die Interessen ausländischer Mitbewerber oder der Allgemeinheit des ausländischen Marktlandes verletzt. Dem folgen BGH 113, 11 = IPRax 92, 45 mit abl. Aufsatz von *Sack* 24–29 = JZ 91, 1038 mit krit. Anm. von *Koch* (vgl. oben S. 539 und BGH EWiR 98, 187 LS mit Anm. von *Bunte* = NJW 98, 1227 (1228 unter II 2 b).

Dem Wettbewerb von *Ausländern im Inland* gilt OLG Düsseldorf GRUR Int. 70, 164 = WRP 70, 149 (vgl. auch Der Wettbewerb [Beil. zu WRP] 70, 19 f.): Ein niederländisches Kaufhaus bietet in der „Rheinischen Post" der deutschen Grenzbevölkerung 10% Jubiläumsrabatt. Das Rabattgesetz erlaubt nur 3% (§ 2 I 1). Ein deutscher Verein zur Wahrung des lauteren Wettbewerbs beantragt, durch einstweilige Verfügung dem Kaufhaus zu verbieten, mehr als 3% anzukündigen oder zu gewähren. Das OLG meint: Handlungs- und Erfolgsort der Werbeanzeigen lägen in Deutschland; daher gelte das Rabattgesetz; es wolle aber nur den Inlandswettbewerb regeln; folglich sei nur das Ankündigen von über 3% in Deutschland verboten, nicht das Gewähren in den Niederlanden, weil insoweit ein deutscher Tatort fehle. Auf demselben Boden steht OLG München NJW-RR 96, 107 betr. Gutscheine für ausländische Hotels. Kritik: das Ergebnis stimmt; aber der Zweck des Rabattgesetzes leitet irre; für § 2 I 1 des Rabattgesetzes gilt nichts anderes als für § 823 I BGB oder das UWG (vgl. hierzu auch oben S. 54 f.).

Dagegen meint *Schricker* GRUR 78, 647 f., für Werbeanzeigen in Deutschland gelte das Rabattgesetz nicht, wenn im Ausland verkauft werde; denn nach seiner Entstehungsgeschichte wolle das Rabattgesetz nur (nicht rabattierende) *Wettbewerber* schützen, *nicht* den *Verbraucher*, der neben den Wettbewerbern durch § 3 UWG vor irreführender Werbung bewahrt werden solle. „Offenbar" ziele das Rabattgesetz *nur auf inländische* Wettbewerbe. Aber *warum*, wenn es doch der Gesetzgeber für *gerecht* hält?

In BGH GRUR 78, 672 = NJW 77, 2211 = WRP 77, 572 („Weltweit-Club") verklagt ein Konkurrent den Hersteller der Stuyvesant-Zigaretten, der Stuyvesant-Pässe herausgibt, mit denen man im Ausland billiger leben kann, auf Unterlassung. Der BGH läßt die Anwendbarkeit des Rabattgesetzes und einen Verstoß gegen dies Gesetz offen; er verurteilt den Beklagten aus § 1 UWG, der anwendbar sei, weil die Interessen der Wettbewerber in Deutschland „aufeinanderstoßen" (mit Berufung auf BGH 35, 329 [334]). Ebenso (mit Berufung auf BGH 35, 329) BGH GRUR 88, 453 mit Anm. von *Klette* = NJW 1988, 644 (645 unter II 2 a).

Desgleichen gibt BGH IPRax 89, 384 (Pkw-Schleichbezug) mit Aufsatz von *Lederer* 362–364 einer Unterlassungsklage der Daimler-Benz AG statt gegen Leute, die im Inland durch Strohmänner Wagen der Klägerin kaufen, um sie im Ausland weiterzuverkaufen: § 1 UWG wird (mit Bezug auf BGH 35, 329) angewandt, weil „schon der Begehungsort ... im Inland liegt".

OLG Düsseldorf NJW-RR 1993, 171 wendet sogar deutsches Recht an, wenn ein deutsches Unternehmen sich im Ausland eines nicht bestehenden Patents berühmt und dadurch dem Auslandsabsatz eines inländischen Konkurrenten schadet: die Interessen der Wettbewerber stießen in Deutschland aufeinander (Kritik: hier wird ein Bild ins Gegenteil verkehrt).

Anders KG IPRax 91, 413 mit Aufsatz von *Sack* 386–392 = NJW-RR 91, 301: kein Verstoß gegen § 1 UWG, wenn im Inland über 3% Rabatt bei zollfreiem Einkauf auf Flügen vom In- ins Ausland angekündigt und gewährt würden (ausdrücklich abweichend von der „Weltweit-Club"-Entscheidung des BGH, oben).

Dagegen will *Sandrock* GRUR Int. 85, 507–522 in Analogie zum internationalen Immaterialgüterrecht und internationalen Kartellrecht (unten S. 968–983) grundsätzlich territorial anknüpfen. Sein Vorschlag (522):

„Der Schutz gegen unlauteren Wettbewerb richtet sich grundsätzlich nach dem Recht desjenigen Landes, für dessen Territorium der Verletzte den Schutz gegen diesen Wettbewerb in Anspruch nimmt. Inwieweit dieser Schutz über das Territorium des betreffenden Schutzlandes hinaus in Anspruch genommen werden kann, bestimmt sich nach dem materiellen Zweck derjenigen Norm, auf Grund derer der Anspruchsteller diesen außerterritorialen Schutz begehrt."

Zur Werbung im Ausland mit Zugaben und Rabatten im Inland (öst)OGH IPRax 91, 412 mit Aufsatz von *Sack* 386–392.

Handlungsort ist zunächst jeder Ort, an dem der *Täter selbst* ganz oder teilweise das Delikt ausführt, z.B. schießt, einen verleumderischen Brief schreibt, eine Ehe stört, am Steuer seines Kraftwagens jemanden überfährt. Handlungsort ist weiter jeder Ort, an dem ein *anderer* nach Ortsrecht ganz oder teilweise ein Delikt ausführt, falls man selbst nach Ortsrecht dafür haftet; der andere kann sein ein Teilnehmer (Angestifteter, Mittäter, Gehilfe; vgl. BGH NJW 98, 1227 [1228 unter II 2 c]), ein Verrichtungsgehilfe (z.B. Krankenschwester gibt falsche Spritze), ein Aufsichtsbedürftiger (z.B. Kind schlägt Scheibe ein; entwichener Geisteskranker tötet) oder ein ganz Selbständiger (z.B. Autodieb baut Unfall).

Bei *Brief*delikten wird gehandelt nur dort, wo der Täter selbst aktiv wird (zum Briefkasten geht) oder einen schuldhaften Boten benutzt, im allgemeinen also nicht am Empfangsort. Bei *Presse*delikten kommt der Pressebereich (Druck, Transport, Vertrieb) als Handlungsort nur in Betracht, soweit das Pressepersonal schuldhaft mitwirkt. Bei *Schallplatten*delikten ist Handlungsort grundsätzlich nur der Aufnahmeort, bei *Rundfunk-* und *Fernseh*delikten der Senderaum. Das alles ist sehr streitig; Nachweise *Soergel-Lüderitz* X[12] Art. 38 EGBGB Rz. 5, 6, S. 1856; zum Fernsehdelikt (Senderaum) OLG München RIW 88, 647; zum Rundfunkdelikt (differenzierend) *Schack* in: Das Persönlichkeitsrecht im Spannungsfeld zwischen Informationsauftrag und Menschenwürde (Schriftenreihe des Instituts für Rundfunkrecht an der Universität zu Köln Band 49, 1989), 113–131.

Bei der *Gefährdungshaftung* ist Handlungsort der *Ort,* an dem die Sachen, für die gehaftet wird, *außer Kontrolle* geraten und bleiben, so daß sie den Unfall herbeiführen (oben S. 627). Zum Beispiel OLG Hamburg HRGZ 1935 B 584: Ausbruch eines von Singapur nach London verkauften Tigers auf deutschem Schiff (deutsches Recht angewandt); BGH 23, 65: ein schwedischer Kaufmann überläßt einem dänischen einen Kraftwagen für Fahrt nach Deutschland, Unfall auf der Autobahn (deutsches Recht angewandt).

Bei *Unterlassungen* ist „Handlungs"ort der Ort, an dem zu handeln war. Zum Beispiel RG 57, 142 (145): österreichische Eisenbahn weigert sich pflichtwidrig, Transportvertrag zu schließen.

Ein Delikt kann *mehrere Handlungsorte* haben. Zum Beispiel: ein Schwede überläßt in Stockholm seinen Kraftwagen *schuldhaft* einem unzuverlässigen Freund, der in Deutschland auf der Autobahn einen Unfall herbeiführt: der Schwede hat sowohl in Schweden wie in

Deutschland deliktisch (im Sinne der Verschuldenshaftung) gehandelt (im Sinne der *Gefährdungs*haftung ist allein in Deutschland gehandelt). Das dem *Verletzten günstigste Recht* entscheidet (vgl. BGH 23, 65 [69]).

Erfolgsort ist ein Ort, an dem ein durch den Tatbestand einer Deliktsnorm geschütztes *Rechtsgut verletzt* worden ist. Zum Beispiel: Funkenflug von jenseits der Grenze steckt einen Wald an.

Was unter den *Begriff einer unerlaubten Handlung* fällt, ergibt internationalprivatrechtliche Qualifikation. Was für *Einzeldelikte* es gibt und ob ein von einer der Einzeldeliktsvorschriften geschütztes *Rechtsgut verletzt* worden ist, ergibt das Recht des Ortes, an dem das Rechtsgut verletzt worden ist. Vgl. oben S. 629.

Wo Schaden entsteht, gilt gleich. Zum Beispiel: jemand kauft verdorbene Konserven in Deutschland, verzehrt sie in Belgien (Rechtsgutsverletzungsort) und muß in Paris ins Krankenhaus (Schadenseintrittsort).

Da der Ort des Schadenseintritts nicht mehr beachtet wird, ist das Recht des Erfolgsorts (= Ort der Rechtsgutsverletzung) *unwandelbar* (wie im inter*temporalen* Privatrecht, vgl. Art. 170 und 232 § 1 EGBGB). Auch materiellrechtlich wird bei uns die „haftungsbegründende" Kausalität (Rechtsgutsverletzungskette) anders behandelt als die „haftungsausfüllende" (Schadenskette), nämlich beim Verschulden (nicht beim Mitverschulden). Immerhin könnte man kollisionsrechtlich den Ort des Schadenseintritts damit für maßgebend erklären, daß man an diesem Ort eine selbständige Rechtsgutsverletzung annähme. Wird z.B. jemand in Deutschland überfahren und erhält ein Holzbein und stürzt er wegen dieses Beins drei Jahre später in Kalifornien, so könnte man die zweite Körperverletzung als selbständige, in Kalifornien bewirkte Rechtsgutsverletzung ansehen, genau so wie wenn jemand vergiftetes Konfekt erst drei Jahre nach Empfang an einem anderen Ort verzehrt. Indessen der Gedanke, der die Anknüpfung an den Erfolgsort trägt – Schutz gegen das, was um einen herum verboten ist; Duldenmüssen, was um einen herum erlaubt ist (oben S. 626) –, macht es nötig, den Erfolgsort zeitlich möglichst nahe an den Handlungsort heranzurücken und mithin den Ort der ersten Rechtsgutsverletzung entscheiden zu lassen. Dafür spricht auch ein Ordnungsinteresse: es ist nicht gut, wenn viele materielle Rechte durchgeprüft und verglichen werden müssen.

Das Recht des Erfolgsorts entscheidet auch bei der *Gefährdungshaftung,* wenn es dem Verletzten günstiger ist als das Recht des Handlungsorts (vgl. oben S. 627).

Bisweilen läßt sich der Erfolgsort *schwer bestimmen.* So bei der *Ehestörung* (Ort des Ehebruchs? Ort der Kenntniserlangung vom Ehebruch? Ort der Ehewohnung?), bei *sittenwidriger Schädigung* (nach BGH der Ort, wo das geschädigte Vermögen liegt: BGH WM 89, 1047 [1049 unter II 1]; BGH NJW 92, 2026 [2030 a.E.f. unter B I 7]), bei *Betrug* (Ort, wo der Betrogene verfügt: BGH 132, 105 = DAVorm. 96, 379 [387 unter II 1 c] = IPRax 97, 187 mit Aufsatz von *Mankowski* 173–182 = JZ 97, 88 mit Anm. von *Gottwald* = NJW 96, 1411; vgl. damit OLG Stuttgart EWiR 98, 1085 LS mit Anm. von *Mankowski* = RIW 98, 809: bei *Veruntreuung* deren Ort), bei *unlauterem Wettbewerb* (Ort, wo der Schaden entsteht, z.B. Kunden ausfallen?, Geschäftssitz des Geschädigten?; vgl. OLG München EuZW 94, 191 und für Werbung über eine Website im Internet [überall, außer wenn erkennbar nicht an deutsche Verkehrskreise gerichtet] OLG Frankfurt EWiR 99, 471 LS mit Anm. von *Mankowski*) oder bei *Untreue* gegenüber Einmanngesellschaft (Sitz der Gesellschaft oder auch des Gesellschafters?, vgl. OLG Frankfurt NJW 89, 675 zu § 9 I StGB). Zum *Presse*delikt BGH NJW 77, 1590 (einschränkend); OLG München MDR 86, 679 (zu § 24 II UWG, einschränkend); OLG Stuttgart NJW-RR 87, 292 (ebenso); OLG Düsseldorf NJW-RR 88, 232 (zu § 24 II UWG, für *örtliche* Zuständigkeit nicht einschränkend); OLG Frankfurt NJW-RR 89, 490 (ebenso); BGH NJW 97, 2828 (zu § 7 StPO); für Verbreitungsort Cass. 1re civ. Rev. crit. dr. i.p. 1997, 504 mit Anm. von *Bischoff* =

Sem. jur. 1997, 386 mit Anm. von *Muir Watt;* für Ort des gewöhnlichen Aufenthalts des Verletzten als Erfolgsort bei Pressedelikten und allgemein bei Persönlichkeitsverletzungen *Ehmann* und *Thorn* AfP 96, 23 unter d; den Verbreitungsort sieht als *Handlungs*ort *von Bar* Recht in Ost und West, Fschr. zum 30jährigen Jubiläum des Instituts für Rechtsvergleichung der Waseda Universität, Tokio 1988, 588 f. Zum *Fernseh*delikt (Verbreitungsgebiet) OLG München RIW 88, 647, OLG Wien (öst)JurBl. 1990, 386; zum *Rundfunk*delikt *Schack* (oben S. 631) 121–125 (Verbreitungsort als *Handlungs*ort).

Hat die unerlaubte Handlung *mehrere Handlungsorte* und liegen sie in verschiedenen Staaten, dann entscheidet, wie bemerkt, das dem Verletzten günstigste Recht. Eine unerlaubte Handlung kann auch *mehrere Erfolgsorte* in verschiedenen Staaten haben. Hier gilt, falls vom Verletzten gewählt (oben S. 628), das Recht jedes Erfolgsorts nur für solche Schäden, die *aus der dort eingetretenen Rechtsgutsverletzung* entstehen.

So im Fall der verbrannten Holzbrücke über den Hallfluß oben S. 624 a. E. f. Ebenso Cour d'appel de Paris GRUR Int. 86, 555 mit Anm. von *Stauder.*

Mehrere Erfolgsorte gibt es vor allem bei sog. „*Multistate*-"Delikten wie Beleidigung und unlauterer Wettbewerb durch Presse, Rundfunk, Fernsehen: immer ist es hier möglich, das Recht des Handlungsorts anzuwenden; das Recht jedes einzelnen Erfolgsorts jedoch kann, wenn vom Verletzten gewählt, nur gelten für den Schaden aus Rechtsgutsverletzungen, die gerade in diesem Einzelstaat stattgefunden haben.

Wenn *allein* der *Erfolgs*ort als Tatort zählt – wie in den USA (oben S. 626) und auch in Australien –, dann ist ein Delikt der Rufminderung *(defamation)* überall dort begangen, wo die schädliche Äußerung vernommen wird. Genauer: man hat so viel Delikte wie Staaten, in welche die Äußerung gelangt. Vgl. *Gorton v. Australien Broadcasting Commission,* (1973) 22 F. L. R. 181 (182 f. und Bericht von *Pose* 50 [1976] A. L. J. 114 f.): Klage eines früheren Premierministers gegen Fernsehanstalt ABC und einen Journalisten.

Bisweilen muß allerdings der *Gesamt*schaden alternativ nach den Rechten mehrerer Erfolgsorte beurteilt werden.

So im Fall des Flugzeugunglücks oben S. 1 f., wenn man nach deutschem IPR entscheidet und der Verletzte nach Art. 40 I 2 EGBGB Erfolgsortsrecht gewählt hat. Daß die Flugzeuge im Luftraum über dem Potomac (District of Columbia) zusammenstießen, gilt gleich. Denn Rechtsgüter wurden im wesentlichen erst beim Aufschlag verletzt. Der Bug fiel aber in den Potomac (District of Columbia), das Heck aufs Ufer (Virginia). Man kann jedoch das einheitliche Wrack (anders als die Holzbrücke über den Hallfluß, oben S. 624 a. E. f.) kaum deliktsrechtlich teilen und auch bei den Personenschäden ist das nicht angezeigt wegen Schwierigkeit des Beweises und zufälliger Ergebnisse; alternative Geltung beider Rechte ist daher vorzuziehen.

b) Gewöhnlicher Aufenthalt im selben Staat

An den *Tatort* (Handlungs- und Erfolgsort) wird angeknüpft im *Verkehrsinteresse:* der Bewegungsraum des Täters und der Schutzkreis des Verletzten werden beurteilt nach dem Recht, das dort gilt, wo gehandelt und gelitten wird.

Das Interesse am Verkehrsschutz tritt zurück, wenn sich **Personen mit gewöhnlichem Aufenthalt im selben Staat vorübergehend im Ausland** aufhalten und dort einer gegen den anderen unerlaubt handelt. Hier überwiegt das *Parteiinteresse* an der Anwendung des Rechts des gewöhnlichen Aufenthalts im selben Staat. Nach ihm ist daher das Delikt zu beurteilen (oben S. 119). Es gilt dieselbe Regel wie für Geschäftsführung ohne Auftrag und ungerechtfertigte Bereicherung (oben S. 614, 619), nämlich Art. 41 II Nr. 2 EGBGB (abgedruckt oben S. 614).

Zwischen Tatortrecht und gewöhnlichem Aufenthalt oder Wohnsitz im selben Staat oder gleicher Staatsangehörigkeit herrscht Streit in der Welt.

Aus **Frankreich** Cass. Civ. Rev. crit. dr. i. p. 1949, 89 mit Anm. von *Batiffol:* Lastkraftwagen eines Franzosen kollidiert mit spanischer Eisenbahn, explodiert und verletzt tödlich französischen Fahrer eines anderen französischen Lastkraftwagens (auf Haftpflicht des Halters des zusammengestoßenen Wagens spanisches Recht als Tatortrecht angewandt; nach deutschem IPR wäre, falls Halter und Verletzter in Frankreich lebten, französisches Recht anzuwenden). Ebenso Cass. Civ. D. 1963, Jur. 241 mit Anm. von *Holleaux:* Tötung eines von einem Franzosen aus Gefälligkeit im Kraftwagen mitgenommenen anderen Franzosen bei Unfall in Spanien (auf Haftpflicht des Gefälligen spanisches Recht angewandt). Ebenso Cass. Civ. Rev. crit. dr. i. p. 1967, 728 mit Anm. von *Bourel:* Zusammenstoß eines Lastwagens eines Franzosen auf Überholfahrbahn mit entgegenkommendem PKW eines Franzosen in Deutschland (auf Haftpflicht des Lastwagenfahrers deutsches Recht angewandt). Desgleichen Trib. de grande instance de Paris D. S. Jur. 1970, 780 mit Anm. von *Prévault:* Zusammenstoß eines Franzosen, der in Baden-Baden nach links in eine Kaserne einbiegt und dabei anscheinend den weißen Streifen überfährt, mit entgegenkommendem Franzosen (Rückverweisung des deutschen IPR nicht erwiesen und jedenfalls nicht annehmbar). Ebenso Cour d'appel de Rouen D. S. Jur. 1972, 349 mit Anm. von *Prévault:* französisches Reiseunternehmen fährt französische Reisende nach Österreich in ein Berghotel, das einer französischen Gesellschaft gehört; einer der Franzosen ist wegen Überfüllung privat untergebracht, ein anderer, dessen Vater Direktor der beiden französischen Unternehmen ist, fährt ihn aus Gefälligkeit in einem Hotelwagen dorthin, stürzt aber in eine Schlucht (auf Haftpflicht des Fahrers und des österreichischen Versicherers der französischen Gesellschaft wird österreichisches Recht angewandt). Für Tatortrecht auch Cass. D. S. Jur. 1977, 257 mit Anm. von *Monéger* bei Zusammenstoß zwischen Franzosen in Spanien. Doch wird bei Gefälligkeitsfahrt von Franzosen französisches Recht als *Vertrags*statut (Personenbeförderung) auf die Haftpflicht angewandt vom Trib. de grande instance de Dinan D. S. Jur. 1969, 404 mit Anm. von *Prévault:* Fräulein Haguet reist mit ihrer Freundin, der Witwe Delasausse, in deren Wagen auf gemeinsame Kosten durch Spanien; die Witwe steuert, der Wagen stürzt in eine Schlucht; das Fräulein wird verletzt und macht die Witwe haftbar. Sogar als *Delikts*statut findet man das gemeinsame französische Personalstatut von Täter und Verletztem bei der Gefälligkeitsfahrt: Court d'appel de Nîmes Rev. crit. dr. i. p. 1973, 89 mit Anm. von *Claeys.*

In **Österreich** beurteilt der OGH Delikte zwischen Österreichern im Ausland nach Tatortrecht: (öst)ZRvgl. 1969, 212 mit Anm. von *Kralik,* betr. einen Kraftfahrzeugunfall in Italien; IPRax 89, 394, betr. Lackspritzer auf geparktes Kraftfahrzeug bei Lackierung einer daneben abgestellten Motorjacht.

Inzwischen sind Frankreich und Österreich dem Haager Abkommen über Verkehrsunfälle (unten S. 645 f.) beigetreten. Nach dessen Art. 4 gilt in allen oder fast allen der vordem entschiedenen Fälle das Recht des Ortes, in dem das Fahrzeug registriert ist, und damit weithin das Recht des gewöhnlichen Aufenthalts im selben Staat.

Stark eingeschränkt wurde das Tatortrecht zugunsten des Rechts des Wohnsitzes im selben Staat (im Ergebnis) in den **USA** vom New Yorker Court of Appeals in

Babcock v. *Jackson,* 191 N. E. 2d 279 (1963): Ein Ehepaar und eine Bekannte aus Rochester im Staate New York fahren zum Wochenende im Auto des Ehepaars nach Kanada; in Ontario verursacht der Ehemann einen Unfall und die Bekannte wird schwer verletzt (auf Haftpflicht des Ehemannes New Yorker Recht angewandt, das Haftung des Gefälligen für Fahrlässigkeit bejaht, während das Recht von Ontario sie verneint [seit 1966 haftet der Gefällige in Ontario für Vorsatz und grobe Fahrlässigkeit]). Entsprechend der Supreme Court von Pennsylvania in *Kuchinic* v. *McCrory,* 222 A. 2d 897 (1966): Ein Privatflugzeugbesitzer aus Pennsylvania lädt seine Freunde, ebenfalls aus Pennsylvania, ein, mit ihm zu einem *football*-Spiel nach Miami zu fliegen; auf dem Rückflug Absturz in Georgia, alle tot (auf Haftpflicht des Gefälligen wird das Recht von Pennsylvania angewandt, das leichte Fahrlässigkeit genügen läßt, nicht das Recht von Georgia, das grobe Fahrlässigkeit fordert). Ähnlich der Supreme Court von Massachusetts in *Johnson* v. *Johnson,* 216 A. 2d 781 (1966): Ehepaar aus Massachusetts hat Autounfall in New Hampshire (auf Haftpflicht des Mannes gegenüber der Frau wird das Recht von Massachusetts angewandt, das Deliktsklagen zwischen Eheleuten verbietet, nicht das Recht von New Hampshire, das sie erlaubt; dazu Note 79 [1966] Harv. L. Rev. 1707–1710).

Allerdings ist die Rechtsprechung des höchsten Gerichts von New York nicht leicht zu durchschauen:

In *Dym* v. *Gordon,* 209 N. E. 2d 792 (1965) nimmt ein New Yorker in Colorado, wo er im Sommer an der Universität von Colorado studiert, eine dort ebenfalls studierende New Yorkerin, mit der er sonst nichts zu tun hat, in seinem Wagen eine kurze Strecke zum Unterricht mit (auf die Haftpflicht des Gefälligen wird das Recht von Colorado angewandt, das grobe Fahrlässigkeit fordert, die nicht gegeben ist, während nach New Yorker Recht leichte Fahrlässigkeit genügt).

In *Macey* v. *Rozbicki,* 221 N. E. 2d 380 (1966) geht ein Ehepaar aus Buffalo (New York) drei Sommermonate in ein Ferienhaus jenseits der Niagarafälle nach Ontario; dorthin kommt für 10 Tage eine Schwester der Frau, ebenfalls aus Buffalo; auf einer Fahrt zu den Niagarafällen verursacht die Frau im Wagen ihres Mannes einen Unfall und die Schwester wird verletzt (auf die Haftpflicht der Eheleute wird New Yorker Recht angewandt).

In *Miller v. Miller,* 237 N.E. 2d 877 (1968) besucht Earl Miller aus dem Staate New York seinen Bruder Robert in Maine, wo beide in einem Kaufhaus eine Damenkonfektionsabteilung haben. Robert fährt im Wagen seiner Frau Barbara gegen einen Brückenpfeiler und tötet Earl. Kurz darauf ziehen Robert und Barbara in den Staat New York, wo sie früher gelebt hatten. Earls Witwe verklagt sie auf Schadensersatz für sich und die Kinder. In Maine war zur Unfallzeit die Ersatzpflicht beschränkt auf 20 000 $. Während des Rechtsstreits ließ man die Höchstgrenze fallen. In New York kannte man schon lange keine Höchstgrenze mehr. Der New Yorker Court of Appeals beurteilt mit Mehrheit 4 : 3 den Haftungsumfang nach New Yorker Recht, obwohl sich der Unfall in Maine zutrug und die Beklagten damals in Maine lebten. Das Gericht wägt die *„governmental interests“* der beteiligten Staaten (oben S. 177f.): Leitgedanke ist, *„that the law of the jurisdiction having the greatest interest ... will be applied and that the facts or contacts which obtain significance in defining state interests are those which relate to the purpose of the particular law in conflict“* (879).

Widersprechen *Babcock, Macey* und *Miller* dem Fall *Dym?* Oder wird nur subtil unterschieden?

Die Antwort gibt anscheinend *Tooker* v. *Lopez,* 249 N.E. 2d 394 (1969). Drei Studentinnen aus demselben *„dormitory“* der Michigan State University in Lansing fahren in einem japanischen Sportwagen zum Wochenende nach Detroit (Michigan): Miss Tooker, Miss Lopez und Miss Silk. Die ersten beiden stammen aus New York, Miss Silk aus Michigan. Miss Lopez fährt. Der Wagen ist für sie gekauft, gehört aber ihrem Vater und ist in New York registriert und versichert. Er überschlägt sich bei einem Überholversuch. Die New Yorker Mädchen bleiben tot, Miss Silk wird schwer verletzt. Vater Tooker als Nachlaßverwalter verlangt von Vater Lopez Schadenersatz. Auf die Haftpflicht bei Gefälligkeitsfahrt wird mit Mehrheit 4 : 3 New Yorker Recht angewandt und nicht das Recht von Michigan, das grobe Fahrlässigkeit verlangt. Das

Gericht wägt die „*governmental interests*“ (oben S. 177f.) und meint „*that the application of Michigan law would defeat a legitimate interest of the forum State without serving a legitimate interest of any other State*“ (398). Der ähnliche Fall *Dym* wird für anders gelagert erklärt („*distinguished*“, 397), tatsächlich aber aufgegeben („*overruled*“, 404 unter 1, 407 a. E. f.). Dazu Note: 45 (1970) N. Y. U. L. Rev. 146–157.

Aber dann schwingt das Pendel zurück. In *Neumeier v. Kuehner*, 286 N. E. 2d 454 (1972) fährt ein Mann aus Buffalo (New York) mit seinem Wagen nach Fort Erie (Ontario), nimmt dort einen Einwohner auf, um mit ihm nach Long Beach (Ontario) und zurück nach Fort Erie zu fahren. Auf der Hinfahrt wird der Wagen von einem Zug erfaßt, beide Insassen werden getötet. Der New Yorker Court of Appeals wendet Tatortrecht an (Ontario: Haftung des Gefälligen nur für grobe Fahrlässigkeit [New York: auch für leichte]), wenn am Delikt Leute mit Wohnsitz in verschiedenen Staaten beteiligt sind; Ausnahme: den Zwecken der Sachnormen der beteiligten Staaten wird durch deren Anwendung besser gedient: Gegenausnahme: Die Anwendung der Sachnormen des Gerichtsstaats würde das reibungslose Funktionieren des Vielstaaten-Systems hindern, weil der Kläger in dem Staate klagen würde, dessen Recht ihm am günstigsten ist (sog. *forum shopping*), oder große Rechtsunsicherheit für die Parteien schaffen. Dazu Symposium: 1 (1973) Hofstra L. Rev. 93–182; Note: 26 (1973) Vand. L. Rev. 340–350.

Heute gilt in New York – „*despite the so-called ‚choice of law revolution‘*“ – „*almost exclusively*“ entweder das Recht des Tatorts oder (mit Vorrang) das Recht des Staates, in dem Täter und Verletzter wohnen: Schultz v. Boy Scouts of America, Inc., 491 N. Y. S. 2d 90 (Ct. App. 1985) (103, 95). Sachverhalt: Richard und Christopher Schultz, 13 und 11 Jahre alt, leben mit ihren Eltern in New Jersey und gehen dort zur Schule. Einer ihrer Lehrer und der Führer ihrer Pfadfindergruppe ist der Franziskaner Coakeley. Dieser vergreift sich an ihnen geschlechtlich, hauptsächlich in einem Camp im Staate New York. Christopher nimmt sich das Leben. Die Eltern verklagen u. a. den Mönch und seinen in Ohio eingetragenen und ansässigen Orden auf Schadenersatz. Angewandt wird (auch auf den Orden) das Recht von New Jersey, nach dem eine wohltätige Einrichtung *(„charity“)* nicht für Fahrlässigkeit haftet *(„immunity“)*; Ohio kennt nur ein schwächeres Privileg und New York gar keins. Vgl. zur weiteren Entwicklung in New York *Hay* und *Ellis* 14 (1993) Int. L. 377–383; *Juenger* 56 (1993) Albany L. Rev. 739–743, 747–751.

Der Supreme Court von Kalifornien hat in *Reich v. Purcell*, 432 P. 2d 727 (1967) auf einen Autounfall in Missouri das Recht von Ohio angewandt. Frau Reich fuhr von ihrem Wohnsitz in Ohio mit ihren beiden Kindern nach Kalifornien, um dort ihren Mann zu treffen und die Möglichkeit einer Übersiedlung nach Kalifornien zu prüfen. Ihr Wagen wurde frontal gerammt vom Wagen Purcells, der von Kalifornien nach Illinois in die Ferien fuhr. Frau Reich und eines der Kinder wurden getötet. Die Nachlässe wurden in Ohio abgewickelt. Mit dem überlebenden Kinde ließ sich der Vater in Kalifornien nieder. Das Recht von Missouri begrenzt Schadenersatzansprüche auf 25 000 $; die Rechte von Kalifornien und Ohio kennen keine Höchstgrenze. Chief Justice *Traynor* arbeitet mit „*governmental interests*“ (oben S. 177f.): „*As the forum we must consider all of the foreign and domestic elements and interests involved in this case to determine the rule applicable. Three states are involved. Ohio is where plaintiffs and their decedents resided before the accident and where the decedents' estates are being administered. Missouri is the place of the wrong. California is the place where the defendant resides and is the forum.*“ (730). Das Interesse von Ohio wird als überwiegend angesehen. Damit kaum vereinbar freilich der 1976er Fall *Bernhard v. Harrah's Club* (oben S. 625).

In *Jagers v. Royal Indemnity Co.*, 276 So. 2d 309 (1973) klagt Mutter gegen volljährigen Sohn und dessen Haftpflichtversicherung aus Autounfall. Mutter und Sohn haben Wohnsitz in Louisiana, lebten aber zur Zeit des Unfalls vorübergehend in Mississippi. Damals war Sohn minderjährig, jetzt ist er volljährig. Nach dem Recht von Mississippi kann vielleicht eingewandt werden, Mutter könne Sohn aus Unfall während seiner Minderjährigkeit nicht verklagen. Der Supreme Court von Louisiana geht mangels „*governmental interests*“ des Unfallstaats und wegen solcher Interessen Louisianas vom Tatortrecht ab und wendet das Recht des gemeinsamen Wohnsitzes an (mit beachtlichem *dissent* von *Summers,* J.).

Ähnlich die in Texas ergangene Entscheidung *Couch v. Mobil Oil Corp.* (1971) (oben S. 441). Dazu *Kolb* 48 (1973) Tul. L. Rev. 149–155; *Couch* 49 (1974) Tul. L. Rev. 1–20. Vgl. aber auch *Day & Zimmermann v. Challoner* (1975) oben S. 625.

Dagegen bleibt nach umfänglicher Abwägung der *„governmental interests"* beim Recht des Unfallorts der Supreme Court of Wisconsin in *Conklin v. Horner,* 157 N. W. 2d 579 (1968). Es ging um die Haftung eines Fahrers aus Illinois gegenüber seinem Mitfahrer aus Illinois. Die Reise hatte in Illinois begonnen und sollte dort enden. Der Fahrer kam jedoch in Wisconsin von der Straße ab und fuhr gegen einen Baum. In Illinois wird dem Gast nur für grobe Fahrlässigkeit gehaftet, in Wisconsin auch für leichte.

Auch der Supreme Court von Michigan hält am Tatortrecht fest: in *Abendschien* v. *Farrell,* 170 N.W. 2d 137 (1969) verursachte der aus Michigan stammende Fahrer eines Mietwagens, der in Michigan zugelassen, versichert und vermietet war, auf der Fahrt von Buffalo (N.Y.) nach Detroit (Michigan) in Ontario einen Unfall; Haftung des Fahrers gegenüber drei Mitfahrern aus New York wird nach dem Recht von Ontario beurteilt (Haftung nur für grobe Fahrlässigkeit), nicht nach den Rechten von Michigan und New York (Haftung auch für leichte Fahrlässigkeit).

Ebenso bleibt beim Tatortrecht das oberste Gericht von Pennsylvania; *Cipolla* v. *Shaposka,* 439 Pa. 563, 267 A. 2d 854 (1970) und dazu *Cavers* 9 (1971) Duquesne L. Rev. 360–372.

Im Ganzen waren 1977 beim Tatortrecht geblieben zehn Staaten, während 26 Staaten sowie der District of Columbia und Puerto Rico den Tatort, jedenfalls als einzige Anknüpfung, verlassen hatten (*Weintraub* 41 [1977] Law & Cont. Prob. 146). Vgl. *Scoles* und *Hay,* Conflict of Laws², 1992, 578f., 585f., 600 a.E.–602, 625f. Siehe auch die „Map 1. Tort Conflicts" bei *Symeonides* 44 (1996) Am. J. Comp. L. 195.

Die vom Tatortrecht abweichende Rechtsprechung erwärmt **England.** in *Boys* v. *Chaplin* fährt in Malta ein Marineflieger mit seinem Wagen einen Luftwaffentechniker auf einem Motorroller an. Beide sind Briten mit Wohnsitz in England. Nach englischem Recht haftet der Marineflieger auf Schmerzensgeld, nach Malteser Recht nicht. Englisches Recht wird angewandt und *Lord Denning M.R.* begründet das im *Court of Appeal* mit der engen Verbindung der Parteien mit England: *„... we should apply the proper law of the tort, that is, the law of the country with which the parties and the act done have the most significant connection"* ([1968] 2 W.L.R. 328 [331]). Das *House of Lords* bestätigt die Anwendbarkeit englischen Rechts ([1969] 3 W.L.R. 322). Zu den Begründungen der fünf „law lords" eingehend *Gerber,* Torts and Related Problems in the Australian Conflicts of Laws, 1974, 61–111. Beachtlich der Satz von *Lord Wilberforce* (aaO 343): *„If one lesson emerges from the United States decisions it is that case to case decisions do not add up to a system of justice."*

Daß man versucht, Ausnahmen vom Tatortrecht zu versammeln unter den Oberbegriffen „gemeinsames Personalstatut", „gewöhnlicher Aufenthalt im selben Staat", „Registerort", *„governmental interests"* oder *„most significant connection"* – in dem Bemühen, der rechtspolitisch richtigen Entscheidung der Fälle möglichst nahe zu kommen – ist ein gutes Beispiel für die bekannte Tatsache, daß die Juristen oft trotz verschiedener Denkgewohnheiten zu ähnlichen Ergebnissen gelangen. Freilich ist *eine* Lösung die beste, mindestens die bequemste.

Der Vorrang des gemeinsamen Personalstatuts vor dem Tatortrecht kam zum Ausdruck in der aufgehobenen (oben S. 614) *VO des Ministerrats für die Reichsverteidigung über die Rechtsanwendung bei Schädigungen deutscher Staatsangehöriger außerhalb des Reichsgebiets* vom 7. 12. 1942 (RGBl. I 706).

Der BGH ersetzte schon während ihrer Geltung die gemeinsame Staatsangehörigkeit durch den gewöhnlichen Aufenthalt des Täters und Verletzten im selben Staat.

Z.B. BGH 90, 294 = IPRax 85, 104 mit Aufsatz von *W. Lorenz* 85–88 = JR 85, 21 mit Anm. von *Hohloch* = JZ 84, 669 mit Anm. von *v. Bar:* Jugoslawen, die in München in Hausgemeinschaft leben, fahren mit dem dort zugelassenen Wagen eines von ihnen, der steuert, in die Heimat, um die Scheidungsurkunde einer in der Hausgemeinschaft lebenden und mitfahrenden Frau zu holen. Deren zehnjähriger Sohn bricht bei einem vom Fahrer verschuldeten Unfall in Österreich Oberarm und Schenkelhals und verklagt den „Onkel". Der BGH läßt zwar offen, ob *allgemein* der gewöhnliche Aufenthalt im selben Staat (*in casu* Deutschland) die gemeinsame Staatsangehörigkeit (hier Jugoslawien) verdrängt (wofür „gute Gründe" sprächen). Jedenfalls sei es so, wenn sich Täter und Verletzter nicht erstmals am Unfallort träfen, sondern schon *am Reisebeginn „sozialer Kontakt"* bestanden habe. Hinzu komme in casu, daß die Fahrt ihre Wurzeln in einer in Deutschland geführten familienähnlichen Gemeinschaft hatte. Für Geschäfte des täglichen Lebens hätten sich die Beteiligten auf deutsches Recht eingestellt und den Lebenszuschnitt wirtschaftlich an deutschen Verhältnissen ausgerichtet. In diese Gemeinschaft sei der Unfall „eingebettet" gewesen, einschließlich Sorgfaltsanforderungen und Schadensregulierung. Für solche Fälle sei die Gemeinschaft auf die Rechtsvorstellungen des Aufenthaltslandes ausgerichtet, mögen auch in ihr „Anschauungen und Gewohnheiten ihrer jugoslawischen Heimat lebendig gewesen sein".

Will man nicht unterstellen, daß hier deutsches Recht als solches siegte (also der Unfall, wenn die Jugoslawen in Paris gelebt hätten, wirklich nach französischem Recht entschieden worden wäre), dann fragt sich, ob und wie man Geschäft und persönliche Angelegenheiten trennen kann. Im Geschäftsverkehr spricht mehr für den gewöhnlichen Aufenthalt als für das Heimatrecht (vgl. oben S. 538). Delikte aber sind Ausnahmen und oft geht es ums Ganze. Darum liegt hier, wenn man vom Tatortrecht (außer Verkehrsregeln) abgeht, das gemeinsame Heimatrecht von Täter und Verletztem näher als ihr gewöhnlicher Aufenthalt im selben Staat. Das gilt zwischen Fremden (Anhalter und Fahrer) und noch viel mehr in der Familie, in der ohnehin meist das gemeinsame Heimatrecht herrscht. Die Grundentscheidung für das Staatsangehörigkeitsprinzip im Interesse der Betroffenen bringt es mit sich, daß Unbequemlichkeiten der Anwendung ausländischen Rechts in Kauf zu nehmen sind (oben S. 390).

Die „guten Gründe" für die Anwendung des Rechts des Staates, in dem sich Täter und Verletzter gewöhnlich aufhalten, von denen BGH 90, 294 gesprochen hatte (unter 2b S. 299), führen in BGH 93, 214 (217–220) = IPRax 86, 108 mit Aufsatz von *von Hoffmann* 90f. = JR 85, 371 mit Anm. von *Hohloch* = JZ 85, 441 mit Anm. von *W. Lorenz* bei Unfällen im Straßenverkehr dahin, zwar der Rechtssicherheit wegen für die Verkehrsregeln weiterhin das Tatortrecht zu wahren (vgl. unten S. 643 a.E.), aber als „Regulierungsstatut" für „Entschädigungswürdigkeit der Unfallfolgen, für Umfang, Art und Höhe des Schadensersatzes ... die Besonderheiten bei internationalen Straßenverkehrsunfällen (Häufigkeit, Schadenstypizität, erhebliches Schadenspoten-tial, Versicherungspflicht und damit auch gegenseitiges Vertrauen auf das Bestehen einer Haftpflichtversicherung, Schadensregulierung durch Versicherer) jedenfalls dann, wenn Schädiger und Geschädigter *gemeinsam* ihren gewöhnlichen Aufenthalt in einem anderen als dem Tatortland haben, keiner der Beteiligten durch seine Staatsangehörigkeit Beziehungen zu dem Tatortland hat und die in den Unfall verwickelten Kraftfahrzeuge im Aufenthaltsland zugelassen und versichert sind, die deliktsrechtliche Anknüpfung an die Rechtsordnung des gemeinsamen sozialen Umfeldes der Unfallbeteiligten sachgerechter und überzeugender" zu finden als die Anknüpfung an den Tatort. Dafür beruft sich der BGH auch auf die Reformvorschläge oben S. 628. *In casu* waren in Portugal ein Spanier und ein Deutscher, beide in Deutschland wohnhaft, zusammengestoßen mit ihren Kraftwagen, die in Deutschland zugelassen und haftpflichtversichert waren. Es ging um Schmerzensgeld.

An dieser Rechtsprechung hielt der BGH zunächst fest (BGH 108, 200 [202f. unter II 1a] = IPRax 90, 180 mit Aufsatz von *Spickhoff* 164–166).

Später verließ er das Tatortrecht auch dann zugunsten des Aufenthaltsrechts, wenn die Unfallbeteiligten dem Tatortstaat angehörten und Mitglieder derselben Familie waren, falls sie sich in einem anderen Staat gewöhnlich aufhielten und das Kraftfahrzeug dort zugelassen und versichert war: BGH 119, 137 = DAR 93, 21 mit Aufsatz von *Wezel* 19–21 = JR 94, 18 mit Aufsatz von *Dörner* 6–12 = JZ 93, 417 mit Aufsatz von *Zimmer* 396–401 = NJW 92, 3091 (3092f. unter II 3c, d) mit Aufsatz von *Rothoeft* und *Rohe* 93, 974–976 = VersR 92, 1237 mit Anm. von *Wandt:* in Deutschland lebende türkische Mutter verletzt ihren ebenfalls in Deutschland lebenden Sohn auf Urlaubsreise in der Türkei: deutsches Recht angewandt; BGH 120, 87 = NJW 93, 1007: in Deutschland lebender türkischer Vater verletzt seinen ebenfalls in Deutschland lebenden Sohn auf Urlaubsreise in der Türkei: deutsches Recht angewandt. Vgl. BGH NJW 93, 1009 = VersR 93, 307 mit Anm. von *E. Lorenz:* in Deutschland lebender türkischer Vater verletzt in der Türkei lebende Tochter auf Urlaubsreise in der Türkei: türkisches Recht angewandt.

Bei gewöhnlichem Aufenthalt mehrerer Verletzter in verschiedenen Ländern (z.B. ein in Deutschland lebender türkischer Elternteil verletzt in Deutschland lebenden Sohn und in der Türkei lebende Tochter auf Urlaubsreise in der Türkei) führt das zu Haftung nach verschiedenen Rechten (BGH NJW 93, 1009 usw. wie oben).

c) Wesentlich engere Verbindung

Der gewöhnliche Aufenthalt von Täter und Verletztem im selben Staat (Art. 41 II Nr. 2 EGBGB) ist ein Sonderfall der Ausweichklausel (oben S. 258–260, 614) des Art. 41 I. Der ganze **Art. 41** lautet:

„(1) Besteht mit dem Recht eines Staates eine wesentlich engere Verbindung als mit dem Recht, das nach den Artikeln 38 bis 40 Abs. 2 maßgebend wäre, so ist jenes Recht anzuwenden.

(2) Eine wesentlich engere Verbindung kann sich insbesondere ergeben

1. aus einer besonderen rechtlichen oder tatsächlichen Beziehung zwischen den Beteiligten in Zusammenhang mit dem Schuldverhältnis oder
2. in den Fällen des Artikels 38 Abs. 2 und 3 und des Artikels 39 aus dem gewöhnlichen Aufenthalt der Beteiligten in demselben Staat im Zeitpunkt des rechtserheblichen Geschehens; Artikel 40 Abs. 2 Satz 2 gilt entsprechend."

Während Art. 41 I den Art. 40 II nennt, tut dies Art. 41 II nicht. Grund: für unerlaubte Handlungen ist das Recht des gewöhnlichen Aufenthalts von Täter und Verletztem im selben Staat schon durch Art. 40 II berufen.

Wie bei Geschäftsführung ohne Auftrag (oben S. 614) und ungerechtfertigter Bereicherung (oben S. 619) kann nach Art. 41 II Nr. 1 bei der unerlaubten Handlung die die Beziehung zu einem *Vertrag* zur Maßgelichkeit des Rechts führen, dem der Vertrag unterliegt.

d) Nachträgliche Rechtswahl

Nach Art. 40 I 2, 3 EGBGB darf der Verletzte an Stelle des Rechts des Handlungsorts das des Erfolgsorts wählen (oben S. 628). Außerdem können gemäß **Art. 42 EGBGB** (abgedruckt oben S. 615) nach begangenem Delikt Täter und Verletzter gemeinsam das anwendbare Recht bestimmen wie bei Geschäftsführung ohne Auftrag (oben S. 615) und ungerechtfertigter Bereicherung (oben S. 619).

e) Staatshaftung

Schrifttum: *Grasmann*, Kollisions- und fremdenrechtliche Fragen bei Amtspflichtverletzungen, JZ 69, 454–459; *Schurig*, Internationalrechtliches zum Staatshaftungsgesetz, JZ 82, 385–391; *Staudinger-von Hoffmann*[12] Art. 38 EGBGB Rz 228a–229 S. 180–183; *Soergel-Lüderitz* X[12] Art. 38 EGBGB Rz. 64–72 S. 1883–1886; *Münch-Komm-Kreuzer*[3] Art. 38 EGBGB Rz. 275–279 S. 2132f.

Grundsätzlich *haftet* der Staat für Delikte seiner Beamten, Angestellten und anderen Gehilfen nur nach dem *eigenen Recht,* gleich ob sie hoheitlich oder nicht, im In- oder Ausland gehandelt haben. *Ob unerlaubt gehandelt* ist, sagt grundsätzlich das *Tatortrecht* (mit den üblichen Ausnahmen bei gewöhnlichem Aufenthalt von Täter und Verletztem im selben Staat [oben b] und auf staatsfreiem Gebiet [unten f]). Nach demselben Recht haftet der *Handelnde,* soweit nicht sein Staat für ihn eintritt (streitig).

f) Staatsfreies Gebiet

Tatortrecht kann nicht gelten in staatsfreiem Gebiet (oben S. 17f.).

Handelt es sich um **Festland** wie Arktis und Antarktis, dann tritt an die Stelle des Tatortrechts nach Möglichkeit das *Recht des gewöhnlichen Aufenthalts von Täter und Verletztem im selben Staat.* Anderenfalls sollte das Recht des gewöhnlichen Aufenthalts des *Täters* entscheiden. Denn für gewöhnlich ist der Täter nur dem Tatortrecht unterworfen. Macht man ihn darüber hinaus haftbar, dann erscheint es billig, ihn nur nach der Rechtsordnung zu packen, der er durch seinen eigenen gewöhnlichen Aufenthalt verbunden ist. Für Mitverschulden muß entsprechend das Recht des gewöhnlichen Aufenthalts des Verletzten gelten.

Soweit **Schiffe auf hoher See** den Schauplatz von Delikten bilden, entscheidet das Recht der *Flagge,* wenn das Schiff mit Recht eine solche führt.

Die *Flagge* ist für Passagiere und Besatzung leicht erkennbar. Sie ist für die Passagiere und zum Teil auch für die Besatzung leichter wahrzunehmen als der *Heimathafen.* Täter, Verletzter und Dritte können sich daher am leichtesten nach dem Flaggenrecht richten. Daher sollte das Recht des Heimathafens nur dann entscheiden, wenn im Flaggenstaat verschiedenes Recht gilt (wie in den USA) und der Heimathafen im Flaggenstaat liegt (vgl. oben S. 545 [Vollmacht und gesetzliche Vertretungsmacht des Kapitäns] und S. 615 [Bergung und Hilfe in Not auf hoher See]).

Bei *Zusammenstößen auf hoher See von Schiffen verschiedener Flagge* läßt RG 138, 243 (246) zugunsten des Reeders des verletzten Schiffs alternativ die Rechte beider Schiffe gelten, weil das Täterschiff Handlungsort, das verletzte Schiff Erfolgsort sei (ebenso OLG Hamburg

IPRspr. 1974 Nr. 40 [S. 107 f.] = VersR 75, 761 [762]). Daß an Bord eines Schiffs Flaggenrecht gilt, ist jedoch kein Grund, bei Verletzung eines fremden Schiffs dessen Flaggenrecht heranzuziehen. Die Lage entspricht vielmehr derjenigen auf staatsfreiem Festland: es sollte nur das Recht des Täterschiffs und für Mitverschulden das Recht des verletzten Schiffs gelten.

Schrifttum zu Schiffszusammenstößen auf hoher See: *Rabel* II^2 349–352; *Jambu-Merlin,* Note D. 1962, Jur. 155–157; *Kegel,* L'abordage en haute mer en droit international privé, Rev. crit. dr. i. p. 1968, 393–417; *E. Lorenz,* Das anwendbare Recht bei Schiffszusammenstößen auf hoher See, Duden-Fschr. 1977, 229–268; *Berlingieri,* Jurisdiction and Choice of Law in Collision Cases and an Overview of the Concept of Fault and Its Apportionment, 51 (1977) Tul. L. Rev. 866–879 (870 f.); *Basedow,* Der internationale Schadensprozeß nach Seeschiffskollisionen – Zu den §§ 738 ff. HGB, VersR 78, 495–503; *Roth* und *Plett,* Schiffszusammenstöße im deutschen IPR, RabelsZ 42 (1978), 662–695; *O'Connell,* The English Choice of Law Rule in Collision Suits and Shipboard Torts, Stödter-Fschr. 1979, 101–107; *E. Lorenz,* Das anwendbare Recht bei Schiffs- und Flugzeugunfällen, in: *von Caemmerer* (Hrsg.), Vorschläge und Gutachten zur Reform des deutschen IPR der außervertraglichen Schuldverhältnisse, 1983, 440–463; *Czempiel,* Das bestimmbare Deliktsstatut, 1991, 48–70; *Puttfarken,* Seehandelsrecht, 1997, 307 f.; *MünchKomm-Kreuzer*[3] Art. 38 EGBGB Rz 162 S. 2072; *Herber,* Seehandelsrecht, 1999, 8 (unter 2 c), 409 f.

Für Flaggenrecht § 17 II RAG der DDR. Der französische Kassationshof wendet die *lex fori* an (D. S. Jur. 1966, 577 mit Anm. von *Jambu-Merlin* = Rev. crit. dr. i. p. 1966, 636 mit Anm. von *Legendre*).

Beachte für Schiffszusammenstöße (auf hoher See wie in Küsten- und Binnengewässern) auch die *Brüsseler Übereinkommen* von
- 1910 (Regeln über den Zusammenstoß von Schiffen),
- 1952 (Regeln über die zivilgerichtliche Zuständigkeit bei Schiffszusammenstößen),
- 1957 (Beschränkung der Haftung von Eigentümern von Seeschiffen),

die *Londoner Übereinkommen* von
- 1972 (Internationale Regeln zur Verhütung von Zusammenstößen auf See),
- 1976 über die Beschränkung der Haftung für seerechtliche Verbindlichkeiten sowie

die *Genfer Übereinkommen* von:
- 1960 und 1988 (Regeln über den Zusammenstoß von Binnenschiffen),
- 1973 (Beschränkung der Haftung der Eigentümer von Binnenschiffen)

(alle oben S. 87–90).

Vgl. Art. 1 des Brüsseler Übereinkommens zur Vereinheitlichung von Regeln über die strafgerichtliche Zuständigkeit bei Schiffszusammenstößen und anderen mit der Führung eines Seeschiffes zusammenhängenden Ereignissen vom 10. 5. 1952 (BGBl. 1972 II 653, 668, 1973 II 343), der die Gerichte des Staates, dessen Flagge das schuldige Schiff geführt hat, für ausschließlich zuständig erklärt (dazu *Oehler* Carstens-Fschr. 1984, 437).

Über Bohrinseln auf hoher See *Grebner* AWD 74, 81 a. E. f. Über Weltraumstationen *Beier* und *Stauder* GRUR Int. 85, 6–13 (8 f.).

Über Delikte in **Flugzeugen während des Flugs** und über Delikte in **„exterritorialen" Gebäuden** oben S. 18.

g) Ordre public

Wie stets, wenn ausländisches Recht berufen wird, gilt auch im internationalen Deliktsrecht die Einschränkung des Art. 6 EGBGB (*ordre public* oben S. 450–476). Als Spezialvorschrift des *ordre public* galt außerdem bis 31. 5. 1999 *Art. 38 EGBGB,* der lautete:

„Aus einer im Ausland begangenen unerlaubten Handlung können gegen einen Deutschen nicht weitergehende Ansprüche geltend gemacht werden, als nach den deutschen Gesetzen begründet sind."

Art. 38 hatte gemäß Art. 1 Nr. 5 IPRG wörtlich übernommen den ursprünglichen Art. 12 EGBGB, den Art. 1 Nr. 7 IPRG durch eine seither dem Verkehrsschutz dienende Vorschrift ersetzt hat (oben S. 185). Das Gesetz zum IPR für außervertragliche Schuldverhältnisse und für Sachen hat in seinem Art. 1 den bisherigen Art. 38 EGBGB stillschweigend aufgehoben (Art. 38 regelt jetzt das internationale Bereicherungsrecht). Statt dessen hat es in Art. 40 III EGBGB eine neue Spezialvorschrift des *ordre public* eingeführt:

„(3) Ansprüche, die dem Recht eines anderen Staates unterliegen, können nicht geltend gemacht werden, soweit sie

1. wesentlich weiter gehen als zur angemessenen Entschädigung des Verletzten erforderlich,
2. offensichtlich anderen Zwecken als einer angemessenen Entschädigung des Verletzten dienen oder
3. haftungsrechtlichen Regelungen eines für die Bundesrepublik Deutschland verbindlichen Übereinkommens widersprechen."

Nr. 1 richtet sich gegen überhöhte Schmerzensgeldansprüche des amerikanischen Rechts, *Nr. 2* gegen *punitive* und *multiple* (meist *treble*) damages ebenfalls des amerikanischen Rechts.

Zu Nr. 2 z. B. BGH 118, 312 = NJW 92, 3096 (3100–3106 unter A IV – B); LG Hamburg RIW 97, 65 (66 unter II); *Witte,* Der US-amerikanische RICO-Act und deutsche Unternehmen, 1988 (bespr. von *Junker* HRZ 99, 146–149); *Mörsdorf-Schulte,* Funktion und Dogmatik US-amerikanischer punitive damages, 1998; *Brockmeier,* Punitive damages, multiple damages und deutscher ordre public unter besonderer Berücksichtigung des RICO-Act; *Zekoll* und *Rahlf,* US-amerikanische Antitrust-Treble Damages Urteile und deutscher ordre public, JZ 99, 384–394.

Nr. 3 (sehr bedenklich!) will Haftungsbeschränkungen auf Grund von Staatsverträgen, die in Deutschland gelten wie das Warschauer Abkommen (oben S. 90), gegenüber Staaten durchsetzen, die den Abkommen nicht beigetreten sind.

Siehe zu Art. 40 III EGBGB BTDrucks. 14/343 S. 12f. und kritisch *Wagner* IPRax 98, 7f.

2. Geltungsbereich

Das Recht des Handlungs- und, falls gewählt, das Recht des Erfolgsorts (oben 1a), das Recht des gewöhnlichen Aufenthalts von Täter und Verletztem im selben Staat (oben 1b), das von den Parteien nachträglich gewählte Recht (oben 1c), das Recht des haftenden Staats (oben 1d) und die in Sonderfällen geltenden Rechtsordnungen (oben 1e und f) – sie alle, falls ausländisch, eingeschränkt durch den deutschen *ordre public* (oben 1g) – herrschen über das, was nach deutschem IPR eine unerlaubte Handlung ausmacht.

Sie gelten für *Verschuldens-* und *Gefährdungshaftung.*

Z.B. LG Berlin RIW 89, 988 mit Aufsatz von *Zekoll* 90, 302–305 und von *Heidenberger* ebenda 804–808: „warranty claim" aus Produkthaftung nach dem Recht von Massachusetts.

Zum Gebot des *non-cumul* von Vertrags- und Deliktsansprüchen im französischen Recht z.B. Cass. (2^2 civ.) Sem. jur. 1994, Nr. 22264 S. 213 mit Anm. von *Roussel.*

Sie bestimmen, wann für *Organe* juristischer Personen, *Verrichtungsgehilfen* und *Aufsichtsbedürftige* gehaftet wird (z.B. OLG Köln NJW-RR 98, 756).

Sie umschreiben den Kreis der geschützten *Rechtsgüter* und der *Verletzungen,* gegen die geschützt wird.

Beispiel: Ein norwegischer Geschäftsmann in Paris war mit dem Fürsten von Monaco befreundet und hatte von ihm viele Aktien einer afrikanischen Gesellschaft erworben. Einen Teil bot er einem Vetter in Norwegen zum Kauf an mit der Erklärung, sie seien gestiegen und er müsse sie sich selbst erst zum Kurs von 200 beschaffen. Der Vetter kaufte für 200 und focht später wegen *Betrugs* an (*Hambro* IntRDipl. 1957, 319f.). Hätte er Schadenersatz verlangt und wäre nach französischem Recht (Handlungsort) die Erklärung des Verkäufers noch zulässig und daher straffrei gewesen, nach norwegisches Recht (Erfolgsort) hingegen nicht, dann würde er gleichwohl, wenn er norwegisches Recht nach Art. 40 I 2 EGBGB gewählt hätte, nach norwegischem Recht als Betrüger haften, weil hier das Schutzgesetz den Kreis der *Verletzungen* gegen die geschützt wird, erweitert (der Kreis der geschützten *Rechtsgüter* mag, verglichen mit § 823 I BGB, ebenfalls erweitert sein [auf „Vermögen"], wäre aber in beiden Rechtsordnungen gleich).

Soweit *subjektive* Rechte geschützt werden, beantwortet allerdings das für sie maßgebende Recht die Vorfrage, ob sie bestehen.

Schutzgesetze, die nicht den Kreis der geschützten *Rechtsgüter* oder der *Verletzungen,* gegen die geschützt wird, *erweitern* (wie § 263 StGB im Rahmen von § 823 II BGB), sondern den Rechtsschutz von der Verletzung vorverlegen auf die bloße *Gefährdung* (z.B. Regeln des Straßenverkehrs), sind allein nach dem Recht des Ortes zu beurteilen, an dem die gefährdende Handlung begangen wird.

So für *Verkehrsregeln* BGH 57, 265 (267 a.F. f.), BGH NJW 77, 496 (497 unter II 1), BGH 87, 95 (97f.) und BGH 90, 294 (298) = IPRax 85, 104 mit Aufsatz von *W. Lorenz* 85–88 = JR 85, 21 (22) mit Anm. von *Hohloch* = JZ 84, 669 mit Anm. von *v. Bar;* BGH 93, 214 (217 a.E.f.) usw. wie oben S. 638; BGH 119, 137 = DAR 93, 21 mit Aufsatz von *Wezel* 19–21 = JR 94, 18 mit Aufsatz von *Dörner* 6–12 = JZ 93, 417 mit Aufsatz von *Zimmer* 396–401 = NJW 92, 3091 (unter II 3 a) mit Aufsatz von *Rothoeft* und *Rohe* 93, 974–976 = VersR 92, 1237 mit Anm. von *Wandt;* BGH NJW-RR 96, 732 = VersR 96, 515 (515 a.E. f. unter II 1).

So für Verhalten von *Skiläufern* auf Pisten OLG München NJW 77, 502 (vor 1) und OLG Düsseldorf VersR 90, 111 betr. Skiunfälle zwischen Deutschen in Österreich.

Beispiele:
Ein Deutscher darf in England nicht rechts fahren und von einem links fahrenden Deutschen, den er rammt, Ersatz fordern. Vielmehr hat der andere gegen ihn als „Geisterfahrer" einen Anspruch auf Schadenersatz.

Ein Kölner hupt in Paris (wo das Hupen verboten ist) auf einer Kreuzung mit Nachdruck und verursacht dadurch den Unfall eines erschrockenen Franzosen. Er haftet nach französischem Recht und kann sich nicht über Art. 40 III Nr. 1 EGBGB auf § 16 I StVO berufen, der das Hupen erlaubt hätte.

Vgl. aber OLG Karlsruhe VersR 85, 788: Deutscher reist mit Deutscher in Frankreich. Nach einer Schlafpause fährt er weiter, ohne sie zu wecken, so daß sie nicht angeschnallt ist. Bei Unfall wird ihre Wirbelsäule gebrochen. Auf Anschnallpflicht in Frankreich kommt es nicht an, weil nach deutschem Recht *allgemeine* Sorgfaltspflicht durch Nichtwecken verletzt.

Das für die unerlaubte Handlung maßgebende Recht entscheidet über die *Deliktsfähigkeit.*

Bei ihr geht es um Einzelfälle (wie bei der rechtsgeschäftlichen Erklärung und bei Willensmängeln: oben S. 538), nicht um Dauerzustände (wie bei beschränkter Geschäftsfähigkeit und Geschäftsunfähigkeit). Daher kann das Personalstatut (soweit es nicht Deliktsstatut ist) außer Betracht bleiben. Auch eine Schutzklausel (wie bei der rechtsgeschäftlichen Erklärung und bei Willensmängeln) ist bei Delikten entbehrlich.

Das Deliktsstatut beherrscht auch die *übrigen Voraussetzungen* der unerlaubten Handlung (Tatbestand, Verursachung, Rechtswidrigkeit, Schuld, Mitverschulden) und ihre *Folgen* (z.B. Schadenersatz in Natur oder Geld, Ersatz von Nichtvermögensschaden, Ausgleichsansprüche zwischen Mittätern, Verjährung).

Beispiel: BGH 32, 72: Französischer Zollinspektor bei Verkehrsunfall nahe Homburg-Saar getötet und in seinem Heimatort in der Bretagne beerdigt. Deutsches Deliktsrecht anwendbar. Nach § 844 I BGB muß Täter ersetzen Reisekosten der Witwe von Homburg nach der Bretagne, weil entstanden mit Überführung als Vorbereitung des Begräbnisses. Dagegen braucht Täter nach § 844 I BGB nicht zu ersetzen Reise der Tochter von Tunis zur Beerdigung. *Kritik:* neben § 844 I BGB benutzt BGH § 1968 BGB; statt seiner muß jedoch die entsprechende Norm des französischen Erbrechts eintreten (so richtig LG München I IPRax 82, 78 LS mit Anm. Red. [E.J.]; vgl. unten S. 860f.).

Unter das Deliktsstatut fällt schließlich der Direktanspruch („*action directe*") des Verletzten gegen den Haftpflichtversicherer des Täters. Allerdings herrscht hier das Deliktsstatus nicht allein, sondern zugunsten des Verletzten alternativ mit dem Recht, dem der Versicherungsvertrag unterliegt (unten S. 657).

Zur *Zustellung* von Klagen auf *punitive damages* unten S. 903.

3. Haager Abkommen

Schrifttum: *Dutoit,* La lex loci delicti à travers le prisme des deux Conventions de La Haye sur les accidents de la circulation routière et la responsabilité du fait des produits, Gedächtnisschr. Giuliano, Padua 1989, 417–434; *W. Lorenz,* Das außervertragliche Haftungsrecht der Haager Konventionen, RabelsZ 57 (1993), 175–206; *Bourel,* Un nouveau champ d'exploration pour le droit international privé conventionnel: les dommages causés à l'environnement, Loussouarn-Fschr., Paris 1994, 93–108.

a) Abkommen über Verkehrsunfälle

Für die Bundesrepublik nicht in Kraft getreten ist das **Haager** Abkommen von **1968** über das auf **Verkehrsunfälle anwendbare Recht** vom 4. 5. 1971 (oben S. 213 a. E.). Vertragsstaaten: Österreich, Schweiz, Frankreich, Belgien, Niederlande, Luxemburg, Spanien, Tschechei, Slowakei, Jugoslawien, Slowenien, Kroatien, Bosnien-Herzegowina, Mazedonien (Rev. crit. dr. i. p. 1998, 165; 45 [1998] NILR 295 f.).

Schrifttum: *Reese* 16 (1968) Am. J. Comp. L. 588 f. (Text 589–593); *Loussouarn* Clunet 1969, 5–21; *De Nova* Dir. Int. 1969, 104–112 (Text 112–116) und Rheinstein-Fschr. 1969, II 399–409; *Newman* 18 (1969) Int. Comp. L. Q. 643–646 (Text 664–669); *Beitzke* RabelsZ 33 (1969), 204–234 (Text 342–353); *Lépine,* Examen critique du système de la loi applicable en matière d'accidents de la circulation routière selon la Convention de La Haye de droit international privé 1968, 47 (1969) Can. B. Rev. 509–529; *Casel* und *Crépeau* 19 (1971) Am. J. Comp. L. 19–25; *Cavers* Rec. 1970 III 167–170 und 44 (1971) So. Cal. L. Rev. 354–359; *Geraci* und *Jaeger* Resp. civ. prev. 1971, 47–54 (Text 55–66); *Schultsz* WPNR 1972, 17–20, 29–32 (Text [Art. 1–15] 20–22); *Schwind* (öst)ZVerkR 1973, 326–330; *Kropholler* (öst)ZRvgl. 1975, 258–260; *Stoll* Kegel-Fschr. 1977, 123–127; *Schwimann* IPR 155–163; *Dutoit,* La Convention de La Haye sur la loi applicable aux accidents de la circulation routière dans le prisme de la jurisprudence, Mélanges Assista, Genf 1989, 533–550; *Beitzke,* Gastarbeiterunfall im Drittland, IPRax 89, 250–253; *Hoyer,* Haager Straßenverkehrsübereinkommen und Rechtswahl der Parteien, (öst)ZRvgl. 1991, 341–348; *Wandt,* Die Anknüpfung des Direktanspruchs nach dem Haager Straßenverkehrsübereinkommen: Vorbild für das deutsche IPR?, IPRax 92, 259–263; *Légier,* Note D.S.Jur. 1993, 13–17; *Dutoit,* La Convention de La Haye du 4 mai 1971 sur la loi applicable en matière d'accidents de la circulation routière à l'épreuve du temps, Collezione Assista TCS, Genf 1998, 98–114. Text auch Riv. dir. int. priv. proc. 1968, 933–937; Clunet 1975, 963–966; *Jayme-Hausmann*[9] 178–182 (Art. 1–15).

Siehe auch das Schrifttum zur 11. Haager Konferenz 7. Aufl. S. 173.

Das Abkommen betrifft die *außervertragliche* Haftung für Unfälle von *Fahrzeugen* (nicht bloß Kraftfahrzeugen) auf Straßen und Privatgrundstücken (Art. 1). Es gilt nicht für den Rückgriff zwischen mehreren Haftpflichtigen und für die Beziehungen zu Privat- und Sozialversicherern (Art. 2 Nr. 4–6). Auch können die Parteien die Geltung eines nicht vom Abkommen berufenen Rechts vereinbaren (Cass. [1re Ch. civ.] Rev. crit. dr. i. p. 1989, 68 mit zust. Anm. von *Batiffol;* [öst]OGH [öst]JurBl. 1995, 529; *Hoyer* [öst]ZRvgl. 1991, 341–348).

Berufen wird das **Recht des Unfallorts** (Art. 3; im wesentlichen = Tatortrecht, vgl. *Beitzke* IPRax 89, 252 Fn. 16).

In manchen Fällen aber gilt das Recht des Staates, in dem ein Fahrzeug registriert ist (Registerrecht). So, falls ein *einziges Fahrzeug* am Unfall beteiligt ist und Fahrer, Eigner oder Halter Ersatz fordern oder ein Fahrgast verletzt ist, der sich außerhalb des Unfallstaats gewöhnlich aufhält, oder jemand außerhalb des Fahrzeugs verletzt ist, der sich im Registerstaat gewöhnlich aufhält (zum Begriff der Beteiligung Cour d'appel de Paris Rev. crit. dr. i. p. 1985, 637 mit Anm. *Gaudemet-Tallon*; [öst]OGH [öst]ZRvgl. 1987, 291 für Unfall auf Inntal-Autobahn, bei dem ein österreichischer Röntgenarzt [nichtehelicher Vater der deutschen Klägerin] als Insasse eines österreichischen Pkw tödlich verunglückt war, weil auf der Fahrbahn ein Lkw-Reifen lag, den ein deutscher Lkw verloren hatte); Cour de Cassation [F] Forum Int. 1998, 49 mit Anm. von *K. P.*); sind mehrere verletzt, dann wird für jeden Ersatzanspruch das maßgebende Recht gesondert bestimmt (Art. 4 Buchst. a). Registerrecht gilt in den genannten Fällen bei Beteiligung *mehrerer Fahrzeuge* nur, wenn die Fahrzeuge im selben Staat registriert sind (Art. 4 Buchst. b; dazu BGH 90, 294 [297] = IPRax 85, 104 mit Aufsatz von *W. Lorenz* 85–88 = JR 85, 21 [21 a. E. f.] mit Anm. von *Hohloch* = JZ 84, 669 mit Anm. von *von Bar;* Tribunal de grande instance de Crétail Rev. crit. dr. i. p. 1991, 541 mit Anm. von *Bourel*). Sind mehrere Fahrzeuge, die in verschiedenen Staaten, z. B. in

Frankreich und Spanien, registriert sind, am Unfall beteiligt, dann kann der Verletzte nicht dadurch zum (französischen) Registerrecht kommen, daß er allein den Fahrer eines der Fahrzeuge (des in Frankreich registrierten) verklagt (Cass. [1re Ch. civ.] Rev. crit. dr. i. p. 1991, 354 mit Anm. von *Bourel*). Wenn Personen außerhalb des oder der beteiligten Fahrzeuge am Unfallort am Unfall beteiligt und möglicherweise haftbar sind, gilt Registerrecht nur, wenn sie sich alle im Registerstaat gewöhnlich aufhalten (Art. 4 Buchst. c Satz 1).

An Stelle des Registerrechts entscheidet das Recht des Ortes, an dem das Fahrzeug *gewöhnlich untergebracht* ist, wenn es nirgends oder in mehreren Staaten registriert ist oder wenn sich weder Eigner, Fahrer noch Halter zur Unfallzeit im Registerstaat gewöhnlich aufhält (Art. 6).

Die *Verkehrsregeln* bestimmt stets das Recht des Unfallorts (Art. 7).

Das maßgebende Recht gilt für die meisten wichtigen *Gründe* und *Folgen der Haftung* (Art. 8). Es bestimmt z.B., ob Hinterbliebene des beim Unfall Getöteten Ersatz entgangenen Unterhalts verlangen können; die Unterhaltspflicht ihrerseits unterliegt als selbständig anzuknüpfende Vorfrage dem Unterhaltsstatut ([öst]OGH [öst]JurBl. 1990, 240 [242]). Ein Anspruch des Verletzten gegen den Haftpflichtversicherer des Verletzters kann auf das für den Unfall geltende Recht, hilfsweise auf das Unfallortsrecht (falls es nicht für den Unfall gilt), zweithilfsweise auf das für den Versicherungsvertrag geltende Recht gestützt werden (Art. 9; dazu Cass. Clunet 1985, 674 mit Anm. von *Dayant* = Rev. crit. dr. i.p. 1986, 59 mit Anm. von *Lagarde*; [öst]OGH IPRax 92, 257 mit Aufsatz von *Wandt* 259–263; [öst]OGH VersR 93, 84 LS).

Das maßgebende Recht braucht nur dann in einem Vertragsstaat nicht angewandt zu werden, wenn es *„offenbar" (manifestement)* gegen seinen *ordre public* verstößt (Art. 10; vgl. oben S. 475). Daß eigenes zwingendes Recht nicht angewandt werden kann, genügt nicht (Cass. D.S. Jur. 1993, 19 mit Anm. von *Légier,* betr. Zusammenstoß französischen Motorrads mit deutschem Kraftwagen in Spanien).

Das Abkommen gilt auch, wenn es *nicht* auf das *Recht eines Vertragstaats* führt, ist also *„loi uniforme"* (oben S. 10 a.E.f.) (Art. 11 Satz 2; z.B. [öst]OGH [öst] JurBl. 1984, 505, [öst]ZRvgl. 1987, 291 und 1989, 292 mit Anm. von *Hoyer* 300).

Ist in einem Staat das Recht *räumlich gespalten* (vgl. oben S. 360f.), so wird im Sinne des Abkommens jedes Teilgebiet wie ein souveräner Staat behandelt (Art. 12). Doch braucht ein Vertragsstaat mit räumlicher Rechtsspaltung das Abkommen auf Unfälle in seinem Gebiet nicht anzuwenden, wenn bloß Fahrzeuge beteiligt sind, die auf seinem Gebiet registriert sind (Art. 13).

Das Abkommen bedeutet einen Fortschritt, weil es das Tatortrecht auflockert. Nur hat man die Ausnahmen vom Tatortrecht zu sehr verwickelt.

b) Abkommen über Produktenhaftpflicht

Für die Bundesrepublik nicht in Kraft getreten ist das **Haager** Abkommen von **1972** über das auf die **Produktenhaftpflicht anwendbare Recht** vom 2. 10. 1973 (oben S. 214). Vertragsstaaten: Finnland, Frankreich, Jugoslawien, Slowenien, Kroatien, Mazedonien, Luxemburg, Niederlande, Norwegen und Spanien (Rev. crit. dr. i. p. 1998, 165f.; 45 [1998] NILR 297f.).

Schrifttum: *De Nova* Dir. Int. 1971, 145–155 (Text des Entwurfs der Spezialkommission 155f.); *Kühne* 60 (1972) Cal. L. Rev. 34–37; *Fischer* 50 (1972) Can. B. Rev. 330–345 (Text des Entwurfs der Spezialkommission 345f.); *Siehr* AWD 72, 373–389 (Text des Entwurfs der Spezialkommission 373); *Reese,* Products Liability and Choice of Law: The United States Proposals to the Hague Conference, 25 (1972) Vand. L. Rev. 29–41; *Cavin* SchweizJahrbintR 28 (1972), 45–60; *Sack,* Das IPR der Produktenhaftung und die „par conditio concurrentium", Ulmer-Fschr. 1973, 495–507; *Reese* 21 (1973) Am. J. Comp. L. 149f. (Text des Abkommens 150–154); *W. Lorenz,* Das IPR der Produktenhaftpflicht, Wahl-Fschr. 1973, 185–206; *De Nova* Riv. dir. int. priv. proc. 1973, 297–336; *W. Lorenz* RabelsZ 37 (1973), 317–356 (Text 594–605); *Dutoit* NTIR 1973, 109–124; *Loussonarn* Clunet 1974, 32–47 (im wesentlichen = Jauffret-Fschr. 1974, 483–496); *Kropholler* (öst)ZRvgl. 1975, 206–262; *Stoll* Kegel-Fschr. 1977,

127–134; *Cavers* 26 (1977) Int. Comp. L. Q. 721–728; *Tebbens,* Western European Private International Law and The Hague Convention relating to Product Liability, Hague-Zagreb Essays 2, Alphen aan den Rijn 1978, 3–34; *van Hoogstraten* Dr. prat. comm. int. 1978, 61–80 (Text 157–162); *Fallon,* Les accidents de la consommation et le droit, Brüssel 1982, 233–320; *Drobnig* in: *von Caemmerer* (Hrsg.), Vorschläge und Gutachten zur Reform des deutschen internationalen Privatrechts der außervertraglichen Schuldverhältnisse, 1983, 311–313; *Zabalo Escudero,* La ley aplicable a la responsabilidad por daños derivados de los productos en el Derecho internacional privado español, Rev. esp. der. int. 1991, 75–107; *Staudinger-von Hoffmann*[12] Art. 38 n.F. EGBGB Rz 472 S. 377–381 (mit Text); *Fawcett,* Products Liability in Private International Law: A European Perspective, Rec. 1993 I 9–246; *MünchKomm-Kreuzer*[3] Art. 38 EGBGB Rz 196–199 S. 2089–2092.

Text des Abkommens auch: NTIR 1972, 380–389; Rev. crit. dr. i. p. 1972, 818–822; Riv. dir. int. priv. proc. 1972, 901–905; Clunet 1974, 57–60.

Siehe auch die Schrifttums- und Textangaben zur 12. Haager Konferenz 7. Aufl. S. 175 a. E. f.

Das Abkommen gilt für Schäden, die ein *Produkt* verursacht, weil es *Fehler* hat (nämlich Konstruktions- oder Herstellungsfehler [„Ausreißer]) oder weil eine *Gebrauchsanweisung fehlt* oder *Fehler* hat (Art. 1 I).

„Produkt" ist *industrielles* oder *Naturerzeugnis* (landwirtschaftliche Erzeugnisse, Bodenschätze, Mineralwasser), *gleich, ob bearbeitet oder nicht* (Art. 2 Buchst. a). Doch kann sich jeder Vertragsstaat *vorbehalten,* das Abkommen *nicht* anzuwenden auf *landwirtschaftliche Rohprodukte* (Art. 16 I Nr. 2), zu denen wegen ihrer häufigen Schädlichkeit auch solche gehören dürften, die mit Hilfe von Insektenschutzmitteln gewonnen oder chemisch konserviert sind (*W. Lorenz* RabelsZ 37 [1973], 324). *Grundstücke* sind ebenfalls genannt (Art. 2 Buchst. a), einmal im Hinblick auf Schäden durch eingebaute Geräte, zum anderen wegen Schäden durch Bauten, die von Wohnungsbaugesellschaften errichtet sind (*Lorenz* aaO 325).

„Schaden" meint Personen-, Sach- und Vermögenseinbußen (Art. 2 Buchst. b HS 1). Schaden am *Produkt selbst* und aus ihm folgender Vermögensschaden rechnet jedoch *nicht* dazu, außer wenn er mit anderem Schaden verknüpft ist (Art. 2 Buchst. b HS 2). Desgleichen gilt das Abkommen *nicht zwischen dem, der Eigentum oder Gebrauch des* Produkts *übertragen* hat, und dem geschädigten *Erwerber* (Art. 1 II).

Soweit danach das Abkommen nicht eingreift, wird es beim *IPR der Vertragsstaaten* bewenden und nicht etwa (materielles Recht negativ vereinheitlichend) allein Vertragshaftung zugelassen sein (a. A. vielleicht *Lorenz* aaO 326).

Art. 1 II ergibt nicht nur seinem Wortlaut gemäß, daß zwischen Vertragsparteien das Abkommen nicht gilt, sondern sinngemäß auch, daß, soweit das Abkommen gilt, *Vertragsansprüche nicht erfaßt* sind (Cass. [1re Ch.civ.] Rev.crit.dr.p. 1998, 300 mit abl. Anm. *Lagarde*), z. B. nicht Ansprüche Dritter aus Verträgen mit Schutzwirkung. Art. 1 des Verkehrsunfall-Abkommens schließt Vertragsansprüche ausdrücklich aus (oben S. 645). Obwohl bei der Produktenhaftpflicht Vertragsansprüche viel wichtiger sind als bei Verkehrsunfällen, wollte man Widersprüchen zum Abkommen über das auf internationale Käufe beweglicher Sachen anwendbare Recht von 1955 (oben S. 600–602) ausweichen (*Lorenz* aaO 328 f.).

Auf der *Schuldnerseite* gilt das Abkommen (nach Art. 3) für

- *Hersteller* eines *industriellen Endprodukts,*
- *Hersteller* von *Teilen* eines *industriellen Endprodukts* („Zulieferer"),
- *Hersteller* eines *Naturerzeugnisses,*
- *Verkäufer* eines Produkts,
- *andere Personen in der Herstellungs- und Verteilungskette,* einbegriffen Reparateure und Lagerhalter,
- *Handelsvertreter* und *Personal* der Vorgenannten.

Außerhalb des Abkommens geblieben sind *Transportpersonen* mit Rücksicht auf das Einheitsverkehrsrecht (oben S. 86–93) und *Testinstitute,* weil sie zum Teil von der öffentlichen Hand betrieben werden (*Lorenz* aaO 327 f.).

Berufen wird an erster Stelle **Tatortrecht** (Art. 4), verstanden als Recht des Ortes der **Rechtsgutsverletzung,** nicht des Herstellungsorts oder des Ortes des Schadenseintritts. Allerdings gilt das Tatortrecht nach Art. 4 nur, wenn es *verstärkt* wird; es muß übereinstimmen mit dem Recht des Ortes

- des gewöhnlichen Aufenthalts des Verletzten oder
- der Hauptniederlassung des Schädigers oder
- des Erwerbs des Produkts durch den Geschädigten.

Verstärkung holte man, weil man den Tatort allein für *zufällig* hielt (*Lorenz* aaO 340). Auch sah man, daß es oft schwer fällt, ihn zu *ermitteln,* z.B. in „*Kriechfällen*": Schweizer kauft deutsches Heilmittel in Paris und geht auf Weltreise; nach Pille 50 erkrankt er in Waikiki – *damnum in transitu* (*Lorenz* aaO 340f.). Allein, wenn man den Tatort nicht findet, muß man *anders,* nicht zusätzlich anknüpfen (oben S. 448f.).

Dem (verstärkten) Tatortrecht geht vor das Recht des Ortes des **gewöhnlichen Aufenthalts des Verletzten,** wenn es *verstärkt* wird (Art. 5): es muß übereinstimmen mit dem Recht des Ortes

- der Hauptniederlassung des Schädigers oder
- des Erwerbs des Produkts durch den Geschädigten.

Konkurrieren Tatortrecht (Art. 4) und Recht des gewöhnlichen Aufenthalts des Verletzten (Art. 5) so, daß

- *Tat-* und *Erwerbsort* in Land A liegen (Art. 4), *gewöhnlicher Aufenthalt* des Verletzten und *Hauptniederlassung* des Schädigers in Land B (Art. 5), dann sollte die *personale Anknüpfung* (Art. 5) entscheiden (*Lorenz* aaO 344f.) ähnlich wie im deutschen IPR (oben S. 634) und wie in Art. 4 des Verkehrsunfall-Abkommens (oben S. 645f.);
- *Tatort* und *Hauptniederlassung* des Schädigers in Land A liegen (Art. 4), *gewöhnlicher Aufenthalt* des Verletzten und *Erwerbsort* in Land B (Art. 5), dann sollte trotz grundsätzlichen Vorrangs des Art. 5 *Tatortrecht* maßgeben (Art. 4), weil im Abkommen der Erwerbsort bloß verstärkend wirkt, während die Hauptniederlassung des Schädigers eine selbständige Anknüpfung bildet (Art. 6, unten), also mehr zählt (*Lorenz* aaO 345f.).

Selten kommt weder Tatortrecht (Art. 4) noch Recht des gewöhnlichen Aufenthalts des Verletzten (Art. 5) mangels Verstärkung zum Zuge. Von den wohl 15 mit den vier gewählten Anknüpfungen (Tatort, gewöhnlicher Aufenthalt des Verletzten, Hauptniederlassung des Schädigers, Erwerbsort) möglichen Fällen sind das die Fälle

- vier Länder = jede Anknüpfung in einem anderen Land,
- drei Länder, und zwar im ersten Tatort, im zweiten gewöhnlicher Aufenthalt des Verletzten, im dritten sowohl Hauptniederlassung des Schädigers wie Erwerbsort (*Lorenz* aaO 346).

In diesen beiden Fällen gilt **hilfsweise** das Recht der **Hauptniederlassung des Schädigers;** doch kann sich der Verletzte auf das **Tatortrecht** berufen (Art. 6).

Tatortrecht und Recht des *gewöhnlichen Aufenthalts des Verletzten scheiden aus,* wenn der *Schädiger beweist: er mußte nicht damit rechnen,* das schädliche Produkt oder andere von ihm hergestellte Produkte gleicher Art würden im Tatort- oder Aufenthaltsland *in den Handel* kommen (Art. 7). Die seltsame Vorschrift will dem Schädiger die Haftpflichtversicherung erleichtern (*Lorenz* aaO 347).

Stets *dürfen die Sicherheitsvorschriften* (z.B. über Gurte und Kopfstützen in Autos) *beachtet werden,* die dort gelten, wo das *Produkt in den Verkehr gebracht* worden ist (Art. 9). Auch diese Vorschrift ist seltsam. Denn sie entspricht der aus den USA stammenden Mode, nicht zu sagen, welches Recht *anzuwenden,* sondern welches zu „*berücksichtigen*" ist (vgl. oben S. 256). Richtig dagegen Art. 7 des Verkehrsunfall-Abkommens, der die Verkehrsregeln des Unfallorts beruft (oben S. 646).

Maßgeblicher Zeitpunkt für sämtliche Anknüpfungen ist die *Rechtsgutsverletzung* (*Lorenz* aaO 343f.).

Der *Geltungsbereich des* anwendbaren Rechts (Art. 8) folgt im wesentlichen der Vorschrift im Verkehrsunfall-Abkommen (Art. 8, oben S. 646). Nur die *Beweislast* ist zugefügt (Art. 8 Nr. 8) und die *Verjährung* (Nr. 9), die häufig dem *Prozeßrecht* zugerechnet wird (oben S. 558), kann jeder Vertragsstaat durch Vorbehalt ausnehmen (Art. 16 I Nr. 1, dazu *Lorenz* aaO 353).

Nach dem Abkommen anwendbares Recht darf nur dann nicht angewandt werden, wenn es *„offenbar" (manifestement)* gegen den eigenen *ordre public* verstößt (Art. 10); vgl. oben S. 475).

Das Abkommen wirkt als *„loi uniforme"* (oben S. 10 a. E.), d. h. auch dann, wenn das anwendbare Recht nicht das eines Vertragsstaats ist (Art. 11 Satz 2).

Ist in einem Staat das Recht der Produktenhaftung *räumlich gespalten* (vgl. oben S. 360 f.), dann gilt jedes Gebiet als Staat im Sinne des Abkommens (Art. 12).

Der Mehrrechtsstaat selbst braucht, wenn sein Recht nach Art. 4 oder 5 des Abkommens berufen ist, *interlokal* das Abkommen *nicht* anzuwenden (Art. 13). Man fragt sich, warum Art. 6 nicht genannt ist. Auch ist nicht klar, was die anderen Vertragsstaaten in solchem Fall zu tun haben (dazu *Lorenz* aaO 322 f.).

Der Mehrrechtsstaat kann auch erklären, daß er die Wirkungen des *Abkommens auf einzelne Gebiete beschränke* (Art. 14).

Das Abkommen geht *anderen Abkommen nach*, die besondere Fragen regeln und *Vorschriften über Produktenhaftpflicht* bringen (Art. 15).

Vorbehalten darf sich jeder Vertragsstaat, wie schon erwähnt (oben S. 648 a. E. f., 647):

- eine eigene Kollisionsnorm für die *Verjährung* (Art. 16 I Nr. 1),
- die Nichtanwendung des Abkommens auf *landwirtschaftliche Rohprodukte* (Art. 16 I Nr. 2).

Daß gegenwärtig ein *Bedürfnis* für dieses Abkommen besteht, ist *zu bezweifeln.* Denn internationale Fälle der Produktenhaftpflicht sind ziemlich selten, verglichen etwa mit internationalen Verkehrsunfällen auf der Straße. Auch *entfernt sich* das Abkommen mit seinen Kaleidoskop-Regeln in Art. 4–6 *zu sehr von bewährter Überlieferung* des internationalen Deliktsrechts und *verliert* damit zugleich den *Zusammenhang mit* dem *übrigen internationalen Deliktsrecht.*

4. Deutsch-schweizerisches Atomhaftungsabkommen

Das *Abkommen zwischen der Bundesrepublik Deutschland und der Schweizerischen Eidgenossenschaft über die Haftung gegenüber Dritten auf dem Gebiet der Kernenergie* vom *22. 10. 1986* (BGBl. 1988 II 598, 955) bestimmt:

„Artikel 1

Anwendungsbereich

(1) Dieses Abkommen regelt die haftungsrechtlichen Folgen eines aus der friedlichen Verwendung der Kernenergie herrührenden Ereignisses, das sich im Hoheitsgebiet einer Vertragspartei, im folgenden Ereignisstaat genannt, ereignet und Schäden auf dem Gebiet der anderen Vertragspartei, im folgenden Nachbarstaat genannt, verursacht.

(2) Es findet Anwendung auf Ereignisse, deren schädigende Wirkung von den radioaktiven, giftigen, explosiven oder sonstigen gefährlichen Eigenschaften radioaktiver Stoffe herrührt."

„Artikel 3

Gerichtsstand

(1) Ist durch die friedliche Verwendung von Kernenergie Schaden verursacht worden, so sind die Gerichte des Ereignisstaates ausschließlich zuständig.

(2) Kann bei Schäden, die im Verlauf einer Beförderung verursacht werden, der Ort des Ereignisses nicht ermittelt werden, so sind die Gerichte des Vertragsstaates, der die Beförderung zuerst bewilligt hat, ausschließlich zuständig.

Artikel 4

Anwendbares Recht

Soweit dieses Abkommen nicht etwas anderes bestimmt, ist auf Schadensersatzansprüche aus einem Ereignis das innerstaatliche Recht der nach Artikel 3 zuständigen Gerichte anzuwenden."

Art. 4 mit Art. 3 I, 1 I ergibt: **grundsätzlich** gilt das **Recht des Handlungsorts.** Der Nebensatz des Art. 4 („soweit dieses Abkommen nicht etwas anderes bestimmt") dürfte sich auf Art. 5 beziehen, nach dem den durch Vorsorgemaßnahmen zur Abwehr eines unmittelbar drohenden Ereignisses Geschädigten des Nachbarstaats nach dem Recht des Ereignisstaats nur gehaftet wird, wenn auch nach dem Recht des Nachbarstaats die Ansprüche begründet sind.

5. EWG-Abkommen

Schrifttum: oben S. 203 f.; *Stoll* Kegel-Fschr. 1977, 134–137.

Der Entwurf eines EWG-Abkommens über das internationale Schuldrecht (oben S. 183) betraf auch gesetzliche Schuldverhältnisse und regelte als eines von ihnen die unerlaubte Handlung. Das Römische EWG-Abkommen vom 19. 6. 1980 (oben S. 203) umfaßt nur das internationale Schuld*vertrags*recht.

6. Interlokales Recht

Schrifttum: *Posch,* Unfall von Ausländern in der DDR, IPRax 89, 401 f.; *Bauer,* Die Regulierung von Straßenverkehrsunfällen zwischen Bewohnern der Bundesrepublik und der DDR, DtZ 90, 17 f.; *Wandt,* Straßenverkehrsunfälle von Einwohnern der DDR im Bundesgebiet, IPRax 90, 166–170; *Fritsche,* Unbegrenzte Auslegung von ZGB-Normen?, NJ 94, 200–203; *Lühmann,* Die staatshaftungsrechtlichen Besonderheiten in den neuen Ländern, NJW 98, 3001–3005.

Einigungsvertrag: Liebold, Das Produkthaftungsrecht nach dem Einigungsvertrag, PHI 91, 34–40; *Deutsch,* Qualifikation und Rechtsanwendung im intertemporalen Recht – dargestellt am Haftungs- und Schadensrecht des Einigungsvertrages, IPRax 92, 284–290.

Es gelten dieselben Regeln wie im IPR bis zum 31. 5. 1999 (Gesetz zum IPR für außervertragliche Schuldverhältnisse und für Sachen vom 21. 5. 1999, BGBl. I 1026). Insbesondere gilt Tatortrecht oder gemeinsames Personalstatut (vgl. oben S. 628, 633 a. E. f.; z. B. für gewöhnlichen Aufenthalt der am Unfall Beteiligten im selben Gebiet [Ost oder West] BayObLG 1990, 159 [unter II 2 a] = VersR 90, 1158). Hingegen sollte der verfehlte Art. 38 a. F. EGBGB unter Deutschen nicht angewandt werden. Diese Regeln gelten seit dem 3. 10. 1990 auch in der früheren DDR und in Ost-Berlin. Da auch das westliche materielle Deliktsrecht im Osten eingeführt ist, bleibt interlokales Deliktsrecht nur für Altfälle erheblich.

Die DDR hatte den Vorgänger des Art. 38 (Art. 12 a. F. EGBGB) abgeschafft (vgl. § 17 RAG). Sie berief Tatortrecht (§ 17 I) und ließ das gemeinsame Heimat- oder Wohnsitzrecht (bei Betrieben Heimat- oder Sitzrecht) vorgehen (§ 17 III).

Auch *Staatsverträge* gingen vor, z. B. der nicht mehr geltende (BGBl. 1991 II 1115 Nr. 21) Rechtshilfevertrag mit Rumänien vom 19. 3. 1982 (GBl. II 106, 1983 II 24), dessen Art. 44 I ebenfalls Tatortrecht berief (OG DDR IPRax 89, 395 mit Aufsatz von *Posch* 401 f.).

Soweit für Altfälle interlokalprivatrechtlich materielles Ostrecht maßgibt, bleibt es *übergangsrechtlich* nach Art. 232 §§ 1, 10 EGBGB für unerlaubte Handlungen, die vor dem 3. 10. 1990 begangen sind, beim früheren Recht (z. B. KG FamRZ 92, 1429; LG Berlin ZIP 92, 1348 [1349 vor a]; BG Potsdam MDR 92, 941; BGH 123, 65 = NJW 93, 2531; KG NJ 98, 431 Ber. mit Anm. von *Schreiber* = NJW 98, 245; OLG Rostock NJ 98, 598; BGH NJ 98, 480 Ber. mit Anm. von *Kühnholz* = NJW 98, 2603 [hat sich der Wert des früher beschädigten Grundstücks nach der Wiedervereinigung erhöht, so ist das zu beachten]). Dies findet sich in §§ 323–355 ZGB und § 17 RAG (vgl. oben S. 33).

So gilt für *Immissionen* bis zum 3. 10. 1990 § 329 ZGB (dazu KrG Weimar DtZ 91, 414), sonst die Generalklausel des § 330 ZGB (z. B. LG Berlin DtZ 92, 363 = WM 92, 1250 mit Anm. von *Brandt* 1745, betr. Re-Export von Westwaren).

Denunziationen vor dem 3. 10. 1990 waren nach altem Recht rechtmäßig, ja geboten (LG Berlin NJ 94, 547). Diese Regel hat man mit Art. 6 EGBGB auszuhebeln versucht (OLG Dresden DtZ 93, 345 = NJ 93, 464 mit krit. Aufsatz von *Fritsche* NJ 94, 200–203). Allerdings geht es hier nicht um räumliches (interlokales) Kollisionsrecht, sondern um zeitliches (Übergangsrecht); näher Soergel X[12] Vor Art. 3 Rz 250 S. 146.

Zum *Verhältnis DM-Ost/DM-West* unten S. 958f.

Zum Rechtsschutzbedürfnis für Klagen von DDR-Bürgern aus *Kraftfahrzeugunfall* im Westen: KG IPRax 90, 184 mit Aufsatz von *Wandt* 166–170 = NJW 90, 842 mit Anm. von *Rupf*. Zu Kraftfahrzeugunfällen im Ost-West-Verhältnis siehe auch Bek. über den Ausgleich von Schäden aus Kraftfahrzeugunfällen im Verhältnis zur Deutschen Demokratischen Republik vom 24. 8. 1990, BAnz. vom 30. 8. 1990, abgedruckt DDR-Rechtsentwicklungen, Beil. 17 zu RIW Heft 9/1990 S. 18f.

V. Aufrechnung

Schrifttum: *Dölle* RheinZ 1924, 32–47; *Graf*, Die Verrechnung im IPR, Diss. Zürich 1951; *Vischer*, Internationales Vertragsrecht, Bern 1962, 251–255; *Rabel* III[2] 470–486; *Birk*, Aufrechnung von Fremdwährungsforderungen und IPR, AWD 69, 12–17; *Brinckmann*, Die nichtvertragliche Verrechnung in rechtsvergleichender Darstellung und im schweizerischen Kollisionsrecht, Diss. Genf 1970; *Eujen*, Die Aufrechnung im internationalen Verkehr zwischen Deutschland, Frankreich und England, 1975; *Lando*, The Conflict of Law Rules Respecting Set-Off and Counterclaim (Compensation) and an Analysis of the Reasoning Used, Rodhe-Fschr., Stockholm 1976, 311–328 und IECL III Ch. 24, 1976, S. 119–123; *Ahlt*, Die Aufrechnung im IPR, Diss. Regensburg 1977; *von Hoffmann*, Aufrechnung und Zurückbehaltungsrecht bei Fremdwährungsschulden, IPRax 81, 155–157; *Gäbel*, Neuere Probleme zur Aufrechnung im IPR, 1983; *Eickhoff*, Inländische Gerichtsbarkeit und internationale Zuständigkeit für Aufrechnung und Widerklage, 1985; *Wood*, English and International Set-Off, London 1989; *Wolf*, Die Aufrechnung im IPR, 1989; *E. Bucher*, Rechtsvergleichende und kollisionsrechtliche Bemerkungen zur Verrechnung („Kompensation"), von Overbeck-Fschr., Freiburg/Schweiz 1990, 701–723; *Heinrich*, Rechtsvergleichende Aspekte der Verrechnung als Kreditsicherheit, Schweizerische Zeitschrift für Wirtschaftsrecht 1990, 266–284 (280–283); *Dageförde*, Aufrechnung und Internationale Zuständigkeit, RIW 90, 873–879; *Gruber*, Die Aufrechnung von Fremdwährungsforderungen, MDR 92, 121f.; *Bertrams*, Set-off in Private International Law, Kokkoni-Iatridou-Fschr., Dordrecht u.a. 1994, 153–165; *de Rooij*, Verrekening in het Nederlandse en Zwitserse recht, in *Grosheide* und *Boele-Woelki* (Hrsg.), Europees Privaatrecht 1995, Lelystad 1995, 97–131; *Berger*, Der Aufrechnungsvertrag, 1996, 447–473; *Reithmann* und *Martiny* (Hrsg.), Internationales Vertragsrecht[5], 1996, Rz 282–287 S. 278–283; *Coester-Waltjen*, Die Aufrechnung im internationalen Zivilprozeßrecht, Lüke-Fschr. 1997, 35–49; *Philip*, Set-Offs and Counterclaims Under the Brussels Judgements Convention, IPRax 97, 97f.; *Kannengießer*, Die Aufrechnung im internationalen Privat- und Verfahrensrecht, 1998; *Gebauer*, Internationale Zuständigkeit und Prozeßaufrechnung, IPRax 98, 79–86; *Berger*, Die Aufrechnung im Internationalen Schiedsverfahren, RIW 98, 426–432; *Wagner*, Die Aufrechnung im Europäischen Zivilprozeß, IPRax 99, 65–76; *Berger*, Set-Off in International Economic Arbitration, 15 (1999) Arb. Int. 53–84.

Der Aufrechnung unterliegen Forderungen aller Art: solche aus Vertrag, Geschäftsführung, Bereicherung, Delikt. Da die Aufrechnung die gegenüberstehenden Forderungen vernichtet und der Untergang eines Rechts nach der Rechtsordnung zu beurteilen ist, die das Recht beherrscht (oben S. 560f.), könnte man daran denken, den Untergang jeder

Forderung durch Aufrechnung nach dem für sie maßgebenden Recht zu beurteilen. Damit verstieße man aber grob gegen das Interesse am inneren Entscheidungseinklang (oben S. 113f.); bei Widerspruch der beiden Rechtsordnungen (und nur dieser Fall ist interessant) wäre die eine Forderung untergegangen, die andere bestünde trotz Aufrechnung fort. Dem könnte man begegnen, indem man die Aufrechnung nur erlaubte, wenn sie nach beiden Rechten zulässig ist (so eine Mindermeinung bei uns und die h.M. in Frankreich). Indessen genügt, daß die Aufrechnung nach dem Recht der Forderung zulässig ist, gegen die aufgerechnet wird, d.h. nach dem **Recht der Hauptforderung.**

H.M., z.B. BGH 38, 254 (256); OLG Koblenz IPRax 87, 381 LS mit Anm. Red. (D.H.) = RIW 87, 629 (630 a.E.f. unter III 1 vor a); OLG Koblenz RIW 93, 934 (937 unter III); OLG München RIW 98, 559; Einschränkungen bei *E. Bucher* (oben Schrifttum) 715–723; für Zulässigkeit der Aufrechnung, wenn sie nach *einem* der beiden Forderungsstatute erlaubt ist („*in favorem compensationis*"), *Kannengießer* (oben Schrifttum) 117–127.

Dem Aufrechnenden kann zugemutet werden, daß das Recht seiner *Gegen*forderung, mit der er aufrechnet, zurücktritt.

Art. 32 I Nr. 4 EGBGB (abgedruckt oben S. 536) unterstellt dem Vertragsstatut „die verschiedenen Arten des Erlöschens der Verpflichtungen". Damit ist auch die Aufrechnung gemeint (Begründung BT-Drucks. 10/504 S. 82). Das macht Sinn, wenn Haupt- und Gegenforderung demselben Recht unterliegen (was freilich beim Schuldvertrag die Regel ist). Interessant wird's aber erst, wenn für Haupt- und Gegenforderung verschiedene Rechte gelten, und dann sollte es beim Statut der Hauptforderung bleiben.

Unterliegt die Hauptforderung einheitlichem Kaufrecht (EKG, UN-Kaufrecht, oben S. 74 a.E. f.), das die Aufrechnung nicht regelt, dann ist das Recht des Staates anzuwenden, das, abgesehen vom Einheitskaufrecht, die Hauptforderung beherrscht (OLG Koblenz RIW 92, 59 für EKG; *Jayme* IPRax 91, 345 zu AG Frankfurt a.M. LS ebenda mit Berufung auf Art. 7 II UN-Kaufrecht).

Darf für die Hauptforderung das maßgebliche Recht gewählt werden, dann kann – ähnlich einer Teilverweisung (oben S. 572, vgl. S. 607 und 609) – für die Aufrechnung ein anderes Recht gewählt werden (OLG Koblenz RIW 92, 58 für EKG).

Eine Frage des *Auslandssachverhalts* (oben S. 58–61) geht dahin, ob bei Geltung deutschen Rechts für die Aufrechnung das Erfordernis der *Gleichartigkeit* auch dann gewahrt ist, wenn die gegenüberstehenden Forderungen auf *verschiedene Währungen* lauten. Bei freier Konvertierbarkeit beider ist das zu bejahen (OLG Koblenz RIW 92, 59 [61]; a.A. KG NJW 88, 2181), vielleicht auch darüber hinaus.

Wie die Verjährung wird auch die Aufrechnung im **englisch-amerikanischen Recht** oft als Institut des *Prozeß*rechts gesehen. Es gilt daher dasselbe wie für die Verjährung: beherrscht englisch-amerikanisches Recht die Hauptforderung und wird dort die Aufrechnung prozessual verstanden, dann folgen wir der „hypothetischen" Rückverweisung des englisch-amerikanischen internationalen Verfahrensrechts auf das deutsche Recht als *lex fori* (oben S. 355f., 558).

Deutsche Gerichte dürfen über die *Gegenforderung* nur entscheiden, wenn sie auch für diese *international zuständig* sind. Das sind sie, soweit das GVÜ (unten S. 915–921) maßgibt, in Analogie zu dessen Art. 6 Nr. 3 (Widerklage) bloß für eine Gegenforderung, die mit der Klageforderung sachlich zusammenhängt (BGH IPRax 94, 115 mit Aufsatz von *Geimer* 82–85 = NJW 83, 2753 = ZZP 94, 211 mit Anm. von *Leipold*).

VI. Zurückbehaltungsrecht

Schrifttum: *Sailer,* Gefahrübergang, Eigentumsübergang, Verfolgungs- und Zurückbehaltungsrecht beim Kauf beweglicher Sachen im IPR, 1966, 149–152; *Magnus* RabelsZ 38 (1974), 440–449; *von Hoffmann,* Aufrechnung und Zurückbehaltungsrecht bei Fremdwährungsschulden, IPRax 81, 155–157; *Staudinger-Stoll*[13], Internationales Sachenrecht, 1996, Rz 279–281 S. 167–169; *MünchKomm-Martiny*[3], Art. 32 EGBGB Rz 43 S. 1771.

Das schuldrechtliche Zurückbehaltungsrecht und andere schuldrechtliche Leistungsverweigerungsrechte, vor allem die Einrede des nichterfüllten Vertrages, schaffen ein Gleichgewicht zwischen Leistung und Gegenleistung. Nach **Art. 32 I Nr. 3 EGBGB** (abgedruckt oben S. 536) unterliegen dem Vertragsstatut „die Folgen der vollständigen oder teilweisen Nichterfüllung dieser [der vertraglichen] Verpflichtungen ... innerhalb der durch das deutsche Verfahrensrecht gezogenen Grenzen [zu diesen oben S. 536]". Nichterfüllungsfolge ist auch das Zurückbehaltungsrecht. Aber wie bei der Aufrechnung (oben V) wird es kritisch erst, wenn für Leistung und Gegenleistung verschiedene Rechte gelten, und dann sollte maßgeben das Recht der Forderung, **gegen** die sich die Einrede richtet (h. M.).

VII. Übergang von Forderungen und Schulden

1. Abtretung

Schrifttum: *Guldener,* Zession, Legalzession und Subrogation im IPR, Aarau (Schweiz) 1930; *Zweigert,* Das Statut der Vertragsübernahme, RabelsZ 23 (1958), 643 bis 658; Note: Releases in the Conflict of Laws, 60 (1960) Col. L. Rev. 522–533; *Rabel* III[2] 395–445; *Beuttner,* La cession de créance en droit international privé, Bern und Frankfurt 1971; *Rüegsegger,* Die Abtretung im IPR auf rechtsvergleichender Grundlage, Zürich 1973; *Schütze,* Kollisionsrechtliche Probleme der Forfaitierung von Exportforderungen, WM 79, 962–966; *Schwimann,* Zur Sicherungszession im österreichischen Kollisionsrecht, RIW 84, 854–856; *Kaiser,* Verlängerter Eigentumsvorbehalt und Globalzession im IPR, 1986, 177–227; *Sonnenberger,* Affacturage (Factoring) und Zession im deutsch-französischen Handelsverkehr, IPRax 87, 221–225; *von Bar,* Abtretung und Legalzession im neuen deutschen IPR, RabelsZ 53 (1989), 462–486 (465–475); *Einsele,* Das IPR der Forderungszession und der Schuldnerschutz, Unter besonderer Berücksichtigung des englischen und französischen Rechts, ZvglRW 91, 1–24; *Stoll,* Anknüpfung bei mehrfacher Abtretung derselben Forderung, IPRax 91, 223–227; *von Bar,* Zessionsstatut, Verpflichtungsstatut und Gesellschaftsstatut, IPRax 92, 20–23; *Sinay-Cytermann,* Les conflits de lois concernant l'opposabilité des transferts de créance, Rev. crit. dr. i. p. 1992, 35–60; *Moshinsky,* The Assignment of Debts in the Conflict of laws, 109 (1992) L. Q. Rev. 591–625; *Hadding* und *Schneider* (Hrsg.), Legal Issues in International Credit Transfers, 1993; *Bertrams* und *Verhagen,* Goederenrechtelijke aspecten van de internationale cessie en verpanding van vordringen op naam, WPNR 1993, 261–266; *von Hoffmann* und *Höpping,* Zur Anknüpfung kausaler Forderungszessionen, IPRax 93, 302–305; *Bülow,* Rechtsfragen des grenzüberschreitenden Zahlungsverkehrs, IStR 93, 430–434; *Holzner,* Zur Sicherungszession im IPR, (öst)ZRvgl. 1994, 134–137; *Joustra,* The Voluntary Assignment of Future Claims, IPRax 94, 395–397; *Reithmann* und *Martiny* (Hrsg.), Internationales Vertragsrecht[5], 1996, Rz 229–313 S. 291–304; *Malatesta,* La cessione del credito nel diritto internazionale privato, Padua 1996; *von Wilmowsky,* Europäisches Kreditsicherungsrecht, 1996, 394–435; *Bette,* Abtretung von Auslandsforderungen, WM 97, 797–805 (797–802); *Peltzer,* Die Forderungabtretung im IPR, RIW 97, 893–899; *Pardoel,* Les conflits de lois en matière de cession de créance, Paris 1997; *Kieninger,* Übertragung von Gesellschaftsanteilen im englischen IPR, IPRax 97, 449–458; *Schwimann,* Grenzüberschreitende Sicherungszessionen im gegenwärtigen und künftigen IPR, (öst)WBl. 1998, 385–388; *Kieninger,* Das Statut der Forderungsabtretung im Verhältnis zu Dritten, RabelsZ 62 (1998), 678–711; *Hartwieg,* Kollisionsrechtliches zur internationalen Abtretung – eine reale Reminiszenz zu BGH ZIP 1997, 890, ZIP 98, 2137–2144; *von Hoffmann,* Die Forderungsübertragung, insbesonder zur Kreditsicherung, im IPR, in: *Hadding* und *Schneider* (Hrsg.), Die Forderungsabtretung, insbesondere zur Kreditsicherung, in ausländischen Rechtsordnungen, 1999, 3–25.

Auslandsrecht: Hadding und *Schneider* (Hrsg.), Die Forderungsabtretung, insbesondere zur Kreditsicherung, in ausländischen Rechtsordnungen, 1999.

Einheitsrecht: Rebmann, Auf dem Weg zu einem einheitlichen Abtretungsrecht, Rolland-Fschr. 1999, 291–304.

Der Übergang eines Rechts ist wie der Untergang zu beurteilen nach der Rechtsordnung, die das Recht beherrscht (oben S. 560f.). Das gilt auch für den Übergang durch Rechtsgeschäft, die sog. Übertragung. Die Abtretung einer Forderung unterliegt daher der **Rechtsordnung, die über die abgetretene Forderung herrscht.**

Z.B. BGH WM 57, 1574: Abtretung deutschen Bankguthabens in der Schweiz; BGH WM 83, 411: Abtretung schweizerischen Bankguthabens in Deutschland; OLG Köln IPRax 87, 239 mit Aufsatz von *Sonnenberger* 221–225 = NJW 87, 1151: Abtretung von Kaufpreisforderung gegen Deutschen; BGH 104, 145 = IPRax 89, 170 mit Aufsatz von *Schlechtriem* 155f. = NJW 88, 1979 (1979f. unter 2): Abtretung deutschem Recht unterliegender Wechselforderungen; BGH VersR 88, 825 (826 unter 1b dd): Abtretung deutschem Recht unterliegender Schadenersatzforderung; BGH 108, 353 = IPRax 91, 338 mit Aufsatz von *Kronke* und *Berger* 316–320 = NJW 90, 242 (243f. unter I 2a aa, III 2): Abtretung schweizerischem Recht unterliegender Scheck- und deutschem Recht unterliegender Garantieforderung; BGH NJW-RR 1990, 248 (250 unter V): Abtretung spanischem Recht unterliegender Forderung auf Grundstückskaufpreis; BGH NJW-RR 90, 604 = ZIP 90, 365 (366 unter II 3): Abtretung deutschem Recht unterliegender Schadenersatzforderung aus unerlaubter Handlung; BGH 111, 376 = IPRax 91, 248 mit Aufsatz von *Stoll* 223–227: doppelte Abtretung englischem Recht unterliegender Kaufpreisforderung, dieses Recht gilt auch für das Rangverhältnis der Zessionare; BGH EWiR Art. 33 EGBGB 1/91 LS mit Anm. von *Ebenroth* = IPRax 92, 90 mit Aufsatz von *von Bar* 20–23: Abtretung einer deutschem Recht unterliegenden Darlehensforderung an schweizerische AG als Sacheinlage; OLG Düsseldorf IPRax 96, 423 (425 unter B II 2 a) mit Anm. von *Kronke:* Abtretung eines deutschem Recht unterliegenden Bankguthabens von Iraner an iranische Stiftung; OLG Hamm NJW-RR 96, 1271: Abtretung einer italienischem Recht unterliegenden Kaufpreisforderung an italienische Bank; BGH JZ 99, 404 mit krit. Anm. von *Kieninger:* Globalzession von Forderungen gegen Auslandsschuldner an österreichische Bank.

Etwas genauer formuliert **Art. 33 II EGBGB** (der den Art. 12 II des Rom-Übereinkommens von 1980 [oben S. 203f.] übernimmt):

„(2) Das Recht, dem die übertragene Forderung unterliegt, bestimmt ihre Übertragbarkeit, das Verhältnis zwischen neuem Gläubiger und

Schuldner, die Voraussetzungen, unter denen die Übertragung dem Schuldner entgegengehalten werden kann, und die befreiende Wirkung einer Leistung durch den Schuldner."

Das über die Forderung herrschende Recht ergibt auch, ob die Abtretung *kausal oder abstrakt* ist (BGH EWiR Art. 33 EGBGB 1/91 LS usw. wie oben).

Das *Grundgeschäft* hingegen, z.B. ein Kauf der Forderung, folgt eigenem Recht. **Art. 33 I EGBGB** sagt (im Einklang mit Art. 12 I des Rom-Übereinkommens):

„(1) Bei Abtretung einer Forderung ist für die Verpflichtungen zwischen dem bisherigen und dem neuen Gläubiger das Recht maßgebend, dem der Vertrag zwischen ihnen unterliegt."

Bei *verlängertem Eigentumsvorbehalt* und *Globalzession* wählen das Recht am Ort der Niederlassung des Zedenten statt der für die einzelnen abgetretenen Forderungen maßgebenden Rechte *Kaiser* (oben Schrifttum) 202–214 und *Staudinger-Stoll*[13], Internationales Sachenrecht, 1996, Rz 349–351 S. 220–223. Vgl. für geistiges Eigentum oben S. 560 a. E. f.

2. Gesetzlicher Forderungsübergang

Schrifttum: *Guldener* und *Zweigert* wie oben 1; *Sauveplanne,* De subrogatie in het internationaal privaatrecht, NTIR 1962, Sonderheft (De Conflictu Legum, Fschr. Kollewijn und Offerhaus), 413–429; *Hoffmeyer,* Zur Aktivlegitimation ausländischer Ladungsversicherer bei Regreßklagen, ZHR 63, 125–160; *Rabel* III[2] 446–452; *Cimmet,* Multistate Claims to Escheat Intangible Property of a Multistate Character, 19 (1964) N.Y.U. Intra. L. Rev. 194–211; *Wussow,* Die Legalzessionen im IPR, NJW 64, 2325–2330; *Gitter,* Haftungsausschluß und gesetzlicher Forderungsübergang bei Arbeitsunfällen im Ausland, NJW 65, 1108–1112; Recent Developments: Conflict of Law: Escheat of Intangible Property and Competing State Claims, 65 (1965) Col. L. Rev. 1101–1104; *Beemelmans,* Das Statut der cessio legis, der action directe und der action oblique, RabelsZ 29 (1965), 511–544; *Karrer,* Der Regreß des Versicherers gegen Dritthaftpflichtige, Zürich 1965; *Cozian,* L'action directe, Paris 1969, 317–334; *Birk,* Die Einklagung fremder Rechte (action oblique, azione surrogatoria, acción subrogatoria) im internationalen Privat- und Prozeßrecht, ZZP 82 (1969), 70–92; *Keller,* Die Subrogation als Regreß im IPR, SchweizJZ 1975, 305–315, 325–330; *Mari,* Sulla legge regolatrice della c.d. surroga assicuratoria, Riv. dir. int. priv. proc. 1975, 486–503; *Bernstein,* Gesetzlicher Forderungsübergang und Prozeßführungsbefugnis im IPR unter bes. Berücksichtigung versicherungsrechtlicher Aspekte, Sieg-Fschr. 1976, 49–66 (49–54, 66); *U. Hübner,* Der Direktanspruch gegen den Kraftfahrzeughaftpflichtversicherer im IPR, VersR 77, 1069–1076; *Breuer,* Die internationalprivatrechtliche Behandlung des Direktanspruches gegen eine inländische Kraftfahrzeug-Haftpflichtversicherung bei Verkehrsunfällen im Ausland, Diss. Münster 1979; *Meyer,* Der Regreß im IPR, Zürich 1982; *J.* und *H. Plagemann,* Ausgleichspflicht des Verletzten anstatt Auslandsregreß?, Ein Beitrag zu § 116 Abs. 7 SGB X, Müller-Freienfels-Fschr. 1986, 481–490; *Stoll,* Rechtskollisionen bei Schuldnermehrheit, ebenda 631–680; *Posch,* Zur Anknüpfung der notwendigen Zession bei der Forderungseinlösung gemäß § 1422 ABGB, IPRax 86, 188–191; *Wandt,* Zum Rückgriff im IPR, ZvglRW 86 (1987), 272–313; *Beitzke,* Gastarbeiterunfall im Drittland, IPRax 89, 250–253 (250f.); *von Bar,* Abtretung und Legalzession im neuen deutschen IPR, RabelsZ 53 (1989), 462–486 (476–484); *C. Schmidt,* Der Haftungsdurchgriff und seine Umkehrung im IPR, 1993; *Daum,* Der Sozialversicherungsregreß nach § 116 SGB X im IPR, 1995; *Reithmann* und *Martiny* (Hrsg.), Internationales Vertragsrecht[5], 1996,

Rz 315–322 S. 304–311; *Schnelle,* Die kollisionsrechtliche Anknüpfung der Haftung aus Vermögensübernahme im deutschen IPR, RIW 97, 281–285.

Die *cessio legis* ist praktisch wichtig vor allem für den zahlenden Versicherer und öffentlichen Arbeitgeber, daneben für Bürgen und Drittverpfänder. Sie hat sich entwickelt aus Ansprüchen auf Anspruchsabtretung *(beneficium cedendarum actionum)* und ist namentlich bei Insolvenz des befriedigten Gläubigers wertvoll. Daher liegt es nahe, sie der *Rechtsordnung* zu unterstellen, *die das Verhältnis zwischen Zahlendem und Gläubiger beherrscht,* dem sog. *Zessionsgrund-Statut (Beemelmans* RabelsZ 29 [1965], 512).

So RG 54, 311 (316): Bürgschaftsstatut; BGH 52, 265 (267): Sozialversicherungsstatut (§ 1542 RVO); BGH NJW-RR 89, 670 (672 unter B I 2 b aa) = VersR 89, 54 mit krit. Anm. von *Wandt* 265: britisches Soldatenfürsorgerecht; OLG Düsseldorf NJW-RR 93, 136: § 37 I BAföG; *Wolff* 152 und *Beemelmans* aaO 511–514 (außer für Schuldnerschutz nach Forderungsstatut); *Rabel* III² 446 f. (außer für Abtretbarkeit, die zu beurteilen sei nach Forderungsstatut, und für Schuldnerschutz, den Rabel allgemein dem Recht des Schuldnerwohnsitzes überläßt [426–428]). Ebenso OLG Hamburg MDR 57, 679: eine Firma in Antwerpen liefert Därme auf deutschem Schiff nach Hamburg; die Därme werden schuldhaft auf Deck verladen und in schwerem Sturm an der holländischen Küste zum Teil über Bord gespült; englische Versicherungsgesellschaft zahlt und klagt Ersatzforderung der Firma gegen Reeder ein; *cessio legis* wird nach Versicherungsstatut (englisches Recht) bejaht.

Auch das schweizerische Bundesgericht beurteilt die *cessio legis* zugunsten des Versicherers nach Verischerungsstatut: E 39 II 73; 74 II 81; 85 II 267; ebenso der österreichische Oberste Gerichtshof: ÖstJZ 1993, 646 und (öst)ZRvgl. 1997, 212. Für Zessionsgrund-Statut auch der französische und belgische Kassationshof Rev. crit. dr. i. p. 1970, 688, 690 mit Anm. von *Lagarde* (amerikanisches und deutsches Soldatenrecht). Ebenso das Obere Gericht Kroatiens in Zagreb RIW 86, 732 (deutsches Lohnfortzahlungsrecht).

Unentschieden, aber dem Zessionsgrund-Statut zuneigend: BGH NJW 66, 1620 (französisches Beamtenrecht); unentschieden auch OLG Stuttgart VersR 70, 526 (530) (amerikanisches Soldatenrecht).

Andere wollen das *Forderungsstatut* entscheiden lassen.

So z. B. LG Hamburg IPRspr. 1977 Nr. 65; *Guldener,* Zession, Legalzession und Subrogation im IPR, Aarau (Schweiz) 1930, 139; *Wussow* NJW 64, 2330; ebenso auf Grund § 45 des österreichischen IPR-Gesetzes (öst)OGH IPRax 86, 173 mit krit. Aufsatz von *Posch* (188–191).

Das *Zessionsgrund-Statut* verdient den Vorzug. Denn der gesetzliche Forderungsübergang dient der Ausgestaltung des Zessionsgrundes (z. B. eines Versicherungsverhältnisses, eines Beamtenverhältnisses). Er betrifft dagegen nicht die Ausgestaltung der Forderung (z. B. der Schadenersatzforderung des transportversicherten Käufers gegen den Verkäufer oder der Schadenersatzforderung des unfallversicherten Verletzten oder des vom Staate versorgten verletzten Beamten gegen den Täter). Der gesetzliche Forderungsübergang bedarf, da er sich von selbst vollzieht, keiner Regel über den Vollzug wie die rechtsgeschäftliche Übertragung (Abtretung); auch aus diesem Grunde ist daher das Forderungsstatut entbehrlich.

Für das Zessionsgrund-Statut hat sich entschieden Art. 13 des Rom-Übereinkommens von 1980 (oben S. 203f.). Ihm folgt **Art. 33 III EGBGB:**

„(3) Hat ein Dritter die Verpflichtung, den Gläubiger einer Forderung zu befriedigen, so bestimmt das für die Verpflichtung des Dritten maßgebende Recht, ob er die Forderung des Gläubigers gegen den Schuldner gemäß dem für deren Beziehungen maßgebenden Recht ganz oder zu einem Teil geltend zu machen berechtigt ist. Dies gilt auch, wenn mehrere Personen dieselbe Forderung zu erfüllen haben und der Gläubiger von einer dieser Personen befriedigt worden ist."

Nur über den *Schuldnerschutz* (wie z. B. nach §§ 412, 407 BGB) muß das Forderungsstatut herrschen. Denn der Schuldner ist am Zessionsgrund unbeteiligt (z. B. der Verkäufer an der Transportversicherung des Käufers, der Täter an der Unfallversicherung oder dem Beamtenverhältnis des Verletzten).

Ist z. B. ein Düsseldorfer Polizeimeister im Urlaub bei Bozen von einer Schweizerin angefahren worden und hat er sich mit ihrer Versicherung verglichen, dann unterliegt die Schadenersatzforderung italienischem Recht. Sie ist aber nach § 99 LandesbeamtenGes. NRW (Zessionsgrund-Statut) bereits mit ihrer Entstehung auf das Land NRW übergegangen (dem italienischen Recht könnte ein solcher Übergang kaum entnommen werden), der Vergleich daher unwirksam. Ob der gute Glaube der schweizerischen Versicherungsgesellschaft geschützt wird (wie vielleicht im deutschen Recht nach §§ 412, 407 BGB), bestimmt dagegen das italienische Recht.

Das Zessionsgrund-Statut (ohne Gutglaubensschutz nach Forderungsstatut) wird für maßgebend erklärt auch von Art. 93 I a der EWG-VO Nr. 1408/71 für Unfälle von Arbeitnehmern und Beamten. Näher EuGH JZ 94, 1113 mit Anm. von *Fuchs*; Soergel VIII[11] Rz 449–452 vor Art. 7 EGBGB, S. 300f.; *Soergel-von Hoffmann* X[12] Art. 33 EGBGB Rz 25 S. 1692.

Läßt das Forderungsstatut, soweit es herrscht (Schuldnerschutz), den gesetzlichen Übergang scheitern, dann wird man wenigstens im Zessionsgrund-Statut durch *Angleichung* (oben S. 310f.) einen *Anspruch auf Abtretung* finden können (*Gitter* NJW 65, 1112).

Dagegen untersteht sowohl dem *Forderungsstatut* (meist dem Tatortrecht) wie alternativ zugunsten des Verletzten dem Statut des Versicherungsvertrags (Zessionsgrundstatut) der **Direktanspruch** („*action directe*") des Verletzten gegen den Haftpflichtversicherer des Täters. Früher war streitig, welches der beiden Rechte maßgäbe (7. Aufl. S. 566). Doch jetzt bestimmt **Art. 40 IV EGBGB** (eingeführt durch Art. 1 des Gesetzes zum IPR für außervertragliche Schuldverhältnisse und für Sachen vom 21. 5. 1999, BGBl. I 1026):

„(4) Der Verletzte kann seinen Anspruch unmittelbar gegen einen Versicherer des Ersatzpflichtigen geltend machen, wenn das auf die unerlaubte Handlung anzuwendende Recht oder das Recht, dem der Versicherungsvertrag unterliegt, dies vorsieht."

Keinen Einfluß auf die Anknüpfung des Direktanspruchs hat der Umstand, daß der Haftpflichtversicherer dem Kunden eine „grüne Karte" ausgestellt hat, in der er Dekkungsschutz mindestens nach dem Pflichtversicherungsrecht des besuchten ausländischen europäischen Landes verspricht (z. B. BGH 57, 265 [276 f.]; OLG Köln VersR 91, 1202).

Schrifttum zur **„grünen Karte":** *Schmitt,* System der Grünen Karte, 1968; *Deidda,* Il sistema del certificato internazionale di assicurazione (carta verde), Mailand 1986 (nz); *Wandt,* Der Kfz-Haftpflichtversicherungsschutz bei „Grüner Karte" für die Türkei, NVerkZ 92, 89–95; *MünchKomm-Kreuzer*[3], Art. 38 EGBGB Rz 128–133 S. 2056–2063.

Aus der **Rechtsprechung:** (öst)OGH VersR 90, 186; AG Hamburg VersR 91, 1402; OLG Stuttgart ebenda 1042; LG München I VersR 92, 1217; BGH NJW 93, 1009 = VersR 93, 307 mit Anm. von *E. Lorenz;* BGH 120, 87 = NJW 93, 1007 (1008 f. unter 3); KG NJW-RR 95, 1116; OLG Frankfurt VersR 98, 1103.

3. Schuldübernahme und gesetzlicher Schuldübergang

Schrifttum: *Briner,* Die Schuldübernahme im schweizerischen IPR, Aarau (Schweiz) 1947; *Zweigert* wie oben 1; *Vischer* wie oben 2 (245–248); *Freiherr von Schwind,* Das IPR des Haftungsübergangs mit Vermögensübertragung, von Caemmerer-Fschr. 1978, 756–760; *Girsberger,* Übernahme und Übergang von Schulden im schweizerischen und deutschen IPR, ZvglRW 89, 31–47; *von Bar,* Kollisionsrechtliches zum Schuldbeitritt und zum Schuldnerwechsel, IPRax 91, 197–201; *Brugger,* § 1409 ABGB und IPR: Probleme des internationalen Unternehmenskaufes, ZfRV 1993, 94–100; *Tiedemann,* Die Haftung aus Vermögensübernahme im internationalen Recht, 1995; *Reithmann* und *Martiny* (Hrsg.), Internationales Vertragsrecht[5], 1996, Rz. 323–329 S. 311–315; *Merkt* und *Dunckel,* Anknüpfung der Haftung aus Vermögensübernahme bzw. Firmenfortführung beim Unternehmenskauf, RIW 96, 533–542. – *Rechtsvergleichend: Meier,* Die Vermögensübernahme nach französischem, englischem, schweizerischem und österreichischem Recht, ZvglRW 85, 54–79.

Die *privative Schuldübernahme* ist das passive Gegenstück zur Abtretung und unterliegt entsprechend der **Rechtsordnung, die für die übernommene Schuld gilt.** Das Schuldstatut entscheidet auch, ob die Schuldübernahme *kausal oder abstrakt* ist. Das Grundgeschäft selbst folgt eigenem Recht, z. B. ein Grundstückskauf meist der *lex rei sitae,* während die übernommenen, hypothekarisch gesicherten Verbindlichkeiten ausländischem Recht unterliegen können.

Über die *kumulative Schuldübernahme* (Schuldbeitritt) entscheidet das für Schuldverträge maßgebende Recht (OLG Rostock RIW 97, 1042 [1043 unter II 2 a]; OLG Köln RIW 98, 148 [149 unter 2]). In Anlehnung an die zusätzlich übernommene Schuld wird kraft engster Verbindung oft deren Recht auch für den Übernahmevertrag gelten (vgl. oben S. 102 a. E. f.; dagegen für selbständige Anknüpfung z. B. *Fischer* IPRax 89, 217 Fn. 34). Dasselbe gilt für die bloße *Erfüllungsübernahme* zwischen Schuldner und Helfer.

Einen *kumulativen Schuldübergang kraft Gesetzes* gebieten § 419 BGB und § 1409 AGBGB bei Übernahme des Vermögens eines anderen. Maßgeben dürfte das Recht des Staates, in dem das übernommene Vermögen liegt. Bei Lage in mehreren Staaten haftet der Übernehmer nach dem Recht jedes dieser Staaten *pro rata* des dort belegenen Vermögens.

Dazu *Freiherr von Schwind* von Caemmerer-Fschr. 1978, 756–760; *Merkt* und *Dunckel* RIW 96, 541 f.

4. Vertragsübernahme und gesetzlicher Vertragsübergang

Schrifttum: *Zweigert* wie oben 1; *Vischer* wie oben 2 (248–251); *Forner Delaygua*, La cesión del contrato, Barcelona 1989 (bespr. von *Sánchez Lorenzo* Rev.esp.der.int. 1989, 713f.); *von Bar* wie oben 3; *Reithmann* und *Martiny* (Hrsg.), Internationales Vertragsrecht[5], 1996, Rz 314–322 S. 304–311.

Die rechtsgeschäftliche Vertrags*übernahme* ist Verbindung von Abtretung und privativer Schuldübernahme. Sie folgt daher dem Recht, das für den übernommenen Vertrag gilt. Das zugrunde liegende Kausalgeschäft ist eigens anzuknüpfen nach den Regeln für Schuldverträge.

Auch der gesetzliche Vertrags*übergang* (soweit Einzelnachfolge und nicht Gesamtnachfolge [z.B. Erbfolge] in Rede steht) unterliegt dem Recht, das den übernommenen Vertrag beherrscht. Er begegnet im deutschen materiellen Recht bei der Grundstücksmiete (§ 571 BGB), bei Versicherungsverträgen (§§ 69–73, 158h, 177 VVG) und beim Arbeitsvertrag im Fall der Betriebsnachfolge.

§ 19. Sachenrecht

Schrifttum: 7. Aufl. S. 568f. Hervorzuheben: *Sovilla,* Die Eigentumsübertragung an beweglichen körperlichen Gegenständen bei internationalen Käufen, Freiburg (Schweiz) 1954; *Lalive,* The Transfer of Chattels in the Conflict of Laws, Oxford 1955; *Schultsz,* Eigendomsverkrijging bij koop van roerende goederen in het West-Europees internationaal privaatrecht, 's-Gravenhage 1955; *Zaphiriou,* The Transfer of Chattels in Private International Law, London 1956; *Rabel* II[2] 78–85 (Verpflichtungs- und Verfügungsgeschäft), IV 3–126; *Asser,* Maritime Liens and Mortgages in the Conflict of Laws, Göteborg 1963; *Privat,* Der Einfluß der Rechtswahl auf die Rechtsgeschäftliche Mobiliarübereignung im IPR, 1964; *Siesby,* Søretlige Lovkonflikter, Conflict of Laws in Maritime Matters, Kopenhagen 1965; *Sailer,* Gefahrübergang, Eigentumsübergang, Verfolgungs- und Zurückbehaltungsrecht beim Kauf beweglicher Sachen im IPR, 1966; *Rigaux,* Le conflit mobile en droit international privé, Rec. 1966 I 329–444; *Bentivoglio,* Conflict Problems in Air Law, Rec. 1966 III 69–181; *Karrer,* Der Fahrniserwerb kraft Guten Glaubens im IPR, Diss. Zürich 1968; *Baxter,* Conflict of Laws and the Perfection and Priority of Security Interests, in: *Ziegel* und *Foster* (Hrsg.), Aspects of Comparative Commercial Law: Sales, Consumer Credit, and Secured Transactions, Montreal und New York 1969, 369–409; *Barsotti,* Negozî giuridici e diritti reali nel diritto internazionale privato, Pisa 1975; *Venturini,* Property, IECL III 21, 1976; *van Nayhauss Cormons,* Die Warenwertpapiere im IPR der Schweiz, insbes. beim Lagervertrag, Zürich 1977; *Reymond,* Les sûretés mobilières aux Etats Unis et en Suisse, Genf 1983; *Fritzemeyer,* Internationalprivatrechtliche Anerkennungs- und Substitutionsprobleme bei Mobiliarsicherheiten, Eine internationalprivatrechtliche und rechtsvergleichende Untersuchung des französischen, englischen und deutschen Rechts, Diss. Konstanz 1983; *Khairallah,* Les sûretés mobilières en droit international privé, Paris 1984; *Schilling,* Besitzlose Mobiliarsicherheiten im nationalen und internationalen Privatrecht, Versuch einer vergleichenden Darstellung unter Berücksichtigung des deutschen und französischen Rechtskreises sowie des common law, 1985; *Fisch,* Eigentumserwerb, Eigentumsvorbehalt und Sicherungsübereignung an Fahrnis im Internationalen Sachenrecht der Schweiz, der Bundesrepublik Deutschland und Frankreichs, Diss. Freiburg/Schweiz 1985; *Cornut,* Der Grundstückskauf im IPR, Basel und Frankfurt 1988; *Sánchez Lorenzo,* La cláusula de reserva de dominio en el Derecho internacional privado I, II, Madrid 1988 (bespr. von *Marín López,* Rev.esp.der.int. 1990, 755–757); *Chahali,* Conflits de lois en matière d'effets de commerce, Rec. 1988 II 347–452; *Blanco-Morales Limones,* El seguro español en el Derecho internacional privado, Madrid 1989 (bespr. von *González Campos* Rev.esp.der.int. 1989, 704 f. und von *Santos Briz* Rev.der.priv. 1991, 271 f.); *Kleveman,* Gesetzliche Sicherungsrechte im Internationalen Privat- und Konkursrecht, 1990; *Juvet,* Des sûretés mobilières conventionelles en droit international privé, Bern u. a. 1990; *Henrich* (Hrsg.), Vorschläge und Gutachten zur Reform des deutschen internationalen Sachen- und Immaterialgüterrechts, 1991; *Bouza Vidal,* Las garantías mobiliaras en el comercio internacional, Madrid 1991 (bespr. von *Sánchez Lorenzo* Rev.esp.der.int. 1991, 307–309); *Nassr-Esfahani,* Grenzüberschreitender Bestandsschutz für unanfechtbar genehmigte Anlagen, 1991; *Favoccia,* Vertragliche Mobiliarsicherheiten im internationalen Insolvenzrecht, 1991; *Heyne,* Kreditsicherheit im IPR unter besonderer Berücksichtigung des deutsch-schottischen Rechtsverkehrs, 1993; *Wilhelm,* Sachenrecht, 1993, Nr. 284–309 S. 169–186; *Sánchez Lorenzo,* Garantías reales en el comercio internacional, Madrid 1993; *Bonomi,* Der Eigentumsvorbehalt in Österreich und Italien unter Berücksichtigung anderer europäischer Rechtssysteme, Eine rechtsvergleichende und kollisionsrechtliche Untersuchung, 1993; *Ahrens,* Kreditsicherheiten in Südamerika, Mobiliarsicherheiten nach den nationalen und internationalen Privatrechten der Länder des Cono Sur und ihre Bedeutung für den Rechtsverkehr mit Deutschland, 1993. Danach: *De Ly,* Zakelijke zekerheidsvormen in het Nederlandse internationaal privaatrecht, NIPR 13 (1995), 329–431; *Geyrhalter,* Das Lösungsrecht des gutgläubigen Erwerbers, 1996, 74–146; *von Wilmowski,* Europäisches Kreditsicherungsrecht, 1996, (94–152: das traditionelle internationale Sachenrecht); *Staudinger-Stoll,* Internationales Sachenrecht[13], 1996; *Kreuzer,* La propriété mobilière en droit international privé, Rec. 259 (1996), 9–317; *Rutgers,* Eigendomsvoorbehoud en de Schets van een Algemene Wet betreffende het internationaal privaatrecht, WPNR 1996, 269–273; *Bausback,* Der dingliche Erwerb inländischer Grundstücke durch ausländische Gesellschaften, DNotZ 96, 254–266; *Pfeiffer,* Die Entwicklung des Internationalen Vertrags-, Schuld- und Sachenrechte in den Jahren 1995/96, NJW 97, 1207–1216 (1215 f.); *Stoll,* Parteiautonomie und Handeln unter falschem Recht bei Übereignung beweglicher Sachen, IPRax 97, 411–413; *Stoll,* Dinglicher Gerichtsstand, Vertragsstatut und Realstatut bei Vereinbarungen zum Miteigentümerverhältnis, IPRax 99, 29–31; *Schoordijk,* De cessie in het internationaal privaatrecht, Een arrest met grote gevaren voor het interne kreditverkeer, WPNR 1999, 281–286.

Rechtsvergleichend: 7. Aufl. S. 569 f. Hervorzuheben: *Beekhuis* u. a., Structural Variations in Property Law, IECL VI 2, o. J. (1975?), 1–143; *Fratcher,* Trust, IECL VI 11, o. J. (1975?), 1–120; *von Hoffmann,* Das Recht des Grundstückskaufs, 1982; *Röthlisberger,* Traditionsprinzip und Konsensprinzip bei der Mobiliarübereignung, Eine vergleichende Untersuchung zu den iberischen und lateinamerikanischen Kodifikationen, Zürich 1982; *Sonnekus,* Enkele opmerkings na aanleiding van *bona vacantia* as sogenaamde regale reg, Johannesburg 1984; *Pleyer,* Eigentumsrechtliche Probleme beim grenzüberschreitenden Effektengiroverkehr, 1985; *Thorens,* Les traits caractéristiques de la property law anglo-américaine, Le cas des Etats-Unies – droits réels, successions, trust, Bern 1986; *Landfermann,* Gesetzliche Sicherungen des vorleistenden Verkäufers, 1987; *Ferreri,* Le azioni reipersecutorie in diritto comparato, Mailand 1988; *Margellos,* La protection du vendeur à crédit d'objets mobiliers corporels à travers la clause de réserve de propriété (Étude de droit comparé), Paris 1989; *Candian, Gambaro* und *Pozzo,* Property – Propriété – Eigentum, Mailand 1992; *A. Roth,* Abstraktions- und Konsensprinzip und ihre Auswirkungen auf die Rechtsstellung der Kaufvertragsparteien, ZvglRW 93, 371–394; *Ferrari, Abstraktionsprinzip, Traditionsprinzip* e consensualismo nel trasferimento di beni mobili, Una superabile divaricazione?, Riv. dir. civ. 1993, 729–757; *van der Merwe,* Apartment Ownership, IECL VI 5, 1994, 1–222; *Hartwieg,* Die Publizität von Mobiliarsicherheiten im deutschen, US-amerikanischen und japanischen Recht, ZIP 94, 96–114. Danach: *Wood,* Comparative Law of Security and Guaranties, London 1995; *Kreuzer,* La reconnaissance des sûretés mobilières conventionelles étrangères, Rev.crit.dr.i.p. 1995, 465–505; *Stadler*, Gestaltungsfreiheit und Verkehrsschutz durch Abstraktion, 1996; *Bokaí* und *Szeibert*, Die Mobiliarhypothek und deren Register, Schippel-Fschr. 1996; 843–867; *Drobnig*, Die Verwertung von Mobiliarsicherheiten in einigen Ländern der Europäischen Union, RabelsZ 60 (1996), 40–57; *Dahan*, La *Floating Charge:* Reconnaissance en France d'une sûreté anglaise, Clunet 1996, 381–404; *Seif*, Der Bestandsschutz besitzloser Mobiliarsicherheiten im deutschen und englischen Recht, 1997; *Nicklaus*, Die Kollision von verlängertem Eigentumsvorbehalt und Factoringzession im deutschen und englischen Recht, 1997; *Pfaff* u. a., Immobilienerwerb und -nutzung in Osteuropa (Friedrich-Christian Schroeder-Fschr.), 1997; *Horn* und *Pleyer* (Hrsg.), Handelsrecht und Recht der Kreditsicherheiten in Osteuropa, 1997; *Graf von Bernstorff*, Das Hypothekenrecht in den EU-Staaten, RIW 97, 181–188; *Robert* u. a., Actualités de la propriété dans les pays d'Europe centrale et orientale et en Chine, Rev.int.dr.comp. 1997, 525–625; *Salvat*, Étude de publicité foncière comparée: l'influence de la connaissance des droits non publiés sur leur inopposabilité dans les jurisprudences anglaise et française, Rev.int.dr.comp. 1998, 1125–1152; *Verse*, Verwendungen im Eigentümer-Besitzerverhältnis, 1999, 65–117 (Frankreich, England); *Garcia Cantero*, Les différentes fonctions de la possession en droit privé, 6 (1998) Eur.Rev.Priv.L. 363–382; Second Newport Symposium „Sunken Treasures: Law, Technology, and Ethics", 30 (1999) J.L.M.C. 167–354.

Europarecht: Stöcker, Die „Eurohypothek", Zur Bedeutung eines einheitlichen nicht-akzessorischen Grundpfandrechts für den Aufbau eines „Europäischen Binnenmarktes für den Hypothekarkredit" mit einer Darstellung der Verwendung der Grundschuld durch die deutsche Hypothekarkreditpraxis sowie des französischen, spanischen und schweizerischen Hypothekenrechts, 1992; *Wehrens*, Das Projekt einer Eurohypothek – Rückblick und Ausblick, WPNR 1994, 170f.; *von Wilmowsky*, Europäisches Kreditsicherungsrecht, 1996; *Kieninger*, Mobiliarsicherheiten im Europäischen Binnenmarkt – Zum Einfluß der Warenverkehrsfreiheit auf das nationale und internationale Sachenrecht der Mitgliedstaaten, 1996 (bespr. von *Lagarde* Rev. crit.dr.i.p. 1997, 390–393); *Habersack*, Die Akzessorität – Strukturprinzip der europäischen Zivilrechte und eines künftigen europäischen Grundpfandrechts, JZ 97, 857–865; *von Wilmowsky*, Sicherungsrechte im Europäischen Insolvenzübereinkommen, EWS 97, 295–300; *Wachter*, Die Eurohypothek, WM 99, 49–70.

I. Grundsatz

Sachenrechtliche Beziehungen entstehen meist zwischen Personen, die dort leben, wo die Sachen liegen. Für sie ist wichtig, wem die Sache gehört, wer beschränktes Recht hat, wer besitzt; wie man Recht oder Besitz erwirbt, verliert, überträgt, ändert; wann und wie Berechtigter oder Besitzer gegen Schädigung oder Vernichtung der Sache, gegen Störung oder Entziehung des Besitzes Schutz finden. Das *Verkehrsinteresse* verlangt daher die Herrschaft der **lex rei sitae** (oben S. 121).

Sie galt in Deutschland kraft Gewohnheitsrecht. Das Gesetz zum IPR für außervertragliche Schuldverhältnisse und für Sachen vom 21. 5. 1999 (BGBl. I 1026) hat diese Regel bestätigt: der von ihm eingeführte **Art. 43 I EGBGB** bestimmt:

„(1) Rechte an einer Sache unterliegen dem Recht des Staates, in dem sich die Sache befindet."

Zur *Vorgeschichte* des Gesetzes zum IPR für außervertragliche Schuldverhältnisse und für Sachen oben S. 185f.

Die *lex rei sitae* gilt seit alters für *Grundstücke.* Sie gilt bei uns und meist im Ausland auch für *Fahrnis.*

Beispiel: LG Hamburg IPRspr. 1977 Nr. 48: In London wohnhafte Portugiesin ersteigert bei Sotheby ein Gemälde Picassos. Der britische Krankenpfleger ihres behinderten Sohnes stiehlt das Bild und flieht. Ein deutscher Kunsthändler erwirbt es, kann es aber später nicht herausgeben. Das Gericht beurteilt mit Recht den Versteigerungserwerb nach englischem Recht, den Herausgabe- und anschließenden Schadenersatzanspruch aber nach deutschem, weil das Gemälde nach Deutschland gelangt war.

Das *Eigentum an bestimmten Kulturgütern,* die unrechtmäßig ins Ausland verbracht worden sind, unterliegt nach deren Rückgabe dem Recht des Herkunftslandes, in das sie zurückkehren (§§ 4, 8 Kulturgüterrückgabegesetz; näher unten S. 992).

Das früher für bewegliche Habe vielfach geltende Personalstatut des Eigentümers hat sich auf Ausnahmefälle zurückgezogen.

So herrscht in Argentinien Wohnsitzrecht des Eigentümers über Mobilien, die der *Eigentümer stets bei sich trägt, die seinem persönlichen Gebrauch dienen* oder deren *Verkauf oder Beförderung an einen anderen Ort beabsichtigt* ist (Art. 11 Halbs. 2 código civil; etwas enger Brasilien EG zum código civil Art. 8 § 1; vgl. auch Art. 110 Código Bustamante und für einige Einzelstaaten der USA, in denen Story's Lehre nachwirkt, *Staudinger-Stoll*[13] Rz 127 S. 71). Eine solche Regel ist unnötig. Bei uns gibt es eine ähnliche, aber nötige Regel für bewegliche Sachen in staatsfreiem Gebiet (vgl. oben S. 17).

Vereinzelt neigen deutsche Entscheidungen dazu, die Parteien (wie bei Schuldverträgen) das maßgebende Recht *wählen* zu lassen (BayObLG IPRspr. 1934 Nr. 24: Silberfüchse aus dem Elsaß; OGH 2, 226 [229]: Motorschiff aus Holland; OLG Hamburg, AWD 63, 261 [und zustimmend *Meyer-Ladewig* ebenda 261–263]: Kamera aus Jugoslawien). Auch im Schrifttum wird in bestimmten Fällen Rechtswahl erlaubt (*Drobnig* Kegel-Fschr. 1978, 150f.; *Drobnig* und *Kronke* in: Deutsche zivil-, kollisions- und wirtschaftsrechtliche Beiträge zum X. Internationalen Kongreß für Rechtsvergleichung in Budapest 1978, 102; *Weber* RabelsZ 44 [1980], 510–530; *Staudinger-Stoll*[13] Rz 282–285 S. 169–171, Rz 292–294 S. 175–177, Rz 337 S. 211–213, Rz 368f. S. 235f.). Diese Meinung dürfte nach Einführung von Art. 43 I EGBGB nicht mehr vertretbar sein. Sie war auch schon vorher abzulehnen (OLG Köln ZIP 94, 1459: Inhaberaktien luxemburgischer AG; BGH EWiR 97, 209 LS mit Anm. von *Geimer* = IPRax 97, 422 mit Aufsatz von *Stoll* 411–413 = NJW 97, 461 = WM 97, 13 [14 unter II 1]: Konserven in Polen; BGH IPRax 99, 45 mit Aufsatz von *Stoll* 29–31 = NJW 98, 1321 [1322 unter II 2 a]: Teil der Mieteinnahmen eines gemeinschaftlichen Grundstücks in Spanien; LG Hamburg RIW 98, 892 [893 unter I 2]: Armbanduhren und Schmuck in Südafrika und in der Schweiz). Das Verkehrsinteresse fordert Festigkeit. Nicht einmal die Wahl der *lex fori* im Prozeß sollte den Parteien frei stehen (dafür *A. Flessner* RabelsZ 34 [1970], 569–572; dagegen oben S. 439f.).

II. Geltungsbereich

Die *lex rei sitae* bestimmt über *dingliche Rechte* und *Pflichten* und über den *Besitz.*

Beispiele: RG IPRspr. 1930 Nr. 88: Pflicht der Witwe eines Schweizers als Nießbraucherin einer sächsischen Nachlaßvilla, nach §§ 1045 und 1047 BGB das Haus zu versichern und die Grundstückslasten zu tragen.

LG München I WM 63, 1355: Schweizerische Eheleute leben getrennt. Mann hat Ehewohnung verlassen. In Abwesenheit der Frau holt er sich Kunstgegenstände und Antiquitäten aus der Wohnung. Frau behauptet, er „habe praktisch das Wohnzimmer ausgeräumt". Sie klagt auf Rückgabe. Das LG gibt der Klage aus deutschem Sachenrecht statt (§§ 861, 866 BGB). Nach deutschem Ehegüterrecht gelte für Besitz zwischen Eheleuten nichts besonderes (BGH 12, 380 [399]), Frau würde obsiegen. Hier gelte freilich schweizerisches Ehegüterrecht (Art. 15 a. F. EGBGB). Aber auch nach ihm hätten Eheleute Mitbesitz und Mann dürfe Besitz nicht eigenmächtig ergreifen, sondern müsse klagen.

BGH 108, 353 = IPRax 91, 338 mit Aufsatz von *Kronke* und *Berger* 316–320 = NJW 90, 242: Eigentümer-Besitzer-Verhältnis an einem deutschen und einem schweizerischen Orderscheck, die sich in Deutschland befinden.

OLG Koblenz IPRax 94, 302 mit Aufsatz von *Frank* 279–281: Pfandrecht an Smaragdschmuck in England.

OLG Düsseldorf FamRZ 97, 61 = MittRhNotK 96, 370 = NJW-RR 97, 199: Inventar deutscher Eisdiele eines Italieners.

Die *lex rei sitae* umgrenzt den *Kreis der dinglichen Rechte und Pflichten,* entscheidet über das Verhältnis zwischen Mitberechtigten, den Anspruch auf Herausgabe der Sache, das Eigentümer-Besitzer-Verhältnis (BGH IPRax 99, 45 mit Aufsatz von *Stoll* 29–31 = NJW 98, 1321) und über sachenrechtliche Eigentumsvermutungen wie in § 1006 BGB (BGH VersR 97, 322 unter II 1 a). Sie bestimmt auch die *rechtlichen Eigenschaften einer Sache,* z. B. ob sie wesentlicher Bestandteil oder veräußerlich ist. Ebenso sagt sie, ob eine Sache beweglich oder unbeweglich ist. Dies allerdings nur, soweit der Unterschied im *materiellen* Sachenrecht erheblich ist (z. B. OLG Karlsruhe PucheltsZ 25 [1894], 46: Baseler unbewegliches Grundstückszubehör in Baden als beweglich pfändbar). Soweit Normen des IPR zwischen Fahrnis und Grundbesitz unterscheiden (wie für die Erbfolge viele ausländische Kollisionsrechte), ist es an ihnen, die Scheidewand zu errichten (vgl. oben S. 352–355).

Die *lex rei sitae* regelt das gesamte Schicksal dinglicher Rechte und Pflichten und des Besitzes: *Entstehung, Inhalt, Änderung, Übergang* und *Untergang.*

Beispiele: OLG Hamburg SeuffArch. 60, 143: Fund an Bord eines deutschen Dampfers im Hafen von New York wird nach New Yorker Recht beurteilt.

Cámara Nacional Civil, sala D, 2. Instanz (Buenos Aires) La Ley 112 (1963), 312 mit Anm. von *Goldschmidt:* Fund von 480 000 $ unter einem Schreibtisch im Ingenieursraum eines niederländischen Dampfers im Hafen von Buenos Aires wird nach argentinischem Recht beurteilt. Art. 11 Halbs. 2 código civil (nach dem der Wohnsitz des – hier unbekannten – Eigentümers maßgäbe, oben I) greife nicht ein.

OLG Köln IPRax 90, 46 mit Aufsatz von *Armbrüster* 25 f.: Vermutung, daß Besitzer Eigentümer von Möbeln und einem Plattenspieler, die sich erst in Frankreich, dann in Belgien befanden, nach französischem bzw. belgischem Recht zu beurteilen (vgl. unten III).

LG München I WM 57, 1378: Zwei Flugzeuge werden in der Bundesrepublik unter Eigentumsvorbehalt verkauft. Käufer läßt für über 10 000 £ bei zwei englichen Firmen Einbauten vornehmen, die für die Zulassung in der Bundesrepublik nötig sind. Dann bringt er die Flugzeuge von England nach Düsseldorf. Er bezahlt weder die Engländer noch den deutschen Verkäufer. Dieser holt sich eines der Flugzeuge nach München. Um das andere, in Düsseldorf verbliebene, streiten sich die Engländer, die ein „*lien*" (pfandrechtsähnliches Zurückbehaltungsrecht) wegen ihrer Einbauten geltend machen, und der Verkäufer auf Grund seines Eigentumsvorbehalts. LG München I beurteilt Entstehung, Inhalt und Untergang des *liens* nach englischem Recht. Danach war es durch Herausgabe an den Käufer in England erloschen.

LG Hamburg RIW 98, 892: ob Armbanduhren und Schmuck in Südafrika und in der Schweiz gutgläubig erworben, bestimmen südafrikanisches bzw. schweizerisches Recht; desgleichen, ob Ersitzung.

Dagegen beurteilt *OLG Düsseldorf* MDR 83, 132 = RIW 84, 481 den Anspruch des Schiffsdetektivs, der eine gestohlene Motorjacht in Spanien entdeckt hatte (oben S. 2), auf Ersatz von Aufwendungen und auf Finderlohn nicht nach spanischem Recht, sondern nach deutschem; denn es gelte auch für Geschäftsführung, Bereicherung und Delikt zwischen in Deutschland wohnhaften Deutschen. Man sollte aber für schuldrechtliche Ansprüche im Sachenrecht beim Belegenheitsrecht bleiben und nicht den Finderlohn anderem Recht unterstellen als den Eigentumserwerb des Finders. Vgl. auch oben S. 615.

Die *lex rei sitae* kann erlauben (und erlaubt fast immer), daß über die Sache *in einem anderen Staat verfügt* wird.

Zum Beispiel OLG Karlsruhe IPRspr. 1928 Nr. 45 *obiter:* Übereignung von Holz, das in Deutschland lagert, durch in der Schweiz vereinbarte Einigung und Abtretung des Herausgabeanspruchs zwischen Verkäufer in Zürich und Käufer in St. Gallen. Vgl. über „Auslandssachverhalte" oben S. 58–61.

Die *lex rei sitae* ordnet an, ob eine dingliche Verfügung *abstrakt* oder *kausal* ist. Wenn sie kausal ist, unterliegt gleichwohl das *Grundgeschäft* eigenem Recht, z.B. Kauf oder Schenkung dem für Schuldverträge maßgebenden Recht. Dasselbe gilt für ein *Besitzkonstitut,* wenn von ihm eine Verfügung abhängt (z.B. RG BayZ 1912, 45 = Recht 1911 Nr. 3475, 3476, 3497: Besitzkonstitut nach deutschem Recht, Übereignung nach brasilianischem Recht), und bei Pfandrechten für die gesicherte *Forderung.*

Zum Beispiel beurteilt im obigen Flugzeugfall das LG München I den Einbauvertrag mit den englichen Firmen wie das *lien* nach englischem Recht; die Parteien hätten es jedoch in der Hand gehabt, den Einbauvertrag (nicht das *lien*!) deutschem Recht zu unterstellen.

Ob eine Urkunde *Wertpapier* ist, entscheidet die Rechtsordnung, der das verbriefte Recht unterliegt, z.B. bei der Aktie das Recht des Sitzes der Hauptverwaltung der AG (Wertpapier*rechts*statut). Ist nach dieser Rechtsordnung die Urkunde Wertpapier und ist weiter nach dieser Rechtsordnung zur Verfügung über das verbriefte Recht eine Verfügung über die Urkunde nötig, dann unterliegt die Verfügung über die Urkunde dem Recht des Lageorts, der *lex cartae sitae* (Wertpapier*sach*statut).

So z.B. RG IPRspr. 1933 Nr. 20: Übertragung von Goldbonds der USA in Deutschland (hierzu *Martin Wolff* RabelsZ 7 [1933], 791–796); RG IPRspr. 1934 Nr. 11: Übertragung niederländischer Inhaberaktien in Deutschland; BGH 108, 353 = IPRax 91, 338 mit Aufsatz von *Kronke* und *Berger* 316–320 = NJW 90, 242 (243 unter I 2 a): Übertragungen eines deutschen und eines schweizerischen Orderschecks erst ohne Indossament in Basel, dann weiter mit Blankoindossament in Friedrichshafen (dazu Art. 63 SchG); BGH FamRZ 94, 510 (511 f. unter A I 3, B I) = NJW 94, 939 = ZEV 94, 113 mit Anm. von *Ebenroth* und *Lorz:* Übertragung schweizerischer und liechtensteinscher Inhaberaktien; OLG Köln IPRax 96, 340 mit Aufs. von *Otte* 327–332 = ZIP 94, 1459: Übertragung luxemburgischer Inhaberaktien.

Bei *Transportpapieren* bestimmt ebenfalls die *lex cartae sitae* über die Begebung der Urkunde. Dagegen entscheidet das Recht des Lageorts der Ware, die *lex rei sitae*, ob die Verfügung über die Urkunde die Übergabe der Ware ersetzt (z.B. RG 119, 215 [216]: deutsches Recht gilt für Erwerb des Eigentums an Schrott auf Kahn in Düsseldorf durch Übergabe niederländischen Konnossements).

Die *lex rei sitae* allein beherrscht nach Art. 11 V EGBGB die *Form* dinglicher Verfügungen. Die Ortsform kann nur dadurch zum Zuge kommen, daß das IPR des Belegenheitsstaats auf das Recht des Abschlußorts zurück oder weiter verweist (oben S. 550 a.E.f.).

Doch unterliegen dingliche Verfügungen *nicht in jeder Hinsicht* der *lex rei sitae*. Eigenes Recht entscheidet über die *Rechts- und Geschäftsfähigkeit* der Parteien, seien sie natürliche oder juristische Personen oder nicht rechtsfähige Personenverbindungen oder Vermögensmassen (oben S. 477–533), ferner über die Vollmacht (oben S. 542–548). Über die *rechtsgeschäftliche Erklärung* (ihr Zustandekommen sowie Antrag und Annahme) und über *Willensmängel* befindet zum Teil das Recht des gewöhnlichen Aufenthalts oder Geschäftssitzes eines Geschäftspartners (oben S. 493–495).

Der Übergang dinglicher Rechte und Pflichten und des Besitzes durch *Gesamtnachfolge* (insbesondere durch Erbgang, im Ehe- und Kindesgüterrecht, durch gesellschaftsrechtliche Tatbestände) geschieht *unabhängig von der lex rei sitae*. Nur kann das für die Gesamtnachfolge maßgebende Recht (das „Gesamtstatut") keine Rechtsfolgen anordnen, die sich mit der sachenrechtlichen Ordnung des Belegenheitsstatuts (dem „Einzelstatut") nicht vertragen. Zum Beispiel kann das Gesamtstatut kein Gesamthandseigentum begründen, wenn die *lex rei sitae* nur Bruchteilseigentum kennt. Hier können sich Angleichungsfragen ergeben (oben S. 306–320).

Zum Beispiel OLG Dresden SächsAnn. 18 (1897), 513: Eine Ehefrau, für deren Güterstand westfälisches Recht galt, erbte ein Grundstück in Sachsen; nach westfälischem Güterrecht fiel das Grundstück ins Gesamthandeigentum der Eheleute; nach sächsischem Sachenrecht hätte es übereignet werden müssen. OLG Dresden verlangte Übereignung. Mit Unrecht: das westfälische Recht, das den Sondertatbestand der güterrechtlichen Gesamtnachfolge beherrschte, war anzuwenden, nicht das sächsische Recht, dem nur der allgemeine Tatbestand der Einzelnachfolge zwischen beliebigen Personen unterlag; anders wäre es nur gewesen, wenn eine Gesamtnachfolge kraft Güterrechts mit dem sächsischen Sachenrecht unvereinbar gewesen wäre; dafür sprach aber nichts. Vgl. unten S. 875 f.

Das Erfordernis der Verträglichkeit des Gesamtstatuts mit der sachenrechtlichen Ordnung des Belegenheitsstaats (Einzelstatut) hat ein Gegenstück beim *Wechsel des Einzelstatuts* (Statutenwechsel, unten S. 666–668).

Für *Grundstücksimmissionen über die Grenze* beruft **Art. 44 EGBGB** das *Deliktsstatuts.*

„Für Ansprüche aus beeinträchtigenden Einwirkungen, die von einem Grundstück ausgehen, gilt Art. 40 Abs. 1 entsprechend."

Es entscheidet also das Recht des Handlungs- oder nach Wahl des Verletzten das des Erfolgsorts (oben S. 628; vgl. *Stoll* RabelsZ 37 [1973], 367–377 und *Staudinger-Stoll*[13] Rz 235 S. 143f.).

III. Statutenwechsel

Sachenrechtliche Tatbestände werden beurteilt nach der *lex rei sitae* des *Zeitpunkts oder Zeitraums,* in dem sie eintreten (z.B. BGH NJW 94, 2022 [2023 unter II 2]).

Wechselt eine Sache das Land, **nachdem** ein dingliches Recht, eine dingliche Pflicht, ein Besitz entstanden, über- oder untergegangen ist oder seinen Inhalt geändert hat, so bewendet es bei diesem *fait accompli.*

Beispiele: LG Frankfurt AWD 58, 190: *Versendungskauf* aus Italien, wo Käufer das Eigentum an Speziessache durch Kaufabschluß, an Gattungssache durch Aussonderung erwirbt, nach Deutschland, wo Käufer erst durch Besitzerwerb Eigentümer wird: Käufer bleibt Eigentümer, wenn die Ware Deutschland erreicht, obwohl er noch nicht besitzt.

(Öst)OGH ÖstJZ 1990, 181; *Versendungskauf* von 22000 Ringuhren von Hongkong nach Wien: bei Übereignungswillen der Parteien braucht nicht geprüft zu werden, wann nach dem Recht von Hongkong Eigentum übergeht, weil nach österreichischem Recht schon mit Absendung der Käufer Eigentümer wird und daher das Eigentum jedenfalls erlangt, wenn die Ware die Grenze nach Österreich überschreitet.

BGH 100, 321 = IPRax 87, 374 mit zust. Aufsatz von *Stoll* 357–360: Kieler Münzhandlung erwarb in schweizerischer Versteigerung zwei Münzen, die aus einer Sammlung des Landes Schleswig-Holstein gestohlen waren. Art. 934 II ZGB bestimmt: „Ist die abhanden gekommene Sache öffentlich versteigert ..., so kann sie dem ersten und jedem späteren gutgläubigen Erwerber nur gegen Vergütung des von ihm bezahlten Preises abverlangt werden." Die Versteigerung war anscheinend „öffentlich" im Sinne dieser Vorschrift (vgl. bei uns § 383 III BGB). Das Land verlangte die Münzen heraus und versprach, den Versteigerungspreis zu zahlen, falls er geschuldet sei. Die Münzhandlung hatte die Münzen schon an zwei Käufer weitergegeben, erwarb sie aber zurück und verklagte das Land auf Erstattung des Versteigerungspreises, nachdem das Land die Münzen zurückerhalten hatte.

Der BGH läßt offen (unter II 2e), ob das *„Lösungsrecht"* des Art. 934 II ZGB mit der Ankunft der Münzen in Deutschland erlosch. Gegen solchen Untergang die h.M., z.B. *Rabel* IV 74). A.A. RG 41, 152 (156), weil das Lösungsrecht überhaupt erst mit der *Geltendmachung* entstehe. Kritik: aber *bedingt* schon beim Erwerb der Sache, und Verkehrsinteressen, auf denen die Geltung der *lex rei sitae* beruht, fehlen *inter partes,* so daß der Ortswechsel beiseite bleiben kann. Anders bei Weiterverkäufen an Gutgläubige im neuen Land: dessen Recht sagt, ob das Lösungsrecht übergeht. Nach Art. 934 II ZGB entsteht zugunsten des späteren gutgläubigen Erwerbers ein eigenes Lösungsrecht; auch über solchen Erwerb bestimmt das Recht des neuen Landes und nach deutschem Recht gibt es ihn nicht. So der BGH aaO mit der Folge, daß die Münzhandlung leer ausging. Anders läge es freilich, wenn man den Rückerwerb von den Abkäufern als *Aufhebung* der mit ihnen geschlossenen Kauf- und Übereignungsverträge verstünde. Hilfsweise könnte man im Wege der *Angleichung* im schweizerischen materiellen Recht (oben S. 310–319) das Lösungsrecht des Erstkäufers fortbestehen lassen, weil dem zweiten nach der neuen *lex rei sitae* ein eigenes Lösungsrecht versagt wird, das nicht zum wenigsten den Erstkäufer vor einem Rückgriff des zweiten schützen soll (*Stoll* aaO); dies fortbestehende Lösungsrecht könnte der Erstkäufer dem zweiten abtreten oder als eigenen Anspruch gegen den Eigentümer geltend machen.

Vgl. für „abgeschlossene Vorgänge“ beim Wechsel des deutschen *IPR* am 1. 9. 1986 (der das internationale Sachenrecht nicht betrifft) Art. 220 I EGBGB.

Davon gelten *zwei Ausnahmen:* der *Inhalt* von Rechten und Pflichten bestimmt sich *ex nunc* nach dem Recht des neuen Belegenheitsstaats, z.B.

– der Herausgabeanspruch des Eigentümers

(KG IPRax 90, 393 = NJW 88, 341 = ROW 88, 252 und [im selben Fall] BGH IPRax 90, 398 = NJW 89, 1352 = ROW 89, 123, beide mit Aufsätzen von *Kreuzer* IPRax 90, 365–372 und von *Armbrüster* und *Jopen* ROW 89, 332–338)

oder Pfandgläubigers

(OLG Koblenz IPRax 94, 302 [305 unter IV] mit Aufsatz von *Frank* 279–281),

– die Haftung im Eigentümer-Besitzer-Verhältnis,
– die Möglichkeiten gutgläubigen Erwerbs

(z. B. BGH IPRax 93, 176 mit Aufsatz von *Kreuzer* 157–162 = NJW 91, 1415 betr. italienische Autohypothek an Ferrari, der in Deutschland auf der Straße verkauft wird),

und der *Fortbestand* von Rechten und Pflichten erfordert, daß sie sich mit der sachenrechtlichen Ordnung des neuen Belegenheitsstaats vertragen.

Zum Beispiel würde der Fortbestand eines ausländischen *Lösungsrechts* die deutsche sachenrechtliche Ordnung nicht stören, weil er nur zwischen Käufer und Eigentümer wirkt, und eine ausländische besitzlose *Fahrnishypothek* ist für uns ebenso gut tragbar wie Sicherungseigentum (BGH IPRax 93, 176 mit Aufsatz von *Kreuzer* 157–162 = NJW 91, 1415 [1416 unter 2 c, d]).

Dagegen erlischt ein mündlich oder schriftlich vereinbarter Eigentumsvorbehalt, wenn Vorbehaltsware aus Deutschland in die Schweiz oder nach Frankreich kommt, wo der Eigentumsvorbehalt nur wirkt, wenn er in einem Register eingetragen ist (so für Frankreich Trib. civ. Straßburg Rev.crit.dr.i.p. 1959, 95 mit Anm. von *Schulze*). Deutsches Sicherungseigentum erlischt, wenn die Sache nach Österreich kommt, weil Österreich mehr Publizität verlangt als wir ([öst]OGH IPRax 85, 165 mit Aufsatz von *Martiny* 168–171 = ZIP 84, 1330). Umgekehrt bleibt ein in Frankreich an einem LKW entstandenes besitzloses Registerpfandrecht bestehen, wenn der LKW nach Deutschland gebracht und hier gewerblich genutzt wird; denn in Deutschland hat die Sicherungsübereignung das Faustpfandrecht verdrängt, der Besitz des Gläubigers ist also für die deutsche sachenrechtliche Ordnung nicht mehr wichtig (BGH 39, 173). Vgl. auch oben II a.E. zur Abhängigkeit des Gesamtstatuts von der sachenrechtlichen Ordnung des Einzelstatuts.

Viele meinen, wenn der neue Belegenheitsstaat ein Recht (z.B. einen Eigentumsvorbehalt), eine Pflicht oder einen Besitz, die nach dem Recht des alten Belegenheitsstaats entstanden sind, nicht dulde, *ruhten* sie bloß und lebten wieder auf, wenn die Sache in den alten Staat zurückkehre (z.B. *Batiffol* und *Lagarde* II[7] Nr. 512 S. 171 f. Fn. 4 a.E.; *von Caemmerer* Zepos-Fschr. II, 1973, 33 f.). Das widerspricht dem Verkehrsinteresse an klaren und festen sachenrechtlichen Verhältnissen, selbst wenn man im neuen Staat erworbene Rechte, Pflichten oder Besitz vorgehen läßt (wie hier z.B. *Rabel* IV 91). Das neue Recht hat vielmehr einen „Reinigungseffekt“ („*effet de purge*“: Ausdruck von *Batiffol* und *Lagarde* aaO). Ausnahmen gelten für *res in transitu* (z.B. für Kraftfahrzeuge und Gepäck auf Reisen) und für Transportmittel, die auf Dauer dem Verkehr mit dem Ausland dienen (unten IV, V).

Vgl. für den Wechsel des deutschen *internationalen Familienrechts* am 1. 9. 1986 Art. 220 II EGBGB und für den Wechsel des *IPR in der DDR* am 3. 10. 1990 Art. 236 §§ 2, 3 I EGBGB sowie die *sachenrechtlichen Übergangsvorschriften* Art. 180, 181, 233 §§ 1, 2 EGBGB.

Wechselt eine Sache das Land, **während** sich ein sachenrechtlicher Tatbestand verwirklicht, so entscheidet *allein das neue Recht* über den Gesamttatbestand. Dies war schon früher so.

Zum Beispiel OLG Zweibrücken ZIR 10 (1900), 220: Versendungskauf aus Sachsen (Eigentumserwerb durch Übergabe) nach der Pfalz (Eigentumserwerb durch Spezieskauf): Käufer wird Eigentümer mit Eintritt der Ware in die Pfalz, weil der (auf Grund des Kaufs gesetzlich vermutete) Übereignungswille der Parteien fortbesteht.

Heute bestimmt **Art. 43 III EGBGB:**

„(3) Ist ein Recht an einer Sache, die in das Inland gelangt, nicht schon vorher erworben worden, so sind für einen solchen Erwerb im Inland Vorgänge in einem anderen Staat wie inländische zu berücksichtigen."

So für den Eigentumsvorbehalt an Exportware schon BGH 45, 95: Versendungskauf von Maschinen aus Italien nach Deutschland. Nach italienischem Recht wirkt das Vorbehaltseigentum des Verkäufers nur relativ zwischen Verkäufer und Käufer; nach deutschem Recht wirkt es absolut und damit auch gegenüber den Gläubigern des Käufers. Der BGH schützt den Verkäufer nach deutschem Recht ab Besitzerwerb durch den Käufer und legt den Vertrag in diesem Sinne aus. Besser läßt man die Wirkung des deutschen Rechts schon mit Überschreiten der deutschen Grenze beginnen und so ist Art. 43 III EGBGB gemeint (BTDrucks. 14/343 S. 16). Näher zu BGH 45, 95 *Kegel* JuS 68, 162–166; *Drobnig* RabelsZ 32 (1968), 450–472; *Siehr* AWD 71, 10–22; *von Caemmerer* Zepos-Fschr. II, 1973, 25–34; *Drobnig* Kegel-Fschr. 1978, 147f.; *Drobnig* und *Kronke* in: Deutsche zivil-, kollisions- und wirtschaftsrechtliche Beiträge zum X. Internationalen Kongreß für Rechtsvergleichung in Budapest 1978, 1978, 96–103; *Schurig* IPRax 94, 27–33; *Staudinger-Stoll*[13] Rz 337f. S. 211 a. E.–213 (Rechtswahl durch Parteien); *MünchKomm-Kreuzer*[3] Art. 38 EGBGB Anh. I Rz 91, 92 S. 2197–2199. Dahingestellt, ob Statutenwechsel mit Ankunft im Importland oder beim Käufer OLG Hamm NJW-RR 90, 488 (489 unter I 1).

Art. 43 III EGBGB gilt nicht bloß für den Eigentumsvorbehalt, sondern für *alle dinglichen Rechte*. Er ist *einseitig* gefaßt, weil man ausländischen Kollisionsrechten nicht vorgreifen wollte (BTDrucks. 14/343 S. 16). Allein, wenn wir das Recht eines ausländischen Staates berufen, haben wir gemäß Art. 4 I EGBGB einer Rück- oder Weiterverweisung des ausländischen Kollisionsrechts zu folgen. Art. 43 III gilt demnach allseitig.

IV. Res in transitu

Schrifttum: oben vor I und *Bentivoglio,* Note in tema di res in transitu nel diritto internazionale privato, in: Studi nelle scienze giuridiche e sociali (Universität Pavia), 32 (1951), 273–293; *Markianos* RabelsZ 23 (1958), 21–43; *Denninger,* Die Traditionsfunktion des Seekonnossements im IPR, 1959; *Marín López,* La ley aplicable a los bienes en tránsito en Derecho español, Rev.esp.der.int. 1980, 81–96; *Kondring,* Die internationalprivatrechtliche Behandlung der rei vindicatio bei Sachen auf dem Transport, IPRax 93, 371–376.

Res in transitu (Sachen im Übergang) nennt man solche Sachen, die von einem Land ins andere reisen: **Sachen auf der Reise.** Bei ihnen muß man unterscheiden das *Absende*land, das *Bestimmungs*land und *Durchgangs*länder.

Das Recht jedes dieser Länder gilt im **Verkehrsinteresse,** soweit der Verkehr eines solchen Landes mit der Sache zu tun hat. So werden *Vollstreckungsakte* stets nach der jeweiligen *lex rei sitae* beurteilt. Ebenso *gesetzliche Pfandrechte* für Transport der Sache (z.B. gesetzliches Pfandrecht der Eisenbahn des Durchgangslandes) oder für andere Leistungen für die Sache (z.B. Reparatur). Wird in einem Lande der Transport abgebrochen und gelangt die Sache dort in den Verkehr (z.B. Waggondiebe veräußern gestohlenes Gut), so richtet sich die Gültigkeit von *Verfügungen* nach dem Ortsrecht.

Dagegen besteht kein Grund für die Herrschaft der *jeweiligen lex rei sitae,* soweit der Ortsverkehr kein Interesse hat, wie regelmäßig an *Verfügungen, während die Sache reist.* Auch hier fehlen freilich Verkehrsinteressen nicht ganz: dem Verkehr überhaupt (nicht nur dem Ortsverkehr, sondern dem Weltverkehr) liegt daran, daß sachenrechtliche Regeln klar und fest sind. Deswegen verbietet sich die Geltung des Rechts eines *Durchgangs*landes.

Rollt z.B. Ware im Lastkraftwagen von der Schweiz über das Elsaß nach dem Saarland, so wird der Käufer nicht mit dem Eintritt ins Elsaß Eigentümer, weil dort (anders als in der Schweiz und Deutschland) schon der Kauf und nicht erst die Übergabe das Eigentum überträgt.

Erst recht kann nicht das Recht eines Staates gelten, in dem sich die Sache *nie befunden* hat. Weiter jedoch reichen Verkehrsinteressen meist nicht. Daher können **Interessen der Parteien** des Verfügungsgeschäfts (insbesondere Absender und Empfänger, Absender und Dritter, Empfänger und Dritter) entscheiden, ob das Recht des Absende- oder Bestimmungslandes, die alte oder die neue *lex rei sitae* herrschen soll. Beide Rechte lösen einander ohnehin ab und die Anknüpfung an den jeweiligen Lageort im Absende- oder Bestimmungsland wird, wie gesagt, durch Verkehrsinteressen nicht gefordert, hülfe auch nicht für die Zeit des Transports durch ein Durchgangsland. Man könnte den Parteien erlauben, die alte oder neue *lex rei sitae* (das Recht des Absende- oder Bestimmungslandes) zu *wählen.*

Das hat die deutsche Rechtsprechung zum Teil getan (oben I a.E.) in Fällen, die zum Versand bestimmte Güter betrafen, und zwar den Worten nach, ohne die Wahl auf Absende- oder Bestimmungsland zu beschränken, und sogar für alle Sachen, nicht bloß für reisende oder zur Reise bestimmte. Für beschränkte Rechtswahl *Staudinger-Stoll*[13] Rz 369 S. 236.

Aber die Feststellung des Parteiwillens ist oft unsicher und im internationalen Schuldvertragsrecht nur Verlegenheitslösung (oben S. 569 a.E.). Man dient auch den Interessen der Parteien genug, wenn man statt an ihren Willen anknüpft an ihre *Vorstellungen:* nimmt eine

Partei für die andere erkennbar an, die Sache reise, so sollte das Recht des Bestimmungslandes gelten (auch wenn sie tatsächlich nicht reist, falls sie nur – das fordern praktische Gründe – kurz vor der Reise steht oder seit kurzem angekommen ist); nehmen beide an, die Sache reise noch nicht oder nicht mehr (während sie tatsächlich reist), dann sollte das Recht des Absende- bzw. Bestimmungslandes maßgeben.

Ist über die Ware ein *Konnossement* ausgestellt, so spricht viel für die Herrschaft des Konnossementsstatuts (*Martin Wolff* RvglHWB IV [1933], 393; *Denninger*, Die Traditionsfunktion des Seekonnossements im IPR, 1959, 92f.; *Isele* AcP 160 [1962], 442f.). Nur sollte man das Konnossementsstatut bei Maßgeblichkeit der engsten Verbindung nicht im Recht des Bestimmungshafens erblicken (wie die Rspr., oben S. 579), sondern grundsätzlich im Recht des Geschäftssitzes des Verfrachters (*Denninger* aaO 94–96); so für Güterbeförderungsverträge grundsätzlich Art. 28 IV EGBGB (abgedruckt oben S. 579).

V. Transportmittel

Schrifttum: oben vor I und *Trappe*, Das Recht der Schiffsgläubiger im nationalen und internationalen Recht, Hansa 1960, 942–947; *Makarov*, Zur Frage der Staatsangehörigkeit von Luftfahrzeugen, Kraus-Fschr. 1964, 215–223; *Bentivoglio*, Conflict Problems in Air Law, Rec. 1966 III 69–181 (171–180); *Sonnenberger*, „Lex rei sitae" und internationales Transportwesen, AWD 71, 253–257; *Zweigert* und *Drobnig*, Das Statut der Schiffsgläubigerrechte, VersR 71, 581–591; *Grebner*, Die Rechtsstellung der Bohrinsel, AWD 74, 75–82 (79f.); *Beazley*, Maritime Liens in the Conflict of Laws, 20 (1978) Malaya L. Rev. 111–132; *Thomas*, Maritime Liens, London 1980, 307–330; *Regel*, Schiffsgläubigerrechte im deutschen, englischen und kanadischen materiellen Recht, Zugleich eine Darstellung des englischen und kanadischen materiellen Rechts des „maritime lien", Diss. Bonn 1983; *Carter*, Priorities of Claims in Private International Law, Brit. Y. B. Int. L. 1983, 207–212; *Stamland*, The Recognition of an American Maritime Claim for Services and Disbursements, 103 IV (1986). S.A.L.J. 542–550; *Burci*, Una recente sentenza in tema di legge regolatrice dei privilge marittimi, Riv.dir.int.priv.proc. 1987, 475–496; *Heinz*, Die Sicherungsbeschlagnahme von Luftfahrzeugen, 1988; *Booysen*, The Recognition of Foreign Maritime Liens in South African Law: A Final Word by the Appellate Division, 40 (1991) Int.Comp.L.Q. 151–162; *Clarke* IECL III Ch. 26, 1996, S. 26–33 (Maritime Liens); *Puttfarken*, Neues vom Schiffsgläubigerrecht, RabelsZ 62 (1998), 787–814.

Transportmittel (Lokomotiven, Eisenbahnwagen, Kraftfahrzeuge, Anhänger, Schiffe, Flugzeuge), die auf *Dauer dem Personen- oder Güterverkehr mit dem Ausland dienen*, sind gleichsam ständige *res in transitu*.

Auch für sie galt früher im *Verkehrsinteresse* das Recht des *jeweiligen Lageorts*, soweit der dortige Verkehr betroffen war. So für *Vollstreckungsakte und gesetzliche Pfandrechte* (streitig für *Schiffsgläubigerrechte:* OLG Koblenz VersR 87, 1088 mit Streitstand [anscheinend *lex causae*]; OLG Hamburg IPRax 90, 400 mit Aufsatz von *Mankowski* und *Kerfack* 372–378 [*lex causae*]); *Puttfarken* RabelsZ 62 [1998], 791f., 801–804 *[lex fori]*).

Beispiele: BGH 35, 267 (268f.): bei Zwangsversteigerung eines deutschen Schiffs in Schweden entscheidet schwedisches Recht über Erlöschen der Schiffsgläubigerrechte;

OLG Stettin IPRspr. 1932 Nr. 55: dänisches Recht gilt für Entstehung eines Schiffsgläubigerrechts wegen Lieferung von Bunkerkohle in Kopenhagen an deutsches Schiff; LG Hamburg MDR 63, 765: niederländisches Recht gilt für Entstehung eines Schiffsgläubigerrechts wegen Lieferung von Proviant in Rotterdam an deutsches Schiff und bestimmt nach Ansicht des Gerichts auch den Rang in deutscher Zwangsversteigerung (kein Vorrang vor Schiffshypothekar anders als nach § 776 [jetzt § 761] HGB); OLG Hamburg IPRax 90, 400 mit Aufsatz von *Mankowski* und *Kerfack* 372–378: griechisches Recht gilt für Entstehung eines Schiffsgläubigerrechts wegen Lieferung von Bunkeröl in Syros/Griechenland.

Heute bestimmt, einem Vorschlag des Deutschen Rats für IPR folgend (*Henrich* [Hrsg.], Vorschläge und Gutachten zur Reform des deutschen internationalen Sachen- und Immaterialgüterrechts, 1991, S. 2; BTDrucks. 14/343 S. 17), der vom Gesetz zum IPR für außervertragliche Schuldverhältnisse und für Sachen vom 21. 5. 1999 (BGBl. I 1026) eingeführte **Art. 45 II EGBGB**:

„(2) Die Entstehung gesetzlicher Sicherungsrechte an diesen [Luft-, Wasser- und Schienen-]Fahrzeugen unterliegt dem Recht, das auf die zu sichernde Forderung anzuwenden ist. Für die Rangfolge mehrerer Sicherungsrechte gilt Artikel 43 Abs. 1."

Art. 45 II 1 beruft das Recht der *gesicherten Forderung*. Dies wird sich meist mit dem Recht des Lageorts decken. So bei Lieferungen an ausländische Schiffe in Inlandshäfen und oft auch bei der Entstehung von Pfändungspfandrechten.

Dagegen tritt bei *rechtsgeschäftlichen Verfügungen* das Interesse des Ortsverkehrs in der Regel zurück hinter Interessen des Verkehrs überhaupt (des Weltverkehrs): die Transportmittel laufen um in verschiedenen Ländern; Verfügender und Erwerber sind oft nicht dort, wo das Transportmittel sich gerade befindet. Doch gibt es auch für Transportmittel einen Ruhepunkt: wenn Wohnsitz und gewöhnlicher Aufenthalt eines Menschen dort angenommen werden, wo er zur Ruhe kommt, wo er schläft (vgl. oben S. 413), so entspricht dem für Transportmittel der Ort, von dem aus sie eingesetzt werden. Hier wird in der Regel auch durch den Berechtigten verfügt. Auf das *Recht des Staates, von dem aus ein Transportmittel eingesetzt wird* (Heimatland), können sich die Parteien eines Verfügungsgeschäfts am leichtesten einstellen.

Dem entspricht im wesentlichen, ebenfalls gemäß den Empfehlungen des Deutschen Rats für IPR (*Henrich* aaO; BTDrucks. 14/343 S. 17), **Art. 45 I EGBGB**:

„(1) Rechte an Luft-, Wasser- und Schienenfahrzeugen unterliegen dem Recht des Herkunftsstaats. Das ist

1. bei Luftfahrzeugen der Staat ihrer Staatszugehörigkeit,
2. bei Wasserfahrzeugen der Staat der Registereintragung, sonst des Heimathafens oder des Heimatorts,
3. bei Schienenfahrzeugen der Staat der Zulassung."

Früher war man nicht ganz einig; z. B. für Recht des Registerorts, wenn Transportmittel registriert, = *lex libri siti Erman-Arndt*[7] Anhang 2 zu Art. 12 EGBGB Rz 8 S. 2199. Differenzierend *Erman-Hohloch*[9] Anhang nach Art. 38 EGBGB Rz 31 S. 2617, *Staudinger-Stoll*[13] Rz 373–395 S. 239–254 (Schiffe), Rz 403–408 S. 258–261 (Flugzeuge), Rz 440 f. S. 262–264 (Eisenbahn, Kraftfahrzeuge) und *MünchKomm-Kreuzer*[3] Anhang I nach Art. 38 EGBGB Rz 131–175 S. 2214–2228.

Der BGH hat *Schiffspfandrechte,* die in Venezuela an einem venezolanischen Schiff bestellt waren, anerkannt, auch wenn sie im Einklang mit venezolanischem Recht in keinem Schiffsregister eingetragen waren und keinen bestimmten Rang hatten; jedoch unterstellte er die Versteigerung und Verteilung des Erlöses in Deutschland deutschem Recht (BGH NJW-RR 91, 1211 [1212 f. unter I 2]).

Der Erwerb und Verlust des *Eigentums an Binnen- und Seeschiffen, die im Schiffsregister eines deutschen Gerichts eingetragen waren,* unterlagen nach **§ 1 II SchiffsrechteG** deutschem Recht. Diese Vorschrift, weil durch Art. 45 I 2 Nr. 2 EGBGB überflüssig geworden (BTDrucks. 14/343 S. 19), ist **aufgehoben** durch Art. 5 Ges. zum IPR für außervertragliche Schuldverhältnisse und für Sachen vom 21. 5. 1999 (BGBl. I 1026). Von Schiffen, die in Deutschland registriert sind, darf man annehmen, daß sie auch von Deutschland aus eingesetzt werden, daß also ihr Heimathafen in Deutschland liegt (ein Gegenbeispiel in BAG AWD 64, 29). Auch sonst hätte sich die unmittelbare Anknüpfung an das Recht des *Heimathafens* empfohlen (BGH JZ 95, 784 [785 unter I 2 c aa] = NJW 95, 2097; a. A. LG Hamburg IPRspr. 1972 Nr. 38: Recht des Registerorts). Auf das Recht der *Flagge* (das praktisch mit dem Recht des Registerorts übereinstimmt) kann man bei rechtsgeschäftlichen Verfügungen über Schiffe verzichten, weil der Veräußerer und meist auch der Erwerber den Heimathafen kennen (a. A. *Puttfarken,* Seehandelsrecht, 1997, 262 Rz 616 [Flaggenrecht]; *Herber,* Seehandelsrecht, 1999, 410 [Registerrecht]). Vgl. oben S. 545 (Vollmacht und gesetzliche Vertretungsmacht des Kapitäns), 615 (Bergung und Hilfe in Not auf hoher See), 640 (Delikt auf hoher See).

Für Flugzeuge enthalten Sonderregeln **§§ 103–106 LuftfahrzeugrechteG.** Darüber unten S. 675.

Von *Kraftfahrzeugen* ist in Art. 45 EGBGB nicht die Rede. Herrschaft der *lex rei sitae* würde Verfügungen im Ausland erleichtern, Anwendung des Rechts des Staates, von dem aus das Kfz eingesetzt wird (Heimatland, oben S. 471), wäre bequemer, um bei Diebstahl des Fahrzeugs im Ausland den Herausgabeanspruch an den Versicherer abzutreten und um Sicherungseigentum im Ausland andauern zu lassen (*Henrich* aaO 9). Man könnte auch zwischen Lastwagen (Heimatland) und Pkw *(lex rei sitae)* oder zwischen Geschäftsfahrzeugen (Heimatland) und Privatwagen *(lex rei sitae)* unterscheiden. Aber Anwendung des Heimatrechts würde den inneren Entscheidungseinklang (oben S. 123–125) fördern und das Kraftfahrzeug den anderen Transportmitteln gleichstellen. Sie ist daher vorzuziehen.

VI. Wesentlich engere Verbindung

Wie im IPR der außervertraglichen Schuldverhältnisse (Geschäftsführung ohne Auftrag, ungerechtfertigte Bereicherung, unerlaubte Handlung) Art. 41 EGBGB einer „wesentlich engeren Verbindung" Vorrang einräumt vor den gesetzlich bestimmten Anknüpfungen (Art. 38–40), so tut dies im internationalen Sachenrecht **Art. 46** gegenüber den Kollisionsnormen der Art. 43–45.

VII. Staatsverträge

1. Haager Abkommen

Schrifttum: *Nial* in: Liber Amicorum Algot Bagge, Stockholm 1956, 155–159; *von Sprecher,* Der internationale Kauf, Zürich 1956, 92–104; *Piot,* L'unification de la vente internationale, Clunet 1957, 948–903; *Paschoud* NTIR 1957, 254–276; siehe auch Schrifttum zur 8. Haager Konferenz 7. Aufl. S. 173.

Das nicht in Kraft getretene **Haager Abkommen über das auf den Eigentumserwerb bei internationalen Käufen beweglicher Sachen anwendbare Recht** von **1956** (oben S. 213) ist als *„loi uniforme"* (oben S. 10 a.E.) beschlossen (Art. 8). Es gilt für *„internationale"* Käufe beweglicher Sachen (Art. 1). Die Grenzen verlaufen im einzelnen genau wie in der Konvention über internationales Kaufrecht von 1955 (oben S. 600–602).

Das den *Kauf* beherrschende Recht entscheidet *inter partes* (Käufer und Verkäufer) auch darüber, bis wann dem Verkäufer und von wann an dem Käufer die *Früchte* der Ware gebühren, wann die *Gefahr* übergeht, bis wann dem Verkäufer *Schadenersatz* wegen Verletzung der Sache durch Dritte gebührt, ob ein *Eigentumsvorbehalt* (im Verhältnis zwischen Verkäufer und Käufer!) gültig ist (Art. 2). Hier geht es um internationales Schuld-, nicht Sachenrecht. Nach deutschem IPR wäre es ebenso.

Im *Verhältnis zu Dritten* richtet sich der Übergang des *Eigentums* auf den Käufer nach dem Recht des Staates, in dem die *Ware im Zeitpunkt einer Inanspruchnahme („réclamation") liegt* (Art. 3 I). Nach dem *Recht eines früheren Lageorts* erworbenes Eigentum bleibt dem Käufer erhalten; außerdem behält er das Eigentum, wenn er es durch Empfang eines *Traditionspapiers* (z.B. Konnossement oder Orderlagerschein) nach dem *Recht des Empfangsorts* erworben hat (Art. 3 II).

Die *Rechte des unbezahlten Verkäufers* an der Ware, insbesondere der Eigentumsvorbehalt, richten sich im *Verhältnis zu den Gläubigern des Käufers* nach dem Recht des Staates, in dem die *Ware bei der ersten Inanspruchnahme oder Beschlagnahme* (z.B. Pfändung, Konkurs) *liegt* (Art. 4 I). Ist durch *Traditionspapier* übereignet, so entscheidet an Stelle der Lage der Ware die *Lage des Papiers* (Art. 4 II). Diese Regeln haben Vorrang vor Art. 3.

Über die *Rechte des Käufers* an der Ware *im Verhältnis zu Dritten*, die *dingliche Rechte an ihr beanspruchen* (d.h. praktisch: über den Erwerb vom Nichtberechtigten), herrscht das Recht des Staates, in dem die *Ware im Zeitpunkt der Inanspruchnahme liegt* (Art. 5 I). Doch bleiben dem Käufer die Rechte erhalten, die er nach dem *Recht des Ortes* erworben hat, an dem die *Ware bei Erwerb des Besitzes* durch ihn gelegen hat (Art. 5 II). Beim Empfang von *Traditionspapieren* behält der Käufer die Rechte, die ihm das *Recht des Ortes* gibt, an dem er das *Traditionspapier empfangen* hat, vorbehaltlich der Rechte, die das Recht des Lageorts der Ware einem die Ware besitzenden Dritten gewährt (Art. 5 III). Die Regeln des Art. 5 haben Vorrang vor Art. 3.

Handelt es sich nicht um Fälle, in denen der Käufer Rechte an der Ware erworben hat nach dem Recht eines früheren Lageorts, sei es der Ware, sei es von Traditionspapieren (Art. 5 II, III), dann gilt für *res in transitu* und für Ware, die sich *außerhalb staatlichen Gebiets* findet (z.B. auf hoher See), das Recht des Absendeorts (Art. 6).

Der *ordre public* der Vertragsstaaten bleibt vorbehalten (Art. 7).

Das Abkommen verdient wenig Beifall. Die Regeln sind bruchstückhaft, zum Teil fragwürdig und praktisch nicht wichtig. Nur Griechenland hat das Abkommen gezeichnet und Italien es ratifiziert.

2. Genfer Abkommen

Schrifttum: *Riese,* Luftrecht, 1949, 275–311; *Guldimann,* Luftfahrzeughypothek und Flugzeugwechselteile, Alex Meyer-Fschr. 1954, 59–72; *Knauth,* Mortgages of Aircraft and Ships of Foreign Registry, ebenda 73–76; *Reemts,* Deutschland und das Genfer Pfandrechtsabkommen, ebenda 110–116; *Bayitch,* Aircraft Mortagage in the Americas, New York 1960, 69–88; *Staudinger-Stoll*[13] Rz 398–402 S. 255–258; *Kadletz,* Rescue and Salvage of Aircraft, Private Claims and Preferred Security Rights, ZLW 46 (1997), 209–216 (213 f.).

Das **Genfer Abkommen über die internationale Anerkennung von Rechten an Luftfahrzeugen** von **1948** (oben S. 207) gilt für alle Luftfahrzeuge außer denen, die im Militär-, Zoll- oder Polizeidienst stehen (Art. XIII). Es vereinheitlicht zum Teil *materielles,* in der Hauptsache *internationales* Privat- und Verfahrensrecht.

*Materiell*rechtlich verpflichtet das Abkommen die Vertragsstaaten, dingliche Rechte an Luftfahrzeugen in bestimmter Weise auszugestalten. So müssen alle ein Luftfahrzeug betreffenden Eintragungen in demselben öffentlichen Buch erfolgen (Art. II Abs. 1) und bei der Führung der Bücher bestimmte Regeln eingehalten werden (Art. III). Auch in der *Zwangsvollstreckung* sind bestimmte Regeln zu befolgen (Art. VII, VIII). Aus einem Vertragsstaat in einen anderen kann ein Luftfahrzeug nur *überschrieben* werden, nachdem die dinglich Berechtigten befriedigt worden sind oder zugestimmt haben (Art. IX). Umfaßt das Recht an einem Luftfahrzeug nach dem Recht eines Vertragsstaats auch *Ersatzteile,* so wird es nur unter bestimmten materiellrechtlichen Voraussetzungen von anderen Vertragsstaaten anerkannt (Art. X).

Gleichzeitig mit dem Beitritt zum Abkommen hat die Bundesrepublik ihr materielles Recht neu geregelt im **Gesetz über Rechte an Luftfahrzeugen** vom 26. 2. 1959 (BGBl. I 57): es erging am selben Tage wie das Zustimmungsgesetz. Das LuftfahrzeugrechteG schafft als einzig mögliche Art der Belastung eines Luftfahrzeugs (§ 9) ein besitzloses *Registerpfandrecht* (§ 1). Es ist weithin der Schiffshypothek des SchiffsrechteG nachgebildet. Es ist als *Sicherungshypothek* gestaltet (§ 4) und kann erstreckt werden auf *Ersatzteile, die dem Eigentümer des Luftfahrzeugs gehören (§ 68).*

Schrifttum: *Bölling,* Das Gesetz über Rechte an Luftfahrzeugen, ZLR 59, 215–221; *Rehm,* Luftfahrzeugrolle und Luftfahrzeugregister, ebenda 364–367; *Rehm,* Rechtsprobleme der Luftfahrzeughypothek, NJW 59, 709–711; *Staudinger-Spreng*[11] Rz 9 vor § 1204 BGB, S. 1881–1884 (vgl. *Staudinger-Wiegand*[13] § 1257 BGB Anhang Rz 25, S. 233); *Haupt,* Fragen der Sicherung der Zwangsvollstreckung in Luftfahrzeuge, NJW 74, 1457 f.; *von Kistowsky,* Kreditsicherung durch das Registerpfandrecht an Luftfahrzeugen, ZLW 89, 215–219; *Staudinger-Stoll*[13] Rz 403–498 S. 258–261; *MünchKomm-Kreuzer*[3] Anhang I nach Art. 38 EGBGB Rz 163–175 S. 2224–2228.

*International*privatrechtlich gilt nach dem **Abkommen** an Stelle des Rechts der belegenen *Sache* grundsätzlich das Recht des belegenen *Buches* (Registers), die *„lex libri siti“.* Art. I Abs. 1 bestimmt:

„Die Vertragsstaaten verpflichten sich, anzuerkennen:

a. das Eigentumsrecht an Luftfahrzeugen;
b. das Recht des Besitzers eines Luftfahrzeugs, Eigentum durch Kauf zu erwerben;
c. das Recht zum Besitz eines Luftfahrzeugs auf Grund eines für einen Zeitraum von sechs oder mehr Monaten abgeschlossenen Mietvertrages;
d. besitzlose Pfandrechte („mortgages“), Hypotheken und ähnliche Rechte an einem Luftfahrzeuge, die vertraglich als Sicherheit für die Erfüllung einer Schuld begründet sind,

unter der Voraussetzung, daß diese Rechte

i. gültig entstanden sind nach dem Recht des Vertragsstaates, in dem das Luftfahrzeug zur Zeit ihrer Begründung (als staatszugehörig) eingetragen war, und

ii. ordnungsgemäß eingetragen sind in einem öffentlichen Buch des Vertragsstaates, in welchem das Luftfahrzeug eingetragen ist.

Die Ordnungsmäßigkeit aufeinander folgender Eintragungen in verschiedenen Vertragsstaaten bestimmt sich nach dem Recht des Vertragsstaates, in dessen Gebiet das Luftfahrzeug zur Zeit der jeweiligen Eintragung des Rechts eingetragen war."

Beispiel: BGH IPRax 93, 178 mit Aufsatz von *Kreuzer* 157–162 = NJW 92, 362: in Oklahoma bestelltes Pfandrecht (mortgage) an einer Cesna Skymaster.

Jeder Vertragsstaat kann weitere Rechte auf Grund seines IPR anerkennen, allerdings ohne Vorrang vor den in Abs. 1 genannten (Art. I Abs. 2). Ergreifen dingliche Rechte nach den Rechtssätzen der *lex libri siti Ersatzteile,* die an bestimmten Stellen (wenn auch in einem anderen als dem Registerstaat) lagern, dann sind diese Rechtssätze in den anderen Vertragsstaaten nur anzuwenden, solange die Ersatzteile an den bestimmten Stellen bleiben (Art. X Abs. 1 S. 1); außerdem müssen die Rechte am Lagerplatz sichtbar gemacht sein (S. 2). Für dingliche Rechte wegen *Bergung* und *Erhaltung* von Luftfahrzeugen gilt das Recht des Staates, in dem die Maßnahmen *beendet* worden sind (Art. IV). Das *Verfahren* der Zwangsvollstreckung unterliegt der *lex fori* (Art. VII Abs. 1).

Diese Regeln sind im wesentlichen vom **LuftfahrzeugrechteG** übernommen. § 103 übernimmt die *lex libri siti* des Art. I, außer soweit dieser vom Eigentum spricht (das im Abkommen ganz zurücktritt). § 104 übernimmt Art. IV (dingliche Rechte wegen *Bergung* und *Erhaltung*), allerdings nur, „sofern der Vorrang des Rechtes nach Artikel IV ... anzuerkennen ist", also nicht allgemein. § 105 übernimmt Art. X (Erstreckung des Pfandrechts auf *Ersatzteile*). Die *Zwangsvollstreckung* in ausländische Luftfahrzeuge sowie in Ersatzteile, auf die sich Rechte an ausländischen Luftfahrzeugen erstrecken, und in Forderungen, für die Rechte an ausländischen Luftfahrzeugen bestehen, richtet sich zufolge § 106 I nach deutschem Recht, im Einklang mit Art. VII Abs. 1, der die *lex fori* beruft.

VIII. Interlokales Recht

Schrifttum: 7. Aufl. S. 583 f. Danach: *Wagner,* Rückgabe und Entschädigung von konfisziertem Grundeigentum, 1995; *Lammert, Rauch* und *Teige* (Hrsg.), Rechtsfragen der Vermögenszuordnung, 1996; *Rechberg* (Hrsg.), Restitutionsverbot, Die Bodenreform 1945 als Finanzierungsinstrument für die Wiedervereinigung Deutschlands 1990, 1996; *Bischoff,* Grundstückserwerb in den neuen Bundesländern[2], 1996; *Fricke* und *Märker,* Enteignetes Vermögen in der Ex-DDR, 1996; *Hagen* und *Frantzen,* Grundstücksübertragungen in den neuen Bundesländern[2], 1996; *Prütting, Zimmermann* und *Heller,* Grundstücksrecht Ost, Loseblatt seit 1996; *Thöne* und *Knauber,* Bodenreform und Gebäudeeigentum in den neuen Bundesländern[2], 1996; *Eickmann,* Grundstücksrecht in den neuen Bundesländern[3], 1996; *Clemm, Etzbach, Faßbender, Burkhard-Messerschmidt, Pfister* und *J. Schmidt-Räntsch,* Rechtshandbuch Vermögen und Investitionen in der ehemaligen DDR[2], 1996; *Gutbrodt* und *Töpfer,* Praxis des Bergrechts mit den Besonderheiten für die neuen Bundesländern, 1996; *Lüke,* Notarielles Vermittlungsverfahren nach dem Sachenrechtsbereinigungsgesetz, Nakamura-Fschr., Tokio 1996, 407–421; *Blumenwitz,* Kasernenliegenschaften als Gegenstand der Auseinandersetzung zwischen dem Bund und den Garnisonsstädten – Zugleich ein Beitrag zur zivilrechtlichen Ersitzung von besatzungshoheitlich beschlagnahmtem Kasernengelände, Knöpfle-Fschr. 1996, 33–56; *Eickmann,* Die Sachenrechtsbereinigung – Grundzüge einer anspruchsvollen Kodifikation, DNotZ 96, 139–158; *J. Schmidt-Räntsch,* Aktuelle Probleme der Sachenrechtsbereinigung, ZIP 96, 767–772; *Walter,* Grundstückserwerb und Verfügungsbefugnis der öffentlichen Hand durch Erbausschlagung und Ersitzung, DtZ 96, 226–230; *J. Schmidt-Räntsch,* Die Heilung zivilrechtlicher Mängel beim Erwerb zu DDR-Zeiten, ZIP 96, 1858 f., 1861–1864; *von Bargen,* Bergrechtliches Gewinnungsrecht in den neuen Bundesländern, NJ 96, 627–629; *Purps* und *Krauß,* Sachenrechtsbereinigung nach Anspruchsgrundlagen, 1997;

Böhringer, Gutglaubens-Schutzvorschriften des ostdeutschen Liegenschaftsrechts verlängert, DtZ 97, 42–44; *Stadler,* Ersitzung zugunsten des Volkseigentums, ebenda 82f.; *Flik,* Sind die „alten" Erbbaurechte der Neuen Bundesländer verkehrsfähig?, ebenda 146–149; *von Bosse,* Ungereimtheiten im Hinblick auf die Rechtsnachfolge im Sachenrechtsbereinigungsgesetz, ebenda 246f.; *Mollnau,* Zur Anwendbarkeit des BKleingG und des SachenRBerG auf Grundstücksnutzungsverhältnisse im Beitrittsgebiet, NJ 97, 466–468; *Schnabel,* Ausschluß des Sachenrechtsbereinigungsgesetzes bei Baumaßnahmen auf Mietwohngrundstücken, DtZ 97, 376–379; *Michalski,* Schwerpunkte der Anwendung des Sachenrechtsbereinigungsgesetzes, NJ 98, 281–288; *Purps,* Neueste Rechtsprechung zur Sachenrechtsbereinigung, NJW 98, 2563–2568; *Göhring,* Ist die „Abwicklung der Bodenreform" im Sinne von Art. 233 §§ 11–16 EGBGB rechtsstaatlich zwingend?, NJ 99, 173–176; *Rodenbach,* Das Vermögensrechtsbereinigungsgesetz und seine Implikationen, NJW 99, 1425–1429.

1. Privatrecht der früheren DDR und Ost-Berlins

Das *materielle* Sachenrecht der früheren DDR und Ost-Berlins war geregelt im ZGB und zwar in den
- §§ 18–42 (sozialistisches und persönliches Eigentum),
- §§ 284–322 (Nutzung von Grundstücken und Gebäuden zum Wohnen und zur Erholung),
- §§ 452–457 (Hypothek).

Die öffentliche Hand hatte Genehmigungs-, Eingriffs- und Vorerwerbsrechte; Jagd-, Berg-, Wasser- und Strandungsrecht waren neu geregelt (Soergel BGB VIII[11] Rz 589 vor Art. 7 S. 358). Außerdem gelten seit 1990 das Treuhandgesetz (7. Aufl. S. 25), das Vermögensgesetz mit Änderungen (oben S. 31) und die Grundstücksverkehrsverordnung (oben S. 30).

Das *internationale* Sachenrecht der früheren DDR und Ost-Berlins war enthalten in §§ 9–11, 13 RAG. Inter*lokales* Sachenrecht gab es nicht, weil die Bundesrepublik und West-Berlin als Ausland galten.

§ 9 RAG unterwarf Grundstücke der *lex rei sitae,* Verfügungen über bewegliche Sachen hingegen dem Recht des Grundgeschäfts, z.B. des Kaufs. Für *res in transitu* galt das Recht des Absendelandes (§ 10), für Schiffe und Flugzeuge das Recht des Registerorts (§ 11 I), für die Entstehung von Schiffsgläubigerrechten die *lex rei sitae,* auf hoher See das Recht der Flagge (§ 11 II).

Am 3. 10. 1990 ist das materielle und internationale Sachenrecht der früheren DDR und Ost-Berlins außer Kraft getreten, weil Art. 8 des Einigungsvertrags das Bundesrecht eingeführt hat und damit auch das dritte Buch des BGB und das bundesdeutsche internationale und interlokale Sachenrecht.

2. Interlokales Privatrecht

a) Neufälle

Für Neufälle, d.h. für Sachverhalte, die *seit* dem 3. 10. 1990 eingetreten sind, gilt in Ost und West einheitlich das materielle (mit wenigen Ausnahmen), internationale und interlokale Privatrecht der Bundesrepublik und West-Berlins (oben 1). Zum Beispiel kann Volkseigentum nach § 892 BGB gutgläubig von einer Gebietskörperschaft erworben werden, die Rechtsnachfolgerin des Eingetragenen geworden ist (LG Neubrandenburg MDR 92, 1056).

Das interlokale Privatrecht wirkt freilich nur, soweit sachenrechtliche Unterschiede zwischen Ost und West fortbestehen (z.B. in Gestalt der GrundstücksverkehrsVO (oben S. 30); zu ihr KG MDR 92, 374). In solchen Fällen sind die Regeln des bundesdeutschen internationalen Sachenrechts entsprechend anzuwenden (KG IPRax 90, 393 = NJW 88, 341 = ROW 88, 252 und [im selben Fall] BGH IPRax 90, 398 = NJW 89,

1352 = ROW 89, 123, beide mit Aufsätzen von *Kreuzer* IPRax 90, 365–372 und von *Armbrüster* und *Jopen* ROW 89, 332–338).

b) Altfälle

Für Altfälle, d.h. für Sachverhalte, die *vor* dem 3. 10. 1990 eingetreten sind, bleibt grundsätzlich das bisher geltende Ostrecht (materielles wie Kollisonsrecht) in Kraft, so für

- die Gültigkeitsvoraussetzungen notarieller Grundstücksveräußerungen (BG Potsdam VersR 93, 323),
- den Erwerb gemeinschaftlichen Eigentums in der Ehe nach §§ 13 FGB, 4 EGFGB (z. B. KrG Eisenhüttenstadt FamRZ 92, 1434),
- Gebäudeeigentum kraft Eigentums an Grund und Boden (OLG Brandenburg FamRZ 97, 1153) oder unabhängig vom Eigentum an Grund und Boden (z. B. BG Dresden ZIP 92, 1634; LG Neubrandenburg MDR 92, 1056 [Gebäudegrundbuchblatt ist anzulegen]),
- aus der Bodenreform stammendes Eigentum (z. B. BG Dresden NJ 92, 172; BG Neubrandenburg DtZ 92, 217; BG Dresden DZWiR 92, 247; LG Neubrandenburg MDR 92, 1056 [zu Art. 233 § 11 EGBGB]; BGH DtZ 94, 347; BGH EWiR 99, 213 LS mit Anm. von *Kohler* = FamRZ 99, 717 [zu Art. 233 § 11 EGBGB]),
- das Verfügungsrecht über Volkseigentum (z. B. BG Potsdam VersR 92, 1008; BG Halle NJ 93, 36),
- das dingliche Vorkaufsrecht (KG DtZ 94, 285).

Über Einflüsse des VermG auf frühere Grundstücksgeschäfte z.B. KrG Strausberg NJ 92, 124; BG Dresden NJ 93, 323 mit krit. Anm. von *Wittmer;* BVerwG ZIP 93, 1908 und 1907; BVerwG DtZ 94, 223; BGH 125, 125 = ZIP 94, 568; BGH WM 95, 1848 (1850f. unter II 2 a); BGH WM 95, 1730 (1732–1734 unter II 2 b aa); vgl. auch Schrifttum oben S. 555 a. E. f., 610.

Die Wirkungen bestehender Sachenrechte unterliegen allerdings *ex nunc* dem neuen (westlichen) Recht (OLG Brandenburg FamRZ 97, 1153).

Viele übergangsrechtliche Einzelheiten sind geregelt in Art. 231 § 5, Art. 233 §§ 1 bis 16 EGBGB (Art. 233 § 2a VIII 1 für verfassungswidrig erklärt von BVerfG BGBl. 1988 I 2208 und § 2a IX geändert durch Art. 6 Ges. zur Bereinigung vermögensrechtlicher und anderer Vorschriften [Vermögensrechtsbereinigungsgesetz – VermBerG] vom 21. 10. 1998, BGBl. I 3180). Anpassungen an das BGB und dessen Nebengesetze enthält das Gesetz zur Sachenrechtsbereinigung im Beitrittsgebiet (*Sachenrechtsbereinigungsgesetz* – SachenRGB), das seinerseits den Art. 1 des *Sachenrechtsänderungsgesetzes* vom 21. 9. 1994 (BGBl. I 2457) bildet.

Soweit materielles Ostrecht fortgilt, ist auch das östliche internationale Sachenrecht aufrechterhalten, das im Osten auch für das Verhältnis zur Bundesrepublik und zu Ost-Berlin galt. Insoweit wird daher noch heute gegebenenfalls von westlichen und östlichen Gerichten unterschiedlich entschieden (vgl. oben S. 42–44).

§ 20. Familienrecht

Rund jede zehnte Ehe, die in der Bundesrepublik geschlossen wird, ist „international".

Gatten der Ehen waren

	1976	1985	1988	1991	1995
– beide Deutsche	333 844 mal	330 434 mal	359299 mal	402 285 mal	364 092 mal
– beide Ausländer	6 162 mal	8 521 mal	5 989 mal	7 511 mal	11 582 mal

	1976	1985	1988	1991	1995
– Mann Ausländer, Frau Deutsche	15552 mal	15756 mal	18665 mal	24148 mal	26554 mal
– Frau Ausländerin, Mann Deutscher	10170 mal	9950 mal	13785 mal	19807 mal	28306 mal

(Wirtschaft und Statistik 1992, 767; Statistisches Jahrbuch 1997 für die Bundesrepublik Deutschland S. 71).

Dies (obschon nicht dies allein) zeigt die praktische Bedeutung des internationalen Familienrechts.

Schrifttum zum internationalen **Familienrecht:** 7. Aufl. S. 586f. Hervorzuheben: *Böhmer, Siehr, Finger* und *Verschraegen,* Das gesamte Familienrecht II (Das internationale Recht)[3], erscheint in Lieferungen seit 1979 (letzte 18/1998); *Kühne,* IPR-Gesetz-Entwurf, 1980; *North,* Development of Rules of Private International Law in the Field of Family Law, Rec. 1980 I 9–118; *Mitzkus,* Internationale Zuständigkeit im Vormundschafts-, Pflegschafts- und Sorgerecht, 1982; *Otto,* Ehe- und Familiensachen mit Ausländerbeteiligung und nach ausländischem Recht[3], 1983; *Hug,* Die Substitution im IPR – anhand von Beispielen aus dem internationalen Familienrecht, 1983; *McClean,* Recognition of Family Judgments in the Commonwealth, London 1983; Lausanner Kolloquium über den deutschen und den schweizerischen Gesetzentwurf zur Neuregelung des Internationalen Privatrechts (Veröffentlichungen des Schweizerischen Instituts für Rechtsvergleichung 1), Zürich, 1984, 59–216; *Siemer-Krantz,* Das intertemporale Recht im internationalen Familienrecht Deutschlands, Frankreichs und der Schweiz, 1984; *Hessler,* Sachrechtliche Generalklausel und internationales Familienrecht, 1985 (dazu *E. Lorenz* FamRZ 87, 645–653); *Schwander,* Das internationale Familienrecht der Schweiz, I, II, St. Gallen 1985; *Pålsson,* Svensk Rättpraxis i Internationell Familje- och Arvsrätt, Stockholm 1986; *Pålsson,* Rules, Problems and Trends in Family Conflict of Laws – Especially in Sweden, Rec. 1986 IV 313–414; *Henrich,* Ehe- und Familiensachen mit Auslandsberührung[4], 1988; *Kotzur,* Kollisionsrechtliche Probleme christlich-islamischer Ehen, 1988; *Kötters,* Parteiautonomie und Anknüpfungsmaximen, Ein Vergleich des deutschen und U.S.-amerikanischen internationalen Familien- und Erbrechts, 1989; *Henrich,* Internationales Familienrecht, 1989; *Boulanger,* Droit civil de la famille, Aspects internes et internationaux, Paris, I 1990, II 1994; *Levin,* Konflikte zwischen einer weltlichen und einer religiösen Rechtsordnung, Eine kritische Würdigung des israelischen Familienrechts mit besonderer Berücksichtigung des jüdischen Scheidungsrechts aus der Sicht des schweizerischen internationalen Privatrechts, Zürich 1991; *Oellrich,* Familiensachen mit Auslandsberührung, 1992. Ferner: *Marcks,* Daten internationaler Abkommen zum Familienrecht, 1994; *Boulanger,* Droit civil de la famille II: Aspects comparatifs et internationaux, Paris 1994; *Lequette,* Le droit international privé de la famille à l'épreuve des Conventions internationales, Rec. 1994 II 11–233; *Sturm,* Das künftige internationale Familienrecht Italiens, Schnyder-Fschr., Freiburg/Schweiz 1995, 761–776; *Gannagé,* Vers un ordre public personnel dans le droit international privé de la famille (Solutions françaises et proche-orientales), Boyer-Fschr. Toulouse 1996, 209–219; *Henrich,* Änderungen der internationalprivatrechtlichen Vorschriften im Regierungsentwurf zur Reform des Kindschaftsrechts StAZ 96, 353–359; *Dolinger,* Direito civil internacional, A família no direito internacional privado I, Renova, Brasilien, 1997; *Ehringfeld,* Eltern-Kind-Konflikte in Ausländerfamilien, Untersuchung der kulturellen Divergenzen zwischen erster und zweiter Ausländergeneration und der rechtlichen Steuerung durch das nationale und internationale Familienrecht, 1997 (bespr. von *Mach-Hour* FamRZ 99, 355); *Steenhoff,* Een blik over de grens: nieuw familierecht-ipr in Rusland, FJR 1997, 152–154; *Sinagra,* Riconoscimento ed esecuzione in Italia degli atti giurisdizionali stranieri in materia di famiglia, Dir. Fam. 1997, 659–678; *Rimini,* Internationales Familien- und Verfahrensrecht in Italien, StAZ 97, 201–205; *Friederici,* Veränderte Verfahrensvorschriften in Familiensachen, NJ 98, 299–304; *Schütz,* Das Standesamt I Berlin ÖStA 1998, 51–53, 66–68; *Andrae,* Internationales Familienrecht, 1999.

Auslandssachverhalt: Lüderitz, Mißbräuchliche Personenstandsänderung – oder: spouse leasing in Germany, Oehler-Fschr. 1985, 487–498; *Mach-Hour,* Deutsch-ausländische Familien im Spannungsfeld zwischen Ausländerrecht und Familienrecht, FamRZ 98, 139–143.

Auslandsrecht: British Institute of International and Comparative Law, Parental Custody and Matrimonial Maintenance (Comparative Law Series 13), London 1966 (betr. England, Australien, Neu-Seeland, Nordirland und Republik Irland, Schottland, Südafrika, Niederlande, Frankreich, Dänemark, Deutschland, Polen Sowjetunion, USA); *Anderson* (Hrsg.), Family Law in Asia and Africa, London 1968; *M'Baye* (Hrsg.), Le droit de la famille en Afrique Noire et à Madagascar, Paris 1968; *Boschan,* Europäisches Familienrecht[5], 1972; *Rheinstein* und *König,* IECL IV, Persons and Family, Ch. 1, Indroduction, 1974; *Borrmans,* Statut personnel et famille au Maghreb de 1940 á nos jours, Paris und den Haag 1977; *Neuhaus,* Ehe und Kindschaft in rechtsvergleichender Sicht, 1979; *Eekelaar* und *Katz* (Hrsg.), Marriage and Cohabitation in Contemporary Societies, Toronto 1980; *Bruch* u. a., Cohabitation without Marriage, 29 (1981) Am. J. Comp. L. 217–391; *Jayme,* Die Entwicklung des europäischen Familienrechts, Eine rechtsvergleichende Betrachtung, FamRZ 81, 221–226; *Bergmann-Ferid* (Hrsg.), Internationales Ehe- und Kindschaftsrecht[6], Band I ff., erscheint in Lieferungen seit 1983; *Görgen* und *Will* (Hrsg.), Der Standesbeamte – Europäische Perspektiven, 1983; *Müller-Freienfels,* „Neues" Familienrecht, Hegnauer-Fschr. Bern 1986, 251–288; *Ganghofer* (Hrsg.), Le droit de la famille en Europe, Son évolution depuis l'antiquité jusqu'à nos jours, Straßburg 1992; *Schwenzer,* Familienrecht im Umbruch, ZBernJV 1993, 257–276; *Rausch,* IPR in der familiengerichtlichen Praxis, NJW 94, 2120–2128; *Norrie,* Reproductive Technology, Transsexualism and Homosexuality: New Problems for International Private Law, 43 (1994) Int. Comp. L. Q. 757–775; *Henrich* und *Schwab* (Hrsg.), Der Schutz der Familienwohnung in europäischen Rechtsordnungen, 1995; *Bainham* (Hrsg.), The International Survey of Family Law 1994, Den Haag u. a. 1996; *Meulders-Klein* (Hrsg.), Familles et justice, Justice civile et évolution du contentieux familial en droit comparé, Brüssel 1997; *Boele-Woelki,* De weg naar een Europees familierecht, FJR 1997, 2–9; *Buono,* Neue Entwicklungen des Ehe- und Kindschaftsrechts in Italien, StAZ 97, 201–205; *Patti,* Intra-Family Torts, IECL IV Ch. 9, 1998; *Mladenović, Janjić* und *Jessel-Holst,* The Family in Post-Socialist Countries, ebenda Ch. 10, 1998; *von Bar,* Subjektive Familienrechte im Europäischen Deliktsrecht, Drobnig-Fschr. 1998, 3–17; *Krause,* Gedanken zum US-amerikanischen Familienrecht, FamRZ 98, 1406–1414; *Vigneau,* Les rapports entre solidarité familiale et solidarité sociale en droit comparé, Rev.int.dr.comp. 1999, 51–81 (England, Frankreich, Italien).

Interlokales Privatrecht: Henrich, Probleme der deutschen Rechtseinheit im Familienrecht, FamRZ 91, 873–878.

Schrifttum zum internationalen **Eherecht:** 7. Aufl. S. 587 f. Hervorzuheben: *B. Ancel,* Les conflits de qualifications á l'épreuve de la donation entre époux, Paris 1977; *North,* The Private International Law of Matrimonial Causes in the British Isles and the Republic of Ireland, Amsterdam, New York, Oxford 1977; *Pålsson,* Marriage and Divorce, IECL III Ch. 16, 1978; *B. Raiser,* Die Rechtsprechung zum deutschen internationalen Eherecht im „Dritten Reich", 1980; *North,* Development of Rules of Private International Law in the Field of Family Law, Rec. 1980 I 9–118; *Dessauer,* Internationales Privatrecht, Ethik und Politik, Betrachtungen zur Reform des IPR am Beispiel der Anerkennungsprognose als Zuständigkeitsvoraussetzung im internationalen Eherecht I, II, 1986; *Haecker,* Die Anerkennung ausländischer Entscheidungen in Ehesachen, 1989; *Pospishil,* Eastern Catholic Marriage Law according to the Code of Canons of the Eastern Churches, Brooklyn, N. Y. 1991; *Staudinger-Spellenberg,* Internationales Verfahrensrecht in Ehesachen (§§ 606, 606 a, 621, 328 ZPO; Art 7 § 1 FamRÄndG) [13], 1997; *Henrich* (Hrsg.), Eherecht, Kommentar[3], 1998; *Christians,* Le droit canonique internormatif, Conflits de lois et de juridictions avec les systèmes étatiques et les autres systèmes religieux en droit matrimonial, Rev.crit.dr.i.p. 1998,

217–247; *Di Stefano,* Il matrimonio nel nuovo diritto internazionale privato italiano, Riv.dir.int.priv.proc. 1998, 325–374; *Henrich,* Scheinehen im IPR, Rolland-Fschr. 1999, 167–173.

Auslandsrecht: Brunelli, Divorzio e nullità di matrimonio negli stati d'Europa[3], Mailand 1958; *Leske-Loewenfeld,* Rechtsverfolgung im internationalen Verkehr I (Das Eherecht der europäischen und der außereuropäischen Staaten) Teil 1 (Die europäischen Staaten), in Lieferungen seit 1963; *Phillips* und *Morris,* Marriage Laws in Africa, London, New York, Toronto 1971; *Prader,* Das religiöse Eherecht der christlichen Kirchen, der Mohammedaner und der Juden, 1973; *Glendon,* State, Law and Family – Family Law in Transition in the United States and Western Europe, Amsterdam u. a. 1977; *Pousson-Petit,* le démariage en droit comparé, Brüssel 1981; *Prader,* Il matrimonio nel mondo[2], Padua 1986; *Gmür,* Betrachtungen zur Entwicklung des westeuropäischen Eherechts in den letzten hundert Jahren, Stree- und Wessels-Fschr. 1993, 1227–1245.

Interlokales Privatrecht: Hohage, Deutsch-deutsches Eherecht und Ehekollisionsrecht, 1996.

Schrifttum zum internationalen **Kindschaftsrecht:** 7. Aufl. S. 588 f. Hervorzuheben: *Mitzkus,* Internationale Zuständigkeit im Vormundschafts-, Pflegschafts- und Sorgerecht, 1982; *Hüsstege,* The Uniform Child Custody Jursidiction Act, Rechtsvergleichende Betrachtungen zu internationalen Kindesentführungen, 1982; *Servicio sociale internazionale* (Hrsg.), La protezione dei minori nelle convenzioni internazionali, Rom 1983 (bespr. von *Ballarino* Rev.crit.dr.i.p. 1985, 238–240); *Foyer,* Problèmes de conflits de lois en matière de filiation, Rec. 1985 IV 9–117; *Hepting* in: *Massfeller, Hoffmann, Hepting* und *Gaaz,* Personenstandsgesetz, Kommentar, 1988, § 21 PStG Rz 124–308; *Hepting,* Nichtehelichkeit und Legitimation im Verhältnis zu Rechtsordnungen mit „einheitlicher Kindschaft", Ferid-Fschr. 1988, 163–182; *Campiglio,* Il rapporto di filiazione nel diritto internazionale privato italiano, Padua 1990; *Librando, Mosconi* und *Rinoldi,* Tempi biblici per la ratifica dei trattati, Padua 1993. Ferner: *Borrás,* El „interés del minor" como factor de progreso y unificación del Derecho internacional privado, Barcelona 1993 (bespr. von *Fernández Arroyo* Rev.esp.der.int. 1995, 358–360); *Kropholler,* Das IPR der Kindschaftswirkungen im Lichte der europäischen Rechtsentwicklung, RabelsZ 59 (1995), 407–418; *Jayme,* Kulturelle Identität und Kindeswohl im internationalen Kindschaftsrecht, IPRax 96, 237–244; *Henrich,* Änderungen der internationalprivatrechtlichen Vorschriften im Regierungsentwurf der Reform des Kindschaftsrechts, StAZ 96, 353–359; *Ehringfeld,* Eltern-Kind-Konflikte in Ausländerfamilien, 1997; *Eschenbach,* Die nichteheliche Kindschaft im IPR, Geltendes Recht und Reform, 1997; *Mosconi,* La protezione dei minori nel diritto internazionale privato italiano, Broggini-Fschr., Mailand 1997, 329–347; *Gaaz,* Ausgewählte Probleme des neuen Eheschließungs- und Kindschaftsrechts, StAZ 98, 241–251 (247–251); *Zimmermann,* Das neue Kindschaftsrecht, DNotZ 98, 404–437 (435–437); *Laskowski* und *Albrecht,* Das Kindschaftsreformgesetz und seine Bedeutung für familienbezogene Aufenthaltsrechte, ZAR 99, 100–108.

Interlokales Recht: Adlerstein und *Wagenitz,* Das Verwandtschaftsrecht in den neuen Bundesländern, FamRZ 90, 1169–1177; *Rauscher,* Gespaltenes Kindschaftsrecht im vereinten Deutschland, StAZ 91, 1–11; *Siehr,* Das Kindschaftsrecht im Einigungsvertrag, IPRax 91, 20–25.

Auslandsrecht: Holleaux, De la filiation en droit allemand, suisse et français, Paris 1966 (besprochen von *v. Hülsen* FamRZ 67, 26–30); *Stone,* Illegitimacy and Claims to Money and other Property: A Comparative Survey, 15 (1966) Int. Comp. L.Q. 505 bis 528; *Stoljar,* Children, Parents and Guardians, IECL IV 7, 1973; *Krause,* Creation of Relationships of Kinship, IECL IV 6, 1976; *Lequette,* Protection familiale et protection étatique des incapables, Paris 1976; *Ancel* und *Molines* (Hrsg.), La protection judiciaire de l'enfant en fonction de l'évolution du droit et des institutions judiciaires, Paris 1980; *Coester,* Das Kindeswohl als Rechtsbegriff, 1983; *Mamalakis Pappas* (Hrsg.), Law and Status of the Child, I, II, New York 1983; *Stepan,* Rechtsvergleichende Gedanken zur Regelung der heterologen Insemination, von Overbeck-Fschr., Freiburg/Schweiz 1990, 545–574; *Frank,* La signification différente attachée à la filiation par le sang en droit allemand et français de la famille, Rev.int.dr.comp. 1993, 635–655; *Dopffel* (Hrsg.), Kindschaftsrecht im Wandel, Zwölf Länderberichte mit einer vergleichenden Stimme, 1994; *Akiba*, Custody and Access Issues in Japanese International Familiy Law: A Summary, 23 (1995) Hitotsubashi J. L. and Pol. 1–11 (betr. Staatsverträge); *Schwab* und *Henrich* (Hrsg.), Entwicklungen des europäischen Kindschaftsrechts[2], 1996; *Hegnauer*, Kindesrecht in Deutschland und in der Schweiz, Ein kleiner Rechtsvergleich, FamRZ 96, 914–918; *Meulders-Klein*, The Status of the Father in European Legislation, 44 (1996) Am. J. Comp. L.487–520; *Pousson-Petit* (Hrsg.), L'enfant et les familles nourricières en droit comparé, Toulouse 1997 (bespr. von *Lüderitz* FamRZ 98, 1086); *Mumford*, The Judical Resolution of Disputes Involving Children and Religion, 47 (1998) Int. Comp. L. Q. 117–148; *Frank*, L'établissement et les conséquences de la filiation maternelle et paternelle en droit européen, Rev.int.dr.comp. 1999, 29–50.

Einheitsrecht: Rubellin-Devichi und *Frank* (Hrsg.), L'enfant et les conventions internationales, Lyon 1996; *Barrière-Brousse*, L'enfant et les conventions internationales, Clunet 1996, 843–888.

Völkerrecht: Koeppel (Hrsg.), Kindschaftsrecht und Völkerrecht im europäischen Kontext, 1996.

I. Grundrechtseinfluß

Schrifttum oben S. 466f.

1. Deutsches Recht

a) Gleichberechtigung

Schrifttum: 6. Aufl. S. 499. Hervorzuheben: *Beitzke*, Grundgesetz und Internationalprivatrecht, 1961 (bespr. z.B. von *Ferid* FamRZ 63, 58f.); *Görgens*, Die materiellrechtliche und kollisionsrechtliche Gleichberechtigung der Ehegatten auf dem Gebiet der persönlichen Ehewirkungen und der elterlichen Gewalt, Eine rechtsvergleichende Darstellung des französischen, italienischen, englischen und deutschen Rechts, 1976. Ferner: *Giardina*, La Corte Costitutionale ed i rapporti personali tra coniugi nel diritto internazionale privato, Riv. dir. int. priv. proc. 1987, 209–226; *Poleti Di Teodoro*, Una svolta storica nel diritto internazionale privato italiano: il primo intervento „abrogativo" della Corte costitutionale, Foro It. 1987 I 2318–2334; *De Cupis*, Eguaglianza coniugale e conflitto di leggi, Giur. It. 1987 I 1, 1153f. (Entscheidung des Verfassungsgerichts vom 5. 3. 1987 Nr. 71 abgedruckt ebenda 1153–1157, französische Übersetzung mit Anm. von *B. Ancel* Rev.crit.dr.i.p. 1987, 563); *Pagano*, La legge regolatrice dei rapporti personali tra coniugi e dei rapporti tra genitori e figli dopo la declaratoria di incostituzionalità degli art. 18 e 20 preleggi, Giur. It. 1988 I 2831–2846; *Mansel*, Richterliche Reform des italienischen Kollisionsrechts, JahrbItR 2 (1989), 165–169; *Giardina*, The Italian Constitutional Court and the Conflict of Laws, von Overbeck-Fschr., Freiburg/Schweiz 1990, 501–509; *Borras*, Non discrimination à raison du sexe et modification du droit international privé espagnol, Rev.crit.dr.i.p. 1991, 626–634; *Assanti*, Eguaglianza e differenza: la condizione della donna tra Costituzione e fonti internazionali e comunitarie, Giur. It. 1992 IV 140–146. Siehe auch Schrifttum oben S. 466f.

Art. 3 II GG fordert gleiches Recht für Mann und Frau und Art. 117 I setzt ungleiches Recht außer Kraft mit dem 31. 3. 1953. Das EGBGB enthielt einige Ungleichheiten. Im Ehegüterrecht (Art. 15) und grundsätzlich bei der Scheidung (Art. 17) berief es das Heimatrecht des Mannes, ebenso für die eheliche Abstammung (Art. 18). Über das Verhältnis von Eltern und ehelichem Kind entschied grundsätzlich das Heimatrecht des Vaters (Art. 19). Desgleichen über die Legitimation (Art. 22 I).

Ob, wieweit und mit welchen Folgen diese Ungleichheiten durch Art. 3 II GG *de lege lata* beseitigt waren, blieb streitig (5. Aufl. S. 447–450). *De lege ferenda* war man im wesentlichen einig, daß die Gleichberechtigung streng durchzuführen sei. Hauptsächlich dieser Wunsch trieb die Reform voran, mit deren Beratung der Deutsche Rat für IPR 1954 begann. Das IPRG von 1986 hat alle kollisionsrechtlichen Unterschiede von Mann und Frau abgeschafft.

b) Andere Grundrechte

Wie die in Art. 3 II GG gebotene Gleichberechtigung von Mann und Frau mögen andere Grundrechte die Normen des deutschen IPR berühren. BVerfG 31, 58 (78–80 unter C IV) hat geprüft, ob sich Art. 13 I a.F. EGBGB vertrug mit dem in Art. 6 I GG angeordneten Schutz von Ehe und Familie, aus dem das BVerfG ein „Menschenrecht auf Freiheit der Eheschließung" ableitet, und es hat die Frage bejaht.

2. Staatsverträge

Wenn Kollisionsnormen in Staatsverträgen gegen Grundrechte verstoßen, ist der Vertrag deswegen nicht unwirksam, sondern muß gekündigt werden (vgl. oben S. 475f.).

II. Verlöbnis

Schrifttum: *Spiegel,* Das Verlöbnis im deutschen IPR, Diss. Heidelberg 1929; *Weidenbaum,* Breach of Promise in Private International Law, 14 (1936/37) N. Y. U. L. Q. Rev. 451–472; *Ponsard* und *Lauterbach* in: Das internationale Familienrecht Deutschlands und Frankreichs, 1955, 1–42; *De Nova,* Gli sponsali in diritto internazionale privato, Foro It. 1955 IV 25–38; *Rabel* I^2 215–221; *Luther,* Ersatz immaterieller Schäden bei Verlöbnisbruch im IPR und in Auslandsrechten, FamRZ 59, 475–478; *Webb* und *Latham Brown,* Engagements to Marry and the Conflict of Laws, 15 (1966) Int. Comp. L. Q. 947–995; *Kelly* und *Turner,* Breach of Promise Actions in the Conflict of Laws, 16 (1967) Int. Comp. L. Q. 800–805; *Gamillscheg,* Das Verlöbnis im deutschen IPR, RabelsZ 32 (1968), 473–487; *Pålsson,* Marriage and Divorce, IECL III 16, 1978, S. 4–11; *Mankowski,* Verlöbnisbruch, konkurrierende Deliktsansprüche und Rückforderung von Geschenken im Internationalen Privat- und Zivilprozeßrecht, IPRax 97, 173–182. – *Rechtsvergleichend: Luther* RvglHWB VII (1939), 193–216; *Türkei:* Türkischer Kassationshof FamRZ 94, 571 mit aufschlußreicher Anm. von *Rumpf; Oberto,* La promessa di matrimonio tra passato e presente, Padua 1996 (185–200).

Das Verlöbnis schillert: Zustandekommen, Bindung, Rücktrittsfolgen sind von Land zu Land sehr verschieden geregelt. Die rechtliche Bewertung schwankt: man versteht es als Familienrechtsverhältnis (faktisch oder vertraglich begründet), als Schuldvertrag, den Verlöbnisbruch als Delikt.

Welches Recht maßgibt, sagte und sagt das Gesetz nicht. Da das Verlöbnis die Brautleute *persönlich* verbindet, überwiegt für die Anknüpfung das *Parteiinteresse* (oben S. 118–120): es gilt das **Personalstatut** der Verlobten, grundsätzlich also ihr *Heimatrecht* (OLG Hamm FamRZ 71, 321; LG Essen NJW 91, 645; LG Krefeld FamRZ 90, 1351; LG Berlin FamRZ 93, 198; OLG Düsseldorf FamRZ 92, 1295), bei Staatenlosen und internationalen Flüchtlingen das Recht ihres gewöhnlichen Aufenthalts (bei Staatenlosen nach dem New Yorker Abkommen und bei Flüchtlingen nach dem Genfer Abkommen und gleichgestellten Asylberechtigten und Humanflüchtlingen das Recht ihres Wohnsitzes), hilfsweise das Recht ihres schlichten Aufenthalts, bei volksdeutschen Flüchtlingen das deutsche Recht (oben S. 399–405). Das Personalstatut entscheidet sowohl über das *Zustandekommen* (die Verlobung) wie über die *Wirkungen* (das Verlöbnis: Art und Stärke der Bindung, Folgen des Rücktritts).

Gehören die Verlobten verschiedenen Staaten an oder haben sie sonst *verschiedenes Personalstatut* (nämlich Wohnsitz in verschiedenen Staaten, soweit es bei Flüchtlingen und Staatenlosen auf ihn ankommt), dann sollte man zunächst das Recht ihres *gewöhnlichen Aufenthalts im selben Staat* wählen; denn das Verlöbnis belastet schwächer als die Ehe, so daß man – anders als bei der Heirat (unten S. 686) – den Schutz des Personalstatuts zugunsten einheitlichen Rechts für beide Teile durch das Aufenthaltsrecht (oben S. 392) preisgeben kann. Eine Ausnahme empfiehlt sich, wenn die materiellen Verlöbnisrechte der Heimat- oder sonstigen Personalstatutsstaaten der Verlobten einander sehr nahe stehen, aber vom Recht ihres gewöhnlichen Aufenthalts im selben Staat stark abweichen („*Gefälle*", oben S. 117, 394, unten S. 756 a.E.): hier sollte gelten der **Grundsatz des schwächeren Rechts,** also das schwächere Personalstatut. Erst recht sollte das schwächere Personalstatut entscheiden, wenn die Verlobten sich in verschiedenen Staaten gewöhnlich aufhalten.

Für die Wirkungen der Verlobung, also für das **Verlöbnis,** gilt, wie bemerkt, das gleiche wie für die Verlobung, also bei verschiedenem Personalstatut der Verlobten zunächst das Recht ihres gewöhnlichen Aufenthalts im selben Staat. Bei starken Unterschieden dieses Rechts zu einander ähnlichen Heimat- oder sonstigen Personalstatutsrechten („Gefälle") und auch dann, wenn sich die Verlobten nicht im selben Staat gewöhnlich aufhalten, sollte der Grundsatz des schwächeren Rechts gelten. Nach ihm sind insbesondere Schadenersatzansprüche der verlassenen Braut begründet nur, soweit sie zu Recht bestehen sowohl nach dem Personalstatut der Braut wie nach dem des Bräutigams. Die h.M. läßt freilich in allen Fällen verschiedenen Personalstatuts entscheiden das Recht des Inanspruchgenommenen, regelmäßig mithin das Heimatrecht des Bräutigams (so BGH 28, 375 = JZ 59, 486 mit Anm. von *Dölle* = NJW 59, 529 mit Anm. von *Lüderitz* 1032; LG Düsseldorf NJW 67, 2121 mit Anm. von *Stöker;* OLG Düsseldorf IPRax 84, 270 mit Anm. von *Stöcker;* OLG Düsseldorf IPRax 84, 270 mit Anm. von *Fudickar*; BGH 132, 105 = DAVorm. 96, 379 [382 unter I 2 b] = IPRax 97, 187 mit Aufsatz von *Mankowski* 173–182 = JZ 97, 88 mit Anm. von *Gottwald* = NJW 96, 1411).

Beispiele:

Eine Holländerin verlobt sich mit einem Hamburger, gibt ihre Stellung in Holland auf und kommt nach Hamburg. Dort wird das Aufgebot bestellt, aber der Bräutigam besinnt sich anders. Die Braut kehrt nach Holland zurück und tritt eine neue Stellung an. Sie klagt auf entgangenen Gewinn während der Zeit ihrer Berufslosigkeit. LG Hamburg NJW 55, 548 wendet niederländisches und deutsches Recht an und weist ab, weil nach dem Heimatrecht der Braut der grundlos Zurücktretende für die Zeit vor dem Aufgebot überhaupt keinen Schadenersatz und für die Zeit nachher nur *damnum emergens* schuldet. Es siegt also das schwächere Recht. M.E. wäre deutsches Recht anzuwenden gewesen (§ 1298 I 2 BGB), weil die Verlobten während der Berufslosigkeit der Frau in Hamburg lebten.

Das Recht des Inanspruchgenommenen wählt *obiter* OLG Frankfurt IPRspr. 1930 Nr. 62. Tragender Grund ist eine *Qualifikation:* ein deutscher Leutnant ist von 1915 bis September 1918 mit Unterbrechungen in Ostende. Er verlobt sich mit einer jungen Belgierin, will sie aber nicht heiraten. Im Oktober 1918 wird ein Kind geboren. Der Leutnant verlobt sich anders. Die Belgierin klagt auf *dommage moral* (Nichtvermögensschaden). Nach belgischem wie nach französischem Recht ist das Verlöbnis kein familienrechtliches Verhältnis. Aber unlauterer Verlöbnisrücktritt ist Delikt gemäß Art. 1382 c. civ., der Generalklausel des Deliktsrechts. Auch nach deutschem Recht *kann* Verlöbnisbruch Delikt sein. OLG Frankfurt wendet belgisches Recht als Tatortrecht an und bejaht danach den Anspruch; es beachtet Art. 12 a.F. (= Art. 38 n.F.) EGBGB, kommt aber über §§ 825, 826 BGB ebenfalls zur Ersatzpflicht. Auf Schadenersatz wegen Verlöbnisbruchs als solchen (nicht als unerlaubte Handlung) erklärt das Gericht deutsches Recht als Heimatrecht des Schuldners für anwendbar, aber ausdrücklich nur *obiter;* denn ob ein Verlöbnis entstanden ist, bestimmten sowohl deutsches wie belgisches Recht und nach belgischem Recht sei es nicht entstanden (m.E. galt belgisches Recht als Recht des gewöhnlichen [oder auf Seiten des Leutnants wenigstens schlichten] Aufenthalts beider Verlobten im selben Staat). Zur Qualifikation näher *Staudinger-Gamillscheg*[10/11] Anh. nach Art. 13 Rz 28–35, S. 461–464; *Staudinger-von Bar/Mankowski*[13] Anhang nach Art. 13 Rz 35–39, S. 296–298; *Soergel-Schurig* X[12] Vor Art. 13 EGBGB Rz 21 S. 571; *MünchKomm-Coester*[3] Vor Art. 13 EGBGB Rz 1–6 S.643–646; OLG Düsseldorf AG 76, 107 *obiter.*

Viele wollen bei Zusammentreffen von Verlöbnis- und *Deliktsansprüchen* auch diese dem *Verlöbnisstatut* unterstellen. Dawider m.E. mit Recht BGH 132, 105 = DAVorm. 96, 379 (385f. unter II 1 b mit Nachweisen) = IPRax 97, 187 mit Aufsatz von *Mankowski* 173–182 = JZ 97, 88 mit Anm. von *Gottwald* = NJW 96, 1431. Hier hatte ein Deutscher eine mit ihm verlobte, aber heiratsunwillige Brasilianerin reich beschenkt und verlangte von ihr Wertersatz.

Interlokalprivatrechtlich entscheidet im Westen das **interlokale Personalstatut** (oben S. 407f.), regelmäßig also das Recht des **gewöhnlichen Aufenthalts** im Osten oder Westen. Bei verschiedenem interlokalen Personalstatut der Verlobten gilt der *Grundsatz des schwächeren Rechts.* In der DDR und in Ost-Berlin wurde das Verlöbnis als rein tatsächliches Verhältnis angesehen und wurden Schadenersatzansprüche aus Verlöbnisbruch nicht mehr anerkannt. Sie entfallen also, gleich ob die Braut hüben sitzt und der Bräutigam drüben oder umgekehrt. Der *ordre public* (Art. 6 EGBGB) wird dadurch nicht verletzt.

Für Verlöbnisbrüche vor dem 3. 10. 1990, d.h. in Altfällen, könnte im Osten das bisherige IPR entsprechend anwendbar (näher oben S. 42–44) und nach ihm vielleicht anders zu entscheiden sein. Doch ist im Ost-West-Verhältnis mit Verlöbnisstreitigkeiten je länger desto weniger zu rechnen.

Dazu *Klose,* Die Rechtsprechung zu § 1300 BGB in der Bundesrepublik und in der früheren DDR, FuR 94, 27–20.

III. Freie Ehe

Schrifttum: *Henrich,* Kollisionsrechtliche Probleme bei der Auflösung eheähnlicher Gemeinschaften, Beitzke-Fschr. 1979, 507–520; *Šarčević,* Zur nichtehelichen Lebensgemeinschaft im IPR – unter besonderer Berücksichtung der jugoslawischen Teilrechte, StAZ 81, 176–182; *Šarčević,* Paare ohne Trauschein – eine Herausforderung für das IPR?, ZvglRW 84 (1985), 274–281; *Striewe,* Ausländisches und Internationales Privatrecht der nichtehelichen Lebensgemeinschaft, 1986; *Klinkhardt,* Der Status der Kinder aus nichtehelichen Lebensgemeinschaften, StAZ 89, 180–182 (182); Sánchez Lorenzo, Las parejas no casadas ante el Derecho Internacional Privado, Rev.esp.der.int. 1989, 487 bis 531; *Jayme,* Dänisches Partnerschaftsgesetz und IPR, IPRax 90, 197; *Gaudemet-Tallon,* La désunion du couple en droit international privé, Rec. 1991 I 9–279; *Gautier,* Les couples internationaux de concubins, Rev.crit.dr.i.p. 1991, 525–539; *Hoghart,* Note zu Cour d'appel Paris D. S. Jur. 1994, 273–276 (Folgen von Heirat nach islamischem Recht); *Bogdan,* Registrerat partnerskap och svensk internationell privaträtt, SvJT 1994, 773–784; *Staudinger-von Bar/Mankowski*[13], 1996, Anhang nach Art. 13 Rz 41–74 S. 298–311; *Boele-Woelki,* De wenselijkheid van een IPR-verdrag inzake samenleving buiten huwelijk, FJR 99, 11–13.

Rechtsvergleichend: Müller-Freienfels, Cohabitation and Marriage Law, A Comparative Study, 1 (1987) Int. J. L. Fam. 259–294 (= *Müller-Freienfels,* Familienrecht In- und Ausland, Aufsätze III, 1994, 135–180); *Rubellin-Devichi* (Hrsg.), Les concubinages en Europe, Aspects socio-jurisdiques, Paris 1989; *Rubellin-Devichi* (Hrsg.), Les concubinages dans le monde, Paris 1990; *Müller-Freienfels,* Rechtsfolgen nichtehelicher Gemeinschaften, Gernhuber-Fschr. 1993, 737–779 (= *Müller-Freienfels,* Familienrecht im In- und Ausland, Aufsätze III, 1994, 92–134); *Schreiber,* Die nichteheliche Lebensgemeinschaft, Bestandsaufnahme, Rechtsvergleich, Gestaltungsvorschläge, 1995.

Auslandsrecht: Sandoz, Le législateur doit-il réglementer l'union libre?; Schnyder-Fschr., Freiburg/Schweiz 1995, 583–599; *Bailey-Harris,* Financial Rights in Relationships Outside Marriage: A Decade of Reform in Australia, 9 (1995) Int. J. L. Fam. 223–255; *Henaff,* La communauté de vie du couple en droit français, Rev.trim.dr.civil 1996, 535–578.

Während die Verlobten in die Zukunft blicken, einander versprechen, sich zu heiraten, d.h. den vom Recht geregelten Ehestand zu gründen, wollen die Partner einer freien Ehe („nichtehelichen" oder „eheähnlichen" Lebensgemeinschaft) gegenwärtig zusammenleben, jedoch einander nichts versprechen. Während das Verlöbnis ausstirbt, hat die freie Ehe Zukunft. Aber wie andere faktische Verhältnisse (faktische Gesellschaft, faktisches Arbeitsverhältnis, faktischer Vertrag) strebt die faktische Ehe zur Angleichung ans rechtliche Gegenbild, mag sich auch einer der beiden Partner (meist der Mann) die Ohren zuhalten.

Gemeinsam haben Verlöbnis und freie Ehe: sie sind schwächer als die Ehe, aber auch sie beruhen auf persönlichen Banden. Darum ist angezeigt, beide zum Personenrecht zu zählen und das Personalstatut entscheiden zu lassen (*Staudinger-von Bar/Mankowski*[13] Anhang zu Art. 13 EGBGB Rz 59–74, S. 306–311), indessen nicht ins internationale Schuldrecht auszuweichen (wie *Henrich* Beitzke-Fschr. 1979, 514–520 für materielle Rechte, welche die freie Ehe im Schuldrecht regeln [eine Qualifikation nach der *lex causae,* vgl. oben S. 290–293]).

Und weil die freie Ehe wie das Verlöbnis am Rande der Ehe steht – die freie Ehe neben der Ehe, das Verlöbnis vor ihr –, sollte man die freie Ehe wie die Verlöbniswirkungen (oben S. 682–684) anknüpfen; gemeinsames Personalstatut (OLG Koblenz NJW-RR 94, 648), bei verschiedener Staatsangehörigkeit hilfsweise gewöhnlicher Aufenthalt im selben Staat, im übrigen schwächeres Recht.

Anders Tribunal de grande instance de Paris (1re Ch.). Rev.crit.dr.i.p. 1984, 628 mit krit. Anm. von *P. L. [Paul Lagarde]:* Portugiesen führen Konkubinat in Frankreich mit gemeinsamem Hausrat und gemeinsamem Konto bei Niederlassung einer portugiesischen Bank in Frankreich; Frau entführt alles nach Portugal; Mann verlangt Teilung. Französisches Recht angewandt, weil in Frankreich freie Ehe geführt und Vermögen erworben.

Über **„freie Ehen rassisch und politisch Verfolgter"** unten S. 688.

Über **gleichgeschlechtliche Ehen:** *Kramer,* Same Sex Marriage, Conflict of Laws, and the Unconstitutional Public Policy Exception, 106 (1997) Yale L. J. 1965–2008.

IV. Heirat

Schrifttum: 7. Aufl. S. 593 f. Hervorzuheben: *Pålsson,* Marriage and Divorce, IECL III Ch. 16, 1978, S. 12–104, 160–171; *Müller-Freienfels,* Sozialversicherungs-, Familien- und Internationalprivatrecht, Die „hinkende" englische Witwe und ihre deutsche Hinterbliebenenrente, 1984; *Droz* Rec. 1991 IV 134–158. Ferner: *García Rodríguez,* Non-Catholic Religious Marriages in Spain, 2 (1992) Spanish Yearbook of International Law 32–44; *Boulanger* Note D. S. Jur. 1996, 159 f. und *Gannagé* Note Rev.crit.dr.i.p. 1997, 46–55 (zu Cour d'appel Paris ebenda 156 bzw. 41, betr. bigamische Heirat eines griechisch-orthodoxen Libanesen mit Polin); *Arezes Piñol,*

Matrimonio religioso celebrado en forma judía: su posible eficacia en el ordeniamento jurídico francés, Rev.der.priv. 1996, 196–219; *Canonico,* L'applicabilità della legge di reforma del sistema italiano di diritto internazionale privato alle sentenze ecclesiastiche di nullità matrimoniale, Dir. Fam. 1996, 314–325; *Voit,* „Heilung durch Statutenwechsel" im internationalen Eheschließungsrecht, 1997; *Knott,* Die fehlerhafte Ehe im IPR, 1997; *De Meo,* Orientamenti dottrinali e giurisprudenziali sulla delibazione delle sentenze ecclesiastiche di nullità del matrimonio, Giur. It. 1997 I 1, 127–132; *Hepting,* Der Ehefähigkeitsnachweis bei staatenlosen Verlobten, IPRax 97, 249–251; *Massetani,* La efficazia delle sentence di nullità di matrimonio pronunciate del giudice ecclesiastico, Foro It. 1997 V 148–150; *Wagenitz* und *Bornhofen,* Handbuch des Eheschließungsrechts, 1998; *Lipstein,* A Modern Common Law Marriage – Armed Forces of Occupation, Public International Law ousts local Choice of Law Rules, Drobnig-Fschr. 1998, 381–387; *Hepting,* Das Eheschließungsrecht nach der Reform, FamRZ 98, 713–728 (718f., 719f., 722); *Gaaz,* Ausgewählte Probleme des neuen Eheschließungs- und Kindschaftsrechts, StAZ 98, 241–251 (241–247); *Wolf,* Der Standesbeamte als Auslandsbehörde oder Das neue Eheverbot der pflichtenlosen Ehe, FamRZ 98, 341f.; *Muir Watt,* Note: Selon quelle loi déterminer le statut de l'enfant qui, né d'un mariage inexistant selon la loi étrangère du lieu de célébration, est légitime selon la loi régissant sa filiation?, Sem. jur. 1999 Nr. II 10 032 S. 378–380.

Rechtsvergleichend: K. Wähler, Politische Ehehindernisse im geltenden Recht europäischer und außereuropäischer Staaten, StAZ 89, 182–186; *Sturm,* Eheschließungsformen im Ausland, ihre Gültigkeit und Nachweisbarkeit im Inland, StAZ 95, 343–350; *Sturm,* Eheschließungsformen im Ausland, ihre Wirksamkeit und Nachweisbarkeit in Österreich, ÖStA 1996, 120–131; *Coester-Waltjen* und *Coester,* Formation of Marriage, IECL IV 3, 1997; *Bosch, Hegnauer* und *Hoyer,* Ziviltrauung vor religiöser Trauung – sinnvoll oder überholt?, FamRZ 97, 1313–1322 (Deutschland, Schweiz, Österreich, Liechtenstein); *Samtleben,* „Scheidung auf chilenisch" – oder die Ehe vor dem unzuständigen Standesbeamten, StAZ 98, 77–79; *Gralla,* Eheschließung durch kirchliche Trauung in Polen, ebenda 341f.; *Heun,* Gleichgeschlechtliche Ehen in rechtsvergleichender Sicht, 1999 (USA, Kanada, Australien); *Coester-Waltjen,* Einige Überlegungen zum Eheschließungsrecht, Rolland-Fschr. 1999, 67–74.

1. Sachliche Voraussetzungen

a) Grundsatz

Die Heirat als höchst persönliches Tun wird angeknüpft im *Parteiinteresse:* es gilt das *Personalstatut* im Anknüpfungssinne (oben S. 386). Die *Gleichberechtigung* ist durchgeführt nach dem *Grundsatz des schwächeren Rechts:* das **Personalstatut jedes Verlobten** entscheidet. Denn **Art. 13 I EGBGB** bestimmt:

„Eheschließung

(1) Die Voraussetzungen der Eheschließung unterliegen für jeden Verlobten dem Recht des Staates, dem er angehört."

Art. 13 I spricht nur vom *Heimatrecht.* Dasselbe gilt aber in *allen anderen Fällen des Personalstatuts* im Anknüpfungssinn: für Staatenlose und internationale Flüchtlinge entscheidet das Recht ihres gewöhnlichen Aufenthalts (bei Staatenlosen nach dem New Yorker Abkommen und bei Flüchtlingen nach dem Genfer Abkommen und gleichgestellten Asylberechtigten und Humanflüchtlingen das Recht ihres Wohnsitzes), hilfsweise das Recht ihres schlichten Aufenthalts, für volksdeutsche Flüchtlinge das deutsche Recht (oben S. 399–405).

b) Geltungsbereich

aa) Form, Heirat, Ehe

Art. 13 I regelt die **sachlichen** Voraussetzungen der Heirat, *nicht* die *Form.* Zwar gilt auch für die Form Art. 13 I, aber nur über Art. 11 I, soweit er das Recht beruft, dem das abgeschlossene Geschäft unterliegt (Geschäftsrecht, oben S. 549f.).

Zur **Form,** nicht zu den sachlichen Voraussetzungen gehört das *Aufgebot* (oben S. 286), das im Ausland noch vorkommt. In Deutschland war es vorgeschrieben in § 12 EheG. Dies war vom Kontrollrat erlassen (Gesetz Nr. 16 vom 20.2. 1946, KRABl. 77, ber. 294) und ist aufgehoben durch Art. 14 Nr. 1 *Gesetz zur Neuordnung des Eheschließungsrechts* (Eheschließungsrechtsgesetz – EheschlRG) vom 4. 5. 1998 (BGBl. I 833). Das EheschlRG holt in Art. 1 Nr. 2 die Heirat zurück ins BGB als dessen §§ 1303–1320. Nach Art. 18 Nr. 3 EheschlRG ist die Neuregelung des Rechts der Heirat *in Kraft* getreten am *1. 7. 1988.* Übergangsrecht enthält der durch Art. 15 EheschlRG eingeführte Art. *226 EGBGB.*

Zur Form, nicht zu den sachlichen Voraussetzungen der Heirat gehört auch das im Ausland noch vorkommende Erfordernis der Trauung durch den *Geistlichen.* Mag auch die kirchliche Trauung wegen der Sakramentsnatur der Ehe verlangt werden: nach Art. 11 I zweite Alternative soll im Verkehrsinteresse für den äußeren Hergang eines jeden Geschäfts, auch der Ehe, das Ortsübliche genug sein. *Nicht* zur Form gehört das Verbot *bedingter* oder *befristeter* Heirat (oben S. 286, unten S. 301).

Es ist auch nicht so, daß die **„Eheschließung"** (Heirat), von der Art. 13 I spricht, wenigstens *irgendeine* Form voraussetzte, etwa weil die Heirat tatsächlich überall nach Formen strebt. Hin und wieder verzichten ausländische Rechte auf Form und gestatten die Heirat durch *nudus consensus.* So ist es bei der *common law-Ehe* in Einzelstaaten der USA und so war es bei der faktischen Sowjetehe. In beiden Fällen ließ das RG mit Recht die formlose Heirat genügen (oben S. 258f.).

Ebenso ist es, wenn im maßgeblichen Recht für den *Beweis* der Heirat beim Fehlen einer Heiratsurkunde der „eheliche Besitzstand" genügt (LG Bielefeld FamRZ 89, 1338, betr. Äthiopien).

Ob eine **„Ehe"** im Sinne von Art. 13 I geschlossen ist, kann bei manchen Gebilden ausländischen Rechts zweifelhaft sein und ist an Hand der Wirkungen und Lösungsmöglichkeiten zu prüfen. Die faktische Sowjetehe, die nicht nur formlos eingegangen wurde, sondern auch jederzeit formlos gelöst werden konnte, ist vom RG mit Recht noch als Ehe gewertet worden. Über freie Ehe oben S. 684; über Heirat Transsexueller oben S. 497f.

Über **„nachträgliche Eheschließung"**, **„freie Ehen rassisch und politisch Verfolgter"** und **„Nottrauungen"** *Staudinger-Gamillscheg*[10/11] Art. 13 EGBGB Rz 183–193 S. 226–229 (nachträgliche Eheschließung), Rz 608–615 S. 352–356 (freie Ehen rassisch und politisch Verfolgter) und Rz 598–603 S. 348–350 (Nottrauungen); *Staudinger-von Bar/Mankowski*[13] Art. 13 EGBGB Rz 189 S. 99 (nachträgliche Heirat); *Soergel-Schurig* X[12] Art. 13 Rz 44–47 S. 612f. (nachträgliche Heirat), Rz. 96, 97 S. 640 (Nottrauungen und freie Ehen rassisch und politisch Verfolgter); *MünchKomm-Coester*[3] Art. 13 Rz. 98 S. 698 (Nottrauungen, freie Ehen rassisch und politisch Verfolgter); *Beitzke,* Französische postmortale Eheschließung und Legitimation, IPRax 91, 227–230; *Ann,* Notehen aus der Zeit des Kriegsendes – eine bis heute kaum bewältigte Kriegsfolge, FamRZ 94, 135–139. Art. 11 des 1. EheRG hat aufgehoben den § 2 des Gesetzes über die Rechtswirkungen einer nachträglichen Eheschließung vom 29. 3. 1951: der tadeligen Frau darf nicht mehr untersagt werden, den Mannesnamen zu führen. Das entspricht der Aufhebung von § 57 EheG durch Art. 3 Nr. 1 des 1. EheRG.

Zur *nachträglichen* Heirat eines Franzosen durch eine Deutsche OLG Karlsruhe IPRax 91, 250 mit Aufsatz von *Beitzke* 227–230. Zum materiellen französischen Recht z.B. *Kegel* Ficker-Fschr. 1967, 262–266; Cass. (1re) D.S. Jur. 1990, 225 mit Anm. von *Hauser.* Zum materiellen deutschen Recht OLG Köln FamRZ 97, 1276 LS = StA 98, 10.

bb) Ehehindernisse

Das Personalstatut jedes Verlobten bestimmt über Ehehindernisse.

Es entscheidet über **Ehemündigkeit, Geschäftsfähigkeit, Zustimmung Dritter, Stellvertretung, Bedingung** und **Befristung.**

Das Personalstatut der Verlobten sagt z.B., ob eine *Kinderehe* zulässig ist. Allerdings *kann* hier Art. 6 EGBGB eingreifen (vgl. dazu RG JW 1917, 364 [366]; AG Tübingen ZfJ 92, 48 mit Anm. von *Coester* 141: 14jährige Deutsche heiratet in Montevideo).

Soweit ein von Art. 13 berufenes Recht *Geschäftsfähigkeit* fordert, ergibt das von Art. 7 berufene Recht, ob sie vorliegt. Der Unterschied kann wichtig sein wegen Art. 7 II, der in Art. 13 kein Gegenstück hat.

Voraussetzen kann die Heirat den **Willen, eine eheliche Gemeinschaft zu begründen.** Nach früheren *deutschen materiellen* Recht war dieser Wille in der Regel nicht nötig. Daher durfte der Standesbeamte das Aufgebot nicht verweigern, wenn ein Ausländer und eine Deutsche (oder eine Ausländerin und ein Deutscher) nur heiraten wollten, um dem ausländischen Teil Aufenthaltsrecht bei uns zu verschaffen (*Auslandssachverhalt,* oben S. 58–61). So jedenfalls die h.M. für solche **„Scheinehen"** (z.B. LG Kiel IPRax 92, 255 mit Aufsatz von *Spellenberg* 233–237). Heute darf der Standesbeamte, wenn offenkundig keine eheliche Gemeinschaft gewollt ist, nicht trauen (§ 1310 I 2 HS 2 n.F. BGB mit § 1314 II Nr. 5 n.F.; dazu *Wolf* FamRZ 98, 1477–1488 und OLG Düsseldorf FamRZ 99, 235 = StAZ 99, 10). Siehe aber auch unten S. 692 zur Befreiung vom Ehefähigkeitszeugnis und für Frankreich Cour d'appel de Paris Rev.crit.dr.i.p. 1998, 424 mit Anm. von *Vareilles-Sommières*).

Dem Personalstatut jedes Verlobten sind die Ehehindernisse der **Verwandtschaft** und **Schwägerschaft** zu entnehmen.

Ebenso das Hindernis der **Doppelehe.** Gegenüber Rechten, die Polygamie erlauben, kann allerdings Art. 6 EGBGB eingreifen (näher oben S. 463 a. E. f.); siehe aber auch unten S. 692 zur Befreiung vom Ehefähigkeitszeugnis).

Gebietet das Personalstatut der Verlobten die Monogamie, so ist die *Vorfrage,* ob ein Verlobter bereits eine *andere gültige Ehe geschlossen* hat, selbständig nach Art. 13 und Art. 11 anzuknüpfen (vgl. den Fall oben S. 322).

Desgleichen ist die Vorfrage, ob die *erste Ehe gültig geschieden* ist, selbständig anzuknüpfen. Praktisch wird diese Regel jedoch nur bei Scheidung durch *Rechtsgeschäft* (z. B. bei Verstoßung nach islamischem Recht). Ist dagegen durch *Urteil* geschieden wie meist, dann kommt es nur darauf an, ob das Urteil wirkt. Für ein deutsches Urteil versteht sich das von selbst. Ein ausländisches Urteil wirkt, wenn wir es anerkennen (a. A. OLG Hamm StAZ 76, 310). Ein in Deutschland gültig geschiedener Ausländer kann daher gültig wieder heiraten, auch wenn sein Heimatstaat unsere Scheidung nicht anerkennt und deswegen die neue Ehe als Doppelehe wertet. Dies war schon nach früherem Recht anzunehmen.

Näher Soergel VIII[11] Art. 13 EGBGB Rz 18–26, S. 747–751. So jedenfalls wegen Art. 6 I GG BVerfG 31, 58 (80–85 unter C V) und im Ergebnis BGH NJW 72, 1619 mit Anm. von *Otto* sowie IPRspr. 1977 Nr. 49 = NJW 77, 1014 sowie BGH FamRZ 97, 542 (Nichtanerkennung deutschen Scheidungsurteils in Italien wegen des italienischen ordre public und Nichtanerkennung dieser Nichtanerkennung in Deutschland wegen des deutschen ordre public; richtig: deutsches Scheidungsurteil wirkt unmittelbar und immer); a. A. OLG München IPRax 88, 354 mit abl. Aufsatz von *Winkler von Mohrenfels* 341–343 und mit zust. Aufsatz von *R.* und *V. Hausmann* JahrbItR 2 (1989), 17–33. Vgl. auch unten S. 832.

Entsprechende Regeln enthalten Art. 9 des CIEC-Abkommens über die Anerkennung von Entscheidungen in Ehesachen und Art. 11 des Haager Abkommens über die Anerkennung von Scheidungen und Trennungen von Tisch und Bett (unten S. 922 f.) sowie section 7 des englischen *Recognition of Divorces Act,* 1971, c. 53. Auch das Schweizerische Bundesgericht hat so entschieden (BGE 97 I 389 = RabelsZ 36 [1972], 358 mit Anm. von *Neuhaus;* BGE 102 I b 1 [Fall Paiano] = Rev.crit.dr. i. p. 1976, 519 mit Anm. von *F. Kn.,* Bericht von *Dutoit* und *Mercier* Riv. dir. int. priv. proc. 1976, 515–517, Aufsatz von *v. Overbeck* Jäggi-Gedächtnisschr. 1977, 273–297).

Beispiel: Philippinische Eheleute sind entgegen ihrem Heimatrecht, das keine Scheidung kennt, in Deutschland geschieden worden, weil das Gericht sie für Deutsche gehalten hat. Jeder der Geschiedenen kann wieder heiraten.

Die anfängliche Gegenmeinung des BGH (41, 136 [147 f.]; 46, 87 [93 f.]) hat dazu geführt, daß viele Geschiedene im Ausland geheiratet haben, vor allem in **Tondern** (Dänemark) mit weiteren Verwicklungen.

Heute bestimmt **Art. 13 II EGBGB:**

„(2) Fehlt danach [Heimatrecht eines oder beider Verlobten] eine Voraussetzung, so ist insoweit deutsches Recht anzuwenden, wenn

1. ein Verlobter seinen gewöhnlichen Aufenthalt im Inland hat oder Deutscher ist,

2. die Verlobten die zumutbaren Schritte zur Erfüllung der Voraussetzung unternommen haben und
3. es mit der Eheschließungsfreiheit unvereinbar ist, die Eheschließung zu versagen; insbesondere steht die frühere Ehe eines Verlobten nicht entgegen, wenn ihr Bestand durch eine hier erlassene oder anerkannte Entscheidung beseitigt oder der Ehegatte des Verlobten für tot erklärt ist."

Dieses Monstrum versteht nur, wer schon weiß, was es meint. Es ist aufgezäumt als *Kollisionsnorm des ordre public* (oben S. 129, 459; vgl. Begründung BTDrucks. 10/504 S. 53).

Sein Kern ist die in Nr. 3 HS 2 „insbesondere" genannte frühere Ehe. Aber, daß sie eine neue Ehe nicht hindert, wenn sie bei uns oder durch von uns anerkannte ausländische Entscheidung beseitigt (geschieden, aufgehoben, für nichtig erklärt oder ihr Nichtbestehten festgestellt) ist, folgt bereits aus Kollisionsnormen des deutschen internationalen Verfahrensrechts (vgl. oben S. 689), nicht erst aus unserem *ordre public* (zu dem weiteren in Nr. 3 HS 2 genannten Fall der Todeserklärung des Ehegatten eines Verlobten unten S. 691).

Im übrigen liegt Art. 13 II Nr. 1 EGBGB im Felde der für den *ordre public* verlangten Inlandsberührung (oben S. 463). Nr. 2 und 3 HS 1 sind Beispiele der Notwendigkeit eines schweren Verstoßes gegen die materiellprivatrechtliche Gerechtigkeit (oben S. 465). Nach Nr. 2 sollen sich die Verlobten bemüht haben um die Anerkennung einer ausländischen, die Vorehe auflösenden Entscheidung im Heimatstaat (Kritik: nicht nötig, wir selbst entscheiden, ob anerkannt wird) oder um Befreiung von einem anstößigen Ehehindernis (zu beidem Begründung aaO; wegen Transsexueller oben S. 497f.). Nr. 3 bezieht sich auf das vom BVerfG (31, 58 [78f. unter C IV 1 u.ö.]) erfundene Grundrecht auf Eheschließung (Begründung aaO; dazu *Kegel* RabelsZ 36 [1972], 28).

Die in Art. 13 II Nr. 1, 2 und 3 HS 1 EGBGB aufgestellte Kollisionsnorm des *ordre public* wäre gefährlich, weil sie auch harmlose Fälle umfaßte – würde sie nicht die schwammige „Eheschließungsfreiheit" anrufen und so die nötige Elastizität wahren. Deswegen wiederum ist sie überflüssig. Denn Art. 6 EGBGB besteht neben ihr fort und hätte durchaus genügt.

So im Fall einer 18jährigen Iranerin, deren Vater ihrer Heirat eines Afghanen nicht zustimmt, LG Kassel StAZ 90, 170 mit Anm. von *Kremer*.

Soweit Art. 13 II EGBGB *deutsches Recht* beruft, gilt dies nicht für die gesamte Heirat, sondern nur in dem Ausmaß, in dem das ausländische Recht uns anstößig ist.

Erkennen wir eine Scheidung *nicht* an, dann ist die neue Ehe Doppelehe, auch wenn die Scheidung im Heimatstaat des Verlobten ergangen ist oder anerkannt wird (streitig; Nachweise *Soergel-Schurig* X[12] Art. 13 EGBGB Rz 19 S. 601 Fn. 17).

Beispiele:

BayObLG 1921, 152: Litauische Juden scheiden sich vor dem Rabbinat in München nach jüdischem Ritus durch Erteilung des Scheidebriefs. Die Frau will bald darauf einen Polen heiraten. Der Standesbeamte verweigert das Aufgebot. Obwohl die Scheidung nach litauischem Recht wirksam ist, hält das BayObLG sie für unwirksam, weil in Deutschland nur durch Gerichtsurteil geschieden werden könne (dazu unten S. 748f.). Es bestätigt daher die Versagung des Aufgebots.

KG JW 25, 2146: Ein deutscher Ehemann läßt sich 1903 in Milwaukee scheiden, ohne daß seiner Frau die Ladung persönlich zugestellt wird. Spätestens 1907 wird er Amerikaner und heiratet danach erneut. Das KG erkennt das Scheidungsurteil nicht an (§ 328 I Nr. 2 a.F., II ZPO), hält aber die erste Ehe durch die zweite für aufgelöst: mit Unrecht.

Die Auflösung einer früheren Ehe durch **Todeserklärung** eines Gatten (z.B. § 37 FGB der DDR) oder durch Wiederheirat nach Todeserklärung (z.B. § 1319 II n.F. BGB) und ihr Wiederaufleben nach Beseitigung der durch Wiederheirat begründeten neuen Ehe (z.B. § 38 FGB) richten sich nach demselben Recht wie die *Scheidung*, nämlich nach dem für die Scheidung maßgebenden Recht (unten S. 743) bei Todeserklärung des Gatten, meist des Mannes. Dagegen: ob auf Grund einer Todeserklärung, die *nicht* selbst die Ehe auflöst, der andere Gatte *wieder heiraten* darf oder ob das möglicherweise (bei Todeserklärung eines Lebenden) noch bestehende Eheband die Wiederheirat hindert, sagt das Personalstatut jedes der neuen Verlobten.

Art. 13 II Nr. 3 HS 2 EGBGB erwähnt neben der Beseitigung einer früheren Ehe die *Todeserklärung* des früheren Gatten eines Verlobten: die Ehe mit dem für tot Erklärten soll die Wiederheirat nicht hindern (wenn außerdem Nr. 1 und 2 des Art. 13 II erfüllt sind). Hier wird Art. 13 II a.F. EGBGB technisch etwas verbessert (vgl. 5. Aufl. S. 457). Wie bei der Beseitigung einer früheren Ehe geht es bei der Todeserklärung in Wirklichkeit um unser internationales *Verfahrens*recht: haben wir jemanden für tot erklärt, dann wirkt das auch, wenn sich die Wiederheirat nach ausländischem Recht richtet; ebenso ist es, wenn wir eine ausländische Todeserklärung anerkennen (vgl. oben S. 484), und zwar auch ohne daß die Voraussetzungen der Nr. 1 und 2 des Art. 13 II erfüllt sind.

Das Personalstatut jedes Verlobten bestimmt, ob **Ehebruch, Annahme an Kindes Statt, Wartezeit, Namens-, Staatsangehörigkeits- und Aufenthaltsabsichten** die Heirat unzulässig machen.

Beispiele:

OLG Frankfurt NJW 56, 672: Deutsche Ehefrau bricht die Ehe mit Niederländer und heiratet ihn in Deutschland. Das niederländische Recht ließ *in casu* Befreiung vom Hindernis *des Ehebruchs* nicht zu. Der deutsche Standesbeamte hätte daher nicht trauen dürfen.

LG München I FamRZ 58, 323: Ungarin heiratet 1949 in Budapest Italiener gegen Geld, und ohne eheliches Leben zu beginnen, um *italienische Staatsangehörigkeit* zu erwerben und legal Ungarn zu verlassen. Nachdem ihr das gelungen ist, klagt sie auf Ehenichtigkeit. LG München gibt der Klage statt, nach damaligem Stande des italienischen Rechts zutreffend. Inzwischen hat die italienische Rechtsprechung geschwenkt und auch in Ungarn ist eine Staatsangehörigkeitsehe gültig (*Schwimann* FamRZ 58, 305–307). Anders – wie bis zum EheG 1946 auch bei uns (EheG 1938 § 23) – noch in Österreich (§ 23 EheG; dazu [öst]OGH ÖstJZ 1990, 55 betr. Staatsangehörigkeitsehe einer Sowjetrussin mit einem Österreicher).

Das Personalstatut jedes Verlobten entscheidet auch, ob **Religionsverschiedenheit** ihn an der Heirat hindert (wie im islamischen Recht die

Frau). Freilich wird dieses Hindernis meist unserem *ordre public* (Art. 6 EGBGB) widersprechen (OLG Koblenz FamRZ 94, 1262).

Das Personalstatut jedes Verlobten ergibt schließlich, welche **Zeugnisse** bei der Heirat vorliegen müssen. *Ausländer* und *Staatenlose* sollen bei Heirat in Deutschland ein *Ehefähigkeitszeugnis* ihres Personalstatutsstaats beibringen, sofern sie nicht befreit werden (erst § 1325 II BGB, dann § 10 EhG mit § 15 der 1. DVO EheG, seit 1. 7. 1998 [oben S. 687] § 1309 BGB).

Zur Befreiung anschaulich OLG Oldenburg NJW-RR 89, 774 betr. Kurden. Vorheriges Bemühen um (nutzlose) Anerkennung deutschen Scheidungsurteils im Heimatstaat verlangt in Anlehnung an Art. 13 II Nr. 2 EGBGB OLG Köln NJW 90, 644 betr. Polen; anders mit Recht KG FamRZ 96, 545 = IPRax 97, 262 mit Aufsatz von *Hepting* 245–249 betr. Palestinenser aus dem Libanon. Soll nur geheiratet werden, um Aufenthaltsrecht in Deutschland zu erlangen, dann ist die Befreiung wegen Rechtsmißbrauchs zu versagen (OLG Celle StAZ 96, 366 betr. Libanesen; OLG Jena StAZ 98, 177 betr. Vietnamesen; vgl. oben S. 424 f. und 688).

Ist das Ehefähigkeitszeugnis beigebracht, so sind in der Regel weitere Zeugnisse unnötig (LG Dresden IPRspr. 1934 Nr. 42 zum Auseinandersetzungszeugnis nach erst § 1314 BGB, dann § 9 EheG [dieser aufgehoben durch Art. 14 Nr. 1 EheschlRG, ohne einen Ersatz ins BGB aufzunehmen] für eine Tschechoslowakin und AG Moers DAVorm 91, 965 für einen Rumänen). Die Zuständigkeit zur Erteilung von *Ehefähigkeitszeugnissen für Deutsche* regelt § 69 b PStG i.d.F. von Art. 2 Nr. 20 EheschlRG.

Das Personalstatut jedes Verlobten legt fest, ob er heiraten darf. Die Umstände aber, wegen deren es ihm die Ehe verbietet, sind bald solche, die in *seiner* Person vorliegen müssen, bald solche, die nur in der Person des *anderen* Verlobten vorzuliegen brauchen. Im ersten Fall spricht man von **einseitigen,** im zweiten von **zweiseitigen Ehehindernissen.**

Einseitiges Ehehindernis ist z.B. im deutschen Recht die *Geschäftsunfähigkeit.* Das zeigt § 1315 I 1 Nr. 2 n.F. BGB (früher § 18 II EheG): der geschäftsfähig Gewordene kann die Ehe bestätigen. Daher kann zwar ein geschäftsunfähiger Deutscher keinen geschäftsfähigen Ausländer heiraten, wohl aber ein geschäftsfähiger Deutscher einen geschäftsunfähigen Ausländer (*Raape* 240^7 gegen KG JW 37, 2039). Allerdings wird der ausländische Heimatstaat einem geschäftsunfähigen Bürger die Ehe seinerseits verbieten, indessen vielleicht mit milderen Folgen als nach deutschem Recht (vgl. unten 3). Untersagt ein ausländisches Recht die Heirat Geisteskranker nicht wegen mangelhafter Willensbildung, sondern aus *eugenischen* Gründen, dann wird das Hindernis zweiseitig sein (*Rabel* I^2 292).

Einseitiges Ehehindernis ist im deutschen Recht auch die fehlende *Ehemündigkeit.* Daher kann zwar eine 14jährige Deutsche keinen erwachsenen Griechen heiraten (eine 16jährige kann es, wenn sie nach

§ 1303 II n.F. BGB [früher § 1 II EheG] befreit wird). Wohl aber kann sich ein erwachsener Deutscher mit einer 14jährigen Griechin verbinden, wenn ihr das Gericht aus wichtigem Grund die Heirat erlaubt (Art. 1350 III 2 n.F. ZGB; gesetzliche Ehemündigkeit erst mit 18 Jahren: ebenda Satz 1).

Dagegen ist nach *englischem* Recht fehlende Ehemündigkeit *zwei*seitiges Hindernis. *Beispiel:* 1946 heiratet in Österreich ein britischer Offizier mit Wohnsitz in England eine 15jährige, die aus Ungarn geflüchtet ist. Nach englischem IPR entscheidet das Recht des Wohnsitzes jedes Verlobten. Nach ungarischem und nach österreichischem materiellen Recht ist die Ehe unanfechtbar. Aber das englische Recht, nach dem man mit 16 Jahren ehemündig wird, will keine Kinderehen und daher wird die Ehe des erwachsenen Engländers mit der allzu jungen Ungarin für nichtig erklärt (*Pugh v. Pugh* [1951] 2 All E.R. 680).

Zweiseitig ist im deutschen Recht das Hindernis der *Doppelehe.* Nicht nur dem verheirateten Deutschen ist es verboten, einen ledigen Ausländer zu heiraten, sondern auch einem ledigen Deutschen wird verwehrt, einen verheirateten Ausländer zu ehelichen. So die deutsche Rechtsprechung (z.B. RG 151, 313 [317]). Daher darf auch eine ledige Deutsche keinen bereits verheirateten Moslem zum Manne nehmen (LG Hamburg IPRspr. 1974 Nr. 50; AG Bremen StAZ 91, 232).

Die Frage, ob ein Ehehindernis ein- oder zweiseitig ist, tritt nicht auf, wenn das materielle Recht, von dem das Hindernis ausgeht, für *beide* Verlobte gilt. Denn wenn auch nur *einer* an der Heirat gehindert wird, ist auch der andere gehindert. Die Frage erhebt sich erst, wenn wegen *verschiedener* Personalstatuten der Verlobten die Heirat nach zwei materiellen Rechten zu beurteilen ist und das eine das Hindernis hat, das andere nicht.

Hier entsteht auf seiten des hindernis*freien* Rechts unter Umständen Normenwiderspruch vom Typ „so soll es nicht sein" (oben S. 309f.) und zwar dann, wenn vom anderen Recht auf Grund des Hindernisses die Heirat *in casu* verboten wird, entweder weil das Hindernis zweiseitig ist oder weil es zwar einseitig ist, aber bei dem Verlobten zutrifft, der dem hindernden Recht untersteht. Der Normenwiderspruch ergibt sich deswegen, weil das hindernisfreie Recht, indem es die Ehe *erlaubt,* sie bei Heiratslust der Verlobten auch herbeiführen *will.* Aber dieser Normenwiderspruch wird *hingenommen:* so will es Art. 13 I EGBGB.

Auf seiten des Rechts mit dem *Hindernis* ergibt sich zum Teil ebenfalls Normenwiderspruch vom Typ „so soll es nicht sein", nämlich dann, wenn das Hindernis bei dem Verlobten vorliegt, der dem anderen (dem hindernisfreien) Recht untersteht. Hier ist das Recht mit dem Hindernis deswegen, weil außer ihm noch das ihm widersprechende Recht ohne das Hindernis auf den Fall anzuwenden ist, vor eine Frage gezwungen, die unter seiner Alleinherrschaft nicht auftritt: will es nur dem *einen* Verlobten (dem, bei dem das Hindernis vorliegt, der ihm aber nicht untersteht) die Ehe verwehren (so bei Geschäftsunfähigkeit als Hindernis zum Schutz des Unfähigen) oder will es auch den anderen Verlobten (bei dem das Hindernis nicht vorliegt, der ihm aber untersteht) an der Ehe hindern (so bei Geschäftsunfähigkeit als Hindernis aus eugenischen Gründen)? Die Angleichungsfrage ist also hier durch *Auslegung* des Rechts mit dem Hindernis zu lösen: der Rechtssatz, der das Hindernis aufstellt, muß gemäß seinem Zweck genauer gefaßt werden. Allerdings ist die Auslegung schwierig. Denn Rechtsprechung und Schrifttum des materiellen Rechts geben gewöhnlich nichts her, weil die Frage erst auf Grund des IPR hervortritt (vgl. schon oben S. 316 und wegen ähnlicher Fälle S. 317–319).

cc) Willensmängel

Das Heimatrecht jedes Verlobten entscheidet über Willensmängel in seiner Person: Willensmängel sind immer *einseitig* (*Rabel* I[2] 286f.). Der häufigste Fall ist der *Irrtum.*

Beispiele:

RG Gruchot 68, 322 = IPRspr. 1926/27 Nr. 29: Deutscher Soldat heiratet in Rußland während der deutschen Besetzung kirchlich. Die Ehe ist über Art. 11 I 2 a.F. EGBGB nach russischem Recht gültig. Der Soldat hält sie für Nichtehe. RG erlaubt ihm Anfechtung nach § 1332 a.F. (jetzt § 1314 II Nr. 2 n.F.) BGB, anwendbar über Art. 13 I 1 a.F. EGBGB: er habe nicht gewußt, daß es sich um eine (gültige) Eheschließung gehandelt habe.

LG Hamburg FamRZ 74, 96 mit Anm. von *Oberloskamp,* 445 mit Anm. von *Schade,* 446 mit Anm. von *Oberloskamp:* Promovierte Volkswirtin heiratet Ägypter ohne Hausgemeinschaft und ohne Geschlechtsverkehr während der Ehe. Sie begehrt Aufhebung nach § 32 I EheG (Inhalt nicht ins BGB übernommen vom EheschlRG). Als „besonders emanzipierte Frau" habe sie auf eine partnerschaftliche Ehe gerechnet, während der Ägypter, wie in seinem Lande üblich, „die Ehe beherrschen" wolle. LG Hamburg wendet deutsches Recht an, bejaht § 32 I EheG und hebt die Ehe auf.

OLG Frankfurt FamRZ 87, 155 mit Anm. von D.H. (Dieter *Henrich*): Inder, dem Asyl in der BRD verweigert ist, heiratet kurz vor der Abschiebung in Kopenhagen eine in Tansania geborene Frau indischer Abstammung mit britischer Staatsangehörigkeit und lebt anschließend nur eine Woche mit ihr zusammen (in Frankfurt). Asylablehnung hat er ihr verschwiegen. Frau klagt auf Aufhebung wegen Täuschung: ihr Mann habe nur Aufenthalts- und Arbeitserlaubnis als Gatte einer EG-Staatsangehörigen in der BRD erlangen wollen. Für sein hartnäckiges Streben spricht auch eine voreheliche Verurteilung wegen Einreise mit falschem Paß. Das OLG wendet nach Art. 13 I EGBGB englisches Recht an und hebt die Ehe auf. *Henrich* in der Anm. meint, nach englischem Recht (*misrepresentation*) sei die Ehe nicht angreifbar gewesen.

Drohung: In Deutschland aufgewachsene 15jährige Türkin reist mit den Eltern in die Türkei. Dort soll sie einen von den Eltern bestimmten Türken heiraten, will aber nicht. Daraufhin schlägt die Mutter sie mehrmals und droht, ihr den Paß wegzunehmen und sie auf die Straße zu setzen. Sie heiratet im August 1993 in der Absicht, die Sache in Deutschland rückgängig zu machen. Im Dezember reist sie nach Deutschland und wird in Istanbul von einer türkischen Anwältin vorübergehend aufgenommen. Dort droht ihr der Ehemann fernmündlich, er werde sie gewaltsam an der Weiterreise hindern, desgleichen in Deutschland, wenn sie das Haus verlasse, könne sie jederzeit eine Kugel treffen. AG Lüdenscheid NJW-RR 98, 866 weist ihre Ehenichtigkeitsklage als verspätet ab, weil nach türkischem Recht (Art. 119 ZGB) binnen sechs Monaten nach Ende der Bedrohung angefochten sein muß. Das Ende ihrer Zwangslage, ab dem die Frist laufe, erblickt das Gericht in der Aufnahme durch die Anwältin in Istanbul.

Simulation: Spanierin merkt 1954, daß sie von Belgier Kind erwartet. Belgier verweigert kirchliche Trauung in Spanien. Auf Rat eines spanischen Anwalts heiraten die beiden in dem französischen Grenzort Le Perthus, damit das Kind ehelich wird, andererseits die Frau, die ebensowenig wie der Belgier eheliches Zusammenleben wünscht, sofort in Belgien auf Scheidung klagen kann. Beide reisen getrennt von ihren spanischen Wohnorten nach Le Perthus, halten sich dort nur wenige Tage auf und heiraten am 24. 2. 1955 abends vor dem Standesbeamten und dessen Frau und Tochter als Zeugen. Unmittelbar danach reisen sie getrennt in ihre spanischen Wohnorte zurück. Der Belgier heiratet einige Monate später eine andere Frau in Valencia kirchlich und bekommt von ihr zwei Töchter. Jahre danach klagt er in Brüssel auf Nichtigkeit der in Le Perthus geschlossenen Ehe. Die Cour d'appel Brüssel Rev.crit.dr.i.p. 1962, 76 m. Anm. von *Rigaux* gibt der Klage nach belgischem materiellen Recht wegen Simulation statt. (Nach deutschem materiellen Recht wäre die Ehe gültig [dazu *Sturm* Ferid-

Fschr. 1988, 527–536, der auf S. 535 den Fall eines Ghanaers berichtet, der 1980 unter dem Namen des jeweils einzuschleusenden Landsmanns in Deutschland 90 deutsche Frauen heiratete, wofür er je 4000 DM, jede Frau 2000 DM erhielt]; wegen Gesetzesumgehung oben S. 428f., 432 a.E.–434).

c) Maßgeblicher Zeitpunkt

Die sachlichen Voraussetzungen müssen gegeben sein im *Augenblick der Heirat* (AG Lüdenscheid NJW-RR 98, 866). Ob die Frau durch die Heirat ihr Personalstatut wechselt (sie verliert etwa ihre bisherige Staatsangehörigkeit und erwirbt die des Mannes), ist ohne Interesse: für jeden Verlobten ist maßgebend das Personalstatut, von dem aus er die Ehe antritt, d.h. das Personalstatut **unmittelbar vor der Heirat:** das **„Antrittsrecht“.** Erst recht ist späterer Staatswechsel der Eheleute ohne Belang.

Anders die h.M., z.B. RG 132, 416: Ein Österreicher hatte eine russische Jüdin geheiratet, später waren beide Italiener geworden (näher oben S. 355). Nach österreichischem Recht war die Ehe wegen Religionsverschiedenheit nichtig, nach italienischem Recht war sie gültig. RG wandte analog Art. 17 a.F. EGBGB und aus anderen Gründen italienisches Recht an. Ob es in umgekehrter Lage eine bisher gültige Ehe durch Staatswechsel hätte nichtig werden lassen? Für Heilung durch Statutenwechsel unter bestimmten Voraussetzungen auch *Siehr* Gedächtnisschrift Ehrenzweig 1976, 136–164 mit beachtlichen Gründen; ferner z.B. OLG Koblenz RzW 76, 14 (Heilung in Deutschland geschlossener Rabbinatsehe, wenn beide Gatten Israelis geworden); KG IPRax 87, 33 mit Aufsatz von *Siehr* 19–21 = OLGZ 86, 433 (deutsche Witwe heiratet Niederländer, der in den Niederlanden geschieden ist, dessen Scheidung wir aber nicht anerkennen; später wird sie unter Verlust der deutschen Staatsangehörigkeit Niederländerin; dadurch wird ihre Ehe gültig und sie verliert deutsche Witwenrente, vgl. oben S. 332f.). Grundsätzlich gegen Heilung durch Statutenwechsel, aber für Auflockerung wegen Auslandssachverhalts (oben S. 58–61) *Voit*, „Heilung durch Statutenwechsel“ im internationalen Eheschließungsrecht, 1997.

Ändert der Staat, dessen Recht das *Personalstatut* eines Verlobten bildet, *rückwirkend* sein materielles oder internationales Privatrecht, so ist das für uns beachtlich (näher oben S. 20).

2. Form

Zur Abgrenzung von den sachlichen Voraussetzungen der Heirat sowie über „freie Ehen rassisch und politisch Verfolgter“ und „Nottrauungen“ oben S. 686–688.

a) Heirat im Ausland

Nach Art. 11 I EGBGB gelten alternativ **Geschäftsrecht** und **Ortsrecht.** Geschäftsrecht ist das Personalstatut jedes Verlobten, insbesondere sein Heimatrecht (Art. 13 I EGBGB).

In der *Türkei,* wo die gesetzlich gebotene Heirat vor dem Standesbeamten in der Bevölkerung nicht voll durchgedrungen ist, hat man in zeitlichen Abständen durch Sondergesetze erlaubt, die *Registrierung* von Imam- und freien Ehen beim Standesamt zu beantragen mit der Wirkung, daß sie von Beginn der Lebensgemeinschaft an als Ehen gelten. Soweit türkisches Recht als Geschäfts- oder Ortsrecht die Heiratsform beherrscht, sind diese Gesetze auch für uns maßgebend (IPG 1974 Nr. 25 [Köln]; AG Freiburg FamRZ 91, 1304; OLG Zweibrücken NJW-RR 97, 1227).

Haben die Verlobten verschiedene Personalstatuten, so gilt zwischen ihnen der Grundsatz des schwächeren Rechts: die der Ehegültigkeit *feindlichere* Rechtsordnung entscheidet.

Dazu schon oben S. 550 mit Heiratsbeispiel. Als weiteres Beispiel diene AG Kassel StAZ 98, 181: Finne und Deutsche werden 1996 in der finnischen Seemannskirche zu Antwerpen getraut: nach belgischem Recht Nichtehe, nach finnischem Recht gültig, nach deutschem Recht Nichtehe, also wegen schwächeren Rechts Nichtehe.

Nach den meisten Rechtsordnungen muß man zur Heirat selbst erscheinen. Davon bildet eine nicht seltene Ausnahme die sog. **Handschuhehe.**

Beispiel: Alexej Semjonow, Sohn von Sacharows Frau Jelena Bonner, heiratet in Montana die in Moskau lebende Lisa Alexejewa; sie darf erst nach einem Hungerstreik des Physikers ausreisen (Süddeutsche Zeitung vom 14. 12. 1981, S. 2; Hinweis von Herrn Prof. Dr. Hilmar Krüger).

Die Handschuhehe ist in der Regel eine Heirat durch *Boten.* Vereinzelt, nämlich in Ägypten und Persien, kann auch durch *Stellvertreter* geheiratet werden, d.h. der Mittelsmann kann den anderen Gatten wählen („Ham Se nich, ham Se nich, ham Se nich ne Braut für mich?").

Der Handschuhehe durch Boten steht gleich, daß sich ein anderer bei der Heirat auftragsgemäß *als der Heiratende ausgibt* (OLG Karlsruhe StAZ 94, 286).

Die Handschuhehe durch Boten betrifft *nur* die *Form.* Sie ist daher gültig, wenn sie nach den Personalstatuten der Verlobten oder nach Ortsrecht erlaubt ist (h.M.). Die Handschuhehe durch *Stellvertreter* betrifft *auch* die *sachlichen* Voraussetzungen der Ehe (oben S. 688). Sie muß daher jedenfalls nach dem Personalstatut des Vertretenen, bei Zweiseitigkeit des Vertretungsverbots auch nach dem Personalstatut des anderen Gatten zulässig sein.

Beide Arten der Handschuhehe verstoßen *nicht* gegen unseren *ordre public* (Art. 6 EGBGB).

So für Handschuhehe durch *Boten* KG FamRZ 58, 324 (Niederlande), BGH FamRZ 59, 143 (Italien) [allerdings nimmt BGH „Stellvertretung in der Erklärung" an] und *implicite* OLG Hamm StAZ 86, 134 (Jugoslawien) [folgt dem BGH]; so für Heirat, wenn ein *anderer auftragsgemäß als einer der Heiratenden auftritt*, OLG Karlsruhe StAZ 94, 286; so *obiter* für Handschuhehe durch *Stellvertreter* OLG Celle FamRZ 58, 30 (Ägypten); a. A. für Handschuhehe durch Boten LG Hamburg StAZ 55, 61 (Mexiko; vgl. oben S. 434 a. E.).

Ort der Heirat im Sinne von Art. 11 I EGBGB ist der Ort, an dem *getraut* wird, also der Ort, an dem der Bote oder Stellvertreter sein Sprüchlein sagt, nicht der Ort, an dem sein Auftraggeber ihn angewiesen hat.

Streitig. Wie hier z.B. KG und BGH aaO und OLG Bremen StAZ 76, 50 (Kolumbien) mit Aufsatz von *Dieckmann* ebenda 33–43; dagegen z.B. LG Hamburg aaO.

Zur Eheschließung nach koreanischem Recht durch „*Heirat nach koreanischer Sitte*" im Ausland und Entgegennahme der Eheanmeldung durch die koreanische Familienregisterbehörde mit der Folge, daß der Heiratsort in Korea liege und daher Art. 13 III 1 (unten b) nicht eingreife, AG Tübingen IPRax 89, 397 LS mit zust. Anm. Red. (D.H.).

Ob und wieweit man nach dem Rechte Englands und der USA **auf hoher See vor dem Kapitän** heiraten darf, ist unsicher (näher *Figert* RabelsZ 28 [1964], 78–88; *Staudinger-von Bar/Mankowski*[13] Art. 13 EGBGB Rz 737–741 S. 262f.). Wegen Sowjetrußland siehe *Beitzke* StAZ 83, 1. Soweit ein Staat Schiffstrauungen auf hoher See zuläßt, steht auf seinen Schiffen dieser Weg in die Ehe offen kraft Ortsform (Art. 11 I).

Nur kraft *Personalstatutsform* (Art. 11 I), z.B. für Engländer auf einem deutschen Dampfer, versagt er dann, wenn das Personalstatut verlangt, daß der Kapitän zur Trauung befugt ist, das für ihn maßgebende öffentliche Recht aber solche Befugnis nicht erteilt wie z.B. das deutsche.

Maßgeben muß die *Flagge*, nicht der Heimathafen des Schiffs. Denn die Verlobten können die Flagge leichter erkennen als den Heimathafen und sich daher bei Maßgeblichkeit des Flaggenrechts leichter über die Formgültigkeit ihrer Ehe unterrichten. Die Anwendung des Flaggenrechts wird daher durch Partei- und Verkehrsinteresse gefordert. Nur wenn der Heimathafen im Flaggenstaate liegt und das Recht des Flaggenstaats gespalten ist, muß man das Recht des Heimathafens wählen (dagegen für Recht des Schiffsregisterorts *Figert* aaO 84). Vgl. oben S. 545 (Vollmacht und gesetzliche Vertretungsmacht des Kapitäns), 615 (Bergung und Hilfe in Not auf hoher See), 640f. (Delikt auf hoher See), 672 (Verfügung über Schiff).

b) Heirat in Deutschland

Für die Heirat in Deutschland wirft **Art. 13 III 1 EGBGB** die Personalstatutsform beiseite und macht die sonst bloß alternativ maßgebende **Ortsform zwingend:** in Deutschland muß deutsch geheiratet werden.

Art. 13 III 1 ist *rechtspolitisch verfehlt* (und ebenso entsprechende Regeln in anderen Ländern wie Frankreich). Denn er führt zu *Nichtehen bei uns,* wenn Fremde bei uns ihrer Heimatform folgen. Den Hauptfall bildeten bis 1982 Griechen, die bei uns griechisch-orthodox heirateten (vgl. oben S. 550), soweit nicht § 15a EheG (jetzt Art. 13 III 2 EGBGB) half (unten).

Vgl. den Fall der *Maria Callas:* von griechischen Eltern in New York geboren, ist sie Staatsangehörige Griechenlands und der USA. In römisch-katholischer Form heiratet sie 1949 in Verona den italienischen Industriellen Meneghini. Später wendet sie sich dem griechischen Reeder Onassis zu. Sie hat aber keinen Scheidungsgrund und Meneghini gibt sie nicht frei. Da besinnt sie sich auf ihr gutes altes griechisches Recht: eine Ehe in anderer als griechisch-orthodoxer Form war damals Nichtehe. Sie verzichtet 1966 in der Amerikanischen Botschaft in Paris auf ihre amerikanische Staatsangehörigkeit, bleibt also nur noch Griechin (und unterliegt der amerikanischen Einkommensteuer nicht mehr mit ihrem ganzen, sondern nur noch mit ihrem amerikanischen Einkommen.) („Time“ [Atlantic Edition] 15. 4. 1966, S. 58.) Vom Standpunkt des *deutschen* IPR war und blieb sie freilich verheiratet. Denn das Erfordernis griechisch-orthodoxer Trauung betraf die Form der Heirat (h. M.) und nach Art. 11 I 2 a. F.(I n. F.) EGBGB genügt, daß die italienische Ortsform gewahrt ist. Auch entscheidet das Heimatrecht bei Heirat („Antrittsrecht“, oben S. 695); nachträgliche Änderungen der Staatsangehörigkeit sind für die Gültigkeit einer Ehe ohne Belang.

Noch heute gibt es einige Länder, die Heiraten ihrer Angehörigen vor dem deutschen Standesbeamten nicht anerkennen (*Staudinger-von Bar/Mankowski*[13] Art. 13 EGBGB Rz 664–669, S. 243 f.). So Marokko, das für Moslems grundsätzlich Beteiligung von zwei Adoulen (Urkundspersonen) verlangt (vgl. AG Düsseldorf IPRax 81, 182 LS mit Anm. Red [E. J.] = IPRspr. 1981 Nr. 76; *Graul* StAZ 78, 93).

Den Übelstand mildert ein wenig **Art. 13 III 2 EGBGB:** „Eine Ehe zwischen Verlobten, von denen keiner Deutscher ist, kann jedoch vor einer von der Regierung des Staates, dem einer der Verlobten angehört, ordnungsgemäß ermächtigten Person in der nach dem Recht dieses Staates vorgeschriebenen Form geschlossen werden; eine beglaubigte Abschrift der Eintragung der so geschlossenen Ehe in das Standesregister, das von der dazu ordnungsgemäß ermächtigten Person geführt wird, erbringt vollen Beweis der Eheschließung.“

Die Vorschrift übernimmt aus § 15 a EheG (der durch KRG 52 vom 21. 4. 1947 eingefügt worden ist) dessen Abs. 1 und Abs. 2 Satz 1. Satz 2 des Abs. 2 erscheint leicht verändert in § 15 a I Nr. 2 PStG (Art. 6 § 7 Nr. 1 IPRG). § 15 a EheG selbst „verliert seine Wirksamkeit“ außer im Lande Berlin (Art. 6 § 1 IPRG). Näher BayObLG 1988, 86 = IPRspr. 1988 Nr. 59.

Als „ordnungsgemäß ermächtigte Personen“ kommen in Betracht vor allem Konsuln, Besatzungsoffiziere und Geistliche. Sie müssen die Form des Rechts ihres Landes wahren (dazu *Böhmer* StAZ 69, 229–235; OLG Düsseldorf IPRspr. 1971 Nr. 38).

Art. 13 III 2 EGBGB versagt aber schon, wenn ein deutsches Mädchen einen Ausländer heiratet.

Beispiele: LG Köln IPRspr. 1952/53 Nr. 193 = MDR 53, 488: Eine Deutsche heiratet 1952 in Siegen einen belgischen Berufsoffizier vor dem Verwaltungsoffizier eines Truppenteils der belgischen Besatzungsstreitkräfte. Die Ehe ist wegen § 11 I EheG (heute § 1310 I 1 BGB), anwendbar über Art. 11 I a. F. mit 13 I a. F. EGBGB oder über Art. 13 III a. F. EGBGB, für uns Nichtehe, nach belgischem Recht gültig. Ebenso OLG Köln IPRax 94, 370 mit Aufsatz von *Hepting* 355–360 = NJW 93, 2755 für Heirat von Engländer und Deutscher vor Dienststelle der britischen Rheinarmee (jedoch in Anlehnung an BVerfG 62, 323 = NJW 83, 511 [oben S. 332] verlangend, daß im Sterbebuch der Mann als verheiratet bezeichnet werde).

KG StAZ 96, 204: Deutsche heiratet 1961 Griechen in Ost-Berlin vor dem Standesbeamten. Dort wird 1970 die Ehe geschieden. 1976 heiraten die Geschiedenen in West-Berlin wieder, diesmal vor einem griechisch-orthodoxen Geistlichen. Die zweite Ehe ist nach griechischem Recht formgültig, aber für uns Nichtehe wegen 11 I EheG (heue § 1310 I 1 BGB), anwendbar über Art. 11 a. F. mit 13 I a. F. EGBGB oder über Art. 13 III a. F. EGBGB. Jedoch ist nach dem Tod der Frau im Sterbebuch wegen Art. 6 I GG ungeachtet des § 37 I Nr. 2 PStG, der dies nicht vorsieht, einzutragen, daß die Frau mit dem Griechen nach griechischem Recht gültig verheiratet war.

Darüber, ob solchenfalls ein Anspruch auf **Hinterbliebenenrente** besteht, oben S. 332f.

3. Folgen von Fehlern

Vor der Heirat: fehlt nach dem Personalstatut eines Verlobten eine *sachliche* Voraussetzung der Heirat, dann dürfen die Verlobten zur Heirat *nicht zugelassen* werden.

Nach der Heirat: fehlt eine *sachliche* Voraussetzung der Heirat oder ist ein Formfehler begangen, so entscheidet über die Folgen das **verletzte Recht,** z.B. Nichtehe, weil im Kosovo nur in islamischer Form geheiratet (OLG Braunschweig DAVorm. 98, 329). In Deutschland hat man die Ehenichtigkeit durch die Aufhebbarkeit ersetzt (§ 1314 BGB, eingefügt durch Art. 1 Nr. 2 EheschlRG).

Ist die Ehe nach dem Personalstatut des einen Gatten nichtig, des anderen gültig, dann ist sie nichtig. Der andere Gatte kann die Nichtigkeit geltend machen, obwohl nach seinem eigenen Personalstatut die Ehe gültig ist (RG 136, 142 [143f.]), etwa weil es die Geisteskrankheit des Partners als einseitiges Hindernis des Partners auffaßt (oben S. 692) oder weil nicht in seinem eigenen Personalstatut, sondern in dem des Partners die Heirat mit dem Ziel, die Staatsangehörigkeit des Partners zu erwerben, die Ehe nichtig macht (LG München I FamRZ 58, 323 und dazu oben S. 691). Das verletzte Recht entscheidet auch dann über die Folgen, wenn es das Ortsrecht ist (h.M.).

Sind *mehrere* Rechtsordnungen verletzt, dann gilt der **Grundsatz des schwächeren Rechts.**

Ist z.B. die Ehe nach dem Personalstatut des einen Gatten Nichtehe, nach dem des anderen nichtig, dann ist sie Nichtehe. Ein Familienbuch kann dann nicht angelegt werden (OLG Hamburg NJW-RR 88, 196 = StAZ 87, 311). Ist die Ehe nach dem Personalstatut des einen anfechtbar, nach dem es anderen aufhebbar, dann ist sie anfechtbar. Ebenso bei unterschiedlichen Folgen der Doppelehe OLG Nürnberg NJW-RR 98, 2 (5 unter I 3 a.E.).

Nur für die Form gilt im Verhältnis von Personalstatut und Ortsrecht das Recht, das der Ehe *günstig* ist (Art. 11 I EGBGB). Bei Inlandsheirat, bei der nach Art. 13 III 1 EGBGB allein das deutsche Recht entscheidet, bestimmt auch dieses allein, ob die Ehe Nichtehe, anfechtbar (nach §§ 1313–1318 BGB gemäß Art. 1 Nr. 2 EheschlRG) oder formgültig ist.

Folge eines Hindernisses oder Willensmangels (vielleicht selbst eines Formfehlers) kann auch die **Scheidung** sein. So in der früheren Sowjetunion, in Frankreich, in manchen Einzelstaaten der USA (näher *Staudinger-von Bar/Mankowski*[13] Art. 13 EGBGB Rz 429–431, S. 170f.; *Soergel-Schurig* X[12] Art. 13 EGBGB Rz 3 S. 593f.).

Beispiel aus Frankreich: Der Ehemann erfährt, daß alle Brautbriefe seiner Frau von der Schwiegermutter verfaßt waren. Er wird geschieden, weil die Frau eine schwere Eheverfehlung begangen habe (Cass. Civ. D. 1961, Jur. 769 mit Anm. von *Rouast*).

Grund für solche *Scheidungen:* Zur *Anfechtung* berechtigt nach der Rspr. nur Identitäts-, nicht Eigenschaftsirrtum.

Diese Fälle schon bei Heirat vorhandenen Mangels gehören jedoch unter Art. 13 I EGBGB (maßgebend Personalstatut bei *Heirat*), nicht unter Art. 17 I 1 EGBGB (maßgebend Personalstatut bei *Scheidung*), obwohl als Rechtsfolge des nach Art. 13 anwendbaren Rechts geschieden wird (nicht anders, als wenn kraft des nach Art. 13 maßgebenden Rechts aufgehoben wird).

Die Folgen davon, daß sachliche oder förmliche Erfordernisse der Heirat nicht erfüllt sind, betreffen nicht nur das *Eheband* (z.B. Nichtehe, nichtige, anfechtbare, aufhebbare Ehe). Es gibt auch Nebenfolgen für den *Namen,* den *Unterhalt* und andere *vermögensrechtliche* Verhältnisse und für *Kinder.* Auch solche Nebenfolgen sind grundsätzlich dem verletzten Recht zu entnehmen (AG Düsseldorf IPRax 98, 41 LS mit Anm. Red. [E. J.] betr. Zugewinnausgleich). Jedoch gelten wichtige Ausnahmen.

Für den *Namen* gilt grundsätzlich das *Personalstatut* jedes Gatten (Art. 10 I EGBGB). Die Vorfrage der Ehegültigkeit ist unselbständig anzuknüpfen und zwar auch, soweit ein deutsches Gericht rechtskräftig oder ein ausländisches durch ein von uns anerkanntes Urteil über die Ehegültigkeit entschieden hat (oben S. 522f.).

Für den *Unterhalt* der Gatten beruft **Art. 18 IV 2 EGBGB** das *Scheidungsstatut:* „Dies [Scheidungsstatut] gilt auch ... im Fall einer für nichtig oder als ungültig erklärten Ehe." (Näher unten S. 754 a.E.f.) Die Ausdrücke „für nichtig oder als ungültig" umfassen die Nichtigerklärung und Aufhebung einer Ehe (Ungültigerklärung = Aufhebung: Begründung BRDrucks. 10/504 S. 64), dagegen kaum die Feststellung einer Nichtehe. Die Wendung entstammt dem Haager Abkommen über das auf die Unterhaltspflichten anzuwendende Recht von 1973 (oben S. 180). Dort heißt es in Art. 8 II englisch *„in the case of a marriage which has been declared void or annulled"* und französisch *„aux cas ... de nullité ou d'annulation du mariage".*

Über Hinterbliebenenrente nach deutschem Sozialversicherungsrecht oben S. 332f.

Wenn mehrere Rechte verletzt sind, entscheidet über die Nebenfolgen das Recht, das die *schwächeren* Folgen anordnet (a. A. OLG Düsseldorf IPRax 93, 251 mit Aufsatz von *Henrich* 236f. = NJW-RR 93, 135 [Recht des „verletzten" Gatten entscheide]). Bei Formfehlern sowohl nach Ortsrecht wie nach Personalstatut entscheidet im Verhältnis zwischen diesen beiden Rechten dasjenige, das die *stärkeren* Folgen eintreten läßt.

Beispiel: Der Kommandant André Moreau, ein Franzose, heiratet 1908 in Frankreich Odette Ouvrard. 1942 heiratet er bigamisch in Damaskus die jüdische Syrerin Lucie Bazbaz in der Form des jüdischen Rechts. Eine Tochter wird geboren. Moreau fällt 1945 vor dem Feind. Die zweite Frau (Bazbaz) beruft sich auf guten Glauben und klagt gegen die erste Frau (Ouvrard) auf Feststellung, daß die zweite (wegen Bigamie nichtige) Ehe die Folgen einer Putativehe habe. Der französische Kassationshof entnimmt die Nichtigkeit wegen Bigamie und deswegen auch die Wirkungen einer Putativehe dem französischen Recht (Cass. Civ. D. 1958, Jur. 709 mit Anm. von *Batiffol*). Nach deutschem IPR ist ebenso zu entscheiden, wenn (was möglich ist, aber vom Kassationshof nicht berührt wird) Bigamie im jüdischen Recht Syriens keinen Nichtigkeitsgrund bildet. Anderenfalls wären die Nichtigkeitsfolgen dem syrisch-jüdischen Recht zu entnehmen, das die (dem kanonischen Recht entstammende) Putativehe nicht kennt (a. A. für die Putativkindschaft *Raape* 343: bei Ehenichtigkeit sowohl nach dem Heimatrecht des Mannes wie dem der Frau entscheidet das den Kindern günstigere Recht).

4. Verfahren

a) Ehesachen

Streitigkeiten über die Wirksamkeit einer Heirat gehören zu den „Ehesachen". Nach § 606 I ZPO i.d.F. von Art. 3 Nr. 5 EheschlRG werden Ehesachen begründet durch Klagen auf:

1. Scheidung,
2. Nichtigerklärung einer Ehe,
3. Feststellung des Bestehens einer Ehe zwischen den Parteien,
4. Feststellung des Nichtbestehens einer Ehe zwischen den Parteien
5. Herstellung des ehelichen Lebens.

Nicht genannt, aber umfaßt ist die *Trennung von Tisch und Bett*, die in ausländischen Rechten vorkommt (z.B. AG Köln IPRax 88, 115 LS mit Anm. Red. [E.J.]; OLG Nürnberg NJW-RR 89, 261; vgl. unten S. 743).

Die internationale Zuständigkeit zur Scheidung gilt auch für den *Versorgungsausgleich*, mag er im *Verbund* mit der Scheidung (unten S. 704 a.E.f.) oder *selbständig* durchgeführt werden (BGH FamRZ 90, 142 unter II 1 = IPRax 91, 57 mit Aufsatz von *Dörner* und *Kötter* 39–42 = NJW 90, 638).

Obwohl über Herstellung und Scheidung erst später zu sprechen ist (unten V, VII) und obwohl der Streit über das Bestehen oder Nichtbestehen einer Ehe zwischen den Parteien nicht um die Heirat der Parteien zu gehen braucht (sondern z.B. eine Scheidung oder die Wiederheirat eines Gatten nach Todeserklärung des anderen betreffen kann), ist es zweckmäßig, das Verfahren in Ehesachen schon hier anläßlich der Heirat zusammenzufassen.

b) Verfahrensablauf

Für den Ablauf des Verfahrens in Ehesachen gelten *Sonderregeln* (§§ 607–620g, 622–638 ZPO i.d.F. von Art. 6 Nr. 11, 18–28 KindRG und Art. 3 Nr. 6, 7 EheschlRG). Sie gelten für *alle* und *nur für deutsche* Ehesachen nach dem Grundsatz: das Verfahren richtet sich nach dem Recht des *Gerichtsstaats*, nach der sog. *lex fori.*

c) Internationale Zuständigkeit

Die Regelung der internationalen Zuständigkeit ist *mehrfach geändert* worden. Ursprünglich stand sie allein in § 606 ZPO, dann wurde sie auf §§ 606–606 b verteilt. Das 1. EheRG hat § 606 unwesentlich geändert (Zufügung von Abs. 1 Satz 2 und redaktionelle Angleichungen an neues Recht).

§§ 606–606 b ZPO waren schwer zu durchschauen und enthielten rechtspolitische Fehler (näher 5. Aufl. S. 467 f.). Das IPRG von 1986 hat in Art. 4 Nr. 3 den § 606 b ZPO aufgehoben und in Art. 4 Nr. 2 einen neuen § 606 a geschaffen, der die internationale Zuständigkeit in Ehesachen geschlossen regelt und dadurch den unverändert gelassenen § 606 auf die örtliche Zuständigkeit beschränkt.

§ 606 a n. F. ZPO folgt grundsätzlich einem Vorschlag des Deutschen Rats für IPR, der lautet (*Beitzke* [Hrsg.], Vorschläge und Gutachten zur Reform des deutschen internationalen Personen-, Familien- und Erbrechts, 1981, S. 7 II § A):

„(1) Für Verfahren auf Scheidung, Aufhebung oder Nichtigerklärung einer Ehe, auf Trennung von Tisch und Bett, auf Feststellung des Bestehens oder Nichtbestehens einer Ehe zwischen den Parteien, auf Herstellung des ehelichen Lebens (Ehesachen) oder wegen der durch die Ehe begründeten Unterhaltspflicht sind die deutschen Gerichte international zuständig, wenn ein Ehegatte

1. sich in Deutschland gewöhnlich aufhält oder
2. falls er sich nirgends gewöhnlich aufhält, sich in Deutschland aufhält oder
3. Deutscher ist oder zur Zeit der Eheschließung gewesen ist."

§ 606 a n. F. ZPO bestimmt:

„(1) Für Ehesachen sind die deutschen Gerichte zuständig,

1. wenn ein Ehegatte Deutscher ist oder bei Eheschließung war,
2. wenn beide Ehegatten ihren gewöhnlichen Aufenthalt im Inland haben,
3. wenn ein Ehegatte Staatenloser mit gewöhnlichem Aufenthalt im Inland ist oder
4. wenn ein Ehegatte seinen gewöhnlichen Aufenthalt im Inland hat, es sei denn, daß die zu fällende Entscheidung offensichtlich nach dem Recht keines der Staaten anerkannt würde, denen einer der Ehegatten angehört.

Diese Zuständigkeit ist nicht ausschließlich.

(2) Der Anerkennung einer ausländischen Entscheidung steht Absatz 1 Satz 1 Nr. 4 nicht entgegen, wenn ein Ehegatte seinen gewöhnlichen Aufenthalt in dem Staat hatte, dessen Gerichte entschieden haben. Wird eine ausländische Entscheidung von den Staaten anerkannt, denen

die Ehegtten angehören, so steht Absatz 1 der Anerkennung der Entscheidung nicht entgegen."

Absatz 1 Satz 1 ist einseitig gefaßt, aber wie der Vorschlag des Deutschen Rats für IPR (*Beitzke* aaO 43) *allseitig* gemeint (Begründung BTDrucks. 10/504 S. 89).

Er begründet *Staatsangehörigkeitszuständigkeit* (Nr. 1) und zwar nicht nur wie gewöhnlich kraft *gegenwärtiger* Staatsangehörigkeit, sondern auch kraft Staatsangehörigkeit bei *Heirat* („Antrittszuständigkeit"); z.B. BGH FamRZ 94, 434 = NJW-RR 94, 642 [unter 1]). Dem entspricht die Berufung des „Antrittsrechts" für die Scheidung in Art. 17 I 2 EGBGB (unten S. 745f.). Der Schutz des eigenen Rechts und der eigenen Gerichte soll dem, der einen Ausländer heiratet, erhalten bleiben. Dazu würde passen, daß er verloren geht, wenn ohne Zusammenhang mit der Ehe eine neue Staatsangehörigkeit erworben wird (z.B. wenn ein englischer Spion nach Teheran geht und Perser wird). Aber man hielt die Prüfung der Motive eines Staatswechsels für zu schwierig (*Beitzke* aaO 44).

In Nr. 2–4 begründet § 606a I 1 ZPO *Aufenthaltszuständigkeit.* Allerdings ist nur der *gewöhnliche* Aufenthalt zugelassen, nicht schlichter.

Man meinte, die Zulassung des schlichten Aufenthalts werde Zuständigkeitserschleichungen heraufbeschwören (Begründung aaO S. 90). Das darf man bezweifeln und soll das von jeher staatenlose Nomadenpaar in Ehesachen keinen Rechtsschutz finden? (Und da sehn sich traurig an Campingfrau und Campingmann.)

Internationale Zuständigkeit erfordert grundsätzlich gewöhnlichen Aufenthalt *beider Gatten* im Gerichtsstaat (§ 606a I 1 Nr. 2 ZPO). Gewöhnlicher Aufenthalt *nur eines* Gatten genügt, wenn er staatenlos ist (Nr. 3) oder wenn nicht offensichtlich die Heimatstaaten beider Gatten die Anerkennung der beantragten Entscheidung ablehnen (Nr. 4).

Gehören die Gatten nur einem und demselben ausländischen Staate an (z.B. beide sind Italiener oder Türken), dann kann der im Inland lebende den im Ausland lebenden bei uns nur verklagen, wenn der Heimatstaat das deutsche Urteil nicht offensichtlich verwirft (z.B. OLG Hamm IPRax 87, 250 LS mit Anm. Red. [E.J.] für Italien; OLG Hamm NJW 89, 2203 mit Anm. von *Geimer* für Türkei; OLG Frankfurt FamRZ 98, 917 für Italien).

Gehören die Gatten *mehreren ausländischen* Staaten an, z.B. beide sind zugleich Australier und Israelis, dann sollte die *effektive* Staatsangehörigkeit maßgeben wie in Art. 5 I 1 EGBGB (AG Kaiserslautern IPRax 94, 223 LS mit Anm. Red. [D. H.]; streitig).

An die „*Offensichtlichkeit*" der Nichtanerkennung i.S.v. § 606a I Nr. 4 ZPO stellt die Praxis strenge Anforderungen; d.h. sie begünstigt die deutsche internationale Zuständigkeit (z.B. OLG Frankfurt FamRZ 92, 700 für Italiener; abweisender freilich OLG Hamm ebenda 822 = IPRax 94, 305 mit Aufsatz von *Elwan* 282–285, aber zugänglicher OLG Hamm StAZ 94, 221 für Perser).

Mit der *Anerkennung* (Nr. 4) wird ein materiellrechtliches Element in den Prozeß getragen. Damit wird solchen Parteien das Recht verwehrt, die nur in der Lage sind, in einem Staat zu prozessieren, dessen Urteile offensichtlich dem Heimatstaat oder allen Heimatstaaten der Gatten mißfallen. Zu dem rechtspolitisch stark umstrittenen Anerkennungserfordernis z.B. *Dessauer,* Internationales Privatrecht, Ethik und Politik, Betrachtungen zur Reform des IPR am Beispiel der Anerkennungsprognose als Zuständigkeitsvoraussetzung im internationalen Eherecht I, II, 1986; *Grundmann,* Zum Erfordernis der Anerkennungsfähigkeit bei der Scheidung gemischt-nationaler Ehen, NJW 86, 2165–2167. Der Deutsche Rat für IPR hatte auf das Anerkennungserfordernis verzichtet. Der Bundesrat hatte nahegelegt, es zu streichen (BTDrucks. 10/504 S. 101 a.E.f., 108), leider ohne Erfolg.

§ 606a I 2 n.F. ZPO verzichtet mit Recht allgemein (wie § 606a a.F. für die von ihm genannten Fälle) auf *Ausschließlichkeit* der Gründe internationaler Zuständigkeit in Ehesachen. Ausländische Gerichte sind daher unter entsprechenden Voraussetzungen international zuständig, wie sie § 606a I 1 n.F. ZPO für die deutschen angibt.

Hat ein ausländisches Gericht ohne internationale Zuständigkeit entschieden, dann wird seine Entscheidung von uns nicht anerkannt (§ 328 I Nr. 1 ZPO). Zustimmung einer oder beider Parteien kann diesen Mangel nicht heilen (BayObLG FamRZ 76, 700 [702] = IPRspr. 1976 Nr. 179 [S. 503f.]; a.A. *Geimer* NJW 75, 1079 und 76, 1039f.). Auch gilt uns gleich, ob der oder die ausländischen Heimatstaaten der Ehegatten die Entscheidung eines anderen ausländischen Staates anerkennen (a.A. OLG Düsseldorf FamRZ 75, 584 mit Anm. von *Geimer;* BayObLG FamRZ 76, 700 [702] = IPRspr. 1976 Nr. 179 [S. 503 a.E.f.]; BayObLG 1980, 351 [354]), außer wenn dem erkennenden Gericht offensichtlich war, daß seine Entscheidung nach dem Recht keines der Staaten anerkannt werden würde, denen einer der Gatten angehörte (§ 606a I Nr. 4 ZPO, unten S. 751; vgl. auch 834).

Ob neben der eingehenden Regelung der internationalen Zuständigkeit in § 606a I ZPO noch Raum bleibt für *Verweisungs*zuständigkeiten (darüber oben S. 488 a. E f.), d.h. für internationale Zuständigkeit *deutscher* Gerichte durch Zuständigkeits*rück*verweisung und *ausländischer* Gerichte durch Zuständigkeits*weiter*verweisung, ist zweifelhaft (Zuständigkeitsweiterverweisung bejahen in engen Grenzen [wenn der Heimatstaat beider Gatten die Scheidung im Drittstaat anerkennt und deswegen keine abermalige Scheidung bei sich erlaubt]: BayObLG 1975, 44 [49]; BayObLG FamRZ 76, 700 [702] = IPRspr. 1976 Nr. 179 [S. 503 a.E.]; BayObLG 1979, 193 [198]; vgl. hierzu oben S. 488 a.E.f.).

§ 606a I 1 Nr. 4 ZPO gibt den deutschen Gerichten keine internationale Zuständigkeit kraft Zuständigkeitsrückverweisung und in entsprechender Anwendung ausländischen Gerichten keine internationale Zuständigkeit kraft Zuständigkeitsweiterverweisung. Vielmehr beschränkt er ihre Aufenthaltszuständigkeit durch die Bedingung einer Zuständigkeitsrück- oder -weiterverweisung und weiterer Erfordernisse, von denen die Anerkennung der Entscheidung in den Heimatstaaten der Gatten abhängt.

Sachlich zuständig für Ehesachen ist allein das Familiengericht (§ 606 I 1 ZPO i.d.F. von Art. 3 Nr. 5 EheschlRG). Seine Zuständigkeit ist, weil zweckmäßig, erweitert auf zwölf *„andere Familiensachen"*, die mit der Ehe zusammenhängen, z.B. die Regelung der elterlichen Sorge für ein Kind (§ 621 I ZPO; § 621 ZPO neu gefaßt durch Art. 6 Nr. 1 KindRG, Art. 3 Nr. 5 KindUG und Art. 1b Nr. 2 BtÄndG). Hängt eine Ehesache an, dann ist für die anderen Familiensachen sachlich und örtlich ausschließlich zuständig das Gericht, bei dem die Sache im ersten Rechtszug anhängt oder anhing (§ 621 II 1 ZPO). Man nennt das **Verbundszuständigkeit.** Hängt keine Ehesache an, so richtet sich die *örtliche* Zuständigkeit nach den allgemeinen Regeln (§ 621 II 2 ZPO).

Internationale Verbundszuständigkeit kommt für die *deutschen* Gerichte in Betracht, wenn bei ihnen eine Ehesache anhängt und kein Staatsvertrag (wie das Haager Abkommen über den Schutz Minderjähriger oder das GVÜ) sie durch abweichende Regelung der internationalen Zuständigkeit für die verbundene Sache (Versorgungsausgleich, Unterhalt, elterliche Sorge) ausschließt.

Z.B. BGH NJW 84, 1302 (1304f. unter 3a) für Regelung der Ausübung der elterlichen Sorge bei Trennung von Tisch und Bett; AG Köln IPRax 88, 115 LS mit Anm. Red. (E.J.) ebenso; OLG Zweibrücken FamRZ 88, 623 = IPRax 88, 357 mit Aufsatz von *Rauscher* 343–349 für Unterhalt nach Scheidung und Versorgungsausgleich; OLG Stuttgart NJW-RR 89, 261 für Regelung der Ausübung der elterlichen Sorge bei Trennung von Tisch und Bett; BGH FamRZ 1990, 32 (33 unter I a.E., 35 unter IV) = IPRax 91, 54 mit Aufsatz von *Dörner* und *Kötter* 39–42 = NJW 90, 636 für Unterhalt nach Scheidung und Versorgungsausgleich; OLG Celle NJW-RR 92, 1288 für Regelung der Ausübung der elterlichen Sorge nach Scheidung; BGH FamRZ 93, 176 (177 unter II 1) = IPRax 93, 189 LS mit krit. Anm. Red. (D.H.) für Versorgungsausgleich; OLG Frankfurt FamRZ 94, 715 für elterliche Sorge, Unterhalt und Ehewohnung bei trennung von Tisch und Bett.

Vgl. unten S. 768f.

Diese Zuständigkeit ist jedoch nicht ausschließlich, d.h. sie hindert nicht, daß auch ausländische Gerichte international zuständig sind (z.B. OLG Celle NJW-RR 92, 1288).

Denn **§ 621 II 1 ZPO** beginnt: „Während der Anhängigkeit einer Ehesache ist *unter den deutschen Gerichten* das Gericht ausschließlich zuständig, ...“ Die Worte „unter den deutschen Gerichten“ sind in der Neufassung zugefügt, um klar zu stellen, daß die in § 621 II 1 angeordnete Verbundszuständigkeit nicht internationaler Zuständigkeit ausländischer Gerichte im Wege steht (Begründung BTDrucks. 10/504 S. 90).

Ob und wieweit *ausländische* Gerichte internationale Verbundszuständigkeit haben, ist nicht klar (OLG Karlsruhe FamRZ 86, 1226 [1228 unter I 1] mit Nachweisen).

Soweit es um *Kinder* geht, (§ 621 I Nr. 1–4, 10 n.F. ZPO) begnügt man sich m.E. für deutsche wie ausländische Gerichte besser mit der elastischen Fürsorgebedürfnis-Zuständigkeit (unten S. 797).

d) Anerkennung ausländischer Entscheidungen

Schrifttum: Älteres Schrifttum 6. Aufl. S. 520. Hervorzuheben: *Kleinrahm* und *Partikel,* Die Anerkennung ausländischer Entscheidungen in Ehesachen[2], 1970; *Basedow,* Die Anerkennung von Auslandsscheidungen, 1980. Ferner: *Richter* und *Krzywon,* Das Antragsrecht im Verfahren nach Artikel 7 Familienrechtsänderungsgesetz, IPRax 88, 349–351; *Haecker,* Die Anerkennung ausländischer Entscheidungen in Ehesachen, Erläuterungen, Gesetzestexte und Antragsformulare, 1989.

Siehe auch Schrifttum zur Reform oben S. 183–185.

Die Anerkennung ausländischer Entscheidungen regeln *allgemein* für Urteile **§ 328 ZPO,** für Entscheidungen der freiwilligen Gerichtsbarkeit **§ 16a FGG.** Hinzu kommen für *Ehesachen* **§ 606a II ZPO** (abgedruckt oben S. 702 a. E. f.) und **Art. 7 § 1 FamRÄndG.**

§ 328 ZPO und § 16a FGG lauten (Neuregelung ab 1. 9. 1986 kursiv):

§ 328

„(1) Die Anerkennung des Urteils eines ausländischen Gerichts ist ausgeschlossen:

1. wenn die Gerichte des Staates, dem das ausländische Gericht angehört, nach den deutschen Gesetzen nicht zuständig sind;
2. *wenn dem Beklagten, der sich auf das Verfahren nicht eingelassen hat und sich darauf beruft, das verfahrenseinleitende Schriftstück nicht ordnungsmäßig oder nicht so rechtzeitig zugestellt worden ist, daß er sich verteidigen konnte;*
3. *wenn das Urteilmit einem hier erlassenen oder einem anzuerkennenden früheren ausländischen Urteil oder wenn das ihm zugrunde liegende Verfahren mit einem früher hier rechtshängig gewordenen Verfahren unvereinbar ist;*
4. *wenn die Anerkennung des Urteils zu einem Ergebnis führt, das mit wesentlichen Grundsätzen des deutschen Rechts offensichtlich unvereinbar ist, insbesondere, wenn die Anerkennung mit den Grundrechten unvereinbar ist*
5. wenn die Gerechtigkeit nicht verbürgt ist.

(2) Die Vorschrift der Nummer 5 steht der Anerkennung des Urteils nicht entgegen, wenn das Urteil einen nichtvermögensrechtlichen Anspruch betrifft und nach den deutschen Gesetzen ein Gerichtsstand im Inland nicht begründet war oder wenn es sich um eine Kindschaftssache (§ 640) handelt.

§ 16a

„Die Anerkennung einer ausländischen Entscheidung ist ausgeschlossen:

1. *wenn die Gerichte des anderen Staates nach deutschem Recht nicht zuständig sind;*
2. *wenn einem Beteiligten, der sich zur Hauptsache nicht geäußert hat und sich hierauf beruft, das verfahrenseinleitende Schriftstück nicht ordnungsgemäß oder nicht so rechtzeitig mitgeteilt worden ist,daß er seine Rechte wahrnehmen konnte;*
3. *wenn die Entscheidung mit einer hier erlassenen oder anzuerkennenden früheren ausländischen Entscheidung oder wenn das ihr zugrunde liegende Verfahren mit einem früher hier rechtshängig gewordenen Verfahren unvereinbar ist;*
4. *wenn die Anerkennung der Entscheidung zu einem Ergebnis führt, das mit wesentlichen Grundsätzen des deutschen Rechts offensichtlich unvereinbar ist, insbesondere, wenn die Anerkennung mit den Grundrechten unvereinbar ist.“*

Allgemein ist zur Anerkennung ausländischer Entscheidungen nötig (näher unten S. 907–913):

1. das ausländische Gericht muß „nach den deutschen Gesetzen" (§ 328 I Nr. 1 ZPO) bzw. „nach deutschem Recht" (§ 16a Nr. 1 FGG) *international zuständig* gewesen sein; das ausländische Gericht folgt natürlich den Zuständigkeitsregeln des eigenen Staats;

aber wir erkennen seine Entscheidung nur an, wenn es nach *unseren* Regeln international zuständig gewesen ist (von denen oben c die Rede war);

2. dem Beklagten bzw. Beteiligten muß das *verfahrenseinleitende Schriftstück* ordnungsmäßig und rechtzeitig zugestellt bzw. mitgeteilt worden sein, es sei denn, er mache in dieser Hinsicht keinen Mangel geltend (§ 328 I Nr. 2 ZPO, § 16a Nr. 2 FGG);
3. das ausländische Urteil bzw. die ausländische Entscheidung darf nicht einem *früheren deutschen Urteil* bzw. einer früheren deutschen *Entscheidung* und das ausländische Verfahren darf keinem *früher rechtshängigen deutschen Verfahren* widersprechen (§ 328 I Nr. 3 ZPO, § 16a Nr. 3 FGG);
4. das ausländische Urteil bzw. die ausländische Entscheidung darf nicht gegen den deutschen *ordre public* verstoßen (§ 328 I Nr. 4 ZPO, § 16a Nr. 4 FGG);
5. bei Urteilen muß grundsätzlich auch die *Gegenseitigkeit* verbürgt sein (§ 328 I Nr. 5 ZPO); doch gelten wichtige Ausnahmen für Urteile über nichtvermögensrechtliche Ansprüche (und daher auch für Streitigkeiten über Heirat und Scheidung), falls internationale Zuständigkeit deutscher Gerichte gefehlt hat, und immer für Kindschaftssachen nach § 640 ZPO (§ 328 II ZPO).

In *Ehesachen* wird im Vergleich mit § 328 I Nr. 1 ZPO das Anerkennungserfordernis der *internationalen Zuständigkeit* des ausländischen Gerichts erheblich gelockert durch § 606a II n.F. ZPO (abgedruckt oben S. 702 a.E.f.). Dessen derzeitige Fassung beruht auf Art. 3 des Gesetzes zum IPR für außervertragliche Schuldverhältnisse und für Sachen vom 21. 5. 1999 (BGBl. I 1026). Man wollte den Abs. 2 redaktionell verbessern (BTDrucks. 14/343 S. 19). Inhaltlich sagt Satz 1 der Neufassung des § 606a II ZPO, daß gewöhnlicher Aufenthalt eines Gatten im Entscheidungsstaat für deren *Anerkennung* (wenn auch nicht für internationale Zuständigkeit) ausreicht. Nach Satz 2 genügt, daß die in einem *Dritt*staat ergangene Entscheidung von den *Heimat*staaten der Gatten anerkannt wird.

Satz 2 erweitert einen in der Rechtsprechung angeklungenen Gedanken. Dieser ist jedoch nicht zu billigen, wenn man die Regeln der internationalen Zuständigkeit ernst nimmt. Man will hinkende Ehen vermeiden (vgl. BTDrucks. 10/5632 S. 47). Das ist aber kein Anliegen des internationalen Verfahrensrechts und auch im IPR nur begrenzt erreichbar (oben S. 122f.).

Für *Ehesachen* enthält außerdem Art. 7 § 1 FamRÄndG (zuletzt geändert durch Art. 19 EheschlRG) *Sonderregeln.* Sie gelten allerdings nicht für Entscheidungen, die die Herstellung des ehelichen Lebens betreffen. Sie gelten andererseits neben der Scheidung dem Bande nach auch für die Scheidung „unter Aufrechterhaltung des Ehebandes" (das ist die sog. Trennung von Tisch und Bett), auf die im Ausland und seit BGH 47, 324 (unten S. 750) auch in Deutschland erkannt werden kann. Die Vorschrift erfaßt ferner nicht bloß Urteile, sondern alle „Entscheidungen" in den genannten Ehesachen, also z.B. auch Beschlüsse der freiwilligen Gerichtsbarkeit und Verwaltungsakte, dagegen nicht Scheidungen durch Rechtsgeschäft (für Scheidung durch Rechtsgeschäft anders h.M., z.B. BGH 110, 267 [270f. unter III 1] = NJW 90, 2194; BayObLG NJW-RR 94, 771; Präs. OLG Celle FamRZ 98, 757 = StAZ 99, 80; OLG Celle FamRZ 98, 686; BayObLG 1998, 103 = NJW-RR 98, 1538; *Lüderitz* Baumgärtel-Fschr. 1990, 342f.).

Bei Urteilen (§ 328 ZPO) und anderen „Entscheidungen" befinden über die Anerkennung im Streitfall die *Gerichte.* Um die zum Teil schwierige Entscheidung über die Anerkennung ausländischer Eheurteile in geübter Hand zusammenzufassen und im Einzelfall eine einheitliche Entscheidung über die Anerkennung zu erreichen, ist der *Landesjustizverwaltung* übertragen worden, festzustellen, ob die gesetzlichen Voraussetzungen für die Anerkennung einer ausländischen Entscheidung gegeben sind (Art. 7 § 1 I 1, VII FamRÄndG).

Zuständig ist die Justizverwaltung des Landes, in dem sich ein Gatte gewöhnlich aufhält (dazu BayObLGZ 1996, 122 [123 unter II 1 a]), hilfsweise des Landes, in dem neu geheiratet werden soll, zweithilfsweise des Landes Berlin (§ 1 II). Die Landesregierungen oder die von ihnen ermächtigten Landesjustizverwaltungen können die den Landesjustizverwaltungen nach dem FamRÄndG zustehenden Befugnisse durch RechtsVO einem oder mehreren Oberlandesgerichtspräsidenten übertragen (Art. 7 I 2 a, eingefügt durch Art. 4 Ges. zur Änderung des Rechtspflegergesetzes und anderer Gesetze vom 24. 6. 1994, BGBl. I S. 1374).

Die Entscheidung ergeht auf Antrag (§ 1 III 1). Ihn kann stellen, wer ein rechtliches Interesse an der Anerkennung glaubhaft macht (§ 1 III 2). Eine Frist für den Antrag besteht nicht; jedoch kann man das Antragsrecht verwirken (OLG Düsseldorf FamRZ 88, 198).

Die Landesjustizverwaltung ist bei Urteilen an die Voraussetzungen des § 328 ZPO gebunden, Gegenseitigkeit (§ 328 I Nr. 5, II ZPO) ist allerdings unnötig (§ 1 I 2).

Maßgebend ist das deutsche Anerkennungsrecht zur Zeit des Erlasses der ausländischen Entscheidung (BayObLG NJW-RR 92, 514) und auf diesen Zeitpunkt bezieht sich die Feststellung der Landesjustizverwaltung. Entsprechend gilt (nach h.M., oben) bei rechtsgeschäftlicher Scheidung der Zeitpunkt ihres Wirksamwerdens (OLG Hamm NJW-RR 92, 710 [unter 2 a]).

Solange keine Landesjustizverwaltung festgestellt hat, daß die Voraussetzungen für eine Anerkennung der ausländischen Entscheidung erfüllt sind, ist die ausländische Entscheidung in Deutschland nicht wirksam („nur" in § 1 I 1; BGH FamRZ 58, 180).

Nur eine Gerichtsentscheidung des *Heimatstaats beider Gatten* bedarf keiner Feststellung der Anerkennungsvoraussetzungen durch eine Landesjustizverwaltung (§ 1 I 3): hier, wo sich die Anerkennung mehr oder minder von selbst versteht, bleibt es dabei, daß über die Anerkennung im Streitfall die Gerichte entscheiden. Allerdings entfällt dieser Vorzug schon dann, wenn einer der Gatten neben der gemeinsamen ausländischen Staatsangehörigkeit die deutsche besitzt (BayObLG NJW-RR 90, 842). Auch kann die Anerkennung einer Entscheidung des Heimatstaats beider Gatten *beantragt* werden (BGH 112, 127 = NJW 90, 3081; Präs OLG Celle StAZ 96, 303).

Gegen die Entscheidung der Landesjustizverwaltung kann bei Ablehnung der Antragsteller, bei Stattgeben der andere Gatte die Entscheidung des OLG beantragen (§ 1 IV, V 1; für Ausdehnung des Antragsrechts auf jeden rechtlich Interessierten OLG Koblenz IPRax 88, 359 mit Aufsatz von *Richter* und *Krzywon* 349–351 = NJW-RR 88, 1159). Das OLG entscheidet im Verfahren der freiwilligen Gerichtsbarkeit (§ 1 VI 1). Seine Entscheidung ist endgültig (§ 1 VI 5). Die Entscheidung der Landesjustizverwaltung oder, wenn sie angefochten ist, des OLG bindet Gerichte und Verwaltungsbehörden (§ 1 VIII).

Beispiel: BayObLG 1967, 218: Deutsche heiratet Amerikaner in Reno (Nevada). Ehe wird 1960 auf Klage des Mannes in Nevada geschieden; Frau ist nicht vertreten (sog. *ex parte*-Scheidung). Frau beantragt 1961 beim Senator für Justiz und Verfassung in Bremen mit Erfolg, das Urteil anzuerkennen. Sie hofft auf Witwenrente nach ihrem 1954 verstorbenen ersten Ehemann. Die Rente wird abgelehnt, da Frau schuldig geschieden. Nunmehr beantragt die Frau beim Bremer Justizsenator, die Anerkennung des Nevada-Urteils aufzuheben, jedoch ohne Erfolg. Daraufhin zieht sie nach Kalifornien und klagt erfolgreich in Los Angeles auf Scheidung; der Mann ist im Prozeß vertreten; das Gericht erklärt durch Zwischenurteil das Nevada-Urteil wegen Überschreitung von „*jurisdiction*" für nichtig. Jetzt beantragt die Frau erneut und wieder erfolglos beim Bremer Justizsenator, die Anerkennung des Nevada-Urteils aufzuheben. Dann beantragt sie beim Bayerischen Justizministerium erfolglos Anerkennung des kalifornischen Urteils und hiergegen – endlich erfolgreich – gerichtliche Entscheidung des BayObLG.

Die allermeisten Auslandsscheidungen werden anerkannt. Nach einer Untersuchung liegt die Quote der Nichtanerkennung unter 3%: *Basedow* Rev.crit.dr.i.p. 1978, 472 (dort auch näheres über die Ablehnungsgründe).

5. Staatsverträge, Konsularrecht

a) Haager Abkommen über Eheschließung von 1902

Schrifttum: *Böhmer* und *Siehr* II 6.2 (*Böhmer* 1987).

Deutschland ist Vertragsstaat des mehrseitigen **Haager Eheschließungsabkommens** von **1902** (oben S. 197). Vertragsstaaten sind nur noch Deutschland, Italien und Rumänien. Die Regeln des Abkommens entsprachen im wesentlichen dem deutschen IPR.

Nach seinem Art. 8 gilt das Abkommen nur, wenn *in einem Vertragsstaat geheiratet* worden ist (BGH FamRZ 97, 542 [543 unter 2 a]).

b) Haager Abkommen über Eheschließung von 1976

Text: StAZ 77, 202f.; Riv. dir. int. priv. proc. 1977, 215–219; FJR 1991, 136–138.

Schrifttum: *Böhmer* StAZ 77, 185–187; *Batiffol* Rev.crit.dr.i.p. 1977, 467–482; *Glenn* 55 (1977) Can. B. Rev. 588–595; *Lalive* SchweizJahrbintR 34 (1979), 31–46 (Text 456–462); *Verheul,* Het huwelijksverdrag en de Wet conflictenrecht huwelijk, FJR 1991, 122–124.

Am 23. 10. **1976** hat man in **Haag** ein neues, für Deutschland nicht in Kraft getretenes Übereinkommen über die **Schließung und Anerkennung der Gültigkeit von Ehen** beschlossen (oben S. 214).

Das Abkommen unterscheidet zwischen *Inlands*heirat (Art. 1–6) und *Anerkennung* einer *Auslands*heirat (Art. 7–15) – mit Unrecht, weil nur *Staatsakte* anerkannt, *Rechtsgeschäfte* aber nach dem anwendbaren Recht beurteilt werden.

Für die *Form* der **Inlandsheirat** gilt das Recht des *Heiratsortes* (Art. 2).

In der Sache entscheidet das vom *IPR des Heiratsstaates* berufene Recht, freilich ohne daß dessen Rück- oder Weiterverweisung befolgt werden dürfte (Art. 3 Nr. 2). Gehört ein Verlobter dem Heiratsstaat an oder hält er sich hier gewöhnlich auf, dann genügt, daß die *sachlichen Erfordernisse* des materiellen Rechts des *Heiratsstaats* gewahrt sind (Art. 3 Nr. 1); doch kann sich ein Vertragsstaat vorbehalten, die sachlichen Anforderungen an einen Verlobten, der dem Heiratsstaat nicht angehört und sich dort nicht aufhält, nach einem anderen materiellen Recht als dem des Heiratsstaats zu beurteilen (Art. 6). Sowohl die Ausschaltung des *Renvoi* (Art. 3 Nr. 2) wie der Vorrang des Ortsrechts (Art. 3 Nr. 1) erscheinen verfehlt.

Soweit (nach Art. 3 Nr. 2) *Auslandsrecht* anzuwenden ist, darf der Heiratsstaat von den Verlobten dessen *Nachweis* fordern (Art. 4) – eine Sachnorm des IPR (oben S. 65).

Die Gesamtheit der Regeln über die *Inlandsheirat* (Art. 1–6) darf ein Vertragsstaat durch *Vorbehalt* ausschließen (Art. 16).

Die Anerkennung von **Auslandsheiraten** ist *nicht* geregelt für *„Problemfälle"*, nämlich für Trauungen durch Militärbehörden, auf Schiffen, in Flugzeugen, für Handschuhehen, nachträgliche und formlose Heiraten (Art. 8). Trauungen durch *Diplomaten* oder *Konsuln* sind anzuerkennen, wenn der Heiratsstaat solche Trauungen nicht verbietet (Art. 9 II). Überhaupt ist die *Auslandsheirat grundsätzlich anzuerkennen,* wenn sie nach dem Recht des Heiratsstaats gültig geschlossen worden oder später geheilt ist (Art. 9 I).

Eine *Heiratsurkunde* schafft die Vermutung gültiger Heirat (Art. 10) – wiederum eine Sachnorm des IPR (oben S. 65).

Ein Vertragsstaat darf die *Anerkennung* nur *verweigern,* wenn nach seinem Recht die Ehe schwere Mängel hat, nämlich: Doppelehe, Bluts- oder Adoptionsverwandtschaft in gerader Linie oder zwischen Geschwistern, Kinderehe, geistige Gebrechen, Zwang (Art. 11 Satz 1). Jedoch zählt Doppelehe nicht, wenn sie durch Wegfall der ersten Ehe geheilt ist (Art. 11 Satz 2).

Auch wenn die Anerkennung einer Auslandsheirat als *Vorfrage* auftritt, ist sie nach dem Abkommen zu beurteilen (Art. 12 I); die Vorfrage ist also „selbständig" anzuknüpfen (oben S. 321). Jedoch braucht sie nicht nach den Regeln des Abkommens beurteilt zu werden, wenn nach dem IPR des Vertragsstaats, in dem über die Anerkennung zu entscheiden ist, die Hauptfrage dem Recht eines Nichtvertragsstaats unterliegt (Art. 12 II).

Ist das *IPR des Vertragsstaats,* in dem über die Anerkennung zu entscheiden ist, anerkennungs*freundlicher* als das Abkommen, dann hindert das Abkommen die Anerkennung nicht (Art. 13).

Die Anerkennungsregeln des Abkommens *wirken zurück* auf früher geschlossene Ehen, außer wenn ein Vertragsstaat sich *vorbehält,* diese Regeln nur anzuwenden auf Ehen, die geschlossen sind, seit das Abkommen für ihn in Kraft getreten ist (Art. 15).

Der *ordre public* muß *„offenbar" (manifestement)* verletzt sein, wenn er eine Inlandsheirat oder die Anerkennung einer Auslandsheirat hindern soll (Art. 5, 14; vgl. oben S. 475).

Zwischen Vertragsstaaten des *Haager Eheschließungsabkommens von 1902* tritt an dessen Stelle das Abkommen von 1976 (Art. 22).

c) CIEC-Abkommen über Erleichterung der Eheschließung im Ausland

Die **CIEC** hat als Abkommen **Nr. 7** beschlossen das Pariser Übereinkommen vom 10. 9. **1964** zur **Erleichterung der Eheschließung im Ausland** (oben S. 95).

Vertragsstaaten: Bundesrepublik, Griechenland, Niederlande, Spanien, Türkei (BGBl. 1969 II 2054, 1977 II 105, 1987 II 364).

Schrifttum: *Massfeller,* Familienrecht für Standesbeamte II, 1965, 241–246 (Text mit Erläuterungen); *Simitis* RabelsZ 33 (1969), 43–46; *Staudinger-Gamillscheg*[10/11] Art. 13 EGBGB Rz 975, S. 452 a. E. f.; *Böhmer* in *Böhmer* und *Siehr* II 6.5; *Staudinger-von Bar/Mankowski*[13] Art. 13 EGBGB Rz 14–24 S. 44–48 (Text Rz 14 S. 44 f.).

Wer einem Vertragsstaat angehört oder dessen Recht als Personalstatut hat und sich in einem anderen Vertragsstaat gewöhnlich aufhält und dort heiratet, den können die Behörden des Aufenthaltsstaates *von den Ehehindernissen befreien,* von denen sein Personalstatut Befreiung erlaubt (Art. 1–3, 6). Dies ist eine fortschrittliche Regelung. Die Bundesrepublik hat jedoch diesen Teil des Übereinkommens nicht gezeichnet, weil Schwierigkeiten mit dem nach § 10 EheG (jetzt § 1309 BGB) nötigen Ehefähigkeitszeugnis gesehen wurden (*Massfeller* aaO 241 f. und StAZ 65, 230 f.).

Das *Aufgebot* unterliegt wie im deutschen IPR (oben S. 286) dem Recht des Heiratsorts (Art. 4). Aber es unterliegt *nur* ihm. So ist es auch im deutschen IPR zwar bei Heirat in Deutschland (Art. 13 III 1 EGBGB). Dagegen genügt bei Heirat im Ausland, daß den Aufgebotsvorschriften des Heimatrechts oder der Heimatrechte der Verlobten entsprochen ist (Art. 13 I mit 11 I EGBGB).

Verlangt der Vertragsstaat, in dem geheiratet wird, religiöse Trauung, gehört ihm keiner der Verlobten an und hat auch keiner dessen Recht als Personalstatut, dann kann vor dem *diplomatischen* oder *konsularischen Vertreter* des Vertragsstaates geheiratet werden, dem einer der Verlobten angehört oder dessen Recht einer der Verlobten als Personalstatut hat (Art. 5, 6). Ähnliche Regeln findet man oft. So in Art. 13 III 2 EGBGB (oben S. 698). Aber die Regelung des Abkommens läuft leer, weil sie auf keinen Vertragsstaat zutrifft. Griechenland, das bis 1982 religiöse Trauung forderte (oben S. 550), ist dem Abkommen erst 1987 beigetreten, und Malta, das sie vielleicht noch heute verlangt (*Staudinger-von Bar/Mankowski*[13] Art. 13 EGBGB Rz 24 S. 48), ist ihm fern geblieben.

d) CIEC-Abkommen über die Ausstellung von Ehefähigkeitszeugnissen

Die **CIEC** hat als Abkommen **Nr. 20** das Münchener Übereinkommen vom **5. 9. 1980** über die *Ausstellung* von *Ehefähigkeitszeugnissen* beschlossen (oben S. 96). Es steht für Deutschland noch nicht in Kraft. Sein Zweck ist, Form und Inhalt der Ehefähigkeitszeugnisse in den Vertragsstaaten zu vereinheitlichen. Es geht also nicht um IPR, sondern um materielles Personenstandsrecht für Auslandssachverhalte (oben S. 58–61).

e) Konsular- und Handelsverträge

Durch zweiseitige Staatsverträge werden häufig die **Konsuln** der Vertragsstaaten ermächtigt, im Empfangsstaat Ehen zu schließen zwischen Angehörigen des Entsendestaats, zuweilen auch zwischen nur einem Angehörigen des Entsendestaats und einem Angehörigen eines dritten Staats. Solche Ermächtigungen finden sich entweder *ausdrücklich* oder durch *Meistbegünstigungsklauseln* in **Konsularverträgen,** durch *Meistbegünstigungsklauseln* auch in **Handelsverträgen.**

Ausdrückliche Bestimmungen z.B. im Konsularvertrag mit der Türkei vom 28. 5. 1929 (RGBl. 1930 II 747, 1931 II 518, BGBl. 1952 II 608), Art. 18 (dazu BayObLG 1988, 86 = IPRspr. 1988 Nr. 59), mit Japan vom 30. 8. 1957 (BAnz. 11. 9. 1957 = StAZ 57, 314), Art. 1, mit der Sowjetunion vom 25. 4. 1958 (BGBl. 1959 II 232, 233, 469), Art. 23. Meistbegünstigungsklausel z.B. im Handelsvertrag mit Jemen vom 21. 4. 1953 (BGBl. 1954 II 573, 1955 II 4), Art. 5. Andere Verträge *Soergel-Schurig* X[12] Art. 13 EGBGB Rz 158–161 S. 670f. und *Staudinger-von Bar/Mankowski*[13] Art. 13 EGBGB Rz 29–35 S. 48–52; vgl. auch *Staudinger-Gamillscheg*[10/11] Art. 13 EGBGB Rz 849, S. 423 und *Böhmer* in *Böhmer* und *Siehr* II 6.7.

Solche Ermächtigungen der Konsuln in Konsular- und Handelsverträgen bedeuten: der *Empfangsstaat verzichtet auf zwingende Ortsform,* z.B. Deutschland auf Art. 13 III 1 EGBGB. Im übrigen richtet sich die *Formgültigkeit* der Heirat *nach dem Recht des Entsendestaats:* nach diesem muß der Konsul zur Eheschließung befugt gewesen sein und dessen Formvorschriften muß er beachtet haben.

Über Art. 13 III EGBGB oben S. 697f.

f) Deutsches Konsularrecht

Die Befugnisse *deutscher* Konsularbeamter zu Eheschließungen sind geregelt im **Konsulargesetz** vom 11. 9. 1974 (BGBl. I 2317). Es muß sich um besonders bestimmte Konsularbezirke handeln (aufgeführt StAZ 75, 82, zuletzt geändert StAZ 88, 376), ein Verlobter muß Deutscher sein, keiner darf dem Empfangsstaat angehören (§ 8 i.d.F. von Art. 12 EheschlRG). Berufskonsularbeamte, die nicht zum Richteramt befähigt sind, sollen besonders ermächtigt sein (§ 19 II–IV). Honorarkonsularbeamte können nicht trauen (§ 24 I 1).

g) Sonstige Staatsverträge

Zum **New Yorker** Übereinkommen von **1962** über die **Erklärung des Ehewillens usw.** oben S. 94. Zum **Luxemburger** Übereinkommen der **CIEC** von **1967** über die **Anerkennung von Entscheidungen in Ehesachen** und zum **Haager** Abkommen von **1968** über die **Anerkennung von Scheidungen sowie Trennungen von Tisch und Bett** unten S. 922f. Zum **deutsch-iranischen Niederlassungsabkommen** von **1929** oben S. 195.

Über **zweiseitige** Beglaubigungs**abkommen** mit Luxemburg, Österreich und der Schweiz, die auch die Beschaffung von **Ehefähigkeitszeugnissen** regeln, Soergel VIII[11] Rz 689 vor Art. 7 EGBGB, S. 434f.

6. Interlokales Recht

Schrifttum: *von Hoerschelmann,* Die neuen Bestimmungen der DDR zu Auslandsreisen, Übersiedlungen, Eheschließungen mit Ausländern sowie zur Zusammenführung von Verwandten, ROW 89, 90–97; *Brudermüller* und *Wagenitz,* Das Ehe- und Ehegüterrecht in den neuen Bundesländern, FamRZ 90, 1294–1300 (1294–1296).

a) Privatrecht der früheren DDR und Ost-Berlins

Im Osten war das *materielle* Eheschließungsrecht geregelt in §§ 5–8 FGB.

Die *Aufhebung* der Ehe war als selbständige Einrichtung beseitigt. Sie war in der Generalklausel für die **Scheidung** aufgegangen. Die lautet (§ 24 FGB):

„(1) Eine Ehe darf nur geschieden werden, wenn das Gericht festgestellt hat, daß solche ernstlichen Gründe vorliegen, aus denen sich ergibt, daß diese Ehe ihren Sinn für die Ehegatten, die Kinder und damit auch für die Gesellschaft verloren hat.

(2) Wird von einem Ehegatten die Scheidung beantragt, ist vom Gericht eine sorgfältige Prüfung der Entwicklung der Ehe vorzunehmen. Dabei ist besonders zu prüfen, ob die Interessen minderjähriger Kinder der Scheidung entgegenstehen und ob die Scheidung für einen Ehegatten eine unzumutbare Härte darstellen würde."

Im Endstadium der DDR wurde § 24 FGB neu gefaßt durch das 1. Familienrechtsänderungsgesetz vom 20. 7. 1990 (GBl. I 1038):

„(1) Eine Ehe darf nur geschieden werden, wenn das Gericht festgestellt hat, daß sie gescheitert ist.

(2) Wird von einem Ehegatten die Scheidung beantragt, ist vom Gericht besonders zu prüfen, ob die Interessen minderjähriger Kinder der Scheidung entgegenste-

hen und ob die Scheidung für einen Ehegatten eine unzumutbare Härte darstellen würde."

Soweit ein Ehehindernis (z.B. Geschäftsunfähigkeit, die in der DDR die Ehe nicht nichtig machte [vgl. § 8 FGB]) oder ein Willensmangel unter diese Vorschrift fällt, ist nach ihr zu *scheiden*, falls bei *Heirat* Ostrecht das interlokale Personalstatut des Verlobten gewesen ist, bei dem es nicht stimmte, mag dieser auch später westliches interlokales Personalstatut erlangt haben (vgl. oben S. 699 a.E.f.).

Wie § 24 FGB die in §§ 28–37 EheG geregelte Aufhebung durch die Scheidung ersetzt, so ersetzt § 38 FGB die in § 39 I EheG vorgesehen *Aufhebung der neuen Ehe des Gatten eines für tot Erklärten* durch die Scheidung, die von beiden Gatten der alten Ehe zu beantragen ist.

Das *internationale* Eheschließungsrecht der früheren DDR und Ost-Berlins war enthalten in §§ 18, 20 III RAG. Inter*lokales* Heiratsrecht gab es nicht, weil die Bundesrepublik und West-Berlin als Ausland galten.

Am 3. 10. 1990 ist das materielle und internationale Eheschließungsrecht der früheren DDR und Ost-Berlins außer Kraft getreten, weil Art. 8 des Einigungsvertrags das Bundesrecht eingeführt hat und damit auch das EheG und das bundesdeutsche internationale und interlokale Eherecht.

Die Voraussetzungen der Heirat unterlagen für jeden Verlobten dessen Heimatrecht (§ 18 I 1 RAG). Doch durften DDR-Bürger Ausländer, zu denen auch die Einwohner der Bundesrepublik gezählt wurden, nur heiraten mit Zustimmung der zuständigen Staatsorgane (§ 18 I 2). Näheres regelte die *VO zur Gewährung des ständigen Wohnsitzes für Ausländer in der DDR und zur Eheschließung von Bürgern der DDR mit Ausländern* vom 30. 11. *1988* (GBl. I 274 = StAZ 89, 85f.). Inzwischen ist § 18 I 2 RAG *aufgehoben* durch § 1 Ges. zur Anpassung von Regelungen an das Reisegesetz vom 11. 1. 1990 (GBl. I 10 = StAZ 90, 118) und die Bestimmungen der VO vom 30. 11. 1988 sind *aufgehoben*, „soweit sie die Eheschließung mit Ausländer(n) betreffen", durch Bek. vom 11. 1. 1990 (GBl. I 13). Siehe auch 2. Durchführungsbestimmung zum PStG vom 6. 3. 1990, 7. Aufl. S. 22.

Die Heirat war formgültig, wenn die Form des Rechts des Abschlußortes eingehalten war (§ 18 II RAG). Bei Auslandsheirat genügte, daß die Form des Heimatrechts eines der Verlobten gewahrt war (§ 18 III). Das nach diesen Regeln maßgebende Recht entschied über die Nichtigerklärung einer Ehe (§ 20 III).

b) Interlokales Privatrecht

aa) Neufälle

Für Neufälle, d.h. für Heiraten seit dem 3. 10. 1990, gilt in Ost und West einheitlich das materielle, internationale und interlokale Eheschließungsrecht der Bundesrepublik und West-Berlins.

bb) Altfälle

Für Ehen, die vor dem 3. 10. 1990 geschlossen sind, bleibt es in den *neuen* Bundesländern nach Art. 236 § 1 EGBGB beim bisherigen internationalen und interlokalen Privatrecht, also bei §§ 18, 20 III RAG. Gegebenenfalls ist daher in Ost und West verschieden zu entscheiden (vgl. oben S. 42–44).

Im *Westen* tritt an die Stelle der Staatsangehörigkeit, die Art. 13 I EGBGB entscheiden läßt, das interlokale Personalstatut (oben S. 407f.), grundsätzlich also der gewöhnliche Aufenthalt im Osten oder Westen (enger BGH 42, 99 [100]). Für entsprechende Anwendung des Art. 13 II EGBGB (alternative Geltung deutschen [hier: West-]Rechts *in favorem matrimonii*) ist kein Grund ersichtlich.

Soweit nach westlichem oder östlichem interlokalen Privatrecht östliches materielles Heiratsrecht maßgibt, sind nach Art. 234 § 1 EGBGB Altheiraten nach dem FGB zu beurteilen. § 38 FGB (Scheidung der neuen Ehe des Gatten des für tot Erklärten) ist anzuwenden, wenn dieser Gatte östliches interlokales Personalstatut gehabt, insbesondere sich im Osten gewöhnlich aufgehalten hat.

Zum *interlokalen Verfahrensrecht* unten S. 929–933.

V. Persönliche Ehewirkungen

Schrifttum: 7. Aufl. S. 621. Hervorzuheben: *Valladão,* Conséquences de la différence de nationalité ou de domicile des époux sur les effets et la dissolution du mariage, Rec. 1962 I 69–171; *von Bar,* Personal Effects of Marriage, IECL III 17, 1986; *Watté,* Les droits et devoirs respectifs des époux en droit international privé, Brüssel 1987 (bespr. von *Gaudemet-Tallon* Rev.int.dr.comp. 1988, 303 f.); *B. Ancel,* Note Rev. crit. dr. i. p. 1989, 701–706 (betr. Schenkung unter Ehegatten); *Fischer,* Verkehrsschutz im internationalen Vertragsrecht, 1990 (bespr. von *Spellenberg* RabelsZ 60 [1996] 516–532); *Droz* Rec. 1991 IV 159–166; *Jayme,* Schlüsselgewalt des Ehegatten und IPR, IPRax 93, 80 f.; *Spickhoff,* Die engste Verbindung im interlokalen und internationalen Familienrecht, JZ 93, 336–344 (341 f. zu Art. 14 I Nr. 3 EGBGB); *Bader,* Der Schutz des guten Glaubens in Fällen mit Auslandsberührung, MittRhNotK 94, 161–166. Danach: *Banse,* die Qualifikation der Zuweisung der Ehewohnung bei Trennung und Scheidung der Ehegatten, Diss. Göttingen 1995.

1. Grundsätze

Wie die Heirat so fallen auch ihre persönlichen Folgen in den höchstpersönlichen Bereich der Eheleute. Daher herrscht auch hier im *Parteiinteresse* das *Personalstatut* im Anknüpfungssinn (oben S. 386).

Das Gesetz spricht heute von „allgemeinen“ Ehewirkungen (vgl. oben S. 286). Der Ausdruck „persönliche“ Ehewirkungen ist aber üblich geblieben und er ist anschaulicher als Gegenstück zum Ehegüterrecht.

a) Gesetzliche Anknüpfung

Art. 14 I EGBGB bestimmt:

„Allgemeine Ehewirkungen

(1) Die allgemeinen Wirkungen der Ehe unterliegen

1. dem Recht des Staates, dem beide Ehegatten angehören oder während der Ehe zuletzt angehörten, wenn einer von ihnen diesem Staat noch angehört, sonst
2. dem Recht des Staates, in dem beide Ehegatten ihren gewöhnlichen Aufenthalt haben oder während der Ehe zuletzt hatten, wenn einer von ihnen dort noch seinen gewöhnlichen Aufenthalt hat, hilfsweise
3. dem Recht des Staates, mit dem die Ehegatten auf andere Weise gemeinsam am engsten verbunden sind.“

Es gilt also eine *„Leiter“* von Anknüpfungen. Sie führt von der Staatsangehörigkeit über den gewöhnlichen Aufenthalt zur „engsten Verbindung“ und folgt einem Vorschlag des Deutschen Rats für IPR (*Beitzke* [Hrsg.], Vorschläge und Gutachten zur Reform des deutschen internationalen Personen-, Familien- und Erbrechts, 1981, 5 f., § A).

An Stelle der Staatsangehörigkeit entscheidet bei *Staatenlosen* und internationalen *Flüchtlingen* das Recht ihres gewöhnlichen Aufenthalts (bei Staatenlosen nach dem New Yorker Abkommen und bei Flüchtlingen nach dem Genfer Abkommen und gleichgestellten Asylberechtigten und Humanflüchtlingen das Recht ihres Wohnsitzes), hilfsweise das Recht ihres schlichten Aufenthalts, bei volksdeutschen Flüchtlingen das deutsche Recht (oben S. 399–405).

Bemerkenswert ist: die letzte gemeinsame Staatsangehörigkeit und der letzte gewöhnliche Aufenthalt im selben Staat dienen nur dann als Anknüpfung, wenn *einer* der Gatten sie *beibehalten* hat. Auf diese Einschränkung hätte man besser verzichtet, um Stabilität in der Ehe zu fördern (5. Aufl. S. 479).

Ist zum Beispiel von französischen Eheleuten der Mann Kanadier, die Frau US-Amerikanerin geworden, dann sollte man für sie das französische Recht beibehalten. Ebenso wenn Staatenlose oder internationale Flüchtlinge zunächst in Paris gelebt haben und dann der Mann nach Toronto, die Frau nach New York gezogen ist.

Die in Nr. 3 berufene „*gemeinsame engste Verbindung*" ist unscharf. Der Regierungsentwurf des IPRG (BTDrucks. 10/504 S. 9) hatte als Konkretisierungen angeboten „den Verlauf der ehelichen Lebensgemeinschaft" und „den Ort der Eheschließung". Mit beiden Hinweisen ist wenig anzufangen und der Rechtsausschuß des Bundestags (BT-Drucks. 10/5632 S. 11) hat sie gestrichen. Als andere Umstände sind genannt worden: der Heiratsort, falls er nicht zufällig ist, der Geburtsort eines Kindes, die Dauer gewöhnlichen Aufenthalts und die Berufstätigkeit im Lande, die Staatsangehörigkeit eines Gatten (BGH IPRax 94, 131 [133f. unter III 2] mit Aufsatz von *von Bar* 100–103 = NJW 93, 2047), der bei Heirat geplante gemeinsame gewöhnliche Aufenthalt der Gatten (OLG Köln FamRZ 98, 1590).

Näher liegt, anzuknüpfen an den *schlichten,* hilfsweise den letzten schlichten *Aufenthalt* beider Gatten im selben Staat, der bei Staatenlosen und Flüchtlingen (oben S. 399–405) und im interlokalen Privatrecht (oben S. 407) als Hilfsanknüpfung dient. Erst dann sollte man zur gemeinsamen engsten Verbindung übergehen (vgl. oben S. 407 a.E.f.). Fehlt es auch an ihr, dann sollte man auf den *Grundsatz des schwächeren Rechts* zurückgreifen, d.h. nur solche persönlichen Ehewirkungen anerkennen, die nach den Personalstatuten beider Gatten begründet sind (5. Aufl. S. 479f.); dann gilt dasselbe wie beim Verlöbnis (oben S. 591) und wie nach Art. 13 I EGBGB für die Heirat.

b) Rechtswahl

In engen Grenzen können die Gatten das Recht *wählen*, das für die persönlichen Wirkungen ihrer Ehe gelten soll. **Art. 14 II–IV EGBGB** sagt:

„(2) Gehört ein Ehegatte mehreren Staaten an, so können die Ehegatten ungeachtet des Artikels 5 Abs. 1 [Personalstatut von Mehrstaatern] das Recht eines dieser Staaten wählen, falls ihm auch der andere Ehegatte angehört.

(3) Ehegatten können das Recht des Staates wählen, dem ein Ehegatte angehört, wenn die Voraussetzungen des Absatzes 1 Nr. 1 [gemeinsame oder letzte gemeinsame, von einem Gatten beibehaltene Staatsangehörigkeit] nicht vorliegen und

1. kein Ehegatte dem Staat angehört, in dem beide Ehegatten ihren gewöhnlichen Aufenthalt haben, oder
2. die Ehegatten ihren gewöhnlichen Aufenthalt nicht in demselben Staat haben.

Die Wirkungen der Rechtswahl enden, wenn die Ehegatten eine gemeinsame Staatsangehörigkeit erlangen.

(4) Die Rechtswahl muß notariell beurkundet werden. Wird sie nicht im Inland vorgenommen, so genügt es, wenn sie den Formerfordernissen für einen Ehevertrag nach dem gewählten Recht oder am Ort der Rechtswahl entspricht."

Die Wahl führt auf die **Sachnormen** des gewählten Rechts (Art. 4 II EGBGB). Rück- und Weiterverweisung scheiden also aus.

Abs. 2 betrifft den Fall, daß die Eheleute demselben Staat angehören, aber ein Gatte oder auch jeder Gatte weitere Staatsangehörigkeiten besitzt: hier können sie sich für das *gemeinsame* Heimatrecht entscheiden, auch wenn die gemeinsame Staatsangehörigkeit für einen oder beide nicht die effektive (oben S. 396) ist.

Zum Beispiel der französisch-italienische Ehemann und die französisch-schweizerische Ehefrau, die in Italien bzw. in der Schweiz verwurzelt sind, können die persönlichen Wirkungen ihrer Ehe dem französischen Recht unterstellen.

Fehlt eine gemeinsame oder letzte gemeinsame, von einem Gatten beibehaltene Staatsangehörigkeit, dann können die Eheleute die persönlichen Ehewirkungen dem Heimatrecht eines Gatten unterstellen, wenn sie sich gewöhnlich aufhalten in einem Staat, dem keiner von ihnen angehört, oder wenn sie sich nicht im selben Staat gewöhnlich aufhalten *(Abs. 3 Satz 1).*

Beispiele: Ein Italiener und eine Schweizerin leben in Paris. Nach Abs. 1 Nr. 2 würde hier französisches Recht gelten. Statt dessen können die Eheleute italienisches oder schweizerisches Recht wählen (Abs. 3 Satz 1 Nr. 1). Das gleiche gilt, wenn der Mann in Rom, die Frau in Zürich lebt (Abs. 3 Satz 1 Nr. 2).

Handelt es sich in den Fällen des Absatz 3 Satz 1 um *Mehrstaater*, so könnte man das Wahlrecht beschränken auf die nach Art. 5 I maßgebende Staatsangehörigkeit. Da jedoch Art. 5 I zwar in Abs. 2, aber nicht in Abs. 3 genannt ist, werden die Eheleute auch das Recht eines Staates wählen dürfen, das sonst wegen Art. 5 I nicht maßgibt (*Palandt-Heldrich*[58] Art. 14 Rz 13 S. 2341).

Leben z. B. ein italienischer Mann und eine deutsch-schweizerische Frau in Paris, so können sie für die Ehewirkungen das schweizerische Recht wählen, obwohl es sonst nach Art. 5 Satz 2 hinter dem deutschen zurücktritt.

Erwerben in den Fällen des Abs. 3 Satz 1 die Eheleute später eine gemeinsame Staatsangehörigkeit, dann verliert die Rechtswahl ihre Kraft *(Abs. 3 Satz 2).*

In der Regel wird von nun an das gemeinsame Heimatrecht gelten. Zum Beispiel ein Italiener und eine Schweizerin, die in Paris leben, haben die persönlichen Wirkungen ihrer Ehe dem schweizerischen Recht unterstellt. Beide werden unter Beibehaltung ihrer Staatsangehörigkeit Argentinier. Ist die argentinische Staatsangehörigkeit effektiv, dann beherrscht nunmehr argentinisches Recht die persönlichen Ehewirkungen (Abs. 1 Nr. 1). Ist sie es nicht, dann gilt französisches Recht (Abs. 1 Nr. 2), es sei denn die Eheleute wählen argentinisches Recht (Abs. 2) oder italienisches oder schweizerisches (Abs. 3 Satz 1 Nr. 1).

Haben ein Engländer und eine Schweizerin, die sich in Paris niedergelassen haben, englisches Recht gewählt und wird die Frau unter Aufgabe ihrer schweizerischen Staatsangehörigkeit Engländerin, dann gilt nunmehr ebenfalls englisches Recht, aber (worauf *Kühne* aufmerksam gemacht hat) nicht englisches materielles Recht (wie nach Art. 4 II), sondern englisches IPR und daher infolge Weiterverweisung französisches Recht.

Die Wahl ist *jederzeit* vor und in der Ehe zulässig. Sie kann auch im Rahmen der erlaubten Möglichkeiten *geändert* werden. Die in Art. 14 IV ursprünglich vorgesehene *Aufhebung* der Wahl (BTDrucks. 10/504 S. 9) ist vom Rechtsausschuß des Bundestags gestrichen worden, sollte aber wohl nicht ausgeschlossen werden (BTDrucks. 10/5632 S. 11, 41 a. E.) und ist jedenfalls als minus von der Änderung umfaßt.

Die Wahl muß notariell beurkundet sein oder der Ehevertragsform des gewählten Rechts oder des Wahlorts entsprechen (*Art. 14 IV* EGBGB; BayObLG 1998, 103 [108 unter II 2acc (2)] = NJW-RR 1538; verkannt von BGH IPRax 93, 97 mit abl. Aufsatz von *Jayme* 80f.).

Die Zulassung der Rechtswahl ist rechtspolitisch bedenklich. Denn es geht oft um zwingendes Recht. Dies kann man sich grundsätzlich nicht aussuchen, weil man nicht über, sondern unter dem Recht steht. Schlauberger werden die Chance nutzen, jedoch vermutlich nicht viele.

2. Maßgeblicher Zeitpunkt

Das Statut der persönlichen Ehewirkungen (oben 1) gilt für alle *Sachverhalte,* die sich *zur Zeit seiner Herrschaft* verwirklichen. Es kommt nicht auf den Zeitpunkt der Heirat an, sondern auf den jeweiligen Zeitpunkt während der Ehe: das Statut ist *wandelbar.*

Zum Beispiel richtet sich ein etwaiges Verbot von Schenkungen unter Eheleuten nach belgischem Recht, wenn die Gatten Belgier sind (Art. 14 I Nr. 1 EGBGB). Wird der Mann Engländer, so gilt weiterhin belgisches Recht (ebenda).

Auch die Änderung des gesetzlichen Ehewirkungsstatuts von Art. 14 a. F. EGBGB zu Art. 14 n. F. wirkt *ex nunc* (Art. 220 I, II EGBGB; dazu oben S. 39–41). Ebenso die Einführung des West-IPR in den neuen Bundesländern (Art. 236 § 2 EGBGB).

Schließlich kann sich das anzuwendende *materielle* Recht wandeln. Wieweit dann altes Recht gilt und wieweit neues, bestimmt das intertemporale Privatrecht des betreffenden Staates (näher oben S. 20f.), z.B. in den neuen Bundesländern Art. 234 § 1 EGBGB.

3. Geltungsbereich

Mit „persönlichen" oder „allgemeinen" Ehewirkungen (oben S. 714) ist dasselbe gemeint, was das BGB **„Wirkungen der Ehe im allgemeinen"** nennt: der Lebensbereich der in §§ 1353–1362 BGB geregelt ist. Also nicht nur *personen-*, sondern auch *vermögens*rechtliche Dinge.

Diese vermögensrechtlichen Dinge unterscheiden sich vom Ehe*güter*recht dadurch, daß sie *Einzel*fragen regeln und für *alle* Ehen gelten ohne Rücksicht auf eine *besondere* Ordnung der Vermögensverhältnisse in der Ehe. Für solche besonderen Ordnungen gebot das Gesetz (Art. 15 a.F. EGBGB) die *unwandelbare* Anknüpfung an das Heimatrecht des Mannes bei Heirat, um Stabilität zu gewährleisten.

BVerfG IPRax 83, 223 mit Aufsatz von *Henrich* 208–210 = NJW 83, 1968 mit Aufsatz von *v. Bar* 1929–1936 hat zwar den Art. 15 a.F. (außer Abs. 2 HS 2) für nichtig erklärt; aber das galt der Gleichberechtigung, nicht der Unwandelbarkeit, bei der es also bewenden mußte.

Alles was außerhalb dieser Sonderordnungen steht – d.h. die unter dem Namen „persönliche Ehewirkungen" zusammengefaßten personen- und vermögensrechtlichen Verhältnisse –, kann sich *wandeln*, kann heute diesem, morgen jemen Recht unterliegen (oben 2).

Zu den persönlichen Ehewirkungen gehört die **Pflicht zur ehelichen Lebensgemeinschaft.** Ist sie nach ausländischem Recht wesentlich stärker oder wesentlich schwächer als nach deutschem Recht, dann ist Art. 6 EGBGB zu prüfen, aber sehr zurückhaltend anzuwenden. Gegenüber der Verneinung einer Pflicht zur Lebensgemeinschaft im sowjetischen Recht ist der Vorgänger des Art. 6, nämlich Art. 30 a.F. EGBGB, teils angewandt worden, teils nicht; ebenso gegenüber einer Verschärfung dieser Pflicht im italienischen Recht, nach dem ein Trennungsurteil erstritten sein muß, ehe die Lebensgemeinschaft verweigert werden darf und der Unterhaltsanspruch auf Geld geht (Nachweise *Soergel-Schurig* X^{12} Art. 14 EGBGB Rz 41 S. 695f.). Wäre nach ausländischem Recht die Abrede der Kinderlosigkeit verbindlich, so verstieße das gegen unseren *ordre public* (OLG Stuttgart FamRZ 87, 700).

Wie die Pflicht zur ehelichen Lebensgemeinschaft ist auch ihre **Klagbarkeit** dem für die persönlichen Ehewirkungen maßgebenden Recht zu entnehmen (z.B. RG 147, 385 [388]).

Die *praktisch wichtigste* persönliche Ehewirkung ist im *BGB* der **Unterhaltsanspruch** eines Gatten (§§ 1360–1361). Er gehört zu den persönlichen Ehewirkungen, auch wenn er – wie meist – erst im Scheidungsprozeß geltend gemacht wird. Das IPRG von 1986 hat jedoch im Gefolge des Haager Abkommens über das auf Unterhaltspflichten anwendbare Recht von 1973 (oben S. 200) alle Unterhaltsansprüche von Ehegatten, Kindern und anderen Verwandten in Art. 18 EGBGB unter eine eigene Kollisionsnorm gestellt. Nach dessen Abs. 1 Satz 1 entscheidet grundsätzlich das Recht des gewöhnlichen Aufenthalts des Unterhaltsberechtigten.

Wegen engen Zusammenhangs mit dem Unterhaltsanspruch (vgl. für Eheleute § 1360a IV BGB, KG FamRZ 87, 956 und oben S. 304, für Verwandte z.B. *Soergel-Häberle* VIII[12] § 1610 BGB Rz 9 S. 213) muß auch der Anspruch eines Gatten oder Verwandten auf **Prozeßkostenvorschuß** dem Art. 18 EGBGB unterstellt werden.

KG FamRZ 88, 167 (169 unter II 2 b bb) = IPRax 88, 234 (236) mit Aufsatz von *v. Bar* 220–222 (zu Art. 1 Haager Unterhaltsabkommen von 1973); a. A. OLG Stuttgart NJW-RR 1991, 581 (Art. 14 EGBGB maßgebend).

Aus demselben Grunde gehören unter Art. 18 die **Hausrats**verteilung (vgl. § 1361 a BGB) und die Behandlung der **Ehewohnung** (z. B. OLG Hamm IPRax 90, 114 mit Aufsatz von *Weber* 95–98; OLG Koblenz IPRax 91, 263 LS mit Anm. Red. [D.H.] = NJW-RR 91, 522; *Henrich* Ferid-Fschr. 1988, 152–158; ähnlich *Banse,* Die Qualifikation der Zuweisung der Ehewohnung bei Trennung und Scheidung der Ehegatten, Diss. Göttingen 1995, 137–150; a. A. [Art. 14 I EGBGB] OLG Stuttgart FamRZ 98, 1321 [1322 unter II 2 b]) bei Getrenntleben der Gatten. Der Gesetzgeber will mit Art. 18 Abhängigen durch Anwendung des Rechts ihrer Umwelt aufhelfen. Ganz ähnlich abhängig sind aber die, die einen Prozeßkostenvorschuß brauchen oder auf Hausrat oder Ehewohnung angewiesen sind.

In Ehesachen kann das Gericht durch **einstweilige Anordnungen** regeln das *Getrenntleben* der Eheleute, den *Unterhalt eines Gatten, die Benutzung der Ehewohnung* und des *Hausrats,* die Herausgabe oder Benutzung der *zum persönlichen Gebrauch* eines Gatten *bestimmten Sachen* und den *Prozeßkostenvorschuß* (§ 620 Nr. 6–9 ZPO). Die Praxis entscheidet hier zum Teil nach deutschem Recht.

Z.B. OLG Frankfurt FamRZ 80, 174 = IPRspr. 1979 Nr. 236; OLG Karlsruhe IPRax 85, 106 mit Aufsatz von *Henrich* 88–90 und IPRax 87, 38 LS mit Anm. Red. (D.H.) = MDR 86, 242. Dahingestellt OLG Karlsruhe FamRZ 97, 33 = NJW 97, 202.

Richtig aber ist es, nach dem Recht zu entscheiden, das maßgibt für die persönlichen Ehewirkungen (z. B. OLG Oldenburg FamRZ 81, 1176 = NJW 82, 2736) oder den Unterhaltsanspruch (*Staudinger-Kropholler*[12] Rz 141–143 vor Art. 18 EGBGB; Soergel X[12] Art. 18 EGBGB Rz 111

S. 961). Nur, wenn es schwierig ist, dieses Recht festzustellen, ist im Interesse der notwendigen raschen Regelung auf das deutsche Recht zurückzugreifen (z.B. OLG Düsseldorf FamRZ 75, 634 = IPRspr. 1975 Nr. 44).

§ 620 Nr. 1–4, 8 ZPO ermächtigt das Gericht, in Ehesachen durch einstweilige Anordnung zu regeln die *elterliche Sorge* über ein gemeinschaftliches Kind, den *Umgang* des nicht sorgeberechtigten Elternteils mit dem Kind, die *Herausgabe des Kindes,* die *Unterhaltspflicht* gegenüber dem Kind im Verhältnis der Eltern zueinander und die *Herausgabe* oder Benutzung *der zum persönlichen Gebrauch des Kindes bestimmten Sachen.* Hier geht es jedoch nicht um persönliche Ehewirkungen, sondern um Kindschaft: darüber unten S. 791.

In den Bereich der persönlichen Ehewirkungen fallen **Entscheidungsrechte** in der Ehe, **Eingriffsrechte** (z.B. Recht eines Gatten, Briefe des anderen zu öffnen; Recht des Mannes, Dienstverträge der Frau zu kündigen), die Pflicht der Frau zu **Diensten** in Haus und Geschäft, das Recht der Frau zur **Führung des Haushalts,** die Befugnis, Geschäfte zur Deckung des Lebensbedarfs zu besorgen **(Schlüsselgewalt), der Haftungsmaßstab.**

Unter Art. 14 a. F EGBGB gehörten auch Änderungen im **Namen** der Frau, des Mannes oder beider, die als Folge der Ehe eintreten (näher 5. Aufl. S. 524f.). Heute ist der Name in Art. 10 EGBGB geregelt (oben S. 435f.).

Persönliche Ehewirkung ist der **gesetzliche Wohnsitz der Frau** (KG FamRZ 58, 464). **Minderungen der Geschäftsfähigkeit der Frau** zählen *teils* zu den *persönlichen* Ehewirkungen (wenn sie allgemeine Unterordnung der Frau unter den Mann bezwecken), *teils* zum Ehe*güter*recht (wenn sie mit bestimmten Güterständen zusammenhängen wie bis Ende 1956 in den Niederlanden und noch heute in Südafrika); dagegen fällt der Satz *„Heirat macht mündig"* in den Kreis des *Geschäftsfähigkeits*statuts, weil er größerer Lebenserfahrung der verheirateten Frau Rechnung tragen will (oben S. 492).

Rechtsgeschäfte zwischen den Eheleuten oder mit Dritten unterliegen grundsätzlich dem Geschäftsstatut (BGH 119, 392 = FamRZ 93, 289 mit Aufsatz von *St. Lorenz* 393–396 = IPRax 95, 399 mit Aufsatz von *Winkler von Mohrenfels* 379–386 = NJW 93, 385 [386 unter I 1]). **Verbote** solcher Geschäfte können jedoch zu den persönlichen Ehewirkungen oder zum Güterrecht gehören. So fallen Verbote von *Käufen* und *Schenkungen* meist in den Kreis der persönlichen Ehewirkungen (so für Schenkungen Cass. [1re Ch. civ.] Rev.crit.dr.i.p. 1991, 104 mit Anm. von *B.A. [Bertrand Ancel];* im wesentlichen auch *Kühne* FamRZ 69, 376f.). Manchmal gehören solche Verbote nach ihrem *Zweck* ins *Güterrecht;* so nach RG 163, 367 (375–377) das im belgischen Recht enthaltene Verbot von *Gesellschaften* zwischen Eheleuten. **Verbote von Rechtsgeschäften eines Gatten mit Dritten** stellen meist persönliche Ehewirkungen dar, z.B. Verbote an die Frau, sich für den Mann zu *verbürgen* oder andere Schuldhilfe zu leisten (sog. *Interzessionsverbote).*

Das übersieht anscheinend BGH NJW 97, 1011 (niederländisches Verbot an Ehemann, sich ohne Zustimmung der Frau zu verbürgen, sei unbeachtlich, weil *Bürgschaft* deutschem Recht unterliege). Dem folgt OLG Köln RIW 98, 148 für *Schuldbeitritt.* Die Entscheidungen mögen jedoch wegen Verkehrsschutzes (unten 4 a.E.) zutreffen (vgl. auch oben S. 535). Für *Geschäftsfähigkeits-* (statt Bürgschafts-)statut SchweizBG IPRax 87, 34 mit zust. Aufsatz von *Hanisch* 47–51, der außerdem für erweiterten Verkehrsschutz eintritt.

Schließlich sind persönliche Ehewirkungen **Eigentumsvermutungen** im Verhältnis zwischen Eheleuten und Gläubigern und im Verhältnis zwischen den Eheleuten selbst, vorausgesetzt, daß die Vermutung vom Güterstand unabhängig ist wie nach § 1362 BGB.

Persönliche Ehewirkungen gibt es nur zwischen *Eheleuten.* Ob ein Mann und eine Frau verheiratet sind, entscheidet nicht Art. 14 EGBGB. Vielmehr werden die *Vorfragen* nach Anfang und Ende einer Ehe *selbständig* angeknüpft (oben S. 321): über die *Gültigkeit* eine Ehe entscheiden die nach Art. 13 und Art. 11 EGBGB maßgebenden Rechte; über die *Auflösung* einer Ehe entscheidet das Scheidungsstatut oder sie folgt aus der Rechtskraft eines deutschen oder der Anerkennung eines ausländischen Scheidungsurteils.

Die Ehe ist gültig, wenn sie nach den vom *deutschen IPR* für maßgebend erklärten Rechten *gültig* ist, mag sie auch nach dem *Heimatrecht* der Verlobten *Nichtehe* sein (z.B. früher, wenn Griechen in Deutschland nur vor dem Standesbeamten geheiratet hatten, vgl. Art. 13 III a.F., III 1 n.F. EGBGB). Gleichwohl gilt für die persönlichen Ehewirkungen das von Art. 14 berufene Recht (*in casu* also das griechische) und nicht etwa das deutsche (streitig, näher *Staudinger-Gamillscheg*[10/11] Art. 14 EGBGB Rz 115 bis 117 S. 498f.; *Staudinger-von Bar/Mankowski*[13] Art. 14 EGBGB Rz 15 S. 333; *Soergel-Schurig* X[12] Art. 14 EGBGB Rz 69 S. 708f.; *MünchKomm-Siehr*[3] Art. 14 EGBGB Rz 116 S. 746f).

Da das IPRG von 1986 die wichtigen persönlichen Ehewirkungen des **Namens** und des **Unterhalts** besonderen Statuten unterstellt hat (Art. 10, 18 EGBGB), sind für Art. 14 nur Mauerblümchen übrig geblieben. Bedeutsam ist er nicht für den eigenen Geltungsbereich, sondern als Formulierer des **„Familienstatuts"**, auf das im Güterrecht (Art. 15 I), bei der Scheidung (Art. 17 I 1, III 1 HS 1), der Abstammung (Art. 19 I 3 i.d.F. von Art. 12 KindRG) und der Adoption (Art. 22 Satz 2) verwiesen wird.

4. Verkehrsschutz

Bei **Minderungen der Geschäftsfähigkeit der Frau,** mögen sie persönliche oder güterrechtliche Ehewirkungen darstellen, ist im Verkehrsinteresse **Art. 12 Satz 1 EGBGB entsprechend** anzuwenden (näher oben S. 480f.).

Für **Gewerbefrauen** enthielt eine dem Art. 7 III 1 a.F. (Art. 12 Satz 1 n.F.) EGBGB ähnliche Regel der **§ 11 a I GewO.** (Dazu *Staudinger-Gamillscheg*[10/11] Art. 16 EGBGB Rz 78–87, S. 712–714; Soergel VIII[11] Art. 14 EGBGB Rz 54, 55, S. 823). § 11 a I GewO ist **aufgehoben** durch Art. 1 Nr. 1 Zweites Rechtsbereinigungsgesetz vom 16. 12. 1986 (BGBl. I 2441). Demgemäß enthält die Neufassung der GewO vom 22. 2. 1999 (BGBl. I 202) keine Vorschrift über Vertrauensschutz gegenüber Gewerbefrauen.

Darüber hinaus schützt den Inlandsverkehr gegen persönliche und güterrechtliche Ehewirkungen ausländischen Rechts **Art. 16 EGBGB:**

„Schutz Dritter

(1) Unterliegen die güterrechtlichen Wirkungen einer Ehe dem Recht eines anderen Staates und hat einer der Ehegatten seinen gewöhnlichen Aufenthalt im Inland oder betreibt er hier ein Gewerbe, so ist § 1412 des Bürgerlichen Gesetzbuchs entsprechend anzuwenden; der fremde gesetzliche Güterstand steht einem vertragsmäßigen gleich.

(2) Auf im Inland vorgenommene Rechtsgeschäfte ist § 1357, auf hier befindliche bewegliche Sachen § 1362, auf ein hier betriebenes Erwerbsgeschäft sind die §§ 1431, 1456 des Bürgerlichen Gesetzbuchs sinngemäß anzuwenden, soweit diese Vorschriften für gutgläubige Dritte günstiger sind als das fremde Recht."

Art. 16 übernimmt im wesentlichen den Art. 16 a.F. Zum Teil weicht er ab, erheblich beeinflußt vom Vorschlag des Deutschen Rats für IPR (*Beitzke* [Hrsg.], Vorschläge und Gutachten zur Reform des deutschen internationalen Personen-, Familien- und Erbrechts, 1981, 6 § D):

– früher kam es auf *Wohnsitz* im Inland an, heute entscheidet *gewöhnlicher Aufenthalt;*
– früher mußten *beide Gatten* im Inland leben, heute genügt, daß sich *einer* hier gewöhnlich aufhält;
– hinzugekommen ist der Fall, daß ein Gatte im Inland ein *Gewerbe* betreibt; hierdurch soll das Erfordernis der Eintragung im Güterrechtsregister (§ 1412 BGB) „in Anlehnung an den güterrechtlichen Gehalt der am 1. Januar 1978 weggefallenen Absätze 2 und 3 des § 11 a Gewerbeordnung" erstreckt werden auf den Fall des inländischen Gewerbebetriebes (Begründung BTDrucks. 10/504 S. 59; vgl. zu § 11 a II, III GewO Soergel VIII[11] Art. 16 EGBGB Rz 27 S. 870);
– anders als Art. 16 II a.F. verlangt die Neufassung des Abs. 2 auf Seiten des Dritten *guten Glauben* derart, daß ihm Kenntnis oder grob fahrlässige Unkenntnis des maßgebenden ausländischen Rechts schadet; anders als nach Art. 12 Satz 1 n.F. EGBGB ist jedoch *leichte* Fahrlässigkeit unschädlich (vgl. Begründung BTDrucks. 10/504 S. 59);
– die in Abs. 2 genannten §§ 1357, 1362, 1431 und 1456 BGB „fanden" früher „Anwendung", heute sind sie *„sinngemäß* anzuwenden" – wohl nur ein kosmetischer Eingriff.

Unter diesen Voraussetzungen schützt Art. 16 II EGBGB gutgläubige Dritte, indem er § 1357 BGB (Befugnis, Geschäfte zur Deckung des Lebensbedarfs zu besorgen, **Schlüsselgewalt**) und § 1362 BGB **(Eigentumsvermutungen)** für sinngemäß anwendbar erklärt, soweit sie dem

Dritten günstiger sind als das ausländische Recht der persönlichen Ehewirkungen.

Vgl. OLG Celle IPRax 93, 96 unter I und (im selben Fall) BGH ebenda 97 unter I, beide mit abl. Aufsatz von *Jayme* 80f.: spanische Witwe wird auf Krankenhauskosten ihres spanischen Mannes verklagt; Haftung nach § 1357 BGB wird verneint, aber spanisches Recht mit Unrecht nicht geprüft (zur BGH-Entscheidung auch oben S. 717).

Wie Art. 16 II a.F. ist Art. 16 II n.F. entsprechend anzuwenden zum Schutze des Verkehrs im *Ausland,* vorausgesetzt daß der ausländische Staat selbst einen eigenen Verkehr in gleicher Weise schützt.

So für Art. 16 II n.F. Begründung BTDrucks. 10/504 S. 59; *Soergel-Schurig* X[12] Art. 16 EGBGB Rz 22 S. 78f.; *MünchKomm-Siehr*[3] Art. 16 EGBGB Rz 42 S. 808f.; differenzierend für Art. 16 II a.F. *Staudinger-Gamillscheg*[10/11] Art. 16 EGBGB Rz 97–100 S. 716f.; a.A. *Staudinger-von Bar/Mankowski*[13] Art. 16 EGBGB Rz 89, 90 S. 580f.; vgl. oben S. 378f., unten S. 735f.

Beispiel: Kurz vor der Abdankung König Faruks von Ägypten im Juli 1952 kaufte seine damalige Gattin Narriman Kleider und Blusen für rund 2500000 (alte) Francs in einem Pariser Modehaus. Zahlung blieb aus. 1963 verklagte das Modehaus Faruk und Narriman in Paris. Faruk wandte ein, das ägyptische Recht kenne keine Schlüsselgewalt. Der Einwand wurde verworfen, weil das Modehaus gutgläubig (*„sans légèreté, sans imprudence et avec bonne foi"*, vgl. oben S. 494) gehandelt habe: Tribunal de grande instance de la Seine, Rev.crit.dr.i.p. 1964, 689 mit Anm. von *H.B. (Henri Batiffol).* Wäre Faruk in Deutschland verklagt worden, so wäre ebenso zu entscheiden gewesen in entsprechender Anwendung von Art. 16 II a.F. EGBGB; das gleiche ergibt heute Art. 16 II n.F.

Verbietet das für die persönlichen Ehewirkungen maßgebende Recht einem Gatten **Geschäfte mit Dritten,** dann ist der *deutsche* Verkehr **analog Art. 16 II EGBGB** zu schützen und dasselbe gilt für *ausländischen* Verkehr, soweit der ausländische Staat selbst ihn schützt.

Die *örtliche Zuständigkeit* für Eintragungen ins *Güterrechtsregister* ist in den Fällen des Art. 16 EGBGB (§§ 1357 II 2, 1431 III, 1456 III mit § 1412 BGB) die gleiche wie sonst: sie ist geregelt in *§§ 1558, 1559 BGB* (Neufassung durch Art. 2 Nr. 2, 3 IPRG; zur Vorgeschichte 5. Aufl. S. 489).

5. Verfahren

Besonderes gilt für die **Herstellung des ehelichen Lebens.** Die Klage darauf ist **„Ehesache"** (§ 606 I ZPO i.d.F. von Art. 3 Nr. 5 EheschlRG). *Internationale Zuständigkeit* und *Anerkennung ausländischer Entscheidungen* richten sich daher nach den bei der Heirat besprochenen Regeln (oben S. 701–709).

Neben den Ehesachen gibt es **„andere Familiensachen"**, die persönliche Ehewirkungen betreffen:

– *Unterhalt,*
– *Ehewohnung* und *Hausrat.*

Auch für sie ist das Familiengericht sachlich ausschließlich zuständig (§ 621 I ZPO i.d.F. von Art. 6 Nr. 14 KindRG: Verbundszuständigkeit). Das gilt auch, wenn das anwendbare ausländische Recht, z.B. das türkische, keinen Anspruch auf Ehewohnung und Hausrat kennt (OLG Düsseldorf FamRZ 95, 1280; a.A. [Prozeßgericht] z.B. OLG Stuttgart FamRZ 97, 1085; OLG Karlsruhe FamRZ 97, 33 = NJW 97, 202). Denn jedenfalls kennt es Unterhaltsansprüche und zu ihnen gehört der Anspruch auf Ehewohnung und Hausrat (unten S. 755).

Hängt eine Ehesache an, dann ist sachlich ausschließlich zuständig das Gericht erster Instanz dieser Sache (§ 621 II 1 ZPO i.d.F. von Art. 6 Nr. 14 KindRG, § 11 I HausratVO). Auch örtliche und internationale Zuständigkeit folgen dann den besonderen Regeln für Ehesachen (oben S. 702–705). Schwebt eine Ehesache im Ausland, dann ist freilich die Verbundszuständigkeit nicht ausschließlich (oben S. 705). Auch Gerichte anderer Staaten und insbesondere unsere eigenen können also international zuständig sein (OLG Düsseldorf IPRax 83, 129 LS mit Anm. Red. [E.J.] = IPRspr. 1982 Nr. 169, betr. Hausratsverfahren; wegen Unterhaltssachen nach GVÜ siehe aber Soergel X[12] Art. 19 EGBGB Rz 100 a.E. S. 1152). Für sie liegt es, wie wenn keine Ehesache anhängt. Hängt keine Ehesache an, dann gelten für örtliche und internationale Zuständigkeit „die allgemeinen Vorschriften" (§ 621 II 2).

Hervorzuheben: Für **Unterhaltsklagen** besteht, wenn der Beklagte im Inland keinen Gerichtsstand hat (auch nicht den des Vermögens nach § 23 ZPO), internationale Zuständigkeit der Gerichte des Staats, in denen der **Kläger** seinen **allgemeinen Gerichtsstand** hat: § 23a ZPO („aktive" Aufenthaltszuständigkeit). Für Verfahren über **Ehewohnung** und **Hausrat** werden, wenn keine Ehesache anhängt, örtliche und internationale Zuständigkeit grundsätzlich durch den Ort der Ehewohnung bestimmt (§ 11 II 1 HausratVO), außerdem gilt § 606 II, III ZPO entsprechend (§ 11 II 2 HausratVO). Allerdings muß die in § 11 II 1 HausratVO enthaltene Verweisung auf *§ 606 II, III* ZPO, der früher sowohl die örtliche wie die internationale Zuständigkeit betraf, heute, da § 606 II, III auf die örtliche Zuständigkeit beschränkt ist, während § 606a n.F. die internationale Zuständigkeit regelt, auf *§ 606a n.F.* erstreckt werden.

Das *Verfahren* ist in Unterhaltssachen und für Ehewohnung und Hausrat grundsätzlich das Verfahren der freiwilligen Gerichtsbarkeit (§ 621a I ZPO i.d.F. von Art. 6 Nr. 15 KindRG und Art. 1b Nr. 3 BtÄndG, § 13 HausratVO).

6. Staatsverträge

Deutschland war bis 23. 8. 1987 Vertragsstaat des mehrseitigen **Haager Ehewirkungsabkommens** von **1905** (oben S. 212).

Maßgebend ist nach dem Abkommen das **jeweilige gemeinsame Heimatrecht** der Eheleute (Art. 1 I, 9 I), hilfsweise das **letzte gemeinsame,** auch wenn keiner der Gatten es beibehalten hat (Art. 9 II). Der Fall *nie gemeinsamen* Heimatrechts gehört nicht unter das Abkommen (z.B. KG FamRZ 88, 167 [168 unter II 2 b aa] = IPRax 88, 234 [235] mit Aufsatz von *v. Bar* 220–222). Bei *Mehrstaatern* entscheidet die *engste Verbindung* zu einem der Staaten (BayObLGZ 1986, 1 [6 f.] = IPRax 86, 379 mit Aufsatz von *Jayme* 361 f. = NJW-RR 86, 1023 [1024] und zwar auch, wenn eine der Staatsangehörigkeiten die inländische ist (Art. 5 I 1 EGBGB gilt nicht für die Auslegung von *Staatsverträgen* und galt daher auch nicht, solange die Bundesrepublik Vertragsstaat des Haager Ehewirkungsabkommens war).

Nicht alle persönlichen Ehewirkungen werden vom Abkommen erfaßt. Aber *Herstellungs*klagen und *Unterhalts*ansprüche fallen darunter (näher *Soergel* VIII[11] Art. 16 EGBGB Anhang Rz 3, S. 872 f.).

Die Berufung auf ihren *ordre public* in den Vertragsstaaten verwehrt (RG 147, 385; anders seltsamerweise RG 150, 283).

Zum **deutsch-iranischen Niederlassungsabkommen** von **1929** oben S. 195.

7. Interlokales Recht

Schrifttum: *Brudermüller* und *Wagenitz,* Das Ehe- und Ehegüterrecht in den neuen Bundesländern, FamRZ 90, 1294–1300 (1296); *Jayme,* Allgemeine Ehewirkungen und Ehescheidung nach dem Einigungsvertrag – Innerdeutsches Kollisionsrecht und IPR, IPRax 91, 11–14.

a) Privatrecht der früheren DDR und Ostberlins

Im Osten war das *materielle* Recht der persönlichen Ehewirkungen geregelt in §§ 9 bis 11 FGB. Den Unterhalt betrafen §§ 12, 17–22 FGB, den Familiennamen § 7.

Das *internationale* Recht der persönlichen Ehewirkungen regelte § 19 RAG: er beruft das gemeinsame Heimatrecht der Gatten, hilfsweise das Recht der DDR.

Am 3. 10. 1990 ist das materielle und internationale Recht der persönlichen Ehewirkungen, das in der früheren DDR und in Ost-Berlin galt, außer Kraft getreten. Denn Art. 8 des Einigungsvertrags hat das Bundesrecht in den neuen Bundesländern eingeführt und damit auch das BGB sowie das bundesdeutsche internationale und interlokale Privatrecht.

b) Interlokales Privatrecht

aa) Neufälle

Für Neufälle, d.h. für persönliche Ehewirkungen seit dem 3. 10. 1990, gilt in Ost und West einheitlich das westdeutsche materielle, internationale und interlokale Recht der persönlichen Ehewirkungen.

bb) Altfälle

Für persönliche Ehewirkungen aus der Zeit vor dem 3. 10. 1990 bleibt es in den *neuen* Bundesländern nach Art. 236 §§ 1, 2 EGBGB beim bisherigen internationalen und interlokalen Privatrecht, also bei § 19 RAG. Gegebenenfalls ist daher in Ost und West verschieden zu entscheiden (vgl. oben S. 42–44).

Im *Westen* entscheidet das **interlokale Personalstatut** (oben S. 407 f.). Infolgedessen unterliegen die persönlichen Ehewirkungen der Reihe nach dem Recht des Gebiets (Ost oder West),

a) das **im maßgeblichen Zeitpunkt** das interlokale Personalstatut **beider Eheleute** gewesen ist;

b) das nach der Heirat das **letzte** interlokale Personalstatut **beider Eheleute gewesen** ist (OLG Stuttgart IPRax 86, 180 LS mit Anm. Red. [D.H.]);
c) das im Einzelfall die **schwächere Ehewirkung** anordnet (vgl. oben S. 714f.).

Soweit nach westlichem oder östlichem interlokalen Privatrecht östliches materielles Recht der persönlichen Ehewirkungen maßgibt, sind nach Art. 234 § 1 EGBGB persönliche Ehewirkungen aus der Zeit vor dem 3. 10. 1990 nach dem FGB zu beurteilen.

Art. 234 § 3 EGBGB ist zwar überschrieben „Wirkungen der Ehe im allgemeinen", handelt jedoch nur vom *Namen* (über ihn oben S. 530 a. E. f.).

Zum interlokalen *Unterhalts*recht unten S. 774f., zum interlokalen *Verfahrens*recht unten S. 929–933.

VI. Ehegüterrecht

Schrifttum: 7. Aufl. S. 632f. Hervorzuheben: *Herzfelder,* Problèmes relatifs au régime matrimonial en droit international privé français et allemand, Paris 1978; *Verwilghen* (Hrsg.), Régimes matrimoniaux, successions et liberalités I, II, Neuchâtel 1979; *Beitzke,* Zur Reform des Kollisionsrechts des Ehegüterrechts, in: *Beitzke* (Hrsg.), Vorschläge und Gutachten zur Reform des deutschen internationalen Personen-, Familien- und Erbrechts, 1981, 146–150; *Stojanovic,* Die Parteiautonomie und der internationale Entscheidungseinklang unter besonderer Berücksichtigung des internationalen Ehegüterrechts, Zürich 1983; *van Erp,* Internationaal huwelijksvermogensrecht, Zwolle 1985; *Clausnitzer,* Die güter- und erbrechtliche Stellung des überlebenden Ehegatten nach den Kollisionsrechten der Bundesrepublik Deutschland und der USA, 1986; *Garofalo,* I rapporti patrimoniali tra coniugi nel diritto internazionale privato, Bari 1987; *Pakuscher,* Die Unwandelbarkeit des Ehegüterrechtsstatuts im Lichte der Reform des IPR, Rechtsvergleichende Überlegungen ausgehend vom französischen, US-amerikanischen und Schweizer Recht, 1987; *Fischer,* Verkehrsschutz im internationalen Vertragsrecht, 1990; *St. Lorenz,* Das intertemporale internationale Ehegüterrecht nach Art. 220 III EGBGB und die Folgen eines Statutenwechsels, 1991; *Droz* Rec. 1991 IV 198–223; *Ten Wolde,* Hoofdlijnen van het Nederlandse internationaal huwelijksvermogensrecht, Deventer, 1993. Danach: *Winkler von Mohrenfels,* Ehebezogene Zuwendungen im IPR, IPRax 95, 379–386; *Nederlandse Vereniging voor Rechtspraak Werkgroep Internationaal privaatrecht,* Knelpunten in het internationaal huwelijksvermogensrecht, Tijdschrift voor de Rechterlijke Macht 1995 (No. 5 Special), 137–165; *Sabourin,* Les effets patrimoniaux du mariage en droit international privé québécois, Québec 1996; *Viarengo,* Autonomia della volontà e rapporti patrimoniali tra coniugi nel diritto internazionale privato, Padua 1996; *Henrich,* Anordnungen für den Todesfall in Eheverträgen und das IPR, Schippel-Fschr. 1996, 905–917; *De Busschere,* La modification conventionnelle du régime matrimonial pendant le mariage: quelques aspects du droit international privé, J. Trib. 1996, 89–98; *Reinhartz,* Derdenbescherming in het huwelijksvermogensrecht, Deventer 1997 (17–21); *Kemp,* Grenzen der Rechtswahl im internationalen Ehegüter- und Erbrecht, 1998; *Riering,* Gesellschaftsstatut und Ehegüterstatut, IPRax 98, 322–327; *Bouckaert,* Nederlands en Belgisch internationaal privaatrecht met betrekking tot erfrecht en huwelijksvermogensrecht, WPNR 1998, 713–719 (716–719); Noten zu Cass. (1re Ch.civ.) Rev.crit.dr.i.p. 1998, 596 von *Bourdelois* 597–602, zu Cass. (1re Ch.civ.) ebenda 632 von *Gannagé* 632–637 und zu Cass. (1re Ch.civ.) ebenda 644 von *Annoussamy* 645–651; *ten Wolde,* Internationaal huwelijksvermogensrecht, derdenbescherming en de taak van het Nederlandse notariaat, WPNR 1999, 30–32.

Rechtsvergleichend: Siehe 4. Aufl. S. 367. Ferner: *Verwilghen* (Hrsg.), Régimes matrimoniaux, successions et libéralités I, II, Neuchâtel 1979; *Kühne,* Wechselbeziehungen zwischen ehelichem Güterrecht und Zuwendungsgeschäften unter Ehegatten – Eine rechtsvergleichende Skizze, Beitzke-Fschr. 1979, 249–267; *Lévy,* Coup d'oeil historique d'ensemble sur la situation patrimoniale du conjoint survivant, Rodière-Fschr. 1981, 177–196; *Glos,* Community Property in Czechoslovakia and the Soviet Union as Compared with Other Community Property States, 7 (1981) Rev.Soc.L.

169–198; *Grossen,* Notes de droit comparé sur le thème de la „mutabilité contrôlée" du régime matrimonial, Zajtay-Fschr. 1982, 171–184; *León Arce,* Sistemas económicos matrimoniales de tipo mixto: El régimen de participación, Oviedo 1984; *Grossen,* Comparative Developments in the Law of Matrimonial Regimes, 60 (1986) Tul. L. Rev. 1199–1208; *Rieg* u.a., Le régime juridique des biens destinés à l'usage commun des époux, Rev.int.dr.comp. 1990, 1105–1325 (viele Länder West- und Südeuropas).

1. Grundsätze

Wie *Heirat* und *persönliche* Ehewirkungen bilden auch die *güterrechtlichen* Wirkungen der Ehe ein höchst persönliches Anliegen der Eheleute. Deswegen wird auch das Ehegüterrecht im *Parteiinteresse* dem *Personalstatut* im Anknüpfungssinne (oben S. 386) überwiesen.

a) Familienstatut

Art. 15 I EGBGB bestimmt:

„Güterstand

(1) Die güterrechtlichen Wirkungen der Ehe unterliegen dem bei der Eheschließung für die allgemeinen Wirkungen der Ehe maßgebenden Recht."

Hier wird verwiesen auf *Art. 14* und zwar nicht nur auf Absatz 1 (gesetzliche Anknüpfung), sondern auch auf Absätze 2–4 (Rechtswahl) (Begründung BTDrucks. 10/504 S. 58). Damit unterliegen im Normalfall persönliche und güterrechtliche Ehewirkungen demselben Recht **(Familienstatut).**

Zudem ist *Gleichberechtigung* von Mann und Frau hergestellt. Art. 15 a.F. hatte an das Heimatrecht des *Mannes* angeknüpft und war deswegen insoweit vom BVerfG für nichtig erklärt worden (BVerfG 63, 181). Näher 5. Aufl. S. 490–494.

Allerdings enthält Art. 15 I eine wichtige Einschränkung. Denn er verweist nur auf das *„bei der Eheschließung"* maßgebende Recht der persönlichen Ehewirkungen. Die in Art. 15 a.F. ausgesprochene *Unwandelbarkeit* des Güterrechtsstatuts ist also beibehalten, entgegen dem Vorschlag des Deutschen Rats für IPR (*Beitzke* [Hrsg.], Vorschläge und Gutachten zur Reform des deutschen internationalen Personen-, Familien- und Erbrechts, 1981, 5f. Ehewirkungen § A). Man wollte Schwierigkeiten beim Wechsel von Güterständen und nach Auflösung der Ehe durch Tod oder Scheidung vermeiden (Begründung aaO S. 58). Jedoch überläßt man den *Gatten,* durch *Rechtswahl* das Güterrechtsstatut zu ändern.

b) Rechtswahl

Art. 15 II, III EGBGB lautet:

„(2) Die Ehegatten können für die güterrechtlichen Wirkungen ihrer Ehe wählen

1. das Recht des Staates, dem einer von ihnen angehört,
2. das Recht des Staates, in dem einer von ihnen seinen gewöhnlichen Aufenthalt hat, oder
3. für unbewegliches Vermögen das Recht des Lageorts.

(3) Artikel 14 Abs. 4 [Form der Rechtswahl] gilt entsprechend."

Das Wahlrecht beruht auf einem Vorschlag des Deutschen Rats für IPR (*Beitzke* [Hrsg.], Vorschläge und Gutachten zur Reform des deutschen internationalen Personen-, Familien- und Erbrechts, 1981, 6 § B) und folgt im wesentlichen dem Haager Ehegüterstandsabkommen von 1976, nach dem allerdings grundsätzlich nur *vor* der Ehe gewählt werden kann (Art. 3, 6, 7, unten S. 738). Es ist rechtspolitisch bedenklich (oben S. 717).

Gewählt werden kann nach Art. 15 II EGBGB vor und in der Ehe und die Wahl kann in den zugelassenen Grenzen geändert und sie kann aufgehoben werden (Begründung BTDrucks. 10/504 S. 58). Die Eheleute können sich also, wenn sie einig sind, einer neuen Umgebung anpassen.

Nr. 3 des Art. 15 II fehlte im Regierungsentwurf und ist vom Rechtsausschuß des Bundestags eingefügt worden, um vor allem beim Erwerb deutscher Grundstücke durch Ausländer die Rechtsanwendung zu erleichtern (BTDrucks. 10/5632 S. 42); dagegen wollte der Deutsche Rat für IPR dem Umstand Rechnung tragen, daß viele Staaten den Güterstand mit Bezug auf Grundstücke der *lex rei sitae* unterwerfen (*Beitzke* aaO 39). Ein (auf die Wahl deutschen Rechts beschränktes) Gegenstück, ebenfalls vom Rechtsausschuß eingefügt, findet sich bei der Erbfolge (Art. 25 II EGBGB, unten S. 855 a.E.–857). Sondervermögen sollte man indessen nicht zerschlagen (vgl. oben S. 166).

Das Recht des Lageorts kann gewählt werden für *„unbewegliches Vermögen"*. Daraus, daß hier nicht von „dem" unbeweglichen Vermögen gesprochen wird, und aus dem Zweck, die Rechtsanwendung zu erleichtern, darf man folgern: das Recht des Lageorts muß *nicht für das gesamte* unbewegliche Vermögen in einem Lande gewählt werden. Vielmehr kann die Wahl auf *einzelne Gegenstände* beschränkt werden (LG Mainz DNotZ 94, 564 mit Anm. von *Schotten* = FamRZ 94, 1457 LS mit Anm. von *Mankowski* = NJW-RR 94, 73). Im Haager Ehegüterstandsabkommen und im Vorschlag des Deutschen Rats für IPR ist dies klar gesagt.

Weniger deutlich ist, *was für Gegenstände* zum unbeweglichen Vermögen gehören sollen. Bisher kannte man im deutschen materiellen Recht nur bewegliche und unbewegliche *Sachen,* nicht bewegliches und unbewegliches *Vermögen* (vgl. oben S. 352 a.E.f.). Wie steht es mit Erbbaurechten, Hypotheken, Mitgliedschaftsrechten an Grundstücksgesellschaften? Da der Rechtsausschuß nur von „Grundstücksverkehr" und „Grundstücken" redet (aaO), ist die Wahl auf Grundstücke zu beschränken und die rechtspolitisch verfehlte Vorschrift nicht auszuweiten (a.A. *Siehr* IPRax 87, 7 unter II 1; *Schurig* IPRax 90, 391).

Früher öffneten Art. 15 II HS 2 EGBGB (wenn Ausländer Deutsche wurden oder in Deutschland lebten) und § 1409 II BGB (wenn Deutsche im Ausland lebten) Wege zu Eheverträgen (näher 5. Aufl. S. 497f.). Diese Vorschriften sind weggefallen (vgl. Art. 15 n.F. EGBGB und Art. 2 Nr. 1 IPRG, der von § 1409 a.F. BGB nur Abs. 1 erhalten und sprachlich leicht geändert hat). Die Zulässigkeit der Rechtswahl genügt (vgl. Begründung BTDrucks. 10/504 S. 58, 86). Wer allerdings wählt, wo er nicht wählen darf, handelt unter falschem Recht (oben S. 63f.).

c) Übergangsrecht

Übergangsrechtlich sind drei Daten wichtig.

- *1. 4. 1953:* Inkrafttreten der Gleichberechtigung von Mann und Frau nach Art. 3 II, 117 I GG,
- *8. 4. 1983:* öffentliches Bekanntwerden der Entscheidung BVerfG 63, 181, die Art. 15 I a.F. EGBGB insoweit für nichtig erklärt hat, wie er der Gleichberechtigung von Mann und Frau widerspricht (vgl. oben S. 727 und 5. Aufl. S. 493) und
- *1. 9. 1986:* Inkrafttreten des IPRG nach dessen Art. 7 § 2.

Art. 220 III EGBGB bestimmt:

„(3) Die güterrechtlichen Wirkungen von Ehen, die nach dem 31. März 1953 und vor dem 9. April 1983 geschlossen worden sind, unterliegen bis zum 8. April 1983

1. dem Recht des Staates, dem beide Ehegatten bei der Eheschließung angehörten, sonst
2. dem Recht, dem die Ehegatten sich unterstellt haben oder von dessen Anwendung sie ausgegangen sind, insbesondere nach dem sie einen Ehevertrag geschlossen haben, hilfsweise
3. dem Recht des Staates, dem der Ehemann bei der Eheschließung angehörte.

Für die Zeit nach dem 8. April 1983 ist Artikel 15 anzuwenden. Dabei tritt für Ehen, auf die vorher Satz 1 Nr. 3 anzuwenden war, an die Stelle des Zeitpunkts der Eheschließung der 9. April 1983. Soweit sich allein aus einem Wechsel des anzuwendenden Rechts zum Ablauf des 8. April 1983 Ansprüche wegen der Beendigung des früheren Güterstandes ergeben würden, gelten sie bis zu dem in Absatz 1 genannten Tag als gestundet. Auf die güterrechtlichen Wirkungen von Ehen, die nach dem 8. April 1983 geschlossen worden sind, ist Artikel 15 anzuwenden. Die güterrechtlichen Wirkungen von Ehen, die vor dem 1. April 1953 geschlossen worden sind, bleiben unberührt; die Ehegatten können jedoch eine Rechtswahl nach Artikel 15 Abs. 2 und 3 treffen."

Mithin ergibt sich:

- *Heirat vor 1. 4. 1953:* Art. 15 a.F. EGBGB (Heimatrecht des Mannes) gilt; aber die Eheleute können das maßgebende Güterrecht in den Grenzen und in der Form des Art. 15 II, III n.F. wählen (vgl. oben b);
- *Heirat zwischen 1. 4. 1953 und 8. 4. 1983* (beide Tage einschließlich):
  - *bis 8. 4. 1983:* das gemeinsame Heimatrecht bei Heirat gilt, hilfsweise das Recht, dem sich die Gatten unterstellt haben oder von dem sie ausgegangen sind – eine Art Rechtswahl, die nach dem 8. 4. 1983, also im Fall des Art. 220 III 2, weiterwirken soll;

    dazu BGH IPRax 87, 114 mit Aufsatz von *Henrich* 93–95 = NJW 87, 583 (584 unter III 4) mit Aufsatz von *Rauscher* 531–536; BGH IPRax 88, 100 mit Aufsatz von *Schurig* 88–94 = NJW 88, 638 = ZfJ 87, 427 (427 unter 3, 429 unter 4a, c); BGH FamRZ 88, 40 (41f. unter 3b bb) = IPRax 88, 103; BGH 119, 392 = FamRZ 93, 289 mit Aufsatz von *St. Lorenz* 393–396 = IPRax 95, 399 mit Aufsatz von *Winkler von Mohrenfels* 379–386 = NJW 93, 385 (387 unter II 3b: „unbewußte" Rechtswahl genüge, Gesamtbetrachtung sei nötig, letzte Rechtswahl [von mehreren] entscheide); OLG Köln FamRZ 96, 1479 mit krit. Anm. von *Henrich* (folgt BGH 119, 392); BGH FamRZ 98, 905 (906 unter II 2: Weiterwirkung einer „Rechtswahl" nach Art. 220 III 2 EGBGB) = JZ 99, 204 mit Anm. von *Stoll*.

    zweithilfsweise das Heimatrecht des Mannes bei Heirat;

    OLG Zweibrücken FamRZ 88, 623 = IPRax 88, 357 mit Aufsatz von *Rauscher* 343–349;

    beide Hilfsanknüpfungen verstoßen nicht gegen Art. 3 II GG;

    BGH IPRax 87, 114 usw. wie oben S. 636: ebenso für die erste Hilfsanknüpfung (Art. 220 III 1 Nr. 2 EGBGB) BGH IPRax 88, 100 (101f. unter 3) usw. wie oben.

    Die Regelung des Art. 220 III Satz 1 Nr. 2 und 3 ist mißlungen. Die „Unterstellung" unter das Ehegüterrecht eines Landes ist fast immer Fiktion und die Hilfsanknüpfung an das Heimatrecht des Mannes mit Art. 3 II GG kaum vereinbar. Man sollte durch Auslegung der „Unterstellung" oder wegen Verfassungswidrigkeit der Nr. 3 zu analoger Anwendung des Art. 15 I mit Art. 14 I Nr. 2 und 3 EGBGB gelangen und damit grundsätzlich zur Anwendung des Rechts des Staates, in dem sich die Eheleute bei Heirat gewöhnlich aufgehalten haben.

  - ab *9. 4. 1983:* Art. 15 n.F. gilt (OLG Köln NJW-RR 98, 865 und FamRZ 99, 298); galt vorher das Heimatrecht des Mannes, dann entscheiden die Anknüpfungsmomente des Art. 15 n.F. am 9. 4. 1983 (statt bei Heirat) und Ansprüche aus einer Beendigung des früheren Güterstands wegen des Statutenwechsels gelten als bis 1. 9. 1986 gestundet; diese Durchbrechung der Unwandelbarkeit des Güterstands ist verfassungsmäßig (BVerfG IPRax 88, 366 LS mit Anm. Red. [D.H.] = NJW 89, 1081);
- *Heirat ab 9. 4. 1983:* Art. 15 n.F. gilt.

Nach BGH IPRax 87, 114 mit Aufsatz von *Henrich* 93–95 = NJW 87, 583 (584 unter III 3) = RIW 87, 875 mit abl. Aufsatz von *Puttfarken* 834–841 (835f.) „bezieht sich der Stichtag [des 8. 4. 1983 in Art. 220 III EGBGB] nicht auf den Vermögenserwerb, sondern auf den zu beurteilenden *güterrechtsrelevanten Vorgang*", womit die Abwicklung des Güterstands gemeint ist (vgl. OLG Karlsruhe IPRax 90, 122 [123 unter 2] mit Aufsatz von *Jayme* 102 f.; OLG Hamm FamRZ 93, 111, 115). Das widerspricht dem Gesetzeswortlaut („güterrechtliche Wirkungen") und den Regeln des Statutenwechsels (Art. 220 I, II EGBGB; vgl. oben S. 666–668). Praktisch hebt es den Art. 220 III 1–3 aus den Angeln: Art. 15 n. F. EGBGB gilt immer. Demgemäß will der BGH, falls mit dem 9. 4. 1983 ein neuer Güterstand eintritt, z. B. Gütertrennung statt Zugewinngemeinschaft, „ab 9. 4. 1983 ein für allemal – für vorhandenes und künftiges Vermögen" das neue Recht anwenden (BGH IPRax 88, 100 [101 unter 3] mit Aufsatz von *Schurig* 88–94 = NJW 88, 638 [639]; BGH 119, 392 = FamRZ 93, 289 mit Aufsatz von *St. Lorenz* 393–396 = IPRax 95, 339 mit Aufsatz von *Winkler von Mohrenfels* 379–386 = NJW 93, 385 [387 unter II 3 a a. E.]). M. E. muß aber mindestens rechnerisch reiner Tisch gemacht werden, bevor neu angefangen wird; z. B. darf sich der Zugewinnler nicht um den Ausgleich drücken (*Rauscher* NJW 87, 532).

d) Flüchtlinge

Eine **Ausnahme** vom Personalstatut bei Heirat muß gelten für **Flüchtlinge.** Denn sie haben fast immer in der Heimat ihre Habe verloren und müssen bei uns oder anderswo neu anfangen. Es ist daher nicht wünschenswert, ihr altes Güterrechtsstatut fortdauern zu lassen, wenn ein neues und der neuen Lage besser entsprechendes sich anbietet. Daher bestimmt das **Gesetz über den ehelichen Güterstand von Vertriebenen und Flüchtlingen** vom 4. 8. 1969 (BGBl. I 1067) in § 1 I:

„Für Ehegatten, die Vertriebene oder Sowjetzonenflüchtlinge sind (§§ 1, 3 und 4 des Bundesvertriebenengesetzes), beide ihren gewöhnlichen Aufenthalt im Geltungsbereich dieses Gesetzes haben und im gesetzlichen Güterstand eines außerhalb des Geltungsbereichs dieses Gesetzes maßgebenden Rechts leben, gilt vom Inkrafttreten dieses Gesetzes an das eheliche Güterrecht des Bürgerlichen Gesetzbuchs. Das gleiche gilt für Ehegatten, die aus der sowjetischen Besatzungszone Deutschlands oder dem sowjetisch besetzten Sektor von Berlin zugezogen sind, sofern sie im Zeitpunkt des Zuzugs deutsche Staatsangehörige waren oder, ohne die deutsche Staatsangehörigkeit zu besitzen, als Deutsche im Sinne des Artikels 116 Abs. 1 des Grundgesetzes Aufnahme gefunden haben."

Die Verweisung auf Vorschriften des Bundesvertriebenengesetzes (BVFG) ist nicht geändert worden, obwohl das BVFG selbst mehrmals geändert und durch Bek. vom 2. 6. 1993 (BGBl. I 819) neu gefaßt worden ist. So betraf § 4 BVFG ursprünglich Sowjetzonenflüchtlingen gleichgestellte Personen. Heute betrifft er Spätaussiedler. Daraus und auch aus der Wiedervereinigung am 3. 10. 1990 mögen sich Abgrenzungsfragen ergeben. Sicher sind jedoch nur **volksdeutsche** Flüchtlinge gemeint. Sie müssen im *gesetzlichen* Güterstand eines fremden Rechts gelebt haben und sich *beide* in der Bundesrepublik oder (§ 6) in West-Berlin (Spätaussiedler in Deutschland) *gewöhnlich aufhalten.*

Dann gilt für sie das Güterrecht des BGB (in der Regel also die Zugewinngemeinschaft), und zwar ab Inkrafttreten des Gesetzes oder (§ 3) nach Ablauf eines Vierteljahrs nach späterem Zuzug. Den Zeitpunkt für die Feststellung des Anfangsvermögens regeln §§ 1 III und 3 S. 2. Ausnahmsweise gilt das bisherige Güterrecht fort, wenn der Güterstand des fremden Rechts ins Güterrechtsregister eingetragen war (§§ 1 II und 3 S. 2) oder ein Gatte erklärt, er solle fortbestehen (§§ 2 und 3 S. 3).

Die Frage ist: was gilt im übrigen, vor allem für die vom Gesetz nicht erfaßten **internationalen** Flüchtlinge (oben S. 403–405)? Einfachste

Antwort: es bleibt bei der Regel, also beim unwandelbaren Familienstatut, bei Rechtswahl und beim Übergangsrecht (oben a–c).

Jedoch vor dem Gesetz über den Flüchtlingsgüterstand herrschte *Streit* über den Güterstand von Flüchtlingen (Nachweise Soergel VIII[11] S. 854[3] mit S. 840[10]). BGH 40, 32 hielt am Personalstatut des Mannes bei Heirat fest (freilich ohne Änderungen des alten Rechts nach dem Verlust des alten Personalstatus zu beachten *[„Versteinerung"]*). M.E. entschied das Recht des Staates, in dem sich beide Gatten gewöhnlich aufhielten oder als Flüchtlinge nach dem Genfer Abkommen ihren Wohnsitz hatten, und deutsches Recht, wenn beide volksdeutsche Flüchtlinge waren; nur in den verbleibenden Fällen galt das Personalstatut des Mannes bei Heirat (2. Aufl. S. 284).

Zu dieser Lösung bekennt sich das Gesetz für die Fälle, die es regelt, d.h. für volksdeutsche, DDR- und Ost-Berlin-Flüchtlinge (und einige wenige internationale Flüchtlinge) mit gewöhnlichem Aufenthalt in der Bundesrepublik oder West-Berlin. Man darf auch dem Gesetz nicht den Teppich unter den Füßen wegziehen, indem man sagt: solche Eheleute lebten nach richtiger Ansicht gar nicht im gesetzlichen Güterstand eines fremden Rechts, wie § 1 I voraussetzt.

Aber muß man daraus den Umkehrschluß ziehen, daß außerhalb des Gesetzes das unwandelbare Familienstatut, Rechtswahl und Übergangsrecht (oben a–c) gelten und damit an erster Stelle das gemeinsame Personalstatut bei Heirat gilt? Also für die nicht erfaßten internationalen Flüchtlinge, aber etwa auch für volksdeutsche, die erst in die DDR gekommen und dann ins Ausland gegangen sind?

Ich glaube: nein. Das Gesetz regelt die häufigsten Fälle und läßt sonst freie Hand. Seinen Vorrang als *lex specialis* wahrt **Art. 15 IV EGBGB:**

„(4) Die Vorschriften des Gesetzes über den ehelichen Güterstand von Vertriebenen und Flüchtlingen bleiben unberührt."

Hierzu die Begründung: „Insoweit liegen für ein besonderes Sachgebiet die Voraussetzungen nicht vor, die zur grundsätzlichen Unwandelbarkeit des Güterstandes führen" (BTDrucks. 10/504 S. 59). Das gilt aber auch für die übrigen Flüchtlinge. Daher sollte für sie gelten das Recht des gewöhnlichen Aufenthalts beider Gatten im selben Staat (bei Flüchtlingen nach dem Genfer Abkommen und gleichgestellten Asylberechtigten und Humanflüchtlingen das Recht des Wohnsitzes beider Gatten im selben Staat), hilfsweise wohl auch das Recht ihres schlichten Aufenthalts im selben Staat, und bei volksdeutschen Flüchtlingen deutsches Recht.

IPG 1975 Nr. 18 (S. 165 f.); dahingestellt BGH FamRZ 76, 612 (614 a.E.); a.A. *Firsching* FamRZ 70, 454 a.E.f., *Staudinger-Gamillscheg*[10/11] Art. 15 EGBGB Rz 111 S. 596, *Soergel-Schurig* X[12] Art. 15 EGBGB Rz 74 S. 760 (außer für Spätaussiedler); *Staudinger-von Bar/Mankowski*[13] Art. 15 EGBGB Rz 440 S. 551 (außer für Spätaussiedler); *MünchKomm-Siehr*[3] Art. 15 EGBGB Rz 8 S. 812; vgl. BGH IPRax 83, 40 mit Aufsatz von *Henrich* 25–27 = NJW 82, 1937 mit Aufsatz von *Magnus* 1922 f.

In den restlichen Fällen sollte es für Flüchtlinge beim gewöhnlichen Güterrechtsstatut bleiben.

Schrifttum: *Firsching* FamRZ 68, 631–637 (zum Entwurf des Gesetzes); *Bürgel* NJW 69, 1838–1840; *Haegele* Rpfleger 69, 325–329; *Herz* DNotZ 70, 134–144; *Firsching* FamRZ 70, 452–456; *Staudinger-Gamillscheg*[10/11] Art. 15 EGBGB Rz 95–112 S. 588–596; *Soergel-Schurig* X[12] Art. 15 EGBGB Rz 72–79 S. 757–763; *Staudinger-von Bar/Mankowski*[13] Art. 15 EGBGB Rz 438–441 S. 550f.; *MünchKomm-Siehr*[3] Art. 16 EGBGB Anhang Rz 1–28 S. 810–815.

2. Geltungsbereich

Die Sonderanknüpfung des Ehegüterrechts soll der *Sonderordnung* des Vermögens von Mann und Frau während und auf Grund der Ehe rechtlichen *Bestand* geben. Daher gehören zum Ehegüterrecht diejenigen materiellen Rechtssätze, die eine solche *Sonderordnung schaffen* oder (im Fall der Gütertrennung) *von ihr absehen,* sowie diejenigen, die nach Auflösung der Ehe für eine *Abwicklung der Sonderordnung* sorgen.

BGH 119, 392 = FamRZ 93, 289 mit Aufsatz von *St. Lorenz* 393–396 = IPRax 95, 399 mit Aufsatz von *Winkler von Mohrenfels* 379–386 = NJW 93, 385 (386 unter II 1 vor a).

Zu dieser Sonderordnung gehören persönliche *Haftung* und Haftung mit Gesamtgut wie im deutschen Recht nach §§ 1437, 1459 BGB (BGH FamRZ 98, 905 [906 unter II 1] = JZ 99, 204 mit Anm. von *Stoll*; *Soergel-Schurig* X[12] Art. 15 EGBGB Rz. 34 S. 738 a. E.). Desgleichen *Auskunftsansprüche.* Sieht das maßgebende Recht keinen Auskunftsanspruch vor, weil das Gericht von Amts wegen ermittelt (so für Güterrecht vielleicht in Griechenland, für Unterhaltsansprüche in Japan), dann kann ein Auskunftsanspruch nach deutschem Recht entsprechend § 1379 oder § 1605 BGB bejaht werden (Angleichung im deutschen oder ausländischen materiellen Recht, oben S. 310–319; *Henrich* IFamR 88). Vgl. für *Güterrecht* AG Böblingen FamRZ 89, 183 = IPRax 89, 52 LS mit Anm. Red. (E. J.) und (im selben Fall) OLG Stuttgart IPRax 89, 310 LS mit Anm. Red. (E. J.) = NJW 90, 641; AG Böblingen IPRax 92, 333 LS mit zust. Anm. Red. (E. J.); OLG Köln NJW-RR 98, 865 und *obiter* FamRZ 99, 298; für *Unterhaltsrecht* OLG Stuttgart IPRax 90, 113 mit Aufsatz von *Kono* 93–95. *Ceteris paribus* sollte lieber im deutschen als im ausländischen materiellen Recht angeglichen werden, weil wir auf eigenem Platz sicherer sind, unsere Entscheidung daher „realer" ist.

Dagegen gehören zu den **persönlichen Ehewirkungen** vermögensrechtliche Regeln, die nicht einer *Sonder*ordnung des Vermögens von Mann und Frau dienen, sondern *Einzel*fragen regeln und für *alle* Ehen gelten: Befugnis, Geschäfte zur Deckung des Lebensbedarfs zu besorgen (Schlüsselgewalt), Haftungsmaßstab, Minderungen der Geschäftsfähigkeit der Frau, wenn die Frau allgemein und nicht im Hinblick auf einen bestimmten Güterstand dem Mann untergeordnet werden soll, Verbote von Geschäften zwischen Ehegatten (zum Teil) und zwischen Ehegatten und Dritten, Eigentumsvermutungen (oben S. 718–721).

Jede güterrechtliche Sonderordnung des Vermögens von Mann und Frau muß in Einklang bleiben mit den **Rechtsordnungen, die über die Einzelgegenstände herrschen,** aus denen das Sondervermögen besteht. Die *allgemein* für das Schicksal eines Einzelgegenstands geltende Rechtsordnung (das „*Einzel*statut") geht in gewissen Grenzen vor der Regelung seines besonderen Schicksals während und aus Gründen der Ehe (durch das „Ge*samt*statut"). Das Güterrechtsstatut darf keine Rechtsfolgen anordnen, die für das Einzelstatut *untragbar* sind. Das kann z.B. zutreffen für Gesamthandseigentum, wenn das Einzelstatut nur Bruchteilseigentum hat, oder für eine gesetzliche Hypothek der Frau am Vermögen des Mannes, wenn das Einzelstatut nur rechtsgeschäftliche Entstehung kennt. Zum Verhältnis zwischen Gesamtstatut und *schuldvertraglichem* Einzelstatut OLG Celle IPRax 99, 113 LS mit Anm. Red. (E.J.), zum Verhältnis zwischen Gesamtstatut und *sachenrechtlichem* Einzelstatut OLG Hamm FamRZ 99, 299 sowie oben S. 665 mit einem Beispiel zum Verhältnis von Sachenrecht und Ehegüterrecht.

Wie vor dem Einzelstatut tritt in den von Art. 3 III EGBGB bestimmten Fällen das Güterrechtsstatut zurück vor dem Belegenheitsrecht. Darüber oben S. 369–378.

Rechtsgeschäfte zwischen den Eheleuten oder mit Dritten unterliegen grundsätzlich dem **Geschäftsstatut** (oben S. 720).

Ob und wieweit die Rechtsstellung des überlebenden Gatten dem Güterrechts- oder dem **Erb**statut unterfällt, ist danach zu bestimmen, ob eine *Sonderordnung* des Vermögens der Eheleute während und auf Grund der Ehe abgewickelt werden soll oder ob der Überlebende ohne Rücksicht auf solche Sonderordnung einfach kraft seiner *nahen Verbundenheit* mit dem Verstorbenen an dessen Vermögen beteiligt wird.

Schenkungen von Todes wegen zwischen Eheleuten unterwirft dem Erbstatut Cour d'appel de Paris D.S.Jur. 1965, 26 mit krit. Anm. von *de la Marnierre* (der das Personalstatut des Schenkers vorzieht) = Rev.crit.dr.i.p. 1965, 334 mit zustimmender Anm. von *Le Bris.* Zum Teil anders (für Schenkung zwischen Befreundeten) Cour d'appel de Paris Clunet 1990, 994 mit Anm. von *Niboyet-Hoegy* = Rev.crit.dr.i.p. 1991, 92 mit Anm. von *Lequette* (vgl. oben S. 421 a.E.).

In Deutschland werden Schenkungen von Todes wegen, auch solche zwischen Eheleuten, ebenfalls meist dem Erbstatut unterworfen (vgl. unten S. 858, *Henrich* W. Lorenz-Fschr. 1991, 386f., *Soergel-Schurig* X^{12} Art. 26 EGBGB Rz 44 S. 1384–1386; *MünchKomm-Birk*^{3} Art. 26 EGBGB Rz. 154–156 S. 1474f.; dahingestellt, ob Schenkungs- oder Erbstatut, z.B. OLG Düsseldorf FamRZ 97, 61 = MittRhNotK 96, 370 [371 unter A I 1 b] = NJW-RR 97, 199).

Zum finnischen giftorätt (Gattenanteilsrecht) (öst)OGH (öst)ZRvgl. 1990, 306 mit Anm. von *Zemen.*

Ist die Grenze gezogen, dann können sich *Angleichungs*fragen ergeben, wenn als Güterrechts- und als Erbstatut Rechtsordnungen zusammentreffen, von denen den Überlebenden die eine *nur* güterrechtlich (durch Gütergemeinschaft unter Lebenden oder von Todes wegen), die andere *nur* erbrechtlich abfindet. Darüber und zum deutschen Recht (§§ 1371 [i.d.F. von Art. 1 Nr. 1 ErbGleichG], 1931 BGB) oben S. 309–319.

Vorfragen nach *Entstehung* und *Fortbestand der Ehe,* um deren güterrechtliche Folge es geht, sind *selbständig* anzuknüpfen. Auch schadet es nicht, daß das als *Güterrechtsstatut* berufene Recht die Ehe als *Nichtehe* wertet. Vielmehr liegt es in beiden Hinsichten wie bei den *persönlichen* Ehewirkungen (oben S. 721).

3. Ehevertrag

Das **Güterrechtsstaut** (oben 1) herrscht auch über Eheverträge. Es bestimmt, ob Eheverträge *erlaubt* sind (in vielen romanischen Rechten bloß *vor* der Heirat, in Frankreich seit 1965, in Italien allgemein seit 1981 auch nachher), welchen *Inhalt* sie haben dürfen (ob z.B. von Todes wegen verfügt werden darf), ob eine besondere *Fähigkeit* für den Abschluß des Ehevertrags gefordert wird (wegen „besonderer Geschäftsfähigkeiten" allgemein oben S. 492), welche *Form* gewahrt sein muß (Art. 11 I EGBGB, vorbehaltlich der dort ebenfalls eröffneten Ortsform), ob es *besondere Gültigkeitserfordernisse* gibt (z.B. Zustimmung durch die Vormundschaftsbehörde nach Art. 181 II a.F. schweizZGB).

Ist kein Güterrechtsstatut gewählt, dann entscheidet das Güterrechtsstatut bei **Heirat** über Eheverträge. Das gilt auch dann, wenn der Vertrag *vor* der Heirat geschlossen ist und das Güterrechtsstatut inzwischen gewechselt hat (z.B. belgische Verlobte sind bis zur Heirat Franzosen geworden).

4. Verkehrsschutz

Schon früher ergab sich (oben S. 721–723): Art. 12 Satz 1 EGBGB schützt den Verkehr dagegen, daß die *Geschäftsfähigkeit* einer Ehefrau als Folge ausländischen Ehepersonen- oder -güterrechts gemindert ist. Außerdem schützt Art. 16 EGBGB den Verkehr gegen *andere* Folgen ausländischen Ehepersonen- und -güterrechts, soweit sie Dritten ungünstiger sind als das inländische Recht, und zwar personenrechtlich gegen die Befugnis, Geschäfte zur Deckung des Lebensbedarfs zu besorgen *(Schlüsselgewalt),* und *Eigentumsvermutungen* (vgl. §§ 1357, 1362 BGB). Art. 16 schützt wie Art. 12 Satz 1 auch den Auslandsverkehr, falls der ausländische Staat selbst ihn schützt (oben S. 379, 480, 723).

*Güter*rechtlich stellt **Art. 16 I EGBGB,** falls ausländisches Güterrecht gilt und sich ein Gatte im Inland gewöhnlich aufhält oder hier ein Gewerbe betreibt (dazu oben S. 722), *ausländische Güterstände* (vertragliche wie gesetzliche) den inländischen vertraglichen gleich: **§ 1412 BGB** wird für anwendbar erklärt. Der ausländische Güterstand wirkt also, soweit er dem Dritten nachteiliger ist als der deutsche gesetzliche der Zugewinngemeinschaft, nur dann, wenn er im *Güterrechtsregister eingetragen* oder *dem Dritten bekannt* gewesen ist.

Art. 16 II n.F. EGBGB betrifft (neben Schlüsselgewalt und Eigentumsvermutungen) den Fall, daß bei Maßgeblichkeit ausländischen Güterrechts ein Gatte mit Einwilligung oder Duldung des anderen selbständig ein Erwerbsgeschäft im Inland betreibt. Hier werden durch sinngemäße Verweisung auf **§§ 1431, 1456 BGB,** wenn der andere Gatte oder beide das Gesamtgut verwalten, gutgläubige Dritte geschützt, d.h. solche, die ohne grobe Fahrlässigkeit (oben S. 722) vom Erfordernis der Zustimmung des anderen Gatten oder von seinem Einspruch oder Widerruf nichts wußten. Dies gilt gegenüber *sämtlichen ausländischen* Güterständen (außer der Gütertrennung, bei der jeder Gatte sein eigener Herr ist). Eintragung des ausländischen *Güterstands* im Güterrechtsregister oder Kenntnis des Dritten von ihm genügen nicht: auch der *Einspruch* oder der *Widerruf der Einwilligung* müssen eingetragen oder dem Dritten bekannt oder grob fahrlässig unbekannt gewesen sein.

Der neue Art. 16 EGBGB wird im Ehegüterrecht und im Ehepersonenrecht (oben S. 721–723) so wenig praktisch werden wie der alte (a. A. *H. Roth* IPRax 91, 322 für Grundbuchverfahren). Aber es ist gut, einen Feuerlöscher im Hause zu haben.

5. Verfahren

Zu den **„anderen Familiensachen“** (als Ehesachen) gehören nach § 621 I Nr. 8 und (i. d. F. von Art. 6 Nr. 14 a ee KindRG) Nr. 9 ZPO:
- *Güterrechtsansprüche,* auch wenn Dritte am Verfahren teilnehmen (zu Ansprüchen auf Herausgabe in die Ehe eingebrachten Schmucks OLG Hamm FamRZ 92, 963),
- *Stundung* der Ausgleichsforderung (§ 1382 BGB) und *Übertragung von Vermögensgegenständen* (§ 1383 BGB).

Für sie gilt das gleiche wie in „anderen Familiensachen“ über *persönliche Ehewirkungen,* nämlich über Unterhalt, Ehewohnung und Hausrat (oben S. 723):
- Familiengericht sachlich ausschließlich zuständig (§ 621 I ZPO i. d. F. von Art. 6 Nr. 14 a KindRG und von Art. 1 b Nr. 2 BtÄndG),
- Abgabe an Gericht erster Instanz einer anhängigen Ehesache (§ 621 II 1 ZPO i. d. F. von Art. 6 Nr. 14 b KindRG),
- örtliche und internationale Zuständigkeit je nachdem wie in Ehesachen oder wie in Vermögensstreitigkeiten, z. B. nach § 13 ZPO (§ 621 II 2 ZPO),
- Verfahren teils ordentlicher Rechtsstreit (Güterrechtsansprüche), teils grundsätzlich Verfahren der freiwilligen Gerichtsbarkeit (Stundung der Ausgleichsforderung, Übertragung von Vermögensgegenständen: § 621 a ZPO i. d. F. von Art. 6 Nr. 15 KindRG und von Art. 1 b Nr. 3 BtÄndG).

6. Staatsverträge

Außer dem **deutsch-iranischen Niederlassungsabkommen** von **1929** (oben S. 195) gibt es zwei Haager Abkommen, das eine für Deutschland nicht mehr, das andere noch nicht in Kraft:

a) Haager Ehewirkungsabkommen

Schrifttum: *Jayme,* Problemi pratici della qualificazione nel sistema della Convenzione dell'Aja sugli effetti del matrimonio, Dir. Int. 1961, 219–224; *Weber,* Eheverträge unter Beteiligung italienischer oder niederländischer Staatsangehöriger, DNotZ 66, 592–604; *Jayme* und *von Olshausen,* Gleichberechtigungsgrundsatz und Haager Ehewirkungsabkommen – speziell zum Ehegüterrecht, FamRZ 73, 281–284; *Siehr* in *Böhmer* und *Siehr* 6.8.

Vom Haager Ehewirkungsabkommen von 1905 (für die Bundesrepublik in Kraft bis 23. 8. 1987) war schon die Rede (oben S. 212, 724 a. E. f.). Es handelt von den *persönlichen* Ehewirkungen in Art. 1, vom Ehe*güter*recht in Art. 2–8.

Für das *gesetzliche* Güterrecht gilt wie früher im deutschen IPR das *Heimatrecht des Mannes bei Heirat* (Art. 2; LG Kempten IPRax 83, 130 LS mit zust. Anm. Red. [E.J.] = IPRspr. 1982 Nr. 53; OLG Frankfurt IPRax 86, 239 mit Aufsatz von *Jayme* 227–229; *nicht angewandt wegen Verstoßes gegen Art. 3 II GG von* AG Wuppertal IPRax 84, 156 mit zust. Aufsatz von *Heldrich* 143–146 [146], LG Frankenthal MittRhNotK 85, 240, KG IPRax 87, 117 [aber Vertrauensschutz], BGH ebenda 114 mit krit. Aufsatz von *Henrich* 93–95 = NJW 87, 583 [583 f. unter III 1, 2, Art. 220 III entsprechend angewandt] mit krit. Aufsatz von *Rauscher* 531–536, BGH IPRax 88, 100 [101 unter 1] mit Aufsatz von *Schurig* 88–94 = NJW 88, 638 = ZfJ 87, 427, OLG Frankfurt IPRax 88, 104 mit Aufsatz von *Schurig* 88–94, OLG Karlsruhe IPRax 90, 122 [unter 1] mit Aufsatz von *Jayme* 102f.; Verstoß gegen Art. 3 II GG dahingestellt BayObLG NJW-RR 86, 1025 = IPRax 86, 301 mit Aufsatz von *Jayme* 290 und BayObLG 1986, 1 [5] = IPRax 86, 379 mit Aufsatz von *Jayme* 361f. = NJW-RR 86, 1023; vgl. dazu Soergel X[12] Rz 26 vor Art. 3 EGBGB S. 25.

Wer mit der überwiegenden Rechtsprechung Art. 2 I des Abkommens (Heimatrecht des Mannes bei Heirat), weil er gegen Art. 3 II GG verstoße, mißachtet, muß folgerichtig auch mißachten eine *Rückverweisung* auf das Heimatrecht des Mannes durch das Recht, zu dem ihn Art. 15 EGBGB führt, gleich ob der fremde Staat zurückverweist, weil er Art. 2 I des Abkommens noch anwendet oder weil sein eigenes IPR ihm das vorschreibt (so für Italien BGH IPRax 88, 100 [103 unter 4 c] mit Aufsatz von *Schurig* 88–94 = NJW 88, 638 [640] = ZfJ 87, 427 [429f.]).

Bei Ehe*verträgen* ist für *Fähigkeit* und *Form* auch das Heimatrecht der *Frau* zu beachten (Art. 3, 6). Eheverträge *während* der Ehe sind zulässig, wenn sie das *jeweilige gemeinsame,* hilfsweise das *letzte gemeinsame* Heimatrecht der Eheleute erlaubt (Art. 4, 9). Im übrigen richtet sich die *Gültigkeit* und richten sich die *Wirkungen* eines Ehevertrags aus der Zeit *vor* der Heirat nach dem *Heimatrecht des Mannes bei Heirat* und aus der Zeit *während der Ehe* nach dem *jeweiligen gemeinsamen,* hilfsweise *letzten gemeinsamen* Heimatrecht der Eheleute (Art. 5, 9). *Verkehrsschutzregeln* der Vertragsstaaten bleiben vorbehalten (Art. 8), mithin für Deutschland Art. 16 EGBGB.

Die Berufung auf den *ordre public* ist verwehrt (oben S. 725).

b) Haager Ehegüterstandsabkommen

Text: Riv. dir. int. priv. proc. 1977, 210–215; RabelsZ 41 (1977), 554–569; WPNR 1978, 155–157; Nord. TIR 1978, 85–92.

Schrifttum: *Batiffol* Rev.crit.dr.i.p. 1977, 453–467; *Beitzke* RabelsZ 41 (1977), 457–478; *Glenn* 55 (1977) Can. B. Rev. 595–605; *Herzfelder,* Problèmes relatifs au régime matrimonial en droit international privé français et allemand, Paris 1978, 123 bis 141; *Joppe* WPNR 1978, 121–126, 137–140, 153–155; *Due* und *Philip* Nord. TIR 1978, 72–84; *Loussouarn* Clunet 1979, 5–20; *Watté,* La détermination de la loi applicable au régime matrimonial en vertu de la Convention de la Haye du 14 mars 1978 sur la loi applicable aux régimes matrimoniaux, J. Trib. 1982, 661–665 *Wagner* Knapp-Fschr. Prag 1984, 203–222; *Veraart* und *Reinhartz,* Het toekomstig Haags Huwelijksvermogensverdrag 1978, FJR 1988, 251f. (Text 253 [Art. 3–9, 11, 12]); *Cohen Henriquez* WPNR 1990, 529–534 (Text [teilweise] 538f.); *de Boer,* Het Haags huwelijksvermogensverdrag 1978: een verdrag met gebruiksaanwijzing, WPNR 1993, 342–350; *de La Marnierre,* Les conflits de lois en matière de régimes matrimoniaux et la Convention de La Haye du 14 mars 1978, D.S. Chron. 1993, 169–172; *Lagarde* Note Rev.crit.dr.i.p. 1994, 90f.; *Vignal,* La loi du 28 octobre 1997 adaptant la Convention de la Haye sur la loi applicable aux régimes matrimonaux, Sem. jur. 1998, 1149–1152; *Khairallah,* La loi du 28 octobre 1997: Questions de méthode, Rev.crit.dr.i.p. 1998, 249–267.

In Frankreich hat den code civil dem Haager Abkommen über das auf Ehegüterstände anwendbare Recht von 1978 (oben S. 214) angepaßt das Gesetz vom 28. 10. 1997 (J. O. 29. 10. 1997 S. 15684 = Rev.crit.dr.i.p. 1998, 131 f.).

Zu diesem Haager Abkommen gibt es den *Vorentwurf* einer Spezialkommission vom 16. 6. 1975 (*Text:* NILR 22 [1975], 261–266; WPNR 1976, 434–436; 24 [1976] Am. J. Comp. L. 316–318; *Schrifttum: Joppe* WPNR 1976, 427–434; *Philip* 24 [1976] Am. J. Comp. L. 307–315; *Beitzke,* Wandelbarkeit des Güterrechtsstatuts?, Bosch-Fschr. 1976, 65–74).

Das *Abkommen selbst* erfaßt das für *Ehegüterstände* maßgebende Recht, dagegen nicht Unterhaltspflichten zwischen Eheleuten, Erbrechte des überlebenden Gatten und etwaigen Einfluß der Ehe auf die Geschäftsfähigkeit (Art. 1).

Das Abkommen gilt auch, wenn die Verlobten oder Gatten einem Nichtvertragsstaat angehören oder sich in ihm gewöhnlich aufhalten oder wenn das Abkommen das Recht eines Nichtvertragsstaats beruft (Art. 2). M. a. W. das Abkommen wirkt als *„loi uniforme"* (oben S. 10 a. E.).

Die Verlobten dürfen das maßgebende materielle Recht *wählen* (Art. 3 I), allerdings bloß das Heimatrecht oder das Recht des gewöhnlichen Aufenthalts eines von ihnen bei der Wahl oder das Recht des ersten gewöhnlichen Aufenthalts eines Gatten nach der Heirat (Art. 3 II). Das gewählte Recht gilt für das gesamte Vermögen der Gatten (Art. 3 III). Nur für alle oder einzelne Grundstücke können die Verlobten, gleich ob sie im übrigen das maßgebende Recht gewählt haben oder nicht, das Belegenheitsrecht wählen (Art. 3 IV 1), und zwar auch für künftig zu erwerbende Grundstücke (Art. 3 IV 2).

Haben die Verlobten das maßgebende Güterrecht nicht gewählt, dann gilt das materielle Recht ihres *ersten gewöhnlichen Aufenthalts während der Ehe* (Art. 4 I). Allerdings herrscht das materielle Recht ihrer *gemeinsamen Staatsangehörigkeit:*

- wenn sich ein Staat das für seine Angehörigen vorbehalten hat (näher Art. 5) oder
- wenn die Gatten einem Nichtvertragsstaat angehören, der sein eigenes materielles Recht auf sie anwendet, und sie ihren ersten gewöhnlichen Aufenthalt während der Ehe nehmen in einem Staat, der den erwähnten Vorbehalt (Art. 5) gemacht hat, oder in einem Nichtvertragsstaat, der das Recht ihrer gemeinsamen Staatsangehörigkeit entscheiden läßt, oder
- wenn die Gatten ihren ersten gewöhnlichen Aufenthalt während der Ehe nicht im selben Staat nehmen

(Art. 4 II Nr. 1–3).

Gehören die Gatten verschiedenen Staaten an und halten sie sich in verschiedenen Staaten gewöhnlich auf, dann unterliegt ihr Güterstand dem materiellen Recht des Staates, mit dem er *am engsten verbunden* ist (Art. 4 III; vgl. oben S. 258).

Während der Ehe können die Gatten das anwendbare Recht *ändern,* jedoch nur das materielle Recht des Heimatstaats oder des gewöhnlichen Aufenthalts eines Gatten wählen (Art. 6 I, II). Für den Umfang der Wahl gilt das gleiche wie für die Wahl vor der Ehe (Art. 6 III, IV).

Abgesehen von dieser Wahl ist das maßgebende Recht *grundsätzlich unwandelbar* (Art. 7 I). Allerdings, wenn die Verlobten oder Eheleute kein Recht gewählt und auch keinen Ehevertrag geschlossen haben, wird anwendbar das materielle Recht des Staates, in dem *sich beide gewöhnlich aufhalten:*

- wenn der Aufenthaltsstaat zugleich ihr Heimatstaat ist, von der Aufenthaltsnahme an, sonst vom Erwerb der Angehörigkeit dieses Staates an, oder
- wenn der gewöhnliche Aufenthalt während der Ehe zehn Jahre gedauert hat, oder
- wenn vorher mangels gewöhnlichen Aufenthalts im selben Staat (Art. 4 II Nr. 3) das gemeinsame Heimatrecht gegolten hat

(Art. 7 II).

Eine Änderung des maßgebenden Rechts kraft Gesetzes (Art. 7 II) wirkt nur *ex nunc* und nicht für vorher erworbenes Vermögen (Art. 8 I). Doch können die Gatten ihr gesamtes Vermögen dem neuen Recht unterstellen mit Abwandlungen für Grundstücke wie in Art. 3 IV, 6 III (Art. 8 II 1); Rechte Dritter bleiben unberührt (Art. 8 II 2).

Das Abkommen gilt auch für die Wirkungen des Güterstands gegen *Dritte* (Art. 9 I). Indessen kann das Recht eines Vertragsstaats bestimmen, daß sich ein Gatte gegenüber einem Dritten auf das für den Güterstand geltende Recht nur berufen darf, wenn sich der Gatte oder der Dritte in diesem Staat gewöhnlich aufhält und

- die von diesem Recht verlangte Veröffentlichung oder Eintragung erfolgt ist oder
- der Dritte bei Entstehung seiner Beziehungen zu dem Gatten das für den Güterstand maßgebende Recht kannte oder kennen mußte

(Art. 9 II).

Die Voraussetzungen *gültiger Rechtswahl* bestimmt das *gewählte Recht* (Art. 10). Das maßgebende Recht kann ausdrücklich oder in einem Ehevertrag stillschweigend gewählt werden (Art. 11).

Ein *Ehevertrag* ist *formgültig,* wenn die Form dem für den Güterstand maßgebenden materiellen Recht oder dem materiellen Recht des Abschlußorts genügt (Art. 12 Satz 1). Allerdings muß der Ehevertrag mindestens schriftlich geschlossen, datiert und von beiden Gatten unterschrieben sein (Art. 12 Satz 2).

Eine ausdrückliche *Rechtswahl* ist *formgültig,* wenn sie der Form des Ehevertrags im gewählten materiellen Recht oder im materiellen Recht des Abschlußorts genügt (Art. 13 Satz 1). Auch hier sind mindestens Schriftform, Datum und die Unterschriften beider Gatten nötig (Art. 13 Satz 2).

Das maßgebende Recht darf bloß dann nicht angewandt werden, wenn es *„offenbar" (manifestement)* gegen den *ordre public* verstößt (Art. 14; vgl. oben S. 475).

Soweit das Abkommen anknüpft an *gemeinsame Staatsangehörigkeit* der Gatten, muß sie

- vor der Heirat bestanden haben oder
- nach der Heirat von beiden Gatten freiwillig erworben sein oder
- dadurch entstanden sein, daß bei Heirat oder nachher ein Gatte freiwillig die Staatsangehörigkeit des anderen erworben hat

(Art. 15 I). Besonderes gilt, wenn die Eheleute mehr als eine gemeinsame Staatsangehörigkeit besitzen (Art. 15 II).

Das Abkommen wirkt grundsätzlich nur, wenn *nach* seinem *Inkrafttreten* geheiratet oder das maßgebende Recht gewählt wird (Art. 21).

Das Abkommen sucht einen Mittelweg zwischen Staatsangehörigkeits- und Domizilprinzip, wird aber dadurch viel zu verwickelt. Außerdem ist die Anknüpfung an den Parteiwillen rechtspolitisch bedenklich (oben S. 717, 728), wenn auch von Art. 15 II, III EGBGB angenommen. Man sollte daher das Abkommen nicht ratifizieren.

7. Interlokales Recht

Schrifttum: *Wassermann,* Die güterrechtlichen Beziehungen von Übersiedlern aus der DDR, FamRZ 90, 333–342; *Brudermüller* und *Wagenitz,* Das Ehe- und Ehegüterrecht in den neuen Bundesländern, ebenda 1294–1300 (1296–1300); *Faßbender,* Beurkundungen bei Beteiligung von Bürgern der ehemaligen DDR, MittRhNotK 90, 209 bis 214; *Reichel,* Ergänzende Bemerkungen zur Überleitung des Güterstandes nach Art. 234 § 4 EGBGB – Insbesondere zur Ermittlung des Anfangsvermögens (§ 1374 BGB), in: *Schwab* (Hrsg.), Familienrecht und deutsche Einigung, Dokumente und Erläuterungen, 1991, 86f.; *Wassermann,* Ehegüterrechtliche Übergangsprobleme nach dem Einigungsvertrag, in: *Jayme* und *Furtak* (Hrsg.), Der Weg zur deutschen Rechtseinheit, 1991, 275–290; *Henrich,* Probleme des interlokalen und des internationalen Ehegüter- und Erbrechts nach dem Einigungsvertrag, IPRax 91, 14–20; *Smid* und *Schöpf,* Auswirkungen des Einigungsvertrages auf das eheliche Güterrecht, NJ 91, 21 bis 23; *Rauscher,* Intertemporale Bestimmungen zum internationalen Ehegüterrecht im Einigungsvertrag, DtZ 91, 20–22; *Stankewitsch,* Vollstreckung gem. § 744 a ZPO in eheliches Eigentum und Vermögen, das dem FGB-Güterstand unterliegt, NJ 91, 534 bis 537; *Henrich,* Offene Fragen zum deutsch-deutschen Familien- und Erbrecht, in: *Juristische Gesellschaft Osnabrück-Emsland* (Hrsg.), 1992, 63–76 (63–68); *Wasser-*

mann, Die güterrechtliche Auseinandersetzung nach der Überleitung – Zur Interpretation des Art. 234 § 4 Abs. 4 EGBGB, IPRax 92, 237–240; *Münch,* Die Eigentums- und Vermögensgemeinschaft, Der vierte Güterstamd im System des ehelichen Güterrechts der Bundesrepublik Deutschland nach dem Einigungsvertrag, 1993; *Peters,* Zum Optionsrecht nach Art. 234 § 4 EGBGB, FamRZ 93, 877–880; *A. Otto,* Das Ehegüterrecht nach dem Einigungsvertrag, 1994; *Hammermüller,* Die Verjährungsregelung des § 39 III FGB bei ehelichem Vermögen auf Konten oder Sparbüchern, FamRZ 94, 285 f.; *Grandke,* Zur Erweiterung der Maßgaben des Einigungsvertrages im Bereich des ehelichen Güterrechts, NJ 94, 256–260; *Eberhardt,* Zur Verjährung von Auseinandersetzungsansprüchen gemäß § 39 FGB, FamRZ 94, 676 f.; *Lipp,* Zur Überleitung der ehelichen Eigentums- und Vermögensgemeinschaft in das Recht der Zugewinngemeinschaft, JZ 95, 65–72; *Lipp,* Die Eigentums- und Vermögensgemeinschaft des FGB und der Einigungsvertrag – eine vergebene Chance für eine Reform des Güterstandsrechts?, FamRZ 96, 1117–1124.

a) Privatrecht der früheren DDR und Ost-Berlins

Im Osten war das *materielle* Ehegüterrecht geregelt in §§ 13–16 FGB. Danach bestand eine „Eigentums- und Vermögensgemeinschaft", eine Art Errungenschaftsgemeinschaft. *International*rechtlich galt dasselbe wie für die persönlichen Ehewirkungen: nach § 19 RAG entschied das gemeinsame Heimatrecht der Eheleute, hilfsweise das Recht der DDR.

Am 3. 10. 1990 ist das materielle und internationale Ehegüterrecht der früheren DDR und Ost-Berlins außer Kraft getreten. Denn Art. 8 des Einigungsvertrags hat das Bundesrecht in den neuen Bundesländern eingeführt und damit auch das BGB sowie das bundesdeutsche internationale und interlokale Privatrecht.

b) Interlokales Privatrecht

aa) Neufälle

Für Neufälle, d. h. für ehegüterrechtliche Vorgänge seit dem 3. 10. 1990, gilt in Ost und West einheitlich das westdeutsche materielle, internationale und interlokale Ehegüterrecht.

Dies sagt für die neuen Bundesländer mit Bezug auf das *internationale* (und entsprechend das interlokale) *Familienrecht allgemein* **Art. 236 § 2 EGBGB:**

„Die Wirkungen familienrechtlicher Rechtsverhältnisse unterliegen von dem Wirksamwerden des Beitritts [3. 10. 1990] an den Vorschriften des Zweiten Kapitels des Ersten Teils [d. h. Art. 3–38 EGBGB]."

Speziell für das *internationale* (und entsprechend das interlokale) *Ehegüterrecht* der neuen Bundesländer bestimmt **Art. 236 § 3 EGBGB:**

„Die güterrechtlichen Wirkungen von Ehen, die vor dem Wirksamwerden des Beitritts [3. 10. 1990] geschlossen worden sind, unterliegen von diesem Tag an dem Artikel 15; dabei tritt an die Stelle des Zeitpunkts der Eheschließung der Tag des Wirksamwerdens des Beitritts. Soweit sich allein aus einem Wechsel des anzuwendenden Rechts nach Satz 1 Ansprüche wegen der Beendigung des früheren Güterstandes ergeben würden, gelten sie bis zum Ablauf von zwei Jahren nach Wirksamwerden des Beitritts als gestundet."

bb) Altfälle

Für ehegüterrechtliche Vorgänge aus der Zeit vor dem 3. 10. 1990 bleibt es in den *neuen* Bundesländern nach Art. 236 § 1 EGBGB beim bisherigen internationalen und interlokalen Privatrecht, also bei § 19 RAG. Gegebenenfalls ist daher in Ost und West verschieden zu entscheiden (vgl. oben S. 42–44).

Im *Westen* regelt den *Hauptfall*, nämlich die Übersiedlung von Eheleuten aus der früheren DDR und Ost-Berlin vor dem 3. 10. 1990, § 1 I mit § 6 des Gesetzes über den ehelichen Güterstand von Vertriebenen und Flüchtlingen: Westrecht gilt, wenn sich beide Gatten im Westen gewöhnlich aufhalten. Es entscheidet also das *interlokale Personalstatut* (oben S. 407 f.), hier das *gemeinsame* der Gatten und in seiner stärksten Anknüpfung, dem gewöhnlichen Aufenthalt.

Im übrigen sollte der Reihe nach maßgeben das Recht des Gebiets (Ost oder West),

a) das das interlokale Personalstatut **beider Eheleute im maßgeblichen Zeitpunkt gewesen** ist (BGH DtZ 93, 281 = FamRZ 93, 1048 [1049 unter 1]; BGH DtZ 94, 347 [unter I vor 1]);
b) das nach der Heirat und nach dem 7. 10. 1949 das **letzte** interlokale Personalstatut **beider Eheleute gewesen** ist;
c) das **Recht der Bundesrepublik und West-Berlins,** weil es etwas schwächer wirkt als das Ehegüterrecht der DDR, oder auch nur aus Verlegenheit.

Soweit danach *Ostrecht* anzuwenden ist, ergibt *übergangsrechtlich* Art. 234 § 1 EGBGB: das Güterrecht des ZGB bleibt maßgebend, wenn die Ehe vor dem Wirksamwerden des Beitritts der DDR zur BRD (3. 10. 1990) beendet war (z.B. BG Cottbus DtZ 91, 442; KG FamRZ 92, 217 und 1429; BGH DtZ 93, 179 [181 unter II 2]; BGH MDR 94, 482; OLG Brandenburg FamRZ 97, 1015).

Bestand die Ehe zu dieser Zeit noch, dann tritt grundsätzlich die Zugewinngemeinschaft des BGB ein. Näher Art. 234 §§ 4, 4 a EGBGB. Aus der Rechtsprechung z.B. KG IPRax 92, 257 mit Aufsatz von *Wassermann* 237–240; BG Meiningen NJ 93, 373 (auch nach dem 3. 10. 1990 vor Aufhebung des östlichen Güterstands der Eigentums- und Vermögensgemeinschaft, der nach §§ 42 III ZGB, 13–16 FGB gemeinschaftliches Eigentum begründet, keine Pfändung des Grundstücksanteils eines Gatten); BG Frankfurt/O. FamRZ 1993, 1205 (nach 3. 10. 1990 hälftiges Miteigentum der Gatten und daher Zwangshypothek auf Grundstücksanteil eines Gatten zulässig); LG Stendal NJ 94, 311 (erst ab 25. 12. 1993 [Inkrafttreten des RegVBG] halbteiliges Eigentum der Eheleute, falls sie nicht nach Art. 234 § 4 I EGBGB erklärt haben, ihr bisheriger Güterstand solle fortbestehen; erst danach und nach entsprechender Grundbuchberichtigung kann Zwangshypothek am Grundstücksanteil eines Gatten eingetragen werden); LG Halle FamRZ 95, 43 (nach Art. 234 § 4 a I 1 EGBGB Bruchteilseigentum der Gatten zur Hälfte); KG FamRZ 95, 42 (allgemein); OLG Jena FamRZ 97, 1014 = NJ 97, 199 (Beginn der Zugewinngemeinschaft am 3. 10. 1990, Erbgut als Anfangsvermögen, kein Ausgleichsanspruch nach § 40 FGB; Anwendbarkeit des § 40 FGB stellt dahin OLG Brandenburg FamRZ 98, 1177 = NJ 98, 434 Ber. mit Anm. von *Grandke*); OLG Rostock FamRZ 97, 1158 (Zeitpunkt des Beginns der Zugewinngemeinschaft); OLG Thüringen FamRZ 98, 1028 (Beginn der Zugewinngemeinschaft am 3. 10. 1990, Bestandteile des Anfangsvermögens, wegen Kaufkraftschwundes Indexierung nach Lebenskostenindex für die neuen Bundesländer); OLG Dresden FamRZ 98, 1360 (Beginn der Zugewinngemeinschaft am 3.10. 1990, kein Ausgleichsanspruch nach § 40 FGB); OLG Düsseldorf NJW 99, 501 (Wertsteigerung eines vor dem 3. 10. 1990 geerbten Ostgrundstücks, die seitdem eingetreten ist, fällt in den Zugewinnausgleich).

Nach Art. 234 § 4 V EGBGB bleibt bei Eheleuten, die vor dem Wirksamwerden des Beitritts (3. 10. 1990) geschieden sind, für die *Auseinandersetzung* des gemeinschaftlichen Eigentums und Vermögens und für die Entscheidung über die *Ehewohnung* das bisherige Recht (§§ 39, 40 FGB) maßgebend (z.B. KG FamRZ 92, 563; BGH FamRZ 92, 537; BGH 117, 61 [64 unter I]; BGH 117, 35 [38 f. unter I]; KG FamRZ 92, 1430; BG Erfurt NJ 93, 371; OLG Brandenburg FamRZ 96, 667). § 39 I FGB (grundsätzlich Halbteilung) hält sich in den Grenzen des Art. 14 I 2 GG (BGH 117, 35 [39–50 unter II]). Entsprechend muß die Verteilung des *Hausrats* vor dem 3. 10. 1990 Geschiedener dem bisherigen Recht (§ 39 a FGB) unterliegen (vgl. KG FamRZ 92, 1430). Maßgeblicher Zeitpunkt ist nach Ansicht des BGH im Fall des § 39 FGB der Tag der letzten mündlichen Verhandlung, im Fall des § 40 der Eintritt der Rechtskraft des Scheidungsurteils (BGH DtZ 93, 281 = FamRZ 93, 1048 [1050 unter 5]).

Bundesrecht gilt jedoch für die Zwangsvollstreckung (vgl. Einigungsvertrag Anlage I Kap. III Sachgebiet A Abschnitt III Nr. 5 k). Daher gilt nicht mehr § 128 II

ZPO/DDR, nach dem *Zwangsräumung der Ehewohnung* erst nach Zuweisung einer anderen Wohnung verlangt werden konnte (LG Berlin DtZ 92, 410; BGH FamRZ 92, 414 [421 unter IV 1]).

Im *westlichen* interlokalen Recht könnte man auf die Regelung von *Ehewohnung und Hausrat* vor dem 3. 10. 1990 Geschiedener statt des Art. 15 EGBGB den Art. 18 entsprechend anwenden. Indessen beruft Art. 18 IV 1 das auf die Scheidung angewandte Recht und damit meist ebenfalls Ostrecht. Im *Osten,* wo bei Scheidung vor dem 3. 10. 1990 (materiell- und) kollisionsrechtlich das alte Recht anwendbar bleibt (vgl. oben S. 42–44), entscheidet über Ehewohnung und Hausrat § 20 RAG (unten S. 761).

VII. Scheidung

Schrifttum: 7. Aufl. S. 648f. Hervorzuheben: *Pålsson,* Marriage and Divorce, IECL III Ch. 16, 1978, S. 105–159; *Durante,* Problèmes contemporains du divorce en droit international privé, Rec. 1976 IV 1–78; *Hausmann,* Kollisionsrechtliche Schranken von Scheidungsurteilen, 1980; *Basedow,* Die Anerkennung von Auslandsscheidungen, 1980; Le divorce en droit international privé allemand, français et suisse, Annales de la faculté de droit et des sciences politiques et de l'Institut de recherches juridiques, politiques et sociales de Strasbourg 30, Paris 1980; *Wendels,* Internationale echtscheidinger[2], Zwolle 1983; *Nolte-Schwarting,* Der Versorgungsausgleich in Fällen mit Auslandsberührung, 1984; *Zacher* (Hrsg.), Der Versorgungsausgleich im internationalen Vergleich und in der zwischenstaatlichen Praxis, 1985 (mit Beiträgen u. a. von *Jayme, Sonnenberger* und *von Bar); Adam,* Internationaler Versorgungsausgleich, 1985; *Dessauer,* Internationales Privatrecht, Ethik und Politik, Betrachtungen zur Reform des IPR am Beispiel der Anerkennungsprognose als Zuständigkeitsvoraussetzung im internationalen Eherecht I, II, 1986; *Piltz,* Internationales Scheidungsrecht, 1988; *Henrich,* Internationales Scheidungsrecht[5], 1990; *Levin,* Konflikte zwischen einer weltlichen und einer religiösen Rechtsordnung, Eine kritische Würdigung des israelischen Familienrechts mit besonderer Berücksichtigung des jüdischen Scheidungsrechts aus der Sicht des schweizerischen internationalen Privatrechts, Zürich 1991; *Gaudemet-Tallon,* La désunion du couple en droit international privé, Rec. 1991 I 9–279; *Droz* Rec. 1991 IV 181–193. Danach: *Reinhard,* Rechtsordnungen mit Versorgungsausgleich im Sinne des Art. 17 Abs. 3 EGBGB, Eine vergleichende Untersuchung unter besonderer Berücksichtigung des kanadischen, niederländischen belgischen und spanischen Rechts, 1995; *Banse,* Die Qualifikation der Zuweisung der Ehewohnung bei Trennung und Scheidung der Ehegatten, Diss. Göttingen 1995; *Wagner,* Versorgungsausgleich mit Auslandsberührung, 1996; *Gottwald,* Deutsche Probleme Internationaler Familienverfahren, Nakamura-Fschr., Tokio 1996, 187–201; *Esplugues,* Zulassung ausländischer Scheidungsurteile zur Eintragung in das spanische Personenstandsregister: Insbesondere zur Praxis nach dem spanisch-deutschen Anerkennungs- und Vollstreckungsvertrag von 1983, ZZP Int. 96, 103–118; *McClean,* The Non-Recognition of Transnational Divorces, 112 (1996) L. Q. Rev. 230–233; *Elwan* und *Ost,* Die Scheidung deutsch-jordanischer Ehen vor deutschen Gerichten unter besonderer Berücksichtigung des griechisch-orthodoxen Kirchenrechts, IPRax 96, 389–397; *Massetani,* Sul riconoscimento delle sentence straniere di divorzio, Foro It. 1997 V 80–83; *van Maas de Bie,* De echtelijke woning in een internationale echtscheidungsprocedure, FJR 1997, 147–151; *Hohloch* (Hrsg.), Internationales Scheidungs- und Scheidungsfolgenrecht, 1998 (Griechenland, Italien, Österreich, Polen und Türkei); *Heiderhoff,* Die Berücksichtigung ausländischer Rechtshängigkeit in Ehescheidungsverfahren, 1998; *Henrich,* Internationales Scheidungsrecht, 1998; *Wagner,* Versorgungsausgleich bei deutsch/US-amerikanischer Ehe, IPRax 99, 94–97.

Siehe auch Schrifttum oben S. 613.

Rechtsvergleichend: Waaijer, Pensions and Divorce: a Comparative Study of the Legal Position in Various European Countries, 31 (1984) NILR 199–213; *Glendon,* Abortion and Divorce in Western Law, American Failures, European Challenges, Harvard 1987; *Meulders-Klein,* La problématique du divorce dans les législations d'Europe occidentale, Rev.int.dr.comp. 1989, 7–58; *Verschraegen,* Die einverständliche Scheidung in rechtsvergleichender Sicht, 1991; *Dethloff,* Die einverständliche Scheidung, Eine rechtsvergleichende und rechtshistorische Untersuchung zu Umfang und Grenzen der Parteiautonomie im Scheidungsrecht, 1994; *Reinhard,* Rechtsordnungen mit Versorgungsausgleich im Sinne des Art. 17 Abs. 3 EGBGB, Eine vergleichende Untersuchung unter besonderer Berücksichtigung des kanadischen, niederländischen, belgischen und spanischen Rechts, 1995; *Meron,* L'accomodation de la répudiation musulmane, Clunet 1995, 921–939; *Wagner,* Versorgungsausgleich mit Auslandsberührung, 1996.

Auslandsrecht: Commaille u.a., Le divorce en Europe occidentale, La Loi et le Nombre, Genf und Paris 1983; Révision du droit de divorce: Expériences étrangères récentes, Colloque de Lausanne du 12 octobre 1987, Zürich 1988; *Bendersky,* Argentina: Divorce at Last, 27 (1988/89) J. Fam. L. 1–15; *Friedman,* Jewish Divorces – A Purposeful and Pragmatic Solution by the South African Law Commission, 111 I (1994) S. A. L. J. 97–111; *Stottmeister,* Anerkennung eines ausländischen Scheidungsurteils oder neue Scheidung in Italien?, JahrbItR 9 (1996), 117–124; *Bälz,* Eheauflösung aufgrund von Apostasie durch Popularklage: der Fall Abû Zayd, IPRax 96, 353–356; *Samtleben,* „Scheidung auf chilenisch" – oder die Ehe vor dem unzuständigen Standesbeamten, StAZ 98, 77–79.

1. Geltungsbereich

Art. 17 EGBGB handelt den Worten nach von der **Scheidung.** Er betrifft jedoch *nicht nur* die Scheidung.

Er gilt vielmehr für **alle Eheauflösungen ex nunc:** Tod, Verschollenheit, Todeserklärung (frühere DDR und Ost-Berlin), Wiederheirat nach Todeserklärung, Religionswechsel (früher Türkei), Wiederheirat nach Religionswechsel (kanonisches Recht, dazu RG 152, 23 und unten S. 750), lebenslange Freiheitsstrafe (z.B. Kalifornien), Wiederheirat nach Verurteilung des anderen Gatten zu lebenslanger Freiheitsstrafe (z.B. New York). Ebenfalls nach Art. 17 richtet sich das Recht, das darüber bestimmt, ob die *Ehe eines für tot Erklärten wieder auflebt,* wenn er zurückkehrt und deswegen die Ehe seines Gatten mit einem neuen Partner aufgelöst worden ist.

Art. 17 gilt auch für die Lockerung des Ehebandes durch **Trennung von Tisch und Bett** (BGH 47, 324). In Staaten ohne Scheidung ist sie Surrogat der Scheidung. In anderen Staaten ist sie ein Schritt in Richtung auf die Scheidung: sie kann dort in die Scheidung umgewandelt werden; ein fast unbeschränktes Umwandlungsrecht gewährte in Deutschland früher die „Aufhebung der ehelichen Gemeinschaft" (§§ 1575/76, 1586/87 a.F. BGB).

Dagegen entscheidet nicht Art. 17 sondern **Art. 13** über die **Aufhebung** der Ehe; denn sie ist Folge eines Willens- oder anderen Mangels bei Heirat (oben S. 694f., 699 a.E.). Ebenso herrscht Art. 13, soweit ausländische Rechte die **„Scheidung" wegen Ehehindernissen, Willlensmängeln** und vielleicht auch Formfehlern bei Heirat erlauben (oben S. 699 a.E.f.).

Keine Eheauflösung und keine Trennung von Tisch und Bett, ohne daß eine Ehe bestanden hat und noch besteht und (im Fall der Trennung) noch ungetrennt ist!

Vorfragen nach Anfang und Ende der Ehe werden *selbständig* angeknüpft wie bei den Ehewirkungen (oben S. 721, 735; a. A. [Heiratsstatut] z. B. OLG Koblenz FamRZ 94, 1262); ebenso die Vorfrage, ob die Ehe noch ungetrennt ist. Über die *Gültigkeit* einer Ehe bestimmen die von Art. 13 und Art. 11 berufenen Rechte. Darüber, ob die Ehe nicht schon *aufgelöst* oder von Tisch und Bett *getrennt* ist, bestimmt das von Art. 17 berufene Recht oder die Rechtskraft eines deutschen Scheidungs- oder Trennungsurteils oder die Anerkennung einer ausländischen Entscheidung auf Scheidung oder Trennung.

2. Voraussetzungen

a) Anwendbares Recht

Wie *Heirat, persönliche* Ehewirkungen und Ehe*güter*recht gehören auch die Auflösung der Ehe *ex nunc* (insbesondere durch Scheidung) sowie die Lockerung des Ehebandes durch Tennung von Tisch und Bett in den persönlichen Bereich der Eheleute. Daher entscheidet auch hier im *Partei*interesse das *Personalstatut* im Anknüpfungssinn (oben S. 386). **Art. 17 I EGBGB** bestimmt:

„Scheidung

(1) Die Scheidung unterliegt dem Recht, das im Zeitpunkt des Eintritts der Rechtshängigkeit des Scheidungsantrags für die allgemeinen Wirkungen der Ehe maßgebend ist. Kann die Ehe hiernach nicht geschieden werden, so unterliegt die Scheidung dem deutschen Recht, wenn der die Scheidung begehrende Ehegatte in diesem Zeitpunkt Deutscher ist oder dies bei der Eheschließung war.“

Soweit danach das Heimatrecht maßgibt (gemeinsame oder letzte gemeinsame, von einem Gatten beibehaltene Staatsangehörigkeit), gilt für Staatenlose und internationale Flüchtlinge das Recht ihres gewöhnlichen Aufenthaltes (bei Staatenlosen, die unter das New Yorker Abkommen fallen, und bei Flüchtlingen, die unter das Genfer Abkommen fallen, und bei gleichgestellten Asylberechtigten und Humanflüchtlingen das Recht ihres Wohnsitzes), hilfsweise das Recht ihres schlichten Aufenthalts; auf volksdeutsche Flüchtlinge ist deutsches Recht anzuwenden (oben S. 399–405).

Das für die Scheidung maßgebende Recht bestimmt z. B., ob und aus welchen Gründen geschieden oder von Tisch und Bett getrennt werden kann, wann Scheidungs- oder Trennungsgründe verfallen, ob und welche Folgen ein Verschulden hat, ob eine Ehe durch Todeserklärung oder Wiederheirat nach Todeserklärung aufgelöst wird.

aa) Familienstatut

Art. 17 I 1 beruft das für die persönlichen Ehewirkungen maßgebende Recht, sei es das gesetzliche oder ein gewähltes (Art. 14). Dies ist das **„Familienstatut“**, so genannt, weil es weithin Ehe, Abstammung und Adoption beherrscht (oben S. 721). Es beruht auf Vorschlägen des Deutschen Rats für IPR (vgl. für die Scheidung *Beitzke* [Hrsg.], Vorschläge und Gutachten zur Reform des deutschen internationalen Personen-, Familien- und Erbrechts, 1981, 7 § A).

Das Familienstatut kann man *materiell-* oder *international*privatrechtlich verstehen. Der Unterschied liegt im *Renvoi (Henrich* FamRZ 86, 849): die *gesetzliche* Anknüpfung der persönlichen Ehewirkungen (Art. 14 I EGBGB) gilt unter Einschluß des Renvoi (Art. 4 I). Anders die *Rechtswahl* nach Art. 14 II (wegen Art. 4 II). Knüpft das nach Art. 14 I maßgebende Recht die Scheidung anders an als die persönlichen Ehewirkungen, dann gilt im Ergebnis für beide verschiedenes materielles Recht. Aber internationalprivatrechtlich entscheidet derselbe Staat und mit ihm sucht man Einklang. Dem Renvoi für die Scheidung ist also zu folgen (*Henrich* aaO 850; *Palandt-Heldrich*[58] Art. 17 EGBGB Rz 2 S. 2350).

bb) Antrittsrecht

Art. 17 I 2 führt das sog. **Antrittsrecht** ein und folgt damit ebenfalls einem Vorschlag des Deutschen Rats für IPR (*Beitzke* aaO 7 § B). Man will, wenn das Scheidungsstatut keine Scheidung erlaubt, berücksichtigen, daß Verlobte meist mit der Vorstellung heiraten, sich so zu binden, wie es ihrem Personalstatut entspricht. Daher ist Art. 17 I 2 hinsichtlich des Antrittsrechts, obwohl einseitig gefaßt, allseitig anzuwenden, also nicht nur auf Deutsche, sondern auch auf Ausländer.

Die Begründung (BTDrucks. 10/504 S. 61) steht dem mindestens nicht entgegen. Denn sie erklärt, die einseitige Fassung vermeide es, „unter mehreren in Frage kommenden Rechtsordnungen eine Auswahl treffen oder kumulativ mehrere Rechte anwenden zu müssen".

Auch Staatenlosen und Flüchtlingen (oben vor aa) kommt das Antrittsrechts zugute.

Entscheidend ist nicht, ob *abstrakt* das Familienstatut eine Scheidung erlaubt (keine Scheidung z.B. in Malta, Chile [Einführung allerdings zur Zeit im Gesetzgebungsverfahren: *Samtleben* StAZ 98, 77–79] und auf den Philippinen), sondern ob nach ihm gerade die vorliegende Ehe geschieden werden kann. Art. 17 I 2 sagt: „kann *die* (nicht *eine*) Ehe … nicht geschieden werden …" und dürfte damit die *konkrete* Ehe meinen. Diese Lösung verdient auch den Vorzug. Denn es trifft einen Gatten gleich hart, ob entgegen seinem Antrittsrecht das Scheidungsstatut überhaupt keine Scheidung kennt oder keine Scheidung aus einem in seinem Fall gegebenen Grunde (OLG Köln FamRZ 96, 946 [947]; *Ferid-Böhmer* 8–149, 2 S. 314; *Palandt-Heldrich*[58] Art. 17 EGBGB Rz 9 S. 2351; ebenso, aber rechtspolitisch kritisch *Henrich* FamRZ 86, 850f.; a.A. OLG Köln IPRax 89, 310 LS mit abl. Anm. Red. [E.J.]).

Beispiel (nach *Henrich* aaO 851): Deutsche heiratet Italiener, gibt deutsche Staatsangehörigkeit auf und wird Italienerin. Die Eheleute leben in Mailand. Frau erwirkt dort Trennung von Tisch und Bett, auf Grund deren sie nach fünf Jahren seit dem ersten Erscheinen vor dem Gerichtspräsidenten Scheidung verlangen könnte. Nach vier Jahren beantragt sie Scheidung in Deutschland (§ 606a I Nr. 1 ZPO: Antrittszuständigkeit). Folge: Scheidung nach deutschem Recht (Art. 17 I 2 EGBGB mit §§ 1565, 1566 II BGB). Würde sie die fünf Jahre abwarten, wäre nach italienischem Recht zu scheiden (Art. 17 I 1 mit Art. 14 I Nr. 2 EGBGB). Vgl. unten S. 928.

Verbietet das Familienstatut (Art. 17 I 1 EGBGB) die Scheidung und haben die Gatten verschiedene Antrittsrechte, nach denen die Scheidung erlaubt ist, dann sollte nach *beiden* Antrittsrechten *geschieden* werden, für die *Nebenfolgen* der Scheidung aber das *schwächere Recht* gelten (vgl. *Soergel-Schurig* X[12] Art. 17 EGBGB Rz 32 a.E. S. 821 mit Einschränkung), etwa dasjenige, das den geringeren Unterhaltsanspruch gewährt (vgl. Art. 18 IV 1 EGBGB).

Im obigen Beispiel kommt nur das Antrittsrecht der Frau zum Zuge. Sie erhält keinen Versorgungsausgleich, weil Art. 17 III 1 HS 1 nur auf I *1* (Familienstatut) verweist, nicht auf I 2 (Antrittsrecht). Selbst wenn man die Verweisung auf I 2 erweiterte, müßte für die Nebenfolgen der Scheidung auch der Mann sein Antrittsrecht auf die Waage legen dürfen und daher das schwächere Recht gelten (kein Versorgungsausgleich), wie wenn nach Ablauf der fünf Jahre nach italienischem Recht geschieden würde.

cc) Deutsches Recht für Deutsche

Art. 17 I 2 EGBGB beruft, wenn die Ehe nach dem Familienstatut nicht geschieden werden kann, nicht nur das Antrittsrecht (oben bb), sondern für Deutsche auch das deutsche Recht („wenn … der Ehegatte … Deutscher ist"; Beispiel AG Mainz NJW-RR 90, 779: Mann Franzose, Frau Deutsche; vgl. AG Mainz IPRax 91, 422 LS mit Anm. Red. (E.J.): Mann Italiener, Frau (auch) Deutsche). Diese Regel knüpft an Art. 17 III a.F. an (deutsches Recht für Scheidungsbegehren der deutschen Frau) und ist als Schutzvorschrift für deutsche Männer und Frauen zu verstehen (Exklusivnorm, oben S. 255 a.E.f.), also nicht allseitig anzuwenden. Denn sonst bliebe bei verschiedener Staatsangehörigkeit der Gatten vom Familienstatut zu wenig übrig.

Auch Staatenlosen und Flüchtlingen (oben S. 745) kommt Art. 17 I 2 Fall 2 nicht zugute.

dd) Deutsches Recht als Ersatzrecht

Allein nach deutschem Recht will die h.M. scheiden, wenn die **Ehe** nach dem für die Heiratsform maßgeblichen **deutschen Recht gültig**, aber nach dem **Scheidungsstatut Nichtehe** ist (z.B. OLG Koblenz NJW-RR 94, 647; weitere Nachweise *Staudinger-Gamillscheg*[10/11] Art. 17 EGBGB Rz 201–223, S. 770–773; *Staudinger-von Bar/Mankowski*[13] Art. 17 EGBGB Rz 88 S. 657; *Soergel-Schurig* X[12] Art. 17 EGBGB Rz 33 Fn 41, 42 S. 821f.; *MünchKomm-Winkler von Mohrenfels*[3] Art. 17 EGBGB Rz 70–76 S. 837f.). So, wenn Griechen oder Spanier, deren Heimatrecht auf religiöser Trauung bestand, in Frankfurt nur vor dem Standesbeamten geheiratet hatten.

Das war nach Art. 11 I 2 a.F. EGBGB mit § 11 I EheG ausreichend, nach Art. 13 III a.F. EGBGB mit § 11 I EheG sogar erforderlich. Dagegen ließen das griechische und das spanische IPR die eigenen materiellen Rechte entscheiden und nach denen war die kirchliche Form so zwingend wie bei uns die zivile.

Ratio der h.M.: man darf nicht einem Recht die Scheidung übertragen, nach dem gar keine Ehe vorliegt. Allein dieser Grund trägt nicht. Denn auch persönliche und güterrechtliche Ehewirkungen entstehen nach dem maßgebenden Recht, selbst wenn nach ihm keine Ehe da ist (oben S. 721, 735); auch können nach ausländischem Recht voreheliche Kinder durch die Heirat legitimiert werden (unten S. 832). Denn einseitiger Normenwiderspruch vom Typ „so soll es nicht sein" in einem fremden Recht (z.B. im früheren griechischen und spanischen) kann hingenommen werden (oben S. 309). Nicht dagegen *beider*seitiger. Der aber ergibt sich, wenn eine Ehe nach § 11 I EheG gültig ist und daher nach §§ 1565–1567 BGB scheidbar wäre, bei Anwendung des Personalstatus des Mannes jedoch *unscheidbar* ist (Widerspruch auf Seiten des *deutschen* Rechts) und wenn andererseits nach dem Personalstatut des Mannes die Ehe unscheidbar ist, aber nach den Formvorschriften dieses Rechts Nichtehe wäre (also noch strenger mißbilligt wird, nämlich *ex tunc* und nicht bloß *ex nunc*), bei Anwendung der von Art. 13 mit Art. 11 a. u. n.F. EGBGB berufenen Rechte aber *gültig* ist (Widerspruch auf Seiten des *fremden* Rechts). Diesen beiderseitigen Normenwiderspruch vom Typ „so soll es nicht sein" beseitigt man am leichtesten durch eine Ausnahme vom Scheidungsstatut: man läßt das **deutsche Recht** über die Scheidung befinden. Aber da beiderseitiger Normenwiderspruch nur dann besteht, wenn das Scheidungsstatut *strenger* ist als das deutsche Recht (wie früher das spanische Recht, das die Scheidung verbot, und heute das griechische, soweit nach Art. 1439 III 1 n.F. ZGB erst nach vier Jahren Trennung Zerrüttung fingiert wird, während sich § 1566 II BGB mit drei Jahren begnügt), ist auch nur insoweit von ihm abzuweichen. Ist dagegen das Scheidungsstatut *ebenso streng* wie das deutsche oder gar *leichter,* dann bleibt es anwendbar.

Haben Griechen oder Spanier nicht in Frankfurt, sondern in *Paris* vor dem Standesbeamten geheiratet, dann war ihre Ehe nach dem von Art. 11 I 2 a.F. EGBGB berufenen französischen Recht formgültig, nach griechischem und spanischem Recht Nichtehe. Ist das ausländische Scheidungsrecht strenger, als das französische (für Spanien traf das zu), dann hätte nach *französischem* Recht geschieden werden sollen.

Rückwirkende Heilung nach dem Heimatrecht der Gatten bei Heirat ist beachtlich (oben S. 695). Sie gilt für *Griechen* seit dem 19.7.1982 (*Chiotellis* IPRax 82, 169 Fn 6, 172; *Staudinger-von Bar/Mankowski*[13] Art. 13 EGBGB Rz 512 S. 195f., Art. 17 EGBGB Rz 89 S. 637). Griechen, die vorher im Ausland nur vor dem Standesbeamten geheiratet haben, sind daher ebenso nach griechischem Recht zu scheiden wie später Vermählte.

b) Maßgeblicher Zeitpunkt

Nach **Art. 17 I EGBGB** (abgedruckt oben S. 744) gilt das Scheidungsstatut (Familienstatut, Antrittsrecht, deutsches Recht) „im **Zeitpunkt** des Eintritts **der Rechtshängigkeit** des Scheidungsantrags". *Änderung* des Scheidungsstatuts *während des Scheidungsverfahrens* (z. B. Franzosen werden Engländer) ist daher belanglos (früher streitig und rechtspolitisch bedenklich, weil neue Rechtssätze und neue Tatsachen im Verfahren grundsätzlich zu beachten sind) (unzutreffend, wenn auch rechtspolitisch richtig OLG Köln FamRZ 96, 946 [947]). Bei Scheidung im Ausland durch *Rechtsgeschäft* kommt es auf den Zeitpunkt seiner **Vornahme** an (BayObLG 1998, 103 [106 unter 2a aa] = NJW-RR 98, 1538).

Hat schon vor Eintritt der Rechtshängigkeit das Scheidungsstatut gewechselt (z.B. Franzosen sind Engländer geworden), dann werden *gestreckte Tatbestände* (z.B. Trennungsfristen), die in die Zeit sowohl des alten wie des neuen Scheidungsstatuts fallen, allein nach dem *neuen* beurteilt: genau wie im internationalen Sachenrecht (oben S. 668).

Dies war schon früher so. Es gab aber Schwierigkeiten bei *abgeschlossenen* Tatbeständen, z.B. Ehebruch als Scheidungsgrund (5. Aufl. 512–514). Diese verlieren jedoch wegen Vordringens der Zerrüttungsscheidung an Gewicht (vgl. Begründung BTDrucks. 10/504 S. 600).

Zum *Übergangsrecht* beim Wechsel des Scheidungs-IPR am 1. 9. 1986 siehe 7. Aufl. S. 654f.

3. Vollzug

a) Vollzugsarten

Die Scheidung, andere Arten der Eheauflösung und die Trennung von Tisch und Bett kommen zustande auf *verschiedene Weise.* So endet die Ehe *ipso iure* durch Tod, Todeserklärung, Religionswechsel, Verurteilung eines Gatten zu lebenslanger Freiheitsstrafe oder durch Wiederheirat des anderen Gatten auf Grund solcher Umstände. Scheidung verlangt mindestens die *einseitige Erklärung* eines Gatten („Verstoßung") oder einen *Vertrag* der Eheleute (im jüdischen Recht muß außerdem der Mann der Frau einen Scheidebrief übergeben und zum Teil der Rabbiner oder ein weltliches Gericht mitwirken). Bisweilen wird geschieden durch *Sondergesetz* (zum Teil in Kanada) oder durch *Verwaltungsakt* (zum Teil in Dänemark [Scheidung durch königliche Bewilligung] und Norwegen). Regelmäßig aber scheiden die *staatlichen Gerichte durch Urteil,* bisweilen noch *geistliche Gerichte oder Behörden;* in manchen Ländern endet die Ehe erst, wenn das Scheidungsurteil *ins Standesregister eingetragen* ist (z.B. Belgien, Niederlande). Von Tisch und Bett getrennt wird durch Urteil staatlichen Gerichts, aber auch im Verfahren der *freiwilligen Gerichtsbarkeit* oder durch geistliche Gerichte oder Behörden.

b) Vollzug in Deutschland

Nach früher ganz herrschender Meinung konnte in Deutschland **scheiden** nur ein ordentliches Gericht durch Urteil.

BGH 82, 34 (47–49 unter III 3b) = IPRax 83, 37 mit abl. Aufsatz von *Kegel* 22–25 für rechtsgeschäftliche Scheidung von Thailändern; OLG Düsseldorf IPRax 86, 305 LS mit Anm. Red. (D.H.) für Verstoßung nach jordanischem Recht).

Diese Regel gilt jetzt gesetzlich. Denn **Art. 17 II EGBGB** sagt:

„(2) Eine Ehe kann im Inland nur durch ein Gericht geschieden werden."

Daher muß man sich über das Scheidungsstatut hinwegsetzen, wenn dies die Scheidung durch *Rechtsgeschäft* zuläßt: nicht schon das Rechtsgeschäft, sondern erst das Urteil scheidet. So die deutschen Gerichte für die zeitweilig nach sowjetrussischem Recht zulässige rechtsgeschäftliche Scheidung, für die weithin rechtsgeschäftliche Scheidung nach jüdischem Recht und für die Verstoßung (Talaq) nach islamischen Recht.

Vgl. *Soergel-Schurig*[12] Art. 17 EGBGB Rz 53 S. 828–830. Für *jüdisches Scheidungsrecht* auch *Wolf,* Het joodse echtscheidungsrecht in Nederland en de New York Get Laws, FJR 1995, 178–183. Für *Talaq* auch z. B. AG Frankfurt IPRax 89, 237 mit Aufsatz von *Jayme* 223 f. = NJW 89, 1434 *implicite,* OLG München IPRax 89, 238 (241 unter I 4 c) mit Aufsatz von *Jayme* 223 f. (dazu oben S. 463) und *Lüderitz* Baumgärtel-Fschr. 1990, 335 f.; über Talaq und *ordre public Bolz* NJW 90, 820–822 sowie bei Auslandsscheidung unten S. 752 f.

Besser beließe man in solchen Fällen dem Rechtsgeschäft seine Gestaltungswirkung und begnügte sich mit einem *Feststellungs*urteil, daß die Ehe nicht mehr besteht.

Wird in dem Staat, dessen Recht die Scheidung beherrscht, wie bei uns zwar in einem *Verfahren* geschieden, aber in einem *anderen* Verfahren als bei uns (im Verfahren der freiwilligen Gerichtsbarkeit, im Verwaltungsverfahren, im Verfahren der Sondergesetzgebung, durch geistliche Gerichte oder Behörden), dann tritt der *deutsche Eheprozeß* an die Stelle. Das *Verfahren* ist hier wie auch sonst *grundsätzlich auswechselbar:* von inländischen Gerichten und Behörden kann man nur Befolgung ihres eigenen Verfahrensrechts erwarten, und wollte man die Parteien auf Rechtssuche im Ausland verweisen, dann würde man ihnen praktisch vielfach das Recht verweigern.

OLG Karlsruhe FamRZ 91, 1308 = JahrbItR 6 (1993), 220 mit Aufsatz von *Davi* und *Patti* 175–181. A. A. KG FamRZ 94, 839: deutschen Gerichten fehle internationale (richtig: sachliche) Zuständigkeit wegen religiösen Charakters der Scheidung nach jüdischem Recht.

In Deutschland kann durch Gestaltungsurteil selbst dann geschieden werden, wenn das für die Scheidung maßgebende Recht außer dem Scheidungsurteil die *Eintragung ins Register des Standesamts* fordert (streitig). Denn die Eintragung ist ebenfalls nur Verfahrensbestandteil; sie wiegt zudem leichter als das Urteil, und das Bestehen auf Eintragung würde praktisch zu Rechtsverweigerung führen (vgl. auch unten S. 754).

Von der *internationalen Zuständigkeit* deutscher Gerichte zur Scheidung war schon die Rede (oben S. 609–613). Hat ein deutsches Gericht *ohne internationale Zuständigkeit* entschieden oder hat es entschieden im *Widerspruch zu dem anwendbaren Scheidungsrecht* oder wird sein Urteil im Staat, dessen Recht für die Scheidung maßgibt, *nicht anerkannt,* dann ist sein Urteil gleichwohl *wirksam* (unstreitig, z. B. AG und LG Bonn StAZ 89, 354 f.). Dagegen ist das Urteil *nichtig,* wenn die *Gerichtsbarkeit* fehlte (unten S. 894).

Über *einstweilige* Anordnungen in Ehesachen sowie über Zuständigkeit und Verfahren für *„andere Familiensachen"* als Ehesachen (ZPO §§ 620 [i. d. F. von Art. 6 Nr. 12 KindRG], 621 [i. d. F. von Art. 6 Nr. 14 KindRG, Art. 3 Nr. 5 KindUG und Art. 1 b Nr. 2 BtÄndG], 621 a [i. d. F. von Art. 6 Nr. 15 KindRG und Art. 1 b Nr. 3 BtÄndG]) oben S. 719 f., unten S. 791.

Über Schuld an der Ehezerrüttung und **Schuldausspruch** im Tenor des deutschen Scheidungsurteils näher Soergel-*Schurig* X[12] Art. 178 Rz 68–75 S. 838–842; *OLG Zweibrücken* FamRZ 1997, 430 betr. polnisches Recht.

Für den Vollzug der **Trennung von Tisch und Bett** in Deutschland gilt dasselbe wie für die Scheidung in Deutschland. Das maßgebende Recht bestimmt daher, wie die Trennung in Deutschland zustande kommt. So mit Recht BGH 47, 324 und z.B. OLG Stuttgart FamRZ 97, 879 mit Anm. von *Wenz*. Anders die früher h.M.: während sie für die Scheidung in Deutschland das Urteil eines ordentlichen Gerichts forderte, ließ sie die Trennung überhaupt nicht zu (z.B. RG 55, 345 plenar; RG 150, 283; RG 167, 193). Man machte u.a. geltend, daß § 606 I ZPO die Trennung von Tisch und Bett nicht unter den Ehesachen aufführt. Aber sie fehlt hier nur, weil sie im deutschen materiellen Eherecht fehlt. Die frühere „Aufhebung der ehelichen Gemeinschaft“, die eine sehr starke Trennung darstellte, war in § 606 I ZPO genannt, solange §§ 1575/76, 1586/87 a.F. BGB galten. Als Minus gegenüber der Scheidung ist die Trennung in Deutschland statthaft. Verweist man die Parteien auf die Möglichkeit eines Trennungsverfahrens in dem Staat, dessen Recht die Trennung beherrscht, dann verweigert man ihnen häufig das Recht; so insbesondere der Frau, wenn das Scheidungsstatut die Scheidung verbietet und sie nur durch Trennung ausreichend geschützt werden kann. Der Deutsche Rat für IPR hat die Aufnahme der Trennung in § 606 I ZPO empfohlen (*Beitzke* [Hrsg.], Vorschläge und Gutachten zur Reform des deutschen internationalen Personen-, Familien- und Erbrechts, 1981, 7, § A). Art. 17 I n.F. EGBGB übernimmt das zwar nicht ausdrücklich, aber nur, weil man nicht nötig fand, die Trennung zu erwähnen (vgl. Begründung BTDrucks. 10/504 S. 60; OLG Hamm NJW-RR 89, 1346; OLG Karlsruhe FamRZ 91, 1308 = JahrbItR 6 [1993], 220 mit Aufsatz von *Davi* und *Patti* 175–181).

Andere Arten der Eheauflösung als die Scheidung vollziehen sich *ipso iure* (oben S. 743). Daher braucht man kein Urteil, damit in Deutschland verwirklichte Auflösungsgründe die Ehe beenden. Es entscheidet allein das maßgebende Recht. Anderer Ansicht KG IPRspr. 1932 Nr. 77 in einem Fall, in dem es darum ging, ob eine Ehe polnischer Juden durch Übertritt des Mannes zum katholischen Glauben und Wiederheirat kraft des *privilegium Paulinum* (can. 1120–1127 cod. iur. can. von 1917; jetzt can. 1143–1150 von 1983) aufgelöst worden war (zur Neuregelung *Lüdicke,* Eherecht, Canones 1055 bis 1165, 1983, 158–165).

c) Vollzug im Ausland

Das für die Scheidung maßgebende Recht bedeutet für die **Scheidung** im *Ausland* weniger als für die Scheidung in Deutschland.

Für die Scheidung in *Deutschland* sagt es immer, wie geschieden werden *soll,* nämlich nach Art. 17 II EGBGB nur durch ein Gericht. *Hat* ein deutsches Gericht geschieden, dann ist die Entscheidung wirksam, auch wenn sie gegen das berufene (ausländische oder deutsche) Recht verstößt; insoweit ist also das für die Scheidung maßgebende Recht entthront.

Die Frage, wie im *Ausland* geschieden werden *soll,* bewegt uns selten: aus tatsächlichen wie rechtlichen Gründen haben wir auf eine Auslandsscheidung kaum Einfluß. Das für die Scheidung maßgebende Recht tritt demgemäß zurück.

Wenn aber im Ausland geschieden worden *ist* und zwar – wie regelmäßig – in einem *Verfahren,* dann gilt das für die Scheidung maßgebende Recht nicht. Dann geht es vielmehr nur darum, ob wir die ausländische Entscheidung *anerkennen.* Für die Anerkennung einer ausländischen Entscheidung gilt jedoch (wie für die Rechtskraft einer deutschen) grundsätzlich gleich, ob das richtige Recht angewandt und richtig angewandt worden ist, ebenso wie grundsätzlich gleich gilt, ob die Tatsachen richtig festgestellt worden sind. Denn man „erkennt an" nur, soweit man Tatbestand und Entscheidungsgründe hinnimmt; soweit man nachprüft, entscheidet man neu.

Belanglos ist daher, ob nach dem berufenen Recht überhaupt in einem Verfahren geschieden werden durfte und nicht vielmehr Scheidung durch Rechtsgeschäft geboten war. Belanglos ist, ob in dem Staat geschieden worden ist, dessen Recht die Scheidung beherrscht, oder in einem anderen Staat. Belanglos ist schon nach dem Satz, daß das Recht des Verfahrensorts die Verfahrensart bestimmt, daß m. a. W. die Verfahrensarten austauschbar sind (oben S. 749), ob in dem Verfahren geschieden worden ist, das in dem berufenen Recht vorgesehen ist. Belanglos ist insbesondere, ob geschieden worden ist durch ein staatliches Gericht im ordentlichen Rechtsstreit oder im Verfahren der freiwilligen Gerichtsbarkeit, durch eine Verwaltungsbehörde, von einem Parlament durch Sondergesetz, durch ein geistliches Gericht oder eine geistliche Behörde: immer geht es nur um die Anerkennung.

Über *Voraussetzungen* und *Verfahren* der Anerkennung (§ 328 ZPO und Art. 7 § 1 FamRÄndG), insbesondere auch über die *internationale Zuständigkeit:* oben S. 702–709. Wegen Gesetzesumgehung durch *Zuständigkeitserschleichung,* die gerade bei der Scheidung häufig ist: oben S. 428–431.

Unterliegt die Scheidung dem Recht eines ausländischen Staats und ist die Ehe in einem anderen ausländischen Staat geschieden, so ist für unsere Anerkennung grundsätzlich nicht nötig, daß auch der *Staat anerkennt, dessen Scheidungsrecht maßgibt.* Vielmehr muß nur, soweit § 606 a I 1 Nr. 4 ZPO die internationale Zuständigkeit deutscher Gerichte zur Scheidung ausländischer Eheleute davon abhängig macht, daß nicht offensichtlich alle Heimatstaaten beider Gatten die Anerkennung der beantragten Entscheidung ablehnen (vgl. oben S. 704), analog auch die internationale Zuständigkeit ausländischer Gerichte beschränkt werden.

Die *ordre public*-Klausel des § 328 I Nr. 4 a. u. n. F. ZPO hindert die Anerkennung bei *groben Verfahrensmängeln.*

So bei Scheidungen in *Mexiko* LG Detmold IPRspr. 1930 Nr. 152 und OLG Hamburg JW 35, 3488 mit Anm. von *Jonas* JW 36, 283. Den mexikanischen Gerichten fehlte übrigens auch internationale Zuständigkeit (ebenso in KG NJW 64, 981 und OLGZ 1976, 38; BayObLG FamRZ 79, 1014); Anerkennung im Heimatstaat des Mannes deckt diesen Mangel nicht (vgl. oben S. 704, unten S. 824). Aus diesem Grunde versagt KG IPRspr. 1932 Nr. 147 = JW 32, 3822 die Anerkennung einer Scheidung in *Nevada: „Nevada is that happy land where one can get parted from one's money or one's mate with equal ease" (Traver).* Zur Mexiko-Scheidung weitere Nachweise

Soergel VIII[11] Art. 17 EGBGB Rz 91, S. 926 Fn. 1. Zur Nevada-Scheidung auch OLG Bremen OLGZ 1966, 373 und (in demselben Fall) BayObLG 1967, 218 (vgl. oben S. 708 a. E. f.); BayObLG FamRZ 84, 57 LS (Anerkennung abgelehnt).

Auch ein Verstoß des angewandten *materiellen* Scheidungsrechts gegen den deutschen *ordre public* kann nach § 328 I Nr. 4 a. u. n. F. ZPO die Anerkennung ausschließen.

Das ist für die *gerichtliche einverständliche Scheidung Deutscher* früher dann und nur dann bejaht worden, wenn kein Scheidungsgrund nach deutschem Recht vorlag (z. B. RG 121, 24 = IPRspr. 1928 Nr. 122; KG IPRspr 1931 Nr. 146; KG JW 37, 1977 mit Anm. von *Maßfeller*). Heute scheint man milder (vgl. OLG Frankfurt OLGZ 1980, 130 [134 f.]; BayObLG 1980, 351 [360]; BayObLG 1998, 103 [108 a. E. f.] = NJW-RR 98, 1538).

Ebenso ist bei *rechtsgeschäftlicher* Scheidung *im Einverständnis* ein Verstoß gegen den *ordre public* zu prüfen, nur dann nicht nach § 328 I Nr. 4 a. u. n. F. ZPO, sondern nach früher Art. 30, heute Art. 6 EGBGB. Hier hat RG JW 38, 1518 mit Anm. von *Maßfeller* bei einverständlicher Scheidung von Sowjetrussen nach sowjetrussischem Recht einen Verstoß gegen den deutschen *ordre public* verneint. Ohne einen solchen zu prüfen hat OLG Frankfurt NJW 90, 646 die einverständliche Scheidung von Iranern (Frau früher Deutsche) anerkannt. In England ist anerkannt worden die einverständliche Scheidung eines Thailänders, der als Student in England nach Erzeugung und Geburt eines Kindes die 17jährige englische Mutter 1956 geheiratet und sich alsbald nachhause empfohlen hatte: *Ratanachai v. Ratanachai*, The Times 4. 6. 1960, S. 10. In Frankreich hat das Tribunal de grande instance Paris Rev.crit.dr.i.p. 1991, 391 mit Anm. von *Muir Watt* die in der Londoner Botschaft Thailands einverständlich erklärte Scheidung eines Franzosen von einer Thailänderin anerkannt. Dagegen hat OLG Stuttgart StAZ 62, 78 die in Kairo ausgesprochene einverständliche Verstoßung einer Deutschen durch einen Ägypter wegen Verletzung des deutschen *ordre public* nicht anerkannt. Auch das Schweizerische Bundesgericht BEG 88 I 48 = SchweizJahrbintR 1962, 218 mit Anm. von *Lalive* hat wegen Verletzung des *ordre public* eine einverständliche Verstoßung nicht anerkannt, die ein nach Moskau zur Ausbildung kommandierter ägyptischer Oberst dort vor dem ersten Sekretär seiner Botschaft und zwei Leutnants als Zeugen gegen seine in der Schweiz lebende schweizerische Ehefrau ausgesprochen hatte.

Auch bei (nicht einverständlicher) *Verstoßung*, die fast immer rechtsgeschäftlich erfolgt, gehen die Ansichten auseinander. Zum Beispiel wurde von LG Dresden IPRspr. 1932 Nr. 72 Art. 30 a. F. EGBGB nicht angewandt in einem Fall, in dem ein Ägypter seine früher deutsche Frau in Ägypten rechtsgeschäftlich verstoßen hatte; ebenso von LG Berlin JW 38, 2402 in einem Fall, in dem sich ein Sowjetrusse in Sowjetrußland durch einseitige Erklärung von seiner (immer) sowjetrussischen Frau getrennt hatte; desgleichen von OLG Stuttgart StAZ 84, 310 (311) in einem Fall, in dem ein Jordanier daheim seine deutsche Frau verstoßen hatte und die Frau in Deutschland beantragte, die Scheidung anzuerkennen. Dagegen wurde von AG Dresden IPRspr. 1931 Nr. 150 ein türkisches Urteil wegen § 328 I Nr. 4 a. F. ZPO nicht anerkannt, das die rechtsgeschäftliche Verstoßung der früher deutschen Frau durch einen Türken vor dem türkischen Konsulat in Berlin bestätigte. Das BayObLG hat Art. 30 a. F. EGBGB angewandt auf Verstoßungen in Ägypten und im Libanon ohne Wissen der Frau und obwohl die Frau selbst in Deutschland Scheidung verlangte (IPRax 82, 104 mit Aufsatz von *Henrich* 94 f. und IPRspr. 1982 Nr. 183; ähnlich für talâq-Scheidung von Iranern OLG Düsseldorf FamRZ 98, 1113 (1114 unter I a. E.). Die Umstände des Einzelfalls entscheiden für talâq-Scheidung von Iranern nach KG NJW-RR 94, 199 (199 f. unter II 3); ähnlich OLG Köln FamRZ 96, 1147 (Verstoß gegen Art. 3 GG angenommen). Vgl. AG Frankfurt IPRax 89, 237 oben S. 463, 749. Näher *Staudinger-Gamillscheg*[10/11] § 328 ZPO Rz 408–412, S. 1080 f.; *Staudinger-von Bar/Mankowski*[13] Art. 17 EGBGB Rz 207–213 S. 674–676; *Soergel-Schurig* X[12] Art. 17 EGBGB Rz 169

S. 906f. Zum französischen IPR z.B. Cour d'appel de Toulouse Clunet 1992, 945 mit Anm. von *Jacquet*; Cass. (1re Civ.) Clunet 1994, 115 mit Anm. von *Lequette* = Sem. jur. 1993, 484 (Nr. 22172) mit Anm. von *Déprez;* Cass. (1re Civ.) D. Jur. 1997, 400 mit Anm. von *M.-L. Niboyet.* Zum englischen IPR z.B. *Furmston,* Polygamy and the Wind of Change, 10 (1961) Int. Comp. L. Q. 180–186. Zum materiellen Recht z.B. *Linant de Bellefonds,* La répudiation dans l'Islam d'aujourd'hui, Rev.int.dr.comp. 1962, 521–548.

(Öst)OHG (öst)ZRvgl. 1999, 79 bejaht *ordre public*-Verstoß des libanesischen Scheidungsrechts der schiitischen Muslime, das zwar dem Mann Verstoßung, aber der Frau keine Zerrüttungsscheidung eröffnet.

Nur wenn im Ausland durch *Rechtsgeschäft* geschieden worden ist, kommt das für die Scheidung maßgebende Recht voll zum Zuge. An Stelle der „Rechtshängigkeit" bei gerichtlicher Scheidung (Art. 17 I 1, III 1 HS 2 EGBGB) soll es hier ankommen auf den Zeitpunkt, in dem „der Scheidungsgegner mit der Scheidung förmlich befaßt wird" (Begründung BTDrucks. 10/504 S. 60; BGH 110, 267 [273 a.E.f. unter III 2b] = NJW 90, 2194; BayObLG NJW-RR 94, 771 [772 unter III 2b aa]). Gleich gilt, ob das Rechtsgeschäft vorgenommen wird in dem *Staat, dessen Recht die Scheidung beherrscht* (z.B. Jordanier verstößt in der Heimat seine deutsche Frau: OLG Frankfurt IPRax 85, 48 LS mit Anm. Red. [D.H.] = NJW 85, 1293) oder in einem *anderen ausländischen Staat.* Im letzten Fall ist die rechtsgeschäftliche Scheidung *wirksam,* wenn sie nach dem Recht, das die Scheidung beherrscht, wirksam ist, mag auch das Recht des Vornahmeorts Scheidung in einem Verfahren fordern (a.A. wohl LG Berlin JW 38, 2402, Verstoßung einer in Sowjetrußland lebenden Sowjetrussin durch ihren sowjetrussischen Mann in Prag; im Ergebnis wird jedoch vorhergehende wirksame Verstoßung in Sowjetrußland angenommen). Umgekehrt ist die rechtsgeschäftliche Scheidung *unwirksam,* wenn nach dem Recht, das die Scheidung beherrscht, in einem Verfahren geschieden werden muß, mag auch das Recht des Vornahmeorts rechtsgeschäftliche Scheidung erlauben.

So z.B. RG 136, 142 (146f.): einverständliche Scheidung eines Deutschen von seiner deutschen, früher sowjetrussischen Frau in Sowjetrußland vor dem Standesbeamten (falsch Art. 13 a.F. statt Art. 17 a.F. angewandt); OLG Düsseldorf FamRZ 76, 277 mit krit. Anm. von *Otto* = IPRspr. 1975 Nr. 186 (S. 492): einverständliche Scheidung eines Deutschen von einer Israelin (Erfordernis gerichtlicher Scheidung im deutschen Recht sei *materiell*rechtlich); BGH 110, 267 (276 unter III 2d) = NJW 90, 2194: einverständliche Scheidung einer Deutschen von einem Thailänder (Erfordernis gerichtlicher Scheidung im deutschen Recht sei *materiell- und verfahrens*rechtlich), a.A. (in derselben Sache) OLG Koblenz IPRax 88, 178 LS mit zust. Anm. Red (D.H.): Erfordernis gerichtlicher Scheidung im deutschen Recht sei nur *verfahrens*rechtlich; BayObLG NJW-RR 94, 771: Verstoßung einer syrischen Frau durch ihren syrisch-deutschen Mann in Damaskus; BGH FamRZ 94, 434 (434f. unter 2): *Rabbinats*scheidung in Israel sei *materiell*rechtlich; Präs. OLG Celle FamRZ 98, 757 = StAZ 99, 80 (Scheidung ukrainischer Humanflüchtlinge vor einem Standesbeamten, dazu oben S. 405); vgl. LG Berlin DJ 1936, 1582: Deutsche in China durch Prozeßvergleich geschieden, den aber das Gericht wie ein Urteil behandelt und mangels Gegenseitigkeit wegen § 328 I Nr. 5, II nicht anerkennt.

Für die im Ausland vollzogene **Trennung von Tisch und Bett** gilt dasselbe wie für die Auslandsscheidung. Art. 7 § 1 FamRÄndG nennt sie ausdrücklich.

Andere Arten der Eheauflösung als die Scheidung vollziehen sich *ipso iure* (oben S. 748). Daher bestimmt (wie bei der rechtsgeschäftlichen Scheidung) das berufene Recht, ob eine Ehe durch einen im Ausland verwirklichten Tatbestand aufgelöst ist.

4. Folgen

Die **Scheidung** hat zur **Hauptfolge** die *Auflösung der Ehe.* Diese Folge tritt ein bei der *rechtsgeschäftlichen* Scheidung auf Grund des für die Scheidung maßgebenden Rechts. Wird in einem *Verfahren* geschieden (ordentlicher Rechtsstreit, freiwillige Gerichtsbarkeit, Verwaltungsweg, Sondergesetz, geistliche Gerichte oder Behörden), dann folgt die Auflösung der Ehe bei Entscheidungen deutscher Gerichte aus der Rechtskraft, bei Entscheidungen ausländischer Stellen aus der Anerkennung.

Manche (z.B. *Süss* Rosenberg-Fschr. 1949, 256–258) *entnehmen* die *Gestaltungswirkung* des Scheidungsurteils *dem berufenen Recht,* gleich ob es sich um ein deutsches oder um ein in Deutschland anerkanntes ausländisches Urteil handelt. Daraus wird z.B. gefolgert (*Riezler,* Internationales Zivilprozeßrecht, 1949, 249): werden belgische Eheleute in Deutschland geschieden, dann bewirkt nicht schon das Urteil, sondern erst die (nach belgischem Recht nötige) Eintragung ins Register des Standesamts die Auflösung der Ehe. Indessen muß auch für die Gestaltungswirkung das Recht des Gerichtsstaats gelten: sie soll ja gerade durch das Urteil bewirkt werden. Überdies ist insbesondere die Eintragung bloß Verfahrensbestandteil (oben S. 749).

Über Auflösung der Ehe durch Scheidungsurteil als *Vorfrage der Wiederheirat* oben S. 689–691.

Die **Nebenfolgen** der Scheidung ergeben sich bei Scheidung in einem *Verfahren,* soweit der *Scheidungsausspruch über sie mitbefindet,* bei deutschen Entscheidungen aus der *Rechtskraft,* bei ausländischen aus der *Anerkennung. Sonst* (also bevor der Scheidungsausspruch sie regelt oder wenn er sie nicht umfaßt, sowie bei rechtsgeschäftlicher Scheidung) richten sie sich nach dem berufenen Recht (z.B. BGH FuR 91, 104 mit Aufsatz von *Eichenhofer* 281–285 = IPRax 91, 252 mit Aufsatz von *Jayme* 230f.).

Wichtige Nebenfolge der Scheidung ist der **Unterhaltsanspruch** eines Geschiedenen gegen den anderen. **Art. 18 IV 1 EGBGB** bestimmt:

„(4) Wenn eine Ehescheidung hier ausgesprochen oder anerkannt worden ist, so ist für die Unterhaltspflichten zwischen den geschiedenen Ehegatten und die Änderung von Entscheidungen über diese Pflichten das auf die Ehescheidung angewandte Recht maßgebend.“

Der Unterhaltsanspruch richtet sich nach dem Recht, nach dem geschieden *ist,* nicht nach dem (vielleicht anderen) Recht, nach dem zu scheiden gewesen *wäre.* Ebenso gilt das Recht, nach dem geschieden wird, für den Unterhaltsanspruch, wenn er zugleich mit dem Scheidungsausspruch geregelt wird.

Die Verfassungsmäßigkeit des Art. 18 IV 1 bejaht BGH NJW-RR 87, 1474 = ZfJ 87, 420 (421 unter 3).

Teilweise tritt deutsches Recht ein. Denn **Art. 18 V EGBGB** sagt:

„(5) Deutsches Recht ist anzuwenden, wenn sowohl der Berechtigte als auch der Verpflichtete Deutsche sind und der Verpflichtete seinen gewöhnlichen Aufenthalt im Inland hat."

Hier haben wir eine *Exklusivnorm* (oben S. 255 a. E. f.; vgl. unten S. 765).

Das für den Unterhaltsanspruch eines Geschiedenen gegen den anderen maßgebende Recht hat denselben *Geltungsbereich* wie andere Unterhaltsansprüche und unterliegt denselben *materiellrechtlichen Beschränkungen* (Art. 18 VI, VII EGBGB, abgedruckt unten S. 765).

Unter Art. 18 IV 1 gehören auch die Ansprüche auf **Prozeßkostenvorschuß** sowie auf **Ehewohnung und Hausrat** nach Scheidung, weil sie dem Unterhaltsanspruch verwandt sind.

So KG FamRZ 89, 74; a. A. OLG Stuttgart NJW-RR 91, 581 (nur „Anlehnung" an Art. 18 IV EGBGB), OLG Stuttgart FamRZ 97, 1085, OLG Karlsruhe FamRZ 97, 33 = NJW 97, 202; OLG Hamm NJW-RR 98, 1542; vgl. OLG Köln NJW-RR 89, 646 und oben S. 719.

Neben dem Unterhaltsanspruch höchst wichtige Nebenfolge der Scheidung ist der **Versorgungsausgleich.**

Er wurde schon vor dem IPRG von 1986 von der h. M. als *Scheidungsfolge* gewertet (z. B. BGH 75, 241 [248]) und dabei bleibt es, wenn übergangsrechtlich früheres Recht anzuwenden ist (BGH NJW-RR 90, 322 [unter II 2 b]). Dies ist der Fall, wenn die Scheidung vor dem 1. 9. 1986 rechtshängig geworden ist: Art. 220 I, nicht II EGBGB gibt maß (BGH IPRax 91, 57 mit Aufsatz von *Dörner* und *Kötter* 39–42 = NJW 90, 638; BGH NJW-RR 93, 3). Eine Mindermeinung hielt früher den Versorgungsausgleich für güterrechtlich (z. B. *Schack* FamRZ 78, 860–862; *Nolte-Schwarting,* Der Versorgungsausgleich in Fällen mit Auslandsberührung, 1984, 69–77; *Adam,* Internationaler Versorgungsausgleich, 1985, 299–343).

Praktisch geht es hauptsächlich darum, ob *deutsches* Recht gilt. Denn hier ist der Versorgungsausgleich voll ausgebildet. Im Ausland begegnet er nur in einzelnen Staaten und bloß in einzelnen, sehr unterschiedlichen sozialversicherungs- und familienrechtlichen Ausprägungen. Jedoch mag seine Verbreitung zunehmen.

Siehe für Österreich, Frankreich, Belgien, Niederlande, England, Einzelstaaten der USA (vor allem Kalifornien) und Kanada: *Nolte-Schwarting* aaO 174–179: *Adam* aaO 13–57; *Ferid-Böhmer* IPR 8–162 bis 8–162.2 S. 316 f.; für Belgien, Niederlande, Spanien und Kanada: *Reinhard,* Rechtsordnungen mit Versorgungsausgleich im Sinne des Art. 17 Abs. 3 EGBGB, 1995; für Niederlande, Schweiz, USA, Kanada: *Wagner,* Versorgungsausgleich mit Auslandsberührung, 1996, Nr. 31 S. 21 f. und Nr. 78 S. 51; besonders für USA *Bürsch* ZvglRW 79 (1980), 191–208, *Jayme* IPRax 88, 114, AG Landstuhl IPRax 99, 109 mit Aufsatz von *Wagner* 94–97 = NJW-RR 98, 1541 (1542) und für Kanada *Steinmeyer* FamRZ 82, 335–338.

Über den Versorgungsausgleich sagt **Art. 17 III EGBGB:**

„(3) Der Versorgungsausgleich unterliegt dem nach Absatz 1 Satz 1 anzuwendenden Recht [Familienstatut]; er ist nur durchzuführen, wenn ihn das Recht eines der Staaten kennt, denen die Ehegatten im Zeitpunkt des Eintritts der Rechtshängigkeit des Scheidungsantrags angehören. Kann ein Versorgungsausgleich danach nicht stattfinden, so ist er auf Antrag eines Ehegatten nach deutschem Recht durchzuführen,

1. wenn der andere Ehegatte in der Ehezeit eine inländische Versorgungsanwartschaft erworben hat oder
2. wenn die allgemeinen Wirkungen der Ehe während eines Teils der Ehezeit einem Recht unterlagen, das den Versorgungsausgleich kennt,

soweit seine Durchführung im Hinblick auf die beiderseitigen wirtschaftlichen Verhältnisse auch während der nicht im Inland verbrachten Zeit der Billigkeit nicht widerspricht."

Abs. 3 Satz 1 HS 1 verweist nur auf Abs. 1 Satz *1*, also auf das *Familienstatut* des Art. 14, sei es das gesetzliche (Art. 14 I) oder ein gewähltes (Art. 14 II–IV). Dagegen entfallen für den Versorgungsausgleich das *Antrittsrecht* und das bei Rechtshängigkeit *deutsche Heimatrecht* eines Gatten, die nach Art. 17 I *2* ebenfalls die Scheidung beherrschen können.

Der Regierungsentwurf eines Gesetzes zur Neuregelung des IPR hatte hier einen Versorgungsausgleich vorgesehen (BTDrucks. 10/504 S. 10, 61 a. E.). Der Bundesrat wollte den Versorgungsausgleich wie eine persönliche Ehewirkung behandeln und sah daher Antrittsrecht und deutsches Heimatrecht bei Scheidung nicht als maßgebend an (ebenda S. 99). Der Rechtsausschuß des Bundestags suchte einen Mittelweg (BTDrucks. 10/5632 S. 42) und folgte für das Ausscheiden des Antrittsrechts und des deutschen Heimatrechts bei Scheidung dem Bundesrat.

Das führt zu dem merkwürdigen Ergebnis, daß der Versorgungsausgleich nach einem Recht beurteilt wird (Art. 17 I 1), nach dem nicht geschieden werden kann (Art. 17 I 2). Richtig hätte man m. E. den Versorgungsausgleich stets dem Scheidungsstatut unterstellt.

Versorgungsausgleich nach dem Familienstatut entfällt jedoch, gleich ob nach Art. 17 I 1 oder 2 geschieden wird, nach **Abs. 3 Satz 1 HS 2,** wenn die Heimatrechte der Gatten ihn nicht kennen (für Mehrstaater gilt Art. 5 I EGBGB; für Staatenlose und Flüchtlinge vgl. oben S. 744, 746). Solche „Kenntnis" wird man nur dann annehmen dürfen, wenn im konkreten Fall mehr als die Hälfte der Anwartschaften geteilt wird (vgl. *Ferid-Böhmer* IPR 8–162 S. 316). Das wird nicht oft vorkommen.

M. E. ist die ganze Rücksichtnahme auf die Heimatrechte der Gatten abwegig. Denn wenn das Scheidungsstatut auch für den Versorgungsausgleich gilt – und das ist richtig –, dann braucht man kein Indossament durch das Heimatrecht eines Gatten (so für Art. 17 a. F. EGBGB BGH NJW-RR 90, 322). Die Begründung (BTDrucks. 10/504 S. 62) möchte verhüten, daß das Aufenthaltsrecht die Heimatrechte der Gatten überrumpelt – eine Art „*Gefälle*"-Überlegung (vgl. oben S. 117).

Die Heimatrechte im Sinne des Art. 17 III 1 HS 1 sind zu verstehen einschließlich *Rück- und Weiterverweisung* (Art. 4 I 1). Denn auf die Heimatrechte nimmt man Rücksicht und hat daher ihrem Willen zu folgen. Ohnehin ist Nichtbeachtung des

Renvoi wegen Widerspruchs zum Sinn unserer Verweisung die Ausnahme (oben S. 351).

Nach **Abs. 3 Satz 2** hilft, wenn sonst kein Versorgungsausgleich winkt, auf Antrag eines Gatten das deutsche Recht in zwei recht verschiedenen Fällen:

- einmal **(Nr. 1)**, wenn der andere Gatte während der Ehe eine *inländische Versorgungsanwartschaft* erworben hatte (man will mildern, daß man die Geschiedenenwitwenrente wegen des Versorgungsausgleichs abgeschafft hat, den das Scheidungsstatut nicht kennt [Begründung BTDrucks. 10/504 S. 62]; dies hätte man jedoch im Sozialversicherungsrecht, nicht im EGBGB tun sollen; auch wird Voraussetzung sein, daß das Scheidungsstatut keine solche Rente kennt, weil sonst doppelt versorgt würde);

  Beispiele: OLG Karlsruhe FamRZ 89, 399 (Polin und Deutscher); OLG Stuttgart NJW-RR 92, 262 (Türken); OLG Hamm FamRZ 94, 573 (578 f. unter 3: Scheidung nach polnischem Recht, schuldrechtlicher Versorgungsausgleich); BGH FamRZ 94, 825 (Italiener); OLG Koblenz FamRZ 98, 1599 (Italiener).

- zum anderen **(Nr. 2)**, wenn die persönlichen Ehewirkungen *zeitweilig* einem Recht unterlagen, das den *Versorgungsausgleich* kennt. „Kenntnis" ist hier die gleiche wie in Abs. 3 Satz 1 HS 2; hauptsächlich wird es um das deutsche Recht gehen; die Vorschrift stammt vom Rechtsausschuß des Bundestags (BTDrucks. 10/5632 S. 12, 42).

In beiden Fällen (Nr. 1 und 2) ist anscheinend grundsätzlich ein *Gesamtausgleich* durchzuführen (*Ferid-Böhmer* IPR 8–168 S. 318). Die dadurch im Einzelfall mögliche Härte wird durch die *Billigkeitsklausel* am Schluß des Abs. 3 Satz 2 gemildert: kein Versorgungsausgleich, wenn er im Hinblick auf die wirtschaftlichen Verhältnisse in der Ehe der Billigkeit widerspricht.

Diese Billigkeitsklausel erscheint nicht hinreichend durchdacht. Sie könnte *kollisions*rechtlich sein: Versorgungsausgleich nach Nr. 1 und 2 nur, wenn die inländischen Versorgungsanwartschaften (Nr. 1) oder diejenigen aus der Zeit, da ein Recht mit Versorgungsausgleich die persönlichen Ehewirkungen beherrschte (Nr. 2), im Gesamtfeld der Ehe *erheblich* sind. Dies könnte dazu führen, im Ergebnis *keinen Gesamtausgleich* durchzuführen, sondern auszugleichen nur die inländischen Versorgungsanwartschaften (Nr. 1) oder diejenigen aus der Zeit, als ein Recht mit Versorgungsausgleich die persönlichen Ehewirkungen beherrschte (Nr. 2), indessen bei der *Berechnung* der Ausgleichungspflicht sämtliche Anwartschaften zu beachten.

Die Billigkeitsklausel könnte aber auch *materiell*rechtlich sein als eine Sachnorm des deutschen IPR (oben S. 65, 319f.): Beschränkung des Versorgungsausgleichs nach Nr. 1 und 2 ähnlich wie in § 1587c Nr. 1 BGB (nur bliebe für diese Vorschrift dann, soweit deutsches Recht den Versorgungsausgleich bestimmt wie jedenfalls nach Nr. 1, kein Raum mehr). Dagegen spricht aber, daß der Rechtsausschuß des Bundestags den § 1587c BGB für *zusätzlich* anwendbar hielt (BTDrucks. 10/5632 S. 42).

Deswegen, und weil sie angemessenere Ergebnisse bringt, ist die kollisionsrechtliche Auslegung der Billigkeitsklausel vorzuziehen.

Zweifelhaft ist, ob Abs. 3 Satz 2 Nr. 1 und 2 auch dann gelten, wenn das Statut der persönlichen Ehewirkungen nach Art. 14 II–IV EGBGB *gewählt* war. *Henrich*

FamRZ 86, 852 will sie dann durch „teleologische Reduktion" ausschließen, um das Vertrauen nicht zu enttäuschen. Man darf aber wohl das Vertrauen nicht auf solche Einzelheiten erstrecken.

In allen Fällen, in denen für den Versorgungsausgleich deutsches Recht gilt, können Versorgungs*anwartschaften* erheblich werden, die selbst *ausländischem Recht* unterliegen und nach ihm unabtretbar sind oder als Ansprüche des öffentlichen Rechts von deutschen Gerichten weder begründet noch übertragen werden können (Auslandssachverhalt, oben S. 58–61). Dann ist schuldrechtlich auszugleichen wie nach § 1587f BGB (z.B. BGH FamRZ 82, 585; OLG Hamm NJW-RR 89, 584; OLG Stuttgart FamRZ 89, 760 [761 unter 4a, b]; BGH NJW 89, 1997; OLG Nürnberg NJW-RR 99, 803 (öffentlichrechtlicher, nicht schuldrechtlicher Versorgungsausgleich, wenn ausländische Rentenansprüche des einen Gatten nicht realisierbar; betr. Tadschikistan); zum Ges. zur Regelung von Härten im Versorgungsausgleich (VAHRG) *Soergel-Vorwerk* VII[12] S. 1110f.).

Ist im Ausland geschieden worden, ohne den Versorgungsausgleich zu regeln, dann kann das (internationale Zuständigkeit vorausgesetzt) *nachgeholt* werden, jedoch nicht von Amts wegen (h.M.; a.A. AG Charlottenburg NJW-RR 90, 4). Ebenso kann ein Gatte gemäß Art. 17 III 2 EGBGB noch nach Inlandsscheidung beantragen, den Versorgungsausgleich durchzuführen (OLG München FamRZ 90, 186).

Darüber hinaus will OLG Hamm FamRZ 92, 826 (828 unter III 1d) mit Hilfe von § 10a I Nr. 1 VAHRG eine „Totalrevision" rechtskräftiger Entscheidungen herbeiführen, die keinen Versorgungsausgleich zusprechen (1981 Scheidung in Innsbruck ohne Versorgungsausgleich; 1984 in Deutschland Antrag auf Durchführung des Versorgungsausgleichs abgelehnt). Motto: „Versorgungsausgleich über alles!"

Außer den Ansprüchen auf Unterhalt, Prozeßkostenvorschuß, Ehewohnung und Hausrat unterliegt als Scheidungsfolge dem Scheidungsstatut das Recht, **Schenkungen** aus der Zeit des Brautstands oder der Ehe zu **widerrufen,** wenn es eigens geregelt ist (*Kühne* FamRZ 69, 378–380).

Dagegen ist aus dem Scheidungsstatut herausgenommen der **Name** der Geschiedenen: er richtet sich für jeden von ihnen nach seinem *Personalstatut* (Art. 10 EGBGB) mit unselbständiger Anknüpfung der Vorfrage der Scheidung (oben S. 522–524).

Die **Wartefrist,** die nach schweizerischem Recht über den schuldigen Gatten im Scheidungsurteil zu verhängen ist, bevor er erneut heiraten darf, bildet zwar eine Nebenfolge der Scheidung, stellt jedoch eine Strafe dar. Auf sie ist daher bei Scheidung nach schweizerischem Recht nicht zu erkennen, weil sie nicht unter das für die Scheidung maßgebende Recht fällt (oben S. 300 a.E.). Ist sie in einem schweizerischen oder in einem anderen ausländischen Urteil verhängt, dann ist insoweit das Urteil nicht anzuerkennen.

So wegen Verletzung des französischen *ordre public* Tribunal de grande instance Paris Rev.crit.dr.i.p. 1988, 588 mit Anm. von *Gautier.*

Ein *Genugtuungsanspruch* des an der Scheidung schuldlosen Gatten (wie nach Art. 151 II ZGB/Schweiz und Art. 143 II ZGB/Türkei) verstößt nicht gegen unseren *ordre public,* wenn er nicht bestrafen, sondern seelischen Schaden ersetzen soll (OLG Frankfurt FamRZ 92, 1182).

Über die **güter**rechtlichen Folgen der Scheidung bestimmt das Güterrechtsstatut Recht (oben S. 733); die **erb**rechtlichen Folgen unterliegen dem Recht, das nach Art. 25, 26 EGBGB die Erbfolge beherrscht (unten S. 859).

Das Verhältnis der Geschiedenen zu ihren **Kindern** richtet sich nach dem Recht, das nach Art. 21 EGBGB i.d.F. von Art. 12 Nr. 2 KindRG oder nach dem Haager Abkommen über Minderjährigenschutz für das Verhältnis zwischen Eltern und Kindern maßgibt. Der Kindesunterhalt richtet sich nach Art. 18 EGBGB, der Kindesname nach Art. 10. Ist in einem Scheidungsurteil zugleich die Sorge für die Person von Kindern geregelt, so gilt für diesen Teil des Urteils nur § 328 ZPO, nicht Art. 7 § 1 FamRÄndG. Es kann sein, daß das Urteil hinsichtlich der Scheidung anzuerkennen ist, nicht dagegen hinsichtlich der Entscheidung über die Personensorge.

Für Haupt- und Nebenfolgen der **Trennung von Tisch und Bett** und **anderer Arten der Eheauflösung** als Scheidung gilt dasselbe wie für die Scheidung. Nur ist Hauptfolge der Trennung von Tisch und Bett bloß Schwächung, nicht Lösung des Ehebandes. Ob die Trennung in Scheidung umgewandelt werden kann, ergibt das für die Scheidung maßgebende Recht. Es kann wegen Statutenwechsels nach der Trennung ein anderes sein als das Trennungsstatut. Sind z.B. getrennte Franzosen später Deutsche geworden und verlangt einer von ihnen drei Jahre nach der Trennung deren Umwandlung in Scheidung, dann entscheidet über die Umwandlung nicht mehr französisches Recht (nach dem sie zulässig wäre: art. 306, 307 c. civ.), sondern deutsches Recht, nach dem sie unzulässig ist.

Der *Unterhalt* nach Trennung von Tisch und Bett und anderen Arten der Eheauflösung als Scheidung unterliegt demselben Recht wie die Scheidung. So bestimmt **Art. 18 IV 2 EGBGB:**

„Dies [Scheidungsstatut] gilt auch im Fall einer Trennung ohne Auflösung des Ehebandes …"

Desgleichen gilt für die exklusive Anwendung deutschen Rechts (Art. 18 V), für den Geltungsbereich des Unterhaltsstatuts (Art. 18 VI) und seine materiellrechtlichen Beschränkungen (Art. 18 VII) dasselbe wie bei der Scheidung (näher oben S. 754 f.).

5. Staatsverträge, Konsularrecht

Deutschland war Vertragsstaat des **Haager Ehescheidungsabkommens** von 1902 (oben S. 212). Der volle Titel des Abkommens lautet: „Abkommen zur Regelung des Geltungsbereichs der Gesetze und der Gerichtsbarkeit auf dem Gebiete der Ehescheidung und der Trennung von Tisch und Bett". Hier hat man den Fehler begangen, anzuknüpfen an das gemeinsame Heimatrecht der Eheleute (Art. 1), hilfsweise an das letzte gemeinsame (Art. 8), ohne das „Antrittsrecht" zu berücksichtigen (oben S. 745 f.). So konnten Frauen aus Staaten mit Scheidung (wie Deutschland und Frankreich), die Männer aus Staaten ohne Scheidung (wie Italien) geheiratet und deren Staatsangehörigkeit erworben hatten, nicht geschieden werden, wenn sie in die Heimat zurückgekehrt waren oder die heimatliche Staatsangehörigkeit wieder erworben hatten (vgl. Art. 17 III a.F. EGBGB). Deswegen haben Deutschland, die Schweiz, Frankreich, Belgien, Schweden und Ungarn das Abkommen gekündigt und zwar Deutschland mit Wirkung vom 1. 6. 1934 (RGBl. II 26). Zuletzt hat Italien gekündigt am 2. 2. 1990 mit Wirkung ab 1. 6. 1994 (Riv. dir. int. priv. proc. 1990, 1082).

Zum **GVÜ** unten S. 915–921, zum Brüsseler EU-Übereinkommen von 1998 über die **Zuständigkeit** und über die **Anerkennung** und Vollstreckung von **Entscheidungen** in Ehesachen, zum **Luxemburger** Übereinkommen der **CIEC** von **1967** über die **Anerkennung von Entscheidungen in Ehesachen** und zum **Haager** Abkommen von

1968 über die **Anerkennung von Scheidungen sowie Trennungen von Tisch und Bett** unten S. 921–923.

Der **deutsch-russische Konsularvertrag** vom 12. 10. 1925 (RGBl. 1926 II 1, 60, 82) enthielt im Schlußprotokoll zu Art. 19 eine Klausel, nach der sowjetrussische Eheleute sich vor ihren Konsuln einverständlich scheiden konnten, wenn sie vor ihnen geheiratet hatten. Diese Befugnis ist für das Gebiet der Bundesrepublik entfallen. Denn der Konsularvertrag der Bundesrepublik mit Sowjetrußland vom 25. 4. 1958 (BGBl. 1959 II 232, 233) enthält eine entsprechende Klausel nicht mehr.

Zum **deutsch-italienischen Vollstreckungsabkommen** vom 9. 3. 1936 (RGBl. 1937 II 145 i. d. F. der Bek. vom 23. 12. 1952, BGBl. II 986) OLG Celle FamRZ 93, 1216, betr. internationale Zuständigkeit zur Scheidung von Italienern.

Zum **deutsch-iranischen Niederlassungsabkommen** von 1929 oben S. 195.

Zum **New Yorker Übereinkommen über die Geltendmachung von Unterhaltsansprüchen im Ausland** von **1956** oben S. 205 f. Zum **Haager Übereinkommen über das auf Unterhaltspflichten anzuwendende Recht** von **1973** oben S. 200, unten S. 764–767.

6. Interlokales Recht

Schrifttum: *Adlerstein* und *Wagenitz,* Nachehelicher Unterhalt und Versorgungsausgleich in den neuen Bundesländern, FamRZ 90, 1300–1308; *Jayme,* Allgemeine Ehewirkungen und Ehescheidung nach dem Einigungsvertrag – Innerdeutsches Kollisionsrecht und IPR, IPRax 91, 11–14; *Grandke,* Zur Wirksamkeit außergerichtlicher Vereinbarungen über den Unterhalt geschiedener Ehegatten auf der Grundlage des FGB, NJ 91, 261 f.; *Jayme,* Einigungsvertrag und innerdeutsches Kollisionsrecht des Versorgungsausgleichs, IPRax 91, 230 f.; *Eichenhofer,* Intertemporalrechtliche Fragen des interlokalen Versorgungsausgleichsrechts, FuR 91, 281–285; *Leible,* Probleme der Anerkennung ausländischer Ehescheidungen im vereinten Deutschland, FamRZ 91, 1245–1254; *Hahne,* Gesetz zur Überleitung des Versorgungsausgleichs auf das Beitrittsgebiet (VAÜG), ebenda 1392–1399; *Jayme* und *Stankewitsch,* Nochmals: Scheidungsfolgen und innerdeutsches Kollisionsrecht, IPRax 93, 162–167; *Klose,* Ehescheidung und Ehescheidungsrecht in der DDR – ein ostdeutscher Sonderweg?, 1996 (DDR-Recht 107–278); *Strauß,* Kinderschutzklauseln zur Begrenzung der Zerrüttungsscheidung im Rechtskreis der Bundesrepublik Deutschland und der ehemaligen DDR, 1997 (DDR-Recht 46 f., 66–68, 95–110).

a) Privatrecht der früheren DDR und Ost-Berlins

Im Osten war das *materielle* Scheidungsrecht geregelt in §§ 24–34 FGB. Die Grundsatzvorschrift ist **§ 24 FGB** (abgedruckt in Anfangs- und Endfassung oben S. 712).

Versorgungsausgleich gab es im Osten nicht.

Der Einfluß der *Todeserklärung* auf die Ehe des für tot Erklärten war verstärkt: nicht erst die Wiederheirat wie nach § 38 EheG, sondern schon die Todeserklärung löste die Ehe auf (§ 37 FGB). Wurde andererseits die neue Ehe aufgelöst (durch Scheidung: oben S. 713), so lebte die alte Ehe von selbst wieder auf (§ 38 I 3 FGB, anders § 39 II EheG und wiederum anders § 1320 II BGB i. d. F. von Art. 1 Nr. 2 EheschlRG).

*International*privatrechtlich deckte sich das Scheidungsstatut grundsätzlich mit dem Statut der Ehewirkungen (oben S. 725, 740): gemeinsames Heimatrecht der Eheleute, sonst Recht der DDR (§ 20 I RAG). Auch trat das Recht der DDR ein, wenn das gemeinsame Heimatrecht die Scheidung verbot oder nur ausnahmsweise erlaubte (§ 20 II).

Am 3. 10. 1990 ist das materielle und internationale Scheidungsrecht der früheren DDR und Ost-Berlins außer Kraft getreten. Denn Art. 8 des Einigungsvertrags hat das Bundesrecht in den neuen Bundesländern eingeführt und damit auch das BGB und das bundesdeutsche internationale und interlokale Verfahrensrecht.

b) Interlokales Privatrecht

aa) Neufälle

Für Neufälle, d.h. für Scheidungen seit dem 3. 10. 1990 und ihre Folgen, gilt in Ost und West das westdeutsche materielle, internationale und interlokale Scheidungsrecht. Das sagt für die neuen Bundesländer mit Bezug auf das *internationale* (und entsprechend das interlokale) Familenrecht allgemein **Art. 236 § 2 EGBGB** (abgedruckt oben S. 740).

bb) Altfälle

Für die *Scheidung selbst* gilt interlokales *Verfahrens*recht. Nach *Art. 18 I des Einigungsvertrags* bleiben östliche Gerichtsentscheidungen und damit auch Ehescheidungen grundsätzlich wirksam (unten S. 929). Für die *Nebenfolgen* der Scheidung (Name, Versorgungsausgleich, Unterhalt) bleibt es, wenn vor dem 3. 10. 1990 geschieden worden ist, in den *neuen* Bundesländern nach **Art. 236 § 1 EGBGB** beim bisherigen internationalen und interlokalen Privatrecht, also bei § 20 I, II RAG. Gegebenenfalls ist daher in Ost und West verschieden zu entscheiden (vgl. oben S. 42–44).

Im *Westen* tritt interlokalprivatrechtlich an die Stelle der Anknüpfung an die Staatsangehörigkeit das **interlokale Personalstatut** (oben S. 407f.), grundsätzlich also der **gewöhnliche Aufenthalt** in Ost oder West (oben S. 741).

Es empfehlen sich ähnliche Regeln wie im interlokalen Ehegüterrecht (oben S. 741). Daher sollte für die Scheidungsfolgen der Reihe nach entscheiden das Recht des Gebiets (Ost oder West),

a) das **im maßgeblichen Zeitpunkt** das interlokale Personalstatut **beider Eheleute** gewesen ist (BGH 85, 16 [25] = JZ 83, 210 [212] mit krit. Anm. von *Beitzke* für Unterhalt nach Scheidung im Ergebnis; BGH 91, 186 [191–197] = IPRax 85, 37 mit krit. Aufsatz von *v. Bar* 18–23 = NJW 84, 2361 [2362–2364] für Scheidungsfolgen einschließlich Versorgungsausgleich; BGH FuR 91, 104 mit Aufsatz von *Eichenhofer* 281–285 = IPRax 91, 252 mit Aufsatz von *Jayme* 230 f. ebenso);

b) das nach der Heirat und entweder nach dem 7. 10. 1949 (Inkrafttreten der ersten Verfassung der DDR, die die Gleichberechtigung eingeführt hat) oder nach dem Inkrafttreten späterer Änderungen das **letzte** interlokale Personalstatut **beider Eheleute gewesen** ist (BSG FamRZ 76, 626 [627] und 450 [451 f.] = SGb. 76, 450 mit Anm. von *Beitzke;* BGH 91, 186 [191–197] usw. wie oben a und FuR 91, 104 usw. wie oben a; BSG 69, 203 = IPRax 93, 181 mit Aufsatz von *Jayme* und *Stankewitsch* 162–167; BGH DtZ 94, 279);
(die meisten Änderungen nach Einführung der Gleichberechtigung brachte schon die EheVO [Verordnung über Eheschließung und Eheaufhebung; DDR: vom 24. 11. 1955, GBl. I 849, in Kraft 24. 11. 1955; Ost-Berlin: vom 6. 12. 1955, VOBl. I 519, in Kraft 8. 12. 1955]; geringere Änderungen brachte das FGB, in Kraft DDR und Ost-Berlin 1. 4. 1966);

c) das **Recht der Bundesrepublik** und **West-Berlins.** Zwar spricht für das Recht der DDR und Ost-Berlins, daß es das schwächere ist, nämlich weniger von der Ehe übrig läßt (vgl. oben S. 746). Aber in einer so wichtigen Sache zählt bei interlokalprivatrechtlichem Gleichgewicht die *lex fori* mehr.

Auf den *Versorgungsausgleich* ist Art. 17 III 1 HS 1 und III 2 EGBGB (abgedruckt oben S. 756) entsprechend anzuwenden. D.h. es gibt Versorgungsausgleich, wenn Westrecht die persönlichen Ehewirkungen beherrscht (BGH 91, 186 = IPRax 85, 37 mit krit. Aufsatz von *v. Bar* 18–23 = NJW 84, 2361; AG Charlottenburg FamRZ 91, 335, 713 und 1069 [Ostrecht gilt, wenn sich beide Gatten vor dem Wirksamwerden des Beitritts der DDR zur BRD (3. 10. 1990) zuletzt im Osten gewöhnlich aufgehalten haben]; BGH FamRZ 92, 295 = IPRax 93, 180 mit Aufsatz von *Jayme* und

Stankewitsch 162–167 [Westrecht gilt, wenn beide geschiedenen Gatten vor Inkrafttreten des IPRG, d.h. vor dem 1. 9. 1986, in den Westen übergesiedelt sind]; OLG Frankfurt FamRZ 93, 1096 [ebenso]) oder auf Antrag eines Gatten (entbehrlich nach AG Charlottenburg FamRZ 91, 1069), wenn der andere im Westen eine Versorgungsanwartschaft erworben hat oder die persönlichen Ehewirkungen zeitweilig westlichem Recht unterlegen haben.

Eine grundsätzlich andere, die Anwendung von Westrecht begünstigende Auffassung vom interlokalen Scheidungsrecht vertrat der BGH, hat sie jedoch später praktisch aufgegeben (näher 6. Aufl. S. 568).

Wenn *Ostrecht* die Scheidung beherrscht (gegebenenfalls sogar bei Scheidung nach dem 3. 10. 1990), bleibt es nach Art. 234 § 6 Satz 1 EGBGB *übergangsrechtlich* bei dessen Anwendung, falls die Eheleute „vor dem grundsätzlichen Inkrafttreten der versicherungs- und rentenrechtlichen Vorschriften des Sechsten Buches Sozialgesetzbuch – Gesetzliche Rentenversicherung – geschieden worden sind oder geschieden werden". D.h. Versorgungsausgleich entfällt (z.B. AG Charlottenburg FamRZ 91, 713; OLG Frankfurt FamRZ 1993, 1096).

Anders jedoch kraft *interlokalen* Privatrechts, soweit Art. 17 III 2 EGBGB in entsprechender Anwendung auf Westrecht führt (ihn hält allerdings wegen Art. 234 § 6 EGBGB als *lex specialis* für unanwendbar OLG Frankfurt FamRZ 91, 1323). Dann nämlich ist § 1587 BGB anzuwenden und hier werden als *„Ost-* oder Fremd*sachverhalt"* (ein Gegenstück zum *Auslands*sachverhalt oben S. 58–61) im Osten erworbene Renten erheblich.

Diese unterliegen teils dem Fremdrentengesetz (FRG), teils nicht. Für den letzteren Fall enthält der Einigungsvertrag in Anlage I Kap. III Sachgebiet B Abschnitt II Nr. 2 §§ 1 und 2 „besondere Bestimmungen": nach § 1 ist der Versorgungsausgleich auszusetzen, jedoch unter den Voraussetzungen der §§ 1587g I 2 BGB und 3a I VAHRG „wieder aufzunehmen" und ein vorläufiger Versorgungsausgleich nach den Vorschriften über den schuldrechtlichen Versorgungsausgleich durchzuführen (AG Charlottenburg FamRZ 91, 335, 713 und 1069). Auch in diesem Fall ist der Versorgungsausgleich (nochmals) wieder aufzunehmen, wenn die versicherungs- und rentenrechtlichen Vorschriften des 6. Buchs des SGB im Osten in Kraft treten (OLG Celle FamRZ 91, 714).

Grund ist der Sachzusanmmenhang zwischen Versorgungsausgleich und Rentenversicherung (SGB VI). Durch **Ges. zur Herstellung der Rechtseinheit in der gesetzlichen Renten- und Unfallversicherung (Renten-Überleitungsgesetz – RÜG)** vom 25. 7. 1991 (BGBl. I 1606), in Kraft nach seinem Art. 42 am 1. 1. 1992, ist das Rentenrecht in Deutschland vereinheitlicht (und damit der in Art. 234 § 6 Satz 1 EGBGB genannte Stichtag erreicht). Für spätere Scheidungen gilt auch in den neuen Bundesländern der Versorgungsausgleich. Für frühere schließt bei Maßgeblichkeit östlichen Rechts Art. 234 § 6 Satz 1 EGBGB den Versorgungsausgleich endgültig aus (BGH DtZ 94, 279; *Soergel-Lipp*[12] Ergänzungsband Lieferung 4, 1992, Einl. VAÜG Rz 4 S. 3).

Das **Ges. zur Überleitung des Versorgungsausgleichs (Versorgungsausgleichs-Überleitungsgesetz – VAÜG)** vom 25. 7. 1991 (BGBl. I 1702) (enthalten in Art. 31 RÜG) gibt in sechs Paragraphen verwickelte Regeln (des „Ost"-Sachverhalts) für die Zeit vom 1. 1. 1992 bis zur „Herstellung einheitlicher Einkommensverhältnisse im Gebiet der Bundesrepublik Deutschland (Einkommensangleichung)", d.h. bis zu dem Tag, „von dem an Rentenansprüche aus der gesetzlichen Rentenversicherung allgemein auf der Grundlage des aktuellen Rentenwerts (§ 68 Sechstes Buch Sozialgesetzbuch) ermittelt werden" (§ 1 I, IV VAÜG; dazu OLG Karlsruhe NJW-RR 96, 668). Dieser Stichtag tritt ein, wenn die Bundesregierung keinen aktuellen Rentenwert (Ost) mehr bestimmt (§§ 68, 69 SGB VI).

Gilt seit der Wiedervereinigung Westrecht für den Versorgungsausgleich, dann kann er nach § 1587c Nr. 1 BGB („grob unbillig") entfallen, wenn die Eheleute schon vor der Wiedervereinigung unter der Herrschaft des Ostrechts viele Jahre getrennt gelebt haben und mit Versorgungsausgleich nicht rechnen konnten (OLG Thüringen FamRZ 97, 751).

Zum *Unterhaltsanspruch* eines Geschiedenen gegen den anderen unten S. 775. Zum *Namen* nach Scheidung oben S. 531.

Über die Regeln des *interlokalen Verfahrensrechts* unten S. 929–933.

VIII. Unterhalt

Schrifttum: 7. Aufl. S. 668f. Hervorzuheben: *Pélissier,* Les obligations alimentaires, Paris 1961; *Groffier,* Les pensions alimentaires à travers les frontières, Etude de droit international privé comparé, Montréal und Brüssel 1980; *Institut de Recherches Juridiques Comparatives* (Hrsg.), L'obligation alimentaire en droit international privé I, Paris 1983 (Algerien, Belgien, Kanada, Finnland, Frankreich, Ungarn, Israel, Italien, Norwegen), II, Paris 1987 (Polen, BRD, Großbritannien, Sowjetrußland, Jugoslawien); *Baumann,* Die Anerkennung und Vollstreckung ausländischer Entscheidungen in Unterhaltssachen, 1989; *Biscaretti Di Ruffia,* Le obbligazioni alimentari nel diritto internazionale privato convenzionale, Padua 1989; *Linke* in: *Göppinger, Wax* u.a., Unterhaltsrecht[6], 1994, Rz 3001–3449 S. 1203–1310. Danach: *Martiny,* Maintenance Obligations in the conflict of Laws, Rec. 1994 III 131–289; *Banse,* Die Qualifikation der Zuweisung der Ehewohnung bei Trennung und Scheidung der Ehegatten, Diss. Göttingen, 1995; *Grotheer,* Kindesunterhalt im grenzüberschreitenden Rechtsverkehr, 1998; *van Maas de Bie,* Internationale pensioenverevening, FJR 1998, 141–146 (Texte 146–159).

Siehe auch oben S. 183–185, 205f., 224.

Schrifttum zu den **Haager Unterhaltsabkommen:** 7. Aufl. S. 669f. Hervorzuheben: *Lansky,* Das Haager Übereinkommen vom 15. April 1958 über die Anerkennung und Vollstreckung von Entscheidungen auf dem Gebiet der Unterhaltspflicht gegenüber Kindern, Diss. Bonn 1960; *Staudinger-Kropholler*[12] Rz 16–251 vor Art. 18 EGBGB, S. 7–94; *Siehr* in *Boehmer* und *Siehr* II 6.10 (Abkommen über das auf Unterhaltsverpflichtungen gegenüber Kindern anzuwendende Recht); *Jaccottet,* Les obligations alimentaires envers les enfants dans les Conventions de la Haye, Bern und Frankfurt 1982; *Herzfelder,* Les obligations alimentaires en droit international privé conventionnel, Les deux Conventions de La Haye du 2 octobre 1973, Paris 1985; *Biscaretti Di Ruffia,* Le obbligazioni alimentari nel diritto internazionale privato convenzionale, Padua 1989; *Reng,* Unterhaltsansprüche aufgrund nichtehelicher Lebensgemeinschaft, IPR und ausländisches materielles Recht, 1994; *Brückner,* Unterhaltsregreß im internationalen Privat- und Verfahrensrecht, 1994. Danach: *Staudinger-von Bar/Mankowski*[13] Art. 18 EGBGB Anh. I–III S. 766–1073; *Mostermans,* Het toepasselijke recht op internationale alimentatie-overeenkomsten, FJR 1997, 155–159; *MünchKomm-Siehr*[3] Art. 18 EGBGB Anhang I, II S. 923–1028; *Schulze,* Bedürfnis und Leistungsfähigkeit im internationalen Unterhaltsrecht, 1998; *Schulze,* Ordre public bei Versagung nachehelichen Unterhalts wegen Ehebruchs nach österreichischem Recht, IPRax 98, 350–352.

Siehe auch oben S. 213 a.E.f., unten S. 769 a.E. sowie die Schrifttumsangaben zur 8. und 12. Haager Konferenz 7. Aufl. S. 173f.

Auslandsrecht: Dopffel und *Buchhofer,* Unterhaltsrecht in Europa, Eine Zwölf-Länder-Studie, 1983; *Institut de Recherches Juridiques Comparatives* (Hrsg.), L'obligation alimentaire, Étude de droit interne comparé, Paris, I 1983 (Kanada, USA, Vereinigtes Königreich), II 1984 (Volksrepublik China, Ungarn, Polen, DDR, UdSSR, Jugoslawien), III 1985 (BRD, Belgien, Frankreich, Italien); *Lüderitz,* Der Ehegattenunterhalt bei Trennung und Scheidung – ein rechtsvergleichender Blick über die Grenzen, in: Fünfter Deutscher Familiengerichtstag vom 12.–15. 10. 1983, 1984, 67–81; *Gralla* und *Leonhardt* (Hrsg.), Das Unterhaltsrecht in Osteuropa, 1989; *Schwab* und *Henrich* (Hrsg.), Familiäre Solidarität, Die Begründung und die Grenzen der Unterhaltspflicht unter Verwandten im europäischen Vergleich, 1997; *Clark* und *Kerr,* Defendant's action for loss of support: Are women married by islamic rites victims of unfair discrimination?, 116 I (1999) S.A.L.J. 20–27.

1. IPR

Im früheren IPR folgte der Unterhaltsanspruch dem Recht, dem das Rechtsverhältnis unterliegt, aus dem er fließt. So der Unterhaltsanspruch des Ehegatten, des Geschiedenen, des ehelichen Kindes, des nichtehelichen Kindes und des Adoptivkinds (5. Aufl. S. 526). Allerdings ging für den *Kindes*unterhalt vor das Haager Unterhaltsabkommen von 1956 (oben S. 198, unten S. 767f.), das an den gewöhnlichen Aufenthalt des Kindes anknüpft (Art. 1 I, II). Für Unterhaltsansprüche anderer Verwandter und Verschwägerter wurde meist das Personalstatut des Inanspruchgenommenen berufen (5. Aufl. S. 597).

a) Haager Unterhaltsabkommen von 1973 und Art. 18 EGBGB

Das Haager Unterhaltsabkommen von 1973 (oben S. 200) gilt für *alle* Unterhaltsgläubiger (Kinder wie Erwachsene) und beruft grundsätzlich wie das Unterhaltsabkommen von 1956 das Recht des gewöhnlichen Aufenthalts dessen, der Unterhalt fordert (Art. 4), begünstigt ihn aber darüber hinaus durch Heimatrecht (Art. 5) und *lex fori* (Art. 6) und beruft nur für den Geschiedenen ein anderes Recht, nämlich das, nach dem geschieden worden ist (Art. 8 I; ebenso bei Trennung, Nichtig- oder Ungültigerklärung der Ehe Art. 8 II).

Diesem Abkommen ist die Bundesrepublik beigetreten. Seine Kollisionsnormen übernimmt **Art. 18 EGBGB** ins deutsche Recht (über sein Verhältnis zum Abkommen oben S. 12). Die Vorschrift lautet:

„Artikel 18
Unterhalt

(1) Auf Unterhaltspflichten sind die Sachvorschriften des am jeweiligen gewöhnlichen Aufenthalt des Unterhaltsberechtigten geltenden Rechts anzuwenden. Kann der Berechtigte nach diesem Recht vom Verpflichteten keinen Unterhalt erhalten, so sind die Sachvorschriften des Rechts des Staates anzuwenden, dem sie gemeinsam angehören.

(2) Kann der Berechtigte nach dem gemäß Absatz 1 Satz 1 oder 2 anzuwendenden Recht vom Verpflichteten keinen Unterhalt erhalten, so ist deutsches Recht anzuwenden.

(3) Bei Unterhaltspflichten zwischen Verwandten in der Seitenlinie oder Verschwägerten kann der Verpflichtete dem Anspruch des Berechtigten entgegenhalten, daß nach den Sachvorschriften des Rechts des Staates, dem sie gemeinsam angehören, oder, mangels einer gemeinsamen Staatsangehörigkeit, des am gewöhnlichen Aufenthalt des Verpflichteten geltenden Rechts eine solche Pflicht nicht besteht.

(4) Wenn eine Ehescheidung hier ausgesprochen oder anerkannt worden ist, so ist für die Unterhaltspflichten zwischen den geschiedenen

Ehegatten und die Änderung von Entscheidungen über diese Pflichten das auf die Ehescheidung angewandte Recht maßgebend. Dies gilt auch im Fall einer Trennung ohne Auflösung des Ehebandes und im Fall einer für nichtig oder als ungültig erklärten Ehe.

(5) Deutsches Recht ist anzuwenden, wenn sowohl der Berechtigte als auch der Verpflichtete Deutsche sind und der Verpflichtete seinen gewöhnlichen Aufenthalt im Inland hat.

(6) Das auf eine Unterhaltspflicht anzuwendende Recht bestimmt insbesondere,

1. ob, in welchem Ausmaß und von wem der Berechtigte Unterhalt verlangen kann,
2. wer zur Einleitung des Unterhaltsverfahrens berechtigt ist und welche Fristen für die Einleitung gelten,
3. das Ausmaß der Erstattungspflicht des Unterhaltsverpflichteten, wenn eine öffentliche Aufgaben wahrnehmende Einrichtung den ihr nach dem Recht, dem sie untersteht, zustehenden Erstattungsanspruch für die Leistungen geltend macht, die sie dem Berechtigten erbracht hat.

(7) Bei der Bemessung des Unterhaltsbetrags sind die Bedürfnisse des Berechtigten und die wirtschaftlichen Verhältnisse des Unterhaltsverpflichteten zu berücksichtigen, selbst wenn das anzuwendende Recht etwas anderes bestimmt."

Das Abkommen und mit ihm Art. 18 begünstigen einäugig, aber modisch den *Unterhaltsberechtigten,* indem sie ihm alle erdenklichen Rechte anbieten (Art. 18 *Abs. 1,* 2) und zwar deren *Sach*normen (so daß Rück- und Weiterverweisung entfallen). Einen Trostpreis erhält der Deutsche (und nur er) als Verpflichteter durch die Exklusivnorm (oben S. 255 a. E. f.) des Art. 18 *Abs. 5* (hier wird ein Vorbehalt genutzt, den Art. 15 des Abkommens erlaubt); dazu lehrreich OLG München FamRZ 98, 503.

Verlangen Mutter und Kind Unterhalt vom Muttergatten und Vater, der die schweizerische Staatsangehörigkeit des Kindes teilt (vgl. Art. 18 V EGBGB), während die Mutter in der Türkei lebt (vgl. Art. 18 I EGBGB), dann will Obergericht Solothurn SchweizJT 1999, 31 auch den Unterhaltsanspruch der Mutter dem schweizerischen Recht unterstellen.

Die *Vorfrage* der *Abstammung eines Unterhalt fordernden Kindes vom Vater* ist aus geschichtlichem Grund (Rechtslage nach dem Haager Unterhaltsabkommen von 1956, unten b S. 767f.) *unselbständig* anzuknüpfen und zwar so, daß das *materielle* Recht des Staates, in dem sich das Kind gewöhnlich aufhält, nicht dessen IPR maßgibt. Die Abstammungsfrage unterliegt also demselben materiellen Recht wie der Unterhaltsanspruch.

Anders, nämlich für *IPR* des Unterhaltsstatuts, 6. Aufl. 571f. Für IPR der *lex fori* *K. Müller* StAZ 89, 304f. Für alternative Anknüpfung (materielles Recht des Unterhaltsstatuts, IPR des Unterhaltsstatuts, IPR der *lex fori*) zugunsten des Kindes (als Kollisionsnorm *„à finalité matérielle protectrice"*) *Lagarde* von Overbeck-Fschr., Freiburg/Schweiz 1990, 520–523, 527f.

Andere familienrechtliche Vorfragen wie Abstammung von der Mutter, Adoption sowie die Abstammung soweit es um die Unterhaltspflicht des Kindes gegenüber einem Elternteil geht, unterliegen auch als Vorfragen des Unterhaltsanspruchs unserem eigenen IPR (vgl. unten S. 767).

Für *Geschiedene,* die sich offenbar minderer Sympathie erfreuen, bewendet es bei dem auf die Scheidung angewandten Recht, ebenso für von Tisch und Bett Getrennte und für Gatten aus einer Ehe, die (nach ausländischem Recht) für nichtig erklärt oder die aufgehoben worden ist (*Art. 18 Abs. 4;* vgl. oben S. 754 a.E.f., 759, 700).

Vgl. OLG Frankfurt FamRZ 98, 1431: In Deutschland lebende Eritreerin, in der Heimat kirchlich geschieden, verlangt von ihrem in Deutschland lebenden eritreischen und als asylberechtigt anerkannten Mann Unterhalt. Sie erhält ihn über Art. 18 I (nicht IV 2) EGBGB nach deutschem Recht (§ 1361 BGB), weil nach eritreischem Recht die kirchliche Scheidung zivilrechtlich nicht wirkt.

Seitenverwandte und *Verschwägerte* (die nach deutschem Recht keinen Unterhalt fordern können) sollen in einigen, nicht allen Fällen einreden können, daß sie selbst im umgekehrten Fall nichts bekämen *(Art. 18 Abs. 3).* Hier mindestens müßte das Recht des Inanspruchgenommenen gelten (vgl. unten S. 839 a.E.f.). Daher hätte die Bundesrepublik für Unterhaltsansprüche Seitenverwandter und Verschwägerter das Abkommen ausschließen sollen, was dessen Art. 14 Nr. 1, 2 den Vertragsstaaten vorbehält (a.A. Begründung aaO S. 64).

Nach *Art. 18 Abs. 6 Nr. 1* bestimmt das anwendbare Recht insbesondere die Unterhalts*höhe.* Hier kann sich als Frage des *Auslandssachverhalts* (oben S. 58–61) ergeben: erhöht sich der Unterhaltsanspruch, wenn der Pflichtige in einem anderen Lande wohnt als der Berechtigte (z.B. der Vater eines in Polen lebenden Kindes in Deutschland) und dort durch gleiche oder ähnliche Tätigkeit weit mehr verdient, als im Aufenthaltsland des Berechtigten möglich wäre? Hier muß man das Unterhaltsstatut auslegen (z.B. Art. 135 § 1 des polnischen Familien- und Vormundschaftskodex). Mangels näherer Anhaltspunkte darf man dem Berechtigten einen Teil des Lebensstandards des Pflichtigen zubilligen (OLG Hamm FamRZ 87, 1307 für eheliches Kind in Polen; ebenso nach *deutschem* materiellen Unterhaltsrecht OLG Hamm IPRax 1990, 59 LS m. Anm. Red. (D.H.) = NJW-RR 89, 514 für eheliches Kind in Polen).

Für den *Geschiedenen*unterhalt kommt es auf den Scheidungs*zeitpunkt* an (OLG Hamm FamRZ 89, 625 für Ehefrau in Polen mit m.E. unzutreffenden Ausführungen über „Prägung" [= Fixierung] der Lebensverhältnisse durch die gemeinsam verbrachte Ehezeit).

Art. 18 Abs. 6 Nr. 3 redet von einem *„Erstattungsanspruch"* der öffentlichen Hand; er soll deren Recht unterliegen. Die Begründung (aaO S. 64) spricht von einem „Anspruchsübergang", scheint also den gesetzlichen Forderungsübergang (oben S. 656–658) zu meinen.

Merkwürdig ist *Art. 18 Abs. 7*, nach dem der *Bedarf des Berechtigten* und das *Können des Verpflichteten* entgegen dem anwendbaren Recht zu berücksichtigen sind, eine Sachnorm im IPR (oben S. 65, 319). Der *ordre public* würde genügen.

Für *Unterhaltsbedarf im Ausland* gibt es vergleichende Länderangaben im *Bundessteuerblatt* (zuletzt 1994 I 928–933), für die *Lebenshaltungskosten im Ausland* im Statistischen Jahrbuch für das Ausland (zuletzt 1997 S. 332f.). Auch Tabellen und Leitlinien deutscher Obergerichte können einen gewissen Anhalt für den *Lebensbedarf* des Berechtigten und Verpflichteten im Ausland bieten, z.B. die sog. Düsseldorfer Tabelle (zu all dem näher Soergel X[12] Art. 18 EGBGB Rz 40–42 S. 937–940).

Über *währungs*rechtliche Fragen unten S. 958f.

Maßgeblicher Zeitpunkt ist, soweit nach Art. 18 I 1 und V EGBGB der Aufenthalt entscheidet, der *jeweilige gewöhnliche Aufenthalt* des Unterhaltsberechtigten. Ist nach dem dort geltenden Recht ein Verzicht auf Unterhalt für die Zukunft wirksam, dann bleibt es dabei, auch wenn der Berechtigte in ein Land zieht, in dem er unwirksam wäre wie bei uns nach § 1614 I BGB (OLG Hamm FamRZ 98, 1532).

Übergangsrechtlich gelten Art. 18 n.F. EGBGB und das Haager Unterhaltsabkommen von 1973 *ab* ihrem *Inkrafttreten,* also Art. 18 ab 1. 9. 1986, das Abkommen ab 1. 4. 1987 (vgl. BGH NJW-RR 87, 1474 = ZfJ 87, 420 [421 unter 3], der sich für Art. 18 auf Art. 220 II EGBGB beruft; ebenso OLG Karlsruhe IPRax 90, 406 mit Aufsatz von *Geimer* 382–389 = NJW-RR 89, 1346 [1346f. unter 1]).

b) Haager Unterhaltsabkommen von 1956

Das Haager Unterhaltsabkommen von 1956 (Zeitpunkt des Inkrafttretens und Vertragsstaaten oben S. 198) gilt fort zwischen Vertragsstaaten, die nicht beide dem Haager Unterhaltsabkommen von 1973 beigetreten sind (näher Art. 18 des Abkommens von 1973).

Das Abkommen von 1956 gilt für die Unterhaltspflichten gegenüber *Kindern:* das sind *eheliche* Kinder, *nichteheliche* Kinder, *Adoptiv*kinder; sie dürfen *noch nicht 21 Jahre* alt und müssen *unverheiratet* sein (Art. 1 III; näher *Petersen* RabelsZ 24 [1959], 32). Das Abkommen gilt nur für *Unterhalts*ansprüche, nicht für Abstammung und Verwandtschaft (Art. 5 II). Allerdings wird die Abstammung des nichtehelichen Kindes vom Vater, soweit sie *Vorfrage* des Unterhaltsanspruchs ist, nach demselben Recht beurteilt wie der Unterhaltsanspruch (dazu Soergel X[12] Art. 18 EGBGB Rz 106 S. 959f.).

Das Abkommen gilt nicht für Unterhaltsansprüche zwischen *Seitenverwandten* (Art. 5 I).

Maßgebend ist das **Recht des jeweiligen gewöhnlichen Aufenthalts des Kindes** (Art. 1 I, II); „gewöhnlicher Aufenthalt" ist Daseinsmittelpunkt (BGH NJW 75, 1068) wie im deutschen Recht (oben S. 412 a.E. f.). Doch darf jeder Staat sein eigenes Recht für anwendbar erklären, wenn der Anspruch vor einem Gericht oder einer Verwaltungsbehörde des eigenen Saates erhoben wird, Kind und Unterhaltsschuldner dem eigenen Staat angehören und der Schuldner sich im eigenen Staat gewöhnlich aufhält (Art. 2; z.B. OLG Hamburg FamRZ 82, 628). Hat das Kind nach dem Recht seines gewöhnlichen Aufenthalts keinen Unterhaltsanspruch, dann entscheidet das Recht des Staates, das vom IPR des Staates berufen wird, in dem der Unterhaltsanspruch vor Gericht oder vor einer Verwaltungsbehörde erhoben wird (Art. 3). Die Vorbehaltsklausel darf gegenüber dem Recht des gewöhnlichen Aufenthalts des Kindes nur dann erhoben werden, wenn *„offenbar" (manifestement)* gegen den *ordre public* verstoßen wird (Art. 4; vgl. oben S. 475), z.B. wenn das ausländische Recht (anders als § 1614 I BGB) dem Kind erlaubt, für die Zukunft auf Unterhalt zu verzichten (OLG Koblenz IPRax 86, 40 = NJW-RR 86, 870).

Streit herrscht über den *persönlichen Geltungsbereich* des Abkommens. Nach seinem Wortlaut (Art. 6) ist es anzuwenden, wenn ein Kind sich in einem Vertragsstaat *gewöhnlich aufhält* oder, soweit der frühere Aufenthalt entscheidet, sich gewöhnlich aufgehalten hat.

2. Internationales Verfahrensrecht

a) Internationale Zuständigkeit

Unterhaltsansprüche können für sich allein („isoliert") oder zusammen mit familienrechtlichen Verfahren („Verbund") gerichtlich geltend gemacht werden.

Werden sie *ohne Zusammenhang* mit familienrechtlichen Verfahren eingeklagt, dann gehören sie entweder vor das Amtsgericht (§ 23 a Nr. 2 GVG: gesetzliche Unterhaltsansprüche außer denen zwischen Ehegatten und Verwandten) oder vor das (beim Amtsgericht gebildete) Familiengericht (§ 23b I Nr. 5 [i.d.F. von Art. 4 Nr. 1a dd KindRG] und 6 GVG). Örtlich ist nach § 642 I 1 ZPO i.d.F. von Art. 6 Nr. 48 KindRG für Verfahren, welche die Unterhaltspflicht von Vater und Mutter gegenüber einem minderjährigen Kind betreffen, ausschließlich das Gericht, bei dem das Kind oder der das Kind gesetzlich vertretende Elternteil seinen allgemeinen Gerichtsstand (§ 13 ZPO) hat. Liegt der im Inland, dann sind entsprechend die deutschen Gerichte international zuständig. Liegt er im Ausland, dann entfällt nach § 642 I 2 ZPO die Ausschließlichkeit und es bewendet für die örtliche Zuständigkeit nach § 642 II ZPO und entsprechend für die internationale Zuständigkeit bei den „allgemeinen Vorschriften". Dann sind nach §§ 13, 23 ZPO international zuständig die Gerichte des Staates, in dem der *Beklagte* seinen Wohnsitz oder Vermögen hat. Außerdem sind nach § 23a ZPO die deutschen Gerichte (und entsprechend die ausländischen) international zuständig, wenn der *Kläger* im Lande seinen Wohnsitz hat, gleich ob der Unterhaltsgläubiger oder -schuldner klagt (BGH NJW-RR 88, 1474 = ZfJ 87, 420 unter 1); auch Ansprüche auf Freistellung von Unterhaltspflichten und Erstattung von Unterhaltsleistungen fallen unter § 23a ZPO (BGH 106, 300 = IPRax 90, 47 mit krit. Aufsatz von *Coester-Waltjen* 26–28 = NJW 89, 1356).

Nach dem *GVÜ* (oben S. 201f.) sind international zuständig ebenfalls die Gerichte des Staates, in dem der *Beklagte* seinen Wohnsitz hat (Art. 2 I), aber nicht diejenigen des Staates, in denen er Vermögen hat (Art. 3 II), sowie die Gerichte des Staates, in dem der *Kläger* seinen Wohnsitz oder gewöhnlichen Aufenthalt hat (Art. 5 Nr. 2).

Wenn Unterhaltsansprüche nicht „isoliert" geltend gemacht werden, sind nach *GVG* und *ZPO* sachlich zuständig bei Zusammenhang mit Ehesachen die Familiengerichte (§ 23b I Nr. 5, 6 GVG, § 621 I Nr. 4 [i.d.F. von Art. 3 Nr. 14 a dd KindRG] und 5 ZPO), bei Zusammenhang mit einer Klage des Kindes auf Feststellung der Vaterschaft, falls Regelunterhalt verlangt wird, die Amtsgerichte (§ 23a I Nr. 2 GVG,

§ 643 I 1 ZPO i.d.F. von Art. 6 Nr. 49 KindRG). Örtlich zuständig ist das Gericht, bei dem die Ehesache im ersten Rechtszug anhängt oder anhing (§ 621 II 1 ZPO i.d.F. von Art. 6 Nr. 14 a dd KindRG). Die internationale Zuständigkeit *deutscher* Gerichte für die Ehesache zieht die internationale Zuständigkeit für die Unterhaltssache nach sich (§ 621 II 1 ZPO i.d.F. von Art. 6 Nr. 14b KindRG) und, wenn auf Klage des Kindes die Vaterschaft festgestellt wird, hat ein *deutsches* Gericht auf Antrag den beklagten Vater zu verurteilen, dem Kinde (falls deutsches Recht maßgibt [streitig, vgl. *Stein-Jonas-Schlosser,* ZPO[21] § 643 ZPO Rz 6 S. 495 a.E.]) den Regelunterhalt zu zahlen (§ 643 I 1 ZPO i.d.F. von Art. 6 Nr. 49 KindRG). Zur internationalen Verbundszuständigkeit *ausländischer* Gerichte oben S. 705.

Nach dem *GVÜ* fehlte Verbundszuständigkeit für Unterhaltsansprüche (z.B. EuGH IPRax 81, 19 mit Aufsatz von *Hausmann* 5f. = NJW 80, 1218 LS; *Jayme* IPRax 81, 10). Aber es gibt sie, soweit die Beitrittsübereinkommen in Kraft getreten sind (oben S. 201f.); denn dann kann der Unterhaltspflichtige verklagt werden „im Falle einer Unterhaltssache, über die im Zusammenhang mit einem Verfahren in bezug auf den Personenstand zu entscheiden ist, vor dem nach seinem Recht für dieses Verfahren zuständigen Gericht, es sei denn, diese Zuständigkeit beruht lediglich auf der Staatsangehörigkeit einer der Parteien" (Art. 5 Nr. 2).

b) Anerkennung ausländischer Entscheidungen

Ausländische Unterhaltsentscheidungen werden anerkannt nach den allgemeinen Regeln (§ 328 ZPO, § 16a FGG, Staatsverträge: unten § 22 V). Art. 7 § 1 FamRÄndG i.d.F. von Art. 10 EheschlRG erstreckt sich nicht auf Unterhaltsentscheidungen, die im Verbund mit Ehesachen ergangen sind (Soergel VIII[11] Art. 17 EGBGB Rz 96 zu Fn. 11, S. 929).

Über *Änderung* ausländischer Unterhaltsentscheidungen unten S. 926.

c) Haager Abkommen über Unterhaltsentscheidungen

aa) Abkommen von 1973

Schrifttum: *Cavers* 21 (1973) Am. J. Comp. L. 154–156 (Text 156–162); *Battaglini* Foro It. 1973, V, 85–88; *von Overbeck* SchweizJahrbintR 29 (1973), 136–161 (Text 475–481); *Bellet* Clunet 1974, 4–7; *Bangert* Nord. TIR 1977, 54–58; *Tebbens,* De toepassing van het gewijzigde EEG-executieverdrag op alimentieprocedures, FJR 1989, 103–110; *Galster,* Zur Vollstreckung übergeleiteter Unterhaltstitel im Ausland nach dem Haager Übereinkommen, IPRax 90, 146–150; *Boele-Woelki,* Artikel 8 Haags Alimentatieverdrag 1973 staat op de tocht, FJR 1997, 133; *Pellis,* Enige aspecten van rechtskeuze in het internationale alimentatierecht, WPNR 1997, 527–530; *Frank,* Das verfahrenseinleitende Schriftstück in Art. 27 Nr. 2 EuGVÜ, Lugano-Übereinkommen und in Art. 6 Haager Unterhaltsübereinkommen 1973, 1998; *Boele-Woelki,* Artikel 8

Haager Unterhaltsübereinkommen steht einer Rechtswahl nicht entgegen, IPRax 98, 492–495. Siehe auch oben S. 763.

Das Haager Abkommen über die Anerkennung und Vollstreckung von Unterhaltsentscheidungen vom 2. 10. 1973 mit AusfG vom 25. 7. 1986 (oben S. 200) ersetzt zwischen Staaten, die ihm beitreten, nach seinem Art. 29 das Haager Abkommen über die Anerkennung und Vollstreckung von Entscheidungen auf dem Gebiete der Unterhaltspflicht gegenüber Kindern vom 15. 4. 1958 (unten bb).

Das Abkommen hat folgenden *Geltungsbereich:* Es betrifft Gerichts- oder Verwaltungsentscheidungen aus Vertragsstaaten über gesetzliche Unterhaltspflichten zwischen Gläubiger und Schuldner und zwischen dem Schuldner und einer öffentlichen Einrichtung, die auf ihn wegen dem Gläubiger erbrachter Leistungen zurückgreift (Art. 1 I). Es gilt auch für Vergleiche (Art. 1 II). Auf die Bezeichnung des Titels kommt es nicht an (Art. 2 I). Auch Änderungsentscheidungen und -vergleiche sind einbezogen, selbst wenn die ursprüngliche Entscheidung oder der ursprüngliche Vergleich einem Nichtvertragsstaat entstammt (Art. 2 II).

Während bei uns Unterhaltstitel in Höhe des Regelbetrags auf *Antrag* geändert werden können (§ 1612 a BGB i. d. F. von Art. 1 Nr. 10 KindRG), werden sie im Ausland oft durch *Gesetz* geändert und sind dann bei uns zum geänderten Betrag für vollstreckbar zu erklären (so für das Abkommen über Unterhaltsentscheidungen vom 15. 4. 1958 [unten bb] OLG Hamburg DAVorm. 84, 325 mit Aufsatz von *Dopffel* 218–234 = FamRZ 83, 1157; BGH IPRax 86, 294 mit Aufsatz von *Dopffel* 277–282 = JZ 87, 203 mit Aufsatz von *Stürner* und *Münch* 178–186 = NJW 86, 1440 = RIW 86, 554 mit Anm. von *Wolff* 728; a. A. LG Hamburg DAVorm. 84, 605).

Gleich gilt, ob der Unterhaltsanspruch internationalen oder innerstaatlichen Charakter hat (Art. 2 III).

Im Ursprungsland vollstreckbare *Vergleiche* sind unter denselben Voraussetzungen anzuerkennen und zu vollstrecken wie Entscheidungen (Art. 21).

Entscheidungen werden nur anerkannt, wenn die entscheidende Behörde (Gericht oder Verwaltungsbehörde) *international zuständig* gewesen ist (Art. 4 I Nr. 1). International zuständig ist die entscheidende Behörde, wenn sich der Berechtigte oder Verpflichtete im Lande der Behörde gewöhnlich aufhält oder wenn beide Staatsangehörige des Landes sind oder sich der Beklagte ausdrücklich oder rügelos auf das Verfahren eingelassen hat (Art. 7), ferner bei einer Art Verbundszuständigkeit, nämlich wenn im Staat der Unterhaltsentscheidung die Ehe geschieden, von Tisch und Bett getrennt, für nichtig erklärt oder aufgehoben (vgl. oben S. 700) worden ist und die internationale Zuständigkeit hierfür anerkannt wird (Art. 8). Die Feststellung der zuständigkeitsbegründenden Tatsachen durch die entscheidende Behörde ist für die Behörde des Vollstreckungsstaats verbindlich (Art. 9).

Nötig ist ferner *Rechtskraft* der Unterhaltsentscheidung (Art. 4 I Nr. 2), außer bei *vorläufig vollstreckbaren* Entscheidungen und *einstweiligen* Maßnahmen, wenn es im Vollstreckungsstaat gleichartige vollstreckbare Entscheidungen gibt (Art. 4 II).

Anerkennung und Vollstreckung entfallen außerdem, wenn die *öffentliche Ordnung* des Vollstreckungsstaats offensichtlich *(„manifestement")* verletzt würde (Art. 5 Nr. 1, vgl. oben S. 475), bei *Prozeßbetrug* (Nr. 2), bei Verstoß der ausländischen Unterhaltsentscheidung gegen inländische *Rechtshängigkeit* (Nr. 3) oder bei *Widerspruch* der ausländischen Unterhaltsentscheidung zu einer im Inland ergangenen oder anerkannten (Nr. 4, vgl. auch unten S. 908–910).

*Versäumnis*entscheidungen werden anerkannt oder für vollstreckbar erklärt, wenn der Gegner ausreichend unterrichtet war und Zeit genug hatte, sich zu verteidigen (Art. 6).

*Teil*anerkennung und Vollstreckung sind möglich (Art. 10, 14). Sind regelmäßig wiederkehrende Zahlungen angeordnet, dann ist die Vollstreckung auch für die *künftigen Zahlungen* zu bewilligen (Art. 11).

Die *sachliche Richtigkeit* der Entscheidung darf nicht nachgeprüft werden, soweit das Abkommen nichts anderes bestimmt (Art. 12, OLG Stuttgart FamRZ 99, 312) wie etwa bei Prozeßbetrug.

Anerkannt und vollstreckt wird nach der *lex fori* (Art. 13).

Wer im Ursprungsverfahren durch *Prozeßkostenhilfe* oder Befreiung von Prozeßkosten begünstigt war, wird auch im Vollstreckungsstaat so weit wie möglich begünstigt (Art. 15). *Sicherheitsleistung* für Verfahrenskosten entfällt (Art. 16).

Bestimmte *Urkunden* sind im Vollstreckungsstaat vorzulegen, *Legalisation* ist unnötig (Art. 17).

Hat eine öffentliche Einrichtung eine *Erstattungsentscheidung* erwirkt, so ist diese Entscheidung anzuerkennen und zu vollstrecken, wenn die Einrichtung nach ihrem eigenen Recht Erstattung verlangen kann und die Unterhaltspflicht nach dem vom IPR des Vollstreckungsstaats berufenen Recht besteht (Art. 18). Die öffentliche Einrichtung kann auch die Anerkennung und Vollstreckung einer zwischen Unterhaltsgläubiger und -schuldner ergangenen Entscheidung verlangen, wenn sie hierzu nach ihrem eigenen Recht befugt ist (Art. 19).

Vertragsstaaten, die den *Devisen*verkehr beschränken, haben Unterhaltszahlungen den größtmöglichen Vorrang zu geben (Art. 23).

Weitergehende Möglichkeiten der Anerkennung und Vollstreckung nach *Staatsverträgen* oder *Landesrecht* des Vollstreckungsstaats bleiben unberührt (Art. 23).

Eine *Übergangs*regel enthält Art. 24.

bb) Abkommen von 1958

Das Haager Abkommen über die Anerkennung und Vollstreckung von Entscheidungen auf dem Gebiete der Unterhaltspflicht vom 15. 4. 1958 (Zeitpunkt des Inkrafttretens und Vertragsstaaten oben S. 198) bleibt in Kraft zwischen Vertragsstaaten, die nicht beide dem entsprechenden Abkommen von 1973 (oben aa) beigetreten sind (Art. 19 dieses Übereinkommens).

Das Abkommen betrifft Entscheidungen von Gerichten oder Verwaltungsbehörden eines *Vertragsstaats* über Unterhaltspflichten gegenüber *Kindern* (Art. 1 I). „Kinder" sind wie im Unterhaltsabkommen von 1956 *eheliche, nichteheliche* und *Adoptivkinder,* die *noch nicht 21 Jahre* alt und *unverheiratet* sind (Art. 1 I). Wie das Unterhaltsabkommen gilt auch das Anerkennungsabkommen nur, soweit über die *Unterhalts*pflicht entschieden worden ist einschließlich der *Vorfragen* von Abstammung und Verwandtschaft, dagegen nicht, soweit eine Entscheidung darüber hinaus über Abstammung und Verwandtschaft befindet (Art. 1 II; dazu BGH 73, 378 [379 f.]). Für Entscheidungen über Unterhaltspflichten gegenüber *Seitenverwandten* gilt das Abkommen nicht (Art. 1 III), so wenig wie das Unterhaltsabkommen von 1956.

Unterhaltsentscheidungen, die unter das Abkommen fallen, sind grundsätzlich ohne sachliche Nachprüfung *anzuerkennen* und für *vollstreckbar* zu erklären (Art. 2, 5). Voraussetzung ist u. a. *internationale Zuständigkeit* der entscheidenden Stelle auf Grund des Abkommens (Art. 2 Nr. 1). Sie besteht im Sinne des Abkommens, wenn bei Einleitung des Verfahrens *Schuldner* oder *Gläubiger im Lande des Verfahrens gewöhnlichen Aufenthalt* gehabt haben oder wenn der Schuldner sich auf das Verfahren ausdrücklich oder stillschweigend *eingelassen* hat (Art. 3). Das Abkommen schafft keine neue internationale Zuständigkeit, sondern läßt es bei den Zuständigkeitsregeln der Landesrechte bewenden. Aber *wenn* die Bedingungen des Art. 3 erfüllt sind, ist anzuerkennen und für vollstreckbar zu erklären (SchweizBG 92 II 82 [86 f.]; *Petersen* RabelsZ 24 [1959], 40–43; *Henrich* in Anm. Red. IPRax 88, 115). Der *ordre public* hindert Anerkennung und Vollstreckbarerklärung nur, wenn *„offenbar" (manifestement)* gegen ihn verstoßen ist (Art. 2 Nr. 5; vgl. oben S. 475).

Dasselbe wie für die Anerkennung von Unterhaltsentscheidungen gilt für die Anerkennung der häufigen Entscheidungen, die *Unterhaltsentscheidungen ändern* (Art. 8). Im Ausland werden Unterhaltstitel oft durch *Gesetz* geändert. Dann sind sie bei uns zum geänderten Betrag für vollstreckbar zu erklären (Nachweise oben aa S. 770).

Auch sonst wird der Unterhaltskläger begünstigt: das im erkennenden Staat gewährte *Armenrecht* (Prozeßkostenhilfe) wirkt auch im anerkennenden Staat; *Sicherheitsleistung für Verfahrenskosten* entfällt; vorzulegende Urkunden gelten *ohne Visa und Beglaubigungen* (Art. 9). Die Vertragsstaaten sind verpflichtet, den *Transfer* von Unterhaltszahlungen für Kinder zu *erleichtern* (Art. 10). Steht das unterhaltsberechtigte Kind nach dem materiellen Recht des Vertragsstaats oder auf Grund anderer Abkommen zwischen den Vertragsstaaten besser als nach diesem Abkommen, so kann es sich auf die ihm günstigeren Regeln berufen (Art. 11).

d) New Yorker Abkommen über die Geltendmachung von Unterhaltsansprüchen

Zum New Yorker Übereinkommen über die Geltendmachung von Unterhaltsansprüchen im Ausland vom 20. 6. 1956 siehe oben S. 205 f.

e) Auslandsunterhaltsgesetz

Schrifttum: *Müller-Freienfels* Kegel-Fschr. 1987, 389–432 = *Müller-Freienfels,* Familienrecht im In- und Ausland, Aufsätze III, 1994, 379–421 (grundlegend); *Böhmer* IPRax 87, 139–141; *Uhlig* und *Berard* NJW 87, 1521–1525; *Reichel,* Verbürgung der Gegenseitigkeit nach dem Auslandsunterhaltsgesetz, FamRZ 90, 1329 f.; *Bach,* Zehn Jahre Auslandsunterhaltsgesetz, FamRZ 1996, 1250–1254.

Das **Gesetz zur Geltendmachung von Unterhaltsansprüchen im Verkehr mit ausländischen Staaten (Auslandsunterhaltsgesetz; AUG)** vom 19. 12. 1986 (BGBl. I 2563) will die Durchsetzung von Unterhaltsansprüchen im englisch-amerikanischen Rechtskreis erleichtern, indem wir uns dort geltendem Verfahrensrecht anpassen. Denn dort ist man Fremden beim Durchsetzen von Unterhaltsansprüchen nur behilflich und erkennt fremde Unterhaltstitel nur an, wenn im fremden Staat eine der eigenen *„parallele" Gesetzgebung* besteht und dies in einer *„Gegenseitigkeitserklärung"* förmlich festgestellt ist. (BRDrucks. 32/85 S. 1.)

In den USA gibt es den *Uniform Reciprocal Enforcement of Support Act* (URESA) von 1958, revidiert (RURESA) 1968 und (UEFSA) 1993.

Nach diesen Gesetzen wendet sich der Unterhaltsgläubiger an sein Wohnsitzgericht als *„initiating court"*. Dies leitet nach summarischer Prüfung den Antrag an das Gericht *(„responding court")* des Schuldnerstaats. Dort ermittelt eine Behörde (meist Staatsanwalt) Aufenthalt und Vermögen des Pflichtigen und sucht, Unterhalt zu bekommen. Notfalls wird geklagt. Liegt ein fremder Titel vor, so kann er erleichtert für vollstreckbar erklärt werden. Das Verfahren ist kostenfrei. (BRDrucks. 32/85 S. 7.)

Ähnliche Gesetzte gelten z. B. in Kanada, England, Südafrika, Australien. In Kalifornien, North Carolina und Texas haben die Generalstaatsanwälte die Gegenseitigkeit mit der Bundesrepublik erklärt. Auch in Britisch Kolumbien und Manitoba (OLG Stuttgart IPRspr. 1987 Nr. 161 = ZfJ 87, 297) hat man die Gegenseitigkeit festgestellt. (BRDrucks. 32/85 S. 7 f.)

Das AUG folgt im wesentlichen dem New Yorker Übereinkommen von 1956 über die Geltendmachung von Unterhaltsansprüchen im Ausland (oben S. 205 f.), dem seinerseits zum Teil ein URESA-Entwurf zugrunde liegt (BRDrucks. 32/85 S. 9).

Unterhaltsansprüche aller Art außer rein freiwillig übernommene (BRDrucks. 32/85 S. 10) können im Verfahren nach dem AUG geltend gemacht werden, wenn sich ein Teil bei uns, der andere im Ausland gewöhnlich aufhält und wenn mit dem fremden Staat *Gegenseitigkeit* verbürgt ist (§ 1 I AUG).

Im Verhältnis zu Staaten, die ein dem AUG ähnliches Gesetz haben, kann der Bundesminister der Justiz feststellen, daß die Gegenseitigkeit verbürgt ist, und dies im Bundesgesetzblatt bekanntmachen (§ 1 II); Nachweise Soergel X[12] Art. 18 EGBGB Rz 82 S. 950 f.; danach BGBl. 1996 I 1733 (Nebraska) und 1997 I 155 (Maine); vgl. BGBl. I Fundstellennachweis A (abgeschlossen am 31. 12. 1998) S. 162.

„Staaten" im Sinne des AUG sind auch Teilstaaten und Provinzen (§ 1 III).

Unterhaltsansprüche werden außergerichtlich wie vor Gericht geltend gemacht über eine *Zentralstelle* („Zentrale Behörde"); sie dient als Empfangs- und Übermittlungsstelle (§ 2 I 1). Eine ähnliche Organisation findet sich schon im New Yorker Abkommen von 1956 (oben S. 205f.) und danach in anderen Staatsverträgen (oben S. 445f., unten S. 806–812).

Zentralstelle ist bei uns der *Generalbundesanwalt* beim Bundesgerichtshof (§ 2 II). Man paßt sich dem amerikanischen Muster an (oben Abs. 1; BRDrucks. 32/85 S. 11). Der Generalbundesanwalt verkehrt unmittelbar mit den in- und ausländischen Stellen (§ 2 I 2).

Ausgehende Gesuche um außergerichtliche oder gerichtliche *Geltendmachung* von Unterhaltsansprüchen (§§ 3–6) werden beim *Amtsgericht* eingebracht, in dessen Bezirk sich der Berechtigte gewöhnlich aufhält (§ 3 I). Hier wird geprüft, ob die Rechtsverfolgung nach deutschem materiellen Recht hinreichende Erfolgsaussicht hat (§ 4 I). Wenn ja, geht das Gesuch an die *Zentralstelle* (§ 4 II 1). Diese prüft, ob das Gesuch den förmlichen Anforderungen des einzuleitenden ausländischen Verfahrens genügt. Wenn ja, gibt die Zentralstelle das Gesuch an die zuständige ausländische Stelle (§ 5 I 1, 2) und überwacht die ordnungsmäßige Erledigung im Ausland (§ 5 II). Liegt schon ein *Titel* vor, dann kann der Gläubiger neben dem Gesuch um Geltendmachung des Unterhaltsanspruchs oder isoliert ein Gesuch um *Registrierung* des Titels im Ausland stellen. Solch ein Gesuch läuft wie eines um Geltendmachung des Unterhaltsanspruchs (§ 6; näher BRDrucks. 32/85 S. 13).

Eingehende Gesuche (§§ 7–11) prüft die *Zentralstelle* (§ 7 III 2 HS 2). Sie unternimmt das nötige, um den *Unterhaltsanspruch durchzusetzen* (§ 8 I 1). Interessen und Willen des Berechtigten hat sie zu beachten (§ 8 I 2). Sie gilt als bevollmächtigt, *außergerichtlich oder vor Gericht* tätig zu werden (§ 8 II 1).

Bei hinreichender Erfolgsaussicht bewilligt das Gericht von Amts wegen *Prozeßkostenhilfe* (§ 9). Auf die wirtschaftlichen Verhältnisse des Unterhaltsgläubigers kommt es nicht an (BRDrucks. 32/85 S. 15).

Die *Vollstreckbarerklärung* ausländischer Entscheidungen ist näher geregelt (§ 10). Ausländische *vorläufige Titel* gelten als Gesuche um Geltendmachung des Unterhaltsanspruchs (§ 11); gedacht ist hier an „*provisional maintenance orders*" wie nach dem Recht von Manitoba (BRDrucks. 32/85 S. 16).

Für das außergerichtliche Verfahren werden *Gebühren* nicht erhoben, *Auslagen* sind nicht zu erstatten (§ 12).

Kritik: Das Gesetz bringt Hilfe vor allem, wenn der Schuldner in den USA oder Kanada lebt; denn dort sind sonst Unterhaltsansprüche kaum durchzusetzen. Die Einführung der Zentralstelle befreit den einzelnen Unterhaltsgläubiger von der Last, sich über das ausländische Recht zu unterrichten und im Ausland vorzugehen. Trotz weiterer Normenhäufung und Bürokratisierung ist daher dem AUG Erfolg zu wünschen.

Man kann sich zudem damit trösten, daß noch mehr Normen auf uns zukämen, wenn zweiseitige Abkommen geschlossen würden. Interessant bleibt auch der Versuch, sich hauptsächlich auf das Recht eines einzelnen Landes (USA) einzupendeln, in der Erwartung, man werde so auch mit anderen Staaten zurecht kommen.

f) Römisches EG-Übereinkommen über die Vereinfachung der Verfahren zur Durchsetzung von Unterhaltsansprüchen vom 6. 11. 1990

Text: *Jayme-Hausmann*[9] 502–505 (Art. 1–8).
Schrifttum: *La China,* Una recente convenzione internationale per il recupero di crediti alimentari (semplificazione o complicazione di procedure?), Riv. d. proc. 1994, 113–121.

Das Abkommen steht für Deutschland noch nicht in Kraft. Es ergänzt das *GVÜ* für *Unterhalts*entscheidungen. Bei deren Durchsetzung sollen Zentrale Behörden helfen (Art. 2, 3).

3. Interlokales Recht

Schrifttum: *Adlerstein* und *Wagenitz*, Das Verwandtschaftsrecht in den neuen Bundesländern, FamRZ 90, 1169–1177; *Adlerstein* und *Wagenitz*, Nachehelicher Unterhalt und Versorgungsausgleich in den neuen Bundesländern, ebenda 1300–1308; *Hulzer*, Einigungsvertrag und Unterhaltsrecht in den fünf neuen Bundesländern, in: *Jayme* und *Furtak* (Hrsg.), Der Weg zur deutschen Rechtseinheit, 1991, 295–304; *Hulzer*, Zur Berechnung des Kindesunterhalts in den neuen Bundesländern, NJ 91, 24–26; *Vogel*, Temporäre Rechtsprobleme bei der Abänderung von früheren DDR-Unterhaltsurteilen, DtZ 91, 338f.; *Graba*, Zur Abänderung eines DDR-Urteils über Geschiedenenunterhalt, DtZ 93, 39–41; *Maurer*, Kindesunterhalt im Beitrittsgebiet, FamRZ 94, 337–346; *Lingelbach*, Erfolgreiche Unterhaltsklagen nichtehelicher DDR-Kinder trotz Anspruchsverjährung?, NJ 94, 204–206; *Dieckmann*, Zum Unterhalt der in der DDR geschiedenen Ehegatten, FamRZ 94, 1073–1080; *Siehr*, Nachehelicher Unterhalt im innerdeutschen Kollisionsrecht, IPRax 94, 360–362.

a) Privatrecht der früheren DDR und Ost-Berlins

Im Osten war das *materielle* Unterhaltsrecht geregelt in einer Reihe von Vorschriften des FGB: §§ 17–22a (Unterhalt während der Ehe), 29–33 (Unterhalt nach Scheidung, Ehewohnung), 39a (Hausrat), 43 (Kindesunterhalt), 81–87 (Verwandtenunterhalt).

Der Unterhalt nach *Scheidung* war sehr eingeschränkt. Der Kreis der unterhaltsberechtigten *Verwandten* stimmte in Ost und West überein, außer daß Urgroßeltern und Urenkel einander keinen Unterhalt schuldeten (§ 81 I FGB). Unterhaltsansprüche zwischen Verschwägerten gab es im Osten wie im Westen nicht.

Näheres regelte im Osten eine „*Unterhaltsrichtlinie*“ des Obersten Gerichts der DDR vom 16. 1. 1986 (GBl. I 41; NJW 87, 1536–1538). Diese trat indessen schon kurz vor der Wiedervereinigung außer Kraft gemäß Art. 5 II 2 Ges. zur Änderung und Ergänzung der Verfassung der DDR (Verfassungsgrundsätze vom 22. 6. 1990, GBl. I 299), der besagt: „Eine Leitung der Rechtsprechung unterer Gerichte durch obere Gerichte ist nicht zulässig.“

*International*privatrechtlich unterlag im Osten der Unterhaltsanspruch wie früher bei uns keinem eigenen Statut, sondern folgte dem Statut, aus dem er jeweils floß. So galt für den Unterhalt zwischen Eheleuten § 19 RAG (oben S. 725), zwischen Geschiedenen § 20 RAG (oben S. 760), zwischen Eltern und ehelichen wie nichtehelichen Kindern § 22 (unten S. 813) und zwischen Adoptiveltern und Kind § 23 RAG (unten S. 838).

Am 3. 10. 1990 ist das materielle und internationale Unterhaltsrecht der DDR außer Kraft getreten. Denn Art. 8 des Einigungsvertrags hat das Bundesrecht im Beitrittsgebiet eingeführt und damit auch das bundesdeutsche materielle, internationale und interlokale Unterhaltsrecht.

Nicht eingeführt wurde allerdings in den neuen Bundesländern die *RegelunterhaltsVO* vom 27. 6. 1970 (BGBl. I 1010). Die Praxis sprach jedoch den Regelbedarf zu (Soergel X[12] Art. 18 EGBGB Rz 233 S. 1022 mit Nachweisen).

b) Interlokales Privatrecht

aa) Neufälle

Für Neufälle, d.h. für Unterhaltsansprüche, die nach dem 3. 10. 1990 entstehen, gilt in Ost und West einheitlich das westdeutsche materielle, internationale und interlokale Unterhaltsrecht. Dies sagt für das *internationale* (und entsprechend für das interlokale) *Familienrecht allgemein* Art. 236 § 2 EGBGB (abgedruckt oben S. 740).

bb) Altfälle

Für Unterhaltstatbestände aus der Zeit vor dem 3. 10. 1990 bleibt es in den *neuen* Bundesländern nach Art. 236 § 1 EGBGB beim bisherigen internationalen und interlokalen Privatrecht, also bei §§ 19, 20, 22, 23 RAG. Gegebenenfalls ist daher im Osten und Westen verschieden zu entscheiden (vgl. oben S. 42–44).

Im *Westen* ist Art. 18 EGBGB entsprechend anzuwenden. Grundsätzlich gilt also das am gewöhnlichen Aufenthaltsort des Unterhaltsberechtigten geltende Recht (vgl. Art. 18 I 1 und KG IPRax 86, 305 LS mit Anm. Red. [D.H.]; KG FamRZ 93, 394). Lebte der Unterhaltsberechtigte in der DDR oder in Ost-Berlin und hatte er dort keinen Unterhaltsanspruch, so ist Westrecht (Bundesrepublik und West-Berlin) anzuwenden (vgl. Art. 18 II).

Da es Unterhaltsansprüche zwischen Seitenverwandten und Verschwägerten weder im Osten noch im Westen gibt (oben), ist Art. 18 III interlokalprivatrechtlich ohne Belang.

Die Regel, nach der das auf die Scheidung und in anderen Ehesachen angewandte Recht auch den Unterhaltsanspruch bestimmt (Art. 18 IV), kann auch im Ost-West-Verhältnis gelten (wegen Ehewohnung und Hausrat oben S. 741). Dagegen ist Art. 18 V (gemeinsame Staatsangehörigkeit des Berechtigten und Verpflichteten) unergiebig (näher *Soergel* X[12] Art. 18 Rz 14 S. 930; a. A. BGH 124, 5 = FamRZ 94, 160 [161 unter 1 c] mit abl. Aufsatz von *Dieckmann* 1073–1080 = IPRax 94, 373 mit abl. Aufsatz von *Siehr* 360–362, BGH FamRZ 94, 562 [563 unter 1 b] und BGH DtZ 95, 410 = MDR 94, 1218). Art. 18 VI (Umfang der Unterhaltspflicht) wiederum sollte entsprechend angewandt werden. Hingegen dürfte Art. 18 VII (Bedürfnisse des Berechtigten, wirtschaftliche Lage des Verpflichteten) interlokal kaum zum Tragen kommen.

Soweit danach im Westen oder Osten *Ostrecht* für Unterhaltsansprüche maßgibt, gilt *übergangsrechtlich* nach Art. 234 § 1 EGBGB: seit dem 3. 10. 1990 bestimmt das BGB über die Unterhaltspflicht. Nach § 5 ebenda bleibt es jedoch für Geschiedene beim Ostrecht (oben a).

Art. 234 §§ 8 und 9 EGBGB sind aufgehoben durch Art. 4 IX KindRG.

Zum interlokalen *Verfahrensrecht* unten S. 929–933.

Schrifttum zum internationalen **Kindschaftsrecht** oben S. 680.

IX. Abstammung

Schrifttum: 7. Aufl. S. 681 (Ehelichkeit) und 710 (nichteheliche Abstammung). Danach: *Eschbach,* Die nichteheliche Kindschaft im IPR, Geltendes Recht und Reform, 1997; *Sturm,* Das Günstigkeitsprinzip und die Zustimmung nach Art. 23 EGBGB, Schutz für das Kind oder Hindernis für die Abstammungsfeststellung?, StAZ 97, 261–270; *Henrich,* Das Kollisionsrecht im Kindschaftsreformgesetz, StAZ 98, 1–6 (1–4); *Frohn,* Toepasselijk recht inzake de erkenning van een kind, FJR 1998, 159–161; *Gaaz,* Ausgewählte Probleme des neuen Eheschließungs- und Kindschaftsrechts, StAZ 98, 241–251 (249–251); *Henrich,* Kindschaftsrechtsreformgesetz und IPR, FamRZ 98, 1401–1406.

Rechtsvergleichend: Schwenzer, Ehelichkeitsvermutung und Ehelichkeitsanfechtung, FamRZ 85, 1–9; *Dopffel* (Hrsg.), Ehelichkeitsanfechtung durch das Kind, 1990; *Pintens,* Entwicklungen im europäischen Abstammungsrecht, StAZ 93, 205–210; *Edenfeld,* Das neue Abstammungsrecht der Bundesrepublik Deutschland im nationalen und internationalen Vergleich, FuR 96, 190–196; *Krüger,* Anfechtung der Ehelichkeit von scheinehelichen Kindern nach türkischem Recht, FamRZ 97, 1059–1061; *Völker,* Zum Erfordernis einer Anerkennung des nichtehelichen Kindes durch seine französische Mutter, StAZ 98, 197–202.

1. Geltungsbereich

Art. 19 I EGBGB i.d.F. von Art. 12 Nr. 2 KindRG vom 16. 12. 1997 (BGBl. I 2942) sagt:

„Abstammung

(1) Die Abstammung eines Kindes unterliegt dem Recht des Staates, in dem das Kind seinen gewöhnlichen Aufenthalt hat. Sie kann im Verhältnis zu jedem Elternteil auch nach dem Recht des Staates bestimmt werden, dem dieser Elternteil angehört. Ist die Mutter verheiratet, so kann die Abstammung ferner nach dem Recht bestimmt werden, dem die allgemeinen Wirkungen ihrer Ehe bei der Geburt nach Artikel 14 Abs. 1 unterliegen; ist die Ehe vorher durch Tod aufgelöst worden, so ist der Zeitpunkt der Auflösung maßgebend."

Art. 19 I regelt die „*Abstammung*". Der Ausdruck ist derselbe wie in der Überschrift zu §§ 1591 n.F.–1600e n.F. BGB. Von der Abstammung unterscheidet das BGB die „*rechtliche Stellung eines Kindes*", die durch Adoption (§ 1754 n.F. erlangt wird und die früher auch ein nichteheliches Kind im Verhältnis zur Mutter und deren Verwandten (§ 1705 a.F.) sowie ein durch nachträgliche Heirat (§ 1719 a.F.) oder Ehelicherklärung (§ 1736 a.F.) legitimiertes Kind allgemein besaß, ähnlich wie unterschieden wurde von der „Volljährigkeit" (§ 2) die „rechtliche Stellung eines Volljährigen" (§ 3 II a.F. [aufgehoben]). Ob solcher Unterschied im Sprachgebrauch Beifall verdient, ist eine Frage für sich. Jedenfalls ergibt Art. 19 I EGBGB die Rechtsordnung, die über die „Abstammung" entscheidet, d.h. bestimmt, ob zwischen einem Kind und einem anderen die Rechtsfolgen des Eltern-Kind-Verhältnisses eintreten.

Ob und wie weit jemand durch *Adoption* einem Kinde rechtlich gleichsteht, sagt nicht das von Art. 19 I EGBGB, sondern das von Art. 22 berufene Recht.

Zur *Legitimation* unten S. 822.

Die von Art. 19 I n.F. EGBGB berufenen Rechte entscheiden, ob schon durch **Abstammung** oder erst durch **Anerkennung** ein Kindschaftsverhältnis zur Mutter oder zum Vater begründet wird. Soweit Anerkennung nötig ist, entscheiden sie über deren Voraussetzungen, insbesondere darüber, ob und inwieweit Kinder aus Ehebruch oder Blutschande anerkannt werden können (wenn nein, bleibt Art. 6 EGBGB zu prüfen), und über die Zulässigkeit einer Klage auf Anerkennung.

Die romanischen Rechte lassen starke, fast der ehelichen Kindschaft gleiche Folgen sowohl für den Vater wie für die Mutter eintreten, wenn sie das Kind *anerkannt* haben (**„Anerkennungssystem"**). Ohne Anerkennung treten überhaupt keine Folgen ein: das Kind ist ein „*filius nullius*" (Niemandskind). Allerdings kann in bestimmten Fällen die Anerkennung durch Urteil ersetzt werden. Diesem System hat sich für den nichtehelichen Vater das deutsche Recht durch die Reform von 1969 genähert (§ 1600a a.F. BGB, „*Sperrwirkung*"). Vorher wurde die nichteheliche Vaterschaft wie in vielen anderen Rechten und wie noch immer die nichteheliche Mutterschaft begründet durch Abstammung („**Abstammungssystem**"). Ein gemischtes System haben die Niederlande.

Für die Abstammung kann als *Vorfrage* erheblich sein, ob die Mutter verheiratet war. So bei gewöhnlichem Aufenthalt des Kindes in *Deutschland* (Art. 19 I 1 n.F. EGBGB) nach §§ 1592, 1593 n.F. BGB. So bei gewöhnlichem Aufenthalt des Kindes im *Ausland* (Art. 19 I 1–4 n.F. EGBGB) immer und zumal, wenn dort materiell- und/oder kollisionsrechtlich am Unterschied von ehelichen und nichtehelichen Kindern festgehalten wird, wie z.B. in der Türkei. Die Vorfragen nach Zustandekommen und Fortbestand der Ehe der Mutter sind *selbständig* anzuknüpfen (oben S. 321). Es gelten also die von Art. 13 mit Art. 11 und von Art. 17 EGBGB berufenen Rechte oder rechtskräftige deutsche oder anerkannte ausländische Entscheidungen in Ehesachen (so für Ehescheidung AG und LG Bonn StAZ 89, 354f.).

Art. 19 I n.F. EGBGB herrscht über den *Gesamtbereich der Abstammung.* Das von ihm berufene Recht regelt insbesondere *Empfängniszeit, Beiwohnungs- und Vaterschaftsvermutung* und die Bedeutung eines *Anerkenntnisses* der Abstammung. Es bestimmt, *ob* die Abstammung angefochten werden kann, *wer* anfechten kann und wer Anfechtungsgegner ist, *wie* angefochten werden muß und *wie lange* angefochten werden darf. Auch das (im Ausland nur noch in Österreich bekannte [wegen der früheren DDR unten S. 787]) Anfechtungsrecht des *Staatsanwalts* unterliegt Art. 19 I (streitig).

Z.B. *Anfechtungsfrist:* LG Trier FamRZ 56, 131 mit Anm. von *Bosch* = IPRspr. 1954/55 Nr. 100: Spanier heiratet Deutsche, die dadurch Spanierin wird. Ehemann ficht die Abstammung eines Kindes der Frau zehn Monate nach der Geburt an: das war damals zu spät, da die Anfechtungsfrist des spanischen Rechts *in casu* sechs Monate betrug (Art 113 a.F. código civil [heute allgemein ein Jahr: Art. 136 I 1 n.F.]). Der deutsche *ordre public* (Art. 30 a.F., 6 n.F. EGBGB) ist nicht deswegen verletzt, weil nach § 1594 a.F., 1600b n.F. BGB die Frist zwei Jahre dauert. So LG Trier aaO; vgl. BGH 75, 32 (43f.) für Tschechoslowakei. Auch gegen Drei- oder Einmonatsfristen ausländischer Rechte ist Art. 30 a.F., 6 n.F. nicht eingesetzt worden (z.B. RG 159, 167 betr. Österreich; OLG Düsseldorf FamRZ 73, 311 [313] betr. Italien; AG Spandau FamRZ 98, 1132 betr. Türkei), ja nicht einmal gegen eine Frist von wenigen Tagen (OLG München IPRax 84, 163 LS mit Anm. Red. [E. J.] = NJW 84, 2043 LS, betr. Ägypten).

2. Grundsätze

Das KindRG vom 16. 12. 1997 (BGBl. I 2942) hat materiell- und kollisionsrechtlich den Unterschied zwischen ehelichen und nichtehelichen Kindern beseitigt bis auf kleine Reste wie bei der Abstammung in den neu gefaßten §§ 1592 Nr. 1, 1593, 1600, 1600a II, 1600b II 2, 1600c, 1600d BGB und in Art. 19 I 3, II n.F. EGBGB.

Art. 19 I n.F. EGBGB ist ein vierarmiger Polyp. Grundsätzlich (I 1) unterliegt die Abstammung dem Recht des Staates, in dem sich das *Kind gewöhnlich aufhält.*

Nach Art. 19 I 2 und 3 n.F. EGBGB „*kann*" auch bestimmt werden:
- die *Vater*schaft nach dem *Heimatrecht* des *Vaters* (genauer: dessen, nach dem jemand der Vater ist),
- die *Mutter*schaft (die meist zweifelsfrei ist) nach dem *Heimatrecht* der *Mutter,*
- die *Vater-* und *Mutter*schaft nach dem Statut der *persönlichen Ehewirkungen* des Art. 14 I EGBGB, wenn die Mutter bei der Geburt des Kindes verheiratet oder Witwe war.

Wie soll man das Schlüsselwort „*kann*" in Art. 19 I 2–3 n.F. EGBGB verstehen? „Abstammung ist Abstammung" möchte man meinen: eine biologische *Tatsache.* Aber hier geht es um ein *dauerndes Rechtsverhältnis,* nämlich das Eltern-Kind-Verhältnis, das zum Teil auf Vermutungen (Beweislastregeln) gegründet ist (Volksmund: „Vaterschaft ist Glaubenssache").

Die Wortwahl – „unterliegt" in Art. 19 I 1 n.F. EGBGB, „kann ... bestimmt werden" in Art. 19 I 2–3 n.F. – legt nahe, daß, wenn der gewöhnliche Aufenthalt des Kindes ergibt, wer Vater und wer Mutter ist, es dabei bewendet. Sonst könnte es zu mehreren Vätern und/oder Müttern kommen.

Soweit das Kind nach dem Recht des Staates, in dem es sich gewöhnlich aufhält, keinen Vater oder keine Mutter hat, kann nach Art. 19 I 2–3 n.F. die Vaterschaft nach dem Heimatrecht des Vaters, die Mutterschaft nach dem Heimatrecht der Mutter und sowohl die Vaterschaft als auch die Mutterschaft nach dem Recht der persönlichen Ehewirkungen des Art. 14 I EGBGB festgestellt („bestimmt") werden. Hier könnte es zu doppelter Vater- oder Mutterschaft kommen.

Da Doppeleltern untragbar sind, sollte man m.E. nach der größeren Wahrscheinlichkeit vorgehen und bei gleicher Wahrscheinlichkeit den Elternteil „bestimmen", der dem Kindeswohl am besten zu entsprechen scheint (materielles Recht im IPR, oben S. 65, 319f.); a.A. *Henrich* FamRZ 98, 1402; stets sei das günstigste Recht zu wählen, nämlich dasjenige, das dem Kinde am schnellsten und kostensparend zu einem Vater verhelfe [von der normalerweise zweifelsfreien Mutter spricht er nicht]).

Beispiel: Ein Ehepaar, er Schweizer, sie Deutsche, lebt in Wien. Die Frau wendet sich einem schweizerischen Liebhaber zu. Die Ehe wird geschieden, drei Monate danach ein Junge geboren, fünf Monate nach Scheidung heiratet die Frau den Liebhaber. Das Kind lebt von Anfang an bei den mütterlichen Großeltern in Mainz. Nach deutschem Recht (Art. 19 I 1 n.F. EGBGB) ist es zunächst ohne Vater („vaterloser Geselle“: §§ 1592/3 n.F. BGB). Nach schweizerischem Recht (Art. 19 I 2 n.F. EGBGB) gilt der Ex-Ehemann als Vater (Art. 255 I ZGB), nach österreichischem Recht (Art. 19 I 3 HS 1 n.F. mit Art. 14 I Nr. 2 EGBGB) der Liebhaber (§ 138 II ABGB). Hier wäre also von beiden Männern der wahrscheinlichste (meist der Liebhaber) und, wenn sich so nichts ergibt, derjenige als Vater zu „bestimmen“, der für den Sohn der bessere zu sein scheint (zum früheren Recht 7. Aufl. S. 686).

Wie ausgeführt (oben S. 778), entscheidet nach Art. 19 I 1 n.F. EGBGB an erster Stelle das Recht des Staates, in dem sich das *Kind gewöhnlich aufhält,* wer sein Vater oder seine Mutter ist, zu wem es also im Eltern-Kind-Verhältnis steht. Hat es nach diesem Recht keinen Vater oder keine Mutter, so kann sich die Vaterschaft aus dem *Heimatrecht des Vaters,* die Mutterschaft aus dem *der Mutter* ergeben (Art. 19 I 2 n.F. EGBGB).

Was für das Heimatrecht gilt, gilt für *alle anderen Personalstatuten:* ist, wer als Vater oder Mutter in Betracht kommt, staatenlos oder internationaler Flüchtling, dann herrscht das Recht des Staates, in dem er sich gewöhnlich aufhält (bei Staatenlosen nach dem New Yorker Abkommen und bei Flüchtlingen, die unter das Genfer Abkommen fallen, oder bei gleichgestellten Asylberechtigten oder Humanflüchtlingen das Recht ihres Wohnsitzes) hilfsweise das Recht ihres schlichten Aufenthalts; bei volksdeutschen Flüchtlingen gilt deutsches Recht (oben S. 399–405).

Bei *Mehrstaatern* entscheidet nach Art. 5 I EGBGB die effektive oder die deutsche Staatsangehörigkeit (oben S. 395–399).

Außerdem kann nach Art. 19 I 3 HS 1 n.F. EGBGB, wer Vater und Mutter ist, entnommen werden dem Recht, das nach Art. 14 I Nr. 2 die *persönlichen Ehewirkungen* beherrscht, so denn die Eltern verheiratet sind.

Das Statut der persönlichen Ehewirkungen hatte für die *eheliche* Abstammung der *Deutsche Rat für IPR* empfohlen (*Beitzke* [Hrsg.], Vorschläge und Gutachten zur Reform des deutschen internationalen Personen-, Familien- und Erbrechts, 1981, 8, Eheliche Abstammung I § A). Doch sollte das Kind auch dann ehelich sein, wenn es nach den Heimatrechten beider Gatten ehelich war (ebenda).

Dem folgte der *Regierungsentwurf* des IPRG (BTDrucks. 10/504 S. 10), allerdings nur für das *gesetzliche* Statut der persönlichen Ehewirkungen (Art. 14 I EGBGB), nicht für ein *gewähltes* (Art. 14 II–IV EGBGB, vgl. oben S. 714–717). Daneben wollte er „im allgemeinen anerkannten Interesse an einer Förderung der Ehelichkeit“ (aaO S. 65) die Ehelichkeit auch dann eintreten lassen, wenn sie nach dem Heimatrecht auch nur eines Gatten bestand. Dieser Kompromiß, den man nicht optimal finden mag (vgl. 5. Aufl. S. 535 f.), ist dann in Art. 19 I a.F. EGBGB Gesetz geworden.

Die *nichteheliche* Abstammung (genauer: die nichteheliche *Vaterschaft*) wollte der *Deutsche Rat für IPR* der Reihe nach unterstellen dem Recht des Staates,

1. dem beide Eltern angehören,
2. in dem sich beide Eltern gewöhnlich aufhalten,
3. in dem sich das Kind gewöhnlich aufhält

(*Beitzke* aaO, Nichteheliche Kindschaft 9, § A Abs. 1 Satz 2).

Der *Regierungsentwurf des IPRG* wollte in Art. 20 I 1 EGBGB auf das Heimatrecht der Mutter abstellen; jedoch nach Satz 2 „kann auch" das Heimatrecht des Vaters die Abstammung von ihm ergeben (BTDrucks. 10/504 S. 11, 67–69). Der *Rechtsausschuß des Bundestages* fügte hinzu das Recht des Staates, in dem sich das Kind gewöhnlich aufhält; damit sollte dem Kindeswohl gedient und Gleichklang mit dem Unterhaltsstatut des Art. 18 I 1 EGBGB ermöglicht werden (BTDrucks. 19/5632 S. 14, 43).

Für das internationale Abstammungsrecht empfahl der *Deutsche Rat für IPR* im Hinblick auf die geplante Gleichstellung ehelicher und nichtehelicher Kinder durch das KindRG eine Vorschrift, die im wesentlichen dem Art. 19 I n. F. EGBGB entspricht.

Der *Regierungsentwurf* des KindRG (BTDrucks. 13/4899 S. 137f) beruft sich für Art. 19 I n. F. EGBGB auf die Anknüpfung an den gewöhnlichen Aufenthalt des Kindes

- in Art. 18 I EGBGB, der dem Haager Unterhaltsabkommen von 1973 (oben S. 764f.) entspricht,
- im Haager Abkommen über den Schutz Minderjähriger von 1961 (unten S. 799–803) und
- in Art. 21 n. F. EGBGB (Eltern-Kind-Verhältnis).

Aber, was die Aufenthaltsanknüpfung in Art. 19 I 1 n. F. EGBGB anlangt, sollte man im verbliebenen eigenständigen Raum nicht den Staatsverträgen nachlaufen, sondern die rechtspolitisch beste Lösung wählen. Was andererseits die Mehrfachanknüpfung in Art. 19 I 1 betrifft, widerspricht sie dem Ordnungsinteresse an klarem Recht; meist zeigt Statutenhäufung außerdem Entscheidungsschwäche.

Zu entscheiden, von wem ein Kind abstammt, obliegt dem anwendbaren *materiellen* Recht, das vom *Kollisions*recht nach kollisionsrechtlichen Interessen zu bestimmen ist, und zwar grundsätzlich einem *einzigen* Recht. Da das Statut des Pflichtigen als dessen, von dem etwas verlangt wird, dem des Berechtigten vorgeht (vgl. 7. Aufl. S. 14, a.A. *Schurig* oben S. 17f.) und das Kind nimmt, die Eltern geben, sollte die Abstammung von der Mutter nach deren und die vom Vater nach dessen Personalstatut beurteilt werden, und zwar wie in Art. 19 I 2 n. F. EGBGB nach ihren Heimatrechten, nicht nach den Rechten der Staaten, in denen sie sich gewöhnlich aufhalten (oben S. 388–393). Soweit dabei Normenwiderspruch (Normenhäufung oder -mangel) auftritt, ist anzugleichen (oben S. 312–320). Den Heimatrechten der Eltern unterwerfen die *nichteheliche* Kindschaft Art. 17 des türkischen IPR-Gesetzes von 1982 und grundsätzlich Art. 18 I 1 des japanischen IPR-Gesetzes von 1989. Die Vaterschaft des *Muttergatten* sollte allerdings dem Recht entnommen werden, das kraft Gesetzes die persönlichen Ehewirkungen beherrscht (vgl. Art. 14 I EGBGB, § 1592 Nr. 1 n. F. BGB).

Statutsänderung gemäß dem Willen eines anderen wiegt schwer und verlangt, daß man die Personalstatute beider Teile heranzieht. So ist es bei der Heirat (Art. 13 I EGBGB). Entsprechend beruft bei der Adoption, aber auch bei der Abstammungserklärung (Vaterschafts- und Mutterschaftsanerkenntnis; z. B. AG Duisburg DAVorm. 94, 895) und (minder dringlich) bei der Einbenennung (über sie oben S. 527 a. E. f.) *Art. 23 Satz 1 n. F.* EGBGB das *Heimatrecht des Kindes* für seine Zustimmung und für die Zustimmung der ihm familienrechtlich Verbundenen.

Dem Heimatrecht des Kindes steht gleich *jedes andere Personalstatut* (vgl. oben S. 399–405).

Die *Legitimation* ist zwar in Art. 23 Satz 1 n. F. EGBGB gestrichen. Aber da sie nach anwendbarem ausländischen Recht noch erheblich sein kann (unten S. 815), gilt Art. 23 Satz 1 n. F. auch für sie.

Art. 23 Satz 1 n.F. beruft das Heimatrecht des Kindes *„zusätzlich"*. D.h. das schwächere Recht setzt sich durch: alles, was die von Art. 19 I n.F. berufenen Rechte an Zustimmungen des Kindes und ihm familienrechtlich Verbundener verlangen, muß erfüllt sein.

Gefährlich ist *Art. 23 Satz 2*, nach dem zum Wohl des Kindes statt seines Heimatrechts *notfalls deutsches Recht* für seine Zustimmung gilt. Hier hat man gedacht an die *Adoption von Kindern aus Entwicklungsländern*, deren Zustimmungserfordernisse sich oft aus tatsächlichen Gründen schwer erfüllen lassen, zumal wenn die Kinder schon in Deutschland sind (Begründung BTDrucks. 10/504 S. 73; LG Kassel StAZ 92, 308; OLG Frankfurt DAVorm 98, 468 = FamRZ 97, 241). Aber Art. 23 Satz 2 soll in *allen* Fällen des Satz 1 gelten (Begründung ebenda; *Palandt-Heldrich*[58] Art. 23 EGBGB Rz 1 S. 2370). Das könnte zum raschen Griff nach deutschem Recht verleiten.

Bedenklich z.B. AG Lübbecke IPRax 87, 327 mit zust. Anm. Red. (E. J.) = NJW-RR 88, 10; LG München StAZ 88, 14 *obiter;* AG Frankfurt/M. DAVorm 94, 734; AG Lahnstein FamRZ 94, 1350 (Annahme jüngerer Schwester durch ältere, beide Marokkanerinnen, obwohl das islamische Recht die Adoption nicht kennt); AG Tübingen StAZ 98, 182 (Zustimmung der Mutter zum Vaterschaftsanerkenntnis, erforderlich nach dem anwendbaren Recht von Bosnien-Herzegowina, sei zum Wohle des Kindes entbehrlich). Richtig dagegen OLG Celle StAZ 89, 9 (Mutter polnischen Kindes hatte nach polnischem Recht nicht rechtzeitig [drei Monate] dem Anerkenntnis des deutschen Vaters zugestimmt; nur, wenn Wiederholung von Anerkennung und Zustimmung nicht möglich, Grund zu prüfen, ob ohne wirksames Anerkenntnis dem Kind ernsthafte Nachteile drohen); ähnlich OLG Frankfurt DAVorm 98, 468 = FamRZ 97, 241 und (im selben Fall) DAVorm 98, 472.

Oft wollen die Beteiligten von der Vaterschaft, selten von der Mutterschaft nichts wissen. Für solche Fälle bestimmt **Art. 20 n.F. EGBGB:**

„Anfechtung der Abstammung

Die Abstammung kann nach jedem Recht angefochten werden, aus dem sich ihre Voraussetzungen ergeben. Das Kind kann die Abstammung in jedem Fall nach dem Recht anfechten, in dem es seinen gewöhnlichen Aufenthalt hat."

Die Bevorzugung des Kindes nach Art. 20 Satz 2 EGBGB gilt allein für die **Anfechtung** der Abstammung. Bedarf es nach dem Recht des Staates, in dem das Kind lebt, keiner Anfechtung, sondern kann jedermann ohne weiteres die Nichtabstammung behaupten, dann bleibt es bei den Rechtsbehelfen, welche die von Art. 19 I 2, 3 EGBGB berufenen Rechte vorsehen.

So früher für das ähnliche Anfechtungsrecht der Mutter nach Art. 18 II 1 a.F. EGBGB (eingefügt durch Ges. vom 12. 4. 1938, RGBl. I 380) z.B. AG Hamburg DAVorm. 85, 1035 (1036 a.E.) = IPRspr. 1984 Nr. 75 S. 183.

Neben der Abstammung (Art. 19 I, 20) regelt das **EGBGB** in **Art. 19 II n.F.** das auf **Ersatzansprüche** der schwanger gewordenen

Frau gegen den mit ihr nicht verheirateten Schwängerer anwendbare Recht:

„(2) Sind die Eltern nicht miteinander verheiratet, so unterliegen Verpflichtungen des Vaters gegenüber der Mutter auf Grund der Schwangerschaft dem Recht des Staates, in dem die Mutter ihren gewöhnlichen Aufenthalt hat."

Solche Verpflichtungen umfassen die Kosten der Schwangerschaft und Entbindung sowie etwaige Unterhaltsansprüche gegen den Schwängerer (BTDrucks. 10/504 S. 69). So im BGB §§ 1615l i.d.F. von Art. 1 Nr. 5 KindRG und von Art. 1 Nr. 13 KindUG, 1615m, 1615o i.d.F. von Art. 1 Nr. 6 KindRG und von Art. 1 Nr. 15 KindUG. Der von Art. 1 Nr. 5b KindRG eingeführte § 1615 l V gibt sogar dem betreuenden Hausmann-Vater einen Anspruch gegen die Mutter und auch diesen Anspruch dürfte Art. 19 II n.F. EGBGB erfassen, freilich so, daß das Recht des Staates maßgibt, in dem sich der *Vater* gewöhnlich aufhält.

Art. 20 I 2 a.F. EGBGB ließ über die Ansprüche der Mutter deren *Heimat*recht entscheiden in Anlehnung an die Abstammung (Art. 20 I 1 a.F. EGBGB). Jetzt besteht zwar Einklang mit dem Unterhaltsstatut des Art. 18 I EGBGB, aber besser hätte man es, beim *Heimat*recht der Mutter belassen (oben S. 388–393) und entsprechend für die Ansprüche des Vaters bei dessen Heimatrecht.

Zur Abgrenzung von Schwangerschafts- und *Delikts*statut Soergel X[12] Art. 20 Rz 6 S. 1170.

3. Maßgeblicher Zeitpunkt

Statutenwechsel in Statussachen ist mißlich. Daher sollte über die **Abstammung** ein für allemal der Zeitpunkt der **Geburt** entscheiden, soweit nach Art. 19 I 1 EGBGB die Abstammung dem Recht des Staates unterliegt, in dem sich das Kind gewöhnlich aufhält (a.A. *Henrich* FamRZ 98, 1401 f.). Auch, soweit nach Art. 19 I 2 die Heimatrechte der Eltern maßgeben, ist auf den Geburtszeitpunkt abzustellen. Soweit die persönlichen Ehewirkungen den Ausschlag geben (Art. 19 I 3), stellt das Gesetz ausdrücklich auf den Zeitpunkt der Geburt ab oder auf den der vorgeburtlichen Eheauflösung.

Gleiches gilt für die **Anfechtung der Abstammung** (Art. 20 Satz 1 EGBGB). Nur das Anfechtungsrecht des Kindes nach Art. 20 Satz 2 EGBGB richtet sich nach dem Recht seines **jeweiligen** gewöhnlichen Aufenthalts. Denn mit ihm wollte man der Umgebung des Kindes in einer neuen Familie Rechnung tragen (vgl. BTDrucks. 10/504 S. 66).

Auch die Ansprüche der Mutter gegen den Vater auf Grund der **Schwangerschaft** (und Ansprüche des Vaters wie nach § 1615l V BGB) sollten, da in Art. 19 II EGBGB dem Unterhaltsstatut angeglichen, dem Recht des **jeweiligen** gewöhnlichen Aufenthalts der Mutter unterliegen.

Übergangsrecht enthält Art. 12 KindRG. Dessen Nr. 4 schiebt ins EGBGB einen neuen Art. 224, der überschrieben ist: „Übergangsvorschriften zum Kindschaftsrechtsreformgesetz vom 16. Dezember 1997".

Diese Vorschriften betreffen indes nur Abstammung (§ 1), elterliche Sorge (§ 2) und Kindesname (§ 3) und gelten allein den vom KindRG herbeigeführten Änderungen der entsprechenden Vorschriften des deutschen *materiellen* Rechts (BGB). Die *internationalprivatrechtlichen* Änderungen (Art. 10, 19–21, 23 EGBGB) sind ohne Übergangsregeln geblieben. Aber das schadet nicht. Denn *Art. 236 §§ 1, 2 EGBGB* können *entsprechend* angewandt werden.

4. Verfahren

Nach § 1592 Nr. 1 n.F. BGB gilt als Vater der *Muttergatte* bei der Geburt des Kindes. § 1593 n.F. gibt Sonderregeln für früheren Tod des Muttergatten, Aufeinanderfolge zweier Gatten und spätere Ehenichtigkeitserklärung. Nach § 1592 Nr. 2 n.F. BGB gilt als Vater, wer die Vaterschaft *anerkannt* hat, und nach Nr. 3 n.F. derjenige, dessen Vaterschaft *gerichtlich festgestellt* ist.

In den Fällen des § 1592 Nr. 1 n.F. BGB (Muttergatte) und Nr. 2 ebenda (Anerkennung der Vaterschaft) kann die Vaterschaft *angefochten* und kann *gerichtlich festgestellt* werden, daß sie nicht besteht (§ 1599 I n.F.). Zur Anfechtung berechtigt sind der Muttergatte sowie derjenige, der die Vaterschaft anerkannt hat, außerdem Mutter und Kind (§ 1600 n.F.)

Rechtskräftige Feststellung, daß jemand der **Vater** ist oder nicht, wird erzielt in **zwei Verfahrensarten.** Im Normalfall muß der Mann gegen das Kind, das Kind gegen den Mann oder die Mutter gegen ihn im *Zivilprozeß* vor dem Familiengericht klagen (§ 1600e I n.F. BGB); das Verfahren ist *„Kindschaftssache"* nach §§ 640–640h n.F. ZPO). Ist, wer bei Lebzeiten zu verklagen wäre, gestorben, dann entscheidet auf Antrag das Familiengericht im Verfahren der *freiwilligen Gerichtsbarkeit* (§ 1600e II n.F. BGB; das Verfahren ist *„Familiensache"* (§§ 35b–64 n.F. FGG; vgl. § 56c n.F. FGG). Die (seltene) rechtskräftige Feststellung, daß jemand die **Mutter** ist oder nicht, ist Kindschaftssache (§ 640 II Nr. 1 n.F. ZPO); ob nach dem Tode dessen, der bei Lebzeiten zu verklagen wäre, überhaupt ein Verfahren möglich ist und , wenn ja, welches, bleibt unklar.

Für die internationale Zuständigkeit in **Kindschaftssachen** folgt das Gesetz grundsätzlich einem Vorschlag des Deutschen Rats für IPR (*Beitzke* [Hrsg.], Vorschläge und Gutachten zur Reform des deutschen internationalen Personen-, Familien- und Erbrechts, 1981, S. 8, Eheliche Abstammung II § A). **§ 640a II ZPO** bestimmt:

„(2) Die deutschen Gerichte sind zuständig, wenn eine der Parteien

1. Deutscher ist oder
2. ihren gewöhnlichen Aufenthalt im Inland hat.

Diese Zuständigkeit ist nicht ausschließlich."

Die Vorschrift ist einfacher als § 606a I ZPO für Ehesachen (abgedruckt oben S. 702). So entfällt Antrittszuständigkeit.

Bis 1986 galt für die internationale Zuständigkeit in Kindschaftssachen auf *Feststellung* des Bestehens oder Nichtbestehens der *nichtehelichen Vaterschaft* und für die Anerkennung ausländischer Entscheidungen hierüber zum Teil Besonderes nach § 641a (mit 640) ZPO (5. Aufl. S. 572). Das IPRG hat das beseitigt: § 641a II ZPO wurde aufgehoben (IPRG Art. 4 Nr. 6) und Abs. 1 galt nur noch für die örtliche Zuständigkeit; die internationale richtet sich seitdem nach dem neuen § 640a II n.F. ZPO (Begründung BTDrucks. 10/504 S. 91).

Ob neben den in § 640a II genannten Zuständigkeiten *Verweisungs*zuständigkeit bestehen kann, ist zweifelhaft.

Die internationale Zuständigkeit in Kindschaftssachen ist wie die in Ehesachen *nicht ausschließlich*. Das heißt: ausländische Gerichte sind unter den gleichen Umständen international zuständig wie die deutschen.

Die in § 640a II früher einmal enthaltene Sonderregelung der *Ehelichkeitsanfechtung durch die deutsche Mutter,* die einer zu ihren Gunsten in Art. 18 II 1 a.F. eingeführten Kollisionsnorm entsprach, ist wie diese überflüssig geworden und gestrichen.

Die Regelung der *örtlichen* Zuständigkeit wurde in § 640a I a. F. ZPO der Neuregelung der internationalen Zuständigkeit in Abs. 2 angepaßt.

Die *Anerkennung ausländischer Abstammungsurteile* richtet sich nach § 328 ZPO (abgedruckt oben S. 706).

In **Familiensachen** sind deutsche und ausländische Gerichte *international zuständig*, wenn das Kind dem Gerichtsstaat angehört oder beim Tode angehört hat (*Staatsangehörigkeits*zuständigkeit) oder sich im Gerichtsstaat gewöhnlich aufhält oder, falls es gestorben ist, zuletzt gewöhnlich aufgehalten hat (*Aufenthalts*zuständigkeit) oder wenn im Gerichtsstaat ein Bedürfnis nach Fürsorge auftritt, z.B. weil der Nachlaß des Muttergatten dort liegt und entschieden werden soll, ob das später verstorbene Kind ihn beerbt hat (*Fürsorgebedürfnis*-Zuständigkeit). Schließlich können *Statuts*- und *Verweisungs*zuständigkeit in Betracht kommen. Über alle diese Fälle näher oben S. 487–489. Die *Anerkennung ausländischer Entscheidungen* der freiwilligen Gerichtsbarkeit regelt § 16a FGG (abgedruckt oben S. 706).

Über die *Abgrenzung* von *materiellem* und *Verfahrens*recht bei der Ehelichkeit: Soergel X[12] Art. 19 EGBGB Rz 22–25 S. 1128–1130.

Ansprüche der unverheirateten Mutter gegen den Erzeuger (und umgekehrt, vgl. oben S. 781 a.E.f.) sind Familiensachen und gehören vor das Familiengericht (GVG § 23a Nr. 3 und [i.d.F. von Art. 4 Nr. 1a ee KindRG und von Art. 4 II KindUG] § 23b I Nr. 13 sowie ZPO § 621 I Nr. 11 i.d.F. von Art. 6 Nr. 14a ee KindRG und von Art. 3 Nr. 5 KindUG). Die *örtliche* Zuständigkeit ergibt sich aus den „allgemeinen Vorschriften" (§ 621 II 2 ZPO), also aus §§ 13, 23 und wohl auch 23a ZPO und entsprechend sind international zuständig die

Gerichte des Landes des Wohnsitzes oder Vermögens des Beklagten und wohl auch des Klägerwohnsitzes (vgl. oben S. 768f.).

5. Staatsverträge

Zu den vier **Haager** Abkommen über **Unterhalt** und über die **Anerkennung und Vollstreckung von Unterhaltsentscheidungen** oben S. 764–768, 769–772. Zum **New Yorker** Übereinkommen über die **Geltendmachung von Unterhaltsansprüchen** im Ausland oben S. 205f. Zum **deutsch-iranischen Niederlassungsabkommen** oben S. 195.

a) CIEC-Übereinkommen Nr. 5

Das in **Rom** am 14. 9. **1961** geschlossene CIEC-Übereinkommen Nr. 5 über die **Erweiterung der Zuständigkeit der Behörden, vor denen nichteheliche Kinder anerkannt werden können** ist in Kraft (oben S. 95); dazu Richtlinien des Bundesministers des Innern StAZ 66, 68f.

Vertragsstaaten: Bundesrepublik, Belgien, Frankreich, Griechenland, Italien, Niederlande, Portugal, Schweiz, Spanien, Türkei.

Schrifttum: *Massfeller* StAZ 62, 293–296, 321–327; *Massfeller,* Familienrecht für Standesbeamte II², 1965, 205–225; *Reichard,* Anerkennung der Vaterschaft mit und ohne Standesfolge, StAZ 66, 175–178; *Niclas* ZBlJR 68, 7–9; *Simitis* RabelsZ 33 (1969), 38f.; *Böhmer* in: *Böhmer* und *Siehr* II 7.2, S. 1–13.

Das Übereinkommen betrifft nur das *Vaterschafts*anerkenntnis. Es beruht auf dem Unterschied zwischen „*Abstammungs*"- und „*Anerkennung*"-System (oben S. 777). Das Anerkenntnis der Vaterschaft bringt dem Kind im Abstammungssystem nur *Unterhalts*vorteil. Im Anerkennungssystem schafft es ein *Familienband.* Nach schweizerischem Sprachgebrauch nennt die amtliche deutsche Übersetzung des Übereinkommens in Art. 1 das Anerkenntnis mit bloßer Unterhaltsfolge „Anerkennung *ohne* Standesfolge" (Urtext: „*reconnaissance sans filiation*") und das Anerkenntnis mit Familienstandsfolge „Anerkennung *mit* Standesfolge" („*reconnaissance avec filiation*").

Wer die Vaterschaft anerkennt, mag die eine oder die andere Folge wollen (oder den Unterschied nicht kennen). Das Übereinkommen regelt *nicht, welches Recht* das Verhältnis zwischen nichtehelichem Kind und Vater beherrscht (bei uns Art. 21 n.F., 18, 10 EGBGB; unten S. 789–792).

Es schafft bloß die *Möglichkeit,* daß jeder Angehörige eines Vertragsstaats ein *Anerkenntnis mit den Folgen seines Heimatrechts in einem anderen Vertragsstaat* erklären kann, dessen Recht *andere* Folgen an das Anerkenntnis knüpft (Art. 2, 3). Ein Türke kann also in Deutschland mit den schwachen Folgen des türkischen Rechts anerkennen, ein Deutscher in der Türkei mit den stärkeren Folgen des deutschen Rechts. Das hat für ihn freilich nur Sinn, *wenn* sein Heimatrecht (oder wenigstens ein sehr ähnliches anderes Recht) für die Folgen gilt. Auch dann aber werden nicht *ihm* (durch Vereinheitlichung *materiellen Privatrechts*) neue Rechte verliehen; denn daß ein Rechtsgeschäft oder eine rechtsgeschäftliche Handlung des Privatrechts außerhalb des Heimatstaats vorgenommen werden kann, versteht sich fast von selbst. Vielmehr wird die *sachliche Zuständigkeit* der für die Beurkundung von Anerkenntnissen zuständigen Stellen auch auf Anerkenntnisse fremden und anderen Rechts erstreckt (oder bestätigt, wo sie schon bestand, wie in Deutschland [*Beitzke* StAZ 62, 240; *Massfeller* ebenda 295]). Vereinheitlicht wird also *materielles Verfahrens*recht, wenn auch für einen „*Auslandssachverhalt*" (oben S. 58–61) und damit in der Nähe des *internationalen* Verfahrensrechts. An der internationalen Zuständigkeit, die zum internationalen Verfahrensrecht gehört, ändert das Übereinkommen nichts.

Art. 4 S. 1 verlangt *öffentliche Beurkundung* des Anerkenntnisses nach Ortsrecht und gebietet, die vom Anerkennenden behauptete Staatsangehörigkeit in der Urkunde zu vermerken (auch hier wird materielles Verfahrensrecht vereinheitlicht). Nach Art. 4 S. 2 *wirkt* das Anerkenntnis *wie* ein *im Heimatstaat* vor der zuständigen Behörde erklärtes (das ist ein Satz des IPR, aber ein Gemeinplatz: *locus regit actum,* vgl. Art. 11 I EGBGB). Ordnungsgemäße Ausfertigungen und Auszüge der Anerkenntnisurkunden brauchen *nicht legalisiert* zu werden (Art. 5)

Die *Hauptbedeutung* des Übereinkommens liegt, wie auch sein Name sagt, in der Erweiterung der (sachlichen) *Zuständigkeit* für die Entgegennahme und Beurkundung von Vaterschaftsanerkenntnissen: die Zuständigkeit wird von der Fessel der Anwendbarkeit des eigenen materiellen Rechts befreit. Das ist hier (wie in anderen Fällen, vgl. z. B. unten S. 869–873) dringend erwünscht.

b) CIEC-Übereinkommen Nr. 6

Das in **Brüssel** am 12. 9. **1962** geschlossene CIEC-Übereinkommen Nr. 6 über die **Feststellung der mütterlichen Abstammung nichtehelicher Kinder** ist in Kraft (oben S. 95); dazu Richtlinien des Bundesministers des Innern StAZ 66, 69 f.

Vertragsstaaten: Bundesrepublik, Griechenland, Luxemburg, Niederlande, Schweiz, Spanien, Türkei.

Schrifttum: *Savatier,* Est-ce possible?, D. 1963, Chron. 229–232 (scharf ablehnend vom Standpunkt des französischen Rechts); *Massfeller,* Familienrecht für Standesbeamte II^2, 1965, 227–229; *Niclas,* ZBlJR 68, 9–11; *van Sasse van Ysselt* und *Simitis,* Grenzen und Bedeutung der C. I. E. C-Konvention Nr. 6 vom 12. 9. 1962 über die Feststellung der mütterlichen Abstammung nichtehelicher Kinder, StAZ 69, 77–80, *Simitis* RabelsZ 33 (1969), 40–43; *Boehmer* StAZ 72, 213, *Böhmer* in *Böhmer* und *Siehr* II 7.3, S. 1–12.

Wenn im Eintrag der Geburt eines nichtehelichen Kindes eine Frau als Mutter *genannt* ist, dann wird widerleglich *vermutet,* daß sie das Kind geboren hat (Art. 1; zum Streit über die Auslegung *Boehmer* StAZ 72, 213). Ist die Mutter *nicht genannt,* dann kann sie die Mutterschaft vor der zuständigen Behörde jedes Vertragsstaates *anerkennen* (Art. 2). Sie kann das sogar, wenn sie *genannt* ist; nur muß sie dann darlegen, daß nach dem Recht eines Nichtvertragsstaates das Anerkenntnis *nötig* ist, um ein Eltern-Kind-Verhältnis zu begründen (Art. 3). Mit der *Wirksamkeit* eines Anerkenntnisses befaßt sich das Abkommen *nicht* (Art. 4). Es erweitert vielmehr die *sachliche Zuständigkeit* zur Beurkundung von Anerkenntnissen, *vereinheitlicht* also *materielles Verfahrensrecht* und zwar für *„Auslandssachverhalte"* (wie das Rom-Abkommen über das Vaterschaftsanerkenntnis, oben a).

Schwerer wiegt, daß es die Mutterschaft auf Grund einer Angabe im Geburtseintrag *vermutet* (Art. 1). Denn die Angabe braucht nicht von der Mutter zu stammen. So ist zwar scheinbar nur *materielles Personenstandsrecht* vereinheitlicht. Tatsächlich aber wird tief eingegriffen in das materielle *Kindschaftsrecht* der Staaten des Anerkenntnissystems. Denn die Mutter kann nicht mehr entscheiden, ob sie die Rechte und Pflichten einer Mutter übernehmen will (so *Savatier* [oben Schrifttum] für Frankreich).

Für Deutschland wiegt dies Bedenken nicht und die Zuständigkeitserweiterungen (Art. 2, 3) sind wertvoll.

c) CIEC-Übereinkommen Nr. 18

Das in **München** am 5. 9. **1980** geschlossene CIEC-Übereinkommen Nr. 18 über die **freiwillige Anerkennung nichtehelicher Kinder** (oben S. 96) steht für Deutschland noch nicht in Kraft.

Die *sachlichen Voraussetzungen* der Anerkennung eines nichtehelichen Kindes und die *Geschäftsfähigkeit* unterliegen alternativ vier Rechten (Art. 1):
– dem Heimatrecht des Anerkennenden,
– dem Recht des Staates, in dem sich der Anerkennende gewöhnlich aufhält,

– dem Heimatrecht des Kindes,
– dem Recht des Staates, in dem sich das Kind gewöhnlich aufhält.

Maßgeblicher Zeitpunkt ist der Augenblick der Anerkennung.

Für die *Form* tritt das Recht des Abschlußortes als fünftes hinzu (Art. 2).

Genügt das Anerkenntnis einem der von Art. 1 und 2 berufenen Rechte, dann ist es in allen Vertragsstaaten gültig (Art. 3) – ein Gemeinplatz.

Den Vertragsstaaten stehen gegen Art. 1–3 fünf *Vorbehalte* offen (Art. 4). Nur im Rahmen eines solchen Vorbehalts darf in einem Vertragsstaat ein Anerkenntnis, das nach einem der von Art. 1 und 2 berufenen Rechte gültig ist, für nichtig erachtet werden; der *ordre public* reicht nicht (Art. 5); Entscheidungen, die in einem Vertragsstaat auf Grund eines solchen Vorbehalts ergangen sind, wirken nur dort (Art. 6)

Art. 1–6 greifen nicht, wenn die *Abstammung bereits feststeht* (Art. 7 I), und sie hindern nicht zu *bestreiten,* daß das Kind vom Anerkennenden *abstammt* (Art. 7 II).

Vorschriften der Vertragsstaaten, die dem Anerkenntnis *günstiger* sind als die von Art. 1–7 berufenen, dürfen angewandt werden (Art. 8).

Art. 1–8 gelten *nicht bloß für Angehörige der Vertragsstaaten* (Art. 9 I), sind also *loi uniforme* (oben S. 10 a. E.). Jedoch gibt es für die Vertragsstaaten *Vorbehalte,* den Geltungsbereich zu beschränken (Art. 9 II).

Art. 10–17 vereinheitlichen materielles *Personenstandsrecht* der Vertragsstaaten.

Wird ein nichteheliches Kind im Ausland geboren und stammt es nach dem Heimatrecht der Mutter kraft Gesetzes von ihr ab („*Abstammungssystem*“) oder genügt für die Abstammung, daß die Mutter in der Geburtsurkunde als solche bezeichnet ist (wie nach Art. 1 des Mutterschaftsabkommens von 1962 oben b), dann wirkt das auch in den Staaten des Anerkennungssystems (Art. 18). Jedoch hindert das nicht, die Abstammung von der in der Geburtsurkunde als Mutter bezeichneten Frau zu bestreiten (Art. 19).

Dem Heimatrecht im Sinne des Abkommens steht gleich das Personalstatut eines *Flüchtlings* oder *Staatenlosen* (Art. 20).

Das Abkommen gilt nur für Anerkenntnisse, die *nach* seinem *Inkrafttreten unterschrieben sind (Art. 21).*

Kritik: Ein so simpler Vorgang wie die Anerkennung eines Kindes führt, weil sich die staatlichen Regeln in Einzelheiten unterscheiden, im internationalen Verkehr zu unerhörten Schwierigkeiten. Darum ist hier (wie im Haager Testamentsform-Abkommen [unten S. 862], auf das sich die Begründung des Anerkennungsabkommens beruft [Nr. 1]) eine Mehrfachanknüpfung (Art. 1) zu begrüßen: nicht so sehr im (vermeintlichen oder wirklichen) Interesse des Kindes, um ihm *à tout prix* Eltern zu geben, sondern mehr im Verkehrsinteresse, um das Anerkennen leicht zu machen.

6. Interlokales Recht

a) Privatrecht der früheren DDR und Ost-Berlin

Das *materielle* Ehelichkeitsrecht hatte sich in Ost und West seit 1965 auseinander entwickelt. Der Kreis der Anfechtungsberechtigten war verschieden: außer dem Muttergatten konnten im Osten anfechten die Mutter und der Staatsanwalt (§ 61 FGB), im Westen konnten es die ehelichen Eltern und die nichteheliche Mutter des Muttergatten, das Kind oder sein gesetzlicher Vertreter (§§ 1595 a–1597 a. F. BGB). Auch die Anfechtungsfristen unterschieden sich: im Osten grundsätzlich ein Jahr (§ 62 I FGB), im Westen grundsätzlich zwei Jahre (§§ 1594, 1596, 1598 BGB a. F.).

Internationalprivatrechtlich berief im Osten § 21 RAG für die Ehelichkeit das Heimatrecht des Kindes bei Geburt.

Am 3. 10. 1990 ist das materielle und internationale Ehelichkeitsrecht der DDR außer Kraft getreten. Denn Art. 8 des Einigungsvertrags hat das Bundesrecht im Beitrittsgebiet eingeführt und damit auch das bundesdeutsche materielle, internationale und interlokale Ehelichkeitsrecht.

b) Interlokales Privatrecht

aa) Neufälle

Für Neufälle, d.h. hauptsächlich für Geburten ab dem 3. 10. 1990 (näher oben S. 740), gilt in Ost und West einheitlich das westliche materielle und internationale Abstammungsrecht. Dies ergeben materiellrechtlich Art. 234 §§ 1 und 7 EGBGB, internationalprivatrechtlich Art. 236 § 1. Seitdem bleibt für interlokales Privatrecht kein Raum.

Für den am 1. 7. 1998 (Art. 17 § 1 KindRG) vollzogenen Wechsel zum neuen materiellen Abstammungsrecht enthält Übergangsregeln der ebenfalls neue Art. 224 § 1 EGBGB (eingeführt durch Art. 12 Nr. 4 KindRG). Für die neuen Art. 19–21 EGBGB fehlt Übergangsrecht; indes darf man Art. 236 § 1 EGBGB entsprechend anwenden.

bb) Altfälle

Hier bleibt zum Teil östliches materielles und internationalprivatrechtliches Abstammungsrecht anwendbar und entsprechend besteht interlokales Abstammungsrecht fort (näher 7. Aufl. S. 688 und 720; dazu BGH 135, 209 [211 f. unter 2 b] = NJW 97, 2053 betr. § 56 II FGB/DDR und BGH DAVorm. 99 413 [414 unter 3, 4 a] betr. § 59 II FGB/DDR). Der von Art. 12 Nr. 4 KindRG geschaffene Art. 224 § 1 EGBGB schlägt nicht ein, da er Änderungen des in ganz Deutschland geltenden Abstammungsrechts des BGB betrifft. Wohl aber änderten sich ab 1. 7. 1998 mit den neuen Art. 19–21 EGBGB entsprechend dem Art. 236 § 1 die interlokalen Abstammungsregeln und das kann dazu führen, daß *ex nunc* bisher unanwendbares West- oder Ostabstammungsrecht zum Zuge kommt.

Beispiel: Die in Hamburg verheiratete Frau Meier zieht nach Leipzig zu ihrer Mutter und gebiert dort 1977 einen Sohn Max. Der wächst in Leipzig auf, zieht jedoch zwanzigjährig nach Stuttgart. Hier hört er, sein Vater sei Graf Pimpinelli. Er überlegt 13 Monate und ficht dann seine Abstammung vom Ehemann Meier an. Nach Ostrecht ist das zu spät (§ 62 I FGB: ein Jahr), nach Westrecht nicht (§ 1600 i I a. F. BGB, § 1600 b I n. F.: zwei Jahre).

Nach Ost-IPR (§ 21 RAG) galt für die Abstammung das Heimatrecht des Kindes bei Geburt, *in casu* anzunehmen das Recht der DDR. Nach Art. 19 I 1 a. F. EGBGB mit Art. 14 I Nr. 2 galt Westrecht als Recht des letzten gewöhnlichen Aufenthalts beider Gatten im selben Gebiet. Bis 30. 6. 1998 hatten daher Gerichte in den neuen Bundesländern die Vaterschaftsanfechtung für verspätet zu halten, die in den neuen Bundesländern für rechtzeitig (vgl. oben S. 42–44).

Der durchs KindRG eingeführte Art. 224 EGBGB bestimmt in Abs. 4 Satz 1:

„War dem Kind vor dem in Absatz 1 genannten Tag [1. 7. 1998] die Anfechtung verwehrt, weil ein gesetzlich vorausgesetzter Anfechtungstatbestand nicht vorlag oder hat es vorher von seinem Anfechtungsrecht keinen Gebrauch gemacht, weil es vor Vollendung des zwanzigsten Lebensjahres die dafür erforderlichen Kenntnisse nicht hatte, so beginnt für das Kind an dem in Absatz 1 genannten Tag eine zweijährige Frist für die Anfechtung der Vaterschaft."

Der Sache nach bezieht sich das nur auf das bis zum 30. 6. 1998 geltende Abstammungsanfechtungsrecht des *BGB*. Man darf es aber auf das fortgeltende Abstammungsanfechtungsrecht des *FGB* der früheren DDR entsprechend anwenden, weil abstrakter Vertrauensschutz, auf dem die Fortgeltung alten Rechts im zeitlichen Kollisionsrecht beruht (Soergel X^{12} Rz. 239 vor Art. 3 S. 143 f.), hier nicht in Betracht kommt.

Ergebnis: Max Meier kann die Abstammung vom Ehemann Meier anfechten.

Zum interlokalen *Verfahrensrecht* unten S. 929–933.

X. Eltern-Kind-Verhältnis

Schrifttum: 7. Auflage S. 688f. (eheliche Kinder) und 710 (nichteheliche Kinder). Hervorzuheben: *Klinkhardt,* Die Feststellung der nichtehelichen Vaterschaft von Ausländern und ihre Wirkungen, 1982; *Thümmel,* Das IPR der nichtehelichen Kindschaft, 1987; *Mosconi* und *Rinoldi* (Hrsg.), La sottrazione internazionale di minori da parte di un genitore, Padua 1988; *Shapira,* Private International Law Aspects of Child Custody and Child Kidnapping Cases, Rec. 1989 II 127–250. Danach: *Eschbach,* Die nichteheliche Kindschaft im IPR – Geltendes Recht und Reform, 1997; *Ehringfeld,* Eltern-Kind-Konflikte in Ausländerfamilien, 1997; *Henderson,* U.S. State Court Review of Islamic Custody Decrees in the Child's Best Interest?, 36 (1997/98) J.Fam.L. 423–444; *Wenner,* La tutelle d'office de la jeunesse sur l'enfant naturel en Allemagne: une institution en voie de disparition, Rev.int.dr.comp. 1998, 159–177; *Henrich,* Zum Wegfall der internationalen Zuständigkeit in Sorgerechtsverfahren, IPRax 98, 247–249; *F.* und *G. Sturm,* Die gesetzliche Vertretung Minderjähriger nach dem neuen Kindschaftsrecht – national und international, ebenda 305–315; *Menegazzi Munari,* La disciplina dei rapporti giuridici genitori-figli alla luce delle nuove norme di conflitto italiane, Dir.Fam. 1998, 1220–1267; *Muir Watt,* Note: Selon quelle loi déterminer le statut de l'enfant qui, né d'un mariage inexistant selon la loi étrangère du lieu de célébration, est légitime selon la loi régissant sa filiation?, Sem.jur. 1999 Nr. II 10 032 S. 378–380.

Siehe auch Schrifttum oben S. 680f.

1. Geltungsbereich

Art. 21 EGBGB i.d.F. von Art. 12 Nr. 2 KindRG vom 16. 12. 1997 (BGBl. I 2942) bestimmt:

„Wirkungen des Eltern-Kind-Verhältnisses

Das Rechtsverhältnis zwischen einem Kind und seinen Eltern unterliegt dem Recht des Staates, in dem das Kind seinen gewöhnlichen Aufenthalt hat."

Art. 21 n.F. regelt die Wirkungen der Abstammung eines Kindes im Verhältnis zu seinen Eltern, d.h. das Eltern-Kind-Verhältnis.

Art. 21 n.F. EGBGB gilt auch, wenn das berufene Recht (wie bis 1998 das deutsche) **zwischen ehelichen und nichtehelichen Kindern unterscheidet.** Insoweit bleibt auch die **Legitimation** bedeutsam, auf die man am besten Art. 21 a.F. EGBGB weiterhin anwendet (unten S. 815); die **Adoption** regelt Art. 22 EGBGB.

Allerdings gilt auch für legitimierte und adoptierte Kinder Art. 21 n.F. EGBGB, nämlich (wenn das Haager Abkommen über den Schutz Minderjähriger nicht vorgeht) soweit das Legitimations- oder Adoptionsstatut darauf verzichtet, **eigene Regeln** auszubilden und statt dessen dem legitimierten oder adoptierten Kinde einfach die **Rechtsstellung eines ehelichen Kindes** zuweist: hier ist diese Rechtsstellung nach dem von Art. 21 n.F. EGBGB berufenen Recht zu beurteilen (näher oben S. 333f.: *„Nachfrage"*).

Ein weiterer Anwendungsbereich verbleibt dem Art. 21 n.F., soweit das nach Art. 22 maßgebende Recht *Beziehungen* des angenommenen

Kindes zu seinen *leiblichen Eltern fortbestehen* läßt. Vgl. aber im deutschen Recht §§ 1755 i.d.F. Art. 1 Nr. 34 KindRG, 1764 III BGB.

Nicht Art. 21 n.F., sondern **Art. 24 EGBGB** (oder das Haager Vormundschaftsabkommen oder, soweit es die Vormundschaft betrifft, das Haager Abkommen über den Schutz Minderjähriger) gilt für Kinder, die unter Vormundschaft stehen. Ebenso gilt Art. 24 (oder gelten die genannten Haager Abkommen) für den Bereich einer **Pflegschaft.**

Allerdings die *gesetzliche Vormundschaft eines Elternteils* richtet sich nach dem von Art. 21 n.F. berufenen Recht; denn sie setzt in Wirklichkeit die elterliche Sorge fort. Ebenso fallen nicht unter Art. 24 EGBGB (oder die genannten Haager Abkommen), sondern unter Art. 21 n.F. Maßnahmen des **Vormundschaftsgerichts** oder des **Familiengerichts,** die die eheliche Kindschaft mit sich bringt, wie im deutschen Recht *Erziehungshilfe* (§ 1631 III n.F. BGB), *Regelung von Aufenthalt und Umgang des Kindes mit Dritten* (§ 1632 III, IV n.F.), *Gefahrenabwehr* (§§ 1666 n.F., 1666a, 1667 n.F.), *Regelung der Rechte dauernd getrennt lebender Eltern* (§ 1671 n.F.) und *Genehmigung von Rechtsgeschäften.*

Das von Art. 21 n.F. berufene Recht herrscht über die gesamte **elterliche Sorge** (mit starker Einschränkung durch das Haager Abkommen über den Minderjährigenschutz, oben S. 799–803). Es regelt ihre **Entwicklung:** *Entstehung, Träger* (Vater und/oder Mutter), *Beschränkung* (z.B. durch gefahrenabwehrende Maßnahmen des Vormundschaftsgerichts), *Ruhen, Entziehung, Verwirkung.*

Die elterliche Sorge erlischt in der Regel, wenn das Kind *voll geschäftsfähig* wird. Ob es mündig ist, ergibt das nach Art. 7 EGBGB maßgebende Recht. Daraus können Normenwidersprüche und folglich Angleichungsfragen entstehen (oben S. 306–320). So, wenn eine Schweizerin nach schweizerischem Recht als ihrem Personalstatut (Art. 7 I EGBGB) *durch Heirat mündig* wird, nicht aber nach deutschem Recht als dem Recht ihres gewöhnlichen Aufenthalts (Art. 21 n.F.). Hier ist im deutschen *materiellen* Recht anzugleichen: aus § 1626 I n.F. BGB ist herauszulesen, daß die elterliche Sorge erlischt.

Das nach Art. 21 n.F. maßgebende Recht bestimmt den **Inhalt** der elterlichen Sorge. Es entscheidet hinsichtlich der **Person** des Kindes z.B. über Personen*sorge* und *Vertretung* des Kindes in persönlichen Angelegenheiten, über die *religiöse Erziehung,* über Personensorge und Verkehrsrecht nach *Scheidung,* über *gerichtliche Erziehungshilfe,* über das Recht, den *Wohnsitz und Aufenthalt* des Kindes zu *bestimmen,* über den Anspruch auf *Herausgabe* des Kindes. Es entscheidet hinsichtlich des Kindesvermögens z.B. über Vermögens*sorge* und *Vertretung* des Kindes in Vermögensangelegenheiten, über die Notwendigkeit behördlicher *Genehmigungen* und die *Nutznießung* am Kindesvermögen.

Das Recht, dem das Kindesvermögen unterliegt ist *wandelbar* anders als das Ehegüterrechtsstatut. Darüber, daß es nach **Art. 3 III EGBGB** durch die *lex rei sitae* verdrängt werden kann, oben S. 369–378.

Neben der elterlichen Sorge umfaßt Art. 21 n.F. den **gesetzlichen Wohnsitz des Kindes,** das **Umgangsrecht des nicht sorgeberechtigten Elternteils,** die Pflicht des Kindes, im **Haushalt oder Geschäft** zu helfen, sowie seinen Anspruch auf **Ausstattung** und **Aussteuer.**

Der Name des Kindes und die **Unterhalts**pflicht zwischen den Eltern und ihm waren früher wichtige Anwendungsfälle des Kindschaftsstatuts (5. Aufl. S. 542). Das IPRG hat allgemeine Statuten für Namen und Unterhalt gebildet und ihnen auch das Kind unterstellt (zum Namen oben S. 525–528, zum Unterhalt oben S. 764–767).

In **Ehesachen** kann nach **§ 620 Nr. 1–4, 8 n.F. ZPO** das Familiengericht durch **einstweilige Anordnung** regeln:
- die *elterliche Sorge* über ein gemeinsames Kind,
- den *Umgang* des nicht sorgeberechtigten Elternteils mit dem Kind,
- die *Herausgabe* des *Kindes* an den anderen Elternteil,
- die *Unterhaltspflicht* gegenüber dem Kind im Verhältnis der Gatten zueinander,
- die *Herausgabe* oder Benutzung *der Sachen,* die dem persönlichen Gebrauch *des Kindes* dienen sollen.

Die Zulässigkeit dieser Maßregeln hat das Gericht nach dem Recht zu beurteilen, das nach Art. 21 n.F. (oder nach dem Haager Abkommen über Minderjährigenschutz oder nach Art. 18 EGBGB mit Bezug auf den Unterhalt) die eheliche Kindschaft beherrscht, und zwar auch hinsichtlich der Unterhaltspflicht im Verhältnis der Ehegatten zueinander (vgl. § 620 Nr. 4 n.F. ZPO), da das Innenverhältnis der Eltern mit Bezug auf die Kinder ebenfalls unter Art. 21 n.F. gehört. Nur in Eilfällen darf deutsches Recht zugrunde gelegt werden. Vgl. oben S. 719f., 749 a.E. f.

Die nach § 1615o II n.F. BGB schon vor der Geburt zulässige einstweilige Verfügung, die dem Vater aufgibt, den Kindesunterhalt für die ersten drei Monate und die der Mutter zu leistenden Beträge nach der Geburt zu zahlen und bereits vorher zu hinterlegen, kann ergehen, wenn diese Ansprüche nach dem von Art. 18 I, VI EGBGB berufenen Recht begründet sind. Ist die Feststellung des maßgebenden ausländischen Rechts schwierig, dann ist in Eilfällen das deutsche Recht der einstweiligen Verfügung zugrunde zu legen.

Vgl. oben S. 719f. zu § 620 ZPO, unten S. 842 zu Vormundschaft und Pflegschaft und S. 846 a.E. zu nachlaßsichernden Maßregeln.

Das nach Art. 21 n.F. maßgebende Recht des gewöhnlichen Aufenthalts des Kindes bestimmt, ob es mit der *Mutter* und dem *Vater* sowie mit deren **Verwandten** verwandt ist, und über die Folgen solcher Verwandtschaft (BayObLG NJW-RR 92, 70 [72 unter II 5 a aa]: elterliche Sorge der mütterlichen Großmutter des nichtehelichen Kindes). Dagegen ist das **Ehehindernis der Blutsverwandtschaft** nach den Rechten zu beurteilen, die nach Art. 13 I, II EGBGB maßgeben. Über gesetzliche **Erb-** und **Pflichtteilsrechte** entscheidet das Erbstatut, das ist meist das Personalstatut des Erblassers beim Tode (unten S. 859).

Die **Ansprüche der unverheirateten Mutter gegen den Schwängerer** unterstellt Art. 19 II n.F. EGBGB dem Rechts des Staates, in dem sich die Mutter gewöhnlich aufhält (näher oben S. 781 a.E.f.).

Nicht unter Art. 21 n.F. EGBGB gehört der **öffentlichrechtliche Jugendschutz,** insbesondere die öffentlichrechtliche Seite der **Vollzeitpflege** (Pflegekindschaft) nach § 33 SGB 8 und die **Heimerziehung** (Fürsorgeerziehung) nach § 34 SGB 8. Wegen Überwiegens *öffentlicher Interessen herrscht hier das* **Recht des Staates, in dem sich das Kind aufhält** (näher Soergel X[12] Art. 19 EGBGB Rz 83 S. 1145; für Frankreich: *Foyer,* Les mesures d'assistance éducative en droit international privé, Rev.crit.dr.i.p. 1965, 39–66).

2. Grundsatz

Nach **Art. 21 n.F. EGBGB** (abgedruckt oben S. 789) entscheidet über das Verhältnis des Kindes zu Vater und Mutter das **Recht des Staates, in dem sich das Kind gewöhnlich aufhält.** Was nach Art. 20 II a.F. nur für nichteheliche Kinder galt, stimmt heute auch für die ehelichen.

Die Begründung des Regierungsentwurfs (BTDrucks. 13/4899 S. 138) beruft sich hierfür darauf, daß am Aufenthaltsort des Kindes gehandelt werden müsse, sowie auf den öffentlichrechtlichen Jugendschutz (oben 1 a.E.), auf das Unterhaltsstatut (Art. 18 I EGBGB) und auf das Haager Abkommen über den Schutz Minderjähriger (oben S. 799–803).

Dagegen hatte der Deutsche Rat für IPR das Verhältnis zwischen Eltern und *ehelichem* Kind dem Recht unterstellen wollen, das die *persönlichen Ehewirkungen beherrscht* (*Beitzke* [Hrsg.], Vorschläge und Gutachten zur Reform des deutschen internationalen Personen-, Familien- und Erbrechts, 1981, 8, § A I 1). Dem folgte in Art. 19 II 1 a.F. EGBGB der Gesetzgeber für das gesetzliche, jedoch nicht für das gewählte Statut der persönlichen Ehewirkungen, das der Regierungsentwurf dem Vorschlag des deutschen Rats für IPR hinzugefügt hatte (BTDrucks. 10/504 S. 9, 56f.).

Beim Statut der persönlichen Ehewirkungen hätte man für das Verhältnis zwischen Kind und Eltern bleiben sollen. Es ist das *Familienstatut,* das auch maßgibt für den Güterstand (Art. 15 I EGBGB), bei der Adoption durch ein Ehepaar (Art. 22 Satz 2) sowie in Art. 21 I 1 a. F. und (auch jetzt noch, oben S. 789) bei der Legitimation. Das Recht des Staates, in dem das Kind lebt, entscheiden zu lassen, empfiehlt sich nicht. So wenig einem Ehegatten Unrecht geschieht, wenn sein Personalstatut zurücktreten muß hinter einheitlichem Recht in der Ehe, so wenig geschieht einem Kinde Unrecht, wenn sein Verhältnis zu jedem Elternteil und ebenso die Rechte der Eltern untereinander mit Bezug auf das Kind beurteilt werden nicht nach einem Recht, das im Kindesinteresse liegt (wie Staatsangehörigkeit oder gewöhnlicher Aufenthalt des Kindes), sondern nach dem in der Elternehe geltenden Recht: das Kind stammt aus der Ehe und mag daher deren Recht hinnehmen. Ohnehin leitet es in der Regel sowohl seine Staatsangehörigkeit wie seinen gewöhnlichen Aufenthalt von den Eltern her. Auch könnten mehrere Geschwister verschiedene Staatsangehörigkeit haben oder in verschiedenen Ländern leben. Das könnte zu unerträglichen Verhältnissen in der Familie führen, z.B. die eine Tochter Anspruch auf Aussteuer haben, die andere nicht.

Unterstellt man das Rechtsverhältnis zwischen Eltern und ehelichem Kind dem Statut der persönlichen Wirkungen der Elternehe (wie der Deutsche Rat für IPR und Art. 19 II 1 a.F. EGBGB), dann muß man klären, ob es dabei bleibt, wenn die Elternehe durch Tod oder Scheidung aufgelöst, für nichtig erklärt (nach ausländischem Recht) oder aufgehoben worden ist. Art. 19 II 2 a.F. EGBGB entschied sich für das Recht des Staates, in dem sich das Kind gewöhnlich aufhält. Besser läßt man, wie der Deutsche Rat für IPR vorgeschlagen hatte (*Beitzke* aaO 9f., Eheliche Kindschaft § A Abs. 2 [Scheidung], Abs. 3 Satz 1 [Tod mit einer Einschränkung in Satz 2]), das Statut der persönlichen Ehewirkungen (wandelbar) fortgelten und bei Tod eines Gatten das Heimatrecht der Witwe oder des Witwers eintreten (näher 7. Aufl. S. 690).

Das Verhältnis des *nichtehelichen* Kindes zu Vater und Mutter sollte dem Heimatrecht des Vaters bzw. der Mutter unterliegen wie seine Abstammung (oben S. 780). Der Deutsche Rat für IPR wollte es wie die Abstammung unterstellen an erster Stelle dem Recht des Staates, dem beide Eltern angehören, hilfsweise dem Recht des Staates, in dem sich beide Eltern gewöhnlich aufhalten, und zweithilfsweise dem Recht des Staates, in dem sich das Kind gewöhnlich aufhält (*Beitzke* aaO 9, Nichteheliche Kindschaft § A I 1). Der Regierungsentwurf wählte allein den gewöhnlichen Aufenthalt des Kindes als Anknüpfung (BRDrucks. 10/504 S. 11) und ihm folgte der Gesetzgeber in Art. 20 II a.F. EGBGB. Diese Lösung hat Art. 21 n.F. EGBGB auf sämtliche Kinder erweitert. Damit wird jedoch die Natur auf den Kopf gestellt. Richtig hat sich dagegen im Verhältnis zur Mutter für deren und zum Vater für dessen Heimatrecht entschieden (wie bei der nichtehelichen Abstammung) Art. 17 des türkischen IPR-Gesetzes von 1982, während das japanische IPR-Gesetz von 1989 zwar die nichteheliche Abstammung ebenso regelt (oben S. 780), aber in Art. 21 für das Eltern-Kind-Verhältnis bei gleicher Staatsangehörigkeit von Kind und Eltern das gemeinsame Heimatrecht, sonst das Recht des Staates beruft, in dem sich das Kind gewöhnlich aufhält (dazu *M. Schmidt*, Die Reform des japanischen IPR, 1992, 33–35).

3. Maßgeblicher Zeitpunkt

Das Recht, dem das Eltern-Kind-Verhältnis unterliegt, ist **wandelbar:** es wechselt mit jeder Übersiedlung des Kindes in ein anderes Land. Zieht z.B. eine noch unverheiratete Tochter von München nach Wien, dann erwirbt sie einen Anspruch auf Aussteuer (§ 1220 AGB), eine schon verheiratete nicht.

Gleichfalls *ex nunc* wirkte der Wechsel des maßgebenden Rechts am 1. 9. 1986, den das IPRG bewirkt hat (Art. 220 I, II EGBGB) und wirkt der abermalige am 1. 7. 1998 (vgl. oben S. 782 a.E.f.).

Eine **Übergangsvorschrift** für das *materielle* Recht der elterlichen Sorge über ein Kind, das vor dem 1. 7. 1989 für ehelich erklärt worden ist, enthält der durch Art. 12 Nr. 4 KindRG in das EGBGB eingefügte Art. 224 § 2. *Internationalprivatrechtlich* darf man auf den Wechsel von Art. 19 II, 20 II a.F. zu Art. 21 n.F. EGBGB die §§ 1 und 2 des Art. 236 EGBGB entsprechend anwenden (vgl. oben S. 783).

Wandelbar ist auch das Recht, das für die Ansprüche zwischen unverheirateter Mutter und Schwängerer gilt (oben S. 792): es wechselt, wenn der Berechtigte in ein anderes Land zieht – eine rechtspolitisch verfehlte Lösung.

4. Verfahren

Nach deutschem Recht wird über Fragen der Kindschaft entschieden:

- teils im *ordentlichen Rechtsstreit* als „*Familiensache*“ (gesetzlicher Anspruch Verwandter auf Unterhalt, ausgenommen das vereinfachte Verfahren zur Änderung von Unterhaltstiteln nach §§ 645 n.F.–660 n.F. ZPO): vgl. § 621 a I 1 n.F. mit § 621 Nr. 4 n.F. ZPO und zur sachlichen Zuständigkeit oben S. 768 a.E.f.).
- teils im *Verfahren der freiwilligen Gerichtsbarkeit im zivilprozessualen Einschlag* nach § 621 a I n.F. mit § 621 I Nr. 1–3, 6, 7, 9, 10 n.F. ZPO, nämlich bei „Familiensachen“
  - der elterlichen Sorge, soweit nach BGB das Familiengericht zuständig ist,
  - der Regelung des Umgangs mit einem Kind, soweit nach BGB das Familiengericht zuständig ist,
  - der Herausgabe eines Kindes unter elterlicher Sorge,
  - der Kindschaftssachen,
  - der Unterhaltssachen nach §§ 1615 k–m BGB,
  - der Vaterschaftsfeststellung nach dem Tod dessen, der bei Lebzeiten zu verklagen wäre, gemäß § 1600 e II n.F. BGB,
- teils nach § 640 II n.F. ZPO im *Statusprozeß* der „*Kindschaftssachen*“ gemäß §§ 640–640 i ZPO, nämlich bei
  - Feststellung des Bestehens oder Nichtbestehens eines Eltern-Kind-Verhältnisses einschließlich der Wirksamkeit oder Unwirksamkeit einer Vaterschaftsanerkennung (mit Ausnahme der Vaterschaftsfeststellung nach Tod dessen, der bei Lebzeiten zu verklagen wäre gemäß § 1600 e II n.F. BGB),
  - Vaterschaftsanfechtung (mit Ausnahme der Vaterschaftsanfechtung nach Tod dessen, der bei Lebzeiten zu verklagen wäre gemäß § 1600 e II n.F. BGB),
  - Feststellung des Bestehens oder Nichtbestehens der elterlichen Sorge der einen Partei über die andere;
- teils im Verfahren der *freiwilligen Gerichtsbarkeit* und zwar der „*Vormundschaftssachen*“ vor dem *Vormundschaftsgericht* nach §§ 35 b n.F.–63 FGG (z.B. bei Erziehungshilfe nach § 1631 III n.F. BGB, bei Gefahrenabwehr nach §§ 1666 n.F., 1667 n.F. BGB und bei vormundschaftsgerichtlicher Genehmigung von Rechtsgeschäften).

Für die Tätigkeiten des Familien- und Vormundschaftsgerichts, die die Kindschaft mit sich bringt, gilt wie materiellrechtlich (oben S. 789 a.E.f.), so auch verfahrensrechtlich nicht Art. 24 EGBGB (und auch nicht das Haager Vormundschaftsabkommen oder, soweit es die Vormundschaft betrifft, das Haager Abkommen über den Schutz Minderjähriger).

Deutsche und ausländische **Verfahrensarten** sind grundsätzlich **austauschbar:** das Recht des Verfahrensorts bestimmt die Verfahrensart; ob am Verfahrensort eigenes oder fremdes materielles Recht angewandt wird, gilt gleich (BayObLG 1965, 423 [437]). So werden in Deutschland deutschem oder ausländischem Recht unterliegende Fälle in der vom deutschen Verfahrensrecht vorgesehenen Verfahrensart erledigt (vgl. für die Scheidung oben 749), z.B. Ansprüche auf Herausgabe eines Kindes unter elterlicher Sorge im Verfahren der freiwilligen Gerichtsbarkeit mit zivilprozessualen Einschlag (§ 1632 III n.F. BGB, § 621a I n.F. mit § 621 I Nr. 3 n.F. ZPO), gleich welches Verfahren das von Art. 21 n.F. EGBGB berufene Recht vorsieht (BGH 54, 123 [126]). Ausländische Entscheidungen erkennen wir an, auch wenn sie in einem Verfahren ergangen sind, das nicht dem Verfahrensrecht des Staates entspricht, dessen materielles Recht nach deutschem IPR den Fall beherrscht, mag dies das deutsche Recht oder das Recht eines anderen ausländischen Staats sein (vgl. für die Scheidung oben 751). Grund für die Austauschbarkeit der Verfahrensarten ist: von den Gerichten und Behörden des Verfahrensortes kann man nur die Befolgung eigenen Verfahrensrechts erwarten und den Parteien muß man erlauben, am Verfahrensort ihr Recht zu suchen, und darf sie nicht ins Ausland abdrängen; sonst verweigert man häufig das Recht.

Von der Austauschbarkeit der Verfahrensarten gelten **zwei Ausnahmen:** Ist nach der materiellrechtlich maßgebenden Rechtsordnung ein Recht **in keinem Verfahren durchsetzbar,** dann auch nicht in dem bei uns für die Geltendmachung dieses Rechts vorgesehenen Verfahren. So kann bei uns nicht Kindesherausgabe vor Gericht verlangt werden, wenn das anzuwendende materielle Recht den Anspruch für unklagbar erklärt (OLG Dresden JW 1917, 374 mit Anm. von *Opet, orbiter*). Ist umgekehrt nach der materiellrechtlich maßgebenden Rechtsordnung ein Recht **nur in einem Verfahren durchsetzbar,** dann auch bei uns (ein Fall, der nicht im Kindschaftsrecht, aber z.B. im Schuld- und Gesellschaftsrecht wichtig ist).

Für Klagen im **ordentlichen Rechtsstreit** sind *international zuständig* die Gerichte des Staates, in dem der Beklagte seinen allgemeinen Gerichtsstand hat (§§ 13, 16 ZPO: *passive Aufenthalts*zuständigkeit); daneben können für Unterhaltsansprüche zuständig sein (oben S. 768) die Gerichte des Staates, in dem der Beklagte Vermögen hat (§ 23 ZPO: *Vermögens*zuständigkeit, in der EG ausgeschlossen durch Art. 3 II GVÜ [oben S. 201f.]), und die Gerichte des Staats, in dem der Kläger seinen allgemeinen Gerichtsstand hat (§ 23a ZPO, Art. 5 Nr. 2 GVÜ: *aktive Aufenthalts*zuständigkeit). Für **Kindschaftssachen** ergibt sich die internationale Zuständigkeit aus § 640a II ZPO (*Aufenthalts- und Staatsangehörigkeits*zuständigkeit; näher oben S. 783 a.E.f.). Sowohl für Klagen im ordentlichen Rechtsstreit wie in Kindschaftssachen ist außerdem *Verweisungs*zuständigkeit in Betracht zu ziehen (vgl. oben S. 488 a.E.f.). Die *Anerkennung ausländischer Urteile* unterliegt § 328 ZPO und Staatsverträgen, vor allem dem GVÜ (unten S. 917–920). Über Regelung der Personensorge in einem ausländischen Scheidungsurteil oben S. 759.

In Vormundschaftssachen hat man früher die internationale Zuständigkeit deutscher und ausländischer Gerichte gestützt entweder auf *entsprechende Anwendung von §§ 43, 44 a.F. FGG,* die die örtliche Zuständigkeit regelten, oder auf eine allgemeine *Fürsorgepflicht* des Staates für Leute, die sich in seinem Gebiet aufhalten. Heute bestimmt **§ 35b FGG** i.d.F. von Art. 2 Nr. 1 BeistandG:

„(1) Für Verrichtungen, die eine Vormundschaft oder Pflegschaft betreffen, sind die deutschen Gerichte zuständig, wenn der Mündel oder Pflegling

1. Deutscher ist oder
2. seinen gewöhnlichen Aufenthalt im Inland hat.

(2) Die deutschen Gerichte sind ferner zuständig, soweit der Mündel oder Pflegling der Fürsorge durch ein deutsches Gericht bedarf.

(3) Die Zuständigkeit nach den Absätzen 1 und 2 ist nicht ausschließlich"

§ 35b gilt für Verrichtungen des Vormundschaftsgerichts, die eine *Vormundschaft oder Pflegschaft* betreffen. Aber für die *sonstigen* Verrichtungen des Vormundschaftsgerichts gilt das gleiche. Denn **§ 43 I HS 1 n.F. FGG** verweist auch auf § 35b

§§ 35b, 43 a. und n.F. FGG folgen im wesentlichen dem Vorschlag des Deutschen Rats für IPR (*Beitzke* [Hrsg.], Vorschläge und Gutachten zur Reform des deutschen internationalen Personen-, Familien- und Erbrechts, 1981, 12). Allerdings hat der Gesetzgeber auf *schlichten* Aufenthalt als Zuständigkeitsgrund verzichtet (ebenso in §§ 12 VerschG, 606a, 640a II ZPO, 43b, 65 I FGG); man hielt die Fürsorgebedürfnis-Zuständigkeit des §§ 35b II, 65 II FGG für ausreichend (vgl. Begründung BTDrucks. 10/504 S. 94).

§ 35b I, II FGG ist einseitig gefaßt, aber *allseitig* gemeint: § 35b III hält allseitige Anwendung zugunsten ausländischer Gerichte offen (vgl. Begründung ebenda).

Im einzelnen ergibt sich:

1. **Staatsangehörigkeitszuständigkeit:** International zuständig sind die Gerichte des Staats, dem das *Kind angehört* (§ 35b I Nr. 1 FGG).

Anschaulich OLG Karlsruhe FamRZ 84, 819: Vater Deutscher, Mutter Britin, zwei Töchter zugleich Deutsche und Britinnen. Vater arbeitet als Jurist in der Schweiz, Mutter trennt sich und geht mit den Kindern nach England. Vater zieht nach Deutschland, um sich als Rechtsanwalt niederzulassen. Es gelingt ihm, in England das jüngere Mädchen von der Schule weg zu entführen. Der High Court in London verfügt Herausgabe an Mutter. Diese Entscheidung für vollstreckbar zu erklären, muß nach Ansicht des OLG die Mutter beantragen. Das hat sie auch hilfsweise getan, den Antrag aber zurückgenommen. Sie beantragt nur (noch), ihr durch vorläufige Anordnung das Recht der Aufenthaltsbestimmung zu übertragen. Dafür sind nach Meinung des OLG die deutschen Gerichte international zuständig: zwar greife das Haager Abkommen über den Schutz Minderjähriger (unten S. 799–803) nicht ein, weil sich das entführte Mädchen in keinem Vertragsstaat gewöhnlich aufhalte (bei uns nicht, weil erst kurz hier; England nicht Vertragsstaat). Aber die Töchter sind (auch) Deutsche; daß ihre britische Staatsangehörigkeit die effektive ist, hindere die deutsche internationale Zuständigkeit nicht (vgl. oben S. 398 a.E.f.). Indessen sei die Entscheidung des High Court anzuerkennen und daher ein deutsches Gericht zur Entscheidung nicht befugt.

Örtlich zuständig ist für *deutsche* Kinder das *Amtsgericht* Schöneberg in *Berlin-Schöneberg,* das aber aus wichtigen Gründen die Sache an ein anderes Gericht mit bindender Wirkung abgeben kann (§ 36 II FGG).

Für *ausländische* Kinder ohne inländischen Wohnsitz oder schlichten Aufenthalt gibt es örtliche *Fürsorgebedürfnis-Zuständig*keit entsprechend der internationalen (unten Nr. 3; Begründung BTDrucks. 10/504 S. 94). Denn § 35b III FGG sagt:

„(3) Die Zuständigkeit nach den Absätzen 1 und 2 ist nicht ausschließlich."

2. **Aufenthaltszuständigkeit:** International zuständig sind die Gerichte des Staats, in dem das *Kind* sich *gewöhnlich* oder *schlicht aufhält* (§ 35b I Nr. 2 FGG). Obwohl § 36 I 1 FGG die *örtliche* Zuständigkeit primär an den Kindes*wohnsitz* bindet, hat man mit Recht für die *internationale* den *gewöhnlichen Aufenthalt* gewählt: der gewöhnliche Aufenthalt taugt besser, weil das Kind hier seinen wirklichen Daseinsmittelpunkt hat. Vgl. hierzu und zum Verzicht auf Zuständigkeit der Gerichte des Staats, in dem sich das Kind *schlicht* aufhält, oben S. 488.

Die Aufenthaltszuständigkeit ist besonders wichtig bei **Kindesentführungen.** Fortbestand der internationalen Zuständigkeit der Gerichte des Staates, aus dem entführt worden ist? Begründung internationaler Zuständigkeit der Gerichte des Staates, in dem entführt worden ist? Der Aufenthalt kann hier rechtlich zweifelhaft sein. Auch kann sich die Zuständigkeit vom Aufenthalt abkoppeln: die Gerichte des alten Staats sind nicht mehr, die des neuen noch nicht international zuständig. Gesetzesumgehung in Gestalt von Zuständigkeitserschleichung kann im Spiel sein (oben S. 428–431). Dazu Soergel X[12] Art. 19 EGBGB Rz 98 S. 1150f.; unten Nr. 3 und unten S. 806–812.

3. **Fürsorgebedürfnis-Zuständigkeit:** International zuständig sind die Gerichte des Staats, in dem das Kind gerichtlicher Fürsorge bedarf (§ 35b II FGG). Für *ausländische,* im *Ausland lebende* Kinder kann sich in Deutschland (außer den in § 44 FGG genannten Fällen) ein Fürsorgebedürfnis insbesondere dann ergeben, wenn deutsches Recht Kindschaftsstatut ist (falls man sich hier nicht für Statutszuständigkeit entscheidet, unten 5) und deswegen Rechtsgeschäfte vom Familiengericht zu genehmigen sind (KGJ 39 A 198 [203]).

4. **Verbundszuständigkeit:** Internationale Zuständigkeit kraft Konnexität mit einer jetzt oder früher anhängigen Ehesache (vgl. § 621 I Nr. 1–4 n.F. ZPO) haben deutsche Gerichte, wenn ihnen kein Staatsvertrag (wie Haager Abkommen über den Schutz Minderjähriger oder GVÜ) für die verbundene Sache internationale Zuständigkeit abspricht (oben S. 705, 768 a.E.f.).

5. **Statutszuständigkeit** als internationale Zuständigkeit der Gerichte des Staats, dessen *Recht für die Kindschaft maßgibt,* kommt neben Staatsangehörigkeits-, Aufenthalts-, Fürsorgebedürfnis- und Verbundszuständigkeit (oben Nr. 1–4) in Betracht und ist teilweise bejaht worden (z.B. KG FamRZ 61, 477 [479]; BayObLG 1961, 383 [384]). Sie beruht auf dem Gedanken: der Staat, dessen Recht gilt, soll auch das Verfahren durchführen können (vgl. oben S. 487 a.E. f.). Der Grund überzeugt indessen nicht, weil es im internationalen Verfahrensrecht um Rechts*schutz,* nicht um den *Inhalt* des geschützten Rechts geht (skeptisch mit Recht OLG Bamberg FamRZ 81, 1106 [1107 a.E.]).

6. Auch **Verweisungszuständigkeit** kommt in Betracht. Die besagt: international zuständig sind kraft *Zuständigkeitsrück- oder -weiterverweisung* die Gerichte des Staates, die nach dem internationalen Verfahrensrecht eines Staats international zuständig sind, dessen Gerichte ihrerseits internationale Zuständigkeit besitzen (Aufenthalts-, Staatsangehörigkeits- oder Statutszuständigkeit, dagegen praktisch nicht Fürsorgebedürfnis-Zuständigkeit). Vgl. hierzu BayObLG FamRZ 59, 364 (366 unter e) mit insoweit ablehnender Anm. von *Schwimann;* BayObLG 1966, 248 (252). Verweisungszuständigkeit kann nur mit Vorsicht bejaht werden (vgl. oben S. 488 a.E. f.).

Die *Anerkennung ausländischer Entscheidungen der freiwilligen Gerichtsbarkeit* regelt § 16a FGG (dazu oben S. 706).

Für die internationale Zuständigkeit deutscher und ausländischer Gerichte und Behörden und für die Anerkennung ausländischer Urteile und Entscheidungen der freiwilligen Gerichtsbarkeit in Kindschaftssachen ist es gleichgültig, ob der Staat, dessen Recht die Kindschaft beherrscht, seine eigenen Gerichte für *ausschließlich international zuständig* erklärt oder aus anderen Gründen eine ausländische Entscheidung *nicht anerkennt* (BayObLG FamRZ 59, 364 [268] mit Anm. von *Schwimann;* BayObLG 1966, 248 [249]; OLG Düsseldorf FamRZ 75, 641 [644]; vgl. oben S. 704, 751, unten S. 824). Erkennen wir ein ausländisches Urteil oder eine ausländische Entscheidung der freiwilligen Gerichtsbarkeit an, z.B. eine Regelung der Personensorge nach Scheidung, so können doch die deutschen Gerichte auf Grund neuer Tatsachen eine *neue Regelung* treffen (vgl. § 1696 n.F. BGB und dazu BGH IPRax 87, 317 mit Aufsatz von *Mansel* 298–302 = NJW-RR 86, 1130).

5. Staatsverträge

Schrifttum: *Merendino,* Il ruolo del P.m. nelle Convenzioni internationali; in materia di protezione dei minori, di sottrazione internazionale e di rimpatrio, Dir. Fam. 1998, 739–753.

Zum **deutsch-iranischen Niederlassungsabkommen** oben S. 195 sowie zum Brüsseler EU-Übereinkommen von 1998 über die Zuständigkeit und über die Anerkennung und Vollstreckung von Entscheidungen von Ehesachen unten S. 921).

a) Haager Abkommen über den Schutz Minderjähriger von 1961

Das 1960 im **Haag** beschlossene **Abkommen über die Zuständigkeit der Behörden und das anzuwendende Recht auf dem Gebiet des Schutzes der Minderjährigen** vom 5. 10. **1961** (MSA) ist in Kraft (Zeitpunkt und Vertragsstaaten oben S. 199) und durch Art. 11 des Einigungsvertrags ab 3. 10. 1990 auf die neuen Bundesländer erstreckt (oben S. 219).

Schrifttum: 7. Aufl. S. 698f. Hervorzuheben: *Kropholler,* Das Haager Abkommen über den Schutz Minderjähriger[2], 1977 (grundlegend); *Siehr* in: *Böhmer und Siehr* II unter 7.5, S. 1–172; *Mitzkus,* Internationale Zuständigkeit im Vormundschafts-, Pflegschafts- und Sorgerecht, 1982, 51–130; *Oberloskamp,* Haager Minderjährigenschutzabkommen, 1983; *Allinger* Das Haager Minderjährigenschutzabkommen, Probleme Tendenzen und Perspektiven, 1988; *Boelck,* Reformüberlegungen zum Haager Minderjährigenschutzabkommen von 1961, 1994. Ferner: *Staudinger-Kropholler*[13], Vorbem. zu Art. 19 EGBGB Rz 16–603 S. 7–215 (Standardwerk); *Jaspersen,* Die vormundschaftsgerichtliche Genehmigung in Fällen mit Auslandsberührung, FamRZ 96, 393–398.

Siehe auch die Schrifttumsangaben zur 9. Haager Konferenz 7. Aufl. S. 173.

Das Abkommen *ersetzt* nach seinem Art. 18 zwischen den Vertragsstaaten das *Haager Vormundschaftsabkommen* von 1902 (unten S. 847f.). Es umfaßt jedoch den *gesamten* Schutz der Minderjährigen: nicht nur die **Vormundschaft,** sondern auch die **elterliche Sorge** und den **öffentlichrechtlichen Schutz** der Minderjährigen (insbesondere Vollzeitpflege [Pflegekindschaft] nach § 33 SGB 8 und Heimerziehung [Fürsorgeerziehung] nach § 34 SGB 8).

Die internationale *Zuständigkeit* des *Heimat*staats des Minderjährigen und des Staates seines gewöhnlichen *Aufenthalts* sowie die Anwendung von Heimat- und Aufenthalts*recht* werden verbunden, jedoch mit spürbarem Vorzug des Aufenthaltsstaats und -rechts.

„Minderjährig" ist, wer sowohl nach seinem Heimatrecht wie nach dem Recht seines gewöhnlichen Aufenthalts minderjährig ist (Art. 12). Wer nach einem der beiden Rechte volljährig ist, fällt nicht mehr unter das Abkommen.

Das Abkommen gilt für alle Minderjährigen mit *gewöhnlichem Aufenthalt* in einem *Vertragsstaat* (Art. 13 I); „gewöhnlicher Aufenthalt" ist Daseinsmittelpunkt (BGH 78, 293 [295]) wie im deutschen Recht (oben S. 412f.). Auch, soweit das Abkommen die Behörden des *Heimatstaats* für zuständig erklärt, wirkt es nur zugunsten von Vertragsstaaten (Art. 13 II). Überdies kann sich jeder Vertragsstaat *vorbehalten,* das Abkommen nur auf Minderjährige von Vertragsstaaten anzuwenden (Art. 13 III); die Bundesrepublik hat das nicht getan (wohl aber Luxemburg, die Niederlande und Österreich).

Das Abkommen unterscheidet zwischen *gesetzlichen* Gewaltverhältnissen (elterliche Sorge, gesetzliche Vormundschaft) und Gewaltverhältnissen auf Grund von *Maßregeln* der Behörden wie

- *Verteilung der elterlichen Sorge,* z.B. nach §§ 1671 n.F., 1672 n.F., 1696 BGB (BGH 78, 293 [301]; BGH IPRax 85, 40 mit Aufsatz von *Jayme* 23f. = NJW 84, 2761; BGH IPRax 87, 317 mit Aufsatz von *Mansel* 298–302 = NJW-RR 86, 1130; BayObLG 1997, 134 = NJW 97, 901),
- *Anordnung der Kindesherausgabe* nach § 1632 I BGB (z.B. OLG Zweibrücken OLGZ 1981, 146),
- *Anordnung von Vormundschaft oder Pflegschaft* (BayObLG 1981, 246 [252]),
- *Anordnung von Heimerziehung.*

Dagegen nicht: Feststellung des Ruhens der elterlichen Sorge nach § 1673 BGB, weil hier elterliche Sorge kraft Gesetzes ruht (BayObLG 1976, 198 [201 a.E.f.]), wohl aber nach § 1674 n.F. BGB, weil hier erst die Feststellung des Vormundschaftsgerichts, daß ein Elternteil die elterliche Sorge tatsächlich nicht ausüben kann, deren Ruhen bewirkt (BayObLG 1974, 491 [493]).

„Behörden" (*autorités*) sind sowohl Gerichte wie Verwaltungsstellen (Art. 1).

Für *Maßregeln* sind grundsätzlich international zuständig die Behörden des Staates, in dem der Minderjährige *gewöhnlichen Aufenthalt* hat (Abs. 1). Sie wenden ihr *eigenes materielles Recht* an, also die *lex fori* (Art. 2 I); es beherrscht Entstehung, Wirkung, Änderung und Ende der Maßregeln (Art. 2 II).

Auch hier gibt es Probleme bei **Kindesentführungen.** Dazu Soergel X[12] Rz 16 vor Art. 19 EGBGB S. 1042f.; (öst)OGH IPRax 86, 385 mit Aufsatz von *Henrich* 364–366; OLG Celle IPRax 89, 390 mit Aufsatz von *Siehr* 373f.; (öst)OGH IPRax 92, 176 mit Aufsatz von *Mottl* 178–183.

Die Durchführung der von ihnen angeordneten Maßregeln können die Behörden des Aufenthaltsstaates einverständlich den Behörden eines Staates übertragen, in dem der Minderjährige *Vermögen* hat (Art. 6 II).

Gesetzliche Gewaltverhältnisse richten sich nach dem *Heimatrecht* des Minderjährigen (Art. 3).

Bei *Mehrstaatern* entscheidet die sog. *effektive* Staatsangehörigkeit, an erster Stelle diejenige des Staates, in dem sich der Minderjährige gewöhnlich aufhält (oben S. 396f.) und zwar (anders als nach Art. 5 I 2 EGBGB, oben S. 398) auch dann, wenn eine von ihnen die eigene ist.

BGH 60, 68 (82); OLG Köln IPRax 84, 327 mit Aufsatz von *Beitzke* 313–315; BayObLG 1984, 162 (164) = IPRax 85, 226 (227) mit Aufsatz von *Mansel* 209–213; (öst)OGH IPRax 92, 176 mit Aufsatz von *Mottl* 178–183; *Lagarde* Gedächtnisschr. Giuliano, Padua 1989, 542.

Für eheliche Kinder ausländischer Väter und deutscher Mütter gilt also deutsches Recht, wenn die Kinder in Deutschland leben.

Gilt für einen Minderjährigen *ausländisches* Recht, dann darf nach der überwiegenden deutschen Rspr. in ein gesetzliches Gewaltverhältnis *nicht* gemäß *Art. 1 und 2* eingegriffen werden, sondern *nur* bei ernsthafter Gefahr gemäß *Art. 8 I* (unten S. 802).

Z. B. BGH 60, 68 (73 f.); OLG Frankfurt IPRax 82, 22 mit abl. Aufsatz von *Henrich* 9–11; BGH IPRax 85, 40 mit Aufsatz von *Jayme* 23 f. = NJW 84, 2761; OLG Stuttgart DAVorm. 86, 556 (557); BGH IPRax 87, 317 mit Aufsatz von *Mansel* 298–302 = NJW-RR 86, 1130.

Dies ist die sog. **Schrankentheorie**. Mehr spricht *für* Eingriffsmöglichkeit nach Art. *1 und 2* – sog. **Anerkennungstheorie**.

Für sie OLG Hamburg FamRZ 72, 514 mit krit. Anm. von *Kropholler;* OLG Koblenz IPRspr. 1979 Nr. 89 (S. 308 [nicht ganz klar]); OLG Stuttgart NJW 85, 566; *Kropholler,* Das Haager Abkommen über den Schutz Minderjähriger[2], 1977, 72–78; *von Overbeck* Deschenaux-Fschr. 1977, 462–467; *Siehr* in *Böhmer* und *Siehr* II 7.5 Rz. 108, 109, S. 38 f. und *MünchKomm-Siehr*[3] Art. 19 EGBGB Anhang I Rz 120, S. 1073 f.; *Staudinger-Kropholler*[13], Vorbem. zu Art. 19 EGBGB Rz 151–219 S. 60–81.

Näher am Heimatrecht bleibt die sog. **Heimatrechtstheorie:** nur solche Maßnahmen sind erlaubt, die das Heimatrecht zuläßt, aber sie sind nach dem Recht des gewöhnlichen Aufenthalts zu treffen.

Z. B. OLG Hamm NJW 72, 1628 und FamRZ 79, 743 (744); BayObLG FamRZ 83, 92 (93); *Schurig* FamRZ 75, 459–463.

Besteht umgekehrt nach Heimatrecht *kein* gesetzliches Gewaltverhältnis, wohl aber nach dem Recht des *Aufenthaltsstaats,* dann kann man entweder dieses einschieben oder die Maßregeln treffen, die das Recht des Aufenthaltsstaats für den Fall kennt, daß ein gesetzliches Gewaltverhältnis fehlt. Der erste Weg ist m. E. besser (Soergel X[12] Rz 37 vor Art. 19 EGBGB S. 1052 f.), den zweiten Weg geht z. B. BayObLG 1983, 125 (128 a. E. f.) = IPRax 84, 96 mit abl. Aufsatz von *Kropholler* 81–83 (82).

Auch die Behörden des *Heimatstaats* des Minderjährigen (wenn er Vertragsstaat ist: Art. 13 II, oben S. 799), sind international zuständig, *Maßregeln* zu ergreifen, müssen allerdings die Behörden des Aufenthaltsstaates vorher verständigen (Art. 4 I). Auch sie wenden ihr *eigenes materielles Recht* an (Art. 4 I) und auch hier beherrscht die *lex fori* Entstehung, Wirkung, Änderung und Ende der Maßregeln (Art. 4 II). Maßregeln der Behörden des Heimatstaats *gehen* früheren und späteren Maßregeln der Behörden des Aufenthaltsstaats *vor* (Art. 4 IV), z. B. wenn im Heimatstaat das Sorgerecht nach Scheidung anders verteilt wird als im Aufenthaltsstaat. Der Heimatstaat hat also das „letzte Wort". Aber er hat nicht notwendig das erste und ist dadurch praktisch im Hintertreffen gegenüber dem Aufenthaltsstaat. Die Durchführung ihrer Maßregeln obliegt den Behörden des Heimatstaats (Art. 4 III); doch können sie die Durchführung einverständlich übertragen den Behörden des Aufenthaltsstaats oder eines Staates, in dem der Minderjährige Vermögen hat (Art. 6 I).

Ist im Heimatstaat das Recht *räumlich oder persönlich gespalten* (vgl. oben S. 25, 37 f.), dann soll über anwendbares Recht und Zuständigkeit einheitliches interlokales oder -personales Privat- und Verfahrensrecht des Heimatstaats entscheiden (vgl. oben S. 361–365), hilfsweise die engste Verbindung des Minderjährigen („*le lien le plus effectif*") mit einem der Teilrechtsgebiete (Art. 14, vgl. oben S. 366). Entsprechendes gilt nach anderen Haager Abkommen, z.B. nach Art. 11 des Adoptionsabkommens von 1964 (unten S. 836) und nach Art. 1 II des Testamentsform-Abkommens (unten S. 877).

Wird der gewöhnliche *Aufenthalt* des Minderjährigen aus einem Vertragsstaat in einen anderen *verlegt,* dann bleiben die Maßregeln der Behörden des alten Staats in Kraft, bis sie von den Behörden des neuen Staats geändert oder aufgehoben werden (Art. 5 I); die Behörden des neuen Staats müssen vor eigenen Maßregeln die Behörden des alten Staats verständigen (Art. 5 II). Maßregeln der Behörden des *Heimatstaats* hingegen, die ja den Maßregeln der Behörden des Aufenthaltsstaats vorgehen (Art. 4 IV), bleiben uneingeschränkt in Kraft (Art. 5 III).

Maßregeln international zuständiger Behörden werden in allen Vertragsstaaten *anerkannt* (Art. 7 S. 1). Nur, soweit *Vollstreckungsakte* in einem anderen als dem Anordnungsstaat nötig werden, entscheidet über Anerkennung und Vollstreckung das Recht des anderen Staats (Art. 7 S. 2); zum *Verfahren* vgl. den Vorlegungsbeschluß BayObLG 1976, 174 (179f.).

Ungeachtet eines gesetzlichen Gewaltverhältnisses nach Heimatrecht (Art. 3) und vorrangiger Maßregeln der Behörden des Heimatstaats (Art. 4, 5 III) können die Behörden des Aufenthaltsstaats zum Schutze des Minderjährigen eingreifen, wenn seiner Person oder seinem Vermögen *ernste Gefahr („danger sérieux")* droht (Art. 8 I); so ist es oft, z.B. wenn es um vorläufige Maßregeln nach §§ 1666 n.F., 1666a, 1671 n.F., 1672 n.F, 1696 n.F. BGB geht (BayObLG 1975, 291 [296]; LG Hamburg IPRax 98, 490 mit Anm. Red. [E.J.]). Die Behörden des Aufenthaltsstaats dürfen ihr eigenes materielles Recht anwenden (*Staudinger-Kropholler*[13], Vorbem. zu Art. 19 EGBGB Rz 458, 459 S. 158). Die Behörden anderer Vertragsstaaten brauchen aber solche Maßregeln nicht anzuerkennen (Art. 8 II).

In allen *dringenden Fällen („tous les cas d'urgence")* können die Behörden jedes Vertragsstaats, in dem sich der Minderjährige oder Vermögensstücke von ihm befinden, die nötigen Schutzmaßregeln ergreifen (Art. 9 I). Über das anzuwendende Recht ist nichts gesagt; es bleibt daher beim IPR der Vertragsstaaten. Die getroffenen Dinglichkeits-Maßregeln werden *ex nunc* unwirksam, wenn die sonst international zuständigen Behörden eines anderen Vertragsstaats ihrerseits tätig werden (Art. 9 II).

Stehen Maßregeln der Behörden eines Vertragsstaats in Kraft, so sollen die Behörden eines anderen Vertragsstaats möglichst erst tätig werden, nachdem sie sich mit den zuerst tätig gewordenen Behörden *abgestimmt* haben (*„échange de vues"*), damit ein einheitlicher Schutz des Minderjährigen gewährleistet ist (Art. 10).

Außerdem *unterrichten* die Behörden jedes Vertragsstaats von ihren Maßregeln die Behörden des Heimatstaats und gegebenenfalls des Aufenthaltsstaats (Art. 11 I). Jeder Vertragsstaat bestimmt die Behörden, die im unmittelbaren Verkehr solche Nachrichten erteilen und empfangen, und gibt sie dem Außenministerium der Niederlande bekannt (Art. 11 II).

In vielen Staaten wird im *Ehe-* und vor allem im *Scheidungsprozeß* auch die elterliche Sorge oder die Personen- oder Vermögenssorge verteilt. Eine internationale Zuständigkeit hierfür gibt das Abkommen nicht. Aber jeder Vertragsstaat kann sie sich vorbehalten (Art. 15 I), das haben viele Vertragsstaaten getan (Frankreich [bis 27. 4.

1984], Luxemburg, die Niederlande, die Schweiz und die Türkei), aber nicht die Bundesrepublik (vgl. AG St. Wendel FamRZ 89, 1317). Allerdings brauchen die Behörden der anderen Vertragsstaaten die getroffenen Maßregeln nicht anzuerkennen (Art. 15 II).

Die Bestimmungen des Abkommens brauchen in einem Vertragsstaat nur dann nicht befolgt zu werden, wenn sie mit seinem *ordre public „offenbar" (manifestement)* unvereinbar sind (Art. 16; vgl. oben S. 386). Gewöhnlich richtet sich der *ordre public* nicht gegen Konventionsrecht, sondern gegen das Recht, das auf Grund der Konvention anzuwenden ist. Das ist aber auch hier gemeint; nur wollte man wohl den *ordre public* des *Verfahrens,* d. h. bei der Anerkennung ausländischer Maßregeln, einbeziehen (vgl. z.B. § 328 I Nr. 4 ZPO), da das Abkommen hauptsächlich Verfahrensrecht regelt. Nicht offenbar gegen den deutschen *ordre public* verstößt im Verhältnis ägyptischer Eltern und Kinder die Regel des ägyptischen (islamischen) Rechts, die nach Scheidung dem Vater elterliche Gewalt, der Mutter Personensorge zuspricht (OLG Stuttgart DAVorm. 86, 555 [557f.]), wohl aber nach h.M. der Stichentscheid des Vaters während der Ehe nach türkischem Recht (z.B. BGH FamRZ 92, 794; OLG München FamRZ 97, 106; AG Pankow/Weißensee FamRZ 98, 1592).

Das Abkommen hat in der Praxis wegen Trennung von gesetzlichen Gewaltverhältnissen und Maßregeln (oben S. 799f.) zu großen Schwierigkeiten geführt. Auch sonst gibt es viele Einwände, z.B. wegen der Einführung des Aufenthaltsrechts neben dem Heimatrecht des Minderjährigen und wegen des Abgehens vom Personalstatut der Eltern. Einen Fortschritt brächte dagegen die vom Abkommen bezweckte Zusammenarbeit der Behörden der beteiligten Staaten; nur findet sie selten statt (*Kropholler* RabelsZ 58 [1994], 11 a.E.).

b) Haager Abkommen über den Schutz von Kindern

Das am 19. 10. **1996** im **Haag** beschlossene **Abkommen über die Zuständigkeit, das anzuwendende Recht, die Anerkennung, Vollstreckung und Zusammenarbeit auf dem Gebiet der elterlichen Verantwortung und der Maßnahmen zum Schutz von Kindern** (KSÜ) steht noch nicht in Kraft (oben S. 215).

Text: RabelsZ 62 (1998), 502–518.

Schrifttum: *A. Bucher,* La révision de la Convention de La Haye sur la protection des mineurs, Schnyder-Fschr., Freiburg/Schweiz 1995, 61–73; *Schwander,* Der internationale Vermögensschutz zugunsten Erwachsener – Überlegungen anläßlich der Reformbemühungen um eine Erweiterung des Anwendungsbereiches des Haager Minderjährigenschutzabkommens auf den Erwachsenenschutz, ebenda 659–714; *Volken,* Die internationale Vermögenssorge für Minderjährige, ebenda 817–831; *Oberloskamp,* Reformüberlegungen zum Haager Minderjährigenschutzabkommen von 1961, ebenda 918–920; *Siehr,* Die Rechtslage der Minderjährigen im internationalen Recht und die Entwicklung in diesem Bereich, Zur Revision des Haager Minderjährigenschutzabkommens, ebenda 1047–1052; *Picone,* La nuova convenzione dell'Aja sulla protezione dei minori, Riv. dir. int. priv. proc. 1996, 705–748; *Sturm,* Stellungnahme zum Vorentwurf eines Übereinkommens über den Schutz von Kindern, IPRax 97, 10–14; *van Iterson,* Her herziene Haagse Kinderbeschermingsverdrag, FJR 1997, 134–141 (Text 141–146); *Lagarde,* La nouvelle convention de La Haye sur la protection des mineurs, Rev.crit.dr.i.p. 1997, 217–237; *Nygh,* The New Hague Child Protection Convention, 11 (1997) Int. J. L. P. Fam. 344–359; *van Iterson,* The New Hague Convention on the Protection of Children: A View from the Nederlands, 2 (1997) Unif. L. Rev. 474–487; *Siehr,* Das neue Haager Übereinkommen von 1996 über den Schutz von Kindern, RabelsZ 62 (1998), 464–501 (Text 503–518); *Nygh,* The Hague Convention on the Protection of Children, 45 (1998) NILR 1–28; *De La Rosa,* El Convenio de la Haya de 19 de octubre de 1996 sobre protección del acogimiento preadoptivo de su ámbito de aplicación material?, Reflexiones en torno al art. 4 letra B), Riv.dir. int.priv.proc. 1997, 849–972; *van Iterson,* Naar een nieuw Haags verdrag inzake bescherming van meerderjarigen, FJR 1998, 126–133 (Text 133–136); *Pirrung*, Das Haager Kinderschutzübereinkommen vom 19. 10. 1996, Rolland-Fschr. 1999, 277–290.

Das Abkommen *ersetzt* nach seinem Art. 51 zwischen den Vertragsstaaten das *MSA* von 1961 (oben a) und das *Haager Vormundschaftsabkommen* von 1902 (unten S. 847f.). Vorrang hat dagegen nach Art. 50 das *Haager Entführungsabkommen* (unten c bb). Auch andere Abkommen haben Vorrang (Art. 52). Daher bleibt es ebenfalls beim Luxemburger Sorgerechtsabkommen (unten b cc) und beim deutsch-iranischen Niederlassungsabkommen (oben S. 195).

Wie das MSA (oben S. 799) *umfaßt* das KSÜ den *gesamten Kinderschutz,* auch den öffentlichrechtlichen wie nach §§ 33, 34 SGB 8. Es wählt dafür die Bezeichnung *„elterliche Verantwortung“* (Art. 1 II). Der Begriff ist entnommen dem Art. 18 des New Yorker Abkommens über die Rechte des Kindes (unten c) und wurde schon in Art. 26 I Buchst. b des Haager Adoptionsabkommens vom 1993 benutzt (*Siehr* RabelsZ 62 [1998], 476 a.E.f.). Die wichtigsten *Maßregeln* des Kinderschutzes nennt Art. 3, insbesondere Regelung der elterlichen Sorge, Vormundschaft und Pflegschaft, Unterbringung in Pflegefamilie oder Heim, Verwaltung des Kindesvermögens.

Ausgeschlossen sind nach Art. 4 Abstammungs- und Adoptionsentscheidungen, Volljährigkeitserklärung, Name, Unterhalt, trust und Erbrecht, soziale Sicherheit, öffentlichrechtliches Erziehungs- und Gesundheitswesen, Jugendstrafrecht und Asylrecht.

Anders als das MSA (oben S. 799) gilt das KSÜ nicht für Minderjährige, sondern für *Kinder bis zu 18 Jahren* (Art. 2).

International zuständig sind an erster Stelle die „Behörden“ (Gerichte und Verwaltungsstellen) des Vertragsstaats, in dem sich das Kind gewöhnlich oder als Flüchtlingskind aufhält (*Aufenthaltszuständigkeit:* Art. 5, 6).

Eingehend regelt Art. 7 die Umstände, unter denen bei *Kindesentführung* die Behörden des alten Staats international zuständig bleiben und die Behörden des neuen Vertragsstaats auf dringliche Maßregeln beschränkt sind.

Die *Aufenthalts*zuständigkeit der Art. 5, 6 (und wohl auch 7) wird *gelockert* in vier Fällen (Art. 8 II) zugunsten eingeschränkter Zuständigkeit der Behörden des Staats, dem das Kind angehört (Staatsangehörigkeitszuständigkeit), in dem sich Vermögen des Kindes befindet (Belegenheitszuständigkeit), in dem ein Scheidungs- oder anderes Eheverfahren der Eltern anhängt (Verbundszuständigkeit) oder zu dem das Kind eine „enge Verbindung“ hat. In solchen Fällen können die kraft Aufenthalts zuständigen Behörden fallweise im Dienste des Kindeswohls entweder selbst oder über die Parteien die Behörden des anderen Vertragsstaats bitten, die Zuständigkeit zu übernehmen (Art. 8 I), und die Behörden des anderen Vertragsstaats können selbst oder über die Parteien um Überlassung der Zuständigkeit bitten (Art. 9).

Die Behörden des Vertragsstaats, in dem eine Ehesache der Eltern anhängt und sich ein Elternteil gewöhnlich aufhält, können, wenn die Eltern und, wer sonst elterliche Verantwortung trägt, einverstanden und das Kindeswohl gewahrt ist, Maßregeln zu treffen zum Schutz der Person oder des Vermögen des Kindes, das sich in einem anderen Vertragsstaat gewöhnlich aufhält (*Verbundszuständigkeit:* Art. 10).

In *dringenden Fällen* können die Behörden jedes Vertragsstaats, in dem sich das Kind aufhält oder Vermögen hat, die nötigen Schutzmaßregeln treffen (Art. 11 I). Diese treten außer Kraft, sobald eine normalerweise (nämlich nach Art. 5–10) zuständige Behörde eines Vertragsstaats das Nötige unternommen hat (Art. 11 II). Lebt das Kind in einem Nichtvertragsstaat, dann treten die nach Art. 11 I getroffenen Maßregeln in jedem Vertragsstaat außer Kraft, sobald in ihm die durch die Umstände gebotenen und von den Behörden eines ausländischen Staats getroffenen Maßregeln anerkannt werden (Art. 11 III: dunkel!).

Vorläufige Maßregeln können die Behörden eines Vertragsstaats, in dem sich das Kind aufhält oder Vermögen hat, zum Schutz von Personen oder Vermögen des Kindes und beschränkt auf das eigene Staatsgebiet treffen, soweit solche Maßregeln nicht denen zuwiderlaufen, die von den normalerweise (nämlich nach Art. 5–10) zuständigen Behörden eines Vertragsstaats getroffen worden sind (Art. 12 I). Solche Maßregeln treten außer Kraft, sobald eine normalerweise zuständige Behörde das Nötige unternommen hat (Art. 12 II). Hält sich das Kind gewöhnlich in einem Nichtvertragsstaat auf, dann treten die getroffenen Maßregeln in dem Vertragsstaat außer Kraft, in dem sie getroffen worden sind, sobald sie im Aufenthaltsstaat anerkannt werden (Art. 12 III: dunkel wie Art. 11 III!).

Unter den normalerweise (nämlich nach Art. 5–10) zuständigen Behörden von Vertragsstaaten haben Vorrang diejenigen des Staates, die zuerst angerufen worden sind (Art. 13) – eine Art *Rechtshängigkeit.*

Fallen die zuständigkeitsbegründenden Umstände fort, dann bleiben die getroffenen Maßregeln in Kraft, bis die normalerweise (Art. 5–10) zuständigen Behörden eines Vertragsstaats etwas unternehmen (Art. 14) – eine Art *perpetuatio fori.*

Das international zuständige Gericht wendet das *eigene Verfahrensrecht* (*lex fori*) an (Art. 15 I). Wechselt der gewöhnliche Aufenthalt des Kindes aus einem Vertragsstaat in einen anderen, dann gilt *ex nunc* das Verfahrensrecht des neuen Staats (Art. 15 III). Ausnahmsweise darf zum Schutz von Personen oder Vermögen des Kindes fremdes Verfahrensrecht angewandt oder „berücksichtigt" werden, wenn der Sachverhalt zu dem fremden Staat enge Verbindung hat (Art. 15 II: eine schwammige Ausweichklausel, oben S. 258).

Materiellrechtlich gibt Maß für die „elterliche Verantwortung" (oben S. 804) das Recht des *gewöhnlichen Aufenthalts des Kindes* (Art. 16 I, II, Art. 17 Satz 1). Statutenwechsel durch Verlegung des gewöhnlichen Aufenthalts in einen anderen Staat wirkt grundsätzlich *ex nunc* (Art. 16 III, IV, Art. 17 Satz 2).

Guten Glauben an gesetzliche Vertretungsmacht schützt unter bestimmten Umständen Art. 19.

Das hiernach verfahrens- oder materiellrechtlich berufene Recht gilt, auch wenn es das Recht eines Nichtvertragsstaats ist (Art. 20). Insoweit wirkt das KSÜ als *loi uniforme* (oben S. 10 a. E.). *Rück- und Weiterverweisung* sind *ausgeschlossen* (Art. 21 I) mit einer seltsamen Ausnahme zugunsten der Weiterverweisung (ebenda II), die schon in Art. 4 des Haager Erbrechtsabkommens von 1988 (unten S. 882) benutzt ist (*Siehr* RabelsZ 62 [1998], 490f. mit Fallbeispiel). Der *ordre public* darf nur dann eingesetzt werden, wenn das anzuwendende Recht *„offenbar"* (*„manifestement"*) gegen ihn verstößt (Art. 22; vgl. oben S. 475).

Art. 23–28 regeln eingehend die *Anerkennung und Vollstreckung* von Maßregeln, die in einem Vertragsstaat getroffen worden sind, in einem anderen Vertragsstaat. Nötig ist wie immer, daß die entscheidende Behörde international zuständig gewesen ist und der *ordre public* des anderen Staates nicht verletzt wird (Art. 23 II Buchst. a und d). Rechtliches Gehör muß gewährt worden sein (ebenda b und c). Die Anerkennung kann unterbleiben, wenn das Kind in einem Nichtvertragsstaat lebt und dort eine anzuerkennende Entscheidung ergangen ist, die mit der im Vertragsstaat ergangenen unvereinbar ist (ebenda e). Desgleichen, wenn das für eine Unterbringung des Kindes in einer Pflegefamilie oder in einem Heim, für Betreuung durch Kafala oder eine ähnliche Einrichtung in Art. 33 bestimmte Verfahren nicht eingehalten worden ist (Art. 23 II Buchst. f). Anerkannt wird *ipso jure* (Art. 23 II); doch kann jeder Betroffene Entscheidung über die Anerkennung beantragen (Art. 24). Die Tatsachenfeststellung der Behörde, die entschieden hat, bindet (Art. 25, 27). Vollstreckt wird nach *lex fori* (Art. 26 I, 28).

Die von Art. 11 des MSA bezweckte *Zusammenarbeit* der Behörden der Vertragsstaaten hatte sich ungenügend entwickelt (oben S. 803). Das KSÜ sieht in den Vertragsstaaten *Zentrale Behörden* vor (Art. 29) und regelt eingehend deren Zusammenwirken (Art. 20–39); zu solchen in anderen Abkommen unten S. 807.

„Allgemeine Bestimmungen" (Art. 40–56) betreffen u. a. Datenschutz (Art. 41, 42), Befreiung vom Erfordernis der Legalisation ausländischer Urkunden (Art. 43), Rechtsspaltung in einem Vertragsstaat (Art. 46–49), Übergangsrecht (Art. 53) und mögliche Vorbehalte der Vertragsstaaten für im eigenen Lande belegenes Kindesvermögen (Art. 55).

Das KSÜ verbessert die Regeln des MSA, weil es die Trennung von gesetzlichen Gewaltverhältnissen und Maßregeln aufhebt (vgl. oben S. 800), und es dient dem Kindeswohl, indem es die internationale Zusammenarbeit stärkt. Dagegen verfehlt es das rechtspolitisch Richtige, da es das Recht des Staates beruft, in dem sich das Kind gewöhnlich aufhält (oben S. 780, 793, 800). Auch zeigt es technische Mängel (Art. 11 III, 12 III, 15 II, 21 II [oben S. 804f.]).

c) Abkommen über Kindesentführung

Schrifttum: *Donnarumma,* Recenti convenzioni in materia di rapimento internazionale dei minori e di reintegro del diritto di custodia, Dir. Fam. 1981, 326–330; *Reymond,* Convention de La Haye et Convention de Strasbourg, Aspects comparatifs des conventions concernant l'enlèvement d'un enfant par l'un de ses parents, ZSchweizR 100 (1981) I 329–345; *Hüsstege,* Der Uniform Child Custody Jurisdiction Act, Rechtsvergleichende Betrachtungen zu internationalen Kindesentführungen, 1982; *Böhmer,* Das Europäische und das Haager Übereinkommen über internationale Kindesentführungen von 1980, IPRax 84, 282f.; *Bruch,* Neue Ansätze im IPR: Das interlokale und internationale elterliche Sorgerecht, in: *Holl* und *Klinke* (Hrsg.), Internationales Privatrecht, internationales Wirtschaftsrecht, 1985, 405–419; *Deschenaux,* Internationale Kindesentführungen und Mittel, ihnen zu begegnen, ZfJ 87, 97–101; *Sturm,* Neue Abkommen zum Schutz entführter Kinder, Nagel-Fschr. 1987, 463–473; *Müller-Freienfels,* Deutscher Partikularismus im Internationalen Kindesentführungsrecht – Dezentralisation der „Zentralen Behörde"?, JZ 88, 120–132 = *Müller-Freienfels,* Familienrecht im In- und Ausland, Aufsätze III, 1994, 422–469; *Habscheid,* Die Problematik der Kindesentführung über nationale Grenzen und ihre Regelung durch neue internationale Abkommen, Mikat-Fschr. 1989, 855–868; *Hall,* Defiance of a Foreign Custody Order, 48 (1989) C. L. J. 189–191; *Baer,* Legal Kidnapping, ZRP 90, 209–212; *Mansel,* Neues internationales Sorgerecht, NJW 90, 2176–2178; *Frohn,* Kinderontvoeringsverdragen, TFR 1990, 122–127; *Siehr,* Kindesentführung und Minderjährigenschutz, Abgrenzung der Entführungsübereinkommen vom Haager Minderjährigenschutzabkommen, StAZ 90, 330–333; *Gülcher,* Internationale Kindesentführungen, Diss. Göttingen 1992; *Hüßtege,* Kindesentführungen ohne Ende?, IPRax 92, 369–372; *Dörner,* Kindesherausgabe contra Sorgerechtsänderung nach Inkrafttreten der Entführungsübereinkommen, IPRax 93, 83–87; *Jorzig,* Das neue zivilrechtliche Kindesentführungsrecht, 1995; *Sacchetti,* Le convenzioni internazionali di Lussemburgo e dell'Aja 1980, Confronto e problematiche giuridiche, Dir. Fam. 1997, 1945–1527; *Lowe* und *Perry,* Die Wirksamkeit des Haager und des Europäischen Übereinkommens zur internationalen Kindesentführung zwischen England und Deutschland, FamRZ 98, 1073–1077; *Bach* und *Gildenast,* Internationale Kindesentführung, 1999; *Lowe* und *Perry,* International Child Abduction – The English Experience, 48 (1999) Int.Comp.L.Q. 127–155.

aa) Luxemburger Sorgerechtsabkommen

Das **Luxemburger Europäische Abkommen über die Anerkennung und Vollstreckung von Entscheidungen über die Sorge für Kinder und über die Wiederherstellung der Sorge für Kinder vom** 20. 5. 1980 (oben S. 205) steht für Deutschland in Kraft (Zeitpunkt und Vertragsstaaten ebenda).

Schrifttum: oben vor aa. Ferner: *Jones,* Council of Europe Convention on Recognition and Enforcement of Decisions Relating to the Custody of Children, 30 (1981) Int. Comp. L. Q. 467–475; *Pirrung,* Wiederherstellung des Sorgeverhältnisses – Erste deutsche OLG-Entscheidungen über die Herausgabe von Kindern nach dem Europäischen Übereinkommen über die Anerkennung von Sorgerechtsentscheidungen, IPRax 97, 182–186.

Entführung des Kindes durch ein Elternteil ins Ausland nimmt zu (Zahlen bei *Anton* 30 [1981] Int. Comp. L. Q. 537 Fn. 1). Z.B. wurde 1979 im House of Commons ein Fall erörtert, in dem ein schottisches Gericht der Mutter die Sorge für zwei Kinder gegeben und dem Vater zuerkannt hatte, die Kinder dürften ihn in Spanien besuchen. Der Vater hatte zweimal in Spanien unter Eid und einmal vor dem Gericht in Schottland persönlich versprochen, die Kinder nach Ende der Besuchszeit zurückzugeben. Die Entscheidung wurde gegen die Mutter vollstreckt und der Vater behielt die Kinder (*Jones* [oben Schrifttum] 471).

Kindesentführungen innerhalb der USA bekämpft der *Uniform Child Custody Jurisdiction Act* von 1968, den 44 der 50 Einzelstaaten angenommen haben (über ihn z. B. *Hüsstege* [oben Schrifttum vor aa] 31–195). Dies Gesetz will mit strengen Regeln über die (interlokale) Zuständigkeit der Gerichte die Kindesentführungen unwirksam machen: der Entführer soll die Gerichte der Einzelstaaten nicht mehr leicht gegeneinander ausspielen können.

Die Väter der Europarats-Konvention von 1980 zielten ursprünglich nur auf ein Abkommen über die Anerkennung und Vollstreckung von Sorgerechtsentscheidungen. Man wollte für die Vollstreckung das Loch stopfen, das in Art. 7 des Haager Abkommens über den Schutz Minderjähriger verblieben ist (oben S. 802). Erst im weiteren Verlauf wurde die Kindesentführung einbezogen (vgl. Art. 1 Buchst. b, 8, 9, 12; dazu *Anton* 30 [1981] Int. Comp. L. Q. 538 f.).

Art. 1 bestimmt *Begriffe*. *„Kind"* ist, wer noch keine 16 Jahre zählt und nach dem Recht weder seines gewöhnlichen Aufenthalts noch seines Heimatstaats noch des Gerichtsstaats seinen Aufenthalt wählen darf (Buchst. a). Solche Wahl gibt es z. B. nach schottischem Recht (*Anton* aaO 544 a. E.). *„Behörde"* ist jedes Gericht und jede Verwaltungsstelle (Buchst. b). Der Ausdruck *„Sorgerechtsentscheidung"* umfaßt nur die Personensorge einschließlich des Rechts, den Aufenthalt des Kindes zu bestimmen, und des Besuchsrechts (Buchst. c). *„Entführung"* (*„déplacement sans droit"*, *„improper removal"*, „unzulässiges Verbringen") bedeutet Verbringen ins Ausland entgegen einer vollstreckbaren Entscheidung, die in einem Vertragsstaat ergangen ist; ferner das Zurückbehalten des Kindes im Ausland nach Ablauf der Zeit des Besuchsrechts oder eines anderen Kurzaufenthalts sowie das Verbringen ins Ausland oder das Behalten dort, wenn es erst nachträglich in einem Vertragsstaat durch Entscheidung für rechtswidrig erklärt wird (Buchst. d; sog *chasing order*). Unter *„Besuchsrecht"* (*„droit de visite"*, *„right of access"*) versteht das Abkommen (und ebenso das Haager Entführungsabkommen, unten c) das Recht des nicht sorgeberechtigten Elternteils, das Kind vorübergehend bei sich zu haben.

In jedem Vertragsstaat ist eine *Zentralstelle* („zentrale Behörden") zu bestimmen (Art. 2; ebenso nach dem Haager Entführungsabkommen, unten c).

Solche Zentralstellen haben sich eingebürgert. So hat nach dem New Yorker Übereinkommen über die Geltendmachung von Unterhaltsansprüchen im Ausland von 1956 (oben S. 205 f.) und dem Europäischen Übereinkommen betreffend Auskünfte über ausländisches Recht von 1968 (oben S. 445) jeder Vertragsstaat Übermittlungs- und Empfangsstellen einzurichten. Empfangsstellen sind zu bestimmen nach den beiden Haager Abkommen über die Zustellung im Ausland von gerichtlichen und außergerichtlichen Schriftstücken von 1965 (oben S. 199) und über die Beweisaufnahme im Ausland in Zivil- und Handelssachen von 1970 (oben S. 200). Nach dem Haager Abkommen zur Erleichterung des internationalen Zugangs zu den Gerichten von 1980 (oben S. 214) sind zentrale Empfangs- und Übermittlungsstellen zu bestimmen. Siehe auch oben S. 805 zum KSÜ.

Die Zentralstellen der Vertragsstaaten sollen *zusammenarbeiten,* in anhängigen Verfahren tatsächliche und rechtliche Auskunft geben, sich auf Verlangen über das Sorgerecht ihres Staats und seine Entwicklung erklären, sich über Schwierigkeiten bei der Anwendung des Abkommens unterrichten und nach Kräften Hindernisse beseitigen (Art. 3).

Wer in einem Vertragsstaat eine Sorgerechtsentscheidung herbeigeführt hat und sie in einem anderen Vertragsstaat anerkannt oder vollstreckt haben will, kann sich an die *Zentralstelle jedes Vertragsstaats* wenden (Art. 4 I),. Bestimmte Urkunden sind vorzulegen (Art. 4 II). Ist die angerufene Zentralstelle nicht schon diejenige des Staats, in dem anerkannt und vollstreckt werden soll (*„Etat requis"*, *„State adressed"*, „ersuchter Staat"), dann übermittelt sie die Schriftstücke dorthin (Art. 4 III) und hält den Antragsteller auf dem Laufenden (Art. 4 V). Dies gilt, gleich ob das Kind entführt oder aus anderem Grund das Sorgerecht beeinträchtigt ist.

Der *Zentralstelle des ersuchten Staats* obliegt, das Kind zu finden, Schaden von ihm zu wenden, für Anerkennung oder Vollstreckung zu sorgen, die Rückgabe des Kindes an den Antragsteller zu sichern und die tätig gewordene Zentralstelle des anderen Vertragsstaats zu unterrichten (Art. 5 I). Außer den Kosten einer Rückführung des Kindes hat der Antragsteller nichts zu zahlen (Art. 5 III). Wenn die Anerkennung oder Vollstreckung abgelehnt wird, kann die Zentralstelle des ersuchten Staats auf Wunsch des Antragstellers für ein neues Verfahren und für die Vertretung des Antragstellers in diesem Staats sorgen (Art. 5 IV).

Eingehend geregelt wird, in welcher *Sprache* mit der Zentralstelle des ersuchten Staats zu verkehren ist (Art. 6).

Sorgerechtsentscheidungen, die in einem Vertragsstaat ergangen sind, werden in jedem anderen *anerkannt* und *vollstreckt* (Art. 7).

Die Zentralstelle des ersuchten Staats sorgt für *unmittelbare* Wiederherstellung des Sorgerechts, wenn bei Einleitung des Verfahrens im Entscheidungsstaat oder früherer Entführung Eltern und Kind diesem Staat angehörten, das Kind sich dort gewöhnlich aufhielt und die Zentralstelle eines Vertragsstaats binnen sechs Monaten seit Entführung angegangen wurde (Art. 8 I). Wenn hierfür im ersuchten Staat ein Gericht mitwirken muß, gilt im Verfahren keiner der Gründe, aus denen nach dem Abkommen die Anerkennung versagt werden darf (Art. 8 II). Ebenso ist es, wenn der Besuchsberechtigte das Kind nach Ablauf der ihm zustehenden Zeit zurückbehält (Art. 8 III).

Soweit unmittelbare Wiederherstellung des Sorgerechts (Art. 8) nicht Platz greift, aber eine Zentralstelle *binnen sechs Monaten nach Entführung* befaßt worden ist, können Anerkennung und Vollstreckung nur versagt werden in bestimmten Fällen einer Versäumnisentscheidung und des Widerspruchs zu einer im ersuchten Staat ergangenen Entscheidung (Art. 9 I). Das gleiche gilt, wenn ohne Einschaltung einer Zentralstelle binnen sechs Monaten seit Entführung Anerkennung und Vollstreckung beantragt werden (Art. 9 II). In keinem Fall wird die ergangene Entscheidung sachlich nachgeprüft (Art. 9 III).

In den *übrigen Fällen* können Anerkennung und Vollstreckung nur *versagt* werden (Art. 10 I):
- wenn die Entscheidung Grundprinzipien des Familienrechts im ersuchten Staat verletzt;
- wenn sie wegen veränderter Umstände (einschließlich Zeitablaufs, aber ausschließlich bloßen Aufenthaltswechsels) offenbar nicht mehr dem Kindeswohl entspricht; [z.B. es hat sich herausgestellt, daß der Stiefvater in Kalifornien, der vom Vater, einem Zeugen Jehowahs, in England die Kinder herausverlangt, Marijuana raucht (vgl. den freilich allein nach dem Kindeswohl entschiedenen, lesenswerten Fall *Re. C* [1978] 2 All E. R. 230, den *Jones* [oben Schrifttum vor aa] 473 anführt);
- wenn bei Einleitung des Verfahrens das Kind dem ersuchten und nicht dem Herkunftsstaat angehörte oder sich nur dort, nicht hier gewöhnlich aufhielt oder beiden Staaten angehörte und sich im ersuchten Staat gewöhnlich aufhielt;
- wenn die Entscheidung einer im ersuchten Staat ergangenen oder anerkannten Entscheidung widerspricht, die in einem Verfahren getroffen, das *vor* dem Anerkennungsverfahren eingeleitet worden ist, und wenn es dem Kindeswohl dient, die Anerkennung oder Vollstreckung abzulehnen.

Desgleichen können in diesen Fällen das Anerkennungs- und das Vollstreckungsverfahren *ausgesetzt* werden (Art. 10 II):
- wenn gegen die Entscheidung ein Rechtsmittel eingelegt ist;
- wenn im ersuchten Staat ein Sorgerechtsverfahren schwebt, das *vor* dem Verfahren eingeleitet worden ist, in dem die Entscheidung ergangen ist, deren Anerkennung oder Vollstreckung begehrt wird;
- wenn für eine andere Sorgerechtsentscheidung Anerkennung oder Vollstreckung beantragt ist.

Entscheidungen über das *Besuchsrecht* und Besuchsregeln in Sorgerechtsentscheidungen werden anerkannt und vollstreckt wie Sorgerechtsentscheidungen (Art. 11 I). Jedoch kann der ersuchte Staat Einzelheiten regeln (Art. 11 II). Ist keine Entscheidung über das Besuchsrecht ergangen oder wird die Anerkennung oder Vollstreckung der Sorgerechtsentscheidung abgelehnt, dann kann die Zentralstelle des ersuchten Staats auf Antrag dessen, der das Besuchsrecht geltend macht, ein Verfahren zur Entscheidung über das Besuchsrecht in Gang setzen (Art. 11 III).

Wenn zur Zeit der Entführung über die Grenze keine vollstreckbare Sorgerechtsentscheidung aus einem Vertragsstaat ergangen ist, gelten die Vorschriften des Abkommens für jede spätere Sorgerechtsentscheidung, welche die Entführung für rechtswidrig erklärt („*chasing order*") und in einem Vertragsstaat auf Antrag eines Interessierten getroffen ist (Art. 12).

An diese Regeln schließen sich Vorschriften, die das *Verfahren vereinfachen* sollen (Art. 13–16).

Jeder Vertragsstaat kann sich *vorbehalten,* in den Fällen des Art. 8 und/oder 9 auf allen oder einzelnen der in Art. 10 genannten strengeren Anerkennungsvoraussetzungen zu bestehen (Art. 17 I); jeder andere Vertragsstaat darf dann ihm gegenüber ebenso verfahren (Art. 17 II). Außerdem kann sich jeder Vertragsstaat vorbehalten, Art. 12 nicht anzuwenden; in diesem Fall gilt auch für seine Entscheidungen, die unter Art. 12 fallen, das Abkommen nicht (Art. 18).

Der Nutzen der Konvention wird unterschiedlich beurteilt. So fürchtet *Böhmer* RabelsZ 46 (1982), 651 f., das Verfahren im Anerkennungsstaat sei wegen der Last, bestimmte Urkunden vorzulegen (Art. 4 II, 13), zu schwerfällig. Dies könnte sich indessen einspielen. Aber sicher ist in Entführungsfällen Schnelligkeit alles: jeder Tag des Kindes im neuen Land droht, Unrecht in Recht zu verwandeln. Daher ist „jedes Rückführungsvorhaben ein Kampf gegen die Uhr" (*Böhmer* 648).

bb) Haager Entführungsabkommen

Schrifttum: oben vor aa. Ferner: *Anton* 30 (1981) Int. Comp. L. Q. 537–567; *Deschenaux* SchweizJahrbintR 37 (1981), 119–128; *Böhmer* RabelsZ 46 (1982), 644–652; *Dickey,* „Rights of custody" under the Child Abduction Convention, 64 (1989) A. L. J. 85 f.; *McClean,* „Return" of Internationally Abducted Children, 106 (1990) L. Q. Rev. 375–379; *McClean,* The Hague Child Abduction Convention – The Common Law Response, NILR 1993, 67–78; *Cretney,* Conventions and Convenience, 109 (1993) L. Q. Rev. 363–365; *Bruch,* Erfahrungen mit dem Haager Übereinkommen über die zivilrechtlichen Aspekte internationaler Kindesentführung, FamRZ 93, 745–754; *Lowe,* Problems Relating to Access Disputes under the Hague Convention on International Child Abduction, 8 (1994) Int.J.Fam.L. 374–385; *Savoleinen,* A Long, Long Way to the Hague – The Ratification and Implementation of International Child Abduction, in: *Bainham* (Hrsg.), The International Survey of Family Law 1994, Den Haag u. a. 1996, 227–240; *Pirrung,* The German Federal Constitutional Court Confronted with Punitive Damages and Child Abduction, Droz-Fschr. 1996, 341–355 (349–355); *Young,* The Hague Convention on Child Abduction in the Courts of England and Wales, IPRax 96, 221–224; *Kropholler,* Stellungnahme des Max-Planck-Instituts für ausländisches und internationales Privatrecht, RabelsZ 60 (1996) 405–506 (betr. OLG Hamm ebenda 475); *Klein,* Kindesentführung, Kindeswohl und Grundgesetz, IPRax 97, 106–109; *Álvarez González,* Nuovas „Medidas relativas al retorno de minores en supuestos de sustracción interacional" en la Ley de Enjuciamiento Civil, Rev.esp.der.int. 1997, 504–506; *van Iterson,* Het functioneren van het Haagse Kinderontvoeringsverdrag, Verslag van de Bijsondere Commissie van de Haagse Conferentie voor Internationaal Privaatrecht, 11–21 maart 1997, FJR 1997, 160–162; *Bach,* Das Haager Kindesentführungsübereinkommen in der Praxis, FamRZ 1997, 1051–1059; *Bailey-Harris,* Acquiescence under the Hague Convention on International Child Abduction, 113 (1997) L. Q. Rev. 520–533; *Borrás,* Conferencia de La Haya de Derecho Internacional Privado: tercera reunión de la Comisión especial sobre la aplicación del Convenio de La Haya de 1980 sobre sustracción internacional de menores, Rev.esp.der.int. 1997, 348–350; *Hlophe,* The Judicial Approach to ‚Summary Applications for the Child's Return': A Move Away from ‚Best Interests' Principles'?, 115 III (1998) S.A.L.J. 439–446; *Gutdeutsch* und *Rieck,* Kindesentführung: ins Ausland verboten – im Inland erlaubt?, FamRZ 98, 1488–1491; *Finger,* Haager Übereinkommen über die zivilrechtlichen Aspekte internationaler Kindesentführung vom 25. 10. 1980, ZfJ 99, 15–21; *Bruch,* Das Haager Kindesentführungsübereinkommen: Erreichte Fortschritte, künftige Herausforderungen, DEuFamR 99, 40–45; Entscheidungen zum Haager Kindesentführungsabkommen mit Anm. von *Hohloch,* ebenda 55–74.

Siehe auch Schrifttum zur 14. Haager Konferenz 7. Aufl. S. 174.

Das **Haager Abkommen über die zivilrechtlichen Aspekte internationaler Kindesentführung vom** 25. 10. **1980** (oben S. 200 a. E. f.) steht für Deutschland in Kraft (Zeitpunkt und Vertragsstaaten oben S. 201).

Es regelt die Verletzung des Sorgerechts nur im Fall der Entführung ins Ausland, will hier aber schneller helfen als das Europäische Abkommen (oben b). Deswegen widmet es sich nicht der immer etwas schwerfälligen Anerkennung und Vollstreckung von Entscheidungen. Vielmehr schafft es für **internationale Sachverhalte** (Kindesentführungen ins Ausland) **einheitliches materielles Recht.** Dessen Regeln sind vergleichbar dem vorläufigen (possessorischen) Schutz des Besitzers gegen verbotene Eigenmacht. Endgültig (petitorisch) wird entschieden in dem Staat, aus dem das Kind entführt ist. Da das Abkommen jedoch auch viel Organisatorisches enthält, kann man es außerdem „der internationalen Rechtshilfe in Zivilsachen zuordnen" (so *Böhmer* RabelsZ 46 [1982], 646 a. E., vgl. 650 a. E. f.).

Das Abkommen will das Sorge- und das Besuchsrecht schützen. Das *Sorgerecht* umfaßt die Personensorge, einschließlich des Rechts, den Kindesaufenthalt zu bestimmen (Art. 5 Buchst. a); das *Besuchsrecht* umfaßt das Recht, „das Kind für eine begrenzte Zeit an einen anderen Ort als seinen gewöhnlichen Aufenthaltsort zu bringen" (Art. 5 Buchst. b). Oft wird das Sorgerecht durch Überschreiten der Besuchszeit verletzt; doch kann auch der Sorgeberechtigte das Besuchsrecht verletzen, indem er das Kind fortschafft.

Ziel des Abkommens ist zu gewährleisten, „daß das in einem Vertragsstaat bestehende Sorge- und Besuchsrecht in den anderen Vertragsstaaten tatsächlich beachtet wird" (Art. 1 Buchst b), und „die *sofortige Rückgabe* widerrechtlich in einen Vertragsstaat verbrachter oder dort zurückgehaltener Kinder sicherzustellen" (Art. 1 Buchst. a). Hierfür sollen die Vertragsstaaten „ihre schnellstmöglichen Verfahren" benutzen (Art. 2).

Wann ein Kind als „*widerrechtlich*" verbracht oder zurückgehalten gilt, ist genau umschrieben (Art. 3; dazu Obergericht Zürich SchweizJZ 1990, 46, [öst]OGH [öst]-JurBl. 1991, 389; [öst]OGH IPRax 99, 177 mit Aufsatz von *Holl* 185–187; *Anton* 30 [1981] Int. Comp. L. Q 546).

Das Abkommen erfaßt Kinder, die sich unmittelbar vor dem Verbringen oder Zurückbehalten in einem Vertragsstaat *gewöhnlich aufgehalten* haben (Art. 4 S. 1; dazu [öst]OGH [öst]JurBl. 1990, 183 [184 unter 1] und BVerfG FamRZ 99, 85 [88 unter C III 2 a bb] = NJW 99, 631), und nur solange das Kind *noch nicht 16 Jahre* alt ist (Art. 4 S. 2). Ein jüngeres Kind fällt auch dann unter das Abkommen, wenn es seinen Aufenthalt selbst bestimmen darf (anders Art. 1 Buchst. a des Europäischen Abkommens); man wollte der Schnelligkeit zuliebe schwierige Rechtsfragen ausklammern (*Anton* aaO 545).

Für die Rückgabe entführter Kinder sorgen wie im Europäischen Übereinkommen (Art. 1, 2, oben S. 807 f.) *Zentralstellen* („zentrale Behörden"), die jeder Vertragsstaat für sein Land bestimmt (Art. 6). Die Zentralstellen der Vertragsstaaten *arbeiten zusammen* (Art. 7 I) und haben eine Fülle von Aufgaben (Art. 7 II) wie den Aufenthaltsort des Kindes zu ermitteln, auf gütliche Einigung zu dringen, allgemeine Auskünfte über das Recht ihres Staates zu erteilen, gerichtliche Schritte zu unternehmen, für unentgeltliche Rechtshilfe und Rechtsberatung, einschließlich der Beiordnung eines Anwalts, zu sorgen und Hindernisse bei der Anwendung des Abkommens nach Kräften zu beseitigen.

Jeder („Person, Behörde oder sonstige Stelle"), der geltend macht, ein Kind sei unter Verletzung des Sorgerechts („*d'un droit de garde*", „*of custody rights*") entführt oder zurückbehalten worden, kann sich an die *Zentralstelle jedes Vertragsstaats* wenden (Art. 8 I). Der Antrag muß bestimmte Tatsachen anführen und kann mit Schriftstücken, z. B. einer Sorgerechtsentscheidung oder -vereinbarung, versehen sein (Art. 8 II).

Die Zentralstelle, die einen solchen Antrag erhält, sei es vom Antragsteller oder von der Zentralstelle eines anderen Vertragsstaats, und die Grund hat anzunehmen, das Kind befinde sich in einem anderen Vertragsstaat, *leitet* den *Antrag weiter* an die dortige Zentralstelle und erteilt Abgabenachricht (Art. 9).

Die Zentralstelle des Staates, in dem sich das Kind aufhält, bemüht sich um freiwillige Rückgabe (Art. 10). Eingeschaltete Gerichte oder Verwaltungsbehörden haben *eilig* zu handeln (Art. 11 I); haben sie binnen sechs Wochen nicht entschieden, kann verlangt werden, daß sie die Verzögerung begründen (Art. 11 II).

Wenn bei einem zuständigen Gericht oder einer zuständigen Verwaltungsbehörde ein Rückgabeantrag eingeht und seit der Entführung noch kein Jahr vergangen ist, ordnet das Gericht oder die Behörde die *sofortige Rückgabe* an (Art. 12 I). Liegt die Entführung länger zurück, wird Rückgabe angeordnet, falls nicht bewiesen wird, daß sich das Kind am neuen Platz eingelebt hat (Art. 12 II). Art. 12 ist das Kernstück des Abkommens (*Anton* aaO 549; vgl. Obergericht Zürich SchweizJZ 1990, 46).

Auch dann kann die *Rückgabe abgelehnt* werden, wenn der (Person, Behörde oder sonstige Stelle), der sich der Rückgabe widersetzt, beweist, daß der Sorgeberechtigte (Person, Behörde oder andere Stelle) das Sorgerecht nicht ausgeübt oder dem Verbringen oder Zurückbehalten des Kindes vor- oder nachher zugestimmt hat oder daß die Rückgabe das Kind schwer gefährdet oder sonst in eine unzumutbare Lage bringt (Art. 13 I); dazu z. B. BVerfG IPRax 97, 123 = NJW 96, 1402 und IPRax 97, 124 = NJW 96, 3945, beide Entscheidungen mit Aufsatz von *Klein* IPRax 97, 106–109); BVerfG FamRZ 99, 85 (87 unter C II 1 b [auch zu Art. 20], 88 unter C III 2 a cc) = NJW 99, 631; BVerfG ebenda 641 (641 f. unter II 1, 2 c); BVerfG ebenda 642 (gewährt vorbeugend Vollstreckungsschutz gegen eine noch nicht ergangene OLG-Entscheidung).

Desgleichen, wenn ein Kind mit hinreichender Reife sich widersetzt (Art. 13 II; so OLG Brandenburg NJW-RR 97, 902 [Kinder von 11 und 12 Jahren]).

Schließlich auch dann, wenn die Rückgabe „nach den im ersuchten Staat geltenden Grundwerten über den Schutz der Menschenrechte und Grundfreiheiten unzulässig ist" (Art.20); dazu BVerfG FamRZ 99, 85 [88 f. unter C III 2 b: nach Art 103 I mit Art. 6 II 2 GG müsse das entführte Kind selbst nur ausnahmsweise gehört werden] = NJW 99, 631).

Bei Prüfung der Widerrechtlichkeit der Entführung oder des Zurückbehaltens können *Rechtssätze und Entscheidungen des Staates, in dem sich das Kind gewöhnlich aufhält,* formlos berücksichtigt werden (Art. 14). Es können aber auch Entscheidungen oder Bescheinigungen aus diesem Staat verlangt werden, wenn das möglich ist (Art. 15).

Daß im ersuchten Staat eine *Sorgerechtsentscheidung* ergangen oder anzuerkennen ist, bildet keinen Grund, die Rückgabe abzulehnen; jedoch können die Entscheidungsgründe berücksichtigt werden (Art. 17). Eine Rückgabeentscheidung gilt nicht als Entscheidung über das Sorgerecht (Art. 19).

Das *Besuchsrecht* wird ebenfalls geschützt: die Zentralstellen sollen behilflich sein (Art. 21); dazu vorzüglich OLG Bamberg NJW-RR 99, 515.

Beglaubigungen und andere Förmlichkeiten dürfen nicht verlangt werden (Art. 23).

Anträge und Schriftstücke ergehen in der*Ursprache* mit Übersetzung in die Sprache des ersuchten Staats und, falls solche schwer erhältlich, ins Französische oder Englische (Art. 24 I).

Das Verfahren ist frei von *Kosten* und Auslagen mit Ausnahme der Kosten, die durch die Rückgabe des Kindes entstehen (Art. 22, 26 I, II). Ausländern werden unentgeltliche Rechtshilfe und Rechtsberatung in jedem Vertragsstaat gewährt wie Inländern (Art. 25). Dem, der das Kind entführt oder zurückbehalten oder das Besuchsrecht vereitelt hat, können die Kosten des Antragstellers einschließlich der Kosten der Rückgabe des Kindes auferlegt werden (Art. 26 IV).

Sind Staaten Vertragsstaaten sowohl des Entführungsabkommens wie des *Abkommens über den Schutz Minderjähriger,* dann geht das Entführungsabkommen vor (Art. 34 Satz 1).

Vorbehalte sind nur erlaubt in der Sprachenfrage (Französisch oder Englisch kann als Übersetzungssprache ausgeschlossen werden: Art. 24 II) und bei den Kosten (die Übernahme von Anwalts- und Gerichtskosten kann beschränkt werden auf das, was nach dem eigenen Recht der Prozeßkostenhilfe zu tragen ist: Art. 26 III).

Der Aufmarschplan des Abkommens scheint gut. Ob er wirkt, hängt ab von der Zahl der Vertragsstaaten und von der Tüchtigkeit ihrer Zentralstellen.

Ein Staat kann auch beiden Abkommen, dem Haager wie dem Europäischen, beitreten und dadurch verstärkt den Entführungen zu Leibe rücken. Jedenfalls Frankreich, Portugal und die Schweiz haben sich hierfür entschieden. In der Bundesrepublik berät man darüber.

d) New Yorker Abkommen über die Rechte des Kindes

Schrifttum: 7. Aufl. S. 708 f. und Soergel X[12] Vor Art. 19 S. 1116 a. E. f. Ferner: *von Overbeck,* La Convention relative aux droits de l'enfant d'être entendu et represénté, Schnyder-Fschr., Freiburg/Schweiz 1995, 481–497; *Verschraegen,* Die Kinderrechtekonvention, Wien 1996; *Freeman* (Hrsg.), Children's Rights, A Comparative Perspective, Aldershot u. a. 1996; *Schütz,* Das Übereinkommen über die Rechte des Kindes, ZfJ 96, 297–299; *Verschraegen,* Gemeinsame Obsorge – ausländisches Recht und UN-Kinderrechtskonvention, OJZ 1996, 257–264; *Zimmermann,* Neuere Entwicklungen zum Verhältnis zwischen dem UN-Abkommen über die Rechte des Kindes und nationalem Familienrecht, IPRax 96, 167–174; *Lavallée,* La Convention internationale reletive aux droits de l'enfant et son application au Canada, Rev int. dr. comp. 1996, 605–630; *Malaurie,* Note Sem. jur. 1997, 208 f. (betr. erbrechtliche Gleichstellung ehelicher und nichtehelicher Kinder); *Mijnarends,* De Nederlandse rapportageverplichting in het licht van het internationale verdrag in zake de rechten van het kind, FJR 1997, 10–18; *Dell'Antonio,* La Convenzione sui diritti del fanciullo: lo stado di sua attuazione in Italia, Dir. Fam. 1997, 246–255; *Brötel,* Kinderrechte, Staatenpflichten: Überlegungen zum Verhältnis von Völkerrecht und innerstaatlichem Recht in der aktuellen Reformdiskussion, DAVorm. 97, 537–550; *Hug,* Die Konvention der Vereinten Nationen über die Rechte des Kindes – die Debatte in der Schweiz, ZfJ 97, 254–259; *St. Wolf,* Die UNO-Konvention über die Rechte des Kindes und ihre Umsetzung in das schweizerische Kindesrecht, ZBernJV 1998, 113–153; *Mazan,* Anhörung des Kindes, Art. 12 UNO-Kinderrechtekonvention, ebenda 234 f.; *Gouttenoire-Cornut,* Note zu Conseil d'Etat Sem. jur. 1998, 605 (betr. unmittelbare Anwendung des Art. 3 I der UNO-Konvention); *Ende,* Kulturelle Identität als notwendige Ergänzung des gemeinschaftsrechtlichen Gleichheitssatzes – Die UN-Kinderkonvention im Kontext der Unionsbürgerschaft, IPRax 98, 244–247.

Das New Yorker UN-Übereinkommen über die Rechte des Kindes vom 20. 11. 1989 (oben S. 95) regelt materielles Recht, nicht IPR: es gewährt Rechte auf Leben, Gesundheit, Familie u. a. Ob das materielle Recht Deutschlands in allen Punkten den Anforderungen des Abkommens genügt, mag zweifelhaft sein. Die Bundesregierung hat hierzu verlautbart (BGBl. 1992 II 990): „Die Regierung der Bundesrepublik Deutschland erklärt, daß sie ... die Ratifizierung des Übereinkommens zum Anlaß nehmen wird, Reformen des innerstaatlichen Rechts in die Wege zu leiten, die dem Geist des Übereinkommens entsprechen und die sie nach Artikel 3 Abs. 2 des Übereinkommens für geeignet hält, dem Wohlergehen des Kindes zu dienen. Zu den geplanten Maßnahmen gehört insbesondere eine Neuordnung des Rechts der elterlichen Sorge für Kinder, deren Eltern keine Ehe eingegangen sind, als verheiratete Eltern dauernd getrennt leben oder geschieden sind. ... Die Bundesrepublik Deutschland erklärt zugleich, daß das Übereinkommen innerstaatlich keine unmittelbare Anwendung findet. Es begründet völkerrechtliche Staatenverpflichtungen, die die Bundesrepublik Deutschland nach näherer Bestimmung ihres mit dem Übereinkommen übereinstimmenden innerstaatlichen Rechts erfüllt."

e) EU-Abkommen über die Rechtsstellung des Kindes

Text: Unif. L. Rev. 1996, 324–3412.

Schrifttum: *Jansen,* Een nieuw verdrag inzake de rechtspositie van het kind, FJR 1996, 132–137 (Text 137f.); *Baer* und *Marx,* Das Europäische Übereinkommen über die Ausübung von Kinderrechten, FamRZ 97, 1185–1187; *Trenczek,* Kinder haben Rechte – Kinderrechtskonvention und Kinderrechtshäuser, ZfJ 99, 170–173.

Das EU-Abkommen über die Ausübung von Kinderrechten vom 25. 1. 1996 (für Deutschland noch nicht in Kraft) will das New Yorker Abkommen über die Rechte des Kindes ergänzen. Hauptsächlich regelt es materielles Verfahrensrecht; IPR und internationales Verfahrensrecht enthält es nicht.

6. Interlokales Recht

Schrifttum: *Lingelbach,* Das Recht des außerhalb einer Ehe geborenen Kindes, in *Jayme* und *Furtak* (Hrsg.), Der Weg zur deutschen Rechtseinheit, 1991, 253–261; *Brüggemann,* Die Auswirkungen des EINIGUNGSVERTRAGES auf die Führung von Amtsvormundschaften, Amtspflegschaften und Amtsbeistandschaften unter dem KJHG, in: *Wiesner* und *Zarbock* (Hrsg.), Das neue Kinder- und Jugendhilfegesetz (KJHG), 1991, 213–237.

a) Privatrecht der früheren DDR und Ost-Berlins

*Materiell*rechtlich war die *Gleichberechtigung* von Mann und Frau im Osten auch für ihr Verhältnis zu den ehelichen Kindern *voll* durchgeführt: „Die elterliche Gewalt (Recht und Pflicht, für Person und Vermögen des Kindes zu sorgen) steht beiden Eltern gemeinschaftlich zu" (DDR: § 16 Ges. über Mutter- und Kindesschutz und die Rechte der Frau vom 27. 9. 1950, GBl. 1039; Ost-Berlin: § 16 einer entsprechenden VO vom 13. 10. 1950, VOBl. I 315). Die Einzelregelung findet sich in §§ 42–53 FGB.

Die nichtehelichen Kinder waren im Osten den ehelichen näher gerückt. Art. 33 der ersten Verfassung der DDR vom 7. 10. 1949 (in Kraft getreten am selben Tag) lautete:

„Außereheliche Geburt darf weder dem Kinde noch seinen Eltern zum Nachteil gereichen. Entgegenstehende Bestimmungen sind aufgehoben."

Das war unmittelbar geltendes Recht (Art. 144 Verf.). Demgemäß sagte § 17 Ges. über den Mutter- und Kindesschutz und die Rechte der Frau (MKSchG) vom 27. 9. 1950 (GBl. 1037):

„Die nichteheliche Geburt ist kein Makel. Der Mutter eines nichehelichen Kindes stehen die vollen elterlichen Rechte zu, die nicht durch die Einsetzung eines Vormundes für das Kind geschmälert werden dürfen. Zur Regelung der Ansprüche gegen den Vater sollen die unteren Verwaltungsbehörden nur noch als Beistand der Mutter tätig werden.

Der Unterhalt, den die Mutter für das nichteheliche Kind zu beanspruchen hat, soll sich nach der wirtschaftlichen Lage beider Eltern richten."

In Ost-Berlin entsprach dem Art. 33 der ersten Verf. DDR und dem § 17 MKSchG fast wörtlich § 18 VO über den Mutter- und Kindesschutz und die Rechte der Frau (MKSchVO) vom 13. 10. 1950 (VOBl. I 315).

Die Ausgestaltung im einzelnen brachten §§ 42–65 FGB.

*International*privatrechtlich unterlag (wie die Abstammung, § 21 RAG, oben S. 787) das Verhältnis der Eltern zu ehelichen und nichtehelichen Kindern dem *Heimatrecht des Kindes* (§ 22 RAG, OG NJ 1976, 725).

Am 3. 10. 1990 ist das materielle und internationale Kindschaftsrecht der DDR außer Kraft getreten. Denn Art. 8 des Einigungsvertrags hat das Bundesrecht im Beitrittsgebiet eingeführt und damit das bundesdeutsche materielle, internationale und interlokale Kindschaftsrecht.

b) Interlokales Privatrecht

aa) Neufälle

Für Neufälle, d.h. für Sachverhalte der Kindschaft, die nach dem 3. 10. 1990 eintreten, gilt in Ost und West einheitlich das westdeutsche materielle, internationale und interlokale Recht der Kindschaft. Dies sagt für das *internationale* (und entsprechend für das interlokale) *Familienrecht allgemein* Art. 236 § 2 EGBGB (abgedruckt oben S. 740).

Eine *Ausnahme* galt nur insofern, als ein Teil des westlichen *materiellen* Rechts, nämlich §§ 1706–1710 BGB, im Osten nicht eingeführt war (oben a). Aber *interlokal*privatrechtlich unterlagen seit dem 3. 10. 1990 das westliche Sorgerecht der nichtehelichen Mutter hinsichtlich seiner Einschränkung durch §§ 1706–1710 BGB und ihr uneingeschränktes östliches Erziehungsrecht nach § 42 I 1 FGB dem einheitlich geltenden westlichen interlokalen Privatrecht (über dieses anschließend unter bb).

Diese Ausnahme ist *beseitigt:* §§ 1706–1710 sind aufgehoben durch Art. 1 Nr. 3 Gesetz zur Abschaffung der gesetzlichen Amtspflegschaft und Neuordnung des Rechts der Beistandschaft (Beistandsgesetz) vom 4. 12. 1997 (BGBl. I 2846). Statt ihrer sind durch Art. 1 Nr. 4 dieses Gesetzes in ganz Deutschland eingeführt §§ 1712–1717 BGB. Nach §§ 1712–1716 BGB wird auf Antrag des allein sorgeberechtigten Elternteils (praktisch der Mutter) des ehelichen oder nichtehelichen Kindes ohne Einschränkung der elterlichen Sorge das Jugendamt *Beistand* für die Feststellung der Vaterschaft und/oder die Geltendmachung von Unterhaltsansprüchen. Das Beistandschaftsgesetz ist nach seinem Art. 6 in Kraft getreten am 1. 7. 1998. Seitdem gilt ohne Einschränkung in ganz Deutschland nach Art. 236 § 2 EGBGB das internationale Kindschaftsrecht des EGBGB. Für das ihm entsprechende interlokale bleibt wegen der vollständigen Vereinheitlichung des materiellen Kindschaftsrechte kein Raum mehr.

bb) Altfälle

Für Kindschaftssachverhalte aus der Zeit vor dem 3. 10. 1990 bleibt es in den *neuen Bundesländern* nach Art. 236 § 1 EGBGB beim bisherigen internationalen und interlokalen Privatrecht, also bei § 22 RAG. Gegebenenfalls ist daher im Osten und Westen verschieden zu entscheiden (vgl. oben S. 42–44).

Im *Westen* ist bei *ehelichen* Kindern interlokalprivatrechtlich **Art 19 II 1 a.F. EGBGB** entsprechend anzuwenden. Daher entscheidet an Stelle des Heimatrechts das **interlokale Personalstatut** (S. 340f.). Maßgebend ist der damalige **gewöhnliche Aufenthalt.** Entscheiden sollte der Reihe nach das Recht des Gebiets (Ost oder West),

a) das im **maßgebenden Zeitpunkt** das interlokale Personalstatut **beider Eheleute** gewesen ist,
b) das nach der Heirat das **letzte** interlokale Personalstatut **beider Eheleute gewesen** ist,
c) das interlokale Personalstatut **Kindes.**

Nach dem Tod eines Gatten und solange er die **elterliche Sorge verloren** hatte, sollte entscheiden das Recht des Gebiets (Ost oder West), das im maßgebenden Zeitpunkt das interlokale Personalstatut des **anderen** bildete. Den rechtspolitisch bedenklichen **Art. 19 II 2 a.F. EGBGB** (7. Aufl. S. 690) sollte man nicht ins interlokale Privatrecht übernehmen.

Den rechtspolitisch überflüssigen **Art. 19 III a.F. EGBGB** (ebenda) sollte man ebenfalls interlokal nicht anwenden.

Bei *nichtehelichen Kindern* entscheidet im *Westen* über ihr Verhältnis zu den Eltern analog **Art. 20 II a.F. EGBGB** das **jeweilige interlokale Personalstatut des Kindes.**

Soweit danach im Osten oder Westen *Ostrecht* für die (eheliche) Kindschaft maßgibt, gilt *übergangsrechtlich* Art. 234 § 1 EGBGB: seit dem 3. 10. 1990 bestimmt über die Kindschaft das BGB. Einzelheiten regelt Art. 234 § 11, insbesondere dessen Abs. 4

bei Unterbringung des Kindes mit Freiheitsentziehung (vgl. § 1631 b BGB; dazu *MünchKommEinigungsvertrag-Hinz* Rz 564 S. 171 f.).

Im *Jugendschutz*recht entscheidet interlokal (wie international, oben S. 792) das Recht des Gebiets (Ost oder West), in dem sich das Kind aufhält.

Zum interlokalen *Unterhaltsrecht* oben S. 774 f.; zum interlokalen *Namensrecht* oben S. 530 a. E. f.; zum *interlokalen Verfahrensrecht* unten S. 928–933.

XI. Legitimation

Schrifttum: 7. Aufl. S. 721. Danach *Wittkowski,* Legitimation und Adoption eines nichtehelichen ausländischen Kindes durch seinen deutschen Vater – Fragen des IPR und des deutschen materiellen Rechts, MittRhNotK 96, 73–85; *Henrich,* Legitimation nichtehelicher Kinder trotz fehlender Statusverbesserung?, IPRax 96, 260–262; *Hepting,* Ausländische Legitimationen im deutschen Geburtenbuch, StAZ 1999, 97–102; *Schoeman,* Choice of Law and Legitimacy: Back to 1917, 116 II (1999) S.A.L. J. 288–298.

Die Legitimation durch nachfolgende Heirat oder durch Ehelicherklärung ist durch das KindRG beseitigt und zwar sowohl materiellrechtlich (Art. 1 Nr. 48 [Titelzahl falsch angegeben]) wie kollisionsrechtlich (Art. 12 Nr. 2). Weil sie jedoch in ausländischen Rechten, die eheliche und nichteheliche Kinder verschieden behandeln, noch vorkommt, braucht man eine Kollisionsnorm (vgl. oben S. 789 und auch OVG Hamburg FamRZ 98, 289 LS Nr. 4 zu § 17 Nr. 5 a.F. RuStAG). Die Legitimation steht der Adoption nahe und an der Adoptionskollisionsnorm hat das KindRG nicht gerüttelt; daher sollte man Art. 21 a.F. EGBGB, der das auf die Legitimation anwendbare Recht bestimmt, weiterhin befolgen.

1. Grundsätze

a) Legitimation durch nachfolgende Ehe

De lege ferenda entscheidet über die Legitimation durch nachfolgende Ehe, die eine Wirkung der Ehe ist, am besten das Recht, das die **persönlichen Wirkungen der Ehe** der Eltern beherrscht. So der Deutsche Rat für IPR mit der – schon bei der Ehelichkeit begegnenden (oben S. 779), m. E. unnötigen – Variante, daß bei verschiedenen Heimatrechten der Eltern das Kind auch dann legitimiert wird, wenn beide Heimatrechte die Legitimation eintreten lassen (*Beitzke* [Hrsg.], Vorschläge und Gutachten zur Reform des deutschen internationalen Personen-, Familien- und Erbrechts, 1981, 10, Legitimation I § A I). Die Wirkungen der Legitimation durch nachfolgende Ehe unterstellte der Deutsche Rat zutreffend dem für die eheliche Kindschaft maßgebenden Recht (ebenda § A II). Für die Zustimmung des Kindes und seiner Verwandten sollte das Heimatrecht des Kindes gelten (ebenda § C); doch dürfte solche Zustimmung nicht oft verlangt werden. M. E. sollte darüber hinaus das Recht des Kindes in dem freilich seltenen Fall entscheiden, daß die persönlichen Wirkungen der Elternehe dem Grundsatz des schwächeren Rechts folgen (oben S. 715).

Der Gesetzgeber ist dem Deutschen Rat für IPR gefolgt. Denn **Art 21 I, 23 a. F. EGBGB** bestimmen:

„Artikel 21
Legitimation

(1) Die Legitimation durch nachfolgende Ehe unterliegt dem nach Artikel 14 Abs. 1 für die allgemeinen Wirkungen der Ehe bei der Eheschließung maßgebenden Recht. Gehören die Ehegatten verschiedenen Staaten an, so wird das Kind auch dann legitimiert, wenn es nach dem Recht eines dieser Staaten legitimiert wird."

„Artikel 23
Zustimmung

Die Erforderlichkeit und die Erteilung der Zustimmung des Kindes und einer Person, zu der das Kind in einem familienrechtlichen Verhältnis steht, zu einer ... Legitimation ... unterliegen zusätzlich dem Recht des Staates, dem das Kind angehört. Soweit es zum Wohl des Kindes erforderlich ist, ist statt dessen das deutsche Recht anzuwenden."

Die Verweisung auf Art. 14 Abs. 1 EGBGB betrifft das *gesetzliche* Ehewirkungsstatut. Das *gewählte* (Art. 14 Abs. 2–4) bleibt außer Betracht (Begründung BTDrucks. 10/504 S. 69 a. E.).

Da in den bei uns zu entscheidenden Fällen gewöhnlich ein Elternteil deutsch ist (meist die Mutter), führt regelmäßig Art. 21 I 2 für das Zustandekommen der Legitimation auf das deutsche Recht (z. B. AG München StAZ 1987, 350; LG Frankfurt ebenda 349) und hier findet sie ab 1. 7. 1998 nicht mehr statt.

Art. 23 Satz 1 a. F. verweist „zusätzlich". D. h. das schwächere Recht dringt durch: alles, was das Statut der persönlichen Ehewirkungen und das Heimatrecht des Kindes an Zustimmung des Kindes und ihm familienrechtlich Verbundener fordern, muß vorliegen.

Soweit Art. 21 I 2 a. F., Art. 23 Satz 1 a. F. die Heimatrechte der Eltern und des Kindes über die Legitimation entscheiden lassen, gibt bei *Mehrstaatern* das von Art. 5 I EGBGB bestimmte Recht den Ausschlag (OLG Hamm FamRZ 90, 317 = StAZ 89, 314 [315]). Ist ein Elternteil *staatenlos* oder *Flüchtling*, dann gilt das Recht seines gewöhnlichen Aufenthalts (für einen Staatenlosen, der unter das New Yorker Abkommen fällt, sowie für einen Flüchtling, der unter das Genfer Abkommen fällt und für einen gleichgestellte Asylberechtigten oder Humanflüchtling das Recht seines Wohnsitzes), hilfsweise das Recht seines schlichten Aufenthalts; für volksdeutsche Flüchtlinge gilt deutsches Recht (oben S. 399–405).

Zur Berufung deutschen Rechts in *Art. 23 Satz 2* oben S. 781. Nach deutschem materiellen Recht brauchte niemand der Legitimation durch nachfolgende Ehe zuzustimmen.

Über die *Wirkungen* der Legitimation durch nachfolgende Ehe wird nichts gesagt. Jedoch soll das für die eheliche Kindschaft geltende Recht maßgeben (Begründung ebenda).

b) Ehelicherklärung

Wie die Legitimation durch nachfolgende Ehe der ehelichen Kindschaft sollte die Ehelicherklärung rechtspolitisch der nichtehelichen Kindschaft zugeordnet werden: maßgeben sollten das **Personalstatut des Vaters** für das Verhältnis von Vater und Kind und das **Personalstatut der Mutter** für das Verhältnis von Mutter und Kind, beide grundsätzlich *umwandelbar* hinsichtlich des *Zustandekommens* und *wandelbar* hinsichtlich der *Folgen* der Legitimation. *Normenwidersprüche* zwischen beiden Rechten sollten durch materiellrechtliche *Angleichung* überwunden werden (vgl. oben S. 310–319).

Der deutsche Rat für IPR wollte über Zustandekommen und Wirkungen der Ehelicherklärung allein das Heimatrecht des legitimierenden Elternteils (meist der Vater, im Ausland bisweilen auch die Mutter) zur Zeit der Legitimation oder, falls er vorher gestorben ist, zur Zeit seines Todes entscheiden lassen (hinsichtlich der Wirkungen wandelbar); Zustimmungen des Kindes und seiner Verwandten zur Ehelicherklärung sollten auch dem Heimatrecht des Kindes unterliegen (*Beitzke* [Hrsg.], Vorschläge und Gutachten zur Reform des deutschen internationalen Personen-, Familien- und Erbrechts, 1981, 10, Legitimation §§ B, C). Der Deutsche Rat für IPR spricht (in § B I 1) nicht von „Ehelicherklärung", sondern von „Legitimation in anderer Weise als durch nachfolgende Ehe", um auch andere Institute als die Ehelicherklärung zu erfassen (Begründung aaO 29), vor allem die islamische Legitimation durch Anerkenntnis.

Dem folgte der Gesetzgeber in **Art. 21 II a. F. EGBGB:**

„(2) Die Legitimation in anderer Weise als durch nachfolgende Ehe unterliegt dem Recht des Staates, dem der Elternteil, für dessen eheliches Kind das Kind erklärt werden soll, bei der Legitimation angehört oder, falls er vor dieser gestorben ist, zuletzt angehörte."

Die Zustimmung des Kindes regelt **Art. 23 a. F. EGBGB** (dazu oben a).

Die Ehelicherklärung auf Antrag des Vaters zerriß im deutschen Recht das Band zwischen Kind und Mutter: der Vater erhielt die elterliche Sorge (§ 1736 BGB; aufgehoben durch Art. 1 Nr. 48 KindRG [statt „Achte" lies in dieser Vorschrift „Siebente"]); die Mutter verlor sie (§ 1738; ebenso) und damit nach h. M. sogar das Umgangsrecht. Deswegen verlangte das BGB Einwilligung von Kind und Mutter (§ 1726 I 1; ebenso). Auch die Ehefrau des Vaters mußte einwilligen (§ 1726 I 2; ebenso). Aber diese Einwilligung war für Art. 23 EGBGB gleichgültig: zur Ehefrau des Vaters steht das Kind in keinem „familienrechtlichen Verhältnis".

Es fragt sich, ob die Zustimmung des *deutschen* Kindes zur Legitimation auf Antrag des Vaters oder des Kindes vom *Vormundschaftsgericht genehmigt* werden muß. Art. 22 II 2 a.F. EGBGB hatte das für die *Adoption deutscher* Kinder verlangt, weil bei uns heute – anders als bei der früheren Vertragsadoption (§ 1751 a.F. BGB) – zwar keine vormundschaftsgerichtliche Genehmigung mehr nötig ist (da der Vormundschaftsrichter die Adoption ausspricht [§ 1752 I 1] und vorher das Kindeswohl prüft [§ 1741 I a.F., I 1 n.F.]), bei einer Adoption nach ausländischem Recht aber richterliche Prüfung des Kindeswohl nicht vorgeschrieben sein mag. Den Art. 22 II 2 a.F. EGBGB hat Art. 2 Nr. 3 IPRG versetzt nach **§ 1761 I BGB** als dessen **Satz 4:** „Die Einwilligung bedarf bei unterschiedlicher Staatsangehörigkeit des Annehmenden und des Kindes der Genehmigung des Vormundschaftsgerichts." [Art. 1 Nr. 29 Buchst. a KindRG fügt jetzt diesem Satz verfeinernd an: „; dies gilt nicht, wenn die Annahme deutschem Recht unterliegt".]

Ähnlich liegt es aber bei der **Ehelicherklärung.** Sie wurde vom Vormundschaftsgericht ausgesprochen (§§ 1723, 1740 a I BGB; aufgehoben durch KindRG wie oben) und daher auf vormundschaftsgerichtliche Genehmigung der Einwilligung oder des Antrags des Kindes verzichtet (§§ 1726 I, 1740 c; aufgehoben durch KindRG wie oben). Deswegen ist auch hier im Wege materiellrechtlicher Angleichung (oben S. 310–319) entsprechend § 1746 I 4 a. und n.F. vormundschaftsgerichtliche Genehmigung zu verlangen (Soergel VIII[11] Art. 22 EGBGB Rz 5, S. 1143; LG Berlin DAVorm. 84, 939; *Winkler von Mohrenfels* RabelsZ 48 [1984], 362–364).

Bei *ausländischen* Kindern entscheidet deren Heimatrecht, ob ein Gericht die Einwilligung oder den Antrag des Kindes genehmigen muß,

c) Maßgeblicher Zeitpunkt

Es entscheiden die von Art. 21, 23 a.F. EGBGB berufenen Rechte (oben a, b) in dem **Zeitpunkt, in dem die Legitimation wirksam wird** (oder wirksam werden würde, falls sie gültig wäre). Durch späteren Wechsel des Personalstatuts wird die einmal gültige Legitimation nicht berührt. Das Legitimationsstatut ist **grundsätzlich unwandelbar.**

Beispiel: OLG Karlsruhe IPRspr. 1931 Nr. 96 = JFG 8, 116: Ein Erblasser hatte dreimal geheiratet. Während der ersten Ehe gebar ihm seine spätere zweite Frau einen Sohn. Es ging um dessen Erbrecht. Der Erblasser hatte die zweite Frau 1916 als Deutscher geheiratet. Nach deutschem Recht, das nach Art. 22 I (erste Fassung) EGBGB maßgab, war der Sohn legitimiert. Daß der Erblasser durch den Versailler Vertrag Franzose geworden war und nach damaligem französischen Recht Ehebruchskinder unter den vorliegenden Umständen nicht legitimiert wurden (Art. 331 a.F. c. civ.), gilt gleich. Das OLG kommt zu diesem Ergebnis nach französischem IPR (weil es mit Unrecht die Vorfrage der Legitimation unselbständig anknüpft: oben S. 826), ist aber mit Recht derselben Ansicht für das deutsche IPR. Zu diesem Fall *Rabel* I[2] 634 f.

Allerdings kann eine zunächst trotz nachträglicher *Heirat* unterbliebene *Legitimation* infolge eines Wechsels des Legitimationsstatuts *ex nunc* eintreten (streitig). Denn Ehe, nicht Heirat legitimiert in Wahrheit.

Deswegen sollte man auch *übergangsrechtlich* Art. 220 Abs. 2 und nicht 1 anwenden: gilt ab 1. 9.1986 ein neues Statut, das nachträgliche Heirat legitimieren läßt, während das Kind nach altem Recht nichtehelich geblieben war (ein freilich seltener Fall), dann ist das Kind, wenn die Ehe noch besteht, am 1. 9. 1986 ehelich geworden.

So LG Berlin FamRZ 88, 208; OLG Hamm FamRZ 88, 314 (318f. unter II 2 d) = IPRax 88, 179 LS mit zust. Anm. Red. (D.H.) = NJW-RR 88, 323 (325); AG Bonn IPRax 89, 397 LS mit Anm. Eed. [D. H.]).

Eine Legitimation ist „abgeschlossen" im Sinne von Art. 220 I EGBGB, wenn sie eingetreten oder (z.B. wegen Ablaufs der Frist für die Zustimmung des Kindes) endgültig gescheitert ist. Dazu OLG Karlsruhe IPRax 87, 251 LS mit Anm. Red. (D.H.); OLG Zweibrücken FamRZ 87, 1077 = IPRax 87, 382 LS mit Anm. Red. (D.H.) mit weiteren Nachweisen; KG FamRZ 87, 859 = IPRax 88, 237 (238) mit Aufsatz von *Dörner* 222–226; LG Berlin FamRZ 88, 208 (209); OLG Koblenz IPRax 90, 53 mit krit. Aufsatz von *Henrich* 33–36; AG Bonn IPRax 89, 397 LS mit Anm. Red. (D.H.); OLG Hamm FamRZ 91, 221.

Ein Statutenwechsel kann auch dadurch eintreten, daß das Statut der Legitimation für deren *Folgen* die *Regeln über die eheliche Kindschaft* beruft und diese (soweit das Haager Abkommen über den Schutz Minderjähriger nicht vorgeht) dem nach Art. 20 n.F. EGBGB wandelbaren Statut der Kindschaft zu entnehmen sind (oben S. 793).

2. Geltungsbereich

a) Arten der Legitimation

Manche Rechte kennen wie jetzt das deutsche keine Legitimation durch nachfolgende Ehe (islamisches Recht, Hindurecht Indiens). In den Rechten, die *zwischen ehelichen und nichtehelichen Kindern fast nicht mehr unterscheiden,* verschwindet die **Legitimation** als selbständige Einrichtung. Immerhin mag die Elternheirat die Rechtsstellung des Kindes noch geringfügig ändern; so den Kindesnamen in den osteuropäischen Rechten (z.B. AG Köln DAVom. 93, 106 für Polen), außer anscheinend Rumänien und Bulgarien (für Bosnien-Herzegowina vgl. OLG Hamm StAZ 84, 342).

Ob und wieweit eine Legitimation möglich ist, ergibt das Legitimationsstatut (Art. 21 a.F. EGBGB). Für die Einwilligung des Kindes und der ihm familienrechtlich Verbundenen (Art. 23 a.F. EGBGB) entstehen Angleichungsfragen, wenn das Personalstatut des Kindes die Legitimation (ganz oder im wesentlichen) nicht kennt und *deswegen* keine Einwilligung vorsieht.

Die Rechte des *„Anerkennungssystems"* geben zwar dem Kind gegenüber dem anerkennenden Elternteil fast die Stellung eines ehelichen Kindes (oben S. 777). Doch bleiben Unterschiede (z.B. Art. 334–1 c. civ.) und die **Legitimation durch nachfolgende Ehe** bleibt als selbständiges Gebilde zum Teil erhalten (z.B. Art. 331–332–1 c civ.), zum Teil verschwindet sie (z. B. in der Schweiz). Soweit sie verschwindet, ist gleichwohl zur Klarstellung der Rechtsstellung des Kindes nach § 31 II PStG (obwohl dieser durch Art. 3 Nr. 10 KindRG aufgehoben ist) die Legitimation als Folge der Elternheirat im Geburtenbuch und im elterlichen Familienbuch einzutragen (LG Stuttgart StAZ 94, 259 [260 unter 3]; AG Rottweil FamRZ 97, 767 = IPRax 97, 184 mit Anm. Red. [E. J]; OLG Stuttgart StAZ 99, 11 [12 unter II 2d]). Soweit sie erhalten bleibt, fordert auch sie das Anerkenntnis beider Eltern (Frankreich in vielen Fällen) oder wenigstens des Vaters (Niederlande); dennoch ist sie Legitimation (durch nachfolgende Ehe) im Sinne des Art. 23 a. F. EGBGB, nur eben eine beschränkte (nämlich bloß für den Fall der Anerkennung) zugelassene.

Allerdings wird die *Wahrheit des Anerkenntnisses* nicht geprüft und selbst bekannte Unwahrheit geduldet, außer wenn jemand die Legitimation durch Klage angreift. Ganz ähnlich war es aber bis 30. 6. 1998 bei uns (§§ 1600a a. F., 1600f a. F. BGB). Der Gedanke, daß Legitimation Abstammung voraussetzt (BGH 55, 188 [192 a. E.]), war preisgegeben: Anerkennungs- statt Abstammungsprinzip! Hauptsächlich geht es um Muttergatten, die – noch fester als bei der Einbenennung (oben S. 527 a. E. f.) ihren Mantel um vor- oder nichteheliche Kinder ihrer Frauen legen. Im Sinne des Art. 21 a. F. EGBGB ist das eine Legitimation (vgl. BGH 64, 19 [24] = NJW 75, 1072 [1073]; etwas anderes 3. Aufl. S. 378 und Soergel VII[10] Art. 22 Rz 14 S. 601).

Dagegen ist ein Gebilder eigener Art die *Legitimation des islamischen Rechts* (oben S. 281 f.), die zwar ebenfalls keine Abstammung, aber auch keine Elternheirat (Legitimation durch nachfolgende Ehe) und keinen Staatsakt (Ehelicherklärung) verlangt und auch keine Adoption bedeutet (kein Vertrag, kein Staatsakt). Doch ist auch die Legitimation islamischen Rechts dem Art. 21 II a. F. zu unterstellen, weil sie wie Legitimation (und Adoption) Ehelichkeit auf Umwegen schafft. Nur müssen dann, wenn nach Art. 23 a. F. deutsches Recht mitspricht, durch Angleichung im deutschen materiellen Recht Einwilligungsregeln analog der früheren deutschen Ehelicherklärung auf Antrag des Vaters entwickelt werden.

Z. B. BGH 55, 188 (197); 64, 19 (24); BGH IPRax 82, 192 mit Aufsatz von *Jayme* und *Goussous* 179 f. = NJW 82, 521; LG Berlin FamRZ 88; 208; LG Berlin StAZ 99, 12; vgl. oben S. 303.

Das gleiche gilt gegebenenfalls für Einwilligungen ausländischer Kinder nach deren Heimatrecht. Gegen Art. 6 EGBGB verstößt ein solcher Weg zur Ehelichkeit nicht.

Das **Vormundschaftsgericht** muß freilich die Einwilligung des deutschen Kindes nur **genehmigen,** (vgl. den aufgehobenen § 1723 BGB), soweit das Kind schon vor der Elternheirat eheliches Kind des Vaters sein soll (*Voss* StAZ 85, 64–67; a. A. OLG Köln IPRax 87, 378 mit abl. Aufsatz von *Klinkhardt* 360–366), woran kaum Interesse besteht. Denn die deutsche Legitimation durch nachfolgende Ehe erforderte keine

Genehmigung des Vormundschaftsgerichts (wenn auch gegebenenfalls Einwilligung des Kindes zur Vaterschaftsanerkennung: § 1600c I a.F. BGB). Bei einem ausländischen Kind sind die Genehmigungserfordernisse seines Heimatrechts zu beachten.

Zu türkischen Sondergesetzen, nach denen Kinder aus nur religiös geschlossenen und daher als Nichtehen geltenden Ehen durch *Eintragung im Personenstandsregister* legitimiert werden, siehe IPG 1974 Nr. 24 (Köln) S. 244–246; BayObLGZ 1986, 189 (194 a.E.f.).

b) Voraussetzungen

Das von **Art. 21 a.F.** berufene Recht herrscht über die Voraussetzungen der Legitimation. Hat z.B. schon das Vaterschaftsanerkenntnis legitimiert, dann legitimiert nicht mehr die *nachfolgende Ehe* (AG Bonn StAZ 86, 216 betr. Ghana; LG Rottweil FamRZ 96, 1301 betr. Kroatien). Gibt es im berufenen Recht keine Legitimation durch nachfolgende Ehe, dann kommt Art. 6 EGBGB in Betracht, falls kein tauglicher Ersatz (Legitimation islamischen Rechts, Adoption) zur Verfügung steht.

Streitig; vgl. LG Freiburg IPRspr. 1982 Nr. 97 für Afghanistan; OLG Zweibrücken IPRax 83, 43 mit krit. Aufsatz von *Wengler* 28–31 = IPRspr. 1982 Nr. 2 für Hindurecht Indiens; OLG Frankfurt StAZ 85, 71 für Algerien; KG FamRZ 87, 859 = IPRax 88, 237 (239) mit Aufsatz von *Dörner* 222–226 für Bundes- und Stammesrecht von Nigeria; BVerfG IPRax 89, 298 mit krit. Aufsatz von *Siehr* 283–287 = NJW 89, 1275 unter II für Algerien (Art. 30 a.F. EGBGB greift nur bei starker Inlandsberührung und Kindeswohl ein; betr. Art. 6 I, II GG).

Das Legitimationsstatut bestimmt, ob *Ehebruchskinder* legitimierbar sind; sind sie es nicht, wie häufig, so verstößt das nicht gegen Art. 6 (streitig; a.A.· z.B. BGH 50, 370 [375–378]; KG NJW-RR 94, 774 [775f.]). Das nach Art. 21 a.F. maßgebende Recht ergibt ferner bei der Legitimation durch nachfolgende Ehe, ob und wie die Eheleute das Kind *anerkennen* müssen (z.B. AG Weilburg NJW-RR 94, 457), ob der Ehemann *Vater* sein muß (dazu oben S. 777), ob die Legitimation *vom Gericht festgestellt* werden muß. Auch bei der Legitimation des islamischen Rechts unterliegt das Anerkenntnis, auf dem das ganze Gebilde fußt, dem Personalstatut des Anerkennenden.

Das nach **Art. 23 Satz 1 a.F. EGBGB** mitsprechende Personalstatut des Kindes regelt (wie die von Art. 21 a.F. berufenen Rechte und wie das nach Art. 23 Satz 2 a.F. notfalls maßgebende deutsche Recht) neben den Einwilligungen des Kindes und der ihm familienrechtlich Verbundenen auch, ob im Einzelfall solche Einwilligung *entbehrlich* ist (z.B. § 1726 III 1 a.F. BGB), ob und wie sie *ersetzt* werden kann (z.B. §§ 1727 a.F., 1729 I 1 a.F. BGB), ob statt der vorgängigen Einwilligung die nachträgliche *Genehmigung* ausreicht (z.B. BGH 64, 19 [28]), ob und wann der *gesetzliche Vertreter* oder das *Vormundschaftsgericht* zustimmen muß (z.B. § 1729 I 2 a.F. BGB; zur vormundschaftsgerichtlichen Genehmigung bei der Ehelicherklärung oben S. 818).

Art. 24 EGBGB, das Haager Vormundschaftsabkommen und das Haager Abkommen über den Schutz Minderjähriger, soweit es die Vormundschaft betrifft, gelten nicht für Maßnahmen des *Vormundschaftsgerichts* beim Zustandekommen einer *Legitimation.*

Vorfragen sind selbständig anzuknüpfen (oben S. 326). So nach Art. 20 I a.F. EGBGB, ob das Kind nichtehelich ist, und nach Art. 13 mit Art. 11, ob die Elternehe gültig ist (OLG Koblenz IPRax 90, 53 mit krit. Aufsatz von *Henrich* 33–36; a.A. vielleicht LG Rottweil IPRax 91, 421 LS mit Anm. Red. [D. H.] = NJW 92, 630 [631 unter C 2 a dd]).

Ist die Elternehe nach **Art. 13 III 1 EGBGB** Nichtehe, wenngleich nach dem Legitimationsstatut gültig, dann legitimiert sie nicht, wie wenn sie auch nach dem Legitimationsstatut Nichtehe wäre. Ist umgekehrt die Elternehe nach Art. 13 III 1 gültig, nach dem Legitimationsstatut Nichtehe, dann kann sie legitimieren, wie wenn sie auch nach dem Legitimationsstatut gültig wäre.

Ist die Nichtehelichkeit des Kindes durch deutsches oder in Deutschland anerkanntes Urteil festgestellt, dann bleibt es dabei für die Legitimation, auch wenn das Urteil im Staate, dessen Recht die Legitimation beherrscht, nicht anerkannt wird (KG NJW-RR 94, 774; vgl. oben S. 689).

Nicht in den Bereich von Vorfragen, sondern zur **Hauptfrage** der Legitimation selbst gehören Sonderregeln über die Mitwirkung von beschränkt geschäftsfähigen, von Eltern, Ehegatten, Vormündern, die *gerade für die Legitimation* ausgebildet sind. Als Vorfrage selbständig zu entscheiden ist nur, wer *überhaupt* beschränkt geschäftsfähig, Vater oder Mutter, Ehegatte oder Vormund ist (z.B. OLG München IPRspr. 1979 Nr. 97 [S. 334]; streitig; vgl. unten S. 832 zur Adoption).

c) Folgen

Das von **Art. 21 a.F. EGBGB** berufene Recht regelt die Folgen der Legitimation, ausgenommen den Namen des Kindes (Art. 10 EGBGB) und Unterhaltsansprüche zwischen den Parteien (Art. 18 EGBGB). Es regelt *Verwandtschaft* und *Schwägerschaft* (vgl. im BGB §§ 1736, 1740f a.F.) und *Beschränkungen* der nichtehelichen Mutter als Folge der Legitimation.

Soweit das von Art. 21 a.F. berufene Recht *keine Sonderregeln* über die Folgen einer Legitimation ausgebildet hat, sondern *allgemein* auf die Rechtsstellung eines ehelichen Kindes verweist, ist diese als „Nachfrage" nach dem Recht zu beurteilen, das gemäß Art. 19 II, III a.F. EGBGB die eheliche Kindschaft beherrscht (oben S. 333f.), soweit nicht Art. 10 a.F. EGBGB (Name) und Art. 18 EGBGB (Unterhalt) sowie das Haager Abkommen über den Schutz Minderjähriger vorgehen (vgl. BTDrucks. 10/504 S. 70).

Über Eingreifen von **Art. 3 III EGBGB** hinsichtlich des Kindesvermögens S. 369–378.

3. Verfahren

Für die **internationale Zuständigkeit** in Legitimationssachen der freiwilligen Gerichtsbarkeit hatte der Deutsche Rat für IPR folgende Vorschrift empfohlen:

„Für Entscheidungen, die eine Legitimation betreffen, sind die deutschen Gerichte international zuständig, wenn der legitimierende Elternteil oder das Kind

1. sich in Deutschland gewöhnlich aufhält oder
2. Deutscher ist."

(*Beitzke* [Hrsg.], Vorschläge und Gutachten zur Reform des deutschen internationalen Personen-, Familien- und Erbrechts, 1981, 10, Legitimation II § A).

Dem ist Art. 5 Nr. 5 IPRG in der Sache gefolgt. Er wählte als Standort für die neue Regelung der **Ehelicherklärung** den ersten Absatz des durch Art. 8 Nr. 2 KindRG aufgehobenen **§ 43 a I FGG.** Dieser lautete:

„(1) Für Entscheidungen, welche die Ehelicherklärung betreffen, sind die deutschen Gerichte zuständig, wenn der Vater oder das Kind

1. Deutscher ist oder
2. seinen gewöhnlichen Aufenthalt in Deutschland hat.

Diese Zuständigkeit ist nicht ausschließlich."

Die Absätze 1–3 des vorangegangenen § 43 a FGG (*örtliche* Zuständigkeit) wurden Absätze 2–4 des § 43 a n.F. FGG und der neue Abs. 3 erhielt (wegen der Anknüpfung auch an das Kind) folgenden Satz 3:

„Ist der Vater nicht Deutscher und hat er im Inland weder Wohnsitz noch Aufenthalt, so ist das Gericht zuständig, in dessen Bezirk das Kind seinen Wohnsitz oder, falls ein solcher im Inland fehlt, seinen Aufenthalt hat; die Sätze 1 und 2 gelten entsprechend."

Hier fehlt allerdings (mit oder ohne Absicht?) der Fall, daß das Kind Deutscher ist, aber im Inland weder Wohnsitz noch Aufenthalt hat; es müßte das Amtsgericht Schöneberg örtlich zuständig sein.

Daß nach § 43 a I 2 FGG die inländische internationale Zuständigkeit „nicht ausschließlich" ist, meint: Satz 1 gilt allseitig, d.h. auch zugunsten ausländischer Gerichte. Dagegen werden Statuts-, Fürsorgebedürfnis- und Verweisungszuständigkeit abgelehnt, weil die Interessenlage dem streitigen Verfahren nahekomme (Begründung aaO S. 94).

Wie man international*privat*rechtlich den Art. 21 a.F. EGBGB weiter anwenden sollte (oben S. 815 vor 1), empfiehlt es sich, international*verfahrens*rechtlich den § 43 a I FGG (und dessen Absätze 2–4, welche die örtliche Zuständigkeit regeln) weiterhin anzuwenden, wenn es um eine Ehelichkeitserklärung nach ausländischem Recht geht.

Die für das Zustandekommen einer Legitimation **im übrigen** (d.h. außer der Ehelicherklärung) **nötigen Amtshandlungen** fallen nach wie vor unter §§ 43 I, 35b FGG. Daher gelten auch für sie **Staatsangehörigkeits- Aufenthalts-, Fürsorgebedürfnis-, Statuts- und Verweisungszuständigkeit** (oben S. 796–798). Für die Staatsangehörigkeit- und Aufenthaltszuständigkeit kommt es auf Staatsangehörigkeit und Aufenthalt des jeweils *Betroffenen* an, z.B. auf die nichteheliche Mutter, wenn ihre Zustimmung ersetzt werden soll (vgl. den aufgehobenen § 1727 BGB).

In keinem Fall **hängt** die **internationale Zuständigkeit** deutscher und ausländischer Gerichte und Verwaltungsbehörden **davon ab, daß der Staat, dessen Recht** die **Legitimation beherrscht,** die **in einem anderen Staat getroffene Entscheidung anerkennt** (streitig; vgl. oben S. 704, 751, 798, unten S. 834, 847). Sonst würde man oft das Recht verweigern.

Die **Durchführung des Verfahrens** unterliegt grundsätzlich der *lex fori.*

Für die Legitimation *durch nachfolgende Ehe* verlangt das französische Recht (Art. 231 Abs. 3 a.F., 331–1 n.F. c. civ.), wenn nicht beide Eltern das Kind schon vor oder bei der Heirat anerkannt haben, ein *Urteil,* in dem *festgestellt* wird, daß das *Kind seit der Heirat „den Stand eines gemeinschaftlichen Kindes besessen* hat". Solch ein Feststellungsurteil muß gegebenenfalls das deutsche Gericht fällen, obwohl es in § 256 ZPO nicht vorgesehen ist (z.B: OLG Nürnberg IPRspr. 1950/51 Nr. 89 = SJZ 50, 909 mit Anm. von *Makarov;* streitig).

Für die **Anerkennung ausländischer Entscheidungen** gelten die allgemeinen Regeln (unten S. 905–926).

Die Legitimation durch nachfolgende Ehe wurde ins Geburtenbuch eingetragen nach § 31 I PStG. § 31 PStG ist aufgehoben durch Art. 3 Nr. 10 KindRG. Kam nach Ansicht des Standesbeamten die *Anwendung ausländischen Rechts* in Betracht, dann entschied das *Amtsgericht,* ob die Legitimation einzutragen war (§ 31 II 1 PStG; dazu z.B. BayObLG 1988, 6 = IPRax 89, 48 mit Aufsatz von *Dörner* 28–33). Dies war ein häufiger Fall der Anwendung ausländischen Rechts. Das gleiche galt, wenn im maßgebenden ausländischen Recht nichteheliche Kinder den ehelichen gleichstanden, jedoch Heirat der Eltern legitimierte oder „Restwirkungen der Legitimation" erzeugte (OLG Stuttgart StAZ 98, 320 für Serbien und ebenda 321 für Kroatioen). Wie Art. 21 a.F. EGBGB und § 43a I FGG wird man den § 31 PStG bei Maßgeblichkeit ausländischen Legitimationsrechts weiterhin anzuwenden haben (AG Heilbronn IPRax 99, 114 LS mit abl. Anm. Red. [DH]; a.A. [keine Eintragung] OLG Köln FamRZ 99, 529 und *Henrich* FamRZ 98, 1405 unter IV).

Statusänderungen, die *auf anderem Wege* erfolgen als durch Legitimation, unterliegen § 30 PStG, z.B. die Rechtsstellung, die im ausländischen das nichteheliche Kind erlangt, wenn der Vater es anerkennt (AG Lübeck StAZ 89, 209; BayObLG FamRZ 97, 1301 [1302 unter II 1 b cc]) und die Legitimation des islamischen Rechts (oben S. 281 f.; LG Berlin StAZ 99, 12).

4. Staatsverträge

Am 10. 9. 1970 beschloß die CIEC in **Rom** ein **Übereinkommen über die Legitimation durch nachfolgende Ehe** (für Deutschland nicht in Kraft, oben S. 96).

Text: StAZ 71, 284 f.; Riv. dir. int. priv.proc. 1978, 641–649.

Schrifttum: *Böhmer* StAZ 71, 272–275; *Edlbacher* (östZRvgl. 1976, 161–172; Österreichisches Standesamt 1976, 41–44 (Erläuterungen).

Das Kind wird legitimiert, wenn *entweder* das *Heimatrecht des Vaters* oder das Heimatrecht *der Mutter* die Legitimation eintreten läßt (Art. 1). Bestimmte Ausnahmen von der Legitimation können sich die Vertragsstaaten *vorbehalten,* z. B. wenn feststeht, daß die Gatten nicht die Eltern sind (Art. 2). Außer in den vorbehaltenen Fällen darf die Legitimation nicht versagt werden, auch nicht unter Anrufung des *ordre public* (Art. 3). Entscheidungen in Vorbehaltsfällen wirken nur im Entscheidungsstaat (Art. 4). Diese Vorschriften sind *„loi uniforme":* sie gelten, gleich welchem Staat die Eltern angehören (Art. 5 S. 1). Aber Kollisionsnormen der Vertragsstaate, die der Legitimation günstiger sind, bleiben in Kraft (Art. 5 S. 2).

Der Standesbeamte *vermerkt* die Legitimation im Zusammenhang mit dem *Geburtseintrag* (Art. 6 I). Der Vermerk darf nicht von einer vorgängigen Gerichtsentscheidung abhängig gemacht werden (Art. 6 II) wie z. B. nach dem durch Art. 3 Nr. 10 KindRG aufgehobenen § 31 II PStG).

Wird die Heirat in einem Vertragsstaat geschlossen und erklären die Gatten, gemeinsame Kinder zu haben, deren Geburt in einem anderen Vertragsstaat beurkundet ist, dann *benachrichtigt* der Standesbeamte des Heiratsorts den des Orts der Geburtsbeurkundung (näher Art. 7). *Geburtsurkunden* dürfen die Legitimation nicht erkennen lassen (Art. 8). Auch diese Regeln gelten, gleich welchem Staat die Eltern angehören, d. h. als *„loi uniforme"* (Art. 9).

Den Angehörigen eines Staats stehen im Sinne des Abkommen gleich *Flüchtlinge* und *Staatenlose,* die das Recht dieses Staats als Personalstatut haben (Art. 10).

Staaten, die dem Abkommen beitreten, können erklären, daß sie Art. 1–6 nicht anwenden wollen (Art. 13 I).

Zu den **Haager Unterhaltsabkommen** oben S. 764–768, 769–772. Zum **New Yorker** Übereinkommen über die **Geltendmachung von Unterhaltsansprüchen im Ausland** oben S. 205 f. Zum **Haager** Abkommen über den **Minderjährigenschutz** oben S. 799–803. Zum **Rom-**Übereinkommen über die **Erweiterung der Zuständigkeit der Behörden, vor denen nichteheliche Kinder anerkannt werden können,** oben S. 785, zum **Brüsseler** Übereinkommen über die **Feststellung der mütterlichen Abstammung nichtehelicher Kinder** oben S. 786 und zum **Münchener** Übereinkommen über die **freiwillige Anerkennung nichtehelicher Kinder** oben S. 786 f. Zum **deutsch-iranischen Niederlassungsabkommen** oben S. 195.

5. Interlokales Recht

a) Privatrecht der früheren DDR und Ost-Berlins

Materiell rechtlich hatte in der DDR und in Ost-Berlin das FGB die Ehelicherklärung nicht vorgesehen und die Legitimation durch nachfolgende Ehe in § 54 IV versteckt.

*International*privatrechtlich war anzuwenden § 21 RAG, der die Abstammung betrifft (*Lübchen* in : *Ministerium der Justiz* [Hrsg.], Internationales Privatrecht, Kommentar zum Rechtsanwendungsgesetz, Ost-Berlin 1989, § 21 Nr. 8 S. 79). Denn § 54 FGB bildet die Grundsatzvorschrift des Zweiten Kapitels („Feststellung und Anfechtung der Vaterschaft, Familienname des Kindes") des Dritten Teils des FGB („Eltern und Kinder"). Nach Art. 21 RAG entscheidet das Heimatrecht des Kindes bei Geburt (oben S. 787 a. E.).

Am 3. 10. 1990 hat Art. 8 des Einigungsvertrags das *Bundesrecht* im Beitrittsgebiet *eingeführt* und damit auch das bundesdeutsche materielle, internationale und interlokale Legitimationsrecht.

b) Interlokales Privatrecht

aa) Neufälle

Für Neufälle, d.h. für Legitimationen, die vom 3. 10. 1990 bis zum 30. 6. 1998 (Inkrafttreten des KindRG) erfolgten, gilt in Ost und West einheitlich das westdeutsche materielle, internationale und interlokale Legitimationsrecht. Dies sagt für das *internationale* (und entsprechend für das interlokale) *Familienrecht allgemein* Art. 236 § 2 EGBGB (abgedruckt oben S. 740).

bb) Altfälle

Für Legitimationen aus der Zeit vor dem 3. 10. 1990 bleibt es in den *neuen Bundesländern* nach Art. 236 § 1 EGBGB beim bisherigen internationalen und interlokalen Privatrecht, also bei § 21 RAG. Gegebenfalls ist daher im Osten und Westen verschieden zu entscheiden (vgl. oben S. 40–42).

Im *Westen* entscheidet *interlokalprivatrechtlich* an Stelle der Staatsangehörigkeit das **interlokale Personalstatut** (oben S. 407 f.), grundsätzlich also der **gewöhnliche Aufenthalt.**

Analog Art. 21 I 1 a.F. EGBGB gilt für die *Legitimation durch nachfolgende Ehe* das interlokale Statut der persönlichen Ehewirkungen (oben S. 725 f.).

Die *Ehelicherklärung* unterliegt entsprechend Art. 21 II a.F. dem interlokalen Personalstatut dessen, nach dem legitimiert werden soll. Wegen ihrer Abschaffung im Osten konnte sie nur stattfinden bei westlichem interlokalen Personalstatut dessen, nach dem legitimiert werden soll. Daher braucht auch Art. 23 a.F. EGBGB nicht analog angewandt zu werden.

Soweit danach im Osten oder Westen *Ostrecht* über die Legitimation entscheidet, gilt *übergangsrechtlich* Art. 234 § 1 EGBGB: seit dem 3.10. 1990 bestimmt über die Legitimation das BGB. Eine Einzelheit, nämlich den Beginn der Frist für den Antrag des Kindes auf Ehelicherklärung nach dem Tode des Vaters, regelt Art. 234 § 12 EGBGB.

Zum *interlokalen Namensrecht* oben S. 530 a.E.f., zum *interlokalen Unterhaltsrecht* oben S. 740 a.E.f.

Zum *interlokalen Verfahrensrecht* unten. S. 929–933. Der durch Art. 3 Nr. 10 KindRG aufgehobene § 31 II 1 PStG, nach dem das Amtsgericht entscheidet, ob eine Legitimation nach *ausländischem* Recht ins Geburtenbuch einzutragen ist, galt auch im Verhältnis zur DDR (OLG Köln StAZ 77, 15; streitig) und ist in Altfällen weiter anzuwenden.

XII. Adoption

Schrifttum: 7. Aufl. S. 731–733. Hervorzuheben: *König,* Die Annahme eines Kindes im Ausland, 1979; *Servicio sociale internazionale* (Hrsg.), I problemi dell'adozione internazionale alla luce della nuova normativa italiana: conflitti con leggi straniere e attuazione delle convenzioni internazionali, Rom 1983 (bespr. von *Ballarino* Rev.crit.dr.i.p. 1985, 238–240); *Opertti Badan,* L'adoption internationale, Rec. 1983 II 295–411; *Griep,* Anerkennung von Auslandsadoptionen, 1989; *Verhulst* und *Versluisden Bierman,* Buitenlandse Adoptiekinderen, Assen/Maastricht 1989 (bespr. von *Nota* FJR 1990, 94 f.); *Brioso Díaz,* La constitución de la adopción en el Derecho internacional privado, Madrid 1990 (bespr. von *Fernández Rozas* Rev.esp.der.int. 1990, 745–747); *Hohnerlein,* Zu den „Schwächen" einer peruanischen Volladoption, IPRax 90, 312–314; *Hohnerlein,* Internationale Adoption und Kindeswohl, 1991 (bespr. von *Samtleben* FamRZ 93, 32–34); *Verwilghen, Carlier, Debroux* und *Burlet,* L'adoption internationale en droit belge, Brüssel 1991; *Baumann,* Verfahren und anwendbares Recht bei Adoptionen mit Auslandsberührung, 1992; *Marx,* Perspektiven der internationalen Adoption, Adoptionsrecht und Adoptionspolitik in ausgewählten Staaten Asiens unter Berücksichtigung der UN-Deklaration über Jugendwohlfahrt, Pflegekindschaft und Adoption (1986), 1993. Ferner: *van Loon,* International Cooperation and Protection of Children with Regard to Intercountry Adoption, Rec. 1993 VII 1991–456; *Benicke,* Typenmehrheit im Adoptionsrecht und deutsches IPR, 1995; *Ziccardi,* Ordine pubblico e convenzioni internazionali nel riconoscimento di atti stranieri di adozione di minori, Riv.dir.int.priv.proc. 1995, 5–16; *dell'Antonio,* Convenzioni internazionali per l'adozione ed interesse del minore, Dir. Fam. 1995, 1093–1107; *Pineschi,* L'adzione da parte di persona singola: obblighi internazionali e profili internazionalprivatistici, Riv. dir. int. priv. proc. 1995, 313–340; *Germano,* L'adozione internazionale delle legge 4 maggio 1983 n. 184 alla Convenzione de l'Aja del 29 maggio 1993, Dir. Fam. 1995, 1567–1591; *Wittkowski,* Legitimation und Adoption eines nichtehelichen ausländischen Kindes durch seinen deutschen Vater – Fragen des IPR und des deutschen materiellen Rechts, MittRhNotK 96, 73–85; *Vaccaro,* L'adozione internazionale e la Convenzione de L'Aja, Dir. Fam. 1996, 1127–1162; *Manera,* Se i provvedimenti esteri di adozione di minori stranieri abbiano o meno efficazia automatica in Italia dopo l'entrata in vigore della legge n. 218 del 1995, ebenda 1163–1175; *Emanuele,* Il riconoscimento dei provvedimenti stranieri di adozione: interpretazioni giurisprudenziali e profili comparatistici, ebenda 1184–1212; *López Orellana,* La adopción internacional, Rev.gen.der. 1996, 8027–8068; *Kay,* Adoption in the Conflict of Laws: The USA, Not the UCCJA, Is the Answer, 84 (1996) Yale L. J. 703–755; *Dogliotti,* Sul diritto dell'adottato di conoscere l'identità dei propri genitori naturali, Dir. Fam. 1996, 1560–1567; *Esplugues,* El „nuevo" regimén jurídico de la adoción internacional en España, Riv. dir. int. priv. proc. 1997, 33–74; *Gonzáles Beilfuss,* La Ley Orgánica 1/1996, de 15 de enero, de Protección Juridíca del Menor, de modificación parcial del Código Civil y de la Ley de Enjuiciamiento Civil: normas sobre adopción internacional, Rev.esp.der.int. 1997, 501–504; *Menhofer,* Die Kafala des marokkanischen Rechts vor deutschen Gerichten, IPRax 97, 252–255; *Mottl,* Zur Vorfrage nach der Wirksamkeit einer Auslandsadoption, ebenda 294–301; *Klinkhardt,* Das Fehlen einer Adoptionseinwilligung im Wandel der Zeiten, ebenda 414–416; *Pietrangeli,* Richiamo internazionalprivatistico e applicazione del diritto del foro nell costituzione delle adozioni di minori secondo la legge di riforma, Riv. dir. int. priv. proc. 1998, 577–590 (nz); *Marx,* Das Dilemma mit der Anerkennung ausländischer Adoptionsbeschlüsse – Schwebezustand zu Lasten deutscher Adoptiveltern, ZfJ 98, 147–151; *Marx,* Zum Rechtsanspruch auf einen Adoptionsbericht (home study) bei internationalen Adoptionen, ZfJ 1999, 8–10; *Monéger,* Mise au point du Ministère de la Justice en matière d'adoption internationale, Sem.jur. 1999, 837–840; *Muir Watt* Note Rev.crit.dr.i.p. 1999, 112–121.

Schrifttum zum interamerikanischen Adoptionsübereinkommen von 1984 7. Aufl. S. 199f.

Rechtsvergleichend: Berghè Loreti (Hrsg.), L'adozione dei minori nelle legislazioni europee, Mailand 1986; *Heinrich,* Adoption in Lateinamerika, ZvglRW 86, 100–135; *Buonomo,* La tutela del minore nella prassi adottiva sudamericana a confronto con le metodologie italiane, Dir. Fam. 1997, 750–772; *Laroche-Gisserot,* L'adoption ouverte (open adoption) aux États-Unis: Règles, pratiques, avenir en Europe, Rev.int.dr.comp. 1998, 1095–1123; *Vahle,* Typenmehrheit bei der Minderjährigenadoption?, Das Beispiel Belgien, ZfJ 1999, 11–14.

In der Bundesrepublik wurden 1986 7875 Kinder adoptiert, davon 1115 ausländische, von denen 701 zur Adoption ins Inland gebracht worden waren (*Oberloskamp,* Wie adoptiere ich ein Kind?, Wie bekomme ich ein Pflegekind?[2], 1989, 25; neuere Zahlen StAZ 94, 395).

1. Grundsätze

a) Anwendbare Rechte

Die Adoption bringt den Annehmenden (Mann oder Frau) oder ein annehmendes Ehepaar ins Spiel. Im letzteren Fall sollte rechtspolitisch maßgeben das Recht, dem die **persönlichen Wirkungen der Ehe der Wahleltern** unterliegen. Nimmt ein Einzelner an, dann ist die Herrschaft seines **Personalstatuts** rechtspolitisch richtig. Für die *Folgen* der Adoption sollten diese Statuten *wandelbar* sein.

Das *Zustandekommen* der Adoption sollte außerdem nach dem Grundsatz des schwächeren Rechts *unwandelbar* unterstellt werden dem **Personalstatut des Kindes.** Zwar könnte man auch hier, wenn ein eheliches Kind angenommen wird, das Recht der persönlichen Ehewirkungen der Elternehe entscheiden lassen und bei Adoption eines nichtehelichen Kindes die Personalstatuten der Eltern. Aber da hier das Kind aus einer Hand in die andere übergeht, ist es wünschenswert und genügt, das Kindesrecht zu beachten. Dies um so mehr, als oft Erwachsene adoptiert werden, während die Legitimation Erwachsener (Figaro) vergleichsweise selten ist.

Auch der Deutsche Rat für IPR wollte bei Einzeladoption das Heimatrecht des Annehmenden, bei Adoption durch ein Ehepaar das Recht der persönlichen Wirkungen ihrer Ehe berufen (*Beitzke* [Hrsg.], Vorschläge und Gutachten zur Reform des deutschen internationalen Personen-, Familien- und Erbrechts, 1981, 11, Annahme als Kind I § A Abs. 1). Das Heimatrecht des Kindes sollte nicht bei Zustandekommen der Adoption im Ganzen, sondern nur für Zustimmungen des Kindes und seiner Verwandten mitreden (Abs. 2). Dem folgen im wesentlichen **Art. 22** und (i.d.F. von Art. 12 Nr. 3 KindRG) **Art. 23 EGBGB:**

„Artikel 22

Annahme als Kind

Die Annahme als Kind unterliegt dem Recht des Staates, dem der Annehmende bei der Annahme angehört. Die Annahme durch einen oder beide Ehegatten unterliegt dem Recht, das nach Artikel 14 Abs. 1 für die allgemeinen Wirkungen der Ehe maßgebend ist.

Artikel 23

Zustimmung

Die Erforderlichkeit und die Erteilung der Zustimmung des Kindes und einer Person, zu der das Kind in einem familienrechtlichen Verhältnis steht, zu einer … Annahme als Kind unterliegen zusätzlich dem Recht des Staates, dem das Kind angehört. Soweit es zum Wohl des Kindes erforderlich ist, ist statt dessen das deutsche Recht anzuwenden.“

Soweit nach Art. 22 Satz 1 (Einzeladoption) das Heimatrecht des Annehmenden und nach Art. 23 Satz 1 für die Zustimmung des Kindes dessen Heimatrecht maßgibt, unterliegen *Mehrstaater, Staatenlose* und *Flüchtlinge* eigenen Regeln wie bei der Legitimation durch nachfolgende Ehe (oben S. 816).

Nach Art. 22 Satz 2 soll das Statut der persönlichen Ehewirkungen auch dann gelten, wenn *nur einer der Gatten* das Kind *annimmt* (so im Fall LG Hamburg FamRZ 99, 253). Die Begründung verweist auf § 1741 II BGB (BTDrucks. 10/504 S. 72). Das Ehewirkungsstatut ist jedoch nur angemessen, wenn durch die Annahme eines Gatten das Kind ein gemeinschaftliches wird.

Als *Ehewirkungsstatut* beruft Art. 22 Satz 2 nur das gesetzliche, nicht das zulässigerweise gewählte (oben S. 714–717).

Art. 23 Satz 1 berücksichtigt das *Kindesrecht* nur für seine und seiner Verwandten Zustimmung. Begründet wird das damit, man wolle internationale Adoptionen nicht zu sehr behindern (Begründung aaO S. 71). Man sollte sie aber auch nicht auf Kosten des Kindes begünstigen: das Kind hätte Anspruch auf Wahrung aller Adoptionserfordernisse seines Heimatrechts gehabt.

Zum Erfordernis *vormundschaftsgerichtlicher Genehmigung* der *Einwilligung* des *deutschen Kindes* nach Art. 23 Satz 1 oben S. 821. Hat ein ausländisches Gericht die Adoption ausgesprochen, so erkennen wir seine Entscheidung nach § 328 ZPO oder § 16a FGG an, auch wenn die nach dem von Art. 23 Satz 1 berufenen Recht nötige vormundschaftsgerichtliche Genehmigung der Einwilligung des Kindes fehlt (z.B. AG Offenburg und [im selben Fall] LG Offenburg IPRspr. 1988 Nr. 220a und b). Ist dagegen durch Vertrag adoptiert und die Annahme vom Gericht bloß *genehmigt,* dann wirkt die Adoption (wenn ihre Voraussetzungen nach dem maßgebenden Recht erfüllt sind) als Rechtsgeschäft und §§ 328 ZPO, 16a FGG bleiben aus dem Spiel (a.A. mit Unrecht VGH Kassel NJW-RR 94, 391).

Wegen Art. 23 Satz 2 (*Zustimmung* des *Kindes nach deutschem Recht*) oben S. 781.

b) Maßgeblicher Zeitpunkt

Es entscheidet das Heimatrecht des Annehmenden (Art. 22 Satz 1) oder das Statut der persönlichen Ehewirkungen der oder des annehmenden Gatten (Art. 22 Satz 2) in dem **Augenblick, in dem die Adoption wirksam wird** (oder wirksam würde, wenn sie gültig wäre). Späterer Statutenwechsel ändert an der Wirksamkeit oder Unwirksamkeit der Adoption nichts mehr. Das Adoptionsstatut ist also **grundsätzlich unwandelbar.**

Soweit das die Adoption beherrschende Recht für deren Folgen die *Regeln über die Kindschaft* beruft (unten S. 833) und diese (soweit das Haager Abkommen über den Schutz Minderjähriger nicht vorgeht) dem nach Art. 21 n.F. EGBGB wandelbaren Statut der Kindschaft zu entnehmen sind (oben S. 822 a.E., 789 a.E., 333f.), kann sich das maßgebliche Recht ändern.

2. Geltungsbereich

a) Arten der Adoption

Manche Rechte kennen keine Adoption (Islam). Immerhin gibt es in islamischen Rechten adoptionsähnliche Gebilde wie die Kafala des marokkanischen Rechts, die darin besteht, daß sich jemand gegenüber einem Kind zu Unterhalt und Beistand verpflichtet (AG Frankfurt a.M. IPRax 97, 264 mit Aufsatz von *Menhofer* 252–255; OLG Karlsruhe FamRZ 98, 56 [57 unter II 2] = IPRax 99, 49 LS mit Anm. Red. [E.J.]).

Ob und wieweit adoptiert werden kann, ergibt das von Art. 22 Satz 1 oder 2 berufene Recht.

Für die Einwilligungen des Kindes und der ihm familienrechtlich Verbundenen (Art. 23 Satz 1) entstehen Angleichungsfragen, wenn das Personalstatut des Kindes keine Adoption kennt und *deswegen* keine Einwilligung vorsieht. Hier wird eine Adoption meist ausscheiden: man wird Art. 23 Satz 1 insoweit erweiternd auslegen müssen. Nur sehr zurückhaltend darf man mit Hilfe von Art. 23 Satz 2 deutsches Recht anwenden (oben S. 781).

In vielen Ländern (wie früher auch bei uns) wird adoptiert durch *Vertrag.* In einer Reihe von Staaten (und auch bei uns heute) wird sie vollzogen durch Staatsakt, nämlich durch Entscheidung eines *Gerichts* oder einer *Verwaltungsbehörde;* so in den meisten Einzelstaaten der USA, in England, Italien und in den Ländern Osteuropas. Der Unterschied ist nicht groß. Denn ein *Vertrag* muß in der Regel gerichtlich genehmigt oder bestätigt werden und ein *Gericht* oder eine *Verwaltungsbehörde* darf die Adoption nur aussprechen, wenn die Beteiligten eingewilligt haben. Daher fallen sowohl die Vertragsadoption (vgl. VGH Mannheim NJW 92, 3117) als auch die Adoption durch Staatsakt unter Art. 22 (unstreitig). Nur muß, wenn nach Art. 23 Satz 1 das Heimatrecht des Kindes mitspricht, durch Angleichung in dessen materiellem Recht eine „Einwilligung" des Kindes für nötig erachtet werden, ähnlich wie oben S. 820 für die islamische und französische Legitimation ausgeführt (z.B. BGH FamRZ 60, 229 [231]).

b) Voraussetzungen

Das von **Art. 22 Satz 1 oder 2** berufene Recht herrscht über die Voraussetzungen der Adoption. So entscheidet es, ob Adoption erlaubt ist (BayObLG FamRZ 97, 841 = NJW-RR 97, 644 [645 unter 3 b]), ob gegenüber adoptionslosen islamischen Rechten Art. 6 EGBGB eingreift (im Zweifel nicht, vgl. OLG Karlsruhe FamRZ 98, 56 = IPRax 99, 49 LS mit Anm. Red. [E.J.]), über die *Altersgrenzen* für Annehmenden und Kind, darüber, ob der Annehmende *kinderlos* sein muß, und über die Voraussetzungen und Wirkungen einer *Irrtumsanfechtung.*

Z.B. wollte 1962 der 88jährige *Somerset Maugham* seinen 57jährigen Privatsekretär adoptieren. Maughams 1915 unter romantischen Umständen in Rom geborene Tochter Lady Hope widersprach mit Erfolg. Das *Tribunal de Grande Instance Nizza* ließ offen, ob englisches oder französisches Recht die Adoption beherrschte, da das englische Recht Minderjährigkeit des Angenommenen, das französische Recht Kinderlosigkeit des Annehmenden verlange (D. Jur. 1964, 347 mit Anm. von *Delvolvé* = Rev.crit.dr.i.p. 1966, 424 mit Anm. von *Foyer*).

Für die Adoption eines Ausländers durch einen Deutschen, um dem Ausländer Aufenthaltsrecht bei uns zu verschaffen (**„Scheinadoption"**), gilt anderes als für „Scheinehen" (oben S. 688). Denn nach § 1741 I 1 n.F. (§ 1741 I a.F.) BGB muß zu erwarten sein, daß ein Eltern-Kind-Verhältnis entsteht. Solche Scheinadoptionen sind daher unzulässig.

Das Adoptionsstatut bestimmt auch, *wieviel Kinder* man annehmen darf.

Beispiel: André-Pierre Sabbe (47), Monteur eines belgischen Unternehmens, adoptiert in einem somalischen Flüchtlingslager alle dort lebenden Kinder, nämlich 30903. Mogadischu macht ihn dafür zum Ehren-Staatsbürger. Der Schlaumeier verlangt in Belgien als Kindergeld (umgerechnet) Millionen DM im Monat. (Express 29. 9. 81 Nr. 225 S. 1; den Fall verdanke ich Herrn Professor Dr. *Hilmar Krüger.*)

Das von **Art. 23 Satz 1** berufene Personalstatut des Kindes gilt „zusätzlich", d.h. kumulativ (oben S. 816).

Es regelt (wie die von Art. 22 Satz 1 und 2 berufenen Rechte und wie das nach Art. 23 Satz 2 notfalls eingreifende deutsche Recht) neben den Einwilligungen des Kindes und der ihm familienrechtlich Verbundenen auch, ob im Einzelfall solche Einwilligung *entbehrlich* ist (z.B. §§ 1747 IV, 1749 III, 1767 II, 1768 I 2 BGB), ob und wieweit sie *ersetzt* werden kann (z.B. §§ 1748, 1749 I 2, 3, 1767 II, 1768 I 2 BGB), ob statt der vorgängigen Einwilligung nachträgliche *Genehmigung* ausreicht, ob der *gesetzliche Vertreter* oder das *Vormundschaftsgericht* zustimmen muß (z.B. §§ 1746 I 2, 4 [i.d.F. von Art. 1 Nr. 29a KindRG], 1750 III, 1767 II, 1768 I 2 BGB; vgl. auch oben S. 816).

Beispiel: Philippinin, Anfang 30, wird für 10000 DM 62jährigem, verheirateten, bayerischen Gastwirt verkauft, der mit ihr im Keller der Wirtschaft ehelich zusammenlebt. Sie wird schwanger, schießt sich in den Kopf, kommt ins Krankenhaus, wird entbunden und stirbt am selben Tag. Gastwirt will das Kind adoptieren, Amtsvormund verweigert Einwilligung, Gastwirt beantragt, sie zu ersetzen. BayObLG IPRax 90, 127 LS mit Anm. Red. (D.H.) = ZfJ 89, 558: deutsches Recht gibt Maß nach Art. 22 S. 1 EGBGB, Einwilligung wird nach § 1746 I, III n.F. BGB nicht ersetzt, weil mit triftigem Grund verweigert.

Ist in eine Adoption eingewilligt, erlaubt jedoch das Heimatrecht des Kindes bloß eine *schwache,* während das Adoptionsstatut eine *starke* verlangt, dann steht dies fehlender Einwilligung gleich (Cass. Civ. 1re D.S. Jur. 1991, 105 mit Anm. von *Boulanger;* OLG Frankfurt FamRZ 92, 985 mit Anm. von *Zenger* 93, 595–597 = NJW-RR

92, 777). Erst recht gilt dies, wenn das Heimatrecht des Kindes keine Adoption kennt (Cass. Civ. 1re Sem. jur. 1997, 423 [Nr. 22916] mit Anm. von *Garé*).

Anders, wenn das Heimatrecht des Angenommenen *keine Erwachsenenadoption* vorsieht wie Polen (LG Wuppertal MittRhNotK 92, 325; dahingestellt BayObLG StAZ 96, 171 [171 a.E.f. unter II 4 b]). Denn Art. 23 will *Kinder* schützen. Rechtspolitisch freilich wäre (bei Kindern und Erwachsenen) volle Berücksichtigung des Personalstatuts des Angenommenen erwünscht (oben a S. 828).

Art. 24 EGBGB, das Haager Vormundschaftsabkommen und die Haager Abkommen über den Schutz Minderjähriger und zum Schutz von Kindern, soweit sie die Vormundschaft betreffen, gelten nicht für Maßnahmen des *Vormundschaftsgerichts* beim Zustandekommen einer *Adoption.*

Vorfragen sind selbständig anzuknüpfen (oben S. 326; BayObLG StAZ 96, 171 [unter II 4 a]). Nicht in den Bereich von Vorfragen, sondern zur **Hauptfrage** der Adoption selbst gehören Sonderregeln über die Mitwirkung von beschränkt Geschäftsfähigen, von Eltern, Ehegatten, Vormündern, die *gerade für die Adoption* ausgebildet sind. Als Vorfrage selbständig zu entscheiden ist nur, wer *überhaupt* beschränkt geschäftsfähig, Vater oder Mutter, Ehegatte, Vormund ist.

Z.B. LG Augsburg FamRZ 73, 160 (161 unter II 3); OLG München IPRspr. 1979 Nr. 97 (S. 334); streitig; näher Soergel X[12] Rz 123 vor Art. 3 EGBGB, S. 58f.

Beispiel: Eine 20jährige Schwedin gebiert 1921 in Hamburg ein nichteheliches Kind. Einige Tage nach der Geburt erklärt sie sich einverstanden damit, daß das Kind von einem deutschen Ehepaar adoptiert wird. Der Adoptionsvertrag wird 1924 vom AG Hamburg bestätigt. Die Ehe der Wahleltern wird geschieden. Das Kind bleibt bei der Wahlmutter. Diese verheiratet sich wieder. Die Schwedin heiratet den nichtehelichen Vater. Dann klagt sie gegen die Wahlmutter und deren Ehemann auf Herausgabe des Kindes. Sie hält die Adoption für ungültig, weil ihre Einwilligung nach schwedischem Recht zu beurteilen und danach nichtig sei, da ihr gesetzlicher Vertreter nicht zugestimmt habe.

RG 125, 265 = IPRspr. 1929 Nr. 89 stellt zunächst fest, daß nach dem gemäß Art. 22 I a.F. [22 n.F.] EGBGB maßgebenden deutschen Recht die Mutter ohne Zustimmung des gesetzlichen Vertreters einwilligen konnte (§ 1748 II 2 a.F. [1750 III 2 n.F.] BGB). Nach schwedischem Adoptionsrecht beurteilt es die Einwilligung der Mutter nicht: zwar war das Kind Schwede, aber das RG erweitert Art. 22 II 1 a.F. EGBGB nicht zur allseitigen Kollisionsnorm (entgegen der 5. Aufl. S. 581 a.E. f. vertretenen Ansicht). Es lehnt dann weiter (mit Recht) die Berücksichtigung schwedischen Rechts ab als des nach Art. 20 a.F. EGBGB für das Verhältnis von Mutter und Kind maßgebenden und als des nach Art. 7 a. [u. n.] F. EGBGB für die Geschäftsfähigkeit der Mutter maßgebenden: ob die Mutter in eine *Adoption* einwilligen müsse und ob sie in eine *Adoption* ohne Zustimmung des gesetzlichen Vertreters einwilligen könne, bestimme das von Art. 22 a.F. berufene Recht; denn Art. 22 gehe als Sondervorschrift den Artikeln 20 a.F. und 7 a.F. vor. Der wirkliche Grund (den übrigens das RG erkennbar im Auge hat) ist allerdings nicht, daß Art. 22 a.F. Sondervorschrift ist, sondern daß in dem von ihm berufenen *materiellen* Recht (in *casu* §§ 1747 S. 1 a.F. [1747 I, II n.F., 1747 I 1 i.d.F. von Art. 1 Nr. 30 KindRG], 1748 II 2 a.F. [1750 III 2 n.F.] BGB) für die Adoption Sonderregeln ausgebildet sind.

c) Folgen

Das von Art. 22 Satz 1 oder 2 berufene Recht regelt die Folgen der Adoption, ausgenommen den Namen des Adoptivkinds (Art. 10 EGBGB) und Unterhaltspflichten (Art. 18 EGBGB). Es bestimmt z.B., ob eine Adoption mit minderen Wirkungen („*schwache*“ Adoption) in eine solche mit stärkeren Wirkungen *verwandelt* werden kann (vgl. AG Leonberg IPRax 86, 306 LS mit Anm. Red. [E.J.] und unten S. 835) und umgekehrt. Es regelt *Verwandtschaft* und *Schwägerschaft* (vgl. im BGB §§ 1754 n.F.–1756 n.F., 1767 II, 1770, 1772 n.F.).

Sehr streitig ist das *gesetzliche Erbrecht* des Adoptivkinds. M.E. regelt das Adoptionsstatut den familienrechtlichen Status, soweit er erbrechtlich bedeutsam ist (z.B. „wird eheliches Kind des Annehmenden“, „bleibt nichteheliches Kind seiner Mutter“), das Erbstatut die Folgen aus dem Status (z.B. die Erbquote des ehelich gewordenen Kindes des Annehmenden, des nichtehelich gebliebenen Kindes seiner Mutter). Näher Soergel VIII[11] Art. 22 EGBGB Rz 73 S. 1170. Ebenso BGH IPRax 90, 55 mit Aufsatz von *Beitzke* 36–41 = NJW 89, 2197 OLG Düsseldorf FamRZ 98, 1627; *Soergel-Schurig* X[12] Art. 25 EGBGB Rz 28 S. 1306f. Siehe auch *Opertti Badan* Rec. 1983 II 373–375; *Beitzke* Firsching-Fschr. 1985, 19–25; *Klaus Müller* NJW 85, 2058–2061; KG FamRZ 88, 434 mit krit. Anm. von *Gottwald* und mit abl. Anm. von *Lüderitz* 881 = NJW 88, 1471.

Soweit das von Art. 22 Satz 1 oder 2 berufene Recht *keine Sonderregeln* über die Adoptionsfolgen ausgebildet hat, sondern *allgemein* auf die Rechtsstellung eines Kindes verweist, ist diese „Nachfrage“ nach dem Recht zu beurteilen, das nach Art. 21 EGBGB die Kindschaft beherrscht (oben S. 822, 789, 333f.), soweit nicht Art. 10 (Name) und Art. 18 (Unterhalt) und das Haager Abkommen über den Schutz Minderjähriger vorgehen (vgl. BTDrucks. 10/504 S. 72).

Über Eingreifen von **Art. 3 III EGBGB** hinsichtlich des Kindesvermögens oben S. 370.

d) Aufhebung

Die von Art. 22 Satz 1 oder 2 und von Art. 23 berufenen Rechte gelten auch für die Aufhebung der Adoption: der Rückweg unterliegt denselben Rechten wie der Hinweg (vgl. BGH IPRax 88, 251 LS mit Anm. Red. [E.J.]).

3. Verfahren

Für die **internationale Zuständigkeit** in Adoptionssachen hatte der Deutsche Rat für IPR folgende Vorschrift empfohlen (*Beitzke* [Hrsg.], Vorschläge und Gutachten zur Reform des deutschen internationalen Personen-, Familien- und Erbrechts, 1981, 11, Annahme als Kind II § A):

„Für Entscheidungen, die eine Annahme als Kind betreffen, sind die deutschen Gerichte international zuständig, wenn der Annehmende oder einer der annehmenden Ehegatten oder das Kind

1. sich in Deutschland gewöhnlich aufhält

oder

2. Deutscher ist.“

Dem ist Art. 5 Nr. 6 IPRG in der Sache gefolgt. Er wählt als Standort für die neue Regelung den ersten Absatz des **§ 43b FGG.** Dieser sagt: „(1) Für Angelegenheiten, welche die Annahme eines Kindes betreffen, sind die deutschen Gerichte zuständig, wenn der Annehmende, einer der annehmenden Ehegatten oder das Kind

1. Deutscher ist oder
2. seinen gewöhnlichen Aufenthalt im Inland hat.

Diese Zuständigkeit ist nicht ausschließlich."

Gegenüber dem früher geltenden Recht (Soergel VIII[11] Art. 22 EGBGB Rz 58 S. 1166) ist hier (dem Deutschen Rat für IPR folgend) klargestellt: deutsche Staatsangehörigkeit oder gewöhnlicher Inlandsaufenthalt „*eines der annehmenden Ehegatten*" genügt, deutsche Gerichte international zuständig zu machen. Dies wird auch für die *örtliche* Zuständigkeit in den sonst sachlich unveränderten § 43b II–IV FGG (vorher § 43b I–III FGG) übernommen.

Wie bei der Ehelicherklärung ist bei der Adoption die internationale Zuständigkeit nicht ausschließlich und sind Statuts-, Fürsorgebedürfnis- und Verweisungszuständigkeit weggelassen (näher oben S. 823f.).

Der Bundesrat hatte die Bundesregierung gebeten zu prüfen, ob Verfahrensvorschriften nötig seien, damit deutsche Gerichte *Vertragsadoptionen* ausländischen Rechts *bestätigen* könnten (BTDrucks. 10/504 S. 100). Die Bundesregierung hat – m.E. mit Recht – erwidert, es genüge, §§ 56d–f FGG entsprechend anzuwenden (ebenda S. 105). Vgl. zu „wesensfremden" Tätigkeiten in Nachlaßsachen unten S. 872.

Wie fast immer (Ausnahme § 606a I 1 Nr. 4 ZPO) **hängt** auch in Adoptionssachen die **internationale Zuständigkeit nicht davon ab, daß der Staat, dessen Recht die Adoption beherrscht,** die **in einem anderen Staat getroffene Entscheidung anerkennt** (z.B. *Jayme* IPRax 83, 132, aber streitig; vgl. oben S. 824).

Die **Durchführung des Verfahrens** unterliegt der *lex fori* (BayObLG FamRZ 97, 841 = NJW-RR 97, 644 [645 unter 3 c aa, cc (1)], betr. Antragserfordernis und Beschwerderecht; vgl. unten S. 902).

Für die **Anerkennung ausländischer Adoptionsentscheidungen** gelten die allgemeinen Regeln (unten S. 905–926). Sie gelten insbesondere auch für Dekretadoptionen.

Z.B. AG Bonn IPRax 84, 36 mit Aufsatz von *Schurig* 25–27 = IPRspr. 1982 Nr. 106 betr. Sri Lanka; AG Berlin-Schöneberg IPRax 83, 190 mit Aufsatz von *Jayme* 169f. betr. Brasilien; OLG Zweibrücken StAZ 85, 132 betr. Brasilien; AG Mainz StAZ 84, 102 betr. Peru; AG St. Ingbert IPRax 84, 43 LS mit Anm. Red. (E.J.) = StAZ 83, 317 betr. Peru; LG Ravensburg StAZ 84, 39 mit krit. Anm. von *Eichert* betr. Peru; LG Tübingen IPRax 86, 236 mit krit. Aufsatz von *Schurig* 221–225 betr. Südafrika; LG Tübingen StAZ 86, 42 mit Anm. von *v. Mangoldt* 250 betr. Schweiz; OVG Berlin InfAuslR 86, 137 betr. Türkei; AG Höxter IPRax 87, 124 LS mit Anm. Red. (E.J.) betr. Jordanien; LG Stuttgart FamRZ 89, 1339 = IPRax 90, 335 mit Aufsatz von *Hohnerlein* 312–314 betr. Peru; AG Karlsruhe StAZ 90, 264 betr. Bulgarien; AG Bonn

StAZ 92, 41 betr. Rumänien; AG Diepholz StAZ 96, 334 betr. Kasachstan (Adoption durch Beschluß von Stadtverwaltung); zu Peru *Voss* StAZ 84, 94–96 (Texte 97). Allgemein *Hepting* StAZ 86, 306–309.

Allerdings wird man verlangen müssen, daß das Kind und die ihm familienrechtlich Verbundenen nach Maßgabe des Heimatrechts des Kindes zugestimmt haben.

So AG Diepholz StAZ 96, 334, Soergel VIII[11] Art. 22 EGBGB Rz 67 S. 1169; a. A. LG Offenburg StAZ 88, 355 mit Aufsatz von *Beitzke* StAZ 90, 68f., LG Berlin FamRZ 90, 1393 (vorbehaltlich des ordre public nach § 16a Nr. 4 FGG), AG Rottweil IPRax 91, 129 LS mit Anm. Red. (E. J.) = NJW 91, 1425 (ebenso).

Zur (problematischen) *Wiederholung* von Auslandsadoptionen im Inland LG Ravensburg, AG Höxter und LG Stuttgart oben; OLG Frankfurt FamRZ 92, 985 mit Anm. von *Zenger* 93, 595–597 = NJW-RR 92, 777; OLG Köln IPRax 97, 128 LS mit Anm. Red (D. H.); *Lüderitz* Beitzke-Fschr. 1979, 604; *Staudinger-Henrich*[13] Art. 22 Rz 100–102 S. 251–253; oben S. 832 a. E. f.

4. Staatsverträge

Am 28. 10. **1964** beschloß man im **Haag** ein **Übereinkommen über die Zuständigkeit der Behörden, das anwendbare Recht und die Anerkennung von Entscheidungen auf dem Gebiet der Adoption** (für Deutschland nicht in Kraft, oben S. 213).

Text: *Massfeller,* Familienrecht für Standesbeamte II, 1965 143–150 (Art. 1–18).

Schrifttum: R. DN. (*Rodolfo De Nova*), Il progetto preliminare dell'Aja sull'adozione internazionale, Dir. Int. 1963, 199–204 (Text des Vorentwurfs ebenda 204–206); *Schwind* StAZ 65, 33–37 (mit Text Art. 1–18); *Unger* 28 (1965) Mod. L. Rev. 463–465; *de Winter* WPNR 1965, 353–355, 365–367, 395–397 (mit Text Art. 1–13, 15, 22); *von Steiger,* Die zwischenstaatliche Adoption von Kindern, hrsg. vom Service Social International, o. J.; *Delupis,* International Adoptions and the Conflict of Laws, Stockholm 1975, 22–37; *Glick,* Adoption in the Conflict of Laws: Australia Joins the Hague Conference on Private International Law, 49 (1975) A. L. J. 181–187. Siehe auch die Schrifttumsangaben 7. Aufl. S. 173 zur 10. Haager Konferenz.

Das Abkommen regelt zunächst seinen *persönlichen Geltungsbereich.* Es gilt nur, wenn alle Beteiligten (Annehmender, annehmendes Ehepaar, Kind) einem Vertragsstaat angehören und sich auch in einem Vertragsstaat gewöhnlich aufhalten; außerdem muß das Kind unter 18 Jahre alt sein (Art. 1). Annehmende Eheleute müssen demselben Vertragsstaat angehören und sich im selben Vertragsstaat (nicht notwendig ihrem Heimatstaat) gewöhnlich aufhalten (Art. 2 Buchst. a). Das Abkommen gilt nicht, wenn alle Beteiligten demselben Vertragsstaat angehören und sich in ihm auch gewöhnlich aufhalten (Art. 2 Buchst. b).

Das Abkommen gilt auch dann nicht, wenn über die Adoption eine Behörde entschieden hat, ohne nach Art. 3 zuständig gewesen zu sein (Art. 2 Buchst. c). In solchem Fall ist die Adoption nicht notwendig unwirksam. Es gilt vielmehr das gewöhnliche IPR: die Konvention ist nicht „exklusiv" (*Schwind* StAZ 65, 35 a. E. f.).

Die *internationale Zuständigkeit* von Behörden (Gerichte sind immer einbegriffen) ist geknüpft an den Annehmenden oder das annehmende Ehepaar: sie wird begründet durch den gewöhnlichen Aufenthalt des Annehmenden (ein annehmendes Ehepaar muß sich im selben Staat gewöhnlich aufhalten) oder durch die Staatsangehörigkeit des Annehmenden oder durch die gemeinsame Staatsangehörigkeit des annehmenden Ehepaars (Art. 3 I). Diese Tatsachen müssen sowohl bei Beginn der behördlichen Tätigkeit wie bei der Entscheidung über die Adoption gegeben sein (Art. 3 II).

Anwendbares Recht ist die *lex fori,* praktisch das Heimat- oder Aufenthaltsrecht des oder der Annehmenden (Art. 4 I). Doch kann der Heimatstaat durch einen Vorbehalt bei Zeichnung, Ratifikation oder Beitritt zum Abkommen die Behörden des

Aufenthaltsstaats an bestimmte Adoptionsvoraussetzungen seines materiellen Rechts binden (Art. 4 II mit Art. 13). Das Heimatrecht des Kindes entscheidet, ob das Kind selbst oder ihm Nahestehende zustimmen müssen oder anzuhören sind (Art. 5 I).

Die Adoption muß dem *Kindeswohl* dienen; dessen Ermittlung durch internationale Zusammenarbeit wird eingehend geregelt (Art. 6).

Auch die Regeln über internationale Zuständigkeit und anwendbares Recht für *Nichtigkeitserklärung* und *Widerruf* der Adoption gehen ins einzelne (Art. 7). Nichtigkeit betrifft grundsätzlich Mängel vor der Adoption, Widerruf grundsätzlich Mängel nach der Adoption (*Schwind* aaO 36f.).

Adoptionsentscheidungen zuständiger Behörden sind in den anderen Vertragsstaaten *anzuerkennen;* Feststellungen der entscheidenden Behörde über Tatsachen, die ihre Zuständigkeit begründen, sind bindend (Art. 8). Jede Behörde hat ihre Entscheidungen anderen Vertragsstaaten *mitzuteilen,* in denen Interesse an der Entscheidung besteht (Art. 9).

Staatenlose oder Personen mit ungeklärter Staatsangehörigkeit werden behandelt wie Angehörige des Staates, in dem sie sich gewöhnlich aufhalten (Art. 10).

Ist im Heimatstaat eines Beteiligten das Recht *räumlich* oder *persönlich gespalten,* dann entscheidet einheitliches interlokales oder interpersonales Privat- und Verfahrensrecht dieses Staates, hilfsweise die engste Verbindung („*le lien le plus effectif*") des Beteiligten mit einem der Teilrechtsgebiete (Art. 11; ebenso z.B. Art. 14 des Abkommens über den Schutz Minderjähriger, oben S. 801 a.E.f., und Art. 1 II des Testamentsform-Abkommens, unten S. 877).

Gegenüber Vorschriften des Abkommens darf ein Vertragsstaat seinen *ordre public* nur einsetzen, wenn er *„offenbar« (manifestement)* verletzt ist (Art. 15; vgl. oben S. 475).

Das Abkommen regelt nur Zustandekommen und Fortbestand der Adoption. Es schweigt über ihre *Wirkungen.* Man konnte sich nicht einigen (*Schwind* aaO 37). Gleichwohl bedeutet es einen Fortschritt.

Am 29. 5. **1993** beschloß man im **Haag** ein **Abkommen über Schutz von Kindern und Zusammenarbeit bei internationaler Adoption** (für Deutschland noch nicht in Kraft, oben S. 215).

Text: 40 (1993) NILR 292–306; Entwurf der Spezialkommission: Dir. Fam. 1993, 924–938.

Schrifttum: *van Iterson,* Op de weg naar een nieuw Haags Adoptieverdrag, Commission spéciale van de Haagse Conferentie voor Internationaal Privaatrecht, NTIR 1990, 147–154; *Borrás,* Conferencia de La Haya de Derecho Internacional privado: Comisión especial sobre la adopción de niños procedentes de extranjero (La Haya 11–21 de junio de 1990), Rev.esp.der.int. 1990, 696–698; *Marx,* Zur Perspektive eines neuen Haager Übereinkommens über die internationale Zusammenarbeit und den Schutz von Kindern auf dem Gebiet grenzüberschreitender Adoptionen, StAZ 93, 1 bis 5; *van Loon,* Introductory Note on the Hague Convention of 29 May 1993 on Protection of Children an Co-operation in Respect of Intercountry Adoption, Rev.dr.unif. 1993 I–II, 76–81 (Text 236–267; Empfehlung zur Anwendung der Konvention, Den Haag, 21. 10. 1994, Text ebenda 268–271); *A. Bucher,* L'avant-projet d'une Convention de La Haye sur l'adoption internationale, SZIER 1993, 153–174 (Text 174–182); *Sturlèse,* La Convention de La Haye du 29 mai 1993 sur la protection des enfants et la coopération en matière d'adoption internationale, Sem. jur. Doctrine 1993, 427–433 (Text 433–436) (Nr. 3710); *Meyer-Fabre,* La Convention de La Haye du 29 mai 1993 sur la protection des enfants et la coopération en matière d'adoption internationale, Rev.crit.dr.i.p. 1994, 259–295; *Rieter-van den Bergh,* Haags adoptieverdrag 1993, FJR 1994, 173–176; *Hegnauer,* Die Schweiz und das Haager Übereinkommen über die internationale Adoption, Heini-Fschr., Zürich 1995, 179–197; *Marx,* Das Haager Abkommen über internationale Adoptionen, StAZ 95, 315–320 (Text 337–340); *Germano,* L'adozione internazionale della legge 4 maggio 1983 n. 184 alla Convenzione de l'Aja del 29 maggio 1993, Dir. Fam. 1995, 1567–1591; *Muir-Watt,*

La convention de La Haye du 29 mai 1993 sur la protection des enfants et la coopération en matière d'adoption internationale, Travaux du Comité français de droit international privé, Années 1993–1994, 1994–1995, Paris 1996, 49–62; *Busch,* Das Haager Übereinkommen über internationale Adoptionen – Hinweise und Erfahrungen aus der Praxis der internationalen Adoptionsvermittlung, DAVorm. 97, 659–666; *van Tuyll van Serooskerken,* Ratificatie Haags Adoptieverdrag op 1 Juli 1998 een feit!, FJR 1998, 136–140.

Das Abkommen regelt zunächst seinen *Geltungsbereich* (Art. 1–3).

Es will Adoptivkinder aus dem Ausland durch *Maßnahmen* schützen; es will bewirken, daß die Staaten *zusammenarbeiten,* damit Schutzmaßnahmen getroffen werden und dadurch verhütet wird, daß Kinder entführt, verkauft oder gehandelt werden, und es will sichern, daß dem Abkommen entsprechende Adoptionen in den Vertragsstaaten *anerkannt* werden (Art. 1).

Das Übereinkommen greift, wenn ein Kind, das sich gewöhnlich in einem Vertragsstaat („*Herkunftsstaat*") aufhält, in einen anderen Vertragsstaat (*Aufnahmestaat*") gebracht wird oder werden soll, gleich ob es drüben oder hüben angenommen wird (Art. 2 I), und wenn die Annahme ein *dauerhaftes* Eltern-Kind-Verhältnis begründet (Art. 2 II).

Das Abkommen greift nicht mehr, wenn das Kind *18 Jahre* alt geworden ist, ehe sich Herkunfts- und Aufnahmestaat über den Fortgang des Annahmeverfahrens geeinigt haben (Art. 1).

Art. 4 und 5 regeln eine Reihe von materiellrechtlichen *Voraussetzungen* der Adoption, die teils im Herkunfts-, teils im Aufnahmestaat erfüllt sein müssen, z. B. daß die nötigen Einwilligungen erteilt worden sind und kein Geld die Hände gewechselt hat, daß die Wünsche des Kindes berücksichtigt worden sind und daß die Adoptiveltern taugen.

Art. 6–13 gelten dem Verwaltungsaufbau mit *Zentralen Behörden und zugelassenen Einrichtungen* und deren Aufgaben bei Adoptionen.

Den Gang des *Verfahrens* bestimmen Art. 14–22.

Die Voraussetzungen der *Anerkennung* einer Adoption finden sich in Art. 23–27. So ist die Adoption anzuerkennen, wenn die zuständige Behörde des Staates, in dem die Annahme stattgefunden hat, bescheinigt, daß diese dem Abkommen entspricht (Art. 23 Abs. 1), außer wenn sie offensichtlich („*manifestement*") unter Berücksichtigung des Kindeswohls gegen den *ordre public* verstößt (Art. 24; vgl. oben S. 475).

„*Allgemeine Bestimmungen*" sind enthalten in Art. 28–42. So ist der Herkunftsstaat nicht gehindert zu verbieten, daß das Kind ins Ausland gebracht wird, bevor es im Herkunftsstaat adoptiert worden ist (Art. 28). Die zuständigen Behörden haben mit der gebotenen Eile zu handeln (Art. 35). Besonders geregelt sind räumliche und persönliche Rechtsspaltung (Art. 36–38).

Das Abkommen will Kinder gegen Mißbräuche bei Adoptionen ins Ausland schützen. Ob ihm das gelingt, ist zweifelhaft, und zwar gerade im Hinblick auf manche Herkunftsländer. Daß mehr bürokratisiert wird, muß man bedauern (Znetrale Behörden, zugelassene Einrichtungen). Nicht klar ergibt Art. 23, ob allein Adoptionen gemäß dem Abkommen gültig sein sollen, privates Handeln also ausscheidet. Wenn ja, ist der Beitritt nicht zu empfehlen.

Zu den **Haager Unterhaltsabkommen** oben S. 764–768, 769–772. Zum **New Yorker** Übereinkommen über die **Geltendmachung von Unterhaltsansprüchen im Ausland** oben S. 205 f. Zum **Haager** Abkommen über den **Schutz Minderjähriger** oben S. 799–803. Zum **Europäischen** Übereinkommen über die **Adoption von Kindern** oben S. 94. Zum **deutsch-iranischen Niederlassungsabkommen** oben S. 195.

5. Interlokales Recht

Schrifttum: *Raack,* Der EINIGUNGSVERTRAG und die sog. Zwangsadoptionen in der ehemaligen DDR, ZfJ 91, 449–451; *Weber,* Gesetz zur Änderung adoptionsrechtlicher Fristen, DtZ 92, 10–13; *Wolf,* Überprüfung von in der DDR ausgesprochenen Adoptionen – Zu Art. 234 § 13 EGBGB und zum Adoptionsfristgesetz vom 30. 9. 1991, FamRZ 92, 12–16; *Benicke,* Zum Pflichtteilsanspruch des Adoptivkindes im deutsch-deutschen Rechtsverkehr nach dem Einigungsvertrag, IPRax 96, 188–190.

a) Privatrecht der früheren DDR und Ost-Berlins

*Materiell*rechtlich war die Adoption in der DDR und in Ost-Berlin geregelt in §§ 66–78 FGB.

*International*privatrechtlich unterlag die Adoption dem Heimatrecht des Annehmenden (§ 23 I 1 RAG). Nahmen Eheleute verschiedener Staatsangehörigkeit an, dann galt das Recht der DDR (§ 23 I 2). Ausländer durften DDR-Kinder nur mit Genehmigung des zuständigen Staatsorgans der DDR annehmen (§ 23 II 1). Außerdem mußten in solchem Fall die nach dem FGB nötigen Einwilligungen erteilt sein (§ 23 II 2).

Am 3. 10. 1990 hat Art. 8 des Einigungsvertrags das *Bundesrecht* im Beitrittsgebiet *eingeführt* und damit auch das bundesdeutsche materielle, internationale und interlokale Adoptionsrecht.

b) Interlokales Privatrecht

aa) Neufälle

Für Neufälle, d.h. für Adoptionen, die seit dem 3. 10. 1990 stattfinden, gilt in Ost und West einheitlich das westdeutsche materielle und internationale Adoptionsrecht. Dies sagt für das internationale (und entsprechend für das interlokale) *Familienrecht allgemein* Art. 236 § 2 EGBGB (abgedruckt oben S. 740).

bb) Altfälle

Für Adoptionen aus der Zeit vor dem 3. 10. 1990 bleibt es in den *neuen Bundesländern* nach Art. 236 § 1 EGBGB beim bisherigen internationalen und interlokalen Privatrecht, also bei § 23 RAG. Gegebenenfalls ist daher im Osten und Westen verschieden zu entscheiden (vgl. oben S. 42–44).

Im *Westen* entscheidet *interlokalprivatrechtlich* an Stelle der Staatsangehörigkeit das **interlokale Personalstatut** (oben S. 407f.), grundsätzlich also der **gewöhnliche Aufenthalt.** Analog Art. 22 Satz 1 EGBGB herrscht das interlokale Personalstatut des Annehmenden, entsprechend Satz 2 bei Annahme durch einen oder beide Ehegatten das interlokale Statut der persönlichen Ehewirkungen (oben S. 725f.). Die Zustimmung des Kindes und der ihm familienrechtlich Verbundenen unterliegt entsprechend Art. 23 Satz 1 dem interlokalen Personalstatut des Kindes. Für die Übernahme von Art. 23 Satz 2 ins interlokale Privatrecht ist kein Grund ersichtlich.

Soweit danach im Osten oder Westen *Ostrecht* für die Adoption maßgibt, gilt *übergangsrechtlich* Art. 234 § 1 EGBGB: seit dem 3. 10. 1990 bestimmt über die Adoption das BGB. Viele Einzelvorschriften hierzu enthält Art. 234 § 13 EGBGB i.d.F. von Art. 1 des Gesetzes zur Änderung adoptionsrechtlicher Fristen (AdoptFristG) vom 30. 9. 1991 (BGBl. I 1930); dazu BG Meiningen NJ 93, 272.

Zum *interlokalen Namensrecht* oben S. 530 a.E.f., zum *interlokalen Unterhaltsrecht* oben S. 740 a.E.f.

Zum *interlokalen Verfahrensrecht* unten S. 929–933.

XIII. Verwandtschaft und Schwägerschaft

1. Voraussetzungen

Verwandtschaft und Schwägerschaft sind *Rechtsfolgen* von Tatbeständen: Verwandtschaft folgt aus Kindschaft, Schwägerschaft aus Ehe. Verwandtschaft und

Schwägerschaft sind zugleich *Tatbestände* für weitere Rechtsfolgen, z.B. Unterhaltsansprüche.

Für die weiteren Rechtsfolgen sind Verwandtschaft und Schwägerschaft *Vorfragen* und *selbständig* anzuknüpfen (oben S. 326). D.h. die *Voraussetzungen* der Verwandtschaft und Schwägerschaft unterliegen oft anderen Rechtsordnungen als die *Folgen.*

Ob und wieweit das *Eltern-Kind-Verhältnis* Verwandtschaft und Schwägerschaft begründet, entscheiden die von Art. 21–23 EGBGB berufenen Rechte (vgl. für Kinder oben S. 791 a.E., für legitimierte Kinder oben S. 822 und für adoptierte Kinder oben S. 833). Ob *Ehe* Schwägerschaft begründet, sagt das nach Art. 14 EGBGB für die persönlichen Ehewirkungen maßgebende Recht; ob Schwägerschaft die Ehe überdauert, ergibt das die Eheauflösung beherrschende Recht.

Damit ist es indessen meist noch nicht getan. Denn die Verwandtschaft (außer der des Kindes mit einem Elternteil) und die Schwägerschaft sind *mehrgliedrig.* Der Großvater ist z.B. mit mir verwandt nur, wenn (ich mit dem Vater verwandt bin und) der Vater mit dem Großvater verwandt ist. Der Schwiegervater ist mit mir verschwägert nur, wenn (ich mit meiner Frau verheiratet bin und) meine Frau mit ihrem Vater verwandt ist. Auch diese weiteren Glieder sind *selbständig* nach den für sie maßgebenden Rechtsordnungen zu beurteilen.

Beispiel: LG Bartenstein IPRspr. 1930 Nr. 79: ein nichteheliches Kind verlangte Unterhalt von seinem väterlichen Großvater. Alle drei waren Schweizer. Das Kind war dem Vater nach Art. 323 I a.F. ZGB als Brautkind mit Standesfolge zugesprochen worden. Deswegen stand es nach Art. 325 I a.F. ZGB „zur väterlichen wie zur mütterlichen Seite in den Rechten und Pflichten der außerehelichen Verwandtschaft". Diese Vorschrift war anzuwenden nach der damaligen ungeschriebenen Kollisionsnorm, die über das Verhältnis zwischen Kind und Vater dann, wenn der nichteheliche Vater einem ehelichen gleich oder fast gleich gestellt wird, das Personalstatut des Vaters entscheiden ließ (5. Aufl. S. 567 a.E., vgl. heute Art. 21 EGBGB). Daß der Vater mit dem Großvater verwandt war, ergab ebenfalls das schweizerische Recht, diesmal über Art. 19 a.F. EGBGB.

Verwandtschaft und Schwägerschaft können *unbegrenzt begründet* werden. Zum Beispiel ist man nach § 1589 BGB mit *allen* Verwandten seines Vaters verwandt und nach § 1590 I mit *allen* Verwandten seiner Ehefrau verschwägert. Verwandtschaft und Schwägerschaft können *ganz ausgeschlossen* werden. Zum Beispiel galten nach § 1589 II a.F. BGB nichteheliches Kind und Vater als nicht verwandt. Verwandtschaft und Schwägerschaft können aber auch *begrenzt begründet* werden. Zum Beispiel bei der Adoption eines Volljährigen nach § 1770 I BGB: keine Verwandtschaft des Angenommenen mit den Verwandten des Annehmenden; keine Schwägerschaft des Angenommenen mit dem Ehegatten des Annehmenden und keine Schwägerschaft des Annehmenden mit dem Ehegatten des Angenommenen. Das für die *Begründung* von Verwandtschaft und Schwägerschaft maßgebende Recht bestimmt auch über die *Grenzen.*

2. Folgen

Welchem Recht die Folgen von Verwandtschaft und Schwägerschaft unterliegen, sagen die Kollisionsnormen, in deren Geltungsbereich solche Folgen gehören. So entscheidet über die *Ehehindernisse* der Verwandtschaft und Schwägerschaft das von Art. 13 EGBGB berufene Recht, über *elterliche Sorge der mütterlichen Großmutter des Kindes* das von Art. 21 berufene Recht (oben S. 791 a.E.). Über *gesetzliche Erbrechte* entscheidet das nach Art. 25 maßgebende Recht (mit einer Einschränkung für das Adoptivkind oben S. 833).

Über **Unterhaltsansprüche** herrscht das von **Art. 18 EGBGB** berufene Recht (abgedruckt oben S. 764f.). Für *Verwandte* in der *Seitenlinie* und *Verschwägerte* ist wichtig dessen Abs. 3: der Inanspruchgenommene kann einwenden, daß nach dem gemeinsamen Heimatrecht der Parteien oder nach dem Recht seines gewöhnlichen Aufenthalts keine Unterhaltspflicht besteht; m.a.W.: „ich brauche dir nichts zu zahlen, wenn in meiner Not du mir nichts geben mußt." Dazu oben S. 766; zum früheren Recht 5. Aufl. S. 577f.

Zum **Auslandsunterhaltsgesetz** oben S. 772f.

3. Staatsverträge

Zu den **Haager Unterhaltsabkommen** oben S. 764–768, 769–772. Zum **New Yorker** Übereinkommen über die **Geltendmachung von Unterhaltsansprüchen im Ausland** oben S. 205f. Zum **deutsch-iranischen Niederlassungsabkommen** oben S. 195.

4. Interlokales Recht

Dazu oben S. 774f. und Soergel X^{12} Art. 23 EGBGB Anhang Rz 11–13 S. 1247.

XIV. Vormundschaft, Betreuung und Pflegschaft

Schrifttum: 7. Aufl. S. 745. Hervorzuheben: *Mosconi,* La tutela dei minori in diritto internazionale privato, Mailand 1964; *Huber,* Die Vormundschaft im IPR der Schweiz unter besonderer Berücksichtigung der Haager Abkommen, Diss. Basel 1970; *Mitzkus,* Internationale Zuständigkeit im Vormundschafts-, Pflegschafts- und Sorgerecht, 1982. Danach: *Oelkers,* Internationales Betreuungsrecht, 1996; *Jaspersen,* Die vormundschaftsgerichtliche Genehmigung in Fällen bei Auslandsbezug, FamRZ 96, 393–398; *Baer,* Die Beistandschaft für ausländische Kinder, DAVorm. 98, 494–494.

1. Grundsatz und Ausnahmen

Vormundschaft, Betreuung und Pflegschaft regelt, soweit nicht das **Haager Abkommen über den Schutz Minderjähriger** (oben S. 799–803) vorgeht, **Art. 24 EGBGB.** Er folgt einem Vorschlag des Deutschen Rats für IPR (*Beitzke* [Hrsg.], Vorschläge und Gutachten zur Reform des deutschen internationalen Personen-, Familien- und Erbrechts, 1981, 11, Vormundschaft und Pflegschaft I § A, S. 11 a.E.f.) und lautet i.d.F. von Art. 7 § 29 Betreuungsgesetz vom 12. 9. 1990 (BGBl. I 2002):

„Artikel 24

Vormundschaft, Betreuung und Pflegschaft

(1) Die Entstehung, die Änderung und das Ende der Vormundschaft, Betreuung und Pflegschaft sowie der Inhalt der gesetzlichen Vormundschaft und Pflegschaft unterliegen dem Recht des Staates, dem der Mündel, Betreute oder Pflegling angehört. Für einen Angehörigen eines fremden Staates, der seinen gewöhnlichen Aufenthalt oder, mangels eines solchen, seinen Aufenthalt im Inland hat, kann ein Betreuer nach deutschem Recht bestellt werden.

(2) Ist eine Pflegschaft erforderlich, weil nicht feststeht, wer an einer Angelegenheit beteiligt ist, oder weil ein Beteiligter sich in einem anderen Staat befindet, so ist das Recht anzuwenden, das für die Angelegenheit maßgebend ist.

(3) Vorläufige Maßregeln sowie der Inhalt der Betreuung und der angeordneten Vormundschaft und Pflegschaft unterliegen dem Recht des anordnenden Staates."

Die Vormundschaft, die Betreuung und die meisten Arten der Pflegschaft berühren stark den persönlichen Bereich des Betroffenen. Daher gibt mit Recht nach Art. 24 I 1 für Entstehung, Änderung und Ende der Vormundschaft, Betreuung und Pflegschaft den Ausschlag das **Heimatrecht des Betroffenen.**

Dem Heimatrecht stehen gleich alle *anderen Personalstatuten:* ist der Betroffene staatenlos oder internationaler Flüchtling, dann entscheidet das Recht seines gewöhnlichen Aufenthalts (wenn er als Staatenloser dem New Yorker Abkommen unterliegt oder wenn er als Flüchtling unter das Genfer Abkommen fällt oder als Asylberechtigter oder Humanflüchtling entsprechend geschützt wird, das Recht seines Wohnsitzes), hilfsweise das Recht seines schlichten Aufenthalts; ist er volksdeutscher Flüchtling, dann ist deutsches Recht anzuwenden (oben S. 399–405).

Bei der *Leibesfrucht*-Pflegschaft (im deutschen Recht § 1912 BGB i. d. F. von Art. 1 Nr. 6 BeistandG) entscheidet grundsätzlich das *hypothetische* Personalstatut bei Geburt (vgl. § 40 FGG i. d. F. von Art. 2 Nr. 6 BeistandG).

Von der Herrschaft des Personalstatuts des Betroffenen über Vormundschaft, Betreuung und Pflegschaft macht Art. 24 **fünf Ausnahmen.**

Einmal kann nach Art. 24 I 2 ein Ausländer **im Inland** nach deutschem Recht betreut werden, wenn er sich hier **gewöhnlich aufhält.**

Früher bezog sich Art. 24 I 2 auf eine Inlandsentmündigung. Die jetzige Fassung gab ihm das Betreuungsgesetz. Es hat materiellrechtlich die Entmündigung ersetzt durch die Betreuung (§ 6 BGB aufgehoben durch Art. 1 Nr. 1 BetrG; §§ 1896–1908 i BGB eingeführt durch Art. 1 Nr. 47 BetrG). Kollisionsrechtlich hat es die Entmündigungsnorm des Art. 8 EGBGB aufgehoben (Art. 7 § 29 Nr. 1 BetrG; dazu oben S. 495 f.) und in Art. 24 I 2 EGBGB die Anordnung einer Vormundschaft auf Grund einer Entmündigung nach Art. 8 ersetzt durch die Bestellung eines Betreuers (Art. 7 § 29 Nr. 3 BetrG).

Schlichter Inlandsaufenthalt eines Ausländers genügt nach Art. 24 I 2, wenn der Ausländer sich *nirgends* gewöhnlich aufhält. Es dürfte aber ausreichen, daß er sich *bei uns* nicht gewöhnlich aufhält. Denn in solchen Fällen muß man schnell und leicht handeln können.

Obwohl Entmündigung und Vormundschaftsanordnung nach Heimatrecht möglich bleiben, wird wohl die Praxis stets gemäß Art. 24 I 2 einen Betreuer einsetzen (vgl. oben S. 496 a. E. f.).

Die zweite Ausnahme vom Personalstatut des Betroffenen schafft Art. 24 II für die **Beteiligtenpflegschaft:** ist ein Beteiligter *unbekannt* oder ist *ungewiß, wer* beteiligt ist (im deutschen Recht § 1913 BGB), oder weilt er *im Ausland* (bei uns § 1911 BGB) und ist deswegen eine Pflegschaft nötig, dann gilt das *Angelegenheitsstatut.* Z. B. richtet sich die Nacherbenpflegschaft (bei uns § 1913 Satz 2 BGB) nach dem Erbstatut. In den anderen Fällen der Beteiligtenpflegschaft (vgl. § 1913 Satz 1) war früher das anwendbare Recht nicht klar (Soergel VIII[11] Art. 23 EGBGB Rz 4 S. 1187 zu Fn. 7). Heute variiert es je nach Angelegenheit. Bedarf es z.B. einer Pflegschaft für den unbekannten Eigentümer eines Grundstücks, dann gilt das Recht des Lageorts (vgl. über die verschiedenen Fälle des § 1913 Satz 1 BGB *Soergel-Damrau* VIII[12] § 1913 BGB Rz 2 S. 890).

Das Angelegenheitsstatut herrscht, wie bemerkt, nach Art. 24 II nicht nur, wenn ein Beteiligter unbekannt ist oder wenn ungewiß ist, wer der Beteiligte ist (vgl. § 1913 Satz 1 BGB), sondern auch, wenn ein *bekannter* Beteiligter *im Ausland* weilt. Jedoch gilt dies nur, wenn es um *bestimmte einzelne Angelegenheiten* geht wie bei der Nachlaßauseinandersetzung (im deutschen Recht § 88 FGG: sie unterliegt dem Erbstatut) oder der Auseinandersetzung einer Gütergemeinschaft (bei uns § 99 FGG: das Güterrechtsstatut gibt maß). Dagegen unterliegt die *allgemeine* Abwesenheitspflegschaft (bei uns § 1911 BGB) dem Personalstatut des Abwesenden (unten S. 844).

Daß für die Pflegschaft bei einer *Nachlaßauseinandersetzung* das Erbstatut und für die Pflegschaft bei *Auseinandersetzung einer Gütergemeinschaft* das Güterrechtsstatut gilt, sagt Art. 24 nicht. Es ist aber sachgemäß und wurde schon früher angenommen. Aus gleichem Grunde unterliegt die Pflegschaft für ein *Sammelvermögen* (bei uns § 1914 BGB) dem Recht des Staates, in dem das Vermögen verwaltet wird. Vgl. *Soergel-Schurig* X[12] Art. 24 EGBGB Rz 14 S. 1252.

Eine dritte Ausnahme vom Personalstatut des Betroffenen bringt Art. 24 III für **vorläufige Maßregeln:** für sie gilt das Recht des *Gerichtsorts.* Vorläufig sind Maßregeln, „solange eine Vormundschaft oder Pflegschaft nicht angeordnet ist“, wie Art. 23 II a.F. EGBGB hervorhob. Statthaft sind insbesondere Sicherungsmaßregeln für die Person (z.B. Einweisung in eine Heilanstalt) und für das Vermögen (vgl. § 1960 II BGB). Auch eine *Pflegschaft* (wie nach § 1909 III BGB) kann nach Art. 24 III (früher Art. 23 II) angeordnet werden, weil das zweckmäßig ist und den Rahmen einer Interimslösung nicht überschreitet (anders früher h.M.; z.B. BayObLG IPRspr. 1971 Nr. 112 und OLG Hamm FamRZ 73, 326 mit abl. Anm. von *Beitzke*).

Über einstweilige Maßregeln auf *anderen Gebieten:* oben S. 791.

Als vierte Ausnahme vom Personalstatut des Betroffenen nennt Art. 24 III den „Inhalt der Betreuung und der angeordneten Vormundschaft und Pflegschaft“. Für ihn, d.h. für die **Durchführung** der Betreuung sowie der angeordneten Vormundschaft und Pflegschaft, gilt das *Recht des Entstehungsstaates,* auch wenn der Mündel oder Pflegling ein anderes Personalstatut hat. Hier haben wir eine Regel der *Zweckmäßigkeit* ähnlich der Regel, daß ein gerichtliches Verfahren nach der *lex fori* durchgeführt wird: Betreuer, Vormund oder Pfleger einerseits, das Gericht oder die Verwaltungsbehörde, die die Aufsicht führen, andererseits sollen sich im Interesse eines glatten Ablaufs in den gewohnten Bahnen bewegen dürfen (vgl. Begründung BTDrucks. 10/504 S. 73 a.E.).

Auch bei der *gesetzlichen* Vormundschaft und Pflegschaft entscheidet über die Durchführung (den „Inhalt") das Recht des Entstehungsstaates (Art. 24 I 1). Nur ist dies der Staat des Personalstatuts mit einer Ausnahme bei der Kindschaft (siehe anschließend).

Eine fünfte und letzte Ausnahme von der Maßgeblichkeit des Personalstatuts des Betroffenen im Bereich des Vormundschafts-, Betreuungs- und Pflegschaftsrechts gilt im Einklang mit dem früheren Rechtszustand (7. Aufl. S. 748) für die **beantragte Beistandschaft des Jugendamts.** Sie ist an die Stelle der gesetzlichen Amtspflegschaft des Jugendamts für nichteheliche Kinder getreten (oben S. 814) und geregelt in §§ 1712–1717 BGB i.d.F. des Art. 1 Nr. 4 des Gesetzes zur Abschaffung der gesetzlichen Amtspflegschaft und Neuordnung des Rechts der Beistandschaft (Beistandschaftsgesetz) vom 4. 12. 1997 (BGBl. I 2846, ber. 1998 I 1660), in Kraft nach Art. 6 dieses Gesetzes seit 1. 7. 1998. **§ 1717 n.F. BGB** lautet:

„Die Beistandschaft tritt nur ein, wenn das Kind seinen gewöhnlichen Aufenthalt im Inhalt hat; sie endet, wenn das Kind seinen gewöhnlichen Aufenthalt im Ausland begründet. Dies gilt für die Beistandschaft vor der Geburt des Kindes entsprechend."

§ 1717 n.F. BGB ist einseitige Kollisionsnorm des IPR für Kinder mit gewöhnlichen Aufenthalt in Deutschland. Sie kann aber allseitig angewandt werden, so daß etwaige Beistandsvorschriften ausländischen Rechts auf Kinder mit gewöhnlichem Aufenthalt im betreffenden ausländischen Staat anzuwenden sind. Richtig erschiene sie als Art. 24 II EGBGB, während die jetzigen Absätze 2 und 3 je eine Ziffer weiter rücken würden. Der neue Abs. 2 könnte laute:

„(2) Die Beistandschaft für ein Kind unterliegt dem Recht des Staates, in dem sich das Kind gewöhnlich aufhält."

Die Beistandschaft vor der Geburt (gegenwärtig § 1717 Satz 2 BGB) brauchte, weil sich ihre entsprechende Regelung von selbst versteht, nicht erwähnt zu werden.

Auslandsrechtliche Übersicht DAVorm. 87, 389–412. Über Ausnahmen kraft Staatsvertrags unten 4 S. 847f.

Zum *Übergangsrecht* unten S. 844.

2. Geltungsbereich

a) Betreuung, Arten der Vormundschaft und Pflegschaft

Das für Anfang, Änderung und Ende der Vormundschaft maßgebende Recht und das die Durchführung der Vormundschaft beherrschende Recht des Entstehungsstaats gelten für die **Betreuung** und für **alle Arten der Vormundschaft** mit **Ausnahme** der **gesetzlichen Vormundschaft** ehelicher und nichtehelicher **Eltern.** Denn diese ist in Wirklichkeit *elterliche Sorge* und unterliegt daher den für das Eltern-Kind-Verhältnis geltenden Rechten (oben S. 790).

Das Personalstatut des Betroffenen und das Recht des Entstehungsstaats gelten für die **Hauptfälle der Pflegschaft,** insbesondere für *Ergänzungs-* und *Abwesenheitspflegschaft* (im deutschen Recht §§ 1909, 1911 BGB; über Ausnahmen für andere Pflegschaften oben S. 841–843).

Nicht unter die Vormundschafts-, Betreuungs- und Pflegschaftsstatuten gehört die **Tätigkeit des Vormundschaftsgerichts außerhalb einer Vormundschaft, Betreuung oder Pflegschaft** wie im Rahmen der elterlichen Sorge (oben S. 790), des öffentlichrechtlichen Jugendschutzes, insbesondere der Heimerziehung (oben S. 792), und beim Zustandekommen einer Legitimation oder Adoption (oben S. 821 a. E., 831).

b) Entstehung, Änderung und Ende

Das die Vormundschaft, Betreuung oder Pflegschaft beherrschende Recht entscheidet, unter welchen Voraussetzungen Minderjährige und Volljährige unter Vormundschaft, Betreuung oder Pflegschaft *geraten. Vorfragen* sind *selbständig* anzuknüpfen (oben S. 326), z. B. ob jemand minderjährig ist und ob er unter elterlicher Sorge steht.

Das für eine Vormundschaft, Betreuung oder Pflegschaft geltende Recht bestimmt, wann eine entstandene Vormundschaft, Betreuung oder Pflegschaft sich *ändert* (etwa in den Fällen der § 1908 d II 3, III 1 BGB) oder *endet.*

Statutenwechsel wirkt *ex nunc:* das Vormundschafts-, Betreuungs- und Pflegschaftsstatut ist *wandelbar.* Das neue Personalstatut bestimmt, ob eine unter der Herrschaft des alten entstandene Vormundschaft, Betreuung oder Pflegschaft fortbesteht oder aufzuheben ist und ob eine bislang unzulässige Vormundschaft, Betreuung oder Pflegschaft jetzt entsteht.

Gleiches gilt im *Übergangsrecht.* Vormundschaft, Betreuung und Pflegschaft sind keine „abgeschlossenen Vorgänge" i. S. v. Art. 220 I EGBGB, sondern „Wirkungen familienrechtlicher Rechtsverhältnisse" i. S. v. Abs. 2. Daher trat am 1. 9. 1986 Amtspflegschaft der Jugendämter (oben S. 843) ein für nichteheliche Ausländerkinder mit gewöhnlichem Aufenthalt bei uns (LG Hamburg ZfJ 88, 290 und DAVorm. 88, 325; OLG Hamburg DAVorm. 88, 928). Ebenso trat am 3. 10. 1990 nach Art. 230 a. F. EGBGB das westliche Vormundschafts- und Pflegschaftsrecht in den Neuen Bundesländern in Kraft mit Ausnahme der §§ 1706–1710 BGB über die gesetzliche Amtspflegschaft und wirkte *ex nunc* (Art. 234 §§ 14, 15 EGBGB). Entsprechend wurden am 1. 7. 1998 (Art. 6 BeistandG) bestehende gesetzliche Amtspflegschaften zu Beistandschaften nach §§ 1712–1717 BGB (Art. 223 EGBGB, eingeführt durch Art. 3 Nr. 2 BeistandG; LG Gießen FamRZ 99, 675) und wurde Art. 230 EGBGB durch Art. 3 Nr. 3 BeistandG redaktionell geändert.

c) Durchführung

Das Recht des Entstehungsstaats regelt die *Auswahl* und *Bestellung* des Vormunds, Betreuers oder Pflegers. Nur sein Recht, die Vormundschaft, Betreuung oder Pflegschaft *abzulehnen,* ist nach seinem Personalstatut zu beurteilen (streitig). Das Recht des Entstehungsstaats regelt

Rechte und Pflichten des Vormunds, Betreuers oder Pflegers, sein Sorgerecht, seine Vertretungsmacht, seine Beaufsichtigung durch das Vormundschaftsgericht, die Notwendigkeit von Genehmigungen des Vormundschaftsgerichts oder eines Familienrats, seinen Anspruch auf Herausgabe des Kindes. Es ergibt, wann er in seinen Befugnissen zu *beschränken* (etwa im Fall des § 1796 BGB) und wann er zu *entlassen ist*.

Beispiel: Chinesische Kinder lebten in *Papeete* (Tahiti). Die Mutter als gesetzlicher Vormund verkaufte mit Zustimmung des Familienrats freihändig ein dortiges Grundstück der Kinder. Das war gültig nach chinesischem Recht, ungültig nach (französischem) Ortsrecht, das gerichtliche Genehmigung und Versteigerung fordert. Der französische Kassationshof wandte chinesisches Recht an als Heimatrecht der Kinder (D. 1960, Jur. 597 mit Anm. von *Malaurie* = Rev.crit.dr.i.p. 1961, 540 mit Anm. von *Jambu-Merlin*). Nach Art. 21 n.F. EGBGB wäre französisches Recht anzuwenden, weil die *gesetzliche* Vormundschaft der *Eltern* zur elterlichen Sorge zählt (oben a). Aber bei echter (gesetzlicher oder bestellter) Vormundschaft würden wir ebenso entscheiden wie der Kassationshof, falls sie in China entstanden wäre.

Über mögliches Eingreifen von **Art. 3 III EGBGB** hinsichtlich des Vermögens von Mündel oder Pflegling oben S. 369–378.

3. Verfahren

Die **internationale Zuständigkeit**, eine Vormundschaft oder Pflegschaft anzuordnen, ergibt **§ 35b FGG** (abgedruckt oben S. 796). Für die *Betreuung* gilt § 35b FGG entsprechend (§ 65 regelt bloß die *örtliche* Zuständigkeit).

Danach sind die Anknüpfungspunkte *Staatsangehörigkeit, gewöhnlicher Aufenthalt* und *Fürsorgebedürfnis.*

Ob und wieweit über diese Zuständigkeiten hinaus *Statuts-* und *Verweisungszuständigkeit* in- und ausländischer Gerichte bejaht werden dürfen, steht offen (vgl. oben S. 798).

Bei der *Leibesfrucht*pflegschaft (im deutschen Recht § 1912 n.F. BGB) entscheiden an Stelle von Staatsangehörigkeit und gewöhnlichem Aufenthalt die *hypothetische* Staatsangehörigkeit und der hypothetische gewöhnliche Aufenthalt bei Geburt.

Allgemein gelten für die *örtliche* Zuständigkeit §§ 36–42 n.F. FGG. In § 36 hat Art. 5 Nr. 3 IPRG eingefügt einen Abs. 2, der *Fürsorgebedürfnis*-Zuständigkeit begründet, und die bisherigen Absätze 3 und 4 auf Platz 4 und 5 verwiesen (5 aufgehoben durch Art. 2 Nr. 2 BeistandG). Für die Betreuung begründet § 65 II FGG (örtliche) Zuständigkeit des Fürsorgebedürfnisses.

International zuständig sind deutsche **Jugendämter** analog § 1717 n.F. BGB, wenn sich das Kind in Deutschland gewöhnlich aufhält (Aufenthaltszuständigkeit, oben S. 877).

Örtlich zuständig ist für die *beantragte Beistandschaft* des Jugendamts (§ 1712 BGB) nach SGB 8 § 87c V mit I 1 ebenda (i.d.F. des Art. 4 Nr. 14 BeistandG und des Art. 13 Nr. 14 KindRG) das Jugendamt, in dessen Bereich sich der *sorgeberechtigte Elternteil* gewöhnlich aufhält, und für die *gesetzliche Amtsvormundschaft* des Jugendamts (§ 1791c BGB) nach SGB 8 § 87 I 1 das Jugendamt, in dessen Bereich sich die *Mutter* gewöhnlich aufhält. Bei *Auslands*aufenthalt des sorgeberechtigten Elternteils bzw. der Mutter dürfte örtlich zuständig sein das Jugendamt, in dessen Bereich sich das *Kind* (z. B. in Familie oder Kinderheim) gewöhnlich aufhält (*Baer* DAVorm. 98, 493 a. E.f.).

Vermeidbare Arbeit bei konkurrierender internationaler Zuständigkeit deutscher und ausländischer Gerichte erspart § 47 n. F. FGG. Er erlaubt deutschen Gerichten, untätig zu bleiben (Abs. 1) oder zu werden (Abs. 2), wenn man im Ausland tätig ist. § 47 I, II a. F. FGG gingen aus von der Staatsangehörigkeitszuständigkeit. Die durch § 35 b FGG auf gewöhnlichen Aufenthalt und Fürsorgebedürfnis erweiterte internationale Zuständigkeit machte eine andere Fassung des § 47 II, III nötig. Diese beruht auf Art. 5 Nr. 8 IPRG, der einem Vorschlag des Deutschen Rats für IPR folgt (*Beitzke* [Hrsg.], Vorschläge und Gutachten zur Reform des deutschen internationalen Personen-, Familien- und Erbrechts, 1981, S. 64 § B, vgl. S. 65). Gegenüber dem Regierungsentwurf (BTDrucks. 10/504 S. 18) ist der Wortlaut vom Rechtsausschuß des Bundestags leicht geändert worden, um auch die Amtsvormundschaft zu erfassen (BTDrucks. 10/5632 S. 30, 47 a. E.). **§ 47 I, II FGG** lautet jetzt:

„(1) Sind für die Anordnung einer Vormundschaft sowohl die deutschen Gerichte wie die Gerichte eines anderen Staates zuständig und ist die Vormundschaft in dem anderen Staat anhängig, so kann die Anordnung der Vormundschaft im Inland unterbleiben, wenn dies im Interesse des Mündels liegt.

(2) Sind für die Anordnung einer Vormundschaft sowohl die deutschen Gerichte wie die Gerichte eines anderen Staates zuständig und besteht die Vormundschaft im Inland, so kann das Gericht, bei dem die Vormundschaft anhängig ist, sie an den Staat, dessen Gerichte für die Anordnung der Vormundschaft zuständig sind, abgeben, wenn dies im Interesse des Mündels liegt, der Vormund seine Zustimmung erteilt und dieser Staat sich zur Übernahme bereit erklärt. Verweigert der Vormund oder, wenn mehrere Vormünder die Vormundschaft gemeinschaftlich führen, einer von ihnen seine Zustimmung, so entscheidet an Stelle des Gerichts, bei dem die Vormundschaft anhängig ist, das im Instanzenzug vorgeordnete Gericht. Eine Anfechtung der Entscheidung findet nicht statt."

§ 47 III n. F. FGG stellt die Pflegschaft der Vormundschaft gleich und ist auch auf die Betreuung zu erstrecken.

Wird ungeachtet des § 47 I FGG ein deutsches Gericht tätig, dann wird dadurch die im Ausland bestehende Vormundschaft, Betreuung oder Pflegschaft für uns *ex nunc* unwirksam. Gibt ein deutsches Gericht nach § 47 II eine Vormundschaft, Betreuung oder Pflegschaft ins Ausland ab, so hebt es dadurch die deutsche auf.

Vorläufige Maßregeln erschienen früher in Art. 23 II EGBGB. Da sie jetzt in Art. 24 III geregelt sind, hat Art. 5 Nr. 7 IPRG die in **§ 44 FGG** (inzwischen n. F.) enthaltene Verweisung auf Art. 23 II EGBGB umgestellt auf Art. 24 III.

Ordnet **ohne internationale Zuständigkeit** ein *deutsches* Gericht eine Vormundschaft, Betreuung oder Pflegschaft an, so ist seine Entscheidung *wirksam,* aber *aufzuheben.* Überschreitet ein *ausländisches* Gericht die Grenzen seiner internationalen Zuständigkeit, dann wird seine Entscheidung bei uns *nicht anerkannt.*

Die internationale Zuständigkeit zur **Durchführung, Änderung** und **Aufhebung** einer Vormundschaft, Betreuung oder Pflegschaft unterliegt denselben Regeln wie die internationale Zuständigkeit zur Anordnung.

Die **Anerkennung ausländischer Vormundschafts-, Betreuungs- und Pflegschaftsentscheidungen** der freiwilligen Gerichtsbarkeit regelt § 16a FGG, für ausländische Urteile gilt § 328 ZPO (beide abgedruckt oben S. 706). Insbesondere muß nach beiden Vorschriften das ausländische Gericht international zuständig gewesen sein und darf seine Entscheidung nicht unseren *ordre public* verletzen.

Für die internationale Zuständigkeit deutscher und ausländischer Gerichte und für die Anerkennung ausländischer Entscheidungen in Vormundschafts-, Betreuungs- oder Pflegschaftssachen, die ausländischem Recht unterliegen, gilt gleich, ob der ausländische Staat, dessen Recht maßgibt, die eigenen Gerichte für *ausschließlich international zuständig* erklärt oder aus anderen Gründen eine ausländische Entscheidung nicht anerkennt (vgl. oben S. 824).

4. Staatsverträge, Konsularrecht

Schrifttum: *Borrás,* Conferencia de La Haya de Derecho Internacional Privado: grupo de trabajo para la preparación de la comisión especial sobre la protección de adultos (14 a 17 de abril de 1997), Rev.esp.der.int. 1997, 351–353.

Deutschland ist Vertragsstaat des mehrseitigen **Haager Abkommens zur Regelung der Vormundschaft über Minderjährige** von **1902** (oben S. 197).

Schrifttum: *Lipstein,* The Hague Conventions on Private International Law, Public Law and Public Policy, 8 (1959) Int. Comp. L.Q. 506–522, *Kollewijn,* Het Haagse Voogdijverdrag voor het Internationale Hof van Justitie, NTIR 1959, 311–335; *Knöpfel,* Das Haager Vormundschaftsabkommen und das Sorgerecht der Eltern aus geschiedener Ehe, FamRZ 59, 483–485; *von Overbeck,* Essai sur la délimitation du domaine des conventions de droit international privé, Gutzwiller-Fschr. 1959, 325–346 (330–339); *Eek,* Die Erfüllung von Verpflichtungen aus zwischenstaatlichen Konventionen im Bereiche des IPR, Schätzel-Fschr. 1960, 117–130 (119–128); *Vitányi,* La protection des mineurs dans le droit international, NTIR 1960, 361–383 (363–366); *Marín López,* Los conflictos de leyes en materia de tutela, Rev.esp.der.int. 1960, 413–452 (442–452); *Simon-Depitre,* La protection des mineurs en droit international privé, in: Travaux du Comité Français de droit international privé 1960–1962, Paris 1963, 109–126 (109–121); *Mosconi,* La tutela dei minori in diritto internazionale privato, Mailand 1964, 197–329; *Jayme,* Die Wiederanwendung der Haager Familienrechtsabkommen von 1902 und 1905, NJW 65, 13–19; *Huber,* Die Vormundschaft im IPR der Schweiz unter besonderer Berücksichtigung der Haager Abkommen, Diss. Basel 1970, 49–70; *Verwilghen,* Conflits de lois relatifs à la protection de la personne des mineurs, Rev.trim.dr.fam. 1980, 5–50 (15–22).

Das Abkommen betrifft die Vormundschaft nur über *Minderjährige* (zur Vormundschaft über Volljährige finden sich Regeln in Art. 8–10 des für Deutschland nicht mehr geltenden Haager Entmündigungsabkommens). Das Abkommen betrifft *nicht* die Pflegschaft (außer nach Art. 7 als vorläufige Maßregel bis zur Anordnung einer Vormundschaft und in allen dringenden Fällen). Das Abkommen betrifft *nicht* die *gesetzliche Vormundschaft der Eltern* (streitig) und *nicht vormundschaftsgerichtliche Maßregeln außerhalb der Vormundschaft.* Es regelt auch nicht die Heimerziehung. Daher konnte ein niederländisches Kind, das in Schweden lebte, nach schwedischem Recht in Heimerziehung genommen werden: so der Internationale Gerichtshof Rec. 1958, 54 = Rev.crit.dr.i.p. 1958, 713 in dem berühmten Fall *Boll.*

Inhaltlich deckt sich das Abkommen in den Grundzügen mit den Regeln des früheren deutschen Rechts. Das *Heimatrecht* des Minderjährigen entscheidet (Art. 1, 5); *vorläufige* und ebenso *dringende Maßregeln* sind unabhängig vom Heimatrecht zugelassen (Art. 7). *Diplomatische* oder *konsularische Vertreter* des Heimatstaats können, wenn das Heimatrecht die Anordnung einer Vormundschaft im Heimatstaat nicht vorsieht, im Staat des gewöhnlichen Aufenthalts mit dessen Einverständnis nach Heimatrecht fürsorgen (Art. 2). Rührt sich der Heimatstaat nicht, dann kann im *Staat des gewöhnlichen Aufenthalts* nach Ortsrecht die Vormundschaft angeordnet und durchgeführt werden (Art. 3). Doch kann der *Heimatstaat nachträglich fürsorgen* und dann endet die im Aufenthaltsstaat angeordnete Vormundschaft nach dessen Recht (Art. 4). Ein dem Art. 3 III EGBGB ähnlicher Vorbehalt zugunsten der *lex rei sitae* findet sich in Art. 6 II.

Das **Haager Abkommen zum Schutze der Minderjährigen** von **1960** (oben S. 799–803) verdrängt nach seinem Art. 18 für die Vertragsstaaten, die zugleich Vertragsstaaten des Vormundschaftsabkommens von 1902 sind, das Abkommen von 1902. Das gilt für die Bundesrepublik, Luxemburg, die Niederlande, Portugal, die Schweiz und Spanien.

Für ein geplantes **Haager Abkommen über die Zuständigkeit, das anzuwendende Recht, die Anerkennung und Vollstreckung und Zusammenarbeit auf dem Gebiet des Schutzes Erwachsener** gibt es einen **Vorentwurf** der Spezialkommission über den Schutz Erwachsener vom 12. 9. **1997** mit Bericht dieser Kommission von *Lagarde.* Der Entwurf folgt im wesentlichen (Bericht *Lagarde* Nr. 4) dem Haager Abkommen über den Schutz von Kindern vom 19. 10. 1996 (KSÜ, oben S. 803–806).

Zweiseitige **Vormundschaftsabkommen** hat Deutschland mit **Polen** 1924 und mit **Österreich** 1927 geschlossen. Das österreichische ist durch den Anschluß 1938 erloschen, wird jedoch ab 1. 10. 1959 wieder angewandt (BGBl. II 1250). In seinem Rahmen gab es keine gesetzliche Amtspflegschaft und -vormundschaft des Jugendamts (OLG Karlsruhe [Zivilsenat Freiburg] FamRZ 89, 896 = IPRax 90, 126 LS mit Anm. Red. [D.H.]). Auch das Vormundschaftsabkommen mit Polen ist als in Kraft stehend anzusehen (oben S. 195).

Wie nach dem deutsch-österreichischen Vormundschaftsabkommen waren nach Art. 13 I 1 **Zusatzabkommen zum NATO-Truppenstatut** vom 3. 8. 1959 (BGBl. 1961 II 1183; geändert durch [noch nicht in Kraft getretenes] Abkommen vom 18. 3. 1993 zur Änderung des Zusatzabkommens, BGBl. 1994 II 2594, 2598) gesetzliche Amtspflegschaft und -vormundschaft des Jugendamts ausgeschlossen (OLG Zweibrücken DAVorm. 91, 957 = IPRax 90, 185 mit Aufsatz von *Beitzke* 170–172; LG Fulda DAVorm. 91, 958).

Zum **deutsch-iranischen Niederlassungsabkommen** oben S. 195.

Durch *ausdrückliche* oder *Meistbegünstigungs*klauseln in **Konsularverträgen,** durch *Meistbegünstigungs*klauseln auch in **Handelsverträgen** werden ausländische Konsuln in Deutschland und deutsche Konsuln im Ausland ermächtigt, Vormundschaften über Angehörige des Entsendestaats anzuordnen und zu beaufsichtigen (Nachweise *Soergel-Schurig* X[12] Art. 24 EGBGB Rz 75 S. 1269). Nach **deutschem Konsu-**

larrecht (unabhängig von Staatsverträgen) haben allerdings die deutschen Konsuln solche Befugnisse **nicht** mehr (vgl. §§ 5–17 Konsulargesetz vom 11. 9. 1974, BGBl. I 2317, § 8 I 2 i.d.F. von Art. 12 EheschlRG).

5. Interlokales Recht

Schrifttum: *Schwab,* Vormundschaft und Pflegschaft in den neuen Bundesländern, in: *Schwab* (Hrsg.), Familienrecht und deutsche Einigung, Dokumente und Erläuterungen, 1991, 128–132; *Bienwald,* Ergänzende Bemerkungen zum Vormundschafts-, Pflegschafts- und Unterbringungsrecht, ebenda 147 f.; *Brüggemann,* Die Auswirkungen des EINIGUNGSVERTRAGES auf die Führung von Amtsvormundschaften, Amtspflegschaften und Amtsbeistandschaften unter dem KJHG, in: *Wiesner* und *Zarbock* (Hrsg.), Das neue Kinder- und Jugendhilfegesetz (KJHG), 1991, 213–237; *Lück,* Beginn und Ende der gesetzlichen Amtspflegschaft nach dem Einigungsvertrag, FamRZ 92, 886–892.

a) Privatrecht der früheren DDR und Ost-Berlins

*Materiell*rechtlich waren Vormundschaft und Pflegschaft in der DDR und in Ost-Berlin geregelt in §§ 88–107 FGB.

*International*privatrechtlich entschied über *Entstehung* und *Beendigung* der Vormundschaft und Pflegschaft das Heimatrecht des Betroffenen (§ 24 I RAG). Die *Durchführung* unterlag dem Recht des Staates, der die Vormundschaft oder Pflegschaft angeordnet hatte (§ 24 III). Über einen Ausländer konnte in der DDR eine *vorläufige Vormundschaft* oder *Pflegschaft* nach DDR-Recht angeordnet werden, wenn er alsbaldiger Fürsorge bedurfte und in der DDR Wohnsitz oder Aufenthalt hatte oder Vermögen hatte und es nicht sicherte oder ordnungsmäßig verwaltete (§ 24 II).

Am 3. 10. 1990 hat Art. 8 des Einigungsvertrags das *Bundesrecht* im Beitrittsgebiet *eingeführt* und damit auch das bundesdeutsche materielle, internationale und interlokale Vormundschafts-, Betreuungs- und Pflegschaftsrecht.

b) Interlokales Privatrecht

aa) Neufälle

Für Neufälle, d.h. für Vormundschaften, Betreuungen und Pflegschaften, die ab dem 3. 10. 1990 eintreten, gilt in Ost und West einheitlich das westdeutsche materielle, internationale und interlokale Recht. Dies sagt für das *internationale* (und entsprechend für das interlokale) *Familienrecht allgemein* Art. 236 § 2 EGBGB (abgedruckt oben S. 740). Nur waren nach Art. 230 I a.F. EGBGB §§ 1706–1710 BGB im Osten nicht eingeführt, so daß es dort keine Amtspflegschaft des Jugendamts für nichteheliche Kinder gab. Inzwischen ist sie auch im Westen beseitigt (oben S. 843).

bb) Altfälle

Für Vormundschaften und Pflegschaften aus der Zeit vor dem 3. 10. 1990 bleibt es in den *neuen Bundesländern* nach Art. 236 § 1 EGBGB beim bisherigen internationalen und interlokalen Privatrecht, also bei § 24 RAG. Gegebenenfalls ist daher im Osten und Westen verschieden zu entscheiden (vgl. oben S. 42–44).

Im *Westen* entscheidet *interlokalprivatrechtlich* an Stelle der Staatsangehörigkeit das **interlokale Personalstatut** (oben S. 407 f.), grundsätzlich also der gewöhnliche Aufenthalt in Ost oder West. Analog Art. 24 I 1 EGBGB herrscht über *Entstehung, Än-*

derung und *Ende* einer Vormundschaft oder Pflegschaft grundsätzlich das interlokale Personalstatut des **Betroffenen.** Für *vorläufige Maßregeln* ist Art. 24 III EGBGB entsprechend anzuwenden. Die *Durchführung* der Vormundschaft oder Pflegschaft unterliegt analog dem IPR dem Recht des Entstehungsgebiets.

Soweit danach im Osten oder Westen *Ostrecht* für Vormundschaft und Pflegschaft maßgibt, gilt *übergangsrechtlich* Art. 234 § 1 EGBGB: seit dem 3. 10. 1990 bestimmt über Vormundschaft und Pflegschaft das BGB. Einzelvorschriften hierzu enthalten Art. 234 §§ 14, 15 EGBGB (oben S. 844).

Interlokalverfahrensrechtlich tritt im Westen für *Anordnung, Durchführung, Änderung* und *Aufhebung* einer Vormundschaft oder Pflegschaft und für *vorläufige Maßregeln* an Stelle der Staatsangehörigkeitszuständigkeit die **Personalstatutszuständigkeit:** Interlokal zuständig sind die Gerichte des Gebiets (Ost oder West), dessen Vormundschaftsrecht maßgibt, grundsätzlich also des Gebiets (Ost oder West), in dem sich der Betroffene gewöhnlich aufhält. Daneben gibt es analog Art. 24 I EGBGB **Aufenthalts-** und **Fürsorgebedürfnis-Zuständigkeit** (näher oben S. 750). Auch § 47 n. F. FGG dürfte im Ost-West-Verhältnis analog gelten.

Über die *Anerkennung östlicher* Entscheidungen unten S. 932f.

§ 21. Erbrecht

Schrifttum: 7. Aufl. S. 755f. Hervorzuheben: *B. Ancel,* Les conflits de qualifications à l'épreuve de la donation entre époux, Paris 1977; *Verwilghen* (Hrsg.), Régimes matrimoniaux, successions et libéralités I, II, Neuchâtel 1979; *Boulanger,* Les successions internationales, Paris 1981; *Firsching,* Zur Reform des deutschen internationalen Erbrechts, in: *Beitzke* (Hrsg.), Vorschläge und Gutachten zur Reform des deutschen internationalen Personen-, Familien- und Erbrechts, 1981, 202–225; *Egger,* Le transfert de la propriété dans les successions internationales, Genf 1982; *Munteanu,* Spannungen bei der Anwendung rumänischen Erbrechts durch deutsche Nachlaßgerichte, 1982; *Héron,* Le morcellement des successions internationales, Paris 1986 (bespr. von *Ponsard* Clunet 1987, 237–239 und von *Synvet* Rev.int.dr.comp. 1987, 288–290); *Clausnitzer,* Die güter- und erbrechtliche Stellung des überlebenden Ehegatten nach den Kollisionsrechten der Bundesrepublik Deutschland und der USA, 1986; *Frey,* US-Amerikanische Grundstücke in einem schweizerischen Nachlaß, Zürich 1986; *Pålsson,* Svensk Rättpraxis i Internationell Familje- och Arvsrätt, Stockholm 1986; *Taucher,* Internationale Erbschaften, Wien 1987; *Hooft,* Sucesión hereditaria, Jurisdicción internacional y ley aplicable, Buenos Aires 1981; *Revillard,* Note Rev.crit.dr.i.p. 1984, 339–344 (betr. *executor* und *trustee* New Yorker Rechts); *Prinz von Sachsen-Gessaphe,* Das neue mexikanische internationale Erbrecht und seine Bedeutung für deutsch-mexikanische Nachlaßfälle, 1987; *Scoles,* Choice of Law in Family Property Transactions, Rec. 1988 II 9–93; *Kötters,* Parteiautonomie und Anknüpfungsmaximen, Ein Vergleich des deutschen und U.S.-amerikanischen internationalen Familien- und Erbrechts, 1989; *Berenbrok,* Internationale Nachlaßabwicklung, Zuständigkeit und Verfahren, 1989; *Dallafior,* Die Legitimation des Erben, Eine rechtsvergleichende und internationalprivatrechtliche Studie, Zürich 1990; *Li,* Some Recent Developments in the Conflict of Laws of Succession, Rec. 1990 V 9–121; *Droz* Rec. 1991 IV 223–251; *Ebenroth,* Erbrecht, 1992, § 18 S. 826–920; *Witthoff,* Die Vererbung von Anteilen deutscher Personengesellschaften im IPR, 1993; *Tiedemann,* Internationales Erbrecht in Deutschland und Lateinamerika, 1993; *Bentler,* Die Erbengemeinschaft im IPR, 1993; *Buschor,* Nachlaßplanung („estate planning") nach schweizerischem internationalem Erbrecht, Zürich 1994. Ferner: *Kraus,* Die deutsche internationale Zuständigkeit im Nachlaßverfahren, Diss. Würzburg 1993; *Goré,* L'administration des successions en droit international privé français, Paris 1994 (bespr. von *Lagarde* Rev.crit.dr.i.p. 1995, 895–900); *Hanisch,* Nachlaßinsolvenzverfahren und materielles Erbrecht, Schwerpunkte im Binnen- und Auslandsbezug, Henckel-Fschr. 1995, 369–385; *Elwan* und *Otto,* Das Zusammenspiel von Ehegüterrecht und Erbrecht in Namibia und Südafrika – Auswirkungen auf die Abwicklung internationaler Erbfälle in Deutschland, IPRax 95, 354–360; *Flick* und *von Oertzen,* IPR und internationales Steuerrecht in der Praxis der Erbfolgeregelung, IStR 95, 558–560; *Wagner,* Die Testierfähigkeit im IPR, 1996; *Bünning,* Nachlaßverwaltung und Nachlaßkonkurs im internationalen Privat- und Verfahrensrecht, 1996; *Henrich,* Anordnungen für den Todesfall in Eheverträgen und das IPR, Schippel-Fschr. 1996, 905–917; *Wirner,* „Le mort saisit le vif" oder „hereditas iacens", Eine Grundsatzfrage bei der Abwicklung österreichisch-deutscher Erbfälle, ebenda 981–991; *Real,* International privatrechtliches zum Erbschaftssteuergesetz, RIW 96, 54–60; *Dörner,* Keine dingliche Wirkung ausländischer Vindikationslegate im Inland, IPRax 96, 26–28; *U.-C. Dißars* und *B.-A. Dißars,* Die Anrechnung ausländischer Erbschafts- und Schenkungssteuern in Deutschland, RIW 96, 144–147; *Behar-Touchais,* Note Sem. jur. 1996 Nr. 22647 S. 233–238 (trust *inter vivos* mit Erwerb durch Begünstigten beim Erbfall Schenkung oder Vermächtnis?); *Stille,* Het nieuwe Nederlandse internationale erfrecht, FJR 1996, 216–223; *Droz,* Note Rev.crit.dr.i.p. 1996, 693–698 (trust de droit américain, loi successorale française, atteinte à la réserve, ordre des réductions, donation indirecte, prise d'effet au jour du décès); *Kopp,* Probleme der Nachlaßabwicklung bei kollisionsrechtlicher Nachlaßspaltung, Haftung für Nachlaßschulden, 1997; *Schulz,* Die Subsumtion ausländischer Rechtstatsachen, 1997, 181–203 (betr. Erbschein); *Girsberger,* Das IPR der nachrichtenlosen Vermögen in der Schweiz, Basel, 1997; *Schömmer, Faßold* und *Bauer,* Internationales Erbrecht Italien, Österreich, Türkei, 1997 (bespr. von *Solomon* DNotZ 98, 847f.); *Rutten,* Erven naar Marokkans recht, Aspekten van Nederlands internationaal privaatrecht bij de toepasselijkheid van Marokkans erfrecht, Diss. Maastricht 1997; *Lagarde,* Die verfahrensmäßige Behandlung von Nachlässen, Länderbericht Frankreich, in: *Schlosser* (Hrsg.), Die Informationsbeschaffung für den Zivilprozeß – Die verfahrensmäßige Behandlung von Nachlässen, ausländisches Recht und Internationales Zivilprozeßrecht, 1997, 207–239; *Schack,* Die verfahrensmäßige Behandlung von Nachlässen im anglo-amerikanischen und internationalen Zivilverfahrensrecht, ebenda 241–265; *Padovini,* Die verfahrensmäßige Behandlung von Nachlässen in Italien, auch im Vergleich zu Österreich, ebenda 267–287; *Mankowski* und *Osthaus,* Gestaltungsmöglichkeiten durch Rechtswahl beim Erbrecht des überlebenden Ehegatten in internationalen Fällen, DNotZ 97, 10–27; *Fumagalli,* Rinvio e unità della successione nel nuovo diritto internazionale privato italiano, Riv. dir. int. priv. proc. 1997, 829–848; *Derstadt,* Die Notwendigkeit der Anpassung bei Nachlaßspaltung im internationalen Erbrecht, 1998; *Zillmann,* Die Haftung des Erben im internationalen Erbrecht, 1998; *Kuhn,* Der Renvoi im internationalen Erbrecht der Schweiz, Zürich 1998; *Kemp,* Grenzen der Rechtswahl im internationalen Ehegüter- und Erbrecht, 1998; *Nishitani,* Ausländische Vindikationslegate und das deutsche Erbrecht – unter besonderer Berücksichtigung des japanischen Erbrechts, IPRax 98, 74–79; *Rodriguez Pineau,* Estates in Spain: Inheritance According to Spanish Conflict Rules – A Judgement of the Tribunal Supremo, ebenda 135–137; *Michaela,* Vorzeitiger Erbausgleich und IPR, ebenda 192–196; *Siemers* und *N. Müller,* Offshore-Trusts als Mittel zur Vermögensnachfolgeplanung? – Eine Bestandsaufnahme aus steuerrechtlicher Sicht, IStR 98, 385–391; *Brunetti,* Il testamento dello zio d'America – Il „trust" testamentario, Foro It. 1998 I 2008–2012; *Bouckaert,* Nederlands en Belgisch internationaal privaatrecht met betrekking tot erfrecht en huwelijksvermogensrecht, WPNR 1998, 713–719 (713–716, 719); *Vogt,* Verträge zu Rechten Dritter, insbesondere auf den Todesfall, mit einem englischen Versprechensempfänger, 1999; *Flick* und *Piltz*, Der Internationale Erbfall, 1999; *Kartzke,* Auslegung letztwilliger Verfügungen bei Nachlaßspaltung, IPRax 99, 98–100.

Auslandsrecht und Rechtsvergleichung: *Ferid/Firsching/Lichtenberger,* Internationales Erbrecht[3], erscheint in Lieferungen, 1. Aufl. seit 1955, 2. Aufl. seit 1970, 3. Aufl. seit 1987, 4. Aufl. seit 1993; *Verwilghen* (Hrsg.), Régimes matrimoniaux, Successions et libéralités I, II, Neuchâtel 1979; *Krenz,* Modelle der Nachlaßteilung, Eine rechtshistorische und rechtsvergleichende Untersuchung, 1994; *Fröschle,* Die Entwicklung der gesetzlichen Rechte des überlebenden Ehegatten in Frankreich und England im Laufe des 20. Jahrhunderts, 1996; *Leleu,* La transmission de la succession en droit comparé, Antwerpen und Brüssel o.J.; *Zillmann,* Die Haftung der Erben im internationalen Erbrecht, 1998.

Einheitsrecht: *Leleu,* Nécessité et moyens d'une harmonisation des règles de transmission successorale en Europe, 6 (1988) Eur.Rev.Priv.L. 159–193.

I. Erbstatut

Art. 25 EGBGB läßt als Regel wie schon Art. 24, 25 a.F. über die Erbfolge entscheiden das *Heimatrecht* des Erblassers beim Tod. In engen Grenzen darf der Erblasser das maßgebende Recht *wählen.*

1. Personalstatut

Art. 25 I EGBGB beruft im Einklang mit dem Deutschen Rat für IPR (*Beitzke* Hrsg., Vorschläge und Gutachten zur Reform des deutschen internationalen Personen-, Familien- und Erbrechts, 1981, 13, Erbstatut § A I) das **Heimatrecht** des Erblassers beim Tode. Die Vorschrift lautet:

„Art. 25

Rechtsnachfolge von Todes wegen

(1) Die Rechtsnachfolge von Todes wegen unterliegt dem Recht des Staates, dem der Erblasser im Zeitpunkt seines Todes angehörte."

War der Erblasser *staatenlos,* dann entscheidet nach Art. 5 II EGBGB das Recht seines gewöhnlichen, hilfsweise schlichten Aufenthalts; wenn er unter das New Yorker Abkommen fällt (oben S. 399–402), gilt das Recht seines Wohnsitzes, hilfsweise schlichten Aufenthalts. War der Erblasser *internationaler Flüchtling,* der unter das Genfer *Abkommen* fiel, oder gleichgestellter Asylsberechtigter oder Humanflüchtling, dann wird er ebenfalls beerbt nach dem Recht seines Wohnsitzes, hilfsweise seines schlichten Aufenthalts. Für internationale Flüchtlinge, die unter das *AHKGes. 23* und das *West-Berliner Ges. 9* fallen, gilt nach Art. 2 dieser Gesetze keine Sonderregel (oben S. 403–405). Für *volksdeutsche Flüchtlinge* gilt deutsches Recht (oben S. 402f.).

Maßgebend ist das Personalstatut des Erblassers **beim Tode.**

Auch *intertemporal* entscheidet der *Tod:* ob altes oder neues IPR für die Erbfolge gilt, hängt nach Art. 220 I EGBGB davon ab, ob der Tod (ein „abgeschlossener Vorgang") vor oder seit dem 1. 9. 1986 eingetreten ist (BayObLG 1986, 466 [470f. unter II 3b] = IPRax 87, 252 LS mit Anm. Red. [K.F.] = NJW 87, 1148 [1149]; KG FamRZ 88, 434 mit Anm. von *Gottwald* und mit Anm. von *Lüderitz* 881 = NJW 88, 1471; BGH IPRax 96, 39 mit Aufsatz von *Dörner* 26–28 = JZ 96, 1028 mit Anm. von *Gröschler* = NJW 95, 58 = WM 94, 2124 [2125 unter A II 2a]; BayObLG FamRZ 98, 514 [unter II 1 b aa]).

Über die *Gültigkeit* einer *Verfügung von Todes wegen* entscheidet jedoch das Personalstatut des Erblassers **bei Vornahme** (näher unten III) und über den zeitweiligen *vorzeitigen Erbausgleich* das Personalstatut des Erblassers **bei Festlegung** des Anspruchs (unten S. 860). *Ändert* der Staat des Personalstatuts später (nämlich nach dem Tode des Erblassers oder nach Vornahme der Verfügung von Todes wegen) sein materielles Erbrecht mit *Rückwirkung,* so haben wir das zu beachten (oben S. 20f.).

Das Personalstatut des Erblassers wird als Anknüpfung gewählt im *Partei*interesse des Erblassers: wie bei Verfügungen von Todes wegen der *Wille*, so überdauert hier das *Interesse* des Erblassers sein Erdendasein. Zugleich verbürgt die Anknüpfung an ein einziges Recht (Personalstatut des Erblassers) *international*privatrechtliche Nachlaß*einheit:* der gesamte Nachlaß unterliegt demselben Recht. Das entspricht dem *Ordnungsinteresse am inneren Entscheidungseinklang* (oben S. 123–125). Es fördert außerdem die *materiell*privatrechtliche Nachlaß*einheit*, d.h. die Vererbung des gesamten Nachlasses nach denselben Regeln, die dem römischrechtlichen Gedanken der Universalsukzession entspricht. Werden nämlich Teile des Nachlasses verschiedenen Rechten unterworfen, dann haben wir *materiell*privatrechtliche Nachlaß*spaltung*. Sie kommt freilich trotz internationalprivatrechtlicher Nachlaßeinheit zustande, wenn das allein zur Herrschaft berufene materielle Recht seinerseits den Nachlaß spaltet. Das taten die germanischen Rechte, in denen Fahrnis anders vererbt wurde als Grundvermögen. So England noch bis 1925 und so noch heute die Bermudas und Einzelstaaten der USA. *Zu international*privatrechtlicher Nachlaß*spaltung* in Fahrnis und Grundvermögen kommt es, wenn – unter Verzicht auf inneren Entscheidungseinklang – für Grundstücke das *Verkehrs*interesse dem Parteiinteresse des Erblassers vorgezogen und demgemäß der Grundstücksnachlaß der *lex rei sitae* unterworfen wird (oben S. 121) oder wenn (zum guten Teil im Verkehrsinteresse) der Erblasser für Grundstücke die Erbfolge nach der *lex rei sitae wählen* darf (unten S. 855 a. E.–857).

Von den modernen Staaten haben viele die internationalprivatrechtliche **Nachlaßspaltung** beibehalten, obwohl sie (abgesehen von den Bermudas und Einzelstaaten der USA) die materiellrechtliche Nachlaßspaltung aufgegeben haben. Sie unterwerfen Grundstücke der *lex rei sitae*, bewegliches Vermögen dem *Personalstatut* des Erblassers, nämlich meist dem Recht seines letzten *Wohnsitzes* (z.B. England, USA, Frankreich, Belgien, Sowjetunion, Volksrepublik China), selten seinem letzten *Heimatrecht* (Österreich früher [mit Einschränkungen]; Türkei und die frühere DDR [Inlandsgrundstücke nach Inlandsrecht]).

Beispiele:

Der Sänger *Feodor Schaljapin* stirbt 1938 als Sowjetrusse. Ihn überleben fünf Kinder aus erster Ehe und drei weitere Kinder, die er im Ehebruch mit seiner späteren zweiten Frau erzeugt hat. Er hinterläßt u.a. Grundstücke in Frankreich. 1935 hat er durch Testament seine zweite Frau auf 1/4 und jedes der acht Kinder auf 3/32 eingesetzt. Die Cour d'appel Paris Rev.crit.dr.i.p. 1956, 272 mit Anm. von Y.L. *(Yvon Loussouarn)* stellt zwar fest, daß nach dem sowjetrussischen Recht von 1938 der Erblasser zugunsten sämtlicher Kinder gleichmäßig testieren durfte. Auf die französischen Grundstücke sei jedoch französisches Recht anzuwenden und danach könnten Ehebruchskinder weder gesetzlich noch testamentarisch erben.

Zwei *Frauen aus Montevideo* machen mit dem Dampfer „Ciudad de Asunción" einen Ausflug nach Buenos Aires. Das Schiff sinkt, die Frauen ertrinken. Ihre Juwelen findet man am Strand von Argentinien. Der Nachlaßrichter von Montevideo verlangt den Schmuck heraus. Nach Art. 44, 45 und 66 des Vertrags von Montevideo über internationales bürgerliches Recht von 1940 (oben S. 222) ist anzuwenden das Recht und sind international zuständig die Gerichte des *Belegenheits*staats. Dennoch gibt die Cámara Federal de La Plata, 1. und 2. Instanz, Jur. Arg. vom 12. 6. 1965, S. 1 mit Anm. von *Colabelli* = Clunet 1966, 378 mit Anm. von *Lisbonne* dem Antrag statt. Denn nach der Entstehungsgeschichte umfaßten die genannten Vorschriften nicht Sachen des persönlichen Gebrauchs. Für sie gelte vielmehr das Recht und seien international zuständig die Gerichte des Staates, in dem der Erblasser seinen letzten *Wohnsitz* gehabt hat (vgl. oben S. 662).

Die anderen Staaten haben internationalprivatrechtliche **Nachlaßeinheit** und lassen allein das *Personalstatut* des Erblassers entscheiden, sei es das *Wohnsitzrecht* (z.B. Dänemark, Norwegen, die meisten südamerikanischen Staaten), sei es das *Heimatrecht* (z.B. Deutschland, Niederlande, Schweden, Polen, die frühere Tschechoslowakei, Ungarn, das frühere Jugoslawien, Griechenland, Italien, Spanien, Portugal).

In Deutschland ist die internationalprivatrechtliche Nachlaßeinheit seit der Mitte des 18. Jahrhunderts durchgedrungen, damals noch im Sinne der Herrschaft des *Wohnsitz*rechts über den ganzen Nachlaß. Sie hat in *Savigny* einen starken Verteidiger gefunden (VIII 295–308).

Rechtspolitisch ist sie vorzuziehen, weil die materiellrechtliche (ursprünglich aus dem Lehnsrecht fließende) Sondererbfolge in Grundstücke abgestorben ist. Auf das *Durchsetzbarkeits*interesse (dazu oben S. 126f.) läßt sich die Nachlaßspaltung nicht gründen, weil dann auch die Erbfolge in *Fahrnis* der *lex rei sitae* überwiesen werden müßte.

Anfangs hat man im IPR anscheinend meist nicht zwischen Einzelsachen und Vermögen (wie Nachlaß, Ehe- oder Kindesgut) unterschieden, sondern zwischen Grundstücken und Fahrnis: Grundbesitz unterlag stets der *lex rei sitae,* Fahrnis immer dem Personalstatut. Für bewegliche Einzelsachen sind manche Länder zum Teil beim Personalstatut stehen geblieben (oben S. 622). Für Vermögen (vor allem für den Nachlaß) haben viele Länder den Unterschied zwischen Grundstücken und Fahrnis beibehalten (Spaltung); andere haben ihn aufgegeben zugunsten des Personalstatuts (Einheit). In den meisten Ländern mit Einheit des Vermögens unterstellt man Einzelsachen der *lex rei sitae:* was anfangs für Fahrnis galt, gilt heute für Vermögen; was anfangs für Grundstücke galt, gilt heute für Einzelsachen. Vgl. *Kegel* RabelsZ 52 (1988), 463.

Art. 3 III EGBGB gibt der kollisionsrechtlichen Nachlaßspaltung ausländischer Staaten nicht nach (oben S. 377). Wohl aber sind nach **Art. 4 I EGBGB** Rück- und Weiterverweisung zu beachten, die für Grundvermögen das nachlaßspaltende Personalstatut des Erblassers auf die *lex rei sitae* ausspricht – ein praktisch bedeutsamer Fall des Renvoi (zur Überweisung auch der *Abgrenzung* von beweglichem und unbeweglichem Vermögen an die *lex rei sitae* oben S. 352f.). Daneben steht, ebenfalls bedeutsam, der Renvoi des Heimatrechts des Erblassers auf das Wohnsitzrecht, sei es für den gesamten Nachlaß (bei internationalprivatrechtlicher Nachlaßeinheit), sei es nur für den beweglichen (bei internationalprivatrechtlicher Nachlaßspaltung).

Beispiele zu *Art. 3 III* oben S. 374–378.

Beispiele zu *Art. 4 I:*

Franzose mit letztem Wohnsitz in Paris hinterläßt Grundstück in Mainz: wegen des Grundstücks Rückverweisung des französischen Rechts auf das deutsche als *lex rei sitae.*

Franzose mit letztem Wohnsitz in Mainz hinterläßt Hausrat in Paris: wegen des Hausrats Rückverweisung des französischen Rechts auf das deutsche als *lex domicilii.*

Nach Art. 4 I 2 wird die Rückverweisung „abgebrochen" und daher in beiden Fällen deutsches Recht angewandt (oben S. 346).

Die durch Art. 4 I EGBGB häufig bewirkte kollisionsrechtliche Nachlaßspaltung stört den *inneren Entscheidungseinklang* (oben S. 123–125) und führt zu schwierigen *Angleichungsfragen.*

Ein *Beispiel* für die Art solcher Schwierigkeiten liefert der Nachlaß der *Königin Marie-Christine* von Spanien. Sie hinterließ Vermögen in Spanien und Grundstücke in Frankreich. Zwei ihrer Erbinnen, nämlich Königin Isabella II. und die Herzogin von Montpensier, hatten bei Lebzeiten Geschenke erhalten, die möglicherweise auszugleichen waren: Schmuck, Geld und das spanische Landgut Vista Allegre. Hier mußte das Tribunal civil de la Seine Clunet 1907, 770 nach französischem IPR (Nachlaßspaltung) auf die französischen Grundstücke französisches Erbrecht anwenden, auf den übrigen Nachlaß (Fahrnis und spanischer Grundbesitz) spanisches Erbrecht. Eine Ausgleichung der Vorempfänge (Schmuck, Geld, spanisches Landgut) im französischen Nachlaß lehnte das Gericht ab; die Vorempfänge würden, wenn sie noch zum Nachlaß gehörten, nicht französischem Recht unterliegen; die Ausgleichung solle aber in Natur oder rechnerisch den Nachlaß auf die alte Höhe bringen. Meines Erachtens besser beurteilt man die Ausgleichungspflicht für jede Nachlaßmasse nach deren Recht, insbesondere was die *Art* der Ausgleichung anlangt (z. B. in Frankreich grundsätzlich, in Deutschland stets nur durch Anrechnung: art. 858–869 c. civ. [„*en moins prenant*"], §§ 2055, 2056 BGB). Der *Höhe* nach aber muß man sie kraft eines materiellprivatrechtlichen Satzes im IPR (vgl. oben S. 65, 319 f.) ermäßigen im Verhältnis des Wertes der Einzelmasse zum Wert des Gesamtnachlasses.

Anderes Beispiel: Ein Chilene, Honorarkonsul seines Landes auf Tahiti, vermacht 1970 die bewegliche Habe Fräulein Virau Tepii, genannt Agnès. Mit ihr streitet sich ein vom Erblasser anerkannter nichtehelicher Sohn, der in Freiburg/Schweiz geboren ist. Zum Nachlaß gehört außer der Fahrnis ein Grundstück auf Long Island im Staate New York. Das Tribunal civil de première instance in Papeete Rev.crit.dr.i.p. 1976, 674 mit Anm. von *B. Ancel* beurteilt wegen Nachlaßspaltung im (französischen) IPR von Tahiti den Pflichtteil des Sohnes getrennt für die Fahrnis (französisches Recht: $1/2$) und für das Grundstück (New York: kein Pflichtteil). Die Schuldenhaftung unterstellt es wegen Wohnsitzes des Konsuls auf Tahiti und wegen des Abschlußorts der Verträge, aus denen die Schulden stammen, dem (französischen) Recht der Insel. Das Gericht verteilt die Schulden auf die beiden Nachlaßmassen (Fahrnis, Grundstück) im Verhältnis des Wertes dieser Massen, zieht vom Wert des Fahrnisnachlasses die auf ihn entfallenden Schulden ab und spricht die Hälfte des Restes Fräulein Agnès zu.

OLG Zweibrücken FamRZ 98, 263 = FGPrax 97, 192 = IPRax 99, 110 mit Aufsatz von *Kartzke* 98–100 und KG FamRZ 98, 124 = NJ 98, 39 Bericht mit Anm. von *Schreiber* wollen bei Nachlaßspaltung die Entscheidung, ob Erbeinsetzung oder Vermächtnis vorliegt (im deutschen Recht § 2087 BGB), für jeden Nachlaß unter Ausschluß des oder der anderen beantworten (fraglich, ob mit Recht; vgl. dazu BGH FamRZ 95, 481 und *Kegel* FS Seidl-Hohenveldern 1998, 339–363).

2. Rechtswahl

Die Anknüpfung der Erbfolge an das Heimatrecht des Erblassers liegt im Parteiinteresse (oben S. 853), das auch im internationalen Personen-

und Familienrecht weithin zum Heimatrecht führt (oben S. 118f.). Man kann dem Parteiinteresse noch mehr nachgeben und den **Parteiwillen** entscheiden lassen. So läßt *Dölle* RabelsZ 30 (1966), 205–240 den Erblasser das Recht wählen, das seine Beerbung beherrschen soll. Er stützt sich auf Schweigen des Gesetzgebers (215f.), auf den ideellen Wert der Freiheit des Individuums schlechthin (218), auf Analogie zur Rechtswahl für Schuldverträge (218–220) und auf die Testierfreiheit, die er gleichsam die Schallmauer des materiellen Rechts durchbrechen und ins IPR eindringen läßt (222). Als praktische Vorteile nennt er hauptsächlich größere Sicherheit und bessere Auswahl des anwendbaren Rechts (229–231).

Für *unbeschränkte* Rechtswahl im internationalen Erb- und Familienrecht *Sturm* Wolf-Fschr. 1985, 637–658. Enger erlaubt *von Overbeck* dem Erblasser (und beim Ehevertrag den Gatten) die Wahl nur zwischen Heimat- und Wohnsitzrecht (Liber Amicorum Baron Louis Fredericq, Gent 1966, II 1085–1112); ebenso *Luther* Bosch-Fschr. 1976, 563 a. E. f., der Deutsche Rat für IPR (*Beitzke* [Hrsg.], Vorschläge und Gutachten zur Reform des deutschen internationalen Personen-, Familien- und Erbrechts, 1981, 13, Erbstatut § A II) und *Hanisch* Flattet-Fschr. 1985, 482f.; *Kühne* (Die Parteiautonomie im internationalen Erbrecht, 1973, 107, 153f. und JZ 73, 403–407) läßt den Erblasser wählen zwischen seinem Heimatrecht, dem Recht seines gewöhnlichen Aufenthalts und (bei Grundstücken) dem Recht des Lageorts; *Heini* ZSchweizR 111 (1970 I), 425f. erlaubt dem Erblasser, statt des Erbstatuts beim Tod ein früheres zu wählen.

Für Wahl der *lex fori* statt des Erbstatuts durch die Parteien *A. Flessner* RabelsZ 34 (1970), 573f.; dagegen oben S. 409f.

Gegen Rechtswahl durch Erblasser z.B. BGH NJW 72, 1001; *Ferid* Cohn-Fschr. 1975, 36 a. E. f.; *Goré* Loussouarn-Fschr., Paris 1994, 193–201.

Die Entscheidung hängt letztlich an der Bewertung des Parteiwillens. M.E. ist es nicht wünschenswert, daß der Einzelne oberhalb des zwingenden Rechts steht und insofern *legibus solutus* ist, als er sich die Rechtsordnung aussuchen kann, deren zwingende Vorschriften für ihn gelten sollen. Daher erscheint die Rechtswahl im internationalen Schuldvertragsrecht ungewöhnlich, Verlegenheitslösung (oben S. 569 a.E.) und ausdehnenswert weder auf das internationale Sachenrecht, weil es im Verkehrsinteresse fest angeknüpft werden muß (oben S. 661), noch auf das internationale Erbrecht, weil es mit der Verteilung des Vermögens einen einmaligen Vorgang von großem persönlichen Gewicht für den Erblasser regelt, während Schuldverträge häufig, vielgestaltig, meist minder wichtig und schnell vergänglich sind (oben S. 564f.) und daher die Anknüpfung an den Parteiwillen eher tragbar ist.

Im Erbrecht gelten die wichtigsten zwingenden Vorschriften den Pflichtteilsrechten, den Verboten bindender Verfügungen von Todes wegen (in den romanischen Rechten) und den Grenzen der Festlegung des Nachlasses für die Zukunft (Verbote der Nacherbfolge in romanischen Rechten, „*rule against perpetuities*“ im englisch-amerikanischen Recht). Warum sollte der Erblasser hier bis an die Grenzen der Gesetzesumgehung manipulieren dürfen?

Beispiel: BGE 102 II (1976), 136: Deutscher, geboren 1886, geht 1936 nach Großbritannien, wird 1947 Brite, zieht 1953 in die Schweiz, setzt 1970 zweite Ehefrau zur

Erbin ein, wählt englisches Erbrecht und stirbt 1973; ersteheliche, in Genf lebende Tochter klagt gegen Witwe auf Feststellung, daß sie (Tochter) Alleinerbin sei, hilfsweise auf Pflichtteil. Grundsätzlich unterlag und unterliegt die Erbfolge in der Schweiz dem Recht des letzten Erblasserwohnsitzes. Aber nach Art. 22 II mit Art. 32 NAG durfte und nach Art. 90 II IPRG darf ein in der Schweiz lebender Ausländer sein Heimaterbrecht wählen. Anders als die Schweiz kennt das englische Recht keinen Pflichtteil. Klage wird in allen drei Instanzen abgewiesen. Dazu *A. Bucher* in: Lausanner Kolloquium über den deutschen und den schweizerischen Gesetzentwurf zur Neuregelung des IPR, Zürich 1984, 136. *Kritik:* Die Wahl des Erbstatuts erscheint rechtspolitisch unerwünscht, obwohl sie nach deutschem IPR (Heimatrecht des Erblassers) nicht einmal nötig gewesen wäre.

Die größte praktische Schwierigkeit zeigt sich bei Vermögen in mehreren Ländern, weil in den einzelnen Staaten verschiedenes materielles Erbrecht angewandt wird. Dem kann nur *einheitliches* internationales Erbrecht abhelfen: *alle* lassen das Heimatrecht des Erblassers entscheiden oder *alle* erlauben wenigstens dem Erblasser, das maßgebende Recht zu wählen. Solange die Welt gespalten ist, ergreift man besser die rechtspolitisch *richtige* Anknüpfung und bleibt damit auch weitgehend im Einklang mit dem internationalen Personen- und Familienrecht.

Der Regierungsentwurf des IPRG hatte (entgegen dem Deutschen Rat für IPR, oben S. 856) dem Erblasser mit Recht die Rechtswahl versagt (BTDrucks. 10/504 S. 11, 74f.). Der Rechtsausschuß des Bundestags erlaubte jedoch dem ausländischen Erblasser, für deutsche Grundstücke das deutsche Recht zu wählen. Er erblickt darin den „erhebliche[n] Vorteil der Vereinfachung ..., daß der Erblasser sich bei Verfügung über inländische Grundstücke nach deutschem Recht richten kann" (BT-Drucks. 10/5632 S. 15, 44). Dem folgend bestimmt **Art. 25 II EGBGB:**

„(2) Der Erblasser kann für im Inland belegenes unbewegliches Vermögen in der Form einer Verfügung von Todes wegen deutsches Recht wählen."

Der Ausdruck „unbewegliches Vermögen" ist wie im ähnlichen Art. 15 II Nr. 3 EGBGB mit dem Rechtsausschuß zu beschränken auf *Grundstücke,* gleich ob *einzelne* oder *alle* (oben S. 728f.). Ebenfalls mit dem Rechtsausschuß ist Art. 25 II *nicht auf ausländische* Grundstücke anzuwenden; die Vorschrift ist einseitige Exklusivnorm (oben S. 255 a.E.f.).

Gewählt wird das deutsche Recht, wie Art. 25 II sagt, *„in der Form einer Verfügung von Todes wegen"*. Geschieht dies in einer *letztwilligen* (= einseitigen und widerruflichen) Verfügung, dann kann die Wahl durch Verfügung von Todes wegen *widerrufen* werden.

II. Geltungsbereich

Das Erbstatut bestimmt den **Erbfall.** Das ist überall der Tod, vereinzelt der *bürgerliche Tod* (oben S. 478 a.E.f.), in Sowjetrußland bei Todeserklärung der Eintritt ihrer Rechtskraft. Ob *Leben* oder *Tod vermutet* wird, ob *bürgerlicher Tod* eingetreten ist, das sind *selbständig* anzuknüpfende *Vorfragen* (oben S. 326). Zwar entscheidet auch hier grundsätzlich das Personalstatut des Betroffenen, jedoch mit Ausnahmen im Bereich der Todeserklärung (oben S. 482–486; über Bestimmung des Erbfalls bei Todeserklärung nach § 12 II a.F. VerschG [jetzt Art. 9 Satz 2 EGBGB] KG FamRZ 66, 210 mit Anm. von *Müller;* über widersprechende Kommorientenvermutungen oben S. 319f.).

Das Erbstatut ergibt den **Umfang des Nachlasses.** Das bedeutet wenig für die *beim Tode* vorhandenen Aktiven und Passiven des Erblassers; denn sie gehören überall grundsätzlich zum Nachlaß. Es kann aber bedeutsam werden für *nach dem Tode* erworbene Aktiven (z.B. durch eine Surrogation) oder Passiven (z.B. aus Handlungen des Erben oder Testamentsvollstreckers). Ob ein beim Tode vorhandenes Aktivum oder Passivum dem Erblasser *gehörte* oder von ihm *geschuldet* war und ob es auf den Erben *übergeht,* ist *selbständig* anzuknüpfende *Vorfrage:* es entscheidet das *Einzelstatut,* nämlich die Rechtsordnung, die das Aktivum oder Passivum beherrscht, nicht das Erbstatut als Gesamtstatut.

So bestimmt das Recht, dem der Lebensversicherungsvertrag untersteht, ob der Anspruch auf die Versicherungssumme dem Erblasser oder einem anderen zusteht. Deutsches Recht entscheidet, ob ein Lastenausgleichs- oder Rückerstattungsanspruch dem Erblasser oder dem Erben erwachsen ist. Das Güterrechtsstatut ergibt, was dem Erblasser kraft Güterrechts zustand (Angleichungsfragen oben S. 309–319). Die *lex rei sitae* sagt, ob ein dingliches Recht mit dem Tode erlischt, wie ein Nießbrauch, oder vererblich ist.

Die **Schenkung von Todes wegen** (im BGB § 2301) unterliegt nach h.M. dem *Erbstatut* (vgl. oben S. 734). Dies deckt sich meist mit dem Statut der Schenkung *unter Lebenden* (vgl. den RAG-Fall oben S. 581): das Übergewicht des Schenkers rechtfertigt für sie die Anwendung seines Personalstatuts. Daher galt im Fall des Ibn Saud (oben S. 2) nach deutschem IPR so oder so saudi-arabisches Recht und ein deutsches Gericht hätte der Intervention stattgeben müssen (näher *Kegel* Zepos-Fschr. II, 1973, 313–327). Fallen Erb- und Schenkungsstatut einmal auseinander, dann sollte gleichwohl die Schenkung von Todes wegen dem Erbstatut unterliegen, selbst wenn sie (z.B. nach § 2301 II BGB) als Rechtsgeschäft unter Lebenden behandelt wird: denn sie bezweckt wie eine Verfügung von Todes wegen allein eine Regelung für die Zeit nach dem Tode des Gebers (ebenda 327–337 [336f.]; a.A. OLG Karlsruhe IPRax 91, 259 mit Aufsatz von *Winkler-von Mohrenfels* 237–241 = NJW-RR 89, 367 [dazu oben S. 582] und [öst]OGH ZRvgl. 1991, 471 mit abl. Anm. von *Zemen;* differenzierend *Henrich* Firsching-Fschr. 1985, 121–123).

Das Erbstatut als Gesamtstatut regelt den Übergang von Aktiven durch *Gesamt*nachfolge (dazu oben S. 665). Das den Einzelgegenstand beherrschende Einzelstatut regelt die erbrechtlich vorgesehene Übertragung durch *Einzel*nachfolge, z.B. die Art und Weise der Bestellung eines vermachten Nießbrauchs (RG IPRspr. 1930 Nr. 88); man kann hier von einer *selbständig* anzuknüpfenden „*Nachfrage*“ sprechen (vgl. oben S. 333f.).

Das Erbstatut entscheidet über die **Erbfähigkeit.** Erbfähig ist, wer von Todes wegen erwerben kann. Das sind einmal die *Rechtsfähigen.*

Wer rechtsfähig ist und wessen Rechtsfähigkeit (Leben oder Tod) vermutet wird, sind *selbständig* anzuknüpfende *Vorfragen:* die Antwort gibt grundsätzlich das Personalstatut des *Erbprätendenten* (ebenso wie grundsätzlich das Personalstatut des *Erblassers* ergibt, ob *dessen* Leben oder Tod und folglich der *Erbfall* vermutet wird [oben]). Außer den Rechtsfähigen können *Nichtrechtsfähige* erbfähig sein und damit eine sog. „*besondere Rechtsfähigkeit*" haben. Ob dem so ist (z.B. für den *nasciturus,* für die noch nicht errichtete Stiftung), sagt das *Erbstatut* (oben S. 479).

Das Erbstatut regelt die **Einsetzbarkeit:** es bestimmt, wem der Erblasser durch Verfügung von Todes wegen zuwenden kann. Oft sind Personen ausgeschlossen, die den Erblasser beeinflussen konnten wie Arzt, Apotheker, Geistlicher, Notar, zweiter Ehegatte. Umgekehrt sind Personen einsetzbar, die noch nicht existieren, z.B. der *nondum conceptus* als Nacherbe.

Das Erbstatut bestimmt die **gesetzlichen Erben** (z.B. Lebensgefährtin nach israelischem Recht: BayObLGZ 1976, 151 [163]). Geringerer Erbteil der Witwe als des Witwers im islamischen Recht muß nicht Art. 6 auf den Plan rufen (OLG Hamm FamRZ 93, 111 [115f.]).

Das Erbstatut sagt auch, wer durch Verfügung von Todes wegen nicht ausschließbarer **Pflichtteilsberechtigter** (obligatorisch) oder **Not-** oder **Zwangserbe** (dinglich) ist. Schrankenlose Testierfähigkeit verstößt nicht gegen den deutschen *ordre public* (RG JW 1912, 22 betr. USA [New York]; OLG Köln FamRZ 76, 170 [172] = IPRspr. 1975 Nr. 116 [S. 298] betr. England, dessen Recht freilich Unterhaltsansprüche gewährt).

Verwandtschaft und *Ehe* mit dem Erblasser sind *selbständig* nach den Regeln des internationalen Familienrechts anzuknüpfende *Vorfragen.*

§ 1931 III BGB greift nur, wenn § 1371 gilt, also deutsches Recht den Güterstand beherrscht hat: LG Memmingen IPRax 85, 41 mit Aufsätzen von *Vékás* 24f. und von *Clausnitzer* 87, 102–105; OLG Karlsruhe IPRax 90, 407 mit Aufsatz von *Schurig* 389 bis 393 = ZfJ 89, 560 (561 unter II B 4a). Aber § 1371 I greift, auch wenn ausländisches Erbrecht gilt: LG Bonn MittRhNotK 85, 106 mit Anm. von *Clausnitzer* und von *Schotten* 87, 102–105; a.A. OLG Düsseldorf MittRhNotK 1988, 68 mit Nachweisen.

Zum gesetzlichen Erbrecht des *Adoptivkindes* oben S. 833. Zum gesetzlichen Erbrecht und Aneignungsrecht des *Fiskus* oben S. 279f., 292f.

Das Erbstatut entscheidet, wer **erbunwürdig** ist.

Es regelt **Erwerb und Verlust der Erbenstellung.** Es bestimmt, ob man *kraft Gesetzes Erbe* wird oder die Erbschaft *annehmen* muß. Es ergibt, ob der *Erbe selbst* Herr des Nachlasses wird oder ob der Nachlaß auf das *Nachlaßgericht* und danach auf einen *Nachlaßverwalter (administrator)* oder *Testamentsvollstrecker (executor)* übergeht wie weithin im englisch-amerikanischen Recht. Nach dem Erbstatut richten sich die *Ausschlagung* und deren Anfechtung oder Widerruf (z.B. BayObLG NJW-RR 98, 798).

Allerdings kann bei Annahme und Ausschlagung das *Aufenthaltsrecht des Erben* mitsprechen, wenn es darum geht, ob er sich überhaupt rechtsgeschäftlich erklärt hat (ob insbesondere sein Schweigen als Erklärung gilt) und wieweit Willensmängel beachtlich sind (oben S. 537f.).

Das Erbstatut herrscht über die **Erbengemeinschaft.** Es sagt z.B., ob Gesamthands- oder Bruchteilsgemeinschaft besteht. Es regelt die Verwaltung des Nachlasses durch die Miterben, die Abtretung des Erbteils, die Vorkaufsrechte der Miterben, die Ausgleichungspflichten, die Erbteilung.

Dem Erbstatut unterliegen **Vor- und Nacherbschaft,** der **Erbschaftsanspruch,** die Rechtsstellung des **Nachlaßverwalters** und **Testamentsvollstreckers,** die **Haftung für Nachlaßschulden** (einschließlich Versicherung nach § 260 II BGB: OLG München IPRax 87, 327 mit Anm. Red. [K.F.]), auch der zeitweilige, durch das Ges. zur erbrechtlichen Gleichstellung nichtehelicher Kinder (Erbrechtsgleichstellungsgesetz – ErbGleichG) vom 16. 12. 1997 (BGBl. I 2968) mit Wirkung vom 1. 4. 1998 (Art. 8) beseitigte *Erbersatzanspruch* und *Anspruch auf vorzeitigen Erbausgleich* (Art. 1 Nr. 3 ErbGleichG hebt auf die §§ 1934a–1934e, 2338a BGB).

So für den Testamentsvollstrecker z.B. BayObLG 1990, 51 (53 unter II 2b [1]) = IPRax 91, 343 mit Aufsatz von *H. Roth* 322–324 = NJW-RR 90, 906.

So für den früheren Anspruch auf vorzeitigen Erbausgleich nach §§ 1934d, e BGB mit der Maßgabe, daß hier das Erbstatut im Zeitpunkt der Festlegung des Anspruchs entscheidet (oben S. 852), BGH 96, 262 unter II 5 = IPRax 86, 241 mit Aufsatz von *Kegel* 229–231; LG Hamburg FamRZ 94, 1490 (Rechtshängigkeit) und (im selben Fall) OLG Hamburg NJW-RR 96, 203 (Rechtshängigkeit) sowie BGH IPRax 98, 211 mit Aufsatz von *Michaels* 192–196 = NJW 96, 2096 (notarielle Vereinbarung oder rechtskräftiges Urteil); LG Stuttgart FamRZ 98, 1627.

Das Erbstatut bestimmt auch, ob der Erbe die **Kosten der Bestattung** trägt; vgl. den Fall des französischen Zollinspektors oben S. 644.

Über die **Bestattung selbst** entscheidet nicht das Erbstatut, sondern das Personalstatut des Erblassers als solches. Denn hier geht es nicht um *Erb-*, sondern um *Persönlichkeits*recht.

Beispiel: 1941 starb in Dakar, seinem letzten Wohnsitz, der Libanese Joseph Hage. 1938 hatte er in Kaitouly (Libanon) ein Grabmal errichten lassen. 1940 heiratete er eine Französin und setzte sie mit Ausnahme eines Grundstücks zur Alleinerbin ein. Er wurde zunächst vorläufig in Dakar beerdigt. Fünf Jahre später überführte die Witwe den Leichnam nach Thiers (Puy-de-Dôme), ihrem Geburtsort, und beerdigte ihn dort. Die Geschwister des Verstorbenen hatten schon vorher von ihr verlangt und verlangten auch nachher die Herausgabe des Leichnams, um ihn im Libanon in einem Familiengrab beizusetzen.

Die Cour de Cassation Rev.crit.dr.i.p. 1957, 297 mit Anm. von *Loussouarn* wendet französisches Bestattungsrecht als *öffentliches* Recht an. Danach entscheidet über die Bestattung der ausdrückliche Wille des Verstorbenen. Hilfsweise bestimmt das Gericht denjenigen Angehörigen oder Erben, der nach den Umständen am besten geeignet ist, den mutmaßlichen Willen des Verstorbenen festzustellen und deswegen über Ort und Art der Bestattung zu entscheiden. Von dieser Befugnis wird zugunsten der Witwe Gebrauch gemacht, weil nach den Umständen zu vermuten sei, daß der Erblasser im Familiengrab seiner Frau habe beigesetzt werden wollen.

Nach deutschem IPR wäre grundsätzlich *libanesisches* Recht anzuwenden, allerdings vorbehaltlich des öffentlichen Bestattungsrechts des gegenwärtigen Begräbnisorts. In Betracht kam (nach Behauptung der Geschwister) das maronitische Recht des Libanon und danach bestimmten die blutsverwandten Erben, nicht die Witwe.

Eine spätere Entscheidung, des Kassationshofs über einen Streit zwischen Hinterbliebenen, ob ein Moslem in Frankreich oder Algerien zu begraben sei, läßt ebenfalls französisches Recht und nach ihm an erster Stelle den Willen des Verstorbenen maßgeben: Rev.crit.dr.i.p. 1984, 451 mit Anm. von *Labrusse-Riou.*

Zum *deutschen materiellen* Bestattungsrecht OLG Schleswig NJW-RR 87, 72 (ausdrücklicher oder mutmaßlicher Wille des Verstorbenen, sonst Vorrang des überlebenden Gatten vor Verwandten).

Den **Geltungsbereich des Erbstatuts beschränken** will *Ferid* (Rec. 1974 II 71–202 und Cohn-Fschr. 1975, 31–41), um bei einem Nachlaß, der in verschiedenen Ländern liegt, den Beteiligten die Abwicklung zu erleichtern. Nach Ferid soll das Erbstatut nur gelten für die Bezeichnung der Erbberechtigten, deren Reihenfolge, Rang und Anteil, ferner für Begrenzungen der Testierfähigkeit, Pflichtteil, Anrechnungs- und Ausgleichspflichten. Dagegen soll die *lex fori* gelten für den *„Erbgang"*, d.h. für Erbschaftserwerb, Erbengemeinschaft, Schuldenhaftung und Testamentsvollstreckung (Cohn-Fschr. 36). So Ferid jedenfalls *de lege ferenda (de lege lata* vgl. Ferid IPR[3] S. 393 [9–75 bis 9–77]). M.E. sollte man *materiell*rechtlich lückenlos am *Erbstatut* festhalten, um sachlich widersprüchliche Ergebnisse zu verhindern; die *lex fori* taugt (wie immer) nur für das *Verfahren.*

III. Verfügungen von Todes wegen

1. Grundsätze

Das **Erbstatut,** meist das Personalstatut des Erblassers, herrscht auch über die Verfügungen von Todes wegen. Insbesondere entscheidet über deren **Wirkungen** fast uneingeschränkt das Erbstatut beim **Tode.** Über die **Gültigkeit** hingegen bestimmt weithin das Erbstatut bei **Vornahme** der Verfügung. Im Fall eines Statutenwechsels zwischen Verfügung und Tod sind also meist zwei Rechte anzuwenden: eines für die Gültigkeit, das andere für die Wirkungen.

2. Gültigkeit

Daß die *Gültigkeit* einer Verfügung von Todes wegen weithin dem Erbstatut bei *Vornahme* unterliegt, will *Vertrauen* schützen: der Erblasser und in bestimmten Fällen (gemeinschaftliches Testament, Erbvertrag, Erbverzicht) seine Partner **müssen wissen, woran sie sind.** Im inter*temporalen* Privatrecht hat der Gesetzgeber ausdrücklich so entschieden (Art. 214, 235 § 2 Satz 1 EGBGB). Es ist weder tragbar, daß nach altem Erbstatut errichtete Geschäfte durch Wechsel des Statuts gültig werden, noch daß vorher gültige Geschäfte durch Statutswechsel scheitern.

Der Gesetzgeber hat diesen Gedanken zwar bei der *Form* nicht voll durchgeführt (Art. 26 I 1 Nr. 1, 3, 5 EGBGB läßt wie Art. 1 I b–d Haager Testamentsform-Abkommen [beide abgedruckt unten S. 863] Anknüpfungen sowohl bei Vornahme wie beim Tod genügen), wohl aber *sonst.* Denn im Einklang mit einem Vorschlag des Deutschen Rats für IPR (*Beitzke* [Hrsg.], Vorschläge und Gutachten zur Reform des deutschen internationalen Personen-, Familien- und Erbrechts, 1981, 13, Verfügung von Todes wegen § B) bestimmt **Art. 26 V 1 EGBGB:**

„(5) Im übrigen [d.h. abgesehen von der Form] unterliegen die Gültigkeit einer Verfügung von Todes wegen und die Bindung an sie dem Recht, das im Zeitpunkt der Verfügung auf die Rechtsnachfolge von Todes wegen anzuwenden wäre.“

Zur Gültigkeit zählen Form, Fähigkeit, Willensmängel, Stellvertretung, aber auch die Zulässigkeit bestimmter Arten der Verfügung von Todes wegen. Gleichgestellt ist die Bindung.

a) Form (Haager Testamentsform-Abkommen und Art. 26 I–IV EGBGB)

Schrifttum: oben S. 850f.

Insbesondere zum **Haager Testamentsform-Abkommen:** *von Overbeck* SchweizJahrbintR 1958, 215–242; *Carrillo Salcedo* Rev.esp.der.int. 14 (1961), 169–194; *Ferid* RabelsZ 27 (1962), 417–428; *von Overbeck,* L'unification des règles de conflits de lois en matière de forme de testaments, Freiburg (Schweiz) 1961; *Scheucher* (öst)ZRvgl. 1964, 216–223 und 1965, 85–98; *von Schack* DNotZ 66, 131–146; *Batiffol,* Une succession des méthodes, La forme des testaments en droit international privé, Beitzke-Fschr. 1979, 429–441; *Breemhaar,* Het Haags Testamentsvormenverdrag, WPNR 1981, 865–870, 881–885; *Breemhaar,* Das Haager Testamentsabkommen und Art. 992 des niederländischen Zivilgesetzbuches, IPRax 83, 93f; *Mann,* The Formal Validity of Wills in Case of Dual Nationality, 35 (1986) Int. Comp. L. Q. 423–425; *Schwind,* Testierfähigkeit und Testamentsform, IPRax 88, 375f.; *Volken,* Von der Testamentsform im IPR, von Overbeck-Fschr., Freiburg/Schweiz 1990, 575–590. Siehe auch die Schrifttumsangaben zu 9. Haager Konferenz 7. Aufl. S. 173.

Das **1960** im **Haag** beschlossene **„Abkommen über das internationale Privatrecht der Form testamentarischer Verfügungen“,** kurz: *Haager Testamentsform-Abkommen,* steht in Kraft (Zeitpunkt des Inkrafttretens und Vertragsstaaten oben S. 199).

Es ist als *„loi uniforme“* gewollt (Art. 6 Satz 2). D.h. das IPR der Testamentsform wird nicht nur im Verhältnis zu den Vertragsstaaten, sondern *allgemein* geändert (BGH IPRax 96, 39 mit Aufsatz von *Dörner* 26–28 = JZ 96, 1028 mit Anm. von *Gröschler* = NJW 95, 58 = WM 94, 2124 [2125 unter A II 1]; vgl. oben S. 10 a.E.).

Das Abkommen will die Testamente begünstigen *(favor testamenti):* ihre *Form*gültigkeit soll erleichtert werden, indem *mehr Rechtsordnungen* berufen werden, nach denen ein Testament formgültig sein kann (dazu *Batiffol* Beitzke-Fschr. 1979, 429 bis 441).

Wie in Art. 11 I EGBGB die Formgültigkeit dadurch gefördert wird, daß entweder die Form des Geschäftsrechts oder die Form des Ortsrechts ausreicht, so stellt **Art. 1 I** des Abkommens gleich *acht* Möglichkeiten nebeneinander:

„Eine testamentarische Verfügung ist formgültig, wenn die Form entspricht dem materiellen Recht

a) des Ortes, an dem der Erblasser verfügt hat, oder
b) eines Staates, dem der Erblasser im Zeitpunkt der Verfügung oder des Todes angehört hat, oder
c) eines Ortes, an dem der Erblasser im Zeitpunkt der Verfügung oder des Todes seinen Wohnsitz gehabt hat, oder
d) des Ortes, an dem der Erblasser im Zeitpunkt der Verfügung oder des Todes seinen gewöhnlichen Aufenthalt gehabt hat, oder
e) soweit Grundstücke vererbt werden, des Ortes ihrer Lage.“

Bei uns gebietet **Art. 26 I–IV n.F. EGBGB:**

„Artikel 26

Verfügungen von Todes wegen

(1) Eine letztwillige Verfügung ist, auch wenn sie von mehreren in derselben Urkunde errichtet wird, hinsichtlich ihrer Form gültig, wenn diese den Formerfordernissen entspricht

1. des Rechts eines Staates, dem der Erblasser ungeachtet des Artikels 5 Abs. 1 im Zeitpunkt seines Todes angehörte,
2. des Rechts des Ortes, an dem der Erblasser letztwillig verfügt hat,
3. des Rechts eines Ortes, an dem der Erblasser im Zeitpunkt, in dem er letztwillig verfügt hat, oder im Zeitpunkt seines Todes seinen Wohnsitz oder gewöhnlichen Aufenthalt hatte,
4. des Rechts des Ortes, an dem sich unbewegliches Vermögen befindet, soweit es sich um dieses handelt, oder
5. des Rechts, das auf die Rechtsnachfolge von Todes wegen anzuwenden ist oder im Zeitpunkt der Verfügung anzuwenden wäre.

Ob der Erblasser an einem bestimmten Ort einen Wohnsitz hatte, regelt das an diesem Ort geltende Recht.

(2) Absatz 1 ist auch auf letztwillige Verfügungen anzuwenden, durch die eine frühere letztwillige Verfügung widerrufen wird. Der Widerruf ist hinsichtlich seiner Form auch dann gültig, wenn diese einer der Rechtsordnungen entspricht, nach denen die widerrufene letztwillige Verfügung gemäß Absatz 1 gültig war.

(3) Die Vorschriften, welche die für letztwillige Verfügungen zugelassenen Formen mit Beziehung auf das Alter, die Staatsangehörigkeit oder andere persönliche Eigenschaften des Erblassers beschränken, werden als zur Form gehörig angesehen. Das gleiche gilt für Eigenschaften, welche die für die Gültigkeit einer letztwilligen Verfügung erforderlichen Zeugen besitzen müssen.

(4) Die Absätze 1 bis 3 gelten für andere Verfügungen von Todes wegen entsprechend."

Art. 26 I–III EGBGB überführt den wesentlichen Inhalt des Haager Testamentsform-Abkommens ins deutsche IPR insbesondere entsprechen:

– Art. 26 I den Art. 1 I, III und 4 des Abkommens,
– Art. 26 II dem Art. 2 des Abkommens und
– Art. 26 III dem Art. 5 des Abkommens

(Begründung BTDrucks. 10/504 S. 76). Der Deutsche Rat für IPR wollte statt dessen auf das Abkommen verweisen (*Beitzke* [Hrsg.], Vorschläge und Gutachten zur Reform des deutschen internationalen Personen-, Familien- und Erbrechts, 1981, 13 Verfügung von Todes wegen § C). Art. 1 I, III, 2, 4 und 5 des Abkommens gehen dem Art. 26 I–III EG-

BGB vor; aber man darf davon ausgehen, daß beide übereinstimmen (vgl. oben S. 12).

Daher sollte man auch, wenn in Deutschland zu entscheiden ist, Art. 26 EGBGB zitieren, zumindest an erster Stelle, und nicht allein die Vorschriften des Haager Abkommens (wie BGH FamRZ 94, 510 unter A I 1 = NJW 94, 939 = ZEV 94, 113 mit Anm. von *Ebenroth* und *Lorz*).

Art. 26 I 1 EGBGB nennt *zehn* Rechte, nach denen eine Verfügung von Todes wegen formgültig sein kann. Art. 1 I des Abkommens nennt *acht.* Den Überschuß bringt Art. 26 I 1 Nr. 5 EGBGB, der das *Erbstatut* bei Vornahme der Verfügung oder beim Tod beruft. Dies geht zurück auf den Rechtsausschuß des Bundestags. Zwar ist das Erbstatut *praktisch* in den übrigen Anknüpfungen enthalten. Aber das Abkommen beruft das *materielle* Recht der Staaten, der Rechtsausschuß hingegen wollte auch einem *Renvoi* (Art. 4 I EGBGB) Rechnung tragen (BTDrucks. 10/5632 S. 44 a. E.). Art. 3 des Abkommens erlaubt solche Ausweitung.

Art. 26 I 1 Nr. 5 EGBGB füllt zugleich hinsichtlich des Erbstatuts eine von Art. 1 I des Abkommens gelassene Lücke: hier und in Art. 26 I 1 Nr. 1–4 EGBGB fehlt nämlich der *schlichte* Aufenthalt. Der aber kann nach Art. 5 II EGBGB oder nach dem New Yorker Abkommen über Staatenlose, beide in Verbindung mit Art. 25 I EGBGB, das Erbstatut ergeben.

Soweit nach Art. 26 I 1 Nr. 1 EGBGB das *Heimatrecht* des Erblassers entscheidet, geschieht dies „ungeachtet des Artikels 5 Abs. 1". Das heißt: bei *Mehrstaatern* zählt jede einzelne Staatsangehörigkeit. Dies entspricht dem Art. 1 I b des Abkommens (dazu *Ferid* [oben Schrifttum] 421 a. E.).

Daß in Art. 26 I 1 Nr. 3 EGBGB *Wohnsitz* und *gewöhnlicher Aufenthalt* Arm in Arm auftreten, überrascht, ist aber aus Art. 1 I c–d des Abkommens übernommen und mit Wohlwollen gegenüber Verfügungen von Todes wegen *(favor testamenti)* zu erklären. *Ob Wohnsitz* an einem Ort besteht, soll nach Art. 26 I 2 EGBGB (wie nach Art. 1 III des Abkommens) das Recht dieses Ortes entscheiden – eine Regel, die sonst nur für die Staatsangehörigkeit gilt (oben S. 394 a. E. f.).

Für *unbewegliches Vermögen* genügt nach Art. 26 I 1 Nr. 4 EGBGB, der Art. 1 I e des Abkommens übernimmt, die Form des Rechts, das am Lageort gilt. Unter unbeweglichem Vermögen sollten *nur Grundstücke* verstanden werden. Im französischem Text des Abkommens heißt es *„immeubles"*, im englischen *„immovables"*. Solche enge Auslegung entspricht den Art. 15 II Nr. 3, 25 II EGBGB (oben S. 728 f., 857).

Art. 26 II EGBGB regelt die Form des bei letztwilligen Verfügungen häufigen Widerrufs und folgt darin dem Art. 2 des Abkommens: der Widerruf wird behandelt wie eine gewöhnliche Verfügung von Todes wegen, außerdem aber jedem für die widerrufene Verfügung geltenden Formstatut unterstellt, so daß theoretisch 20 und beim Mehrstaatern noch mehr Rechte auf seine Formgültigkeit hin abzuklopfen sein könnten. Das „grenzt an Unsinn, hat jedoch Methode".

Art. 26 III EGBGB rechnet zu den Formvorschriften auch *persönliche Eigenschaften* (wie Alter und Staatsangehörigkeit) des *Erblassers* und der *Zeugen,* die für die Formgültigkeit einer letztwilligen Verfügung erheblich sind, und übernimmt damit Art. 5 des Abkommens.

Vgl. z.B. für Minderjährige §§ 2233 I, 2247 IV BGB, für die Staatsangehörigkeit bis 1982 Art. 992 BWB (zu ihm unten S. 866), für beschränkte Entmündigung wegen Geisteskrankheit (öst)OGH IPRax 1988, 365 mit Aufsatz von *Schwind* 375f.

Art. 26 I–III EGBGB treffen *„letztwillige"* (d.h. einseitige und widerrufliche) Verfügungen von Todes wegen. Nur von ihnen und von gemeinschaftlichen Testamenten handelt das Abkommen; Erbverträge und Erbverzichte sind dort nicht geregelt. Art. 26 IV EGBGB läßt jedoch die Vorschriften über letztwillige Verfügungen für *andere Verfügungen von Todes wegen entsprechend* gelten, also für (bindende) *gemeinschaftliche Testamente,* für *Erbverträge* (Begründung BTDrucks. 10/504 S. 76) und wohl auch für Erbverzichte, gleich ob man sie für Verfügungen von Todes wegen hält.

Hin und wieder verfolgen materiellrechtliche Formverbote nicht *Formzwecke* (sorgfältige Bildung, Ermittlung und Wiedergabe des Erblasserwillens), sondern *Sachzwecke* (Bildung eines inhaltlich richtigen Erblasserwillens). Dann gehören sie nicht unter Art. 11 I EGBGB; die Ortsform reicht daher nicht. Vielmehr gehören sie zur sachlichen Gültigkeit der Verfügungen von Todes wegen und damit unter das Personalstatut des Erblassers bei Vornahme.

Beispiel: Ein in der Schweiz im Kanton Waadt lebender Staatenloser oder Deutscher testiert dort 1951 und setzt den Notar zum Testamentsvollstrecker ein. 1952 stirbt er. Der Notar klagt eine Nachlaßforderung ein. Die Beklagten bestreiten die Gültigkeit seiner Ernennung. LG Zweibrücken NJW 55, 1800 wendet bei Staatenlosigkeit schweizerisches Recht an (Art. 24, 25, 29, 11 I a.F. [25 I, 5 II, 11 I n.F.] EGBGB); danach ist die Testamentsvollstrecker-Ernennung gültig. Bei deutschem Heimatrecht würden zwar § 2235 BGB (früher) und **§ 7 mit § 27 BeurkG** (jetzt) die Ernennung zum Testamentsvollstrecker nichtig machen; aber das LG erblickt in § 2235 BGB eine Formvorschrift und läßt daher die Gültigkeit nach Ortsrecht (Art. 11 I 2 a.F. [11 I n.F.] EGBGB) ausreichen. Mit Unrecht: § 2235 BGB und § 7 mit § 27 BeurkG wollen eine *inhaltlich* nicht dem Interesse des Erblassers entsprechende, unziemlich beeinflußte Verfügung des Erblassers unterbinden (wie §§ 119, 123, 134, 138 BGB). Sie richten sich gegen das Beurkundete, nicht gegen die Beurkundung; sie sind Sachvorschriften, nicht Formvorschriften. Anders § 2234 (früher) und § 6 BeurkG (jetzt), die auf nötigen Abstand der Urkundsperson und damit auf sorgfältige Beratung und Ermittlung des Erblasserwillens zielen. Von Art. 26 III 2 n.F. EGBGB (= Art. 5 S. 2 Haager Testamentsform-Abkommen) werden allerdings Verbote, einen *Zeugen* zu bedenken oder zum Testamentsvollstrecker zu ernennen, als Formvorschriften gewertet (BayObLG 1967, 418 [428]).

Verbote des gemeinschaftlichen Testaments verfolgen entweder Formzwecke (etwa Klarheit über die Verfügungen jedes Erblassers, Warnung) oder Sachzwecke (freier Entschluß beim Testieren, keine nachträgliche Gebundenheit). Formzwecke verfolgt vielleicht das französische und sicher das niederländische Verbot gemeinschaftlicher Testamente, Sachzwecke das italienische. Werden Formzwecke verfolgt, dann darf im Ausland in der Ortsform gemeinschaftlich testiert werden, wenn dort gemeinschaftliche Testamente erlaubt sind; daher können Niederländer in Deutschland gemeinschaftlich testieren. Allerdings tritt keine Bindung ein, wenn das Personalstatut des Erblassers das gemeinschaftliche Testament verbietet, weil es keine Bindung wünscht; so ist es nach niederländischem Recht. Näher *Kegel* Jahrreiss-Fschr. 1964, 154–158; OLG Zweibrücken NJW-RR 92, 587 (588 unter II 3 vor a).

Nur Formzwecke verfolgte **Art. 992 I BW**, der den Niederländern gebot, im Ausland **öffentlich** zu testieren, und ihnen damit die Vorteile der öffentlichen Form aufzwang (Sorgfalt der Beurkundung, rechtskundiger Rat). Niederländer in Deutschland konnten daher wegen Art. 11 I 2 a.F. (11 I n.F.) EGBGB eigenhändig testieren (z.B. BGH NJW 67, 1177). Übrigens wird der Begriff der „öffentlichen Form" *(„acte authentique")* in den Niederlanden weit ausgelegt: ein eigenhändiges Testament genügt, wenn es bei einem Notar hinterlegt ist (Hoge Raad NTIR 1965, 420 mit Anm. von *Deelen* zum eigenhändigen Testament eines niederländischen Barons, das er bei einem Züricher Notariat deponiert hatte). Art. 992 I BW ist 1982 aufgehoben worden; denn die Niederlande sind dem Haager Testamentsform-Abkommen beigetreten. Dessen Art. 5 S. 1 (= Art. 26 III 1 EGBGB) rechnet Vorschriften wie den früheren Art. 992 I BW zur Form (oben S. 865).

b) Fähigkeit

Die Fähigkeit zur Vornahme (Errichtung, Aufhebung, Änderung) einer Verfügung von Todes wegen und insbesondere die *Testier*fähigkeit rechnen viele zur *Geschäftsfähigkeit* und kommen über (jetzt) Art. 7 I EGBGB zum Personalstatut des Erblassers bei Vornahme; andere bringen sie unter (jetzt) Art. 25 EGBGB und wenden grundsätzlich das Personalstatut des Erblassers beim Tode an. Das Richtige liegt in der Mitte: zwar gehört die Fähigkeit, von Todes wegen zu verfügen, unter das Erbstatut, aber nur, soweit das Erbstatut *Sonderregeln* ausgebildet hat; soweit es sich dagegen mit der allgemeinen Geschäftsfähigkeit begnügt, entscheidet das von Art. 7 I 1 berufene Recht (oben S. 492).

In beiden Fällen kommt es auf den Zeitpunkt der *Vornahme* an (soweit Art. 7 I 1 eingreift, unstreitig; soweit Erbstatut gilt, nach der oben entwickelten Regel für die Gültigkeit der Verfügungen von Todes wegen). In beiden Fällen auch entscheidet das *Personalstatut* des Erblassers bei Vornahme.

Dennoch kann infolge einer *Rück- oder Weiterverweisung* die richtige Einordnung wichtig werden. So, wenn das Personalstatut des Erblassers bei Vornahme nicht für die Geschäftsfähigkeit, wohl aber für den Grundstücksnachlaß auf die *lex rei sitae* verweist: soweit die *lex rei sitae* die Fähigkeit, von Todes wegen zu verfügen, nach ihren allgemeinen Geschäftsfähigkeitsregeln beurteilt, bewendet es bei den Geschäftsfähigkeitsregeln des Erblasser-Personalstatuts; dagegen gilt das materielle Recht der *lex rei sitae,* soweit sie eigene Regeln für die Fähigkeit, von Todes wegen zu verfügen, entwickelt hat.

Soweit das Personalstatut des Erblassers bei Vornahme (oder das kraft Verweisung des Personalstatuts maßgebende Recht) keine Sonderregeln für die Fähigkeit, von Todes wegen zu verfügen, ausgebildet hat und deswegen das *Geschäftsfähigkeitsstatut* des Art. 7 I 1 entscheidet, wird der *Verkehr nicht geschützt:* Art. 12 Satz 1 EGBGB ist durch Art. 12 Satz 2 ausgeschaltet. Dagegen bewendet es bei Art. 7 II *(semel major, semper major).*

Auch die **eigentliche** (durch Sonderregeln von der allgemeinen Geschäftsfähigkeit unterschiedene) **Fähigkeit, von Todes wegen zu verfügen, bleibt erhalten.** Denn **Art. 26 V 2 EGBGB** sagt: „Die einmal erlangte Testierfähigkeit wird durch Erwerb oder Verlust der Rechtsstellung als Deutscher nicht beeinträchtigt." Die Vorschrift entspricht dem Art. 7 II EGBGB zur Rechts- und Geschäftsfähigkeit. Wie Art. 7 II ist Art. 26 V 2 *allseitig* anzuwenden (oben S. 493; vgl. Begründung BT-Drucks. 10/504 S. 76). Abweichend vom früheren Recht (5. Aufl. S. 619), aber übereinstimmend mit einem Vorschlag des Deutschen Rats für IPR (*Beitzke* [Hrsg.], Vorschläge und Gutachten zur Reform des deutschen internationalen Personen-, Familien- und Erbrechts, 1981, 13f., Verfügung von Todes wegen § D), bleibt die Testierfähigkeit auch dann erhalten, wenn der Erblasser unter seinem bisherigen Personalstatut *noch nicht testiert* hatte (dazu Begründung aaO: „unterschiedliche Behandlung ... nicht gerechtfertigt").

c) Willensmängel, Stellvertretung, Zulässigkeit, Bindung

Zu den *Gültigkeits*vorschriften, die dem Erbstatut bei *Vornahme* der Verfügung von Todes wegen zu entnehmen sind, gehören auch die Regeln über **Willensmängel** und über Erlaubnis oder Verbot der **Stellvertretung.** Ebenso Regeln über die **Zulässigkeit** bestimmter Verfügungen von Todes wegen. So sachliche (nicht bloß förmliche) Verbote der gemeinschaftlichen Testamente, Erbverträge und Erbverzichte, Regeln über die möglichen Partner gemeinschaftlicher Testamente, über die Aufnahme von Verfügungen von Todes wegen in Eheverträge, Verbote von Zuwendungen an bestimmte Personen, Verbote gesetzes- oder sittenwidriger Verfügungen.

In *Griechenland* ist der *Erbvertrag* nach materiellem Recht unzulässig. Im IPR Griechenlands entscheidet über ihn das Heimatrecht des Erblassers. Aber nach einem Gesetzesdekret von 1974 darf ein Grieche im Ausland mit einem Ausländer einen Erbvertrag schließen; eine *lex Onassis,* da der Großreeder auf diese Weise seine Ehefrau Jackie (verwitwete Kennedy) mit mindestens 600 Millionen Dollar bedacht hat (Der Spiegel Nr. 30 vom 22. 7. 1974, S. 99; dazu *Georgiades* DNotZ 75, 354f.).

Auch über die **Bindung** des Erblassers aus einem gemeinschaftlichen Testament oder Erbvertrag herrscht das Erbstatut bei *Vornahme* (Art. 26 V 1 EGBGB). Zwar geht es hier nicht mehr um die *Gültigkeit* der Verfügung, sondern um ihre *Wirkung.* Jedoch die Entscheidung des Gesetzgebers über die Zulässigkeit (und damit über die Gültigkeit) gemeinschaftlicher Testamente und Erbverträge hängt hauptsächlich davon ab, ob er die Bindung billigt oder nicht. Vor allem aber wählen die Parteien den Erbvertrag und oft auch das gemeinschaftliche Testament um der Bindung willen; sie müssen daher schon bei Vornahme wissen, woran sie sind. Demgemäß lassen auch Art. 214 II, 235 § 2 Satz 2 EGBGB inter*temporal* das Recht zur Zeit der Vornahme über die Bindung entscheiden.

Der Vertrauensschutz verlangt manchmal noch einen Schritt mehr: ausnahmsweise muß über die Bindung statt des Erbstatuts bei Vornahme das **Ortsrecht** entscheiden. Nämlich dann, wenn das IPR des Erbstatutsstaats das Vertrauen nicht ausreichend schützt. Haben Eheleute, denen ihr Heimatrecht die Errichtung gemeinschaftlicher Testamente daheim verbietet, aber im Ausland in der Ortsform erlaubt, im Ausland in der Ortsform testiert und nicht gewußt, daß die Bindung grundsätzlich dem Heimatrecht unterliegt und von ihm verneint wird, dann muß die Bindung nach Ortsrecht beurteilt werden, wenn sie von ihm bejaht wird. So ist es, wenn Niederländer in Deutschland gemeinschaftlich testiert haben: im niederländischen IPR wird die Bindung nach niederländischem materiellen Recht beurteilt und danach verneint (weil in den Niederlanden [!] nicht gemeinschaftlich testiert werden darf). Wir beurteilen hier die Bindung nach BGB. Daher ist insbesondere der Längstlebende gebunden, wenn er den Erstverstorbenen beerbt hat (vgl. § 2271 II 1). Näher *Kegel* Jahrreiss-Fschr. 1964, 158–162; OLG Zweibrücken NJW-RR 92, 587 (588 a. E. f. unter II 3 b, c).

Der Bindung des Erblassers aus gemeinschaftlichem Testament oder Erbvertrag entspricht der Rechtsverlust des Gegners beim **Erbverzicht.** Daher entscheidet über den Rechtsverlust das Erbstatut bei Vornahme (OLG Hamm NJW-RR 96, 906 betr. Auslegung eines Vertrags als Erbverzicht). Dasselbe gilt für die Wiederherstellung des Rechts durch Aufhebung eines Erbverzichts. Vgl. Art. 217 EGBGB, der Gültigkeit und *Wirkungen* des Erbverzichts und seiner Aufhebung dem Recht zur Zeit der Vornahme unterstellt. Für die Wirkungen gilt das allerdings uneingeschränkt nur hinsichtlich des Verzichts oder seiner Aufhebung *selbst,* nicht hinsichtlich eines etwa vereinbarten *Entgelts,* das seinerseits in einer Verfügung von Todes wegen bestehen kann.

3. Wirkungen

Die Wirkungen einer (gültigen) Verfügung von Todes wegen unterliegen dem **Personalstatut des Erblassers beim Tod** oder dem nach Art. 25 II für deutsche Grundstücke gewählten deutschen Recht, z. B. die Rechtsstellung des Testamentserben, des Vermächtnisnehmers, des Testamentsvollstreckers, die Begrenzung der Verfügungen durch *Pflichtteils-* und *Not-* oder *Zwangserbrechte.* Nur die *Bindung* des Erblassers richtet sich nach dem Erbstatut bei *Vornahme* (oben 2 c).

Die durch einen Wechsel des Erbstatuts heraufbeschworene Herrschaft verschiedener Rechtsordnungen über Gültigkeit und Wirkungen der Verfügung von Todes wegen kann dazu führen, daß verschiedene **Auslegungsregeln** gelten für Gültigkeit und Wirkungen. Ähnlich können Nachlaßspaltung durch den Staat des Personalstatuts und Rechtswahl nach Art. 25 II verschiedene Auslegungsregeln für verschiedene Nachlaßteile zur Folge haben. Auch wird der Erblasser oft hinsichtlich der Wirkungen **unter falschem Recht gehandelt** haben (oben S. 853), indem er seine Verfügungen seinem Personalstatut bei Vornahme statt beim Tode angepaßt hat; hier muß mit den Mitteln des Personalstatuts beim Tod die bestmögliche Lösung gesucht werden. Manche Rechte wie das französische, belgische und englische haben deswegen die Regel, der Erblasser könne für die Auslegung (und nur für sie) das maßgebende Recht bestimmen (vgl. OLG Köln NJW 86, 2199 für Belgien).

IV. Verfahren

Viele Aufgaben bei der Abwicklung von Nachlässen überträgt das BGB dem **„Nachlaßgericht“**. Das Verfahren in solchen **„Nachlaßsachen“** ist geregelt in §§ 72–98 FGG (§ 83a i.d.F. von Art. 3 Nr. 2 ErbGleichG) und teilweise im BGB. Auch ausländische Rechte beteiligen das Gericht und oft stärker als bei uns. So erhält in Österreich der Erbe den Nachlaß nur durch Vermittlung des Gerichts (praktisch ist allerdings anscheinend der Unterschied zu Deutschland nicht groß).

1. Gerichtsbarkeit

Die deutsche Gerichtsbarkeit ist in „Verfahren bei Todesfällen“ leicht eingeschränkt durch Art. 16 II des **Zusatzabkommens zum NATO-Truppenstatut** vom 3. 9. 1959 (BGBl. 1961 II 1183; geändert durch [noch nicht in Kraft getretenes] Abkommen vom 18. 3. 1993 zur Änderung des Zusatzabkommens, BGBl. 1994 II 2594, 2598). Nach dieser Vorschrift dürfen die Militärbehörden eines Entsendestaates den im Bundesgebiet liegenden Nachlaß eines von ihm Entsandten abwickeln, außer wenn der Verstorbene ein Deutscher war.

2. Internationale Zuständigkeit

Um in Nachlaßsachen *tätig* zu werden, müssen die *deutschen* Nachlaßgerichte **international zuständig** sein. Ebenso hängt die *Anerkennung* von Nachlaßmaßnahmen *ausländischer* Gerichte davon ab, daß sie nach *deutschem* internationalen Recht der freiwilligen Gerichtsbarkeit international zuständig gewesen sind.

In die Regeln über die internationale Zuständigkeit deutscher und ausländischer Gerichte für Nachlaßmaßnahmen hat das IPRG nicht eingegriffen. Seine Gründe (BTDrucks. 10/504 S. 92): Zurückhaltung auch gegenüber Änderungen des Erbrechts des BGB, Zweifel über Wert oder Unwert der „Gleichlauftheorie“ (unten S. 871) und kein zwingendes Bedürfnis für Regelung. Sollten noch Regeln geplant werden, so böten eine Hilfe die Vorschläge des Deutschen Rats für IPR (*Beitzke* [Hrsg.], Vorschläge und Gutachten zur Reform des deutschen internationalen Personen-, Familien- und Erbrechts, 1981, 14, I Nachlaßverfahren §§ E-G und II FGG § A).

Daher läßt sich wie bisher die internationale Zuständigkeit für Nachlaßmaßnahmen ableiten aus den in **§§ 73, 74 FGG** enthaltenen Regeln über die *örtliche* Zuständigkeit. Das ergibt:

1. **Aufenthaltszuständigkeit:** International zuständig sind die Gerichte des Staats in dem der *Erblasser* sich zuletzt *gewöhnlich* oder

schlicht aufgehalten hat (vgl. § 73 I FGG). *Tod im Fahren* reicht für Aufenthaltszuständigkeit (KG NJW 73, 434).

Die *örtliche* Zuständigkeit *deutscher* Gerichte, die nach § 73 I FGG durch den letzten Wohnsitz oder schlichten Aufenthalt des Erblassers begründet wird, ist für den Fall, daß dort „deutsche Gerichtsbarkeit nicht mehr ausgeübt wird", ergänzt worden durch *Belegenheits*zuständigkeit und hilfsweise durch *Zentral*zuständigkeit des AG Schöneberg in Berlin-Schöneberg (§ 7 I ZustErgG).

2. **Staatsangehörigkeitszuständigkeit:** International zuständig sind die Gerichte des Staats dem der *Erblasser* zuletzt *angehört* hat (vgl. § 73 II FGG).

Örtlich zuständig ist, wenn der Erblasser zuletzt *Deutscher* war, das *Amtsgericht* Schöneberg in *Berlin-Schöneberg,* das aber aus wichtigen Gründen die Sache an ein anderes Gericht mit bindender Wirkung abgeben kann (§ 73 II FGG).

3. **Belegenheitszuständigkeit:** International zuständig sind die Gerichte des Staats, in dem sich *Nachlaßgegenstände befinden.* Allerdings beschränkt sich diese Zuständigkeit auf die im Staate befindlichen Gegenstände (vgl. § 73 III 1 FGG). Die in § 2369 II BGB enthaltenen Abgrenzungen der Belegenheit sind zu beachten (vgl. § 73 III 2 FGG).

4. **Statutszuständigkeit** braucht man **nicht:** Die Gerichte des Staats, dessen Erbrecht maßgibt, können in der Regel schon kraft Staatsangehörigkeits-, Aufenthalts- oder Belegenheitszuständigkeit tätig werden.

5. **Fürsorgebedürfnis-Zuständigkeit:** International zuständig sind die Gerichte des Staats, in dem ein Bedürfnis nach *Fürsorge* für Nachlaßberechtigte oder Nachlaßgläubiger hervortritt. Für die *Sicherung des Nachlasses* folgt das aus § 74 FGG. Es ist aber auch *darüber hinaus* anzunehmen (vgl. oben S. 797).

6. **Verweisungszuständigkeit:** International zuständig sind kraft *Zuständigkeitsrück- oder -weiterverweisung* die Gerichte des Staats, die nach dem internationalen Verfahrensrecht eines Staats zuständig sind, dessen Gerichte nach deutschem internationalen Verfahrensrecht internationale Zuständigkeit besitzen. Doch wird ein solcher Revoi vom Belegenheits- und Fürsorgebedürfnis-Staat schwerlich ausgesprochen, im übrigen aber wegen der schon sehr weit gefaßten primären Zuständigkeiten (Aufenthalts-, Staatsangehörigkeits-, Belegenheits-, Fürsorgebedürfnis-Zuständigkeit) selten praktisch werden. Auch ist Verweisungszuständigkeit nur mit Vorsicht zu bejahen (vgl. oben S. 488 a.E.f.).

Eine noch immer verbreitete Ansicht wählt allerdings einen anderen Weg. Sie läßt grundsätzlich nur **Statutszuständigkeit** gelten: deutsche Gerichte sind in Nachlaßsachen grundsätzlich immer und nur dann international zuständig, wenn und soweit **deutsches Erbrecht** gilt.

Z.B. BayObLG DNotZ 84, 47 = IPRax 84, 105 LS mit Anm. Red. (K.F.); KG OLGZ 1984, 428 (430 a.E.f.); OLG Zweibrücken IPRax 87, 108 mit Aufsatz von *Witz* und *Bopp* 83–85 = OLGZ 1986, 413 (414–416; außer bei Notlage, insbesondere drohender Rechtsverweigerung); BayObLG 1986, 466 (469f. unter II 3a) = IPRax 87, 252 LS mit Anm. Red. (K.F.) = NJW 87, 1148 (1149); OLG Karlsruhe IPRax 90, 407 mit Aufsatz von *Schurig* 389–393 = ZfJ 89, 560 unter II B 2a; BayObLG NJW-RR 91, 1098 (1099 unter II 2); OLG Köln DNotZ 93, 171 (172 a.E.) = IPRax 94, 376 mit Aufsatz von *Dörner* 362–366 (364–366); OLG Hamm FamRZ 93, 111 (113); BayObLG 1994, 40 (44 unter II 2a) = ZEV 94, 175 mit Aufsatz von *St. Lorenz* 146–148; BayObLG 1996, 165 (168 unter II 3 a bb) = NJW-RR 97, 201; OLG Zweibrücken FamRZ 98, 263 = FGPrax 97, 192 = IPRax 99, 110 mit Aufsatz von *Kartzke* 98–100 (außer bei Notlage, insbesondere drohender Rechtsverweigerung); BayObLG FamRZ 98, 514 (unter II 1 b aa); OLG Brandenburg FamRZ 98, 985; BayObLG NJW-RR 98, 798 (799 a.E. unter II 2 f).

Das ist die sog. **Gleichlauftheorie.** Deutsches Recht kann für den ganzen Nachlaß gelten (z.B. beim Tode eines Deutschen) oder nur für einen Teil (z.B. ein Amerikaner mit letztem Wohnsitz in New York hinterläßt ein Grundstück in Frankfurt; nur für das Grundstück wird auf deutsches Recht als *lex rei sitae* zurückverwiesen).

Man begründet die Gleichlauftheorie mit dem engen *Zusammenhang zwischen Nachlaßsachen und materiellem Erbrecht.* Zum Beispiel solle die Nachlaßverwaltung die Haftung des Erben beschränken und die Nachlaßgläubiger gegen die Erbengläubiger schützen (BayObLG 1976, 151 [156]).

Schon dies Beispiel weckt Bedenken. Soll nur Statutszuständigkeit auch für verwandte Maßnahmen gelten, die keine „Nachlaßsachen" sind (Gläubigeraufgebot §§ 989–1000 ZPO; Nachlaßinsolvenzverfahren §§ 315–331 InsO, Art. 2 EG InsO)? Soll der Schutz der Nachlaßgläubiger im Inland (durch Nachlaßverwaltung, Nachlaßinsolvenzverfahren) hinsichtlich des inländischen Nachlasses davon abhängen, daß deutsches Recht die Erbfolge beherrscht?

Enger Zusammenhang zwischen materiellem und Verfahrensrecht besteht auch sonst, z.B. in Vormundschaftssachen. Er rechtfertigt aber nicht die Beschränkung auf Statutszuständigkeit. Vielmehr ist **Grundsatz** des internationalen Verfahrensrechts die **Austauschbarkeit der Verfahrensarten** (oben S. 749, 795).

Beispiele:

Japaner stirbt in München. Dort hat er lange gelebt. Dort wohnen seine Hinterbliebenen. Dort liegt sein Vermögen. Japanisches Erbrecht gilt. Keine Rückverweisung. Das materielle Erbrecht Japans ist stark vom deutschen beeinflußt. Soll das AG München ruhen und ein Gericht in Tokio sich um den Nachlaß kümmern? Und wie, wenn das japanische internationale Verfahrensrecht durch Zuständigkeitsrückverweisung die deutschen Gerichte für ausschließlich zuständig erklärt und folglich kein japanisches Gericht bemüht?

Ein Holländer hat in Aachen gelebt und seine Frau zur Alleinerbin eingesetzt vorbehaltlich der Pflichtteile (Noterbrechte) der Kinder. Die Kinder schlagen gegenüber dem Nachlaßgericht Aachen aus. Soll das AG Aachen unzuständig sein, die Ausschlagung entgegenzunehmen? BayObLG 1994, 40 (50f. unter II 2d cc [1]–[3]) = ZEV 94, 175 mit Aufsatz von *St. Lorenz* 146–148 will in solchen Fällen mit § 7 FGG helfen, den es auf die *internationale* Zuständigkeit entsprechend anwendet. Aber diese Vorschrift schützt nur, wenn das Gericht unter (falscher) Annahme seiner Zuständigkeit gehandelt hat (wie in BayObLG NJW-RR 98, 798 [800 unter II 2 g bb)], nicht, wenn es unter (richtiger) Annahme seiner Unzuständigkeit zu handeln ablehnt.

Für Testamentsanfechtung siehe den interlokalen Fall KG JR 76, 199 unten S. 932.

OLG Zweibrücken IPRax 87, 108 mit Aufsatz von *Witz* und *Bopp* 83–85 = OLGZ 1986, 413 (415) nennt als Grund auch, Widerstreit mit Handlungen der Gerichte des Landes, dessen Recht Erbstatut ist, zu vermeiden. Solche Widersprüche werden aber sonst nicht beachtet; denn sie sind im internationalen Verkehr unvermeidlich und werden durch in- und ausländische Regeln über die Anerkennung fremder Entscheidungen gemildert. Es besteht kein Grund, gerade für Nachlaßsachen die allgemeinen Zuständigkeitsregeln zu opfern.

Gegen die Gleichlauftheorie z.B. *Berenbrok*, Internationale Nachlaßabwicklung, Zuständigkeit und Verfahren, 1989, 107–110, 248–253, ebenda 17^4, 20^{26} zur Rechtsprechung und 32f.[103] zum Schrifttum umfassende Nachweise; *MünchKomm-Sonnenberger*[3] Einleitung Rz 418–427 S. 192–195 und *-Birk*[3] Art. 25 Rz 315, 316 S. 1418. *Für* die Gleichlauftheorie *von Bar* II Rz 389–390 S. 285f.

Allerdings kann das anwendbare ausländische **materielle Recht Ausnahmen** begründen, z.B. überhaupt kein Verfahren zulassen oder stets ein Verfahren fordern (oben S. 795). Es kann auch *bestimmte* Verfahren nicht dulden (z.B. keine Erbschaftsausschlagung und damit auch keine Ausschlagung gegenüber dem Nachlaßgericht). Bei **Unverträglichkeit** der deutschen Verfahrensarten mit ausländischem materiellen Erbrecht braucht das deutsche Nachlaßgericht nicht tätig zu werden (so *Niemeyer* ZIR 13, 27f; über ähnliche Ansichten *Soergel-Schurig* X[12] Art. 25 EGBGB Rz 49 S. 1316–1318). Doch ist dann in Wirklichkeit nicht seine internationale Zuständigkeit beschränkt, sondern seine Tätigkeit materiellrechtlich unbegründet. Das ausländische materielle Recht siegt hier über das inländische Verfahrensrecht. Umgekehrt kann das deutsche Nachlaßgericht keine **wesensfremden** Tätigkeiten übernehmen, die nach ausländischem materiellen Erbrecht nötig, aber (dem deutschem materiellen Erbrecht unbekannt und) mit dem deutschen Verfahren unverträglich sind. Ihm fehlt dann die **sachliche Zuständigkeit.** Das inländische Verfahrensrecht siegt hier über das ausländische materielle Recht.

Vgl. *von Craushaar*, Die internationalrechtliche Anwendbarkeit deutscher Prozeßnormen, österreichisches Erbrecht im deutschen Verfahren, 1961, 10, 32, 99.

Nur darf die sachliche Zuständigkeit deutscher Gerichte im internationalen Verkehr nicht eng und ängstlich verstanden werden zum Schaden der Parteien, die man an ausländische Gerichte verweist. Daher sind deutsche Gerichte z.B. zuständig,

- eine Erbschaftsausschlagung nach italienischem Recht entgegenzunehmen, wenn ein Italiener verstorben ist, der zuletzt in Deutschland gelebt hat (LG Hagen FamRZ 97, 645),
- einen Nachlaß nach österreichischem Recht einzuantworten (gegen *von Craushaar* aaO 96; auf Einantwortung verzichtet sogar [bei klarer Rechtslage und geringem Nachlaß] LG Köln MittRhNotK 90, 285),
- ein Inventar nach italienischem Recht zu errichten (BayObLG 1965, 423 [431–434]),

- nach englischem, amerikanischem oder italienischem Recht einen Nachlaßverwalter (*administrator*) zu bestellen oder zu entlassen oder von Nachlaßverwaltung zu befreien (a.A. *Firsching* RPfleger 72, 7; BayObLG 1976, 151 [156f.]; vgl. unten S. 875f.) oder
- die Gläubiger eines Ausländernachlasses aufzubieten (BayObLG 1976, 151 [157]).

Übrigens macht die Gleichlauftheorie ein Zugeständnis an die Fürsorgebedürfnis-Zuständigkeit: für **nachlaßsichernde Maßregeln** sind die deutschen Nachlaßgerichte auch bei Anwendbarkeit ausländischen Erbrechts international zuständig (vgl. § 74 FGG). Ursprünglich beschränkte man sich hier auf die in § 1960 BGB vorgesehenen Sicherungsmaßregeln. Dann bezog man ein die Nachlaßpflegschaft im Gläubigerinteresse nach § 1961 BGB. Ob auch die Herbeiziehung und Eröffnung von Verfügungen von Todes wegen hierher gehört, ist streitig.

Nachweise *Soergel-Schurig* X[12] Art. 25 EGBGB Rz 53–55 S. 1319f. Wegen einstweiliger Maßregeln *außerhalb* des Erbrechts oben S. 719f., 791, 842 und 846 a.E.

3. Anerkennung ausländischer Entscheidungen

Während die internationale Zuständigkeit in Nachlaßsachen vom IPRG nicht berührt worden ist, gilt für die Anerkennung ausländischer Entscheidungen der freiwilligen Gerichtsbarkeit jetzt § 16a FGG. Ausländische Urteile fallen unter § 328 ZPO. Beide Vorschriften (abgedruckt oben S. 706) verlangen insbesondere internationale Zuständigkeit des ausländischen Gerichts und Fehlen eines Verstoßes gegen den deutschen *ordre public.*

4. Erbschein

Die von der Gleichlauftheorie allein anerkannte Statutszuständigkeit wird außer für nachlaßsichernde Maßregeln (oben) durchbrochen von **§ 2369 BGB** für den **gegenständlich beschränkten Erbschein:** ein auf das Inlandsvermögen beschränkter Erbschein kann erteilt werden, wenn es für die Erbschaft „an einem zur Erteilung des Erbscheins zuständigen deutschen Nachlaßgerichte fehlt". Das ist nach der Gleichlauftheorie der Fall, wenn ausländisches Recht die Erbfolge beherrscht. Deswegen nennt man auch diesen beschränkten Erbschein „*Fremdrechts*"-Erbschein, den allgemeinen nach § 2353 dagegen „*Eigenrechts*"-Erbschein (Raape).

Nach der hier vertretenen Ansicht ist § 2369 BGB *nicht Ausnahme*, sondern *bestätigt* die *Belegenheits*zuständigkeit. § 2369 I könnte als Satz 2 in § 73 III FGG eingefügt werden. Sein Hinweis auf fehlende Zuständigkeit eines deutschen Nachlaßgerichts entspricht dem Anfang von § 73 III 1 FGG (Erblasser Ausländer im Ausland). § 2369 II BGB könnte den jetzigen § 73 III 2 FGG ersetzen.

Auch der „*Eigenrechts*"-Erbschein nach § 2353 BGB kann allerdings nach der Gleichlauftheorie ein *beschränkter* sein, nämlich dann, wenn nur für einen Teil des Nachlasses deutsches Recht gilt. So ist es, wenn ein Italiener nach Art. 25 II EGBGB deutsches Recht für deutsche Grundstücke gewählt hat oder wenn das ausländische Personalstatut des Erblassers nur für *Grundvermögen* auf deutsches Recht als *lex rei sitae* zurückverweist, z. B. wenn ein US-Amerikaner mit letztem Wohnsitz in New York Grundstücke in Frankfurt hinterläßt, oder wenn man nach Art. 3 III EGBGB ausländische Grundstücke nach ausländischem Recht vererbt (BayObLG 1996, 165 [168 unter II 3 a bb] = NJW-RR 97, 201; vgl. oben S. 374–377). Gelegentlich muß ein Erbschein zugleich nach § 2353 und § 2369 beschränkt ausgestellt werden, z. B. wenn ein Italiener deutsches Recht für deutsche Grundstücke gewählt hat (§ 2353) und außerdem anderes Vermögen in Deutschland hinterläßt (§ 2369) oder wenn ein US-Amerikaner mit letztem Wohnsitz in New York sowohl Grundstücke (§ 2353) wie Fahrnis (§ 2369) in Frankfurt hinterläßt.

Der Klarheit wegen sollte bei jeder Beschränkung des Erbscheins (sei es nach § 2353, sei es nach § 2369) im Erbschein gesagt werden, daß er nur gilt für inländische Grundstücke oder für inländisches Vermögen oder nicht für ausländische Grundstükke (BayObLG 1996, 165 [168 unter II 2 a bb] = NJW-RR 97, 201). Ebenso ist zu verfahren nach der hier vertretenen Ansicht, wenn die deutschen Gerichte nur kraft Belegenheit international zuständig sind.

Vgl. BayObLG DtZ 90, 24 (26 unter II 5 a).

Zweck des Erbscheins ist, die **Verfügung** über den Nachlaß zu **erleichtern.** Das Gericht prüft, wer als Erbe Verfügungsmacht hat. Das im Erbschein niedergelegte Ergebnis der Prüfung wird als richtig *vermutet* (§ 2365) und wird zugunsten *Gutgläubiger* als richtig *fingiert* (§§ 2366, 2367).

Vgl. oben S. 483.

Der Erbschein wirkt am stärksten, wenn er falsch ist. Er dient *Verkehrs*interessen, nicht *Erbrechts*interessen. Deswegen *hängt* seine *Erteilung* durch ein deutsches Gericht *nicht davon ab, daß* das *Erbstatut* ebenfalls einen Erbschein *kennt* oder daß er mit ihm auch nur *verträglich* ist (anders als *sonstige* Tätigkeit des Nachlaßgerichts, oben S. 776). Auch schützt der deutsche Erbschein, *wenn* er erteilt ist, nicht nur den deutschen, sondern auch den ausländischen Verkehr (a. A. OLG Zweibrücken IPRax 87, 108 mit Aufsatz von *Witz* und *Bopp* 83–85 = OLGZ 1985, 413 [415]). Das heißt seine *Wirkungen* bestimmen sich nur und immer nach *deutschem Recht.*

Erwirbt jemand in New York von einem im deutschen Erbschein fälschlich als Erben Genannten ein Nachlaßgemälde, ohne den Fehler des Erbscheins zu kennen, dann wird er Eigentümer nach § 2366 BGB. Die *lex rei sitae* (New Yorker Recht) hat *hier* nichts zu sagen und das Erbstatut (vielleicht englisches Recht) ebenfalls nicht.

Da ein falscher Erbschein dem wirklich Verfügungsberechtigten schadet, muß jeder Erbschein die *Verfügungsmacht genau angeben.* Deswegen sieht bei ausländischem Erbstatut der Erbschein oft anders aus, als wir gewohnt sind. Auch wird er oft umständlicher und dadurch schwerer verwendbar. Er behält aber den Nutzen einer gerichtlichen Prüfung der erbrechtlichen Verhältnisse mit Vermutungswirkung und Gutglaubensschutz. Da nicht immer alle Einzelheiten der Verfügungsmacht eines Erben nach dem ausländischen Erbstatut bekannt sind, muß der Erbschein das *ausländische Erbstatut nennen* (z.B. BGH IPRspr. 1976 Nr. 15 = [öst]ZRvgl. 1977, 133 mit insoweit zust. Anm. von *Beitzke;* KG NJW 84, 2769 LS = OLGZ 1984, 428 [430f.]).

Außerhalb von Deutschland, Österreich und Polen ist der *Pflichtteil* nicht bloß als Forderung, sondern als Miterbrecht (Not- oder Zwangserbrecht) ausgestaltet. Dann gehört er in den deutschen Erbschein.

Desgleichen gehören dinglich wirkende Vermächtnisse *(Vindikationslegate)* in den Erbschein (anders h.M., z.B. OLG Köln IPRspr. 1982 Nr. 116 = NJW 83, 525, betr. Kolumbien; OLG Hamm FamRZ 93, 111 [116], betr. Iran; BGH IPRax 96, 39 mit Aufsatz von *Dörner* 26–28 = JZ 96, 1028 mit Anm. von *Gröschler* = NJW 95, 58 = WM 94, 2124 [2125 a.E.f. unter A III], betr. Kolumbien; *Nishitan,* IPRax 98, 74–79; wie hier im Ergebnis *van Venrooy* ZvglRW 86, 235). Vgl. oben S. 665 und *Kegel,* Erbfolge und Vermächtnis: Heres ex re certa und Vindikationslegat, Seidl-Hohenveldern-Fschr., Den Haag u.a. 1998, 339–363 (362).

In vielen Rechten (z.B. Frankreich, Belgien, Ungarn) hat die Witwe *Nießbrauch* am ganzen Nachlaß oder Teilen (im deutschen Recht vgl. § 14 I HöfeO). Der Nießbrauch gehört in den deutschen Erbschein. Denn er schränkt die Verfügungsmacht des Erben ein und begründet eigene Verfügungsbefugnisse des Nießbrauchers (z.B. über verbrauchbare Sachen); a.A. BayObLG 1961, 4 (18–21) und LG Frankfurt MDR 76, 668, beide betr. italienisches Recht; BayObLGZ 1995, 366 (377 unter II 6 c cc) = FamRZ 1996, 694, betr. belgisches Recht.

Im Recht der USA fällt *Grundvermögen* des Erblassers unmittelbar an die Erben. *Fahrnis,* in England auch Grundvermögen, geht grundsätzlich auf einen *„administrator"* (Nachlaßverwalter) oder *„executor"* (Testamentsvollstrecker) über (als *„personal representative"*), der das Vermögen sammelt, die Schulden erfüllt (Erben haften nur mit Nachlaß!) und den Restnachlaß nach Verkauf oder in Natur den Begünstigten *(„residuary legatees")* ausfolgt. Ausnahmsweise ist *administration* entbehrlich (z.B. in vielen Staaten der USA beim Fehlen von Nachlaßschulden) und in manchen Staaten der USA (z.B. Kalifornien) geht auch der Fahrnisnachlaß auf die Erben über, unterliegt aber der ganze Nachlaß der Verwaltung des *administrator* oder *executor.* Im deutschen Erbschein werden am besten (sehr streitig) die Begünstigten auch, soweit der Nachlaß auf einen *administrator* oder *executor* übergeht, als Erben bezeichnet, jedoch, wie bemerkt, mit Angabe des maßgebenden ausländischen Rechts (z.B. „*X* ist Alleinerbe nach dem Recht von New York"; vgl. auch oben S. 308). Besteht Nachlaßverwaltung oder Testamentsvollstreckung, so muß das im Erbschein gesagt werden und auf Antrag dem *executor* ein Zeugnis nach § 2368 BGB, dem *administrator* ein analoges Nachlaßverwalterzeugnis ausgestellt werden, ebenfalls mit Angabe des maßgebenden ausländischen Rechts (z.B. „*X* ist Nachlaßverwalter *[administrator]* nach dem Recht von Victoria [Australien]").

Auch *andere* für die *Verfügungsbefugnis* wichtige Eigenheiten des ausländischen Erbstatuts sind in den deutschen Erbschein aufzunehmen. So das in England dem *überlebenden Gatten,* zustehende Recht, vorweg aus dem Nachlaß zu erhalten die persönlichen Gebrauchsgegenstände *(„personal chattels")* des Erblassers sowie neben Abkömmlingen 40000 £, neben anderen Verwandten 85000 £, + 7% Zinsen ab Tod. Der Überlebende wird dadurch praktisch meist Alleinerbe. Er hat aber außerdem neben Abkömmlingen einen lebenslänglichen Anspruch („*life interest*") auf die Hälfte der Erträge des Reinnachlasses; neben Eltern, vollbürtigen Geschwistern und deren Abkömmlingen erhält er den halben Reinnachlaß ganz.

Beispiel für einen Erbschein nach englischem Recht, wenn der Erblasser eine Witwe und zwei volljährige Töchter hinterlassen hat:

„Der Erblasser wird nach *englischem Recht* beerbt. Der Nachlaß ist übergegangen auf einen *Nachlaßverwalter (administrator).* Der *administrator* verwaltet den Nachlaß als Treuhänder der folgenden Berechtigten:

1. Aus dem nach Erfüllung der Nachlaßschulden bleibenden Reinnachlaß gebühren der *Witwe* vorweg die *persönlichen Gebrauchsgegenstände* des Erblassers und 40000 £ nebst 7% Zinsen seit dem Erbfall;
2. der restliche Reinnachlaß gebührt zur *Hälfte* den *Töchtern*
3. die *Erträge der anderen Hälfte* gebühren bei ihren *Lebzeiten* der *Witwe;*
4. nach dem *Tode* der Witwe gebührt die *andere Hälfte* den *Töchtern.*"

Vgl. dazu S. 71 des vorzüglichen Aufsatzes von *Gottheiner* RabelsZ 21 (1956), 36 bis 72. Über ähnliche Schwierigkeiten mit englischem Erbrecht in Frankreich: Tribunal de grande instance Paris Rev.crit.dr.i.p. 1977, 324 mit Anm. von *Droz.*

Die **Anerkennung ausländischer Erbscheine,** Testamentsvollstrecker-, Nachlaßverwalterzeugnisse unterliegt § 16a FGG (abgedruckt oben S. 706). Sie hängt insbesondere davon ab, daß das ausländische Gericht oder die ausländische Verwaltungsstelle nach den deutschen Regeln (oben 2) *international zuständig* gewesen ist und nicht gegen den deutschen *ordre public* verstoßen hat. Anzuerkennen ist mit den Wirkungen des ausländischen Verfahrensrechts (a.A. BayObLG NJW-RR 91, 1098 [1099 unter II 3]; OLG Hamm FamRZ 93, 607 mit Anm. von *Haas* = MittRhNotK 92, 280). Doch kann ein deutscher Erbschein (Testamentsvollstreckerzeugnis usw.) mit den Wirkungen des deutschen Rechts erteilt werden (KG IPRspr. 1973 Nr. 105 [S. 274]; OLG Karlsruhe OLGZ 1981, 399 [401–404]; BayObLG aaO). Im deutschen Grundbuchverkehr wird von der Praxis mit Unrecht stets ein deutscher Erbschein verlangt (KG JFG 17, 342; KG NJW-RR 97, 1094).

V. Konsularrecht, Staatsverträge

1. Deutsches Konsularrecht

Das **deutsche Konsularrecht** enthält erbrechtliche Regeln im **Konsulargesetz** vom 11. 9. 1974 (BGBl. I 2317). Konsularbeamte dürfen Testamente und Erbverträge beurkunden, sollen es aber nur für deutsche Erblasser tun (§§ 10, 11 I). Berufs- und Honorarkonsularbeamte, die nicht zum Richteramt befähigt sind, sollen nur dann beurkunden, wenn sie dafür besonders ermächtigt sind (§§ 19 II–IV, 24 I). Auch können sich die Konsularbeamten um die Nachlässe Deutscher kümmern (§ 9 II); Nachlaßgegenstände oder deren Erlöse können, wenn die Berechtigten nicht zu ermitteln sind, an ein deutsches Nachlaßgericht übergeben werden (§ 9 III).

2. Zweiseitige Staatsverträge

Nachlaßabkommen bestanden mit Sowjetrußland, Österreich und der Türkei. Das deutsch-*russische* war Anlage zu Art. 22 des deutsch-russischen Konsularvertrags vom 12. 10. 1925 (RGBl. 1926 II 1, 60, 72, 138); es ist abgelöst, weil am 25. 4. 1958 ein neuer deutsch-russischer Konsularvertrag ohne ein Nachlaßabkommen geschlossen worden ist (Ges. vom 7. 3. 1959, BGBl. II 232, 469), der allerdings in Art. 28 III für unbeweglichen Nachlaß die *lex rei sitae* beruft. Das deutsch-*österreichische* Nachlaßabkommen vom 5. 2. 1927 (RGBl. II 505, 878) ist durch den „Anschluß" 1938 hinfällig geworden. Das Nachlaßabkommen mit der **Türkei** ist dagegen in Kraft („Differenzierungstheorie" oben S. 194f. und näher 7. Aufl. S. 170) und wird wieder angewandt (BGBl. 1952 II 608).

Eine erbrechtliche Kollisionsnorm enthielt der Niederlassungsvertrag zwischen **Baden** und der **Schweiz** vom 6. 12. 1856 in Art. 6 (dazu *Horst Müller,* Raape-Fschr. 1948, 229–248; *Wochner,* Staatsverträge deutscher Länder mit der Schweiz, KTS 77, 201–212; *Dutoit, Knoepfler, Lalive* und *Mercier,* Repertoire de droit international privé suisse III, Bern 1986, 95–100). Die Schweiz hat den Vertrag ab 28. 2. 1979 gekündigt (AS 1978, 1858). **Konsularverträge** und **Handelsverträge** enthalten meist nur fremdenrechtliche Normen über Erb- und Testierfähigkeit und regeln die Befugnisse der Konsuln (so der deutsch-russische Konsularvertrag [oben] in Art. 19 Nr. 2, Art. 25–28). Handelsverträge tun das zum Teil durch *Meistbegünstigungsklauseln.* Vgl. *Soergel-Schurig* X[12] Art. 25 Rz 109 S. 1348. Zum **deutsch-iranischen Niederlassungsabkommen** oben S. 195.

3. Mehrseitige Staatsverträge

a) Haager Abkommen über Testamentsform

Zu den Formvorschriften dieses Abkommens schon oben S. 862–866. Im übrigen sei hervorgehoben:

Soweit die *Staatsangehörigkeit* entscheidet (Art. 1 I b) und das Heimatrecht *räumlich* oder *persönlich gespalten* ist (vgl. oben S. 361–366), soll nach Art. 1 II (wie in Art. 14 des Abkommens über den Schutz der Minderjährigen [oben S. 801 a. E. f.], in Art 11 des Adoptionsabkommens von 1964 [oben S. 835f.] und in Art. 47 Nr. 4 des Abkommens über den Schutz von Kindern [oben S. 805 a. E.]; etwas anders für räumliche Rechtsspaltung in Art. 36 Buchst. a und b des Adoptionsabkommens von 1993 [oben S. 836f.], einheitliches interlokales oder -personales Privatrecht des Heimatstaats entscheiden (vgl. oben S. 361–365), hilfsweise die engste Verbindung *(„le lien le plus effectif")* des Erblassers mit einem der Teilrechtsgebiete (vgl. oben S. 365). Dies ist übernommen in Art. 4 III EGBGB.

Die Berufung auf den *ordre public* erlaubt Art. 7 nur, wenn die Anwendung eines vom Abkommen berufenen Rechts *„offenbar"* (*„manifestement")* mit ihm unvereinbar ist (vgl. oben S. 475). Dem entspricht Art. 6 EGBGB.

Intertemporal gilt das Abkommen nach Art. 8 für alle Testamente von Erblassern, die nach seinem Inkrafttreten sterben.

Um die Annahme des Abkommens zu erleichtern, ermöglichen Art. 9–13 den Vertragsstaaten eine Reihe von *Vorbehalten.*

Man möchte dem Abkommen weite Verbreitung wünschen. Denn es bringt erheblichen Fortschritt. Nach Art. 11 I EGBGB wären ohne triftigen Grund viele korrekt, aber unter falschem Recht errichtete Testamente formnichtig, z. B. in Deutschland errichtete Zweizeugentestamente von Amerikanern, die mit letztem Wohnsitz in Deutschland sterben.

b) Washingtoner Übereinkommen über internationale Testamente

Das am 26. 10. **1973** in **Washington** beschlossene **„Übereinkommen über ein einheitliches Recht der Form eines internationalen Testaments"**, kurz: über **internationale Testamente,** ist für Deutschland noch nicht in Kraft (oben S. 95).

Text: 22 (1974) Am. J. Comp. L. 379–383; Riv. dir. int. priv. proc. 1974, 368–373; Rev.dr.unif. 1974, 62–89; Rev.belge dr.int. 1981/82, 256–264.

Bericht dazu von *Plantard* Rev.dr.unif. 1974, 90–141.

Schrifttum: *Nadelmann* 22 (1974) Am. J. Comp. L. 365–378; *Curtis,* The Convention on International Wills: A Reply to Kurt Nadelmann, 23 (1975) Am. J. Comp. L. 119–131; *Thomas* 3 (1976) Dalhousie L. J. 295–306; *van Dyck,* Het internationaal Testament, Rev.belge dr.int. 1981/82, 243–264; *Brandon,* UK Accession to the Convention on the Establishment of a Scheme of Registration of Wills and of the Convention providing a Uniform Law on the Form of an International Will, 32 (1983) Int. Comp. L. Q. 742–747; *Vander Elst,* Le testament international, J. Trib. 1984, 257–261; *Pintens, N.* und *R. Torf,* Internationaal testament, Antwerpen 1985; *Revillard,* L'entrée en vigueur de la Convention de Washington du 28 oktobre 1973 portant loi uniforme sur la forme d'un testament international, Clunet 1995, 585–597.

Das Übereinkommen besteht aus *Text* und *Anhang.* Der Anhang regelt das internationale Testament. Der Text des Übereinkommens verpflichtet die Vertragsstaaten, den Anhang ins eigene materielle Recht zu übernehmen (Art. I Abs. 1, 2), schafft also eine *„loi uniforme"* (oben S. 10 a.E.). Außerdem enthält er Kollisionsnormen. Zur Methode, Text und Anhang zu trennen oben S. 12f.

Die Regeln des **Anhangs** über das internationale Testament gelten nur für *letztwillige Verfügungen eines Einzelnen,* nicht für gemeinschaftliche Testamente, Erbverträge und Erbverzichtsverträge (Art. 2).

Das internationale Testament ist *schriftlich* und kann, aber muß nicht *eigenhändig* sein (Art. 3).

Der Erblasser errichtet es vor einer landesrechtlich *ermächtigten Urkundsperson* und *zwei Zeugen;* vor ihnen *erklärt* er, die Urkunde sei sein Testament und er kenne den Inhalt; den darf er für sich behalten (Art. 4 I).

Vor der Urkundsperson und den Zeugen *unterschreibt* der Erblasser das Testament oder erkennt seine frühere Unterschrift an (Art. 5 I); dann unterschreiben die anderen (Art. 5 III). Kann der Erblasser nicht unterschreiben, so nennt er der Urkundsperson den Grund und sie vermerkt das auf dem Testament; auch kann der Erblasser einen Ersatzmann zur Unterschrift ermächtigen, wenn das Recht des Staates, der die Urkundsperson ermächtigt hat, das erlaubt (Art. 5 II).

Alle Unterschriften gehören ans *Ende des Testaments* (Art. 6 I). Umfaßt das Testament mehrere Blätter, dann sind sie zu numerieren und einzeln vom Erblasser oder, wenn er nicht unterschreiben kann, von seinem Ersatzmann, notfalls von der Urkundsperson, zu unterschreiben (Art. 6 II).

Als *Datum* des Testaments gilt der Tag, an dem die Urkundsperson unterschreibt; er ist von ihr am Ende des Testaments anzugeben (Art. 7).

Ist die *Aufbewahrung* des Testaments vom Landesrecht nicht zwingend geregelt, dann soll die Urkundsperson den Erblasser nach seinem Wunsch fragen und einen erbetenen Aufenthaltsort in der Niederschrift über die Testamentserrichtung vermerken (Art. 8).

Diese *Niederschrift,* vom Anhang *„Zertifikat" (certificate)* genannt, soll feststellen, daß die Formvorschriften des Anhangs gewahrt sind, und dem Testament angeheftet werden (Art. 9). Sie wird von der Urkundsperson aufgenommen nach einem Muster, dem im wesentlichen gefolgt werden soll (Art. 10). Eine Abschrift der Niederschrift behält die Urkundsperson, eine andere erhält der Erblasser (Art. 11). Die Niederschrift begründet die *Vermutung,* daß die Vorschriften des Anhangs über die Form des Testaments gewahrt sind (Art. 12).

Widerrufen wird das internationale Testament wie ein gewöhnliches (Art. 14).

„International" ist es in dem Sinne, daß es in allen Vertragsstaaten formgültig ist. Im übrigen kann es ein reines Inlandstestament sein. Denn auf Anknüpfungsmomente wie Errichtungsort, Staatsangehörigkeit oder Wohnsitz des Erblassers oder Lage seines Vermögens kommt es nicht an (Art. 1 I). Es wird also kein *„internationaler Sachverhalt"* verlangt wie z.B. im Einheitskaufrecht, das auf „internationale Käufe" (praktisch Ein- und Ausfuhr) beschränkt ist (oben S. 608f.).

In allen Vertragsstaaten formgültig ist das Testament, wenn es den Art. 2–5 genügt (Art. 1 I); d.h. ein Einzelner muß letztwillig schriftlich vor einer Urkundsperon und zwei Zeugen verfügen und alle müssen unterschreiben. Nur diese Regeln sind *zwin-*

gend. Alles andere ist *dispositiv,* z. B. daß die Unterschriften am Ende des Testaments stehen. Für die Niederschrift wird noch besonders gesagt, daß ihr Fehlen oder ihre Fehler die Formgültigkeit des Testaments nicht hindern (Art. 13).

Ist das Testament nach dem Anhang ungültig, so kann es immer noch *nach Landesrecht formgültig* sein (Art. 1 II).

Bei Auslegung und Anwendung der Regeln des Anhangs ist auf ihre internationale Herkunft und auf das Erfordernis *einheitlicher Auslegung* zu achten (Art. 15; vgl. Art. 36 EGBGB, abgedruckt oben S. 566).

Das **Übereinkommen** verpflichtet die Vertragsstaaten, wie bemerkt, den Anhang in ihr Landesrecht zu übernehmen. Sie haben *Urkundspersonen zu ermächtigen* (Art. II Abs. 1 Satz 1); im Ausland dürfen für Angehörige des eigenen Staats die eigenen *Diplomaten oder Konsuln* ermächtigt werden, soweit das Ortsrecht nicht widerspricht (Art. II Abs. 2 Satz 2). Die Ermächtigung von Urkundspersonen ist das einzige, was die Vertragsstaaten in jedem Fall *tun* müssen. Alles andere ist *self-executing* (näher *Nadelmann* 22 [1974] Am. J. Comp. L. 374; vgl. oben S. 11).

Die *Ermächtigung* einer Urkundsperson ist von den anderen Vertragsstaaten *anzuerkennen* (Art. III); ebenso die Wirksamkeit der *Niederschrift,* die von ihr aufgenommen ist (Art. IV).

Das Recht des Staates, der die Urkundsperson ermächtigt hat, bestimmt die Anforderungen an *Zeugen* und *Dolmetscher* (Art. V Abs. 1; vgl. Art. 10 Nr. 10 des Anhangs). Diese Regel ist nicht glücklich, wenn Diplomaten oder Konsuln als Urkundsperson tätig werden (*Nadelmann* aaO 372). Ausländer als solche dürfen als Urkundsperson nicht ausgeschlossen werden (Art. V Abs. 2).

Die *Unterschriften* auf dem Testament und der Niederschrift brauchen *nicht legalisiert* zu sein (Art. VI Abs. 1).

Die *Aufbewahrung* unterliegt dem Recht des Staates, der die Urkundsperson ermächtigt hat (Art. VII).

Übereinkommen und Anhang werden ergänzt durch eine **Empfehlung** an die Vertragsstaaten, das *Aufbewahren* und *Auffinden* internationaler *Testamente* und der *Niederschriften* über ihre Errichtung zu *erleichtern* (oben S. 95). Ebenso sollen die Vertragsstaaten nach dieser Empfehlung den *Austausch von Nachrichten* hierüber *erleichtern* und eine dafür zuständige Stelle bestimmen.

Text der Empfehlung: 22 (1974) Am. J. Comp. L. 383; Rev.dr.unif. 1974, 88 f.

Bericht dazu *von Plantard* Rev.dr.unif. 1974, 140–143.

Schrifttum: Siehe Schrifttum zum Übereinkommen oben S. 878.

Im Verhältnis der vielen *Vertragsstaaten* des Haager Testamentsform-Abkommens *unter sich* braucht man keine neue Testamentsform. Aber für und gegenüber *Nichtvertragsstaaten* wie die USA mag es nützlich sein, eine neue, einheitliche Testamentsform zu schaffen. Leider ist das internationale Testament, das ein Kompromiß sein soll zwischen *common law* (zwei Zeugen) und *civil law* (Notar), *zu schwerfällig* geraten (vgl. demgegenüber das immer weitere Zurückdrängen der Zeugen von § 2233 BGB a. F. über § 6 TG und § 2233 BGB i. d. F. 1953 zu §§ 22, 29 BeurkG; dazu *von Lübtow,* Erbrecht I, 1971, 174–176).

c) Europäisches Übereinkommen über Registrierung von Testamenten

Das am 16. 5. **1972** in **Basel** beschlossene **Europäische „Übereinkommen über die Einrichtung einer Organisation zur Registrierung von Testamenten“** steht nicht in Kraft (oben S. 95).

Text: European Treaty Series No. 77; Rev.dr.unif. 1974, 144–155; Riv. dir. int. priv. proc. 1982, 172–178.

Schrifttum: *Brandon,* UK Accession to the Convention on the Establishment of a Scheme of Registration of Wills and of the Convention providing a Uniform Law on the Form of an International Will, 32 (1983) Int. Comp. L. Q. 742–747; *de Gier,* Het Centrale Testamentenregister in het buitenland, WPNR 1988, 259–264; *Breemhaar,* Het Baselse Testamentenregisterverdrag 1972, ebenda 264 f.

Das Abkommen will die Registrierung von Testamenten fördern, um ihr Auffinden zu erleichtern (Art. 1). Organe sollen geschaffen werden, um Testamente zu registrieren und Auskünfte zu erteilen (Art. 2, 3). Registriert werden öffentlich erklärte oder förmlich hinterlegte Testamente sowie eigenhändige Testamente, die formlos bei einem Notar oder einer anderen zugelassenen Stelle hinterlegt worden sind; ebenso werden registriert Rücknahmen, Widerrufe und Änderungen unter gleichen Umständen (Art. 4). Registriert wird auf Antrag des Notars oder der anderen zugelassenen Stelle, in Sonderfällen auch auf Antrag des Erblassers (Art. 5); auf deren Wunsch wird nicht nur im Hinterlegungsstaat, sondern auch in anderen Vertragsstaaten registriert (Art. 6). Der Mindestinhalt des Antrags ist geregelt (Art. 7). Bei Lebzeiten des Erblassers ist die Registrierung geheim; nach dem Tod kann jeder bei Vorlage der Sterbeurkunde oder eines anderen ausreichenden Todesnachweises den Inhalt der Registrierung erfahren (Art. 8). Jeder Vertragsstaat kann die Registrierung auf weitere (nicht in Art. 4 genannte) Testamente oder auf andere den Nachlaß betreffende Rechtsgeschäfte erstrecken, und diese sind auf Antrag des Erblassers, des Notars oder der sonst zugelassenen Stelle auch in anderen Vertragsstaaten zu registrieren (Art. 11).

d) Haager Abkommen über internationale Nachlaßverwaltung

Das am 21. 10. **1972** im **Haag** beschlossene **„Abkommen über die internationale Nachlaßverwaltung“** vom 2. 10. 1973 steht für Deutschland nicht in Kraft (oben S. 214).

Text: NTIR 1972, 358–379; Rev.crit.dr.i.p. 1972, 806–817; Riv. dir. int. priv. proc. 1972, 890–901; Clunet 1974, 48–56; Rev.dr.unif. 1974, 156–191; RabelsZ 39 (1975), 104–129; siehe auch anschließend Schrifttum.

Schrifttum: *Lalive* SchweizJahrbintR 28 (1972), 61–75; *Firsching* Wengler-Fschr. 1973, II 321–335 (Text [Art. 1–6, 8, 15] 322–326); *Nadelmann* 21 (1973) Am. J. Comp. L. 139 f. (Text 141–149); *Goldman* Clunet 1974, 256–278; *Fragistas* An. Der. Int. 1974, 29–47; *Lipstein* RabelsZ 39 (1975), 29–55.

Siehe auch die Text- und Schrifttumsangaben zur 12. Haager Konferenz 7. Aufl. S. 173.

Das Abkommen zielt auf ein im internationalen Verkehr brauchbares *Zeugnis* darüber, wer berechtigt ist, den *beweglichen Nachlaß* eines Erblassers zu verwalten, und welche Befugnisse ihm hierfür im einzelnen zustehen (Art. 1 I). Man kann daher von einem **„internationalen** (Fahrnis-)**Erbschein“** sprechen, wenn man bedenkt, daß Erbschein (§ 2353 BGB) und Testamentsvollstreckerzeugnis (§ 2368 BGB) klarstellen sollen, wer über Nachlaßgegenstände *verfügen* kann.

Ausgestellt werden soll das internationale Zeugnis in dem Staat, in dem sich der Erblasser zuletzt *gewöhnlich aufgehalten* hat (Art. 2, 32).

Das materielle *Recht dieses Staates ist anzuwenden;* doch wird das materielle Recht des letzten *Heimatstaats* des Erblassers angewandt, wenn Aufenthalts- und Heimatstaat erklärt haben, es solle maßgeben, oder wenn zwar nur der Heimatstaat das erklärt hat, der letzte Aufenthalt in einem anderen Staat aber weniger als fünf Jahre gewährt hat (Art. 3, 31, 32).

Wenn die Bundesrepublik mit solchem Vorbehalt und England Vertragsstaaten werden und ein Hamburger in London stirbt, nachdem er dort vier Jahre gelebt hat, dann muß in London entgegen englischem IPR (das auf den Wohnsitz abstellt) ein Zeugnis nach deutschem Recht ausgestellt werden. Hat der Erblasser in London sechs Jahre gelebt, dann wird das Zeugnis entgegen deutschem IPR (Art. 25 EGBGB) nach englischem Recht ausgestellt. Beides, obwohl die Erbfolge selbst in Deutschland nach deutschem, in England nach englischem Recht abläuft! Ist Erbe nach deutschem Recht X und nach englischem Y, dann kann, wenn der Hamburger die letzten sechs

Jahre vor seinem Tod in London gelebt hat, Y als *zum Gärtner erhobener Bock* in Deutschland den Nachlaß verwalten; X kann es mit gleicher Schadenfreude in England, wenn der Erblasser dort nur vier Jahre zubrachte. Vielleicht beugt dem der *ordre public* vor (unten).

Ein Vertragsstaat kann erklären, daß er sein *eigenes Recht* oder das letzte *Heimatrecht* des Erblassers anwende, falls der *Erblasser* eines von beiden *gewählt* habe (Art. 4, 32). Soweit Heimatrecht gilt, kann, wer (im Aufenthaltsstaat) das Zeugnis ausstellt, *im Heimatstaat nachfragen,* ob er dessen Recht richtig anwende (Art. 5, 32).

Besondere Regeln gibt es für die *Stelle,* die das Zeugnis *erteilt* (Gericht, Behörde, Notar), und für das Ausstellungs*verfahren* (Art. 6–8).

Das in einem Vertragsstaat ausgestellte Zeugnis wird grundsätzlich ohne weiteres von den anderen Vertragsstaaten *anerkannt* (Art. 9). Die Gründe der Nichtanerkennung und das Verfahren in Fällen der Nichtanerkennung sind eingehend geregelt (Art. 10–20, 24). Z.B. kann die Anerkennung verweigert werden, wenn sich der Erblasser nach Ansicht des Anerkennungsstaats zuletzt im Anerkennungsstaat gewöhnlich aufgehalten hat (daß er sich nicht im Ausstellungsstaat, sondern in einem dritten Staat gewöhnlich aufhielt, genügt nicht: Art. 14 Nr. 1) oder wenn die Anerkennung *„offenbar" (manifestment)* dem *ordre public* des Anerkennungsstaats widerspricht (Art. 17, vgl. oben S. 475). Aber der im internationalen Zeugnis genannte Verwalter verdrängt einen vorher örtlich befugten (Art. 20).

Also auch der oben erwähnte Bock den richtigen Gärtner; doch mag der *ordre public* helfen (vgl. *Lalive* [oben Schrifttum] 71 a. E. f.).

Der Anerkennungsstaat kann den Zeugnisinhaber ebenso *überwachen* wie einen von ihm selbst ernannten Nachlaßverwalter und kann die Ergreifung der in seinem Gebiet liegenden Nachlaßaktiva von der *Erfüllung der Nachlaßschulden* abhängig machen (Art. 21 I, II); sonst könnte sich der Zeugnisinhaber mit den Aktiven empfehlen und die Nachlaßgläubiger ihm nachsehen (*Lalive* [oben Schrifttum] 72 a. E. f.).

Wer *gutgläubig* ist, kann an den Zeugnisinhaber wirksam *leisten* und von ihm wirksam *erwerben* (Art. 22, 23).

Auch die *Anerkennung von Aufhebung, Aussetzung* und *Änderung* des Zeugnisses, der *Widerruf der Anerkennung ex nunc* oder *ex tunc* und der Schutz des *guten Glaubens* in diesen Fällen sind geregelt (Art. 25–29).

Erstreckt das Recht, nach dem das Zeugnis ausgestellt wird, die Nachlaßverwaltung auf ausländische *Grundstücke,* dann soll das im Zeugnis gesagt werden (Art. 30 I). Vertragsstaaten, die das Zeugnis nicht ausgestellt haben, können erklären, daß und wieweit sie die Erstreckung auf Grundstücke anerkennen (Art. 30 II, III).

Ein *Muster* des Zeugnisses in Französisch und Englisch ist dem Abkommen als *Anhang* beigefügt. Es öffnet zur Bezeichnung der Befugnisse des Verwalters drei Wege, nämlich eine Generalklausel, eine Generalklausel mit aufgezählten Ausnahmen und eine Aufzählung der einzelnen Befugnisse (C 10). Die vorgedruckten Teile des Zeugnisses sollen außer in der Landessprache in Französisch oder Englisch wiedergegeben werden (Art. 33 I), die freigelassenen Stellen in der Landessprache oder in Französisch oder Englisch (Art. 33 II). In anderen Staaten muß der Inhaber des Zeugnisses Übersetzungen vorlegen (Art. 33 III).

Das Abkommen gilt auch für *Erbfälle* aus der Zeit *vor* seinem *Inkrafttreten* (Art. 40).

Es will *„favoriser ... une administration ... unique sous une loi unique"* (erleichtern eine einzige Verwaltung unter einem einzigen Recht) (*Lalive* [oben Schrifttum] 62). Aber der mögliche Widerspruch zwischen Erbfolge und Verwaltung (oben S. 880 a. E. f.) macht es schwer, dem Abkommen beizutreten, weil Art. 20 (Vorrang des internationalen Zeugnisses vor dem örtlichen) eine Berichtigung grundsätzlich verbaut, während ein unrichtiger Erbschein ohne weiteres einzuziehen ist (§ 2361 I 1 BGB).

e) Haager Abkommen über das auf die Beerbung anwendbare Recht

Das am 20. 10. **1988** im **Haag** beschlossene **„Abkommen über das auf die Beerbung anwendbare Recht"** steht noch nicht in Kraft (oben S. 215).

Text: Rev.esp.der.int. 40 Nr. 2 (1988), 268–281; Riv. dir. int. priv. proc. 1989, 446 bis 454; Rev.dr.unif. 1989 I, 256–279.

Schrifttum: *van Loon,* Die Haager Konferenz und ihre Bestrebungen zur Reform des internationalen Erbrechts, MittRhNotK 89, 9–12; *Lagarde* Rev.crit.dr.i.p. 1989, 249–275; *Westbroek* WPNR 1989, 457–461; *Mostermans,* De objectieve verwijzing in het internationaal erfrecht: het Nederlandse ipr versus het Haagse Erfrechtsverdrag, T.M.C. Asser Instituut, Nederlands Internationaal Privaatrecht 7 (1989), 417–426; *Kunz* ZRP 90, 212–214; *Cohen Henriquez* WPNR 1990, 529, 535–538 (Text [Art. 1–8] 539f.); *Struycken,* Het Haagse Erfrechtverdrag komt eraan!, WPNR 1993, 351–356; *Bruch,* The Hague Convention on the Law Applicable to Succession to the Estates of Deceased Persons: Do Quasi-Community Property and Mandatory Survivorship Laws Need Protection?, 56 (1993) No. 2 Law & Cont. Prob. 309–326; *Scoles,* The Hague Convention of Succession, 42 (1994) Am. J. Comp. L. 125–146; *Brandi,* Das Haager Abkommen von 1989 über das auf die Erbfolge anzuwendende Recht, 1996 (Text 426–445 [englisch, französisch, deutsch]); *Schmellenkamp,* Änderungen des internationalen Erbrechts im Verhältnis zwischen Deutschland und den Niederlanden aufgrund des Haager Erbrechtsübereinkommens vom 1. 8. 1989, MittRhNotK 97, 245–257; *Heyning,* Een praktijkvoorbeeld over de rechtskeuze en het Haags Erfrechtsverdrag, WPNR 1997, 592–595.

Das Abkommen möchte das internationale Erbrecht vereinheitlichen (Vorspruch und Art. 1 I). Es gilt nicht für die Form von Verfügungen von Todes wegen, für die Testierfähigkeit, für Fragen des Ehegüterrechts und für Gegenstände, die außerhalb des Erbrechts geschaffen oder übertragen werden wie Gemeinschaftseigentum, das dem Überlebenden zuwächst, Rentenpläne und Versicherungsverträge (Art. 2 II).

Das Abkommen wirkt auch gegenüber Nichtvertragsstaaten (Art. 2), ist also *loi uniforme* (oben S. 10 a.E.).

Das Erbstatut erscheint als verklausulierter *Kompromiß zwischen Staatsangehörigkeits- und Wohnsitzprinzip* (Art. 3): lebt der Erblasser in seinem Heimatstaat, dann gilt dessen Recht (selbstverständlich); lebt er fünf Jahre in einem ausländischen Staat, dann wechselt das Erbstatut zu dessen Recht, engere Verbindung zum Heimatstaat vorbehalten; im übrigen gilt Heimatrecht, engere Verbindung zu einem anderen Staat vorbehalten.

Rück- und Weiterverweisung werden nicht befolgt (Art. 17) mit einer seltsamen Ausnahme bei Weiterverweisung von einem Nichtvertragsstaat auf einen anderen (Art. 4).

Zwischen Heimat- und Aufenthaltsrecht kann der Erblasser *wählen* (Art. 5 I). Soweit er nicht zwingenden Vorschriften des nach Art. 3 oder 5 I maßgebenden Rechts zuwiderhandelt, kann der Erblasser die Nachfolge in bestimmte Gegenstände dem Recht eines oder mehrerer Staaten unterstellen (Art. 6).

Art. 7 I schafft *Nachlaßeinheit:* ungeachtet der Belegenheit des Vermögens entscheidet das nach Art. 3 oder 5 I maßgebende Recht über die gesamte Erbfolge.

Das Erbstatut *umfaßt* alle wichtigen Regeln des materiellen Erbrechts, insbesondere das Pflichtteilsrecht, ausgenommen Testierfähigkeit und Form der Verfügungen von Todes wegen (Art. 7 II).

Eingehend geregelt sind *Erbvertrag* und *gemeinschaftliches Testament* (Art. 8–12).

Sogar die Erbfolge von *Kommorienten* mit verschiedenem Erbstatut ist durch eine Sachnorm des IPR (oben S. 65, 319f.) geregelt (Art. 13).

Ein durch Verfügung von Todes wegen errichteter *trust* kann eigenem Recht folgen (Art. 14 I). Das gleiche gilt für *Stiftungen* und ähnliche Einrichtungen (Art. 14 II).

Auch eine dem Art. 3 III EGBGB entsprechende Kollisionsnorm für *„besondere Regelungen"* des Belegenheitsstaats ist vorhanden (Art. 15).

Dem Belegenheitsstaat wird erlaubt, sich *herrenlosen Nachlaß* anzueignen (Art. 16).

Der *ordre public* darf nur geltend gemacht werden, wenn *„offenbar" (manifestement)* gegen ihn verstoßen ist (Art. 19; vgl. oben S. 475).

Eingehend geregelt sind räumliche und persönliche *Rechtsspaltung* (Art. 19–21).

Es gibt *Übergangsvorschriften* (Art. 22), das Verhältnis zu *anderen Staatsverträgen* wird bestimmt (Art. 23) und einige *Vorbehalte* sind zugelassen (Art. 24).

Hauptstein des Anstoßes im Abkommen ist sein Kernstück, der Kompromiß zwischen Staatsangehörigkeits- und Domizilprinzip. Auf einem wichtigen Felde wechselt das maßgebende Recht nach fünf Jahren vom Heimatrecht zum Recht des gewöhnlichen Aufenthalts (Art. 3 II), z.B. von einer Rechtsordnung mit unbeschränkter Testierfreiheit zu einer Rechtsordnung mit Pflichtteils- oder Noterbrecht, und das wie Sommer- und Winterzeit in der Nacht, ohne daß der Erblasser es merkt. Wer in Dingen des Privatlebens die Anknüpfung an die Staatsangehörigkeit für besser hält als die an den gewöhnlichen Aufenthalt, wird sich mit dem Abkommen nicht anfreunden. Auch wäre es für uns mißlich, im internationalen Personen- und Familienrecht grundsätzlich das Heimatrecht zu berufen, im internationalen Erbrecht aber nach fünf Jahren den Atem zu verlieren. *Für* das Abkommen *Kropholler*[3] 386f.; *dagegen Kunz* ZRP 90, 214 a.E.

VI. Interlokales Recht

Schrifttum: 7. Aufl. S. 786–788. Hevorzuheben: *Herrmann,* Erbrecht und Nachlaßverfahren in der DDR, 1989; *Wasmuth,* Zur Korrektur abgeschlossener erbrechtlicher Sachverhalte im Bereich der ehemaligen DDR, DNotZ 91, 3–18; *Ebenroth,* Erbrecht, 1992, 41–52. Ferner: *Stübe,* Die gesetzliche Erbfolge nach BGB und ZGB, 1994; *de Leve,* Deutsch-deutsches Erbrecht nach dem Einigungsvertrag, Internationales, interlokales und intertemporales Erbrecht in Deutschland, 1995; *Dörner,* Rechtsfragen des deutsch-deutschen Erbrechts – BGHZ 124, 270, JuS 95, 771–775; *Otto* und *Steffens,* Folgt dem Teilungsunrecht nun das Vereinigungsunrecht?, Zum Lösungsweg in Fällen der Kollision von Erbrecht und Restitutionsanspruch, DtZ 96, 6–9; *de Leve,* Deutsch-deutsches Erbrecht: Der Anspruch nach dem Vermögensgesetz in West-Erbfällen mit Nachlaßspaltung, FamRZ 96, 201–205; *Benicke,* Zum Pflichtteilsanspruch des Adoptivkindes nach seinem leiblichen Vater im deutsch-deutschen Rechtsverkehr nach dem Einigungsvertrag, IPRax 96, 188–190; *Kuchinke,* Erbrechtliche Folgeprobleme der Deutschen Einigung, DtZ 96, 194–199; *de Leve,* Erbschaftsausschlagungen im deutsch-deutschen Verhältnis und ihre Anfechtung, ebenda 199–203; *J. Schmidt-Räntsch,* Die Heilung zivilrechtlicher Mängel beim Erwerb zu DDR-Zeiten, ZIP 96, 1858f., 1861–1864; *Grün,* DDR-Staatserbe nach Erbausschlagung als Restitutionsvoraussetzung – Erbrechtslage als vermögensgesetzliche Vorfrage, DtZ 96, 367–369; *Escher,* Die Vererbung von Eigenheimen auf ehemals volkseigenen Grundstücken, 1997; *Solomon,* Das Vermögensgesetz und § 25 Abs. 2 Rechtsanwendungsgesetz der DDR – abgeschlossene Vorgänge und offene Fragen, IPRax 97, 24–31; *Kluger* und *Rausch,* Zur Rechtsprechung bei Kollision von Erb- und Vermögensrecht infolge unvollständiger Kettenausschlagungen, NJ 97, 180–182; *Andrae,* Zur Rechtsprechung in deutsch-deutschen Erbrechtsfällen, NJ 98, 113–118, 175–179; *Fritsche,* Probleme des Verfahrensrechts in deutsch-deutschen Erbrechtsfällen, ebenda 230–233; 290–294; *Janke,* Widerruf und Aufhebung von in der DDR errichteten gemeinschaftlichen Testamenten und Ehegattenerbverträgen, ebenda 393–399; *Schlüter* und *Fegeler,* Die erbrechtliche Stellung der nichtehelichen Kinder und ihrer Väter nach Inkrafttreten des Erbrechtsgleichstellungsgesetzes, FamRZ 98, 1337–1343; *Haas,* Die Teilhabe des Pflichtteilsberechtigten an Ansprüchen nach dem VermG, Rolland-Fschr. 1999, 159–166; *Pentz,* Pflichtteilsergänzung bei Schenkungen in der DDR, JZ 99, 295–297; *G. Vollkommer,* Der übergangene Miterbe, FamRZ 99, 350–353.

a) Privatrecht der früheren DDR und Ost-Berlins

*Materiell*rechtlich war das Erbrecht in der DDR und in Ost-Berlin knapp geregelt in §§ 362–427 ZGB.

*International*privatrechtlich unterlag die Erbfolge dem Heimatrecht des Erblassers (§ 25 I RAG). Für Rechte an DDR-Grundstücken galt jedoch das DDR-Erbrecht (§ 25 II). Testierfähigkeit, zulässige Arten testamentarischer Verfügungen, Anfechtung und Rechtsfolgen von Erklärungsmängeln bestimmten sich nach dem Recht des Staates, in dem der Erblasser bei Errichtung des Testaments seinen Wohnsitz hatte (§ 26).

Am 3. 10. 1990 hat Art. 8 des Einigungsvertrags das *Bundesrecht* im Beitrittsgebiet *eingeführt* und damit auch das bundesdeutsche materielle, internationale und interlokale Erbrecht.

b) Interlokales Privatrecht

aa) Neufälle

Für Neufälle, d.h. für Erbfälle, die ab dem 3. 10. 1990 eintreten, gilt in Ost und West einheitlich das westdeutsche materielle, internationale und interlokale Erbrecht. Dies sagt für das *IPR allgemein* Art. 236 § 1 EGBGB und für das *materielle Erbrecht allgemein* Art. 235 § 1 I EGBGB.

Eine *Ausnahme* zeigte sich im *Übergangsrecht.* Nach *Art. 235 § 1 II a.F. EGBGB* unterlagen *nichteheliche Kinder,* die vor dem 3. 10. 1990 geboren sind, trotz späteren Todes des Erblassers („sonst") nicht den §§ 1934 a–e, 2338 a a.F. BGB. Man entsprach hier im Einigungsvertrag einem Wunsch der DDR, ihnen ihre erbrechtliche Gleichstellung mit ehelichen Kindern zu erhalten (im ZGB §§ 365, 396). Vorausgesetzt war, weil sonst kein Schutz nötig, daß am 3. 10. 1990 nach § 25 RAG Ostrecht maßgab und auch beim Erbfall noch maßgegeben haben würde. Daher waren auch §§ 365, 396 ZGB anzuwenden, nicht §§ 1924, 2303 I BGB (a.A. LG Berlin FamRZ 92, 1105; *MünchKommEinigungsvertrag-Leipold* S. 199 Rz 676 mit Berufung auf BTDrucks. 11/7817 S. 47: „Für nichteheliche Kinder, die vor dem Stichtag geboren worden sind, gelten die Vorschriften des BGB über das Erbrecht des ehelichen Kindes (Absatz 2)"; vgl. OLG Köln FamRZ 93, 484 mit abl. Anm. von *Bosch*).

Das *ErbGleichG* hat in Art. 1 Nr. 3 die §§ 1934 a–c, 2338 a BGB aufgehoben (oben S. 860) und entsprechend in Art. 2 Nr. 2 den Art. 235 § 1 II EGBGB neu gefaßt. Übergangsrecht zur Aufhebung der §§ 1934 a–c, 2338 a BGB enthält der durch Art. 2 Nr. 1 ErbGleichG eingeführte Art. 227 EGBGB.

Keine Ausnahme von der Geltung des BGB für Erbfälle, die ab dem 3. 10. 1990 eintreten, sondern eine *normale Übergangsvorschrift* (vgl. Art. 214 EGBGB und zum Statutenwechsel oben S. 866–868) ist *Art. 235 § 2 EGBGB.* Nach ihm unterliegen die *Gültigkeit* einer Verfügung von Todes wegen und die *Bindung* des Erblassers beim gemeinschaftlichen Testament, wenn interlokal Ostrecht berufen ist, insbesondere der Erblasser sich bei Testamentserrichtung vor dem 3. 10. 1990 im Osten gewöhnlich aufhielt (unten S. 885), dem Recht der DDR und Ost-Berlins (§§ 370–374, 388–393 ZGB). Ob dies auch für die *Anfechtung* einer Verfügung von Todes wegen gilt, ist streitig (nein: OLG Brandenburg FamRZ 98, 59 [60 unter II]).

Verfahrensrechtlich herrscht volle Einheit. Zum Beispiel ist nach § 73 I 1 FGG örtlich zuständig das Nachlaßgericht am letzten Wohnsitz des Erblassers, hilfsweise an dessen letztem Aufenthaltsort (OLG Karlsruhe FamRZ 90, 894; LG Berlin IPRax 91, 416 mit Aufsatz von *Dörner* 392–398 = NJW 91, 1238 und (im selben Fall) KG DNotZ 92, 445 mit Anm. von *Trittel;* BG Dresden DtZ 91, 216; BayObLG IPRax 91, 414 [416 unter II 4] mit Aufsatz von *Dörner* aaO = NJW 91, 1237; LG Berlin FamRZ 91, 1361 mit Anm. von *Henrich;* LG Bonn DtZ 92, 56; KG OLGZ 92, 287 [auch zur Fortdauer vor dem 3. 10. 1990 begründeter Zuständigkeit]; BayObLGZ 1992, 54 [56 unter II 1 a] = FamRZ 92, 989 [daher kein gegenständlich beschränkter Erbschein nach § 2369 I BGB mehr statthaft]; KG FamRZ 92, 1351 [auch für Einziehung eines Erbscheins nach Ost-Erblasser, den ein westliches Gericht ausgestellt hat]; KG FamRZ 92, 1473 [auch für Erweiterung eines vor dem 3. 10. 1990 nach § 73 III FGG von einem Westgericht für Westvermögen ausgestellten Erbscheins auf östliches Grundvermögen]; OLG Bremen DtZ 94, 252 [ab 3. 10. 1990 Wegfall der interlokalen Zuständigkeit des AG Schöneberg nach § 73 II FGG]).

bb) Altfälle

Für Erbfälle aus der Zeit vor dem 3. 10. 1990 bleibt es in den *neuen Bundesländern* nach Art. 236 § 1 EGBGB beim bisherigen internationalen und interlokalen (oben

S. 42f.) Privatrecht, also bei §§ 25, 26 RAG. Gegebenenfalls ist daher im Osten und Westen verschieden zu entscheiden (vgl. oben S. 42–44; BG Erfurt DtZ 94, 77 mit Aufsatz von *Brakebusch* 61f.; Notariat Stuttgart-Botnang FamRZ 94, 658 [660 unter V 3]).

Im *Westen* entscheidet *interlokalprivatrechtlich* das **interlokale Personalstatut** des Erblassers, grundsätzlich also sein **gewöhnlicher Aufenthalt** (oben S. 407f.; OLG Schleswig IPRspr. 1982 Nr. 112; LG Hamburg ROW 85, 172 mit Aufsatz von *Wohlgemuth* 162–166; KG OLGZ 1985, 170 [180]; OLG München IPRax 87, 327 LS mit Anm. Red. [K.F.]; BGH IPRax 90, 55 (Abs. 2 Satz 1 der Entscheidungsgründe) mit Aufsatz von *Beitzke* 36–41 = NJW 89, 2197; BayObLG IPRax 91, 414 [415 unter II 2a] mit Aufsatz von *Dörner* 392–398 = NJW 91, 1237; LG Berlin FamRZ 92, 1105; OLG Zweibrücken FamRZ 92, 1474; KG FamRZ 92, 1477; OLG Köln FamRZ 93, 484 mit abl. Anm. von *Bosch*; BG Erfurt FamRZ 94, 465 mit Anm. von *Bosch;* OLG Brandenburg FamRZ 97, 1030; LG Hamburg NJW 98, 2609). Entsprechend Art. 25 II EGBGB konnte ein Erblasser mit östlichem interlokalen Personalstatut für Westgrundstücke Westerbrecht wählen.

Auf die Erbfolge in *Ostgrundstücke* wendet man (m.E. mit Unrecht: vgl. oben S. 374–378) im Westen wegen § 25 II RAG den Art. 28 a.F. bzw. den Art. 3 III n.F. EGBGB an und beurteilt die Erbfolge nach Ostrecht, auch wenn der Erblasser zuletzt im Westen lebte (z.B. LG Berlin FamRZ 91, 1361 mit Anm. von *Henrich;* OLG Frankfurt DtZ 91, 300 [hier lag der Erbfall in der Zeit, bevor das RAG am 1. 1. 1976 in Kraft trat [§ 29]); LG Bonn DtZ 92, 56; LG Aachen MittRhNotK 91, 259; LG Berlin DtZ 92, 30 = FamRZ 92, 230; KG MDR 92, 879 = NJ 92, 506; OLG Zweibrükken FamRZ 92, 1474; OLG Celle DtZ 92, 355; KG FamRZ 92, 1477; BayObLG FamRZ 94, 723 = ZEV 94, 47; Notariat Stuttgart-Botnang FamRZ 94, 658; OLG Köln DtZ 94, 216 [216f. unter 5a]; KG DtZ 96, 217 = FamRZ 96, 569; BayObLG DtZ 96, 214 [215 unter 2 d aa] = FamRZ 96, 765 [§ 26 RAG betr. Testamentswirksamkeit bleibt unberührt]; OLG Hamm FamRZ 96, 1576 = FGPrax 96, 188; OLG Hamm FamRZ 98, 121 [122 unter II 1 a]; BayObLG 1998, 242 [244 a.E.f. unter II 3a, 247f. unter II 3b dd] = NJ 99, 147 Ber. mit Anm. von *Andrae* [soll nicht gelten für gesetzliches Erbrecht des Fiskus nach dem Mitglied einer Erbengemeinschaft, die ihrerseits einen Miterben nach dem Grundstückseigentümer beerbt hat]; a.A. LG Gießen FamRZ 92, 603).

Die Anwendung von § 25 II RAG hat zur Folge, daß insoweit auch für die *Auslegung* und *Anfechtung* von Verfügungen von Todes wegen und für Erbschafts*ausschlagungen* und Erb*verzichte* Ostrecht maßgibt (z.B. KG FamRZ 92, 1477; OLG Köln DtZ 94, 216 [217 unter 5b]; BayObLG DtZ 96, 214 [216 unter 2 e] = FamRZ 96, 765; BGH NJW 98, 227; OLG Düsseldorf FamRZ 98, 704 = NJW 98, 2607 [Erbverzicht] a.A. [Wohnsitzrecht gemäß § 26 RAG] KG DtZ 96, 217 = FamRZ 96, 569 [571 a.E.f.]). Das gleiche gilt für *Pflichtteilsansprüche* (OLG Hamburg DtZ 93, 28).

Hat der Erblasser *Vor- und Nacherbfolge* angeordnet, dann kann, soweit für Ostgrundstücke Ostrecht gilt, das Vor- und Nacherbfolge nicht duldet, die Auslegung (§ 372 ZGB/DDR) ergeben: Vollerbfolge mit aufschiebend bedingtem Vermächtnis zugunsten des als Nacherbe Eingesetzten (KG FGPrax 96, 191 [193]).

Führt die Anwendung von § 25 II RAG zu verschiedener Erbfolge in das östliche Grundvermögen und den übrigen Nachlaß, dann muß der *Erbschein* dies kundtun (LG Berlin FamRZ 91, 1361 mit Anm. von *Henrich;* LG Bonn DtZ 92, 56 [58]; LG Aachen MittRhNotK 91, 259 [„Doppelerbschein"]; LG Berlin DtZ 92, 30 = FamRZ 92, 230; KG DNotZ 92, 445 [448] mit Anm. von *Trittel;* KG MDR 92, 879 = NJ 92, 506 [„für jeden der beiden Nachlässe auch ein gesonderter Erbschein"]; OLG Zweibrücken FamRZ 92, 1474 [für östliches Grundvermögen gesonderter Erbschein zulässig]; LG Hamburg FamRZ 92, 1475 [kein getrennter Erbschein für östliches Grundvermögen, wenn Erbfolge nach Ost- und Westrecht identisch]; Notariat Stuttgart-Botnang FamRZ 94, 658 [zwei Erbscheine nötig, die als „Sammelerbschein" zusammengefaßt werden können]; OLG Köln DtZ 94, 216 unter 4 [für östliches Grundvermögen gesonderter Erbschein zulässig]; OLG Hamm FamRZ 96, 1576 = FGPrax 96, 188 [ebenso]; BayObLG FamRZ 97, 391 = NJW 98, 241 [ebenso];

BayObLG 1998, 242 [245 unter II 3 a] = NJ 99, 147 Ber. mit Anm. von *Andrae* [ebenso]); ein *Testamentsvollstreckervermerk* entfällt hinsichtlich der Ostgrundstücke, weil nach § 371 II, III ZGB/DDR der Erbe neben dem Testamentsvollstrecker verfügen kann (KG DtZ 96, 217 = FamRZ 96, 569 [572]); ein *Testamentsvollstreckerzeugnis* hinsichtlich der Ostgrundstücke bleibt möglich; es muß jedoch angeben, daß insoweit Ostrecht maßgibt (KG ebenda).

Allerdings ist das RAG erst am 1. 1. 1976 in Kraft getreten (§ 29) und wirkte nicht zurück. Daher ist bei früheren Erbfällen auch vom Standpunkt der h. M. § 25 II RAG nicht anwendbar (z. B. BayObLG FamRZ 92, 1106 [1107 unter II a]; OLG München DtZ 93, 153; OLG Frankfurt ebenda 216; KG FamRZ 98, 124 [125 unter II 1] = NJ 98, 39 Bericht mit Anm. von *Schneider*).

Maßgebend ist das interlokale Personalstatut beim *Tode.* Nur die *Gültigkeit* einer Verfügung von Todes wegen richtet sich analog Art. 26 V 1 EGBGB nach dem Personalstatut bei *Vornahme* (OLG Hamm NJW-RR 96, 906). Davon gibt es Ausnahmen nach dem Haager Testamentsform-Abkommen. Dieses galt auch in der DDR (6. Aufl. S. 148 a. E.) und stellt in Art. 1 I b–d (abgedruckt oben S. 862) auch auf den Zeitpunkt des Todes ab. Das Haager Abkommen gilt nach seinen Art. 1, 4 für Einzel- und gemeinschaftliche Testamente, darf aber entsprechend Art. 26 IV EGBGB auch interlokal auf andere Verfügungen von Todes wegen angewandt werden. Desgleichen ist interlokal Fortbestand einmal erlangter Testierfähigkeit wie in Art. 26 V 2 EGBGB anzunehmen, dürfte aber kaum praktisch werden, obwohl man bei uns schon mit 16 Jahren testierfähig wird, in der DDR erst mit Volljährigkeit (18 Jahre) testierfähig wurde (BGB § 2229 I; ZGB §§ 370 I, 49 Satz 1).

Gleich, ob Ost- oder Westrecht die Erbfolge beherrscht, und auch gleich, ob als Ostrecht das am 1. 1. 1976 in Kraft getretene ZGB (§ 1 EGZGB) oder das bis dahin noch geltende BGB maßgibt, erheben sich, weil die Wiedervereinigung unvorhersehbar war, Fragen der *Auslegung* von Verfügungen von Todes wegen, der *Anfechtbarkeit* solcher Verfügungen und des Wegfalls der *Geschäftsgrundlage.* Die Gerichte zögern im Interesse der Rechtssicherheit zu helfen (z. B. OLG Frankfurt DtZ 91, 300; LG Zweibrücken DtZ 93, 122; KrG Roßlau NJ 92, 126; KG DNotZ 92, 445 [449 f. unter 3 b] mit Anm. von *Trittel;* BayObLG FamRZ 92, 1106 [1108 f. unter II c, d]; KG DtZ 92, 290 = NJ 92, 506; LG Köln DtZ 93, 215; KG FamRZ 92, 1477; KG FamRZ 93, 486; BG Erfurt NJ 93, 372; BVerfG DtZ 94, 312; OLG Naumburg FGPrax 96, 149; *anders* BG Meiningen DtZ 93, 63, OLG Frankfurt ebenda 216 = IPRax 93, 417 mit Anm. Red. [D. H.]) und [im selben Fall] LG Gießen DtZ 93, 217; OLG Frankfurt ebenda 214; OLG Frankfurt FamRZ 93, 858).

Über Anfechtung und Wegfall der Geschäftsgrundlage bei Rechtsgeschäften unter *Lebenden* oben S. 541.

Nach § 403 II ZGB mußte *ausgeschlagen* werden *vor einem Staatlichen Notariat.* Für Eigentum und andere Rechte an Grundstücken und Gebäuden war dies zwingend (§ 12 III RAG; KG DNotZ 92, 445 [447 f. unter 2] mit Anm. von *Trittel;* KG FamRZ 92, 1477; KG NJW 98, 243; KG FamRZ 96, 1572 = FGPrax 96, 191 [192]). Dies respektiert man im Westen (oben S. 885). Im übrigen genügte kollisionsrechtlich die Ortsform (§ 16 RAG; *Ministerium der Justiz* [Hrsg.], Internationales Privatrecht, Kommentar zum Rechtsanwendungsgesetz, Ost-Berlin 1989, 63 *[Strohbach],* 88 *[Kosewähr]*); daher konnte gegenüber einem westlichen Nachlaßgericht gemäß § 1945 I BGB und vor einem ausländischen Notar gemäß den Vorschriften des ausländischen Rechts (OLG Brandenburg FamRZ 97, 1023 [1024 a. E. f.], in *casu* Belgien) wirksam ausgeschlagen werden.

Bis zum 1. 1. 1976 galt im Osten noch das BGB (oben). Daher galt dort auch § 1954 IV BGB, der nach 30 Jahren die *Anfechtung von Annahme und Ausschlagung* der Erbschaft unterbindet (OLG Naumburg MittRhNotK 92, 315); nach § 405 II 2 ZGB beträgt die Anfechtungsfrist höchstens vier Jahre (KG NJ 93, 177). Für die Nachlaßbewertung im Fall von *Pflichtteilsrechten* gilt vor dem 1. 1. 1976 auch im Osten nach § 2311 I 1 BGB der Zeitpunkt des Erbfalls; Wertsteigerungen von Grundstücken seit der Wiedervereinigung sind daher unerheblich (OLG Köln NJW 98, 240).

Anhang

§ 22. Internationales Verfahrensrecht

Schrifttum: 7. Aufl. S. 791 f. Hervorzuheben: *Wahl,* Zum internationalen Recht der freiwilligen Gerichtsbarkeit in Personen- und Familiensachen, RabelsZ 10 (1936), 40–52; *Riezler,* Internationales Zivilprozeßrecht und prozessuales Fremdenrecht, 1949; *Guldener,* Das internationale und interkantonale Zivilprozeßrecht der Schweiz, Zürich 1951 (Supplement 1959); *Morelli,* Diritto processuale civile internazionale, Padua 1954; *von Craushaar,* Die internationalrechtliche Anwendbarkeit deutscher Prozeßnormen, 1961; *Morelli,* Studi di diritto processuale civile internazionale, 1961; *Dölle,* Kernprobleme des Internationalen Rechts der Freiwilligen Gerichtsbarkeit, in: Deutscher Notartag 1961, 29–46, und erweitert in: RabelsZ 27 (1962), 201–244; *Nagel,* Auf dem Wege zu einem europäischen Prozeßrecht, 1963; *Miele,* Scritti di diritto matrimoniale, Padua 1964; *Szászy,* International Civil Procedure, A Comparative Study, Leyden 1967; лунд, международный гражданский процесс, Moskau 1967 (deutsch: *Lunz,* Internationaler Zivilprozeß, Ost-Berlin 1968), 2. Aufl. 1976; *Struycken,* De gratieuse jurisdictie in het internationaal privaatrecht, Deventer 1970; *Cansacchi,* Nozioni di diritto processuale civile internazionale, Turin 1970; *Dawson, Head* und *Herzog,* International Law, National Tribunals and the Rights of Aliens, o. O. (Syracuse, N.Y.?), 1971; *Mayer,* La distinction entre règles et décisions et le droit international privé, Paris 1973; *de Angulo Rodríguez,* Lecciones de derecho procesal internacional, Granada 1974; *Kos-Rabcewicz-Zubkowski,* International Cooperation in Civil and Commercial Procedure, American Continent, Ottawa 1975 (Länderberichte); *Nagel,* Durchsetzung von Vertragsansprüchen im Auslandsgeschäft, 1978; *Hofmann* und *Fincke,* Der internationale Zivilprozeß, Ost-Berlin 1980; *Cortes Domingo,* Derecho procesal civil internacional, Madrid 1981; *Schröder,* Die Vorschläge des Deutschen Rats zur internationalen Zuständigkeit und zur Anerkennung ausländischer Entscheidungen, in: *Beitzke* (Hrsg.), Vorschläge und Gutachten zur Reform des deutschen internationalen Personen-, Familien und Erbrechts, 1981, 226–244; Handbuch des Internationalen Zivilverfahrensrechts, I (*Herrmann, Basedow* und *Kropholler*), 1982; III 1 *(Martiny),* 1984; III 2 *(Martiny, J. P. Waehler, M. K. Wolff),* 1984; *Mann,* The Doctrine of International Jurisdiction Revisited After Twenty Years, Rec. 1984 III 9–115; *Gardocki,* Zarys prawa karnego międzynarodowego, Warschau 1985 (bespr. von *Waszczyński* Dr. pol. cont. 1987, 110 f.); *Campeis* und *De Pauli,* Il processo civile italiano e lo straniero, Lineamenti di diritto processuale civile, Mailand 1986; *Espinar Vicente,* Derecho procesal civil internacional, Madrid 1988; *Stiller,* Das internationale Zivilprozeßrecht der Republik Korea, 1989; *Walder,* Einführung in das Internationale Zivilprozeßrecht der Schweiz, Zürich 1989; *Stoll* (Hrsg.), Stellungnahmen und Gutachten zum Europäischen Internationalen Zivilverfahrens- und Versicherungsrecht, 1991; *Musger,* Grenzüberschreitende Umweltbelastungen im Internationalen Zivilprozeßrecht, 1991 (Vorträge, Reden und Berichte aus dem Europa-Institut der Universität des Saarlandes Nr. 226); *Campeis* und *De Pauli,* La procedura civile internazionale, Mailand 1991; *Casad,* Jurisdiction in Civil Actions[2], I, II, Salem, N. H., 1991; *Schlosser* (Hrsg.), Materielles Recht und Prozeßrecht und die Auswirkungen der Unterscheidung im Recht der Internationalen Zwangsvollstreckung, 1992; *Jayme* (Hrsg.), Ein internationales Zivilverfahrensrecht für Gesamteuropa, 1992; *MünchKommZPO-Gottwald* III, 1992, S. 1569–2015; *Ramos Méndez,* Derecho procesal civil[5], I, II, Barcelona 1992; *Vogel,* Grundriß des Zivilprozeßrechts und des internationalen Zivilprozeßrechts der Schweiz[3], Bern 1992; *Heldrich* und *Kono* (Hrsg.), Herausforderungen des Internationalen Zivilverfahrensrechts, Japanisch-deutsch-schweizerisches Symposium über aktuelle Fragen des Internationalen Zivilverfahrens im Verhältnis zu den USA, 1994; *Gronstedt,* Grenzüberschreitender einstweiliger Rechtsschutz, 1994. Ferner: *Habscheid* und *Beys* (Hrsg.), Grundfragen des Zivilprozeßrechts – die internationale Dimension, Bielefeld und Athen 1991 (darin z.B. *Gottwald,* Die Stellung des Ausländers im Prozeß S. 3–99 und *Klamaris,* Der Ausländer im Prozeß S. 101–183); *Weinberg de Roca,* Competencia internacional y ejecución de sentencias extranjeras, Buenos Aires 1994 (bespr. von *Fernández Arroyo* Rev. esp. der. int. 1994, 977f.); *Linke,* Internationales Zivilprozeßrecht[2] 1995; *Jaeckel,* Die Reichweite der lex fori im internationalen Zivilprozeßrecht, 1995; *Gilles,* Prozeßrechtsvergleichung, 1996; *Schack,* Internationales Zivilverfahrensrecht[2], 1996; *Newman* und *Zaslowski,* Litigating International Commercial Disputes, St. Paul, Minn, 1996; *Walter,* Das internationale Zivilprozeßrecht der Schweiz, Bern 1996; *Born,* International Civil Litigation in United States Courts[3], den Haag 1996; *Koh,* International Business Transactions in United States Courts, Rec. 261 (1996), 9–242; *Walter,* Reform des internationalen Zivilprozeßrechts in Italien, ZZP 96, 3–28; *Thümmel,* Einstweiliger Rechtsschutz im Auslandsrechtsverkehr, NJW 96, 1930–1934; *Geimer,* Internationales Zivilprozeßrecht[3], 1997; *Nagel/Gottwald,* Internationales Zivilprozeßrecht[4], 1997; *Koenig* und *Sander,* Einführung in das EG-Prozeßrecht, 1997; *de Miguel Asensio,* Eficacia de las resoluciones extranjeras de jurisdicción voluntaria, Madrid 1997; *Kreindler* und *Holdsworth* (Hrsg.), Transnational Litigation, I, II, New York 1997 (bespr. von *Kronke* IPRax 98, 511f.); *Walter,* Neuere Entwicklungen im internationalen Zivilprozeßrecht, Lüke-Fschr. 1997, 921–940; *Habscheid,* Jurisdiction, Gerichtsbarkeit und Zuständigkeiten im internationalen Kontext – eine rechtsvergleichende Skizze Schweiz/Deutschland-USA, Gaul-Fschr. 1997, 167–173; *Lindholm,* Harmony of the legal spheres, A Swedish view on the procedural law, 5 (1997) Eur. Rev. Priv. L 11–46; *Schütze,* Rechtsverfolgung im Ausland[2], 1998; *Fentiman,* Foreign Law in English Courts, Oxford 1998; *Bülow, Böckstiegel, Geimer* und *Schütze,* Internationaler Rechtsverkehr in Zivil- und Handelssachen I–III (Loseblatt mit 21. Ergänzungslieferung zur 1. Auflage, 1999 [Stand 1. 1. 1998]).

Rechtsvergleichend: Cappelletti, Principî fondamentali e tendenze evolutive del processo civile nel diritto comparato, Giur. It. 1968 IV, 1–48; IECL XVI (Ch. 2, 1982: *van Caenegem,* History of European Civil Procedure; Ch. 5, 1976: *Cohn,* Parties; Ch. 8, 1982: *Herzog* und *Karlen,* Attacks on Judicial Decisions; Ch. 13, 1973: *Knapp,* State Arbitration in Socialist Countries); *Schütze,* Internationales Zivilprozeßrecht und Rechtsvergleichung, in: Law in East and West/Recht in Ost und West, Fschr. Institut für Rechtsvergleichung der Waseda Universität, Tokio 1988, 323–332; *Cappelletti,* The Judicial Process in Comparative Perspective, Oxford 1989 (bespr. von *Woolf* 40 [1991] Int. Comp. L.Q. 751–753); *O'Malley* und *Layton,* European Civil Practice, London 1989; *Schwander* und *Stoffel* (Hrsg.), Beiträge zum schweizerischen und internationalen Zivilprozeßrecht, Fschr. für Oscar Vogel, Freiburg/Schweiz 1991; *Schlosser* (Hrsg.), Materielles Recht und Prozeßrecht und die Auswirkungen der Unterscheidung im Recht der Internationalen Zwangsvollstreckung, 1992; *Jayme* (Hrsg.), Ein internationales Zivilverfahrensrecht für Gesamteuropa, EuGVÜ, Lugano-Übereinkommen und die Rechtsentwicklung in Mittel- und Osteuropa, 1992; *Gerichtshof der Europäischen Gemeinschaften* (Hrsg.), Internationale Zuständigkeit und Urteilsanerkennung in Europa, 1993; *Spellenberg,* Drittbeteiligung im Zivilprozeß in rechtsvergleichender Sicht, ZZP 93, 283–340; *Gessner* (Hrsg.), Civil Litigation in Foreign Legal Cultures, Aldershot 1996; *Snijders* (Hrsg.) Access to Civil Procedure Abroad, München u.a. 1996; *Steinhauer,* Versäumnisurteile in Europa, 1996; Symposium Civil Procedure in Comparative Context (mit Beiträgen von *Lowenfeld, Gottwald, Kerameus, Juenger* u.a.), 45 (1997) Am. J. Comp. L. 649–944; *Piekenbrock,* Der italienische Zivilprozeß im europäischen Umfeld, 1998; *von Mehren,* The Transmogrification of Defendants into Plaintiffs: Herein of Declaratory Judgments, Forum Shopping and *Lis Pendens,* Drobnig-Fschr. 1998, 409–424; *Basedow, Hopt, Kötz* und *Baetge* (Hrsg.), Die Bündelung gleichgerichteter Interessen im Prozeß, Verbandsklage und Gruppenklage, 1999.

Europarecht: Prütting, Die Entwicklung eines europäischen Zivilprozeßrechts, 1992 (Universität des Saarlandes, Vorträge, Reden und Berichte aus dem Europa-Institut Nr. 271); *Juenger,* Some Comments on European Procedural Harmonization, 45 (1997) Am. J. Comp. L. 931–937; *Sicurella,* Le *corpus juris:* proposition d'un modèle d'espace judiciaire européen, D. S. Chron. 1998, 223–226; *Normand,* Le rapprochement des procédures civiles dans l'union européenne, 8 (1998) Eur.Rev.Priv.L. 383–399.

Zum internationalen Zwangsvollstreckungs-, und Insolvenzverfahrensrecht: 7. Aufl. S. 792–796. Ferner: *Esplugues Mota,* La quiebra internacional, Barcelona 1993 (bespr. von *Muir Watt* Rev. crit. dr. i. p. 1995, 455–457); *Ziegel* und *Cantlie* (Hrsg.), Current Developments in International and Comparative Corporate Insolvency Law, Oxford 1994; *Bachmann,* Fremdwährungsschulden in der Zwangsvollstreckung, 1994; *Kerameus,* Geldvollstreckungsarten in vergleichender Betrachtung, Zeuner-Fschr. 1994, 389–400; *Potthast,* Probleme eines Europäischen Konkursübereinkommens, 1995; *Ziegel* (Hrsg.), Current Developments in International and Comparative Insolvency Law, Oxford 1995 (bespr. von *Hicks* [1995] C. L. J. 631–634); *Turck,* Das Internationale Insolvenzrecht in Spanien in rechtsvergleichender Betrachtung, 1995; *Leitner,* Der grenzüberschreitende Konkurs, Wien 1995; *Lupone,* L'insolvenza transnazionale, Mailand 1995; *Reinhart,* Sanierungsverfahren im internationalen Insolvenzrecht, 1995; *Leipold,* Miniatur oder Bagatelle: das Internationale Insolvenzrecht im deutschen Reformwerk 1994, Henckel-Fschr. 1995, 533–548; *Stürner,* Das grenzüberschreitende Vollstreckungsverfahren in der Europäischen Union, ebenda 863–875; *Mankowski,* Konkursgründe beim inländischen Partikularkonkurs, ZIP 95, 1650–1660; *Vallens,* Le droit européen de la faillite: premiers commentaires de la convention relative aux procédures d'insolvabilité, D. S. Chron. 1995, 307–310; *Vasseur,* Noten D. S. Jur. 1995, 642–645 und 1996, 586–589 (französisches internationales Konkursrecht); *Schollmeyer,* Diskriminierung deutscher Gläubiger in amerikanischen Insolvenzverfahren?, ZZP 95, 525–537; *Göpfert,* Anfechtbare Aufrechnungslagen im deutsch-amerikanischen Rechtsverkehr, 1996; *von Wilmowsky,* Europäisches Kreditsicherungsrecht, 1996; *Unterberger,* Erfahrungen mit dem Gesamtvollstreckungsrecht in den neuen Bundesländern, 1996; *Rémery,* La faillite internationale, Paris 1996; *Spätgens,* Die Wirkung des Inlands- und Auslandskonkurses auf den inländischen (wettbewerbsrechtlichen) Unterlassungsrechtsstreit, Piper-Fschr. 1996, 461–480; *Hanisch,* Grenzüberschreitende Insolvenz, Drei Lösungsmodelle im Vergleich, Nakamura-Fschr., Tokio 1996, 221–246; *Maronda Frutos* und *tena Franco,* Proyecto de Convenio Comunitario de 1994 relativo a la quiebra, Rev. gen. der. 1996, 117–152; *Rauscher,* Eidesstattliche Versicherung durch den Generalbevollmächtigten einer ausländischen Gesellschaft?, IPRax 96, 179–181; *Balz,* Europäisches Insolvenzübereinkommen, ZIP 96, 948–955 (Text 976–983); *Polanski,* The statutory code for English courts to assist foreign courts in insolvency matters, 113 I (1996) S. A. L. J. 109–133; *Burgstaller* und *Keppelmüller,* Universalität und Territorialität – Wirkt der österreichische Konkurs ins Ausland?, (öst)JurBl. 1996, 285–299, 366–376; *Gani,* Le „lien suffisant avec la Suisse" et autres conditions du séquestre lorsque le domicile du débiteur est à l'étranger (art. 271 al. 1er (ch. 4 nLP), SchweizJZ 1996, 227–232; *Chenaux,* un survol de l'action révocatoire en droit international privé suisse, ebenda 232–237; *Smart,* Safeguarding Assets in International Litigation: the Insolvency Option, [1996] C. L. J. 397–301; *Prütting,* Aktuelle Fragen des internationalen Insolvenzrechts, ZIP 96, 1277–1284; *Smith, In Rem* Forfeiture Proceedings and Extraterritorial Jurisdiction, 45 (1996) Int. Comp. L. Q. 902–909; *Ebenroth* und *Benzler,* Close-out Netting nach der neuen Insolvenzordnung, ZvglRW 95 (1996), 335–385; *McKenzie,*The EG Convention on Insolvency Proceedings, Eur. Rev. Priv. L. 4 (1996), 181–200; *H. Roth,* Auslandskonkurs und individuelle Rechtsverfolgung im Inland, IPRax 96, 324–327; *Otte,* Anspruch des Konkursverwalters auf Rückgewähr von Inhaberaktien einer AG mit Sitz im Ausland, ebenda 327–332; *Laut,* Universalität und Sanierung im internationalen Insolvenzrecht, 1997; *Schollmeyer,* Gegenseitige Verträge im internationalen Insolvenzrecht, 1997; *Gottwald,* Grenzüberschreitende Insolvenzen, 1997; *Leutner,* Die vollstreckbare Urkunde im europäischen Rechtsverkehr, 1997; *Kerameus,* Enforcement in the International Context, Rec. 264 (1997), 178–410; *Lüer,* Deutsches Internationales Insolvenzrecht nach der neuen Insolvenzordnung, in: Kölner Schrift zur Insolvenzordnung, Das neue Insolvenzrecht in der Praxis, 1997, 1217–1239; *Lindacher,* Internationale Unterlassensvollstreckung, Gaul-Fschr. 1997, 399–409; *Flessner,* Internationales Insolvenzrecht in Deutschland nach der Reform, IPRax 97, 1–10; *Nedjar,* Tendences actuelles du droit international des immunités des Etats, Clunet 1997, 59–102; *von Wilmowsky,* Internationales Insolvenzrecht – Plädoyer für eine Neuorientierung, WM 97, 1461–1472; *Dordi,* La convenzione dell'Unione europea sulle procedure di insolvenza, Dir. int. priv. proc. 1997, 333–366; *Reinhart,* Zur Anerkennung ausländischer Insolvenzverfahren, ZIP 97, 1734–1739; *Schack,* Zur Anerkennung ausländischer Forderungspfändungen, IPRax 97, 318–323; *Poillot-Peruzzetto,* Le créancier et la „faillite européenne", commentaire de la Convention des Communautés européennes relative aux procédures d'insolvabilité, Clunet 1997, 757–781; *von Wilmowsky,* Sicherungsrechte im Europäischen Insolvenzübereinkommen, EWS 97, 295–300; *Benning* und *Wehling,* Das „Model Law on Cross-Border Insolvency" der Vereinten Nationen, EuZW 97, 618–623; *Wimmer,* Die UNCITRAL-Modellbestimmungen über grenzüberschreitende Insolvenzverfahren, ZIP 97, 2220–2224 (Text 2224–2228); *Krings,* Unification législative internationale récente en matière d'insolvabilité et de faillite, 2 (1997) Unif. L. Rev. 657–674; *Engel,* Das Recht der Mobiliarzwangsvollstreckung im Staat New York aus rechtsvergleichender Sicht, 1998; *Spahlinger,* Sekundäre Insolvenzverfahren bei grenzüberschreitenden Insolvenzen, Eine vergleichende Untersuchung zum deutschen, US-amerikanischen, schweizerischen und europäischen Recht, 1998; *E.J. Habscheid,* Grenzüberschreitendes (internationales) Insolvenzrecht der Vereinigten Staaten von Amerika und der Bundesrepublik Deutschland, 1998; *Fletcher,* Insolvency in Private International Law, Oxford 1998; *Trunk,* Internationales Insolvenzrecht, 1998; *Gassmann,* Arrest im internationalen Rechtsverkehr, Zum Einfluß des Lugano-Übereinkommens auf das schweizerische Arrestrecht, Zürich 1998; *Flessner,* Dingliche Sicherungsrechte nach dem Europäischen Insolvenzübereinkommen, Drobnig-Fschr. 1998, 277–287; *Riesenfeld,* Einige Betrachtungen zur Behandlung dinglicher Sicherungsrechte an beweglichen Vermögensgegenständen im Insolvenzrecht der Vereinigten Staaten von Amerika, ebenda 621–628; *Bogdan,* Insolvency Law in the European Union, in: *von Hoffmann* (Hrsg.), European Private International Law, Nijmegen 1998, 181–188; *Salerno,* Legge di riforma del diritto internazionale privato e giurisdizione fallimentare, Riv. dir. int. priv. proc. 1998, 5–50; *Smart,* English Courts and the International Insolvency, 114 (1998) L. Q. Rev. 46–52; *Stadler,* Anerkennung ausländischer (Zwangs-)Vergleiche, IPRax 98, 91–93; *Fernández de Muniain,* La quiebra internacional, Rev. der. priv. 1998, 142–151; *Paulus,* „Protokolle" – ein anderer Zugang zur Abwicklung grenzüberschreitender Insolvenzen, ZIP 98, 977–982 (dazu Beispiel 1013–1016); *Wimmer,* Die Besonderheiten von Sekundärinsolvenzverfahren unter besonderer Berücksichtigung des Europäischen Insolvenzübereinkommens, ebenda 982–989; *Leboulanger,* La mise en œuvre des sûretés dans le cadre d'une faillite internationale en droit positif français, Rev. int. dr. comp. 1998, 401–420; *Smid,* Das Deutsche Internationale Insolvenzrecht und das Europäische Insolvenz-Übereinkommen, DZWiR 98, 432–438; *Lüke,* Das europäische internationale Insolvenzrecht, ZZP 98, 275–314; *Taupitz,* Das (zukünftige) Internationale Insolvenzrecht, insbesondere aus internationalprivatrechtlicher Sicht, ebenda 315–350; *Ehricke,* Die Wirkungen einer ausländischen Restschuldbefreiung im Inland nach deutschem Recht, RabelsZ 62 (1998), 712–738; *Ehricke,* Das abhängige Konzernunternehmen in der Insolvenz, 1999; *Prévault,* Zwangsvollstreckung in den Staaten der Europäischen Union, Deutsch-Fschr. 1999, 987–994; *Schollmeyer,* § 240 ZPO und Auslandskonkurs, IPRax 99, 26–28; *Raum* und *Lindner,* Rechtsangleichung im Delikts- und Vollstreckungsrecht mit Blick auf die EU-Osterweiterung, NJW 99, 465–470; *Siehr,* Grundfragen des Internationalen Konkursrechts, SchweizJZ 1999, 85–94; *Paulus,* Der Internationale Währungsfond und das internationale Insolvenzrecht, IPRax 99, 148–152.

Aus der neueren Rspr.: BAG IPRax 97, 334 mit Aufsatz von *Schack* 318–323 = ZIP 1996, 2031: keine Wirkungserstreckung ausländischer Lohnpfändung gegen inländischen Arbeitnehmer (Delta Airlines); BGH 134, 79 = EWiR 97, 83 LS mit Anm. *Hanisch* = IPRax 98, 102 mit Aufsätzen von *Stadler* 91–93 sowie von *Gottwald* und *Pfaller* 170–175 = JZ 97, 415 mit Anm. von *Paulus* =NJW 97, 524 = ZIP 97, 39: Anerkennung ausländischen Zwangsvergleichs; BGH 134, 116 = IPRax 98, 199 mit Aufsätzen von *Gottwald* und *Pfaller* 170–175 sowie von *Sonnentag* 330–337 = JZ 97, 568 mit Anm. von *Leipold* = ZIP 97, 150: Konkurs im Ausland, Anfechtung im Inland.

Vertrag zwischen der Bundesrepublik Deutschland und der Republik Österreich auf dem Gebiet des Konkurs- und Vergleichs-(Ausgleichs-)rechts vom 25. 5. 1979 (BGBl. 1985 II 410, 712); Ausführungsgesetz zum deutsch-österreichischen Konkursvertrag vom 8. 3. 1985 (DöKVAG) (BGBl. I 535). Dazu *Wiesbauer,* Der österreichisch-deutsche Konkursvertrag aus österreichischer Sicht, ZIP 82, 1285–1292; *Jelinek,* Der deutsch-österreichische Konkursvertrag, Berichte und Dokumente zum ausländischen Wirtschafts- und Steuerrecht der Bundesstelle für Außenhandelsinformation Nr. 195, 1–20 (Text 21–27, Gemeinsamer Bericht 28–52, AusfG 53–58); *Schumacher,* Die Entwicklung österreichisch-deutscher Insolvenzrechtsbeziehungen, ZZP 90, 418–463.

Das internationale Verfahrensrecht ist bei der Darstellung des IPR berücksichtigt worden, soweit der Zusammenhang dies nahelegte. Im folgenden werden nur kurz die Hauptpunkte hervorgehoben.

Geredet wird nur vom **privatrechtlichen** Verfahren (**Rechtsstreit** und **freiwillige Gerichtsbarkeit**), nicht vom Strafverfahren, Verwaltungsverfahren und anderen Verfahrensarten.

Die *freiwillige* Gerichtsbarkeit als verwaltende Tätigkeit auf dem Gebiet des Privatrechts liegt im In- und Ausland in der Hand nicht nur von Richtern, sondern auch von anderen Personen oder Verwaltungsstellen (z. B. bei uns in der Hand von Rechtspflegern, Urkundsbeamten der Geschäftsstelle, Notaren, Jugendämtern). Die Regeln des internationalen Verfahrensrechts sind jedoch im wesentlichen dieselben wie für Gerichte. Der Einfachheit halber wird daher im folgenden nur von Gerichten gesprochen.

Zur internationalen Zuständigkeit (unten II) der *Notare* z. B. LG Aachen MittRhNotK 88, 157.

Zum *Personenstands*recht: *Schütz,* Das Standesamt I in Berlin, seine Kompetenzen als deutsches Auslandsstandesamt unter besonderer Berücksichtigung deutsch-österreichischer Beteiligung, ÖStA 1998, 51–53, 66–68.

I. Gerichtsbarkeit

Schrifttum: 7. Aufl. S. 796–798. Danach: *Mundiya,* Extraterritorial Injunctions against Sovereign Litigants in US-Courts: The Need for a *Per Se* Rule 44 (1995) Int. Comp. L. Q. 893–904; *Quiñones Escámez,* El foro de la pluralidad de demandados en los litigios internacionales, Madrid 1996; *Arenas García,* El control de oficio de la competencia judicial internacional, Madrid, 1996; *Cosnard* und *Stern*, La soumission des États aux tribunaux internes (Face à la théorie des immunautés des États), Paris 1996; *Mansel,* Grenzüberschreitende Prozeßführungsverbote (antisuit injunctions) und Zustellungsverweigerung, EuZW 96, 335–340; *Pingel-Lenuzza,* Les immunités des États en droit international, Brüssel 1997; *Kilgus,* Zur Intervention der Bundesrepublik in Zivilverfahren aus völkerrechtlichen Gründen, RIW 97, 14–17; *Espósito Massicci* und *Garcimartín Alférez,* Grundrechte und Immunität der Angehörigen ausländischer diplomatischer Missionen, IPRax 97, 129–132; *Dorsey,* Reflections on the Foreign Sovereign Immunities Act After Twenty Years 28 (1997) J. M. L. C. 257–

303; *Habscheid,* Die Immunität internationaler Organisationen im Zivilprozeß, ZZP 97, 269–286; *Bertele,* Souveränität und Verfahrensrecht, 1998; *Bender,* Die Immunität der NATO als internationale Organisation im Zivilprozeß, IPRax 98, 1–8; *Craig Barker,* State Immunity, Diplomatic Immunity and Act of State: A Triple Protection against Legal Action?, 47 (1998) Int.Comp.L.Q. 950–958; *Heidenberger,* Die Praxis von US-Gerichten zur Staatenimmunität Deutschlands, ZvglRW 98, 440–453; *Ambos,* Der Fall Pinochet und das anwendbare Recht, JZ 99, 16–24; *Fox,* The First *Pinochet* Case: Immunity of a Former Head of State, 48 (1999) Int.Comp.L.Q. 207–216.

Gerichtsbarkeit als die Befugnis, zu richten (im Rechtsstreit wie im Verfahren der freiwilligen Gerichtsbarkeit), bedeutet im Verhältnis zum *Ausland:* es bestehen *keine* mit Rücksicht auf fremde Staaten erlassenen *Verbote,* zu richten.

Solche Verbote stammen aus dem *Völkerrecht,* sei es aus dem *ungeschriebenen,* sei es aus *Staatsverträgen* wie den Wiener Übereinkommen über diplomatische Beziehungen vom 18. 4. 1961 (BGBl. 1964 II 957) und über konsularische Beziehungen vom 24. 4. 1963 (BGBl. 1969 II 1585), dem New Yorker Übereinkommen über die Vorrechte und Immunitäten der Vereinten Nationen vom 13. 2. 1946 (BGBl. 1980 II 941) und dem Europäischen Übereinkommen über Staatenimmunität mit Zusatzprotokoll vom 16. 5. 1972 (oben S. 209). Die Hauptregeln des Völkerrechts sind durch §§ 18–20 GVG in deutsches Landesrecht transformiert. Erwähnt seien die Streitfragen, wieweit fremde *Staaten,* Staats*schiffe* und staatliche *juristische Personen* der eigenen Gerichtsbarkeit entzogen sind.

Zur Immunität z.B. BGH 18, 1 (9f.); BVerfG BGBl. 1962 I 731 (Gesetzeskraft!) = BVerfG 15, 25 = NJW 63, 435 mit Anm. von *Wengler;* BVerfG 16, 27 = NJW 63, 1732; LG Frankfurt AG 76, 47 mit Anm. von *Mertens* = NJW 76, 1044 (betr. Zentralbank von Nigeria); BGH NJW 79, 1101; BVerfG IPRax 84, 196 mit Aufsatz von *Stein* 179–183 = NJW 83, 2766; VGH Kassel NJW 89, 3110 LS (betr. Zeugnisverweigerungsrecht ausländischer Diplomaten); BGH JR 85, 77 mit zust. Anm. von *Oehler* = NJW 84, 2048 mit Aufsatz von *Bockslaff* und *Koch* 2742f. sowie OLG Düsseldorf NJW 86, 2204 (betr. „Sonderbotschafter" Tabatabai); OLG Frankfurt IPRax 90, 43 (44 unter 2) mit Aufsatz von *Schefold* 20–25; AG Bonn IPRax 88, 351 = NJW 88, 1393 und (im selben Fall) LG Bonn IPRax 88, 354 = NJW 89, 1225, beide Entscheidungen mit Aufsatz von *Gündling* IPRax 88, 338–341 (betr. Tschernobyl); OLG Hamm NJW-RR 89, 584 (deutsches Gericht nicht befugt, in ausländische öffentlichrechtliche Sozialversicherungen einzugreifen; vgl. oben S. 758); BVerwG NJW 89, 678 (679: deutsches Gericht nicht befugt, indischen Verteidigungsminister als Zeugen zu laden); OLG Köln IPRax 92, 249 mit Aufsatz von *Wengler* 223f. = NJW 92, 320 (Immunität der Diplomaten gilt nicht für die Berichtigung von Personenstandseintragungen nach § 47 PStG); BayObLG NJW 92, 641 (Konsuln genießen nach § 19 I GVG Immunität nur für Amtshandlungen, nicht für Verhalten im Straßenverkehr); BVerwG 91, 126 (kein Rechtsweg zu den deutschen Gerichten für dienstrechtliche Streitigkeiten zwischen Europäischen Schulen und ihren Lehrkräften; BAG MDR 96, 1263 = NJW 97, 678 LS (keine deutsche Gerichtsbarkeit für Klagen von Angestellten ausländischer Konsulate, die konsularische und damit hoheitliche Aufgaben erfüllen, aus ihrem Arbeitsverhältnis gegen den ausländischen Staat); BVerwG NJW 96, 2744 (Immunität hindert einen Diplomaten nicht, bei uns zu klagen, doch hat er keinen Anspruch auf Sozialhilfe); BVerfG NJW 98, 50 (Unterschied zwischen Staaten- und Diplomatenimmunität; Grenzen der Nachwirkung diplomatischer Immunität); BAG IPRax 99, 174 mit Aufsatz von *Krebber* 164–167 = NJW 98, 2550 LS (keine Immunität ausländischer

Staaten gegen Bestandsschutzklagen von Ortskräften, die in ihren diplomatischen Vertretungen beschäftigt sind, jedoch keine hoheitlichen Aufgaben wahrzunehmen haben); OLG Frankfurt a. M. RIW 99, 461 (keine Immunität ausländischer Staaten gegen Klagen und Zwangsvollstreckung wegen Forderungen aus privatrechtlichen Verträgen, hier Staudammbau im Irak).

Die früheren Einschränkungen der deutschen Gerichtsbarkeit durch *Besatzungsrecht* sind im wesentlichen dahin (zum **NATO-Truppenstatut** z. B. LG Heidelberg IPRax 92, 96 mit Aufsatz von *Furtak* 78–82).

Zum NATO-Truppenstatut vgl. zuletzt Ges. zu dem Abkommen vom 18. 3. 1993 zur Änderung des Zusatzabkommens zum NATO-Truppenstatut und zu weiteren Übereinkünften vom 28. 9. 1994 (BGBl. II 2594) sowie BGBl. 1994 II 3710 und 3714.

Schrifttum: *Sennekamp,* Die völkerrechtliche Stellung der ausländischen Streitkräfte in der Bundesrepublik Deutschland, NJW 83, 2731–2735; *Beitzke,* Sonderprivatrecht und Kollisionsrecht im NATO-Truppenstatut, Kegel-Fschr. 1987, 33–56; *Kraatz,* Durchsetzbarkeit zivilrechtlicher Forderungen und Schuldtitel aus Vertrags- und Schadensersatzrecht gegen die Mitglieder der Stationierungsstreitkräfte in der Bundesrepublik Deutschland, NJW 87, 1126–1128; *Schröder,* Die Reste des Besatzungsrechts in der Bundesrepublik Deutschland, ROW 89, 73–82; *Fuchs,* Das NATO-Truppenstatut und die Souveränität der Bundesrepublik Deutschland, ZRP 89, 181–185; *Furtak,* Deliktsstatut und Rückverweisung bei Persönlichkeitsverletzungen unter US-Truppenangehörigen und US-Zivilangestellten in Deutschland, IPRax 92, 78–82; *Burkhardt* und *Granow,* Das Abkommen zur Änderung des Zusatzabkommens zum Nato-Truppenstatut (ZA-NTS), NJW 95, 424–426.

Siehe auch Bek. der mit den ausländischen Streitkräften und dem internationalen militärischen Hauptquartier SHAPE abgeschlossenen **Verwaltungsabkommen** über die Abgeltung von Schäden vom 11. 7. 1989, BAnz. 13. 12. 1989, Jahrgang 41 Nr. 233 a.

Im Zuge der *Wiedervereinigung* Deutschlands 1990 erstrecken sich die geringen Einschränkungen der Gerichtsbarkeit gegenüber den *westlichen* Besatzungsmächten (Frankreich, Großbritannien, USA) auf das Gebiet der DDR.

Siehe VO vom 28. 9. 1990 zu dem Notenwechsel vom 25. 9. 1990 zu dem Abkommen zwischen den Parteien des Nordatlantikvertrages über die Rechtsstellung ihrer Truppen vom 19. 6. 1951 und zu dem Zusatzabkommen zu diesem Abkommen vom 3. 8. 1959 nebst zugehörigen Übereinkünften sowie zu dem Notenwechsel vom 25. 9. 1990 zu dem befristeten Verbleib von Streitkräften der Französischen Republik, des Vereinigten Königreichs Großbritannien und Nordirland und der Vereinigten Staaten von Amerika in Berlin (BGBl. II 1250).

Im Verhältnis zur *Sowjetunion* und ihren *Nachfolgestaaten* bleibt ebenfalls die Gerichtsbarkeit eingeschränkt.

Siehe VO vom 28. 9. 1990 zur Inkraftsetzung des Notenwechsels vom 26. 9. 1990 zwischen der Regierung der Bundesrepublik Deutschland und der Regierung der Union der Sozialistischen Sowjetrepubliken über die vorläufige Anwendung der Bestimmungen des Vertrages über die Bedingungen des befristeten Aufenthalts und die Modalitäten des planmäßigen Abzugs der sowjetischen Truppen aus dem Gebiet der Bundesrepublik Deutschland zwischen der Bundesrepublik Deutschland und der Union der Sozialistischen Sowjetrepubliken (BGBl. II 1254) und hier Art. 17 des (als Anlage beigefügten Textes des) Vertrages zwischen der Bundesrepublik Deutschland und der Union der Sozialistischen Sowjetrepubliken über die Bedingungen des befristeten Aufenthalts und die Modalitäten des planmäßigen Abzugs der sowjetischen Truppen aus dem Gebiet der Bundesrepublik Deutschland (ebenda 1256, 1262).

Schrifttum: *Mühl-Jäckel,* Fragen der Rechtshilfe nach dem deutsch-sowjetischen Vertrag über den befristeten Aufenthalt und den planmäßigen Abzug der sowjetischen Truppen aus der Bundesrepublik Deutschland, in: *Jayme* und *Furtak* (Hrsg.), Der Weg zur deutschen Rechtseinheit, 1991, 117–129.

Noch in Kraft steht Teil VI Art. 3 III des Überleitungsvertrags, der die deutsche Gerichtsbarkeit über deutsches Auslandsvermögen beschränkt (unten S. 953f.).

Jede Entscheidung eines **deutschen** Gerichts im Rechtsstreit wie in der freiwilligen Gerichtsbarkeit, die **ohne Gerichtsbarkeit** erlassen wird, ist **nichtig. Ausländische** Entscheidungen ohne Gerichtsbarkeit (soweit sie nicht schon nach dem ausländischen Recht nichtig sind), werden **nicht anerkannt.**

II. Internationale Zuständigkeit

Schrifttum: 7. Aufl. S. 800–804. Hervorzuheben: *Heldrich,* Internationale Zuständigkeit und anwendbares Recht, 1969; *Schröder,* Internationale Zuständigkeit, 1971 (grundlegend); *Ferrer Correia,* Breves reflexões sobre a competência internacional indirecta, Coimbra 1976; *Lupoi,* Il luogo dell'esecuzione del contratto come criterio di collegamento giurisdizionale, Comparazione fra ius commune, Convenzione di Bruxelles, diritto italiano e diritto inglese, Mailand 1978; *Schwimann,* Internationales Zivilverfahrensrecht, Wien 1979, 13–113; *Jung,* Vereinbarungen über die internationale Zuständigkeit nach dem EWG-Gerichtsstands- und Vollstreckungsübereinkommen und nach § 38 Abs. 2 ZPO, 1980; *González Campos,* Les liens entre la compétence judiciaire et la compétence législative en droit international privé, Rec. 1977 III 227–376; *Matscher,* Etude des Règles de compétence judiciaire dans certaines conventions internationales, Rec. 1978 III 127–228; *Schröder,* Die Vorschläge des Deutschen Rats zur internationalen Zuständigkeit und zur Anerkennung ausländischer Entscheidungen, in: *Beitzke* (Hrsg.), Vorschläge und Gutachten zur Reform des deutschen internationalen Personen-, Familien- und Erbrechts, 1981, 226–244; *Welp,* Internationale Zuständigkeit über auswärtige Gesellschaften mit Inlandstöchtern im US-amerikanischen Zivilprozeß, 1982; *Collins,* The Civil Jurisdiction and Judgments Act 1982, London 1983; *Casad,* Jurisdiction in Civil Actions, Boston 1983; *Schack,* Jurisdictional Minimum Contacts Scrutinized, Innerstaatliche und Internationale Zuständigkeit US-amerikanischer Gerichte, 1983; *Rahmann,* Ausschluß staatlicher Gerichtszuständigkeit, Eine rechtsvergleichende Untersuchung des Rechts der Gerichtsstands- und Schiedsvereinbarungen in der Bundesrepublik Deutschland und den USA, 1984; *Mann* Rec. 1984 III 67–77; *Schack,* Der Erfüllungsort im deutschen, ausländischen und internationalen Privat- und Zivilprozeßrecht, 1985; *Eickhoff,* Inländische Gerichtsbarkeit und internationale Zuständigkeit für Aufrechnung und Widerklage, 1985; *Walther,* Die Mareva-injunction, 1986; *Verheul* und *Feteris,* Rechtsmacht in het Nederlandse internationaal privaatrecht, II, Overige verdragen, Het commune i.p.r., Apeldoorn und Antwerpen 1986 (Band I, 1982, betrifft das GVÜ); *Möllers,* Internationale Zuständigkeit bei der Durchgriffshaftung, 1987 (bespr. von *Wilhelm* ZRP 90, 233–241); *Reiser,* Gerichtsstandsvereinbarungen nach dem IPR-Gesetz, Zürich 1989; *Kurth,* Inländischer Rechtsschutz gegen Verfahren vor ausländischen Gerichten, 1989; *Jasper,* Forum shopping in England und Deutschland, 1990; *Santos Vijande,* Declinatoria y „declinatoria internacional", Tratamiento procesal de la competencia internacional, Madrid 1991; *Brandenberg Brandl,* Direkte Zuständigkeit der Schweiz im internationalen Schuldrecht, St. Gallen 1991; *Droz* Rec. 1991 IV 45–81; *Müller,* Die

Gerichtspflichtigkeit wegen „doing business", 1992; *Radicati di Brozolo,* La giurisdizione esecutiva e cautelare nei confronti degli Stati stranieri, Mailand 1992; *Casad,* Jurisdiction in Civil Actions[2], I, II, Salem, N.H., 1992 (bespr. von *Schack* ZZP 93, 259–262); *Stöve,* Gerichtsstandsvereinbarungen nach Handelsbrauch, Art. 17 EuGVÜ und § 38 ZPO, 1993; *Diab,* Le tribunal internationalement compétent en droits libanais et français, Paris 1993; *Ough* und *Flenley,* The Mareva Injunction and Anton Piller Order[2], London u.a. 1993; *Lacappola,* La competenza civile nella pratica e nella giurisprudenza[2], Mailand 1993; *Bittighofer,* Der internationale Gerichtsstand des Vermögens, 1994; *Gronstedt,* Grenzüberschreitender einstweiliger Rechtsschutz, 1994; *Pfeiffer,* Internationale Zuständigkeit und prozessuale Gerechtigkeit, 1995. Ferner: *Fawcett* (Hrsg.), Declining Jurisdiction in Private International Law, Reports to the XIVth Congress of the International Academy of Comparatitve Law – Athens, Oxford 1994; *Huber,* Die englische forum-non-conveniens-Doktrin und ihre Anwendung im Rahmen des Europäischen Gerichtsstands- und Vollstreckungsübereinkommens, 1994; *Kleinstück,* Due-Process-Beschränkungen des Vermögensgerichtsstandes durch hinreichenden Inlandsbezug und Minimun Contacts, Eine rechtsvergleichende Untersuchung unter besonderer Berücksichtigung des U.S.-amerikanischen und österreichischen Rechts, 1994 (bespr. von *Otte* ZZP 97, 119–133); *Reiser,* Gerichtsstandsvereinbarungen nach IPR-Gesetz und Lugano-Übereinkommen, Zürich 1995 (bespr. von Domanico SchweizJZ 1996, 154f.); *Blanchin,* L'autonomie de la clause compromissoire: un modèle pour la clause attributive de juridiction?, Paris, 1995; *Gottwald,* Internationale Gerichtsstandsvereinbarungen – Verträge zwischen Prozeßrecht und materiellem Recht, Henckel-Fschr. 1995, 295–309; *Kennett, Forum Non Conveniens* in Europe [1995] C.L.J. 552–477; *Juenger,* A *Shoe* Unfit für Globetrotting, 28 (1995) U.C. Davis L. Rev. 1027–1045; *Rabkin,* Universal Justice: The Role of Federal Courts in International Civil Litigation, 95 (1995) Col. L. Rev. 2120–2155; *Clermont* und *Eisenberg,* Exorcising the Evil of Forum-Shopping, 80 (1995) Cornell L. Rev. 1507–1535; *Hau,* Positive Kompetenzkonflikte im Internationalen Zivilprozeßrecht, 1996; *Dorsel,* Forum non conveniens, 1996 (bespr. von *Heß* ZZP 99, 107–112); *Arenas García,* El control de oficio de la competencia judicial internacional, Madrid, 1996; *Schack,* Internationale Zuständigkeit und Inlandsbeziehung, Nakamura-Fschr., Tokio 1996, 491–514; *Hartwieg,* Forum Shopping zwischen Forum Non Conveniens und „hinreichendem Inlandsbezug", JZ 96, 109–118; *Sieg,* Internationale Anerkennungszuständigkeit bei US-amerikanischen Urteilen, IPRax 96, 77–80; *Andrews,* Mareva Relief Cannot Stand Alone: Further Judicial Reflections Upon the Siskina Doctrine, [1996] C. L. J. 12–14; *Erasmus, Anton Pillar* orders, 113 I (1996) S. A. L. J. 1–5; *Epp,* World-wide *Mareva* Injunctions in Common Law Canada, 59 (1996) Mich. L. Rev. 460–464; *English, Forum Non Conveniens* – The Lagal Aid Factor, [1996] C. L. J. 214–216; *de Vareilles-Sommières,* La compétence internationale des tribunaux français en matière de mesures provisoires, Rev. crit. dr. i. p. 1996, 397–437; *Spickhoff,* Gerichtsstand des Sachzusammenhangs und Qualifikation von Anspruchsgrundlagen, ZZP 96, 493–516; *Hay,* Informationsbeschaffung über schriftliche Unterlagen und Augenscheinsobjekte im Zivilprozeß unter besonderer Berücksichtigung des anglo-amerikanischen Rechts, 1997; *F. E. Sandrock,* Die Vereinbarung eines „neutralen" internationalen Gerichtsstandes, Ausländische Partien vor „neutralen" inländischen Gerichten, 1997; *Juenger,* Judicial Control of Improper Forum Selection: Some Random Remarks and a Comment on How Not to Do It, in: *Goldsmith* (Hrsg.), International Dispute Resolution: The Regulation of Forum Selection, Fourteenth Sokol Colloqium, New York 1997, 311–323; *Kronke,* Reform des internationalen Zivilprozeßrechts in Europa: Grundfragen der Regelung internationaler Zuständigkeit, Broggini-Fschr., Mailand 1997, 223–249; *Vischer, Lois d'application immédiate* als Schranken von Gerichtsstands- und Schiedsvereinbarungen, ebenda 577–594; *Ultsch,* Die Forum-non-conveniens-Lehre im Recht der USA (insbesondere Floridas), RIW 97, 26–31; *Peel, Forum non Conveniens* and die Impecunious Plaintiff – Legal Aid and Conditional Fees, 113 (1997) L. Q. Rev. 43–47; *Fentiman,* Antisuit Injunctions and the Appropriate Forum, [1997] C. L. J. 46–48; *La China,* Soggezione ed estraneità alla giurisdizione italiana (nuove prospettive, nuovi problemi), Riv. dir. proc. 1997, 27–53;

Oberhammer, Internationale Gerichtsstandvereinbarungen: Konkurrierende oder ausschließliche Zuständigkeit?, (öst)JurBl. 1997, 434–444; *Vollkommer,* § 893, Abs. 2 ZPO im internationalen Rechtsstreit, IPRax 97, 323–326; *Buchner,* Kläger- und Beklagtenschutz im Recht der internationalen Zuständigkeit, 1998; *Grunert,* Die „worldwide" Mareva Injunction, 1998; *McLachlan,* The Jurisdictional Limits of Disclosure Orders in Transnational Fraud Litigation, 47 (1998) Int. Comp. L. Q. 3–49; *Gebauer,* Internationale Zuständigkeit und Prozeßaufrechnung, IPRax 98, 79–86; Note 111 (1998) Harv. L. Rev. 1359–1364 (betr. Personal Jurisdiction); *von Hoffmann* und *Hau,* Zur internationalen Anerkennungszuständigkeit US-amerikanischer Zivilgerichte, RIW 98, 344–352; *Prince,* Bhopal, Bouganville and OK Tedi: Why Australia's *Forum Non Conveniens* Approach is better, 47 (1998) Int. Comt. L. Q. 573–598; *Kerckhove* Note Sem. jur. 1998 II, 10127, S. 1388 f. (exception d'incompétence internationale); *Matscher,* Die Neuregelung der inländischen Gerichtsbarkeit durch die WGN 1997, (öst)JurBl. 1998, 488–495; *Monaghan,* Antisuit Injunctions and Preclusion Against Absent Nonresident Class Members, 98 (1998) Col. L. Rev. 1148–1202; *Solomine,* The Quiet Revolution in Personal Jurisdiction, 73 (1998) Tul.L.Rev. 1–67; *McMunigal,* Desert, Utility, and Minimum Contacts: Toward a Mixed Theory of Personal Jurisdiction, 108 (1998) Yale L. J. 189–235; *Gottwald* und *Baumann,* Zur Derogation der deutschen internationalen Zuständigkeit, IPRax 98, 445–447; *Checa Martinez,* Fundamentos y limites del Forum Shopping: Modelos europeo y angloamericano, Riv.dir.int.priv.proc. 1998, 521–556; *Roberson,* Comity Be Damned: The Use of Antisuit Injunctions against the Courts of a Foreign Nation, 147 (1998) U.Pa.L.Rev. 409–433; *Gerhard,* La compétence du juge d'appui pour prononcer des mesures provisoires extraterritoriales, SZIER 1999, 97–114; *Ford,* Law's Territory (A History of Jurisdiction), 97 (1999) Mich.L.Rev. 843–930.

Schrifttum zur internationalen Zuständigkeit nach dem **GVÜ** hauptsächlich unten S. 915–917. Siehe auch Schrifttum zur *Gerichtsbarkeit* oben I, zum internationalen Familien-, Ehe- und Kindschaftsrecht oben S. 678–681 und zur *Scheidung* oben S. 742 f.

Der **Gerichtsbarkeit** jedes Staates sind Grenzen gesetzt mit Rücksicht auf andere Staaten, mithin aus *politischen* Gründen. Die Normen über die *internationale Zuständigkeit* dagegen regeln, welchen Staates Gerichte aus *prozessualen* Gründen zu entscheiden berufen sind.

Das **IPR** bestimmt, welchen Staates *Recht* gilt. Die Regeln über die *internationale Zuständigkeit* bestimmen, welchen Staates *Gerichte* entscheiden sollen. Die Anwendung eigenen Rechts, auch wenn es das *sachlich* beste sein sollte (das IPR sieht vom sachlichen Wert der einzelnen Rechte ab, soweit nicht der *ordre public* verletzt ist), kann ungerecht sein, weil die Anwendung eines *räumlich* anderen, d.h. fremden Rechts überwiegenden Partei-, Verkehrs- oder Ordnungsinteressen entspricht (Vorrang der *international*privatrechtlichen Gerechtigkeit vor der materiellprivatrechtlichen: oben S. 117). Ebenso kann die Entscheidung durch eigene Gerichte, auch wenn sie die *sachlich* besten sein sollten (das internationale Verfahrensrecht sieht vom sachlichen Wert der Gerichte ab, soweit nicht der *ordre public* verletzt ist), ungerecht sein, weil die Entscheidung eines *räumlich* anderen, d.h. fremden Gerichts überwiegenden Interessen der Parteien und der Rechtspflege entspricht (Vorrang der *international*verfahrensrechtlichen Gerechtigkeit vor der *materiell*verfahrensrechtlichen; LG Hamburg IPRspr. 1972 Nr. 135a [S. 366]).

Die internationale Zuständigkeit dient wie die **örtliche Zuständigkeit** der Bestimmung des *räumlich* besten Gerichts. Nur geht es bei der internationalen Zuständigkeit um die Verschiedenheit der Gerichte nach *Staaten,* bei der örtlichen um die Verschiedenheit nach *Bezirken* innerhalb desselben Staats. Die *gemeinsame Aufgabe* der räumlich besten Abgrenzung führt in vielen Fällen zu *denselben Anknüpfungsmomenten.*

Z. B. BGH 106, 300 = NJW 89, 1356 = ZfJ 89, 258 (259 unter 2 vor a); BGH IPRax 91, 183 mit Aufsatz von *Flessner* und *Schulz* 162–166 = NJW 90, 990 (991 unter II 2 vor a) = ZZP 92, 212 mit Anm. von *Taupitz;* BGH NJW-RR 90, 604 = ZIP 90, 365 (366 unter I 2 c); BGH 120, 334 = IPRax 94, 204 mit Aufsätzen von *Basedow* 183–186 und *Geimer* 187 = NJW 93, 1073 = WM 93, 524 (525 unter II 1 vor a) = ZZP 94, 67 mit Anm. von *Schack;* BGH IPrax 97, 434 mit Anm. Red. (H. K.) = NJW 97, 2245.

Zu *internationaler Zuständigkeit kraft Sachzusammenhangs* (Annexzuständigkeit) m. E. mit Recht BGH 132, 105 = DAVorm. 96, 379 (383–385 unter I 3 b) = IPRax 97, 187 mit Aufsatz von *Mankowski* 173–182 = JZ 97, 88 mit Anm. von *Gottwald* = NJW 96, 1411 (keine Ausdehnung der internationalen Zuständigkeit für Vertragsansprüche [vgl. § 29 ZPO] auf Deliktsansprüche [vgl. § 32 ZPO] und umgekehrt).

Zum Teil besteht sogar Einklang mit den Anknüpfungen des IPR (vgl. z. B. §§ 17, 24, 29 a–32 a ZPO).

Die *Ausschließlichkeit* des Gerichtsstands der Belegenheit des Grundstücks nach § 24 I ZPO gilt freilich nur für *deutsche* Grundstücke (BGH IPRax 99, 45 mit Aufsatz von *Stoll* 29–31 = NJW 98, 1321 [unter I] mit Aufsatz von *Fassbender* NJW 99, 1445–1448).

Freilich *nicht immer.* Denn die Interessen liegen nicht durchweg gleich. So besteht ein großer Unterschied zwischen *Rechtsverfolgung* im *Inland* und im *Ausland.* Wer im Ausland sein Recht suchen muß, braucht mehr Zeit, Kraft und Geld als im Inland; er muß unbekannten Anwälten trauen, hat Sprachschwierigkeiten, findet sich im fremden Recht und Gerichtswesen nur mühsam zurecht. Oft ist er überhaupt nicht imstande, im Ausland vorzugehen.

BGH 44, 46 (50, GSZ) spricht vom „natürliche[n] Interesse jedes Staatsangehörigen, daß sein Staat, dessen Organisation und Funktionsweise er kennt, dessen Sprache er spricht und dem er auf mannigfache Weise verbunden ist, auch seiner Rechtssache sich annimmt". Ebenso BGH 60, 85 (90 a. E. f.), BGH NJW 81, 2642 (2643 unter II 2 d) und 2644 (2645 unter I 1 b bb).

Deswegen wird teilweise das Interesse des Rechtssuchenden (Klägers, Antragstellers) vor das Interesse des Gegners gesetzt und internationale Zuständigkeit der Gerichte des Staats begründet, in dem der **Rechtssuchende sich aufhält** (z. B. §§ 23 a, 606 a I 1, 640 a II 1 ZPO). Die internationale Zuständigkeit ist hier also weiter gefaßt als die örtliche.

Auch die **Staatsangehörigkeitszuständigkeit** (Zuständigkeit der Gerichte des Staats, dem jemand angehört) hat in der örtlichen Zuständigkeit kein Gegenstück. Sie kann es nicht haben, weil sie innerhalb des Staates nicht unterscheidungskräftig ist: wohnen kann man in Hamburg oder Köln; Deutscher ist man überall. Mit der Staatsangehörigkeitszuständigkeit soll in Fällen starken Parteiinteresses dem Vertrauen in die Rechtspflege des Heimatstaats Rechnung getragen werden: man eröffnet eine *gerichtliche Heimatzuflucht.* Soweit Deutschland der Heimatstaat ist, muß hier eine eigene örtliche Zuständigkeit geschaffen werden (vgl. z.B. §§ 606 III, 640a I 4 n.F. ZPO, §§ 36 II, 43b III, 65 III, 73 II FGG).

Die **Statutszuständigkeit** (Zuständigkeit der Gerichte des Staats, dessen Recht anzuwenden ist, vgl. oben S. 487 a.E.f.) dient dem Interesse an einer rechtlich richtigen Entscheidung: jedes Gericht kennt sein eigenes Recht am besten. Haben danach deutsche Gerichte zu entscheiden, so muß auch hier eine örtliche Zuständigkeit neu entwickelt werden.

Dasselbe gilt für die **Fürsorgebedürfnis-Zuständigkeit:** nur ist hier örtlich zuständig einfach das Gericht des Orts (innerhalb Deutschlands), an dem fürzusorgen ist. Der Zweck dieser Zuständigkeit ist, wegen der Last und vielleicht Unmöglichkeit des Vorgehens im Ausland an Ort und Stelle zu verfahren: dem Interesse an Hilfe und rascher Hilfe werden andere Interessen geopfert, die im Rahmen der *örtlichen* Zuständigkeit vorgehen.

Zum Teil gibt es **Belegenheitszuständigkeit,** wo sie als örtliche von Hause aus fehlt (§ 73 III FGG, § 2369 I BGB). Die örtliche Zuständigkeit wird dann ebenfalls durch Belegenheit begründet (§ 73 III FGG). Die Belegenheitszuständigkeit dient ähnlichen Interessen wie die Fürsorgebedürfnis-Zuständigkeit.

Rechtspolitisch umstritten ist der **Gerichtsstand des Vermögens,** den § 23 ZPO eröffnet. Im Grundsatz scheint er gesund (a.A. z.B. *Schröder,* Internationale Zuständigkeit, 1971, 403–405). Der BGH schränkt ihn ein: hinreichender Inlandsbezug sei nötig.

BGH IPRax 92, 160 mit Aufsatz von *Schlosser* 140–143 = JZ 92, 51 mit Anm. von *Schack* = NJW 91, 3092 mit Aufsatz von *Geimer* 3072–3074 = RIW 91, 856 mit Anm. von *Fischer* 92, 57 sowie Case Note von *Dannemann* 41 (1992) Int. Comp. L. Q. 632 bis 637. Vgl. (öst)OGH IPRax 92, 164 mit Aufsatz von *Schlosser* 140–143; (öst)OGH (öst)JurBl. 1992, 330.

Dem BGH folgt OLG München IPRax 93, 237 mit Aufsatz von *Geimer* 216–219 = RIW 93, 66 (weil der zunehmende internationale Verkehr Private und Unternehmen veranlasse, in mehreren Staaten Bankkonten zu unterhalten).

Das GVÜ schließt den Vermögensgerichtsstand aus (unten S. 918).

Verweisungszuständigkeit (Zuständigkeit der Gerichte des Staats, die zuständig sind nach dem internationalen Verfahrensrecht des Staats, dessen Gerichte nach unserem eigenen internationalen Verfahrensrecht zuständig sind) soll Rechtsverweigerung durch „negative Kompetenzkonflikte“ verhüten. Sie ist nur mit Vorsicht zu bejahen. Bei Rückverweisung auf Deutschland muß eine örtliche Zuständigkeit neu entwikkelt werden.

Das Gegenstück von Verweisungszuständigkeit ist die **Inanspruchnahme ausschließlicher internationaler Zuständigkeit** durch einen ausländischen Staat. Sie ist für uns ebenso **gleichgültig,** wie wenn ein ausländischer Staat sein *Recht* für anwendbar erklärt: wie wir bestimmen, welchen Staates Recht angewandt wird (deutsches IPR), so bestimmen wir auch, welchen Staates Gerichte international zuständig sind (deutsches internationales Verfahrensrecht); dazu z.B. OLG Karlsruhe FamRZ 86, 1226 (1227 unter I 1 a.E.) sowie oben S. 834.

Die Anknüpfungen internationaler Zuständigkeit, die in den Anknüpfungen der örtlichen Zuständigkeit kein Gegenstück haben (Aufenthalt des Rechtssuchenden, Staatsangehörigkeit, Statut, Fürsorgebedürfnis, Belegenheit, Verweisung) und somit die **internationale Zuständigkeit weiter ausdehnen als** die **örtliche,** haben zur Folge: **internationale Zuständigkeiten konkurrieren öfter als örtliche.**

Zum Teil können die **Parteien** durch Vereinbarung internationale Zuständigkeit begründen (Prorogation) oder ausschließen (Derogation). Die *Zulässigkeit* und die Wirkung solcher Vereinbarung unterliegen, weil sie den Prozeß betreffen, dem Recht des vereinbarten oder ausgeschlossenen Gerichts; das *Zustandekommen* der Vereinbarung unterliegt, wenn – wie meist – Teil eines Vertrags, dem Recht, das für diesen Vertrag gilt.

Z.B. BGH IPRax 90, 41 mit Aufsatz von *Schack* 19f. = NJW 89, 1431 (1432 unter IV 1 a–c); BGH NJW 91, 1420; OLG Karlsruhe NJW-RR 93, 567; BGH 123, 380 = IPRax 94, 449 mit Aufsatz von *W. Lorenz* 429–431 = JZ 94, 363 mit Anm. von *G. Fischer* = NJW 94, 262 (262 unter II 1); OLG Frankfurt IPRax 98, 35 mit Aufsatz von *Pfeiffer* 17–25; OLG Koblenz NJW-RR 97, 638 = RIW 97, 328; OLG Köln IPRax 98, 472 mit Aufsatz von *Trunk* 448–451 = RIW 97, 233; OLG Rostock RIW 97, 1042 (1043) unter I 1 b [1]); BGH IPRax 98, 470 mit Aufsatz von *Gottwald* und *Baumann* 445–447 = NJW-RR 97, 2885 = WM 97, 989 (unter I 2 a vor aa); OLG Köln RIW 98, 148; OLG Frankfurt RIW 99, 461 (463); Soergel VIII[11] Rz 614 vor Art. 7 EGBGB S. 378–380.

Soweit danach deutsches Recht maßgibt, gelten §§ 38–40 ZPO.

Zur *„rügelosen Einlassung"* (vgl. § 39 ZPO) im Ausland OLG Hamm IPRax 88, 166 mit Aufsatz von *Schröder* 144–147 = NJW 88, 653; BGH 120, 334 = IPRax 94, 204 mit Aufsätzen von *Basedow* 183–186 und *Geimer* 187 = WM 93, 524 (525 unter II 1 c) = NJW 93, 1073 = ZZP 94, 67 mit Anm. von *Schack.*

Ob internationale Zuständigkeit nach Fortfall der sie begründenden Umstände im Laufe des Verfahrens andauert *(perpetuatio fori),* ist zweifelhaft (Nachweise Soergel VIII[11] S. 388–390 Fn. 21; BayObLG FamRZ 1993, 1469; OLG Hamburg NJW-RR 96, 203 unter I a.E.; BayObLG FamRZ 97, 959 = ZfJ 97, 290; BGH EWiR 97, 823 LS m. Anm. *Mankowski* = WM 97, 1521 [Vorlage an EuGH]).

Im (deutschen) Verfahren der *freiwilligen Gerichtsbarkeit* sind Gerichtsstandsvereinbarungen *unzulässig* (OLG Hamm FamRZ 97, 1295).

Wo *innerhalb* eines Staates ein Rechtsstreit oder ein Verfahren der freiwilligen Gerichtsbarkeit durchgeführt wird, macht für die Parteien und Beteiligten keinen allzu großen Unterschied. Deswegen sind *deutsche* Entscheidungen, die ohne örtliche Zuständigkeit ergangen sind, *gültig.* Ebenso werden *ausländische* Entscheidungen *anerkannt,* auch wenn das Gericht ohne örtliche Zuständigkeit entschieden hat (gleich, ob die Regeln des Gerichtsstaats oder die deutschen Regeln über die örtliche Zuständigkeit nicht eingehalten worden sind), vorausgesetzt daß überhaupt ein gültiges Urteil vorliegt und nicht nach dem Recht des Gerichtsstaats die Verletzung seiner Regeln über die örtliche Zuständigkeit die Entscheidung nichtig macht.

Viel schwerer wiegt ein Verstoß gegen die *internationale* Zuständigkeit. Denn hier ist jemand verurteilt oder sonst betroffen, dem die Mühen und Kosten einer Rechtssuche im *Ausland* erspart werden sollen. Deswegen wird eine **ausländische Entscheidung,** die das Gericht eines Staates erlassen hat, dessen Gerichte nach unseren Maßstäben **ohne internationale Zuständigkeit** waren, von uns grundsätzlich **nicht anerkannt.**

So für ausländische *Urteile* § 328 I Nr. 1 ZPO. Dieselbe Regel gilt für ausländische Entscheidungen der *freiwilligen* Gerichtsbarkeit nach § 16a Nr. 1 FGG. Eine wichtige Ausnahme bringt das EWG-Übereinkommen über die gerichtliche Zuständigkeit und die Vollstreckung von Entscheidungen in Zivil- und Handelssachen von 1968 (unten S. 920).

Dagegen sind **deutsche Entscheidungen ohne internationale Zuständigkeit gültig.**

Diese Regel ist keineswegs selbstverständlich. In England und den USA sind Entscheidungen ohne *jurisdiction* (zu der auch die internationale und sachliche, nicht aber die örtliche Zuständigkeit [„*venue*"] gehört) nichtig wie bei uns Entscheidungen ohne *Gerichtsbarkeit* (oben I).

Aber die internationale Zuständigkeit ist in jeder Lage des Verfahrens von Amts wegen zu prüfen (z.B. OLG Karlsruhe NJW-RR 89, 187; OLG Koblenz FamRZ 98, 756) und Entscheidungen, in denen irrig internationale Zuständigkeit angenommen ist, unterliegen der **Berufung** und **Revision,** die in vermögensrechtlichen Streitigkeiten bei irriger Annahme *örtlicher* Zuständigkeit nach §§ 512a, 549 II ZPO ausgeschlossen ist (BGH 44, 46 [GSZ] mit sorgfältiger Abwägung der Interessen gegen frühere Rspr.; BGH EuZW 93, 517 mit Aufsatz von *Geimer* 564–567 = WM 93, 1109 [1110 unter II 1]; BGH 134, 127 = EWiR 97, 95 LS mit Anm. von *Grunsky* = NJW 97, 397 = WM 97, 2294 [2295f. unter B I 1] = ZZP 97, 353 mit Anm. von *Pfeiffer*).

Vielfach regeln Staatsverträge internationale Zuständigkeit. Zum

- **GVÜ** (*EWG*-Übereinkommen über die gerichtliche *Zuständigkeit* und die *Vollstreckung* gerichtlicher Entscheidungen in *Zivil- und Handelssachen* von 1968) unten S. 917–921,
- *Haager* Abkommen über die *Zuständigkeit* des vertraglich vereinbarten Gerichts beim *Kauf* unten S. 923f.,
- *Haager* Übereinkommen über *Gerichtsstandsvereinbarungen* von 1965 unten S. 924,
- *Brüsseler* Übereinkommen zur Vereinheitlichung von Regeln über die zivilgerichtliche Zuständigkeit bei *Schiffszusammenstößen* oben S. 87.

III. Durchführung des Verfahrens

Schrifttum: 7. Aufl. S. 808–810. Hervorzuheben: *von Craushaar,* Die internationalrechtliche Anwendbarkeit deutscher Prozeßnormen, 1961; *Smit* (Hrsg.), International Co-operation in Litigation: Europe, Den Haag 1965; *Pocar,* L'assistenza giudiziaria internazionale in materia civile, Padua 1967; *Nagel,* Nationale und internationale Rechtshilfe im Zivilprozeß, das europäische Modell, 1971; Ministère de la Justice, Entraide judiciaire internationale, Paris 1974; *Nordmann,* Die Beschaffung von Beweismitteln aus dem Ausland durch staatliche Stellen, 1979; *Schmitz,* Fiktive Auslandszustellung, Die Fiktion der Zustellung von Hoheitsakten an im Ausland wohnende Empfänger aus verfassungsrechtlicher und völkerrechtlicher Sicht, 1980; *Lowe,* (Hrsg.), Extraterritorial Jurisdiction, an annotated collection of legal materials, Cambridge 1983; *Capatina,* L'entraide judiciaire internationale en matière civile et commerciale, Rec. 1983 I 305–412; *Zäch* (Hrsg.), Litigation of Business Matters in the United States and International Legal Assistance, Bern 1984; *de Ridder,* De betekening in het buitenland, La signification à l'étranger, Brüssel ab 1986 (Loseblatt); *Habscheid* (Hrsg.), Der Justizkonflikt mit den Vereinigten Staaten von Amerika, 1986 (Berichte von *Stürner, Lange* und *Taniguchi* sowie Diskussion); *Brandt* (Hrsg.), Vorschläge zum Erlaß einer Urkundenvorlage-Verordnung, 1987; *Junker,* Discovery im deutsch-amerikanischen Rechtsverkehr, 1987; *Honegger,* Amerikanische Offenlegungspflichten im Konflikt mit schweizerischen Geheimhaltungspflichten, Zürich 1986; *Wegen,* Vergleich und Klagerücknahme im internationalen Prozeß, 1987; *Pfennig,* Die internationale Zustellung in Zivil- und Handelssachen, 1988; *Stadler,* Der Schutz des Unternehmensgeheimnisses im deutschen und amerikanischen Zivilprozeß und im Rechtshilfeverfahren, 1989 (bespr. von *Hay* ZZP 90, 511–516); *Leipold,* Lex fori, Souveränität, Discovery, Grundfragen des Internationalen Zivilprozeßrechts, 1989; *Ferri,* La notifica all'estero, Padua 1989; *Kurth,* Inländischer Rechtsschutz gegen Verfahren vor ausländischen Gerichten, 1989 (bespr. von *Lousanoff* ZZP 92, 111–118); *Fumagalli,* Conflitti tra giurisdizioni nell'assunzione di prove civili all'estero, Padua 1990; *Mössle,* Exterritoriale Beweisbeschaffung im internationalen Wirtschaftsverkehr, 1990; *Eilers,* Maßnahmen des einstweiligen Rechtsschutzes im europäischen Zivilrechtsverkehr, 1991; *Collins,* Provisional and Protective Measures in International Litigation, Rec. 1992 III 9–238; *Merkt,* Les mesures provisoires en droit international privé, Zürich 1993; *Götze,* Vouching In und Third-Party Practice, Formen unfreiwilliger Drittbeteiligung im amerikanischen Zivilprozeß und ihre Anerkennung in Deutschland, 1993; *Otto,* Der prozessuale Durchgriff, Die Nutzung forumansässiger Tochtergesellschaften in Verfahren gegen ihre auswärtigen Muttergesellschaften im Recht der USA, der Europäischen Gemeinschaften und der Bundesrepublik Deutschland, zugleich ein Beitrag im Justizkonflikt mit den USA, 1993. Danach: *Merkt,* Abwehr der Zustellung von „punitive damages"-Klagen, 1995; *Kondring,* Die Heilung von Zustellungsfehlern im internationalen Zivilrechtsverkehr, 1995; *Adams,* The conflicts of jurisdiction – an economic analysis of pre-trial discovery, fact gathering and cost shifting rules in the United States and Germany, 3 (1995), Eur. Rev. Priv. L. 53–93; *Volken,* Die internationale Rechtshilfe in Zivilsachen, Zürich, 1996; *Fleischhauer,* Inlandszustellung an Ausländer, 1996; *Pirrung,* The German Federal Constitutional Court Confronted with Punitive Damages and Child Abduction, Droz-Fschr. 1996, 341–355 (343–349); *Kraft,* Grenzüberschreitende Streitverkündung und Third Party Notice, 1997; *Visson,* Droit à la production de pièces et discovery, Zürich 1997; *Fuentes Camacho,* Las medidas provisionales y cautelares en el espacio judicial europeo, Madrid 1997; *Garcimartín Alférez,* El régimen de las medidas cautelares en el comercio internacional, Madrid, 1997; *Bischof,* Die Zustellung im internationalen Rechtsverkehr in Zivil- und Handelssachen, Zürich 1997; *von Hoffmann* und *Hau,* Probleme der abredewidrigen Streitverkündung im Europäischen Zivilrechtsverkehr, RIW 97, 89–94; *Baumbach* und *Henkel,* Anerkennung und Vollstreckung von punitive damages-Entscheidungen amerikanischer Zivilgerichte vor dem Hintergrund des Verfahrens BMW v. Gore, RIW 97, 727–733; *Hau,* Zustellung ausländischer Prozeßverbote: Zwischen Verpflichtung zur Rechtshilfe und Schutz inländischer Hoheitsrechte, IPRax 97, 245–248; *Gambineri,* In tema di notifiche all'estero, Foro It. 1997 I 1006–1012; *de Vareilles-Sommières,* Note Rev. crit. dr. i. p. 1997, 717–725 (betr. mesures conservatoires); *Nygh,* Provisional and Protective Measures in International Litigation, The Helsinki Principles, RabelsZ 62 (1998), 115–122 (Text 128–130); *Seitz,* Punitive Damages: Die Auswirkungen des Urteils BMW v. Gore, PHI 98, 12–15; *Thiele,* Der Ersatz von punitive damages in den USA – aktuelle Entwicklungen, (öst)ZRvgl. 1997, 197–201; *E. Geimer,* Internationale Beweisaufnahme, 1998; *Bertele,* Souveränität und Verfahrensrecht, 1998; *Hirte,* Sammelklagen – Fluch oder Segen?, Ein Blick in die amerikanische Diskussion, Leser-Fschr. 1998, 335–354; *Muir Watt,* Extraterritorialité des mesures conservatoires *in personam* (à propos de l'arrêt de la *Court of Appeal, Credit Suisse Fides Trust v. Cuoghi*), Rev.crit.dr.i.p. 1998, 27–55; *Peel,* Anti-Suit Injunctions – the House of Lords Declines to Act as International Policeman, 114 (1998) L.Q.Rev. 543–546; *Fentiman,* Comity and Antisuit Injunctions, 57 (1998) C.L.J. 467–469; *G. Geimer,* Neuordnung des internationalen Zustellungsrechts, Vorschläge für eine neue Zustellungskonvention, 1999; *Mörsdorf-Schulte,* Funktion und Dogmatik US-amerikanischer punitive damages, zugleich ein Beitrag zur Diskussion um die Zustellung und Anerkennung in Deutschland, 1999; *Spickhoff,* Richterliche Aufklärungspflicht und materielles Recht, ein Beitrag zum Verhältnis von Zivilprozeßrecht, Sachrecht und IPR, 1999; *Linke,* Die Probleme der internationalen Zustellung, in: *Gottwald* (Hrsg.), Grundfragen der Gerichtsverfassung, Internationale Zustellung, 1999, 95–132; *Kiethe* und *Groeschke,* Die Zustellung von Urteilen im Ausland – Keine gerichtliche Hinweispflicht, RIW 99, 249–252; *Mankowski,* Fiscus non conveniens – oder: Einzug der Lehre vom forum non conveniens in das deutsche Recht der Prozeßkostenhilfe?, IPRax 99, 155–158. Siehe auch Schrifttum oben S. 177f., 178 a.E.f., unten S. 877–879, 881–883.

Rechtsvergleichend: Steinhauer, Versäumnisurteile in Europa, 1996; *Hay,* Informationsbeschaffung über schriftliche Unterlagen und Augenscheinsobjekte im Zivilprozeß unter besonderer Berücksichtigung des anglo-amerikanischen Rechts, in: *Schlosser* (Hrsg.), Die Informationsbeschaffung für den Zivilprozeß – Die verfahrensmäßige Behandlung von Nachlässen, ausländisches Recht und Internationales Zivilprozeßrecht, 1997, 1–61; *Junker,* Die Informationsbeschaffung für den Zivilprozeß: Informationsbeschaffung durch Beweispersonen, ebenda 63–135; *Rüßmann,* Moderne Eletroniktechnologie und Informationsbeschaffung im Zivilprozeß, ebenda 137–205; *Jung,* Der Grundsatz des fair trial in rechtsvergleichender Sicht, Lüke-Fschr. 1997, 323–336.

Es ist etwas anderes, ob man ein Recht *anwendet* oder *befolgt.* Für das Anwenden hat man Zeit, für das Befolgen oft nicht. Daher wird den Gerichten zwar zugemutet, fremdes Recht anzuwenden, nicht aber, ihr eigenes Handeln, nämlich den Ablauf des Gerichtsverfahrens, fremdem Recht anzupassen. Würden sie nach fremdem Recht verfahren, dann würden sie meist entweder zu langsam oder unsicher und mit Verlust an Würde vorgehen. Deswegen herrscht über den Ablauf des Verfahrens die **lex fori.** Sie ergibt die zulässigen Verfahrensarten; sie entscheidet über die Handlungen des Gerichts und der Parteien, die Prozeßvollmacht, die Rechtsmittel, die Ansprüche auf Erstattung von Prozeßkosten, den Ablauf des Verfahrens in der Zwangsvollstreckung und im Insolvenzverfahren (nicht über das materielle Zwangsvollstreckungs- und Insolvenzrecht, z.B. über Schiffsgläubigerrechte oder Insolvenzaufrechnung).

Die *lex fori* ergibt z.B., ob der Beklagte eine *Blutentnahme* dulden muß, mag er auch Ausländer sein und im Ausland leben (BGH IPRax 87, 176 mit Aufsatz von

Schlosser = JZ 87, 42 mit Anm. von *Stürner* sowie mit Aufsätzen von *Schröder* 605–607 und *Stürner* 607–611 = NJW 86, 2371).

Aus denselben Gründen wie über den Verfahrensablauf herrscht die *lex fori* über die *Durchführung* einer *Vormundschaft* oder *Pflegschaft* (oben S. 844 a. E. f.).

Die Herrschaft der *lex fori* über den Ablauf des Verfahrens wird zum Teil getragen auch von unabdingbaren Interessen des *Rechtsschutzes.* Aber sie gehören zum inländischen *ordre public,* der immer vorbehalten bleibt (im internationalen *Privat*recht wie im internationalen *Verfahrens*recht). Hier interessiert nur der *kollisions*rechtliche Bereich, in den der *ordre public nicht* hineinreicht. Das zeigt auch die folgende *Einschränkung:*

Trotz Herrschaft der *lex fori* erfordert die Anwendung fremden Rechts bisweilen gewisse *Abwandlungen* der gewohnten richterlichen Tätigkeit, die in Kauf genommen werden müssen. Zum Beispiel muß eine Ehe von Tisch und Bett getrennt werden (oben S. 750) oder ein Nachlaßverwalterzeugnis ausgestellt werden (oben S. 875). Soweit Rechtshilfe für ausländische Gerichte in Betracht kommt, müssen u. U. Zeugen und Sachverständige anders befragt werden als nach deutschem Verfahrensrecht (vgl. z. B. *Riezler,* Internationales Zivilprozeßrecht, 1949, 677).

Umgekehrt dürfen deutsche Gerichte Auskünfte von Zeugen und Sachverständigen im Ausland nur im Wege der Rechtshilfe einholen, weil sie sonst unzulässig in fremde Hoheitsrechte eingreifen würden (BGH NJW 84, 2039).

Materielles Verfahrensrecht für *Ausländer* und *Auslandssachverhalte* (oben S. 58–61) *vereinheitlichen* die Haager Abkommen:

– über den *Zivilprozeß* von 1905 und 1951 (oben S. 197f.),
– über die *Zustellung* im Ausland von gerichtlichen und außergerichtlichen Schriftstücken in Zivil- und Handelssachen von 1965 (oben S. 199f.),

dazu z. B. OLG München IPRax 93, 309 mit Aufsatz von *Koch* und *Zekoll* 288–292 = NJW 92, 3113: Zustellung in Deutschland einer in den USA erhobenen Klage gegen deutsches Unternehmen auf *punitive damages* wegen Verkaufs eines nachlackierten BMW als neu: zwar werde ein obsiegendes Urteil in Deutschland nicht anerkannt, aber in den USA könne es nutzen (hierzu *Heidenberger,* Punitive damages-Urteil gegen BMW aufgehoben, RIW 96, 765f.; *Ebbing,* Strafschadensersatz als Investitionsrisiko – Die Situation nach „BMW-Nordamerika", ebenda 993–1001; *Zekoll,* Umkehr im US-amerikanischen Produkthaftpflichtrecht und internationaler Schadensersatzprozeß, IPRax 97, 198–203 [201 unter III]; *Griessbach* und *Cordero,* BMW v. Gore – praktische Folgen, RIW 98, 592–597; auch KG OLGZ 94, 587 und BVerfG EuZW 95, 218 mit Anm. von *Kronke* = JZ 95, 716 mit Anm. von *Stadler* = IPRax 96, 112 mit Aufsatz von *Tomuschat* 83–87 = ZIP 95, 70 erlauben Zustellung von Klagen auf *punitive damages*).

– über die *Beweisaufnahme* im Ausland in Zivil- und Handelssachen von 1970 (oben S. 200),
– über die Erleichterung des internationalen *Zugangs zu den Gerichten* von 1980 (oben S. 214).

Die drei letztgenannten insgesamt sollen die Zivilprozeßabkommen von 1905 und 1954 ablösen (vgl. Zustellungsabkommen Art. 22, 23; Beweisaufnahmeabkommen Art. 29, 30; Zugangsabkommen Art. 22).

An die Stelle des Haager Zustellungsübereinkommens soll zwischen den EU-Staaten treten das *EU*-Übereinkommen vom 26. 5. 1997 *über die Zustellung gerichtlicher und außergerichtlicher Schriftstücke in Zivil- und Handelssachen* nebst *Protokoll* (oben S. 216). Es enthält gegenüber dem Haager Abkommen Fortschritte: unmittelbarer Verkehr der Gerichte und sonstigen zuständigen Stellen ohne Umweg über „Zentrale Behörden" (Art. 1, 2), Pflicht zur Beschleunigung (Art. 4, 5 I, 6), Befreiung von Übersetzungen (Art. 8), Regelung des Zustellungsdatums (Art. 9) und Zustellung durch die Post (Art. 14).

Über *zweiseitige* Rechtshilfeabkommen siehe *Soergel-Kronke* X[12] Art. 38 EGBGB Anhang IV Rz 134, 135, 241 S. 2125 f., 2186 f. und zu den Rechtshilfeverträgen der früheren DDR auch oben S. 219 a. E. f.

IV. Beweislast

Schrifttum: 6. Aufl. S. 689 f. Hervorzuheben: *Schoch,* Klagbarkeit, Prozeßanspruch und Beweis im Lichte des internationalen Rechts, 1934; *Huet,* Les conflits de lois en matière de preuve, Paris 1965; *Coester-Waltjen,* Internationales Beweisrecht, 1983; *Buciek,* Beweislast und Anscheinsbeweis im internationalen Recht, Diss. Bonn 1984. Danach: *Deutsch,* Qualifikation und Rechtsanwendung im intertemporalen Recht – dargestellt am Haftungs- und Schadensrecht des Einigungsvertrages, IPRax 92, 284–290 (286–289).

Rechtsvergleichend: Habscheid, Beweislast und Beweismaß – Ein kontinental-europäisch-angelsächsischer Rechtsvergleich, Baumgärtel-Fschr. 1990, 105–119; *de Lamberterie,* La valeur probatoire des documents informatiques dans les pays de la C. E. E., Rev. int. dr. comp. 1992, 641–695; *Nolte,* Betriebliche Dokumentation und Beweismittelvernichtung in amerikanisch-deutschen Wirtschaftsprozessen, 1996.

Europarecht: Bülow, Beweislast und Beweismaß im Recht der Europäischen Gemeinschaften, EWS 97, 155–164.

Beweis*antritt, -führung, -mittel, -würdigung* gehören zum Verfahrensablauf und unterliegen der *lex fori.* Ebenso die *Beweislast,* soweit sie aus dem Verhalten einer Partei *im Prozeß* folgt wie aus verspätetem Vorbringen, Schweigen auf Befragung, Zerstörung von Beweismitteln des Gegners im Gerichtssaal.

Soweit dagegen die Beweislast an *außergerichtliche* Umstände anknüpft, die das einzelne Rechtsverhältnis betreffen, gilt die *lex causae,* d. h. die **Rechtsordnung, der das einzelne Rechtsverhältnis unterliegt** (BGH 42, 385 [388 f.]; OLG Nürnberg FamRZ 96, 1148). Sie gilt insbesondere für die sog. „*Umkehrung*" der Beweislast (a. A. *Riezler,* Internationales Zivilprozeßrecht, 1949, 465 a. E.; vgl. materiellrechtlich *Blomeyer* AcP 158 [1959], 99–104).

Dem entspricht für *Schuldverträge* im wesentlichen **Art. 32 III EGBGB:**

„(3) Das für den Vertrag maßgebende Recht ist insoweit anzuwenden, als es für vertragliche Schuldverhältnisse gesetzliche Vermutungen aufstellt oder die Beweislast verteilt. Zum Beweis eines Rechtsgeschäfts sind alle Beweismittel des deutschen Verfahrensrechts und, sofern dieses nicht entgegensteht, eines der nach Artikel 11 und 29 Abs. 3 maßgeblichen Rechte, nach denen das Rechtsgeschäft formgültig ist, zulässig."

Satz 1 bekräftigt die Geltung der *lex causae* für außergerichtliche Beweisumstände (z.B. OLG Köln, NJW-RR 97, 182 = RIW 96, 778 [779]: Beweis des Kaufvertrags nach belgischem Recht durch unwidersprochene Rechnung). Satz 2 beruft die *lex fori* für Verfahrensumstände. Allerdings macht Satz 2 hinsichtlich der Beweismittel Ausnahmen zugunsten des *Form*statuts (Art. 11 und für Verbraucherverträge Art. 29 III EGBGB): man wollte keine Erwartungen der Parteien bezüglich der Beweisbarkeit des Rechtsgeschäfts enttäuschen (Begründung BTDrucks. 10/504 S. 82). Diese Ausnahme entfällt jedoch wieder, wenn das deutsche Verfahrensrecht entgegensteht; z.B. wäre Vernehmung einer Partei als Zeuge in jedem Fall verboten und sind im deutschen Urkundenprozeß nur die dort zulässigen Beweismittel erlaubt (Begründung ebenda). Vgl. auch oben S. 553f.

Ausländische Beispiele für lex fori und lex causae:

In re Cohn [1945] Ch. 5: Mutter und Tochter, beide Deutsche und in Deutschland domiziliert, *sterben* 1940 bei Luftangriff in London durch dieselbe Explosion, also *in gemeinsamer Gefahr,* und hinterlassen Fahrnis in England; Erbfolge nach deutschem Recht beurteilt; ebenso Todesvermutung (Gleichzeitigkeit: § 11 VerschG), da materiellrechtlich; wäre sie prozeßrechtlich, dann würde englisches Recht als *lex fori* gelten (der Jüngere überlebt nach sect. 184 des Law of Property Act, 1925: oben S. 481f.). Dazu *De Nova* GiurCompDIP 11 (1954), 263–269 = Lewald-Fschr. 1953, 339–347.

In the Estate of Fuld (deceased) (No. 3) [1965] 3 All E. R. 776 (780f.), [1966] 2 W.L.R. 717 (735 a.E.f.): Ein reicher Deutscher ist 1921 geboren und 1946 Kanadier geworden. Seit 1961 lebt er, an einem Gehirntumor leidend, in London und Frankfurt a.F. Er macht fünf Testamente, zum Teil unter verdächtigen Umständen. Man streitet u.a. über seinen *Testierwillen (knowledge and approval).* Die Verteilung der Beweislast wird englischem Recht der *lex fori* entnommen, weil das *„law of evidence"* prozeßrechtlich sei. Der Testierwille wird als materiellrechtlich wegen letzten Wohnsitzes in Deutschland nach deutschem Recht beurteilt, das jedoch mit dem englischen übereinstimme.

In den USA besagt Rule 302 der Federal Rules of Evidence von 1975: eine *presumption* (Anscheinsbeweis) ist von den Bundesgerichten, soweit sie Einzelstaats-Recht anzuwenden haben, nach diesem zu beurteilen. Die *presumption* wird also nicht dem Verfahrensrecht, sondern dem materiellen Recht zugeordnet.

Cass. D. 1963, Jur. 325 mit Anm. *Holleaux:* Griechisch-orthodoxe Türken *heiraten* 1905 in der Türkei vor dem Geistlichen; die Beweiskraft der Heiratsurkunde beurteilt sich nach türkischem Recht (vgl. für Deutschland §§ 66, 60 PStG); Beweis nach *lex fori* ist ebenfalls zugelassen.

V. Anerkennung und Vollstreckung ausländischer Entscheidungen

Schrifttum: 7. Aufl. S. 812–814. Hervorzuheben: *von Mehren,* Recognition and Enforcement of Foreign Judgments, Rec. 1980 II 9–112; *Schröder,* Die Vorschläge des Deutschen Rats zur internationalen Zuständigkeit und zur Anerkennung ausländischer Entscheidungen, in: *Beitzke* (Hrsg.), Vorschläge und Gutachten zur Reform des deutschen internationalen Personen-, Familien- und Erbrechts, 1981, 226–244; *Ferrer*

Correia, Estudos vários de direito, Coimbra 1982, 105–222; *Collins,* The Civil Jurisdiction and Judgments Act 1982, London 1983; *Geimer* und *Schütze,* Internationale Urteilsanerkennung I 1 1983 (GVÜ), I 2 1984 (Allgemeine Grundsätze und autonomes deutsches Recht); *Patchett,* Recognition of Commercial Judgments and Awards in the Commonwealth, London 1984; *Hartley,* Civil Jurisdiction and Judgments, London 1984; *Martiny,* Anerkennung ausländischer Entscheidungen nach autonomem Recht, 1984 (Handbuch des Internationalen Zivilverfahrensrechts III 1); *Calvo Caravaca,* La sentencia extranjera en España y la competencia del juez de origen, Madrid 1986 (bespr. von *Basedow* RabelsZ 51 [1987], 293–295); Kessedjian, La reconnaissance et l'exécution des jugements en droit international privé aux Etats-Unis, Paris 1987; *Weinschenk,* Die Anerkennung und Vollstreckung bundesdeutscher Urteile in den Vereinigten Staaten unter den „Foreign Country Money Judgment Recognition Acts", 1988; *Miele,* La cosa giudicata straniera, Esecuzione e riconoscimento delle sentenze nel diritto commune europeo, Padua 1989; *Platto* (Hrsg.), Enforcement of Foreign Judgements Worldwide, London u.a. 1989; *Fricke,* Anerkennungszuständigkeit zwischen Spiegelbildgrundsatz und Generalklausel, 1990; *Richardi,* Die Anerkennung und Vollstreckung ausländischer Akte der freiwilligen Gerichtsbarkeit unter besonderer Berücksichtigung des autonomen Rechts, 1991; *Droz* Rec. 1991 IV 82–109; *Schütze,* Deutsch-amerikanische Urteilsanerkennung, 1992; *Fricke,* Die autonome Anerkennungszuständigkeit im deutschen Recht des 19. Jahrhunderts, 1993; *Karl,* Die Anerkennung von Entscheidungen in Spanien, 1993; *Krefft,* Vollstreckung und Abänderung ausländischer Entscheidungen der freiwilligen Gerichtsbarkeit, 1993; *Götze,* Vouching In und Third-Party Practice, Formen unfreiwilliger Drittbeteiligung im amerikanischen Zivilprozeß und ihre Anerkennung in Deutschland, 1993; *Pamboukis,* L'acte public étranger en droit international privé, Paris 1993; *Meier,* Grenzüberschreitende Drittbeteiligung, Eine Untersuchung über die Formen unfreiwilliger Drittbeteiligung in Europa und den Vereinigten Staaten von Amerika und ihre Anerkennung in der Bundesrepublik Deutschland, 1994; *Geimer,* Anerkennung ausländischer Entscheidungen in Deutschland, 1995; *G. Fischer,* Objektive Grenzen der Rechtskraft im internationalen Zivilprozeßrecht, Henckel-Fschr. 1995, 199–213; *Siehr,* Zur Anerkennung ausländischer Statusakte, Schnyder-Fschr., Freiburg/Schweiz 1995, 697–714; *Koshiyama,* Rechtskraftwirkungen und Urteilsanerkennung nach amerikanischem, deutschem und japanischem Recht, 1996; *Geimer,* „Internationalpädagogik" oder wirksamer Beklagtenschutz?, Einige Bemerkungen zur internationalen Anerkennungszuständigkeit, Nakamura-Fschr., Tokio 1996, 169–185; *Nappi,* Il crepuscolo del procedimento di delibazione nel nostro sistema di diritto internazionale privato, Dir. Fam. 1996, 304–313; *Becker,* Zwingendes Eingriffsrecht in der Urteilsanerkennung, RabelsZ 60 (1996), 691–737; *Czernich,* Zu den Voraussetzungen der Anerkennung und Vollstreckung fremder Entscheidungen nach autonomem Recht, (öst)JurBl. 1996, 495–502; *Koh,* Foreign Judgements in ASEAN – A Proposal, 45 (1996) Int. Comp. L. Q. 844–860 (auch rechtsvergleichend); *Rassmann,* Anerkennung und Vollstreckung ausländischer Titel in den USA, RIW 96, 817–826; *Lenenbach,* Die Behandlung von Unvereinbarkeiten zwischen rechtskräftigen Zivilurteilen nach deutschem und europäischem Zivilprozeßrecht, 1997; *Baumbach* und *Henkel,* Anerkennung und Vollstreckung von punitive damages-Entscheidungen amerikanischer Zivilgerichte vor dem Hintergrund des Verfahrens BMW v. Gore, RIW 97, 727–733; *Carpi,* Il riconoscimento e l'efficacia delle sentenze straniere, Riv. dir. proc. 1997, 981–998; *Manzo,* Le sezioni unite in tema di prescrizione dell'azione di delibazione, Foro It. 1997 I 1551–1554; *Manzo,* Sentenze straniere e registri dello stato civile, ebenda V 148–150; *von Hoffmann* und *Hau,* Zur internationalen Anerkennungszuständigkeit US-amerikanischer Zivilgerichte, RIW 98, 344–352; *Juenger,* A Hague Judgements Convention?, 24 (1998) Brook. J. Int. L. 111–123.

Rechtsvergleichend: Krause, Urteilswirkung gegenüber Dritten im US-amerikanischen Zivilprozeßrecht, Eine rechtsvergleichende Untersuchung zu den subjektiven Grenzen der Rechtskraft, 1994; *Spellenberg,* Prozeßführung oder Urteil, Rechtsvergleichendes zu Grundlagen der Rechtskraft, Henckel-Fschr. 1995, 841–862; *Koshiyama,* Rechtskraftwirkungen und Urteilsanerkennung nach amerikanischem, deutschem und japanischem Recht, 1996; *Kerameus,* Rechtsvergleichende Bemerkungen zur autonomen Urteilsvollstreckung im Ausland, Lüke-Fschr. 1997, 337–352; *Kerameus,* Provisional Enforceability of Judgments, Gaul-Fschr. 1997, 277–287.

Siehe auch Schrifttum zur *Scheidung* oben S. 742 f.

1. Deutsches Recht

a) Begriff der Anerkennung

Eine ausländische Entscheidung *anerkennen* heißt: man beurteilt ihre *Wirkungen* nach dem *Recht des* ausländischen *Gerichtsstaats* (z.B. OLG Hamm FamRZ 93, 213 [214 f. unter II 3 b]; BGH 118, 312 = NJW 92, 3096 [3098 unter A III 2 a]). Das Recht des Gerichtsstaats bestimmt insbesondere den sachlichen und persönlichen Umfang der Rechtskraft (z.B. OLG Saarbrücken NJW 58, 1046; BayObLG 1981, 246 [255 a.E.f.; a.A. aber 252: Wirkungen gleichartiger deutscher Entscheidungen]; BGH NJW 83, 514 [515 unter II 2 a]).

b) Quellen

Die Anerkennung ausländischer **Urteile** regelt **§ 328 ZPO** (abgedruckt oben S. 706). Die Anerkennung ausländischer Entscheidungen (nicht bloß Urteile) in **Ehesachen** wird außerdem geregelt von **Art. 7 § 1 FamRÄndG.** Die Anerkennung ausländischer Entscheidungen der **freiwilligen Gerichtsbarkeit** regelt **§ 16 a FGG.**

Der genaue *Grenzverlauf* zwischen Entscheidungen der streitigen und freiwilligen Gerichtsbarkeit ist umstritten: dazu BGH 67, 255 (257 f.); Soergel VIII[11] Rz 653 vor Art. 7 EGBGB, S. 419.

Die Anerkennung von *Beschlüssen* der streitigen Gerichtsbarkeit ist analog §§ 328 ZPO, 16 a FGG zu beurteilen. Auch *vorläufige* und in *summarischen* Verfahren ergangene Entscheidungen der streitigen und freiwilligen Gerichtsbarkeit sind anerkennungsfähig (OLG Koblenz NJW 89, 2201 [2201 a.E., 2203]).

§§ 328 ZPO, 16 a FGG hätte man in einer Vorschrift zusammenfassen können, wenn nicht streitige und freiwillige Gerichtsbarkeit in verschiedenen Gesetzen stünden und in § 328 ZPO das Gegenseitigkeitserfordernis beibehalten worden wäre. Es fallen zu lassen erschien dem Gesetzgeber verfrüht (Begründung BTDrucks. 10/504 S. 88).

Mit Nr. 2–4 der beiden Vorschriften wollte man sich dem GVÜ anpassen (Brüsseler EWG-Übereinkommen über die gerichtliche Zuständigkeit und die Vollstreckung gerichtlicher Entscheidungen in Zivil- und Handelssachen von 1968, oben S. 201 f.). Denn das GVÜ sei „das für die Bundesrepublik Deutschland wichtigste und modernste Anerkennungsabkommen“ (Begründung aaO S. 87).

Ein „zwingendes Bedürfnis“ (Begründung aaO S. 88) ist hierfür nicht zu sehen. Auch bleiben – teils notgedrungen, teils freiwillig – Abweichungen, von denen das Gegenseitigkeitserfordernis schon genannt wurde und auf die im folgenden hingewiesen wird.

c) Internationale Zuständigkeit

Die wichtigste Voraussetzung der Anerkennung ist *internationale Zuständigkeit* des ausländischen Gerichts (§ 328 I Nr. 1 ZPO, § 16a Nr. 1 FGG). Es handelt sich hier um die *indirekte* oder *Anerkennungs*zuständigkeit, die nach deutschem internationalen Verfahrensrecht beurteilt wird, nicht um die *direkte* oder *Entscheidungs*zuständigkeit, die das ausländische Verfahrensrecht den ausländischen Gerichten zubilligt. Wir messen die Anerkennungszuständigkeit ausländischer Gerichte grundsätzlich mit demselben Maß („spiegelbildlich") wie die Entscheidungszuständigkeit der inländischen Gerichte (genauso wie die Normen unseres IPR [als „allseitige" Kollisionsnormen, oben S. 254f.] für die Anwendung ausländischen Rechts grundsätzlich dieselben Anknüpfungen benutzen wie für die Anwendung inländischen Rechts). Die tatsächlichen Voraussetzungen der Anerkennungszuständigkeit prüfen wir voll nach (BGH 52, 30 [37–39]).

Bisweilen ist die *Anerkennungs*zuständigkeit *stärker* als die Entscheidungszuständigkeit. So ist sie, wenn die Tatsachen, auf denen sie beruht, zugleich die Klageforderung tragen (sog. doppelrelevante Tatsachen), anders als die Entscheidungszuständigkeit selbständig zu prüfen und nicht erst wie die Entscheidungszuständigkeit bei der Entscheidung über die Klageforderung (BGH 124, 237 = NJW 94, 1413 = WM 94, 394 [395–397 unter A III 1–3], betr. Gerichtsstand der unerlaubten Handlung nach § 32 ZPO).

Die internationale Zuständigkeit ist in § 328 I Nr. 1 ZPO beibehalten (und in § 16a FGG ausdrücklich genannt), obwohl sie im GVÜ kein eigenes Anerkennungserfordernis bildet. Aber im GVÜ ist die internationale Zuständigkeit *direkt* geregelt und in Art. 28 III nur beschränkte Nachprüfung erlaubt (Begründung aaO S. 88).

d) Zustellungsmängel und fehlende Einlassung

Die *fehlende Einlassung* des Beklagten (§ 328 I Nr. 2 ZPO) bzw. die *fehlende Äußerung* eines Beteiligten zur Hauptsache (§ 16a Nr. 2 FGG), wenn das verfahrenseinleitende Schriftstück nicht ordnungsmäßig oder zu spät zugestellt worden ist, hätte man besser in der *ordre public*-Klausel (Nr. 4 ebenda) aufgehen lassen (so *Schröder* in: *Beitzke* [Hrsg.], Vorschläge und Gutachten zur Reform des deutschen internationalen Personen-, Familien- und Erbrechts, 1981, 237). Daß hier (abweichend von Art. 27 Nr. 2 GVÜ) verlangt wird, daß der Betroffene den Mangel *rügt,* überzeugt, weil man damit unnötige Prüfungen von Amts wegen vermeidet (Begründung aaO S. 88).

e) Widersprechende Entscheidungen

§ 328 I Nr. 3 a.F. ZPO, der die Ankennung ausschloß, wenn das ausländische Urteil bestimmten deutschen Kollisionsnormen des Personen- und Familienrechts zuwiderlief, ist fallen gelassen, obwohl er in Art. 27 Nr. 4 GVÜ ein Gegenstück hat. Statt dessen regeln § 328 I Nr. 3 n.F. ZPO und § 16a Nr. 3 FGG den Widerspruch von Entscheidungen.

Eine ausländische Entscheidung wird nicht anerkannt, wenn sie einer (früheren oder späteren) *deutschen* oder einer von uns anerkannten *früheren ausländischen widerspricht* (§§ 328 I Nr. 3 ZPO, 16a Nr. 3 FGG).

Man ist hier teilweise dem Art. 27 Nr. 3 und 5 GVÜ gefolgt. Das Problem ist jedoch für eine gesetzliche Lösung nicht reif.

Vgl. auch Art. 5 Nr. 4 des Haager Abkommens über Unterhaltsentscheidungen von 1973 (oben S. 769–771).

§§ 328 I Nr. 3 ZPO, 16a Nr. 3 FGG folgen im Verhältnis zwischen *zwei ausländischen* einander widersprechenden Entscheidungen einer verbreiteten Meinung, nach der die *ältere* Entscheidung vorgeht.

So z.B. BGH 43, 80 betr. französische und deutsche Todeserklärung (*in casu* kann man zustimmen, weil die jüngere Todeserklärung erwirkt worden war, um höhere Wiedergutmachung zu erlangen); *Heller* (öst)ZRvgl. 1982, 164–166. *Obiter* Cass. Civ. D. 1963, Jur. 341 mit Anm. von *Malaurie* = Rev. crit. dr. i. p. 1963, 109 mit Anm. von *Holleaux*, betr. rumänische Nichtigerklärung der Ehe Carols von Rumänien und portugiesische Bejahung der Ehelichkeit eines Sohnes aus dieser Ehe (dagegen geht im Verhältnis französischer Entscheidungen die jüngere vor); vgl. auch *Malaurie D.* 1963, Chron. 129–132.

Bei Widerspruch zwischen *einer in- und einer ausländischen* Entscheidung lassen §§ 328 I Nr. 3 ZPO, 16a Nr. 3 FGG die *inländische vorgehen.*

Nach BGH 49, 50 (55) geht bei Widerspruch zwischen ausländischer und deutscher Entscheidung die *deutsche* vor; ebenso OLG Hamm NJW 76, 2079 (2081). Auch in Italien läßt man die *inländische* Entscheidung vorgehen (Art. 797 Nr. 5 cod. proc. civ. und dazu *Ubertazzi* Riv. dir. int. priv. proc. 1972, 417–431).

Ebenso wohl in England *Verwaeke* v. *Smith* [1981] 2 W.L.R. 901 (*Waterhouse* J. und C.A.) mit Aufsatz von *Lipstein* 1981 C.L.J. 201–204 und [1982] 2 All E.R. 144 (H.L.) mit Aufsatz von *Jaffey* 32 (1983) Int. Comp. L.Q. 500–505: Belgische Prostituierte heiratet 1954 in London Engländer, um Engländerin zu werden. Hauptsächlich will sie sich vor Ausweisung wegen ihres Berufs sichern. Der Mann erhält für die Heirat 50 £ und eine Fahrkarte nach Südafrika. Die Gatten leben nie zusammen. 1970 heiratet die Frau in San Remo Eugenio Messina, der lange Freiheitsstrafen wegen Prostitutions- und anderer Delikte verbüßt hat. Messina stirbt am Hochzeitstag nach dem Essen am Herzinfarkt. Der Frau hinterläßt er großes Vermögen in Italien, England und anderswo. Sie verklagt noch im selben Jahr den Engländer in England auf Ehenichtigkeit (*nullity*), um die Ehe mit Messina und damit ihr Erbrecht zu sichern. Im Prozeß ergibt sich, daß der Engländer 1937 in Shanghai, wo er der Stadtpolizei angehörte, vor dem Britischen Generalkonsul eine Weißrussin geheiratet hat, die sich 1946 in Nevada von ihm hat scheiden lassen. Die Belgierin macht nunmehr zusätzlich geltend, die Nevadascheidung sei nicht anzuerkennen und deswegen die Ehe mit dem Engländer auch wegen Bigamie ungültig *(void).* Sie wird jedoch abgewiesen, weil die Nevadascheidung anzuerkennen sei und ihre Zustimmung die Ehe mit dem Engländer nach englischem Recht gültig mache (*Messina v. Smith* [1971] P. 322). Daraufhin klagt sie noch 1971 in Belgien auf Ehenichtigkeit und siegt ob, weil im belgischen Recht Heirat ohne Absicht ehelichen Lebens nichtig ist. 1973 betreibt sie in England die Anerkennung dieses Urteils. Die wird ihr verweigert, weil die Ungültigkeit der Ehe *in England rechtskräftig* feststehe (und aus anderen Gründen). Dagegen erreicht sie 1976 in Italien die Anerkennung des belgischen Urteils. Im selben Jahr heiratet sie in der belgischen Heimat einen belgischen Chemiker.

Vgl. auch OVG Münster FamRZ 75, 47 mit krit. Anm. von *Jayme:* keine Anerkennung späterer ausländischer Entscheidung, die widersprechende frühere deutsche nicht geändert hat.

M.E. ist *rechtspolitisch stets* die *jüngere* Entscheidung vorzuziehen. Der letzte Stand ist der beste und „der letzte Befehl ist heilig". Man gewinnt so bessere Ordnung.

So AG Gummersbach IPRax 86, 235 mit krit. Aufsatz von *Schack* 218–221 = NJW-RR 86, 1391; AG Bautzen FamRZ 94, 1388 mit Anm. von *Bosch, obiter;* anscheinend auch OLG Köln IPRax 88, 30 mit Aufsatz von *Henrich* 21 f.

Diese Lösung wählt man auch in den *USA.* Z.B. *Ehrenzweig,* A Treatise on the Conflict of Laws, St. Paul, Minn., 1962, 222; *Peterson,* Die Anerkennung ausländischer Urteile im amerikanischen Recht, 1964, 64 Fn. 244; *Hay,* Conflict of Laws (Black Letter Series)[2], St. Paul, Minn., 1994, 103; *Ambatielos* v. *Foundation Co.*, 116 N.Y.S. 2d 641 (1952): der Klage stattgebendes englisches Urteil von 1952 geht vor abweisendem griechischen von 1940; *Perkins* v. *De Witt,* 111 N.Y.S. 2d 752 (1952): späteres philippinisches Urteil geht vor früherem New Yorker Urteil.

f) Rechtshängigkeit

§§ 328 I Nr. 3 ZPO, 16a Nr. 3 FGG hindern die Anerkennung einer ausländischen Entscheidung auch dann, wenn das ausländische Verfahren später *rechtshängig* geworden ist als ein gleichartiges inländisches. Siehe im übrigen zur Rechtshängigkeit unten S. 926–928.

g) Ordre public

§ 328 I Nr. 4 ZPO und § 16a Nr. 4 FGG wahren den deutschen *ordre public.*

Die Formel ist ausführlicher als die des Art. 26 Nr. 1 GVÜ: das Entscheidungsergebnis muß „mit wesentlichen Grundsätzen des deutschen Rechts offensichtlich unvereinbar" sein und die Grundrechte sind eingeschleust.

Der *ordre public* wahrt die unverzichtbaren Erfordernisse der *materiellverfahrens*rechtlichen und der *materiellprivat*rechtlichen Gerechtigkeit, wie wir sie verstehen.

Beispiele:
Deutsche Tänzerin, die zugleich Polin ist, heiratet 1958 in deutschem Gebiet unter polnischer Verwaltung einen Polen. 1970 läßt sie sich scheiden und zieht mit Sohn zu ihren Eltern in die Bundesrepublik. Der Mann heiratet ein paar Jahre später daheim wieder und stirbt bald. Die Frau beantragt bei uns Witwenrente nach § 42 Angestelltenversicherungsgesetz. BfA zahlt nicht, weil Frau geschieden. Frau behauptet, sie habe Scheidung nur beantragt, um im Wege der Familienzusammenführung ausreisen zu können. Ihr Mann habe versuchen wollen, über ein Drittland nachzukommen, und dann habe man in Deutschland wiederheiraten wollen. LJV NRW IPRax 86, 167 mit abl. Aufsatz von *Schmidt-Räntsch* erkennt eine solche Scheidung wegen Verstoßes gegen unsere *ordre public* jedenfalls dann nicht an, wenn sie die Rentenansprüche erlöschen läßt.

M.E. kann das Sozialversicherungsrecht, wenn man die Scheidung anerkennt, aus eigener Kraft der Frau helfen (dazu *Schmidt-Räntsch* aaO und oben S. 332 f.). Indessen sollte man die Scheidung nicht anerkennen. Denn es liegt ähnlich wie bei einem Schadenersatzanspruch nach § 826 BGB wegen Urteilserschleichung (darüber z.B. *Soergel-Hönn*[11] § 826 BGB Rz 229–242, S. 881–886): dort bleibt das Urteil gültig, aber der Verletzte wird entschädigt. Hier ist das Urteil unwirksam. Die Frau hat es zwar selbst beantragt. Aber sie handelt nicht widersprüchlich. Für sie gilt nicht: *nemo auditur turpitudinem suam allegans* (keine Berufung auf eigenes Unrecht). Denn sie wußte sich keinen anderen Rat und es erscheint im Westen sittenwidrig, daß ihr im Osten Freizügigkeit versagt blieb (vgl. Art. 2 I, 11 GG). Sittenverstoß aber ist einer der Tragpfeiler des *ordre public* (oben S. 460 f., 465). Freilich kann dieser Schuß nach hinten losgehen, nämlich wenn die Geschiedenen auf die Scheidung gebaut und z.B. beide andere Partner geheiratet haben. Aber dann hilft, worauf die LJV NRW hinweist (aaO 172), daß die ausländische Entscheidung *gegenwärtig* unseren *ordre public* verletzen muß (oben S. 471 f.).

Warschauer Gericht verurteilt polnischen Vater, seinem ehelichen Kind monatlich 5000 Zloty (etwa 130 DM) Unterhalt zu zahlen. Vater verdiente damals 617 DM und kriegt nunmehr rund 600 DM Sozialhilfe im Monat. AG Hamburg IPRax 86, 178 LS mit abl. Anm. Red. (D.H.) lehnt wegen § 328 I Nr. 4 a.F. ZPO ab, das Warschauer Urteil für vollstreckbar zu erklären. M.E. genügt Vollstreckungsschutz nach deutschem Recht (§ 850c n.F. ZPO), das als *lex fori* maßgibt (vgl. oben S. 902).

BGH IPRax 87, 236 mit Aufsatz von *Grunsky* 219–221 = NJW-RR 87, 377: durch Täuschung des ausländischen Gerichts erschlichenes Urteil wird nicht anerkannt und vollstreckt (betr. Art. 27 Nr. 1 GVÜ, unten S. 920).

LG Berlin RIW 89, 9818 mit Aufsätzen von *Zekoll* 90, 302–305 und von *Heidenberger* ebenda 804–808: amerikanisches Produkthaftungsurteil nicht anerkannt wegen mangelhafter Begründung, Gewährung von Zinseszinsen (vgl. § 289 S. 1 BGB) und vorgängiger *pre-trial discovery* (vgl. unten S. 983 a.E.).

OLG Saarbrücken ZIP 89, 1145: es verstößt nicht gegen unseren *ordre public*, wenn im französischen Vergleichsverfahren eine nicht angemeldete Forderung erlischt. OLG Frankfurt RIW 98, 474: nicht gegen unseren *ordre public* verstoßen Strafzinsen, die nach französischem Recht entstehen, wenn aus vollstreckbarem Urteil verspätet gezahlt wird.

Darüber, daß ausländische Entscheidungen nicht anerkannt werden, wenn sie deutschem *öffentlichen Recht* zuwiderlaufen, oben S. 137.

h) Gegenseitigkeit

Die Gegenseitigkeitsklausel des § 328 I Nr. 5 ZPO wird zwar gemildert durch Abs. 2, ist aber gleichwohl rechtspolitisch verfehlt. Sie hindert vor allem weithin die Anerkennung ausländischer *vermögensrechtlicher* Urteile. Zu ihrer Entstehung *Graupner* Ferid-Fschr. 1978, 200f.

i) Maßgeblicher Zeitpunkt

Maßgeblich ist der Zeitpunkt des *Erlasses* der ausländischen Entscheidung (genau: der Tag der letzten mündlichen Verhandlung; vgl. BayObLGZ 1990, 217 [219]).

Bei der *internationalen Zuständigkeit* (oben c) fallen spätere *Einengungen* der eigenen direkten (und damit der fremden indirekten) nicht ins Gewicht, weil das Vertrauen der Beteiligten Schutz verlangt. Aus dem gleichen Grunde können spätere *Erweiterungen* nicht zur Anerkennung einer bisher nicht anerkennungsfähigen ausländischen Entscheidung führen (KG FamRZ 87, 603 [604] = NJW 88, 649 mit zust. Anm. von *Geimer;* a.A. BayObLGZ 1987, 439 [442–446 unter II 3b, 3] = NJW 88, 2178 [2179f.]).

Auch für *Zustellungsmängel und fehlende Einlassung* (oben d) kommt es des Vertrauensschutzes wegen auf die tatsächliche und rechtliche Lage bei Erlaß der ausländischen Entscheidung an (KG FamRZ 88, 641 [642 a.E.] = OLGZ 88, 172 [175]).

k) Anerkennung und Vollstreckung

Abgesehen von den in §§ 328 I ZPO, 16a FGG genannten Voraussetzungen und abgesehen von der Frage, ob das ausländische Gericht Gerichtsbarkeit gehabt hat (oben S. 891–894), wird das Urteil nicht nachgeprüft: weder hinsichtlich der *Tatsachen*feststellung noch hinsichtlich der *Rechts*anwendung. Jede Nachprüfung ist neue Entscheidung. Der Zweck der Anerkennung ist aber gerade, nicht nachzuprüfen, wenn ein anerkanntes Parteiinteresse an der Durchführung des Verfahrens im Gerichtsstaat bestanden hat.

In *Frankreich* hat man bis 1964 ausländische Entscheidungen (außer solchen in Status-Sachen) tatsächlich und rechtlich nachgeprüft. Seitdem ist diese sog. *révision au fond* abgeschafft bis auf einen Punkt: in Nicht-Status-Sachen wird noch nachgeprüft, ob das ausländische Gericht das Recht angewandt hat, das nach französischem IPR maßgebend ist: Cass. Civ. Rev. crit. dr. i. p. 1964, 344 mit Anm. von *Batiffol* = FamRZ 65, 46 mit Anm. von *Sonnenberger; Batiffol* und *Lagarde* II[7] S. 593–595; vgl. BGH 50, 100 (101f.).

Von Ehesachen abgesehen, werden ausländische Urteile anerkannt ohne besondere gerichtliche oder behördliche Feststellung („*de plein droit*" [von Rechts wegen]). Aber die **Vollstreckung** eines ausländischen Urteils bedarf nach **§§ 722, 723 ZPO** eines deutschen Vollstreckungsurteils (sog. **Exequatur**). Es ergeht auf Klage des Vollstreckungsgläubigers gegen den Vollstreckungsschuldner und erklärt die Zwangsvollstreckung für zulässig.

Statt im Inland darauf zu klagen, daß die Zwangsvollstreckung aus dem ausländischen Urteil (durch Vollstreckungsurteil) für zulässig erklärt werde, kann im Inland auch *neu* geklagt werden; nur darf dann die neue Entscheidung nicht von der anzuerkennenden ausländischen abweichen. Beide Klagen gelten als gleich schwierig. Dazu OLG Stuttgart ZfJ 87, 297 (298); OLG München RIW 96, 856. Mit der neuen Klage kann eine *Änderungsklage* nach § 323 ZPO (unten S. 926) verbunden werden (OLG Stuttgart IPRax 90, 49 mit Aufsatz von *Baumann* 28–32).

„*Offene*" Auslandstitel nennt man solche, die ergänzt werden müssen, wenn aus ihnen im Inland vollstreckt werden soll. So, wenn die *Unterhalts*höhe von Zeit zu Zeit durch Richtsätze den Lebenshaltungskosten angepaßt („dynamisiert") wird oder wenn sich *Zinsen* nach dem wechselnden Diskontsatz einer ausländischen Notenbank richten. Der offene Auslandstitel kann im Ausland ergänzt oder (umständlich) es kann im Inland neu geklagt werden. Ergänzt werden kann aber auch im Verfahren der Vollstreckbarerklärung oder (streitig) wie bei Inlandstiteln durch das Vollstreckungsorgan (Gerichtsvollzieher, Rechtspfleger, Vollstreckungsgericht). Vgl. z.B. OLG Stuttgart JZ 87, 579 = RIW 88, 302; OLG München IPRax 88, 291 (293 unter 3) mit Aufsätzen von *Nagel* 277f. und von *Münch* RIW 89, 18–21; BGH 122, 16 = IPRax 94, 367 mit Aufsatz von *H. Roth* 350f. = NJW 93, 1801 (1802 unter 2b vor aa); OLG Hamburg RIW 94, 424; OLG Düsseldorf IPRax 97, 194 mit Anm. Red. (E. J.) = IPRax 98, 478 mit Aufsatz von *Reinmüller* 405–462 = RIW 97, 330 (331 unter 3 b); OLG Frankfurt RIW 98, 474; *von Falck,* Implementierung offener ausländischer Vollstreckungstitel, 1998.

Was **Schiedssprüche** anlangt, so kann schon aus einem *in*ländischen nur vollstreckt werden, wenn er vom Gericht für vollstreckbar erklärt worden ist (§ 1042 I ZPO). Erst recht müssen *aus*ländische Schiedssprüche **für vollstreckbar erklärt** werden: näher **§ 1061 I n.F. ZPO.**

Darüber, wann ein Schiedsspruch ein „*ausländischer*" ist, z.B. BGH 21, 365 und NJW 88, 3090 (3091 unter II); *Mann* Oppenhoff-Fschr. 1985, 215–226. Allgemein zur Nationalität seines Schiedsspruchs *Fragistas* Rev. crit. dr. i. p. 1960, 1–10; *Panchaud* Schweiz JZ 1965, 369–375; *Strohbach* Gedenkschrift Haalck 1978, 41–48. Für die Schweiz *A. Bucher* Keller-Fschr., Zürich 1989, 565–574.

Zur Anerkennung ausländischer Schiedsspruchs*bestätigungen* LG Hamburg RabelsZ 53 (1989), 165 mit Anm. von *Baum; Kegel* Müller-Freienfels-Fschr. 1986, 384–387; *Stein-Jonas-Schlosser,* Kommentar zur Zivilprozeßordnung[21], 1994, § 1044 [a.F.] ZPO Rz 73 S. 457; vgl. unten S. 925 f.

Für ausländische Entscheidungen der *freiwilligen Gerichtsbarkeit* gelten §§ 722, 723 ZPO nicht (BGH IPRax 90, 55 [56 unter 3] mit Aufsatz von *Beitzke* 36–41 = NJW 89, 2197).

2. Staatsverträge

Es wimmelt von Staatsverträgen über die Anerkennung und Vollstreckung ausländischer Entscheidungen.

Schrifttum zu den **Haager Übereinkommen:** *Coester-Waltjen,* Die Anerkennung gerichtlicher Entscheidungen in den Haager Übereinkommen, RabelsZ 57 (1993), 263 bis 302.

1. Zu den **Haager** Abkommen über **Unterhaltsentscheidungen** von **1973** und **1958** oben S. 769–772.

2. Für Deutschland nicht in Kraft sind das **Haager** Abkommen vom 1. 2. **1971** über die **Anerkennung und Vollstreckung ausländischer Urteile in Zivil- und Handelssachen** und sein **Zusatzprotokoll** (oben S. 213).

Schrifttum: *Droz* NTIR 1966, 225–242 (Text des Abkommens 324–333); *Nadelmann* und *von Mehren* 15 (1966/67) Am. J. Comp. L. 361 (Text des Abkommens 362 bis 369); *Panchaud* SchweizJahrbintR 23 (1966), 37–54 (Texte des Abkommens und des Zusatzprotokolls 267–278) und 25 (1968), 108–111 (Text der Empfehlung 359 f.); *Nadelmann* 16 (1968) Am. J. Comp. L. 601 f. (Text der Empfehlung 602 f.); *Fragistas* Riv. dir. int. priv. proc. 1968, 745–779; L'efficacia delle sentenze straniere nelle convenzioni multilateriali dell'Aja et della C. E. E., Studi e pubblicazioni della Riv. dir. int. priv. proc. Band 4, 1969 (Texte des Abkommens und des Zusatzprotokolls 317–333); *Cavers* Rec. 1970 III 299–302; *Nadelmann* 41 (1977) Law & Cont. Prob. 58–62 (Verhältnis zum EWG-Abkommen unten Nr. 3); Text des Abkommens auch Rev. crit. dr. i. p. 1966, 329–336; Riv. dir. int. priv. proc. 1966, 632–642.

Das Abkommen gilt für Entscheidungen von Gerichten eines Vertragsstaats in *Zivil-* und *Handelssachen* mit Ausnahme des Rechts der natürlichen und juristischen Personen, des Familien- und Erbrechts und anderer Dinge (Art. 1). Es betrifft Gerichtsentscheidungen aller Art, auch solche der freiwilligen Gerichtsbarkeit; nur einstweilige Maßregeln und Entscheidungen von Verwaltungsgerichten sind ausgenommen (Art. 2). Welchem Staat die Parteien angehören, gilt gleich (Art. 3).

Die Entscheidung muß von einem *international zuständigen* Gericht erlassen, *rechtskräftig* und sowohl im Entscheidungs- wie im Anerkennungsstaat *vollstreckbar* sein (Art. 4).

Sie braucht nicht anerkannt zu werden bei „*offenbarem*" *(manifestement)* Verstoß gegen den *ordre public* (vgl. oben S. 475), *Prozeßbetrug,* früherer *Rechtshängigkeit* im Anerkennungsstaat oder *widersprechendem Urteil* des Anerkennungsstaats oder eines dritten Staats, das im Anerkennungsstaat anerkannt wird (Art. 5). *Versäumnisurteile* werden nur anerkannt, wenn der Beklagte Gelegenheit hatte, sich zu verteidigen(Art. 6).

Welches *Recht* angewandt worden ist, gilt grundsätzlich gleich (Art. 7 I); nur, wenn Vorfragen aus Sachgebieten, die nicht unter das Abkommen fallen (z.B. aus dem Personen-, Familien- oder Erbrecht) anders entschieden worden sind als nach dem IPR des Anerkennungsstaats, können Anerkennung und Vollstreckung unterbleiben (Art. 7 II). *Révision au fond* (oben S. 912) unterbleibt (Art. 8), sogar grundsätzlich für zuständigkeitsbegründende Tatsachen (Art. 9).

Die *internationale Zuständigkeit* wird vom Abkommen nur als indirekte oder *Anerkennungszuständigkeit* (oben S. 908) geregelt. Sie wird nach Art. 10 begründet durch

- *gewöhnlichen Aufenthalt* der natürlichen Person,
- *Sitz, Eintragungsort* (auf englischen Vorschlag) oder *Hauptniederlassung* der juristischen Person,
- *Geschäftsbetrieb* oder Zweigniederlassung für deren Angelegenheiten,
- *Belegenheit* in Grundstückssachen,
- *Tatort* in Schadenersatzsachen wegen Personen- und Sachschäden,
- *Prorogation* (grundsätzlich),
- *vorbehaltloses Verhandeln zur Hauptsache* (grundsätzlich),
- *Klage* im Fall eines klageabweisenden Urteils (grundsätzlich).

Besonders geregelt ist die internationale Zuständigkeit für *Widerklagen* (Art. 11). Ausnahmen gelten, wenn Regeln des Anerkennungsstaats über *ausschließliche* internationale Zuständigkeit der internationalen Zuständigkeit der Gerichte des Entscheidungsstaats im Wege stehen (Art. 12).

Das Anerkennungs*verfahren* unterliegt grundsätzlich dem Recht des Anerkennungsstaats (Art. 14). Doch enthält auch das Abkommen einige Regeln (Art. 13, 15 bis 19), z.B. für Kostenentscheidungen und Prozeßvergleiche. Den Einfluß der *Rechtshängigkeit* auf ein schwebendes Verfahren regelt Art. 20 (vgl. auch Art. 5 über Urteile des Entscheidungsstaats trotz Rechtshängigkeit im Anerkennungsstaat, oben).

Da viele und verschiedenartige Staaten Vertragsstaaten werden können (Art. 27, 29) und dies den Beitrittswillen lähmen würde, ist (nach einem Vorschlag von *Jenard*) bestimmt, daß Entscheidungen auf Grund des Abkommens nur anerkannt werden müssen, wenn ein *zweiseitiges Zusatzabkommen* zwischen Entscheidungs- und Anerkennungsstaat geschlossen ist. In ihm darf eine Fülle von Einzelheiten vereinbart werden (Art. 21–23). Man spricht von einem „Bilateralisations-System". Es bewirkt Facetten-Einheit.

Die *Konkurrenz* zu anderen Staatsverträgen über Anerkennung von Entscheidungen regeln Art. 24–26.

Das **Protokoll** wendet sich gegen sog. *exorbitante* Gerichtsstände. So (Art. 4) gegen Begründung internationaler Zuständigkeit durch

- ein beliebiges *Vermögensstück* des Beklagten im Gerichtsstaat (grundsätzlich) wie nach § 23 ZPO,
- *Staatsangehörigkeit des Klägers* im Gerichtsstaat wie nach Art. 14 c. civ.,
- *Aufenthalt* einer *klagenden* natürlichen Person im Gerichtsstaat oder (Art. 5) *Eintragungsort* oder *Hauptniederlassung* einer klagenden juristischen Person im Gerichtsstaat (grundsätzlich),
- *geschäftliche Tätigkeit* im Gerichtsstaat (grundsätzlich) wie in den USA,
- *persönliche Zustellung* einer Ladung an den Beklagten im Gerichtsstaat wie in England und den USA,
- *einseitige Bestimmung* des Klägers, z. B. (Vorschlag der deutschen Delegation) auf seiner Rechnung.

Entscheidungen, die in irgendeinem Staat (nicht notwendig einem Vertragsstaat) kraft solchen Gerichtsstands gegen eine natürliche Person mit Wohnsitz oder gewöhnlichem Aufenthalt in einem Vertragsstaat oder (Art. 5) gegen eine juristische Person mit Sitz oder Gründungsort in einem Vertragsstaat ergangen sind, dürfen auf Antrag der betroffenen Person nicht anerkannt werden (Art. 2).

Vertragsstaaten im Sinne des Protokolls sind Staaten, die ein Zusatzabkommen nach Art. 21 des Abkommens geschlossen haben (Art. 3).

Konkurrenzfragen zu anderen Staatsverträgen und zu zweiseitigen Zusatzabkommen regeln Art. 6–8.

3. Die **EWG**-Länder beschlossen am 27. 9. **1968** ein Brüsseler Übereinkommen über die **gerichtliche Zuständigkeit und die Vollstreckung gerichtlicher Entscheidungen in Zivil- und Handelssachen** mit Protokoll [*GVÜ*] sowie ein **Zusatzprotokoll** von 1971. Seine Geltung wurde erstreckt durch Beitrittsabkommen von 1978 auf Dänemark, Irland und das Vereinigte Königreich Großbritannien und Nordirland sowie durch Beitrittsabkommen von 1982 auf Griechenland und durch Beitrittsabkommen von 1989 auf Spanien und Portugal. Durch ein am 16. 9. **1988** in **Lugano** gezeichnetes Übereinkommen über die gerichtliche Zuständigkeit und die Vollstreckung gerichtlicher Entscheidungen in Zivil- und Handelssachen mit drei Protokollen und drei Erklärungen wurden mit wenigen Abweichungen die Regeln des GVÜ übernommen von Österreich, der Schweiz, Norwegen, Schweden und Finnland. Vgl. oben S. 201f.

Schrifttum: 7. Aufl. S. 822–828. Hervorzuheben: *Herrmann, Basedow* und *Kropholler,* Handbuch des Internationalen Zivilverfahrensrechts I, 1982, 9–67 (Europäischer Gerichtshof), 99–181 (Allgemeine Fragen des GVÜ), 429–533 (internationale Zuständigkeit nach GVÜ); *Geimer* und *Schütze,* Internationale Urteilsanerkennung I 1, 1983; *Schack,* Der Erfüllungsort im deutschen, ausländischen und internationalen Privat- und Zivilprozeßrecht, 1985; *Eickhoff,* Inländische Gerichtsbarkeit und internationale Zuständigkeit für Aufrechnung und Widerklage unter besonderer Berücksichtigung des Europäischen Gerichtsstands- und Vollstreckungsübereinkommens, 1985; *Pocar* (unter Mitarbeit von *Bariatti*), La convenzione di Bruxelles sulla giurisdizione e l'esecuzione delle sentenze, Testi, casi e documenti, Mailand 1986 (bespr. von *Siehr* RabelsZ 50 [1986], 746f.); *Kaye,* Civil Jurisdiction and Enforcement of Foreign Judgments, Abingdon 1987; *Lasok* und *Stone,* Conflict of Laws in the European Community, Abingdon 1987, 149–325; *Heiss,* Einstweiliger Rechtsschutz im europäischen Zivilrechtsverkehr (Art. 24 EuGVÜ), 1987; *Dashwood, Hacon* und *White,* A Guide to the Civil Jurisdiction and Judgments Convention, Deventer und Frankfurt a.M. 1987; *Feige,* Die Kosten des deutschen und französischen Vollstreckbarerklärungsverfahrens nach dem GVÜ, 1988; *O'Malley* und *Layton,* European Civil Practice, London 1989; *Miele,* La cosa giudicata straniera, Padua 1989; *Droz,* La convention de Lugano parallèle à la convention de Bruxelles concernant la compétence judiciaire et l'exécution des décisions en matière civile et commerciale, Rev.crit.dr.i.p. 1989, 1–51 (vorzüglich unterrichtend); *Bülow, Böckstiegel, Geimer* und *Schütze* (Hrsg.), Der internationale Rechtsverkehr in Zivil- und Handelssachen I^3, 1990, Nr. 606 S. 1–359 (Erläuterungen), Nr. 607 (Register), bearbeitet von *Linke, Müller* und *Schlafen; Carpenter, Haymann, Hunter-Tilney* und *Volken,* The Lugano and San Sebastian Conventions, London 1990; *Wahl,* The Lugano Convention and Legal Integration, Stockholm 1990 (bespr. von *Bogdan* SvJT 1991, 243f.); *Byrne,* The EEC Convention on Jurisdiction and the Enforcement of Judgments, Dublin 1990; *Schwander* (Hrsg.), Das Lugano-Übereinkommen, St. Gallen 1990; *Jayme* und *Forlati* (Hrsg.), Giurisdizione e legge applibabile ai contratti nella CEE, Padua 1990; *M.J. Schmidt,* Die internationale Durchsetzung von Rechtsanwaltshonoraren, 1991; *Albrecht,* Das EuGVÜ und der einstweilige Rechtsschutz in England und in der Bundesrepublik Deutschland, 1991; *Schwarz,* Der Gerichtsstand der unerlaubten Handlung nach deutschem und europäischem Zivilprozeßrecht, 1991; *Eilers,* Maßnahmen des einstweiligen Rechtsschutzes im europäischen Zivilrechtsverkehr, Internationale Zuständigkeit, Anerkennung und Vollstreckung, 1991; *Gärtner,* Probleme der Auslandsvollstreckung von Nichtgeldleistungsentscheidungen im Bereich der Europäischen Gemeinschaft, 1991; *Trunk,* Die Erweiterung des EuGVÜ-Systems am Vorabend des Europäischen Binnenmarktes, 1991; *Dine, Douglas-Scott* und *Persaud* (Hrsg.), Procedure and the European Court, London 1991; *Mercier* und *Dutoit,* L'Europe judiciaire: les conventions de Bruxelles et de Lugano, Basel und Frankfurt a. M. 1991; *Wastl,* Die Vollstreckung deutscher Titel auf der Grundlage des EuGVÜ in Italien, 1991; *Lohse,* Das Verhältnis von Vertrag und Delikt, Eine rechtsvergleichende Studie zur ertragsautonomen Auslegung von Art. 5 Nr. 3 GVÜ, 1991; Veröffentlichungen des Schweizerischen Instituts für Rechtsvergleichung Nr. 13 und 14: Übereinkommen von Lugano, Zürich 1991; *Isenburg-Epple,* Die Berücksichtigung ausländischer Rechtshängigkeit nach dem Europäischen Gerichtsstands- und Vollstreckungsübereinkommen vom 27. 9. 1968, 1992; *Pålsson,* Lugano-Konventionen, Stockholm 1992; *Braun,* Der Beklagtenschutz nach Art. 27 Nr. 2 EuGVÜ, 1992; *Stickler,* Das Zusammenwirken von Art. 24 EuGVÜ und §§ 916ff. ZPO, 1992; *Reichelt* (Hrsg.), Europäisches Kollisionsrecht, Die Konventionen von Brüssel, Lugano und Rom, Ausländische Erfahrungen und österreichische Perspektiven, 1993; *Klinke,* Brüsseler Übereinkommen und Übereinkommen von Lugano über die gerichtliche Zuständigkeit und die Vollstreckung gerichtlicher Entscheidungen in Zivil- und Handelssachen I (Erläuterungen zum EuGÜ und zum LugÜ samt Texten), II (Materialien zum EuGÜ und zum LugÜ)[2], 1993; *Stöve,* Gerichtsstandsvereinbarungen nach Handelsbrauch, Art. 17 EuGVÜ und § 38 ZPO, 1993; *Killias,* Die Gerichtsstandsvereinbarungen nach dem Lugano-Übereinkommen, Zürich 1993; *Gerichtshof der Europäischen Gemeinschaften* (Hrsg.), Internationale Zuständigkeit und Urteilsanerkennung in Europa, 1993; *di Blase,* Connessione e litispendenza nella convenzione di Bruxelles, Antwerpen u. a. 1993; *Migliazza,* Il doppio grado di giurisdizione nel diritto delle Comunità europee, Mailand 1993; *Schulte-Beckhausen,* Internationale Zuständigkeit durch rügelose Einlassung im Europäischen Zivilprozeßrecht, 1994. Ferner: *Byrne,* The European Union and Lugano Conventions on Jurisdiction and Enforcement of Judgments, Baikonur 1994 (bespr. von *Tebbens* NILR 43 [1996], 97f.); *Anton/Beaumont,* Civil Jurisdiction in Scotland[2], Edinburgh 1995; *Banniza von Bazan,* Der Gerichtsstand des Sachzusammenhangs im EuGVÜ, dem Lugano-Abkommen und im deutschen Recht, 1995; *Schmidt-Parzefall,* Die Auslegung des Parallelübereinkommens von Lugano, 1995; *Reiser,* Gerichtsstandvereinbarungen nach IPR-Gesetz und Lugano-Übereinkommen, Zürich 1995 (bespr. von *Domenico* SchweizJZ 1996, 154f.); *Kaye,* Extension of the Judgments Convention, The Lugano Convention, Hampshire 1996; *Aull,* Der Geltungsanspruch des EuGVÜ: „Binnensachverhalte" und Internationales Zivilverfahrensrecht in der Europäischen Union, Zur Auslegung von Art. 17 Abs. 1 S. 1 EuGVÜ, 1996; *Erwan, forum non conveniens* und EuGVÜ, 1996; *Schlosser,* EuGVÜ, 1996; *Gaudemet-Tallon,* Les conventions de Bruxelles et de Lugano[2], Paris 1996; *Cypra,* Die Rechtsbehelfe im Verfahren der Vollstreckbarerklärung nach dem EuGVÜ unter besonderer Berücksichtigung der Ausgestaltung in Deutschland und Frankreich, 1996; *von Rönn,* Die Anwendung des Europäischen Gerichtsstands- und Vollstreckungsübereinkommens im Vereinigten Königreich, 1996; *Grundmann,* Anerkennung und Vollstreckung ausländischer einstweiliger Maßnahmen nach IPRG und Lugano-Übereinkommen, Basel und Frankfurt a. M. 1996; *Silvestri,* Luogo di adempimento dell'obbligazione dedotta in giudizio e art. 17 della convenzione di Bruxelles del 27 settembre 1968, Foro It. 1996 I 198–200; *D. Stoll,* Die britische Mareva-Injunction als Gegenstand eines Vollstreckungsbegehrens unter dem Lugano-Übereinkommen, SchweizJZ 1996, 104–110; *Mankowski,* Timesharing und internationale Zuständigkeit am Belegenheitsort, EuZW 96, 177–180; *Volken,* Rechtsprechung zum Lugano-Übereinkommen (1995), SZIER 1996, 69–157; *Hackspiel,* Berichtigende Auslegung von Art. 22 EuGVÜ durch die französische Cour de Cassation – ein nachahmenswertes Beispiel?, IPRax 96, 214–217; *Bacher,* Zuständigkeit nach EuGVÜ bei Prozeßaufrechnung, NJW 96, 2140f.; *Schack,* Abstrakte Erfüllungsortsvereinbarungen: form- oder sinnlos?, IPRax 96, 247–249; *Collier,* The Surprised Bank Clerk and the Italian Customer – Competing Jurisdictions, [1996] C. L. J. 216–218; *Donzallaz,* La Convention de Lugano du 16 sept. 1988 concernant la compétence judiciairee et l'exécution des décisions en matière civile et commerciale, I, II, Bern 1997; *Lenenbach,* Die Behandlung von Unvereinbarkeiten zwischen rechtskräftigen Zivilurteilen nach deutschem und europäischem Zivilprozeßrecht, 1997; *Lüpfert,* Konnexität im EuGVÜ, 1997; *Cono Bazaga,* La litispendencia comunitaria, Madrid 1997; *Geimer* und *Schütze,* Europäisches Zivilverfahrensrecht, Kommentar zum EuGVÜ und zum Lugano-Übereinkommen, 1997; *Leutner,* Die vollstreckbare Urkunde im europäischen Rechtsverkehr, 1997; *Plender,* Procedure in the European Courts : Comparisons and Proposals, Rec. 267 (1997), 9–344; *Arenas García,* Tratamiento jurisprudencial del ambito de aplicación de los foros de protección en materia de contratos de consumidores del Convenio de Bruselas de 1968, Rev. esp. der. int. 1997, 39–69; *Benicke,* Internationale Zuständigkeit deutscher Gerichte nach Art. 13, 14 EuGVÜ für Schadensersatzklagen geschädigter Anleger, WM 97, 945–954; *Volken,* Rechtsprechung zum Lugano-Übereinkommen (1996), SZIER 1997, 335–417; *Saenger,* Internationale Gerichtsstandsvereinbarungen nach EuGVÜ und LugÜ, ZZP 97, 477–498; *Frank,* Das verfahrenseinleitende Schriftstück in Art. 27 Nr. 2 EuGVÜ, Lugano-Übereinkommen und in Art. 6 des Haager Unterhaltsübereinkommens 1973, 1998; *Scholz,* Das Problem der autonomen Auslegung des EuGVÜ, 1998; *Keßler,* Die Vollstreckbarkeit und ihr Beweis gem. Art. 31 und 47 Nr. 1 EuGVÜ, 1998; *Hertz,* Jurisdiction in Contract and Tort under the Brussels Convention, Kopenhagen, 1998; *Kropholler,* Europäisches Zivilprozeßrecht, Kommentar zu EuGVÜ und Lugano-Übereinkommen[6], 1998; *Otte,* Umfassende Streitentscheidung durch Beachtung von Sachzusammenhängen, 1998; *Borrás,* La revisión de los convenios de Bruselas de 1968 y Lugano de 1988 sobre competencia judicial y ejecución de resoluciones judiciales: una reflexión preliminar española, Madrid und Barcelona 1998 (bespr. von *Muir Watt* Rev.crit.dr.i.p. 1998, 813–816); *Salerno,* The Brussels Jurisdiction and Enforcement Convention, The Judicial Outlook, in: *von Hoffmann* (Hrsg.), European Private International Law, Nijmegen 1998, 115–158; *Pfeiffer,* Halbseitig fakultative Gerichtsstandsvereinbarungen in stillschweigend vereinbarten AGB?, IPRax 98, 17–25; *Wagner,* Die geplante Reform des Brüsseler und des Lugano-Übereinkommens, ebenda 241–244; *Boele-Woelki,* Waarom Brussel II?, FJR 1998, 125; *Wagner,* Der Beitritt Österreichs, Finnlands und Schwedens zum Brüsseler Gerichtsstands- und Vollstreckungsübereinkommen vom 27. 9. 1968, RIW 98, 590–592; *Rüßmann,* Die Streitgegenstandslehre und die Rechtsprechung des EuGH – nationales Recht unter gemeineuropäischem Einfluß?, ZZP 98, 399–427; *Walker* [gleicher Titel] ebenda 429–454; *Heiderhoff,* Diskussionsbericht zu Streitgegenstandslehre und EuGH, ebenda 455–462; *Czernich* und *Tiefenthaler,* Neue Aspekte im internationalen Verfahrensrecht durch den Beitritt Österreichs zum EuGVÜ, (öst)JurBl. 1998, 745–754; *Beaumart,* Haftung in Absatzketten im französischen Recht und im europäischen Zuständigkeitsrecht, 1999; *Kubis,* Gerichtspflicht durch Schweigen? – Prorogation, Erfüllungsortsvereinbarung und internationale Handelsbräuche, IPRax 99, 10–14; *Pålsson,* The Lugano Convention in Sweden, ebenda 52–58; *Bruns,* Der anerkennungsrechtliche ordre public in Europa und den USA, JZ 99, 278–287; *Markus,* Der schweizerische Vorbehalt nach Protokoll Nr. 1 Lugano-Übereinkommen: Vollstreckungsaufschub oder Vollstreckungshindernis?, ZBernJV 1999, 57–74; *Jegher,* Mit schweizerischer negativer Feststellungsklage ins europäische Forum Running (Gedanken anläßlich BGE 123 III 414), ZSchwR 118 (1999), 31–49.

Das EWG-Abkommen (**GVÜ**) vereinheitlicht mehr als das Haager Abkommen (oben 2). Denn die EWG-Länder stehen sich näher als die Mitglieder der Haager Konferenz.

Das zeigt sich schon im Geltungsbereich. Das GVÜ gilt für *Zivil-* und *Handelssachen* mit Ausnahme des Rechts der natürlichen Personen, des Ehegüter- und des Erbrechts und anderer Dinge (Art. 1, siehe auch unten zu Art. 25). Im Haager Abkommen ist das gesamte Familienrecht ausgenommen; im GVÜ sind jedenfalls familienrechtliche Unterhaltsansprüche erfaßt (vgl. Art. 5 Nr. 2). Das Haager Abkommen gilt nicht für Entscheidungen über juristische Personen; anders das GVÜ, weil die EWG ein eigenes Abkommen über die Anerkennung juristischer Personen besitzt (oben S. 514).

Ob das GVÜ auch in *reinen Inlandsfällen* gilt, ist streitig. Die Entstehungsgeschichte spricht dagegen (vgl. *Kropholler,* Europäisches Zivilprozeßrecht[6], 1998, vor Art. 2 Rz 7 S. 81). OLG Hamm EWS 94, 288, OLG Düsseldorf RIW 96, 776 (777) und (für Lugano-Abkommen [unten S. 920f.]) (öst)OGH (öst)ZRvgl. 1998, 256 und 258 verneinen die Frage; BGH DAVorm. 92, 214 läßt sie offen; AG Kerpen FamRZ 97, 436 unter 1 bejaht sie im Verhältnis zum Nichtvertragsstaat Polen, OLG Hamburg IPRax 99, 168 (169 unter I 1) mit Aufsatz von *Geimer* 152–155 für Art. 16 GVÜ im Verhältnis zu Schweden.

Wesentlich weiter als das Haager Abkommen geht das GVÜ, indem es die *internationale Zuständigkeit* nicht nur als Anerkennungs-, sondern auch als Entscheidungszuständigkeit regelt. Dies freilich nur im Verhältnis der Vertragsstaaten BGH NJW 95, 264; KG FamRZ 98, 564 = IPRax 99, 37 mit Aufsatz vom *G. Schulze* 21–23 = NJW-RR 98, 579; vgl. Art. 4 GVÜ und dazu BGH IPRax 89, 169 mit Aufsatz von *Samtleben* 148–155 = NJW-RR 88, 172 [173 unter III 1 a. E.]; a. A. KG FamRZ 1993, 976 unter I = IPRax 94, 455 mit Aufsatz von *Baumann* 435–439 = NJW-RR 94, 138).

*Entscheidungs*zuständigkeit wird an erster Stelle begründet durch *Wohnsitz* des Beklagten in dem Vertragsstaat, dessen Gerichte entscheiden (Art. 2 I), bei juristischen Personen durch den *Sitz* (Art. 53). Die *exorbitanten* Gerichtsstände (oben S. 914) der einzelnen EWG-Länder werden ausdrücklich genannt (für die Bundesrepublik § 23 ZPO, oben S. 898) und verboten (Art. 3 II). Wohnt oder sitzt der Beklagte *außerhalb der EWG,* dann bleibt es beim Zuständigkeitsrecht des Gerichtsstaats, soweit nicht das Abkommen in Art. 16 ausschließliche Zuständigkeit vorschreibt; auch exorbitante Gerichtsstände sind hier erlaubt (Art. 4; BGH NJW-RR 88, 172; BGH NJW-RR 90, 604).

Für EWG-Beklagte gibt es neben der Wohnsitz- oder Sitzzuständigkeit *Sondergerichtsstände* (Art. 5), z. B.

- *Erfüllungsort* (hierzu viel Rspr., z. B. BGH EWiR 96, 739 LS mit Anm. von Mankowski = NJW 96, 1819; EuGH EWiR 97, 359 LS mit Anm. von *Schlosser* = IPRax 99, 31 mit Aufsatz von *Kubis* 10–14 = JZ 97, 839 mit Anm. von *Koch* = NJW 97, 1431; BGH EWiR 99, 905 LS mit Anm. von *Wenner* und *Görg* = WM 99, 1182 [unter II 2 d (1)] vgl. oben S. 583),
- *Tatort* (BGH 98, 263 [274 f. unter III 3 a cc] = IPRax 88, 159 mit Aufsatz von *Hausmann* 140–144 = JR 87, 157 mit Anm. von *Schlosser* = ZZP 87, 435 [441 f.] mit Anm. von *Schack;* EuGH EuZW 90, 34 = Bericht 37 [1990] NILR 232–235 mit Anm. von *Koppenol-Laforce* 235–240 = NJW 91, 631 = Rev. crit. dr. i. p. 1990, 363 mit Anm. von *Gaudemet-Tallon;* BGH NJW 92, 2428; OLG Schleswig IPRax 93, 95 mit Aufsatz von *Vollkommer* 79 f. = RIW 93, 669; House of Lords EZW 93, 228 [Beleidigung durch Zeitungsartikel]; OLG München EuZW 94, 191 [Erfolgsort]; BGH RIW 94, 591 und 678 [vorbeugende Unterlassungsklage]); LG Düsseldorf GRUR Int. 99, 455 [Patentverletzung]),
- *Zweigniederlassung* (dazu EuGH IPRax 89, 96 mit zust. Aufsatz von *Kronke* 81–84 = NJW 88, 625 = Rev. crit. dr. i. p. 1988 mit abl. Anm. von *Droz* = RIW 88, 136 mit zust. Anm. von *Geimer* 220) und
- bei *Unterhaltsklagen* Wohnsitz oder gewöhnlicher Aufenthalt des Unterhaltsberechtigten.

  Auch *Sachzusammenhang* begründet Zuständigkeit, z.B. für die Widerklage (Art. 6; zu Art. 6 Nr. 1 [Streitgenossenschaft] EuGH IPRax 89, 288 mit Aufsatz von *Gottwald* 272–274 = NJW 88, 3088 mit Anm. von *Geimer* = Rev.crit.dr.i.p. 1989, 112 mit Anm. vom *Gaudemet-Tallon* = RIW 88, 901 mit Anm. von *Schlosser* 987; zu Art. 6 Nr. 2 [Garantie] EuGH IPRax 92, 310 mit Aufsatz von *Coester-Waltjen* 290–292 = Rev. crit. dr. i. p. 1990, 564 mit Anm. von *Gaudemet-Tallon;* zu Art. 6 Nr. 3 [Widerklage] BGH IPRax 94, 115 mit Aufs. von *Geimer* 82–85 = NJW 93, 2753 = ZZP 94, 211 mit Anm. von *Leipold*).

Sondergerichtsstände bestehen außerdem für Versicherungssachen (Art. 7–12) sowie für Abzahlungskauf und -darlehen und andere Verbrauchersachen (Art. 13–15); man will Versicherungsnehmern und Käufern das Klagen erleichtern (dazu BGH EuZW 93, 518 mit Aufsatz von *Geimer* 564–567 = ZIP 93, 993 [Vorlagebeschluß, beschieden durch EuGH ZIP 94, 1632 mit Aufsatz von *Brunkow* JuS 96, 294–296]; LG Darmstadt NJW-RR 94, 684 [684–686 unter I 2, 3]).

Ausschließliche Gerichtsstände bestehen z. B. für Grundstückssachen (einschließlich Mietsachen) im Lagestaat (selbst für Ferienhaus-Miete: EuGH IPRax 86, 97 mit Aufsatz von *Kreuzer* 75–80 = NJW 85, 905; *Hüßtege* NJW 90, 622 f.; nicht angewandt auf Klagen nach §§ 9, 13 AGBG, bestimmte Klauseln in Mietverträgen über Ferienwohnungen und -häuser nicht zu verwenden, von BGH 109, 29 = BB 90, 658 mit Anm. von *Lindacher* = EuZW 90, 36 mit Anm. von *A. M. Nagel* = IPRax 90, 318 mit Aufsatz von *W. Lorenz* 292–295 = NJW 90, 317 [318 unter I 1] und BGH 119, 152 = IPRax 93, 244 mit Aufsatz von *Lindacher* 228 f. = NJW 92, 3158 unter I 1, 2; nicht angewandt auf Buchung dänischen Ferienhauses durch Berliner bei deutschem Reisebüro von LG Berlin IPRax 92, 243 mit Aufsatz von *Endler* 212–214; nicht angewandt auf Vermietung von Ferienhäusern durch Reiseveranstalter von EuGH IPRax 93, 31 mit Aufsatz von *Jayme* 18 f. = NJW 92, 1029; nicht angewandt auf Anspruch auf Ersatz von Schaden im Zusammenhang mit Kaufvertrag über italienisches Grundstück zwischen Deutschen von OLG Frankfurt NJW-RR 93, 182; nicht angewandt auf Klage aus *trust* an Wohnung in Antibes von EuGH IStR 94, 292 = RIW 94, 590 mit Aufsatz von *Briggs* 110 (1994) L. Q. Rev. 526–531; geändert im Lugano-Abkommen [unten S. 920 f.] und weniger weitgehend im Abkommen von Donostia/San Sebastian [oben S. 201 a. E.], für Gesellschaftssachen im Sitzstaat, für Streitigkeiten über die Gültigkeit von Registereinträgen im Registerstaat, für Vollstreckungssachen im Vollstreckungsstaat (Art. 16).

Prorogation ist grundsätzlich erlaubt (Art. 17; hierzu viel Rspr., z. B. OLG Frankfurt IPRax 98, 35 mit Aufsatz von *Pfeiffer* 17–25 [Art. 17 gilt nur, wenn das Gericht eines *Vertrags*staats als zuständig vereinbart ist]; EuGH EWiR 97, 1431 LS mit Anm. von *Schlosser* = IPRax 99, 31 mit Aufsatz von *Kubis* 10–14 = JZ 97, 839 mit Anm. von *Koch* = NJW 97, 1431 [Gerichtsstandsklausel in kaufmännischem Bestätigungsschreiben]; BGH EWiR 99, 167 LS mit Anm. von *Mankowski:* = NJW-RR 99, 137 [Vereinbarung ausländischen Gerichtsstands zwischen inländischen Parteien; betr. *Lugano*-Abkommen, unten S. 920 f.]; OLG Köln VersR 99, 639 [Gerichtsstandsklausel in kaufmännischem Bestätigungsschreiben]; EuGH EWS 99, 194 [Gerichtsstandsklausel im internationalen Handel in einer Form, die einem Handelsbrauch entspricht]).

Zum Verhältnis von Art. 17 zu Art. 5 Nr. 1 (Erfüllungsort) EuGH NJW 80, 1218 LS = WM 80, 720 mit Anm. von *Schütze;* zum Verhältnis von Art. 17 zu § 38 I ZPO z. B. OLG München NJW 82, 1951 und zu § 38 II ZPO *Baumgärtel* Kegel-Fschr. 1977, 285–303.

Auch *Einlassung* des Gegners macht grundsätzlich das Gericht zuständig (Art. 18); hierzu z. B. EuGH IPRax 86, 27 mit Aufsatz von *Gottwald* 10–13 = NJW 85, 2893, betr. Prozeßaufrechnung; LG Frankfurt RIW 93, 933; LG Darmstadt NJW-RR 94, 684 (686 unter I 4).

Internationale Unzuständigkeit und mangelhafte Ladung des Beklagten werden zum Teil *von Amts wegen* beachtet (Art. 19, 20).

Rechtshängigkeit in einem anderen Vertragsstaat muß, *Sachzusammenhang* mit einem Verfahren in einem anderen Vertragsstaat kann beachtet werden (Art. 21–23).

Zur *Rechtshängigkeit:* EuGH IPRax 93, 24 mit Aufsatz von *Rauscher* und *Gutknecht* 21–24 = NJW 92, 3221; EuGH EuZW 98, 443 = EWiR 98, 499 LS mit Anm. von *Henssler* und *Dedek;* zu Art. 21: OLG München EWiR 98, 977 LS mit [zutreffend] abl. Anm. von *Mankowski* = RIW 98, 631; *Schack* IPRax 89, 139–142; *Hackspiel* IPRax 96, 214–217.

Art. 21–23 gelten nicht für die Anerkennung und Vollstreckung von *Entscheidungen aus Drittstaaten* (EuGH EuZW 94, 278 mit Anm. von *Karl*).

Einstweilige Maßregeln sind überall statthaft (Art. 24).

Anerkannt werden nicht nur Urteile, sondern *Entscheidungen aller Art,* auch solche der freiwilligen Gerichtsbarkeit und z. B. auch Kostentitel (Art. 25), zweifelhaft freilich, ob auch rein prozessuale wie Anordnungen von Beweisaufnahmen (dagegen OLG Hamm RIW 89, 566 mit abl. Anm. von *Bloch*). Ein besonderes Verfahren für die Anerkennung gibt es nicht (Art. 26).

Die *Anerkennung entfällt* (Art. 27, vgl. Art. 34 II):

- bei Verstoß gegen den *ordre public* des Anerkennungsstaats (nicht gegen den deutschen *ordre public* verstößt die Anerkennung einer englischen *Mareva injunction*: OLG Karlsruhe ZZP Int. 96, 91 mit Anm. von *Zuckerman*),
- bei mangelhafter Einlassung des Beklagten trotz einwandfreier Ladung (dazu z. B. BGH IPRax 93, 396 mit Aufsatz von *Rauscher* 376–379 = NJW 93, 2688; EuGH IPRax 94, 37 mit Aufsatz von *Heß* 10–17 = NJW 93, 2091; BGH WM 99, 681),
- wenn im Anerkennungsstaat eine widersprechende Entscheidung ergangen ist (dazu *Schack* IPRax 89, 139–142 und BGH WM 93, 574 [ist Prozeßvergleich eine Entscheidung i. S. v. Art. 27?]),
- wenn eine Vorfrage des Rechts der natürlichen Personen, des Ehegüter- und Erbrechts entgegen dem IPR des Anerkennungsstaats entschieden worden ist.

Ferner bei Verletzung der internationalen Zuständigkeit in bestimmten gravierenden Fällen (Art. 28, vgl. Art. 34 II).

Révision au fond gibt es nicht (Art. 29, vgl. Art. 34 III). Die Anerkennung noch nicht rechtskräftiger Entscheidungen kann ausgesetzt werden (Art. 30, vgl. Art. 38 I).

Ausführlich geregelt ist die Ingangsetzung der *Vollstreckung* anerkannter Entscheidungen (Art. 31–45). Gemeinsame Vorschriften betreffen die *Urkunden*, die für die Anerkennung oder Vollstreckung einer Entscheidung beizubringen sind (Art. 46–49). Die Durchsetzung von *Unterhalts*entscheidungen, die in den Anwendungsbereich des GVÜ fallen, erleichtert das Römische Übereinkommen über die Vereinfachung der Verfahren zur Geltendmachung von Unterhaltsansprüchen vom 6. 11. 1990 (für Deutschland noch nicht in Kraft; oben S. 773 a. E.).

Vollstreckbare Urkunden und *Prozeßvergleiche* aus einem Vertragsstaat sind auch in den anderen Vertragsstaaten vollstreckbar, falls sie nicht deren *ordre public* verletzen (Art. 50, 51).

Wohnsitz der natürlichen und *Sitz* der juristischen Person sind näher geregelt (Art. 52, 53).

Das *GVÜ* hat *Vorrang* vor bestehenden zweiseitigen Verträgen zwischen den Vertragsstaaten (Art. 55, 56), z. B. denen der Bundesrepublik mit Belgien, Italien und den Niederlanden (unten 8). Früheren und künftigen Verträgen über Spezialmaterien (z. B. Seerecht, Atomrecht) geht es nach (Art. 57). Es hindert nicht Abkommen mit Nicht-Vertragsstaaten, daß Entscheidungen, insbesondere aus Vertragsstaaten, gegen Beklagte mit Wohnsitz oder gewöhnlichem Aufenthalt im Nicht-Vertragsstaat nicht anerkannt werden, wenn sie auf „exorbitanter" Zuständigkeit beruhen (Art. 59); ein solches Abkommen ist das Haager Protokoll oben S. 914.

Das **Protokoll** vom 27. 9. **1968** enthält einige Sonderregeln, z. B. über Nebenintervention und Streitverkündung nach §§ 68, 72–74 ZPO (Art. V). Das **Protokoll** vom 3. 6. **1971** überträgt die Auslegung des Übereinkommens auf Vorlage der Rechtsmittelgerichte der Vertragsstaaten dem EuGH ähnlich Art. 177 EWGV. Dazu *Arnold* NJW 72, 977–981; *Schlosser* RIW 75, 534–543.

Das **Lugano**-Abkommen mit der Europäischen Freihandelszone (EFTA) vom 16. 9. 1988 (oben S. 202) läßt dem GVÜ Vorrang (Art. 54 b I) und weicht von ihm nur geringfügig ab vom GVÜ. *Geändert* sind vornehmlich Regeln der internationalen Zuständigkeit: Art. 3 (exorbitante Gerichtsstände), 5 Nr. 1 (Ergänzung hinsichtlich des Erfüllungsorts bei Arbeitsverträgen), 16 Nr. 1 (bei Mietverträgen über Ferienhäuser begründet auch Wohnsitz des Beklagten internationale Zuständigkeit), 17 (Änderungen bei der Form der Gerichtsstandsvereinbarung und bei der Gerichtsstandsvereinbarung für Arbeitsverträge), 21 (Rechtshängigkeit). Außerdem ist der gesetzliche Wohnsitz (Art. 52 III GVÜ) nicht mehr erheblich.

Von den drei **Protokollen** zum **Lugano**-Abkommen begünstigt **Nr. 1** durch einige Sondervorschriften verschiedene Vertragsstaaten und betrifft **Nr. 2** die einheitliche Auslegung des Abkommens (keine Zuständigkeit des EuGH, aber Rücksichtnahme auf Entscheidungen anderer Vertragsstaaten, Austausch von Entscheidungen und Gründung eines ständigen Beratungsausschusses). **Nr. 3** enthält einen Vorbehalt, daß auf Sondergebieten EG-Regelungen den gleichen Vorrang genießen wie nach Art. 57 I des Abkommens Staatsverträge zwischen Mitgliedstaaten der EG; in der **ersten Erklärung** versichern die Mitgliedstaaten der EG, daß sie bei der Ausarbeitung solcher Sonderregelungen das ihre tun werden, die Regeln des Lugano-Abkommens zu respektieren. In der **zweiten Erklärung** versichern die Mitgliedstaaten der EG, daß sie es für angemessen halten, daß der EuGH bei Auslegung des Brüsseler die Rechtsprechung zum Lugano-Abkommen berücksichtigt, und in der **dritten Erklärung** versichern die Mitgliedstaaten der Europäischen Freihandelszone, daß sie es für angemessen halten, daß die Gerichte bei Auslegung des Lugano-Abkommens, soweit es sich mit dem GVÜ deckt, die Rechtsprechung des EuGH und der Mitgliedstaaten der EG zum GVÜ berücksichtigen.

4. Ein am 28. 5. **1998** in Brüssel beschlossenes **EU**-Übereinkommen aufgrund von Art. K. 3 des Vertrags über die Europäische Union über die **Zuständigkeit und** die **Anerkennung** und Vollstreckung **von Entscheidungen in Ehesachen** erstreckt die Grundsätze des GVÜ auf Eheauflösungen und elterliche Sorge. Es steht noch nicht in Kraft (oben S. 183).

Text: FamRZ 98, 1416–1422 (ohne Protokoll); Rev.crit.dr.i.p. 1998, 775–795 (mit Protokoll); Riv.dir.int.priv.proc. 1998, 928–991 (mit Protokoll sowie mit den Begründungen zum Abkommen und zum Protokoll).

Schrifttum: *Sturlèse,* Premiers commentaires sur un événement juridique: la signature de la Convention de Bruxelles 2 ou quand l'Europe se préoccupe des conflits familiaux, Sem. jur. 1998, 1145–1148; *Pirrung,* Unification du droit en matière familiale: la Convention de l'Union européenne sur la reconnaissance des divorces et la question de nouveaux travaux d'Unidroit, 3 (1998) Unif.L.Rev. 629–640; *Hau,* Internationales Eheverfahrensrecht in der Europäischen Union, FamRZ 99, 484–488.

Das Abkommen gilt für *Scheidungen,* Trennungen von Tisch und Bett und für „Ungültigkeitserklärungen" (Nichtigkeit, Aufhebung) von Ehen sowie für die *„elterliche Verantwortung"* (elterliche Sorge) für Kinder aus der Ehe anläßlich solcher Verfahren (Art. 1 I). Gerichtlichen Verfahren stehen gleich andere amtlich anerkannte Verfahren und dem Gericht steht gleich jede zuständige Behörde eines Mitgliedstaats (ebenda II).

International zuständig sind die Gerichte des Mitgliedstaats, in dem sich einer der Gatten *gewöhnlich aufhält* (mit Einschränkungen beim gewöhnlichen Aufenthalt des Klägers) oder dem beide Gatten *angehören* oder in dem sie *dauernden Wohnsitz* (gleichbedeutend mit dem „domicile" des britischen und irischen Rechts) haben (Art. 2 I, III); ob Staatsangehörigkeit oder Wohnsitz maßgibt, kann jeder Staat für sich entscheiden (ebenda II).

Zuständigkeit für eine Ehesache zieht Zuständigkeit für die *elterliche Verantwortung* nach sich, falls sich das Kind im nämlichen Staat aufhält (Art. 3 I), sonst nur, falls das Kind in einem anderen Mitgliedstaat lebt und mindestens ein Gatte die elterliche Verantwortung trägt, beide Eltern die Zuständigkeit anerkennen und sie dem Kindeswohl entspricht (ebenda II). Auch das Erlöschen dieser Zuständigkeiten ist geregelt (ebenda III). Die danach zuständigen Gerichte haben ihre Zuständigkeit im Einklang mit dem *Haager Kindesentführungsabkommen* (oben S. 809–812) auszuüben (Art. 4).

Soweit das Abkommen keine Zuständigkeit verleiht, richtet sie sich in jedem Mitgliedstaat nach dessen Recht (*„Restzuständigkeit"*, Art. 8 I).

Besonders geregelt sind die *Prüfung der Zuständigkeit* (Art. 9), die *Zustellung des verfahrenseinleitenden Schriftstücks* (Art. 10; in Abs. 2 *Verweisung auf das EU-Zustellungsabkommens von 1997,* oben S. 216), die *Rechtshängigkeit* (Art. 11) und *einstweilige Maßnahmen* einschließlich Sicherungsmaßnahmen (Art. 12).

Die *Anerkennung* von Entscheidungen regeln Art. 14–19. Nach einer Begriffsbestimmung des Wortes „Entscheidung" (Art. 14) werden die Anerkennungsvoraussetzungen getrennt für Ehe- und Kindschaftssachen aufgeführt (Art. 15 I und II). (Internationale) *Zuständigkeit* des entscheidenden Gerichts wird nicht verlangt, wohl aber wie üblich, daß die fremde Entscheidung nicht offensichtlich (vgl. oben S. 475) gegen den eigenen *ordre public* verstößt (ebenda I a, II a), daß das *verfahrenseinleitende Schriftstück* gehörig dem Gegner zugestellt worden ist (ebenda (I b, II c) und daß unter bestimmten Voraussetzungen das *Kind* oder ein die elterliche Verantwortung beanspruchender *Dritter* nicht *gehört* worden ist (ebenda II b, d). Bei *widersprechenden Entscheidungen* gehen vor die im Anerkennungsstaat ergangene spätere (vgl. oben S. 908–910) und eine anderswo ergangene, falls sie den Anerkennungsvoraussetzungen des Anerkennungsstaats entspricht (ebenda I c, d, II e, f).

Ein skurriles Schlupfloch, sich durch Staatsvertrag mit einem Nicht-EU-Staat der Anerkennung und Vollstreckung einer Ehe- oder Kindschaftsentscheidung aus einem Mitgliedstaat zu entziehen, öffnen Art. 16, 43; hier erlangt anders als sonst (oben S. 921 a. E.) in bestimmten Fällen die (internationale) *Zuständigkeit* Bedeutung.

Eine *eheauflösende Entscheidung* ist auch dann anzuerkennen, wenn die Auflösung nach dem Recht des Anerkennungsstaats unzulässig wäre (Art. 17).

In der Sache darf keine Entscheidung nachgeprüft werden (Art. 19).

Eingehend geregelt ist die *Vollstreckung* (Art. 20–32). Den für Anerkennung und Vollstreckung nötigen *Urkunden* gelten Art. 33–36. Das *Verhältnis zu anderen Staatsverträgen* ist Gegenstand der Art. 38–42. Die *Auslegung* des Abkommens obliegt dem *EuGH* (Art. 45 des Abkommens mit Art. 1–7 des Protokolls).

5. Die **CIEC** hat ausgearbeitet das (für die Bundesrepublik nicht in Kraft getretene) Luxemburger Übereinkommen vom 8. 9. **1967** über die **Anerkennung von Entscheidungen in Ehesachen** (oben S. 96).

Schrifttum: *Böhmer* StAZ 67, 313–320 (Text 320–322); *Schwind* (öst)ZRvgl. 1968, 161–184 (Text 161–165, „offiziöse“ Begründung 165–169).

Das Abkommen enthält Regeln über die Anerkennung (Art. 1–8), über die Wiederheirat im Falle eines anzuerkennenden Urteils auf Auflösung oder Nichtigerklärung der Ehe (die Wiederheirat darf nicht verwehrt werden, weil ein anderer Staat die Auflösung oder Nichtigerklärung der Ehe verbietet oder nicht anerkennt: Art. 9, vgl. unten Nr. 6 Art. 11 und für das deutsche IPR oben S. 689 f.) und über die Einrede der Rechtshängigkeit (Art. 10). Zu den Anerkennungsvoraussetzungen gehört grundsätzlich nicht internationale Anerkennungszuständigkeit (Art. 2); man hielt die Regeln der einzelnen Mitgliedstaaten des Europarats über die Entscheidungszuständigkeit für unbedenklich (*Böhmer* StAZ 67, 315).

6. Das **1968** im **Haag** beschlossene **Abkommen über die Anerkennung von Scheidungen sowie Trennungen von Tisch und Bett** vom 1. 6. **1970** ist für die Bundesrepublik nicht in Kraft getreten (oben S. 213).

Text: Riv. dir. int. priv. proc. 1968, 928–933 und 1986, 440–445.

Schrifttum: *Francescakis* Clunet 1965, 24–40; *Reese* 14 (1965/66) Am. J. Comp. L. 692–697; *Marín López* Rev. esp. der. int. 1966, 534–549; *Graveson* (öst)ZRvgl. 1967, 83–93 (mit Text des Entwurfs); *Nadelmann* 15 (1966/67) Am. J. Comp. L. 823 (Text des Entwurfs 824–827); *Nadelmann*, Habitual Residence and Nationality as Tests at the Hague: The 1968 Convention on Recognition of Divorces, 47 (1969) Texas L. Rev. 766–778; *Bellet* und *Goldman* Clunet 1969, 843–872 (Text 873–878); *Schwind* Fschr. Schima 1969, 377–389 (Text 389–395); *von Overbeck,* Le remariage du conjoint divorcé selon le projet de convention de La Haye sur la reconnaissance des divorces et selon les droits allemand et suisse, Rev. crit. dr. i. p. 1970, 45–64; *Cavers* Rec. 1970 III 257, 273–276; *Tsai,* Ehescheidung, Anerkennung ausländischer Ehescheidungen und Wiederverheiratung im IPR, Zürich 1975, 303–334; *Parry,* Conflict of Laws – Recognition of Foreign Divorces – Jurisdiction – Habitual Residence – English Law – Hague Convention, 53 (1975) Can. B. Rev. 135–143; *Clerici,* Una codificazione troppo prudente? A proposito della convenzione dell'Aja sul riconoscimento dei divorzi e delle separazioni personali, Gedächtnisschr. Giuliano, Padua 1989, 313–360. Siehe ferner 7. Aufl. S. 173 zur 11. Haager Konferenz.

Das Abkommen gilt für Scheidungen und Trennungen von Tisch und Bett, die in einem Vertragsstaat *(Entscheidungsstaat)* wirksam in einem gerichtlichen oder anerkannten *anderen Verfahren* ausgesprochen worden sind (Art. 1 I). Es gilt *nicht* für *Schuldaussprüche* und *nicht* für Nebenentscheidungen, z. B. über *Unterhalt* und *elterliche Sorge* (Art. 1 II).

Eingehend geregelt ist die internationale Anerkennungszuständigkeit (Art. 2–5).

Ist der *Beklagte im Verfahren aufgetreten,* dann dürfen die tatsächlichen Feststellungen, auf die man die internationale Entscheidungszuständigkeit gegründet hat, *nicht nachgeprüft* werden (Art. 6 I). Auch darf die Anerkennung nicht verweigert werden, weil nach dem *materiellen Recht* des Staats, in dem die Anerkennung begehrt wird *(Anerkennungsstaat),* die Scheidung oder Trennung *nicht erlaubt* wäre oder weil ein materielles Recht angewandt worden ist, das vom IPR des Anwendungsstaats *nicht berufen* war (Art. 6 II). Schließlich darf die Scheidung oder Trennung nicht tatsächlich oder rechtlich nachgeprüft werden, m. a. W. es gibt keine *„révision au fond"* (Art. 6 III).

Die Anerkennung einer Scheidung darf *verweigert* werden, wenn bei ihrem Ausspruch *beide Gatten* nur *Staaten angehörten,* die *keine Scheidung* kannten (Art. 7). Ferner, wenn der *Beklagte* nicht ordnungsgemäß geladen oder im Verfahren *behindert* war (Art. 8), oder wenn die Scheidung oder Trennung *einer früheren Entscheidung widerspricht,* die im Anerkennungsstaat erlassen oder anerkannt ist (Art. 9).

Mit Rücksicht auf den *ordre public* darf die Anerkennung nur verweigert werden, wenn er *„offenbar" (manifestment)* verletzt ist (Art. 10, vgl. oben S. 475).

Ein Staat, der eine Scheidung anerkennen muß, darf die *Wiederheirat nicht* deswegen *verweigern,* weil ein anderer Staat die Scheidung nicht anerkennt (Art. 11). Vgl. oben Nr. 5 Art. 9 und für das deutsche IPR oben S. 689 f.

Scheidungs- oder Trennungsverfahren dürfen ausgesetzt werden, wenn in einem anderen Vertragsstaat über den *Ehestatus (l'état matrimonial)* eines Gatten prozessiert wird (Art. 12).

Eingehend geregelt sind die Fälle *räumlicher* und *persönlicher Rechtsspaltung* (oben S. 360) in einem Vertragsstaat (Art. 13–16).

7. Ebenfalls einschlägig, aber nicht in Kraft ist ein **1956** im **Haag** geschlossenes Abkommen über die **Zuständigkeit des vertraglich vereinbarten Gerichts bei internationalen Käufen beweglicher Sachen** (oben S. 213).

Schrifttum: *Fragistas,* La compétence internationale aux conférences de la Haye de droit international privé, Spiropoulos-Fschr. 1957, 139–156; *Dubbink* WPNR 1965, 169–171, 181–183 (Text 183); siehe ferner 7. Aufl. S. 173 zur 8. Haager Konferenz, insbesondere *Petersen* RabelsZ 24 (1959), 21–29 (Text [Hauptbestimmungen] 147 f.).

Das Haager Abkommen gilt für *„internationale"* Käufe beweglicher Sachen (Art. 1). Die Grenzen verlaufen im einzelnen genau wie in Art. 1 der Konventionen über internationales Kaufrecht von 1955 und über internationales Recht des Eigentumserwerbs beim Kauf von 1956 (oben S. 601, 673).

Das Abkommen regelt nur die *vereinbarte* Zuständigkeit eines staatlichen Gerichts (Art. 2 I). Auf die Zuständigkeit für *einstweilige Maßregeln* erstreckt sich das Abkommen nicht (Art. 4).

Sind die Gerichte eines Vertragsstaats für Streitigkeiten aus dem Kauf *ausdrücklich* für zuständig erklärt und ist bei mündlichem Kauf die Abrede von einer Partei (z. B. in einem Bestätigungsschreiben) oder von einem Makler (in einer Maklernote) *schriftlich* mitgeteilt und unwidersprochen geblieben, dann ist das vereinbarte Gericht *ausschließlich* zuständig (Art. 2), selbst wenn die Abrede fakultativ gemeint war. Allerdings kann das Gericht eines anderen Staats zuständig werden, wenn der Beklagte sich vorbehaltlos einläßt (Art. 3).

Das Urteil eines nach Art. 2 oder 3 zuständigen Gerichts ist grundsätzlich ohne sachliche Nachprüfung *anzuerkennen* und für *vollstreckbar* zu erklären (Art. 5). Ausnahmen bilden u. a. Verstoß gegen den *ordre public* des Anerkennungsstaats (Art. 5

Nr. 4) und *Urteilserschleichung* (Art. 5 Nr. 5), die hier also getrennt werden (vgl. oben S. 428). Auch *erhebliche Verfahrensmängel* hindern die Anerkennung (Art. 5 Nr. 1); in solchem Fall kann, wenn den Kläger kein Verschulden traf, im Staat, in dem nicht anerkannt wird, ohne Rücksicht auf die vereinbarte Zuständigkeit *neu geklagt* werden (Art. 6).

8. Das **Haager** Übereinkommen über **Gerichtsstandvereinbarungen** von **1965** ist nicht in Kraft (oben S. 213).

Schrifttum: *Arnold* AWD 65, 206f.; *Welamson,* Quelques problèmes liés à la Convention de la Haye sur les accords d'élection de for, Fragistas-Fschr. III, 1968, 205–215; siehe ferner 7. Aufl. S. 173 zur 10. Haager Konferenz.

Das Abkommen erlaubt Parteien (Art. 1), ihre *gegenwärtigen* oder *künftigen* Streitigkeiten aus einem bestimmten Rechtsverhältnis den *Gerichten* oder *einem* bestimmten *Gericht* eines *Vertragsstaats* zu überweisen. Im ersten Fall entscheidet das Prozeßrecht des Vertragsstaats, welches Gericht im einzelnen zuständig ist. Im zweiten Fall muß das vereinbarte Gericht nach diesem Prozeßrecht zuständig sein.

Das *Rechtsverhältnis* muß ein *„internationales"* sein (Art. 2 I). Das ist schon dann der Fall, wenn die Parteien für einen rein inländischen Sachverhalt ein ausländisches Gericht berufen; doch kann sich der ausländische Staat gegen Überschwemmung mit solchen Sachen durch einen Vorbehalt schützen (Art. 15, 20 I; dazu *Panchaud* SchweizJahrbintR 22 [1965], 19f.; vgl. oben S. 488 a. E. f. zur Verweisungszuständigkeit).

Das internationale Rechtsverhältnis muß eine *Zivil-* oder *Handelssache* betreffen (Art. 2 I). Das Abkommen gilt jedoch nicht für Zuständigkeitsvereinbarungen über personen-, familien- und erbrechtliche Verhältnisse, Unterhaltsansprüche aller Art, Grundstücksrechte und anderes (Art. 2 II).

Welchem Staat die Parteien angehören, gilt gleich (Art. 3).

Die *Vereinbarung* muß *schriftlich angeboten* sein mit ausdrücklicher Angabe des oder der zuständigen Gerichte (Art. 4 I). Sie darf nicht aus Schweigen des Beklagten im Prozeß erschlossen werden (Art. 4 II). Sie ist unwirksam, wenn sie durch Mißbrauch wirtschaftlicher Macht oder sonst unlauter zustandegebracht ist (Art. 4 III).

Das vereinbarte Gericht ist im Zweifel *ausschließlich zuständig* (Art. 5 I). Es kann eine Sache nur ablehnen, wenn das derogierte Gericht einem Vertragsstaat angehört und dessen Recht die Derogation in Sachen solcher Art verbot (Art. 5 II).

Nicht vereinbarte Gerichte müssen sich für *unzuständig* erklären, *außer wenn*
- die Parteien nur eine konkurrierende Zuständigkeit vereinbart haben;
- die Derogation unzulässig war (siehe oben zu Art. 5 II);
- die Vereinbarung unwirksam ist;
- nur einstweilige Maßregeln in Rede stehen (Art. 6).

Hat das vereinbarte Gericht eines Vertragsstaats entschieden, dann ist die Entscheidung in jedem anderen Vertragsstaat *anzuerkennen* und *vollstreckbar,* wenn die sonstigen Voraussetzungen hierfür nach dessen Recht erfüllt sind (Art. 8). Ist dem nicht so, dann kann in dem anderen Vertragsstaat neu geklagt werden (Art. 9).

Vergleiche vor einem vereinbarten Gericht stehen dessen Entscheidungen gleich (Art. 10).

Das Übereinkommen geht *anderen Staatsverträgen* eines Vertragsstaats nicht vor (Art. 11).

Bestimmte *Vorbehalte* stehen den Vertragsstaaten offen (Art. 12–15).

9. **Zweiseitige** Abkommen über die Anerkennung von Entscheidungen.

Schrifttum: *Cramer-Frank,* Auslegung und Qualifikation bilateraler Anerkennungs- und Vollstreckungsverträge mit Nicht-EG-Staaten, 1987.

Zweiseitige Abkommen hat die Bundesrepublik geschlossen mit **Belgien, Griechenland, Großbritannien** und **Nordirland, Israel, Italien,** den **Niederlanden, Norwegen, Österreich,** der **Schweiz, Spanien** und **Tunesien.** Nachweise (außer für Spanien) *Soergel-Kronke* X[12] Art. 38 EGBGB Anhang IV Rz 185–187 S. 2161f.; dazu für Belgien, Großbritannien und Nordirland sowie Österreich *Matscher* ZZP 73, 404–440, für Spanien BGBl. 1987 II 34, 1988 II 375, für Großbritannien BGBl. 1988 II 207,

672, für Israel BGBl. 1990 II 3. Die Abkommen mit Belgien, Großbritannien, Italien und den Niederlanden sind im wesentlichen überholt durch das GVÜ (Art. 55, 56 GVÜ).

10. Für das GVÜ (oben Nr. 3), für das Haager Abkommen über Unterhaltsentscheidungen von 1973 (oben Nr. 1) und für die zweiseitigen Abkommen mit Israel, Norwegen und Spanien (oben Nr. 9) gilt das Gesetz zur Ausführung zwischenstaatlicher Anerkennungs- und Vollstreckungsverträge in Zivil- und Handelssachen **(Anerkennungs- und Vollstreckungsausführungsgesetz – AVAG)** vom 30. 5. 1988 (BGBl. I 662, 672) (§ 1 I mit § 35).

Schrifttum: *Geimer,* Das neue Gesetz zur Ausführung zwischenstaatlicher Anerkennungs- und Vollstreckungsverträge in Zivil- und Handelssachen (Anerkennungs- und Vollstreckungsausführungsgesetz – AVAG), NJW 88, 2157–2159; *Böhmer,* Der deutsch-spanische Vollstreckungsvertrag vom 14. November 1983 und das Allgemeine Ausführungsgesetz vom 30. Mai 1988, IPRax 88, 334–338.

Das AVAG regelt

- in Teil 1 seinen Anwendungsbereich, nämlich die Staatsverträge, für die es gilt (§ 1 I mit § 35) und den Vorrang der Vorschriften dieser Staatsverträge (§ 1 II),
- in Teil 2 die Zulassung der Zwangsvollstreckung, nämlich Zuständigkeit und Feriensache (§ 2), Erteilung der Vollstreckungsklausel (§§ 3–10), Beschwerde und Vollstreckungsgegenklage (§§ 11–16), Rechtsbeschwerde (§§ 17–19) sowie Beschränkung der Zwangsvollstreckung auf Sicherungsmaßregeln und Fortsetzung der Zwangsvollstreckung (§§ 20–26),
- in Teil 3 die Feststellung der Anerkennung (§§ 27, 28),
- in Teil 4 die Aufhebung und Änderung von Beschlüssen über die Zulassung der Zwangsvollstreckung oder die Anerkennung (§§ 29–31),
- in Teil 5 Besonderheiten für Entscheidungen deutscher Gerichte (§§ 32, 33),
- in Teil 6 das Mahnverfahren (§ 34),
- in Teil 7 die auszuführenden Staatsverträge (§ 35, vgl. oben zu Teil 1),
- in Teil 8 Besonderheiten für die einzelnen Staatsverträge, nämlich
  - GVÜ (§§ 36–38),
  - Haager Abkommen über Unterhaltsentscheidungen von 1973 (§§ 39–41),
  - Anerkennungsvertrag mit Norwegen (§§ 42–49),
  - Anerkennungsvertrag mit Israel (§§ 50–55)
  - Anerkennungsvertrag mit Spanien (§ 56).

Teil 9 enthält Anpassungs- und Aufhebungsvorschriften (§§ 57, 58), Teil 10 eine Konzentrationsermächtigung (§ 59) und Teil 11 Schluß- und Übergangsvorschriften (§§ 60, 61).

11. Die Anerkennung und Vollstreckung ausländischer **Schiedssprüche** ist vereinbart in dem mehrseitigen **Genfer Abkommen zur Vollstreckung ausländischer Schiedssprüche** von 1927 (näher oben S. 207). Diesem Abkommen sind die **USA** nicht beigetreten. Aber Art. VI Abs. 2 des zwischen der Bundesrepublik und den USA geschlossenen Freundschafts-, Handels- und Schiffahrtsvertrags vom 29. 10. 1954 (BGBl. 1956 II 487, 763) regelt die Anerkennung und Vollstreckung von Schiedssprüchen im Verhältnis beider Staaten (dazu z.B. BGH 57, 153 = ZZP 73, 46 mit Anm. von *Schlosser*). Ebenso im Verhältnis zu **Sowjetrußland** Art. 8 des Abkommens über Allgemeine Fragen des Handels und der Seeschiffahrt vom 25. 4. 1958 (BGBl. 1959 II 221, 469).

Siehe ferner

- zum **New Yorker Übereinkommen über die Anerkennung und Vollstreckung ausländischer Schiedssprüche** von 1958 oben S. 207;
- zum **Genfer Europäischen Übereinkommen über die internationale Handelsschiedsgerichtsbarkeit** vom 21. 4. 1961 und zur **Pariser Vereinbarung** über dessen **Anwendung** vom 17. 12. 1962 oben S. 207;

- zum **Washingtoner Weltbank-Übereinkommen** zur Beilegung von **Investitionsstreitigkeiten** zwischen Staaten und Angehörigen anderer Staaten vom 18. 3. 1965 oben S. 207;
- zum (noch nicht in Kraft getretenen) mehrseitigen **Straßburger Europäischen Übereinkommen zur Einführung eines Einheitlichen Gesetzes über die Schiedsgerichtsbarkeit** vom 20. 1. 1966 oben S. 217;
- zur **Ostblockkonvention über die schiedsgerichtliche Entscheidung in Zivilrechtsstreitigkeiten** oben S. 225.

VI. Änderung ausländischer Entscheidungen

Schrifttum: *Schlosser,* Zur Abänderung ausländischer Unterhaltsentscheidungen, IPRax 1981, 120–122; *Henrich,* Die Abänderungsklage gegen ausländische Unterhaltsurteile, IPRax 1982, 140f.; *Spellenberg,* Abänderung ausländischer Unterhaltsurteile und Statut der Rechtskraft, IPRax 1984, 304–308; *Leipold,* Das anwendbare Recht bei der Abänderungsklage gegen ausländische Urteile, Nagel-Fschr. 1987, 189–208; *Henrich,* Zur Anerkennung und Abänderung ausländischer Unterhaltsurteile, die unter Nichtbeachtung früherer deutscher Unterhaltsurteile ergangen sind, IPRax 1988, 21f.; *Gottwald,* Abänderungsklage, Unterhaltsanspruch und materielle Rechtskraft, Schwab-Fschr. 1990, 151–164; *Baumann,* Leistungs- und Abänderungsklage bei früherem Auslandsurteil, IPRax 1990, 28–32.

Anerkannte ausländische Urteile auf wiederkehrende Leistungen (meist Unterhalt) können nach § 323 ZPO auf Antrag einer Partei **geändert** werden, wenn sich die Tatsachen geändert haben (z.B. OLG Zweibrücken FamRZ 99, 33 [34 unter 1c]). Dasselbe gilt für andere ausländische Entscheidungen auf wiederkehrende Leistungen, z.B. Beschlüsse.

Internationale Zuständigkeit besteht, wenn sie für eine neue Erstklage gegeben wäre. Z.B. OLG Köln IPRax 89, 53 LS mit Anm. Red. (D.H.); AG Kerpen FamRZ 97, 436 unter 1 a.E.

Der **Sachverhalt** der Erstentscheidung ist verbindlich. Z.B. KG FamRZ 94, 759 (761 unter II 2).

Die Änderung geschieht nach dem **maßgebenden Recht,** insbesondere dem Unterhaltsstatut. Z.B. OLG Düsseldorf NJW-RR 89, 1947 und DAVorm. 91, 198; OLG Hamm FamRZ 93, 75; KG FamRZ 94, 759 (760 unter 5.1); streitig; vgl. BGH FamRZ 92, 1060 [1062 unter II 2] = NJW-RR 93, 5: Abänder*barkeit* unterliegt nicht dem Recht des Staates, aus dem die Entscheidung stammt, aber dahingestellt, ob maßgebend § 323 ZPO oder Unterhaltsstatut; Abänder*ung* nach dem vom ausländischen Gericht angewandten Recht.

Ausländischen Gerichten sollten wir gleiche Änderungsbefugnisse zuerkennen und demgemäß ihre Änderungsentscheidungen anerkennen (OLG Hamm IPRspr. 1976 Nr. 63 S. 195 a.E.f. = OLGZ 1976, 426).

Wird aus dem **ursprünglichen** Urteil eines **ausländischen** Gerichts, das wiederkehrende Leistungen (meist Unterhalt) betrifft, im Inland nach §§ 722, 723 ZPO auf Vollstreckungsurteil geklagt, dann kann der Schuldner zwar **nachträgliche Einwendungen** i.S.v. § 767 II ZPO vorbringen. Eine **Änderung** dieses Urteils aber kann er **nur über § 323 ZPO** erreichen (BGH IPRax 91, 111 mit Aufsatz von *Böhmer* 90–92 = NJW 90, 1419; OLG Karlsruhe NJW-NJW-RR 99, 82 [83 unter II 2]).

VII. Rechtshängigkeit

Schrifttum: 6. Aufl. S. 706. Ferner: *Krause-Ablass* und *Bastuk,* Deutsche Klagen zur Abwehr amerikanischer Prozesse?, Stiefel-Fschr. 1987, 445–470; *Jayme,* Rechtshängigkeit kraft Verbunds im Ausland und inländisches gesondertes Unterhaltsverfahren, IPRax 87, 295–297; *Schumann,* Der Vermögensgerichtsstand (§ 23 ZPO) und der Einwand internationaler Rechtshängigkeit, IPRax 88, 13–15; *Kurth,* Inländischer Rechtsschutz gegen Verfahren vor ausländischen Gerichten, 1989; *Siehr,* Rechtshängigkeit im Ausland und das Verhältnis zwischen staatsvertraglichen sowie autonomen Anerkennungsvorschriften, IPRax 89, 93–96; *Kerameus,* Rechtsvergleichende Bemerkungen zur internationalen Rechtshängigkeit, Schwab-Fschr. 1990, 257–268; *Vogel,* Rechtshängigkeit und materielle Rechtskraft im internationalen Verhältnis, SchweizJZ 1990, 77–85; *Kono,* Internationale Rechtshängigkeit durch japanische Schlichtungsverfahren?, IPRax 90, 93–95; *Mansel,* Inländische Rechtshängigkeitssperre durch ausländische Streitverkündungen, ebenda 214–216; *Kerameus,* Problemi attuali della litispendenza internazionale nel processo civile, Riv. dir. proc. 1990, 1001–1020; *Schwander,* Ausländische Rechtshängigkeit nach IPR-Gesetz und Lugano-Übereinkommen, in: *Schwander* und *Stoffel* (Hrsg.), Beiträge zum schweizerischen und internationalen Zivilprozeßrecht, Fschr. für Oscar Vogel, Freiburg/Schweiz 1991, 395–418; *Schütze,* Die Wirkungen ausländischer Rechtshängigkeit im inländischen Verfahren, ZZP 91, 136–149; *Isenburg-Epple,* Die Berücksichtigung ausländischer Rechtshängigkeit nach dem Europäischen Gerichtsstands- und Vollstreckungsübereinkommen vom 27. 9. 1968, 1992; *Rauscher,* Jugoslawisches IZPR vor deutschen Gerichten? – Zur Beachtlichkeit ausländischer Rechtshängigkeit, IPRax 92, 14–17; *Linke,* Verbundszuständigkeit – anderweitige Rechtshängigkeit – res iudicata, ebenda 159f.; *di Blase,* Connessione e litispendenza nella convenzione di Bruxelles, Mailand 1993; *Dogauchi,* Parallele Verfahren in Japan und den USA, in: *Heldrich* und *Kono* (Hrsg.), Herausforderungen des Internationalen Zivilverfahrensrechts, 1994, 163–184 (176–182); *Linke,* Anderweitige Rechtshängigkeit im Ausland und inländischer Justizgewährungsanspruch, IPRax 94, 17–19; *H. Roth,* Ausländische Rechtshängigkeit und perpetuatio fori im Umfeld des Haager Minderjährigenschutzabkommens, ebenda 19–21; *Schack,* Die Versagung der deutschen internationalen Zuständigkeit wegen forum non conveniens und lis alibi pendens, RabelsZ 58 (1994), 40–58; *Pesce,* I limiti della giurisdizione italiana rispetto alla sentenza straniera ed il nuovo sistema di diritto internazionale privato, Giur. It. 1995 I 1, 2093–2096; *Dohm,* Die Einrede ausländischer Rechtshängigkeit im deutschen internationalen Zivilprozeßrecht, 1996; *Hau,* Positive Kompetenzkonflikte im Internationalen Zivilprozeßrecht, 1996; *Cano Bazaga,* La litispendencia comunitaria, Madrid 1997; *Zeuner,* Zum Verhältnis zwischen internationaler Rechtshängigkeit nach Art. 21 EuGVÜ und Rechtshängigkeit nach den Regeln der ZPO, Lüke-Fschr. 1997, 1003–1021; *Gaedke,* Konkurrenz inländischer und ausländischer Verfahren – Tatbestand und Rechtsfolgen der internationalen Streitanhängigkeit nach dem LGVÜ, ÖstJZ 1997, 286–294; *Heiderhoff,* Die Berücksichtigung ausländischer Rechtshängigkeit in Ehescheidungsverfahren, 1998.

Nicht erst das *Urteil* eines ausländischen Gerichts, sondern schon die *Rechtshängigkeit* kann für uns bedeutsam sein, insbesondere einen Rechtsstreit in Deutschland hindern. Ob sie eingetreten ist, sagt das Verfahrensrecht des Gerichtsstaats.

BGH FamRZ 87, 580 mit Anm. von *Gottwald* = IPRax 89, 104 mit Aufsatz von *Siehr* 93–96 = JR 88, 22 mit Anm. von *Hauser* = NJW 87, 3083 mit Anm. von *Geimer*; BGH IPRax 94, 40 mit Aufsatz von *Linke* 17–19 = NJW-RR 92, 642; BGH IPRax 94, 131 (133 unter IV 1) mit Aufsatz von *von Bar* 100–103 = NJW 93, 2047.

Nach h.M. ist ein **Verfahren in Deutschland unzulässig** (oder wird, wenn man so will, die ausländische Rechtshängigkeit von uns „anerkannt"), **wenn zu erwarten** ist, daß das ausländische **Urteil** von uns **anerkannt** wird. Nötig ist, daß es in beiden Verfahren um *dieselben Parteien* und *denselben Gegenstand* geht.

BGH IPRax 94, 40 mit Aufsatz von *Linke* 17–19 = NJW-RR 92, 642; BGH FamRZ 92, 1060 (1061 unter I 2) = NJW-RR 93, 5; OLG Karlsruhe FamRZ 94, 47 (zum Verhältnis von Scheidungs-, Eheaufhebungs- und Ehenichtigkeitsklage); AG Siegburg NJW-RR 97, 388 (Trennung von Tisch und Bett in Italien und Scheidung in Deutschland).

Daher hindert Zulässigkeit vorläufiger Maßnahmen im Ausland nicht endgültige Entscheidung bei uns (OLG Karlsruhe FamRZ 91, 362) und kann bei uns eine einstweilige Verfügung ergehen, auch wenn im Ausland ein Rechtsstreit anhängt (OLG Köln FamRZ 92, 75).

Tritt ausländische Rechtshängigkeit *nach* deutscher ein, dann hindert sie den Fortgang des deutschen Prozesses nicht (z.B. BGH NJW-RR 86, 1130; OLG Karlsruhe FamRZ 90, 168 = NJW-RR 90, 777). Ergeht in solchem Fall das ausländische Urteil *vor* dem deutschen, dann ist es nach § 328 I Nr. 3 ZPO nicht anzuerkennen (OLG Frankfurt a.M. FamRZ 97, 92 übersehen von OLG Bamberg ebenda 95 mit Anm. von *Gottwald*).

Dasselbe wie für die Rechtshängigkeit gilt für die „*Anhängigkeit*" anderer Verfahren als Rechtsstreite (vgl. z.B. § 4 FGG); auch hier kommt es darauf an, ob die Entscheidung von uns anerkannt werden wird (dahingestellt BGH IPRax 87, 317 mit Aufsatz von *Mansel* 298–302 = NJW-RR 86, 1130).

Allerdings kann sich ein *ausländisches Verfahren* derart *hinziehen*, daß man der Gegenpartei, die dadurch an ihrem Recht erheblich Schaden nimmt, gestatten muß, im Inland vorzugehen. So unter Anrufung von Treu und Glauben im Prozeß BGH IPRax 84, 152 mit abl. Aufsatz von *Luther* 141–143 = NJW 83, 1269 mit Aufsatz von *Geimer* 84, 527–530. Hier hatte eine Italienerin ihren deutschen Mann in Genua, wo beide lebten, nach Trennung auf *Scheidung* verklagt, der Richter aber die Sache über vier Jahre liegen lassen, wohl um nach Art. 3 Nr. 2b Abs. 2 des italienischen Scheidungsgesetzes von 1970 nach fünfjähriger Trennung die Scheidung auszusprechen. Bei uns beträgt die Frist längstens drei Jahre (§ 1566 II BGB) und der BGH unterstellte das Scheidungsbegehren des deutschen Gatten deutschem Recht (vgl. oben S. 746). Inzwischen erlaubt das italienische Recht die Scheidung nach drei Jahren ab gescheitertem Sühneversuch (vgl. OLG Köln IPRax 89, 310 LS mit Anm. Red. [E.J.]). Über Rechtshängigkeit einer Scheidung in England gründlich OLG Hamm NJW 88, 3102. Zurückhaltend gegenüber Nichtbeachtung ausländischer Rechtshängigkeit BGH NJW 86, 2195 und OLG Frankfurt IPRax 88, 24 mit zust. Aufsatz von *Schumann* 13–15 = NJW-RR 88, 572.

Auch in *Unterhalts*sachen kann man nicht immer auf den Abschluß eines ausländischen Verfahrens warten. Dazu (öst)OGH IPRax 90, 59 LS m. Anm. Red. (D.H.).

Zur *Nichtanerkennung ausländischer Entscheidungen* wegen Verletzung inländischer Rechtshängigkeit oben S. 910. Stets für Erstreckung ausländischer Rechtskraftwirkung auf das Inland, außer wenn ausländische Prozeßführung rechtsmißbräuchlich: *Schütze* ZZP 91, 136–149.

Zur *Unterbrechung der Verjährung* durch Prozeßhandlungen im Ausland oben S. 557 a.E.f.

VIII. Interlokales Recht

Schrifttum: 6. Aufl. S. 707. Hervorzuheben: *Kronke*, Deutsches interlokales Privat- und Privatverfahrensrecht nach dem Grundvertrag, 1980, 158–214. Ferner zum *Ge-*

richtsverfassungs- und zum *materiellen Verfahrensrecht* in den neuen Bundesländern: *Wassermann,* Zur Reorganisation der Justiz in der DDR, ZRP 90, 259–264; *Beckert,* Gegenwärtiger Status des Obersten Gerichts der DDR, DtZ 90, 204–208; *Horn,* Das Zivil- und Wirtschaftsrecht im neuen Bundesgebiet[1], 1991, 471–525.

1. Verfahrensrecht der früheren DDR und Ost-Berlins

Das *materielle* Gerichtsverfassungs- und Verfahrensrecht der DDR und Ost-Berlins war hauptsächlich geregelt im GVG und in der ZPO der DDR (7. Aufl. S. 23).

Das *internationale* Verfahrensrecht der DDR enthielt der Sechste Teil der ZPO (§§ 181–198). Z.B. herrschte über den Ablauf des Verfahrens das Recht der DDR (§ 181 III). Der Anerkennung ausländischer Entscheidungen galt § 193. Entscheidungen in Ehesachen wurden anerkannt in einem besonderen Verfahren, das dem unsrigen (oben S. 707–709) ähnelte; jedoch befand in der DDR der Minister der Justiz (§ 194).

Am 3. 10. 1990 hat Art. 8 des Einigungsvertrags das *Bundesrecht* im Beitrittsgebiet *eingeführt* und damit auch das bundesdeutsche materielle, internationale und interlokale Verfahrensrecht.

2. Interlokales Verfahrensrecht

a) Neufälle

Für Neufälle, d.h. für Verfahren, die ab dem 3. 10. 1990 begonnen werden, oder für bereits anhängige von diesem Tag an, gilt in Ost und West einheitlich das westdeutsche materielle, internationale und interlokale Verfahrensrecht. Vgl. für Nachlaßsachen oben S. 884).

b) Altfälle

aa) Verschiedene Entscheidungen in Ost und West

Für Altfälle bleibt es beim vor der Wiedervereinigung geltenden Recht. **Art. 18 I des Einigungsvertrags** bestimmt:

„Art. 18 Fortgeltung gerichtlicher Entscheidungen

(1) Vor dem Wirksamwerden des Beitritts ergangene Entscheidungen der Gerichte der Deutschen Demokratischen Republik bleiben wirksam und können nach Maßgabe des gemäß Artikel 8 in Kraft gesetzten oder des gemäß Artikel 9 fortgeltenden Rechts vollstreckt werden. Nach diesem Recht richtet sich auch eine Überprüfung der Vereinbarkeit von Entscheidungen und ihrer Vollstreckung mit rechtsstaatlichen Grundsätzen. Artikel 17 [betrifft Rehabilitierung von Opfern des SED-Unrechts-Regimes] bleibt unberührt."

Art. 18 I ist „*klarstellend*" (Begründung zu Art. 18, BTDrucks. 11/7760, abgedruckt bei *Stern* und *Schmidt-Bleibtreu,* Einigungsvertrag und Wahlvertrag, 1990, 142).

Er spricht von vor dem 3. 10. 1990 in der DDR und Ost-Berlin ergangenen *Entscheidungen,* ergibt aber zugleich für sie die Fortwirkung des früheren materiellen und internationalen *Verfahrensrechts* in den neuen Bundesländern.

Somit bleibt es im *Osten,* wo es nur inter*nationales,* nicht inter*lokales* Verfahrensrecht gab (oben S. 44), bei §§ 181–198 ZPO/DDR (oben 1) und (im selben Fall) BGH NJW 99, 493.

Im *Westen* gilt das westliche interlokale Verfahrensrecht (unten bb).

Gegebenenfalls ist daher im Osten anders zu entscheiden als im Westen (vgl. oben S. 42–44). Siehe dazu den lehrreichen Fall AG Bautzen FamRZ 94, 1388 mit abl. Anm. von *Bosch.* Bei Widerspruch zwischen östlichem und westlichem Urteil für Maßgeblichkeit des letzteren OLG Hamm FamRZ 97, 1215 und (im selben Fall) BGH NJW 99, 493.

Art. 18 I des Einigungsvertrags wirkt *nur innerhalb Deutschlands.* Vor der Wiedervereinigung von ausländischen Staaten mit der Bundesrepublik geschlossene Verträge über die Anerkennung gerichtlicher Entscheidungen binden die ausländischen Vertragspartner nicht, soweit es um Entscheidungen aus der DDR und Ost-Berlin aus der Zeit vor der Wiedervereinigung geht ([öst]OGH IPRax 94, 219 mit Aufsatz von *Andrae* 223–231).

bb) Westliches interlokales Verfahrensrecht

aaa) Grundlage

Verfahrens*kollisions*recht (internationales wie interlokales) braucht man, sobald Verfahren **von Rechts wegen** zu **verschiedenen Ergebnissen** führen können. Das kann der Fall sein, weil das *materielle Verfahrensrecht* verschieden ist. Es kann aber auch der Fall sein, weil die *privatrechtlichen Kollisionsnormen* sich unterscheiden und deswegen verschiedene materiellprivatrechtliche Normen anzuwenden sind. In beiden Fällen (Unterschiede im Verfahrensrecht, Unterschiede im privatrechtlichen Kollisionsrecht) können die Unterschiede schon aus dem *Buchstaben des Gesetzes* folgen oder nur aus *vorgeschriebener verschiedener Anwendung* desselben Gesetzes (vgl. BGH 44, 46 [50f.]; *Sieg* IPRax 96, 79f.; a.A. *von Hoffmann* und *Hau* RIW 98, 351f. unter V).

Inter*lokales* Verfahrensrecht braucht man, wenn innerhalb eines (souveränen) Staates *nach Gebieten* die Verfahren von Rechts wegen zu verschiedenen Ergebnissen in dem soeben beschriebenen Sinne führen können.

Rein *tatsächliche* Unterschiede genügen (für das Verfahrenskollisionsrecht und damit auch für das interlokale Verfahrensrecht) nicht. Daß die Richter in Altstadt schlecht ausgebildet, faul, bestechlich oder Kommunisten sind, ist für die Richter in Neustadt kein Grund, ihre eigene *Zuständigkeit* zu erweitern und die Altstädter Urteile daraufhin zu prüfen, ob sie *anerkannt* werden können. Das wird erst nötig, wenn die Altstädter Mängel auf anderem *Recht* beruhen, z.B. „Volksrichter" zugelassen sind oder es völlig oder fast gewohnheitsrechtlicher Brauch ist, in die Schriftsätze Geldscheine einzulegen, um dem Richter das Umblättern zu versüßen.

Oft wurde angenommen, im Ost-West-Verhältnis sei interlokales Verfahrensrecht nötig, weil im Osten **„fremde Hoheitsgewalt"** ausgeübt würde (*Beitzke* MDR 54, 321 bis 324 und FamRZ 56, 36–39; BGH 20, 323 [333f.]). Das ist ein *politisches* Kriterium. Es geht aber um die privatverfahrensrechtliche und zum Teil (*ordre public*-Vorbehalt für Anerkennung fremder Entscheidungen) auch um die materiellprivatrechtliche *Gerechtigkeit.* Daher kann es interlokales Verfahrensrecht auch unter *derselben* Hoheitsgewalt geben (vgl. *Ludwig von Bar,* Theorie und Praxis des IPR, 1889, I 22f., II 466f.; *Riezler,* Internationales Zivilprozeßrecht, 1949, 166; *Batiffol* und *Lagarde,* Droit international privé II^{7}, 1983, S. 548).

Das *materielle Verfahrensrecht* war in der DDR und in Ost-Berlin tiefgreifend umgestaltet und zwar zu einem guten Teil nicht, um der materiellverfahrensrechtlichen Gerechtigkeit zu dienen, sondern um die Macht des Kommunismus durch „Parteilichkeit" zu festigen. So war die Unabhängigkeit der Richter beseitigt, ihre Ausbildung einseitig. Die Selbständigkeit der Rechtsanwälte war durch sog. „Anwaltskollegien" weitgehend aufgehoben. Der Staatsanwalt konnte in jedem privatrechtlichen Verfahren mitwirken. Das streitige Verfahren erster Instanz war vereinfacht; auch gab es kein besonderes Verfahren mehr für Ehe- und Kindschaftssachen. Kleinere Streitigkeiten konnten von „Konfliktkommissionen" (hauptsächlich in Betrieben) und „Schiedskommissionen" (hauptsächlich in Gemeinden und Genossenschaften) entschieden werden. Die Revision war abgeschafft und eine Kassation eingeführt. Die Angelegenheiten der freiwilligen Gerichtsbarkeit waren teils auf das Staatliche Notariat, teils auf Verwaltungsstellen übergegangen.

Vgl. Erlaß des Staatsrates der DDR über die grundsätzlichen Aufgaben und die Arbeitsweise der Organe der Rechtspflege vom 4.4.1963 (GBl. I 21); Ges. über die

Verfassung der Gerichte der DDR (Gerichtsverfassungsgesetz) vom 17. 4. 1963 (GBl. I 45) i.d.F. des EG zum StGB und zur StPO der DDR vom 12. 1. 1968 (GBl. I 97) und des Ges. über die gesellschaftlichen Gerichte der DDR (GGG) vom 11. 6. 1968 (GBl. I 229); Ges. über die Staatsanwaltschaft der DDR vom 17. 4. 1963 (GBl. I 57); ZPO, Ges. über die gesellschaftlichen Gerichte der DDR (GGG) mit Konfliktkommissionsordnung und Schiedskommissionsordnung, SchiedsgerichtsVO, GrundstücksvollstreckungsVO, GesamtvollstreckungsVO, Notariatsgesetz und Ges. über die Kollegien der Rechtsanwälte der DDR 7. Aufl. S. 23.

Auch die *privatrechtlichen Kollisionsnormen* waren in Ost und West teilweise verschieden (oben S. 187).

Da das materielle Verfahrensrecht und das privatrechtliche Kollisionsrecht der DDR und Ost-Berlins vom Recht der Bundesrepublik und West-Berlins stark abwichen und deswegen Verfahren in Ost und West von Rechts wegen zu verschiedenen Ergebnissen führen konnten, wurde interlokales Verfahrensrecht gebraucht. Das bedeutete hauptsächlich zweierlei:

1. es gab eine von der örtlichen verschiedene **interlokale Zuständigkeit;**
2. östliche Entscheidungen aus der Zeit vor dem 3. 10. 1990 wirkten nicht von selbst, sondern mußten und müssen **anerkannt** werden und die Anerkennung steht unter dem Vorbehalt des westlichen *ordre public.*

Wie internationales und interlokales *Privatrecht* sich ähneln, aber nicht gleichen, so auch internationales und interlokales *Verfahrensrecht.* So taugt die *Staatsangehörigkeit* im interlokalen Bereich nicht als Anknüpfung, weil in Ost und West Deutsche lebten: sie ergibt weder das anwendbare Recht (oben S. 405f.) noch die zuständigen Gerichte. Sodann ist Ballast bei der *Anerkennung* und *Vollstreckung von Urteilen* nicht aus dem internationalen ins interlokale Verfahrensrecht zu übernehmen (unten 3).

bbb) Interlokale Zuständigkeit

Schrifttum: *Kuchinke,* Zur interlokalen Zuständigkeit der Nachlaßgerichte in der Bundesrepublik Deutschland, Frhr. von der Heydte-Fschr. II 1977, 1005–1023.

Viele Zuständigkeitsvorschriften *erweitern* die gewöhnliche Zuständigkeit für den Fall, daß die gewöhnliche Anknüpfung **„im Inland"** nicht verwirklicht ist. Sie tun das, indem sie anknüpfen an schlichten Aufenthalt im Inland (ein besonderer Fall der **Aufenthaltszuständigkeit**), an die deutsche Staatsangehörigkeit **(Staatsangehörigkeitszuständigkeit),** an Belegenheit im Inland **(Belegenheitszuständigkeit)** oder an Fürsorgebedürfnis im Inland **(Fürsorgebedürfnis-Zuständigkeit).**

Anknüpfung an den **schlichten Aufenthalt** im Inland: §§ 16, 23 a ZPO; § 73 I FGG.

Anknüpfung an deutsche **Staatsangehörigkeit:** §§ 606 a I Nr. 1, 640 a II Nr. 1 ZPO; §§ 35 b I Nr. 1 n.F., 43 I n.F., 43 b I Nr. 1, 44 a I 2, 45 IV, 73 II FGG.

Anknüpfung an **Belegenheit** im Inland: § 23 ZPO, § 73 III FGG, § 2369 BGB.

Anknüpfung an **Fürsorgebedürfnis** im Inland: §§ 35 b II n.F., 43 I n.F, 65 II FGG.

Man hat oft gefragt, ob die DDR oder Ost-Berlin als *„Inland"* im Sinne dieser Zuständigkeitsvorschriften anzusehen seien, und dies nach anfänglichem Schwanken verneint, nicht ohne eingehende staats- und völkerrechtliche Betrachtungen anzustellen. Das Ergebnis ist richtig. Doch sind staats- und völkerrechtliche Betrachtungen unerheblich: eine der internationalen Zuständigkeit ähnliche interlokale Zuständigkeit muß bejaht werden, weil Verfahren in der DDR und in Ost-Berlin **von Rechts wegen andere Ergebnisse** haben konnten (und auch wirklich hatten) als in der Bundesrepublik und in West-Berlin (oben aaa).

Ein Gegenstück zur internationalen **Staatsangehörigkeitszuständigkeit** fehlt für die interlokale Zuständigkeit. Denn die Staatsangehörigkeit ist interlokal nicht unterscheidungskräftig (BayObLG NJW 57, 1599 zu § 36 II FGG; bestritten, näher für § 73 II FGG Soergel VIII[11] Rz 737 vor Art. 7 EGBGB, S. 457).

Als Daueranknüpfung wählen die Zuständigkeitsvorschriften für örtliche und internationale Zuständigkeit teils den älteren *Wohnsitz,* teils den jüngeren *gewöhnlichen Aufenthalt.*

Wohnsitz: §§ 13, 23 a, 640 a I n. F. ZPO; §§ 36 I 1, 36 a Satz 1 n. F., 37 I 2, 43 I n. F., 43 b II, IV 1, 73 I FGG.

Gewöhnlicher Aufenthalt: §§ 606 I n. F., II 1, 606 a I 1 Nr. 2–4, 640 a I 1–3 n. F., II 1 Nr. 2 ZPO; §§ 35 b I Nr. 2 n. F., 43 I n. F., 43 b I 1 Nr. 2, 44 a I 1 n. F., 45 I–III FGG.

Interlokalrechtlich ist stets der **gewöhnliche Aufenthalt** vorzuziehen.

Die Rspr. ging auseinander; Nachweise Soergel VIII[11] Rz 720–724 vor Art. 7 EGBGB, S. 452–454.

Neben interlokaler Aufenthalts- und Belegenheitszuständigkeit konnte interlokale **Fürsorgebedürfnis-Zuständigkeit** bestehen und bei Fehlen anderer örtlicher Zuständigkeiten das AG Schöneberg in Berlin-Schöneberg örtlich zuständig machen: BGH 65, 311; OLG Bremen IPRspr. 1978 Nr. 192 (S. 483) = OLGZ 1979, 160 (161). §§ 35 b II n. F., 43 I n. F. FGG stützen dies. Westliche Fürsorgebedürfnis-Zuständigkeit für Testamentsanfechtung leugnet allerdings wegen „Gleichlaufs" (oben S. 871) KG JR 76, 199 mit abl. Anm. von *Huhn.*

Soweit die westliche interlokale Zuständigkeit weiter reichte als gewöhnlich die örtliche, wurde damit die interlokale Zuständigkeit der Gerichte der DDR und Ost-Berlins nicht eingeschränkt. Vielmehr waren Ost- und Westgerichte **konkurrierend interlokal zuständig** (vgl. z. B. BGH 21, 306 [317 f.]; 34, 134 [139 f.]).

ccc) Anerkennung und Vollstreckung von Entscheidungen

Schrifttum: *Vogel,* Temporäre Rechtsprobleme bei der Abänderung von früheren DDR-Unterhaltsurteilen, DtZ 91, 338 f.; *Stankewitsch,* Fortbestand und Möglichkeiten gerichtlicher Kontrolle der Zivilrechtsentscheidungen ehemaliger DDR-Gerichte, NJ 92, 190–194; *Graba,* Zur Abänderung eines DDR-Urteils über Geschiedenenunterhalt, DtZ 93, 39–41.

Die Ausbildung einer *interlokalen Zuständigkeit* erweitert zunächst nur den Tätigkeitskreis der *eigenen* Gerichte: sie gewähren öfter Rechtsschutz, als wenn sie an die gewöhnlichen Grenzen der örtlichen Zuständigkeit gebunden wären. Die Ausbildung von Regeln über die *Anerkennung* und *Vollstreckung* von *Entscheidungen* greift über in den Tätigkeitskreis der *fremden* Gerichte: ihre Entscheidungen werden nicht sämtlich hingenommen und vollstreckt; vielmehr wird mindestens der Vorbehalt des eigenen *ordre public* eingebaut und möglicherweise auch verlangt, daß die fremden Gerichte die (von uns gezogenen) Grenzen der inter*lokalen* Zuständigkeit eingehalten haben.

Daß östliche Entscheidungen nicht anzuerkennen sind, wenn sie dem westlichen **ordre public** widersprechen, ist **unstreitig.** Allerdings ist dieser Vorbehalt wie im IPR nur in krassen Fällen anzuwenden (BGH 20, 323 [337]; 21, 306 [313]; BGH FamRZ 97, 490 [490 f. unter 3 a] = NJW 97, 2051).

Daß östlichen Entscheidungen die Anerkennung zu versagen ist, wenn sie ohne **interlokale Zuständigkeit** ergangen sind, ist **herrschende Meinung** (z. B. BGH 34, 134 [136–140]).

Das (nach h. M. bestehende) Anerkennungserfordernis der *interlokalen Zuständigkeit* und das (unstreitige) Anerkennungshindernis einer Verletzung des westlichen *ordre public* entsprechen für *Urteile* den Nummern 1 und 4 des **§ 328 I ZPO** und des **§ 16 a FGG.** Auch Nummer 2 (Nichteinlassung mangels einwandfreier Ladung) und Nummer 3 (widersprechende Entscheidung, Verstoß gegen Rechtshängigkeit) können ins interlokale Recht übernommen werden (so für Nr. 2 OLG Düsseldorf DAVorm. 88, 633 [635]). Dagegen nicht das rechtspolitisch verfehlte Gegenseitigkeitserfordernis des § 328 I Nr. 5 ZPO.

Ebenso besteht kein Bedürfnis, **Art. 7 § 1 FamRÄndG** (oben S. 707–709) ins interlokale Verfahrensrecht zu übernehmen (ganz h. M.; z. B. BSG DtZ 92, 94).

Der **BGH** (34, 134; 38, 1; FamRZ 67, 141) will sogar auf östliche Scheidungsurteile (und andere Osturteile in Ehesachen) nicht einmal § 328 a.F. ZPO ohne weiteres entsprechend anwenden. Vielmehr sollen die Urteile, weil „deutsche", im Westen von selbst wirken. Nur könnten sie beseitigt werden, indem auf Feststellung des Bestehens der Ehe geklagt wird. Hier kommt dann § 328 a.F. ZPO, entsprechend angewandt, zum Zuge: bei Verletzung von § 328 I Nr. 1–3 a.F. (Parteiinteresse) könne der verletzte Gatte in angemessener Frist klagen, falls er bei Urteilserlaß im Westen Wohnsitz oder gewöhnlichen Aufenthalt hatte; bei Verletzung von Nr. 4 a.F. (öffentliches Interesse) müsse der Staatsanwalt klagen. Der Standesbeamte, vor dem ein Ost-Geschiedener wiederheiraten will, müsse je nachdem den anderen Gatten oder den Staatsanwalt fragen, ob sie auf Feststellung des Bestehens der Ehe klagen wollten.

Das Klagerecht, das der BGH dem verletzten Gatten gibt, griff früher weit. Denn nach § 328 I Nr. 3 a.F. ZPO (entsprechend angewandt) genügte eine nachteilige Abweichung vom interlokalen Scheidungsrecht. Nach Ansicht des BGH hatten aber westliche Gerichte auf Deutsche nur das westliche Eherecht anzuwenden (näher 6. Aufl. S. 568). Dies wich früher stark vom östlichen ab. Später standen sich Ostrecht (§ 24 FGB) und Westrecht (§§ 1565–1568 BGB) ziemlich nahe.

Der BGH wünscht *Rechtssicherheit,* vor allem für die neue Ehe eines im Osten Geschiedenen. Sie läßt sich erreichen, indem man Ostscheidungen *grundsätzlich* nachprüft. Dann muß man Art. 7 § 1 FamRÄndG entsprechend anwenden, einschließlich der Ausnahme in Abs. 1 S. 3, falls beide Gatten östliches interlokales Personalstatut (oben S. 406 a.E.–408) gehabt haben. Dieser Weg ist für Parteien lästig und meist kommt die Anerkennung heraus. Deswegen geht der BGH den anderen Weg und prüft Ostscheidungen nur *ausnahmsweise* nach: nicht der Freund, sondern der Feind der Anerkennung (meist die Frau) muß sich rühren.

Dieser Weg hat aber keinen hinreichenden Anhalt im Gesetz und nötigt, viele neue Einzelheiten zu entwickeln (z.B. zur Klagefrist und zu den Pflichten des Staatsanwalts und des Standesbeamten). Vor allem aber läßt sich ein gewisses Maß Rechtsunsicherheit selbst bei der Ehe tragen; § 328 ZPO trug es von jeher und auch der BGH gibt keine volle Sicherheit (z.B. bei der „angemessenen" Klagefrist). M.E. hätte es genügt, die Anforderungen an den, der *nach* (früher) § 24 *EheG* wegen Bigamie auf *Ehenichtigkeit* klagte, zu verschärfen (etwa auf der Linie von BGH FamRZ 61, 427; BGH 30, 140; BGH NJW 62, 1152; *Habscheid* FamRZ 63, 7). Statt dessen gibt der BGH dem im östlichen Scheidungsprozeß Unterlegenen einerseits zu viel (indem das Osturteil immer auf Grund des EheG nachgeprüft werden kann), andererseits zu wenig (indem der Unterlegene die Nachprüfung selbst und in einem besonderen Rechtsstreit erzwingen muß, statt sich auf das Urteil anderer bei vorkommender Gelegenheit zu verlassen, z.B. auf das Urteil des Gerichts im Unterhaltsprozeß oder des Standesbeamten bei Wiederheirat des anderen Gatten).

Die Ansicht des BGH zum interlokalen *Verfahrens*recht (Ehefeststellungsklage) billigen OLG Oldenburg FamRZ 83, 94 = IPRspr. 1982 Nr. 171 und (abgesehen vom Klagerecht des Staatsanwalts) im wesentlichen *Drobnig* FamRZ 61, 341–352 und *Beitzke* JZ 61, 649–655.

§§ 722, 723 ZPO taugen für das interlokale Verfahrensrecht nicht (h.M.; z.B. LG Lübeck IPRspr. 1974 Nr. 175 [S. 458]; BGH 84, 17 [23] = IPRax 83, 33 [35] mit Aufsatz von *Beitzke* 16–18). Wohl aber gilt das *West-Berliner Ges.* über die *Vollstreckung* von *Entscheidungen auswärtiger Gerichte* vom 31. 5. 1950 (VOBl. 179) in der Fassung des Ges. vom 26. 2. 1953 (GVBl. 152); zu seiner Fortgeltung Soergel VIII[11] Rz 761 vor Art. 7 EGBGB, S. 466f.

Östliche Urteile und andere vollstreckbare Titel aus der Zeit vor dem 3. 10. 1990 können seitdem nach **§ 323 ZPO** geändert werden. Zu diesen Titeln zählt KG DtZ 92, 222 nicht einen im östlichen Scheidungsurteil bestätigten Unterhaltsvertrag, sondern prüft die Zulässigkeit seiner Änderung nach materiellem Recht (Geschäftsgrundlage) und zwar (anders als nach § 323 ZPO) auch für die Vergangenheit.

§ 23. Internationales öffentliches Recht

I. Grundsätze

Schrifttum: Allgemein: 7. Aufl. S. 843 f. Hervorzuheben: *van Rooij,* De positie van publiekrechtelijke regels op het terrein van het internationaal privaatrecht, o. O. 1976; *Schreuer,* Die Behandlung internationaler Organakte durch staatliche Gerichte, 1977; *Valladão,* Direito internacional privado III, 1978, 222–312; *Lowenfeld,* Public Law in the International Arena: Conflict of Laws, International Law, and Some Suggestions for Their Interaction, Rec. 1979 II 311–436; *Rosenthal* und *Knighton,* National Laws and International Commerce, The Problem of Extraterritoriality, London u. a. 1982; *Lowe* (Hrsg.), Extraterritorial Jurisdiction, an annotated collection of legal materials, Cambridge 1983; *Mann,* The Doctrine of International Jurisdiction Revisited After Twenty Years, Rec. 1984 III 9–115; *Erne,* Vertragsgültigkeit und drittstaatliche Eingriffsnormen, 1985; *Mann,* Foreign Affairs in English Courts, Oxford 1986, 164–190; *Kreuzer,* Ausländisches Wirtschaftsrecht vor deutschen Gerichten, 1986; *Honegger,* Amerikanische Offenlegungspflichten im Konflikt mit schweizerischen Geheimhaltungspflichten unter besonderer Berücksichtigung der Rechtshilfe bei Steuerhinterziehungen und Insidergeschäften, Zürich 1986; *von Bar* I S. 216–249; *Lange* und *Born,* The Extraterritorial Application of National Laws, Deventer und Frankfurt a. M. 1987; *Siegrist,* Hoheitsakte auf fremdem Staatsgebiet, Zürich 1988; *Anderegg,* Ausländische Eingriffsnormen im internationalen Vertragsrecht, 1989; *Wengler,* Der Spycatcher-Fall und das IPR, Der vorbehaltene Tätigkeitsbereich der Staaten, 1989 (Universität des Saarlandes, Vorträge, Reden und Berichte aus dem Europa-Institut/Nr. 179; Spycatcher-Fall S. 3–26); *Mann,* Die Schweigepflicht des Beamten in internationaler Sicht, 1990; *Schiffer,* Normen ausländischen „öffentlichen" Rechts in internationalen Handelsschiedsverfahren, 1990; *Klein* (Hrsg.), Basle Symposium on the Rôle of Public Law in Private International Law (20–21 March 1986), Basel und Frankfurt 1991 (mit Beiträgen von *Hartley, Kegel, Pierre Mayer* und *Radicati di Brozolo*); *Baade,* Operation of Foreign Public Law, IECL III 12, 1991; *Ziegenhain,* Extraterritoriale Rechtsanwendung und die Bedeutung des Genuine-Link-Erfordernisses, Eine Darstellung der deutschen und amerikanischen Rechtspraxis, 1992; *Morscher,* Staatliche Rechtssetzungsakte als Leistungshindernisse im internationalen Warenkauf: ihre kollisionsrechtliche Behandlung im schweizerischen IPR-Gesetz und im UN-Kaufrecht, Basel und Frankfurt a. M. 1992; *Roloff,* Die Geltendmachung ausländischer öffentlichrechtlicher Ansprüche im Inland, 1994; *Vareilles-Sommières,* La compétence internationale de l'Etat en matière de droit privé, Paris 1997; *Vogel,* Internationales Sozialrecht und Internationales Steuerrecht im Vergleich, Zacher-Fschr. 1998, 1173–1186.

Internationales Verfassungsrecht: Note: The Extraterritorial Applicability of the Fourth Amendment, 102 (1989) Harv. L. Rev. 1672–1694.

Internationales Amtshaftungsrecht: *H. Mueller,* Das Internationale Amtshaftungsrecht, 1991; Scheffler, Die Bewältigung hoheitlich begangenen Unrechts durch fremde Zivilgerichte, 1997.

Verwaltungsrecht: *Hoffmann,* Internationales Verwaltungsrecht, in: *von Münch* (Hrsg.), Besonderes Verwaltungsrecht, 5. Aufl. 1979, 781–803; *Matscher,* Gibt es ein Internationales Verwaltungsrecht?, Beitzke-Fschr. 1979, 641–649; *Drobnig,* Die Anerkennung von Verwaltungsakten der DDR, ROW 81, 181–193; *Bleckmann,* Zur Anerkennung ausländischer Verwaltungsakte im Europäischen Gemeinschaftsrecht, JZ 85, 1072–1077; *Grof,* Zum „Internationalen Verwaltungsrecht", (öst)JurBl. 1986, 209–216; *Weitbrecht,* Zur Rechtsstellung ausländischer Grenznachbarn im deutschen Umweltrecht, NJW 87, 2132–2134; *Tachos,* Le „Droit administratif international" hellénique, Rev. hell. dr. int. 1987/88, 179–189; *Jans,* The Territorial Application of the Public Environmental Law and Article 7 of the EEC-Treaty, 1 (1988) Hague Yb. Int. L. 182–188; *Sojka,* Internationales und nationales Artenschutzrecht, MDR 88,

632–637; *Nassr-Esfahani,* Grenzüberschreitender Bestandsschutz für unanfechtbar genehmigte Anlagen, 1991; *Pamboukis,* L'acte public étranger en droit international privé, Paris 1993; *Amerasinghe,* The Future of International Administrative Law, 45 (1996) Int. Comp. L. Q. 773–795; *Osman,* Un nouveau champ d'exploration pour le droit international privé: la coopération transfrontière entre collectivités publiques infra-étatiques, Rev. crit. dr. i. p. 1997, 403–440 (französisch-spanischer Staatsvertrag vom 10. 3. 1995 ebenda 440–445); *Beyer,* Anerkennung nationaler Rechtsakte zwischen den Staaten der Europäischen Gemeinschaft, EWS 99, 12–17.

Beamtenrecht: *Meron,* Status and Independence of the International Civil Servant, Rec. 1980 II 385–450; *Amerasinghe,* Termination of Permanent Appointments for Unsatisfactory Service in International Administrative Law, 33 (1984) Int. Comp. L. Q. 859–884; *Amerasinghe,* The Law of the International Civil Service (as Applied by International Adminstrative Tribunals) I, II, Oxford 1988; *Seidl-Hohenveldern,* Die internationalen Beamten und ihr Recht auf den gesetzlichen Richter, Matscher-Fschr., Wien 1993, 441–447; *Kohler,* Zum Kollisionsrecht internationaler Organisationen: Familienrechtliche Vorfragen im europäischen Beamtenrecht, IPRax 94, 416–420.

Steuerrecht: 7. Aufl. S. 845f. Hervorzuheben: *Grossfeld,* Multinationale Kooperationen im Internationalen Steuerrecht, BerGesVR 18 (1978), 73–167; *Cartou,* Droit fiscal international et européen, Paris 1981; *Pott,* Die Kollision unterschiedlicher Formen der Gesellschaftsbesteuerung im internationalen Steuerrecht, 1982; *Weber-Fas,* Staatsverträge im internationalen Steuerrecht, Zur Rechtsnatur, Geschichte und Funktion der deutschen Doppelbesteuerungsabkommen, 1982; *Rivier,* Droit fiscal suisse, Le droit fiscal international, Neuchâtel 1983; *Vogel* (Hrsg.), Grundfragen des Internationalen Steuerrechts, 1985; *Engelschalk, Flick* u. a., Steuern auf ausländische Einkünfte, 1985; *Berlin,* Droit fiscal communautaire, Paris 1988 (nz); *Martha,* The Jurisdiction to Tax in International Law, Theory and Practice of Legislative Fiscal Jurisdiction, Deventer und Boston, 1989; *Gest* und *Tixier,* Droit fiscal international[2], Paris 1990 (nz); *Mössner,* Rechtsprechungs-Report Internationales Steuerrecht, Rechtsprechung der Jahre 1980–1989 mit Kommentierung und zusätzlichen Hinweisen auf die Rechtsprechung ab 1925, 1991; *Kluge,* Das deutsche Internationale Steuerrecht[3], 1992; *Albrecht,* Die steuerliche Behandlung deutsch-englischer Erbfälle, 1992; *Fischer,* Internationaler Unternehmenskauf und -zusammenschluß im Steuerrecht mit den Auswirkungen des Steueränderungsgesetzes 1992, 1992; *Hey,* Beweislast und Vermutungen im deutschen internationalen Steuerrecht, 1992; *Burmeister,* Grundlagen internationaler Regelungskumulation und -kollision unter besonderer Berücksichtigung des Steuerrechts, 1993; *D. Hueck,* Internationale Erbschaftsteuerprobleme bei der Vererbung von Anteilen an Personengesellschaften, 1993; *Mäusli,* Die Ansässigkeit von Gesellschaften im internationalen Steuerrecht, Bern 1993; *Zisowski,* Grenzüberschreitender Umzug von Kapitalgesellschaften, 1994; *Lehner* u. a., Europarecht und Internationales Steuerrecht, 1994; *Douvier,* Droit fiscal dans les relations internationales, Paris 1996 (nz); *Chr. Schmidt,* Die atypische stille Gesellschaft im deutschen Internationalen Steuerrecht – Wie begründet ist die herrschende Meinung?, IStR 96, 213–223; *Herz,* Die Einordnung grenzüberschreitender Kapitalgesellschaften in das geltende System der Einkommensbesteuerung von Gesellschaften, 1997; *Koblenzer,* Die Besteuerung Nichtansässiger – ein historischer Rückblick, IStR 97, 97–101; *Amann,* Dienstleistungen im internationalen Steuerrecht, 1998; *Schaumburg,* Internationales Steuerrecht[2], 1998; *Mössner,* Doppelbesteuerungsabkommen und nationales Steuerrecht, Seidl-Hohenveldern-Fschr., Den Haag u. a. 1998, 459–474; *Zehetmair,* Steuerfragen bei der Entsendung von Mitarbeitern ins Ausland aus der Sicht der beteiligten Unternehmen, IStR 98, 257–264; *Sweet,* Formulating International Tax Laws in the Age of Electronic Commerce: The Possible Ascendancy of Residence-Based Taxation in an Era of Eroding Traditional Income Tax Principles, 146 (1998) U.Pa.L.Rev. 1949–2011.

Strafrecht: 7. Aufl. S. 846. Hervorzuheben: *Fiero,* La ley penal y el derecho internacional, Buenos Aires 1977; *Zieher,* Das sog. Internationale Strafrecht nach der Reform, 1978; *Cornils,* Die Fremdrechtsanwendung im Strafrecht, 1978; *Lombois,*

Droit pénal international[2], Paris 1979; *Oehler,* Internationales Strafrecht[2], 1983 (grundlegend); *Tezcan,* Territorialité et conflits de juridictions en droit pénal international, Ankara 1983; *Strijards,* Internationaal strafrecht, strafmachtsrecht, Allgemeen deel, Arnhem 1984; *Moner Muñoz,* La competencia territorial, Rev. gen. der. 1997, 6863–6886; *Kondring,* Zur Anwendung des deutschen Insiderstrafrechts auf Sachverhalte mit Auslandsberührung, WM 98, 1369–1377; *Fournier,* Les orientations nouvelles du droit pénal international à la faveur de la réforme du code pénal, Rev.crit.dr.i.p. 1998, 565–589; *Ambos,* Der Fall Pinochet und das anwendbare Recht, JZ 99, 16–24; *Cornils,* Der Begehungsort von Äußerungsdelikten im Internet, ebenda 394–398.

Rechtsvergleichung: *Eberle,* Comparative Public Law: A Time That Has Arrived, Großfeld-Fschr. 1999, 175–188.

1. Grundsatz der Unanwendbarkeit ausländischen öffentlichen Rechts

Früher wurde oft gelehrt: in keinem Staat sei das öffentliche Recht eines anderen Staats anzuwenden. Der Satz ist richtig, wenn man ihn einschränkt: **Ansprüche,** die **aus dem öffentlichen Recht** eines Staates fließen, können **vor ausländischen Gerichten grundsätzlich nicht durchgesetzt** werden (z.B. BGH 31, 367 [371]; BGH WM 70, 785 [786]; OLG Wien [öst]ZRvgl. 1981, 304 [306]; OLG Hamm RIW 94, 513 [unter II 1]).

So schon *Mann* RabelsZ 21 (1956), 1–20 (= *Mann,* Beiträge zum IPR, 1976, 201 bis 218). Er bringt u. a. folgende zwei Beispiele:

Der *Kaiser von Österreich* klagte in seiner Eigenschaft als König von Ungarn in England gegen den ehemaligen ungarischen Finanzminister Kossuth und eine englische Druckerei, sie sollten es unterlassen, Banknoten zu drucken, die Kossuths Namen trugen und die er nach erfolgreicher Revolution in Ungarn ausgeben wollte. Das Gericht gab der Klage statt, weil der Kaiser sein und seiner Untertanen *Vermögen* gegen die Entwertung ihres bisherigen Geldes schützen wolle: *Emperor of Austria* v. *Day* (1861), 3 De G.F. & J. 217 = 30 L.J. Ch. 690. Hauptsächlich aber wollte der Kaiser eine *Hochverrats*maßnahme bekämpfen.

Eine *schottische* Wein- und Whiskyhandlung, die *Einmanngesellschaft* war, schuldete dem Vereinigten Königreich hohe Steuern. Der Steuerfiskus ließ Konkurs eröffnen. Der Gesellschafter hatte das Gesellschaftsvermögen versilbert und nach Irland gebracht. Der Konkursverwalter verklagte ihn dort auf Rückzahlung. Die Klage wurde abgewiesen, weil der Steuerfiskus einziger Gläubiger war und daher in Wirklichkeit eine *Steuerforderung* durchgesetzt werden solle: *Peter Buchanan Ld.* v. *Mc. Vey* (1951), [1955] A.C. 516.

Ähnlich *Rossano v. Manufacturers' Life Insurance Co.* [1962] 3 W.L.R. 157: Ägypter nimmt 1940 bei kanadischer Gesellschaft über deren Filiale in Kairo drei 1960 zahlbare Lebensversicherungen. 1956 wandert er aus Ägypten aus und wird Italiener. Nach Fälligkeit 1960 pfändet der ägyptische Staat bei der Filiale in Kairo die Versicherungsansprüche wegen angeblicher Steuerschulden. Die Gesellschaft wird verurteilt, an den Versicherungsnehmer zu zahlen.

BVerfG NJW 61, 653: Strafurteile aus der DDR wegen Verletzung des dortigen *Einkommensteuer-* und *Devisenrechts* können wegen Art. 2 I GG in der Bundesrepublik nicht vollstreckt werden.

Anders (m.E. mit Unrecht) LG Dortmund IPRspr. 1976 Nr. 172 = NJW 77, 2035: Deutsche hinterläßt belgisches Vermögen einem Belgier, deutsches zwei Deutschen; Belgier zahlt gemäß belgischem Recht *Erbschaftssteuer* auch für deutschen Nachlaß und verlangt Ausgleich von den deutschen Erben. Er erwirkt belgisches Versäumnisurteil und beantragt Vollstreckungsklausel in Deutschland. Sie wird ihm erteilt und die Beschwerde der Deutschen dagegen zurückgewiesen.

Dagegen verdient Beifall LG Hamburg IPRspr. 1977 Nr. 115: Stadt Wien klagt mit Erfolg auf Erstattung von Kosten einer Ersatzvornahme, die einen Gesimsabsturz verhüten sollte. Das Gericht betont die Ähnlichkeit mit zivilrechtlichen Ersatzansprüchen.

Diesen Punkt beurteilt entgegengesetzt BSG 54, 250 (256 f.): bei öffentlichrechtlichen Erstattungsansprüchen entscheide der öffentlichrechtliche Ursprung. Deswegen wird die Rückzahlungsklage eines Trägers der niederländischen Arbeitslosenversicherung abgewiesen, der auf Grund falscher Angaben sechs Wochen Arbeitslosenunterstützung gezahlt hatte.

Vgl. AG Mannheim DAR 94, 405 mit Anm. von *Schulte* und AG Münster DAR 95, 165 mit Anm. von *Schulte:* niederländische Gemeinde klagt in Deutschland gegen Deutschen auf Entgelt für Benutzung von Parkraum; *Schmittmann* und *Kocker,* Zur Geltendmachung niederländischer Parksteuern vor deutschen Gerichten, DAR 96, 293–296.

Für Ansprüche aus fremdem öffentlichen Recht **fehlt** den eigenen Gerichten grundsätzlich die **Zuständigkeit.**

Ob ihnen *internationale* Zuständigkeit fehlt (*Frank* RabelsZ 34 [1970], 57–59 und ihm folgend BSG 54, 250 [254 f.]) oder *sachliche,* mag dahinstehen. Vielleicht fallen hier beide zusammen. Allgemein sollte man auch an *interlokale* Zuständigkeit denken. Dagegen dürfte *intertemporal* früheres öffentliches Recht anzuwenden sein und *interpersonal* nur Privatrecht (vor allem Familien- und Erbrecht) in Betracht kommen.

Daß Ansprüche aus dem öffentlichen Recht im Ausland grundsätzlich nicht durchgesetzt werden können, hat seinen **Grund** darin: jeder Staat ist ein Zusammenschluß der **Leute** („Bürger“) in seinem **Lande:** ihre Sicherheit und ihr Wohl soll er fördern, soll dem **Staatswohl** dienen. Dafür braucht er **Macht,** d.h. die Möglichkeit, seinen Willen durchzusetzen. Macht braucht er außerdem, um der **Gerechtigkeit zwischen den Einzelnen** zu dienen, gleich, ob Bürger oder Fremde ihrer bedürfen.

Jeder Staat fördert das eigene Staatswohl im eigenen Lande: er ist **frei** (Herr im eigenen Haus), nimmt keine Befehle von außen an, duldet keinen Richter über sich. Das gleiche billigt er anderen Staaten zu: alle Staaten sind **gleich, keiner darf sich** in die inneren Angelegenheiten des anderen **einmischen.** Aber es **hilft** auch **keiner** dem anderen und darum sind Ansprüche aus dem öffentlichen Recht eines Staates in anderen Staaten grundsätzlich nicht durchsetzbar.

Nur, soweit es um die Gerechtigkeit zwischen den Einzelnen geht, ist ausländisches Recht unbedenklich anwendbar.

So wird angewandt ausländisches **Privatrecht** auf Grund des IPR.

Zur Abgrenzung z.B. *Detlef Schmidt,* Die Unterscheidung von privatem und öffentlichen Recht, 1985; *Allison,* A Continental Distinction in the Common Law, Oxford 1996 (bespr. von *Tunc* Rev. int. dr. comp. 1997, 261 f.); *Radin* und *Werhane,* The Public/Private Distinction and the Political Status of Employment, 34 (1996) Am. B. L. J. 245–260; *Shaw,* Will Cooperation end Employment-at-will?, ebenda 261–275; *Alpa,* Derecho Público „y“ derecho privado, una discusión abierta, Rev.der.priv. 1999, 3–43.

Angewandt wird auch ausländisches **Privatverfahrensrecht** (Zivilprozeßrecht, Recht der freiwilligen Gerichtsbarkeit). Es ist zwar öffentliches Recht, dient aber der Gerechtigkeit zwischen den Einzelnen. Es wird angewandt, soweit die Gerechtigkeit zwischen den Einzelnen das fordert; insbesondere werden ausländische Verfahren und Entscheidungen unter bestimmten Voraussetzungen anerkannt.

Angewandt wird ausländisches **Rechtsquellen- und Rechtsanzeichenrecht,** soweit es für Sätze des *Privatrechts* bedeutsam ist und damit der Gerechtigkeit zwischen den Einzelnen dient. Desgleichen, soweit es bedeutsam ist für Sätze *anzuwendenden* ausländischen *öffentlichen* Rechts (z.B. für Zivilprozeßrecht und Recht der freiwilligen Gerichtsbarkeit). Vgl. oben S. 443.

Angewandt wird ausländisches öffentliches Recht, um zu bestimmen, wer **Privatrechte des Staates** oder juristischer Personen des öffentlichen Rechts **ausüben** darf.

Im Fall des *„treuen Ungarn"* (oben S. 2f.) konnte aus ungarischem *Beamtenrecht* in der Schweiz nicht geklagt werden: der Rechtsweg war verschlossen. *Bürgerlichrechtliche* Ansprüche der Republik Ungarn (Klägerin) waren hinsichtlich der Frage, wer sie für den Staat *ausüben* durfte, nach ungarischem öffentlichen Recht zu beurteilen. Ein bürgerlichrechtlicher *Auftrag* dürfte gefehlt haben (und zwar sowohl nach ungarischem Recht [vom Standpunkt des deutschen IPR anwendbar] wie nach schweizerischem Recht [vom Gericht für maßgebend erachtet]): der Beklagte sollte *dienstlich* „für den Dispositionsfonds des Ministerpräsidiums" übernehmen, nicht *privat* Fluchtgelder auf die Seite bringen. Anspruch aus *Eigentum* an den hinterlegten Sachen auf Herausgabe des Schlüssels als *instrumentum possessionis* (eine Art der *rei vindicatio)* war nach schweizerischem Recht als *lex rei sitae* zu beurteilen und zu bejahen (so das Gericht). Anspruch auf Schlüssel aus *Besitz* gegen Besitzdiener wäre wohl unklagbar gewesen, da Herrschaftsbegründung durch ungarisches Beamtenrecht (anders das Gericht). Anspruch auf Herausgabe des *Tresormietvertrags* (gemeint wohl: der Vertrags*urkunde*) wird vom Gericht nicht untersucht. Da die ungarischen Beamten den Vertrag im *eigenen* Namen, mithin als Privatleute geschlossen hatten (wie das Gericht feststellt), ließ sich eine Herausgabeanspruch nur auf ungarisches Beamtenrecht gründen und war daher unklagbar. Anders, wenn der Vertrag für den *Staat Ungarn* geschlossen worden wäre: dann hätte *ihm* die Vertragsurkunde zugestanden.

2. Territorialitätsprinzip

Wenn kein Staat sich in die inneren Angelegenheiten eines anderen Staats einmischen darf (oben 1), könnte nahe liegen, daß er als vollendete Tatsche *(fait accompli)* hinnehmen muß, was im fremden Staat geschieht, z.B. eine Enteignung aus politischen oder wirtschaftspolitischen Gründen. Andererseits könnte ihn niemand hindern, im eigenen Gebiet nach Belieben zu verfahren, z.B. die im fremden Staat enteignete, ins eigene Land gelangte Sache abermals zu enteignen.

Würde er das tun, dann würde er sich freilich politischem Streit und möglicherweise einem Wirtschaftskrieg oder gar einem Kampf mit den Waffen aussetzen. Z.B. wäre Handel unmöglich, wenn aus dem Enteignungsland kommende Ware im Einfuhrland dem enteigneten Unternehmen zugesprochen würde.

Im *Interesse der internationalen Ordnung* (oben S. 131) erkennt man daher fremde Staatseingriffe in private Rechte an, soweit sich der fremde Staat in den Grenzen seiner Macht, d.h. innerhalb seines Staatsgebiets, betätigt hat. Es gilt das sog. **Territorialitätsprinzip.**

Z.B. für die Enteignung BGH 25, 134 (140), BGH 104, 240 (244), BVerfG JZ 92, 200 mit Aufsatz von *Maurer* 183–191 = NJW 91, 1597 (1599 a.E.f. unter C II 2b aa (3)); für die Wirksamkeit von Warenzeichen bei Inanspruchnahme ausschließlicher Zuständigkeit seiner Gerichte durch den erteilenden Staat OLG Hamm NJW-RR 86, 1047 (1048 unter II 1).

Notwendige Folge des Territorialitätsprinzips ist eine **Spaltung privater Rechte.** Denn diese (Eigentum, Forderung, Mitgliedschaftsrecht) gelten überall. Das internationale öffentliche Recht aber führt zu einer Sonderentwicklung im eingreifenden Staat. Hatte jemand ein Grundstück, das auf der Grenze der DDR und der Bundesrepublik lag und wurde drüben das ganze Grundstück zugunsten des Staates enteignet, dann ist Eigentümer des drüben liegenden Grundstücksteils der Staat geworden; Eigentümer des hiesigen Grundstücks ist der Enteignete geblieben. Nahm man ihm drüben eine Forderung, dann hat der Schuldner zwei Gläubiger: für sein Vermögen drüben ist es der neue, für sein Vermögen hier und in der übrigen Welt ist es der alte (unten S. 949). Nahm man ihm drüben ein Mitgliedschaftsrecht, dann ist Gesellschafter für Gesellschaftsvermögen drüben der neue, für Gesellschaftsvermögen hier und in der übrigen Welt ist der alte der Gesellschafter geblieben (unten S. 949).

Das Territorialitätsprinzip bestimmt im Zweifel auch die Reichweite *inländischen* öffentlichen Rechts: dieses will grundsätzlich nur *Inlandssachverhalte* regeln. In diesem Rahmen kann es jedoch Leute im Ausland begünstigen wollen (vgl. BVerwG 75, 285 = NJW 87, 1154 mit Aufsatz von *Weitbrecht* 2132–2134: Anfechtung einer nach § 7 Atomgesetz erteilten Genehmigung durch Einwohner niederländischer Grenzgemeinde).

3. Grundsatz der Interessengleichheit

Bisweilen **decken sich fremde und eigene Staatsinteressen** und führen zur Anwendung oder wenigstens Berücksichtigung ausländischen öffentlichen Rechts.

Beispiele:

BGH 34, 169: offenbar deutschem Recht unterliegender Kaufvertrag zwischen deutschen Firmen über Borax, das nach Dänemark und von dort in den Ostblock weiterverkauft werden sollte, wegen Verletzung des amerikanischen Embargos nach § 138 BGB nichtig, wenn zugleich Täuschung amerikanischer Dienststellen vereinbart. Dazu auch unten S. 989 a.E.f.

BAG NJW 70, 1014: Einem italienischen Gastarbeiter, der nach Hause gehen muß, um seine Wehrpflicht zu erfüllen, ist die Wehrdienstzeit anzurechnen auf seine Zugehörigkeit zum deutschen Betrieb. Das Urteil folgt einer Vorabentscheidung des EuGH, die sich auf den Grundsatz der Gleichbehandlung stützt, der in der EWG gilt. Doch kann man das Ergebnis auch aus übereinstimmenden Staatsinteressen ableiten. Das gleiche dürfte für den türkischen Kurzwehrdienst gelten; dazu BAG NJW 83, 2782.

Durch *Staatsverträge* helfen sich die Staaten beim Eintreiben von *Sozialversicherungsbeiträgen* (z.B. BSG 61, 131) und sogar ihrer *Steuern* (Nachweise in BVerfG 63, 343 [362] = NJW 83, 2757 [2759]; ferner z.B. Abkommen vom 4. 10. 1991 mit Norwegen zur Vermeidung der Doppelbesteuerung und über gegenseitige Amtshilfe auf dem Gebiet der Steuern vom Einkommen und vom Vermögen, BGBl. 1993 II 970). Vgl. Cass. (1re Ch. civ.) Rev. crit. dr. i. p. 1991, 378 mit Anm. von *Audit* für Klage Guatemalas auf Kaffeeausfuhrzoll.

Auch kommt man *sozial- und kulturpolitischen Interessen* fremder Staaten leichter entgegen als politischen und wirtschaftspolitischen (unten IX).

Bis zu einem gewissen Grade wirkt sogar bei allen *fremden Staatseingriffen in private Rechte* das eigene Staatsinteresse mit und führt teilweise zu ihrer Anerkennung.

4. Auslandssachverhalt

Ausländisches öffentliches Recht, das *nicht angewandt* wird, kann doch wichtig werden als *Tatsache* im Rahmen des anwendbaren Privatrechts, d.h. als *Auslandssachverhalt* (oben S. 58–61). Dabei wird entweder Härte des *Territorialitätsprinzips* gemildert (unten a) oder der *Grundsatz der Interessengleichheit* erahnt, aber als eigenständiges Prinzip noch nicht erkannt oder jedenfalls noch nicht benutzt (unten b).

a) Territorialitätsprinzip

Ausländisches öffentliches Recht das wegen des Territorialitätsprinzips nicht außerhalb des erlassenden Staats wirkt, kann doch dem Schuldner die Leistung *unmöglich* machen oder die *Geschäftsgrundlage* entfallen lassen.

Zum Beispiel hat RG 93, 182 (184) das englische *Verbot des Handels mit dem Feind* nicht angewandt, aber angenommen, es habe *tatsächliche Unmöglichkeit* herbeigeführt.

BGH IPRax 86, 154 mit Aufsatz von *Mülbert* 140–142 = RabelsZ 53 (1989), 146 mit Anm. von *Baum* bejaht Wegfall der *Geschäftsgrundlage* eines zur Zeit des Schahs geschlossenen und deutschem Recht unterliegenden Vergleichs über Bierlieferungen in den Iran, nachdem das Khomeni-Regime die *Einfuhr* von Alkohol *verboten* hatte.

Nicht mit ausländischem öffentlichen Recht, aber mit *„politischen Verhältnissen"* im Ausland befaßt sich BGH 83, 197 und stellt ein durch sie bedingtes zweiseitiges Erfüllungshindernis einer *dauernden Unmöglichkeit* gleich: hier war eine Anlage zur Verwertung von Tierkörpern nach dem Iran geliefert worden, konnte aber nicht mehr montiert werden. Zum Verhältnis von vorübergehender und dauernder Unmöglichkeit *Kegel-Rupp-Zweigert,* Die Einwirkung des Krieges auf Verträge, 1941, 71–81, 93–95.

Auch Verstöße gegen *inländisches* öffentliches Recht können sich bei „Auslandssachverhalten" privatrechtlich auswirken. So hätte in BGH IPRax 84, 91 mit Aufsatz von *W. H. Roth* 76–79 = NJW 83, 2873 die Einfuhr von rund 14 000 Dutzend Hemden aus Korea zum Stückpreis von 5,65 DM (insgesamt rund 1 Mio. DM) gegen *inländisches* öffentliches Recht (§ 10 AWG) verstoßen; der BGH prüft und verneint Nichtigkeit wegen *Gesetzesverstoßes* und wegen *anfänglicher Unmöglichkeit.*

b) Grundsatz der Interessengleichheit

Immer, wenn der Grundsatz der Interessengleichheit nahe legen würde, ausländisches öffentliches Recht anzuwenden, begnügt sich die deutsche Rechtsprechung damit, § 138 BGB zu prüfen. Das setzt voraus, daß der Vertrag deutschem Recht unterliegt. Würde ausländisches Recht für ihn gelten, dann müßten dessen Regeln über sittenwidrige Geschäfte geprüft werden. Besser wendet man hier sogleich das ausländische öffentliche Recht an und damit, wenn der Vertrag deutschem Recht unterliegt, § 134 BGB (statt § 138) und, wenn für ihn ausländisches Recht gilt, dessen Regeln über verbotene Geschäfte. § 134 zielt auf bewußt gewordenes, formuliertes Gesetzes- und (Art. 2 EGBGB) Gewohnheitsrecht; § 138 beruft unbewußtes, aber elementares und stark ans Licht drängendes Recht (während § 242 das geltende Recht verfeinert). Man kann auch sagen: § 134 betrifft *malum quia prohibitum,* § 138 *malum in se* (vgl. *van Hecke* Rev. belge dr. int. 1984/85, 118).

Siehe hierzu schon den Boraxfall oben S. 939, ferner unten S. 989 a. E. f.

II. Internationales Enteignungsrecht

Schrifttum: 7. Aufl. S. 852–854. Hervorzuheben: *Seidl-Hohenveldern,* Internationales Konfiskations- und Enteignungsrecht, 1952 (grundlegend); *Polter,* Auslandseignungen und Investitionsschutz, 1975; *Tesauro,* Nazionalizzazioni e diritto internazionale, Neapel 1976; *Gordon,* The Cuban Nationalizations: The Demise of Foreign Private Property, Buffalo, N. Y., 1976; *Hartmann,* Nationalisierung und Enteignung im Völkerrecht, 1977; *Akinsanya,* The Expropriation of Multinational Property in the Third World, New York 1980; *Njem,* Le Régime Juridique et la Nationalisation de Concessions Pétrolières et Autres Concessions d'Immeubles, Stockholm 1980; *Behrens,* Multinationale Unternehmen im Internationalen Enteignungsrecht der Bundesrepublik Deutschland, 1980; *J. Stoll,* Vereinbarungen zwischen Staat und ausländischem Investor, 1982; *Higgins,* The Taking of Property by the State: Recent Developments in International Law, Rec. 1982 III 259–391; *Burdeau,* Die französischen Verstaatlichungen, 1984; *Boutard-Labarde,* Nationalisations imposées, nationalisations négociées, Paris 1984; *Lillich* (Hrsg.), The Iran-United States Claims Tribunal 1981–1983, Charlottesville, Va., 1984; *Schütz,* Der internationale ordre public, 1984, 90–151; *Kolvenbach* und *Steinebach,* Privatrechtlicher Schutz für Auslandsvermögen 1985; *Dolzer,* Eigentum, Enteignung und Entschädigung im geltenden Völkerrecht, 1985; *Leboulanger,* Les contrats entre Etats et entreprises étrangères, Paris 1985 (bespr. von *Nevot* Rev. crit. dr. i. p. 1987, 238–242); *Sornarajah,* The Pursuit of Nationalized Property, Dordrecht u. a. 1986; *Ebenroth* (unter Mitarbeit von *Karl*), Code of Conduct – Ansätze zur vertraglichen Gestaltung internationaler Investitionen, 1987; *Lillich* (Hrsg.), The Valuation of Nationalized Property in International Law IV, Charlottesville, Va., 1987; *Shihata,* The Multilateral Investment Guarantee Agency (MIGA) and the Legal Treatment of Foreign Investment, Rec. 1987 III 95–320; *El Chiati,* Protection of Investment in the Context of Petroleum Agreements, Rec. 1987 IV 9–169; *Banz,* Völkerrechtlicher Eigentumsschutz durch Investitionsschutzabkommen, Insbesondere die Praxis der Bundesrepublik Deutschland seit 1959, 1988; *Quiñones Escámez,* Eficacia internacional de las nacionalizaciones, Nombre comercial y marcas, Madrid 1988 (bespr. von *Alegría Borrás* Rev. esp. der. int. 1989, 381 f.); *Delaume,* Law and Practice of Transnational Contracts, New York u. a. 1988; *Ebenroth* und *Karl,* Die Multilaterale Investitions-Garantie-Agentur, Kommentar zum MIGA-

Abkommen, 1989; *Migliorino,* Gli accordi internazionali sugli investimenti, Mailand 1989; *Kolvenbach,* Protection of Foreign Investments: a Private Law Study of Safeguarding Devices in International Crisis Situations, Deventer 1989; *Hefti,* La protection de la propiété étrangère en droit international public, Zürich 1989; *Bettems,* Les contrats entre Etats et personnes privés étrangères, Lausanne 1989; *Bippus,* Der internationalrechtliche Schutz von Investitionen im Ausland, 1989; *Mac Lean,* Legal Aspects of the External Debt, Rec. 1989 II 31–125; *Gianviti,* The International Monetary Fund and External Debt, Rec. 1989 III 205–286; *Khan,* The Iran-United States Claims Tribunal, Controversies, Cases and Contributions, Dordrecht 1990; *Merkt,* Investitionsschutz durch Stabilisierungsklauseln, 1990; *Andrae,* Staatliche Eingriffe in Eigentumsverhältnisse – insbesondere Enteignungen, 1990; *Simpson,* Legal Relations Between Transnational Corporations and Host States, New York 1990; *Paasivirta,* Participation of States in International Contracts and Arbitral Settlement of Disputes, Helsinki 1990; *Sornarajah,* International Commercial Arbitration: The Protection of State Contracts, Jurong Town/Singapur 1990; *Brower,* The Iran-United States Claims Tribunal, Rec. 1990 V 123–396; *Ebenroth* und *Karl,* Neuere Entwicklungen bei der Multilateralen Investitions-Garantie-Agentur (MIGA), Beil. 11 zu Heft 6/1990 RIW; *Ambrosch-Keppeler,* Die Anerkennung fremdstaatlicher Enteignungen, Eine rechtsvergleichende Untersuchung, 1991; *Hefele,* Ermittlung der Entschädigung bei Enteignung von Direktinvestitionen im Ausland nach modernem Völkerrecht, 1991; *von Hoffmann,* Les privatisations, en droit comparé et en droit international (privé), Rec. 1992 IV 231–302; *Schaufelberger,* La protection juridique des investissements internationaux dans les pays en développement, Zürich 1993; *ICSIDReports* (Reports of Cases Decided under the Convention on the Settlement of Investment Disputes between States and Nationals of other States, 1965) I, Cambridge 1993 (betr. 1972–1981). Ferner: *Wenk,* Das konfiszierte deutsche Privatvermögen in Polen und der Tschechoslowakei, Die Rechtslage nach Abschluß des deutsch-polnischen und deutsch-tschechoslowakischen Nachbarschaftsvertrages, 1993; *Avanessian,* Iran-United States Tribunal in Action, Dordrecht u. a. 1993 (bespr. von *Lowe* 45 [1996] Int. Comp. L. Q 485); *Großfeld,* Internationales und Europäisches Unternehmensrecht[2], 1995, 291–315; *Santosuosso,* L'espropriazione dei beni o diritti patrimoniali di cittadini straniere e la determinazione dell'indennizzo secondo la giurisprudenza dell'ICSID, Riv. dir. int. priv. proc. 1996, 195–238; *Seidl-Hohenveldern,* Völkerrechtswidrigkeit der Konfiskation eines Gemäldes aus der Sammlung des Fürsten von Liechtenstein als angeblich „deutsches" Eigentum, IPRax 96, 410–412; *Bellocq,* La force majeure et la frustration devant le tribunal des différends iranoaméricains, Dr. prat. comm. int. 1996, 406–449; *Sacerdoti,* Bilateral Treaties and Multilateral Instruments on Investment Protection, Rec. 269 (1997), 251–460; *Vervenios,* Arbitral settlement of investment disputes, General considerations on ICSID Arbitration, Rev.hell.dr.int. 1997, 153–165; *El-Kosheri,* The *Klöckner* Case and the Finality of ICSID Arbitral Awards, Seidl-Hohenveldern-Fschr., Den Haag u. a. 1998, 103–114; *Fatouros,* International Investment Agreements and Development – Problems and Prospects at the Turn of the Century, ebenda 115–132; *Wolfrum,* Die Bewertung von internationalen Enteignungsansprüchen unter besonderer Berücksichtigung der Rechtsprechung des Iran/US Claims Tribunals, ebenda 843–841; *Karl,* Das Multilaterale Investitionsabkommen (MAI), RIW 98, 432–440; *Benjamin,* Determining the Situs of Interesta in Immobilised Securities, 47 (1998) Int.Comp.L.Q. 923–934.

Schrifttum zu Verträgen zwischen Staaten und Privatpersonen auch oben S. 561–564.

Schrifttum zum *Vermögensgesetz* 7. Aufl. S. 33 f.

1. Grundsatz

Fremde Enteignungen, die *politischen* oder *wirtschaftspolitischen Zwecken* und damit Interessen des fremden **Staats** dienen, werden unstreitig **anerkannt,** wenn der fremde Staat die **Grenzen seiner Macht eingehalten** hat. Es gilt das **Territorialitätsprinzip** (oben S. 939).

Soweit danach fremde Enteignungen anerkannt werden, wird das dem Wohl des fremden Staats dienende Enteignungsrecht auch für uns maßgebend. Macht wird von uns in Recht verwandelt. Eine fremde Enteignung anerkennen heißt das fremde Enteignungsrecht anwenden.

Das ist oft *hart:* persisches Öl, indonesischer Tabak und chilenisches Kupfer, die auf den europäischen Markt kamen, mußten den neuen Herren zugesprochen werden. Enteignungen sind selten edel. Aber es ist *richtig,* Rechtsänderungen, die der fremde Staat innerhalb seiner Grenzen durchgeführt hat, auch im Ausland gelten zu lassen, wenn man politischen und wirtschaftlichen Streit vermeiden will.

Über das Verhältnis der Regel zur Ausnahme des **ordre public** (Art. 6 EGBGB) oben S. 136–138.

2. Geltungsbereich

Die Kollisionsnorm, daß Enteignungen anerkannt werden, wenn der enteignende Staat die Grenzen seiner Macht eingehalten hat, gilt für die Entziehung oder Belastung des **Eigentums** wie aller **anderen Rechte,** seien sie absolut wie Hypotheken oder Mitgliedschaftsrechte, seien sie relativ wie Forderungen. Sie gilt für die Entziehung oder Minderung der **Verfügungsmacht** *(„Beschlagnahme")* wie z.B. im Fall Solschenizyn durch Außenhandelsmonopel der Sowjetunion (BGH 64, 183 [189]; vgl. auch oben S. 502 über *„ownership and control")*. Ebenso für die Entziehung der **Rechtsfähigkeit** durch Auflösung juristischer Personen.

Gleich gilt, ob der erfaßte Gegenstand nach dem für ihn maßgebenden Privatrecht solchen Maßnahmen (im folgenden kurz „Enteignungsmaßnahmen" genannt) zugänglich war, insbesondere ob ein entzogenes Recht privatrechtlich **übertragbar** war (streitig; vgl. BGH 17, 309 und 39, 220 [234] für Firma und Name; über Adelsabschaffungen oben S. 532).

Gleich gilt, ob Enteignungsmaßnahmen **„vollzogen"** sind oder nicht (streitig). Als Vollzug kommt bei Enteignung *dinglicher* Besitzrechte (wie Eigentum, Nießbrauch, Fahrnispfandrecht) die *Besitzergreifung* in Betracht. Bei Enteignung von *Forderungen* erwägt der BGH *Zahlungsaufforderung* durch den neuen Gläubiger, *Klage* durch ihn, *Urteil* zu seinen Gunsten, *Zahlung* an ihn (BGH 23, 333 [336–338]; WM 57, 1001; NJW 58, 745; vgl. auch BGH WM 63, 81 [84] und dazu unten S. 953). Vollzug der Enteignung darf jedoch nicht gefordert werden, weil es bei der Anerkennung fremder Enteignungen um Anwendung fremden Enteignungs*rechts* geht: im Interesse der internationalen Ordnung (BVerfG JZ 92, 200 mit Aufsatz von *Maurer* 183–191 = NJW 91, 1597 [1600 unter C II 2b aa (3)]) will man Streit darüber vermeiden, was der fremde Staat im eigenen Hause (nämlich unter Einhaltung der Grenzen seiner

Macht) *befohlen* hat. Ob aus dem rechtlichen Befehl der Enteignung bestimmte *tatsächliche* Folgen (wie Besitzergreifung oder Zahlungsklage) abgeleitet worden sind, kann daher nicht entscheiden. Sonst käme man auch zu Zufallsergebnissen. Nur wenn ein Rechtssatz *allgemein* nicht befolgt worden ist, gilt anderes; denn dann ist er auf dem Papier stehen geblieben und nicht Recht geworden.

Gleich gilt, ob Enteignungsmaßnahmen gegen **Entschädigung** erfolgen oder nicht (BVerfG JZ 92, 200 mit Aufsatz von *Maurer* 183–191 = NJW 91, 1597 [1599 a.E.f. unter C II 2b aa (3)]). Wenn kein Ersatz gewährt wird, sprechen manche von „Konfiskation", anderenfalls von Enteignung. Die sprachliche Unterscheidung empfiehlt sich nicht, weil die Kollisionsnorm dieselbe ist. Wenn freilich voll oder gar überentschädigt wird, was man für die Enteignungen in Frankreich Ende 1981 behauptet hat, ist das Schutzinteresse des Enteigneten geringer. Kommt Verbundenheit unseres Staats mit dem enteignenden Staat hinzu wie mit Frankreich in der EWG (vgl. den Grundsatz der Interessengleichheit oben S. 939f.), dann mögen auch ins Ausland übergreifende Wirkungen der Enteignung hingenommen werden.

Vgl. Soergel VIII[11] Rz 802 vor Art. 7 EGBGB, S. 492; *Einsele* RabelsZ 51 (1987), 625f.; Obergericht des Kantons Basel-Stadt Rev. crit. dr. i.p. 1995, 507 mit Anm. von *Audit*.

Gleich gilt, ob Enteignungsmaßnahmen von einem *ausländischen* Staat getroffen werden oder von einer anderen Gebietskörperschaft innerhalb des *eigenen* Staats: **internationales** und **interlokales** Enteignungsrecht stimmen überein.

Gleich gilt grundsätzlich auch, ob Enteignungsmaßnahmen **wirtschaftspolitische Zwecke bestimmter Art** verfolgen wie solche der Steuerpolitik, der Währungspolitik, der Devisenpolitik, der Außenhandelspolitik oder des Wirtschaftskriegs (Verbot des Handels mit dem Feind, Verwaltung und Verwertung von Feindvermögen).

Zur *Steuerpolitik* KG IPRax 90, 393 mit Aufsatz von *Kreuzer* 365–372 = NJW 88, 341 (344 unter V 3: „Erdrosselungssteuer") = ROW 88, 252 mit Aufsatz von *Armbrüster* und *Jopen* 89, 332–338.

Über Währungseingriffe unten III 3; über Ein- und Ausfuhrverbote unten IV; über Kartellverbote unten V.

Viele Staatseingriffe in private Rechte dienen *nicht* politischen oder wirtschaftspolitischen Interessen und damit dem Wohl des Staates, sondern sollen die *Gerechtigkeit zwischen den Einzelnen* verwirklichen. Das sind die **Hoheitsakte der Justiz im Dienste des Privatrechts** wie Zwangsvollstreckung, Insolvenzverfahren, Ausschlußurteil in einem Aufgebotsverfahren (von den *straf*rechtlichen Hoheitsakten der Justiz sei hier abgesehen). Sie können zum Teil leichter anerkannt werden als politische oder wirtschaftspolitische Staatseingriffe.

Z.B. OLG Saarbrücken ZIP 89, 1145 betr. Forderungsverlust infolge Nichtanmeldung der Forderung in französischem Vergleichsverfahren.

Soll allerdings der justizmäßige Hoheitsakt einen politisch oder wirtschaftspolitisch bedingten Staatseingriff *nur tarnen*, dann handelt es sich um eine als solche mißlungene Gesetzesumgehung: die Anerkennung richtet sich nach der Enteignungs-Kollisionsnorm.

Z.B. LG Kiel WM 58, 1176 betr. Aufhebung einer Stiftung in der DDR nach § 87 BGB; BGH IPRax 90, 398 mit Aufsatz von *Kreuzer* 365–372 = NJW 89, 1352 = ROW 89, 123 mit Aufsatz von *Armbrüster* und *Jopen* (Revisionsentscheidung zu KG IPRax 90, 393 usw. wie oben), betr. vermögensaufzehrende Nachbesteuerung in der DDR („Erdrosselungssteuer"), m.E. mit Unrecht nicht als Enteignung gewertet, im Ergebnis gleichwohl richtig, wenn Betriebsvermögen entzogen war, vgl. (im selben Fall) BVerfG NJW 92, 1816 sowie Soergel VIII[11] Rz 859 vor Art. 7 EGBGB, S. 518f., Hintergründe bei *Stock*, Wie DDR Kunstsammler ruinierte, FAZ 21. 2. 1992 S. 4.

3. Rechtsgrenzen

Der Staat, der seine Enteignungen im Ausland anerkannt sehen will, pocht auf sein *Recht.* Man gibt ihm im Interesse der internationalen Ordnung nach, soweit er die Grenzen seiner Macht eingehalten hat. Zum Nachgeben besteht aber kein Grund, wenn die Normen, auf die die Enteignung gestützt wird, nicht ausreichen, d.h. wenn die Enteignung die **Rechtsgrenzen überschreitet** und rechtswidrig ist.

Das ist einmal der Fall, wenn das **Landesrecht** des enteignenden Staats die Enteignung nicht deckt. Zum Beispiel der Eigentümer gehört nicht zur Gruppe der durch Landesgesetz Enteigneten. Vgl. oben S. 443, 938.

Das ist zum anderen der Fall, wenn die Enteignung das **Völkerrecht** verletzt. Allerdings wird Art. 17 II der *UNO-Erklärung der Menschenrechte,* der das Privateigentum schützt, überwiegend nicht als völkerrechtliches Enteignungsverbot gewertet. Auch die oft behaupteten Regeln, die *entschädigungslose* oder die *diskriminierende* Enteignung von Ausländern oder die Enteignung *feindlicher Ausländer im Krieg* sei völkerrechtswidrig, helfen nicht weiter, wenn man als Sanktion nur eine *Entschädigungspflicht* und nicht die *Nichtigkeit* der Enteignung annimmt. Meist wird aber nur eine Entschädigungspflicht behauptet.

Die Enteignung kann schließlich deswegen rechtswidrig und nicht anzuerkennen sein, weil sie von einer Stelle **ohne staatliche Macht** („Räuberbande") vorgenommen ist, sei es, daß die Stelle *noch* keine Macht oder keine Macht *mehr* gehabt hat. In den USA hat ein Teil der älteren Rechtsprechung Enteignungen nur solcher Stellen anerkannt, die von der eigenen Regierung *anerkannt* waren. Da jedoch Enteignungen anerkannt werden, um Streit zu verhüten (im Interesse der internationalen Ordnung), empfiehlt es sich nicht, auf die Anerkennung zu warten, die oft lange währt. Vielmehr muß entscheiden, ob die enteignende

Stelle *Staatsgewalt beansprucht* und wirklich *ausgeübt* hat (und überdies die Grenzen ihrer Macht gewahrt hat).

Vgl. *Kegel,* Probleme des internationalen Enteignungs- und Währungsrechts, 1956, 10–13; *Jones* [1978] C. L. J. 48–51 (betr. Nichtanerkennung der türkischen Annexion in Zypern).

4. Machtgrenzen

Macht wird *unmittelbar* oder *mittelbar* ausgeübt.

Unmittelbar wird Macht ausgeübt bei Enteignung von *Sachen:* der Eigentümer oder seine Leute müssen die Sache herausgeben. Notfalls erscheint Polizei oder Militär.

Ebenso ist es bei Enteignung *beschränkter dinglicher Rechte.* Der Nießbraucher z.B. wird vertrieben, ein neuer eingesetzt. Der Hypothekar wird zur Grundstücksverwertung nicht zugelassen; ein neuer betreibt die Zwangsvollstreckung.

Mittelbar wird Macht ausgeübt bei *anderen als dinglichen Rechten.* Ist z.B. eine Geldforderung enteignet, dann kann der enteignende Staat dem neuen Gläubiger die Sachen des Schuldners zur Zwangsvollstreckung zur Verfügung stellen und den alten Gläubiger von ihnen fernhalten. Vollstreckt der neue Gläubiger in eine *Forderung* des Schuldners, so kann der enteignende Staat die Sachen des Drittschuldners dem neuen Gläubiger zur Verfügung stellen und den alten Gläubiger fernhalten.

Mit anderen Worten: *der vergeistigte* Überbau der (nichtdinglichen) Rechte ruht, wenn es um Macht geht, auf *Sachen* als *„körperlichen* Gegenständen".

Daß fremde Enteignungen anerkannt werden, soweit der fremde Staat die Grenzen seiner Macht eingehalten hat, bedeutet daher für **Sachen** einfach: die Enteignung wird anerkannt, wenn die Sache **im Zeitpunkt der Enteignung im Gebiet des enteignenden Staats** gelegen hat. Es herrscht die **lex rei sitae** (unstreitig).

Beispiele:

Trib. civ. de la Seine Clunet 1955, 122 mit Anm. von *Sialelli: 37 Picasso-Bilder,* 1918 in Moskau enteignet, kommen 1954 aus russischen Museen nach Paris zur Ausstellung. Zwei Töchter, die den enteigneten Sammler beerbt haben, beantragen Arrest der Bilder gegen den französischen Aussteller. Der Arrest wird (nach freiem Ermessen) abgelehnt, hauptsächlich wegen zweifelhafter Gerichtsbarkeit gegen den russischen Staat als den in Wirklichkeit Betroffenen, aber auch wegen Abschwächung des französischen *ordre public,* nachdem die Enteignung mehr als 30 Jahre zurückliegt.

Trib. de grande instance de la Seine Rev. crit. dr. i. p. 1966, 481 mit Anm. von *Schaeffer:* Ein Budapester Grundstück wird 1948 dem französischen Außenminister als Sitz der französischen Botschaft vermietet; für Mietstreitigkeiten wird die Zuständigkeit französischer Gerichte vereinbart. Später enteignet Ungarn das Grundstück und übereignet es dem französischen Staat auf Grund eines Staatsvertrags. Die Vermieter verklagen den französischen Außenminister auf Mietzins und stützen sich auf Nichtanerkennung der Enteignung wegen Verstoßes gegen den französischen *ordre public.* Die Klage wird abgewiesen wegen Unzuständigkeit: es gehe um die Enteignung eines Grundstücks in einem fremden Staat und um die außenpolitischen Befugnisse der französischen Regierung; übrigens sei der Mietvertrag nach Art. 1722 code civil aufgelöst, weil die Vermieter das Grundstück völlig verloren hätten.

Die französischen Gerichte erkennen Enteignungen im Belegenheitsstaat grundsätzlich nicht an wegen des französischen *ordre public.*

Wir erkennen sie grundsätzlich an. Aber auch wir erkennen ausnahmsweise wegen Verletzung des deutschen *ordre public* nicht an, wenn Gegenstände des *persönlichen Gebrauchs* im Unterschied von Betriebsvermögen enteignet sind; selbst die Enteignung von Gegenständen des *Betriebsvermögens* ist mit Rücksicht auf Art. 6 EGBGB nicht anzuerkennen, wenn es dem Enteigneten gelungen ist, sie aus dem Enteignungsstaat herauszubringen (Soergel VIII[11] Rz 859 vor Art. 7 EGBGB, S. 518; damit werden harte Fälle der nicht „vollzogenen" Enteignung von Sachen gemildert, vgl. oben S. 943).

Nach KG NJ 99, 95 Ber. mit Anm. von *Fritsche* ist m.E. mit Recht wegen Art. 6 EGBGB nicht anzuerkennen die Enteignung eines Grundstücks im Zusammenhang mit dem Mauerbau durch das Verteidigungsgesetz der DDR vom 20. 9. 1961 (GBl. I 175), wenn 1988 das Grundstück durch Gebietsaustausch an West-Berlin gelangt ist.

Für beschränkte **dingliche Rechte,** insbesondere für die **Hypothek,** gilt dasselbe wie für das Eigentum: ihre Enteignung wird anerkannt, wenn sie vorgenommen ist von dem Staat, in dessen Gebiet die Sache im Enteignungszeitpunkt gelegen hat (unstreitig).

Wo bei **nichtdinglichen Rechten** die Machtgrenzen verlaufen, von deren Einhaltung abhängt, ob die Enteignung anerkannt wird, ist sehr umstritten. Sicherlich nützt es nichts, bei ihnen (wie bei Sachen) nach ihrer „*Belegenheit*" zu fragen: ein Bild hilft nicht weiter (vgl. BGH 5, 35 [38]; 25, 134 [148]).

Nach verbreiteter Meinung entscheidet bei **Forderungen** der **Schuldnerwohnsitz:** die Enteignung einer Forderung wird immer und nur dann anerkannt, wenn im Zeitpunkt der Enteignung der Schuldner im enteignenden Staat gewohnt hat.

An Stelle des Wohnsitzes wählt man besser den *gewöhnlichen Aufenthalt* (vgl. oben S. 142). Bei juristischen Personen tritt an die Stelle des Wohnsitzes der Sitz.

Die Lage ist dann ähnlich wie bei Sachen: kommt die enteignete Sache aus dem Enteignungsstaat in einen anderen, dann wird dort doch der neue Eigentümer anerkannt; verlegt der Schuldner nach Enteignung seinen Wohnsitz aus dem Enteignungsstaat in einen anderen, dann wird dort doch der neue Gläubiger anerkannt. Man kann in diesen Fällen von *unmittelbarer Exportwirkung* der Enteignung sprechen.

Daneben gibt es *mittelbare Exportwirkung.* Wer die enteignete Sache im Enteignungsstaat gestohlen und verbraucht hat, schuldet auch im Ausland dem neuen (und nicht dem alten) Eigentümer Schadenersatz und Bereicherung. Wer eine enteignete Inhaberschuldverschreibung, deren Schuldner im Enteignungsstaat seinen Sitz hatte, gestohlen und wirksam eingezogen hat, schuldet auch im Ausland dem neuen (und nicht dem alten) Gläubiger Schadenersatz und Bereicherung.

Die Anknüpfung der Forderungsenteignung an den Schuldnerwohnsitz ermöglicht dem Enteignungsstaat, seine *Macht zu überschreiten.* Da

Macht im Ernstfall an Sachen verwirklicht werden muß, kann der neue Gläubiger in Sachen des Schuldners vollstrecken, die außerhalb des Enteignungsstaats liegen, und der Belegenheitsstaat muß dem tatenlos zusehen.

Beispiel: Eine niederländische Bank in Djakarta hat einem dort wohnhaften deutschen Geschäftsmann Kredit gewährt. Sie wird zugunsten des indonesischen Staats enteignet. Dieser verklagt den Schuldner, der inzwischen nach München gezogen ist und dort Grundbesitz hat. Hängt die Anerkennung der Enteignung am Schuldnerwohnsitz im Enteignungsstaat, dann kann der indonesische Staat in die deutschen Grundstücke vollstrecken.

Das *widerstreitet dem Zweck der Enteignungsanerkennung:* im Interesse der internationalen Ordnung erkennt man als rechtens an, was im Enteignungsstaat geschehen ist; aber man fügt nichts hinzu. Richtig wird daher angeknüpft nicht an den Schuldnerwohnsitz, sondern an die **Lage des Schuldnervermögens:** die Forderungsenteignung wird immer und nur anerkannt mit Wirkung für Schuldnervermögen im enteignenden Staat.

BGH NJW 67, 36 = WM 66, 1143 (1146); BGH WM 72, 394 (396); BAG AP Nr. 159 BGB § 242 Ruhegehalt (Bl. 474) mit krit. Anm. von *Grunsky* und *Wuppermann* = IPRspr. 1972 Nr. 142 (S. 386); BGH 104, 240 (244 unter I 3b) = IPRax 89, 235 mit Aufsatz *Behrens* 217–223.

Man kann noch etwas allgemeiner sagen: Die Forderungsenteignung wirkt immer und nur für den *Rechtsverkehr im enteignenden Staat.*

Der indonesische Staat wäre also mit seiner Klage in München abzuweisen. Andererseits wäre anzuerkennen, daß er in indonesische Grundstücke eines Schuldners vollstreckte, der im Enteignungszeitpunkt bereits von Djakarta nach München verzogen war. Das wollen wir gern zugestehen (zumal wir ohnehin nicht gefragt werden), im eigenen Haus aber Herr bleiben.

Auf ähnlichen Gedanken beruht die englische Rechtsprechung zur internationalen Zuständigkeit über Auslandsvermögen. So in *Hamlin v. Hamlin* (C.A.), [1985] W.L.R. 629 (634, 637, 639). In diesem Fall geht es um die Vermögensregelung bei Scheidung. Die Gatten leben in England. Der Mann hat ein Haus in Marbella, Spanien. Die Frau beantragt, das Gericht möge dem Mann verbieten, das Haus zu verkaufen. Nach s. 37 Nr. 2a Matrimonial Causes Act 1973 kann das Gericht, wenn Veräußerung durch einen Gatten droht, *„make such an order as it thinks fit for restraining the other party* (Antragsgegner) *from so doing or otherwise for protecting the claim"*. Dingliche Zuständigkeit *(jurisdiction in rem)*, wird verneint, persönliche *(jurisdiction in personam)* bejaht. Zwar wird der Richter, obwohl er es darf, auf Grund seines Ermessenspielraums nichts über das ausländische Vermögen bestimmen, was im Belegenheitsstaat nicht vollstreckt werden kann; aber er kann und wird mittelbar Zwang im Inland ausüben, z.B. Beugehaft androhen und notfalls anordnen.

Anknüpfung der Forderungsenteignung an die Lage des Schuldnervermögens (statt an den Schuldnerwohnsitz) bedeutet:

a) Die Lage von *Sachen* entscheidet (Sachen des Schuldners; Sachen eines Drittschuldners; Sachen einer Gesellschaft, deren Mitglied der Schuldner ist). Das klingt verwickelt, ist aber praktisch meist einfach.

b) Es gibt *keine unmittelbare Exportwirkung* und der *Enteignungszeitpunkt* ist *gleichgültig;* der Enteignungsstaat ergreift das *jeweilige inländische* Vermögen des Schuldners und nie ausländisches.

c) *Mittelbare Exportwirkung* bleibt möglich. Zum Beispiel haftet im Ausland dem neuen, nicht dem alten Gläubiger auf Schadenersatz und Bereicherung, wer im Enteignungsstaat die enteignete Inhaberschuldverschreibung gestohlen und wirksam eingezogen hat.

d) Die *Forderung* hat sich *verdoppelt:* mit Wirkung für Schuldnervermögen *außerhalb* des Enteignungsstaats behält der *enteignete* Gläubiger seine Forderung; mit Wirkung für Schuldnervermögen *innerhalb* des Enteignungsstaats steht die Forderung dem *neuen* Gläubiger zu. Durch Enteignung können sich nicht nur die Aktiven mindern, sondern auch die Passiven mehren. Dem Schuldner kann *materiell*rechtlich geholfen werden nach dem Recht, das die Forderung beherrscht (z.B. wegen Wegfalls der Geschäftsgrundlage).

Die Enteignung von **Mitgliedschaftsrechten** an Kapital- und Personengesellschaften wird teils an den **Gesellschaftssitz** angeknüpft (so [öst]OGH [öst]JurBl. 1999, 126 LS – [öst]ZRvgl. 1999, 80, aber für Zwangsvollstreckung = Hoheitsakt der Justit im Dienste des Privatrechts, oben S. 944 a.E.f.; das entspricht der Anknüpfung an den Schuldnerwohnsitz bei der Forderungsenteignung). Die h.M. läßt hingegen die **Lage des Gesellschaftsvermögens** entscheiden (das entspricht der Anknüpfung an die Lage des Schuldnervermögens bei der Forderungsenteignung). So z.B. BGH 33, 195 (197).

Bei Anknüpfung an den *Gesellschaftssitz* kann ein Staat, der nicht in der Lage wäre, ausländische Sachen bei ihm seßhafter Gesellschaften zu enteignen, die Mitgliedschaftsrechte (z.B. Aktien, GmbH-Anteile) enteignen und sich so der ausländischen Sachen bemächtigen. Das kann nicht hingenommen werden.

Andererseits führt die Anknüpfung an die *Lage des Gesellschaftsvermögens* zu entsprechenden Folgen wie die Anknüpfung der Forderungsenteignung an die Lage des Schuldnervermögens. Insbesondere *verdoppelt* sich die *Gesellschaft:* mit Wirkung für Gesellschaftsvermögen im Enteignungsstaat hat sie neue Mitglieder; mit Wirkung für Gesellschaftsvermögen außerhalb des Enteignungsstaats besteht sie mit den alten Mitgliedern fort. Demgemäß gibt es doppelte Organe (Vorstand, Aufsichtsrat, Hauptversammlung), doppelte Bilanzen u.a. Man bezeichnet daher die Ansicht, daß die Enteignung von Mitgliedschaftsrechten nur wirkt für Gesellschaftsvermögen im Enteignungsstaat, als **„Spaltungstheorie"** und nennt die außerhalb des Enteignungsstaats mit den alten Mitgliedern fortbestehende Gesellschaft **„Spaltgesellschaft"**.

Z.B. BGH 56, 66 (69 a.E.); BGH GSZ 62, 340 (343 f.); BGH IPRax 85, 342 mit Aufsatz von *Grossfeld* und *Lohmann* 324–327 = WM 85, 126; BGH WM 85, 1415; BayObLG 1987, 29 (33); OLG Frankfurt WM 88, 300; OLG Hamburg NJW 90,

1120; BGH NJW-RR 90, 166 (167); BGH WM 90, 1065; BGH ebenda 1496; BGH WM 91, 14 (hier allerdings Inlandsvermögen gefordert); OLG Hamburg RIW 92, 146; BGH WM 91, 680; BGH NJW-RR 92, 168; OLG Hamburg WM 94, 740.

Beispiel: BGH NJW 57, 217 **(erster AKU-Fall):** Die Allgemeine Kunstseide Union AG in Amsterdam (AKU) besaß den weit größten Teil der Aktien der Vereinigten Glanzstoffabriken AG in Wuppertal (VGF). Rund 30 v. H. der AKU-Aktien gehörten Deutschen und wurden von den Niederländern als Feindvermögen enteignet. Ein Teil der deutschen Aktionäre klagte gegen die AKU auf Feststellung, daß die Enteignung für das in Deutschland belegene Vermögen der AKU unwirksam sei. Die Klage hätte nach der Spaltungstheorie Erfolg haben müssen. Der BGH hat sie aus besatzungsrechtlichen Gründen abgewiesen (dazu unten S. 953). Auch im **zweiten AKU-Fall** blieben die deutschen Aktionäre erfolglos: BGH WM 63, 81.

Bedenklicher ist die englische Entscheidung *Williams & Humbert* v. *W. & H. Trade Marks (H. L. [E])* [1986] 2 W. L. R. 24 mit abl. Aufsätzen von *Mann* 102 (1986) L. Q. Rev. 191–197, 103 (1987) ebenda 26–28 und mit krit. Aufsatz von *Seidl-Hohenveldern,* in: Essays G. Schwarzenberger (nz), London 1988 (?), 262–274: Williams & Humbert vertreibt den Sherry „*Dry Sack*". Sie überträgt 1976 dieses Warenzeichen an W. & H. Trade Marks Ltd., eine Gesellschaft in Jersey, als Treuhänderin für den Spanier Mateos und seine Familie. Die Geberin behält die Lizenzen, die erlöschen sollen, wenn ihre Muttergesellschaft *Rumasa,* eine spanische Aktiengesellschaft, die Mateos und Familie gehört, enteignet würde. Dies geschieht in Spanien 1983 unter Zusage fairer Entschädigung. Nunmehr klagt auf Weisung des spanischen Staats Williams & Humbert gegen W. & H. Trade Marks sowie Mateos und Familie (wegen Mitwirkung an einem Treubruch) auf Rückgewähr der Warenzeichen und auf Schadenersatz.

Das House of Lords gibt der Klage einstimmig statt: Williams & Humbert klage Rechte ein, die sie schon vor der Enteignung gehabt habe. Es gehe hier nicht um die Enteignung der Rumasaaktien. Wesentlich mitgesprochen haben dürfte hier Nähe zum Grundsatz der Interessengleichheit (oben S. 939 f.): „*... the appellants Williams & Humbert seek to attack the motives of the Spanish legislators ... No English Judge could properly entertain such an attack launched on a friendly state which will shortly become a member of the European Economic Community*" (aaO 33). Vgl. oben S. 856 zu den französischen Enteignungen 1981.

Sieht man davon ab, dann kann Spanien durch Enteignung von Aktien der Mutter (Rumasa) nicht erreichen, was es durch Enteignung von Aktien der Tochter (Williams & Humbert) nicht erreichen könnte: den Zugriff auf Gesellschaftsvermögen außerhalb Spaniens. Denn soweit das Territorialitätsprinzip reicht, spalten Staatseingriffe notwendig private Rechte (oben S. 948 f.). *In casu* spalten sie Mutter (das spanische Gesellschaftsvermögen erhalten die neuen Aktionäre, das außerspanische bleibt den alten) und Tochter (wenn sie spanisches Vermögen hat, untersteht sie insoweit der Muttergesellschaft der neuen Aktionäre). Einkleidung in juristische Personen kann nicht ermöglichen, was ohne sie nicht ginge, nämlich den Griff über die Grenze auf Vermögen im Ausland.

Die zwangsweise **Auflösung einer** Kapital- oder Personal**gesellschaft** aus politischen oder wirtschaftlichen Gründen wirkt nicht für Gesellschaftsvermögen außerhalb des auflösenden Staats (unstreitig). Auch hier entscheidet also die **Lage des Gesellschaftsvermögens.**

Die Gesellschaft *haftet* daher mit ihrem Gesellschaftsvermögen außerhalb des Enteignungsstaats grundsätzlich *sämtlichen Gläubigern* (denen im Ausland wie denen im Enteignungsstaat). Doch kann sie sich möglicherweise nach dem die Schuld beherrschenden *materiellen* Recht auf Wegfall der Geschäftsgrundlage, Vertragshilfe und ähnliche Hilfen berufen; näher Soergel VIII[11] Rz 861 vor Art. 7 EGBGB, S. 519 a. E. und BGH 56, 66 [70–73]), BGH IPRspr. 1977 Nr. 4 [S. 15–17] = WM 77, 730 [735 f.]). Außerdem bestehen im Ost-West-Verhältnis Sonderregeln insbesondere für Banken, Versicherungsunternehmen, Bausparkassen und nicht mehr bestehende öffentliche Rechtsträger (näher Soergel VIII[11] Rz 823, 848 vor Art. 7 EGBGB, S. 499, 513f.).

Wer durch Enteignung oder Gesellschaftsauflösung alles oder fast alles *Vermögen* des Betroffenen *erworben* hat, *haftet* wie ein Erbe für die Schulden (*Mann* Zweigert-Fschr. 1981, 275–286; Soergel VIII[11] Rz 861 vor Art. 7 EGBGB, S. 519 a. E. f.).

Die **Lage des Gesellschaftsvermögens** entscheidet auch über die Anerkennung **anderer Eingriffe** in die Kapital- oder Personalgesellschaft (unstreitig). Deren wichtigster ist die **Entziehung der Vertretungsmacht;** der Vorstand wird z. B. durch staatliche Kommissare verdrängt.

Die Regel gilt auch im Ausland. Daher versuchten während der Herrschaft des Nationalsozialismus die für jüdische Unternehmen eingesetzten Treuhänder vergeblich, deren Außenstände im Ausland zu kassieren.

Bei Enteignung **hypothekarisch gesicherter Forderungen** richtet sich die Anerkennung der *Hypotheken*enteignung nach der Lage des Grundstücks (ja, wenn im Enteignungsstaat; nein, wenn außerhalb) und die Anerkennung der *Forderungs*enteignung nach der Lage des Schuldnervermögens (gemäß verbreiteter Ansicht nach dem Schuldnerwohnsitz). Allerdings wird vom BGH in Fällen *„echten"* oder *„typischen Realkredits"* meist nicht nur die Enteignung der Hypothek, sondern auch die der gesicherten *Forderung* immer und nur anerkannt, wenn das Grundstück im Enteignungsstaat liegt (z. B. BGH 17, 89; BGH WM 62, 625). Dieser Ansicht kann nicht zugestimmt werden und auch der BGH vertritt sie nicht immer (z. B. BGH MDR 59, 100 mit Anm. von *Beitzke*). Sie führt zu Übergriffen des Enteignungsstaats in fremden Machtbereich: der neue Gläubiger könnte auf Grund der persönlichen Haftung des Schuldners in Vermögen des Schuldners vollstrecken, das außerhalb des Enteignungsstaats liegt. Die Haftung aus diesem Vermögen muß jedoch dem alten Gläubiger vorbehalten bleiben. Liegt umgekehrt das Hypothekengrundstück außerhalb des Enteignungsstaats, dann ist die Enteignung überhaupt nicht anzuerkennen und das führt zu Widerspruch mit der tatsächlichen Machtlage: das im Enteignungsstaat belegene Schuldnervermögen (wenn man wie hier auf dessen Lage abstellt) oder das gesamte Schuldnervermögen außer dem hypothekarisch belasteten Grundstück (wenn man mit verbreiteter Meinung an den Schuldnerwohnsitz anknüpft und der Schuldner im Enteignungsstaat seinen Wohnsitz hat) müssen dem neuen Gläubiger haften.

Knüpft man die Forderungsenteignung an den *Schuldnerwohnsitz* und liegt dieser im Enteignungsstaat, das hypothekarisch belastete Grundstück aber in einem anderen Staat, dann ist die Forderung wirksam enteignet, die Hypothek nicht. Die Hypothek wird weder Eigentümer- noch Gläubigergrundschuld, sondern bleibt Hypothek: „für die Hypothek" (wie in § 1138 BGB) gilt die Forderungsenteignung als unwirksam. Liegt umgekehrt das hypothekarisch belastete Grundstück im Enteignungsstaat, der Schuldnerwohnsitz außerhalb, dann erwirbt der neue Gläubiger die Hypothek und „für sie" gilt die Forderung als wirksam enteignet.

Knüpft man die Forderungsenteignung wie hier an die *Lage des Schuldnervermögens,* dann wird nicht (wie in § 1138 BGB) zur Hypothek eine Forderung fingiert, sondern sie ist wirklich vorhanden, weil sie durch die Enteignung verdoppelt worden ist.

Gleich, ob die enteignete Forderung durch Hypothek gesichert ist oder nicht, entrechtet der BGH den Gläubiger, wenn die Enteignung seiner Forderung nicht anzuerkennen ist, materiellrechtlich: er gibt dem Schuldner ein **Leistungsverweigerungsrecht nach § 242 BGB,** wenn für ihn *tatsächlich* die Gefahr besteht, daß auf Grund der nicht anerkannten Enteignung im Enteignungsstaat gegen ihn vorgegangen wird (Nachweise Soergel VIII[11] S. 520[6]). Gerechter wäre es m. E., Gefahr und Schaden zwischen dem (unwirksam) enteigneten Gläubiger und dem Schuldner nach *Geschäftsgrundlageregeln* zu *teilen.*

Vgl. BGH IPRax 86, 154 mit Aufsatz von *Mülbert* 140–142 und oben S. 940 a. E. zu iranischem Verbot der Einfuhr von Alkohol. BGH 104, 240 = IPRax 89, 235 mit krit. Aufsatz von *Behrens* 217–223 verneint m. E. zu Unrecht Wegfall der Geschäftsgrundlage mit gänzlicher Befreiung des Bürgen bei dessen Enteignung durch den Staat, der mittelbar Gläubiger war, kommt jedoch auf anderem Wege zum gleichen Ergebnis; vgl. OLG Düsseldorf unten S. 962.

Bei der Enteignung von **Wertpapieren** ist zu unterscheiden zwischen dem Papier und dem verbrieften Recht. Das *Papier* kann wirksam enteignet werden nur von dem Staat, in dem es liegt *(lex cartae sitae).* Die Enteignung des *verbrieften Rechts* dagegen folgt den für dieses Recht geltenden Regeln (h. M.; z. B. KG NJW 61, 1214). Für die Enteignung eines dinglichen Rechts (z. B. Inhabergrundschuld) gilt daher die *lex rei sitae.* Forderungen und Mitgliedschaftsrechte werden wirksam enteignet nur für Schuldner- und Gesellschaftsvermögen, das im Enteignungsstaat liegt.

5. Deutsches Auslandsvermögen im Krieg

Schrifttum: siehe 6. Aufl. S. 730. Danach: *Fassbender,* Klageausschluß bei Enteignungen zu Reparationszwecken – Das Gemälde des Fürsten von Liechtenstein, NJW 99, 1445–1448.

Die beiden Weltkriege sind von den Westmächten, englischer Auffassung folgend, nicht nur militärisch, sondern auch wirtschaftlich geführt worden: jedes Land hat das in seinem Gebiet befindliche deutsche Privatvermögen als Feindvermögen beschlagnahmt und anschließend zum großen Teil enteignet.

Diesen Maßnahmen gilt das **AHKGes. 63** vom 31. 8. 1951 (AHKBl. 1107). Nach Art. 1 und 2 sind ausländische Eingriffe in deutsches Auslandsvermögen als Feindvermögen und bestimmte Eingriffe der westlichen Besatzungsmächte in deutsches Inlandsvermögen *anzuerkennen.* Art. 3 schließt die deutsche *Gerichtsbarkeit* aus. Nach Ansicht des BGH gelten Art. 1–3 AHKGes. 63 nur für solche deutschen Vermögenswerte, deren Enteignung nach den Regeln des deutschen internationalen Enteignungsrechts anzuerkennen wäre (z. B. BGH 17, 74 [76]; 18, 1 [7 f.]; 25, 134 [139]; BGH [GSZ] 62, 340 [342]; BGH IPRspr. 1977 Nr. 4 [S. 11 a. E.] = WM 77, 730 [733 unter I 2 c bb]); ausgeschlossen sei allerdings die Berufung auf den deutschen *ordre public* (vgl. z. B. BGH 8, 378 [379]). Dagegen neigt BVerfG 29, 348 (gestützt u. a. auf die bis dahin geheime Entstehungsgeschichte) zu der Annahme, Mitgliedschaftsrechte lägen im Sinne von Art. 1 Nr. 1 Buchst. a AHKGes. 63 am Gesellschaftssitz und nicht (wie nach h.M. im deutschen Recht: „Spaltungstheorie“, oben S. 949 a.E.) dort, wo das Gesellschaftsvermögen liegt.

Der **Überleitungsvertrag** (Vertrag zur Regelung aus Krieg und Besatzung entstehender Fragen) vom 23. 10. 1954 (BGBl. 1955 II 405) ließ in Teil VI Art. 2 das AHK Ges. 63 fortbestehen. Der Überleitungsvertrag ist außer Kraft getreten mit dem Inkrafttreten des Moskauer Vertrages vom 12. 9. 1990 über die abschließende Regelung in bezug auf Deutschland am 15. 3. 1991 (BGBl. II 587) und zwar durch Nr. 1 und 2 der Vereinbarung vom 27./28. 9. 1990 zum Deutschlandvertrag und zum Überleitungsvertrag (BGBl. II 1386).

In Kraft geblieben ist jedoch (ebenda Nr. 3) Art. 3 Abs. 1 und 3 des Überleitungsvertrags, wo es heißt:

„(1) Die Bundesrepublik wird in Zukunft keine Einwendungen gegen die Maßnahmen erheben, die gegen das deutsche Auslands- oder sonstige Vermögen durchgeführt worden sind oder werden sollen, das beschlagnahmt worden ist für Zwecke der Reparation oder Restitution oder auf Grund des Kriegszustandes oder auf Grund von Abkommen, die die Drei Mächte mit anderen alliierten Staaten, neutralen Staaten oder ehemaligen Bundesgenossen Deutschlands geschlossen haben oder schließen werden.

(2) …

(3) Ansprüche und Klagen gegen Personen, die auf Grund der in Absatz (1) und (2) dieses Artikels bezeichneten Maßnahmen Eigentum erworben oder übertragen haben, sowie Ansprüche und Klagen gegen internationale Organisationen, ausländische Regierungen oder Personen, die auf Anweisung dieser Organisationen oder Regierungen gehandelt haben, werden nicht zugelassen.“

Der BGH hat aus Abs. 1 („das deutsche Auslands- oder *sonstige* Vermögen“) geschlossen, daß nunmehr über Art. 1–3 AHKGes. 63 hinaus *alle* Eingriffe in das deutsche *Inlands*vermögen anzuerkennen und der deutschen Gerichtsbarkeit entzogen seien (NJW 57, 217, erster AKU-Fall, oben S. 950). Die Entstehungsgeschichte widerlegt das (*Seidl-Hohenveldern* RIW 57, 134–138) und der BGH hat diese Ansicht wohl aufgegeben (WM 63, 81 [85], zweiter AKU-Fall).

Die nachteiligen Folgen seiner anfänglichen Ansicht hat der BGH später dadurch eingeschränkt, daß er „*Wirksamkeit*“ oder „*Durchführung*“ des Eingriffs in deutsches Inlandsvermögen gefordert hat (BGH 25, 127 [133f.] und 134 [141]; BGH WM 63, 81 [84]; BGH IPRspr. 1976 Nr. 4 [S. 18–22] = [gekürzt] RIW 77, 779 [780 a.E.f. unter 4] mit Aufsatz von *Teich* 78, 11–14; ebenso LG Köln IPRax 96, 419 [421] mit Aufsatz *Seidl-Hohenveldern* 410–412). Praktisch wird Deckung des Eingriffs durch eine Besatzungsmacht verlangt. Da die Besatzungsmächte aber nur frühere Eingriffe unterstützten, nicht neue vornahmen, konnte ihr Handeln die Wirksamkeit der Enteignung nicht begründen. „Wirksamkeit“ oder „Durchführung“ gleichen überdies dem *Vollzugs*erfordernis, das überhaupt abzulehnen ist (oben S. 943f.).

Wie unter dem AHKGes. 63 ist auch nach Teil VI Art. 3 des Überleitungsvertrags der deutsche *ordre public* belanglos (z.B. BGH 32, 97 [100]; LG Köln IPRax 96, 419 [420 a.E.] mit Aufsatz von *Seidl-Hohenveldern* 410–412).

Art. 3 Abs. 1 und 3 des Überleitungsvertrags betrifft nur „*deutsches*“ Vermögen. Das heißt aber nicht, der Enteignungsstaat könne sagen: „Wer Deutscher ist, bestimme ich.“ Daher besteht kein Grund, tschechoslowakische Enteignungen von Liechtensteinern wegen des Überleitungsvertrags hinzunehmen (a.A. BVerfG IPRax 98, 482 mit abl. Aufsatz von *Doehring* 465–467 = NJW 98, 1700 LS mit abl. Aufsatz von *Fassbender* NJW 99, 1445–1448 [1446 unter III 1]).

Der von Teil VI Art. 3 Abs. 3 bewirkte Ausschluß der deutschen Gerichtsbarkeit betrifft nur Klagen gegen Veräußerer oder Erwerber enteigneten deutschen Vermögens, welche die *Veräußerung* oder den *Erwerb selbst* angreifen. Dagegen bleibt es bei deutscher Gerichtsbarkeit, wenn ein Nichtberechtigter oder ein Treuhänder veräußert oder erworben hat und der Berechtigte oder Treuhandbegünstigte gegen ihn vorgeht. So mit Recht BGH WM 87, 153 (unter III) im Rechtsstreit der I.G. Farbenindustrie AG i.A. gegen die Schweizerische Bankgesellschaft, in dem aus einem behaupteten Treuhandverhältnis Teilansprüche auf die *Vergleichssumme* erhoben wurden, die in einem Prozeß gegen die amerikanische Regierung wegen ursprünglich deutschen Auslandsvermögens erzielt worden war (vgl. auch schon BGH 32, 170 und 32, 173 [176]).

Entschädigung für Verluste durch Feindenteignungen nach Regeln, die sich an das Lastenausgleichsgesetz vom 14. 8. 1952 (mit späteren Änderungen) anlehnen, gewährt das **Reparationsschädengesetz** vom 12. 2. 1969, BGBl. I 105 (dazu *Hesse* WM 69, 254 bis 264; das Gesetz ist verfassungsmäßig nach BVerfG 41, 126 und 193).

6. Interlokales Recht

Schrifttum 7. Aufl. S. 33f.

Die oben 1–4 (S. 942–952) dargestellten Regeln gelten gleichermaßen für ausländische Enteignungen wie für Enteignungen, die in der früheren DDR und in Ost-Berlin vorgenommen wurden. Nach Anlage III Nr. 3 Einigungsvertrag (Gemeinsame Erklärung der Regierungen der Bundesrepublik Deutschland und der Deutschen Demokratischen Republik zur Regelung offener Vermögensfragen vom 15. 6. 1990), die gemäß Art. 41 I Einigungsvertrag dessen Bestandteil ist, wird aber Vermögen, das in der DDR und in Ost-Berlin enteignet worden ist, grundsätzlich zurückgegeben. Ausgenommen sind nach Nr. 1 Enteignungen zwischen 1945 und 1949; diese Ausnahme, die mit Recht viel böses Blut gemacht hat und macht (z.B. Offener Brief von Hans Albrecht von Boddien in Frankfurter Allgemeine Zeitung vom 19. 7. 1997, Nr. 165 S. 3), hat das BVerfG für verfassungsmäßig erklärt (JZ 92, 200 mit Aufsatz von *Maurer* 183–191 = NJW 91, 1597; DtZ 93, 275; EWiR 96, 1099 LS mit Anm. von *Nolting* = NJW 96, 2722 = WM 96, 1726) und die Europäische Kommission für Menschenrechte hat die Anwendbarkeit des Art. 14 der EMRK und des Art. 1 des Zusatzprotokolls Nr. 1 verneint (EMRK NJ 96, 473 = NJW 96, 2291); Gegenausnahme: der Enteignete war Ausländer und hat die Enteignung nicht bestätigt (BVerwG 104, 84 = DZWiR 97, 410 mit Anm. von *Bentmann* = EWiR 97, 379 LS mit Anm. von *Redeker*; a.A. BGH NJ 99, 145 Ber. mit Anm. von *Kolb* = ZIP 99, 316). Eine weitere Ausnahme bringt Art. 41 II Einigungsvertrag, wenn das enteignete Grundvermögen für dringende Investitionen gebraucht wird.

Die Rückgabe regelt das *Vermögensgesetz* mit Änderungsgesetzen (oben S. 31).

Entschädigungsansprüche in der früheren DDR enteigneter *Amerikaner* regelt ein Abkommen zwischen der Bundesrepublik und den USA vom 13. 5. 1992 (BGBl. II 1323, 1993 II 849).

III. Internationales Währungsrecht

Schrifttum: 7. Aufl. S. 866–868. Hervorzuheben: *Gold*, The Fund Agreement in the Courts I–VII, Washington, D.C., 1962, und VIII–XI, Washington, D.C. 1976; *Gold*, Floating Currencies, Gold, and SDRs [Special Drawing Rights], Washington, D.C.,

1976; *Hirschberg,* The Impact of Inflation and Devaluation on Private Legal Obligations, Ramat-Gan, Israel, 1976; *Hauptmann,* Das Geld der Welt, 1977; *Natermann,* Der Eurodollarmarkt in rechtlicher Sicht, 1977; *Lowenfeld,* The International Monetary System, New York 1977; *Malaurie,* Le droit monétaire dans les relations privées internationales, Rec. 1978 II 265–333; *Hahn,* Aufwertung und Abwertung im Internationalen Recht, BerGesVR 20 (1979), 1–85; *G. H. Roth,* Aufwertung und Abwertung im IPR, ebenda 87–135; *Lopez-Santa Maria,* Le droit des obligations et des contrats et l'inflation monétaire I (Chili et droits hispano-américains), Paris 1980; *Ertl,* Inflation, Privatrecht und Wertsicherung, Wien 1980; *Quadri,* Le clausole monetarie, Autonomia e controllo nella disciplina dei rapporti monetari, Mailand 1981; *Rosenn,* Law and Inflation, Philadelphia 1982; *Dam,* The Rules of the Game, Reform and Evolution in the International Monetary System, Chikago und London 1982; *Braun,* Vertragliche Geldwertsicherung im grenzüberschreitenden Wirtschaftsverkehr, 1982; *Gold,* Developments in the International Monetary System, the International Monetary Fund, and International Monetary Law since 1971, Rec. 1982 I 107–365; *Pascallon,* Le système monétaire international, Paris 1983; *Bopp,* Wirtschaftsverkehr mit der DDR, 1983; *Gold,* The Fund Agreement in the Courts II, Washington 1983 (bespr. von *Puttfarken* RabelsZ 54 [1990], 605–611); *Altschuler,* International Monetary Law, Moskau 1984; *Hahn, Braun, Carreau, E. Hirschberg* und *Horn,* Die Wertsicherung der Young-Anleihe, 1984; *Asam,* Instrumente des Inflationsausgleichs im italienischen und deutschen Privatrecht, 1984; *Gränicher,* Die kollisionsrechtliche Anknüpfung ausländischer Devisenmaßnahmen, Basel und Frankfurt 1984; *Ebenroth,* Banking on the Act of State Doctrine, 1985; *Kleiner,* Internationales Devisen-Schuldrecht, Zürich 1985; *Robertz,* Wertsicherungs- und Preisanpassungsklauseln im Außenwirtschaftsverkehr, 1985; *Kollhosser,* Wertsicherungsklauseln im Spannungsfeld zwischen Vertragsfreiheit, Sozialpolitik und Währungspolitik, 1985; *Gold,* The Fund Agreement in the Courts III, Washington, D. C., 1986 (bespr. von *Ebke* JZ 87, 456 und von *Puttfarken* RabelsZ 54 [1990], 605–611); *Alberts,* Der Einfluß von Währungsschwankungen auf Zahlungsansprüche nach deutschem und englischem Recht, 1986; *Tartaglia,* L'adeguamento del contratto alle oszillazioni monetarie, Mailand 1987 (bespr. von *Judica* Riv. dir. civ. 1988 I, 411–416); *Gramlich,* Die ECU-Fremdwährung in der Bundesrepublik?, 1988 (Vorträge, Reden und Berichte aus dem Europa-Institut der Universität des Saarlandes, Nr. 138); *Arend,* Zahlungsverbindlichkeiten in fremder Währung, 1989; *Gold,* The Fund Agreement in the Courts IV, Washington, D. C., 1989 (bespr. von *Ebke* JZ 90, 483); *Tepper,* Die Auswirkungen ausländischer Devisenembargos auf Bürgschaften im deutschen und Guaranties im US-amerikanischen Recht, 1989; *Hahn,* Währungsrecht, 1990; *Albertini* und *Velo* (Hrsg.), L'ECU, il rublo e l'ordine monetario internazionale, Padua 1990; *Senes Motilla,* Las obligaciones en moneda extranjera: su tratamiento procesal, Madrid 1990; *Eilenberger,* Währungsrisiken, Währungsmanagement und Devisenkurssicherung von Unternehmungen[3], 1990; *Gold,* Legal Effects of Fluctuating Exchange Rates, Washington D. C., 1990; *Ebke,* Internationales Devisenrecht, 1991; *Unteregge,* Ausländisches Devisenrecht und internationale Kreditverträge, 1991; *Niyonzima,* La clause de monnaie étrangère dans les contrats internationaux, Brüssel und Antwerpen-Apeldoorn 1991; *Desantes Real,* El ECU y la contratación internacional, Madrid 1991 (bespr. von *Cuartero Rubio* Rev. esp. der. int. 1992, 762 f.); *Dürkes, Feller* und *Weiher,* Wertsicherungsklauseln[10], 1992; *Mann,* The Legal Aspect of Money[5], Oxford 1992; *Steenken,* Fremdwährungsschulden im deutschen und englischen Recht, Ein Rechtsvergleich, 1992; *Nicolaysen,* Rechtsfragen der Währungsunion, 1993. Ferner: *Desantes Real,* Las obligaciones contractuales internacionales en moneda extranjera, Madrid 1994 (bespr. von *Checa Martínez* Rev. esp. der. int. 1995, 360–362); *Reinhuber,* Grundbegriffe und internationaler Anwendungsbereich von Währungsrecht, 1995; *Rehbinder,* Wertsicherungsklauseln in deutschen Verträgen, Ann. Ist. 1996, 140–152; *Meder,* Führt die Kreditkartennutzung im Ausland zu einer Fremdwährungsschuld gemäß § 244 BGB?, WM 96, 2085–2093; *Rapsomanikis,* Legal interest rates applicable to debts in foreign currency which are paid in Greece, Rev. hell. dr. int. 49 (1996), 501–513; *Königer,* Die Bestimmung der gesetzlichen Zinshöhe nach dem deutschen IPR, Eine Untersuchung unter besonderer

Berücksichtigung der Art. 78 und 84 I UN-Kaufrecht, 1997; *Zehetner,* Der Euro im System der Geldwertklauseln, Hahn-Fschr. 1997, 285–304; *Hafke,* Rechtliche Fragen von Wertsicherungsvereinbarungen vor und nach Eintritt der Währungsunion, WM 97, 693–698; *Gruson,* Altwährungsforderungen vor US-Gerichten nach Einführung des Euro, ebenda 699–707; *Szécsényi,* Verzugszinsen nach Verurteilung zur Leistung in Fremdwährung, IPRax 97, 196f.; *Berndt,* Die Rückforderung in DM umgestellter DDR-Mark-Guthaben nach dem Währungsumstellungsfolgengesetz, DZWiR 97, 212–214; *Stern,* Judgments in Foreign Currencies: A Comparative Analysis, 1997 J. B. L. 266–288 (England, USA, Kanada, Südafrika, Australien, Neuseeland); *Sandrock,* Der Euro und sein Einfluß auf nationale und internationale privatrechtliche Verträge, BB 97 Beil. zu Heft 31/1997 = EWS 97 Beil. zu Heft 8/1997 = RIW 97 Beil. 1 zu Heft 8/1997, 20 Seiten; *Berger,* Devisenrecht in der internationalen Wirtschaftsschiedsgerichtsbarkeit, ZvglRW 97, 316–346; *M. Schmidt-Kessel,* Euro und AGB – einige Fragen zu Verbrauchergeschäften, WM 97, 1732–1743; *Dutour,* L'Euro et la continuité des contrats, Sem. jur. 1997, 331–333 (Nr. 4048); *Courbis* und *Sousi,* L'euro, réalité monétaire dès 1999, D. S. Chron. 1997, 309–311; *Staudinger-Ebke*[13], Anhang zu Art. 34 EGBGB, Internationales Devisenrecht, Schrifttum und Rz. 1–89 S. 720–756; *Francke, Ketzel* und *Kotz* (Hrsg.), Europäische Währungsunion, 1998 (bespr. von *Hafke* und *Schrüfer* WM 99, 47f.); *Möschel,* An der Schwelle zur Europäischen Währungsunion, JZ 98, 217–233; *A.-R. Börner,* Die Entwicklung des EG-Vertrages: Neue Parameter für den Euro?, DZWiR 98, 251–259; *Žmij,* Währungsrechtliche Probleme des vertraglichen Schadensersatzes unter besonderer Berücksichtigung der UNIDROIT-Grundregeln der Internationalen Handelsverträge, (öst)ZRvgl. 1998, 21–34; *Gouson,* Die Einführung des Euro und DM-Auslandsanleihen – Zugleich ein Beitrag zum deutschen Gesetz zur Umstellung von Schuldverschreibungen, WM 98, 1474–1480; *J. Schmidt-Räntsch,* Wertsicherungsklauseln nach dem Euro-Einführungsgesetz, NJW 98, 3166–3171; *J. Schmidt-Räntsch,* Vertragsrechtsfragen der Euro-Einführung, ZIP 98, 2041–2049; *Grothe,* Fremdwährungsverbindlichkeiten, Das Recht der Geldschulden mit Auslandsberührung, Kollisionsrecht – Materielles Recht – Verfahrensrecht, 1999; *Hartenfels,* Euro – Bankrechtliche Aspekte am Morgen der Währungsunion, WM Sonderbeilage 1/1999 (46 Seiten); *Pocar* und *Malatesta,* Gli effetti dell'euro sui contratti internazionali, Riv.dir.int.priv.proc. 1999, 201–222.

1. Begriff

Internationales Währungsrecht sagt, **welchen Staates Währungsrecht anzuwenden** ist. Entsprechend sagt inter*lokales* Währungsrecht, welches der Währungsrechte, die in verschiedenen *Gebieten* eines (souveränen) Staates gelten, anzuwenden ist.

Materielles Währungsrecht (oder Währungsstatut im *gegenständlichen* Sinn, nicht im Anknüpfungssinn [vgl. oben S. 385f.]) bestimmt, was **Währungseinheit** ist (z.B. der **Euro**, die **DM**), wie sie sich **aufgliedert** (z.B. 1 DM = 100 DPf), welche **Sachen** (Münzen, Scheine) Mengen der Währungseinheit bilden (z.B. eine Silbermünze bestimmter Prägung 5 DM), wieweit **Annahmezwang** besteht, ob **Wertsicherungsklauseln** zulässig sind. Es bestimmt auch über **staatliche Änderungen der Währung,** insbesondere über *Währungsabwertungen durch staatliche Maßnahmen* (nicht durch Preissteigerungen).

Materielles Devisenrecht bestimmt zur Förderung des staatlichen Devisenbestandes, welche Verfügungs- und Verpflichtungsgeschäfte staatlich genehmigt werden müssen (vgl. z.B. die Aufzählung der „Devisenwerte" in Art. X d MRGes. 53, das Genehmigungserfordernis des § 3 Währungsgesetz, aufgehoben durch Art. 9 § 1 Ges. zur Einführung des Euro [Euro-Einführungsgesetz – EuroEG] vom 9. 6. 1998 [BGBl. I 1242 (1253)], die Aufzählung beschränkbarer Rechtsgeschäfte in §§ 22–24 Außenwirtschaftsgesetz, die Genehmigungsfreiheit nach § 49 I Außenwirtschaftsgesetz [§ 49 aufgehoben durch Art. 13 Ges. zur Einführung des Euro (Euro-Einführungsgesetz – EuroG) vom 9. 6. 1998, BGBl. I 1242 (1254)] und BGH NJW 96, 3001 unter I 1 b cc). *Internationales Devisenrecht* bestimmt, welchen Staates Devisenrecht anzuwenden ist; inter*lokales Devisenrecht* ergibt, welchen staatlichen Teilgebiets Devisenrecht eingreift. Das Devisenkollisionsrecht wird hier nicht erörtert; vgl. aber oben S. 136 f. und unten S. 960–962.

2. Schuldstatut

a) Währungsrecht

Welchen Staates Währungsrecht anzuwenden ist, ergibt **zum Teil** das materielle Recht, das die Geldschuld beherrscht: das **Schuldstatut.**

Das Schuldstatut bestimmt nicht nur, *ob* Geld geschuldet wird. Es bestimmt auch, *wenn* Geld geschuldet wird, *welchen Staates* Geld geschuldet wird: es verweist auf ein materielles Währungsrecht.

„*Schuld*statut“ ist allgemeiner als „Schuld*vertrags*statut“: Schuldstatut kann sein z. B. auch *Delikts*statut, *Unterhaltsstatut, Erb*statut (Pflichtteil, Vermächtnis), das für *Steuer*forderungen, für Geld*strafen* maßgebende Recht.

Das Schuldstatut verweist gewöhnlich auf das *eigene* materielle Währungsrecht. Doch gibt es Ausnahmen. Insbesondere geht die Verweisung auf *fremdes* materielles Währungsrecht, wenn das Schuldstatut *Rechtsgeschäftsfreiheit* gewährt (Vertragsfreiheit, Testierfreiheit) und die *Parteien* Zahlung in fremder Währung vereinbaren.

Wieweit hier wirklich die *Parteien* verweisen oder durch dispositives Recht der *Gesetzgeber* (z. B. § 361 HGB), ist meist ohne Belang.

Ob und in welchem Sinne die Parteien Zahlung in fremder Währung vereinbaren, ist in Zweifelsfällen nach den *Auslegungsregeln des Geschäftstatuts* zu ermitteln.

So entscheidet das Geschäftsstatut, ob eine *Fremdwährungs*schuld vorliegt (es ist in der Währung eines bestimmten ausländischen Landes zu zahlen) oder – selten – eine *Geldsorten*schuld (es ist in einer bestimmten ausländischen Münzsorte zu zahlen, vgl. OLG Düsseldorf IPRax 89, 295 = RIW 88, 818). Es entscheidet auch über die Auslegung von *Wertsicherungsklauseln,* z. B. ob eine Goldklausel als Gold*münz*klausel zu verstehen ist (geschuldet ist eine bestimmte Menge Goldmünzen) oder als Gold*wert* klausel (geschuldet ist der Wert einer bestimmten Menge Goldes). Über die *Zulässigkeit* und *Wirksamkeit* von Wertsicherungsklauseln unten S. 959.

Ebenso entscheidet das Geschäftsstatut, was es bedeutet, wenn in internationalen Anleihen und anderen Verpflichtungsgeschäften dem Gläubiger das Recht gewährt wird, nach seiner Wahl die geschuldete Summe in verschiedenen Ländern in der Währung des Landes zu fordern. Hier kann wahlweise in *verschiedenen* Währungen geschuldet sein, so daß der Gläubiger sich die günstigste Währung und damit den günstigsten *Betrag* heraussuchen darf (alternative *Währungs*klausel, *option de change*). Es kann aber auch in einer *einzigen* Währung geschuldet sein, so daß der Gläubiger in anderen Ländern Zahlung in Inlandswährung nur nach dem Umrechnungskurs fordern und sich damit nur den günstigsten *Zahlungsort* heraussuchen darf (alternative *Zahlstellen*klausel, *option de place).*

An die Stelle des Geschäftsstatuts tritt bei *Gerichtsentscheidungen* das Recht des Gerichtsorts. Hat z.B. ein französisches Gericht zur Zahlung eines DM-Betrags in französischen Franken verurteilt, dann bestimmt französisches Recht, ob es dabei bleibt oder ob – bei fallendem Franken – der höhere Frankenbetrag des Zahlungstags maßgibt: OLG Karlsruhe IPRax 87, 171 und (im selben Fall) BGH ebenda 172 = NJW-RR 87, 378, beide mit Aufsatz von *Mezger* IPRax 87, 146f.

b) Privatrecht

aa) Ersatz- und Unterhaltsansprüche

Für *gesetzliche* Geldforderungen des Privatrechts enthält das Schuldstatut selten ausdrückliche Bestimmungen über das anwendbare Währungsrecht. In solchen Fällen entscheidet in Deutschland darüber, in welcher Währung und wieviel zu zahlen ist, oft der *Zweck,* den die Zahlung erreichen soll. Das gilt insbesondere für **Ersatzansprüche** aller Art (Schaden-, Wert-, Aufwendungsersatz) und für **Unterhaltsansprüche.** Praktisch wurde das vor der deutschen Wiedervereinigung weniger im *internationalen* Bereich,

Beispiele hierfür BGH NJW-RR 89, 670 (672f. unter B I 3) = VersR 89, 54 (56) mit zust. Anm. von *Wandt* 265 im Verhältnis zu England; BGH NJW 91, 634 (637 unter B II 5 a. E.) im Verhältnis zu Singapur,

sondern hauptsächlich im inter*lokalen* (näher 7. Aufl. S. 870f.).

bb) Aufwertung

Während sich gesetzliche Geldforderungen des Privatrechts oft kraft ihres Zwecks an Wandlungen des Währungs- und Devisenrechts anpassen und ihnen damit in gewissen Grenzen aus*weichen,* muß man in anderen Fällen mit den Mitteln des die Schuld beherrschenden Privatrechts aus*gleichen,* nämlich den Schaden aus einem unausweichlichen währungs- oder devisenrechtlichen Eingriff des Staates zwischen den Parteien teilen. Der wichtigste Fall ist die **Aufwertung** einer durch staatlichen Währungseingriff (Abwertung) oder aber auch durch bloß tatsächlichen Kaufkraftschwund (Inflation) im Wert erheblich gesunkenen Geldforderung (vgl. zum deutschen materiellen Recht z.B. OLG Hamm NJW-RR 91, 966: Wegfall der Geschäftsgrundlage). Daß die Aufwertung dem **Schuldstatut** (im gegenständlichen Sinn) unterliegt, ist mit Recht h.M. (vgl. OLG München NJW-RR 88, 1019 = RIW 88, 297 zu Verzugsschaden durch Kursverlust der italienischen Lira). Denn es geht hier um die Gerechtigkeit zwischen Einzelnen (Gläubiger und Schuldner). Die Anknüpfung an das *Währungsstatut* (im gegenständlichen Sinn), die von einer Mindermeinung vertreten wird, ist daher abzulehnen. Nur wenn das Währungsstatut die Aufwertung aus *währungs*politischen Gründen *anders* regelt als das maßgebende Privatrecht, insbesondere eine Aufwertung ausschließt (wie das UmstG), gilt anderes; denn dann handelt es sich um einen staatlichen Währungseingriff und für solche Eingriffe gibt es eine eigene Kollisionsnorm (unten 3).

3. Lage des Schuldnervermögens

Greift der Staat in währungs- und damit wirtschaftspolitischer Absicht in Geldforderungen ein, so gilt aus demselben Grund wie für Enteignungen (oben II): der Eingriff wird **anerkannt, soweit** der fremde Staat die **Grenzen seiner Macht eingehalten** hat.

Der wichtigste Anwendungsfall dieses Satzes ist die **Währungsabwertung.** Ein weiterer wichtiger Fall ist, daß **Wertsicherungsklauseln verboten oder außer Kraft gesetzt** werden; ihre *Auslegung* freilich unterliegt dem *Schuldstatut* (oben S. 957).

Daß Währungseingriffe immer und nur in den Grenzen der Macht des fremden Staats anzuerkennen sind (*öffentlich*rechtliche Theorie), ist **herrschende Meinung.** Eine *Mindermeinung* will das *Schuldstatut* (im gegenständlichen Sinn) entscheiden lassen (*privat*rechtliche Theorie); sie gelangte für Geldforderungen aus Schuldverträgen meist zum *hypothetischen Parteiwillen*, an dessen Stelle heute die *engste Verbindung* maßgibt (Art. 28 EGBGB). Der BGH erklärt sich teils für die herrschende öffentlichrechtliche Theorie (z.B. BGH 31, 367 [370–374]; BGH IPRspr. 1973 Nr. 115 LS = WM 74, 55 [56 unter 4]), teils für die privatrechtliche Mindermeinung (z.B. BGH 29, 320 [324]; BGH WM 97, 560 [561 unter II 1 a bb], betr. Devisenrecht; dahingestellt BGH 43, 162 [165–168]). Nach der öffentlichrechtlichen Theorie wird angeknüpft wie bei der Enteignung (oben S. 946–950): bei *Forderungen* entscheidet nach verbreiteter Meinung der *Schuldnerwohnsitz*, nach der hier vertretenen Ansicht die *Lage des Schuldnervermögens;* bei *Hypotheken* entscheidet die *lex rei sitae;* bei hypothekarisch gesicherten Forderungen, die *„echte Realkredite“* darstellen, wird teilweise auch für die *Forderung* auf die *lex rei sitae* abgestellt (vgl. oben S. 951).

Soweit der BGH an das *Schuldstatut* anknüpft, kam er mit Hilfe des hypothetischen Parteiwillens meist zum selben *Ergebnis* wie die öffentlichrechtliche Theorie (z.B. BGH 7, 231 [234–236]: Schuldnerwohnsitz; BGH 17, 89 [94]; „echter Realkredit“; BGH 29, 320 [326–328]: Lage des Schuldnervermögens; BGH 43, 162 [167 a.E.]: Wohn- und Geschäftssitz des Schuldners).

Das Schuldstatut wählt auch LG Hamburg WM 92, 1600 (1602 unter II) für die Einlage eines ausländischen Kommanditisten einer inländischen KG: ausländisches

Erfordernis der Genehmigung durch ausländische Zentralbank ist unbeachtlich. Im Ergebnis ebenso auf Grund des „Territorialitätsprinzips" in derselben Sache OLG Hamburg IPRax 93, 173 mit Aufsatz von *Ebenroth* und *Woggon* 151–154 = RIW 93, 68 mit Aufsatz von *Ebke* 613–626 = WM 92, 1941 (1943 unter 2 a).

Knüpft man wie hier den Währungseingriff in Forderungen an die Belegenheit des Schuldnervermögens, dann wird die Forderung *nicht* wie bei der Enteignung (oben S. 949 unter d) *verdoppelt.* Vielmehr gibt es nur *eine* Forderung: sie kann allerdings *doppelten Inhalt* haben (sie ist z.B. im eingreifenden Staat abgewertet und besteht außerhalb des eingreifenden Staats in alter Höhe fort); sie kann aber auch im eingreifenden Staat erloschen sein und nur im Ausland mit *einfachem* Inhalt fortbestehen.

Nicht vernichtet, aber äußerst geschwächt wurden Reichs- und andere Verbindlichkeiten durch § 14 UmstG. Über Erlöschen infolge des Gesetzes zum Abschluß der Währungsumstellung vom 17. 12. 1975 (BGBl. I 3123): *Knapp* und *Schoele,* Das Gesetz zum Abschluß der Währungsumstellung von 1948 vom 17. 12. 1975, o.J. (1976?).

Den deutschen Kollisionsnormen des internationalen Währungsrechts gehen keine **staatsvertraglichen** Normen vor. Im internationalen **Devisenrecht** dagegen hat Vorrang Art. VIII Abschnitt 2 (b) des in **Bretton Woods** geschlossenen Abkommens über den *Internationalen Währungsfonds* vom 22. 7. 1944 (BGBl. 1952 II 637, 728, 1978 II 13 [Neufassung des Abkommens 1976] und 838 [Inkrafttreten der Neufassung]; Ges. zu der Dritten Änderung des Übereinkommens über den Internationalen Währungsfonds vom 22. 7. 1991 [BGBl. II 814]). Nach dieser Vorschrift muß ein Mitgliedsstaat devisenrechtliche Eingriffe eines anderen Mitgliedsstaats in privatrechtliche Verträge grundsätzlich anerkennen. Die Beschränkung auf den Machtbereich des eingreifenden Staats fällt also weg.

Beispiele:

Ein *Österreicher* gibt einem Landsmann 1949 ein Darlehen von 1000 Dollar gegen Sicherheiten ohne die nach österreichischem Recht nötige Devisengenehmigung. Mit dem Geld soll der Entleiher zusammen mit einem anderen Mann ein neues System des Roulettespiels in San Remo erproben. Der Verleiher soll 30 v.H. des Gewinns, mindestens 9000 Schilling monatlich erhalten. Das Geld wird verspielt. Der Entleiher zieht nach Schleswig-Holstein. Der Verleiher klagt auf Rückzahlung. OLG Schleswig JahrbIntR 5 (1955), 113 mit Anm. von *Bülck* weist die Klage ab, u.a. deswegen, weil nach Art. VIII Abschnitt 2 (b) des Abkommens von Bretton Woods das österreichische Devisenrecht anzuwenden und deswegen der Vertrag nichtig sei. – Ohne das Abkommen gelangt zum selben Ergebnis, wer den Deviseneingriff an den Schuldnerwohnsitz bindet (denn der Entleiher wohnte anscheinend bei Vertragsschluß in Österreich), dagegen nicht, wer auf die Lage des Schuldnervermögens abstellt: für das deutsche Vermögen des Entleihers (gleich, wann erworben) wäre das Darlehen gültig.

In *Etler* v. *Kertesz* [1960] Ontario Reports 672 prozessierten zwei alte Freunde um rund 800 Dollar. Sie hatten in Ungarn gelebt und zeitweilig in Wien gewohnt und gearbeitet. Dort hatten sie sich 1949 getroffen. Der Kläger behauptete, der Beklagte habe nach den USA gestrebt und Dollar gebraucht. Er habe ihm 500 Dollar gegeben und dafür eine Anweisung auf 500 Dollar an eine Verwandte des Beklagten in Zürich erhalten. Die Verwandte erklärte jedoch, sie habe das Geld dem inzwischen in den USA gelandeten Beklagten geschickt. Der Bekl. behauptete, der Kläger habe selbst Dollar haben wollen und ihm den Gegenwert in Schillingen gegeben. Er berief sich auf Nichtigkeit des Vertrags nach österreichischem Devisenrecht. Der Court of Appeal von Ontario wies die Klage ab: österreichisches Recht gelte für den Schuldvertrag; gegen das österreichische Devisenrecht sei nichts einzuwenden, da Kanada ähnliches Devisenrecht habe. – Hier zeigt sich größere Nachgiebigkeit gegenüber ausländischem

Staatswohl, als grundsätzlich tragbar ist; aber sie entspricht Art. VIII Abschn. 2 (b) des Abkommens von Bretton Woods.

1948 gibt ein *Tschechoslowake* in Prag einem Landsmann, der Amerikaner geworden ist und im Begriff steht auszureisen, 30000 Dollar mit. 1951 sind beide in Nizza. 1960 stirbt der Empfänger in New York. Der Geber verklagt den Nachlaßverwalter in Frankreich auf Zahlung. Der Kassationshof (D.S. Jur. 1968, 445 mit Anm. von *Mezger* = Rev. crit. dr. i. p. 1968, 661 mit Anm. von *Eck*) verwirft die Einwendung, der ursprüngliche Vertrag sei nichtig wegen Verstoßes gegen tschechoslowakisches Devisenrecht, das nach Art. VIII Abschn. 2 (b) des Abkommens von Bretton Woods zu beachten sei: die Tschechoslowakei sei nicht Vertragsstaat.

Spanische Firma bestellt bei deutscher Modell-Modewaren und zahlt voraus. Deutsche liefert zu spät. Spanierin läßt die Kollektionen zurückgehen und will ihre Vorauszahlung wiederhaben. Im Prozeß rechnet die deutsche Firma auf wegen Überlassung der Ware. Spanisches Devisenrecht verbietet die Aufrechnung. LG Stuttgart RIW 86, 385 mit zust. Anm. von *Löber* versagt die Aufrechnung wegen Art. VIII Abschnitt 2 (b) des Abkommens von Bretton Woods. Mit Recht. Denn wenn devisenrechtlich eine *Klage* nicht gilt, dann auch nicht die *Einwendung* der Aufrechnung (in Spanien ist die Aufrechnung sogar ausdrücklich untersagt). Dem Zivilrechtler freilich dreht sich das Herz um (vgl. *Kegel,* Probleme der Aufrechnung, 1938, 53–56 [„payement abrégé"], 57–67 [Billigkeit]).

Eine *niederländische* Firma verbürgt sich einer deutschen Teilzahlungsbank nach deutschem Recht. Nach niederländischem Devisenrecht ist Genehmigung nötig und heilt, wenn nachträglich erteilt, angeblich nicht. Nach deutschem Recht heilt sie. BGH JZ 70, 727 = WM 70, 551 verlangt die Genehmigung nach Art. VIII Abschn. 2 (b) des Abkommens von Bretton Woods, unterstellt jedoch die Folge nachträglicher Genehmigung dem deutschen Schuldvertragsrecht.

Auch BGH 55, 334 weigert sich, Nachwirkungen fremden Devisenrechts zu übernehmen. Eine *französische* Firma kauft 1963 von einer Firma in der Bundesrepublik Schweinehälften aus der DDR für über 250000 $. Wegen Schwierigkeiten auf Grund des französischen Devisenrechts vergleicht man sich in Genf. Die Käuferin muß der Verkäuferin einen Verlustausgleich zahlen. Von ihm wird ein Rest eingeklagt. Der BGH beurteilt den Vergleich nach deutschem Recht und unterstellt, die Verpflichtung zum Verlustausgleich sei nach französischem Devisenrecht verboten und nichtig gewesen und auch nichtig geblieben, nachdem später das Verbot entfallen sei. „Zweck des Artikels VIII Abschn. 2 (b) ist nicht die Erstreckung ausländischer Devisenkontrollbestimmungen auf das Staatsgebiet der Mitgliedsstaaten in dem Sinne, daß verbotene Devisenkontrakte in allen Mitgliedsstaaten privatrechtlich gleichbehandelt werden, sondern nur, jedem Mitgliedsstaat einen Schutz seines Devisen*bestandes* in allen Mitgliedsstaaten zu gewährleisten, soweit und solange der Mitgliedsstaat diesen Schutz intern durch Devisenkontrollbestimmungen in Anspruch nimmt."(338.)

Auch in einem anderen Punkt ist der BGH milde: Nach ihm läßt Art. VIII Abschn. 2 (b) Satz 1 des Abkommens von Bretton Woods die *Wirksamkeit* der von ihm erfaßten Verträge unberührt und begründet nur die *Unklagbarkeit* einer Vertragsforderung und damit das Fehlen einer allgemeinen Prozeßvoraussetzung, so daß eine Klage von Amts wegen als unzulässig abzuweisen ist (BGH 55, 334 [337f.]; BGH IPRspr. 1976 Nr. 118 [S. 343]; BGH NJW 80, 520; OLG München JZ 91, 370 mit Aufsatz von *Ebke* 335–342 = NJW-RR 89, 1139; BGH NJW 91, 3095 [3096 unter I 2] [Prüfung, aber nicht Tatsachenermittlung von Amts wegen]). Verstößt der Vertrag nur *teilweise* gegen das Devisenrecht eines Mitgliedstaats, dann kann nur insoweit aus ihm nicht geklagt werden (BGH IPRax 92, 377 mit Aufsätzen von *Heß* 358–361 und *Fuchs* 361f. = NJW 93, 1070 betr. Zinshöhe). Daß ein Kommanditist sich das Geld für seine Einlage möglicherweise in einem Mitgliedstaat beschaffen müßte, gegen dessen Devisenrecht die Beschaffung verstieße, macht die Klage auf Zahlung der Einlage nicht unzulässig (LG Hamburg WM 92, 1600 [1602 unter I 2]). Zulässig ist auch die Schadenersatzklage gegen einen Inländer, der ausländische Devisen auf dem Transport ins Inland schuldhaft verloren hat (OLG Köln RIW 93, 938).

Die Unklagbarkeit der Hauptschuld ergreift grundsätzlich auch die *Bürgenschuld,* selbst wenn selbstschuldnerisch gebürgt ist; denn die Parteien wollten nicht auch das devisenrechtliche Risiko dem Bürgen auflasten (OLG Düsseldorf RIW 84, 397 = ZIP 83, 1188). Eben deswegen kann jedoch, wenn die Bürgschaft deutschem Recht unterliegt (wie im Fall des OLG Düsseldorf), die *Geschäftsgrundlage* gefehlt haben und der Schaden zu teilen sein (vgl. oben S. 952).

Aus der Überschrift des Art. VIII Abschnitt 2 („laufende Zahlungen") hat man gefolgert, betroffen seien hauptsächlich Zahlungen aus Geschäften des *Waren- und Dienstleistungsverkehrs,* dagegen *nicht* der *Kapitaltransfer* (OLG Hamburg IPRax 93, 170 mit Aufsatz von *Ebenroth* und *Woggon* 151–154 = RIW 93, 68 mit Aufsatz von *Ebke* 613–626 = WM 92, 1941; BGH IPRax 94, 298 mit Aufsatz von *Ebenroth* und *Woggon* 276f. = NJW 94, 390 = RIW 94, 151 mit Aufsatz von *Ebenroth* und *A. Müller* 269–275 = WM 94, 54 mit Aufsatz von *Ebke* 1357–1368; BGH NJW 94, 1868 = WM 94, 581 [582 unter II 2 b bb a. E.] mit Aufsatz von *Ebke* 1357–1368; BGH WM 97, 560 [561 unter II 1 a bb]; dawider *Mann,* The Legal Aspect of Money[5], Oxford 1992, 376; *Ebenroth* und *Woggon* IPRax 93, 151 zu Fn 6; *Ebke* RIW 93, 616–619; siehe auch die anschließenden Fälle des Inders in Kenia und der Deutschen in Libyen).

Beispiele:

Inder lebt in Kenia und vereinbart mit deutschem Geschäftsmann, der oft ins Land kommt, dieser solle Geld nach Deutschland mitnehmen und dort treuhänderisch verwalten. Damit verstößt der Inder gegen ein Devisen-Ausfuhrverbot Kenias. Deutsches Wirtschaftsberatungsunternehmen, dem er seine Ansprüche abtritt, verlangt vom deutschen Geschäftsmann Rückzahlung von 165 000 DM. LG Hamburg IPRspr. 1978 Nr. 126 bejaht „Devisenkontrakt" im Sinne von Art. VIII Abschn. 2 (b), da der Vertrag mit dem Inder „geeignet [war], die Währungsreserven Kenias in Mitleidenschaft zu ziehen und sich auf die Zahlungsbilanz auszuwirken". Das Gericht weist die Klage als unzulässig ab.

Deutscher gibt Deutschem in Libyen 2000 Dinar, der dafür 9000 DM einem eigenen Konto in Deutschland gutbringen soll. LG Aachen IPRax 88, 113 LS mit Anm. Red. (E. J.) gibt der Klage des Gebers gegen den Nehmer auf Zahlung von 9000 DM statt, weil nach libyschem Devisenrecht ein „Kompensationsgeschäft" dieser Art zulässig sei und daher Art. VIII Abschn. 2 (b) nicht eingreife.

Neuerdings hebt der BGH *obiter* hervor, daß in Art. VIII Abschn. 2 (b) des Abkommens von Bretton Woods Devisenkontrakte nur dann für unklagbar erklärt werden, wenn sie „in Übereinstimmung mit diesem Übereinkommen aufrechterhaltenen oder eingeführten Devisenkontrollbestimmungen zuwiderlaufen" (*„are contrary to the exchange control regulations ... maintained or imposed consistently with this Agreement"*), und verneint das für Österreich (BGH NJW 94, 1868 = WM 94, 581 [581 f. unter II]).

Schrifttum: Zu Art. VIII Abschn. 2 (b) vgl. besonders *Drakidis,* Du caractère „non exécutoire" de certains „contrats de change" d'après les Statuts du Fonds Monétaire International, Rev. crit. dr. i. p. 1970, 363–400; *Coing* WM 72, 838–842; *Gianviti* Rev. crit. dr. i. p. 1973, 471–487, 629–661; *Mann* JZ 81, 327–331; *Gold* 33 (1984) Int. Comp. L. Q. 777–810; *Kohl,* Zur Anwendbarkeit von Art. VIII Abschnitt 2 (b) des Abkommens von Bretton Woods, IPRax 86, 285–287; *Ebke,* Article VIII, Section 2(b), International Monetary Cooperation, and the Courts, 23 (1989) Int. L. 677–710 = Gold-Fschr. 1990, 63–100; *Sandrock,* Are Disputes Over the Application of Article VIII, Section 2(b) of the IMF Treaty Arbitrable?, Gold-Fschr. 1990, 351–371; *Seidl-Hohenveldern,* Article VIII, Section 2(b) of the IMF Articles of Agreement and Public Policy, ebenda 379–385; *Seuß,* Extraterritoriale Geltung von Devisenkontrollen, Art. VIII 2b) S. 1 des Übereinkommens über den Internationalen Währungsfonds, Diss. Köln 1991; *Rauscher,* Internationales Bereicherungsrecht bei Unklagbarkeit gemäß Art. VIII Abs. 2 (2) IWF-Abkommen, W. Lorenz-Fschr. 1991, 471–496; *Ebke,* Der Internationale Währungsfonds und das internationale Devisenrecht, RIW 91, 1–8; *Ebke,* Internationale Kreditverträge und das internationale Devisenrecht, JZ 91,

335–342 (dazu kritisch *Mann* ebenda 614f. und Schlußwort *Ebke* JZ 92, 784–786); *Ehricke,* Die Funktion des Artikel VIII Abschnitt 2b des IWF-Vertrages in der internationalen Schuldenkrise, RIW 91, 365–372; *Ebenroth* und *Neiss,* Internationale Kreditverträge unter Anwendung von Artikel VIII Abschnitt 2 (b) IWF-Abkommen, ebenda 617–625; *Fuchs,* Die teilweise Klagbarkeit als Rechtsfolge von Artikel VIII Abschnitt 2 (b) Satz 1 des Abkommens von Bretton Woods, IPRax 92, 361f.; *Mann,* The Legal Aspect of Money[5], Oxford 1992, 364–396; *Klein,* De l'application de l'Article VIII (2) (b) des Statuts du Fonds Monétaire International en Suisse, Lalive-Fschr. Basel und Frankfurt a.M. 1993, 261–274; *Ebenroth* und *Woggon,* Einlageforderungen gegen ausländische Gesellschafter und Art. VIII Abschnitt 2 (b) IWF-Abkommen, IPRax 93, 151–154; *Ebke,* Die Rechtsprechung zur „Unklagbarkeit" gemäß Art. VIII Abschn. 2 (b) Satz 1 IWF-Übereinkommen im Zeichen des Wandels, WM 93, 1169–1177 (empfiehlt, statt Unklagbarkeit eine Schuld ohne Haftung anzunehmen); *Ebke,* Devisenrecht als Kapitalaufbringungssperre?, RIW 93, 613–626; *Ebenroth* und *A. Müller,* Der Einfluß ausländischen Devisenrechts auf zivilrechtliche Leistungspflichten unter besonderer Berücksichtigung des IWF-Abkommens, RIW 94, 269–275; *Ebenroth* und *Woggon,* Keine Berücksichtigung ausländischer Kapitalverkehrsbeschränkungen über Art. VIII Abschnitt 2 (b) IWF-Abkommen, IPRax 94, 276f.; *Ebke,* Kapitalverkehrskontrollen und das IPR nach der Bulgarien-Entscheidung des Bundesgerichtshofs, WM 94, 1357–1368; *Schurig* ÖBA 1994, 645–649 (Anm. zu [öst]OGH ebenda 641); *Fuchs,* Lateinamerikanische Devisenkontrollen in der internationalen Schuldenkrise und Art. VIII Abschn. 2b) IWF-Abkommen, 1995; *Staudinger-Ebke*[13] Anhang zu Art. 34 EGBGB Rz 10–80 S. 731–753.

4. § 244 BGB

Nach § 244 I BGB können in Deutschland zahlbare Geldschulden, die auf ausländische Währung lauten, in deutscher Währung gezahlt werden, falls nicht Zahlung in ausländischer Währung ausdrücklich bedungen ist. § 244 II regelt die Umrechnung.

Umrechnungszeitpunkt ist im *Rechtsstreit* der Tag der letzten mündlichen Verhandlung (OLG Köln NJW-RR 88, 30 [unter II 1c] mit Aufsatz von *Albertz* NJW 89, 609–615; BGH NJW-RR 89, 670 [672f. unter B I 3] = VersR 89, 54 [56] mit zust. Anm. von *Wandt* 265; OLG Frankfurt RIW 91, 675), bei Zahlung zur Abwehr der *Vollstreckung* aus einem vorläufig vollstreckbaren Urteil der Tag der Zahlung (OLG Köln MDR 92, 347), im *Konkurs* der Tag seiner Eröffnung, der auch für den *Zwangsvergleich* nach dessen Inhalt gelten kann (BGH 108, 23 = NJW 89, 3155), bei der *Aufrechnung* der Kurs im Zeitpunkt des Zugangs der Aufrechnungserklärung (BGH IPRax 94, 366 mit Aufsatz von *Grothe* 346–350 = WM 93, 2011).

Obwohl man § 244 als eine Bequemlichkeit für den Schuldner auffassen kann (dann wäre sie für privatrechtliche Geldschulden privatrechtlicher Art), spricht die Entstehungsgeschichte mehr für eine **Norm des deutschen Währungsrechts** (*Melchior* 285–287): man will im Inland die Zahlung mit Inlandsgeld fördern. Jedenfalls gilt § 244 *nur* für Zahlungen in Deutschland und er gilt für *alle* Zahlungen in Deutschland gleich, ob die Schuld privaten Rechts ist oder (selten) dem öffentlichen Recht angehört, und gleich, ob sie deutschem Recht unterliegt oder ausländischem (LG Braunschweig NJW 85, 1169 = WM 85, 394), und gleich, ob der Erfüllungsort in Deutschland liegt oder nicht (a. A. OLG Koblenz RIW 93, 934 [936 unter II 3]).

Bei gesetzlichen *Ersatz-* und *Unterhalts*ansprüchen bestimmt allerdings ihr *Zweck* die Art der Erfüllung (oben S. 958), wirkt also, wenn er auf Auslandswährung führt, wie wenn Zahlung in Fremdwährung im Sinne von § 244 I „ausdrücklich bedungen" ist. In solchen Fällen ist daher auch auf Zahlung in Fremdwährung zu verurteilen (OLG Stuttgart ZfJ 87, 297 [298 a. E. f.]). Der Gläubiger hat kein Recht, die Währung, in der zu zahlen ist, zu bestimmen (a. A. OLG Köln IPRax 89, 396 LS mit zust. Anm. Red. [D. H.]).

IV. Internationales Wirtschaftsrecht

Schrifttum: 7. Aufl. S. 877–879. Hervorzuheben: *Lowenfeld,* Public Law in the International Arena: Conflict of Laws, International Law, and Some Suggestions for their Interaction, Rec. 1979 II 311–436 (344–372: Securities Transactions); *Carreau, Flory* und *Juillard,* Droit international économique², Paris 1980; *U. Hübner,* Die methodische Entwicklung des internationalen Wirtschaftsrechts, 1980; *Ijalaye,* Indigenization Measures and Multinational Corporations, Rec. 1981 II 9–79; *Rosenthal* und *Knighton,* National Laws and International Commerce: The Problem of Extraterritoriality, London 1982; *Hermann,* Conflicts of National Laws with International Business Activity: Issues of Extraterritoriality, o. O. (London?) 1982; *McGovern,* International Trade Regulation, GATT, the United States and the European Community, Exeter 1982; *Heini,* Die Anwendung wirtschaftlicher Zwangsmaßnahmen im IPR, BerGesVR 22 (1982), 37–55; *Fikentscher,* Wirtschaftsrecht I, 1983; *Ergec,* La compétence extraterritoriale à la lumière du contentieux sur le gazoduc Euro-Sibérien, Brüssel 1984; *Olmstead,* Extra-territorial Application of Laws and Responses Thereto, Oxford 1984; *Erne,* Vertragsgültigkeit und drittstaatliche Eingriffsnormen, Rechtsvergleichende Studie aus dem internationalen Vertragsrecht, 1985; *Kleinschmidt,* Zur Anwendbarkeit zwingenden Rechts im internationalen Vertragsrecht unter besonderer Berücksichtigung von Absatzmittlungsverträgen, Eine Untersuchung zu § 187 Restatement (Second) of Conflict of Laws (1971) und Art. 7 EG-VertragsR-Übk von 1980, 1985; *Grossfeld,* Internationales Unternehmensrecht, 1986; *Schanze,* Investitionsverträge im internationalen Wirtschaftsrecht, 1986; *Kreuzer,* Ausländisches Wirtschaftsrecht vor deutschen Gerichten, 1986; *Boguslavskii,* Mezhunarodnoe Ekonomicheskoe Pravo, Moskau 1986; *Seidl-Hohenveldern,* International Economic Law, Rec. 1986 III 9–264; *Mahari,* Zuständigkeitskonflikte zwischen Rechtsordnungen, Bern 1987; *Rohnke,* Verhaltenskontrolle multinationaler Unternehmen durch extraterritoriale Anwendung nationalen Rechts und internationale Richtlinien, 1987; *Lange* und *Born* (Hrsg.), The Extraterritorial Application of National Laws, Paris u. a. 1987; *Bockslaff,* Das völkerrechtliche Interventionsverbot als Schranke außenpolitisch motivierter Handelsbeschränkungen, 1987; *Ebenroth* (unter Mitwirkung von *Karl*), Code of Conduct – Ansätze zur vertraglichen Gestaltung internationaler Investitionen, 1987; *Veelken,* Interessenabwägung im Wirtschaftskollisionsrecht, 1988 (bespr. von *Kronke* AcP 191 [1991], 171–176); *Hentzen,* US-amerikanische Exportkontrollen, Die Systematik ihrer gesetzlichen Grundlagen, 1988; *Institut für ausländisches Recht und Rechtsvergleichung,* Aktuelle Probleme des Internationalen Wirtschaftsrechts, Potsdam 1988; *Fox* (Hrsg.), International Economic Law and Developing States: Some Aspects, London 1988 (bespr. von *Slinn,* 38 [1989] Int. Comp. L. Q. 441 f.); *Seidl-Hohenveldern,* International Economic Law, Dordrecht 1989; *Schnyder,* Internationale Versicherungsaufsicht zwischen Kollisionsrecht und Wirtschaftsrecht, 1989; *Petermann,* Beschränkungen zur Abwehr von Beschränkungen, Sec. 301 des US-amerikanischen Trade Act von 1974 und das neue handelspolitische Instrument der EG, 1989; *Georgieff,* Kollisionen durch extraterritoriale Regelungen im internationalen Wirtschaftsrecht, Diss. Köln 1988 (veröffentlicht 1989); *Brinkhaus,* Das britische Abwehrgesetz von 1980, Alte und neue Methoden zur Abwehr amerikanischer Ansprüche auf extraterritoriale Jurisdiktionshoheit, 1989; *Schnyder,* Wirtschaftskollisionsrecht, Zürich 1990 (grundlegend); *Kaffanke,* Nationales Wirtschaftsrecht und internationale Wirtschaftsordnung, 1990; *Sarcević* und *van Houtte* (Hrsg.), Legal Issues in International Trade, London u. a. 1990; *Mössler,* Extraterritoriale Beweisbeschaffung im internationalen Wirtschaftsrecht, 1990; *de Mestral* und *Gruchalla-Wesierski,* Extraterritorial Application of Export Control Legislation: Canada and the USA, Dordrecht u. a. 1990; *Spothelfer,* Völkerrechtliche Zuständigkeiten und das Pipeline-Embargo, Basel und Frankfurt a. M., 1990; *Großfeld* und *Junker,* Das CoCom im Internationalen Wirtschaftsrecht, 1991; *Mestmäcker* und *Engel,* Das Embargo gegen Irak und Kuweit, Entschädigungsansprüche gegen die Europäische Gemeinschaft und gegen die Bundesrepublik Deutschland, 1991; *Petersmann,* Constitutional Functions and Constitutional Problems of International Economic Law, Freiburg/Schweiz 1991; *Metschkoll,* Eingriffe in Außenhandelsverträge, Die privatrechtliche Bedeutung außenwirtschaftlicher Maßnahmen im Warenverkehr, 1992; *von Hoffmann,* Les privatisations en droit comparé et en droit international privé, Rec. 1992 IV 231–302; *Forwick,* Extraterritoriale US-amerikanische Exportkontrollen, Folgen für die Vertragsgestaltung, 1993; *Herdegen,* Internationales Wirtschaftsrecht, 1993; *Tiemann,* Eine Anknüpfungsleiter für das Wirtschaftskollisionsrecht, Alternativen zu Sonderanknüpfung und Interessenabwägung, Diss. Bielefeld 1993; *Migliorino,* Le restrizioni all'esportazione nel diritto internazionale, Mailand 1993; *Kiel,* Internationales Kapitalanlegerschutzrecht, 1994. Ferner: *Oschmann,* Calvo-Doktrin und Calvo-Klauseln, Wechselnde Realitäten im Internationalen Wirtschaftsrecht Lateinamerikas, 1993 (bespr. von *Samtleben* RabelsZ 60 [1996], 571–574); *Meng,* Extraterritoriale Jurisdiktion im öffentlichen Wirtschaftsrecht, 1994; *Bianchi,* L'applicazione extraterritoriale dei controlli all'esportazione, Mailand 1995; *Däubler,* Sozialstandards im internationalen Wirschaftsrecht, Trinkner-Fschr. 1995, 475–491; *K. Ipsen,* Kriegswaffenkontrolle und Auslandsgeschäft, Bernhardt-Fschr. 1995, 1041–1062; *Ungeheuer,* Die Beachtung von Eingriffsnormen in der internationalen Handelsschiedsgerichtsbarkeit, 1996; *Bianchi,* L'applicazione extraterritoriale dei controlli all'esportazione, Paris 1996; *Berger,* Formalisierte oder „schleichende" Kodifizierung des transnationalen Wirtschaftsrechts, 1996; *Baron von Behr,* Multinationale Unternehmen und Exportkontrollen, Völkerrechtliche Zulässigkeit und Grenzen extraterritorialer Ausfuhrbeschränkungen, 1996; *Oeter;* Das UN-Embargo gegen Serbien, Sachlicher Anwendungsbereich und zivirechtliche Folgen, IPRax 96, 73–77; *Schnyder,* Internationales Kapitalmarktrecht – Fragestellung, Regelungskonflikte, Koordination, ZSchwR 1996, 151–167; *Smith, In Rem* Forfeiture Proceedings and Extraterritorial Jurisdiction, 45 (1996) Int. Comp. L. Q. 902–909; *Busse,* Die Berücksichtigung ausländischer „Eingriffsnormen" durch die deutsche Rechtsprechung, ZvglRW 95 (1996), 386–418; *Mousseron, Raynaud* und *Pierre,* Droit du commerce international, droit international de l'entreprise, Paris 1997; *B. Stern,* Les lois *Helms-Burton* et *D'Amato:* Une analyse politique et juridique, 1997 (Vorträge, Reden und Berichte aus dem Europa-Institut [der Universität des Saarlandes] – Sektion Rechtswissenschaften Nr. 363); *Berger,* Die Einwirkung drittstaatlicher Eingriffsnormen auf internationale Verträge am Beispiel islamischer Zinsverbote, in *Herrmann, Berger* und *Wackerbarth* (Hrsg.), Deutsches und internationales Wirtschafts- und Bankrecht im Wandel, 1997, 322–340; *Burdeau,* Le gel d'avoirs étrangers, Clunet, 1997, 5–57; *Matray,* L'embargo national et international dans l'arbitrage, Rev. dr. int. dr. comp. 1997, 7–50; *Kress* und *Herbst,* Der Helms-Burton-Act aus völkerrechtlicher Sicht, RIW 97, 630–641; *Kuilwijk,* Castro's Cuba and the U. S. Helms Burton Act, An Interpretation of the GATT Security Exemption, 31 (1997) J. W. T. 49–61; *Meng,* Extraterritoriale Jurisdiktion in der US-amerikanischen Sanktionsgesetzgebung, EuZW 97, 423–428; *van den Brink,* Helms-Burton: Extending the Limits of US-Jurisdiction, NILR 1997, 131–148; *Bencheneb,* Pétrole contre nourriture: L'ONU et les contrats internationaux d'assouplissement de l'embargo consécutif à la guerre de Golfe, Clunet 1997, 945–961; *Giardina,* The Economic Sanctions of the United States against Iran und Libya and the Gatt Security Exception, Seidl-Hohenveldern-Fschr., Den Haag u. a. 1998, 219–231; Symposium – A Review of the Foreign Corrupt Practices Act on Its Twentieth Anniversary: Its Application, Defense and Aftermath, 18 (1998) Nw. J. Int'l L. & B. 263–547; *von Wilmowsky,* EG-Vertrag und kollisionsrechtliche Rechtswahlfreiheit, RabelsZ 62 (1998), 1–37 (25–37); *Gebauer,* Kollisionsrechtliche Auswirkungen der US-amerikanischen Helms-Burton-Gesetzgebung, IPRax 98, 145–155; *Guillaume,* L'introduction et l'exécution dans les ordres juridiques des États des résolutions du Conseil de sécurité des Nations-Unies prises en vertu du chapitre VII de la Charte, Rev. int. dr. comp. 1998, 539–549; *Muzak,* Die Umsetzung von „Embargobeschlüssen" der UNO im österreichischen Recht, (öst)ZRvgl. 1998, 10–21; *Hölscher,* Die Strukturdefizite des U. S.-Exportkontrollrechts – Versuch einer Analyse, (öst)ZRvgl. 1998, 221–237; *Schneider,* Wirtschaftssanktionen, Die VN, EG und Bundesrepublik Deutschland als konkurrierende Normgeber beim Erlaß paralleler Wirtschaftssanktionen, 1999; *Nuyts,* L'application des lois de police dans l'espace (Réflexions au départ du droit belge de la distribution commerciale et du droit communautaire), Rev.crit.dr.i.p. 1999, 31–74, 245–265; *McDonald,* Der Helms-Burton Act vor der WTO, RIW 99, 350–356.

Europarecht: Kilian, Europäisches Wirtschaftsrecht, 1996.

Siehe auch Schrifttum oben S. 901 f., unten S. 968–970.

Staatseingriffe des Wirtschaftsrechts, die das Ausland berühren, sind hauptsächlich **Ein- und Ausfuhrverbote.** Zum Beispiel sind nach indischem Recht Käufe aus dem Ausland ohne Einfuhrgenehmigung unwirksam. Gewöhnlich werden die inländischen Verbote angewandt, die ausländischen nicht (vgl. RG IPRspr. 1926/27 Nr. 15 = JW 1927, 2288 für indisches Einfuhrverbot und dazu unten S. 989; BGH VersR 76, 678 *obiter* für argentinische und bolivianische Zoll- und Einfuhrvorschriften; OLG Hamburg RIW 94, 686 [687] mit Anm. von *Mankowski* und mit Aufsatz von *Sieg* RIW 95, 100–103 für nigerianische Zoll- und Einfuhrvorschriften; OLG Naumburg DZWiR 94, 123 mit Anm. von *G. Fischer* = WM 94, 906 [907 f. unter 2] für Außenhandelsmonopol der früheren DDR; a. A. BGH IPRax 99, 104 mit Aufsatz von *Schütze* 87–89 = NJW 98, 2452 [2452 a. E. f. unter II 2 b, c] für Außenhandelsmonopols des früheren Jugoslawien [es gehe um Regelungen des maßgebenden ausländischen Personalstatuts (Beschränkung der Rechtsfähigkeit juristischer Personen), auch wenn sie das Außenhandelsmonopol stützen könnten; aber wenn die Rechtsfähigkeit nur um des Außenhandelsverbots willen beschränkt wird, sollten wir das nicht beachten]).

Wegen öffentlichrechtlicher *Betriebsgenehmigungen* im internationalen Immissionsschutzrecht siehe *Hager* RabelsZ 53 (1989), 293–319.

Von Hause aus ohne Auslandsbezug ist die *PreisangabenVO* vom 14. 3. 1985 (BGBl. I 580), die auf Grund des PreisangabenGes. vom 3. 12. 1984 (BGBl. I 1429) erlassen ist. Sie soll nach § 1 des Ges. den Verbraucher schützen und den Wettbewerb fördern. Sie ist anzuwenden, wenn jemand *im Inland* gegenüber Endverbrauchern Leistungen anbietet (OLG Frankfurt NJW-RR 90, 235).

Zu internationalem Streit geführt haben bestimmte Ausfuhrverbote der *USA.* Denn dort huldigt man der englisch-amerikanischen Vorstellung, der Wirtschaftskrieg habe den militärischen zu ergänzen, und benutzt Waffen aus seinem Arsenal im Frieden, um außenpolitisch fremde Regierungen zu bedrücken. Grundlage solcher Maßnahmen war zuerst der *Trading with the Enemy Act* 1917, ausgedehnt 1941. Nach dem Zweiten Weltkrieg hat man auf ihn Exportverbote *(„Embargos")* gegen die Sowjetunion, Kuba und andere kommunistische Länder gestützt. Hinzu traten neue Gesetze (Export Control Act 1949, außer Kraft 1969; Export Administration Act 1969, neu 1979; International Emergency Economic Powers Act 1977). Sie verboten Ausfuhren in kommunistische Staaten und andere mißliebige Länder (Iran, Libyen, Rhodesien).

Der BGH hat solche Embargos mittelbar unterstützt. Vom Borax-Fall BGH 34, 169 war schon die Rede (oben S. 939 a. E.). Im ähnlichen Fall BGH NJW 62, 1436 ging es um Borsäure, die von Los Angeles nach Hamburg reisen sollte. Bestimmt war sie für Polen. Die Verkäuferin erschlich eine Ausfuhrgenehmigung mit der Lüge, die Säure werde in Deutschland bleiben. Die Ware wurde in New York angehalten und eingezogen. Sie war transportversichert und die Police der Akkreditivbank abgetreten. Die Bank klagte gegen die Versicherung, die Bescheid gewußt habe. Der BGH erklärt den offenbar deutschem Recht unterliegenden Versicherungsvertrag wegen des Embargos für sittenwidrig und daher nichtig nach § 138 BGB – wie im Boraxfall den Kauf – und beruft sich mit Recht beide Male auf den **Grundsatz des gleichen Interesses** (oben S. 939f.).

Nur *mittelbar* unterstützt der BGH hier das amerikanische Embargo deswegen, weil er es nicht anwendet (dann fiele es unter § 134 BGB), sondern nur als Tatsache beim Sittenverstoß in die Waagschale wirft. Es handelt sich um Auslandssachverhalte (oben S. 58–61, 940f.).

Diese Lösung würde versagen, wenn der Vertrag *ausländischem* Recht unterliegt (es sei denn, man zöge sich hier auf den *ordre public* zurück). Auf das Vertragsstatut kommt es aber nicht an. Vielmehr ist das interessengleiche ausländische öffentliche Recht *anzuwenden* (oben S. 939f., unten S. 990).

Anders entschieden hat der Präsident des LG den Haag RabelsZ 47 (1983), 141 mit eingehender Anm. von *Basedow* = Rev. crit. dr. i.p. 1983, 473 mit Aufsatz von *Audit* 401–434 (405f., 430f.): Verkauf elektronischen Geräts für den Bau der sibirischen Erdgasleitung durch niederländische Tochter amerikanischer Gesellschaft an französische Gesellschaft trotz amerikanischen Embargos aufrechterhalten, weil völkerrechtswidrig. Es ging aber nicht um Völkerrecht, sondern um niederländisches internationales Wirtschaftsrecht und hier hätte der Grundsatz der Interessengleichheit durchschlagen sollen.

Ein Sittenverstoß kann auch *Delikt* sein (im deutschen Recht § 826 BGB). Dies hielt der BGH bei Maßgeblichkeit deutschen Deliktsrechts für möglich in einem Fall, in dem ein Hamburger Raumcharterer ein Schiff benutzt hatte, um Stahl aus Südafrika nach Thailand entgegen dessen Verbot einzuführen (BGH IPRax 91, 345 LS mit Anm. Red. [*B. v. H.*] = JZ 91, 719 mit Aufsatz von *Junker* 699–792 = NJW 91, 634).

Der Stahl war beschlagnahmt, das Schiff arrestiert worden. Der Eigentümer wurde vom Konnossementsinhaber wegen Nichterhalts der Ware und vom bare boat-Charterer wegen verzögerter Löschung und wegen des Arrests in Anspruch genommen und verklagte den Raumcharterer auf Schaden- und Aufwendungsersatz. Gleich, ob deutsches oder ausländisches Deliktsrecht galt, war das *Einfuhrverbot wegen Interessengleichheit anzuwenden* (die EG-Staaten hatten die Einfuhr ebenfalls verboten: *B. v. H.* aaO). Anderenfalls hätte nur die *tatsächliche* Gefährdung von Schiff und Ladung ohne Zustimmung des Schiffseigners dessen Ansprüche gegen den Raumcharterer begründen können.

Vgl. im selben Fall BGH NJW 93, 194 (Schadenersatz wegen Beschlagnahme des Stahls).

Als Übergriff empfinden dagegen die meisten anderen Staaten den *Cuban Liberty and Democratic Solidarity (Libertad) Act* von 1996, gewöhnlich nach seinen Einbringern *Helms-Burton Act* genannt, der den Handel mit Kuba stark einschränkt und den man als *„secondary boycott"* (*Lowenfeld*) gewertet hat.

Dazu *Kress* und *Herbst* RIW 97, 630–641.

Zum *Embargo gegen Jugoslawien* durch Resolution des Sicherheitsrats der Vereinten Nationen Nr. 757/1992 (öst)OGH (öst)ZRvgl. 1997, 38.

V. Internationales Kartellrecht

Schrifttum: 7. Aufl. S. 881–883. Hervorzuheben: *Nerep,* De amerikanska antitrustlagarna och den exterritoriella tillämpningen på icke amerikanska företag, Stockholm 1978; *Griffin* (Hrsg.), Perspectives on the Extraterritorial Application of U.S. Antitrust and Other Laws, Washington 1979; *Nordmann,* Die Beschaffung von Beweismitteln aus dem Ausland durch staatliche Stellen, 1979; *Lowenfeld,* Public Law in the International Arena: Conflict of Laws, International Law, and Some Suggestions for their Interaction, Rec. 1979 II 311–436 (373–411); *Atwood* und *Brewster,* Antitrust and American Business Abroad[2], I, II, Colorado Springs 1981; *Canenbley* und *Dalton* (Hrsg.), Enforcing Antitrust Against Foreign Enterprises, Deventer u.a. 1981 (betr. USA, Deutschland, EWG, Frankreich, Vereinigtes Königreich, Schweiz, Italien, Australien); *Autenrieth,* Die grenzüberschreitende Fusionskontrolle in Theorie und Praxis, 1982 (bespr. von *Markert* WuW 83, 214f.); *Hawk,* United States, Common Market and International Antitrust: A Comparative Guide, New York 1982; *Hermann,* Conflicts of National Laws with International Business Activity: Issues of Extraterritoriality, London 1982; *Lowe* (Hrsg.), Extraterritorial Jurisdiction, an annotated collection of legal materials, Cambridge 1983; *Nerep,* Extraterritorial Control of Competition under International Law, With Special Regard to US Antitrust Law I, II, Stockholm 1983; *Schmidt-Preuss,* Grenzen internationaler Unternehmensakquisition, Grundlagen und Fallstudien zur fusionskontrollrechtlichen „Auflösung" von Auslandszusammenschlüssen, 1983; *Castel,* The Extraterritorial Effects of Antitrust Laws, Rec. 1983 I 9–144; *Berg,* Internationale Wettbewerbsfähigkeit und nationale Zusammenschlußkontrolle, 1985; *Kevekordes,* Auslandszusammenschlüsse im internationalen Kartellrecht, 1986; *Beck,* Die extraterritoriale Anwendung nationalen Wettbewerbsrechts unter besonderer Berücksichtigung länderübergreifender Fusionen, Eine rechtsvergleichende Studie, 1986; *Maxeiner,* Rechtspolitik im deutschen und amerikanischen Kartellrecht, 1986; *Martinek,* Das internationale Kartellprivatrecht, 1987;

Dautzenberg, Der britisch/amerikanische Kartellrechtsstreit um die IATA-Flugtarife aus dem Blickwinkel des Protection of Trading Interests Act 1980, 1987; *Barlow,* Aviation Antitrust, The Extraterritorial Application of the United States Antitrust Laws and International Air Transportation, Deventer u. a. 1988; *Kuhmann,* Das Ermittlungsverfahren im internationalen Kartellrecht der USA, 1988; *Neale* und *Stephens,* International Business and National Jurisdiction, Oxford 1988 (bespr. von *Akehurst* 38 [1989] Int. Comp. L. Q. 453 f.); *Georgieff,* Kollisionen durch extraterritoriale staatliche Regelungen im internationalen Wirtschaftsrecht, Diss. Köln 1988 (veröffentlicht 1989); *Deville,* Die Konkretisierung des Abwägungsgebotes im internationalen Kartellrecht, 1990; *Schnyder,* Wirtschaftskollisionsrecht, Zürich 1990, 299–435; *Renold,* Les conflits de lois en droit antitrust, Zürich 1991; Die Anwendung der Antitrust-Gesetze auf internationale Transaktionen, Richtlinien des US-Justizministeriums, 1991 (nz); *Rowley* und *Baker* (Hrsg.), International Mergers, The Antitrust Process, London 1991; *Marques Mendes,* Antitrust in a World of Interrelated Economies, The Interplay between Antitrust and Trade Policies in the US and the EEC, Brüssel 1991 (nz); *Ducrey,* Die Kartellrechte der Schweiz und der EWG im grenzüberschreitenden Verkehr Freiburg/Schweiz 1991; *Zimmer,* Zulässigkeit und Grenzen schiedsgerichtlicher Entscheidung von Kartellrechtsstreitigkeiten, Eine rechtsvergleichende Untersuchung auf der Grundlage US-amerikanischen und deutschen Rechts, 1991 (bespr. von *Chr. Wolf* RabelsZ 57 [1993], 643–663); *E. Rehbinder* in: *Immenga* und *Mestmäcker* (Hrsg.), GWB^2, 1992, § 98 Abs. 2 Rz 1–336 S. 2213–2297; *Tepaß,* Exterritoriale Anwendung nationalen Kartellrechts und Möglichkeiten zur Lösung zwischenstaatlicher Jurisdiktionskonflikte, 1992 (bespr. von *Habermeier* Rabelsz 58 [1994], 596–599); *Kramp,* Die Begründung und Ausübung staatlicher Zuständigkeit für das Verbot länderübergreifender Fusionen nach dem geltenden Völkerrecht, 1993; *Schäfer,* Internationaler Anwendungsbereich der präventiven Zusammenschlußkontrolle im deutschen und europäischen Recht, 1993; *Fikentscher,* Recht und wirtschaftliche Freiheit II (Transnationales Marktrecht), 1993. Ferner: *Friedel-Souchu,* Extraterritorialité du droit de la concurrence aus États-Unis et dans la Communauté européenne, Paris 1994 (bespr. von *Idot* Rev. crit. dr. i. p. 1995, 891–895); *Ehricke,* Staatliche Eingriffe in den Wettbewerb – Kontrolle durch Gemeinschaftsrecht, Ein rechtsvergleichender Beitrag zu den Grenzen staatlicher Wirtschaftslenkungsmaßnahmen im Gemeinschaftsrecht und im US-amerikanischen Recht, 1994 (bespr. von *Schwintowski* RabelsZ 62 [1998], 180–186); *Fikentscher* und *Immenga* (Hrsg.), Draft International Antitrust Code, 1995; *Schwartz* und *Basedow,* Restrictions on Competition, IECL III Ch. 35, 1995; *Fikentscher, Heinemann* und *Kunz-Hallstein,* Das Kartellrecht des Immaterialgüterschutzes im Draft International Antitrust Code, GRUR Int. 95, 757–765; *Lowenfeld,* Conflict, Balancing of Interests, and the Exercise of Jurisdiction to Prescribe: Reflections on the *Insurance Antitrust Case,* 89 (1995) Am. J. Int. L. 42–53; *Trenor,* Jurisdiction and the Extraterritorial Application of Antitrust Laws after *Hartford Fire,* 62 (1995) Mich. L. Rev. 1583–1617; *Neuman,* Through a Glass Darkly: The Case Against Pilkington plc. under the New U.S. Department of Justice International Enforcement Policy, 16 (1995) Nw. J. Int'l L. & B. 284–317; *Hay,* Zur extraterritorialen Anwendung US-amerikanischen Rechts, Zugleich eine Anmerkung zu *Hartford Fire Insurance Co.* v. *California,* RabelsZ 60 (1996), 303–319 (gekürzter Abdruck der Entscheidung ebenda 320–325); *Fikentscher,* Der Draft International Antitrust Code in der Diskussion, GRUR Int. 96, 543–548; *Charbonnier,* Vertikale Absprachen im europäischen und internationalen Kartellrecht, DZWiR 96, 265–273; *Lange,* Räumliche Marktabgrenzung in der deutschen Fusionskontrolle, BB 96, 1997–2003; *Paschke,* Die räumliche Marktabgrenzung in der GWB-Fusionskontrolle nach dem Backofenmarktbeschluß des BGH vom 24. 10. 1995, ZHR 96, 673–682; *Esteban de la Rosa,* Aplicación del Derecho *Antitrust* y tecnicas de Derecho internacional privado, Rev. der. priv. 1996, 815–848; *Arquit* und *Wolfram,* Les directives communes (Joint Guidelines) de 1995 relatives à l'application du droit américain de la concurrence à l'étranger, Leurs implications pour les entreprises étrangères, Dr. prat. comm. int. 1996, 67–79; *Basedow,* Souveraineté territoriale et globalisation des marchés: le domaine d'application des lois contre les restrictions de la concurrence, Rec. 264 (1997), 9–177; *Langen/Bunte* (Hrsg.), Kommentar zum deutschen und europäischen Kartellrecht[8] I, II, 1997; *Werner,* Internationaler Wettbewerb und Marktabgrenzung bei der Fusionskontrolle, Lieberknecht-Fschr. 1997, 607–624; *Lowe,* Helms-Burton and EC Regulation 2271/96, 56 [1997] C. L. J. 248–250; *MünchKomm-Immenga*[3] Nach Art. 37 EGBGB S. 1968–1992; *Basedow,* Weltkartellrecht, 1998; *Martiny,* Die Anknüpfung an den Markt, Drobnig-Fschr. 1998, 389–408 (389 f.); *Guzman,* Is International Antitrust Possible?, 73 (1998) N.U.Y.L. Rev. 1501–1548; *Cocuzza* und *Gigante,* Diritto antitrust e cooperazione internazionale, Riv.dir.int.priv.proc. 1998, 783–798.

Siehe auch Schrifttum oben S. 901 f.

1. Quellen

Für Deutschland ist das materielle Recht der Wettbewerbsbeschränkungen geregelt im **GWB** vom 27. 7. **1957.** An die Stelle seiner Fassung durch die Bek. vom 20. 2. **1990** (BGBl. I 235) ist wegen Änderungen durch das 6. Ges. zur Änderung des GWB vom 26. 8. 1998 (BGBl. I 2521) eine Neufassung getreten durch Bek. vom selben Tage (ebenda 2546). Der Wechsel geschah am 1. 1. **1999** (Art. 4 des 6. ÄnderungsG). Materielles Recht der Wettbewerbsbeschränkungen enthalten außerdem der Vertrag über die Gründung der **Europäischen Gemeinschaft für Kohle und Stahl** vom 18. 4. 1951 (BGBl. 1952 II 447) in Art. 3 b, 4 b, d, 60 § 1, 65, 66, der Vertrag über die Gründung der **Europäischen Wirtschaftsgemeinschaft** vom 25. 3. 1957 (BGBl. II 753) in Art. 85, 86 und die VO Nr. 17 (Erste DVO zu den Artikeln 85 und 86 des Vertrages) vom 6. 2. 1962 (BGBl. II 93), geändert durch die VO Nr. 59 vom 3. 7. 1962 (BGBl. II 931).

Schrifttum: 7. Aufl. S. 884–886. Hervorzuheben: *Guyénot,* Le régime juridique des ententes économiques et des concentrations d'entreprises dans le Marché Commun, Paris 1971; *Johannes,* Gewerblicher Rechtsschutz und Urheberrecht im Europäischen Gemeinschaftsrecht, 1973 (englisch: Industrial Property and Copyright in European Community Law, Leyden 1976); *Haymann,* Extraterritoriale Wirkungen des EWG-Kartellrechts, Baden (Schweiz) 1974; *Barack,* The application of the competition rules (antitrust law) of the European Economic Community to enterprises and arrangements external to the Common Market, Deventer u. a. 1981; *van Gerven, Maresceau* und *Stuyk,* Kartellrecht II, Europese Economische Gemeenschap, Zwolle und Gent 1986; *Kerse,* EEC Antitrust Procedure[2], London 1988; *Markert,* Nationales Kartellrecht im europäischen Binnenmarkt, 1988 (Vorträge, Reden und Berichte aus dem Europa-Institut der Universität des Saarlandes in Saarbrücken Nr. 141); *Bunte* und *Sauter,* EG-Gruppenfreistellungsverordnungen, Kommentar, 1988; *Wedekind,* Die Anwendung der Kartellvorschriften des EWG-Vertrages auf Patentlizenzverträge, 1989; *G. Wiedemann,* Kommentar zu den Gruppenfreistellungsverordnungen des EWG-Kartellrechts I 1989, II 1990; *Estrella Faria,* Selbstbeschränkungsabkommen im GATT und im EWG-Wettbewerbsrecht, 1989, 118–202 (Universität des Saarlandes, Vorträge, Reden und Berichte aus dem Europa-Institut Nr. 155); *Fischer,* Die Stellung Dritter im europäischen Wettbewerbsverfahren, 1990; *Kuhlmann,* Drittstaatsbezogene Unternehmenszusammenschlüsse im EWG-Kartellrecht, 1990; *Huber,* Europäische Fusionskontrolle, 1990; *van Bael* und *Bellis,* Droit de la concurrence de la Communauté Économique Européenne, Brüssel 1991; *Niemeyer,* Die Europäische Fusionskontrollverordnung, 1991; *Miersch,* Kommentar zur EG-Verordnung Nr. 4064/89 über die Kontrolle von Unternehmenszusammenschlüssen, 1991; *Ritter, Braun* und *Rawlinson,* EEC Competition Law, Deventer 1991; *Cook* und *Kerse,* EEC Merger

Control: Regulation 4064/89, London 1991; *Bach,* Wettbewerbsrechtliche Schranken für staatliche Maßnahmen nach europäischem Gemeinschaftsrecht, 1992; *Veelken, Karl* und *Richter,* Die Europäische Fusionskontrolle, Grundzüge und Einzelfragen zur Verordnung (EWG) Nr. 4064/89, 1992; *Krimphove,* Europäische Fusionskontrolle, 1992; *Behrens* (Hrsg.), EEC Competition Rules in National Courts, Teil 1: *Shaw* und *Ligustro,* United Kingdom and Italy, 1992; *Lohse,* Kartellfreie Gemeinschaftsunternehmen im europäischen Wettbewerbsrecht, 1992; *Jones* und *González-Díaz,* The EEC Merger Regulation, London 1992; *Munari,* Il diritto comunitario antitrust nel commercio internazionale: il caso dei trasporti marittimi, Padua 1993; *Immenga,* Die Europäische Fusionskontrolle im wettbewerbspolitischen Kräftefeld, 1993; *Ebenroth* und *Hübschle,* Gewerbliche Schutzrechte und Marktaufteilung im Binnenmarkt der Europäischen Union, 1994. Ferner: *Dallmann,* Nachprüfung und Richtervorbehalt im Kartellverfahrensrecht der Europäischen Wirtschaftsgemeinschaft, 1994; *Landzettel,* Unterschiede und Gemeinsamkeiten des deutschen und europäischen Fusionskontrollrechts – ein problemorientierter Vergleich, 1995; *Schwartz* und *Basedow,* Restrictions on Competition, IECL III Ch. 35, 1995; *Möschel,* Reform des europäischen und des deutschen Kartellrechts, EWS 1995, 249–255; *Kindler,* Europäische Fusionskontrolle auf Abwegen, ebends 321–329; *Behrens* (Hrsg.), EC-Competition Rules in National Courts (III), Germany von *Baum,* 1996; *Körber,* Die Konkurrentenklage im Fusionskontrollrecht der USA, Deutschlands und der Europäischen Union, 1996; *Kühne,* Kooperation in der internationalen Seeschiffahrt und europäisches Kartellrecht, 1996; *Bechtold,* Abwägung zwischen wettbewerblichen Vor- und Nachteilen eines Zusammenschlusses in der europäischen Fusionskontrolle, Boyer-Fschr., Toulouse 1996, 389–393; *Rittner,* Das europäische Kartellrecht, JZ 96, 377–385; *Quack,* Reform der Fusionskontrolle, GRUR Int. 96, 549–552; *Charbonnier,* Vertikale Absprachen im europäischen und internationalen Kartellrecht, DZWiR 96, 265–273; *Zilles,* Die Anfechtungslegitimation von Dritten im europäischen Fusionskontrollrecht, 1997; *Drauz* und *Schröder,* Praxis der Europäischen Fusionskontrolle[3], 1997; *Langen* und *Bunte,* Kommentar zum deutschen und europäischen Kartellrecht[8], I, II, 1997; *Immenga* und *Mestmäcker* (Hrsg.), EG-Wettbewerbsrecht, Kommentar, I, II, 1997; *G. Wiedemann,* Anwendung des EG-Kartellrechts durch das Bundeskartellamt, Lieberknecht-Fschr. 1997, 625–644; *Lüscher,* Die neue schweizerische und die europäische Fusionskontrolle im Vergleich, RIW 97, 467–470; *Gamerith,* Die Anwendung des europäischen Kartellrechts durch die nationalen Kartellbehörden, (öst)WBl. 1997, 181–188; *Pohlmann,* Die Vorschläge der Europäischen Kommission zu einer Änderung der Fusionskontrollverordnung, EWS 97, 181–186; *Hopt,* Europäisches und deutsches Übernahmerecht, ZHR 97, 368–420; *Hirsbrunner,* Die revidierte EG-Fusionskontroll-Verordnung, EuZW 98, 69–75; *Niewiarra,* Die novellierte Europäische Fusionskontrollverordnung, EWS 98, 113–118; *Steindorff,* Aufgaben und Zuständigkeiten im europäischen Kartellverfahren, ZHR 98, 290–317; *Lawall,* Umwandlungsrecht: Grenzüberschreitende Verschmelzungen innerhalb der EWG, IStR 98, 345–351; *Körber,* Gerichtlicher Rechtsschutz in der europäischen Fusionskontrolle, RIW 98, 910–915; *Wessely,* Das Verhältnis von Antidumping- und Kartellrecht in der Europäischen Gemeinschaft, 1999; *Pohlmann,* Der Unternehmensverbund im Europäischen Kartellrecht, 1999.

Das Verhältnis dieser drei Normengruppen ist eine Frage des *Rangkollisionsrechts* (oben S. 46). Für das Verhältnis zwischen dem GWB und dem (strengeren) Recht der Europäischen Gemeinschaft für *Kohle* und *Stahl* bestimmte § 101 Nr. 3 a.F. GWB den *Vorrang des Gemeinschaftsrechts.* Im Verhältnis zwischen GWB und dem Recht der Europäischen *Wirtschafts*gemeinschaft besteht nach ganz h.M. *gleicher Rang:* beide Normengruppen ergänzen einander (vgl. § 35 III n.F. GWB). Dabei spricht viel für eine Ergänzung in der Weise, daß das EWG-Recht nur den zwischenstaatlichen Handel, das GWB nur den innerdeutschen

Handel (oder den innerdeutschen Teil des zwischenstaatlichen Handels) erfaßt (näher *Ivo Schwartz,* Deutsches internationales Kartellrecht, 1962, 5–14; *Schumacher* AWD 68, 5–10).

Soweit *Rang*kollisionsrecht dem deutschen materiellen Recht der Wettbewerbsbeschränkungen (enthalten im GWB) oder dem anderer Gemeinschaftsländer Platz läßt, bestimmt *Raum*kollisionsrecht, nämlich deutsches internationales Kartellrecht, ob deutsches oder ausländisches materielles Recht der Wettbewerbsbeschränkungen anzuwenden ist. Hier sagt **§ 130 II** n. F. (§ 98 II 1 a.F.) **GWB:**

„Dieses Gesetz findet Anwendung auf alle Wettbewerbsbeschränkungen, die sich im Geltungsbereich dieses Gesetzes auswirken, auch wenn sie außerhalb des Geltungsbereichs dieses Gesetzes veranlaßt werden."

2. Begriff

Internationales Kartellrecht ist mehr, als der Name sagt. Es enthält Kollisionsnormen nicht nur für Kartelle, sondern für alle Wettbewerbsbeschränkungen: es ist **internationales Recht der Wettbewerbsbeschränkungen.** Es gilt daher:

a) für *Kartelle,* d.h. für wettbewerbsbeschränkende Abreden zwischen Unternehmen gleicher Wirtschaftsstufe (vgl. §§ 1–13 n.F. GWB);
b) für *wettbewerbsbeschränkende Abreden zwischen Unternehmen verschiedener Wirtschaftsstufen,* insbesondere für Ausschließlichkeitsverträge und Preisbindungen (vgl. §§ 14–18 n.F. GWB);
c) für *marktbeherrschende Unternehmen,* d.h. für Monopole und Oligopole (vgl. §§ 19–23 n.F. GWB).

3. Internationales öffentliches und Privatrecht

§ 130 II n.F. **GWB ist** *räumliche* Kollisionsnorm (und steht darum schlecht zwischen Vorschriften über den *sachlichen* Geltungsbereich des Gesetzes). Er ist *einseitige* Kollisionsnorm: er sagt nur, wann das eigene materielle Recht des GWB, nicht, wann fremdes materielles Recht der Wettbewerbsbeschränkungen anzuwenden ist.

Daran erkennt man den *Zweck* des GWB: es ist an erster und vielleicht einziger Stelle ein *wirtschaftspolitisches* Gesetz. Es will **zum Wohl des eigenen Volkes freien Wettbewerb im eigenen Land erhalten.** Zwar benutzt es neben *Mitteln* des Verwaltungsrechts (z.B. Aufhebung oder Erlaubnis von Rechtsgeschäften, Verhaltensverbote, Eintragungsablehnung) und Mitteln des Rechts der Ordnungswidrigkeiten (§§ 81–86 n.F.) auch Mittel des *Privat*rechts (z.B. Verbote von Rechtsgeschäften, Formzwang, Rücktritt, Kündigung, Schadenersatz- und Unterlassungsansprüche). Aber § 130 II n.F. GWB denkt nur an den wirtschaftspolitischen Zweck, nicht an die materiellprivatrechtliche

Gerechtigkeit. Sonst dürfte er nicht *sämtliche* Wettbewerbsbeschränkungen, die sich „im Geltungsbereich dieses Gesetzes", d.h. im *Inland* auswirken, dem GWB unterstellen (z.B. dürfte er § 1 n.F. GWB nicht auf schuldrechtliche Verträge erstrecken, die sich zwar im Inland auswirken, aber ausländischem Schuldvertragsrecht unterliegen). Andererseits müßte er auch *manche* Wettbewerbsbeschränkungen, die sich im *Ausland* auswirken, dem GWB unterstellen (z.B. müßte er § 1 n.F. GWB auch auf schuldrechtliche Verträge erstrecken, die sich zwar nur im Ausland auswirken, aber deutschem Schuldvertragsrecht unterliegen).

Allerdings könnte das GWB einen *Doppel*zweck verfolgen: an *erster* Stelle die Erhaltung freien Wettbewerbs im Inland unter allen Umständen als Ziel der *Wirtschaftspolitik;* an *zweiter* Stelle den Schutz der Wettbewerbsfreiheit des einzelnen Unternehmens im Dienste der *materiellprivatrechtlichen Gerechtigkeit.* Dem wirtschaftspolitischen Ziel entspräche der Wortlaut des § 130 II n.F. GWB: das materielle Recht des GWB gilt für sämtliche Wettbewerbsbeschränkungen, die sich im Inland auswirken. Die ebenfalls erstrebte materiellprivatrechtliche Gerechtigkeit wäre zu verwirklichen in den üblichen Grenzen, die das IPR zieht; z.B. würde sich die Form des Rechtsgeschäfts richten nach dem von Art. 11 EGBGB berufenen Recht, die Zulässigkeit von Rechtsgeschäften nach internationalem Schuldvertragsrecht, der Schutz gegen Eingriffe in die Wettbewerbsfreiheit nach internationalem Deliktsrecht. Dabei könnte sich für Delikte (für Schadenersatz- und Unterlassungsansprüche) sogar eine Sonderanknüpfung ergeben: man könnte Wettbewerbsbeschränkungen (den *„unfreien"* Wettbewerb) ebenso gesondert anknüpfen, wie dies für den *unlauteren* Wettbewerb empfohlen wird (oben S. 629–631), und man könnte so zu derselben Anknüpfung gelangen wie § 130 II n.F. GWB, nämlich zu dem Recht des Landes, in dem sich die Verletzung der Wettbewerbsfreiheit auswirkt (so im wesentlichen *Schwartz* aaO 227–233; vgl. *Rehbinder,* Extraterritoriale Wirkungen des deutschen Kartellrechts, 1965, 300f.).

Der *Vorrang* des *wirtschaftspolitischen* Zwecks würde indessen sicher zur Folge haben, daß nach internationalem *öffentlichen* Recht gemäß § 130 II n.F. GWB für alle Wettbewerbsbeschränkungen mit *Inlands*wirkung das materielle Recht des GWB gilt, soweit es solche Beschränkungen erfaßt. Nur soweit es sie *frei* läßt, könnte nach internationalem *Privat*recht strengeres ausländisches materielles Privatrecht der Wettbewerbsbeschränkungen anwendbar sein. Das würde freilich voraussetzen, daß das ausländische materielle Recht der Wettbewerbsbeschränkungen (ebenso wie vielleicht das GWB) neben der Wirtschaftspolitik zweitrangig auch der materiellprivatrechtlichen Gerechtigkeit dienen will oder wenigstens dienen kann (und daher von uns in diesem Sinne angewandt werden kann).

Für Wettbewerbsbeschränkungen mit *Auslands*wirkung könnte nach internationalem *Privat*recht deutsches oder ausländisches materielles Recht der Wettbewerbsbeschränkungen maßgeben (ausländisches, wenn es auch der materiellprivatrechtlichen Gerechtigkeit dienen will oder wenigstens dienen kann). In geringem Umfang hätte freilich *Vorrang wirtschaftspolitischen* Zwecken dienendes ausländisches materielles Recht der Wettbewerbsbeschränkungen; denn dies hätten wir nach internationalem *öffentlichen* Recht anzuwenden, soweit der fremde Staat die Grenzen seiner Macht eingehalten hat, d.h. praktisch mit Wirkung für Vermögen im fremden Staat (vgl. oben S. 948, 960f.).

Die Frage nun, *ob wirklich* das GWB und ausländische Wettbewerbsbeschränkungsrechte neben wirtschaftspolitischen Zielen in zweiter Reihe auch der materiellprivatrechtlichen Gerechtigkeit dienen *wollen*, ist schwer zu entscheiden.

Für das GWB bejahen sie z.B. *Schwartz* aaO 33–36, *Rehbinder* aaO 115–120 und *Rittner,* Einführung in das Wettbewerbs- und Kartellrecht[2], 1985, 129f.; für Vorrang der materiellprivatrechtlichen Gerechtigkeit *Martinek,* Das internationale Privatkartellrecht, 1987, 25; eher skeptisch *Niederleithinger,* Die zivilrechtliche Herausforderung des Kartellrechts, 1984, 10.

Daher fragt man besser von vornherein kollisionsrechtlich: Ist es international*privat*rechtlich angemessen, Regeln des GWB, die der privatrechtlichen Gerechtigkeit dienen könnten, und entsprechende Regeln ausländischer Wettbewerbsbeschränkungsrechte nach den Regeln des IPR anzuwenden? M.E. kann man das tun.

Ebenso *Martinek* aaO 94; ähnlich *Schwartz* aaO 221–225; a.A. *Rehbinder* aaO mit Milderung für Marktfremde.

Denn anders als Enteignungs- und grundsätzlich auch Währungsrecht kann ein Recht der Wettbewerbsbeschränkungen ebensowohl im Dienste der materiellprivatrechtlichen Gerechtigkeit wie im Dienste der Wirtschaftspolitik aufgebaut werden. Nur muß stets deutlich bleiben, daß bei einem Widerstreit zwischen materiellprivatrechtlicher Gerechtigkeit und Wirtschaftspolitik die eigene Wirtschaftspolitik und in engen Grenzen auch die fremde den Vorrang hat.

Bisher wird allerdings ausländisches Recht der Wettbewerbsbeschränkungen so gut wie nie angewandt. Dagegen wird eigenes Recht der Wettbewerbsbeschränkungen auch auf Auslandstatbestände in großem Umfang angewandt.

So sagt *Rabel* II[2] 300 für die USA:
„*Such repression of monopolistic conspiracies is intended to protect the domestic commerce rather than the individual interests involved. The forum applies its public law with its reflections in private spheres. This development is fundamentally distinguishable from the idea of subjecting competing domestic firms to a domestic standard of behavior in foreign markets.*"

Befugnis der deutschen Kartellbehörde, nach § 46 I a.F. (vgl. § 59 n.F.) GWB von der ausländischen Muttergesellschaft einer deutschen Tochter Auskunft zu fordern, bejaht KG WuW 74, 549. Pflicht, den im Ausland vorgenommenen Zusammenschluß ausländischer Gesellschaften, die im Inland Geschäfte treiben, dem Bundeskartellamt nach § 23 a.F. (vgl. § 39 I n.F.) GWB anzuzeigen, bejahen KG IPRspr. 1979 Nr. 142a = WuW 78, 709 und (im selben Fall) BGH 74, 322 (324–327) = IPRspr. 1979 Nr. 142b = WuW 79, 765 mit Anm. von *Klawitter* und mit Aufsätzen von *Kersten* 721–732 und von *Authenrieth* RIW 80, 820–824.

Daher gilt das GWB für alle Wettbewerbsbeschränkungen, die es sachlich erfaßt, nach § 130 II n.F. räumlich, wenn sie sich im Inland auswirken (KG und BGH IPRspr. 1979 Nr. 142a und b usw. wie oben). § 130 II n.F. GWB verdrängt folglich, soweit er reicht, die Regeln des internationalen *Privat*rechts über die Form von Rechtsgeschäften (Art. 11 EGBGB) und über Schuldverträge und Delikte. Er verdrängt auch die Regeln des internationalen Rechts der *Ordnungswidrigkeiten*. Allerdings können die Regeln des IPR subsidiär gelten. Dagegen dürften die Regeln des internationalen Rechts der Ordnungswidrigkeiten gänzlich unanwendbar sein (*Schwartz* aaO 173–175; *Rehbinder* aaO 254–256).

4. § 130 II n.F. GWB und verwandte Vorschriften

§ 130 II n.F. erklärt das GWB für anwendbar, wenn sich Wettbewerbsbeschränkungen *„im Geltungsbereich dieses Gesetzes auswirken"*. Andere Vorschriften des GWB benutzen im gleichen Sinn andere Worte.

So erlaubte § 6 I a. F. Kartellverträge und -beschlüsse, die der Sicherung und Förderung der Ausfuhr dienen, sofern sie sich auf die Regelung des *„Wettbewerbs auf Märkten außerhalb des Geltungsbereichs dieses Gesetzes beschränken"*, d.h. sich nicht im Inland auswirken (sog. „reine" Exportkartelle). Allerdings war diese Regel seit 1980 sehr eingeengt, wenn nicht gar beseitigt. Denn der damals neue § 98 II 2 a.F. GWB bestimmte:

„Es [das GWB] findet auch Anwendung auf Ausfuhrkartelle im Sinne des § 6 Abs. 1, soweit an ihnen Unternehmen mit Sitz im Geltungsbereich dieses Gesetzes beteiligt sind."

Man wollte eine freie Weltwirtschaftsordnung sichern und fördern (Begründung zum Regierungsentwurf vom 25. 5. 1978 – BTDrucks. 8/2136 – eines 4. Gesetzes zur Änderung des GWB, WuW 80, 337–366 [344 a.E.f.]). Das „am deutschen Wesen soll die Welt genesen" ist jedoch rechtspolitisch verfehlt (vgl. für die USA unten S. 978 a.E.f.); außerdem war die Gesetzgebungstechnik mangelhaft, weil das Verhältnis von § 98 II 2 a.F. zu § 6 I a.F. dunkel blieb.

§ 14 n.F. GWB verbietet wettbewerbsbeschränkende Verträge über Waren oder gewerbliche Leistungen zwischen Unternehmen verschiedener Wirtschaftsstufen („vertikale" Wettbewerbsbeschränkungen), wenn sie sich *„auf Märkte innerhalb des Geltungsbereichs dieses Gesetzes beziehen"*, d.h. sich im Inland auswirken.

Dasselbe gilt für **§ 16** n.F. GWB, der die Kartellbehörde ermächtigt, in („vertikale“) Verträge mit Verwendungsbeschränkungen, Ausschließlichkeitsklauseln, Absatzbindungen oder Kopplungsverpflichtungen einzugreifen, soweit sie durch ihr Ausmaß den *„Wettbewerb auf dem Markt“* wesentlich beeinträchtigen. Gemeint ist, wie dem § 130 II n.F. zu entnehmen ist, der Inlandsmarkt. Auch hier ist also eine Inlandswirkung nötig (*Schwartz* aaO 62–64; vgl. *Rehbinder* aaO 200).

Nach § 17 I n.F. GWB sind verboten Verträge über Erwerb oder Benutzung von Patenten, Gebrauchsmustern, Topographien oder Sortenschutzrechten, soweit sie den Erwerber oder Lizenznehmer über den Inhalt des Schutzrechts hinaus beschränken. Allerdings können sie nach **§ 17 III 1** n.F. vom Verbot freigestellt werden, „wenn die wirtschaftliche Bewegungsfreiheit des Erwerbers oder Lizenznehmers oder anderer Unternehmen nicht unbillig eingeschränkt oder durch das Ausmaß der Beschränkungen der *Wettbewerb auf dem Markt* nicht wesentlich beeinträchtigt wird“. Wie in § 16 n.F. GWB ist hier gemeint: Das GWB gilt grundsätzlich nur, wenn eine Abrede sich im Inland auswirkt. Dagegen gilt gleich, ob das Schutzrecht ein in- oder ausländisches ist (so zu § 20 a.F., dem Vorläufer des § 17 n.F., BGH NJW 67, 1715).

Ausnahmen gelten nach §§ 2–7 n.F. GWB für bestimmte Arten von Kartellen wie Mittelstandskartelle und Strukturkrisenkartelle, nach 28–31 n.F. für Landwirtschaft, Kredit- und Versicherungswirtschaft, Urheberrechtsverwertungsgesellschaften und Sport, nach § 130 I n.F. für Unternehmen der öffentlichen Hand.

5. Auswirkung im Inland

Wann sich eine Wettbewerbsbeschränkung im Inland *auswirkt,* ergibt der wirtschaftspolitische Zweck des GWB: Das Gesetz will Wettbewerbsfreiheit im *Inland* („im Geltungsbereich dieses Gesetzes“), nicht im Ausland. Denn jeder Staat treibt seine eigene Wirtschaftspolitik.

Dazu BGH NJW 96, 595 (507 unter II) mit Aufsätzen von *Lange* BB 96, 1997–2003 und von *Paschke* ZHR 96, 673–682.

Gleich gilt daher, wo die Parteien der Wettbewerbsbeschränkung sitzen oder tätig werden: Nicht der Handlungsort entscheidet, sondern der *Erfolgsort.*

KG IPRspr. 1977 Nr. 170 LS = WuW 78, 501; vgl. BKartA IPRspr. 1978 Nr. 128 LS = WuW 78, 598; OLG Stuttgart BB 79, 390 = WuW 79, 192; ebenso im *EWG*-Kartellrecht EuGH IPRax 89, 374 mit Aufsatz von *Martinek* 347–354 = NJW 88, 3086 = WuW 88, 1079 mit Anm. von *Schödermeier* 89, 21–29 („Zellstoff“).

Teilen z.B. ausländische Unternehmen im Ausland den deutschen Markt auf, dann ist der Vertrag nach § 1 n.F. GWB verboten.

Wenn alles mit allem kausal verknüpft ist, wirkt sich freilich jede Wettbewerbsbeschränkung, die irgendwo in der Welt geschieht, auf Umwegen im Inland aus.

„*Almost any limitation of the supply of goods in Europe, for example, or in South America, may have repercussions in the United States if there is trade between the two.*" So Judge *Learned Hand* im ALCOA-Fall *US v. Aluminum Co. of America* (1945), 148 F. 2d 416, 443 (2d Cir.). Ja, es braucht nicht einmal Handel zwischen den beiden Staaten zu bestehen; die Wirkung kann über dritte Staaten gehen.

Das ist nicht gemeint. Vielmehr muß sich die Wettbewerbsbeschränkung im Inland *erheblich* auswirken: der „Schutzzweck des GWB allgemein und der jeweils in Frage kommenden speziellen Sachnormen" des deutschen Kartellrechts muß „spürbar" verletzt sein (z.B. BGH 74, 322 [324 a.E.f., 327]; OLG Frankfurt NJW 92, 633 [635]). Für die Fusionskontrolle nach §§ 23 II Nr. 2, 24 I a.F. GWB (vgl. § 37 I Nr. 3 n.F. GWB) ist dies bejaht worden, wenn 25% der Anteile einer inländischen Gesellschaft von einer ausländischen Gesellschaft gleicher Branche erworben werden (BKartA IPRspr. 1978 Nr. 128 LS = WuW 78, 598; vgl. zu diesem Fusionsvorhaben auch KG IPRspr. 1980 Nr. 132b = RIW 81, 406 mit Anm. von *Markert* = WuW 81, 453).

Deswegen genügt nicht, daß nur das Angebot oder nur die Nachfrage im Inland beschränkt wird. Vielmehr muß die angebotene oder gefragte Ware oder gewerbliche Leistung im Inland *weitergegeben* und damit durch die Beschränkung von Angebot oder Nachfrage zugleich der *Umsatz* im Inland verändert werden (so im Fall OLG Karlsruhe IPRspr. 1979 Nr. 143 = WuW 80, 541).

Vgl. BGHSt 25, 208 (unter II 2c) = NJW 73, 1609 (1610 unter II 3c) betr. internationales Exportkartell über *Ölfeldrohre* und Linepipes: *Herstellung* und *Vertrieb* im Inland müssen beeinträchtigt sein; das wird *in casu* verneint, da es nur *einen* Inlandshersteller gab und kein anderer in Sicht war; OLG Stuttgart IPRspr. 1980 Nr. 133 = WuW 81, 358: Angestellte inländischer Transportunternehmen weigern sich gemeinsam gegenüber US-amerikanischen Frachtführern, beim Umzug amerikanischer Militärfamilien mitzuwirken. **A.M.** KG WRP 70, 68 = WuW 70, 365: Internationale Schiffahrts-Konferenzen (Schiffahrts-Kartelle) nach Fernost geben ihren Kunden Treue- und Sofortrabatte. Durch eine „Triest-Klausel" beziehen sie den Hafen Triest in ihr Vertragsgebiet ein, um sich eines dort eingedrungenen Außenseiter-Reeders zu erwehren. KG läßt genügen, daß infolge der Triest-Klausel *Angebot* und *Nachfrage* in der Bundesrepublik zu Lasten des Außenseiters beschränkt werden. Daß die *gewerbliche Leistung* (Verfrachtung) ganz im Ausland stattfindet, gilt dem KG (in Übereinstimmung mit dem Bundeskartellamt) gleich. M.E. hält man sich besser an das Handfeste, nämlich an den Umsatz von Ware oder Leistung.

Daher galt § 1 a.F. GWB (Unwirksamkeit von Kartellverträgen oder -beschlüssen) nicht für sog. *„reine" Exportkartelle.* § 6 I GWB sagte: „§ 1 gilt nicht für Verträge und Beschlüsse, die der Sicherung und Förderung der Ausfuhr dienen, sofern sie sich auf die Regelung des Wettbewerbs auf Märkten außerhalb des Geltungsbereichs dieses Gesetzes beschränken." Auch hier (wie in § 98 II 1 a.F. hier) entschied die Auswirkung auf Angebot und Umsatz im Inland. BGHSt 25, 208 (209–212 unter II 1) = NJW 73, 1609 wollte sogar nur bei Inlandswirkung nach § 98 II [1] a.F. überhaupt § 6 mit § 1 anwenden, sah also § 98 II [1] nicht als *neben-*, sondern als *vorgeordnet*). Um dieser Entscheidung zu begegnen hat der Gesetzgeber den (oben S. 975f.) besprochenen § 98 II 2 a.F. GWB eingeführt (*Grauel* WuW 80, 763; *Kirschstein* ebenda 766).

Räumt ein inländischer Hersteller einem ausländischen Händler das *Alleinvertriebsrecht* für dessen Land ein (ein Fall, der sachlich unter

§ 18 I Nr. 2 oder 3 a.F., § 16 Nr. 2 oder 3 n.F. GWB fällt), so wird nur Wettbewerb im Ausland beschränkt: das GWB ist räumlich nicht anwendbar.

OLG Koblenz IPRax 82, 20 mit abl. Aufsatz von *Rehbinder* 7–9 (8f.) = IPRspr. 1981 Nr. 14; BGH IPRax 82, 21 mit abl. Aufsatz von *Rehbinder* aaO = IPRspr. 1981 Nr. 136; *Schwartz* aaO 65f.; a.A. OLG Düsseldorf IPRspr. 1982 Nr. 125 = RIW 84, 64 (weil andere inländische Exporteure ausgeschlossen würden); *Rehbinder* aaO 202f. und IPRax 82, 8f.

Dagegen ist § 16 Nr. 2 oder 3 n.F. auf Grund von § 130 II n.F. GWB (§ 18 I Nr. 2 oder 3 n.F. auf Grund von § 98 II 1 a.F.) anwendbar, wenn ein ausländischer Hersteller einem inländischen Händler das Alleinvertriebsrecht für das Inland einräumt.

Gibt ein Inländer einem Ausländer eine *Patentlizenz* mit der Auflage, keine ähnlichen Patente zu erwerben oder zu nutzen, so wird dadurch die *Nachfrage* nach solchen Patenten oder Lizenzen im Inland eingeengt. Verkauft aber der Lizenznehmer nur im Ausland, so ist die Auflage nicht verboten nach § 17 I n.F. GWB (unwirksam nach § 20 I a.F.). Denn diese Vorschrift ist nicht anwendbar, weil sich die Auflage nicht „im Geltungsbereich dieses Gesetzes *auswirk*[t] (§ 130 II n. F. [§ 98 II 1 a.F.]) oder (wie § 20 II Nr. 5 a.F. denselben Gedanken positiv ausdrückt) „sich auf die Regelung des Wettbewerbs auf Märkte außerhalb des Geltungsbereichs dieses Gesetzes *bezieh[t]*" oder (wie § 17 II 1 n.F. negativ sagt) „den Wettbewerb auf dem (gemeint: inländischen) Markt nicht wesentlich *beeinträchtigt*". Gibt umgekehrt ein Ausländer einem Inländer eine Patentlizenz mit der Auflage, keine ähnlichen Patente zu erwerben oder zu nutzen, so wird dadurch das *Angebot* im Inland eingeengt. Aber wenn der Lizenznehmer nur im Ausland verkauft, ist die Auflage ebenfalls nicht nach § 17 I n.F. GWB verboten (nach § 20 I a.F. unwirksam), weil nach § 17 III 1 n.F. vom Verbot freigestellt werden kann (nach § 20 II 1 Nr. 5 a.F. Abs. 1 nicht eingreift) und sich nach § 130 II n.F. (§ 98 II 1 a.F.) die Wettbewerbsbeschränkung im Inland nicht auswirkt.

Wie hier für Patentlizenzen und ähnliche Lizenzen (§ 21 a.F. GWB) *Schwartz* aaO 78–92. A.M. Bundeskartellamt WuW/E BKartA 251 (252f.), 317 (319), 331 (334 bis 336), 584; *Rehbinder* aaO 211–224.

Gegen den Auswirkungsgrundsatz und allgemein gegen das „Territorialitätsprinzip" (oben S. 938f.) verstoßen seit Jahrzehnten Behörden und Gerichte der USA. Sie wollen dem amerikanischen Wirtschaftsrecht (Kartellrecht u.a.) im Ausland Geltung verschaffen, indem sie von inländischen Tochter- oder ausländischen Muttergesellschaften ein dem amerikanischen Wirtschaftsrecht entsprechendes Verhalten fordern.

Ein Beispiel unten S. 981–983.

Die amerikanische Praxis hat zu umfangreichem Schrifttum geführt (vgl. oben S. 968–970, 964–966, 901f.). Auch haben sich einige Staaten mit Gesetzen Luft verschafft (sog. *blocking* oder *clawback statutes*). Z.B. kann nach dem australischen *Foreign Antitrust Judgments (Restriction of Enforcement) Act 1979 (Cth)* der Attorney General des Commonwealth ausländische Urteile auf Schadenersatz in Antitrustfällen für unvollstreckbar erklären (53 [1979] A.L.J. 168f.). In England gilt der *Protection of Trading Interests Act* (April 1980), in Frankreich das Gesetz Nr. 80–538 vom 11. 7. 1980. Abwehrgesetze haben ferner Kanada, die Niederlande, die Schweiz und Südafrika.

Auch die *EG* schützt sich durch die *VO* Nr. 2271/96 des Rates vom 22. 11. 1996 *zum Schutz vor den Auswirkungen der exterritorialen Anwendung von einem Drittland erlassener Rechtsakte sowie von darauf beruhenden oder sich daraus ergebenden Maßnahmen* (ABl. Nr. L 309/1). Hiernach werden Entscheidungen außergemeinschaftlicher Gerichte und Verwaltungsbehörden, die auf den im Anhang der VO aufgeführten Gesetzen und Verordnungen beruhen, nicht anerkannt (Art. 4), darf niemand an der Durchführung solcher Gesetze, Verordnungen und Entscheidungen mitwirken (Art. 5) und kann der, dem daraus Schaden erwächst, vom Verursacher Ersatz fordern (Art. 6).

Im Jahre 1997 erwog die EG, einen 14 Millionen Dollar-Zusammenschluß zwischen dem Luftfahrtunternehmen Boeing (in Seattle, Washington) und dem Waffenhersteller McDonell Douglas (in St. Louis, Missouri) wegen Auswirkung auf den europäischen Markt nicht anzuerkennen (Time, 23. 7. 1997 S. 49f.); im Fall der Nichtanerkennung entstünden Spaltgesellschaften wie im internationalen Enteignungsrecht (oben S. 949–951).

6. Teilauswirkung

Oft wirkt sich eine Wettbewerbsbeschränkung *sowohl* im *In*land *wie* im *Aus*land aus. Z.B. ein internationales Kartell weist jedem Mitglied ein bestimmtes Land zur Alleinbelieferung zu, darunter einem das Inland, so daß in den einzelnen Ländern kein Wettbewerb der Mitglieder mehr stattfindet. Oder der Patentlizenznehmer, dem der Erwerb oder die Nutzung ähnlicher Patente untersagt ist, verkauft im In- und Ausland. Hier ist das GWB anzuwenden, *soweit* sich die Wettbewerbsbeschränkung auf das Inland auswirkt. Z.B. ist das Kartell verboten nach § 1 n.F. (unwirksam nach § 1 I 1 a.F. GWB), soweit es das Inland betrifft (§ 130 II n.F., § 98 II 1 a.F.), und ist die vom Lizenznehmer übernommene Auflage nach § 17 I n.F. verboten (nach § 20 I a.F. unwirksam), soweit sie sich auf das Inland bezieht (§§ 17 III 1, 130 II n.F., §§ 20 II Nr. 5, 98 II 1 a.F.). Ob die Teilnichtigkeit die Nichtigkeit anderer Vertragsbestimmungen nach sich zieht, entscheidet das auf den Vertrag anwendbare Recht, z.B. im deutschen Recht § 139 BGB.

Fusionieren ausländische Gesellschaften, die inländische Töchter haben, dann unterliegt der Zusammenschluß hinsichtlich der Töchter (vgl. § 23 III 4 a.F. GWB) dem deutschen Kartellrecht.

KG Betr. 84, 231 mit Aufsatz von *Ebenroth* 597–603 = WM 84, 1195 = WuW 84, 233 für die Philip Morris GmbH-München („Marlboro") und die Martin Brinkmann AG-Bremen („Lord Extra", „Lux-Filter").

7. Verfahren

Obwohl das GWB neben Mitteln des Verwaltungsrechts Mittel des Privatrechts und des Rechts der Ordnungswidrigkeiten benutzt, führt sein wirtschaftspolitischer Zweck zu einer *einheitlichen* einseitigen Kollisionsnorm des internationalen Verwaltungsrechts (Anwendbarkeit des GWB bei Inlandsauswirkung einer Wettbewerbsbeschränkung) und begründet den *Vorrang* dieser einheitlichen Kollisionsnorm vor den Kollisionsnormen des IPR und des internationalen Rechts der Ordnungswidrigkeiten (oben 3). IPR kann subsidiär eingreifen, internationales Recht der Ordnungswidrigkeiten dagegen wohl nicht (oben 3).

Während demnach über das *anwendbare Recht* grundsätzlich *einheitlich* entschieden wird und zwar im Sinne des internationalen Verwaltungsrechts, fällt die **internationale Zuständigkeit** *auseinander.*

Denn für *Zivil*prozesse (insbesondere Schadenersatz- und Unterlassungsklagen) gelten die Regeln des internationalen Zivilprozeßrechts. Hier lassen sich die Regeln über die internationale Zuständigkeit oft den Regeln über die örtliche Zuständigkeit entnehmen (oben S. 897). So gelten für die internationale Zuständigkeit entsprechend §§ 13, 17 ZPO über den allgemeinen Gerichtsstand, § 21 über den Gerichtsstand der Niederlassung, § 23 über den Gerichtsstand des Vermögens, § 29 für Vertrags- und §§ 32, 32a für Deliktsklagen. Diese Gerichtsstände sind ausschließliche (§ 95 n.F. § 96 I a.F. GWB); sie können daher nicht durch Parteivereinbarung („Prorogation") oder durch rügeloses Verhandeln des Beklagten zur Hauptsache geändert werden (§ 39 ZPO); allerdings dürfte Art. 17 GVÜ (Prorogation, oben S. 919) als Gemeinschaftsrecht vorgehen (OLG Stuttgart IPRax 92, 86 mit Aufsatz von *H. Roth* 67–69 = RIW 91, 333).

Dagegen ist für *Ordnungswidrigkeits*verfahren (das GWB spricht im zweiten Abschnitt des dritten Teils von „Bußgeldverfahren") die internationale Zuständigkeit ebenso zu bestimmen wie für Verwaltungsverfahren: in beiden Fällen ist sie grundsätzlich immer und nur gegeben als *Statuts*zuständigkeit, d.h. wenn das *GWB anwendbar* ist (Nachweise bei *Schwartz* aaO 150–153; *Rehbinder* aaO 330–332), in der Regel mithin, wenn und soweit sich eine Wettbewerbsbeschränkung *im Inland auswirkt* (oben 3–6). In *Verwaltungs*verfahren besteht Statutszuständigkeit deswegen, weil jeder Staat meist nur sein eigenes Verwaltungsrecht anwendet und anwendbares eigenes Verwaltungsrecht auch im Verfahren durchsetzbar sein muß. Statutszuständigkeit genügt aber auch für die *Bußgeld*verfahren des GWB; auf *weiter* reichende Zuständigkeiten, die entsprechend aus §§ 7–9 StPO entnommen werden könnten, kann man daher verzichten. Eher ließen sich sowohl in Verwaltungs- wie in Bußgeldverfahren *Einschränkungen* erwägen, falls ausländische Parteien den Wettbewerb mit Inlandsauswirkung beschränken, aber im Inland weder Handel treiben noch Vertreter oder Vermögen haben: wo nichts ist, hat der Kaiser sein Recht verloren (in diesem Sinne *Schwartz* aaO 161–163, während *Rehbinder* aaO 346 das in beiden Verfahren geltende Opportunitätsprinzip für ausreichend hält).

Die **Anerkennung ausländischer Entscheidungen** über Wettbewerbsbeschränkungen wird selten möglich sein.

Ausländische *Straf*urteile werden so gut wie nicht anerkannt (z.B. *Oehler,* Internationales Strafrecht[2], 1983, 571–604).

Ausländische Entscheidungen in *Zivil-* und *Verwaltungs*sachen, die auf ausländischem *wirtschaftspolitischen* Recht der Wettbewerbsbeschränkungen beruhen oder anwendbares deutsches Recht dieser Art nicht angewandt haben, sind deswegen grundsätzlich nicht anzuerkennen (vgl. den Fall BGH 22, 24 oben S. 137); sie können nur wie andere ausländische Hoheitsakte anerkannt werden mit Wirkung für Vermögen im Entscheidungsstaat oder allgemeiner mit Wirkung für den Rechtsverkehr im Entscheidungsstaat (oben S. 948, 959). Beruhen sie dagegen auf anwendbarem deutschen wirtschaftspolitischen Recht der Wettbewerbsbeschränkungen, dann können sie anerkannt werden, wenn die entscheidende ausländische Stelle international zuständig gewesen ist. Das ist in Zivilsachen möglich, in Verwaltungssachen wegen der Statutszuständigkeit kaum.

Ausländische Zivilurteile, die ausländisches oder deutsches Recht der Wettbewerbsbeschränkungen angewandt haben, das der *materiellprivatrechtlichen Gerechtigkeit* dient oder dienen kann und deswegen dem IPR unterliegt (darüber oben 3), können nach § 328 ZPO anzuerkennen sein. Allerdings nur, wenn nicht deutsches wirtschaftspolitisches Recht der Wettbewerbsbeschränkungen vorgeht.

Beispiel:

1897 vereinbaren die E.I. duPont de Nemours and Company *(duPont)* in Wilmington (Delaware, USA) und andere amerikanische Unternehmen mit den Köln-Rottweiler Pulverfabriken in Köln und mit dem Nobel Dynamite Trust in London, einem Vorläufer der Imperial Chemical Industries *(ICI)* in London, ein Sprengstoffkartell, das den Weltmarkt aufteilt. Es entwickelt sich unter ständigem Kampf mit dem Antitrustrecht (Wettbewerbsbeschränkungsrecht) der USA zu einem Chemiekartell zwischen duPont und ICI.

1907 führt man Lizenzen auf Patente und Geheimverfahren als Mittel der Marktaufteilung ein. Ein Abkommen von 1913 tritt wegen des Ersten Weltkriegs nicht mehr in Kraft, da die Deutschen ausscheiden; es wird aber von duPont und British Nobel befolgt. Nach weiteren Abkommen von 1920 und 1926 zwischen Engländern und Amerikanern (von den Engländern 1926 auch mit der deutschen Dynamit AG und anderen deutschen Unternehmen) und nach späteren vergeblichen Versuchen, die deutsche I.G. Farbenindustrie AG zu gewinnen, kommt es 1929 zu einem neuen Vertrag mit 10jähriger Laufzeit zwischen duPont und ICI, der neben Sprengstoff die meisten Chemieprodukte umfaßt.

Er wird 1939 erneuert und 1946 geändert. Wie bisher behält u.a. ICI den britischen Markt, duPont den Markt der USA. 1939 gewährt jeder auf Patente, die er im anderen Land hält, dem Partner ausschließliche Lizenzen, die zur Produktion nur für das Inland berechtigen, andererseits vor Einfuhr gleicher Ware aus dem Ausland schützen. 1946 treten die Parteien sich diese Patente ab. Auf die empfangenen Lizenzen sollen nach dem Vertrag von 1939 Unterlizenzen, auf die empfangenen Patente sollen nach dem Vertrag von 1946 Lizenzen an Dritte ebenfalls als ausschließliche gewährt werden. Im Einklang damit verpflichtet sich ICI 1940 gegenüber British Nylon Spinners *(BNS)*, die zur Hälfte ICI, zur Hälfte Courtaulds gehören, für Nylon (eine Erfindung von duPont) ausschließliche Unterlizenzen, und entsprechend 1947, ausschließliche Lizenzen zu erteilen.

In den USA geht jedoch seit 1944 die Kartellbehörde nach § 1 des Sherman Act vom 2.7.1890 (= 15 USCA § 1) gegen ICI und duPont vor. Im abschließenden Gerichtsurteil vom 30.7.1952 werden die ICI-duPont-Verträge von 1939 und 1946 aufgehoben; ICI muß die von duPont erhaltenen Patente gegen Lizenzen zurückübertragen; beide Parteien müssen beliebigen Bewerbern gegen angemessene Gebühr die Einfuhr patentierter Waren in andere Staaten als die USA gestatten.

Die Gründe enthält eine kurz zuvor erlassene Entscheidung vom 16.5.1952: *US v. Imperial Chemical Industries* (1952), 105 F. Supp. 215 (S.D.N.Y.). Hier erklärt District Judge *Ryan* u.a., ICI habe trotz ihrer britischen Patente (denen Patente in den USA entsprechen, die dort gerichtlich mit Zwangslizenzen belegt worden sind) die *Einfuhr aus den USA zu dulden*, allerdings mit Anspruch auf eine Gebühr gegen die Importeure. Er rechtfertigt diese sich in Großbritannien auswirkende Anordnung mit *jurisdiction in personam* über ICI sowie damit, daß ICI, wenn sie ihre Ausschließlichkeitsrechte in Großbritannien weiterhin ausübte, die Wirkungen in den USA begangener unerlaubter Handlungen gegen den Außenhandel der USA (gemeint wohl: Abschluß der wettbewerbsbeschränkenden Verträge) fortsetzen würde.

„... *acting on the basis of our jurisdiction in personam, we are merely directing ICI to refrain from asserting rights which it may have in Britain, since the enforcement of those rights will serve to continue the effects of wrongful acts it has committed within the United States affecting the foreign trade of the United States*" (228).

Allerdings sieht Judge *Ryan*, daß seine Anordnung BNS, die am Verfahren nicht beteiligt ist, nicht bindet und diese daher auf Grund ihres Vertrages mit ICI gegen ICI klagen kann; doch erklärt er BNS, da sie voll unterrichtet gewesen sei, für bösgläubig. Er sieht ferner, daß seine Anordnung in Großbritannien nur wirkt, wenn sie dort anerkannt wird; doch läßt er sich dadurch nicht abschrecken.

„*We recognize that substantial legal questions may be raised with respect to our power to decree as to duPont's foreign patents as well as those issued to ICI. Here, we deal with the regulation of the exercise of rights granted by a foreign sovereign to a domestic corporate defendant and to a foreign corporate defendant. Our power so to regulate is limited and depends upon jurisdiction in personam; the effectiveness of the exercise of that power depends upon the recognition which will be given to our judgment as a matter of comity by the courts of the foreign sovereign which has granted the patents in question*" (229).

„*We do not hesitate therefore to decree that the British nylon patents may not be asserted by ICI to prevent the importation of nylon polymer and of nylon yarn into Great Britain. What credit may be given to such an injunctive provision by the courts of Great Britain in a suit brought by BNS to restrain such importations we do not venture to predict. We feel that the possibility that the English courts in an equity suit will not give effect to such a provision in our decree should not deter us from including it ... If the British courts were not to give credit to this provision, no injury would have been done; if the holding of the British courts were to the contrary, a remedy available would not have been needlessly abandoned" (231).*

Sechs Tage vor Erlaß des Endurteils vom 30. 7. 1952 klagt BNS in England gegen ICI auf Erteilung der versprochenen ausschließlichen Lizenzen. In dem Urteil – *British Nylon Spinners v. Imperial Chemical Industries* [1955] Ch. 37 – gibt der Richter *Danckwerts* der Klage statt: englische Parteien (BNS und ICI) hätten in England über englisches Vermögen (britische Nylonpatente) einen englischem Recht unterliegenden Vertrag geschlossen. BNS sei gutgläubig und an dem amerikanischen Verfahren unbeteiligt gewesen. ICI müsse daher trotz des amerikanischen Urteils, dem die Erteilung ausschließlicher Lizenzen widersprechen würde, ihren Vertrag mit BNS erfüllen und die versprochenen ausschließlichen Lizenzen erteilen.

Nach deutschem Recht wäre, wenn an Stelle von ICI und BNS deutsche Unternehmen gestanden hätten, im Ergebnis ebenso zu entscheiden: ein ausländisches Urteil, das ausländische Wirtschaftspolitik in Deutschland durchsetzen will, ist nicht anzuerkennen; die eigene Wirtschaftspolitik geht vor. Das Urteil könnte auch nicht deswegen anerkannt werden, weil das Antitrustrecht der USA nicht bloß der Wirtschaftspolitik, sondern auch der materiellprivatrechtlichen Gerechtigkeit diente oder dienen könnte. Denn es klagten die USA, nicht ein Unternehmen; das wirtschaftspolitische Interesse gab also den Ausschlag. Schließlich könnte auch nicht unabhängig von dem (nicht anerkannten) Urteil ebenso zu entscheiden sein, weil das Antitrustrecht der USA auch der materiellprivatrechtlichen Gerechtigkeit diente oder dienen könnte; denn dann müßte es nach den Regeln des IPR anwendbar sein und dafür spricht bei einem internationalen Kartell wenig.

VI. Internationales Verfahrensrecht

Schrifttum: siehe oben S. 901 f., 964–966, 968–970. Ferner: *Mann,* Zur Vollstreckung eines deutschen Kostenfestsetzungsbeschlusses im Ausland, IPRax 87, 383.

Das internationale Verfahrensrecht ist schon erörtert (oben § 22). Wie das internationale Privatrecht dient es im wesentlichen der Gerechtigkeit zwischen den Einzelnen.

Eine Ausnahme bildet die *Gerichtsbarkeit.* Ihre Regeln beruhen auf Völkerrecht (oben S. 892), das ins Recht des eigenen Staates übernommen oder von ihm mit Vollzugsbefehl versehen ist (oben S. 9). Hier geht es nicht um die Gerechtigkeit zwischen den Einzelnen, sondern um Staatsinteressen (vgl. oben S. 937).

Die Gerichtsbarkeit (Staatsinteressen), vielleicht auch die internationale Zuständigkeit (die der Gerechtigkeit zwischen den Einzelnen dient) ist berührt, wenn sich amerikanische Gerichte dem Ausland gegenüber von heimischen Vorstellungen über die Wahrheitspflicht im Zivilprozeß leiten lassen. In den Vereinigten Staaten nämlich gibt es gerichtliche Anordnungen, dem Gegner Auskunft zu erteilen und Urkunden herauszugeben (sog. *discovery*). Sie ergehen meist schon vor („*pre-trial*"), zum Teil erst in dem Verfahren. Solche Anordnungen erlassen die amerikanischen Gerichte auch gegen ausländische Unternehmen mit Zweigniederlassung, Tochtergesellschaft oder Vermögen in den USA oder gegen amerikanische Unternehmen mit Zweigniederlassung oder Tochtergesellschaft im Ausland. Dadurch können sie die (völkerrechtlich begründeten) im Ausland geltenden Regeln über die Gerichtsbarkeit, vielleicht auch ausländische Regeln der internationalen Zuständigkeit verletzen, nur daß diese hier nicht wie sonst dem ganzen Verfahren, sondern bloß den einzelnen *discovery*-Anordnungen entgegenstehen.

Solche Anordnungen machen im Ausland böses Blut, vor allem, wenn sie ganz oder überwiegend im Dienste des amerikanischen öffentlichen Rechts ergehen, voran des Kartellrechts. Sie bringen überdies den Adressaten in Zwangslagen, wenn er nach seinem heimischen Recht, z.B. als Bank wegen des Bankgeheimnisses, das von Übersee Geforderte (Auskunft, Dokumente) nicht geben darf: tut er es, dann kann er im eigenen Land Geld- oder Haftstrafen ausgesetzt sein; tut er es nicht, so kann ihm dergleichen in den USA blühen.

Beispiel: Krupp (Klägerin) ist Kunde der Deutschen Bank (Beklagte). Krupp verkauft Dieselmotoren in den USA. Wegen Rechtsverstößen dabei (wohl Verletzung amerikanischen Kartellrechts) wird dort ermittelt. Eine Grand Jury in Michigan erläßt drei *„subpoenas"* (strafbewehrte Verfügungen) gegen den Hauptsitz der Deutschen Bank in Frankfurt und gegen ihre Niederlassung in Kiel: die Beklagte müsse sämtliche Unterlagen über den Überweisungsverkehr zwischen Krupp und bestimmten Leuten ausliefern. Nichtbefolgung kann zu Geld- oder Haftstrafen führen.

Krupp beruft sich auf das Bankgeheimnis und erwirkt beim LG Kiel eine einstweilige Verfügung, die der Deutschen Bank verbietet, den *subpoenas* zu folgen; Ordnungsgeld bis zu 500000 DM für jede Zuwiderhandlung oder Haft bis zu sechs Monaten werden angedroht. Die Deutsche Bank widerspricht.

Das LG Kiel bestätigt die einstweilige Verfügung und gibt später auch der Klage Krupps gegen die Deutsche Bank statt. Denn die amerikanischen Gerichte hätten gegen die Deutsche Bank kein „Jurisdiktions- oder Weisungsrecht", will sagen keine Gerichtsbarkeit oder internationale Zuständigkeit.

LG Kiel IPRax 84, 146 Nr. 39a mit Aufsatz von *Bosch* 127–135 = RIW 83, 206 mit Aufsatz von *Stiefel* und *Pretzinger* 242–249 sowie LG Kiel IPRax 84, 147 Nr. 39b; dazu *Mann* Rec. 1984 III 51 f.

Dem Gericht ist zuzustimmen. Denn soweit die amerikanischen Gerichte ins Ausland befehlen, überschreiten sie die Grenzen des eigenen Staats, in denen sich staatliche Tätigkeit halten muß, wenn sie im Ausland anerkannt werden soll. Sie verstoßen damit gegen das Territorialitätsprinzip, das hier keine Ausnahme wegen Interessengleichheit (oben S. 939f.) erfährt.

Zum amerikanischen *materiellen* Recht der *pre-trial discovery Rempp* und *Lienemeyer,* Auswirkungen der Änderungen der US-amerikanischen „Rules of Civil Procedure" unter Berücksichtigung des deutsch-amerikanischen Rechtsverkehrs, ZvglRW 95, 383–408; *Roggenbuck,* US-amerikanische Discovery im deutschen Zivilprozeß?, IPRax 97, 76–80. Kritik am amerikanischen materiellen Recht der *pre-trial discovery* übt z.B. *Wolfson,* Adressing the Adversial Dilemma of Civil Discovery, 36 (1987/88) Clev. St. L. Rev. 17–66. Zum englischen materiellen Recht der *pre-trial discovery: Schaaff,* Discovery und andere Mittel der Sachverhaltsaufklärung im englischen Pre-Trial-Verfahren im Vergleich zum deutschen Zivilprozeß, 1983; *Schaaff,* Pre Trial Discovery im englischen Recht, RIW 88, 844f. Zum materiellen Recht der Common-Law-Länder und der USA *Hay,* Informationsbeschaffung über schriftliche Unterlagen und Augenscheinsobjekte im Zivilprozeß unter besonderer Berücksichtigung des anglo-amerikanischen Rechts, 1997.

Das Haager Übereinkommen über die Beweisaufnahme im Ausland in Zivil- und Handelssachen von 1970 (oben S. 200), dem die USA beigetreten sind, bestimmt in Art. 23: „Jeder Vertragsstaat kann bei der Unterzeichnung, bei der Ratifikation oder beim Beitritt erklären, daß er Rechtshilfeersuchen nicht erledigt, die ein Verfahren zum Gegenstand haben, das in den Ländern des „common Law" unter der Bezeichnung „pre-trial discovery of documents" bekannt ist." Diesen Vorbehalt haben die meisten Vertragsstaaten gemacht, im wesentlichen auch die Bundesrepublik.

Nach § 14 I des Ausführungsgesetzes zum Abkommen vom 22. 12. 1977 (BGBl. I 3105) werden „Rechtshilfeersuchen, die ein Verfahren nach Art. 23 des Übereinkommens zum Gegenstand haben, ... nicht erledigt". Jedoch kann nach § 14 II der Bundesminister der Justiz mit Zustimmung des Bundesrates eine Rechtsverordnung erlassen, die unter bestimmten Kautelen erlaubt, solche Ersuchen zu erledigen. Ein Referentenentwurf dieser VO mit Begründung liegt vor. Zu ihm näher *Brandt* (Hrsg.), Vorschläge zum Erlaß einer Urkundenvorlage-Verordnung, 1987 (Gegenentwurf 25–27 nebst treffender Begründung von *Meessen* 31–76); *Beckmann* IPRax 90, 205; *Böhmer* NJW 90, 3053f.

Eine andere Frage ist, ob einem amerikanischen Urteil wegen Verstoßes gegen § 328 I Nr. 4 ZPO die Anerkennung zu versagen ist, weil ihm eine *nicht ins Ausland übergreifende pre-trial discovery* vorangegangen ist (dawider mit Recht BGH NJW 92, 3096 [3099 unter III 4 a]).

Nach Art. 13 I des Haager Übereinkommens über die Zustellung im Ausland von gerichtlichen und außergerichtlichen Schriftstücken in Zivil- und Handelssachen von 1964 (oben S. 199f.) kann die Erledigung ausländischer Zustellungsanträge (nur) abgelehnt werden, wenn der ersuchte Staat sie für geeignet hält, seine Hoheitsrechte oder seine Sicherheit zu gefährden. Auf diese Vorschrift beruft man sich mit Recht gegenüber englischen Anträgen auf Zustellung englischer Gerichtsentscheidungen, die – wegen vereinbarter Zuständigkeit englischer Gerichte oder Schiedsgerichte – einer Partei verbieten, in Deutschland zu prozessieren („*antisuit injunction*").

So OLG Düsseldorf EuZW 96, 351 mit Aufsatz von *Mansel* 335–340 = EWiR Art. 13 HZÜ 1/96 LS mit Anm. von *Mankowski* = IPRax 97, 260 mit Aufsatz von *Hau* 245–248 = NJW 96, 1760 = ZZP 96, 221 mit Anm. von *Stürner.*

VII. Internationales Arbeitsrecht

Schrifttum oben S. 589.

Für den Arbeitsvertrag gelten teils Normen des Privatrechts (z.B. für das Zustandekommen des Vertrags und für den Kündigungsschutz), teils Normen des öffentlichen Rechts (z.B. für den Schutz des Arbeitsplatzes, für die Beschäftigung von Schwerbeschädigten und vor allem für die Betriebsverfassung).

Privatrechtlich gilt für den Arbeitsvertrag Art. 30 EGBGB (oben S. 589f.). Öffentlichrechtlich herrscht das **Territorialitätsprinzip:** es gilt das Recht des **Betriebsorts** mit **„Ausstrahlung"**, wenn der Arbeitnehmer vorübergehend ins Ausland entsandt ist.

Z.B. BAG IPRspr. 1978 Nr. 38; BAG AP 1987 § 12 SchwbG Nr. 15 mit Anm. von *Gamillscheg* = NJW 87, 2766; BAG BB 90, 707; OLG Düsseldorf RIW 98, 888 (zum Arbeitnehmer-Entsendegesetz vom 26. 2. 1996, BGBl. I 227); (öst) OGH IPRax 88, 360 mit Aufsatz von *Rebhahn* 368–373; vgl. oben S. 511 a.E.f., 590, unten VIII.

Für Arbeits*delikte* gilt Tatortrecht. So ergibt das Recht des Streikorts, ob ein Streik rechtmäßig oder rechtswidrig ist. Für Streik auf hoher See ist dies das Recht der Flagge (oben S. 640). Für Streik im Hafen gilt das Recht des Landes, in dem der Hafen liegt (so, jedenfalls, wenn der Streik vom Land unterstützt wird, ArbG Hamburg IPRax 87, 29 [31] mit Aufsatz von *Birk* 14–17 [16]; a.A. [Recht der Flagge] *Drobnig* und *Puttfarken,* Arbeitskampf auf Schiffen fremder Flagge, 1989, 31–33).

VIII. Internationales Sozialversicherungsrecht

Schrifttum: 7. Aufl. S. 900. Hervorzuheben: *Gobbers,* Gestaltungsgrundsätze des zwischenstaatlichen und überstaatlichen Sozialversicherungsrechts, 1980; *Steinmeyer,* Die Einstrahlung im internationalen Sozialversicherungsrecht, 1981; *G.* und *A. Lyon-Caen,* Droit social international et européen[8], Paris 1993; *Eichenhofer,* Internationales Sozialrecht, 1994, 117–211. Ferner: *Borgmann,* Sozialversicherungspflicht bei Entsendung im internationalen Konzern nach Sozialgesetzbuch und Abkommensrecht, IPRax 98, 270–274; *Eichenhofer,* Ausländische Vaterschaftsfeststellung und inländische Kindergeldberechtigung, ebenda 352–354.

Rechtsvergleichend: Zacher (Hrsg.), Alterssicherung im Rechtsvergleich, 1991.

Auch hier herrscht das **Territorialitätsprinzip:** Beschäftigung in einem Gebiet macht dessen Sozialversicherungsrecht anwendbar.

Z.B. BSG GS 57, 23 (32); BSG 57, 96 (97); BSG 61, 123 (125); BSG 64, 145 (148f.: Territorialitäts- und damit bei Schiffen „Flaggenstaatsprinzip"), betr. ausländische Seeleute auf deutschen Schiffen (wie im internationalen Seearbeitsrecht: oben S. 591); BSG 75, 20 (24), betr. Künstlersozialversicherungsabgabe an Künstler und Publizisten im Ausland; BVerfG FamRZ 98, 1293, betr. territoriale Begrenzung der Anrechnung von Kindererziehungszeiten in der gesetzlichen Rentenversicherung; vgl. BSG 58, 286, betr. Schlechtwettergeld, BSG IPRax 90, 245 mit Aufsatz von *Hepting* 222–225, betr. Erziehungsgeld; BSG 75, 20 (24), betr. Künstlersozialversicherungsabgabe an Künstler und Publizisten im Ausland.

Zwei Ausnahmen gelten:

a) bei vorübergehender Beschäftigung im Ausland gilt das deutsche Sozialversicherungsrecht weiter („**Ausstrahlung**");

dazu z. B. BSG 70, 62 (65 a. E. f.), 71, 227 (232), 73 1 (9)) und ZIP 94, 895;

b) bei vorübergehender Beschäftigung im Inland gilt nicht das deutsche, sondern ausländisches Sozialversicherungsrecht („**Einstrahlung**");

dazu BSG 57, 96 (98–101), OLG Schleswig IPRax 88, 230 mit Aufsatz von Mummenhoff 215–220 = VersR 87, 79, BSG 79, 214 = IPRax 98, 214 mit Aufsatz von *Borgmann* 270–274.

In §§ 3–5 SGB 4 sind diese Regeln wie folgt ausgedrückt:

„§ 3

Persönlicher und räumlicher Geltungsbereich

Die Vorschriften über die Versicherungspflicht und die Versicherungsberechtigung gelten,

1. soweit sie eine Beschäftigung oder eine selbständige Tätigkeit voraussetzen, für alle Personen, die im Geltungsbereich dieses Gesetzbuchs beschäftigt oder selbständig tätig sind,
2. soweit sie eine Beschäftigung oder eine selbständige Tätigkeit nicht voraussetzen, für alle Personen, die ihren Wohnsitz oder gewöhnlichen Aufenthalt im Geltungsbereich dieses Gesetzbuchs haben.

§ 4

Ausstrahlung

(1) Soweit die Vorschriften über die Versicherungspflicht eine Beschäftigung voraussetzen, gelten sie auch für Personen, die im Rahmen eines im Geltungsbereich dieses Gesetzbuchs bestehenden Beschäftigungsverhältnisses in ein Gebiet außerhalb dieses Geltungsbereichs entsandt werden, wenn die Entsendung infolge der Eigenart der Beschäftigung oder vertraglich im voraus zeitlich begrenzt ist.

(2) Absatz 1 gilt nicht für Personen, die auf ein Seeschiff entsandt werden, das nicht berechtigt ist, die Bundesflagge zu führen und der Unfallverhütung und Schiffssicherheitsüberwachung durch die See-Berufsgenossenschaft nicht unterliegt. Die Satzung der See-Berufsgenossenschaft muß Ausnahmeregelungen enthalten.

(3) Für Personen, die eine selbständige Tätigkeit ausüben, gelten die Absätze 1 und 2 entsprechend.

§ 5

Einstrahlung

(1) Soweit die Vorschriften über die Versicherungspflicht und die Versicherungsberechtigung eine Beschäftigung voraussetzen, gelten sie nicht für Personen, die im Rahmen eines außerhalb des Geltungsbe-

reichs dieses Gesetzbuchs bestehenden Beschäftigungsverhältnisse in diesen Geltungsbereich entsandt werden, wenn die Entsendung infolge der Eigenart der Beschäftigung oder vertraglich im voraus zeitlich begrenzt ist.

(2) Für Personen, die eine selbständige Tätigkeit ausüben, gilt Absatz 1 entsprechend."

Diese Regeln wurden angewandt auch auf das *Konkursausfallgeld:* BSG 56, 201 (202): „Ausstrahlung ... im kaug-rechtlichen Leistungsrecht").

Wie immer kann **Interessengleichheit** das Territorialitätsprinzip durchbrechen. Z.B. BSG FamRZ 85, 698 LS: „Anspruch auf verlängertes Kindergeld besteht auch für ein Kind, das als deutscher und österreichischer Staatsangehöriger seine gegenüber der Bundesrepublik Deutschland bestehende Wehrpflicht durch einen freiwilligen Wehrdienst in Österreich erfüllt."

Vergleiche
- zur EWG-VO Nr. 1408/71 BSG NJW 88, 2199, EuGH BB 92, 1721 und BAG ZIP 94, 1206 (Bindung deutscher Krankenversicherungsträger und Arbeitgeber an Arbeitsunfähigkeitsfeststellungen italienischer Gesundheitsämter), BGH WM 98, 2439 (Begriff der Entsendung, Vorlage an EuGH),
- zum Ruhen der Leistungen aus der gesetzlichen Krankenversicherung bei vorübergehendem Auslandsaufenthalt des Versicherten, außer wenn es sich um „Vertragsausland" handelt, d.h. um Staaten, mit denen sozialversicherungsrechtliche Staatsverträge bestehen, BSG MDR 94, 1131 (Philippinen);
- zur Anrechnung von Zeiten fremden Wehrdienstes als Beitragszeiten i.S.v. § 15 I 1 FRG BSG (GS) 60, 100 (DDR) und 61, 267 (Tschechoslowakei),
- zur Übernahme der Kosten einer Auslandsbestattung nach §§ 15, 97 I BSHG OVG Hamburg NJW 92, 3118,
- zur Eintreibung ausländischer Sozialversicherungsbeiträge BSG 61, 131 (oben S. 940), aber auch (abgelehnt) zu Erstattungsansprüchen ausländischer Sozialversicherungsträger BSG 54, 250 (oben S. 937).

Zur *arbeits*rechtlichen Erheblichkeit des Wehrdienstes in befreundeten Staaten zwei Entscheidungen des BAG oben S. 939 a.E.f.

IX. Internationales Sozialrecht

Schrifttum: *Oppetit,* Le paradoxe de la corruption à l'épreuve du droit du commerce international, Clunet 1987, 5–21; *Fikentscher* und *Waibl,* Ersatz im Ausland gezahlter Bestechungsgelder, IPRax 87, 86–90; *Klinke,* Bier in der Bundesrepublik, Zeitschrift für das gesamte Lebensmittelrecht 87, 289–317 (292, 297); *Kaligin,* Zur Abzugsfähigkeit von Schmiergeldzahlungen an ausländische Geschäftspartner, RIW 88, 634–637; *Piehl,* Bestechungsgelder im internationalen Wirtschaftsverkehr, 1991.

Unter „Sozialrecht" verstehen wir öffentlichrechtliche Vorschriften zum Wohl der Allgemeinheit, die so schwer wiegen, daß, wer sie verletzt, zugleich gegen die guten Sitten verstößt (vgl. oben S. 941). Dahin gehören Einfuhrverbote im Dienste der Volksgesundheit, insbesondere für Rauschgift, und überhaupt der rechtmäßige Warenverkehr über die

Grenze (den der Schmuggel unterläuft) sowie Regeln über den sauberen Geschäftsverkehr (gegen den Schmiergelder verstoßen). Auch der illegale Waffenhandel ist hier zu nennen.

Im internationalen Sozialrecht herrscht zum guten Teil der Grundsatz der Interessengleichheit (oben S. 939f.).

In RG IPRspr. 1926/27 Nr. 15 = JW 1927, 2288 unterlagen Kaufverträge über Lieferung von *Kokain* nach Kalkutta offenbar deutschem Recht. Der beklagte Käufer besaß nicht die für Kokain nötige Einfuhrerlaubnis. Die klagende Verkäuferin wußte das, deklarierte aber auf Veranlassung des Käufers die Ware falsch. Es ging darum, ob die Käufe nach § 138 BGB sittenwidrig waren (vgl. oben S. 941).

Das RG prüft die Gründe des Einfuhrverbots:
- wenn *handelspolitisch,* dann wäre, von der Falschdeklarierung abgesehen, gegen die Kaufverträge nichts einzuwenden (d.h. Territorialitätsprinzip);
- wenn *gesundheitspolitisch* („aus volksgesundheitlichen Gründen"), dann wären die Kaufverträge sittenwidrig (d.h. Grundsatz der Interessengleichheit);
- wenn *zollpolitisch,* dann wären im Hinblick auf die Falschdeklarierung die Verträge wegen *Schmuggels* sittenwidrig (hier scheint das RG an die Bekämpfung des Schmuggels *in Deutschland* gedacht zu haben; man könnte jedoch leicht den Schmuggel im Ausland einbeziehen und dann hätte man Interessengleichheit).

Beim iranischen Verbot, *Alkohol* einzuführen, fehlt Interessengleichheit; denn es beruht nicht auf gesundheitspolitischen, sondern auf religiösen Gründen, die uns fern liegen. Daher kommt hier, wenn ein Bierlieferungsvertrag deutschem Recht unterliegt, nicht § 138 BGB, sondern Wegfall der Geschäftsgrundlage in Frage (oben S. 940).

Dem Schmuggel dürfte gleichstehen (oder sogar mit ihm zusammenfallen) der verbotswidrige *Handel mit Waffen* und vor allem mit Kriegswaffen (vgl. für Frankreich oben S. 129).

Dem Schmuggel steht gleich die Vereinbarung von *Schmiergeldern,* die im Ausland gezahlt werden sollen. Zwar hatte RG JW 1920, 138 (139) dem bulgarischen Verkäufer zugemutet, Beamte strafbar zu bestechen; denn er „könnte nicht mit dem offenbaren Vorwand durchgelassen werden, daß er eine Geschäftsmoral habe befolgen wollen, die über den Stand der orientalischen Anschauungen hinausging". Aber BGH 94, 268 = IPRax 87, 110 mit krit. Aufsatz von *Fikentscher* und *Waibl* 86–90 = RIW 86, 999 mit abl. Anm. von *Knapp* ist strenger (der Fall betraf offenbar Nigeria): ein deutschem Recht unterliegender Vermittlungsvertrag verstoße gegen § 138 BGB, „wenn dessen [des Vermittlers] ausschließliche oder hauptsächliche Aufgabe darin besteht, eine Schmiergeldvereinbarung mit dem zuständigen Beamten herbeizuführen und das Schmiergeld an diesen weiterzuleiten, und wenn das Schmiergeld in der dem Vermittler versprochenen Provision enthalten ist" (aaO 273). Die Interessengleichheit wird klar herausgestellt (aaO 271 f.).

Ebenso OLG Hamburg NJW 92, 635: abgewiesen wird Klage auf Zahlung des Restes der Vergütung für Vermittlung eines staatlichen Auftrags zur Errichtung einer Kindernahrungsmittelfabrik in Syrien und für Hilfe bei der Errichtung; die Vermittlungsgebühr betrug fast 800.000 DM (= 7% der Auftragssumme); syrisches Recht wird auf den Vermittlungsvertrag angewandt einschließlich des Bestechungsverbots (§ 347 syrisches StGB).

Ebenso in England Lemenda Trading Co. Ltd. v. African Middle East Petroleum Co. Ltd. (1988) 2 W.L.R. 735 (747): Klage auf Schmiergeld für Vermittlung eines großen Öllieferungsvertrags mit der staatlichen Ölgesellschaft von Qatar wird abgewiesen.

RG und BGH hatten es zu tun mit *deutschem* Recht unterliegenden Verträgen und beachteten ausländische Vorschriften der Gesundheitspolizei und ausländische Bestechungsverbote nur als *Auslandssachverhalte* (oben S. 58–61) im Rahmen von § 138 BGB. Es wäre aber nicht anders, wenn die Verträge *ausländischem* Recht unterlägen. Darum erscheint es besser, das ausländische öffentliche Recht (wegen Interessengleichheit) *anzuwenden* (vgl. oben S. 941, 967 f.).

X. Internationales Kulturgutrecht

Schrifttum: 7. Aufl. S. 904 f. Hervorzuheben: *Williams,* The International and National Protection of Movable Cultural Property, A Comparative Study, Dobbs Ferry, N.Y., 1978; *Unesco* (Hrsg.), The protection of movable cultural property, Compendium of legislative texts, I, II, Paris 1984; *Migliorino,* Il recupero degli oggetti storici ed archeologici sommersi nel diritto internazionale, Mailand 1984; *Frigo,* La protezione dei beni culturali nel diritto internazionale, Mailand 1986; *Galenskaya,* International Cooperation in Cultural Affairs, Rec. 1986 III 265–331; *Reichelt,* Internationaler Kulturgüterschutz – rechtliche und kulturpolitische Aspekte, 1988 (Vorträge, Reden und Berichte aus dem Europa-Institut der Universität des Saarlandes Nr. 143); *Byrne-Sutton,* Le trafic international des biens culturels sous l'angle de leur revendication par l'Etat d'origine, Aspects de droit international privé, Zürich 1988 (bespr. von *Abravanel* SchweizJZ 1988, 331); *Lalive* (Hrsg.), International Sales of Works of Art, Genf 1988; *O'Keefe* und *Prott,* Law and the Cultural Heritage III (Movement), London und Edinburgh 1989 (bespr. von *Droz* Rev.crit.dr.i.p. 1992, 218–221); *Prott,* Problems of Private International Law for the Protection of the Cultural Heritage, Rec. 1989 V 215–317; *Knott,* Der Anspruch auf Herausgabe gestohlenen und illegal exportierten Kulturguts, 1990; *Briat* (Hrsg.), International Sales of Works of Art, Paris und Deventer 1990; *Jayme,* Kunstwerk und Nation: Zuordnungsprobleme im internationalen Kulturgüterschutz, 1991 (Sitzungsberichte der Heidelberger Akademie der Wissenschaften, Philosophisch-historische Klasse 1991, Bericht 3); *Fechner,* Rechtlicher Schutz archäologischen Kulturguts, 1991; *Reichelt* (Hrsg.), Internationaler Kulturgüterschutz, Wiener Symposium 18./19. 10. 1990, Wien 1992; *von Schorlemer,* Internationaler Kulturgüterschutz, 1992; *Uhl,* Der Handel mit Kunstwerken im europäischen Binnenmarkt, Freier Warenverkehr versus nationaler Kuturgutschutz, 1993; *Jaeger,* Rechtsfragen des internationalen Kulturgüterschutzes, 1993. Ferner: *Fuentes Camacho,* El tráfico ilícito internacional de bienes culturales, Madrid 1993 (bespr. von *Sánchez Lorenzo* Rev. esp. der. int. 1994, 962 f.); *Schmeinck,* Internationalprivatrechtliche Aspekte des Kulturgüterschutzes, 1994; *Grammaticaki-Alexiou,* The Status of Cultural Property in Greek Private International Law, Rev. hell. dr. int. 47 (1994), 139–160; *Schwandorf-Ruckdeschel,* Rechtsfragen des grenzüberschreitenden rechtsgeschäftlichen Erwerbs von Kulturgütern, 1995; *Müller-Katzenburg,* Internationale Standards im Kulturgüterverkehr und ihre Bedeutung für das Sach- und Kollisionsrecht, 1995; *Mussgnug,* Überlegungen zur Umsetzung der neuen EG-Vorschriften über den Verkehr mit Kulturgütern, Bernhardt-Fschr. 1995, 1225–1250; *Seidl-Hohenveldern,* Kunstraub im Krieg, Trinkner-Fschr. 1995, 51–62; *Siehr,* Kulturgüter als res extra commercium im internationalen Rechtsverkehr, ebenda 703–722; *Fechner, Oppermann* und *Prott* (Hrsg.), Prinzipien des Kulturgüterschutzes, 1996 (mit Beiträgen von *Seidl-Hohenveldern, Siehr* u. a.); Schutz archäologischer Kulturgüter, Symposion mit Beiträgen von *Baade, Jayme, Siehr* u. a., ZvglRW 96, 113–202 (Text des UNIDROIT-Übereinkommens über gestohlene oder rechtswidrig ausgeführte Kulturgüter vom 24. 6. 1995 ebenda 203–225); *Lalive d'Epinay,* Une avancée du droit international: la Convention de Rome sur les biens culturels volés ou illicitement exportés, Unif.L.Rev. 1996, 40–58; *Prott,* UNESCO and UNIDROIT: a Partnership against Trafficking in Cultural Objects, ebenda 59–71; *Blake,* The Protection of the Underwater Cultural Heritage, 45 (1996) Int.Comp.L.Q. 819–843; *Frigo,* La convenzione dell'Unidroit sui beni culturali rubati o illecitamente esportati, Riv.dir.int.priv.proc. 1996, 435–468; *Carducci,* La restitution internationale des biens culturels et des objets d'art, Paris 1997; *Reichelt* (Hrsg.), Neues Recht zum Schutz von Kulturgut, Internationaler Kulturgüterschutz, EG-Richtlinie, UNIDROIT-Konvention und Folgerecht, Wien 1997; *Lalive,* La Convention d'UNIDROIT sur les biens culturels volés ou illicitement exportés (du 24 juin 1995), Szier 1997, 13–66; *Sánches Felipe,* El Convenio de UNIDROIT sobre los bienes culturales robados o exportados ilícitamente, hecho en Roma el 24 de junio de 1995, Rev.esp.der.int. 1997, 435–465; *Droz,* La convention d'UNIDROIT sur le retour international des biens culturels volés ou illicitement exportés (Rome, 24 juin 1995), Rev.crit.dr.i.p. 1997, 239–281 (Text 282–290); *Schneider,* The Unidroit Convention on cultural Property: State of Play and Prospects for the Future, 2 (1997) Unif. L. Rev. 494–507; *Merryman* und *Elsen,* Law, Ethics and the Visual Arts[3], London u. a. 1998; *Lalive,* Patrimoine culturel national ou patrimoine culturel commun?, Seidl-Hohenveldern-Fschr., Den Haag u. a. 1998, 365–379; *Sultan,* Combating the Illicit Art Trade in the European Union: Europol's Role in Recovering Stolen Artworks, 18 (1998) Nw.J.Int'l L. & B. 759–810; *von Schorlemer,* Stolen Art, 18 (1998, erschienen 1999) German Yb.Int.L. 317–343; *Klein,* En relisant la Convention UNIDROIT sur les biens culturels volés ou illicitement exportés: Réflexions et suggestions, ZSchwR 1999 I 263–285.

Auslandsrecht: z. B. *Sayre,* Cultural Property Laws in India and Japan, 33 (1986) UCLA L. Rev. 851–980; *Hassall,* Australian legislation for the protection of movable cultural property, 60 (1986) A.L.J. 492 f.; *Prott* und *O'Keefe,* Law and the Cultural Heritage III (Movement), London 1990; *Reichelt,* Kulturgüterschutz in Österreich, (öst)ZRvgl. 1990, 61–69; *Byrne-Sutton* und *Renold,* La libre circulation des collections d'objets d'art, Zürich 1993; *Jungo,* La protection des biens culturels mobiliers selon le nouveau droit fribourgeois, SchweizJZ 1993, 349–352; *Hayworth,* Stolen Artwork: Deciding Ownership Is No Pretty Picture, 43 (1993) Duke L.J. 337–383; *Schwarze,* Der Schutz nationalen Kulturguts im europäischen Binnenmarkt, JZ 94, 111–117; *Reichelt,* Europäischer Kunstmarkt, ÖJZ 1994, 339–342; *Polonsky* und *Canat,* The British and French Systems of Control of the Export of Works of Art, 45 (1996) Int. Comp. L. Q. 557–591; *Merryman* und *Elsen,* Law, Ethics and the Visual Arts[3], London u. a. 1998.

Zeitschrift: Cultural Property 1 (1992) ff.

Der internationale Schutz des Kulturguts hat sich nach dem Zweiten Weltkrieg stark entwickelt. Es gibt u. a.:

- ein *Haager Abkommen zum Schutz von Kulturgut bei bewaffneten Konflikten* vom 15. 5. 1954 (BGBl. 1967 II 1233, 1300);
- ein *Europäisches Kulturabkommen* vom 19. 12. 1954 (BGBl. 1955 II 1128);

- ein *Europäisches Übereinkommen zum Schutz archäologischen Kulturguts* vom 6. 5. 1969 (BGBl. 1974 II 1285, 1975 II 1145);
- ein *UNESCO-Übereinkommen zur Bekämpfung der unerlaubten Ausfuhr von Kulturgütern* vom 14. 11. 1970, abgedruckt 10 (1971) ILM 289–293, bei *Williams* (oben Schrifttum) 224–229 und bei *Unesco* (oben Schrifttum S. 990) 357–364;
- ein *UNESCO-Übereinkommen zum Schutz des Kultur- und Naturerbes der Welt* vom 16. 11. 1972 (BGBl. 1977 II 213); nach dessen Art. 11 II wird eine internationale „Liste des Erbes der Welt“ geschaffen, die inzwischen über 300 Objekte aufzählt, darunter den Kreml und Sanssouci;
- ein *Europäisches Übereinkommen zum Schutz des architektonischen Erbes Europas* vom 3. 10. 1985 (BGBl. 1987 II 623).
- ein *UNIDROIT-Übereinkommen über gestohlene oder unerlaubt ausgeführte Kulturgüter* vom 24. 6. 1995 (Text: Unif. L. Rev. 1996, 110–129; Text des Entwurfs 1994: Rev. dr. unif. 1994, 104–115 mit Explanatory Report von *Schneider* 118–195).

Weitere Abkommen nennt *Knott* (oben Schrifttum S. 990) 149 Fn. 364.

Außerdem gibt es:

- eine *EWG-VO* Nr. 3911/92 *über die Ausfuhr von Kulturgütern* vom 9. 12. 1992 (ABlEG Nr. L 395 vom 31. 12. 1992 S. 1) und
- eine *EG-Richtlinie* Nr. 93/7 *über die Rückgabe von unrechtmäßig aus dem Hoheitsgebiet eines Mitgliedstaates verbrachte Kulturgüter* vom 15. 3. 1993 (ABlEG Nr. L 74 vom 27. 3. 1993 S. 74) mit Gesetz zur Umsetzung der Richtlinie 93/7/EWG des Rates über die Rückgabe von unrechtmäßig aus dem Hoheitsgebiet eines Mitgliedstaats verbrachten Kulturgütern (*Kulturgüterrückgabegesetz* – KultGüRückG) vom 15. 10. 1998 (BGBl. I 3162); §§ 4, 8 ebenda regeln das auf Eigentum an bestimmten Kulturgütern anwendbare Recht.

Der BGH hat folgenden Fall entschieden (BGH 59, 82 = NJW 72, 1575 mit Anm. von *Mann* 2179 und mit Aufsatz von *Bleckmann* ZaöRV 34 [1974], 112–132): drei Kisten mit afrikanischen Masken und Figuren werden transportversichert von Nigeria nach Hamburg geschickt. Bei Ankunft fehlen angeblich sechs Bronzefiguren. Der beklagte Versicherer will nicht zahlen, weil in Nigeria die Ausfuhr von Kunstgegenständen verboten sei.

Der Versicherungsvertrag unterlag deutschem Recht. Der BGH prüft das „versicherbare Interesse“, das nach § 2 I 1 der Allgemeinen Deutschen Seeversicherungsbedingungen (ADS) nötig sei. Dieses wird verneint. Denn der Kaufvertrag sei sittenwidrig, weil das nigerianische Ausfuhrverbot das künstlerische Erbe im Lande erhalten und gegen Ausplünderung durch ausländische Kunstliebhaber und Händler schützen wolle. Der BGH beruft sich auf das oben erwähnte UNESCO-Abkommen von 1970 und fährt fort (BGH 59, 86f.): „In der Völkergemeinschaft bestehen hiernach bestimmte grundsätzliche Überzeugungen über das Recht jedes Landes auf den Schutz seines kulturellen Erbes und über die Verwerflichkeit von ‚Praktiken' …, die es beeinträchtigen und die bekämpft werden müssen. Die Ausfuhr von Kulturgut entgegen einem Verbot des Ursprungslandes verdient daher im Interesse der Wahrung der Anständigkeit im internationalen Verkehr mit Kunstgegenständen keinen bürgerlich-rechtlichen Schutz, auch nicht durch die Versicherung einer Beförderung …"

Auch hier wird das nigerianische Verbot zwar nicht angewandt mit der Folge, daß § 134 BGB eingriffe (aaO 85), aber wegen **Interessengleichheit** (oben S. 939f.) im Rahmen von § 138 BGB beachtet (**Auslandssachverhalt,** oben S. 58–61, 941).

Gesetzesverzeichnis

Zahlen = Seiten

Deutschland

Bundesrepublik

Ges. zum IPR für außervertragliche Schuldverhältnisse und für Sachen vom 21. 5. 1999

Ges. zur Neuregelung des IPR vom 25. 7. 1986

EGBGB

EGBGB a.F. (bis 31. 8. 1986)

EGBGB a.F. (bis 31. 3. 1998 [ErbgleichG], 30. 6. 1998 [BeistandG, EheschlRG, KindRG, KindUG], 31. 12. 1998 [BtÄndG] bzw. 30. 5. 1999 [Gesetz zum IPR für außervertragliche Schuldverhältnisse und für Sachen])

BGB

DDR

Ägypten

Argentinien

Australien

Brasilien

EG

EG/EWG

Verzeichnis der Staatsverträge

Zahlen = Seiten

Siehe auch Übersichten zum Einheitsprivatrecht S. 71–97, zu IPR-Staatsverträgen S. 193–225 und zu Anerkennungs- und Vollstreckungsabkommen S. 913–926.

Mehrseitige

Pariser Verbandsübereinkunft zum Schutz des *gewerblichen Eigentums* (20. 3. 1983): 81
Art. 2: 529
Art. 8: 529
Haager Abkommen zur Regelung des Geltungsbereichs der Gesetze auf dem Gebiete der *Eheschließung* (12. 6. 1902): 197, 709
Haager Abkommen zur Regelung des Geltungsbereichs der Gesetze und der Gerichtsbarkeit auf dem Gebiete der *Ehescheidung* und der Trennung von Tisch und Bett (12. 6. 1902): 212, 759
Art. 1: 759
Art. 8: 759
Haager Abkommen zur Regelung der *Vormundschaft* über Minderjährige (12. 6. 1902): 197, 847 f.
Haager Abkommen betreffend den Geltungsbereich der Gesetze in Ansehung der *Wirkungen der Ehe* auf die Rechte und Pflichten der Ehegatten in ihren persönlichen Beziehungen und auf das Vermögen der Ehegatten (17. 7. 1905): 212, 724 f., 736 f.
Haager Abkommen über die *Entmündigung* und gleichartige Fürsorgemaßregeln (17. 7. 1905): 212, 497
Haager Internationales Abkommen über den *Zivilprozeß* (17. 7. 1905): 197, 903
Brüsseler Abkommen über *Zusammenstoß von Schiffen* (23. 9. 1910): 87, 900
Brüsseler Abkommen über *Hilfeleistung und Bergung in Seenot* (23. 9. 1910): 87, 615
Código *Bustamante* (13. 2. 1928): 222 f.
Art. 7: 388
Art. 110: 662
Nordische Konvention über internationales Ehe-, Adoptions- und Vormundschaftsrecht (6. 2. 1931)
Art. 1: 388
Vertrag von Montevideo (19. 3. 1940)
Art. 44, 45, 66: 854
Bretton Woods Abkommen über den *Internationalen Währungsfonds* (1.–22. 7. 1944)
Art. VIII Abschnitt 2 (b): 960–963
Genfer Abkommen über die internationale Anerkennung von *Rechten an Luftfahrzeugen* (19. 6. 1948): 207, 674 f.
UN-Übereinkommen über die *Todeserklärung Verschollener* (6. 4. 1950): 490
Europäische Konvention zum Schutze der *Menschenrechte und Grundfreiheiten* (4. 11. 1950)
Art. 14: 954
Vertrag über die Gründung der *Europäischen Gemeinschaft für Kohle und Stahl* (18. 4. 1951)
Art. 3 b, 4 b, d, 60 § 1, 65, 66: 970
Genfer UN-Übereinkommen über die Rechtsstellung der *Flüchtlinge* (28. 7. 1951): 404 f.
Art. 1: 404
Art. 12: 404 f.
Art. 12 I: 382, 393 f., 411 f.
Haager Abkommen über die *Anerkennung* der Rechtspersönlichkeit *ausländischer Gesellschaften*, Personenverbindungen und Stiftungen (31. 10. 1951): 215, 514
Haager Abkommen über den *Zivilprozeß* (31. 10. 1951): 197 f., 903
Haager Abkommen zum Schutz von Kulturgut bei bewaffneten Konflikten (15. 5. 1954): 991
New Yorker UN-Übereinkommen über die Rechtsstellung der *Staatenlosen* (28. 9. 1954): 401

Art. 1: 401
Art. 12: 401
Art. 12 I: 382, 394, 406, 411
Europäisches Kulturabkommen (19. 12. 1954): 991
Haager Übereinkommen betreffend das auf *internationale Kaufverträge* über bewegliche Sachen anzuwendende Recht (15. 6. 1955): 212, 600f.
Haager Abkommen zur Regelung der Konflikte zwischen dem Recht des Heimatstaats und dem Recht des Wohnsitzstaats *(Renvoi-Abkommen)* (15. 6. 1955): 359
Art. 1: 388
New Yorker UN-Übereinkommen über die *Geltendmachung von Unterhaltsansprüchen* im Ausland (20. 6. 1956): 205f., 772, 807
Pariser Übereinkommen über die Erteilung gewisser für das Ausland bestimmter *Auszüge aus Personenstandsbüchern* (27. 9. 1956): 95
Haager Übereinkommen über das auf *Unterhaltspflichten gegenüber Kindern* anzuwendende Recht (24. 10. 1956): 198, 767f.
New Yorker UN-Übereinkommen über die *Staatsangehörigkeit verheirateter Frauen* (20. 2. 1957):
Art. 1–3: 399
Römischer Vertrag zur Gründung der *Europäischen Wirtschaftsgemeinschaft* (25. 3. 1957):
Art. 6: 191
Art. 30: 191
Art. 34: 191
Art. 52: 191, 427, 503f.
Art. 58: 191, 427, 503f.
Art. 85, 86: 884, 970
Art. 220: 508
Art. 222: 191
Haager Übereinkommen über die *Anerkennung und Vollstreckung* von Entscheidungen auf dem Gebiete der *Unterhaltspflicht gegenüber Kindern* (15. 4. 1958): 198, 770f.
Haager Übereinkommen über die *Zuständigkeit des vertraglich vereinbarten Gerichts* bei internationalen Käufen beweglicher Sachen (15. 4. 1958): 213, 923f.
Haager Übereinkommen über das auf den *Eigentumserwerb bei internationalen Käufen* beweglicher Sachen anzuwendende Recht (15. 4. 1958): 213, 580f.
UN-Übereinkommen über die *Hohe See* (29. 4. 1958):
Art. 5: 546
Istanbuler CIEC-Übereinkommen über die *Änderung von Namen und Vornamen* (4. 9. 1958): 95, 546
Zusatzabkommen zum Nato-Truppenstatut (3. 8. 1959):
Art. 13 I: 848
New Yorker UN-Übereinkommen zur *Verminderung der Staatenlosigkeit* (30. 8. 1961): 402
Römisches CIEC-Übereinkommen über die Erweiterung der Zuständigkeit der *Behörden, vor denen nichteheliche Kinder anerkannt werden können* (14. 9. 1961): 95, 785f.
Haager Übereinkommen zur *Befreiung ausländischer öffentlicher Urkunden von der Legalisation* (5. 10. 1961): 198
Haager Übereinkommen über das auf die *Form letztwilliger Verfügungen* anzuwendende Recht (5. 10. 1961): 199, 862–866, 877
Art. 1 I: 862, 864, 877, 886
Art. 1 II: 877
Art. 1 III: 411, 864
Art. 2: 864
Art. 3: 864
Art. 4: 864, 865, 886
Art. 5: 864, 866
Art. 6: 862, 877
Haager Übereinkommen über die Zuständigkeit der Behörden und das anzuwendende Recht auf dem Gebiet des *Schutzes von Minderjährigen* (5. 10. 1961): 199, 799–803
Art. 1: 390, 430, 800, 801
Art. 2: 390, 430, 800, 801
Art. 3: 390, 463, 800, 802
Art. 4: 801, 802
Art. 5: 802
Art. 6: 800, 801
Art. 7: 802
Art. 8: 801, 802
Art. 9: 802
Art. 10: 802
Art. 11: 802
Art. 12: 799
Art. 13: 799, 801
Art. 14: 802
Art. 15: 802f.
Art. 16: 803
Art. 18: 799, 848
Brüsseler CIEC-Übereinkommen über die *Feststellung der mütterlichen Ab-*

stammung nichtehelicher Kinder (12. 9. 1962): 95, 786
New Yorker Übereinkommen über die Erklärung des *Ehewillens,* das *Heiratsmindestalter* und die *Registrierung von Eheschließungen* (10. 12. 1962): 94
Straßburger Übereinkommen über die *Verringerung der Mehrstaatigkeit* und über die Wehrpflicht von Mehrstaatern (6. 5. 1963):
Art. 1: 399
Art. 2: 399
Haager Übereinkommen zur Einführung eines Einheitlichen Gesetzes über den *internationalen Kauf beweglicher Sachen* (1. 7. 1964): 74f., 605–607
Art. III: 606
Art. IV: 606
Art. V: 606
Anlage *(EKG)*
Art. 1: 606
Art. 2: 606
Art. 3: 606f.
Art. 4: 607
Art. 5 II: 606
Art. 69: 606
Art. 89: 606
Haager Übereinkommen zur Einführung eines Einheitlichen Gesetzes über den *Abschluß von internationalen Kaufverträgen über bewegliche Sachen* (1. 7. 1964): 75, 605–607
Art. III: 606
Art. IV: 606
Anlage *(EKAG)*
Art. 1: 606f.
Art. 2: 607
Pariser CIEC-Übereinkommen betreffend die Entscheidungen über die *Berichtigung von Einträgen in Personenstandsbücher* (Zivilstandsregister) (10. 9. 1964): 95, 530
Pariser CIEC-Übereinkommen zur Erleichterung der *Eheschließung im Ausland* (10. 9. 1964): 95, 710f.
Haager Übereinkommen über die Zuständigkeit der Behörden, das anzuwendende Recht und die Anerkennung von Entscheidungen auf dem Gebiet der *Adoption* (28. 10. 1964): 213, 835
Art. 11: 802
Haager Übereinkommen über die *Zustellung im Ausland* von gerichtlichen und außergerichtlichen Schriftstücken in Zivil- und Handelssachen (15. 11. 1965): 199f., 807, 903
Art. 13: 985
Art. 23: 985
AusfG § 14: 985
Haager Übereinkommen betreffend einheitliche Regeln über die Gültigkeit und die Wirkungen von *Gerichtsstandsvereinbarungen* (25. 11. 1965): 213, 900, 924
Athener CIEC-Übereinkommen über die *Feststellung gewisser Todesfälle* (18. 9. 1966): 95 a. E., 490
Protokoll (31. 1. 1967) zum Genfer UN-Übereinkommen über die Rechtsstellung der *Flüchtlinge*
Art. I: 404
Europäisches Übereinkommen über die *Adoption von Kindern* (24. 4. 1967): 94
Luxemburger CIEC-Übereinkommen über die *Anerkennung von Entscheidungen in Ehesachen* (8. 9. 1967): 96, 922
Art. 9: 689
Pariser Europäisches Übereinkommen über *Fremdwährungsschulden* (11. 12. 1967): 74
Brüsseler Übereinkommen über die gegenseitige *Anerkennung von Gesellschaften und juristischen Personen* (29. 2. 1968): 215, 514
Londoner Europäisches Übereinkommen betreffend *Auskünfte über ausländisches Recht* (7. 6. 1968): 204, 445f., 807
Europäisches Übereinkommen zum *Schutz archäologischen Kulturguts* (6. 5. 1969): 992
Brüsseler EWG-Übereinkommen über die *gerichtliche Zuständigkeit und die Vollstreckung* gerichtlicher Entscheidungen in Zivil- und Handelssachen (GVÜ) (27. 9. 1968): 201f.
Art. 1: 917
Art. 2: 768, 918
Art. 3: 768, 795, 918
Art. 4: 918
Art. 5: 583, 768f., 795, 917, 918, 919
Art. 6: 494, 653, 918
Art. 7–15: 918f.
Art. 16: 580
Art. 17: 980
Art. 19–26: 919
Art. 25: 917
Art. 26: 910
Art. 27: 465, 908, 909, 920
Art. 28: 908, 920
Art. 29–53: 920
Art. 52: 411
Art. 53: 918

Art. 55, 56: 920
Art. 57: 920
Art. 59: 920
Haager Übereinkommen über die *Beweisaufnahme im Ausland* in Zivil- und Handelssachen (18. 3. 1970): 200, 807, 903
Art. 23: 985
Haager Europarats-Übereinkommen über eine *internationale Opposition* bei international gehandelten *Inhaberpapieren* (28. 5. 1970)
Art. 17: 74
Haager Übereinkommen über die *Anerkennung von Ehescheidungen* und Ehetrennungen (1. 6. 1970): 213, 922f.
Art. 11: 689
Römisches CIEC-Übereinkommen über die *Legitimation* durch nachfolgende Ehe (10. 9. 1970): 96, 824f.
UNESCO-Übereinkommen zur Bekämpfung der unerlauben Ausfuhr von Kulturgütern (14. 11. 1970): 992
Haager Übereinkommen betreffend die *Anerkennung und Vollstreckung ausländischer Urteile* in Zivil- und Handelssachen (1. 2. 1971): 213, 913–915
Haager Übereinkommen über das auf *Straßenverkehrsunfälle* anzuwendende Recht (4. 5. 1971): 213, 645f.
Art. 4: 634
Baseler Europäisches Übereinkommen über den *Ort der Zahlung von Geldschulden* (16. 5. 1972): 74
Baseler Europäisches Übereinkommen über die Einrichtung einer Organisation zur *Registrierung von Testamenten* (16. 5. 1972): 95, 879f.
Baseler Europäisches Übereinkommen über *Staatenimmunität* mit Zusatzprotokoll (16. 5. 1972): 892
Moskauer Konvention über die *schiedsgerichtliche Entscheidung von Zivilrechtsstreitigkeiten* (26. 5. 1972): 225
UNESCO-Übereinkommen zum Schutz des Kultur- und Naturerbes der Welt (16. 11. 1972): 992
Berner CIEC-Übereinkommen über die *Angabe von Familiennamen und Vornamen in den Personenstandsbüchern* (13. 9. 1973): 96, 530
Berner CIEC-Übereinkommen zur Verringerung der Fälle von *Staatenlosigkeit* (13. 9. 1973): 402
Haager Übereinkommen über die *internationale Nachlaßverwaltung* (2. 10. 1973): 214, 880f.
Haager Übereinkommen über das auf die *Produkthaftpflicht* anzuwendende Recht (2. 10. 1973): 214, 646–649
Haager Übereinkommen über das auf *Unterhaltspflichten* anzuwendende Recht (2. 10. 1973): 200, 764–767
Art. 4: 764
Art. 5: 764
Art. 6: 764
Art. 8 I: 764
Art. 8 II: 700, 764
Art. 14: 766
Art. 15: 765
Haager Übereinkommen über die *Anerkennung und Vollstreckung von Unterhaltsentscheidungen* (2. 10. 1973): 200, 769–771
Art. 5: 909
Washingtoner Übereinkommen über ein einheitliches Recht der *Form eines internationalen Testaments* (26. 10. 1973): 95, 577–579
Einheitliche *Regeln der Schiedsgerichte* bei den Handelskammern der COMECON-Länder (26./28. 2. 1974): 225
New Yorker Übereinkommen über einen *Verhaltenskodex für Linienkonferenzen* (6. 4. 1974): 109
New Yorker Übereinkommen über die *Verjährungsfrist beim internationalen Kauf von beweglichen Sachen* (14. 6. 1974): 79, 219
Haager Übereinkommen über das auf *Ehegüterstände* anzuwendende Recht (14. 3. 1978): 214, 737–739
Art. 4 III: 260
Haager Übereinkommen über die *Eheschließung und die Anerkennung der Gültigkeit von Ehen* (14. 3. 1978): 214, 709f.
Haager Übereinkommen über das auf die *Stellvertretung* anzuwendende Recht (14. 3. 1978): 214, 547f.
Art. 6 III: 260
Art. 11 III: 260
Wiener UN-Übereinkommen über *Staatensukzession* (23. 8. 1978): 218
Art. 2: 218
Art. 15: 218
Wiener UN-Übereinkommen über Verträge über den *internationalen Warenkauf* (11. 4. 1980): 75, 219, 608f., 652
Luxemburger Europäisches Übereinkommen über die Anerkennung und Vollstreckung von Entscheidungen über das *Sorgerecht für Kinder* und

die Wiederherstellung des Sorgerechts (20. 5. 1980): 205, 806–809
Römisches EWG-Übereinkommen über das auf *vertragliche Schuldverhältnisse* anzuwendende Recht (19. 6. 1980): 203 f., 565 f.
Art. 1: 4, 494, 566 f.
Art. 3: 569–571, 572, 573, 574
Art. 4: 259, 576, 579, 580
Art. 5: 583, 585
Art. 6: 589 f.
Art. 7: 138 f., 257, 371, 519, 596
Art. 8: 535, 538
Art. 9: 549, 585
Art. 10: 535, 537, 557, 559, 560, 573
Art. 11: 480, 494
Art. 12: 654 f.
Art. 13: 657
Art. 14: 567
Art. 16: 465, 600
Art. 17: 591
Art. 18: 565 f.
Art. 19: 365
Münchener CIEC-Übereinkommen über die freiwillige *Anerkennung nichtehelicher Kinder* (5. 9. 1980): 96, 786 f.
Münchener CIEC-Übereinkommen über das auf *Namen und Vornamen* anwendbare Recht (5. 9. 1980): 96, 530
Münchener CIEC-Übereinkommen über die Ausstellung von *Ehefähigkeitszeugnissen* (5. 9. 1980): 96, 711
Haager Übereinkommen über die zivilrechtlichen Aspekte der *internationalen Kindesentführung* (25. 10. 1980): 200 f., 810–812
Haager Übereinkommen über die Erleichterung des *internationalen Zugangs zu den Gerichten* (25. 10. 1980): 214, 807, 903
Haager CIEC-Übereinkommen über die Ausstellung von Zeugnissen über *unterschiedliche Familiennamen* (8. 9. 1982): 96, 530
Haager Übereinkommen über das auf *trusts* anzuwendende Recht und über ihre Anerkennung (20. 10. 1984): 214, 517–519
Art. 7 I: 259
Europäisches Übereinkommen zum *Schutz des architektonischen Erbes Europas* (3. 10. 1985): 992
Straßburger Europäisches Übereinkommen über die Anerkennung der *Rechtspersönlichkeit nichtstaatlicher internationaler Organisationen* (24. 4. 1986): 217, 515 f.
Präambel: 516
Art. 2: 516
Haager Übereinkommen über das auf *internationale Warenkäufe* anwendbare Recht (22. 12. 1986): 214 f., 602–605
Unidroit-Übereinkommen über das internationale *Leasing* (28. 5. 1988): 79 f.
Unidroit-Übereinkommen über das internationale *Factoring* (28. 5. 1988): 80
Luganer Übereinkommen der EWG- mit den EFTA-Ländern über *die gerichtliche Zuständigkeit und die Vollstreckung* gerichtlicher Entscheidungen in Zivil- und Handelssachen (16. 9. 1988) mit drei Protokollen und drei Erklärungen: 202, 920 f.
Haager Abkommen über das *auf die Beerbung anwendbare Recht* (20. 10. 1988): 215, 881–883
New Yorker Übereinkommen über *internationale Wechsel* (9. 12. 1988): 72
New Yorker UN-Übereinkommen über die *Rechte des Kindes* (20. 10. 1989): 95, 812
Moskauer Vertrag über die *abschließende Regelung in bezug auf Deutschland* (12. 9. 1990): 953
Römisches EG-Übereinkommen über die *Vereinfachung der Verfahren zur Durchsetzung von Unterhaltsansprüchen* (6. 11. 1990): 215, 773, 920
Haager Übereinkommen über *Schutz von Kindern und Zusammenarbeit bei internationaler Adoption* (29. 5. 1993): 215, 836 f.
UNIDROIT-Übereinkommen über gestohlene oder unerlaubt ausgeführte Kulturgüter (24. 6. 1995): 992
New Yorker UN-Übereinkommen über *Akkreditive und Bankgarantien* (11. 12. 1995): 73 f., 813
EU-Abkommen über die *Ausübung von Kinderrechten* (25. 1. 1996): 73 f., 813
Haager Abkommen über die *Zuständigkeit, das anzuwendende Recht, die Anerkennung, Vollstreckung und Zusammenarbeit auf dem Gebiet der elterlichen Verantwortung und der Maßnahmen zum Schutz von Kindern* (19. 10. 1996): 215, 803–806
EU-Abkommen über die *Zustellung gerichtlicher und außergerichtlicher Schriftstücke in Zivil- und Handelssachen* mit Protokoll (26. 5. 1997): 216, 904
Straßburger Europaratsabkommen über *Staatsangehörigkeit* (6. 11. 1997): 97

Zweiseitige

Sachverzeichnis

Zahlen = Seiten